최신 이탈리아 - 한국어 사전

문예림

머리말

이탈리아어는 음악, 패션 등 전문 분야는 물론, 이탈리아를 이해하고자 하는 많은 사람들이 배우고 있는 중요한 언어 중 하나다. 우리 나라에도 이탈리아어 관련 서적들이 많이 나오고 있으며 사전도 여러 종류가 출간돼 있다. 그러나 이탈리아어-한국어 사전으로서는 신조어나 발음 기호를 충실하게 반영한 것을 찾아보기 어려운 실정이다.

본 사전은 이러한 점을 감안하여 어휘 수는 적은 편이지만 (약 3만 5천 어휘) 최신 용어들을 다수 수록하고 모든 표제어에 발음 기호를 병기하여 학습자들의 편의를 도모하도록 하였다. 아무쪼록 본 사전이 이탈리아어 학습자들의 실력 향상에 편리한 도구가 되기를 기대하는 바이다.

2014년 2월, 편저자 유성호

일러두기

본 이탈리아어-한국어 사전은 현대 이탈리아어의 주요 어휘 약 3만 5천 개 (숙어, 예문 포함)를 다루고 있다. 본서의 편집 방침은 다음과 같다.

1) 어휘 설명 중 [ ]의 표시는 [ ] 안의 것으로 대체 가능함을 나타내고, ( )의 표시는 생략 가능함 또는 부연 설명을 나타낸다.

2) 품사 표시
   [남] 남성 명사   [여] 여성 명사
   [복] 복수형   [대] 대명사
   [자동] 자동사   [타동] 타동사
   [형] 형용사   [부] 부사
   [접] 접속사   [전] 전치사
   [감] 감탄사

3) 발음 기호
   모든 표제어에는 발음 기호를 병기하였는데, 강세는 강세 표시가 있는 곳의 바로 다음 음절에 있다.
   ex) /totali'ta/의 경우 강세는 마지막 음절 a에 있음

4) 참고 문헌
   - Concise Oxford-Paravia Italian Dictionary, Oxford University Press, 2009
   - Oxford-Paravia Italian Dictionary, Oxford University Press, 2010
   - The Oxford Italian Minidictionary, Oxford University Press, 2005

A

a, A1 /a/ [남/여-불변] 이탈리아어 알파벳의 첫 번째 글자; dalla A alla Z 처음부터 끝까지, 모든 것; vitamina A 비타민 A

a2 /a/ [전] (정관사와 함께 쓰이면 al, allo, alla, all' 등으로 형태 변화); [복] ai, a' ; 모음 앞에서는 ad로도 쓰임) ① [위치] ~에, ~에서; stare a casa 집에 (머물러) 있다 ② [방향] ~으로, ~에; a destra 오른쪽으로; andare a casa 집에 가다 ③ [대상] ~에게, ~에 대해; ho regalato l'auto a mia sorella 나는 여동생에게 차를 주었다 ④ [시간] ~에, ~까지, ~할 때; alla mattina 아침에; a Natale 크리스마스에; fino a domani 내일까지; dalle nove alle cinque 9시에서 5시까지 ⑤ [수단·방법] ~으로(써), ~을 통해; andare a piedi 걸어 가다; andare a pile 배터리로 작동하다 ⑥ [양상·상태·방식] ~하게, ~한; a modo mio 내 방식대로; a caso 무작위로; pasta al burro 버터를 곁들인 파스타; edificio a cinque piani 5층짜리 건물 ⑦ ~씩, ~당; (a) uno a uno 하나씩; a testa 1인당; una volta all'anno 1년에 한 번 ⑧ [가격] ~에; vendere qc a due euro al chilo 무엇을 킬로당 2유로로 팔다 ⑨ [이익·불이익] nuocere alla salute 건강에 해롭다; a suo favore 그에게 유리하게 ⑩ [원인] ~에, ~으로 되어; tutti risero alla sua barzelletta 그의 농담에 모두가 웃었다 ⑪ [거리] ~만큼 떨어져; a 20 chilometri da qui 여기서 20km 떨어져 ⑫ [목적] ~하기 위한, ~용(用)의; un recinto a protezione del parco 공원을 보호하기 위한 울타리 ⑬ (부정사(不定詞) 앞에서) è stato il primo ad arrivare 그가 가장 먼저 도착한 사람이었다; al cessare della musica 음악이 끝나자 [끝났을 때]; a dire il vero 사실은, 사실을 말하자면; andare a nuotare 수영하러 가다 ⑭ (감탄문에서) alla tua[vostra] (salute)! 건배!; a presto! 곧 또 봅시다! ⑮ (경기 스코어에서) condurre per tre a due 3 대 2로 앞서다; pareggiare zero a zero 무승부가 되다

a. → anno (년(年), 해)

AA → Alcolisti Anonimi (알코올 중독 방지회, 금주회)

AA.VV. → autori vari (작자가 여러 명임)

abaco /'abako/ [남] (복 : -chi) 주판

abate /a'bate/ [남] 대수도원장

abbacchiato /abbak'kjato/ [형] (구어체에서) 낙심[낙담]한, 풀이 죽은

abbacchio /ab'bakkjo/ [남] (복 : -chi) 도살된 새끼 양; 그 고기

abbagliante /abbaʎ'ʎante/ [형] (빛이 세어) 눈부시게 하는, 바로 보지 못하게 하는; (비유적으로) 눈부시게 아름다운 - [남] (자동차에서) con gli abbaglianti accesi 상향 전조등을 켜고

abbagliare /abbaʎ'ʎare/ [타동] ① (빛이 세어) 눈부시게 하다, 바로 보지 못하게 하다 ② (비유적으로) (눈부신 아름다움 따위로) 호리다, 매혹하다; 현혹하다 - [자동] (조동사 : essere) 눈부시게 빛나다

abbaglio /ab'baʎʎo/ [남] (복 : -gli) (비유적으로) 실수, 잘못; prendere un abbaglio 실수하다, 잘못을 저지르다

abbaiare /abba'jare/ [자동] (조동사 : avere) ① (a 또는 contro와 함께 쓰여) (개가 ~을 보고) 짖다 ② (비유적으로) (사람이 분노 등으로 인해) 크게 소리치다 - abbaiare alla luna (비유적으로) 헛된 짓을 하다

abbaino /abba'ino/ [남] ① 지붕창 ② 다락방

abbandonare /abbando'nare/ [타동] ① 포기하다, 단념하다; abbandonare l'idea di fare ~하려는 생각을 버리다 ② (하던 일 등을) 그만두다, 중지하다, 그치다; abbandonare gli studi 학업을 중단하다 ③ (저)버리다, 두고 떠나다; 방치하다; (사람·직무 따위를) 유기하다; abbandonare un amico 친구를 저버리다 ④ (어떻게 되든 상관하지 않고)

A

내버려 두다; abbandonare qn in difficoltà 누구를 곤경에 빠진 채로 두다, 도와주지 않다 ⑤ 기대하게[의지하게] 하다, 늪히다; abbandonare il capo sul cuscino 베개를 베다 - abbandonarsi [재귀동사] ① 자포자기 하다, 낙담하다 ② (~에) 푹 쓰러지다, 주저앉다, 묻히다; abbandonarsi su una poltrona 안락의자에 몸을 묻다 ③ (a와 함께 쓰여) (~에) 항복하다, 굴하다, 심신을 내맡기다; abbandonarsi al sonno 잠에 빠지다, 잠을 이기지 못하다

abbandonato /abbando'nato/ [형] 버림받은, 버려진, 방치된, 유기된; l'infanzia abbandonata 고아; essere abbandonato a se stesso 방임돼 있다

abbandono /abban'dono/ [남] ① 방치, 방임, 유기, 돌보지 않음; essere in uno stato d'abbandono (무관심 속에) 방치돼 있다; abbandono di posto 직무 유기 ② 주인[임자]이 없음 ③ 버림, 포기, 단념 ④ (경기 따위의) 기권; vincere per abbandono (상대방의 기권으로) 부전승하다 ⑤ (학교의) 중퇴 ⑥ (a와 함께 쓰여) (~에의) 항복, 굴복; (~에) 몹시 약함

abbarbicarsi /abbarbi'karsi/ [재귀동사] ① (담쟁이 따위가 벽에) 달라붙다 ② (비유적으로) (사람이 ~에) 달라붙다

abbassamento /abbassa'mento/ [남] ① (di와 함께 쓰여) (~을) 낮추기, 줄이기, 떨어뜨리기; (~의) 저하, 감소, 하락; abbassamento di prezzi 가격 인하 ② (밑바닥까지) 가라앉음, 푹 꺼짐

abbassare /abbas'sare/ [타동] ① (강도를) 낮추다, 줄이다, 떨어뜨리다; abbassare la voce 목소리를 낮추다 ② (정도를) 낮추다; 낮은 수준으로 끌어내리다; abbassare uno standard 기준을 낮추다 ③ (위치를) 낮추다; 끌어내리다 ④ (손잡이·스위치 따위를) (내리) 누르다 ⑤ (수치 따위를) 낮추다; (경주 등에서 기록을) 경신하다 ⑥ (신체 부위 따위를) 아래로 향하다; abbassare il capo 고개를 숙이다 ⑦ 비하하다, 품격 따위를 떨어뜨리다 - abbassarsi [재귀동사] ① (강도·정도가) 낮아지다, 줄다, 떨어지다, 약해지다 ② (위치가) 낮아지다, 내려오다 ③ (밑바닥까지) 가라앉다, 푹 꺼지다 ④ 몸을 구부리다, 고개 따위를 숙이다 ⑤ 자기 자신을 비하하다, 굴복하다 - abbassare le armi 무기를 내려놓다[버리다]; abbassare la cresta 저자세를 취하다

abbasso /ab'basso/ [감] (권좌 등에서) 끌어내려라!, 타도하라! - [남-불변] 야유, 불만·불찬성의 표시

abbastanza /abbas'tantsa/ [부] ① 충분히, 넉넉하게, ~하기에 족할 만큼; avere abbastanza tempo per finire 완성하는 데 시간이 충분하다 ② 꽤, 상당히, 썩; abbastanza bene 꽤 잘 - averne abbastanza 싫증나다, 물리다, 지겹다

abbattere /ab'battere/ [타동] ① (건물·벽 따위를) 헐다, 무너뜨리다; (문 따위를) 부수다; (사람을) 쓰러뜨리다; (항공기를) 격추시키다; (나무를) 찍다, 베다; (바람이 불어 사물을) 넘어뜨리다; (비유적으로) (편견 따위를) 깨다 ② (정부를) 전복시키다 (독재자를) 타도하다 ③ (사람이나 동물을 총 따위로) 쏘아 죽이다 ④ 기를 꺾다 - abbattersi [재귀동사] ① (su와 함께 쓰여) (벼락 따위가 ~에) 내리치다 ② 기가 꺾이다, 풀이 죽다

abbattimento /abbatti'mento/ [남] ① (건물 따위의) 붕괴, 폭파 ② (나무의) 벌채; (동물을) 죽이기 ③ (정부·체제 따위의) 전복, 타도 ④ 기가 꺾임, 풀이 죽음 ⑤ (물가의) 하락

abbattuto /abbat'tuto/ [형] (비유적으로) 기가 꺾인, 풀이 죽은

abbazia /abbat'tsia/ [여] 대수도원

abbecedario /abbetʃe'darjo/ [남] (복: -ri) 철자법 교과서, 초보자용 독본

abbellire /abbel'lire/ [타동] 꾸미다, 장식하다, 미화하다, 아름답게 하다; (이야기를) 윤색하다 - abbellirsi [재귀동사] ① 자기 자신을 치장하다 ② 보다 아름다워지다, 매력적인 모습이 되다

abbeverare /abbeve'rare/ [타동] (짐승에게) 물을 주다 - abbeverarsi [재귀동사] (동물·사람이) 물을 마시다

abbeveratoio /abbevera'tojo/ [남] (복: -oi) (가축 우리의) 물통

abbiccì /abbit'tʃi/ [남-불변] ① 아비치, 알파벳 ② 초보자용 독본 ③ 기초, 기본; l'abbiccì di ~ ~의 기초[기본] - essere all'abbiccì 입문 단계에 있다, 초보자다

abbiente /ab'bjɛnte/ [형] 부유한, 유복한, 돈이 많은 - [남/여] 부자, 돈 많은 사람

abbigliamento /abbiʎʎa'mento/ [남] 옷, 의복; negozio di abbigliamento 옷가게 - abbigliamento da bambino 아동복; abbigliamento da donna, abbigliamento femminile 여성복; abbigliamento da uomo, abbigliamento maschile 남성복

abbigliare /abbiʎ'ʎare/ [타동] (~에게) 옷을 차려 입히다 - abbigliarsi [재귀동사] (스스로) 옷을 차려 입다

abbinamento /abbina'mento/ [남] 짝을 짓기, 어울리게 함; (색깔 따위의) 배치, 조합

abbinare /abbi'nare/ [타동] 짝을 짓다, 어울리게 하다; (색깔 따위를) 배치[조합]하다; abbinare la cravatta alla camicia 셔츠에 어울리는 넥타이를 고르다 - abbinarsi [재귀동사] (잘) 어울리다, 조화되다

abbindolare /abbindo'lare/ [타동] (남을) 속이다; lasciarsi[farsi] abbindolare da ~에 속다

abboccamento /abbokka'mento/ [남] 담화, 이야기(를 나눔); avere un abboccamento con qn 누구와 이야기를 나누다

abboccare /abbok'kare/ [자동] (조동사 : avere) ① (물고기가) 미끼를 물다 (abboccare all'amo) ② (사람이 무언가에) 걸려들다, 넘어가다 - [타동] (관·튜브를) 연결[결합]시키다 - abboccarsi [재귀동사] (con과 함께 쓰여) (~와) 이야기를 나누다

abboccato /abbok'kato/ [형] (포도주가) 단맛과 쓴맛이 적절히 조화된

abbonamento /abbona'mento/ [남] ① (a와 함께 쓰여) (신문·잡지 따위의) 구독; fare l'abbonamento a un giornale 신문을 구독하다; le spese d'abbonamento a ~에 대한 구독료 ② (공연 등의) 정기 입장권 ③ (교통수단의) 정기 승차권, 패스 ④ (전화·가스·전기 따위 서비스에의) 가입 - abbonamento giornaliero (교통수단의) 1일 자유 이용권

abbonare1 /abbo'nare/ [타동] abbonare qn a qc 무엇에 대한 누구의 구독료를 (대신) 지불하다 - abbonarsi [재귀동사] 구독하다, 구독료를 내다

abbonare2 /abbo'nare/ → abbuonare

abbonato /abbo'nato/ [형] (신문·잡지를) 구독 중인; (전화·가스·전기 따위 서비스를) 이용하고 있는 - [남] (신문·잡지의) 구독자; 전화·가스·전기 따위 서비스에 가입돼 있는 사람; 정기 입장권[승차권] 소지자; elenco abbonati 전화번호부

abbondante /abbon'dante/ [형] ① (양적으로) 충분한, 넉넉한, 풍부한 ② (크기가) 너무 큰, (옷·신발 따위가) 헐렁한

abbondanza /abbon'dantsa/ [여] ① (di 와 함께 쓰여) (~의) 충분함, 넉넉함, 풍부함; in abbondanza 충분히, 넉넉하게, 많이 ② 풍족, 부유, 유복

abbondare /abbon'dare/ [자동] ① (조동사 : essere, avere) 많이 있다, 풍부하다 ② (조동사 : avere) (~에 ~이) 많다; abbondare di[in] ~이 가득하다 ③ (조동사 : avere) (비유적으로) (불필요하게) 너무 많다, 남아돌다

abbordabile /abbor'dabile/ [형] ① (가격 따위가 적절하여) 얻을 수 있는, 손에 넣기 쉬운 ② (사람이) 가까이하기 쉬운

abbordare /abbor'dare/ [타동] ① (해적 따위가) 다른 배에 접근하다 ② (사람에게) 접근하다, 말을 걸다 ③ (문제를) 꺼내다, 다루다 (abbordare un problema)

abbottonare /abbotto'nare/ [타동] (옷의) 단추를 채우다 - abbottonarsi [재귀동사] ① (옷의) 단추가 채워지다 ② (자기 옷의) 단추를 채우다 ③ (비유적으로) (남에게 개방하지 않으려) 닫다, 잠그다

abbottonato /abbotto'nato/ [형] ① (옷의) 단추가 채워진 ② (비유적으로) 입을 다문, 비밀을 지키는

abbottonatura /abbottona'tura/ [여] ① (옷에 있는) 일련의 단추들; vestito con l'abbottonatura davanti 앞에 단추가 달린 드레스 ② (옷의) 단추를 채우기

abbozzare1 /abbot'tsare/ [타동] ① (~의) 윤곽을 그리다, (~을) 스케치하다; (비유적으로) 대강의 계획을 정하다; (글의) 초고를 작성하다 ② (비유적으로) 살짝 ~하다; abbozzare un sorriso 희미한 미소를 짓다

abbozzare2 /abbot'tsare/ [자동] (조동사 : avere) (구어체에서) 꾹 참다, 견디다

abbozzo /ab'bottso/ [남] ① 스케치, 윤곽, 밑그림 ② (비유적으로) (계획 따위의) 개요, 요강; (글의) 초고; fare un abbozzo di qc 무엇의 개요를 잡다 ③

A

(비유적으로) 살짝 ~함

abbracciare /abbrat'tʃare/ [타동] ① 껴안다, 포옹하다; ti abbraccio (편지 끝부분에 쓰는 말로) 사랑하는 ~이 (씀) ② (~의 길을) 따르다; (~의 직업을) 선택하다; (주의·교의 따위를) 채택하다, 받아들이다 ③ (시·공간적으로 어떤 범위에) 걸치다; il paese ha una storia che abbraccia molti secoli 그 마을은 수 세기에 걸친 역사를 갖고 있다 - abbracciarsi [재귀동사] ① 서로 껴안다[포옹하다] ② (a와 함께 쓰여) (~에) 달라붙다

abbraccio /ab'brattʃo/ [남] 껴안기, 포옹; scambiarsi un abbraccio 서로 껴안다; baci e abbracci 편지 끝부분에 쓰는 말

abbreviare /abbre'vjare/ [타동] ① (낱말을) 줄여 쓰다, 약어로 사용하다 ② (글·연설 따위를) 짧게 줄이다 ③ (방문·휴가 일정 따위를) 짧게 줄이다 - abbreviarsi [재귀동사] 짧아지다; le giornate si abbreviano 날이 짧아지고 있다

abbreviazione /abbrevjat'tsjone/ [여] ① 간략화, 생략, 단축, 짧게 줄임 ② 약어, 축약형

abbronzante /abbron'dzante/ [형] 선탠의, 피부를 구릿빛으로 만드는; crema abbronzante 선탠 크림; lampada abbronzante 태양등 (피부를 태우기 위한 자외선 발생 장치) - [남] 선탠 크림 [오일]

abbronzare /abbron'dzare/ [타동] (피부를) 햇볕에 태우다 - abbronzarsi [재귀동사] (피부가) 햇볕에 타다

abbronzato /abbron'dzato/ [형] (피부가) 햇볕에 탄, 구릿빛의

abbronzatura /abbrondza'tura/ [여] (피부를) 햇볕에 태우기, 구릿빛으로 만들기; (피부가) 햇볕에 탄 상태

abbrustolire /abbrusto'lire/ [타동] (빵을) 토스트로 만들다; (커피 원두나 땅콩 따위를) 볶다; (고기를) 굽다 - abbrustolirsi [재귀동사] (a와 함께 쓰여) (햇볕 등에) 타다

abbrutimento /abbruti'mento/ [남] 짐승[야수]처럼 되게 함, 피폐한 삶을 살게 함

abbrutire /abbru'tire/ [타동] (사람을) 짐승[야수]처럼 되게 하다 - [자동] (조동사 : essere) 짐승[야수]처럼 되다, 사람다운 생활을 하지 못하게 되다 - abbrutirsi [재귀동사] 짐승[야수]처럼 되다, 피폐한 삶을 살게 되다

abbuffarsi /abbuf'farsi/ [재귀동사] (di와 함께 쓰여) (~을) 잔뜩[마구] 먹다

abbuffata /abbuf'fata/ [여] 잔뜩[마구] 먹어대기; farsi un'abbuffata di qc 무엇을 잔뜩[마구] 먹다

abbuiarsi /abbu'jarsi/ [재귀동사] (옛말로) ① (날이) 어두워지다 ② (비유적으로) (표정이) 어두워지다; (시야가) 흐릿해지다

abbuonare /abbwo'nare/ [타동] ① 괜찮다고 봐주다, 용인하다 ② (채무 따위를) 경감하다

abbuono /ab'bwɔno/ [남] ① 괜찮다고 봐줌, 용인 ② (채무 따위의) 경감; 공제 ③ [스포츠] 보너스 점수 ④ [경마] 핸디캡

abdicare /abdi'kare/ [자동] (조동사 : avere) (a와 함께 쓰여) ① (왕위 따위를) 버리다; 퇴위하다 (abdicare al trono) ② (권리 따위를) 포기하다

abdicazione /abdikat'tsjone/ [여] ① 왕위를 버림, 퇴위 ② (a와 함께 쓰여) (권리 따위의) 포기

aberrante /aber'rante/ [형] (행동이) 정도(正道)에서 벗어난, 탈선적인

aberrazione /aberrat'tsjone/ [여] ① 정도(正道)에서 벗어남, 탈선 ② [생물] 변형, 변이 ③ [천문] 광행차(光行差) ④ [광학] 수차(收差)

abete /a'bete/ [남] [식물] 전나무; 그 재목

abietto /a'bjetto/ [형] (사람·행동이) 비열한, 비루한, 천한

abile /'abile/ [형] ① (어떤 일이나 직무에) 적합한, 능력·적성을 갖춘; abile al lavoro 어떤 직무에 적격인 ② (전문직 따위의 수행에 필요한) 능력·기술을 갖춘; 유능한; 솜씨가 뛰어난; un abile artigiano 숙련된 장인; essere abile in qc 무엇에 능숙하다 ③ 교묘한, 영리한, 약삭빠른

abilità /abili'ta/ [여-불변] ① (직무에 대한) 적성 ② (전문직 따위의 수행에 필요한) 능력, 역량; 기술, 솜씨 ③ 교묘함, 영리함, 약삭빠름

abilitare /abili'tare/ [타동] ① 누구로 하여금 무엇을 할 수 있게 하다, (누구에게 어떤 일을 할) 자격을 부여하다 ② (자격 따위를) 인정하다; (어떤 일에 대

한) 인가[면허]를 내주다 - abilitarsi [재귀동사] (어떤 일을 할) 자격을 얻다 [인정받다]
abilitato /abili'tato/ [형] 자격을 얻은, 적격[적임]의, 인가[면허]를 받은; un insegnante abilitato 교사 자격증 소지자; essere abilitato a fare (어떤 일을) 할 자격이 있다 - [남] (여 : -a) 유자격자, 인가[면허]를 받은 사람
abilitazione /abilitat'tsjone/ [여] 자격 부여, 인가[면허]를 내줌; esame di abilitazione 자격 시험; diploma di abilitazione all'insegnamento 교사 자격증
abilmente /abil'mente/ [부] ① 유능하게, 솜씨 있게 ② 교묘하게, 영리하게
abissale /abis'sale/ [형] ① 심연(深淵)의, 심해(深海)의 ② (비유적으로) 극도로 ~ 한
Abissinia /abis'sinja/ [여] 아비시니아 (에티오피아의 별칭)
abisso /a'bisso/ [남] ① 깊은 곳, 심연(深淵); 깊이 갈라진 틈; gli abissi marini 심해(深海) ② 구렁텅이, 나락; essere sull'orlo dell'abisso 몰락 직전에 있다 ③ 지옥
abitabile /abi'tabile/ [형] ① (집·숙소 따위가) 사람이 살 수 있는, 거주 가능한 ② (공간이) 주거용의; superficie[spazio] abitabile 주거 공간
abitacolo /abi'takolo/ [남] ① (교통수단의) 객실 ② (항공기의) 조종석
abitante /abi'tante/ [형] (a 또는 in과 함께 쓰여) (~에) 살고 있는, 거주하는 - [남/여] 거주자, 주민; una città di un milione di abitanti 인구 100만의 도시; gli abitanti di questo palazzo 이 건물의 입주자들
abitare /abi'tare/ [타동] (어떤 지역·장소에) 살다, 거주하다; (동물이) 서식하다 - [자동] (조동사 : avere) 살다, 거주하다; abito in una grande città 나는 대도시에 산다; abitare insieme 함께 살다, 동거하다
abitato /abi'tato/ [형] (집·건물 또는 특정 지역에) 사람이 사는, 주민이 있는; scarsamente abitato 인구밀도가 낮은; centro abitato 인구 밀집 지역, 도심 - [남] 인구 밀집 지역, 도심
abitazione /abitat'tsjone/ [여] ① 거주, 생활 ② 집, 주택

abito /'abito/ [남] ① 옷·의상의 한 점; 신사복 또는 숙녀복 한 벌; cambiarsi d'abito 옷을 갈아입다 ② 수도복(修道服); 성직복 (또는 abito talare); prendere[vestire] l'abito 수사나 수녀가 되다, 성직에 들어가다 ③ [생물] 습성 - [복] -i 의류, 의복; abiti per bambini 아동복; abiti casual 평상복, 캐주얼웨어; abiti confezionati 기성복; abiti da uomo 남성복 - abito da cerimonia 예복; abito civile (군인·경찰의) 사복; abito lungo 긴 드레스 (정장); abito da sera 이브닝드레스, 야회복; abito da sposa 웨딩드레스
abituale /abitu'ale/ [형] ① 보통의, 평소의; 통상적인, 통례의; 일상적인; nel modo abituale 평소와 같이 ② 습관적으로[자주] ~하는; (범죄·흡연 따위가) 상습적인; è un cliente abituale di questo ristorante 그는 이 레스토랑의 단골 고객이다
abitualmente /abitual'mente/ [부] ① 보통, 평소와 같이; 통상적으로; 일상적으로 ② 습관적으로, 자주; 상습적으로
abituare /abitu'are/ [타동] (a와 함께 쓰여) (누구로 하여금 무엇이) 익숙해지게 하다, (어떤) 습관이 들게 하다; abituare male 버릇을 망쳐 놓다 - abituarsi [재귀동사] (a와 함께 쓰여) (~에) 익숙해지다, 길들다; abituarsi a fare ~ ~하는 습관이 들다
abituato /abitu'ato/ [형] (a와 함께 쓰여) (~에) 익숙해진, 길든; (~하는) 습관이 든; sono abituato a prendere il caffè dopo pranzo 나는 점심 식사 후에 커피를 마시곤 한다
abitudinario /abitudi'narjo/ (복 : -ri, -rie) [형] 습관이 된, 틀에 박힌; diventare abitudinario 틀에 박히다 - [남] (여 : -a) 습관대로 하는 사람, 틀에 박힌 사람
abitudine /abi'tudine/ [여] ① 습관, 버릇; prendere l'abitudine di fare qc 무엇을 하는 습관이 생기다; perdere l'abitudine di fare qc 무엇을 하는 습관을 버리다; avere l'abitudine di fare ~ ~하는 습관이 있다; per abitudine 습관에 따라, 습관적으로; come d'abitudine 평소처럼, 늘 그렇듯; d'abitudine 보통, 통상; per forza d'abitudine 타성으로, 습관에 의해; fare l'abitudine a qc 무엇에 습관이

A

들다; abitudine mentale 사고방식 ② (사회적) 관습

abiurare /abju'rare/ [타동] (종교·신앙 따위를) 맹세하고 버리다, 공공연하게 포기하다 — [자동] (조동사 : avere) 신념 따위를 버리다

abluzione /ablut'tsjone/ [여] ① 씻기 ② [복] [가톨릭] 세정식(洗淨式)

abnegazione /abnegat'tsjone/ [여] 자기 부정, 희생, 헌신; spirito di abnegazione 희생 정신

abnorme /ab'nɔrme/ [형] 비정상의, 이상한

abolire /abo'lire/ [타동] ① (법률·제도 따위를) 폐지하다; 철폐하다; abolire la pena di morte 사형 제도를 폐지하다 ② (비유적으로) (흡연·음주 습관 따위를) 버리다, 끊다

abolizione /abolit'tsjone/ [여] (법률·제도 따위의) 폐지; 철폐

abominevole /abomi'nevole/ [형] (특정 대상이) 몹시 싫은, 혐오스러운, 질색인

aborigeno /abo'ridʒeno/ [형] 원주(原住)의, 토착의, (특정 지역에) 본디부터 살고 있는 — [남] (여 : -a) 원주민, 토착민; aborigeno australiano 호주 원주민, 애버리진

aborrire /abor'rire/ [타동] 몹시 싫어하다, 혐오하다, 질색하다 — [자동] (조동사 : avere) aborrire da qc 무엇을 몹시 싫어하다

abortire /abor'tire/ [자동] ① (조동사 : avere) (자연) 유산하다; 낙태하다; fare abortire qn 누구를 유산[낙태]시키다 ② (조동사 : essere) (비유적으로) (계획 따위가) 실패하다, 수포로 돌아가다

abortista /abor'tista/ (남·복 : -i, 여·복 : -e) [형] ① (의사가) 낙태 수술을 하는 ② 낙태를 옹호하는 — [남/여] 낙태 수술을 하는 의사

abortivo /abor'tivo/ [형] ① (약 따위가) 유산시키는, 낙태하게 하는 ② (비유적으로) 실패의, 수포로 돌아간; un tentativo abortivo 실패한 시도 — [남] 낙태 약 (agente abortivo)

aborto /a'bɔrto/ [남] ① (자연) 유산; 인공 유산, 낙태, 임신중절; avere un aborto 유산하다 ② 유산된 태아 ③ (비유적으로) (시도·계획 따위의) 실패

abrasione /abra'zjone/ [여] ① 마멸(磨滅); 문질러 벗겨내기; 지워 없애기 ② 찰과상 ③ [지질] (물·바람에 의한) 침식 작용

abrasivo /abra'zivo/ [형] 문질러 닳게 하는; 연마용의 — [남] 연마재[제]

abrogare /abro'gare/ [타동] (법률·기준 따위를) 폐기하다, 무효화하다

abrogazione /abrogat'tsjone/ [여] 폐기, 무효화

ABS [남-불변] (영문 anti-lock braking system의 약자) ABS 제동 장치

abside1 /'abside/ [여] (복 : -i) [건축] 앱스, 후진(後陣) (교회당 동쪽 끝에 내민 반원형·다각형의 부분)

abside2 /'abside/ [남] (복 : -i) [천문] 원[근]일점

abusare /abu'zare/ [자동] (조동사 : avere) ① (권리 따위를) 남용하다; 악용[오용]하다 ② (약물·힘 따위를) 남용하다, 지나치게 많이 소비하다; abusare degli alcolici 과음하다 ③ (di와 함께 쓰여) (누구를) 성폭행하다

abusivismo /abuzi'vizmo/ [남] 불법[무허가] 활동

abusivo /abu'zivo/ [형] 불법의, 위법의, 무허가의; traffico di armi abusivo 불법 무기 거래 — [남] (여 : -a) 무허가 노점상; 불법 점거자, 무단 입주자

abuso /a'buzo/ [남] ① (권리 따위의) 남용; 악용, 오용; fare abuso di (권리·권력·지위 따위를) 남용[악용]하다 ② (약물 따위의) 남용; fare abuso di alcol 과음하다 ③ 학대, 혹사, 폭행; abuso di minore 아동 학대; abuso sessuale 성폭행

a.C. (avanti Cristo의 약자) 기원전, B.C.

acacia /a'katʃa/ [여] (복 : -cie) [식물] 아카시아

acaro /'akaro/ [남] [곤충] 진드기

acca /'akka/ [남/여-불변] ① 알파벳 h, H ② 전혀 ~ 않다[없다]; non capisco un'acca 전혀 모르겠는데

accademia /akka'dɛmja/ [여] ① 학회, 학술원; accademia delle scienze 과학 아카데미 ② 전문학교, 대학; accademia musicale 음악 학교; accademia militare 사관학교 ③ (비유적으로) 탁월한 기량

accademico /akka'dɛmiko/ (복 : -ci, -che) [형] ① 대학의 ② 학구적인, 이론적인; 비실용적인 — [남] (여 : -a) 대학 교수; 학자; 학술원 회원

accadere /akka'dere/ [자동] (조동사 :

essere) (일·사건 등이) 일어나다, 발생하다, 생기다; che cosa (ti) è accaduto? 무슨 일이야?; qualunque cosa accada 무슨 일이 일어나더라도 - [비인칭] (조동사 : essere) accadde che ~ ~의 일이 일어났다[발생했다]; come spesso accade 흔히 있는 일이지만

accaduto /akka'duto/ [형] (일·사건이) 일어난, 발생한, 생긴 - [남] 일어난 일, 사건

accalappiare /akkalap'pjare/ [타동] ① (개를) 붙잡다, 포획하다 ② (비유적으로) (사람을) 함정에 빠뜨리다, 속이다

accalcarsi /akkal'karsi/ [재귀동사] 떼를 지어 몰려들다, 우글거리다, 붐비다; accalcarsi attorno (~의) 주위에 몰려들다

accaldarsi /akkal'darsi/ [재귀동사] ① (몸이) 더워지다, (몸에서) 열이 나다 ② (비유적으로) 달아오르다, 열기를 띠다, 흥분하다

accaldato /akkal'dato/ [형] (몸이) 더운, (몸에서) 열이 나는

accalorarsi /akkalo'rarsi/ [재귀동사] (per와 함께 쓰여) (~에 대해) 달아오르다, 열기를 띠게 되다, 흥분하다

accampamento /akkampa'mento/ [남] 캠프, 야영지; piantare[montare] un accampamento 캠프를 치다

accampare /akkam'pare/ [타동] ① (군인 등을) 야영하게 하다 ② (비유적으로) 항변하다, 강력하게 주장하다 - accamparsi [재귀동사] ① 야영하다 ② (구어체에서·비유적으로) 일시적으로 묵다, 임시로 거주하다

accanimento /akkani'mento/ [남] ① 사나움, 흉포함, 잔인함, 냉혹함, 가차없음 ② 끈덕짐 - con accanimento (싸움 따위를) 처절하게; (목표 추구 따위를) 끈덕지게

accanirsi /akka'nirsi/ [재귀동사] ① 사납다, 흉포하다, 잔인하다, 냉혹하다, 가차없다 ② 끈덕지다

accanitamente /akkanita'mente/ [부] ① 사납게, 흉포하게, 잔인하게, 냉혹하게, 가차없이 ② 끈덕지게; fumare accanitamente 줄담배를 피우다

accanito /akka'nito/ [형] ① 사나운, 흉포한, 잔인한, 냉혹한, 가차없는; (싸움 따위가) 처절한 ② (나쁜 습관 따위가) 뿌리 깊은, 만성이 된; fumatore accanito 골초

accanto /ak'kanto/ [부] ① 가까이에, 근처에; c'era un fiume accanto 가까운 곳에 강이 있었다 ② 옆에; passare accanto a ~의 옆을 지나가다 - [형-불변] 인접한, 옆의

accantonare /akkanto'nare/ [타동] ① 제쳐 놓다, 보류하다; (계획 따위를) 버리다 ② (특정 목적을 위해) 챙겨 놓다, 유보하다

accaparramento /akkaparra'mento/ [남] 매점(買占), 사재기

accaparrare /akkapar'rare/ [타동] ① 계약금을 지불하다 ② 매점[사재기]하다 - accaparrarsi [재귀동사] (자신에게 이익이 되는 것을) 챙기다, 확보하다

accaparratore /akkaparra'tore/ [남] (여 : -trice) 매점[사재기]하는 사람; 자신의 이익을 챙기는 사람

accapigliarsi /akkapiʎ'ʎarsi/ [재귀동사] 다투다, 격투를 벌이다; (비유적으로) 논쟁하다

accappatoio /akkappa'tojo/ [남] (복 : -oi) 목욕옷

accapponarsi /akkappo'narsi/ [재귀동사] 소름이 끼치다

accarezzare /akkaret'tsare/ [타동] ① (사랑스럽게) 쓰다듬다, 어루만지다, 애무하다 ② (바람 따위가 피부에) 쾌하게 와 닿다; (파도 따위가 해변에) 와 닿다 ③ (희망 따위를) 간직하다 - accarezzarsi [재귀동사] ① (자신의 신체 부위를) 쓰다듬다; accarezzarsi la barba 수염을 쓰다듬다 ② 서로 애무하다 - accarezzare le spalle a[o] di qn 누구를 호되게 때리다

accartocciare /akkartot't ʃare/ [타동] (종이 따위를) 구기다 - accartocciarsi [재귀동사] ① (종이나 잎 따위가) 말리다, 오그라들다 ② 몸을 공 모양으로 말다

accasarsi /akka'sarsi/ [재귀동사] ① 결혼하다 ② 가정을 꾸리다, 살림을 내다

accasciarsi /akkaʃ'ʃarsi/ [재귀동사] ① 털썩 주저앉다 ② (비유적으로) 낙담하다, 풀이 죽다

accatastare /akkatas'tare/ [타동] 쌓다, 적재하다

accattivante /akkatti'vante/ [형] 마음을 사로잡는, 매력 있는

accattivarsi /akkatti'varsi/ [재귀동사] (남의) 환심을 사다, 비위를 맞추다

A

accatto /ak'katto/ [남] 구걸 - d'accatto (사상·용어 따위가) 빌린, 차용한, 다른 데서 따온

accattonaggio /akkatto'naddʒo/ [남] (복 : -gi) 구걸

accattone /akkat'tone/ [남] (여 : -a) 거지

accavallare /akkaval'lare/ [타동] ① (다리를) 꼬다 ② (재단에서) 십자뜨기를 하다 - accavallarsi [재귀동사] ① 겹치다, 서로 만나다 ② (비유적으로) (in과 함께 쓰여) (생각 따위가 머릿속에) 밀려들다

accecante /attʃe'kante/ [형] (빛 따위가) 눈을 부시게[멀게] 하는

accecare /attʃe'kare/ [타동] ① 눈을 멀게 하다; (빛 따위가) 눈부시게 하다 ② (비유적으로) 맹목적으로 되게 하다, 분별력을 잃게 하다

accecato /attʃe'kato/ [형] 눈이 먼; 맹목적인

accedere /at'tʃedere/ [자동] (조동사 : essere, avere) (a와 함께 쓰여) ① (~의 장소에) 접근하다, 이르다, 출입하다 ② (단체 등에) 가입하다; (학교·대학에) 입학이 허가되다; (어떤 지위에) 오르다 ③ [컴퓨터] 액세스[접근]하다 ④ (요구·제안 등에) 응하다

accelerare /attʃele'rare/ [타동] ① 빠르게 하다, 속도를 내게 하다, 촉진시키다; accelerare il passo 걸음을 빨리 하다 ② [물리] 가속하다 - [자동] (조동사 : avere) 속도를 내다, 가속하다 - accelerarsi [재귀동사] 빨라지다, 속도가 나다

accelerata /attʃele'rata/ [여] 가속, 속도를 냄; dare un'accelerata (자동차의) 액셀을 밟다

accelerato /attʃele'rato/ [형] 빠른; 가속된, 속력이 증가된

acceleratore /attʃelera'tore/ [형] 가속하는, 속력을 내는, 촉진하는 - [남] ① (자동차의) 가속 페달, 액셀러레이터; premere l'acceleratore 액셀을 밟다 ② [물리] 가속기(器); acceleratore di particelle 입자 가속기 ③ [화학] 촉진제

accelerazione /attʃelerat'tsjone/ [여] 가속, 촉진; 빨라짐

accendere /at'tʃendere/ [타동] ① 불을 붙이다, 점화하다; (성냥을) 긋다; accendere una sigaretta 담뱃불을 붙이다 ② (전기 장치의 스위치를) 켜다; (가스 따위를) 틀다; (엔진 따위의) 시동을 걸다; accendere la radio 라디오를 틀다 ③ (비유적으로) (감정 따위를) 자극하다 ④ (비유적으로) (분노·항의·공포 따위를) 일으키다, 유발하다 ⑤ (은행 계좌를) 개설하다 (accendere un conto) - accendersi [재귀동사] ① 불이 붙다, 점화되다 ② (전기 장치의 스위치가) 켜지다 ③ (비유적으로) 감정의 자극을 받다, 흥분되다; accendersi d'amore 사랑에 빠지다 ④ (얼굴이) 빨개지다 ⑤ (비유적으로) (di와 함께 쓰여) (눈이 ~으로) 빛나다

accendigas /attʃendi'gas/ [남-불변] 가스 점화 장치

accendino /attʃen'dino/ [남] (담뱃불을 붙이는) 라이터

accennare /attʃen'nare/ [자동] (조동사 : avere) ① 손짓 따위로 신호하다; 고개를 끄덕이다 ② (~의) 징조[기미]가 있다 ③ (a와 함께 쓰여) (~에) 넌지시 뜻을 비치다, (~을) 시사하다; accennare a una possibilità 가능성을 보이다 ④ (a와 함께 쓰여) (~을) 암시적으로 언급하다 - [타동] ① 살짝 ~하다, (~의) 기미를 나타내다 ② (a와 함께 쓰여) (누구에게 무엇을) 언급하다

accenno /at'tʃenno/ [남] ① 암시, 넌지시 비치기, 간단한 언급; fare un rapido accenno a qc 무엇을 슬쩍 언급하다 ② 살짝 ~함, ~하는 기미; l'accenno di un sorriso 희미한 미소 ③ 징조, 조짐, 기미

accensione /attʃen'sjone/ [여] ① 점화; 발화, 불이 붙음 ② 점등, 스위치를 켬; (내연 기관의) 점화; chiave di accensione 시동 키

accentare /attʃen'tare/ [타동] (낱말·음절에) 악센트[강세]를 두다; 악센트 부호를 붙이다

accentato /attʃen'tato/ [형] (음절에) 악센트[강세]가 있는[붙은]

accento /at'tʃento/ [남] ① (외국) 어투, 말투; (독특한) 어조; con un leggero accento italiano 약한 이탈리아어 악센트를 가지고 ② [언어] 악센트, 강세; 악센트 부호 ③ (비유적으로) 강조 ④ 어조, 말투

accentramento /attʃentra'mento/ [남] 집중(화)

accentrare /attʃen'trare/ [타동] ① 집중

시키다, 중앙에 모으다; (관리 등을) 중앙 집권화하다 ② (su와 함께 쓰여) (주의·관심 등을 ~으로) 끌다 - accentrarsi [재귀동사] (su와 함께 쓰여) (~에) 집중되다

accentratore /attʃentra'tore/ [형/남] (여 : -trice) 중앙 집권화하는 (사람)

accentuare /attʃentu'are/ [타동] 강조하다, 두드러지게 하다; 강화하다 - accentuarsi [재귀동사] 강화[심화]되다, 더욱 ~하게 되다

accentuato /attʃentu'ato/ [형] 강조된, 두드러진

accerchiamento /attʃerkja'mento/ [남] 에워싸기, 둘러싸기; [군사] 포위

accerchiare /attʃer'kjare/ [타동] 에워싸다, 둘러싸다; [군사] 포위하다

accertamento /attʃerta'mento/ [남] ① 확인, 조사, 체크 ② (세액(税額)의) 사정 (accertamento fiscale)

accertare /attʃer'tare/ [타동] ① 확인하다, 확증하다 ② (세액을) 사정하다 - accertarsi [재귀동사] (di와 함께 쓰여) (~을) 확인하다, 체크하다, 확실히 하다

acceso /at'tʃeso/ [형] ① (양초·담배·램프 따위의) 불이 붙은, 점화된; una lampada accesa 불이 켜진 등 ② (전기 장치의) 스위치가 켜진; (모터가) 작동 중인 ③ (색깔이) 불타는 듯한, 생동감 있는 ④ (비유적으로) 맹렬한, 과격한; 열렬한 ⑤ (얼굴이) 빨개진

accessibile /attʃes'sibile/ [형] ① (장소·사람 등이) 접근 가능한 ② (가격이) 합리적인, 적당한 ③ (정보·자료가) 이용 가능한, 기밀이 아닌 ④ 이해하기 쉬운

accessibilità /attʃessibili'ta/ [여-불변] (a 또는 di와 함께 쓰여) (장소·사람 등에의) 접근 가능성

accesso /at'tʃɛsso/ [남] ① (a와 함께 쓰여) (어떤 장소로의) 접근, 출입; "divieto d'accesso" "출입 금지" ② (정보·자료 따위의) 입수, 이용 ③ (병의) 발작 ④ (감정의) 격발; accesso di collera 벌컥 화를 냄 ⑤ [컴퓨터] 액세스, 시스템에의 접근; memoria ad accesso casuale 랜덤 액세스 메모리 (RAM) - dare accesso a 접근·출입·이용 따위를 허가하다, 개방하다

accessoriato /attʃesso'rjato/ [형] 부속물이 딸린

accessorio /attʃes'sɔrjo/ (복 : -ri, -rie) [형] 부수적인, 부차적인; spese accessorie 부대 비용 - [남] ① 부수적인 것 ② 부속물, 부속품, 액세서리

accetta /at'tʃetta/ [여] 손도끼 - fatto[tagliato] con l'accetta (비유적으로) 대충 만든

accettabile /attʃet'tabile/ [형] ① (조건·태도 따위가) 받아들일 수 있는, 허용[용인]할 만한 ② (수준이) 그럭저럭 괜찮은, 어지간한 ③ (가격이) 합리적인, 적당한

accettare /attʃet'tare/ [타동] ① (기꺼이) 받아들이다, 수락하다; accettare un suggerimento 제안에 동의하다; accettare di fare ~하기로 하다 ② (조건·운명 따위를) 감수하다, 용인하다; (사태에) 순응하다 ③ (사람을) 가족·단체 등의 일원으로 받아들이다, 입회시키다 ④ (도전·내기 따위에) 응하다 ⑤ [상업] (어음을) 인수하다 (accettare una cambiale) - accettarsi [재귀동사] ① 자기 자신의 상태를 받아들이다 ② 서로 받아들이다[용인하다]

accettazione /attʃettat'tsjone/ [여] ① 받아들임, 수락, 용인; 수납, 수리 ② 감수, 용인, 순응 ③ 접수(처) ④ 가입·입회·입학 따위의 허용 ⑤ [상업] 어음의 인수 - accettazione bagagli 탑승 수속

accetto /at'tʃetto/ [형] 기꺼이 받아들여지는, 환영받는

accezione /attʃet'tsjone/ [여] (어구의) 뜻, 의미

acchiappare /akkjap'pare/ [타동] (구어체에서) (동물·물건 따위를) 잡다, 포획하다; (비유적으로) (감기에) 걸리다 - acchiapparsi [재귀동사] ① (a와 함께 쓰여) (~에) 꽉 달라붙다[매달리다] ② 상대방을 붙잡는 놀이를 하다; 서로 붙잡다; giocare ad acchiapparsi 술래잡기하다

acchito /ak'kito/ [남] ① [당구] 공을 처음 칠 때의 위치 ② (비유적으로) di primo acchito 겉만 보고, 바로

acciaccato /attʃak'kato/ [형] ① 눌러 찌그러진, 흠집이 난, 멍이 든, 상한 ② (비유적으로) 약한

acciacco /at'tʃakko/ [남] (복 : -chi) 아픔, 통증, 고통

acciaieria /attʃaje'ria/ [여] 제강소

acciaio /at'tʃajo/ [남] (복 : -ai) ① 강철;

A

A

acciaio inossidabile 스테인리스강; nervi d'acciaio (비유적으로) 담력, 대담함; volontà d'acciaio (비유적으로) 굳은 의지 ② (문어체에서) 검(劍), 칼

acciambellarsi /attʃambel'larsi/ [재귀동사] (뱀이) 똬리를 틀다; (고양이가) 몸을 둥글게 말다

accidentale /attʃiden'tale/ [형] 우연한, 뜻밖의, 고의가 아닌

accidentalmente /attʃidental'mente/ [부] 뜻하지 않게, 사고로, 잘못하여

accidentato /attʃiden'tato/ [형] ① (지표면 따위가) 고르지 못한, (길이) 울퉁불퉁한 ② (인생·여행 등의 과정이) 굴곡이 많은, 파란만장한

accidente /attʃi'dɛnte/ [남] ① 우연한 일; (뜻밖의) 사고, 재난; per accidente 우연히 ② 성가신 사람 ③ 지독한 병 (감기 따위) ④ che ti venga un accidente! (구어체에서) 이 망할 녀석!; che mi venga un accidente se ~ 난 절대로 ~하지 않을 거야 ⑤ (구어체에서) 아무것도 아님[없음]; non ci vedo un accidente 젠장, 아무것도 안 보이는군 ⑥ [음악] 임시 기호; accidente in chiave 조표(調標)

accidenti /attʃi'dɛnti/ [감] (놀람의 표현으로) 이크, 아뿔싸; (실망의 표현으로) 체기랄, 젠장

accidia /at'tʃidja/ [여] 나태, 게으름, 무기력, 활동하지 않음

accigliarsi /attʃiʎ'ʎarsi/ [재귀동사] 인상을 찌푸리다

accigliato /attʃiʎ'ʎato/ [형] 인상을 찌푸린

accingersi /at'tʃindʒersi/ [재귀동사] (a와 함께 쓰여) (~할) 준비를 갖추다

acciottolato /attʃotto'lato/ [형] 자갈을 깐 - [남] 자갈을 깐 표면; 자갈 포장

accipicchia [감] → accidenti

acciuffare /attʃuf'fare/ [타동] (구어체에서) (도둑 등을) 붙잡다

acciuga /at'tʃuga/ [여] (복 : -ghe) ① [어류] 안초비, 멸치 ② (비유적으로) 비쩍 마른 사람

acclamare /akkla'mare/ [타동] 갈채[환호]하다; 열렬히 환영하다 - [자동] (조동사 : avere) (a와 함께 쓰여) (~에 대해) 환호하다

acclamazione /akklamat'tsjone/ [여] 갈채, 환호

acclimatare /akklima'tare/ [타동] (생물을) 새 풍토에 순응하게 하다 - acclimatarsi [재귀동사] (생물이) 새 풍토에 순응하다; (사람이) 기후 따위에 적응하다

accludere /ak'kludere/ [타동] (서류·돈 따위를) 동봉하다

accluso /ak'kluzo/ [형] (a와 함께 쓰여) (서류·돈 따위가 ~에) 동봉된; qui accluso 여기에 동봉합니다

accoccolarsi /akkokko'larsi/ [재귀동사] (사람이) 웅크리고 앉다; (동물이) 몸을 둥글게 말다

accodarsi /akko'darsi/ [재귀동사] ① 줄을 서다, 줄에 끼다 ② (a와 함께 쓰여) (~와) 함께 하다, (~에) 한몫 끼다, (~을) 따라가다

accogliente /akkoʎ'ʎɛnte/ [형] (방·호텔이) 아늑한, 제 집 같은; (사람·분위기가) 환대하는, 편하게 해주는

accoglienza /akkoʎ'ʎɛntsa/ [여] 환영, 환대, 맞이; cerimonia di accoglienza 환영식

accogliere /ak'kɔʎʎere/ [타동] ① 환영하다, 맞이하다 ② (결정·제안 따위를 [에]) 환영하다, 동의[찬성]하다, 응하다; accolsi con entusiasmo il suo invito 나는 그의 초대에 흔쾌히 응했다 ③ (사람을 일정 장소에) 숙박시키다, 수용하다; (선박·비행기에 승객·화물을) 들이다 ④ 들여보내다, 입장을 허가하다; 회원으로 받아들이다

accollare /akkol'lare/ [타동] ① (목에 무언가를) 두르다 ② (a와 함께 쓰여) (누구에게 책임 따위를) 지우다, 돌리다 - accollarsi [재귀동사] (죄를) 덮어쓰다, (책임·부담을) 지다

accollato /akkol'lato/ [형] (옷이) 깃이 높은

accoltellare /akkoltel'lare/ [타동] 칼로 찌르다

accomandita /akko'mandita/ [여] società in accomandita 유한 책임 조합, 합자회사

accomiatare /akkomja'tare/ [타동] (사람을) 떠나 보내다 - accomiatarsi [재귀동사] (da와 함께 쓰여) (~와) 헤어지다, (~을) 떠나다

accomodamento /akkomoda'mento/ [남] ① 수리, 수선 ② 조정, 합의, 타협; giungere[venire] a un accomodamento 합의에 이르다

accomodante /akkomo'dante/ [형] 남과

갈등을 일으키지 않으려 하는, 고분고분한, 온화한, 조정하는

accomodare /akkomo'dare/ [타동] ① 수선[수리]하다, 고치다 ② 깨끗이 치우다, 정돈하다; (질서 정연하게) 배치하다 ③ (비유적으로) 조정하다, 합의에 이르게 하다 - accomodarsi [재귀동사] ① 편해지다, 편하게 행동하다 ② (자리에) 앉다; (안으로) 들어오다 ③ 차림새를 단정하게 하다 ④ 합의하다

accompagnamento /akkompaɲɲa'mento/ [남] ① 동반, 수반, 곁들임 ② [음악] 반주 ③ 일행, 수행원, 종자(從者)

accompagnare /akkompaɲ'ɲare/ [타동] ① 동반[동행]하다, 함께 가다, 수행하다, 바래다주다 ② 결합시키다, 부가하다; accompagnare due colori 두 가지 색상을 배합하다 ③ [음악] (a와 함께 쓰여) (~에 대해) 반주하다 - accompagnarsi [재귀동사] ① (~이) 수반되다; alla febbre si accompagna il mal di testa 열병에는 두통이 수반된다 ② [음악] (con과 함께 쓰여) (~으로) 반주를 하다 ③ (a 또는 con과 함께 쓰여) (누구와) 어울리다, 함께 하다

accompagnato /akkompaɲ'ɲato/ [형] (~이) 동반[수반]된, 곁들여진

accompagnatore /akkompaɲɲa'tore/ [남] (여 : -trice) ① (노인·장애인 등을) 시중드는 사람 ② [음악] 반주자

accomunare /akkomu'nare/ [타동] ① (자금·힘·경험 따위를) 함께 나누다, 공유하다, 결합하다 ② 똑같게[하나로] 만들다; niente le accomuna 그들은 서로 공통점이 없다

acconciare /akkon'tʃare/ [타동] ① 차려입히다, 꾸미다 ② (머리를) 다듬다, 모양 내다 - acconciarsi [재귀동사] (스스로) 차려 입다, 멋을 내다; (자신의 머리를) 다듬다, 모양 내다

acconciatura /akkontʃa'tura/ [형] ① 머리 손질, 미용 ② 머리 모양, 헤어스타일

accondiscendente /akkondiʃʃen'dɛnte/ [형] ① 남의 말을 잘 듣는, 고분고분한, 저자세의 ② 멋대로 하게 하는, 응석 따위를 받아주는

accondiscendere /akkondiʃʃendere/ [자동] (조동사 : avere) (a와 함께 쓰여) (~에) 따르다, 응하다

acconsentire /akkonsen'tire/ [자동] (조동사 : avere) (a와 함께 쓰여) (~에) 동의하다, 승낙[찬성]하다

accontentare /akkonten'tare/ [타동] (사람을) 만족시키다; (필요 따위를) 충족하다 - accontentarsi [재귀동사] (di와 함께 쓰여) (~에, ~하는 데) 만족하다

acconto /ak'konto/ [남] 계약금; dare qc in[come] acconto 무엇에 대한 계약금을 치르다

accoppiamento /akkoppja'mento/ [남] ① (동물의) 교미, 짝짓기 ② [기계] 연결

accoppiare /akkop'pjare/ [타동] ① 짝이 되게 하다, 한 쌍으로 만들다 ② (동물을) 교미시키다 ③ [기계] 연결하다 - accoppiarsi [재귀동사] (사람이) 성교하다; (동물이) 교미[짝짓기]하다 - Dio li fa e poi li accoppia [속담] 유유상종

accoppiata /akkop'pjata/ [여] (경마의) 연승식(連勝式)

accoramento /akkora'mento/ [남] (마음의) 고통, 괴로움, 비탄

accorato /akko'rato/ [형] 마음 아파하는, 괴로운, 비탄에 빠진

accorciare /akkor'tʃare/ [타동] ① (길이·기간 따위를) 줄이다, 단축하다 ② (낱말·표현 따위를) 줄여 쓰다 - accorciarsi [재귀동사] 줄다, 짧아지다

accordare /akkor'dare/ [타동] ① 주다, 수여하다, 지급하다; accordare un permesso 허가해 주다; accordare uno sconto 할인해 주다 ② 조정하다, 일치시키다, 서로 동의하게 하다 ③ (악기를) 조율하다 ④ (색깔 따위를) 조화시키다, 어울리게 하다 ⑤ [문법] (성·수·인칭 따위를) 일치시키다 - accordarsi [재귀동사] ① (su와 함께 쓰여) (무엇에 대해) 합의에 이르다, 동의하다; (con과 함께 쓰여) (누구와) 합의를 보다 ② 조화되다, 어울리다

accordo /ak'kɔrdo/ [남] ① 동의, 합의, 협정, 의견 일치; di comune accordo 이의 없이, 의견이 일치하여; in accordo con qn (누구와) 합의하여; concludere[stringere, stipulare] un accordo 합의를 보다, 타협하다 ② 조화, 화합, 융화, 어울림; essere in accordo con qn, qc ~와 잘 어울리다 ③ (d'accordo의 형태로 쓰여) essere d'accordo (~에) 동의하다; mettersi d'accordo (su) (~에 대해) 합의를 보다; come d'accordo 합의된 바와 같이; d'accordo! 이제 합의 본 거다, 이

A

걸로 된 거야 ④ [음악] 화음 ⑤ [문법] (성·수·인칭 따위의) 일치 - accordo bilaterale 쌍방 합의, 상호 협정
accorgersi /ak'kɔrdʒersi/ [재귀동사] (~을, ~임을) 알게 되다, 깨닫다; 알아채다, 인지하다; si accorse dell'errore 그는 자신의 실수를 깨달았다
accorgimento /akkordʒi'mento/ [남] ① 계략, 책략 ② 기민함, 영리함
accorrere /ak'korrere/ [자동] (조동사 : essere) 급히 달려가다, 돌진하다
accortezza /akkor'tettsa/ [여] ① 기민함, 영리함 ② 신중함
accorto /ak'kɔrto/ [형] ① 기민한, 영리한 ② 신중한, 조심성 있는 ③ 솜씨가 좋은, 능력 있는 - stare accorto 주의하다
accostamento /akkosta'mento/ [남] (색조 따위의) 배합
accostare /akkos'tare/ [타동] ① 접근시키다, 가까이 (끌어)당기다 ② (사람에게) 더 가까이 가다 ③ (특정 분야에) 입문하게 하다, 지식을 갖게 하다 - [자동] (조동사 : avere) ① (차를) 한쪽에 가져다 대다 ② (배가) 접안(接岸)하다 - accostarsi [재귀동사] ① (a와 함께 쓰여) (~에) 접근하다, 다가가다 ② (배가) 접안하다 ③ (특정 분야에) 입문하게 되다, 지식을 갖게 되다 - accostarsi ai sacramenti 성찬을 받다, 성체를 배령하다
accovacciarsi /akkovat'tʃarsi/ [재귀동사] 웅크리다, 쭈그리다
accozzaglia /akkot'tsaʎʎa/ [여] 뒤죽박죽, 뒤범벅, 잡탕, 난잡함
accreditare /akkredi'tare/ [타동] ① (계좌에 금액을) 입금하다 ② (외교관에게) 신임장을 주다 ③ (이론·소식 따위를) 확증[확인]하다 - accreditarsi [재귀동사] 신임을 얻다; 확증되다
accreditato /akkredi'tato/ [형] ① (외교관이) 신임장을 받은 ② 믿을 만하다고 여겨진; da fonti accreditate 믿을 만한 소식통에 의하면
accredito /ak'kredito/ [남] [상업] 신용거래; lettera di accredito 신용장
accrescere /ak'kreʃʃere/ [타동] (수·양을) 늘리다, 증가[증대]시키다; (가치·정도를) 높이다; (세력 따위를) 확장하다 - accrescersi [재귀동사] (수·양이) 늘다, 증가하다; (세력이) 커지다
accrescimento /akkreʃʃi'mento/ [남] ① (수·양의) 증가, 증대 ② (가치·정도의) 상승, 강화
accrescitivo /akkreʃʃi'tivo/ [남] [문법] 증대사(增大辭; 뜻을 강조하거나 확대하는 접두사·접미사)
accucciarsi /akkut'tʃarsi/ [재귀동사] (동물·사람이) 웅크리다, 쭈그리다
accudire /akku'dire/ [타동] (환자를) 간호하다; (어린아이 등을) 돌보다 - [자동] (조동사 : avere) (a와 함께 쓰여) (~을) 돌보다
accumulare /akkumu'lare/ [타동] ① 저장하다, 비축하다, 쌓아두다; 모으다, 축적하다; 수집하다; accumulare una grande fortuna 큰 부(富)를 축적하다 ② 연달아 ~하다 - accumularsi [재귀동사] 쌓이다, 축적되다; 늘다, 불어나다
accumulatore /akkumula'tore/ [형] 축재(蓄財)하는, 부·명성 등을 얻으려고 하는 - [남] [컴퓨터] 누산기(累算器)
accumulazione /akkumulat'tsjone/ [여] ① (이자·수익 등의) 증가 ② 축적, 모으기, 쌓임 ③ 축열; 축전(蓄電)
accuratamente /akkurata'mente/ [부] 정확하게, 꼼꼼하게, 세심하게
accuratezza /akkura'tettsa/ [여] 정확함; 꼼꼼함, 세심함
accurato /akku'rato/ [형] ① 꼼꼼한, 세심한, 정성을 들이는 ② 정확한, 정밀한
accusa /ak'kuza/ [여] ① 비난, (누구의) 탓으로 돌림; lanciare[scagliare] un'accusa contro qn 누구를 비난하다 ② [법률] 고발, 고소; accusa penale 형사 고발; mettere qn sotto accusa 누구를 고발하다 ③ [법률] (검찰의) 기소, 고발 (또는 pubblica accusa) ④ [종교] (죄의) 자백; 고해
accusare /akku'zare/ [타동] ① (di와 함께 쓰여) (~에 대해) 비난하다, (누구의) 탓으로 돌리다 ② [법률] (di와 함께 쓰여) (~에 대해 누구를) 고발[고소]하다 ③ 불평하다, 불만을 표시하다; (감정 따위를) 드러내다 - accusarsi [재귀동사] (di와 함께 쓰여) (~에 대해) 죄가 있음을 시인하다, 자수하다
accusato /akku'zato/ [형] 비난받은; 고발·고소당한 - [남] (여 : -a) 피고(인)
accusatore /akkuza'tore/ [남] (여 : -trice) 비난[고발·고소]하는 사람; pubblico accusatore 검찰관, 검사
acerbo /a'tʃerbo/ [형] ① (과일이) 덜 익은, 떫은 맛이 나는; (포도주가) 덜 숙성된 ② 덜 자란, 아직 어린 ③ (비유적으

로) (비판 따위가) 신랄한; (형벌·고통이) 가혹한 혹독한

acero /aˈtʃero/ [남] [식물] 단풍나무; sciroppo d'acero 메이플 시럽

acerrimo /aˈtʃerrimo/ [형] (acre의 최상급) 냉혹한, 무자비한

acetato /atʃeˈtato/ [남] [화학] 아세테이트

acetilene /atʃetiˈlɛne/ [남] [화학] 아세틸렌 (가스)

aceto /aˈtʃeto/ [남] 식초, 초; verdura sotto aceto 피클, 채소 절임

acetone /atʃeˈtone/ [남] ① [화학] 아세톤 ② 매니큐어액(液) 제거제

Achille /aˈkille/ [남] [그리스신화] 아킬레우스; tendine d'Achille [해부] 아킬레스건; tallone di Achille (비유적으로) 치명적인 약점, 급소

acidità /atʃidiˈta/ [여-불변] ① 신맛 ② [화학] 산성(酸性)임 ③ (비유적으로) (태도가) 신랄함, 심술궂음

acido /ˈatʃido/ [형] ① (맛이) 신; (과일이) 덜 익어 떫은 맛이 나는; (우유가) 시어진; panna acida 사우어크림, 산패유(酸敗乳) ② [화학] 산성의; pioggia acida 산성비 ③ (말·태도가) 신랄한, 심술궂은, 까다로운 - [남] [화학] 산(酸)

acino /ˈatʃino/ [남] ① 포도 열매 ② [해부] 소포(小胞) ③ (목걸이·묵주 따위의) 구슬, 알

acme /ˈakme/ [여] ① [의학] (병의) 고비, 극기(極期) ② (비유적으로) 절정, 정점, 최고조

acne /ˈakne/ [여] [병리] 좌창, 여드름

acqua /ˈakkwa/ [여] ① 물; un bicchiere d'acqua 물 한 잔; entrare in acqua 물에 들어가다 ② (수도 따위의) 물; 용수(用水) ③ 비; prendere l'acqua 비에 흠뻑 젖다 ④ (구어체에서) 오줌, 소변; fare due gocce d'acqua 소변을 보다 - [여·복] acque ① [생리] 양수(羊水) ② (온천의) 광천수(鑛泉水) - fare acqua i) 물이 새다 ii) (비유적으로) 이치에 맞지 않다; tirare l'acqua 변기의 물을 내리다 - acqua di Colonia 오드콜로뉴 (향수의 일종); acqua corrente 흐르는 물, 수돗물; acqua distillata 증류수; acqua dolce 민물, 담수; acqua dura [화학] 센물, 경수; acqua minerale 광천수, 미네랄 워터; acqua potabile 마실 수 있는 물, 음료수; acqua salata i) 짠물, 바닷물 ii) (요리할 때 쓰는) 간수; acqua tonica 탄산수, 토닉워터; acque nere 하수, 오수; acque sotterranee 지하수; acque territoriali 영해(領海), 영수(領水); acque termali 온천(수)

acquaforte /akkwaˈfɔrte/ [여] (복: acqueforti) 에칭, 부식 동판술; 식각 판화

acquaio /akˈkwajo/ [남] (복: -ai) (부엌의) 싱크대, 개수통

acquamarina /akkwamaˈrina/ [여] (복: acquemarine) [광물] 아콰마린, 남옥 (藍玉)

acquapark /akkwaˈpark/ [남-불변] 워터파크 (각종 물놀이 시설을 갖춰 놓은 곳)

acquaplano /akkwaˈplano/ [남] ① 파도타기[수상스키용] 판; andare sull'acquaplano 파도타기를 하다 ② 파도타기

acquaragia /akkwaˈradʒa/ [여] (복: -gie, -ge) 테레빈(유(油))

acquarello → acquerello

acquario1 /akˈkwarjo/ [남] (복: -ri) 수조; 수족관

Acquario2 /akˈkwarjo/ [남-불변] [천문] 물병자리

acquasanta /akkwaˈsanta/ [여] [가톨릭] 성수(聖水)

acquasantiera /akkwasanˈtjɛra/ [여] (성당 입구의) 성수(聖水) 그릇, 성수반(盤)

acquascivolo /akkwaʃˈʃivolo/ [남] 워터슬라이드 (워터파크에 설치된 놀이 기구의 하나)

acquascooter /akkwasˈkuter/ [남-불변] 제트 스키

acquatico /akˈkwatiko/ [형] (복: -ci, -che) ① (생물이) 물속 또는 물가에 사는, 수생(水生)의 ② 물의, 물과 관련된; sport acquatici 수상 스포츠

acquattarsi /akkwatˈtarsi/ [재귀동사] ① 웅크리다, 쭈그리다 ② (사람이) 숨다; (동물이) 굴로 도망치다

acquavite /akkwaˈvite/ [여] 브랜디 (과실을 증류하여 만든 술)

acquazzone /akkwatˈtsone/ [남] (갑자기) 퍼붓는 비

acquedotto /akkweˈdotto/ [남] ① 수로, 수도 (시설) ② [해부] 맥관(脈管)

acqueo /ˈakkweo/ [형] 물의; vapore acqueo 수증기

acquerello /akkweˈrɛllo/ [남] ① 수채화

법, 수채화로 그리기 ② 수채화
acquietare /akkwje'tare/ [타동] (사람·분노 따위를) 누그러뜨리다, 진정시키다, 달래다 - acquietarsi [재귀동사] 누그러지다, 진정되다; (바람이) 자다
acquirente /akkwi'rɛnte/ [형] 사들이는, 구입하는 - [남/여] 구매자, 매수인, 사는 사람
acquisire /akkwi'zire/ [타동] ① (지식·경험·기술 등을) 습득하다, 배우다, 익히다; (확신 따위를) 얻다; (습관 따위가) 몸에 배다 ② (권리를) 취득하다
acquisito /akkwi'zito/ [형] ① (지식·경험·기술 등을) 습득한, 배운, 익힌; (확신 따위를) 얻은; (습관 따위가) 몸에 밴 ② (주의·사실 따위가) 인정된, 받아들여진; (권리 등의) 소유가 확정된, 기득(旣得)의; è un fatto acquisito che ~ 은 기정사실이다; interesse acquisito 기득권 ③ [의학·생물] 후천성의, 획득된 ④ 인척·사돈 관계의
acquisizione /akkwizit'tsjone/ [여] ① (지식·경험·기술 등의) 습득; (습관이) 몸에 뱀; l'acquisizione del linguaggio 언어 습득 ② (권리의) 취득 ③ 기업 인수, 경영권 취득 - acquisizione dati [컴퓨터] 데이터 수집
acquistare /akkwis'tare/ [타동] ① (상품을) 사다, 구입[구매]하다 ② [스포츠] (선수를) 계약에 의해 고용하다 ③ (비유적으로) (명성 따위를) 얻다, (가치·정도 따위가) 높아지다, 오르다, 늘다; acquistare peso 체중이 늘다 - [자동] (조동사 : avere) (in과 함께 쓰여) (가치·정도 따위가) 높아지다, 오르다, 늘다
acquisto /ak'kwisto/ [남] ① 구입, 구매; prezzo d'acquisto 구입 가격; ordine d'acquisto 구입 주문; potere d'acquisto 구매력; acquisto d'impulso 충동 구매; fare un acquisto 사다, 구입하다; fare acquisti 쇼핑하다 ② [스포츠] (선수의) 계약에 의한 고용 ③ 기업 인수, 경영권 취득 ④ 구입한[사들인] 물건 - [남·복] acquisti 구매 담당 부서
acquitrino /akkwi'trino/ [남] 늪, 소택지, 습지, 수렁
acquolina /akkwo'lina/ [여] avere l'acquolina in bocca all'idea di qc 무엇에 입맛을 다시다

acquoso /ak'kwoso/ [형] ① 물기가 있는, 젖은, 축축한, 습기 찬 ② (수프·소스 따위가) 묽은 ③ [화학] 물의; soluzione acquosa 수용액 ④ (눈에) 눈물을 머금은
acre /'akre/ [형] ① (맛이) 신, 시큼한; (냄새가) 매운, 톡 쏘는 ② (비유적으로) (소리가) 날카로운, 귀에 거슬리는; (비판 따위가) 신랄한
acrilico /a'kriliko/ [복 : -ci, -che) [형] 아크릴의; colore acrilico 아크릴 도료[물감] - [남] 아크릴 제품
acritico /a'kritiko/ [형] (복 : -ci, -che) 비판하지 않는
acro /'akro/ [남] [면적의 단위] 에이커
acrobata /a'krɔbata/ [남/여] (남·복 : -i, 여·복 : -e) 곡예사
acrobatico /akro'batiko/ [형] (복 : -ci, -che) 곡예의
acrobazia /akrobat'tsia/ [여] 곡예, 묘기; acrobazia aerea 곡예 비행
acronimo /a'krɔnimo/ [남] 머리글자를 따서 만든 말
acropoli /a'krɔpoli/ [여-불변] (고대 그리스 도시의) 성채(城砦); A- (아테네의) 아크로폴리스
acuire /aku'ire/ [타동] ① (지성·감각 따위를) 예민하게 하다 ② (흥미·식욕 따위를) 자극하다, 돋구다 ③ (고통·대립 따위를) 더 심하게 하다, 악화시키다 - acuirsi [재귀동사] 강화되다, 심화되다, 악화되다
aculeo /a'kuleo/ [남] (동식물의) 가시, 침
acume /a'kume/ [남] 예리함, 명민함, 통찰력, 혜안
acuminato /akumi'nato/ [형] 날카로운, 뾰족한, 예리한
acustica /a'kustika/ [여] ① 음향학 ② 음향 상태[효과]
acustico /a'kustiko/ [형] (복 : -ci, -che) 청각의, 소리의, 음향의; apparecchio acustico 보청기; cassa acustica 스피커; chitarra acustica (전자 기타가 아닌) 보통 기타; isolamento acustico 방음
acutamente /akuta'mente/ [부] ① (관찰·논평 따위를) 정확하게, 예리하게 ② (고통 따위가) 격렬하게
acutezza /aku'tettsa/ [여] ① (관찰·분석 따위의) 정확함, 예리함 ② (소리가) 날카로움 ③ (고통 따위의) 격렬함 - acutezza d'ingegno 혜안, 통찰력

acutizzare /akutid'dzare/ [타동] 강화하다, 심화하다, 악화시키다 - acutizzarsi [재귀동사] 강화되다, 심해지다, 악화되다

acuto /a'kuto/ [형] ① (사물이) 뾰족한, 날카로운, 예리한 ② (소리가) 새된, 째는 듯한 ③ (감각·통찰력 등이) 민감한, 예리한, 날카로운 ④ (고통이) 격렬한, 심한; (추위가) 살을 에는 듯한 ⑤ (병이) 급성의; 고비에 있는, 위독한 ⑥ [기하] 예각(銳角)의 - [남] (목소리의) 고음 - accento acuto [언어] 양음(揚音) 악센트

ad1 /ad/ → a2

ad, AD2 /a'di/ [남-불변] (amministratore delegato의 약자) 전무 이사

adagiare /ada'dʒare/ [타동] (어린아이나 환자 등을) 눕히다, 누이다 - adagiarsi [재귀동사] ① (사람이) (편하게) 눕다, 기대어 앉다 ② (비유적으로) (in과 함께 쓰여) (~에) 빠지다; adagiarsi nel lusso 사치를 일삼게 되다

adagio /a'dadʒo/ [부] ① 느리게, 천천히 ② 조심스럽게 ③ 여유를 가지고, 서두르지 않고 ④ [음악] 아다지오로, 느리게 - [남] [음악] 아다지오

adattabile /adat'tabile/ [형] (a와 함께 쓰여) (~에) 적응할 수 있는; 융통성 있는

adattabilità /adattabili'ta/ [여-불변] (a와 함께 쓰여) (~에의) 적응성; 융통성

adattamento /adatta'mento/ [남] ① 적응, 조정, 조화 ② [영화·연극] 개작, 각색; [음악] 편곡

adattare /adat'tare/ [타동] ① (환경·필요 따위에) 적응시키다, 조정하다, 맞추다 ② (용도에 맞추어) 개조하다, 다시 꾸미다 ③ [영화·연극] 개작[각색]하다; [음악] 편곡하다 - adattarsi [재귀동사] (a와 함께 쓰여) ① (환경 등에) 적응하다 ② (~하는 데에) 순응하다, 익숙해지다 ③ (~에) 적합하다, 맞다

adattatore /adatta'tore/ [남] (여 : -trice) ① [영화·연극] 개작[각색]하는 사람 ② [기계] 어댑터

adatto /a'datto/ [형] ① (a 또는 per와 함께 쓰여) (~에) 적합한, 알맞은, 어울리는; non è il momento adatto per fare (무엇을) 하기에 적당한 때가 아니다 ② 옳은, 올바른

addebitare /addebi'tare/ [타동] ① (~의) 차변(借邊)에 기입하다; (계좌에서) 돈을 인출하다; (누구에게) 지불을 부담시키다; verrà addebitata una somma di 20 dollari 20달러가 청구될 것입니다 ② (비유적으로) (비난·책임 따위를 ~에게) 돌리다

addebito /ad'debito/ [남] ① 차변(借邊) ② 요금 따위의 청구; ebbi cento euro di addebito per 나는 ~에 대해 100유로를 청구받았다 ③ (비유적으로) (비난·책임을 ~에게) 돌리기; muovere un addebito a qn 누구에게 무엇의 책임을 돌리다 - addebito diretto 자동 이체; addebito di chiamata 수신자 부담 통화

addensamento /addensa'mento/ [남] 짙어짐, 진해짐; (혈액 따위의) 응고

addensare /adden'sare/ [타동] 짙게[진하게] 만들다; 응축하다 - addensarsi [재귀동사] 짙어지다, 진해지다

addentare /adden'tare/ [타동] ① (과일 따위를) 썩 베어 물다 ② (집게 따위로) 꽉 집다

addentrarsi /adden'trarsi/ [재귀동사] ① (~의 안으로) 들어가다 ② (비유적으로) addentrarsi nei particolari 세부적으로 들어가다, 상세하게 논하다

addentro /ad'dentro/ [부] (a 또는 in과 함께 쓰여) (~에 대해) 깊이·상세하게·잘 (알다)

addestramento /addestra'mento/ [남] ① (직원 등에 대한) 훈련, 교육; 양성, 연습 ② (군인의) 훈련; campo di addestramento 훈련소 ③ (운동 선수의) 훈련, 연습 ④ (동물의) 조련

addestrare /addes'trare/ [타동] ① (사람을) 훈련시키다; (동물을) 조련하다 ② (하는 법을) 가르치다, 지도하다 - addestrarsi [재귀동사] 훈련하다, 연습하다; 배우다

addetto /ad'detto/ [형] (a와 함께 쓰여) (~을) 맡고[담당하고] 있는, (~의 일을) 하도록 되어 있는, (~의) 임무를 띤, (~에) 소속된; personale addetto 담당 직원 - [남] (여 : -a) (a와 함께 쓰여) (~의) 담당자, 직원

addiaccio /ad'djattʃo/ [남] (복 : -ci) ① 우리, 축사 - dormire all'addiaccio [군사] 야영하다

addietro /ad'djetro/ [부] 전에, 일찍; tempo addietro 얼마 전에, 일전에

addio /ad'dio/ (복 : -ii) [감] 안녕!, 잘 가시오!; e addio! 그걸로 됐어, 이제 그만

A

- [남] 작별 (인사), 헤어짐; dire addio a qn 누구에게 작별 인사를 하다; serata d'addio 송별연 - addio al celibato (결혼 전야의) 총각 파티; addio al nubilato (결혼 전야의) 여자끼리의 모임

addirittura /addirit'tura/ [부] ① ~조차, (심지어) ~까지도 ② 놀랐는걸!, 설마! ③ 정말로, 아주

addirsi /ad'dirsi/ [재귀동사] (3인칭 단·복수형으로 쓰여) 적합하다, 어울리다; mi si addice perfettamente 나에게 딱 맞다

additare /addi'tare/ [타동] ① 가리키다, 지시하다 ② 나타내다, 보이다, 명시하다; additare qn come esempio 누구를 예로 들다

additivo /addi'tivo/ [형] [수학] 덧셈의, 가법의 - [남] [화학] 첨가물; additivo alimentare 식품 첨가물

addizionale /addittsjo'nale/ [형] 부가적인, 추가의 - [여] 부가세

addizionare /addittsjo'nare/ [타동] ① 더하다, 합계하다 ② (식품 따위에) 첨가물을 넣다

addizione /addit'tsjone/ [여] ① 덧셈, 더하기, 합계를 내기; eseguire un'addizione 덧셈을 하다, 합계를 내다 ② 합계, 총계

addobbare /addob'bare/ [타동] ① 꾸미다, 장식하다, 치장하다 ② (비유적으로) 차려 입히다 - addobbarsi [재귀동사] 말쑥하게 차려 입다

addobbo /ad'dɔbbo/ [남] ① 장식(물); addobbi natalizi 크리스마스 장식 ② 장식(하기), 꾸미기, 치장 - addobbo floreale 꽃꽂이

addolcire /addol'tʃire/ [타동] ① (음식을) 달게 하다 ② (비유적으로) (표현·표정 따위를) 부드럽게[온화하게] 하다; (비판·고통·가혹함의 정도를) 낮추다, 완화하다, 누그러뜨리다 ③ (물·금속 따위를) 연화(軟化)하다 - addolcirsi [재귀동사] ① (기후가) 온화해지다 ② (비유적으로) (성질 따위가) 부드러워지다, 누그러지다

addolorare /addolo'rare/ [타동] 슬프게 만들다, 마음 아프게 하다, 고통을 안겨 주다; mi addolora doverti dire che 너에게 ~의 말을 하려니 가슴이 아프구나 - addolorarsi [재귀동사] (per와 함께 쓰여) (~에 대해) 슬퍼하다, 마음 아파하다

addolorato /addolo'rato/ [형] 슬픔에 빠진, 마음 아파하는, 괴로운, 고통스러운; in tono[modo] addolorato 슬프게, 마음 아프게

addome /ad'dɔme/ [남] [해부·동물] 배, 복부

addomesticare /addomesti'kare/ [타동] ① (동물을) 길들이다; (비유적으로) (사람을) 길들이다, 적응시키다 ② (비유적으로) (결과 따위를) 조작하다 - addomesticarsi [재귀동사] 길들다

addomesticato /addomesti'kato/ [형] ① (동물이) 길든; 애완동물의 ② (비유적으로) (결과 따위가) 조작된

addominale /addomi'nale/ [형] 배의, 복부의; dolori addominali 복통; muscoli addominali 복근 - [남·복] addominali 복근

addormentare /addormen'tare/ [타동] ① 잠들게 하다, 재우다 ② (환자·동물을) 마취시키다 ③ (비유적으로) 지루하게 만들다 - addormentarsi [재귀동사] ① 잠들다 ② 마취되다 ③ (비유적으로) (손·발이) 저리다, 마비되다 ④ (완곡한 표현으로) 죽다, 사망하다

addormentato /addormen'tato/ [형] ① 잠든, 잠자고 있는; cadere addormentato 잠들다 ② 마취된 ③ (손·발이) 저린, 마비된 ④ (비유적으로) 우둔한, 이해가 느린

addossare /addos'sare/ [타동] ① (a 또는 contro와 함께 쓰여) (~에) 기대어 놓다[세워 두다]; addossò la scala al muro 그는 사다리를 벽에 걸쳐 놓았다 ② (비유적으로) (남에게) 책임·부담을 지우다; 비난을 돌리다 - addossarsi [재귀동사] ① (a 또는 contro와 함께 쓰여) (~에) 기대어 서다 ② (비유적으로) 책임·부담을 지다; 비난을 감수하다; addossarsi la responsabilità di qc 무엇에 대한 책임을 지다

addosso /ad'dɔsso/ [부] ① (옷을) 입고, 걸치고; avere[mettersi, tenere] qc addosso 무엇을 입고[착용하고] 있다 ② 몸에 지니고; (스스로) 가지고 있어; avere addosso 지니고 있다; avere molti anni addosso 나이가 아주 많다 ③ il vestito le sta bene addosso 그 드레스는 그녀에게 아주 잘 맞는다; tirare qc addosso a qn 누구에게 무엇을 던지다; mettere le mani

addosso a qn / qc 누구[무엇]를 잡다, 누구[무엇]에 손을 대다 – [감] (누구를) 붙잡아라!

addurre /ad'durre/ [타동] 예증하다, 인증(引證)하다, 인용하다; addurre prove 증거를 제시하다; addurre validi motivi a favore di qc 무엇을 옹호하는 주장을 펴다

adeguamento /adegwa'mento/ [남] 조정, 조절; 적응; apportare un adeguamento a ~을 조정[조절]하다, 맞추다

adeguare /ade'gware/ [타동] (~에) 적응시키다, 맞추다; 조정[조절]하다 – adeguarsi [재귀동사] ① (a와 함께 쓰여) (~에) 적응하다; 따르다; adeguarsi alle regole 규칙에 따르다 ② 적절하다, 알맞다

adeguatamente /adegwata'mente/ [부] ① 적절하게, 알맞게, 어울리게 ② 충분히

adeguato /ade'gwato/ [형] ① 적절한, 적합한, 알맞은, 어울리는; adeguato allo scopo 목적에 맞는 ② 충분한 ③ 비례하는, 균형 잡힌

adempiere /a'dempjere/ [타동/자동] (조동사 : avere) (기능·직무 등을) 이행하다, 수행하다, 실행하다 – adempiersi [재귀동사] 실현되다, 이루어지다

adempimento /adempi'mento/ [남] 이행, 수행, 실행

adenoidi /ade'nɔidi/ [여·복] [병리] 아데노이드 (편도가 증식하여 커지는 병)

adenoma /ade'nɔma/ [남] [병리] 아데노마, 선종(腺腫)

adepto /a'dɛpto/ [남] (여 : -a) 입문자; 추종자, 신봉자

aderente /ade'rɛnte/ [형] ① (a와 함께 쓰여) (물질에 ~에) 들러붙는; 접착성을 가진 ② (옷이) 꽉 끼는, 타이트한 ③ (비유적으로) (a와 함께 쓰여) (~에) 아주 가까운, 일치[부합]하는 – [남/여] 지지자, 추종자

aderenza /ade'rɛntsa/ [여] ① 들러붙음, 점착 ② [병리] 유착(癒着) – [여·복] aderenze (비유적으로) 연고, 연줄

aderire /ade'rire/ [자동] (조동사 : avere) (a와 함께 쓰여) ① (~에) 들러붙다, 점착하다, 밀착하다; fare aderire 접착시키다 ② (단체·조합 따위에) 가입하다 ③ (주의·정책·의견 따위에[를]) 따르다, 지지하다, 추종하다

adescamento /adeska'mento/ [남] ① (펌프에) 마중물을 붓기 ② 꾐, 유혹; 치근거리기

adescare /ades'kare/ [타동] ① (펌프에) 마중물을 붓다 ② (물고기 따위를) 미끼로 꾀다; (사람을) 유혹하다; 치근거리다, 귀찮게 굴다

adesione /ade'zjone/ [여] (a와 함께 쓰여) ① (~의) 회원[멤버]임 ② (단체·조합 따위에의) 가입 ③ (~에 대한) 동의, 지지; (~을) 따름

adesivo /ade'zivo/ [형] 점착성이 있는, 들러붙는, 끈끈한; nastro adesivo 접착 테이프 – [남] ① 접착제, 풀 ② 스티커

adesso /a'dɛsso/ [부] ① 지금, 이제; 당장; fino ad adesso 지금까지; da adesso (in poi) 지금부터, 앞으로; solo adesso 지금 막, 방금; adesso basta! (그만하면) 이제 됐어!; per adesso 당장은, 당분간은; adesso come adesso 지금으로서는, 현재 상황으로서는 ② 요즘, 오늘날 ③ 지금 막, 방금; era qui proprio adesso 그는 방금까지도 여기 있었다 ④ 곧, 이내; adesso vengo! 곧 갈게! – [감] 잠깐만! – adesso che ~하니(까), ~하므로

adiacente /adja'tʃɛnte/ [형] 이웃한, 인접한, 부근의, 가까이 있는; è adiacente alla scuola (그것은) 학교 옆에 있다

adibire /adi'bire/ [타동] (a와 함께 쓰여) (~으로) 쓰다, 이용하다; (~의 용도에) 충당하다

adipe /'adipe/ [남] (동물성) 지방

adiposo /adi'poso/ [형] 지방(질)의; tessuto adiposo 지방 조직

adirarsi /adi'rarsi/ [재귀동사] (con 또는 per와 함께 쓰여) (~에) 화를 내다

adirato /adi'rato/ [형] (con과 함께 쓰여) (~에) 화가 난

adire /a'dire/ [타동] ① (~에) 의지[호소]하다; adire le vie legali 고소하다, 소송을 제기하다 ② (~을) 받다; adire un'eredità 유산을 (물려)받다

adito /'adito/ [남] ① 접근, 입장; avere adito a[in] ~에 접근할 수 있다 ② (비유적으로) dare adito a ~의 여지를 주다

adocchiare /adok'kjare/ [타동] ① (~에) 눈길을 주다, (~을) 쳐다보다; (~에) 눈독을 들이다 ② 알아채다, 분간하다

adolescente /adoleʃ'ʃɛnte/ [형] 사춘기

A

의, 10대 청소년의 - [남/여] 10대 청소년

adolescenza /adoleʃʃentsa/ [여] 사춘기, 10대

adolescenziale /adoleʃʃen'tsjale/ [형] 사춘기의, 10대의

adombrarsi /adom'brarsi/ [재귀동사] ① 그늘이 지다 ② (말이 놀라) 뒷걸음질 치다 ③ (per와 함께 쓰여) (사람이 ~에) 분개하다, 감정이 상하다

adone /a'done/ [남] 잘생긴 청년; A- [그리스신화] 아도니스

adoperare /adope'rare/ [타동] (도구·수단 따위를) 쓰다, 사용하다; adoperare il cervello 머리를 쓰다; adoperare la penna (펜으로) 글을 쓰다 - adoperarsi [재귀동사] (per와 함께 쓰여) (~을 위해) 수고하다, 열심히 일하다

adorabile /ado'rabile/ [형] 사랑스러운, 귀여운, 반할 만한

adorare /ado'rare/ [타동] ① (신·우상 등을) 숭배하다 ② (비유적으로) (~을) 아주 좋아하다, (~에) 홀딱 빠지다

adorazione /adorat'tsjone/ [여] ① (종교적인) 숭배, 경배 ② 열렬한 사랑, 흠모

adornare /ador'nare/ [타동] (di, con과 함께 쓰여) (~으로) 꾸미다, 장식하다, 치장하다 - adornarsi [재귀동사] 몸치장을 하다, 차려 입다

adorno /a'dorno/ [형] (di와 함께 쓰여) (~으로) 꾸민, 장식한, 치장한

adottare /adot'tare/ [타동] ① (아이를) 양자로 삼다, 입양하다 ② (비유적으로) (공동체 등의 일원으로) 받아들이다 ③ (사상·이론·방법·의견 등을) 채용[채택]하다 ④ (조치를) 취하다, (어떤 수단에) 호소하다

adottato /adot'tato/ [형] 양자가 된, 입양된 - [남] [여 : -a] 양자, 양녀

adottivo /adot'tivo/ [형] ① (아이가) 입양된; (부모·가족이) 입양에 의한 관계의; genitori adottivi 양부모 ② (비유적으로) 본인의 선택에 의한, 채택된

adozione /adot'tsjone/ [여] ① 양자 결연, 입양 ② 본인의 선택, 채택 ③ (조치를) 취하기, (어떤 수단에) 호소하기

adrenalina /adrena'lina/ [여] [생리·화학] 아드레날린

adriatico /adri'atiko/ [형] (복 : -ci, -che) il Mare Adriatico 아드리아 해(海) (이탈리아와 발칸 반도 사이에 있는 바다)

adulare /adu'lare/ [타동] 아첨하다, 남의 비위를 맞추다 - adularsi [재귀동사] 자임하다, 내로라하다

adulatore /adula'tore/ [형/남] (여 : -trice) 아첨하는, 남의 비위를 맞추는 (사람)

adulazione /adulat'tsjone/ [여] 아첨, 남의 비위를 맞추기

adulterare /adulte'rare/ [타동] (음식·술 따위에) 불순물을 섞다

adulterato /adulte'rato/ [형] (음식·술 따위에) 불순물이 섞인

adulterio /adul'tɛrjo/ [남] (복 : -ri) 간통, 부정(不貞), 불륜; commettere adulterio 간통을 저지르다

adultero /a'dultero/ [형] 간통을 저지르는 - [남] 간통한 남자, 간부(姦夫)

adulto /a'dulto/ [형] ① 어른의, 성인의 ② 성장한, 성숙한 ③ (태도 등이) 어른다운, 어른스러운 ④ (비유적으로) 완전히 발달한, 원숙한 - [남] [여 : -a] 어른, 성인; comportarsi da[come] un adulto 어른스럽게 행동하다

adunanza /adu'nantsa/ [여] 집회, 회합, 회의; indire[tenere] un'adunanza 회의를 소집[개최]하다; adunanza plenaria 본회의, 총회

adunare /adu'nare/ [타동] ① (한데) 모으다 ② (모임·회의를) 소집하다 ③ (병사들을) 집합[정렬]시키다 - adunarsi [재귀동사] ① 모이다, 회합하다 ② (병사들이) 집합[정렬]하다

adunata /adu'nata/ [여] ① [군사] 집합, 정렬 ② 모임, 회합; (재)결합 - [감] [군사] 집합!, 정렬!

adunco /a'dunko/ [형] (복 : -chi, -che) (부리·코가) 갈고리 모양의; un naso adunco 매부리코

aerare /ae'rare/ [타동] 공기를 통하게 하다, 환기시키다

aerato /ae'rato/ [형] 공기가 통한, 환기가 된

aerazione /aerat'tsjone/ [여] 환기, 공기를 통하게 함; bocca di aerazione 통풍구

aereare → aerare

aereo- → aero-

aereo1 /a'ɛreo/ [형] ① 공중의; 비행의, 항공의; compagnia aerea 항공사(社); "per via aerea" 항공 우편으로 ② 공중에 매달린, 고가(高架)의 ③ [해부] 호흡의; vie aeree 기도(氣道) ④ 공기 같

은, 아주 가벼운 ⑤ (비유적으로) 텅 빈, 공허한

aereo2 /a'ɛreo/ [남] ① 항공기, 비행기; in aereo 비행기로; viaggio in aereo 비행기 여행 ② 항공편; prendere un aereo 비행기를 타다 - aereo da combattimento 전투기; aereo di linea (대형의) 정기 여객기; aereo a reazione 제트기; aereo da ricognizione 정찰기; aereo da trasporto 수송기

aerobica /ae'rɔbika/ [여] 에어로빅스

aerodinamica /aerodi'namika/ [여] 공기[항공] 역학

aerodinamico /aerodi'namiko/ [형] (복: -ci, -che) ① 공기[항공] 역학의 ② 유선형(流線型)의

aerolinea /aero'linea/ [여] ① 정기 항공(로) ② 항공사(社)

aeromobile /aero'mɔbile/ [남] 항공기, 비행기

aeromodellismo /aeromodel'lizmo/ [남] 모형 비행기 제작

aeromodello /aeromo'dɛllo/ [남] 모형 비행기

aeronautica /aero'nautika/ [여] 항공술[학]; 항공, 비행; aeronautica civile 민간 항공; aeronautica militare 공군

aeronautico /aero'nautiko/ [형] (복: -ci, -che) 항공술[학]의; 항공[비행]의

aeronavale /aerona'vale/ [형] 항공-해상 합동의; 공군과 해군의

aeroplano /aero'plano/ [남] 항공기, 비행기

aeroporto /aero'pɔrto/ [남] 공항; aeroporto internazionale 국제 공항 - aeroporto militare 공군 기지

aeroportuale /aeroportu'ale/ [형] 공항의; tasse aeroportuali 공항세(稅) - [남/여] 공항 직원

aerosol /aero'sɔl/ [남-불변] ① [물리·화학] 에어로졸 ② (살충제 등의) 분무기

aerospaziale /aerospat'tsjale/ [형] 항공 우주의; ingegneria aerospaziale 항공 우주 공학

aerostato /ae'rɔstato/ [남] 경항공기 (기구·비행선 따위)

aerostazione /aerostat'tsjone/ [여] 비행장, 공항; aerostazione urbana 공항 터미널

afa /'afa/ [여] 무더위, 찌는 듯함

affabile /affabile/ [형] 정다운, 상냥한, 친절한, 붙임성 있는

affabilità /affabili'ta/ [여-불변] 정다움, 상냥함, 친절함, 붙임성 있음; trattare qn con affabilita 누구에게 상냥하게 대하다

affaccendarsi /affattʃen'darsi/ [재귀동사] (per와 함께 쓰여) (~에) 바쁘다, 분주하다, 부산하다

affaccendato /affattʃen'dato/ [형] (in qc 또는 a fare와 함께 쓰여) (~에 또는 ~하느라) 바쁜, 분주한, 부산한

affacciarsi /affat'tʃarsi/ [재귀동사] ① 나타나다, 모습을 보이다[드러내다]; si affacciò alla porta 그녀가 문간에 나타났다 ② (su 또는 a와 함께 쓰여) (~에) 면하다, (~을) 향하다 ③ (생각 따위가) 떠오르다, (의심 따위가) 생기다; mi si affacciò (alla mente) il pensiero che ~ 나는 ~이라는 생각이 들었다

affacciato /affat'tʃato/ [형] ① (a와 함께 쓰여) (~에) 나타난, 모습을 드러낸 ② (~에) 면한, (~을) 향한

affamato /affa'mato/ [형] ① 굶주린 ② (비유적으로) (di와 함께 쓰여) (~을) 갈망하는, (~의 욕구에) 불타는; è affamato di vendetta 그는 복수심에 불타고 있다 - [남] (여: -a) 굶주린 사람

affannare /affan'nare/ [타동] ① 숨을 헐떡이게 하다, 숨이 차게 하다 ② 걱정[폐]을 끼치다, 말썽을 일으키다 - [자동] (조동사: essere) 숨을 헐떡이다 - affannarsi [재귀동사] ① (a와 함께 쓰여) (~하느라) 바쁘다, 분주하다, 부산을 떨다; 애를 쓰다, 고군분투하다 ② 걱정하다

affannato /affan'nato/ [형] ① 숨을 헐떡이는, 숨이 찬 ② 걱정하는, 고민하는

affanno /affanno/ [남] ① 숨가쁨, 숨이 참 ② (비유적으로) 걱정, 근심, 고민; darsi affanno per qn, qc 누구[무엇]에 대해 걱정하다

affannosamente /affannosa'mente/ [부] ① 숨을 헐떡이며, 숨을 차서; respirare affannosamente 숨을 헐떡이다 ② (비유적으로) 애쓰며, 고생스럽게

affannoso /affan'noso/ [형] ① 숨을 헐떡이는, 숨이 가쁜[찬] ② 애를 쓰는, 고생하는; 분주하게[열광적으로] ~하는 ③

A

걱정 근심에 사로잡힌
affare /af'fare/ [남] ① 싸게 산 물건, 특가품; fare un affare 물건을 싸게 사다 ② (매매) 계약, 거래; concludere[chiudere] un affare 거래 계약을 맺다 ③ 할 일, 직무; è affar mio, non suo 그건 내 일이니 상관 마시오 ④ 사건, 사정, 형편; un brutto affare 난처한 상황; un affare di cuore 정사(情事), 연애 사건 ⑤ [법률] 소송 사건 ⑥ (일반적으로) 일, 문제; un affare di estrema urgenza 아주 긴급한 일[문제] - affari [남·복] ① 사업, 비즈니스, 거래; uomo[donna] d'affari 사업가, 비즈니스맨; viaggio d'affari (사업상의) 출장; fare affari con ~와 거래하다; mettersi in affari 사업을 시작하다; è una mia socia in affari 그녀는 내 동업자야; il mondo degli affari 실업계 ② 개인적인 일[문제]; fatti gli affari tuoi! 네 일이나 신경 써!, 네가 알 바 아냐! ③ 나랏일, 국사(國事); 행정 업무; affari pubblici 공사(公事), 공무(公務); ministero degli Affari Esteri 외무부

affascinante /affaʃʃi'nante/ [형] 매력적인, 마음을 사로잡는, 주의[흥미]를 끄는

affascinare /affaʃʃi'nare/ [타동] 매혹하다, 마음을 사로잡다, 주의[흥미]를 끌다

affastellare /affastel'lare/ [타동] (건초 따위를) 묶어 다발로 만들다

affaticamento /affatika'mento/ [남] 피로, 피곤; affaticamento mentale 정신적 피로

affaticare /affati'kare/ [타동] ① (사람을) 지치게[피로하게] 하다 ② (신체의 일부를) 무리하게 작용시키다 - affaticarsi [재귀동사] ① 지치다, 피로해지다 ② (per와 함께 쓰여) (~하려) 애쓰다

affaticato /affati'kato/ [형] 지친, 피로한; 과로한, 무리를 한, 혹사당한

affatto /af'fatto/ [부] ① (때로 niente affatto의 형태로 쓰여) 전혀, 조금도 (~않다); non sono affatto sorpreso 난 전혀 놀라지 않았어; non è affatto vero 전혀 사실이 아니야 ② (대답에서) 아무렇지도 않아요, 괜찮아요 ③ (긍정문에서) 완전히, 아주; è affatto vero 그렇고말고, 아주; opinioni affatto diverse 아주[전혀] 다른 의견들

affermare /affer'mare/ [타동] ① 단언하다, 확언하다, 주장하다; affermare la propria innocenza 결백을 주장하다 ② 긍정하다, 동의하다 - affermarsi [재귀동사] ① (~임이) 분명히 드러나다, 밝혀지다; 확정되다 ② (come와 함께 쓰여) (~으로서) 확실히 자리매김하다; affermarsi come scrittore 작가로서의 입지를 굳히다 ③ (신임 따위를) 얻게 되다

affermativamente /affermativa'mente/ [부] 긍정적으로, 확언하여

affermativo /afferma'tivo/ [형] ① 긍정적인, 확언하는; fare un cenno affermativo con la testa 고개를 끄덕여 긍정의 뜻을 나타내다; in caso affermativo (만일) 그렇다면 ② [문법] 긍정(문)의 - [부] 긍정적으로

affermato /affer'mato/ [형] ① 입지를 굳힌, 확실히 자리매김한, 성공한 ② 유명한, 잘 알려진

affermazione /affermat'tsjone/ [여] ① 단언, 확언, 주장; affermazioni infondate 근거 없는 주장 ② 긍정, 동의 ③ 자리매김, 입신, 성공

afferrare /affer'rare/ [타동] ① 붙잡다, 움켜쥐다, 붙들다; afferrare qn per il braccio 누구의 팔을 붙잡다; afferrare al volo i) 공중에 있는 것을 붙잡다 ii) (비유적으로) (기회 따위를) 포착하다 iii) (비유적으로) 이해하다, 파악하다 ② 이해하다, 파악하다, 알아듣다 - afferrarsi [재귀동사] (a와 함께 쓰여) (~을) 붙들다, (~에) 달라붙다

affettare1 /affet'tare/ [타동] (빵·고기 따위를) 자르다, 썰다

affettare2 /affet'tare/ [타동] ~인 체하다, 가장하다; affettare indifferenza 무관심한 척하다

affettato /affet'tato/ [형] ① ~인 체하는, 가장한; 짐짓 꾸민, 인위적인 ② 젠체하는, 허풍 떠는

affettatrice /affetta'tritʃe/ [여] (빵·고기 따위를) 자르는[써는] 기계

affettazione /affettat'tsjone/ [여-불변] ~인 체함, 가장, 짐짓 꾸미기; senza affettazione 꾸밈 없이, 있는 그대로

affettivo /affet'tivo/ [형] ① 감정의; 감정적인, 정서적인 ② 애정 어린

affetto1 /af'fetto/ [남] ① (per와 함께 쓰여) (~에 대한) 애정, 따뜻한 마음씨; mostrare affetto 애정을 표시하다; con affetto (편지에서) 친애하는 ~으

로부터 ② 사랑하는 사람[대상] ③ 감정, 정서

affetto2 /af'fetto/ [형] (da와 함께 쓰여) (~으로 인해) 괴로워하는, 고통 받는; affetto da paralisi 마비 증세를 앓고 있는

affettuosamente /affettuosa'mente/ [부] 애정을 가지고, 다정하게; (편지에서) 친애하는 ~으로부터

affettuoso /affettu'oso/ [형] 애정 어린, 사랑하는, 마음씨가 따뜻한; essere affettuoso con qn 누구를 사랑하고 있다

affezionarsi /affettsjo'narsi/ [재귀동사] affezionarsi a qn, qc 누구[무엇]를 좋아하게 되다

affezionato /affettsjo'nato/ [형] ① 애정이 깊은; (a와 함께 쓰여) (~을) 좋아하는, (~에) 애착을 느끼는 ② (고객 등이) 단골인, 자주 오는[이용하는]

affezione /affet'tsjone/ [여] ① (때로 per와 함께 쓰여) (~에 대한) 애정, 애착; 열정; affezione per la patria 조국애 ② 병, 질환; affezione cardiaca 심장병

affiancare /affjan'kare/ [타동] ① 옆에 [나란히] 놓다[두다] ② (인력 따위를) 충원하다 - affiancarsi [재귀동사] affiancarsi a qn 누구의 옆으로 다가가다

affiatamento /affjata'mento/ [남] ① (구성원 간의) 조화, 화합, 상호 이해 ② 협동 정신

affiatarsi /affja'tarsi/ [재귀동사] ① 서로 잘 어울려 지내다; 협동 정신을 발휘하다 ② (소리 따위가) 잘 조화되다

affiatato /affja'tato/ [형] 서로 잘 어울려 지내는, 사이가 가까운; amici affiatati 친한 친구들

affibbiare /affib'bjare/ [타동] ① (허리띠 따위를) 버클로 죄다 ② (구어체에서·비유적으로) affibbiare qc a qn 누구에게 무엇을 주다[부과하다, 떠맡기다] - affibbiarsi [재귀동사] 쇠쇠로 죄다

affidabile /affi'dabile/ [형] 믿을 수 있는, 신뢰할 만한, 의지가 되는

affidabilità /affidabili'ta/ [여-불변] 믿을 만함, 신뢰성

affidamento /affida'mento/ [남] ① 신뢰, 신용, 신임, 의지; fare affidamento su ~을 신뢰[의지]하다 ② (믿고) 맡기기, 위탁 ③ (양자로 들인 아이의) 양육

affidare /affi'dare/ [타동] ① (affidare qc a qn의 형태로 쓰여) (누구에게 무엇을) 믿고 맡기다, 위탁하다 ② 역할·임무·직책을 맡기다; affidare un impiego a qn 누구를 어떤 직책에 앉히다 ③ 의뢰하다; affidare il caso all'avvocato 변호사에게 사건을 맡기다 - affidarsi [재귀동사] (a와 함께 쓰여) (~을) 신뢰[의지]하다; affidarsi completamente a qn/qc 누구[무엇]를 전적으로 의지하다

affievolire /affjevo'lire/ [타동] (힘 따위를) 약화시키다; (감각 따위를) 무디게 하다 - affievolirsi [재귀동사] 약해지다, 쇠퇴하다, 줄어들다, 감소하다; il rumore si affievolì 소음이 잦아들었다

affiggere /af'fidd3ere/ [타동] ① (a 또는 in과 함께 쓰여) (~에) 게시하다, 공고하다 ② (시선을) 고정시키다 - affiggersi [재귀동사] 시선을 고정하다, 주시하다; 집중하다

affilare /affi'lare/ [타동] ① (숫돌로) 갈다, 날카롭게 하다; (무기 따위의) 날을 세우다 ② 마르게[여위게] 하다 - affilarsi [재귀동사] 마르다, 여위다 - affilare le armi 전투 준비를 갖추다

affilato /affi'lato/ [형] ① (칼날 따위가) 날카로운, 예리한 ② 마른, 여윈, 수척한 - avere la lingua affilata 독설가다, 말이 신랄하다

affiliarsi /affi'ljarsi/ [재귀동사] (a와 함께 쓰여) (~에) 가입하다, (~와) 일정한 관계를 맺다

affiliato /affi'ljato/ [형] ① (a와 함께 쓰여) (~에) 회원으로 가입한 ② 양자가 된, 양자로 들여진 - [남] (여 : -a) ① 가입자, 회원 ② 양자

affinare /affi'nare/ [타동] ① 갈다, 깎다, 날카롭게[가늘게] 만들다 ② (비유적으로) 다듬다, 갈고 닦다, 세련되게 하다; 개선[향상]시키다; (지성·감각 등을) 예민하게 만들다 ③ (금속을) 정련하다 - affinarsi [재귀동사] ① 가늘어지다; 날씬해지다 ② 세련되다, 개선[향상]되다

affinché /affin'ke/ [접] ~하도록, ~하게끔; stare in guardia affinché qc non accada 어떤 일이 일어나지 않도록 경계하다

affine /af'fine/ [형] ① 비슷한, 유사한; affine a ~와 비슷한 ② 관련된; 기원[유래]이 같은 - [남/여] 인척(姻戚)

affinità /affini'ta/ [여-불변] ① (con 또

A

는 tra와 함께 쓰여) (~와의 또는 ~ 사이의) 유사성, 밀접한 관계; ci sono molte affinità fra loro 그들 사이에는 비슷한 점이 많다 ② 인척 관계

affioramento /affjora'mento/ [남] ① [지질] (광맥·암석 등의) 노출, 노두(露頭) ② (비유적으로) 표면화, 드러남

affiorare /affjo'rare/ [자동] (조동사 : essere) ① (광맥·암석 등이 지표면에) 노출되다 ② (비유적으로) 표면화하다, 떠오르다, 나타나다, 드러나다

affissione /affis'sjone/ [여] 벽보·전단을 붙이기; "divieto d'affissione" "벽보 금지"

affisso /af'fisso/ [형] (사진·공고문 따위가) 붙은, 게시된 - [남] ① 벽보, 전단 ② [문법] 접사(接辭)

affittacamere /affitta'kamere/ [남/여-불변] 집주인; 지주

affittare /affit'tare/ [타동] ① (a와 함께 쓰여) (~에) 임대하다, 빌려주다, 세놓다; "affittasi camere" "셋방 있음" ② (da와 함께 쓰여) (~으로부터) 임차하다, 빌리다; affittare una casa per tre anni 집을 3년간 임차하다

affitto /af'fitto/ [남] ① 임대, 임차; dare in affitto 임대하다, 빌려주다; prendere in affitto 임차하다, 빌리다; in affitto 임대된; casa in affitto 셋집 ② 임대료 ③ 임대차 계약, 리스

affliggere /af'fliddʒere/ [타동] ① 괴롭히다, 고통을 안겨주다 ② (재앙 따위가) 휩쓸다; il paese è afflitto dalla guerra civile 그 나라는 내전으로 인해 황폐화되었다 ③ 슬프게[우울하게] 만들다 - affliggersi [재귀동사] 괴로워하다, 고통을 받다; 마음이 상하다

afflitto /af'flitto/ [형] ① 괴로움을 당한, 고통을 받은; (재앙 따위가) 휩쓴; essere afflitto da malanni 건강이 나빠 고통 받고 있다 ② 슬픈, 우울한, 마음 아파하는 - [남] (여 : -a) 고통 받는 사람, 실의에 빠진 사람

afflizione /afflit'tsjone/ [여] ① 고통, 괴로움 ② 슬픔, 우울함 ③ 재앙, 재난, 시련

afflosciarsi /afflo∫'∫arsi/ [재귀동사] ① 흐느적거리게 되다, 느슨해지다, 축 늘어지다 ② (비유적으로) 약해지다

affluente /afflu'ente/ [남] (강의) 지류(支流)

affluenza /afflu'entsa/ [여] ① 유입, 쇄도 ② (인파의) 군집

affluire /afflu'ire/ [자동] (조동사 : essere) (인파가) 몰려들다, 쇄도하다; (액체가) 유입되다; (자금이) 흘러들다

afflusso /af'flusso/ [남] 유입, 쇄도, 몰려듦; afflusso di capitali 자본 유입

affogare /affo'gare/ [타동] ① (물에) 빠뜨리다, 익사시키다 ② (비유적으로) (감정 따위를) 억누르다, 억제하다 - [자동] (조동사 : essere) ① 물에 빠지다, 익사하다 ② (비유적으로) affogare nei debiti 빚더미에 눌리다 - affogarsi [재귀동사] 물에 빠지다, 익사하다 - affogare in un bicchier d'acqua 과장하다, 침소봉대하다

affogato /affo'gato/ [형] ① 물에 빠진; morire affogato 익사하다 ② (비유적으로) 중압감에 시달리는 - [남] (여 : -a) ① 물에 빠진 사람 ② 아이스크림 위에 커피나 핫초코 따위를 부은 것

affollamento /affolla'mento/ [남] 쇄도, 몰려듦

affollare /affol'lare/ [타동] (어떤 장소에) 꽉 들어차다, 몰리다 - affollarsi [재귀동사] ① (di와 함께 쓰여) (어떤 장소가 ~으로) 가득 차다, 붐비다 ② (a와 함께 쓰여) (어떤 장소에) 인파가 몰리다 ③ (비유적으로) (in과 함께 쓰여) (생각 따위가 머릿속에) 끊임없이 떠오르다

affollato /affol'lato/ [형] (di와 함께 쓰여) (~으로) 가득 찬, 붐비는, 만원인

affondamento /affonda'mento/ [남] 침몰, 가라앉음

affondare /affon'dare/ [타동] ① (바다 속에) 가라앉히다, 침몰시키다; affondare l'ancora 닻을 내리다 ② (신체의 일부 따위를 특정한 곳에) 깊이 찔러넣다; affondare le mani nelle tasche 주머니에 손을 푹 찔러넣다 ③ affondare il colpo [펜싱] 찌르다 - [자동] (조동사 : essere) ① (배 따위가) 가라앉다, 침몰하다 ② (in과 함께 쓰여) (진흙 따위에) 빠지다 ③ 푹 빠지다, 꽂히다, 박히다

affondo /af'fondo/ [남] [펜싱] 찌르기

affossamento /affossa'mento/ [남] ① (지표면의) 함몰, 움푹 꺼짐 ② (비유적으로) (계획 따위를) 없었던 걸로 하기

affossare /affos'sare/ [타동] ① (땅을) 파다, (지표면을) 움푹 꺼지게 하다 ② (비유적으로) (계획 따위를) 없었던 걸로 하다 - affossarsi [재귀동사] (지표면

affrancare /affran'kare/ [타동] ① 해방하다, 자유롭게 풀어주다 ② 속전(贖錢)을 주고 구조하다 ③ (봉투 따위에) 우표를 붙이다; "non affrancare" "요금 별납" - affrancarsi [재귀동사] (da와 함께 쓰여) (~에서, ~으로부터) 빠져나오다, 해방되다; affrancarsi dai debiti 빚더미에서 해방되다, 빚을 청산하다

affrancatrice /affranka'tritʃe/ [여] 우편 요금 계기(計器)

affrancatura /affranka'tura/ [여] ① 우표를 붙이기 ② 우표, 우편 요금; affrancatura a carico del destinatario 요금 별납 우편

affranto /affranto/ [형] ① 크게 상심한, 비탄에 잠긴 ② 녹초가 된, 기진맥진한

affrescare /affres'kare/ [타동] 프레스코 화법으로 그리다

affresco /af'fresko/ [남] (복 : -schi) ① [미술] 프레스코 화법 ② (비유적으로) (그림 같은) 묘사

affrettare /affret'tare/ [타동] ① 빠르게 하다, 서둘러 ~하다; affrettare il passo 발걸음을 재촉하다 ② (출발·결정 따위를) 앞당기다 - affrettarsi [재귀동사] ① 서두르다; affrettarsi a fare 서둘러 ~하다 ② 예정보다 앞당겨 ~하다; affrettarsi verso casa 급히 귀가하다

affrettatamente /affrettata'mente/ [부] 서둘러, 급히, 빨리

affrettato /affret'tato/ [형] ① 빨리 진행된; (결정 따위를) 서둘러 내린; (발걸음을) 재촉한 ② (일을) 서둘러 [대충] 끝내버린

affrontare /affron'tare/ [타동] ① (~에) 직면하다, (~을) 마주하다; (문제·위기 따위에) 대처하다; (충격·불운 따위에) 견디다; (강한 상대에) 용감하게 맞서다; affrontare la morte 죽음에 직면하다; dovette affrontare parecchi imprevisti 그는 몇 가지 예기치 못한 사태에 대처해야 했다 ② (주제·문제에 [를]) 접근하다, 다루다 ③ [스포츠] (상대방[팀]에) 맞서다, 대항하다 - affrontarsi [재귀동사] [군사·스포츠] 서로 맞서다, 대진하다

affronto /af'fronto/ [남] (a와 함께 쓰여) (~에 대한) 모욕, 무례한 언행; fare un affronto a qn 누구를 모욕하다; subire un affronto 모욕을 당하다

affumicare /affumi'kare/ [타동] ① (일정 공간에) 연기가 자욱하게 만들다 ② (연기로) 그을리다 ③ (고기·생선 따위를) 훈제하다

affumicato /affumi'kato/ [형] ① (고기·생선 따위를) 훈제한; salmone affumicato 훈제 연어; pancetta affumicata 베이컨 ② 연기에 그을린

affusolare /affuso'lare/ [타동] 끝이 점점 가늘어지게 만들다; 유선형으로 만들다 - affusolarsi [재귀동사] 끝이 점점 가늘어지다

affusolato /affuso'lato/ [형] 끝이 점점 가늘어지는 형태의; 유선형의

Afg(h)anistan /afganistan/ [남] 아프가니스탄

afg(h)ano /af'gano/ [형] 아프가니스탄의 - [남] (여 : -a) ① 아프가니스탄 사람 ② 아프가니스탄 말[언어]

aficionado /afitʃo'nado/ [남] (복 : -s) 열렬한 애호가, 팬

aforisma /afo'rizma/ [남] 경구(警句), 잠언(箴言), 격언, 금언(金言)

afoso /a'foso/ [형] 무더운, 찌는 듯한

Africa /'afrika/ [여] 아프리카; Africa australe 남아프리카; Africa nera (사하라 이남의) 블랙 아프리카

africano /afri'kano/ [형] 아프리카의 - [남] (여 : -a) 아프리카 사람

afrikaans /afri'kans/ [남-불변] 아프리칸스어(語) (남아공의 공용어)

afro /'afro/ [형-불변] acconciatura afro 아프로 머리 (흑인의 헤어스타일)

afroamericano /afroameri'kano/ [남/형] (여 : -a) 아프리카계 미국 흑인(의)

afroasiatico /afroa'zjatiko/ [형] (복 : -ci, -che) 아프리카 및 아시아의

afrodisiaco /afrodi'ziako/ (복 : -ci, -che) [형] 성욕을 일으키는 - [남] 최음제(催淫劑), 미약(媚藥)

afta /'afta/ [여] [병리] 아구창, 구강 궤양 - afta epizootica [수의] 구제역(口蹄疫)

agape /'agape/ [여] ① [기독교] 아가페 (인간에 대한 신의 사랑) ② (드물게) 애찬(愛餐); 초기 기독교인들의 회식)

agata /'agata/ [여] [광물] 마노(瑪瑙)

agenda /a'dʒenda/ [여] ① 다이어리, 수첩; agenda elettronica 전자 수첩 ② 의제(議題), 의사 일정, 협의 사항

agente /a'dʒente/ [남/여] ① 대리인, 중개인, 브로커; (연예인 등의) 매니저;

agente commissionario 중매인, 거간꾼; agente esclusivo 독점 대리인; agente di viaggi 여행업자, 여행사 직원; agente immobiliare 부동산 중개업자; fungere da agente di ~의 대리인으로 활동하다 ② 행위자 ③ 관리, 관청 직원; agente di polizia 경찰관; agente segreto 첩보원, 스파이 - [남] ① [화학] 작용제, 약품; agente chimico 화학 약품 ② [문법] 동작의 주체, 동작주 ③ [의학] 병원체

agenzia /adʒen'tsia/ [여] ① 대리점; 지점; agenzia commissionaria 중개소; agenzia di cambiavalute 환전소; agenzia di collocamento 직업 소개소; agenzia di pegni, agenzia di prestito su pegno 전당포; agenzia di stampa, agenzia d'informazioni 통신사; agenzia di vendita 판매 대리점; agenzia di viaggi 여행사; agenzia immobiliare 부동산 중개소 ② (정부) 기관, ~청(廳), ~국(局); agenzia governativa 관청 ③ (통신사의) 속보, 특보 (flash d'agenzia)

agevolare /adʒevo'lare/ [타동] ① 쉽게 하다, 용이하게 만들다 ② 도와주다, 호의를 보이다, 편의를 도모하다

agevolazione /adʒevolat'tsjone/ [여] 용이하게 함, 편의를 도모함; agevolazione fiscale 세금 공제[우대]

agevole /a'dʒevole/ [형] 쉬운, 간단한, 힘이 들지 않는

agevolmente /adʒevol'mente/ [부] 쉽게, 간단하게

agganciare /aggan'tʃare/ [타동] ① 고리 따위를 걸다; (차량 따위를) 연결[결합]하다; (우주선끼리) 도킹시키다 ② (단추 등으로) 단단히 착용하다, 고정시키다 ③ (전화를) 끊다 ④ [경제] (시세·가치를 외부 기준에) 연동시키다 ⑤ (구어체에서·비유적으로) (다른 사람과) 연락[접촉]하다 - agganciarsi [재귀동사] ① 고리 따위가 걸리다; 연결[결합]되다 ② (단추 등으로) 단단히 착용되다, 고정되다

aggancio /ag'gantʃo/ [남] (복 : -ci) ① (차량 따위의) 연결, 결합; (우주선의) 도킹 ② (비유적으로) 연계, 관련, 관계 ③ (구어체에서) (다른 사람과의) 연락, 접촉

aggeggio /ad'dʒeddʒo/ [남] (복 : -gi) 고안물, 기계 장치

aggettivo /addʒet'tivo/ [남] ① [문법] 형용사; aggettivo dimostrativo 지시 형용사; aggettivo possessivo 소유 형용사 ② 형용사구, 한정사

agghiacciante /aggjat'tʃante/ [형] 무시무시한, 소름 끼치는

agghiacciare /aggjat'tʃare/ [타동] ① (물 따위를) 얼리다 ② (비유적으로) 무섭게 만들다, 오싹하게 하다 - [자동] (조동사 : essere) ① 얼다, 결빙하다 ② (비유적으로) (per와 함께 쓰여) (~으로 인해) 두려움을 느끼다, 오싹해지다 - agghiacciarsi [재귀동사] 얼다, 결빙하다

agghindarsi /aggin'darsi/ [재귀동사] 잘 차려 입다, 치장하다

agghindato /aggin'dato/ [형] 잘 차려 입은, 치장한

aggiornamento /addʒorna'mento/ [남] ① (최신판으로의) 업데이트, 갱신, 개정 ② 재교육, 재훈련 ③ (회의 따위의) 연기 ④ (신문·TV의) 최신 기사[뉴스]

aggiornare /addʒor'nare/ [타동] ① 최신판으로 만들다, 업데이트하다, 갱신[개정]하다 ② (직원 등을) 재교육[재훈련]하다 ③ (su와 함께 쓰여) (~에 관한) 최신 정보를 제공하다 ④ (회의 따위를) 연기하다 - aggiornarsi [재귀동사] ① 최신판으로 업데이트되다, 갱신[개정]되다 ② 재교육[재훈련]을 받다 ③ (회의 따위가) 연기되다

aggiornato /addʒor'nato/ [형] ① 최신판으로 업데이트된, 갱신[개정]된; tenere qc aggiornato 무엇을 항상 최신판으로 유지하다, 계속 업데이트하다 ② (su와 함께 쓰여) (~에 관해) 최신 정보를 보유하고 있는, 시대에 뒤떨어지지 않고 있는

aggirare /addʒi'rare/ [타동] ① (장애물이나 문제 따위를) 돌아서[피해] 가다, 우회하다, 회피하다 ② [군사] 적의 측면을 포위하다, 적의 허를 찌르다 - aggirarsi [재귀동사] ③ (비유적으로) 속임수를 쓰다 ① (어떤 곳의 근처를) 돌아다니다, 어슬렁거리다 ② (su 또는 intorno a와 함께 쓰여) (~에) 근접해 있다

aggiudicare /addʒudi'kare/ [타동] ① (경매에서 물건을) 낙찰시키다; 계약에 의해 일을 맡기다 ② (시합 따위에서) 상을 주다 - aggiudicarsi [재귀동사] 계약을 따내다; 상을 받다

aggiungere /ad'dʒundʒere/ [타동] 더하다, 덧붙이다, 추가[부가]하다 - **aggiungersi** [재귀동사] (a와 함께 쓰여) (사람이 단체 등에) 가입하다; (사물이 다른 무언가에) 추가되다; posso aggiungermi a voi? 저도 끼어도 될까요?

aggiunta /ad'dʒunta/ [여] 추가, 부가; fare (delle) aggiunte 더하다, 추가[부가]하다; in aggiunta (a) (~에) 더하여

aggiuntivo /addʒun'tivo/ [형] 덧붙이는, 추가의; senza spese aggiuntive 추가 요금 없이

aggiunto /ad'dʒunto/ [형] 덧붙여진, 추가된; 가외의 - [남] 대리인, 보좌하는 사람; aggiunto del sindaco 부시장

aggiustare /addʒus'tare/ [타동] ① 고치다, 수선[수리]하다 ② 조정[조절]하다 - **aggiustarsi** [재귀동사] ① (일이) 잘 되다, 잘 풀리다 ② 곧게 펴다, 단정하게 하다 ③ 차림새를 단정히 하다 ④ (su와 함께 쓰여) (~에 관해) 합의를 보다 ⑤ (con과 함께 쓰여) (문제 따위를) 그럭저럭 처리하다, (환경 따위에) 익숙해지다

agglomerato /agglome'rato/ [남] [지질] (암석 따위의) 집괴(集塊), 덩어리 - agglomerato urbano 도심, 시가지, 인구 밀집 지역

aggomitolare /aggomito'lare/ [타동] (실 따위를) 공 모양으로) 감다 - **aggomitolarsi** [재귀동사] ① 몸을 공 모양으로 웅크리다 ② (in과 함께 쓰여) (~에게) 달라붙다

aggrapparsi /aggrap'parsi/ [재귀동사] (a와 함께 쓰여) ① (~에) 달라붙다, (~을) 꽉 붙잡다; si aggrappò alla ringhiera 그녀는 난간을 꼭 붙잡았다 ② (~에) 매달리다, (~을) 굳게 의지하다; aggrapparsi alla speranza 희망의 끈을 놓지 않다

aggravamento /aggrava'mento/ [남] 악화, 심화; 형량의 가중

aggravante /aggra'vante/ [형] [법률] 죄를 더 무겁게 만드는 - [여] [법률] 참작할 여지가 없는 정상 (una circostanza aggravante)

aggravare /aggra'vare/ [타동] ① 악화[심화]시키다, 더 나쁘게 만들다 ② [법률] (형량을) 가중하다 ③ (마음을) 압박하다, 짓누르다 - **aggravarsi** [재귀동사] 악화[심화]되다, 더 나빠지다

aggravio /ag'gravjo/ [남] (복 : -vi) ① 인상, 상승; (부담 따위의) 증대; aggravio fiscale 증세(增稅) ② [법률] (형벌의) 가중 (aggravio di pena)

aggraziato /aggrat'tsjato/ [형] ① (언행 따위가) 세련된, 고상한, 교양 있는 ② (동작 따위가) 우아한

aggredire /aggre'dire/ [타동] ① (사람의 신체를) 공격하다; (강도가) 습격하다 ② (말로) 공격하다 ③ (문제·어려움 등에) 덤벼들다, 맞서다

aggregare /aggre'gare/ [타동] ① 모으다, 결집시키다 ② (a와 함께 쓰여) (사람을 ~의 구성원으로) 들이다, 넣다; aggregare nuovi soci 신입 회원을 들이다 - **aggregarsi** [재귀동사] ① 모이다, 결집하다 ② (a와 함께 쓰여) (사람이 다른 사람 또는 단체 등과[에]) 어울리다, 함께 하다, 가입하다

aggregato /aggre'gato/ [형] ① 연합한, 합동의 ② 총계의 - [남] ① 집합체, 집단; aggregato urbano 도심, 인구 밀집 지역 ② [수학] 집합

aggressione /aggres'sjone/ [여] (a와 함께 쓰여) (~에 대한) 공격, 습격, 폭행; aggressione verbale 언어 폭력; aggressione a mano armata 무장 공격; aggressione a scopo sessuale 성폭행; subire un'aggressione 공격[폭행]을 당하다; patto di non aggressione 불가침 조약

aggressività /aggressivi'ta/ [여-불변] 공격적임, 공격성; 호전성

aggressivo /aggres'sivo/ [형] ① 공격적인; 호전적인 ② (활동·정책 따위가) 적극적인, 의욕적인 ③ (성질이) 지나치게 강한; (소리가) 귀에 거슬리는 - [남] 무기; aggressivo chimico 화학 무기, 독가스

aggressore /aggres'sore/ [남] 공격하는 자; (뒤에서 습격하는) 강도

aggrinzire → raggrinzire

aggrottare /aggrot'tare/ [타동] aggrottare la fronte 이맛살을 찌푸리다

aggrovigliare /aggroviʎ'ʎare/ [타동] (실 따위를) 엉클다, 얽히게 하다 - **aggrovigliarsi** [재귀동사] (실 따위가) 뒤엉키다, 얽히다

aggrovigliato /aggroviʎ'ʎato/ [형] (실 따위가) 뒤엉킨, 얽힌

agguantare /aggwan'tare/ [타동] 붙잡다,

꽉 쥐다, 움켜쥐다; agguantare qn per un braccio 누구의 팔을 잡다
agguato /ag'gwato/ [남] ① 매복, 잠복; stare[essere] in agguato 매복[잠복]하다 ② (비유적으로) 덫, 함정
agguerrito /aggwer'rito/ [형] ① 전쟁을 대비해 훈련한 ② (contro와 함께 쓰여) (~에) 강해진, 단련된; (~을) 이길 힘이 생긴 ③ 경험 많은, 노련한
agiatezza /adʒa'tettsa/ [여] (생활의) 안락함; 넉넉함, 유복함; vivere nell'agiatezza 안락한 생활을 하다, 넉넉하게 살다
agiato /a'dʒato/ [형] (생활이) 안락한; 넉넉한, 유복한; le classi agiate 부유층
agibile /a'dʒibile/ [형] ① 실행 가능한 ② (건물·시설 따위가) 안전한, 사용 가능한
agile /'adʒile/ [형] ① (a fare 또는 con과 함께 쓰여) (~하는 데 또는 ~에) 기민한, 민첩한, 재빠른; 솜씨 있는 ② (정신적으로) 깨어 있는, 생기가 넘치는; 재치 있는 ③ 쉬운; essere di agile lettura (책 따위가) 읽기 쉽다 - agile di mano 손재주가 있는
agilità /adʒili'ta/ [여-불변] ① 기민함, 민첩함, 재빠름; 솜씨 있음 ② (정신적으로) 깨어 있음, 생기가 넘침; 재치 있음
agio /'adʒo/ [남] (복 : agi) ① 편안함, 마음이 놓임; a proprio agio 편안한, 마음이 놓이는 ② (시간적인) 여유, 틈; fare qc con agio 무엇을 느긋하게 하다 ③ 기회, 가능성 ④ [복] (생활의) 안락함, 넉넉함, 유복함; vivere negli agi 넉넉하게 살다
agire /a'dʒire/ [자동] (조동사 : avere) ① 행동하다, 행하다; agire con prudenza (일을) 신중하게 하다; pensa prima di agire 행동으로 옮기기 전에 먼저 신중하게 생각해보라 ② (양태의 부사(구)와 함께 쓰여) (~하게) 행동[처신]하다; agire bene (예의)바르게 행동하다 ③ (약제 따위가) 작용하다, 효과를 나타내다 ④ [법률] agire legalmente contro qn 누구에 대해 법적 조치를 취하다; agire civilmente (민사 소송에서) 고소하다; agire penalmente (검사가) 기소하다 ⑤ 연기하다, 배역을 맡아 하다
agitare /adʒi'tare/ [타동] ① (손·꼬리 따위를) 흔들다; agitai la mano in segno di saluto 나는 (인사로) 손을 흔들었다 ② (액체가 든 병 따위를) 흔들다, 흔들어 섞다; "agitare prima dell'uso" "잘 흔들어 사용하세요" ③ (상황 따위가) 혼란[동요]을 일으키다, 당황스럽게 만들다 ④ (대중을) 동요[분기]시키다, 선동하다 - agitarsi [재귀 동사] ① 몸부림치다; agitarsi nel sonno 자면서 몸을 뒤척이다 ② (잎 따위가 바람에) 흔들리다 ③ 혼란[동요]이 일어나다, 당황하게 되다 ④ (바다의 물결이) 거칠어지다 - agitare le acque 평지풍파를 일으키다
agitato /adʒi'tato/ [형] ① (바다의 물결이) 거친 ② (사람이) 흥분한, 동요한, 불안한, 당황한; restò agitato per la notizia 그는 그 소식을 듣고 당황했다
agitatore /adʒita'tore/ [남] (여 : -trice) ① 말썽꾼; (정치적) 선동가 ② 교반기
agitazione /adʒitat'tsjone/ [여] ① (사람의) 흥분, 동요, 불안, 당황; mettersi in agitazione 흥분[동요]하다, 혼란스러워지다 ② 소란, 소동, 소요 ③ (정치적·사회적) 불안, 동요; agitazione sociale 사회 불안; essere in stato di agitazione 파업 중이다
agli → a2
aglio /'aʎʎo/ [남] (복 : agli) [식물] 마늘; spicchio d'aglio 마늘쪽 - un capo d'aglio (비유적으로) 아무것도 아닌 것
agnellino /aɲɲel'lino/ [남] ① 어린[새끼]양 ② (비유적으로) 온순한[순진한] 사람
agnello /aɲ'nɛllo/ [남] ① 어린[새끼] 양; 그 고기 (carne di agnello) ② (비유적으로) 온순한[순진한] 사람 - docile come un agnello 지극히 온순한; l'Agnello di Dio [성경] 하나님의 어린 양, 그리스도; agnello pasquale i) 유월절의 어린 양 ii) 그리스도
agnosticismo /aɲɲosti'tʃismo/ [남] [철학] 불가지론
agnostico /aɲ'nɔstiko/ (복 : -ci, -che) [형] 불가지론의 - [남] (여 : -a) 불가지론자
ago /'ago/ [남] (복 : aghi) ① 바늘, 침; infilare l'ago 바늘에 실을 꿰다; ago da siringa 주삿바늘; lavoro d'ago 바느질 ② 뜨개바늘 (ago da calza) ③ (저울·나침반 따위의) 바늘, 지침(指針); ago magnetico 자침(磁針) ④ [식물] 바늘 잎, 침엽; ago di pino 솔잎 ⑤

[동물] 바늘, 가시 - essere l'ago della bilancia (힘의) 균형을 유지하고 있다; fare pendere l'ago della bilancia a favore di ~에 유리하도록 만들다; è come cercare un ago in un pagliaio 건초 더미 속에서 바늘을 찾는 것과 같다, 가망 없는 일이다

agognare /agoɲ'nare/ [타동] (자유·영예·목표 성취 따위를) 몹시 바라다, 갈망하다 - [자동] (조동사 : avere) (a와 함께 쓰여) (~을) 몹시 바라다, 갈망하다

agonia /ago'nia/ [여] ① 죽음의 고통; essere in agonia 죽음을 눈앞에 두고 있다; rantolo d'agonia 임종시의 가래 끓는 소리 ② (비유적으로) 극심한 고통·고뇌

agonistica /ago'nistika/ [여] (참가자들이 서로 기량을 겨루는) 운동 경기, 스포츠

agonistico /ago'nistiko/ [형] (복 : -ci, -che) ① (참가자들이 서로 기량을 겨루는) 운동 경기의, 스포츠의 ② (비유적으로) 경쟁하는; spirito agonistico 경쟁심

agonizzante /agonid'dzante/ [형] ① 다 죽어가는, 빈사상태의 ② (비유적으로) 사라져가는 - [남/여] 죽어가는 사람

agonizzare /agonid'dzare/ [자동] (조동사 : avere) 죽음의 고통에 시달리다; (비유적으로) 몹시 괴로워하다

agopuntura /agopun'tura/ [여] 침술

agorafobia /agorafo'bia/ [여] [정신의학] 광장공포증

agosto /a'gosto/ [남] 8월

agraria /a'grarja/ [여] ① 농학(農學) ② (대학의) 농학부

agrario /a'grarjo/ [복 : -ri, -rie) [형] ① 농업의, 농사의; 농학(상)의 ② 농지의, 토지의; 농민의; riforma agraria 농지 개혁 - [남] (여 : -a) ① 토지 소유자, 지주 ② 농학자, 농업 전문가

agricolo /a'grikolo/ [형] 농업의, 농사의; prodotti agricoli 농산물; società agricola 농경 사회

agricoltore /agrikol'tore/ [남] (여 : -trice) 농부, 농민; fare l'agricoltore 농사를 짓다

agricoltura /agrikol'tura/ [여] 농업, 농사; agricoltura intensiva 집약농업; agricoltura biologica 유기농업

agrifoglio /agri'fɔʎʎo/ [남] (복 : -gli) [식물] 서양호랑가시나무

agriturismo /agritu'rizmo/ [남] ① 농촌 관광 ② 관광객을 유치하는 농촌

agro /'agro/ [형] ① (맛이) 신 ② (비유적으로) (말 따위가) 신랄한, 통렬한 - [남] ① 신맛, 맛이 심; all'agro (신맛이 나도록) 레몬이나 식초 따위를 친 ② (비유적으로) 신랄함, 통렬함

agrodolce /agro'doltʃe/ [형] 신맛이 나면서도 달콤한 - [남] 새콤달콤한 요리

agronomia /agrono'mia/ [여] 농업경제학, 농경학, 경종학

agronomo /a'grɔnomo/ [남] (여 : -a) 농업경제학자, 경종학자

agrume /a'grume/ [남] 감귤류 (열매 또는 나무)

agrumeto /agru'meto/ [남] 감귤류의 과수원

aguzzare /agut'tsare/ [타동] ① 날카롭게 [예리하게] 하다; 뾰족하게 만들다 ② (비유적으로) (식욕 따위를) 자극하다 ③ (비유적으로) (감각을) 예민하게 하다; aguzzare le orecchie 귀를 기울이다 - aguzzarsi [재귀동사] ① 날카로워지다, 예리해지다; 뾰족해지다 ② (비유적으로) 세어지다, 강화되다 ③ (비유적으로) 몹시 애쓰다

aguzzo /a'guttso/ [형] ① (날이) 날카로운, 예리한; (끝이) 뾰족한 ② (비유적으로) (인상 따위가) 날카로운

ah /a/ [감] 아!, 오!; ah, bene 아, 좋아 [그래]; ah davvero? 아, 정말이야?; ah si? 아, 그래?; ah ah ah! (웃음소리로) 하하하

ahi /'ai/ [감] (아픔이나 놀람을 나타내어) 아얏!, 이런!

ahimè /ai'mɛ/ [감] 슬프도다!

ai1 /ai/ → a2

ai2 /ai/ → ahi

aia /'aja/ [여] 농가의 마당 - menare il can per l'aia 에둘러 말하다

AIDS, aids /'aids, aidi'ɛsse/ [남/여-불변] [병리] 에이즈, 후천성 면역 결핍증

aiola → aiuola

airbag /ɛr'bɛg/ [남-불변] (자동차의) 에어백

airone /ai'rone/ [남] [조류] 왜가리·해오라기 무리; airone bianco 백로

air-terminal /ɛr'tɛrminal/ [남-불변] 공항 터미널

aitante /ai'tante/ [형] (사람이) 건장한, 튼튼한, 억센

aiuola /a'jwɔla/ [여] 꽃밭, 화단 - aiuola

spartitraffico (고속도로의) 중앙분리대

aiutante /aju'tante/ [남/여] ① 조수, 보조자 ② [군사] 부관(副官)

aiutare /aju'tare/ [타동] ① (a fare와 함께 쓰여) (~하는 것을) 돕다, 거들다, 보조하다, 협력하다; aiutare qn ad attraversare la strada 누구로 하여금 길을 건너도록 돕다; farsi aiutare da qn 누구로부터 도움을 받다 ② (재정적으로) 지원하다, 원조하다 ③ 쉽게[용이하게] 하다, 촉진하다 - aiutarsi [재귀동사] ① (일을 처리하기 위해) 스스로 어떻게 하다; si aiuta come può 그는 최선을 다한다 ② 서로 돕다 - aiutati che il ciel ti aiuta 하늘은 스스로 돕는 자를 돕는다

aiuto /a'juto/ [남] ① 도움, 보조, 거들기, 협력; dare[fornire, prestare] aiuto a qn 누구를 도와주다; chiedere aiuto a qn 누구에게 도움을 요청하다; venire in aiuto di qn i) 누구를 도우러 오다 ii) 누구를 재정적으로 지원하다; posso essere d'aiuto? 도와드릴까요?; con[senza] l'aiuto di ~의 도움을 얻어[받지 않고]; essere di grande aiuto a qn 누구에게 큰 도움이 되다; aiuto! 도와줘요! ② (재정적·물질적인) 지원, 원조; aiuto finanziario 재정적 지원; mandare aiuti a ~에게 원조 물자를 보내다 ③ 돕는 사람, 조수, 보조자, 협력자; aiuto infermiere 간호조무사, 보조 간호사; aiuto regista (영화 등의) 조감독

aizzare /ait'tsare/ [타동] ① (동물을) 부추겨 공격하게 하다; aizzare i cani contro qn 개를 부추겨 누구를 공격하게 하다 ② (비유적으로) (사람을) 자극하여 싸움을 붙이다; (대중을) 선동하다

al → a2

ala /'ala/ [여] (복 : ali) ① (새·비행기·풍차 등의) 날개; battere le ali 날개를 파닥거리다 ② (건물의) 윙, 옆으로 늘인 부속 건물 ③ [정치] 당파, (좌·우익의) 익 ④ [군사] 익(翼), 대열의 측면; (사람들이 늘어선) 열(列) ⑤ [스포츠] 윙; 윙의 선수; ala destra 라이트윙 ⑥ (모자의) 챙 - in un batter d'ali 순식간에; avere le ali ai piedi 발이 아주 빠르다; prendere qn sotto la propria ala protettrice 누구를 감싸다[비호하다]

alabastro /ala'bastro/ [남] 설화석고; 앨러배스터

alacre /'alakre/ [형] ① 민첩한, 활발한 ② 기꺼이[선뜻] ~하는

alacrità /alakri'ta/ [여-불변] 민첩함, 활발함; 선뜻 ~함

alamaro /ala'maro/ [남] ① 가슴에 다는, 단추 고리를 겸한 장식 끈 ② (군복 따위의) 늑골 장식

alambicco /alam'bikko/ [남] (복 : -chi) 증류기(蒸留器)

alano /a'lano/ [남] 그레이트데인 (개 품종의 하나)

alare /a'lare/ [형] ① [동물] 날개의; [해부] 겨드랑이의 ② (비행기의) 날개의; apertura alare 날개 폭

Alaska /a'laska/ [여] 알래스카

alato /a'lato/ [형] ① 날개가 있는 ② (비유적으로) 숭고한, 고상한

alba1 /'alba/ [여] ① 새벽, 여명; all'alba 새벽에, 동틀녘에; prima dell'alba 동트기 전에; sul far dell'alba 동틀 무렵에, 새벽녘에 ② (비유적으로) (새 시대 등의) 출현, 시작; all'alba del XXI secolo 21세기의 시초에

alba2 /'alba/ [여] [가톨릭] 장백의(長白衣)

albanese /alba'nese/ [형] 알바니아의 - [남/여] 알바니아 사람 - [남] 알바니아어

Albania /alba'nia/ [여] 알바니아

albatro /'albatro/ [남] [조류] 앨버트로스, 신천옹

albeggiare /albed'dʒare/ [비인칭] (조동사 : avere, essere) albeggia 동이 튼다, 날이 밝아온다

alberato /albe'rato/ [형] ① (거리에) 나무를 심은; 나무가 늘어선; viale alberato 가로수 길 ② [항해] 돛대를 세운

alberatura /albera'tura/ [여] [항해] (여러 개의) 돛대들, 돛대 및 돛 활대

albergare /alber'gare/ [타동] (문어체에서) ① (일정 장소에 사람을) 숙박시키다, 머무르게 하다 ② (비유적으로) (감정 따위를) 품다 - [자동] (조동사 : avere) (문어체에서) ① (in과 함께 쓰여) (~에) 숙박하다, 머무르다 ② (비유적으로) (감정 따위가 마음 속에) 자리잡고 있다

albergatore /alberga'tore/ [남] (여 : -trice) 호텔 경영자; 여관 주인

alberghiero /alber'gjero/ [형] 호텔의;

industria alberghiera 호텔업
albergo /al'bɛrgo/ [남] (복 : -ghi) ① 호텔; dormire[soggiornare] in albergo 호텔에 묵다; prenotare presso un albergo 호텔방을 예약하다; cameriera d'albergo (호텔의) 객실 담당 여종업원; fattorino d'albergo (호텔의) 보이, 사환; portiere d'albergo (호텔의) 짐 운반인 ② (옛말로) 피난처, 은신처; dare albergo a qn 누구에게 쉴 곳을 제공하다
albero /ˈalbero/ [남] ① 나무, 수목; un albero di mele 사과나무; albero da frutto 과수(果樹); coperto di alberi 나무가 우거진; giovane albero 묘목, 어린 나무 ② [항해] 돛대, 마스트; albero maestro 메인마스트, 큰 돛대; nave a tre alberi 돛대가 셋인 배 ③ [기계] 축, 굴대, 샤프트; albero a gomiti 크랭크축; albero motore 구동축 - albero della conoscenza [성경] 선악과; albero di Natale 크리스마스트리; albero genealogico 가계도, 족보
albicocca /albiˈkɔkka/ [여] (복 : -che) 살구 (열매) - [남/형-불변] 살구색(의)
albicocco /albiˈkɔkko/ [남] (복 : -chi) [식물] 살구나무
albino /al'bino/ [형] 알비노의, 백변종(白變種)의 - [남] (여 : -a) 알비노인 사람; 백변종
albo /ˈalbo/ [남] ① 게시판, 공고판 ② (전문직 종사자의) 등록부, 명부; albo degli avvocati 변호사 명부; iscriversi all'albo 명부에 이름이 오르다 ③ 앨범, 사진첩 ④ 그림책
albore /alˈbore/ [남] (문어체에서) ① 새벽, 여명 ② [복] (비유적으로) (새 시대 등의) 출현, 시작; agli albori di ~의 여명기에, ~이 막 시작될 무렵에
album /ˈalbum/ [남-불변] ① 앨범; album di francobolli 우표첩; album di fotografie 사진첩; album di ritagli di giornali 스크랩북 ② 그림책; album di[a] fumetti 만화책 ③ 음반, 곡집(曲集) - album per schizzi 스케치북
albume /al'bume/ [남] ① (알의) 흰자위 ② [식물] 배젖
albumina /albuˈmina/ [여] [생화학] 알부민
alcali /ˈalkali/ [남-불변] [화학] 알칼리
alcalino /alkaˈlino/ [형] [화학] 알칼리(성)의
alce /ˈaltʃe/ [남] [동물] 엘크, 말코손바닥사슴
alchimia /alkiˈmia/ [여] ① 연금술 ② (비유적으로) (정치적) 조작, 책동
alchimista /alkiˈmista/ [남/여] (남·복 : -i, 여·복 : -e) 연금술사
alcol /ˈalkol/ [남-불변] (복 : -li) ① [화학] 알코올; alcol denaturato 변성알코올; alcol etilico 에틸알코올; alcol metilico 메틸알코올 ② 술, 주류; astinenza dall'alcol 금주(禁酒); intossicazione da alcol 알코올 중독; dipendenza dall'alcol 알코올 의존증; darsi all'alcol 술에 빠지다; essere sotto l'influsso dell'alcol 술에 취해 있다
alcolicità /alkolitʃiˈta/ [여-불변] 알코올 함유량[도수]
alcolico /al'koliko/ (복 : -ci, -che) [형] (마실 것이) 알코올을 함유한; bevanda alcolica 술, 주류; non alcolico 무(無)알코올의; poco alcolico 알코올 도수가 낮은; gradazione alcolica 알코올 도수 - [남] 술, 주류; bere alcolici 술을 마시다; abuso di alcolici 과음; negozio di alcolici 주류 판매 면허가 있는 가게
alcolismo /alkoˈlizmo/ [남] 알코올 중독 [의존증]
alcolista /alkoˈlista/ [남/여] (남·복 : -i, 여·복 : -e) 알코올 중독[의존증] 환자; Alcolisti Anonimi 알코올 중독 방지 모임, 금주 모임
alcolizzato /alkoliˈdzato/ [형] ① 알코올화한, 알코올을 탄; vino alcolizzato (알코올을 첨가한) 보강 포도주 ② 술에 취한 - [남] (여 : -a) 술고래, 술꾼
alcoltest /alkolˈtɛst/ [남-불변] ① 음주 측정 ② 음주 측정기
alcool, alcoole → alcol
alcova /alˈkɔva/ [여] 반침, 벽감(壁龕)
alcun → alcuno
alcuno /alˈkuno/ [형] (부정형용사) ① (부정문에서) 어떠한 ~도 (없는), 조금도 ~ (아닌); non è in alcuno posto 그것은 어디에도 없다 ② [복] alcuni (긍정문에서) 몇몇, 약간의; ho invitato alcuni amici 나는 몇몇 친구들을 초대했다; alcuni giorni fa 며칠 전에; in alcuni momenti 때때로 - [대] (부정(不定) 대명사) ① (부정문에서) 아무도 (없음);

A

non c'era alcuno 아무도 없었다 ② [복] alcuni (긍정문에서) 어떤[몇몇] 사람들; alcuni di loro 그들 중 몇 사람

aldilà /aldi'la/ [남-불변] 사후 세계, 내세

aleatorio /alea'tɔrjo/ [형] (복 : -ri, -rie) ① (결과 따위가) 예측할 수 없는; (성공 따위가) 보장되지 않는; 모험적인, 우발적인 ② [통계] 무작위의; variabile aleatoria 확률 변수

aleggiare /aled'dʒare/ [자동] (조동사 : avere) ① (새가) 가볍게 날갯짓을 하며 공중을 맴돌다 ② (비유적으로) (냄새·기운 따위가) 떠돌다, 감돌다; un profumo inebriante aleggiava nella stanza 강한 향기가 방 안에 떠돌았다

aletta /a'letta/ [여] ① 작은 날개 ② (물고기의) 지느러미 ③ (기계류의) 지느러미 모양의 부분 - aletta parasole 햇볕 가리개; aletta di raffreddamento 냉각 핀

alfa /'alfa/ [남/여-불변] 알파 (그리스어 알파벳의 첫 번째 문자) - [형-불변] raggi alfa [물리] 알파선(線); particelle alfa [물리] 알파입자 - l'alfa e l'omega di ~의 알파와 오메가, 처음과 끝; dall'alfa all'omega 처음부터 끝까지

alfabeticamente /alfabetika'mente/ [부] 알파벳순으로

alfabetico /alfa'betiko/ [형] (복 : -ci, -che) 알파벳(순)의; in ordine alfabetico 알파벳순으로

alfabetizzazione /alfabetiddzat'tsjone/ [여] 읽고 쓰는 법의 교육

alfabeto /alfa'beto/ [남] ① 알파벳, 자모 (字母) ② (비유적으로) 초보, 입문 - alfabeto fonetico 음표 문자, 음성 기호; alfabeto fonetico internazionale 국제 음성 기호 (영문 약자 : IPA); alfabeto Morse 모스 부호

alfiere1 /al'fjere/ [남] ① [군사] 기수(旗手) ② (비유적으로) (사회 운동 따위의) 주창자, 지도자

alfiere2 /al'fjere/ [남] [체스] 비숍

alfine /al'fine/ [부] (문어체에서) 마침내, 결국, 드디어

alga /'alga/ [여] (복 : -ghe) [생물] 조류 (藻類), 말; alga marina 해조류

algebra /'aldʒebra/ [여] ① 대수(代數)(학) ② (구어체에서) 알 수 없는 말, 영문 모를 말

Algeria /aldʒe'ria/ [여] 알제리

algerino /aldʒe'rino/ [형] 알제리의 - [남] (여 : -a) 알제리 사람

algoritmo /algo'ritmo/ [남] [수학·컴퓨터] 알고리즘, 연산(법)

aliante /ali'ante/ [남] 글라이더, 활공기

alias /'aljas/ [부] 일명(一名), 별명은

alibi /'alibi/ [남-불변] ① [법률] 알리바이, 현장 부재 증명 ② (구어체에서) 변명, 구실

alice /a'litʃe/ [여] [어류] 안초비 (멸치의 일종)

alienabile /alje'nabile/ [형] (재산·권리 등이) 양도 가능한

alienare /alje'nare/ [타동] ① (재산 따위를) 양도하다 ② (애정·신뢰·평판 따위를) 잃게 하다 - alienarsi [재귀동사] ① (다른 대상을[과]) 멀리하다, 단절되다; alienarsi dalla realtà 현실과 동떨어진 생활을 하다 ② (애정·신뢰·평판 따위를) 잃다

alienato /alje'nato/ [형] ① 미친, 제정신이 아닌 ② (재산 따위가) 양도된 - [남] (여 : -a) 미친 사람

alienazione /aljenat'tsjone/ [여] ① [법률] (재산 따위의) 양도 ② 정신 이상 (alienazione mentale) ③ 멀리함, 소원(疏遠)

alieno /a'ljeno/ [형] ① 외국의, 외래의; una lingua aliena 외국어 ② (a 또는 da와 함께 쓰여) (~에) 반대하는, (~을) 싫어하는 ③ 지구 밖의, 우주의 ④ (문어체에서) 다른, 별개의 - [남] (여 : -a) 외계인, 우주인

alimentare1 /alimen'tare/ [타동] ① (사람에게) 음식을 먹이다; (동물에게) 먹이를 주다 ② (기계류나 난로 따위에 연료를) 공급하다 ③ (비유적으로) (감정 따위를) 품게 하다; (열정을) 불러일으키다; alimentare le speranze di qn 누구로 하여금 희망을 갖게 하다 - alimentarsi [재귀동사] ① (con 또는 di와 함께 쓰여) (~을) 먹다, 양식[먹이]로 삼다 ② (di와 함께 쓰여) (연료나 물 따위가) 공급되다 ③ (비유적으로) (di와 함께 쓰여) (~의 감정 따위가) 생기다

alimentare2 /alimen'tare/ [형] ① 음식물의, 식품의, 식량의, 영양의; industria alimentare 식품 공업; intossicazione alimentare 식중독; catena alimentare [생태] 먹이사슬; generi alimentari 식료품 ② [법률] 부양의, 생계 유지의 - alimentari [남·복] 식

료품; negozio di alimentari 식료품점
alimentatore /alimenta'tore/ [남] (여 : -trice) ① [전자] 전원함(電源函) ② [기계] 공급 장치
alimentazione /alimentat'tsjone/ [여] ① 식사법; 영양 공급; alimentazione vegetariana 채식; l'alimentazione di base 주식(主食); disturbo dell'alimentazione 섭식 장애; scienza dell'alimentazione 식품 과학 ② 음식을 먹이기 ③ 음식물, 식료품 ④ (di와 함께 쓰여) (연료·물 따위의) 공급
alimento /ali'mento/ [남] ① 음식, 식품; alimenti surgelati 냉동 식품; alimenti di base 주식(主食); lavorazione degli alimenti 식품 가공업 ② (비유적으로) 공급원, 연료 ③ (비유적으로) 마음의 양식 ④ [복] [법률] 부양, 생계 유지; pagare[corrispondere] gli alimenti a qn 누구를 부양하다, 누구에게 생활비를 지급하다
aliquota /a'likwota/ [여] ① [수학] 약수 (約數) (또는 parte aliquota) ② 세율 (稅率) (aliquota d'imposta); aliquota progressiva 누진세율
aliscafo /alis'kafo/ [남] 수중익선(水中翼船)
aliseo /ali'zɛo/ [형] vento aliseo 무역풍 - [남] gli alisei 무역풍
Alitalia [여] (Aerolinee italiane internazionali의 약자) 알이탈리아 항공
alitare /ali'tare/ [자동] (조동사 : avere) ① 숨쉬다, 숨을 내쉬다 ② (비유적으로) (바람이) 산들거리다
alito /'alito/ [남] ① (내쉬는) 숨; alito cattivo 입냄새, 구취 ② (비유적으로) (바람의) 산들거림 - soffiare l'alito vitale in ~에 생기를 불어넣다
alitosi /ali'tɔzi/ [여-불변] (심한) 입냄새, 구취
all', alla → a2
allacciamento /allattʃa'mento/ [남] (수도·전화·가스 등의) 연결, 공급 - allacciamento ferroviario (철도의) 지선(支線)
allacciare /allat'tʃare/ [타동] ① (벨트·끈 따위를) 매다, 묶다, 조이다; (단추 따위를) 채우다 ② [의학] (동맥·정맥 따위를) 묶다, 결찰(結紮)하다 ③ (관계·거래 따위를) 맺다, 체결하다; allacciare una relazione con qn 누구와 교제하게 되다 ④ (수도·전화·가스 등을) 연결하다 ⑤ (a와 함께 쓰여) (~에) 연결하여 네트워크를 형성하게 하다 - allacciarsi [재귀동사] (벨트·끈 따위가) 매이다, 묶이다

allacciatura /allattʃa'tura/ [여] 연결; 매기, 묶기
allagamento /allaga'mento/ [남] 범람, 침수
allagare /alla'gare/ [타동] 범람시키다, 물에 잠기게 하다 - allagarsi [재귀동사] 범람하다, 침수되다
allampanato /allampa'nato/ [형] (몸매가) 호리호리한
allargare /allar'gare/ [타동] ① (도로·입구 따위를) 넓히다, 확장[확대]하다; (건물을) 증축하다; (옷을) 늘리다, 크게 하다 ② (비유적으로) (사업 규모 따위를) 확장하다; (인식·지평 또는 관계·범위 등을) 넓히다; viaggiare allarga la mente 여행은 시야를 넓혀준다 ③ (손가락이나 다리를) 벌리다, 쫙 펴다 ④ 느슨하게 하다, 풀어주다 - [자동] [조동사 : avere] [스포츠] (게임이) 전개되다 - allargarsi [재귀동사] ① (도로 따위가) 확장되다; (단체의 규모 따위가) 커지다; (어깨·엉덩이 등이) 넓어지다; (옷이나 신발 따위가) 늘어나다 ② (비유적으로) (추상적인 것이) 넓어지다, 확대되다; allargarsi nel proprio lavoro 사업을 확장하다; allargarsi nelle spese 과소비하다; non ti allargare! (구어체에서) 너무[지나치게] 하지 마! - allargare la mano 관대하다, 후하다; mi si allargò il cuore i) 나는 (위안이 되어) 마음이 가벼워졌다 ii) 나는 (기쁨으로) 마음이 부풀었다
allarmante /allar'mante/ [형] 놀라운, 놀라게 하는; 불안하게 만드는
allarmare /allar'mare/ [타동] 놀라게 하다; 불안하게 만들다, 동요를 일으키다, 걱정시키다 - allarmarsi [재귀동사] (per와 함께 쓰여) (~에) 깜짝 놀라다; 불안해지다; 공포에 휩싸이다
allarme /al'larme/ [남] ① (장치·시스템으로서의) (비상) 경보; allarme antincendio 화재 경보기; azionare un allarme, inserire l'allarme 경보를 작동시키다; sirena d'allarme 경고 사이렌; campanello d'allarme 경종, 비상벨 ② (신호로서의) 경보, 경계;

A

allarme aereo 공습 경보; dare il segnale d'allarme, dare l'allarme 경보로 (위급함을) 알리다 ③ 경계 태세 ④ (비유적으로) 놀람, 우려, 걱정; tenere qn in allarme 누구로 하여금 마음을 졸이게 만들다
allarmismo /allar'mizmo/ [남] 사람들을 불안하게 만드는 소문을 퍼뜨림, 세상을 소란스럽게 만듦
allarmista /allar'mista/ [남/여] (남·복 : -i, 여·복 : -e) 사람들을 불안하게 만드는 소문을 퍼뜨리는 자, 세상을 소란스럽게 만드는 자
allattamento /allatta'mento/ [남] 젖먹이기, 수유; allattamento al seno, allattamento materno 모유 수유
allattare /allat'tare/ [타동] (아기에게) 젖을 먹이다, 수유하다; (동물이 새끼에게) 젖을 먹이다
alle → a2
alleanza /alle'antsa/ [여] ① (tra 또는 con과 함께 쓰여) (~ 사이의 또는 ~와의) 동맹, 연합, 결연; stringere un'alleanza con ~와 동맹 관계를 맺다 ② (정치상의) 제휴, 연립 ③ (상호·공동) 협력, 협조 ④ [성경] (신과 이스라엘 사람 사이의) 약속, 계약; l'arca dell'alleanza 언약궤, 계약의 궤
alleare /alle'are/ [타동] 동맹을 맺게 하다, 연합시키다 - allearsi [재귀동사] (con 또는 a와 함께 쓰여) (~와) 동맹을 맺다, 연합하다, 협력[제휴]하다; (contro와 함께 쓰여) (~에 대항하여) 동맹을 맺다
alleato /alle'ato/ [형] (con 또는 a와 함께 쓰여) (~와) 동맹을 맺은, 연합한; un paese alleato 우방국 - [남] (여 : -a) 동맹국, 맹방, 자기편; gli Alleati [역사] (세계 대전 중의) 연합국
allegare1 /alle'gare/ [타동] 증거로[를] 제시하다; 구실·이유로 내세우다
allegare2 /alle'gare/ [타동] ① (a와 함께 쓰여) (~에 문서 따위를) 동봉하다; allegare un documento a una lettera 편지에 서류를 동봉하다 ② (금속을) 합금하다 - [자동] (조동사 : avere) ① (식물이) 열매를 맺다 ② (금속이) 합금이 되다
allegato /alle'gato/ [형] (문서 따위가) 동봉된 - [남] 동봉된 문서·서류; (이메일의) 첨부 파일; come in[da] allegato 동봉한 대로

alleggerimento /alleddʒeri'mento/ [남] ① (무게를) 가볍게 함; (부담 따위의) 경감; (규제 따위의) 완화; alleggerimento fiscale 세금의 경감 ② 안심, 진정
alleggerire /alleddʒe'rire/ [타동] ① (무게를) 가볍게 하다 ② (부담 따위를) 경감하다; (규제 따위를) 완화하다; alleggerire qn di qc 누구에게서 무엇의 부담[고통]을 덜어주다 ③ (비유적으로) (고통을) 가라앉히다; (긴장을) 완화하다; 안심[진정]시키다, 마음을 놓게 하다 - alleggerirsi [재귀동사] ① (무게가) 가벼워지다; (부담 따위가) 경감되다; (규제 따위가) 완화되다 ② 가벼운 옷을 입다; 옷을 벗다
allegoria /allego'ria/ [여] ① (di와 함께 쓰여) (~에 대한) 풍유; 우화, 비유한 이야기 ② 상징
allegorico /alle'goriko/ [형] (복 : -ci, -che) 우화의, 비유적인; 상징적인
allegramente /allegra'mente/ [부] 기쁘게, 즐겁게, 유쾌하게, 명랑하게
allegretto /alle'gretto/ [남/부] [음악] 알레그레토, 조금 빠르게
allegria /alle'gria/ [여] ① 기쁨, 즐거움, 유쾌함, 명랑함; in allegria 기분이 좋아, 흥이 나서; con allegria 즐겁게, 명랑하게; mettere allegria a qn 누구를 기분 좋게 해주다 ② (색깔이) 밝음, 화사함
allegro /al'legro/ [형] ① 기쁜, 즐거운, 유쾌한, 명랑한; (성격·분위기가) 밝은, 쾌활한 ② (색깔이) 밝은, 화사한; (음악 따위가) 신나는, 경쾌한 ③ (농담조로) 얼근히 취한 ④ 걱정 없는, 즐기기 좋아하는 ⑤ (행동이) 경솔한, 방탕한 - [남/부] [음악] 알레그로, 빠르게
alleluia /alle'luja/ [남-불변/감] [기독교] 알렐루야, 할렐루야 ("하나님을 찬양하라")
allenamento /allena'mento/ [남] 훈련, 연습; campo di allenamento 훈련장; mantenersi[tenersi] in allenamento 훈련[연습]을 꾸준히 하다
allenare /alle'nare/ [타동] ① (per 또는 a fare와 함께 쓰여) (~을, ~하는 것을) 훈련[연습]시키다, 지도하다; allena una squadra di calcio 그는 축구 팀을 지도하고 있다, 축구 팀의 코치를 맡고 있다 ② (동물을) 조련하다 - allenarsi [재귀동사] (per 또는 in과 함께 쓰여)

(~을) 훈련하다, 연습하다
allenatore /allena'tore/ [남] (여 : -trice) ① 훈련자, 교관, 트레이너, 코치 ② (복싱의) 연습 상대, 스파링 파트너
allentare /allen'tare/ [타동] ① (밧줄·허리띠·나사 따위를) 느슨하게 하다, 풀다 ② (비유적으로) (규제·감독·긴장 따위를) 완화하다 ③ [경제] (금리 등을) 완화하다 ④ (구어체에서) allentare un ceffone a qn 누구를 때리다 - allentarsi [재귀동사] ① (밧줄·나사 따위가) 느슨해지다, 풀리다 ② (비유적으로) (규제·감독·긴장 따위가) 완화되다 - allentare i cordoni della borsa 돈을 헤프게 쓰다
allergia /aller'dʒia/ [여] ① (a와 함께 쓰여) [병리] (~에 대한) 알레르기, 과민증; avere un'allergia a qc 무엇에 알레르기가 있다 ② (비유적으로) 질색, 혐오, 반감
allergico /al'lerdʒiko/ (복 : -ci, -che) [형] ① 알레르기(성)의; reazione allergica 알레르기 반응 ② (a와 함께 쓰여) (~에) 알레르기가 있는 ② (a와 함께 쓰여) (비유적으로) (~을) 몹시 싫어하는 - [남] (여 : -a) 알레르기 환자
allerta, all'erta /al'lerta, al'lerta/ [남/여 -불변] 경보, 경계; massima allerta 긴급 공습 경보; stato d'allerta 경계 태세 - [형-불변] 경계하고 있는; stare allerta 경계 태세를 갖추고 있다 - [감] allerta! 경계할 것!, 조심해!
allestimento /allesti'mento/ [남] ① (공원·정원 따위의) 설계 ② (행사 따위의) 준비, 조직 ③ [연극·영화] (작품의) 공연, 상연 ④ [항해] (선박의) 의장(艤裝) ⑤ [군사] (부대의) 편성
allestire /alles'tire/ [타동] ① (공원·정원 따위를) 설계하다 ② (집에 부엌·화장실 따위의 시설을) 갖추다 ③ (행사 따위를) 준비하다, 조직하다 ④ [연극·영화] (작품을) 무대에 올리다, 공연하다 ⑤ [항해] (선박을) 의장(艤裝)하다 ⑥ [군사] (부대를) 편성하다
allettante /allet'tante/ [형] (제안·계획 따위가) 매력적인, 마음을 끄는
allettare /allet'tare/ [타동] 유혹하다, 꾀다, (감언이설 따위로) 속이다
allevamento /alleva'mento/ [남] ① (가축의) 사육; (식물의) 재배; allevamento di bestiame 목축, 축산; allevamento di polli 양계(養鶏); allevamento a terra 방목, 놓아 기르기 ② 사육장; 양식장; allevamento di maiali 양돈장; allevamento di ostriche 굴 양식장 ③ (아동의) 양육 ④ (집합적으로) 가축들
allevare /alle'vare/ [타동] ① (가축을) 사육하다 ② (아이를) 기르다, 양육하다
allevatore /alleva'tore/ [남] (여 : -trice) ① (가축) 사육자; allevatore di bestiame 목축업자; allevatore di maiali 양돈업자 ② (식물) 재배자
alleviare /alle'vjare/ [타동] (고통·긴장 따위를) 완화하다; (부담 따위를) 덜다, 경감하다; (생활 여건을) 개선하다
allibire /alli'bire/ [자동] (조동사 : essere) (충격을 받아) 깜짝 놀라다, 어안이 벙벙해지다, 얼굴이 창백해지다; fare allibire qn 누구를 깜짝 놀라게 하다
allibito /alli'bito/ [형] (충격을 받아) 깜짝 놀란, 어안이 벙벙해진
allibratore /allibra'tore/ [남] (여 : -trice) 사설 마권 영업자
allietare /allje'tare/ [타동] 활기를 띠게 하다, (대화·분위기 따위를) 유쾌하게 만들다; (사람을) 즐겁게 하다 - allietarsi [재귀동사] (per 또는 a와 함께 쓰여) (~에) 활기를 띠게 되다, 명랑해지다
allievo /al'ljɛvo/ [남] (여 : -a) ① 학생, 제자; un ex allievo 졸업생; essere allievo di qn 누구의 가르침을 받다 ② 사관생도 (또는 alliévo ufficiale) ③ (경기 등의) 초심자, 풋내기
alligatore /alliga'tore/ [남] [동물] 앨리게이터 (미국·중국산 악어)
allineamento /allinea'mento/ [남] ① 정렬(整列), 일직선으로 맞추기 ② 조정; allineamento dei prezzi 물가 조정 ③ [인쇄] 행 고르기 - non allineamento [정치] 비동맹, 중립 노선 견지
allineare /alline'are/ [타동] ① 정렬시키다, 일직선으로 놓다 ② (a와 함께 쓰여) (~에) 맞추다, 조정하다 ③ [인쇄] (행을) 고르다 - allinearsi [재귀동사] ① 정렬하다, 일직선으로 늘어서다 ② (a와 함께 쓰여) (~에) 따르다, 동조하다 ③ allinearsi alle direttive di partito 당(黨)의 노선에 따르다 ③ (무엇에 대항하여) 동맹을 맺다, 제휴하다, 공동 전선을 펴다

allineato /alline'ato/ [형] ① 정렬한, 일직선으로 늘어선; allineati e coperti (군사가) 횡대로 정렬한 ② [인쇄] 행을 고른 ③ (a와 함께 쓰여) (~에) 따르는, 동조하는; non allineato 비동맹의, 중립 노선을 견지하는

allo → a2

allocare /allo'kare/ [타동] (a 또는 per와 함께 쓰여) (자금·예산 등을 ~에) 할당하다, 배당하다

allocazione /allokat'tsjone/ [여] ① [경제] (자금·자원 등의) 배당, 분배; allocazione dei costi 비용 배분 ② [컴퓨터] 할당; allocazione di memoria 메모리 할당 ③ [경마] 배당금

allocco /al'lɔkko/ [남] (복 : -chi) ① [조류] 올빼미 ② (비유적으로) 바보, 얼간이

allodola /al'lɔdola/ [여] [조류] 종달새

alloggiamento /alloddʒa'mento/ [남] ① 숙박 ② 숙박 시설, 숙소 ③ [군사] 숙사, 막사; 숙영 ④ 기계 장치 따위가 들어가는 자리; alloggiamento per chiavetta 열쇠 구멍

alloggiare /allod'dʒare/ [타동] ① 숙박하게 하다, 거처나 묵을 곳을 제공하다; alloggiare qn per la notte 누구를 하룻밤 재워주다 ② [군사] 숙영시키다, 숙사를 배정하다 ③ (기계 장치 따위를 홈·구멍 등에) 끼우다 - [자동] ① 살다, 거주하다; alloggiare presso qn 누구와 함께 살다 ② 숙박하다, 일시적으로 머무르다; alloggiare in albergo 호텔에 묵다 ③ (군대가) 숙영하다 ④ (기계 장치 따위가 홈·구멍 등에) 들어맞다

alloggio /al'lɔddʒo/ [남] (복 : -gi) ① 숙박; vitto e alloggio 식사가 딸린 하숙 ② 숙박 시설, 숙소; 집, 거처, 주거, 아파트; prendere alloggio presso (남의 집에) 방을 얻어 살다; crisi degli alloggi 주택난 ③ [군사] 숙사, 막사; 숙영 ④ (기계 장치 따위를 홈·구멍 등에) 끼우기

allontanamento /allontana'mento/ [남] ① (공간상의) 이동, 이전; 옮기기, 치우기, 떼어놓기; 떨어짐 ② (직무·조직·사상 등으로부터의) 이탈; un allontanamento dalle norme 규정 이탈 ③ 정직(停職); 면직, 해고 ④ (관계 등의) 소원(疎遠), 멀어짐

allontanare /allonta'nare/ [타동] ① 옮기다, 치우다, 떼어놓다, 이동[이전]시키다; allontanate le sedie dal fuoco 의자를 불 옆에서 치워놓아라 ② (직무·조직·사상 등으로부터) 이탈시키다 ③ 정직(停職)시키다; 해고하다; 내쫓다, 추방하다 ④ (관계를) 소원하게 하다, (사이가) 멀어지게 하다 ⑤ 쫓아버리다, 접근하지 못하게 하다 ⑥ (위험 요인이나 의심 따위를) 없애다, 제거하다 ⑦ 반감·혐오감을 불러일으키다 - allontanarsi [재귀동사] ① (일정 장소를) 떠나다, (다른 곳으로) 이동하다; allontanarsi da casa 집을 떠나다 ② (직무·조직·사상 등으로부터) 이탈하다; allontanarsi dalla retta via 정도(正道)를 벗어나다 ③ 서로 떨어지다

allora /al'lora/ [부] ① 그때에, 그때는; soltanto allora potrai fare 그때가 돼야 넌 ~할 수 있게 될 거야 ② 그 당시 [무렵]에; allora aveva 19 anni 그는 그 당시 19세였다; il primo ministro di allora 그 당시의 총리 ③ (da와 함께 쓰여) 그때 이후로 (줄곧), 그때부터; fin da allora 그때 이후로; da allora non lo abbiamo mai più visto 우리는 그때 이후로 그를 보지 못했다 - [접] ① 그러면, 그런 경우에는; se dovesse morire, allora lei erediterebbe 그가 사망할 경우 그녀가 상속하게 된다; allora me ne vado 그럼 난 간다; (e) allora? 그래서, 뭐? ② 그래서, 그러므로, 그렇기 때문에 ③ 자, 그럼, 그건 그렇고; allora, cominciamo la lezione 자, 수업을 시작합시다; allora, cosa facciamo? 그럼, 우리 뭘 하지? - [형-불변] l'allora presidente 그 당시의 대통령

allorché /allor'ke/ [접] (문어체에서) ~할 때; allorché giunsi tutto era finito 내가 도착했을 때 다 끝나 있었다

alloro /al'lɔro/ [남] [식물] 월계수; 그 잎; corona d'alloro 월계관 - [남·복] allori (비유적으로) 명예, 영예; riposare[dormire] sugli allori 이미 얻은 영예에 만족하다, 더 이상의 노력은 하지 않다 - alloro olimpico 올림픽 메달

alluce /'allutʃe/ [남] [해부·동물] 엄지발가락

allucinante /allutʃi'nante/ [형] ① 환각의 ② 충격적인, 깜짝 놀라게 하는

allucinare /allutʃi'nare/ [타동] ① 환각을 일으키게 하다 ② (빛이 세어) 바로 보지 못하게 하다 - allucinarsi [재귀동사] (사람이) 환각을 일으키다
allucinato /allutʃi'nato/ [형] ① (사람이) 환각에 빠진 ② (빛이 세어) 바로 보지 못하는 - [남] (여 : -a) 환각에 빠진 사람
allucinazione /allutʃinat'tsjone/ [여] 환각, 환상을 봄; avere (delle) allucinazioni 환각에 빠지다, 환상을 보다; allucinazione uditiva 환청
allucinogeno /allutʃi'nɔdʒeno/ [형](약·물질이) 환각을 일으키는; sostanze allucinogene 환각 물질 - [남] 환각제
alludere /al'ludere/ [자동] (조동사 : avere) alludere a qn, qc 누구에게 [무엇을] 암시하다, 넌지시 말하다
allume /al'lume/ [남] [화학] 백반, 명반 (明礬)
allumina /allu'mina/ [여] [화학] 알루미나, 산화알루미늄, 반토(礬土)
alluminio /allu'minjo/ [남] (복 : -ni) 알루미늄; foglio di alluminio, alluminio in fogli 알루미늄 포일, 알루미늄박(箔), 은박지
allunaggio /allu'naddʒo/ [남] (복 : -gi) 달[월면] 착륙
allungabile /allun'gabile/ [형] 늘일 수 있는, 확장 가능한
allungare /allun'gare/ [타동] ① (시·공간적으로) 늘이다, 길게 하다, 연장하다; questa gonna è troppo corta, devi allungarla 이 스커트는 너무 짧으니 늘여야 한다; allungare la vita 생명을 연장하다 ② (팔다리 등 신체의 일부를) 쭉 뻗다; allungare la mano per prendere qc 무엇을 잡기 위해 손을 뻗다 ③ (물을 타서) 묽게 하다, 희석하다 ④ (구어체에서) 건네다, 넘기다; allungare la palla 공을 패스하다 ⑤ (구어체에서) 타격을 가하다 - allungarsi [재귀동사] ① 늘어나다, 길어지다, 연장되다 ② 팔다리를 쭉 뻗다
allusione /allu'zjone/ [여] ① (a와 함께 쓰여) (~에 대한) 암시, (~을) 넌지시 언급하기; fare allusione a ~을 암시하다, 넌지시 언급하다 ② (의미의) 함축, 내포
allusivo /allu'zivo/ [형] 암시적인, 넌지시 언급하는; 함축적인
alluvionale /alluvjo'nale/ [형] [지질] 충적(沖積)의; deposito alluvionale 충적물
alluvionato /alluvjo'nato/ [형] (지역이) 범람한, 홍수가 일어난 - [남] (여 : -a) 홍수의 피해를 입은 사람
alluvione /allu'vjone/ [여] ① 홍수, 범람 ② (비유적으로·경멸적으로) 넘쳐날 정도로 많음
almanacco /alma'nakko/ [남] (복 : -chi) 책력(冊曆); 연감
almeno /al'meno/ [부] ① 최소한, 적어도 ② 다만 ~만이라도, 단지 ~만 하면 (좋겠는데); se almeno mi telefonasse! 그녀가 나에게 전화라도 해준다면 (좋겠는데)
alno /'alno/ [남] [식물] 오리나무
aloe /'aloe/ [남/여-불변] [식물] 알로에 - [여-불변] 알로에 즙 - aloe vera 알로에 베라
alogeno /a'lɔdʒeno/ [형] [화학] 할로겐의; lampada alogena, faro alogeno 할로겐등, 할로겐램프 - [남] [화학] 할로겐, 염소족 [조염] 원소
alone /a'lone/ [남] ① (해·달의) 무리 ② [사진] 헐레이션 (강한 광선으로 흐릿해지는 현상) ③ (성상(聖像) 등의) 후광(後光) ④ (비유적으로) 신비스럽게 발산되는 기운·분위기
alopecia /alo'petʃa/ [여] (복 : -cie, -ce) [병리] 탈모증, 대머리
alpaca /'alpaka/ [남-불변] [동물] 알파카 (남미산, 낙타과의 동물)
alpacca /al'pakka/ [여] 양은(洋銀) (아연·구리·니켈의 합금)
alpeggio /al'peddʒo/ [남] (복 : -gi) 산허리에 있는 목장
alpestre /al'pestre/ [형] 높은 산의, 고산지대의; 알프스 산맥의
Alpi /'alpi/ [여·복] 알프스 산맥
alpinismo /alpi'nizmo/ [남] 등산, 등반; fare dell'alpinismo 등산[등반]하다
alpinista /alpi'nista/ [남/여] (남·복 : -i, 여·복 : -e) 등산가, 등반가
alpino /al'pino/ [형] 높은 산의; 알프스 산맥의; sci alpino [스포츠] 알파인 스키
alquanto /al'kwanto/ [형] (부정형용사) 얼마간의, 일정량의, 몇몇의; dopo alquanto tempo 얼마 후에, 시간이 좀 흐른 후에; aveva bevuto alquanta birra 그녀는 맥주를 좀 마셨다 - [대] (부정(不定) 대명사) ① 얼마간, 일정량, 꽤 많은 양 ② [복] 꽤 많은 수, 상당수

- [부] ① 일정 기간 동안, 한동안; camminammo alquanto 우리는 한동안 걸었다 ② 얼마간, 꽤, 다소, 상당히; è alquanto giovane 그녀는 상당히 젊다

alt /alt/ [감] 멈춰!, 정지! - [남-불변] ① 멈춤, 정지; dare l'alt 멈추게 하다, 정지시키다 ② 잠깐 쉼, 휴식; fare alt 잠시 휴식을 취하다

altalena /alta'lena/ [여] ① 시소; 그네; andare in altalena 시소[그네]를 타다 ② 위아래 또는 앞뒤로 움직임 ③ (비유적으로) 동요, 변동, 오르내림; l'altalena dei prezzi 가격 변동; l'altalena della vita 인생의 기복[부침]

altalenare /altale'nare/ [자동] (조동사: avere) ① 시소를 타다 ② (비유적으로) 동요[변동]하다, 오르내리다, 기복이 있다; (tra와 함께 쓰여) (~의 사이를) 왔다갔다하다

altamente /alta'mente/ [부] ① 크게, 매우, 몹시, 대단히, 고도로 ② (생각·행동을) 고상하게, 고매하게 ③ 완전히, 아주; me ne infischio altamente 난 전혀 개의치 않아

altare /al'tare/ [남] (교회의) 제단, 제대 (祭臺) - condurre una donna all'altare (남자가) 여자와 결혼하다; accostarsi all'altare 성찬을 받다, 성체를 배령하다

alterare /alte'rare/ [타동] ① 바꾸다, 변경하다, 수정하다; 뒤엎다, 크게 달라지게 하다 ② 변형시키다, 왜곡하다; 조작하다, 변조하다; 불순물을 섞다; alterare i fatti 사실을 왜곡하다; alterare i libri contabili 장부를 조작하다 - alterarsi [재귀동사] ① (음식 따위가) 상하다 ② 화[짜증]가 나다

alterato /alte'rato/ [형] ① 바뀐, 변경된, 달라진 ② 변형된, 왜곡된; 조작된, 변조된 ③ 화[짜증]가 난

alterazione /alterat'tsjone/ [여] ① (di와 함께 쓰여) (~의) 변화, 변경, 달라짐 ② (di와 함께 쓰여) (~의) 변형, 왜곡, 조작, 변조; alterazione di documenti 문서 위조 ③ (비유적으로) 화, 짜증

alterco /al'tɛrko/ [남] (복: -chi) 말다툼, 격론

alterigia /alte'ridʒa/ [여] (복: -gie, -ge) 거만함, 오만함; con alterigia 거만하게, 오만하게

alternamente /alterna'mente/ [부] 교대로, 번갈아, 차례로

alternanza /alter'nantsa/ [여] ① 교대, 교체; alternanza di generazione [생물] 세대교번 ② [농업] 윤작(輪作), 돌려짓기 ③ (유행 따위의) 순환

alternare /alter'nare/ [타동] ① 번갈아 [교대로] 하다 ② [농업] (작물을) 윤작하다 - alternarsi [재귀동사] 번갈아 일어나다, 교체되다; alternarsi con qn per fare qc 무엇을 누구와 교대로 하다

alternatamente /alternata'mente/ [부] 번갈아, 교대로

alternativa /alterna'tiva/ [여] ① 양자택일 ② 다른 방도, 대안; non avere alternativa 달리 방도가 없다 ③ 교대, 교체, 하나씩 거름

alternativamente /alternativa'mente/ [부] 그렇지 않으면, 그 대신 다른 방법으로는

alternativo /alterna'tivo/ [형] ① 양자택일의, 둘 중 하나를 택해야 할 ② 대안의, 대신의, 대체의; aver pronto un piano alternativo 대안이 준비돼 있다

alternato /alter'nato/ [형] ① 번갈아 일어나는, 교대[교체]되는, 하나씩 거르는; coltivazione alternata [농업] (작물의) 윤작, 돌려짓기 ② [전기] 교류의; corrente alternata 교류

alternatore /alterna'tore/ [남] [전기] 교류 발전기

alterno /al'terno/ [형] ① 번갈아 일어나는, 교대[교체]되는, 하나씩 거르는; a giorni alterni 하루씩 걸러서, 격일로 ② (비유적으로) 변동하는, 요동치는, 자꾸 변하는; le alterne vicende della vita 인생의 기복[부침] - angoli alterni [기하] 엇각

altero /al'tɛro/ [형] ① 거만한, 오만한, 으스대는, 남을 내려다보는 ② 자존심[긍지]을 가진, 당당한, 기품 있는

altezza /al'tettsa/ [여] ① 높이; (해발) 고도; il muro misura 3 metri in altezza e 6 in lunghezza 그 담은 높이가 3m고 길이가 6m다; cime di oltre 6.000 metri d'altezza 해발 6천미터 봉우리 ② 키, 신장 ③ (물의) 깊이 ④ 고결함, 고상함, 숭고함 ⑤ (왕족에 대한 경칭으로 쓰여) Vostra Altezza 전하 ⑥ [천문] (천체의) 고도 ⑦ [음악] 소리의 높이, 음고(音高), 음조(音

調) ⑧ (직물의) 폭, 너비 - arrivare all'altezza di ~의 수준에 도달하다; essere all'altezza di ~의 수준에 필적하다[맞먹다], ~와 대등하다; all'altezza della vita 허리 높이에; nel senso dell'altezza 세로로, 길게
altezzosamente /altet'tsosa'mente/ [부] 거만하게, 오만하게
altezzoso /altet'tsoso/ [형] 거만한, 오만한, 남을 내려다보는
alticcio /al'tittʃo/ [형] (복 : -ci, -ce) 술에 취해 기분 좋은
altimetro /al'timetro/ [남] 고도계
altipiano → altopiano
altisonante /altiso'nante/ [형] ① (소리가) 크게 울려퍼지는 ② (비유적으로) 떠벌리는, 과장하는
altissimo /al'tissimo/ [형] ① 지극히 높은 ② 엄청나게 비싼 ③ (비유적으로) 장엄한, 숭고한 - [남] l'Altissimo 하나님, 신
altitudine /alti'tudine/ [여] 고도, 높이; altitudine sul livello del mare 해발고도
alto /'alto/ [형] ① 높은; 높이가 ~인; un edificio alto 높은 건물, 고층 빌딩; un muro alto 5 metri 높이가 5m인 담 ② 키가 큰; 키가 ~인; un uomo alto 키 큰 남자; sono alto un metro e settanta 난 키가 170cm다 ③ (물이) 깊은; (직물의) 폭이 넓은; (두께가) 두꺼운; 깊이·폭·두께가 ~인 ④ 높은 곳의, 위[상부]의, 꼭대기의; la parte alta di un edificio 건물 꼭대기 ⑤ (정도·수준이) 높은, 고도의, 매우 ~한; alto comando 최고 사령부, 수뇌부; alta definizione (TV 등의) 고화질; alta pressione [기상] 고기압; alta tensione [전기] 고전압; essere ad alto rischio 매우 위험하다 ⑥ (소리가) 큰; a voce alta 큰소리로 ⑦ [음악] 고음의, 음조가 높은 ⑧ (신분·지위 등이) 높은, 고귀한; il ceto alto 상류층 ⑨ (시기가) 한창때의, 절정기의; l'alto Medioevo 중세 초기; alta stagione 성수기, 대목; si ritirarono a notte alta 그들은 한밤중에 귀가했다 ⑩ 숭고한, 고상한 ⑪ [지리] 고지의, 상류의; 북부의 - [남] ① 윗부분, 상, 꼭대기 ② (in과 함께 쓰여) 위에, 위로; guardare in alto 위를 쳐다보다; nell'alto dei cieli 하늘에, 천상에 ③ (dall'alto의 형태로 쓰여) 위[상부]로부터; ordine che viene dall'alto 상부의 명령 - [부] 높이, 높게, 고도로 - gli alti e bassi di ~의 오르내림, 기복, 부침; mani in alto! 손들어!; andare a testa alta 거만하게 굴다; alto mare 공해(公海), 먼바다; alta marea 고조(高潮), 만조(滿潮); alta moda 최신 유행; alta tecnologia 첨단 기술, 하이테크; alto tradimento 대역죄

altoforno /alto'forno/ [남] (복 : altiforni) [야금] 용광로, 고로(高爐)
altolà /alto'la/ [감] 멈춰!, 정지! - [남] [군사] 수하(誰何)
altolocato /altolo'kato/ [형] (지위 등이) 높은, 고위의; una persona altolocata 고위 인사, VIP
altoparlante /altopar'lante/ [남] 스피커, 확성기
altopiano /alto'pjano/ [남] (복 : altipiani) 고원, 고지, 대지(臺地)
altresì /altre'si/ [부] (문어체에서) ① ~도 또한, 역시 ② 같이, 마찬가지로
altrettanto /altret'tanto/ [형] (부정형용사) 같은 수·양의, 그만큼의; ci sono sei cucchiai e altrettante forchette 스푼이 여섯 개 있고 포크도 그만큼 있다 - [대] (부정대명사) ① 같은 수·양, 그만큼의 것; lui ha molti amici, lei non ne ha altrettanti 그는 친구가 많지만 그녀는 그 정도로 많지 않다 ② 같은[동일한] 것; alle dieci se ne andò e dopo un po' feci altrettanto 그는 10시에 떠났고 조금 후에 나도 그렇게 했다 - [부] ① 같은 정도로, 그만큼; è intelligente quanto sua sorella, ma non studia altrettanto 그는 자기 여동생만큼 영리하지만 공부는 그만큼 열심히 하지 않는다 ② 마찬가지로, 역시; (grazie,) altrettanto! (인사에 답하는 말로) 당신도 그러하시기를!
altri /'altri/ [대] (부정대명사) 누군가 다른 사람, 그 밖의 어떤 사람; chi altri avrebbe potuto farlo (se non lui)? (그가 아니면) 누가 할 수 있었겠어?
altrimenti /altri'menti/ [부] ① 그렇지 않으면; sbrigati, altrimenti perdi il treno 서두르지 않으면 기차를 놓치게 될 거야 ② 다르게, 다른 방법으로; non possiamo fare altrimenti 우리는 ~하지 않고는 다른 도리가 없어
altro /'altro/ [형] (부정(不定) 형용사) ①

다른, 그 밖의, 딴; un altro libro (어떤) 다른 책; lo farò un altro giorno 그 일은 언젠가 다른 날 하도록 하겠네; nessun altro luogo (어떤 곳 말고는) 다른 장소가 없다; l'altro lato 다른 면 ② 더 이상의, 조금 더; altro caffè? 커피 더 드실래요?; mi dia altri dieci francobolli 우표를 열 장 더 주세요 ③ (기존의 것과 다른) 새 것의, 제2의; comprare un'altra radio 라디오를 (기존에 있던 것 말고) 하나 더 구입하다; fai un altro tentativo 다시 한 번 해봐라 ④ (시간 표현에서) i) 지난, 이전의; l'altr'anno 작년; l'altra sera 전날 밤; l'altro ieri 그저께 ii) 다음의; quest'altr'anno 내년 ⑤ (인칭대명사 뒤에 쓰여) noi altri 우리들; voi altri 당신들, 너희들 ⑥ 다른 한편의 ⑦ 전혀 [아주] 다른 - [대] (부정대명사) ① 다른 것[사람], 그 밖의 것[사람]; un altro 또 다른 것, 그 밖의 것; questa mela è marcia, prendine un'altra 이 사과는 썩었으니, 다른 걸 가져가라; ho ben altro da fare 내겐 다른 (더 중요한) 할 일이 있어; dove sono gli altri? 다른 사람들은 어디에 있니?; ti ho preso per un altro 널 다른 사람으로 잘못 봤구나 ② (둘 중의) 다른 한쪽; una è pieghevole, l'altra no 하나는 접을 수 있고, 다른 하나는 그렇지 않다; da un giorno all'altro (예기치 못하게) 이틀 연속으로; in un modo o nell'altro 이렇게든 저렇게든, 어떻게 해서든지; da una parte e dall'altra di ~의 양측에; (l')uno dopo l'altro 잇따라, 차례로; l'uno e l'altro 둘 다, 둘 중 어느 쪽이든; né l'uno, né l'altro 둘 중 어느 쪽도 아닌 ③ 더 이상의 것, 조금 더; prendine un altro se ti piace 원한다면 조금 더 가져가 ④ (다른 대명사와 함께 쓰여) chi altro? 다른 누구?; cos'altro? 그 밖의 무엇?; qualcun altro 누군가 다른 사람, 그 밖의 어떤 사람; nessun altro 그 밖에 아무도 없다; nient'altro 그 외에 아무것도 없다; nient'altro? 그 외에 다른 것이 있나?; tutti gli altri 다른 모든 사람들 ⑤ alcuni ~ altri ~ 몇몇은 ~하고 다른 몇은 ~하다; l'un l'altro 서로, 상호간에; tra l'altro 그 중에서도 특히; tutt'altro 전혀 그렇지 않다; tutt'altro che 결코 ~ 아닌; non essere altro che 단지 ~일 뿐이다; senz'altro 당연히, 물론이지, 확실히 - ci mancherebbe altro! (그런 일은) 절대로 일어나지 않기를!; altro è dire, altro è fare [속담] 말하기는 쉬우나 실천은 어렵다

altroché /altro'ke/ [부/감] ① 그렇고말고, 물론이지 ② (부정의문문에 대한 대답으로) 아뇨, 천만에요; "non ti piace?" - "altroché!" "마음에 들지 않니?" - "아뇨, 마음에 들어요"

altronde /al'tronde/ [부] (d'altronde의 형태로 쓰여) 게다가, 그런 반면

altrove /al'trove/ [부] 어딘가 다른 곳에; in quel periodo ero altrove 그 당시 난 다른 곳에 있었어; non specificato altrove 별도의 기재가 되어 있지 않을 경우에는; avere la mente altrove (비유적으로) 정신을 딴 데 팔고 있다

altrui /al'trui/ [형-불변] (소유형용사) 다른 사람의, 타인의, 남의; senza l'aiuto altrui 타인의 도움을 받지 않고 - [대] (부정대명사) 다른 사람(들), 타인, 남

altruismo /altru'izmo/ [남] 이타주의

altruista /altru'ista/ (남·복 : -i, 여·복 : -e) [형] 이타적인, 사심 없는, 남을 위하는, 헌신적인 - [남/여] 이타적인 사람

altruistico /altru'istiko/ [형] (복 : -ci, -che) 이타적인, 사심 없는, 남을 위하는, 헌신적인; 인도주의의, 박애의

altura /al'tura/ [여] ① 높은 곳, 언덕 ② 공해(公海), 외해(外海), 외양(外洋); pesca d'altura 원양어업

alunno /a'lunno/ [남] (여 : -a) ① (초등학교 등의 어린) 학생 ② 제자, 문하생

alveare /alve'are/ [남] ① 벌집, 벌통 ② (비유적으로) 건물이 빼빼이 들어선 곳

alveo /'alveo/ [남] 강바닥, 하상(河床) - alveo di piena [지질] 범람원(汎濫原)

alveolo /al'vεolo/ [남] [해부·동물·식물] 작은 포(胞), 작은 구멍; alveolo dentario 치조(齒槽); alveolo polmonare 페포(肺胞), 허파꽈리

alzabandiera /altsaban'djεra/ [남-불변] (국기 등의) 계양 행사

alzacristallo /altsakris'tallo/ [남] (자동차의) 창문 여닫는 장치

alzaia /al'tsaja/ [여] 배를 끄는 밧줄; 배를 끄는 길

alzare /al'tsare/ [타동] ① (들어)올리다, 치켜들다; (수화기 따위를) 집어들다; (먼지 따위를) 일으키다; alzare il bicchiere per un brindisi 건배하기 위해 잔을 들다; alzare la mano (발언권을 얻기 위해) 손을 들다; alzare gli occhi, alzare lo sguardo 눈을 들어 바라보다, 올려다보다; alzare la voce 목소리를 높이다 ② (구어체에서) (정도·수준을) 올리다, 높이다 ③ (강도를) 중대하다, 높이다; (소리를) 크게 하다 ④ (옷자락 따위를) 걷어 올리다; (기(旗)를) 게양하다; alzare il sipario [연극] 막을 올리다; alzare le vele (배의) 돛을 올리다 ⑤ 높은 곳에 두다, 높은 곳으로 옮기다 ⑥ (담·울타리·건물 따위를) 세우다, 짓다 ⑦ (건물 따위의 높이를) 더 높게 하다 ⑧ [스포츠] (공을) 쳐 올리다 ⑨ [카드놀이] alzare le carte 카드를 떼다; alzare una carta 카드 한 장을 집어들다 - alzarsi [재귀동사] ① 일어서다 (alzarsi in piedi); alzarsi da terra (넘어졌다가) 일어나다; alzarsi dalla sedia 의자에서 일어나다 ② (구름·안개가) 걷히다, 개다; (바람이) 일다; (파도가) 거세게 일다; (해·달이) 뜨다 ③ (잠자리에서) 일어나다 ④ (정도·수준이) 오르다, 올라가다, 높아지다; alzarsi di tre gradi 3도 오르다 ⑤ [연극] si alza il sipario 막이 오른다 ⑥ 신체의 일부가 올라가다, 몸을 높이다; alcune mani si sono alzate 몇 사람이 손을 들었다; alzarsi in volo (새·비행기 등이) 하늘로 날아(솟구쳐) 오르다 - alzare bandiera bianca 백기를 들다, 항복하다; alzarsi con i polli 아침 일찍 일어나다; alzare la cresta 오만한 태도를 취하다, 빼기다; non alzare un dito 손가락 하나 까딱하지 않다, 조금도 노력하지 않다; alzare i tacchi 부리나케 달아나다

alzata /al'tsata/ [여] ① (들어)올리기, 오름, 상승; votare per alzata di mano 거수(擧手)로 투표하다; alzata in volo (비행기 등이) 하늘로 날아오름; l'alzata del sole 일출, 해돋이 ② 증가, 증대 ③ [스포츠] 공을 높이 던져 올리기; 역기를 들어올리기 ④ 계단의 수직판 ⑤ [카드놀이] 패를 떼기

alzato /al'tsato/ [형] ① 일어선, 서 있는 ② (잠자리·침대에서) 일어난; non sono ancora alzati 그들은 아직 일어나지 않았다 ③ 들어올려진, 올라간; col bavero alzato 옷깃을 세우고 - [남] ① [건축] 입면도, 정면도 ② (건물의)

정면

Alzheimer /al'tsaimer/ [병리] 알츠하이머 병, 노인성 치매 (또는 morbo di Alzheimer)

AM [여] (영문 amplitude modulation의 약자) [전자] 진폭 변조

A.M. (Aeronautica Militare의 약자) 공군

amabile /a'mabile/ [형] ① 사랑스러운, 귀여운 ② 붙임성 있는, 상냥한, 사근사근한 ③ (포도주의 맛이) 순한

amabilmente /amabil'mente/ [부] 상냥하게

amaca /a'maka/ [여] (복 : -che) 해먹, 그물 침대

amalgama /a'malgama/ [남] ① [화학] 아말감 (수은과 다른 금속의 합금) ② (비유적으로) 여러 가지가 혼합된 것 ③ [치과] 충전재(材)

amalgamare /amalga'mare/ [타동] ① (금속을) 아말감으로 만들다 ② (비유적으로) (여러 다른 요소들을) 혼합하다, 융합시키다 ③ (요리에서 재료들을) 섞다, 혼합하다 - amalgamarsi [재귀동사] 융합하다, 섞이다

amante /a'mante/ [형] 좋아하는, 사랑하는; essere amante dei libri 책[독서]을 좋아하다; amante della pace 평화를 사랑하는 - [남/여] ① 정부(情夫·情婦), 애인 ② (비유적으로) (어떤 대상을) 좋아하는 사람; amante della musica 음악 애호가; è un'amante del cioccolato 그녀는 초콜릿을 좋아한다 ③ (문어체에서·옛말로) 연인, 애인, 사랑하는 사람

amaramente /amara'mente/ [부] 지독하게, 쓰라리게, 통렬하게

amaranto /ama'ranto/ [남] [식물] 애머랜스 (비름속(屬)의 관상 식물) - [남/형 -불변] 자줏빛(의)

amare /a'mare/ [타동] ① (사람·조국·신 등을) 사랑하다, 좋아하다; ama il tuo prossimo "네 이웃을 사랑하라"; amare senza essere contraccambiati 짝사랑하다 ② (활동·스포츠 등을) 좋아하다, 즐기다; ama il calcio 그는 축구를 좋아한다 ③ (특정 조건을) 선호하다; questa pianta ama la luce 이 식물은 햇빛을 좋아한다, 햇빛 있는 곳에서 잘 자란다 - amarsi [재귀동사] ① 자기 자신을 사랑하다 ② 서로 사랑하다 (amarsi l'un l'altro) ③

A

사랑을 나누다, 애정 행위를 하다, 성관계를 갖다
amareggiare /amared'dʒare/ [타동] ① 상처를 입히다, 고통을 안겨주다; amareggiare la vita a qn 누구의 인생을 비참하게 만들다 ② 망쳐놓다, 엉망으로 만들다 - amareggiarsi [재귀동사] 고통을 받다, 괴로워하다
amareggiato /amared'dʒato/ [형] 고통스러운, 괴로운, 비통한, 쓰라린
amarena /ama'rena/ [여] [식물] 사워체리, 산과(酸果) 앵두; 그 시럽으로 만드는 음료
amaretto /ama'retto/ [남] 마카롱 (계란 흰자·설탕·살구씨 등으로 만드는 과자)
amarezza /ama'rettsa/ [여] ① 맛이 씀, 쓴맛 ② 괴로움, 쓰라림, 비통함, 슬픔
amarico /a'mariko/ [남] 암하라어(語) (에티오피아의 공용어)
amaro /a'maro/ [형] ① (맛이) 쓴 ② (기호 식품 등에) 설탕을 넣지 않은; cioccolato amaro 다크 초콜릿 ③ (비유적으로) 쓰라린, 괴로운, 고통스러운, 비통한; un sorriso amaro 쓴웃음; il sapore amaro della sconfitta 패배의 쓴맛 - [남] ① 맛이 씀, 쓴맛 ② 비터즈 (칵테일에 섞는 쓴맛의 술) ③ (비유적으로) 쓰라림, 괴로움, 비통함, 슬픔 - lasciare l'amaro in bocca 뒷맛이 나쁘다, 나쁜 인상을 남기다; un boccone amaro da mandare giù, un boccone amaro da ingoiare 싫지만 감수해야 하는 것; masticare amaro 입맛이 쓰다, 분노가 치밀다
amarognolo /ama'roɲɲolo/ [형] 약간 쓴, 씁쓸한 - [남] 약간 쓴맛, 씁쓸함
amato /a'mato/ [형] 사랑하는, 사랑 받는; il nostro amato figliolo 사랑하는 우리 아들 - [남] (여 : -a) 사랑하는 사람, 애인
amatore /ama'tore/ [남] (여 : -trice) ① (특정 대상의) 애호가; un amatore di musica 음악 애호가 ② (미술품 등의) 수집가, 권위자 ③ 아마추어
amatoriale /amato'rjale/ [형] 아마추어의; sport amatoriale 아마추어 스포츠; teatro amatoriale 아마추어 연극 활동
amazzone /a'maddzone/ [여] ① [그리스 신화] 아마존 (용맹한 여전사) ② Rio delle Amazzoni 아마존 강 ③ 여성 승마자
amazzonico /amad'dzɔniko/ [형] (복 :

-ci, -che) 아마존 강의; 아마존 강 유역[지방]의
ambasceria /ambaʃʃe'ria/ [여] ① 외교 사절단 ② 대사의 직(職)
ambasciata /ambaʃʃata/ [여] ① 대사관 ② 대사관 직원(들) ③ 메시지, 전갈, 전언; fare[portare] un'ambasciata 메시지를 전하다
ambasciatore /ambaʃʃa'tore/ [남] (여 : -trice) ① 대사; 사절, 대표; l'ambasciatore in Giappone 주일(駐日) 대사; ambasciatore itinerante 무임소[순회] 대사; ambasciatore plenipotenziario 전권(全權) 대사 ② 소식을 전하는 사람; andare come ambasciatore da qn 누구의 사자(使者)로서 가다
ambedue /ambe'due/ [형] 양자의, 양쪽의, 쌍방의; ambedue i lati della strada 길의 양쪽 - [대] 양자, 양쪽, 쌍방; uscirono ambedue dalla stanza 그들 둘 다 방을 나갔다
ambidestro /ambi'dɛstro/ [형] ① 양손잡이의 ② (비유적으로) 다재다능한 ③ 표리부동의, 두 마음을 품은 - [남] 양손잡이
ambientale /ambjen'tale/ [형] ① 환경의, 생태의; protezione[salvaguardia] ambientale 환경 보호 ② 주위의; 둘러싼; condizioni ambientali 주위 상황
ambientalismo /ambjenta'lizmo/ [남] ① 환경 보호주의; 환경 보전 운동 ② 환경 결정론 (인간 형성에 있어서 유전보다 환경을 더 중요하게 보는 시각)
ambientalista /ambjenta'lista/ (남·복 : -i, 여·복 : -e) [형] ① 환경 보호주의의 ② 환경 결정론의 - [남/여] ① 환경 보호주의자, 환경 보전 운동가 ② 환경 결정론자
ambientalistico /ambjenta'listiko/ [형] (복 : -ci, -che) 환경의, 생태의; un problema ambientalistico 환경 문제
ambientare /ambjen'tare/ [타동] ① (새) 환경에 적응시키다 ② (적절한 장소에) 두다, 배치하다 ③ (구어체에서) (소설·영화 등에서) (시대적·공간적) 배경을 설정하다 - ambientarsi [재귀동사] (새) 환경에 적응하다; 정착하다
ambientato /ambjen'tato/ [형] (소설·영화 등에서) (시대적·공간적) 배경이 설정된; una storia ambientata a Berlino in tempo di guerra 전시(戰

時) 베를린을 배경으로 한 이야기
ambientazione /ambjentat'tsjone/ [여] ① [연극·영화] 배경 ② (새) 환경 순응
ambiente /am'bjɛnte/ [남] ① (자연·생태) 환경; ambiente naturale i) 자연 환경 ii) (동식물의) 서식지, 자생지; tutela[salvaguardia] dell'ambiente 환경 보호 ② 주위 환경[상황], 분위기; l'ambiente familiare 가정 환경 ③ 배경, 출신 ④ (활동 따위를 같이하는) 집단, 사회, 서클, ~계(界); l'ambiente politico 정계(政界); gli ambienti accademici 학계 ⑤ (집안의) 방; un appartamento di cinque ambienti 방 다섯 개짜리 아파트 ⑥ [컴퓨터] 환경 (하드웨어나 소프트웨어의 구성) - [형] 주위 환경의; temperatura ambiente 상온, 실온
ambiguità /ambigui'ta/ [여-불변] ① 모호함, 애매함; senza ambiguita 명백하게 ② 교묘하게 회피함, 둘러댐 ③ 수상쩍음, 의심스러움
ambiguo /am'biguo/ [형] ① (의미 따위가) 모호한, 애매한, 혼동을 일으키는; parlare in modo ambiguo 알쏭달쏭하게 말하다 ② 교묘하게 회피하는, 둘러대는 ③ 수상쩍은, 의심스러운
ambire /am'bire/ [타동] (~을) 노리다, 목표로 하다; (~에) 뜻을 두다 - [자동] (조동사 : avere) (a와 함께 쓰여) (~을) 얻으려 노력하다, 동경[갈망]하다; ambire a un premio 상 받기를 갈망하다
ambito /'ambito/ [남] ① 범위, 영역; ambito di interesse 관심 분야; delimitare l'ambito di ~의 범위를 정하다; l'ambito della famiglia 집안, 가정 내 ② [음악] 음역(音域)
ambivalente /ambiva'lɛnte/ [형] 상반되는, 양면적인; un atteggiamento ambivalente 이중적인 태도
ambivalenza /ambiva'lɛntsa/ [여] ① 상반됨, 양면적임, 모순임 ② [심리] 양면가치, 반대 감정 병존
ambizione /ambit'tsjone/ [여] 큰 뜻, 야심, 야망, 포부, 열망; avere ambizione 야심을 품다; ambizioni politiche 정치적 야망; essere un'ambizione irrealizzabile 이룰 수 없는 꿈이다, 그림의 떡이다
ambizioso /ambit'tsjoso/ [형] ① (사람이) 큰 뜻을 품은, 야심만만한, 포부를 가진, 열망하는 ② (계획 따위가) 야심적

인 - [남] (여 : -a) 야심가
ambliopia /amblio'pia/ [여] [병리] 약시 (弱視)
ambo /'ambo/ [형-불변] 양자의, 양쪽의, 쌍방의; ambo gli occhi 양쪽 눈 (다); in ambo i casi (둘 중) 어느 쪽으로든; da ambo le parti 양쪽에, 양편에 - [남] 둘, 갑절
ambra /'ambra/ [여] 호박(琥珀) - [남/형-불변] 호박색(의) - ambra grigia 용연향(龍涎香); 향유고래에서 얻는 향료의 원료)
ambulante /ambu'lante/ [형-불변] 걸어 다니는, 돌아다니는, 이동하는; venditore ambulante 노점상; suonatore[cantante] ambulante 거리의 악사; un'enciclopedia ambulante (구어체에서·비유적으로) 걸어다니는 백과사전, 박식한 사람 - [남/여] 행상; 노점상
ambulanza /ambu'lantsa/ [여] 앰뷸런스, 구급차
ambulatoriale /ambulato'rjale/ [형] paziente ambulatoriale 외래 환자
ambulatorio /ambula'torjo/ [형] 보행(步行)의 - [남] (복 : -ri) 외래 환자 진료소; 진찰실; orario di ambulatorio 진찰 시간
AME (Accordo Monetario Europeo의 약자) [경제] 유럽 통화 협정 (영문 약자 : EMA)
ameba /a'mɛba/ [여] ① [생물] 아메바 ② [병리] 아메바성 감염[질환]
amen /'amen/ [감] ① [기독교] 아멘 ② (구어체에서) 좋아, 오케이 - [남-불변] in un amen (비유적으로) 순식간에
amenità /ameni'ta/ [여-불변] ① 기분 좋음, 쾌적함 ② 농담 ③ (비꼬는 투로) 난센스, 허튼 소리
ameno /a'mɛno/ [형] ① 기분 좋은, 쾌적한 ② 익살맞은, 웃기는, 재미있는
America /a'mɛrika/ [여] ① 아메리카; America del Nord, America settentrionale 북아메리카; America centrale 중앙아메리카; America del Sud, America meridionale 남아메리카; America Latina 라틴아메리카 ② 미국
americanata /amerika'nata/ [여] 과장된 행동, 허풍
americanismo /amerika'nizmo/ [남] ① 친미주의 ② 미국인의 기질·풍습·전통

A

③ 미국 특유의 말[어법]
americanizzare /amerikanid'dzare/ [타동] 미국식으로 하다, 미국에 귀화시키다 - americanizzarsi [재귀동사] 미국화하다, 미국에 귀화하다
americano /ameri'kano/ [형] ① 아메리카의; il continente americano 아메리카 대륙 ② 미국의; all'americana 미국식의; il dollaro americano 미국 달러; football americano 미식축구 - [남] (여 : -a) ① 미국인, 아메리카 사람 ② 미국식 영어
americio /ame'ritʃo/ [남] [화학] 아메리슘
amerindio /ame'rindjo/ (복 : -di, -die) [형] 아메리카 인디언[원주민]의 - [남] (여 : -a) 아메리카 인디언[원주민]
ametista /ame'tista/ [여] [광물] 자석영, 자수정 - [남/형-불변] 자줏빛(의)
amfetamina → anfetamina
amianto /a'mjanto/ [남] 석면(石綿), 아스베스토스
amica /a'mika/ [여] (복 : -che) ① (여성인) 친구 ② 여자 친구, 애인
amichevole /ami'kevole/ [형] ① (사람·행동·환경 따위가) 친구 같은, 정다운, 우호적인, 호의를 보이는; un atteggiamento amichevole 우호적인 태도; amichevole nei confronti di qn 누구에게 호의적인 ② (모임·분위기가) 친목을 도모하는, 화기애애한 ③ 친구 사이 같은, 편하게 지내는, 격식을 차리지 않는; in modo amichevole 친구끼리 하는 것처럼, 격식을 차리지 않고 ④ (거래 따위가) 우호적인, 타협에 의한; in via amichevole 평화적으로, 원만하게, 상호 합의를 보아 ⑤ [스포츠] 친선 경기의 ⑥ [컴퓨터] (시스템이) 사용하기 쉬운 - [여] [스포츠] 친선 경기
amichevolmente /amikevol'mente/ [부] ① 우호적으로, 호의적으로 ② (소송 따위를 걸지 않고) (당사자들간에) 원만하게 해결을 보아
amicizia /ami'tʃittsja/ [여] ① 우정, 우의; per amicizia 우정상, 우정으로; coltivare l'amicizia 우의를 돈독히 하다 ② 친구 관계, 우호, 친선, 친교; avere amicizie altolocate 유력 인사를 친구로 두고 있다, 연줄이 좋다; fare amicizia con qn 누구와 친교를 맺다; rompere un'amicizia 절교하다 ③ (편지에서) con amicizia 그럼, 안녕히 계세요 - [여·복] amicizie 친구들, 동료들
amico /a'miko/ (복 : -ci, -che) [남] ① 친구, 벗, 동무; un mio amico 내 친구; grande amico, amico del cuore 절친한 친구; amico d'infanzia 죽마고우; amico di penna 펜팔, 편지 친구; essere amico di qn 누구와 친구 사이다; farsi degli amici 친구가 되다 ② (호칭으로) 여보게, 자네; ehi! amico! 어이! 여보게!; ciao amico! (구어체에서) 안녕! ③ (완곡 어법으로) 애인 - [형] ① 친한, 친구의, 정다운; siamo molto amici 우리는 아주 친한 사이다 ② 친절한, 우호적인 - prezzo da amico 특가, 특별 할인
amido /'amido/ [남] ① 녹말, 전분; amido di mais 콘스타치, 옥수수 녹말 ② (세탁용) 풀
amilasi /ami'lazi/ [여-불변] [생화학] 아밀라아제 (녹말을 당화(糖化)하는 효소)
amletico /am'letiko/ [형] (복 : -ci, -che) 우유부단한, 결단을 내리지 못하는, 주저하는; dubbio amletico 딜레마
ammaccare /ammak'kare/ [타동] ① (물체의 표면을) 움푹 들어가게 하다; ha ammaccato lo sportello dell'auto 그는 차 문을 찌그러뜨렸다 ② (타박상을 입도록) 때리다, 치다; (과일 따위를 짓눌러) 멍이 들게 하다 ③ (차량이나 장애물 따위에) 충돌하다 ④ 양각(陽刻)으로 새기다, 돋을새김을 하다 - ammaccarsi [재귀동사] ① (표면이) 움푹 들어가다 ② 타박상을 입다; (과일 따위가) 짓눌려) 멍이 들다
ammaccato /ammak'kato/ [형] ① (표면이) 움푹 들어간, 찌그러진 ② 타박상을 입은, 멍이 든; (과일 따위가) 짓눌린
ammaccatura /ammakka'tura/ [여] ① (표면이) 움푹 들어감, 찌그러짐; fare un'ammaccatura alla macchina 차를 찌그러뜨리다 ② 멍, 타박상; (과일 따위가 짓눌려 생긴) 멍
ammaestrare /ammaes'trare/ [타동] ① 교훈하다, 가르치다 ② (동물을) 길들이다, 조련하다
ammaestrato /ammaes'trato/ [형] (동물이) 길든, 조련된
ammaestratore /ammaestra'tore/ [남] (여 : -trice) (동물의) 조련사
ammainare /ammai'nare/ [타동] (기·돛

을) 내리다 - ammainare le vele (비유적으로) 항복하다, 포기하다
ammalarsi /amma'larsi/ [재귀동사] 병이 나다; ammalarsi di influenza 독감에 걸리다
ammalato /amma'lato/ [형] 병든, 병이 난; cadere ammalato 병들다, 병이 나다 - [남] (여 : -a) 환자, 병자
ammaliare /amma'ljare/ [타동] ① 마법을 걸다, (~을) 호리다 ② (비유적으로) 매혹하다, 매료시키다, 마음을 사로잡다
ammaliatore /ammalja'tore/ [형] 매력적인, 매혹하는, 매료시키는, 마음을 사로잡는 - [남] (여 : -trice) 남을 매료시키는 사람, 남의 마음을 사로잡는 사람
ammanco /am'manko/ [남] (복 : -chi) 부족, 결핍
ammanettare /ammanet'tare/ [타동] (~에) 수갑을 채우다; (~을) 체포하다
ammanicato /ammani'kato/ [형] (구어체에서) (con과 함께 쓰여) (유력한 자 등과) 결탁한, 손잡은
ammanigliato /ammaniʎ'ʎato/ [형] (구어체에서) (con과 함께 쓰여) (유력한 자 등과) 결탁한, 손잡은
ammansire /amman'sire/ [타동] ① (동물을) 길들이다 ② (사람을) 달래다, 구슬리다, 진정시키다 - ammansirsi [재귀동사] ① (동물이) 길들다 ② (사람이) 누그러지다, 진정되다
ammantare /amman'tare/ [타동] ① (문어체에서) 외투 따위를 입히다; 담요 따위를 덮어주다 ② (자연물이 지표면 등을) 뒤덮다; colline ammantate di neve 눈 덮인 언덕 ③ (비유적으로) (진실을) 감추다, 은폐하다 - ammantarsi [재귀동사] ① 외투 따위를 입다; 담요 등으로 몸을 감싸다 ② (di와 함께 쓰여) (~으로) 뒤덮이다; in primavera, i prati si ammantano di fiori 봄이면 들판은 꽃으로 뒤덮인다 ③ (비유적으로) ~인 체하다, 가장하다
ammaraggio /amma'raddʒo/ [남] (복 : -gi) (수상 비행기나 우주선 따위의) 착수(着水); compiere un ammaraggio di fortuna 비행기가 불시[비상] 착수하다
ammarare /amma'rare/ [자동] (조동사 : avere) (수상 비행기나 우주선 따위가) 수면에 내리다, 착수하다
ammassare /ammas'sare/ [타동] ① 쌓다, 모으다, 축적하다 ② (한 곳에) 쌓아 올리다 ③ (많은 사람들을 일정 장소에) 밀어넣다 ④ (군사를) 집결시키다 - ammassarsi [재귀동사] ① (사람들이) 모여들다, (인파로) 붐비다 ② (사물이) 쌓이다, 축적되다 ③ (군사가) 집결하다
ammasso /am'masso/ [남] ① (쌓아올린) 더미, 무더기, 덩어리 ② [천문] ammasso stellare 성단(星團) ③ (만일에 대비한) 비축; portare all'ammasso 비축하다
ammattire /ammat'tire/ [자동] (조동사 : essere) ① 미치다, 실성하다; fare ammattire qn 누구를 미치게 만들다 ② (비유적으로) (su와 함께 쓰여) (~의 문제를 해결하려) 머리를 쥐어짜다
ammazzare /ammat'tsare/ [타동] ① 죽이다, 살해하다; (가축을) 도살하다; farsi ammazzare 살해당하다 ② (구어체에서) 몹시 힘들게[지치게] 하다; il viaggio mi ha ammazzato 나는 여행으로 인해 몹시 지쳤다 ③ 시간을 보내다[때우다] - ammazzarsi [재귀동사] ① 자살하다 ② 사고로 죽다; ammazzarsi in un incidente d'auto 교통사고로 사망하다 ③ (구어체에서 · 비유적으로) ammazzarsi di lavoro 과로하다
ammenda /am'mɛnda/ [여] ① [법률] 벌금 ② (비유적으로) 속죄; fare ammenda di[per] (~에 대해) 속죄하다
ammesso /am'messo/ ① 허락을 받은, 허가된 ② 인정된, 받아들여진, 수용된; una verità ammessa da tutti 누구나 인정하는 사실 ③ (che와 함께 쓰여) ~이라 하더라도; anche ammesso che sia possibile 그것이 가능하다 하더라도 ④ (che와 함께 쓰여) 만약 ~이라면; sarai promosso, ammesso che studi 네가 열심히 공부한다면 합격할 것이다
ammettere /am'mettere/ [타동] ① (사실 · 잘못 따위를) 인정하다, 자인하다; 자백하다, 털어놓다; ammettere di avere fatto (어떤 행위를) 했다고 인정하다; ammettere la sconfitta 패배를 인정하다 ② (원칙 · 사상 따위를) 받아들이다, 수용하다; (권리를) 인정하다 ③ (출입 · 입회를) 허가하다; essere ammesso a[in] ~에 들여보내지다; ammettere nuovi soci 신입 회원을 받

다 ④ 허락하다, 묵과하다, 봐주다; ammettere qn a fare 누가 ~하도록 허락하다; non ammetteremo nessuna eccezione 예외를 인정하지 않겠다 ⑤ (che와 함께 쓰여) (~이라고) 가정하다, 상정하다
ammezzato /ammed'dzato/ [남/형] 중2층(中二層; 1층과 2층 사이)(의)
ammiccare /ammik'kare/ [자동] (조동사 : avere) 눈을 깜박거리다, 윙크하다; ammiccare a qn 누구에게 윙크[눈짓]하다
amministrare /amminis'trare/ [타동] ① (자금·업무 따위를) 관리하다; 경영[운영]하다; amministrare le finanze del paese 국가 재정을 관리하다 ② (국가를) 다스리다, 통치하다 ③ 분배하다, 안배하다; amministrare il proprio tempo 시간 관리를 하다 ④ (약을) 투여하다 ⑤ (종교 의식을) 집행하다 ⑥ (법을) 시행[집행]하다
amministrativo /amministra'tivo/ [형] 관리의, 경영[운영]의; 행정상의; gestione amministrativa 경영, 운영; ufficio amministrativo 관청, 행정 기관; segretario amministrativo 사무국장; diritto amministrativo 행정법; elezioni amministrative 지방 선거; anno amministrativo 회계 연도 - [남] 관리자, 간부, 중역
amministratore /amministra'tore/ [남] (여 : -trice) ① (조직의) 장(長), 관리자 ② (기업의) 이사; amministratore delegato 최고 경영 책임자; amministratore esecutivo 전무 이사 ③ [법률] 유산[재산] 관리인; amministratore fiduciario 피신탁인, 수탁자 ④ [컴퓨터] 웹마스터 (웹 서버나 웹사이트 관리자)
amministrazione /amministrat'tsjone/ [여] ① 관리, 경영, 운영; studi di amministrazione aziendale 경영학; consiglio di amministrazione 이사회; spese di amministrazione 운영비 ② 통치, 행정; pubblica amministrazione 행정 사무, 공무; entrare nella pubblica amministrazione 공무원이 되다; amministrazione territoriale 지방 행정 ③ [법률] 유산[재산] 관리 ④ 관리 [행정] 기관; amministrazione comunale 지방 자치체 당국; amministrazione universitaria 대학

본부
amminoacido /ammino'atʃido/ [남] [화학] 아미노산
ammiraglia /ammi'raʎʎa/ [여] 기함(旗艦)
ammiragliato /ammiraʎ'ʎato/ [남] ① 해군 제독의 직·지위 ② 해군 본부 (건물)
ammiraglio /ammi'raʎʎo/ [남] (복 : -gli) 해군 제독 [대장]
ammirare /ammi'rare/ [타동] ① 감탄하다, 탄복하다 ② 우러러보다, 존경하다
ammirato /ammi'rato/ [형] ① 감탄의 대상이 되는 ② 감탄하여 바라보는
ammiratore /ammira'tore/ [남] (여 : -trice) ① (남을) 동경[추종]하는 사람, 팬 ② 구혼자
ammirazione /ammirat'tsjone/ [여] ① 감탄, 탄복; con ammirazione 감탄하며 ② 존경, 우러러봄; strappare l'ammirazione 칭송을 받다; nutrire[provare] ammirazione per qn 누구를 우러러보다
ammirevole /ammi'revole/ [형] 감탄[탄복]할 만한; 우러러볼 만한, 칭송할 만한
ammissibile /ammis'sibile/ [형] ① 받아들일 수 있는, 용인할 만한, 허용[인정]될 수 있는 ② [법률] (증거·항소 따위가) 채택될 만한, 성립될 수 있는
ammissione /ammis'sjone/ [여] ① 입장, 입회, 가입, 입학; 그런 것들의 허가; esame di ammissione 입학 시험; tassa di ammissione 입장료; ottenere l'ammissione 입회[입학] 허가를 받다 ② (a와 함께 쓰여) (무엇을 받을) 자격을 갖춤 ③ 인정, 승인; 자인, 자백; per sua stessa ammissione 스스로 인정하여, 자백하여; per ammissione di qn 누구의 인정을 받아; fare un'ammissione di colpevolezza 잘못을 인정하다 - ammissione al listino, ammissione alla quotazione 증권 거래소 시세
ammobiliare /ammobi'ljare/ [타동] (집에) 가구를 들여놓다
ammobiliato /ammobi'ljato/ [형] (집에) 가구가 설비된
ammodernamento /ammoderna'mento/ [남] 현대화; 리뉴얼
ammodernare /ammoder'nare/ [타동] ① (산업 시설·시스템 따위를) 현대화하다 ② 최신식으로 만들다, 새롭게 하다, 리뉴얼하다

ammodo /am'mɔdo/ [형-불변] 점잖은, 단정한, 예의 바른 - [부] 점잖게, 단정하게, 예의 바르게

ammogliare /ammoʎ'ʎare/ [타동] (남자를 여자와) 결혼시키다 - ammogliarsi [재귀동사] (남자가) 결혼하다, 아내를 맞이하다

ammogliato /ammoʎ'ʎato/ [형] (남자가) 결혼한 - [남] 기혼 남성, 유부남

ammollo /am'mɔllo/ [남] (액체에) 담그기, (푹) 젖음; mettere in ammollo 적시다, 담가 두다

ammoniaca /ammo'niaka/ [여] [화학] 암모니아

ammonimento /ammoni'mento/ [남] 훈계, 질책; 경고, 충고; dare un ammonimento a qn 누구에게 충고하다, 누구를 훈계하다

ammonio /am'mɔnjo/ [남] [화학] 암모늄; cloruro di ammonio 염화암모늄

ammonire /ammo'nire/ [타동] ① 경고하다, 충고하다, 주의를 주다; lo ammonii a non comportarsi in quel modo 나는 그에게 그렇게 행동하지 말라고 충고했다 ② 훈계하다, 질책하다; farsi ammonire 꾸지람을 듣다

ammonizione /ammonit'tsjone/ [여] ① 경고, 주의; infliggere un'ammonizione a qn 누구에게 (정식으로) 경고하다 ② (법원의) 명령 ③ [스포츠] 경고

ammontare /ammon'tare/ [타동] 쌓다, 쌓아올리다 - [자동] (조동사 : essere) (a와 함께 쓰여) 합계 ~이 되다, (수치가) ~에 달하다; la spesa del viaggio ammonta a tremila euro 여행 경비는 3천 유로에 달한다 - [남] 양, 액수; 총계, 총액; l'ammontare delle spese 지출 총액; ammontare massimo[totale] 총계, 총액; per un ammontare di 합계 ~의; avere debiti per un ammontare di 50.000 euro (구어체에서) 거금 5만 유로의 빚을 지고 있다

ammonticchiare /ammontik'kjare/ [타동] 쌓다, 쌓아올리다 - ammonticchiarsi [재귀동사] (나뭇잎·쓰레기 따위가) 쌓이다

ammorbare /ammor'bare/ [타동] ① 병독을 퍼뜨리다, 오염시키다 ② 악취를 풍기다 ③ 짜증나게 하다, 괴롭히다 ④ (비유적으로) (마음·생각 등을) 더럽히다, 타락시키다

ammorbidente /ammorbi'dɛnte/ [형] 부드럽게[유연하게] 만드는 - [남] 섬유유연제; 연화제

ammorbidire /ammorbi'dire/ [타동] ① (가죽·천 따위를) 부드럽게[유연하게] 만들다; (피부를) 매끄럽게 하다; (기타 물질을) 무르게 만들다 ② (방식 따위를) 완화하다; (태도 따위를) 부드럽게 하다 - ammorbidirsi [재귀동사] ① (물질이) 부드러워지다, 연해지다, 물러지다 ② (방식 따위가) 완화되다; (태도 따위가) 부드러워지다

ammortamento /ammorta'mento/ [남] ① (부채의) 분할 상환; fondo di ammortamento 감채(減債)[상환] 기금 ② [회계] 감가상각

ammortare /ammor'tare/ [타동] → ammortizzare

ammortizzamento /ammortiddza'mento/ [남] ① [회계] 감가상각 ② [기술] (충격·진동 따위의) 흡수, 완화

ammortizzare /ammortid'dzare/ [타동] ① (부채를) 할부 상환하다 ② (경비를) 상각(償却)하다 ③ [기술] (충격·진동 따위를) 흡수하다, 완화하다

ammortizzatore /ammortiddza'tore/ [남] ① [기계] 완충기, 충격 흡수 장치 ② (비유적으로) 위안을 주는 것, 안전장치; ammortizzatori sociali 사회적 안전망

ammucchiare /ammuk'kjare/ [타동] 쌓다, 쌓아올리다; ammucchiare ricchezze 돈을 모으다, 부를 축적하다 - ammucchiarsi [재귀동사] ① (인파가) 몰려들다 ② (모래·눈 따위가) (날려) 쌓이다

ammuffire /ammuf'fire/ [자동] (조동사 : essere) ① (음식 따위에) 곰팡이가 피다 ② (비유적으로) 무기력한 삶을 살다

ammuffito /ammuf'fito/ [형] ① 곰팡이가 핀 ② (비유적으로) 케케묵은, 시대에 뒤진

ammutinamento /ammutina'mento/ [남] (군대·함선 등에서의) 반란, 폭동, 집단 항명

ammutinarsi /ammuti'narsi/ [재귀동사] 반란·폭동을 일으키다

ammutolire /ammuto'lire/ [자동] (조동사 : essere) 입을 다물다, 침묵하다 - [타동] 입을 다물게 하다, 침묵시키다 - ammutolirsi [재귀동사] (per와 함께

A

쓰여) (~에) 말문이 막히다, 아연해지다
ammutolito /ammuto'lito/ [형] ① 말없는, 조용한 ② (비유적으로) 말문이 막힌, 어리벙벙한, 아연해진
amnesia /amne'zia/ [여] [병리] 기억 상실(증), 건망증
amnio /'amnjo/ [남] (복 : -ni) [해부] 양막(羊膜)
amniotico /am'njɔtiko/ [형] (복 : -ci, -che) [해부] 양막의; membrana amniotica 양막; liquido amniotico 양수
amnistia /amnis'tia/ [여] [법률] 대사(大赦), 특사; 사면; concedere l'amnistia a qn 누구를 사면하다
amnistiare /amnis'tjare/ [타동] [법률] 사면하다
amo /'amo/ [남] 낚시, 낚싯바늘; (비유적으로) 미끼, 덫; gettare l'amo i) 낚시를 던지다 ii) (비유적으로) 함정[덫]을 놓다; abboccare all'amo i) (물고기가) 미끼를 물다 ii) (비유적으로) (사람이) 덫에 걸리다
amorale /amo'rale/ [형] 비도덕적인, 도덕성이 결여된
amore /a'more/ [남] ① 사랑, 애정; con amore 사랑하여; amore materno 모성애 ② 이성에 대한 사랑, 연애; amore platonico 플라토닉 러브, 정신적인 사랑; lettera d'amore 연애 편지, 러브레터; dichiarazione[prova] d'amore 사랑 고백[표현]; matrimonio d'amore 연애 결혼; filtro d'amore 미약(媚藥); mal d'amore 상사병; andare d'amore e d'accordo 사랑에 빠지다; dichiarare il proprio amore 사랑을 고백하다 ③ 애착, 열정, 헌신; amore per la patria 조국애; lavorare con amore 열정적으로 일하다 ④ 사랑의 대상, 사랑하는 사람; (호칭으로서) 여보, 자기야; amore mio 내 사랑; primo amore 첫사랑 ⑤ 애정 행위, 성교; fare l'amore con ~와 성관계를 갖다 ⑥ (구어체에서) 사랑스러운 것[사람]; un amore di bambino 아주 예쁜 아이; che amore! 아이구, 귀여워라! ⑦ (동물의) 발정(發情); in amore 발정하여 - amori [남·복] ① 연애 사건, 정사 ② (동물의) 교미, 짝짓기 - amore proprio 자존심, 자부심; figlio dell'amore 사생아; per amore di qn 누구를 위하여; per amore o per forza 어떻게 해서든, 막무가내로; per l'amor del cielo!, per l'amor di Dio! 제발, 부디
Amore /a'more/ [남] [그리스신화] 에로스; [로마신화] 큐피드 (연애의 신)
amoreggiare /amored'dʒare/ [자동] (조동사 : avere) (남녀가) 시시덕거리다; 장난삼아 연애하다
amorevole /amo'revole/ [형] 애정어린, 다정한
amorevolmente /amorevol'mente/ [부] 애정을 가지고, 다정하게
amorfo /a'mɔrfo/ [형] ① [화학] 비결정성의 ② (비유적으로) 무정형의, 일정한 모양[형태]가 없는; (생각 따위가) 모호한
amorino /amo'rino/ [남] ① 러브 시트 (S자형 소파) ② [미술] 큐피드 상(像)
amoroso /amo'roso/ [형] ① 사랑의, 연애의; poesia amorosa 사랑의 시(詩); vita amorosa 성생활 ② 사랑하는, 애정어린 ③ [음악] 아모로소 (애정을 가지고 부드럽게) - [남] (여 : -a) (구어체에서) 애인, 남자[여자] 친구
amperaggio /ampe'raddʒo/ [남] (복 : -gi) [전기] 암페어 수(數), 전류량
ampere /am'pɛr/ [남·불변] [전기] 암페어 (전류의 단위)
amperometro /ampe'rɔmetro/ [남] [전기] 전류계
ampiamente /ampja'mente/ [부] ① 충분히, 완전히 ② 크게, 매우 ③ 일반적으로, 널리
ampiezza /am'pjettsa/ [여] ① 넓음, 널찍함, 넉넉함 ② 너비, 폭 ③ 크기, 치수, 사이즈 ④ 규모, 범위, 정도 ⑤ (식견·도량 등의) 넓음 ⑥ [물리] 진폭; modulazione d'ampiezza 진폭 변조
ampio /'ampjo/ [형] (복 : -pi, -pie) ① (규모·범위가) 큰, 넓은, 광대한; di ampio spettro 넓은 범위에 걸치는, 광범위한; su un ampio fronte 대규모로; un progetto di ampio respiro 대규모 프로젝트 ② (길 따위의) 폭이 넓은; (의복의 품이) 넉넉한; indossare abiti ampi 헐렁한 옷을 입다 ③ (제스처 따위가) 크게 휘두르는 ④ (공간·면적이) 넓은, 널찍한 ⑤ (양이) 넉넉한; (선택의 폭이) 넓은; un ampio raccolto 풍성한 수확; un'ampia gamma di prodotti 다양한 제품들 ⑥ 일반화된, 널리 보급된[이용되는] ⑦ (설명·정보 따위가) 충

분한, 상세한 - in ampia misura 크게, 대단히
amplesso /am'plɛsso/ [남] ① (문어체에서) 포옹 ② (완곡 어법으로) 성교; (동물의) 포접(抱接)
ampliamento /amplia'mento/ [남] ① 확장, 확대; 증대 ② 확장된 부분
ampliare /ampli'are/ [타동] 넓히다, 확장[확대]하다; 증대[발전]시키다; ampliare una casa 집을 증축하다; ampliare il proprio campo d'azione 활동 무대를 넓히다 - ampliarsi [재귀동사] 넓어지다, 확장[확대]되다
amplificare /amplifi'kare/ [타동] ① (소리를) 크게 하다; (전류·신호를) 증폭하다 ② (비유적으로) 과장하다 - amplificarsi [재귀동사] ① (소리가) 커지다 ② (소문 따위가) 과장되다
amplificatore /amplifika'tore/ [남] [전기] 증폭기, 앰프
amplificazione /amplifikat'tsjone/ [여] ① (소리 따위의) 증폭, 증대 ② (비유적으로) 과장
ampolla /am'polla/ [여] ① (식초·기름 따위를 담는) 양념병 ② [가톨릭] (성찬식의) 포도주와 물을 담는 그릇
ampolloso /ampol'loso/ [형] (문체가) 과장된; 허풍떠는, 젠체하는, 말 많은
amputare /ampu'tare/ [타동] ① (손·발을 수술로) 절단하다 ② (비유적으로) (문장 등의 골자를) 삭제해버리다
amputazione /amputat'tsjone/ [여] ① (손·발의) 절단 수술 ② (문장 등의) 골자 삭제
amuleto /amu'lɛto/ [남] 호부(護符), 부적
anabbagliante /anabbaʎ'ʎante/ [형] (빛이) 눈부시지 않은; fari anabbaglianti 하향(下向)된 헤드라이트 - [남] con gli anabbaglianti accesi 헤드라이트를 하향하여
anabolismo /anabo'lizmo/ [남] [생물] 동화작용
anacardio /ana'kardjo/ [남] (복 : -di) [식물] 캐슈 (서인도제도산, 옻나뭇과의 식물); 그 열매
anaconda /ana'kɔnda/ [남-불변] [동물] 아나콘다
anacronismo /anakro'nizmo/ [남] ① 시대착오; 시대에 뒤진 것[사람] ② 연대[날짜]의 오기(誤記)
anacronistico /anakro'nistiko/ [형] (복 : -ci, -che) 시대착오의, 시대에 뒤진

anaerobio /anae'rɔbjo/ (복 : -bi, -bie) [형] [생물] 혐기성(嫌氣性)의 - [남] 혐기성 생물
anagrafe /a'nagrafe/ [여] ① 호적, 가족 관계 등록부 ② 호적 등기소
anagrafico /ana'grafiko/ [형] (복 : -ci, -che) dati anagrafici 개인 신상 정보; ufficio anagrafico 호적 등기소
anagramma /ana'gramma/ [남] (어구의) 철자 바꾸기
analcolico /anal'kɔliko/ (복 : -ci, -che) [형] (칵테일·음료가) 무알코올의 - [남] 무알코올 음료
anale /a'nale/ [형] ① [해부] 항문(부)의 ② [정신분석] 항문기(期)의
analfabeta /analfa'bɛta/ (남·복 : -i, 여·복 : -e) [형] ① 읽고 쓸 줄 모르는, 문맹의 ② (비유적으로) (특정 분야에 대해) 모르는 - [남/여] ① 문맹자 ② (비유적으로) 문외한, 무지한 사람
analfabetismo /analfabe'tizmo/ [남] 읽고 쓸 줄 모름, 문맹; un tasso di analfabetismo del 30% 문맹률 30%
analgesico /anal'dʒɛziko/ (복 : -ci, -che) [형] 진통(鎭痛)의, 통증을 없애는 - [남] 진통제
analisi /a'nalizi/ [여-불변] ① (내용 따위의) 분석, 검토; analisi di mercato [상업] 시장 분석; analisi dei costi e dei benefici [경제] 비용 편익 분석; fare un'analisi accurata di (영화·도서 따위를) 자세히 검토하다 ② [의학] 검사; fare le analisi del sangue 혈액 검사를 하다 ③ [화학] 분석; analisi qualitativa 정성(定性) 분석; analisi quantitativa 정량(定量) 분석 ④ [수학] 해석(解析)(학); analisi vettoriale 벡터 해석(학) ⑤ [심리] 정신분석 ⑥ [컴퓨터] (데이터 등의) 분석 (analisi dei dati) - analisi dei costi [회계] 원가 계산; analisi fattoriale [통계] 인자(因子) 분석; analisi numerica 수치 해석; analisi retrospettiva 부검(剖檢), 검시(檢屍); analisi spettrale 분광 [스펙트럼] 분석; analisi strutturale 구조 분석
analista /ana'lista/ (남·복 : -i, 여·복 : -e) 분석가, 분석[검토] 담당자; analista economico 경제 평론가; analista di sistemi [컴퓨터] 시스템 분석가
analiticamente /analitika'mente/ [부] 분

A

analitico /ana'litiko/ [형] (복 : -ci, -che) ① 분석의, 분석적인; chimica analitica 분석 화학; contabilità analitica [회계] 원가 계산 ② [언어] 분해적인; lingua analitica 고립어 ③ [수학] 해석(解析)의; geometria analitica 해석 기하학

analizzare /analid'dzare/ [타동] ① 분석하다, 검토하다, 조사하다, 탐구하다; analizzeremo tutte le proposte 우리는 모든 제안을 다 검토할 것이다 ② [의학] 검사하다; [화학] 분석하다 ③ [심리] 정신분석을 하다

analizzatore /analiddza'tore/ [남] (여 : -trice) ① 분석가, 분석 담당자 ② 분석기; analizzatore di spettro 분광[스펙트럼] 분석기

anallergico /anal'lɛrdʒiko/ [형] (복 : -ci, -che) 알레르기를 일으키지 않는

analogamente /analoga'mente/ [부] 유사하게

analogia /analo'dʒia/ [여] ① 유사성, 비슷함; (상호) 관련; c'è una certa analogia tra questi due eventi 이 두 가지 사건들 사이에는 몇 가지 유사점이 있다 ② 유추; per analogia con ~으로 유추하여 ③ [생물] 상사(相似)

analogico /ana'lɔdʒiko/ [형] (복 : -ci, -che) ① 유추의, 유추에 의한; ragionamento analogico 유추 ② [기술] 아날로그식의; orologio analogico 아날로그 시계

analogo /a'nalogo/ [형] (복 : -ghi, -ghe) 유사한, 비슷한, 닮은; situazione analoga 유사한 상황; di dimensioni analoghe 크기가 비슷한

anamnesi /anam'nɛzi/ [여-불변] ① 추억, 회상 ② [의학] 병력(病歷); anamnesi familiare 가족력

ananas /'ananas/ [남-불변] [식물] 파인애플

anarchia /anar'kia/ [여] ① 무정부 상태 ② 무정부주의론 ③ (일반적인) 혼란, 무질서

anarchico /a'narkiko/ (복 : -ci, -che) [형] ① 무정부 상태의, 무법의 ② 혼란스러운, 무질서한 - [남] (여 : -a) 무정부주의자

anarchismo /anar'kizmo/ [남] 무정부주의

anatema /ana'tɛma/ [남] ① [가톨릭] 파문(破門); lanciare un anatema 파문[제명]하다 ② (비유적으로) 저주

anatomia /anato'mia/ [여] ① 해부; 해부학[술]; anatomia umana 인체해부학 ② (동식물의) 해부학적 구조; 해부된 동식물 ③ (비유적으로) 상세한 분석 ④ 골격, 체형; una bella anatomia 당당한 풍채

anatomico /ana'tɔmiko/ [형] (복 : -ci, -che) ① 해부의, 해부학(상)의 ② (제품이) 체형에 맞게 만든, 인체공학적으로 설계된

anatra /'anatra/ [여] ① [조류] (암컷) 오리; anatra maschio 수컷 오리; anatra domestica 집오리 ② 오리 고기 - anatra mandarina 원앙; anatra selvatica 청둥오리; anatra zoppa (비유적으로) 레임덕, 퇴임을 눈앞에 둔 정치인

anatroccolo /ana'trɔkkolo/ [남] 새끼 오리; il brutto anatroccolo "미운 오리 새끼"

anca /'anka/ [여] (복 : -che) 엉덩이, 궁둥이, 둔부; articolazione dell'anca 고관절(股關節)

ancestrale /antʃes'trale/ [형] ① 조상 대대로 전해 내려오는, 선조로부터 물려받은 ② [생물] 격세유전의

anche /'anke/ [접] ① ~도 또한, 역시, 마찬가지로; 게다가; anch'io 나도, 나 또한; anche oggi piove 오늘도 비가 내린다; anche mio padre era veterinario 나의 아버지 또한 수의사였어; oltre a essere illegale è anche pericoloso 불법인데다가 위험하기까지 하다; ho lavorato sabato e anche domenica 나는 토요일에도, 일요일에도 일했다; "buona giornata!" - "grazie, anche a te!" "잘 가!" - "고마워, 너도" ② ~조차도, ~까지도, ~마저; anche adesso 지금도 ③ (비교급과 함께 쓰여) 더욱, 훨씬; è anche meglio di quanto pensassi 생각했던 것보다 훨씬 좋은데 ④ 비록[설령] ~이라 할지라도; anche prendendo un taxi arriveresti in ritardo 택시를 탄다 해도 넌 늦을 거야; anche se fosse così 그렇다 하더라도; quand'anche venisse 그가 온다고 해도 ⑤ ~ 뿐만 아니라 ~도 또한; non è solo affascinante, ma anche intelligente 그녀는 매력적일 뿐만 아니라 영리하기

까지 하다 ⑥ 적어도, 하다못해; avresti potuto anche avvisarmi! 나한테 말이라도 해줬어야지!
ancheggiare /anked'dʒare/ [자동] (조동사 : avere) 엉덩이를 흔들다
anchilosato /ankilo'zato/ [형] (몸이) 뻣뻣해진; (관절 따위가) 강직된
ancia /'antʃa/ [여] (복 : -ce) [음악] (관악기의) 혀, 리드
ancora1 /'ankora/ [여] 닻; gettare l'ancora 닻을 내리다; levare[salpare] l'ancora 닻을 올리다; essere all'ancora (배가) 정박 중이다 - ancora galleggiante 해묘(海錨); ancora di salvezza i) 비상용 큰 닻 ii) (비유적으로) 생명선
ancora2 /an'kora/ [부] ① 아직(도), 여전히; sono ancora in città 그들은 아직 시내에 있다; sei ancora troppo giovane 넌 아직 너무 어려; ancora oggi 오늘(까지)도 ② (부정문에서) 아직 (~ 않다); non ancora 아직 ~ 않다; non è ancora tornato 그는 아직 돌아오지 않았다 ③ 또, 다시; ancora una volta 한 번 더; ha rifiutato ancora 그는 또다시 거절했다; che cosa ancora! 또 뭐야? ④ (그 밖에, 그보다) 더; avete ancora domande? 질문 더 있어요?; c'è altro ancora? (다른 게) 더 있나?; dobbiamo ancora fare 100 km 우린 아직 100km를 더 가야 해 ⑤ (비교급과 함께 쓰여) 더욱, 훨씬; meglio ancora 더 좋은; ancora più 더 많이; ancora più veloce 더 빠른 ⑥ (시간 표현과 함께 쓰여) è ancora presto 아직 일러; non è ancora ora! 아직 때가 아니야
ancoraggio /anko'raddʒo/ [남] (복 : -gi) ① 닻을 내림, 투묘, 정박 ② 정박지 ③ [기계] 고정 장치; [치과] (치열 교정용의) 치아 고정 장치
ancorare /anko'rare/ [타동] ① (배를) 닻으로 고정시키다, 정박시키다; (다른 것을) 땅에 고정시키다 ② [경제] (시세·가치 따위를 외부 기준에) 연동[연계]시키다; essere ancorato al dollaro (통화가) 달러화에 연동되어 있다 - ancorarsi [재귀동사] ① 닻을 내리다, 정박하다 ② (a와 함께 쓰여) (~에) 달라붙다, 매달리다, 집착하다; ancorarsi a una speranza 희망을 갖다 ③ 고정되다; 자리잡다, 정착하다

ancorato /anko'rato/ [형] ① (배가) 닻을 내린, 정박 중인 ② (비유적으로) (a와 함께 쓰여) (~에) 너무 집착하는, 매달려 있는
andamento /anda'mento/ [남] ① (사건·질병 따위의) 진행, 진척, 진전; 경과, 추이; l'andamento di una malattia 병세의 경과; gli eventi hanno assunto un andamento straordinario 일이 돌아가는 상황이 예사롭지 않다 ② 경향, 동향, 추세; andamento marcato al ribasso 내림세 ③ 성과, 실적 ④ 걸음걸이
andante /an'dante/ [형] ① 연속적인, 쭉 이어지는 ② 지금의, 현재의; l'anno andante 금년, 올해 ③ 값싼, 싸구려의; (품질이) 보통의, 2류의 ④ (스타일이) 평범한, 단순한 - [부/남] [음악] 안단테 (느리게)
andantino /andan'tino/ [부/남] [음악] 안단티노 (조금 느리게)
andare1 /an'dare/ [자동] ① 가다, 향하다, 나아가다; (교통수단을) 타고 가다; dove vai? 어디 가니?; andare a Roma 로마에 가다; andare a casa 집에 가다; andare in macchina[treno, nave, aereo] 자동차[기차, 배, 비행기]로 가다; andare a piedi 걸어가다; andando al mercato ~ 시장에 가는 길에 ~; vado e torno 금방 갔다 올게, 곧 돌아올게 ② 길을 나서다, 떠나다; è ora di andare 이제 떠날 시간이야; andare in vacanza 휴가를 가다 ③ (정기적으로) 가다, 다니다; (어떤 활동을 하러) 가다; andare a scuola 학교에 가다[다니다]; andare al lavoro 일터로 가다, 직장에 다니다; andare dal parrucchiere 미용실에 가다 ④ ("a + 동사 부정형"과 함께 쓰여) ~하러 가다; andare a fare una passeggiata 산책하러 가다; va' a dirle che ~ 그녀에게 가서 ~이라고 말해 ⑤ (차량을) 몰다, (차량으로) 달리다; andare a 50 km/h 시속 50km로 가다 ⑥ (a와 함께 쓰여) (길 따위가 ~으로) 통하다, (기차 따위가 ~으로) 향하다; andare a sud (길이) 남쪽으로 나 있다; quel corridoio va in cucina 그 복도는 부엌으로 나 있다 ⑦ (좋지 못한 결과가) 초래되다; andare in terra 땅바닥에 거꾸러지다; andare fuori strada 길을 벗어나다 ⑧ (일이) 진행[진척]되다, 경과하다; com'è andata la serata? 저녁 시간을

A

어떻게 보냈어?; come vanno gli affari? 사업은 어떻게 돼가?; andare liscia (일이) 잘 돼가다, 순조롭다 ⑨ 기능하다, 작동하다; andare a benzina (자동차 따위가) 휘발유로 가다[작동되다] ⑩ (상품이) 팔리다; 유행하다 ⑪ ~하고 싶다, 마음에 들다; oggi non mi va di studiare 오늘은 공부할 기분이 아니야 ⑫ (옷 따위가 몸에) 맞다 ⑬ (제자리에) 놓이다; (어떤) 용도로 쓰이다; dove vanno questi piatti? 이 접시들은 어디에 둬야 하지? ⑭ (나이가 ~세가) 돼가다; andare per i quarant'anni 사십을 바라보는 나이다 ⑮ (현재분사와 함께 쓰여) ~하게 되다; andare migliorando 더 나아지고 있다, 개선되고 있다 ⑯ (과거분사와 함께 쓰여) i) ~해야 하다; il lavoro va completato subito 그 일은 즉시 끝내야 한다 ii) (어떤 결과가) 초래되다; i bagagli andarono perduti 수하물이 없어졌다 ⑰ (andarci의 형태로 쓰여) ~하게 행동하다; vacci piano! 서두르지 말게, 침착하게 해; andarci pesante 격하게 행동하다 ⑱ (andare avanti의 형태로 쓰여) 나아가다, 진행되다; (시계가) 빨리 가다 ⑲ (andare bene의 형태로 쓰여) i) 잘 맞다, 적절하다, 형편이 좋다; ti va bene domani alle cinque? 내일 5시에 괜찮겠니?; quel vestito non mi va bene 그 드레스는 내게 맞지 않는다; andare bene insieme (색깔 따위가) 서로 잘 어울리다 ii) (일이) 잘되다, 성공적이다; se tutto va bene 모든 일이 다 잘된다면; andare bene in matematica 수학을 잘하다 ⑳ (andare contro의 형태로 쓰여) 어기다, 위반하다, 침해하다; andare contro la legge 법을 위반하다 ㉑ (andare a finire의 형태로 쓰여) 어떤 결과가 되다; andare a finire bene (일이) 잘되다 ㉒ (andare fuori의 형태로 쓰여) 밖에 나가다, 외출하다 ㉓ (andare indietro의 형태로 쓰여) i) 되돌아가다 ii) (시계가) 늦다 ㉔ (andare male의 형태로 쓰여) (일이) 잘 되지 않다; andare male a scuola 공부를 못하다 ㉕ (andare su의 형태로 쓰여) 올라가다 (온도·가격 따위가) 오르다, 증가하다 ㉖ (andare via의 형태로 쓰여) i) 떠나다, 가버리다 ii) 사라지다 - andarsene [재귀동사] ① 길을

나서다, 떠나다, 가버리다; andarsene di casa 집을 나서다[떠나다]; ora devo andarmene 난 이제 가봐야겠네; vattene! 저리 가버려! ② 없어지다, 사라지다 ③ (완곡 어법으로) 죽다, 사망하다 ④ (시간이) 흐르다, 경과하다 - andarne [비인칭] 위험에 처해 있다; ne va della mia reputazione 내 평판이 위태롭다 - ma va' là! 설마!, 그럴리가!; andiamo! i) 가자! ii) 자, ~하자!; comunque vada 무슨 일이 일어나더라도; vada come vada 무엇이든지, 무엇이라도; come va la vita? 어떻게 지내?; va bene 좋아, 괜찮아, OK; va da sé 당연하다, 물론이다, 두말할 나위도 없다; va' a quel paese 꺼져버려!; va' al diavolo!, va' all'inferno! 뒈져버려!; andare all'altro mondo 죽다, 사망하다; chi va piano va sano e va lontano [속담] 천천히 그리고 꾸준히 노력하면 결국 승리한다

andare² /an'dare/ [남] ① 감, 가기; 진행, 경과; con l'andare del tempo 시간이 감에 따라, 시간의 경과에 따라; a lungo andare 긴 안목으로 보면 ② 걸음걸이; a tutto andare 아주 빨리 걸어

andata /an'data/ [여] ① (목적지를 향해) 감, 가기, 떠남; il viaggio di andata (여행의) 떠나는 길; biglietto di (sola) andata 편도 티켓; (biglietto di) andata e ritorno 왕복 티켓 ② [스포츠] (토너먼트 따위의) 첫 번째 게임

andato /an'dato/ [형] ① 지나간, 이미 ~해버린; nei tempi andati 옛날에; un tentativo andato a vuoto 수포로 돌아간 시도 ② 끝난, 완료된; è andato! 끝났다! ③ (구어체에서) (물건이) 망가진, 고장난

andatura /anda'tura/ [여] ① 걸음걸이; andatura allegra 빠른 걸음, 활보 ② (비유적으로) 진행 방식 ③ [스포츠] 페이스, 속도; fare l'andatura (선두에 서서) 페이스를 이끌다, 보조를 정하다 ④ [항해] 풍향에 따른 배의 진행 방향; andatura in fil di ruota 배가 순풍에 돛을 달고 감

andazzo /an'dattso/ [남] (사태의) 추세, 형편; prendere un cattivo andazzo 나빠지다, 악화되다

Ande /'ande/ [여·복] 안데스 산맥 (la Cordigliera delle Ande)

andino /an'dino/ [형] 안데스 산맥의

andirivieni /andiri'vjɛni/ [남-불변] 왔다 갔다함, 왕래; movimento di andirivieni 왕복 운동
Andorra /an'dɔrra/ [여] 안도라 (피레네 산맥 중에 있는 소국)
androgeno /an'drɔdʒeno/ [남] [생화학] 안드로겐 (남성 호르몬)
androgino /an'drɔdʒino/ [형] 남녀 양성을 모두 갖춘 - [남] 남녀추니
androide /an'drɔide/ [남/여] 인조인간
androne /an'drone/ [남] 현관 안의 넓은 홀
aneddoto /a'nɛddoto/ [남] 일화, 기담(奇談)
anelare /ane'lare/ [자동] (조동사 : avere) ① (문어체에서) 숨가쁘다, 숨이 차다, 숨을 헐떡이다 ② (비유적으로) (a 와 함께 쓰여) (~을) 간절히 바라다, 갈망[열망]하다 - [타동] 간절히 바라다, 갈망[열망]하다
anelito /a'nɛlito/ [남] ① (문어체에서) 숨가쁨, 숨이 참, 숨을 헐떡임 ② (비유적으로) 갈망, 열망
anellide /a'nɛllide/ [남] [동물] 환형동물
anello /a'nɛllo/ [남] ① 반지; anello matrimoniale 결혼 반지; il dito con l'anello 약지, 반지를 끼는 손가락; portare un anello al dito 손가락에 반지를 끼다; scambiarsi gli anelli (결혼식에서) 반지를 교환하다 ② 고리, 링; 사슬의 고리; a forma di anello 고리 모양의; anello per le chiavi 열쇠 고리; quaderno ad anelli 링 바인더 ③ (나무의) 나이테 (anello legnoso) ④ [화학] 환(環) ⑤ (도시 주변의) 환상(環狀) 도로 - anelli [남·복] ① [체조] 링 ② (문어체에서) 고수머리 - avere l'anello al dito 결혼하다; essere l'anello debole in[di] ~의 약점이다; anello di congiunzione 교량 역할을 하는 것, 연결 고리; anelli olimpici 오륜(五輪; 올림픽 마크)
anemia /ane'mia/ [여] ① [병리] 빈혈(증); anemia perniciosa 악성 빈혈 ② (비유적으로) 약함, 활발하지 못함
anemico /a'nɛmiko/ [형] (복 : -ci, -che) ① 빈혈(증)의; diventare anemico 빈혈에 걸리다 ② (비유적으로) 창백하다, 핏기 없는 ③ (비유적으로) 무기력한, 활기 없는 - [남] (여 : -a) 빈혈 환자
anemometro /ane'mɔmetro/ [남] [기상] 풍력계
anemone /a'nɛmone/ [남] [식물] 아네모네 - anemone di mare [동물] 말미잘
anemoscopio /anemos'kɔpjo/ [남] (복 : -pi) [기상] 풍향계
anestesia /aneste'zia/ [여] [의학] 마취; fare[praticare] un'anestesia a qn 누구를 마취시키다; sotto l'effetto dell'anestesia, sotto anestesia 마취 상태의; anestesia locale 국소 마취; anestesia totale 전신 마취
anestesista /aneste'zista/ [남/여] (남·복 : -i, 여·복 : -e) 마취 전문 의사
anestetico /anes'tɛtiko/ (복 : -ci, -che) [형] 마취의; effetto anestetico 마취 효과 - [남] ① 마취제 ② (비유적으로) 감정을 완화시키는 것
anestetizzare /anestetid'dzare/ [타동] 마취시키다
aneto /a'nɛto/ [남] [식물] 딜 (미나릿과)
aneurisma /aneu'rizma/ [남] [병리] 동맥류(動脈瘤)
anfetamina /anfeta'mina/ [여] [약학] 암페타민
anfibio /an'fibjo/ (복 : -bi, -bie) [형] ① [생물] 수륙 양서(兩棲)의 ② [자동차·군사] 수륙 양용의; un veicolo anfibio 수륙 양용 자동차 - [남] ① [생물] 양서류의 동물 ② [군사] 수륙 양용 전차
anfibolo /an'fibolo/ [남] [광물] 각섬석(石)
anfiteatro /anfite'atro/ [남] ① (고대 로마의) 원형 경기장 ② (현대의) 원형 극장 ③ 계단식 강의실
anfitrione /anfitri'one/ [남] (손님을 환대하는) 집주인
anfora /'anfora/ [여] (고대 그리스·로마의) 양쪽에 손잡이가 달린 항아리
anfratto /an'fratto/ [남] (산지 등의) 좁고 구불구불한 곳, 협곡
angelico /an'dʒeliko/ [형] (복 : -ci, -che) (모습·태도 따위가) 천사 같은; un sorriso angelico 천사 같은 미소
angelo /'andʒelo/ [남] ① [종교] 천사 ② (비유적으로) 천사 같은 사람, 귀여운 아이, 아름다운 여성; bello come un angelo (아이가) 천사 같은, 아주 예쁜 - il lunedi dell'Angelo 부활주일 다음날인 월요일; angelo custode 수호 천사; angelo della morte 죽음의 사자 (使者)

angelus /ˈandʒelus/ [남-불변] [가톨릭] 안젤루스, 삼종(三鐘) 기도
angheria /angeˈria/ [여] 억압, 괴롭힘, 횡포
angina /anˈdʒina/ [여] [병리] 앙기나, 후두염(喉頭炎) - angina pectoris 협심증(狹心症)
angiografia /andʒograˈfia/ [여] [의학] 혈관 촬영(법)
angioletto /andʒoˈletto/ [남] ① 아기 천사 ② (비꼬는 투로) 겉으로만 천진난만한 척하는 사람 ③ (애정을 담아 부르는 말로) angioletto mio 아이구, 귀여운 것!
angioma /anˈdʒoma/ [남] [의학] 혈관종(腫)
anglicanesimo /anglikaˈnezimo/ [남] 영국국교회주의
anglicano /angliˈkano/ [형] 영국국교회의, 성공회의 - [남] (여 : -a) 영국국교회[성공회] 신자
anglicismo /angliˈtʃizmo/ [남] 다른 언어에 도입된 영어식 표현
anglicizzare /anglitʃidˈdzare/ [타동] 영어화하다; 영국[잉글랜드]식으로 하다
anglofilo /anˈglɔfilo/ [형/남] (여 : -a) 영국을 좋아하는 (사람)
anglofono /anˈglɔfono/ [형] (국가·지역·사람이) 영어를 사용하는 - [남] (여 : -a) 영어 사용자
anglosassone /angloˈsassone/ [형] ① 앵글로색슨 사람의 ② 앵글로색슨 말의, 고대 영어의 ③ (영국인·미국인 등) 영어 사용자의 - [남/여] 앵글로색슨 사람 - [남] 앵글로색슨 말, 고대 영어
Angola /anˈgɔla/ [타동] 앙골라
angolare1 /angoˈlare/ [형] ① 모난, 각진 ② [수학·물리] 각(角)의; velocità angolare 각속도 ③ 모서리[구석]에 위치한; pietra angolare i) 모퉁잇돌, 주춧돌 ii) (비유적으로) 기초, 토대 - [남] 앵글 (L자형 철재)
angolare2 /angoˈlare/ [타동] ① 어떤 각도로 두다, 각을 이루게 하다 ② 모서리[구석]에 두다 ③ [사진·영화] (카메라의) 각도를 정하다
angolazione /angolatˈtsjone/ [여] ① 각도 설정 ② [사진·영화] 앵글숏 (장면을 카메라의 위치나 촬영 각도 따위를 바꾸어 가며 촬영하는 기법) ③ 각도, 관점, 견지; guardare qc da una nuova angolazione 무엇을 새로운 관점에서 보다
angolo /ˈangolo/ [남] ① 각도, 각; con un angolo di 60 60도 각도로; fare[formare] un angolo con qc 무엇과 각을 이루다; ad angolo retto 직각을 이루어, 수직으로; angolo interno [기하] 내각(內角); angolo retto [기하] 직각 ② 모서리, 구석, 귀퉁이; in un angolo 모퉁이에; d'angolo, ad angolo 모난, 각진; un angolo del tavolo 테이블 모서리; girare[svoltare] l'angolo 모퉁이를 돌다; all'angolo della strada 길모퉁이에; calcio d'angolo [축구] 코너킥 ③ 곳, 장소, 지방, 지역; ai quattro angoli della terra 전 세계에; a ogni angolo 어느 곳에나, 도처에; in ogni angolo 구석구석, 방방곡곡; gli angoli nascosti di ~의 깊숙한 곳 ④ 근처, 부근; l'ufficio postale è proprio dietro l'angolo 우체국은 모퉁이를 돌면[바로 근처에] 있습니다 ⑤ 외진 곳 - cacciarsi in un angolo (구어체에서) 궁지에 몰리다; restare in un angolo (비유적으로) 자기 자리에 머물러 있다; angolo morto 사각(死角)
angoloso /angoˈloso/ [형] ① 모난, 각진 ② 뼈가 앙상한, 수척한 ③ (비유적으로) (성격이) 외고집의, 다루기 어려운
angora /ˈangora/ [여] 앙고라 (모직)
angoscia /anˈgɔʃʃa/ [여] (복 : -sce) ① (per와 함께 쓰여) (~에 대한) 근심, 불안, 번민; essere in preda all'angoscia 심한 고민에 빠져 있다 ② [정신의학] (정신장애에서 보이는) 불안
angosciare /angoʃˈʃare/ [타동] 근심하게 만들다, 불안하게 하다, 괴롭히다 - angosciarsi [재귀동사] (per와 함께 쓰여) (~으로 인해) 고뇌하다, 괴로워하다, 근심하다
angoscioso /angoʃˈʃoso/ [형] ① (일·문제 따위가 사람을) 근심하게 만드는, 불안하게 하는, 괴롭히는 ② (사람이) 근심하는, 고뇌하는, 불안한, 괴로운
angstrom /ˈangstrom/ [남-불변] [물리] 옹스트롬 (1cm의 1억분의 1에 해당하는 단위)
anguilla /anˈgwilla/ [여] [어류] 뱀장어
anguria /anˈgurja/ [여] [식물] 수박
angustia /anˈgustja/ [여] ① (비)좁음; l'angustia della stanza 방이 좁음; angustia di mente (비유적으로) 마음

이 좁음, 옹졸함 ② (비유적으로) 부족, 결핍; 빈곤 ③ 걱정, 근심, 염려; in angustie per ~에 대해 걱정하는
angustiare /angus'tjare/ [타동] 근심하게 만들다, 불안하게 하다, 괴롭히다 - angustiarsi [재귀동사] (per와 함께 쓰여) (~에 대해) 근심하다, 고뇌하다
angusto /an'gusto/ [형] ① (장소·공간이) (비)좁은 ② 마음이 좁은, 옹졸한, 편협한
anice /'anitʃe/ [남] [식물] 아니스 (지중해 지방산, 미나릿과의 약용·향료 식물); 그 씨앗
anidride /ani'dride/ [여] [화학] 무수물 (無水物) - anidride carbonica 이산화탄소
anima /'anima/ [여] ① [철학·종교] 영혼, 넋; pace all'anima sua! 그의 영혼이 편히 쉬기를!; rendere l'anima a Dio 죽다, 사망하다; pregare per l'anima di qn 누구의 명복을 빌다 ② 정신, 마음; pace[quiete] dell'anima 마음의 평안 ③ 내면, 마음 속 깊은 곳; leggere nell'anima di qn 누구의 마음 속을 꿰뚫어 보다 ④ 활력, 생기, 정열; avere un'anima da poeta 시인의 혼을 가지고 있다 ⑤ 사람, 인간; un'anima buona 착한 사람; non c'era anima viva 아무도 없었다 ⑥ (di와 함께 쓰여) (~의) 핵심, 정수, 본질, 생명; la pubblicità è l'anima del commercio 광고는 상업의 핵심이다; la propria vera anima 본성 ⑦ (밧줄·전선 따위의) 심 - mio zio buon'anima 작고하신 우리 삼촌; all'anima! 저런!, 어머나!; stare sull'anima a qn (구어체에서) 누구를 신경질나게 하다; rompere l'anima a qn (구어체에서) 누구를 괴롭히다; amare con tutta l'anima 누구를 진심으로 사랑하다; dare l'anima per ~에 영혼을 바치다, ~을 갈망하다; dare anima e corpo 자신의 모든 것을 다 바치다; vendere l'anima al diavolo "악마에게 영혼을 팔다", 눈앞의 이익 때문에 어리석은 짓을 하다; anima gemella 소울 메이트, 마음이 통하는 친구
animale /ani'male/ [형] ① 동물의; 동물성의; proteine di origine animale 동물성 단백질 ② 살아 있는 ③ 동물적인, 육욕의; istinto animale 동물적 본능 - [남] ① 동물; il re degli animali 백수(百獸)의 왕, 사자; amico degli animali 동물 애호가 ② 짐승 같은 인간 ③ (비유적으로) 존재; animale ragionevole 이성적인 존재; l'uomo è un animale politico 인간은 정치적 동물이다 - animale da allevamento 가축; animale da compagnia, animale domestico 애완동물; animale nocivo 해를 끼치는 짐승; animale da preda 맹수, 육식동물; animale a sangue freddo[caldo] 냉혈[온혈] 동물; animale da soma 짐 나르는 짐승; animali da macello (식육용의) 비육가축
animalesco /anima'lesko/ [형] (복: -schi, -sche) ① 동물의 ② 동물적인, 육욕의; 짐승 같은, 야만적인
animalista /anima'lista/ [남/여] (남·복: -i, 여·복: -e) 동물의 권리를 옹호하는 사람
animare /ani'mare/ [타동] ① (~에) 활기를 불어넣다, (~을) 생기 넘치게 하다 ② (감정·의지 따위를) 불어넣다; 격려[고무]하다 ③ (~에) 생명을 불어넣다, (~을) 살리다 ④ (작품을) 애니메이션으로 만들다 - animarsi [재귀동사] ① 활기를 띠다, 생기가 넘치게 되다 ② 살아나다, 소생하다
animatamente /animata'mente/ [부] 활기차게, 생기가 넘치게
animato /ani'mato/ [형] ① 살아 있는, 생명이 있는; esseri animati 생물, 생명체 ② 활기찬, 생기가 넘치는 ③ (거리·시장·도시 등이) 부산한, 붐비는 ④ 고무된, 자극받은 ⑤ 애니메이션의, 만화영화의; cartone[disegno] animato 동화(動畫), 만화영화
animatore /anima'tore/ [남] (여: -trice) ① 활력을 불어넣는 사람 ② [TV·라디오] (방송의) 사회자 ③ 애니메이션 제작자 - [형] 활력을 불어넣는, 고무하는
animazione /animat'tsjone/ [여] ① 활력을 불어넣기; animazione culturale 문화 활동의 진흥 ② (거리·시장·도시 등의) 부산함, 붐빔, 활기가 넘침 ③ 고무, 흥분, 동요, 열정 ④ 애니메이션, 만화영화 (cinema[film] d'animazione)
animismo /ani'mizmo/ [남] ① [철학] 물활론(物活論) ② 애니미즘, 정령(精靈) 신앙

A

animo /'animo/ [남] ① 마음; nel profondo dell'animo 마음 속 깊이; serbare nell'animo 마음에 품다[간직하다]; stato d'animo 기분, 마음 상태 ② 감정, 기분; toccare l'animo di qn 누구의 심금을 울리다; mettere a nudo il proprio animo 속마음을 털어놓다 ③ 양심, 도덕심, 도량(度量); avere l'animo sereno 양심에 거리낌이 없다, 떳떳하다; grandezza d'animo 마음이 넓음, 관대함 ④ 생각, 의도, 계획; avere in animo di fare qc 무엇을 하기로 마음먹다 ⑤ 용기; fare animo a qn 누구의 용기를 북돋우다; farsi animo 용기를 내다; perdersi d'animo 용기를 잃다, 낙담하다 ⑥ 사람, 인물; è un animo generoso 그는 아주 관대한 사람이다 - [감] 자, 어서, 기운 내! - di buon animo 기꺼이; di mal animo 마지못해

animosità /animosi'ta/ [여-불변] (verso 또는 tra와 함께 쓰여) (~에 대한 또는 ~ 사이의) 악의, 증오, 원한, 앙심; provare animosita verso qn 누구를 적대하다

animoso /ani'moso/ [형] ① 악의를 품은, 적대적인 ② (문어체에서) 용감한 ③ 사나운, 맹렬한

anione /a'njone/ [남] [화학] 음이온

anitra → anatra

Ankara /an'kara/ [여] 앙카라 (터키의 수도)

annacquare /annak'kware/ [타동] ① (포도주·우유 따위에[를]) 물을 타다, 묽게 하다, 희석하다 ② (비유적으로) (비판·대립의 표현 따위를) 약하게 하다 ③ [경제] (주식을) 물타기하다

annacquato /annak'kwato/ [형] ① 물을 탄, 묽어진, 희석된 ② (색깔이) 엷은; (빛이) 흐릿한 ③ (스타일 따위가) 김빠진, 멋 없는, 시시한

annaffiare /annaf'fjare/ [타동] (식물에) 물을 주다, (정원에) 물을 뿌리다

annaffiata /annaf'fjata/ [여] ① 물 뿌리기, 살수(撒水); dare un'annaffiata alla pianta 식물에 물을 주다 ② 보슬비

annaffiatoio /annaffja'tojo/ [남] (복: -oi) 물뿌리개

annaffiatore /annaffja'tore/ [형] 물을 뿌리는 - [남] [여 : -trice] ① 물 뿌리는 사람 ② 살수 장치, 스프링클러

annali /an'nali/ [남·복] ① 연대기(年代記), 역사 기록 ② 평론지; annali letterari 문예 평론지

annaspare /annas'pare/ [타동] (실을 감개에) 감다 - [자동] (조동사 : avere) ① (서툰) 몸짓을 하다; annaspare nel buio 어둠 속에서 (무언가를) 손으로 더듬어 찾다 ② 버둥거리다 ③ (비유적으로) 말을 더듬다, 우물거리다

annata /an'nata/ [여] ① 1년(의 기간); annata ricca di avvenimenti 파란만장한 한 해 ② (신문·잡지 등의) 그 해의 이슈 ③ (작물·포도의) 수확; un'annata abbondante 풍작; vino d'annata 빈티지 와인 ④ 연봉; 연간 지불 금액

annebbiamento /annebbja'mento/ [남] ① 안개·구름이 낌 ② (비유적으로) (시야·의식이) 흐릿해짐

annebbiare /anneb'bjare/ [타동] ① 안개·구름으로 뒤덮다[주변을 뒤덮다] ② (유리창 등에) 김이 서리다 ③ (비유적으로) (시야·의식을) 흐릿하게 하다 - **annebbiarsi** [재귀동사] ① 안개·구름이 끼다, (날이) 흐려지다; il cielo si annebbiò 구름 낀 하늘 ② (유리창 등에) 김이 서리다 ③ (비유적으로) (시야·의식이) 흐릿해지다

annebbiato /anneb'bjato/ [형] ① 안개·구름이 낀, (날이) 흐린 ② (유리창 등에) 김이 서린 ③ (비유적으로) (시야·의식이) 흐릿해진; 어지러운, 혼란스러운

annegamento /annega'mento/ [남] 물에 빠짐; salvare qn dall'annegamento 물에 빠진 사람을 구해주다; asfissia per annegamento 익사

annegare /anne'gare/ [타동] ① 물에 빠뜨리다, 익사시키다 ② (비유적으로) (슬픔·근심 따위를) 잊게 하다; annegare i dispiaceri nell'alcol 슬픔을 술로 달래다 - [자동] (조동사 : essere) ① (사고로) 물에 빠지다 ② (비유적으로) (산적한 문제 따위에) 휘말려 있다 - **annegarsi** [재귀동사] (자살하려) 물에 빠지다

annerire /anne'rire/ [타동] 검게 만들다 - [자동] (조동사 : essere) 검어지다; (피부가) 검게 타다, 그을다; (금속이) 변색되다 - **annerirsi** [재귀동사] 검어[어두워]지다; (램프·퓨즈 따위가) 꺼지다, 나가다; (하늘이) 흐려지다

annessione /annes'sjone/ [여] (영토의) 합병

annesso /an'nεsso/ [형] ① 부가된, 덧붙여진; una casa con garage annesso 차고가 딸린 주택 ② (요구·진술 따위가) 부가적인; (서류·문서가) 첨부된, 동봉된 - [남] ① (특히 복수형으로 쓰여) gli annessi i) 별채, 부속 건물 ii) [법률] 종물(從物) ② [복] [해부] 부속기관

annettere /an'nεttere/ [타동] ① (영토를) 합병하다 ② 부가하다, 덧붙이다; (서류·문서 따위를) 첨부하다, 동봉하다 ③ (어떤 성질을 ~에) 귀착시키다, 부여하다; annettere importanza a qc 무엇을 중요시하다

annichilire /anniki'lire/ [타동] ① 절멸시키다, 완전히 파괴하다 ② (비유적으로) 압도하다, 짓밟다, 꺾다; (희망·노력 따위를) 좌절시키다, 물거품으로 만들다 - annichilirsi [재귀동사] ① 자멸하다, 산산이 무너지다; (희망·노력 따위가) 좌절되다, 물거품이 되다 ② 비굴하게 굴다, 자신을 낮추다

annidarsi /anni'darsi/ [재귀동사] ① 둥지를 짓다, 깃들이다 ② (사람이) 숨다, 잠복하다; (집 따위가 주위 풍경에) 둘러싸여 있다 ③ (증오·공포 따위의 감정이 마음에) 자리잡고 있다

annientamento /annjenta'mento/ [남] ① 절멸, 파괴, 황폐화 ② (비유적으로) 압도, 무력화

annientare /annjen'tare/ [타동] ① 절멸시키다, 파괴하다, 황폐화하다; annientare il nemico 적을 궤멸시키다 ② (비유적으로) (상대를) 압도하다, 꺾다; (희망·노력 따위를) 좌절시키다, 물거품으로 만들다 - annientarsi [재귀동사] 비굴하게 굴다, 자신을 낮추다

anniversario /anniver'sarjo/ [복] -ri, -rie) [형] 기념일의; giorno anniversario di ~의 기념일 - [남] (해마다 돌아오는) 기념일; (몇) 주년제, 주기(周忌); quinto anniversario 5주년; l'anniversario della nascita [morte] di qn 누구의 생일[기일]

anno /'anno/ [남] ① 해, 1년(간); l'anno in corso, l'anno corrente, quest'anno 올해; 금년; l'anno prossimo[venturo] 내년; l'anno scorso[passato] 작년; un anno prima 1년 전에[일찍]; ogni anno 매년, 해마다; ogni due anni 2년마다, 격년으로; nel corso degli anni 수년에 걸쳐, 수년간; tutto l'anno 1년 내내; nell'anno duemila (서기) 2000년에; guadagnare 20.000 euro all'anno 연소득이 2만 유로다; dall'inizio alla fine dell'anno, lungo tutto l'anno 연중(年中); buon anno! felice anno nuovo! 새해 복 많이 받으세요! ② 나이, 연령; ~살[세]; "quanti anni hai?" - "ho vent'anni" "너 몇 살이니?" - "난 스무 살이야"; è morto a 45 anni 그는 45세에 죽었다; essere avanti[in là] negli anni 나이가 많다 ③ (포도 따위의) 수확 연도 ④ 학년 (anno scolastico[accademico]); studente del primo anno (대학의) 1학년생 - anni [남·복] 시기, 시대; gli anni verdi 젊은 시절; negli anni '80 (19)80년대에; essere nel fiore degli anni 한창때다 - anno bisestile 윤년; anno finanziario 회계 연도, anno luce [천문] 광년; anni luce (비유적으로) 긴 시간; anno sabbatico 안식년

annodare /anno'dare/ [타동] ① (끈 따위를) 매다; (~에) 매듭을 짓다 ② (비유적으로) (관계를) 수립하다; annodare buoni rapporti con qn 누구와 좋은 관계를 맺다 - annodarsi [재귀동사] (줄 따위가) 꼬이다, 얽히다

annoiare /anno'jare/ [타동] (con과 함께 쓰여) (~으로) 지루하게[따분하게] 하다; annoiare qn a morte (con qc) 누구를 (무엇으로) 진절머리 나게 하다 - annoiarsi [재귀동사] 지루해[따분해]지다

annoiato /anno'jato/ [형] 지루한, 따분한

annoso /an'noso/ [형] ① 늙은, 나이가 든 ② 오랜 세월에 걸친; una discussione annosa 해묵은 논의

annotare /anno'tare/ [타동] ① 써[적어] 두다 ② (사건·사실 따위를) 기록하다 ③ 주석을 달다

annotazione /annotat'tsjone/ [여] ① 써[적어] 두기, 기록; fare un'annotazione sulla propria agenda 수첩에 기록하다 ② 주석(註釋)

annottare /annot'tare/ [비인칭] (조동사: essere) (날이) 어두워지다; d'inverno annotta presto 겨울에는 해가 빨리 진다

annoverare /annove'rare/ [타동] ① (문어체에서) 열거하다, 낱낱이 세다 ②

A

(tra와 함께 쓰여) (~에) 세어 넣다, 포함시키다; annoverare qn tra i migliori pianisti del mondo 누구를 세계에서 가장 뛰어난 피아니스트의 한 사람으로 꼽다
annuale /annu'ale/ [형] ① 한 해와 관련된, 연(年)~ ② (계약 따위가) 1년간의, 1년에 걸치는 ③ 해마다의, (행사 따위가) 1년에 한 번 열리는 - [남] 기념일
annualità /annuali'ta/ [여-불변] ① 1년 주기임, 연 단위임 ② (임대료 등의) 연간 지불[납입] 금액 ③ 연간 소득
annualmente /annual'mente/ [부] 매년, 해마다
annuario /annu'arjo/ [남] (복 : -ri) 연감, 연보(年報)
annuire /annu'ire/ [자동] (조동사 : avere) (동의하는 뜻으로) 고개를 끄덕이다
annullamento /annulla'mento/ [남] ① 취소, 무효화; 폐지 ② (판결·명령 등의) 파기 ③ 절멸
annullare /annul'lare/ [타동] ① (계약·결정·행사 따위를) 취소하다, 무효로 하다; 폐지하다 ② (판결·명령 등을) 파기하다 ③ 절멸시키다, 완전히 파괴하다 ④ (우표 등에) 소인(消印)을 찍다; (티켓 등을) 펀치로 찍다 - annullarsi [재귀동사] ① 상쇄되다 ② 사라지다
annullo /an'nullo/ [남] (우표 등에) 소인을 찍기; (티켓 등을) 펀치로 찍기
annunciare /annun'tʃare/ [타동] ① 알리다, 발표하다, 공고하다; annunciare qc a qn 누구에게 무엇을 알리다 ② (방문객·교통수단의) 도착을 알리다; chi devo annunciare? 누구시라고 전해드릴까요? ③ 예측[예보]하다; 예고하다, (~의) 전조가 되다; nere nubi annunciavano la pioggia 먹구름이 끼면 (곧) 비가 오게 돼있다 ④ (신의 뜻을) 설교하다 ⑤ [TV·라디오] (사회자가 출연자를) 소개하다 - annunciarsi [재귀동사] ① (일이) 일어나려 하다 ② 예상되다, ~일 것 같다; l'estate si annuncia calda (올) 여름엔 더울 것 같다
annunciatore /annuntʃa'tore/ [남] (여 : -trice) ① 발표자, 알리는 사람, 사자(使者) ② [TV·라디오] 아나운서
Annunciazione /annuntʃat'tsjone/ [여] ① [기독교] 수태고지(受胎告知) ② [가톨릭] 성모 영보 대축일
annuncio /an'nuntʃo/ [남] (복 : -ci) ① 알림, 발표, 공고; dare l'annuncio di qc 무엇을 알리다[발표·공고하다]; annuncio ufficiale 공식 발표 ② (상업) 광고 (annuncio pubblicitario); trasmettere annunci (TV 등에서) 광고를 방송하다 ③ 기미, 조짐, 징후 - annuncio di morte 부고, 사망 기사
annuo /'annuo/ [형] ① 1년의, 1년에 걸치는; stipendio annuo 연봉 ② 해마다의, 연 1회의 ③ [식물] 1년생의
annusare /annu'sare/ [타동] ① (~의) 냄새를 맡다 ② (동물이) 킁킁대며 냄새를 맡다 ③ (비유적으로) (음모 따위를) 눈치채다, 알아채다
annuvolamento /annuvola'mento/ [남] (하늘이) 온통 흐림
annuvolarsi /annuvo'larsi/ [재귀동사] ① 구름이 잔뜩 끼다 ② (비유적으로) (안색이) 어두워지다, 우울해지다
annuvolato /annuvo'lato/ [형] ① 구름이 잔뜩 낀, 흐린 ② (비유적으로) (안색이) 어두운, 우울한
ano /'ano/ [남] [해부·동물] 항문
anodo /'anodo/ [남] (전해조·전자관의) 양극
anomalia /anoma'lia/ [여] 이상, 변칙, 예외, 비정상
anomalo /a'nɔmalo/ [형] 변칙적인, 이례적인; verbi anomali [문법] 불규칙 동사
anonima /a'nonima/ [여] 유한책임회사, 주식회사
anonimamente /anonima'mente/ [부] 익명으로, 이름을 밝히지 않고
anonimato /anoni'mato/ [남] ① 익명임 ② 무명임, 세상에 알려지지 않음 - uscire dall'anonimato i) 이름을 밝히다, 정체를 드러내다 ii) 세상에 알려지다
anonimo /a'nɔnimo/ [형] ① 익명의, 신원 불명의; 작자 불명의 ② 평범한; 무명의, 세상에 알려지지 않은 - [남] (여 : -a) ① 익명의 작가 ② 작자 불명의 저작물 - società anonima 유한책임회사, 주식회사
anoressia /anores'sia/ [여] [정신의학] 식욕 감퇴; anoressia mentale[nervosa] 신경성 식욕 부진, 거식증
anoressico /ano'ressiko/ (복 : -ci, -che) [형] 식욕 감퇴[부진]의 - [남] (여 : -a) 식욕 부진 환자

anormale /anor'male/ [형] 비정상의, 이상한, 예외적인, 변칙적인 - [남/여] 비정상적인 사람
anormalità /anormali'ta/ [여-불변] 비정상, 이상, 변칙
ansa /'ansa/ [여] ① (컵·단지 따위의) 손잡이, 귀 ② (강 따위의) 굽이, 만곡 ③ 작은 만, 후미 ④ 구실, 이유
ANSA /'ansa/ (Agenzia nazionale stampa associata의 약자) 이탈리아 국영 통신사
ansante /an'sante/ → ansimante
ansare /an'sare/ → ansimare
ansia /'ansja/ [여] ① 걱정, 근심, 불안, 긴장; essere in uno stato d'ansia 근심에 싸여있다, 불안한 상태다; essere[stare] in ansia per qn 누구를 걱정하다 ② 열망, 갈망; ansia di sapere 무척 알고 싶어함
ansietà /ansje'ta/ [여-불변] ① 걱정, 근심, 우려 ② 열망, 갈망
ansimante /ansi'mante/ [형] 숨가쁜, 숨이 찬, 헐떡거리는
ansimare /ansi'mare/ [자동] (조동사 : avere) 숨을 헐떡거리다
ansioso /an'sjoso/ [형] ① 걱정[근심]하는, 불안한, 긴장된 ② 열망[갈망]하는; sono ansioso di fare ~하고 싶어 죽겠어 - [남] (여 : -a) 걱정하는 사람
anta /'anta/ [여] ① 셔터, 덧문 ② (옷장의) 문 ③ 그림을 그린 패널
antagonismo /antago'nizmo/ [남] ① 적대, 대립 ② [생태·의학] 길항(拮抗) 작용
antagonista /antago'nista/ (남·복 : -i, 여·복 : -e) [형] (팀·세력 따위가) 서로 맞서는, 대항하는; 적대적인, 대립하는 - [남/여] 적수, 상대 - [남] [해부] 길항근(拮抗筋)
antagonistico /antago'nistiko/ [형] (복 : -ci, -che) ① (팀·세력 따위가) 서로 맞서는, 대항하는; 적대적인, 대립하는 ② (이해관계 따위가) 상충되는
antartico /an'tartiko/ [형] (복 : -ci, -che) 남극의; oceano Antartico 남극해; Circolo Polare Antartico 남극권; il continente antartico 남극 대륙 - [남] l'Antartico 남극 지방[대륙]
Antartide /an'tartide/ [여] 남극 대륙
antecedente /antetʃe'dɛnte/ [형] (시간·순서상) 이전의, 앞의; essere antecedente a ~에[보다] 앞서다 - [남] ① 과거의 사건, 지나간 일; 전례(前例) ② [문법] 선행사
antefatto /ante'fatto/ [남] ① 앞서 일어난 사건[일] ② (이야기 등의) 배경
anteguerra /ante'gwɛrra/ [남-불변] 전쟁 전의 기간; d'anteguerra 전전(戰前)의
antenato /ante'nato/ [남] (여 : -a) ① 조상, 선조 ② [복] 가문, 집안
antenna /an'tɛnna/ [여] ① [통신] 안테나, 공중선; antenna parabolica 파라볼라 안테나; antenna satellitare 위성 방송 수신 안테나; antenna televisiva 텔레비전 안테나 ② [항해] (돛의) 활대 ③ [동물] 촉각, 더듬이 - drizzare le antenne 귀를 기울이다
anteporre /ante'porre/ [타동] ① [문법] (어떤 문법 형식을) 전치(前置)하다; anteporre il soggetto al verbo 주어를 동사 앞에 놓다 ② (비유적으로) 우선시하다, 더 중요하게 여기다; anteporre la qualità alla quantità 양보다 질을 우선시하다 - anteporsi [재귀동사] 자신이 우월하다고 생각하다
anteprima /ante'prima/ [여] (영화·연극의) 시사회, 시연(試演) - sapere qc in anteprima (비유적으로) 무엇을 처음 알게 되다, 처음으로 안 사람이 되다
antera /an'tɛra/ [여] [식물] 꽃밥, 약(葯)
anteriore /ante'rjore/ [형] ① (공간적으로) 앞에 위치한; arto anteriore (동물의) 앞다리 ② (시간적으로) 이전의, 앞의; un avvenimento anteriore alla guerra 전쟁 전의 사건
anteriormente /anterjor'mente/ [부] ① (시간적으로) 이전에, 앞서 ② (공간적으로) 앞에 (위치하여)
antesignano /antesiɲ'ɲano/ [남] (여 : -a) 앞선 사람, 선구자, 개척자
antiabbagliante → anabbagliante
antiaereo /antia'ɛreo/ [형] 대공방어의, 방공의; allarme antiaereo 공습 경보; difesa antiaerea 대공방어; missile antiaereo 대공 미사일; rifugio antiaereo 방공호
antiallergico /antial'lɛrdʒiko/ [형] (복 : -ci, -che) [의학] 항(抗)알레르기의
antiatomico /antia'tɔmiko/ [형] (복 : -ci, -che) ① 핵 공격을 방어하는; rifugio antiatomico 핵 대피소 ② 핵에너지 사용에 반대하는
antibalistico /antiba'listiko/ [형] (복 : -ci, -che) 대(對)탄도탄의, 탄도탄 요

A

격의; missile antibalistico 탄도탄 요격 미사일
antibatterico /antibat'tɛriko/ [형] (복 : -ci, -che) 항균성(抗菌性)의
antibiotico /antibi'ɔtiko/ (복 : -ci, -che) [형] 항생 작용[물질]의 - [남] 항생물질
antibloccaggio /antiblok'kaddʒo/ [형-불변] (자동차의 브레이크가) 앤티록식의 - [남-불변] ABS 제동 장치
anticaglia /anti'kaʎʎa/ [여] ① 낡은 것, 폐물, 고물 ② 구식, 옛 관습, 시대에 뒤떨어진 것
anticamente /antika'mente/ [부] 이전에, 옛날에, 과거에
anticamera /anti'kamera/ [여] 대기실 - fare anticamera (구어체에서) (계속) 기다리다; non mi è passato neanche per l'anticamera del cervello 난 그런 생각은 전혀 못했어
anticarie /anti'karje/ [형-불변] 충치 발생을 억제하는
anticarro /anti'karro/ [형-불변] [군사] 대(對)전차용의; missile anticarro 대전차 미사일
antichità /antiki'ta/ [여-불변] ① 낡음, 고색(古色) ② 고대, 상고(上古); nell'antichità 고대에; questo risale alla più remota antichità 이것은 태곳적으로 거슬러 올라간다 - [여·복] 골동품
anticiclone /antitʃi'klone/ [남] [기상] (고기압에 의한) 이심(離心) 선풍, 역(逆)선풍; 고기압(권)
anticipare /antitʃi'pare/ [타동] ① (행사 따위의) 날짜를 앞당기다 ② (결과 따위를) 미리 알리다[발표하다] ③ 선불하다, 미리 지불하다 ④ (돈을) 빌려주다 ⑤ 미리 ~하다; 선구자가 되다 ⑥ 앞지르다, 선손 쓰다; 예견하다 - [자동] (조동사 : avere) (시기적으로) 이르다, 일찍 오다[나타나다]; quest'anno la primavera ha anticipato 올해는 봄이 빨리 왔다 - anticipare i tempi i) 빨리 하다, 촉진하다 ii) 새로운 길을 개척하다
anticipatamente /antitʃipata'mente/ [부] 미리, 일찍
anticipato /antitʃi'pato/ [형] ① 이른, (날짜가) 앞당겨진; pagamento anticipato 선불 ② 조산(早産)의; parto anticipato 조산 ③ (결과 따위

가) 예상[예견]된
anticipatore /antitʃipa'tore/ [남] (여 : -trice) 선구자
anticipazione /antitʃipat'tsjone/ [여] ① (행사 따위의) 날짜를 앞당기기 ② 선불; 대출 ③ 예상, 예견; fare anticipazioni 예상[예견]하다 ④ 전조, 조짐
anticipo /an'titʃipo/ [남] ① (시간적으로) 앞섬, 먼저임; in anticipo 미리, 일찍; arrivare in anticipo 미리 도착하다; siamo in anticipo rispetto alla tabella di marcia 우린 일을 계획보다 빨리 진행하고 있어; programmare in anticipo 사전에 계획하다, 앞일을 도모하다; l'orologio è in anticipo di dieci minuti 그 시계는 10분 빨리 간다 ② 선금, 계약금 ③ [스포츠] (상대 선수[팀]에 대한) 선손 쓰기 - giocare d'anticipo su qn 누구에 대해 기선을 제압하다
anticlericale /antikleri'kale/ [형/남/여] (정치적 문제 따위에 대해) 교권(敎權)의 개입을 반대하는 (사람)
antico /an'tiko/ (복 : -ci, -che) [형] ① 옛날의, 과거의, 지난 ② 고대의; l'antica Roma 고대 로마; nei tempi antichi 고대에 ③ 고풍스러운, 골동품의 ④ (예술·문명 등의) 고전고대의 ⑤ (all'antica의 형태로 쓰여) 구식의; idee all'antica 낡은 사고; vestire all'antica 유행이 지난 옷을 입다 - [남] 고대, 옛날 - antichi [남·복] 고대인(人)들 - l'Antico Testamento (성경의) 구약
anticoagulante /antikoagu'lante/ [형/남] [의학] 혈액의 응고를 막는 (물질)
anticomunista /antikomu'nista/ [형] 반공의 - [남/여] (남·복 : -i, 여·복 : -e) 반공(산)주의자
anticoncezionale /antikontʃettsjo'nale/ [형] 피임(용)의 - [남] 피임약
anticonformismo /antikonfor'mizmo/ [남] 관습·규범 따위를 따르지 않음
anticonformista /antikonfor'mista/ [형/남/여] (남·복 : -i, 여·복 : -e) 관습·규범 따위를 따르지 않는, 자유분방한 (사람)
anticongelante /antikondʒe'lante/ [형] 얼지 않게 하는 - [남] 부동액(不凍液)
anticorpo /anti'kɔrpo/ [남] [생물] 항체(抗體)
anticostituzionale /antikostituttsjo'nale/

[형] 헌법 위반의, 위헌의
anticristiano /antikris'tjano/ [형] 반(反)기독교의 - [남] (여 : -a) 기독교 반대자
anticristo /anti'kristo/ [남] 그리스도의 적; l'anticristo 적그리스도
anticrittogamico /antikritto'gamiko/ (복 : -ci, -che) [형] 기생식물을 제거하는 - [남] 기생식물 제거제
antidemocratico /antidemo'kratiko/ [형] (복 : -ci, -che) 반(反)민주주의의
antidepressivo /antidepres'sivo/ [형] [약학] 항울성(抗鬱性)의 - [남] 항울제
antidiluviano /antidilu'vjano/ [형] ① (노아의) 대홍수 이전의 ② (비유적으로) 구시대적인; idee antidiluviane 시대에 뒤진 생각
antidolorifico /antidolo'rifiko/ (복 : -ci, -che) [형] (약이) 진통 효과가 있는 - [남] 진통제
antidoping /anti'dɔping/ [형-불변] test[controllo] antidoping 도핑 테스트, 금지 약물 검사 - [남] 도핑 테스트, 금지 약물 검사
antidoto /an'tidoto/ [남] (contro와 함께 쓰여) (~에 대한) ① 해독제 ② 교정(矯正) 수단, 대책, 해결 방법
antidroga /anti'drɔga/ [형-불변] squadra antidroga 마약 수사반
antidumping /anti'damping/ [형] (외국 제품의) 덤핑[해외 투매] 방지를 위한, 반(反)덤핑의
antieconomico /antieko'nɔmiko/ [형] (복 : -ci, -che) 경제 원칙에 맞지 않는, 비경제적인; 이윤이 나지 않는
antiestetico /anties'tɛtiko/ [형] (복 : -ci, -che) 미적이지 않은, 보기 흉한
antifascismo /antifaʃ'ʃizmo/ [남] 반(反)파시즘
antifascista /antifaʃ'ʃista/ [형/남/여] (남 · 복 : -i, 여 · 복 : -e) 파시즘에 반대하는 (사람)
antifona /an'tifona/ [여] ① [음악] (번갈아 가며 부르는) 응답 합창 ② [가톨릭] 교송(交誦) (성가) ③ (비유적으로) 암시, 넌지시 언급함; capire l'antifona 암시를 받고 알아차리다
antifurto /anti'furto/ [형-불변] 도난 방지의 - [남-불변] 도난 방지 장치
antigas /anti'gas/ [형-불변] 가스가 스며들지 않는, 방독(防毒)용의; maschera antigas 방독면, 방독 마스크

antigelo /anti'dʒelo/ [형/남-불변] → anticongelante
antigene /an'tidʒene/ [남] [생화학] 항원 (抗原)
antigienico /anti'dʒeniko/ [형] (복 : -ci, -che) 비위생적인
antilope /an'tilope/ [여] [동물] 영양(羚羊)
antimateria /antima'tɛrja/ [여] [물리] 반물질(反物質)
antimilitarista /antimilita'rista/ [형/남/여] (남 · 복 : -i, 여 · 복 : -e) 군국주의에 반대하는 (사람)
antimonio /anti'mɔnjo/ [남] (복 : -ni) [화학] 안티몬
antincendio /antin'tʃɛndjo/ [형-불변] ① 내화성(耐火性)의, 방화(防火)의 ② 소방(消防)의; allarme antincendio 화재 경보; idrante antincendio 소화전(栓)
antinebbia /anti'nebbja/ [남-불변] (자동차의) 안개등(燈) (또는 faro antinebbia)
antinevralgico /antine'vraldʒiko/ (복 : -ci, -che) [형] 신경통 치료의 - [남] 신경통 치료약
antinfluenzale /antinfluen'tsale/ [형] vaccino antinfluenzale 인플루엔자 백신
antinucleare /antinukle'are/ [형] 핵에너지 사용에 반대하는, 반핵운동의
antiorario /antio'rarjo/ [형] (복 : -ri, -rie) 시계 반대 방향의; in senso antiorario 시계 반대 방향으로
antiparassitario /antiparassi'tarjo/ (복 : -ri, -rie) [형] 기생충을 구제(驅除)하는 - [남] 구충제, 살충제
antipastiera /antipas'tjɛra/ [여] 전채(前菜)를 담는 접시
antipasto /anti'pasto/ [남] 전채(前菜), 애피타이저
antipatia /antipa'tia/ [여] (per 또는 tra와 함께 쓰여) (~에 대한 또는 ~ 사이의) 반감, 혐오; avere in antipatia 반감을 갖고 있다, 싫어하다; provare antipatia per qn, qc 누구/무엇을 싫어하다; prendere qn, qc in antipatia 누구/무엇을 싫어하게 되다
antipatico /anti'patiko/ (복 : -ci, -che) [형] 불쾌한, 싫은, 마음에 들지 않는; mi è[sta] antipatico 나는 그가 마음에 들지 않아 - [남] (여 : -a) 싫은 사람

A

antipiretico /antipi'rɛtiko/ (복 : -ci, -che) [형] 열을 내리는, 해열의 - [남] 해열제
antipodi /an'tipodi/ [남·복] gli antipodi 대척점 (지구상의 정반대쪽에 있는 두 지점) - essere agli antipodi (비유적으로) 전혀 동떨어져 있다
antipolio /anti'pɔljo/ [형-불변] (백신이) 소아마비에 대한 - [여-불변] 소아마비 백신
antiproiettile /antipro'jettile/ [형-불변] (차량·유리 따위가) 방탄(防彈)의; giubbotto antiproiettile 방탄조끼
antiquariato /antikwa'rjato/ [남] 골동품 수집·거래 활동; collezionista d'antiquariato 골동품 수집가; pezzo d'antiquariato 골동품
antiquario /anti'kwarjo/ (복 : -ri, -rie) [남] 골동품 수집·거래의 - [남] (여 : -a) 골동품 수집가, 골동품상
antiquato /anti'kwato/ [형] (사람·생각·유행·스타일·기술 따위가) 구식의, 시대에 뒤진, 케케묵은, 더 이상 쓰이지 않게 된
antiruggine /anti'ruddʒine/ [형-불변] (페인트 따위가) 녹을 방지하는 - [남-불변] 녹 방지 물질
antisemita /antise'mita/ (남·복 : -i, 여·복 : -e) [형] 반(反)유대주의의 - [남/여] 반유대주의자
antisemitismo /antisemi'tizmo/ [남] 반유대주의
antisettico /anti'sɛttiko/ (복 : -ci, -che) [형] 살균의, 멸균의, 소독의 - [남] 소독제, 방부제
antisismico /anti'sizmiko/ [형] (복 : -ci, -che) (건물 따위가) 지진에 견디도록 설계된
antismog /antiz'mɔg/ [형-불변] mascherina antismog 스모그 마스크
antisociale /antiso'tʃale/ [형/남/여] 반사회적인, 사회 질서를 어지럽히는 (사람)
antisommossa /antisom'mɔssa/ [형-불변] 폭동을 진압하는; reparto antisommossa 폭동 진압 경찰대
antisportivo /antispor'tivo/ [형] 스포츠맨십에 어긋나는
antistaminico /antista'miniko/ (복 : -ci, -che) [형] 항(抗)히스타민의 - [남] 항히스타민제
antistante /antis'tante/ [형-불변] 마주보는, 맞은편의, 반대편의; antistante a

~와 마주보는, ~의 맞은편[반대편]에 있는
antiterrorismo /antiterro'rizmo/ [형-불변] 테러에 대항하는, 대(對)테러리스트 용의; squadra antiterrorismo 테러 대응반 - [남-불변] 테러에 대한 대항
antitesi /an'titezi/ [여-불변] ① 대조, 대립, 정반대; in antitesi con ~와 대조를 이루어, 정반대로 ② [철학] 안티테제, 반정립(反定立) ③ [수사] 대조법; 대구(對句)
antitetico /anti'tɛtiko/ [형] (복 : -ci, -che) ① 대조적인, 정반대의, 상반되는 ② [수사] 대조법[대구]의
antivigilia /antivi'dʒilja/ [여] (어떤 날의) 전전날, 이틀 전날
antivirale /antivi'rale/ [형] 항(抗)바이러스(성)의 - [남] 항바이러스 물질
antologia /antolo'dʒia/ [여] 명시 선집(名詩選集), 시집, 명문집
antonimo /an'tɔnimo/ [남] 반의어, 반대어
antonomasia /antono'mazja/ [여] [수사] 환칭(換稱), 대칭(代稱) (고유명사를 써서 같은 부류의 사람을 지칭하기) - per antonomasia 우수한, 탁월한, 발군의
antracite /antra'tʃite/ [여] 무연탄 - [형-불변] 어두운 회색의
antro /'antro/ [남] ① (동)굴 ② (비유적으로) (동)굴 같이 어둑어둑하고 음침한 곳 ③ [해부] 동(空洞); 유문(幽門)
antropofago /antro'pɔfago/ (복 : -gi, -ghe) [형] 인육을 먹는, 식인의 - [남] (여 : -a) 식인종
antropologia /antropolo'dʒia/ [여] 인류학
antropologico /antropo'lɔdʒiko/ [형] (복 : -ci, -che) 인류학(상)의
antropologo /antro'pɔlogo/ [남] (여 : -a) (남·복 : -gi, 여·복 : -ghe) 인류학자
antropomorfo /antropo'mɔrfo/ [형] 사람을 닮은, 사람의 모습을 한; 유인원의 - [남] 유인원
anulare /anu'lare/ [형] 고리 모양의, 환상(環狀)의; eclissi anulare [천문] 금환(일)식; raccordo anulare 환상 도로 - [남] 약지, 넷째 손가락
anzi /'antsi/ [접] ① (정)반대로; non è antipatico, anzi! 그 사람 나쁘지 않아, (오히려) 그 반대야!; ti disturbo? - anzi! 방해되니? - 아니, 전혀 ② 오히

려; "è migliorato?" - "no, anzi, è peggiorato" "좀 좋아졌는가?" - "아니, 오히려 더 나빠졌어" ③ ~이라기보다는, 좀 더 정확히 말하자면; era un collega, anzi, un amico 그는 동료라기보다는 사실은 친구였다
anzianità /antsjani'ta/ [여-불변] ① 나이가 많음, 노령; pensione di anzianità 노령 연금 ② (사물의) 오래된 정도 ③ 선임 순위, 연공 서열; con maggiore anzianità di servizio 근속 연수가 긴; indennità di anzianità (di servizio) 근속 수당
anziano /an'tsjano/ [형] ① 나이가 많은, 늙은; diventare anziano 나이 들다, 늙다; le persone anziane 노인들 ② 선임의, 선배의, 고참의 - [남] (여 : -a) ① 노인; gli anziani 노인들, 노년층 ② 나이가 더 많은 사람 ③ (공동체 내의) 원로 ④ 베테랑, 노련한 사람
anziché /antsi'ke/ [접] ① ~ 대신에 ② ~보다는, 오히려, 차라리
anzitempo /antsi'tempo/ [부] (문어체에서) (정해진 시간보다) 미리, 앞서, 일찍, 빨리
anzitutto /antsi'tutto/ [부] 무엇보다도 우선, 첫째로, 맨 먼저
aoristo /ao'risto/ [남] [문법] (그리스어의) 부정(不定) 과거
aorta /a'ɔrta/ [여] [해부] 대동맥
apartheid /apar'tajd/ [남-불변] 아파르트헤이트 (남아공의 인종 격리 정책)
apartitico /apar'titiko/ [형] (복 : -ci, -che) [정치] 무소속의, 어느 정당에도 가입하지 않은
apatia /apa'tia/ [여] ① 냉담, 무관심; 무감동, 무감정 ② [철학] 아파테이아 (정념(情念)이나 외계의 자극에 흔들리지 않는 초연한 마음의 경지)
apatico /a'patiko/ [형] (복 : -ci, -che) 냉담한, 무관심한, 흥미나 열정이 없는; 무기력한
ape /'ape/ [여] [곤충] 벌; ape domestica 꿀벌; ape operaia 일벌; ape regina 여왕벌 - essere laborioso come un'ape (비유적으로) 몹시 바쁘다
aperitivo /aperi'tivo/ [남] 아페리티프, 식전 반주(飯酒)
apertamente /aperta'mente/ [부] ① (발언 따위를) 터놓고, 거리낌없이, 숨김없이, 솔직하게 ② 명백하게, 확실히 ③ 공명정대하게

aperto /a'perto/ [형] ① 열린; 펼쳐진; 벌어진; lasciare la porta aperta 문을 열어 두다; aveva l'ombrello aperto 그는 우산을 펼쳤다; a bocca aperta 입을 벌리고 ② 드넓은, 광활한; in mare aperto 공해(公海)에서; all'aria aperta 야외에서, 야외의 ③ 명백한, 공공연한 ④ 개방된, 공개된, 출입 가능한; aperto dalle 14.00 alle 17.00 오후 2시부터 5시까지 개방; concorso aperto a tutti (누구나 참가할 수 있는) 공개 경기; la caccia è aperta 수렵이 허용된 시기다 ⑤ (어떤 장소가) 비어 있는, 한산한 ⑥ (남의 사상·제안 따위를) 잘 받아들이는; siamo aperti a qualsiasi soluzione 우리는 어떤 해결책도 수용할 준비가 돼 있다 ⑦ 솔직한, 거리낌없는, 숨김없는; parlare a cuore aperto 마음 속에 있는 말을 하다 ⑧ 도량이 넓은, 편견 없는; avere una mente aperta 마음이 넓다 ⑨ (문제 따위가) 아직 해결[결정]되지 않은; (논의가) 결론이 나지 않은 ⑩ 공격 따위를 받기 쉬운, 취약한 ⑪ [언어] 개음(開音); una vocale aperta 개모음 - [남] (all'aperto의 형태로 쓰여) 야외, 옥외; attività all'aperto 야외 활동; dormire all'aperto 노숙하다 - [부] 터놓고, 솔직하게 - accogliere qn a braccia aperte 누구를 진심으로 환영하다; sognare a occhi aperti 공상에 잠기다
apertura /aper'tura/ [여] ① 열기, 개방 ② 구멍, 틈; fare un'apertura in ~에 구멍을 파다, 틈을 내다 ③ 개시, 시작; 개장, 개통; cerimonia d'apertura 개회식, 개관식; ora di apertura 개점[개관] 시간, 근무 시간; titoli d'apertura 헤드라인, 주요 기사 ④ 개방적임, 관대함, 포용력 있음 (apertura mentale) ⑤ [광학] (렌즈의) 구경(口徑); apertura numerica F 넘버 - apertura alare 비행기의 날개 길이 [폭]; apertura di credito allo scoperto 당좌 대월 약정
apice /'apitʃe/ [남] ① 꼭대기, 정점 ② 절정, 최고조, 극치; 전성기; all'apice di ~의 정점에 - in apice [인쇄] 어깨글자(a3의 3 따위)의
apicoltore /apikol'tore/ [남] (여 : -trice) 양봉가

A

apicoltura /apikol'tura/ [여] 양봉(養蜂)
apnea /ap'nɛa/ [여] ① [병리] (일시적인) 무호흡; apnea notturna 수면성 무호흡 ② (장비 없이) 숨을 참고 잠수하기
apocalisse /apoka'lisse/ [여] ① (대재앙·세상의 종말 등에 대한) 묵시, 계시 ② l'Apocalisse [성경] 요한계시록 ③ (비유적으로) 대재앙, 대참사
apocalittico /apoka'littiko/ [형] (복 : -ci, -che) ① 요한계시록의; 계시[묵시]의 ② 대재앙의, 종말론적인, 파멸을 예고하는, 무시무시한
apocrifo /a'pɔkrifo/ [형] (문서 따위가) 전거(典據)가 의심스러운, 가짜의; [신학] 정전(正典)으로 인정할 수 없는 - [남] gli Apocrifi (구약성경에서 삭제된) 외경(外經), 외전(外典)
apogeo /apo'dʒɛo/ [남] ① [천문] 원지점(遠地點) ② (비유적으로) 최고점, 절정, 정점
apolide /a'pɔlide/ [형/남/여] 나라[국적]가 없는 (사람)
apolitico /apo'litiko/ [형] (복 : -ci, -che) 정치에 관심이 없는
Apollo /a'pɔllo/ [남] [그리스신화] 아폴론 (태양신으로 시·음악·예언 등을 주관)
apologia /apolo'dʒia/ [여] (di와 함께 쓰여) ① (신앙·대의 등에 대한) 공식적인 옹호 ② (~에 대한) 찬양, 찬미; fare l'apologia di qn, qc 누구/무엇을 찬양하다
apoplessia /apoples'sia/ [여] [병리] 졸중; 뇌출혈
apoplettico /apo'plɛttiko/ (복 : -ci, -che) [형] [병리] 졸중의 - [남] (여 : -a) 졸중 환자
a posteriori /a poste'rjɔri/ [형-불변] 귀납적인 - [부] 귀납적으로, 결과에서 원인으로 거슬러 올라가
apostolico /apos'tɔliko/ [형] (복 : -ci, -che) ① 사도의, 사도적인; simbolo apostolico 사도신경 ② 로마 교황의; nunzio apostolico 교황 사절
apostolo /a'pɔstolo/ [남] ① 사도 (복음을 전하기 위해 그리스도가 파견한 12명의 제자의 한 사람); gli Atti degli apostoli [성경] 사도행전 ② (개혁이나 새 정책 따위의) 창도자, 주창자; un apostolo della pace 평화의 사도
apostrofare1 /apostro'fare/ [타동] [문법] 아포스트로피를 붙이다
apostrofare2 /apostro'fare/ [타동] 꾸짖다, 질책하다, 비난하다
apostrofo /a'pɔstrofo/ [남] [문법] 아포스트로피
apoteosi /apote'ɔzi/ [여-불변] ① (고대 세계에서 행해졌던) (사람의) 신격화 ② (비유적으로) 찬양, 숭배; fare l'apoteosi di qn 누구를 찬양하다 [떠받들다]
appagamento /appaga'mento/ [남] 만족, 충족
appagare /appa'gare/ [타동] (욕구·필요 따위를) 만족시키다, 충족하다 - **appagarsi** [재귀동사] (di와 함께 쓰여) (~에) 만족하다
appagato /appa'gato/ [형] 만족한, 충족된; sentirsi appagato 만족감을 느끼다
appaiamento /appaja'mento/ [남] ① (2개를) 짝이 되게 연결하기, 한 쌍으로 만들기 ② (색깔 따위의) 조화
appaiare /appa'jare/ [타동] ① (2개를) 짝이 되게 연결하다, 한 쌍으로 만들다 ② (색깔 따위를) 조화시키다 - **appaiarsi** [재귀동사] (~와) 짝을 이루다, 한 쌍이 되다
appallottolare /appallotto'lare/ [타동] (종이 따위를) 뭉쳐서 공 모양으로 만들다 - **appallottolarsi** [재귀동사] 덩어리지다, 공 모양이 되다; (고양이 따위가) 몸을 공 모양으로 옹크리다
appaltare /appal'tare/ [타동] ① (a와 함께 쓰여) (~에게) 청부를 맡기다, 도급을 주다 ② 계약에 의해 일을 맡다
appaltatore /appalta'tore/ [남] (여 : -trice) 청부업자, 도급업자; appaltatore edile 건축 도급업자
appalto /ap'palto/ [남] 계약, 청부, 도급; prendere qc in appalto 무엇을 계약에 의해 맡아 하다; contratto d'appalto 도급 계약; offerta di appalto 입찰
appannaggio /appan'naddʒo/ [남] (복 : -gi) ① (왕이 왕자들에게 주는) 영지, 봉토(封土) ② 고정 수입[소득] ③ (비유적으로) (지위·신분에 따르는) 이득, 부수입, 특권
appannare /appan'nare/ [타동] ① (유리·거울 등에) 김이 서리게 하다; (금속의) 광택을 흐리게 하다 ② (비유적으로) (시야·의식 따위를) 흐리게 하다 - **appannarsi** [재귀동사] ① (유리·거울 등에) 김이 서리다; (금속의) 광택이 흐

려지다 ② (비유적으로) (시야·의식 따위가) 흐려지다
apparato /appa'rato/ [남] ① 기구(器具), 장치; 도구; apparato elettrico 전기 기구 ② [해부] 계통, 기관(器官); l'apparato digerente[respiratorio] 소화기[호흡기]] 계통 ③ (정치 활동 등의) 기구(機構), 조직; apparato amministrativo 행정 기구 ④ [연극] apparato scenico 무대 장치 ⑤ (병력 따위의) 전개, 배치
apparecchiare /apparek'kjare/ [타동] ① (식탁 등을) 준비하다, 차리다; apparecchiare la tavola per il pranzo 점심상을 차리다 ② (일반적으로) 준비하다 - apparecchiarsi [재귀동사] (문어체에서) 준비되다, 준비를 갖추다
apparecchiatura /apparekkja'tura/ [여] 장치, 기구, 설비; apparecchiatura elettrica 전기 기구; apparecchiatura periferica [컴퓨터] 주변 장치
apparecchio /appa'rekkjo/ [남] (복 : -chi) ① 장치, 기구, 설비; apparecchio acustico 보청기; apparecchio di ascolto 도청 장치; apparecchio fotografico 카메라, 사진기; apparecchio televisivo 텔레비전 수상기 ② 전화(기) (apparecchio telefonico); chi è all'apparecchio? (전화하시는 분은) 누구신지요? ③ (구어체에서) 비행기 ④ [치과] 치열 교정기
apparente /appa'rɛnte/ [형] ① 외관상의, 겉보기의, 표면상의 ② 명백한, 분명한, 뚜렷한; senza motivo apparente 이렇다 할 이유 없이 ③ 드러내는, 과시하는, 겉치레하는
apparentemente /apparente'mente/ [부] 외관상, 겉보기에, 표면상
apparenza /appa'rɛntsa/ [여] ① 외관, 외형, 겉모습; giudicare dalle apparenze 겉모습만으로 판단하다; in apparenza sembrava un problema semplice 표면상으로는 단순한 문제였다 ② (사람의) 생김새, 용모 ③ 체면; per salvare le apparenze 체면상 ④ 착각, 환상
apparire /appa'rire/ [자동] (조동사 : essere) ① 나타나다, 나오다; apparire in pubblico 대중 앞에 나오다; apparire sulla copertina di qc 신문·잡지 등의 표지에 나오다; apparire in tribunale 법정에 출두하다 ② 어렴풋이 나타나다, 희미하게 보이기 시작하다 ③ 갑자기 나타나다, 불쑥 튀어나오다 ④ (생각이) 떠오르다 ⑤ (~하게) 보이다, (~이라는) 인상을 주다; apparire esitante 망설이는 듯 보이다 ⑥ (~임이) 알려지다, 판명되다 ⑦ (~한) 결과가 되다 - [비인칭] (조동사 : essere) mi è apparso chiaro che ~ 나는 ~이라는 걸 분명히 알게 되었다; appare chiaramente che ~ ~임이 분명해 보인다
appariscente /appariʃʃɛnte/ [형] 눈길을 끄는, 화려한
apparizione /apparit'tsjone/ [여] ① 출현, 나타남; fare la propria apparizione in televisione TV에 나오다 ② 유령, 환영(幻影) ③ 환상, 환각
apparso /ap'parso/ [형] 나타난, 나온
appartamento /apparta'mento/ [남] ① 아파트 ② [복] 집, 거처 - appartamento in condominio 콘도미니엄
appartarsi /appar'tarsi/ [재귀동사] ① 물러나다, 은퇴하다 ② 은둔하다, 틀어박히다
appartato /appar'tato/ [형] ① (장소가) 외진, 인적이 드문, 호젓한, 한적한 ② 은둔하는, 틀어박힌
appartenente /apparte'nɛnte/ [형] (~에) 속하는, (~의) 일부인 - [남/여] 구성원, 회원, 일원, 멤버
appartenenza /apparte'nɛntsa/ [여] ① 소속, (단체 따위의) 구성원[회원]임; qual è la sua appartenenza politica? 그는 어느 정치 집단에 소속돼 있는가? ② [복] 소유물
appartenere /apparte'nere/ [자동] (조동사 : essere) (a와 함께 쓰여) ① (~의) 소유물이다; a chi appartiene questo cappotto? 이 코트 누구 거요? ② (~에) 속하다, 소속되다; (~의) 구성원이다; la Corsica appartiene alla Francia 코르시카는 프랑스에 속한다 ③ (권리 따위가 ~에) 속하다; la scelta appartiene a te 선택은 너에게 달려 있다, 너 하기 나름이다
appassionante /appassjo'nante/ [형] ① 흥미진진한, 마음을 사로잡는, 몰두하게 하는, 매력 있는 ② 자극하는, 고무하는, 흥분시키는

appassionare /appassjo'nare/ [타동] ① 마음을 사로잡다, 몰두하게 하다, 관심을 갖게 하다; la letteratura lo appassiona 그는 문학에 흠뻑 빠져 있다 ② 자극하다, 고무하다, 흥분시키다 ③ 감동시키다 - **appassionarsi** [재귀동사] ① (a와 함께 쓰여) (~에) 마음을 빼앗기다, 몰두하게 되다, 관심을 갖게 되다; appassionarsi allo sport 스포츠에 심취하게 되다 ② (a와 함께 쓰여) (~에) 감동을 받다, 마음이 움직이다 ③ (a 또는 in과 함께 쓰여) (~에) 흥분하다

appassionato /appassjo'nato/ [형] ① 열정적인, 열렬한; (활동 따위에) 열심인; (논쟁 따위가) 격한 ② (di와 함께 쓰여) (~에) 열광하는, (~을) 몹시 좋아하는; un appassionato lettore di fantascienza 공상 과학 소설을 탐독하는 사람 - [남] (여 : -a) (스포츠 따위의) 팬; (어떤 대상을) 몹시 좋아하는 사람

appassire /appas'sire/ [자동] (조동사 : essere) ① (식물이) 시들다 ② (비유적으로) (미모 따위가) 바래다

appellare /appel'lare/ [타동] ① (문어체에서) (이름을) 부르다 ② [법률] (판결에 불복하여) 항소하다, 상고하다 - **appellarsi** [재귀동사] ① 애원하다, 간청하다, 빌다 ② (사람의 마음에) 호소하다 ③ [법률] appellarsi a i) (상급 법원 등에) 항소[상고]하다 ii) (법에) 호소하다; appellarsi contro (판결에 불복하여) 항소[상고]하다 ④ [스포츠] appellarsi a (심판에게) 항의하다; appellarsi contro (결정에 불복하여) 항의하다

appellativo /appella'tivo/ [형] ① [법률] 항소[상고]의 ② [문법] (~이라) 칭하는; 보통명사의; nome appellativo 보통명사 - [남] ① [문법] 보통명사 ② 통칭, 별칭

appello /ap'pɛllo/ [남] ① 애원, 간청; appello di aiuto 도와달라는 간청 ② 간곡한 권고, 호소 ③ 호명, (학교의) 출석 조사, (군대의) 점호; per appello nominale 호명하여; fare l'appello (degli scolari) (학생들의) 출석을 부르다 ④ [법률] 항소, 상고; corte d'appello 항소[상고] 법원; ricorrere[fare ricorso] in appello 항소[상고]하다 - una decisione senza appello 최종 결정

appena /ap'pena/ [부] ① 이제 방금, 막; è appena arrivato 그는 방금 도착했다; sono appena passate le sette 7시를 막 지난 시각이다; bambino appena nato 갓난아기 ② 조금, 단지, 다만, 겨우, ~일 뿐; è rimasto appena un'ora 그는 겨우 한 시간 머물렀다 ③ 거의 ~ 않다; lo conosco appena 나는 그를 잘 알지 못한다 ④ 간신히, 가까스로 - [접] 될 수 있는 대로 빨리, 즉시, ~하자마자

appendere /ap'pɛndere/ [타동] ① (a 또는 per와 함께 쓰여) (~에 또는 ~으로) 걸다, 매달다; 고정시키다; appendere un quadro alla parete 그림을 벽에 걸다 ② (전화의 수화기를) 놓다 ③ (누구의) 목을 매달다 - **appendersi** [재귀동사] ① (a와 함께 쓰여) (~에) 매달리다 ② 스스로 목을 매다

appendiabiti /appendi'abiti/ [남-불변] 옷걸이

appendice /appen'ditʃe/ [여] ① (책 따위의) 부록, 보유(補遺) ② (계약서 따위의) 추가 조항 ③ [해부] 충수(蟲垂), 막창자꼬리 (appendice vermiforme[cecale]) ④ [생물] 돌기; 부속 부분

appendicectomia /appenditʃekto'mia/ [여] [의학] 충수 절제술, 맹장 수술

appendicite /appendi'tʃite/ [여] [병리] 충수염(炎), 맹장염

Appennini /appen'nini/ [남·복] gli Appennini (이탈리아의) 아펜니노 산맥

appenninico /appen'niniko/ [형] (복 : -ci, -che) 아펜니노 산맥의

appesantire /appesan'tire/ [타동] ① 무겁게 하다, 무게를 더하다 ② 체중이 늘게 하다, 살이 찌게 만들다 ③ (무게로) 내리누르다 ④ (비유적으로) (분위기·의식 따위를[에]) 무겁게 하다, 중압감을 주다; appesantire la coscienza 양심의 가책을 느끼게 하다 - **appesantirsi** [재귀동사] ① 무거워지다 ② 체중이 늘다, 살이 찌다 ③ (비유적으로) (분위기·마음 따위가) 무거워지다

appeso /ap'peso/ [형] (~에) 걸려[매달려] 있는; il quadro (che è) appeso in salotto 거실에 걸려 있는 그림; essere appeso a un filo (비유적으로) 몹시 위태롭다

appestare /appes'tare/ [타동] ① (공기

를) 오염시키다 ② (공기 중에) 병독을 퍼뜨리다; il contagio appestò tutta la città 전염병이 도시 전체를 휩쓸었다 ③ (비유적으로) (정신적으로) 더럽히다, 부패시키다
appetibile /appe'tibile/ [형] 탐나는, 마음을 끄는, 구미가 당기는
appetito /appe'tito/ [남] ① 식욕, 입맛; buon appetito! 맛있게 드세요!; mangiare di buon appetito 마음껏 [잘] 먹다; non avere appetito 식욕이 없다, 배가 고프지 않다 ② (비유적으로) 욕구, 욕망; appetito sessuale 성욕
appetitoso /appeti'toso/ [형] ① (음식이) 식욕을 돋우는, 맛있어 보이는 ② (비유적으로) 매력적인
appezzamento /appettsa'mento/ [남] 한 구획의 토지, 한 필지(筆地); un appezzamento coltivato a ortaggi 채소밭
appianare /appja'nare/ [타동] ① (지표면 등을) 고르다, 평평하게 하다 ② (비유적으로) (갈등·문제 따위를) 매끄럽게 처리하다, 조정하다, 해결하다; (일의 진행을) 원활하게 하다 - appianarsi [재귀동사] (갈등·문제 따위가) 매끄럽게 처리되다, 조정[해결]되다; (일이) 원활하게 진행되다
appiattimento /appjatti'mento/ [남] 평평하게 하기, 눌러[납작하게] 펴기; (차이를 없애) 같은 수준으로 만들기; appiattimento dei salari 임금 격차 해소
appiattire /appjat'tire/ [타동] ① 평평하게 하다, 눌러[납작하게] 펴다 ② 고르다, (차이를 없애) 같은 수준으로 만들다; appiattire gli stipendi 임금 격차를 해소하다 - appiattirsi [재귀동사] ① 평평해지다, 펴지다, 납작해지다 ② (비유적으로) 단조로워지다, 시시해지다
appiccare /appik'kare/ [타동] ① (a와 함께 쓰여) (~에) 붙이다, 달다, 매다, 걸다 ② (불을) 붙이다, 지르다 ③ (질병을) 전염시키다 - appiccarsi [재귀동사] ① (a와 함께 쓰여) (~을) 붙들다, (~에) 매달리다 ② (문어체에서) (질병이) 전염되다, 만연하다 ③ (식물이) 뿌리를 내리다
appiccicare /appittʃi'kare/ [타동] ① 풀 [접착제]로 붙이다 ② (남에게 나쁜 것을) 떠맡기다, 안겨주다; mi hanno appiccicato un lavoro noioso 그들은 내게 따분한 일을 떠맡겼다 ③ (구어체에서) (타격을) 가하다; appiccicare uno schiaffo a qn 누구의 뺨을 찰싹 때리다 ④ 팔아치우다, 처분하다 - [자동] ① 붙다, 접착력이 있다; questa colla non appiccica 이 풀은 붙질 않는다 ② 끈적거리다 - appiccicarsi [재귀동사] (a와 함께 쓰여) ① (~에) 달라붙다 ② (비유적으로) (누구에게) 달라붙어 떨어지지 않다
appiccicaticcio /apittʃika'tittʃo/ [형] (복 : -ci, -ce) → appiccicoso
appiccicato /appittʃi'kato/ [형] ① (끈적거리는 물질이) 달라붙어 있는 ② (사람이 남에게) 달라붙어 떨어지지 않는; stare sempre appiccicati (둘이) 항상 같이 있다
appiccicoso /appittʃi'koso/ [형] ① 달라붙는, 끈적끈적한, 접착성이 있는 ② (사람이 남에게) 들러붙는
appiedato /appje'dato/ [형] 차에서 내린, 교통수단을 이용할 수 없는, 걸어가는
appieno /ap'pjeno/ [부] 완전히, 전적으로, 충분히
appigliarsi /appiʎ'ʎarsi/ [재귀동사] (a와 함께 쓰여) ① (~을) 붙들다, (~에) 매달리다 ② (비유적으로) (~을) 고수하다, (~에) 집착하다
appiglio /ap'piʎʎo/ [남] (복 : -gli) ① 붙잡을 만한 곳, 매달릴[의지할] 수 있는 것 ② [등산] 자일을 고정시키는 곳 (돌출한 바위 따위) ③ 구실, 핑계; usare qc come un appiglio 무엇을 구실[핑계]로 이용하다 ④ 트집 잡을 만한 것, 허점
appioppare /appjop'pare/ [타동] (구어체에서) (a와 함께 쓰여) ① (~에게 나쁜 것을) 떠맡기다, 안겨주다; appioppare un nomignolo a qn 누구에게 별명을 붙이다 ② (~에게 타격을) 가하다; appioppare un ceffone a qn 누구를 때리다 ③ (~에게 가짜 따위를 속여서) 팔아먹다 ④ (~에게 부담을) 지우다
appisolarsi /appizo'larsi/ [재귀동사] (구어체에서) 꾸벅꾸벅 졸다
applaudire /applau'dire/ [타동] ① (훌륭한 공연 등에 대해 또는 사람에게) 박수를 치다[보내다] ② (비유적으로) 칭찬하다 - [자동] [조동사 : avere] 박수를 치다[보내다], 갈채하다
applauso /ap'plauzo/ [남] ① 박수(갈채); ricevere un applauso 박수갈채를 받

다 ② (비유적으로) 동의, 찬성
applicabile /appli'kabile/ [형] ① (규칙·표준 따위가) 적용 가능한; (법률이) 시행 가능한; applicabile dal primo settembre (법이) 9월 1일부터 시행되는 ② (페인트 따위가 ~에) 칠할 수 있는
applicare /appli'kare/ [타동] ① 붙이다, 달다; applicare una targhetta a una valigia 여행 가방에 꼬리표를 달다 ② (su 또는 a와 함께 쓰여) (~에) (연고·화장품 따위를) 바르다; (페인트 따위를) 칠하다 ③ (비유적으로) (a와 함께 쓰여) (~에) (마음을) 쏟다, (주의를) 기울이다 ④ (원리를) 응용하다 ⑤ (법률·정책 따위를) 시행하다, (제도 따위를) 운영하다 ⑥ (부담 따위를) 지우다; applicare una tassa 세금을 부과하다 ⑦ (규칙 따위를) 적용하다, (방법 따위를) 실행에 옮기다 ⑧ (어떤 목적에) 충당하다, (어떤 용도로) 쓰도록 하다; (어떤 직위에) 고용하다 - applicarsi [재귀동사] (a와 함께 쓰여) (~에) 전념하다, 몰두하다, 열중하다; applicarsi allo studio 공부에 전념하다
applicativo /applika'tivo/ [형] [컴퓨터] 응용의; software applicativo 응용 소프트웨어
applicato /appli'kato/ [형] (원리 따위가) 응용된; arte applicata 응용 미술 - [남] 하급 사무원
applicazione /applikat'tsjone/ [여] ① (연고·화장품 따위를) 바르기; (페인트 따위를) 칠하기 ② (원리 따위의) 적용, 응용, 이용; applicazione tecnologica 기술, 공학 ③ (법률·규칙 따위의) 시행; in applicazione a ~을 따라[좇아] ④ 전념, 몰두, 열중 ⑤ [컴퓨터] 애플리케이션 (응용 소프트웨어의 총칭) ⑥ 아플리케, 의복에 레이스 따위의 장식을 하기
applique /ap'plik/ [여-불변] 벽에 달린 등 (燈)
appoggiare /appod'dʒare/ [타동] ① (su, a 또는 contro와 함께 쓰여) (~에 몸을) 기대다 ② (su, a 또는 contro와 함께 쓰여) (~에) 기대어 놓다[세우다] ③ 두다, 놓다 ④ 지지[지탱]하다, 지원[후원]하다 - [자동] (조동사 - essere) (su와 함께 쓰여) (~에 몸을) 기대다 - appoggiarsi [재귀동사] ① (su, a 또는 contro와 함께 쓰여) (~에 몸을) 기대다; appoggiarsi alla parete 벽에 기대다 ② (비유적으로) (a와 함께 쓰여) (~에) 의지[의존]하다 ③ (비유적으로) (su와 함께 쓰여) (이론·증언 따위가 ~에) 기초[근거]를 두다, 의거하다
appoggiatesta /appoddʒa'tɛsta/ [남-불변] (자동차의) 머리 받침; (안락의자의) 윙
appoggiato /appod'dʒato/ [형] ① (몸을) 기댄; con la testa appoggiata a ~에 머리를 기대고 ② 지지[지원]를 받은
appoggio /ap'pɔddʒo/ [남] (복 : -gi) ① (떠)받침, 지탱; piano d'appoggio 받침대 ② (비유적으로) 지지, 지원, 후원; in appoggio di ~을 지지[지원]하여; dare appoggio a qn 누구를 지지[지원]하다 ③ [군사] (병력 따위의) 지원 ④ (사물·구조의) 토대, 기부(基部) ⑤ 발판, 발 디딜 곳
appollaiarsi /appolla'jarsi/ [재귀동사] (su와 함께 쓰여) ① (새가 홰 따위에) 앉다 ② (사람이 ~에) 앉다, 자리잡다
apporre /ap'porre/ [타동] ① (도장 따위를) 찍다; apporre il timbro postale (우편물에) 소인을 찍다 ② (서명 따위를) 써 넣다 ③ (조항 따위를) 추가하다 ④ (결과를 ~에) 돌리다
apportare /appor'tare/ [타동] ① (변화 따위를) 가져오다 ② (어떤 결과를) 초래하다, 야기하다 ③ [법률] (증거를) 제시하다 ④ 예로 들다, 인용하다 ⑤ (기금 따위를) 기부하다; (자금을) 투입하다
apporto /ap'pɔrto/ [남] ① 공헌, 기여 ② (기금 따위의) 기부; (자금의) 투입 ③ [기술] metallo[materiale] di apporto 충전재, 메우는 금속[물질] - apporto di sangue (조직·장기로의) 혈액 공급; apporto alimentare 영양소 섭취량
appositamente /appozita'mente/ [부] ① 특별히, 일부러; è venuta appositamente per vederti 그녀는 널 만나려고 일부러 찾아왔어 ② 특정한 대상을 위해, 특정한 목적[용도]에 맞게
appositivo /appozi'tivo/ [형] ① [문법] 동격(同格)의 ② 보충의, 부가의
apposito /ap'pozito/ [형] 특정한 목적[용도]에 맞는
apposizione /appozit'tsjone/ [여] ① (도장 따위를) 찍기; (서명 따위를) 써 넣기 ② [문법] 동격(同格)
apposta /ap'pɔsta/ [형-불변] 특정한 목

appostamento /apposta'mento/ [남] ① (숨어서) 망보기; 매복, 잠복; mettersi in appostamento 잠복하여 기다리다; buca di appostamento [군사] 참호 (塹壕) ② 매복[잠복] 장소, 숨는 곳
appostare /appos'tare/ [타동] ① (사람·사냥감 따위를) 숨어서[매복·잠복하여] 기다리다 ② [군사] (병사 등을) 매복시키다; (저격수 등을) 배치하다 - appostarsi [재귀동사] ① (사람이) 숨어서[매복·잠복하여] 기다리다; (동물이) 웅크리고 숨어 있다 ② [군사] (병사 등이) 매복하다
apprendere /ap'prendere/ [타동] ① (지식·기술 따위를) 배우다, 익히다, 습득하다 ② 알게 되다; apprendere qc dal giornale 무엇에 대해 신문에서 읽다; ho appreso che ~이라는 얘기 들었어
apprendimento /apprendi'mento/ [남] 배움, 학습, 습득; processo di apprendimento 학습 과정; apprendimento meccanico [mnemonico] 주입식 학습, 무턱대고 외우기
apprendista /appren'dista/ [남/여] (남·복 : -i, 여·복 : -e) ① 도제(徒弟), 견습생, 수습[실습]생; essere preso come apprendista da qn 누구의 도제로 있다 ② (예술가의) 제자, 문하생 ③ 초심자, 풋내기
apprendistato /apprendis'tato/ [남] 도제살이, 도제의 신분[연한]; fare (l')apprendistato presso qn 누구의 밑에서 견습생 생활을 하다
apprensione /appren'sjone/ [여] 걱정, 염려, 우려; 불안; con apprensione 걱정[염려]하며; mettere qn in apprensione 누구를 걱정시키다, 불안하게 하다; essere in apprensione per qc 무엇에 대해 걱정[염려]하다
apprensivo /appren'sivo/ [형] 걱정·염려·우려하는, 걱정이 많은, 불안한, 마음 졸이는
appreso /ap'preso/ [형] (지식·기술 따위를) 배운, 익힌, 습득한
appresso /ap'presso/ [부] ① 후에, 나중에 ② 가까이에, 근처에 ③ 뒤에 - [전] ① 가까이에 두고, 휴대하여; portarsi appresso qc 무엇을 가지고 다니다 ② (a와 함께 쓰여) (~의) 뒤에서, (~을) 따라가; andare appresso a qn i) 누구를 따라가다 ii) 누구를 (귀찮게) 따라다니다 - [형-불변] 다음의, 뒤이은
apprestare /appres'tare/ [타동] ① 준비하다, 준비를 갖추다 ② 주다, 베풀다, 제공하다; apprestare i primi soccorsi a qn 누구에게 응급 처치를 해주다 - apprestarsi [재귀동사] (a fare와 함께 쓰여) (~할) 준비를 하다 [갖추다]
appretto /ap'pretto/ [남] (옷(감)에 먹이는) 풀; (옷(감)에) 풀을 먹이기
apprezzabile /appret'tsabile/ [형] ① 가치를 인정할 만한, 높이 평가할 만한 ② (차이 따위가) 식별 가능한; 눈에 띄는, 상당한
apprezzamento /apprettsa'mento/ [남] ① 가치의 인정, 높이 평가함 ② 평가, 판단 ③ [경제] (화폐 따위의) 가치 상승
apprezzare /appret'tsare/ [타동] (~의) 가치를 인정하다, (~을) 높이 평가하다 - apprezzarsi [재귀동사] (화폐 따위의) 가치가 상승하다
approccio /ap'prɔttʃo/ [남] (복 : -ci) 접근, 근접; tentare un approccio con qn 누구에게 접근하다; di difficile approccio (일·문제 따위가) 접근하기 어려운
approdare /appro'dare/ [자동] (조동사 : essere, avere) ① (a와 함께 쓰여) (배가 해안[항구]에) 닿다, (승객이 배에서) 뭍으로 내리다 ② (비유적으로) (어떤 결과가[에]) 되다, 이르다; (성과가) 나다; non approdare a nulla 실패하다, 아무 성과가 없다, 수포로 돌아가다
approdo /ap'prɔdo/ [남] ① (배가) 해안[항구]에 닿음, (승객의) 상륙 ② 상륙하는 곳 ③ (비유적으로) 결과, 성과
approfittare /approfit'tare/ [자동] (조동사 : avere) (di와 함께 쓰여) ① (~의 이점을) 이용[활용]하다; approfittare della situazione 상황을 자신에게 유리하도록 이용하다 ② (기회 따위를) 잡다, 얻다, 포착하다 ③ (~을) 이기적으로 이용하다, 악용하다 - approfittarsi [재귀동사] (di와 함께 쓰여) (~을) 이기적으로 이용하다, 악용하다; non

approfittarti della tua posizione 지위를 악용하지 말라
approfondimento /approfondi'mento/ [남] ① 심화; 향상, 발전 ② 철저한 분석, 심도 있는 논의
approfondire /approfon'dire/ [타동] ① 더 깊게 하다 ② (비유적으로) 심화하다; 향상[발전]시키다 ③ 철저하게 분석하다, 심도 있게 논의하다 - approfondirsi [재귀동사] 더 깊어지다, 심화되다
approfondito /approfon'dito/ [형] 깊은, 심도 있는, 철저한; studiare qc in modo molto approfondito 무엇을 깊이 연구하다
appropriarsi /appro'prjarsi/ [재귀동사] (di와 함께 쓰여) (남의 것이나 공공물 따위를) 자기 것으로 하다, 사용(私用)하다, 전유(專有)하다, 착복하다, 횡령하다; (남의 아이디어 따위를) 도용하다; (권력을) 강탈하다
appropriato /appro'prjato/ [형] (a 또는 per와 함께 쓰여) (~에) 적절한, 알맞은, 어울리는
appropriazione /approprjat'tsjone/ [여] (남의 것이나 공공물 따위를) 자기 것으로 하기; 사용(私用), 전유(專有), 착복, 횡령; (남의 아이디어 따위의) 도용; (권력의) 강탈 - appropriazione indebita 유용, 횡령
approssimarsi /approssi'marsi/ [재귀동사] ① (a와 함께 쓰여) (~에) 가깝다, 접근해 있다; approssimarsi al vero 진실에 가깝다 ② (날짜 따위가) 다가오다
approssimativamente /approssimativa'mente/ [부] 대략, 대체로
approssimativo /approssima'tivo/ [형] ① 대략의, 대충의; calcolo approssimativo 대략적인 계산, 개산 ② 부정확한; in un italiano approssimativo 엉터리 이탈리아어로 ③ (지식·견해 따위가) 피상적인, 얕은
approssimato /approssi'mato/ [형] (수치 따위가) 대략적인, 근삿값의; approssimato per eccesso 반올림한
approvare /appro'vare/ [타동] ① (계획·제안·결정 따위에) 찬성하다, 동의하다 ② 승낙하다, 허가하다 ③ (의회가 동의(動議)·법안 따위를) 승인하다, 통과시키다; (일반적으로) 인가[재가]하다 ④ (지원자를) 통과[합격]시키다

approvazione /approvat'tsjone/ [여] ① 찬성, 동의; 승낙, 허가; dare la propria approvazione 찬성하다; d'approvazione (제스처 따위가) 찬성[동의]을 나타내는 ② (법안 따위의) 통과; (예산 따위의) 승인; 인가, 재가
approvvigionamento /approvvidʒona'mento/ [남] ① 공급, 조달; approvvigionamento di viveri 식량 공급; approvvigionamento di armi 무기 조달 ② [복] 공급품; approvvigionamenti di viveri 식량
approvvigionare /approvvidʒo'nare/ [타동] ① (di와 함께 쓰여) (~에 ~을) 공급하다, 조달하다; approvvigionare un'isola di acqua potabile 섬에 식수를 공급하다 ② (~에) 식량을 공급하다 - approvvigionarsi [재귀동사] (di와 함께 쓰여) (~을) 공급하다, 비축하다
appuntamento /appunta'mento/ [남] ① (만날) 약속, 예약; appuntamento dal dentista 치과 진료 예약; avere appuntamento con ~와 만나기로 약속이 되어 있다; mancare a un appuntamento 약속을 어기다, 상대를 바람맞히다 ② (애인과의) 데이트; appuntamento al buio (제3자의 소개에 의한) 블라인드데이트 ③ 모임, 회합 - casa di appuntamenti 매음굴
appuntare1 /appun'tare/ [타동] ① → appuntire ② (a와 함께 쓰여) (~에 핀 따위로) 고정하다; appuntò l'avviso sulla bacheca 그는 게시판에 공고문을 붙여놓았다 ③ (신체의 일부를) 특정 방향으로 향하게 하다; appuntare il dito verso qn 누구를 손가락으로 가리키다 - appuntarsi [재귀동사] appuntarsi una spilla al vestito (입고 있는) 옷에 브로치를 달다
appuntare2 /appun'tare/ [타동] (su와 함께 쓰여) (~에) 적어두다, 메모하다
appuntato1 /appun'tato/ [형] (끝이) 뾰족한
appuntato2 /appun'tato/ [남] [군사] (이탈리아 헌병대 등의) 하사 대리
appuntino, a puntino /appun'tino/ [부] 잘, 정확하게, 올바르게; cotto appuntino 잘 익은; fare tutto appuntino 모든 일을 다 잘하다
appuntire /appun'tire/ [타동] 뾰족하게 하다, 깎다; appuntire una matita 연필을 깎다

appuntito /appun'tito/ [형] (끝이) 뾰족한, 날카로운

appunto1 /ap'punto/ [남] ① (짧은) 기록, 메모; prendere appunti 적어 두다; blocchetto per gli appunti 메모장, 작은 공책 ② (비유적으로) 비난, 책망; fare[muovere] un appunto a qn per qc 무엇에 대해 누구를 꾸짖다 - appunti [남·복] [컴퓨터] 클립보드

appunto2 /ap'punto/ [부] 정확히, 꼭, 바로; è appunto quello che cercavo 그게 바로 내가 찾던 거야; per l'appunto (대답으로) 맞아, 바로 그거야

appurare /appu'rare/ [타동] 확인하다, 확정하다, 분명히 하다

apribile /ap'ribile/ [형] 열 수 있는, 열리는; la porta non è apribile dall'esterno 그 문은 밖에서는 열리지 않는다; tettuccio apribile 선루프 (자동차 지붕의 개폐식 채광창)

apribottiglie /apribot'tiʎʎe/ [남-불변] 병따개

aprile /a'prile/ [남] 4월; il primo di aprile 4월 1일, 만우절

a priori /a pri'ɔri/ [형-불변] [논리] 연역적인; [철학] 선험적(先驗的)인 - [부] 선험적으로, 직관적으로; giudicare qc, qn a priori 무엇/누구를 미리 판단하다

apripista /apri'pista/ [남/여-불변] [스키] 코스를 시험 활주하는 임무를 맡은 사람 - [남-불변] 불도저

aprire /a'prire/ [타동] ① (문 따위를) 열다; (책·신문 따위를) 펴다, 펼치다; (포장 따위를) 끄르다, 풀다; aprire un ombrello 우산을 펼치다; aprire gli occhi 눈을 뜨다; aprire la bocca 입을 벌리다 ② 넓게 벌리다, 쭉 펴다; aprire le ali 날개를 펴다 ③ (영업을) 시작하다, 개점하다; aprire una filiale 지점을 개설하다 ④ (일·행사 따위를) 시작하다, 개시하다 ⑤ (가스 밸브·수도 꼭지 따위를) 틀다; (구어체에서) (전기 기구의 스위치를) 켜다 - [자동] (조동사 : avere) ① (a와 함께 쓰여) (~을 위해) 문을 열다; apri, sono io! 나야, 문 열어!; farsi aprire (문 안으로) 들여 보내지다 ② (가게 따위가) 문을 열다, 개점하다; aprire la domenica 일요일에(도) 영업하다 ③ (가게 따위가) 열려 있다, 개점 상태다 ④ (게임 따위가) 시작되다 - aprirsi [재귀동사] ① 열리다; 펼쳐지다; aprirsi su qc (문 따위가) 무엇을 향해 열려 있다, 무엇 쪽으로 통하다 ② (con과 함께 쓰여) (~으로, ~와 함께) (일이) 시작되다 ③ (앞날이) 펼쳐져 있다, (미래가) 보이다 ④ (a와 함께 쓰여) (~에 대한) 가능성이 엿보이다 ⑤ (풍경·길 따위가) 넓게 펼쳐지다 ⑥ 입을 벌리다; 벌어지다, 갈라지다, 틈이 생기다 ⑦ (꽃이) 피다 ⑧ (알이) 깨다, 부화하다 ⑨ (구름이) 걷히다, (날이) 개다 ⑩ 열리다, 열 수 있다; la mia valigia si apre di lato 내 여행 가방은 옆으로 연다 ⑪ (비유적으로) (con과 함께 쓰여) (~에게) 마음을 터놓다, 고민 따위를 털어놓다 - non aprire bocca 입을 다물다, 침묵을 지키다; aprire gli occhi a qn su qc 누구로 하여금 무엇에 눈을 뜨게 하다, 무엇을 알게[깨닫게] 하다; aprire la mente 마음을 열다; aprire bottega 개업[개점]하다; aprire la strada a ~으로의 길을 트다, ~으로 나아갈 길을 보여주다; apriti cielo! 앗, 이런!

apriscatole /apris'katole/ [남-불변] 캔[깡통]따개

aquaplaning /akwa'planing/ [남-불변] 하이드로플레이닝 (자동차가 빗길을 달릴 때 타이어의 접지면에 생기는 수막으로 미끄러지는 현상)

Aquario → Acquario2

aquila /'akwila/ [여] ① [조류] 독수리 ② (문장(紋章)의) 독수리 문양; aquila bicipite 쌍두의 독수리 ③ (비유적으로) 천재, 귀재 - occhio d'aquila 날카로운 눈

aquilino /akwi'lino/ [형] ① 독수리의 ② 독수리 부리 같은, 갈고리 모양의; un naso aquilino 매부리코

aquilone1 /akwi'lone/ [남] ① 북풍 ② (문어체에서) 북(쪽)

aquilone2 /akwi'lone/ [남] ① 연; fare volare un aquilone 연을 날리다 ② 행글라이더

ara /'ara/ [여] [면적의 단위] 아르 (1아르는 100㎡)

arabesco /ara'besko/ [남] (복 : -schi) ① 아라베스크 (문양) ② 아무렇게나 그려 넣은 문양; (농담조로) 알아보기 힘든 글씨 ③ 아라베스크로 장식됨

Arabia /a'rabja/ [여] 아라비아 (반도); Arabia Saudita 사우디아라비아

arabico /a'rabiko/ [형] (복 : -ci, -che) 아라비아 (반도)의; il Mar Arabico 아

A

라비아 해(海); la Penisola Arabica 아라비아 반도
arabo /'arabo/ [형] 아라비아의, 아랍의; la lingua araba 아랍어; numeri arabi 아라비아 숫자 - [남] (여 : -a) ① 아랍인 ② 아랍어 - per me è arabo! 무슨 말인지 모르겠다; parlare arabo 알아들을 수 없는 소리를 하다
arachide /a'rakide/ [여] [식물] 땅콩, 낙화생 (식물 및 그 열매)
aragosta /ara'gosta/ [여] [동물] 가재, 닭새우 - [남/형-불변] 주홍색(의)
araldica /a'raldika/ [여] 문장학(紋章學)
araldico /a'raldiko/ [형] (복 : -ci, -che) 문장(紋章)의
araldo /a'raldo/ [남] ① [역사] 왕의 사자(使者) ② (문어체에서) 선구자, 미리 알리는 사람
aranceto /aran'tʃeto/ [남] 오렌지 밭[과수원]
arancia /a'rantʃa/ [여] (복 : -ce) 오렌지 (열매); succo d'arancia 오렌지 주스
aranciata /aran'tʃata/ [여] 오렌지에이드 (음료)
arancio /a'rantʃo/ [남] [식물] 오렌지 (나무 또는 열매); fiori d'arancio 오렌지 꽃 - [남/형-불변] 오렌지색(의)
arancione /aran'tʃone/ [남/형] 오렌지색(의)
arare /a'rare/ [타동] ① (밭을) 갈다, 경작하다 ② (비유적으로·문어체에서) 헤치고 나아가다 - arare il mare (비유적으로) 헛수고하다
aratro /a'ratro/ [남] 쟁기; tirare un aratro 쟁기를 끌다
aratura /ara'tura/ [여] 쟁기질, 밭 갈기
arazzo /a'rattso/ [남] 벽걸이, 태피스트리
arbitraggio /arbi'traddʒo/ [남] (복 : -gi) ① [스포츠] 심판(을 보기) ② [법률] 중재, 조정 ③ [금융] (차액을 취득하는) 중개 매매
arbitrale /arbi'trale/ [형] 중재의, 조정의
arbitrare /arbi'trare/ [타동] ① [스포츠] 심판을 보다, 심판으로서 판정을 내리다 ② [법률] 중재[조정]하다
arbitrariamente /arbitrarja'mente/ [부] 제멋대로, 자의적으로, 독단적으로
arbitrario /arbi'trarjo/ [형] (복 : -ri, -rie) ① 제멋대로의, 자의적인, 독단적인, 임의의 ② 부당한
arbitrato /arbi'trato/ [남] [법률] 중재, 조정, 재정(裁定)

arbitrio /ar'bitrjo/ [남] (복 : -tri) ① 결정권, 선택의 자유; ad arbitrio di qn 누구의 마음대로 ② 전권(專權), 절대권; dipendere dall'arbitrio di qn 전적으로 누구의 결정[선택]에 달려 있다 ③ (권력·지위 따위의) 남용 ④ [철학] libero arbitrio 자유의지
arbitro /'arbitro/ [남] ① 결정하는 사람; sono arbitro delle mie azioni 난 스스로 결정한다 ② [법률] 중재인, 조정자 ③ [스포츠] 심판; fare da arbitro 심판을 보다
arbusto /ar'busto/ [남] [식물] 관목(灌木)
arca /'arka/ [여] (복 : -che) ① (조각·비문 따위를 새긴) 석관(石棺) ② 나무로 만든 상자[궤] - l'arca di Noè [성경] 노아의 방주
arcaico /ar'kaiko/ [형] (복 : -ci, -che) 고풍의, 예스러운; 고체(古體)의
arcaismo /arka'izmo/ [남] 고문체(古文體), 고어, 고풍스러운 표현
arcangelo /ar'kandʒelo/ [남] [가톨릭] 대천사(大天使), 천사장(長)
arcano /ar'kano/ [형] 비밀의; 불가해한 - [남] 비밀, 신비, 불가사의, 미스터리
arcata /ar'kata/ [여] ① [건축] 아치; 아케이드 ② [해부] 아치형 구조 ③ [음악] (현악기의) 활
archeologia /arkeolo'dʒia/ [여] 고고학
archeologico /arkeolo'dʒiko/ [형] (복 : -ci, -che) 고고학의; sito archeologico 유적지(遺跡地)
archeologo /arke'ologo/ [남] (여 : -a) (남·복 : -gi, 여·복 : -ghe) 고고학자
archetipo /ar'kɛtipo/ [남] ① 원형(原型); 전형; l'archetipo dell'eroe 영웅의 전형, 전형적인 영웅 ② [철학] (플라톤 철학의) 이데아 - [형] 원형의; 전형적인
archetto /ar'ketto/ [남] ① [건축] 작은 아치 ② [음악] (현악기의) 활 ③ (전차(電車)·전기 기관차 등의) 팬터그래프, 집전기(集電器)
architettare /arkitet'tare/ [타동] 고안하다; (이야기를) 꾸며내다, 만들어내다, 날조하다; (음모를) 꾸미다
architetto /arki'tetto/ [남] 건축가, 건축기사 - architetto del paesaggio 조경사
architettonico /arkitet'tɔniko/ [형] (복 : -ci, -che) 건축의, 건축(학)상의; stile architettonico 건축 양식

architettura /arkitet'tura/ [여] ① 건축 (술), 건축학; architettura gotica 고딕 건축 ② (대학의) 건축학과 ③ 구조, 구성; l'architettura di un tempio 사원의 구조; l'architettura di un romanzo 소설의 구성 - architettura del paesaggio 조경(술)
architrave /arki'trave/ [남] [건축] 아키트레이브, 평방(平枋)
archiviare /arki'vjare/ [타동] ① (자료를) 철하다, 정리하다; (문서·기록 등을) (기록 보관소 등에) 보관하다 ② (계획을) 보류하다 ③ [법률] (소송을) 각하하다 (archiviare un caso)
archivio /ar'kivjo/ [남] (복 : -vi) ① 기록[공문서] 보관소, 문서고 ② (보관되어 있는) 기록, 공문서; 자료철; mettere in archivio (자료를) 철하다, 정리하다 ③ [컴퓨터] 파일; 아카이브 - archivi storici 사료(史料)
arciere /ar'tʃere/ [남] (여 : -a) 활 쏘는 사람, 궁수(弓手)
arcigno /ar'tʃiɲɲo/ [형] (표정·눈빛이) 험악한, 험상궂은, 무서운
arcione /ar'tʃone/ [남] 안장의 앞테 (활 모양으로 굽은 부분)
arcipelago /artʃi'pelago/ [남] (복 : -ghi) 군도(群島); l'arcipelago delle Baleari (지중해 서부의) 발레아레스 제도
arcivescovado /artʃivesko'vado/ [남] 대교구, 대주교의 관할권; 대주교[대감독]의 직(職)·지위
arcivescovo /artʃi'veskovo/ [남] [가톨릭] 대주교; [개신교] 대감독
arco /'arko/ [남] (복 : -chi) ① 활; tendere un arco 활을 당기다; tiro con l'arco 궁술; corda dell'arco 활시위 ② 커브, 활 모양; ad arco 활 모양의, 아치형의 ③ [건축] 아치; arco rampante 버팀도리, 플라잉 버트레스 ④ [전기] 전호(電弧), 아크 (arco elettrico) ⑤ [기하] 호(弧) ⑥ [음악] (현악기의) 활; strumento ad arco 현악기 ⑦ (비유적으로) 기간, 동안; nell'arco della sua vita 그녀가 살아 있는 동안에, 그녀의 생애 중에; nell'arco di una settimana 일주일 내에 - avere molte frecce al proprio arco 제2의 방책[수단]을 가지고 있다, 만일의 사태에 대비하고 있다; arco di trionfo 개선문
arcobaleno /arkoba'leno/ [남] 무지개

arcuare /arku'are/ [타동] 구부리다, 휘다 - arcuarsi [재귀동사] 굽다, 휘다
arcuato /arku'ato/ [형] 아치형의, 구부러진, 휜; gambe arcuate [병리] 내반슬 (內反膝), 오다리
ardente /ar'dɛnte/ [형] ① 타오르는, 작열하는; sole ardente 이글거리는 태양 ② (비유적으로) 강렬한, 맹렬한; 열렬한; ardente di passione 열정에 불타는 - essere[stare] sui carboni ardenti 안절부절못하다
ardere /'ardere/ [타동] ① (불)태우다; legna da ardere 장작, 땔나무 ② (햇볕·열기가 식물·토지 따위를) 바싹 마르게 하다 ③ (비유적으로) (욕망 따위를) 불태우다 - [자동] (조동사 : essere) ① (불)타다, 타오르다 ② (촛불 따위가) 빛을 내다 ③ (비유적으로) ardere dal desiderio di fare qc 무엇 하기를 갈망하다
ardesia /ar'dɛzja/ [여] ① [광물] 점판암 (粘板岩) ② 슬레이트 (lastra di ardesia) - [남/형-불변] 푸른빛이 도는 회색(의)
ardire /ar'dire/ [타동] (문어체에서) ① 감히 ~하다; ardire parlare 감히 말하다 ② 모험을 해보다, 위험을 무릅쓰다 - [남] (문어체에서) ① 용기, 대담함 ② 뻔뻔스러움, 건방짐; avere l'ardire di fare qc 무엇을 할 만큼 뻔뻔스럽다 [건방지다]
ardito /ar'dito/ [형] ① 용감한, 겁 없는, 대담한 ② 모험을 하는, 위험을 무릅쓰는 ③ 뻔뻔스러운, 건방진 ④ 기발한, 독창적인
ardore /ar'dore/ [남] ① 맹렬한 열기, 타는 듯한 더위 ② 열렬, 열정; con ardore 열렬히, 열정적으로
arduo /'arduo/ [형] ① (일 따위가) 고된, 힘든, 어려운 ② (드물게) 가파른, 경사가 급한
area /'area/ [여] ① (지리상의) 지역, 지방, 지대 ② (특정 용도로 이용되는) 구역, 지역; area coltivabile 경지 ③ [기하] 면적 ④ (비유적으로) (활동 등의) 범위, 영역, 분야 ⑤ 부근, 근처 - area dell'euro 유로존, 유로화 지역; area giochi 운동장; area di gioco (스포츠의) 경기장; area di rigore [축구] 페널티 에어리어; area di servizio 고속도로 휴게소
arena1 /a'rena/ [여] ① 모래 ② (문어체

A

에서) 백사장
arena2 /a'rɛna/ [여] ① [역사] (고대 로마의 원형 경기장 내의) 투기장(鬪技場) ② 활동 무대, 경쟁의 장, ~계(界); l'arena politica 정계
arenarsi /are'narsi/ [재귀동사] (조동사 : essere) ① (su와 함께 쓰여) (선박이 ~에) 좌초하다 ② (비유적으로) 막다른 골목에 다다르다, 교착 상태에 빠지다
arenaria /are'narja/ [여] [지질] 사암(砂岩)
arenario /are'narjo/ [형] (복 : -ri, -rie) 모래의, 사질(砂質)의; pietra arenaria 사암(砂岩)
arenile /are'nile/ [남] 모래가 있는 물가, 백사장
argano /'argano/ [남] ① 윈치, 권양기(捲揚機) ② [항해] 캡스턴 (닻이나 무거운 짐 따위를 감아 올리는 장치)
argentare /ardʒen'tare/ [타동] (~에) 은 도금을 하다, 은을 입히다
argentato /ardʒen'tato/ [형] ① 은도금한, 은을 입힌 ② 은빛의; carta argentata 은종이, 은박지
argenteo /ar'dʒɛnteo/ [형] ① 은의, 은으로 된; monete argente 은화 ② 은빛의
argenteria /ardʒente'ria/ [여] 은으로 만든 제품 (은그릇 따위); 그런 것을 파는 가게
argentiere /ardʒen'tjɛre/ [남] (여 : -a) ① 은세공을 하는 사람 ② 은으로 만든 제품을 파는 상인
Argentina /ardʒen'tina/ [여] 아르헨티나
argentino1 /ardʒen'tino/ [형] ① (소리가) 은방울을 굴리는 듯한, 맑은 ② 은빛의
argentino2 /ardʒen'tino/ [형] 아르헨티나의 - [남] (여 : -a) 아르헨티나 사람
argento /ar'dʒento/ [남] ① 은(銀); lamina d'argento 은박 ② 은으로 만든 제품 (은그릇 따위) ③ 은빛, 은백색; capelli d'argento 은발 ④ 은화 ⑤ [스포츠] 은메달 - argenti [남·복] 은으로 만든 제품 - [형-불변] 은빛의, 은백색의 - avere l'argento vivo addosso 몹시 기뻐하다; argento vivo 수은
argentone /ardʒɛn'tone/ [남] 양은(洋銀)
argilla /ar'dʒilla/ [여] 점토, 도토(陶土)
argilloso /ardʒil'loso/ [형] 점토질의
arginare /ardʒi'nare/ [타동] ① (강에) 둑 [제방]을 쌓다 ② (비유적으로) 막다, 저지하다; 억누르다, 억제하다
argine /'ardʒine/ [남] ① 둑, 제방 ② (비유적으로) 저지[억제]하는 것; mettere[porre] un argine a qc 무엇을 억제하다
argo /'argo/ [남] [화학] 아르곤
argomentare /argomen'tare/ [자동] (조동사 : avere) 논하다, 논증하다; 논쟁하다; argomentare contro ~에 이의를 제기하다
argomentazione /argomentat'tsjone/ [여] 논증; 논쟁, 토론
argomento /argo'mento/ [남] ① (대화 따위의) 주제, 소재; (논의의) 대상; argomento di conversazione 화제; argomento di discussione 논점; torniamo all'argomento 본론으로 되돌아갑시다; uscire dall'argomento 논점에서 벗어나다; cambiare argomento 화제를 전환하다; entrare nel vivo dell'argomento 핵심을 찌르다 ② 논증, 논쟁, 토론; controbattere un'argomento 논박하다 ③ 이유, 근거 ④ 줄거리, 내용 ⑤ [수학] (함수의) 독립 변수
argon → argo
arguire /argu'ire/ [타동] (da와 함께 쓰여) (~으로부터) 추론[추리]하다
argutamente /arguta'mente/ [부] 영리하게, 기민하게, 예리하게; 재치 있게
arguto /ar'guto/ [형] ① 영리한, 기민한, 예리한 ② 재치 있는 ③ 꿰뚫는 듯한
arguzia /ar'guttsja/ [여] ① 영리함, 기민함, 예리함 ② 재치 있음; 재치, 유머
aria /'arja/ [여] ① 공기, 대기; cambiare l'aria 환기하다; fare prendere aria a (의복 따위를) 바람에 쐬다, 널다; uscire a prendere una boccata d'aria 바깥바람을 쐬러 나가다; a tenuta d'aria 공기가 통하지 않는, 기밀(氣密)의 ② 공중, 하늘 ③ 산들바람; 바람; corrente d'aria 통풍 ④ 외양, 외모; 태도; aveva un'aria felice 그는 행복해 보였다 ⑤ 분위기, 기운; un'aria di festa 축제 분위기; sentire che aria tira 낌새를 알아차리다 ⑥ 멜로디, 가락, 곡조 ⑦ [음악] (오페라의) 아리아 ⑧ [기계] 초크 (엔진의 공기 흡입 조절 장치) - all'aria aperta 야외에서; a mezz'aria i) 공중에 머물러 ii) (비유적으로) 미정(未定)인 채로; darsi delle

arie 젠체하다; fare castelli in aria 공중누각을 쌓다, 공상에 잠기다; in linea d'aria 직선으로; in[per] aria 미정(未定)인 채로
ariano1 /a'rjano/ [형/남] (여 : -a) [기독교] 아리우스파의 (사람)
ariano2 /a'rjano/ [형] ① 아리아어(語)의, 인도유럽어의 ② (나치즘에서) 인도유럽계 인종의, 비(非)유대계 백인의 - [남] (여 : -a) ① 아리아인(人), 인도유럽어족의 언어를 사용하는 민족의 사람 ② (나치즘에서) 인도유럽계 인종의 사람, 비(非)유대계 백인
aridità /aridi'ta/ [여-불변] ① (토지가) 건조함, 메마름, 불모임; (기후가) 건조함 ② (내용이) 무미건조함, 지루함 ③ 무감각, 무감정
arido /'arido/ [형] ① (토지가) 건조한, 메마른, 불모의; (기후가) 건조한 ② (내용이) 무미건조한, 지루한 ③ 무정한
arieggiare /arjed'dʒare/ [타동] ① (방 따위의 공간을) 환기하다 ② (의복 따위를) 바람에 쐬다, 널다 ③ (~처럼) 보이다, (~와도) 같다 ④ 흉내내다 - [자동] (조동사 : avere) (a와 함께 쓰여) (~처럼) 굴다, (~와 같은) 태도를 취하다
arieggiato /arjed'dʒato/ [형] 환기된, 바람이 통한
ariete /a'rjete/ [남] 숫양(羊) - A- [남-불변] [천문] 양자리; [점성] 백양궁(白羊宮)
aringa /a'ringa/ [여] (복 : -ghe) [어류] 청어
arioso /a'rjoso/ [형] ① (방 따위가) 바람이 잘 통하는, 통풍이 잘 되는; (장소가) 시원한 바람이 부는 ② (비유적으로) 쾌활한, 발랄한, 명랑한 - [남] [음악] 아리오소, 영서창(詠敍唱)
arista /'arista/ [여] 구운 돼지 등살로 만든, 토스카나 지방의 요리
aristocratico /aristo'kratiko/ (복 : -ci, -che) [형] ① 귀족의, 상류 계급의 ② 귀족적인, 품격 있는, 세련된 - [남] (여 : -a) 귀족(의 한 사람)
aristocrazia /aristokrat'tsia/ [여] ① (집합적으로) 귀족, 귀족 사회; 상류 계급 ② 명사들, 엘리트 층 ③ (비유적으로) 귀족풍, 품격 있음, 세련됨
aritmetica /arit'mɛtika/ [여] 산수, 셈
aritmetico /arit'mɛtiko/ (복 : -ci, -che) [형] 산수의, 산술상의; media aritmetica 산술 평균

aritmia /arit'mia/ [여] [병리] 부정맥(不整脈)
arlecchino /arlek'kino/ [남] ① 아를레키노, 익살극에 나오는 광대 ② (일반적으로) 어릿광대, 익살꾼 - [형-불변] 잡색의, 얼룩덜룩한
arma /'arma/ [여] (복 : -i) ① 무기, 병기, 화기; puntare un'arma contro qn 누구에게 무기를 겨누다; caricare un'arma 총에 탄약을 재다; fatto d'armi 무공, 무훈 ② (비유적으로) 공격 수단 ③ [군사] 병과, 병종(兵種) ④ 군사력, 병력; l'arma di cavalleria 기병대 - armi [여·복] 군 복무; chiamare alle armi 징병하다, 병력을 동원[소집]하다; andare sotto le armi 입대하다, 군인이 되다; compagno d'armi 전우; piazza d'armi i) 연병장 ii) (비유적으로) 아주 큰 방[집] - in armi 무장한, 무기를 갖춘; all'armi! 전투 준비!; alle prime armi 초심자, 풋내기; levarsi in armi 봉기하다, 무기를 들고 일어나다; prendere le armi 무기를 들다, 전쟁에 나서다; gettare[deporre] le armi 무기를 버리다, 항복하다; arma automatica 자동 소총; arma atomica[nucleare] 핵무기; arma da fuoco 화기(火器); armi di distruzione di massa 대량 파괴[살상] 무기
armadietto /arma'djetto/ [남] 캐비닛; armadietto metallico 로커, 사물함
armadillo /arma'dillo/ [남] [동물] 아르마딜로
armadio /ar'madjo/ [남] (복 : -di) ① 양복장, 옷장; 벽장 (armadio a muro) ② (비유적으로) 키 크고 건장한 사람
armamentario /armamen'tarjo/ [남] (복 : -ri) ① (특정 목적에 사용되는) 도구·장비 일체; armamentario da subacqueo 스쿠버다이빙 장비 ② (농담조로·구어체에서) 자질구레한 물건들
armamento /arma'mento/ [남] ① 무장, 무기 공급 또는 무기를 갖춤 ② (집합적으로) 무기류; armamento convenzionale 재래식 무기 ③ [복] (한 나라의) 군비, 군사력; riduzione degli armamenti 군비 축소 ④ [철도] 레일과 침목 ⑤ 항해 준비 (선박의 의장(艤裝) 따위)
armare /ar'mare/ [타동] ① (con과 함께 쓰여) (~으로) 무장시키다, (~의) 무기

A

를 공급하다 ② (화기를) 장전하다, 격발 준비를 하다 ③ 강화하다, 보강하다 ④ (선박을) 의장(艤裝)하다, 항해 준비를 하다 ⑤ 작위를 수여하다 ⑥ (철도 선로를) 부설하다 - armarsi [재귀동사] (di와 함께 쓰여) ① (~으로) 무장하다 ② (비유적으로) (용기·인내심 따위를) 갖추다

armata /arˈmata/ [여] ① 함대; l'Invincibile Armata (스페인의) 무적함대 ② (육·공군의) 군대, 군; corpo d'armata 군단; generale d'armata 육군 원수

armato /arˈmato/ [형] ① (di와 함께 쓰여) (~으로) 무장한, (~의) 무기를 갖춘; rapina a mano armata 무장 강도 ② (비유적으로) (용기·인내심 따위를) 갖춘 ③ 강화된, 보강한; cemento armato 철근콘크리트 - [남] (전쟁터의) 병사, 군인 - essere armato fino ai denti 완전무장을 하고 있다

armatore /armaˈtore/ [형] società armatrice 선박 회사 - [남] (여 : -trice) ① 선주(船主); 선박 회사 경영자 ② 선로 부설 인부

armatura /armaˈtura/ [여] ① 갑옷; un'armatura 갑옷 한 벌 ② [생물] 방호 기관 (가시·껍질 따위) ③ 뼈대, 골격 ④ [건축] 보강재 ⑤ [전기] 전기자(電機子)

armeggiare /armedˈdʒare/ [자동] (조동사 : avere) ① (서툰 솜씨로) 만지작거리다 ② 책동하다, 음모를 꾸미다

Armenia /arˈmɛnja/ [여] 아르메니아

armeno /arˈmɛno/ [형] 아르메니아의 - [남] (여 : -a) ① 아르메니아 사람 ② 아르메니아어

armeria /armeˈria/ [여] ① (군부대의) 무기고; (가정의) 총기실 ② 총기류 판매점

armistizio /armisˈtittsjo/ [남] (복 : -zi) 휴전, 정전

armonia /armoˈnia/ [여] ① 조화, 일치, 화합, 융화; armonia familiare 가정의 화목; in armonia con ~와 조화[일치]하여 ② [음악] 화성(和聲)(학)

armonica /arˈmɔnika/ [여] (복 : -che) ① 하모니카 ② [음악] 배음(倍音)

armonico /arˈmɔniko/ [형] (복 : -ci, -che) ① 선율적인; 화성(和聲)의 ② 조화로운, 균형이 잡힌 ③ [수학·물리] 조화의 - cassa armonica (악기의) 공명판

armoniosamente /armonjosaˈmente/ [부] 조화롭게; 선율적으로

armonioso /armoˈnjoso/ [형] ① 선율이 아름다운, 협화음의 ② 사이가 좋은, 화목한 ③ 조화로운, 균형이 잡힌

armonizzare /armonidˈdzare/ [타동] ① [음악] (~에) 화음을 붙이다 ② 조화시키다, 잘 어울리게 하다, 일치시키다 ③ 화해시키다, 화목하게 하다 - [자동] (조동사 : avere) (con과 함께 쓰여) (~와) 조화되다, 어울리다, 맞다, 일치하다 - armonizzarsi [재귀동사] (con과 함께 쓰여) (~와) 조화되다, 어울리다, 맞다, 일치하다

arnese /arˈnese/ [남] ① 도구, 기구, 용구; arnesi da lavoro 작업 도구 ② (구어체에서) 간단한 장치 - male in arnese 차림새가 허름한

arnia /ˈarnja/ [여] 벌집, 벌통

aroma /aˈrɔma/ [남] ① 방향(芳香), 향기 ② 향료; [복] aromi 향신료[양념] 종류 ③ 향, 맛

aromaterapia /aromateraˈpia/ [여] 아로마테라피, 방향 요법

aromatico /aroˈmatiko/ [형] (복 : -ci, -che) 향기로운, 방향의; erba aromatica 허브, 향료 식물

aromatizzare /aromatidˈdzare/ [타동] 향기롭게 만들다; (음식에[을]) 맛을 내다, 풍미를 더하다, 양념하다

aromatizzato /aromatidˈdzato/ [형] 향기롭게 만들어진; (음식이) (~의) 맛이 나는, 양념이 된, 향긋한; aromatizzato al limone 레몬 향이 나는

arpa /ˈarpa/ [여] [음악] 하프; suonare l'arpa 하프를 연주하다

arpeggio /arˈpeddʒo/ [남] (복 : -gi) [음악] 아르페지오, 펼침화음

arpia /arˈpia/ [여] ① [그리스신화] 하르피이아 (여자의 얼굴과 새의 몸을 가진 탐욕스러운 괴물) ② (비유적으로) 탐욕스러운 사람; 심술궂은[잔소리가 심한] 여자

arpione /arˈpjone/ [남] ① (고래나 큰 물고기를 잡는 데 쓰는) 작살 ② 경첩 ③ [기계] 멈춤쇠 ④ (등산용) 하켄

arpista /arˈpista/ [남/여] (남·복 : -i, 여·복 : -e) 하프 연주자

arrabattarsi /arrabatˈtarsi/ [재귀동사] (~하기 위해) 분투하다, 모든 노력을 다하다

arrabbiare /arrabˈbjare/ [자동] (조동사 :

essere) 광견병[공수병]에 걸리다 - arrabbiarsi [재귀동사] (con 또는 per 와 함께 쓰여) (누구 또는 무엇에) 화를 내다; non è il caso di arrabbiarsi 화 낼 필요가 없다 - far arrabbiare qn 누구를 화나게 만들다
arrabbiato /arrab'bjato/ [형] ① 광견병 [공수병]에 걸린 ② (con 또는 per와 함께 쓰여) (누구 또는 무엇에) 화가 난 ③ 끈덕진, 완고한; fumatore arrabbiato 골초
arrabbiatura /arrabbja'tura/ [여] 화를 냄, 격노; prendersi un'arrabbiatura 벌컥 화를 내다
arraffare /arraf'fare/ [타동] ① 집어 가다, 가져가다 ② (금품 따위를) 훔치다
arrampicare /arrampi'kare/ [자동] (조동사 : avere) (암벽 따위를) 등반하다 - arrampicarsi [재귀동사] ① (su와 함께 쓰여) (~에) 기어오르다, 애써 올라가다 ② (lungo와 함께 쓰여) (식물이 벽 따위를 타고) 기어오르다 ③ (su와 함께 쓰여) (자동차가 언덕 따위를) 오르다 - arrampicarsi sugli specchi 지푸라기라도 잡으려 하다
arrampicata /arrampi'kata/ [여] ① 기어오르기, 애써 올라가기 ② (암벽 등의) 등반
arrampicatore /arrampika'tore/ [남] (여 : -trice) 기어오르는 사람; (암벽 등을) 등반하는 사람 - arrampicatore sociale 입신 출세를 위해 애쓰는 사람
arrancare /arran'kare/ [자동] (조동사 : avere) ① 절뚝거리다 ② (사람이) 터벅터벅 걷다; (자동차가) 느릿느릿 운행하다
arrangiamento /arrandʒa'mento/ [남] ① 조정, 합의; trovare un arrangiamento 합의를 보다 ② (문학 작품의) 각색 ③ [음악] 편곡
arrangiare /arran'dʒare/ [타동] ① (모양새가 흐트러진 것이나 부서진 것 따위를) 정돈하다, 가지런히 하다 ② (구어체에서) (이것저것) 긁어모으다 ③ [음악] 편곡하다 ④ (구어체에서 · 비유적으로) 혼내주다 - arrangiarsi [재귀동사] ① 그럭저럭 꾸려나가다; arrangiati! (어떻게든) 스스로 해보도록 해! ② 합의를 보다, 타협에 이르다
arrangiatore /arrandʒa'tore/ [남] (여 : -trice) 편곡자
arrapare /arra'pare/ [타동] (통속적으로) 성적으로 흥분시키다, 성욕을 자극하다 - arraparsi [재귀동사] (통속적으로) 성적으로 흥분하다
arrecare /arre'kare/ [타동] (비유적으로) 야기하다, 초래하다; non vorrei arrecarle disturbo 불편을 끼쳐드리고 싶지 않습니다
arredamento /arreda'mento/ [남] ① (집 · 방에) 가구를 들여놓기 ② (집 · 방에 들여놓은) 가구류 ③ (실내) 장식; arredamento d'interni 실내 장식, 인테리어 디자인
arredare /arre'dare/ [타동] (con과 함께 쓰여) (집 · 방에 가구 따위를) 들여놓다
arredatore /arreda'tore/ [남] (여 : -trice) ① 실내 장식가, 인테리어 디자이너 ② [연극] 무대 장치를 하는 사람
arredo /ar'redo/ [남] 가구(류), (사무실 등의) 비품 - arredo di scena [연극] 무대 장치
arrembaggio /arrem'baddʒo/ [남] (복 : -gi) ① (공격을 위해) 적선(敵船)에 옮겨 타기 ② (비유적으로) 공격, 습격
arrendersi /ar'rendersi/ [재귀동사] (a와 함께 쓰여) ① (~에) 항복하다 ② (~에) 굴복하다, 따르다; arrendersi al destino 운명이라 생각하고 체념하다
arrendevole /arren'devole/ [형] 유순한, 고분고분한, 잘 따르는
arrestare /arres'tare/ [타동] ① (움직임 따위를) 멈추게 하다, 막다, 저지하다; arrestare l'emorragia 지혈하다; arrestare l'avanzata del nemico 적의 진군을 저지하다 ② 체포하다 - arrestarsi [재귀동사] ① (움직임이) 멈추다, 정지되다 ② [컴퓨터] (프로그램의 진행이) 중단되다
arresto /ar'resto/ [남] ① 멈춤, 정지; battuta d'arresto 더 나아가지 못함, 답보 상태; segnale d'arresto 정지 신호 ② [의학] (신체 기관의) 기능 부전; arresto cardiaco 심장 마비, 심박 정지 ③ [법률] 체포, 검거, 구속, 구금; procedere all'arresto di qn 누구를 체포하다
arretrare /arre'trare/ [타동] 물러나게 하다, 후퇴시키다 - [자동] (조동사 : essere) 물러나다, 후퇴하다; (자동차가) 후진하다; (군대가) 철수하다
arretratezza /arretra'tettsa/ [여] (문화 · 경제 따위의) 후퇴
arretrato /arre'trato/ [형] ① 뒤쪽의, 후

방의; più arretrato 맨 뒤[끝]의 ② (계산이) 밀린, 미지급 상태의 ③ 과거에 발행되었던; numero arretrato (잡지 따위의) 지난 호(號) ④ (옛말로) (생각·관습 따위가) 구식의, 시대에 뒤진; (사회·문화·경제 따위가) 발전이 뒤진 - [남] ① (보통 복수형으로 써서) 지불이 밀린 것, 연체 금액 ② 잔무(殘務), 다 끝내지 못한 업무; 아직 해결되지 못한 문제 ③ (잡지 따위의) 지난 호(號) - essere in arretrato con ~이 밀려[연체되어] 있다

arricchimento /arrikki'mento/ [남] ① 부(富)의 축적, 축재(蓄財) ② (비유적으로) 풍성[풍부]해짐, 질적 향상 ③ (동위 원소의) 농축 ④ (식품에 영양소를 가하여) 강화[보강]하기 - arricchimento dei minerali 선광(選鑛)

arricchire /arrik'kire/ [타동] ① 부유하게 만들다 ② (di와 함께 쓰여) (~으로) 풍성[풍부]하게 하다, 늘리다, 질적으로 향상시키다 ③ (동위 원소를) 농축하다 - arricchirsi [재귀동사] ① 부유해지다, 부자가 되다 ② (di 또는 con과 함께 쓰여) (~으로 인해) 풍성[풍부]해지다, 질적으로 향상되다 ③ (동위 원소가) 농축되다

arricchito /arrik'kito/ [형] ① 부유해진, 부자가 된; (경멸적으로) 벼락부자가 된, 졸부의 ② (동위 원소가) 농축된 ③ (di와 함께 쓰여) (식품에 영양소가) 강화[보강]된; arricchito di vitamine 비타민이 강화된 - [남] (여 : -a) 벼락부자, 졸부

arricciacapelli /arrittʃaka'pelli/ [남·불변] 머리 (지지는) 인두, 고데, 헤어 아이론

arricciare /arrit'tʃare/ [타동] ① (머리를) 곱슬곱슬하게 만들다, 컬하다 ② (종이 따위를) 구기다; 주름지게 하다; arricciare il naso i) (per과 함께 쓰여) (~에) 콧잔등을 찌푸리다 ii) (비유적으로) (davanti와 함께 쓰여) (~에) 코웃음치다 ③ (옷에) 주름을 잡다, 주름 장식을 하다 - arricciarsi [재귀동사] ① (arricciarsi i capelli의 형태로 쓰여) 머리를 컬하다[지지다] ② 머리가 곱슬곱슬해지다

arridere /ar'ridere/ [자동] [조동사 : avere] (a와 함께 쓰여) (~에) 호의를 보이다; gli aveva arriso la fortuna 행운이 그에게 미소지었다, 그는 운이 트였다

arringa /ar'ringa/ [여] (복 : -ghe) ① [법률] (최종) 변론 ② (대중 앞에서의) 연설

arringare /arrin'gare/ [타동] (대중 앞에서) 연설하다

arrischiare /arris'kjare/ [타동] ① (판단·대답 따위를) 위험을 무릅쓰고 하다, 과감하게 하다 ② (생명·명예 따위를) 걸다; 위태롭게 하다; arrischiare la vita 목숨을 걸다 - arrischiarsi [재귀동사] (a fare와 함께 쓰여) 위험을 무릅쓰고 ~하다, 감히 ~하다

arrischiato /arris'kjato/ [형] ① 위험을 무릅쓴, 모험적인 ② 무모한

arrivare /arri'vare/ [자동] (조동사 : essere) ① (a와 함께 쓰여) (~에) 도착하다, 오다; arrivare primo i) 맨 먼저 도착하다[오다] ii) (경주에서) 1등을 하다; arrivare con il treno 기차로 오다; arrivammo a Firenze alle 9 di sera 우리는 저녁 9시에 피렌체에 도착했다; eccomi, arrivo! (지금) 갑니다!; l'acqua arriva da questo tubo 물은 이 관을 통해 온다; arrivare (sino) a qn, arrivare all'orecchio di qn (소식 따위가) 누구에게 전해지다, 누구의 귀에 들어오다 ② (구어체에서) 받다, 얻다; che cosa ti è arrivato per il compleanno? 생일 선물로 뭘 받았니? ③ (어떤 지점에) 이르다, 도달하다; arrivare in cima 정상에 이르다; l'acqua ci arrivava alla vita 물이 허리까지 찼다; il freddo è arrivato a meno 15 (기온이) 영하 15도까지 내려갔다; fin dove arriva l'occhio 시야가 미치는 곳까지; arrivare (fino) a (범위가) ~까지 이르다 ④ (논의 중에 결론 따위에) 도달하다; arrivare a una conclusione 결론에 도달하다, 이르다 ⑤ (어떤 시점에) 이르다; arrivare a novant'anni (나이가) 90세에 달하다 ⑥ 해내다, 이루다, 달성하다; arrivare a fare ~하는 데 성공하다 ⑦ (사회적으로) 성공하다, 출세하다 ⑧ (값을) ~까지 부르다 ⑨ (중간에) 일어나다, 발생하다 ⑩ (arrivarci의 형태로 쓰여) 이해하다; non ci arrivo! 나로선 이해할 수 없어 - [타동] ① (목표에) 도달하다, (목적을) 이루다 (arrivare una meta) ② (총 따위로 쏘아) 맞히다 - chi tardi arriva, male alloggia 선착순;

arrivare sul mercato (제품이) 시장에 나오다, 출시되다
arrivato /arri'vato/ [형] ① 도착한, 온; ben arrivato! 잘 왔어요!, 환영합니다! ② (사회적으로) 성공한, 출세한 - [남] (여 : -a) ① 도착한[온] 사람; il primo arrivato 맨 먼저 온 사람; un nuovo arrivato 신참, 새내기 ② (사회적으로) 성공한[출세한] 사람 - l'ultimo arrivato i) 맨 나중에 온 사람 ii) 보잘 것없는 사람
arrivederci /arrive'dertʃi/ [감] 잘 가요, 안녕; arrivederci a domani! 내일 봐요 - [남-불변] 작별 인사; dire arrivederci a qn 누구에게 작별 인사를 하다
arrivederla /arrive'derla/ [감] 안녕히 가세요[계세요]
arrivismo /arri'vizmo/ [남] (입신)출세주의, 야심을 품음
arrivista /arri'vista/ (남·복 : -i, 여·복 : -e) [형] 입신출세를 위해 노력하는, 사회적으로 성공하고자 하는 - [남/여] (입신)출세주의자, 야심가
arrivo /ar'rivo/ [남] ① 도착, 등장, 출현; (선박의) 입항; all'arrivo di qn, qc 누가[무엇이] 도착했을 때; aspettare l'arrivo di qn 누가 오기를 기다리다; in arrivo (들어)오는; aspettare qn all'arrivo (del treno) (기차역에서) 누구를 마중하다 ② 도착한[온] 사람; un nuovo arrivo 신참, 새내기 ③ (경주의) 결승점; linea d'arrivo 결승선, 피니시 라인; dirittura[rettilineo] d'arrivo 홈스트레치, 최후의 직선 코스 - arrivi [남·복] ① (운송되어) 도착한 상품[하물] ② 도착 시간; tabellone degli arrivi 도착 시간표
arroccare /arrok'kare/ [타동] ① [군사] (병력을) 후방으로 이동시키다 ② (비유적으로) 안전하게 하다, 방어[보호]하다 - [자동] (조동사 : avere) [체스] 성장(城將)으로 왕을 지키다 - arroccarsi [재귀동사] (in과 함께 쓰여) (~으로) 퇴각하다
arrogante /arro'gante/ [형/남/여] 거만한, 오만한 (사람)
arroganza /arro'gantsa/ [여] 거만, 오만
arrogarsi /arro'garsi/ [재귀동사] (칭호 등을) 사칭하다; (권리를) 주장하다; (권력을) 전횡하다
arrossamento /arrossa'mento/ [남] 붉게 만듦; 붉어짐; (눈 따위의) 충혈
arrossare /arros'sare/ [타동] 붉게 만들다; 홍조를 띠게 하다 - arrossarsi [재귀동사] 붉어지다; 홍조를 띠다
arrossire /arros'sire/ [자동] (조동사 : essere) (per 또는 di와 함께 쓰여) (부끄러움·당혹감 등으로 인해) 얼굴이 빨개지다
arrostire /arros'tire/ [타동] (고기 따위를) 굽다; (견과류 따위를) 볶다 - [자동] (조동사 : essere) (구어체에서) 햇볕에 타다 - arrostirsi [재귀동사] ① (음식이) 구워지다 ② 햇볕에 타다
arrosto /ar'rosto/ [형-불변] (고기 따위가) 구워진; carne arrosto 불고기 - [남] 구운 고기 - [부] 구워서; fare[cucinare] arrosto (고기 따위를) 굽다
arrotare /arro'tare/ [타동] ① (칼날 따위를) 갈다, 날카롭게 하다 ② (대리석 따위를) 매끄럽게 다듬다 ③ (구어체에서) (차가 사람을) 치다 ④ [언어] arrotare le erre "r"의 음을 혀를 굴려 발음하다 - arrotare i denti 이를 갈다
arrotino /arro'tino/ [남] (칼 따위를) 가는 도구
arrotolare /arroto'lare/ [타동] (카페트·바지 따위를) 말아[걷어] 올리다; (담배를) 말다; (줄·끈 따위를) 감다, 둘둘 말다 - arrotolarsi [재귀동사] (둘둘) 감기다, 말리다; (뱀이) 똬리를 틀다
arrotondare /arroton'dare/ [타동] ① (모서리를) 둥그스름하게 만들다 ② (숫자를) 어림수로 나타내다, 반올림하다 ③ (비유적으로) (수입의 부족분을) 보충하다 ④ [언어] (모음을) 입술을 둥글게 하여 발음하다 - arrotondarsi [재귀동사] ① 둥그스름해지다 ② (얼굴에 살이) 붙어) 둥글게 되다
arrovellarsi /arrovel'larsi/ [재귀동사] ① 애타다, 안달하다, 고민하다 ② (per와 함께 쓰여) (~하기 위해) 노력하다, 애쓰다 - arrovellarsi il cervello 머리를 쥐어짜다
arroventare /arroven'tare/ [타동] ① 새빨갛게 달구다; 몹시 뜨겁게 만들다 ② (비유적으로) 자극하다, 흥분시키다; (분위기를) 달아오르게 하다 - arroventarsi [재귀동사] ① 새빨갛게 달아오르다 ② (비유적으로) 자극을 받다, 흥분되다; (분위기가) 달아오르다
arroventato /arroven'tato/ [형] ① 새빨

arruffare /arruf'fare/ [타동] ① (머리카락 따위를) 헝클어 놓다; (줄 따위를) 얽히게 하다 ② (비유적으로) 뒤죽박죽으로 만들다, 혼란스럽게 하다 - **arruffarsi** [재귀동사] ① (머리카락 따위가) 헝클어지다 ② (비유적으로) 뒤엉키다, 뒤죽박죽이 되다

arruffato /arruf'fato/ [형] ① (머리카락 따위가) 헝클어진 ② (비유적으로) 뒤엉킨, 뒤죽박죽이 된, 혼란스러운

arruffianarsi /arruffja'narsi/ [재귀동사] (구어체에서) (누구에게) 아첨하다

arrugginire /arruddʒi'nire/ [타동] 녹슬게 하다, 부식시키다 - [자동] (조동사 : essere) ① (금속 등이) 녹슬다, 부식하다 ② (비유적으로) (재능 따위가) 무디어지다, 못 쓰게 되다 - **arrugginirsi** [재귀동사] ① (금속 등이) 녹슬다, 부식하다 ② (비유적으로) (재능 따위가) 무디어지다, 못 쓰게 되다

arrugginito /arruddʒi'nito/ [형] ① (금속 등이) 녹슨, 부식된 ② (비유적으로) (재능 따위가) 무디어진, 못 쓰게 된

arruolamento /arrwola'mento/ [남] 모병, 징병, 병적에 넣기; 입대; procedere all'arruolamento delle truppe 군대를 징집하다, 징병하다

arruolare /arrwo'lare/ [타동] 병적에 넣다, 모병[징병]하다, 입대시키다 - **arruolarsi** [재귀동사] 징병에 응하다, 입대하다; arruolarsi nell'esercito 입대하다

arsenale /arse'nale/ [남] ① 조선소; arsenale militare 해군 공창(工廠) ② 무기고, 군수품 창고 ③ 대량의 무기, 비축된 군수품 ④ (비유적으로) 축적, 비축, 재고, 쌓인 것

arsenico /ar'sɛniko/ [남] (복 : -ci) [화학] 비소

arso /'arso/ [형] ① (불에) 탄 ② (토지 따위가 햇볕 등에) 바싹 마른 ③ (피부가) 햇볕에 탄 ④ (비유적으로) 마른, 건조한

arsura /ar'sura/ [여] ① 타는 듯한 열기, 몹시 뜨거움 ② 바싹 마름, 건조함 ③ 심한 갈증

arte /'arte/ [여] ① 예술; (특히 복수형으로 쓰여) 미술; 예술[미술] 작품; le belle arti 미술; galleria d'arte 미술관, 화랑; opera d'arte 예술[미술] 작품 ② (특수한) 기술, 기교, 솜씨; con arte 기술적으로, 솜씨 있게; ad arte i) 기교를 부려 ii) 고의로 ③ [역사] (중세의) 동업 조합, 길드 - non avere né arte né parte 쓸모가 없다; arte astratta 추상 미술; arte contemporanea 현대 미술; arte culinaria 요리법; arte della guerra 전술(戰術), 병법; arte moderna 현대 미술; arte di vivere 처세술; arti applicate 응용 미술; arti figurative 조형 미술; arti grafiche 그래픽 아트; arti liberali (중세 대학의) 자유 7과목; arti marziali 무도(武道), 격투기; arti e mestieri 수공예; arti plastiche 조형 미술

artefatto /arte'fatto/ [형] ① (음식·포도주 따위에) 불순물을 섞은 ② (비유적으로) (태도가) 부자연스러운, 꾸민, 가장한, 인위적인 - [남] 인공물, 공예품

artefice /ar'tefitʃe/ [남/여] ① 기능공, 장인 ② 작자, 창조자, 창시자 - il divino artefice 조물주, 신; essere artefice del proprio destino 운명의 주인이다, 운명을 지배하다

arteria /ar'tɛrja/ [여] ① [해부] 동맥 ② 주요 도로, 간선; grande arteria 큰길, 한길; arteria stradale 간선 도로

arteriosclerosi /arterjoskle'rɔzi/ [여-불변] [병리] 동맥경화증

arteriosclerotico /arterjoskle'rɔtiko/ (복 : -ci, -che) [형] ① 동맥경화증의; 동맥경화증에 걸린 ② (구어체에서) 노망든 - [남] (여 : -a) 동맥경화증 환자

arterioso /arte'rjoso/ [형] 동맥의; sangue arterioso 동맥혈

artico /'artiko/ (복 : -ci, -che) [형] 북극의, 북극 지방의; Mare Glaciale Artico 북극해; Circolo Polare Artico 북극권 - [남] l'A- 북극 (지방)

articolare1 /artiko'lare/ [형] [해부] 관절의

articolare2 /artiko'lare/ [타동] ① (관절을) 구부리다 ② (음절·단어를) 똑똑히 발음하다; (생각·감정 등을) 분명히 표현하다 ③ 구성하다, 조직화하다; (몇 부분으로) 나누다 - **articolarsi** [재귀동사] ① (su 또는 con과 함께 쓰여) (뼈가 관절로) 연결되다 ② 조리 있게 구성되다, (몇 부분으로) 나뉘다; il tema si articola in due parti 그 에세이는 두

부분으로 되어 있다
articolato1 /artiko'lato/ [형] ① (뼈가) 관절로 연결된 ② (차량이) 연결식인 ③ 똑똑하게 발음된, 명료한 ④ (생각·논지 등이) 명확한, 조리 있는 ⑤ 여러 가지의, 혼성의, 혼합된
articolato2 /artiko'lato/ [형] [문법] preposizione articolata 정관사와 결합된 전치사
articolazione /artikolat'tsjone/ [여] ① [해부] 관절 ② (차량 따위의) 연결부 ③ [언어] 분절(分節), 조음(調音) ④ (글·연설 따위의) 구성
articolo /ar'tikolo/ [남] ① (신문·잡지의) 기사, 논설; articolo di fondo 사설, 논설 ② [문법] 관사; articolo determinativo 정관사; articolo indeterminativo 부정관사 ③ 물품, 품목; articoli di largo consumo, articoli di uso comune 널리 소비되는 품목 ④ (법률·계약서 등의) 조항, 조목 ⑤ [부기] 기입, 분개(分介) - articolo di fede 신조, 신앙 개조(個條); articoli sportivi 스포츠 용품
Artide /'artide/ [남] l'Artide 북극 (지방)
artificiale /artifi'tʃale/ [형] ① 인조의, 인공적인, 모조의 ② (비유적으로) 부자연스러운, 인위적인, 억지로 꾸민 듯한 - fuochi artificiali 불꽃(놀이)
artificiere /artifi'tʃɛre/ [남] ① [군사] 기술병; 불발탄 처리 업무를 맡은 군인 ② 꽃불 제조인
artificio /arti'fitʃo/ [남] (복 : -ci) ① 기술, 수단 ② 기교, 꾸밈 ③ 책략, 술책 ④ 장치; fuochi d'artificio 불꽃, 화포 (花砲)
artificioso /artifi'tʃoso/ [형] 인위적인, 부자연스러운, 짐짓 꾸민
artigianale /artidʒa'nale/ [형] ① 손으로 만든, 수제의, 수공의; prodotti artigianali 수제품 ② 장인[기능공]의
artigianalmente /artidʒanal'mente/ [부] 손으로 만들어, 수제로, 수공으로; prodotto artigianalmente 손으로 만든, 수제의
artigianato /artidʒa'nato/ [남] ① 수세공, 수공예; prodotto d'artigianato 수공예품 ② 장인[기능공]임; (집합적으로) 장인, 기능공 ③ 수공예품
artigiano /arti'dʒano/ [형] 장인[기능공]의 - [남] [여 : -a] 장인, 기능공
artigliere /artiʎ'ʎɛre/ [남] [군사] 포병, 포사수
artiglieria /artiʎʎe'ria/ [여] ① (집합적으로) 포, 대포; un pezzo d'artiglieria (대)포 1대; artiglieria contraerea 대공포; artiglieria da campagna 야포 ② 포병과, 포병대 ③ 포술, 포 사격법 ④ (통속적으로) 총, 화기(火器)
artiglio /ar'tiʎʎo/ [남] (복 : -gli) (동물·맹금류의) 갈고리 발톱 - cadere negli artigli di qn 누구의 손아귀에 걸리다 [빠지다]
artista /ar'tista/ [남/여] (남·복 : -i, 여·복 : -e) ① 예술가 (화가·배우 등을 포함) ② (비유적으로) (특정 방면의) 명수, 명인, 귀재
artistico /ar'tistiko/ (복 : -ci, -che) [형] ① 예술의 ② 예술적인, 기교가 뛰어난; pattinaggio artistico 피겨 스케이팅 - [남] 예술계 고등학교
arto /'arto/ [남] 사지(四肢), 팔다리
artrite /ar'trite/ [여] [병리] 관절염; artrite reumatoide 류머티즘성 관절염
artritico /ar'tritiko/ (복 : -ci, -che) [형] 관절염의; 관절염에 걸린 - [남] (여 : -a) 관절염 환자
artropode /ar'trɔpode/ [남] [동물] 절지동물
artrosi /ar'trɔzi/ [여-불변] [병리] 변형관절증
arvicola /ar'vikola/ [여] [동물] 들쥐
arzigogolato /ardzigogo'lato/ [형] (문제 따위가) 복잡한, 뒤얽힌, 꼬인
arzigogolo /ardzi'gɔgolo/ [남] 트집, 억지, 궤변
arzillo /ar'dzillo/ [형] 활발한, 기운찬; 쾌활한, 명랑한, 생기 있는; (노인이) 정정한, 원기왕성한
Asburgo /az'burgo/ [남] gli Asburgo, Casa d'Asburgo [역사] 합스부르크가 (家)
ascella /aʃ'ʃɛlla/ [여] ① [해부] 겨드랑이, 액와(腋窩) ② [식물] 엽액(葉腋)
ascendente /aʃʃen'dɛnte/ [형] ① 올라가는, 상승하는, 위를 향한 ② (계보를) 거슬러 올라가는 - [남] ① 우세, 패권, 지배권; avere (un) ascendente su qn 누구보다 우세하다, 누구를 지배하다; subire l'ascendente di qn 누구의 지배 아래에 있다 ② [점성] (탄생할 때의) 성위(星位) ③ 조상, 선조
ascendenza /aʃʃen'dɛntsa/ [여] ① 가계, 혈통 ② (집합적으로) 조상, 선조 ③ 우

세, 패권, 지배권 ④ [기상] 상승 온난 기류

ascendere /aʃʃendere/ [자동] (조동사 : essere) (문어체에서) ① 오르다, 올라가다; ascendere al trono 즉위하다, 왕위에 오르다 ② [종교] ascendere al cielo 승천하다

ascensionale /aʃʃensjo'nale/ [형] ① [물리] 상승의; velocità ascensionale 상승 속도 ② [기상] corrente ascensionale 상승 온난 기류

ascensione /aʃʃen'sjone/ [여] ① (산에) 오름, 등반; compiere un'ascensione su (산에) 오르다 ② 상승, 올라감 ③ [기독교] l'A- 예수 승천; il giorno dell'Ascensione 예수 승천일 ④ [천문] ascensione retta 적경(赤經)

ascensore /aʃʃen'sore/ [남] ① 엘리베이터; salire con l'ascensore 엘리베이터를 타고 올라가다 ② [컴퓨터] 스크롤 바[박스]

ascesa /aʃʃesa/ [여] ① 상승, 올라감 ② (비유적으로) (신분·지위의) 상승; ascesa sociale 사회적 지위의 상승; ascesa al trono 즉위, 왕위에 오름 ③ 증가, 성장

ascesi /aʃʃezi/ [여-불변] (종교적인) 극기, 금욕, 고행

ascesso /aʃʃesso/ [남] [병리] 종기, 농양

asceta /aʃʃeta/ [남/여] (남·복 : -i, 여·복 : -e) 금욕주의자, 고행을 하는 사람

ascetico /aʃʃetiko/ [형] (복 : -ci, -che) 금욕적인, 고행의

ascetismo /aʃʃe'tizmo/ [남] 금욕주의, 고행

ascia /'aʃʃa/ [여] (복 : asce) 도끼 ; fatto con l'ascia 대충 만든, 대강의 형태만 잡은

ASCII /'aʃʃi/ [남] (영문 American Standard Code for Information Interchange의 약자) [컴퓨터] 아스키 (정보 교환용 미국 표준 코드)

ascissa /aʃʃissa/ [여] [수학] 엑스좌표, 가로좌표

asciugabiancheria /aʃʃugabjanke'ria/ [남-불변] (세탁물의) 회전식 건조기, 원심 분리식 탈수기

asciugacapelli /aʃʃugaka'pelli/ [남-불변] 헤어드라이어

asciugamano /aʃʃuga'mano/ [남] 수건, 타월; asciugamano di carta 종이 타월

asciugare /aʃʃu'gare/ [타동] ① 말리다, 건조시키다; 물기를 닦다; asciugare le stoviglie 설거지하다 ② (비유적으로) 일소(一掃)하다, 싹 비우다; asciugare la bottiglia 병을 비우다, 병 속의 음료를 다 마셔버리다 - [자동] (조동사 : essere) 마르다, 건조되다; mettere[stendere] il bucato ad asciugare 빨래를 널다 - asciugarsi [재귀동사] ① 마르다, 건조되다 ② (몸을) 말리다, (몸의 물기를) 제거하다 ③ 말리다, 건조시키다; 물기를 닦다; asciugarsi i capelli 머리를 말리다 ④ 야위다, 살이 빠지다

asciugatoio /aʃʃuga'tojo/ [남] (복 : -oi) ① 수건, 타월 ② 건조기

asciugatrice /aʃʃuga'tritʃe/ [여] → asciugabiancheria

asciutto /aʃʃutto/ [형] ① 마른, 건조한, 물기가 없는; (강 따위가) 말라붙은 ② (비유적으로) (스타일이) 무미건조한, 단조로운, 꾸미지 않은; (말·태도가) 무뚝뚝한, 퉁명스러운 ③ (몸이) 야윈, 마른 ④ (포도주가) 단맛이 없는, 쌉쌀한 - [남] 건조한 곳, 습기가 없는 곳 - essere[rimanere] all'asciutto (자금 따위가) 없다, 부족하다; restare a bocca asciutta i) 굶주리다 ii) 빈털터리다

ascoltare /askol'tare/ [타동] ① (귀 기울여) 듣다; 청취하다; ascoltare musica 음악을 듣다; ascoltare di nascosto 엿듣다, 도청하다 ② (~에) 주의를 기울이다, (남의 말을) 경청하다; ascolta(mi)! 내 말 잘 들어! ③ (누구의 말·충고 따위를) 듣다, 따르다 ④ 따르다, 좇다; ascoltare il proprio cuore 하고 싶은 대로 하다 ⑤ (기도·소원 따위를) 들어주다 ⑥ [의학] 청진(聽診)하다 ⑦ 참석하다; ascoltare la Messa 미사에 참석하다

ascoltatore /askolta'tore/ [남] (여 : -trice) 듣는 사람, 청취자; [복] 청중

ascolto /as'kolto/ [남] ① 듣기, 청취; l'ascolto di ~을 들음; dare[prestare] ascolto a ~에 귀를 기울이다; essere all'ascolto di qc, qn 무엇[누구의 말]을 듣고 있다 ② (라디오의) 청취자; (TV의) 시청자; indice d'ascolto 청취율, 시청률

ascorbico /as'kɔrbiko/ [형] acido

ascorbico [생화학] 아스코르브산(酸), 비타민 C
ascrivere /as'krivere/ [타동] ① 세어 넣다, 포함시키다 ② (a와 함께 쓰여) (공적·과실 따위를 ~에게) 돌리다
asessuale /asessu'ale/ [형] 무성(無性)의; la riproduzione asessuale 무성생식
asessuato /asessu'ato/ [형] ① [생물] 무성(無性)의, 성별이 없는 ② (비유적으로) 중성의
asettico /a'settiko/ [형] (복 : -ci, -che) [의학] 무균(無菌)의
asfaltare /asfal'tare/ [타동] (길을) 아스팔트로 포장하다
asfaltato /asfal'tato/ [형] (길이) 아스팔트로 포장된; strada asfaltata 포장도로
asfalto /as'falto/ [남] ① 아스팔트 ② 노면, 도로
asfissia /asfis'sia/ [여] 질식; 가사(假死) 상태; morte per asfissia 질식사
asfissiante /asfis'sjante/ [형] ① 질식시키는, 숨을 막히게 하는; (비유적으로) 몹시 더운 ② (비유적으로) 귀찮게 구는, 성가신
asfissiare /asfis'sjare/ [타동] ① 질식시키다, 숨을 막히게 하다 ② (비유적으로) 귀찮게 굴다, 성가시게 하다 - [자동] (조동사 : essere) 질식하다, 숨이 막히다; 답답하다
Asia /'azja/ [여] 아시아
asiatico /a'zjatiko/ (복 : -ci, -che) [형] 아시아의 - [남] (여 : -a) 아시아 사람
asilo /a'zilo/ [남] ① (정치적) 피신처; dare asilo (politico) a qn 누구에게 (정치적) 피난처를 제공하다 ② (일반적으로) 피난처, 은신처, 안전 지대; cercare asilo 피난처를 찾다 ③ (빈민·노인 등을 위한) 보호 시설 ④ 어린이집 (asilo nido)
asimmetrico /asim'metriko/ [형] (복 : -ci, -che) 비대칭의; 균형이 잡히지 않은
asinino /asi'nino/ [형] ① 나귀의, 나귀 같은 ② (비유적으로) 어리석은, 우둔한 - tosse asinina [병리] 백일해
asino /'asino/ [남] (여 : -a) ① [동물] (당)나귀; ② (구어체에서) 바보, 얼간이, 어리석고 우둔한 사람 - qui casca l'asino! 바로 이게 문제야!
ASL /azl/ [여] (Azienda Sanitaria Locale의 약자) 지역 보건 당국
asma /'azma/ [여] [병리] 천식
asmatico /az'matiko/ (복 : -ci, -che) [형] 천식의 - [남] (여 : -a) 천식 환자
asociale /aso'tʃale/ [형] ① 비사교적인, 붙임성이 없는 ② 반(反)사회적인 - [남/여] 사교성 없는 사람
asola /'azola/ [여] ① (의복의) 단춧구멍 ② (실의 풀림을 막기 위한) 버튼홀스티치 ③ (자막기 등의) 동전 넣는 구멍
asparago /as'parago/ [남] (복 : -gi) [식물] 아스파라거스
aspergere /as'perdʒere/ [타동] ① (문어체에서) (~에 액체를) 뿌리다 ② [가톨릭] (~에 성수(聖水)를) 뿌리다
asperità /asperi'ta/ [여-불변] ① (표면의) 거칢, 울퉁불퉁함 ② 곤란, 어려움 ③ (성격·기질 따위의) 거칢, 무뚝뚝함, 퉁명스러움
aspettare /aspet'tare/ [타동] ① 기다리다; ho aspettato l'autobus (per) dieci minuti 나는 버스를 10분간 기다렸다; aspettare in fila 줄을 서서 기다리다; aspettava con ansia i risultati degli esami 그는 시험 결과를 초조하게 기다리고 있었다; aspettare qn all'aeroporto 공항으로 누구를 마중나오다; aspettare di vedere come 어떻게 되는지 두고 보다; aspetta un attimo[po']! 잠깐만 기다려! ② (물건 따위가) 준비되어 있다; (상황 따위가) 예정되어 있다; lo aspetta una sorpresa 그를 깜짝 놀라게 해줄 일이 있다; che cosa ci aspetta? 앞으로 무엇이 기다리고 있는가?, 무슨 일이 일어날 것인가? ③ (아기를) 배고 있다, 임신 중이다 (aspettare un bambino) - aspettarsi [재귀동사] ① 예상하다; aspettarsi di fare ~하리라 예상하다; c'era da aspettarselo 그건 예상된 일이었다 ② 기대하다, 희망을 걸다; aspettarsi qc da qn 누구에게 무엇을 기대하다; aspettarsi che qn faccia 누가 ~하기를 기대하다 - farsi aspettare (사람들로 하여금) 기다리게 만들다, (계절 따위가) 빨리 돌아오지 않다
aspettativa /aspetta'tiva/ [여] ① 예상; 기대; soddisfare le aspettative 예상했던 대로다, 기대했던 것과 일치하다; deludere le aspettative 기대에 미치

A

지 못하다; superare le aspettative 예상을 뛰어넘다, 기대 이상이다; rispondere alle aspettative 기대에 부응하다; contrariamente a ogni aspettativa, contro ogni aspettativa 예상과는 달리, 기대에 어긋나게 ② (직장인·공무원 등의) 휴가; mettersi in aspettativa, prendere un'aspettativa 휴가를 얻다

aspetto /as'petto/ [남] ① 양상, 외관, 외모, 겉모습; hai un bell'aspetto 너 좋아[건강해] 보인다; che aspetto ha tua sorella? 네 여동생 어떻게 생겼냐?; una persona d'aspetto giovanile 어려[젊어] 보이는 사람; a giudicare dall'aspetto 겉모습으로 판단하여; prendere l'aspetto di ~의 모습을 취하다, ~처럼 보이다; di tutt'altro aspetto 양상이 다른 ② (문제를 보는) 관점, 각도, 견지; sotto ogni aspetto, sotto tutti gli aspetti 모든 면에서; per[sotto] certi aspetti 어떤[몇 가지] 면에서; in questo aspetto 이 점에 있어서; sotto l'aspetto politico 정치적인 관점에서, 정치적으로 ③ (사물의) 면, 상(相); il piano ha degli aspetti positivi 그 계획에는 긍정적인 면이 있다 ④ [문법] (동사의) 상(相) - a primo aspetto 첫눈에

aspirante /aspi'rante/ [형] ① (장래에 ~이) 되려고 하는, (~을) 지망하는; aspirante attore 배우 지망생 ② [기계] 빨아들이는, 흡입의; pompa aspirante 빨펌프 - [남/여] (a와 함께 쓰여) (~의) 지망자, (~이) 되기를 희망하는 사람; aspirante a un posto 구직자

aspirapolvere /aspira'polvere/ [남·불변] 진공청소기

aspirare /aspi'rare/ [타동] ① (공기·연기를) 들이쉬다[마시다], 흡입하다 ② (관이 액체를, 진공청소기가 먼지를) 빨아들이다; (펌프가 액체를) 빨아내다 ③ [언어] 유기음(有氣音)[거센소리]으로 발음하다 - [자동] (조동사 : avere) (a와 함께 쓰여) (~을) 열망하다, 원하다, 뜻하다; aspirare a fare ~하려는 생각을 갖다

aspiratore /aspira'tore/ [남] 액체나 기체를 빨아들이는 도구[장치]

aspirazione /aspirat'tsjone/ [여] ① (a와 함께 쓰여) (~에 대한) 포부, 야심, 큰 뜻, 열망; avere delle aspirazioni 포부를 갖고 있다 ② [기계] (먼지·액체·기체| 따위를[의]) 빨아들임, 흡인 ③ [언어] 유기음(有氣音)[거센소리]의 발성

aspirina /aspi'rina/ [여] [약학] 아스피린

asportare /aspor'tare/ [타동] ① 가져가다 ② 치우다, 제거하다 ③ [의학] (종양 따위를 수술로) 잘라내다, 절제하다

asporto /as'pɔrto/ [남] da asporto 테이크아웃의, 사서 식당에서 먹지 않고 가지고 가는

aspramente /aspra'mente/ [부] (비판·질책 따위를) 신랄하게, 엄하게, 호되게

asprezza /as'prettsa/ [여] ① (맛·향 따위가) 자극적임, 얼얼하거나 시큼함 ② (소리가) 귀에 거슬림, 거칢 ③ (비판·질책 따위가) 신랄함, 엄함, 호됨 ④ (성격·기질 따위가) 거칢, 무뚝뚝함, 통명스러움 ⑤ (표면이) 거칢, 울퉁불퉁함 ⑥ (추위 따위의) 혹독함

asprigno /as'priɲɲo/ [형] (맛·향 따위가) 자극적인, 얼얼하거나 시큼한

aspro /'aspro/ [형] ① (맛·향 따위가) 자극적인, 얼얼하거나 시큼한 ② (소리가) 귀에 거슬리는, 거친 ③ (비판·질책 따위가) 신랄한, 엄한, 호된 ④ (성격·기질 따위가) 거친, 무뚝뚝한, 통명스러운 ⑤ (싸움·논쟁 따위가) 격렬한 ⑥ (표면이) 거친, 울퉁불퉁한 ⑦ (길·언덕 따위가) 가파른, 오르기 힘든 ⑧ (추위 따위가) 혹독한 ⑨ [언어] 기음(氣音)의

assaggiare /assad'dʒare/ [타동] ① 맛보다, 시식[시음]하다 ② 조금씩 먹다 ③ (비유적으로) 경험하다, 겪다, 당하다, 맛보다

assaggio /as'saddʒo/ [남] (복 : -gi) ① 맛보기, 시식, 시음 ② (시식[시음]하는 음식[음료]의) 소량, 한 입[모금]; prenda un assaggio 맛 좀 봐, 좀 먹어 봐 ③ (음식이 아닌 것의) 맛, 경험 ④ (비유적으로) 맛보기, 예고하는 것, 샘플

assai /as'sai/ [부] ① 매우, 아주, 상당히, 크게; (비교급과 함께 쓰여) 훨씬; apprende assai facilmente 그는 아주 쉽게 배운다; assai meglio 훨씬 더 좋은 ② (문어체에서) 충분히 - m'importa assai (반어적으로) 난 상관 안 해, 알 게 뭐야

assale /as'sale/ [남] 굴대, 축(軸), 차축

assalire /assa'lire/ [타동] ① 맹렬히 공격하다, 습격하다; (말로써) 공격하다, 몰아세우다, 비난하다 ② (비유적으로) (의심·걱정·두려움·놀람 따위의 감정·생각이 사람을) 엄습하다, 사로잡다; essere assalito da un dubbio 의심에 사로잡혀 있다 ③ (질병이 사람을) 침범하다
assalitore /assali'tore/ [남] (여 : -trice) 공격[습격]하는 사람
assaltare /assal'tare/ [타동] ① (~을) 공격[습격]하다 ② (~으로) 돌진하다, 달려들다; (군사가) 돌격하다 ③ 강도질을 하다
assaltatore /assalta'tore/ [남] (여 : -trice) 공격[습격]하는 사람; [군사] 돌격대원
assalto /as'salto/ [남] ① (a와 함께 쓰여) (~에 대한) 공격, 습격; muovere all'assalto [군사] 공격을 개시하다; dare l'assalto a ~을 공격[습격]하다; assalto aereo [군사] 공습(空襲) ② (비유적으로) 공격적인 태도; 쇄도, 달려듦, 러시 ③ 강도질 ④ [스포츠] 공격 기회 ⑤ (감정·생각 따위의) 엄습 ⑥ 발병, 병에 걸림
assaporare /assapo'rare/ [타동] ① (음식·음료를) 맛보다, 음미하다 ② (비유적으로) 즐기다, 향유하다
assassinare /assassi'nare/ [타동] ① 죽이다, 살해하다; (정치적인 이유로) 암살하다 ② 망쳐 놓다, 엉망으로 만들다
assassinio /assas'sinjo/ [남] 살해; 암살
assassino /assas'sino/ [남] ① 살해자; 암살자; assassino a pagamento, assassino prezzolato 청부 살인자, 킬러 ② (비유적으로) 망쳐 놓는 사람, 엉망으로 만드는 사람 - [형] ① 살인(자)의 ② (비유적으로) (유혹 따위가) 치명적인
asse1 /'asse/ [여] (복 : -i) 널, 판자; asse da[per] lavare 빨래판 - asse di equilibrio [체조] 평균대
asse2 /'asse/ [남] (복 : -i) ① [기하·물리·지리] 축(軸), 중심선; asse delle ascisse, asse delle x 가로축, x축; asse delle ordinate, asse delle y 세로축, y축; asse di rotazione 회전축; l'asse terrestre 지축(地軸) ② [기계] 굴대, 축; 차축; 샤프트 ③ 신장(伸長), 연장, 쭉 뻗음; lungo l'asse dell'edificio 건물로부터 쭉 뻗어 나온 길을 따라 ④ 간선 도로[철도] ⑤ [정치] 추축(樞軸; 국가 간의 연합); le potenze dell'Asse (제2차 세계대전시의) 추축국
assecondare /assekon'dare/ [타동] ① 후원하다, 지지하다 ② 만족시키다, (요구 따위를) 들어주다
assediare /asse'djare/ [타동] ① 포위(공격)하다 ② (~의 주위에) 몰려들다 ③ (비유적으로) (요구·질문 따위로 남을) 괴롭히다, 시달리게 하다
assedio /as'sɛdjo/ [남] (복 : -di) ① 포위 (공격); cingere d'assedio qc 무엇을 포위(공격)하다; guerra d'assedio 포위전 ② (비유적으로) 집요한 요구
assegnamento /asseɲɲa'mento/ [남] ① 할당, 배당, 배분 ② 수당, 수입 ③ 신뢰, 신임, 의지; fare assegnamento su qn, qc 누구[무엇]에 의지하다
assegnare /asseɲ'ɲare/ [타동] ① (일·임무·역할 따위를) 할당하다, 부과하다, 맡기다; (방·번호 따위를) 할당[배당]하다; assegnare un compito a casa (학생에게) 숙제를 내주다 ② (자금 따위를) 할당[배분]하다; (비용·예산 따위를 특정 목적에) 충당하다 ③ (중요성·가치 따위를 ~에) 돌리다 ④ (상·장학금 따위를) 주다, 수여하다 ⑤ (사람을 ~의 소속으로) 배정하다
assegnazione /asseɲɲat'tsjone/ [여] ① (업무·역할·자금 따위의) 할당, 배당, 배분; assegnazione dei posti a sedere 좌석 배치 ② (상·장학금 따위의) 수여 ③ 소속 배정, 직위 임명
assegno /as'seɲɲo/ [남] ① 수표; fare un assegno 수표를 끊다; libretto degli assegni, carnet di assegni 수표책, 수표장(帳); sbarrare un assegno 수표에 횡선을 긋다; incassare[riscuotere] un assegno 수표를 현금으로 바꾸다; assegno in bianco 백지 수표; assegno circolare 자기앞 수표; assegno postale 지로, 우편 대체; assegno sbarrato 횡선 수표 ② (수취인의) 지불 ③ 수당, 급여; assegno integrativo 생계 보조 급여; assegno di maternità 출산 수당 - assegno di cassa 예금 청구 전표
assemblaggio /assem'bladdʒo/ [남] (복 : -gi) ① (부품 따위의) 조립; linea di assemblaggio (대량 생산의) 어셈블리 라인, 조립 라인 ② [컴퓨터] 어셈블리

③ [미술] 아상블라주 (물건의 지스러기 나 폐품을 모아 만드는 기법)
assemblare /assem'blare/ [타동] (부품 따위를) 조립하다, 모아 맞추다
assemblatore /assembla'tore/ [형] linguaggio assemblatore [컴퓨터] 어셈블리 언어 - [남] (여 : -trice) ① (부품 따위를) 조립하는 사람 ② [컴퓨터] 어셈블러 (어셈블리 언어를 기계어로 변환하는 프로그램)
assemblea /assem'blɛa/ [여] ① 집회, 회합, 회의, 모임; indire[convocare] un'assemblea generale 총회를 소집하다; assemblea generale degli azionisti 주주 총회; sciogliere un'assemblea 집회를 해산하다 ② 집회[회합] 참석자들, 군중, 무리; assemblea (di fedeli) [종교] 회중(會衆) ③ 의회, 입법부 (assemblea legislativa); assemblea nazionale 국회 - assemblea elettiva 선거 위원회; assemblea plenaria 본회의
assembramento /assembra'mento/ [남] 모임, 집회; 군중; disperdere un assembramento 모임을 해산하다, 모인 사람들을 흩어버리다
assembrarsi /assem'brarsi/ [재귀동사] 모이다, 집합하다; 떼를 지어 몰려들다
assennato /assen'nato/ [형] 분별력[판단력] 있는, 지각[양식] 있는, 합리적인, 현명한
assenso /as'sɛnso/ [남] ① 동의, 찬성; dare[negare] l'assenso a ~에 동의하다[하지 않다] ② [법률] 묵시적인 승낙, 묵인
assentarsi /assen'tarsi/ [재귀동사] (da 와 함께 쓰여) (~에서) 떠나다; (~에) 출석하지 않다, 머물러 있지 않다; assentarsi dalla scuola 학교를 결석하다
assente /as'sɛnte/ [형] ① (da와 함께 쓰여) (~에서) 떠나 있는, (~에) 결석한; assente per motivi di salute 병으로 결석한 ② (비유적으로) 멍한, 넋을 잃은; con aria assente 멍하니, 얼빠져 ③ [법률] 행방불명의 - [남/여] ① 부재중인 사람, 결석자 ② (완곡어법으로) 사망자, 고인
assenteismo /assente'izmo/ [남] ① 상습적인 결석, 자주 결석하는 경향 ② 정치 문제나 사회적 이슈 등에 무관심함
assenteista /assente'ista/ [형/남/여] (남

·복 : -i, 여·복 : -e) 상습적으로 결석하는 (사람)
assentire /assen'tire/ [자동] (조동사 : avere) (제안·의견 등에) 동의[찬성]하다; (요구 등에) 따르다 - [타동] (문어체에서) 승인[허가]하다
assenza /as'sɛntsa/ [여] ① 부재(不在), 결석; in assenza di qn 누가 없을 때에; in sua[loro] assenza 부재 중에; assenza dal lavoro 결근; assenza per malattia 병결(病缺) ② (di와 함께 쓰여) (~이) 없음, (~의) 결핍; in assenza di qc 무엇이 없어; assenza di fondi 자금 부족 ③ 멍함, 아무 생각이 없음 ④ [법률] 실종, 사망 추정
asserire /asse'rire/ [타동] 단언하다, 역설하다, 강력히 주장하다
asserragliarsi /asserraʎ'ʎarsi/ [재귀동사] (in과 함께 쓰여) (밖에서 들어오지 못하도록 조치한 뒤 ~의 안에) 틀어박히다
assertivo /asser'tivo/ [형] 단정적인, 단언하는, 자기 주장이 강한
asservire /asser'vire/ [타동] ① 노예화하다, 정복하다, 복속시키다 ② (기계 장치 따위를) 연동시키다 - asservirsi [재귀동사] (a와 함께 쓰여) (~에) 예속되다, 복종하다
asserzione /asser'tsjone/ [여] 단언, 단정, 주장; fare un'asserzione 단언[주장]하다
assessorato /assesso'rato/ [남] ① 지방 행정관의 직능 ② 지방 자치 단체의 행정 부서
assessore /asses'sore/ [남] 지방 행정관
assestamento /assesta'mento/ [남] ① 정돈, 정리; 배열, 배치; 정렬 ② (지진 발생 후 등의) (지면의) 안정; scossa di assestamento 여진(餘震) ③ [회계] 대차 대조
assestare /asses'tare/ [타동] ① 가지런히 정돈하다, 배열[배치]하다, 정렬시키다 ② [회계] 대차를 대조하다 (assestare il bilancio) ③ (정확히) 조정하다, 맞추다; assestare la mira 잘 겨냥하다, 조준하다 ④ (타격을) 가하다 - assestarsi [재귀동사] ① 편안하게 앉거나 눕다 ② (보금자리를 구해) 자리 잡다, 정주[정착]하다 ③ (지진 따위가 발생한 후 또는 건물 따위를 지은 후에) (지면이) 안정되다
assestato /asses'tato/ [형] ① 가지런한,

정돈된, 단정한 ② 정확히 조정된[맞춰진], 잘 겨냥된 ③ 분별력[양식]이 있는, 현명한
assetato /asse'tato/ [형] ① 목마른, 갈증이 나는 ② (비유적으로) (di와 함께 쓰여) (~을) 갈망하는; assetato di potere 권력욕에 사로잡힌 ③ (땅이) 바싹 마른
assetto /as'setto/ [남] ① 정돈 상태, 정리되어 있음; mettere in assetto 정돈하다, 말끔하게 치우다 ② 조직, 구성, 구조 ③ 준비, 채비 ④ (선박·항공기의) 균형, 자세 ⑤ [승마] 말을 탄 자세 ⑥ (자동차 따위의) 안정
assicurare /assiku'rare/ [타동] ① (누구에게 무엇을) 보증[보장]하다, 확실히 ~이라고 말하다; 확신시키다, 수긍하게 하다, 안심시키다; assicurare (a qn) che (누구에게) ~임을 보장하다 ② 보험에 들다[가입시키다], 보험 계약을 하다; assicurare la (propria) macchina contro il furto 자동차 도난 보험에 들다 ③ (이익·행복·승리·영광·밝은 미래 또는 안전 따위를) 보장[보증]하다 ④ 확실히 고정시키다[닫다], (로프 따위로) 단단히 매다[묶다], 안전하게 하다 ⑤ (contro와 함께 쓰여) (위험 따위로부터) 지키다, 방어[보호]하다 ⑥ (우편물을) 등기 우편으로 하다 - assicurarsi [재귀동사] ① (di 또는 che와 함께 쓰여) (~을 또는 ~임을) 확인하다, 확실히 하다; assicurarsi che qc sia vera 무엇이 사실임을 확인하다 ② (남의 도움 따위를) 얻다; (이익·승리·밝은 미래 따위를) 보장 받다; assicurarsi la parte del leone 제일 큰 몫을 차지하다 ③ 보험에 들다[가입하다]; assicurarsi contro gli incendi 화재 보험에 들다 ④ (contro와 함께 쓰여) (위험 따위로부터) 안전을 확보하다
assicurata /assiku'rata/ [여] 등기 우편
assicurativo /assikura'tivo/ [형] ① 보증[보장]하는, 확실히 하는 ② 보험의; consulente assicurativo 보험 컨설턴트
assicurato /assiku'rato/ [형] ① 보험에 든[가입한] ② (성공·미래 따위가) 보장된 ③ (구어체에서) (실패가) 확실한 ④ (우편물이) 등기의 - [남] (여 : -a) 피보험자, 보험 계약자
assicuratore /assikura'tore/ [형] società[compagnia] assicuratrice 보험 회사 - [남] (여 : -trice) 보험업자

assicurazione /assikurat'tsjone/ [여] ① 보험; riscattare un'assicurazione 보험을 해약하다; compagnia di assicurazioni 보험 회사; polizza di assicurazione 보험 증권[증서]; premio di assicurazione 보험료; intermediario di assicurazioni 보험 중개인; perito delle assicurazioni (보험의) 손해 사정인 ② 보증, 보장, 장담; dare a qn l'assicurazione che 누구에게 ~임을 보증[보장]하다 ③ 등기 우편 - assicurazione autoveicoli 자동차 보험; assicurazione incendi 화재 보험; assicurazione contro gli infortuni 상해 보험; assicurazione marittima 해상 보험; assicurazione multirischio 종합 보험; assicurazione pensionistica 연금 보험; assicurazione sanitaria 건강[의료] 보험; assicurazione sociale 사회 보험; assicurazione sulla vita 생명 보험
assideramento /assidera'mento/ [남] [병리] 동상, 저체온증
assiderare /asside'rare/ [타동] 추위에 노출시키다, 얼어붙게 만들다; 동상에 걸리게 하다 - assiderarsi [재귀동사] 추위로 인해 (몸이) 얼어붙다; (신체의 일부가) 동상에 걸리다
assiduamente /assidua'mente/ [부] ① 끈기 있게, 열심히, 부지런히 ② (방문·출석 따위를) 정기적으로, 자주
assiduità /assidui'ta/ [여-불변] ① 정기적인 방문·출석 ② 끈기 있음, 열심, 근면; con assiduità 끈기 있게, 열심히, 부지런히
assiduo /as'siduo/ [형] ① (방문·출석 따위가[를]) 정기적인, 자주 하는; un cliente assiduo 단골 고객 ② 끈기 있는, 열심히 하는, 근면한, 부지런한 - [남] (여 : -a) 단골 고객, (특정 장소를) 자주 찾는 사람
assieme /as'sjeme/ [부] ① 같이, 함께, 동반해서; 공동으로, 합쳐, 결합하여; assieme a qn, qc 누구[무엇]와 함께; stare assieme 함께 있다, (항상) 붙어 다니다, 결합되어 있다, 서로 떨어지지 않다; mettere assieme (그러)모으다, 결합시키다 ② 한꺼번에, 동시에 - [남] ① 전부, 전체 ② [연극] 공연자 전원;

A

[스포츠] 팀; gioco d'assieme 팀워크
assillante /assil'lante/ [형] (좋지 않은 생각이나 의심 따위가) 머릿속에서 떠나지 않는, 강박적인; (문제·고통 따위가 사람을) 늘 괴롭히는
assillare /assil'lare/ [타동] (좋지 않은 생각이나 의심 따위가) 머릿속에서 떠나지 않다; (문제·고통 따위가 사람을) 늘 괴롭히다; (채권자·기자 등이 끊임없이 요구를 하며) 자꾸 귀찮게 굴다; essere assillato dalle preoccupazioni 항상 걱정에 시달리다; essere assillato da qn 누구에게 들볶이다 - assillarsi [재귀동사] 걱정 따위에 시달리다, 괴로워 하다
assillo /as'sillo/ [남] ① [곤충] 말파리, 쇠등에 ② (비유적으로) 늘 따라다니는 걱정거리, 강박적인 생각
assimilabile /assimi'labile/ [형] ① [생리] (음식·물질이) 소화·흡수될 수 있는 ② (a와 함께 쓰여) (~와) 같다고 여길 수 있는, (~에) 비길 만한 ③ (사상·관념·지식 따위를) 자기 것으로 흡수할 수 있는, 이해할 수 있는, 받아들일 수 있는
assimilare /assimi'lare/ [타동] ① [생리] (음식·물질을) 소화하다, 흡수하다 ② (사상·관념·지식 따위를) 자기 것으로 흡수하다, 이해하다, 받아들이다 ③ 동화시키다, 같게 하다; 같은 것으로 생각하다, 동일시하다 ④ [언어] (인접음으로) 동화하다 - assimilarsi [재귀동사] ① [생리] (음식·물질이) 소화[흡수]되다 ② (보다 큰 조직 등에) 동화되다, 흡수되다 ③ 같은 것으로 여겨지다, 동일시되다
assimilazione /assimilat'tsjone/ [여] ① [생리] (음식·물질의) 소화, 흡수 ② 동화, 같게 함; 동등하다고 여김, 동일시 ③ (사상·관념·지식 따위의) 흡수, 이해 ④ (보다 큰 조직 등에) 동화[흡수]됨 ⑤ [언어] (음(音)의) 동화
assioma /as'sjoma/ [남] 자명한 이치; 원리; [논리·수학] 공리(公理)
assiomatico /assjo'matiko/ [형] (복 : -ci, -che) 공리(公理)의, 자명한
Assiria /as'sirja/ [여] 아시리아 (고대 메소포타미아의 왕국)
assise /as'size/ [여·복] ① (Corte d'assise라고도 씀) [법률] (중죄인의 재판을 맡는) 형사 법원; essere giudicato in assise 형사 재판에 회부

되다 ② (비유적으로) 집회, 회의
assist /'assist/ [남-불변] [스포츠] 어시스트, 도움
assistente /assis'tente/ [남/여] ① 조수, 보조자, 거들어 주는 사람; assistente personal 개인 비서; assistente di bordo[volo] 비행기 승무원; assistente alla regia [영화·TV] 조감독 ② (대학의) 조교 (assistente universitario) ③ (환자나 노약자 등을) 돌봐주는 사람; assistente domiciliare 보호자, 간호인 - [형] 도와주는, 보조의
assistenza /assis'tentsa/ [여] ① 보조, 조력, 거들기, 도움, 원조; prestare assistenza a qn i) 누구를 보필하다 [도와주다] ii) 환자 등을 돌보다; con l'assistenza di qn 누구의 도움을 받아; assistenza finanziaria 재정적 원조; assistenza pubblica 국가 보조, 복지 ② [상업] 서비스; centro di assistenza (postvendita) 서비스 센터, 수리소 ③ (환자나 노약자 등의) 돌봄, 간호; assistenza domiciliare 데이케어 (노약자 등을 주간에만 돌봐주는 일); assistenza medica[sanitaria] 의료, 건강 관리; assistenza sociale (노약자 등을 돌보는) 사회 복지 사업 ④ 안내, 지도, 조언; assistenza psicologica 카운슬링, 상담, 조언 ⑤ (시험의) 감독 ⑥ 출석, 참석
assistenziale /assisten'tsjale/ [형] 복지의, 사회 사업의; ente assistenziale 복지 시설; stato assistenziale 복지 국가
assistenzialismo /assistentsja'lizmo/ [남] 복지 제도에 지나치게 의존함, 과잉 복지
assistere /as'sistere/ [타동] ① (in과 함께 쓰여) (~을) 돕다, 거들다, 원조하다; che Dio vi assista 당신에게 신의 은총이 함께 하기를 ② (환자나 노약자 등을) 간호하다, 돌보다 ③ (남의) 편의를 도모하다 - [자동] (조동사 : avere) (a와 함께 쓰여) ① (~에) 출석[참석]하다; assistere a una lezione 강의에 출석하다 ② (사고 따위를) 목격하다, 지켜보다; (경기 따위를) 관람[관전]하다
assistito /assis'tito/ [형] (da와 함께 쓰여) (~의) 도움[원조]을 받은; assistito dal calcolatore 컴퓨터를 이용[활용]한 - [남] (여 : -a) 사회 복지 제도의

혜택을 받은 사람
asso /ˈasso/ [남] ① [카드놀이] 에이스 ② (구어체에서) 최고의 기량을 갖춘 사람, 최우수 선수 - avere un asso nella manica 비장의 수단을 갖고 있다; piantare in asso qn 누구를 버려 두다, 도와주지 않다; asso di briscola i) [카드놀이] 으뜸패 ii) (구어체에서· 비유적으로) 중요 인물, 거물
associare /assoˈtʃare/ [타동] ① (a와 함께 쓰여) (~에) 회원으로 가입시키다, 참가[참여]시키다, 연합시키다, 끌어들이다 ② 통합하다, 하나로 합치다; (a 또는 con과 함께 쓰여) (~와) 결합시키다; associare le proprie forze a quelle di qualcun altro 다른 사람과 힘을 합하다, 협력[제휴]하다 ③ (a와 함께 쓰여) (~에) 관련[연결·결부]시키다, (~와) 관련지어 생각하다 ④ (a와 함께 쓰여) (~으로) 옮기다, 이전시키다 - associarsi [재귀동사] ① (a, con, per 등과 함께 쓰여) (~와) 제휴하다, 손잡다 ② (a 또는 con과 함께 쓰여) (~에) 회원으로 가입하다, 참가하다, 가담하다; associarsi a un circolo 서클에 가입하다; associarsi per fare ~하는 데 참여하다, 같이 ~하다 ③ (비유적으로) (a와 함께 쓰여) (~을) 공유하다, 함께 나누다
associativo /assoʧaˈtivo/ [형] ① 연합 [결합]의; 연상[관련]의 ② 회원의; quota associativa 회비
associato /assoˈtʃato/ [형] ① (회원으로) 가입돼 있는 ② 연합한, 조합의; 관련된, 연결된; essere associato a qc, qn 무엇[누구]과 관련돼 있다 - [남] 회원, 동료, 파트너 - professore associato (대학의) 부교수
associazione /assoʧatˈtsjone/ [여] ① 협회, 조합, 단체; associazione di medici 의사 협회; associazione di categoria, associazione professionale 동업 조합; associazione sportiva 스포츠 클럽 ② 연합, 합동, 제휴, 가입, 참가, 가담; in associazione con ~와 공동으로; tassa di associazione 회비, 가입비 ③ [심리] 연상, 관념 연합 (associazione di idee); libera associazione 자유 연상 ④ [생태] 군집 ⑤ [화학] (분자의) 결합 ⑥ [법률] (범죄 따위의) 공모, 모의 (associazione a delinquere)

assodare /assoˈdare/ [타동] ① 굳게[튼튼히] 하다, 강화하다 ② 확인하다, 확증하다 - assodarsi [재귀동사] 굳다; 강화되다, 튼튼해지다

assoggettare /assoddʒetˈtare/ [타동] ① (국가·민족 등을) 정복하다, 예속시키다 ② (a와 함께 쓰여) (~에) 복종시키다, 따르게 하다; essere assoggettato a ~의 지배를 받다; assoggettare qc a imposta 무엇을 과세 대상으로 하다 - assoggettarsi [재귀동사] (a와 함께 쓰여) (~에) 복종하다, 굴복하다, 따르다

assolato /assoˈlato/ [형] 햇빛이 내리쬐는

assoldare /assolˈdare/ [타동] ① [군사] (용병을) 고용하다 ② (경멸적으로) (킬러·스파이 따위를) 고용하다

assolo /asˈsolo/ [남-불변] ① [음악] 독창, 독주 ② (비유적으로) 원맨쇼

assolutamente /assolutaˈmente/ [부] ① 꼭, 반드시; devo assolutamente andare 난 꼭 가야 해 ② 완전히, 전적으로, 절대적으로; assolutamente! 물론이지, 그렇고말고; assolutamente no! 절대 아니지! ③ (부정문에서) 전혀 (~ 아닌); non è assolutamente vero (그건) 전혀 사실이 아니다

assolutismo /assoluˈtizmo/ [남] [정치] 절대주의, 전제주의

assolutista /assoluˈtista/ (남·복 : -i, 여·복 : -e) [형] 절대주의의, 전제주의의 - [남/여] 절대주의자, 전제주의자

assoluto /assoˈluto/ [형] ① 절대적인, 완전한, 전면적인, 무조건의; una necessità assoluta 필요 불가결; un principiante assoluto 완전 초보; in assoluta segretezza 절대 비밀로 ② (왕권·정부 등이) 절대주의의, 전제적인, 독재적인 ③ 긴급한, 다급한 ④ [스포츠] (경기가) 전국적인 ⑤ 절대의, 상대적이 아닌 ⑥ [문법] (구문이) 독립적인; (최상급이) 절대의 ⑦ [수학] 절대치[절댓값]의 ⑧ 확고한, 부인할 수 없는; è il migliore in assoluto 그것이 단연 최고다 - [남] 절대적인 것, 완전무결한 것; l'assoluto 절대자, 신

assoluzione /assoluˈtsjone/ [여] ① [법률] 무죄로 함, 무죄 방면 ② [가톨릭] (고해성사에 따른) 사죄(赦罪); dare l'assoluzione a qn 누구의 죄를 사하다

assolvere /asˈsɔlvere/ [타동] ① [법률] 무죄로 하다, 무죄 방면하다 ② [가톨

릭] (da와 함께 쓰여) (고해성사에 따라 ~의) 죄를 사하다 ③ (da와 함께 쓰여) (의무·빚 따위를) 면제하다 ④ (의무를) 이행하다; (빚을) 갚다; assolvere il servizio militare 군복무를 하다

assomigliare /assomiʎʎare/ [타동] (a와 함께 쓰여) (~에) 비유하다, 비기다 - [자동] (조동사 : avere) (a와 함께 쓰여) (~와) (모양 따위가) 비슷하다, 닮아 있다; assomiglia tantissimo a suo padre 그녀는 아버지를 쏙 빼닮았다 - assomigliarsi [재귀동사] 비슷해 보이다, 서로 닮아 있다 - chi si assomiglia si piglia [속담] 유유상종; assomigliarsi come due gocce d'acqua (양자가) 똑같이 닮아 있다

assommare /assom'mare/ [자동] (조동사 : essere) (a와 함께 쓰여) 총계가 (~에) 이르다 - [타동] 고루 갖추다, 겸비하다, 아울러 갖고 있다; assomma bellezza e intelligenza 그녀는 미모와 지성을 겸비했다 - assommarsi [재귀동사] (a와 함께 쓰여) (~에) 합해지다, 결합되다

assonnato /asson'nato/ [형] ① 졸리는, 졸음이 오는; 졸리는 듯한 ② 조용한, 활발하지 못한

assopire /asso'pire/ [타동] ① (남을) 졸(리)게 하다 ② (비유적으로) (격정·고통 따위를) 진정[완화]시키다 - assopirsi [재귀동사] ① 졸다 ② (격정·고통 따위가) 진정[완화]되다

assorbente /assor'bɛnte/ [형] 흡수하는, 흡수성의; carta assorbente 압지(押紙), 키친타월 - [남] ① 생리대 (또는 assorbente igienico); assorbente interno 탐폰 ② [화학·물리] 흡수제; 흡수 장치

assorbimento /assorbi'mento/ [남] ① [화학·물리] 흡수 ② [생물] (자양분의) 흡수 ③ (기업의) 인수, 합병 ④ (사상 따위의) 흡수, (정신적) 동화

assorbire /assor'bire/ [타동] ① (물질이 액체 따위를) 흡수하다, 빨아들이다; (열·소리·빛 따위를) 흡수하다 ② [생물] (자양분을) 흡수하다 ③ (충격·소리 따위를) 흡수하다, 없애다, 완화시키다 ④ (일·활동·문제 따위가 사람·마음을) 열중[몰두]시키다; (사업 따위가 시간·돈을) 빼앗다, 들게 하다 ⑤ (사상 따위를) 흡수하다, (지식·정보 따위를) 받아들이다 ⑥ (기업·단체 등을) 인수[합병]하다

assorbito /assor'bito/ [형] (da와 함께 쓰여) ① (~에) 흡수된 ② (~에) 열중한, 몰두한, 여념이 없는

assordante /assor'dante/ [형] (소리가 너무 커서) 귀를 먹먹하게 만드는, 귀청이 터질 듯한

assordare /assor'dare/ [타동] ① (소리가 너무 커서) 귀를 먹먹하게 만들다, 귀청이 터질 듯하다 ② (비유적으로) 어리벙벙하게 하다, 멍하게 하다 ③ (소리를) 없애다, 지우다, 약하게 하다

assortimento /assorti'mento/ [남] ① 다양함, 구색이 갖춰져 있음 ② 잡다한 것

assortire /assor'tire/ [타동] ① 분류하여 정리하다 ② (a 또는 con과 함께 쓰여) (색깔 따위를 ~에 또는 ~와) 조화시키다, 어울리게 하다 ③ (상점에) 구색을 갖추다

assortito /assor'tito/ [형] ① 여러 종류가 있는, 여러 가지가 혼합된 ② 조화되는, 잘 어울리는 ③ (상점에) 구색이 갖춰진

assorto /as'sɔrto/ [형] 열중한, 몰두한; essere assorto nei propri pensieri 생각에 잠겨 있다

assottigliare /assottiʎʎare/ [타동] ① 가늘게 하다; (얼굴 따위를) 여위게[마르게] 하다 ② (수량을) 줄이다; (재고·자원 따위를) 감소[고갈]시키다; (경비를) 삭감하다 ③ (기지·재치 따위를) 예리하고 날카롭게 하다, 빈틈없게 하다 ④ (대패 따위로 깎아내어) 얇게 만들다 - assottigliarsi [재귀동사] ① 가늘어지다; (얼굴 따위가) 여위다, 마르다 ② (수량이) 줄어들다; (재고·자원 따위가) 감소하다, 고갈되다 ③ (대패 따위로 깎아서 두께가) 얇아지다

assuefare /assue'fare/ [타동] (a와 함께 쓰여) (~에) 익숙해지게 만들다, 길들이다, 단련시키다 - assuefarsi [재귀동사] (a와 함께 쓰여) ① (~에) 익숙해지다, 길들다, 단련되다 ② (약물 따위에) 중독되다

assuefazione /assuefat'tsjone/ [여] (a와 함께 쓰여) ① (~에) 익숙해짐, 길듦, 단련됨 ② (약물 따위에) 중독됨

assumere /as'sumere/ [타동] ① (어떤 태도를) 취하다; (어떤 양상을) 띠다; assumere la forma di ~의 형태를 취하다; assumere importanza (사건·문제 따위가) 중요성을 갖다, 중요하다 ② (음식물·약물 따위를) 취하다, 복용하다

③ (역할·임무 따위를) 맡다, (책임 따위를) 지다, (권력·지배권을) 쥐다; assumere il controllo di qc 무엇을 담당[관리]하다; assumere la presidenza 의장 역할을 맡다, 의장이 되다; assumere il potere 권력을 쥐다; assumere il comando 지휘하다 ④ (직원을) 고용하다 ⑤ (a와 함께 쓰여) (높은·명예로운 지위에) 오르게 하다; assumere al trono 왕위에 앉히다 ⑥ [종교] essere assunto in cielo 하늘로 들려 올려지다, 승천하다 ⑦ (자료·증거 따위를) 수집하다 ⑧ (~이라) 가정하다; assumendo che tu dica il vero ~ 네가 사실을 말하고 있다고 하면 ~ ~ assumersi [재귀동사] 자기 것으로 하다, 자신이 떠맡다; assumersi il merito di qc ~에 대한 공로를 자기 것으로 하다; assumersi la responsabilità di qc i) 무엇에 대해 책임을 지다 ii) 무엇을 떠맡다[담당하다]

Assunta /as'sunta/ [여] [가톨릭] ① l'A-"승천한 성모 마리아" ② 성모 승천 대축일

assunto /as'sunto/ [형] 고용된 - [남] (여 : -a) ① (새로) 고용된 사람 (il nuovo assunto) ② 임무, 맡은 일 ③ 논제; 가정

assunzione /assun'tsjone/ [여] ① 담당, 역할·임무를 맡음, 책임 따위를 짐; (권력의) 장악 ② (약물 따위의) 섭취, 복용 ③ 고용, 채용 ④ (높은·명예로운 지위에) 오름; assunzione al trono 즉위 ⑤ 가정, 가설 ⑥ [가톨릭] Assunzione di Maria 성모 마리아의 승천; festa dell'Assunzione di Maria 성모 승천 대축일 - assunzione dei testimoni [법률] 증인 심문

assurdità /assurdi'ta/ [여-불변] ① 불합리, 부조리, 어리석음, 터무니없음 ② 허튼[바보 같은] 언행; dire assurdità 바보 같은 소리를 지껄이다

assurdo /as'surdo/ [형] ① 불합리한, 부조리한, 어리석은, 터무니없는 ② 믿을 수 없는, 믿기 어려운 ③ 모순된, 아이러니한 - [남] 불합리, 부조리, 어리석음, 터무니없음; teatro dell'assurdo [연극] 부조리극; se, per assurdo ~ (그럴 일은 거의 없지만) 만약 ~이라면

asta1 /'asta/ [여] ① (우산 따위의) 대; (창 따위의) 자루, 채; asta della bandiera 깃대 ② (컴퍼스 따위의) 다리; (저울 따위의) 대 ③ (장대높이뛰기의) 장대; (줄타기 곡예사의) 균형 잡는 막대; salto con l'asta 장대높이뛰기 ④ 창(槍) ⑤ (글자의) 획 - asta graduata 게이지, 계량기

asta2 /'asta/ [여] 경매, 공매(公賣); all'asta 경매로, 경매에서; vendita all'asta 경매; essere messo all'asta 경매에 부쳐져 있다; sala[casa] d'aste 경매장

astante /as'tante/ [남/여] (사건 따위의) 현장에 있던 사람, 목격자

astemio /as'temjo/ (복 : -mi, -mie) [형] 금주(禁酒)의, 술을 마시지 않는 - [남] (여 : -a) 술을 전혀 마시지 않는 사람

astenersi /aste'nersi/ [재귀동사] ① (투표를) 기권하다; (da와 함께 쓰여) (~의 권리를) 포기하다 ② (da와 함께 쓰여) (~을) 삼가다, 절제하다; astenersi dall'alcol 술을 입에 대지 않다

astensione /asten'sjone/ [여] ① (투표의) 기권, (권리의) 포기 ② (법관의) 판결 보류 ③ (음주·흡연 따위의) 삼감, 절제

astensionismo /astensjo'nizmo/ [남] 투표 따위의 기권, 공공 활동 참여 포기

astensionista /astensjo'nista/ [남/여] (남·복 : -i, 여·복 : -e) 투표 따위를 기권하는 사람, 공공 활동 참여를 포기하는 사람

asterisco /aste'risko/ [남] (복 : -schi) ① [문법] 애스터리스크, 별표 ② (신문의) 단락, 짧은 기사

asteroide /aste'rɔide/ [남] [천문] 소행성

astice /'astitʃe/ [남] [동물] 바닷가재

astigmatico /astig'matiko/ (복 : -ci, -che) [형] 난시(亂視)의 - [남] (여 : -a) 난시인 사람

astigmatismo /astigma'tizmo/ [남] ① [안과] 난시 ② [광학] (렌즈의) 비점수차(非點收差)

astinenza /asti'nɛntsa/ [여] ① (da와 함께 쓰여) (~의) 절제, 삼감, 끊음; 금욕; astinenza dall'alcol 금주; fare astinenza da ~을 절제하다, 삼가다; crisi di astinenza 금단 증상 ② (종교상의) 정진(精進)

astio /'astjo/ [남] (복 : asti) 증오; 악의, 앙심, 적의; con astio 앙심을 품고, 악

의에 차서; nutrire astio verso [contro] qn 누구에게 앙심을 품다
astioso /as'tjoso/ [형] ① 악의에 찬, 앙심을 품은 ② (비판 따위가) 통렬한, 신랄한
astragalo /as'tragalo/ [남] ① [해부] 복사뼈 ② [건축] 염주 쇠시리
astrakan /'astrakan/ [남-불변] 아스트라한 (러시아의 아스트라한 지방산(產) 새끼양의 털이 곱슬곱슬한 검은 모피); 그것으로 만든 직물
astrale /as'trale/ [형] ① 별의, 별에 속한; corpo astrale 천체 ② (비유적으로) 천문학적인, 방대한
astrarre /as'trarre/ [타동] (da와 함께 쓰여) ① (~으로부터 개념 따위를) 추상(抽象)하다 ② (~으로부터) 떼어놓다, 분리시키다 - [자동] (조동사 : avere) (da와 함께 쓰여) (~을) 무시하다, 고려하지 않다 - astrarsi [재귀동사] ① (da와 함께 쓰여) (~에) 전혀 관심을 두지 않다, (~와의) 관계를 끊다; astrarsi dalla realtà quotidiana 현실과 괴리되다 ② 자기 자신에게 집중하다, 자신만의 세계에 파묻히다
astrattismo /astrat'tizmo/ [남] [미술] 추상주의
astrattista /astrat'tista/ [형] 추상주의의 - [남/여] (남·복 : -i, 여·복 : -e) 추상파 화가
astratto /as'tratto/ [형] ① (개념 따위가) 추상적인 ② 이론적인, 관념적인 ③ (추상적으로) 난해한 ④ [미술] 추상주의의 ⑤ [문법] 추상명사의; un nome astratto 추상명사 ⑥ 멍하니 있는, 방심 상태의 - [남] 추상적 개념; in astratto 추상적으로
astrazione /astrat'tsjone/ [여] ① 추상작용 ② 추상적 개념 ③ 멍하니 있음, 방심 상태 - facendo astrazione da ciò 그건 생각하지 않고
astringente /astrin'dʒente/ [형] (약품·화장품 따위가) 수렴성의, 수렴성이 있는 - [남] 수렴제(劑), 아스트린젠트
astro /'astro/ [남] ① 별, 천체 ② (비유적으로) 스타, 인기인
astrofisica /astro'fizika/ [여] 천체물리학
astrofisico /astro'fiziko/ (복 : -ci, -che) [형] 천체물리학의 - [남] (여 : -a) 천체물리학자
astrologia /astrolo'dʒia/ [여] 점성학[술]
astrologico /astro'lɔdʒiko/ [형] (복 :

-ci, -che) 점성학[술]의, 점성학[술]에 의한
astrologo /as'trɔlogo/ [남] (여 : -a) (남·복 : -gi, 여·복 : -ghe) 점성술사
astronauta /astro'nauta/ [남/여] (남·복 : -i, 여·복 : -e) 우주 비행사
astronautica /astro'nautika/ [여] 우주항행학[술]
astronave /astro'nave/ [여] 우주선(船)
astronomia /astrono'mia/ [여] 천문학
astronomico /astro'nɔmiko/ [형] (복 : -ci, -che) ① 천문학(상)의; osservatorio astronomico 천문대 ② (비유적으로) (수량이) 천문학적인, 엄청난
astronomo /as'trɔnomo/ [남] (여 : -a) 천문학자
astruso /as'truzo/ [형] (너무 복잡하거나 모호해서) 난해한, 이해하기 어려운
astuccio /as'tuttʃo/ [남] (복 : -ci) ① 상자, 통, 케이스, ~집; astuccio per occhiali 안경집 ② 필통 - astuccio da cucito 반짇고리
astuto /as'tuto/ [형] 기민한, 영리한, 약삭빠른, 빈틈없는
astuzia /as'tuttsja/ [여] ① 기민함, 영리함, 약삭빠름, 빈틈없음 ② 꾀, 술수, 책략
AT ① (Antico Testamento의 약자) 구약(성경) ② (Alta Tensione의 약자) 고전압
atavico /a'taviko/ [형] (복 : -ci, -che) ① [생물] 격세유전(隔世遺傳)의 ② 조상 전래의, 대대로 내려오는
atavismo /ata'vizmo/ [남] [생물] 격세유전 (몇 대를 거른 조상의 형질의 재현)
ateismo /ate'izmo/ [남] 무신론, 신을 믿지 않음
ateista /ate'ista/ [남/여] (남·복 : -i, 여·복 : -e) 무신론자
ateistico /ate'istiko/ [형] (복 : -ci, -che) 무신론(자)의
atlier /ate'lje/ [남-불변] 아틀리에, 스튜디오, 예술가의 작업장 (공방, 화실 따위)
Atena /a'tɛna/ [여] [그리스신화] 아테나 (지혜의 여신)
Atene /a'tɛne/ [여] 아테네 (그리스의 수도)
ateneo /ate'nɛo/ [남] ① 대학교 ② 아테나 신전
ateniese /ate'njese/ [형] 아테네의 - [남

/여] 아테네 사람
ateo /'ateo/ [형] 무신론의, 신을 믿지 않는 - [남] (여 : -a) 무신론자
atipico /a'tipiko/ [형] (복 : -ci, -che) 비정형(非定型)의
atlante /a'tlante/ [남] ① 지도책; atlante stradale 도로 지도책 ② [해부] 환추(環椎)
Atlante /a'tlante/ [남] [그리스신화] 아틀라스 (하늘을 두 어깨로 메는 벌을 받은 거인)
Atlantico /a'tlantiko/ [형] (복 : -ci, -che) ① (신화 속 거인인) 아틀라스의 ② (비유적으로) 거대한 ③ 대서양의; l'oceano Atlantico 대서양 - [남] 대서양
atleta /a'tlɛta/ [남/여] (남·복 : -i, 여·복 : -e) ① 경기자, 운동 선수, 스포츠맨; 육상 선수 ② (비유적으로) 건장한 사람 - piede d'atleta [병리] (발의) 무좀
atletica /a'tletika/ [여] ① (각종) 운동 경기, 스포츠 ② 육상 경기 (atletica leggera) - atletica pesante 역도·레슬링 따위의 종목
atletico /a'tletiko/ [형] (복 : -ci, -che) ① 운동 경기의, 스포츠의 ② 운동 선수의; 운동 선수 같은, 건장한
atmosfera /atmos'fɛra/ [여] ① 대기(大氣), 공기 ② 분위기, 주위 상황 ③ (예술 작품 등의) 분위기, 느낌 ④ [물리] 기압
atmosferico /atmos'fɛriko/ [형] (복 : -ci, -che) 대기의, 공기의; pressione atmosferica (대)기압; inquinamento atmosferico 대기 오염
atollo /a'tɔllo/ [남] [지리] 환초(環礁)
atomico /a'tɔmiko/ [형] (복 : -ci, -che) ① [화학·물리] 원자의 ② 원자력의, 원자[핵] 무기의; bomba atomica 원자폭탄; energia atomica 원자력; guerra atomica 핵전쟁 ③ 비상한, 보통이 아닌, 아주 뛰어난
atomismo /ato'mizmo/ [남] ① [철학] 원자설[론] ② [화학·물리] 원자 이론
atomizzatore /atomiddza'tore/ [남] 분무기, 스프레이
atomo /'atomo/ [남] ① [화학·물리] 원자 ② (비유적으로) 미립자; 티끌; 아주 적은 것
atono /'atono/ [형] [언어] (음절이나 모음에) 강세[악센트]가 없는
atout /a'tu/ [남-불변] ① [카드놀이] 으뜸패 ② (비유적으로) 비장의 방책
atrio /'atrjo/ [남] (복 : atri) ① [건축] (고대 로마 건축의) 중앙 홀 ② [해부] 심방(心房) ③ 현관 홀, 로비; (역 등의) 중앙 홀
atroce /a'trotʃe/ [형] ① 극악한, 잔인무도한, 끔찍한, 무시무시한 ② (비유적으로·구어체에서) (나쁜 뜻으로) 지독한, 극심한, 굉장한
atrocemente /atrotʃe'mente/ [부] 극악하게, 잔인무도하게; 끔찍하게, 무시무시하게
atrocità /atrotʃi'ta/ [여-불변] ① 극악, 잔인무도, 끔찍함 ② 잔학 행위
atrofia /atro'fia/ [여] ① [병리] (영양 부족 따위에 의한) 위축증, 소모증 ② (비유적으로) (기능의) 퇴화, 쇠퇴; 무능, 무력
atrofizzare /atrofid'dzare/ [타동] ① 위축증[소모증]에 걸리게 하다 ② (비유적으로) 위축시키다, 쇠약하게[무력하게] 만들다 - atrofizzarsi [재귀동사] ① 위축증[소모증]에 걸리다 ② (비유적으로) 위축되다, 쇠약해지다, 무력해지다
attaccabottoni /attakkabot'toni/ [남/여-불변] ① 옷에 단추를 다는 사람 ② (비유적으로) 남을 붙들고 얘기를 길게 늘어놓는 사람
attaccabrighe /attakka'brige/ [남/여-불변] 말썽꾸러기
attaccamento /attakka'mento/ [남] (a와 함께 쓰여) (~에 대한) 애착; (~에) 전념함, 충실함
attaccante /attak'kante/ [형] 공격하는 - [남/여] ① 공격하는 사람 ② [스포츠] 공격자; (축구의) 포워드, 스트라이커
attaccapanni /attakka'panni/ [남-불변] 옷걸이
attaccare /attak'kare/ [타동] ① (a와 함께 쓰여) (전단 따위를 ~에) 붙이다; (그림 따위를 ~에) 걸다 ② (a 또는 su와 함께 쓰여) (라벨·우표 따위를 ~에) 붙이다; 테이프로 붙이다; (조각 따위를) 한데 모아 붙이다 ③ (a와 함께 쓰여) (단추 따위를 ~에) 꿰매어 달다 ④ (차량 따위를) 연결하다, 걸다 ⑤ (수화기를) 놓다, (전화를) 끊다; attaccare il telefono (in faccia) a qn 누구의 전화를 끊다 ⑥ (a와 함께 쓰여) (짐승을 ~에) 묶다, 매다 ⑦ (전기 기구의) (스위치를) 켜다, (플러그를) 꽂다 ⑧ (병을) 옮기다 ⑨ [군사] (적을) 공격하다, 습격

하다 ⑩ (사람·동물이) 공격하다, 덤벼들다 ⑪ 맹렬히 비난하다 ⑫ (힘차게, 의욕적으로) ~하기 시작하다, ~에 착수하다 ⑬ [스포츠] 공격을 진행하다 ⑭ (병이 신체를) 침범하다 ⑮ (녹이 금속을) 부식하다; (벌레 따위가) 갉아먹다 - [자동] (조동사 : avere) ① 달라붙다, 접착력이 있다 ② 뿌리내리다, 정착하다; (구어체에서) (방식·체계·이론 따위가) 확산[보급]되다, 통용되다, (스타일이) 유행하다 ③ [군사] 공격을 감행하다, 진군하다 ④ 믿을[받아들일] 만하다; (con me) non attacca! (난 그걸) 믿을 [받아들일] 수 없어!, (난 그런 것에) 넘어가지 않아! ⑤ (con과 함께 쓰여) (대화·논쟁 따위를) 시작하다; (a와 함께 쓰여) (~하기) 시작하다 ⑥ (구어체에서) 일[근무]을 시작하다 - attaccarsi [재귀동사] ① (우표·라벨 따위가) 붙다 ② (a와 함께 쓰여) (~에) 달라붙다 ③ (a와 함께 쓰여) (~을) 꼭 잡고 있다; (~에) 매달리다, 의지하다; attaccarsi a qn come una sanguisuga 누구에게 찰거머리처럼 달라붙다 ④ (a와 함께 쓰여) (누구를) 좋아하게 되다, (누구에게) 정이 들다 ⑤ 서로 공격하다 ⑥ (병이) 전염성이 있다 - attaccare battaglia 싸우다, 교전하다; attaccare bottone con qn 누구를 붙들고 길게 이야기를 늘어놓다; attaccar briga[lite] (con qn) (누구와) 싸우다; attaccare discorso (con qn) (누구와) 대화를 시작하다; attaccarsi al telefono 전화를 끊지 않고 기다리다
attaccaticcio /attakka'tittʃo/ [형] (복 : -ci, -ce) ① 달라붙는, 끈적끈적한 ② (비유적으로) (사람이) 남에게 끈덕지게 매달리는 ③ (병 따위가) 전염성이 있는
attaccato /attak'kato/ [형] (a와 함께 쓰여) ① (~에) 붙여진, 걸린, 달린 ② (~에) 애착을 가진, 집착하는 ③ (~에) 충실한, 전념하는 - essere attaccato a un filo (비유적으로) 목숨이 위태롭다
attaccatura /attakka'tura/ [여] ① 붙이기, 접합, 연결 ② 접합[연결] 부위; [해부] 관절; (옷의) 솔기, 꿰맨 줄
attaccatutto /attakka'tutto/ [남-불변] (일반 가정용) 접착제
attacco /at'takko/ [남] (복 : -chi) ① (contro 또는 a와 함께 쓰여) (~에 대한) (군사적) 공격, 습격; andare all'attacco 공격을 감행하다, 진군하다; subire un attacco 공격을 받다[당하다]; all'attacco! 공격 준비!; attacco aereo 공습(空襲); attacco a[di] sorpresa 기습, 불시에 치기 ② (비유적으로) (contro 또는 a와 함께 쓰여) (~에 대한) 공격, 비난; lanciare un violento attacco contro ~을 맹렬히 공격[비난]하다 ③ [스포츠] 공격 ④ (병에) 걸림; 발작; avere un attacco di influenza 독감에 걸려 있다; attacco epilettico 간질 발작 ⑤ 시작, 개시 ⑥ 연결, 접속; 연결[접속] 부위 ⑦ [전기] 콘센트, 플러그 ⑧ (비유적으로) 발판, 근거 ⑨ (문어체에서) 구실, 핑계
attaché /ata'ʃe/ [남-불변] (대사·공사의) 수행원, 대사[공사]관원, 외교관 시보
attanagliare /attanaʎ'ʎare/ [타동] ① 집게[펜치]로 쥐다 ② 붙들다, 움켜쥐다; attanagliare qn per un braccio 누구의 팔을 붙들다 ③ (비유적으로) (고통이 사람을) 괴롭히다, 시달리게 하다
attardarsi /attar'darsi/ [재귀동사] ① (계속) 남아[머물러] 있다; attardarsi in ufficio 사무실에 (늦게까지) 남아 있다 ② (어떤 행동을) 오래 끌다; attardarsi a fare ~ ~을 하느라 시간을 오래 끌다, 계속 ~을 하다
attecchire /attek'kire/ [자동] (조동사 : avere) ① (식물이) 뿌리를 내리다; (접지(接枝)가) 붙다 ② (비유적으로) (사상·관습·원칙 따위가) 뿌리내리다, 정착되다
atteggiamento /attedd3a'mento/ [남] ① (정신적인) 태도, 자세; atteggiamento positivo 긍정적인 태도 ② 태도, 행동, 몸가짐; mutare atteggiamento nei confronti di qn 누구에 대한 태도를 바꾸다
atteggiare /atted'd3are/ [타동] (감정 따위를 표현하기 위해 어떤 태도를) 취하다; atteggiare il viso a sorpresa 놀란 얼굴을 하다 - atteggiarsi [재귀동사] ① (a와 함께 쓰여) ~인 체하다 ② 젠체하다, 허세를 부리다
atteggiato /atted'd3ato/ [형] ① (감정 따위를 표현하기 위해) 어떤 태도를 취한; un viso atteggiato a sorpresa 놀란 표정 ② 겉치레의, 짐짓 꾸민
attempato /attem'pato/ [형] 나이가 지긋한
attendarsi /atten'darsi/ [재귀동사] 텐트를 치다

attendente /atten'dɛnte/ [남] [군사] (장교의) 당번병

attendere /at'tɛndere/ [타동] 기다리다; attendere i soccorsi 구조를 기다리다; attenda, prego! (전화를) 끊지 말고 기다리세요! - [자동] (조동사 : avere) (a와 함께 쓰여) ① (~에) 전념하다 ② (어린아이나 노약자 등을) 돌보다 - attendersi [재귀동사] 기대하다

attendibile /atten'dibile/ [형] ① (증언·정보 따위가) 믿을 만한, 신뢰할 수 있는; da (una) fonte attendibile 믿을 만한 소식통에 의하면 ② 그럴듯한, 말이 되는, 이치에 닿는

attendibilità /attendibili'ta/ [여-불변] ① 믿을 만함, 신뢰성 ② 그럴듯함, 말이 됨, 이치에 닿음

attenersi /atte'nersi/ [재귀동사] (a와 함께 쓰여) ① (법·규칙·결정 따위에) 따르다 ② (~에) 집착하다, (~을) 고수하다

attentamente /attenta'mente/ [부] 주의깊게, 신중히

attentare /atten'tare/ [자동] (조동사 : avere) (a와 함께 쓰여) (~에) 해를 끼치려 하다; attentare alle libertà 자유를 침해하다; attentare alla vita di qn 누구를 살해하려 시도하다 - attentarsi [재귀동사] (a와 함께 쓰여) 감히 ~하다

attentato /atten'tato/ [남] ① (a 또는 contro와 함께 쓰여) (~에 대한) 공격; commettere un attentato contro ~에 대한 공격을 감행하다 ② [법률] 미수(행위); attentato alla vita di qn 누구의 목숨을 노림, 누구에 대한 살인미수

attentatore /attenta'tore/ [남] (여 : -trice) 공격을 감행하는 사람, 위해를 끼치는 사람; attentatore suicida 자살폭탄 테러범

attenti /at'tenti/ [감] ① 조심[주의]하시오; attenti al cane 개 조심 ② [군사] 차려! - [남-불변] [군사] 차려 자세; stare sull'attenti 차려 자세를 취하다 - mettere sull'attenti qn 누구로 하여금 바른 태도를 취하게 하다

attento /at'tento/ [형] ① (a와 함께 쓰여) (~에) 주의를 기울이는, (~을) 조심[경계]하는, 방심하지 않는; attento alla propria salute 건강에 유의하는; prestare un orecchio attento a qn 누구의 말에 귀를 기울이다 ② 세밀한, 철저한, 정성을 들인 ③ (남을) 잘 돌보는, (남에게) 친절한 ④ (경고의 의미로 쓰여) attento! 조심해, 잘 봐!; attento alla testa! 머리 조심!; attento (a te)! (협박조로) 조심해!

attenuante /attenu'ante/ [형] circostanze attenuanti 참작할 수 있는 정상, (형기 등의) 경감 사유 - [여] 정상 참작, 형기 등의 경감; concedere le attenuanti 정상을 참작하다

attenuare /attenu'are/ [타동] (고통·긴장·충격·엄격함 따위를) 완화하다; (비판·공격·영향력 따위를) 약화시키다; (소리를) 줄이다; (빛깔·기억 따위를) 바래게 [희미해지게] 하다 - attenuarsi [재귀동사] (고통·긴장·충격 따위가) 완화되다, 가라앉다, 약해지다; (소리가) 줄어들다; (빛깔이) 바래다; (기억이) 희미해지다; (차이가) 없어지다

attenuazione /attenuat'tsjone/ [여] ① (고통·충격 따위의) 완화, 약화, 둔화; (형벌 따위의) 경감 ② [전기] (전류·전압 따위의) 감쇠(減衰)

attenzione /atten'tsjone/ [여] ① 주의, 주목, 집중, 관심을 가짐; prestare[fare] attenzione 주의를 기울이다, 주목하다; attirare l'attenzione di qn 누구의 주의를 끌다 ② 조심, 신중; con (molta) attenzione 주의를 기울여, (아주) 신중하게; fare attenzione a ~에 주의를 기울이다, ~을 조심하다 ③ 돌봄, 배려, 친절; colmare qn di attenzioni 누구를 잘 돌보다, 누구에게 많은 관심을 갖다 ④ (편지에서) all'attenzione di ~, alla cortese attenzione di ~ "~ 앞" - [감] 주의!, 조심해!; attenzione al gradino! 발밑을 조심할 것!

atterraggio /atter'raddʒo/ [남] (복 : -gi) ① (항공기의) 착륙; pista d'atterraggio 활주로; atterraggio di fortuna, atterraggio forzato 불시착 ② [스포츠] (스키 점프 등에서의) 착지

atterrare /atter'rare/ [타동] ① (상대방을) 때려눕히다, 쓰러뜨리다; (복싱에서) 녹다운시키다; (나무를) 베어 넘어뜨리다, 벌채하다; (건물 따위를) 헐다, 무너뜨리다 ② (문어체에서·비유적으로) 굴욕을 안겨주다 - [자동] (조동사 : avere, essere) ① (항공기가) 착륙하다 ② 땅에 떨어지다; [스포츠] 착지하다

atterrire /atter'rire/ [타동] 무서워하게 [겁에 질리게] 하다 - [자동] (조동사 : essere) (a와 함께 쓰여) (~에, ~을 보고) 무서워하다, 겁에 질리다

attesa /at'tesa/ [여] ① 기다림, 대기; 기다리는 시간; in attesa di, nell'attesa di ~을 기다리고[기대하고] 있는, 대기 중인; mamma in attesa ("출산을 기다리는 엄마"라는 뜻으로) 임산부; sala d'attesa 대기실, 대합실 ② 예상, 기대; al di là di ogni attesa 예상 외로, 뜻밖에; sensazione di attesa 기대감 - attese [여·복] 기대, 희망; soddisfare[superare] le attese di qn 누구의 기대를 충족시키다[뛰어넘다]; rispondere alle attese 기대에 부응하다 - attesa di vita 평균 여명 (餘命)

atteso /at'teso/ [형] ① 기다려진, 기다려온; essere atteso (교통수단이) 도착 예정이다, (도서·영화가) 출간[개봉] 예정이다 ② (결과 따위가) 예상된, 기대된 - atteso che ~을 고려하면

attestare /attes'tare/ [타동] ① 증언하다, 보증하다 ② (사실·결백 따위를) 증명하다, 입증하다; 공언하다, 언명하다, 주장하다 ③ (문서로) 증명하다, 인증하다

attestato /attes'tato/ [남] ① 증명서 ② (비유적으로) 증명, 증거; dare a qn un attestato di 누구에게 ~을 증명해 보이다

attestazione /attestat'tsjone/ [여] ① 증언 ② 증명, 입증 ③ (비유적으로) 증거

attico /'attiko/ [남] (복 : -ci) ① 펜트하우스 (빌딩 최상층의 고급 주택) ② [건축] 애틱 (지붕 경사면이 보이지 않게 돌림띠 위를 난간 벽으로 두른 기둥)

attiguo /at'tiguo/ [형] (a와 함께 쓰여) (방·건물 따위가 ~에) 인접한, 가까이 있는; la stanza attigua 옆방

attillato /attil'lato/ [형] ① (옷이) 몸에 꼭 맞는, 타이트한 ② 우아한, 맵시 있는

attimo /'attimo/ [남] 잠깐, 순간; aspettare un attimo 잠깐 기다리다; per un attimo 잠깐 동안; un attimo (prego)! 잠깐만요!; un attimo fa 방금, 이제 막; tra[in] un attimo 이내, 금세; concedersi un attimo di respiro[riposo] 한숨 돌리다; cogliere l'attimo fuggente 순간을 포착하다

attinente /atti'nɛnte/ [형] (a와 함께 쓰여) (~에) 관련된, 들어맞는

attinenza /atti'nɛntsa/ [여] ① 관련(성), 관계; avere attinenza con qc 무엇과 관련이 있다 ② [복] 부속물

attingere /at'tindʒere/ [타동] ① (da와 함께 쓰여) (~에서, ~으로부터) 끌어내다, 얻다; (힘·자원·정보 따위를) 얻어내다, 이용하다; attingere acqua da un pozzo 우물에서 물을 긷다; attingere informazioni da ~으로부터 정보를 얻어내다 ② (문어체에서) (~에) 도달하다, 이르다 - [자동] (조동사 : avere) (a와 함께 쓰여) (~에) 도달하다, 이르다

attinio /at'tinjo/ [남] (복 : -ni) [화학] 악티늄

attirare /atti'rare/ [타동] ① (물리적으로) 끌다, 끌어당기다 ② (주의·관심 따위를) 끌다; (매력 등으로) 유인하다; attirare clienti 손님을 끌다; attirare qn in una trappola 누구를 꾀어 함정에 빠뜨리다 ③ (자본을) 유치하다 ④ (호감을) 얻다; (반감을) 유발하다 - attirarsi [재귀동사] (분노·비난·반감 따위를) 유발하다; (문제·말썽을) 일으키다

attirato /atti'rato/ [형] ① 끌어당겨진 ② (비유적으로) (da와 함께 쓰여) (~에) 마음이 끌린; sentirsi attirato da ~에 마음이 끌리다, 매력을 느끼다

attitudinale /attitudi'nale/ [형] esame[test] attitudinale 적성검사

attitudine1 /atti'tudine/ [여] (a 또는 per 와 함께 쓰여) ① (~에 대한) 경향, 성향, (~하는) 기질, 성질 ② (~에 대한) 소질, 재능, 능력; 적성; avere attitudine per qc 무엇에 소질[재능] 이 있다

attitudine2 /atti'tudine/ [여] ① (신체의) 자세, 포즈 ② 태도, 마음 자세, 행동 양식 ③ (문제 따위에 대한) 태도, 입장

attivamente /attiva'mente/ [부] 활발하게, 활동적으로

attivare /atti'vare/ [타동] ① 활동하게 하다; (기계류 따위를) 작동시키다 ② (진행을) 촉진하다, 빠르게 하다 ③ [화학] 활성화하다, 반응을 촉진하다 - attivarsi [재귀동사] 활동하기 시작하다, 행동으로 옮기다, 작동하다

attivazione /attivat'tsjone/ [여] ① 활동시키기, 행동으로 옮기게 하기 ② (기계

attivismo /atti'vizmo/ [남] ① (주로 정치적 목적을 위한) 행동주의 ② [철학] 능동주의; 활동주의

attivista /atti'vista/ [남/여] (남·복 : -i, 여·복 : -e) (주로 정치적 목적을 위해 활동하는) 행동주의자; attivista per i diritti umani 인권 운동가

attività /attivi'ta/ [여-불변] ① 활동, 행동, 움직임; 작동, 기능; in attività 활동 중인, 작동되고 있는; essere in piena attività 한창[바쁘게] 활동 중이다 ② 업무, 사업; attività commerciale 사업, 장사; che attività svolgi? 직업이 무엇이오?; esercitare un'attività 사업을 하다, 영업하다 ③ [경제] 자산; le attività e le passività 자산과 부채 - attività all'aria aperta 야외 활동; attività di beneficenza 자선 사업; attività mentale 정신[지적] 활동

attivo /at'tivo/ [형] ① 활동하고 있는, 일 [기능·작동]하고 있는 ② 활발한, 활동적인; 적극적인; 부지런한, 열심인 ③ (상거래 따위가) 활기 있는, 활황의 ④ [회계] 이익이 있는 ⑤ [화학] 활성화된; carbone attivo 활성탄 ⑥ [약학] (약제의 성분이) 유효한, 효력 있는 ⑦ [문법] 능동(태)의 ⑧ [컴퓨터] 실행 가능 상태의 - [남] ① [문법] 능동태 ② [경제] 자산; attivo e passivo 자산과 부채 ③ 흑자; in attivo 흑자의, 이윤을 창출하고 있는 ④ (비유적으로) 자랑거리, 명예가 되는 것 ⑤ (정당·노동조합의) 실행 위원회, 집행부

attizzare /attit'tsare/ [타동] ① (불을) 다시 일으키다, (부채질을 하거나 쑤셔서) 돋우다 ② (비유적으로) (감정·열정 따위를) 부추기다, 일으키다 ③ (통속적으로) 성적으로 흥분시키다

attizzatoio /attittsa'tojo/ [남] (복 : -oi) 부지깽이

atto1 /'atto/ [남] ① 행위, 행동, 짓, 소행; atto criminoso 범죄 행위; nell'atto di fare ~하는 도중에, ~하면서; fare un atto di carità 자선 행위를 하다, 선행을 베풀다 ② (의사 표시를 위한) 제스처, 사인; fare l'atto di ~의 제스처를 취하다, ~인 것처럼 행동하다 ③ [법률] (정식 날인한) 증서; redigere un atto 증서를 작성하다 ④ (연극의) 막(幕) ⑤ [종교] 신앙에 입각한 행위 (atto di fede); atto di dolore 참회 ⑥ [복] 공적인 기록, 의사록 (atti pubblici) ⑦ [복] Atti degli Apostoli [성경] 사도행전 - all'atto pratico 실제로는; all'atto della firma 서명하여, 서명함으로; mettere/porre/tradurre in atto 실행에 옮기다, 실현하다; essere in atto (일·사건이) 일어나고[진행되고] 있다; fare atto di presenza 나오다, 나타나다, 모습을 보이다; dare atto di ~을 인정하다; prendere atto di ~을 인지하다 - atto di matrimonio 결혼 증명서; atto sessuale 성행위, 성교; atto ufficiale 공식 기록

atto2 /'atto/ [형] (a와 함께 쓰여) ① (~을 할) 능력이 있는, (~에) 적임인; non mi sembra atto a ricoprire il posto 난 그가 그 직위에 적임이 아니라고 생각하는데 ② (~에) 적절한, 알맞은; atto alla navigazione 항해에 적합한

attonito /at'tɔnito/ [형] (사람이) 깜짝 놀란, 어리둥절한; (눈빛·표정이) 멍한, 얼빠진

attorcigliare /attortʃiʎ'ʎare/ [타동] ① (머리카락·실 따위를) 꼬다, 비틀어 돌리다, 똘똘 감다 ② (attorno a 등과 함께 쓰여) (~의 주위에) 감다, 두르다 - attorcigliarsi [재귀동사] 꼬이다, 감기다, 얽히다; (뱀 따위가) 똬리를 틀다; (attorno a 등과 함께 쓰여) (~의 주위에) 감기다

attore /at'tore/ [남] ① (연극·영화의) 배우, 연기자; fare l'attore (배우로서) 연기를 하다; primo attore (연극의) 주역 ② 행위자; (사건의) 실제 관계자, 당사자, 장본인 ③ [법률] 원고(原告) ④ (꾀를 부려) "연극"을 하는 사람 - attore cinematografico 영화배우; attore comico 희극 배우; attore non protagonista 조연 배우; attore protagonista 주연 배우, 주인공; attore teatrale[di teatro] 연극 배우; attore televisivo 텔레비전 배우

attorniare /attor'njare/ [타동] ① 둘러싸다, 에워싸다; 포위하다 ② (그럴듯한 말로) 속이다 - attorniarsi [재귀동사] (di와 함께 쓰여) (~에) 둘러[에워]싸이다

attorno /at'torno/ [부] ① 주위에, 둘레에; tutt'attorno 사방에, 도처에; qui attorno 이 부근[근처]에; guardarsi attorno 주변을 둘러보다 ② (a와 함께 쓰여) 약, 대략; attorno al 1990 1990

년경에 ③ (a와 함께 쓰여) (~의) 주변에, (~을) 둘러싸고; sta sempre attorno a lei 그는 항상 그녀 주변에 있다; girare attorno a i) (장애물 따위를 피해) 돌아가다 ii) (문제를) 피하다 iii) (요점을 이야기하지 않고) 에둘러 말하다

attraccare /attrak'kare/ [타동] (배를) 부두에 대다, 정박시키다 - [자동] (조동사 : essere, avere) (배가) 접안(接岸)하다 (attraccare alla banchina)

attracco /at'trakko/ [남] (복 : -chi) ① 계선(繫船), 정박 (manovra d'attracco) ② 정박소; muro d'attracco 부둣가

attraente /attra'ente/ [형] 마음을 끄는, 매력적인, 유인하는

attrarre /at'trarre/ [타동] ① (물리적으로) 끌다, 끌어당기다 ② (주의·관심을) 끌다; 매혹하다, 유인하다 - attrarsi [재귀동사] 끌어당기다, 매력이 있다

attrattiva /attrat'tiva/ [여] ① 끌어당기는 힘, 인력 ② 매력(적임); 매혹, 매료 ③ 유인, 유혹 - attrattive [여·복] 매력적인 면; 사람의 마음을 끄는 것; (관광) 명소

attraversamento /attraversa'mento/ [남] 가로지르기, 건너기, 횡단, 통과; attraversamento pedonale 횡단보도

attraversare /attraver'sare/ [타동] ① (길·강·다리 따위를) 가로지르다, 건너다; (경계를) 넘다; (지역을) 횡단하다 ② (물줄기·도로·다리 따위가 일정 지역이나 도시·강 따위를[에]) 가로지르다, 통과하다, 걸쳐 있다 ③ (시련 따위를) 겪다, 통과하다, 극복하다 ④ 뚫고 지나가다, 꿰뚫다, 관통하다 ⑤ (비유적으로) (생각이) 떠오르다, 스치다; attraversare la mente di qn 누구의 머릿속에 떠오르다

attraverso /attra'verso/ [전] ① (~을) 가로질러, 통과하여, 꿰뚫어; passare attraverso i) (~을) 가로지르다, 지나가다, 통과하다 ii) (일정한 시기를) 겪다, 지내다; passare attraverso dure prove 시련을 겪다; guardare attraverso il buco della serratura 열쇠 구멍을 통해 보다 ② (~을) 경유하여, 거쳐 ③ (시간상) (~에) 걸쳐; attraverso i secoli 오랜 세월에 걸쳐 ④ (공간적으로) 도처에, 두루 ⑤ [수단] (~을) 통해, (~에) 의해; trasmettersi attraverso il sangue (질병이) 혈액을 통해 전염되다; entrò attraverso la porta posteriore 그는 뒷문으로[을 통해] 들어갔다 - [부] 비스듬히, 옆으로

attrazione /attrat'tsjone/ [여] ① 끌어당기는 힘, 흡인력; [물리] 인력; attrazione gravitazionale 중력; attrazione magnetica 자력(磁力) ② 매력, 마음을 끄는 힘; provare attrazione per qc, qn 무엇/누구에 끌리다[매력을 느끼다] ③ 인기를 끄는 것, 인기의 초점; attrazione turistica 관광 명소

attrezzare /attret'tsare/ [타동] (~에게 필요한 것을) 갖추어 주다; (~할) 채비를 하게 하다; (배에) 삭구(索具)를 갖추다; attrezzare qc con qc ~에 ~을 장비[설비]하다 - attrezzarsi [재귀동사] (di 또는 con과 함께 쓰여) (~을) 갖추다; (per와 함께 쓰여) (~에 대한) 채비를 하다

attrezzatura /attrettsa'tura/ [여] ① 장비 따위를 갖춤 ② 장비, 장치, 도구; attrezzatura sportiva 스포츠 용품; attrezzatura da sub 잠수 장비 ③ [복] 설비, 시설; attrezzature alberghiere 숙박 설비; attrezzature sanitarie 의료 시설 ④ (집합적으로) 도구들, 기계류; attrezzatura agricola 농구, 농기계 ⑤ [항해] 삭구(索具)

attrezzistica /attret'tsistika/ [여] [스포츠] 기계체조

attrezzo /at'trettso/ [남] ① 도구, 연장, 공구; (가정에서 쓰는) 기구, 용구; attrezzi agricoli 농기구; attrezzi da cucina 주방 용품; carro attrezzi 레커차 ② [스포츠] 기계체조에 사용되는 각종 운동 기구 ③ [복] [연극] 소도구

attribuibile /attribu'ibile/ [형] (원인·책임 따위를 ~에) 돌릴 수 있는; (직무 따위를 ~에) 과할 수 있는; (중요성·가치 등을 ~에) 둘[부여할] 수 있는

attribuire /attribu'ire/ [타동] (a와 함께 쓰여) ① (~에 중요성·가치 등을) 두다, 부여하다; attribuire troppa importanza a qc 무엇을 너무 중요시하다 ② (상을) 주다, 수여하다; (권리 따위를) 주다, 부여하다 ③ (직무를) 할 당하다, 과하다, 맡기다 ④ (실수·잘못·실패 등의 원인을 ~에) 돌리다, (~의) 탓으로 하다; attribuire la responsabilità di qc a qn 무엇의 책

임을 누구에게 돌리다, 무엇을 두고 누구를 비난하다 ⑤ (공로·명예 따위를 ~에게) 돌리다 ⑥ (작품 따위를) ~의 것이라고 하다 - attribuirsi [재귀동사] attribuirsi il merito di qc 무엇에 대한 공로를 자기 것이라고 하다

attributo /attri'buto/ [남] ① 속성, 특성, 특질 ② 부속물, 표상, 상징 ③ [문법] 한정사

attribuzione /attribut'tsjone/ [여] (상의) 수여; (책임 따위의) 전가; (작품 따위를) 누구의 것이라고 함 - attribuzioni [여·복] (직무와 관련해 부여된) 권한

attrice /at'tritʃe/ [여] ① 여배우 ② [법률] (여성인) 원고(原告)

attrito /at'trito/ [남] ① [물리·기계] 마찰; forza di attrito 마찰력 ② (비유적으로) 의견 충돌, 알력, 불화

attuabile /attu'abile/ [형] (계획 따위가) 실행 가능한

attuale /attu'ale/ [형] ① 현재의, 현시점의, 현행의; al momento attuale 현재, 지금; allo stato attuale (delle cose) 현 상태로서는 ② 현대의, 최신의

attualità /attuali'ta/ [여-불변] ① (최신) 시사 문제; periodico di attualità 시사 잡지; notizie d'attualità 뉴스 ② 시사적임 ③ 최신식임; 유행, 트렌드

attualizzare /attualid'dzare/ [타동] 현재의 것으로 만들다, 현대화하다, 최신식으로 하다, 시사 문제로 만들다

attualmente /attual'mente/ [부] 현재, 현시점에서, 지금, 이제

attuare /attu'are/ [타동] 실행하다, 실시하다, 실현하다; attuare un progetto 계획을 실행에 옮기다 - attuarsi [재귀동사] 실행[실현]되다

attuazione /attuat'tsjone/ [여] (계획·정책 따위의) 실행, 실시, 실현

attutire /attu'tire/ [타동] ① (소음을) 차단하다; (충격을) 흡수하다 ② (고통을) 완화하다 - attutirsi [재귀동사] (소음이) 차단되다; (강도가) 약해지다

audace /au'datʃe/ [형] ① 용감한, 대담한; 모험심이 강한 ② 무모한, 앞뒤를 가리지 않는; (사업 따위가) 모험적인 ③ 도발적인, 자극적인, 외설의 ④ (농담·반응 따위가) 건방진, 뻔뻔스러운 ⑤ (이론·디자인 따위가) 혁신적인, 독창적인, 참신한 - [남/여] 용감한[대담한] 사람; la fortuna aiuta gli audaci [속담] 행운은 용감한 사람 편이다

audacia /au'datʃa/ [여] ① 용감함, 대담함 ② 건방짐, 뻔뻔스러움; avere l'audacia di fare qc 낯 두껍게도 무엇을 하다 ③ 혁신적임, 독창적임, 참신함

audience /'ɔdjens/ [여-불변] (TV의) 시청자

audio /'audjo/ [형-불변] 음(音)의, 음성 [소리]의, 음향의; registrazione audio 녹음; impianto audio 사운드 시스템, 음향 장치 - [남-불변] (음악·TV·라디오·영화 등의) 음(音), 음향, 사운드; alzare[abbassare] l'audio 소리를 크게[작게] 하다

audiocassetta /audjokas'setta/ [여] (녹음) 카세트 테이프

audioleso /audjo'lezo/ [형] 청각 장애를 가진 - [남] (여 : -a) 청각 장애인

audiolibro /audjo'libro/ [남] 오디오북

audiovisivo /audjovi'zivo/ [형] 시청각의 - [남] gli audiovisivi 시청각 장비

auditorio /audi'tɔrjo/ [남] (복 : -ri) 음악당, 콘서트홀

auditorium /audi'tɔrjum/ [남] → auditorio

audizione /audit'tsjone/ [여] ① 듣기, 청취 ② (법정에서의) 증언[의견] 청취, 심문; audizione di testimoni 증인 심문 ③ [연극·영화·음악] 오디션; partecipare a un'audizione 오디션을 보다[받다]

auge /'audʒe/ [여] ① (영광·권력·명성 따위의) 정점, 최고도 ② (인기의) 정상; in auge 유행하고 있는; non essere più in auge 유행하지 않게 되다, 인기를 잃다

augurale /augu'rale/ [형] ① (인사말 따위가) 행운을 비는 ② 길조의, 좋은 전조의, 상서로운

augurare /augu'rare/ [타동] ① 바라다, 희망하다; augurare qc a qn 누구에게 무엇을 바라다 ② (누구에게 무엇이 있기를) 빌다, 기원하다; augurare buona fortuna a qn 누구의 행운을 빌다 ③ (인사말, 축하의 말 따위를) 전하다; augurare buon compleanno a qn 누구의 생일을 축하하다 - augurarsi [재귀동사] me lo auguro! 그러길 바래요; c'è da augurarsi che 원컨대

augurio /au'gurjo/ [남] ① 소원, 소망, 희망, 바람; esprimere[formulare] un augurio 소원을 빌다 ② [복] 인사말, 축하의 말, 남의 행운을 비는 말; tanti

auguri di buon compleanno! 생일 축하합니다!; auguri di buona fortuna 행운을 빕니다; fare[inviare] i propri auguri 안부를 전하다; auguri di Buon Natale, auguri di Buone Feste (카드 따위에서) "메리 크리스마스!" ③ 전조, 조짐, 징조; di buon augurio 길조의, 조짐이 좋은
aula /ˈaula/ [여] ① 교실; (대학) 강의실 ② (공공 시설의) 넓은 홀; aula magna 대강당, 대회의실 ③ 법정 (aula di tribunale)
aumentare /aumenˈtare/ [타동] ① (수량을) 늘리다, 증가시키다; (가격 따위를) 인상하다 ② (정도를) 강화하다; (세력 따위를) 확장하다 - [자동] (조동사 : essere) ① (수량이) 늘다, 불어나다, 증가하다; (가격 따위가) 오르다; aumentare di numero 수효가 늘다; aumentare di peso 무거워지다; aumentare del 5% 5% 증가하다 ② (정도가) 커지다, 강해지다
aumento /auˈmento/ [남] (수량·정도 따위의) 증가, 증대, 증진; (가격 따위의) 인상; un aumento del 5% 5% 증가 [증대]; in aumento 늘어나고 있는, 증가[증대]되고 있는; un aumento di stipendio[salariale] 임금 인상
aureo /ˈaureo/ [형] ① 금의, 금으로 된; moneta aurea 금화 ② (문어체에서· 비유적으로) 금빛의 ③ (비유적으로) (충고 따위가) 귀중한, 가치 있는; la regola aurea [성경] 황금률; mediocrità aurea 중용, 중도 ④ (비유적으로) 화려한, 빛나는 ⑤ (비유적으로) (때·시대가) 융성[번영]하는; età aurea 황금 시대, 전성기 ⑥ [경제] riserva aurea 금 보유고; sistema aureo (통화의) 금본위제 ⑦ [기하] sezione aurea 황금분할
aureola /auˈrɛola/ [여] ① (성상(聖像) 등의) 후광(後光) ② (비유적으로) 영광 ③ (해·달의) 무리 ④ [해부] 유륜(乳輪), 젖꽃판
auricolare /auriko'lare/ [형] [해부] 귀의, 귀에 관한; padiglione auricolare 귓바퀴, 외이(外耳) - [남] 이어폰; (휴대전화용) 핸즈프리 헤드셋
aurifero /auˈrifero/ [형] (광상 따위가) 금을 함유한[산출하는]
aurora /auˈrɔra/ [여] ① 서광(曙光), 동틀 무렵의 빛 ② (비유적으로) 새벽, 여명; al sorgere dell'aurora 새벽에 ③ (비유적으로) 시초, 초기 ④ 오로라, 극광 (aurora polare)
auscultare /auskulˈtare/ [타동] [의학] 청진(聽診)하다
ausiliare /auziˈljare/ [형] ① 보조의, 부(副)의 ② [문법] 조동사의; verbo ausiliare 조동사 - [남][문법] 조동사 - [남/여] 보조자, 조수
ausiliario /auziˈljarjo/ (복 : -ri, -rie) [형] 보조의, 돕는, 부(副)의; infermiere ausiliario 간호조무사 - [남] (여 : -a) ① 보조자, 조수 ② [군사] 지원군
ausilio /auˈziljo/ [남] (복 : -li) 도움, 조력, 원조; con l'ausilio di qn, qc 누구 [무엇]의 도움을 받아; essere d'ausilio 도움이 되다
auspicabile /auspiˈkabile/ [형] 바람직한; è auspicabile che ~이 바람직하다
auspicare /auspiˈkare/ [타동] ① (때로 che와 함께 쓰여) (~이기를) 바라다, 희망하다 ② (문어체에서) 점치다, (~의) 전조가 되다
auspicio /ausˈpitʃo/ [남] (복 : -ci) ① (고대 로마의) 복점(卜占), 새점 ② 전조, 조짐, 징조; essere di buon[cattivo] auspicio 좋은[나쁜] 징조다 ③ 후원, 찬조; sotto gli auspici di qn 누구의 후원[찬조]으로
austerità /austeriˈta/ [여-불변] ① 간소함, 수수함 ② (재정의) 긴축; politica di austerità 긴축 정책
austero /ausˈtero/ [형] ① (교육·훈련 따위가) 엄격한 ② (태도가) 준엄한, (표정이) 굳은 ③ (생활 태도나 차림새 따위가) 간소한, 수수한, 꾸밈 없는
australe /ausˈtrale/ [형] 남쪽의, 남방의
Australia /ausˈtralja/ [여] 오스트레일리아, 호주
australiano /austraˈljano/ [형] 오스트레일리아[호주]의 - [남] (여 : -a) 오스트레일리아[호주] 사람
Austria /ˈaustria/ [여] 오스트리아
austriaco /ausˈtriako/ (복 : -ci, -che) [형] 오스트리아의 - [남] (여 : -a) 오스트리아 사람
autarchia1 /autarˈkia/ [여] 경제 자립, 자급자족
autarchia2 /autarˈkia/ [여] ① 절대 주권 ② [법률] 자치
autarchico1 /auˈtarkiko/ [형] (복 : -ci,

-che) ① 경제 자립의, 자급자족의 ② 국산의
autarchico2 /au'tarkiko/ [형] (복 : -ci, -che) [법률] 자치의
aut aut /'aut'aut/ [남-불변] 불가피한 선택, 양자택일; dare[porre] l'aut aut a qn 누구에게 (양단간의) 선택을 강요하다
autenticare /autenti'kare/ [타동] ① (필적·미술품 따위가) 진짜임을 증명하다 ② 법적으로 인증하다; 공증하다
autenticato /autenti'kato/ [형] 진짜임이 증명된; 법적으로 인증된
autenticazione /autentikat'tsjone/ [여] (진품 여부 등의) 증명; (법적인) 인증; 공증
autenticità /autentitʃi'ta/ [여-불변] 진짜임, 진품임, 출처 따위가 분명함, 믿을 만함
autentico /au'tɛntiko/ [형] (복 : -ci, -che) ① 사실의, 실제의 ② (미술품·문서 따위가) 진짜의, 진품의 ③ (사람·감정 따위가) 성실한, 진심의, 참된 ④ (강조하는 뜻으로 쓰여) 아주 ~한; 철저한, 순전한; un autentico mascalzone 진짜 악당
autismo /au'tizmo/ [남] [정신의학] 자폐증
autista1 /au'tista/ [남/여] (남·복 : -i, 여·복 : -e) (자가용 또는 공공 교통수단 등의) 운전사
autista2 /au'tista/ [형] 자폐증에 걸린 - [남/여] (남·복 : -i, 여·복 : -e) 자폐증 환자
autistico /au'tistiko/ [형] (복 : -ci, -che) 자폐증의, 자폐증과 관련된
auto /'auto/ [여-불변] 차, 자동차; accompagnare in auto 차를 태워주다, 차로 데려다주다; andare in auto 차로 가다, 차를 몰고 가다 - auto da corsa 경주용 자동차, 레이싱 카; auto sportiva 스포츠 카
autoabbronzante /autoabbron'dzante/ [형/남] 햇볕에 태우지 않아도 바르기만 하면 피부를 갈색으로 바꿔주는 (로션)
autoadesivo /autoade'zivo/ [형] ① (테이프·라벨 따위가) 접착식의; nastro autoadesivo 접착 테이프 ② (봉투가) 자체에 풀이 묻어 있는, 자동 밀봉식의 - [남] 스티커
autoambulanza /autoambu'lantsa/ [여] ① 앰뷸런스, 구급차 ② [군사] 이동식

야전 병원
autoarticolato /autoartiko'lato/ [남] 트레일러식 트럭
autobiografia /autobiogra'fia/ [여] 자서전, 회고록
autobiografico /autobio'grafiko/ [형] (복 : -ci, -che) 자서전의, 자(서)전적의
autoblinda /auto'blinda/ [여] → autoblindata
autoblindata /autoblin'data/ [여] [군사] 장갑차
autobomba /auto'bomba/ [여] 자동차 폭탄, 폭탄이 설치된 차량
autobotte /auto'botte/ [여] 유조차(油槽車), 수조차(水槽車)
autobus /'autobus/ [남-불변] 버스; prendere l'autobus 버스를 타다; perdere l'autobus i) 버스를 놓치다 ii) (비유적으로) 시기를 놓치다; fermata dell'autobus 버스 정류장; stazione degli autobus 버스 터미널; autobus navetta 셔틀 버스
autocarro /auto'karro/ [남] 트럭, 화물자동차
autocertificazione /autotʃertifikat'tsjone/ [여] 자기 증명[인증]
autocisterna /autotʃis'tɛrna/ [여] 유조차(油槽車)
autoclave /auto'klave/ [여] ① 압력솥, 고압솥 ② 레토르트, 식품 멸균 장치
autocombustione /autokombus'tjone/ [여] 자연 발화[연소]
autocommiserazione /autokommizerat'tsjone/ [여] 자기 연민
autocompiacimento /autokompjatʃi'mento/ [남] 자축(自祝), 자기 만족
autocontrollo /autokon'trɔllo/ [남] 자제(심), 냉정, 침착; perdere l'autocontrollo 자제심을 잃다
autocorriera /autokor'rjɛra/ [여] (교외로 운행하는) 장거리 버스
autocrate /auto'krate/ [남/여] ① 전제 군주, 독재자 ② 제멋대로 하는 사람, 독선가
autocratico /auto'kratiko/ [형] (복 : -ci, -che) ① 전제 군주[정치]의, 독재(자)의 ② 독재적인, 횡포한
autocritica /auto'kritika/ [여] (복 : -che) 자기 비판
autoctono /au'tɔktono/ [형] ① 원주민의, 토착민의 ② [지질] 현지성(現地性)의 -

[남] (여 : -a) 원주민, 토착민
autodidatta /autodi'datta/ [남/여] (남·복 : -i, 여·복 : -e) 독학자, 독습자
autodifesa /autodi'fesa/ [여] 자기 방어, 자위(自衛)
autodisciplina /autodiʃʃi'plina/ [여] 자기 수양[단련]
autodistruzione /autodistrut'tsjone/ [여] 자폭, 자멸; (고장난 로켓·미사일 따위 의) 자동 파괴, 공중 폭파
autodromo /au'tɔdromo/ [남] 자동차 경주용 트랙
autoferrotranviario /autoferrotran'vjarjo/ [형] (복 : -ri, -rie) 대중 교통 수단의
autofficina /autoffi'tʃina/ [여] ① 자동차 정비소 ② 이동 정비소
autofurgone /autofur'gone/ [남] 밴, 유개(有蓋) 운반차
autogeno /au'tɔdʒeno/ [형] 자생(自生)의; training autogeno 자율 훈련법
autogestione /autodʒes'tjone/ [여] (근로자에 의한) 자치적인 회사 경영 또는 공장 관리
autogol /auto'gɔl/ [남-불변] [스포츠] 자책골; fare (un) autogol 자책골을 넣다
autografo /au'tɔgrafo/ [형] (서명·편지 따위가) 자필의, 친필의 - [남] 자필 서명[문서]
autogrill /auto'gril/ [남-불변] (장거리 운전자를 위한) 도로변의 간이 식당
autoimmune /autoim'mune/ [형] (복 : -ri, -rie) [의학] 자기 면역의
autoimmunità /autoimmuni'ta/ [여] [의학] 자기 면역
autoipnosi /autoip'nɔzi/ [여-불변] 자기 최면
autoironia /autoiro'nia/ [여] 자조(自嘲), 스스로를 빈정대기
autolavaggio /autola'vaddʒo/ [남] (복 : -gi) 세차(洗車); 세차장
autolesionismo /autolezjo'nizmo/ [남] ① (의도적인) 자해 ② (비유적으로) 자학, 자멸
autolesionista /autolezjo'nista/ [남/여] (남·복 : -i, 여·복 : -e) ① (의도적으로) 자해하는 사람 ② (비유적으로) 자학[자멸]하는 사람
autolettiga /autolet'tiga/ [여] (복 : -ghe) 앰뷸런스, 구급차
autolinea /auto'linea/ [여] 버스 노선[차편]; servizio di autolinea 버스 운행

automa /au'tɔma/ [남] ① 로봇; 자동 제어 기계 ② (비유적으로) (본인의 의지가 없이) 기계적으로 움직이는 사람
automatica /auto'matika/ [여] (복 : -che) ① 자동 조작, 자동화 ② 자동 권총
automaticamente /automatika'mente/ [부] 자동적으로; 기계적으로, 무의식적으로
automatico /auto'matiko/ (복 : -ci, -che) [형] (기계·장치 따위가) 자동(식)의; distributore automatico 자동 판매기; cambio automatico (자동차의) 자동 변속 장치 - [남] ① 똑딱단추 ② 자동 권총
automatismo /automa'tizmo/ [남] ① 자동성, 자동적임, 기계적임 ② [생리] 자동 운동 (근육의 반사 운동, 심장의 고동 따위) ③ [심리] 자동 현상, 무의식적인 행동 ④ 자동 장치; 그것의 사용
automatizzare /automatid'dzare/ [타동] ① 자동화하다 ② (비유적으로) 기계적으로 만들다
automazione /automat'tsjone/ [여] ① 자동화, 오토메이션; automazione d'ufficio 사무 자동화 ② (비유적으로) 기계화
automezzo /auto'mɛddzo/ [남] 자동차(류)
automobile /auto'mɔbile/ [여] 자동차; fare un giro in automobile 드라이브하러 가다; salone dell'automobile 모터쇼, 자동차 전시 발표회
automobilina /automobi'lina/ [여] 모형 [장난감] 자동차
automobilismo /automobi'lizmo/ [남] ① 자동차 운전 ② [스포츠] 자동차 경주
automobilista /automobi'lista/ [남/여] (남·복 : -i, 여·복 : -e) ① 자동차 운전자 ② 자동차 경주자, 카레이서
automobilistico /automobi'listiko/ [형] (복 : -ci, -che) 자동차의; targa automobilistica 자동차 번호판; patente automobilistica 자동차 운전 면허
automotrice /automo'tritʃe/ [여] 전동차
autonoleggio /autono'leddʒo/ [남] (복 : -gi) 자동차 대여업; 렌터카 회사
autonomamente /autonoma'mente/ [부] 자치적으로, 자율적으로
autonomia /autono'mia/ [여] ① (국가·지방의) 자치(권) ② 자주, 자율; 행동의

자유 ③ 자족(自足), 자급자족 ④ (자동차·항공기의) 운행[항속] 거리
autonomo /au'tɔnomo/ [형] ① (국가·지방이) 자치의, 자치권이 있는 ② 자율적인, 독립적인, 따로 행동하는; lavoratore autonomo 프리랜서; sistema nervoso autonomo [해부·생리] 자율신경계 ③ [컴퓨터] 오프라인의 - [남] 독립 노동조합의 조합원
autoparco /auto'parko/ [남] (복 : -chi) ① 주차장 ② (동일 목적에 쓰이는) 차량 전체
autopista /auto'pista/ [여] ① (사막 등지의) 찻길, 비포장도로 ② (유원지의) 소형 전기 자동차를 위한 트랙
autopompa /auto'pompa/ [여] 소방차, 펌프차
autopsia /autop'sia/ [여] 검시(檢屍), 부검; eseguire[fare] un'autopsia su qn 누구의 사체를 검시[부검]하다
autoradio /auto'radjo/ [여-불변] ① 카라디오 (자동차에 설치한 라디오) ② (경찰차 등) 무선 장치를 갖춘 자동차
autoraduno /autora'duno/ [남] 장거리 자동차 경주, 랠리
autore /au'tore/ [남] (여 : -trice) ① 저자, 작가; (예술 작품 따위의) 작자; diritti d'autore i) 저작권 ii) 저작권 사용료, 인세 ② 창시자; (계획 따위의) 입안자; (범죄·공격 따위의) 장본인
autorespiratore /autorespira'tore/ [남] 잠수용 수중 호흡 장치
autorevole /auto'revole/ [형] 권위 있는, 믿을 만한; 영향력 있는; so da fonte autorevole che 믿을 만한 소식통으로부터 들은 건데
autorevolezza /autorevo'lettsa/ [여] 권위 있음, 믿을 만함
autorimessa /autori'messa/ [여] 차고, 주차장
autorità /autori'ta/ [여] ① 권위, 권력; 권한, 권능; avere l'autorità di fare qc 무엇을 할 권한이 있다; conferire autorità a ~에 권능[권한]을 부여하다; di propria autorità 독단적으로; essere sotto l'autorità di qn 누구의 지배 하에 있다 ② 공권력 ③ 당국, 관헌 (le autorità); le autorità competenti 관계 당국; autorità cittadine 시(市) 당국 ④ 권위자, 전문가, 대가 ⑤ 명성, 신망, 존경 - autorità paterna (부모의) 친권

autoritario /autori'tarjo/ [형] (복 : -ri, -rie) 권위적인, 권위주의의
autoritarismo /autorita'rizmo/ [남] 권위주의
autoritratto /autori'tratto/ [남] 자화상
autorizzare /autorid'dzare/ [타동] ① (정식으로) 인가[허가]하다 ② (~에) 권리[권한]을 부여하다; autorizzare qn a fare 누구에게 ~할 권리를 주다 ③ 정당화하다, 근거를 제공하다
autorizzato /autorid'dzato/ [형] 인가된, 공인된; 권리[권한]를 부여받은; "vietato l'accesso al personale non autorizzato" "관계자 외 출입 금지"
autorizzazione /autoriddzat'tsjone/ [여] ① 인가, 허가; 면허; dare[concedere] l'autorizzazione a fare ~하는 것을 허가하다, ~할 권리[권한]를 부여하다; è vietato l'ingresso senza autorizzazione 비인가자는 출입 금지다; autorizzazione edilizia 건축 허가; autorizzazione a procedere [법률] 권한 위임 ② 허가증, 면허장 ③ 정당화, 근거의 제공 - autorizzazione all'arresto [법률] 체포 영장
autosalone /autosa'lone/ [남] 자동차 전시장
autoscatto /autos'katto/ [남] [사진] 셀프타이머, 자동 셔터
autoscontro /autos'kontro/ [남] 범퍼카 (유원지 등에 있는, 서로 부딪치면서 놀 수 있도록 만든 작은 전기 자동차)
autoscuola /autos'kwɔla/ [여] 자동차 운전 학원
autosnodato /autozno'dato/ [남] 트레일러식 트럭
autosoccorso /autosok'korso/ [남] ① 레커차, 견인차 ② (도로상의) 차량 구난 작업
autostazione /autostat'tsjone/ [여] ① 버스 터미널 ② 주유소
autostop /autos'tɔp/ [남-불변] 히치하이크, 지나가는 자동차를 얻어 타기; fare l'autostop 히치하이크하다
autostoppista /autostop'pista/ [남/여] (남·복 : -i, 여·복 : -e) 히치하이크를 하는 사람
autostrada /autos'trada/ [여] 고속도로 - autostrada informatica 정보고속도로, 초고속 정보통신망
autostradale /autostra'dale/ [형] 고속도

로의; il casello autostradale 톨게이트
autosufficiente /autosuffi'tʃente/ [형] 자급자족의; 자립한
autosufficienza /autosuffi'tʃentsa/ [여] 자급자족; 자립
autosuggestione /autosuddʒes'tjone/ [여] 자기 암시
autotassazione /autotassat'tsjone/ [여] 과세액 자체 평가, 자진 신고 납세
autotrasporto /autotras'pɔrto/ [남] 차량 [도로] 수송
autotreno /auto'treno/ [남] 트레일러식 트럭 - autotreno ferroviario 전동차
autoveicolo /autove'ikolo/ [남] 자동차 (류)
autovettura /autovet'tura/ [여] 자동차
autrice /au'tritʃe/[여] → autore
autunnale /autun'nale/ [형] 가을의
autunno /au'tunno/ [남] 가을
ava /'ava/ [여] ① 할머니 ② (특히 복수 형으로 쓰여) 여성 선조 (→ avo)
avallare /aval'lare/ [타동] ① (어음 따위에) 배서(背書)하다 ② (비유적으로) (결정·계획 따위를) 보증하다, 뒷받침하다; 확증하다
avallo /a'vallo/ [남] ① 보증, 뒷받침 ② (어음 따위의) 배서
avambraccio /avam'brattʃo/ [남] (복 : -ci) [해부] 아래팔, 전박(前膊)
avamposto /avam'posto/ [남] [군사] 전초지(前哨地)
avance /a'vans/ [여-불변] (남에게) 접근하기; fare delle avance a qn 누구에게 접근하다, 치근거리다
avanguardia /avan'gwardja/ [여] ① [군사] 전위(前衛), 선봉 ② [예술] 아방가르드, 전위파 ③ 맨 앞, 선두; d'avanguardia, all'avanguardia (예술·기술 분야가) 전위의, 최첨단의
avanscoperta /avansko'pɛrta/ [여] [군사] 정찰; andare in avanscoperta i) 정찰하다 ii) (비유적으로) 답사하다
avanti /a'vanti/ [부] ① (공간적으로) 앞에, 앞으로; andare avanti 전진하다, 나아가다; piegarsi in avanti 앞으로 구부리다[숙이다]; guardare avanti 앞을 바라보다[내다보다]; avanti e indietro 앞뒤로 ② (시간상) 나중에, 후에; ne parliamo più avanti 우리는 그것에 대해 나중에 이야기할 것이다; il mio orologio va avanti di dieci minuti 내 시계는 10분 빠르다 ③ 나아가, 진행[진척]되어, 앞서; fare dei passi in avanti (일이) 진척되다; essere avanti rispetto a qn 누구보다 앞서다; andare avanti con il lavoro 일을 해나가다[추진하다] ④ di qui in avanti i) (공간적으로) 여기서부터 (더 나아가) ii) (시간상) 이제부터 ⑤ d'ora in avanti 이제부터는, 앞으로는 ⑥ da allora in avanti 그때부터 - [감] ① (출입시에) permesso? - avanti! 들어가도 되나요? - 네, 들어오세요! ② (격려·자극) avanti! 자!, 어서!, 이봐! ③ (명령) avanti, marsch! [군사] 앞으로 가! - [전] ~의 앞에, ~보다 전에; avanti Cristo 기원전 - [남-불변] [스포츠] (구기 종목의) 포워드, 전위(前衛) - [형-불변] ① 이전의; la notte avanti 전날 밤 ② 진보한, 진척된 - tirare avanti 근근히 살아가다; farsi avanti 주제넘게 나서다
avantieri /avan'tjeri/ [부] 그저께
avanzamento /avantsa'mento/ [남] ① 나아감, 전진, 진행 ② (비유적으로) 진보, 발달, 향상; 촉진, 진흥 ③ 승진, 진급
avanzare1 /avan'tsare/ [타동] ① 나아가게[전진하게] 하다 ② (의견·제의·이론 따위를) 제출[제기]하다, 내다; avanzare domande 의문을 제기하다 ③ (~보다) 낫다, 뛰어나다; (~을) 능가하다; avanzare qn in statura 누구보다 키가 더 크다 ④ 승진[진급]시키다 ⑤ (군사를) 전진[진군]시키다 - [자동] (조동사 : essere) ① (공간적으로) 나아가다, 전진하다 ② (시간이) 경과하다 ③ (일이) 진행[진척]되다; far avanzare un'inchiesta 조사를 진행하다 ④ 승진[진급]하다 (avanzare di grado) ⑤ 돌출하다, 내밀다, 튀어나오다 - avanzarsi [재귀동사] ① 앞으로 나서다[나아가다] ② (특정한 날이나 계절이) 다가오다; la fine dell'anno s'avanza 연말이 다가오고 있다 - avanzare alla cieca (어둠 속을) 더듬거리며 나아가다
avanzare2 /avan'tsare/ [타동] ① (음식 따위를) 남기다 ② (남에게) 돈을 빌려준 상태다, 빚 받을 것이 있다; avanzo da te ancora trenta euro 너 아직 나한테 30유로 빚지고 있어 - [자동] (조동사 : essere) ① 남아 있다; ci avanza del

denaro 우리에겐 돈이 좀 남아 있다 ② 필요한 양보다 더 많이 있다, 여분[잉여]이 있다
avanzata /avan'tsata/ [여] ① 나아감, 전진, 진행; (군대의) 진군 ② (비유적으로) 진보, 발달, 향상
avanzato1 /avan'tsato/ [형] ① (공간적으로) 나아간, 전진한, 앞쪽의 ② (시간이) 경과한; a notte avanzata 밤늦게; in età avanzata 나이가 많아 ③ (비유적으로) (사상 따위가) 진보적인; (기술 따위가) 발달한, 첨단의; (정도가) 깊은, 심한; (과정 따위가) 고급의, 고등의
avanzato2 /avan'tsato/ [형] (음식물 따위가) 남은
avanzo /a'vantso/ [남] ① 남은 것; avanzi di cibo 먹다 남은 음식 ② [수학] (뺄셈·나눗셈의) 나머지 ③ [경제] 잉여 - [부] (d'avanzo의 형태로 쓰여) 충분하고도 남아
avaramente /avara'mente/ [부] 탐욕스럽게, 인색하게
avaria /ava'ria/ [여] ① (기계의) 고장 ② (상품의) 파손, 손상 ③ [항해] 해손(海損)
avariare /ava'rjare/ [타동] (열·습기 따위가 상품·식품 따위를) 파손[손상]하다 - avariarsi [재귀동사] (음식물 따위가) 상하다
avariato /ava'rjato/ [형] ① (상품 따위가) 파손된 ② (음식이) 상한
avarizia /ava'rittsja/ [여] 탐욕, 인색함
avaro /a'varo/ [형] 탐욕스러운, 인색한 - [남] (여 : -a) 구두쇠
avatar /ava'tar/ [남-불변] ① [인도신화] 화신(化身), 권화(權化) ② [컴퓨터] 아바타
avemaria /avema'ria/ [여] ① 아베마리아 (성모 마리아에게 드리는 기도) ② suonare l'avemaria 안젤루스벨을 울리다, 삼종(三鐘) 기도의 시각을 알리다
avena /a'vena/ [여] [식물] 귀리; pappa d'avena 오트밀
avere1 /a'vere/ [타동] ① 가지고 있다, 소유하다; ha una bella casa 그는 아름다운 집을 갖고 있다 ② (시간 따위가) 있다; (이용 따위가) 가능하다; avere tempo 시간이 있다; hai da accendere? (담배를 피우려 할 때) 불 좀 있니?; avere buone probabilità 가망이 충분히 있다 ③ (속성·특징을) 지니고 있다; avere gli occhi azzurri 푸른 눈을 갖고 있다, 눈이 파랗다 ④ (가족·친구 등이) 있다; ha moglie e figli da mantenere 그는 부양해야 할 아내와 아이들이 있다 ⑤ (일정 지역이나 건물 따위에 주민·방 따위가) 있다; Roma ha circa due milioni e mezzo di abitanti 로마의 인구는 약 250만이다 ⑥ (나이·시간과 관련하여) quanti anni hai? 너 몇 살이니?; quanti ne abbiamo oggi? 오늘은 며칠인가? ⑦ 얻다, 받다; ha avuto il primo premio 그는 1등상을 탔다; riesci a farmi avere due biglietti? 내게 티켓 두 장만 얻어다 줄 수 있겠어?; avere notizie di qn 누구의[누구한테서] 소식을 듣다 ⑧ 지니다, 휴대하다, 보관하다; che hai in mano? 손에 뭘 가지고 있는 거야?; ho i documenti nell'archivio personale 나는 그 문서를 개인 캐비닛에 보관하고 있다 ⑨ (옷을) 입다 ⑩ 느끼다, (~한) 기분이 들다; avere caldo 덥다; avere sonno 잠이 오다; avere fame 배가 고프다; avere voglia di fare qc 무엇을 할 마음이 있다[내키다]; (che) cos'hai? 무슨 일 있어? ⑪ 소유하게 되다, 획득[취득]하다; ha avuto una casa in eredità 그는 집 한 채를 상속 받았다; l'ho avuto a poco prezzo 나는 그것을 싼 값에 손에 넣었다 ⑫ (아기를) 낳다 (avere um bambino) ⑬ (병을) 앓다; avere mal di testa 머리가 아프다, 두통이 있다; avere un attacco di influenza 독감에 걸리다 ⑭ (행동 따위를) 취하다, 하다; avere cura di ~을 돌보다 ⑮ (어떤 상황 따위를) 만나다, (어려움·문제 따위에) 직면하다; avere difficoltà a fare ~하기가 곤란하다 ⑯ (행동 따위로) 나타내다; avere uno scatto di rabbia 화를 벌컥 내다 ⑰ (avere da의 형태로 쓰여) ~해야 하다; ho da lavorare 나는 일해야 한다 ⑱ (avercela의 형태로 쓰여) avercela con qn 누구에게 반감을 품다; avercela a morte con qn 누구를 죽이다 - [자동] (조동사로 쓰여 직설법 근과거를 만듦) l'ho appena fatto 나는 (방금) 그 일을 했다[끝냈다]; l'hai mai visto? 그를 본 적이 있니? - [비인칭] (조동사 : essere) si è avuta una grossa flessione della disoccupazione 실업률이 급격히 하락했다; si avranno inondazioni 홍수가

날 것이다 - chi ha avuto ha avuto [속담] 지나간 일은 잊어라

avere2 /a'vere/ [남] ① (특히 복수형으로 쓰여) 재산, 소유물 ② (부채가 아닌) 자산; 남에게 받을 돈 ③ [부기] 대변(貸邊); il dare e l'avere (장부상의) 대차(貸借)

aviario /a'vjarjo/ (복 : -ri, -rie) [형] 새의, 조류의; influenza aviaria [수의] 조류 독감 - [남] 새장, 새 사육장

aviatore /avja'tore/ [남] (여 : -trice) 비행가[사]

aviatorio /avja'tɔrjo/ [형] (복 : -ri, -rie) 항공의, 비행기의

aviazione /avjat'tsjone/ [여] ① 비행, 항공; aviazione civile 민간 항공 ② (집합적으로) 항공기 ③ 공군 (또는 aviazione militare)

avicoltura /avikol'tura/ [여] 조류[가금류] 사육, 양계

avidamente /avida'mente/ [부] ① 탐욕스럽게, 욕심 내어 ② 열심히, 열정적으로

avidità /avidi'ta/ [여-불변] (di와 함께 쓰여) (~에 대한) ① 탐욕, 욕심; mangiò con avidità 그는 게걸스럽게 먹었다 ② 욕구, 갈망, 열정

avido /'avido/ [형] 탐욕스러운, 욕심 많은; 갈망하는, 간절히 바라는; essere avido di potere 권력욕에 불타다

aviere /a'vjere/ [남] (공군의) 항공병

aviogetto /avjo'dʒetto/ [남] 제트기

aviotrasportare /avjotraspor'tare/ [타동] (인원·물자 등을) 공수(空輸)하다, 항공기로 운반[수송]하다

avo /'avo/ [남] (여 : -a) ① 할아버지 ② (특히 복수형으로 쓰여) 조상, 선조

avocado /avo'kado/ [남-불변] [식물] 아보카도 (나무 또는 열매)

avorio /a'vɔrjo/ (복 : -ri) [남] ① 상아 ② (치아의) 상아질 - [남/형-불변] 상아색(의) - torre d'avorio 상아탑 (속세를 떠나 오로지 학문이나 예술에만 잠기는 경지)

avulso /a'vulso/ [형] 관계가 먼, 동떨어진, 벗어난; essere avulso dalla realtà 현실과 동떨어져 있다

avvalersi /avva'lersi/ [재귀동사] (di와 함께 쓰여) (기회 따위를) 이용하다, (권리 따위를) 행사하다

avvallamento /avvalla'mento/ [남] (지표면·바닥의) 함몰, 가라앉음; 움푹 꺼진 곳; avvallamento oceanico [지질] 해구(海溝)

avvalorare /avvalo'rare/ [타동] (사실·증거 따위를) 확증하다; (논제 따위를) 입증하다 - avvalorarsi [재귀동사] 입증되다, 타당성이 확보되다

avvampare /avvam'pare/ [자동] (조동사 : essere) ① (불)타오르다 ② (정열 따위가) 타오르다 ③ (하늘이 노을 따위로) 붉게 물들다 ④ (비유적으로) (부끄러움·분노로) 얼굴을 붉히다

avvantaggiare /avvantad'dʒare/ [타동] ① 호의를 보이다, 편의를 도모하다; (상황 따위가 ~에) 유리하다; la sua esperienza lo avvantaggiò 그는 경험이 있어 유리했다 ② (산업 발달 따위를) 촉진하다 - avvantaggiarsi [재귀동사] ① (유리한 상황이나 기회 따위를) 이용하다 ② (남보다) 우세하다, 앞서 나가다

avvantaggiato /avvantad'dʒato/ [형] 유리한, 이득을 본; essere avvantaggiato rispetto a qn 누구보다 유리한 점을 갖고 있다

avvedersi /avve'dersi/ [재귀동사] (di와 함께 쓰여) (~을) 알아채다, 인지하다, 깨닫다

avveduto /avve'duto/ [형] 현명한, 슬기로운, 영리한, 분별력이 있는; 기민한

avvelenamento /avvelena'mento/ [남] ① [병리] 중독; avvelenamento da cibo 식중독 ② (물·공기 따위의) 오염

avvelenare /avvele'nare/ [타동] ① 중독시키다; essere avvelenato dai funghi 버섯에 중독되다 ② (~에) 독을 넣다 ③ (con과 함께 쓰여) (물·공기 따위를 ~으로) 오염시키다 ④ (비유적으로) 비참하게 만들다; 타락시키다 - avvelenarsi [재귀동사] 음독(飮毒)하다

avvelenato /avvele'nato/ [형] ① 독을 넣은[탄, 바른] ② (비유적으로) 분노한; (언사가) 신랄한

avvenente /avve'nɛnte/ [형] (외모가) 매력적인, 예쁜

avvenenza /avve'nɛntsa/ [여] (외모가) 매력적임, 예쁨

avvenimento /avveni'mento/ [남] 사건, 일어난 일; ricco di avvenimenti 사건이 많은, 다사(多事)한

avvenire1 /avve'nire/ [자동] (조동사 : essere) (일·사건이) 일어나다, 발생하다, 생기다; come avviene di solito, come suole avvenire 흔히 있는 일이 지만; l'evento è avvenuto parecchi giorni fa 그 행사는 며칠 전에 열렸다; qualsiasi cosa avvenga, avvenga quel che avvenga 무슨 일이 일어나더라도 - [비인칭](조동사 : essere) a volte avviene che ~ ~하는 일이 때때로 생긴다

avvenire2 /avve'nire/ [형-불변] 다가오는, 장래의; gli anni avvenire 앞으로 수년간; le generazioni avvenire 후대, 후세 - [남-불변] ① 미래, 장래, 앞날; avere un avvenire brillante 전도가 유망하다; in avvenire 앞으로, 장차 ② 장래성, 가망, 가능성

avveniristico /avveni'ristiko/ [형] (복 : -ci, -che) (계획 따위가) 미래 지향적인

avventare /avven'tare/ [타동] ① (문어체에서) 세게 내던지다 ② (비유적으로) (의견 따위를) 성급하게[경솔하게] 내세우다 - avventarsi [재귀동사] (su 또는 contro와 함께 쓰여) (짐승·사람이) (~에) 달려[덤벼]들다, (~을) 공격하다

avventatamente /avventata'mente/ [부] (언행 따위를) 성급하게, 경솔하게, 무분별하게, 지각없이, 무책임하게

avventato /avven'tato/ [형] (성격이나 언행 따위가) 성급한, 경솔한, 무분별한, 지각없는, 무책임한

avventizio /avven'tittsjo/ (복 : -zi, -zie) [형] ① (근로자·직원 따위가) 임시 근무의, 일용직의 ② 외래의; popolazione avventizia 유동 인구 ③ 부정기적인, 이따금씩의 - [남] (여 : -a) 임시[일용직] 근로자

avvento /av'vɛnto/ [남] ① 다가옴, 도래 (到來); l'avvento di una nuova era 새 시대의 도래 ② (a와 함께 쓰여) (왕위·권력 따위를) 차지함; avvento al trono 즉위 ③ A- [기독교] 그리스도의 강림; 강림절; domenica d'Avvento 강림절의 첫 일요일; calendario dell'Avvento 강림절 달력

avventore /avven'tore/ [남] (여 : -trice) 단골 손님

avventura /avven'tura/ [여] ① 모험, 모험적인 일[사업]; partire all'avventura 모험을 나서다; spirito d'avventura 모험심 ② (특히 우발적인) 사건, 일어난 일 ③ (일시적인) 정사(情事), 연애 사건 - per avventura 우연히, 운 좋게도

avventurarsi /avventu'rarsi/ [재귀동사] (in과 함께 쓰여) 위험을 무릅쓰고 (~에) 나서다; (a와 함께 쓰여) 감히 ~하다

avventuriero /avventu'rjɛro/ [남] (여 : -a) ① 모험가 ② (경멸적으로) 투기꾼

avventurosamente /avventurosa'mente/ [부] 모험적으로

avventuroso /avventu'roso/ [형] ① (사람이) 모험을 좋아하는, 대담한 ② 사건 많은, 다사(多事)한 ③ (사업 따위가) 모험적인, 위험한

avverare /avve'rare/ [타동] (꿈·소망 따위를) 성취하다, 실현하다 - avverarsi [재귀동사] (가설·추측 따위가) 사실로 드러나다, 현실화되다; (예언이) 들어맞다, 실현되다; (꿈·소망이) 성취되다

avverbiale /avver'bjale/ [형] [문법] 부사의, 부사적인; locuzione avverbiale 부사구

avverbio /av'vɛrbjo/ [남] (복 : -bi) [문법] 부사

avversare /avver'sare/ [타동] (남의 계획 따위를[에]) 방해하다, 가로막다, 반대하다

avversario /avver'sarjo/ (복 : -ri, -rie) [형] 반대하는; (스포츠 팀이) 대항하는, 맞서는, 상대방의; (군사에서) 적군의 - [남] (여 : -a) 적, 반대자; (경기의) 상대, 경쟁자

avversione /avver'sjone/ [여] (per 또는 verso와 함께 쓰여) (~에 대한) 반감, 혐오; (~을) 싫어함

avversità /avversi'ta/ [여-불변] 역경, 불운, 곤란; nelle avversità 역경에 처해; avversità del tempo 날씨가 나쁨

avverso /av'vɛrso/ [형] ① 적대적인, 반대하는; (상황 따위가) 불리한; essere avverso a qc 무엇에 반대하는 입장이다; parte avversa (법정 소송 등에서의) 반대편 ② 싫어하는; essere avverso alla fatica 고된 일을 하기 싫어하다

avvertenza /avver'tɛntsa/ [여] ① 조심, 신중; avere[usare] l'avvertenza di fare qc ~하도록 조심[주의]하다 ② 주의, 경고 ③ 머리말, 서문 (avvertenza ai lettori) ④ [복] (사용) 설명서

avvertibile /avver'tibile/ [형] ① (소리·움직임·냄새 따위가) 지각[인지]할 수 있는, 느낄 수 있는 (정도의) ② (발전·

효과 따위가) 두드러진, 주목할 만한
avvertimento /avverti'mento/ [남] ① 경고, 충고; 훈계, 질책; dare un avvertimento a qn 누구에게 경고하다 ② (완곡 어법으로) 위협
avvertire /avver'tire/ [타동] ① (소식 따위를) 알리다, 기별하다, 통지하다; avvertire qn di qc 누구에게 무엇에 대해 알리다 ② 경고하다, 주의를 주다; avvertire qn di non fare 누구에게 ~하지 말라고 경고하다 ③ 알아채다, 인지하다; 느끼다; avvertire cambiamenti 변화를 인지하다
avvezzo /av'vettso/ [형] (a와 함께 쓰여) (~에) 익숙해진, 습관이 든, 길들여진
avviamento /avvia'mento/ [남] ① (어떤 일이나 과정의) 시작 단계, 입문, 초보 ② 개시, 착수 ③ (자동차 따위의) 시동 ④ [경제] capitale d'avviamento 사업 밑천, 착수금; spese d'avviamento 초기 비용 ⑤ [상업] 신용 ⑥ [인쇄] 판 고르기, 조판 조정
avviare /avvi'are/ [타동] ① (일·사업·활동 따위를[에]) 시작하다, 착수하다; avviare un dibattito 토의를 시작하다 ② 길을 인도하다; avviare i passeggeri all'uscita 승객들을 출구로 인도하다 ③ (자동차의) 시동을 걸다 ④ (문제·이야기 따위를) 제기하다, 끄집어내다 ⑤ [컴퓨터] 부팅시키다 ⑥ [인쇄] 판을 고르다 - avviarsi [재귀동사] ① (사람이) 출발하다, 길을 나서다; avviarsi verso ~쪽으로 가다 ② (기계가) 작동을 시작하다, 시동이 걸리다 ③ (비유적으로) avviarsi verso (목표 따위를) 향해 나아가다, ~에 다가가다; avviarsi alla fine 마지막에 가까워지다, 끝나가다 ④ (in과 함께 쓰여) (~의 활동을) 시작하다
avviato /avvi'ato/ [형] ① (사업이) 번창하고 있는, 잘되는 ② (기계가) 작동 중인 ③ (일이) 진행 중인
avvicendamento /avvitʃenda'mento/ [남] 교대, 교체
avvicendare /avvitʃen'dare/ [타동] 교대시키다; avvicendare lo studio con lo svago 공부와 오락을 교대로 하다 - avvicendarsi [재귀동사] ① 교대하다 ② 잇따르다
avvicinamento /avvitʃina'mento/ [남] ① 접근, 다가감 ② [항공] (착륙) 진입 ③ [인쇄] 활자의 폭

avvicinare /avvitʃi'nare/ [타동] ① 접근시키다, 가까이 (끌어)당기다; avvicinare qc a qc ~을 ~에 가까이 가져다 대다 ② (사람에게 말을 걸기 위해) 다가가다, 접근하다 ③ (a와 함께 쓰여) (~에) 접하게 하다, (~을) 알게 하다 ④ (쌍안경 따위가, 멀리 있는 물체를) 가깝게 보이게 하다 - avvicinarsi [재귀동사] ① 가까이 가다, 다가가다, 접근하다; avvicinati! 가까이 와! ② (비유적으로) (시기·날짜가) 다가오다; avvicinarsi ai cinquanta 나이가 50을 바라보다 ③ (사이·관계가) 가까워지다, 친해지다 ④ (비유적으로) (사상·개념·신조 따위를) 받아들이다, 알게 되다 ⑤ (비유적으로) 비슷하다, 유사하다; questo rosso si avvicina al viola 이 붉은색은 보라색에 가깝다
avvilente /avvi'lente/ [형] ① 굴욕적인, 치욕적인 ② 낙담시키는, 기를 꺾는
avvilimento /avvili'mento/ [남] ① 굴욕 ② 낙담, 실의
avvilire /avvi'lire/ [타동] ① 품위를 떨어뜨리다; 굴욕을 안겨주다, 창피하게 만들다 ② 낙담시키다, 기를 꺾다 - avvilirsi [재귀동사] ① 품위가 떨어지다; 굴욕을 맛보다 ② 낙담하다, 기가 꺾이다, 실의에 빠지다
avvilito /avvi'lito/ [형] 낙담한, 기가 꺾인, 풀이 죽은, 실의에 빠진
avviluppare /avvilup'pare/ [타동] ① (감)싸다, 뒤덮다 ② 뒤엉키게[얽히게] 하다; (attorno와 함께 쓰여) (~의 주위에) 둘둘 감다 - avvilupparsi [재귀동사] ① (코트·담요 따위를[로]) 몸에 두르다, 몸을 감싸다 ② 뒤엉키다, 얽히다
avvinazzato /avvinat'tsato/ [형/남] (여 : -a) 술에 취한 (사람)
avvincente /avvin'tʃente/ [형] (이야기·책·영화·음악·분위기 따위가) 주의를 집중시키는, 몰두[열중]하게 하는, 마음을 사로잡는
avvincere /av'vintʃere/ [타동] ① (이야기·책·영화·음악·분위기 따위가) 주의를 집중시키다, 몰두[열중]하게 하다, 마음을 사로잡다 ② (문어체에서) 꽉 죄다
avvinghiare /avvin'gjare/ [타동] 꽉 붙잡다 - avvinghiarsi [재귀동사] ① (a와 함께 쓰여) (~에) 꽉 달라붙다, 매달리다 ② 서로 꽉 쥔 상태로 있다, 엉켜 있다
avvinto /av'vinto/ [형] 몰두[열중]한, 마음을 뺏긴

avvio /av'vio/ [남] (복 : -li) 시작, 개시, 출발; dare l'avvio a qc i) 무엇을 시작하다 ii) (비유적으로) 무엇을 일으키다 [유발하다]; prendere l'avvio 시작하다[되다]

avvisaglia /avvi'zaʎʎa/ [여] 기미, 조짐, 징조; le prime avvisaglie di un problema 문제의 발단

avvisare /avvi'zare/ [타동] ① 알리다, 통보하다, 기별하다; avvisare qn che deve lasciare l'edificio 누구에게 퇴거를 고지하다; avvisare le forze dell'ordine 경찰에 신고하다 ② (사전에) 경고하다, 조심하게 하다

avvisatore /avviza'tore/ [남] (여 : -trice) ① 경고하는 사람 ② 경보 (장치); avvisatore acustico (자동차의) 경적; avvisatore d'incendio 화재 경보기

avviso /av'vizo/ [남] ① (su 또는 circa와 함께 쓰여) (~에 대한) 의견, 견해; a mio avviso 내 의견[생각]에는; essere dello stesso avviso 의견이 같다[일치하다] ② 알림, 통지, 통보, 고지(告知); 공고, 공시; dare un avviso 알리다, 통지하다, 공고하다; fino a nuovo avviso 추후 통고가 있을 때까지 ③ (사전) 경고; 충고; mettere sull'avviso 미리 경고하다[주의를 주다] – avviso d'asta 입찰 공고; avviso al lettore 머리말, 서문

avvistamento /avvista'mento/ [남] 관측, 탐지, 발견

avvistare /avvis'tare/ [타동] (멀리 있는 것 혹은 장애물이 가로막고 있는 것 따위를) 관측하다, 탐지하다, 발견하다; avvistare terra (배에서) 육지를 발견하다

avvitare1 /avvi'tare/ [타동] 나사로 죄다 [고정시키다] – avvitarsi [재귀동사] ① (뚜껑 따위가) 나사로 고정되다 ② [스포츠] (다이빙 등에서) 몸을 비틀다 ③ [항공] (비행기가) 나선식 강하를 하다

avvizzire /avvit'tsire/ [자동] (조동사 : essere) ① (피부에) 주름이 지다 ② (식물이) 시들다 ③ (비유적으로) (여성의 미모 따위가) 퇴색되다

avvocato /avvo'kato/ [남] (여 : avvocatessa) ① 변호사; nominare un avvocato 변호사를 선임하다; studio d'avvocato 법률 상담소 ② (비유적으로) 대변자, 중재자; 방어자, 옹호자 – avvocato dell'accusa 검사

avvocatura /avvoka'tura/ [여] ① 변호사업; esercitare l'avvocatura 변호사로 활동하다 ② 변호사단(團)

avvolgente /avvɔl'dʒente/ [형] ① 겉을 싸는 ② (의자 따위가) 아늑한, 편안한 ③ (비유적으로) 매력적인, 미모의

avvolgere /av'vɔldʒere/ [타동] ① (su와 함께 쓰여) (~에) 둘둘 말다[감다] ② (in과 함께 쓰여) (~으로) (감)싸다, 뒤덮다 ③ (비유적으로) (어둠·고요 따위가 주위를) 뒤덮다; (불길·연기 따위가 주변을) 둘러싸다 – avvolgersi [재귀동사] ① (attorno a와 함께 쓰여) (로프나 기어오르는 식물 따위가 ~의 주위에) 감기다; (뱀이) 똬리를 틀다 ② (실 따위가) 엉키다 ③ (in과 함께 쓰여) (코트 따위로) 몸을 감싸다

avvolgibile /avvɔl'dʒibile/ [형] 둘둘 말[감을] 수 있는; tenda[persiana] avvolgibile 감아올리는 블라인드 – [남] 감아올리는 블라인드

avvolgimento /avvoldʒi'mento/ [남] ① 둘둘 말기[감기] ② (감)싸기, 뒤덮기 ③ [전기] 코일 ④ [군사] 포위

avvoltoio /avvol'tojo/ [남] (복 : -oi) ① [조류] 독수리 종류 ② (비유적으로) 탐욕스러운 사람

avvoltolare /avvolto'lare/ [타동] 조심스럽게 싸다[꾸리다] – avvoltolarsi [재귀동사] ① (담요 따위로) 몸을 감싸다 ② (수렁 따위에서) 뒹굴다

ayatollah /ajatol'la/ [남-불변] [이슬람] 아야톨라 (시아파 고위 성직자에 대한 존칭)

azalea /addza'lea/ [여] [식물] 진달래

Azerbaigian /addzerbai'dʒan/ [남] 아제르바이잔 (카스피 해에 면한 공화국)

azienda /ad'dzjenda/ [여] 회사, 상사, 기업; fondare un'azienda 회사를 차리다, 창업하다; liquidare un'azienda 폐업하다, 회사 문을 닫다 – azienda agricola 농장; azienda commerciale 상사(商社); azienda privata 개인 회사, 사기업; azienda pubblica 공기업; azienda di stato 국영 기업; e-azienda 인터넷 회사, 닷컴

aziendale /addzjen'dale/ [형] 회사의, 기업의; 사업의, 경영의; auto aziendale 회사 업무용 차량

aziendalista /addzjenda'lista/ [남/여]

A

(남·복 : -i, 여·복 : -e) 비즈니스 이 코노미스트, 경영 전문가

azimut /'addzimut/ [남-불변] [천문] 방위(각)

azionare /attsjo'nare/ [타동] (기계 장치 따위를) 작동시키다, 조작하다; (버튼 따위를) 누르다; (바퀴·터빈 따위를) 돌리다; (페달 따위를) 밟다

azionario /attsjo'narjo/ [형] (복 : -ri, -rie) 주식의; mercato azionario 주식시장; quotazione azionaria 주식 시세

azione1 /at'tsjone/ [여] ① 행동, 실행, 활동, 움직임; entrare in azione 활동을 개시하다; volontà d'azione 실행 의지; campo d'azione 활동 분야[무대] ② 작용, 작동, 기능; in azione (기계류가) 작동 중인; mettere qc in azione 무엇을 작동시키다 ③ 효과, 영향; essere sotto l'azione di qc 무엇의 영향을 받고 있다 ④ 행위, 짓; una buona azione 선행 ⑤ 전투, 교전; 군사 행동; azione di guerra 전투 행위 ⑥ [법률] 소송; azione civile 민사 소송; azione penale 형사 소송; intentare un'azione giudiziaria contro qn 누구에 대하여 소송을 제기하다 ⑦ (문학 작품의) 줄거리, 사건 ⑧ (배우의) 동작, 연기; (영화의) 액션, 활동적인 연기; un film d'azione 액션 영화; azione! 액션! (영화 감독이 외치는 소리) ⑨ [스포츠] (경기에서의) 작전 ⑩ [물리·기계] 운동, 작용 - azione sindacale 노동 쟁의; azione terroristica 테러 행위

azione2 /at'tsjone/ [여] 주(株), 주식; società per azioni 주식회사; azioni quotate in borsa 상장주(上場株); azione ordinaria 보통주; azione privilegiata 우선주

azionista /attsjo'nista/ [남/여] (남·복 : -i, 여·복 : -e) 주주(株主); assemblea degli azionisti 주주 회의

azoto /ad'dzoto/ [남] [화학] 질소; diossido di azoto 이산화질소

azteco /as'tɛko/ (복 : -chi, -che) [형] 아즈텍족의 - [남] (여 : -a) ① 아즈텍족의 사람 ② 아즈텍어(語)

azuki /ad'dzuki/ [남-불변] [식물] 팥

azzannare /attsan'nare/ [타동] ① (동물이) 송곳니[엄니]로 물다 ② (비유적으로) 맹렬하게 비난[공격]하다 - azzannarsi [재귀동사] ① 서로 물어뜯다 ② (비유적으로) 서로 맹렬하게 비난[공격]하다

azzardare /addzar'dare/ [타동] ① (돈 따위를) 걸다 ② 과감한 발언을 하다, 의견·충고 따위를 과감하게 내세우다; (어떤 짓을) 감행하다 - azzardarsi [재귀동사] (a와 함께 쓰여) 감히 ~하다

azzardato /addzar'dato/ [형] (사업·투자 따위가) 모험적인; (언행 따위가) 무모한

azzardo /ad'dzardo/ [남] 위험, 모험; è un azzardo partire con questo tempo 이런 날씨에 출발하는 건 위험한[모험적인] 일이다, 도박이나 마찬가지다; giocare d'azzardo 도박을 하다; gioco d'azzardo i) 도박을 하기 ii) 도박, 운에 좌우되는 게임

azzeccare /attsek'kare/ [타동] ① 명중시키다, 과녁 한가운데를 맞히다 (azzeccare il bersaglio) ② (비유적으로) 짐작하다, 추측하다, 예상하다; azzeccare la risposta 짐작이 들어맞다, 바로 알아맞히다

azzeccato /attsek'kato/ [형] (어구 따위가) 잘 골라낸, 정선된, 적절한; (대답이) 올바른; un'idea azzeccata! 아주 훌륭한 생각이야!

azzeramento /addzera'mento/ [남] ① 리셋 (계기의 눈금을 0으로 돌려놓기) ② (손익 따위의) 말소; azzeramento di debito 채무 면제, 빚의 탕감

azzerare /addze'rare/ [타동] ① 리셋하다, (계기의 눈금을) 0으로 돌려놓다 ② (손익 따위를) 말소하다, 없애다

azzimato /addzi'mato/ [형] 말쑥하게 차려 입은, 단장한, 맵시를 낸

azzimo /'addzimo/ [형] (빵에) 누룩을 넣지 않은; pane azzimo 누룩을 넣지 않은 빵 - [남] 누룩을 넣지 않은 빵, (유대교도가 유월절에 먹는) 무교병(無酵餅); la festa degli Azzimi 유월절(逾越節)

azzoppare /attsop'pare/ [타동] 다리를 절게 만들다 - azzopparsi [재귀동사] 다리를 절게 되다

Azzorre /ad'dzɔrre/ [여·복] le (isole) Azzorre 아조레스제도 (포르투갈 서쪽 북대서양에 있는 화산 제도)

azzuffarsi /attsuf'farsi/ [재귀동사] (con과 함께 쓰여) (~와 맞붙어) 싸우다, 다투다

azzurrino /addzur'rino/ [형] 엷은 청색의 - [남] (여 : -a) 하늘빛, 담청색(淡青

色)
azzurro /ad'dzurro/ [형] ① 하늘색의, 엷은 청색의 ② [스포츠] 이탈리아 국가대표 팀의 - [남] (여 : -a) ① 하늘색, 담청색 ② [스포츠] 이탈리아 국가 대표 선수

B

b, B /bi/ [남/여-불변] 이탈리아어 알파벳의 두 번째 글자
babà /ba'ba/ [남-불변] 나폴리풍 스펀지 케이크의 일종
babbeo /bab'bεo/ [형] 바보 같은, 어리석은 - [남] (여 : -a) 바보, 얼간이
babbo /'babbo/ [남] (부르는 말로도 쓰여, 친근한 표현으로) 아빠, 아버지; Babbo Natale 산타클로스
babbuccia /bab'buttʃa/ [여] (복 : -cie, -ce) ① (중동 등지에서 신는) 슬리퍼 비슷한 신발 ② (일반적으로) 슬리퍼 ③ 털실로 짠 아기 양말
babbuino /babbu'ino/ [남] ① [동물] 개코원숭이, 비비(狒狒) ② (비유적으로) 얼간이, 멍청이
Babele /ba'bεle/ [여] [성경] 바벨, 바빌론 (고대 바빌로니아의 도시); la torre di Babele 바벨탑 - b- [여-불변] 대혼란, 무질서
babilonese /babilo'nese/ [형] [역사] 바빌로니아의 - [남/여] 바빌로니아 사람 - [남] 바빌로니아어(語)
Babilonia /babi'lɔnja/ [여] [역사] 바빌론 (고대 바빌로니아의 도시) (또는 Babele) - b- [여-불변] 대혼란, 무질서
babordo /ba'bordo/ [남] [항해] 좌현(左舷); a babordo 좌현에[으로]
baby /'bεbi/ [형-불변] ① 아기의, 유아용의; moda baby 유아복 ② 작은, 소형의 - [남/여-불변] 아기, 유아
baby-doll /bebi'dɔl/ [남-불변] 여자용 짧은 잠옷의 일종
baby-sitter /bebi'sitter/ [남/여-불변] 베이비시터, 아기 봐주는 사람
bacato /ba'kato/ [형] ① 썩은, 벌레 먹은 ② (비유적으로) (마음이) 병든, 비뚤어진

bacca /'bakka/ [여] (복 : -che) [식물] 장과(漿果)
baccalà /bakka'la/ [남-불변] ① 소금에 절여 말린 대구 ② (비유적으로) 깡마른 사람; 멍청이
baccano /bak'kano/ [남] 떠들썩한 소리, 소음; fare (del) baccano 시끄러운 소리를 내다
baccello /bat'tʃεllo/ [남] [식물] 꼬투리, 깍지
bacchetta /bak'ketta/ [여] ① (가느다란) 막대, 봉 ② 젓가락 - comandare qn a bacchetta 누구의 위에 군림하다, 누구에게 이래라저래라하다
Bacco /'bakko/ [남] [로마신화] 바커스 (주신(酒神))
bacheca /ba'kεka/ [여] (복 : -che) ① (전시·진열을 위한) 유리 상자 ② 게시판
bachicoltura /bakikol'tura/ [여] 양잠업
baciamano /batʃa'mano/ [남] (복 : -ni) 손등에 하는 키스; fare il baciamano 손등에 키스하다
baciare /ba'tʃare/ [타동] ① (~에) 입맞추다, 키스하다; baciare qn sulla guancia 누구의 볼에 키스하다 ② (비유적으로) (~에) 가볍게 스치다[닿다] - baciarsi [재귀동사] 서로 입맞추다 [키스하다]
bacile /ba'tʃile/ [남] (종교 의식 등에 쓰이는) 대야, 수반(水盤)
bacillo /ba'tʃillo/ [남] [생물] 바실루스, 간균(桿菌)
bacinella /batʃi'nella/ [여] ① 세숫대야 ② 세숫대야 하나의 분량 ③ [사진] 현상용 접시 (bacinella per lo sviluppo fotografico)
bacino /ba'tʃino/ [남] ① (물을 담는) 대야, 그릇 ② [지질] (하천·호수 따위의) 유역 ③ 웅덩이; 댐; bacino di riserva 저수지 ④ (비유적으로) 영역, 구역 ⑤ (광물의) 산지, 매장 지대; bacino aurifero 금광 지대 ⑥ [해부] 골반 ⑦ (선박의) 독, 선거(船渠); mettere una nave in bacino 배를 독에 넣다
bacio /'batʃo/ [복 : -ci] [남] 키스, 입맞춤; dare un bacio a qn 누구에게 키스하다; baci e abbracci, saluti e baci 인사의 뜻으로 하는 키스; bacio alla francese, bacio con la lingua 프렌치 키스
baco /'bako/ [남] (복 : -chi) ① 애벌레,

유충; baco da seta 누에 ② 과일 따위를 파먹는 벌레; avere il baco 벌레 먹다 ③ 흠, 결점 ④ (심적인) 고통, 고뇌, 괴로움 ⑤ [컴퓨터] 버그, 오류

bacucco /ba'kukko/ (복 : -chi, -che) [형] 노령의, 노쇠한, 노망든 - [남] 노망든 늙은이

bada /'bada/ [여] tenere a bada qn 누구를 가까이 오지 못하게 하다, 누구의 행동을 제어하다; tenere a bada qc 무엇을 잘 지키다[관리하다]

badante /ba'dante/ [남/여] 노인이나 장애인 등을 보호[간호]하는 사람

badare /ba'dare/ [자동] (조동사 : avere) ① (a와 함께 쓰여) (~을) 지키다, 돌보다, 보살피다 ② 신경 쓰다, 상관하다, 중요하게 생각하다; non badare a qc 무엇을 전혀 개의치 않다; bada ai fatti tuoi! 네 일에나 신경 써, 남 일에 상관하지 마 ③ 주의를 기울이다, 주목하다; bada a come parli! 말조심할 것! - [타동] (가축 떼 따위를) 지키다 - senza badare a spese 비용을 아끼지 않고

badessa /ba'dessa/ [여] ① 대수녀원장 ② (비유적으로) 젠체하는 여자

badia /ba'dia/ [여] ① 대수도원 ② (비유적으로) 저택, 으리으리한 집

badile /ba'dile/ [남] 삽

baffo /'baffo/ [남] ① (특히 복수형으로 쓰여) 콧수염; avere[portare] i baffi 콧수염이 있다, 콧수염을 기르고 있다 ② (동물의) 수염 ③ (비유적으로) (잉크 · 화장품 따위의) 얼룩 ④ (TV의) 실내용 V자형 소형 안테나 ⑤ coi baffi 아주 훌륭한, 최상의 - farsene un baffo (di qc) (무엇에) 조금도 신경 쓰지 않다, 전혀 개의치 않다; ridere sotto i baffi 작은 소리로 웃다, 낄낄거리다

baffuto /baf'futo/ [형] (사람에게) 콧수염이 있는; (동물에게) 수염이 난

bagagliaio /bagaʎ'ʎajo/ [남] (복 : -ai) ① (자동차의) 트렁크; (항공기의) 화물실 ② (객차에 연결한) 수하물차 ③ (역의) 수하물 보관소

bagaglio /ba'gaʎʎo/ [남] (복 : -gli) ① 수하물, 손짐; fare[disfare] i bagagli 짐을 꾸리다[풀다];; deposito bagagli 수하물 보관소 ② (비유적으로) ha un grosso bagaglio di esperienza 그는 경험이 풍부하다 ③ 군장, 군인의 휴대 장비 - fare i bagagli (비유적으로) (싫

은 일을) 그만두다, (싫은 곳에서) 나가다

bagarino /baga'rino/ [남] 암표상

bagarre /ba'gar/ [여-불변] ① 싸움, 다툼 ② [스포츠] (특히 사이클에서) 손에 땀을 쥐게 하는 마지막 승부의 장면

bagatella, bagattella /bagat'tɛlla/ [여] ① 하찮은 것, 사소한 일 ② [음악] 피아노 소품 ③ 바가텔 놀이 (당구의 일종)

baggianata /baddʒa'nata/ [여] 어리석은 짓; [복] 허튼소리; non dire baggianate! 허튼소리 하지 마!

bagliore /baʎ'ʎore/ [남] ① 눈부신[번쩍이는] 빛, 섬광; 타오르는 빛; il bagliore dei fulmini 번갯불; il bagliore del crepuscolo 저녁놀 ② (비유적으로) (새 시대 따위의) 시작, 출현, 등장; 조짐, 징후 ③ (비유적으로) 흘긋 보임, 잠깐 나타남

bagnante /baɲ'ɲante/ [형] 적시는, 축축하게 하는 - [남/여] (바다 등에서) 수영하는 사람

bagnare /baɲ'ɲare/ [타동] ① (di와 함께 쓰여) (~으로) 적시다, 축축하게 하다 ② (액체에) 담그다, 담가서 적시다; bagnare il pane nel latte 빵을 우유에 적시다 ③ (식물에) 물을 주다 ④ (강 따위가 특정 지역을) 관통하여 흐르다 ⑤ (파도가 ~에) 철썩거리다 ⑥ (구어체에서) 축배를 들다 ⑦ (구어체에서) (새 차 등을) 처음으로 사용하다 - bagnarsi [재귀동사] ① (몸을) 씻다; bagnarsi le mani 손을 씻다 ② 멱을 감다, 수영을 하다 ③ (액체에) 젖다, 축축해지다; bagnarsi di sudore 땀에 흠뻑 젖다 - bagnare il letto 자다가 오줌을 싸다; bagnarsi le labbra i) 입술에 침을 바르다 ii) 목을 축이다, 한잔 하다; bagnarsi il becco, bagnarsi la gola 목을 축이다, 한잔 하다

bagnasciuga /baɲɲaʃ'ʃuga/ [남-불변] ① [항해] 수선부(水線部; 배에 짐을 싣지 않았을 때는 공기중에 나타나고, 짐을 가득 실었을 때는 수면하에 잠기는 부분) ② (해변의) 만조선과 간조선 사이의 부분

bagnata /baɲ'ɲata/ [여] ① 물 뿌리기; dare una bagnata ai fiori 꽃에 물을 주다 ② 물에 젖음; prendersi una bagnata 흠뻑 젖다

bagnato /baɲ'ɲato/ [형] (di와 함께 쓰여) (~에, ~으로) 젖은; bagnato di

sudore 땀에 젖은, 땀투성이의 - [남] 젖은 땅[노면] - essere bagnato fino alle ossa 흠뻑 젖어 있다; piove sul bagnato 엎친 데 덮친 격
bagnino /baɲ'nino/ [남] (여 : -a) (해수욕장 등의) 감시·구조 요원
bagno /'baɲno/ [남] ① (바다 등지에서의) 멱 감기, 수영; andare a fare il bagno 멱 감으러 가다, 수영하러 가다; costume da bagno 수영복 ② 목욕, 씻기; fare il bagno 목욕하다, 몸을 씻다; vasca da bagno 욕조, 목욕통 ③ 욕실 ④ 화장실 ⑤ 용액; bagno di fissaggio [사진] 정착액; bagno di sviluppo [사진] 현상액 - bagni [남·복] 해수욕장; 공중 목욕탕, 온천장 - essere in un bagno di sudore 땀에 흠뻑 젖어 있다, 땀투성이다; mettere a bagno qc 무엇을 (액체에) 적시다[담그다] - bagno di sabbia 모래 찜질; bagno di sangue (비유적으로) 대량학살; bagno di sole 일광욕; bagni di mare 해수욕
bagnomaria /baɲnoma'ria/ [남-불변] 중탕(重湯) 냄비
bagnoschiuma /baɲno'skjuma/ [남-불변] (목욕용의) 향료가 섞인 발포용제(發泡溶劑)
baguette /ba'gɛt/ [여-불변] 바게트 (빵)
bah /ba/ [감] (의심·경멸 따위를 나타내어) 흥!, 체!
Bahamas /ba'hamas/ [여·복] le Bahamas 바하마 (서인도 제도 북부의 섬나라)
Bahrain /ba'rein/ [남] 바레인
baia /'baja/ [여] [지리] 만(灣)
baionetta /bajo'netta/ [여] ① 총검; baionetta in canna! 꽂아 칼!, 착검! ② (특히 복수형으로 쓰여) (비유적으로) 총검으로 무장한 군인
baita /'baita/ [여] 알프스 산중 특유의 건물로, 잠시 머물거나 도구 따위를 보관하는 데 쓰임
balalaica, balalaika /bala'laika/ [여] 발랄라이카 (기타 비슷한 러시아의 삼각형 악기)
balaustra /bala'ustra/, **balaustrata** /balaus'trata/ [여] [건축] (난간동자가 있는) 난간
balbettare /balbet'tare/ [자동] (조동사 : avere) ① 말을 더듬다 ② (어린아이가) 불명료한 소리를 내다 - [타동] ① (말을) 더듬다 ② (비유적으로) (외국어를) 서투르게 말하다 ③ (어린아이가 말을) 불명료하게[서투르게] 발음하다
balbettio /balbet'tio/ [남] (복 : -ii) 계속 [자주] 말을 더듬음
balbuzie /bal'buttsje/ [여-불변] [병리] 말더듬증, 구음장애(構音障碍)
balbuziente /balbut'tsjente/ [형] 말을 더듬는 - [남/여] 말더듬이
Balcani /bal'kani/ [남·복] la penisola dei Balcani 발칸 반도
balcanico /bal'kaniko/ [형] (복 : -ci, -che) ① 발칸 제국(諸國)[반도]의; la Penisola Balcanica 발칸 반도 ② (비유적으로) 혼란스러운, 불안정한
balconata /balko'nata/ [여] ① 창문이 있는 긴 발코니 ② 극장 2층의 특별석
balcone /bal'kone/ [남] 발코니
baldacchino /baldak'kino/ [남] (옥좌·제단·침대 위의) 천개(天蓋), 닫집
baldanza /bal'dantsa/ [여] 대담, 뱃심, 배짱, 자신감
baldanzoso /baldan'tsoso/ [형] 대담한, 과감한, 자신감 넘치는; 무모한, 뻔뻔스러운
baldo /'baldo/ [형] 대담한, 자신감 넘치는
baldoria /bal'dɔrja/ [여] 흥청거리기, 떠들썩하게 놀기; 흥겨운 잔치; fare baldoria 흥청거리다, 떠들썩하게 놀다
Baleari /bale'ari/ [여·복] le (isole) Baleari 발레아레스 제도 (스페인 동쪽, 지중해 서부의 섬들)
balena /ba'lena/ [여] ① [동물] 고래; caccia alla balena 고래잡이, 포경; stecca di balena 고래수염 ② (구어체에서·비유적으로) 아주 뚱뚱한 사람
balenare /bale'nare/ [자동] (조동사 : essere) ① (불빛 따위가) 번쩍이다 ② (비유적으로) (생각 따위가) 문득 떠오르다 ③ (비유적으로) fare balenare (남 앞에) 슬쩍 보이게 하다, 아른거리게 하다 - [비인칭] (조동사 : essere) balena 번개가 친다
baleniera /bale'njera/ [여] 포경선
baleno /ba'leno/ [남] 번갯불; 섬광, 번쩍임; in un baleno 전광석화 같이, 눈 깜짝할 사이에
balera /ba'lɛra/ [여] (건전한 분위기의) 댄스홀
balestra /ba'lɛstra/ [여] ① 석궁(石弓) (중세의 무기) ② [기계] molla a balestra 판(板)스프링

balia1 /'balia/ [여] 유모(乳母); balia asciutta (젖을 먹이지 않는) 보모; fare da balia a qn (비유적으로) 누구를 과보호하다, 누구를 일일이 지도하다
balia2 /ba'lia/ [여] in balia di ~의 수중 [지배 하]에 있어, ~의 처분에 달려 있어; in balia delle onde 물결치는 대로; in balia della sorte 신의 뜻에 달린, 사람의 힘이 미치지 못하는
balistica /ba'listika/ [여] 탄도학(彈道學)
balistico /ba'listiko/ [형] (복 : -ci, -che) 탄도(학)의; 비행 물체의; missile balistico 탄도탄, 탄도 미사일
balla1 /'balla/ [여] (건초·면화·양모 따위의) 곤포(梱包)
balla2 /'balla/ [여] (구어체에서) 거짓말, 허튼소리; contare[raccontare] balle 거짓말하다, 허튼소리를 하다
ballabile /bal'labile/ [형] (음악 따위가) 춤추기에 알맞은 - [남] 댄스 음악
ballare /bal'lare/ [자동] (조동사 : avere) ① 춤추다 ② 흔들리다, 이리저리 움직이다; la barca balla 배가 동요하고 있다 ③ 흥분하여 날뛰다 ④ (옷이) 헐렁하다 - [타동] (춤을) 추다; ballare un valzer 왈츠를 추다
ballata /bal'lata/ [여] ① (문어체에서) 민요, 속요(俗謠) ② [음악] 발라드 (낭만적이고 감상적인 노래)
ballatoio /balla'tojo/ [남] (복 : -oi) ① 안마당을 내다볼 수 있는 긴 발코니 ② (암벽에서 튀어나온) 암붕(岩棚)
ballerina /balle'rina/ [여] ① 여자 무용수; 발레리나; prima ballerina 프리마 발레리나, 주역을 맡은 발레리나 ② 가벼운 여성용 신발의 일종 ③ [조류] 할미새 - ballerina di fila 코러스 걸 (뮤지컬 등의 가수 겸 무용수)
ballerino /balle'rino/ [남] ① 남자 무용수; 발레 댄서 ② 취미로 춤을 추는 사람 - [형] ① 춤을 추는 ② 흔들리는, 동요하는, 불안정한
balletto /bal'letto/ [남] ① 발레, 무용극; 발레곡 ② 발레단 ③ (비유적으로) 동요, 변동; 일관되지 않은, 표면적인 움직임
ballo /'ballo/ [남] ① 춤(추기), 댄스; 무용; sala da ballo 댄스홀, 무도장; scarpe da ballo 댄스용 신발; corpo di ballo 발레단 ② 댄스의 한판 ③ 댄스 파티, 무도회; andare a un ballo 무도회에 참석하다 ④ (비유적으로) 계속되는 동요; viaggiare su quella strada è stato un ballo continuo 그 길로 여행을 가는 동안 계속 (차가) 덜컹거렸다 - entrare in ballo 활동하기 시작하다; essere in ballo 관련[개입]돼 있다; tirare in ballo (이야기·논쟁 따위를) 꺼내다, 끄집어내다; tirare in ballo qn 누구를 연루시키다[휩쓸리게 하다] - ballo in costume 가장무도회; ballo in maschera, ballo mascherato 가면무도회; ballo popolare 민속 무용; ballo da sala 사교 댄스
ballottaggio /ballot'tadd3o/ [남] (복 : -gi) ① (선거에서의) 재투표, 결선투표 ② [스포츠] (무승부·동점일 때의) 결승 시합, 플레이오프
balneare /balne'are/ [형] 수영의, 해수욕의; stazione[località] balneare 해수욕장
balneazione /balneat'tsjone/ [여] 멱 감기, 수영, 물놀이
balocco /ba'lɔkko/ [남] (복 : -chi) ① 장난감, 완구 ② 오락, 놀이
balordo /ba'lordo/ [형] ① 어리석은, 우둔한 ② 아찔해진, 멍해진 ③ 지각 없는, 무분별한 ④ 변하기 쉬운, 변덕스러운 - [남] (여 : -a) ① 어리석은 사람; 이상한 녀석 ② 불량배, 깡패
balsamico /bal'samiko/ [형] (복 : -ci, -che) 발삼 수지 같은; 방향성(芳香性)의; aceto balsamico 발사믹 식초
balsamo /'balsamo/ [남] ① 발삼, 방향성 수지 ② 연고; 진통제 ③ (비유적으로) 위안을 주는 것, 진정시켜 주는 것 ④ 정발제, 헤어컨디셔너
baltico /'baltiko/ [형] (복 : -ci, -che) 발트 해의; le repubbliche baltiche 발트 3국 - B- [남] il (mar) Baltico 발트 해
baluardo /balu'ardo/ [남] ① 성채, 보루, 요새 ② (비유적으로) (주의·사상 따위를 지키는) 보루, 수호자
baluginare /baludʒi'nare/ [자동] (조동사 : essere) ① (불빛 따위가) 깜박이다, 반짝이다 ② (비유적으로) (생각 따위가) 문득 떠오르다
balza /'baltsa/ [여] ① 절벽, 벼랑, 울퉁불퉁한 바위가 있는 곳 ② (의복의) 주름 장식
balzano /bal'tsano/ [형] (사람·생각 따위가) 기묘한, 별난, 괴짜의
balzare /bal'tsare/ [자동] (조동사 :

essere) ① 껑충 뛰다, 도약하다; balzare in piedi 벌떡 일어서다; balzare giù da (침대·의자 따위에서 또는 창문 등으로) 뛰어내리다[뛰어서 나가다]; balzare (in) avanti 약진하다 ② (비유적으로) 치솟다, 급격히 상승하다 ③ (비유적으로) (마음이) 동요하다
balzo1 /ˈbaltso/ [남] ① 껑충 뛰기, 도약; in[con] un (sol) balzo 한 번 뛰어, 단숨에; fare un balzo 도약하다; superare d'un balzo (장애물 따위를) 뛰어넘다 ② (비유적으로) 솟구침, 급격한 상승; un grande balzo in avanti in qc ~에서의 큰 발전 ③ (비유적으로) (마음의) 동요 - prendere[cogliere] la palla al balzo 기회를 잡다[포착하다]
balzo2 /ˈbaltso/ [남] ① 절벽, 벼랑 ② (의복의) 주름 장식
bambagia /bamˈbadʒa/ [여] (복 : -gie) ① 솜 ② 솜 지스러기 - tenere un bambino nella bambagia 아이를 과보호하다
bambinaia /bambiˈnaja/ [여] 아이 보는 여자
bambinata /bambiˈnata/ [여] 어린아이 같은 짓[표현]; (경멸적으로) 유치한 언행
bambinello /bambiˈnɛllo/ [남] 남자아이; il B- 아기 예수
bambinesco /bambiˈnesko/ [형] (복 : -schi, -sche) 어린아이의; 어린아이 같은, 철없는, 미숙한, 어리석은, 유치한
bambino /bamˈbino/ [남] ① (남자) 아이, 어린이, 아동; un bambino di tre anni 세 살배기 아이; da bambino 어렸을 때 ② (어린) 자식, 아들; 아기; fare un bambino 아기를 낳다; aspettare un bambino 아기가 곧 태어날 것이다, 임신 중이다; perdere il bambino 낙태하다 ③ [기독교] il Bambin Gesù, Gesù Bambino 아기 예수 ④ (비유적으로) 어린아이 같은 어른; non fare il bambino! 유치하게 굴지 마!, 나잇값 좀 해라! - [형] ① 어린아이의, 아동의 ② 어린아이 같은, 천진난만한 ③ (발달의) 초기 단계에 있는, 초창기[요람기]의 - è un gioco da bambini! 아이들 장난 같은 일이다, 아주 쉬운 일이다; bambino prodigio 신동
bambinone /bambiˈnone/ [남] (여 : -a) ① 우량아, 몸집이 큰 아기 ② (경멸적으로) 아이 같은 어른, 철부지

bamboccio /bamˈbɔttʃo/ [남] (복 : -ci) ① 토실토실 살찐 아이 ② 바보, 얼간이 ③ 봉제 인형
bambola /ˈbambola/ [여] ① 인형; bambola di cera 밀랍 인형; bambola di pezza 봉제 인형 ② (비유적으로) 매력적인 젊은 여자
bambolina /bamboˈlina/ [여] ① 작은 인형 ② (비유적으로) 매력적인 젊은 여자
bambolotto /bamboˈlɔtto/ [남] ① 남자 아기의 모습을 한 인형 ② 토실토실 살찐 아이
bambù /bamˈbu/ [남-불변] [식물] 대나무
banale /baˈnale/ [형] ① 평범한, 진부한, 흔해 빠진; conversazione banale 일상적인 대화; in modo banale 진부하게, 평범하게 ② (사람이) 개성이 없는, 재미없는, 따분한 ③ 사소한, 별것 아닌 ④ 보통의, 단순한
banalità /banaliˈta/ [여-불변] ① 평범함, 진부함, 흔해 빠짐 ② 평범한[흔한] 것, 일상적인 것; 사소한 것
banalizzare /banalitˈtsare/ [타동] 평범한[사소한] 것으로 만들다 - banalizzarsi [재귀동사] 평범한[사소한] 것이 되다
banana /baˈnana/ [여] 바나나 (열매); casco di banane 바나나 한 송이
banano /baˈnano/ [남] [식물] 바나나
banca /ˈbanka/ [여] (복 : -che) ① 은행; biglietto di banca 은행권, 지폐; impiegato di banca 은행원; conto in banca 은행 예금 계좌, 은행 계정; ritirare[prelevare] denaro dalla banca 은행에서 돈을 인출하다 ② [의학] (조직·장기 등의) 저장소; banca del sangue 혈액 은행 ③ [컴퓨터] banca dati 데이터뱅크 - banca centrale 중앙은행; banca commerciale 상업은행
bancarella /bankaˈrella/ [여] (노점의) 상품 진열대, 판매대
bancario /banˈkarjo/ (복 : -ri, -rie) [형] 은행의; conto bancario 은행 예금 계좌, 은행 계정; interesse bancario 은행 이자; prestito bancario 은행 대출[융자] - [남] (여 : -a) 은행원
bancarotta /bankaˈrotta/ [여] ① [법률] 파산, 도산; fare bancarotta 파산하다 ② (비유적으로) 실패, 붕괴
bancarottiere /bankarotˈtjere/ [남] (여 : -a) [법률] 파산자

banchettare /banket'tare/ [자동] (조동사 : avere) 연회에서 대접을 받다, 연회를 즐기다

banchetto1 /ban'ketto/ [남] 연회, 잔치, 축하연; dare un banchetto in onore di qn 누구를 위한 연회를 열다; banchetto nuziale 결혼 피로연, 혼인 잔치

banchetto2 /ban'ketto/ [남] (노점의) 상품 진열대, 판매대; 키오스크, 가두 매점

banchiere /ban'kjɛre/ [남] (여 : -a) ① 은행가, 은행업자; 금융업자 ② (비유적으로) 부자

banchina /ban'kina/ [여] ① 부두, 선창 (船艙); accostarsi alla banchina (배가) 부두에 닿다 ② (역의) 플랫폼, 승강장 ③ 길가, 노변; banchina spartitraffico 중앙분리대 ④ 보도(步道), 인도

banco /'banko/ [남] (복 : -chi) ① (학생용·사무용) 책상 ② (법정·교회 등의) 좌석; (의원의) 의석 ③ (가게의) 카운터, 계산대 ④ (술집의) 카운터, 바 (banco di mescita) ⑤ (노점의) 상품 진열대, 판매대 ⑥ 작업대, 실험대; banco di[da] lavoro 작업대 ⑦ 은행; banco alimentare 식량 은행 ⑧ (자연물의) 퇴적, 더미; banco corallino 산호초; banco di sabbia 모래톱 ⑨ (물고기·고래 등의) 떼 ⑩ (도박의) 판돈; 물주 - fare qc sotto banco 무엇을 비밀리에 하다; tenere banco (대화 등에서) 주도권을 쥐고 있다; banco informazioni 안내 데스크, 안내소; banco dei pegni 전당포; banco di prova i) (엔진 따위의) 시험대 ii) (비유적으로) 능력 따위의) 시험 무대

bancogiro /banko'dʒiro/ [남] 지로 (은행 대체 제도)

bancomat /'bankomat/ [남-불변] ① 현금 자동 지급기, 현금 인출기 ② 현금 카드

bancone /ban'kone/ [남] ① (은행·상점 등의) 카운터, 계산대, 판매대; bancone della biglietteria 티켓 판매대, 매표구 ② (술집의) 카운터, 바

banconota /banko'nɔta/ [여] 은행권, 지폐; una banconota falsa 위조 지폐

banda1 /'banda/ [여] ① (범죄자 등의) 무리, 일당; entrare in una banda 갱단에 들어가다; banda armata 무장 조직 ② 악단, 음악대, 밴드; banda di ottoni 브라스 밴드

banda2 /'banda/ [여] ① (천의) 줄무늬 ② [물리·전자·통신] 대역(帶域), 띠; banda cittadina 시민 밴드 (개인용 무선 통신에 개방된 주파수대); banda di frequenza 주파수대; banda larga 광대역, 브로드밴드 - banda magnetica (신용카드 등의) 자기(磁氣) 스트립; banda sonora 사운드트랙

banda3 /'banda/ [여] ① (문어체에서) 쪽, 측면 ② [항해] 뱃전, 현측(舷側)

banderuola /bande'rwɔla/ [여] ① 풍향계 ② 작은 기(旗), 기드림 ③ (비유적으로) 변덕스러운 사람

bandiera /ban'djɛra/ [여] ① 기(旗); issare la bandiera 기를 게양하다; ammainare la bandiera 기를 내리다; asta della bandiera 깃대 ② 기치; 상징, 표상 - cambiare[voltare] bandiera 다른 편으로 가다, 변절하다; alzare bandiera bianca 백기를 들다, 항복하다; bandiera nazionale 국기

bandierina /bandje'rina/ [여] ① 작은 기(旗) ② [스포츠] (축구 등의) 코너 플래그; (골프의) 깃대; tiro dalla bandierina [축구] 코너킥

bandire /ban'dire/ [타동] ① (경쟁 따위를) 공고[고지]하다; bandire una gara d'appalto 입찰자를 모집하다 ② (비유적으로) 공개적으로 나타내 보이다 ③ (사람을) 내쫓다, 추방하다 ④ (비유적으로) 없애다, 제거하다, 버리다; 금지하다

banditismo /bandi'tizmo/ [남] 악한[무법자]의 행동, 범죄 행위

bandito /ban'dito/ [형] (사람이) 내쫓긴, 추방된 - [남] 악한, 무법자, 범법자, 불량배

banditore /bandi'tore/ [남] (여 : -trice) ① [역사] 동네에 포고(布告)하는 사람 ② 경매인 (또는 banditore d'asta) ③ (비유적으로) 창시자, 창도자

bando /'bando/ [남] ① (경쟁 따위의) 공고, 고지; bando di gara 입찰자 모집 ② 추방; mettere al bando 추방하다, 내쫓다 ③ 제거, 없앰, 버림; 금지

bandolo /'bandolo/ [남] ① 실타래의 끝, 실마리 ② (비유적으로) 일이나 사건을 풀어 나갈 수 있는 첫머리, 단초, 단서; perdere il bandolo 갈피를 잡지 못하다, 혼란스러워지다

bang /bang/ [감] 쾅! (폭발·강타하는 소리) - [남-불변] 쾅 하는 소리, 갑작스

런 큰 소리 - bang sonico [항공] 소닉 붐 (항공기가 음속을 넘을 때 나는 폭발음)
bangio → banjo
Bangladesh /bangla'dɛʃ/ [남] 방글라데시
banjo /'bɛndʒo/ [남-불변] [음악] 밴조 (현악기의 하나)
baobab /bao'bab/ [남-불변] [식물] 바오바브나무
bar1 /bar/ [남-불변] ① 바, 카운터식 술집; 간이식당 ② (집안의) 술병 진열장
bar2 /bar/ [남-불변] [물리] 바 (기압의 단위)
bara /'bara/ [여] (시신을 넣는) 관
baracca /ba'rakka/ [여] (복 : -che) ① 오두막(집) ② 헛간, 창고 ③ (경멸적으로) (빈민가의) 판잣집 ④ (비유적으로) (불안정한) 집안; 회사; mandare avanti la baracca 생계[회사]를 어렵게 꾸려나가다 ⑤ (경멸적으로) 고물 자동차, 성능이 좋지 못한 기계류; andare in baracca 고장나다, 못 쓰게 되다 - piantare baracca e burattini (일을) 그만두다, 집어치우다
baraccato /barak'kato/ [남] (여 : -a) (오두막 따위의) 임시 숙소에서 지내는 사람
baracchino /barak'kino/ [남] ① 작은 오두막 ② (속어로) 시민 밴드 무선기, 아마추어 무선국 ③ (구어체에서) 키오스크, 가두 매점
baraccone /barak'kone/ [남] ① (유원지 등의) 부스; baraccone da fiera 전시 부스 ② (비유적으로) (불안정한) 집안; 회사
baraccopoli /barak'kɔpoli/ [여-불변] 빈민가, 판자촌
baraonda /bara'onda/ [여] ① 부산함, 북적거림; 떠들썩함 ② 혼란, 난잡
barare /ba'rare/ [자동] (조동사 : avere) 속임수를 쓰다
baratro /'baratro/ [남] 심연, 나락, 수렁
barattare /barat'tare/ [타동] ① (con과 함께 쓰여) (~와) 맞바꾸다, 물물교환을 하다 ② (비유적으로) (대화 따위를) 주고받다
baratto /ba'ratto/ [남] 물물교환; fare un baratto con qn 누구와 거래를 하다
barattolo /ba'rattolo/ [남] 유리로 된 단지; 캔, 깡통
barba /'barba/ [여] ① 턱수염; farsi crescere la barba 턱수염을 기르다; tagliarsi[farsi] la barba 자신의 수염을 깎다, 면도를 하다 ② (보리 따위의) 까끄라기; (옥수수의) 수염; (여러 식물의) 작은 뿌리 ③ (구어체에서) 따분한 것; che barba! 아이구, 따분해라! - servire qn di barba e capelli 누구를 따끔하게 혼내다; in barba a qc, qn 무엇/누구를 무시하고, 무엇/누구에도 불구하고
barbabietola /barba'bjɛtola/ [여] [식물] 비트, 사탕무; 그 뿌리; barbabietola da zucchero 사탕무, 첨채
Barbados /bar'bados/ [여·복] 바베이도스 (서인도 제도의 섬나라)
barbaramente /barbara'mente/ [부] 야만적으로; 잔인하게
barbarico /bar'bariko/ [형] (복 : -ci, -che) 야만인[미개인]의; 야만적인, 미개한
barbarie /bar'barje/ [여-불변] 야만적임, 미개함; 잔인함
barbaro /'barbaro/ [형] ① (고대 그리스·로마인의 입장에서 본) 이방인의[이민족]의 ② 야만적인, 미개한 ③ (비유적으로) 잔인한 - [남] (여 : -a) ① (고대 그리스·로마인의 입장에서 본) 이방인, 이민족 ② 야만인, 미개인
barbecue /barbe'kju/ [남-불변] ① 바비큐 틀, 그릴 ② 바비큐 요리, 통구이
barbiere /bar'bjere/ [남] 이발사; andare dal barbiere 이발소에 가다
barbiturico /barbi'turiko/ (복 : -ci, -che) [형] acido barbiturico [화학] 바르비투르산(酸) - [남] 바르비투르산 유도체(誘導體) (수면제의 하나)
barboncino /barbon'tʃino/ [남] 푸들 (개 품종의 하나)
barbone /bar'bone/ [남] ① 방랑자, 뜨내기 ② 푸들 (개 품종의 하나)
barboso /bar'boso/ [형] (구어체에서) 따분한, 지루한, 지겨운
barbuto /bar'buto/ [형] 턱수염이 난
barca1 /'barka/ [여] (복 : -che) 보트, 배; andare in barca i) 보트를 타고 가다, 배로 가다 ii) [스포츠] 요트 경기를 하다 - essere sulla stessa 같은 처지에 있다, 같은 운명이다 - barca a motore 모터보트, 발동기선; barca da pesca 낚싯배, 어선; barca a vela (경기·레저용) 범선, 요트
barca2 /'barka/ [여] (복 : -che) ① 낟가리, 곡물·건초 따위의 더미 ② (비유적

으로) avere una barca di soldi 돈이 수두룩하다

barcaiolo /barka'jɔlo/ [남] 배 젓는 사람, 뱃사공

barcamenarsi /barkame'narsi/ [재귀동사] (문제·상황에) 대처하다

Barcellona /bartʃel'lona/ [여] 바르셀로나 (스페인 북동부의 도시)

barcollare /barkol'lare/ [자동] (조동사 : avere) ① (사람·걸음이) 비틀거리다 ② (비유적으로) (국가·체제 따위가) 위태롭다, 무너질 듯하다

barcolloni /barkol'loni/ [부] 비틀거리며, 흔들리며, 불안정하게

barcone /bar'kone/ [남] 바지, 평저선(平底船)

bardare /bar'dare/ [타동] ① (말에) 마구(馬具)를 채우다 ② (비유적으로·농담조로) 잘 차려입히다, 치장시키다 - bardarsi [재귀동사] 잘 차려입다, 치장하다

bardotto /bar'dɔtto/ [남] 버새 (수말과 암나귀의 잡종)

barella /ba'rɛlla/ [여] (부상자 또는 물건을 실어나르는) 들것; portare qn in barella 누구를 들것으로 실어나르다

barelliere /barel'ljɛre/ [남] (여 : -a) 들것을 운반하는 사람

baricentro /bari'tʃentro/ [남] [물리] 무게중심

barile /ba'rile/ [남] ① 큰 통; barile per petrolio 석유 담는 통 ② [부피의 단위] 배럴 ③ (비유적으로) 뚱뚱한 사람

bario /barjo/ [남] [화학] 바륨

barista /ba'rista/ [남/여] (남·복 : -i, 여·복 : -e) ① 바텐더 ② 바[술집] 주인

baritono /ba'ritono/ [남] [음악] 바리톤 (목소리·가수)

barlume /bar'lume/ [남] 희미한 빛; 번득임; un barlume di speranza (비유적으로) 한 가닥의 희망

baro /'baro/ [남] (카드놀이 등에서의) 사기꾼, 속임수를 쓰는 사람

barocco /ba'rokko/ (복 : -chi, -che) [형] [건축·미술·음악] 바로크 양식[시대]의 - [남] il barocco 바로크 양식

barolo /ba'rɔlo/ [남] 피에몬테 지방에서 나는 유명한 적포도주의 하나

barometro /ba'rɔmetro/ [남] ① 기압계; barometro aneroide 아네로이드 기압계 ② (비유적으로) 지표, 척도, 잣대, 바로미터

barone /ba'rone/ [남] ① 남작 (귀족의 제5계급) ② (비유적으로) ~왕; un barone della stampa 신문왕

baronessa /baro'nessa/ [여] 남작 부인

barra /'barra/ [여] ① 막대 ② 막대 지금 (地金); una barra d'oro 골드바 ③ (초콜릿·캔디 따위의) 바, 막대 모양의 것 ④ [항해] 키(의 손잡이), 조타 장치 ⑤ 사선 (/) ⑥ 모래톱 ⑦ [컴퓨터] barradi scorrimento 스크롤 바; barra spaziatrice 스페이스 바 - barra di comando [항공] 조종간

barrare /bar'rare/ [타동] (문구 따위에) 가로줄을 긋다; (수표에) 횡선을 긋다

barricare /barri'kare/ [타동] ① (길에) 바리케이드를 치다 ② (문 따위에) 빗장을 지르다 - barricarsi [재귀동사] (in과 함께 쓰여) (~에) 틀어박히다

barricata /barri'kata/ [여] 바리케이드; erigere barricate 바리케이드를 쌓다; fare le barricate (비유적으로) 들고 일어나다

barriera /bar'rjɛra/ [여] ① 방벽, 방책; erigere[costruire] barriere 벽을 쌓다 ② (비유적으로) 장애, 장벽; barriera linguistica 언어 장벽 - barriera di sicurezza (도로의) 가드레일

barrire /bar'rire/ [자동] (조동사 : avere) (코끼리가) 나팔 소리 같은 울음소리를 내다

barrito /bar'rito/ [남] (코끼리의) 나팔 소리 같은 울음소리

baruffa /ba'ruffa/ [여] 말다툼, 싸움

barzelletta /bardzel'letta/ [여] 농담, 익살; raccontare una barzelletta 농담하다; non è una barzelletta! 농담이 아니야, 심각한 일이야

basalto /ba'zalto/ [남] [지질] 현무암

basamento /baza'mento/ [남] ① 기초, 기부(基部) ② [건축] 굽도리, 벽의 밑부분 ③ (기둥 밑에 괴는) 주추; (상(像) 따위의) 대(臺), 받침대 ④ [기계] 바닥널, 대판(臺板)

basare /ba'zare/ [타동] (su와 함께 쓰여) (~에) 기초[근거]를 두다 - basarsi [재귀동사] (su와 함께 쓰여) (~에) 기초[근거]를 두다; su che cosa ti basi per sospettare di lui? 무슨 근거로 그를 의심하는 거야?

basco /'basko/ (복 : -schi, -sche) [형] 바스크(지방·사람)의; i Paesi baschi, le province basche 바스크 지방 (피레네 산맥 서부의 프랑스와 스페인에 걸쳐 있는 지방) - [남] (여 : -a) ① 바스크 사람 ② 바스크어(語) ③ 베레모

base /ˈbaze/ [여] ① (물체·구조의) 기초, 기부(基部), 기저(基底), 토대 ② (기둥 밑에 괴는) 주추; (상(像) 따위의) 대(臺), 받침대 ③ (비유적으로) (이론·조직·제도 따위의) 기초, 근거; porre le basi di ~의 기초를 놓다 ④ (학문 등의) 기초 개념 ⑤ [군사] 기지 (base militare); base aerea 공군 기지 ⑥ (정당의) 일반 당원 ⑦ [수학] 기수(基數); (로그의) 밑 ⑧ [화학] 염기 ⑨ (화장의) 밑바탕 ⑩ [야구] 베이스, 누(壘) ⑪ di base 근본적인; concetto di base 핵심 개념 ⑫ a base di ~을 기초[토대]로 하는 ⑬ in base a ~에 따라[의거하여] ⑭ sulla base di ~을 근거로 하여 - [형-불변] 기본의, 기초의; alimenti base 기본 식료품, 주식; modello base 기본형 - base aurea (통화의) 금본위

baseball /ˈbejzbol/ [남-불변] [스포츠] 야구

basette /baˈzette/ [여·복] 긴 구레나룻

basico /ˈbaziko/ [형] (복 : -ci, -che) ① [화학] 염기성의 ② 기초의, 근본적인

basilare /baziˈlare/ [형] 기초적, 근본적인, 근원적인

basilica /baˈzilika/ [여] (복 : -che) [고대로마] 공회당; 초기 기독교의 교회당; [가톨릭] (전례상의 특권이 부여된) (대)성당

basilico /baˈziliko/ [남] (복 : -chi) [식물] 바질 (향신료로 쓰임)

basket /ˈbasket/ [남-불변] [스포츠] 농구

bassezza /basˈsettsa/ [여] ① (깊이가) 얕음 ② (비유적으로) 비열함, 천함 ③ 비열한 짓

bassifondi [남·복] → bassofondo

bassista /basˈsista/ [남/여] (남·복 : -i, 여·복 : -e) 베이스 기타 연주자

basso /ˈbasso/ [형] ① (높이가) 낮은 ② (키가) 작은 ③ (깊이가) 얕은 ④ 아래를 향한, 아래쪽의; tenere la testa bassa 고개를 숙이고 있다 ⑤ (가치·정도·수준 따위가) 낮은; di basso livello 저급의, 수준 낮은; il ceto basso 하층 계급 ⑥ (소리·음성이) 낮은, 저음의; 나지막한; a bassa voce 낮은 목소리로, 나지막하게 ⑦ (시간상) il basso Medioevo 중세 후기 ⑧ 비열한, 비루한, 천한 ⑨ [지리] la bassa Italia 이탈리아 남부; i Paesi Bassi 네덜란드 - [남] ① 아래, 밑부분, 하부; il basso della pagina 페이지 하단; verso il basso 아래쪽으로 ② [음악] 베이스, 저음 ③ [음악] 저음 악기 (베이스 기타 따위) ④ in basso 아래(쪽으)로; guardare in basso 내려다보다 ⑤ da basso 아래층에 - [부] 낮게, 열등하게 - alti e bassi 오르내림, 기복, 부침(浮沈); guardare qn dall'alto in basso 누구를 낮추어 보다, 경멸하다; cadere in basso 영락하다; avere il morale basso 기가 죽어 있다 - bassa marea 간조, 썰물; bassa pressione [기상] 저기압; bassa stagione 비수기, 시즌 오프

bassofondo /bassoˈfondo/ [남] (항해 가능할 정도로) 물이 얕은 곳 - bassifondi [남·복] (비유적으로) 빈민가, 하층 사회

bassorilievo /bassoriˈljɛvo/ [남] [미술] 저부조, 바릴리프

bassotto /basˈsɔtto/ [형] (사람이) 키가 꽤 작은 - [남] 닥스훈트 (개 품종의 하나)

bassoventre /bassoˈventre/ [남] (복 : bassiventri) 하복부(下腹部); al bassoventre 사타구니 쪽에

basta1 /ˈbasta/ [감] adesso, ora basta! 그만, 이제 됐어!; punto e basta! 그걸로 끝난 거야!, 이제 그만!

basta2 /ˈbasta/ [여] ① 시침질 ② 접어 올린 단

bastante /basˈtante/ [형] 충분한, 넉넉한

bastardo /basˈtardo/ [형] ① 서출(庶出)의, 사생의 ② (동식물이) 잡종의 ③ (비유적으로) (언어가) 불순한 - [남] ① (동식물의) 잡종 ② (여 : -a) 서자, 사생아; (욕설로) 개자식

bastare /basˈtare/ [자동] (조동사 : essere) 충분하다, 넉넉하다, 족하다; un'ora basterà 한 시간이면 충분하다; una pagnotta mi basta per due giorni 내가 이틀 동안 먹고 지내기에 충분한 양의 빵; fare bastare (얼마 안 되는 돈 따위로) 근근히 버티다 - [비인칭] ① basti dire che ~이라고 말하면 충분하다, (지금은) ~이라고만 말해 두자; basta così! 그걸로 충분해[됐어]!;

come se non bastasse 게다가, 그 위에 ② basta che ~하기만 하면 - bastare a se stesso 자급자족이 가능하다
bastimento /basti'mento/ [남] ① 배, 선박 ② 배 한 척분의 화물
bastione /bas'tjone/ [남] 성채, 보루
bastonare /basto'nare/ [타동] ① 막대기로 때리다 ② (비유적으로) 혹평하다
bastonata /basto'nata/ [여] ① 막대기로 때리기 ② (비유적으로) 혹평; 막대한 지출
bastoncino /baston'tʃino/ [남] ① 작은 막대기; 막대기 모양의 것; patate fritte a bastoncino 잘게 썬 감자 튀김 ② [스포츠] (릴레이용) 배턴; (스키의) 지팡이
bastone /bas'tone/ [남] ① 막대기, 봉 ② [군사] 지휘봉 ③ [스포츠] 클럽, 스틱; bastone da golf 골프채; bastone da hockey 하키 스틱 ④ un bastone 길쭉한 프랑스 빵 한 개 - bastoni [남·복] 전형적인 이탈리아 카드 한 벌 안에 들어 있는 네 개의 짝패 중 하나 - il bastone e la carota 채찍과 당근, 위협과 회유; mettere i bastoni fra le ruote a qn 누구의 길을 막다, 누구를 방해하다 - bastone del comando (관직 등을 나타내는) 권표(權標), 지휘봉; bastone pastorale (주교 등의) 홀장(笏杖), 목장(牧杖)
batosta /ba'tɔsta/ [여] ① 때리기, 치기, 타격 ② (비유적으로) 정신적 타격; 큰 재난[불행]
battage /ba'taʒ/ [남-불변] 광고, 선전; fare un grande battage pubblicitario a qc 무엇을 크게 선전하다[후원하다]
battaglia /bat'taʎʎa/ [여] ① 전투, 싸움, 교전; dare battaglia 전투를 벌이다, 싸우다; campo di battaglia 전장, 싸움터; battaglia navale 해전(海戰) ② (일반적으로) 투쟁; 싸움, 승부 ③ (비유적으로) 의견 대립, 논쟁
battagliare /battaʎ'ʎare/ [자동] (조동사: avere) (per와 함께 쓰여) (~을 위해) 싸우다, 투쟁하다
battagliero /battaʎ'ʎero/ [형] 싸우기 좋아하는, 호전적인
battaglio /bat'taʎʎo/ [남] (복: -gli) ① 종[벨]의 추 ② (문에 달린) 노커
battaglione /battaʎ'ʎone/ [남] [군사] 대대

battello /bat'tɛllo/ [남] 보트, 작은 배; battello da pesca 낚싯배, 어선; battello a vapore 기선(汽船)
battente /bat'tɛnte/ [형] (빗줄기 따위가) 세찬, 퍼붓는 - [남] ① 문짝; porta a due battenti 두 쪽으로 된 문 ② (문에 달린) 노커 ③ 문틀의 홈 - a tamburo battente 곧, 즉시, 빨리
battere /'battere/ [타동] ① (적·상대를) 쳐부수다, 패배시키다, 이기다 ② (기록을) 깨다 ③ 치다, 두드리다; battere il pugno sul tavolo 테이블을 주먹으로 치다; battere le mani 박수를 치다 ④ (사람을) 때리다 ⑤ 빨리[순식간에] 움직이다; battere le palpebre 눈을 깜박이다 ⑥ (금속을) 두들겨 펴다 ⑦ (곡식을) 타작하다 ⑧ 부딪치다; battere la testa contro qc 무엇에 머리를 부딪치다 ⑨ [음악] battere il tempo 박자를 맞추다 ⑩ (일정 장소를) 철저히 수색하다, 이 잡듯이 뒤지다 ⑪ (시계가 시각을) 치다, 쳐서 알리다; l'orologio battè le due 시계가 2시를 쳤다 ⑫ (글자를) 타이핑하다 ⑬ [스포츠] battere un calcio d'angolo (축구에서) 코너킥을 차다; battere il servizio (테니스 등에서 공을) 서브하다 - [자동] (조동사: avere) ① (su와 함께 쓰여) (비 따위가 ~에) 내리치다, 퍼붓다; (비유적으로) (햇볕이) 내리쬐다 ② 치다, 두드리다; battere sulla spalla di qn 누구의 어깨를 톡톡 두드리다 ③ (심장·맥박이) 뛰다, 고동치다 ④ 타이핑하다 ⑤ (비유적으로) 자꾸[끈질기게] ~하다 - battersi [재귀동사] ① 싸우다, 투쟁하다; battersi per la libertà 자유를 위해 싸우다; battersi contro qc 무엇에 맞서 싸우다 ② (자신의 몸을) 치다, 때리다; battersi il petto 가슴을 치다 ③ battersela (구어체에서) (급히) 떠나다, 물러가다 - in un batter d'occhio 눈 깜빡할 사이에; battere il ferro finché è caldo [속담] 좋은 기회를 놓치지 마라
batteri [남·복] → batterio
batteria /batte'ria/ [여] ① 배터리, 전지; andare a batteria (기계류가) 배터리로 작동하다; batteria di accumulatori 축전지; ricaricare le batterie (비유적으로) (휴가를 가는 등) 재충전의 시간을 갖다 ② [군사] 포병 중대; 포대(砲臺)

③ 한 벌의 기구[장치] ④ (시계가) 종을 쳐서 시각을 알림
batterio /bat'tɛrjo/ [남] (복 : -ri) 박테리아, 세균
batteriologia /batterjolo'dʒia/ [여] 세균학(學)
batteriologico /batterjo'lɔdʒiko/ [형] (복 : -ci, -che) 세균의; 세균학의; guerra batteriologica 세균전(戰)
batteriologo /batte'rjologo/ [남] (여 : -a) (남·복 : -gi, 여·복 : -ghe) 세균학자
batterista /batte'rista/ [남/여] (남·복 : -i, 여·복 : -e) (오케스트라의) 드럼 연주자
battesimo /bat'tezimo/ [남] ① [기독교] 세례; battesimo per immersione 침례; ricevere il battesimo 세례를 받다; amministrare il battesimo a qn 누구에게 세례를 베풀다; nome di battesimo 세례명 ② (비유적으로) 개시, 시작; battesimo di una nave (선박 진수시의) 명명식
battezzare /batted'dzare/ [타동] ① (~에게) 세례를 베풀다; farsi battezzare 세례를 받다 ② (~에게) 세례명을 지어 주다 ③ 명명하다, (배 따위에) 이름을 붙이다 ④ (구어체에서) (옷을) 처음 입다 - battezzarsi [재귀동사] 세례를 받다
battibaleno /battiba'leno/ in un battibaleno 눈 깜짝할 사이에, 순식간에
battibecco /batti'bekko/ [남] (복 : -chi) 말다툼; avere un battibecco 말다툼하다
batticuore /batti'kwɔre/ [남] (격한 감정 때문에) 심장이 마구 뜀, 가슴이 두근거림; avere il batticuore 가슴이 두근거리다
battigia /bat'tidʒa/ [여] (복 : -gie, -ge) 갯벌 (만조선과 간조선 사이)
battimano /batti'mano/ [남] 박수 치기; essere accolto da un battimano 박수로 환영 받다
battipanni /batti'panni/ [남-불변] 카펫 터는 도구
battipista /batti'pista/ [남/여-불변] 스키 코스를 다져서 만드는 사람
battiscopa /battis'kopa/ [남-불변] [건축] 굽도리 널
battista /bat'tista/ (남·복 : -i, 여·복 : -e) [형] 침례교회의 - [남/여] 침례교인, 침례교 신자 - B- [남] il Battista 세례 요한
battistero /battis'tɛro/ [남] 세례를 베푸는 장소[건물]; 세례반(盤)
battistrada /battis'trada/ [남-불변] ① (행렬의) 선도자; fare da battistrada (비유적으로) 선도하다, 선두에 서서 보조를 정하다 ② [스포츠] 선두에 선 보조 조정자, 페이스메이커 ③ (타이어의) 접지면
battitappeto /battitap'peto/ [남-불변] 카펫 터는 기계
battito /'battito/ [남] ① (심장·맥박의) 고동침, 두근거림 ② (날개를) 퍼덕임; (눈을) 깜박임 ③ (엔진의) 노킹; (시계의) 똑딱거림; (빗줄기가) 내리침
battitore /batti'tore/ [남] (여 : -trice) ① 곡식을 타작하는 사람 ② [스포츠] (야구 등의) 타자, 배터; (테니스 등의) 서브하는 사람 ③ 경매인 ④ (사냥의) 몰이꾼
battuta /bat'tuta/ [여] ① 타격, 치기, 두드리기 ② (사람을) 때리기 ③ 타이핑, 타자 ④ 농담, 조크; fare una battuta 농담하다 ⑤ [스포츠] (테니스 등의) 서브; (수영의) 발차기
battuto /bat'tuto/ [형] ① (길이) (왕래가 많아) 다져진 ② (비유적으로) 진, 패배한 ③ 두들겨 만든; ferro battuto 단철(鍛鐵) ④ 눌린, 압력을 받은 - [남] ① 콘크리트 포장도로 ② (음식의) 다진 재료
batuffolo /ba'tuffolo/ [남] ① (양털·솜 따위의) 뭉치 ② (비유적으로) 털이 복슬복슬한 애완동물
bau /bau/ [감/남-불변] 멍멍 (개 짖는 소리); fare bau (개가) 짖다
baule /ba'ule/ [남] ① 여행용 가방; fare[disfare] i bauli 가방을 싸다[풀다] ② (자동차의) 트렁크
bauxite /bauk'site/ [여] [광물] 보크사이트 (알루미늄의 원광)
bava /'bava/ [여] ① (입에서 흘리는) 침; 게거품; avere la bava alla bocca (화가 나서) 게거품을 물다 ② (달팽이의) 점액 - perdere le bave per qc, qn 무엇/누구에 군침을 흘리다
bavaglino /bavaʎ'ʎino/ [남] (어린아이용) 턱받이
bavaglio /ba'vaʎʎo/ [남] (복 : -gli) 재갈, 입마개
bavero /'bavero/ [남] 옷깃, 칼라;

prendere qn per il bavero i) 누구의 멱살을 잡다 ii) 누구를 속이다[조롱하다]

bazar /bad'dzar/ [남-불변] ① (중동의) 시장, 상점가 ② (일반적으로) 가게, 상점 ③ 혼잡한 곳

bazooka /bad'dzuka/ [군사] 바주카포 (대전차 로켓포)

bazzecola /bad'dzɛkola, bad'dzekola/ [여] 사소한 것; è una bazzecola 그건 식은 죽 먹기야

bazzicare /battsi'kare/ [타동] ① (어떤 장소에) 자주 가다 ② (누구와) 어울려 다니다

BCE /bittʃi'e/ [여] (Banca Centrale Europea의 약자) 유럽 중앙 은행 (영문 약자 : ECB)

bearsi /be'arsi/ [재귀동사] (di와 함께 쓰여) (기쁨·행복 따위를) 누리다

beatamente /beata'mente/ [부] 아주 행복하게

beatificare /beatifi'kare/ [타동] ① 더없이 행복하게 하다 ② [가톨릭] 시복(諡福)하다

beatificazione /beatifikat'tsjone/ [여] [가톨릭] 시복(諡福)

beatitudine /beati'tudine/ [여] ① 더할 나위 없는 행복, 지복(至福) ② [성경] (그리스도가 산상 수훈에서 가르친) 팔복(八福)

beato /be'ato/ [형] ① 아주 행복한, 기쁨에 넘친; vita beata 행복한 인생 ② [기독교] (영생의) 축복을 받은; la Beata Vergine 성모 마리아 - [남] (여 : -a) ① [기독교] 영생의 축복을 받은 사람 ② [가톨릭] 복자(福者)

beauty-case /bjuti'kejs/ [남-불변] (휴대용) 화장품 상자

bebè /be'bɛ/ [남-불변] 아기

beccaccia /bek'kattʃa/ [여] (복 : -ce) [조류] 멧도요

beccare /bek'kare/ [타동] ① (새가) 부리로 쪼다; (먹이를) 쪼아먹다 ② (비유적으로) (사람이 음식을) 조금씩 먹다 ③ (구어체에서·비유적으로) (사람·범인을) 붙잡다; beccare qn con le mani nel sacco 누구를 현행범으로 붙잡다 ④ (구어체에서) 힘들이지 않고 무언가를 얻다 - beccarsi [재귀동사] ① (새들이) 서로 쪼다 ② (구어체에서·비유적으로) 말다툼하다 ③ (돈 따위를) 그러모으다 ④ (병에) 걸리다; (벌을) 받다

beccheggiare /bekked'dʒare/ [자동] (조동사 : avere) (배·비행기가) 아래위로 흔들리다

becchime /bek'kime/ [남] 새가 부리로 쪼아 먹을 수 있도록 주는 모이

becchino /bek'kino/ [남] 무덤 파는 일꾼

becco1 /'bekko/ [남] (복 : -chi) ① (새의) 부리 ② (구어체에서) 입; tenere il becco chiuso 입을 다물다; bagnarsi il becco 목을 축이다, 한잔 하다 ③ (주전자 따위의) 주둥이 ④ 가스 버너 - mettere (il) becco in qc 무엇에 쓸데없이 참견하다

becco2 /'bekko/ [남] (복 : -chi) ① 숫염소 ② (구어체에서·비유적으로) 오쟁이 진 남편, 부정한 아내를 둔 남편

beccuccio /bek'kuttʃo/ [남] (복 : -ci) (주전자 따위의) 주둥이

becher /'bɛker/ [남-불변] (화학 실험용) 비커

becquerel /be'krɛl, beke'rɛl/ [남-불변] [물리] 베크렐 (방사능의 SI 단위)

beduino /bedu'ino/ [형] 베두인(사막에서 유목 생활을 하는 아랍인)의 - [남] (여 : -a) ① 베두인 ② (비유적으로·경멸적으로) 거칠고 교양 없는 사람

bee /bɛe/ [감] 매애 (양·염소의 울음소리)

befana /be'fana/ [여] ① [기독교] 예수 공현 축일 (1월 6일) ② 베파나 할머니 (민담에 등장하는, 예수 공현 축일에 아이들에게 선물을 가져다 준다는 노파) ③ (구어체에서) 아주 못생긴 노파

beffa /'beffa/ [여] 짓궂은 장난, 골탕 먹이기; farsi beffe di qn 누구를 조롱하다, 놀림감으로 만들다

beffardo /bef'fardo/ [형] 조롱하는, 비웃는

beffare /bef'fare/ [타동] 짓궂은 장난을 치다, 골탕 먹이다 - beffarsi [재귀동사] (di와 함께 쓰여) (~을) 조롱하다, 비웃다, 놀림감으로 만들다

bega /'bega/ [여] (복 : -ghe) ① (시시한) 말다툼 ② 말썽, 성가심

begli /'beʎʎi/ → bello

begonia /be'gɔnja/ [여] [식물] 베고니아

beh /bɛ/ [감] (결론·양보·의문 등을 나타내어) 그래; beh, forse hai ragione 그래, 네 말이 옳은 것 같다

bei /bɛi/ → bello

BEI /biɛ'i/ [여] (Banca Europea per gli Investimenti의 약자) 유럽 투자 은행

(영문 약자 : EIB)

beige /bɛʒ/ [남/형-불변] 베이지색(의)

bel /bɛl/ → bello

belare /be'lare/ [자동] (조동사 : avere) ① (양·염소가) 매애 하고 울다 ② (비유적으로) (사람이) 우는소리를 하다, 푸념하다

belato /be'lato/ [남] ① 양·염소의 울음소리 ② (비유적으로) (사람의) 우는소리, 푸념

belga /'bɛlga/ (복 : -gi, -ghe) [형] 벨기에의 - [남/여] 벨기에 사람

Belgio /'bɛldʒo/ [남] 벨기에

Belize /be'liʒ/ [남] 벨리즈 (중앙아메리카의 국가)

bella /'bɛlla/ [여] ① 미인, 미녀; la Bella e la Bestia "미녀와 야수" ② (구어체에서) 여자 친구, (여성) 애인 ③ 정서(淨書) ④ [스포츠·게임] (동점시의) 결승 경기[게임]

bellamente /bella'mente/ [부] ① (때로 반어적으로 쓰여) 잘, 훌륭하게, 멋지게; sono stata bellamente imbrogliata 나는 완전히 속았다 ② 편안하게, 안락하게 ③ 즐겁게, 유쾌하게

belletto /bel'letto/ [남] (화장용) 연지, 루주; darsi il belletto 볼에 연지를 바르다

bellezza /bel'lettsa/ [여] ① 아름다움, 미(美); concorso di bellezza 미인 선발 대회; istituto[salone] di bellezza 미용실, 미장원; prodotto di bellezza 화장품, 미용 용품 ② (정신적인) 우아함, 고결함 ③ 미인; 아름다운 것 ④ in bellezza 잘, 훌륭하게, 성공적으로 - bellezze [여·복] 아름다운 모습

bellico /'bɛlliko/ [형] (복 : -ci, -che) 전쟁의; industria bellica 군수 산업

bellicoso /belli'koso/ [형] 호전적인, 싸우기 좋아하는

belligerante /belldʒe'rante/ [형] 교전 중인, 싸우고 있는 - [남/여] 교전 당사자

bellimbusto /bellim'busto/ [남] 멋쟁이, 맵시꾼; fare il bellimbusto 멋을 부리다

bello /'bɛllo/ (또는 bel, bell'로도 쓰는데, bell'의 형태는 모음 앞에서만 쓰임) (남성 복수형은 뒤에 모음이 오는 자음 앞 또는 뒤에 l, r이 오는 f, p, t, c, v, b, d, g 앞에서는 bei가 되며, 그 밖의 경우에는 belli 또는 begli다. 여성 복수형은 belle) [형] ① (외관이) 아름다운, 예쁜, 멋진, 보기 좋은 ② 기분 좋은, 즐거운, 쾌적한 ③ (날씨가) 맑은, 화창한; fa bello 날씨가 좋다 ④ 좋은, 훌륭한; 친절한; prendere bei voti 좋은 성적을 얻다; una bella occasione 좋은 기회 ⑤ 기특한, 칭찬[감탄]할 만한 ⑥ 행복한; i bei tempi 좋은 시절 ⑦ 상당한, 두드러진; una bella sommetta 상당한 액수 ⑧ (놀람·경탄의 투로) che bello! 정말 좋구나! ⑨ (강조하여) è un (gran) bel tipo 그 녀석 정말 괜찮은 놈이야; un bel giorno 어느 날; nel bel mezzo di qc 무엇의 한가운데에 ⑩ alla bell'e meglio 대충, 불성실하게, 충분히 주의를 기울이지 않고 ⑪ bel bello 천천히, 서두르지 않고 ⑫ a bella posta 고의로, 일부러 ⑬ bell'e ~ 완전히[철저히] ~한; bell'e finito 완전히 끝난 - [남] ① 재미있는[좋은] 것 ② 남자 친구, (남성인) 연인 ③ [철학] il bello 미(美) ④ 맑은[화창한] 날씨 - sul più bello 제일 좋은 때에, 최고의 순간에; scamparla bella 가까스로 도망쳐 나오다, 구사일생으로 살아나다; il Bel Paese 이탈리아; il bel mondo 상류 계급(의 사람들)

belva /'bɛlva/ [여] ① 야생 동물, 야수 ② (비유적으로) 짐승 같은 인간

belvedere /belve'dere/ (복 : -ri) [남] 풍경 따위가 잘 보이는 지점; 전망대

bemolle /be'mɔlle/ [남-불변] [음악] 반음 내림

ben /bɛn/ [부] → bene1

benarrivato /benarri'vato/ [형] benarrivati! 환영합니다!, 잘 오셨어요! - [남] 환영 인사; dare il benarrivato a qn 누구를 환영하다

benché /ben'ke/ [접] 비록 ~일지라도, ~이기는 하지만; è un buon negozio, benché un po' caro 좀 비싸긴 하지만 그 가게는 좋은 가게다 - non fa la benché minima differenza 전혀 차이가 없다

benda /'bɛnda/ [여] ① 붕대 ② 눈가리개

bendare /ben'dare/ [타동] ① (머리·팔 등에) 붕대를 감다; (상처 부위를) 붕대로 싸매다 ② (눈을) 가리다; bendare gli occhi a qn i) 누구의 눈을 가리다 ii) (비유적으로) 누구의 눈을 속이다

bendisposto /bendis'posto/ [형] (verso 와 함께 쓰여) (~에) 호의를 가진, 호의

적인

bene1 /'bεne/ [부] (비교급 : meglio; 최상급 : benissimo, ottimamente) ① 잘, 좋게; 훌륭하게; 바르게, 옳게; andare bene (일이) 잘되다; la macchina non va bene 그 기계는 잘 작동하지 않는다; né bene, né male 그저 그렇게; bene o male 그럭저럭, 어떻게든; parla bene spagnolo 그는 스페인어를 잘한다; comportarsi bene 바르게 행동하다; hai fatto bene a dirmelo 너 내게 말하길 잘했다; va tutto bene 좋아, OK; ti sta bene alle cinque? 5시면 괜찮겠니?, 5시가 어때? ② 완전히, 철저하게; 주의 깊게; ben cotto (요리가) 잘 익은 ③ 멋지게, 보기 좋게; 적절하게; andare[stare] bene insieme (색깔 따위가) 서로 잘 어울리다; stare bene con qn 누구와 잘 어울려 지내다 ④ 건강 상태가 좋아; stare bene 컨디션이 좋다; "come stai?" - "abbastanza bene" "잘 지내니?" - "아주 좋아" ⑤ (강조하여) ben bene 아주 잘; ne sei ben sicuro? 정말 확실해?; si tratta di ben altro 그건 전혀 다른 문제다; ben più di 100 100을 훨씬 넘는; ben volentieri 기꺼이, 쾌히; sono ben consapevole di ciò 난 그걸 아주 잘 알고 있어 ⑥ di bene in meglio 점점 더 (좋아져) ⑦ per bene → perbene - [형-불변] 상류층의 - [감] 좋아, bravo! 좋아, 잘한다!; va bene! 좋아, OK - ben detto! 말 잘했다!; ti sta bene! ben ti sta! 꼴좋다!; tutto è bene quel che finisce bene [속담] 끝이 좋으면 모든 것이 좋다

bene2 /'bεne/ [남] ① 선(善); 올바름; il bene e il male 선과 악, 옳고 그름; non è bene fare ~하는 것은 옳지 않다 ② 좋은 것, 유리함; è un bene che tu sia venuto 네가 온 건 좋은 일이다 ③ 이익, 행복; il bene comune[pubblico] 공익; è per il tuo bene (그건) 널 위해서야; fare bene a (사람·건강 등에) 좋다, 이롭다 ④ 소유물, 재산 - beni di consumo [경제] 소비재; beni immobili 부동산; beni di lusso 사치품; beni mobili 동산(動産); beni personali 인적 자원; beni di prima necessità (생활) 필수품

benedettino /benedet'tino/ [형] 베네딕트회(會)의 - [남] (여 : -a) ① 베네딕트회의 수도사 ② 베네딕틴 (리큐어의 일종)

benedetto /bene'detto/ [형] ① 성별(聖別)된, 축성(祝聖)된, 신성한; la Vergine benedetta 성모 마리아 ② (구어체에서·반어적으로) 괘씸한, 저주 받을

benedire /bene'dire/ [타동] ① (남을) 축복하다; (신이 사람에게) 은혜를 베풀다; Dio ti benedica! 신이 그대를 축복하기를!, 그대에게 신의 가호가 있기를!; benedire qn per qc 무엇에 대해 누구를 축복하다 ② (성찬식의 빵과 포도주 따위를) 성별(聖別)하다, 축성(祝聖)하다, 신성하게 하다

benedizione /benedit'tsjone/ [여] ① (종교적 의미의) 축복, (신의) 은총 ② 찬성, 승인 ③ 행운, 복

beneducato /benedu'kato/ [형] 좋은 집안에서 자라 교육을 잘 받은, 행실이 바른

benefattore /benefat'tore/ [남] (여 : -trice) 자선가

beneficare /benefi'kare/ [타동] ① (남에게) 자선을 베풀다 ② (단체 등을) 후원하다

beneficenza /benefi'tʃɛntsa/ [여] 자선, 선행; società di beneficenza 자선 단체

beneficiare /benefi'tʃare/ [자동] (조동사 : avere) (di와 함께 쓰여) (~의) 이익을 얻다, 혜택을 누리다; beneficiare di un'amnistia 사면을 받다; beneficiare di una tariffa ridotta 할인 혜택을 보다 - [타동] (~에) 이익이 되다, (~을) 돕다

beneficiario /benefi'tʃarjo/ (복 : -ri, -rie) [형] 수익권을 가진, 이익[혜택]을 받는 - [남] (여 : -a) ① 수익권 소유자 ② 수익자, 수혜자 ③ (수표·어음 등의) 수취인 ④ [법률] 유산을 물려받는 사람 ⑤ [가톨릭] 성직록(祿)을 받는 사제

beneficio /bene'fitʃo/ [남] (복 : -ci) ① 이익, 이로움, 혜택; trarre[ricavare] beneficio da qc 무엇으로부터 이익을 얻다, 혜택을 누리다; essere di beneficio a ~에 이익이 되다 ② [교회] 성직록(祿) (beneficio ecclesiastico) ③ [상업] (금전상의) 이익, 수익, 이윤 ④ [경제] analisi costi-benefici 비용 편익 분석 - beneficio accessorio (근로자에 대한) 복리 후생 급부, 부가 급부

benefico /be'nɛfiko/ [형] (복 : -ci, -che) ① 유익한, 이로운; esercitare un effetto benefico su qn, qc 누구/무엇에 이롭다 ② 건강에 좋은 ③ 자선[선행]의; associazione benefica 자선 단체

Benelux /bene'luks/ [남] 베네룩스

benemerenza /beneme'rɛntsa/ [여] 공적, 공로, 공훈

benemerito /bene'mɛrito/ [형] 공적이 있는, 가치 있는, 칭찬할 만한

beneplacito /bene'platʃito/ [남] 찬성, 동의

benessere /be'nɛssere/ [남] ① 안녕, 안락, 행복, 복지; benessere sociale 사회 복지 ② 풍족, 풍요, 부(富); vivere nel benessere 넉넉하게 살다, 유복하다

benestante /benes'tante/ [형] 부유한, 유복한 - [남/여] 부자, 재산가

benestare /benes'tare/ [남-불변] 동의, 찬성; dare il proprio benestare a qn, qc 누구/무엇에[을] 동의[승낙]하다

benevolenza /benevo'lɛntsa/ [여] ① 자비, 친절, 상냥함, 호의; con uno spirito di benevolenza 호의적으로 ② 관대, 관용, 너그러움

benevolmente /benevol'mente/ [부] 자비롭게, 친절하게, 상냥하게, 호의적으로

benevolo /be'nevolo/ [형] ① 자비로운, 친절한, 상냥한, 호의적인 ② 관대한, 너그러운

benfatto /ben'fatto/ [형] ① (일이) 잘 된 ② (사람이) 몸매 따위가 좋은, 잘생긴

Bengala /ben'gala/ [남] 벵골 (인도의 서벵골 주에서 방글라데시까지 이르는 지역)

bengalese /benga'lese/ [형] 벵골 지방[사람]의 - [남/여] 벵골 사람 - [남] 벵골어(語)

bengali /ben'gali/ [남-불변] 벵골어(語)

bengodi /ben'gɔdi/ [남-불변] paese di bengodi (상상 속의) 풍요의 땅, 무릉도원, 이상향

beniamino /benja'mino/ [남] (여 : -a) 총아(寵兒), 귀염둥이

benignità /beniɲɲi'ta/ [여-불변] ① 자비로움, 인자함, 상냥함 ② (기후의) 온화함 ③ [병리] (종양 따위의) 양성(良性)

benigno /be'niɲɲo/ [형] ① (비판·판결 따위가) 엄하지 않은; 자비로운, 인자한, 상냥한 ② 관대한, 너그러운 ③ (운명 따위가) 길한, 상서로운; 호의적인 ④ (기후가) 온화한 ⑤ [병리] (종양 따위가) 양성(良性)의

beninformato /beninfor'mato/ [형] 정보에 밝은, 잘 알고 있는; da fonte beninformata 믿을 만한 소식통에 의하면 - [남] (여 : -a) 정보에 밝은 사람, (무언가를) 잘 알고 있는 사람

benino /be'nino/ [부] 상당히 잘, 만족스럽게

benintenzionato /benintentsjo'nato/ [형] 선의의, 선의를 가진

beninteso /benin'teso/ [부] ① 물론, 당연히 ② beninteso che 물론 ~이라는 전제 하에서지만; domani andiamo al cinema, beninteso che io abbia tempo 내가 시간이 난다면, 우린 내일 영화관에 갈 수 있을 거야

benissimo /be'nissimo/ [부] (bene1의 최상급) ha fatto il lavoro benissimo 그는 그 일을 아주 잘 했다

benpensante /bempen'sante/ [형/남/여] 사회적 관습 따위에 얽매이는, 예절 따위를 지키는 데 지나치게 까다로운 (사람)

benservito /benser'vito/ [남-불변] (계약 기간이 끝날 때 고용주가 근로자에게 발급해주는) 신용 증명서, 추천장 - dare il benservito a qn 누구에게 해고를 통지하다

bensì /ben'si/ [접] ~이 아닌; non arriva lunedì, bensì martedì 그는 월요일이 아닌, 화요일에 도착한다

bentornato /bentor'nato/ [형] bentornato! 잘 다녀오셨어요, 돌아오신 걸 환영해요 - [남] dare il bentornato a qn 누구의 귀환을 환영하다

benvenuto /benve'nuto/ [형] 환영받는; benvenuto nel nostro paese! 우리 나라에 오신 걸 환영합니다 - [남] (여 : -a) ① (a 또는 in과 함께 쓰여) (~에 대한) 환영 인사; porgere[dare] il benvenuto a qn 누구에게 환영 인사를 하다, 누구를 환영하다 ② 환영받는 사람; essere il benvenuto 환영받다, 환영받는 손님이다; sia la benvenuta! 환영합니다!

benvisto /ben'visto/ [형] 평판이 좋은, 존경받는

benvolere /benvo'lere/ [타동] farsi benvolere da qn 누구에게 사랑받다; prendere a benvolere qn 누구를 좋아하다, 누가 마음에 들다

benvoluto /benvo'luto/ [형] (누구의) 마음에 드는, (누가) 좋아하는; essere benvoluto da tutti 모든 사람의 마음에 들다, 누구나 좋아하다

benzene /ben'dzɛne/ [남] [화학] 벤젠

benzina /ben'dzina/ [여] ① 휘발유, 가솔린; a benzina (자동차가) 휘발유로 가는; motore a benzina 가솔린 기관; distributore di benzina 주유소 ② [화학] 벤진 - versare benzina sul fuoco 불에 기름을 붓다, 불난 데 부채질하다; benzina senza piombo, benzina verde 무연휘발유

benzinaio /bendzi'najo/ [남] (여 : -a) (복 : -ai) ① 주유소 종업원 ② 주유소

benzolo /ben'dzɔlo/ [남] [화학] 벤졸, 벤젠

beone /be'one/ [남] (여 : -a) (구어체에서) 술꾼, 술고래

bequadro /be'kwadro/ [남] [음악] 제자리표 (♮)

berbero /'bɛrbero/ [형] 베르베르인의 - [남] (여 : -a) ① 베르베르인 (북아프리카 일대의 원주민) ② 베르베르어(語)

bere1 /'bere/ [타동] ① (물·음료·술 따위를) 마시다; beviamo qualcosa 한잔합시다; andare a bere qualcosa 술 마시러 가다 ② (식물이 물을) 흡수하다 ③ (구어체에서) (남의 이야기를) 곧이듣다, 믿다 - [자동] (조동사 : avere) ① 술[음료]을 마시다; offrire[pagare] da bere a qn 누구에게 술을 한잔 사다 ② 술을 많이 마시다, 과음하다; mettersi a bere 술에 빠지다, 술꾼이 되다 ③ 건배하다; bere alla salute di qn 누구의 건강을 위해 축배를 들다 ④ (구어체에서) (자동차가) 휘발유를 소비하다 - bersi [재귀동사] (구어체에서) (남의 이야기, 특히 거짓말을) 곧이듣다, 믿다

bere2 /'bere/ [남] 마실 것, 음료; il mangiare e il bere 먹을 것과 마실 것, 음식물; darsi al bere 술에 빠지다, 술꾼이 되다

bergamotto /berga'mɔtto/ [남] [식물] 베르가모트 (남유럽산(産) 감귤류)

beriberi, beri-beri /beri'bɛri/ [남-불변] [병리] 각기(脚氣) (비타민 B1이 부족하여 일어나는 영양실조 증상)

berillio /be'rilljo/ [남] [화학] 베릴륨

berillo /be'rillo/ [남] [광물] 녹주석(綠柱石)

berkelio /ber'kɛljo/ [남] [화학] 버클륨

berlina1 /ber'lina/ [여] ① 2인승 4륜 마차의 일종 ② 세단형 자동차

berlina2 /ber'lina/ [여] ① (옛날에) 죄인에게 씌우던 형틀의 하나 ② (비유적으로) 웃음거리

Berlino /ber'lino/ [여] 베를린 (독일의 수도); Berlino Est[Ovest] [역사] 동[서]베를린; il muro di Berlino [역사] 베를린 장벽

Bermude /ber'mude/ [여·복] (isole) Bermude (북대서양 서부의) 버뮤다 제도

Berna /'bɛrna/ [여] 베른 (스위스의 수도)

Bernardo /ber'nardo/ [남] (cane di) san Bernardo 세인트버나드 (개 품종의 하나)

bernoccolo /ber'nɔkkolo/ [남] ① (몸에 난) 혹, 부은 데 ② (비유적으로) 천부적인 재능

berretto /ber'retto/ [남] (테 없는) 모자; 베레모; berretto da baseball 야구 모자; portare un berretto 모자를 쓰다

BERS /biɛɛrre'ɛsse/ [여] (Banca Europea per la Ricostruzione e lo Sviluppo의 약자) 유럽 부흥 개발 은행 (영문 약자 : EBRD)

bersagliare /bersaʎ'ʎare/ [타동] ① (목표물에 탄환·돌·주먹 따위를[로]) 퍼붓다, 공격하다; bersagliare qc di sassi 무엇에 돌팔매질을 하다; bersagliare qn di pugni 누구에게 강타를 퍼붓다, 누구를 마구 때리다 ② (비유적으로) bersagliare qn di domande 누구에게 질문 공세를 퍼붓다

bersagliere /bersaʎ'ʎere/ [남] ① (이탈리아 육군의) 저격병 ② (비유적으로·농담조로) 결연하고 대담한 사람

bersaglio /ber'saʎʎo/ [남] (복 : -gli) ① 과녁, 표적; tiro al bersaglio i) (화살로 하는) 과녁 맞히기 ii) (총으로 하는) 표적 사격 iii) (유원지의) 표적 맞히기; mirare al bersaglio 과녁을 겨냥하다; centrare in pieno il bersaglio 과녁에 명중하다; mancare il bersaglio 표적에서 벗어나다, 빗맞다 ② (비유적으

로) (비판·조롱의) 대상; prendere a bersaglio qn, qc 누구/무엇을 비난하다

besciamella /beʃʃa'mɛlla/ [여] 베샤멜 소스

bestemmia /bes'temmja/ [여] ① 신성 모독, 불경스러운 말 ② 저주, 욕 ③ 허튼 소리

bestemmiare /bestem'mjare/ [타동] (신이나 기타 신성한 것에 대해) 신성 모독을 하다, 불경스러운 말을 내뱉다 - [자동] (조동사 : avere) ① 저주하다, 욕하다; bestemmiare contro qc, qn 무엇/누구를 저주하다, 욕하다 ② 허튼소리를 지껄이다

bestia /'bestja, 'bɛstja/ [여] ① 짐승, 동물; bestia feroce 맹수; bestia selvatica 야생 동물, 야수; bestia da soma 짐 나르는 짐승 ② 벌레 ③ 가축 ④ 멍청이 ⑤ 짐승 같은 인간, 거친 사람 - andare[montare] in bestia 이성[자제심]을 잃다

bestiaccia /bes'tjattʃa/ [여] (복 : -ce) (경멸적으로) 기분 나쁜 동물; 사악한 인간

bestiale /bes'tjale/ [형] ① 짐승의, 동물의 ② 짐승 같은, 야수와도 같은, 야만적인, 난폭한 ③ (구어체에서) 몹시 심한, 혹독한; fa un freddo bestiale 지독하게 춥군

bestialità /bestjali'ta/ [여-불변] ① 수성(獸性), 짐승 같은 성질[본능] ② 야만적임, 난폭함, 흉포함 ③ 수간(獸姦) ④ 큰 실수; fare bestialità 큰 실수를 저지르다; non dire bestialità! 허튼소리 마!

bestiame /bes'tjame/ [남] 가축; 소 (bestiame grosso); allevamento del bestiame 목축, 축산; bestiame da macello 육우(肉牛), 비육 가축

best seller /bɛst'sɛller/ [남-불변] 베스트셀러

beta /'bɛta/ [남/여-불변] 베타 (그리스어 알파벳의 두 번째 글자) - [형-불변] raggi beta [물리] 베타선; particelle beta [물리] 베타 입자

beton /be'tɔn/ [남-불변] 콘크리트

betoniera /beto'njera/ [여] (시멘트·콘크리트 등의) 혼합기, 믹서

bettola1 /'bettola/ [여] 싸구려 술집[식당]

bettola2 /'bettola/ [여] 자갈이나 모래를 운반하는 배의 일종

betulla /be'tulla/ [여] ① [식물] 자작나무 ② 자작나무 재목

beuta /'bɛuta/ [여] (화학 실험용) 플라스크

bevanda /be'vanda/ [여] 음료, 마실 것; bevanda alcolica 술, 알코올 음료; bevanda analcolica 무(無)알코올 음료, 청량 음료

beverone /beve'rone/ [남] ① 곡식·밀기울 등을 섞어 삶은 사료 ② (경멸적으로) 맛없는 수프 따위 ③ (비유적으로) 장황한 이야기·글

bevibile /be'vibile/ [형] ① (음료 따위가) 마실 수 있는, 마시기에 적합한 ② (비유적으로) (이야기 따위가) 믿을 만한, 그럴듯한

bevitore /bevi'tore/ [남] (여 : -trice) ① 술을 (습관적으로) 마시는 사람 ② 음료를 마시는[즐기는] 사람

bevuta /be'vuta/ [여] 술 마시기, 음주

bevuto /be'vuto/ [형] (구어체에서) 술을 마신, 술에 취한

B.F. (bassa frequenza의 약자) [통신] 저주파

Bhutan /bu'tan/ [남] 부탄 (히말라야 산중의 작은 왕국)

bi /bi/ [남/여-불변] 알파벳 b[B]의 명칭

B.I. (Banca d'Italia의 약자) 이탈리아 은행

biada /'bjada/ [여] 가축 사료로 주는 꼴·마초

biancheria /bjanke'ria/ [여] ① 가정에서 쓰는 천 종류 (수건, 식탁보, 침대 시트 따위); biancheria da bagno 수건, 타월; biancheria da tavola 식탁보; biancheria da lavare 세탁물 ② 속옷, 내의

bianchetto /bjan'ketto/ [남] ① 수정액 ② (얼굴에 바르는) 분

bianco /'bjanko/ (복 : -chi, -che) [형] ① 흰, 하얀, 백색의; color bianco 흰색, 백색; pane bianco 흰 빵; vino bianco 백포도주 ② (안색이) 창백한 ③ 깨끗한, 순결한 ④ 백인의 ⑤ 백지의, 공백의 ⑥ 겨울의, 눈(雪)의; sport bianchi 동계 스포츠; bianco Natale 화이트 크리스마스 - [남] ① 흰색, 백색 ② 백인, 코카서스 인종의 사람 ③ 흰색 페인트; dipingere di bianco 희게 칠하다 ④ in bianco i) 백지의, 공백의; lasciare in bianco 공백으로 남겨두다; assegno in bianco 백지 수표 ii) (음식

이) 담백한, 첨가물이 없는 iii) 밤을 지샌, 잠을 자지 않은 ⑤ [사진·영화·TV] in bianco e nero 흑백의 ⑥ 흰 옷; (가정에서 쓰는) 흰 천 종류 ⑦ 흰색 부분; (계란·눈알의) 흰자위 ⑧ 백포도주 ⑨ [인쇄] 공백, 여백 - bianco come la neve 눈처럼 흰; dare carta bianca a qn 누구에게 행동의 자유를 주다, 누구로 하여금 멋대로 하게 하다; passare la notte in bianco 밤을 지새우다; di punto in bianco 갑자기, 돌연 - bianco latte 유백색의, 젖빛의; la Casa Bianca (미국의) 백악관; Monte Bianco (알프스 산맥의) 몽블랑 산; yogurt bianco 플레인 요구르트

biancospino /bjankos'pino/ [남] [식물] 서양산사나무

biascicare /bjaʃʃi'kare/ [타동] ① 우적우적 씹다 ② (비유적으로) 중얼거리다

biasimare /bjazi'mare/ [타동] 비난하다, 흠잡다

biasimo /'bjazimo/ [남] ① 비난, 질책; di biasimo (말투 따위가) 비난하는, 비난조의 ② 제재

Bibbia /'bibbja/ [여] ① 성경, 성서 (또는 la Sacra Bibbia) ② (비유적으로) 권위 있는 서적

biberon /bibe'rɔn/ [남-불변] 젖병; allattare un bambino con il biberon 아기를 (모유가 아닌) 우유로 기르다

bibita /'bibita/ [여] (주류가 아닌) 음료; bibita fresca 청량음료

biblico /'bibliko/ [형] (복 : -ci, -che) ① 성경[서]의, 성경[서]과 관련된 ② (비유적으로) 엄숙한, 장중한

bibliofilo /bi'bljofilo/ [남] (여 : -a) 애서가(愛書家); (고서·희귀본 등의) 장서 수집가

bibliografia /bibljogra'fia/ [여] ① 서지학(書誌學), 문헌학 ② 관계 서적 목록; 참고 도서 목록; 저서 목록

bibliografico /bibljo'grafiko/ [형] (복 : -ci, -che) 서지(학)의, 서적 해제의; 도서 목록의

bibliografo /bi'bljɔgrafo/ [남] (여 : -a) 서지학자, 문헌학자; 도서 목록을 다는 사람

biblioteca /bibljo'tɛka/ [여] (복 : -che) ① 도서관 ② 장서; 문고 ③ 서가, 책꽂이 - essere una biblioteca ambulante (비유적으로) 매우 박식하다

bibliotecario /bibljote'karjo/ [남] (여 : -a) (도서관의) 사서(司書)

biblioteconomia /bibljotekono'mia/ [여] 도서관학(學)

bicamerale /bikame'rale/ [형] [정치] 양원제(兩院制)의

bicameralismo /bikamera'lizmo/ [남] [정치] 양원제

bicarbonato /bikarbo'nato/ [남] [화학] 탄산수소염, 중탄산염; bicarbonato di sodio 탄산수소나트륨, 중탄산나트륨

bicchierata /bikkje'rata/ [여] ① (사교 목적의) 술자리; bicchierata d'addio 송별회 ② (액체의) 컵 하나의 양; una bicchierata di latte 우유 한 잔(의 양)

bicchiere /bik'kjere/ [남] ① 컵, 잔; bicchiere da vino 와인 잔; bicchiere di carta 종이컵; riempire[vuotare] il bicchiere 잔을 채우다[비우다] ② (액체의) 컵 하나의 양; un bicchiere di vino 와인 한 잔 ③ (술) 한잔; andare a farsi un bicchiere (구어체에서) 술 마시러 가다 - alzare i bicchieri alla salute di qn 누구를 위해 건배하다

bicentenario /bitʃente'narjo/ (복 : -ri, -rie) [형] ① 200년간의, 200년 된 ② 200년마다의 - bicentenario 200년 기념일[제]

bici /'bitʃi/ [여-불변] (구어체에서) 자전거; in bici 자전거를 타고, 자전거로

bicicletta /bitʃi'kletta/ [여] 자전거; in bicicletta 자전거를 타고, 자전거로; andare in bicicletta 자전거를 타다, 사이클링을 하다

bicipite1 /bi'tʃipite/ [남] [해부] 두갈래근, 이두근(二頭筋)

bicipite2 /bi'tʃipite/ [형] ① 머리가 둘인, 쌍두(雙頭)의; aquila bicipite (문장(紋章)의) 쌍두의 독수리 ② [해부] 두갈래근의, 이두근의

bicolore /biko'lore/ [형] 두 가지 색깔의, 이색(二色)의

bidè /bi'dɛ/ [남-불변] 비데

bidello /bi'dello/ [남] (여 : -a) (학교·공공 시설의) 관리인, 수위

bidonare /bido'nare/ [타동] (구어체에서) 속이다, 사기를 치다

bidonata /bido'nata/ [여] (구어체에서) ① 속임수, 사기 ② 불량품

bidone /bi'done/ [남] ① 통; bidone del latte 우유통 ② (비유적으로) 뚱뚱한 사람 ③ (구어체에서) 속임수, 사기; fare[tirare] un bidone a qn 누구를 속이다, 사기를 치다 ④ (구어체에서) 만

날 약속을 어김; fare[dare] un bidone a qn 누구를 바람맞히다

bidonville /bidon'vil/ [여-불변] (도시의) 빈민가, 판자촌

bieco /'bjeko/ [형] (복 : -chi, -che) 화가 난; 악의가 있는; con occhio[sguardo] bieco 노려보아

biella /'bjella/ [여] [기계] (내연 기관의) 연접봉, 커넥팅 로드

Bielorussia /bjelo'russja/ [여] 벨라루스 (동유럽의 국가)

bielorusso /bjelo'russo/ [형] 벨라루스의 - [남] (여 : -a) ① 벨라루스 사람 ② 벨라루스어(語)

biennale /bien'nale/ [형] ① 2년간의; corso biennale 2년 과정 ② [식물] 2년생의, 두해살이의 ③ (행사 따위가) 2년마다의, 2년에 한 번 있는 - [여] 2년에 한 번 있는 행사[전람회], 비엔날레

biennio /bi'ɛnnjo/ [남] (복 : -ni) ① 2년간 ② (학습 등의) 2년 과정

bietola /'bjetola/ [여] [식물] ① 근대 ② 비트, 사탕무

bifamiliare /bifamilj'are/ [형] (주택이) 두 채 연립의 - [여] 두 채 연립 주택

bifocale /bifo'kale/ [형] 초점이 둘 있는; occhiali bifocali 이중 초점 안경 (원·근시 겸용)

bifolco /bi'folko/ [남] (복 : -chi) ① 소 치는 사람 ② (비유적으로) 시골뜨기

biforcarsi /bifor'karsi/ [재귀동사] 두 갈래 나다

biforcazione /biforkat'tsjone/ [여] 분기 (分岐), 두 갈래 남

biforcuto /bifor'kuto/ [형] 두 갈래 난; piede biforcuto (짐승의) 갈라진 발굽

big /big/ [남/여-불변] ① (정·재계의) 중요 인물, 거물 ② (예술계의) 거장

bigamia /biga'mia/ [여] [법률] 중혼(重婚)(죄)

bigamo /'bigamo/ [형/남] (여 : -a) 중혼죄를 범한, 중혼 상태의 (사람)

big bang /big'beng/ [남-불변] [천문] 빅뱅, 우주 대폭발

bighellonare /bigello'nare/ [자동] (조동사 : avere) ① 어슬렁거리다, 배회하다 ② (경멸적으로) 빈둥거리다, 시간을 낭비하다

bighellone /bigel'lone/ [남] (여 : -a) 어슬렁거리는[빈둥거리는] 사람

bighelloni /bigel'loni/ [부] andare bighelloni per la città 시내를 배회하다

bigio /'bidʒo/ (복 : -gi, -gie 또는 -ge) [형] ① 회색의 ② (비유적으로) (날씨 따위가) 우중충한, 흐린 - [남] 회색

bigiotteria /bidʒotte'ria/ [여] 싸구려 장신구류; 그런 것을 파는 가게

biglia /'biʎʎa/ → bilia

bigliardo /biʎ'ʎardo/ → biliardo

bigliettaio /biʎʎet'tajo/ [남] (여 : -a) (복 : -ai) (역·극장 등의) 매표원; (버스·전차의) 차장

biglietteria /biʎʎette'ria/ [여] (극장 등의) 매표소

biglietto /biʎ'ʎetto/ [남] ① 카드, 인사장; 짧은 편지; inviare[ricevere] un biglietto 카드나 짧은 편지를 보내다[받다]; biglietto d'amore 러브레터, 연애편지; biglietto d'auguri 인사장; biglietto d'auguri natalizio 크리스마스 카드; biglietto d'invito 초대장; biglietto postale 우편 엽서; biglietto da visita 명함 ② 종잇조각, 쪽지, 메모 ③ 승차권, 차표; biglietto ferroviario 기차표; biglietto dell'autobus 버스표; fare[acquistare] il biglietto 차표를 끊다, 승차권을 구입하다; biglietto di andata e ritorno 왕복 승차권; biglietto di corsa semplice, biglietto di sola andata 편도 승차권 ④ 입장권; biglietto del teatro 극장표 ⑤ 복권(표) ⑥ 지폐, 은행권

bignè /bin'ɲe/ [남-불변] bignè alla crema 크림 퍼프, 슈크림

bigodino /bigo'dino/ [남] (머리카락을 곱슬곱슬하게 만들기 위해 사용하는) 컬러

bigotto /bi'gɔtto/ [형/남] (여 : -a) (경멸적으로) 신앙심이 깊은 체하는, 종교 생활에 지나치게 열심인 (사람)

bikini /bi'kini/ [남-불변] 비키니 (수영복)

bilancia /bi'lantʃa/ [여] (복 : -ce) ① 저울, 천칭; mettere[pesare] qc sulla bilancia 무엇을 저울에 달다; bilancia a bilico 앉은뱅이저울, 대칭(臺秤); bilancia pesapersone 체중계; bilancia a piatti 천칭 ② (비유적으로) 평형, 균형 ③ [경제] 수지 (계정); bilancia commerciale 무역 수지 ④ (물고기를 잡는 데 쓰는) 들그물, 들망 ⑤ (극장의) 배튼 (조명을 매달기 위해 수직으로 설치된 파이프) - B- [여·불변] [천문] 천칭자리; [점성] 천칭궁 - essere l'ago della bilancia 결정권을

쥐고 있다; pesare tutto con la bilancia dell'orafo 매사를 꼼꼼하게 따져보다

bilanciare /bilan'tʃare/ [타동] ① 저울로 무게를 달다 ② 균형을 잡다, 평형 상태를 유지하다 ③ 비교해서[견주어] 생각하다, 가늠해보다 ④ (효과·손익 따위를) 상쇄하다 ⑤ [회계] (장부의) 대차를 대조하다, 결산하다 - bilanciarsi [재귀동사] ① 균형이 잡히다, 평형 상태에 있다 ② 상쇄되다

bilanciere /bilan'tʃere/ [남] ① [기계] 로커 암 ② (시계 따위의) 추, 진자; 평형 바퀴 ③ 줄타기 곡예사가 평형을 유지하기 위해 사용하는 장대 ④ [역도] 바벨, 역기

bilancio /bi'lantʃo/ [남] (복 : -ci) ① 대차대조표, 결산 보고서 ② 예산(안); votare[approvare] il bilancio 예산안을 통과시키다; bilancio statale, bilancio dello stato 국가 예산 ③ (사고·재해 등의) 희생자 수; "incidente d'auto, bilancio: due morti" "자동차 사고로 두 명이 숨졌습니다" ④ (비유적으로) 평가; fare il bilancio di qc 무엇을 평가하다; mettere in bilancio 저울질하다, 따져보다 ⑤ [물리·생태] 평형

bilaterale /bilate'rale/ [형] 쌍방의, 양쪽 모두에 관계된; [법률] 쌍무(雙務)의

bile /'bile/ [여] ① [생리] 담즙, 쓸개즙 ② (비유적으로) 역정, 노여움; avere un travaso di bile 화를 벌컥 내다

bilia /'bilja/ [여] ① (아이들이 가지고 노는) 구슬; giocare a bilie 구슬을 갖고 놀다, 구슬치기를 하다 ② 당구공

biliardo /bi'ljardo/ [남] 당구; palla da biliardo 당구공; sala da biliardo 당구장; stecca da biliardo 큐; tavolo da biliardo 당구대; giocare (una partita) a biliardo 당구를 치다; biliardo americano 포켓볼

bilico /'biliko/ [남] (복 : -chi) ① (저울의) 중심점 ② essere[stare] in bilico i) 불안정한 균형[평형]을 유지하고 있다 ii) (비유적으로) 아직 결정되지 않은 상태다, 어느 쪽으로 기울지 모르는 상태다; tenersi in bilico 균형[평형]을 유지하다; tenere qn in bilico (비유적으로) 누구로 하여금 어찌될까 몰라 마음 졸이게 하다

bilingue /bi'lingwe/ [형] ① (문서·사전 따위가) 2개 언어로 된[쓰인] ② (사람이) 2개 언어를 사용하는 - [남/여] 2개 언어 사용자

bilinguismo /bilin'gwizmo/ [남] 2개 언어 사용

bilione /bi'ljone/ [남] 10억

bilioso /bi'ljoso/ [형] ① 담즙을 함유한 ② (비유적으로) 화를 잘 내는

bilocale /bilo'kale/ [남] 방 두 개짜리 아파트

bimbo /'bimbo/ [남] (여 : -a) 어린이, 아이; 아기

bimensile /bimen'sile/ [형] 한 달에 두 번의, 격주의

bimestrale /bimes'trale/ [형] ① 두 달간의, 2개월에 걸친; corso bimestrale 2개월 코스[과정] ② 두 달에 한 번의, 2개월마다의, 격월의

bimestre /bi'mɛstre/ [남] 2개월간

bimetallo /bime'tallo/ [남] 바이메탈 (열팽창률이 서로 다른 두 개의 얇은 쇠붙이를 한데 붙여 합친 것; 온도 조절기 따위에 쓰임)

bimotore /bimo'tore/ [형] (비행기가) 쌍발(雙發)의 - [남] 쌍발기

binario1 /bi'narjo/ [남] (복 : -ri, -rie) ① 두 개의 요소로 이루어진; [화학] 두 가지 성분으로 이루어진 ② [수학·컴퓨터] 2진법의 ③ [천문] stella binaria 쌍성(雙星), 연성(連星)

binario2 /bi'narjo/ [남] (복 : -ri) ① 철도 선로, 궤도; uscire dai binari i) (기차가) 탈선하다 ii) (비유적으로) 상궤를 벗어나다 ② (역의) 플랫폼, 승강장 - rientrare nei binari 본궤도로 돌아오다

binocolo /bi'nɔkolo/ [남] 쌍안경 (un binocolo); binocolo da campagna 야외용 쌍안경; binocolo da teatro 오페라글라스

binomio /bi'nɔmjo/ (복 : -mi, -mie) [형] [생물] nomenclatura binomia 이명법(二名法; 속명(屬名)과 종명(種名)을 나타내는 명명법) - [남] ① [수학] 이항식(二項式) ② (비유적으로) (사람·사물의) (한) 쌍

biochimica /bio'kimika/ [여] 생화학

biochimico /bio'kimiko/ (복 : -ci, -che) [형] 생화학의, 생화학적인 - [남] (여 : -a) 생화학자

biodegradabile /biodegra'dabile/ [형] 생물 분해성의, 미생물의 작용으로 분해

되는
biodinamica /biodi'namika/ [여] 생물[생체] 역학
biodiversità /biodiversi'ta/ [여-불변] 생물의 다양성
bioetica /bio'etika/ [여] 생명윤리(학)
biofisica /bio'fizika/ [여] 생물물리학
biogas /bio'gas/ [남-불변] 생물 가스 (유기물 부패·발효에 의해 발생하는 기체 연료의 총칭)
biografia /biogra'fia/ [여] 전기(傳記), 일대기
biografico /bio'grafiko/ [형] (복 : -ci, -che) 전기(傳記)의, 전기에 관한
biografo /bi'ɔgrafo/ [남] (여 : -a) 전기(傳記) 작가
bioingegneria /bioindʒeɲɲe'ria/ [여] 생물[생체] 공학
biologia /biolo'dʒia/ [여] (학문 또는 학교 과목으로서의) 생물학; biologia molecolare 분자생물학
biologico /bio'lɔdʒiko/ [형] (복 : -ci, -che) ① 생물학(상)의, 생물학적인; arma biologica 생물학 무기; guerra biologica 생물학전(戰), 세균전; orologio biologico 생물[체내] 시계; ritmo biologico 바이오[생체] 리듬 ② 유기농의; agricoltura biologica 유기농업
biologo /bi'ɔlogo/ [남] (여 : -a) (남·복 : -gi, 여·복 : -ghe) 생물학자
biomassa /bio'massa/ [여] ① [생태] 생물량 (어느 지역 내에 생활하고 있는 생물의 현존량) ② 바이오매스 (에너지원으로 이용되는 생물 자원)
bionda /'bjonda/ [여] ① 금발의 여성 ② (구어체에서) 라거 비어, 저장 맥주
biondo /'bjondo/ [형] 금발의 - [남] ① 금발의 남성 ② 블론드 색, 금색 - birra bionda 라거 비어, 저장 맥주
bionica /bi'ɔnika/ [여] 바이오닉스, 생물[생체] 공학
bionico /bi'ɔniko/ [형] (복 : -ci, -che) 바이오닉스의, 생물[생체] 공학의
biopsia /bio'psia/ [여] [의학] 생체 조직 절편(切片) 검사(법)
bioritmo /bio'ritmo/ [남] 바이오[생체] 리듬 (생체가 가지는 생리적 과정의 주기성)
biosfera /bios'fɛra/ [여] 생물권(圈) (지구상의 생물의 세계)
biossido /bi'ɔssido/ [남] [화학] 이산화물; biossido di carbonio 이산화탄소
biotecnologia /bioteknolo'dʒia/ [여] 생명공학, 바이오테크놀로지
bioterrorismo /bioterro'rizmo/ [남] 세균 등 생물학 무기를 이용한 테러 행위
bipartitico /bipar'titiko/ [형] (복 : -ci, -che) [정치] 양당제(兩黨制)의
bipartitismo /biparti'tizmo/ [남] [정치] 양당제(兩黨制)
bipede /'bipede/ [형/남] 발이 두 개인 (동물)
biplano /bi'plano/ [남] 복엽(複葉) 비행기
bipolare /bipo'lare/ [형] 양극(兩極)의, 극이 두 개인
biposto /bi'posto/ [형/남/여-불변] 2인승의 (자동차·비행기)
birbante /bir'bante/ [형] 못된 짓을 하는; (어린아이가) 버릇없는 - [남/여] ① 악한, 불량배 ② (농담조로) 장난꾸러기, 개구쟁이
birbone /bir'bone/ [형] ① 사악한, 비열한; giocare un tiro birbone a qn 누구에게 비열한 짓을 하다 ② (농담조로) 심한, 지독한 - [남] (여 : -a) ① 악한, 불량배 ② (농담조로) 장난꾸러기, 개구쟁이
birichinata /biriki'nata/ [여] 심한 장난, 개구쟁이의 행동
birichino /biri'kino/ [형] 장난이 심한, 개구쟁이의 - [남] (여 : -a) 장난꾸러기, 개구쟁이
birillo /bi'rillo/ [남] ① (볼링의) 핀 ② (도로 공사시의) 원뿔형 표지
Birmania /bir'manja/ [여] 버마, 미얀마
birmano /bir'mano/ [형] 버마[미얀마]의 - [남] (여 : -a) ① 버마[미얀마] 사람 ② 버마[미얀마]어(語)
biro /'biro/ [남-불변] (구어체에서) 바이로 (볼펜의 일종; 상표명); penna biro 볼펜
birra /'birra/ [여] 맥주; lattina di birra 맥주 캔; botte di[da] birra 맥주 통; fare la birra 맥주를 양조하다; farsi una birra (구어체에서) 맥주를 마시다; birra bionda[chiara] 라거 비어, 저장 맥주, 약한 맥주; birra scura 흑맥주; birra alla spina 생맥주; birra in bottiglia 병맥주 - a tutta birra 전속력으로
birreria /birre'ria/ [여] ① 맥줏집 ② 맥주 양조장
BIRS /biiɛrre'ɛsse/ [여] (Banca

Internazionale per la Ricostruzione e lo Sviluppo의 약자) 국제 부흥 개발 은행 (영문 약자 : IBRD)

bis /bis/ [남-불변] ① (연주회에서의) 앙코르, 재청 ② 더 갖다 먹는 음식; fare il bis 음식을 더 갖다 먹다 - [감] bis! 앙코르! - [형-불변] ① 추가의, 더 ~한 ② (주소에서) 같은 번지 내의 두 번째 건물의

bisaccia /bi'zattʃa/ [여] (복 : -ce) 안낭(鞍囊), 안장에 다는 주머니

Bisanzio /bi'zantsjo/ [여] 비잔티움 (콘스탄티노플의 옛 이름)

bisarca /bi'zarka/ [여] (복 : -che) 자동차 운송용의 대형 트럭

bisbetico /biz'bɛtiko/ (복 : -ci, -che) [형] 심술궂은, 화를 잘 내는; (여자가) 잔소리가 심한 - [남] [여 : -a] 심술궂고 화를 잘 내는 사람

bisbigliare /bizbiʎ'ʎare/ [타동] (a와 함께 쓰여) (~에게) 속삭이다, 낮은 목소리로 말하다 - [자동] (조동사 : avere) ① 속삭이다, 낮은 목소리로 말하다 ② bisbigliare alle spalle di qn 누구의 험담을 하다

bisbiglio /biz'biʎʎo/ [남] (복 : -gli) ① 속삭임 ② 험담, 중상

bisboccia /biz'bɔttʃa/ [여] (복 : -ce) (구어체에서) 술잔치, 술 마시며 흥청거리기; fare bisboccia 술잔치를 벌이다, 술 마시며 흥청거리다

bisca /'biska/ [여] (복 : -sche) 도박장

biscia /'biʃʃa/ [여] (복 : -sce) 독 없는 뱀; biscia d'acqua 물뱀 - in[a] biscia (비유적으로) (걸음걸이 따위가) 지그재그로, 갈지자로

biscottato /biskot'tato/ [형] fetta biscottata 노릇노릇하게 구운 빵

biscottiera /biskot'tjɛra/ [여] 비스킷 통

biscotto /bis'kɔtto/ [남] ① 비스킷, 쿠키, 과자 ② 비스크 도자기

biscroma /bis'krɔma/ [여] [음악] 32분음표

bisessuale /bisessu'ale/ [형] ① [생물] 양성(兩性)의, 양성의 생식 기관을 모두 가진 ② 양성애의 - [남/여] 양성애자

bisessualità /bisessuali'ta/ [여-불변] ① [생물] 양성의 생식 기관을 모두 갖고 있음 ② 양성애

bisestile /bizes'tile/ [형] 윤년(閏年)의; anno bisestile 윤년

bisettimanale /bisettima'nale/ [형] 주 2 회의 - [남] 주 2회 발간되는 간행물 [잡지]

bisex /bi'sɛks/ [형-불변] ① 양성애의 ② (의상이) 유니섹스의 - [남/여] 양성애자

bislacco /biz'lakko/ [형] (복 : -chi, -che) (사람이) 정신이 이상한, 머리가 돈, 미친; (계획·생각 따위가) 괴상한, 무모한

bismuto /biz'muto/ [남] [화학] 비스무트, 창연(蒼鉛)

bisnonna /biz'nɔnna/ [여] 증조할머니
bisnonno /biz'nɔnno/ [남] 증조할아버지

bisogna /bi'zoɲɲa/ [여] (옛말로) ① 문제, 일 ② 필요; servire alla bisogna 소용되다, 쓸모가 있다

bisognare /bizoɲ'ɲare/ [비인칭] ① ~이 필요하다, ~할 필요가 있다, ~해야 하다; bisogna fare ~해야 한다; bisogna trovare una soluzione 해결책을 찾아야 한다; bisogna che tu ci vada 넌 거기 가야 해 ② (수사적인 표현으로) bisogna ancora vedere se ~ ~일지 어떨지는 두고 봐야 한다; bisogna vedere per credere 보아야 믿을 수 있다 ③ (부정문에서, 금지의 표현으로) non bisogna rubare 도둑질을 해서는 안된다

bisogno /bi'zoɲɲo/ [남] ① 필요(성); in caso di bisogno, al bisogno 필요한 경우에는, 필요하다면; secondo il bisogno 필요에 따라; senza bisogno di ~의[할] 필요 없이; avere bisogno di ~이 필요하다; avere bisogno di fare ~할 필요가 있다, ~해야 하다 ② 소용, 요구, 욕구; soddisfare un bisogno 필요를 충족시키다; provvedere ai bisogni della propria famiglia 가족을 부양하다; provare[sentire] il bisogno di fare ~하고 싶어하다 ③ 곤궁, 빈곤, 궁핍; essere nel bisogno 궁핍하다; per bisogno, spinto dal bisogno 궁핍하여, 돈이 필요해서 ④ (구어체에서) (대소변의) 생리적 욕구; fare i propri bisogni 용변을 보다 - il bisogno aguzza l'ingegno 필요는 발명의 어머니다; gli amici si riconoscono nel momento del bisogno 어려울 때의 친구가 진정한 친구다 - bisogni fisici 신체적[생리적] 욕구; bisogni fondamentali 기본적 욕구

B

bisognoso /bizoɲ'ɲoso/ [형] ① 곤궁한, 빈곤한, 궁핍한, 가난한 ② (di와 함께 쓰여) (~이) 필요한, 요구되는 - [남] (여 : -a) 궁핍한[가난한] 사람

bisonte /bi'zonte/ [남] [동물] 들소

bistecca /bis'tekka, bis'tɛkka/ [여] (복 : -che) (비프)스테이크

bistecchiera /bistek'kjera/ [여] 스테이크를 굽는 조리 도구 (그릴 따위)

bisticciare /bistit'tʃare/ [자동] (조동사 : avere) bisticciare con qn 누구와 다투다 - bisticciarsi [재귀동사] (구어체에서) bisticciarsi con qn per qc 무엇 때문에 누구와 다투다

bisticcio /bis'tittʃo/ [남] (복 : -ci) ① 말다툼 ② (동음이의어로 하는) 말장난

bistrattare /bistrat'tare/ [타동] ① (사람을) 학대하다; (물건을) 난폭하게 다루다 ② (작품을) 혹평하다

bisturi /'bisturi/ [남-불변] 외과용 메스

bit /bit/ [남-불변] [컴퓨터] 비트 (정보 전달의 최소 단위)

bitorzolo /bi'tortsolo, bi'tɔrtsolo/ [남] ① (몸에 난) 혹; 여드름, 사마귀 ② (식물의) 혹

bitter /'bitter/ [남-불변] 알코올 도수가 낮은 반주(飯酒)의 일종

bitume /bi'tume/ [남] 역청, 아스팔트

bivaccare /bivak'kare/ [자동] (조동사 : avere) (군대·등산객 등이) 야영하다

bivacco /bi'vakko/ [남] (복 : -chi) (군대·등산객 등의) 야영(지)

bivio /'bivjo/ [남] (복 : -vi) ① (도로의) 교차점, 분기점 ② [철도] 철차(轍叉); 선로의 교차점에 설치하는 장치) ③ (비유적으로) (중대한) 기로, 갈림길; trovarsi a un bivio 기로에 서 있다

bizantino /biddzan'tino/ [형] ① 비잔티움의; 비잔티움[동로마] 제국의; impero bizantino 비잔티움[동로마] 제국 ② 매우 복잡한 ③ (비유적으로) 사소한 일을 따지고 드는 - [남] (여 : -a) 비잔티움[동로마] 제국 사람

bizza /'biddza/ [여] 갑자기[발끈] 화를 냄, 변덕스러움; fare le bizze i) (어린 아이가) 발끈 화를 내다 ii) (기계 장치나 날씨 따위가) 갑자기 나빠지다, 변덕을 부리다

bizzarria /biddzar'ria/ [여] 별남, 기이함, 기괴함

bizzarro /bid'dzarro/ [형] 별난, 기이한, 기괴한, 괴벽스러운; un tipo bizzarro 기인

bizzeffe [부] (a bizzeffe /abid'dzɛffe/의 형태로 쓰여) avere denaro a bizzeffe 돈이 주체 못할 만큼 많다; essercene a bizzeffe 많이 있다

blackout /blɛk'aut/ [남-불변] ① 정전(停電) ② (비유적으로) 보도관제(報道管制)

blandire /blan'dire/ [타동] ① 감언이설로 꾀다; (남의) 자존심·욕구 따위를 부추기다 ② (고통 따위를) 가라앉히다, 진정시키다; 부드럽게 달래다

blando /'blando/ [형] ① (약·치료 따위가) 순한, 약한 ② (벌 따위가) 엄하지 않은, 관대한 ③ (태도·목소리 따위가) 부드러운, 상냥한 ④ 마음이 별로 내키지 않는, 관심 따위가 별로 없는

blasfemo /blas'fɛmo/ [형] 신성 모독의, 불경스러운 - [남] (여 : -a) 신성 모독을 하는 자, 불경스러운 언행을 하는 자

blasonato /blazo'nato/ [형] ① 문장(紋章)을 가진, 귀족의 ② (비유적으로) (스포츠 등에서) 상을 받은, 선수권을 획득한

blasone /bla'zone/ [남] ① (가문·도시 등의) 문장(紋章) ② 귀족임, 귀족의 신분 ③ 문장학(學)

blastula /'blastula/ [여] [생물] 포배(胞胚)

blaterare /blate'rare/ [자동] (조동사 : avere) (경멸적으로) (su, di와 함께 쓰여) (~에 대해) (시시한 소리를) 지껄이다

blatta /'blatta/ [여] [곤충] 바퀴(벌레)

blazer /'blezer/ [남-불변] 블레이저 (운동선수들이 입는 화려한 유니폼 상의)

blenda /'blɛnda/ [여] [광물] 섬아연석(閃亞鉛石)

blennio /'blɛnnjo/ [남] (복 : -ni) [어류] 베도라치

blenorragia /blenorra'dʒia/ [여] [병리] 임질(淋疾)

bleso /'blɛzo/ [형] 혀짤배기소리를 내는; con pronuncia blesa 혀짤배기소리로

blindaggio /blin'daddʒo/ [남] (복 : -gi) (차량의) 장갑(裝甲); (유리의) 방탄 처리

blindato /blin'dato/ [형] (차량이) 장갑된; (유리가) 방탄 처리된 - [남] 방탄 차량; [군사] 장갑차

blister /'blister/ [남-불변] 투명 플라스틱 포장

blitz /blits/ [남-불변] (군사·경찰 등의)

전격적인 공격, 급습; fare un blitz 전격적으로 공격하다, 급습하다
bloccaggio /blok'kaddʒo/ [남] (복 : -gi) (기계류 등의) 정지, 잠금, 고정; bloccaggio dello sterzo 스티어링 로크; dispositivo di bloccaggio 잠금 장치
bloccare /blok'kare/ [타동] ① (사람이나 기계류 등의 움직임을) 멈추다; bloccare i freni 브레이크를 밟다 ② (길을) 막다, (통행을) 차단하다; [군사] 봉쇄하다 ③ (구멍·관(管) 따위를) 막다 ④ (기계나 장치의 움직임을) 방해하다, (문 따위에 무엇이) 끼다 (문 따위를) 꼼짝 못하게 하다; (범인을) 붙잡다 ⑥ (진행 따위를) 저지하다, 억제하다 ⑦ (문 따위를[에]) 잠그다, 자물쇠를 채우다 ⑧ [경제] (임금·가격·자금 따위를) 동결하다; (인플레이션을) 억제하다 ⑨ [상업] (계좌를) 동결하다 (거래를) 중지시키다 ⑩ [기계] (나사 따위를) 죄다 ⑪ [스포츠] (공을) 잡다; 블로킹하다 ⑫ (활동 따위를) 못하게 하다; 무력하게 만들다 - bloccarsi [재귀동사] ① (사람이나 기계류 따위가) 움직임을 멈추다, 정지하다 ② 끼다, 걸리다, 막히다; (기계류가) (고장이 나서) 정지되다; avere una mano bloccata in ~에 손이 끼다 ③ (활동·진행이) 멈추다, 정지되다 ④ 마음 먹은 대로 할 수 없게 되다, 심리적으로 위축되다 ⑤ [컴퓨터] (시스템이) 고장나다
bloccaruota /blokka'rwɔta/ [남-불변] (불법 주차 차량의 한쪽 바퀴에 채우는) 쇠사슬 (또는 ceppo bloccaruota)
bloccasterzo /blokkas'tertso/ [남] (차량 도난 방지용의) 스티어링로크
bloccato /blok'kato/ [형] ① (움직임이) 정지된, 방해를 받은 ② (기계나 장치 따위가) 고장이 나서 걸리거나 멈춘 ③ 꼼짝없이 갇힌 ④ (비유적으로) (활동·협상 따위가) 답보[교착] 상태에 있는 ⑤ [경제] (계좌·자금 따위가) 동결된 ⑥ 마음 먹은 대로 할 수 없게 된, 심리적으로 위축된
blocchetto /blok'ketto/ [남] ① 작은 덩어리[토막]; un blocchetto di cioccolato 작은 초콜릿바 ② (종이·용지 따위의) 묶음; tre blocchetti di dieci banconote ciascuno 지폐 10장씩 세 묶음 - blocchetto d'accensione [기계] 점화 스위치

blocco1 /'blɔkko/ [남] (복 : -chi) ① (단단한 물질의) 덩어리, 토막; un blocco di ghiaccio 얼음덩어리 ② [정치] 블록, 권(圈); 제휴, 연립; il blocco delle sinistre 좌파 연합; fare blocco (con / contro) (~와 더불어 / ~에 대항하여) 블록을 형성하다, 세력을 합하다, 결속하다 ③ (종이 따위의) 묶음; blocco da disegno 스케치북 ④ (여러 개의) 한 덩어리, 집합; un blocco di edifici (여러 채의 건물들로 이루어진) 블록 ⑤ [컴퓨터] 블록 ⑥ in blocco i) 일괄하여, 전체적으로 ii) (구입·판매를) 대량으로, 도매로
blocco2 /'blɔkko/ [남] (복 : -chi) ① 가로막음[막힘], 봉쇄, 차단; 교통 체증; blocco stradale, posto di blocco (도로상의) 바리케이드 ② (기계 장치의) 정지, 잠금 ③ [철도] 신호구(區) ④ (가격·자금 등의) 동결 ⑤ (활동 따위의) 중지, 금지, 봉쇄; situazione di blocco 교착 상태; imporre un blocco economico 통상을 정지시키다; levare il blocco 봉쇄를 해제하다 ⑥ (신체 기관의) 기능 부전; blocco cardiaco 심장마비 ⑦ [심리] (사고의) 단절, 두절
bloc-notes, block-notes /blok'nɔtes/ [남-불변] 메모지 묶음, 노트패드
blog /blog/ [남-불변] [인터넷] 블로그
bloggare /blog'gare/ [자동] (조동사 : avere) (속어로) 블로그를 운영하다
blu /blu/ [형-불변] 파란, 푸른, 청색의; dagli[con gli] occhi blu 파란 눈의, 눈이 파란; uno squarcio di cielo blu 푸른 하늘; colletto blu, tuta blu 블루칼라, 생산직에 종사하는 육체 노동자 - [남-불변] 파랑, 푸른색, 청색; essere vestito di blu 푸른색 옷을 입고 있다; blu cobalto 코발트블루; blu nero 검푸른색, 짙은 남색 - avere[essere di] sangue blu 귀족 혈통이다; avere una fifa blu 잔뜩 겁을 먹고 있다
blue-jeans /blu'dʒins/ [남·복] 청바지, 블루진
blues /bluz/ [남-불변] (재즈 음악의) 블루스 (노래·곡) - [형-불변] 블루스의
bluff /blœf, bluf, blɛf/ [남-불변] ① [카드놀이] (포커에서 패가 센 것처럼) 허세 부리기, 엄포를 놓기 ② (일반적으로) 허세, 엄포 - fare un bluff 허세 부리다
bluffare /blœffare, bluffare, bleffare/

[자동] (조동사 : avere) 허세 부리다, 엄포를 놓다

blusa /'bluza/ [여] ① 블라우스 ② (화가 등의) 작업복

boa1 /'bɔa/ [남-불변] ① [동물] 보아, 왕뱀 (boa constrictor[costrittore]) ② 깃털이나 모피로 만든 여성용의 긴 목도리

boa2 /'bɔa/ [여] ① [항해] 부이, 부표(浮標) ② 해상 스포츠에서 코스를 표시하는 부표의 일종

boato /bo'ato/ [남] ① (천둥·대포·산사태 따위의) 크게 울리는 소리 ② (군중의) 왁자지껄한 소리

bob /bɔb/ [남-불변] [스포츠] 봅슬레이 (썰매의 일종); andare in bob 봅슬레이를 하다

bobina /bo'bina/ [여] ① (통 모양의) 실패, 보빈 ② [전기] 코일; bobina di accensione [기계] 점화코일 ③ [영화·사진] 필름을 감는, 릴, 스풀 (una bobina di pellicola) ④ [인쇄] rotativa a bobina 윤전(輪轉)인쇄기

bocca /'bokka/ [여] (복 : -che) ① 입, 구강(口腔); sciogliersi in bocca (음식이) 입에서 살살 녹다, 기막히게 맛있다; lasciare l'amaro in bocca, lasciare la bocca amara i) 뒷맛이 나쁘다 ii) (비유적으로) 나쁜 인상을 남기다 ② 입 언저리, 입술; baciare qn sulla bocca 누구의 입술에 키스하다; aprire[chiudere] la bocca 입을 벌리다[다물다]; con la bocca aperta, a bocca aperta 입을 벌리고 ③ (발음 기관으로서의) 입; non ha aperto bocca tutta la sera 그는 저녁내 한마디도 하지 않았다; tappati la bocca! 입 다물어!; avere la bocca cucita 발설하지 않다, 비밀을 지키다; venire a sapere qc dalla bocca di qn 누구를 통해 (이야기를) 듣다; essere sulla bocca di tutti 인구에 회자되고 있다, 소문이 자자하다 ④ 식구, 부양 가족 ⑤ (사물의) 입구, 어귀; (총포의) 총구, 포구 - avere l'acquolina in bocca 입맛을 다시다; togliere[levare] il pane di bocca a qn 누구의 생계 수단을 빼앗다; metter bocca in qc 무엇에 대해 쓸데없는 참견을 하다; in bocca al lupo! 행운이 있기를!, 성공을 빌어! - bocca di aerazione 통풍구; bocca antincendio 소화전(消火栓); bocca dello stomaco (가슴과 배 사이의) 명치

boccaccia /bok'kattʃa/ [여] (복 : -ce) ① (경멸적으로) chiudi quella boccaccia! 입 닥쳐! ② 찌푸린 얼굴; fare le boccacce 얼굴을 찌푸리다 ③ (비유적으로) 남의 험담을 하는 사람

boccaglio /bok'kaʎʎo/ [남] (복 : -gli) ① 노즐, (파이프·호스 따위의) 주둥이 ② (인공 호흡 장치 따위의) 입에 대는 부분

boccale1 /bok'kale/ [형] 입의, 구강의

boccale2 /bok'kale/ [남] 손잡이가 달린 주전자나 큰 잔; 그런 용기에 들어 있는 물이나 음료

boccaporto /bokka'pɔrto/ [남] [항해] (배의) 해치, 승강구, 창구(艙口)

boccata /bok'kata/ [여] (음식의) 한 입; (음료·기체의) 한 번 들이마시는 양; uscire a prendere una boccata d'aria 바깥바람을 쐬러 나가다; aspirare una boccata da una sigaretta 담배를 한 대 피우다

bocce [여·복] → boccia

boccetta /bot'tʃetta/ [여] 작은 병; 약병; boccetta di profumo 향수병

boccheggiare /bokked'dʒare/ [자동] (조동사 : avere) ① 숨을 헐떡이다 ② 마지막 숨을 거두는 순간에 와 있다, 다 죽어가다; (비유적으로) 사멸해가다

bocchettone /bokket'tone/ [남] ① (튜브·통 따위의) 입구, 구멍 ② (파이프와 파이프를 잇는) 접합 부분

bocchino /bok'kino/ [남] ① (관악기의) 입에 대는 부분 ② (담배를 끼우는) 물부리

boccia /'bɔttʃa/ [여] (복 : -ce) ① 물병; 수반(水盤); boccia per i pesci rossi 어항 ② (놀이에 쓰이는) 나무 또는 기타 물질로 된 공; boccia da bowling 볼링공 - bocce [여·복] il gioco delle bocce (이탈리아·프랑스의) 볼링 비슷한 게임의 일종

bocciare /bot'tʃare/ [타동] ① (의안(議案)을) 부결시키다; (제안 따위에[를]) 반대하다, 거부하다 ② (시험에서 학생을) 불합격시키다

bocciato /bot'tʃato/ [형/남] (여 : -a) 시험에 불합격한 (학생)

bocciatura /bottʃa'tura/ [여] ① (의안(議案)의) 부결 처리; (제안 따위에 대한) 반대, 거부 ② (시험에서의) 불합격

boccio /'bɔttʃo/ [남] (복 : -ci) 꽃봉오리
bocciolo /bot'tʃɔlo/ [남] 꽃봉오리
boccolo /'bokkolo/ [남] (머리카락의) 컬, 고수머리
bocconcino /bokkon'tʃino/ [남] (음식의) 한 입, 작은 조각 - bocconcini [남·복] 스튜 요리
boccone /bok'kone/ [남] ① (음식의) 한 입 가득한 분량; 작은 조각; mangiare[divorare] qc in un (sol) boccone 무엇을 한 입에 먹다, 꿀꺽 삼키다 ② 간단한 식사 ③ (동물을 잡는 데 쓰는) 미끼 - è un boccone amaro da mandare giù 감수해야 할 싫은 일이다; a pezzi e bocconi 조금씩
bocconi /bok'koni/ [부] 엎어져, 푹 고꾸라져; cadere bocconi 푹 고꾸라지다
body /'bɔdi/ [남-불변] (댄서나 체조 선수가 입는) 몸에 꼭 끼는, 아래위가 붙은 옷
body building /bodi'bilding/ [남-불변] 보디빌딩
Boemia /bo'ɛmja/ [여] 보헤미아 (체코 서부 지역)
boemo /bo'ɛmo/ [형] 보헤미아의 - [남] (여 : -a) 보헤미아 사람
boero /bo'ɛro/ [형] 보어인(人)[남아프리카 공화국의 네덜란드계 백인]의 - [남] (여 : -a) 보어인
bofonchiare /bofon'kjare/ [타동] (대답 따위를) 중얼거리다, 투덜거리며 말하다 - [자동] (조동사 : avere) 투덜거리다
boheme /bo'ɛm/ [여-불변] 자유분방한 생활
bohemien /boe'mjɛn/ [형/남-불변] 자유분방한 생활을 즐기는 (사람)
boia /'bɔja/ [남-불변] ① 사형 집행인 ② (비유적으로) 악한, 불량배 - [형-불변] (구어체에서) fa un freddo boia 지독하게 춥군; boia (d'un) mondo! 제기랄!
boiata /bo'jata/ [여] (구어체에서) 졸작, 시시한 것
boicottaggio /boikot'taddʒo/ [남] (복 : -gi) (di와 함께 쓰여) (~에 대한) 보이콧, 불매(不買) 운동; 방해; 배척; praticare un boicottaggio nei confronti di qn, qc 누구/무엇을 보이콧하다
boicottare /boikot'tare/ [타동] 보이콧하다, 불매 운동을 벌이다; 방해하다; 배척하다

boiler /'bɔiler/ [남-불변] 보일러, 급탕(給湯) 장치
bolero /bo'lɛro/ [남] ① 볼레로 (경쾌한 3/4박자의 스페인 무용); 그 무용곡 ② (블라우스 위에 입는) 짧은 상의
bolgia /'bɔldʒa/ [여] (복 : -ge) ① [문학] 단테의 "신곡 - 지옥편"에 나오는 구덩이 ② (비유적으로) 혼란스럽고 소란한 곳
bolide /'bɔlide/ [남] ① [천문] 불덩이 유성 ② 고성능 자동차 ③ (구어체에서) 뚱뚱한 사람
Bolivia /bo'livja/ [여] 볼리비아
boliviano /boli'vjano/ [형] 볼리비아의 - [남] (여 : -a) 볼리비아 사람
bolla1 /'bolla/ [여] ① 거품, 기포(氣泡); bolla d'aria 기포; bolla di sapone 비눗방울 ② (비유적으로) 거품 사업[투기] ③ (피부에 생기는) 물집, 수포 ④ 알코올 수준기(水準器) ⑤ [컴퓨터] memoria a bolle 버블 메모리 (자기(磁氣) 버블을 이용한 기억 매체) - finire[risolversi] in una bolla di sapone 수포로 돌아가다, 헛일이 되다
bolla2 /'bolla/ [여] ① [가톨릭] (교황의) 교서(敎書); [역사] (신성로마제국 황제의) 칙서 ② [상업] 증서, 영수증, 명세서; bolla di accompagnamento (화물) 운송장
bollare /bol'lare/ [타동] ① (행정 절차상, 문서 따위에) 도장[스탬프]을 찍다 ② (가축·죄인에) 낙인을 찍다 ③ (경멸적으로) (~에게) 오명을 씌우다; bollare qn come 누구에게 ~이라는 낙인을 찍다
bollato /bol'lato/ [형] ① 도장[스탬프]이 찍힌, 도장[스탬프]을 찍은; valore bollato i) 수입인지 ii) 우표 ② fissato bollato 계약증서
bollente /bol'lente/ [형] ① (액체가) 끓는, 끓고 있는 ② 몹시 뜨거운 ③ (몸이) 불덩이 같은, (몸에) 열이 펄펄 끓는
bolletta /bol'letta/ [여] ① (공과금의) 청구서 ② [상업] 증서, 영수증, 명세서; bolletta di accompagnamento (화물) 운송장; bolletta doganale 통관 신고서
bollettino /bollet'tino/ [남] ① (TV 방송 등에서의) 뉴스, 알림; bollettino meteorologico 기상 통보 ② [상업] bollettino di versamento 예입 전표, 예금 입금표; bollettino di ordinazione 주문 용지 ③ 보고, 공보

(公報); bollettino di borsa 주식 시세; bollettino di informazione 뉴스레터, 회보; bollettino ufficiale 관보(官報), 공보

bollino /bol'lino/ [남] ① 스티커 ② (상품 구매시 멤버십 카드 따위에 찍어주는) 스탬프 - bollino verde 자동차가 공해 방지 규정을 통과했다는 표시로 앞유리에 붙이는 녹색 스티커

bollire /bol'lire/ [타동] 끓이다; fare bollire 끓게 하다, 끓이다 - [자동] (조동사 : avere) ① 끓다, 비등하다 ② (비유적으로) 발효하다 ③ (비유적으로) (피가) 끓다, 격정에 사로잡히다 ④ (구어체에서) 몹시 덥다

bollito /bol'lito/ [형] ① 끓은, 삶은; riso bollito 밥 ② (구어체에서·비유적으로) 기진맥진한 - [남] 삶은 고기

bollitore /bolli'tore/ [남] 물 끓이는 도구, 주전자

bollitura /bolli'tura/ [여] 끓음, 비등

bollo /'bollo/ [남] ① 스탬프, 검인(檢印); bollo postale (우편의) 소인(消印) ② 인지(印紙); marca da bollo 수입인지 ③ bollo (di circolazione) i) (자동차의) 통행세, 도로 기금 ii) (자동차세) 납세필증 ④ 우표 ⑤ (구어체에서) 멍, 타박상

bollore /bol'lore/ [남] ① 끓음, 비등; essere a bollore 끓고 있다 ② 극심한 더위 - bollori [남·복] 격정, 혈기왕성함

bolognese /boloɲ'nese/ [형] ① (이탈리아 북부의 도시) 볼로냐(Bologna)의 ② alla bolognese 볼로냐식의; spaghetti alla bolognese 볼로냐식 스파게티 - [남/여] 볼로냐 사람

bolscevico /bolʃe'viko/ (복 : -chi, -che) [형] 볼셰비키의 - [남] (여 : -a) 볼셰비키의 일원; 공산당원; 과격주의자

bolscevismo /bolʃe'vizmo/ [남] 볼셰비즘, 볼셰비키의 정책[사상]

bomba /'bomba/ [여] ① 폭탄; lanciare una bomba (su qc) (무엇에) 폭탄을 던지다[투하하다]; bomba A, bomba atomica 원자 폭탄; bomba fumogena 연막탄; bomba H, bomba all'idrogeno 수소 폭탄; bomba illuminante 조명탄; bomba incendiaria 소이탄; bomba lacrimogena 최루탄; bomba a mano 수류탄; bomba molotov 화염병; bomba a orologeria[tempo] 시한폭탄 ② (비유적으로) 깜짝 놀랄 만한 일, 충격적인 사건 ③ (비유적으로) 매력적인 사람[사물] ④ (구어체에서) 고열량 식품; 도수가 높은 술 ⑤ (속어로) (운동선수들이 불법적으로 사용하는) 흥분제, 각성제

bombardamento /bombarda'mento/ [남] ① [군사] 포격, 폭격; bombardamento aereo 공중 폭격; bombardamento a tappeto 융단 폭격 ② (질문·비판 따위의) 집중 공세

bombardare /bombar'dare/ [타동] ① (~에) 폭탄을 투하하다, (~을) 포격[폭격]하다 ② (비유적으로) (~에 질문·요구 따위를) 퍼붓다; bombardare qn di domande 누구에게 질문 공세를 퍼붓다 ③ (구어체에서) bombardare di flash (~에) 플래시 세례를 터뜨리다, (~을) 계속 사진 찍다

bombardiere /bombar'djere/ [남] ① 폭격기 ② 척탄병(擲彈兵)

bombato /bom'bato/ [형] 불룩한, 둥근

bomber /'bomber/ [남-불변] ① [스포츠] 최고 득점 선수 ② 보머 재킷

bombetta /bom'betta/ [여] 중산모

bombice /'bombitʃe/ [남] [곤충] 누에; bombice del gelso 누에나방

bombo /'bombo/ [남] [곤충] 뒝벌

bombola /'bombola/ [여] 봄베, 기체 저장 용기; bombola di ossigeno 산소 봄베 - bombole [여·복] 산소호흡기

bomboletta /bombo'letta/ [여] 스프레이 [에어로졸] 캔

bombolone /bombo'lone/ [남] 도넛

bomboniera /bombo'njera/ [여] (결혼식장 등에 놓여 있는) 사탕 상자

bonaccia /bo'nattʃa/ [여] (복 : -ce) ① [기상·항해] 고요, 무풍 상태 ② (비유적으로) 평온

bonaccione /bonat'tʃone/ [형/남] (여 : -a) 온화한, 친절한 (사람)

bonariamente /bonarja'mente/ [부] 온화하게, 친절하게

bonario /bo'narjo/ [형] (복 : -ri, -rie) 온화한, 친절한, 마음씨 고운

bonbon /bon'bɔn/ [남-불변] 봉봉, 사탕과자

bongos /'bɔngos/ [남·복] [음악] 봉고 (라틴 음악에 쓰이는 작은 드럼)

bonifica /bo'nifika/ [여] (복 : -che) ①

(토지의) 개간; 배수 작업 ② (지뢰 매설 지역에 대한) 지뢰 제거 작업

bonificare /bonifi'kare/ [타동] ① (토지를) 개간하다; 배수시키다 ② (지뢰 매설 지역에 대해) 지뢰 제거 작업을 하다 ③ (비유적으로) (지역·환경을) 청소·정리하다, 재개발하다 ④ (계좌에 금액을) 입금하다, 이체하다

bonifico /bo'nifiko/ [남] (복 : -ci) ① 입금, 계좌 이체; fare[eseguire] un bonifico 계좌 이체를 하다; bonifico bancario 계좌 이체 ② 공제, 할인

bontà /bon'ta/ [여-불변] ① 선량, 착함, 친절; trattare qn con bontà 누구에게 친절하게 대하다; per bontà d'animo 친절을 베푸는 마음에서 ② (예의상 하는 말로) avresti la bontà di chiudere la porta? 문 좀 닫아 주실래요? ③ (품질의) 우수함, 훌륭함, 탁월함 ④ 맛이 좋음 ⑤ (기후의) 온화함 - bontà divina! 이런!, 어머나!

bonus /'bɔnus/ [남-불변] 보너스, 상여금

bonzo /'bondzo/ [남] (불교의) 중, 스님

bookmaker /buk'mɛker/ [남-불변] 사설 마권 영업자

boom /bum/ [남-불변] 벼락 경기; 갑작스러운 인기, 붐; 급격한 증가; boom economico 벼락 경기; boom demografico 베이비 붐

boomerang /'bumerang/ [남-불변] ① 부메랑 ② 자업자득이 되는 것; rivelarsi un boomerang 던진 사람에게 되돌아오다 - [형-불변] effetto boomerang 부메랑 효과

bora /'bɔra/ [여] [기상] 보라 (아드리아해의 북쪽 또는 북동쪽에서 불어오는 차고 건조한 바람)

borace /bo'ratʃe/ [남] [화학] 붕사(硼砂)

borato /bo'rato/ [남] [화학] 붕산염

borbottare /borbot'tare/ [타동] (욕설·비난·기도 따위를) 중얼거리다 - [자동] (조동사 : avere) (사람이) 중얼거리다; (뱃속에서) 꾸르륵 소리가 나다

borbottio /borbot'tio/ [남] (복 : -ii) (사람이) 중얼거림; (뱃속에서) 꾸르륵 소리가 남

borchia /'bɔrkja/ [여] ① (의복 따위의) 장식 단추 ② 가구류를 다루는 사람이 쓰는 대가리가 큰 못

borchiato /bor'kjato/ [형] (의복 따위에) 장식 단추가 달린

bordare /bor'dare/ [타동] ① (드레스나 커튼 따위에) 가장자리를 달다, 테를 두르다 ② 접하다, 경계를 짓다

bordata /bor'data/ [여] ① (군함의) 한쪽 뱃전의 대포 전체로부터의 일제 사격 ② (비유적으로) (욕설 따위의) 연발 ③ [항해] 뱃전, 현측(舷側)

bordatura /borda'tura/ [여] (천이나 옷의) 가장자리 (장식); (드레스나 커튼 따위에) 가장자리를 달기, 테를 두르기

bordeaux /bor'do/ [형-불변] 암홍색(暗紅色)의 - [남-불변] ① 보르도 포도주 ② 암홍색

bordello /bor'dɛllo/ [남] ① 매음굴 ② (비유적으로·경멸적으로) 범죄의 소굴 ③ (구어체에서) 소동, 혼란; fare bordello 소동을 일으키다

bordo /'bordo/ [남] ① 가장자리, 언저리; bordo della strada 길가, 노변 ② (페이지의) 여백 ③ (천이나 옷의) 가두리, 옷단; applicare un bordo a qc 무엇의 가장자리를 감치다, 무엇에 옷단을 대다 ④ 뱃전, 현측(舷側); 배[선박] 또는 비행기; a bordo 배에 타고, 승선하여; salire a bordo di una nave 배에 타다, 승선하다; giornale di bordo 항해 일지; personale di bordo (항공기의) 객실 승무원; fuori bordo 배 밖에 [으로] - gente d'alto bordo (비유적으로) 상류층, 고위 인사들

bordura /bor'dura/ [여] ① (화단 따위의) 가장자리 ② (의복의) 가장자리 장식

boreale /bore'ale/ [형] 북쪽의, 북녘의; aurora boreale 북극광(北極光)

borgata /bor'gata/ [여] ① 작은 마을 ② (주로 하층민이 거주하는) 도시의 변두리

borghese /bor'gese, bor'geze/ [형] ① 부르주아의, 중산 계급의 ② 보수적인, 소시민적인 ③ 일반 시민의, 민간인의; in borghese (군인·경찰이) 사복을 입은 - [남/여] 중산 계급의 시민; piccolo borghese 프티 부르주아, 소시민 계급

borghesia /borge'sia, borge'zia/ [여] 부르주아[중산] 계급

borgo /'borgo/ [남] (복 : -ghi) ① 마을 ② 교외

boria /'bɔrja/ [여] 오만, 거만; essere pieno di boria 오만[거만]하다

borico /'bɔriko/ [형] (복 : -ci, -che) [화학] 붕소의; 붕소를 함유한

borioso /bo'rjoso/ [형] 오만한, 거만한

borlotto /bor'lɔtto/ [남] [식물] 강낭콩의 일종 (또는 fagiolo borlotto)
boro /'bɔro/ [남] [화학] 붕소
borotalco /boro'talko/ [남] (상표명) 탤컴 파우더
borraccia /bor'rattʃa/ [여] (복 : -ce) (군인 등의) 수통, 물병
borsa1 /'borsa/ [여] ① 가방; 핸드백; 지갑; 서류 가방 ② (비유적으로) 금전, 자금, 재원; essere alla portata di tutte le borse 누구나 구입[활용]할 수 있다, 그리 비싸지 않다 ③ 장학금 (또는 borsa di studio) ④ (구어체에서) (눈 밑의) 다크서클 ⑤ (옷이) 축 늘어짐 ⑥ [동물] (유대류(有袋類) 등의) 주머니 ⑦ [해부] 낭(囊); (통속적으로) 음낭 (borsa scrotale) - allargare[stringere] i cordoni della borsa 돈을 헤프게[아껴] 쓰다; metter mano alla borsa 비용을 부담하다, 계산을 치르다; pagare di borsa propria 자기 주머니에서[돈으로] 지불하다; tenere stretta la borsa 돈을 몹시 아끼다 - borsa diplomatica 외교 행낭(行囊); borsa del ghiaccio 얼음 주머니; borsa di plastica 비닐 봉지[백]; borsa della spesa 쇼핑 백; borsa a tracolla 어깨에 메는 백, 숄더백; borsa da viaggio 여행용 가방
borsa2 /'borsa/ [여] ① 증권 거래소, 주식 시장 (또는 la Borsa valori); caduta[crollo] della borsa 주식 시장 붕괴, 주가 폭락; trattare in borsa 주식 거래를 하다; giocare in borsa 주식 투자를 하다; essere quotato in borsa, essere ammesso alle quotazioni di borsa 주식 시장에 상장되어 있다; indice di borsa 주가 지수; le quotazioni di borsa 주가 시세; agente[operatore] di borsa 주식 중매인 ② (일반적으로) 시장, 거래소; Borsa del commercio, borsa merci 상품 거래소; borsa nera 암시장, 암거래
borsaiolo /borsa'jɔlo/ [남] (여 : -a) → borseggiatore
borseggiatore /borseddʒa'tore/ [남] (여 : -trice) 소매치기 (사람)
borseggio /bor'seddʒo/ [남] (복 : -gi) 소매치기 (행위)
borsellino /borsel'lino/ [남] 지갑
borsello /bor'sɛllo/ [남] 어깨에 메는 백, 숄더백
borsetta /bor'setta/ [여] 핸드백, 지갑
borsino /bor'sino/ [남] ① (증권 거래소의) 딜링 룸 ② (증권의) 폐장 후 거래
borsista1 /bor'sista/ [남/여] (남·복 : -i, 여·복 : -e) 장학금 수혜자
borsista2 /bor'sista/ [남/여] (남·복 : -i, 여·복 : -e) 주식 중매인
borsistico /bor'sistiko/ [형] (복 : -ci, -che) 주식 거래[시장]의; mercato borsistico 주식[증권] 시장
boscaglia /bos'kaʎʎa/ [여] 관목 덤불
boscaiolo /boska'jɔlo/ [남] 나무꾼, 벌목꾼
boschetto /bos'ketto/ [남] 덤불, 잡목 숲
bosco /'bosko/ [남] (복 : -schi) 숲, 수풀, 삼림
boscoso /bos'koso/ [형] (토지·지역에) 숲이 있는[우거진]
Bosnia /'bɔznja/ [여] 보스니아
bosniaco /boz'niako/ (복 : -ci, -che) [형] 보스니아의 - [남] (여 : -a) 보스니아 사람
Bosnia-Erzegovina /'bɔznjaerdze'gɔvina/ [여] 보스니아헤르체고비나
boss /bɔs/ [남-불변] (위압적인) 두목, 보스
bosso /'bɔsso/ [남] [식물] 회양목; 그 재목
bossolo /'bɔssolo/ [남] ① 투표함 ② 주사위통 ③ 헌금함 ④ 탄약통
botanica /bo'tanika/ [여] 식물학
botanico /bo'taniko/ (복 : -ci, -che) [형] 식물의; 식물학(상)의; orto botanico 식물원 - [남] (여 : -a) 식물학자
botola /'bɔtola/ [여] ① (마루·지붕·천장·무대 등의) 뚜껑처럼 생긴 작은 문 ② 맨홀
Botswana /bot'tswana/ [남] 보츠와나 (아프리카 남부의 국가)
botta /'bɔtta/ [여] ① (손바닥·주먹·둔기 따위로) 때리기, 치기, 타격, 구타; prendere una botta 얻어맞다, 타격을 입다; dare una botta in testa a qn 누구의 머리를 때리다 ② 타박상, 멍 ③ (구어체에서·비유적으로) (정신적인) 타격, 충격, 쇼크 ④ 탕[쾅] 하는 소리, 강타하는 소리 ⑤ (비유적으로) 신랄한[가시 돋친] 말; botta e risposta 가시 돋친 말을 주고받음, 말다툼 - botte [여·복] fare a botte 격투를 벌이다, 주먹

다짐을 하다; dare botte da orbi 세게 때리다; prendere un sacco di botte 흠씬 두들겨 맞다 - a botta calda 즉시, 즉석에서, 깊이 생각하지 않고; una botta di fortuna[sfortuna] 뜻밖의 행운[불운]

bottaio /bot'tajo/ [남] (복 : -ai) 통장이, 통을 만드는[수리하는, 판매하는] 사람

botte /'botte/ [여] ① (중배가 볼록한) 통 ② (비유적으로) 땅딸막한 사람 - essere pieno come una botte 만취 상태다; nelle botti piccole sta il vino buono [속담] 작지만 (질 따위가) 더 좋은 경우도 있다

bottega /bot'tega/ [여] (복 : -ghe) ① 가게, 상점 ② 작업장, 일터 ③ (구어체에서·농담조로) 바지의 지퍼

bottegaio /botte'gajo/ [남] (여 : -a) (복 : -ai) 가게 주인, 소매상인

botteghino /botte'gino/ [남] (극장 등의) 매표소

bottiglia /bot'tiʎʎa/ [여] (액체를 담는) 병; una bottiglia di latte 우유 한 병; bere (d)alla bottiglia 병째 마시다; attaccarsi alla bottiglia 술을 많이 마시다

bottiglieria /bottiʎʎe'ria/ [여] ① 와인 가게 ② 와인셀러

bottino /bot'tino/ [남] 전리품, 노획물; 훔친 것

botto /'botto/ [남] ① 때리기, 타격 ② 쾅 하는 소리, 폭발음; fare il botto i) (마개가) 뻥 하고 소리나며 열리다 ii) (비유적으로) 갑자기 큰 성공을 거두다 - botti [남·복] (폭죽의) 불꽃 - di botto 갑자기; in un botto 순식간에, 즉시, 단번에

bottone /bot'tone/ [남] ① 단추; bottone automatico 똑딱단추 ② 누름단추, 버튼 ③ (식물의) 눈, 싹 - botton d'oro [식물] 미나리아재비

boule /bul/ [여-불변] 탕파(湯婆), 뜨거운 물을 담은 병

bouquet /bu'ke/ [남-불변] 부케, 꽃다발

boutique /bu'tik/ [여-불변] 부티크 (여자용 고급 유행복이나 액세서리를 파는 가게)

bovaro /bo'varo/ [남] 소 치는 사람

bovino /bo'vino/ [형] 소의; 소 같은 - [남] [동물] 소; [복] 가축

bowling /'buling/ [남-불변] [스포츠] 볼링

box /bɔks/ [남-불변] ① 칸막이가 된 작은 공간, 부스 ② (자동차 경주 트랙의) 급유[수리]하는 곳, 피트 ③ 차고 ④ (울타리가 쳐진) 유아용 놀이터

boxe /bɔks/ [여-불변] [스포츠] 복싱, 권투

boy /bɔi/ [남-불변] ① 무용수 ② (호텔의) 벨보이 ③ (테니스에서) 공 줍는 사람

bozza /'bɔttsa/ [여] ① [인쇄] 교정쇄; correggere le bozze 교정을 보다, 교정쇄를 읽다 ② (글의) 초고, 초안 ③ (구어체에서) 혹, 부풀어 오른 곳

bozzetto /bot'tsetto/ [남] 스케치, 밑그림

bozzo /'bɔttso/ [남] 혹, 부풀어 오른 곳

bozzolo /'bɔttsolo/ [남] (누에) 고치 - rinchiudersi nel proprio bozzolo 자신만의 세계에 틀어박히다, 외부와의 접촉을 끊다

braccare /brak'kare/ [타동] ① (동물을) 사냥하다 ② (비유적으로) (범인을) 추적하다

braccetto /brat'tʃetto/ a braccetto [부] 서로 팔짱을 끼고

bracchetto /brak'ketto/ [남] 비글 (작고 다리가 짧은 사냥개)

bracciale /brat'tʃale/ [남] ① 팔찌 ② 완장; 손목[팔]에 두르는 밴드

braccialetto /brattʃa'letto/ [남] 팔찌

bracciante /brat'tʃante/ [남/여] 농장 일꾼

bracciata /brat'tʃata/ [여] ① 한 아름 ② (수영에서의) 팔 동작

braccio /'brattʃo/ [남] (복 : -ci) ① (여·복 : -cia) 팔; prendere qn in braccio 누구를 두 팔로 껴안다; trasportare qc a braccia 무엇을 안고 가다; accogliere qn a braccia aperte 누구를 두 팔 벌려 환영하다; (con) le braccia conserte 팔짱을 끼고 ② (강의) 지류(支流); (바다의) 후미, 만 ③ (의자의) 팔걸이; 받침대 ④ (여·복 : -cia) [길이의 단위] 길, 패덤 (주로 수심을 측정하는 데 사용되는 단위; 6피트에 해당) - braccia [여·복] 노동력, 일손

bracciolo /brat'tʃɔlo/ [남] (의자의) 팔걸이

bracco /'brakko/ [남] (복 : -chi) 사냥개

braccioniere /brakko'njɛre/ [남] 밀렵꾼

brace /'bratʃe/ [여] 타다 남은 것, 깜부기불 - carne alla brace 불고기; farsi

di brace 얼굴이 새빨개지다
braciere /bra'tʃere/ [남] 화로(火爐)
braciola /bra'tʃɔla/ [여] (요리용) 고깃점
brado /'brado/ [형] (동물 따위가) 야생의
braille /brail/ [남-불변] (브라유) 점자(법)
brama /'brama/ [여] 욕구, 갈망
bramare /bra'mare/ [타동] 갈망하다, 몹시 탐내다
bramoso /bra'moso/ [형] (di와 함께 쓰여) (~을) 갈망하는, 몹시 탐내는
branca /'branka/ [여] (복 : -che) ① (짐승의) 갈고리 발톱 ② (도구의) 집게 모양 부분 ③ 나뭇가지 ④ 부문, 분야
branchia /'brankja/ [여] [동물] 아가미
branco /'branko/ [남] (복 : -chi) ① (동물의) 떼, 무리 ② (경멸적으로) (사람의) 한패, 떼거리
brancolare /branko'lare/ [자동] (조동사 : avere) 손으로 더듬다[더듬으며 나아가다]; brancolare nel buio 어둠 속에서 더듬거리다
branda /'branda/ [여] ① 야외용 접이침대 ② 해먹
brandello /bran'dɛllo/ [남] 조각, 단편; a brandelli 갈가리 찢긴, (옷이) 해진; fare qc a brandelli 무엇을 갈가리 찢다
brandire /bran'dire/ [타동] (무기나 기타 도구를) 휘두르다
brano /'brano/ [남] ① 조각, 단편 ② (글·노래 따위의) 한 구절
brasare /bra'zare/ [타동] ① (식재료를) 약한 불에서 천천히 삶다[익히다] ② 납땜하다
brasato /bra'zato/ ① (식재료를) 약한 불에서 천천히 삶은[익힌] ② 납땜한 - [남] 약한 불로 천천히 삶은[익힌] 고기
Brasile /bra'zile/ [남] 브라질
brasiliano /brazi'ljano/ [형] 브라질의 - [남] (여 : -a) 브라질 사람
bravata /bra'vata/ [여] 허세, 허풍, 자랑
bravo /'bravo/ [형] ① 유능한, 영리한, 솜씨 좋은; un bravo allievo 우등생; essere bravo in[a fare] ~을 잘하다 ② 선량한, 정직한 ③ (어린아이 등이) 착한, 말을 잘 듣는 ④ 충분한, 만족스러운; ebbe la sua brava ricompensa 그는 충분한 보상을 받았다 - [감] bravo! i) 잘했어!, 훌륭하다! ii) (비꼬는 투로) 잘한다, 잘해 iii) (극장에서) 브라보!

bravura /bra'vura/ [여] ① 유능함, 영리함, 솜씨 좋음 ② (음악가의) 탁월한 기량
break /brɛk/ [남-불변] 잠깐 쉼, 일시적인 중단
breccia /'brettʃa/ [여] (복 : -ce) 갈라진 틈, 트인 구멍 - essere sulla breccia 전력을 다해 활동하고 있다
bretella /bre'tella/ [여] ① (속옷 따위의) 어깨끈 ② (도로의) 진입로 - bretelle [여·복] (바지의) 멜빵
breve /'brɛve/ [형] ① (시간상) 짧은; di breve durata 단명한, 얼마 못 가는; fare una breve sosta 잠깐 멈추다; a breve (termine) 곧, 이내; per breve tempo 잠깐 동안; fra[tra] breve 곧, 머지않아; nel più breve tempo possibile 가능한 한 빨리 ② (거리·범위가) 짧은 ③ (설명·대답 따위가) 간결한; in breve 요컨대, 간단히 말해서
brevemente /breve'mente/ [부] 짧게, 간결하게
brevettare /brevet'tare/ [타동] (발명품 따위에 대해) 특허를 취득하다
brevetto /bre'vetto/ [남] ① [법률] brevetto (d'invenzione) (발명) 특허; depositare un brevetto per ~에 대해 특허를 취득하다 ② 면허; brevetto da pilota 조종사 면허 ③ [군사] (장교의) 임관 사령
breviario /bre'vjarjo/ [남] (복 : -ri) [가톨릭] 성무일과서(聖務日課書)
brevità /brevi'ta/ [여-불변] 짧음, 간결, 간명
brezza /'breddza, 'brettsa/ [여] 산들바람
bricco /'brikko/ [남] (복 : -chi) 주전자; bricco del caffè 커피 포트
bricconata /brikko'nata/ [여] 비열한 속임수; 나쁜 짓
briccone /brik'kone/ [형] 나쁜 짓을 하는, 악당의 - [남] 악한, 악당, 불량배
briciola /'britʃola/ [여] ① (빵·과자 등의) 부스러기 ② 작은 조각, 얼마 안 되는 것; restavano solo le briciole 거의 아무것도 남아 있지 않았다 ③ (비유적으로) 아주 적은 양
briciolo /'britʃolo/ [남] 아주 조금; non ha un briciolo di buon senso 그에겐 상식이라곤 전혀 없다
bricolage /briko'laʒ/ [남-불변] DIY, 손수 제작·수리하는 취미
bridge /bridʒ/ [남-불변] 브리지 (카드놀

이의 일종)
briga /ˈbriga/ [여] (복 : -ghe) ① 고생, 수고; darsi la briga di fare qc 무엇을 하는 수고를 아끼지 않다 ② 다툼, 싸움
brigadiere /brigaˈdjɛre/ [남] (이탈리아 경찰의) 반장
brigante /briˈgante/ [남] 강도, 폭력배
brigare /briˈgare/ [자동] (조동사 : avere)(per fare와 함께 쓰여) (~하려는) 음모를 꾸미다
brigata /briˈgata/ [여] ① (사람들의) 일단(一團), 그룹 ② [군사] 여단
briglia /ˈbriʎʎa/ [여] 말 굴레; tirare le briglie 말의 고삐를 당기다 - briglie [여·복] (유아의) 보행용 벨트 - lasciare le briglie sul collo a qn 누구에게 행동의 자유를 주다
brillante /brilˈlante/ [형] ① 빛나는, 밝은, 찬란한, 반짝이는 ② (색깔이) 선명한, 밝은 ③ (비유적으로) (능력 따위가) 뛰어난, 훌륭한; (장래가) 밝은, 유망한; (결과 따위가) 두드러진, 탁월한 ④ 활기 있는, 생동감 있는 - [남] 다이아몬드
brillantezza /brillanˈtettsa/ [여] ① 빛남, 밝음, 찬란함, 반짝임 ② (비유적으로) (능력 따위가) 뛰어남, 훌륭함; 두드러짐, 탁월함
brillantina /brillanˈtina/ [여] 윤내는 머릿기름
brillare /brilˈlare/ [자동] (조동사 : avere) ① 빛나다, 반짝이다 ② (비유적으로) (in과 함께 쓰여) (~이, ~에서) 두드러지다, 뛰어나다, 돋보이다 ③ 폭발하다
brillo /ˈbrillo/ [형] (구어체에서) 술에 얼근하게 취한
brina /ˈbrina/ [여] 서리
brinare /briˈnare/ [비인칭] (조동사 : essere, avere) stanotte è brinato 간밤에 서리가 내렸다
brindare /brinˈdare/ [자동] (조동사 : avere) 건배하다; brindare a qn 누구를 위해 축배를 들다
brindisi /ˈbrindizi/ [남-불변] 건배, 축배; fare un brindisi a qn 누구를 위해 축배를 들다
brio /ˈbrio/ [남] 생기, 활력, 원기왕성
brioche /briˈɔʃ/ [여-불변] 브리오시 (빵의 일종)
brioso /briˈoso/ [형] 생기 넘치는, 활기찬, 원기왕성한

briscola /ˈbriskola/ [여] [카드놀이] 으뜸패
britannico /briˈtanniko/ (복 : -ci, -che) [형] 영국의 - [남] (여 : -a) 영국 사람
brivido /ˈbrivido/ [남] (추위로 인한) 떨림; 오한; (공포·쾌감 등으로 인한) 전율, 스릴; far venire i brividi a qn 누구를 오싹하게 만들다
brizzolato /brittsoˈlato/ [형] (머리카락·수염이) 회색의, 반백의
brocca /ˈbrokka/ [여] (복 : -che) ① 주전자 ② 주전자 하나에 가득한 양
broccato /brokˈkato/ [남] 수단(繡緞), 문직(紋織)
brocco /ˈbrɔkko/ [남] (복 : -chi) ① (경멸적으로) 늙고 쇠약한 말 ② (비유적으로) 무능한 사람
broccoli /ˈbrɔkkoli/ [남·복] [식물] 브로콜리
brochure /broʃˈʃur/ [여-불변] 브로슈어, 소책자
brodo /ˈbrodo/ [남] 고기 국물, 수프; brodo di carne 고깃국; brodo ristretto 콩소메, 맑은 수프 - tutto fa brodo 무엇이든 쓸모가 있다, 티끌 모아 태산
brodoso /broˈdoso/ [형] (수프 따위가) 묽은
brogliaccio /broʎˈʎattʃo/ [남] (복 : -ci) ① 메모장 ② 거래 내역을 적는 임시 장부
broglio /ˈbrɔʎʎo/ [남] (복 : -gli) 음모, 술책, 부정한 행동
bromo /ˈbrɔmo/ [남] [화학] 브롬
bronchite /bronˈkite/ [여] [병리] 기관지염
broncio /ˈbrontʃo/ [남] (복 : -ci) 샐쭉함, 토라짐; tenere il broncio a qn 누구에게 심술을 부리다
bronco /ˈbronko/ [남] (복 : -chi) [해부] 기관지
broncopolmonite /bronkopolmoˈnite/ [여] [병리] 기관지폐렴
brontolare /brontoˈlare/ [타동] (~이라는 말을) 중얼거리다 - [자동] (조동사 : avere) ① 투덜거리다, 불평하다 ② (천둥 따위가) 우르르 울리다 ③ (뱃속에서) 꾸르륵 소리가 나다
brontolio /brontoˈlio/ [남] (복 : -ii) ① 중얼거림; 투덜거림 ② (천둥 따위가) 우르르 울림 ③ (뱃속에서) 꾸르륵 소리가

남

brontolone /bronto'lone/ [남] (여 : -a) 잘 투덜거리는 사람, 불평꾼

bronzeo /'brondzeo, 'brɔndzeo/ [형] ① 청동[브론즈]의; 청동으로 만든 ② 청동색의 ③ (피부를) 선탠한, 햇볕에 태운

bronzo /'brondzo/ [남] ① 청동, 브론즈 (구리와 주석의 합금); età del bronzo [고고학] 청동기 시대 ② [스포츠] 동메달 - avere una faccia di bronzo 아주 뻔뻔스럽다

brossura /bros'sura/ [여] (책을) 종이 표지로 제본하기

brucare /bru'kare/ [타동/자동] (조동사 : avere) (초식 동물이) (풀·잎을) 먹다, 뜯다

bruciacchiare /brutʃak'kjare/ [타동] (~의) 표면을 태우다, 그슬다 - bruciacchiarsi [재귀동사] (음식이) 타다

bruciapelo /brutʃa'pelo/ a bruciapelo [부] ① (사격을) 직사(直射)로 ② (질문 따위를) 갑자기, 불쑥, 예고 없이

bruciare /bru'tʃare/ [타동] ① 태우다, 불사르다 ② (연료를) 소비하다 ③ (매운 음식이나 독한 술 따위가) 얼얼하게 하다, 속 쓰리게 하다 ④ (음식물을) 태우다 ⑤ (햇볕이) (피부를) 태우다, (땅을) 바싹 마르게 하다 ⑥ (서리가) (식물을) 마르게 하다 ⑦ [화학] (산(酸)이) (물질의 표면을) 부식시키다 ⑧ 표면을 태우다, 눈게 하다 ⑨ (구어체에서) (교통 신호 따위를) 무시하다 ⑩ (비유적으로) (상대를) 능가하다 - [자동] (조동사 : essere) ① 불타다, 연소하다; far bruciare 태우다 ② (건물 따위에) 불이 붙다, 화재가 나다 ③ (음식물이) 타다 ④ 몹시 뜨겁다 ⑤ (신체 부위가) 얼얼하다, 따갑다 ⑥ 갈망하다, 열망하다; 격한 감정에 휩싸이다; bruciare d'amore 애타게 사랑하다 ⑦ (비유적으로) 분개하다 - bruciarsi [재귀동사] ① 불타다; 타서 없어지다 ② 데다, 화상을 입다; bruciarsi la mano 손을 데다, 손에 화상을 입다 ③ (음식물이) 타다 ④ (전구 따위가) 나가다 ⑤ (비유적으로) 몰락하다, 망하다 ⑥ (비유적으로) (기회 따위를) 놓치다

bruciato /bru'tʃato/ [형] ① (음식이) 탄 ② (비유적으로) 몰락한, 망한 ③ bruciato dal sole (피부가) 햇볕에 탄 - [남] odore[puzza] di bruciato 탄

내

bruciatore /brutʃa'tore/ [남] 버너, 연소기

bruciatura /brutʃa'tura/ [여] ① 연소, 탐, 태움 ② (천 따위의) 탄 자국

bruciore /bru'tʃore/ [남] ① (신체 부위의) 얼얼함, 따가움 ② (비유적으로) 쓰라림, 비통; il bruciore di una sconfitta 패배의 쓴맛 - bruciore di[allo] stomaco 가슴쓰림

bruco /'bruko/ [남] (복 : -chi) [곤충] 나비 종류의 애벌레 (송충이 따위)

brufolo /'brufolo/ [남] 발진(發疹), 뾰루지

brughiera /bru'gjera/ [여] 히스가 무성한 황야

brugo /'brugo/ [남] (복 : -ghi) [식물] 헤더 (히스의 일종)

brulicare /bruli'kare/ [자동] (조동사 : avere) (di와 함께 쓰여) (~이) 우글거리다, 잔뜩 있다

brullo /'brullo/ [형] (일정 지역이나 풍경이) 황량한, 삭막한; (토지가) 메마른, 불모의

bruma /'bruma/ [여] 안개

bruna /'bruna/ [여] 머리카락이 검은 여성

brunetta /bru'netta/ [여] 머리카락이 검은 여성

brunire /bru'nire/ [타동] (금속을) 닦아서 윤을 내다

bruno /'bruno/ [형] (머리카락이나 눈동자 따위가) 검은, 갈색의; (사람이) 검은 머리를 가진 - [남] ① 머리카락이 검은 남자 ② 갈색

bruscamente /bruska'mente/ [부] ① (대답 따위를) 무뚝뚝하게, 퉁명스럽게 ② 급격하게, 갑자기

brusco /'brusko/ [형] (복 : -schi, -sche) ① (태도 따위가) 무뚝뚝한, 퉁명스러운 ② 급격한, 갑작스런

brusio /bru'zio/ [남] (복 : -ii) 윙윙거림; 웅성거림

brut /brut/ [형/남-불변] 단맛이 거의 없는 (포도주·샴페인 따위)

brutale /bru'tale/ [형] ① 잔인한, 야만적인, 난폭한 ② (말 따위가) 거친, 퉁명스러운

brutalità /brutali'ta/ [여-불변] 잔인성, 야만성, 난폭함

brutalmente /brutal'mente/ [부] 잔인하게, 야만적으로, 난폭하게, 거칠게

bruto /'bruto/ [형] ① (힘·본능 따위가) 짐승의[같은] ② (통계 자료나 재료 따

위가) 거친, 날것의, 원(原)~ - [남] ① 짐승 같은 인간; 거친 사람 ② 열광자
brutta /'brutta/ [여] 초고, 초안
bruttezza /brut'tettsa/ [여] 못생김, 추함; (영화·책 따위가) 질이 낮음
brutto /'brutto/ [형] ① 못생긴, 추한 ② (공연 따위가) 질이 낮은, 수준 미달의 ③ (일반적으로) 나쁜, 좋지 않은, 불쾌한 ④ (실수·사고 따위가) 심각한; (상황 따위가) 어려운, 힘든; (시간·장소 따위가) 부적절한 ⑤ (언행·습관 따위가) 나쁜, 불량한, 못된 ⑥ (날씨가) 나쁜; (바다가) 거친 - [남] ① 나쁜 점, 좋지 않은 면 ② 나쁜 날씨, 악천후 ③ di brutto 적의를 가지고, 거칠게, 퉁명스럽게 - brutta copia 초고, 초안
bruttura /brut'tura/ [여] 못생긴 것, 추물; 사악함, 비열한 짓
buca /'buka/ [여] (복 : -che) ① 구멍, 구덩이, 움푹 팬 곳 ② (buca delle lettere라고도 써서) 우체통의 우편물 투입구 ③ (당구의) 포켓 ④ (골프의) 홀
bucaneve /buka'neve/ [남-불변] [식물] 스노드롭
bucare /bu'kare/ [타동] ① (~에) 구멍을 뚫다 ② (검표시에 차표 따위에) 구멍을 뚫다 - bucarsi [재귀동사] (타이어나 양말 따위에) 구멍이 나다
bucato1 /bu'kato/ [남] 세탁물; fare il bucato 빨래하다, 세탁하다
bucato2 /bu'kato/ [형] 구멍이 난[뚫린]
buccia /'buttʃa/ [여] (복 : -ce) ① (과일·채소 따위의) 껍질 ② (비유적으로) avere la buccia dura 낯가죽이 두껍다, 뻔뻔스럽다
bucherellare /bukerel'lare/ [타동] (~에) 구멍을 잔뜩 내다, (~을) 구멍투성이로 만들다
buco /'buko/ [남] (복 : -chi) ① 구멍; tappare un buco 구멍을 메우다[막다] ② (속어로) 부족분, 결손 ③ (구어체에서) 틈, 여유 시간 ④ (구어체에서) 좁은 곳 - fare un buco nell'acqua 실패하다, 헛수고하다; buco nero [천문] 블랙홀; buco della serratura 열쇠 구멍
bucolica /bu'kɔlika/ [여] (복 : -che) 목가(牧歌), 전원시
bucolico /bu'kɔliko/ [형] (복 : -ci, -che) 목가적인, 전원 생활의
Budapest /'budapest/ [여] 부다페스트 (헝가리의 수도)
Budda /'budda/ [남] 불타(佛陀), 부처

buddismo /bud'dizmo/ [남] 불교
buddista /bud'dista/ [남/여] (남·복 : -i, 여·복 : -e) 불교 신자
budello /bu'dɛllo/ [남] ① (현악기나 테니스 라켓의 줄 따위에 쓰는) 장선(腸線), 거트 ② 좁고 긴 관(管) ③ 좁은 길 - budella [여·복] (구어체에서) 창자, 장
budget /'baddʒet/ [남-불변] 예산
budino /bu'dino/ [남] 푸딩
bue /'bue/ [남] (복 : buoi) ① 황소, 수소; carne di bue 쇠고기 ② (구어체에서 비유적으로) 멍청이, 얼간이 - mettere il carro davanti ai buoi [속담] 앞뒤가 뒤바뀌다, 본말(本末)을 전도하다
Buenos Aires /'bwenos'ajres/ [여] 부에노스아이레스 (아르헨티나의 수도)
bufalo /'bufalo/ [남] [동물] 물소
bufera /bu'fɛra/ [여] ① 폭풍(우); bufera di neve 눈보라 ② (비유적으로) 소동, 파란
buffet /buf'fɛ/ [남-불변] ① 찬장, 식기대 ② 뷔페 ③ (역·공항 등의) 간이식당
buffetto /buf'fetto/ [남] 토닥거리기, 가볍게 두드리기; dare un buffetto (sulla guancia) a qn 누구의 (볼을) 가볍게 두드리다
buffo /'buffo/ [형] ① (이야기·사람 따위가) 우스운, 재미있는 ② 이상한, 기묘한 ③ [음악] opera buffa 오페라 부파, 희가극
buffonata /buffo'nata/ [여] 익살, 우스꽝스러운 짓
buffone /buf'fone/ [남] ① 어릿광대, 익살꾼; fare il buffone 익살을 부리다 ② 멍청한[믿지 못할] 인간
buffonesco /buffo'nesko/ [형] (복 : -schi, -sche) 광대[익살꾼] 같은
bugia /bu'dʒia/ [여] 거짓말; una bugia pietosa 악의 없는 거짓말; dire bugie 거짓말을 하다
bugiardo /bu'dʒardo/ [형] ① 거짓말하는 ② 거짓의, 허위의 - [남] (여 : -a) 거짓말쟁이
bugigattolo /budʒi'gattolo/ [남] 좁은 방
buio /'bujo/ (복 : bui, buie) [형] ① (장소·공간·환경 따위가) 어두운 ② (시기·미래 따위가) 암흑기의, 암울한 - [남] 어둠, 암흑; buio pesto 칠흑 같은 어둠; al buio 어둠 속에서
bulbo /'bulbo/ [남] ① [식물] (양파 등의) 구근(球根), 알뿌리 ② 전구; (온도계 등

의) 수은구 ③ [해부] 구(球); bulbo oculare 안구(眼球)

Bulgaria /bulgaˈria/ [여] 불가리아

bulgaro /ˈbulgaro/ [형] 불가리아의 - [남] (여 : -a) ① 불가리아 사람 ② 불가리아어

bulimia /buliˈmia/ [여] [병리] 이상 식욕항진; 과식증, 폭식증

bulino /buˈlino/ [남] 조각칼, 끌

bulldog /bulˈdɔg/ [남-불변] 불독

bulldozer /bulˈdɔddzer/ [남-불변] 불도저

bulletta /bulˈletta/ [여] 장식 못; 구두의 징

bullo /ˈbullo/ [남] (구어체에서) 난폭한 자

bullone /bulˈlone/ [남] [기계] 볼트, 나사못

bumerang → boomerang

bungalow /ˈbungalov/ [남-불변] ① 방갈로(베란다가 붙은 간단한 목조 단층집) ② (캠프장의) 방갈로

bunker /ˈbunker/ [남-불변] ① [군사] 벙커, 엄폐호 ② [골프] 벙커

buonafede /bwonaˈfede/ [여] 선의(善意); in buonafede 선의로

buonanotte /bwonaˈnotte/ [감/여-불변] 안녕히 주무세요, 잘 자요

buonasera /bwonaˈsera/ [감/여-불변] (저녁 인사로) 안녕하세요

buongiorno /bwonˈdʒorno/ [감/남-불변] (아침·낮 인사로) 안녕하세요

buongrado (di buongrado /dibwon'grado/로 쓰여) [부] 기꺼이, 쾌히

buongustaio /bwongusˈtajo/ [남] (여 : -a) (복 : -ai) 식도락가, 미식가

buongusto /bwonˈgusto/ [남] 멋을 앎, 심미안[아취]이 있음

buono1 /ˈbwɔno/ [형] (모음 앞에서 또는 뒤에 모음이 오는 자음 앞에서 또는 l이나 r앞에서는 형태가 buon이 됨; 비교급은 più buono 또는 migliore; 최상급은 buonissimo 또는 ottimo) ① (맛·냄새 따위가) 좋은, 괜찮은; avere un buon sapore 맛이 좋다, 맛있다 ② (사람이) 착한, 선량한, 친절한; 성실한, 본분을 다하는 ③ (관계가) 친한, 친밀한 ④ (품질·정도·상태 따위가) 좋은, 우수한, 뛰어난, 훌륭한, 양호한; (건강·날씨 따위가) 좋은; in buono stato 상태가 좋은 ⑤ (시기가) 알맞은, 마침 좋은; di buon'ora 때마침, 늦지 않게 ⑥ (구어체에서) (음식이) 먹을[마실] 만한, 먹기 [마시기]에 적합한 ⑦ (방법·생각 따위가) 좋은, 괜찮은, 적절한, 유효한; buona idea! 좋은 생각이야! ⑧ 유익한, 이로운 ⑨ 점잖은, 예절 바른; (어린아이나 동물 등이) 얌전한, 말을 잘 듣는; di buona famiglia 가정 교육을 잘 받고 자란 ⑩ 충분한, 넉넉한; ci ho messo due ore buone 난 (그걸 하는데) 족히 두 시간이 걸렸어 ⑪ (인사말 또는 하루 중의 시간이나 특별한 날 따위의 앞에 붙어) 행복한, 즐거운; buona serata! 즐거운 저녁 시간 되세요!; Buon Natale! 메리 크리스마스!; buon appetito! 맛있게 드세요! ⑫ alla buona 격식을 차리지 않는, 간편하게 ~하는 - [남] (여 : -a) ① 착한[선량한] 사람 ② (사물의) 좋은 점 - buono a nulla 전혀 쓸모가 없는

buono2 /ˈbwɔno/ [남] ① (상품) 교환권; 쿠폰 ② [경제] 채권

buonsenso /bwonˈsɛnso/ [남] 양식(良識), 분별; una persona di buonsenso 양식[분별] 있는 사람

buontempo /bwonˈtempo/ [남] darsi al buontempo 즐거운 시간을 보내다

buontempone /bwontemˈpone/ [남] (여 : -a) 놀기 좋아하는 사람

buonumore /bwonuˈmore/ [남] essere di buonumore 기분이 좋다, 유쾌하다

buonuscita /bwonuʃˈʃita/ [여] 퇴직금, 퇴직 수당

burattino /buratˈtino/ [남] ① (인형극의) 꼭두각시 ② (비유적으로) 앞잡이, 남이 시키는 대로 하는 사람

burbero /ˈburbero/ [형] (태도가) 퉁명스러운, 거친

burino /buˈrino/ [형] 촌스러운 - [남] (여 : -a) 촌뜨기

burla /ˈburla/ [여] ① 농담, 장난; mettere qc in burla 무엇에 대해 농담을 하다[장난을 치다] ② 하찮은 일

burlare /burˈlare/ [타동] 놀리다, 곯리다 - burlarsi [재귀동사] (di와 함께 쓰여) (~을) 놀림감으로 삼다

burlesco /burˈlesko/ (복 : -schi, -sche) [형] 희화화한, 풍자극의 - [남] 희화화한 작품, 풍자극

burlone /burˈlone/ [남] (여 : -a) 농담하는[장난치는] 사람

burocrate /buˈrɔkrate/ [남/여] 관료, 공무원

burocratico /buroˈkratiko/ [형] (복 :

-ci, -che) 관료 정치의, 관료적인
burocrazia /burokrat'tsia/ [여] ① 관료 정치, 관료주의 ② (경멸적으로) 관료적 형식주의
burrasca /bur'raska/ [여] (복 : -sche) 폭풍, 질풍, 사나운 바람
burrascoso /burras'koso/ [형] ① 폭풍이 휘몰아치는 ② (비유적으로) (논쟁·분위기 따위가) 격렬한
burro /'burro/ [남] ① 버터; al burro 버터를 바른[넣은] ② (구어체에서·비유적으로) 입에서 살살 녹는 음식
burrone /bur'rone/ [남] 좁은 골짜기, 협곡
bus /bus/ [남-불변] ① → autobus ② [컴퓨터] 버스 (여러 개의 장치나 레지스터 사이에서 데이터를 전송하는 통로)
buscare /bus'kare/ [타동] (구어체에서) ① (병에) 걸리다; si è buscato un raffreddore 그는 감기에 걸려 있다 ② 받다, 얻다 - buscarsi [재귀동사] (병에) 걸리다 - buscarle 혼나다
bussare /bus'sare/ [자동] (조동사 : avere) bussare (alla porta) (문을) 두드리다, 노크하다
bussola /'bussola/ [여] 나침반 - perdere la bussola 방향을 잃다
busta /'busta/ [여] ① (편지 따위의) 봉투 ② 주머니, ~집, ~갑 ③ 지갑 - busta paga 월급 봉투
bustarella /busta'rella/ [여] 뇌물
busto /'busto/ [남] ① 몸통, 상반신 ② 흉상(胸像) ③ 코르셋
butano /bu'tano/ [남] [화학] 부탄
buttafuori /butta'fwɔri/ [남-불변] (공공 장소의) 경비원
buttare /but'tare/ [타동] ① 던지다, 내던지다, 투척하다 ② buttare (via) (쓸모없는 것을) 버리다 ③ (기회·돈 따위를) 저버리다, 내버리다 ④ (연기 따위를) 내뿜다, 분출하다 ⑤ buttare giù i) (물건을) 떨어뜨리다 ii) (건물 따위를) 헐다, 무너뜨리다 iii) (바람이 불어 물건을) 넘어뜨리다 iv) (음식을) 꿀꺽 삼키다 v) (사람을) 낙심시키다 ⑥ buttare fuori 내쫓다, 퇴짜를 놓다 - [자동] (조동사 : avere) 싹이 트다, 발아하다 - buttarsi [재귀동사] ① 몸을 내던지다, 투신하다, 뛰어들다; buttarsi sul letto 침대에 벌렁 드러눕다; buttarsi in acqua 물에 뛰어들다 ② (비유적으로) (su 또는 in과 함께 쓰여) (~에) 맹렬하게 달려들다 ③ 한번 해보다, 시도하다 ④ buttarsi giù 낙심하다
butterato /butte'rato/ [형] (얼굴이) 얽은, 마맛자국이 있는
buzzo /'buddzo/ [남] (구어체에서) mettersi di buzzo buono a fare qc 무엇에 착수하다[달려들다]
buzzurro /bud'dzurro/ [남] (여 : -a) 시골뜨기
by-pass /bai'pass/ [남-불변] intervento di by-pass [의학] 바이패스 수술, 우회술

C

c, C /tʃi/ [남/여-불변] 이탈리아어 알파벳의 세 번째 글자
ca. → circa (약, 대략)
cabala /'kabala/ [여] ① 카발라 (중세 유대교 학자들의 신비 철학) ② (비유적으로) 음모, 비밀 결의
cabaret /kaba'rɛ/ [남-불변] ① 카바레 ② 코미디 쇼
cabina /ka'bina/ [여] ① (배·비행기의) 선실, 객실 ② 부스, 박스 (다양한 목적으로 쓰이는 칸막이나 작은 방); cabina telefonica 공중전화 박스 ③ (기차의) 기관사실; (트럭 따위의) 운전석; cabina di pilotaggio (항공기의) 조종석 ④ 케이블카 ⑤ (해수욕장의) 탈의실
cabinato /kabi'nato/ [형] (배가) 선실[객실]을 갖춘
cabinovia /kabino'via/ [여] 공중 케이블
cablare /ka'blare/ [타동] ① 전선[케이블]을 연결하다 ② 해외 전보를 치다
cablogramma /kablo'gramma/ [남] 해저 전신; 해외 전보
cabriolet /kabrjɔ'lɛ/ [남-불변] 지붕을 접을 수 있는 자동차
cacao /ka'kao/ [남-불변] ① [식물] 카카오 나무; seme di cacao 카카오 열매 ② 코코아 (카카오 열매의 가루)
cacare /ka'kare/ [타동] non cacare qn 누구를 조롱하다[깔보다] - [자동] (조동사 : avere) (비어로) 똥을 누다; questo film fa cacare 이 영화는 쓰레기야
cacata /ka'kata/ [여] (비어로) ① 똥 누기, 배변 ② 똥, 배설물 ② (비유적으로) 쓸모없는 것, 쓰레기
cacca /'kakka/ [여] (복 : -che) (구어체에서) 똥, (유아어로) 응가; (완곡어법으로) 오물; fare la cacca 똥을 누다
cacchio /'kakkjo/ (복 : -chi) [감] (통속적으로) 아이구, 이런! - cacchi [남·복] (통속적으로) sono cacchi miei! 이건 내 일이야, 네가 알 바 아냐 - che cacchio fai? 너 대체 뭘 하고 있는 거야?
caccia1 /'kattʃa/ [여] (복 : -ce) ① 사냥, 수렵; cane da caccia 사냥개 ② 추적, 추격, 뒤쫓기; dare la caccia a ~을 추적하다[뒤쫓다] ③ [군사] aereo da caccia 추격기, 전투기 - caccia al tesoro 보물찾기
caccia2 /'kattʃa/ [여] [군사] ① 추격기, 전투기 ② 구축함
cacciabombardiere /kattʃabombar'djɛre/ [남] [군사] 전투 폭격기
cacciagione /kattʃa'dʒone/ [여] 사냥감; 잡은 동물
cacciare /kat'tʃare/ [타동] ① (동물을) 사냥하다 ② (불청객·침입자 등을) 쫓아버리다 ③ (의심·공포 따위를) 없애버리다 - cacciarsi [재귀동사] (구어체에서) cacciarsi in un angolo 궁지에 몰리다
cacciareattore /kattʃareat'tore/ [남] [군사] 제트 전투기
cacciatore /kattʃa'tore/ [남] 사냥꾼
cacciatorpediniere /kattʃatorpedi'njɛre/ [남-불변] [군사] 구축함
cacciavite /kattʃa'vite/ [남] 드라이버, 나사돌리개
caccola /'kakkola/ [여] (구어체에서) 코딱지; 눈곱
cachemire /'kaʃmir/ [남-불변] 캐시미어 (양털 또는 모직물)
cachet /ka'ʃɛ/ [남-불변] ① [약학] 캡슐; 진통제 ② 머리 염색약 ③ (전문가의 서비스에 대한) 보수, 사례금
cachi1 /'kaki/ [남-불변] [식물] 감나무; 감 (열매)
cachi2 /'kaki/ [남/형-불변] 카키색[황갈색](의)
cacofonia /kakofo'nia/ [여] 귀에 거슬리는 소리, 불협화음
cactus /'kaktus/ [남-불변] [식물] 선인장
cad. → cadauno, caduno
cadauno /kada'uno/ [형/대-불변] (부정대명사) 각각(의), 각자(의), 각기(의)
cadavere /ka'davere/ [남] 시체, 시신, 송장; [의학] 해부용 시체
cadaverico /kada'vɛriko/ [형] (복 : -ci, -che) 시체 같은; 새파랗게 질린, 사색이 된

cadente /ka'dɛnte/ [형] ① (노쇠하여) 비틀거리는 ② (건물이) 황폐한, 금방 무너질 듯한

cadenza /ka'dɛntsa/ [여] ① (소리의) 리듬, 억양 ② (잡지 따위의) 발행 주기; a[con] cadenza trimestrale 연 4회 발행의 ③ [음악] 카덴차 (독주·독창의 기교적이며 화려한 부분)

cadere /ka'dere/ [자동] (조동사 : essere) ① 떨어지다, 낙하하다, 추락하다 ② (담장이나 나무 따위가) 무너지다, 쓰러지다 ③ (나무에서 잎이) 지다; (머리카락이나 이가) 빠지다 ④ (비나 눈이) 내리다; (어둠 따위가) 내려 깔리다 ⑤ (가격·온도 따위가) 내려가다, 하락하다 ⑥ (권좌에서) 물러나다; (정치 체제가) 전복되다; fare cadere i) (독재자 따위를 권좌에서) 끌어내리다 ii) (정부·국가를) 전복시키다 ⑦ (옷이나 머리카락 따위가) 드리우다 ⑧ (완곡어법으로) (군인이) 전사하다 - cadere ammalato 병이 들다; cadere addormentato 잠들다; Natale cade di mercoledì 크리스마스는 수요일이다; è caduta la linea 전화가 불통이다; cadere in piedi 넘어지지 않고 바로 서다

cadetto /ka'detto/ [형] (형제 중) 어린 쪽의, 동생의 - [남] [군사] 사관생도

cadmio /'kadmjo/ [남] [화학] 카드뮴

caduco /ka'duko/ [형] (복 : -ci, -che) ① [식물] 낙엽성의 ② (문어체에서) 잠깐 지나가는, 덧없는

caduno /ka'duno/ → cadauno

caduta /ka'duta/ [여] ① 낙하, 추락, 떨어짐; (비나 눈이) 내림 ② (나무에서 잎이) 짐; (머리카락이나 이가) 빠짐 ③ (가격·온도 따위의) 하락 ④ 권좌에서 물러남; (정부·국가의) 전복, 타도

caduto /ka'duto/ [형] (군인이) 전사한 - [남] 전사한 군인

caffè /kaf'fɛ/ [남-불변] ① 커피; chicco di caffè 커피콩; fare il caffè 커피를 끓이다; una tazza di caffè 커피 한 잔 ② 카페, 커피숍 - [형-불변] 커피색의 - caffè espresso 에스프레소; caffè freddo 아이스커피; caffè nero 블랙커피

caffeina /kaffe'ina/ [여] [화학] 카페인

caffe(l)latte /kaffe(l)'latte/ [남-불변] 카페라테, 우유를 탄 커피

caffetteria /kaffette'ria/ [여] 카페테리아, 셀프서비스식의 간이 식당

caffettiera /kaffet'tjɛra/ [여] 퍼컬레이터, 커피 끓이는 기구; 커피 포트

cafone /ka'fone/ [형/남] (여 : -a) 상스러운, 본데없는, 촌티 나는 (사람)

cagionare /kadʒo'nare/ [타동] (질병·문제 따위를) 일으키다, 유발하다

cagionevole /kadʒo'nevole/ [형] (건강 상태가) 좋지 못한; (사람이) 병약한

cagliare /kaʎ'ʎare/ [타동] (우유를) 응유(凝乳)로 굳히다 - [자동] (조동사 : essere) (우유가) 응유로 굳다

cagliata /kaʎ'ʎata/ [여] 응유(凝乳), 굳은 우유

caglio /'kaʎʎo/ [남] (복 : -gli) [생화학] 응유(凝乳) 효소

cagna /'kaɲɲa/ [여] ① 암캐 ② (경멸적으로) 음탕한 여자

cagnara /kaɲ'ɲara/ [여] (구어체에서) 왁자지껄함, 떠드는 소리

cagnesco /kaɲ'ɲesko/ [형] (복 : -schi, -sche) guardare qn in cagnesco 누구를 노려보다

cagnetto /kaɲ'ɲetto/ → cagnolino

cagnolino /kaɲɲo'lino/ [남] 작은 개; 강아지

caimano /kai'mano/ [남] [동물] 카이만 (중남미산의 큰 악어)

Caio /'kajo/ [남] Tizio, Caio e Sempronio 보통 사람들 모두, 아무나

Cairo /'kairo/ [남] il Cairo 카이로 (이집트의 수도)

cala /'kala/ [여] 후미, 작은 만

calabrone /kala'brone/ [남] [곤충] 호박벌, 뒝벌

calamaio /kala'majo/ [남] (복 : -ai) 잉크병

calamaro /kala'maro/ [남] [동물] 오징어

calamita /kala'mita/ [여] 자석

calamità /kalami'ta/ [여-불변] 큰 재난, 참사; calamità naturale 자연 재해

calamitare /kalami'tare/ [타동] ① 자기(磁氣)를 띠게 하다, 자화(磁化)하다 ② (비유적으로) 마음을 끌다, 매료시키다

calamo /'kalamo/ [남] ① (새의) 깃대 ② 깃펜

calandra1 /ka'landra/ [여] ① [곤충] 바구미 ② [조류] 종달새의 일종

calandra2 /ka'landra/ [여] 캘린더, 압착 롤러

calante /ka'lante/ [형] ① (해가) 지는, (어둠이) 깔리는 ② (달이) 이지러지는, 하현(下弦)의 ③ (바다가) 썰물의

calare1 /ka'lare/ [타동] ① (끌어)내리다, 낮추다 ② (그물을) 던지다; (닻을) 내리다 - [자동] (조동사 : essere) ① (해가) 지다, (어둠이) 깔리다 ② (정도·수준이) 낮아지다, 떨어지다, 하락하다; (수치가) 줄다; calare di tre chili (몸무게가) 3kg 빠지다 ③ (바다가) 썰물이 되다 ④ (달이) 이지러지다 ⑤ [연극] (막이) 내리다 - calarsi [재귀동사] (높은 곳에서) 내려오다

calare2 /ka'lare/ [남] al calare del sole, al calare della notte 해질녘에

calca /'kalka/ [여] 몰려듦, 혼잡; 쇄도

calcagno /kal'kaɲɲo/ [남] (남·복 : -gni, 여·복 : -gna) ① [해부] (복 : -gni) 발뒤꿈치; 발꿈치뼈 ② (신발의) 뒤축

calcare1 /kal'kare/ [타동] ① 밟다 ② 강조하다 - calcare la mano (비유적으로) 과장하다

calcare2 /kal'kare/ [남] 석회암

calcareo /kal'kareo/ [형] (광물·토양이) 석회질의; (물이) 센물의, 경수(硬水)의

calce1 /'kaltʃe/ [여] 석회

calce2 /'kaltʃe/ [여] in calce (서류 따위의) 하단에; in calce alla pagina 페이지 아래쪽에

calcestruzzo /kaltʃes'truttso/ [남] 콘크리트

calciare /kal'tʃare/ [타동] ① (발로) 차다 ② [스포츠] calciare (la palla) in porta[rete] 공을 차 넣어 득점하다 - [자동] (조동사 : avere) (발로) 차다

calciatore /kaltʃa'tore/ [남] (여 : -trice) 축구 선수

calcificare /kaltʃifi'kare/ [타동] 석회화하다

calcina /kal'tʃina/ [여] 석회 모르타르

calcinaccio /kaltʃi'nattʃo/ (복 : -ci) [남] 회반죽의 박편 - calcinacci [남·복] 돌무더기, 폐허

calcio1 /'kaltʃo/ [남] (복 : -ci) ① (발로) 차기; prendere a calci qn, qc 누구/무엇을 (발로) 차다; dare un calcio a (구어체에서·비유적으로) i) ~에 등을 돌리다, ~을 외면하다 ii) (기회 따위를) 놓치다 ② [스포츠] 축구; giocare a calcio 축구를 하다 - calcio d'angolo [축구] 코너킥; calcio di punizione [축구] 프리킥; calcio di rigore [축구] 페널티킥

calcio2 /'kaltʃo/ [남] [화학] 칼슘

calcistico /kal'tʃistiko/ [형] (복 : -ci, -che) 축구의

calcite /kal'tʃite/ [여] [광물] 방해석(方解石)

calco /'kalko/ [남] (복 : -chi) ① 틀, 모형 ② 투사(透寫)

calcolabile /kalko'labile/ [형] 계산할 수 있는; 평가[견적]할 수 있는; 셀 수 있는

calcolare /kalko'lare/ [타동] ① 계산하다, 산정하다 ② (일정 수량을) 고려하다, 계산에 넣다, 염두에 두다; bisogna calcolare circa 10 euro 비용으로 10유로는 잡아둬야 해요 ③ (비용·손해 따위를) 견적[사정]하다 ④ (가능성·결과 따위를) 예상하여 판단하다; 심사숙고하다, 잘 따져보다 ⑤ calcolare qn tra i presenti 누구를 포함시키다

calcolatore /kalkola'tore/ [형] ① (도구 따위가) 계산하는, 계산을 위한 ② (비유적으로) (사람이) 타산적인 - [남] (여 : -trice) ① 타산적인 사람 ② 컴퓨터

calcolatrice /kalkola'tritʃe/ [여] 계산기

calcolo1 /'kalkolo/ [남] ① 계산, 셈 ② 견적, 사정, 평가 ③ [수학] 계산법; 미적분학 ④ 타산

calcolo2 /'kalkolo/ [남] [병리] 결석(結石)

caldaia /kal'daja/ [여] 보일러

caldamente /kalda'mente/ [부] ① (추천·지원 따위를) 강력하게, 적극적으로 ② 따뜻한 마음으로, 진심으로

caldeggiare /kalded'dʒare/ [타동] 적극 지원하다

calderone /kalde'rone/ [남] ① 가마솥, 큰 냄비 ② (비유적으로) 뒤범벅

caldo /'kaldo/ [형] ① 뜨거운, 더운, 온도가 높은 ② (옷이나 방 따위가) 따뜻한, 보온의, 추위를 막는 ③ (감사·환영 따위가) 진심에서 우러난 ④ (비유적으로) 분쟁이 일어나는, 말썽이 있는 ⑤ (소리·빛깔 따위가) 푸짐하고 아름다운, 부드러운 ⑥ 열렬한, 열정적인 ⑦ (비유적으로) (뉴스 따위가) 새로운, 방금 들어온 - [남] ① 열기, 뜨거움, 온기; 더운 날씨; fare caldo (날이) 따뜻하다[덥다] ② a caldo 생각해보지 않고, 즉석에서, 성급하게

calduccio /kal'duttʃo/ [남] 따뜻함, 포근함, 아늑함

caleidoscopio /kaleido'skɔpjo/ [남] (복 : -pi) 주마등, 만화경

calendario /kalen'darjo/ [남] (복 : -ri)

① 달력; 역법(曆法) ② 시간표, (행사) 예정표
calendula /ka'lɛndula/ [여] [식물] 금잔화
calesse /ka'lesse/ [남] (덮개가 있는) 2륜 마차
calibrare /kali'brare/ [타동] ① (총포 등의) 구경(口徑)을 재다 ② (계기의) 눈금을 조정하다 ③ (비유적으로) calibrare le proprie parole 말을 신중하게 하다
calibro /'kalibro/ [남] ① (총포 등의) 구경(口徑) ② 측정기, 캘리퍼스 ③ (비유적으로) (사람의) 도량, 재간
calice1 /'kalitʃe/ [남] (복 : -ci) ① 굽달린 잔 ② [기독교] 성찬식에서 쓰는 잔 - amaro calice (문어체에서) 고배 (苦杯), 쓰디쓴 경험
calice2 /'kalitʃe/ [남] (복 : -ci) [식물] 꽃받침
califfo /ka'liffo/ [남] 칼리프 (정치와 종교의 권력을 아울러 갖는 이슬람 교단의 지배자)
California /kali'fɔrnja/ [여] (미국의) 캘리포니아
caligine /ka'lidʒine/ [여] ① 그을음, 검댕 ② 안개
calligrafia /kalligra'fia/ [여] ① 손으로 씀, 필적 ② 서예
calligrafo /kal'ligrafo/ [남] (여 : -a) 서예가
callo /'kallo/ [남] 피부 경결(硬結), 못; 티눈 - fare il callo a qc 무엇에 무디어지다
calloso /kal'loso/ [형] (피부에) 못이 박힌, 티눈이 난
calma /'kalma/ [여] ① 고요, 평온, 차분함 ② 편안, 안이(安易), 여유 있음; con calma! 여유 있게 하시오!, 서두르지 말고! ③ 침착, 평정, 태연, 냉정; con calma 침착하게; perdere la calma 평정을 잃다 ④ [기상] 무풍 상태, 고요
calmante /kal'mante/ [형] (약이나 크림 따위가) 진정 작용을 하는 - [남] 진정제
calmare /kal'mare/ [타동] 진정시키다, 차분하게 하다, 달래다; (고통 따위를) 완화하다 - calmarsi [재귀동사] 진정하다, 차분해지다; (고통 따위가) 완화되다; (바람이) 자다
calmiere /kal'mjere/ [남] 최고 한도 가격
calmo /'kalmo/ [형] (사람·상황이) 차분한, 침착한, 평온한; (바다가) 잔잔한; (주변이) 고요한
calo /'kalo/ [남] (di와 함께 쓰여) (~의) 저하, 약화; 감소; calo della vista 시력 저하; calo di peso 체중 감량
calore /ka'lore/ [남] ① 열, 뜨거움; 더위 ② 따뜻한 마음씨, 온정 ③ (감정의) 격함, 열렬함 ④ (동물의) 발정; in calore (동물이) 발정기에 있는 ⑤ [물리] 열
caloria /kalo'ria/ [여] [물리·화학] 칼로리 (열량의 단위)
calorifero /kalo'rifero/ [남] 히터, 난방 장치
calorifico /kalo'rifiko/ [형] (복 : -ci, -che) 열을 발생하는; 열의, 열에 관한
calorosamente /kalorosa'mente/ [부] 마음으로부터, 진심으로; 열정적으로, 열렬하게
caloroso /kalo'roso/ [형] ① 추위를 느끼지 않는 ② (비유적으로) 마음씨가 따뜻한, 인정이 있는; 진심어린; 열정적인, 열렬한
calpestare /kalpes'tare/ [타동] ① 밟다; "vietato calpestare le aiuole" 잔디를 밟지 마시오 ② (비유적으로) (감정·권리 등을) 유린하다, 무시하다
calunnia /ka'lunnja/ [여] 비방, 중상
calunniare /kalun'njare/ [타동] 비방하다, 중상하다, 헐뜯다
calunnioso /kalun'njoso/ [형] 비방하는, 중상의
calura /ka'lura/ [여] 더위
Calvario /kal'varjo/ [남] ① [성경] 갈보리 (그리스도가 십자가에 못 박힌 곳) ② (복 : -ri) c- 고난, 시련
calvinismo /kalvi'nizmo/ [남] [기독교] 칼뱅주의
calvizie /kal'vittsje/ [여-불변] 대머리임
calvo /'kalvo/ [형] 대머리의 - [남] (여 : -a) 대머리인 사람
calza /'kaltsa/ [여] ① 스타킹; calze 팬티 스타킹 ② 양말
calzamaglia /kaltsa'maʎʎa/ [여] (복 : calzemaglie) ① 팬티 스타킹 ② (무용수가 입는) 타이츠
calzante /kal'tsante/ [형] (용어·표현 따위가) 적절한, 알맞은
calzare /kal'tsare/ [타동] (신발류를) 신다 - [자동] ① (조동사 : avere) (신발·모자 따위가) 몸에 맞다 ② (조동사 : essere) (비유적으로) (용어·표현 따위가) 적절하다, 알맞다
calzascarpe /kaltsas'karpe/ [남-불변]

구둣주걱
calzatura /kaltsa'tura/ [여] 신발, 구두; calzature 신발류
calzettone /kaltset'tone/ [남] 긴 양말
calzino /kal'tsino/ [남] 짧은 양말
calzolaio /kaltso'lajo/ [남] (여 : -a) (복 : -ai) 구두 수선공
calzoleria /kaltsole'ria/ [여] 구두 수선; 구둣방
calzoncini /kaltson'tʃini/ [남·복] 짧은 바지, 반바지; 수영 팬츠
calzoni /kal'tsoni/ [남·복] 바지
camaleonte /kamale'onte/ [남] [동물] 카멜레온
cambiale /kam'bjale/ [여] 환어음; cambiale propria 약속어음
cambiamento /kambja'mento/ [남] 변화, 변경; 교체
cambiare /kam'bjare/ [타동] ① 바꾸다, 변화시키다, 변경하다, 고치다; cambiare idea 생각을 바꾸다; cambiare casa 이사하다 ② (con과 함께 쓰여) (~와) 맞바꾸다, 교환하다 ③ 환전하다 ④ 갈다, 교체하다 - [자동] (조동사 : essere) 바뀌다, 변(화)하다 - cambiarsi [재귀동사] (옷을) 갈아입다 - cambiare vita 생활 방식을 바꾸다, 새로운 삶을 시작하다
cambiavalute /kambjava'lute/ [남/여-불변] 환전상(換錢商)
cambio /kam'bjo/ [남] (복 : -bi) ① 교환, 맞바꾸기 ② 교대, 교체 ③ (자동차의) 변속 기어 - in cambio di ~와 교환으로, 맞바꾸어; cambio automatico (자동차의) 자동 변속 장치; tasso di cambio 환율
Cambogia /kam'bodʒa/ [여] 캄보디아
cambretta /kam'bretta/ [여] U자못, 꺾쇠
camelia /ka'mɛlja/ [여] [식물] 동백나무
camera /'kamera/ [여] ① 방; camera da letto 침실; avete una camera libera? 빈 방 있어요? ② [음악] musica da camera 실내악 ③ (의회의) 상[하]원; Camera dei Comuni (영국 의회의) 하원; Camera dei Lord (영국 의회의) 상원; Camera dei Deputati (이탈리아 의회의) 하원
camerata1 /kame'rata/ [여] 숙소, 기숙사; compagno di camerata 룸메이트
camerata2 /kame'rata/ [남/여 (남·복 : -i, 여·복 : -e) 동료, 동지, 전우
cameratismo /kamera'tizmo/ [남] 동료

의식, 동지애
cameriera /kame'rjera/ [여] ① (식당의) 웨이트리스 ② (호텔의) 객실 담당 여종업원 ③ 하녀, 가정부; (귀부인의) 시녀
cameriere /kame'rjere/ [남] ① (식당의) 웨이터; cameriere di bar 바텐더 ② (호텔의) 보이 ③ 하인; 시종
camerino /kame'rino/ [남] ① (배우의) 분장실 ② (옷가게의) 옷 입어보는 곳
Camerun /'kamerun/ [남] 카메룬 (아프리카 중서부의 국가)
camice /'kamitʃe/ [남] (복 : -ci) 작업복; (의사·환자의) 가운
camicetta /kami'tʃetta/ [여] 블라우스
camicia /ka'mitʃa/ [여] (복 : -cie, -ce) ① 셔츠; 블라우스 ② 서류철로 쓰는 접지(摺紙) - camicia da notte 잠옷; uova in camicia 수란(水卵)
caminetto /kami'netto/ [남] 벽난로
camino /ka'mino/ [남] ① 벽난로 ② 굴뚝
camion /'kamjon/ [남-불변] 트럭, 화물차
camioncino /kamjon'tʃino/ [남] 밴, 운반차
camionetta /kamjo'netta/ [여] 지프(차)
camionista /kamjo'nista/ [남/여] (남·복 : -i, 여·복 : -e) 트럭 운전사
camma /'kamma/ [여] [기계] 캠 (회전 운동을 왕복 운동으로 바꾸는 장치)
cammello /kam'mɛllo/ [남] [동물] 낙타
cammeo /kam'mɛo/ [남] ① (보석 따위의) 카메오 세공 ② [영화·TV] 카메오 (유명 배우의 조연 출연)
camminare /kammi'nare/ [자동] (조동사 : avere) ① 걷다, 걸어가다; cammina velocemente 그는 걸음이 빠르다 ② (구어체에서) (기계 장치 따위가) 작동하다, 움직이다; la macchina non cammina 차가 가질 않는다 ③ camminare in montagna 산에서 하이킹하다 - camminare con le proprie gambe 자기 힘으로 일어서다, 독립하다
camminata /kammi'nata/ [여] ① 걷기, 거닐기; 하이킹, 도보 여행; fare una camminata 산책하다 ② 걸음걸이, 걷는 모양
camminatore /kammina'tore/ [남] (여 : -trice) 걷는[도보 여행을 하는] 사람
cammino /kam'mino/ [남] ① 걷기; mettersi in cammino 길을 떠나다[나서다] ② 길, 도로 ③ 진로, 코스, 궤도 ④ (비유적으로) 전진, 진보
camomilla /kamo'milla/ [여] [식물] 카밀

레; 카밀레 차(茶)

camorra /ka'mɔrra/ [여] 범죄 조직, 마피아

camoscio /ka'mɔʃʃo, ka'moʃʃo/ [남] (복 : -sci) ① [동물] 샤무아 ② 새미 가죽

campagna /kam'paɲɲa/ [여] ① 시골 ② 농지, 농토, 경지 ③ 캠페인, (사회적·정치적) 운동; campagna elettorale 선거 운동 ④ [군사] (일련의) 군사 행동, 전투, 회전(會戰)

campagnolo /kampaɲ'ɲɔlo/ [형] 시골(풍)의 - [남] 시골 사람; 농부; (경멸적으로) 시골뜨기

campale /kam'pale/ [형] [군사] battaglia campale 야전(野戰)

campana /kam'pana/ [여] 종, 벨; suonare le campane 종을 울리다; a campana 종 모양의

campanario /kampa'narjo/ [형] (복 : -ri, -rie) torre campanaria 종루, 종탑

campanella /kampa'nɛlla/ [여] ① 작은 종 ② [식물] 초롱꽃

campanello /kampa'nɛllo/ [남] (문간의) 초인종; (자전거에 달린) 종 - campanello d'allarme 경종, 비상벨

campanile /kampa'nile/ [남] 종루, 종탑

campanula /kam'panula/ [여] [식물] 초롱꽃

campare /kam'pare/ [자동] (조동사 : essere) (구어체에서) 살다, 살아가다; 근근이 살아가다

campato /kam'pato/ [형] campato in aria (생각·계획 따위가) 실행 불가능한, 공상적인

campeggiare /kamped'dʒare/ [자동] (조동사 : avere) 텐트를 치다, 야영하다

campeggiatore /kampedd ʒa'tore/ [남] (여 : -trice) 캠핑[야영]하는 사람

campeggio /kam'peddʒo/ [남] (복 : -gi) ① 캠핑, 야영; fare[andare in] campeggio 캠핑 가다 ② 캠프장, 야영지

camper /'kamper/ [남-불변] 캠핑용 자동차

campestre /kam'pɛstre/ [형] ① 시골의, 전원의 ② [스포츠] corsa campestre 크로스컨트리 경주

campionare /kampjo'nare/ [타동] 견본을 만들다, 표본을 추출하다

campionario /kampjo'narjo/ [남] (복 : -ri, -rie) 견본을 선별하여 모아 놓은 것

campionato /kampjo'nato/ [남] 선수권, 패권, 우승자의 지위

campionatura /kampjona'tura/ [여] 견본[표본] 추출, 샘플링

campioncino /kampjon'tʃino/ [남] (향수 따위의) 견본, 샘플

campione /kam'pjone/ [남] (여 : -essa) ① (경기의) 선수권 보유자, 챔피언, 우승자; campione del mondo 세계 챔피언 ② 탁월한 사람[작품] ③ (주의·주장 등을 위해 싸우는) 투사, 옹호자 ④ 견본, 샘플, 표본, 시료(試料) - [형-불변] ① [스포츠] squadra campione 우승 팀 ② [통계] indagine campione 표본 조사

campo /'kampo/ [남] ① 들, 벌판; 밭; campo di grano 밀밭; fiori di campo 들꽃, 야생화 ② 캠프장, 야영지 ③ 싸움터, 전장 (또는 campo di battaglia); ospedale da campo 야전 병원 ④ campo di prigionia 포로 수용소 ⑤ [스포츠] 경기장; campo da tennis 테니스 코트; campo di golf 골프장 ⑥ 영역, 분야; campo di ricerca 연구 분야 ⑦ [물리] 장(場); campo magnetico 자기장 - campo base (등산의) 베이스 캠프; campo petrolifero 유전(油田); campo visivo 시계(視界), 시야

camposanto /kampo'santo/ [남] 묘지, 공동 묘지

camuffamento /kamuffa'mento/ [남] 변장; 위장

camuffare /kamuf'fare/ [타동] ① 변장시키다, 위장하다 ② (비유적으로) (실수·사실·의도 따위를) 숨기다, 감추다, 속이다 - camuffarsi [재귀동사] (스스로) 변장하다

camuso /ka'muzo/ [형] (코가) 낮은

Canada /'kanada/ [남] 캐나다

canadese /kana'dese/ [형] 캐나다의 - [남/여] 캐나다 사람

canaglia /ka'naʎʎa/ [여] 악한, 불량배, 건달

canale /ka'nale/ [남] ① 운하; 수로(水路); il canale di Suez 수에즈 운하 ② (무역·외교 따위의) 경로, 루트; canale diplomatico 외교 채널 ③ [TV·라디오] 채널 ④ [해부] 도관(導管)

canalizzare /kanalid'dzare/ [타동] (특정 지역에) 운하를 트다, 수로를 내다

canapa /'kanapa/ [여] [식물] 삼, 대마(大麻); 그 섬유

canapè /kana'pɛ/ [남-불변] 카나페 (얇은 빵에 캐비아·치즈 등을 바른 전채(前菜))
canarino /kana'rino/ [남] [조류] 카나리아
cancan /kan'kan/ [남-불변] 캉캉 (춤)
cancellare /kantʃel'lare/ [타동] ① 지우다, 말소하다, 삭제하다 ② (일정·약속 따위를) 취소하다 ③ (빛을) 탕감하다 − cancellarsi [재귀동사] ① (글씨가) 지워지다, (색깔이) 바래다 ② (비유적으로) (기억 따위가) 희미해지다
cancellata /kantʃel'lata/ [여] 가로장, 울타리
cancellatura /kantʃella'tura/ [여] 말소, 삭제
cancellazione /kantʃellat'tsjone/ [여] ① 말소, 삭제 ② (일정·약속 따위의) 취소 − cancellazione del debito 부채의 탕감
cancelleria /kantʃelle'ria/ [여] ① (법원의) 공문서 보관소 ② 문구류
cancelliere /kantʃel'ljere/ [남] ① (독일 등의) 수상, 총리 ② 법원 서기 − cancelliere dello Scacchiere 재무 장관
cancellino /kantʃel'lino/ [남] 칠판 지우개
cancello /kan'tʃello/ [남] 대문, 출입문
cancerogeno /kantʃe'rɔdʒeno/ [형] 암을 유발하는; sostanza cancerogena 발암 물질
cancerologo /kantʃe'rɔlogo/ [남] (여 : -a) (남·복 : -gi, 여·복 : -ghe) 암 전문가
canceroso /kantʃe'roso/ [형] 암의 − [남] (여 : -a) 암 환자
cancrena /kan'krɛna/ [여] [병리] 괴저 (壞疽), 탈저(脫疽)
cancro /'kankro/ [남] ① [병리] 암; avere un cancro 암에 걸려 있다; cancro al polmone, cancro ai polmoni 폐암 ② (비유적으로) 치명적인 해악
Cancro /'kankro/ [남-불변] [천문] 게자리
candeggiare /kanded'dʒare/ [타동] 표백하다, 희게 하다
candeggina /kanded'dʒina/ [여] 표백제
candeggio /kan'deddʒo/ [남] (복 : -gi) 표백
candela /kan'dela/ [여] ① 양초; a lume di candela 촛불로, 초를 켜 놓고 ② [기계] 점화 플러그
candelabro /kande'labro/ [남] 가지가 달린 촛대
candeliere /kande'ljere/ [남] 촛대
Candelora /kande'lɔra/ [여] [가톨릭] 성촉절(聖燭節)
candida /'kandida/ [여] [병리] 칸디다증 (症)
candidare /kandi'dare/ [타동] (후보로) 지명하다 − candidarsi [재귀동사] 후보로 나서다, 입후보하다; candidarsi alla presidenza 대통령 후보로 나서다
candidato /kandi'dato/ [남] (여 : -a) 후보(자), 지원자
candidatura /kandida'tura/ [여] 입후보; 후보 지명
candido /'kandido/ [형] ① 새하얀, 순백의 ② 결백한, 순수한, 순진무구한
candito /kan'dito/ [형] (과일을) 설탕에 절인 − [남] 설탕에 절인 과일
candore /kan'dore/ [남] ① 순백 ② 결백, 순수, 순진무구
cane /'kane/ [남] ① [동물] 개; "attenti al cane" "개 조심" ② (비유적으로) 짐승 같은 인간 ③ (비유적으로) 무능한 사람 ④ (총의) 공이치기 − [형-불변] 지독한; fa un freddo cane 지독하게 춥군 − cane da caccia 사냥개; cane poliziotto 경찰견
canestro /ka'nɛstro/ [남] ① 바구니, 광주리; 바구니 하나의 분량 ② [농구] 바스켓
canfora /'kanfora/ [여] [화학·약학] 장뇌(樟腦), 캠퍼
cangiante /kan'dʒante/ [형] 무지개 빛깔의, 다채로운
canguro /kan'guro/ [남] [동물] 캥거루
canicola /ka'nikola/ [여] i giorni della canicola 복중(伏中), 삼복
canide /'kanide/ [남] 갯과(科) 동물
canile /ka'nile/ [남] 개집
canino /ka'nino/ [형] ① 개의, 갯과 동물의 ② dente canino 송곳니 ③ [식물] rosa canina 들장미 − [남] 송곳니
canizie /ka'nittsje/ [여-불변] 백발; 노령
canna /'kanna/ [여] ① [식물] 갈대 ② 낚싯대 ③ 지팡이 ④ (물을 끄는) 호스 ⑤ 총신(銃身) − essere povero in canna 몹시 가난하다; canna da zucchero 사탕수수
cannabis /'kannabis/ [여-불변] 대마초, 마리화나

cannella /kan'nɛlla/ [여] 계피, 시나몬
cannello /kan'nɛllo/ [남] ① 작은 관(管) ② 담배 파이프의 대; 펜대
cannelloni /kannel'lo:ni/ [남·복] 카넬로니 (원통형의 대형 파스타)
cannibale /kan'ni:bale/ [남/여] 식인종
cannibalismo /kanniba'lizmo/ [남] 식인 풍습
canniccio /kan'nittʃo/ [남] (복: -ci) 윗가지
cannocchiale /kannok'kja:le/ [남] 망원경
cannonata /kanno'na:ta/ [여] 발포, 포격; 포성
cannone /kan'no:ne/ [남] ① [군사] 대포, 포; palla di cannone 포탄; colpo di cannone 발포, 포격 ② (비유적으로) 귀재, 탁월한 실력을 갖춘 사람
cannoneggiamento /kannoneddʒa'mento/ [남] 포격, 포화
cannoniera /kanno'njɛra/ [여] ① [건축] 총안(銃眼) ② [군사] 포함(砲艦)
cannoniere /kanno'njɛre/ [남] ① [군사] 포수(砲手), 포병 ② [스포츠] (최고) 득점 선수
cannuccia /kan'nuttʃa/ [여] (복: -ce) ① 빨대, 스트로 ② 담배 파이프의 대
cannula /'kannula/ [여] [외과] 캐뉼러 (환부에 꽂아 액을 빼내거나 약을 넣는 데 쓰는 금속관)
canoa /ka'nɔa/ [여] 카누
canone /'ka:none/ [남] ① [가톨릭] 교회법, 카논 ② 규범, 기준 ③ [음악] 카논, 전칙곡(典則曲) ④ 요금, ~료
canonico /ka'nɔ:niko/ [형] (복: -ci, -che) ① 교회법에 의거한 ② 규범[기준]에 따른
canonizzare /kanonid'dzare/ [타동] ① [교회] 정전(正典)으로 인정하다 ② 인가[재가]하다, 찬성하다
canoro /ka'nɔ:ro/ [형] 노래하는; 노래의
canottaggio /kanot'taddʒo/ [남] 배 젓기, 보트 레이스, 조정
canottiera /kanot'tjɛra/ [여] 내의, 셔츠
canottiere /kanot'tjɛre/ [남] (여: -a) 보트 레이스를 하는 사람, 조정 선수
canotto /ka'nɔtto/ [남] 작은 배[보트]
canovaccio /kano'vattʃo/ [남] (복: -ci) ① (접시 닦는) 행주 ② 초고, 초안
cantante /kan'tante/ [남/여] 가수
cantare /kan'ta:re/ [타동] (노래를) 부르다 - [자동] (조동사: avere) (사람이) 노래하다; (새가) 지저귀다 - cantare le lodi di qn 누구를 찬양하다
cantautore /kantau'to:re/ [남] (여: -trice) 싱어송라이터, 가수 겸 작곡[작사]가
canticchiare /kantik'kja:re/ [타동/자동] (조동사: avere) 낮은 소리로 노래하다, 허밍으로 부르다
cantico /'kantiko/ [남] (복: -ci) 성가, 찬송가
cantiere /kan'tjɛre/ [남] 대지, 부지; cantiere edile 건축 부지; cantiere navale 조선소
cantieristica /kantje'ristika/ [여] 조선업
cantilena /kanti'lɛna/ [여] ① 단조로운 소리[가락] ② (비유적으로) 길고 지루한 이야기
cantina /kan'ti:na/ [여] ① 지하 저장실; 와인셀러 ② 술집, 와인 바
canto1 /'kanto/ [남] ① 노래 부르기 ② (새의) 지저귐; (악기의) 소리 ③ 노래 ④ 시(詩) - canto natalizio 크리스마스 캐럴
canto2 /'kanto/ [남] ① 구석, 귀퉁이 ② 쪽, 편, 면; d'altro canto 다른 한편, 반면에; dal canto mio 나로서는
cantone /kan'to:ne/ [남] (스위스 연방의) 주(州)
cantore /kan'to:re/ [남] (여: -a) ① 성가대원 ② (비유적으로) 시인
cantuccio /kan'tuttʃo/ [남] (복: -ci) 구석; 구석진[후미진] 곳
canuto /ka'nu:to/ [형] 백발의
canzonare /kantso'na:re/ [타동] 곯리다, 놀리다, 조롱하다
canzonatura /kantsona'tu:ra/ [여] 조롱, 놀림
canzone /kan'tso:ne/ [여] ① 노래 ② (문어체에서) (중세 이탈리아의) 서정시 - è sempre la solita canzone (비유적으로) 항상 같은 이야기다, 늘 하는 이야기다
canzonetta /kantso'netta/ [여] 대중 가요
canzoniere /kantso'njɛre/ [남] 노래[시(詩)] 모음집
caolino /kao'li:no/ [남] 고령토, 도토(陶土)
caos /'kaos/ [남·불변] ① 카오스, 천지 창조 이전의 혼돈 ② (비유적으로) 무질서, 대혼란
caotico /ka'ɔ:tiko/ [형] (복: -ci, -che) 혼돈된, 무질서한
CAP /kap/ [남] (Codice di Avviamento Postale의 약자) 우편 번호

capace /ka'patʃe/ [형] ① (di와 함께 쓰여) (~의, ~을 할) 능력이 있는; non fu capace di resistere 그는 저항할 수 없었다; non sono capace a cantare 나는 노래를 잘하지 못한다 ② 유능한, 솜씨 좋은 ③ (일정 공간이) (~의) 수용 능력이 있는; uno stadio capace di 80.000 persone 8만 명을 수용하는 경기장 ④ 널찍한, 큼지막한, 용량이 큰

capacità /kapatʃi'ta/ [여-불변] ① 능력, 역량; capacità di concentrazione 집중력 ② 용량; 수용 능력 - capacità di acquisto [경제] 구매력

capacitarsi /kapatʃi'tarsi/ [재귀동사] 이해하다, 깨닫다; non capacitarsi di qc 무엇을 이해하지 못하다

capanna /ka'panna/ [여] ① 오두막 ② 누추한 집

capannone /kapan'none/ [남] ① 광, 창고 ② 격납고

caparbio /ka'parbjo/ [형] (복 : -bi, -bie) 고집 센, 완고한

caparra /ka'parra/ [여] 계약금; versare una caparra 계약금을 치르다

capasanta /kapa'santa/ [여] (복 : capesante) [패류] 가리비

capatina /kapa'tina/ [여] (구어체에서) fare una capatina da qn 누구네 집에 잠깐 들르다

capeggiare /kaped'dʒare/ [타동] (군대·무리를) 이끌다

capello /ka'pello/ [남] (낱개의) 머리카락 - capelli [남·복] (집합적으로) 머리털, 모발 (머리에 난 머리카락 전체); tagliarsi[farsi tagliare] i capelli 머리를 자르다, 이발하다; strapparsi i capelli 머리를 쥐어뜯다 - far rizzare i capelli (in testa) a qn 누구의 머리카락을 (공포로) 곤두서게 하다; per un capello 가까스로, 아슬아슬하게

capelluto /kapel'luto/ [형] cuoio capelluto 두피(頭皮)

capezzale /kapet'tsale/ [남] ① 덧베개, 베개 받이 ② (비유적으로) 병상, 환자의 머리맡

capezzolo /ka'pettsolo/ [남] (사람·포유동물의) 젖꼭지, 유두

capiente /ka'pjente/ [형] 널찍한, 큼지막한, 용량이 큰

capienza /ka'pjentsa/ [여] (장소의) 수용 능력; il teatro ha una capienza di 500 posti 그 극장은 500명을 수용한다

capigliatura /kapiʎʎa'tura/ (집합적으로) 머리털, 모발 (머리에 난 머리카락 전체)

capillare /kapil'lare/ [형] ① 모세관의 ② (비유적으로) (조사 따위가) 상세한, 철저한; 널리 퍼진 - [남] [해부] 모세혈관; [물리] 모세관

capire /ka'pire/ [타동] ① 이해하다, 납득하다, 알아듣다; capire male 오해하다; farsi capire 자신의 말[생각]을 남에게 이해시키다 ② 깨닫다, 실감하다 ③ (남의 행동이나 기분 따위를) 이해하다 - si capisce! 물론!, 당연히!

capitale1 /kapi'tale/ [형] ① 사형(死刑)의; pena capitale 사형 ② (비유적으로) 중대한

capitale2 /kapi'tale/ [여] (한 나라의) 수도(首都)

capitale3 /kapi'tale/ [남] ① 자원; capitale umano 인적 자원 ② [경제] 자본, 자산 ③ 큰돈, 큰 액수

capitalismo /kapita'lizmo/ [남] 자본주의

capitalista /kapita'lista/ (남·복 : -i, 여·복 : -e) [형] 자본주의의 - [남/여] 자본가, 자본주의자

capitalistico /kapita'listiko/ [형] (복 : -ci, -che) 자본주의의

capitalizzare /kapitalid'dzare/ [타동] 자본화하다

capitalizzazione /kapitaliddzat'tsjone/ [여] 자본화

capitano /kapi'tano/ [남] ① [군사] 대위; 지휘관 ② 선장, 함장 ③ [스포츠] (팀의) 주장

capitare /kapi'tare/ [자동] (조동사 : essere) ① 오다, 도착하다 ② (기회가) 찾아오다; (문제가) 나타나다 ③ (일·사건이) 일어나다, 발생하다 - capitare bene[male] 운이 좋다[나쁘다]

capitello /kapi'tello/ [남] [건축] 기둥머리, 주두(柱頭)

capitolare /kapito'lare/ [자동] (조동사 : essere) ① (군사 등이) 항복하다 ② (비유적으로) 굴복하다, 포기하다

capitolazione /kapitolat'tsjone/ [여] 항복; 굴복

capitolo /ka'pitolo/ [남] ① (책의) 장(章), 챕터 ② (행정 문서 등의) 항목, 조항

capitombolare /kapitombo'lare/ [자동] (조동사 : essere) 넘어지다, 굴러 떨어지다

capitombolo /kapi'tombolo/ [남] 넘어짐,

굴러 떨어짐; fare un capitombolo 넘어지다, 굴러 떨어지다

capo /ˈkapo/ [남] ① 머리; mal di capo 두통 ② 정신, 이성 ③ 장(長), 우두머리, 리더 ④ 물품, 품목; un capo di vestiario 의류 한 점 ⑤ (가축의) 두수, 마릿수; 30 capi di bestiame 소 30두 [마리] ⑥ (줄 따위의) 끝부분; (침대·못 따위의) 머리부분; da capo a fondo 위에서 아래까지; in capo alla pagina 페이지 위쪽에 ⑦ [지리] 곶, 갑(岬) ⑧ (실의) 가닥 - a capo 행을 바꿔서, 새 단락으로; da capo 다시, 새로; in capo a un mese 달(月) 내로; in capo al mondo 외딴곳에; capo di Stato 국가 원수

capobanda /kapoˈbanda/ [남/여] (남·복 : capibanda) ① 폭도의 우두머리[두목] ② 악장(樂長), 밴드마스터

capobarca /kapoˈbarka/ [남] (복 : capibarca) (작은 배의) 선장

capocchia /kaˈpɔkkja/ [여] (못·핀 따위의) 머리부분

capocuoco /kapoˈkwɔko/ [남] (여 : -a) (복 : capocuochi, capicuochi) 주방장, 셰프

capodanno /kapoˈdanno/ [남] (복 : capodanni) 새해 첫날, 1월 1일

capodoglio /kapoˈdoʎʎo/ [남] (복 : -gli) [동물] 향유고래

capofamiglia /kapofaˈmiʎʎa/ [남/여] (남·복 : capifamiglia) 가장(家長), 세대주

capofila /kapoˈfila/ [남/여] (복 : capifila) 우두머리, 지도자

capofitto (a capofitto /akapoˈfitto/의 형태로 쓰여) [부] 거꾸로, 곤두박이로

capogiro /kapoˈdʒiro/ [남] 어지러움, 현기증; avere il capogiro 어지럽다, 현기증이 나다

capogruppo /kapoˈgruppo/ [남/여] (남·복 : capigruppo) (단체의) 리더, 지도자; 정당 지도자

capolavoro /kapolaˈvoro/ [남] 걸작

capolinea /kapoˈlinea/ [남-불변] 종점, 종착역, 터미널

capoluogo /kapoˈlwɔgo/ [남] (복 : -ghi) (한 지역 내에서) 가장 큰 도시; capoluogo di provincia 주도(州都)

capomastro /kapoˈmastro/ [남] (복 : capimastri, capomastri) 건축 공사의 감독

caporale /kapoˈrale/ [남] [군사] 일병

caporalmaggiore /kaporalmadˈdʒore/ [남] [군사] 상병, 병장

caporedattore /kaporedatˈtore/ [남] (여 : -trice) (복 : caporedattori) 편집장, 주간, 주필

caporeparto /kaporeˈparto/ [남/여] (남·복 : capireparto) 공장 감독; 십장, 직장(職長); (백화점의) 매장 감독

caporione /kapoˈrjone/ [남] (복 : caporioni) (경멸적으로) 폭도의 우두머리[두목]

caposquadra /kaposˈkwadra/ [남/여] (남·복 : capisquadra) ① (일꾼들의) 십장, 직장(職長) ② [군사] 분대장 ③ [스포츠] 팀의 주장

capostazione /kapostatˈtsjone/ [남/여] (남·복 : capistazione) 철도 역장

capostipite /kaposˈtipite/ [남/여] ① 조상, 선조 ② (비유적으로) 창시자, 선구자

capotavola /kapoˈtavola/ (남·복 : capitavola) [남] 식탁의 상석(上席) - [남/여] 식탁의 상석에 앉은 사람

capotreno /kapoˈtreno/ [남/여] (남·복 : capitreno) 기차의 차장

capotribù /kapotriˈbu/ [남/여] (남·복 : capitribù) 족장, 추장

capottare /kapotˈtare/ [자동] (조동사 : avere) (자동차가) 뒤집히다, 전복되다

capoufficio /kapoufˈfitʃo/ [남/여] (남·복 : capiufficio) (사무실의) 부서장

capovolgere /kapoˈvoldʒere/ [타동] 뒤집다, 거꾸로 하다 - capovolgersi [재귀동사] 뒤집히다, 거꾸로 되다; (배가) 전복되다

capovolgimento /kapovoldʒiˈmento/ [남] 뒤집기, 거꾸로 함

cappa /ˈkappa/ [여] ① 망토 ② (비유적으로) (음침한 것의) 휘장, 장막 ③ 난로 따위의 덮개

cappella /kapˈpella/ [여] 예배당, 채플

cappellano /kappelˈlano/ [남] 예배당 목사

cappellino /kappelˈlino/ [남] 여자들이 쓰는 모자; 작은 모자

cappello /kapˈpello/ [남] ① (테나 챙이 있는) 모자; mettersi[levarsi] il cappello 모자를 쓰다[벗다]; cappello a cilindro 중산모 ② 전등갓 ③ 못대가리 ④ 서론, 도입부

cappero /ˈkappero/ [남] [식물] 백화채나무; 그 꽃봉오리 (식초에 절여 조미료로

사용)

cappio /'kappjo/ [남] (복 : -pi) 루프 매듭; 올가미

cappone /kap'pone/ [남] (거세한) 식용 수탉

cappotto /kap'pɔtto/ [남] (오버)코트

cappuccino /kapput'tʃino/ [남] 카푸치노 (뜨거운 에스프레소에 우유 거품을 탄 것)

cappuccio /kap'puttʃo/ [남] (복 : -ci) ① (재킷 따위의) 두건; (수도자의) 고깔 ② (펜의) 두껍

capra /'kapra/ [여] [동물] 염소

capretto /ka'pretto/ [남] 새끼 염소

capriccio /ka'prittʃo/ [남] (복 : -ci) ① 변덕, 일시적인 생각[기분]; per capriccio 즉흥적으로, 충동적으로; fare i capricci 발끈하다 ② (날씨·운수 따위의) 급변, 변덕스러움 ③ [음악] 카프리치오, 기상곡, 광상곡

capriccioso /kaprit'tʃoso/ [형] 변덕스러운, 잘 변하는

Capricorno /kapri'kɔrno/ [남-불변] ① [천문] 염소자리; [점성] 마갈궁 ② [지리] tropico del Capricorno 남회귀선

caprifoglio /kapri'fɔʎʎo/ [남] (복 : -gli) [식물] 인동덩굴

caprimulgo /kapri'mulgo/ [남] (복 : -gi) [조류] 쏙독새

caprino /ka'prino/ [형] 염소의; 염소 같은; latte caprino 염소 젖

capriola /kapri'ɔla/ [여] ① 공중제비, 재주넘기 ② [발레] 깡충 뛰기

capriolo /kapri'ɔlo/ [남] [동물] 노루

capro /'kapro/ [남] 숫염소 - capro espiatorio [성경] 속죄 염소

caprone /ka'prone/ [남] 숫염소

capsula /'kapsula/ [여] ① 캡슐 ② [치과] 치관(齒冠) ③ [해부] 피막(被膜); [식물] 꼬투리, 삭(蒴)

captare /kap'tare/ [타동] ① (방송·신호를) 수신하다 ② (분위기·느낌 따위를) 포착하다, 감지하다 ③ (주의·주목을) 끌다 ④ (물 따위를) 끌어들이다

capzioso /kap'tsjoso/ [형] 말꼬리를 잡고 늘어지는, 트집을 잡는

carabina /kara'bina/ [여] 카빈총, 소총

carabiniere /karabi'njɛre/ [남] 이탈리아 헌병대(Carabinieri)의 군인

caraffa /ka'raffa/ [여] 유리병; (포도주를 담는) 디캔터

Caraibi /ka'raibi/ [남·복] i Caraibi 카리브 해 제도(諸島); mare dei Caraibi 카리브 해

carambola /ka'rambola/ [여] ① [당구] 캐논 (친 공이 계속하여 두 개의 목표 공에 맞음) ② (차량의) 연쇄 충돌

caramella /kara'mella/ [여] 사탕, 캔디

caramello /kara'mɛllo/ [남] 캐러멜

caramente /kara'mente/ [부] ① (편지에서) ti saluto caramente 친애하는 ~으로부터 ② (대가 따위를) 크게, 깊이; ho pagato caramente i miei sbagli 나는 실수한 것에 대해 비싼 값을 치렀다

carapace /kara'patʃe/ [남] [동물] (거북 등의) 등딱지

carato /ka'rato/ [남] 캐럿 (보석의 무게 단위 또는 금의 순도를 나타내는 단위); un diamante da otto carati 8캐럿짜리 다이아몬드; oro a 18 carati 18캐럿의 금

carattere /ka'rattere/ [남] ① (사람의) 성격, 성질, 기질; avere un bel carattere 성격이 좋다, 착하다, 마음씨가 곱다 ② 기개, 근성 ③ 문자, 알파벳; 자체(字體); caratteri cirillici 키릴 문자; carattere corsivo 이탤릭체 ④ (사물의) 특성, 특질 ⑤ [유전] 형질

caratteristica /karatte'ristika/ [여] (복 : -che) 특성, 특색, 특징

caratteristico /karatte'ristiko/ [형] (복 : -ci, -che) 특질 있는, 독특한, 특징적인; (di와 함께 쓰여) (~에) 특유한, 전형적인

caratterizzare /karatterid'dzare/ [타동] ① (~의) 특징이 되다, 특징을 나타내다 ② (~의) 특성을 기술하다

carboidrato /karboi'drato/ [남] [화학] 탄수화물

carbonara [형/부] (alla carbonara /allakarbo'nara/의 형태로 쓰여) (파스타에) 계란·베이컨·페코리노 치즈 등으로 만든 소스가 곁들여지는

carbonato /karbo'nato/ [남] [화학] 탄산염; carbonato di sodio 탄산나트륨, 탄산소다

carboncino /karbon'tʃino/ [남] 숯, 목탄

carbone /kar'bone/ [남] 석탄 - nero come il carbone 새까만

carbonico /kar'bɔniko/ [형] (복 : -ci, -che) [화학] 탄소의; anidride carbonica 이산화탄소

carbonio /kar'bɔnjo/ [남] [화학] 탄소

carbonizzare /karbonid'dzare/ [타동] ①

탄화하다, 숯으로 만들다 ② 태우다, 불 사르다
carbonizzato /karbonid'dzato/ [형] (불) 탄; morire carbonizzato (불에) 타 죽다
carburante /karbu'rante/ [남] 연료
carburatore /karbura'tore/ [남] [기계] (내연 기관의) 기화기(氣化器), 카뷰레터
carburo /kar'buro/ [남] [화학] 카바이드, 탄화물
carcassa /kar'kassa/ [여] ① (짐승의) 시체 ② 뼈대, 떠받치는 구조 ③ (폐선(廢船)의) 선체(船體) ④ (경멸적으로) 고물 자동차
carcerato /kartʃe'rato/ [남] (여: -a) 죄수, 기결수, 수감자
carcerazione /kartʃerat'tsjone/ [여] 투옥, 감금, 구금
carcere /'kartʃere/ [남] 교도소, 감옥; mettere qn in carcere 누구를 투옥하다; condannato a sei mesi di carcere 6개월형을 선고 받은
carceriere /kartʃe'rjere/ [남] (여: -a) 교도관, 간수
carcinoma /kartʃi'nɔma/ [남] [병리] 암, 암종(癌腫)
carciofo /kar'tʃɔfo/ [남] [식물] 아티초크 (국화과)
cardiaco /kar'diako/ [형] (복: -ci, -che) [의학] 심장(병)의; arresto cardiaco 심장마비
cardinale1 /kardi'nale/ [형] 기본적인, 주요한; numero cardinale 기수(基數); punti cardinali 기본 방위 (북·남·동·서)
cardinale2 /kardi'nale/ [남] [가톨릭] 추기경
cardine /'kardine/ [남] ① (문의) 경첩, 돌쩌귀 ② (비유적으로) 중추적인 역할을 하는 것, 긴요한 것 - [형-불변] 중추의
cardiochirurgia /kardjokirur'dʒia/ [여] 심장 수술
cardiocircolatorio /kardjotʃirkola'tɔrjo/ [형] (복: -ri, -rie) 심장 순환기계의, 심혈관(心血管)의
cardiogramma /kardjo'gramma/ [남] 심전도(心電圖)
cardiologia /kardjolo'dʒia/ [여] 심장(병) 학(學)
cardiologo /kar'djɔlogo/ [남] (여: -a) (남·복: -gi, 여·복: -ghe) 심장(병)

학자, 심장 전문의
cardiopatia /kardjopa'tia/ [여] 심장병
cardiovascolare /kardjovasko'lare/ [형] 심혈관(心血管)의
cardo /'kardo/ [남] [식물] 엉겅퀴
carena /ka'rɛna/ [여] [항해] 선저(船底), 배의 밑부분
carente /ka'rɛnte/ [형] (di와 함께 쓰여) (~이) 부족한, 결여된
carenza /ka'rɛntsa/ [여] ① 부족, 결핍; [의학] (영양소의) 결핍 ② 결점, 단점, 불충분한 점
carestia /kares'tia/ [여] 기근, 굶주림
carezza /ka'rettsa/ [여] 쓰다듬기, 어루만지기, 애무; fare una carezza a ~을 어루만지다[애무하다]
carezzare /karet'tsare/ [타동] ① 쓰다듬다, 어루만지다; 애무하다 ② (문어체에서) (바람 따위가) 상쾌하게 닿다[스치다] ③ (희망 따위를) 간직하다
cargo /'kargo/ [남-불변] 화물선; 화물 수송기
cariare /ka'rjare/ [타동] (이를) 썩게 하다 - cariarsi [재귀동사] (이가) 썩다
cariato /ka'rjato/ [형] un dente cariato 충치
caribico /ka'ribiko/ [형] (복: -ci, -che) 카리브 해 지역의
caribù /kari'bu/ [남-불변] [동물] 카리부 (북아메리카 북쪽의 순록)
carica /'karika/ [여] (복: -che) ① 직위, 직책; essere in carica 재직 중이다; entrare in carica 직책에 취임하다 ② (배터리 따위의) 충전; mettere sotto carica (배터리 따위를) 충전시키다 ③ 기계 장치[부품]; dare la carica a (시계의) 태엽을 감다 ④ (비유적으로) 충동, 추진, 몰아대기; dare la carica a qn 누구를 격려하다 ⑤ [군사] 돌격, 돌진; andare alla carica 돌격[돌진]하다 - carica elettrica [물리] 전하(電荷)
caricabatteria /karikabatte'ria/ [남-불변] (배터리) 충전기
caricamento /karika'mento/ [남] ① (차량·선박 등에) 짐을 싣기, 적재 ② (총포의) 장전 ③ [컴퓨터] (프로그램·데이터의) 로딩, 올리기
caricare /kari'kare/ [타동] ① (차량·선박 따위에) 짐을 싣다 ② (일정 공간에 물건을) 너무 많이 채워 넣다 ③ (비유적으로) caricare qn di 누구에게 ~의 부

담을 지우다 ④ (차량·선박 등에 승객을) 태우다 ⑤ (적·상대를) 공격하다 ⑥ (총포를) 장전하다; (카메라에) 필름을 넣다 ⑦ [컴퓨터] (프로그램·데이터를) 로드하다, 올리다 ⑧ (배터리를) 충전하다 ⑨ 과장하다 ⑩ (시계의) 태엽을 감다

caricato /kari'kato/ [형] ① 짐을 실은, 화물을 적재한 ② (di와 함께 쓰여) (~의) 부담을 안게 된 ③ 과장된, 짐짓 꾸민

caricatore /karika'tore/ [남] (여 : -trice) ① 짐 싣는 사람 ② (총포를) 장전하는 사람; (총의) 탄창 ③ [사진] 필름 감는 틀 ④ 배터리 충전기 ⑤ [컴퓨터] 로더

caricatura /karika'tura/ [여] 캐리커처, 풍자 만화

carico1 /'kariko/ [형] (복 : -chi, -che) ① (di와 함께 쓰여) (차량 따위에 ~의) 짐을 실은 ② (비유적으로) (di와 함께 쓰여) (~의) 부담을 안고 있는; carico di debiti 빚을 지고 있는 ③ (총포가) 장전된 ④ (배터리가) 충전된 ⑤ (색깔이) 짙은, 강렬한

carico2 /'kariko/ [남] (복 : -chi) ① 짐 싣기, 적재 ② (차량·선박 등에 실린) 짐, 화물 ③ 하중(荷重), 부하(負荷) ④ 부담, 책임; carico di lavoro 작업 부하; carico fiscale 조세 부담; a carico di ~에 부담을 지우는; essere[vivere] a carico di qn 누구에게 의존하여 살다; farsi carico di ~의 부담[책임]을 떠맡다

carie /'karje/ [여-불변] ① 충치; avere una carie 충치가 있다 ② [식물] 부패병

carino /ka'rino/ [형] ① 예쁜, 귀여운; 잘생긴 ② 친절한

carisma /ka'rizma/ [남] ① [신학] 카리스마, 신이 특별히 부여하는 권능 ② (비유적으로) 카리스마적 권위

carismatico /kariz'matiko/ [형] (복 : -ci, -che) 카리스마적인

carità /kari'ta/ [여-불변] ① (성경에서 말하는) 사랑 ② (일반적으로) 자애, 자비(심), 동정(심), 박애; 착한 일, 자선 행위; opera di carità 자선 단체 ③ (빈민에게 주는) 자선품, 의연금, 구호금 ④ 호의, 친절; fammi la carità di spegnere la sigaretta! 담배 좀 꺼주세요! - per carità! 제발, 아무쪼록

caritatevole /karita'tevole/ [형] (verso 와 함께 쓰여) (~에게) 자선을 베푸는

caritativo /karita'tivo/ [형] 자선의; un'associazione caritativa 자선 단체

carlinga /kar'linga/ [여] (복 : -ghe) [항공] (비행기의) 조종석[실]

carminio /kar'minjo/ [남/형-불변] (복 : -ni) 심홍색(의), 양홍색(洋紅色)(의)

carnagione /karna'dʒone/ [여] 피부색; dalla carnagione scura 피부색이 검은

carnaio /kar'najo/ [남] (복 : -ai) la spiaggia è un carnaio (경멸적으로) 해변에는 많은 인파가 우글거린다

carnale /kar'nale/ [형] ① 육체의, 육욕(肉慾)의 ② fratello carnale 친형제

carne /'karne/ [여] ① (인간·동물의) 살; essere ben in carne 통통하다 ② (정욕을 가진) 육체; i piaceri della carne 육욕(肉慾)의 만족 ③ 고기; carne di pollo 닭고기; carne di manzo 쇠고기; carne di maiale 돼지고기 - [형] 살색의

carnefice /kar'nefitʃe/ [남] ① 사형 집행인 ② (비유적으로) 고문하는[괴롭히는] 사람

carneficina /karnefi'tʃina/ [여] 대량 살육[학살]

carnet /kar'nɛ/ [남-불변] (티켓·수표 따위의) 묶음; carnet di assegni 수표장(帳)

carnevale /karne'vale/ [남] 카니발, 사육제(謝肉祭)

carnevalesco /karneva'lesko/ [형] (복 : -schi, -sche) 카니발[사육제]의

carnivoro /kar'nivoro/ [형] (동물이) 육식성(肉食性)의; (식물이) 식충성(食蟲性)의 - [남] (여 : -a) 육식 동물; 식충식물

carnoso /kar'noso/ [형] 통통한, 살집이 있는

caro /'karo/ [형] ① 친애하는, 사랑하는; un mio caro amico 나의 친애하는 벗; la morte di una persona cara 사랑하는 사람의 죽음 ② (편지에서) 친애[경애]하는, ~님(께); caro signor Rossi 로씨님(께); i miei più cari auguri 행운을 빕니다 ③ 소중한, 귀중한; caro a qn 누구에게 (있어) 소중한[중요한] ④ 친절한, 다정한 ⑤ 사랑 받는 ⑥ 값비싼 - [남] (여 : -a) 사랑하는 사람; i miei cari 사랑하는 나의 가족 - [부] ① 값

비싸게 ② (비유적으로) (대가 따위를) 크게, 깊이; la pagherai cara! 넌 비싼 대가를 치르게 될 거야!
carogna /ka'roɲɲa, ka'rɔɲɲa/ [여] (짐승의) 시체; 썩은 고기
carognata /karoɲ'nata/ [여] (구어체에서) 비열한 속임수
carosello /karo'zɛllo/ [남] ① [역사] 마상(馬上) 시합 ② 회전목마 ③ (비유적으로) 소용돌이
carota /ka'rɔta/ [여] [식물] 당근 - [남/형-불변] 당근 색깔(의)
carotene /karo'tɛne/ [남] [생화학] 카로틴
carotide /ka'rɔtide/ [여] [해부] 경동맥
carovana /karo'vana/ [여] (사막의) 대상(隊商); (마차 따위의) 행렬
carovita /karo'vita/ [남-불변] 높은 물가 [생계비]
carpa /'karpa/ [여] [어류] 잉어
carpenteria /karpente'ria/ [여] ① 목공(품) ② 목공소
carpentiere /karpen'tjɛre/ [남] 목수
carpire /kar'pire/ [타동] (남의 비밀 따위를) 알아내다; (남에게 약속 따위를) 강요하다; (남에게 자백 따위를) 받아내다; (남의 금전 따위를) 우려내다
carpo /'karpo/ [남] [해부] 손목
carponi /kar'poni/ [부] (네 발로) 기어서
carrabile /kar'rabile/ [형] (길이) 차가 다닐 수 있는; passo carrabile 차도, 차량 진입로
carraio /kar'rajo/ [형] (복 : -ai, -aie) 차량 통행용의; passo carraio 차도, 차량 진입로
carré /kar're/ [남-불변] (짐승의) 허리 부분 고기
carreggiata /karred'dʒata/ [여] 차도, 도로; strada a doppia carreggiata 중앙 분리대가 있는 고속도로 - uscire di carreggiata 상궤[정도]를 벗어나다, 탈선하다
carrello /kar'rɛllo/ [남] ① 쇼핑 카트; 손수레 ② (비행기의) 착륙 장치
carrettata /karret'tata/ [여] 짐수레 하나의 분량; a carrettate i) 수레에 실을 만큼 ii) (비유적으로) 많이, 잔뜩
carrettiere /karret'tjɛre/ [남] 짐마차꾼
carretto /kar'retto/ [남] (짐)수레 - carretto a mano 손수레
carriera /kar'rjɛra/ [여] ① (전문적인) 직업; donna in carriera 커리어우먼, 전문직 여성 ② 경력, 이력 - fare carriera 출세하다; di gran carriera 전속력으로
carriola /kar'rjɔla/ [여] 외바퀴 손수레
carro /'karro/ [남] ① 짐수레; 짐마차 ② 수레[짐차] 한 대의 분량 ③ [천문] il Piccolo Carro 작은곰자리; il Grande Carro 큰곰자리 - mettere il carro davanti ai buoi 본말(本末)을 전도하다; saltare sul carro del vincitore 우세한 쪽에 가서 붙다 - carro armato [군사] 탱크; carro funebre 영구차; carro merci [철도] 화차(貨車)
carrozza /kar'rɔttsa/ [여] ① 마차 ② (철도의) 객차, 차량; carrozza letto (열차의) 침대차
carrozzella /karrot'tsɛlla/ [여] ① 마차 ② 휠체어 ③ 유모차
carrozzeria /karrottse'ria/ [여] ① (자동차의) 차체 ② 차체 수리 공장
carrozzina /karrot'tsina/ [여] ① 유모차 ② 휠체어
carrozzone /karrot'tsone/ [남] (서커스단 등의) 대형 유개 운반차; (집시 등의) 포장마차
carrucola /kar'rukola/ [여] 도르래
carta /'karta/ [여] ① 종이; foglio di carta 종잇장; di carta 종이로 된[만든] ② 헌장(憲章), 선언서; la Magna Carta [역사] 마그나카르타, 대헌장 ③ 지도 (carta geografica) ④ (놀이용) 카드; giocare a carte 카드놀이를 하다 ⑤ (레스토랑에서) la carta dei vini 와인 리스트; alla carta 일품 요리로 [의] - carte [여·복] 서류, 문서 - carta assorbente 키친 타월; carta carbone (복사용) 카본지; carta di credito 신용 카드; carta d'identità 신분증; carta igienica (화장실용) 화장지; carta da lettere 필기용지; carta da parati 벽지; carta (da) regalo 선물 포장지; carta stagnola 은박지; carta vetrata 사포
cartaccia /kar'tattʃa/ [여] (복 : -ce) 휴지, 종이 쓰레기
cartamoneta /kartamo'neta/ [여] (복 : cartemonete) 지폐
cartapecora /karta'pekora/ [여] 양피지
cartapesta /karta'pesta/ [여] (복 : cartapeste, cartepeste) 혼응지(混凝紙; 펄프에 아교를 섞어 만든 종이 재질)

carteggio /kar'teddʒo/ [남] (복 : -gi) 서신 왕래; avere[tenere] un carteggio con qn 누구와 편지로 연락을 주고 받다

cartella /kar'tɛlla/ [여] ① 서류 가방 ② 학생용 가방, 책가방 ③ 서류철, 파일 ④ [컴퓨터] 폴더 - cartella clinica 진료 기록부

cartellino /kartel'lino/ [남] ① 꼬리표, 라벨; cartellino del prezzo 정가표 ② 출퇴근 시간을 기록하는 용지; timbrare il cartellino 용지에 출퇴근 시간을 기록하다 - cartellino giallo [스포츠] 옐로 카드; cartellino rosso [스포츠] 레드 카드

cartello1 /kar'tɛllo/ [남] 간판; 플래카드; 벽보, 포스터; cartello stradale 도로 표지

cartello2 /kar'tɛllo/ [남] ① [경제] 카르텔, 기업 연합 ② (정치상의) 제휴, 연립

cartellone /kartel'lone/ [남] ① (연극의) 포스터, 광고 전단 ② (일반적으로) 벽보, 포스터

cartellonista /kartello'nista/ [남/여] (남·복 : -i, 여·복 : -e) 포스터[상업 광고] 디자이너

cartiera /kar'tjɛra/ [여] 제지 공장

cartilagine /karti'ladʒine/ [여] [해부] 연골; (요리용) 연골

cartina /kar'tina/ [여] ① 지도 ② 주머니, 갑 ③ 궐련용 얇은 종이

cartoccio /kar'tɔttʃo/ [남] (복 : -ci) al cartoccio (요리를) 은박지로 싼

cartografia /kartogra'fia/ [여] 지도 제작(법)

cartolaio /karto'lajo/ [남] (여 : -a) (복 : -ai) 문방구 주인

cartoleria /kartole'ria/ [여] 문방구, 문구점

cartolina /karto'lina/ [여] (우편)엽서; cartolina illustrata 그림 엽서; cartolina postale 우편 엽서

cartomante /karto'mante/ [남/여] (카드로 점을 치는) 점쟁이

cartomanzia /kartoman'tsia/ [여] 카드점(占)

cartoncino /karton'tʃino/ [남] ① 판지, 두꺼운 종이 ② 카드, 인사장

cartone /kar'tone/ [남] ① 판지, 두꺼운 종이 ② (상품 포장용) 상자, 박스 ③ 만화, 카툰; cartone animato 만화영화, 애니메이션

cartongesso /karton'dʒɛsso/ [남] 석고보드

cartuccia /kar'tuttʃa/ [여] (복 : -ce) ① 탄약통; 약포(藥包) ② (만년필 따위의) 카트리지 ③ [컴퓨터] 카트리지 (집적회로 따위와 같이 떼낼 수 있는 유닛)

cartucciera /kartut'tʃera/ [여] 탄띠, 탄대

casa /'kasa/ [여] ① 건물; 집, 주택; 아파트; cambiare casa 이사하다; uscire di casa 외출하다; andare a casa 집에 가다 ② 가정; casa Rossi 로씨가(家); donna di casa 가정주부; metter su casa 가정을 꾸리다; di casa 가정의, 가사의, 가계의 ③ (왕가·명문가 등의) 가계, 가문, 집안; la casa reale 왕가, 왕실 ④ [스포츠] partita in casa 홈 경기; partita fuori casa 원정 경기 - a casa del diavolo 외딴 곳에(서); casa dolce casa 즐거운 우리 집, 단란한 가정; casa di campagna 시골집; casa editrice 출판사; casa da gioco 도박장, 카지노; casa dello studente 대학 기숙사; la Casa Bianca (미국의) 백악관

casacca /ka'zakka/ [여] (복 : -che) 코트, 재킷

casaccio [부] (a casaccio /aka'zattʃo/의 형태로 쓰여) 닥치는 대로, 되는대로

casalinga /kasa'linga/ [여] (복 : -ghe) 가정주부

casalingo /kasa'lingo/ (복 : -ghi, -ghe) [형] ① 가정의; (요리 따위를) 집에서 만든 ② [스포츠] incontro casalingo 홈 경기 - casalinghi [남·복] 가정용품

casamento /kasa'mento/ [남] 공동 주택, 아파트

casanova /kasa'nɔva/ [남-불변] 색골, 엽색꾼

casata /ka'sata/ [여] 가계, 혈통, 가문

casato /ka'sato/ [남] 가계, 혈통, 가문

cascame /kas'kame/ [남] (솜 따위의) 지스러기

cascamorto /kaska'mɔrto/ [남] fare il cascamorto 장난삼아 연애하다, 불장난하다

cascante /kas'kante/ [형] (피부 따위가) 축 늘어진

cascare /kas'kare/ [자동] (조동사 : essere) (굴러) 떨어지다; cascare dalle scale 계단에서 굴러 떨어지다 -

caschi[cascasse] il mondo 어떤 일이 있더라도, 기어코
cascata /kas'kata/ [여] 폭포
cascatore /kaska'tore/ [남] 스턴트맨
caschetto /kas'ketto/ [남] 단발머리
cascina /kaʃʃina/ [여] 농장, 농가
casco /'kasko/ [남] (복 : -schi) ① (안전) 헬멧 ② 헤어드라이어 ③ (바나나의) 송이
caseario /kaze'arjo/ [형] (복 : -ri, -rie) 낙농업의, 우유[유제품]의; prodotti caseari 유제품; industria casearia 낙농업
caseggiato /kased'dʒato/ [남] 아파트; 주택 단지
caseina /kaze'ina/ [여] [생화학] 카세인, 건락소(乾酪素)
casella /ka'sɛlla/ [여] ① 구획, 칸막이 ② (설문지 따위의) 체크 박스, (체스판 따위의) (네모난) 칸 ③ 우편함 – casella postale 우편 사서함; casella postale elettronica 전자 우편함
casellario /kasel'larjo/ [남] (복 : -ri) ① 서류 정리용 캐비닛 ② 사건 파일[기록부]
casello /ka'sɛllo/ [남] ① (철도의) 신호소, 신호탑 ② (고속도로의) 톨게이트, 요금소
caserma /ka'sɛrma, ka'zɛrma/ [여] 막사, 병영 – caserma dei vigili del fuoco 소방서
casino /ka'sino/ [남] (구어체에서) ① 매음굴 ② 소동, 야단법석; fare casino 소동을 일으키다 ③ 난잡, 뒤죽박죽, 혼란 – un casino di 많은 양의 ~ ; metterci un casino per fare ~하는 데는 여러 해가 걸린다
casinò /kasi'nɔ, kazi'nɔ/ [남-불변] 카지노, 도박장
casistica /ka'zistika/ [여] (복 : -che) 사례 연구, 케이스 스터디
caso /'kazo/ [남] ① 경우; 사정, 상황; in questo caso 이 경우(에는); in certi casi 어떤[특정한] 경우에; in tal caso 그런 경우(에는), 그렇다면; in ogni caso 어쨌든, 아무튼; in nessun caso 결코 ~ 아니다; a seconda dei casi, secondo il caso 경우[사정]에 따라서; in caso di bisogno 필요시에(는); poniamo il caso che ~ ~라는 경우를 생각해보자 ② 운(수); il caso volle che ~ 운 좋게도 ~ ③ 우연; per caso 우연히; non è un caso se ~ ~은 우연이 아니다 ④ a caso 되는대로, 무작위로 ⑤ 사례, 사건; un caso raro 드문 사례[케이스] ⑥ (범죄 따위의) 사건; un caso di omicidio 살인 사건 ⑦ [문법] 격(格) – fare caso a ~에 주목하다; non farci caso! 신경 쓰지 말아요, 잊어버려요
casolare /kaso'lare/ [남] 시골의 작은 집
casomai /kazo'mai/ [접] 만약 ~한다면
Caspio /'kaspjo/ [남] il (mar) Caspio 카스피 해(海)
caspita /'kaspita/ [감] ① (놀람의 표현으로) 앗!, 이크! ② (격앙된 감정을 나타내어) 제발!
cassa /'kassa/ [여] ① 상자, 케이스 ② (시신을 넣는) 관 (또는 cassa da morto) ③ (상점의) 계산대 ④ (은행의) 창구 – cassa acustica 확성기, 스피커; cassa armonica (악기의) 공명 부분; cassa continua (은행의) 야간 금고; cassa integrazione 퇴직 수당; cassa toracica [해부] 흉곽
cassaforte /kassa'fɔrte/ [여] (복 : casseforti) 금고, 돈궤
cassapanca /kassa'panka/ [여] (복 : cassepanche) 상자, 궤
cassata /kas'sata/ [여] 시칠리아 지방의, 돔 모양의 케이크의 일종
casseruola /kasse'rwɔla/ [여] 스튜 냄비, 캐서롤
cassetta /kas'setta/ [여] ① 상자, 함; cassetta delle lettere 우체통; cassetta di sicurezza 금고 ② (오디오·비디오) 카세트
cassettiera /kasset'tjɛra/ [여] (서랍이 여러 개 달린) 옷장, 정리장
cassetto /kas'setto/ [남] 서랍
cassettone /kasset'tone/ [남] (서랍이 여러 개 달린) 옷장, 정리장
cassiere /kas'sjere/ [남] (여 : -a) (상점의) 계산원; (은행 등의) 출납계원, 회계원
cassone /kas'sone/ [남] ① 큰 상자 ② (트럭 따위의) 큰 차체
cassonetto /kasso'netto/ [남] 쓰레기통
cast /kast/ [남-불변] [영화·연극] 캐스트, 배역
casta /'kasta/ [여] (인도의) 카스트
castagna /kas'taɲɲa/ [여] 밤의 일종 (유럽밤나무의 열매) – castagna d'India 마로니에 열매; prendere qn in

castagna 누구를 현장에서 붙잡다
castagnaccio /kastaɲ'nattʃo/ [남] (복 : -ci) 밤과 건포도 따위로 만드는 케이크의 하나
castagno /kas'taɲɲo/ [남] [식물] 밤나무 - castagno d'India [식물] 마로니에
castano /kas'tano/ [형] 밤색의
castello /kas'tɛllo/ [남] 성(城) - castello di carte (비유적으로) 불안정한 계획, 탁상공론; fare castelli in aria 공중누각을 짓다
castigare /kasti'gare/ [타동] 벌하다, 벌을 주다, 처벌하다
castigo /kas'tigo/ [남] (복 : -ghi) 벌, 형벌, 처벌; mettere in castigo 벌하다
castità /kasti'ta/ [여-불변] 순결, 정숙, 품위 있음
casto /'kasto/ [형] 순결한, 정숙한, 품위 있는
castoro /kas'tɔro/ [남] [동물] 비버; 그 모피
castrare /kas'trare/ [타동] 거세하다, 중성화하다
casual /'keʒwal/ [형-불변] abiti casual 캐주얼웨어, 평상복 - [부] vestire casual 옷을 간편하게 입다
casuale /kazu'ale/ [형] ① 우연한, 뜻하지 않은 ② 되는대로의
casualmente /kazual'mente/ [부] 우연히, 뜻하지 않게
cat. ① catalogo의 약자 ② categoria의 약자
cataclisma /kata'klizma/ [남] ① [지질] 지각(地殼)의 격변 ② (비유적으로) 정치적[사회적] 대변동
catacomba /kata'komba/ [여] 지하 묘지, 카타콤
catafalco /kata'falko/ [남] (복 : -chi) 관대(棺臺)
catafascio [부] (a catafascio /akata'faʃʃo/의 형태로 쓰여) andare a catafascio 몰락하다, 파멸하다
catalano /kata'lano/ [형] 카탈루냐의 - [남] [여 : -a] ① 카탈루냐 사람 ② 카탈루냐어(語)
catalitico /kata'litiko/ [형] (복 : -ci, -che) 촉매(작용)의
catalizzatore /kataliddza'tore/ [남] (여 : -trice) ① [화학] 촉매 ② (자동차의) 촉매 변환 장치 ③ (비유적으로) 촉매 역할을 하는 것, 촉진제
catalogare /katalo'gare/ [타동] ① 목록을 작성하다 ② (come와 함께 쓰여) (사람을 ~으로) 판단하다
catalogo /ka'talogo/ [남] (복 : -ghi) (물품 따위의) 목록, 카탈로그; 일람표
catamarano /katama'rano/ [남] (선체가 둘인) 쌍동선
catapecchia /kata'pekkja/ [여] 누추한 집
catapultare /katapul'tare/ [타동] 쏘다, 발사하다 - catapultarsi [재귀동사] 돌진하다, 뛰어들다
catarifrangente /katarifran'dʒɛnte/ [남] (자동차나 자전거의) 리플렉터, 위험 방지용 반사판
catarro /ka'tarro/ [남] (생체 내의) 점액
catasta /ka'tasta/ [여] 더미, 무더기
catastale /katas'tale/ [형] 토지 대장의, 지적도(地籍圖)의
catasto /ka'tasto/ [남] 토지 대장
catastrofe /ka'tastrofe/ [여] 대참사, 큰 재앙
catastrofico /katas'trɔfiko/ [형] (복 : -ci, -che) ① 대참사의, 큰 재앙의 ② 비관적인
catechismo /kate'kizmo/ [남] [기독교] 교리 문답
categoria /katego'ria/ [여] ① 타입, 유형, 종류 ② (호텔 따위의) 등급; di prima categoria 최고급의, 일류의 ③ [스포츠] categoria juniores[seniores] 주니어[성인] 리그 ④ 직업 부문; la categoria degli insegnanti 교직(敎職)
categorico /kate'gɔriko/ [형] (복 : -ci, -che) (대답·거절 따위가) 단정적인, 단언하는; 무조건적인, 절대적인
catena /ka'tena/ [여] ① (쇠)사슬, 체인; catene (da neve) 스노체인 ② 일련, 연쇄; 네트워크 - catena alimentare [생태] 먹이 사슬[연쇄]; catena di montaggio 어셈블리 라인, 대량 생산의 조립 라인; catena montuosa 산맥
catenaccio /kate'nattʃo/ [남] (복 : -ci) ① 빗장, 걸쇠 ② [스포츠] fare (il) catenaccio 수비 위주의 게임을 하다
cateratta /kate'ratta/ [여] [병리] 백내장
catetere /kate'tɛre/ [남] [의학] 카테터
catinella /kati'nɛlla/ [여] 대야, 세면기 - piovere a catinelle 비가 억수같이 퍼붓다
catino /ka'tino/ [남] ① 대야, 세면기 ② 대야 하나 가득한 분량

catodo /'katodo/ [남] (전해조·전자관의) 음극

catorcio /ka'tɔrtʃo/ [남] (복 : -ci) (농담조로·구어체에서) 심신이 쇠약해진 사람; 고물 자동차

catramare /katra'mare/ [타동] (~에) 타르를 바르다[덮다]

catrame /ka'trame/ [남] 타르 (석탄이나 목재를 건류하여 얻은 검은색의 기름 같은 액체)

cattedra /'kattedra/ [여] ① 교탁 ② 교사[교수]의 직위

cattedrale /katte'drale/ [여] 대성당, 주교좌 성당

cattiveria /katti'verja/ [여] 사악함, 비열함; 비열한 말·행동

cattività /kattivi'ta/ [여-불변] 포로 신세, 붙잡혀 있음

cattivo /kat'tivo/ [형] ① 나쁜, 좋지 못한; farsi una cattiva fama 평판이 나쁘다 ② 사악한, 비열한 ③ (냄새 따위가) 고약한; (음식이) 상한 - [남] [여 : -a] ① 나쁜 사람, 악인, 악한; fare il cattivo 못된 짓을 하다 ② (영화 등에서의) 악당, 악역

cattolicesimo /kattoli'tʃezimo/ [남] 가톨릭교(의 신앙·교리)

cattolico /kat'tɔliko/ (복 : -ci, -che) [형] 가톨릭교(회)의 - [남] [여 : -a] 가톨릭 신자

cattura /kat'tura/ [여] (범인·동물 따위의) 포획, 생포, 붙잡음

catturare /kattu'rare/ [타동] ① 붙잡다, 포획[생포]하다 ② (비유적으로) (주의·관심을) 끌다, 사로잡다

Caucaso /'kaukazo/ [남] il Caucaso 카프카스 산맥

caucciù /kaut'tʃu/ [남-불변] 고무

causa /'kauza/ [여] ① 원인; causa ed effetto 원인과 결과 ② 이유; a causa di qc 무엇 때문에, 무엇으로 인해; per causa di qn 누구 때문에 ③ 주의, 주장; 대의, 목적 ④ [법률] 소송 사건; fare causa a qn 누구에 대해 소송을 제기하다

causale /kau'zale/ [형] 원인의; 원인을 나타내는

causare /kau'zare/ [타동] (문제 따위를) 일으키다, 야기하다, 유발하다

caustico /'kaustiko/ [형] (복 : -ci, -che) ① [화학] 부식성의, 소작성의 ② (비유적으로) 통렬한, 신랄한

cautamente /kauta'mente/ [부] 조심스럽게, 신중하게

cautela /kau'tɛla/ [여] 조심, 신중; con cautela 조심스럽게, 신중하게 - per cautela 미리 조심하여, 예방 조치로써

cautelare1 /kaute'lare/ [형] 예방의, 방어의, 보호의

cautelare2 /kaute'lare/ [타동] 방어하다, 보호하다, 지키다 - cautelarsi [재귀동사] 조심하다; 스스로를 지키다

cauterizzare /kauterid'dzare/ [타동] (상처를) 소작(燒灼)하다

cauto /'kauto/ [형] 조심스러운, 신중한, 주의를 기울이는

cauzione /kaut'tsjone/ [여] ① (집을 빌릴 때 등의) 계약금 ② [법률] 보석(금)

cava /'kava/ [여] (광물의) 채굴장

cavalcare /kaval'kare/ [타동] (말(馬) 따위를) 타다 - [자동] (조동사 : avere) 말을 타다

cavalcata /kaval'kata/ [여] 말 타기, 승마; fare una cavalcata 말을 타다

cavalcavia /kavalka'via/ [남-불변] 고가(高架) 횡단 도로

cavalcioni [부] (a cavalcioni /akaval'tʃoni/의 형태로 쓰여) 다리를 벌리고 걸터앉아

cavaliere /kava'ljere/ [남] ① (중세의) 기사(騎士); 기사 작위 ② 말 타는 사람, 승마자 ③ [군사] 기병(騎兵) ④ (여성에 대한) 남성 동반자, 에스코트

cavalleresco /kavalle'resko/ [형] (복 : -schi, -sche) ① (문학 작품 등이) 기사(騎士)와 관련된 ② 기사도적인, 용기 있고 예의 바른

cavalleria /kavalle'ria/ [여] ① [군사] 기병대 ② 기사도 (정신)

cavallerizzo /kavalle'rittso/ [남] 말 타는 사람, 승마자; 곡마사(曲馬師)

cavalletta /kaval'letta/ [여] [곤충] 메뚜기 종류

cavalletto /kaval'letto/ [남] ① 가대(架臺), 받쳐 세운 구조물 ② (그림을 그릴 때 쓰는) 이젤 ③ (카메라 따위를 얹어 놓는) 삼각대

cavallina /kaval'lina/ [여] 등 짚고 넘기

cavallo /ka'vallo/ [남] ① 말(馬); cavallo da corsa 경주마; ferro di cavallo 말편자 ② 말고기 ③ [체조] 뜀틀 ④ [체스] 나이트 ⑤ (바지의) 가랑이 - a cavallo di qc 무엇에 걸터앉아[올라타고]; cavallo di battaglia (비유

적으로) 강점, 장점; cavallo a dondolo 흔들목마; essere a cavallo 편안한[안락한] 처지에 있다, 안전하다; cavallo vapore [기계] 마력(馬力)
cavallone /kaval'lone/ [남] 파도
cavalluccio /kaval'luttʃo/ [남] (복 : -ci) ① 작은 말 ② 목마
cavare /ka'vare/ [타동] 뽑다, 뽑아내다; 캐내다; 추출하다 - cavarsela 잘 처리하다, 해내다; non cavare un ragno dal buco 성과가 없다, 실패하다
cavatappi /kava'tappi/ [남·불변] 코르크 마개뽑이
caverna /ka'vɛrna/ [여] 동굴
cavernicolo /kaver'nikolo/ [남] 동굴 거주자, 혈거인(穴居人)
cavernoso /kaver'noso/ [형] 동굴 같은; (소리가) 동굴에서 나오는 듯한
cavezza /ka'vettsa/ [여] 고삐
cavia /'kavja/ [여] ① [동물] 기니피그 ② (비유적으로) fare da cavia a ~의 실험 대상이 되다
caviale /ka'vjale/ [남] 캐비아 (철갑상어의 알젓)
caviglia /ka'viʎʎa/ [여] ① 발목 (관절) ② 나무못
cavigliera /kaviʎ'ʎera/ [여] 발목 붕대; 발목 장식
cavillo /ka'villo/ [남] 트집 잡기, 억지를 쓰기
cavilloso /kavil'loso/ [형] 트집을 잡는, 억지를 쓰는
cavità /kavi'ta/ [여·불변] ① 공동(空洞), 움푹한 곳 ② 동굴 ③ [해부] (신체 기관 중의) 강(腔)
cavo1 /'kavo/ [형] 속이 빈 - [남] ① 움푹한 곳 ② [해부] (신체 기관 중의) 강(腔)
cavo2 /'kavo/ [남] 케이블 (강삭(鋼索) 또는 피복 전선); televisione via cavo 케이블 TV
cavolata /kavo'lata/ [여] ① 양배추 수프 ② (구어체에서) 어리석은 짓[생각]
cavolfiore /kavol'fjore/ [남] [식물] 콜리플라워, 꽃양배추
cavolo /'kavolo/ [남] ① [식물] 양배추 ② 전혀 아무것도 아님; non m'importa un cavolo 난 전혀 관심 없어 ③ 어리석은 짓[생각]; che cavolo dici? 대체 무슨 소릴 하는 거야? - [감] 아이구!, 이런!, 제기랄! - cavoli [남·복] (구어체에서) (자기 자신의) 일, 문제; farsi i cavoli propri (남의 일에 간섭하지 않고) 자기 자신의 일에만 신경쓰다
cazzata /kat'tsata/ [여] (비어로) 시시한 [쓰레기 같은] 것; 허튼소리; dire cazzate 허튼소리를 하다
cazzo /'kattso/ (비어로) [남] ① 음경, 페니스 ② 전혀 아무것도 아님; non capire un cazzo 전혀 이해하지 못하다 ③ 대체 무슨 ~?; che cazzo dici? 대체 무슨 소릴 지껄이는 거냐? - [감] 제기랄!, 빌어먹을! - cazzi [남·복] (자기 자신의) 일, 문제; fatti i cazzi tuoi! (남 일 간섭하지 말고) 네 일에나 신경 써!
cazzotto /kat'tsɔtto/ [남] (구어체에서) 주먹질, 강타
cazzuola /kat'tswɔla/ [여] (미장이가 쓰는) 흙손
cc ① (centimetro cubo의 약자) [부피의 단위] cc ② (carbon copy의 약자) (카본지에 의한) 복사본
CC ① (Carabinieri의 약자) 이탈리아 헌병 ② (Corpo Consolare의 약자) 영사단(領事團)
CD [남·불변] 시디, 콤팩트디스크; lettore (di) CD 시디플레이어
Cd-Rom, CD-ROM [남·불변] 시디롬
ce /tʃe/ [대] (인칭대명사) 우리에게, 우리로서(는); ce l'ha dato 그는 그것을 우리에게 주었다 - [부] ce l'hai una biro? 너 펜 갖고 있니?; ce ne sono tre 그들은 (모두) 세 명이다
CE (Consiglio d'Europa의 약자) 유럽 회의 (CE)
cecchino /tʃek'kino/ [남] [군사] 저격병, 1급 사수
cece /'tʃetʃe/ [남] [식물] 병아리콩
cecità /tʃetʃi'ta/ [여·불변] ① 앞이 보이지 않음; cecità notturna 야맹증 ② (비유적으로) 맹목적임, 무분별함, 근시안적임
ceco /'tʃeko/ (복 : -chi, -che) [형] 체코의 - [남] (여 : -a) ① 체코 사람 ② 체코어
Cecoslovacchia /tʃekozlo'vakkja/ [여] [역사] 체코슬로바키아
cecoslovacco /tʃekozlo'vakko/ (복 : -chi, -che) [형] 체코슬로바키아의 - [남] (여 : -a) 체코슬로바키아 사람
cedere /'tʃɛdere/ [타동] cedere qc (a qn) (누구에게) (자리·지위 따위를) 내주다, 양보[양도]하다 - [자동] (조동사

: avere) ① cedere (a qn/qc) (~에) 굴복하다 ② 무너지다

cedevole /tʃe'devole/ [형] 휘기 쉬운, 유연한; (비유적으로) 유순한, 고분고분한

cediglia /tʃe'diʎʎa/ [여] 세디유 (ç에서 c 아래에 붙은 기호)

cedimento /tʃedi'mento/ [남] 쇠약해짐; 푹 꺼짐, 가라앉음

cedola /tʃedola/ [여] 쿠폰, 교환권

cedro /tʃedro/ [남] [식물] ① 시트론 (감귤류) ② 삼나무; 삼목

CEE (Comunità Economica Europea의 약자) 유럽 경제 공동체 (EEC)

cefalea /tʃefa'lɛa/ [여] 두통

ceffo /tʃeffo/ [남] (경멸적으로) 못생긴 얼굴

ceffone /tʃeffone/ [남] 뺨을 때림; dare un ceffone a qn 누구의 뺨을 때리다

celare /tʃe'lare/ [타동] 감추다, 숨기다

celeberrimo /tʃele'bɛrrimo/ [형] celebre의 최상급

celebrare /tʃele'brare/ [타동] ① (식을 올려) 축하[기념]하다; (의식·축전 등을) 거행하다 ② 찬양하다

celebrazione /tʃelebrat'tsjone/ [여] 의식·축전 따위(의 거행)

celebre /tʃɛlebre/ [형] (최상급 : celeberrimo) 유명한, 저명한

celebrità /tʃelebri'ta/ [여-불변] ① 명성, 명망 ② 명사, 유명인

celere /tʃɛlere/ [형] (최상급 : celerissimo, celerrimo) 빠른, 급(急)~

celeste /tʃe'lɛste/ [형] ① 하늘의, 천체의; corpo celeste 천체 ② 천국의, 거룩한 ③ 하늘색의

celestiale /tʃeles'tjale/ [형] 천상의, 하늘의

celia /tʃɛlja/ [여] 농담, 익살

celibato /tʃeli'bato/ [남] 독신임; (종교적인) 독신 생활

celibe /tʃɛlibe/ [형] 독신의, 결혼하지 않은 - [남] 독신 남성

cella /tʃella/ [여] ① 감방 ② [전기] 전지 - cella frigorifera 냉동 창고

cellophane /sɛlo'fan/ [남] 셀로판

cellula /tʃellula/ [여] ① [생물] 세포 ② [정치] 기초 조직, 세포

cellulare /tʃellu'lare/ [남] ① 휴대전화 ② 죄수 호송차

cellulite /tʃellu'lite/ [여] 셀룰라이트 (여성의 둔부 등의 피하에 쌓인 지방 축적물)

celluloide /tʃellu'lɔide/ [여] 셀룰로이드

cellulosa /tʃellu'losa/ [여] [화학] 셀룰로오스, 섬유소

celta /tʃɛlta/ [남/여] (남·복 : -i, 여·복 : -e) 켈트 사람; i Celti 켈트 족

celtico /tʃɛltiko/ (복 : -ci, -che) [형] 켈트 족의 - [남] 켈트어(語)

cembalo /tʃembalo/ [남] [음악] ① 쳄발로, 하프시코드 ② 심벌즈

cementare /tʃemen'tare/ [타동] ① 시멘트를 바르다, 시멘트로 굳히다 ② (비유적으로) (우정 따위를) 굳게 하다

cemento /tʃe'mento/ [남] ① 시멘트; cemento armato 철근 콘크리트 ② (비유적으로) (우정 따위의) 유대

cena /tʃena/ [여] 저녁 식사

cenare /tʃe'nare/ [자동] (조동사 : avere) 저녁 식사를 하다

cencio /tʃentʃo/ [남] (복 : -ci) 넝마, 헝겊, 걸레

cencioso /tʃen'tʃoso/ [형] 누더기의; 누더기 차림의 - [남] (여 : -a) 극빈자, 거지

cenere /tʃenere/ [여] (타고 남은) 재; andare[ridursi] in cenere 타서 재가 되다 - ceneri [여·복] 유골(遺骨)

Cenerentola /tʃene'rɛntola/ [여] (동화 속의) 신데렐라

cenno /tʃenno/ [남] ① 제스처 (손짓·몸짓·윙크 따위) ② 언급, 알림; non fare cenno a qc 무엇에 대해 언급하지 않다 ③ 기미, 징후

cenone /tʃe'none/ [남] 크리스마스 이브 또는 12월 31일의 저녁 식사

censimento /tʃensi'mento/ [남] (인구 따위의) 조사, 센서스

censire /tʃen'sire/ [타동] (인구 따위를) 조사하다

censo /tʃenso/ [남] 부(富); una persona di alto censo 부자

censore /tʃen'sore/ [남] ① 검열관 ② (비유적으로) 비난하는 사람

censura /tʃen'sura/ [여] ① 검열 ② (비유적으로) 비난, 혹평

censurare /tʃensu'rare/ [타동] ① 검열하다, 검열하여 삭제하다 ② (비유적으로) 비난하다, 혹평하다

centellinare /tʃentelli'nare/ [타동] ① (술 따위를) 조금씩 마시다 ② (좋은 것을) 맛보다, 즐기다

centenario /tʃente'narjo/ (복 : -ri) [형] ① 100세의; 100년된 ② 100년마다의,

100년에 한 번일어나는 - [남] (여 : -a) ① 100세인 사람 ② 100년제(祭)
centennale /tʃenten'nale/ [형] ① 100년된; 아주 오래된 ② 100년마다의, 100년에 한 번 일어나는
centennio //tʃen'tennjo/ [남] (복 : -ni) 100년간, 1세기
centesimo /tʃen'tezimo/ [형] 100번째의 - [남] (여 : -a) ① 100번째 ② 100분의 1 ③ [화폐의 단위] 페니; 센트
centigrado /tʃen'tigrado/ [형] (눈금이) 백분도(百分度)의; (온도계가) 섭씨의
centilitro /tʃen'tilitro/ [남] [부피의 단위] 센티리터
centimetro /tʃen'timetro/ [남] ① [길이의 단위] 센티미터 ② 줄자
centinaio /tʃenti'najo/ (여·복 : -a) [남] ① 백(100); 100개 정도의 수; un centinaio di persone 100명 정도 되는 사람들 ② 다수, 많은 수; a centinaia 수백개씩
cento /'tʃento/ [형·불변] ① 백(100)의; per cento 퍼센트; al cento per cento 100퍼센트 ② 다수의, 아주 많은 - [남·불변] 백(100)
centometrista /tʃentome'trista/ [남/여] (남·복 : -i, 여·복 : -e) 100m 달리기 선수
centomila /tʃento'mila/ [형·불변] 10만의 - [남·불변] 10만
centrafricano /tʃentrafri'kano/ [형] 중앙 아프리카의
centrale /tʃen'trale/ [형] ① 중심의, 중앙의 ② 중심적인, 주요한; sede centrale 본부 ③ [지리] 중부의; l'Europa centrale 중부 유럽 - [여] 본부 - centrale elettrica 발전소; centrale nucleare 원자력 발전소; centrale di polizia 경찰국; centrale telefonica 전화 교환국[대]
centralinista /tʃentrali'nista/ [남/여] (남·복 : -i, 여·복 : -e) 전화 교환원
centralino /tʃentra'lino/ [남] 전화 교환대
centralizzare /tʃentralid'dzare/ [타동] 중심에 모으다, (~에) 집중시키다
centralizzato /tʃentralid'dzato/ [형] 중심에 모인, 집중된; riscaldamento centralizzato 중앙 난방
centrare /tʃen'trare/ [타동] ① 겨냥하여 타격하다, 명중시키다 ② (비유적으로) (문제 따위를) 정확하게 짚다[지적하다]
③ 중앙에 두다
centrato /tʃen'trato/ [형] ① (목표에) 명중한 ② 중앙에 놓인
centrattacco /tʃentrat'takko/ [남] (복 : -chi) → centravanti
centravanti /tʃentra'vanti/ [남-불변] [축구] 센터 포워드
centrifuga /tʃen'trifuga/ [여] (복 : -ghe) 원심분리기; (세탁기의) 원심분리식 탈수기
centrifugare /tʃentrifu'gare/ [타동] 원심분리기로 분리하다; (세탁물을) 원심분리식 탈수기로 탈수하다
centrifugo /tʃen'trifugo/ [형] (복 : -ghi, -ghe) 원심력[성]의; 원심력을 이용하는
centrino /tʃen'trino/ [남] 그릇을 받치는 깔개
centrista /tʃen'trista/ (남·복 : -i, 여·복 : -e) [형/남/여] [정치] 중도파의 (사람)
centro /'tʃentro/ [남] ① 중심, 중앙, 한가운데 ② (문제 따위의) 핵심 ③ (도시 등의) 중심지 ④ [정치] 중도(파) - fare centro 명중시키다; essere al centro dell'attenzione 주목을 받고 있다; centri vitali (신체의) 중요 기관; centro balneare 해수욕장; centro commerciale 쇼핑 센터; centro nervoso [해부] 신경 중추; centro ospedaliero 종합병원; centro di ricerche 연구소; centro sportivo 스포츠 센터
centrocampista /tʃentrokam'pista/ [남/여] (남·복 : -i, 여·복 : -e) [축구] 미드필더
centrocampo /tʃentro'kampo/ [남] (축구 경기장의) 중앙부, 미드필드
centrodestra /tʃentro'destra/ [남-불변] [정치] 중도-우파 연합
centromediano /tʃentrome'djano/ [남] [축구] 센터 하프
centrosinistra /tʃentrosi'nistra/ [남-불변] [정치] 중도-좌파 연합
centrotavola /tʃentro'tavola/ [남-불변] (테이블 등의) 중앙부 장식
centuplicare /tʃentupli'kare/ [타동] 100배로 늘리다
ceppo /'tʃeppo/ [남] ① (나무의) 그루터기 ② 나무토막 ③ 가게, 혈통 - ceppi [남·복] 주차 위반 차량의 바퀴에 끼우는 쇠의 일종

cera /tʃera/ [여] ① 밀랍, 초 ② 윤내는 약 - avere una bella[brutta] cera 건강해[편찮아] 보이다
ceralacca /tʃera'lakka/ [여] (복 : -che) 봉랍(封蠟)
ceramica /tʃe'ramika/ [여] (복 : -che) ① 세라믹 ② (부정관사와 함께 또는 복수형으로 쓰여) 도기류(陶器類), 요업 제품
ceramista /tʃera'mista/ [남/여] (남·복 : -i, 여·복 : -e) 도예가, 도기류를 만드는 사람
cerata /tʃe'rata/ [여] 방수복(防水服)
cerato /tʃe'rato/ [형] 밀랍을 입힌[바른]; 방수의; tela cerata 유포(油布), 방수포
cerbiatto /tʃer'bjatto/ [남] 어린[새끼] 사슴
cerbottana /tʃerbot'tana/ [여] 불어서 화살을 쏘는 통
cerca /tʃerka/ [여] in cerca di qn, qc 누구[무엇]를 찾아서
cercapersone /tʃerkaper'sone/ [남-불변] 무선 호출기, 삐삐
cercare /tʃer'kare/ [타동] 찾다, 구하다; l'hai cercato sul dizionario? 그걸 사전에서 찾아 보았니?; cercare lavoro 일자리를 구하다 - [자동] (조동사 : avere) cercare di fare ~하려 노력하다
cercatore /tʃerka'tore/ [남] (여 : -trice) 찾는[구하는] 사람
cerchia /tʃerkja/ [여] ① 원형 구조물 (성벽 따위) ② (친구·아는 사람 등의) 범위
cerchiare /tʃer'kjare/ [타동] ① (~에) 테를 두르다 ② 둘러싸다, 둘러막다
cerchiato /tʃer'kjato/ [형] 테를 두른; occhiali cerchiati d'osso 뿔테 안경
cerchietto /tʃer'kjetto/ [남] ① 작은 원 ② 헤어밴드
cerchio /tʃerkjo/ [남] (복 : -chi) ① 원, 동그라미 ② 고리 ③ (바퀴 따위의) 테 - dare un colpo al cerchio e uno alla botte (비유적으로) 한번에 두 가지 일을 하다
cerchione /tʃer'kjone/ [남] (바퀴 따위의) 테
cereale /tʃere'ale/ [남] 곡식, 곡류 - cereali [남·복] (아침 식사용) 곡물 식품, 시리얼 ② [형] 곡식의
cerebrale /tʃere'brale/ [형] [해부] (대) 뇌의; onda cerebrale 뇌파

cereo /tʃɛreo/ [형] ① 밀랍의 ② (얼굴이) 창백한
ceretta /tʃe'retta/ [여] 제모제(除毛劑)
cerimonia /tʃeri'monja/ [여] (공식적인) 의식, 식전(式典), 식 - cerimonie [여·복] 의례, 형식; senza (tante) cerimonie 격식을 차리지 않고
cerimoniale /tʃerimo'njale/ [형] 의식의, 의식적인 - [남] 의식, 전례
cerimonioso /tʃerimo'njoso/ [형] 형식적인, 엄숙한, 딱딱한
cerino /tʃe'rino/ [남] (왁스) 성냥
cernia /tʃɛrnja/ [여] [어류] 농엇과(科) 물고기의 하나
cerniera /tʃer'njera/ [여] ① (문 따위의) 경첩 ② 지퍼 (또는 cerniera lampo)
cernita /tʃɛrnita/ [여] 골라내기, 가려내기, 분류
cero /tʃɛro/ [남] (교회 등에서 쓰는) 큰 양초
cerone /tʃe'rone/ [남] 배우가 분장할 때 쓰는 짙은 화장용 크림
cerotto /tʃe'rɔtto/ [남] (상처에 붙이는) 반창고
certamente /tʃerta'mente/ [부] 확실히, 틀림없이
certezza /tʃer'tettsa/ [여] ① 확실성; 확신; avere la certezza che ~은 확실하다 ② 확실한 것
certificare /tʃertifi'kare/ [타동] (확실하다고) 증명하다, 보증하다
certificato /tʃertifi'kato/ [남] 증명서; certificato di matrimonio 결혼 증명서; certificato medico (의사의) 진단서
certificazione /tʃertifikat'tsjone/ [여] 증명, 보증
certo1 /tʃɛrto/ [형] ① (di와 함께 쓰여) (~에 대해) 확신하는 ② 확실한, 틀림없는, 의심할 바 없는 - [부] 확실히, 틀림없이; 물론, 당연히; di certo 확실히; no di certo 물론[당연히] 아니지
certo2 /tʃɛrto/ [형-불변] ① (상세히 말하지 않고) 어떤; c'è un certo Stefano che ti cerca 스테파노라는 사람이 너를 찾고 있어; in certi casi 어떤 경우에는 ② 어느 정도의; in una certa (qual) misura 어느 정도(까지) ③ 그러한; ho fatto certi sogni stanotte! 내가 어젯밤에 그런 꿈을 꿨다니까! - certi [대] (부정대명사 복수형) 어떤 사람들

certosino /tʃerto'zino/ [형/남] 카르투지오 수도회의 (수도사)
certuni /tʃer'tuni/ [대] (부정대명사 복수형) 어떤 사람들
ceruleo /tʃe'ruleo/ [형] 하늘색의
cerume /tʃe'rume/ [남] 귀지
cervello /tʃer'vɛllo/ [남] ① [해부] (대) 뇌 ② 두뇌, 지능, 지력(知力); cervello elettronico 컴퓨터; avere molto cervello 매우 영리하다; gli ha dato di volta il cervello 그는 머리가 돌았다 ③ 인재; fuga dei cervelli 두뇌 유출
cervellone /tʃervel'lone/ [남] 두뇌, 인재
cervellotico /tʃervel'lɔtiko/ [형] (복 : -ci, -che) 기괴한, 뒤틀린
cervicale /tʃervi'kale/ [형] [해부] 경부(頸部)의
cervice /tʃer'vitʃe/ [여] [해부] 목; 경부(頸部)
Cervino /tʃer'vino/ [남] il Cervino 마터호른 (스위스와 이탈리아의 국경에 있는 페나인 알프스 산맥의 한 봉우리)
cervo /'tʃɛrvo/ [남] [동물] 사슴; 수사슴
cesareo /tʃe'zareo/ [형] ① [역사] 카이사르의 ② [의학] 제왕절개의; taglio cesareo 제왕 절개 수술
cesellare /tʃezel'lare/ [타동] (금속 따위에) 새기다
cesello /tʃe'zɛllo/ [남] ① (금속 따위에 새기는) 조각술 ② 끌, 조각칼
cesoie /tʃe'zoje/ [여·복] 전지(剪枝) 가위, 원예용 가위
cespite /'tʃɛspite/ [남] 수입원, 자산
cespo /'tʃespo/ [남] 다발, 뭉치
cespuglio /tʃes'puʎʎo/ [남] (복 : -gli) 관목(灌木)
cessare /tʃes'sare/ [타동] 그만두다, 끝내다, 멈추다, 중지하다 - [자동] (조동사 : essere, avere) 그치다, 멎다, 끝나다
cessate il fuoco /tʃes'sateil'fwoko/ [여-불변] [군사] 사격 중지
cessione /tʃes'sjone/ [여] (권리·재산 따위의) 양도, 이양
cesso /'tʃɛsso/ [남] (구어체에서) 화장실
cesta /'tʃesta/ [여] 바구니, 광주리; 바구니 하나의 분량
cestello /tʃes'tɛllo/ [남] ① 작은 바구니 ② (세탁기의) 드럼
cestinare /tʃesti'nare/ [타동] ① (쓰레기를) 쓰레기통에 버리다 ② (비유적으로) (제안 따위를) 거부하다
cestino /tʃes'tino/ [남] ① 바구니; 쓰레기통 ② [컴퓨터] 휴지통
cesto /'tʃesto/ [남] 바구니, 광주리; 바구니 하나의 분량
cetaceo /tʃe'tatʃeo/ [남] [동물] 고래 종류
ceto /'tʃɛto/ [남] (사회) 계급, 계층
cetra /'tʃetra/ [여] 키타라 (고대 그리스의 현악기)
cetriolino /tʃetrio'lino/ [남] [식물] 작은 오이의 일종
cetriolo /tʃetri'ɔlo/ [남] [식물] 오이
chalet /ʃa'le/ [남-불변] 샬레 (스위스 산중의 양치기의 오두막집)
champagne /ʃam'paɲ/ [남-불변] 샴페인
chance /ʃans/ [여-불변] 기회, 호기, 찬스
charlotte /ʃar'lɔt/ [여-불변] 샬로트 (찐 과일 등을 빵·스펀지케이크로 싼 푸딩)
charter /'tʃarter/ [형-불변] (비행기 따위가) 전세 낸 - [남-불변] 전세기, 전세비행기
chattare /tʃat'tare/ [자동] (조동사 : avere) [인터넷] 채팅하다
che1 /ke/ [대] (관계대명사) (주격 또는 목적격으로 쓰여) ~하는[인] 것[사람]; il libro che è sul tavolo 테이블 위에 있는 책; l'uomo che sta parlando 말하고 있는 사람; la ragazza che hai visto 네가 본 그 소녀 - [형] (의문형용사) ① (일반적으로) 무엇?; che ora è? 몇 시야?; che giorno è oggi? 오늘 며칠이야?; che tipo è il tuo amico? 네 친구는 어떤 사람이니? ② (제한된 수 내에서) 어떤?; in che mese sei nato? 너는 몇 월에 태어났니?; che libro vuoi, questo o quello? 넌 이 책과 저 책 중에 어떤 것을 원하니? - [대] (의문대명사) che (cosa)? 무엇?; che (cosa) ne pensi? 어떻게 생각해?; a che (cosa) pensi? 무슨 생각을 하고 있어?; che (cosa) ti succede? 무슨 일이야?; non so che (cosa) fare 무얼 해야 할 지 모르겠다; che cos'è? 그게 뭐야? - [형] (감탄을 나타내어) 얼마나 ~한가!, 참 ~하군!; che strana idea! 참 이상한 생각이군!; che bello! 참 아름답군; che tardi! 너무 늦었어! - [대] (감탄을 나타내어) grazie! - non c'è di che! 고맙습니다 -천만에요 - [대] (부정대명사) 무언가, 어떤 것;

quell'uomo ha un che di losco 저 남자에겐 뭔가[어딘가] 수상쩍은 데가 있어
che2 /ke/ [접] ① (평서문에서) è difficile che venga 그는 올 것 같지 않다; sai che non è vero 넌 그게 사실이 아니라는 걸 알지 ② (원인을 나타내어) sono contenta che sia partito 난 그가 가버려서 기쁘다 ③ (연속적인 의미로 쓰여) sono così stanca che non mi reggo in piedi 나는 너무 피곤해서 서 있기가 힘들다 ④ (시간을 나타내어) è già un anno che è partito 그가 떠난지도 벌써 1년이 되었다; è un po' che non lo vedo 내가 그를 못 본지가 좀 되었어; sono entrata che la lezione era già cominciata 내가 도착했을 때 수업은 이미 시작되어 있었다 ⑤ (양보를 나타내어) non che sia difficile ma 어렵지 않았지만 ⑥ (비교를 나타내어) c'è più acqua che vino 포도주보다 물이 더 많다; è più bello che mai 그는 여느 때보다 더 좋아 보인다 ⑦ (양자택일을 나타내어) che tu venga o no, per me è lo stesso 네가 오든지 안 오든지 내겐 매한가지다 ⑧ (제한을 나타내어) che io sappia 내가 아는 한; non fa che guardare la tv 그는 TV만 볼 뿐이다
checca /'kekka/ [여] (복 : -che) (경멸적으로) 남성 동성애자
chef /ʃɛf/ [여-불변] 요리사, 주방장
chela /'kɛla/ [여] [동물] (게 따위의) 집게(발)
chemioterapia /kemjotera'pia/ [여] [의학] 화학 요법
cherosene /kero'zɛne/ [남] 등유
cherubino /keru'bino/ [남] [성경] 케루빔 (천사)
chetare /ke'tare/ [타동] 잠잠하게 만들다 - **chetarsi** [재귀동사] 잠잠해지다
chetichella [부] (alla chetichella /allaketi'kɛlla/의 형태로 쓰여) 몰래
cheto /'keto/ [형] 조용한, 잠잠한
chi /ki/ [대] (의문대명사) 누구?; chi l'ha visto? 누가 그를 보았나?; non so chi sia 난 그가 누군지 모른다; chi hai visto? 넌 누구를 보았니?; di chi stai parlando? 너 누구에 대해 말하고 있는 거야?; di chi è questo libro? 이 책 누구 거야? - [대] (관계대명사) ① ~하는[한] 사람; conosco chi ha scritto quel libro 나는 그 책을 쓴 사람을 안다 ② ~하는 사람은 누구나; invita chi vuoi (누구든 좋으니) 네가 원하는 사람을 초대해라; chi arriva prima vince (누구든) 먼저 도착하는 사람이 이긴다 - [대] (부정대명사) chi ~ chi ~ 어떤 사람들은 ~하고, 또 다른 사람들은 ~한다
chiacchierare /kjakkje'rare/ [자동] (조동사 : avere) 재잘거리다, 지껄이다
chiacchierata /kjakkje'rata/ [여] 재잘거림, 수다
chiacchiere /'kjakkjere/ [여·복] ① 재잘거림, 수다 ② 허튼소리
chiacchierone /kjakkje'rone/ [형] 말 많은 - [남] (여 : -a) 수다쟁이
chiamare /kja'mare/ [타동] ① 부르다; 소리쳐 부르다; 호출하다 ② 전화하다 ③ 깨우다 ④ (~이라고) 이름 짓다, 부르다 ⑤ (~이라고) 규정짓다, 평가하다 ⑥ (도움 따위를) 청하다 ⑦ (법정에) 소환하다 - **chiamarsi** [재귀동사] 이름이 ~이다, ~이라고 불리다; come ti chiami? 너 이름이 뭐니?; mi chiamo ~ 내 이름은 ~야 - chiamare alle armi (군사) 징집하다
chiamata /kja'mata/ [여] ① 부름; 호출 ② 전화 연락; fare una chiamata 전화하다 ③ [법률] 소환 - chiamata alle armi (군사) 징집, 징병
chiappa /'kjappa/ [여] (통속적으로) 궁둥이
chiara /'kjara/ [여] 계란 흰자
chiaramente /kjara'mente/ [부] ① 뚜렷하게, 명료[명백]하게 ② 솔직하게, 터놓고
chiarezza /kja'rettsa/ [여] ① (하늘·물 따위의) 맑음, 투명함 ② 뚜렷함, 명료함, 명백함
chiarificare /kjarifi'kare/ [타동] (액체 따위를) 맑게 하다; (개념 따위를) 뚜렷하게[명료하게] 하다
chiarificatore /kjarifika'tore/ [형] 뚜렷하게[명료하게] 하는
chiarificazione /kjarifikat'tsjone/ [여] ① (액체 따위를) 맑게 함 ② 명쾌한 설명, 문제 해결
chiarimento /kjari'mento/ [남] 명쾌한 설명, 문제 해결
chiarire /kja'rire/ [타동] 명쾌하게 설명하다, (문제 따위를) 해결하다
chiaro /'kjaro/ [형] ① 밝은 색의 ② (하

늘·날씨·물 따위가) 밝은; 맑은 ③ 뚜렷한, 명백한 ④ 솔직한 - [부] 솔직하게; 단도직입적으로 - [남] ① (어스름한) 빛; chiaro di luna 달빛 ② mettere in chiaro qc 무엇을 명료하게 하다
chiarore /kja'rore/ [남] (어스름한) 빛
chiaroscuro /kjaros'kuro/ [남] [미술] 명암의 배합
chiaroveggente /kjaroved'dʒente/ [형/남/여] 투시하는, 천리안을 가진 (사람)
chiasso /'kjasso/ [남] 소음; 소동
chiassoso /kjas'soso/ [형] ① 시끄러운, 소란스러운 ② (색깔이) 화려한, 야한, 요란스러운
chiatta /'kjatta/ [여] 바지(선) (바닥이 평평한 짐배)
chiave /'kjave/ [여] ① 열쇠, 키; chiudere a chiave 잠그다; chiave d'accensione (자동차의) 시동 키 ② 스패너, 렌치; chiave inglese 멍키렌치 ③ (비유적으로) 중요한 요소; (사건을 해결하는) 실마리; (성공 따위의) 비결 ④ (비유적으로) 관점; in chiave politica 정치적 관점에서는 ⑤ [음악] 음자리표; chiave di basso[violino] 낮은[높은]음자리표 - [형-불변] 중요한; 사건 해결의 실마리가 되는
chiavetta /kja'vetta/ [여] ① [기계] 코터, 쐐기 마개 ② (시계의) 태엽 감개
chiavistello /kjavis'tɛllo/ [남] 빗장, 걸쇠
chiazza /'kjattsa/ [여] 얼룩
chiazzare /kjat'tsare/ [타동] 얼룩지게 하다
chiazzato /kjat'tsato/ [형] 얼룩진
chic /ʃik/ [형-불변] 우아한, 세련된, 멋진
chicchirichì /kikkiri'ki/ [감/남-불변] 꼬끼오 (수탉의 울음 소리)
chicco /'kikko/ [남] (복 : -chi) (곡물의) 낟알; (커피·포도 따위의) 열매; 알갱이 모양의 물건
chiedere /'kjɛdere/ [타동] ① (물건·행동·허가 따위를) 요청[요구]하다, 달라고 하다; chiedere qc a qn 누구에게 무엇을 달라고 하다; chiedere a qn di fare qc 누구에게 무엇을 해달라고 하다; chiedere scusa (a qn) (누구에게) 용서를 빌다, 사과하다; chiedere il permesso di fare qc 무엇을 해도 좋을지 허락을 구하다; chiedere il divorzio (배우자에게) 이혼을 요구하다 ② 묻다, 질문하다; chiedere la strada (a qn) (누구에게) 길을 물어보다 ③ (대금 따위를) 청구하다 - [자동] (조동사 : avere) chiedere di qn i) 누구의 안부를 묻다 ii) (전화상으로) 누구를 찾다 - chiedersi [재귀동사] (왜 그런지) 의심을 품다, 의아하게 여기다
chierichetto /kjeri'ketto/ [남] [가톨릭] (미사에서 사제를 돕는) 복사(服事)
chierico /'kjeriko/ [남] (복 : -ci) (가톨릭) 성직자; 가톨릭 신학교 학생
chiesa /'kjɛza/ [여] 교회(당); la Chiesa cattolica (로마) 가톨릭 교회; andare in chiesa 교회에 가다
chiffon /ʃiffon/ [남-불변] 시폰, 견(絹) 모슬린
chiglia /'kiʎʎa/ [여] [항해] (배의) 용골 (龍骨)
chignon /ʃiɲ'ɲɔn/ [남-불변] (여성 뒷머리의) 쪽
chilo /'kilo/ [남] (chilogrammo의 축약형) 킬로(그램)
chilogrammo /kilo'grammo/ [남] 킬로그램 (kg)
chilometraggio /kilome'traddʒo/ [남] (복 : -gi) (자동차의) 주행 거리
chilometrico /kilo'metriko/ [형] (복 : -ci, -che) ① 킬로미터의, 킬로미터 단위의 ② (농담조로) 길이가 매우 긴, 끝없는
chilometro /ki'lɔmetro/ [남] 킬로미터 (km)
chilowatt /'kilovat/ [남-불변] 킬로와트 (kW)
chilowattora /kilovat'tora/ [남-불변] 킬로와트시(時) (kWh)
chimera /ki'mera/ [여] ① (신화 속의) 불을 뿜는 괴물 ② (비유적으로) 망상 ③ [생물] 키메라 (돌연변이나 접목 등에 의해 두 가지 이상의 다른 조직을 가진 생물체)
chimica /'kimika/ [여] 화학
chimico /'kimiko/ (복 : -ci, -che) [형] 화학의, 화학적인; sostanza chimica 화학 물질 - [남] (여 : -a) 화학자
chimono /ki'mɔno/ [남-불변] 기모노 (일본의 전통 의상)
china1 /'kina/ [여] 비탈, 사면(斜面), 경사지
china2 /'kina/ [여] [식물] 기나(幾那) 나무; 그것의 껍질에서 채취하는 물질로 만드는 음료
china3 /'kina/ [여] 먹물
chinare /ki'nare/ [타동] (신체의 일부를)

구부리다; 낮추다; chinare il capo 고개를 숙이다 - chinarsi [재귀동사] 웅크리다; (몸을) 앞으로 기울이다, 굽히다
chincaglieria /kinkaʎʎeˈria/ [여] 잡화점; 잡화, 자질구레한 장신구
chinino /kiˈnino/ [남] [화학] 퀴닌
chino /ˈkino/ [형] (고개를) 숙인
chinotto /kiˈnɔtto/ [남] 쌉쌀한 오렌지향이 나는 음료의 일종
chioccia /ˈkjɔttʃa/ [여] (복 : -ce) (알을 품고 있는) 암탉
chioccio /ˈkjɔttʃo/ [형] (복 : -ci, -ce) 쉰 목소리의
chiocciola /ˈkjɔttʃola/ [여] ① [동물] 달팽이 ② [컴퓨터] 앳 마크 (@)
chiodo /ˈkjɔdo/ [남] ① 못; piantare un chiodo in qc 무엇에 못을 박다 ② (등산용의) 쐐기못 - chiodo fisso 강박, 집착; chiodo di garofano 정향 (향신료의 하나)
chioma /ˈkjɔma/ [여] (풍성한) 머리; (동물의) 갈기
chiosco /ˈkjɔsko/ [남] (복 : -schi) 가판대, 키오스크
chiostro /ˈkjɔstro/ [남] 수도원, 수녀원
chiromante /kiroˈmante/ [남/여] 손금 보는 사람
chiropratico /kiroˈpratiko/ [남] (여 : -a) (남·복 : -ci, 여·복 : -che) 척추지압 요법사
chiroterapia /kiroteraˈpia/ [여] 척추 지압 요법
chirurgia /kirurˈdʒia/ [여] [의학] 외과, 외과 병동; chirurgia plastica 성형외과
chirurgico /kiˈrurdʒiko/ [형] (복 : -ci, -che) 외과(술)의, 외과적인
chirurgo /kiˈrurgo/ [남] (여 : -a) (남·복 : -ghi, 여·복 : -ghe) 외과 의사
chissà /kisˈsa/ [부] ① 누가 알겠냐?, 어떻게 알아? ② 어쩌면, 아마
chitarra /kiˈtarra/ [여] [음악] 기타
chitarrista /kitarˈrista/ [남/여] (남·복 : -i, 여·복 : -e) 기타 연주자, 기타리스트
chiudere /ˈkjudere/ [타동] ① (문 따위를) 닫다; (입을) 다물다; (눈을) 감다; chiudere a chiave (자물쇠로) 잠그다; chiudi la bocca!, chiudi il becco! 입 다물어!; chiudere un occhio su ~을 못 본 체하다; non ho chiuso occhio tutta la notte 난 밤새 한잠도 못 잤어 ② (가스·수도 따위를) 잠그다 ③ (길 따위를) 막다, (교통을) 차단하다 ④ (활동·사업 따위를) 그만두다, 종료하다 ⑤ 끝내다, 마치다, 완료하다 - [자동] (조동사 : avere) (상점 따위가 하루 영업을 마치고) 문을 닫다; (공장 따위가) 폐쇄되다 - chiudersi [재귀동사] ① (문 따위가) 닫히다, (펼쳐졌던 것이) 접히다 ② (상처가) 아물다 ③ 끝나다, 완료되다 ④ (방 따위에) 틀어박히다

chiunque /kiˈunkwe/ [대] □ (부정대명사) 누구나, 누구든지, 누구라도; chiunque potrebbe farlo 누구라도 그것을 할 수 있다; chiunque altro 누군가 다른 사람 - □ (관계대명사) (~하는 사람은) 누구나, 누구든지; 누가 ~을 하더라도; chiunque chiami, di' che non ci sono 누가 전화하면 나 없다고 그래; chiunque sia, fallo entrare 누구라도[어떤 사람이든지] 들여보내
chiuso /ˈkjuso/ [형] ① (문 따위가) 닫힌, 잠긴 ② (길 따위가) 막힌 ③ (사람이) 남과 교제하기를 싫어하는, 자신만의 세계에 틀어박힌 ④ 끝난, 완료된, 종결된 - [남] stare al chiuso (비유적으로) 틀어박혀 있다
chiusura /kjuˈsura/ [여] ① (영업의) 종료; (공장 따위의) 폐쇄; orario di chiusura 폐점 시간 ② 잠금 장치; chiusura lampo 지퍼; chiusura di sicurezza 안전 자물쇠 ③ 끝, 완료, 종결
ci /tʃi/ [대] □ (인칭대명사) ① (직접목적격) 우리를; ci hanno visto 그들은 우리를 보았다 ② (간접목적격) 우리에게; ci dai da mangiare? 우리에게 먹을 것을 좀 갖다 줄래? ③ (재귀적 용법) ci siamo divertiti 우리는 재미있게 놀았다 - □ (지시대명사) 그것을, 그것에 대해; non ci credo 난 그걸 믿지 않아; ci penserò 그것에 관해 생각해 볼게 - [부] ① 여기에; 거기에; ci sei mai stato? 거기 가본 적 있니? ② c'è, ci sono ~이 있다 ③ (동작을 나타내는 동사와 함께 쓰여) ci passa sopra un ponte 그 위로 다리가 지나간다
ciabatta /tʃaˈbatta/ [여] ① 슬리퍼 ② 흰 빵의 작은 덩어리
ciabattino /tʃabatˈtino/ [남] 구두 수선공
ciac /tʃak/ [감] 철벅 (진흙탕에서 걸을 때 나는 소리)
Ciad /tʃad/ [남] 차드 (아프리카 중부의

cialda /tʃalda/ [여] 웨이퍼; 와플 (과자의 일종)

cialtrone /tʃal'trone/ [남] (여 : -a) 악한, 불량배, 건달

ciambella /tʃam'bella/ [여] ① 동그란 모양의 케이크의 일종 ② 둥근 모양의 물건

cianfrusaglie /tʃanfru'zaʎʎe/ [여·복] 잡동사니, 자질구레한 물건

cianuro /tʃa'nuro/ [남] [화학] 시안화물, 사이안화물

ciao /tʃao/ [감] (만났을 때 또는 헤어질 때의 가벼운 인사로) 안녕!

ciarlare /tʃar'lare/ [자동] (조동사 : avere) 잡담하다

ciarlatano /tʃarla'tano/ [남] 사기꾼, 협잡꾼; 돌팔이 의사

ciascuno /tʃas'kuno/ [형] (부정형용사) 모든, 매(每)~ ; diedi un cioccolatino a ciascun bambino 나는 모든 아이들에게 초콜릿을 (하나씩) 주었다 - [대] (부정대명사) (여 : -a) 각자 모두, 누구든지; ci ha dato 10.000 euro (per) ciascuno 그는 우리 각자에게 1만 유로씩 주었다

cibare /tʃi'bare/ [타동] 먹이다 - cibarsi [재귀동사] 먹다

cibarie /tʃi'barje/ [여·복] 음식물, 식료품; 식량

cibernetica /tʃiber'nɛtika/ [여] 사이버네틱스, 인간두뇌학

ciberspazio /tʃibers'pattsjo/ [남] (복 : -zi) 사이버스페이스 (컴퓨터와 정보통신 시스템으로 실현하는 활동 공간)

cibo /'tʃibo/ [남] ① 음식, 먹을 것; cibi precotti 미리 조리된 음식 ② (비유적으로) (마음의) 양식

cicala /tʃi'kala/ [여] [곤충] 매미

cicaleccio /tʃika'lettʃo/ [남] (사람의) 재잘거림; (새의) 지저귐

cicalino /tʃika'lino/ [남] 매미 우는 소리가 나는 버저의 일종

cicatrice /tʃika'tritʃe/ [여] 흉터, 반흔(瘢痕)

cicatrizzare /tʃikatrid'dzare/ [타동] (상처를) 아물게 하다, 반흔을 형성하다 - cicatrizzarsi [재귀동사] 상처가 아문 뒤 반흔이 형성되다

cicca1 /tʃikka/ [여] (복 : -che) ① 담배꽁초 ② (구어체에서) 담배, 궐련 - non valere una cicca 전혀 쓸모가 없다

cicca2 /'tʃikka/ [여] (복 : -che) [방언] ① 껌 ② 씹는 담배

cicchetto /tʃik'ketto/ [남] (통속적으로) ① 술 한 모금 ② 꾸짖음

ciccia /'tʃittʃa/ [여] (구어체에서) ① (뚱뚱한 사람의) 군살; mettere su ciccia 살이 찌다 ② (짐승의) 고기

ciccione /tʃit'tʃone/ [형/남] (여 : -a) 뚱뚱한 (사람)

cicerone /tʃitʃe'rone/ [남] 관광 안내원

ciclabile /tʃi'klabile/ [형] (길이) 자전거를 타기에 알맞은

ciclamino /tʃikla'mino/ [남] [식물] 시클라멘

ciclicamente /tʃiklika'mente/ [부] 주기적으로

ciclico /'tʃikliko/ [형] (복 : -ci, -che) 순환하는; 주기적인

ciclismo /tʃi'klizmo/ [남] 사이클링, 자전거 타기

ciclista /tʃi'klista/ [남/여] (남·복 : -i, 여·복 : -e) 자전거 타는 사람; 자전거 수리공; 자전거 판매인

ciclo /'tʃiklo/ [남] ① (현상 따위의) 순환 (기), 주기, 한 바퀴 ② (강의·회의 따위의) 일련(一連); 과정, 코스 - ciclo biologico [생물] 생활사; ciclo del carbonio [생태] 탄소 순환

ciclocross /tʃiklo'krɔs/ [남-불변] 크로스컨트리 자전거 경주

ciclomotore /tʃiklomo'tore/ [남] 모페드 (모터 달린 자전거)

ciclone /tʃi'klone/ [남] ① [기상] 사이클론 (인도양의 열대성 저기압) ② (비유적으로) (사건의) 회오리, 소용돌이

ciclostilare /tʃiklosti'lare/ [타동] 등사기로 인쇄하다

ciclostilato /tʃiklosti'lato/ [형] 등사기로 찍어낸 - [남] 사본

ciclostile /tʃiklos'tile/ [남] 등사기

cicogna /tʃi'koɲɲa/ [여] [조류] 황새

cicoria /tʃi'kɔrja/ [여] [식물] 치커리 (국화과)

ciecamente /tʃɛka'mente/ [부] 맹목적으로, 무턱대고

cieco /'tʃɛko/ (복 : -chi, -che) [형] ① 눈이 먼, 앞이 보이지 않는; essere cieco da un occhio 한쪽 눈이 보이지 않다; cieco come una talpa 눈이 아주 어두운 ② 맹목적인, 무조건적인; 앞뒤를 분간하지 못하는; essere cieco d'amore 사랑에 눈이 멀어 있다 ③

alla cieca i) 앞이 보이지 않아 ii) 무턱대고 - [남] (여 : -a) 시각장애인

cielo /tʃɛlo/ [남] ① 하늘, 창공 ② 천국, 하늘나라 (il regno dei cieli) - essere al settimo cielo 매우 행복하다; santo cielo! 어머나!, 이런!; per amor del cielo! 제발, 아무쪼록, 부디

cifra /tʃifra/ [여] ① 숫자; (숫자의) 자리; un numero di 5 cifre 다섯 자리의 숫자; in cifre tonde 어림잡은 숫자로, 대략; fare cifra tonda 어림수로 나타내다 ② 액수; mi è costato una cifra 난 그것에 돈이 많이 들었다 ③ 암호; 머리글자; [복] 모노그램 (머리글자를 짜맞춘 결합 문자)

cifrare /tʃi'frare/ [타동] ① 암호로 바꿔 쓰다, 암호화하다 ② 모노그램을 새겨 넣다

cifrato /tʃi'frato/ [형] ① 암호화된 ② 모노그램을 새겨 넣은

ciglio /tʃiʎʎo/ [남] ① (복 : ciglia) 속눈썹 ② (복 : cigli) (길·도랑 따위의) 가장자리

cigno /tʃiɲɲo/ [남] [조류] 백조

cigolare /tʃigo'lare/ [자동] (조동사 : avere) (문·기계 장치 따위가) 삐걱거리다

cigolio /tʃigo'lio/ [남] (복 : -ii) (문·기계 장치 따위의) 삐걱거림

Cile /tʃile/ [남] 칠레 (남미의 국가)

cilecca /tʃi'lekka/ [여] fare cilecca (총포가) 불발하다

cileno /tʃi'leno/ [형] 칠레의 - [남/여] 칠레 사람

ciliegia /tʃi'ljedʒa/ [여] (복 : -gie, ge) 체리 (열매)

ciliegina /tʃilje'dʒina/ [여] (케이크 따위의 위에 얹은) 체리

ciliegio /tʃi'ljedʒo/ [남] (복 : -gi) [식물] 벚나무; 그 재목

cilindrata /tʃilin'drata/ [여] [기계] (엔진의) 배기량; macchina di alta cilindrata 고성능 자동차

cilindrico /tʃi'lindriko/ [형] (복 : -ci, -che) 원통(형)의

cilindro /tʃi'lindro/ [남] ① 원통(형의 물건) ② [기하] 원기둥 ③ [기계] 실린더, 기통(汽筒) ④ 실크해트 (남성용 정장 모자)

cima /tʃima/ [여] ① 꼭대기, 정상; in cima (a qc) (무엇의) 꼭대기에; da cima a fondo 처음부터 끝까지, 머리부터 발끝까지, 철두철미하게 ② (항해용) 밧줄, 로프 ③ 천재, 귀재

cimelio /tʃi'mɛljo/ [남] (복 : -li) 유품, 조상으로부터 전래되는 물건

cimentarsi /tʃimen'tarsi/ [재귀동사] (in 과 함께 쓰여) (~에) 손을 대다; (~을) 해보다, 시도하다

cimice /tʃimitʃe/ [여] ① 무는 벌레 (빈대 따위) ② (전화 따위의) 도청 장치

ciminiera /tʃimi'njɛra/ [여] (공장·기선 (汽船) 따위의) 굴뚝

cimitero /tʃimi'tɛro/ [남] 공동묘지

cimurro /tʃi'murro/ [남] [수의] 디스템퍼 (강아지가 잘 걸리는 급성 전염병)

Cina /tʃina/ [여] 중국

cincillà /tʃintʃil'la/ [남-불변] [동물] 친칠라 (남미산)

cincin, cin cin /tʃin'tʃin/ [감] 건배!

cine /tʃine/ [남-불변] (구어체에서) (cinema의 축약형) 영화

cineamatore /tʃineama'tore/ [남] (여 : -trice) 아마추어 영화 제작자

cineasta /tʃine'asta/ [남/여] (남·복 : -i, 여·복 : -e) 영화 제작자

cineclub /tʃine'klab/ [남-불변] 영화 클럽

cineforum /tʃine'fɔrum/ [남-불변] 영화를 보고 난 뒤에 벌이는 토론

cinegiornale /tʃinedʒor'nale/ [남] (단편) 뉴스 영화

cinema /tʃinema/ [남-불변] ① 영화; stella del cinema 영화 스타 ② 영화관; andare al cinema 영화관에 가다, 영화 보러 가다 - cinema muto 무성영화

cinematografare /tʃinematogra'fare/ [타동] 영화를[로] 제작하다

cinematografia /tʃinematogra'fia/ [여] 영화 촬영[제작]

cinematografico /tʃinemato'grafiko/ [형] (복 : -ci, -che) 영화의; casa cinematografica 영화 촬영소[제작사]; regista cinematografico 영화 감독; sala cinematografica 영화관

cinepresa /tʃine'presa/ [여] 영화 촬영기

cinese /tʃi'nese/ [형] 중국의; Repubblica Popolare Cinese 중화인민공화국 - [남/여] 중국 사람 - [남] 중국어

cineteca /tʃine'tɛka/ [여] (복 : -che) 영화 도서관; 필름 대출소

cinetico /tʃi'nɛtiko/ [형] [물리] 운동의

cingere /'tʃindʒere/ [타동] ① 에워[둘러]싸다; cingere d'assedio 포위(공격)하다 ② (~의 주위에) 두르다; le cinse la vita con le braccia 그는 그녀의 허리를 팔로 감쌌다

cinghia /'tʃingja/ [여] 끈, 띠, 벨트; tirare la cinghia (비유적으로) 허리띠를 졸라매다, 절약하다

cinghiale /tʃin'gjale/ [남] ① [동물] 멧돼지 ② 돼지 가죽

cingolato /tʃingo'lato/ [형] (차량이) 무한 궤도식의

cinguettare /tʃingwet'tare/ [자동] (조동사 : avere) (새가) 지저귀다; (비유적으로) (사람이) 재잘거리다

cinguettio /tʃingwet'tio/ [남] (복 : -ii) (새의) 지저귐; (비유적으로) (어린아이의) 재잘거림

cinico /'tʃiniko/ [형/남] (여 : -a) (복 : -ci, -che) 냉소적인, 빈정대는 (사람)

cinismo /tʃi'nizmo/ [남] 냉소, 빈정대기

cinofilo /tʃi'nɔfilo/ [남] (여 : -a) 개를 좋아하는 사람, 애견가

cinquanta /tʃin'kwanta/ [남/형-불변] 50(의)

cinquantenario /tʃinkwante'narjo/ (복 : -ri, -rie) [형] 50주년의 - [남] 50년제(祭)

cinquantennale /tʃinkwanten'nale/ [형] ① 50년간의 ② 50년에 한 번 있는 - [남] 50년제(祭)

cinquantenne /tʃinkwan'tɛnne/ [형] 50년된, 50세의 - [남/여] 50세의 사람

cinquantesimo /tʃinkwan'tɛzimo/ [형] 제50의, 50번째의 - [남] (여 : -a) ① 50번째 ② 50분의 1

cinquantina /tʃinkwan'tina/ [여] una cinquantina (di) ~ 약 50(개) 정도의 ~ ; essere sulla cinquantina (나이가) 50세 정도 되었다

cinque /'tʃinkwe/ [형-불변] 5의, 다섯 개의 - [남-불변] ① 5, 다섯 ② (한달의) 제5일 - [여·복] 5시; sono le conque (지금) 5시다

cinquecentesco /tʃinkwetʃen'tesko/ [형] (복 : -schi, -sche) 16세기의, 1500년대의

cinquecento /tʃinkwe'tʃɛnto/ [남/형-불변] 500(의) - il Cinquecento 16세기

cinquemila /tʃinkwe'mila/ [남/형-불변] 5천(의)

cinta /'tʃinta/ [여] 도시의 성벽

cintola /'tʃintola/ [여] 허리

cintura /tʃin'tura/ [여] ① 허리띠, 벨트; cintura di sicurezza (자동차의) 안전벨트 ② 허리 ③ (분포) 지대; cintura verde 그린벨트

cinturino /tʃintu'rino/ [남] cinturino dell'orologio 손목시계 밴드[줄]

cinturone /tʃintu'rone/ [남] 총검을 차는 데 쓰는 벨트

ciò /tʃo/ [대] (지시대명사) ① 이것, 저것; ciò è vero 이건 진짜야; di ciò parleremo più tardi 우리는 이것에 관해 나중에 이야기할 것이다 ② (관계대명사 앞에 쓰여) ciò che voglio dirti è importante 내가 너에게 말하려 하는 건 중요한 것이다; è questo tutto ciò che hai fatto? 이게 네가 한 일의 전부냐? - e con ciò? 그래서 뭐?

ciocca /'tʃɔkka/ [여] (복 : -che) (머리의) 타래, 숱

ciocco /'tʃɔkko/ [남] (복 : -chi) 통나무

cioccolata /tʃokko'lata/ [여] 초콜릿; 초콜릿 음료

cioccolatino /tʃokkola'tino/ [남] (작은) 초콜릿

cioccolato /tʃokko'lato/ [남] 초콜릿; cioccolato al latte 밀크초콜릿 - [형-불변] 초콜릿 색깔의

cioè /tʃo'e/ [부] 즉, 다시 말해서; 그러니까 내[네] 말은

ciondolare /tʃondo'lare/ [자동] (조동사 : avere) ① (신체의 일부를 ~에) 얹어 놓다, 축 늘어뜨리다 ② 비틀거리다 ③ 빈둥거리다

ciondolo /'tʃondolo/ [남] 매달아 가지고 다니는 부적 따위

ciondoloni /tʃondo'loni/ [부] (신체의 일부를) 축 늘어뜨려

ciononostante /tʃononos'tante/ [부] 그럼에도 불구하고, 그래도

ciotola /'tʃɔtola/ [여] 수반(水盤), 사발

ciottolo /'tʃɔttolo/ [남] 조약돌, 자갈

cipiglio /tʃi'piʎʎo/ [남] (복 : -gli) 찌푸린 얼굴

cipolla /tʃi'polla/ [여] [식물] ① 양파 ② 알뿌리, 구근(球根)

cipresso /tʃi'presso/ [남] [식물] 사이프러스 (편백속(屬)의 상록 침엽수)

cipria /'tʃiprja/ [여] (화장용) 분

Cipro /'tʃipro/ [남] 키프로스, 사이프러스

circa /'tʃirka/ [전] (~에) 관해, 대해서 - [부] 약, 대략; circa 20 studenti 약

20명의 학생들; alle 18 circa 저녁 6시 경에

circo /'tʃirko/ [남] (복 : -chi) 서커스, 곡예

circolare1 /tʃirko'lare/ [형] 원(형)의, 고리 모양의; moto circolare 원운동

circolare2 /tʃirko'lare/ [자동] (조동사 : essere, avere) ① (피·공기 등이) 순환하다 ② 순회하다, 돌아다니다 ③ 차례로 돌다, 유포[배부]되다; (화폐가) 유통되다

circolatorio /tʃirkola'tɔrjo/ [형] (복 : -ri, -rie) 순환(상)의

circolazione /tʃirkolat'tsjone/ [여] ① (피·공기 따위의) 순환 ② (화폐·상품 따위의) 유통, 유포 ③ (자동차 따위의) 교통 (circolazione stradale) - mettere in circolazione i) (화폐를) 유통시키다 ii) (소식 따위를) 퍼뜨리다, 유포시키다

circolo /'tʃirkolo/ [남] ① [기하] 원(圓) ② 집단, 서클, ~계(界); circolo giovanile 청소년 클럽 - circolo vizioso (비유적으로) 악순환, 딜레마

circoncidere /tʃirkon'tʃidere/ [타동] ① (종교 의식으로서) 할례를 베풀다 ② [의학] 포경 수술을 하다

circoncisione /tʃirkontʃi'zjone/ [여] ① (종교 의식으로서의) 할례 ② [의학] 포경 수술

circondare /tʃirkon'dare/ [타동] 둘러[에워]싸다; (군사가) 포위하다

circondario /tʃirkon'darjo/ [남] (복 : -ri) ① [행정] 구역 ② 근처, 주위, 인근 지역

circonferenza /tʃirkonfe'rɛntsa/ [여] ① [기하] 원주(圓周) ② (나무·기둥 따위의) 둘레(의 길이) ③ (신체 부위의) 치수; circonferenza vita 허리 둘레

circonflesso /tʃirkon'flɛsso/ [형] accento circonflesso [언어] 곡절 악센트 (^)

circonvallazione /tʃirkonvallat'tsjone/ [여] (도시 주변의) 환상(環狀) 도로

circoscritto /tʃirkos'kritto/ [형] ① [기하] 외접(外接)한 ② 일정 지역에 제한된, 국지화된

circoscrivere /tʃirkos'krivere/ [타동] ① [기하] (원 등을) 외접시키다 ② 구획하다; (~의 안에) 제한하다

circoscrizione /tʃirkoskrit'tsjone/ [여] (행정상의) 관구(管區), 구역; circoscrizione amministrativa 행정 구역; circoscrizione elettorale 선거구

circospetto /tʃirkos'pɛtto/ [형] 조심성 있는, 신중한

circospezione /tʃirkospet'tsjone/ [여] 조심성 있음, 신중함

circostante /tʃirkos'tante/ [형] 주위의, 주변의

circostanza /tʃirkos'tantsa/ [여] (주위의) 상황, 사정; in questa circostanza 이 경우에; circostanze attenuanti [법률] 정상이 참작되는 상황 - di circostanza 억지로[마지못해] 하는

circostanziato /tʃirkoskan'tsjato/ [형] 상세하게 설명된

circuire /tʃirku'ire/ [타동] (비유적으로) 속임수를 쓰다, 속이다

circuito /tʃir'kuito/ [남] ① [스포츠] 순환 주로(走路), 트랙 ② [전기] 회로, 회선; circuito chiuso 폐회로, 닫힌 회로; circuito integrato 집적 회로

circumnavigare /tʃirkumnavi'gare/ [타동] (세계·대륙을) 주항(周航)하다

cirillico /tʃi'rilliko/ [형] (복 : -ci, -che) alfabeto cirillico 키릴 문자

cirrosi /tʃir'rɔzi/ [여-불변] [병리] 간경변

ciste /'tʃiste/ [여] → cisti

cisterna /tʃis'tɛrna/ [여] (물) 탱크 - [형 -불변] nave cisterna 유조선

cisti /'tʃisti/ [여-불변] [병리] 낭종(囊腫), 낭포(囊胞)

cistifellea /tʃisti'fɛllea/ [여] [해부] 쓸개, 담낭

cistite /tʃis'tite/ [여] [병리] 방광염

citare /tʃi'tare/ [타동] ① (글의 한 구절 따위를) 인용하다, 예증하다 ② [법률] 소환하다

citazione /tʃitat'tsjone/ [여] ① 인용, 예증 ② [법률] 소환

citofonare /tʃitofo'nare/ [자동] (조동사 : avere) 현관 인터폰을 통해 사람을 부르다

citofono /tʃi'tɔfono/ [남] 현관 인터폰

citrullo /tʃi'trullo/ [남] 바보, 어리석은 사람

città /tʃit'ta/ [여-불변] ① 도시; 읍 ② (도시의) 지구(地區); città mercato 상점가, 쇼핑 센터 - Città del Capo (남아공의) 케이프타운; la Città Santa 성도(聖都; 예루살렘을 일컬음); città

giardino 전원 도시; città satellite (대도시 근교의) 위성 도시
cittadella /tʃitta'dɛlla/ [여] (시가를 내려다보며 지켜주는) 성(城); 요새
cittadinanza /tʃittadi'nantsa/ [여] ① (집합적으로) 도시 주민들; tutta la città 시 전체 ② [법률] 시민권; avere la cittadinanza britannica 영국 시민권을 갖고 있다
cittadino /tʃitta'dino/ [형] 도시의, 시(市)의 - [남/여] 도시 주민, 시민; 공민, 국민
ciuccio /'tʃuttʃo/ [남] (복 : -ci) (젖먹이의) 고무 젖꼭지
ciuco /'tʃuko/ [남] (복 : -chi) [동물] 당나귀
ciuffo /'tʃuffo/ [남] (머리카락·깃털 따위의) 술, 다발
civetta /tʃi'vetta/ [여] ① [조류] 올빼미 ② 바람둥이 여자
civettare /tʃivet'tare/ [자동] (조동사 : avere) (여자가 남자와) 시시덕거리다
civico /'tʃiviko/ [형] (복 : -ci, -che) ① 시민의, 공민의; senso civico 공공심, 공민 정신 ② 시(市)의; centro civico 도심
civile /tʃi'vile/ [형] ① 일반 시민의, 민간인의; abiti civili (군복 따위가 아닌) 사복 ② 시민의, 공민의; diritti civili (공)민권 ③ 문명화한; 예의 바른, 교양 있는 - [남] 일반 시민, 민간인
civilizzare /tʃivilid'dzare/ [타동] 문명화하다
civilmente /tʃivil'mente/ [부] ① 일반 시민으로서, 민간인으로서 ② 문화인답게, 교양 있게
civiltà /tʃivil'ta/ [여-불변] ① 문명화 ② 예의 바름, 교양 있음
clacson /'klakson/ [남-불변] (자동차의) 경적, 클랙슨; suonare il clacson 경적을 울리다
clamore /kla'more/ [남] 외침, 부르짖음, 아우성, 소란
clamorosamente /klamorosa'mente/ [부] ① 큰 소리로 ② 두드러지게, 크게
clamoroso /klamo'roso/ [형] ① 소리가 큰 ② 두드러진, 크게 ~한
clan /klan/ [남-불변] ① 씨족, 일족 ② 당파
clandestinamente /klandestina'mente/ [부] 불법적으로; 몰래; viaggiare clandestinamente 밀항(密航)하다; importare clandestinamente 밀수입하다
clandestinità /klandestini'ta/ [여-불변] (활동이) 불법적임; 몰래 하는 것임; vivere nella clandestinità 숨어 살다
clandestino /klandes'tino/ [형] (활동·조직 따위가) 불법적인; 비밀의 - [남] (여 : -a) 밀항자, 밀입국자
clarinetto /klari'netto/ [남] [음악] 클라리넷
classe /'klasse/ [여] ① (학교의) 클래스, 학급, 반; 학년; 교실; compagno di classe 반 친구, 급우 ② (사회·정치적인) 계급; lotta di classe 계급 투쟁 ③ (품질·정도에 따른) 등급; viaggiare in prima classe 1등석을 타고 여행하다
classico /'klassiko/ (복 : -ci, -che) [형] ① (고대 그리스·로마의) 고전문학의, 고전어의 ② [문예] 고전주의의; musica classica 클래식 음악 ③ 모범적인, 전형적인 - [남] 고전 작가; 고전 작품
classifica /klas'sifika/ [여] (복 : -che) ① [스포츠] 랭킹, 순위를 나타낸 표 ② [음악] 인기곡 순위표, 히트 차트
classificare /klassifi'kare/ [타동] 등급별로 나누다, 분류하다, 유별(類別)하다 - classificarsi [재귀동사] classificarsi primo 1위에 랭크되다
classificatore /klassifika'tore/ [남] 서류 정리용 파일[캐비닛]
classificazione /klassifikat'tsjone/ [여] 등급별로 나누기, 분류, 유별
clausola /'klauzola/ [여] (조약·법률의) 조항
claustrofobia /klaustrofo'bia/ [여] [정신의학] 밀실공포증
clausura /klau'zura/ [여] 은둔, 틀어박힘
clava /'klava/ [여] 곤봉
clavicembalo /klavi'tʃembalo/ [남] [음악] 하프시코드, 쳄발로
clavicola /kla'vikola/ [여] [해부] 쇄골(鎖骨)
claxon → clacson
clemente /kle'mente/ [형] ① (사람이) 온화한, 자비로운, 인정 많은, 관대한 ② (기후가) 온화한, 따뜻한
clementina /klemen'tina/ [여] [식물] 클레멘타인 (오렌지의 일종)
clemenza /kle'mɛntsa/ [여] ① (사람의) 온화, 인자, 관대 ② (기후의) 온화함, 따뜻함

cleptomane /klep'tɔmane/ [형/남/여] 도벽(盜癖)이 있는 (사람)
cleptomania /kleptoma'nia/ [여] (병적) 도벽
clericale /kleri'kale/ [형] 성직자의
clero /'klɛro/ [남] 성직자들
clessidra /kles'sidra/ [여] 모래시계; 물시계
clic /klik/ [감] 딸깍, 찰칵 - [남] ① (카메라 따위의) 찰칵하는 소리 ② [컴퓨터] fare clic (마우스로) 클릭하다
cliccare /klik'kare/ [자동] (조동사 : avere) [컴퓨터] (su와 함께 쓰여) (마우스로 ~을) 클릭하다
cliché /kli∫∫e/ [남-불변] ① [인쇄] 스테레오판(版) ② 진부한 표현, 판에 박은 것
cliente /kli'ɛnte/ [남/여] 고객, 단골
clientela /klien'tɛla/ [여] (집합적으로) 고객들, 단골손님들
clientelismo /kliente'lizmo/ [남] clientelismo politico 자신의 정당이나 정치 운동의 지지자에 대한 관직 제공
clima /'klima/ [남] ① 기후 ② 분위기
climatico /kli'matiko/ [형] (복 : -ci, -che) 기후의 - stazione climatica 보양지(保養地)
climatizzatore /klimatiddza'tore/ [남] 에어컨
clinica /'klinika/ [여] (복 : -che) ① 임상의학 ② 진료소, 클리닉
clinico /'kliniko/ [형] (복 : -ci, -che) [형] 임상의 - [남] (여 : -a) 임상의(醫)(학자)
clip /klip/ [여-불변] ① 클립, 종이 집게 ② (귀고리·의상 따위의) 클립
clistere /klis'tɛre/ [남] [의학] 관장(灌腸); 관장기(器)
clitoride /kli'tɔride/ [남/여] [해부] 클리토리스, 음핵(陰核)
cloaca /klo'aka/ [여] (복 : -che) 하수구
clonare /klo'nare/ [타동] ① [생물] 클론을 만들다 ② (비유적으로) 복제하다
clone /'klone/ [남] ① [생물] 클론 (단일 세포 또는 개체로부터 무성 증식으로 생긴, 유전적으로 동일한 세포군. 또는 그런 개체군) ② (값비싼 컴퓨터의 모양과 기능을 복사한) 모조 컴퓨터
cloro /'klɔro/ [남] [화학] 염소
clorofilla /kloro'filla/ [여] [식물·생화학] 엽록소
cloroformio /kloro'fɔrmjo/ [남] [화학] 클로로포름 (마취약)
clou /klu/ [남-불변] (공연·행사 따위의) 하이라이트, 클라이맥스
clown /klaun/ [남-불변] 어릿광대
club /klab/ [남-불변] 클럽, 동호회
coabitare /koabi'tare/ [자동] (조동사 : avere) (con과 함께 쓰여) (~와) 함께 생활하다, 같이 살다
coadiutore /koadju'tore/ [남] (여 : -trice) ① 조수, 보조자 ② [가톨릭] 보좌주교
coagulare /koagu'lare/ [타동] (혈액 따위를) 응고시키다 - [자동] (조동사 : essere) (혈액 따위가) 응고하다, 굳다 - coagularsi [재귀동사] (혈액 따위가) 응고하다, 굳다
coagulazione /koagulat'tsjone/ [여] (혈액 따위의) 응고
coalizione /koalit'tsjone/ [여] 연합, 합동, 제휴, 연립; governo di coalizione 연립 정부
coalizzare /koalid'dzare/ [타동] 연합시키다 - coalizzarsi [재귀동사] 연합하다, 제휴하다
coatto /ko'atto/ [형] (법적 절차의 집행 따위가) 강제적인
coautore /koau'tore/ [남] 공저자(共著者)
cobalto /ko'balto/ [남] [화학] 코발트
cobra /'kɔbra/ [남-불변] [동물] 코브라
coca1 /'kɔka/ [여] (복 : -che) [식물] 코카나무
coca2 /'kɔka/ [여] (구어체에서) (cocaina의 축약형) 코카인
coca3 /'kɔka/ [여] (복 : -che) (구어체에서) (coca-cola의 축약형) 코카콜라, 콜라
coca-cola /koka'kɔla/ [여] 코카콜라
cocaina /koka'ina/ [여] 코카인
cocainomane /kokai'nɔmane/ [남/여] 코카인 중독자
cocchiere /kok'kjɛre/ [남] (옛날의) 마차부
cocchio /'kɔkkjo/ [남] (복 : -chi) 마차
coccige /kot't∫idʒe/ [남] [해부] 꼬리뼈, 미저골(尾骶骨)
coccinella /kott∫i'nɛlla/ [여] [곤충] 무당벌레
coccio /'kɔtt∫o/ [남] (복 : -ci) ① (도자기를 만드는) 점토 ② 오지그릇, 도기류(陶器類) ③ 부서진 조각, 파편
cocciutaggine /kott∫u'taddʒine/ [여] 완고함, 고집이 셈

cocciuto /kot't∫uto/ [형] 완고한, 고집이 센

cocco1 /'kɔkko/ [남] (복 : -chi) ① [식물] 코코야자 나무 ② 코코넛 (noce di cocco); latte di cocco 야자 과즙

cocco2 /'kɔkko/ [남] (여 : -a) (남·복 : -chi, 여·복 : -che) (구어체에서) (부모의) 사랑하는 아이; (선생의) 총애를 받는 학생

coccodrillo /kokko'drillo/ [남] [동물] 크로커다일 (악어의 한 무리) - lacrime di coccodrillo (비유적으로) 거짓 눈물

coccolare /kokko'lare/ [타동] (구어체에서) (어린아이나 동물 따위를) 귀여워하다

coccoloni /kokko'loni/ [부] stare [mettersi] coccoloni 웅크리고 앉다

cocente /ko't∫ente/ [형] ① 타는 듯한, 몹시 더운 ② (비유적으로) (비판 따위가) 통렬한; (열정 따위가) 강렬한

cocker /'kɔker/ [남-불변] 코커스패니얼 (사냥·애완용 개)

cocktail /'kɔkteil/ [남-불변] 칵테일 (음료)

cocomero /ko'komero/ [남] [식물] 수박

cocuzzolo /ko'kuttsolo/ [남] 정상, 꼭대기

coda /'koda/ [여] ① (동물·비행기·혜성 따위의) 꼬리; (웨딩드레스 따위의) 길게 끌리는 옷자락 ② 늘어선 줄; fare la coda, mettersi in coda 줄을 서다 - in coda a (행렬 따위의) 뒤쪽[후미]에; coda di cavallo 포니테일 (말꼬리 모양으로 뒤로 묶어 드리우는 머리); fanale di coda (자동차의) 미등(尾燈) - con la coda fra le gambe (비유적으로) 기가 죽어서, 꽁무니를 빼고; avere la coda di paglia 양심의 가책을 느끼다; guardare con la coda dell'occhio 곁눈질로 보다

codardo /ko'dardo/ [형] 겁이 많은 - [남] (여 : -a) 겁쟁이

codazzo /ko'dattso/ [남] 인파, 사람들의 행렬

codesto /ko'desto/ [대] (지시대명사) [방언] 저것

codice /'kɔdit∫e/ [남] ① (고대의) 사본 (寫本) ② 법전; codice civile 민법전; codice penale 형법전 ③ [컴퓨터] 코드, 부호 ④ (비유적으로) 규약, 관례, 규범 ⑤ 암호 - codice di avviamento postale 우편번호; codice a barre 바코드; codice genetico 유전 코드[암호]; codice segreto (은행 카드의) 비밀 번호

codificare /kodifi'kare/ [타동] ① 법전으로 편찬하다, 성문화하다 ② (데이터를) 암호화하다

codino /ko'dino/ [형] (정치적으로) 반동의, 보수의 - [남] 땋아 늘인 머리

coercitivo /koert∫i'tivo/ [형] 강제적인

coerente /koe'rɛnte/ [형] 시종일관한, 조리가 서는

coerenza /koe'rɛntsa/ [여] 일관성

coesione /koe'zjone/ [여] ① [물리] (분자의) 응집력 ② (비유적으로) 결합력, 응집성

coesistere /koe'zistere/ [자동] (조동사 : essere) (con과 함께 쓰여) (~와) 공존하다

coesivo /koe'sivo/ [형] 점착력이 있는, 결합력 있는, 밀착하는

coetaneo /koe'taneo/ [형] 같은 나이의, 동갑의 - [남] (여 : -a) 동년배

cofanetto /kofa'netto/ [남] (보석 따위를 넣는) 작은 상자

cofano /'kɔfano/ [남] (자동차의) 보닛

cogli /'koʎʎi/ → con + gli

cogliere /'kɔʎʎere/ [타동] ① (과일·꽃 따위를) 따다 ② (기회 따위를) 잡다; (순간을) 포착하다 ③ (요점·의미 따위를) 파악하다, 이해하다 ④ (범인 따위를) 붙잡다; cogliere qn sul fatto, cogliere qn in flagrante 누구를 현행범으로 체포하다 - cogliere nel segno 명중하다, 적중하다; cogliere qn in fallo 누구의 잘못을 간파하다

coglione /koʎ'ʎone/ [남] (여 : -a) (비어로) 바보, 멍청이 - coglioni [남·복] (비어로) 불알

cognac /koɲ'ɲak/ [남-불변] 코냑

cognata /koɲ'ɲata/ [여] 형수, 제수, 시누이, 올케

cognato /koɲ'ɲato/ [남] 매형, 매부, 처남

cognizione /koɲɲit'tsjone/ [여] ① [심리·철학] 인식 ② 지식

cognome /koɲ'ɲome/ [남] 성(姓); cognome da ragazza (여성의) 결혼 전의 성

coi /koi/ → con

coincidenza /koint∫i'dɛntsa/ [여] ① (우연의) 일치, 부합 ② (교통수단의) 접속편, 환승편

coincidere /koint∫i'dere/ [자동] (조동사

: avere) (con과 함께 쓰여) ① (~와) 일치[부합]하다 ② (~와) 동시에 일어나다

coinvolgente /koinvold'ʒɛnte/ [형] (공연·방송 따위가) 열중하게 하는, 흥미진진한

coinvolgere /koin'vɔldʒere/ [타동] ① coinvolgere qn in qc 누구로 하여금 무엇에 연루되게 하다 ② 열중[몰두]하게 하다

coinvolgimento /koinvoldzi'mento/ [남] 연루, 관련됨

coinvolto /koin'vɔlto/ [형] 연루된, 관련된

coito /'kɔito/ [남] 성교(性交)

colà /ko'la/ [부] (문어체에서) 저기에, 저쪽에

colabrodo /kola'brɔdo/ [남-불변] (부엌용) 거르는 기구, 여과 장치

colapasta /kola'pasta/ [남-불변] (부엌용) 거르는 기구, 여과 장치

colare /ko'lare/ [타동] ① (액체 따위를) 거르다 ② (금속을) 주조하다 - [자동] (조동사 : essere, avere) ① (액체가) 똑똑 떨어지다; 새다, 흐르다 ② (왁스·치즈 따위가) 녹아 흐르다 ③ colare a picco (배가) 가라앉다

colata /ko'lata/ [여] ① (용암 따위의) 흐름 ② (금속의) 주조

colazione /kolat'tsjone/ [여] ① 아침 식사; fare (la prima) colazione 아침 식사를 하다 ② 점심 식사

colbacco /kol'bakko/ [남] (복 : -chi) 털모자

colei /ko'lei/ → colui

colera /ko'lɛra/ [남-불변] [병리] 콜레라

colesterolo /koleste'rɔlo/ [남] [생화학] 콜레스테롤

colf /kɔlf/ [여-불변] 가정부

colica /'kɔlika/ [여] (복 : -che) [병리] 산통(疝痛), 배앓이

colino /ko'lino/ [남] (부엌용) 거르는 기구, 여과 장치

colla1 /'kɔlla/ [여] 풀, 접착제; (벽지를 바르는 데 쓰는) 풀

colla2 /'kolla/ → con

collaborare /kollabo'rare/ [자동] (조동사 : avere) ① 공동으로 일하다, 합작하다 ② 협력[협동]하다

collaboratore /kollabora'tore/ [남] (여 : -trice) ① 함께 일하는 사람, 협력자 ② (신문·잡지 등에의) 기고자

collaborazione /kollaborat'tsjone/ [여] ① 협동; 합작 ② (신문·잡지 등에의) 기고

collaborazionista /kollaborattsjo'nista/ [남/여] (남·복 : -i, 여·복 : -e) 적이나 점령군에 협력하는 자

collage /kol'laʒ/ [남-불변] [미술] 콜라주

collagene /kolla'dʒene/ [남] [생화학] 콜라겐, 교원질(膠原質)

collana /kol'lana/ [여] ① 목걸이 ② una collana di libri 총서(叢書)

collant /kol'lan(t)/ [남-불변] 팬티 스타킹

collare /kol'lare/ [남] ① (개 따위의) 목걸이 ② 성직자용 칼라

collasso /kol'lasso/ [남] (신체의) 급격한 쇠약; un collasso cardiaco 심장 쇠약

collaterale /kollate'rale/ [형] ① 서로 나란한, 평행한 ② [법률] 직계가 아닌, 방계(傍系)의 ③ 부수적인, 보조적인, 2차적인; effetti collaterali (약물 등의) 부작용 - [남/여] 방계 친족

collaudare /kollau'dare/ [타동] (기계류·자동차 따위의 성능을) 시험해 보다

collaudato /kollau'dato/ [형] 시험을 거친, 안전한

collaudatore /kollauda'tore/ [남] (여 : -trice) (기계류·자동차 따위의 성능을) 시험해 보는 사람

collaudo /kol'laudo/ [남] (성능) 시험, 테스트

colle1 /'kɔlle/ [남] 언덕

colle2 /'kolle/ → con

collega /kol'lɛga/ [남/여] (남·복 : -ghi, 여·복 : -ghe) 같이 일하는 사람, 직장 동료

collegamento /kollega'mento/ [남] ① 연결, 연락, 접속 ② [인터넷] 링크

collegare /kolle'gare/ [타동] 연결하다, 잇다, 접속하다 - collegarsi [재귀동사] ① (con과 함께 쓰여) (~와) 연락하다, 접촉하다 ② (a와 함께 쓰여) (컴퓨터에) 연결되다, (인터넷에) 접속하다

collegiale /kolle'dʒale/ [형] 집단적인, 공동의 - [남/여] 기숙사에서 통학하는 학생

collegio /kol'lɛdʒo/ [남] (복 : -gi) ① (의사·법조인 등의) 학회, 협회 ② 기숙학교 - collegio elettorale 선거인단

collera /'kɔllera/ [여] 화, 분노; andare in collera 화가 나다; essere in collera con qn 누구에게 화가 나 있다

collerico /kol'lɛriko/ [형] (복 : -ci, -che) 화를 잘 내는, 성마른

colletta /kol'lɛtta/ [여] (기부금 따위의) 모금

collettività /kollettivi'ta/ [여-불변] 집단, 공동체

collettivo /kollet'tivo/ [형] ① 집단의, 집단적인, 공동의; fattoria collettiva (구 소련의) 집단 농장 ② 집합적인; nome collettivo [문법] 집합명사 - [남] (사회적·정치적) 집단

colletto /kol'letto/ [남] 칼라, 옷깃 - colletti bianchi 화이트칼라, 사무직 근로자

collezionare /kollettsjo'nare/ [타동] (우표·화폐 따위를) 수집하다

collezione /kollet'tsjone/ [여] (우표 따위의) 수집; fare collezione di ~을 수집하다

collezionista /kollettsjo'nista/ [남/여] (남·복 : -i, 여·복 : -e) (우표 따위의) 수집가

collie /'kɔlli/ [남-불변] 콜리 (양 지키는 개의 하나)

collimare /kolli'mare/ [자동] (조동사 : avere) (con과 함께 쓰여) (~와) 의견 따위가 일치하다

collina /kol'lina/ [여] 언덕

collinoso /kolli'noso/ [형] 언덕이 많은, 구릉성의

collirio /kol'lirjo/ [남] (복 : -ri) 안약

collisione /kolli'zjone/ [여] ① (물체의) 충돌; entrare in collisione con qc 무엇과 부딪히다 ② (의견 따위의) 충돌, 대립

collo1 /'kɔllo/ [남] ① (사람의) 목 ② (병 따위의) 목 ③ (의복의) 옷깃, 목 부분; a collo alto 깃이 높은 - collo del piede 발등

collo2 /'kɔllo/ [남] 소포, 꾸러미

collocamento /kolloka'mento/ [남] ① 배치 ② 고용; agenzia di collocamento 직업 소개소

collocare /kollo'kare/ [타동] ① 놓다, 두다, 배치하다 ② (누구에게) 일자리를 구해주다; collocare qn a riposo 누구를 퇴직시키다

colloquiale /kollo'kwjale/ [형] 구어(체) 의, 일상 회화의, 격식을 차리지 않은

colloquio /kol'lɔkwjo/ [남] (복 : -qui) ① (입사시의) 면접 ② 대화, 담화, 회화 ③ (학교의) 구두 시험

colloso /kol'loso/ [형] 끈적거리는, 들러붙는, 점착성 있는

collottola /kol'lɔttola/ [여] 목덜미; afferrare qn per la collottola 누구의 목덜미를 잡다

collutorio /kollu'tɔrjo/ [남] (복 : -ri) 구강 세정제, 양치질 물약

colluttazione /kolluttat'tsjone/ [여] 싸움, 격투

colmare /kol'mare/ [타동] ① 가득 채우다; (틈 따위를) 메우다 ② (비유적으로) (사람으로 하여금 감정 따위를) 넘치게 하다; colmare qn di gioia 누구로 하여금 기쁨이 넘치게 하다

colmo1 /'kolmo/ [남] ① 정상, 꼭대기 ② (비유적으로) 절정, 극도; la violenza era al colmo 폭력이 극에 달해 있었다

colmo2 /'kolmo/ [형] 가득 찬; 넘치는

colomba /ko'lomba/ [여] [조류] 비둘기

Colombia /ko'lombja/ [여] 콜롬비아

colombiano /kolom'bjano/ [형] 콜롬비아의 - [남] (여 : -a) 콜롬비아 사람

colombo /ko'lombo/ [남] [조류] 비둘기

colon /'kɔlon/ [남-불변] [해부] 잘록창자, 결장(結腸)

colonia1 /ko'lɔnja/ [여] ① 식민지 ② [생태] 콜로니, 군체(群體) ③ (어린이를 위한) 하계 휴양 캠프

colonia2 /ko'lɔnja/ [여] 오드콜로뉴 (화장수)

coloniale /kolo'njale/ [형] 식민지의 - [남/여] 식민지 이주자

colonialismo /kolonja'lizmo/ [남] 식민지주의, 식민 정책

colonizzare /kolonid'dzare/ [타동] 식민지로서 개척하다, 식민지를 건설하다

colonna /ko'lɔnna/ [여] ① [건축] 기둥, 원주 ② (사람·차량의) 긴 행렬 - colonna sonora [영화] 사운드트랙; colonna vertebrale [해부] 척주(脊柱)

colonnato /kolon'nato/ [남] [건축] 열주(列柱), 주랑(柱廊)

colonnello /kolon'nɛllo/ [남] [군사] 대령

colorante /kolo'rante/ [남] 착색제, 염료

colorare /kolo'rare/ [타동] 색칠하다; 착색하다, 물들이다 - colorarsi [재귀동사] (어떤 색깔로) 물들다

colore /ko'lore/ [남] ① 색, 빛깔; a colori (TV·영화 따위가) 컬러의; di colore 유색 인종의; ② 물감, 도료, 염료; colori ad olio 유화 그림물감

colorito /kolo'rito/ [형] (얼굴이) 불그스

레한, 혈색이 좋은 - [남] 안색, 혈색, 얼굴빛
coloro /ko'loro/ → colui
colossale /kolos'sale/ [형] 거대한, 엄청난
Colosseo /kolos'sɛo/ [남] il Colosseo 콜로세움
colosso /ko'lɔsso/ [남] ① 거상(巨像) ② 거인 ③ (비유적으로) 거장, 거물
colpa /'kolpa/ [여] ① 잘못, 과실, 허물; è colpa mia 제 잘못입니다; per colpa di ~ 때문에, ~으로 인하여; dare la colpa di qc a qn 무엇에 대해 누구를 비난하다; sentirsi in colpa 죄책감을 느끼다; senso di colpa 죄책감 ② (종교·도덕상의) 죄
colpevole /kol'pevole/ [형] (di와 함께 쓰여) (~의) 잘못[죄]이 있는 - [남/여] 범죄자, 죄인
colpevolezza /kolpevo'lettsa/ [여] 잘못이 있음, 유죄임
colpevolizzare /kolpevolid'dzare/ [타동] (누구로 하여금) 죄책감이 들게 하다 - colpevolizzarsi [재귀동사] 죄책감을 느끼다
colpire /kol'pire/ [타동] ① 때리다, 치다; colpire qn con un pugno 누구를 주먹으로 때리다 ② 강한 인상을 주다; la sua bellezza mi ha colpito 나는 그녀의 아름다움에 흘딱 반했다
colpo /'kolpo/ [남] ① 때리기, 치기; 타격, 충격; dare un colpo in testa a qn 누구의 머리를 때리다; è stato un brutto colpo per lui 그것은 그에게 심한 타격이었다 ② (총 따위의) 발포, 발사 ③ [병리] 발작; colpo di tosse 기침 발작, 콜록거림 ④ [스포츠] (공 따위를 한번) 차기, 치기; (복싱에서의) 펀치 ⑤ (강도 따위의) 습격 - al primo colpo 처음에, 첫 시도에서; di colpo 갑자기; colpo di fortuna 뜻밖의 행운; colpo di mano [군사] 기습; a colpo d'occhio 한번 보아; colpo di Stato 쿠데타; colpo di telefono 전화 통화, 전화 걸기; colpo di vento 바람이 한바탕 붊
colposo /kol'poso/ [형] omicidio colposo [법률] 과실치사
coltellata /koltel'lata/ [여] ① 칼로 찌르기; dare una coltellata a qn 누구를 칼로 찌르다 ② (비유적으로) 남에게 큰 상처를 주는 말이나 행동

coltello /kol'tɛllo/ [남] 칼, 나이프; coltello da cucina 부엌칼; coltello da frutta 과도(果刀)
coltivabile /kolti'vabile/ [형] (토지가) 경작 가능한; (식물이) 재배 가능한
coltivare /kolti'vare/ [타동] ① (토지를) 경작하다; (식물을) 재배하다 ② (우정 따위를) 깊게 하다; (희망 따위를) 품다; (정신을) 수양하다
coltivato /kolti'vato/ [형] (토지가) 경작된
coltivatore /koltiva'tore/ [남] (여 : -trice) ① 경작자, 재배자 ② 경운기
coltivazione /koltivat'tsjone/ [여] 경작, 재배; coltivazione intensiva 집약 농업
colto /'kolto/ [형] (사람이) 교양 있는, 교육을 많이 받은
coltre /'koltre/ [여] ① 담요 ② (비유적으로) (연기·안개 따위가) 온통 뒤덮음
coltura /kol'tura/ [여] ① 경작; coltura alternata 돌려짓기, 윤작(輪作) ② (농작물의) 수확 ③ [생물] 배양; coltura batterica 세균 배양
colui /ko'lui/ [대] (지시대명사) (여 : colei, 복 : coloro) colui che ~하는 사람; colui che parla 말하고 있는 사람
coma /'kɔma/ [남] [병리] 혼수 상태
comandamento /komanda'mento/ [남] [성경] 계명, 계율; i dieci comandamenti 십계명
comandante /koman'dante/ [남] [군사] 지휘관, 사령관
comandare /koman'dare/ [타동] ① 명령하다, 지시하다 ② (군사 등을) 지휘하다, 통솔하다 ③ (기계 장치 따위를) 제어하다, 조작하다 - [자동] (조동사 : avere) 지휘하는 위치에 있다, 우두머리다
comando /ko'mando/ [남] ① 명령, 지시 ② (군사 등의) 지휘, 통솔; essere al comando (di) (~을) 지휘[통솔]하고 있다, (~을) 담당[관장]하고 있다 ③ (기계 장치의) 제어, 조작; comando a distanza 원격 조작, 리모트 컨트롤
comare /ko'mare/ [여] [가톨릭] 대모(代母)
comatoso /koma'toso/ [형] 혼수 상태의
combaciare /komba'tʃare/ [자동] (조동사 : avere) (부분·요소가) 서로 잘 맞다; (con과 함께 쓰여) (~에) 들어맞다,

(~와) 일치[부합]하다
combattente /kombat'tente/ [형] 전투를 하는, 싸우는 - [남/여] 전투원; 싸우는 사람
combattere /kom'battere/ [타동] (적과, ~에 맞서) 싸우다 - [자동] (조동사 : avere) 싸우다, 전투하다
combattimento /kombatti'mento/ [남] ① 싸움, 전투, 교전; combattimento (a) corpo a corpo 백병전 ② [스포츠] 시합
combattivo /kombat'tivo/ [형] 투쟁적인, 싸우기 좋아하는; spirito combattivo 투지, 전의
combattuto /kombat'tuto/ [형] ① (시합이) 치열한 ② (비유적으로) (상반되는 양자 사이에서) 갈팡질팡하는
combinare /kombi'nare/ [타동] ① 결합시키다 ② (비유적으로) 조화[일치]시키다 ③ (모임 따위의) 예정을 세우다 ④ (구어체에서) (어떤 행동을) 하다; cosa stai combinando? 너 뭐하고 있니?; combinare un pasticcio 일을 망쳐 놓다; non ho combinato niente 난 아무 일도 처리하지 못했어 - combinarsi [재귀동사] ① 조화되다, 어울리다 ② (보기 좋지 않은) 차림새를 하다
combinazione /kombinat'tsjone/ [여] ① 결합; (색채의) 배합 ② 우연의 일치; per combinazione 우연히, 뜻밖에 ③ 조합, 짜맞춤
combriccola /kom'brikkola/ [여] 악당들의 패거리
combustibile /kombus'tibile/ [형] 타기 쉬운, 가연성의 - [남] 연료
combustione /kombus'tjone/ [여] 연소 (燃燒)
combutta /kom'butta/ [여] essere in combutta con qn 누구와 연합[결탁]해 있다
come /'kome/ [부] ① (~와) 같아; ~ 같이[처럼]; bianco come la neve 눈처럼 흰; veste come suo padre 그는 그의 아버지처럼 옷을 입는다; è come parlare al muro 벽에 대고 말하는 것과 같다 ② (자격 따위를 나타내어) ~로서; ti parlo come amico (난 너에게) 친구로서 말하는 거야 ③ (예를 들어) ~와 같은; mi piacciono i colori accesi come il rosso 나는 붉은색과 같은 밝은 색을 좋아한다 ④ [의문부사] 어떻게?; come stai? 어떻게 지내니?; non so come dirglielo 그에게 어떻게 말해야 할 지 모르겠다; come mai? 왜?, 어째서?; come? 뭐라고요?, 잘 못 들었는데요 ⑤ [감탄] 얼마나 ~한가!; come è brutto! 그것 참 못생겼군!; come mi dispiace! 정말 죄송해요 - [접] ① [비교] ~보다 (더); è meglio di come mi aspettavo 기대했던 것보다 더 좋군 ② [동등비교] ~와 같이, ~처럼; si comporta come ha sempre fatto 그는 여느 때와 다름없이 행동한다 ③ [양태] ~와 같이, ~대로; devi fare come ti ho detto 내가 말한 대로 해야 해; come sai 당신도 알다시피 ④ ~하자마자; come arrivò si mise a lavorare 그는 도착하자마자 일에 착수했다 ⑤ come se (+ 접속법) 마치 ~인 것처럼
cometa /ko'meta/ [여] [천문] 혜성
comfort /'kɔmfort/ [남-불변] 생활을 편리하게 해주는 설비
comico /'kɔmiko/ (복 : -ci, -che) [형] ① 우스운 ② 희극의, 코미디의 - [남] (여 : -a) ① 희극 배우, 코미디언 ② 우스움, 우스운 것[면]; il comico è che ~ 우스운 건 ~라는 거야
cominciare /komin'tʃare/ [타동] 시작하다; cominciare a fare qc 무엇을 하기 시작하다 - [자동] (조동사 : essere) 시작되다; una parola che comincia per J 철자 J로 시작되는 단어; a cominciare da domani 내일부터 (시작하여)
comitato /komi'tato/ [남] 위원회
comitiva /komi'tiva/ [여] (관광객 등의) 일행, 무리
comizio /ko'mittsjo/ [남] (복 : -zi) 모임, 집회
comma /'kɔmma/ [남] (법조문의) 절(節)
commando /kom'mando/ [남-불변] 특공대
commedia /kom'mɛdja/ [여] ① 희극 ② 연극, 가장, 짐짓 꾸밈; fare la commedia 연기하다, 가장하다, ~인 체하다 - commedia musicale 희가극, 뮤지컬
commemorare /kommemo'rare/ [타동] 기념하다, 기념식을 거행하다
commemorazione /kommemorat'tsjone/ [여] 기념; 기념식
commentare /kommen'tare/ [타동] 논평하다, 의견을 말하다; (TV · 라디오에서) 해설하다; 주석을 달다

commentatore /kommenta'tore/ [남] (여 : -trice) 논평하는 사람; (TV·라디오의) 해설자; 주석을 다는 사람

commento /kom'mento/ [남] 논평, 의견; (TV·라디오에서의) 해설

commerciale /kommer'tʃale/ [형] ① 상업(상)의; 통상[교역]의 ② 상업적인, 영리 목적의

commercialista /kommertʃa'lista/ [남/여] (남·복 : -i, 여·복 : -e) 경제학 전공자

commercializzare /kommertʃalid'dzare/ [타동] 상품화하다; 상업화하다

commercializzazione /kommertʃaliddzat'tsjone/ [여] 마케팅; 상업화

commerciante /kommer'tʃante/ [남/여] 상인, 판매업자; 상점 주인

commerciare /kommer'tʃare/ [자동] (조동사 : avere) 거래하다

commercio /kom'mertʃo/ [남] (복 : -ci) 상업, 통상, 거래, 교역; mettere in commercio (물건을) 시장에 내놓다; essere nel commercio (사람이) 상업에 종사하고 있다; commercio all'ingrosso 도매업; commercio al minuto 소매업

commessa /kom'messa/ [여] (상품의) 주문

commesso /kom'messo/ [남] 판매원, 점원

commestibile /kommes'tibile/ [형] 먹을 수 있는 - commestibili [남·복] 식료품

commettere /kom'mettere/ [타동] ① (실수·범죄 따위를) 저지르다 ② 의뢰하다, 주문하다

commiato /kom'mjato/ [남] 작별; 작별 인사; prendere commiato da qn 누구와 작별하다

commiserare /kommize'rare/ [타동] 동정하다, 가엾게 여기다

commiserazione /kommizerat'tsjone/ [여] 동정, 연민

commissariato /kommissa'rjato/ [남] [군사] 병참부 - commissariato di polizia 경찰서

commissario /kommis'sarjo/ [남] (복 : -ri) ① 관청의 장(長), 행정관; 경찰서장 ② (위원회의) 위원 - commissario tecnico (스포츠 팀의) 감독, 코치

commissionare /kommissjo'nare/ [타동] 의뢰하다, 주문하다

commissione /kommis'sjone/ [여] ① 위원회; commissione permanente 상임위원회; commissione d'inchiesta 조사 위원회 ② (물건 구입 등의) 개인적인 볼일; devo fare delle commissioni 난 뭘 좀 사러 가야 해 ③ 위탁, 위임, 의뢰; vendere su commissione 위탁 판매하다; fatto su commissione 의뢰[주문]를 받아 만든 ④ 수수료, 구전, 커미션; commissioni bancarie 은행 수수료

committente /kommit'tɛnte/ [남/여] 구매자, 사는 사람, 고객

commosso /kom'mɔsso/ [형] 감동 받은

commovente /kommo'vɛnte/ [형] 감동적인, 감동을 주는

commozione /kommot'tsjone/ [여] 감동, 감격

commuovere /kom'mwɔvere/ [타동] 감동시키다 - commuoversi [재귀동사] 감동 받다

commutare /kommu'tare/ [타동] ① [법률] 감형하다 ② [전기] 전류의 방향을 바꾸다

comò /ko'mɔ/ [남-불변] 옷장, 장롱

comodino /komo'dino/ [남] 침대 옆에 두는 작은 탁자

comodità /komodi'ta/ [여-불변] ① 편안, 안락 ② 편리, 용이 - le comodità della vita moderna 현대 문명의 이기 (利器)

comodo /'kɔmodo/ [형] ① 편안한, 안락한 ② 편리한, 용이한 - [남] con comodo 느긋하게, 여유 있게; fare il proprio comodo 하고 싶은 대로 하다

compact disc, compact disk /'kompaktdisk/ [남-불변] 콤팩트디스크, CD; lettore di compact disc[disk] CD 플레이어

compaesano /kompae'zano/ [남] 동포, 동향인

compagine /kom'padʒine/ [여] [스포츠] 팀

compagnia /kompaɲ'nia/ [여] ① 교제, 사귐, 사교; fare compagnia a qn 누구와 친하게 지내다; essere di compagnia 사교적이다 ② (사람들의) 일단(一團), 그룹 ③ 회사, 상사; compagnia aerea 항공사 - ~ e compagnia bella ~와 기타 등등

compagno /kom'paɲɲo/ [남] (여 : -a) 동료, 친구, 벗; 동반자, 파트너;

compagno di scuola 학우; compagno di lavoro 직장 동료
comparare /kompa'rare/ [타동] (a 또는 con과 함께 쓰여) (~와) 비교하다
comparativo /kompara'tivo/ [형] ① 비교의, 비교에 의한 ② [문법] 비교급의 - [남] [문법] 비교급
comparazione /komparat'tsjone/ [여] ① 비교, 대조 ② [문법] (형용사·부사의) 비교 (변화)
compare /kom'pare/ [남] [가톨릭] 대부 (代父)
comparire /kompa'rire/ [자동] (조동사 : essere) ① 나타나다, 출현하다, 모습을 보이다 ② (연극·TV 따위에) 출연하다 ③ (책 따위가) 출간되다 ④ (법정에) 출정(出廷)하다
comparizione /komparit'tsjone/ [여] 출정(出廷), 법정에 나감
comparsa /kom'parsa/ [여] ① 나타남, 출현; fare la propria comparsa 모습을 보이다 ② [연극·영화] 단역, 엑스트라
compartecipazione /kompartetʃipat'tsjone/ [여] 분담, 참여
compartimento /komparti'mento/ [남] ① (행정상의) 지구, 지역, 구역 ② 구획, 칸막이, 구분
compassato /kompas'sato/ [형] 매우 침착[차분]하고 냉정한
compassione /kompas'sjone/ [여] 동정, 연민, 측은히 여김; avere compassione di qn, provare[sentire] compassione per qn 누구를 불쌍히 여기다
compassionevole /kompassjo'nevole/ [형] ① 동정심 있는, 인정 많은 ② 불쌍한, 딱한, 동정심을 불러일으키는
compasso /kom'passo/ [남] (제도할 때 쓰는) 컴퍼스 - compasso per spessori (두께를 재는 데 쓰는) 캘리퍼스
compatibile /kompa'tibile/ [형] 양립[조화·일치] 가능한, 모순이 없는
compatimento /kompati'mento/ [남] ① 동정, 연민, 측은히 여김 ② 관용, 관대, 너그럽게 봐줌
compatire /kompa'tire/ [타동] ① 동정하다, 불쌍히 여기다 ② 용서하다, 봐주다
compatriota /kompatri'ɔta/ [남/여] (남·복 : -i, 여·복 : -e) 동포, 같은 나라 사람
compatto /kom'patto/ [형] (짜임새 따위가) 치밀한, 조밀한; (단체·조직 따위가) 단결한, 굳게 맺어진
compendio /kom'pɛndjo/ [남] (복 : -di) 대요(大要), 개요, 요약
compensare /kompen'sare/ [타동] (손해 등을) 벌충하다, 보상하다; (단점 등을) 만회하다; (노력 등에 대한) 대가를 지불하다
compensato /kompen'sato/ [남] 베니어판, 합판
compenso /kom'pɛnso/ [남] 벌충; 보상; 대가의 지불 - in compenso 그 대신에, 다른 한편으로는
compera /'kompera/ [여] 구입, 구매; fare le compere 쇼핑하다
comperare /kompe'rare/ → comprare
competente /kompe'tɛnte/ [형] ① 유능한, 능력[자격]이 있는 ② (법적으로) 자격[권한]이 있는, 공인된 - [남/여] 전문가
competenza /kompe'tɛntsa/ [여] ① 능력, 자격, 권한, 전문적 지식[기술] ② [복] (전문가에 대한) 보수, 사례금
competere /kom'pɛtere/ [자동] (con 및 per와 함께 쓰여) (~와 ~에 대해) 경쟁하다, 겨루다 - competere a qn 누구의 일[책임]이다
competitività /kompetitivi'ta/ [여-불변] 경쟁력
competitivo /kompeti'tivo/ [형] ① 경쟁하는, 경쟁적인 ② 경쟁력이 있는
competitore /kompeti'tore/ [남] (여 : -trice) 경쟁자, 라이벌
competizione /kompetit'tsjone/ [여] ① 경쟁, 겨루기; spirito di competizione 경쟁심 ② 경기, 시합
compiacente /kompja'tʃɛnte/ [형] 남의 말을 잘 듣는, 남의 요구를 잘 들어주는; 예의 바른
compiacenza /kompja'tʃɛntsa/ [여] 남의 말을 잘 들음, 남의 요구를 잘 들어줌; 친절, 예의 바름; abbiate la compiacenza di aspettarmi 절 좀 기다려 주세요
compiacere /kompja'tʃere/ [타동] (남을) 만족시키다, 기쁘게 하다 - [자동] (조동사 : avere) compiacere a qn 누구를 만족시키다[기쁘게 하다] - compiacersi [재귀동사] compiacersi di[per] qc 무엇에[을] 기뻐하다; compiacersi con qn per qc 무엇에 대해 누구에게 축하의 말을 하다
compiacimento /kompjatʃi'mento/ [남]

만족; compiacimento di sé 자기 만족
compiaciuto /kompja'tʃuto/ [형] 만족한
compiangere /kom'pjandʒere/ [타동] 동정하다, 불쌍히 여기다
compianto /kom'pjanto/ [형] 작고한, 고(故)~ - [남] (고인에 대한) 애도
compiere /'kompjere/ [타동] ① 수행하다, 성취하다, 이루다; compiere il proprio dovere 임무를 수행하다, 할 일을 하다 ② 완료하다, 끝내다 ③ compiere gli anni 생일을 맞다 - compiersi [재귀동사] 성취되다, 실현되다
compilare /kompi'lare/ [타동] (양식·용지 따위의 빈 칸에) 기입하다, 써 넣다; (목록 따위를) 작성하다
compilazione /kompilat'tsjone/ [여] ① (텍스트의) 편집 ② 편집된 것, 편집물 ③ [컴퓨터] (프로그램의) 컴파일
compimento /kompi'mento/ [남] 수행, 성취, 완성; portare a compimento qc 무엇을 완성하다[이루다]
compire /kom'pire/ → compiere
compito1 /kom'pito/ [형] 예의 바른
compito2 /'kompito/ [남] ① 할 일, 맡은 일, 직무, 과업 ② 학교 공부; 숙제; fare i compiti 숙제를 하다
compiuto /kom'pjuto/ [형] (작업·활동이) 완료된, 성취된 - a 20 anni compiuti 20세의 나이에; un fatto compiuto 기정 사실
compleanno /komple'anno/ [남] 생일; buon compleanno! 생일 축하해!
complementare /komplemen'tare/ [형] 보완[보충]하는
complemento /komple'mento/ [남] ① 보완, 보충 ② [문법] 보어 - complemento oggetto[diretto] [문법] 직접목적어; complemento indiretto [문법] 간접목적어; di complemento 예비군의
complessato /komples'sato/ [형/남] (여: -a) 콤플렉스가 많은 (사람)
complessità /komplessi'ta/ [여-불변] 복잡성, 복잡함
complessivamente /komplessiva'mente/ [부] 전체적으로 (보아)
complessivo /komples'sivo/ [형] 전체의, 전부의, 총체적인; visione complessiva 전체상, 개관
complesso /kom'plɛsso/ [형] 복잡한; 복합적인 - [남] ① (정신적인) 콤플렉스; complesso d'inferiorità 열등 콤플렉스, 열등감 ② 악단, 밴드 ③ 전체; in[nel] complesso 전체적[전반적]으로 ④ (건물·공장 등의) 단지; complesso industriale 공업 단지
completamente /kompleta'mente/ [부] 완전히, 전적으로
completamento /kompleta'mento/ [남] 완성, 완료
completare /komple'tare/ [타동] 완성[완료]하다, 끝마치다
completo /kom'pleto/ [형] ① 전부의 ② 완전한, 전적인 - [남] (의상·도구 따위의) 한 벌, 한 세트 - al (gran) completo (호텔 등이) 예약이 꽉 찬, (티켓 등이) 매진된
complicare /kompli'kare/ [타동] 복잡하게 하다, 뒤얽히게 만들다 - complicarsi [재귀동사] 복잡해지다, 뒤얽히다
complicato /kompli'kato/ [형] 복잡한, 뒤얽힌
complicazione /komplikat'tsjone/ [여] 복잡(화); (사건의) 분규
complice /'kɔmplitʃe/ [남/여] [법률] 종범, 공범자
complicità /komplitʃi'ta/ [여-불변] 공모, 공범, 연루
complimentarsi /komplimen'tarsi/ [재귀동사] complimentarsi con qn per qc 무엇에 대해 누구에게 축하의 말을 하다
complimento /kompli'mento/ [남] 칭찬, 찬사, 듣기 좋은 말; fare un complimento a qn 누구를 칭찬하다, 누구에게 듣기 좋은 말을 하다 - complimenti [남·복] ① 축하 인사; complimenti! 축하합니다! ② 격식, 의례; fare complimenti 격식을 차리다; non fare complimenti!, senza complimenti! 마음대로[좋으실 대로] ~하세요
complottare /komplot'tare/ [자동] (조동사 : avere) (contro와 함께 쓰여) (~에 대해) 음모를 꾸미다
complotto /kom'plɔtto/ [남] 음모, 책략; 공모
componente /kompo'nɛnte/ [형] 구성하는, 성분의 - [남/여] 구성원, 멤버 - [여] (구성) 요소
componibile /kompo'nibile/ [형] (부엌 따위가) 일체의 설비가 갖추어진
componimento /komponi'mento/ [남] 작

문, 에세이; (음악) 작곡; (문학) 작품
comporre /kom'porre/ [타동] ① 구성하다, 조직하다; essere composto di ~으로 이루어져 있다 ② (글을) 짓다, 작문하다; (음악을) 작곡하다 ③ (전화의) 다이얼을 돌리다 ④ [인쇄] (활자를) 짜다, 식자하다 - comporsi [재귀동사] comporsi di ~으로 구성[조직]되다
comportamento /komporta'mento/ [남] 행동, 행실
comportare /kompor'tare/ [타동] (필연적으로) 수반하다, 포함하다; 필요로 하다; ciò comporta una spesa ingente 그것은 많은 비용을 요한다 - comportarsi [재귀동사] (~하게) 행동하다, 처신하다; comportati bene! 얌전히 굴어!; comportarsi da vigliacco 겁쟁이처럼 행동하다
compositore /kompozi'tore/ [남] (여 : -trice) ① 작곡가 ② 식자공
composizione /kompozit'tsjone/ [여] ① 구성, 조립; 합성 ② [음악] 작곡 ③ [인쇄] 식자, 조판
composta /kom'posta/ [여] 졸인 과일
compostezza /kompos'tettsa/ [여] 침착, 태연, 평정
composto /kom'posto/ [형] ① 합성의, 복합의 ② (di와 함께 쓰여) (~으로) 구성된, 이루어진 ③ (태도가) 침착한, 차분한, 교양 있는 - [남] ① 혼합물 ② [화학] 화합물 ③ [문법] 복합어
comprare /kom'prare/ [타동] ① 사다, 구입하다; comprare qc a qn 누구에게 무엇을 사 주다 ② 매수하다, 뇌물을 주다
compratore /kompra'tore/ [남] (여 : -trice) 사는 사람, 구매자
compravendita /kompra'vendita/ [여] 판매, 매도; contratto di compravendita 판매 계약
comprendere /kom'prɛndere/ [타동] ① 포함하다, 포괄하다 ② 이해하다
comprensibile /kompren'sibile/ [형] 이해할 수 있는, 이해할 만한
comprensione /kompren'sjone/ [여] 이해; 공감
comprensivo /kompren'sivo/ [형] ① (남을) 이해해주는 ② (di와 함께 쓰여) (가격이 ~을) 포함한
compreso /kom'preso/ [형] 포함된, 포함하는; tutto compreso 모든 것을 포함한; le persone dai 17 ai 24 anni compresi 17세부터 24세까지의 사람들
compressa /kom'prɛssa/ [여] 정제, 알약
compressione /kompres'sjone/ [여] 압축, 압착
compresso /kom'prɛsso/ [형] 압축[압착]된
comprimere /kom'primere/ [타동] 압축[압착]하다, 죄다
compromesso /kompro'messo/ [남] 타협, 절충; arrivare a un compromesso 타협에 이르다
compromettente /kompromet'tɛnte/ [형] (명성·평판 따위를) 손상시키는, 나쁘게 하는
compromettere /kompro'mettere/ [타동] (명성·평판 따위를) 손상시키다, 나쁘게 하다
comproprietà /komproprje'ta/ [여-불변] 공동 소유, 공유
comproprietario /komproprje'tarjo/ [남] (여 : -a) (복 : -ri) 공동 소유자
comprovare /kompro'vare/ [타동] 입증하다, 확인하다
compunto /kom'punto/ [형] 죄를 뉘우치는
computare /kompu'tare/ [타동] 계산하다, 산정하다
computer /kom'pjuter/ [남-불변] 컴퓨터; computer portatile 랩톱[노트북] 컴퓨터
computerizzare /kompjuterid'dzare/ [타동] 컴퓨터로 처리하다, 전산화하다
computerizzato /kompjuterid'dzato/ [형] 컴퓨터로 처리된, 컴퓨터를 이용한
computerizzazione /kompjuteriddzat'tsjone/ [여] 컴퓨터 처리[이용], 전산화
computisteria /komputiste'ria/ [여] 부기, 회계
computo /'kɔmputo/ [남] 계산, 산정
comunale /komu'nale/ [형] 자치 도시의, 시(市)의; consiglio comunale 시 의회; palazzo comunale 시청
comunanza /komu'nantsa/ [여] 공유
comune1 /ko'mune/ [형] ① 공통의, 공동의, 공유의; un nostro comune amico 공통의[서로 아는] 친구 ② 사회 일반의, 공중의, 공공의; di uso comune 널리 쓰이는 ③ 보통의, 평범한, 일상적인; la gente comune 보통[평범한] 사람들 ④ [문법] nome comune 보통명사 -

[남] ① 공통, 공동, 공유; avere qc in comune 무엇을 함께 가지고 있다 ② 보통, 예사, 통례; fuori del comune 예사롭지 않은, 상궤를 벗어난
comune2 /ko'mune/ [남] ① 읍, 시(市) ② 시 당국, 시청 - [여] 코뮌, 지방 자치체
comunicare /komuni'kare/ [타동] ① (a 와 함께 쓰여) (정보·소식 따위를 ~에) 전달하다 ② 알리다, 통지하다 ③ [기독교] 성찬을 베풀다 - [자동] (조동사: avere) ① (con과 함께 쓰여) (~와) 의사소통을 하다 ② (방 따위가) 서로 통해 있다 - comunicarsi [재귀동사] ① (정보·소식 따위를) 서로 주고받다 ② [기독교] 성찬을 받다
comunicativo /komunika'tivo/ [형] ① 통신의, 전달의 ② 의사소통을 잘하는
comunicato /komuni'kato/ [남] (공식) 발표, 성명
comunicazione /komunikat'tsjone/ [여] ① 전달, 통신, 연락; mettersi in comunicazione con qn 누구와 연락하다; vie di comunicazione 통신 수단 ② 교제, 왕래 ③ 의사소통 ④ 전갈, 전언; 발표, 통지 ⑤ (매스컴에서의) 보도
comunione /komu'njone/ [여] ① (정신적) 교감 ② [법률] (재산 등의) 공유 ③ [기독교] 성찬식
comunismo /komu'nizmo/ [남] 공산주의
comunista /komu'nista/ (남·복: -i, 여·복: -e) [형] 공산주의(자)의 - [남/여] 공산주의자
comunità /komuni'ta/ [여-불변] 공동 사회, 공동체; 집단, 사회; spirito di comunità 공동체 의식 - Comunità Economica Europea 유럽 경제 공동체 (EEC)
comunitario /komuni'tarjo/ [형] 공동체의
comunque /ko'munkwe/ [부] 어쨌든, 아무튼, 그래도 - [접] 어떠하다 해도; comunque vada 어떤 일이 있어도
con /kon/ [전] ① [동반] (~와) 함께, 같이; ci andrò con lei 나는 그녀와 함께 갈 거야; con chi sei stato? 너 누구와 같이 있었니? ② [접촉·관계] ~와, ~에게; sono in contatto con loro 나는 그들과 접촉[연락]하고 있다; essere sposato con qn 누구와 결혼한 상태다; parlare con qn 누구에게 말을 걸다 ③ [방법·수단] ~으로(써); scrivere con la penna 펜으로 쓰다; arrivare col treno 기차를 타고 오다 ④ [양태] ~하게; con grande rapidità 아주 빠르게; con pazienza 인내심을 가지고, 참을성 있게; lo accolse con un sorriso 그녀는 미소를 지으며 그에게 인사했다 ⑤ [특성] (~을) 가지고[지니고], (~이) 있는; un ragazzo con gli occhi azzurri 푸른 눈의 소년; una casa con un grande balcone 큰 발코니가 있는 집
conato /ko'nato/ [남] avere un conato di vomito 구역질이 나다
conca /'konka/ [여] (복: -che) 계곡, 우묵한 땅, 분지(盆地)
concatenare /konkate'nare/ [타동] 연결하다, 결부시키다 - concatenarsi [재귀동사] 연결[결부]되다
concavo /'konkavo/ [형] 오목한; lenti concave 오목 렌즈
concedere /kont'ʃedere/ [타동] (권한·자격·특전·자유·시간 따위를) 주다, 부여하다; 허가하다, 용인하다; concedere a qn di fare qc 누구로 하여금 무엇을 하도록 허가하다 - concedersi [재귀동사] (~을) 즐기다, (~에) 몰두하다
concentramento /kontʃentra'mento/ [남] 집중(화)
concentrare /kontʃen'trare/ [타동] ① 한데 모으다, 집결시키다 ② 집중시키다; concentrare l'attenzione su qc 무엇에 주의를 집중하다 ③ 농축하다 - concentrarsi [재귀동사] (su와 함께 쓰여) (~에) 집중하다
concentrato /kontʃen'trato/ [형] ① 집중된 ② 농축된 - [남] 농축액
concentrazione /kontʃentrat'tsjone/ [여] ① 집중 ② 집결 ③ 농축
concentrico /kont'ʃentriko/ [형] (복: -ci, -che) [기하] 중심이 같은, 동심(同心)의
concepibile /kontʃe'pibile/ [형] 생각[상상]할 수 있는
concepimento /kontʃepi'mento/ [남] ① 개념, 생각 ② 구상, 착상 ③ 임신, 수태
concepire /kontʃe'pire/ [타동] ① (생각·감정 따위를) 품다 ② 생각해내다, 고안하다 ③ (아이를) 배다, 임신하다 ④ 상상하다; 이해하다
concernere /kont'ʃɛrnere/ [타동] (~에) 관계하다, (~와) 관계가 있다; per

quanto mi concerne 나에 관한 한, 나로서는

concertista /kontʃer'tista/ [남/여] (남·복 : -i, 여·복 : -e) 연주회의 연주자

concerto /kon'tʃerto/ [남] ① [음악] 협주곡 ② 연주회, 콘서트; sala per concerti 콘서트 홀, 음악당

concessionario /kontʃessjo'narjo/ (복 : -ri, -rie) [남] (여 : -a) 취급업자, 판매인; concessionario esclusivo 독점 판매인

concessione /kontʃes'sjone/ [여] ① 양보; 용인 ② (권한 따위의) 부여, 인가

concetto /kon'tʃetto/ [남] ① 개념, 관념 ② 의견, 생각; farsi un concetto di ~ 이라는 의견[생각]을 갖다

concezione /kontʃet'tsjone/ [여] 의견, 견해, 사고방식

conchiglia /kon'kiʎʎa/ [여] 조개; 조가비

concia /'kontʃa/ [여] (복 : -ce) (가죽의) 무두질; (담배의) 건조

conciare /kon'tʃare/ [타동] ① (가죽을) 무두질하다; (담배를) 건조시키다 ② (구어체에서·비유적으로) 함부로 다루다, 망쳐 놓다 - conciarsi [재귀동사] 볼썽사나운 옷차림을 하다

conciliabile /kontʃi'ljabile/ [형] 양립할 수 있는, 조화될 수 있는

conciliabolo /kontʃi'ljabolo/ [남] 비밀집회

conciliante /kontʃi'ljante/ [형] (의견 대립 따위를) 조정하는

conciliare /kontʃi'ljare/ [타동] ① (의견 대립 따위를) 조정하다 ② 야기하다, 일으키다, 유발하다; conciliare il sonno 졸리게 하다 - conciliarsi [재귀동사] (서로) 조화되다

conciliazione /kontʃiljat'tsjone/ [여] 조정, 화해

concilio /kon'tʃiljo/ [남] (복 : -li) 종교회의; concilio ecumenico 공의회(公議會)

concimare /kontʃi'mare/ [타동] (땅에) 거름[비료]을 주다

concime /kon'tʃime/ [남] 거름, 비료

concisione /kontʃi'zjone/ [여] 간결, 간명

conciso /kon'tʃizo/ [형] (글 따위가) 간결한, 간명한

concitato /kontʃi'tato/ [형] 흥분한

concittadino /kontʃitta'dino/ [남] (여 : -a) 같은 시민, 한 동네에 사는 사람

conclave /kon'klave/ [남] [가톨릭] 콘클라베 (교황을 선출하는 전 세계 추기경들의 모임)

concludere /kon'kludere/ [타동] ① (che와 함께 쓰여) (~이라고) 결론짓다 ② (계약 따위를) 체결하다, 맺다; (거래 따위를) 하다 ③ 끝내다, 마치다 - concludersi [재귀동사] 끝나다, 종결되다

conclusione /konklu'zjone/ [여] ① 결론; in conclusione 결론으로서, 끝으로 ② 결말, 종결, 끝(맺음)

conclusivo /konklu'zivo/ [형] 최종적인; 결정적인

concluso /kon'kluzo/ [형] 결론이 난, 끝난

concordanza /konkor'dantsa/ [여] ① 일치, 부합 ② [문법] (성·수·격 따위의) 일치

concordare /konkor'dare/ [타동] ① concordare qc con qn 무엇에 대하여 누구의 의견에 동의하다 ② [문법] (성·수·격 따위를) 일치하게 하다 - [자동] (조동사 : avere) 일치하다, 부합하다

concordato /konkor'dato/ [남] 협정, 협약

concorde /kon'kɔrde/ [형] 동의하는, (의견이) 일치하는

concordia /kon'kɔrdja/ [여] (의견 따위의) 일치; 조화, 화합

concorrente /konkor'rɛnte/ [형] (회사·상품이) 경쟁하는, 라이벌의 - [남/여] 경쟁자, 라이벌; 경기·대회 참가자

concorrenza /konkor'rɛntsa/ [여] 경쟁, 겨루기; in concorrenza con qn 누구와 경쟁하여

concorrere /kon'korrere/ [자동] (조동사 : avere) ① (a 또는 per와 함께 쓰여) (~을 놓고) 경쟁하다 ② (con과 함께 쓰여) (~와) 경쟁하다, 겨루다 ③ (a와 함께 쓰여) (~에) 협력하다, 기여하다

concorso /kon'korso/ [남] ① 경기, 시합, 경쟁 시험; concorso di bellezza 미인 선발 대회 ② 협력, 기여 ③ 군중, 붐빔

concretamente /konkreta'mente/ [부] 실제로

concretare /konkre'tare/ → concretizzare

concretizzare /konkretid'dzare/ [타동] 실행에 옮기다 - concretizzarsi [재귀동사] 실현되다

concreto /kon'krɛto/ [형] 유형(有形)의, 구상(具象)의, 실제의 - [남] in concreto 실제로, 사실상

concubina /konku'bina/ [여] 첩, 내연의 처

concussione /konkus'sjone/ [여] [법률] (관리의) 직무상의 부당 취득, 재물 강요 (죄)

condanna /kon'danna/ [여] ① [법률] (형사상의) 판결, 선고; condanna a morte 사형 선고 ② (비유적으로) 비난, 규탄

condannare /kondan'nare/ [타동] ① [법률] 유죄 판결을 내리다, 형을 선고하다; condannare qn a 5 anni di prigione 누구에게 5년형을 선고하다 ② 비난하다, 힐난하다

condannato /kondan'nato/ [형] 유죄 판결을 받은, 형이 선고된

condensa /kon'dɛnsa/ [여] (유리 표면 등에 맺힌) 물방울

condensare /konden'sare/ [타동] (액체를) 졸이다; 농축하다 - condensarsi [재귀동사] (액체가) 졸다; 농축되다

condensato /konden'sato/ [형] 농축된 - [남] 응축된 것

condensazione /kondensat'tsjone/ [여] 응축, 응결

condimento /kondi'mento/ [남] 조미료, 양념; (샐러드의) 드레싱

condire /kon'dire/ [타동] ① (음식에) 맛을 내다, 양념을 하다 ② (비유적으로) (이야기 따위에) 흥을 돋우다

condiscendente /kondiʃʃen'dɛnte/ [형] (남의 뜻에) 잘 따르는

condiscendenza /kondiʃʃen'dɛntsa/ [여] (남의 뜻에) 잘 따름

condiscendere /kondiʃʃendere/ [자동] (조동사 : avere) (a와 함께 쓰여) (남의 뜻에) 잘 따르다

condividere /kondi'videre/ [타동] (con과 함께 쓰여) (~와) 공유하다, 나눠 갖다

condizionale /kondittsjo'nale/ [형] [문법] 조건을 나타내는 - [남] [문법] 조건법 - [여] ① [문법] 조건절 ② [법률] 집행유예

condizionamento /kondittsjona'mento/ [남] condizionamento d'aria 공기 조절

condizionare /kondittsjo'nare/ [타동] 영향을 끼치다, 조절하다

condizionatore /kondittsjona'tore/ [남] condizionatore (d'aria) 공기 조절 장치, 에어컨

condizione /kondit'tsjone/ [여] ① (사람·물건·재정 등의) 상태; 건강 상태, 컨디션; in buone condizioni 상태가 좋은 ② 상황, 사정, 형편; essere[trovarsi] in condizione di fare qc 무엇을 할 만한 상황[처지]에 있다 ③ (계약 따위의) 조건; condizioni di vendita 판매 조건; a condizione che ~이라는 조건으로, ~이라면

condoglianze /kondoʎʎantse/ [여·복] 조사(弔詞), 애도의 말; fare le proprie condoglianze a qn 누구에게 조의를 표하다

condominio /kondo'minjo/ [남] (복 : -ni) ① 콘도, 분양 아파트 ② [법률] 공동 주권[소유권]

condomino /kon'dɔmino/ [남] (여 : -a) 콘도의 공동 소유권자

condonare /kondo'nare/ [타동] (빚·처벌 따위를) 면제[경감]하다

condono /kon'dono/ [남] (빚·처벌 따위의) 면제, 경감

condotta /kon'dotta/ [여] ① 행동, 행실; tenere una buona condotta 품행이 바르다 ② 도관(導管), 파이프

condotto /kon'dotto/ [남] 도관(導管), 파이프

conducente /kondu'tʃɛnte/ [남/여] 운전사

condurre /kon'durre/ [타동] ① 이끌다, 안내하다; 데려다 주다; condurre qn per mano 누구의 손을 잡아 이끌다 ② (누구로 하여금) 어떤 상태가 되게 하다; condurre qn alla follia 누구를 미치게 하다 ③ 지도[지휘]하다, 지도자[리더]로서 이끌다 (회사를 경영하거나 오케스트라를 지휘하는 것 따위) ④ (자동차를) 운전하다; (배·비행기를) 조종하다 ⑤ (물·가스 따위를) 수송하다 ⑥ [물리] (열·전기·소리 등을) 전도하다 - condursi [재귀동사] 행동하다, 처신하다

conduttore /kondut'tore/ [형] [물리] 전도(성)의, 전도력이 있는 - [남] ① [물리] 전도체, 도체 ② (교통수단의) 운전사

conduttura /kondut'tura/ [여] (물·가스 등을 수송하는) 파이프라인

conduzione /kondut'tsjone/ [여] ① 지도, 안내, 지휘; (회사 등의) 경영 ② 임대차 계약, 리스 ③ [물리] (열·전기 등의) 전도

confabulare /konfabu'lare/ [자동] (조동사 : avere) 잡담하다, 담소를 나누다

confacente /konfa'tʃɛnte/ [형] 적합한, 알맞은

confarsi /kon'farsi/ [재귀동사] confarsi a qn/qc 누구/무엇에 적합하다, 알맞다

confederazione /konfederat'tsjone/ [여] 연합, 동맹

conferenza /konfe'rɛntsa/ [여] ① (대학) 강의 ② (정치적) 회의; conferenza al vertice 정상 회담; una conferenza sulla pace 평화 회의 – conferenza stampa 기자 회견

conferenziere /konferen'tsjɛre/ [남] (여 : -a) (대학) 강사

conferimento /konferi'mento/ [남] (관직의) 임명; (상·학위 따위의) 수여

conferire /konfe'rire/ [타동] (a와 함께 쓰여) (~에게) (권한 따위를) 부여하다, (상·학위 따위를) 수여하다, 주다 – [자동] (조동사 : avere) conferire con qn di qc 무엇에 대해 누구와 협의[의논]하다

conferma /kon'ferma/ [여] 확증, 확인; dare conferma 확증[확인]하다

confermare /konfer'mare/ [타동] 확증하다, 확인하다

confessare /konfes'sare/ [타동] ① 자백[고백]하다, 실토하다 ② [가톨릭] (죄를 신부에게) 고해하다 – confessarsi [재귀동사] confessarsi colpevole (자신의) 유죄를 인정하다

confessionale /konfessjo'nale/ [형] [가톨릭] 고해의 – [남] [가톨릭] 고해실

confessione /konfes'sjone/ [여] ① 자백, 고백, 실토 ② [가톨릭] 고해(성사)

confessore /konfes'sore/ [남] ① 고백하는 사람 ② [가톨릭] 고해 신부

confetto /kon'fetto/ [남] ① 사탕 과자 ② 당의정(糖衣錠)

confettura /konfet'tura/ [여] 잼

confezionare /konfettsjo'nare/ [타동] ① (옷을) 짓다, 만들다 ② (상품·물건을) 포장하다, 싸다

confezionato /konfettsjo'nato/ [형] ① 기성복의 ② (상품이) 포장된

confezione /konfet'tsjone/ [여] ① (의복의) 제작 ② (상품의) 포장; 포장된 상품; confezione sottovuoto 진공 포장 – confezioni [여·복] 의복, 의상; confezioni per signora 숙녀복

conficcare /konfik'kare/ [타동] conficcare in (못 따위를) 두들겨 박다 – conficcarsi [재귀동사] (뾰족한 것 따위가) 박히다

confidare /konfi'dare/ [타동] confidare qc a qn 누구에게 비밀 따위를 털어놓다 – [자동] (조동사 : avere) (in과 함께 쓰여) (~을) 믿다, 신뢰[신임]하다 – confidarsi [재귀동사] (con과 함께 쓰여) (누구를) 신뢰[신임]하다, (누구에게) 비밀 따위를 털어놓다

confidente /konfi'dɛnte/ [형] 믿는, 신뢰[신임]하는 – [남/여] 믿을 만한 친구; 정보 제공자

confidenza /konfi'dɛntsa/ [여] ① 신임, 신뢰; fare una confidenza a qn 누구를 믿고 비밀 따위를 털어놓다 ② 친밀함; essere in confidenza con qn 누구와 친한 사이다 – in confidenza 비밀로, 남몰래

confidenziale /konfiden'tsjale/ [형] ① (문서 따위가) 기밀의; in via confidenziale 기밀로 ② (남을 대하는 투가) 터놓는, 허물없는

configurare /konfigu'rare/ [타동] [컴퓨터] (시스템 등을) 설정하다 – configurarsi [재귀동사] (비유적으로) 형태를 갖추다, 구체화되다

configurazione /konfigurat'tsjone/ [여] ① 형상 ② 배치, 배열 ③ [컴퓨터] (시스템의) 설정

confinante /konfi'nante/ [형] 인접한, 이웃의

confinare /konfi'nare/ [자동] (조동사 : avere) (con과 함께 쓰여) (~와) 경계를 접하다, 인접해 있다 – [타동] ① (in과 함께 쓰여) (~ 안에) 틀어박히게 하다 ② 억류하다 – confinarsi [재귀동사] (in과 함께 쓰여) (~ 안에) 틀어박히다

confinato /konfi'nato/ [형] (in과 함께 쓰여) (~ 안에) 틀어박힌 – [남] (여 : -a) 억류된 사람

confine /kon'fine/ [남] (영역·국가 등의) 경계; territorio di confine 경계 지역 – senza confine (비유적으로) 무한한, 끝없는

confino /kon'fino/ [남] 억류, 수용

confisca /kon'fiska/ [여] (복 : -sche)

몰수, 압수
confiscare /konfis'kare/ [타동] 몰수[압수]하다
conflagrazione /konflagrat'tsjone/ [여] 큰 화재
conflitto /kon'flitto/ [남] ① 충돌, 부딪힘; [군사] 전투 ② (비유적으로) (사상·이해 따위의) 충돌, 상충, 대립, 마찰, 불일치; in conflitto con ~와 상충되어, 대립하여
conflittuale /konflittu'ale/ [형] 충돌하는, 대립하는
confluenza /konflu'entsa/ [여] ① (강 따위의) 합류 ② (생각·의견 따위의) 일치
confluire /konflu'ire/ [자동] (조동사 : essere) ① (강 따위가) 합류하다 ② (생각·의견 따위가) 일치하다
confondere /kon'fondere/ [타동] ① 혼동하다, 헷갈리다; confondere qn/qc con qn/qc ~을 ~와 혼동하다 ② 혼동하게 하다; 당혹스럽게 만들다; confondere le idee (a qn) 누구로 하여금 혼동하게 하다 - confondersi [재귀동사] ① 뒤섞이다 ② 혼란스러워지다, 어찌할 바를 모르게 되다
conformare /konfor'mare/ [타동] (a와 함께 쓰여) (기준 따위에) 따르게[맞게] 하다 - conformarsi [재귀동사] (a와 함께 쓰여) (기준 따위에) 따르다
conforme /kon'forme/ [형] (a와 함께 쓰여) (~에) 맞는, 따르는; (~와) 일치[부합]하는
conformismo /konfor'mizmo/ [남] (관습·법 따위의) 준수, 준봉; 영국 국교의 준봉
conformista /konfor'mista/ [형/남/여] (남·복 : -i, 여·복 : -e) (관습·법 따위를) 준수하는 (사람)
conformità /konformi'ta/ [여-불변] ① (법·규칙 따위의) 준수 ② 유사, 부합 - in conformità con ~에 따라
confortante /konfor'tante/ [형] 위안이 되는, 격려하는
confortare /konfor'tare/ [타동] ① 위안하다, 위로하다 ② (논제 따위를) 뒷받침하다
confortevole /konfor'tevole/ [형] ① 위안이 되는, 격려하는 ② 편안한, 안락한
conforto /kon'fɔrto/ [남] ① 위로, 위안 ② (논제 따위의) 뒷받침
confrontare /konfron'tare/ [타동] 비교[대조]하다, 맞춰보다 - confrontarsi [재귀동사] (con과 함께 쓰여) (~에) 직면하다, 맞서다
confronto /kon'fronto/ [남] ① 비교, 대조; mettere a confronto qc con qc ~을 ~와 비교하다; in confronto a ~와 비교하여; senza confronti 비할 데 없는, 단연 ~한 ② 대면, 직면; [스포츠] 시합 - nei miei[tuoi] confronti 나[너]에게, 나[너]에 대하여
confusamente /konfuza'mente/ [부] 혼동하여; 모호하게
confusionario /konfuzjo'narjo/ [형/남/여] (복 : -ri, -rie) 머리가 혼란스러운, 혼동을 잘 하는 (사람)
confusione /konfu'zjone/ [여] ① 혼동, 혼란, 뒤죽박죽 ② 소란, 법석 ③ 당혹, 당황
confuso /kon'fuzo/ [형] 혼란스러운, 뒤죽박죽의; 혼동한, 뒤섞인; 당황한
confutare /konfu'tare/ [타동] 논박하다, 논파하다
congedare /kondʒe'dare/ [타동] ① (손님 등에게) 작별 인사를 하다; (모인 사람을) 해산시키다 ② (군인을) 제대시키다 - congedarsi [재귀동사] (da와 함께 쓰여) (~와) 헤어지다; (군인이) 제대하다
congedo /kon'dʒɛdo/ [남] ① 작별, 헤어짐; prendere congedo da qn 누구와 작별하다, 헤어지다 ② (군인의) 제대 ③ (공무원 등의) 휴가; prendere un congedo 휴가를 얻다
congegnare /kondʒeɲ'ɲare/ [타동] ① (기계 장치 따위를) 조립하다 ② (비유적으로) 고안하다
congegno /kon'dʒeɲɲo/ [남] 기구, 장치
congelamento /kondʒela'mento/ [남] ① 결빙, 얼어붙음 ② (비유적으로) (물가·임금 따위의) 동결
congelare /kondʒe'lare/ [타동] ① 얼리다, 결빙시키다 ② (비유적으로) (물가·임금 따위를) 동결하다 - congelarsi [재귀동사] 얼다, 결빙하다
congelato /kondʒe'lato/ [형] ① 얼어붙은, 결빙된 ② (비유적으로) (물가·임금 따위가) 동결된
congelatore /kondʒela'tore/ [형] 얼리는, 결빙시키는 - [남] 냉동 장치, 냉동고; 냉동실
congeniale /kondʒe'njale/ [형] (친구 등이) 마음이 맞는; (직업·환경 등이) 성미에 맞는

congenito /kon'dʒɛnito/ [형] (병·결함 따위가) 타고난, 선천적인
congestionare /kondʒestjo'nare/ [타동] ① [병리] 충혈시키다 ② (교통을) 혼잡하게 하다, 정체시키다
congestionato /kondʒestjo'nato/ [형] ① [병리] 충혈된 ② (교통이) 혼잡한, 정체된
congestione /kondʒes'tjone/ [여] ① [병리] 충혈 ② 교통 혼잡[정체]
congettura /kondʒet'tura/ [여] 어림짐작, 추측
congiungere /kon'dʒundʒere/ [타동] 결합하다; 연결하다 - congiungersi [재귀동사] 합쳐지다
congiungimento /kondʒundʒi'mento/ [남] 결합, 접합점
congiuntivite /kondʒunti'vite/ [여] [병리] 결막염
congiuntivo /kondʒun'tivo/ [형] [문법] 접속사의; 접속법의 - [남] [문법] 접속법
congiunto /kon'dʒunto/ [형] 결합된, 합쳐진 - [남] (여 : -a) 친척
congiuntura /kondʒun'tura/ [여] ① 국면, 사태, 상황 ② (경제의) 동향, 추세; superare la (bassa) congiuntura 경제 위기를 극복하다 ③ [해부] 관절; [기계] 접합부
congiunzione /kondʒun'tsjone/ [여] ① 접합, 결합 ② [문법] 접속사
congiura /kon'dʒura/ [여] 음모, 모의
congiurare /kondʒu'rare/ [자동] (조동사 : avere) 음모를 꾸미다
conglomerare /konglome'rare/ [타동] 뭉치다, 응집시키다 - conglomerarsi [재귀동사] 뭉치다, 응집하다
conglomerato /konglome'rato/ [남] 응집된 것
Congo /'kɔngo/ [남] (아프리카의) 콩고
congolese /kongo'lese/ [형] 콩고의 - [남/여] 콩고 사람
congratularsi /kongratu'larsi/ [재귀동사] congratularsi con qn (per qc) (무엇에 대해) 누구에게 축하 인사를 하다
congratulazioni /kongratulat'tsjoni/ [여·복] 축하 인사
congrega /kon'grega/ [여] (복 : -ghe) 일당, 패거리
congregare /kongre'gare/ [타동] 모으다, 집합시키다 - congregarsi [재귀동

사] 모이다, 군집하다
congregazione /kongregat'tsjone/ [여] 모임, 회합
congresso /kon'grɛsso/ [남] (학술적·정치적) 회의
congruente /kongru'ɛnte/ [형] 일치하는, 조화된
congruo /'kɔngruo/ [형] 적절한; 일관성이 있는
conguagliare /kongwaʎ'ʎare/ [타동] (금액을) 정산(精算)하다
conguaglio /kon'gwaʎʎo/ [남] (복 : -gli) (금액의) 정산
coniare /ko'njare/ [타동] ① (화폐를) 주조하다 ② (비유적으로) (신어(新語)를) 만들어내다
conico /'kɔniko/ [형] (복 : -ci, -che) 원뿔(꼴)의
conifera /ko'nifera/ [여] [식물] 침엽수
coniglio /ko'niʎʎo/ [남] (복 : -gli) ① [동물] 토끼 ② (비유적으로) 겁쟁이
coniugale /konju'gale/ [형] 부부(간)의; 혼인의
coniugare /konju'gare/ [타동] ① [문법] (동사를) 활용[변화]시키다 ② (비유적으로) 공존하게 하다, 결합시키다 - coniugarsi [재귀동사] ① 결혼하다 ② [문법] (동사가) 활용[변화]하다 ③ (비유적으로) 공존하다, 결합되다
coniugato /konju'gato/ [형] (con과 함께 쓰여) (~와) 결혼한
coniugazione /konjugat'tsjone/ [여] [문법] (동사의) 활용, 변화
coniuge /'kɔnjudʒe/ [남/여] 배우자 - coniugi [남·복] 부부
connazionale /konnattsjo'nale/ [형] 같은 나라의 - [남/여] 동포
connessione /konnes'sjone/ [여] 연결, 결합
connesso /kon'nɛsso/ [형] 연결된, 결합된
connettere /kon'nɛttere/ [타동] 연결하다, 결합시키다
connivente /konni'vɛnte/ [형] essere connivente (in qc con qn) 못 본 체하다, 묵인하다
connotato /konno'tato/ [남] (다른 것과 구별되는) 특징; [복] 인상착의
connubio /kon'nubjo/ [남] (복 : -bi) ① (문어체에서) 결혼, 혼인 ② (비유적으로) 밀접한 결합, 융합, 조화
cono /'kɔno/ [남] 원뿔; 원뿔 모양의 것;

cono gelato 아이스크림콘

conoscente /konoʃʃente/ [남/여] 아는 사람

conoscenza /konoʃʃentsa/ [여] ① 앎, 지식; venire a conoscenza di qc 무엇에 대해 알게 되다; portare qn a conoscenza di qc 누구에게 무엇을 알려주다 ② (누구와) 아는 사이임; fare la conoscenza di qn 누구와 아는 사이가 되다; sono lieto di fare la sua conoscenza 알게 돼서[만나서] 반갑습니다 ③ 아는 사람 ④ 의식; perdere conoscenza 의식을 잃다 - conoscenza tecnica 노하우, 실제적[전문적] 지식

conoscere /ko'noʃʃere/ [타동] ① (지식·정보 등을) 알다, 알고 있다 ② (경험을 통해) 알다 ③ (어떤 사람과) 아는 사이다; conoscere qn di vista 누구의 얼굴을 알고 있다, 누구와 면식이 있다; far conoscere qn a qn 누구를 누구에게 소개하다 ④ 알아보다, 인식[인지]하다 - conoscersi [재귀동사] ① 자기 자신을 알다 ② 서로 알게 되다, 만나다

conoscitore /konoʃʃi'tore/ [남] (여 : -trice) (어떤 분야에 대해) 잘 아는 사람

conosciuto /konoʃʃuto/ [형] (널리·잘) 알려진; conosciuto in tutto il mondo 세계적으로 유명한

conquista /kon'kwista/ [여] 정복, 승리; (노력에 의한) 획득, 성과

conquistare /konkwis'tare/ [타동] ① (나라·영토 등을) 정복하다 ② 얻어내다, 획득하다; (남의 마음을) 사로잡다

conquistatore /konkwista'tore/ [형] 정복하는; (남의 마음을) 사로잡는 - [남] (여 : -trice) 정복자

consacrare /konsa'krare/ [타동] ① (종교적으로) 신성하게 하다; (교회 등을) 봉헌하다; (사람을) 성직에 임명하다 ② (비유적으로) (a와 함께 쓰여) (~에 생애·시간을) 바치다 - consacrarsi [재귀동사] (a와 함께 쓰여) (~에) 일신을 바치다

consacrazione /konsakrat'tsjone/ [여] ① 신성화; 봉헌; 성직 임명 ② la Consacrazione [가톨릭] 성변화(聖變化), 성별(聖別)

consanguineo /konsan'gwineo/ [형] 혈연 관계가 있는 - [남] (여 : -a) 혈족, 육친

consapevole /konsa'pevole/ [형] (di와 함께 쓰여) (~을) 인식[의식]하고 있는, 염두에 두고 있는; 알고 있는

consapevolezza /konsapevo'lettsa/ [여] 알고 있음, 자각, 인식

consciamente /konʃa'mente/ [부] 의식하여, 알고 있어

conscio /'kɔnʃo/ (복 : -sci, -sce) [형] (di와 함께 쓰여) (~을) 인식[의식]하고 있는, 알고 있는 - [남] il conscio [정신분석] 의식

consecutivo /konseku'tivo/ [형] ① 연속적인, 계속되는 ② 다음의, 뒤따르는 ③ [문법] 결과를 나타내는

consegna /kon'seɲɲa/ [여] ① (우편물 등의) 배달; (선물·상 따위의) 증정, 수여; (보고서 따위의) 제출 ② (물품의) 배달, 인도; pagamento alla consegna 대금 상환 인도; consegna a domicilio 택배 ③ 보관, 관리; (미성년자의) 보호; prendere in consegna qn 누구를 보호하다 ④ [군사] 명령 - passare le consegne a qn 누구에게 건네다[넘겨주다]

consegnare /konseɲ'ɲare/ [타동] ① (우편물 등을) 배달하다; (선물·상 따위를) 증정[수여]하다; (보고서 따위를) 제출하다; 건네다, 넘겨주다 ② (물품을) 배달하다, 인도하다

conseguente /konse'gwente/ [형] ① 결과의, 결과로서 생기는 ② 일관된

conseguenza /konse'gwentsa/ [여] 결과, 귀결, 결말; di[per] conseguenza 그 결과, 결과적으로

conseguimento /konsegwi'mento/ [남] (목표 따위의) 달성; (학위의) 취득

conseguire /konse'gwire/ [타동] (목표 따위를) 달성하다, 이루다; (승리 등을) 얻다; (학위를) 취득하다 - [자동] (조동사 : essere) (da와 함께 쓰여) (~의) 결과로서 일어나다; ne consegue che ~하게 된다

consenso /kon'sɛnso/ [남] ① (su와 함께 쓰여) (~에 대한) 의견 일치, 합의; per consenso unanime 만장일치로 ② 찬성, 동의; dare il proprio consenso a qc 무엇을 승낙하다, 무엇에 동의하다

consensuale /konsensu'ale/ [형] [법률] 상호 합의에 의한

consentire /konsen'tire/ [타동] (누구에게 무엇을) 허락하다 - [자동] (조동사

: avere) (con과 함께 쓰여) (~의 의견에) 동의하다; (a와 함께 쓰여) (~의 요구에) 응하다
consenziente /konsen'tsjente/ [형] 동의하는
conserto /kon'sɛrto/ [형] a braccia conserte 팔짱을 끼고
conserva /kon'sɛrva/ [여] (과일·채소 따위의) 절임
conservare /konser'vare/ [타동] ① (식품을) 썩지 않게 보존하다, 절이다, 통조림 따위로 만들다 ② (일반적으로) 유지하다, 보존하다; 간직하다, 소중하게 보관하다 - conservarsi [재귀동사] ① (식품이) 썩지 않고 잘 보존되다 ② conservarsi in buona salute (사람이) 건강을 유지하다
conservatore /konserva'tore/ [형] (정치적으로) 보수적인; 보수당의 - [남] (여 : -trice) ① 보수주의자; 보수당원 ② (박물관의) 큐레이터
conservatorio /konserva'tɔrjo/ [남] (복 : -ri) 음악 학교
conservazione /konservat'tsjone/ [여] ① (식품의) 보존, 절임, 통조림 따위로 만들기 ② (일반적으로) 유지, 보존
considerare /konside'rare/ [타동] ① (che와 함께 쓰여) (~이라고) 생각하다, 여기다; ti considero un amico 난 너를 친구로 생각한다; considerato che ~이라는 걸 생각해보면 ② 잘 생각하다, 숙고하다 ③ 높이 평가하다, 존중하다 - considerarsi [재귀동사] 자기 자신을 (~이라고) 생각하다
considerazione /konsiderat'tsjone/ [여] ① 생각, 고려, 숙고; agire senza considerazione 생각 없이 행동하다; meritare considerazione 생각[고려] 해볼 만하다; prendere qn/qc in considerzione ~을 고려하다 ② 높이 평가함, 존중 ③ 소견, 논평
considerevole /konside'revole/ [형] 상당한; 중요한, 무시 못할
consigliabile /konsiʎ'ʎabile/ [형] 권할 만한
consigliare /konsiʎ'ʎare/ [타동] ① (su와 함께 쓰여) (~에 대해 누구에게) 충고[조언]하다 ② 추천하다, 제안하다, 권하다 - consigliarsi [재귀동사] (con과 함께 쓰여) (전문가 등과) 상담하다
consigliere /konsiʎ'ʎere/ [남] (여 : -a) ① 충고[조언]하는 사람; 상담역 ② (시 의회·평의회 등의) 의원 - consigliere d'amministrazione (회사의) 이사, 임원
consiglio /kon'siʎʎo/ [남] (복 : -gli) ① 충고, 조언; 추천, 제안; seguire i consigli di qn 누구의 충고를 따르다 ② 회의, 협의; 평의회, 협의회, 자문회; consiglio d'amministrazione 이사회; consiglio comunale 시 의회; Consiglio d'Europa 유럽 회의
consistente /konsis'tɛnte/ [형] ① 견실한, 속이 꽉 찬 ② (농도 따위가) 짙은 ③ 상당한
consistenza /konsis'tɛntsa/ [여] ① 견실함 ② 농도, 밀도 ③ 상당함
consistere /kon'sistere/ [자동] (조동사 : essere) ① (in과 함께 쓰여) (~에) 있다, 존재하다 ② (di 또는 in과 함께 쓰여) (~으로) 구성되어[이루어져] 있다
consociato /konsot'ʃato/ [형] 연합한, 제휴한 - [남] (여 : -a) 동료, 파트너
consocio /kon'sɔtʃo/ [남] (여 : -a) (복 : -ci) 동료, 파트너
consolante /konso'lante/ [형] 위안을 주는, 격려하는
consolare1 /konso'lare/ [타동] ① 위안하다, 위로하다 ② 격려하다 - consolarsi [재귀동사] 스스로를 위안하다[달래다], 기운을 내다
consolare2 /konso'lare/ [형] 영사(領事) (관)의
consolato /konso'lato/ [남] ① 영사의 직 (職) ② 영사관
consolazione /konsolat'tsjone/ [여] 위로, 위안
console1 /'kɔnsole/ [남] 영사; console gererale 총영사
console2 /kon'sɔl/ [여-불변] ① 콘솔형 테이블 ② (기계 등의) 제어 장치; (컴퓨터 따위의) 조작[제어] 테이블
consolidamento /konsolida'mento/ [남] 강화, 보강, 굳건히 함
consolidare /konsoli'dare/ [타동] (건축물 따위를) 보강하다; (권력·지위 등을) 강화하다, 굳건하게 하다, 공고히 하다 - consolidarsi [재귀동사] 강화되다, 굳건해지다
consonante /konso'nante/ [여] [언어] 자음
consonanza /konso'nantsa/ [여] ① [음악] 협화음 ② (비유적으로) 조화

consono /'kɔnsono/ [형] (a와 함께 쓰여) (~와) 일치[조화]하는
consorte /kon'sɔrte/ [남/여] (왕·여왕의) 배우자
consorzio /kon'sɔrtsjo/ [남] (복 : -zi) 협회, 조합; consorzio agrario 농업 협동 조합
constare /kon'stare/ [자동] (조동사 : essere) (di와 함께 쓰여) (~으로) 구성되어[이루어져] 있다 - a quanto mi consta 내가 알기로는
constatare /konsta'tare/ [타동] ① 보다, 주목하다, 관찰하다 ② 증명하다
constatazione /konstatat'tsjone/ [여] 주목, 관찰; fare una constatazione 주목[관찰]하다
consueto /konsu'ɛto/ [형] 평소의, 평상시의 - [남] come di consueto 평소와 같이
consuetudine /konsue'tudine/ [여] (평소의) 습관; 관습; secondo la consuetudine 관습에 따라
consulente /konsu'lɛnte/ [남/여] 컨설턴트, 상담역, 고문
consulenza /konsu'lɛntsa/ [여] 컨설턴트업, 상담 업무; consulenza legale 법률 상담
consultare /konsul'tare/ [타동] ① (전문가와) 상담하다 ② (문서·사전·자료 따위를) 찾아보다 - consultarsi [재귀동사] (con과 함께 쓰여) (~와) 상담하다
consultazione /konsultat'tsjone/ [여] ① (전문가의) 상담 ② (자료 따위의) 참조
consultorio /konsul'tɔrjo/ [남] (복 : -ri) (보건·사회 문제 등의) 상담소
consumare /konsu'mare/ [타동] ① (옷 따위를 오래 입어) 닳게 하다 ② 소비하다, 소모하다, 다 써버리다 ③ (음식을) 먹다 - consumarsi [재귀동사] ① (옷 따위가) 닳다, 해지다 ② (양초·통나무 따위가) 타서 없어지다 ③ (사람이 질병으로 인해) 쇠약해지다
consumato /konsu'mato/ [형] ① (옷 따위가) 닳은, 낡은, 해진 ② (질병으로 인해) 쇠약해진
consumatore /konsuma'tore/ [남] (여 : -trice) 소비자
consumazione /konsumat'tsjone/ [여] ① 간단한 식사; 음료 ② 소비
consumismo /konsu'mizmo/ [남] 소비주의
consumo /kon'sumo/ [남] ① 소비, 소모; fare largo consumo di qc 무엇을 많이 소비하다 ② [경제] generi[beni] di consumo 소비재
consuntivo /konsun'tivo/ [남] [경제] 총결산
consunto /kon'sunto/ [형] 닳은, 낡은, 해진
consuocero /kon'swɔtʃero/ [남] (여 : -a) 사돈
conta /'konta/ [여] fare la conta 득점[득표]을 기록하다
contabile /kon'tabile/ [형] 회계의 - [남/여] 회계원, 경리
contabilità /kontabili'ta/ [여-불변] ① 회계학 ② 회계 업무, 부기 ③ 경리부 - contabilità finanziaria 재무 회계
contachilometri /kontaki'lɔmetri/ [남-불변] (자동차의) 주행계(走行計)
contadino /konta'dino/ [형] 농부의, 농촌의 - [남] ① 농부; 소작농 ② 시골 사람
contagiare /konta'dʒare/ [타동] (사람에게 병을) 전염시키다
contagio /kon'tadʒo/ [남] (복 : -gi) (병의) 전염
contagioso /konta'dʒoso/ [형] (병이) 전염성의
contagocce /konta'gottʃe/ [남-불변] (안약 등의) 점적기(點滴器)
container /kon'tɛiner, kon'tainer/ [남-불변] (화물 수송용) 컨테이너
contaminare /kontami'nare/ [타동] 오염시키다, 더럽히다
contaminazione /kontaminat'tsjone/ [여] 오염
contaminuti /kontami'nuti/ [남-불변] 타이머, 시간 기록기
contante /kon'tante/ [형] denaro contante 현금 - [남] pagare in contanti 현금으로 지불하다
contare /kon'tare/ [타동] ① (수를) 세다, 계산하다; contare i giorni 날짜를 꼽다 ② 셈에 넣다[포함시키다], 고려하다; senza contare ~ ~은 넣지 않고 ③ contare di fare qc 무엇을 하려 하다, 무엇을 할 작정이다 ④ (구어체에서) 말하다, 이야기하다 - [자동] (조동사 : avere) ① 수를 세다; contare fino a 100 백까지 세다 ② (su와 함께 쓰여) (~에) 의지하다 ③ 중요하다, 가치가 있다
contascatti /kontas'katti/ [남-불변] 전화

번호 추적 장치
contatore /konta'tore/ [남] 계수기; 계량기, 미터
contattare /kontat'tare/ [타동] (~와) 접촉하다, 연락을 취하다
contatto /kon'tatto/ [남] ① 접촉, 맞닿음; venire a contatto con ~와 접촉하다, 닿다 ② 교제, 친교, 연락을 취함; prendere contatto con qn 누구와 접촉[연락]하다 ③ [전기] 접촉; aprire[chiudere] il contatto 전류를 통하다[끊다]
conte /'konte/ [남] 백작
conteggiare /konted'dʒare/ [타동] (요금을) 청구하다
conteggio /kon'teddʒo/ [남] (복 : -gi) 셈, 계산; fare il conteggio di ~을 계산하다; conteggio alla rovescia 카운트다운
contegno /kon'teɲɲo/ [남] ① 행동, 처신, 품행 ② 품위 있는 태도
contemplare /kontem'plare/ [타동] ① (풍경·예술 작품 따위를) 응시하다, 관조(觀照)하다 ② (계획 따위를) 구상하다
contemplazione /kontemplat'tsjone/ [여] 응시, 관조
contempo [부] (nel contempo /nelkon'tempo/의 형태로 쓰여) 동시에, 그러는 동안
contemporaneamente /kontemporanea'mente/ [부] 동시에
contemporaneo /kontempo'raneo/ [형] ① 현대의 ② 동시대의 ③ 동시에 일어나는 - [남] (여 : -a) 동시대인, 같은 시대의 사람
contendere /kon'tɛndere/ [타동] contendere qc a qn 무엇을 놓고 누구와 다투다 - [자동] (조동사 : avere) ① 다투다, 경쟁하다 ② 논쟁하다, 말다툼하다
contenere /konte'nere/ [타동] ① 담다, 포함하다 ② (장소가 인원을) 수용하다 ③ (비유적으로) 억제하다, 억누르다 - contenersi [재귀동사] 참다, 자제하다
contenitore /konteni'tore/ [남] 그릇, 용기
contentare /konten'tare/ [타동] 만족시키다 - contentarsi [재귀동사] (di와 함께 쓰여) (~에) 만족하다
contentezza /konten'tettsa/ [여] 만족, 행복
contentino /konten'tino/ [남] 남의 비위를 맞추기 위한 선물·뇌물 따위
contento /kon'tɛnto/ [형] (di와 함께 쓰여) (~에) 만족한, 기뻐하는; sono contento di averti ritrovato 다시 만나게 돼서 반갑네
contenuto1 /konte'nuto/ [형] 억제된, 억눌린; 절제된
contenuto2 /konte'nuto/ [남] ① 내용물, 담긴 것 ② (책·영화 따위의) 내용
contesa /kon'tesa/ [여] ① 논쟁, 다툼 ② 경기, 시합
conteso /kon'teso/ [형] 수요가 있는, 요구되는
contestare /kontes'tare/ [타동] (~에) 이의[의문]를 제기하다
contestatore /kontesta'tore/ [형/남] (여 : -trice) 이의를 제기하는 (사람)
contestazione /kontestat'tsjone/ [여] 이의[의문] 제기
contesto /kon'testo/ [남] ① 문맥, 문장의 전후 관계 ② (비유적으로) (어떤 일의) 정황, 배경
contiguo /kon'tiguo/ [형] (건물·방 따위가) 인접한, 옆의
continentale /kontinen'tale/ [형] 대륙의; 본토의; clima continentale 대륙성 기후
continente /konti'nɛnte/ [남] ① 대륙 ② (부근의 섬 따위와 구별하여) 본토
contingente /kontin'dʒɛnte/ [형] 부수적인, 부차적인 - [남] ① [군사] 분견대; 파견단 ② [경제] 쿼터, 할당량
contingenza /kontin'dʒɛntsa/ [여] ① 뜻밖의 일, 부수적인 사건 ② 생계비 수당 (indennità di contingenza)
continuamente /kontinua'mente/ [부] 계속하여, 연속하여, 끊임없이
continuare /kontinu'are/ [타동] (어떤 일을) 계속하다, 지속하다 - [자동] (조동사 : avere, essere) 계속되다, 지속되다; continuare a fare qc 무엇을 계속해서 하다
continuazione /kontinuat'tsjone/ [여] 계속, 지속; in continuazione 계속하여
continuo /kon'tinuo/ [형] 계속적인, 연속적인, 끊임없는; di continuo 계속해서
conto /'konto/ [남] ① 셈, 계산; fare di conto 세다, 계산하다; conto alla rovescia 카운트다운 ② (식당·호텔 등의) 계산서 ③ (은행의) 계정, 계좌; conto corrente 당좌 계정 ④ 고려; tener conto di qc 무엇을 고려하다; a

conti fatti 모든 것을 다 고려하여; in fin dei conti 결국 ⑤ 의지, 의존; fare conto su ~을 의지하다 - per conto di qn 누구를 대리하여; per conto mio 내 의견으로는, 나로서는; sul conto di qn 누구에 관해서; fare i conti con qn 누구와의 거래를 청산하다, 누구와 담판을 짓다; rendersi conto di ~을 깨닫다, 알게 되다

contorcersi /kon'tɔrtʃersi/ [재귀동사] 몸부림치다, 꿈틀거리다

contornare /kontor'nare/ [타동] 둘러싸다, 에워싸다

contorno /kon'torno/ [남] ① 윤곽, 외형 ② 곁들이는 요리

contorsione /kontor'sjone/ [여] 비틀림; 왜곡

contorsionista /kontorsjo'nista/ [남/여] (남·복 : -i, 여·복 : -e) (몸을 마음대로 구부리는) 곡예사

contorto /kon'tɔrto/ [형] 비틀린; 왜곡된, 일그러진

contrabbandare /kontrabban'dare/ [타동] 밀수[밀매]하다

contrabbandiere /kontrabban'djere/ [남] (여 : -a) 밀수[밀매]업자

contrabbando /kontrab'bando/ [남] 밀수, 밀매; 밀수품

contrabbasso /kontrab'basso/ [남] [음악] 콘트라베이스, 더블베이스

contraccambiare /kontrakkam'bjare/ [타동] 보답하다, 답례하다

contraccettivo /kontrattʃet'tivo/ [형] 피임의 - [남] 피임약

contraccezione /kontrattʃet'tsjone/ [여] 피임(법); 산아제한

contraccolpo /kontrak'kolpo/ [남] 되튐, 반동

contraddire /kontrad'dire/ [타동] 부정[부인]하다; 반박하다 - contraddirsi [재귀동사] 모순되다

contraddistinguere /kontraddis'tingwere/ [타동] (다른 것과) 구별짓다 - contraddistinguersi [재귀동사] (da 와 함께 쓰여) (~와) 구별되다

contraddistinto /kontraddis'tinto/ [형] (다른 것과) 구별된, 독특한

contraddittorio /kontraddit'tɔrjo/ (복 : -ri, -rie) [형] 모순되는, 상충되는 - [남] 논쟁

contraddizione /kontraddit'tsjone/ [여] 모순, 자가당착, 상반; cadere in contraddizione 자가당착에 빠지다

contraerea /kontra'ɛrea/ [여] [군사] 대공포(對空砲)

contraffare /kontraf'fare/ [타동] (화폐 따위를) 위조하다; (목소리 따위를) 변조하다

contraffatto /kontraf'fatto/ [형] 위조된; 변조된

contraffazione /kontraffat'tsjone/ [여] 위조, 변조; 위조된 것

contralto /kon'tralto/ [남] [음악] 콘트랄토; 알토

contrappeso /kontrap'peso/ [남] 평형추

contrapporre /kontrap'porre/ [타동] ① (~에) 대항하다, 반대하다, 거스르다; contrapporre un rifiuto ad una richiesta 요청을 거절하다 ② 대조[대비]하다, 비교하다 - contrapporsi [재귀동사] (a와 함께 쓰여) (~와) 현저하게 다르다, 반대되다

contrariamente /kontrarja'mente/ [부] (a와 함께 쓰여) (~에) 반하여, (~와는) 반대로

contrariare /kontra'rjare/ [타동] 반대하다, 훼방 놓다, 방해하다; 괴롭히다

contrarietà /kontrarje'ta/ [여] ① 반대, 방해 ② 역경, 좌절

contrario /kon'trarjo/ (복 : -ri, -rie) [형] ① 반대의; 반대편의; in direzione contraria 반대 방향으로 ② (a와 함께 쓰여) (~에) 반(대)하는; è contrario ai miei principi 그건 내 원칙에 반하는 것이다; in caso contrario 그렇지 않으면 - [남] 반대, 역(逆); al contrario 반대로, 거꾸로; è esattamente il contrario 정반대네; non ho niente in contrario 난 반대하지 않아, 이의가 없어

contrarre /kon'trarre/ [타동] ① (근육 따위를) 수축[긴장]시키다 ② (버릇이) 들다; (병에) 걸리다; (빚을) 지다 ③ 계약하다; contrarre matrimonio 결혼하다 - contrarsi [재귀동사] (근육 따위가) 수축[긴장]하다

contrassegnare /kontrasseɲ'ɲare/ [타동] (구별을 위해) 표시를 하다

contrassegno1 /kontras'seɲɲo/ [남] (두드러지는) 표시

contrassegno2 /kontras'seɲɲo/ [부] [상업] spedizione (in) contrassegno 대금 상환 인도

contrastante /kontras'tante/ [형] 대조적

인, 현저하게 다른

contrastare /kontras'tare/ [타동] 방해하다, 훼방 놓다, (진행을) 막다 - [자동] (조동사 : avere) (con과 함께 쓰여) (~와) 대조되다; 대립하다

contrastato /kontras'tato/ [형] (계획 등이) 방해 받은

contrasto /kon'trasto/ [남] ① 대조, 대비; per contrasto 대조를 이루어, 대비되어 ② 대립, 갈등, 다툼; essere in contrasto con qn 누구와 대립하고 있다, 의견 따위가 맞지 않다 ③ [TV] 화면의 명암 대비

contrattaccare /kontrattak'kare/ [타동] 역습하다, 반격하다

contrattacco /kontrat'takko/ [남] (복 : -chi) 역습, 반격

contrattare /kontrat'tare/ [타동] (가격 따위를) 흥정하다

contrattazione /kontrattat'tsjone/ [여] (가격의) 흥정 - contrattazioni [여·복] (주식의) 거래

contrattempo /kontrat'tempo/ [남] ① (가벼운) 사고, 재난, 불상사 ② [음악] 당김음

contratto1 /kon'tratto/ [남] 계약, 약정; contratto di acquisto 구매 계약; contratto di affitto[locazione] 임대차 계약, 리스; contratto collettivo di lavoro (노사간의) 단체 협약; contratto di lavoro 고용 계약

contratto2 /kon'tratto/ [형] (근육 따위가) 수축[긴장]된

contrattuale /kontrattu'ale/ [형] ① 계약(상)의 ② 흥정의, 교섭의

contravveleno /kontravve'leno/ [남] 해독제

contravvenire /kontravve'nire/ [자동] (조동사 : avere) (a와 함께 쓰여) (법·규칙 따위를) 위반하다

contravvenzione /kontravven'tsjone/ [여] ① 벌금, 과료(科料); elevare una contravvenzione a qn 누구에게 벌금을 물리다 ② (법·규칙 등의) 위반

contrazione /kontrat'tsjone/ [여] ① (근육 따위의) 수축 ② [문법] 생략, 축약 ③ [경제] (통화·자금 따위의) 제한, 축소

contribuente /kontribu'ɛnte/ [남/여] 납세자

contribuire /kontribu'ire/ [자동] (조동사 : avere) (a와 함께 쓰여) ① (~에 돈을) 기부하다 ② (~에) 기여하다, 공헌하다

contributo /kontri'buto/ [남] ① 기부 ② 기여, 공헌; dare il proprio contributo a ~에 기여[공헌]하다 - contributi [남·복] 세금; 분담금; 보험료

contrito /kon'trito/ [형] 죄를 뉘우치는, 사죄하는

contro /'kontro/ [전] ① (~에) 반대하여, 대항하여; lottare contro qn/qc 누구/무엇에 맞서 싸우다; è contro il divorzio 그는 이혼에 반대한다 ② (~에) 기대어, 대고; si appoggiò contro la porta 그는 문에 기대었다; puntò la pistola contro di me 그는 나에게 총을 겨누었다 ③ [상업] contro pagamento (금액을) 지불하여 ④ (~에) 반하여, 상반되게; contro ogni mia aspettativa 내 기대와는 달리 - [부] ① (~에) 반대하여; votare contro 반대 투표를 하다; dar contro a qn 누구의 말에 반박하다 ② per contro 다른 한편 ③ di contro 반대편의, 맞은편의 - [남-불변] 반대 (의견); il pro e il contro 찬반 양론

controbattere /kontro'battere/ [타동] (공격 따위에) 반격하다, 맞받아치다

controbilanciare /kontrobilan'tʃare/ [타동] ① (힘의) 균형을 유지시키다 ② (효과를) 상쇄하다

controcorrente /kontrokor'rɛnte/ [부] 흐름을 거슬러; andare controcorrente 대세에 역행하다

controffensiva /kontroffen'siva/ [여] [군사] 반격, 역습

controfigura /kontrofi'gura/ [여] [영화] (배우의) 대역(代役)

controfirmare /kontrofir'mare/ [타동] (서류에) 부서(副署)하다

controindicazione /kontroindikat'tsjone/ [여] [의학] 금기 (치료에 쓰면 오히려 병을 악화시키는 약이나 치료 방법)

controllare /kontrol'lare/ [타동] ① 지배하다, 감독하다, 관리하다; 통제하다, 제어하다 ② 점검하다, (확인차) 조사하다 - controllarsi [재귀동사] 자제하다

controllato /kontrol'lato/ [형] (~의) 지배[통제]를 받는; 억제된, 통제된, 관리된

controllo /kon'trollo/ [남] ① 지배, 감독, 관리; 통제, 제어; esercitare il controllo su qc 무엇을 관리[통제]하다; perdere il controllo di qc 무엇을 제어할 수 없게 되다 ② 점검, 확인, 조사; fare un controllo di ~을 점검[조사]하다 - controllo delle nascite 산아제한; controllo dei prezzi 물가 통제; controllo qualità 품질 관리; controllo del traffico aereo 항공 교통 관제

controllore /kontrol'lore/ [남] 관리인; 검사관; (기차 등의) 검표원

controluce /kontro'lutʃe/ [남/여] [사진·영화] 백라이트, 역광(逆光) 조명 - [부] (in) controluce 역광으로

contromano /kontro'mano/ [부] guidare contromano 반대 방향으로[거꾸로] 차를 몰다

contropelo /kontro'pelo/ [부] 반대 방향으로, 거꾸로

contropiede /kontro'pjɛde/ [남] [스포츠] azione di contropiede 역습, 반격

controproducente /kontroprodu'tʃɛnte/ [형] 역효과를 내는, 의도한 대로 되지 않는

controsenso /kontro'sɛnso/ [남] 모순, 불일치, 부조화; 어리석음

controspionaggio /kontrospio'naddʒo/ [남] (복 : -gi) 대항적 스파이 활동, 방첩(防諜)

controvento /kontro'vɛnto/ [부] 바람을 거슬러, 바람을 안고 - andare controvento 대세에 역행하다

controversia /kontro'vɛrsja/ [여] (su와 함께 쓰여) (~에 대한) 논쟁

controverso /kontro'vɛrso/ [형] 논쟁이 되는, 논의의 여지가 있는

controvoglia /kontro'vɔʎʎa/ [부] 마음이 내키지 않아, 하기 싫어, 마지못해

contumacia /kontu'matʃa/ [여] 법정 출석 불응

contundente /kontun'dɛnte/ [형] (무기·도구 따위가) 무딘; corpo contundente 둔기(鈍器)

conturbare /kontur'bare/ [타동] 방해하다, 어지럽히다

contusione /kontu'zjone/ [여] 타박상; 멍듦

contuso /kon'tuzo/ [형] 타박상을 입은; 멍이 든 - [남] (여 : -a) 부상자

convalescente /konvaleʃ'ʃɛnte/ [형/남/여] 회복기의, 차도가 있는 (환자)

convalescenza /konvaleʃ'ʃɛntsa/ [여] (병의) 차도; 회복기; essere in convalescenza (병이) 차도가 있다, (환자가) 회복기에 있다

convalida /kon'valida/ [여] 비준, 확인, 승인

convalidare /konvali'dare/ [타동] (조약 따위를) 비준하다; 확인하다, 승인하다

convegno /kon'veɲɲo/ [남] ① 집회, 회의, 대회 ② 만날 약속; darsi convegno 만날 약속을 잡다 ③ 모임 장소

convenevoli /konve'nevoli/ [남·복] 의례적인 인사말, (격식을 갖춘) 예의 바른 태도

conveniente /konve'njɛnte/ [형] ① 형편이 좋은; 알맞은, 적합한 ② 구입할 만한 가치가 있는; 가격이 싼

convenienza /konve'njɛntsa/ [여] ① 편의, 편리, 편익; 이득; fare qc per convenienza 이해관계에 따라 무엇을 하다; matrimonio di convenienza 정략 결혼 ② (물건이) 구입할 만한 가치가 있음 ③ 형편이 좋음; 알맞음, 적합함 - convenienze [여·복] 예의범절, 사회적 관습

convenire /konve'nire/ [타동] 동의하다; 인정하다, 시인하다; come convenuto 동의한 대로 - [자동] (조동사 : essere, avere) ① 받아들일 만한 가치가 있다, 알맞다, 적합하다; ti conviene accettare 받아들이는 게 너한테 좋을 거야 ② 인정하다, 동의하다; devi convenire che hai torto 네가 틀렸다는 걸 인정해야 한다; ne convengo 나는 ~이라는 걸 인정[수용]한다 ③ 모이다 - convenirsi [재귀동사] 적합하다, 알맞다, 어울리다 - [비인칭] conviene fare ~을 하는 것이 좋다, ~을 해야 하다

convento /kon'vɛnto/ [남] 수녀원; 수도원; entrare in convento 수녀원에 들어가다, 수녀가 되다

convenuto /konve'nuto/ [형] (시간·장소·가격 따위가) 동의된, 합의된; all'ora convenuta (무엇인가를 하기로) 약속한 시간에 - [남] (여 : -a) ① i convenuti 참석한 사람들 ② [법률] 피고인

convenzionale /konventsjo'nale/ [형] 전통적인; 틀에 박힌

convenzionato /konventsjo'nato/ [형] 국가 의료 보험 제도의, 무상 의료 서비

스를 제공하는
convenzione /konven'tsjone/ [여] ① 협정, 계약 ② (특히 복수형으로 쓰여) (사회적) 관습 ③ (정치적) 집회, 대회
convergente /konver'dʒɛnte/ [형] 수렴(성)의, 한 점에 모이는
convergenza /konver'dʒɛntsa/ [여] 수렴, 집중, 한 점에 모임
convergere /kon'vɛrdʒere/ [자동] (조동사 : essere) (su와 함께 쓰여) (한 점에) 모이다; [물리·수학] 수렴하다
conversare /konver'sare/ [자동] (조동사 : avere) 대화하다, 이야기를 나누다
conversatore /konversa'tore/ [남] (여 : -trice) 대화[이야기]하는 사람
conversazione /konversat'tsjone/ [여] 대화, 이야기
conversione /konver'sjone/ [여] (a 또는 in과 함께 쓰여) (~으로의) 전환, 변환; conversione a U (자동차의) 유턴
convertire /konver'tire/ [타동] ① (in과 함께 쓰여) (~으로) 변하게 하다, 전환하다 ② (a와 함께 쓰여) (사람의 생각을 ~으로) 바꾸다, (~의 종교로) 개종시키다 - convertirsi [재귀동사] (a와 함께 쓰여) (~의 종교로) 개종하다
convesso /kon'vɛsso/ [형] 볼록한
convincente /konvin'tʃɛnte/ [형] 설득력 있는, 확신시키는
convincere /kon'vintʃere/ [타동] 확신시키다, 납득시키다, 수긍하게 하다; convincere qn di qc 누구에게 무엇을 납득시키다; convincere qn a fare qc 누구로 하여금 무엇을 하도록 설득하다 - convincersi [재귀동사] (di와 함께 쓰여) (~을) 확신하다
convinto /kon'vinto/ [형] 확신하는; in tono convinto 확신을 갖고
convinzione /konvin'tsjone/ [여] 확신, 굳은 믿음; avere la convinzione che ~이라고 확신하다; con convinzione 확신을 갖고
convitto /kon'vitto/ [남] 기숙 학교
convivente /konvi'vɛnte/ [형] 같이 사는, 동거하는 - [남/여] 동거인; 내연 관계에 있는 사람
convivenza /konvi'vɛntsa/ [여] 같이 삶, 동거
convivere /kon'vivere/ [자동] (조동사 : avere) (con과 함께 쓰여) (~와) 같이 살다, 동거하다
conviviale /konvi'vjale/ [형] (분위기·모임 등이) 우호적인, 즐거운
convocare /konvo'kare/ [타동] ① 모이게 하다, 소집하다 ② [법률] 소환하다; [군사] 징집하다
convocazione /konvokat'tsjone/ [여] 소집; 소환
convogliare /konvoʎ'ʎare/ [타동] ① (verso, in 등과 함께 쓰여) (~으로) 나르다, 운반하다, 수송하다 ② (비유적으로) (노력 따위를) 쏟아 붓다 ③ (선박 등을) 호송[호위]하다
convoglio /kon'vɔʎʎo/ [남] (복 : -gli) ① 호송, 호위 ② 기차, 열차; un convoglio della metropolitana 지하철 - convoglio funebre 장례 행렬
convolare /konvo'lare/ [자동] (조동사 : essere) convolare a (giuste) nozze 결혼하다
convulsamente /konvulsa'mente/ [부] 경련을 일으켜, 발작적으로
convulsione /konvul'sjone/ [여] [의학] 경련, 경기; (웃음의) 발작, 포복절도
convulso /kon'vulso/ [형] ① (감정 표현이) 발작적인 ② 열띤, 흥분한
coop /'kɔop/ [여-불변] (cooperativa의 약자) 협동조합
cooperare /koope'rare/ [자동] (조동사 : avere) 협력하다, 협동하다, 함께 일하다
cooperativa /koopera'tiva/ [여] 협동조합(의 매점)
cooperazione /kooperat'tsjone/ [여] 협력, 협동
coordinamento /koordina'mento/ [남] 정리, 조정
coordinare /koordi'nare/ [타동] 정리하다, 조정하다
coordinata /koordi'nata/ [여] [수학] 좌표
coordinato /koordi'nato/ [형] ① 정리된, 조정된 ② [문법] 등위(等位)의 - [남] (의상의) 코디네이트
coordinatore /koordina'tore/ [형] 정리하는, 조정하는 - [남] (여 : -trice) 조정자
coordinazione /koordinat'tsjone/ [여] ① 정리, 조정 ② [문법] 등위(等位)
Copenaghen /kope'nagen/ [여] 코펜하겐 (덴마크의 수도)
coperchio /ko'pɛrkjo/ [남] (복 : -chi) (상자·용기 등의) 뚜껑, 덮개

coperta /ko'pɛrta/ [여] ① 담요; coperta elettrica 전기 담요 ② [항해] 갑판, 덱

copertina /koper'tina/ [여] (책의) 표지; in copertina 표지에 (실려)

coperto /ko'pɛrto/ [형] ① (di와 함께 쓰여) (~으로) 덮인, (~이 위에) 쌓인 ② 실내의 ③ (하늘이) 흐린, 구름 낀 ‒ [남] ① (식탁 위에 놓인) 식기; ho messo 12 coperti 나는 열두 명이 식사할 수 있도록 준비해 놨다 ② (식당의) 서비스료 ③ al coperto (덮개 따위로) 덮여; mettersi al coperto 숨다, 몸을 숨기다

copertone /koper'tone/ [남] 타이어의 외피

copertura /koper'tura/ [여] ① (덮개로) 덮기 ② (비용·손해 등의) 보상 ③ [스포츠] fare un gioco di copertura 수비 위주의 게임을 하다 ④ [군사] 엄호, 차폐

copia /'kɔpja/ [여] ① 사본; 복사; fare una copia 복사하다; essere l'esatta copia di ~을 빼닮았다 ② 모사, 모방 ③ (같은 책·잡지의) 부, 권 ‒ copia conforme [법률] 등본

copiare /ko'pjare/ [타동] ① 복사하다, 사본을 만들다 ② 모사[모방]하다 ③ [컴퓨터] (데이터를) 백업하다

copiatrice /kopja'tritʃe/ [여] 복사기

copilota /kopi'lɔta/ [남/여] [항공] 부조종사

copione /ko'pjone/ [남] [연극·영화] 대본, 각본, 스크립트

copioso /ko'pjoso/ [형] 양이 많은, 넉넉한, 풍부한

coppa /'kɔppa/ [여] ① 컵, 잔; (과일·샐러드 따위를 담는) 볼, 접시 ② 한 컵[접시] 분량 ③ 우승컵 ④ (브래지어의) 컵 ‒ coppe [여·복] 이탈리아식 카드놀이에 쓰이는 카드 한 벌

coppetta /kop'petta/ [여] 작은 컵

coppia /'kɔppja/ [여] ① 둘, 한 쌍; a coppie 쌍으로, 짝을 이루어; formare una coppia 짝을 이루다 ② 남녀 한 쌍, 커플; una coppia di sposi 부부

coprifuoco /kopri'fwɔko/ [남] (야간) 통행 금지

copriletto /kopri'letto/ [남] 침대 커버

coprire /ko'prire/ [타동] ① (con과 함께 쓰여) (~으로) 덮다, 싸다, 씌우다 ② (소리 따위를) 들리지 않게 하다 ③ 보호하다, 감싸주다; [군사] 엄호하다 ④ (비밀·감정 따위를) 감추다, 숨기다 ⑤ (지위 등을) 차지하다 ⑥ (비용·손해 등을) 보상하다 ‒ coprirsi [재귀동사] ① 자신의 몸을 감싸다 ② (하늘이) 흐리다, 구름이 끼어 있다 ③ (di와 함께 쓰여) (~으로) (뒤)덮이다 ④ (contro와 함께 쓰여) (~에 대항해) 자신을 보호하다

coproduzione /koprodut'tsjone/ [여] 공동 생산[제작]

coque [형/부] (alla coque /alla'kɔk/의 형태로 쓰여) (계란을) 반숙으로 한

coraggio /ko'raddʒo/ [남] ① 용기, 담력; 용감; avere coraggio 용기가 있다, 용감하다; non ho avuto il coraggio di chiederglielo 나는 그에게 요청할 용기가 없었다; avere il coraggio delle proprie azioni 소신 있게 행동하다; farsi coraggio 용기를 내다; fare coraggio a qn 누구로 하여금 용기를 내게 하다, 누구를 격려하다; coraggio! 힘내! ② 뻔뻔함; hai un bel coraggio! 너 참 뻔뻔하구나!

coraggioso /korad'dʒoso/ [형] 용감한, 대담한

corale /ko'rale/ [형] ① 합창의; società corale 합창단 ② (비유적으로) 만장일치의, 이구동성의

corallino /koral'lino/ [형] 산호의

corallo /ko'rallo/ [남] 산호

Corano /ko'rano/ [남] 코란, 쿠란 (이슬람교의 경전)

corazza /ko'rattsa/ [여] 갑옷; (군함 등의) 장갑(裝甲); (동물의) 갑각(甲殼)

corazzata /korat'tsata/ [여] 전함(戰艦)

corazzato /korat'tsato/ [형] ① 갑옷을 입은; 장갑(裝甲)한 ② (비유적으로) (contro와 함께 쓰여) (~에 대해) 무감각해진

corazziere /korat'tsjere/ [남] ① [역사] 흉갑기병(胸甲騎兵) ② 이탈리아 대통령 의장대의 일원

corbelleria /korbelle'ria/ [여] 어리석은 말이나 행동; non dire corbellerie! 말도 안 되는 소리!

corda /'kɔrda/ [여] ① 줄, 로프; saltare la corda 줄넘기를 하다 ② (악기의) 현(絃); (활의) 시위; strumenti a corda 현악기 ③ [해부] 삭상(索狀) 조직, 인대(靭帶), 건(腱); corde vocali 성대 ‒ dare corda a qn 누구로 하여금 하고 싶은 대로 하게 하다; mettersi la corda al collo (비유적으로) 자승자박

하다; essere giù di corda 풀이 죽어 있다
cordata /kor'data/ [여] 기업 연합
cordiale /kor'djale/ [형] 마음에서 우러난, 진심의; 다정한, 상냥한; cordiali saluti (편지를 끝맺는 말로) 그럼 안녕히 계세요, (가족들에게) 안부 전해 주세요 - [남] 강장제
cordialità /kordjali'ta/ [여-불변] 진심; 따뜻한 마음씨 - cordialità [여·복] (편지를 끝맺는 말로) 그럼 안녕히 계세요, (가족들에게) 안부 전해 주세요
cordialmente /kordjal'mente/ [부] 진심으로, 성심껏
cordless /'kɔrdles/ [남-불변] 무선 전화기
cordoglio /kor'dɔʎʎo/ [남] (깊은) 슬픔; 애도; esprimere il proprio cordoglio per ~에 애도의 뜻을 표하다
cordone /kor'done/ [남] ① 끈, 줄 ② 코드, 전선, 전화코 ③ (경찰 등의) 비상 경계선; 방역선 - cordone ombelicale [해부] 탯줄
Corea /ko'rɛa/ [여] 한국; la Corea del Nord 북한; la Corea del Sud 대한민국
coreano /kore'ano/ [형] 한국의 - [남] (여 : -a) ① 한국 사람 ② 한국어
coreografia /koreogra'fia/ [여] (발레의) 무도법(舞蹈法), 무용술, 안무
coreografo /kore'ɔgrafo/ [남/여] 발레 편성가, 안무가
coriaceo /ko'rjatʃeo/ [형] ① 가죽 같은 ② (사람이) 터프한, 억센
coriandolo /ko'rjandolo/ [남] [식물] 코리앤더, 고수 - coriandoli [남·복] (축제일에 뿌리는) 색종이 조각
coricare /kori'kare/ [타동] (사람을) 눕히다, 잠자리에 들게 하다 - coricarsi [재귀동사] 눕다, 잠자리에 들다
corista /ko'rista/ (남·복 : -i, 여·복 : -e) [남/여] 합창대원; 성가대원 - [남] 소리굽쇠
cormorano /kormo'rano/ [남] [조류] 가마우지
cornacchia /kor'nakkja/ [여] [조류] 까마귀
cornamusa /korna'muza/ [여] 백파이프 (스코틀랜드의 취주 악기)
cornea /'kɔrnea/ [여] [해부] (눈의) 각막(角膜)
corner /'kɔrner/ [남-불변] [축구] 코너킥
cornetta /kor'netta/ [여] ① [음악] 코넷 (금관악기의 하나) ② (전화의) 수화기; alzare la cornetta 수화기를 들다
cornetto /kor'netto/ [남] ① 크루아상 (초승달 모양의 빵) ② 아이스크림콘 ③ 깍지째 먹는 콩
cornice /kor'nitʃe/ [여] ① (사진 따위의) 틀 ② (비유적으로) 구조, 골격 ③ [건축] 코니스, 처마 돌림띠 ④ [지질] 암붕(岩棚)
cornicione /korni'tʃone/ [남] [건축] 코니스, 처마 돌림띠
cornificare /kornifi'kare/ [타동] (배우자를 두고) 바람을 피우다
corno /'kɔrno/ [남] ① (복 : -a) (동물의) 뿔 ② (복 : -i) 각재(角材); di corno 뿔로 만든 ③ (복 : -i) [음악] 호른; 나팔 ④ (복 : -i) (모자나 초승달 따위의) 뿔 모양 ⑤ (구어체에서) un corno! 어림도 없다, 당치도 않다; non vale un corno 전혀 쓸모가 없다 ⑥ [지리] Corno d'Africa "아프리카의 뿔" (아프리카 대륙 북동부, 소말리아 공화국과 그 인근 지역) - fare le corna (행운을 비는 동작으로) 가운뎃손가락을 굽혀서 집게손가락에 포개다; fare le corna a qn 배우자를 두고 바람을 피우다
cornuto /kor'nuto/ [형] ① 뿔이 있는 ② (비유적으로) 배우자가 바람을 피운 - [남] (여 : -a) ① 바람을 피운 배우자를 둔 사람 ② 개자식
coro /'kɔro/ [남] ① 합창단; (교회의) 성가대; 합창(곡); in coro 합창으로 ② (비유적으로) 일제히 내는 소리, 이구동성
corolla /ko'rɔlla/ [여] [식물] 화관(花冠), 꽃부리
corollario /korol'larjo/ [남] (복 : -ri) ① [수학] 계(系) ② 추론; 필연적인 결론 [결과]
corona /ko'rona/ [여] ① 왕관; 보관(寶冠); cingere la corona 왕위에 오르다 ② 화관(花冠), 화환; corona d'alloro 월계관; corona del rosario 묵주 ③ [치과] 치관(齒冠) ④ (비유적으로) 원, 고리
coronamento /korona'mento/ [남] 최고의 자리에 오름, 성공을 거둠; 꿈을 이룸
coronare /koro'nare/ [타동] ① 왕관·월계관 따위를 씌우다 ② 에워싸다, 둘러싸다 ③ (비유적으로) 꿈을 이루다, 큰일

을 성취하다

coronaria /koro'narja/ [여] [해부] (심장의) 관상동맥

corpetto /kor'petto/ [남] 조끼

corpo /'kɔrpo/ [남] ① 몸, 신체; lozione per il corpo 보디로션; linguaggio del corpo 보디랭귀지; corpo a corpo 일대 일로 붙은, 백병전의 ② 시체, 송장 ③ 동업자들, 일을 같이 하는 무리; corpo insegnante 교수진; spirito di corpo 협동[단체] 정신 ④ [군사] 군단 ⑤ (머리·사지를 제외한) 몸통 ⑥ 본체, 동체, 주요부 ⑦ 실질적[구체적]인 것; prendere corpo (생각 따위가) 구체화되다 ⑧ [화학] 물질 - andare di corpo 배변하다; corpo celeste 천체 (天體)

corporale /korpo'rale/ [형] 신체상의, 몸에 대한; punizione corporale 체벌

corporatura /korpora'tura/ [여] 체격

corporazione /korporat'tsjone/ [여] ① [역사] 길드 (중세 상공업자들의 동업조합) ② 전문 직업인의 무리

corporeo /kor'pɔreo/ [형] ① 신체(상)의, 육체의 ② 물질적인

corposo /kor'poso/ [형] (색깔이) 짙은; (술 따위가) 잘 익은

corpulento /korpu'lɛnto/ [형] 뚱뚱한, 풍채가 당당한

corredare /korre'dare/ [타동] (di와 함께 쓰여) (필요한 것을) 갖추어 주다, 공급[제공]하다 - corredarsi [재귀동사] (di와 함께 쓰여) (필요한 것을) 갖추다

corredo /kor'rɛdo/ [남] ① (도구의) 한 벌 ② (신부의) 혼수

correggere /kor'rɛddʒere/ [타동] ① (잘못을) 정정하다, 고치다; 교정(校正)을 보다 ② (나쁜 점을) 교정(矯正)하다, 개선하다 ③ (시험지를) 채점하다

correlazione /korrelat'tsjone/ [여] 상호 관련, 상관 (관계)

corrente1 /kor'rɛnte/ [형] ① 현행의, 통용되고 있는 ② 일상적인, 통례의; 보통의 ③ (액체가) 흐르고 있는 - essere al corrente di ~에 대해 (잘) 알고 있다; mettere qn al corrente di ~에 대해 알리다

corrente2 /kor'rɛnte/ [여] ① (물이나 공기 따위의) 흐름; 통풍 ② 경향, 풍조; andare contro corrente 대세를 거스르다 ③ [전기] 전류; corrente alternata 교류; corrente continua 직류

correntemente /korrente'mente/ [부] ① (언어 구사를) 유창하게 ② 일상적으로, 통상

correntista /korren'tista/ [남/여] (남·복: -i, 여·복: -e) 예금주, 은행에 계좌가 있는 사람

correre /'korrere/ [타동] ① (운동 선수가) 경주하다; correre i 100 metri 100m 경주에서 뛰다 ② (위험에) 처하다, 직면하다; correre un pericolo 위험에 처해 있다; correre un rischio 위험을 무릅쓰다 - [자동] (조동사: avere, essere) ① 달리다, 뛰다; correre dietro a qn 누구의 뒤를 쫓다 ② 서두르다; 돌진하다 ③ (운동 선수가) 경주하다 ④ (소문 따위가) 퍼지다; corre voce che ~이라는 소문이 있다 - ci corre! 큰 차이가 있다; correva l'anno 1365 (그 일은) 1365년으로 거슬러 올라간다; il tempo corre 시간은 흐른다

correttamente /korretta'mente/ [부] 바르게, 정확하게

correttezza /korret'tettsa/ [여] ① 올바름, 정확함 ② 예의 바름, 품행이 방정함; 떳떳한 태도, 공명정대

correttivo /korret'tivo/ [형] 고치는, 교정[조정]하는

corretto /kor'rɛtto/ [형] ① 올바른, 정확한 ② 예의 바른, 품행이 방정한; 떳떳한 태도를 가진, 공명정대한

correttore /korret'tore/ [남] (여: -trice) ① 교정 보는 사람 (correttore di bozze) ② (오자) 수정액 (liquido correttore) ③ 컨실러 (피부 결점을 감춰주는 화장품)

correzione /korret'tsjone/ [여] ① 정정, 수정, 바르게 고침; correzione di bozze 교정(校正) ② 교정(矯正); 개선 ③ (시험지의) 채점

corrida /kor'rida/ [여] 투우

corridoio /korri'dojo/ [남] (복: -oi) 복도, 통로

corridore /korri'dore/ [남] (여: -trice) 달리기 선수; 자동차·자전거 경주를 하는 사람

corriera /kor'rjera/ [여] ① 장거리 버스 ② 우편 마차

corriere /kor'rjere/ [남] ① 운반인, 운송업자; 급사(急使) ② 우편

corrimano /korri'mano/ [남-불변] (계단

의) 난간

corrispettivo /korrispet'tivo/ [남] 지불되어야 할 금액; 보수, 보상

corrispondente /korrispon'dente/ [형] 상응하는, 일치하는, 대응하는 - [남/여] (신문·방송 등의) 특파원, 통신원

corrispondenza /korrispon'dentsa/ [여] ① 상응, 대응, 해당; 일치 ② 통신, 서신 왕래; 편지; corso per corrispondenza 통신 교육 과정; vendita per corrispondenza 통신 판매를 통한 쇼핑

corrispondere /korris'pondere/ [타동] ① 지불하다 ② 되돌려주다, 보답하다 - [자동] (조동사 : avere) ① (a와 함께 쓰여) (~와) 일치하다; (~에) 상당[대응]하다, 해당하다; quello che ha detto non corrisponde a verità 그가 말한 것은 사실에 부합되지 않는다 ② (con과 함께 쓰여) (~와) 편지를 주고 받다

corrisposto /korris'posto/ [형] 되돌려 받은, 보답을 받은

corroborare /korrobo'rare/ [타동] 튼튼하게 하다, 강화하다; (이론 따위를) 확증하다

corrodere /kor'rodere/ [타동] 부식하다; (정신적으로) 좀먹다 - corrodersi [재귀동사] 부식[침식]되다

corrompere /kor'rompere/ [타동] 타락[부패]시키다; (뇌물로) 매수하다 - corrompersi [재귀동사] 타락[부패]하다

corrosione /korro'zjone/ [여] 부식, 썩음

corrosivo /korro'zivo/ 부식하는; (정신적으로) 좀먹는

corroso /kor'rozo/ [형] 부식된; 좀먹은

corrotto /kor'rotto/ [형] 타락한, 부패한

corrucciarsi /korrut'tʃarsi/ [재귀동사] 얼굴을 찌푸리다, 심각한 표정을 짓다

corrugare /korru'gare/ [타동] corrugare la fronte 이맛살을 찌푸리다

corruzione /korrut'tsjone/ [여] 타락, 부패; 매수

corsa /'korsa/ [여] ① 달리기, 뛰기; andare a fare una corsa 달리다; una corsa verso la porta 문을 향해 돌진함 ② [스포츠] 경주; da corsa (자동차 따위가) 경주용의; cavallo da corsa 경주마; fare una corsa 경주하다; corsa ad ostacoli 장애물[허들] 경주 ③ (교통수단의) 운행; a che ora c'è l'ultima corsa? 마지막 버스는 언제인가요? ④ [물리·기계] 운동, 움직임 - faccio una corsa e torno! 곧 돌아올게!; è una corsa contro il tempo 시간과의 싸움이다, 서둘러야 한다

corsia /kor'sia/ [여] ① (도로의) 차선, 레인; autostrada a 4 corsie 4차선 고속도로; corsia di accelerazione 가속차선 ② 통로 ③ 병동(病棟)

corsivo /kor'sivo/ [형] 흘림글씨의; 이탤릭체의 - [남] 흘림글씨; 이탤릭체

corso /'korso/ [남] ① 진로; 진행, 경과; corso d'acqua 강, 수로; dare corso a ~을 시작하다, ~에 착수하다; in corso 진행 중인; anno in corso 올해, 금년; nel corso di ~의 도중에 ② (학교의) 교육 과정; seguire un corso serale 야간 수업을 듣다 ③ (도시의) 큰 거리 ④ (화폐의) 유통; avere corso legale 법정 화폐다 ⑤ 시세, 가격; il corso del cambio 외환 시세, 환율

corte /'korte/ [여] ① 궁정, 궁중 ② 구애, 구혼; fare la corte a qn 누구에게 구애하다 ③ 법정, 법원; corte d'appello 항소 법원; corte marziale 군사 법원

corteccia /kor'tettʃa/ [여] (복 : -ce) ① [식물] 피층(皮層) ② [해부] 피질(皮質)

corteggiamento /korteddʒa'mento/ [남] 구애, 구혼

corteggiare /korted'dʒare/ [타동] 구애하다

corteggiatore /korteddʒa'tore/ [남] 구애하는 사람, 구혼자

corteo /kor'teo/ [남] ① 시위 행진 ② (많은 사람 등의) 행렬 - corteo funebre 장례 행렬

cortese /kor'teze/ [형] 예의 바른, 정중한; 친절한

cortesia /korte'zia/ [여] 예의 바름, 정중함; 친절 - fare una cortesia a qn 누구에게 호의를 베풀다; per cortesia, dov'è ~? ~은 어디에 있는지 알려 주시면 감사하겠습니다

cortigiano /korti'dʒano/ [남] ① 조신(朝臣), 정신(廷臣) ② (경멸적으로) 아첨꾼

cortile /kor'tile/ [남] 안마당, 안뜰; (농가의) 마당

cortina /kor'tina/ [여] ① 커튼 ② (안개·연기 따위의) 막; 장막 - la cortina di

ferro [역사] 철의 장막
corto /'korto/ [형] ① (길이가) 짧은 ② 잠시의, 잠깐의, 단명한 - [남] (구어체에서) [전기] 단락(短絡), 누전 - la strada più corta 최단거리, 가장 빠른 길; avere la vista corta 근시안적이다; essere[rimanere] a corto di qc 무엇이 부족하다; tagliare corto 간단히 말하다
cortocircuito /kortotʃir'kuito/ [남] [전기] 단락, 누전
cortometraggio /kortome'traddʒo/ [남] (복 : -gi) 단편 영화
corvino /kor'vino/ [형] 새까만
corvo /'kɔrvo/ [남] [조류] 까마귀; 갈까마귀
cosa /'kɔsa/ [여] ① (유형의) 것; 물건, 사물; ogni cosa, tutte le cose 모든 것; qualche cosa 무엇인가, 어떤 것; nessuna cosa 아무것도 ~ 아님; è una cosa da poco 별것 아냐; devo dirti una cosa 너한테 할 말이 있어; come prima cosa 무엇보다도 ② 상황, 사정, 사태; ti voglio spiegare la cosa 무슨 일인지 설명할게; è successa una cosa strana 무언가 이상한 일이 일어났다; ormai è cosa fatta! 이제 다 되었다, 다 된 일이다; a cose fatte 결국; le cose stanno così 사정은 이렇다, 일이 이렇게 돌아가고 있다 ③ 문제, 일; la cosa non mi riguarda 나와 관계 없는 일; è tutt'altra cosa 그건 전혀 별개의 문제다 - (che) cosa? 무엇?; (che) cos'è? 그게 뭐야?; a cosa pensi? 무슨 생각을 하고 있니?
cosca /'kɔska/ [여] (복 : -sche) (마피아의) 일당
coscia /'kɔʃʃa/ [여] (복 : -sce) 넓적다리
cosciente /koʃʃente/ [형] (di 또는 che와 함께 쓰여) (~을) 의식[자각]하고 있는, 알고 있는
coscienza /koʃʃentsa/ [여] ① 양심, 도의심; avere la coscienza a posto 양심에 거리낌이 없다; in (tutta) coscienza 양심상, 정직하게 ② (지각 반응이 있는) 의식; perdere coscienza 의식을 잃다 ③ (내적 인식으로서의) 의식, 자각; avere coscienza di[che] ~을 의식[자각]하고 있다, 알고 있다; coscienza politica 정치 의식 ④ 성실함, 진지함; persona di coscienza 성실한 사람
coscienziosamente /koʃʃentsjosa'mente/ [부] 양심적으로, 성실하게, 진지하게
coscienzioso /koʃʃen'tsjoso/ [형] 양심적인, 성실한, 진지한
cosciotto /koʃ'ʃɔtto/ [남] (요리에 쓰이는) 다리 부분 고기
coscritto /kos'kritto/ [남] [군사] 징집병, 신병
coscrizione /koskrit'tsjone/ [여] [군사] 징병, 징집
così /ko'si/ [부] ① 그렇게, 그와 같이, 그런[이런] 식으로; ho detto così 난 그렇게 말했어; se fosse così 그렇다면; le cose stanno così 사정은 이렇다, 일은 이렇게 돌아가고 있다; e così feci anch'io 그리고 나도 그렇게 했다 ② 매우, 아주, 무척; fa così bello oggi 오늘 날씨 참 좋구나; una persona così gentile 아주 친절한 사람; non sono così stupido! 난 그렇게 어리석지 않아 ③ così ~ come ~와 같을 정도로, ~ 만큼; non è così onesto come credi 그는 네가 생각하는 것만큼 정직하지 않아 ④ per così dire 말하자면; e così via ~ 등, ~ 따위; così così 그저 그래 - [형-불변] 이[그]와 같은, 그러한, 그 정도의; non ho mai visto un film così 나는 그와 같은 영화를 본 적이 없어 - [접] 그래서, 그러므로; pioveva, così sono rimasto a casa 비가 왔으므로 나는 집에 머물렀다
cosicché /kosik'ke/ [접] 그래서, 그렇기 때문에
cosiddetto /kosid'detto/ [형] 소위, 이른바
cosmesi /koz'mɛzi/ [여-불변] 미용술
cosmetico /koz'metiko/ (복 : -ci, -che) [형] 화장용의, 미용의 - [남] 화장품
cosmico /'kɔzmiko/ [형] (복 : -ci, -che) 우주의
cosmo /'kɔzmo/ [남] 우주
cosmonauta /kozmo'nauta/ (남·복 : -i, 여·복 : -e) 우주 비행사
cosmonave /kozmo'nave/ [여] 우주선 (船)
cosmopolita /kozmopo'lita/ (남·복 : -i, 여·복 : -e) [형] 전 세계적인, 국제적인; 세계인의 - [남/여] 세계인, 국제인

cosmopolitismo /kozmopoli'tizmo/ [남] 세계주의, 사해동포주의

coso /'kɔso/ [남] (구어체에서) 무언가, 뭐라던가 (하는 것); 아무개

cospargere /kos'pardʒere/ [타동] (di와 함께 쓰여) (~을) 흩뿌리다

cosparso /kos'parso/ [형] (di와 함께 쓰여) (~이) 흩뿌려진

cospetto /kos'petto/ [남] al cospetto di ~이 있는 앞에서, ~의 면전에서; giurare al cospetto di Dio 신 앞에 맹세하다

cospicuo /kos'pikuo/ [형] 상당한, 현저한

cospirare /kospi'rare/ [자동] (조동사 : avere) 음모를 꾸미다, 공모하다

cospiratore /kospira'tore/ [남] 음모를 꾸미는 자, 공모자

cospirazione /kospirat'tsjone/ [여] 음모, 공모, 모의

costa /'kɔsta/ [여] ① 연안, 해안; 해안선 ② 비탈; a mezza costa (언덕을) 반쯤 올라가[내려가] ③ [해부] 늑골, 갈빗대 ④ 갈비 요리 ⑤ (선박의) 늑재(肋材) ⑥ 책등

costante /kos'tante/ [형] ① 불변의, 일정한 ② 끊임없이 계속하는, 지속적인, 부단한 ③ (신념 따위가) 굳은, 확고한 - [여] ① [수학·물리] 상수(常數) ② 일정 불변의 것

costantemente /kostante'mente/ [부] 끊임없이, 계속하여, 항상

costanza /kos'tantsa/ [여] ① 불변(성), 항상 일정함 ② (신념 따위가) 굳음, 확고함

costare /kos'tare/ [자동] (조동사 : essere) 값이 ~이다, 비용이 (얼마) 들다; costare caro 비싸다, 비용이 많이 들다; quanto costa? 얼마죠? - costi quel che costi 어떤 대가를 치르더라도, 기어코

Costa Rica /'kɔsta 'rika/ [여] 코스타리카

costaricano /kostari'kano/ [형] 코스타리카의 - [남] [여 : -a] 코스타리카 사람

costata /kos'tata/ [여] 두껍게 자른 고깃점

costato /kos'tato/ [남] 옆구리

costeggiare /kosted'dʒare/ [타동] (숲·강·해안 따위의) 옆을 끼고 (사람이) 걷다; (자동차가) 운행하다; (배가) 항해하다

costellazione /kostellat'tsjone/ [여] 별자리

costernato /koster'nato/ [형] 깜짝 놀란, 몹시 당황한

costernazione /kosternat'tsjone/ [여] 깜짝 놀람, 몹시 당황함

costiera /kos'tjɛra/ [여] 해안 지대

costiero /kos'tjɛro/ [형] 연안의, 해안 지대의

costipato /kosti'pato/ [형] ① 변비에 걸린 ② 감기에 걸린

costituire /kostitu'ire/ [타동] ① 구성하다, 구성 요소가 되다; ~한[인] 것이다; costituisce un vero problema! 그건 큰 문제가 돼!; il fatto non costituisce reato 그 사실은 범죄를 구성하지 않는다, 그건 범죄가 아니다 ② (단체·정부 등을) 설립하다, 조직하다 ③ (여러 요소·부분들을 합쳐) 만들어내다, 이루다 ④ 임명하다 - costituirsi [재귀동사] ① (단체·정부 등이) 설립되다, 조직되다 ② (경찰 등에) 자수하다

costituzionale /kostituttsjo'nale/ [형] ① 헌법(상)의; 입헌적인 ② (질환 등이) 체질상의

costituzione /kostitut'tsjone/ [여] ① 구성, 조직, 설립 ② 헌법 ③ 체질; 체격

costo /'kɔsto/ [남] ① 비용, 경비; 값, 가격; sotto costo 원가 이하로; costi di esercizio 운영비; costi di produzione 생산비; costo della vita 생계비 ② (인명·시간·노력 따위의) 희생, 손실; a ogni[qualunque] costo, a tutti i costi 어떤 대가를 치르더라도, 기어코

costola /'kɔstola/ [여] ① [해부] 늑골, 갈빗대 ② 갈비 요리 ③ 책등 ④ (선박의) 늑재(肋材)

costoletta /kosto'letta/ [여] (요리용) 고깃점

costoso /kos'toso/ [형] ① 비용이 많이 드는 ② (비유적으로) 많은 노력을 요하는

costretto /kos'tretto/ [형] 강요된, 강제된

costringere /kos'trindʒere/ [타동] costringere qn (a fare qc) 누구에게 (무엇을 하도록) 강요[강제]하다

costrizione /kostrit'tsjone/ [여] 강요, 강제; per costrizione 강요 받아

costruire /kostru'ire/ [타동] ① (건물을) 짓다, 세우다, 건축하다; (철도 등을) 부설하다 ② (기계 따위를) 조립하다 ③ (부·명성 등을) 쌓아 올리다, 이룩하다,

형성하다, 확립하다 - costruire sulla sabbia 모래 위에 집을 짓다

costruttivo /kostrut'tivo/ [형] ① 건축의, 건축과 관련된; tecnica costruttiva 건축 기술 ② (비유적으로) (비판 따위가) 건설적인, 적극적인

costruzione /kostrut'tsjone/ [여] ① 건(축)물 ② 건축, 건설; (철도 따위의) 부설; in (via di) costruzione 건설 중인; materiali da costruzione 건축 자재 ③ (기계 따위의) 조립 ④ [문법] 구조 - le costruzioni (장난감) 집짓기 나무 토막

costui /kos'tui/ [대] (지시대명사) (여성형은 costei, 복수형은 costoro) (문어체에서) 이[그] 사람; 이것, 그것

costume /kos'tume/ [남] ① (가장 무도회 등의) 의상 ② (특정 지방·시대의 전형적인) 복장, 옷차림; costume nazionale 민족 의상 ③ 관습, 전통; 습관 ④ 도덕, 풍기; 품행, 몸가짐; di buoni costumi 도덕적으로 훌륭한, 몸가짐이 바른 - costume da bagno 수영복

costumista /kostu'mista/ [남/여] (남·복 : -i, 여·복 : -e) (배우 등을 위한) 의상 디자이너

cotechino /kote'kino/ [남] 소시지의 일종

cotenna /ko'tenna/ [여] 베이컨 껍질

cotogna /ko'toɲɲa/ [여] (mela) cotogna [식물] 모과

cotoletta /koto'letta/ [여] (요리용) 고깃점

cotonare /koto'nare/ [타동] (머리를) 거꾸로 빗어 세우다

cotone /ko'tone/ [남] ① [식물] 목화 ② 무명(실) ③ 솜; 탈지면 (cotone idrofilo)

cotta1 /'kɔtta/ [여] (구어체에서) prendersi una cotta (per qn) (누구에게) 홀딱 반하다

cotta2 /'kɔtta/ [여] [가톨릭] 중백의(中白衣)

cottimo /'kɔttimo/ [남] 삯일; lavorare a cottimo 삯일을 하다

cotto /'kɔtto/ [형] ① (음식이) 조리된; ben cotto 잘 익은[구워진] ② (비유적으로) (di와 함께 쓰여) (~에게) 홀딱 반한 ③ (구어체에서) 몹시 지친, 지쳐 잠든

cotton-fioc /'kɔtton'fjɔk/ [남-불변] 면봉

cottura /kot'tura/ [여] 요리, 조리; (음식을) 굽기

coupé /ku'pe/ [남-불변] 쿠페형 자동차

coupon /ku'pɔn/ [남-불변] 쿠폰

covare /ko'vare/ [타동] ① (새가) 알을 품다 ② (비유적으로) (병에) 걸리다; (원한 따위를) 품다; covare odio verso qn 누구에게 앙심을 품다

covata /ko'vata/ [여] (새가) 한 번에 품는 알; 한배에 깐 병아리들

covo /'kovo/ [남] ① (짐승의) 굴 ② (비유적으로) (악당 등의) 소굴, 은신처

covone /ko'vone/ [남] (곡물의) 다발, 더미

cozza /'kɔttsa/ [여] [패류] 홍합 종류

cozzare /kot'tsare/ [자동] (조동사 : avere) ① (동물이 뿔로) 들이받다 ② 부딪치다, 충돌하다 ③ (의견 따위가) 충돌하다, 대립하다 - [타동] cozzare il capo contro il muro 불가능한 일을 하려고 헛고생하다

crac /krak/ [남-불변] ① 탁·지끈하며 깨지거나 갈라지는 소리 ② (주가 등의) 폭락

crack /krak/ [남-불변] 코카인

cracker /'krɛker/ [남-불변] (짭짤한) 크래커

crampo /'krampo/ [남] 경련, 쥐; avere un crampo alla gamba 다리에 쥐가 나다; avere i crampi allo stomaco 위경련이 일어나다

cranio /'kranjo/ [남] (복 : -ni) ① 두개골 ② 머리; a cranio 1인당

cratere /kra'tere/ [남] ① (화산의) 분화구 ② (달의) 크레이터 ③ 운석이 떨어져 생긴 구멍 ④ 폭탄 등의 폭발로 생긴 구멍

cravatta /kra'vatta/ [여] (넥)타이; fare il nodo alla cravatta 넥타이를 매다; cravatta a farfalla 보 타이, 나비넥타이

creanza /kre'antsa/ [여] 예의범절, 매너 (또는 buona creanza)

creare /kre'are/ [타동] ① 창조하다, 만들어내다; (작품을) 창작하다 ② (기구 따위를) 설립하다; (전례 따위를) 확립하다 ③ (비유적으로) 일으키다, 야기하다; creare un problema a qn 누구에게 문제를 일으키다

creatività /kreativi'ta/ [여-불변] 창조적임, 창의력

creativo /krea'tivo/ [형] 창조적인, 창의력이 있는

creato /kre'ato/ [형] 창조된, 만들어진 - [남] (신의) 천지 창조

creatore /krea'tore/ [형] 창조하는, 창조력이 있는 - [남] 창조자, 만든 사람; il Creatore 조물주, 신 - un creatore di alta moda 패션 디자이너

creatura /krea'tura/ [여] ① (신의) 창조물; 생물 ② 아기, 아이

creazione /kreat'tsjone/ [여] ① 창조, 창작 ② (기구 따위의) 설립 - la Creazione (신의) 천지 창조

credente /kre'dɛnte/ [남/여] 믿는 사람, 신자

credenza1 /kre'dɛntsa/ [여] 믿음, 확신, 신념; 신앙

credenza2 /kre'dɛntsa/ [여] 찬장

credenziale /kreden'tsjale/ [형] lettere credenziali [외교] 신임장 - credenziali [여·복] 신임장

credere /'kredere/ [타동] (~이라고) 믿다, 생각하다, 여기다; lo credo onesto 나는 그가 정직하다고 믿어[생각해]; credo di sì 난 그렇게 생각해 - [자동] (조동사 : avere) 믿다, 신뢰하다; credere a qn/qc 누구/무엇을 믿다; credere in Dio 신의 존재를 믿다, 신앙을 가지다; gli credo poco 나는 그를 별로 신뢰하지 않아; non credeva ai suoi occhi 그는 자신의 눈을 믿을 수 없었다 - credersi [재귀동사] si crede furbo 그는 자기 자신이 영리하다고 생각한다 - fa' come credi 좋을 대로 해

credibile /kre'dibile/ [형] 믿을 만한, 신뢰할 수 있는

credibilità /kredibili'ta/ [여-불변] 믿을 수 있음, 신빙성; 신용, 진실성

creditizio /kredi'tittsjo/ [복 : -zi, -zie) 신용의, 신용에 관한

credito /'kredito/ [남] ① 외상, 신용 판매; vendere a credito 외상으로 팔다; "non facciamo credito" "외상 사절" ② (은행) 융자; essere in credito 빚을 지고 있다 ③ 신뢰, 신용; acquistare credito 용인되다, 받아들여지다; dare credito a qc 무엇을 믿다; trovare credito presso qn 누구의 신용을 얻다 - credito d'imposta 세금 공제

creditore /kredi'tore/ [남] (여 : -trice) 채권자

credo /'krɛdo/ [남-불변] ① (종교상의) 신경(信經), 교의(敎義) ② (일반적으로) 신조, 신념, 주의, 강령; credo politico 정치적 신념

credulo /'krɛdulo/ [형] 잘 속는

credulone /kredu'lone/ [남] (여 : -a) 잘 속는 사람

crema /'krɛma/ [여] ① 크림, 유지(乳脂) ② (우유·설탕·계란으로 만든) 아이스크림 맛이 나는 단것 ③ (화장용) 크림 - [남/형-불변] 크림색(의) - crema da barba 면도 크림; crema solare 자외선 차단 크림

cremare /kre'mare/ [타동] (시체를) 화장하다

crematorio /krema'tɔrjo/ (복 : -ri, -rie) [형] 화장(火葬)의 - [남] 화장터

cremazione /kremat'tsjone/ [여] (시체의) 화장

cremisi /'krɛmizi/ [남/형-불변] 진홍색(의)

Cremlino /krem'lino/ [남] (모스크바의) 크렘린 궁전

cremoso /kre'moso/ [형] 크림 같은, 크림을 함유한

crepa /'krɛpa/ [여] 갈라진 틈

crepaccio /kre'pattʃo/ [남] (복 : -ci) (빙하의) 크레바스; (암석의) 갈라진 틈

crepacuore /krɛpa'kwɔre/ [남] 비탄, 비통

crepapelle (a crepapelle /akrɛpa'pɛlle/ 의 형태로 쓰여) [부] ridere a crepapelle 포복절도하다

crepare /kre'pare/ [자동] (조동사 : essere) ① (구어체에서) 몹시 격한 느낌[감정]이 들다; crepare dal ridere 포복절도하다; crepare dall'invidia 몹시 부러워하다 ② (통속적으로) 죽다 - creparsi [재귀동사] 갈라지다, 쪼개지다

crêpe /krɛp/ [여-불변] 크레이프 (얇은 팬케이크)

crepitare /krepi'tare/ [자동] (조동사 : avere) (불타면서) 우지직[딱딱] 소리가 나다; (비가) 후두둑 떨어지다; (나뭇잎 따위가) 살랑거리는 소리는 내다

crepitio /krepi'tio/ [남] (복 : -ii) (불타면서 나는) 우지직[딱딱] 소리; (비가) 후두둑 떨어짐; (나뭇잎 따위가) 살랑거림

crepuscolo /kre'puskolo/ [남] 황혼, 땅거미; al crepuscolo 해질녘에; il crepuscolo della vita (비유적으로) 늘

그막에
crescendo /kreʃʃɛndo/ [남-불변/부] [음악] 크레셴도, 점점 세게
crescente /kreʃʃɛnte/ [형] (점점) 늘어나는, 증가하는, 확대되는, 커지는
crescere /'kreʃʃere/ [자동] (조동사 : essere) ① 자라다, 성장하다; sono cresciuto in Sardegna 나는 사르데냐에서 자랐다; farsi crescere la barba 수염을 기르다 ② (점점) 늘어나다, 증가하다, 확대되다, 커지다; la popolazione mondiale cresce velocemente 세계 인구는 빠른 속도로 증가하고 있다; i prezzi crescono ogni giorno 물가가 연일 상승하고 있다 - [타동] (아이를) 기르다, 키우다
crescita /'kreʃʃita/ [여] 성장; 증가
cresciuto /kreʃʃuto/ [형] 자란, 성장한
cresima /'krɛzima/ [여] [가톨릭] 견진성사
cresimare /krezi'mare/ [타동] [가톨릭] 견진성사를 베풀다
crespa /'krespa/ [여] (피부·천 따위의) 주름
crespo /'krespo/ [형] ① 머리를 지진[컬한], 곱슬머리의 ② (천 따위가) 주름 잡힌 - [남] 크레이프 (주름진 비단의 일종)
cresta /'kresta/ [여] ① (새의) 볏 ② (투구의) 깃 장식 ③ (파도의) 물마루 ④ 산등성이, 산마루 - alzare la cresta 잘난 체하다; far abbassare la cresta a qn 누구의 콧대를 꺾다 - cresta di gallo [식물] 맨드라미
creta1 /'kreta/ [여] 점토, 찰흙
Creta2 /'kreta/ [여] (그리스의) 크레타 섬
cretinata /kreti'nata/ [여] (구어체에서) dire[fare] una cretinata 어리석은 말[짓]을 하다; non dire cretinate! 실없는 소리 하지 마!
cretino /kre'tino/ [형] 어리석은, 지각 없는 - [남] (여 : -a) ① 어리석은 사람, 바보 ② 백치
cric1 /krik/ [남-불변] 잭 (물건을 들어올리는 기구)
cric2 /krik/ [남-불변] 탁·지끈 하는 소리
cricca /'krikka/ [여] (복 : -che) (사람들의) 한패, 무리
criceto /kri'tʃɛto/ [남] [동물] 햄스터
criminale /krimi'nale/ [형] 범죄의; 형사상의 - [남/여] 범인, 범죄자; criminale di guerra 전범

criminalità /kriminali'ta/ [여-불변] 범죄성; 범죄 (행위)
Criminalpol /kriminal'pɔl/ [여-불변] 형사 경찰, 범죄 수사반
crimine /'krimine/ [남] 범죄 (행위); crimini di guerra 전쟁 범죄
criminoso /krimi'noso/ [형] 범죄(성)의
crine /'krine/ [남] 말(馬)의 털 - crine vegetale 식물성 섬유
criniera /kri'njera/ [여] (동물의) 갈기
crinolina /krino'lina/ [여] 크리놀린 (옛날에 스커트를 부풀게 하기 위하여 쓰던, 말총 등으로 짠 딱딱한 천)
cripta /'kripta/ [여] 토굴, 지하실
crisantemo /krizan'tɛmo/ [남] [식물] 국화
crisi /'krizi/ [여-불변] ① 위기, 중대 국면; essere in crisi 위기에 처해 있다; mettere qn in crisi 누구를 위기에 처하게 하다; crisi energetica 에너지 위기 ② (병의) 발작; crisi di nervi 히스테리 발작 - crisi da astinenza 금단 증상
cristallino /kristal'lino/ [형] ① 수정의, 수정으로 만든 ② (비유적으로) 수정 같은, 투명한 ③ [광물] 결정(질)의, 결정체로 된 - [남] [해부] (안구의) 수정체
cristallizzarsi /kristallid'dzarsi/ [재귀동사] 결정화하다
cristallo /kris'tallo/ [남] ① 수정, 크리스털 ② i cristalli 크리스털 제품 ③ 판유리; 차창; (가게의) 진열창 - cristallo liquido [물리] 액정(液晶); cristallo di rocca [광물] (무색 투명한) 수정
cristianesimo /kristja'nezimo/ [남] 기독교, 그리스도교
cristianità /kristjani'ta/ [여-불변] ① 기독교인임, 기독교적임 ② 기독교계(界), 기독교 공동체
cristiano /kris'tjano/ [형] ① 기독교의 ② (구어체에서) 인도적인, 이웃을 사랑할 줄 아는 - [남] (여 : -a) ① 기독교인, 크리스천 ② 사람, 인간; non c'era un cristiano per le strade 거리엔 한 사람도 없었다 ③ comportarsi da cristiano (비유적으로) 문명인답게 행동하다
Cristo /'kristo/ [남] ① (예수) 그리스도; nell'anno 50 avanti[dopo] Cristo 기원전[후] 50년에 ② (구어체에서) povero cristo! 불쌍한 녀석! ③ Cristo! 제기랄!

criterio /kri'tɛrjo/ [남] (복 : -ri) ① (판단·평가 등의) 표준, 기준, 규범, 척도 ② 양식, 분별

critica /'kritika/ [여] (복 : -che) ① 비판; fare una critica a qn 누구를 비판하다 ② 비평, 평론

criticare /kriti'kare/ [타동] ① 비판하다, 흠을 잡다 ② (책·영화 등을) 비평하다

critico /'kritiko/ (복 : -ci, -che) [형] ① 위기의; 결정적인, 중대한; al momento critico 위기의 순간에 ② 비판적인, 비판하는, 흠을 잡는 ③ 비평의, 평론의 - [남] (여 : -a) 비평가, 평론가; critico cinematografico 영화 평론가

crivellare /krivel'lare/ [타동] (di와 함께 쓰여) (탄환 따위로 사람이나 사물을) 구멍투성이로 만들다, 벌집이 되게 하다

crivello /kri'vɛllo/ [남] (거르는) 체

croato /kro'ato/ [형] 크로아티아의 - [남] (여 : -a) ① 크로아티아 사람 ② 크로아티아어

Croazia /kro'atsja/ [여] 크로아티아

croccante /krok'kante/ [형] (비스킷·토스트 따위가) 바삭바삭한 - [남] 아몬드를 섞은 과자의 일종

crocchetta /krok'ketta/ [여] 크로켓 (요리)

crocchia /'krɔkkja/ [여] (여성 뒷머리의) 쪽

crocchio /'krɔkkjo/ [남] (복 : -chi) 무리, 집단, 그룹

croce /'krotʃe/ [여] ① 십자가; a (forma di) croce 십자형의; in croce 십자형으로; mettere in croce 십자가에 못 박다 ② 십자형, 십자 기호, X표; farsi il segno della croce 성호를 긋다 ③ 수난, 시련, 고난 - croce uncinata (나치스 독일의) 만(卍)자 십자장; la Croce Rossa 적십자

crocerossina /krotʃeros'sina/ [여] 적십자사의 간호사

crocevia /krotʃe'via/ [여] 교차로, 십자로

crociata /kro'tʃata/ [여] [역사] 십자군

crociato /kro'tʃato/ [형] 십자형의, 십자모양의; parole crociate 크로스워드 퍼즐, 십자말풀이 - [남] 십자군 전사

crocicchio /kro'tʃikkjo/ [남] (복 : -chi) 교차로, 십자로

crociera /kro'tʃɛra/ [여] (선박·비행기의) 순항(巡航), 크루즈

crocifiggere /krotʃi'fiddʒere/ [타동] 십자가에 못 박다

crocifissione /krotʃifis'sjone/ [여] 십자가에 못 박음

crocifisso /krotʃi'fisso/ [형] (그리스도가) 십자가에 못 박힌 - [남] 그리스도 수난상(像)

crogiolarsi /krodʒo'larsi/ [재귀동사] 즐기다, 향유하다; crogiolarsi al sole 햇볕을 쬐다

crogiolo /kro'dʒɔlo/ [남] ① [야금] 도가니 ② (비유적으로) 인종·문화 등의 여러 다른 요소가 융합·동화되어 있는 장소

crogiuolo /kro'dʒwɔlo/ [남] → crogiolo

crollare /krol'lare/ [자동] (조동사 : essere) ① (건물 따위가) 무너지다, 붕괴하다 ② (사람이) 쓰러지다; 쇠약해지다, 결딴나다 ③ (물가 따위가) 폭락하다

crollo /'krɔllo/ [남] ① (건물 따위의) 붕괴; (심신의) 쇠약; (물가 따위의) 폭락; avere un crollo 심신이 쇠약해지다

croma /'krɔma/ [여] [음악] 8분 음표

cromato /kro'mato/ [형] 크롬 도금을 한

cromo /'krɔmo/ [남] [화학] 크롬

cromosoma /kromo'sɔma/ [남] [생물] 염색체

cronaca /'kronaka/ [여] (복 : -che) ① 연대기(年代記) ② (신문 등의) 난(欄); fatto [episodio] di cronaca 신문 기사 ③ [TV·라디오] (스포츠 등의) 해설

cronico /'krɔniko/ (복 : -ci, -che) [형] (질병·문제 따위가) 만성의, 고질적인 - [남] (여 : -a) 만성 질환을 앓고 있는 환자

cronista /kro'nista/ [남/여] (남·복 : -i, 여·복 : -e) ① 연대기 작가 ② (신문 등의) 칼럼니스트 ③ [TV·라디오] (스포츠 등의) 해설자

cronistoria /kronis'tɔrja/ [여] ① 연대기 ② 상세한 설명[기술]

cronografo /kro'nɔgrafo/ [남] 스톱워치

cronologia /kronolo'dʒia/ [여] 연대학(年代學); (사건의) 연대순 배열

cronologico /krono'lɔdʒiko/ [형] 연대순의

cronometraggio /kronome'traddʒo/ [남] (복 : -gi) 정확한 시간의 측정[기록]

cronometrare /kronome'trare/ [타동] (경주 등의) 시간을 재다

cronometro /kro'nɔmetro/ [남] ① 스톱워치 ② 크로노미터 (정밀한 경도(經度)

측정용 시계)
crosta /'krɔsta/ [여] ① (빵 따위의) 껍질 ② (상처의) 딱지 ③ [동물] 갑각(甲殼) ④ (얼음 따위의) 층 - crosta terrestre [지질] 지각(地殼)
crostaceo /kros'tatʃeo/ [남] [동물] 갑각류
crostata /kros'tata/ [여] 타르트, 파이
crostino /kros'tino/ [남] 크루톤 (샐러드 장식용의 가미된 말린 빵조각)
croupier /kru'pje/ [남-불변] (도박장에서 돈을 모으고 지불하는) 금전 책임자
crucciarsi /krut'tʃarsi/ [재귀동사] (per 와 함께 쓰여) (~에 대해) 걱정하다, 고민하다, 괴로워하다
cruccio /'kruttʃo/ [남] (복 : -ci) 걱정, 고민, 고뇌
cruciale /kru'tʃale/ [형] 결정적인, 중대한
cruciverba /krutʃi'vɛrba/ [남-불변] 크로스워드 퍼즐, 십자말풀이
crudele /kru'dɛle/ [형] ① (사람이) 잔혹한, 잔인한, 무자비한 ② (운명·죽음 따위가) 지독한, 가혹한
crudeltà /krudel'ta/ [여] 잔혹, 잔인, 무자비; 잔인한 행동
crudo /'krudo/ [형] ① 날것의, 조리[가공]하지 않은 ② (언어 따위가) 정제되지 않은
cruento /kru'ɛnto/ [형] (싸움 따위가) 유혈의, 피비린내 나는
crumiro /kru'miro/ [남] (여 : -a) (경멸적으로) 파업 방해자
cruna /'kruna/ [여] 바늘귀, 바늘 구멍
crusca /'kruska/ [여] 밀기울, 겨
cruscotto /krus'kɔtto/ [남] (자동차의) 계기판, 대시보드
Cuba /'kuba/ [여] 쿠바
cubano /ku'bano/ [형] 쿠바의 - [남] (여 : -a) 쿠바 사람
cubetto /ku'betto/ [남] (작은) 입방체, 주사위꼴의 물건; cubetto di ghiaccio 각빙(角氷)
cubico /'kubiko/ [형] (복 : -ci, -che) ① 입방체의, 정육면체의 ② [수학] 세제곱의
cubo /'kubo/ [남] ① 입방체, 정육면체; 입방체의 물건 ② [수학] 세제곱; elevare al cubo (수를) 세제곱하다
cuccagna /kuk'kaɲɲa/ [여] 많음, 풍부, 다수, 대량
cuccetta /kut'tʃetta/ [여] (기차·배 안의) 침대
cucchiaiata /kukkja'jata/ [여] 숟가락 하나 분량
cucchiaino /kukkja'ino/ [남] 티스푼; 티스푼 하나 분량
cucchiaio /kuk'kjajo/ [남] (복 : -ai) (식탁용) 숟가락, 스푼; 숟가락 하나 분량
cuccia /'kuttʃa/ [여] (복 : -ce) 개집
cucciolata /kuttʃo'lata/ [여] (동물의) 한배 새끼
cucciolo /'kuttʃolo/ [남] ① 강아지, 동물의 새끼 ② (구어체에서) (귀여운) 아이
cucina /ku'tʃina/ [여] ① 부엌, 주방; da cucina 주방용품의 ② 요리(법); è molto brava in cucina 그녀는 요리를 아주 잘한다; libro di cucina 요리책 ③ 요리 도구 ④ 요리, 음식; cucina italiana 이탈리아 요리
cucinare /kutʃi'nare/ [타동] 요리하다
cucinino /kutʃi'nino/ [남] 간이 부엌
cucire /ku'tʃire/ [타동] ① 바느질하다, 꿰매다; cucire a macchina 재봉틀로 박다; macchina da cucire 재봉틀 ② (상처를) 봉합하다
cucito /ku'tʃito/ [형] 바느질한, 꿰맨 - [남] 바느질; 바느질 제품
cucitrice /kutʃi'tritʃe/ [여] 스테이플러; 제본 기계
cucitura /kutʃi'tura/ [여] 바느질; 솔기, 꿰맨 줄
cucù /ku'ku/ [남-불변] [조류] 뻐꾸기; orologio a cucù 뻐꾸기 시계
cuculo /ku'kulo/ [남] [조류] 뻐꾸기
cuffia /'kuffja/ [여] ① 보닛 (여자들이 쓰는 모자) ② 헤드폰 - cuffia da bagno 수영 모자, 샤워캡
cugino /ku'dʒino/ [남] (여 : -a) 사촌
cui /'kui/ [대] (관계대명사) ① ~한 사람 [것]; le ragazze di cui ti ho parlato 내가 너에게 말했던 그 소녀들; il quartiere in cui abito 내가 사는 지역 ② (그 사람[물건]의) ~이[을] ~하는 바의; il signore la cui figlia ho incontrato ieri 내가 어제 그의 딸을 만났던 남자분 - per cui 그러므로, 그래서
culinario /kuli'narjo/ [형] (복 : -ri, -rie) 요리의; arte culinaria 요리법
culla /'kulla/ [여] 요람, 유아용 침대; fin dalla culla 아주 어렸을 때부터
cullare /kul'lare/ [타동] ① (아기를) 흔들어 어르다 ② (비유적으로) (생각·희망

따위를) 품다 - cullarsi [재귀동사] cullarsi in (착각 따위에) 빠지다

culminante /kulmi'nante/ [형] 최고점의, 절정의; punto[momento] culminante 절정, 클라이맥스

culminare /kulmi'nare/ [자동] (조동사 : essere) (in과 함께 쓰여) (~의) 최고점[절정]에 달하다; [천문] (천체가) 남중(南中)하다

culmine /'kulmine/ [남] ① 정상, 꼭대기 ② (비유적으로) 절정, 최고점, 클라이맥스

culo /'kulo/ [남] (통속적으로) ① 궁둥이, 항문 ② 운, 행운; avere culo 운이 좋다 - prendere per il culo qn 누구를 조롱하다

culto /'kulto/ [남] ① 숭배, 경배, 우러러 봄; culto della personalità 개인 숭배 ② 신앙, 종교; il culto cattolico 가톨릭 신앙

cultura /kul'tura/ [여] ① 문화, 문명; cultura di massa 대중 문화 ② 교양, 교육 수준, 지식; cultura generale 일반 지식; di grande cultura 지식이 해박한 ③ (농작물의) 재배

culturale /kultu'rale/ [형] 문화의, 문화에 관한

culturismo /kultu'rizmo/ [남] 보디빌딩

culturista /kultu'rista/ [남/여] (남·복 : -i, 여·복 : -e) 보디빌더

cumulare /kumu'lare/ [타동] (직책 따위를) 겸하다

cumulativo /kumula'tivo/ [형] 누적의; (가격 따위가) 모든 사항이 포함된

cumulo /'kumulo/ [남] ① 더미, 무더기 ② (직책의) 겸직 ③ [기상] 적운(積雲), 쎈구름, 뭉게구름

cuneo /'kuneo/ [남] 쐐기

cunetta /ku'netta/ [여] 도랑; (길의) 움푹 팬 곳

cunicolo /ku'nikolo/ [남] 터널, 지하도; (동물이 판) 굴

cuocere /'kwɔtʃere/ [타동] ① (음식을) 요리하다; 굽다, 찌다 ② (벽돌을) 굽다 - [자동] (조동사 : essere) 요리하다; 굽다, 찌다

cuoco /'kwɔko/ [남] (여 : -a) (복 : -chi, -che) 요리사

cuoio /'kwɔjo/ (남·복 : cuoi) [남] 가죽 (무두질한 가죽 또는 생가죽); in[di] cuoio 가죽으로 만든, 가죽 제품의 - cuoia [여·복] (사람의) 피부 - tirare le cuoia 죽다

cuore /'kwɔre/ [남] ① [해부] 심장; a cuore 하트 모양의 ② 심장부, 중심지; nel cuore della città 도심에서 ③ 마음, 감정; 심정, 기분; 기운, 용기; avere buon cuore 마음씨가 곱다, 친절하다; senza cuore 무정한; aprire il proprio cuore a qn 누구에게 마음을 터놓다; avere un cuore da leone 용감하다, 씩씩하다; avere la morte nel cuore 고뇌하다, 번민하다; nel profondo del cuore 마음 속 깊은 곳에; ringraziare di cuore 진심으로 감사하다; toccare il cuore qn 누구를 감동시키다 - cuori [남·복] [카드놀이] 하트 패 한 벌 - mi sta molto a cuore 그건 내게 매우 중요하다

cupidigia /kupi'didʒa/ [여] (복 : -ge, -gie) 탐욕, 욕심

Cupido /ku'pido/ [남] [로마신화] 큐피드 (사랑의 신)

cupo /'kupo/ [형] ① 깜깜한, 칠흑 같이 어두운 ② (하늘이) 어두침침한, 흐린 ③ (색깔이) 짙은 ④ (목소리가) 깊은 ⑤ 우울한

cupola /'kupola/ [여] 돔, 둥근 지붕

cura /'kura/ [여] ① 돌봄, 보살핌, 보호, 관리; avere[prendersi] cura di qn/qc 누구/무엇을 돌보다[보살피다]; abbi cura di te 몸조심해라; questa pianta ha bisogno di molte cure 이 식물은 손이 많이 간다 ② 주의, 조심; con cura 주의하여, 조심스럽게; senza cura 부주의하여 ③ 치료; essere in cura per ~에 대한 치료를 받고 있다; cura dimagrante 다이어트, 식이요법 - a cura di ~이 편집[발행]한

curare /ku'rare/ [타동] ① 돌보다, 보살피다, 관리하다 ② 치료하다 ③ (책 따위를) 편집하다 - curarsi [재귀동사] ① 몸조심하다, 건강 따위에 유의하다 ② 치료를 받다 ③ (di와 함께 쓰여) (~에) 신경을 쓰다

curato /ku'rato/ [남] 교구 사제

curatore /kura'tore/ [남] (여 : -trice) ① [법률] 보호자, 후견인 ② [법률] 유산 관리인 ③ (책 따위의) 편집자

curcuma /'kurkuma/ [여] [식물] 강황, 심황

curdo /'kurdo/ [형] 쿠르드 인의 - [남] (여 : -a) ① 쿠르드 인 ② 쿠르드어(語)

curiosare /kurjo'sare/ [자동] (조동사 :

avere) ① 둘러보다, (대강) 훑어보다; curiosare nei negozi 가게들을 둘러보다; curiosare tra vecchi giornali 옛날 신문들을 훑어보다 ② 기웃거리다; curiosare nelle faccende altrui 남의 일에 끼어들다

curiosità /kurjosi'ta/ [여-불변] ① 호기심; provare curiosità per ~에 호기심을 갖다 ② 진기한 것

curioso /ku'rjoso/ [형] ① 호기심이 강한, 알고 싶어하는, 캐묻기 좋아하는; essere curioso di qc 무엇에 호기심을 갖고 있다, 무엇에 대해 알고 싶어하다 ② 이상한, 기이한 - [남] (여 : -a) ① 호기심이 강한 사람; 남의 일에 잘 끼어드는 사람 ② il curioso è che ~ 재미있는[기묘한] 건 ~야

curriculum /kur'rikulum/ [남] ① 이력서 (또는 curriculum vitae) ② 교과 과정, 커리큘럼

curry /'karri/ [남-불변] 카레 (가루)

cursore /kur'sore/ [남] ① 계산자에 끼워서 눈금을 맞추거나 읽는 데 사용하는 투명한 판 ② [컴퓨터] 커서

curva /'kurva/ [여] ① 곡선, 곡면 ② (도로 등의) 만곡부, 굽이, 커브; prendere una curva (자동차가) 커브를 틀다 ③ (그래프의) 곡선 ④ [기하] 곡선

curvare /kur'vare/ [타동] 구부리다, 굽히다 - [자동] (조동사 : avere) ① (길이) 굽다 ② (자동차가) 커브를 틀다 - curvarsi [재귀동사] (노령으로) 허리가 굽다

curvo /'kurvo/ [형] 굽은, 곡선 모양의; (허리가) 굽은

cuscinetto /kuʃʃi'netto/ [남] ① 스탬프 패드; 바늘겨레 ② [기계] 베어링 - zona cuscinetto 완충 지대

cuscino /kuʃʃino/ [남] 쿠션; 베개

cuspide /'kuspide/ [여] 첨단, 뾰족한 끝

custode /kus'tɔde/ [남/여] 관리인, 지키는 사람

custodia /kus'tɔdja/ [여] ① 보관, 관리; dare qc in custodia a qn 무엇의 관리를 누구에게 맡기다 ② [법률] (미성년자의) 보호, 감독, 후견 ③ 케이스, 갑 - agente di custodia 교도관

custodire /kusto'dire/ [타동] ① 지키다, 보관[관리]하다 ② 돌보다, 보호하다

cutaneo /ku'taneo/ [형] 피부의

cute /'kute/ [여] 피부

cuticola /ku'tikola/ [여] [생물] 큐티쿨라, 각피(角皮)

cutrettola /ku'trettola/ [여] [조류] 할미새

cutter /'katter/ [남-불변] [항해] 커터 (군함에 딸린 작은 배)

CV, C.V. → cavallo vapore (마력(馬力))

cyberspazio [남] → ciberspazio

cyclette /si'klɛt/ [여-불변] 실내 운동용 자전거

czar → zar

D

d, D /di/ [남/여-불변] 이탈리아어 알파벳의 네 번째 글자

da /da/ [전] ① ~에서, ~으로부터; arrivare da Milano 밀라노에서 오다; da dove vieni? 넌 어디에서 왔니?; a 3 km da Roma 로마에서 3km 떨어져; scendere dal treno 기차에서 내리다; uscire dalla scuola 학교에서 (밖으로) 나오다 ② (~에) 의해, (~을) 통해; dipinto da un grande artista 위대한 화가가 그린; è uscito dalla finestra 그는 창문으로 나갔다 ③ [장소] ~에; vive da un amico 그는 친구네 집에 살고 있다 ④ [시간] ~ 이후로, ~ 이래; da allora 그때 이후로; da oggi in poi 오늘부터, 오늘 이후 ⑤ [시간] ~ 동안; vivo qui da un anno 나는 이곳에 1년 동안 살고 있다 ⑥ [원인] ~으로 인해, ~ 때문에; tremare dal freddo 추워서 벌벌 떨다 ⑦ ~으로서; ~처럼, ~ 같이; da studente 학생으로서; trattare qn da amico 누구를 친구로[처럼] 대하다; comportarsi da uomo 남자답게 행동하다 ⑧ (특성을 나타내어) una ragazza dai capelli biondi 금발의 소녀; sordo da un orecchio 한쪽 귀가 들리지 않는 ⑨ (부정사를 이끌어) casa da affittare 세놓은 집; qualcosa da bere (무언가) 마실 것 - da ~ a ~ ~에서 ~까지; contare da 1 a 10 1에서 10까지 세다

dabbasso /dab'basso/ [부] 아래층에

dabbene /dab'bɛne/ [형-불변] 점잖은, 품행이 방정한

daccapo /dak'kapo/ [부] 처음부터, 다시, 새로

dacché /dak'ke/ [접] (문어체에서) ~ 이래로

dado /'dado/ [남] ① 주사위 ② [기계] 너트, 암나사 - tagliare a dadi (고기·채소 따위를) 주사위꼴로 자르다; il dado è tratto "주사위는 던져졌다"

daffare /daffare/ [남-불변] 활동, 일; avere un gran daffare 몹시 바쁘다

dagli /'daʎʎi/ → da + gli

dai1 /dai/ → da + i

dai2 /dai/ [감] 자, 어서

daino /'daino/ [남] [동물] 다마사슴

dal /dal/ → da + il

dalia /'dalja/ [여] [식물] 달리아

dall' /dal/ → da + l'

dalla /'dalla/ → da + la

dalle /'dalle/ → da + le

dallo /'dallo/ → da + lo

dalmata /'dalmata/ [남] 달마티아 개

daltonico /dal'tɔniko/ (복 : -ci, -che) [형] 색맹의 - [남] (여 : -a) 색맹인 사람

daltonismo /dalto'nizmo/ [남] 색맹

d'altronde [부] → altronde

dama /'dama/ [여] ① 귀부인; dama di corte 시녀 ② 체커, 서양 장기

damasco /da'masko/ [남] (복 : -schi) 다마스크 (천의 일종)

damigella /dami'dʒella/ [여] 명문가의 소녀[처녀] - damigella d'onore (결혼식의) 신부 들러리

damigiana /dami'dʒana/ [여] (채롱에 든) 목이 가는 큰 병

danaro /da'naro/ → denaro

danaroso /dana'roso/ [형] 돈이 많은, 부유한

dancing /'dɛnsing/ [남-불변] 무도실, 댄스홀

danese /da'nese/ [형] 덴마크의 - [남/여] 덴마크 사람 - [남] 덴마크어

Danimarca /dani'marka/ [여] 덴마크

dannare /dan'nare/ [타동] fare dannare qn (구어체에서) 누구를 미치게 하다 - dannarsi [재귀동사] dannarsi per fare qc 무엇을 하느라 뼈 빠지게 고생하다

dannato /dan'nato/ [형] (구어체에서) 넌더리나는, 지독한; quella dannata macchina! 저런 망할 놈의 차!

dannazione /dannat'tsjone/ [여] 저주 - [감] 제기랄, 젠장

danneggiare /danned'dʒare/ [타동] 손상을 입히다, 못 쓰게 만들다; (사람을) 해치다; la parte danneggiata [법률] 피해자

danno /'danno/ [남] ① 손해, 손상, 피해; arrecare danno a qc 무엇에 손상을 입히다 ② (사람이 입는) 상해; arrecare danno a qn 누구를 해치다; non c'è stato nessun danno alle persone 아무도 다치지 않았다

dannoso /dan'noso/ [형] (a 또는 per와 함께 쓰여) (~에) 해를 끼치는, 해로운; il fumo è dannoso alla salute 흡연은 건강에 해롭다

Danubio /da'nubjo/ [남] 다뉴브 강

danza /'dantsa/ [여] 춤추기, 댄싱; scuola di danza 댄스 교습소, 무용 학교

danzare /dan'tsare/ [자동] (조동사 : avere) 춤추다

danzatore /dantsa'tore/ [남] (여 : -trice) 춤추는 사람, 댄서, 무용수

dappertutto /dapper'tutto/ [부] 어디에나, 도처에

dappoco /dap'pɔko/ [형-불변] 쓸모없는, 무가치한

dapprima /dap'prima/ [부] 처음에

dardo /'dardo/ [남] 다트, 던지는 화살

dare1 /'dare/ [타동] ① 주다; (상 따위를) 수여하다; dare qc a qn 누구에게 무엇을 주다; dallo a me! 그걸 내게 다오!; dare tutto se stesso a qn/qc 누구/무엇에 자신의 모든 것을 바치다; dare il posto a qn 누구에게 자리를 양보하다 ② (충고·가르침 따위를) 주다, 전하다 ③ 지불하다; quanto mi dai per questo? 이거 얼마 줄 거야? ④ (임무·허가 따위를) 주다, 부여하다; dare a qn il permesso di fare qc 누가 ~하는 것을 허가하다 ⑤ 일으키다, 유발하다; dare il mal di testa a qn 누구의 머리를 아프게 하다; dare piacere a qn 누구를 기쁘게 하다 ⑥ 건네다, 내밀다; dare la mano a qn 누구와 악수하다; dammi il tuo piatto 접시를 건네다오 ⑦ (모임을) 개최하다, 열다; (영화·연극을) 상연[공연]하다; dare una festa 파티를 열다 ⑧ 생산하다, 산출하다, 내다; il suo duro lavoro ha dato buoni risultati 그가 열심히 일한 보람이 있었다 ⑨ dare da mangiare a qn 누구에게 마실 것을 주다; dare un calcio a qn 누구를 발로 차다; quanti anni mi dai? 내가 몇 살로 보이니? - [자동] (조동사 : avere) ① dare su (방·창문 따위가) ~에 면해 있다 ② dare su (색깔이) ~의 빛을 띠다 - darsi [재귀동사] ① (a와 함께 쓰여) (~에) 헌신하다, 전념하다, 몰두하다; darsi alla politica 정치에 일신을 바치다; darsi al bere 술꾼이 되다 ② darsi prigioniero 항복하다; darsi per vinto 굴하다; può darsi 아마, 어쩌면; darsela a gambe 부리나케 달아나다

dare2 /'dare/ [남] 차변(借邊); il dare e l'avere (장부상의) 대차

darsena /'darsena/ [여] (선박의) 독

data /'data/ [여] ① 날짜; che data è oggi? 오늘이 며칠이냐?; lettera in data 4 febbraio 2월 4일자 편지; in data odierna 오늘 현재; data di emissione 발행일; data di nascita 생일 ② 연대, 시대

data base, database /data'beiz/ [남-불변] 데이터베이스

datare /da'tare/ [타동] ① (문서 등에) 날짜를 기입하다 ② (유물 등의) 연대를 추정하다 - [자동] a datare da oggi 오늘부터

datario /da'tarjo/ [남] (복 : -ri) ① 날짜 도장 ② (시계의) 날짜판

datato /da'tato/ [형] 시대에 뒤진, 구식의

dativo /da'tivo/ [남] [문법] 여격

dato1 /'dato/ [형] ① 정해진, 일정한, 특정한; in quel dato giorno 바로 그날에 ② (~을) 고려해 보면; data la situazione 상황을 고려해 볼 때; dato che ~이라고 하면

dato2 /'dato/ [남] (복수형 dati로 써서) 자료, 데이터 - dato di fatto 사실

datore /da'tore/ [남] (여 : -trice) datore di lavoro 고용주, 사용자

dattero /'dattero/ [남] [식물] 대추야자

dattilografia /dattilogra'fia/ [여] 타자, 타이핑

dattilografo /datti'lɔgrafo/ [남] (여 : -a) 타이피스트

dattiloscritto /dattilos'kritto/ [형/남] 타자기로 친 (원고, 문서)

davanti /da'vanti/ [부] ① 앞에; 맞은편에; davanti c'era un bel giardino 앞에는 멋진 정원이 있었다 ② davanti a i) ~의 앞에; ogni mattina passo davanti a casa tua 매일 아침 나는 네 집 앞을 지난다; camminava davanti a me 그는 나보다 앞서서 걷고 있었다 ii) ~의 맞은편에; era seduto davanti a me 그는 나와 마주보고 앉아 있었다 iii)

~의 면전에; davanti a Dio 신 앞에서 - [형-불변] 앞(쪽)의; le zampe davanti (동물의) 앞발 - [남-불변] 앞(쪽)

davanzale /davan'tsale/ [남] 창턱, 창 아래틀

davanzo /da'vantso/ [부] 남도록, 충분히

davvero /dav'vero/ [부] 정말, 실로, 참으로; è successo davvero 그 일은 실제로 일어났다; dico davvero 진심으로 하는 말이야

dazio /'dattsjo/ [남] (복 : -zi) ① 세금, 관세 ② 세관

d.C. → dopo Cristo 기원후 (A.D.)

dea /'dɛa/ [여] ① 여신(女神) ② 절세미녀

debellare /debel'lare/ [타동] 이기다, 쳐부수다, 무찌르다, 근절하다

debilitante /debili'tante/ [형] (병 따위가 사람을) 쇠약하게 하는

debilitare /debili'tare/ [타동] 약화시키다, 쇠약하게 만들다

debitamente /debita'mente/ [부] 온당하게, 적절하게

debito1 /'debito/ [남] ① 빚, 부채; essere in debito 빚을 지고 있다; fare debiti 빚을 지다; debito nazionale 국가 채무 ② [상업] 차변(借邊) ③ (남에게 진[입은]) 신세, 은혜

debito2 /'debito/ [형] 온당한, 적절한; a tempo debito 제때에

debitore /debi'tore/ [남/여] ① 채무자, 빚진 사람 ② (남에게) 신세를 진 사람, 은혜를 입은 사람

debole /'debole/ [형] ① 약한, 힘없는, 연약한, 허약한; (시력 따위가) 나쁜 ② (빛·소리 등이) 희미한, 가냘픈 - [남/여] 허약한 사람 - [남] (누군가에) 약함, (무언가를) 매우 좋아함; ha un debole per la cioccolata 그는 초콜릿에 약하다, 초콜릿을 매우 좋아한다

debolezza /debo'lettsa/ [여] 약함, 연약함, 허약함; (시력 따위가) 나쁨; (빛·소리 등이) 희미함, 가냘픔

debolmente /debol'mente/ [부] 약하게; 희미하게, 가냘프게

debosciato /deboʃ'ʃato/ [형/남] (여 : -a) 타락한, 방탕한 (사람)

debuttante /debut'tante/ [남/여] 초심자, 풋내기; 첫 무대에 선 배우

debuttare /debut'tare/ [자동] (조동사 : avere) (배우·가수 등이) 데뷔하다, 처음 무대에 서다

debutto /de'butto/ [남] 데뷔, 첫 출연; fare il proprio debutto 데뷔하다, 처음 무대에 서다

decade /'dɛkade/ [여] 10년간

decadente /deka'dɛnte/ [형] (문예사조의) 데카당파의, 퇴폐기의 - [남/여] 데카당파의 작가

decadenza /deka'dɛntsa/ [여] 쇠퇴; 타락

decadere /deka'dere/ [자동] (조동사 : essere) ① (나라 등이) 쇠퇴하다 ② [법률] 실효(失效)하다

decaduto /deka'duto/ [형] 쇠퇴한

decaffeinato /dekaffei'nato/ [형/남] 카페인을 제거한[줄인] (커피)

decalcificazione /dekaltʃifikat'tsjone/ [여] 석회질 제거; 칼슘의 손실

decalcomania /dekalkoma'nia/ [여] (그림·디자인의) 전사(轉寫)

decalogo /de'kalogo/ [남] (복 : -ghi) ① [성경] (모세의) 십계명 ② (비유적으로) 규정집; 핸드북, 편람

decano /de'kano/ [남] (여 : -a) ① [가톨릭] 지구(地區) 수석 사제, 지구장 ② (단과 대학의) 학장 ③ (단체의) 고참, 원로

decantare1 /dekan'tare/ [타동] (공덕 등을) 찬양하다

decantare2 /dekan'tare/ [타동] (웃물을 따라) (액체를) 정화하다 - [자동] (조동사 : avere) (액체가) 맑아지다

decapitare /dekapi'tare/ [타동] (~의) 목을 베다, (~을) 참수하다

decappottabile /dekappot'tabile/ [형] (자동차가) 지붕을 접을 수 있는 - [남] 지붕을 접을 수 있는 자동차

decathlon /'dɛkatlon/ [남-불변] [육상] 10종 경기

decedere /de'tʃedere/ [자동] (조동사 : essere) 죽다, 사망하다

deceduto /detʃe'duto/ [형] 죽은, 사망한 - [남] (여 : -a) 고인

decelerare /detʃele'rare/ [타동/자동] (조동사 : avere) 속도를 줄이다, 감속하다

decelerazione /detʃelerat'tsjone/ [여] 감속

decennale /detʃen'nale/ [형] 10년간의; 10년마다의 - [남] 10주년 기념제

decennio /de'tʃɛnnjo/ [남] (복 : -ni) 10년간

decente /de'tʃɛnte/ [형] ① (옷차림이나 행동 따위가) 점잖은, 품위 있는, 단정한

② 알맞은, 적절한, 받아들일 만한

decentemente /detʃente'mente/ [부] 점잖게, 품위 있게, 단정하게; 알맞게, 적절하게, 받아들일 만하게

decentramento /detʃentra'mento/ [남] 분산, 집중 배제; 지방 분권

decentrare /detʃen'trare/ [타동] 분산시키다, 집중을 배제하다

decenza /de'tʃentsa/ [여] 점잖음, 품위 있음, 단정함; 알맞음, 적절함, 받아들일 만함

decesso /de'tʃɛsso/ [남] 죽음, 사망; atto di decesso 사망 진단서[확인서]

decibel /'detʃibel/ [남-불변] [물리] 데시벨 (음향의 측정 단위)

decidere /de'tʃidere/ [타동] ① 결정하다; decidere una data 날짜를 정하다; decidere di fare qc 무엇을 하기로 결정하다 ② (문제·분쟁 등을) 풀다, 해결하다 - [자동] (조동사 : avere) 결심하다, 마음먹다; è venuto il momento di decidere 이제 결심을 할 때다 - decidersi [재귀동사] decidersi a fare ~하기로 결심하다

decifrare /detʃi'frare/ [타동] ① (암호·수수께끼 등을) 풀다 ② (비유적으로) (남의 의도 따위를) 알아내다, 파악하다

decilitro /de'tʃilitro/ [남] [부피의 단위] 데시리터 (1/10리터)

decimale /detʃi'male/ [형] [수학] 십진법의, 소수(小數)의 - [남] 소수

decimetro /de'tʃimetro/ [남] [길이의 단위] 데시미터 (1/10미터)

decimo /'detʃimo/ [형] 제10의, 10번째의 - [남] (여 : -a) ① 10번째의 것[사람] ② 1/10

decina /de'tʃina/ [여] 십(10), 열; 약 10에 해당하는 수치; decine di lettere 수십 통의 편지

decisamente /detʃiza'mente/ [부] 명확하게, 뚜렷하게, 굳게 결심하여, 단호하게

decisionale /detʃizjo'nale/ [형] 결정하는, 의사 결정의

decisione /detʃi'zjone/ [여] ① 결정, 결심; prendere una decisione 결정하다 ② 결연함, 단호함; con decisione 굳게 결심하여, 단호하게

decisivo /detʃi'zivo/ [형] 결정적인, 중대한

deciso /de'tʃizo/ [형] 결심한; 단호한; essere deciso a fare qc 무엇을 하려고 결심한 상태다; essere deciso a tutto 무엇이든 할 각오가 되어 있다 - non c'è ancora niente di deciso 아직 아무것도 결정되지 않았다

declamare /dekla'mare/ [타동] 낭독하다, 암송하다

declassare /deklas'sare/ [타동] (품질·등급을) 떨어뜨리다

declinare /dekli'nare/ [타동] ① (제안 따위를) 거절하다 ② [문법] (명사·형용사 등을) 격변화시키다 - [자동] (조동사 : avere) ① 아래로 기울다; 내려가다 ② (비유적으로) 쇠퇴하다, 감퇴하다

declinazione /deklinat'tsjone/ [여] ① [문법] 어형 변화 ② [물리] (자침의) 편차; [천문] 적위(赤緯)

declino /de'klino/ [남] 쇠퇴, 퇴보, 타락; in declino 쇠퇴해가는

declivio /de'klivjo/ [남] (복 : -vi) 내리받이, 내리막

decodificatore /dekodifika'tore/ [남] [TV] 디코더 (암호화된 신호를 원래 신호로 바꿔 화상이 비치도록 하는 장치)

decollare /dekol'lare/ [자동] (조동사 : essere) (비행기가) 이륙하다

décolleté /dekol'te/ [남-불변] (드레스의) 깊이 파인 네크라인 - [형-불변] (옷의) 목 부분이 깊이 파인

decollo /de'kollo/ [남] (비행기의) 이륙

decolorante /dekolo'rante/ [형] 탈색[표백]하는 - [남] 탈색제, 표백제

decolorare /dekolo'rare/ [타동] 탈색[표백]하다

decomporre /dekom'porre/ [타동] (in과 함께 쓰여) (~으로) 분해하다 - decomporsi [재귀동사] ① 분해되다 ② 부패하다

decomposizione /dekompozit'tsjone/ [여] 분해; 부패

decompressione /dekompres'sjone/ [여] 감압(減壓)

decongelare /dekondʒe'lare/ [타동] (얼어붙은 것을) 녹이다

decongestionare /dekondʒestjo'nare/ [타동] ① [의학] 충혈을 완화하다 ② (비유적으로) (교통 따위의) 혼잡을 완화하다

decorare /deko'rare/ [타동] ① (con과 함께 쓰여) (~으로) 꾸미다, 장식하다 ② (군인 등에게) 훈장을 주다

decorativo /dekora'tivo/ [형] 장식의, 장식적인

decoratore /dekora'tore/ [남] (여 : -trice) 장식하는 사람; 실내 장식가

decorazione /dekorat'tsjone/ [여] ① 장식, 꾸밈 ② 장식물 ③ 훈장

decoro /de'kɔro/ [남] 단정함, 품위 있음; vestirsi con decoro 옷을 단정하게 입다

decoroso /deko'roso/ [형] 예의에 어긋나지 않는, 단정한, 품위 있는

decorrenza /dekor'rɛntsa/ [여] 개시 일자; con decorrenza dal primo gennaio 1월 1일부터

decorrere /de'korrere/ [자동] (조동사 : essere) ① (시간이) 경과하다, 지나다 ② (da와 함께 쓰여) (~의 날짜·연도부터) 시작되다; a decorrere da domani 내일부터

decorso /de'korso/ [남] (병의) 경과, 진행

decotto /de'kɔtto/ [남] 달인 즙, 탕약

decremento /dekre'mento/ [남] 감소, 줄어듦

decrepito /de'krɛpito/ [형] 낡은, 노후된

decrescente /dekreʃ'ʃɛnte/ [형] 감소하는, 줄어드는

decrescere /de'kreʃʃere/ [자동] (조동사 : essere) 감소하다, 줄어들다; (가격이) 내려가다; (달이) 이지러지다

decretare /dekre'tare/ [타동] (법령으로서) 포고하다; decretare lo stato d'emergenza 비상사태를 선포하다

decreto /de'kreto/ [남] 법령, 율령, 포고; (법원의) 명령; decreto di sfratto 퇴거 명령

decurtare /dekur'tare/ [타동] (금액을) 줄이다, 깎다; (비용을) 삭감하다

decurtazione /dekurtat'tsjone/ [여] (비용의) 삭감

dedalo /'dɛdalo/ [남] 미로(迷路), 미궁; 미로같이 복잡함, 얽히고 설킴

dedica /'dɛdika/ [여] (복 : -che) 봉헌, 바침

dedicare /dedi'kare/ [타동] (a와 함께 쓰여) ① (저서 등을 누구에게) 헌정하다 ② 봉납[헌납]하다, (교회당을) 헌당하다 ③ (생애·시간을) 바치다, (~에) 전념하다 - dedicarsi [재귀동사] (a와 함께 쓰여) (~에) 일신을 바치다, 헌신 [전념]하다

dedito /'dɛdito/ [형] (a와 함께 쓰여) (~에) 몸을 바친, 헌신[전념]하는

dedizione /dedit'tsjone/ [여] 헌신, 전념

deducibile /dedu'tʃibile/ [형] ① 추론할 수 있는 ② (비용 따위를) 공제할 수 있는

dedurre /de'durre/ [타동] ① (da와 함께 쓰여) (~으로부터) 추론하다, 연역(演繹)하다 ② (비용 따위를) 공제하다

deduzione /dedut'tsjone/ [여] ① 추론, 연역 ② 공제

défaillance /defa'jans/ [여-불변] 갑자기 힘이 없어지거나 쇠약해짐

defalcare /defal'kare/ [타동] (금액을) 공제하다

defecare /defe'kare/ [자동] (조동사 : avere) 배변(排便)하다

defenestrare /defenes'trare/ [타동] ① 창 밖으로 던지다 ② (비유적으로) 내쫓다

deferente1 /defe'rɛnte/ [형] (verso와 함께 쓰여) (~에) 경의를 표하는, 공손한

deferente2 /defe'rɛnte/ [형] canale deferente [해부] 수정관(輸精管)

deferenza /defe'rɛntsa/ [여] (verso와 함께 쓰여) (~에 대한) 경의, 존경

deferire /defe'rire/ [타동] (a와 함께 쓰여) [법률] (사건 등을 ~에) 위탁[회부]하다

defezione /defet'tsjone/ [여] 변절, 탈당

deficiente /defi'tʃɛnte/ [형] ① (di와 함께 쓰여) (~이) 부족한, 불충분한 ② 정신박약의, 모자란 - [남/여] 저능아, 모자란 사람

deficienza /defi'tʃɛntsa/ [여] (di와 함께 쓰여) (~의) 부족, 결핍

deficit /'dɛfitʃit/ [남-불변] ① 부족, 결핍 ② [상업] 적자, 결손

deficitario /defitʃi'tarjo/ [형] (복 : -ri, -rie) ① [상업] 적자의 ② (비유적으로) 부족한, 불충분한

defilarsi /defi'larsi/ [재귀동사] 회피하다, 내빼다

défilé /defi'le/ [남-불변] 패션쇼

definire /defi'nire/ [타동] ① 정의를 내리다, 말뜻을 명확히 하다 ② (결)정하다 ③ (~이라) 칭하다, 평하다

definitivamente /definitiva'mente/ [부] 영구적으로, 결정적[최종적]으로

definitivo /defini'tivo/ [형] 결정적인, 최종적인, 영구적인

definito /defi'nito/ [형] 명확하게 한정된, 확정된, 일정한; ben definito (정의 따위가) 명확한

definizione /definit'tsjone/ [여] ① (말뜻의) 정의(定義) ② 결정, 확정 ③ (사진·화면의) 선명도, 해상도; ad alta definizione 고화질의

deflagrazione /deflagrat'tsjone/ [여] [화학] 폭연(爆燃) (작용); 폭발, 격발

deflazione /deflat'tsjone/ [여] [경제] 디플레이션, 통화 수축

deflettere /de'flɛttere/ [자동] (조동사 : avere) (da와 함께 쓰여) (~으로부터) 빗나가다, 벗어나다

deflettore /deflet'tore/ [남] (공기·빛 따위의) 전향(轉向) 장치; (자동차의 환기용) 삼각창

defluire /deflu'ire/ [자동] (조동사 : essere) ① (액체가) 흐르다, 흘러가다, 흘러오다 ② (비유적으로) (사람이 거리 등으로) 쏟아져 나오다

deflusso /de'flusso/ [남] (액체의) 흐름, 유출; 밀물

deforestazione /deforestat'tsjone/ [여] 삼림 벌채, 산림 개간

deformante /defor'mante/ [형] 변형[왜곡]시키는

deformare /defor'mare/ [타동] ① 변형시키다; 뒤틀다; (상(像)을) 왜곡시키다 ② (비유적으로) (사실·진리 등을) 왜곡[곡해]하다 - deformarsi [재귀동사] 변형되다; 뒤틀리다; (상이) 왜곡되다

deformazione /deformat'tsjone/ [여] ① 변형, 왜곡 ② (신체의) 기형

deforme /de'forme/ [형] 뒤틀린, 일그러진, 기형의

deformità /deformi'ta/ [여-불변] 뒤틀림, 일그러짐, 기형

defraudare /defrau'dare/ [타동] defraudare qn di qc 누구를 속여서 무엇을 빼앗다

defunto /de'funto/ [형] 죽은, 고인이 된 - [남] (여 : -a) 죽은 사람, 고인

degenerare /dedʒene'rare/ [자동] (조동사 : avere, essere) (in과 함께 쓰여) (~으로) 퇴보[타락]하다

degenerativo /dedʒenera'tivo/ [형] (병이) 퇴행성의

degenerazione /dedʒenerat'tsjone/ [여] 퇴화, 퇴보, 타락

degenere /de'dʒenere/ [형] (사람이) 타락한

degente /de'dʒɛnte/ [남/여] 입원 환자

degenza /de'dʒɛntsa/ [여] 병으로 자리에 누워 있음; degenza ospedaliera 병원에 입원 중임

degli /'deʎʎi/ → di + gli

deglutire /deglu'tire/ [타동] 삼키다

degnamente /deɲɲa'mente/ [부] 단정하게, 점잖게; 적절하게

degnare /deɲ'ɲare/ [타동] degnare qn della propria attenzione 누구를 눈여겨볼 만한 가치가 있다고 생각하다 - degnarsi [재귀동사] degnarsi di fare qc 고맙게도 ~해주다

degno /'deɲɲo/ [형] (di와 함께 쓰여) (~의) 가치가 있는, ~할 만한; (~에) 어울리는, 알맞은; degno di fiducia 믿을 만한; degno di lode 칭송할 만한; fare una cosa del genere non è degno di te 그런 짓을 하는 건 너한테 어울리지 않는구나

degradante /degra'dante/ [형] 품위를 떨어뜨리는

degradare /degra'dare/ [타동] ① [군사] 강등시키다 ② 품위를 떨어뜨리다, 면목을 잃게 하다 - degradarsi [재귀동사] 품위가 떨어지다, 면목을 잃다

degrado /de'grado/ [남] 퇴보, 퇴폐, 타락

degustare /degus'tare/ [타동] 맛보다, 시식[시음]하다

degustazione /degustat'tsjone/ [여] 시식, 시음

dei /dei/ → di + i

deificare /deifi'kare/ [타동] 신으로 받들다, 신성시하다

del /del/ → de + il

delatore /dela'tore/ [남] (여 : -trice) 밀고하는 사람, 고발인

delazione /delat'tsjone/ [여] 밀고, 고발

delega /'dɛlega/ [여] (복 : -ghe) ① 대리(권); per delega 대리인으로서 ② (임무·권한의) 위임

delegare /dele'gare/ [타동] (누구를) 대리인으로 지명하다; (a와 함께 쓰여) (누구에게 권한 등을) 위임하다

delegato /dele'gato/ [형] amministratore delegato 사장 - [남] (여 : -a) (회의 등에) 대표로 파견된 사람, 대의원

delegazione /delegat'tsjone/ [여] 대표단, 대의원단

deleterio /dele'tɛrjo/ [형] (복 : -ri, -rie) 독성이 있는, 유독한; 해로운

delfino /del'fino/ [남] [동물] 돌고래

delibera /de'libera/ [여] 결의, 결정

deliberare /delibe'rare/ [타동] 결정을 내

리다; deliberare di fare qc ~하기로 결정하다 - [자동] (조동사 : avere) (su와 함께 쓰여) (~에 대해) 심의하다

deliberatamente /deliberata'mente/ [부] 고의로, 의도적으로

delicatamente /delikata'mente/ [부] 섬세하게, 정교하게

delicatezza /delika'tettsa/ [여] ① 섬세함, 부드러움, 세련됨 ② 섬약함, 연약함 ③ 신중함, 정교함

delicato /deli'kato/ [형] ① 섬세한, 고운, 부드러운 ② 섬약한, 연약한, 가냘픈 ③ 정교한; 민감한, 예민한; 깨지기 쉬운 ④ 신중한, 주의를 요하는

delimitare /delimi'tare/ [타동] 범위·경계를 정하다

delineare /deline'are/ [타동] ① (~의) 윤곽을 그리다 ② (비유적으로) 개괄[개설]하다 - delinearsi [재귀동사] 윤곽[모습]이 드러나다; 구체화되다

delinquente /delin'kwɛnte/ [남/여] 범법자, 범죄자; 건달, 불한당

delinquenza /delin'kwɛntsa/ [여] 범법행위, 범죄; delinquenza minorile 청소년 범죄[비행]

deliquio /de'likwjo/ [남] (복 : -qui) 졸도, 기절

delirante /deli'rante/ [형] ① 헛소리를 하는, 정신 착란의 ② 미쳐 날뛰는, 광포한; (군중이) 열광하는

delirare /deli'rare/ [자동] (조동사 : avere) 헛소리를 하다, 정신 착란 상태에 있다; 미쳐 날뛰다

delirio /de'lirjo/ [남] (복 : -ri) ① 섬망 상태, (일시적) 정신 착란 ② 미쳐 날뜀, 광포함 ③ (군중의) 열광, 광란

delitto /de'litto/ [남] ① 범죄 ② (비유적으로) (도덕상의) 죄

delittuoso /delittu'oso/ [형] 범죄의

delizia /de'littsja/ [여] ① 맛있는 것 ② 기쁨, 즐거움, 환희; con mia grande delizia (내가) 무척 기쁘게도

deliziare /delit'tsjare/ [타동] (손님 등을) 환대하다 - deliziarsi [재귀동사] (con, in과 함께 쓰여) (~을) 즐기다

delizioso /delit'tsjoso/ [형] ① 기쁜, 즐거운, 유쾌한 ② 맛있는

dell' /del/ → dello, della

della /'della/ → di + la

delle /'delle/ → di + le

dello /'dello/ → di + lo

delta1 /'dɛlta/ [남-불변] [지리] 삼각주

delta2 /'dɛlta/ [남/여-불변] ① 델타 (그리스어 알파벳의 네 번째 글자) ② [수학] 델타 (변수의 증분(增分) 기호; ∆)

deltaplano /delta'plano/ [남] 행글라이더; 행글라이딩

deludente /delu'dɛnte/ [형] 실망시키는, 기대에 어긋나는, 만족스럽지 못한

deludere /de'ludere/ [타동] 실망시키다, 기대를 저버리다

delusione /delu'zjone/ [여] 실망; dare una delusione a qn 누구를 실망시키다

deluso /de'luzo/ [형] 실망한, 기대가 무너진

demagogia /demago'dʒia/ [여] 민중 선동

demagogico /dema'gɔdʒiko/ [형] (복 : -ci, -che) (민중을) 선동하는

demagogo /dema'gɔgo/ [남] (여 : -a) (남·복 : -ghi, 여·복 : -ghe) 민중 선동가, 선동 정치가

demaniale /dema'njale/ [형] (토지 등이) 국유(國有)의

demanio /de'manjo/ [남] (복 : -ni) 국유 재산

demarcare /demar'kare/ [타동] 한계[경계]를 정하다

demarcazione /demarkat'tsjone/ [여] 한계[경계] 결정; linea di demarcazione 경계선

demente /de'mɛnte/ [형] ① 미친, 실성한, 정신 이상의 ② (구어체에서) 우둔한 - [남/여] ① 정신 이상자 ② (구어체에서) 바보

demenza /de'mɛntsa/ [여] ① 광기, 정신 이상 ② 백치 - demenza senile 노인성 치매

demenziale /demen'tsjale/ [형] ① 미친, 정신 이상의 ② (구어체에서) 엉뚱한, 별난, 괴짜의

democraticamente /demokratika'mente/ [부] 민주적으로

democratico /demo'kratiko/ (복 : -ci, -che) [형] ① 민주주의의, 민주정체의 ② 민주적인; 사회적 평등을 존중하는 - [남] (여 : -a) 민주주의자

democratizzare /demokratid'dzare/ [타동] 민주화하다

democrazia /demokrat'tsia/ [여] 민주주의; 민주제

demografico /demo'grafiko/ [형] 인구(학)의; incremento demografico 인구 증가

demolire /demo'lire/ [타동] (건물을) 헐다, 무너뜨리다; (이론 따위를) 뒤집다
demolizione /demolit'tsjone/ [여] 파괴, 무너뜨림
demone /'demone/ [남] ① 영(靈), 신령, 귀신 ② 악마, 악귀
demonio /de'mɔnjo/ [남] (복 : -ni) ① D- 악마, 마귀 ② 못된 인간
demoralizzante /demoralid'dzante/ [형] 사기를 꺾는
demoralizzare /demoralid'dzare/ [타동] 사기를 꺾다 - demoralizzarsi [재귀동사] 사기가 꺾이다, 낙담하다
demordere /de'mɔrdere/ [자동] (조동사 : avere) 포기하다
demotivare /demoti'vare/ [타동] 동기 [의욕]를 잃게 하다 - demotivarsi [재귀동사] 동기[의욕]를 잃다, 풀이 죽다
demotivato /demoti'vato/ [형] 동기[의욕]를 잃은, 동기가 없는
denaro /de'naro/ [남] 돈, 금전; denaro contante[liquido] 현금; il tempo è denaro [속담] 시간이 돈이다
denaturato /denatu'rato/ [형] alcol denaturato 변성알코올
denigrare /deni'grare/ [타동] (사람을) 헐뜯다, 비난하다; (명예를) 훼손하다
denominare /denomi'nare/ [타동] 명명하다, (~이라고) 일컫다[부르다]
denominatore /denomina'tore/ [남] [수학] 분모
denominazione /denominat'tsjone/ [여] 이름, 명칭; denominazione commerciale 상표명
denotare /deno'tare/ [타동] 표시하다, 나타내다
densità /densi'ta/ [여-불변] 밀도; ad alta densità di popolazione 인구밀도가 높은
denso /'dɛnso/ [형] ① (안개 따위가) 짙은 ② (액체가) 진한, 걸쭉한 ③ 빽빽한, 조밀한, 밀도가 높은
dentario /den'tarjo/ [형] (복 : -ri, -rie) 이의, 치과의
dentata /den'tata/ [여] (이로) 물기; 문 자국
dentatura /denta'tura/ [여] (한 사람이 갖고 있는) 치아의 전체
dente /'dɛnte/ [남] ① 이, 치아; mal di denti 치통; lavarsi i denti 이를 닦다; dente del giudizio 사랑니 ② (톱·빗 따위의) 이 같이 생긴 부분; (톱니바퀴

의) 이 ③ al dente (파스타 따위가) 씹힐 만큼 단단한, 씹는 맛이 있는 - avere il dente avvelenato contro[con] qn 누구에게 원한을 품고 있다; mettere qc sotto i denti 무엇을 (먹으려고) 한 입 물다; mostrare i denti 이를 드러내다; stringere i denti 이를 갈다 - dente di leone [식물] 민들레
dentiera /den'tjɛra/ [여] 틀니, 의치(義齒)
dentifricio /denti'fritʃo/ (복 : -ci, -cie) [형] pasta dentifricia 치약 - [남] 치약
dentista /den'tista/ [남/여] (남·복 : -i, 여·복 : -e) 치과의사
dentizione /dentit'tsjone/ [여] 이가 남, 치아의 발생
dentro /'dentro/ [부] ① 안에서, 실내에서; andare dentro 안으로[실내로] 들어가다; vieni dentro 들어와; hai visto dentro? 안쪽을 보았니? ② (구어체에서) 감옥에 갇혀; è dentro da un anno 그는 1년째 옥살이를 하고 있다 ③ 마음 속에; sentire qc dentro 무엇을 마음 속 깊이 느끼다 - [전] 안에, 안으로; dentro l'armadio 찬장 안에; è dentro alla politica 그는 정치에 관여하고 있다; dentro di me pensai 나는 ~이라고 속으로 생각했어 - [남] 안쪽, 내부 - esserci dentro fino al collo (무엇엔가) 깊이 빠져 있다
denuclearizzare /denuklearid'dzare/ [타동] 비핵화(非核化)하다
denuclearizzato /denuklearid'dzato/ [형] (일정 지역이) 비핵화된
denudare /denu'dare/ [타동] 옷을 벗기다 - denudarsi [재귀동사] 옷을 벗다
denuncia /de'nuntʃa/ [여] (복 : -ce) (법적 절차에 따른) 신고; sporgere denuncia contro qn 누구를 고소하다 [경찰에 신고하다]; denuncia delle nascite 출생 신고; denuncia dei redditi 소득세 신고
denunciare /denun'tʃare/ [타동] (법적 절차에 따라) 신고하다; denunciare qn/qc (alla polizia) 누구/무엇을 (경찰에) 신고하다
denutrito /denu'trito/ [형] 영양 실조에 걸린
denutrizione /denutrit'tsjone/ [여] 영양 실조
deodorante /deodo'rante/ [형] 몸의 나

쁜 냄새를 없애는 - [남] 방취제(防臭劑)
deodorare /deodo'rare/ [타동] (몸의) 나쁜 냄새를 없애다
deontologia /deontolo'dʒia/ [여] ① 직업윤리 ② [철학] 의무론
deperibile /depe'ribile/ [형] 썩기 쉬운; merce deperibile 상하기 쉬운 상품
deperimento /deperi'mento/ [남] (사람이) 쇠약해짐; (상품의) 부패, 가치 하락
deperire /depe'rire/ [자동] (조동사 : essere) (사람이) 쇠약해지다; (식물이) 시들다; (상품이) 부패하다, 가치가 떨어지다
depilare /depi'lare/ [타동] 털을 뽑다, 제모하다; depilarsi le sopracciglia 눈썹을 뽑다
depilatorio /depila'tɔrjo/ (복 : -ri, -rie) [형] 털을 제거하는, 탈모의 - [남] 탈모제
depilazione /depilat'tsjone/ [여] 탈모, 제모
depistare /depis'tare/ [타동] (누구로 하여금) 잘못된 길로 나아가게 하다
dépliant /depli'an/ [남-불변] 전단, 브로셔
deplorare /deplo'rare/ [타동] 비탄하다, 개탄하다, 한탄하다
deplorevole /deplo'revole/ [형] 통탄할, 한탄스러운
deporre /de'porre/ [타동] ① (물건을 바닥에) 내려놓다 ② (직위에서) 끌어내리다 ③ (생각·계획 따위를) 포기하다, 버리다 ④ (새가 알을) 낳다 ⑤ [법률] deporre il falso 허위 진술을 하다 - [자동] (조동사 : avere) 증언하다 - deporre le armi (군인이) 무기를 버리다, 항복하다
deportare /depor'tare/ [타동] (국외로) 추방하다
deportato /depor'tato/ [형/남] (여 : -a) (국외로) 추방된 (사람)
deportazione /deportat'tsjone/ [여] (국외) 추방
depositare /depozi'tare/ [타동] ① (물건을) 두다, 맡기다 ② (돈을 은행에) 맡기다, 예금하다 ③ 침전[퇴적]시키다 - depositarsi [재귀동사] (찌꺼기가) 가라앉다, 침전하다
depositario /depozi'tarjo/ [남] (여 : -a) (복 : -ri) 보관인, 수탁자
deposito /de'pɔzito/ [남] ① 보관, 저장 ② 침전물, 앙금 ③ 공탁금; 예금(액); fare[eseguire] un deposito 계약금을 치르다 ④ 창고, 저장소; lasciare in deposito (물품을) 저장하다
deposizione /depozit'tsjone/ [여] ① [법률] 증언; fare una falsa deposizione 위증(僞證)하다 ② 해임, 면직
depravato /depra'vato/ [형/남] (여 : -a) 타락한 (사람)
depravazione /depravat'tsjone/ [여] 타락, 부패
deprecabile /depre'kabile/ [형] ① 개탄[비판]하는 (태도의) ② 개탄할 만한
deprecare /depre'kare/ [타동] 개탄하다, 비판하다, 반대하다
depredare /depre'dare/ [타동] 약탈하다, 노략질하다; 강탈하다, 빼앗다
depressione /depres'sjone/ [여] ① 의기소침, 우울(증) ② [기상] 저기압 ③ (경기) 불황 ④ (땅의) 함몰
depresso /de'presso/ [형] ① 의기소침한, 우울한 ② 불경기의, 불황의
deprezzamento /deprettsa'mento/ [남] 가치 하락, 가격 저하
deprezzare /depret'tsare/ [타동] 가치를 떨어뜨리다, 가격을 하락시키다 - deprezzarsi [재귀동사] 가치가 떨어지다, 가격이 하락하다
deprimente /depri'mɛnte/ [형] 낙담하게 하는, 우울하게 만드는
deprimere /de'primere/ [타동] 낙담시키다, 우울하게 만들다 - deprimersi [재귀동사] 낙담하다, 우울해지다
depurare /depu'rare/ [타동] 깨끗하게 하다, 정화하다 - depurarsi [재귀동사] 깨끗해지다
depuratore /depura'tore/ [형] 깨끗하게 하는, 정화하는 - [남] 정화 장치; depuratore d'acqua 정수기
depurazione /depurat'tsjone/ [여] 정화, 깨끗하게 함
deputare /depu'tare/ [타동] deputare qn a fare qc 누구를 대표[대리]로 세워 무엇을 하도록 하다
deputato /depu'tato/ [남/여] ① 국회의원 ② 대표자, 대리인
deputazione /deputat'tsjone/ [여] 대표[대리] 파견
deragliamento /deraʎʎa'mento/ [남] (기차의) 탈선
deragliare /deraʎ'ʎare/ [자동] (조동사 : avere) (기차가) 탈선하다

derapare /dera'pare/ [자동] (조동사 : avere) (자동차 등이) 옆으로 미끄러지다

derapata /dera'pata/ [여] (자동차 등의) 옆으로 미끄러짐

derby /'dɛrbi/ [남-불변] [스포츠] (축구 등의) 더비 매치

derelitto /dere'litto/ [형] (사람·건물 따위가) 버려진, 유기된

deretano /dere'tano/ [남] (구어체에서) 궁둥이, 둔부

deridere /de'ridere/ [타동] 비웃다, 조소[조롱]하다

derisione /deri'zjone/ [여] 비웃음, 조소, 조롱

derisorio /deri'zɔrjo/ [형] (복 : -ri, -rie) 비웃는, 조소[조롱]하는

deriva /de'riva/ [여] 표류, 떠내려감; andare alla deriva 표류하다, 떠돌다

derivare /deri'vare/ [타동] (물의 흐름 따위를) 바꾸다, 딴 데로 돌리다 - [자동] (조동사 : essere) (da와 함께 쓰여) (~에서) 비롯되다, 유래하다, 나오다; (~의) 결과로서 일어나다

derivata /deri'vata/ [여] [수학] 미분계수

derivato /deri'vato/ [형] 비롯된, 유래된, 파생된 - [남] [언어] 파생어; 부산물

derivazione /derivat'tsjone/ [여] ① 유래, 기원; 파생 ② (물의 흐름 따위의) 전환

dermatite /derma'tite/ [여] [병리] 피부염

dermatologia /dermatolo'dʒia/ [여] 피부병학(學)

dermatologo /derma'tɔlogo/ [남] (여 : -a) (남·복 : -gi, 여·복 : -ghe) 피부과 의사

dermatosi /derma'tɔzi/ [여-불변] [병리] 피부병

deroga /'dɛroga/ [여] (복 : -ghe) (특별) 면제, 예외로 해줌; è una norma che non ammette deroghe 이 규정에 예외란 없다

derogare /dero'gare/ [자동] (조동사 : avere) (a와 함께 쓰여) (법·규칙 등을) 어기다, 위반하다

derrata /der'rata/ [여] derrate alimentari 식료품

derubare /deru'bare/ [타동] derubare qn di qc 누구에게서 무엇을 빼앗다[강탈하다]

descrittivo /deskrit'tivo/ [형] 기술적(記述的)인, 묘사의

descrivere /des'krivere/ [타동] 묘사하다, 기술하다

descrivibile /deskri'vibile/ [형] 묘사[기술]할 수 있는

descrizione /deskrit'tsjone/ [여] 묘사, 기술

deserto /de'zɛrto/ [형] 버려진, 인적이 끊긴; isola deserta 무인도 - [남] 사막

desiderabile /deside'rabile/ [형] ① 매력적인, 마음을 사로잡는 ② 바람직한

desiderare /deside'rare/ [타동] ① 바라다, 원하다; desiderare (di) fare qc ~하고 싶어하다; desidera? (점원 등이 하는 말로) 도와드릴까요?; sei desiderato al telefono 너한테 전화왔다; lascia molto a desiderare 그것은 그다지 바람직하지 못하다, 기대에 많이 어긋난다 ② (성적으로) 욕정을 품다

desiderio /desi'dɛrjo/ [남] (복 : -ri) ① (di와 함께 쓰여) (~에 대한) 소망, 욕구 ② 정욕, 색욕

desideroso /deside'roso/ [형] (di와 함께 쓰여) (~을) 간절히 바라는, 소원하는

designare /desiɲ'ɲare/ [타동] ① 가리키다, 지시하다, 나타내다 ② (사람을) 지명[임명]하다 ③ (날짜·시간 등을) 정하다

desinenza /desi'nɛntsa/ [여] [문법] 어미

desistere /de'sistere/ [자동] (조동사 : avere) desistere da qc, desistere dal fare qc 무엇을[무엇 하기를] 그만두다, 단념하다, 포기하다

desolante /dezo'lante/ [형] 괴로운, 마음 아프게 하는

desolato /dezo'lato/ [형] ① 괴로운, 마음 아픈; essere desolato (per qc) (무엇에 대해) 대단히 죄송스럽다, 마음이 아프다 ② 황량한, 황폐한, 인적이 없는

desolazione /desolat'tsjone/ [여] ① 괴로움, 슬픔 ② 황량, 황폐

despota /'dɛspota/ [남] 전제 군주, 독재자; 폭군

dessert /des'sɛrt/ [남-불변] 디저트, 후식

destabilizzante /destabilid'dzante/ [형] (정국 따위를) 불안정하게 만드는

destabilizzare /destabilid'dzare/ [타동] (정국 따위를) 불안정하게 만들다

destare /des'tare/ [타동] ① (잠에서) 깨

우다 ② (흥미·호기심·의심 따위를) 일으키다, 유발하다 - destarsi [재귀동사] (잠에서) 깨다, 일어나다

destinare /desti'nare/ [타동] ① destinare qc a qn 누구에게 무엇을 예정하다; era destinato a morir giovane 그는 요절할 운명이었다 ② (직책에) 지명[임명]하다 ③ (편지 따위를 누구의) 앞으로 하다; sai dov'è destinata la lettera? 이 편지가 누구한테 가는 건지 아니? ④ (날짜 등을) 정하다; destinare un giorno a fare qc ~할 날을 정하다

destinatario /destina'tarjo/ [남] (여 : -a) (복 : -ri) (우편물의) 수취인; (물품의) 인수인

destinazione /destinat'tsjone/ [여] 목적지; giungere a destinazione 목적지에 도달하다

destino /des'tino/ [남] 운명

destituire /destitu'ire/ [타동] 해임하다, 면직하다, 내쫓다

destituzione /destitut'tsjone/ [여] 해임, 면직

desto /'desto/ [형] (잠에서) 깬, 깨어 있는

destra /'dɛstra/ [여] ① 오른쪽; a destra i) 오른쪽에 ii) 오른쪽으로; tenere la destra 우측통행을 하다 ② 오른손 ③ [정치] 우파

destreggiarsi /destred'dʒarsi/ [재귀동사] (군중·어려움·장애물 등을) 뚫고 나가다, 헤쳐 나가다

destrezza /des'trettsa/ [여] 손재주 있음, 솜씨 좋음

destro /'dɛstro/ [형] ① 오른쪽의 ② 손재주가 있는, 솜씨가 좋은 - [남] (복싱의) 오른손 펀치; (축구의) 오른발 슛

desumere /de'sumere/ [타동] (da와 함께 쓰여) ① (~으로부터) 추론하다 ② (~으로부터 정보 따위를) 얻다

detassare /detas'sare/ [타동] 세금을 면제하다

detenere /dete'nere/ [타동] ① (권력·직위·기록 따위를) 보유하다, 갖고 있다 ② [법률] (범인·용의자를) 유치[감금]하다

detentivo /deten'tivo/ [형] pena detentiva 구금 판결, 실형(實刑)

detentore /deten'tore/ [남] (여 : -trice) (권력·직위·기록 따위의) 보유자

detenuto /dete'nuto/ [남] (여 : -a) 죄인, 죄수

detenzione /deten'tsjone/ [여] ① (권력·직위·기록 따위의) 보유 ② [법률] 구치, 구금

detergente /deter'dʒente/ [형] 깨끗이 씻어 내는 - [남] 세정제, 세제

deteriorabile /deterjo'rabile/ [형] (식품·물품 따위가) 썩기 쉬운

deterioramento /deterjora'mento/ [남] (품질·가치 따위의) 저하

deteriorare /deterjo'rare/ [타동] (품질·가치 따위를) 저하시키다; (음식물을) 썩게 하다 - deteriorarsi [재귀동사] (품질·가치 따위가) 저하되다

determinante /determi'nante/ [형] 결정적인, 중대한

determinare /determi'nare/ [타동] ① 결정하다 ② (행동·결정·변화 따위를) 일으키다, 유발하다 ③ (원인 등을) 규명하다

determinativo /determina'tivo/ [형] 결정하는, 한정적인; articolo determinativo [문법] 정관사

determinato /determi'nato/ [형] ① 확정된, 특정한 ② 결심한; determinato a fare ~하려고 결심한

determinazione /determinat'tsjone/ [여] ① 결정; (원인 등의) 규명 ② 결심

deterrente /deter'rente/ [형] 방해하는, 제지하는 - [남] 방해물; 전쟁 억지력

detersivo /deter'sivo/ [형] 깨끗이 씻어 내는 - [남] 세제

detestabile /detes'tabile/ [형] 몹시 싫은 [불쾌한], 지독한

detestare /detes'tare/ [타동] 몹시 싫어하다

detonare /deto'nare/ [자동] (조동사 : avere) 폭발하다

detonazione /detonat'tsjone/ [여] (폭발물 따위의) 폭발; (엔진의) 노킹

detrarre /de'trarre/ [타동] (da와 함께 쓰여) (~에서) 빼다, 공제하다

detrazione /detrat'tsjone/ [여] 공제; detrazione d'imposta 세금 공제

detrimento /detri'mento/ [남] a detrimento di ~에 손해를 주어

detrito /de'trito/ [남] [지질] (쌓여 있는) 암석 부스러기

detta /'detta/ [여] a detta di ~에 따르면

dettagliante /dettaʎ'ʎante/ [남/여] 소매상인

dettagliare /dettaʎ'ʎare/ [타동] 상세하

게 다루다
dettagliatamente /dettaʎʎata'mente/ [부] 상세하게, 철저하게
dettagliato /dettaʎʎato/ [형] 상세한, 철저한
dettaglio /det'taʎʎo/ [남] (복 : -gli) ① 세부, 상세; entrare[scendere] nei dettagli 상세하게 언급하다 ② [상업] al dettaglio 소매(小賣)로
dettare /det'tare/ [타동] ① 구술하다, 받아쓰게 하다 ② (조건 따위를) 요구하다
dettato /det'tato/ [남] 받아쓰기
dettatura /detta'tura/ [여] 구술(口述); scrivere sotto dettatura di qn 누구의 말을 받아쓰다
detto /'detto/ [형] ① (이름 따위가 ~이라고) 알려진 ② 앞서 언급한, 상기(上記)한 ③ (날짜 따위가) 정해진; nel giorno detto (정해진) 그날에 - [남] 격언 - detto fatto 말하기가 무섭게 실행되다
deturpare /detur'pare/ [타동] ① (외관을) 손상시키다, 망쳐놓다 ② (비유적으로) (정신적으로) 해를 끼치다, (마음을) 더럽히다
deumidificatore /deumidifika'tore/ [남] 제습기(除濕機)
devastante /devas'tante/ [형] 완전히 파괴하는, 황폐하게 하는
devastare /devas'tare/ [타동] 완전히 파괴하다, 황폐하게 하다
devastazione /devastat'tsjone/ [여] 파괴, 황폐화
deviare /devi'are/ [타동] (강의 흐름이나 화제 따위를) 딴 데로 돌리다; (탄환 따위를) 빗나가게 하다 - [자동] (조동사 : avere) (da와 함께 쓰여) (~에서) 빗나가다, 방향을 바꾸다; deviare dalla retta via 정도(正道)를 벗어나다, 타락하다
deviato /devi'ato/ [형] ① 방향이 바뀐, 빗나간 ② (비유적으로) 타락한
deviazione /deviat'tsjone/ [여] 방향 전환; (정도(正道)의) 이탈; fare una deviazione 우회하다
devoluzione /devolut'tsjone/ [여] 양도, 증여
devolvere /de'vɔlvere/ [타동] (권리·재산 등을 남에게) 양도하다, 증여하다
devoto /de'vɔto/ [형/남] (여 : -a) ① 충실한, 헌신적인 (사람) ② 믿음이 깊은, 독실한 (사람)

devozione /devot'tsjone/ [여] ① 충실, 헌신; con devozione 충실하게, 헌신적으로 ② (a와 함께 쓰여) (~에 대한) 신앙심, 숭배, 경배; 믿음이 깊음, 독실함
di /di/ [전] ① [소유] ~의; la macchina del mio amico 내 친구의 차 ② [작품 따위가] ~에 의한, ~이 쓴; una commedia di Shakespeare 셰익스피어의 희곡 작품 ③ [명명·상술] il sindaco di Milano 밀라노 시장; la vita di campagna 시골 생활; sala di lettura 독서실 ④ [재료] ~으로 된[만든]; fatto di legno 나무로 만든; un'orologio d'oro 금시계 ⑤ [공간상] ~에서, ~으로부터; uscire di casa 집에서 (밖으로) 나가다, 외출하다; sono di Roma 난 로마 출신이에요 ⑥ [장소·위치] ~에 있는; i negozi di Milano 밀라노에 있는 상점들 ⑦ [시간] ~에; di mattina 아침에; d'estate 여름에 ⑧ [수치] ~의, ~에 해당하는; un bimbo di 2 anni 두 살배기 아기; un chilo di farina 밀가루 1kg; un viaggio di 2 giorni 이틀간의 여행; un bicchiere di vino 와인 한 잔 ⑨ [양태·원인] vestirsi di bianco 흰옷을 입다; fermarsi di botto 갑자기 멈추다; morire di cancro 암으로 죽다 ⑩ ~에 관해[관한]; discutere del tempo 날씨에 관해 이야기하다; libro di storia 역사책 ⑪ pieno di ~이 가득한; privo di ~이 부족한 ⑫ [비교급] ~보다 (더); [최상급] ~ 중에서 (가장); è meglio di me 그가 나보다 낫다; è il migliore di tutti 그는 모든 이들 중 가장 우수하다 ⑬ (부정사와 함께 쓰여) sa di aver sbagliato 그는 자기가 잘못했다는 걸 안다; ti chiedo di dirmi la verità 내게 사실을 말해다오; tentò di scappare 그는 도망치려 하였다 ⑭ 얼마간, 약간의, 좀; vuoi dei biscotti? 비스킷 좀 먹을래?; non ho dei libri 내겐 책이 한 권도 없다; ho dei soldi 나한텐 돈이 좀 있어
dì /di/ [남-불변] (문어체에서) 날, 낮; notte e dì 밤과 낮
diabete /dia'bɛte/ [남] [병리] 당뇨병
diabetico /dia'bɛtiko/ (남·복 : -ci, 여·복 : -che) [형] 당뇨병의, 당뇨병에 걸린 - [남] (여 : -a) 당뇨병 환자
diabolico /dja'bɔliko/ [형] (복 : -ci, -che) ① 악마의 ② 악마 같은, 극악무

도한

diacono /di'akono/ [남] [가톨릭] 부제(副祭)

diadema /dia'dɛma/ [남] 왕관

diafano /di'afano/ [형] 투명한, 비쳐 보이는

diaframma /dia'framma/ [남] ① [해부] 횡격막, 가로막 ② 칸막이 ③ 페서리 (여성용 피임 기구) ④ [사진] (렌즈의) 조리개

diagnosi /di'aɲɲozi/ [여-불변] ① [의학] 진단 ② (비유적으로) 판단, 분석

diagnosticare /diaɲɲosti'kare/ [타동] (병을) 진단하다

diagonale /diago'nale/ [형] 대각선의; 비스듬한 - [여] 대각선; in diagonale 대각선으로 - [남] ① 능직(綾織) ② [스포츠] 대각선으로 차는[치는] 공

diagonalmente /diagonal'mente/ [부] 대각선으로; 비스듬하게

diagramma /dia'gramma/ [남] 도표; 그래프

dialettale /dialet'tale/ [형] 방언의

dialettica /dia'lɛttika/ [여] ① 논리적 토론술 ② [철학] 변증법

dialettico /dia'lɛttiko/ [형] (복 : -ci, -che) 변증법적인

dialetto /dia'letto/ [남] 방언, 사투리

dialisi /di'alizi/ [여-불변] [의학·화학] 투석(透析)

dialogare /dialo'gare/ [타동] (작품 등을) 대화체로 표현하다 - [자동] (조동사 : avere) (con과 함께 쓰여) (~와) 대화하다

dialogo /di'alogo/ [남] (복 : -ghi) 대화, 회화

diamante /dia'mante/ [남] 다이아몬드

diametralmente /diametral'mente/ [부] 정반대로; essere diametralmente opposto a ~와 정반대다

diametro /di'ametro/ [남] 지름, 직경

diamine /'djamine/ [감] 제기랄!; che diamine? 도대체 무슨?

diapason /di'apazon/ [남-불변] 소리굽쇠

diapositiva /diapozi'tiva/ [여] 투명화(畵), 슬라이드

diaria /di'arja/ [여] 1일 출장 경비

diario /di'arjo/ [남] (복 : -ri) ① 일기, 일지; tenere un diario 일기를 쓰다; diario di bordo 항해 일지 ② 시간표, 예정표

diarrea /diar'rɛa/ [여] [의학] 설사

diavola (alla diavola /alla'djavola/의 형태로 쓰여) [형] (소스 따위가) 맵게 양념한

diavoleria /djavole'ria/ [여] ① 못된 짓 [장난] ② 괴상한 물건

diavolo /'djavolo/ [남] 악마, 악귀, 마귀 - [감] che diavolo vuoi? 네가 원하는 게 도대체 뭐야? - va al diavolo! 뒈져라!, 꺼져 버려!; povero diavolo! 불쌍한 녀석!

dibattere /di'battere/ [타동] 논의하다, 토론하다 -dibattersi [재귀동사] 몸부림치다; 악전고투하다

dibattito /di'battito/ [남] 토론, 토의

dicastero /dikas'tɛro/ [남] (행정 조직의) 성(省), 부(部)

dicembre /di'tʃembre/ [남] 12월

diceria /ditʃe'ria/ [여] 소문, 풍문

dichiarare /dikja'rare/ [타동] ① 선언하다, 공표하다; 선고하다; dichiarare guerra (a) (~에) 선전포고하다; dichiarare qn colpevole 누구의 유죄를 선고하다 ② (세관에서) 신고하다 - dichiararsi [재귀동사] ① 의사표시를 하다, 소신을 말하다; dichiararsi vinto 패배를 인정하다 ② (a와 함께 쓰여) (~에게) 사랑을 고백하다

dichiarato /dikja'rato/ [형] 언명한, 공공연한; 자인(自認)한

dichiarazione /dikjarat'tsjone/ [여] ① 선언, 공표; dichiarazione di guerra 선전포고 ② (세관에서의) 신고 ③ 진술 - dichiarazione (d'amore) 사랑 고백

diciannove /ditʃan'nɔve/ [형-불변] 19의 - [남-불변] ① 19, 열아홉 ② (월(月)의) 19일

diciannovenne /ditʃanno'venne/ [형/남/여] 19세의 (소년, 소녀)

diciannovesimo /ditʃanno'vɛzimo/ [형] 제19의, 열아홉번째의 - [남] (여 : -a) ① 19번째 ② 19분의 1

diciassette /ditʃas'sette/ [형-불변] 17의 - [남-불변] ① 17, 열일곱 ② (월(月)의) 17일

diciassettenne /ditʃasset'tenne/ [형/남/여] 17세의 (소년, 소녀)

diciassettesimo /ditʃasset'tɛzimo/ [형] 제17의, 열일곱번째의 - [남] (여 : -a) ① 17번째 ② 17분의 1

diciottenne /ditʃot'tenne/ [형/남/여] 18세의 (소년, 소녀)

diciottesimo /ditʃot'tɛzimo/ [형] 제18의,

열여덟번째의 - [남] (여 : -a) ① 18 번째 ② 18분의 1
diciotto /di'tʃɔtto/ [형-불변] 18의 - [남-불변] ① 18, 열여덟 ② (월(月)의) 18일
dicitura /ditʃi'tura/ [여] 문구, 설명문
didascalia /didaska'lia/ [여] (삽화 등의) 설명문, 캡션; (영화의) 설명 자막
didattica /di'dattika/ [여] (복 : -che) 교수법[학]
didattico /di'dattiko/ [형] (복 : -ci, -che) 교수·교육의
didietro /di'djetro/ [남-불변] ① 뒤쪽, 후방 ② (구어체에서) 궁둥이, 둔부
dieci /'djetʃi/ [형-불변] 10의 - [남-불변] ① 10, 열 ② (월(月)의) 10일
diecimila /djetʃi'mila/ [남/형-불변] 1만 (의)
diecina /dje'tʃina/ → decina
dieresi /di'ɛrezi/ [여-불변] [언어] 음절의 분절(分切), 분음(分音); 분음 기호
diesel /'dizel/ [형-불변] 디젤 엔진의 - [남-불변] 디젤 엔진을 사용하는 교통수단
dieta /'djɛta/ [여] 규정식; 식이요법, 다이어트; essere[stare] a dieta 다이어트 중이다
dietetico /dje'tɛtiko/ [형] (복 : -ci, -che) 다이어트의
dietista /dje'tista/ [남/여] (남·복 : -i, 여·복 : -e) 영양사[학자]
dietologo /dje'tɔlogo/ [남] (여 : -a) (남·복 : -gi, 여·복 : -ghe) 영양학자, 다이어트 전문가
dietro /'djetro/ [부] 뒤에, 후방에; là dietro 저기 뒤에, 저쪽에; la porta di dietro 뒷문; non guardar dietro 뒤를 돌아보지 말라; la firma è dietro 서명은 뒷면에 있다; da dietro 뒤에서, 뒤로부터 - [전] ① (때로 a 또는 di와 함께 쓰여) (~의) 뒤에; dietro la casa 집 뒤에; dietro l'angolo 모퉁이를 돌아; andare dietro a qn 누구의 뒤를 따라가다; stare dietro a qn i) 누구의 뒤를 따라다니다 ii) 누구를 지켜보다 ② 뒤이어; sono arrivati uno dietro l'altro 그들은 차례로 도착했다 ③ dietro pagamento[consegna] 지불[배달]시에; dietro richiesta 요구시에, 청구하는 대로 - [형-불변] 뒤의, 후방의 - [남-불변] 뒤쪽, 뒷면
dietrofront /djetro'front/ [감] 뒤로 돌아! - [남-불변] ① 뒤로 돌기 ② (주의·태도·방침 등의) 180도 전향
difatti /di'fatti/ → infatti
difendere /di'fendere/ [타동] 방어하다, 지키다; 보호하다; 옹호하다 - difendersi [재귀사] ① 자신을 방어하다[지키다]; difendersi dal freddo 추위를 막다 ② 그럭저럭 해내다
difensiva /difen'siva/ [여] 방어, 수세; sulla difensiva 수세를 취하여, 수비 입장에 서서
difensivo /difen'sivo/ [형] 방어적인, 방어[방위]의, 수비의
difensore /difen'sore/ [남] (여 : difenditrice) 방어자, 옹호자 - avvocato difensore 피고측 변호인
difesa /di'fesa/ [여] 방어, 방위, 수비; 보호; senza difese 무방비의; prendere le difese di qn 누구를 방어하다, 누구의 편을 들다; giocare in difesa (스포츠에서) 수비를 하다; ministero della Difesa 국방부; la difesa dell'ambiente 환경 보호
difettare /difet'tare/ [자동] (조동사 : avere) ① 결점[흠]이 있다 ② (di와 함께 쓰여) (~이) 부족하다
difetto /di'fetto/ [남] 결점, 흠, 단점, 결함; è senza difetti 그에겐 결점이 없다; difetto di pronuncia 언어 장애 - difetto di ~의 부족, 결핍
difettoso /difet'toso/ [형] 결점[흠]이 있는, 불완전한
diffamare /diffa'mare/ [타동] 비방[중상]하다, 명예를 훼손하다
diffamatore /diffama'tore/ [남] (여 : -trice) 비방[중상]하는 사람, 남의 명예를 훼손하는 사람
diffamatorio /diffama'tɔrjo/ [형] (복 : -ri, -rie) 비방[중상]하는, 명예를 훼손하는
diffamazione /diffamat'tsjone/ [여] 비방, 중상, 명예훼손
differente /diffe'rente/ [형] (da와 함께 쓰여) (~와) 다른
differentemente /differente'mente/ [부] (da와 함께 쓰여) (~와) 다르게
differenza /diffe'rentsa/ [여] ① 다름, 차이; 구별, 차별; differenza di età 나이 차이; non fare differenza (tra) (~ 사이에) 구별을 짓지 않다; a differenza di ~와는 다르게; con la differenza che ~ ~이라는 차이가 있어, ~이 달라

② [수학] 차(差)
differenziale /differen'tsjale/ [남/형] [수학] 미분(의)
differenziare /differen'tsjare/ [타동] (da와 함께 쓰여) (~와) 구별하다, 구별짓다 - differenziarsi [재귀동사] (da와 함께 쓰여) (~와) 다르다, 구별되다
differire /diffe'rire/ [타동] 미루다, 연기하다 - [자동] (조동사 : avere, essere) (da 또는 per와 함께 쓰여) (~와 또는 ~에 있어서) 다르다, 차이가 있다
differita /diffe'rita/ [여] 녹음, 녹화; in differita (방송이) 녹음[녹화]되어
difficile /diffit∫ile/ [형] ① (문제·일·시기·상황 등이) 어려운, 곤란한, 힘든; difficile da fare ~하기 어려운; sta attraversando momenti difficili 그는 어려운 시기를 겪고 있다 ② (사람이) 가까이하기 어려운, 성미가 까다로운 ③ ~할 것 같지 않은, 가망이 없는; è difficile che venga 그는 안 올 것 같다 - [남/여] fare il[la] difficile (사람이) 가까이하기 어렵다, 성미가 까다롭다 - [남] 어려움, 곤란함; 어려운 점; il difficile è finire in tempo 어려운 점은 시간 안에 끝내는 일이다
difficilmente /diffit∫il'mente/ [부] ① 어렵게, 힘들게; 좀처럼 ~할 수 없어 ② ~할 것 같지 않아, 가망이 없어; difficilmente verrà 그는 안 올 것 같다
difficoltà /diffikol'ta/ [여-불변] 어려움, 곤란함; 어려운[힘든] 상황, 곤경; 문제, 장애; difficoltà finanziarie 재정난; trovare difficoltà a fare qc ~하기 곤란하다; fare delle difficoltà 난색을 표하다, 이의를 제기하다
diffida /diffida/ [여] (법적 절차에 따른) 주의, 경고
diffidare /diffi'dare/ [자동] (조동사 : avere) (di와 함께 쓰여) (~을) 믿지 않다, 의심을 두다 - [타동] diffidare qn dal fare qc (법적 절차에 따라) 누구에게 무엇을 하지 말라고 경고하다
diffidente /diffi'dente/ [형] 조심성 있는, 쉽게 믿지 않는, 의심을 두는
diffidenza /diffi'dentsa/ [여] 쉽게 믿지 않음, 의심을 둠
diffondere /diffondere/ [타동] (빛·열 따위를) 발산하다; (질병·소문 따위를) 퍼뜨리다, 유포하다 - diffondersi [재귀동사] (널리) 퍼지다

diffusione /diffu'zjone/ [여] 발산, 유포, 보급, 확산
diffuso /diffuzo/ [형] 널리 퍼진, 유포된; è opinione diffusa che ~ ~이라는 게 통설이다
difilato /difi'lato/ [부] 곧장, 바로
difterite /difte'rite/ [여] [병리] 디프테리아
diga /'diga/ [여] (복 : -ghe) 댐, 둑, 제방, 방파제
digerente /didʒe'rɛnte/ [형] 소화의; tubo digerente 소화관(管)
digeribile /didʒe'ribile/ [형] (음식물이) 소화될 수 있는, 소화 가능한
digerire /didʒe'rire/ [타동] ① (음식물을) 소화하다 ② (구어체에서·비유적으로) (지식 따위를) 잘 이해하다, 터득하다 ③ (비유적으로) (모욕 따위를) 참다
digestione /didʒes'tjone/ [여] 소화 (작용)
digestivo /didʒes'tivo/ [형] 소화의; enzima digestiva 소화 효소
digitale1 /didʒi'tale/ [형] ① 디지털 방식의, 숫자로 나타내는 ② 손가락의; impronta digitale 지문
digitale2 /didʒi'tale/ [여] [식물] 디기탈리스
digitare /didʒi'tare/ [타동] (타자기·키보드 따위의) 키[글자판]를 누르다
digiunare /didʒu'nare/ [자동] (조동사 : avere) 단식하다, 금식하다
digiuno /di'dʒuno/ [형] ① 먹지 않은, 굶은 ②(di와 함께 쓰여) (~에 대해) 모르는, 무지한 - [남] 단식, 금식; a digiuno 먹지 않고, 굶어서
dignità /diɲɲi'ta/ [여-불변] 존엄, 위엄, 품위
dignitario /diɲɲi'tarjo/ [남] (여 : -a) (남·복 : -ri) 고위 인사, 고관
dignitosamente /diɲɲitosa'mente/ [부] 품위 있게, 단정하게
dignitoso /diɲɲi'toso/ [형] 품위 있는, 단정한
digressione /digres'sjone/ [여] (이야기 따위가) 지엽으로 흐름, 탈선
digrignare /digriɲ'ɲare/ [타동] digrignare i denti 이를 갈다
dilagante /dila'gante/ [형] (질병·범죄 따위가) 만연한
dilagare /dila'gare/ [자동] (조동사 : avere) ① 넘치다, 넘쳐 흐르다 ② (질

병·범죄 따위가) 만연하다
dilaniare /dila'njare/ [타동] ① 갈가리 찢다 ② (비유적으로) (슬픔 따위가 사람을) 짓누르다, 압도하다
dilapidare /dilapi'dare/ [타동] (재산 등을) 탕진하다
dilatare /dila'tare/ [타동] 넓히다, 팽창시키다 - dilatarsi [재귀동사] 넓어지다, 팽창하다
dilatazione /dilatat'tsjone/ [여] 팽창, 확장
dilazionare /dilattsjo'nare/ [타동] (기한 따위를) 유예하다, 연기하다
dilazione /dilat'tsjone/ [여] (기한 따위의) 유예, 연기
dileggiare /diled'dʒare/ [타동] 비웃다, 조소[조롱]하다
dileggio /di'leddʒo/ [남] (복 : -gi) 비웃음, 조소, 조롱
dileguare /dile'gware/ [타동] 흩뜨리다, 흩어지게 하다 - dileguarsi [재귀동사] ① (연기·구름 따위가) 흩어지다 ② (도둑 따위가) 자취를 감추다, 도망가다; (군중이) 해산하다
dilemma /di'lɛmma/ [남] 딜레마, 진퇴양난, 궁지
dilettante /dilet'tante/ [형] 아마추어의, 도락(道樂)의 - [남/여] (전문가가 아닌) 아마추어, 애호가
dilettare /dilet'tare/ [타동] 기쁘게 하다, 즐겁게 하다 - dilettarsi [재귀동사] dilettarsi a fare qc 무엇을 하며 즐기다
diletto1 /di'letto/ [형/남] (여 : -a) 가장 사랑하는, 사랑 받는 (사람)
diletto2 /di'letto/ [남] 기쁨, 즐거움; trarre diletto da ~을 즐기다; per diletto 재미로
diligente /dili'dʒente/ [형] 부지런한, 근면한, 열심히 일하는; (일에) 공을 들이는, 꼼꼼하게 하는
diligentemente /dilidʒente'mente/ [부] 부지런히, 근면하게; 공들여, 꼼꼼하게
diligenza1 /dili'dʒentsa/ [여] 부지런함, 근면; 공들임, 꼼꼼함
diligenza2 /dili'dʒentsa/ [여] 역마차
diluente /dilu'ente/ [형] 묽게 하는, 희석하는 - [남] 희석제
diluire /dilu'ire/ [타동] 묽게 하다, 희석하다
dilungarsi /dilun'garsi/ [재귀동사] (이야기 등을) 길게[자세하게] 늘어놓다
diluviare /dilu'vjare/ [비인칭] (조동사 : essere, avere) (비가) 억수 같이 쏟아지다
diluvio /di'luvjo/ [남] (복 : -vi) 호우, 억수 같은 비
dimagrante /dima'grante/ [형] 살을 빼는, 다이어트에 도움이 되는
dimagrire /dima'grire/ [자동] (조동사 : essere) 살이 빠지다, 야위다; è dimagrito di 5 kg 그는 5kg이 빠졌다
dimenare /dime'nare/ [타동] (팔·다리·꼬리 등을) 흔들다 - dimenarsi [재귀동사] (잠자리에서) 뒤척이다; 몸부림치다
dimensione /dimen'sjone/ [여] ① [수학·물리] 차원; a 3 dimensioni 3차원의 ② (복수형으로 쓰여) 크기, 치수, 사이즈; di quali dimensioni è la stanza? 그 방 크기가 어떻게 돼? ③ (인격적인) 특징, 특질; 측면 ④ 중요성; 범위
dimenticanza /dimenti'kantsa/ [여] 간과, 빠드림
dimenticare /dimenti'kare/ [타동] ① 잊다, 망각하다; dimenticare di fare qc ~하는 걸 잊다 ② (깜박 잊고) 두고 오다; ho dimenticato l'ombrello in ufficio 우산을 사무실에 두고 왔어 ③ 빠드리다, 소홀히 하다 - dimenticarsi [재귀동사] (di와 함께 쓰여) (~에 대해) 잊어버리다
dimesso /di'messo/ [형] (옷차림·목소리 따위가) 차분한, 겸손한, 꾸미지 않은
dimestichezza /dimesti'kettsa/ [여] (con과 함께 쓰여) (~에) 익숙함, (~을) 잘 알고 있음
dimettere /di'mettere/ [타동] ① (직책에서) 물러나게 하다 ② (환자를) 퇴원시키다 - dimettersi [재귀동사] (직책에서) 물러나다, 사임하다
dimezzare /dimed'dzare/ [타동] ① 반으로 나누다, 이등분하다 ② 반으로 줄이다, 반감(半減)하다
diminuire /diminu'ire/ [타동] 줄이다, 감소[저하]시키다 - [자동] (조동사 : essere) 줄다, 감소하다, 저하되다; diminuire di volume 부피가 줄어들다; diminuire di peso 무게가 줄다, 살이 빠지다
diminutivo /diminu'tivo/ [형] 축소의 - [남] [문법] 지소형(指小形)
diminuzione /diminut'tsjone/ [여] 감소, 저하, 하락; in diminuzione 줄어들고

있는; temperature in diminuzione 기온의 하강

dimissioni /dimis'sjoni/ [여·복] 사직, 사임; dare le dimissioni 사직하다, 그만두다

dimora /di'mɔra/ [여] 거처, 사는 곳, 집; senza fissa dimora 거처가 일정하지 않은

dimorare /dimo'rare/ [자동] (조동사 : avere) 살다, 거주하다

dimostrabile /dimos'trabile/ [형] 논증[증명]할 수 있는

dimostrante /dimos'trante/ [남/여] 데모[시위 운동] 참가자

dimostrare /dimos'trare/ [타동] ① 논증하다, 증명하다 ② (감정 등을) 표시하다, 내색하다 - [자동] (조동사 : avere) 데모[시위 운동]를 하다 - dimostrarsi [재귀동사] 증명되다, (~인 것으로) 드러나다

dimostrativo /dimostra'tivo/ [형] [문법] 지시의 - [남] [문법] 지시사

dimostrazione /dimostrat'tsjone/ [여] ① 논증, 증명 ② (감정의) 표명 ③ 데모, 시위 운동

dinamica /di'namika/ [여] (복 : -che) [물리] 역학

dinamico /di'namiko/ [형] (복 : -ci, -che) ① 활동적인, 정력적인 ② [물리] 역학(상)의

dinamismo /dina'mizmo/ [남] 활력, 활기가 넘침

dinamitardo /dinami'tardo/ [형] attentato dinamitardo 다이너마이트 공격 - [남] (여 : -a) (범죄·테러 등의 목적에) 다이너마이트를 사용하는 사람

dinamite /dina'mite/ [여] 다이너마이트

dinamo /'dinamo/ [여-불변] [전기] 발전기, 다이너모

dinanzi /di'nantsi/ [부] ① 앞에, 앞서 ② (a와 함께 쓰여) (~의) 눈앞에, (~의) 면전에, (~에) 직면하여; si presentò dinanzi a me 그가 내 눈앞에 나타났다; dinanzi ad una tale situazione 그런 상황에 직면하여

dinastia /dinas'tia/ [여] 왕조, 왕가

diniego /di'njego/ [남] (복 : -ghi) 거부, 거절; 부인, 부정

dinnanzi /din'nantsi/ → dinanzi

dinoccolato /dinokko'lato/ [형] 축 늘어진, 휘청거리는

dinosauro /dino'sauro/ [남] 공룡

dintorni /din'torni/ [남·복] 주위, 주변, 근처; nei dintorni di ~의 주위[근처]에

dintorno, d'intorno /din'torno/ [부] → intorno

dio /'dio/ [남] (복 : dei) ① (다신교·신화 속의) 신 ② (비유적으로) 뛰어난 능력을 가진 사람, 귀재 ③ (비유적으로) 우상 (시되는 사람)

Dio /'dio/ [남] (특히 기독교의) 신, 하나님, 하느님; Dio padre 성부(聖父) - Dio mio! 이런!, 어머나!; Dio buono o santo! 제발, 부디; per Dio! 신에 맹세코, 반드시; Dio sa quando finirà 언제 끝날지는 신만이 아신다, 아무도 모른다; se Dio vuole ~ 다행히 그렇게 된다면; Dio ce ne scampi e liberi! 신이여, 도우소서[보호하소서]

diocesi /di'ɔtʃezi/ [여-불변] [기독교] 교구, 주교[감독] 관구

diossido /di'ɔssido/ [남] [화학] 이산화물

diossina /dios'sina/ [여] [화학] 다이옥신

diottria /diot'tria/ [여] [광학] 디옵터 (렌즈의 굴절력의 단위)

dipanare /dipa'nare/ [타동] ① (실 따위를) 풀다 ② (비유적으로) (얽힌 문제 따위를) 풀다

dipartimento /diparti'mento/ [남] 지구, 구역; 부문, ~부(部); (대학의) 과

dipendente /dipen'dente/ [형] ① (da와 함께 쓰여) (~에) 의지[의존]하는; (~에) 종속된 ② 고용된, 봉급을 받는; personale dipendente 직원들 - [남/여] 피고용인, 직원; i dipendenti (회사 등의) 전 직원 - [여] [문법] 종속절

dipendenza /dipen'dentsa/ [여] ① 의지, 의존; 중독 ② alle dipendenze di ~에 고용된

dipendere /di'pendere/ [자동] (조동사 : essere) (da와 함께 쓰여) ① (~에) 의지[의존]하다 ② ~ 나름이다, (~에) 달려 있다; dipende solo da te 그건 전적으로 네게 달려 있어 ③ (~의) 지배[통제]를 받다; (사람이 ~에) 고용되어 있다 ④ [문법] (절(節) 따위가 ~에) 종속하다

dipingere /di'pindʒere/ [타동] ① (그림을) 그리다 ② (비유적으로) 묘사하다 - [자동] (조동사 : avere) 그림을 그리다 - dipingersi [재귀동사] il cielo si dipinse di rosso 하늘이 붉게 물들었다

dipinto /di'pinto/ [형] (그림이) 그려진; dipinto a mano 손으로 그린 - [남] 그림; dipinto a olio 유화

diploma /di'plɔma/ [남] (학교의) 졸업장; (대학의) 학위; diploma di laurea 학위증서

diplomare /diplo'mare/ [타동] (학생에게) 졸업장을 수여하다 - diplomarsi [재귀동사] (학생이) 졸업장을 받다, 졸업하다

diplomaticamente /diplomatika'mente/ [부] 외교적으로

diplomatico /diplo'matiko/ (복 : -ci, -che) [형] ① 외교(상)의, 외교에 관한 ② 외교적 수완이 있는 - [남] (여 : -a) 외교관

diplomato /diplo'mato/ [형] 졸업장을 받은, 졸업한 - [남] (여 : -a) 졸업장[학위 증서] 소지자, 졸업생

diplomazia /diplomat'tsia/ [여] ① 외교(술) ② 외교단; entrare in diplomazia 외교관이 되다

diporto /di'pɔrto/ [남] da diporto 여가용의, 레크리에이션용의

diradare /dira'dare/ [타동] ① (식물 따위를) 솎다 ② (바람이 연기·구름 따위를) 흩어버리다 - diradarsi [재귀동사] (연기·구름 따위가) 흩어지다; (군중이) 해산하다

diramare /dira'mare/ [타동] (뉴스 등을) 발표하다, 방송하다 - diramarsi [재귀동사] ① (길·가지 따위가) 갈라져 나오다 ② (소식이) 퍼지다

diramazione /diramat'tsjone/ [여] ① (뉴스 등의) 발표, 방송 ② (길·가지 따위의) 갈라져 나옴; 갈라져 나온 가지, 분지(分枝)

dire /'dire/ [타동] ① 말하다, 이야기하다; dire qc a qn 누구에게 무엇을 말하다; dicono[si dice] che ~이라고들 한다, ~이라는 이야기가 있다; non disse una parola 그는 한마디도 하지 않았다; può dirmi da che parte devo andare? 어디로 가야할 지 알려 줄래?; mi ha detto tutto 그가 나에게 모든 것을 이야기했어 ② 의미하다, 뜻하다; come sarebbe a dire? 무슨 말씀이시죠? ③ 읊다, 낭독하다; dire a memoria 암송하다 ④ 생각하다, (~이라는) 의견이다; chi l'avrebbe mai detto! 누가 그걸 생각했겠는가!; cosa ne dici di questa musica? 이 음악 어때? ⑤ 인정하다 ⑥ far dire qc a qn 누구로 하여금 무엇을 말하게 하다; mandare a dire qc a qn 누구로 하여금 무엇을 알게 하다 - dirsi [재귀동사] ① 혼잣말을 하다 ② (~이라) 자칭하다 ③ 서로 말하다[이야기하다] - per così dire 말하자면, 이를테면; non c'è che dire 그것에 관해선 의심의 여지가 없다; avere a che dire con qn 누구와 말다툼하다; trovare da dire su qc/qn 무엇/누구의 흠을 잡다; lo conosco per sentito dire 난 그 사람에 관해 이야기를 들었어; dico sul serio 진지하게 하는 얘기야; a dire il vero ~ 사실을 말하자면 - [남] a suo dire 그의 말에 따르면; tra il dire e il fare c'è di mezzo il mare [속담] 말하기는 쉬우나 행하기는 어렵다

directory /di'rektori/ [여-불변] [컴퓨터] 디렉토리

diretta /di'retta/ [여] (TV·라디오의) 생방송; in diretta 생방송으로

direttamente /diretta'mente/ [부] ① 곧장, 똑바로; andiamo direttamente a casa 곧장 집으로 가자 ② 직접(적으로); non mi riguarda direttamente 그건 나와 직접 관계되지 않는다

direttissima /diret'tissima/ [여] processo per direttissima [법률] 약식재판, 즉결심판

direttissimo /diret'tissimo/ [남] 직행 열차

direttiva /diret'tiva/ [여] 지시, 지침, 정책; seguire le direttive del partito 당의 노선에 따르다

direttivo /diret'tivo/ [형] 지도하는, 관리[경영]하는 - [남] 경영진, 이사회

diretto /di'retto/ [형] ① 똑바른, 직행의 ② 직접적인; c'è una diretta dipendenza tra i due fatti 그 두 사건 사이에는 직접적인 관련이 있다 ③ [문법] 직접의

direttore /diret'tore/ [남] 지도자, 지휘자, 관리직의 사람, 책임자, 경영자; (학교의) 교장 - direttore d'orchestra (관현악단의) 지휘자; direttore di produzione i) 영화 제작자 ii) 생산 관리 책임자; direttore responsabile (신문사의) 주간

direttrice /diret'tritʃe/ [여] direttore의 여성형

direzione /diret'tsjone/ [여] ① 방향; in direzione di ~ 쪽으로; in che direzione vai? 너 어디로 가고 있니? ② 지도, 지휘, 관리, 경영 ③ la direzione 경영진

dirigente /diri'dʒɛnte/ [형] 지도[지배]하는, 관리하는; classe dirigente 지배계급 - [남/여] 관리자, 경영자, 중역

dirigenza /diri'dʒɛntsa/ [여] 지도, 지휘, 관리

dirigenziale /diridʒen'tsjale/ [형] 관리직의, 경영진의

dirigere /di'ridʒere/ [타동] ① 지도[지배]하다, 지휘하다, 이끌다, 관리[운영]하다 ② (주의·시선 따위를 어떤 방향으로) 돌리다, 향하게 하다; dirigere l'attenzione su qc/qn 무엇/누구에게 주의를 기울이다; dirigere lo sguardo verso ~으로 시선을 돌리다, ~을 쳐다보다 - dirigersi [재귀동사] (verso 등과 함께 쓰여) (~으로) 향하다; l'aereo si dirigeva a nord 비행기는 북쪽을 향해 날고 있었다

dirigibile /diri'dʒibile/ [남] 비행선(船)

dirimpetto /dirim'pɛtto/ [형-불변] 맞은편의; la casa dirimpetto 맞은편 집 - [부] 맞은편에; era seduto dirimpetto a me 그는 나와 마주 앉아 있었다

diritto1 /di'ritto/ [형] 곧은; 똑바로 선, 직립한; stare diritto 똑바로 서 있다 - [부] 곧장, 똑바로; andare sempre diritto 곧장 나아가다

diritto2 /di'ritto/ [남] ① 권리; 정당한 요구[자격]; avere il diritto di fare qc ~할 권리가 있다; diritto di voto 투표권 ② il diritto 법 - diritti [남·복] 부과금, 세금, 요금; diritti d'accesso 수입 관세; diritti d'autore 로열티, 저작권 사용료

dirittura /dirit'tura/ [여] ① [스포츠] dirittura d'arrivo 최후의 직선 코스, 홈스트레치 ② 올바름, 정직

diroccato /dirok'kato/ [형] 파괴된, 폐허가 된

dirompente /dirom'pɛnte/ [형] bomba dirompente [군사] 파편폭탄

dirottamento /dirotta'mento/ [남] dirottamento (aereo) 하이재킹, 비행기의 공중 납치

dirottare /dirot'tare/ [타동] ① (교통을) 우회시키다 (배·비행기의) 항로를 벗어나게 하다 ② 하이재킹하다, (비행기를) 공중 납치하다 - [자동] (조동사 : avere) (배가) 항로를 바꾸다

dirottatore /dirotta'tore/ [남] (여 : -trice) 하이재커, 비행기의 공중 납치범

dirotto /di'rotto/ [형] scoppiare in un pianto dirotto 울음을 터뜨리다; piove a dirotto 비가 억수 같이 쏟아지고 있다

dirupo /di'rupo/ [남] 절벽, 낭떠러지

disabile /di'zabile/ [남/여] (신체) 장애인

disabilitare /dizabili'tare/ [타동] 무능[무력]하게 만들다, 기능 따위를 손상시키다

disabilitato /dizabili'tato/ [형] (시설·장치 등의) 기능이 마비된

disabituare /dizabitu'are/ [타동] (습관 따위를) 버리게 하다 - disabituarsi [재귀동사] (습관 따위를) 버리다

disaccordo /dizak'kɔrdo/ [남] (의견 등의) 차이, 불일치; 다툼, 불화

disadattato /dizadat'tato/ [형/남] (여 : -a) 환경에 적응하지 못하는 (사람)

disadatto /diza'datto/ [형] 부적절한, 맞지 않는

disadorno /diza'dorno/ [형] 장식[꾸밈]이 없는, 간소한, 수수한

disagevole /diza'dʒevole/ [형] 불편한, 언짢은

disagiato /diza'dʒato/ [형] 가난한, 궁핍한

disagio /di'zadʒo/ [남] (복 : -gi) ① 불편, 곤란 ② 난처, 당혹, 거북함 - essere[trovarsi] a disagio 불편하다, 거북하다

disapprovare /dizappro'vare/ [타동] (계획·행동 따위에) 찬성하지 않다, 불만을 나타내다

disapprovazione /dizapprovat'tsjone/ [여] 불찬성, 불만, 싫어함; con aria di disapprovazione 못마땅하여

disappunto /dizap'punto/ [남] 실망, 불만

disarcionare /dizartʃo'nare/ [타동] (말에서 사람을) 떨어뜨리다

disarmante /dizar'mante/ [형] 화를 누그러뜨리는

disarmare /dizar'mare/ [타동] (~의) 무기를 빼앗다, 무장을 해제하다 - [자동] (조동사 : avere) 무기를 내려놓다, 무장을 해제하다; (비유적으로) 항복하다

disarmo /di'zarmo/ [남] 무장 해제

disastrato /dizas'trato/ [형] 재난을 당한, 큰 피해를 입은 - [남] (여 : -a) 재난 피해자

disastro /di'zastro/ [남] ① 재난, 재해, 참사 ② 실패

disastroso /dizas'troso/ [형] 재난을 일으키는, 파괴적인

disattento /dizat'tento/ [형] 부주의한

disattenzione /dizatten'tsjone/ [여] 부주의

disattivare /dizatti'vare/ [타동] 무력하게 하다, 기능하지 못하게 하다 (폭탄의 신관을 제거하는 것 따위)

disavanzo /diza'vantso/ [남] 부족, 결손, 적자

disavveduto /dizavve'duto/ [형] 부주의한, 생각 없는

disavventura /dizavven'tura/ [여] 사고, 불상사

disavvertenza /dizavver'tɛntsa/ [여] 부주의

disbrigo /diz'brigo/ [남] (복 : -ghi) 취급, 처리, 다루기

discapito [전] (a discapito di /adis'kapito di/의 형태로 쓰여) ~에 손해를 주어

discarica /dis'karika/ [여] (복 : -che) 쓰레기장, 쓰레기 매립지

discendente /diʃʃen'dente/ [형] 내려가는, 강하하는, 하강의 - [남/여] 자손, 후예

discendenza /diʃʃen'dɛntsa/ [여] ① 가계, 출신, 혈통; di nobile discendenza 귀족 가문 출신의 ② 자손(들)

discendere /diʃʃendere/ [자동] (조동사 : essere, avere) ① 내려가다, 내려오다; discendere da (교통수단 등에서) 내리다; le tenebre discesero sulla città 도시에 어둠이 깔렸다 ② (da와 함께 쓰여) (~의) 자손이다 - [타동] (계단 따위를) 내려가다, 내려오다

discepolo /diʃʃepolo/ [남] (여 : -a) ① 그리스도의 12사도의 한 사람 ② 문하생, 제자, 추종자

discernere /diʃʃɛrnere/ [타동] 구별하다, 분별하다; discernere il bene dal male 선악을 분별하다

discernimento /diʃʃerni'mento/ [남] 분별, 판단

discesa /diʃʃesa/ [여] ① 내려감[옴], 강하, 하강; (가격 따위의) 하락 ② 내리막길, 내리받이

dischetto /dis'ketto/ [남] [컴퓨터] 디스켓, 플로피디스크

dischiudere /dis'kjudere/ [타동] (살짝) 열다

discinto /diʃ'ʃinto/ [형] 반라(半裸)의, 옷을 거의 입지 않은

disciogliere /diʃʃoʎʎere/ [타동] (물질을 액체로) 녹이다, 용해하다; (햇볕이 눈 따위를) 녹이다 - disciogliersi [재귀동사] (눈 따위가 햇볕에) 녹다

disciplina /diʃʃi'plina/ [여] ① 기율, 기강, 질서 ② 전문 분야 ③ 학과, 과목

disciplinare1 /diʃʃipli'nare/ [형] 규율상의; 징계의

disciplinare2 /diʃʃipli'nare/ [타동] 규율에 따르게 하다, 통제하다

disciplinato /diʃʃipli'nato/ [형] 규율에 따르는, 잘 통제된

disc jockey /disk'dʒɔkei/ [남/여-불변] 디스크자키, DJ

disco /'disko/ [남] (복 : -schi) ① [음악] 레코드, 디스크 ② [스포츠] (경기용) 원반; (아이스하키의) 퍽 ③ 원반 모양의 물체; disco volante 비행접시 ④ [컴퓨터] 디스크; disco magnetico 자기 디스크; disco rigido 하드 디스크 ⑤ [해부] 추간판(椎間板); ernia del disco 추간판 헤르니아, "디스크"

discografico /disko'grafiko/ [형] (복 : -ci, -che) 레코드[음반]의; casa discografica 레코드사, 음반 회사

discolo /'diskolo/ [형] (아이가) 제멋대로인, 장난이 심한 - [남] (여 : -a) 말썽꾸러기

discolpa /dis'kolpa/ [여] 변명, 해명, 정당화, 무죄로 함; a discolpa di qn 누구를 변호하여

discolpare /diskol'pare/ [타동] 비난 따위에서 해방시키다, 죄를 면하게 해주다 - discolparsi [재귀동사] 자신의 결백을 입증하다, 혐의를 벗다

disconoscere /disko'noʃʃere/ [타동] 자신의 것이 아니라고 말하다, 자기 소유임을 부정하다, 모른다고 하다

discontinuità /diskontinui'ta/ [여-불변] 불연속, 일관성이 없음, 고르지 못함

discontinuo /diskon'tinuo/ [형] (군데군데) 끊어진, 연속적이지 않은; 고르지 못한, 일관성이 없는

discordante /diskor'dante/ [형] 조화[일치]하지 않는, 서로 충돌하는

discorde /dis'kɔrde/ [형] (의견 따위가) 일치하지 않는

discordia /dis'kɔrdja/ [여] 불일치, 부조화; 의견 충돌; essere in discordia con ~와 (의견 등의) 차이가 있다, ~와 반목하다

discorrere /dis'korrere/ [자동] (조동사 : avere) (di와 함께 쓰여) (~에 대해) 말하다, 이야기하다

discorsivo /diskor'sivo/ [형] 말을 잘하는, 언변이 유창한

discorso /dis'korso/ [남] ① 말하기, 이야기; 연설; fare un discorso 연설하다; cambiare discorso 화제를 돌리다; è un altro discorso 그건 다른 이야기야 ② [언어] 담화; [문법] 화법; discorso diretto[indiretto] 직접[간접] 화법

discostarsi /diskos'tarsi/ [재귀동사] (da와 함께 쓰여) (~으로부터) 떨어지다, 떠나다, 거리를 두다

discosto /dis'kɔsto/ [형] (da와 함께 쓰여) (~으로부터) 떨어진, 거리가 있는; tenersi discosto da ~으로부터 떨어져 있다 - [부] 떨어져, 거리를 두고

discoteca /disko'tɛka/ [여] (복 : -che) ① 디스코텍 ② 음반 도서관

discount /dis'kaunt/ [남·불변] 할인점

discredito /dis'kredito/ [남] 나쁜 평판, 불명예, 망신; cadere in discredito 평판이 나빠지다, 망신을 당하다

discrepanza /diskre'pantsa/ [여] 모순, 불일치, 어긋남

discretamente /diskreta'mente/ [부] ① 꽤, 어지간히, 그럭저럭 ② 분별 있게, 신중하게

discreto /dis'kreto/ [형] ① 괜찮은, 상당한, 어지간한, 받아들일 만한 ② (색깔·향 따위가) 수수한, 소박한 ③ 분별 있는, 신중한, 삼가는

discrezione /diskret'tsjone/ [여] ① 분별 있음, 신중함, 삼감 ② 행동[판단]의 자유, 결정권, 자유 재량; a propria discrezione 자유 재량으로, 자기 마음대로

discriminare /diskrimi'nare/ [타동] 차별하다; 구별하다

discriminazione /diskriminat'tsjone/ [여] 차별, 편견; 차별 대우; discriminazione razziale 인종 차별

discussione /diskus'sjone/ [여] ① 논의, 토론, 토의; fare una discussione 논의[토론]하다; mettere in discussione 논의 대상에 올리다; questo è fuori discussione 이건 논의 대상이 아니다, 문제시되지 않는다 ② 말다툼, 언쟁; avere una discussione 말다툼하다

discusso /dis'kusso/ [형] (사람이) 논쟁을 좋아하는; (사실·문제가) 논의의 여지가 있는

discutere /dis'kutere/ [타동] 논의하다, 토론[토의]하다; 논쟁하다; è da discutere 그건 아직 논의의 여지가 남아 있다 - [자동] (조동사 : avere) ① (di와 함께 쓰여) (~에 대해) 이야기하다, 논의하다 ② 논쟁하다, 말다툼하다

discutibile /disku'tibile/ [형] 논의[논쟁]의 여지가 있는

disdegnare /dizdeɲ'ɲare/ [타동] 경멸하다, 멸시하다

disdegno /diz'deɲɲo/ [남] 경멸, 멸시

disdetta /diz'detta/ [여] ① 해약 통지; 취소; dare la disdetta di (계약 따위를) 취소하다 ② 불행, 불운; per disdetta 불행히도, 운 없게도

disdicevole /dizdi'tʃevole/ [형] (남보기에) 창피한, 평판을 떨어뜨리는, (예의 따위에) 어긋나는

disdire /diz'dire/ [타동] (계약 따위를) 취소하다

diseducare /dizedu'kare/ [타동] 잘못된 교육을 하다, 좋지 않은 영향을 끼치다

disegnare /diseɲ'ɲare/ [타동] ① (그림·도안을) 그리다 ② (건축물·자동차 따위를) 디자인하다 ③ (비유적으로) 묘사하다

disegnatore /diseɲɲa'tore/ [남] (여 : -trice) 그림 그리는 사람; 제도사; (산업) 디자이너

disegno /di'seɲɲo/ [남] ① 그림 그리기, 스케치 ② 그림; 디자인 ③ (천 따위의) 무늬 ④ (비유적으로) 계획 - disegno di legge 법안, 의안

diserbante /dizer'bante/ [남] 제초제

diseredare /dizere'dare/ [타동] 폐적(廢嫡)하다, 상속권을 박탈하다

diseredato /dizere'dato/ [형/남] 폐적된, 상속권이 박탈된 (사람)

disertare /dizer'tare/ [타동] 버리다, 유기하다, 저버리다; ieri ho disertato la riunione 난 어제 회의를 빼먹었어 - [자동] (조동사 : avere) (군인이) 탈영하다; (da와 함께 쓰여) (직무 따위를) 저버리다

disertore /dizer'tore/ [남] 탈영병

diserzione /dizer'tsjone/ [여] (군인의) 탈영; (비유적으로) 직무 유기

disfacimento /disfatʃi'mento/ [남] ① 부패, 썩음; 분해 ② (비유적으로) (가족·단체 등의) 붕괴, 해체; in disfacimento 붕괴되어 가는

disfare /dis'fare/ [타동] ① 풀다, 끄르다, 벗기다 ② (계획 따위를) 망치다 - disfarsi [재귀동사] ① (di와 함께 쓰여) (~을) 버리다, 치우다 ② 풀리다, 끌러지다, 벗겨지다 ③ (비유적으로) 망가지다

disfatta /dis'fatta/ [여] 패배, 참패

disfattista /disfat'tista/ [남/여] (남·복 : -i, 여·복 : -e) 패배주의자

disfatto /dis'fatto/ [형] 풀린, 끌러진, 벗겨진

disfunzione /disfun'tsjone/ [여] 기능 부전[장애]

disgelarsi /dizdʒe'larsi/ [재귀동사] (눈·얼음 따위가) 녹다

disgelo /diz'dʒɛlo/ [남] 해동(解凍), 해빙

disgiungere /diz'dʒundʒere/ [타동] 분리하다

disgrazia /diz'grattsja/ [여] ① 불운, 불행, 역경; per disgrazia 불행히도 ② 사고, 재난 ③ 눈 밖에 나 있음, 호의를 얻지 못함; cadere in disgrazia 총애를 잃다

disgraziatamente /dizgrattsjata'mente/ [부] 불행히도

disgraziato /dizgrat'tsjato/ [형] 불쌍한, 비참한; 불행한 - [남] (여 : -a) ① 불쌍한 인간 ② 비열한[사악한] 인간

disgregare /dizgre'gare/ [타동] 붕괴시키다; (조직 따위를) 해체하다 - disgregarsi [재귀동사] 붕괴하다; (조직 따위가) 해체되다

disguido /diz'gwido/ [남] ① (우편물이) 잘못 배달됨 ② 문제, 장애

disgustare /dizgus'tare/ [타동] 역겹게 만들다; mi disgusta vedere che ~ ~을 보기만 해도 역겹다 - disgustarsi [재귀동사] (di와 함께 쓰여) (~이) 역겹다, 몹시 싫다

disgusto /diz'gusto/ [남] 역겨움, 혐오, 질색

disgustosamente /dizgustosa'mente/ [부] 역겹게, 불쾌하게, 몹시 싫어

disgustoso /dizgus'toso/ [형] 역겨운, 불쾌한, 몹시 싫은

disidratare /dizidra'tare/ [타동] 탈수(脫水)하다, 수분을 빼다, 건조시키다

disidratato /dizidra'tato/ [형] 탈수된, 수분이 빠진, 건조된

disidratazione /dizidratat'tsjone/ [여] 탈수, 건조

disilludere /dizil'ludere/ [타동] 환상[미몽]을 깨우치다, 환멸을 느끼게 하다 - disilludersi [재귀동사] (su와 함께 쓰여) (~에) 환멸을 느끼다

disillusione /dizillu'zjone/ [여] 환멸

disilluso /dizil'luzo/ [형] 환상[미몽]에서 깨어난, 환멸을 느낀

disimballare /dizimbal'lare/ [타동] (짐 따위를) 풀다, 끄르다

disimparare /dizimpa'rare/ [타동] (배운 것을) 잊다

disimpegnare /dizimpeɲ'ɲare/ [타동] ① (da와 함께 쓰여) (속박 따위로부터) 해방시키다, 풀어주다 ② 되사다, (저당물을) 도로 찾다 - disimpegnarsi [재귀동사] (da와 함께 쓰여) (속박 따위로부터) 해방되다, 벗어나다

disincantato /dizinkan'tato/ [형] 환멸을 느낀

disincentivare /dizintʃenti'vare/ [타동] 단념시키다, 못하게 만들다

disinfestare /dizinfes'tare/ [타동] (집에서) 해충·쥐 따위를 구제(驅除)하다

disinfestazione /dizinfestat'tsjone/ [여] 해충·쥐의 구제[박멸]

disinfettante /dizinfet'tante/ [형] 살균성의, 소독력이 있는 - [남] 살균제, 소독제

disinfettare /dizinfet'tare/ [타동] 살균·소독하다

disinformato /dizinfor'mato/ [형] (su와 함께 쓰여) (~에 대한) 소식을 듣지 못한; 소식을 잘못 전해들은

disinformazione /dizinformat'tsjone/ [여] 소식을 듣지 못함; 소식을 잘못 전해들음; 허위 정보의 유포

disingannare /dizingan'nare/ [타동] 환상[미몽]을 깨우치다, 환멸을 느끼게 하다

disinibito /dizini'bito/ [형] 억제되지 않은, 속박을 받지 않는

disinnescare /dizinnes'kare/ [타동] (폭탄 등의) 신관을 제거하다

disinnestare /disinnes'tare/ [타동] (기계 장치의) 연결[접속]을 풀다

disinserire /dizinse'rire/ [타동] 전원을 차단하다, 플러그를 뽑다

disintegrare /dizinte'grare/ [타동] 붕괴시키다, 분쇄하다 - disintegrarsi [재

귀동사] 붕괴되다
disintegrazione /dizintegrat'tsjone/ [여] 붕괴
disinteressare /dizinteres'sare/ [타동] disinteressare qn a qc 누구로 하여금 무엇에 관한 흥미를 잃게 만들다 - disinteressarsi [재귀동사] (di와 함께 쓰여) (~에) 흥미[관심]를 갖지 않다
disinteressatamente /dizinteressata'mente/ [부] 관심이 없이; 사심이 없어
disinteressato /dizinteres'sato/ [형] ① 흥미[관심]이 없는 ② 사심 없는
disinteresse /dizinte'rɛsse/ [여] ① 무관심 ② 사심 없음
disintossicante /dizintossi'kante/ [형] 독을 제거하는 - [남] 해독제
disintossicare /dizintossi'kare/ [타동] ① 독을 제거하다 ② 알코올[마약] 의존증을 치료하다
disintossicazione /dizintossikat'tsjone/ [여] 해독; 알코올[마약] 의존증의 치료
disinvoltamente /dizinvolta'mente/ [부] 편하게, 터놓고, 스스럼없이
disinvolto /dizin'vɔlto/ [형] (태도 따위가) 편한, 터놓는, 스스럼없는, 여유가 있는
disinvoltura /dizinvol'tura/ [여] 편한[터놓는] 태도, 스스럼없음, 여유가 있음; con disinvoltura 편하게, 터놓고, 스스럼없이
dislessia /disles'sia/ [여] [병리] 난독증
dislessico /dis'lɛssiko/ (복 : -ci, -che) [형] 난독증의 - [남] (여 : -a) 난독증 환자
dislivello /dizli'vɛllo/ [남] ① 고도차(高度差) ② (비유적으로) 차이, 다름
dislocare /dizlo'kare/ [타동] [군사] (병력을) 전개[배치]하다; (인원을) 배치하다
dislocazione /dizlokat'tsjone/ [여] ① [군사] (병력의) 전개, 배치 ② [의학] 탈구
dismisura /dizmi'sura/ [여] 초과; a dismisura 과도하게, 지나치게
disobbediente, disobbedienza, disobbedire → disubbidiente, disubbidienza, disubbidire
disobbligare /dizobbli'gare/ [타동] (da 와 함께 쓰여) (의무로부터) 해방시키다 - disobbligarsi [재귀동사] (남의 친절 따위에) 보답하다
disoccupato /dizokku'pato/ [형] 실직한, 일이 없는 - [남] (여 : -a) 실업자
disoccupazione /dizokkupat'tsjone/ [여] 실직, 실업 상태
disonestà /dizones'ta/ [여-불변] 부정직, 불성실
disonestamente /dizonesta'mente/ [부] 부정직하게
disonesto /dizo'nɛsto/ [형] (남 : -a) 부정직한, 마음이 비뚤어진 (사람)
disonorare /dizono'rare/ [타동] 욕보이다, 명예를 손상시키다 - disonorarsi [재귀동사] 망신을 당하다
disonore /dizo'nore/ [남] 불명예, 망신, 치욕
disopra /di'sopra/ → sopra
disordinatamente /dizordinata'mente/ [부] 무질서하게, 혼란스럽게, 난잡하게, 흐트러져
disordinato /dizordi'nato/ [형] 무질서한, 혼란스러운, 난잡한, 흐트러진, 단정하지 못한
disordine /di'zordine/ [남] 무질서, 혼란, 난잡; essere in disordine 무질서하다, 혼란스럽다, 난잡하다, 어질러져 있다; che disordine! 왜 이렇게 어질러져 있는 거야? - disordini [남·복] (사회적·정치적) 소동, 소란
disorganizzato /dizorganid'dzato/ [형] 조직이 문란한, 질서[체계]가 잡히지 않은, 혼란스러운
disorganizzazione /dizorganiddzat'tsjone/ [여] 조직이 문란함, 질서[체계]가 잡히지 않음, 혼란
disorientamento /dizorjenta'mento/ [남] 방향 감각 상실; 어리둥절함
disorientato /dizorjen'tato/ [형] 방향 감각을 잃은; 갈피를 잡지 못하는, 어리둥절한
disossare /dizos'sare/ [타동] (닭고기 등의) 뼈를 발라내다
disossato /dizos'sato/ [형] (닭고기 등이) 뼈를 발라낸
disotto /di'sotto/ → sotto
dispaccio /dis'pattʃo/ [남] (복 : -ci) 급파; 급보
disparato /dispa'rato/ [형] 이종(異種)의, 다른, 공통점이 없는
dispari /'dispari/ [형-불변] 홀수의
disparità /dispari'ta/ [여-불변] 상이(相異), 부동(不同), 다름, 차이
disparte [부] (in disparte /indis'parte/의 형태로 쓰여) 옆에, 떨어져; mettere

qc in disparte 무엇을 옆에 두다, 떨어 뜨려 놓다

dispendio /dis'pendjo/ [남] (복 : -di) 지출, 소비; 낭비

dispendioso /dispen'djoso/ [형] 낭비하는, 헤프게 쓰는

dispensa /dis'pensa/ [여] ① 찬장, 식기대; 식료품 저장실 ② (da와 함께 쓰여) (의무 따위의) 면제 ③ (전집 따위의) 1회분, 한 권

dispensare /dispen'sare/ [타동] ① (da와 함께 쓰여) (의무 따위를) 면제하다 ② (자선 등을) 베풀다 - **dispensarsi** [재귀동사] (da와 함께 쓰여) (의무 따위를) 회피하다

disperare /dispe'rare/ [자동] (조동사 : avere) 절망하다; (di와 함께 쓰여) (~을) 포기하다 - **disperarsi** [재귀동사] 절망하다, 낙담하다

disperatamente /disperata'mente/ [부] ① 절망적으로 ② 필사적으로

disperato /dispe'rato/ [형] ① 절망한, 자포자기 상태의; 절망적인, 희망이 없는 ② 필사적인, (무언가를) 절실히 원하는 - [남] (여 : -a) (구어체에서) 쓸모없는 인간 - lavorare come un disperato 미친 듯이 일하다

disperazione /disperat'tsjone/ [여] 절망, 자포자기; in preda alla disperazione 절망에 빠져

disperdere /dis'perdere/ [타동] ① 흩어 버리다 ② (돈을) 탕진하다 - **disperdersi** [재귀동사] 흩어지다

dispersione /disper'sjone/ [여] ① 흩어짐, 해산 ② 낭비, 탕진

dispersivo /disper'sivo/ [형] 흩어진, 제대로 조직되지 않은

disperso /dis'perso/ [형] ① 흩어진 ② (사람이) 실종된, 행방불명된 - [남] (여 : -a) 실종자

dispetto /dis'petto/ [남] ① 남을 불쾌하게 만듦, 집적거림, 괴롭힘; fare un dispetto a qn 누구를 집적거리다; per dispetto 괴롭혀, 집적거려 ② 화, 불쾌함 - a dispetto di ~에도 불구하고

dispettoso /dispet'toso/ [형] 불쾌하게 하는, 괴롭히는, 집적거리는

dispiacere1 /dispja'tʃere/ [자동] (조동사 : essere) ① 불쾌하게 생각하다; a qn dispiace qc 누구는 무엇을 싫어한다; non mi dispiace la vita di città 나는 도시 생활을 싫어하지 않는다 ② 유감스럽게 여기다; mi dispiace sentire che ~이라니 참 딱하군 ③ (격식을 갖춘 표현으로) ti dispiace se fumo? 담배 좀 피워도 되겠니?; se non le dispiace ~ 괜찮으시다면 ~ - **dispiacersi** [재귀동사] 유감스럽게 여기다

dispiacere2 /dispja'tʃere/ [남] ① 괴로움, 고통; 슬픔; 불쾌함, 유감스러움; con mio grande dispiacere 유감스럽게도 ② (복수형으로 쓰여) 걱정거리; ha avuto molti dispiaceri 그녀에겐 걱정거리가 많았다

dispiaciuto /dispja'tʃuto/ [형] 유감스러운, 안타깝게 여기는

disponibile /dispo'nibile/ [형] ① (사물이) 이용 가능한 ② (사람이) 만날 수 있는; (남을) 기꺼이 도와주려하는; sei disponibile stasera? 오늘 저녁 시간 괜찮아?

disponibilità /disponibili'ta/ [여-불변] ① (사물이) 이용 가능함 ② (남을) 기꺼이 도와주려함 ③ [경제] 유동 자산

disporre /dis'porre/ [타동] ① 놓다, 두다, 위치시키다, 배치하다 ② 준비하다 - [자동] (조동사 : avere) (di와 함께 쓰여) (~을) 마음대로 이용할 수 있다 - **disporsi** [재귀동사] ① (a와 함께 쓰여) ~하려 하다, ~할 준비를 갖추다; disporsi all'attacco 공격 준비를 하다 ② (어떤 장소에) 위치하다; disporsi in fila 줄을 서다

dispositivo /dispozi'tivo/ [남] 기구, 장치; dispositivo di allarme 경고 장치

disposizione /dispozit'tsjone/ [여] ① 배치, 배열 ② 규칙, 규정; (법적) 조치; per disposizione di legge 법에 의해; disposizioni di sicurezza 안전 조치 ③ 처분권; a disposizione (누구의) 마음대로 처분할 수 있어 ④ 성향, 경향 ⑤ (법률의) 조항 ⑥ 마음 상태, 기분 (disposizione d'animo)

disposto /dis'posto/ [형] disposto a fare ~할 생각[의향]이 있는; essere ben disposto verso qn 누구에게 호의적이다 - [남] (법률의) 조항

dispotico /dis'pɔtiko/ [형] (복 : -ci, -che) 전제적인, 독재의, 횡포한

dispotismo /dispo'tizmo/ [남] 전제 정치, 독재제; 압제, 폭정

dispregiativo /dispredʒa'tivo/ [형] 경멸하는, 얕보는

disprezzabile /dispret'tsabile/ [형] 경멸할 만한, 얕볼 만한; una somma non disprezzabile 상당한 액수의 돈

disprezzare /dispret'tsare/ [타동] 경멸하다, 멸시하다, 얕보다

disprezzo /dis'prettso/ [남] 경멸, 멸시

disputa /'disputa/ [여] ① 논의, 토론 ② 논쟁

disputare /dispu'tare/ [타동] (패권 따위를) 다투다, (경기에 참가하여) 겨루다; disputare qc a qn 무엇을 얻기 위해 누구와 다투다[겨루다] - [자동] (조동사 : avere) disputare con qn di[su] ~에 대해 누구와 논쟁을 벌이다, 토론하다 - disputarsi [재귀동사] (무언가를 얻기 위해) 다투다, 겨루다

disquisizione /diskwizit'tsjone/ [여] 상세한 분석, 길고 면밀한 논설

dissacrante /dissa'krante/ [형] (존중되어 오던 가치 따위를) 비웃는, 깎아내리는

dissacrare /dissa'krare/ [타동] (존중되어 오던 가치 따위를) 비웃다, 깎아내리다

dissanguamento /dissangwa'mento/ [남] 출혈

dissanguare /dissan'gware/ [타동] 피를 (많이) 흘리게 하다 - dissanguarsi [재귀동사] ① 피를 (많이) 흘리다 ② (비유적으로) 파산하다

dissapore /dissa'pore/ [남] (사소한) 승강이, 의견 불일치

dissecare /disse'kare/ [타동] 절개하다, 해부하다

disseccare /dissek'kare/ [타동] 바싹 말리다 - disseccarsi [재귀동사] 바싹 마르다

disseminare /dissemi'nare/ [타동] 흩뿌리다; 퍼뜨리다

dissennato /dissen'nato/ [형/남] (여 : -a) 제정신이 아닌, 분별력이 없는 (사람)

dissenso /dis'sɛnso/ [남] 불찬성, 의견 불일치

dissenteria /dissente'ria/ [여] [의학] 설사

dissentire /dissen'tire/ [자동] (조동사 : avere) 의견을 달리하다

dissertazione /dissertat'tsjone/ [여] (학술) 논문

disservizio /disser'vittsjo/ [남] (복 : -zi) (서비스의) 불편

dissestare /disses'tare/ [타동] 불안정하게 만들다, 혼란시키다

dissestato /disses'tato/ [형] ① (길 따위가) 고르지 않은, 울퉁불퉁한 ② (경제 상황 따위가) 불안정한

dissesto /dis'sɛsto/ [남] 불안정, 무질서, 혼란; dissesto finanziario 재정 곤란

dissetante /disse'tante/ [형/남] 갈증을 해소하는 (음료)

dissetare /disse'tare/ [타동] (누구의) 갈증을 해소하다; (동물에게) 물을 주다 - dissetarsi [재귀동사] (자신의) 갈증을 해소하다

dissidente /dissi'dɛnte/ [형] 반체제적인 - [남/여] 반체제 인사

dissidenza /dissi'dɛntsa/ [여] 반체제적임

dissidio /dis'sidjo/ [남] (복 : -di) 의견 불일치, 다툼; avere un dissidio con qn 누구와 말다툼을 하다

dissimile /dis'simile/ [형] (da와 함께 쓰여) (~와) 같지 않은, 다른

dissimulare /dissimu'lare/ [타동] (감정 따위를) 숨기다, 감추다

dissipare /dissi'pare/ [타동] ① (안개 따위를) 흩어버리다; (의심 따위를) 떨쳐버리다 ② (재산 등을) 탕진하다 - dissiparsi [재귀동사] (안개 따위가) 흩어 없어지다; (의심 따위가) 사라지다

dissipato /dissi'pato/ [형] 방탕한

dissipazione /dissipat'tsjone/ [여] 방탕; 탕진

dissociare /disso't∫are/ [타동] (da와 함께 쓰여) (~으로부터) 떼어놓다, 분리하다 - dissociarsi [재귀동사] (da와 함께 쓰여) (~와의) 관계를 끊다

dissodare /disso'dare/ [타동] (땅을) 파엎다

dissoluto /disso'luto/ [형/남] (여 : -a) 방탕한, 타락한 (사람)

dissolvere /dis'sɔlvere/ [타동] ① (액체가 물질을) 녹이다, 용해하다 ② (안개 따위를) 흩어버리다; (걱정 따위를) 떨쳐버리다 - dissolversi [재귀동사] ① (in과 함께 쓰여) (물질이 액체에) 녹다, 용해되다 ② (안개 따위가) 흩어지다

dissonante /disso'nante/ [형] 불협화음의; (색깔 따위가) 조화되지 않은

dissotterrare /dissotter'rare/ [타동] (무덤 등에서) 파내다, 발굴하다

dissuadere /dissua'dere/ [타동] (da와 함께 쓰여) (~을) 단념시키다, 못하게 하다

dissuasione /dissua'zjone/ [여] 제지, 단념시키기

distaccare /distak'kare/ [타동] ① (da와 함께 쓰여) (~으로부터) 떼어놓다; distaccare lo sguardo da qn 누구에게서 시선을 떼다 ② (직원 등을) 전속시키다, 파견하다 ③ [스포츠] (경쟁자를) 앞서다 - distaccarsi [재귀동사] ① (da와 함께 쓰여) (~으로부터) 떨어져 나오다, 이탈하다 ② (da와 함께 쓰여) (~을) 점차 떠나게 되다, (~에) 관심을 갖지 않게 되다 ③ (비유적으로) 탁월하다, 걸출하다

distaccato /distak'kato/ [형] ① 떨어져 나온, 이탈한 ② (직원 등이) 전속된, 파견된

distacco /dis'takko/ [남] (복 : -chi) ① 분리, 이탈 ② 이별, 헤어짐 ③ 무관심

distante /dis'tante/ [형] ① (거리가) 먼; 멀리 떨어진; è distante da qui? 여기서 멀어요? ② (시간적으로) 먼, 아득한; essere distante nel tempo 먼 과거의 일이다 ③ (태도 등이) 거리를 두는 - [부] 멀리; non abitano distante 그들은 먼 곳에 살지 않는다

distanza /dis'tantsa/ [여] ① 거리, 간격; qual è la distanza fra Torino e Roma? 토리노에서 로마까지의 거리는 얼마나 되는가?; a distanza i) 멀리서 ii) 원격의; comando a distanza 원격조작[제어] ② (시간상의) 간격, 동안; a distanza di 2 giorni 이틀 후에 ③ [스포츠] (경주) 거리; gara su lunga distanza 장거리 경주 - distanza focale [광학·사진] 초점 거리; distanza di visibilità 시정(視程); prendere le distanze da qc/qn 무엇/누구로부터 떨어지다, 거리를 두다

distanziare /distan'tsjare/ [타동] 간격을 두다, 떨어뜨려 놓다; [스포츠] (경쟁자보다) 앞서다

distare /dis'tare/ [자동] (da와 함께 쓰여) (~에서) (얼마간) 떨어져 있다; dista molto da qui? 여기서 먼가요?; distiamo pochi chilometri da Roma 우리는 로마에서 불과 몇 킬로미터 떨어져 있다

distendere /dis'tendere/ [타동] (팔다리를) 뻗다; (근육의) 긴장을 풀다; (천을) 펴다, 펼치다; (빨래를) 널다; (환자를 들것이나 침대 위에) 눕히다 - distendersi [재귀동사] 드러눕다; 긴장을 풀다; (천 따위가) 펼쳐지다

distensione /disten'sjone/ [여] (팔다리를) 쭉 뻗기; 긴장을 풂

distensivo /disten'sivo/ [형] 긴장을 풀어주는; 달래는

distesa /dis'tesa/ [여] 넓게 퍼져 있음 - suonare a distesa (종소리 따위가) 울려 퍼지다

disteso /dis'teso/ [형] ① (팔다리를) 쭉 뻗은, 드러눕거나 납작 엎드린; cadere lungo disteso 푹 엎드러지다 ② 긴장을 푼

distillare /distil'lare/ [타동] 증류하다; acqua distillata 증류수

distillato /distil'lato/ [형/남] 증류된 (물질)

distilleria /distille'ria/ [여] 증류소

distinguere /dis'tingwere/ [타동] ① (da와 함께 쓰여) (~으로부터) 구별하다, 가려내다 ② 식별[분별]하다 ③ 구별짓다; 특징짓다 - distinguersi [재귀동사] ① (da와 함께 쓰여) (~으로부터) 구별되다, (~와) 다르다 ② 두드러지다, 걸출하다 ③ 식별[분별] 가능하다

distinguibile /distin'gwibile/ [형] 구별[분간]할 수 있는

distinta /dis'tinta/ [여] distinta di pagamento 영수증; distinta dei prezzi 가격표

distintamente /distinta'mente/ [부] ① 뚜렷하게, 명백하게 ② 따로, 개별적으로

distintivo /distin'tivo/ [형] 특색 있는, 다른 것과 구별되는 - [남] 배지, 기장(記章)

distinto /dis'tinto/ [형] ① (da와 함께 쓰여) (~와) 다른 ② 따로 떨어진, 별개의 ③ 뚜렷한, 명백한 ④ 기품 있는, 세련된

distinzione /distin'tsjone/ [여] ① 구별; 차별; non faccio distinzioni 나는 구별을 두지 않는다, 모든 것이 내겐 똑같다 ② 기품이 있음, 세련됨 ③ 영예

distogliere /dis'tɔʎʎere/ [타동] ① (관심·시선 따위를 딴 데로) 돌리다 ② 단념시키다, 못하게 하다; distogliere qn da qc 누구로 하여금 무엇을 하지 못하게 하다

distorcere /dis'tɔrtʃere/ [타동] ① 비틀다, 뒤틀다; (얼굴을) 찡그리다; (상(像)을) 왜곡하다 ② (비유적으로) (사실·이야기 따위를) 왜곡[곡해]하다

distorsione /distor'sjone/ [여] ① 뺌, 접질림 ② (상(像)의) 왜곡

distorto /dis'tɔrto/ [형] ① (상(像)이) 왜곡된 ② (비유적으로) (사실·이야기 등

이) 왜곡[곡해]된 ③ 삔, 접질린
distrarre /dis'trarre/ [타동] ① (주의를) 흐트러뜨리다, 딴 데로 돌리다 ② 즐겁게 해주다, 기분을 풀게 하다 - distrarsi [재귀동사] 주의를 기울이지 않다, 딴 생각을 하다
distrattamente /distratta'mente/ [부] 주의를 기울이지 않고, 방심 상태로
distratto /dis'tratto/ [형] 주의를 기울이지 않는, 방심 상태의
distrazione /distrat'tsjone/ [여] ① 주의를 기울이지 않음, 방심 상태임 ② 기분 전환
distretto /dis'tretto/ [남] 지구, 구역; distretto elettorale 선거구
distribuire /distribu'ire/ [타동] ① (나눠) 주다, 분배하다; (몫을) 나누다 ② (상품을) 판매[발매]하다 ③ (일·임무 등을) 할당하다 ④ (카드의 패를) 도르다 ⑤ 놓다, 두다, 배치하다
distributore /distribu'tore/ [남] (여 : -trice) ① 나눠주는[분배하는] 사람 ② (상품의) 판매인, 배급하는 사람 ③ 자동판매기 ④ [기계] 배전기 - distributore (di benzina) 주유소
distribuzione /distribut'tsjone/ [여] 분배, 배급, 배포; (몫의) 배분; (임무의) 할당; 분포
districare /distri'kare/ [타동] ① (엉킨 것을) 풀다 ② (비유적으로) (문제 따위를) 해결하다 - districarsi [재귀동사] (da와 함께 쓰여) (~에서) 빠져나오다, 벗어나다
distrofia /distro'fia/ [여] 영양 실조
distruggere /dis'truddʒere/ [타동] ① 파괴하다, 헐다; 멸하다; (계획 따위를) 망치다 ② (비유적으로) 큰 충격을 주다, 망연자실하게 하다
distruttivo /distrut'tivo/ [형] 파괴적인, 해를 끼치는
distrutto /dis'trutto/ [형] ① 파괴된, 무너진 ② (비유적으로) 큰 충격을 받은, 망연자실한 ③ 몹시 지친
distruttore /distrut'tore/ [형] 파괴하는, 무너뜨리는 - [남] (여 : -trice) 파괴자 - distruttore di documenti 문서 분쇄기
distruzione /distrut'tsjone/ [여] 파괴, 절멸
disturbare /distur'bare/ [타동] 방해하다, 폐를 끼치다; disturbo? 제가 방해가 되나요?; "non disturbare" "방해하지 마시오"; la disturba se fumo? 담배 좀 피워도 될까요? - disturbarsi [재귀동사] 무리하다, 수고하다, 애쓰다
disturbo /dis'turbo/ [남] ① 불편, 폐, 성가심; non è affatto un disturbo 그건 전혀 문제되지 않는다 ② (가벼운) 병, 탈; disturbi di stomaco 배탈 ③ (복수형으로 쓰여) (TV·라디오의) 전파 방해, 잡음
disubbidiente /dizubbi'djɛnte/ [형] (어린 아이 등이) 말을 듣지 않는
disubbidienza /dizubbi'djɛntsa/ [여] 말을 듣지 않음, 불복종; disubbidienza civile 시민적 불복종
disubbidire /dizubbi'dire/ [자동] (조동사 : avere) (a와 함께 쓰여) (~의) 말을 듣지 않다, (~에게) 불복종하다, (~을) 따르지 않다
disuguale /dizu'gwale/ [형] ① 같지[동등하지] 않은, 다른 ② 고르지 못한; 불규칙한
disumano /dizu'mano/ [형] ① 무자비한, 잔인한 ② (비유적으로) 심한, 끔찍한
disunire /dizu'nire/ [타동] 가르다, 쪼개다, 분할하다
disuso /di'zuzo/ [남] 쓰지 않음; 폐지, 폐기; cadere in disuso 쓰이지 않게 되다
ditale /di'tale/ [남] (재봉용) 골무; (상처 보호용) 손가락 싸개
ditata /di'tata/ [여] ① 손가락으로 쿡 찌르기 ② (유리 따위에 남은) 손가락을 댄 자국
dito /'dito/ [남] (여·복 : dita) ① 손가락; dito del piede 발가락; mettersi le dita nel naso (손가락으로) 코를 후비다 ② 손가락 폭 정도의 길이나 깊이; accorciare una gonna di un dito 스커트 길이를 1인치 줄이다 - avere sulla punta delle dita (어떤 문제에 [를]) 정통하다, 훤히 알고 있다; mettere il dito sulla piaga 아픈 데를 건드리다; non ha mosso un dito 그는 손가락 하나 까딱하지 않았다, 조금도 도와주지 않았다
ditta /'ditta/ [여] 회사; una ditta ben avviata 이익을 내는 회사; usa la macchina della ditta 그는 회사 차량을 이용한다 - ditta affiliata 자회사, 계열사
dittafono /dit'tafono/ [남] (속기용) 구술 녹음기

dittatore /ditta'tore/ [남] (여 : -trice) 독재자 - fare il dittatore (비유적으로) 보스 행세를 하다, 으스대다

dittatura /ditta'tura/ [여] 독재, 절대 권력

dittongo /dit'tɔngo/ [남] (복 : -ghi) [언어] 이중모음, 복모음

diurno /di'urno/ [형] 낮 동안의, 주간의; ore diurne 낮, 주간

diva /'diva/ [여] → divo의 여성형

divagare /diva'gare/ [자동] (조동사 : avere) (이야기가 주제·본론에서) 빗나가다, 옆길로 새다

divagazione /divagat'tsjone/ [여] 지엽으로 흐름, 여담, 탈선

divampare /divam'pare/ [자동] (조동사 : essere) ① (불꽃이) 타오르다 ② (비유적으로) (열정·분노 따위가) 타오르다 ③ (전쟁 따위가) 발발하다

divano /di'vano/ [남] 소파, 긴 의자

divaricare /divari'kare/ [타동] (팔·다리를) 벌리다; a gambe divaricate 다리를 벌리고

divario /di'varjo/ [남] (복 : -ri) (tra와 함께 쓰여) (~ 사이의) 차이, 격차

divenire /dive'nire/ [자동] (조동사 : essere) (~이, ~하게) 되다

diventare /diven'tare/ [자동] (조동사 : essere) (~이, ~하게) 되다; diventare famoso 유명해지다; diventare vecchio 늙다; è diventato rosso in faccia 그는 얼굴이 빨개졌다; come sei diventato grande! 너 키가 많이 컸구나!; fare diventare matto qn 누구를 미치게 하다

diverbio /di'verbjo/ [남] (복 : -bi) 의견 불일치, 말다툼

divergente /diver'dʒente/ [형] 분기하는, 갈라져 나오는

divergenza /diver'dʒentsa/ [여] 분기, 일탈, 갈라짐; divergenza d'opinioni 의견 차이

divergere /di'verdʒere/ [자동] (da와 함께 쓰여) (~으로부터) 분기하다, 갈라져 나오다 - (~와) 다르다

diversamente /diversa'mente/ [부] ① 다르게, 다른 방식으로 ② 그렇지 않으면

diversificare /diversifi'kare/ [타동] 변화를 가하다, 다양하게 만들다 - diversificarsi [재귀동사] (da, per와 함께 쓰여) (~와, ~에 있어서) 다르다

diversione /diver'sjone/ [여] ① 빗나감, 편향 ② [군사] 견제[양동] 작전

diversità /diversi'ta/ [여-불변] ① 다양성 ② 차이, 상이

diversivo /diver'sivo/ [형] [군사] 견제의, 양동(陽動)의; manovra diversiva 양동 작전 - [남] 주의를 딴 데로 돌림, 기분 전환

diverso /di'verso/ [형] ① (da와 함께 쓰여) (~와) 다른; secondo me è diverso 내 생각은 달라 ② 여러 가지의, 다양한 ③ 몇몇의, 여러; diversi mesi fa 몇 달 전에; c'era diversa gente 여러 사람들이 있었다 - diversi [대] (부정대명사 복수형) 몇몇[여러] 사람들; diversi dicono che ~ 여러 사람들이 ~이라고 말한다 - [남] 사회의 낙오자, 따돌림 당하는 사람; (완곡하게) 동성애자

divertente /diver'tɛnte/ [형] 재미있는; 우스운

divertimento /diverti'mento/ [남] 기분 전환, 오락; fare qc per divertimento 재미삼아 무엇을 하다; buon divertimento! 즐거운 시간 보내세요!

divertire /diver'tire/ [타동] 재미있게 하다, 즐겁게 하다 - divertirsi [재귀동사] 즐기다, 재미있게 놀다; divertirsi a fare qc 무엇을 하며 즐기다

dividendo /divi'dɛndo/ [남] ① [수학] 피제수, 나뉨수 ② 배당금

dividere /di'videre/ [타동] ① 나누다, 쪼개다, 분할하다; 가르다, 떼어놓다; dividere in 5 parti 다섯 부분으로 나누다; dividere 100 per 2 100을 2로 나누다; su questo argomento gli studiosi sono divisi 이 문제에 관해 학자들은 의견이 갈렸다; niente potrà dividerci 아무것도 우리 사이를 갈라놓을 수 없어; è diviso dalla moglie 그는 부인과 별거하고 있다 ② 공유하다; non ho niente da dividere con te 나는 너와 공통점이 없다 - dividersi [재귀동사] ① 나뉘다, 분할되다, 갈라지다 ② (da와 함께 쓰여) (~을) 떠나다, (~으로부터) 떨어지다 ③ (in과 함께 쓰여) (~으로) 나뉘다, 분할되다; il libro si divide in 5 capitoli 그 책은 다섯 장 (章)으로 나뉜다

divieto /di'vjɛto/ [남] 금지; 금지된 것; "divieto di accesso" "출입 금지"; "divieto di parcheggio" "주차 금지"

divinatore /divina'tore/ [남] (여 :

-trice) 점쟁이; 예언자
divincolarsi /divinko'larsi/ [재귀동사] (무언가에서 빠져나오기 위해) 몸부림치다
divinità /divini'ta/ [여-불변] 신성(神性), 신격(神格)
divino /di'vino/ [형] ① 신의, 신에 의한, 신성의 ② 아주 훌륭한, 멋진
divisa1 /di'viza/ [여] 제복, 유니폼
divisa2 /di'viza/ [여] [경제] 통화(通貨)
divisione /divi'zjone/ [여] ① 분할, 구획 ② 분리 ③ (의견 등의) 차이, 불일치 ④ [수학] 나눗셈 ⑤ (관청 등의) 부, 국, 과 - divisione del lavoro 분업
diviso /di'vizo/ [형] 나뉜, 분할[분리]된
divisore /divi'zore/ [남] [수학] 제수(除數), 나눗수
divisorio /divi'zɔrjo/ (복 : -ri, -rie) [형] 분할[구획]하는 - [남] 칸막이
divo /'divo/ [남] 스타, 인기 배우[가수]
divorare /divo'rare/ [타동] ① (음식을) 게걸스럽게 먹다; 탐내어 ~하다; divorare qc con gli occhi 무엇에 눈독을 들이다 ② (유산 등을) 탕진하다 ③ (질병·화재 따위가 사람·환경 따위를) 멸망시키다, 파괴하다
divorziare /divor'tsjare/ [자동] (조동사 : avere) (배우자와) 이혼하다; divorziare dalla moglie 아내와 이혼하다
divorziato /divor'tsjato/ [형/남] (여 : -a) 이혼한 (사람)
divorzio /di'vɔrtsjo/ [남] (복 : -zi) 이혼
divulgare /divul'gare/ [타동] ① (비밀 따위를) 누설[폭로]하다, (소문 따위를) 퍼뜨리다 ② (학문적 성과 따위를) 대중에게 보급하다 - divulgarsi [재귀동사] (소문 따위가) 퍼지다
dizionario /dittsjo'narjo/ [남] (복 : -ri) 사전(辭典); 용어집
dizione /dit'tsjone/ [여] ① 어법, 말씨 ② 발성법
DNA /dienne'a/ [남-불변] (영문 deoxyribonucleic acid의 약자로) [생화학] 디옥시리보핵산, DNA
do /dɔ/ [남-불변] [음악] (도레미파 음계의) 도
doccia /'dottʃa/ [여] (복 : -ce) ① 샤워; fare la doccia 샤워를 하다 ② 홈통, 배수관
docente /do'tʃente/ [형] 가르치는; personale docente 교수진 - [남/여] 선생, 교사, 강사
docenza /do'tʃentsa/ [여] 가르침, 교수; 강사 자격[칭호]
docile /'dɔtʃile/ [형] ① (사람·동물이) 온순한, 유순한 ② (사물이) 다루기 쉬운
documentare /dokumen'tare/ [타동] ① 문서로 증명하다 ② (연구자 등에) 자료[정보]를 제공하다 - documentarsi [재귀동사] (su와 함께 쓰여) (~에 대해) 연구하다, 자료를 수집하다
documentario /dokumen'tarjo/ (복 : -ri, -rie) [형] 문서의, 서류의 - [남] 다큐멘터리, 기록물
documentazione /dokumentat'tsjone/ [여] ① 문서 연구[조사] ② 문서 자료
documento /doku'mento/ [남] 문서, 서류, 기록; documenti d'identità 신원증명 서류
dodicesimo /dodi'tʃezimo/ [형] 제12의, 열두 번째의 - [남] (여 : -a) ① 제12, 열두 번째 ② 12분의 1
dodici /'doditʃi/ [형-불변] 12의 - [남-불변] ① 12, 열둘 ② (월(月)의) 12일 - [여·복] 12시
dogana /do'gana/ [여] 세관; 관세; passare la dogana 통관 절차를 밟다; pagare la dogana su qc 무엇에 대해 관세를 내다
doganale /doga'nale/ [형] 관세의; barriera doganale 관세 장벽
doganiere /doga'njere/ [남] 세관원
doglie /'dɔʎʎe/ [여·복] 진통, 산고; avere le doglie 분만 중이다
dogma /'dɔgma/ [남] 교의(敎義), 교조(敎條), 주의(主義)
dogmatico /dog'matiko/ [형/남] (여 : -a) (복 : -ci, -che) 독단적인 (사람)
dolce /'doltʃe/ [형] ① (맛이) 단, 달콤한 ② (성질·태도가) 온후한, 상냥한; (기후 등이) 온화한 ③ (목소리 등이) 감미로운, 부드러운 ④ (경사 따위가) 급하지 않은 ⑤ 기분 좋은, 유쾌한 - [남] ① 단맛 ② 단것, 디저트, 케이크
dolcemente /doltʃe'mente/ [부] 달콤하게; 부드럽게; 상냥하게
dolcevita /doltʃe'vita/ [남/여-불변] 터틀넥 스웨터
dolcezza /dol'tʃettsa/ [여] ① 단맛, 달콤함 ② (기후의) 온화함 ③ (목소리 등의) 감미로움, 부드러움; (태도의) 상냥함
dolcificante /doltʃifi'kante/ [형] (맛을) 달게 하는 - [남] 감미료

dolciumi /dol'tʃumi/ [남·복] 단것, 사탕·과자류

dolente /do'lɛnte/ [형] ① 안타까워하는, 애석해하는; 슬퍼하는; essere dolente per qc 무엇에 대해 안타깝게 여기다 ② (신체의 일부가) 아픈

dolere /do'lere/ [자동] (조동사 : essere) (신체의 일부가) 아프다; mi duole la testa 난 머리가 아파 - **dolersi** [재귀동사] (di와 함께 쓰여) ① (~에 대해) 안타깝게 여기다 ② (~에 대해) 불평하다

dollaro /'dɔllaro/ [남] [화폐의 단위] 달러

dolo /'dɔlo/ [남] [법률] 범죄 의도, 악의

dolorante /dolo'rante/ [형] (신체의 일부가) 아픈; avere i piedi doloranti 발이 아프다

dolore /do'lore/ [남] ① (신체의) 아픔, 고통; avere un dolore alla schiena 등이 아프다 ② (정신적) 고통, 슬픔

doloroso /dolo'roso/ [형] ① (신체가) 아픈, 고통스러운 ② (정신적으로) 고통스러운, 슬픈

doloso /do'loso/ [형] [법률] 범죄 의도가 있는, 악의에 의한; incendio doloso 방화(죄)

domanda /do'manda/ [여] ① 물음, 질문; fare una domanda a qn 누구에게 묻다[질문하다] ② (di와 함께 쓰여) (~에 대한) 신청, 지원; fare domanda d'impiego 구직 신청을 하다; presentare una domanda 원서를 제출하다 ③ [경제] 수요

domandare /doman'dare/ [타동] ① 묻다, 질문하다; domandare qc a qn 누구에게 무엇을 물어보다 ② (정보·조언·도움 따위를) 구하다; domandare il permesso di[per] fare qc ~하는 데 있어서 허락을 구하다; domandare scusa a qn 누구에게 사과하다; domandare un favore a qn 누구에게 (무엇을) 부탁하다 - [자동] (조동사 : avere) domandare di qn 누구의 안부를 묻다 - **domandarsi** [재귀동사] (의문사와 함께 쓰여) (왜 그런지, 무엇인지) 궁금해 하다

domani /do'mani/ [부] 내일; domani mattina 내일 아침(에); domani l'altro 모레; a domani! (헤어질 때의 인사말로) 내일 보자! - [남-불변] ① 내일; 다음 날 ② 앞날, 미래; un domani (미래의) 어느 날

domare /do'mare/ [타동] ① (짐승을) 길들이다 ② (비유적으로) (반란 따위를) 진압하다; (감정 따위를) 다스리다

domatore /doma'tore/ [남] (여 : -trice) 짐승을 길들이는 사람, 조련사

domattina /domat'tina/ [부] 내일 아침(에)

domenica /do'menika/ [여] (복 : -che) 일요일; (기독교의) 안식일, 주일 - con il vestito della domenica 나들이옷을 입고 - domenica delle Palme 종려주일; domenica di Pasqua 부활주일

domenicale /domeni'kale/ [형] 일요일의, 주일의; messa domenicale 주일 예배[미사]

domestico /do'mɛstiko/ (복 : -ci, -che) [형] ① 가정의, 가사의; lavori domestici 가사, 집안일 ② (동물이) 길든; animale domestico 애완동물 - [남] (여 : -a) 하인, 가정부

domiciliare /domitʃi'ljare/ [형] 주소지의, 가택의; essere agli arresti domiciliari 가택 연금 중이다

domiciliarsi /domitʃi'ljarsi/ [재귀동사] 거처[주소]를 정하다, 정주하다

domicilio /domi'tʃiljo/ [남] 거처, 주거, 주소; cambiare domicilio 거처를 옮기다; visita a domicilio (의사의) 왕진; violazione di domicilio [법률] 주거침입(죄)

dominante /domi'nante/ [형] ① 지배적인, 우세한, 주요한, 두드러진 ② [생물] 우성의

dominare /domi'nare/ [타동] ① 지배하다 ② (다른 것을) 압도하다 ③ (상황·감정 따위를) 통제하다 ④ (산 따위가 높이 솟아 아래를) 내려다보다 - [자동] (조동사 : avere) ① 지배권을 갖다, 지도자의 입장에 서다 ② 지배적이다, 우세하다 - **dominarsi** [재귀동사] 자제하다

dominazione /dominat'tsjone/ [여] 지배, 통치; 우세

dominio /do'minjo/ [남] (복 : -ni) ① 지배권, 주권; esercitare il dominio su ~에 대해 지배권을 행사하다 ② 영토, 영역 ③ (su와 함께 쓰여) (~에 대한) 통제; (~에) 정통함; dominio di sé 자제

don /dɔn/ [남-불변] ① 신부·수도사에 대한 존칭 ② 님, 씨 (존칭)

donare /do'nare/ [타동] 주다, 기부[기증]하다, 증여하다; donare il sangue 헌혈하다; donare qc a qn 누구에게 무엇을 주다; donare la vita per ~을 위해 목숨을 바치다 - [자동] (조동사 : avere) (a와 함께 쓰여) (옷·색깔 따위가 ~에) 어울리다

donatore /dona'tore/ [남] (여 : -trice) 기증자, 주는 사람; [의학] 혈액[장기] 제공자

donazione /donat'tsjone/ [여] 기부, 기증

dondolare /dondo'lare/ [타동] 흔들다 - [자동] (조동사 : avere) 흔들리다 - dondolarsi [재귀동사] 몸을 흔들다; 흔들리다

dondolo /'dondolo/ [남] cavallo a dondolo 흔들목마; sedia a dondolo 흔들의자

donna /'dɔnna/ [여] ① 여자, 여성; da donna 여성용의 ② 귀부인에 대한 존칭 ③ [카드놀이] 퀸 - donna di casa 가정주부; donna di servizio 가정부; donna di strada 매춘부

donnaiolo /donna'jɔlo/ [남] 바람둥이, 플레이보이

donnola /'dɔnnola/ [여] [동물] 족제비

dono /'dɔno/ [남] ① 선물; 기증품; fare un dono a qn 누구에게 선물을 주다 ② (타고난) 재능

donzella /don'dzɛlla/ [여] (문어체에서) 소녀, 처녀

dopamina /dopa'mina/ [여] [생화학] 도파민 (뇌 내의 신경 전달 물질)

dopo /'dopo/ [부] ① (시간상) 후에, 다음에, 이어서; il giorno dopo 다음 날; poco tempo dopo 조금 후에; prima pensa e dopo parla 먼저 생각한 후에 말하라; ci vediamo dopo (헤어질 때의 인사말로) 나중에 봅시다 ② (공간상) 지나서, 다음에; ecco la chiesa - la mia casa è subito dopo 여기 교회가 있는데, 우리 집은 바로 그 너머에 있다 - [전] ① (시간상) ~ 다음에, 후에; dopo un anno 1년 후에; rimandare qc a dopo Natale 무엇을 크리스마스 이후로 미루다; non l'ho più sentito dopo la sua partenza 그가 떠난 후로는 그의 소식을 듣지 못했다; uno dopo l'altro 차례로, 연이어 ② (공간상) (~을) 지나서; è subito dopo la chiesa 그건 교회를 조금 지나서 있다 ③ dopo tutto 결국 - [접] ~한 후에; dopo mangiato va a dormire 그는 식사 후에 잠을 잔다; dopo che è partito 그가 떠난 후에 - [형-불변] ① (시간상) 다음의, 후의; la settimana dopo 다음 주 ② (공간상) 다음의; la pagina dopo 다음 페이지 - [남-불변] il dopo 미래, 앞날

dopobarba /dopo'barba/ [남-불변] 애프터셰이브 로션

dopoché /dopo'ke/ [접] ~한 후에

dopodiché /dopodi'ke/ [부] 그리고 그 후에

dopodomani /dopodo'mani/ [부/남-불변] 모레

dopoguerra /dopo'gwɛrra/ [남-불변] 전후(戰後) 시기

dopopranzo /dopo'prandzo/ [남-불변] 오후

doposcuola /dopos'kwɔla/ [남-불변] (학교에서) 방과 후에 과외 활동을 하는 모임

doposole /dopo'sole/ [남-불변] 볕에 탄 후에 쓰는 로션

dopotutto /dopo'tutto/ [부] 결국

doppiaggio /dop'pjaddʒo/ [남] [영화] 더빙

doppiare /dop'pjare/ [타동] ① [영화] 더빙하다 ② [항해] (갑(岬)을) 돌아가다, 회항하다

doppio /'doppjo/ (복 : -pi, -pie) [형] ① 두 개의; 이중의; utensile a doppio uso 두 가지 용도로 쓰이는 도구; frase a doppio senso 두 가지 뜻을 가진 문장 ② (사람이) 두 얼굴을 가진, 위선적인 - [남] ① 두 배; pagare il doppio 두 배의 값을 치르다 ② [테니스] 복식 - [부] 두 개로, 이중으로

doppiofondo /doppjo'fondo/ [남] (복 : doppifondi) (슈트케이스 따위의) 이중 바닥

doppione /dop'pjone/ [남] (동일물의) 두 통 중의 하나, 부본, 사본

doppiopetto /doppjo'pɛtto/ [남-불변] 겹자락 재킷

dorare /do'rare/ [타동] ① 금을 입히다, 금도금하다 ② (식재료를) 갈색이 되도록 요리하다

dorato /do'rato/ [형] 금을 입힌, 금도금이 된

doratura /dora'tura/ [여] 금도금

dormicchiare /dormik'kjare/ [자동] (조동사 : avere) 꾸벅꾸벅 졸다

dormiglione /dormiʎʎone/ [남] (여 : -a) (구어체에서) 잠꾸러기

dormire /dor'mire/ [자동] (조동사 : avere) 잠자다; 잠자리에 들다; dormire come un ghiro 꼼짝 않고 정신없이 자다; dormire della grossa 깊이 잠들어 있다 - [타동] dormire un sonno profondo 푹 잠들어 있다

dormita /dor'mita/ [여] 잠; fare una bella dormita 잠을 잘 자다, 충분한 수면을 취하다

dormitina /dormi'tina/ [여] 낮잠, 선잠

dormitorio /dormi'tɔrjo/ (복 : -ri) [형] città dormitorio 베드타운 - [남] 기숙사

dormiveglia /dormi'veʎʎa/ [남-불변] essere nel dormiveglia 반쯤 잠들어 있다

dorsale /dor'sale/ [형] ① 등의; spina dorsale 등뼈, 척추 ② nuoto dorsale [수영] 배영 - [여] ① 산등성이 - [남] (의자의) 등 부분

dorso /'dɔrso/ [남] ① (사람·동물의) 등; a dorso di cavallo 말을 타고 ② 책등 ③ 산등성이 ④ [수영] 배영

dosare /do'zare/ [타동] ① (재료·약 따위의) 적절한 양을 정하다 ② (비유적으로) (힘 따위를) 조절하다

dose /'dɔse/ [여] (약의) 1회분, 복용량; (요리 재료 따위의) 양, 분량; (추상적인 것의) 양

dossier /dos'sjer/ [남-불변] 일건[관계] 서류, 파일

dosso /'dɔsso/ [남] (도로 등의) 융기, 불룩 솟은 것 - levarsi i vestiti di dosso 옷을 벗다

dotare /do'tare/ [타동] (di와 함께 쓰여) (~을) 갖추어 주다, 제공하다, 부여하다

dotato /do'tato/ [형] (di와 함께 쓰여) (~을) 갖춘; un bambino molto dotato 재능이 많은 아이

dote /'dɔte/ [여] ① (신부의) 지참금 ② (타고난) 재능

Dott. → dottore의 약자

dotto /'dotto/ [형] 배운, 학식 있는 - [남] (여 : -a) 지식인, 학자

dottorato /dotto'rato/ [남] 학위; dottorato di ricerca 박사 학위

dottore /dot'tore/ [남] ① 의사 ② 대학 졸업생, 학사; dottore in lettere 문학사; dottore di ricerca 박사

dottoressa /dotto'ressa/ [여] ① 여의사 ② (여성인) 대학 졸업생, 학사

dottrina /dot'trina/ [여] ① 학식, 박학 ② (종교의) 교의, 교리 ③ (정치·학문상의) 주의

Dott.ssa → dottoressa의 약자

dove /'dove/ [부] ① (의문부사) 어디?; dove vivi? 너 어디 사니?; di dove sei? 너 어디서 왔니?; non so da dove iniziare 어디서부터 시작해야 할지 모르겠다 ② (관계부사) ~하는 (곳, 장소); la città dove abito 내가 살고 있는 도시 - [남] 곳, 장소; il dove e il quando 장소와 시간; da ogni dove 도처에서

dovere1 /do'vere/ [조동사] ① (의무를 나타내어) ~해야 하다; lui deve farlo 그는 그것을 해야 한다; non devi fare rumore 떠들면 안돼; è dovuto partire 그는 떠나야 했다; non devi zuccherarlo 설탕을 치지 않아도 된다 ② (운명 따위를 나타내어) ~하게 되어 있다; doveva accadere 그 일은 일어나게 되어 있었다, 반드시 일어날 일이었다; tutti dobbiamo morire 우리는 모두 (언젠가는) 죽게 된다 ③ (예상을 나타내어) ~하게 될 것이다, ~하기로 되어 있다; deve arrivare alle 10 그는 10시에 도착하기로 되어 있다 ④ (가능성을 나타내어) (필시) ~일 것이다; deve essere difficile farlo 그걸 하는 건 어려울 것이다; dev'essere tardi 늦을 거야 - [타동] (a와 함께 쓰여) (~에게) 빚[신세]을 지고 있다; gli devo il mio successo 내 성공은 그의 덕택이다

dovere2 /do'vere/ [남] 의무, 본분; a dovere 당연히, 마땅히; fare il proprio dovere di elettore 유권자로서의 본분을 다하다; avere il senso del dovere 책임감이 있다

doveroso /dove'roso/ [형] ① 의무를 다하는 ② 당연히 해야 하는

dovunque /do'vunkwe/ [부] 어디에나, 도처에; c'erano libri un po' dovunque 사방에 책들이 널려 있었다 - [접] ~하는 곳은 어디에나[어디든지]; dovunque tu sia 네가 어디에 있든지, 네가 있는 곳은 어디나

dovuto /do'vuto/ [형] ① (~에게) 빚지고 있는, 지불해야 할 ② ~으로 인한, ~ 때문인; è dovuto al temporale 그건 폭풍우 때문이다 ③

(~에게) 마땅히 돌려야 할; nel modo dovuto 당연히, 마땅히, 응당 - [남] 당연히 주어져야 할 것; mi hanno pagato più del dovuto 그들은 내게 갚아야 할 금액 이상을 갚았다

dozzina /dod'dzina/ [여] ① (같은 종류의 물건의) 1다스, 1타(打), 12개; una dozzina di uova 계란 한 다스 ② 여러 개; c'erano persone 여러 명의 사람들

dozzinale /doddzi'nale/ [형] 값싼; 평범한; 이류의

dragare /dra'gare/ [타동] 준설하다, 물밑바닥을 훑다

drago /'drago/ [남] (복 : -ghi) ① 용(龍) ② (구어체에서) 뛰어난 능력을 가진 사람

dramma /'dramma/ [남] ① 연극; 희곡 ② 비극적인 일

drammatico /dram'matiko/ [형] (복 : -ci, -che) ① 희곡의; 연극의; scuola d'arte drammatica 연극 학교 ② 극적인 ③ 비극적인

drammatizzare /drammatid'dzare/ [타동] ① 각색하다, 극화하다 ② (비유적으로) 극적으로 표현하다

drammaturgo /dramma'turgo/ [남] (여 : -a) (남·복 : -ghi, 여·복 : -ghe) 극작가

drappeggio /drap'peddʒo/ [남] (복 : -gi) (드레스·커튼 따위에) 우아하게 잡은 주름

drappello /drap'pello/ [남] ① (군사) 분대, 소대 ② (사람들의) 일단(一團), 그룹

drappo /'drappo/ [남] 천, 피륙, 옷감

drastico /'drastiko/ [형] (복 : -ci, -che) 격렬한, 맹렬한; (조치 따위가) 철저한, 과감한

drenaggio /dre'naddʒo/ [남] (복 : -gi) 배수

drenare /dre'nare/ [타동] 물을 빼다, 배수하다

dritta /'dritta/ [여] ① 오른손 ② [항해] 우현(右舷) ③ (구어체에서) 조언, 귀띔

dritto /'dritto/ [형] ① 곧은, 똑바로 선 ② (구어체에서) 영리한 - [남] (여 : -a) 영리한 사람

drizzare /drit'tsare/ [타동] 똑바로 세우다; 곧게 하다 - drizzarsi [재귀동사] 일어서다 (drizzarsi in piedi)

droga /'drɔga/ [여] (복 : -ghe) ① 마약 ② 양념, 향신료

drogare /dro'gare/ [타동] ① (음식물 따위에) 약을 타다; (사람에게) 마약을 먹이다 ② (요리에) 양념을 하다 - drogarsi [재귀동사] 마약을 하다

drogato /dro'gato/ [형] ① (음식물 따위에) 약을 탄 ② (사람이) 마약을 한 ③ (요리에) 양념이 된 - [남] (여 : -a) 마약 중독자

drogheria /droge'ria/ [여] 식료 잡화점

droghiere /dro'gjɛre/ [남] (여 : -a) 식료 잡화상, 식료 잡화점 주인

dromedario /drome'darjo/ [남] (복 : -ri) [동물] 단봉낙타

dubbio /'dubbjo/ (복 : -bi, -bie) [형] 의심스러운, 분명하지 않은, 불확실한 - [남] 의심, 회의, 불신; 불확실함; mettere in dubbio 의심하다; avere il dubbio che ~이 아닐까 생각하다; essere in dubbio (결과 따위가) 불확실하다; sono in dubbio se partire o no 가야 할 지 말아야 할 지 모르겠다; senza dubbio 의심의 여지 없이

dubbioso /dub'bjoso/ [형] ① (사람이) 의심을 품고 있는, 불확실하다고 생각하는; essere dubbioso su qc 무엇에 대해 의심을 품고 있다 ② (결과 따위가) 의심스러운, 불확실한

dubitare /dubi'tare/ [자동] (조동사 : avere) ① (di와 함께 쓰여) (~에) 의심을 품다, (~을) 의심하다; (사람을) 불신하다 ② (che와 함께 쓰여) ~인지 아닌지 확신이 서지 않다; dubito che venga 그가 올 지 안 올 지 모르겠다

duca /'duka/ [남] (복 : -chi) 공작(公爵); 공(公)

ducale /du'kale/ [형] 공작의

ducato /du'kato/ [남] 공작의 작위; 공작령, 공국

due /'due/ [형·불변] ① 2의, 두 개의; due volte 두 번; a due a due 둘씩 ② 두어개의, 몇몇의; dire due parole 몇 마디 말을 하다; ci metto due minuti 잠깐이면 돼 - [남·불변] 2, 둘

duecentesco /duetʃen'tesko/ [형] (복 : -schi, -sche) 13세기의

duecento /due'tʃento/ [남/형·불변] 200(의) - il Duecento 13세기

duellare /duel'lare/ [자동] (조동사 : avere) 결투하다

duello /du'ello/ [남] 결투; sfidare a duello 결투를 신청하다

duemila /due'mila/ [남/형·불변] 2천(의) - il Duemila (서기) 2000년

duepezzi /due'pɛttsi/ [남-불변] ① (투피스의) 여자용 수영복, 비키니 ② 투피스의 옷

duetto /du'etto/ [남] ① 이중주[창]곡 ② (구어체에서) 2인조, 콤비

dumpimg /'damping/ [남-불변] 덤핑, 투매(投賣)

duna /'duna/ [여] (해변 등의) 모래 언덕

dunque /'dunkwe/ [접] 그래서; 그러면 - [남-불변] venire al dunque 본론으로 들어가다

duo /'duo/ [남-불변] ① 이중주[창]단 ② 2인조, 콤비

duodeno /duo'dɛno/ [남] [해부] 십이지장

duomo /'dwɔmo/ [남] 대성당

duplex /'dupleks/ [남-불변] (전화의) 공동선(共同線)

duplicare /dupli'kare/ [타동] (문서 따위를) 복사[복제]하다

duplicato /dupli'kato/ [남] (문서 등의) 두 통 중의 하나, 부본, 사본

duplice /'duplitʃe/ [형] (복 : -ci) 이중의, 두 겹의; in duplice copia (문서 따위를) 두 통으로

duramente /dura'mente/ [부] 거칠게, 심하게

durante /du'rante/ [전] ~ 동안, ~ 사이에, ~ 내내; durante la notte 밤새; durante l'intera giornata 하루 종일; vita natural durante 평생, 종신

durare /du'rare/ [자동] (조동사 : essere, avere) 계속하다, 지속되다, 유지되다; la festa durò tutta la notte 파티는 밤새 계속되었다; così non può durare! 이건 더 이상 지속될 수 없어!; durare in carica 직책에 남다, 유임하다

durata /du'rata/ [여] 지속되는 기간, 수명; per tutta la durata di ~의 기간 내내; di breve durata 단기간의; durata della vita (생물의) 수명

duraturo /dura'turo/ [형] 영속적인, 오래가는

durevole /du'revole/ [형] 영속적인, 오래가는; 내구성 있는

durezza /du'rettsa/ [여] 단단함, 딱딱함, 굳음; (일·문제의) 어려움, 힘듦; (태도 등의) 거칢, 엄함, 가혹함; (날씨·추위 등의) 혹독함

duro /'duro/ [형] ① (물질이) 단단한, 딱딱한, 굳은; (고기 따위가) 질긴 ② 다루기 어려운; (일이) 힘든; (문제가) 풀기 어려운 ③ (표현·말투 따위가) 거친, 격한 ④ (태도가) 엄한, 가혹한 ⑤ (날씨·추위 따위가) 혹독한

durone /du'rone/ [남] 피부 경결, 못

duttile /'duttile/ [형] ① (금속이) 두들겨 펼 수 있는 ② (성격이) 유순한, 융통성 있는

duvet /dyve/ [남-불변] 다운[오리털] 재킷

DVD /divud'di/ [남-불변] ① DVD (디지털 비디오 디스크) ② DVD 플레이어

D

E

e, E /e/ [남/여-불변] 이탈리아어 알파벳의 다섯 번째 글자

e /e/ [접] (모음 앞에서는 ed으로도 씀) ① 그리고, ~와; io e te 나와 너; un metro e novanta 1m 90cm; mi piace molto, e a te? 난 (그걸) 아주 좋아하는데, 넌 어때? ② 그러나, 하지만; lo credevo onesto e non lo è 나는 그가 정직하다고 생각했지만 (실제로는) 그렇지 않다 ③ e ~ e ~ ~와 ~ 둘 다 ④ 자, 그러면; e deciditi dunque! 그럼 결정을 하라구

ebanista /eba'nista/ [남/여] (남·복 : -i, 여·복 : -e) 고급 가구 제작자

ebano /'ɛbano/ [남] [식물] 흑단(黑檀); 그 재목

ebbene /eb'bɛne/ [접] 자, 그러면

ebbrezza /eb'brettsa/ [여] ① 술에 취함; in stato di ebbrezza 술에 취한 ② (비유적으로) 흥분, 도취

ebbro /'ɛbbro/ [형] ① 술에 취한 ② (비유적으로) 흥분한, 도취된; ebbro di gioia 기뻐서 어쩔 줄 모르는

ebete /'ɛbete/ [형] 멍청한, 바보 같은 - [남/여] 바보

ebollizione /ebollit'tsjone/ [여] (액체의) 끓음, 비등; in ebollizione 끓고 있는; punto di ebollizione 끓는점

ebraico /e'braiko/ (복 : -ci, -che) [형] 유대인의; 히브리어의 - [남] 히브리어

ebraismo /ebra'izmo/ [남] 유대교; 히브리 정신, 헤브라이즘

ebreo /e'brɛo/ [남/형] (여 : -a) 유대인(의), 히브리 사람(의)

ecatombe /eka'tombe/ [여] 대량 살육[학살]

ecc. → eccetera의 약자

Ecc. → Eccellenza의 약자

eccedente /ettʃe'dɛnte/ [형] 초과의, 과잉의 - [남] 초과, 과잉

eccedenza /ettʃe'dɛntsa/ [여] 초과, 과잉; bagaglio in eccedenza 제한 초과 수하물

eccedere /et'tʃedere/ [타동] (di와 함께 쓰여) (~만큼) 초과하다 - [자동] (조동사 : avere) 지나치게 하다, 도를 넘기다; eccedere nel mangiare 과식하다

eccellente /ettʃel'lɛnte/ [형] 아주 우수한·훌륭한·뛰어난

eccellenza /ettʃel'lɛntsa/ [여] 우수, 탁월; per eccellenza 우수한, 탁월한, 발군의

Eccellenza /ettʃel'lɛntsa/ [여] 각하 (장관·대사 등에 대한 존칭)

eccellere /et'tʃɛllere/ [자동] (조동사 : avere, essere) (in과 함께 쓰여) (~에서) 뛰어나다; eccellere in tutto 모든 면에서 뛰어나다

eccelso /et'tʃɛlso/ [형] ① (문어체에서) 매우 높은 ② 고상한, 격조 높은 - l'Eccelso 신, 하나님

eccentricità /ettʃentritʃi'ta/ [여-불변] 별남, 괴벽

eccentrico /et'tʃɛntriko/ (복 : -ci, -che) [형] 별난, 괴벽스러운 - [남] (여 : -a) 괴짜, 기인

eccessivamente /ettʃessiva'mente/ [부] 과도하게, 지나치게

eccessivo /ettʃes'sivo/ [형] 과도한, 지나친

eccesso /et'tʃɛsso/ [남] ① 초과, 과잉; 여분; arrotondare una cifra per eccesso 숫자의 우수리를 반올림하다 ② 과도함, 지나침; eccesso di velocità (자동차의) 과속 ③ 극단; cadere nell'eccesso 극단으로 치우치다

eccetera /et'tʃetera/ [부] 기타, ~ 따위, ~ 등등

eccetto /et'tʃɛtto/ [전] (~을) 제외하고, ~ 외에; tutti eccetto lui 그 사람만 빼고 모두 - eccetto che i) ~을 제외하고, ~ 이외에는 ii) ~이 아니면; eccetto che (non) piova ~ 비가 오지 않는다면

eccettuare /ettʃettu'are/ [타동] 빼다, 제외하다; se si eccettua ~을 제외하고, ~ 이외에는

eccezionale /ettʃettsjo'nale/ [형] 예외적인, 특별한, 보통이 아닌

eccezionalmente /ettʃettsjonal'mente/

[부] 예외적으로, 특별히
eccezione /ettʃet'tsjone/ [여] ① 제외; a eccezione di, con l'eccezione di ~을 제외하고는, ~ 외에는 ② 예외, 이례; d'eccezione 예외적인, 특별한; senza eccezione 예외 없이; fare un'eccezione alla regola 규칙에 예외를 두다
ecchimosi /ek'kimozi/ [여-불변] (타박상에 의한) 멍
eccidio /et'tʃidjo/ [남] (복 : -di) 대량 살육[학살]
eccitabile /ettʃi'tabile/ [형] 흥분하기 쉬운
eccitante /ettʃi'tante/ [형] 흥분시키는, 자극적인 - [남] 흥분제
eccitare /ettʃi'tare/ [타동] 흥분시키다, 자극하다 - eccitarsi [재귀동사] 흥분하다
eccitazione /ettʃitat'tsjone/ [여] 흥분, 자극
ecclesiastico /ekkle'zjastiko/ (복 : -ci, -che) [형] 교회 조직의, 성직(聖職)의 - [남] (기독교의) 성직자
ecco /'ɛkko/ [부] 여기에; 저기에; ecco i nostri amici 여기 우리 친구들이 있다; ecco! 자, 여기 있습니다; ecco tutto 그게 다야
eccome /ek'kome/ [부] 꽤, 상당히; ti piace? - eccome! 네 마음에 드니? - 그럼!
echeggiare /eked'dʒare/ [자동] (조동사 : avere, essere) 반향하다, 울려 퍼지다
eclatante /ekla'tante/ [형] 놀랄 만한
eclissare /eklis'sare/ [타동] ① (천체가 다른 천체 등을) 가리다 ② (비유적으로) 무색하게 만들다 - eclissarsi [재귀동사] 가버리다, 사라지다
eclisse /e'klisse/ [여] ① [천문] (태양·달의) 식(蝕); eclisse di sole 일식; eclisse di luna 월식 ② (비유적으로) (영예·명성 등의) 실추, 무색해짐
eclissi /e'klissi/ [여-불변] → eclisse
eco /'ɛko/ [여-불변/남] (남·복 : echi) 메아리, 반향, 에코
ecografia /ekogra'fia/ [여] [의학] 초음파 검사
ecologia /ekolo'dʒia/ [여] 생태학
ecologico /eko'lɔdʒiko/ [형] (복 : -ci, -che) ① 생태학적인; 환경의 ② 친환경적인

ecologista /ekolo'dʒista/ [남/여] (남·복 : -i, 여·복 : -e) 생태학자; 환경보호론자
ecologo /e'kɔlogo/ [남] (여 : -a) (남·복 : -gi, 여·복 : -ghe) 생태학자
economia /ekono'mia/ [여] ① (국가·지역의) 경제 ② 경제학 ③ 절약, 검약; fare economia di ~을 아끼다, 절약하다 - economia aziendale 경영학; economia di mercato 시장 경제; economia sommersa 지하 경제
economicamente /ekonomika'mente/ [부] 경제적으로
economico /eko'nɔmiko/ [형] (복 : -ci, -che) ① 경제(상)의 ② 재정(상)의 ③ 값싼, 경제적인
economista /ekono'mista/ [남/여] (남·복 : -i, 여·복 : -e) 경제학자
economizzare /ekonomid'dzare/ [타동] 절약하다, 아끼다 - [자동] (조동사 : avere) (su와 함께 쓰여) (~을) 절약하다
economo /e'kɔnomo/ [형] 절약하는, 검소한 - [남] (여 : -a) 회계원, 출납원
ecosistema /ekosis'tɛma/ [남] 생태계
écru /e'kru/ [남/형-불변] 엷은 갈색(의)
ecstasy /'ɛkstazi/ [여-불변] 엑스터시 (환각제의 하나)
ECU /'ɛku/ [남-불변] 유럽 화폐 단위 (유럽 공동체 통화의 계산 단위)
Ecuador /ekwa'dor/ [남] 에콰도르
ecumenico /eku'mɛniko/ [형] (복 : -ci, -che) 전(全) 그리스도 교회의
eczema /ek'dzɛma/ [남] [병리] 습진
ed /ed/ → e
ed. ① → editore ② → edizione
edera /'edera/ [여] [식물] 담쟁이덩굴
edicola /e'dikola/ [여] 신문 가판대
edicolante /ediko'lante/ [남/여] 신문 파는 사람
edificante /edifi'kante/ [형] 덕성을 기르는, 정신을 고양하는, 교화[선도]하는
edificare /edifi'kare/ [타동] ① (건물·도시 등을) 짓다, 세우다, 건축[건설]하다 ② (비유적으로) (나라 등을) 세우다, (조직체를) 만들다 ③ (비유적으로) 덕성을 기르다, 정신을 고양하다, 교화하다, 선도하다
edificio /edi'fitʃo/ [남] (복 : -ci) ① 건(축)물 ② (비유적으로) 구조, 조직
edile /e'dile/ [형] 건축의 - [남] 건축 노동자

edilizia /edi'littsja/ [여] 건축(업)
edilizio /edi'littsjo/ [형] (복 : -zi, -zie) 건축의
editare /edi'tare/ [타동] [컴퓨터] (데이터를) 편집하다
editing /'ɛditing/ [남-불변] [컴퓨터] (데이터의) 편집
edito /'ɛdito/ [형] 출판된, 발행된
editore /edi'tore/ [형] 출판의, 발행의; casa editrice 출판사 - [남] (여 : -trice) ① 출판업자 ② 편집자
editoria /edito'ria/ [여] 출판, 발행
editoriale /edito'rjale/ [형] 편집(상)의 - [남] (신문 등의) 사설, 논설
editto /e'ditto/ [남] (국왕·정부의) 포고, 칙령
edizione /edit'tsjone/ [여] ① 출판, 발행 ② (초판·재판의) 판(版); (보급판·호화판 등의) 판 - edizione limitata 한정판
edonismo /edo'nizmo/ [남] 쾌락주의
edonista /edo'nista/ [남/여] (남·복 : -i, 여·복 : -e) 쾌락주의자
educare /edu'kare/ [타동] ① (아이를) 기르다, 양육하다 ② 교육하다, 가르치다 ③ (능력·소질을) 계발하다, 훈련하다
educatamente /edukata'mente/ [부] 공손하게, 예의 바르게
educativo /eduka'tivo/ [형] 교육상의; 교육적인
educato /edu'kato/ [형] 교육을 잘 받은; 예의 바른, 행실이 좋은
educatore /eduka'tore/ [남] (여 : -trice) 교육자[가]
educazione /edukat'tsjone/ [여] ① (아동의) 양육, 훈육 ② 교양; 예의범절; per educazione 예의상; buona educazione 예의 바름 ③ 교육 ④ (능력·소질의) 계발, 훈련 - educazione fisica 체육
efelide /e'fɛlide/ [여] 주근깨, 기미
effeminato /effemi'nato/ [형] (남자가) 여자 같은, 나약한
efferato /effe'rato/ [형] 흉포한, 잔인한
effervescente /efferveʃ'ʃente/ [형] (음료 따위가) 거품이 이는
effettivamente /effettiva'mente/ [부] 실제로; 사실상; 실로, 참으로
effettivo /effet'tivo/ [형] ① 실제의, 사실상의 ② 상임의; 종신의; [군사] 정규의, 상비의 - [남] ① (복수형으로 쓰여) (한 조직 내에서) 실제로 활동하는 직원 [구성원]들 ② 총계, 총액
effetto /effɛtto/ [남] ① 결과; 효과, 영향; avere un effetto (su) (~에) 효과를 나타내다, 영향을 끼치다; fare effetto (약이) 효능을 나타내다, 잘 듣다; sotto l'effetto dell'alcool 술에 취하여 ② 인상, 감명; fare effetto su qn 누구에게 인상[감명]을 주다 ③ [스포츠] (공 따위의) 회전, 스핀 ④ [상업] 환어음 - effetti [남·복] in effetti 사실상, 실제로 - effetti speciali [영화] 특수 효과; effetto serra [기상] 온실효과; effetti personali 개인 소지품
effettuare /effettu'are/ [타동] (일을) 하다, 수행하다, 처리하다 - effettuarsi [재귀동사] (일이) 일어나다
efficace /effi'katʃe/ [형] 효과적인
efficacemente /effikatʃe'mente/ [부] 효과적으로
efficacia /effi'katʃa/ [여] 효과적임; 효능
efficiente /effi'tʃente/ [형] ① 능률적인, 효과가 있는, 유효한 ② (정상적으로) 기능[작동]하는
efficientemente /effitʃente'mente/ [부] 능률적으로, 효과 있게
efficienza /effi'tʃentsa/ [여] 능률, 효율
effigie /effidʒe/ [여] (복 : -gie, -gi) (화폐 등의) 초상
effimero /effimero/ [형] 단명한, 잠깐 동안의, 덧없는
effluvio /efflu'vjo/ [남] (복 : -vi) ① 향기 ② 악취
effusione /effu'zjone/ [여] (액체의) 유출, 흘러나옴 - con effusione (인사 따위를) 정감 넘치게
effusivo /effu'zivo/ [형] 흘러나오는
egemone /e'dʒɛmone/ [형] 지배하는, 패권을 장악한
egemonia /edʒemo'nia/ [여] 헤게모니, 지배권, 주도권, 패권
Egeo /e'dʒɛo/ [남] l'Egeo, il mar Egeo 에게 해(海)
egida /'ɛdʒida/ [여] sotto l'egida di ~의 보호 하에
Egitto /e'dʒitto/ [남] 이집트
egiziano /edʒit'tsjano/ [형] 이집트의 - [남] (여 : -a) 이집트 사람
egli /'eʎʎi/ [대] (인칭대명사 남성형) 그(는); egli stesso 그 자신
ego /'ɛgo/ [남-불변] [심리] 자아(自我)
egocentrico /ego'tʃentriko/ [형/남] (여 : -a) (복 : -ci, -che) 자기중심적인, 이

기적인 (사람)
egocentrismo /egotʃen'trizmo/ [남] 자기중심주의, 자기 본위
egoismo /ego'izmo/ [남] 이기주의, 자기 본위
egoista /ego'ista/ (남·복 : -i, 여·복 : -e) [형] 이기적인 - [남/여] 이기주의자
egoisticamente /egoistika'mente/ [부] 이기적으로
egoistico /ego'istiko/ [형] (복 : -ci, -che) 이기적인, 자기 본위의
Egr. → egregio
egregio /e'grɛdʒo/ [형] (복 : -gi, -gie) (편지의 서두에서) 경애하는, ~님; Egregio signor Ferri 페리 님께
eguagliare /egwaʎ'ʎare/ [타동] ① 같게 하다, 고르게[균등하게] 하다 ② (~와) 같다, (~에) 필적하다
eguale /e'gwale/ [형] (수량 따위가) 같은, 동등한 - [남/여] 동등한 사람; 같은 [필적하는] 것
egualitario /egwali'tarjo/ (복 : -ri, -rie) [형] 평등주의의 - [남] (여 : -a) 평등주의자
egualitarismo /egwalita'rizmo/ [남] 평등주의
eh /ɛ/ [감] (놀람·의문 등을 나타내어) 에?, 뭐라고?; ~이잖아?
ehi /'ei/ [감] (구어체에서) ① 어이, 여보게 ② (감탄을 나타내어) 와!
ehilà /ei'la/ [감] ① 어이, 여보게 ② (감탄을 나타내어) 와!
ehm /ɛm/ [감] 헴, 에헴 (말을 꺼낼 때 또는 주저할 때 내는 소리)
eiaculazione /ejakulat'tsjone/ [여] [생리] 사정(射精)
elaborare /elabo'rare/ [타동] ① 공들여 만들다, 고안[궁리]하다 ② [컴퓨터] (데이터를) 처리하다
elaborato /elabo'rato/ [형] 공들여 만들어낸; 정교한
elaboratore /elabora'tore/ [남] [컴퓨터] 처리 장치, 프로세서
elaborazione /elaborat'tsjone/ [여] ① 공들여 만듦; 고안, 궁리 ② [컴퓨터] (데이터의) 처리
elargire /elar'dʒire/ [타동] (a와 함께 쓰여) (~에게) 아낌없이 주다, 베풀다
elasticità /elastitʃi'ta/ [여-불변] 탄력, 신축성; 나긋나긋함
elasticizzato /elastiʃid'dzato/ [형] (고무 밴드나 천 따위가) 신축성이 있는
elastico /e'lastiko/ (복 : -ci, -che) [형] ① (물질이) 탄력[신축성]이 있는 ② (걸음이) 경쾌한; (동작이) 민첩한 ③ (비유적으로) 융통성 있는, 탄력적인 - [남] 고무 밴드
elefante /ele'fante/ [남] [동물] 코끼리
elegante /ele'gante/ [형] 우아한, 멋지게 차려 입은; 세련된, 고상한, 기품 있는
elegantemente /elegante'mente/ [부] 우아하게, 멋지게; 세련되게, 고상하게, 기품 있게
eleganza /ele'gantsa/ [여] 우아, 세련, 고상
eleggere /e'lɛddʒere/ [타동] (대표 등을) 뽑다, 선출하다
elegia /ele'dʒia/ [여] 애가, 비가, 엘레지
elementare /elemen'tare/ [형] 기본의, 초보의, 입문의; scuola elementare 초등학교 - elementari [여·복] le elementari 초등학교
elemento /ele'mento/ [남] ① (구성) 요소, 성분 ② [화학] 원소 ③ [전기] 전지 ④ 사실, 정보
elemosina /ele'mɔzina/ [여] (빈민에게 주는) 자선 기부금[물품]; chiedere l'elemosina 구걸하다
elemosinare /elemozi'nare/ [타동] ① (돈이나 음식 따위를) 구걸하다 ② (비유적으로) 비굴하게 부탁하다 - [자동] (조동사 : avere) 구걸하다, 동냥하다
elencare /elen'kare/ [타동] (~의) 목록을 작성하다
elenco /e'lɛnko/ [남] (복 : -chi) ① 목록, 리스트; fare un elenco di ~의 목록을 작성하다 ② 전화번호부 (elenco telefonico)
eletto /e'lɛtto/ [형] (대표 등으로) 뽑힌, 선출된 - [남] (여 : -a) ① (선거의) 당선자 ② gli eletti [신학] (하나님의) 선민(選民)들
elettorale /eletto'rale/ [형] 선거의; propaganda elettorale 선거 운동
elettorato /eletto'rato/ [남] (한 나라 또는 구역의) 선거인, 유권자
elettore /elet'tore/ [남] (여 : -trice) 선거인, 유권자
elettrauto /elet'trauto/ [남-불변] (자동차의) 전기 수리 기사; 수리점
elettricista /elettri'tʃista/ [남/여] (남·복 : -i, 여·복 : -e) 전기 기사
elettricità /elettritʃi'ta/ [여-불변] ① 전

기 ② (비유적으로) 흥분, 긴장감
elettrico /e'lεttriko/ [형] (복 : -ci, -che) ① 전기의; tariffe elettriche 전기세; centrale elettrica 발전소 ② (비유적으로) (분위기가) 긴장감이 감도는
elettrizzante /elettrid'dzante/ [형] ① 전기를 통하게 하는 ② (비유적으로) 흥분시키는, 짜릿한
elettrizzare /elettrid'dzare/ [타동] ① 전기를 통하게 하다 ② (비유적으로) 흥분시키다 - elettrizzarsi [재귀동사] ① 전기가 통하다 ② (비유적으로) 흥분하다
elettrizzato /elettrid'dzato/ [형] ① 전기가 통한 ② (비유적으로) 흥분된
elettrocardiogramma /elettrokardjo'gramma/ [남] [의학] 심전도(心電圖)
elettrodo /e'lεttrodo/ [남] [전기] 전극 (電極)
elettrodomestico /elettrodo'mεstiko/ [남] (복 : -ci) 가전제품
elettroencefalogramma /elettroentʃefalo'gramma/ [남] [의학] 뇌전도(腦電圖)
elettrogeno /elet'trɔdʒeno/ [형] gruppo elettrogeno 발전기
elettrolisi /elet'trɔlizi/ [여-불변] [화학] 전기 분해, 전해
elettrone /elet'trone/ [남] [물리·화학] 전자, 일렉트론
elettronica /elet'trɔnika/ [여] 전자공학, 일렉트로닉스
elettronico /elet'trɔniko/ [형] (복 : -ci, -che) 전자의; ingegneria elettronica 전자공학
elettroscopio /elettros'kɔpjo/ [남] (복 : -pi) 검전기(檢電器)
elettroshock /elettroʃ'ʃɔk/ [남-불변] [의학] 전기 충격 요법
elettrotecnica /elettro'tεknika/ [여] 전기공학
elettrotecnico /elettro'tεkniko/ (복 : -ci, -che) [형] 전기공학의 - [남] (여 : -a) 전기 기사
elevare /ele'vare/ [타동] ① (건물의) 높이를 높이다; (담·벽 따위를) 쌓아올리다 ② (물체를) 들어올리다 ③ 승진시키다, 높은 자리에 앉히다 ④ (정도·수준을) 높이다 ⑤ [수학] 거듭제곱하다 ⑥ elevare una contravvenzione a qn 누구에게 벌금을 부과하다 - elevarsi [재귀동사] 올라가다, 높아지다; (정신이) 고양되다
elevato /ele'vato/ [형] ① (건물 따위의) 높이가 높은 ② (정도·수준이) 높은 ③ 고상한
elevazione /elevat'tsjone/ [여] ① (지표면의) 융기 ② [수학] 거듭제곱 ③ (정신의) 고양
elezione /elet'tsjone/ [여] ① 선거; indire le elezioni 선거를 실시하다; elezioni generali[politiche] 총선 ② 선택
elica /'εlika/ [여] (복 : -che) ① (배·비행기의) 스크루, 프로펠러 ② 나선(螺旋)
elicottero /eli'kɔttero/ [남] 헬리콥터
eliminare /elimi'nare/ [타동] ① 제거하다, 삭제하다, 지우다 ② (후보나 경쟁자를) 탈락시키다
eliminatoria /elimina'tɔrja/ [여] [스포츠] 예선 경기
eliminazione /eliminat'tsjone/ [여] ① 제거, 삭제 ② (후보나 경쟁자의) 탈락
elio /'εljo/ [남] [화학] 헬륨
eliporto /eli'pɔrto/ [남] 헬리포트 (헬리콥터 발착장)
elisir /eli'zir/ [남-불변] elisir di lunga vita 불로장생의 약
elitario /eli'tarjo/ [형] (복 : -ri, -rie) 엘리트의
élite /e'lit/ [여-불변] 엘리트, 정예
ella /'ella/ [대] (인칭대명사 여성형) (문어체에서) ① 그녀(는) ② 당신(은)
ellenico /el'lεniko/ [형] (복 : -ci, -che) (고대) 그리스의
ellisse /el'lisse/ [여] [기하] 타원
elmetto /el'metto/ [남] ① (중세의) 투구 ② 헬멧, 안전모
elmo /'elmo/ [남] ① [군사] 철모; 투구 ② 헬멧, 안전모
elogiare /elo'dʒare/ [타동] 찬양하다, 칭송하다
elogio /e'lɔdʒo/ [남] (복 : -gi) 찬양, 칭송
eloquente /elo'kwεnte/ [형] ① 웅변의, 능변인 ② 뚜렷하게 표현하는
eloquenza /elo'kwεntsa/ [여] 웅변, 능변
eludere /e'ludere/ [타동] (교묘하게) 피하다, 벗어나다
elusivo /elu'zivo/ [형] (교묘하게) 피하는, 달아나는
elvetico /el'vεtiko/ (복 : -ci, -che) [형] 스위스의 - [남] (여 : -a) 스위스 사람
emaciato /ema'tʃato/ [형] 여윈, 수척한

e-mail /i'mɛil/ [여-불변] 이메일, 전자우편 (시스템); mandare per e-mail qc a qn 누구에게 무엇을 이메일로 보내다 - [남/여-불변] 이메일 메시지; mandare un(a) e-mail a qn 누구에게 이메일을 보내다 - [형-불변] indirizzo e-mail 이메일 주소

emanare /ema'nare/ [타동] ① (빛·열·냄새 따위를) 내다, 발산하다 ② (법률 따위를) 공표하다 - [자동] (조동사 : essere) (빛·열·냄새 따위가) 나다, 발산되다

emanazione /emanat'tsjone/ [여] ① (빛·열·냄새 따위의) 발산 ② (법률 따위의) 공표

emancipare /emantʃi'pare/ [타동] (사람·식민지 등을) 해방하다, 풀어주다 - emanciparsi [재귀동사] 해방되다, 자유로워지다

emancipato /emantʃi'pato/ [형] 해방된, 자유를 얻은

emancipazione /emantʃipat'tsjone/ [여] 해방, 자유화

emarginare /emardʒi'nare/ [타동] 사회의 주류에서 몰아내다, 고립시키다

emarginato /emardʒi'nato/ [형/남] (여 : -a) (사회적으로) 배척된, 고립된 (사람)

emarginazione /emardʒinat'tsjone/ [여] (사회적) 배척, 고립

ematoma /ema'tɔma/ [남] [병리] 혈종(血腫)

embargo /em'bargo/ [남] (복 : -ghi) (선박의) 출항[입항] 금지, 억류; 통상정지, (경제적) 봉쇄

emblema /em'blɛma/ [남] ① 기장(記章) ② (비유적으로)상징, 표상

emblematico /emble'matiko/ [형] (복 : -ci, -che) 상징적인, 표상하는

embolia /embo'lia/ [여] [병리] 색전증(塞栓症)

embolo /'ɛmbolo/ [남] [병리] 색전(塞栓)

embrionale /embrjo'nale/ [형] ① 배(胚)의, 태아의 ② (비유적으로) 아직 발달되지 않은, 초기의

embrione /embri'one/ [남] ① 태아; 배(胚) ② (비유적으로) 초기 단계의 것

emendamento /emenda'mento/ [남] (법률의) 개정, 수정

emendare /emen'dare/ [타동] ① (법률을) 개정[수정]하다 ② (텍스트를) 교정하다

emergente /emer'dʒɛnte/ [형] 나타나기 시작한, 떠오르고 있는, 발전 도상에 있는

emergenza /emer'dʒɛntsa/ [여] 비상시, 위급; in caso di emergenza 비상시에는; stato di emergenza 비상사태

emergere /e'mɛrdʒere/ [자동] (조동사 : essere) ① 표면화하다, 드러나다, 나타나다, 떠오르다 ② (비유적으로) 걸출하다, 두드러지다

emerito /e'mɛrito/ [형] ① 명예 퇴직의; professore emerito 명예 교수 ② 걸출한, 유명한

emerso /e'mɛrso/ [형] 수면 위로 드러난

emesso /e'messo/ [형] (지폐·주식 따위가) 발행된

emettere /e'mettere/ [타동] ① (빛·열·냄새 따위를) 내다, 발산[방사]하다 ② (소리를) 내다, (비명을) 지르다 ③ (지폐·주식 따위를) 발행하다 ④ (법률 등을) 공표하다; (형을) 선고하다

emicrania /emi'kranja/ [여] [병리] 편두통

emigrante /emi'grante/ [형] (타국으로) 이주하는 - [남/여] (타국으로 가는) 이민, 이주자

emigrare /emi'grare/ [자동] (조동사 : essere, avere) (타국으로) 이주하다; (동물이) 철따라 이주하다

emigrato /emi'grato/ [형] (타국으로) 이주하는 - [남] (여 : -a) (타국으로 가는) 이민, 이주자

emigrazione /emigrat'tsjone/ [여] (타국으로의) 이주, 이민; (동물이) 철따라 이동함

eminente /emi'nɛnte/ [형] 지위가 높은; 저명한; 탁월한, 걸출한

eminenza /emi'nɛntsa/ [여] ① 탁월, 걸출 ② E- [가톨릭] (추기경에 대한 존칭으로) 전하(殿下)

emirato /emi'rato/ [남] Emirati Arabi Uniti 아랍에미리트

emisferico /emis'fɛriko/ [형] (복 : -ci, -che) 반구(半球)(상)의

emisfero /emis'fɛro/ [남] (지구·천체의) 반구; emisfero australe[boreale] 남[북]반구

emissario /emis'sarjo/ [남] (복 : -ri) 사절(使節)

emissione /emis'sjone/ [여] ① (빛·열·냄새 따위의) 방사, 발산 ② (지폐·주식 따위의) 발행

emittente /emit'tɛnte/ [형] ① (TV·라디

오 등의) 방송의 ② (지폐 등의) 발행의 - [여] 방송국
emofilia /emofi'lia/ [여] [병리] 혈우병
emofiliaco /emofi'liako/ [남] (여 : -a) (복 : -ci, -che) 혈우병 환자
emoglobina /emoglo'bina/ [여] [생화학] 헤모글로빈, 혈색소
emorragia /emorra'dʒia/ [여] ① [병리] 출혈 ② (자산의) 손실
emorroidi /emor'rɔidi/ [여·복] [병리] 치질, 치핵
emotività /emotivi'ta/ [여-불변] 감정적임, 다감함
emotivo /emo'tivo/ [형] 감정적인, 감수성이 풍부한
emozionante /emottsjo'nante/ [형] ① 감동시키는 ② 흥분시키는, 전율하게 하는
emozionare /emottsjo'nare/ [타동] ① 감동시키다 ② 흥분시키다, 전율하게 하다 - emozionarsi [재귀동사] ① 감동받다; emozionarsi facilmente 감정적이다, 감수성이 풍부하다 ② 흥분하다
emozionato /emottsjo'nato/ [형] ① 감동받은 ② 흥분한
emozione /emot'tsjone/ [여] ① 감정, 정서 ② 감동, 감격, 흥분
empio /'empjo/ [형] (복 : -pi, -pie) ① 신을 믿지 않는, 신앙이 없는 ② 사악한
empirico /em'piriko/ (복 : -ci, -che) [형] 경험적인, 경험상의 - [남] (여 : -a) 경험에 의존하는 사람, 경험주의자
emporio /em'pɔrjo/ [남] (복 : -ri) ① 중앙 시장, 상업 중심지 ② 잡화점, 백화점
emù /e'mu/ [남-불변] [조류] 에뮤
emulare /emu'lare/ [타동] 흉내내다, 모방하다
emulsione /emul'sjone/ [여] [화학] 유제(乳劑); 유상액(乳狀液)
enciclica /en'tʃiklika/ [여] (복 : -che) (로마 교황의) 회칙(回勅)
enciclopedia /entʃiklope'dia/ [여] 백과사전
enciclopedico /entʃiklo'pɛdiko/ [형] (복 : -ci, -che) 백과사전적인
encomiare /enko'mjare/ [타동] 칭찬하다
encomio /en'kɔmjo/ [남] (복 : -mi) 찬사; 칭찬
endemico /en'dɛmiko/ [형] (복 : -ci, -che) 풍토병의; 한 지방 특유의
endovena /endo'vena/ [여] [의학] 정맥주사

endovenoso /endove'noso/ [형] [의학] 정맥 내의; 정맥 주사의
energetico /ener'dʒɛtiko/ [형] (복 : -ci, -che) ① (자원으로서의) 에너지의, 에너지와 관련된 ② (식품이) 칼로리가 높은 ③ [물리] 에너지의
energia /ener'dʒia/ [여] ① (자원으로서의) 에너지; consumo di energia 에너지 소비; energia nucleare 핵에너지 ② [물리] 에너지 ③ 힘, 정력; avere molta energia 힘이 넘치다, 매우 정력적이다
energicamente /enerdʒika'mente/ [부] 정력적으로, 힘이 넘치게
energico /e'nɛrdʒiko/ [형] (복 : -ci, -che) ① 정력적인, 원기왕성한 ② (행동·조치 따위가) 강력한
energumeno /ener'gumeno/ [남] 야성적이고 거친 남자
enfasi /'ɛnfazi/ [여-불변] ① 강조; porre l'enfasi su ~을 강조하다 ② 호언장담, 큰소리 ③ [언어] 강세
enfatico /en'fatiko/ [형] (복 : -ci, -che) ① 호언장담하는, 큰소리치는 ② [언어] 강세가 있는
enfatizzare /enfatid'dzare/ [타동] 강조하다; 강세를 두다
enigma /e'nigma/ [남] 수수께끼, 불가사의, 미스터리
enigmatico /enig'matiko/ [형] (복 : -ci, -che) 수수께끼 같은, 알 수 없는
enigmistica /enig'mistika/ [여] 수수께끼 풀이
ennesimo /en'nɛzimo/ [형] ① [수학] n번째의 ② (비유적으로) 여러 번째의, 몇 번째인지 모를 정도의
enologia /enolo'dʒia/ [여] 포도주 연구
enologo /e'nɔlogo/ [남] (여 : -a) (남·복 : -gi, 여·복 : -ghe) 포도주 연구가
enorme /e'norme/ [형] 거대한, 막대한, 엄청난
enormemente /enorme'mente/ [부] 크게, 막대하게, 엄청나게
enormità /enormi'ta/ [여-불변] 거대함, 막대함, 엄청남; l'ho pagato un'enormità 난 그걸 사느라고 큰 돈을 썼어
enoteca /eno'tɛka/ [여] (복 : -che) 포도주 상점
ente /'ɛnte/ [남] ① 조직체, 단체; ente pubblico 공공 단체 ② [철학] 존재
entità /enti'ta/ [여-불변] ① 범위, 규모,

정도; 중요성; di scarsa entità 별로 중요하지 않은 ② 실재(實在), 존재

entourage /entu'raʒ/ [남-불변] 측근, 주위 사람들; 동료들

entrambi /en'trambi/ [형] 양쪽 모두의, 둘 다의; entrambi i suoi genitori 그녀의 부모 둘 다 - [대] (여 : -e) 양쪽 모두, 둘 다; entrambi sono possibili 둘 다 가능하다

entrante /en'trante/ [형] 다음의, 오는; la settimana entrante 다음 주

entrare /en'trare/ [자동] (조동사 : essere) ① (안으로) 들어가다; posso entrare? 들어가도 될까요?; entrare dalla finestra 창문으로 들어가다; entrare in automobile 차에 타다; mi è entrato qualcosa nell'occhio 눈에 뭔가 들어갔어 ② (공간상 여유가 있어) 들어갈 만하다, 맞다; il regalo non entra nella scatola 그 선물은 (너무 커서) 그 상자에 들어가지 않는다; queste scarpe non mi entrano 이 신발은 내 발에 맞지 않는다 ③ far entrare (안으로) 들이다; far entrare qn in un club 누구를 클럽에 입회시키다 ④ entrare in i) (단체 따위에) 가입하다 ii) (어떤 일을) 시작하다, (어떤 직업에) 종사하게 되다; entrare in affari 사업을 시작하다; entrare in discussione con qn 누구와 토론하기 시작하다; entrare nella professione legale 법조계에 들어서다; entrare in vigore (법률 등이) 실시되다, 효력을 발생하다 ⑤ entrarci (~와) 관계가 있다; quello che dici non c'entra 네가 말하는 건 그것과 아무 관계가 없다; tu non c'entri in questa faccenda 이 문제는 네가 관여할 일이 아냐

entrata /en'trata/ [여] ① 들어감, 입장, 가입, 입회; (어떤 일을) 하게 됨; (어떤 일이) 시작됨; alla sua entrata in scena 그가 무대에 등장하자; dopo la sua entrata in carica 그가 취임한 후에 ② 입장[입회]의 허가; "entrata libera" "무료 입장"; biglietto di entrata 입장권 ③ 입구, 문간, 현관 ④ le entrate 수입, 소득; entrate e uscite 수입과 지출

entro /'entro/ [전] ~ 이내에; entro un mese 한 달 내로; entro domani 내일까지(는)

entroterra /entro'tɛrra/ [남-불변] 내륙 지방

entusiasmante /entuzjaz'mante/ [형] 흥분시키는, 열광하게 하는

entusiasmare /entuzjaz'mare/ [타동] 흥분시키다, 열광하게 하다 - entusiasmarsi [재귀동사] (per와 함께 쓰여) (~에) 열광[열중]하다

entusiasmo /entu'zjazmo/ [남] (per와 함께 쓰여) (~에 대한) 열광, 열중, 열의

entusiasta /entu'zjasta/ (남·복 : -i, 여·복 : -e) [형] (di와 함께 쓰여) (~에 대해) 열광하는, 열중하는 - [남/여] 열성적인 사람

entusiasticamente /entuzjastika'mente/ [부] 열광적으로, 열중하여

entusiastico /entu'zjastiko/ [형] (복 : -ci, -che) 열렬한, 열광적인

enumerare /enume'rare/ [타동] 열거하다, 낱낱이 세다

enumerazione /enumerat'tsjone/ [여] 열거, 낱낱이 셈

enunciare /enun'tʃare/ [타동] (명확하게, 체계적으로) 진술하다, 설명하다

enunciazione /enuntʃat'tsjone/ [여] ① (명확한, 체계적인) 진술, 설명 ② 발언, 발음

enzima /en'dzima/ [남] [생화학] 효소

epatite /epa'tite/ [여] [병리] 간염

epica /'ɛpika/ [여] 서사시

epicentro /epi'tʃɛntro/ [남] ① (지진의) 진원지(震源地), 진앙(震央) ② (비유적으로) (사건·활동 따위가[의]) 일어난 곳, 중심지

epico /'ɛpiko/ [형] (복 : -ci, -che) 서사시의; 서사시적인; 웅장한, 대규모의

epidemia /epide'mia/ [여] 유행병, 전염병

epidermide /epi'dɛrmide/ [여] [해부·식물] 표피, 외피

Epifania /epifa'nia/ [여] [기독교] 예수 공현 축일 (1월 6일)

epigrafe /e'pigrafe/ [여] ① (기념비 따위의) 제명(題銘), 비명(碑銘) ② (책의 첫 머리에 싣는) 제사(題辭), 표어

epigramma /epi'gramma/ [남] 경구(警句)

epilessia /epiles'sia/ [여] [병리] 간질

epilettico /epi'lɛttiko/ (복 : -ci, -che) [형] 간질(성)의 - [남] (여 : -a) 간질 환자

epilogo /e'pilogo/ [남] (복 : -ghi) ① 에필로그, 문학 작품의 끝부분 ② (비유적으로) 결말

episodico /epi'zɔdiko/ [형] (복 : -ci, -che) ① 에피소드풍(風)의, 삽화적인 ② 일시적인, 우연의

episodio /epi'zɔɔdjo/ [남] (복 : -di) ① (소설·극 등의 중간의) 삽화 ② 삽화적인 일, 에피소드

epistola /e'pistola/ [여] (형식을 갖춘) 서간, 편지

epistolare /episto'lare/ [형] 편지에 의한; 서간체의

epistolario /episto'larjo/ [남] (복 : -ri) 유명인이 쓴 편지들을 한데 모아 출판한 것

epitaffio /epi'taffjo/ [남] (복 : -fi) 비명(碑銘), 비문

epiteto /e'piteto/ [남] ① [문법] (특성을 나타내는) 형용사구 ② (경멸적인) 별명

epoca /'ɛpoka/ [여] (복 : -che) ① 시간, 때, 시기; all'epoca di ~의 때에; in epoca moderna 현대에 ② (중요한 사건이 일어났던) 시대; fare epoca 신기원을 이루다

epopea /epo'pɛa/ [여] ① 서사시 ② 영웅적인 행동, 영웅의 업적

eppure /ep'pure/ [접] 그래도, 하지만

epurare /epu'rare/ [타동] (정당·조직에서 불순분자를) 숙청[추방]하다

epurazione /epurat'tsjone/ [여] (불순분자 등의) 숙청, 추방; epurazione etnica 인종 청소, 소수 민족의 추방[학살]

equamente /ekwa'mente/ [부] 공정하게, 공평하게

equanime /e'kwanime/ [형] 치우치지 않은, 공정한

equatore /ekwa'tore/ [남] [지리·천문] 적도

equatoriale /ekwato'rjale/ [형] 적도의

equazione /ekwat'tsjone/ [여] [수학] 방정식, 등식

equestre /e'kwɛstre/ [형] 기수(騎手)의; 마술(馬術)의; 승마의; 마상(馬上)의

equilatero /ekwi'latero/ [형] 등변(等邊)의

equilibrare /ekwili'brare/ [타동] 균형을 잡다 - equilibrarsi [재귀동사] 평형이 이루어지다, 대등해지다

equilibrato /ekwili'brato/ [형] 균형이 잡힌

equilibrio /ekwi'librjo/ [남] (복 : -bri) ① 균형, 평형; perdere l'equilibrio 균형을 잃다 ② 조화, 안정; equilibrio politico 정치적 안정, (강대국 간의) 세력 균형; equilibrio mentale 정신적 안정

equilibrismo /ekwili'brizmo/ [남] 줄타기 곡예

equilibrista /ekwili'brista/ [남/여] (남·복 : -i, 여·복 : -e) 줄타기 곡예사

equino /e'kwino/ [형] 말(馬)의, 말 같은, 말에 관한; carne equina 말고기

equinozio /ekwi'nɔttsjo/ [남] (복 : -zi) 주야 평분시(晝夜平分時), 춘분 또는 추분

equipaggiamento /ekwipaddʒa'mento/ [남] ① (필요한 것을) 갖추기, 준비, 채비 ② 장비, 비품, 용품; equipaggiamento da sci 스키 장비

equipaggiare /ekwipad'dʒare/ [타동] ① (필요한 것을) 갖추어 주다, 장비하다 ② (배에) 승무원을 배치하다 - equipaggiarsi [재귀동사] 준비[채비]하다

equipaggio /ekwi'paddʒo/ [남] (복 : -gi) (배·비행기의) 승무원

equiparare /ekwipa'rare/ [타동] 같게[동등하게] 하다, 고르다

équipe /e'kip/ [여-불변] (스포츠 등의) 팀; lavoro d'équipe 팀워크

equità /ekwi'ta/ [여-불변] 공평, 공정

equitazione /ekwitat'tsjone/ [여] 승마; 마술(馬術)

equivalente /ekwiva'lɛnte/ [형] (a와 함께 쓰여) (~와) 동등한; (~에) 상당하는, 맞먹는 - [남] 동등한 것; 상당하는[맞먹는] 것

equivalenza /ekwiva'lɛntsa/ [여] (가치·힘·양의) 같음, 등가

equivalere /ekwiva'lere/ [자동] (조동사 : essere, avere) (a와 함께 쓰여) (~와) 동등하다; (~에) 맞먹다 - equivalersi [재귀동사] 같아지다, 대등해지다

equivocare /ekwivo'kare/ [자동] (조동사 : avere) (su와 함께 쓰여) (~에 대해) 오해하다, 잘못 알다

equivoco /e'kwivoko/ (복 : -ci, -che) [형] 확실[분명]하지 않은, 의심스러운; 모호한 - [남] 모호함; 오해; dar luogo a un equivoco 오해를 불러일으키다; cadere in un equivoco 오해하다

equo /'ɛkwo/ [형] 공정한, 공평한, 치우치지 않은

era /'ɛra/ [여] ① (역사·정치상의) 연대, 시대, 시기; l'era cristiana 서기(西紀);

l'era spaziale 우주 시대 ② [지질] 기(紀); l'era glaciale 빙하기

erba /'ɛrba/ [여] ① 풀 ② 허브, 약용[향료] 식물 ③ (구어체에서) 마리화나, 대마초 - in erba i) (곡식이) (이삭이 나기 전의) 잎사귀 때에 ii) (예술가 등이) 갓 등장했을 때에, 신인 때에

erbaccia /er'battʃa/ [여] (복 : -ce) 잡초

erbaceo /er'batʃeo/ [형] (복 : -cei, -cee) 풀의, 초본의

erbivoro /er'bivoro/ [형] 초식성의 - [남] (여 : -a) 초식동물

erborista /erbo'rista/ [남/여] (남·복 : -i, 여·복 : -e) 약초를 채집·판매하는 사람

erboso /er'boso/ [형] 풀이 무성한, 풀로 뒤덮인; tappeto erboso 풀밭

erede /e'rede/ [남/여] ① (유산) 상속인; erede legittimo 법정 상속인 ② 후계자, 계승자; erede al trono 왕위 계승자

eredità /eredi'ta/ [여-불변] ① 상속 재산, 유산; lasciare qc in eredità a qn 누구에게 무엇을 유산으로 남기다 ② (전통 따위의) 유산, 대대로 전해 내려오는 것 ③ [생물] 유전 형질

ereditare /eredi'tare/ [타동] 상속하다, 물려받다; ereditare qc da qn 누구로부터 무엇을 물려받다

ereditarietà /ereditarje'ta/ [여-불변] ① (귀족 칭호 따위가) 세습적임 ② [생물] (형질의) 유전성

ereditario /eredi'tarjo/ [형] (복 : -ri, -rie) ① 상속권에 의한; 세습의; principe ereditario 황태자, 왕세자 ② [생물] 유전성의, 유전하는, 유전적인

ereditiera /eredi'tjɛra/ [여] 여자 상속인 [후계자]

eremita /ere'mita/ [남/여] (남·복 : -i, 여·복 : -e) 종교적 은둔자; 속세를 떠난 사람

eremo /'ɛremo/ [남] 은둔자의 거처

eresia /ere'zia/ [여] 이교(異敎), 이단 - dire eresie 말도 안 되는 소리를 하다

eretico /e'rɛtiko/ (복 : -ci, -che) 이교의, 이단의 - [남] (여 : -a) 이교도, 이단자

eretto /e'retto/ [형] 똑바로 선, 직립한

erezione /eret'tsjone/ [여] ① 직립, 기립; (건조물의) 건립 ② [생리] 발기

ergastolano /ergasto'lano/ [남] (여 : -a) 종신형[무기징역]을 사는 죄수

ergastolo /er'gastolo/ [남] 종신형, 무기징역; condannato all'ergastolo 종신형[무기징역]을 선고 받은

ergonomia /ergono'mia/ [여] 인간공학

ergonomico /ergo'nɔmiko/ [형] (복 : -ci, -che) 인간공학의

erica /'ɛrika/ [여] (복 : -che) [식물] 헤더 (히스의 일종)

erigere /e'ridʒere/ [타동] ① 똑바로 세우다; (건조물을) 세우다, 건립하다 ② 설립하다 - erigersi [재귀동사] (a와 함께 쓰여) (~의) 입장을 취하다, 지위에 서다

eritema /eri'tɛma/ [남] [병리] 홍진(紅疹), 홍반(紅斑)

Eritrea /eri'trɛa/ [여] 에리트레아 (아프리카 북동부, 홍해 연안의 국가)

ermafrodito /ermafro'dito/ [형] 남녀추니의, 암수한몸의 - [남] 남녀추니, 암수한몸의 개체

ermellino /ermel'lino/ [남] [동물] 흰담비; 그 모피

ermeticamente /ermetika'mente/ [부] 밀봉[밀폐]하여

ermetico /er'mɛtiko/ [형] (복 : -ci, -che) ① 밀봉[밀폐]한, 기밀의 ② (비유적으로) 난해한, 알 수 없는

ernia /'ɛrnja/ [여] [병리] 헤르니아, 탈장(脫腸); ernia del disco 추간판 헤르니아, 디스크

erodere /e'rodere/ [타동] (물이 땅을) 침식하다

eroe /e'rɔe/ [남] ① 영웅, 용사 ② 주인공

erogare /ero'gare/ [타동] ① (수도·전기·가스 등을) 공급하다 ② (자금을) 제공[분배]하다

erogazione /erogat'tsjone/ [여] ① (수도·전기·가스 등의) 공급 ② (자금의) 제공, 분배

eroico /e'rɔiko/ [형] (복 : -ci, -che) 영웅의, 영웅적인

eroina1 /ero'ina/ [여] ① 여걸, 여장부 ② 여주인공

eroina2 /ero'ina/ [여] 헤로인 (마약)

eroinomane /eroi'nɔmane/ [남/여] 헤로인 중독자

eroismo /ero'izmo/ [남] 영웅적 자질[성격]; 영웅적인 행동

erosione /ero'zjone/ [여] [지질] 침식 (작용)

eroso /e'roso/ [형] 침식된

erotico /e'rɔtiko/ [형] (복 : -ci, -che)

성애(性愛)의; 성적인 자극이 있는, 에로틱한

erotismo /ero'tizmo/ [남] 성욕; 에로티시즘

erpice /'erpitʃe/ [남] 써레, 쇄토기

errante /er'rante/ [형] 떠돌아다니는, 방랑하는

errare /er'rare/ [자동] (조동사 : avere) ① 떠돌아다니다, 방랑하다; (눈이) 두리번거리다 ② 실수하다

errato /er'rato/ [형] 잘못된, 틀린, 실수한; se non vado errato 내가 실수하지 않았다면

erroneamente /erronea'mente/ [부] 잘못되어, 틀려, 실수하여

erroneo /er'rɔneo/ [형] 잘못된, 틀린, 실수한

errore /er'rore/ [남] 잘못, 실수, 틀림; fare un errore 실수하다, 틀리다; per errore 잘못하여, 실수로; errore di calcolo 오산(誤算), 계산 착오; errore di ortografia 철자법 실수

erta /'erta/ [여] 가파른 경사, 치받이 - stare all'erta 빈틈없이 경계하여, 방심하지 않고

erudirsi /eru'dirsi/ [재귀동사] (in과 함께 쓰여) (~에 대해) 배우다, 지식을 습득하다

erudito /eru'dito/ [형] (많이) 배운, 학식 있는 - [남] (여 : -a) 학식 있는 사람

eruttare /erut'tare/ [타동] (화산이 용암을) 분출하다; (연기 따위를) 내뿜다; (욕설 따위를) 내뱉다

eruzione /erut'tsjone/ [여] ① (화산의) 폭발, 분화 ② [병리] 발진

es. (esempio의 약자로) 예를 들어, 예컨대

esacerbare /ezatʃer'bare/ [타동] (사태·질병 따위를) 악화시키다

esagerare /ezadʒe'rare/ [타동] 과장하다 - [자동] (조동사 : avere) 과장해서 말하다; 너무[지나치게] ~하다; esagerare nel mangiare 과식하다; esagerare con le pretese 요구가 지나치다; senza esagerare 과장 없이, 있는 그대로

esageratamente /ezadʒerata'mente/ [부] 너무, 지나치게, 과도하게

esagerato /ezadʒe'rato/ [형] ① 과장된 ② 너무 ~한, 지나친, 과도한

esagerazione /ezadʒerat'tsjone/ [여] ① 과장 ② 너무 많음, 과도함; costare un'esagerazione 비용이 너무 많이 들다

esagitato /ezadʒi'tato/ [형] 지나치게 흥분한[동요된]

esagonale /ezago'nale/ [형] 육각형의

esagono /e'zagono/ [남] 육각형

esalare /eza'lare/ [타동] ① (냄새·연기 따위를) 내뿜다, 발산하다 ② (비유적으로) esalare l'ultimo respiro 숨을 거두다, 죽다 - [자동] (조동사 : essere) (da와 함께 쓰여) (냄새 따위가 ~으로부터) 나다, 발산되다

esalazione /ezalat'tsjone/ [여] (냄새 따위의) 발산

esaltante /ezal'tante/ [형] 흥분시키는, 열광하게 하는

esaltare /ezal'tare/ [타동] ① 흥분시키다, 열광하게 하다 ② 찬양하다 - esaltarsi [재귀동사] 흥분하다, 열광하다

esaltato /ezal'tato/ [형/남] (여 : -a) 흥분한, 열광하는 (사람)

esaltazione /ezaltat'tsjone/ [남] 찬양; 고양(高揚)

esame /e'zame/ [남] ① (학교의) 시험; dare[sostenere] un esame 시험을 치르다 ② [의학] 검진, 검사; esame del sangue 혈액 검사 ③ 조사, 검사, 점검; 고찰, 검토; prendere in esame 검사[검토]하다

esaminare /ezami'nare/ [타동] ① 검사[조사]하다, 검토하다; 고찰하다 ② (학생을) 시험하다

esaminatore /ezamina'tore/ [형/남] (여 : -trice) 검사·조사·검토하는 (사람)

esangue /e'zangwe/ [형] 핏기 없는, 창백한; 생기 없는

esanime /e'zanime/ [형] 활기 없는; 죽은

esasperante /ezaspe'rante/ [형] 성나게 하는, 격분시키는

esasperare /ezaspe'rare/ [타동] ① (사람을) 성나게 하다, 격분시키다 ② (사태를) 악화시키다 - esasperarsi [재귀동사] ① (사람이) 격분하다 ② (사태가) 악화되다

esasperato /ezaspe'rato/ [형] ① 성난, 격분한 ② 극도의

esasperazione /ezasperat'tsjone/ [여] (사람의) 격분; (사태의) 악화

esattamente /ezatta'mente/ [부] 정확히, 꼭, 바로

esattezza /ezat'tettsa/ [여] 정확(성); per l'esattezza 정확하게 말하자면;

con esattezza 정확히; rispondere con esattezza 정답을 말하다

esatto /e'zatto/ [형] ① (대답·계산 따위가) 옳은, 틀림없는 ② 정확한, 꼭 ~한; sono le tre esatte 세 시 정각이다; è l'esatto contrario 그 정반대다 ③ 정밀한 ④ 시간을 잘 지키는

esattore /ezat'tore/ [남] (여 : -trice) 수금원; esattore delle tasse 세금 징수원

esaudire /ezau'dire/ [타동] (욕구를) 충족시키다; (기도를) 들어주다

esauriente /ezau'rjɛnte/ [형] 철저한, 완전한; in modo esauriente 철저하게

esaurimento /ezauri'mento/ [남] ① (자원의) 고갈 ② [의학] 쇠약, 기진맥진; esaurimento nervoso 신경 쇠약

esaurire /ezau'rire/ [타동] ① (자원 등을) 다 써버리다, 고갈[소진]시키다 ② (사람을) 몹시 지치게 만들다 - esaurirsi [재귀동사] ① (자원 등이) 고갈되다, 바닥이 드러나다 ② (사람이) 몹시 지치다, 기진맥진해지다

esaurito /ezau'rito/ [형] ① (자원 등이) 고갈된; (상품이) 품절된 ② (사람이) 몹시 지친, 기진맥진한

esausto /e'zausto/ [형] 몹시 지친, 기진맥진한

esca /'eska/ [여] (복 : esche) 미끼; 유인하는 것; mettere l'esca all'amo 낚시에 미끼를 달다

escandescenze /eskandeʃ'ʃɛntse/ [여·복] dare in escandescenze 자제심을 잃다, 격노하다

eschimese /eski'mese/ [형] 에스키모의 - [남/여] 에스키모인

esclamare /eskla'mare/ [자동] (조동사 : avere) 외치다, 소리치다

esclamativo /esklama'tivo/ [형] 감탄조의, 감탄을 나타내는; punto esclamativo 느낌표, 감탄 부호 (!)

esclamazione /esklamat'tsjone/ [여] 외침, 소리침

escludere /es'kludere/ [타동] (da와 함께 쓰여) (~에, ~으로부터) 들이지 않다, 제외하다, 배제하다; 쫓아내다, 제명하다

esclusione /esklu'zjone/ [여] 제외, 배제, 추방; a esclusione di ~을 제외하고 - senza esclusione di colpi 제한 없는, 전면적인

esclusiva /esklu'ziva/ [여] ① [상업] 독점 판매권; avere l'esclusiva di qc 무엇에 대한 독점 판매권을 갖고 있다 ② (언론의) 보도 독점권

esclusivamente /eskluziva'mente/ [부] 배타적으로; 독점적으로; 오로지

esclusivo /esklu'zivo/ [형] ① 배타적인, (특정한 것에만) 한정된 ② 독점적인

escluso /es'kluzo/ [형] 제외된, 배제된, 포함되지 않은; nessuno escluso 제외 [예외] 없이; IVA esclusa 부가가치세를 제외하고

escogitare /eskodʒi'tare/ [타동] 고안하다, 궁리하다, 생각해 내다

escoriazione /eskorjat'tsjone/ [여] 찰과상

escrementi /eskre'menti/ [남·복] 배설물, 똥

escursione /eskur'sjone/ [여] 짧은 여행 [유람]

escursionismo /eskursjo'nizmo/ [남] 유람; 하이킹, 도보 여행

escursionista /eskursjo'nista/ [남/여] (남·복 : -i, 여·복 : -e) 짧은 여행[유람]을 즐기는 사람

esecrabile /eze'krabile/ [형] 혐오스러운, 지긋지긋한

esecrare /eze'krare/ [타동] 혐오하다, 몹시 싫어하다

esecutivo /ezeku'tivo/ [형] 집행력이 있는, 공무 집행상의 - [남] (정부의) 행정부; (정당의) 당무 회의

esecutore /ezeku'tore/ [남] (여 : -trice) ① 실행[집행]하는 사람 ② (음악의) 연주자 - esecutore testamentario [법률] 유언 집행인

esecuzione /ezekut'tsjone/ [여] ① (직무 등의) 실행, 집행 ② (음악의) 연주 ③ (법률의) 집행, 시행; esecuzione capitale 사형 집행, 처형 ④ [컴퓨터] (프로그램 명령 등의) 실행

eseguire /eze'gwire/ [타동] ① (직무 등을) 실행[집행]하다 ② (음악을) 연주하다 ③ [컴퓨터] (프로그램 명령 등을) 실행하다

esempio /e'zɛmpjo/ [남] (복 : -pi) ① 예, 보기; ad[per] esempio 예를 들어 ② 모범, 본보기; prendere (l')esempio da qn 누구를 본받다 ③ 경고 ④ 견본, 표본

esemplare1 /ezem'plare/ [형] ① 본이 되는, 모범적인 ② (처벌이) 본보기로 이루어지는; dare una punizione

esemplare a qn 누구를 본보기로 징계하다
esemplare2 /ezem'plare/ [남] ① (책의) 부(部) ② (동식물의) 표본 ③ (화폐 등의) 견본
esemplificare /ezemplifi'kare/ [타동] 예시[예증]하다, 예를 들어 설명[증명]하다
esentare /ezen'tare/ [타동] (da와 함께 쓰여) (의무 따위를) 면제하다
esentasse /ezen'tasse/ [형·불변] 면세의, 비과세의
esente /e'zɛnte/ [형] (da와 함께 쓰여) (의무 따위가) 면제된; esente da dazio 면세의
esenzione /ezen'tsjone/ [여] (da와 함께 쓰여) (의무 따위의) 면제; esenzione fiscale 면세, 비과세
esequie /e'zɛkwje/ [여·복] 장례(식)
esercente /ezer'tʃɛnte/ [남/여] 가게 주인
esercitare /ezertʃi'tare/ [타동] ① (su와 함께 쓰여) (~에 권력·영향력 등을) 행사하다 ② (의료·법조계 등의 직업에) 종사하다 ③ 연습시키다, 훈련하다 ‒ esercitarsi [재귀동사] 연습하다, 훈련하다; esercitarsi nella guida 운전 연습을 하다
esercitazione /ezertʃitat'tsjone/ [여] 연습, 훈련; esercitazione militare 군사훈련
esercito /e'zɛrtʃito/ [남] ① 군대; essere nell'esercito 군복무 중이다 ② (비유적으로) 큰 무리, 대집단
esercizio /ezer'tʃittsjo/ [남] (복 : -zi) ① (신체의) 운동 ② 연습, 훈련; essere fuori esercizio 연습이 부족하다 ③ (직무 등의) 수행; (영향력 등의) 행사 ④ 사업, 경영; aprire un esercizio 개업하다 ⑤ esercizio finanziario 회계연도
esibire /ezi'bire/ [타동] ① (능력 따위를) 보여주다, 과시하다 ② (신체의 일부를) 노출하다 ③ (서류 따위를) 제출하다 ‒ esibirsi [재귀동사] (배우·예술가 등이) 공연하다
esibizione /ezibit'tsjone/ [여] ① (배우·예술가 등의) 공연 ② (능력 따위의) 과시 ③ (서류 따위의) 제출
esibizionista /ezibittsjo'nista/ [남/여] (남·복 : -i, 여·복 : -e) ① (능력 따위를) 과시하기 좋아하는 사람 ② 노출증환자
esigente /ezi'dʒɛnte/ [형] 요구가 지나친, 힘든 것을 요구하는
esigenza /ezi'dʒɛntsa/ [여] 요구, 필요; avere troppe esigenze 요구가 지나치다; sentire l'esigenza di (fare) qc ~의[~할] 필요를 느끼다
esigere /e'zidʒere/ [타동] ① 요구하다, 필요로 하다; esigere qc da qn 누구에게 무엇을 요구하다; esigere che qn faccia qc 누가 무엇을 할 것을 기대하다 ② 수금하다, 지불을 요구하다
esiguo /e'ziguo/ [형] 근소한, 적은, 얼마 안 되는
esilarante /ezila'rante/ [형] 아주 재미있는
esile /'ɛzile/ [형] ① (몸이) 마른; (팔다리가) 가는 ② (비유적으로) (목소리 따위가) 가냘픈
esiliare /ezi'ljare/ [타동] (국외로) 추방하다 ‒ esiliarsi [재귀동사] (국외로) 추방 당하다
esiliato /ezi'ljato/ [형/남] (여 : -a) 추방당한 (사람)
esilio /e'ziljo/ [남] (복 : -li) (국외) 추방
esimere /e'zimere/ [타동] esimere qn da qc 누구에게 무엇을 면제해 주다 ‒ esimersi [재귀동사] (da와 함께 쓰여) (~을) 면제 받다
esimio /e'zimjo/ [형] (복 : -mi, -mie) 걸출한, 발군의, 탁월한
esistente /ezis'tɛnte/ [형] 현존하는
esistenza /ezis'tɛntsa/ [여] ① 존재, 실재, 현존 ② 삶, 인생
esistenziale /ezisten'tsjale/ [형] 존재의, 존재에 관한
esistenzialismo /ezistentsja'lizmo/ [남] [철학] 실존주의
esistere /e'zistere/ [자동] (조동사 : essere) ① 존재하다, 있다 ② 살아가다, 생존하다
esitante /ezi'tante/ [형] 망설이는, 주저하는
esitare /ezi'tare/ [자동] (조동사 : avere) 망설이다, 주저하다; senza esitare 망설이지 않고
esitazione /ezitat'tsjone/ [여] 망설임, 주저; senza esitazioni 주저 없이
esito /'ɛzito/ [남] 결과; avere buon esito 결과가 좋다, 성공적이다
esodo /'ɛzodo/ [남] ① 대이동; (자본의) 도피; (두뇌의) 유출 ② l'Esodo (이스

라엘인들의) 출애굽; [성경] 출애굽기

esofago /e'zɔfago/ [남] (복 : -gi) [해부] 식도

esonerare /ezone'rare/ [타동] (da와 함께 쓰여) (의무 따위를) 면제하다

esonero /e'zɔnero/ [남] (da와 함께 쓰여) (의무 따위의) 면제

esorbitante /ezorbi'tante/ [형] 엄청난, 과도한, 터무니없는

esorcismo /ezor'tʃizmo/ [남] 귀신 쫓아내기, 구마(驅魔)

esorcista /ezor'tʃista/ [남/여] (남·복 : -i, 여·복 : -e) 귀신 쫓아내는 사람, 무당

esorcizzare /ezortʃid'dzare/ [타동] (귀신을) 쫓아내다

esordiente /ezor'djɛnte/ [형] (배우·예술가 등이) 갓 데뷔한, 신인의 - [남/여] 갓 데뷔한 사람, 신인

esordio /e'zɔrdjo/ [남] (복 : -di) ① 처음, 시작 ② (배우·예술가 등의) 데뷔

esordire /ezor'dire/ [자동] (조동사 : avere) ① (배우·예술가 등이) 데뷔하다 ② (이야기를) 시작하다, 말문을 열다

esortare /ezor'tare/ [타동] (a와 함께 쓰여) (~하도록) 열심히 권하다, 재촉하다

esortazione /ezortat'tsjone/ [여] (a와 함께 쓰여) (~하도록) 열심히 권함, 재촉함

esoso /e'zɔzo/ [형] (가격이) 터무니없는; (상인이) 욕심 많은

esoterico /ezo'tɛriko/ [형] (복 : -ci, -che) (선택된 소수에게만 전해지는) 비전(秘傳)의; 비교(秘敎)의

esotico /e'zɔtiko/ [형] (복 : -ci, -che) ① 이국적인; 외국산의, 외래의 ② 기이한

espandere /es'pandere/ [타동] (영토·영향력 따위를) 넓히다, 확장하다 - **espandersi** [재귀동사] 확장되다, 팽창하다

espansione /espan'sjone/ [여] 성장; 확장; in espansione (경제·산업 따위가) 발전 중인

espansivo /espan'sivo/ [형] (사람이) 활달한, 개방적인, 사교적인

espanso /es'panso/ [형] (가스 따위가) 팽창한

espatriare /espa'trjare/ [자동] (조동사 : essere) 고국을 떠나다, 외국으로 이주하다

espatrio /es'patrjo/ [남] 고국을 떠남, 외국으로 이주함

espediente /espe'djɛnte/ [남] 임시변통의[편법적인] 수단[조치], 꾀, 묘안

espellere /es'pɛllere/ [타동] ① (da와 함께 쓰여) (~에서) 내쫓다, 제명[추방]하다 ② (가스를) 배기(排氣)하다

esperienza /espe'rjɛntsa/ [여] ① 경험, 체험; 경험을 통해 얻은 지식; senza esperienza 경험이 없는, 미숙한; avere molta esperienza di[in] ~에 경험이 풍부하다; sapere per esperienza 경험을 통해 알다; fare[acquisire] esperienza 경험을 얻다 ② 실험

esperimento /esperi'mento/ [남] 실험; a titolo di esperimento 실험으로서; fare un esperimento 실험하다

esperto /es'pɛrto/ [형] 숙련된, 노련한, 솜씨 좋은; 전문가의 - [남] (여 : -a) 전문가, 권위자

espiare /espi'are/ [타동] (죄를) 갚다, 속죄하다

espiatorio /espia'tɔrjo/ [형] (복 : -ri, -rie) 속죄의

espirare /espi'rare/ [타동] (숨을) 내쉬다

esplicare /espli'kare/ [타동] (직무 등을) 수행하다

esplicitamente /esplitʃita'mente/ [부] (진술 따위를) 명백하게, 뚜렷하게, 명시적으로

esplicito /es'plitʃito/ [형] (진술 따위가) 명백한, 뚜렷한, 명시적인

esplodere /es'plɔdere/ [타동] (contro와 함께 쓰여) (~에게 탄환을) 발사하다 - [자동] (조동사 : essere) ① (폭발물이) 폭발하다 ② (비유적으로) (사건 따위가) 터지다; (사람의 감정이) 폭발하다; esplodere per la rabbia 분노가 폭발하다

esplorare /esplo'rare/ [타동] ① 탐험하다, 답사하다 ② 탐구하다, 조사하다 ③ [군사] 정찰하다

esploratore /esplora'tore/ [형] 탐구적인 - [남] (여 : -trice) ① 탐험가 ② [군사] 정찰병 - giovani esploratori 보이스카우트

esplorazione /esplorat'tsjone/ [여] ① 탐험, 답사 ② [군사] 정찰

esplosione /esplo'zjone/ [여] ① (폭발물의) 폭발 ② (사건·분노 따위의) 폭발, 격발

esplosivo /esplo'zivo/ [형] 폭발(성)의;

폭발적인 - [남] 폭발물, 폭약 - una notizia esplosiva 충격적인 소식
esploso /es'plɔzo/ [형] 폭발한
esponente /espo'nɛnte/ [남/여] 대표자, 대변자, 옹호자 - [남] [수학] 지수(指數)
esporre /es'porre/ [타동] ① (작품·상품을) 전시하다, 진열하다, 공개하다 ② 설명하다, 밝히다 ③ (a와 함께 쓰여) (위험 따위에) 노출시키다 ④ [사진] 노출하다 - esporsi [재귀동사] (a와 함께 쓰여) (위험 따위에) 노출되다
esportare /espor'tare/ [타동] 수출하다
esportatore /esporta'tore/ [형] 수출하는, 수출의 - [남] (여 : -trice) 수출업자
esportazione /esportat'tsjone/ [여] ① 수출 ② 수출품
esposimetro /espo'zimetro/ [남] [사진] 노출계(計)
espositore /espozi'tore/ [남] (여 : -trice) ① (작품·상품을) 전시[진열]하는 사람[회사] ② 진열장
esposizione /espozit'tsjone/ [여] ① (작품·상품의) 전시, 진열, 공개 ② 설명 ③ (건물 따위의) 방향; casa con esposizione a nord 북향집 ④ [사진] 노출
esposto /es'posto/ [형] ① 노출된, 덮개 따위가 없는 ② (건물 따위가) 특정 방향을 향한; esposto a nord 북향의 - [남] 설명, 진술, 보고
espressamente /espressa'mente/ [부] 명백하게, 명시적으로
espressione /espres'sjone/ [여] ① (생각·감정 따위의) 표현 ② (얼굴의) 표정 ③ 어구, 말 ④ [수학] 식
espressionismo /espressjo'nizmo/ [남] 표현주의
espressivo /espres'sivo/ [형] ① 표현의, 표현적인 ② 표현이 풍부한; 의미심장한
espresso /es'presso/ [형] ① 속달의 ② 명시적인 ③ (열차 등의) 급행의 - [남] ① 에스프레소 (커피) ② 속달, 빠른우편 ③ 급행 열차
esprimere /es'primere/ [타동] 표현하다, 나타내다 - esprimersi [재귀동사] 의사 표시를 하다; esprimersi a gesti 몸짓으로 말하다
espropriare /espro'prjare/ [타동] (토지 등을) 수용(收用)하다, 징발하다
espropriazione /esproprjat'tsjone/ [여] (토지 등의) 수용, 징발
espugnare /espuɲ'ɲare/ [타동] 무력으로 정복하다
espulsione /espul'sjone/ [여] (조직으로부터의) 제명; (국외) 추방
espulso /es'pulso/ [형] 내쫓긴, 제명[추방]된
esquimese /eskwi'mese/ → eschimese
essa /'essa/ → esso
esse /'esse/ → esso
essenza /es'sɛntsa/ [여] ① (사물의) 본질, 정수(精髓); (이야기 등의) 요점, 골자 ② 정유(精油), 에센스
essenziale /essen'tsjale/ [형] 본질적인; 없어서는 안 될, 필수적인; 가장 중요한 - [남] l'essenziale 본질적인 요소, 가장 중요한 것, 요점, 골자
essenzialmente /essentsjal'mente/ [부] 본질적으로
essere1 /'ɛssere/ [자동] (조동사 : essere) ① (연결사로 쓰여) ~이다; è (un) professore 그는 선생이다; è giovane 그는 젊다 ② (~에) 있다; 살다, 거주하다; sono qui da tre ore 나는 여기에 세 시간 동안 있었다; è a Roma dal 2010 그는 2010년부터 로마에 살고 있다 ③ (~이) 되다; quando sarai grande 네가 어른이 되면 ④ 존재하다; essere o non essere 사느냐 죽느냐 ⑤ ~ 출신이다; è di Genova 그는 제노바에서 왔다, 제노바 출신이다 ⑥ (소속·소유를 나타내어) di chi è questo libro? 이 책 누구 거냐? ⑦ (날짜 표현시에 쓰여) è il 12 giugno 6월 12일이다 ⑧ (시간 표현시에 쓰여) che ora è?, che ore sono? 몇 시냐?; sono le due 2시다 ⑨ (+ da + 동사 부정사의 형태로 쓰여) ~해야 하다; è da fare subito 그건 즉시 해야 해 - [조동사] ① (복합시제에 쓰여; 능동의 경우) è arrivato ieri? 그는 어제 도착했냐?; è andato in Inghilterra 그는 영국으로 갔다; sono cresciuto in Italia 나는 이탈리아에서 자랐다 ② (복합시제에 쓰여; 수동의 경우) è stato fabbricato in India 그건 인도에서 만들어졌다; è stato investito da un'auto 그는 차에 치였다 ③ (복합시제에 쓰여; 재귀의 경우) si sono vestiti 그들은 옷을 입었다; si sono baciati 그들은 (서로) 키스를 했다 - [비인칭] ① sarà come dici tu 네가 말한 대로 될 것 같다;

come sarebbe a dire? 무슨 뜻이야?; è da tre ore che ti aspetto 난 세 시간 동안 너를 기다리고 있었어; è Pasqua (오늘은) 부활절이다; può essere 아마; è tardi 늦었어 ② (비용이) ~이다; sono 200 euro 200 유로입니다; quant 'è? 얼마인가요? ③ (esserci의 형태로 쓰여) c'è ~이 있다; che (cosa) c'è? 무슨 문제 있어?; ci sono 60 chilometri (거리가) 60km다; quanti invitati ci saranno? 손님은 얼마나 온대?; c'era una volta ~ 옛날 옛적에 ~이 있었다

essere2 /'ɛssere/ [남] ① 존재 ② 생물, 생명체; essere umano 인간

essi /'essi/ → esso

esso /'esso/ [대] (인칭대명사 남성형) ① 그(는); 그것(은) ② 그를; 그것을

est /ɛst/ [남-불변] ① 동(쪽); andare a est 동쪽으로 가다 ② 동부, 동쪽 지역 ③ l'Est 동유럽 - [형-불변] 동쪽의, 동부의; in direzione est 동쪽으로

estasi /'ɛstazi/ [여-불변] 무아경, 황홀경; 환희; andare in estasi per ~을 미칠 듯이 기뻐하다

estasiare /esta'zjare/ [타동] 황홀경에 빠지게 하다 - estasiarsi [재귀동사] (a 와 함께 쓰여) (~을) 미칠 듯이 기뻐하다

estate /es'tate/ [여] 여름; d'estate, in estate 여름에

estatico /es'tatiko/ [형] (복 : -ci, -che) 황홀한, 무아경의, 환희에 넘친

estemporaneo /estempo'raneo/ [형] 즉석의, 즉흥적인

estendere /es'tɛndere/ [타동] 확장하다, 연장하다, 늘이다 - estendersi [재귀동사] (~에) 이르다, 달하다, 걸치다; la pianura si estendeva a perdita d'occhio 시야가 미치는 곳까지 (전부) 평야가 펼쳐져 있다

estensione /esten'sjone/ [여] ① 범위, 정도; su tutta l'estensione del paese 온 나라에 ② 신장(伸長), 뻗음, 펼쳐짐 ③ 확장 ④ (말뜻의) 확충, 부연; per estensione 더 넓은 의미에서는 ⑤ [음악] 음역

estensivo /esten'sivo/ [형] ① 넓은 범위에 걸친, 광범위한 ② 넓은 의미의, 광의(廣義)의 ③ [농업] 조방(粗放)의

estenuante /estenu'ante/ [형] (일 따위가 사람을) 몹시 지치게 하는

estenuare /estenu'are/ [타동] 몹시 지치게 하다 - estenuarsi [재귀동사] 몹시 지치다

esteriore /este'rjore/ [형] 바깥쪽의, 외부의; il mondo esteriore 외계(外界) - [남] 바깥쪽, 외부

esternamente /esterna'mente/ [부] 외부에, 밖에

esterno /es'tɛrno/ [형] ① 외부의, 밖의; 옥외의; aspetto esterno 겉모습 ② 외면적인 - [남] 외부, 밖; all'esterno 바깥에; dall'esterno 밖으로부터, 외부에서

estero /'ɛstero/ [형] 외국의 - [남] 외국; vivere all'estero 외국에 거주하다 - esteri [남·복] ministero degli Esteri 외무부

esterrefatto /esterre'fatto/ [형] 깜짝 놀란, 겁에 질린

esteso /es'teso/ [형] 넓은, 광대한 - per esteso i) 전부, 줄이지 않고 ii) 상세하게

estetica /es'tɛtika/ [여] ① 미학(美學) ② 외모, 미모, 외적인 미(美)[매력]

esteticamente /estetika'mente/ [부] 미적으로

estetico /es'tɛtiko/ [형] (복 : -ci, -che) ① 예술적 미(美)의, 미적인 ② (외모가) 아름다운

estetista /este'tista/ [남/여] (남·복 : -i, 여·복 : -e) 미용사

estimo /'ɛstimo/ [남] 평가, 견적

estinguere /es'tingwere/ [타동] ① (불을) 끄다 ② (비유적으로) (갈증을) 해소하다 ③ (부채를) 청산하다 - estinguersi [재귀동사] ① (불이) 꺼지다 ② 죽다, 멸종하다

estinto /es'tinto/ [형] ① (불이) 꺼진 ② 죽은, 멸종한 - [남] (여 : -a) l'estinto 고인, 죽은 사람

estintore /estin'tore/ [남] 소화기(消火器)

estinzione /estin'tsjone/ [여] ① 소화(消火), 진화 ② 멸종, 절멸 ③ (부채의) 청산

estirpare /estir'pare/ [타동] ① (식물을) 뿌리째 뽑다 ② (치아 따위를) 뽑다 ③ (비유적으로) (나쁜 것을) 뿌리뽑다, 근절하다

estirpazione /estirpat'tsjone/ [여] 뿌리째 뽑음; 근절

estivo /es'tivo/ [형] 여름철의, 하계의;

vacanze estive 여름 휴가
estone /'ɛstone/ [형] 에스토니아의 - [남/여] 에스토니아 사람 - [남] 에스토니아어
Estonia /es'tɔnja/ [여] 에스토니아
estorcere /es'tɔrtʃere/ [타동] estorcere qc a qn 누구로부터 무엇을 강제로 탈취하다, 빼앗다
estorsione /estor'sjone/ [여] 강탈, 빼앗음
estradare /estra'dare/ [타동] (외국으로 도주한 범인을 본국에) 넘겨주다, 송환하다
estradizione /estradit'tsjone/ [여] (외국 범인의) 본국 인도[송환]
estraibile /estra'ibile/ [형] 제거할 수 있는
estraneità /estranei'ta/ [여-불변] 관계가 없음; dimostrare la propria estraneità a (어떤 사건 따위와) 관계가 없음을 증명하다
estraneo /es'traneo/ [형] ① (a와 함께 쓰여) (~와) 관계가 없는 ② 외래의, 외부 발생의; 이질적인; sentirsi estraneo a ~에 이질감을 느끼다 ③ 낯선, 잘 모르는 - [남] (여 : -a) 외부인, 낯선 사람
estraniare /estra'njare/ [타동] (da와 함께 쓰여) (~으로부터) 떼어놓다, (~와) 사이가 멀어지게 하다 - estraniarsi [재귀동사] (da와 함께 쓰여) (~으로부터) 단절되다, 멀어지다
estrapolare /estrapo'lare/ [타동] 외삽법(外揷法)에 의해 추정[추론]하다
estrarre /es'trarre/ [타동] (da와 함께 쓰여) (~으로부터) 뽑아내다; 추출하다; 캐내다 - estrarre a sorte 제비를 뽑다
estratto /es'tratto/ [형] 뽑아낸, 추출한 - [남] ① 뽑아낸 것, 추출물 ② 달여낸 즙, 엑스, 정제(精劑) ③ 요약본, 발췌록
estrazione /estrat'tsjone/ [여] ① 뽑아내기; 추출; (광물의) 채굴 ② 혈통, 가문
estremamente /estrema'mente/ [부] 극도로, 몹시
estremismo /estre'mizmo/ [남] (정치적) 극단론, 극단주의
estremista /estre'mista/ [남/여] (남·복 : -i, 여·복 : -e) (정치적) 극단론자, 극단주의자
estremità /estremi'ta/ [여-불변] 끝, 말단, 첨단; da un'estremità all'altra 한쪽 끝에서 다른쪽 끝까지 - estremità [여·복] 사지(四肢), 팔다리
estremo /es'trɛmo/ [형] ① 맨 끝의, 가장 먼; l'Estremo Oriente 극동 ② 극도의, 극심한 ③ 마지막의 ④ (특히 정치적으로) 과격한, 극단적인; estrema destra[sinistra] 극우[좌] - [남] ① 극단, 극도 ② 끝, 말단 - estremi [남·복] (문서 등의) 세부 사항
estro /'ɛstro/ [남] ① 영감, 인스피레이션; estro poetico 시적 감흥 ② 홀연히 내킨 생각, 일시적인 생각; le è venuto l'estro di viaggiare 그녀는 (갑자기) 여행이 가고 싶어졌다
estrogeno /es'trɔdʒeno/ [남] [생화학] 에스트로겐 (여성 호르몬의 일종)
estromettere /estro'mettere/ [타동] (da와 함께 쓰여) (~에서) 내쫓다, 배제하다
estroso /es'troso/ [형] ① 창작의 재능이 있는, 상상력이 풍부한 ② 변덕스러운
estroverso /estro'vɛrso/ [형/남] (여 : -a) 외향적인 (사람)
estuario /estu'arjo/ [남] (복 : -ri) 강어귀
esuberante /ezube'rante/ [형] ① 아주 풍부한 ② (식물이) 무성한 ③ (비유적으로) 활기가 넘치는
esuberanza /ezube'rantsa/ [여] ① 아주 풍부함 ② (식물의) 무성함 ③ (비유적으로) 활기가 넘침
esubero /e'zubero/ [남] 과다, 과잉, 초과
esulare /ezu'lare/ [자동] (조동사 : avere) (da와 함께 쓰여) (~의) 범위를 넘어서 있다, (~에) 속하지 않다; esula dalle mie possibilità aiutarti 내 힘으론 널 도와줄 수가 없구나
esule /'ɛzule/ [형/남/여] 국외로 추방된 (사람)
esultante /ezul'tante/ [형] (성공·승리를 거두어) 크게 기뻐하는, 득의만면한, 의기양양한
esultare /ezul'tare/ [자동] (조동사 : avere) (per와 함께 쓰여) (승리를 거두어) 크게 기뻐하다, 의기양양해 하다
esumare /ezu'mare/ [타동] ① (시체를 무덤에서) 파내다 ② (비유적으로) 발굴하다
età /e'ta/ [여-불변] ① 나이, 연령; all'età di 8 anni 여덟 살에; limite di età 연령 제한 ② 성년(成年); 노령; con l'età 나이가 들어 ③ (생애의) 한 시기 ④ 시대, 시기; l'età della pietra

석기 시대
etere1 /'ɛtere/ [남] (문어체에서) 하늘, 창공
etere2 /'ɛtere/ [남] [화학] 에테르
etereo /e'tɛreo/ [형] 하늘의, 천상의
eternamente /eterna'mente/ [부] 영원히; 끊임없이, 항상
eternità /eterni'ta/ [여-불변] ① 영원, 영구; per l'eternità 영원히 ② 영생, 불멸 ③ 매우 오랜 시간
eterno /e'tɛrno/ [형] ① 영원한, 끝없는 ② 영생의, 불멸의 - [남] ① l'Eterno 신, 하나님 ② 영원, 영구 ③ in eterno 영원히
eterogeneo /etero'dʒɛneo/ [형] 이질적인, 여러 가지가 섞여 있는
eterosessuale /eterosessu'ale/ [형] 이성애(異性愛)의 - [남/여] 이성애자
etica /'ɛtika/ [여] 윤리학; 윤리, 도덕; etica professionale 직업 윤리
etichetta1 /eti'ketta/ [여] 라벨, 레테르, 꼬리표
etichetta2 /eti'ketta/ [여] 에티켓, 예법, 의례
etichettare /etiket'tare/ [타동] (~에) 라벨[꼬리표]을 붙이다
etico /'ɛtiko/ [형] (복 : -ci, -che) 도덕상의, 윤리적인
etilometro /eti'lɔmetro/ [남] 음주 측정기
etimologia /etimolo'dʒia/ [여] (어떤 말의) 어원(語源); 어원 연구
etimologico /etimo'lɔdʒiko/ [형] (복 : -ci, -che) 어원의, 어원학(상)의
Etiopia /eti'ɔpja/ [여] 에티오피아
etiopico /eti'ɔpiko/ [형] 에티오피아의 - [남] (여 : -a) 에티오피아 사람
etnico /'ɛtniko/ [형] (복 : -ci, -che) 인종의, 민족의
etnografia /etnogra'fia/ [여] 민족지학(民族誌學), 기술(記述) 민족학
etnologia /etnolo'dʒia/ [여] 민족학; 인종학
Etruria /e'trurja/ [여] [역사] 에트루리아 (이탈리아 중서부에 있던 옛 나라)
etrusco /e'trusko/ (복 : -schi, -sche) [형] 에트루리아의 - [남] (여 : -a) 에트루리아 사람 - [남] 에트루리아 말
ettaro /'ɛttaro/ [남] [면적의 단위] 헥타르 (ha)
etto /'ɛtto/ [남] → ettogrammo의 약자
ettogrammo /etto'grammo/ [남] [질량의 단위] 헥토그램 (100그램)

ettolitro /et'tɔlitro/ [남] [부피의 단위] 헥토리터 (100리터)
eucalipto /euka'lipto/ [남] [식물] 유칼립투스, 유칼리나무
eucaristia /eukaris'tia/ [여] [가톨릭] 성체(聖體)
eufemismo /eufe'mizmo/ [남] 완곡어법
euforia /eufo'ria/ [여] 행복감; [정신의학] 다행증(多幸症)
euforico /eu'fɔriko/ [형] (복 : -ci, -che) 기분이 좋은
euro /'ɛuro/ [남-불변] [화폐의 단위] 유로
Eurolandia /euro'landja/ [여] 유로화를 사용하는 유럽 국가
Europa /eu'rɔpa/ [여] 유럽
europeo /euro'pɛo/ [형] 유럽의 - [남] (여 : -a) 유럽 사람
eurovisione /eurovi'zjone/ [여] 유러비전 (서유럽 TV 방송망)
eutanasia /eutana'zia/ [여] 안락사
evacuare /evaku'are/ [타동] ① (장소·집 등을) 비우다; (사람을 위험 지역 등에서) 대피시키다 ② (대소변을) 배설하다
evacuazione /evakuat'tsjone/ [여] ① 소개(疎開), 대피, 철수 ② 배설, 배변
evadere /e'vadere/ [타동] ① (일·문제 등을) 처리하다 ② (납세를) 기피하다, 탈세하다 - [자동] (조동사 : essere) (da와 함께 쓰여) ① (~에서) 도망하다, 탈출하다; evadere dal carcere 탈옥하다 ② (비유적으로) (현실 등으로부터) 도피하다
evanescente /evaneʃʃɛnte/ [형] 점점 사라져 가는, 희미한
evangelico /evan'dʒɛliko/ (복 : -ci, -che) [형] 복음의; 복음주의의; 개신교의 - [남] (여 : -a) 복음주의자
evangelista /evandʒe'lista/ [남] (복 : -i) 복음서 저자
Evangelo /evan'dʒɛlo/ [남] (기독교의) 복음
evaporare /evapo'rare/ [타동] (액체를) 증발시키다 - [자동] (조동사 : essere) (액체가) 증발하다
evaporazione /evaporat'tsjone/ [여] (액체의) 증발
evasione /eva'zjone/ [여] ① 탈옥, 탈출 ② (비유적으로) (현실 등으로부터의) 도피 ③ (납세의) 기피, 탈세 ④ (일·문제의) 처리, 수행

evasivo /eva'zivo/ [형] (대답 따위를) 회피하는, 둘러대는

evaso /e'vazo/ [형] 도망한, 탈출한, 탈옥한 - [남] (여 : -a) 탈옥수

evasore /eva'zore/ [남] evasore (fiscale) 탈세자

evenienza /eve'njɛntsa/ [여] (일어날지도 모르는) 사건, 일; nell'evenienza che ~의 경우에는

evento /e'vɛnto/ [남] 사건, 일어난 일; 행사

eventuale /eventu'ale/ [형] 있을 수 있는; contro eventuali danni 만약의 손해에 대비해 - eventuali [여·복] varie ed eventuali (의제 항목에서의) 기타

eventualità /eventuali'ta/ [여-불변] ① (일어날지도 모르는) 사건, 일 ② 있을 [일어날] 수 있음

eventualmente /eventual'mente/ [부] 만약 ~의 경우에는; 필요하다면; eventualmente ci fossero difficoltà 어려움이 있다면

eversione /ever'sjone/ [여] (정부 등의) 전복, 파괴

eversivo /ever'sivo/ [형] (정부 등을) 전복시키는, 파괴하는

evidente /evi'dɛnte/ [형] 분명한, 명백한; è evidente che ~은 분명하다

evidentemente /evidente'mente/ [부] 분명히, 명백하게

evidenza /evi'dɛntsa/ [여] 분명함, 명백함; negare l'evidenza 명백한 사실을 부인하다 - in evidenza 두드러진, 눈에 띄는; mettere in evidenza 두드러지게 하다, 눈에 띄게 만들다

evidenziare /eviden'tsjare/ [타동] 강조하다, 두드러지게[눈에 띄게] 하다

evidenziatore /evidentsja'tore/ [남] 형광펜

evirare /evi'rare/ [타동] 거세하다

evitabile /evi'tabile/ [형] 피할 수 있는

evitare /evi'tare/ [타동] ① (장애물 따위를) 피하다 ② (사람을) 피하다 ③ (문제 따위를) 회피하다 ④ (재난 따위를) 막다 ⑤ 삼가다, 자제하다, 하지 않다

evo /'ɛvo/ [남] 시대, 시기; il Medio Evo 중세

evocare /evo'kare/ [타동] 일깨우다, 환기시키다; 생각나게 하다

evocativo /evoka'tivo/ [형] 일깨우는, 환기시키는

evolutivo /evolu'tivo/ [형] 진화하는, 발전하는

evoluto /evo'luto/ [형] ① (생물 종이) 진화한 ② (비유적으로) 고도로 발달한[문명화된]

evoluzione /evolut'tsjone/ [여] ① [생물] 진화; teoria dell'evoluzione 진화론 ② 발달, 발전, 전개

evolversi /e'vɔlversi/ [재귀동사] 진화하다, 발달[발전]하다

evviva /ev'viva/ [감] 만세! - [남-불변] 환호, 갈채

ex /ɛks/ [형-불변] 이전의 - [남/여-불변] (구어체에서) 전남편, 전처 - [전] "전(前)"의 뜻

extra /'ɛkstra/ [형-불변] ① 여분의, 추가의, 가외의 ② 특상의, 고급의 - [남-불변] ① 가외의 것 ② 추가 요금 - [전] ~ 외에, 별도로

extracomunitario /ɛkstrakomuni'tarjo/ (복 : -ri, -rie) [형] (유럽 국가 중) 유럽 연합 가입국이 아닌 - [남] (여 : -a) 제3세계 또는 유럽 연합 가입국 외의 국가 출신의 이주민

extraconiugale /ɛkstrakonju'gale/ [형] 혼외(婚外)의

extraeuropeo /ɛkstraeuro'pɛo/ [형] 유럽 외의, 유럽인이 아닌

extraparlamentare /ɛkstraparlamen'tare/ [형] 국회 밖의

extraterrestre /ɛkstrater'rɛstre/ [형] 지구 밖의, 외계(外界)의 - [남/여] 외계인, ET

extravergine /ɛkstra'verdʒine/ [형] (올리브유가) 엑스트라버진의

ex voto /ɛks'vɔto/ [남-불변] 봉납[봉헌]물

F

f, F /ˈɛffe/ [남/여-불변] 이탈리아어 알파벳의 여섯 번째 글자
fa1 /fa/ [남-불변] [음악] (음계의) 파
fa2 /fa/ [부] ~ 전에; 10 anni fa 10년 전에
fabbisogno /fabbiˈzoɲɲo/ [남] 필요, 수요
fabbrica /ˈfabbrika/ [여] (복 : -che) ① 공장; fabbrica di automobili 자동차 공장 ② 건조, 건설, 건축
fabbricabile /fabbriˈkabile/ [형] ① 제조 가능한 ② (대지가) 건축용의
fabbricante /fabbriˈkante/ [남/여] 제조업자
fabbricare /fabbriˈkare/ [타동] ① 제조[제작]하다, 만들다, 생산하다 ② (건물 따위를) 짓다, 건축하다 ③ (비유적으로) (이야기 따위를) 만들어[지어]내다
fabbricato /fabbriˈkato/ [형] 제조[제작]된, 만들어진, 생산된 - [남] 건(축)물
fabbricazione /fabbrikatˈtsjone/ [여] ① 제조, 제작, 생산; di fabbricazione italiana 이탈리아제의 ② 건조, 건설, 건축
fabbro /ˈfabbro/ [남] 금속 세공인; 자물쇠 제조인
faccenda /fatˈtʃɛnda/ [여] 일, 문제; devo sbrigare alcune faccende 난 할 일이 좀 있어
faccendiere /fattʃenˈdjɛre/ [남] 수완가, 일 처리가 능란한 사람
facchino /fakˈkino/ [남] (호텔 등의) 짐꾼
faccia /ˈfattʃa/ [여] (복 : -ce) ① 얼굴 ② 안색, 표정 ③ 겉, 표면 ④ (사물의) 측면, 양상 - (a) faccia a faccia 대면하여, 마주보고; di faccia a ~의 맞은 편에; perdere[salvare] la faccia 체면을 잃다[지키다]; avere la faccia (tosta) di fare qc ~할 만큼 뻔뻔스럽다, 뻔뻔스럽게도 ~하다

facciata /fatˈtʃata/ [여] ① (건물의) 정면 ② 면, 쪽, 페이지; una lettera di 4 facciate 네 페이지짜리 편지 ③ (비유적으로) 겉모습
faceto /faˈtʃeto/ [형] 익살맞은, 유머러스한
fachiro /faˈkiro/ [남] 탁발승
facile /ˈfatʃile/ [형] ① 쉬운, 용이한; è più facile a dirsi che a farsi 말하기는 쉬워도 행하기는 어렵다 ② ~하기 쉬운, 곧잘 ~하는; avere la lacrima facile 눈물을 잘 흘리다 ③ ~할 듯한, ~할 가능성이 있는; è facile che piova 비가 올 것 같다 ④ 태평스러운, 안이한
facilità /fatʃiliˈta/ [여-불변] ① 쉬움, 용이함; con facilità 쉽게, 곧잘 ② 소질, 재능
facilitare /fatʃiliˈtare/ [타동] 쉽게[용이하게] 하다
facilitazione /fatʃilitatˈtsjone/ [여] 쉬움, 용이 - facilitazioni di pagamento 할부
facilmente /fatʃilˈmente/ [부] ① 쉽게, 곧잘 ② ~할 듯하여, ~할 가능성이 있어
facilone /fatʃiˈlone/ [남] (여 : -a) 태평스러운 사람
facinoroso /fatʃinoˈroso/ [형/남] (여 : -a) 난폭한 (사람)
facoltà /fakolˈta/ [여-불변] ① 능력, 재능 ② (선택 따위의) 권한, 자유 ③ (대학의) 학부; facoltà di giurisprudenza 법학부
facoltativo /fakoltaˈtivo/ [형] 선택의 자유가 있는, 마음대로 선택할 수 있는
facoltoso /fakolˈtoso/ [형] 부유한, 부자의
facsimile /fakˈsimile/ [남] 팩시밀리, 사진전송
factotum /fakˈtɔtum/ [남/여-불변] 잡역부, 막일꾼
faggio /ˈfaddʒo/ [남] (복 : -gi) [식물] 너도밤나무; 그 목재
fagiano /faˈdʒano/ [남] [조류] 꿩
fagiolino /fadʒoˈlino/ [남] 식용 가능한 콩깍지, 깍지째 먹는 콩
fagiolo /faˈdʒɔlo/ [남] 콩 - capitare a fagiolo (일이) 알맞은 때에 일어나다
fagotto1 /faˈgɔtto/ [남] 묶음, 꾸러미; fare fagotto 짐을 싸서 가버리다
fagotto2 /faˈgɔtto/ [남] [음악] 바순, 파

곳

faida /faida/ [여] (두 집안 사이의) 불화, 반목, 앙숙, 숙원(宿怨)

fai da te /faida'te/ [남-불변] 스스로 물건을 만들거나 집안을 꾸미는 취미, DIY

faina /fa'ina/ [여] [동물] 흰가슴담비

falange /fa'landʒe/ [여] (복 : -gi) ① [해부] 손가락뼈, 지골(指骨) ② [역사·군사] (고대 그리스의) 방진(方陣); 밀집대형

falcata /fal'kata/ [여] 큰 걸음, 활보

falce /faltʃe/ [여] 낫

falcetto /fal'tʃetto/ [남] 작은 낫

falciare /fal'tʃare/ [타동] ① (낫으로 풀을) 베다 ② (비유적으로) (적을) 무찌르다

falciatrice /faltʃa'tritʃe/ [여] 풀 베는 기계

falco /'falko/ [남] (복 : -chi) [조류] 매

falcone /fal'kone/ [남] [조류] (매사냥에 쓰는) 매, 송골매, 새매

falda /'falda/ [여] ① 층, 켜; [지질] 지층 ② 눈송이 ③ (모자의) 챙 ④ (코트 따위의) 자락 ⑤ 산기슭

falegname /faleɲ'ɲame/ [남] 목수

falegnameria /faleɲɲame'ria/ [여] 목수의 일, 목공

falena /fa'lɛna/ [여] [곤충] 나방

falla /'falla/ [여] (물이) 새는 구멍

fallace /fal'latʃe/ [형] 현혹하는, 속이는

fallico /'falliko/ [형] (복 : -ci, -che) 남근상(像)의, 남근을 상징하는

fallimentare /fallimen'tare/ [형] 파산의, 도산의; bilancio fallimentare 적자

fallimento /falli'mento/ [남] ① 파산, 도산; andare in fallimento ② (비유적으로) 실패

fallire /fal'lire/ [타동] (과녁 따위를) 빗맞히다 - [자동] (조동사 : essere) ① 실패하다, 잘못되다 ② 파산하다

fallito /fal'lito/ [형] ① 실패한 ② 파산한 - [남] (여 : -a) ① 실패자 ② 파산자

fallo /'fallo/ [남] ① 실수, 잘못; mettere il piede in fallo 발을 헛디디다 ② 결점, 흠 ③ [스포츠] 파울, 반칙; fare un fallo di mano (축구에서) 핸들링을 범하다

falò /fa'lɔ/ [남-불변] 큰 화톳불, 모닥불

falsare /fal'sare/ [타동] (소식·사실 따위를) 왜곡하다

falsariga /falsa'riga/ [여] (복 : -ghe) 괘선이 있는 종이

falsario /fal'sarjo/ [남] (여 : -a) (복 : -ri) 서류·지폐 따위를 위조하는 사람

falsificare /falsifi'kare/ [타동] (서류·지폐 따위를) 위조하다

falsificazione /falsifikat'tsjone/ [여] (서류·지폐 따위의) 위조

falsità /falsi'ta/ [여-불변] 허위, 틀림; 거짓말

falso /'falso/ [형] ① 틀린, 그릇된, 잘못된; fare un passo falso 발을 헛디디다 ② (서류·지폐 따위가) 가짜의, 위조된 ③ 거짓의, 허위의, 가장된; falso allarme 허위 경보 ④ (사람이) 불성실한, 남을 속이는 - [남] ① 허위, 거짓; dire il falso 거짓말을 하다 ② 위조; 위조된 것

fama /'fama/ [여] ① 평판; avere una buona fama 평판이 좋다 ② 명성, 명망; raggiungere la fama 명성을 얻다, 유명해지다; di fama mondiale 세계적으로 유명한

fame /'fame/ [여] ① 배고픔; avere fame 배가 고프다 ② 굶주림, 기아 ③ (비유적으로) (di와 함께 쓰여) (~에 대한) 갈망, 열망 - fare la fame 궁핍하다, 근근이 살아가다

famelico /fa'mɛliko/ [형] (복 : -ci, -che) ① 굶주린 ② 탐욕스러운

famigerato /famidʒe'rato/ [형] 악명 높은

famiglia /fa'miʎʎa/ [여] ① 가족, 가정; essere di buona famiglia 좋은 집안 출신이다 ② [생물] (분류상의) 과(科); [언어] 어족(語族)

familiare /fami'ljare/ [형] ① 가족[가정]의; vita familiare 가정 생활 ② 친한 [허물없는] 사이의; 격식을 차리지 않는 ③ 잘 아는, 낯익은, 익숙한; questo nome mi è familiare 이 이름 들어본 적이 있다, 아는 이름이다 - [남/여] 가족 구성원

familiarità /familjari'ta/ [여-불변] ① 친함, 허물없음; trattare qn con familiarità 누구를 허물없이 대하다 ② 익숙함; avere familiarità con qc 무엇에 익숙하다, 무엇을 잘 알고 있다

familiarizzare /familjarid'dzare/ [자동] (조동사 : avere) → familiarizzarsi - familiarizzarsi [재귀동사] (con과 함께 쓰여) (~와) 친해지다; (~에) 익숙해지다

famoso /fa'moso/ [형] (per 또는 come

와 함께 쓰여) (~으로 또는 ~으로서) 유명한, 잘 알려진
fanale /fa'nale/ [남] (자동차 따위의) 헤드라이트, 전조등; (선박의) 항해등
fanalino /fana'lino/ [남] fanalino di coda (열차 등의) 미등(尾燈)
fanatico /fa'natiko/ (복 : -ci, -che) [형] 광신적인; (특정 분야에) 열광하는, 미쳐 있는 - [남] (여 : -a) 광신자; (특정 분야에) 열광하는[미쳐 있는] 사람
fanatismo /fana'tizmo/ [남] 광신; 열광
fanciulla /fan't∫ulla/ [여] 여자아이, 소녀
fanciullezza /fant∫ul'lettsa/ [여] 어린 시절, 유년기
fanciullo /fan't∫ullo/ [남] 남자아이, 소년
fandonia /fan'dɔnja/ [여] 꾸며낸 말, 거짓말, 허튼소리
fanfara /fan'fara/ [여] ① 브라스밴드, 취주악단 ② 팡파르 (화려한 트럼펫 등의 취주)
fanfarone /fanfa'rone/ [남] (여 : -a) 자랑하는[큰소리치는] 사람
fanghiglia /fan'giʎʎa/ [여] 진창, 진흙
fango /'fango/ [남] (복 : -ghi) 진흙 - gettare fango addosso a qn (비유적으로) 누구의 얼굴에 흙칠을 하다, 누구를 비방하다
fangoso /fan'goso/ [형] 진창의, 진흙투성이의
fannullone /fannul'lone/ [남] (여 : -a) 게으름뱅이
fantascienza /fanta∫∫entsa/ [여] SF, 공상 과학 소설[영화]
fantasia /fanta'zia/ [여] ① 상상력; avere fantasia 상상력이 있다 ② 상상, 공상; opera di fantasia 픽션, 꾸민 이야기 ③ 일시적인 생각, 홀연히 내킨 생각 ④ (직물의) 무늬 ⑤ [음악] 환상곡
fantasioso /fanta'zjoso/ [형] ① 상상력이 풍부한 ② 있음직하지 않은, 비현실적인
fantasma /fan'tazma/ [남] 유령, 환영(幻影), 허깨비 - [형-불변] città fantasma 유령 도시; governo fantasma 재야(在野) 내각
fantasticare /fantasti'kare/ [자동] (조동사 : avere) 공상에 잠기다
fantasticheria /fantastike'ria/ [여] 몽상, 공상, 백일몽
fantastico /fan'tastiko/ [형] (복 : -ci, -che) ① 상상의, 공상적이; un mondo fantastico 환상의 세계 ② 굉장한, 멋진

fante /'fante/ [남] ① [군사] 보병(의 한 사람) ② [카드놀이] 잭
fanteria /fante'ria/ [여] [군사] (집합적으로) 보병(대)
fantino /fan'tino/ [남] 기수(騎手)
fantoccio /fan'tɔtt∫o/ (복 : -ci) [남] 인형, 꼭두각시; (비유적으로) 괴뢰, 앞잡이 - [형-불변] governo fantoccio 괴뢰 정부
fantomatico /fanto'matiko/ [형] (복 : -ci, -che) ① 알 수 없는, 포착하기 어려운 ② 상상의
farabutto /fara'butto/ [남] (여 : -a) 악당, 불한당
faraona /fara'ona/ [여] [조류] 뿔닭 (또는 gallina faraona)
faraone /fara'one/ [남] (고대 이집트의) 파라오
faraonico /fara'ɔniko/ [형] (복 : -ci, -che) ① 파라오의 ② 거대한, 장대한, 화려한
farcire /far't∫ire/ [타동] (요리에) 소를 넣다
farcito /far't∫ito/ [형] (요리에) 소를 넣은
fard /fard/ [남-불변] 볼연지
fardello /far'dɛllo/ [남] 꾸러미, 짐
fare1 /fare/ [타동] ① (어떤 행동을) 하다; fare i compiti 숙제를 하다; fare la spesa 쇼핑을 하다; cosa fai? 무슨 일을 하니? ② 만들다; (건물을) 짓다; (그림을) 그리다; (요리를) 하다; fare un errore 실수를 하다; fare una promessa 약속을 하다; quest'albero non fa frutti 이 나무는 열매를 맺지 않는다; ha fatto la mia felicità 그가 나를 행복하게 해주었다[만들었다] ③ (~으로서) 일하다, 행동하다; 연기하다; fare l'avvocato 변호사로 활동하다; fare il malato 아픈 척하다, 꾀병을 부리다; nel film fa il padre 그 영화에서 그는 아버지 역을 맡았다 ④ 걷다, 뛰다, 나아가다; (일정한 거리를) 답파하다; fa i 100 metri in 10,5 그는 100m를 10초 5에 달린다; fare una passeggiata 산책하다; fare un viaggio 여행하다 ⑤ (어떤 상태로) 만들다; fa niente 그건 문제가 되지 않아; fare paura a ~ 에게 겁을 주다 ⑥ (~이라고) 생각하다, 여기다; ti facevo al mare 난 네가 바닷가에 있는 줄 알았어 ⑦ (수량이) ~이 되다; due più due fa quattro 2 더하기 2는 4; fanno 10 euro 10유로입니

F

다; che ora fa il tuo orologio? 네 시 계로는 몇 시니? ⑧ (동사 원형과 함께 쓰여) fare piangere qn 누구를 울리 다; l'hanno fatto entrare in macchina 그들은 그를 차 안으로 들어가게 했다 ⑨ (farsi의 형태로 쓰여) farsi la barba 면도를 하다; farsi un nome 유명해지다 ⑩ farla a qn 누구에게 이기다; farcela a fare qc 무엇을 해내다; farla finita con qc 무엇을 끝내다; fare del proprio meglio 최선을 다하다; non c'è niente da fare 그건 쓸모가 없어; ha fatto di sì con la testa 그는 고개를 끄덕였다 - [자동] (조동사 : avere) ① 하다, 행하다; saperci fare con 처리할[다룰] 줄 알다; fate come volete 마음대로 하세요 ② 말하다 ③ fare per qn 누구에게 적합하다[어울리다]; fare da ~으로서 행하다, ~의 역할을 하다 - [비인칭] fa caldo 덥다; fa notte 날이 어두워진다, 밤이 되어간다 - farsi [재귀동사] ① (~이) 되다; farsi amico di qn 누구와 친구가 되다; farsi notare 주목을 받다; farsi prete 사제가 되다 ② 나아가다, 이동하다; farsi avanti 전진하다 ③ 마약을 하다 ④ ~해지다; farsi bello 아름다워지다; farsi grande 키가 커지다; si fa notte 날이 어두워지고 있다

fare2 /ˈfare/ [남] ① 할 일; avere un bel da fare 할 일이 많다 ② 행동 방식, 태도; ha un fare simpatico 그는 (남을 대하는) 태도가 괜찮다 ③ 시작, 처음; sul far del giorno 하루가 시작되는 무렵에, 새벽에

faretto /faˈretto/ [남] 스포트라이트

farfalla /farˈfalla/ [여] ① [곤충] 나비 ② 보타이, 나비넥타이 ③ [수영] 접영, 버터플라이

farfallino /farfalˈlino/ [남] 보타이, 나비넥타이

farfugliare /farfuʎˈʎare/ [타동/자동] (조동사 : avere) 불명료한 소리로 지껄이다

farina /faˈrina/ [여] 밀가루, 곡분(穀粉); farina gialla 옥수수 가루; farina integrale 통밀가루

farinacei /fariˈnatʃei/ [남·복] 전분[녹말질] 음식

faringe /faˈrindʒe/ [여] [해부] 인두(咽頭)

faringite /farinˈdʒite/ [여] [병리] 인두염

farmaceutico /farmaˈtʃɛutiko/ [형] (복 : -ci, -che) 약(품)의

farmacia /farmaˈtʃia/ [여] ① 약학 ② 약국

farmacista /farmaˈtʃista/ [남/여] (남·복 : -i, 여·복 : -e) 약사

farmaco /ˈfarmako/ [남] (복 : -ci) 약(藥)

farneticare /farnetiˈkare/ [자동] (조동사 : avere) 헛소리를 하다

faro /ˈfaro/ [남] ① (자동차의) 헤드라이트 ② 등대, 신호소 - fari antinebbia (자동차의) 안개등

farsa /ˈfarsa/ [여] ① 소극(笑劇), 익살 광대극 ② (비유적으로) 어리석은 짓, (나쁜 의미의) 연극

fascia /ˈfaʃʃa/ [여] (복 : -sce) ① (천이나 종이의) 가느다란 조각 ② 붕대 ③ 지대, 지역, 구역 - in fasce 유년기의, 어린아이의; fascia oraria (TV · 라디오의) 방송 시간대

fasciare /faʃˈʃare/ [타동] (~에) 붕대를 감다; 띠를 두르다

fasciatura /faʃʃaˈtura/ [여] 붕대 감기; 붕대

fascicolo /faʃˈʃikolo/ [남] ① 일건[관계] 서류, 파일 ② (전집 · 연재물 등의) 1회분, 한 권

fascina /faʃˈʃina/ [여] (장작의) 단

fascino /ˈfaʃʃino/ [남] 매력, 매혹; avere fascino (사람이) 매력적이다

fascio /ˈfaʃʃo/ [남] (복 : -sci) ① (장작 · 건초 · 꽃 따위의) 단, 다발 ② (구어체에서) 파시스트당

fascismo /faʃˈʃizmo/ [남] 파시즘

fascista /faʃˈʃista/ (남·복 : -i, 여·복 : -e) [형] 파시즘의, 파시스트의 - [남/여] 파시스트 당원, 파시즘 신봉자

fase /ˈfaze/ [여] ① (변화 · 발달의) 단계, 기(期); essere in fase di miglioramento 나아지고 있다, 개선[향상]되고 있다 ② [기계] (피스톤의) 스트로크, 행정(行程)

fast food /fastˈfud/ [남-불변] 패스트푸드; 패스트푸드점

fastidio /fasˈtidjo/ [남] (복 : -di) 성가심, 폐, 불쾌감; dare fastidio a qn 누구를 괴롭히다, 성가시게 하다; le dà fastidio se fumo? 담배 좀 피워도 될까요?

fastidioso /fastiˈdjoso/ [형] 성가신, 짜증나는, 불쾌한

fasto /ˈfasto/ [남] 화려함, 호화로움

fastoso /fas'toso/ [형] 화려한, 호화로운, 사치스러운

fasullo /fa'zullo/ [형] 위조된, 가짜의, 사이비의

fata /'fata/ [여] 요정, 선녀

fatale /fa'tale/ [형] ① 피할 수 없는, 운명 지어진; era fatale che succedesse 그 일은 일어나게 되어 있었다 ② 치명적인, 파멸을 초래하는; essere fatale a qn 누구에게 치명적이다 ③ (농담조로) (눈빛 따위가) 저항할 수 없는, 뇌쇄적인; donna fatale 팜므파탈

fatalista /fata'lista/ [남/여] (남·복 : -i, 여·복 : -e) 운명론자

fatalità /fatali'ta/ [여-불변] ① 운명, 숙명 ② 불운, 불행

fatalmente /fatal'mente/ [부] ① 피할 수 없어, 운명 지어져; doveva fatalmente accadere 그 일은 일어날 수밖에 없었다, 일어나게 되어 있었다 ② 치명적으로

fatato /fa'tato/ [형] (반지 따위가) 마법의, 마술의 힘을 가진

fatica /fa'tika/ [여] (복 : -che) ① 노력, 진력; senza fatica 노력하지 않고, 손쉽게; fare fatica a fare qc 무엇을 하느라 애를 먹다 ② 수고, 힘든 일; animale da fatica 부리는 짐승 ③ 피로, 피곤 ④ a fatica 어렵게, 힘들게

faticare /fati'kare/ [자동] (조동사 : avere) ① 힘써 일하다, 수고하다; faticare per fare qc 무엇을 하기 위해 애쓰다; faticare a fare qc ~하기가 힘들다

faticata /fati'kata/ [여] 힘든 일

faticosamente /fatikosa'mente/ [부] 어렵게, 힘들게

faticoso /fati'koso/ [형] (일 따위가) 힘든; (여행 따위가) 피로하게 하는

fatidico /fa'tidiko/ [형] (복 : -ci, -che) (날·시간 등이) 운명의, 운명을 결정짓는

fatiscente /fatiʃ'ʃente/ [형] 부서질 듯한, 황폐한

fato /'fato/ [남] 운명, 숙명

fatt. → fattura

fattaccio /fat'tattʃo/ [남] (복 : -ci) 악행; 범죄

fattezze /fat'tettse/ [여·복] 얼굴 생김새, 이목구비

fattivo /fat'tivo/ [형] (활동 따위가) 실질적인, 적극적인

fatto1 /'fatto/ [형] ① (일이) 된, 이루어진; ben fatto 잘된 또는 만든, 만들어진; fatto a macchina 기계로 만든; fatto in casa 집에서 만든, 홈메이드의; muro fatto di pietra 돌로 쌓은 담 ③ (per와 함께 쓰여) (~에) 적합한, ~용(用)의 ④ 다 자란, 성숙한; è un uomo fatto 그는 성인이다 - a giorno fatto 백주에, 대낮에; è fatta! 됐어!, 이제 끝났어!

fatto2 /'fatto/ [남] ① 사실, (실제의) 일; il fatto è che ~ 사실은 ~이라는 것이다; negare i fatti 사실을 부인하다 ② 행동, 행위; cogliere qn sul fatto 누구를 현행범으로 붙잡다; fatto d'arme 무공(武功) ③ 사건, 일어난 일; fatto di cronaca 기삿거리 ④ di fatto 사실상의 - fatti [남·복] (개인의) 일, 문제; immischiarsi nei fatti altrui 남의 일에 참견하다

fattore1 /fat'tore/ [남] (여 : -essa) 토지 관리인

fattore2 /fat'tore/ [남] 요인, 요소

fattoria /fatto'ria/ [여] 농장; 농가

fattorino /fatto'rino/ [남] ① 배달원 ② (회사 등의) 심부름꾼, 사환; (호텔 등의) 보이

fattura /fat'tura/ [여] ① [상업] 송장(送狀); 청구서 ② (직공 등의) 솜씨, 기량 ③ (마법의) 주문; fare una fattura a qn 누구에게 마법을 걸다

fatturare /fattu'rare/ [타동] ① 송장[청구서]을 보내다 ② (음료·술 따위의) 품질을 떨어뜨리다

fatturato /fattu'rato/ [남] (일정 기간의) 거래액, 총매상고

fatuo /'fatuo/ [형] 얼빠진, 우둔한, 어리석은 - fuoco fatuo 도깨비불

fauci /'fautʃi/ [여·복] (동물·사람의 계걸스러운) 입 - cadere nelle fauci di qn 누구의 손아귀에 넘어가다

fauna /'fauna/ [여] (한 지역 또는 한 시대의) 동물군(群), 동물상(相)

fausto /'fausto/ [형] 상서로운, 길조의, 행운의; 경사스러운

fautore /fau'tore/ [남] (여 : -trice) 옹호자, 지지자

fava /'fava/ [여] [식물] 잠두(蠶豆)

favella /fa'vella/ [여] (문어체에서) 말, 언어; 말하기; perdere il dono della favella 말문이 막히다

favilla /fa'villa/ [여] 불꽃, 섬광; fare

faville 불꽃을 튀기다
favo /'favo/ [남] 벌집
favola /'favola/ [여] ① (옛날) 이야기, 우화 ② 꾸며낸 이야기
favoloso /favo'loso/ [형] ① (동물·괴물 따위가) 옛날 이야기에 등장하는 ② 믿어지지 않는, 터무니없는; 굉장한; prezzi favolosi 터무니없는 가격
favore /fa'vore/ [남] 호의, 친절; chiedere un favore a qn 누구에게 부탁을 하다; fare un favore a qn 누구에게 호의를 베풀다, 누구의 부탁을 들어주다; per favore 부탁입니다, ~해주세요; trattamento di favore 우대; condizioni di favore 유리한 조건; a favore di ~의 편을 들어, ~에 유리하게
favoreggiamento /favoreddʒa'mento/ [남] [법률] (범행의) 교사(敎唆), 방조(幇助)
favorevole /favo'revole/ [형] (a와 함께 쓰여) (~에) 호의적인, 이로운; (~의) 편을 드는; hanno avuto 70 voti favorevoli 그들은 70표의 찬성표를 얻었다
favorevolmente /favorevol'mente/ [부] 호의적으로; 유리하게, 이롭게
favorire /favo'rire/ [타동] ① (~에) 호의를 보이다, 이롭게 하다; (~을) 도와주다 ② (상업 활동 따위를) 촉진하다, 장려하다 ③ (정당·견해 따위를) 지지하다 ④ (예의 바른 표현에 쓰여) (mi) favorisca la patente 면허증 좀 보여주실래요? - [자동] (조동사 : avere) (예의 바른 표현에 쓰여) favorisca alla cassa 계산대로 가서 지불해주세요; vuole favorire? 좀 드실래요?
favoritismo /favori'tizmo/ [남] 편애, 편파
favorito /favo'rito/ [형/남] (여 : -a) 호의[혜택]을 얻고 있는; 선호되는 (사람)
fax /faks/ [남-불변] 팩스 (송신); (기계 장치로서의) 팩스; mandare qc via fax 무엇을 팩스로 보내다
faxare /fak'sare/ [타동] (서류 따위를) 팩스로 보내다
fazione /fat'tsjone/ [여] 당파, 파벌
fazioso /fat'tsjoso/ [형] 당파심이 강한 - [남] (여 : -a) 동지, 당원
fazzoletto /fattso'letto/ [남] ① 손수건 ② 목도리
febbraio /feb'brajo/ [남] 2월

febbre /'fɛbbre/ [여] ① (병으로 인한 또는 신체의) 열; avere la febbre (몸에) 열이 있다; misurarsi la febbre 체온을 재다 ② 열광, 열중 - la febbre dell'oro (비유적으로) 황금열
febbricitante /febbritʃi'tante/ [형] (몸에) 열이 있는
febbrile /feb'brile/ [형] ① 열광적인 ② (몸에) 열이 있는
feccia /'fettʃa/ [여] (복 : -ce) ① (포도주 따위의) 앙금 ② (비유적으로) 찌꺼기, 쓰레기
feci /'fɛtʃi/ [여·복] 똥, 배설물
fecola /'fekola/ [여] 녹말, 전분
fecondare /fekon'dare/ [타동] ① [생물] 수정[수태]시키다 ② (토지를) 비옥하게 하다
fecondazione /fekondat'tsjone/ [여] [생물] 수정, 수태; fecondazione artificiale 인공 수정
fecondo /fe'kondo/ [형] ① (토지가) 기름진, 비옥한 ② [생물] 새끼를 가질 수 있는, 번식 능력이 있는 ③ 열매를 많이 맺는, 성과가 좋은
fede /'fede/ [여] ① (종교적인) 믿음, 신앙 ② 신조, 신념; fede politica 정치적 신념 ③ 신뢰, 신용; degno di fede 믿을 만한, 신뢰할 만한 ④ 진실, 성실; 충실; essere in buona fede 성실하다; in fede mia! 맹세코; tener fede a ~에 충실하다 ⑤ 결혼 반지 ⑥ 증명; in fede di ~의 증거로; che fa fede, facente fede (사실임을) 증명하는
fedele /fe'dele/ [형] ① (a와 함께 쓰여) (~에) 충실한; 성실한, 신의가 두터운; essere fedele alla parola data 약속을 지키다 ② 사실대로의, 원본에 충실한, 정확한, 신뢰할 만한 - [남/여] ① 믿는 사람, 신자 ② 추종자, 따르는 사람
fedelmente /fedel'mente/ [부] 충실하게, 성실하게, 신실하게
fedeltà /fedel'ta/ [여-불변] ① 충실, 성실, 충성 ② 사실대로임, 원본에 충실함, 정확함 ③ (재생음의) 충실도; alta fedeltà 하이파이, 고(高)충실도
federa /'federa/ [여] 베갯잇
federale /fede'rale/ [형] 연방의, 연방제의; 연방 정부의
federalismo /federa'lizmo/ [남] 연방주의
federazione /federat'tsjone/ [여] 연합, 동맹, 연맹; 연방 (국가)

fedina /fe'dina/ [여] 범죄 기록, 전과 (fedina penale); avere la fedina pulita 전과가 없다

feed-back, feedback /'fidbek/ [남-불변] ① 반응, 의견, 감상 ② [심리] 피드백, 송환 ③ [컴퓨터] 피드백 (입력과 출력을 갖춘 시스템에서 출력에 의하여 입력을 변화시키는 일)

feeling /'filing/ [남-불변] 공감, 소통, 성미가 맞음

fegato /'fegato/ [남] ① [해부] 간(肝) ② (식용) 간, 간 요리 ③ (비유적으로) 용기, 담력

felce /'feltʃe/ [여] [식물] 양치류

felice /fe'litʃe/ [형] ① 행복한, 기쁜, 즐거운; essere felice di fare ~하게 돼서 기쁘다; felice come una pasqua 아주 즐거운 ② 잘된, 잘 맞는, 좋은 ③ (인사말에서) felice anno nuovo! 새해 복 많이 받으세요!; sono felice di fare la sua conoscenza 만나뵙게 돼서 반갑습니다

felicemente /felitʃe'mente/ [부] 행복하게, 기쁘게

felicità /felitʃi'ta/ [여-불변] 행복, 기쁨, 즐거움

felicitarsi /felitʃi'tarsi/ [재귀동사] ① (di 와 함께 쓰여) (~을) 기뻐하다, (~에) 즐거워하다 ② felicitarsi con qn per qc 무엇에 대해 누구에게 축하를 해주다

felicitazioni /felitʃitat'tsjoni/ [여·복] (per와 함께 쓰여) (~에 대한) 축하

felino /fe'lino/ [형] ① [동물] 고양잇과(科)의 ② (비유적으로) 고양이 같은, 발소리 없이 다니는 - [남] 고양잇과 동물

felpa /'felpa/ [여] ① 플러시 (벨벳과 비슷하나 길고 보드라운 보풀이 있는 비단 또는 무명 옷감) ② 스웨트 셔츠 (운동선수가 보온을 위해 경기 전후에 입는 헐렁한 스웨터)

felpato /fel'pato/ [형] ① 플러시로 된 ② (비유적으로) 발소리를 내지 않는

feltro /'feltro/ [남] 펠트, 모전(毛氈); 펠트 제품

femmina /'femmina/ [여] ① (동물의) 암컷 ② 여자아이

femminile /femmi'nile/ [형] ① 여성의, 여자의; 여자다운 ② (동물의) 암컷의 ③ 여성용의 ④ [문법] 여성의 - [남] [문법] 여성

femminilità /femminili'ta/ [여-불변] 여자임, 여성의 특성, 여자다움

femminismo /femmi'nizmo/ [남] 페미니즘, 여권 신장론

femminista /femmi'nista/ (남·복: -i, 여·복: -e) [형] 페미니즘의, 여권 신장론의 - [남/여] 페미니스트, 여권 신장론자

femore /'femore/ [남] [해부] 대퇴골, 넙다리뼈

fendente /fen'dɛnte/ [남] (칼 따위로) 썩 베기

fendere /'fɛndere/ [타동] (문어체에서) ① 쪼개다 ② 뚫고 지나가다, 헤치며 나아가다; fendere la folla 인파를 헤치고 나아가다

fendinebbia /fendi'nebbja/ [남-불변] (자동차의) 안개등

fenditura /fendi'tura/ [여] 쪼개짐, 균열

fenice /fe'nitʃe/ [여] 불사조

fenicottero /feni'kɔttero/ [남] [조류] 플라밍고, 홍학

fenomenale /fenome'nale/ [형] ① (자연) 현상의 ② 놀랄 만한, 경이적인

fenomeno /fe'nɔmeno/ [남] ① (자연·사회의) 현상 ② (구어체에서·비유적으로) 이상한 것, 비범한 인물

feretro /'feretro/ [남] 관가(棺架)

feriale /fe'rjale/ [형] 근무일의, 평일의; giorno feriale 근무일, 평일

ferie /'fɛrje/ [여·복] 휴가, 방학; ferie retribuite 유급 휴가; andare in ferie 휴가를 가다

ferimento /feri'mento/ [남] 상해를 입힘; 부상을 당함; l'incidente ha provocato il ferimento di molte persone 그 사고는 많은 사상자를 내었다

ferire /fe'rire/ [타동] ① 다치게 하다, 상해를 입히다; fu ferito a morte 그는 치명상을 입었다 ② 감정을 상하게 하다, 마음에 상처를 주다 - ferirsi [재귀동사] 부상을 당하다, 상처를 입다; ferirsi con un coltello 칼에 손을 베다

ferita /fe'rita/ [여] 상처, 부상

ferito /fe'rito/ [형] 다친, 부상을 입은 - [남] (여: -a) 부상자

ferma /'ferma/ [여] 군복무 (기간)

fermacapelli /fermaka'pelli/ [남-불변] 헤어클립

fermacarte /ferma'karte/ [남-불변] 문진(文鎮), 서진(書鎮)

fermacravatta /fermakra'vatta/ [남-불변] 넥타이핀

fermaglio /fer'maʎʎo/ [남] (복 : -gli) ① 걸쇠, 죔쇠 ② 종이 집게, 클립

fermamente /ferma'mente/ [부] 굳게, 단단히, 견고[확고]하게

fermare /fer'mare/ [타동] ① 멈추다, 세우다, 정지시키다 ② (작동·생산 따위를) 중지하다 ③ (시선 따위를) 고정시키다; (떠오른 생각을) 적어두다 ④ (호텔 따위를) 예약하다 ⑤ (경찰이 용의자를) 유치하다 - [자동] (조동사 : avere) (교통수단이) 멈추다, 서다, 정거하다 - fermarsi [재귀동사] ① 멈추다, 서다, 정지하다 ② (활동을) 중지하다, 그만두다; fermarsi a fare ~하기를 중지하다 ③ (기계 장치 따위의 작동이) 멎다, 중지되다

fermata /fer'mata/ [여] ① 멈춤, 정지 ② (교통수단의) 정류장; fermata dell'autobus 버스 정류장

fermentare /fermen'tare/ [자동] (조동사 : avere) 발효하다; fare fermentare (술 따위를) 발효시키다

fermentazione /fermentat'tsjone/ [여] (술 따위의) 발효

fermento /fer'mento/ [남] ① 효소; 효모, 이스트 ② 발효 ③ (비유적으로) 소요, 소동, 동요

fermezza /fer'mettsa/ [여] 굳음, 견고함, 확고함; rispondere con fermezza 확답을 하다

fermo /'fermo/ [형] ① 정지한, 멈춰 있는, 움직이지 않는; era fermo in piedi 그는 가만히 서 있었다; fermo! 움직이지 마! ② 작동하지 않는; l'orologio è fermo 시계가 멈췄다 ③ (결심 따위가) 굳은, 확고한; resta fermo che ~임은 확정된 것이다 ④ 정체된, 답보 상태의 - [남] ① 잠금 장치, 걸쇠 ② [법률] 유치, 구금

fermoposta /fermo'pɔsta/ [남-불변/부] 유치(留置) 우편(으로)

feroce /fe'rotʃe/ [형] ① 사나운, 흉포한; 잔인한; le bestie feroci 야수, 맹수 ② 지독한, 굉장한, 맹렬한; 끔찍한

ferocemente /ferotʃe'mente/ [부] 사납게, 흉포하게; 잔인하게; 지독하게

ferocia /fe'rɔtʃa/ [여] 사나움, 흉포함; 잔인함

ferragosto /ferra'gosto/ [남] [가톨릭] 성모 승천 대축일 (8월 15일); 그 때의 휴일

ferramenta /ferra'menta/ [여-불변] 철물, 쇠붙이 - [남/여-불변] 철물점

ferrare /fer'rare/ [타동] 쇠를 대다; (말에) 편자를 박다; (구두에) 징을 박다; (통에) 테를 두르다

ferrato /fer'rato/ [형] ① 쇠를 댄; (말에) 편자를 박은; (구두에) 징을 박은; strada ferrata 철도 선로 ② (비유적으로) essere ferrato in ~에 대해 잘 알고 있다, ~에 정통하다

ferreo /'ferreo/ [형] ① 쇠[철]의 ② (비유적으로) 쇠 같은, 매우 단단한[견고한]; volontà ferrea 굳센 의지

ferro /'ferro/ [남] ① 쇠, 철; l'età del ferro [고고학] 철기 시대; filo di ferro 철사; minerali di ferro 철광석 ② 쇠붙이; ferro di cavallo 말편자 ③ (비유적으로) di ferro 쇠 같은, 매우 단단한[견고한]; uomo di ferro 철인; cortina di ferro [역사] 철의 장막 ④ 칼, 검 - ferri [남·복] ① 수술 도구, 메스 ② 족쇄, 차꼬 ③ ai ferri (고기 따위를) 그릴로 구운 - ferro da stiro 다리미; essere ai ferri corti con qn 누구와 반목하고 있다

ferrovecchio /ferro'vekkjo/ [남] (복 : ferrivecchi) 고철상

ferrovia /ferro'via/ [여] 철도, 철도 선로

ferroviario /ferro'vjarjo/ [형] (복 : -ri, -rie) 철도의

ferroviere /ferro'vjɛre/ [남] 철도 직원

fertile /'fertile/ [형] ① (토지가) 기름진, 비옥한 ② [생물] 새끼를 가질 수 있는, 수정 능력이 있는 ③ (비유적으로) 창의력이 풍부한

fertilità /fertili'ta/ [여-불변] ① (토지의) 비옥함 ② 수정 능력, 번식력

fertilizzante /fertilid'dzante/ [형] (토지를) 기름지게 하는 - [남] 비료

fervente /fer'vɛnte/ [형] 열렬한, 열심인

fervere /'fervere/ [자동] (di와 함께 쓰여) (열의에) 불타다

fervido /'fervido/ [형] 열렬한, 강렬한, 열띤 - con i più fervidi auguri (인사말로) 행복을 빌며

fervore /fer'vore/ [남] 열렬, 열정; con fervore 열렬히, 열정적으로 - nel fervore di ~이 한창일 때에

fesa /'feza/ [여] (소의) 우둔살, 옆구리살

fesseria /fesse'ria/ [여] 시시한 짓, 허튼 소리; 하찮은 것

fesso1 /'fesso/ [형] ① 갈라진, 금이 간 ② (목소리가) 쉰

fesso2 /'fesso/ [형] (구어체에서) 우둔한, 어리석은 - [남] (여 : -a) (구어체에서) 멍청이, 얼간이; fare il fesso 바보짓을 하다

fessura /fes'sura/ [여] ① 갈라짐, 균열 ② 갈라진 틈, 금 ③ (동전 따위를 넣는) 구멍

festa /'fɛsta/ [여] ① 휴일, 공휴일 (giorno di festa); festa nazionale 국경일, 공휴일 ② (종교상의) 축일; sotto le feste 크리스마스에 ③ (구어체에서) 생일, "이름의 날" ④ 축제; festa della birra 맥주 축제 ⑤ 파티, 연회; dare[fare] una festa 파티를 열다 - un'aria di festa 축제 분위기; fare festa i) 휴일에 쉬다 ii) 파티를 즐기다; essere vestito a festa 잘 차려입었다

festeggiamenti /festedd3a'menti/ [남·복] 축하 행사, 잔치

festeggiare /fested'd3are/ [타동] (기념일 따위를) 축하하다, 경축하다

festeggiato /fested'd3ato/ [남] (여 : -a) 파티의 주인공

festino /fes'tino/ [남] 축하연, 잔치

festival /'fɛstival/ [남·불변] 축제

festività /festivi'ta/ [여] 축제, 축일

festivo /fes'tivo/ [형] 휴일의; giorno fesvito (공)휴일

festone /fes'tone/ [남] 꽃줄 (장식)

festoso /fes'toso/ [형] 축제의; 즐거운

fetente /fe'tɛnte/ [형] 악취가 나는

feticcio /fe'tittʃo/ [남] (복 : -ci) 주물(呪物), 물신(物神); 맹목적인 숭배의 대상

feticismo /feti'tʃizmo/ [남] ① 주물[물신] 숭배 ② [정신의학] 페티시즘 (이성의 소지품이나 옷가지 등에서 성적 만족을 얻는 이상 성욕의 하나)

feticista /feti'tʃista/ [남(여)] (남·복 : -i, 여·복 : -e) ① 주물[물신] 숭배자 ② 페티시즘의 이상 성욕을 가진 사람

feto /'feto/ [남] 태아

fetore /fe'tore/ [남] 악취

fetta /'fetta/ [여] ① (작은) 조각; fare a fette 조각내다; una fetta di pane 빵 한 조각 ② (비유적으로) 몫

fettuccia /fet'tuttʃa/ [여] (복 : -ce) 끈, 리본, 밴드; fettuccia elastica 고무 밴드

fettuccine /fettut'tʃine/ [여·복] 리본 모양의 파스타

feudale /feu'dale/ [형] 봉토[영지]의; 봉건 제도의, 봉건 시대의

feudalesimo /feuda'lezimo/ [남] 봉건 제도

feudo /'feudo/ [남] ① (봉건 시대의) 봉토, 영지 ② (비유적으로) 본거지, 거점

FF.AA. → Forze Armate의 약자

fiaba /'fjaba/ [여] 동화, 옛날 이야기

fiabesco /fja'besko/ [형] (복 : -schi, -sche) 동화[옛날 이야기]의, 동화 같은

fiacca /'fjakka/ [여] 기운 없음, 피곤함, 축 늘어짐

fiaccare /fjak'kare/ [타동] 기운 없게 만들다, 피곤하게 하다 - fiaccarsi [재귀동사] 기운이 빠지다, 피곤해지다

fiacco /'fjakko/ [형] (복 : -chi, -che) 기운 없는, 피곤한, 축 늘어진

fiaccola /'fjakkola/ [여] 횃불

fiaccolata /fjakko'lata/ [여] 횃불 행진

fiala /'fjala/ [여] 작은 유리병, 약병

fiamma /'fjamma/ [여] ① 불꽃, 화염; andare in fiamme 타오르다; dare alle fiamme 불을 지르다, 타오르게 하다 ② 정열, 타오르는 듯한 감정 ③ (비유적으로) 애인 ④ (선박의) 기(旗)드림

fiammante /fjam'mante/ [형] nuovo fiammante 아주 새로운, 신품의; rosso fiammante 타는 듯이 붉은

fiammata /fjam'mata/ [여] ① (불이) 확 타오름 ② (감정의) 격발

fiammeggiare /fjammed'd3are/ [자동] (조동사 : avere) (불꽃이) 타오르다; (태양이) 이글거리다; (눈이) 번득이다

fiammifero /fjam'mifero/ [남] 성냥

fiammingo /fjam'mingo/ (복 : -ghi, -ghe) [형] 플랑드르의 - [남] (여 : -a) ① 플랑드르 사람 ② 플라망어(語)

fiancata /fjan'kata/ [여] ① (자동차·건물 등의) 측면 ② [항해] 현측(舷側), 뱃전

fiancheggiare /fjanked'd3are/ [타동] ① (강·길 따위가 집·땅 등의) 옆을 지나가다 ② (계획 따위를) 지지하다 ③ [군사] 측면을 방어하다

fianco /'fjanko/ [남] (복 : -chi) ① (신체의) 옆구리, 허리; 둔부 ② 옆, 측면; fianco a fianco 나란히 ③ [군사] 대열의 측면; "fianco destr!" "우향 우!" - di fianco a, a fianco di ~의 옆에; stare al fianco di qn 누구의 곁에 있다; una spina nel fianco 걱정거리, 고통의 원인

fiasco /'fjasko/ [남] (복 : -schi) ① (액체를 담는) 병 ② (비유적으로) 대실패;

fare fiasco 크게 실패하다
fiatare /fja'tare/ [자동] (조동사 : avere) ① 숨쉬다 ② 작은 소리로 말하다 – senza fiatare 아무 말 없이; non osarono fiatare 그들은 (감히) 숨도 쉬지 못했다
fiato /'fjato/ [남] ① 숨, 호흡; avere il fiato grosso 숨을 헐떡이다; riprendere fiato 숨을 돌리다; tirare il fiato i) 숨을 들이쉬다 ii) 한숨 돌리다; restare senza fiato i) 숨이 가쁘다, 숨이 차다 ii) (무서워서 또는 놀라서) 숨도 못 쉴 지경이다; bere tutto d'un fiato 단숨에 들이켜다 ② 날숨, 내쉬는 숨; fiato cattivo 입냄새 ③ 지구력, 끈기 – fiati [남·복] [음악] (집합적으로) 관악기류
fibbia /'fibbja/ [여] 버클, 죔쇠
fibra /'fibra/ [여] ① 섬유 ② 체질, 체격 – fibra di vetro 섬유유리; fibra ottica 광섬유
fibroma /fi'brɔma/ [남] [병리] 섬유종 (腫)
ficata /fi'kata/ [여] (구어체에서) 멋진 것, 굉장한 것
ficcanaso /fikka'naso/ [남/여] (남·복 : ficcanasi, 여·복 : ficcanaso) 남의 일에 참견 잘하는 사람
ficcare /fik'kare/ [타동] 찔러[쑤셔] 넣다; ficcare tutto in valiagia 여행 가방 안에 모든 걸 다 쑤셔 넣다; ficcare il naso negli affari altrui (비유적으로) 남의 일에 참견하다 – ficcarsi [재귀동사] ficcarsi le mani in tasca 주머니에 손을 넣다; ficcarsi le dita nel naso 코를 후비다; dove si sono ficcate le chiavi? 내 열쇠가 어디 갔지?; ficcarsi nei guai (비유적으로) 곤란에 빠지다
fiche /fiʃ/ [여-불변] (도박에서 쓰는 현금 대용의) 칩
fico1 /'fiko/ [남] (복 : -chi) [식물] 무화과 (나무, 열매) – non vale un fico secco (통속적으로) 아주 보잘것없다
fico2 /'fiko/ (복 : -chi, -che) [형] (구어체에서) 멋진, 근사한 – [남] (구어체에서) 멋진 녀석
fiction /'fikʃon/ [여-불변] 픽션, 소설, 꾸민 이야기
fidanzamento /fidantsa'mento/ [남] 약혼; festa di fidanzamento 약혼식
fidanzare /fidan'tsare/ [타동] (con과 함께 쓰여) (자녀를 ~와) 약혼시키다 – fidanzarsi [재귀동사] (con과 함께 쓰여) (~와) 약혼하다
fidanzata /fidan'tsata/ [여] ① 약혼녀 ② (구어체에서) 여자 친구
fidanzato /fidan'tsato/ [형] (con과 함께 쓰여) (~와) 약혼한 – [남] ① 약혼자 ② (구어체에서) 남자 친구
fidarsi /fi'darsi/ [재귀동사] (di와 함께 쓰여) (~을) 믿다, 신뢰[신용]하다
fidato /fi'dato/ [형] 믿을 만한, 신뢰[의지]할 만한
fido1 /'fido/ [형] (종 따위가) 충성스러운, 신의가 두터운, 믿을 만한
fido2 /'fido/ [남] [금융] 당좌 대월(액)
fiducia /fi'dutʃa/ [여] ① 신임, 신용, 신뢰, 믿음; avere fiducia in qn 누구를 신임하다; una persona di fiducia 믿을 만한 사람 ② 자신, 확신 ③ [정치] voto di fiducia 신임 투표
fiducioso /fidu'tʃoso/ [형] (다른 대상을) 믿는, 신뢰하는; 자신감에 차 있는, 기대를 갖고 있는
fiele /'fjele/ [남] [생리] 담즙, 쓸개즙
fienile /fje'nile/ [남] 건초를 두는 헛간
fieno /'fjeno/ [남] 건초
fiera1 /'fjera/ [여] ① 정기시(定期市); 그 장터 ② 박람회, 전람회 – fiera di beneficenza 자선 바자; fiera campionaria 견본시(市)
fiera2 /'fjera/ [여] 야수, 짐승
fierezza /fje'rettsa/ [여] ① 자존심, 자부심, 긍지, 프라이드 ② 오만, 거만
fiero /'fjero/ [형] ① 자존심[자부심]이 있는, 긍지를 가진; essere[andare] fiero di qn/qc 누구/무엇을 자랑스러워 하다 ② 오만한, 거만한 ③ 용감한, 대담한
fievole /'fjevole/ [형] (소리·빛 따위가) 희미한, 가냘픈, 약한
fifa /'fifa/ [여] (구어체에서) 겁, 공포심; che fifa! 아이구, 깜짝이야!; avere fifa 겁을 먹다
FIFA /'fifa/ [여] (프랑스어 Fédération Internationale de Football Association의 약자) 국제 축구 연맹
fifone /fi'fone/ [남] (여 : -a) (구어체에서) 겁쟁이
fig. = figura의 약자 ("그림, 도해, 삽화"의 뜻)
figata /'figata/ → ficata
figlia /'fiʎʎa/ [여] (복 : -glie) ① 딸 ②

소녀, 여자아이 ③ (영수증 등의) 부본(副本)

figliastro /fiʎʎastro/ [남] (여 : -a) 의붓아들[딸]

figlio /ˈfiʎʎo/ [남] (복 : -gli) ① (성별에 관계 없이) 자식, 아이; hanno 2 figli 그들에겐 아이가 둘 있다; aspetta un figlio 그녀는 임신 중이다; figlio unico 외아들 또는 외동딸 ② 아들 ③ 소년, 남자아이 ④ (비유적으로) 소산, 산물 - il Figlio di Dio [성경] 인자(人子; 그리스도를 지칭하는 말); figlio di puttana (비어로) 개자식

figlioccia /fiʎʎottʃa/ [여] (복 : -ce) [가톨릭] 대녀(代女)

figlioccio /fiʎʎottʃo/ [남] (복 : -ci) [가톨릭] 대자(代子)

figliola /fiʎʎola/ [여] ① 딸 ② 소녀, 여자아이

figliolo /fiʎʎolo/ [남] ① 아들 ② 소년, 남자아이

figura /fiˈgura/ [여] ① 모양, 형태, 형상, 꼴 ② (사람의) 모습, 풍채 ③ 그림, 도해, 삽화 ④ (중요한) 인물, 명사(名士) ⑤ 인물상, 초상 - fare bella figura 인상이 좋다; che figura! 당황스러워라!; figura retorica 수사적 표현

figuraccia /figuˈrattʃa/ [여] (복 : -ce) fare una figuraccia 인상이 나쁘다

figurare /figuˈrare/ [타동] ① (어떤 형상으로) 나타내다 ② 상징화하다 - [자동] (조동사 : avere) ① (목록 따위에) 올라 있다 ② (어떤 인상을) 남기다 - figurarsi [재귀동사] ① 상상하다; figurati che ~ ~임을 상상해보라구, 글쎄 ~이라는 거야 ② (예의 바른 표현으로) "disturbo?" - "si figuri!" "잠깐 실례해도 될까요?" - "예, 그럼요"

figurativo /figuraˈtivo/ [형] 조형 미술의

figurina /figuˈrina/ [여] 작은 입상(立像)

figurinista /figuriˈnista/ [남/여] (남·복 : -i, 여·복 : -e) 패션디자이너

figurino /figuˈrino/ [남] 최신 유행복의 도판(圖版); (구어체에서) 최신 유행 의상을 입은 사람

figuro /fiˈguro/ [남] (~한) 사람; un losco figuro 수상한 인물

figurone /figuˈrone/ [남] fare un figurone 굉장하다, 아주 멋져 보이다

fila /ˈfila/ [여] ① (늘어선) 줄, 열; in fila 줄지어 서서; fare la fila 줄을 서다 ② di fila 내리, 연속적으로; è piovuto per due mesi di fila 두 달 동안 계속 비가 왔다 - una fila di avvenimenti 일련의 사건들

filamento /filaˈmento/ [남] [전기] 필라멘트

filanca /fiˈlanka/ [여] 신축성 있는 물건 (스타킹 따위)

filante /fiˈlante/ [형] stella filante [천문] 유성(流星)

filantropia /filantroˈpia/ [여] 박애, 자선, 인류애

filantropico /filanˈtrɔpiko/ [형] (복 : -ci, -che) 박애의, 자선의

filantropo /fiˈlantropo/ [남] (여 : -a) 박애주의자; 자선가

filare /fiˈlare/ [타동] ① (실을) 잣다 ② (금속·유리 등을) 뽑아내다 ③ [항해] (밧줄을) 풀다 - [자동] (조동사 : essere, avere) ① 실 같이 늘어지다 ② 돌진하다, 내달리다, 급히 떠나다; fila via! 저리 꺼져! ③ (이야기 등이) 조리가 서다, 앞뒤가 맞다 ④ (구어체에서) (con과 함께 쓰여) (~와) 데이트하다 - filare dritto 규칙 따위를 잘 지키다, 바르게 행동하다

filarmonica /filarˈmɔnika/ [여] (복 : -che) 교향악단

filastrocca /filasˈtrɔkka/ [여] (복 : -che) 동요(童謠)

filatelia /filateˈlia/ [여] 우표 수집

filatelico /filaˈtɛliko/ [남] (여 : -a) (복 : -ci, -che) 우표 수집가

filato /fiˈlato/ [형] ① 실처럼 잡아 늘인; zucchero filato 솜사탕 ② 연속적인; ha parlato per 4 ore filate 그는 네 시간 동안 쉬지 않고 말했다 - [남] 직물 짜는 실, 방적사

filatore /filaˈtore/ [남] (여 : -trice) 실 잣는 사람, 방적공

filatrice /filaˈtritʃe/ [여] 방적기

filatura /filaˈtura/ [여] ① 방적 ② 방적공장

filetto /fiˈletto/ [남] ① (쇠고기 등의) 필레 살코기; (생선의) 가시를 발라낸 토막 ② 나사산, 나삿니 ③ (옷에 붙이는) 가두리 장식

filiale1 /fiˈljale/ [형] 자식(으로서)의

filiale2 /fiˈljale/ [여] (회사 등의) 지점

filibustiere /filibusˈtjere/ [남] ① (옛날의) 해적 ② (비유적으로) 악한

filiforme /filiˈforme/ [형] 실 같은, 가늘고 긴; (사람이) 호리호리한

filigrana /fili'grana/ [여] ① (금·은의) 선조(線條) 세공 ② (지폐 등의) 투명 무늬
filippica /fi'lippika/ [여] (복 : -che) 공격적인 연설; 매도
Filippine /filip'pine/ [여·복] 필리핀
filippino /filip'pino/ [형] 필리핀의 - [남] (여 : -a) 필리핀 사람
film /film/ [남-불변] ① 영화 ② [사진·영화] 필름
filmare /fil'mare/ [타동] ① (사진을) 찍다; (영화를) 촬영하다 ② (소설 등을) 영화화하다
filmato /fil'mato/ [남] 짧은 영상물
filo /'filo/ [남] ① 실 ② 끈, 줄; filo di ferro 철사 ③ 전선, 코드; i fili del telefono 전화선 ④ (칼의) 날 ⑤ (나무의) 결 - un filo di luce 한 줄기의 빛; con un filo di voce 가냘픈[작은] 목소리로; perdere il filo (이야기의) 갈피를 잡지 못하다; dare del filo da torcere a qn 누구로 하여금 곤란을 겪게 하다; è appeso a un filo 위기일발이다, 풍전등화다; fare il filo a qn (이성을) 쫓아다니다
filobus /'filobus/ [남-불변] 트롤리 버스, 무궤도 전차
filodrammatica /filodram'matika/ [여] (복 : -che) 연극 동호회
filologia /filolo'dʒia/ [여] 문헌학; 언어학
filoncino /filon'tʃino/ [남] 길쭉한 빵의 일종
filone /fi'lone/ [남] ① 광맥 ② 길쭉한 빵의 일종 ③ (비유적으로) (문학 등의) 전통 양식, 장르
filosofia /filozo'fia/ [여] 철학
filosofico /filo'zɔfiko/ [형] (복 : -ci, -che) 철학의, 철학적인
filosofo /fi'lɔzofo/ [남] (여 : -a) 철학자
filtrare /fil'trare/ [타동] ① 거르다, 여과하다 ② 선발하다, 가려내다 - [자동] (조동사 : essere) (빛이) 새어들다; (액체가) 스며들다; la luce filtrava dalla finestra 창문을 통해 빛이 새어들었다
filtro1 /'filtro/ [남] 필터, 여과 장치; filtro dell'aria (자동차의) 에어필터
filtro2 /'filtro/ [남] 미약(媚藥), 마법의 약
filza /'filtsa/ [여] ① 끈[줄]에 꿴 것 (염주 따위) ② (비유적으로) 일련, 연속
fin → fino1
finale /fi'nale/ [형] 마지막의, 최후의; il giudizio finale 최후의 심판 - [남] (책·영화 등의) 결말, 끝부분; [음악] 피날레 - [여] [스포츠] 결승전
finalissima /fina'lissima/ [여] [스포츠] 결승전, 최종 경기
finalista /fina'lista/ [남/여] (남·복 : -i, 여·복 : -e) 결승전 출전 선수
finalità /finali'ta/ [여-불변] 목적
finalizzare /finalid'dzare/ [타동] ① (a와 함께 쓰여) (~을) 목적으로 하다 ② 끝내다, 결말짓다
finalmente /final'mente/ [부] 결국, 드디어, 마침내
finanza /fi'nantsa/ [여] 재정, 재무; il mondo della finanza 재계(財界) - finanze [여·복] 재원(財源), 재력, 세입; Ministro delle finanze 재무 장관
finanziamento /finantsja'mento/ [남] 자금 조달, 융자
finanziare /finan'tsjare/ [타동] (~에) 자금을 조달하다
finanziario /finan'tsjarjo/ [형] (복 : -ri, -rie) 재정(상)의, 재무의
finanziatore /finantsja'tore/ [형] 자금 조달의, 금융의 - [남] (여 : -trice) 출자자
finanziere /finan'tsjere/ [남] 재정가, 재무관
finché /fin'ke/ [접] ① ~할 때까지; aspetta finché non sia uscito 그가 나갈 때까지 기다려라 ② ~하는 한; ti amerò finché vivrò 내가 살아 있는 한 (계속) 너를 사랑할 거야
fine1 /'fine/ [형] ① (굵기·두께가) 가느다란, 얇은; (목소리가) 가냘픈 ② (감각이) 예민한; 영리한, 통찰력이 있는 ③ 정교한 ④ 우아한, 섬세한
fine2 /'fine/ [여] ① 끝, 마지막, 최후; alla fine, alla fin fine, in fin dei conti 결국; senza fine 끝없는; a fine anno 연말에; porre fine a ~을 끝내다 ② 결과; fare una brutta fine 결과가 좋지 않다 ③ 죽음
fine3 /'fine/ [남] ① 목적; il fine giustifica i mezzi 목적은 수단을 정당화한다; al fine di fare qc 무엇을 하기 위해 ② 결말; lieto fine 해피엔딩
finemente /fine'mente/ [부] ① 가늘게, 얇게 ② 정교하게
fine settimana /finesetti'mana/ [남-불변] 주말
finestra /fi'nεstra/ [여] 창문
finestrino /fines'trino/ [남] 차창
fingere /'findʒere/ [타동] ~인 체하다,

(~을) 가장하다; fingere un grande dolore 많이 아픈 척하다 - [자동] (조동사 : avere) (감정 따위를) 숨기다 - fingersi [재귀동사] ~인 체하다, (~을) 가장하다; fingersi medico 의사를 가장하다

finimenti /fini'menti/ [남·복] 마구(馬具)

finimondo /fini'mondo/ [남] 야단법석, 큰 소란[혼란]

finire1 /fi'nire/ [타동] ① 끝내다, 완료하다 ② 그만두다, 중단하다; finire di fare qc ~하기를 그만두다; non finire più di fare qc ~하는 것을 그만두지 않다, 계속하다 ③ 다 써버리다, 모두 소비하다 ④ 죽이다, 해치우다 - [자동] (조동사 : essere, avere) ① 끝나다, 멎다, 그치다; è finito di piovere 비가 그쳤다; per fortuna tutto è finito bene 운 좋게도 모든 일이 잘 마무리되었다; finire male 비참한 최후를 맞다; com'è andata a finire? 마지막에 어떻게 됐어?; è finita! 이젠 끝이야! (해결책이 없다는 뜻) ② 다 소모되다, 고갈되다; l'olio è finito 기름이 바닥났다 ③ (구어체에서) finiscila! 그만해!; è ora di finirla! 이젠 그만해야지!

finire2 /fi'nire/ [남] 끝; sul finire della festa 파티가 끝날 무렵

finito /fi'nito/ [형] ① 끝난, 완료된 ② (구어체에서) 끝장이 난, 결딴난 ③ 숙련된, 노련한 ④ 유한(有限)의 ⑤ farla finita con qc 무엇을 그만두다, 끊다; farla finita con qn 누구와의 관계를 끊다

finitura /fini'tura/ [여] 끝손질, 마무리 작업

finlandese /finlan'dese/ [형] 핀란드의 - [남/여] 핀란드 사람 - [남] 핀란드어

Finlandia /fin'landja/ [여] 핀란드

fino1 /fino/ [전] (자음 앞에서는 fin이 된다) ① fino a ~까지, ~에 이르도록; andare fino a Londra 런던까지 가다; resto fino a venerdì 난 금요일까지 머무를 거야; fino all'ultimo 끝까지 ② fin da ~이래로, ~이후, ~부터; fin dall'infanzia 어렸을 때부터; fin da quando sei arrivato 네가 도착한 후로; fin d'ora 이제부터; fin da domani 내일부터 - [부] ~조차, ~까지도

fino2 /fino/ [형] ① (입자가) 미세한, 고운 ② (귀금속이) 순도가 높은 ③ (비유적으로) 예민한, 예리한, 정교한

finocchio /fi'nɔkkjo/ [남] (복 : -chi) [식물] 펜넬, 회향(茴香)

finora /fi'nora/ [부] 지금까지, 이제껏, 여태

finta /finta/ [여] ① ~인 체함, 가장; fare finta di fare qc ~한 체하다; fa finta di niente 아무렇지도 않은 듯 행동하다 ② [스포츠] 페인트

finto /finto/ [형] ① 인공의, 모조의, 가짜의 ② (감정·태도가) 짐짓 꾸민, ~인 체하는

finzione /fin'tsjone/ [여] 가장, 꾸밈

fiocco1 /fjɔkko/ [남] (복 : -chi) ① (리본 등의) 장식 매듭 ② (눈·곡물 등의) 송이, 조각; (양털의) 부스러기 - coi fiocchi (비유적으로) 일류의, 훌륭한

fiocco2 /fjɔkko/ [남] (복 : -chi) [항해] 지브, 이물의 삼각돛

fiocina /fjɔtʃina/ [여] (고기잡이용) 작살

fioco /fjɔko/ [형] (복 : -chi, -che) (빛·소리가) 희미한, 약한

fionda /fjonda/ [여] (장난감) 새총

fioraio /fjo'rajo/ [남] (여 : -a) (복 : -ai) 꽃집 주인, 꽃 파는 사람

fiordaliso /fjorda'lizo/ [남] [식물] 수레국화

fiordo /fjɔrdo/ [남] 피오르, 협만(峽灣)

fiore /fjore/ [남] ① 꽃; essere in fiore 꽃이 피어 있다 ② "(~의) 꽃", 정수, 가장 좋은 부분; 전성기, 한창 때; nel fiore degli anni 한창 때에, 젊은 시절에; il fior fiore della società 최상류층 - fiori [남·복] [카드놀이] 클럽의 짝, 클럽의 패 전부 - a fior d'acqua 수면 바로 위에; avere fior di quattrini 돈이 아주 많다, 굉장한 부자다; ho i nervi a fior di pelle 나는 신경이 곤두서 있다, 매우 초조한 상태다

fiorente /fjo'rɛnte/ [형] ① 꽃이 활짝 핀, 만개한 ② (비유적으로) 번영[융성]하고 있는

fiorentina /fjoren'tina/ [여] 티본스테이크

fioretto /fjo'retto/ [남] [펜싱] 플뢰레

fioriera /fjo'rjɛra/ [여] 화분

fiorire /fjo'rire/ [자동] (조동사 : essere) ① 꽃이 피다 ② (비유적으로) 싹트다, 자라나다; 번영하다

fiorista /fjo'rista/ [남/여] (남·복 : -i, 여·복 : -e) 꽃 파는 사람

fioritura /fjori'tura/ [여] ① 꽃이 핌, 개화 ② (비유적으로) 번영, 번성 ③ 많은 꽃들

fiotto /fjɔtto/ [남] (액체의) 분출, 솟아나

옴; scorrere a fiotti 분출하다, 솟아나오다

firma /'firma/ [여] ① 서명, 사인; apporre la propria firma a ~에 서명하다 ② (비유적으로) 명사, 유명인

firmamento /firma'mento/ [남] 하늘, 창공

firmare /fir'mare/ [타동] (~에) 서명하다

firmatario /firma'tarjo/ (복 : -ri, -rie) [형] 서명한, 조약 가맹국의 - [남] (여 : -a) 서명한 사람; 조약 가맹국

fisarmonica /fizar'mɔnika/ [여] (복 : -che) 아코디언

fiscale /fis'kale/ [형] ① 국고의, 국가 세입의; 재정상의; anno fiscale 과세 연도 ② (비유적으로) 지나치게 엄격한

fiscalista /fiska'lista/ [남/여] (남·복 : -i, 여·복 : -e) 세무사

fischiare /fis'kjare/ [타동] ① (노래를) 휘파람으로 불다 ② 호루라기를 불어 신호를 보내다 ③ 야유하다 - [자동] (조동사 : avere) ① 휘파람을 불다 ② (뱀 따위가) 쉿 하는 소리를 내다

fischiettare /fiskjet'tare/ [자동] (조동사 : avere) 휘파람을 불다

fischietto /fis'kjetto/ [남] 호루라기

fischio /'fiskjo/ [남] (복 : -schi) 휘파람; fare un fischio 휘파람을 불다

fisco /'fisko/ [남] 국세청

fisica /'fizika/ [여] 물리학

fisicamente /fizika'mente/ [부] ① 물리학적으로, 자연 법칙에 따라서 ② 육체[신체]적으로

fisico /'fiziko/ (복 : -ci, -che) [형] ① 육체[신체]의 ② 물리학(상)의, 물리적인, 자연 법칙에 따른 ③ 자연의 - [남] (여 : -a) ① 물리학자 ② 체격, 몸매; avere un bel fisico 체격[몸매]이 좋다

fisima /'fizima/ [여] 기이한 생각[성향], 별남

fisiologia /fizjolo'dʒia/ [여] 생리학

fisiologico /fizjo'lɔdʒiko/ [형] (복 : -ci, -che) 생리학의, 생리학적인

fisiologo /fi'zjɔlogo/ [남] (여 : -a) (남·복 : -gi, 여·복 : -ghe) 생리학자

fisionomia /fizjono'mia/ [여] (사람의) 얼굴, 인상

fisioterapia /fizjotera'pia/ [여] [의학] 물리요법

fisioterapista /fizjotera'pista/ [남/여] (남·복 : -i, 여·복 : -e) 물리치료사

fissare /fis'sare/ [타동] ① 붙이다, 달다, 고정시키다; fissare qn/qc 누구/무엇에 시선을 고정하다, 누구/무엇을 응시하다 ② (가격·날짜·규칙 등을) 정하다; all'ora fissata 정해진[약속된] 시간에 ③ 예약하다 - fissarsi [재귀동사] ① fissarsi di fare qc ~하기로 마음먹다 ② (시선·관심 따위가 ~에) 집중되다 ③ 서로를 응시하다

fissato /fis'sato/ [형] ① 고정된; (가격·날짜·규칙 따위가) 정해진 ② (무엇엔가) 열광하는, 집착하는; essere fissato con qc 무엇에 얽매여 있다, 집착하다 - [남] (여 : -a) 무엇엔가 열광[집착]하는 사람

fissazione /fissat'tsjone/ [여] 강박, 집착

fisso /'fisso/ [형] 고정된; 불변의; senza fissa dimora 일정한 거처가 없는 - [남] 일정한 액수, 고정급 - [부] (시선 따위를) 고정하여; guardare fisso nel vuoto 허공을 응시하다

fistola /'fistola/ [여] [의학] 누(瘻), 누관(瘻管) (궤양·상처 등으로 생긴 구멍)

fitness /'fitness/ [남/여-불변] 건강함, 신체 컨디션이 좋음; centro (di) fitness, fitness club 피트니스 센터, 헬스클럽

fitta /'fitta/ [여] 쑤시는 듯한 심한 통증

fittizio /fit'tittsjo/ [형] (복 : -zi, -zie) ① (인물 등이) 가공의, 가상의, 상상의 ② (감정 따위가) 짐짓 꾸민, 거짓의

fitto1 /'fitto/ [형] ① 빽빽한, 조밀한; (숲이) 울창한; (구름이) 짙은; (천의 올이) 촘촘한 ② (눈·비가) 심한 - [부] ① 빽빽하게, 조밀하게 ② (눈·비가) 심하게 (내려) - [남] nel fitto del bosco 숲 속 깊은 곳에

fitto2 /'fitto/ [남] 임대료

fiumana /fju'mana/ [여] ① 홍수, 물이 넘침 ② 엄청난[몰려드는] 인파

fiume /'fjume/ [남] ① 강(江) ② (비유적으로) 다수, 대량, 넘쳐 흐름, 엄청나게 쏟아짐; scorrere a fiumi (액체가) 철철 넘치다; un fiume di gente 엄청난 인파 - [형-불변] 끝없는, 길게 이어지는

fiutare /fju'tare/ [타동] ① 냄새를 맡다; 코로 들이마시다; fiutare tabacco 코담배를 맡다 ② (비유적으로) 눈치채다, 직감하다; fiutare un pericolo 위험을 감지하다

fiuto /'fjuto/ [남] ① 후각 ② (비유적으로) 직감; avere fiuto per qc 무엇을

잘 탐지하다

flaccido /'flattʃido/ [형] (근육 등이) 흐느적거리는, 축 늘어진

flacone /fla'kone/ [남] (향수 따위를 담는) 병

flagellare /fladʒel'lare/ [타동] ① 채찍질하다, 매질하다 ② (비유적으로) 혹평하다, 징계하다 ③ (파도 따위가) 세차게 부딪치다

flagellazione /fladʒellat'tsjone/ [여] 채찍질

flagello /fla'dʒello/ [남] 징계; 천벌, 재앙

flagrante /fla'grante/ [형] ① (범죄가) 극악무도한 ② (모순 따위가) 명백한 - [남] cogliere qn in flagrante 누구를 현행범으로 체포하다

flanella /fla'nella/ [여] 플란넬 (보풀이 있는 직물의 일종)

flash /flɛʃ/ [남-불변] ① [사진] 플래시 ② (TV·라디오의) 뉴스 속보

flashback /flɛʃ'bɛk/ [남-불변] [영화] 플래시백 (과거 장면으로의 순간적인 전환)

flautista /flau'tista/ [남/여] (남·복 : -i, 여·복 : -e) 플루트 연주자

flauto /'flauto/ [남] [음악] 플루트, 피리 - flauto dolce 리코더

flebile /'flɛbile/ [형] (목소리 등이) 약한, 가냘픈

fleboclisi /flebo'klisi/ [여-불변] [의학] (약물의) 점적(點滴)

flemma /'flemma/ [여] ① 담, 가래 ② 냉담, 무감각, 무신경

flemmatico /flem'matiko/ [형] (복 : -ci, -che) 냉담한, 무감각한

flessibile /fles'sibile/ [형] ① 구부리기 [휘기] 쉬운, 나긋나긋한 ② 융통성 있는, 탄력적인; orario flessibile 근무 시간의 자유 선택 - [남] (잘 휘는) 호스, 튜브

flessibilità /flessibili'ta/ [여-불변] 구부리기[휘기] 쉬움, 나긋나긋함; 융통성, 탄력성

flessione /fles'sjone/ [여] ① 굽음, 휨 ② (팔 따위를) 굽힘; flessione sulle braccia 팔굽혀펴기 ③ (경기 따위의) 하강, 침체 ④ [문법] 굴절, 어형 변화

flesso /'flɛsso/ [형] 굽은

flessuoso /flessu'oso/ [형] 나긋나긋한, 유연한

flettere /'flɛttere/ [타동] ① 구부리다 ② [문법] 어형을 변화시키다 - flettersi [재귀동사] 구부러지다, 굽다

flipper /'flipper/ [남-불변] 핀볼 기계

flirt /flɛrt/ [남-불변] (남녀의) 희롱, 연애유희

flirtare /fler'tare/ [자동] (조동사 : avere) (con과 함께 쓰여) (이성과) 시시덕거리다

flop /flop/ [남-불변] 실패

flora /'flɔra/ [여] (한 지방 또는 한 시대에 특유한) 식물상(相)

floreale /flo'reale/ [형] 꽃의; motivo floreale 꽃무늬

floricoltore /florikol'tore/ [남] (여 : -trice) 화훼 원예가

floricoltura /florikol'tura/ [여] 화훼 원예

florido /'flɔrido/ [형] 번영하는

floscio /'flɔʃʃo/ [형] (복 : -sci, -sce) 흐느적거리는, 부드러운

flotta /'flɔtta/ [여] 함대; (상선의) 선단(船團)

fluente /flu'ente/ [형] ① (말이) 유창한 ② (머리카락 따위가) 치렁치렁한

fluido /'fluido/ [형] ① 유동성의 ② 물 흐르듯 유려한 - [남] 유동체, 유체

fluire /flu'ire/ [자동] (조동사 : essere) (액체·기체가) 흐르다

fluorescente /fluoreʃʃente/ [형] 형광(螢光)의

fluorescenza /fluoreʃʃentsa/ [여] 형광(발광)

fluoro /flu'ɔro/ [남] [화학] 플루오르, 불소(弗素)

fluoruro /fluo'ruro/ [남] [화학] 플루오르화물, 불화물

flusso /'flusso/ [남] ① (액체·기체의) 흐름, 유동 ② [물리] 속(束); flusso magnetico 자속(磁束) ③ 밀물; flusso e riflusso 밀물과 썰물 - flusso di cassa 현금 유출입

flutto /'flutto/ [남] (문어체에서) i flutti (바다의) 물결

fluttuante /fluttu'ante/ [형] ① 물결치는 ② (물가가) 변동하는; (자금이) 유동하는

fluttuare /fluttu'are/ [자동] (조동사 : avere) ① 물결치다 ② 흔들리다; (깃발 따위가) 펄럭이다 ③ (물가 등이) 변동하다

fluttuazione /fluttuat'tsjone/ [여] (물가 등의) 변동

fluviale /flu'vjale/ [형] 강(江)의; pesca fluviale 민물 낚시

FM [여] [통신] 주파수 변조; FM 방송
FMI [남] (Fondo Monetario Internazionale의 약자) 국제통화기금, IMF
FOB [형-불변] [상업] 본선 인도의
fobia /fo'bia/ [여] 공포증
foca /'fɔka/ [여] (복 : -che) [동물] 바다표범
focaccia /fo'kattʃa/ [여] (복 : -ce) 납작한 빵의 일종
focale /fo'kale/ [형] 초점의; distanza focale 초점 거리
focalizzare /fokalid'dzare/ [타동] (~에) 초점을 맞추다
foce /'fotʃe/ [여] 하구(河口), 강어귀
focolaio /foko'lajo/ [남] (복 : -ai) ① (전염병 등의) 발병 근원지 ② (비유적으로) (부패·폭동 따위의) 온상
focolare /foko'lare/ [남] 벽난로; 노(爐) - ritornare al focolare domestico 따뜻한 가정의 품으로 돌아오다
focoso /fo'koso/ [형] 혈기 왕성한, 정열적인, 열렬한
fodera /'fɔdera/ [여] (옷의) 안감; (소파 등의) 커버; (책의) 표지
foderare /fode'rare/ [타동] (옷에) 안감을 대다; (책에) 표지를 달다
foderato /fode'rato/ [형] (옷에) 안감을 댄; (책에) 표지를 단
fodero /'fɔdero/ [남] 칼집; 권총집
foga /'foga/ [여] (논쟁 따위의) 열렬함, 격함
foggia /'fɔddʒa/ [여] (복 : -ge) 모양, 형태; 양식, 방식, 스타일
foggiare /fod'dʒare/ [타동] (어떤 모양으로) 만들어내다
foglia /'fɔʎʎa/ [여] ① (식물의) 잎 ② (금속의) 박(箔); foglia d'argento 은박
fogliame /foʎ'ʎame/ [남] (식물 하나의) 잎 전체
foglietto /foʎ'ʎetto/ [남] 종잇조각; 전단
foglio /'fɔʎʎo/ [남] (복 : -gli) ① (종이의) 낱장; (책의) 쪽, 페이지 ② (금속 따위의) 얇은 판 ③ 문서, 서류 ④ 지폐 - in foglio [인쇄] 2절판의
fogna /'foɲɲa/ [여] ① 하수구 ② (비유적으로) 더러운 곳, 불결한 장소
fognatura /foɲɲa'tura/ [여] 하수 시설
föhn /fø: n/ [남-불변] → fon
folata /fo'lata/ [여] 한바탕 부는 바람, 돌풍, 질풍
folclore /fol'klore/ [남] 민속, 민간 전승
folcloristico /folklo'ristiko/ [형] (복 : -ci, -che) 민속의; costume folcloristico 민속 의상
folgorante /folgo'rante/ [형] 눈부신, 찬란한; (성공·출세 따위가) 갑작스러운
folgorare /folgo'rare/ [타동] ① 벼락을 쳐서 (누구를) 죽이다 ② 감전시키다 ③ (비유적으로) folgorare qn con lo sguardo 누구를 노려보다
folgorazione /folgorat'tsjone/ [여] 감전(사)
folla /'folla/ [여] ① 군중, 인파 ② 다수, 많음
folle /'fɔlle/ [형] ① 미친, 정신이상의 ② 미친 듯한, 광기 어린, 열렬한; 무분별한, 어리석은 ③ in folle (자동차의 기어가) 중립 위치에 있는 - [남/여] 미친 사람, 정신이상자
folleggiare /folled'dʒare/ [자동] (조동사 : avere) 홍겨워 떠들며 놀다
follemente /folle'mente/ [부] 미친 듯이; 열렬하게
folletto /fol'letto/ [남] ① 꼬마 요정 ② 개구쟁이
follia /fol'lia/ [여] 광기, 정신이상; 미친 [무모한] 짓
folto /'folto/ [형] (숲이) 울창한; (머리가) 숱이 많은
fomentare /fomen'tare/ [타동] (분쟁·폭동 따위를) 일으키다, 야기하다
fon /fɔn/ [남-불변] 헤어드라이어
fondale /fon'dale/ [남] ① (바다의) 밑바닥 ② (극장의) 배경막
fondamentale /fondamen'tale/ [형] ① 기본적인, 기초의, 근원의 ② 중요한, 필수의; è fondamentale che ~은 중요하다
fondamentalmente /fondamental'mente/ [부] 기본적으로, 근본적으로
fondamento /fonda'mento/ [남] ① 근거; senza fondamento 근거 없는 ② (비유적으로) 기본, 근본, 기초 - fondamenta [여·복] (건물의) 토대, 기초; gettare le fondamenta di qc (비유적으로) 무엇의 기초를 놓다
fondare /fon'dare/ [타동] ① (도시·국가·단체 따위를) 설립하다, 세우다, 창건하다 ② (su와 함께 쓰여) (이론·결정 따위가) (~에) 기초를 두다 - fondarsi [재귀동사] (su와 함께 쓰여) (~에) 기초를 두고 있다
fondato /fon'dato/ [형] ① 설립된, 세워

진, 창건된 ② (이론·결정 따위가) 근거가 있는

fondatore /fonda'tore/ [남] (여 : -trice) 설립자, 창건자

fondazione /fondat'tsjone/ [여] ① 설립, 창건 ② 단체, 협회

fondente /fon'dɛnte/ [남] (금속의) 융해, 용융

fondere /'fondere/ [타동] ① (금속을) 녹이다, 주조(鑄造)하다; (상(像)을) 뜨다 ② (회사 따위를) 통합[합병]하다 - [자동] (조동사 : avere) 녹다, 융해되다 - **fondersi** [재귀동사] ① 녹다, 융해되다 ② (회사 따위가) 통합[합병]되다

fonderia /fonde'ria/ [여] (금속의) 주조소(鑄造所); 제련소

fondina /fon'dina/ [여] 권총집

fondo1 /'fondo/ [남] ① 밑, 바닥; fondo marino 해저; andare[colare] a fondo (배가) 가라앉다; in fondo alla pagina 페이지 하단에 ② 뒤쪽; 깊숙한 곳; nel fondo del bosco 숲 속 깊은 곳에 ③ [복] (술·커피 등의) 찌꺼기, 앙금 ④ 배경 ⑤ [스포츠] corsa di fondo 장거리 경주 ⑥ (신문의) 사설, 논설 (articolo di fondo) - a fondo 깊이, 속속들이, 철저히; conoscere a fondo 깊이[자세히] 알고 있다; studiare a fondo qc 무엇을 깊이 연구하다; dar fondo a qc 무엇을 다 써버리다, 소모하다; senza fondo (자원 따위가) 무한한, 고갈되지 않는; in fondo 결국; in fondo in fondo 사실은, 실상; toccare il fondo (비유적으로) 수렁에 빠지다, 최악의 사태에 이르다, 아주 궁색한 지경이 되다

fondo2 /'fondo/ [남] ① 자금, 기금; fondi pubblici 공금; Fondo Monetario Internazionale 국제통화기금, IMF ② 토지, 부동산

fondo3 /'fondo/ [형] 깊은; piatto fondo 우묵한 (수프) 접시; a notte fonda 한밤중에

fondotinta /fondo'tinta/ [남-불변] 파운데이션 (기초 화장품)

fondovalle /fondo'valle/ [남] (복 : fondivalle) 골짜기 밑바닥

fonduta /fon'duta/ [여] 퐁뒤 (요리)

fonetica /fo'nɛtika/ [여] 음성학

fonetico /fo'nɛtiko/ [형] (복 : -ci, -che) 음성의, 발음의

fontana /fon'tana/ [여] 분수(噴水)

fonte /'fonte/ [여] ① 샘, 수원(水源) ② 분수 ③ 원천, 근원; 출처 - [남] fonte battesimale 세례반(盤)

fontina /fon'tina/ [여] 치즈의 일종

football /'futbol/ [남-불변] 축구

footing /'futing/ [남-불변] 조깅; fare footing 조깅하다

foraggio /fo'raddʒo/ [남] (복 : -gi) 가축의 먹이, 꼴

forare /fo'rare/ [타동] (~에) 구멍을 뚫다; 꿰찌르다; forare una gomma 타이어에 펑크를 내다 - [자동] (조동사 : avere) 펑크가 나다 - **forarsi** [재귀동사] 구멍이 나다; (타이어에) 펑크가 나다

foratura /fora'tura/ [여] 구멍 뚫기, 천공; (타이어의) 펑크

forbici /'fɔrbitʃi/ [여·복] 가위; un paio di forbici 가위 한 자루

forca /'fɔrka/ [여] (복 : -che) ① 갈퀴, 쇠스랑 ② 교수대

forcella /for'tʃella/ [여] ① 포크 모양으로 갈라진 것; (나뭇가지의) 분기(分岐) ② 머리핀

forchetta /for'ketta/ [여] (식탁용) 포크; essere una buona forchetta 먹기를 좋아하다, 많이 먹다

forchettata /forket'tata/ [여] 포크 하나로 떠먹을 수 있는 음식의 양

forchettone /forket'tone/ [남] 고기 써는 포크

forcina /for'tʃina/ [여] 머리핀

forcipe /'fɔrtʃipe/ [남] 집게, 겸자

foresta /fo'rɛsta/ [여] 숲, 삼림; foresta pluviale (열대) 우림

forestale /fores'tale/ [형] 숲의, 삼림의; guardia forestale 삼림 경비원

foresteria /foreste'ria/ [여] 응접실, 손님방

forestiero /fores'tjɛro/ [남/형] (여 : -a) 외부인(의), 외국인(의)

forfait /for'fɛ/ [남-불변] ① 고정[균일] 가격; 일괄 지불 금액 ② [스포츠] 기권; vincere per forfait 부전승하다

forfe(t)tario /forfe(t)'tarjo/ [형] (복 : -ri, -rie) prezzo forfetario 정가(定價); somma forfetaria 일괄 지불 금액, 총액

forfora /'fɔrfora/ [여] (머리의) 비듬

forgiare /for'dʒare/ [타동] (쇠를) 벼리다, (제품을) 단조하다

forma /'forma/ [여] ① 모양, 꼴, 형상, 형

태; di forma quadrata 사각형의; a forma di cuore 하트 모양의; senza forma 무형의, 일정한 형태가 없는; prendere forma 형태를 갖추다 ② 유형; 방식; 종류; forma mentis 사고방식 ③ 형식; in forma ufficiale 공식적으로 ④ 몸의 상태[컨디션]; essere in forma 몸 상태가 좋다 ⑤ 틀, 주형(鑄型) - forme [여·복] (특히 여성의) 몸매

formaggiera /formad'dʒɛra/ [여] 치즈 접시

formaggino /formad'dʒino/ [남] 프로세스치즈

formaggio /for'maddʒo/ [남] (복 : -gi) 치즈

formale /for'male/ [형] 형식적인, 의례적인, 공식적인, 격식을 차리는, 딱딱한

formalità /formali'ta/ [여-불변] 형식적임, 의례적임, 공식적임, 격식을 차림, 딱딱함

formalizzare /formalid'dzare/ [타동] (협의·결정 따위를) 정식화하다 - formalizzarsi [재귀동사] ① 격식을 차리다 ② 화를 (잘) 내다

formalmente /formal'mente/ [부] 정식으로, 공식적으로, 격식을 차려, 딱딱하게

formare /for'mare/ [타동] ① 형성하다, (~으로) 만들어 내다; 구성하다, 이루다; l'appartamento è formato da 3 stanze 그 아파트는 방 세 개로 이루어져 있다; formare una famiglia (결혼해서) 가정을 이루다 ② 교육·양육·훈육하다, (성격을) 형성하다 - formarsi [재귀동사] ① 형태를 갖추다; (~으로) 만들어지다, 구성되다 ② 교육·양육을 받다

formato1 /for'mato/ [형] ① (da와 함께 쓰여) (~으로) 만들어진, 이루어진, 구성된 ② 다 자란, 성인이 된

formato2 /for'mato/ [남] ① 크기, 사이즈; foto formato tessera 여권 크기의 사진 ② [컴퓨터] 포맷, 형식

formattare /format'tare/ [타동] [컴퓨터] (~의) 포맷을 지정하다

formattazione /formattat'tsjone/ [여] [컴퓨터] 포맷 작업

formazione /format'tsjone/ [여] ① 교육, 양육, 훈육 ② [군사] 대형(隊形); [스포츠] 포메이션

formica /for'mika/ [여] (복 : -che) [곤충] 개미

formicaio /formi'kajo/ [남] (복 : -ai) ① 개밋둑, 개미탑 ② (비유적으로) 무리, 떼, 인파

formicolare /formiko'lare/ [자동] ① (조동사 : avere) 우글거리다, 많이 모여들다 ② (조동사 : essere) (신체 일부가) 따끔따끔 아프다

formicolio /formiko'lio/ [남] (복 : -ii) ① 우글거림, 많이 모여듦 ② 따끔거림

formidabile /formi'dabile/ [형] 엄청난, 놀랄[가공할] 만한

formoso /for'moso/ [형] (여성이) 몸매가 보기 좋은

formula /'formula/ [여] ① [수학·화학] 공식, 식(式) ② 판에 박은 말, 상투적인 문구 ③ 구성, 체제, 형식

formulare /formu'lare/ [타동] (생각 따위를) 공식화[정식화]하다, 체계적으로 나타내다

formulario /formu'larjo/ [남] (복 : -ri) 문서의 양식, 서식

fornace /for'natʃe/ [여] (공업용) 노(爐), 가마

fornaio /for'najo/ [남] (여 : -a) (복 : -ai) 빵 굽는 사람, 제빵업자

fornello /for'nello/ [남] ① (요리용) 화로, 레인지 ② (파이프의) 대통

fornire /for'nire/ [타동] 제공하다, 공급하다, 주다; fornire qc a qn, fornire qn di qc 누구에게 무엇을 제공[공급]하다 - fornirsi [재귀동사] (di와 함께 쓰여) (~을) 갖추다, 마련하다; dobbiamo fornirci di legna per l'inverno 우리는 겨울을 대비해서 장작을 마련해야 한다

fornitore /forni'tore/ [형] (di와 함께 쓰여) (~을) 공급하는 - [남] (여 : -trice) 공급자, 제공하는 사람

fornitura /forni'tura/ [여] 공급, 제공

forno /'forno/ [남] ① (요리용) 오븐, 가마, 화덕; forno a microonde 전자 레인지; cuocere al forno (빵·고기 따위를) 굽다; pollo al forno 닭구이 ② 빵집, 제과점 ③ (공업용) 노(爐), 가마 ④ (구어체에서) 몹시 더운 곳

foro1 /'foro/ [남] 구멍

foro2 /'foro/ [남] ① (고대 로마의) 포럼, 공공 광장 ② 법정, 재판소

forse /'forse/ [부] ① 아마, 어쩌면 ② 약, 대략 ③ (부가의문문에서) ~이지?, 그렇지? - [남-불변] essere in forse 결정이 되지 않은 상태다, 불확실한 상태

다; mettere qc in forse i) 무엇에 의심을 품다 ii) 무엇을 위험에 빠뜨리다
forsennato /forsen'nato/ [형/남] (여 : -a) 미친, 제정신이 아닌 (사람)
forte1 /ˈfɔrte/ [형] ① 강한, 강력한, 힘센, 튼튼한; dare man forte a qn 누구를 강력하게 지지[후원]하다 ② 정도가 심한, 강렬한; ho un forte mal di testa 나는 두통이 심하다 ③ 양이 많은, 큰, 상당한 ④ (술·담배·도박 따위를) 몹시 즐기는 ⑤ 잘하는, 뛰어난; è forte in matematica 그는 수학을 잘한다 ⑥ 놀라운, 대단한 - [부] 강하게; 심하게; 크게; tenersi forte 단단히 붙잡다; andare forte 잘되다, 성공적이다 - [남] 강자, 힘센 사람 - farsi forte di qc 무엇을 이용하다
forte2 /ˈfɔrte/ [남] 요새, 성채, 보루
fortemente /forte'mente/ [부] 강하게; 대단히, 몹시; fortemente attratto 강하게 끌려
fortezza /for'tettsa/ [여] ① 요새(지) ② 꿋꿋함, 정신적으로 강인함
fortificare /fortifiˈkare/ [타동] ① 강화하다 ② (도시 등을) 요새화하다 - fortificarsi [재귀동사] 강화되다, 튼튼해지다
fortificazione /fortifikatˈtsjone/ [여] 요새화, 축성(築城)
fortino /for'tino/ [남] 작은 요새
fortuito /for'tuito/ [형] 우연한, 뜻밖의; per un caso fortuito 우연히
fortuna /for'tuna/ [여] ① 운수, 운명; 운, 행운; predire la fortuna a qn 누구의 운수를 점치다; colpo di fortuna 뜻밖의 행운, 요행수; per fortuna 운 좋게도; è una fortuna che ~이라니 운이 좋구나; avere la fortuna di fare qc ~할 만큼 운이 좋다; che fortuna! 정말 운이 좋군!; buona fortuna! (인사말로) 행운이 있기를! ② 부(富), (큰) 재물; fare fortuna 큰 재산을 모으다, 횡재를 하다; costa una fortuna 그건 돈이 많이 든다 ③ 성공, 번영 ④ di fortuna 임시변통의, 응급 조치의; atterraggio di fortuna (항공기의) 긴급 착륙
fortunatamente /fortunataˈmente/ [부] 운 좋게, 다행히
fortunato /fortu'nato/ [형] ① 행복한; 성공적인, 번영하는 ② 운 좋은, 행운의
foruncolo /fo'runkolo/ [남] [병리] 종기 (腫氣)

forza /ˈfɔrtsa/ [여] ① (육체적인) 힘, 체력, 완력; perdere le forze 힘을 잃다, 기운이 빠지다; avere forza nelle braccia 팔 힘이 좋다; senza forza 힘 없는, 약한 ② (자연의) 힘, 기세; vento forza 4 풍력 등급 4의 바람 ③ 폭력; ricorrere alla forza, adoperare la forza 폭력을 쓰다; a viva forza 폭력으로 ④ 군사력, 병력; le forze armate (육·해·공의) 군대 ⑤ 영향력, 효력; in forza (법률이) 유효하여, 시행 중인 ⑥ [물리·기계] 힘, 에너지; forza di gravità 중력; forza motrice 동력 ⑦ a forza di ~에 힘입어, ~에 의해 ⑧ per forza 강압에 의해, 어쩔 수 없이 - con forza 맹렬하게, 세차게; forza lavoro 노동력
forzare /forˈtsare/ [타동] ① 강제하다; forzare qn a fare qc 누구로 하여금 무엇을 하도록 강제하다, 누구에게 무엇을 억지로 시키다 ② (잠긴 문 따위를) 억지로 열다 ③ 무리하게[억지로] ~하다; forzare l'andatura 너무 빨리 걷다; forzare il significato 억지 해석을 하다
forzato /for'tsato/ [형] 강제된, 강요된, 무리하게 ~한; fare un sorriso forzato 억지로 웃다 - [남] (여 : -a) 죄수
forzatura /fortsa'tura/ [여] ① (잠긴 문 따위를) 억지로 열기 ② 무리하게[억지로] ~하기; 의미 따위의 곡해
forziere /forˈtsjɛre/ [남] 금고, 돈궤
foschia /fosˈkia/ [여] 엷은 안개
fosco /ˈfosko/ [형] (복 : -schi, -sche) ① (색이) 어두운, 짙은 ② (비유적으로) (날이) 어두침침한, 흐린
fosfato /fos'fato/ [남] [화학] 인산염(燐酸鹽)
fosforescente /fosforeʃˈʃɛnte/ [형] 인광 (燐光)을 발하는; 야광의
fosforo /ˈfɔsforo/ [남] [화학] 인(燐)
fossa /ˈfɔssa/ [여] ① 구멍, 구덩이, 팬 곳 ② 무덤; essere con un piede nella fossa 죽어가고 있다; fossa comune 공동 묘지 ③ [해부] 와(窩) - fossa biologica 오수 정화조
fossato /fos'sato/ [남] 도랑; 해자(垓字)
fossetta /fos'setta/ [여] 보조개
fossile /ˈfɔssile/ [남] 화석 - [형] ① 화석의, 화석이 된 ② (비유적으로) 구식

의, 오래된

fossilizzarsi /fossilid'dzarsi/ [재귀동사] ① 화석이 되다 ② (비유적으로) 구식이 되다, 시대에 뒤지다

fosso /'fɔsso/ [남] 도랑; 해자(垓字) - saltare il fosso 과감히 ~하다, 모험을 하다

foto /fɔto/ [여-불변] (fotografia의 약자로) 사진; fare una foto 사진을 찍다

fotocellula /foto'tʃɛllula/ [여] 광전지(光電池)

fotocopia /foto'kɔpja/ [여] 사진 복사

fotocopiare /fotoko'pjare/ [타동] 사진 복사를 하다

fotocopiatrice /fotokopja'tritʃe/ [여] 사진 복사기

fotogenico /foto'dʒɛniko/ [형] (복 : -ci, -che) (사람이) 사진을 잘 받는

fotografare /fotogra'fare/ [타동] 사진을 찍다

fotografia /fotogra'fia/ [여] ① 사진술, 사진 촬영 ② 사진; fotografia a colori 컬러 사진; fare una fotografia 사진을 찍다

fotografico /foto'grafiko/ [형] (복 : -ci, -che) 사진(술)의; macchina fotografica 카메라; studio fotografico 사진관

fotografo /fo'tɔgrafo/ [남] (여 : -a) 사진사

fotogramma /foto'gramma/ [남] ① [영화] (필름의) 한 토막 ② 포토그램 (감광지 위에 직접 물체를 놓고 빛을 쐬어 만드는 실루엣 사진)

fotomodello /fotomo'dɛllo/ [남] (여 : -a) 사진 모델

fotomontaggio /fotomon'taddʒo/ [남] (복 : -gi) 몽타주 사진

fotoreporter /fotore'pɔrter/ [남/여-불변] 보도 사진사

fotoromanzo /fotoro'mandzo/ [남] 포토에세이

fototessera /foto'tɛssera/ [여] 여권 사진

fottere /'fottere/ [타동] ① (비어로) (~와) 성교하다 ② 훔치다 ③ 속이다 - va' a farti fottere! 저리 꺼져!

fottuto /fot'tuto/ [형] (비어로) 망할, 지긋지긋한

foulard /fu'lar/ [남-불변] 스카프

foyer /fwa'je/ [남-불변] (극장 등의) 로비, 휴게실

fra1 /fra/ → tra

fra2 /fra/ [남] 수도사

frac /frak/ [남-불변] 연미복

fracassare /frakas'sare/ [타동] 산산이 부수다, 분쇄하다 - fracassarsi [재귀동사] 산산조각이 나다, 부서지다; (contro와 함께 쓰여) (~에) 세게 부딪치다

fracasso /fra'kasso/ [남] 소음, 시끄러운 소리; fare fracasso 소음을 일으키다, 시끄럽게 하다

fradicio /'fraditʃo/ [형] (복 : -ci, -ce / -cie) 흠뻑 젖은 - ubriaco fradicio 잔뜩 술에 취한

fragile /'fradʒile/ [형] 부서지기[깨지기] 쉬운; 연약한, 허약한

fragilità /fradʒili'ta/ [여-불변] 부서지기[깨지기] 쉬움; 연약, 허약

fragola /'fragola/ [여] 딸기

fragore /fra'gore/ [남] 우레 같은 소리, 굉음

fragorosamente /fragorosa'mente/ [부] 큰 소리로

fragoroso /frago'roso/ [형] 큰 소리로 울리는, 귀청이 터질 것 같은; una risata fragorosa 와자지껄한 웃음 소리

fragrante /fra'grante/ [형] 향기로운

fragranza /fra'grantsa/ [여] 향기

fraintendere /frain'tɛndere/ [타동] 오해하다, 잘못 생각하다

frainteso /frain'teso/ [형] 오해된, 잘못 생각된

frammentario /frammen'tarjo/ [형] (복 : -ri, -rie) 단편적인, 일부분만의

frammento /fram'mento/ [남] ① 파편, 단편, 조각 ② (글의) 단락

frammisto /fram'misto/ [형] (a와 함께 쓰여) (~와) 섞인

frana /'frana/ [여] 산사태 - essere una frana 실패다, 가망이 없다

franare /fra'nare/ [자동] (조동사 : essere) ① 바위 따위가 떨어지다, 산사태가 일어나다 ② (비유적으로) 실패하다

francamente /franka'mente/ [부] 솔직하게, 터놓고

francescano /frantʃes'kano/ [형/남] 프란체스코 수도회의 (수사)

francese /fran'tʃeze/ [형] 프랑스의 - [남/여] 프랑스 사람 - [남] 프랑스어

franchezza /fran'kettsa/ [여] 솔직함, 마음을 터놓음

Francia /'frantʃa/ [여] 프랑스

franco1 /'franko/ (복 : -chi, -che) [형] ① 솔직한, 마음을 터놓는; rispondere in modo franco 솔직하게 답하다 ② [상업·법률] porto franco 자유 무역 항; franco di dazio[dogana] 관세가 없는, 면세의 ③ [군사] corpo franco 비정규군 - [부] 솔직하게, 터놓고 - farla franca 벌을 면하다, 무사히 넘기다

franco2 /'franko/ [남] (복 : -chi) [화폐의 단위] 프랑

franco3 /'franko/ (복 : -chi, -che) [형] [역사] 프랑크 족의 - [남] (여 : -a) 프랑크 족 사람

francobollo /franko'bollo/ [남] 우표

frangente /fran'dʒɛnte/ [남] ① 해변으로 밀려와 부서지는 파도 ② 곤란한 상황

frangia /'frandʒa/ [여] (복 : -ge) ① (직물의) 술 장식 ② (비유적으로) 가장자리, 언저리 ③ 극단론자, 주류 이탈자

frangiflutti /frandʒi'flutti/ [남-불변] 방파제

frangivento /frandʒi'vento/ [남-불변] 바람막이, 방풍 시설

franoso /fra'noso/ [형] (땅이) 불안정한, 산사태가 일어날 만한

frantoio /fran'tojo/ [남] (복 : -oi) 압착기; 분쇄기

frantumare /frantu'mare/ [타동] 분쇄하다, 산산조각을 내다 - frantumarsi [재귀동사] 산산조각이 나다

frantume /fran'tume/ [남] andare in frantumi, mandare in frantumi 산산이 부수다

frappé /frap'pɛ/ [남-불변] 프라페, 밀크셰이크

frapporre /frap'porre/ [타동] ① (무언가를) 사이에 두다[끼우다] ② (비유적으로) frapporre ostacoli (상황을) 어렵게 만들다 - frapporsi [재귀동사] (tra와 함께 쓰여) (~의) 사이에 들다, 끼다

frapposto /frap'posto/ [형] 사이에 낀, 중간에 든

frasario /fra'zarjo/ [남] (복 : -ri) (사용하는) 말, 용어

frasca /'fraska/ [여] (복 : -sche) (잎이 붙어 있는) 나뭇가지

frase /'fraze/ [여] ① [문법] 문장 ② 어구, 표현; frase fatta 진부한 표현, 상투적인 문구

frassino /'frassino/ [남] [식물] 물푸레나무; 그 재목

frastagliato /frasta'ʎʎato/ [형] 들쭉날쭉한, 톱니 모양의

frastornare /frastor'nare/ [타동] (귀를) 먹먹하게 하다; (정신을) 멍하게 하다

frastornato /frastor'nato/ [형] (귀가) 먹먹해진; (정신이) 멍해진

frastuono /fras'twɔno/ [남] 소음, 소란

frate /'frate/ [남] 수도사, 수사

fratellanza /fratel'lantsa/ [여] ① 형제간 ② 동료 의식, 연대감, 친교

fratellastro /fratel'lastro/ [남] 의붓형제

fratello /fra'tɛllo/ [남] ① 형제, 형[오빠] 또는 남동생 ② 동료, 동포; (종교상의) 형제, 남자 신도 ③ 수도사, 수사 - fratello d'armi 전우; fratello gemello 쌍둥이 형제

fraternizzare /fraternid'dzare/ [자동] (조동사 : avere) (con과 함께 쓰여) (~와) 형제처럼 친하게 지내다

fraterno /fra'tɛrno/ [형] 형제간의; 형제 같은

fratricida /fratri'tʃida/ (남·복 : -i, 여·복 : -e) [형] 형제[동족] 살해의; guerra fratricida 내전 - [남/여] 형제 살해자

frattaglie /frat'taʎʎe/ [여·복] (내장 따위의) 질 낮은 고기

frattanto /frat'tanto/ [부] 그동안, 그 사이에

frattempo [부] (nel frattempo /nelfrat'tempo/의 형태로 쓰여) 그동안, 그 사이에

frattura /frat'tura/ [여] ① [의학] 골절 ② (비유적으로) 균열, 불화

fratturare /frattu'rare/ [타동] (뼈를) 부러뜨리다 - fratturarsi [재귀동사] (뼈가) 부러지다; fratturarsi un braccio 팔에 골절상을 입다

fraudolento /fraudo'lɛnto/ [형] 사기의, 부정의

frazione /frat'tsjone/ [여] ① [수학] 분수 ② 단편, 작은 부분; in una frazione di secondo 순식간에 ③ [스포츠] 릴레이 경주

freccia /'frettʃa/ [여] (복 : -ce) ① 화살; come una freccia 쏜살같이 ② (자동차의) 방향 지시기 ③ (화살표 모양의) 도로 표지

frecciata /fret'tʃata/ [여] lanciare una frecciata 정곡을 찌르다

freddamente /fredda'mente/ [부] 냉담하게, 쌀쌀맞게, 아무 감정 없이; 냉정하게,

침착하게, 태연하게

freddare /fred'dare/ [타동] ① (물리적으로) 차게 하다, 냉각하다, 식히다 ② (열정 따위를) 식게 하다 ③ (총으로) 쏘아 죽이다 - freddarsi [재귀동사] 차가워지다, 식다

freddezza /fred'dettsa/ [여] ① 차가움 ② 냉담, 쌀쌀맞음, 무관심 ③ 냉정, 침착, 태연

freddo /'freddo/ [형] ① 차가운, 냉(冷)~ ② (비유적으로) (태도가) 차가운, 냉담한, 쌀쌀맞은; 냉정한, 침착한, 태연한 ③ a freddo 차갑게 - [남] 차가움, 추위; aver freddo 차갑다; prendere freddo 감기에 걸리다; fa freddo (날씨가) 춥다

freddoloso /freddo'loso/ [형] essere freddoloso 추위를 타다

freddura /fred'dura/ [여] 말장난, 재담

free-lance /fri'lɛns/ [형-불변] 자유 계약의 - [남/여-불변] 프리랜서

freezer /'frizer/ [남-불변] 냉동 냉장고

fregare /fre'gare/ [타동] ① 문지르다, 비비다; 닦다 ② (구어체에서) (남을) 속이다 ③ (구어체에서) fregare qc a qn 누구한테서 무엇을 빼앗다, 누구의 무엇을 훔치다 - fregarsi [재귀동사] ① (자신의 신체를) 문지르다, 비비다; fregarsi gli occhi 눈을 비비다 ② (구어체에서) fregarsene (di qc/qn) (무엇/누구에 대해) 전혀 개의치 않다; me ne frego 난 상관없어; che ti frega? 네가 상관할 일이 아냐

fregata /fre'gata/ [여] 문지르기, 비비기

fregatura /frega'tura/ [여] 속임수, 사취, 강탈; mi hanno tirato una fregatura 나는 그들에게 사기를 당했다

fregio /'fredʒo/ [남] (복 : -gi) ① [건축] 프리즈, 소벽(小壁) ② 장식

fremente /fre'mente/ [형] 벌벌 떠는; essere fremente di ~으로 인해 벌벌 떨고 있다

fremere /'fremere/ [자동] (조동사 : avere) (di, per 등과 함께 쓰여) (~으로 인해) (손 따위를) 벌벌 떨다; 안절부절못하다

fremito /'fremito/ [남] 벌벌 떨기; ebbe un fremito d'ira 그는 분노로 벌벌 떨었다

frenare /fre'nare/ [타동] 속도를 늦추다; (진행 따위를) 가로막다; 제동을 걸다, 억제하다 - [자동] (조동사 : avere) (차에) 브레이크가 걸리다 - frenarsi [재귀동사] 자제하다

frenata /fre'nata/ [여] 제동; 속도를 늦추기; fare una brusca frenata 제동을 걸다

frenesia /frene'zia/ [여] 열광, 광포; con frenesia 열광적으로, 광포하게

freneticamente /frenetika'mente/ [부] 미친 듯이, 열광적으로

frenetico /fre'netiko/ [형] (복 : -ci, -che) 미친 듯한, 열광적인

freno /'freno/ [남] ① (자동차의) 브레이크; azionare i freni 브레이크를 걸다; freno a mano 수동식 브레이크 ② (비유적으로) 제동, 억제; mettere un freno a ~을 억제하다, ~의 발생 따위를 줄이다; tenere a freno (감정 따위를) 억제하다 ③ (말에 물리는) 재갈

frequentare /frekwen'tare/ [타동] ① (학교 등에) 출석하다, 다니다 ② (특정 장소에) 자주 출입하다 ③ (친구들과) 자주 만나다, 어울려 다니다; frequentare cattive compagnie 나쁜 친구들과 어울리다 - frequentarsi [재귀동사] 서로 자주 만나다; si frequentano da anni 그들은 수년간 서로 만나고 있다

frequentato /frekwen'tato/ [형] (장소가) (사람들에게) 인기 있는, (사람들이) 많이 몰리는

frequentatore /frekwenta'tore/ [남/여] (di와 함께 쓰여) (특정 장소에) 자주 출입하는[다니는] 사람

frequentazione /frekwentat'tsjone/ [여] (특정 장소에) 자주 다님; (친구들과) 자주 만남, 잘 어울림

frequente /fre'kwente/ [형] 자주 일어나는, 자주 있는, 빈번한; di frequente 자주, 빈번하게

frequentemente /frekwente'mente/ [부] 자주, 빈번하게

frequenza /fre'kwentsa/ [여] ① [물리] 진동수; [통신] 주파수 ② (학교 등에의) 출석 ③ 빈도, 횟수

freschezza /fres'kettsa/ [여] (식품·공기 등의) 신선함, 신선도

fresco /'fresko/ (복 : -schi, -sche) [형] ① (식품 등이) 신선한, 싱싱한 ② (공기가) 맑은, 시원한, 상쾌한 ③ 신규의, 새로운, 갓 ~한 - [남] 시원함, 서늘함; fa fresco (기온·날씨가) 시원하다, 서늘하다; mettere al fresco 서늘한 곳에 두다[보관하다] - di fresco

새로, 갓, 최근에; fresca come una rosa 생기가 넘치는

fresia /'fresja/ [여] [식물] 프리지어

fretta /'fretta/ [여] 서두름, 급함; in fretta 서둘러, 급히; in tutta fretta, in fretta e furia 몹시 급하게; avere fretta (di fare qc) (~하는 것을) 서두르고 있다; far fretta a qn 누구를 서두르게 하다, 재촉하다; fai in fretta! 서둘러!

frettolosamente /frettolosa'mente/ [부] 서둘러, 급히

frettoloso /fretto'loso/ [형] (사람이 일을) 서두르는; (일이) 서둘러 진행된; è un po' troppo frettoloso in quello che fa 그는 서두르는 경향이 있다

friabile /fri'abile/ [형] 부서지기 쉬운, 푸석푸석한

fricassea /frikas'sɛa/ [여] 프리카세 (닭·송아지·토끼 등의 가늘게 썬 고기의 스튜 또는 프라이)

fricchettone /frikket'tone/ [남] (여 : -a) (구어체에서) 괴짜, 기인

friggere /'friddʒere/ [타동] (기름에) 튀기다 - [자동] (조동사 : avere) ① (튀김 기름 따위가) 지글거리다 ② (비유적으로) friggere dalla rabbia 분노가 끓어오르다 - vai a farti friggere! (구어체에서) 저리 꺼져!

friggitrice /friddʒi'tritʃe/ [여] 튀김 기계

frigidità /fridʒidi'ta/ [여-불변] 냉담, 무감각

frigido /'fridʒido/ [형] 냉담한, 쌀쌀맞은, 무감각한

frignare /friɲ'ɲare/ [자동] (조동사 : avere) (어린아이 등이) 훌쩍거리며 울다

frignone /friɲ'ɲone/ [남] (여 : -) 훌쩍거리며 우는 아이

frigo /'frigo/ [남-불변] (구어체에서) 냉장고

frigobar /frigo'bar/ [남-불변] (호텔 방의) 작은 냉장고, 미니바

frigorifero /frigo'rifero/ [형] 냉장[냉동]의, 냉장[냉동]된; cella frigorifera 냉동 창고 - [남] 냉장고

fringuello /frin'gwɛllo/ [남] [조류] 푸른머리되새

frittata /frit'tata/ [여] 이탈리아식 오믈렛

frittella /frit'tɛlla/ [여] 프리터 (얇게 썬 과일이나 고기의 튀김)

fritto /'fritto/ [형] (기름에) 튀긴 - [남] 튀긴 음식, 튀김 요리

frittura /frit'tura/ [여] ① (기름에) 튀기기 ② 튀긴 음식, 튀김 요리

frivolezza /frivo'lettsa/ [여] 천박, 경박

frivolo /'frivolo/ [형] 천박한, 경박한

frizionare /frittsjo'nare/ [타동] (몸을) 문지르다, 마사지하다

frizione /frit'tsjone/ [여] ① 문지르기, 마사지 ② [물리] 마찰 ③ (자동차의) 클러치 ④ (비유적으로) 알력, 불화

frizzante /frid'dzante/ [형] ① (음료가) 거품이 이는, 발포성의 ② (비유적으로) 활기가 넘치는

frizzo /'friddzo/ [남] 재담, 익살

frodare /fro'dare/ [타동] 속이다, 사기를 치다; frodare il fisco 탈세를 하다

frode /'frɔde/ [여] 속임수; 사기; frode fiscale 탈세

frodo /'frɔdo/ [남] di frodo 불법 거래의, 밀수의, 밀렵[밀어]의; cacciatore di frodo 밀렵꾼

frollo /'frɔllo/ [형] (고기가) 육질이 부드러운

fronda1 /'fronda/ [여] (잎이 무성한) 나뭇가지

fronda2 /'fronda/ [여] 반란, 폭동

frondoso /fron'doso/ [형] (나무에) 잎이 무성한

frontale /fron'tale/ [형] 정면의, 앞면의; scontro frontale 정면 충돌

fronte /'fronte/ [여] 이마; a fronte alta 고개를 쳐들고 - [남] ① [군사] 최전선, 싸움터 ② far fronte a ~에 맞서다, 직면하다, 대처하다 ③ di fronte 맞은편에; di fronte a ~의 앞에, ~에 면하여 ④ [기상] 전선(前線); fronte freddo 한랭전선

fronteggiare /fronted'dʒare/ [타동] (문제·위기 따위에) 맞서다, 직면하다, 대처하다

frontespizio /frontes'pittsjo/ [남] (복 : -zi) (책의) 표제지, 속표지

frontiera /fron'tjɛra/ [여] 국경; zona di frontiera 국경 지대 - le frontiere della scienza 과학의 최첨단

fronzolo /'frondzolo/ [남] 싸고 번지르르한 물건 - senza fronzoli (비유적으로) 허식 없이, 솔직하게

frotta /'frɔtta/ [여] 인파, 무리; a frotte 무리지어

frottola /'frɔttola/ [여] (구어체에서) 거짓말, 꾸며낸 이야기

frugale /fru'gale/ [형] 검소한, 절약하는
frugalmente /frugal'mente/ [부] 검소하게, 절약하여
frugare /fru'gare/ [자동] (조동사 : avere) (in과 함께 쓰여) (~을) 뒤지다, 샅샅이 찾다 - [타동] (집안, 옷 속 등을) 찾다, 뒤지다
fruire /fru'ire/ [자동] (조동사 : avere) (di와 함께 쓰여) (~의 혜택 따위를) 누리다
frullare /frul'lare/ [타동] (계란 따위를) 휘저어 섞다 - [자동] (조동사 : avere) (새가) 날개치며 날아오르다
frullato /frul'lato/ [남] 밀크셰이크
frullatore /frulla'tore/ [남] (요리용) 믹서
frullino /frul'lino/ [남] (계란 따위를) 휘젓는 기구
frumento /fru'mento/ [남] [식물] 밀
frusciare /fruʃ'ʃare/ [자동] (조동사 : avere) (종이나 나뭇잎 따위가) 살랑살랑 소리를 내다
fruscio /fruʃ'ʃio/ [남] (복 : -ii) ① (종이나 나뭇잎 따위의) 살랑거림 ② (TV·라디오의) 잡음
frusta /'frusta/ [여] ① 채찍 ② (계란 따위를) 휘젓는 기구
frustare /frus'tare/ [타동] 채찍질하다
frustata /frus'tata/ [여] 채찍질
frustino /frus'tino/ [남] 말채찍
frustrante /frus'trante/ [형] (상황 따위가 사람을) 좌절하게 만드는, 실망하게 하는
frustrare /frus'trare/ [타동] 좌절시키다, 실망하게 하다
frustrazione /frustrat'tsjone/ [여] 좌절, 실망
frutta /'frutta/ [여-불변] 과일; succo di frutta 과일 주스; frutta secca 말린 과일
fruttare /frut'tare/ [자동] (조동사 : avere) (나무가) 열매를 맺다; (토지가) 소산을 내다 - [타동] (이익 따위를) 내다, 창출하다; (상 따위를) 얻다, 획득하다
fruttato /frut'tato/ [형] 과일 맛[향]이 나는
frutteto /frut'teto/ [남] 과수원
fruttiera /frut'tjera/ [여] 과일 담는 접시
fruttivendolo /frutti'vendolo/ [남] (여 : -a) 과일 장수, 과일 가게 주인
frutto /'frutto/ [남] ① (식물의) 열매, 과일; dare frutti 열매를 맺다 ② (비유적으로) 성과, 수익; il frutto del mio lavoro 나의 작업 성과; senza alcun frutto 아무런 성과도 거두지 못하고, 헛되이 - frutti di bosco 베리, 딸기류의 열매; frutti di mare 해산물
f.to → (firmato의 약자로) "서명된"
fu /fu/ [형] 작고한, 고(故)~
fucilare /futʃi'lare/ [타동] 총을 쏘아 죽이다, 총살하다
fucilata /futʃi'lata/ [여] (소총의) 발포, 사격
fucilazione /futʃilat'tsjone/ [여] 총살
fucile /fu'tʃile/ [남] 총, 소총; fucile da caccia 엽총
fucina /fu'tʃina/ [여] 대장간
fucsia /'fuksja/ [여] [식물] 푸크시아 (바늘꽃과) - [남/형-불변] 자홍색(紫紅色)(의)
fuga /'fuga/ [여] (복 : -ghe) ① 도망, 탈출; mettere qn in fuga 누구를 (놀라) 달아나게 하다 ② 누출, 샘; fuga di cervelli 두뇌 유출 ③ [음악] 푸가
fugace /fu'gatʃe/ [형] 잠깐 머물다 가버리는, 어느덧 지나가는
fuggevole /fud'dʒevole/ [형] 일시적인, 잠깐 동안의
fuggiasco /fud'dʒasko/ (복 : -schi, -sche) [형] 도망가는 - [남] (여 : -a) 도망자
fuggifuggi /fuddʒi'fuddʒi/ [남-불변] 우루루 달아남
fuggire /fud'dʒire/ [타동] 피하다, 멀리하다 - [자동] (조동사 : essere) ① 도망가다, 달아나다, 탈출하다 ② (비유적으로) 빨리 지나가다, 어느덧 가버리다; il tempo fugge 세월은 유수와도 같다
fuggitivo /fuddʒi'tivo/ [형] 도망가는, 달아나는 - [남] (여 : -a) 도망자, 탈영병
fulcro /'fulkro/ [남] ① [기계] (지레의) 받침점 ② (비유적으로) 중점 사항, 중심이 되는 것
fulgore /ful'gore/ [남] 빛남, 눈부심, 찬란함
fuliggine /fu'liddʒine/ [여] 그을음, 검댕
fuligginoso /fuliddʒi'noso/ [형] 그을음투성이의
fulminante /fulmi'nante/ [형] (병이) 급격히 진행되는
fulminare /fulmi'nare/ [타동] ① 번개가 (무언가를) 내려치다 ② 감전시키다 ③ (병 따위가 사람을) 죽음에 이르게 하다 - [비인칭] (조동사 : avere, essere) fulmina 번개가 치고 있다 -

fulminarsi [재귀동사] (전구가) 나가다
fulmine /fulmine/ [남] 번개(가 침) - **fulmini** [남·복] 격노 - come un fulmine 번개처럼 빠르게; fulmine a ciel sereno 청천벽력; colpo di fulmine (비유적으로) 첫눈에 반함
fulmineo /ful'mineo/ [형] 매우 빠른, 순식간의
fulvo /fulvo/ [형] 황갈색의, 불그스름한
fumaiolo /fuma'jolo/ [남] (기관차·공장 등의) 굴뚝
fumante /fu'mante/ [형] (난로 등이) 연기를 내뿜는
fumare /fu'mare/ [타동] (담배를) 피우다 - [자동] (조동사 : avere) ① 담배를 피우다, 흡연하다; smettere di fumare 담배를 끊다; "vietato fumare" "금연" ② 연기·김을 내뿜다
fumata /fu'mata/ [여] 흡연; farsi una fumata 담배를 피우다
fumatore /fuma'tore/ [남] (여 : -trice) 흡연자
fumé /fy'me/ [형-불변] (유리 따위가) 그을린
fumetto /fu'metto/ [남] ① 연재 만화; giornale a fumetti 만화책 ② (만화의) 말풍선
fumo /fumo/ [남] ① (불이 탈 때 생기는) 연기; fare fumo 연기를 내뿜다 ② 김, 증기 ③ 흡연; fumo passivo 간접 흡연 ④ (구어체에서) 대마초, 마리화나 - andare in fumo 연기처럼 사라지다, 수포로 돌아가다; è solo fumo 가치가 없다; gettare fumo negli occhi a qn 누구의 눈을 속이다; vendere fumo 속이다
fumogeno /fu'mɔdʒeno/ [형] 연기의; cortina fumogena 연막 - [남] 발연통 (發煙筒)
fumoso /fu'moso/ [형] ① 연기가 자욱한 ② (생각·계획 따위가) 모호한, 뚜렷하지 않은
funambolo /fu'nambolo/ [남] (여 : -a) 줄타기 곡예사
fune /fune/ [여] 밧줄, 로프; 케이블
funebre /funebre/ [형] ① 장례의 ② 음울한
funerale /fune'rale/ [남] 장례(식)
funereo /fu'nɛreo/ [형] 음울한
funesto /fu'nesto/ [형] ① (사고·실수 따위가) 치명적인 ② 슬픈
fungere /fundʒere/ [자동] (조동사 : avere) (da와 함께 쓰여) (~으로서) 활동하다; fungere da garante per qn 누구의 보증인이 되다
fungo /fungo/ [남] (복 : -ghi) 버섯; 균류(菌類)
funicolare /funiko'lare/ [여] 강삭(鋼索) [케이블] 철도
funivia /funi'via/ [여] 케이블카
funzionale /funtsjo'nale/ [형] 기능 본위의, 실용적인
funzionamento /funtsjona'mento/ [남] 기능, 작동
funzionare /funtsjo'nare/ [자동] (조동사 : avere) 기능하다, 작동하다; funziona a benzina 그건 휘발유로 간다; fare funzionare una macchina 기계를 작동시키다; il telefono non funziona 그 전화기는 고장났다
funzionario /funtsjo'narjo/ [남] (여 : -a) (복 : -ri) 관리, 공무원 (funzionario statale)
funzione /fun'tsjone/ [여] ① 직무, 직분; 관직, 직위; nell'esercizio delle sue funzioni 직무 수행 중에; cessare dalle funzioni 직위에서 물러나다 ② 기능, 작동; in funzione (기계가) 작동 중인 ③ [수학] 함수 ④ [화학] 작용기 (基) ⑤ 예배, 종교 의식
fuoco /fwɔko/ [남] (복 : -chi) ① 불; 화재; prendere fuoco 불이 붙다; dare fuoco a qc 무엇에 불을 붙이다 ② (취사용) 버너 ③ (총포의) 발사, 사격; fare fuoco 발사[발포]하다; cessare il fuoco 사격을 중지하다 ④ 열렬함 ⑤ [물리] 초점; mettere a fuoco 초점에 모으다 - fare fuoco e fiamme (per fare) (~하는 데 있어) 전력을 다하다; mettere la mano sul fuoco per qc 무엇에 목숨을 걸다; scherzare col fuoco "불장난하다"; soffiare sul fuoco "불난 데 부채질하다"; fuochi d'artificio 불꽃놀이
fuorché /fwor'ke/ [접/전] (~을) 제외하고, ~외에는
fuori /fwori/ [부] ① 밖에; 실외에, 야외에; andare fuori 외출하다; mio marito è fuori 우리 남편은 밖에 있다, 집에 없다; ceniamo fuori? 우리 외식할까? ② 외국에 ③ fuori di qui! 여기서 나가[사라져]!; essere di fuori 이방인이다; essere in fuori 돌출되어 있다 - [전] ① (~의) 밖에; è fuori città

그는 시외에 있다 ② al di fuori di ~외의, ~ 밖의 - [남-불변] 밖, 외부 - essere fuori di sé 제정신이 아니다; fare fuori 다 써버리다, 다 먹어[마셔] 버리다
fuoribordo /fwori'bordo/ [형-불변] (모터가) 배 밖에 설치된
fuoricampo /fwori'kampo/ [형-불변] [영화·TV] 카메라에 잡히지 않는 곳의, 화면 밖의
fuoriclasse /fwori'klasse/ [남/여/형-불변] 1인자(의), 챔피언(의)
fuorigioco /fwori'dʒɔko/ [남-불변] [축구] 오프사이드
fuorilegge /fwori'leddʒe/ [남/여-불변] 무법자
fuoriprogramma /fworipro'gramma/ [남-불변] (TV·라디오의) 예정에 없던 프로그램
fuoriserie /fwori'sɛrje/ [형-불변] 주문품의, 맞춤 제작의
fuoristrada /fwori'strada/ [남-불변] (비포장 도로 등) 모든 지형에서 운행 가능한 차량
fuoriuscire /fworiuʃʃire/ [자동] (조동사 : essere) (da와 함께 쓰여) (~에서) 새어[뿜어져]나오다, 튀어나오다
fuoriuscito /fworuʃʃito/ [남] (여 : -a) 국외 망명자
fuorviare /fworvi'are/ [자동] (조동사 : avere) 길을 잃다 - [타동] 길을 잃게 만들다, 잘못된 길로 이끌다
furbacchione /furbak'kjone/ [남] (여 : -a) 꾀가 많고 약삭빠른 사람
furbizia /fur'bittsja/ [여] 영리함, 약삭빠름; 꾀
furbo /'furbo/ [형/남] (여 : -a) 영리한, 꾀가 많은, 약삭빠른 (사람)
furente /fu'rɛnte/ [형] 격노한, 노하여 펄펄 뛰는
furetto /fu'retto/ [남] [동물] 페럿 (족제빗과)
furfante /fur'fante/ [남/여] 악한, 악당
furgoncino /furgon'tʃino/ [남] 소형 밴 [트럭]
furgone /fur'gone/ [남] 밴, 트럭
furia /'furja/ [여] ① 격노, 분노; andare su tutte le furie 격노하다 ② 격렬, 맹렬 ③ 서두름, 조급함 - a furia di fare qc 너무 ~해서 (~하게 되다)
furibondo /furi'bondo/ [형] ① 격노한, 몹시 화가 난 ② 격렬한, 맹렬한

furioso /fu'rjoso/ [형] ① 격노한, 몹시 화가 난 ② 격렬한, 맹렬한
furore /fu'rore/ [남] 격노, 분노; 광포 - fare furore 대유행이다, 인기가 높다
furoreggiare /furored'dʒare/ [자동] (조동사 : avere) 대유행이다, 인기가 높다
furtivamente /furtiva'mente/ [부] 몰래, 살그머니, 슬쩍
furtivo /fur'tivo/ [형] 몰래 하는, 남의 눈을 피하는
furto /'furto/ [남] 도둑질, 절도; commettere un furto 도둑질을 하다
fusa /'fusa/ [여·복] fare le fusa (고양이가) 기분 좋은 듯이 그르렁거리다
fuscello /fuʃ'ʃello/ [남] ① 가는 나뭇가지 ② 지푸라기
fusciacca /fuʃ'ʃakka/ [여] (복 : -che) (허리에 띠는) 장식띠
fuseaux /fu'zo/ [남·복] 레깅스 (타이츠 모양의 바지)
fusibile /fu'zibile/ [남] [전기] 퓨즈
fusilli /fu'zilli/ [남·복] 꽈배기 모양의 파스타
fusione /fu'zjone/ [여] ① (금속·얼음 등의) 용해, 융해 ② (금속의) 주조(鑄造) ③ [물리] (원자핵의) 융합 ④ (사상·문화 따위의) 융합, 통합, 혼합; (기업의) 합병
fuso1 /'fuzo/ [형] (고체가) 녹은; (금속이) 주조된
fuso2 /'fuzo/ [남] ① 물렛가락, 방추 ② fuso orario (표준) 시간대
fusoliera /fuzo'ljɛra/ [여] (비행기의) 동체, 기체
fustagno /fus'taɲɲo/ [남] 퍼스티언 (보통 한쪽에만 보풀을 세운, 일종의 능직 무명)
fustigare /fusti'gare/ [타동] ① 채찍질하다 ② (비유적으로) 혹평하다, 비난하다
fusto /'fusto/ [남] ① (식물의) 줄기 ② (금속제) 통 ③ (구어체에서) 건장한 사내
futile /'futile/ [형] 쓸데없는, 하찮은
futilità /futili'ta/ [여-불변] 쓸데없음, 하찮음
futurismo /futu'rizmo/ [남] 미래파 (예술 운동의 하나)
futurista /futu'rista/ [남/여] (남·복 : -i, 여·복 : -e) 미래파 예술가
futuro /fu'turo/ [형] 미래의, 장래의 - [남] ① 미래, 장래, 앞날 ② [문법] 미래 시제; futuro anteriore 미래 완료

G

g, G /dʒi/ [남/여-불변] 이탈리아어 알파벳의 일곱 번째 글자
gabardine /gabar'din/ [여-불변] 개버딘 (능직 방수 복지); 개버딘으로 만든 옷
gabbare /gab'bare/ [타동] 속이다 - **gabbarsi** [재귀동사] (di와 함께 쓰여) (~을) 조롱하다
gabbia /'gabbja/ [여] ① 새장; 우리 ② 상자
gabbiano /gab'bjano/ [남] [조류] 갈매기
gabinetto /gabi'netto/ [남] ① 화장실 ② (병원의) 진찰실 ③ (정부의) 내각
Gabon /ga'bon/ [남] 가봉 (아프리카 중서부의 국가)
gaffe /gaf/ [여-불변] 실수, 과실; fare una gaffe 실수를 하다
gag /gɛg/ [여-불변] 개그, 익살
gagliardo /gaʎ'ʎardo/ [형] 힘센, 튼튼한
gaiezza /ga'jettsa/ [여] 명랑함, 쾌활함
gaio /'gajo/ [형] (복 : gai, gaie) 명랑한, 쾌활한
gala /'gala/ [여] vestito di gala 화려한 옷을 입은; mettersi in gala 정장을 입고 있다
galà [ga'la] [남-불변] (공식적인) 파티, 잔치
galante /ga'lante/ [형] ① 기사도적인, 여성에게 친절한[예의 바른] ② 연애의, 정사의; avventura galante 연애 사건, 정사 - [남] 여성에게 친절한[예의 바른] 남자
galanteria /galante'ria/ [여] 여성에 대한 공대; 정중한 행위[말]
galantuomo /galan'twɔmo/ [남] 신사, 점잖은 남자
galassia /ga'lassja/ [여] [천문] 은하
galateo /gala'tɛo/ [남] 에티켓, 매너
galeotto /gale'ɔtto/ [남] ① (옛날의) 갤리선(船)을 젓는 노예 ② 죄수
galera /ga'lɛra/ [여] ① (옛날의) 갤리선(船) ② 감옥, 교도소
galla /'galla/ [여] a galla (물 위에) 떠 있어; stare a galla (비유적으로) 활동 중이다; venire a galla (비유적으로) 표면화되다, 드러나다
galleggiante /galled'dʒante/ [형] (물 위에) 떠 있는 - [남] 부표(浮標); 부구(浮球)
galleggiare /galled'dʒare/ [자동] (조동사 : avere) (물 위에) 떠 있다
galleria /galle'ria/ [여] ① 터널 ② 회랑; 아케이드 ③ 화랑, 미술관
Galles /'galles/ [남] 웨일스 (영국 남서부의 지방)
galletta /gal'letta/ [여] 건빵, 비스킷
galletto /gal'letto/ [남] ① 수평아리 ② (비유적으로) 잘난 체하는 남자
gallina /gal'lina/ [여] 암탉 - andare a letto con le galline 일찍 잠자리에 들다
gallismo /gal'lizmo/ [남] 남자다움의 과시
gallo /'gallo/ [남] 수탉; al canto del gallo 새벽에; gallo da combattimento 싸움닭 - [형-불변] pesi gallo [복싱] 밴텀급
gallone1 /gal'lone/ [남] ① 레이스, 몰 ② (군사) 수장(袖章)
gallone2 /gal'lone/ [남] [부피의 단위] 갤런
galoppante /galop'pante/ [형] (인플레이션 따위가) 급속도로 진행되는
galoppare /galop'pare/ [자동] (조동사 : avere) ① (말이) 전속력으로 달리다 ② (비유적으로) 바쁘게 돌아다니다
galoppata /galop'pata/ [여] ① (말의) 갤럽, 전속력으로 달리기 ② (비유적으로) 몹시 서두름
galoppino /galop'pino/ [남] (구어체에서) 심부름꾼
galoppo /ga'lɔppo/ [남] (말의) 갤럽, 전속력으로 달리기; al galoppo 갤럽으로, 전속력으로
galvanizzare /galvanid'dzare/ [타동] ① (근육·신경 등에) 직류 전기 요법을 쓰다 ② (금속판에) 전기 도금을 하다
gamba /'gamba/ [여] ① (사람의) 다리; a quattro gambe 네 발로 기어서 ② (가구류 따위의) 다리; le gambe di tavolo 탁자 다리 ③ in gamba i) 컨디션이 좋은 ii) 능력 있는, 똑똑한 - andare a gambe all'aria 거꾸러지다,

곤두박질치다; con le proprie gambe 자주적으로, 독립적으로; darsela a gambe 도망가다, 달아나다; prendere qc sotto gamba 무엇을 가볍게 다루다

gambale /gam'bale/ [남] 각반, 정강이받이

gambaletto /gamba'letto/ [남] 무릎 높이까지 오는 양말

gamberetto /gambe'retto/ [남] 작은 새우

gambero /'gambero/ [남] 참새우; 가재

Gambia /'gambja/ [남/여] 감비아 (서아프리카의 국가)

gambo /'gambo/ [남] ① [식물] 줄기, 대 ② (글라스의) 굽

gamma1 /'gamma/ [남/여-불변] 감마 (그리스어 알파벳의 세 번째 글자) - [형-불변] raggi gamma [물리] 감마선

gamma2 /'gamma/ [여] ① [음악] (전)음계 ② (전)범위

ganascia /ga'naʃʃa/ [여] (복 : -sce) ① 턱, 입 부분 ② (집게 등의) 물건을 끼워 잡는 부분 - mangiare a quattro ganasce 많이 먹다

gancio /'gantʃo/ [남] (복 : -ci) ① 갈고리 ② [복싱] 훅 (팔꿈치를 구부리고 치기)

ganghero /'gangero/ [남] (경첩의) 축, 피벗 - uscire dai gangheri 벌컥 화를 내다

gara /'gara/ [여] 경기, 시합, 겨루기; 경주; gara di nuoto 수영 경기; gare automobilistiche 자동차 경주; entrare in gara 경기[시합]에 참가하다 - gara d'appalto 경쟁 입찰

garage /ga'raʒ/ [남-불변] 차고

garante /ga'rante/ [형] farsi garante di[per] qc 무엇을 보증하다; farsi garante di[per] qn 누구의 보증인이 되다 - [남/여] 보증인

garantire /garan'tire/ [타동] 보증[보장] 하다; garantire un debito 빚보증을 서다 - garantirsi [재귀동사] (da 또는 contro와 함께 쓰여) (~에 대비해) 보험에 들다

garantito /garan'tito/ [형] 보증[보장]된; il successo sembra ormai garantito 성공은 이제 보장된 듯하다; è garantito che pioverà 비가 올 것이 분명하다

garanzia /garan'tsia/ [여] 보증; 담보; in garanzia ~의 보증 하에, ~을 보증하여

garbare /gar'bare/ [자동] (조동사 : essere) a qn garba qc 누구는 무엇을 좋아한다; non mi garba 난 그걸 좋아하지 않아

garbatamente /garbata'mente/ [부] 예의 바르게, 친절하게

garbato /gar'bato/ [형] 예의 바른, 친절한

garbo /'garbo/ [남] ① 우아함 ② 예의 바름, 친절; una persona di garbo 예의 바른 사람

garbuglio /gar'buʎʎo/ [남] (복 : -gli) 얽힘, 엉킴; 혼란, 난잡

gardenia /gar'dɛnja/ [여] [식물] 치자나무

gareggiare /gared'dʒare/ [자동] (조동사 : avere) ① (in과 함께 쓰여) (~의 경기[시합]에서) 겨루다 ② gareggiare con qn per qc 무엇을 놓고 누구와 다투다[경쟁하다]

garganella /garga'nɛlla/ [여] bere a garganella 병에 입을 대지 않고 마시다

gargarismo /garga'rizmo/ [남] (목구멍·입 안을) 양치질(하기); 양치질용 물약, 구강 청정제; fare i gargarismi 양치질하여 입 안을 가시다

garofano /ga'rɔfano/ [남] [식물] 카네이션

garretto /gar'retto/ [남] 말 뒷다리의 관절

garrire /gar'rire/ [자동] (조동사 : avere) (새가) 짹짹거리다

garrulo /'garrulo/ [형] ① (새가) 짹짹거리는 ② (사람이) 말 많은, 수다스러운

garza /'gardza/ [여] 거즈, 가제

garzone /gar'dzone/ [남] 남자 종업원, 사환, 보이

gas /gas/ [남-불변] 기체, 가스; stufa a gas 가스 난로; gas asfissiante 독가스; gas lacrimogeno 최루 가스; gas naturale 천연 가스 - dare gas (자동차의) 액셀러레이터를 밟다

gasare /ga'zare/ [타동] = gassare - gasarsi [재귀동사] (구어체에서) 흥분하다; 자만하다

gasato /ga'zato/ [형] ① (음료가) 탄산가스로 포화된 ② (구어체에서) 흥분한; 자만심이 강한 - [남] (여 : -a) 자만심이 강한 사람

gasdotto /gaz'dotto/ [남] 가스 파이프라인

gasolio /ga'zɔljo/ [남] (복 : -li) 디젤유

(油), 경유

gassare /gas'sare/ [타동] ① (음료를) 탄산가스로 포화시키다 ② 독가스로 죽이다

gassato /gas'sato/ [형] (음료가) 탄산가스로 포화된

gassosa /gas'sosa/ [여] 레모네이드

gassoso /gas'soso/ [형] 가스 상태의, 기체의

gastrico /'gastriko/ [형] (복 : -ci, -che) 위(胃)의

gastrite /gas'trite/ [여] [병리] 위염

gastroenterite /gastroente'rite/ [여] [병리] 위장염(胃腸炎)

gastronomia /gastrono'mia/ [여] 요리법

gastronomico /gastro'nɔmiko/ [형] (복 : -ci, -che) 요리법의

gastronomo /gas'trɔnomo/ [남] (여 : -a) 미식가, 식도락가

gatta /'gatta/ [여] 암고양이

gattino /gat'tino/ [남] (여 : -a) 새끼 고양이

gatto /'gatto/ [남] [동물] 고양이; 수고양이 - quando il gatto non c'è i topi ballano [속담] 호랑이 없는 골에 토끼가 왕 노릇 한다; gatto delle nevi 스노모빌; gatto selvatico 살쾡이

gattonare /gatto'nare/ [자동] (조동사 : avere) (아기가) 기다

gattoni /gat'toni/ [부] 네 발로 기어

gattopardo /gatto'pardo/ [남] [동물] 표범 비슷한 스라소니

gaudente /gau'dɛnte/ [형/남/여] 쾌락을 추구하는 (사람)

gavetta /ga'vetta/ [여] 휴대용 식기, 반합

gazebo /gad'dzebo/ [남-불변] 전망대 (망루, 정자 따위)

gazza /'gaddza/ [여] [조류] 까치

gazzarra /gad'dzarra/ [여] 소음, 소란; fare gazzarra 시끄럽게 떠들다

gazzella /gad'dzella/ [여] ① [동물] 가젤 (영양의 일종) ② 경찰차

gazzetta /gad'dzetta/ [여] 관보, 공보(公報)

gazzettino /gaddzet'tino/ [남] ① 신문(의 난) ② 수다쟁이, 남의 뒷말을 하는 사람

gazzosa /gad'dzosa/ [여] 레모네이드

geco /'dʒɛko/ [남] (복 : -chi) [동물] 도마뱀붙이

gel /dʒɛl/ [남-불변] [화학] 젤, 젤

gelare /dʒe'lare/ [타동] 얼게 하다, 몹시 차갑게 만들다 - [자동] (조동사 : essere) ① 얼어붙다, 결빙하다 ② (구어체에서) 몹시 춥다 - [비인칭] gela (날이) 몹시 춥다

gelata /dʒe'lata/ [여] 서리

gelataio /dʒela'tajo/ [남] (여 : -a) (복 : -ai) 아이스크림 파는[만드는] 사람

gelateria /dʒelate'ria/ [여] 아이스크림 가게

gelatiera /dʒela'tjɛra/ [여] 아이스크림 만드는 기계

gelatina /dʒela'tina/ [여] 젤라틴; 육즙 젤리; (과일로 만든) 젤리

gelato /dʒe'lato/ [형] 얼어붙은; 몹시 차가운 - [남] 아이스크림

gelidamente /dʒelida'mente/ [부] 냉담하게, 쌀쌀맞게, 차갑게

gelido /'dʒɛlido/ [형] ① 몹시 차가운[추운] ② (비유적으로) 냉담한, 쌀쌀맞은

gelo /'dʒɛlo/ [남] ① 서리; 결빙, 동결 ② 몹시 추움 ③ (공포로 인한) 오싹함, 으스스함

gelone /dʒe'lone/ [남] [병리] 동상(凍傷)

gelosamente /dʒelosa'mente/ [부] 질투하여, 시샘하여

gelosia1 /dʒelo'sia/ [여] 질투, 시샘

gelosia2 /dʒelo'sia/ [여] 블라인드, 셔터

geloso /dʒe'loso/ [형] (di와 함께 쓰여) (~을) 질투[시샘]하는

gelso /'dʒɛlso/ [남] [식물] 뽕나무

gelsomino /dʒelso'mino/ [남] [식물] 재스민

Gemelli /dʒe'mɛlli/ [남·복] [천문] 쌍둥이자리

gemello /dʒe'mɛllo/ [형] 쌍둥이의; fratello gemello 쌍둥이 형[남동생] - [남] (여 : -a) ① 쌍둥이의 한 사람 ② 커프스 단추[링크]

gemere /'dʒɛmere/ [자동] (조동사 : avere) 신음하다, 끙끙거리다

gemito /'dʒɛmito/ [남] 신음, 끙끙거리기

gemma /'dʒɛmma/ [여] ① [식물] 눈; 싹 ② 보석

Gen. → generale2

gendarme /dʒen'darme/ [남] (프랑스 등의) 경찰관, 헌병

gene /'dʒɛne/ [남] [생물] 유전자

genealogia /dʒenealo'dʒia/ [여] 가계, 혈통

genealogico /dʒenea'lɔdʒiko/ [형] (복 : -ci, -che) 가계의, 혈통의; albero genealogico 가계도, 계보, 족보

generale1 /dʒene'rale/ [형] ① 총괄의; console generale 총영사 ② 세상 일반의, 보편적인; nell'interesse generale 공익 차원에서; l'opinione generale 여론 ③ 대체적인, 개괄의; un quadro generale della situazione 상황의 개관 - in generale i) 일반적으로, 보통 ii) 대체로, 전체적으로

generale2 /dʒene'rale/ [남] [군사] 대장; 장군, 장성; generale di brigata 준장

generalità /dʒenerali'ta/ [여-불변] ① 일반적임, 보편성 ② 대부분, 대다수; nella generalità dei casi 대개의 경우에는 ③ 개인 상세 자료 (이름, 주소 따위)

generalizzare /dʒeneralid'dzare/ [타동] 일반화하다, 보급하다 - [자동] (조동사 : avere) 일반화하다

generalizzazione /dʒeneraliddzat'tsjone/ [여] 일반화, 보편화

generalmente /dʒeneral'mente/ [부] 일반적으로, 보통, 대개

generare /dʒene'rare/ [타동] ① (아기를) 낳다, 출산하다 ② 생산하다, 산출하다 ③ 일으키다, 야기하다

generatore /dʒenera'tore/ [남] 발전기

generazione /dʒenerat'tsjone/ [여] 세대; la nuova generazione 젊은 세대

genere /'dʒenere/ [남] ① 종류, 유형, 타입; oggetti di ogni genere 온갖 종류의 물건들 ② [문법] 성(性) ③ [문학·예술] 장르 ④ 상품, 물품; generi alimentari 식료품 ⑤ [생물] (분류상의) 속(屬) ⑥ in genere 대개, 일반적으로 - il genere umano 인류, 인간

genericamente /dʒenerika'mente/ [부] 막연하게

generico /dʒe'nɛriko/ (복 : -ci, -che) [형] ① 일반적인, 포괄적인; medico generico (전문의가 아닌) 일반 개업의 ② 막연한 - [남] 일반적임, 보편성

genero /'dʒɛnero/ [남] 사위

generosamente /dʒenerosa'mente/ [부] ① 관대하게 ② 아낌없이, 후하게

generosità /dʒenerosi'ta/ [여-불변] ① 관대, 관용, 아량 ② 마음이 후함, 아낌 없는 마음씨

generoso /dʒene'roso/ [형] ① 관대한, 아량 있는 ② 아낌없는, 후한

genesi /'dʒɛnezi/ [여-불변] 기원, 발상 (發祥)

Genesi /'dʒɛnezi/ [여/남] [성경] 창세기

genetica /dʒe'nɛtika/ [여] 유전학(學)

geneticamente /dʒenetika'mente/ [부] 유전학적으로, 유전자에 의해

genetico /dʒe'nɛtiko/ [형] (복 : -ci, -che) 유전학적인, 유전자의

gengiva /dʒen'dʒiva/ [여] 잇몸

geniale /dʒe'njale/ [형] 천재의, 천재적인, 재능이 뛰어난

genialità /dʒenjali'ta/ [여-불변] 천재적인 재능

genio1 /'dʒɛnjo/ [남] (복 : -ni) ① 천재, 귀재; essere un genio in matematica 그는 수학의 천재다 ② 비범한 재능; avere il genio degli affari 사업하는 재주가 뛰어나다 ③ (신화 속의) 영(靈), 요정 - andare a genio a qn 누구의 마음에 들다

genio2 /'dʒɛnjo/ [남] [군사] 공병대

genitale /dʒeni'tale/ [형] 생식(기)의 - genitali [남·복] 생식기

genitore /dʒeni'tore/ [남] 부모 중의 한 사람 (아버지 또는 어머니); i miei genitori 나의 부모님

gennaio /dʒen'najo/ [남] 1월

genocidio /dʒeno'tʃidjo/ [남] (복 : -di) 특정 인종·민족에 대한 대량 학살

Gent. → (gentile의 약자로) (편지 등에서) "~님께"

gentaglia /dʒen'taʎʎa/ [여] (경멸적으로) 하층민, 인간 쓰레기

gente /'dʒɛnte/ [여] 사람들; 주민; 민족, 종족; c'era tanta gente 거기엔 많은 사람들이 있었다; gente di città 도시 사람들; le genti dell'Asia 아시아인들

gentile1 /dʒen'tile/ [형] ① 친절한; 예의 바른; è molto gentile da parte sua 정말 친절하시군요; vuoi essere tanto gentile da ~? ~해주시겠습니까? ② 섬세한, 고운 ③ (편지에서) gentile signore ~님께

gentile2 /dʒen'tile/ [남] (유대인이 말하는) 이방인

gentilezza /dʒenti'lettsa/ [여] 친절, 예의 바름; fare una gentilezza a qn 누구에게 친절을 베풀다; per gentilezza ~ 해주세요

gentilissimo /dʒenti'lissimo/ [형] ① 매우 친절한 ② (편지에서) gentilissimo sig. ~ ~님께

gentilmente /dʒentil'mente/ [부] 친절하게, 예의 바르게

gentiluomo /dʒenti'lwɔmo/ [남] (복 : gentiluomini) 신사, 점잖은 사람

Gent.mo → (gentilissimo의 약자로) (편지 등에서) "~님께"

genuflettersi /dʒenu'flɛttersi/ [재귀동사] (한쪽) 무릎을 꿇다

genuinamente /dʒenuina'mente/ [부] 진정으로

genuinità /dʒenuini'ta/ [여-불변] ① 진정, 진심 ② 진짜임, 진품임

genuino /dʒenu'ino/ [형] ① (식품 따위가) 잡물이 섞이지 않은, 진짜의 ② 진정의, 진심어린, 가식 없는

genziana /dʒen'tsjana/ [여] [식물] 용담

geofisica /dʒeo'fizika/ [여] 지구물리학

geografia /dʒeogra'fia/ [여] 지리학

geografico /dʒeo'grafiko/ [형] (복 : -ci, -che) 지리학의, 지리학적인

geografo /dʒe'ɔgrafo/ [남] (여 : -a) 지리학자

geologia /dʒeolo'dʒia/ [여] 지질학

geologico /dʒeo'lɔdʒiko/ [형] (복 : -ci, -che) 지질학(상)의

geologo /dʒe'ɔlogo/ [남] (여 : -a) (남·복 : -gi, 여·복 : -ghe) 지질학자

geometra /dʒe'ɔmetra/ [남/여] ① (건축) 측량 기사 ② 기하학자

geometria /dʒeome'tria/ [여] 기하학

geometrico /dʒeo'mɛtriko/ [형] (복 : -ci, -che) 기하학(상)의; 기하학적인

geopolitica /dʒeopo'litika/ [여] 지정학 (地政學)

Georgia /dʒe'ordʒa/ [여] 조지아, 그루지야 (터키 북쪽에 있는 나라)

geranio /dʒe'ranjo/ [남] (복 : -ni) [식물] 제라늄

gerarchia /dʒerar'kia/ [여] 계층제, 계급제도, 서열

gerarchicamente /dʒerarkika'mente/ [부] 계급 제도에서, 서열상

gerarchico /dʒe'rarkiko/ [형] (복 : -ci, -che) 계급 제도[조직]의

gerente /dʒe'rɛnte/ [남/여] 지배인, 경영자, 책임자

gergale /dʒer'gale/ [형] 속어의

gergo /'dʒɛrgo/ [남] (복 : -ghi) 속어; 은어

geriatria /dʒerja'tria/ [여] 노인병학(學)

geriatrico /dʒe'rjatriko/ [형] 노인병학(學)의

Germania /dʒer'manja/ [여] 독일

germanico /dʒer'maniko/ (복 : -ci, -che) [형] 게르만족의; 독일의 - [남] 게르만 말

germe /'dʒɛrme/ [남] ① [생물] 유아(幼芽), 배(胚) ② 세균, 병원균 ③ (비유적으로) (di와 함께 쓰여) (~의) 싹틈, 눈틈, 기원

germogliare /dʒermoʎ'ʎare/ [자동] (조동사 : essere, avere) ① 싹트다, 발아하다 ② (비유적으로) 생기다, 일어나다

germoglio /dʒer'moʎʎo/ [남] (복 : -gli) (식물의) 눈, 싹

geroglifico /dʒero'glifiko/ [남] (복 : -ci, -che) (고대 이집트의) 상형문자

gerontologia /dʒerontolo'dʒia/ [여] 노인학(學)

gerundio /dʒe'rundjo/ [남] (복 : -di) [문법] 현재분사

Gerusalemme /dʒeruza'lɛmme/ [여] 예루살렘

gessato /dʒes'sato/ [형] (의복 등에) 가는 세로줄 무늬가 있는

gessetto /dʒes'setto/ [남] 분필, 초크

gesso /'dʒɛsso/ [남] ① [광물] 석고 ② 깁스, 석고 붕대 ③ 석고상 ④ 분필, 초크

gesta /'dʒɛsta/ [여·복] 영웅적인 업적 (무공(武功) 따위)

gestante /dʒes'tante/ [여] 임신부

gestazione /dʒestat'tsjone/ [여] ① 임신, 잉태 ② (비유적으로) (계획 따위의) 배태, 창안, 형성

gesticolare /dʒestiko'lare/ [자동] (조동사 : avere) 몸짓[손짓]으로 나타내다

gestionale /dʒestjo'nale/ [형] 관리의, 경영상의

gestione /dʒes'tjone/ [여] ① 관리, 경영, 운영; gestione finanziaria 재무 관리 ② 취급, 처리, 조종

gestire /dʒes'tire/ [타동] ① 관리하다, 경영하다, 운영하다 ② 다루다, 취급하다, 처리하다, 조종하다

gesto /'dʒɛsto/ [남] ① 제스처, 동작, 몸짓, 손짓 ② 의사 표시로서의 행위 - non fare un gesto 손가락 하나 까딱하지 않다, 조금도 노력하지 않다

gestore /dʒes'tore/ [남] (여 : -trice) 지배인, 경영자, 책임자

Gesù /dʒe'zu/ [남] 예수 - [감] 이런!, 아이구! - Gesù Bambino 아기 예수; Gesù Cristo 예수 그리스도

gesuita /dʒezu'ita/ [남] [가톨릭] 예수회의 일원[수사]

gettare /dʒet'tare/ [타동] ① (내)던지다, 팽개치다, 투척하다; gettare qc a qn 누구에게 무엇을 던지다; gettare a terra qn 누구를 거꾸러뜨리다; gettare l'ancora (배가) 닻을 내리다 ② (옷을 몸에) 걸치다 ③ (비난 따위를) 퍼붓다 ④ (어떤 상태에) 빠지게 하다; quella notizia l'ha gettato nella disperazione 그는 그 소식을 듣고는 절망에 빠졌다 ⑤ (다리 따위를) 건설하다, 놓다 ⑥ (액체를) 내뿜다; (울음을) 터뜨리다 - [자동] (조동사 : avere) (식물이) 싹트다 - **gettarsi** [재귀동사] (in과 함께 쓰여) ① (~에) 몸을 던지다, 뛰어들다; gettarsi in un'impresa 사업에 뛰어들다 ② (강물 따위가 ~으로) 흘러들다 - gettare le armi 무기를 내려놓다, 항복하다; gettare la polvere negli occhi a qn (비유적으로) 누구의 눈을 속이다, 누구를 현혹하다

gettata /dʒet'tata/ [여] ① (금속의) 주조(鑄造) ② 둑, 방파제

gettito /'dʒettito/ [남] 수입, 수익

getto /'dʒetto/ [남] ① 던지기, 투척 ② (액체의) 분사, 분출; stampante a getto d'inchiostro 잉크젯프린터 ③ (식물의) 싹 ④ (금속의) 주조 - a getto continuo 연속하여, 쭉; di getto 단번에, 곧장

gettonato /dʒetto'nato/ [형] (구어체에서) (노래·가수 등이) 인기 있는, 대중의 사랑을 받는

gettone /dʒet'tone/ [남] 대용 화폐 (토큰, 칩 따위)

gettoniera /dʒetto'njɛra/ [여] (기계의) 동전통

geyser /'gaizer/ [남-불변] 간헐천

Ghana /'gana/ [남] 가나 (서아프리카의 국가)

ghepardo /ge'pardo/ [남] [동물] 치타

gheriglio /ge'riʎʎo/ [남] (복 : -gli) (호두의) 인(仁), 핵(核)

ghermire /ger'mire/ [타동] ① (고양이나 새 따위가 발톱으로) 움켜쥐다 ② (비유적으로) (갑자기) 꽉 쥐다, 붙잡다

ghetta /'getta/ [여] 각반(脚絆) - ghette [여·복] 레깅스

ghetto /'getto/ [남] ① 게토 (옛날의 유대인 강제 거주 지구) ② 소수 민족 거주 지구

ghiacciaia /gjat'tʃaja/ [여] 얼음 창고, 냉장실; 아이스박스

ghiacciaio /gjat'tʃajo/ [남] (복 : -ai) 빙하

ghiacciare /gjat'tʃare/ [타동] 얼리다, 얼게 하다; 몹시 차갑게 만들다 - [자동] (조동사 : essere, avere) ① (물 따위가) 얼다 ② (길 따위가) 얼음으로 뒤덮이다 - [비인칭] (조동사 : essere, avere) questa notte è ghiacciato 간밤에 무척 추웠다

ghiacciato /gjat'tʃato/ [형] 얼어붙은, 얼음으로 뒤덮인; 몹시 차가운

ghiaccio /'gjattʃo/ (복 : -ci) [남] 얼음 - [형] 얼음처럼 차가운, 몹시 찬 - restare di ghiaccio 말문이 막히다, 어안이 벙벙하다; rompere il ghiaccio (딱딱한 분위기를 누그러뜨리기 위하여) 첫마디를 꺼내다 - ghiaccio secco 드라이아이스

ghiacciolo /gjat'tʃɔlo/ [남] ① 고드름 ② 아이스캔디

ghiaia /'gjaja/ [여] 자갈

ghianda /'gjanda/ [여] 도토리

ghiandola /'gjandola/ [여] [생리] 선(腺), 샘, 분비 기관; ghiandola endocrina 내분비선[샘]

ghigliottina /giʎʎot'tina/ [여] 기요틴, 단두대

ghignare /giɲ'ɲare/ [자동] (조동사 : avere) 비웃다, 조소하다

ghigno /'giɲɲo/ [남] 비웃음, 조소

ghingheri (in ghingheri /in'gingeri/의 형태로 쓰여) [형] 잘 차려 입은

ghiotto /'gjotto/ [형] ① (di와 함께 쓰여) (먹을 것 따위를) 무척 욕심 내는, 아주 좋아하는; (~을) 갈망하는 ② (음식이) 아주 맛있는 ③ (이야기가) 흥미진진한

ghiottone /gjot'tone/ [남] (여 : -a) 많이 먹는 사람, 대식가

ghiottoneria /gjottone'ria/ [여] ① 식탐 ② 맛있는 음식

ghiribizzo /giri'biddzo/ [남] 갑자기 떠오른 생각, 일시적인 기분

ghirigoro /giri'goro/ [남] 낙서 같은 그림, 끄적거림

ghirlanda /gir'landa/ [여] 화환, 화관(花冠)

ghiro /'giro/ [남] [동물] 겨울잠쥐 - dormire come un ghiro 푹[정신없이] 자다

ghisa /'giza/ [여] 주철(鑄鐵), 무쇠

gi /dʒi/ [남/여-불변] 알파벳 g[G]의 명칭

già /dʒa/ [부] ① 이미, 벌써; te l'ho già

detto 이미 말했잖니; è successo già da molto tempo 그건 벌써 오래 전에 일어난 일이다; già da bambino amava la musica 그는 어린 시절부터 음악을 좋아했다 ② 이전에; lo Zimbabwe, già Rodesia 이전에 로디지아라고 불렸던 짐바브웨 ③ 물론, 당연히

giacca /'dʒakka/ [여] (복 : -che) 재킷; giacca a vento 방풍[방한] 재킷

giacché /dʒak'ke/ [접] (옛말로) ~이므로

giaccone /dʒak'kone/ [남] 겨울용의 두꺼운 재킷

giacenza /dʒa'tʃɛntsa/ [여] in giacenza 재고로, 팔리지 않고 남아 - giacenze di cassa 수중에 있는 현금

giacere /dʒa'tʃere/ [자동] (조동사 : essere) ① (사람이) 누워 있다 ② (어느 곳에) 위치해 있다; il paese giace ai piedi della montagna 그 마을은 산기슭에 자리잡고 있다 ③ (비유적으로) 축 늘어져 지내다, 놀면서 지내다 ④ (자본이) 쓰이지 않고 있다, 놀고 있다

giaciglio /dʒa'tʃiʎʎo/ [남] (복 : -gli) 초라한 침상, 짚 요

giacimento /dʒatʃi'mento/ [남] 광상(鑛床); giacimento petrolifero 유전(油田)

giacinto /dʒa'tʃinto/ [남] [식물] 히아신스

giada /'dʒada/ [여] 비취, 옥(玉)

giaggiolo /dʒad'dʒɔlo/ [남] [식물] 붓꽃, 아이리스

giaguaro /dʒa'gwaro/ [남] [동물] 재규어

giallastro /dʒal'lastro/ [형] 노르스름한, 노란 빛을 띤

giallo /'dʒallo/ [형] ① 노란, 황색의 ② (소설·영화 따위가) 범죄·탐정에 관련된; libro giallo 탐정 소설 - [남] ① 노랑, 황색 ② 계란 노른자 (il giallo dell'uovo) ③ 탐정 소설[영화]

Giamaica /dʒa'maika/ [여] 자메이카

giamaicano /dʒamai'kano/ [형] 자메이카의 - [남] (여 : -a) 자메이카 사람

giammai /dʒam'mai/ [부] (문어체에서) 결코 ~ 않다

Giano /'dʒano/ [남] [로마신화] 야누스 (두 얼굴을 가진 신)

Giappone /dʒap'pone/ [남] 일본

giapponese /dʒappo'nese/ [형] 일본의 - [남/여] 일본 사람 - [남] 일본어

giara /'dʒara/ [여] (도기로 된) 물병, 단지, 주전자

giardinaggio /dʒardi'naddʒo/ [남] (복 : -gi) 정원 가꾸기, 원예

giardiniera /dʒardi'njera/ [여] ① giardiniere의 여성형 ② 채소 절임

giardiniere /dʒardi'njɛre/ [남] (여 : -a) 정원사

giardino /dʒar'dino/ [남] 정원, 뜰 - giardino d'infanzia 유치원; giardino pubblico 공원; giardino zoologico 동물원

giarrettiera /dʒarret'tjɛra/ [여] 양말 대님, 가터

giavellotto /dʒavel'lɔtto/ [남] (무기로서의) 던지는 창; (경기용) 창; lancio del giavellotto [육상] 창던지기

gigabyte /dʒiga'bait/ [남-불변] [컴퓨터] 기가바이트

gigante /dʒi'gante/ [형] 거대한; formato gigante (상품의) 특대 사이즈 - [남] ① 거인 ② (비유적으로) 거장, 대가 - a passi da gigante 급속도로, 비약적으로 (발전하여)

gigantesco /dʒigan'tesko/ [형] (복 : -schi, -sche) 거대한

gigantografia /dʒigantogra'fia/ [여] (사진의) 확대

giglio /'dʒiʎʎo/ [남] (복 : -gli) [식물] 백합

gigolo /ʒigɔ'lo/ [남-불변] 돈 많은 연상의 여자에게 얹혀 사는 남자

gilè /dʒi'lɛ/ [남-불변] 양복 조끼

gin /dʒin/ [남-불변] 진 (독주의 일종)

gincana /dʒin'kana/ [여] 자동차 장애물 경기

ginecologia /dʒinekolo'dʒia/ [여] [의학] 부인과

ginecologico /dʒineko'lɔdʒiko/ [형] (복 : -ci, -che) 부인과학의

ginecologo /dʒine'kɔlogo/ [남] (여 : -a) (남·복 : -gi, 여·복 : -ghe) 부인과 의사

ginepro /dʒi'nepro/ [남] [식물] 노간주나무

ginestra /dʒi'nɛstra/ [여] [식물] 양골담초

gingillarsi /dʒindʒil'larsi/ [재귀동사] ① 빈둥거리다, 시간을 낭비하다 ② (con과 함께 쓰여) (~을) 가지고 놀다

gingillo /dʒin'dʒillo/ [남] 자질구레한 물건; 장난감

ginnasio /dʒin'nazjo/ [남] (복 : -si) (이

탈리아의) 인문계 고등학교의 첫 2년 과정

ginnasta /dʒin'nasta/ [남/여] (남·복 : -i, 여·복 : -e) 체조 선수

ginnastica /dʒin'nastika/ [여] ① [스포츠] 체조 ② (학교 과목으로서의) 체육 ③ 운동; fare ginnastica 운동을 하다

ginnico /'dʒinniko/ [형] (복 : -ci, -che) 체조의; 체육의, 운동의

ginocchiata /dʒinok'kjata/ [여] 무릎으로 치기, 무릎을 사용한 공격; dare una ginocchiata a qn 누구를 무릎으로 치다[공격하다]

ginocchiera /dʒinok'kjɛra/ [여] 무릎 보호대

ginocchio /dʒi'nɔkkjo/ [남] (복 : -chi, 여·복 : -chia) 무릎; al ginocchio (의복 따위가) 무릎까지 오는; in ginocchio 무릎을 꿇고; mettersi in ginocchio 무릎을 꿇다; sedersi sulle ginocchia di qn 누구의 무릎 위에 앉다

ginocchioni /dʒinok'kjoni/ [부] 무릎을 꿇고; mettersi ginocchioni 무릎을 꿇다

ginseng /'dʒinseng/ [남-불변] [식물] 인삼

giocare /dʒo'kare/ [타동] ① (경기·놀이를) 하다; giocare l'atout 트럼프 놀이를 하다 ② (내기에서 돈 따위를) 걸다 ③ (남을) 속이다 - [자동] (조동사 : avere) ① (con과 함께 쓰여) (~을) 가지고 놀다 ② (a와 함께 쓰여) (경기·놀이를) 하다; giocare a scacchi 체스를 두다; giocare al pallone 축구를 하다 ③ 도박을 하다, 돈을 걸다 ④ 영향을 끼치다, 작용을 하다 - giocarsi [재귀동사] (~에) 걸다, 위험을 무릅쓰다 - a che gioco giocate? 너 뭐하고 있는 거냐?; giocare d'astuzia 교활하게 굴다

giocata /dʒo'kata/ [여] ① 게임, 놀이 ② 내기, (돈 따위를) 걸기

giocatore /dʒoka'tore/ [남] (여 : -trice) ① (경기·놀이를) 하는 사람, 선수 ② 도박꾼

giocattolo /dʒo'kattolo/ [남] 장난감

giocherellare /dʒokerel'lare/ [자동] (조동사 : avere) (con과 함께 쓰여) (~을) 가지고 놀다

giocherellone /dʒokerel'lone/ [남] (여 : -a) 놀기 좋아하는 사람

gioco /'dʒɔko/ [남] (복 : -chi) ① 놀이, 게임; il gioco degli scacchi 체스 게임; gioco di pazienza 직소 퍼즐 ② 장난, 농담; gioco di parole 말장난; per gioco 장난으로, 재미로 ③ (스포츠의) 시합, 경기; i giochi olimpici 올림픽 대회 ④ il gioco 도박; casa da gioco 도박장 ⑤ (기계 장치 따위의) 조작, 운전 ⑥ (빛·그림자 따위의) 움직임, 효과 - è un gioco da ragazzi 그건 누워서 떡 먹기야; entrano in gioco diversi fattori 여러 가지 요소가 작용한다; è in gioco la mia reputazione 그건 내 평판이 걸린 문제다; fare il doppio gioco con qn 누구를 속이다, 배반하다

giocoliere /dʒoko'ljere/ [남] (여 : -a) (서커스에서) 저글링을 하는 사람

giocondo /dʒo'kondo/ [형] 명랑한, 쾌활한, 즐거운

giocoso /dʒo'koso/ [형] 장난 치기 좋아하는, 익살맞은

giogaia /dʒo'gaja/ [여] 산맥

giogo /'dʒogo/ [남] (복 : -ghi) ① 멍에 ② (비유적으로) 속박, 굴레

gioia1 /'dʒɔja/ [여] ① 기쁨, 즐거움, 환희; essere pazzo di gioia 기뻐서 어쩔 줄 모르다; darsi alla pazza gioia 마음껏 즐기다 ② 기쁨을 가져다 주는 것, 기쁨의 근원; gioia mia! 오, 내 사랑!

gioia2 /'dʒɔja/ [여] 보석

gioielleria /dʒojelle'ria/ [여] ① 보석을 파는 가게 ② 보석 세공술

gioielliere /dʒojel'ljere/ [남] (여 : -a) ① 보석 세공인 ② 보석 상인

gioiello /dʒo'jello/ [남] ① 보석 ② 매우 귀중한 것, 보물; 아주 소중한 사람

gioiosamente /dʒojosa'mente/ [부] 기쁘게, 즐겁게

gioioso /dʒo'joso/ [형] 기쁜, 즐거운, 기분 좋은

gioire /dʒo'ire/ [자동] (조동사 : avere) (per와 함께 쓰여) (~을) 기뻐하다

Giordania /dʒor'danja/ [여] 요르단

giordano /dʒor'dano/ [형] 요르단의 - [남] (여 : -a) 요르단 사람

giornalaio /dʒorna'lajo/ [남] (여 : -a) (복 : -ai) (가판대나 거리에서) 신문·잡지를 파는 사람

giornale /dʒor'nale/ [남] ① 신문; 잡지 ② 일기, 일지; giornale di bordo 항해 일지 ③ (TV·라디오의) 뉴스 방송

giornaliero /dʒorna'ljero/ [형] 매일의, 나날의; 일간의 - [남] (여 : -a) ① 날품팔이 ② 1일간 이용 가능한 승차권

giornalino /dʒorna'lino/ [남] 만화책

giornalismo /dʒorna'lizmo/ [남] 저널리즘, 언론

giornalista /dʒorna'lista/ [남/여] (남·복 : -i, 여·복 : -e) 저널리스트, 언론인

giornalistico /dʒorna'listiko/ [형] (복 : -ci, -che) 신문·잡지의, 언론의

giornalmente /dʒornal'mente/ [부] 매일, 날마다

giornata /dʒor'nata/ [여] ① 하루, 날; durante la giornata di ieri 어제; in giornata 하루가 끝나기 전에; è a una giornata di cammino 하루 동안 걸어갈 만한 거리다; giornata lavorativa 근무일, 평일 ② 노동[근무] 시간의 하루; lavorare a giornata 날품[일급]으로 일하다

giorno /'dʒorno/ [남] ① 하루, 날; giorno feriale 주일(週日), 평일; giorno festivo 휴일; tutto il santo giorno 하루 종일; fra 2 giorni 이틀 지나면; uno di questi giorni 근일, 일간; il giorno prima 전날; due giorni fa 이틀 전에; al giorno 하루에, 1일; giorno per giorno 날마다 ② 날짜; che giorno è oggi? i) 오늘 며칠이지? ii) 오늘 무슨 요일이지? ③ 낮, 주간; giorno e notte 낮과 밤; di giorno 낮에, 주간에 ④ (정해지지 않은 기간을 나타내어) al giorno d'oggi 요즘; ha i giorni contati 그는 여생이 얼마 남지 않았다; passare i propri giorni a fare qc 무엇을 하며 시간을 보내다

giostra /'dʒɔstra/ [여] ① 회전목마 ② (중세의) 마상(馬上) 창 시합

giostrarsi /dʒos'trarsi/ [재귀동사] 이럭저럭 꾸려나가다; giostrarsi tra le difficoltà 역경을 딛고 자신의 길을 헤쳐나가다

giovamento /dʒova'mento/ [남] 이익, 도움; trarre giovamento da qc 무엇으로부터 이익을 얻다

giovane /'dʒovane/ [형] 젊은, 어린, 연소한; è più giovane di me 그는 나보다 어리다; è morto in giovane età 그는 젊어서 죽었다 - [남/여] 젊은이, 청년; da giovane 내가 어렸을 때 - [부] vestirsi giovane 젊은이들 스타일로 옷을 입다

giovanile /dʒova'nile/ [형] ① 젊은이의, 청소년의 ② 젊어 보이는; avere un aspetto giovanile 젊어 보이다

giovanotto /dʒova'nɔtto/ [남] 젊은이, 청년

giovare /dʒo'vare/ [자동] (조동사 : essere, avere) (a와 함께 쓰여) (~에) 좋다, 유익하다; lavorare fino a tardi non ti giova 늦게까지 일하는 건 (건강에) 좋지 않다 - [비인칭] 유익하다; giova sapere che ~을 아는 게 좋다 - giovarsi [재귀동사] (di와 함께 쓰여) (~의 이점을) 이용하다, (~으로부터) 이익을 얻다

giovedì /dʒove'di/ [남-불변] 목요일

gioventù /dʒoven'tu/ [여] ① 젊은 시절, 청년기; in gioventù 젊은 시절에, 청년기에 ② 젊은이들, 청년들; la gioventù del giorno d'oggi 오늘날의 젊은이들

gioviale /dʒo'vjale/ [형] 명랑한, 즐거운, 유쾌한

giovinastro /dʒovi'nastro/ [남] (여 : -a) 망나니, 건달

giovincello /dʒovin'tʃello/ [남] 어린 소년

giovinezza /dʒovi'nettsa/ [여] ① 젊은 시절, 청년기 ② 젊음

giradischi /dʒira'diski/ [남-불변] 레코드 플레이어

giraffa /dʒi'raffa/ [여] [동물] 기린

giramento /dʒira'mento/ [남] giramento di testa 어지러움, 현기증; mi è venuto un giramento di testa 나 어지러워, 현기증이 나

giramondo /dʒira'mondo/ [남/여-불변] 이곳저곳을 두루 다니는[여행하는] 사람

girandola /dʒi'randola/ [여] ① 회전 불꽃 ② 바람개비

girare /dʒi'rare/ [타동] ① (바퀴·열쇠·시선 따위를) 돌리다 ② (페이지를) 넘기다 ③ (모퉁이 따위를) 돌다 ④ 둘러보다, 관광 여행을 하다; ha girato il mondo 그는 세계 여행을 했다 ⑤ [영화·TV] 촬영하다, (장면을) 찍다 - [자동] (조동사 : avere, essere) ① 돌다, 회전하다; la terra gira intorno al proprio asse 지구는 자전한다 ② 돌아다니다, 배회하다 ③ (왼쪽 또는 오른쪽 등으로) 방향 전환을 하다 ④ (통화 등이) 유통되다 ⑤ (구어체에서) che cosa ti gira? 너 무슨 생각이 난 거야? - girarsi [재귀동사] (몸을) 돌리다, 방

향 전환을 하다 - mi gira la testa 나 어지러워; gira al largo! 저리 가!; fare girare le scatole a qn 누구를 미치게 [돌게] 만들다

girarrosto /dʒirar'rɔsto/ [남] 고기 굽는 쇠꼬챙이

girasole /dʒira'sole/ [남] [식물] 해바라기

girata /dʒi'rata/ [여] ① [상업] 배서(背書) ② (구어체에서) 돌아다니기, 배회

giravolta /dʒira'vɔlta/ [여] ① 빙빙 돌기, 회전 ② (길 따위의) 굽음, 커브 ③ (비유적으로) (사상·정책 등의) 전향

girellare /dʒirel'lare/ [자동] (조동사 : avere) 돌아다니다, 배회하다

girello /dʒi'rello/ [남] ① (유아용) 보행기 ② 소의 옆구리살

giretto /dʒi'retto/ [남] 걷기, 거닐기; 드라이브

girevole /dʒi'revole/ [형] 돌아가는, 회전하는

girino /dʒi'rino/ [남] 올챙이

giro /'dʒiro/ [남] ① (축을 중심으로 한) 회전, 선회; 3000 giri al minuto 분당 3000회전; compiere un intero giro 꼬박 한 바퀴를 돌다 ② 걷기, 거닐기, 드라이브; 일주; fare il giro di ~을 한 바퀴 둘러보다; fare il giro del mondo 세계 일주를 하다; abbiamo fatto un giro in campagna 우리는 시골길을 거닐었다 ③ (경주로의) 한 바퀴 ④ (신체의) 둘레, 치수; giro vita 허리 둘레 ⑤ (시간상) nel giro di ~ 동안에; nel giro di un mese 한 달 내에 ⑥ 집단, 서클; essere nel[del] giro 집단의 일원이다 ⑦ (in giro의 형태로 쓰여) guardarsi in giro (한바퀴) 둘러보다; andare in giro 돌아다니다; mettere in giro (통화 따위를) 유통시키다 - dare un giro di vite (비유적으로) 죄다, 압박하다; un giro di parole (비유적으로) 에둘러 말하기, 완곡한 표현; essere su di giri (비유적으로) 아주 의기양양하다 - giro d'affari (일정 기간의) 거래액, 총매상고

girocollo /dʒiro'kɔllo/ [남-불변] a girocollo 크루넥(스웨터 등 깃이 없는 둥근 네크라인)의

girone /dʒi'rone/ [남] (경기의) 1라운드, 한 판; girone di andata 1회전, 첫판

gironzolare /dʒirondzo'lare/ [자동] (조동사 : avere) 돌아다니다, 배회하다

giroscopio /dʒiros'kɔpjo/ [남] (복 : -pi) 자이로스코프, 회전의(回轉儀)

girotondo /dʒiro'tondo/ [남] 원을 그리며 노래하는 아이들 놀이

girovagare /dʒirova'gare/ [자동] (조동사 : avere) 돌아다니다, 배회하다

girovago /dʒi'rɔvago/ [형/남] (여 : -a) (복 : -ghi, -ghe) 돌아다니는, 배회하는, 방랑하는 (사람)

girovita /dʒiro'vita/ [남-불변] 허리 둘레

gita /'dʒita/ [여] 짧은 여행, 소풍, 나들이; andare in gita, fare una gita 잠깐 나들이하다

gitano /dʒi'tano/ [형] 집시의 - [남] (여 : -a) (스페인의) 집시

gitante /dʒi'tante/ [남/여] 짧은 여행을 하는 사람, 나들이객

giù /dʒu/ [부] ① 아래에; 아래로; è sceso giù in giardino 그는 정원으로 내려갔다; è giù in cantina 그는 아래 지하실에 있다; è venuto giù il tetto 지붕이 내려앉았다; veniva giù un'acqua! 비가 억수 같이 내렸어!; cadere a testa in giù 거꾸러지다 ② (일정 수량) 이하의; bambini dai 6 anni in giù 6세 이하의 어린이들 ③ giù di lì 약, 대략, ~쯤 ④ essere giù i) 풀이 죽어 있다, 낙담해 있다 ii) 건강이 좋지 않다; quel tipo non mi va giù 저런 녀석은 봐줄 수가 없어

giubba /'dʒubba/ [여] 재킷

giubbotto /dʒub'bɔtto/ [남] 재킷, 조끼; giubbotto salvagente 구명 재킷; giubbotto antiproiettile 방탄조끼

giubilante /dʒubi'lante/ [형] (무리가) 환호하는

giubilare /dʒubi'lare/ [자동] (조동사 : avere) 환호하다, 기뻐하다

giubileo /dʒubi'lɛo/ [남] ① 50년제(祭) ② [가톨릭] (보통 25년마다 행하는) 성년(聖年), 대사(大赦)의 해 ③ [성경] 희년(禧年), 안식의 해

giubilo /'dʒubilo/ [남] 환희, 기쁨; grida di giubilo 환호성

giudicare /dʒudi'kare/ [타동] ① 판단하다, 평가하다; giudicare qn idoneo ad un lavoro 누구를 직무에 적합하다고 판단하다 ② (법관이) 판결을 내리다; giudicare qn colpevole 누구에게 유죄 판결을 내리다 ③ (~이라고) 생각하다, 여기다; giudicare qn bene 누구를 좋게 생각하다; giudicare opportuno fare ~하는 것이 적절하다고 여기다 - [자동] (조동사 : avere) 판단하다; se devo giudicare in base alla mia esperienza 내 경험으로 판단하건대; giudicare dalle apparenze 겉모습으로 판단하다

giudice /'dʒuditʃe/ [남] ① 재판관, 법관, 판사 ② (경기 등의) 심판 (giudice di gara) ③ 감정가, 전문가

giudiziario /dʒudit'tsjarjo/ [형] (복 : -ri, -rie) 사법의, 재판의

giudizio /dʒu'dittsjo/ [남] (복 : -zi) ① 판단, 평가; 의견, 견해; dare[esprimere] un giudizio su qn/qc 누구/무엇에 대해 판단[평가]을 내리다, 의견을 내놓다; a giudizio di qn 누구의 의견으로는; chiedere il giudizio di qn 누구의 소견을 묻다 ② 판단력, 분별력; essere privo di giudizio 판단력이 부족하다; l'età del giudizio 분별 연령; denti del giudizio 사랑니 ③ (법원의) 재판, 판결; l'imputato è stato rinviato a giudizio 피고는 재판에 넘겨졌다 ④ [기독교] il giudizio universale 최후의 심판

giudiziosamente /dʒudittsjosa'mente/ [부] 분별력 있게, 현명하게

giudizioso /dʒudit'tsjoso/ [형] 분별력이 있는, 현명한

giugno /'dʒuɲɲo/ [남] 6월

giugulare /dʒugu'lare/ [형] [해부] 경부(頸部)의 - [여] [해부] 경정맥(頸靜脈)

giullare /dʒul'lare/ [남] (중세 왕궁의) 어릿광대

giumenta /dʒu'menta/ [여] 암말(馬)

giunchiglia /dʒun'kiʎʎa/ [여] [식물] 노랑수선화

giunco /'dʒunko/ [남] (복 : -chi) [식물] 골풀

giungere /'dʒundʒere/ [자동] (조동사 : essere) (a와 함께 쓰여) ① (~에) 도착[도달]하다, 이르다; giungere a casa 집에 오다 ② (비유적으로) (결과 따위에) 이르다; giungere alla meta 목적을 달성하다 - [타동] (손을) 맞잡다, 모으다

giungla /'dʒungla/ [여] 정글, 밀림

giunta1 /'dʒunta/ [여] 부가, 추가 - per giunta 게다가, 더욱이

giunta2 /'dʒunta/ [여] 평의회, 협의회, 위원회

giuntare /dʒun'tare/ [타동] 꿰매어 붙이다

giunto /'dʒunto/ [남] [기계] 연결 장치, 커플링

giuntura /dʒun'tura/ [여] ① 솔기, 꿰매 붙인 곳 ② [해부] 관절

giuramento /dʒura'mento/ [남] 맹세, 서약; fare[prestare] un giuramento 맹세[서약]하다; venir meno a un giuramento 맹세[서약]를 어기다[깨뜨리다]

giurare /dʒu'rare/ [타동] 맹세[서약]하다; giurare di fare qc 무엇을 하겠다고 맹세[서약]하다; giurare fedeltà a qn 누구에게 충성을 맹세하다; giurare il falso 거짓 맹세를 하다; giurerei di averlo visto prima 분명히 그를 전에 본 적이 있어 - [자동] 맹세[서약]하다; giurare su qc 무엇에 걸고 맹세하다

giurato /dʒu'rato/ [형] ① 맹세한, 서약한 ② nemico giurato 철천지원수 - [남] 배심원

giuria /dʒu'ria/ [여] [법률] 배심원단; (경기 등의) 심판들

giuridico /dʒu'ridiko/ [형] (복 : -ci, -che) 법률상의, 법적인

giurisdizione /dʒurizdit'tsjone/ [여] ① 사법[재판]권 ② (비유적으로) 관할, 영향력이 미치는 범위

giurisprudenza /dʒurispru'dɛntsa/ [여] ① 법학 ② (대학의) 법학부

giurista /dʒu'rista/ [남/여] (남·복 : -i, 여·복 : -e) 법학자

giustamente /dʒusta'mente/ [부] 올바르게, 정당하게

giustificabile /dʒustifi'kabile/ [형] 정당하다고 인정할 수 있는, 정당한

giustificare /dʒustifi'kare/ [타동] ① 옳다고 하다, 정당화하다; il fine giustifica i mezzi 목적은 수단을 정당화한다; posso giustificarlo 난 그가 정당하다고 생각해 ② (무엇에 대해) 변명[해명]하다; giustificare il proprio ritardo 지각한 것에 대해 변명[해명]하다 ③ [인쇄] (텍스트의) 행을 고르다 - giustificarsi [재귀동사] 자기 자신을 정당화하다, 변명[해명]하다

giustificazione /dʒustifikat'tsjone/ [여] ① 정당화; 변명, 해명 ② [인쇄] 행 고르기

giustizia /dʒus'tittsja/ [여] ① 정의; 공정; 정당; render giustizia a qn 누구

에게 정당한 대우를 하다; con giustizia 정당하게, 올바르게 ② la giustizia 법; ricorrere alla giustizia 법에 의지하다

giustiziare /dʒustit'tsjare/ [타동] 처형하다

giustiziere /dʒustit'tsjɛre/ [남] (여 : -a) 사형 집행인

giusto /'dʒusto/ [형] ① 올바른, 공정한; non è giusto! (이건) 불공정해!; il giusto prezzo 적정 가격; il giusto mezzo 중도, 중용 ② (대답·수치 따위가) 옳은, 맞는, 정확한; tre ore giuste 꼭 세 시간 (동안) - [남] (여 : -a) ① 바른[정의로운] 사람 ② 올바른[공정한] 것, 마땅히 ~해야 하는 것; dare il giusto 마땅히 줄 것을 주다 - [부] ① 꼭, 바로, 정확히; arrivare giusto in tempo 시간에 꼭 맞춰 도착하다; volevo giusto te 넌 내가 원했던 바로 그 사람이야; ho finito giusto adesso 이제 막 끝냈어 ② (대답 따위를) 옳게, 맞게, 바르게

glaciale /gla'tʃale/ [형] ① [지리·지질] 냉대(冷帶)의, 몹시 추운 지역의; periodo glaciale 빙하기 ② 몹시 추운 ③ (비유적으로) 냉담한, 쌀쌀맞은

glaciazione /glatʃat'tsjone/ [여] 빙하 작용; 빙결

gladiatore /gladja'tore/ [남] (고대 로마의) 검투사

gladiolo /gla'djɔlo/ [남] [식물] 글라디올러스

glande /'glande/ [남] [해부] (음경의) 귀두

glassa /'glassa/ [여] (과자 등의) 당의(糖衣)

glassare /glas'sare/ [타동] (과자 등에) 당의를 입히다

glaucoma /glau'kɔma/ [남] [병리] 녹내장

gli1 /ʎi/ → il

gli2 /ʎi/ [대] (인칭대명사) ① [남·단] 그에게, 그것에게; dagli qualcosa da mangiare 그에게 먹을 것을 주시오 ② [남/여·복] 그들에게; gliene ho parlato 나는 그들에게 (그것에 대해) 말했다

glicemia /glitʃe'mia/ [여] [병리] 혈당증

glicerina /glitʃe'rina/ [여] [화학] 글리세린

glicine /'glitʃine/ [남] [식물] 등(나무)

gliela /'ʎela/ → gli2 + la
gliele /'ʎele/ → gli2 + le
glieli /'ʎeli/ → gli2 + li
glielo /'ʎelo/ → gli2 + lo
gliene /'ʎene/ → gli2 + ne

globale /glo'bale/ [형] ① 총체적인, 종합적인, 포괄적인 ② 세계적인, 전 세계의

globalizzazione /globaliddzat'tsjone/ [여] 세계화

globo /'glɔbo/ [남] ① 구(球), 공; globo oculare 안구(眼球) ② 지구 (il globo terrestre) ③ 지구의, 지구본

globulo /'glɔbulo/ [남] 작은 구체(球體); [해부] 혈구(血球); globulo bianco[rosso] 백[적]혈구

gloria /'glɔrja/ [여] ① 영광, 영예, 명예; coprirsi di gloria 영예를 누리다 ② 장려(壯麗), 화려

gloriarsi /glo'rjarsi/ [재귀동사] (di와 함께 쓰여) (~을) 자랑스럽게 여기다

glorificare /glorifi'kare/ [타동] (신·사람·업적 등을) 찬양하다, 영예를 높이다

glorioso /glo'rjoso/ [형] 영광스러운, 영예로운, 빛나는

glossa /'glɔssa/ [여] (행간·난외의) 어구 주석

glossario /glos'sarjo/ [남] (복 : -ri) 용어집, 어휘 사전

glucosio /glu'kɔzjo/ [남] [화학] 포도당

glutammato /glutam'mato/ [남] [화학] 글루타민산염; glutammato monosodico 화학조미료

gluteo /'gluteo/ [남] [해부] 둔근(臀筋); i glutei 엉덩이

glutine /'glutine/ [남] [화학] 글루텐

gnocchi /'ɲɔkki/ [남·복] 노키 (감자나 밀가루로 만드는 경단의 일종)

gnomo /'ɲɔmo/ [남] 땅 신령, 꼬마 도깨비, 난쟁이

gnorri /'ɲɔrri/ [남/여-불변] fare lo gnorri 모르는 체하다

gnu /ɲu/ [남-불변] [동물] 누 (영양의 일종)

goal /gɔl/ [남-불변] [스포츠] (구기 종목의) 골

gobba /'gɔbba/ [여] ① (사람·동물의 등에 난) 혹 ② (지면의) 융기

gobbo /'gɔbbo/ [형] ① 곱사등이의, 꼽추의 ② (등이) 굽은 - [남] (여 : -a) 곱사등이, 꼽추

goccia /'gottʃa/ [여] (복 : -ce) (액체의) 방울; goccia a goccia 한 방울씩;

gocce per gli occhi 안약 - vuoi ancora una goccia di caffè? 커피 좀 더 마실래?; avere la goccia al naso 콧물이 나다

goccio /ˈgottʃo/ [남] (복 : -ci) 적은 양, 소량; vuoi un goccio di vino? 포도주 좀 마실래?

gocciolare /gottʃoˈlare/ [타동] (액체를) 똑똑 떨어뜨리다 - [자동] (조동사 : avere, essere) (액체가) 똑똑 떨어지다; il rubinetto gocciola 수도꼭지에서 물이 똑똑 떨어진다; mi gocciola il naso 난 콧물이 난다 - [비인칭] 이슬비가 내리다

gocciolio /gottʃoˈlio/ [남] (복 : -ii) (액체가) 똑똑 떨어짐

godere /goˈdere/ [자동] (조동사 : avere) ① 기뻐하다, 좋아하다; godere di ~을[에] 기뻐하다; godere nel fare qc ~하는 걸 즐기다; godere delle disgrazie altrui 남의 불행을 즐기다 ② (di와 함께 쓰여) (좋은 것을) 누리다, 향유하다; godere di riduzioni speciali 특별 할인을 받다 - [타동] 즐기다, 누리다; godere la vita 인생을 즐기다 - godersi [재귀동사] 즐기다, 누리다; godersi la vita 인생을 즐기다; godersela 즐거운 시간을 보내다

godimento /godiˈmento/ [남] ① 기쁨, 즐거움 ② [법률] (권리의) 보유

goduria /goˈdurja/ [여] (구어체에서) 기쁨, 즐거움, 만족

goffaggine /gofˈfaddʒine/ [여] 어색함, 서투름

goffamente /goffaˈmente/ [부] 어색하게, 서투르게

goffo /ˈgɔffo/ [형] 어색한, 서투른

go-kart /goˈkart/ [남-불변] 어린이용 놀이차, 고카트

gol → goal

gola /ˈgola/ [여] ① 목구멍, 인후(咽喉); avere mal di gola 목이 아프다 ② 목; tagliare la gola a qn 누구의 목을 베다 ③ 대식(大食), 폭식 ④ 골짜기, 협곡 ⑤ (굴뚝의) 연통, 연도(煙道) - fare gola 유혹하다, 마음을 끌다

golf1 /gɔlf/ [남-불변] 스웨터, 카디건

golf2 /gɔlf/ [남-불변] [스포츠] 골프; campo da golf 골프장

golfista /golˈfista/ [남/여] (남·복 : -i, 여·복 : -e) 골프 선수, 골퍼

golfo /ˈgolfo/ [남] [지리] 만(灣); il golfo del Messico 멕시코만

golosamente /golosaˈmente/ [부] 식탐을 내어, 탐욕을 부려

golosità /golosiˈta/ [여-불변] ① 식탐, 탐욕 ② 맛있는 것

goloso /goˈloso/ [형] ① 식탐이 있는, 먹는 것을 몹시 좋아하는; è golosa di dolci 그녀는 단것을 좋아한다 ② (비유적으로) (di와 함께 쓰여) (~을) 갈망하는

golpe /ˈgolpe/ [남-불변] 쿠데타

gomitata /gomiˈtata/ [여] 팔꿈치로 찌르기; dare una gomitata a qn 누구를 팔꿈치로 찌르다; farsi avanti a gomitate (군중 속에서) 사람들을 밀어제치며 나아가다

gomito /ˈgomito/ [남] ① 팔꿈치 ② (파이프나 도로 따위의) L자 모양으로 굽은 것; a gomito L자 모양의 - alzare il gomito 과음하다; gomito a gomito 밀집하여

gomitolo /goˈmitolo/ [남] (털실 따위의) 뭉치

gomma /ˈgomma/ [여] ① 고무 ② 지우개 ③ 껌 (gomma da masticare) ④ (자동차) 타이어; avere una gomma a terra 타이어가 바람이 빠졌다

gommapiuma /gommaˈpjuma/ [여] 기포고무, 스펀지 고무

gommino /gomˈmino/ [남] 고무 마개

gommista /gomˈmista/ [남/여] (남·복 : -i, 여·복 : -e) 타이어 수리공; 타이어 판매인

gommone /gomˈmone/ [남] (소형) 고무보트

gondola /ˈgondola/ [여] (베네치아의) 곤돌라

gondoliere /gondoˈljere/ [남] 곤돌라 사공

gonfalone /gonfaˈlone/ [남] (중세 이탈리아의 도시 국가 따위에서 사용했던) 깃발, 기드림

gonfiare /gonˈfjare/ [타동] ① (풍선 따위를) 바람을 넣어 부풀게 하다; (펌프로) 공기를 넣다 ② (주머니 따위를) 부풀리다, 팽창시키다 ③ 우쭐대게[의기양양하게] 만들다 ④ (비유적으로) 과장하다 - gonfiarsi [재귀동사] 부풀어오르다

gonfio /ˈgonfjo/ [형] (복 : -fi, -fie) ① 부푼, 팽창한; (풍선 따위에) 바람이 들어간; occhi gonfi di pianto 울어서 부은 눈 ② 우쭐대는, 자만하는

gonfiore /gon'fjore/ [남] 부품, 팽창
gong /gɔng/ [남-불변] 징; 공
gongolare /gongo'lare/ [자동] (조동사 : avere) gongolare di gioia 뛸 듯이 기뻐하다
gonna /'gonna/ [여] 스커트, 치마; stare attaccato alle gonne della madre 어머니에게 쥐어살다
gonnellino /gonnel'lino/ [남] 짧은 스커트[치마]
gonzo /'gondzo/ [남] (여 : -a) 바보, 얼간이
gorgheggiare /gorged'dʒare/ [자동] (조동사 : avere) (새가) 지저귀다; (사람이) 목소리를 떨며 노래하다
gorgheggio /gor'geddʒo/ [남] (복 : -gi) (새의) 지저귐; (사람이) 목소리를 떨며 노래하기
gorgo /'gorgo/ [남] (복 : -ghi) 소용돌이
gorgogliare /gorgoʎ'ʎare/ [자동] (조동사 : avere) (물이) 졸졸[꼴꼴] 흘러나오다, 보글보글 솟아나오다
gorgonzola /gorgon'dzola/ [남-불변] 고르곤졸라 (이탈리아산 블루 치즈의 하나)
gorilla /go'rilla/ [남-불변] ① [동물] 고릴라 ② (구어체에서) 보디가드
gota /'gɔta/ [여] (문어체에서) 뺨, 볼
gotico /'gɔtiko/ (복 : -ci, -che) [형] ① [건축] 고딕 양식의 ② [인쇄] 고딕체의 - [남] ① 고트어(語) ② [건축] 고딕 양식 ③ [인쇄] 고딕체
gotta /'gɔtta/ [여] [병리] 통풍(痛風)
governante1 /gover'nante/ [형] 통치하는, 지배하는, 다스리는 - governanti [남·복] 정부 지도자들
governante2 /gover'nante/ [여] ① 여자 가정교사 ② 가정부
governare /gover'nare/ [타동] ① (나라·백성을) 통치하다, 지배하다, 다스리다 ② (회사·가정 등을) 경영[운영]하다 ③ (배 따위를) 조종하다; (자동차를) 몰다 ④ (가축을) 지키다, 돌보다
governativo /governa'tivo/ [형] 정부의
governatore /governa'tore/ [남] 통치자, 지배자; (식민지의) 총독; 주지사
governo /go'verno/ [남] ① 정치, 통치 ② 정부, 내각 ③ (회사·가정 등의) 경영, 운영 ④ (선박의) 조종
gozzo /'gottso/ [남] ① [병리] 갑상선종(腫) ② (새의) 멀떠구니, 모이주머니 ③ (구어체에서) 뱃속, 위장

gozzovigliare /gottsoviʎ'ʎare/ [자동] (조동사 : avere) 술 마시며 흥청거리다
GPL [남-불변] (gas di petrolio liquefatto의 약자) 액화 석유 가스 (영문 약자 : LPG)
gr, GR [남-불변] (giornale radio의 약자) 라디오 뉴스
gracchiare /grak'kjare/ [자동] (조동사 : avere) ① (까마귀가) 까악까악 울다 ② (비유적으로) (TV나 라디오에서) 잡음이 나다
gracidare /gratʃi'dare/ [자동] (조동사 : avere) (개구리가) 개굴개굴 울다
gracile /'gratʃile/ [형] (사람·체격이) 허약한; (팔다리가) 가는
gradasso /gra'dasso/ [남] (여 : -a) 떠벌리는[큰소리치는] 사람
gradatamente /gradata'mente/ [부] 점차, 차츰
gradazione /gradat'tsjone/ [여] ① 단계적인 변화, 점차적인 이행(移行) ② [미술] 농담법(濃淡法), 명암의 이행 ③ (술의) 알코올 함량, 도수
gradevole /gra'devole/ [형] 기분 좋은, 즐길 만한, 마음에 드는
gradevolmente /gradevol'mente/ [부] 기분 좋게, 마음에 들도록
gradiente /gra'djente/ [남] ① [수학] 기울기 ② [물리] (온도·기압 따위의) 증감
gradimento /gradi'mento/ [남] ① 기호, 취향; non è di mio gradimento 그건 내 취향이 아니야, 내 마음에 들지 않아 ② 수락, 찬성, 동의
gradinata /gradi'nata/ [여] 계단, 층층대; 계단식 구조
gradino /gra'dino/ [남] ① (계단의) 디딤대, 단(段); 발판; "attenti al gradino" "발밑을 조심하시오" ② (비유적으로) (사회적 성공이나 출세의) 단계
gradire /gra'dire/ [타동] ① 기꺼이 받아들이다, 환영하다; gradire un invito 초대에 기꺼이 응하다 ② 원하다, ~하고 싶어하다; gradirei avere un po' di pace 좀 쉬고 싶군요
gradito /gra'dito/ [형] 기꺼이 받아들여지는, 환영 받는
grado1 /'grado/ [남] ① 정도, 단계, 수준; per gradi 단계적으로, 점차; un alto grado di ~ 고도의[높은 수준의] ~ ② (각도·온도의) 도(度) ③ (군대 등의) 계급; salire di grado 진급하다 ④ in

grado ~할 수 있는
grado2 /'grado/ [남] di buon grado 기꺼이
graduale /gradu'ale/ [형] 점차적인, 점진적인, 단계적인
gradualmente /gradual'mente/ [부] 점차, 차츰, 단계적으로
graduare /gradu'are/ [타동] ① (온도계 따위에) 눈금을 매기다 ② 등급별로 나누다
graduato /gradu'ato/ [형] ① (온도계 따위에) 눈금이 매겨진 ② 등급별로 나뉜 - [남] [군사] 부사관
graduatoria /gradua'tɔrja/ [여] (등급별로 분류된) 리스트, 목록
graduazione /graduat'tsjone/ [여] 등급을 매김, 등급별 분류
graffa /'graffa/ [여] ① 클립; 스테이플러의 알 ② (괄호의) 꺾쇠
graffetta /graf'fetta/ [여] 클립; 스테이플러의 알
graffiante /graf'fjante/ [형] (비평 따위가) 통렬한, 신랄한
graffiare /graf'fjare/ [타동] 긁다, 할퀴다
graffiatura /graffja'tura/ [여] 긁힌[할퀸] 상처
graffio /'graffjo/ [남] (복 : -fi) 긁힘, 할큄
graffiti /graf'fiti/ [남·복] [미술] 그라피티, 거리 낙서
grafia /gra'fia/ [여] ① 손으로 쓰기, 필적 ② (단어의) 철자, 스펠
grafica /'grafika/ [여] (복 : -che) 그래픽 아트
graficamente /grafika'mente/ [부] 그래프[도표]로; 글자로
grafico /'grafiko/ [형] (복 : -ci, -che) ① 그림으로 나타낸 ② 글자의 ③ [컴퓨터] 그래픽의 - [남] (여 : -a) ① 그래픽 디자이너 ② 그래프, 도표
grafite /gra'fite/ [여] [광물] 그래파이트, 석묵(石墨), 흑연
grafologia /grafolo'dʒia/ [여] 필적학, 필적 감정
gramaglie /gra'maʎʎe/ [여·복] 상복(喪服); in gramaglie 상중에
gramigna /gra'miɲɲa/ [여] [식물] 버뮤다그래스 (잔디의 일종)
graminacee /grami'natʃee/ [여·복] [식물] 볏과(科)
grammatica /gram'matika/ [여] (복 : -che) 문법; un errore di grammatica 문법적 오류
grammaticale /grammati'kale/ [형] 문법(상)의, 문법적인
grammo /'grammo/ [남] [무게의 단위] 그램 (g)
grammofono /gram'mɔfono/ [남] 축음기, 유성기
gran → grande
grana1 /'grana/ [여] (목재 따위의) 조직, 결; di grana grossa 결이 거친
grana2 /'grana/ [여] (구어체에서) 골칫거리, 문제, 성가신 것; avere delle grane 문제가 있다; piantare grane 문제를 일으키다
grana3 /'grana/ [여-불변] (구어체에서) 돈, 현금; essere pieno di grana 돈이 아주 많다
granaio /gra'najo/ [남] (복 : -ai) 곡물 창고
granata1 /gra'nata/ [여] [군사] 수류탄, 유탄
granata2 /gra'nata/ [여] ① [식물] 석류 ② [광물] 석류석(石), 가닛 - [형-불변] 심홍색의
granatiere /grana'tjere/ [남] 척탄병(擲彈兵)
granatina /grana'tina/ [여] 빙과, 슬러시
granato /gra'nato/ [남] [광물] 석류석(石), 가닛
Gran Bretagna /granbre'taɲɲa/ [여] 그레이트브리튼 (영국을 이루는 큰 섬)
grancassa /gran'kassa/ [여] [음악] 큰북, 베이스드럼
granché /gran'ke/ [대] (부정대명사) 그렇게 많은, 그 정도로 ~한 - [부] 그렇게 많이, 그 정도로 ~하게
granchio /'grankjo/ [남] (복 : -chi) ① [동물] 게; 게살 ② (구어체에서) 실수; prendere un granchio 실수하다
grandangolo /gran'dangolo/ [남] 광각(廣角) 렌즈
grande /'grande/ (모음 앞에서는 grand'의 형태가 쓰일 수 있고, 뒤에 자음이 따르는 s 및 gn, pn, ps, x, z를 제외한 자음 앞에서는 gran이 된다) [형] ① (크기가) 큰, 커다란; (키가) 큰; è grande per la sua età 그는 나이에 비해 몸집이 크다; una taglia più grande 더 큰 사이즈 ② 수효가 많은, 풍부한; fare grandi spese 돈을 많이 쓰다 ③ 굉장한, 대단한; è una gran bella donna 그녀는 굉장한 미인이다 ④ (정도·강도

가) 높은, 심한; oggi fa un gran caldo 오늘은 몹시 덥다; ha fatto una gran risata 그는 큰소리로 웃었다 ⑤ 성년에 이른, 다 자란; 나이가 더 많은; farsi grande 성년에 이르다; è più grande di me 그는 나보다 나이가 많다 ⑥ 중요한, 중대한; 위대한, 훌륭한; un grande musicista 위대한 음악가 ⑦ 주요한, 주된; in gran parte 대부분, 대개 ⑧ ti farà un gran bene (그게) 너에게 이로울 거야; quel quadro non è poi (una) gran cosa 그 그림 별거 아냐 − [남/여] ① 어른, 성인 ② 중요 인물, 위대한 인물, 거물; Pietro il Grande 표트르 대제 − [남] fare le cose in grande 일을 대규모로 벌이다

grandeggiare /granded'dʒare/ [자동] (조동사 : avere) ① (문어체에서) (su 와 함께 쓰여) (∼의 위에) 우뚝 솟다 ② 젠체하다, 으스대다

grandezza /gran'dettsa/ [여] ① 크기; 높이; 너비; di media grandezza 중간치의; a grandezza naturale 실물 크기의, 등신대(等身大)의 ② 위대함, 웅대함 ③ 화려, 장대 ④ [천문] (항성의) 광도

grandinare /grandi'nare/ [비인칭] (조동사 : essere, avere) 우박이 내리다 − [자동] (조동사 : essere, avere) (비유적으로) 빗발치듯 쏟아지다

grandinata /grandi'nata/ [여] 우박이 쏟아짐

grandine /'grandine/ [여] 우박, 싸락눈

grandiosità /grandjosi'ta/ [여−불변] 웅장, 장대, 장엄, 화려

grandioso /gran'djoso/ [형] ① 웅장한, 장대한, 장엄한 ② (구어체에서) 대단한, 화려한

granduca /gran'duka/ [남] (복 : -chi) 대공(大公)

granello /gra'nɛllo/ [남] ① (모래·소금 따위의) 알갱이 ② (사과·배 따위의) 씨

granita /gra'nita/ [여] 빙과, 슬러시

granito /gra'nito/ [남] 화강암

grano /'grano/ [남] ① [식물] 밀 ② (커피·후추 등의) 열매 ③ (묵주의) 알 ④ [무게의 단위] 그레인

granoturco /grano'turko/, **granturco** /gran'turko/ [남] [식물] 옥수수

granulo /'granulo/ [남] 잔 알갱이[낟알], 미립(微粒)

grappa /'grappa/ [여] 그라파 (이탈리아산 브랜디의 일종)

grappolo /'grappolo/ [남] (포도·꽃 따위의) 송이; un grappolo d'uva 포도 한 송이

grassetto /gras'setto/ [남/형] [인쇄] 볼드체(의)

grassezza /gras'settsa/ [여] ① 뚱뚱함 ② (토지의) 비옥함

grasso /'grasso/ [형] ① 뚱뚱한, 살찐 ② (음식이) 지방질이 많은, 기름진 ③ (피부·모발이) 지성의 ④ (토지가) 기름진, 비옥한 ⑤ (태도가) 거친, 천한; una grassa risata 포복절도 − [남] ① 지방(질); senza grassi (식품이) 팻프리의, 지방을 제거한 ② 기름; grasso per lubrificare 윤활유

grassoccio /gras'sottʃo/ [형] (복 : -ci, -ce) 통통한, 토실토실 살찐

grassone /gras'sone/ [남] (여 : -a) (구어체에서) 뚱보

grata /'grata/ [여] 격자, 창살

graticcio /gra'tittʃo/ [남] (복 : -ci) 작은 가지로 엮은 시렁이나 거적

graticola /gra'tikola/ [여] (요리용의) 그릴, 석쇠

gratifica /gra'tifika/ [여] (복 : -che) 보너스, 상여금; 팁

gratificante /gratifi'kante/ [형] 만족시키는, 필요를 채우는

gratificare /gratifi'kare/ [타동] ① (누구에게) 보너스[상여금] 또는 팁을 주다 ② 만족시키다, 필요를 채우다; questo lavoro non mi gratifica 이 일은 내게 별로 보람이 없다

gratificazione /gratifikat'tsjone/ [여] ① 보너스, 상여금; 팁 ② 만족, 충족

gratinare /grati'nare/ [타동] 그라탱으로 요리하다

gratinato /grati'nato/ [형] 그라탱으로 요리한

gratis /'gratis/ [형] 무료의, 공짜의; ingresso gratis 무료 입장 − [부] 무료로, 공짜로

gratitudine /grati'tudine/ [여] 감사, 사의

grato /'grato/ [형] 고맙게 여기는, 감사하는; ti sono molto grato 난 네가 참 고맙구나

grattacapo /gratta'kapo/ [남] 골칫거리, 문제

grattacielo /gratta'tʃɛlo/ [남] 마천루, 초고층 빌딩

gratta e vinci /grattae'vintʃi/ [남−불변] 스크래치카드, 긁는 복권

grattare /grat'tare/ [타동] ① (표면을) 긁다; grattarsi la testa 머리를 긁적이다; grattar via (페인트 따위를) 긁어서 벗겨내다 ② (치즈·당근 따위를) 갈다 ③ (구어체에서) 훔치다, 슬쩍하다 - [자동] (조동사 : avere) (문 따위가) 삐걱거리다 - grattarsi [재귀동사] ① 자기의 몸을 긁다 ② grattarsi la pancia (구어체에서) 빈둥거리다

grattugia /grat'tudʒa/ [여] 강판, 가는 도구

grattugiare /grattu'dʒare/ [타동] (치즈·당근 따위를) 강판에 갈다

gratuitamente /gratuita'mente/ [부] ① 무료로, 공짜로 ② (비유적으로) 까닭[근거] 없이

gratuito /gra'tuito/ [형] ① 무료의, 공짜의 ② 까닭[근거] 없는; 쓸데없는

gravare /gra'vare/ [타동] (di와 함께 쓰여) (~의) 부담을 지우다 - [자동] (조동사 : essere) (su와 함께 쓰여) (~에) 부담이 되다

grave /'grave/ [형] ① (문제·책임 따위가) 심각한, 중한; un malato grave 중환자 ② (표정·목소리 따위가) 근엄한 ③ (잠이) 깊이 든; (목소리가) 낮은 ④ [문법] accento grave 저(低) 악센트, 억음(抑音) 부호 (`) - [남] ① 심각한 일[문제] ② [물리] 물체, ~체(體)

gravemente /grave'mente/ [부] ① 심각하게, 중하게 ② 근엄하게

gravidanza /gravi'dantsa/ [여] 임신

gravido /'gravido/ [형] ① 임신한 ② (비유적으로) (di와 함께 쓰여) (~이) 충만한, 가득한

gravità /gravi'ta/ [여-불변] ① (문제의) 심각함, 중함 ② 근엄, 엄숙 ③ [물리] 중력, 지구 인력

gravitare /gravi'tare/ [자동] (조동사 : avere) ① (intorno a와 함께 쓰여) (천체가) (~의) 궤도를 돌다 ② (비유적으로) (verso와 함께 쓰여) (~에) 끌리다

gravoso /gra'voso/ [형] (책임 따위가) 무거운, 부담이 되는

grazia /'grattsja/ [여] ① 우아함, 기품; piena di grazia 아주 우아한[기품 있는] ② 호의, 친절; entrare nelle grazie di qn 누구의 호감을 사다, 마음에 들다 ③ 자비, 용서; [법률] 특사, 사면; concedere la grazia a qn 누구를 사면하다 ④ (신의) 은총; per grazia di Dio 천우신조로 ⑤ in grazia di ~ 덕분에

Grazia /'grattsja/ [여] Vostra Grazia 각하

graziare /grat'tsjare/ [타동] [법률] 사면하다, 특사를 내리다

grazie /'grattsje/ [남-불변] 감사의 말; non ho avuto neanche un grazie 나는 감사 인사를 받지 못했다 - [감] ① 감사합니다, 고마워요; mille[tante] grazie! 대단히 감사합니다; no grazie (사양하며) 됐습니다 ② grazie a ~의 덕택으로

grazioso /grat'tsjoso/ [형] 예쁜, 귀여운; 우아한, 매력적인

Grecia /'gretʃa/ [여] 그리스

greco /'greko/ (복 : -ci, -che) [형] 그리스의 - [남] (여 : -a) ① 그리스 사람 ② 그리스어

gregario /gre'garjo/ (복 : -ri, -rie) [형] (동식물이) 떼지어 사는, 군거성(群居性)의 - [남] (정치적) 추종자, 지지자

gregge /'greddʒe/ [남] (여·복 : -gi) ① (양·염소 따위의) 떼, 무리 ② (비유적으로) (사람의) 무리

greggio /'greddʒo/ (복 : -gi, -ge) [형] 원료 그대로의, 가공하지 않은 - [남] 원유(原油)

grembiule /grem'bjule/ [남] 앞치마; 덧옷, 작업복

grembo /'grembo/ [남] ① 무릎 (앉았을 때 허리에서 무릎마디까지); tenere qn in grembo 누구를 무릎에 올려놓고 안다 ② [해부] 자궁 ③ (비유적으로) (따뜻한) 품; in grembo alla famiglia 가족의 품 안에서

gremire /gre'mire/ [타동] (일정 공간을 사람으로) 채우다, (일정 공간 안에 사람들이) 몰려들게 하다

gremito /gre'mito/ [형] (di와 함께 쓰여) (일정 공간이 사람들로) 붐비는

greto /'greto/ [남] 자갈이 많은 물가

gretto /'gretto/ [형] ① 좀스러운, 마음 씀씀이가 좁은 ② 인색한

greve /'grɛve/ [형] 무거운

grezzo /'greddzo/ [형] 거친, 가공하지 않은

gridare /gri'dare/ [타동] (~이라고) 외치다, 소리지르다; gridare aiuto 소리쳐 도움을 요청하다 - [자동] (조동사 : avere) 외치다, 소리지르다; gridare a squarciagola 목청껏 소리치다; gridare di dolore 고통으로 인해 소리

지르다

grido /'grido/ [남] (복 : -i, 여·복 : -a) ① 외침, 소리지르기; 절규; un grido di aiuto 구조 요청의 외침; un grido di dolore 고통에 찬 절규; lanciare grida di gioia 기뻐서 소리지르다 ② (동물의) 우는 소리 ③ di grido 유명한 - è l'ultimo grido della moda 그건 최신 유행이다

grigio /'gridʒo/ (복 : -gi, -gie / -ge) [형] ① 회색의 ② 우중충한, 음울한 - [남] 회색

griglia /'griʎʎa/ [여] ① (요리용) 그릴, 석쇠; alla griglia 그릴로 구운 ② 격자, 창살

grigliata /griʎ'ʎata/ [여] ① 그릴로 구운 음식 ② 바비큐 파티

grill /gril/ [남·불변] ① (요리용) 그릴, 석쇠 ② 그릴로 구운 음식

grilletto /gril'letto/ [남] 방아쇠; premere il grilletto 방아쇠를 당기다

grillo /'grillo/ [남] ① (곤충) 귀뚜라미 ② (비유적으로) 이상한[홀연히 내킨] 생각; gli è saltato il grillo di 그는 (이상하게도) ~이라고 생각하게 되었다

grimaldello /grimal'dɛllo/ [남] 자물쇠 여는 도구

grinfia /'grinfja/ [여] cadere nelle grinfie di qn 누구의 손아귀에 빠지다

grinta /'grinta/ [여] ① 찌푸린[못마땅한] 얼굴 ② 결단력, 추진력, 배짱; avere molta grinta 그는 결단력이 있다

grintoso /grin'toso/ [형] 결단력[추진력]이 있는, 적극적인, 의지가 강한

grinza /'grintsa/ [여] (천의) 주름; (피부의) 주름살

grinzoso /grin'tsoso/ [형] (천에) 주름이 잡힌; (피부에) 주름살이 있는

grippare /grip'pare/ [자동] (조동사 : avere) → gripparsi - gripparsi [재귀동사] (기계가) 멈추다, 움직이지 않다

grissino /gris'sino/ [남] 가는 막대 모양의 빵

Groenlandia /groen'landja/ [여] 그린란드

gronda /'gronda/ [여] (지붕의) 처마; (모자의) 차양

grondaia /gron'daja/ [여] (지붕의) 홈통

grondante /gron'dante/ [형] (di와 함께 쓰여) (땀·피 따위를[가]) 흘리는, 흐르는

grondare /gron'dare/ [타동] (액체를) 흘리다 - [자동] (조동사 : essere, avere) (액체가) 흐르다; il sudore gli grondava dalla fronte 그의 이마에서 땀이 흐르고 있었다

groppa /'grɔppa/ [여] ① (네발짐승의) 궁둥이, 둔부; salire in groppa a un cavallo 말에 올라타다 ② (구어체에서) (사람의) 등

groppo /'grɔppo/ [남] 얽힘, 엉킴; avere un groppo alla gola (비유적으로) 목이 메다

grossa /'grɔssa/ [여] 그로스 (1그로스는 12다스, 144개)

grossezza /gros'settsa/ [여] ① 크기, 사이즈; 두께 ② 큼; 중대함, 심각함

grossista /gros'sista/ [남/여] (남·복 : -i, 여·복 : -e) 도매상인

grosso /'grɔsso/ [형] ① (크기가) 큰; 두꺼운 ② 중요한, 주요한; un pezzo grosso 거물 ③ (문제·실수 따위가) 중대한, 심각한 ④ 충만한, 넘치는 ⑤ (입자가) 거친 - [남] il grosso di ~의 대부분 - avere il fiato grosso 숨을 헐떡이다; fare la voce grossa 목소리를 높이다; farla grossa 아주 어리석은 짓을 하다

grossolano /grosso'lano/ [형] ① 대략적인, 대강의 ② (사람·말이) 거친, 저속한 ③ (잘못이) 심한, 역력한

grossomodo, grosso modo /grosso'mɔdo/ [부] 대강, 대략

grotta /'grɔtta/ [여] 동굴

grottesco /grot'tesko/ (복 : -schi, -sche) [형] ① 우스꽝스러운, 터무니없는 ② [미술] 그로테스크풍의 - [남] 우스꽝스러움, 터무니없음

groviera /gro'vjɛra/ [남·불변/여] 그뤼에르 치즈

groviglio /gro'viʎʎo/ [남] (복 : -gli) 얽힘, 엉킴; 혼란, 난잡

gru /gru/ [여·불변] ① 크레인, 기중기 ② [조류] 학, 두루미

gruccia /'gruttʃa/ [여] (복 : -ce) ① 목발, 목다리 ② 옷걸이

grugnire /gruɲ'ɲire/ [자동] (조동사 : avere) ① (돼지가) 꿀꿀거리다; (곰이) 으르렁거리다 ② (비유적으로) (사람이) 투덜거리다 - [타동] (욕 따위를) 으르렁거리며 내뱉다

grugnito /gruɲ'ɲito/ [남] (돼지의) 꿀꿀거림; (곰의) 으르렁거림; (사람의) 투덜거림

grugno /'gruɲɲo/ [남] ① (돼지의) 코, 주둥이 ② (비유적으로·경멸적으로) (사람의) 코·얼굴 부분

grullo /'grullo/ [형] 어리석은, 우둔한 - [남] (여 : -a) 바보

grumo /'grumo/ [남] ① (피의) 엉긴 덩어리, 웅혈 ② (우유의) 엉긴 덩어리; (밀가루의) 덩어리

gruppo /'gruppo/ [남] ① (사람의) 떼, 무리, 그룹, 집단; (물건의) 집단, 덩어리; suddividere in gruppi di 10 열 명을 한 조로 하여 나누다; un gruppo di turisti 관광객들의 한 무리 ② (공통의 목적을 가진) 집단, 단체, 동호회 - un gruppo letterario 문학 동호회 - gruppo sanguigno 혈액형

gruviera /gru'vjera/ → groviera

gruzzolo /'gruttsolo/ [남] (자금의) 밑천, 모아둔 돈

guadagnare /gwadaɲ'ɲare/ [타동] ① (돈을) 벌다, (수입을) 올리다; guadagnarsi la vita 생활비를 벌다, 생계를 꾸리다 ② 얻다, 획득하다; guadagnare la fiducia di qn 누구의 신임을 얻다; guadagnare tempo 시간을 벌다; che cosa ci guadagni a fare così? 그걸 해서 무엇을 얻나?; tanto di guadagnato! 그럴수록 더 좋다 ③ (어떤 장소에) 이르다, 다다르다 - [자동] (조동사 : avere) ① 돈을 벌다, 수입을 올리다; 돈벌이가 되다; guadagnare bene 돈을 많이 벌다, 수입이 좋다 ② (in과 함께 쓰여) (~을) 얻다, 획득하다

guadagno /gwa'daɲɲo/ [남] ① 수익, 이익 ② 소득, 수입 ③ 득, 이득 - guadagno netto 순수익; fare grossi guadagni 큰 수익을 올리다, 돈을 많이 벌다

guadare /gwa'dare/ [타동] (강을) 걸어서 건너다

guado /'gwado/ [남] (복 : -ai) 여울, 걸어서 건널 만한 얕은 물; passare a guado (개울이나 강을) 걸어서 건너다

guaina /gwa'ina/ [여] ① (칼·검 따위의) 집 ② 거들 (코르셋의 일종)

guaio /'gwajo/ [남] (복 : -ai) 문제, 말썽; 곤란, 궁지; essere nei guai 곤란에 빠져 있다; mettersi[ficcarsi] nei guai 곤경에 빠지다, 말썽이 나다; il guaio è che 문제[곤란한 점]는 ~야

guaire /gwa'ire/ [자동] (조동사 : avere) 구슬프게 울다, 흐느끼다; (개가) 낑낑거리다

guaito /gwa'ito/ [남] 구슬프게 욺; (개가) 낑낑거림

guancia /gwantʃa/ [여] (복 : -ce) 뺨, 볼

guanciale /gwan'tʃale/ [남] 베개

guanto /'gwanto/ [남] 장갑; un paio di guanti 장갑 한 켤레

guantone /gwan'tone/ [남] 복싱 글러브

guardaboschi /gwarda'bɔski/ [남/여-불변] 산림 감독관

guardacaccia /gwarda'kattʃa/ [남/여-불변] 사냥터 지킴이

guardacoste /gwarda'kɔste/ [남-불변] ① 해안 경비대원 ② 해안 경비선

guardalinee /gwarda'linee/ [남/여-불변] [스포츠] 선심(線審)

guardare /gwar'dare/ [타동] ① 보다, 바라보다, 쳐다보다; guardare la televisione 텔레비전을 보다 ② 흘긋 보다 (guardare di sfuggita) ③ 응시하다, 뚫어지게 쳐다보다 (guardare fisso); guardare qn in faccia 누구의 얼굴을 쳐다보다 ④ 자세히 보다, 체크하다; guardare una parola sul dizionario 사전에서 단어를 찾아보다 ⑤ 돌보다; 지키다, 감시[감독]하다; chi guarda i bambini? 누가 아이들을 돌보고 있나?; guardare a vista qn 누구를 주의 깊게 감시하다; i soldati guardano il ponte 군인들이 그 다리를 지키고 있다 - [자동] (조동사 : avere) ① (di와 함께 쓰여) (~하려) 노력하다; guarda di non arrivare in ritardo 늦지 않도록 해라 ② (a와 함께 쓰여) (~에) 신경을 쓰다, 주의를 기울이다; comprare qc senza guardare a spese 가격에 신경 쓰지 않고 무엇을 구입하다 ③ (a 또는 su와 함께 쓰여) (~을) 향하다, (~에) 면하다 ④ guardare dalla finestra 창밖을 내다보다; guarda un po' lì 저길 좀 봐; ma guarda un po'! 앗!, 어머나! - guardarsi [재귀동사] ① 서로를 바라보다 ② (거울 등으로) 자신의 모습을 바라보다 ③ (da와 함께 쓰여) (~을) 삼가다, ~하지 않도록 하다; guardarsi dal fare qc ~하지 않도록 신경 쓰다

guardaroba /gwarda'rɔba/ [남-불변] ① 옷장 ② (공공장소의) 외투 보관소

guardarobiera /gwardaro'bjera/ [여] 가

정부, 호텔 여직원

guardarobiere /gwardaro'bjεre/ [남] 외투 보관소 직원

guardia /'gwardja/ [여] ① 파수꾼, 감시인; 근위대 ② 경계, 감시; fare la guardia a qn/qc 누구/무엇을 경계[감시]하다, 지키다; cane da guardia 경비견; essere di guardia 대기 근무 중이다 ③ 경찰관 ④ (복싱·펜싱의) 방어 자세 - mettere in guardia qn 누구에게 경계[주의]하라고 일러두다; stare in guardia 경계하다, 조심하다; guardia carceraria 교도관, 간수; guardia del corpo 보디가드, 경호원; guardia giurata 경비원

guardiano /gwar'djano/ [남] (여 : -a) ① 관리인, 감시인, 경비원; un guardiano notturno 야경꾼 ② 교도관 ③ 목동, 가축 치는 사람

guardina /gwar'dina/ [여] 유치장, 감방

guardingo /gwar'dingo/ [형] (복 : -ghi, -ghe) 조심하는, 신중한

guardone /gwar'done/ [남] (여 : -a) 엿보기 좋아하는 사람

guardrail /gard'reil/ [남-불변] (도로의) 가드레일

guaribile /gwa'ribile/ [형] (병·상처가) 치료[치유] 가능한, 나을 수 있는

guarigione /gwari'dʒone/ [여] (병으로부터의) 회복, (상처의) 치유; essere in via di guarigione (환자가) 회복기에 있다

guarire /gwa'rire/ [타동] (환자·병·상처를) 치료하다 - [자동] (조동사 : essere) (환자가 병으로부터) 회복되다; (상처가) 낫다, 아물다

guaritore /gwari'tore/ [남] (여 : -trice) 치료자

guarnigione /gwarni'dʒone/ [여] [군사] 수비대, 주둔군

guarnire /gwar'nire/ [타동] ① (의복에) 장식을 달다 ② (요리를) 장식하다

guarnizione /gwarnit'tsjone/ [여] ① (의복·요리의) 장식 ② [기계] 와셔; 개스킷; (브레이크의) 라이닝

guastafeste /gwasta'feste/ [남/여-불변] 흥을 깨뜨리는 사람

guastare /gwas'tare/ [타동] ① 못 쓰게 만들다, 망가뜨리다, 손상을 입히다 ② (음식을) 상하게 하다 ③ (비유적으로) (분위기·행사 따위를) 망치다; 타락하게 하다, 잘못된 길로 가게 하다 -

guastarsi [재귀동사] ① 못 쓰게 되다, 망가지다, 고장나다 ② (음식이) 상하다 ③ (비유적으로) (상황 따위가) 악화되다; (사람이) 타락하다

guasto /'gwasto/ [형] ① 못 쓰게 된, 망가진, 고장난 ② (음식이) 상한 ③ (비유적으로) 타락한 - [남] ① 고장, 망가짐 ② (비유적으로) 타락

Guatemala /gwate'mala/ [남] 과테말라

guazza /'gwattsa/ [여] (많은 양의) 이슬

guazzabuglio /gwattsa'buʎʎo/ [남] (복 : -gli) 뒤범벅

guazzare /gwat'tsare/ [자동] (조동사 : avere) (물 속에서) 텀벙거리다

guazzo /'gwattso/ [남] (빗물 등의) 웅덩이

guercio /'gwertʃo/ (복 : -ci, -ce) [형] 사시(斜視)의 - [남] (여 : -a) 사팔뜨기

guerra /'gwerra/ [여] ① 전쟁; corrispondente di guerra 종군 기자; in guerra con ~와 교전 중에 있어; fare la guerra (a) (~와) 전쟁을 하다; ha fatto la prima guerra mondiale 그는 제1차 세계 대전에 참전했었다 ② (비유적으로) 싸움, 투쟁, 반목 - guerra chimica 화학전; guerra fredda [역사] 냉전

guerrafondaio /gwerrafon'dajo/ [형/남] (여 : -a) (복 : -ai, -aie) 전쟁을 도발하는 (사람)

guerreggiare /gwerred'dʒare/ [자동] (조동사 : avere) (contro와 함께 쓰여) (~에) 전쟁을 걸다, (~와) 전쟁을 하다

guerresco /gwer'resko/ [형] (복 : -schi, -sche) 전쟁의; 호전적인

guerriero /gwer'rjero/ [형] 호전적인; 전사(戰士)의 - [남] (여 : -a) 전사

guerriglia /gwer'riʎʎa/ [여] 게릴라전

guerrigliero /gwerriʎ'ʎero/ [남] (여 : -a) 게릴라병, 비정규병

gufo /'gufo/ [남] [조류] 올빼미

guglia /'guʎʎa/ [여] ① [건축] 뾰족탑, 첨탑 ② (산의) 뾰족한 바위

guida /'gwida/ [여] ① 지도, 인도, 안내; 관리, 통솔; sotto la guida di qn 누구의 지도를 받아; far da guida a qn 누구에게 길 안내를 하다 ② 안내자, 가이드; guida turistica 관광 가이드 ③ 지침서, 편람, 매뉴얼; guida telefonica 전화번호부 ④ (자동차의) 운전; patente di guida 운전 면허 ⑤ [기계]

레일, 트랙, 활주부
guidare /gwi'dare/ [타동] ① 지도[인도]하다, 안내하다, 이끌다; lasciarsi guidare dal proprio istinto 본능에 따르다; guidare qn sulla retta via 누구를 바른 길로 인도하다; guidare una spedizione 탐험대를 이끌다 ② (자동차를) 운전하다
guidatore /gwida'tore/ [남] (여 : -trice) 자동차 운전자
Guinea /gwi'nɛa/ [여] 기니 (서아프리카의 국가)
guinzaglio /gwin'tsaʎʎo/ [남] (개 따위를 묶어 두는) 끈, 줄; tenere qn al guinzaglio (비유적으로) 누구를 엄격히 통제하다
guisa /'gwiza/ [여] (문어체에서) 방법, 방식; a guisa di ~와 같이; in tal guisa 그런 식으로
guizzare /gwit'tsare/ [자동] (조동사 : essere) ① (물고기나 뱀 따위가) 꿈틀거리다; (불길이) 너울거리다 ② 껑충 뛰다 ③ 미끄러지듯 빠져나가다[도망가다]; mi guizzò via dalle mani 그것은 내 손에서 슥 빠져나갔다
guizzo /'gwittso/ [남] ① (물고기나 뱀 따위의) 꿈틀거림; (불길의) 너울거림 ② 껑충 뜀
guru /'guru/ [남-불변] ① (힌두교의) 교사, 도사(導師) ② (비유적으로) 정신적 지도자
guscio /'guʃʃo/ [남] (복 : -sci) (계란·견과류·달팽이·갑각류 따위의) 껍데기 - uscire dal proprio guscio (비유적으로) 마음을 터놓다; chiudersi nel proprio guscio (비유적으로) 마음을 터놓지 않다, 자신만의 세계에 틀어박히다
gustare /gus'tare/ [타동] ① (음식을) 맛보다, 시식하다 ② (공연 따위를) 즐기다, 감상하다; (기쁨 따위를) 누리다 ③ (한번) 맛보다, 해보다 - [자동] (조동사 : avere) gustare (a qn) (누구의) 마음에 들다; non mi gusta affatto 난 그걸 전혀 좋아하지 않아
gusto /'gusto/ [남] ① 맛, 미각; 풍미; ha un gusto amaro 그것은 맛이 쓰다, 쓴 맛이 난다; al gusto di fragola 딸기맛이 나는; privo di gusto 맛없는 ② 취미, 기호; 심미안, 멋, 아취; con gusto 아취 있게; veste con buon gusto 그녀는 옷을 잘 입는다, 멋진 옷을 고르는 안목이 있다; di buon gusto 멋[아취]이 있는; non è di mio gusto 그건 내 취향이 아니야 ③ 좋아함, 마음에 듦; fare qc di[con] gusto 무엇을 기꺼이[즐거이] 하다; prendere gusto a qc 무엇에 맛을 들이다, 무엇을 좋아하게 되다; non c'è gusto a ~은 재미가 없다 ④ 양식, 스타일; di gusto barocco 바로크양식의
gustoso /gus'toso/ [형] ① (음식이) 맛있는 ② (소설·연극 따위가) 재미있는
gutturale /guttu'rale/ [형] 목구멍의; 목구멍에서 나오는
Guyana /gu'jana/ [여] 가이아나 (남아메리카의 국가)

H

h, H /'akka/ [남/여-불변] 이탈리아어 알파벳의 여덟 번째 글자
habitat /'abitat/ [남-불변] (동식물의) 서식지, 자생지
habitué /abi'twe/ [남/여-불변] 단골 손님
Haiti /a'iti/ [여] 아이티 (서인도 제도의 국가)
hall /ol/ [여-불변] 현관의 홀, 로비
hamburger /am'burger/ [남-불변] 햄버거
handicap /'andikap/ [남-불변] ① (신체적·정신적인) 장애 ② [스포츠] 핸디캡
handicappato /andikap'pato/ [형] (신체적·정신적인) 장애가 있는 - [남] (여: -a) 장애인
hangar /'angar/ [남-불변] 격납고
hard disk /ard'disk/ [남-불변] [컴퓨터] 하드디스크
hardware /'ardwer/ [남-불변] [컴퓨터] 하드웨어
harem /'arem/ [남-불변] 하렘 (이슬람 국가에서 부인들이 거처하는 방)
hascisc, hashish /a∫∫i∫, a∫∫i∫/ [남-불변] 해시시 (인도 대마의 잎으로 만든 마약)
Hawaii /a'wai/ [여·복] 하와이
henné /en'ne/ [남-불변] 헤나 (물감)
herpes /'ɛrpes/ [남-불변] [병리] 헤르페스, 포진(疱疹)
hertz /ɛrts/ [남-불변] [전기] 헤르츠 (주파수 및 진동수의 단위)
hi-fi /ai'fai/ [남/형-불변] 하이파이(의)
Himalaia /ima'laja/ [남] 히말라야 산맥
hinterland /'interland/ [남-불변] 오지, 내륙 지역
hip hop /ip'ɔp/ [남-불변] 힙합
hippy /'ippi/ [남/여/형-불변] 히피(의)
hit-parade /itpa'reɪd/ [여-불변] (가요의) 차트, 인기 순위

hobby /'ɔbbi/ [남-불변] 취미
hockey /'ɔkei/ [남-불변] [스포츠] 하키; hockey su ghiaccio 아이스하키; hockey su prato 필드하키
holding /'ɔlding/ [여-불변] 지주(持株) 회사, 모회사
hollywoodiano /ollivu'djano/ [형] 할리우드의, 할리우드 스타일의
Honduras /on'duras/ [남] 온두라스
Hong Kong /ong'kɔng/ [여] 홍콩
horror /'ɔrror/ [남-불변] (영화·소설의) 호러물 - [형-불변] film horror 공포 영화
hostess /'ɔstes/ [여-불변] ① 스튜어디스, 항공기 여승무원 ② 여성 안내원
hot dog /ɔt'dɔg/ [남-불변] 핫도그
hotel /o'tɛl/ [남-불변] 호텔
hovercraft /'overkraft/ [남-불변] 호버크라프트 (분출하는 압축 공기를 타고 수면 위 등을 나는 탈것)
humour /'jumor/ [남-불변] 유머, 익살, 해학
humus /'umus/ [남-불변] 부식(腐植)
Hz → hertz

I

i, I /i/ [남/여-불변] 이탈리아어 알파벳의 아홉 번째 글자; i greca[greco] 알파벳 "y"의 명칭

i /i/ (정관사 남성 복수형) → il

iato /i'ato/ [남] [언어] 모음 접속 (모음으로 끝나는 낱말과 모음으로 시작되는 낱말 사이의 중단)

iberico /i'bεriko/ (복 : -ci, -che) [형] 이베리아 반도의; la penisola iberica 이베리아 반도 - [남] (여 : -a) 이베리아 반도 사람

ibernare /iber'nare/ [타동] [의학] 저체온법을 사용하다 - [자동] (조동사 : avere) 겨울잠을 자다

ibernazione /ibernat'tsjone/ [여] 겨울잠, 동면

ibisco /i'bisko/ [남] (복 : -schi) [식물] 히비스커스

ibrido /'ibrido/ [형] ① [생물] 잡종의 ② 혼성의 - [남] ① (동식물의) 잡종 ② 혼성물; 혼성어(語)

iceberg /'aisberg/ [남-불변] 빙산; la punta dell'iceberg 빙산의 일각

icona /i'kɔna/ [여] ① [동방정교회] 성화상(聖畫像), 성상 ② [컴퓨터] 아이콘

iconografico /ikono'grafiko/ [형] (복 : -ci, -che) 도상학(圖像學)의; 도해의

ictus /'iktus/ [남-불변] ① [병리] 발작, 급발(急發) 증상 ② [운율] 강음(强音)

Iddio /id'dio/ [남] → Dio

idea /i'dεa/ [여] ① 생각, 착상, 아이디어; 관념; non ne ho la minima idea 난 전혀 모르겠다; un'idea geniale 기막힌 생각; tremo solo all'idea che possa venire 그가 올 거라는 생각만으로도 무서워진다; ho idea che ~이라는 생각이 든다; neanche per idea! 절대 아니야, 천만에; dare l'idea di ~처럼 보이다, ~와도 같다; idea fissa 고정관념 ② 의견, 견해; cambiare idea 마음을 고쳐 먹다; essere dell'idea (che) (~이라는) 견해를 갖고 있다, (~이라고) 생각하다 ③ 의향, 의도; avere una mezza idea di fare qc ~할까 하는 마음이 조금 있다 ④ 이상(理想); l'idea del bello 미(美)의 극치

ideale /ide'ale/ [형] 이상적인, 완벽한 - [남] 이상; l'ideale sarebbe andarsene 떠나는 것이 제일 좋다

idealista /idea'lista/ [남/여] (남·복 : -i, 여·복 : -e) 이상가, 이상주의자

idealistico /idea'listiko/ [형] (복 : -ci, -che) 이상적인

idealizzare /idealid'dzare/ [타동] 이상화하다, 이상적이라고 생각하다

ideare /ide'are/ [타동] (~이라는) 생각을 품다; 생각해내다; 계획하다, 궁리[고안]하다

ideatore /idea'tore/ [남] (여 : -trice) ① 저자, 작가 ② 생각해낸 사람, 고안자, 발명자

idem /'idem/ [부] 앞서 말한 바와 같이, 마찬가지로, ~도 또한

identico /i'dεntiko/ [형] (복 : -ci, -che) (a와 함께 쓰여) (~와) 동일한, 꼭 같은

identificare /identifi'kare/ [타동] ① (신원 따위를) 확인하다 ② (con과 함께 쓰여) (~와) 동일시하다, 같다고 간주하다 - identificarsi [재귀동사] (con과 함께 쓰여) (~와 자신을) 동일시하다, (~에) 공감하다

identificazione /identifikat'tsjone/ [여] 신원 따위의 확인; 동일시

identikit /identi'kit/ [남-불변] 몽타주 사진

identità /identi'ta/ [여-불변] ① 정체, 신원; carta d'identità 신분증 ② 독자성, 주체성 ③ 동일함, 일치, 동일성

ideogramma /ideo'gramma/ [남] 표의(表意) 문자[기호]

ideologia /ideolo'dʒia/ [여] 이데올로기, 이념

ideologico /ideo'lɔdʒiko/ [형] (복 : -ci, -che) 이데올로기의, 이념의

idilliaco /idil'liako/, **idillico** /i'dilliko/ [형] (복 : -ci, -che) 전원시(풍)의, 목가적인

idillio /i'dilljo/ [남] (복 : -ii) ① (문어체에서) 전원시, 목가 ② (비유적으로) 연애 사건, 정사

idioma /i'djɔma/ [남] (특정 국민·민족의)

언어; 방언
idiomatico /idjo'matiko/ [형] (복 : -ci, -che) 특정 언어 또는 그 특유의 표현에 관한; frase idiomatica 관용구
idiosincrasia /idjosinkra'zia/ [여] [의학] 특이 체질
idiota /i'djɔta/ (남·복 : -i, 여·복 : -e) [형] 바보의, 백치의 - [남/여] 바보, 백치
idiotismo /idjo'tizmo/ [남] [의학] 백치(임)
idiozia /idjot'tsia/ [여] ① [의학] 백치(임) ② (비유적으로) 어리석음, 바보 같음; 바보 같은 짓[말]
idolatrare /idola'trare/ [타동] 숭배하다, 우상화[시]하다
idolo /'idolo/ [남] ① 우상 ② (비유적으로) 우상시되는 사람, 인기 스타
idoneità /idonei'ta/ [여-불변] (a와 함께 쓰여) (~에 대한) 적성, (~에) 적합함; esame di idoneità 자격 시험
idoneo /i'dɔneo/ [형] (a와 함께 쓰여) (~에) 적성이 있는, 적합한; idoneo all'insegnamento 교사 자격을 갖춘
idrante /i'drante/ [남] 소화전(栓); 소방 호스
idratante /idra'tante/ [형] (화장품이 피부에) 습기를 공급하는 - [남] 피부에 습기를 주는 화장품
idratare /idra'tare/ [타동] (화장품이 피부에) 습기를 공급하다
idraulico /i'drauliko/ [형] (복 : -ci, -che) (기계 장치가) 수력[수압]으로 작동하는; 수력에 관한 - [남] 배관공
idrico /'idriko/ [형] (복 : -ci, -che) 물의, 물에 관한
idrocarburo /idrokar'buro/ [남] [화학] 탄화수소
idroelettrico /idroe'lettriko/ [형] (복 : -ci, -che) 수력 전기의; 수력 발전의
idrofilo /i'drɔfilo/ [형] 물을 잘 흡수하는
idrofobia /idrofo'bia/ [여] [병리] 공수병 (恐水病), 광견병
idrofobo /i'drɔfobo/ [형] ① 공수병의 ② (비유적으로) 미친
idrogeno /i'drɔdʒeno/ [남] [화학] 수소
idrorepellente /idrorepel'lɛnte/ [형] 물을 튀기는, 방수 효과가 있는
idroscalo /i'dros'kalo/ [남] 수상 비행기의 이착륙장
idrosolubile /idroso'lubile/ [형] 물에 용해되는, 수용성의
idrovolante /idrovo'lante/ [남] 수상 비행기
iella /'jɛlla/ [여] (구어체에서) 불운, 징크스
iellato /jel'lato/ [형] (구어체에서) 불운을 겪은, 징크스에 시달린
iena /'jɛna/ [여] [동물] 하이에나
ieri /'jeri/ [부] 어제; ieri l'altro, l'altro ieri 그저께; ieri sera 어제 저녁에, 어젯밤에 - [남] 어제; il giornale di ieri 어제 신문
iettatore /jetta'tore/ [남] (여 : -trice) 불운을 가져오는 사람, 재수 없는 인물
iettatura /jetta'tura/ [여] 재앙을 가져오는 것; 불운
igiene /i'dʒɛne/ [여] 위생, 건강법; igiene del corpo 개인 위생; igiene mentale 정신 위생[건강]; igiene pubblica 공중 위생
igienico /i'dʒɛniko/ [형] (복 : -ci, -che) 위생의, 위생적인; carta igienica 화장지; impianto igienico 위생 설비
igienista /idʒe'nista/ [남/여] (남·복 : -i, 여·복 : -e) 위생학자, 위생사
igloo /i'glu/ [남-불변] 이글루
ignaro /iɲ'ɲaro/ [형] (di와 함께 쓰여) (~을) 모르는
ignifugo /iɲ'ɲifugo/ (복 : -ghi, -ghe) [형] 내화성(耐火性)의, 불타지 않는 - [남] 내연제(耐燃劑)
ignobile /iɲ'ɲɔbile/ [형] 비열한, 멸시할 만한
ignominia /iɲɲo'minja/ [여] 불명예, 치욕
ignorante /iɲɲo'rante/ [형] ① (di와 함께 쓰여) (~을) 모르는 ② 무지한, 무식한 - [남/여] 무식한 사람; (경멸적으로) 촌뜨기
ignoranza /iɲɲo'rantsa/ [여] 무지, 무식; (어떤 일을) 모름
ignorare /iɲɲo'rare/ [타동] ① (어떤 일을) 모르다; ignoravo che 나는 ~이라는 것을 몰랐다 ② 무시하다, 묵살하다
ignoto /iɲ'ɲɔto/ [형] 알려지지 않은, 미상의, 무명의; il Milite Ignoto 무명 용사 - [남] (여 : -a) 모르는[알려지지 않은] 사람
iguana /i'gwana/ [여] [동물] 이구아나
il /il/ [관] (정관사 남성 단수형) [복] i, gli, le) ① (한정 용법으로) 그, 문제의; il bambino ha la febbre 그 아기는 열이 있다; l'ora di cena 저녁 식사 시간

② (일반적으로, 해석되지 않고 쓰여) l'uomo è un animale sociale 사람은 사회적 동물이다; mi piace la musica classica 나는 클래식 음악을 좋아한다; i poveri 가난한 사람들 ③ (시간상) la settimana prossima 다음 주; è partito il 20 luglio 그는 7월 20일에 떠났다 ④ ~당; costano 200 euro il chilo 킬로그램당[1kg에] 200유로다; 100 km l'ora 시속 100km ⑤ 좀, 얼마간; hai messo lo zucchero? 설탕 넣었니?; hai comprato il pane? 빵을 샀니? ⑥ (소유를 나타내어) ha aperto gli occhi 그는 눈을 떴다; avere i capelli neri 검은 머리를 갖고 있다, 머리가 검다 ⑦ (고유명사와 함께 쓰여) il Presidente Mitterrand 미테랑 대통령; dov'è la Giovanna? 조반나는 어디에 있나? ⑧ (지명에 쓰여) il Tevere 티베르 강; l'Italia 이탈리아

ilare /ilare/ [형] (문어체에서) 기쁨에 넘치는

ilarità /ilari'ta/ [여-불변] 환희, 유쾌

illanguidire /illangwi'dire/ [타동] 기운 없게 만들다 - illanguidirsi [재귀동사] 축 늘어지다

illazione /illat'tsjone/ [여] 추론

illecitamente /illetʃita'mente/ [부] 불법으로, 부정하게

illecito /il'letʃito/ [형] 불법적, 부정의

illegale /ille'gale/ [형] 불법의, 위법의, 비합법적인

illegalmente /illegal'mente/ [부] 불법으로, 비합법적으로

illeggibile /illed'dʒibile/ [형] (글자가) 읽기[판독하기] 어려운; (작품이) 난해한

illegittimità /illeddʒittimi'ta/ [여-불변] 위법, 불법

illegittimo /illed'dʒittimo/ [형] 위법의, 불법의, 법으로 용인되지 않은 - [남] (여 : -a) 사생아, 서자

illeso /il'lezo/ [형] 다치지 않은, 해를 입지 않은

illetterato /illette'rato/ [형] 글을 모르는, 문맹의 - [남] (여 : -a) 문맹자

illibato /illi'bato/ [형] ① 순결한, 정숙한 ② 순수한, 더럽혀지지 않은

illimitatamente /illimitata'mente/ [부] 끝없이, 무한하게; 무제한

illimitato /illimi'tato/ [형] 끝없는, 무한한; 무제한의; 절대적인

illividire /illivi'dire/ [타동] (안색을) 파래지게 만들다 - illividirsi [재귀동사] (안색이) 파래지다

illogico /il'lɔdʒiko/ [형] (복 : -ci, -che) 비논리적인, 불합리한

illudere /il'ludere/ [타동] 속이다, 착각하게 하다 - illudersi [재귀동사] 오해하다, 착각하다, 잘못 생각하다

illuminare /illumi'nare/ [타동] ① (~에) 빛을 비추다, (~을) 조명하다 ② (비유적으로) 계몽[교화]하다 - illuminarsi [재귀동사] 밝아지다, 조명이 켜지다

illuminato /illumi'nato/ [형] ① 빛이 비친, 밝아진, 조명된 ② (비유적으로) 계몽[교화]된

illuminazione /illuminat'tsjone/ [여] ① 조명, 빛을 비춤 ② 계몽, 교화 ③ 영감이 떠오름

illuminismo /illumi'nizmo/ [남] 계몽주의

illusione /illu'zjone/ [여] 환각, 착각, 환영; 환상, 미망; illusione ottica 착시; farsi illusioni 착각하다, 잘못 생각하다

illusionismo /illuzjo'nizmo/ [남] 눈속임, 요술

illusionista /illuzjo'nista/ [남/여] (남·복 : -i, 여·복 : -e) 요술쟁이

illuso /il'luzo/ [형] 착각한, 망상에 빠진 - [남] (여 : -a) 망상[착각]에 빠진 사람

illustrare /illus'trare/ [타동] ① (책 따위에) 삽화[도판]를 넣다 ② (비유적으로) 설명하다, 예증(例證)하다

illustrativo /illustra'tivo/ [형] 설명적인, 실례(實例)를 드는

illustrato /illus'trato/ [형] (책 따위에) 삽화[도판]가 있는

illustrazione /illustrat'tsjone/ [여] ① (책 따위의) 삽화, 도판 ② 설명, 예증

illustre /il'lustre/ [형] 저명한, 걸출한, 탁월한

imbacuccare /imbakuk'kare/ [타동] 싸다, 덮다

imbacuccato /imbakuk'kato/ [형] 싸인, 덮인

imballaggio /imbal'laddʒo/ [남] (복 : -gi) 포장; cassa da imballaggio 포장용 상자; carta da imballaggio 포장지

imballare1 /imbal'lare/ [타동] 포장하다, 상자 따위에 넣다

imballare2 /imbal'lare/ [타동] (자동차 엔진의) 회전 속도를 높이다 - imballarsi [재귀동사] (자동차 엔진의) 회전 속도가 높아지다

imbalsamare /imbalsa'mare/ [타동] (시

체를) 방부 처리하다
imbalsamato /imbalsa'mato/ [형] (시체가) 방부 처리된
imbambolato /imbambo'lato/ [형] 얼빠진, 멍해진
imbandire /imban'dire/ [타동] imbandire un banchetto 호화로운 연회를 준비하다
imbandito /imban'dito/ [형] tavola imbandita 호화로운 식탁
imbarazzante /imbarat'tsante/ [형] (상황 따위가) 당황스러운, 난처한
imbarazzare /imbarat'tsare/ [타동] ① 당황하게[난처하게] 만들다 ② (활동 등에) 장애를 일으키다 - imbarazzarsi [재귀동사] 당황하다, 난처해 하다
imbarazzato /imbarat'tsato/ [형] ① (사람이) 당황한, 난처해진 ② (활동 등에) 장애가 일어난
imbarazzo /imba'rattso/ [남] ① 당황, 당혹, 난처; essere[trovarsi] in imbarazzo 난처한 상황이다, 곤경에 처해 있다 ② imbarazzo di stomaco 소화불량
imbarcadero /imbarka'dεro/ [남] 부두, 잔교(棧橋), 선창
imbarcare /imbar'kare/ [타동] (배에) (승객을) 태우다, (짐을) 싣다 - imbarcarsi [재귀동사] ① (배에) 타다, 승선하다 ② (비유적으로) (in과 함께 쓰여) (사업 따위에) 착수하다
imbarcazione /imbarkat'tsjone/ [여] (작은) 배, 보트; imbarcazione da pesca 낚싯배, 어선
imbarco /im'barko/ [남] (복 : -chi) ① (승객의) 승선; (짐의) 적재 ② 승선하는 곳
imbastire /imbas'tire/ [타동] ① 시침질하다, 가봉(假縫)하다 ② (계획 따위의) 윤곽을 잡다
imbastitura /imbasti'tura/ [여] 시침질, 가봉
imbattersi /im'battersi/ [재귀동사] (in과 함께 쓰여) 누구와 우연히 만나다, 마주치다; (문제·장애물 따위와) 맞닥뜨리다
imbattibile /imbat'tibile/ [형] 이길 수 없는, 무적의
imbattuto /imbat'tuto/ [형] 패배한 적이 없는, (기록이) 깨지지 않은
imbavagliare /imbavaʎ'ʎare/ [타동] (남의) 입을 막다; (언론을) 탄압하다

imbeccare /imbek'kare/ [타동] ①(새의 부리에) 먹이를 넣어 주다 ② (비유적으로) 할 말이나 해야 할 일을 일러주다
imbeccata /imbek'kata/ [여] ① 새의 부리에 들어갈 만한 먹이의 양 ② (비유적으로) 할 말이나 해야 할 일을 일러줌; (무대 뒤에서 배우에게) 대사를 일러줌
imbecille /imbe'tʃille/ [형] ① 저능한, 정신박약의 ② (비유적으로) 어리석은 - [남/여] 저능한 사람, 바보, 백치
imbecillità /imbetʃilli'ta/ [여-불변] ① 저능, 백치임 ② (비유적으로) 어리석음; 어리석은 짓
imbellire /imbel'lire/ [타동] 아름답게 꾸미다 - imbellirsi [재귀동사] 보다 아름다워지다
imberbe /im'bεrbe/ [형] (소년이) 아직 수염이 나지 않은
imbestialire /imbestja'lire/ [타동] 격노하게 하다, 격분시키다 - imbestialirsi [재귀동사] 격노[격분]하다
imbevere /im'bevere/ [타동] (di와 함께 쓰여) (~에) 흠뻑 젖게 하다 - imbeversi [재귀동사] 흡수하다, 빨아들이다
imbevibile /imbe'vibile/ [형] 마실 수 없는
imbevuto /imbe'vuto/ [형] (di와 함께 쓰여) (~으로, ~에) 흠뻑 젖은
imbiancare /imbjan'kare/ [타동] 희게 하다, 표백하다; 희게 칠하다 - imbiancarsi [재귀동사] 희어지다
imbianchino /imbjan'kino/ [남] (여 : -a) 페인트공, 희게 칠하는 사람
imbizzarrirsi /imbiddzar'rirsi/ [재귀동사] (말이) 놀라다, 흥분하다; (사람이) 격노하다
imboccare /imbok'kare/ [타동] ① (유아나 환자에게 음식을) 떠먹여 주다 ② (관악기를) 입에 물다 ③ (길 따위에) 들어서다
imboccatura /imbokka'tura/ [여] ① (터널·길 따위의) 입구 ② (관악기의) 입에 대는 부분
imbocco /im'bokko/ [남] (복 : -chi) (도로 따위의) 입구
imbonitore /imboni'tore/ [남] (여 : -trice) 호객꾼
imborghesirsi /imborge'zirsi/ [재귀동사] 중산층이 되다
imboscare /imbos'kare/ [타동] 숨기다, 감추다 - imboscarsi [재귀동사] 병역

을 기피하다
imboscata /imbos'kata/ [여] 매복, 잠복; tendere un'imboscata 매복시키다
imbottigliamento /imbottiʎʎa'mento/ [남] ① (포도주 따위를) 병에 채워 넣기 ② 교통 정체
imbottigliare /imbottiʎ'ʎare/ [타동] ① (포도주 따위를) 병에 채워 넣다 ② [군사] (적을) 봉쇄하다 - imbottigliarsi [재귀동사] imbottigliarsi nel traffico 교통 정체를 겪다, 길이 막혀 꼼짝 못하다
imbottigliato /imbottiʎ'ʎato/ [형] ① (포도주 따위가) 병에 담긴 ② [군사] 봉쇄된 ③ 교통 정체를 겪는, 길이 막혀 꼼짝 못하는
imbottire /imbot'tire/ [타동] (의자·베개 등의) 속을 채워 넣다; (재킷 등에) 패드를 대다; (빵 따위에) 속재료를 넣다 - imbottirsi [재귀동사] (구어체에서) ① 옷을 따뜻하게 입다 ② 꾸역꾸역 먹다
imbottita /imbot'tita/ [여] 누비이불, 퀼트 제품
imbottito /imbot'tito/ [형] (의자·베개 등에) 속을 채워 넣은; (빵에) 속재료를 넣은
imbottitura /imbotti'tura/ [여] 속을 채워 넣기
imbracatura /imbraka'tura/ [여] 고정시키는 끈
imbracciare /imbrat'tʃare/ [타동] (총을) 어깨에 메다; (방패를) 들다
imbranato /imbra'nato/ [형/남] (여 : -a) 솜씨 없는, 서투른 (사람)
imbrattare /imbrat'tare/ [타동] (di와 함께 쓰여) (~으로) 더럽히다, (~을) 덕지덕지 바르다 - imbrattarsi [재귀동사] (di와 함께 쓰여) (~이 몸에) 잔뜩 묻다
imbrigliare /imbriʎ'ʎare/ [타동] ① (말에) 굴레를 씌우다 ② (비유적으로) (감정 따위를) 억제하다
imbroccare /imbrok'kare/ [타동] ① (표적을) 맞히다, 명중시키다 ② (비유적으로) 추측이 맞아떨어지다
imbrogliare /imbroʎ'ʎare/ [타동] ① 속이다 ② (실 따위를) 얽히게[엉키게] 만들다; (상황을) 혼란스럽게 만들다 - imbrogliarsi [재귀동사] 얽히다, 엉키다; 혼란스러워지다
imbroglio /im'broʎʎo/ [남] (복 : -gli) ① 속임수 ② 얽힘, 엉킴; 혼란; cacciarsi in un imbroglio 혼란에 빠지다
imbroglione /imbroʎ'ʎone/ [형/남] (여 : -a) 남을 속이는 (사람)
imbronciarsi /imbron'tʃarsi/ [재귀동사] 샐쭉해지다, 부루퉁해지다
imbronciato /imbron'tʃato/ [형] ① 샐쭉한, 부루퉁한 ② (날이) 흐린
imbrunire /imbru'nire/ [비인칭] (조동사 : essere) (날이) 어두워지다 - [남] all'imbrunire 해질 무렵에
imbruttire /imbrut'tire/ [타동] 추하게 만들다 - [자동] (조동사 : essere) → imbruttirsi - imbruttirsi [재귀동사] 추해지다
imbucare /imbu'kare/ [타동] (편지 따위를) 부치다, 우송하다
imbufalirsi /imbufa'lirsi/ [재귀동사] (구어체에서) (per와 함께 쓰여) (~에) 발끈하다, 화를 내다
imburrare /imbur'rare/ [타동] (빵 따위에) 버터를 바르다
imbuto /im'buto/ [남] 깔때기
imene /i'mene/ [남] [해부] 처녀막
imitare /imi'tare/ [타동] 흉내내다, 모방하다
imitatore /imita'tore/ [남] (여 : -trice) 흉내내는[모방하는] 사람
imitazione /imitat'tsjone/ [여] ① 흉내, 모방 ② 모조품
immacolato /immako'lato/ [형] 흠 없는
immagazzinare /immagaddzi'nare/ [타동] 저장하다, 쌓아 두다, 축적하다
immaginabile /immadʒi'nabile/ [형] 상상할 수 있는, 생각할 수 있는
immaginare /immadʒi'nare/ [타동] ① 상상하다, 마음에 그리다 ② 가정하다, (~이라고) 생각하다 - s'immagini! (감사 인사 등에 대해 하는 말로) 천만에요
immaginario /immadʒi'narjo/ [복 : -ri, -rie) [형] 상상의, 가공의 - [남] 상상계
immaginazione /immadʒinat'tsjone/ [여] 상상, 공상
immagine /im'madʒine/ [여] ① 상(像), 조상(彫像); 그림 ② 꼭 닮은 것[사람]; è l'immagine di suo padre 그는 그의 아버지를 꼭 빼닮았다 ③ [광학] 상(像), 영상 ④ 형태, 모습 ⑤ 이미지, 인상; immagine dell'azienda 기업 이미지 ⑥ 상징, 화신, 전형
immalinconire /immalinko'nire/ [타동] 우울하게 만들다 - immalinconirsi [재귀동사] 우울해지다, 슬퍼지다

immancabile /imman'kabile/ [형] 절대 확실한, 틀림없는, 당연한

immancabilmente /immankabil'mente/ [부] 틀림없이, 반드시, 꼭

immane /im'mane/ [형] ① (문어체에서) 거대한 ② 무시무시한

immangiabile /imman'dʒabile/ [형] 먹을 수 없는

immatricolare /immatriko'lare/ [타동] (자동차 따위를 관청에) 등록하다 - **immatricolarsi** [재귀동사] (대학에) 입학 허가를 받다

immatricolazione /immatrikolat'tsjone/ [여] ① (자동차의) 등록 ② 대학 입학 허가

immaturità /immaturi'ta/ [여-불변] 미숙, 미성숙

immaturo /imma'turo/ [형] ① (과일 따위가) 덜 익은 ② (비유적으로) (사람이) 미성숙한 ③ 시기가 이른

immedesimarsi /immedezi'marsi/ [재귀동사] (con과 함께 쓰여) 자신을 ~와 동일시하다; (in과 함께 쓰여) (~에) 감정이입을 하다

immediatamente /immedjata'mente/ [부] ① 즉시, 즉각, 곧 ② 바로 가까이에

immediatezza /immedja'tettsa/ [여] 즉각적임

immediato /imme'djato/ [형] ① 즉각의, 당장의, 즉시의 ② 바로 가까이에 있는

immemorabile /immemo'rabile/ [형] 먼 옛날의, 태곳적의; da tempo immemorabile 아득한 옛날부터

immemore /im'mɛmore/ [형] (문어체에서) (di와 함께 쓰여) (~을) 잘 잊어버리는

immensamente /immensa'mente/ [부] 막대하게, 이루 헤아릴 수 없게

immensità /immensi'ta/ [여-불변] 막대함, 이루 헤아릴 수 없음

immenso /im'mɛnso/ [형] 막대한, 광대한; 이루 헤아릴 수 없는, 한없는

immergere /im'mɛrdʒere/ [타동] (in과 함께 쓰여) (물 따위에) 담그다, 빠지게 하다 - **immergersi** [재귀동사] (in과 함께 쓰여) ① (물 따위에) 빠지다, 뛰어들다; [스포츠] 다이빙하다 ② (~에) 몰두[열중]하다

immeritato /immeri'tato/ [형] 받을 만한 가치가 없는, 마땅치 않은, 부당한

immersione /immer'sjone/ [여] ① (물 따위에) 담금, 잠김, 빠짐; battesimo per immersione [기독교] 침례; linea di immersione [항해] 흘수선(吃水線) ② 다이빙, 잠수; fare immersione 다이빙[잠수]하다

immerso /im'mɛrso/ [형] (in과 함께 쓰여) ① (물 따위에) 잠긴, 빠진 ② (~에) 몰두[열중]한

immettere /im'mettere/ [타동] ① (in과 함께 쓰여) (~에) 넣다, 투입하다; immettere aria nei polmoni 폐에 공기를 불어넣다 ② (상품을 시장에) 내놓다, 출시하다 ③ [컴퓨터] (데이터를) 입력하다 - **immettersi** [재귀동사] (in과 함께 쓰여) (~에) 들어서다; (물 따위가 ~으로) 흘러들다

immigrante /immi'grante/ [남/여] (외국으로부터의) 이민, 이주자

immigrare /immi'grare/ [자동] (조동사 : essere) (외국으로부터) 이주해오다

immigrato /immi'grato/ [형/남] (여 : -a) (외국으로부터) 이주해온 (사람)

immigrazione /immigrat'tsjone/ [여] (외국으로부터의) 이민, 이주

imminente /immi'nɛnte/ [형] 임박한, 촉박한, 곧 닥쳐오는

imminenza /immi'nɛntsa/ [여] 임박, 촉박

immischiare /immis'kjare/ [타동] (in과 함께 쓰여) (일·문제에) 관련[연루]시키다, 끼어들이다 - **immischiarsi** [재귀동사] (in과 함께 쓰여) (~에) 연루되다, 끼어들다

immissario /immis'sarjo/ [남] (복 : -ri) (강의) 지류(支流)

immissione /immis'sjone/ [여] ① 투입, 주입 ② [컴퓨터] (데이터의) 입력

immobile /im'mɔbile/ [형] ① 움직이지 않는, 정지한, 멈춰 있는 ② [법률] beni immobili 부동산 - [남] 건물 (부동산의 하나)

immobiliare /immobi'ljare/ [형] 부동산의; patrimonio immobiliare 부동산; agenzia immobiliare 부동산 중개업소

immobilismo /immobi'lizmo/ [남] 극단적인 보수주의 정책

immobilità /immobili'ta/ [여-불변] 부동성, 정지

immobilizzare /immobilid'dzare/ [타동] ① 움직이지 못하게 하다, 고정[정지]시키다 ② [경제] (자본을) 고정시키다

immobilizzato /immobilid'dzato/ [형] 움직이지 못하게 된, 고정[정지]된; essere immobilizzato a letto 몸져 누

워있다

immoderato /immode'rato/ [형] 무절제한, 중용을 잃은, 지나친

immodestia /immo'dɛstja/ [여] 겸손하지 못함, 뻔뻔스러움

immodesto /immo'dɛsto/ [형] 겸손하지 못한, 뻔뻔스러운

immolare /immo'lare/ [타동] (a와 함께 쓰여) (~에게) 제물로 바치다 - immolarsi [재귀동사] (per와 함께 쓰여) (~을 위해) 자신을 희생하다[바치다]

immondezzaio /immondet'tsajo/ [남] (복 : -ai) 쓰레기장

immondizia /immon'dittsja/ [여] 쓰레기

immondo /im'mondo/ [형] ① (장소가) 더러운, 불결한 ② (비유적으로) (행동이) 부정한, 비열한

immorale /immo'rale/ [형] 부도덕한, 품행이 나쁜

immoralità /immorali'ta/ [여-불변] 부도덕

immortalare /immorta'lare/ [타동] (~에) 불후의 명성을 안겨주다 - immortalarsi [재귀동사] 불후의 명성을 얻다

immortale /immor'tale/ [형] ① 불사(不死)의, 죽지 않는 ② 불멸의, 영원한

immortalità /immortali'ta/ [여-불변] 불사; 불멸, 영원함

immotivato /immoti'vato/ [형] (행동・요구 따위가) 정당한 동기[근거]가 없는

immoto /im'mɔto/ [형] (문어체에서) 움직임이 없는, 정지한

immune /im'mune/ [형] (da와 함께 쓰여) ① (~에) 면역이 된 ② (~을) 면제 받은

immunità /immuni'ta/ [여-불변] (da와 함께 쓰여) ① (전염병 등에 대한) 면역 ② (책임 등의) 면제; 특전

immunitario /immuni'tarjo/ [형] (복 : -ri, -rie) 면역의, 면역 체계의

immunizzare /immunid'dzare/ [타동] (contro와 함께 쓰여) (~에 대해) 면역시키다, 면역성을 주다 - immunizzarsi [재귀동사] (contro와 함께 쓰여) (~에 대해) 면역이 되다

immunizzazione /immuniddzat'tsjone/ [여] 면역(법), 면역 조치; 면제

immunodeficienza /immunodefi'tʃɛntsa/ [여] 면역 결여; sindrome da immunodeficienza acquista 후천성 면역 결핍증, 에이즈

immunologia /immunolo'dʒia/ [여] 면역학

immusonirsi /immuzo'nirsi/ [재귀동사] 샐쭉해지다, 못마땅한 얼굴을 하다

immusonito /immuzo'nito/ [형] 샐쭉한, 부루퉁한

immutabile /immu'tabile/ [형] 불변의, 변경되지 않는

immutato /immu'tato/ [형] 변경되지 않은

impacchettare /impakket'tare/ [타동] (물건을) 싸다, 포장하다

impacciare /impat'tʃare/ [타동] ① 방해하다, 가로막다 ② 난처하게 만들다

impacciato /impat'tʃato/ [형] ① 당황한, 난처해진 ② (동작 따위가) 어색한, 서투른

impaccio /im'pattʃo/ [남] ① 당황, 난처한 입장 ② 장애물; essere d'impaccio a qn 누구의 앞을 가로막고 있다

impacco /im'pakko/ [남] (복 : -chi) (찜질용) 습포

impadronirsi /impadro'nirsi/ [재귀동사] (di와 함께 쓰여) (~을) 점령[장악]하다, 손에 넣다; (언어를) 마스터하다

impagabile /impa'gabile/ [형] 값을 매길 수 없는, 매우 귀중한

impaginare /impadʒi'nare/ [타동] [인쇄] 지면을 배정하다, 레이아웃을 하다, 판을 짜다

impaginazione /impadʒinat'tsjone/ [여] [인쇄] 지면 배정, 레이아웃, 판 짜기

impagliare /impaʎ'ʎare/ [타동] ① 짚으로 싸거나 덮다, 짚을 넣어 채우다 ② (동물을) 박제로 만들다

impalato /impa'lato/ [형] (구어체에서) 꼼짝 않고 가만히 있는

impalcatura /impalka'tura/ [여] ① (건축장의) 비계, 발판 ② 틀, 얼개, 구조

impallidire /impalli'dire/ [자동] (조동사 : essere) ① (얼굴이) 창백해지다 ② (빛깔・명성 따위가) 바래다, 무색해지다

impallinare /impalli'nare/ [타동] (탄환을) 마구 퍼붓다

impalpabile /impal'pabile/ [형] ① (분말이) 미세한 ② (비유적으로) 만져서 알 수 없는, 실체가 없는

impanare /impa'nare/ [타동] (고기 따위에) 빵가루를 입히다

impantanarsi /impanta'narsi/ [재귀동사] ① 진창[수렁]에 빠지다 ② (비유적으로) 곤경에 빠지다

impappinarsi /impappi'narsi/ [재귀동사]

말을 더듬다

imparare /impa'rare/ [타동] 배우다, 익히다; imparare a fare qc ~하는 법을 배우다; imparare qc a memoria 무엇을 외우다[암기하다]; sbagliando s'impara 자꾸 연습하면 결국에는 완벽해진다

impareggiabile /impared'dʒabile/ [형] 비길[견줄] 데 없는

imparentato /imparen'tato/ [형] (con과 함께 쓰여) (~와) 인척 관계에 있는

impari /'impari/ [형-불변] (분배·기회 따위가) 동등하지 않은

impartire /impar'tire/ [타동] (축복·가르침 따위를) 베풀다

imparziale /impar'tsjale/ [형] 어느 한쪽으로 치우치지 않은, 편견 없는, 공평한

imparzialità /impartsjali'ta/ [여-불변] 불편부당(不偏不黨), 공평무사, 어느 한쪽으로 치우치지 않음

impassibile /impas'sibile/ [형] 느끼지 못하는, 무감각한, 무감정의

impastare /impas'tare/ [타동] ① (빵 따위를) 반죽해서 만들다 ② (시멘트 따위를) 섞다

impastato /impas'tato/ [형] impastato di fango 진흙으로 뒤덮인; avere gli occhi impastati di sonno 잠이 와서 눈이 감기는 상태다

impasticcarsi /impastik'karsi/ [재귀동사] (구어체에서) ① 약을 많이 먹다 ② 마약류를 상용하다

impasto /im'pasto/ [남] ① (빵 따위의) 가루 반죽 ② (시멘트 따위의) 혼합물

impatto /im'patto/ [남] 충격; 강한 영향력

impaurire /impau'rire/ [타동] (~에게) 겁을 주다 - impaurirsi [재귀동사] 겁을 먹다, 겁에 질리다

impavido /im'pavido/ [형] 두려움을 모르는, 용감한

impaziente /impat'tsjɛnte/ [형] ① 성급한, 조급한, 참을성 없는 ② 몹시 ~하고 싶어하는, 갈망하는; impaziente di fare qc ~하고 싶어 안달이 난

impazienza /impat'tsjɛntsa/ [여] ① 성급함, 조급함, 초조함 ② 안달, 갈망

impazzata [부] (all'impazzata /allimpat'tsata/의 형태로 쓰여) 미친 듯이, 마구

impazzire /impat'tsire/ [자동] (조동사 : essere) ① 미치다, 제정신을 잃다; impazzire di dolore 슬픔으로 미칠 지경이다; impazzire di gioia 뛸 듯이 기뻐하다; questo compito mi fa impazzire 이 숙제가 나를 미치게 하는구나 ② (per와 함께 쓰여) (~에) 미치다, 열광하다; impazzisco d'amore per te 난 너에게 푹 빠져 있어

impeccabile /impek'kabile/ [형] 흠[결점] 없는, 나무랄 데 없는

impedimento /impedi'mento/ [남] 방해물, 장애; essere un impedimento a qc/qn 무엇/누구에게 방해가 되다

impedire /impe'dire/ [타동] ① 막다, 방지하다; impedire a qn di fare qc 누구로 하여금 무엇을 못하게 하다 ② 방해하다, 가로막다, 차단하다; 거추장스럽다

impegnare /impeɲ'ɲare/ [타동] ① 속박하다, 꼼짝 못하게 하다 ② 전당 잡히다 ③ (어떤 일에[로]) 열심히 종사하게 하다, 분주하게 만들다 ④ (군사) (적과) 교전하다, (적을) 공격하다 - impegnarsi [재귀동사] impegnarsi a fare qc 어떤 일을 떠맡다; impegnarsi con un contratto 계약을 맺다; impegnarsi in qc 무엇에 전념하다

impegnativo /impeɲɲa'tivo/ [형] (일이) 노력을 요하는; (계약 따위가 사람을) 속박하는

impegnato /impeɲ'ɲato/ [형] ① 전당 잡힌 ② (어떤 일에) 매진하는, (일 때문에) 바쁜 ③ (약속 따위가) 잡혀 있는; sono già impegnato 난 선약이 있어요

impegno /im'peɲɲo/ [남] ① 약속, 계약, 책임; assumere un impegno (일을) 떠맡다 ② 연루, 관련 ③ 전념, 몰두; studiare con impegno 열심히 공부하다

impegolarsi /impela'garsi/ [재귀동사] (in과 함께 쓰여) (~에) 연루되다

impellente /impel'lɛnte/ [형] (용무 따위가) 긴급한, 절박한

impenetrabile /impene'trabile/ [형] 꿰뚫을[침투할] 수 없는; 헤아릴 수 없는

impennarsi /impen'narsi/ [재귀동사] ① (말이) 뒷다리로 서다 ② (비행기가) 기수를 올리다, 상승하다 ③ (비유적으로) (사람이) 발끈하다 ④ (물가 따위가) 치솟다

impennata /impen'nata/ [여] ① (말이) 뒷다리로 섬 ② (비행기의) 상승 ③ (비유적으로) 발끈 화를 냄 ④ (물가 따위의) 급상승

impensabile /impen'sabile/ [형] 상상할

수 없는, 생각조차 할 수 없는
impensato /impen'sato/ [형] 생각지도 못한, 뜻밖의
impensierire /impensje'rire/ [타동] (누구에게) 걱정을 끼치다 - impensierirsi [재귀동사] 걱정하다
imperante /impe'rante/ [형] 우세한, 지배적인; 널리 유행하는
imperare /impe'rare/ [자동] (조동사 : avere) ① 다스리다, 지배하다, 통치하다 ② (비유적으로) 우세하다, 지배적이다; 널리 유행하다
imperativo /impera'tivo/ [형] ① 명령하는, 명령조의 ② [문법] 명령법[형]의 - [남] [문법] l'imperativo 명령법
imperatore /impera'tore/ [남] 황제, 제왕
imperatrice /impera'tritʃe/ [여] 황후; 여제(女帝)
impercettibile /impertʃet'tibile/ [형] (차이・변화 따위가) 감지할 수 없을 정도의, 미세한, 경미한
impercettibilmente /impertʃettibil'mente/ [부] 미세하게, 경미하게
imperdonabile /imperdo'nabile/ [형] 용서할 수 없는
imperfetto /imper'fetto/ [형] ① 불완전한, 흠[결점]이 있는 ② 미완성의, 미비한 ③ [문법] (시제가) 미완료의, 반과거의 - [남] [문법] l'imperfetto 미완료 [반과거] 시제
imperfezione /imperfet'tsjone/ [여] 불완전; 흠, 결점
imperiale /impe'rjale/ [형] 제국의; 황제의
imperialismo /imperja'lizmo/ [남] 제국주의
imperioso /impe'rjoso/ [형] ① 전제적인, 권위주의적인, 오만한 ② (요구・필요 따위가) 긴급한, 절박한
imperituro /imperi'turo/ [형] (문어체에서) (작품・명성 따위가) 불후의, 영원한
imperizia /impe'rittsja/ [여] 미숙, 경험 부족
imperlare /imper'lare/ [타동] ① 진주로 장식하다 ② (땀 따위가 ~에) 송글송글 맺히다 - imperlarsi [재귀동사] (di와 함께 쓰여) (땀 따위가) 송글송글 맺히다
impermalirsi /imperma'lirsi/ [재귀동사] (per와 함께 쓰여) (~에) 화를 내다
impermeabile /imperme'abile/ [형] (물 따위가) 스며들지 않는, 방수의 - [남] 비옷, 우비

imperniare /imper'njare/ [타동] ① (~에) 경첩을 달다 ② (비유적으로) (~에) 의거하다, (~을) 기반으로 하다 - imperniarsi [재귀동사] (비유적으로) (su와 함께 쓰여) (~에) 의거하다, (~을) 기반으로 하다
impero /im'pɛro/ [남] 제국(帝國); Sacro Romano Impero [역사] 신성로마제국 - [형-불변] 제국의
imperscrutabile /imperskru'tabile/ [형] 헤아릴 수 없는, 불가해한
impersonale /imperso'nale/ [형] ① 특정 개인과 관련되지 않은; 일반적인; 객관적인 ② [문법] 비인칭의
impersonare /imperso'nare/ [타동] ① 의인화하다, 인격화하다, 체현하다 ② (배우가) (어떤 역을) 맡아 하다 - impersonarsi [재귀동사] in lei s'impersona la cupidigia 그녀는 탐욕의 화신이다
imperterrito /imper'territo/ [형] (외부의 영향에) 흔들리지 않는, 끄떡없는
impertinente /imperti'nɛnte/ [형] 건방진, 주제넘은, 뻔뻔한, 무례한, 버릇없는
impertinenza /imperti'nɛntsa/ [여] 건방짐, 주제넘음, 뻔뻔함, 무례함, 버릇없음
imperturbabile /impertur'babile/ [형] 침착한, 냉정한
imperversare /imperver'sare/ [자동] (조동사 : avere) ① 격노하다; (폭풍 따위가) 사납게 휘몰아치다; (전염병 따위가) 창궐하다 ② 크게 유행하다
impervio /im'pɛrvjo/ [형] (복 : -vi, -vie) (길・장소가) 통행[접근] 불가능한
impeto /'impeto/ [남] 힘, 기세; 충동; 격렬함; (분노 따위의) 폭발; con impeto 힘차게; agire d'impeto 충동적으로 행동하다
impettito /impet'tito/ [형] 빼기는, 거들먹거리는
impetuoso /impetu'oso/ [형] ① 충동적인, 성급한, 앞뒤를 가리지 않는 ② (바람・흐름 따위가) 격렬한, 맹렬한
impiantare /impjan'tare/ [타동] ① (기기 따위를) 설치하다 ② (회사 따위를) 창립하다
impianto /im'pjanto/ [남] ① 설치, 설비, 가설; spese d'impianto 설치비 ② (회사 따위의) 창립 ③ (집합적으로) 장비, 설비, 시스템; impianto industriale 공장 설비; impianto di raffreddamento

impiastrare /impjas'trare/ [타동] (디와 함께 쓰여) (진흙·페인트 따위를) 칠하다, 바르다, 묻히다

impiastricciare /impjastrit'tʃare/ → impiastrare

impiastro /im'pjastro/ [남] ① 찜질약, 습포제 ② (구어체에서) 성가신 존재

impiccagione /impikka'dʒone/ [여] 교수형

impiccare /impik'kare/ [타동] ① (죄인을) 교수형에 처하다 ② (비유적으로) (옷깃 따위가) 목을 조르다, 숨막히게 하다 - impiccarsi [재귀동사] 스스로 목을 매다; impiccati! (구어체에서) 뒈져 버려!

impiccato /impik'kato/ [형] 교수형에 처해진

impicciare /impit'tʃare/ [타동] 방해하다, 가로막다 - impicciarsi [재귀동사] (남의 일에) 참견하다, 끼어들다; impicciati degli affari tuoi! 남 일에 참견 마!

impiccio /im'pittʃo/ [남] (복 : -ci) ① 방해, 폐; essere d'impiccio 방해가 되다 ② 곤경, 궁지

impiccione /impit'tʃone/ [남] (여 : -a) (구어체에서) 남의 일에 참견 잘하는 사람

impiegare /impje'gare/ [타동] ① (시간·돈·노력 따위를) 쓰다, 사용[이용]하다, 소비하다, 투자하다; impiega il tempo libero a dipingere 그는 그림을 그리면서 여가를 활용한다; impiego un quarto d'ora per andare a casa 나는 귀가하는 데 15분이 걸린다 ② (사람을) 고용하다 - impiegarsi [재귀동사] 일자리를 얻다, 취직하다

impiegato /impje'gato/ [남] (여 : -a) 사무원, 고용인; impiegato di banca 은행원

impiego /im'pjego/ [남] (복 : -ghi) ① 일자리, 직업; un impiego fisso 정규직 ② 사용, 이용

impietosire /impjeto'sire/ [타동] (남의) 동정을 얻다 - impietosirsi [재귀동사] (per와 함께 쓰여) (~에 대해) 딱하게 생각하다

impietoso /impje'toso/ [형] 인정 없는, 매정한, 가차 없는, 냉혹한

impietrire /impje'trire/ [타동] ① 석화(石化)하다 ② (비유적으로) 깜짝 놀라 꼼짝 못하게 하다

impietrito /impje'trito/ [형] ① 석화한 ② (비유적으로) 깜짝 놀라서 (몸이) 굳어진

impigliare /impiʎ'ʎare/ [타동] 걸리게[엉키게] 하다 - impigliarsi [재귀동사] (in과 함께 쓰여) (~에) 걸리다, 엉키다

impigrire /impi'grire/ [타동] (사람을) 게으르게 만들다 - impigrirsi [재귀동사] 게을러지다

impilare /impi'lare/ [타동] 쌓아올리다

impinguare /impin'gware/ [타동] ① (가축을) 살찌우다, 비육(肥育)하다 ② (비유적으로) (지갑·금고 따위를 돈으로) 채우다, 부를 축적하다

impiombare /impjom'bare/ [타동] ① 납으로 봉하다 ② (치아를) 충전하다

implacabile /impla'kabile/ [형] (증오심이) 깊은; (적이) 무자비한

implementare /implemen'tare/ [타동] 작동시키다; 실시하다

implicare /impli'kare/ [타동] ① (in과 함께 쓰여) (~에) 연루시키다, 휩쓸리게 하다 ② 포함하다, 수반하다 ③ 뜻하다, 의미하다 - implicarsi [재귀동사] (in과 함께 쓰여) (~에) 연루되다, 휩쓸리다

implicazione /implikat'tsjone/ [여] 연루, 관련, 휩쓸림

implicitamente /implitʃita'mente/ [부] 함축적으로, 암시적으로

implicito /im'plitʃito/ [형] 함축적인, 암시적인

implorante /implo'rante/ [형] 탄원[애원]하는, 간청하는

implorare /implo'rare/ [타동] (~에게) 탄원[애원]하다, 간청하다, 빌다

implorazione /implorat'tsjone/ [여] 탄원, 애원, 간청

impollinazione /impollinat'tsjone/ [여] [식물] 수분(受粉), 가루받이

impoltronirsi /impoltro'nirsi/ [재귀동사] 게을러지다

impolverare /impolve'rare/ [타동] (~을) 먼지로 뒤덮다, (~에) 먼지가 쌓이게 하다 - impolverarsi [재귀동사] 먼지가 쌓이다

impolverato /impolve'rato/ [형] 먼지가 쌓인

imponderabile /imponde'rabile/ [형] ① 무게를 달 수 없는, 극히 가벼운 ② (비유적으로) 평가할[헤아릴] 수 없는

imponente /impo'nɛnte/ [형] 인상적인,

당당한
imponibile /impo'nibile/ [형] (소득·수입에[이])세금을 부과할 수 있는, 과세 대상인 - [남] 과세 소득
impopolare /impopo'lare/ [형] 인기 없는, 평판이 좋지 못한
impopolarità /impopolari'ta/ [여-불변] 인기가 없음, 평판이 좋지 못함
imporporarsi /imporpo'rarsi/ [재귀동사] (문어체에서) 붉어지다, 빨개지다
imporre /im'porre/ [타동] ① (a와 함께 쓰여) (~에게) (의무·제재·조건 따위를) 지우다, 부과하다 ② 강요하다, 억지로 시키다; imporre a qn di fare qc 누구로 하여금 무엇을 하도록 강요하다 - imporsi [재귀동사] ① ~해야 하다, (~이) 요구되다; s'impone una scelta 선택이 요구된다 ② 탁월하다, 두드러지다; 존경을 받다; 인기를 얻다, 세상의 이목을 끌다
importante /impor'tante/ [형] ① 중요한, 중대한, 의미 있는 ② 영향력 있는, 탁월한 - [남] l'importante è ~ 중요한 것[점]은 ~이다
importanza /impor'tantsa/ [여] 중요성, 의의, 가치; di una certa importanza 꽤 중요한; avere importanza 중요하다; dare importanza a qc 무엇을 중요시하다; darsi importanza 잘난 체하다
importare1 /impor'tare/ [자동] (조동사: essere) 중요하다, 문제가 되다; ciò che importa di più è ~ 가장 중요한 것은 ~이다; non m'importa niente 난 전혀 개의치 않아 - [비인칭] non importa! 그건 아무 문제가 안돼, 신경쓰지 마
importare2 /impor'tare/ [타동] 수입하다
importatore /importa'tore/ [남] (여 : -trice) 수입업자
importazione /importat'tsjone/ [여] 수입; merci[prodotti] d'importazione 수입품
importo /im'porto/ [남] 양; 액수; l'importo globale 총계, 총액
importunare /importu'nare/ [타동] ① 괴롭히다, 폐를 끼치다 ② (여자를) 성희롱하다
importuno /impor'tuno/ [형] ① (사람이) 성가신, 폐를 끼치는 ② (방문 따위가) 적절하지 못한, 형편이 좋지 않은 - [남] (여 : -a) 성가신[폐를 끼치는] 사람
imposizione /impozit'tsjone/ [여] ① (의무 따위의) 부과 ② 과세(課稅) ③ 명령
impossessarsi /imposses'sarsi/ [재귀동사] (di와 함께 쓰여) (영토·권력 따위를) 점령하다, 차지하다, 손에 넣다
impossibile /impos'sibile/ [형] 불가능한; mi è impossibile farlo 그건 내게 불가능해, 난 그걸 할 수 없어 - [남] fare l'impossibile 전력을 다하다
impossibilità /impossibili'ta/ [여-불변] 불가능; essere nell'impossibilità di fare qc ~하는 것은 불가능하다, ~할 수 없다
impossibilitato /impossibili'tato/ [형] essere impossibilitato a fare qc ~하는 것은 불가능하다, ~할 수 없다
imposta1 /im'pɔsta/ [여] (창문의) 셔터, 여닫개
imposta2 /im'pɔsta/ [여] 세금; imposte dirette 직접세; imposta sul reddito 소득세; imposta sul valore aggiunto 부가가치세; ufficio imposte 세무서
impostare1 /impos'tare/ [타동] ① (일·계획 따위를) 조직하다, 짜다 ② [인쇄] 조판(組版)하다
impostare2 /impos'tare/ [타동] (우편물을) 부치다, 우송하다
impostazione /impostat'tsjone/ [여] ① 조직화, 구성 ② [인쇄] 조판
imposto /im'posto/ [형] (요율·조건 따위가) 정해진, 확립된; prezzo imposto 정찰 가격
impostore /impos'tore/ [남] (여 : -a) (타인을 사칭하는) 사기꾼
impostura /impos'tura/ [여] (타인을 사칭하는) 사기 행위
impotente /impo'tɛnte/ [형] ① 무력한, 무능한, 힘이 없는 ② (남성이) 성교 불능의, 발기 부전의 - [남] 성교 불능[발기 부전] 환자
impotenza /impo'tɛntsa/ [여] ① 무력, 무능 ② (남성의) 성교 불능, 발기 부전
impoverire /impove'rire/ [타동] 가난하게[피폐하게] 만들다 - [자동] (조동사 : essere) → impoverirsi - impoverirsi [재귀동사] 가난해지다, 피폐해지다
impraticabile /imprati'kabile/ [형] ① (길이) 지나갈 수 없는, 통행 불가능한 ② (계획 등이) 실행 불가능한
impraticabilità /impratikabili'ta/ [여-불

변] ① (길의) 통행 불가능 ② (계획 등의) 실행 불가능

impratichirsi /imprati'kirsi/ [재귀동사] (in과 함께 쓰여) (~을) 연습[실습]하다, (~의 사용법 등에) 익숙해지다

imprecare /impre'kare/ [자동] (조동사 : avere) (contro와 함께 쓰여) (~을) 저주하다

imprecazione /imprekat'tsjone/ [여] 저주; lanciare un'imprecazione 저주하다

imprecisabile /impretʃi'zabile/ [형] 확정할 수 없는

imprecisato /impretʃi'zato/ [형] 확정되지 않은; 불명확한

imprecisione /impretʃi'zjone/ [여] 부정확; 불명확

impreciso /impre'tʃizo/ [형] 부정확한; 불명확한, 모호한

impregnare /impreɲ'nare/ [타동] (di와 함께 쓰여) (~이) 스며들다, 흠뻑 배다 - impregnarsi [재귀동사] (di와 함께 쓰여) (~이) 스며들어[배어] 있다, (~으로) 가득하다

impregnato /impreɲ'nato/ [형] (di와 함께 쓰여) (~이) 스며든, 흠뻑 밴

imprenditore /imprendi'tore/ [남] (여 : -trice) 기업가; piccolo imprenditore 소규모 사업가 - imprenditore edile 건축 도급업자

imprenditoriale /imprendito'rjale/ [형] 기업가의, 기업가적인

impreparato /imprepa'rato/ [형] ① (a와 함께 쓰여) (~에 대한) 준비가 되지 않은 ② (교사·의사 등이) 자격 미달의

impresa /im'presa/ [여] ① 기업(체), 회사; mettere su un'impresa 개업하다; impresa pubblica 국영 기업 ② 기획; 사업 - imprese [여·복] 업적, 위업

impresario /impre'sarjo/ [남] (여 : -a) (복 : -ri) ① 기업가 ② (연극의) 기획담당, 감독 - impresario di pompe funebri 장의사

imprescindibile /impreʃʃin'dibile/ [형] 불가피한; 필수적인

impressionabile /impressjo'nabile/ [형] ① (사람이) 감수성이 풍부한 ② (사진이) 감광성의, 고감도의

impressionante /impressjo'nante/ [형] ① 인상적인, 두드러진, 현저한 ② 충격을 주는, 무섭게[불안하게] 하는

impressionare /impressjo'nare/ [타동] ① (~에) 강한 인상을 주다 ② 충격을 주다, 무섭게[불안하게] 만들다 ③ (사진) 노출하다 - impressionarsi [재귀동사] 무서워[불안해] 하다

impressione /impres'sjone/ [여] ① 인상; 감명, 감상; 느낌, 기분; fare una buona impressione a qn 누구에게 좋은 인상을 주다; che impressione ti ha fatto? 그것에 대한 인상이 어땠어? ② 영향, 효과 ③ 공포, 혐오; che impressione! 끔찍하구만! ④ 인쇄

impressionismo /impressjo'nizmo/ [남] [예술] 인상파[주의]

impresso /im'presso/ [형] (감정이 표정으로) 확실히 드러난; (기억 따위가 마음에) 새겨진, 각인된

imprestare /impres'tare/ [타동] 빌려주다; imprestare qc a qn 누구에게 무엇을 빌려주다

imprevedibile /impreve'dibile/ [형] (미래·결과 따위가) 예측할 수 없는

imprevidente /imprevi'dente/ [형] 선견지명이 없는, 앞을 내다볼 줄 모르는

imprevisto /impre'visto/ [형/남] 예기치 못한, 뜻밖의 (일·사건); salvo imprevisti 사고만 없으면, 예정대로 진행된다면

imprigionamento /impridʒona'mento/ [남] 투옥, 감금

imprigionare /impridʒo'nare/ [타동] ① 투옥하다, 가두다 ② (비유적으로) (방해물 따위가 사람·교통수단 등을) 갇히게 하다; la nave era imprigionata nel ghiaccio 그 배는 얼음에 갇혀 버렸다

imprimere /im'primere/ [타동] ① (스탬프 따위를) 찍다 ② (기억 속에) 각인시키다 ③ (a와 함께 쓰여) (힘·운동 따위를 ~에) 전하다 - imprimersi [재귀동사] (기억 속에) 각인되다

improbabile /impro'babile/ [형] 있음직하지 않은, ~할 것 같지 않은; è improbabile che venga 그는 안 올 것 같다

improbabilità /improbabili'ta/ [여-불변] 있음직[일어날 듯]하지 않음

improduttivo /improdut'tivo/ [형] ① (토지가) 메마른, 불모의 ② 수확이 없는, 비생산적인

impronta /im'pronta/ [여] ① (찍힌) 자국; impronta del piede 발자국 ② (지워지지 않는) 흔적, 발자취; lasciare la propria impronta in qc ~에 자신의

흔적을 남기다 - impronte digitali 지문(指紋)
impronunciabile /impronun'tʃabile/, impronunziabile /impronun'tsjabile/ [형] 발음할 수 없는, 발음이 어려운
improperio /impro'pɛrjo/ [남] (복 : -ri) 비방, 욕설; coprire qn d'improperi 누구에게 욕을 퍼붓다
improponibile /impropo'nibile/ [형] (제안 따위가) 받아들여질 수 없는
improprio /im'prɔprjo/ [형] (복 : -ri, -rie) 부정확한; 부적절한
improrogabile /improro'gabile/ [형] (약속이) 연기될 수 없는; (기한이) 연장될 수 없는
improvvisamente /improvviza'mente/ [부] 갑자기; 뜻밖에
improvvisare /improvvi'zare/ [타동] (시·노래 따위를) 즉석에서 짓다; (대사를) 즉흥적으로 하다; (식사를) 급히 준비하다 - improvvisarsi [재귀동사] (~으로서) 활동하다; improvvisarsi cuoco 요리사 역할을 하다
improvvisata /improvvi'zata/ [여] 생각지도 못한 (즐거운) 일; 뜻밖의 방문; fare un'improvvisata a qn 누구에게 생각지도 못한 (즐거운) 일을 안겨주다, 누구네 집을 갑자기 방문하다
improvvisato /improvvi'zato/ [형] 즉석에서 만든[한]
improvvisazione /improvvizat'tsjone/ [여] 즉석에서 하기
improvviso /improv'vizo/ [형] 갑작스러운, 예기치 못한, 뜻밖의; all'improvviso, d'improvviso 갑자기, 뜻밖에
imprudente /impru'dɛnte/ [형/남/여] 경솔한, 부주의한, 무분별한 (사람)
imprudentemente /imprudente'mente/ [부] 경솔하게, 부주의하게, 무분별하게
imprudenza /impru'dɛntsa/ [여] 경솔, 부주의, 무분별; è stata un'imprudenza 그건 경솔한 짓이었어
impudente /impu'dɛnte/ [형/남/여] 뻔뻔스러운, 건방진, 무례한 (사람)
impudentemente /impudente'mente/ [부] 뻔뻔스럽게, 건방지게, 무례하게
impudenza /impu'dɛntsa/ [여] 뻔뻔스러움, 건방짐, 무례함; avere l'impudenza di fare qc 뻔뻔스럽게도 [건방지게도] ~하다
impudicizia /impudi'tʃittsja/ [여] 점잖치 못함, 음탕함

impudico /impu'diko/ [형] (복 : -ci, -che) 점잖지 못한, 음탕한
impugnare /impuɲ'ɲare/ [타동] (손잡이·자루 따위를) 잡다, 쥐다
impugnatura /impuɲɲa'tura/ [여] ① 손잡이, 자루 ② (손잡이·자루 따위를) 잡기, 쥐기
impulsivamente /impulsiva'mente/ [부] 충동적으로
impulsivo /impul'sivo/ [형/남] (여 : -a) 충동적인, 성급한 (사람)
impulso /im'pulso/ [남] ① 추진, 촉진, 자극; dare un impulso alle vendite 판매를 촉진하다 ② 충동; agire d'impulso 충동적으로 행동하다
impunemente /impune'mente/ [부] (벌을 받지 않고) 무사히
impunità /impuni'ta/ [여-불변] 벌을 받지 않음, 무사
impunito /impu'nito/ [형] 벌을 받지 않은, 무사한
impuntarsi /impun'tarsi/ [재귀동사] ① (말(馬)이) 움직이려[나아가려] 하지 않다 ② (비유적으로) 자신의 입장을 양보하지 않다, 고집을 피우다
impuntura /impun'tura/ [여] (바늘로) 꿰매기
impurità /impuri'ta/ [여-불변] ① 불결, 불순; 부정(不貞) ② 불순물
impuro /im'puro/ [형] ① (물·공기 등이) 더러운, 불결한 ② (마음이) 불순한, 부도덕한 ③ 불순물이 섞인
imputabile /impu'tabile/ [형] ① (a와 함께 쓰여) (실수·잘못·패배의 원인 등을 ~의) 탓으로 돌릴 수 있는 ② [법률] (di와 함께 쓰여) (~의 죄로) 고발[고소]할 만한
imputare /impu'tare/ [타동] ① (a와 함께 쓰여) (실수·잘못·패배의 원인 등을 ~의) 탓으로 돌리다 ② [법률] (di와 함께 쓰여) (~의 죄로) 고발[고소]하다
imputato /impu'tato/ [형] 고발[고소]당한 - [남] (여 : -a) 피고(인)
imputazione /imputat'tsjone/ [여] [법률] 고발, 고소
imputridire /imputri'dire/ [자동] (조동사 : essere) 썩다, 부패하다
in /in/ [전] (정관사와 결합한 형태는 단수형으로는 nel, nello, nella, nell'이 있고, 복수형으로는 nei, negli, nelle가 있다) ① [장소] ~에(서); (~의) 안[속]에, 내부에; vivo in Scozia 나는 스코

틀랜드에 산다; sono rimasto in casa 나는 집안에 머물렀다 ② ~으로, ~ 안으로; entrare in casa 집에 들어가다 ③ (~을) 지나, 두루 거쳐; sta facendo un viaggio in Egitto 그는 이집트를 (두루) 여행 중이다 ④ [시간] ~에; negli anni ottanta (19)80년대에; in autunno 가을에; lo farò in settimana 나는 그것을 일주일 내에 할 것이다 ⑤ [수단] ~에 의해, ~으로; mi piace viaggiare in aereo 나는 비행기로 여행하는 걸 좋아한다; pagare in contanti 현금으로 지불하다 ⑥ [방식] ~으로, ~하게; in abito da sera 이브닝드레스를 입고; tagliare in due 둘로 자르다; in gruppo 무리를 지어; in silenzio 조용히 ⑦ (~으로) 만들어진, 된; in marmo 대리석으로 만든; braccialetto in oro 금팔찌 ⑧ [목적] spende tutto in divertimenti 그는 모든 돈을 유흥에 탕진했다; me lo hanno dato in dono 그들은 그것을 내게 선물로 주었다; in favore di ~에 찬성하여 [유리하게] ⑨ [측정] in altezza 높이는; siamo in quattro 우리는 (모두) 네 명이다 ⑩ (동사 원형과 함께 쓰여) nell'udire la notizia 그 소식을 듣고는

inabile /i'nabile/ [형] (a와 함께 쓰여) (~의 일을 하기에) 자격[능력]이 부족한; inabile al servizio militare 군복무에 부적격인

inabilità /inabili'ta/ [여-불변] 무능, 무력, 무자격, 부적격

inabitabile /inabi'tabile/ [형] 사람이 살 [거주할] 수 없는

inaccessibile /inattʃes'sibile/ [형] (장소가) 접근할 수 없는; (사람이) 접근하기 [친해지기] 어려운; (가격이) 엄청나게 비싼

inaccettabile /inattʃet'tabile/ [형] (조건 따위가) 받아들일 수 없는

inacidire /inatʃi'dire/ [타동] ① (맛이) 시어지게 만들다 ② (비유적으로) 마음을 상하게 하다, 쓰라리게[비참하게] 만들다 - [자동] (조동사 : essere) (우유 따위가) 시어지다 - inacidirsi [재귀동사] ① (우유 따위가) 시어지다 ② (비유적으로) 마음이 상하다, 쓰라리게[비참하게] 되다

inadatto /ina'datto/ [형] (a와 함께 쓰여) (~에) 부적절한, 맞지 않는

inadeguato /inade'gwato/ [형] 부적당한, 불충분한

inadempiente /inadem'pjɛnte/ [형/남/여] 의무를 게을리하는, 계약 따위를 위반하는, 채무를 이행하지 않는 (사람)

inadempienza /inadem'pjɛntsa/ [여] 계약 따위의 위반; 채무 불이행

inadempimento /inadempi'mento/ [남] 의무를 게을리함; 계약 따위의 위반

inafferrabile /inaffer'rabile/ [형] ① (도둑 따위가) 잡히지 않는 ② (개념·의미 따위가) 정의[이해]하기 어려운

inalare /ina'lare/ [타동] (공기 따위를) 들이쉬다, 흡입하다

inalatore /inala'tore/ [남] 흡입기

inalazione /inalat'tsjone/ [여] (공기 따위의) 흡입

inalberare /inalbe'rare/ [타동] (기(旗) 따위를) 게양하다 - inalberarsi [재귀동사] 화를 내다

inalienabile /inalje'nabile/ [형] 양도할 수 없는

inalterabile /inalte'rabile/ [형] 바꿀 수 없는, 불변의, 고정된

inalterato /inalte'rato/ [형] 변하지 않은

inamidare /inami'dare/ [타동] (옷깃 따위에) 풀을 먹이다

inamidato /inami'dato/ [형] (옷깃 따위에) 풀을 먹인

inammissibile /inammis'sibile/ [형] (행동·실수·상황 따위가) 참을 수 없는, 용납할 수 없는

inanimato /inani'mato/ [형] 생명이 없는; 무생물의; 죽은

inappagabile /inappa'gabile/ [형] (소망 따위가) 이룰 수 없는, 충족시킬 수 없는

inappagato /inappa'gato/ [형] (소망 따위가) 이루어지지 않은, 충족되지 않은

inappellabile /inappel'labile/ [형] (결정 따위가) 최종적인, 돌이킬 수 없는

inappetenza /inappe'tɛntsa/ [여] 식욕 부진; soffrire di inappetenza 입맛이 없다

inappropriato /inappro'prjato/ [형] 부적당한, 어울리지 않는

inappuntabile /inappun'tabile/ [형] 결점 없는, 나무랄 데 없는

inarcare /inar'kare/ [타동] 아치형으로 만들다 (등을 구부리거나 눈썹을 치켜뜨는 등의 행위) - inarcarsi [재귀동사] (목재 따위가) 뒤틀리다

inaridire /inari'dire/ [타동] ① (햇볕이 땅이나 식물 따위를) 바싹 말리다 ② (비

유적으로) (상상력 따위를) 고갈시키다 - inaridirsi [재귀동사] ① 바싹 마르다 ② (비유적으로) (상상력 따위가) 고갈되다
inarrestabile /inarres'tabile/ [형] 멈출[중단시킬] 수 없는
inarticolato /inartiko'lato/ [형] (발음 따위가) 분명하지 않은
inaspettatamente /inaspettata'mente/ [부] 갑자기, 뜻밖에
inaspettato /inaspet'tato/ [형] 예기치 못한, 뜻밖의, 갑작스러운
inasprimento /inaspri'mento/ [남] 악화, 심화; (나쁜 것의) 증대
inasprire /inas'prire/ [타동] (상황 따위를) 악화시키다; (나쁜 것을) 심화[증대]하다 - insaprirsi [재귀동사] 악화되다, 심해지다
inattaccabile /inattak'kabile/ [형] (성·요새 등이) 난공불락의; (비유적으로) 공격·비난·논박의 여지가 없는 - inattaccabile dagli acidi 내산성(耐酸性)의
inattendibile /inatten'dibile/ [형] 의지[신뢰]할 수 없는, 믿음직스럽지 못한
inatteso /inat'teso/ [형] 예기치 못한, 뜻밖의, 갑작스러운
inattività /inattivi'ta/ [여-불변] 활동이 없음, 휴면
inattivo /inat'tivo/ [형] 활동하지 않는, 움직이지 않는; 사용되지 않는
inattuabile /inattu'abile/ [형] (계획 따위가) 실행 불가능한
inaudito /inau'dito/ [형] 전례가 없는, 전대미문의; (가격 따위가) 엄청난
inaugurale /inaugu'rale/ [형] 개시[개회]의; 첫~
inaugurare /inaugu'rare/ [타동] ① (공공시설의) 문을 열다; (기념비 따위의) 제막식을 하다 ② 개시하다, (새 시대를) 열다
inaugurazione /inaugurat'tsjone/ [여] 개시, 개회, 개막; fare l'inaugurazione di ~을 개시하다
inavveduto /inavve'duto/ [형] 부주의로 인한, 실수의
inavvertenza /inavver'tɛntsa/ [여] 부주의, 실수
inavvertitamente /inavvertita'mente/ [부] 무심코, 부주의하여
inavvicinabile /inavvitʃi'nabile/ [형] (장소가) 접근할 수 없는; (사람이) 접근하기[친해지기] 어려운; (가격이) 너무 비싼
inca /'inka/ [형-불변] 잉카(제국)의; civiltà inca 잉카 문명
incagliarsi /inkaʎ'ʎarsi/ [재귀동사] ① (배가) 좌초하다 ② (비유적으로) 교착 상태에 이르다
incalcolabile /inkalko'labile/ [형] 셀 수 없는, 무수한, 막대한
incallito /inkal'lito/ [형] ① (피부가[에]) 굳은, 못이 박힌 ② (나쁜 것이) 몸에 밴, 습관[만성]이 된
incalzante /inkal'tsante/ [형] ① (용무 따위가) 긴급한, 절박한 ② (요구 따위가) 끈질긴, 집요한
incalzare /inkal'tsare/ [타동] ① 바싹 뒤따르다 ② (질문 따위를) 집요하게 퍼붓다 - [자동] [조동사 : essere] 긴급하다, 촉박하다, 절박하다
incamerare /inkame'rare/ [타동] [법률] 징발하다, 몰수하다
incamminarsi /inkammi'narsi/ [재귀동사] (verso와 함께 쓰여) (~을 향해) 나아가다
incanalare /inkana'lare/ [타동] ① 수로를 내다 ② (비유적으로) (자금·교통의 흐름 따위를 어떤 방향으로) 돌리다 - incanalarsi [재귀동사] (verso와 함께 쓰여) (~쪽으로) 모이다
incandescente /inkandeʃ'ʃɛnte/ [형] 백열(白熱)의
incandescenza /inkandeʃ'ʃɛntsa/ [여] 백열광
incantare /inkan'tare/ [타동] (~에) 마법을 걸다; (~을) 현혹하다, 호리다 - incantarsi [재귀동사] ① 홀리다, 멍한 상태가 되다 ② (기계 장치 따위가) 고장이 나서 움직이지 않다
incantatore /inkanta'tore/ [형/남] (여 : -trice) 마법을 거는, 현혹하는, 호리는 (사람)
incantesimo /inkan'tezimo/ [남] 주문(呪文), 마법(을 걸기); fare un incantesimo a qn 누구에게 마법을 걸다
incantevole /inkan'tevole/ [형] 마법을 거는, 호리는; 매혹적인, 사람의 눈을 끄는
incanto1 /in'kanto/ [남] ① 주문, 마법(을 걸기); come per incanto 마법을 건 것처럼 ② 매혹적임; quel paese è un incanto! 저 마을 참 아름답다

incanto2 /in'kanto/ [남] 경매; mettere all'incanto 경매에 내놓다

incanutire /inkanu'tire/ [자동] (조동사 : essere) (머리가) 백발이 되다

incapace /inka'patʃe/ [형] ① (di와 함께 쓰여) ~할 수 없는, ~할 능력이 없는 ② 무능한, 자격 미달의 - [남/여] 무능력한[쓸모없는] 사람

incapacità /inkapatʃi'ta/ [여-불변] 무능력, 무자격; incapacità a fare qc ~할 능력이 없음

incaponirsi /inkapo'nirsi/ [재귀동사] (su와 함께 쓰여) (~을) 고집스럽게 계속하다

incappare /inkap'pare/ [자동] (조동사 : essere) (in과 함께 쓰여) (문제·어려움 등에) 부딪치다, 직면하다

incappucciare /inkapput'tʃare/ [타동] ① (~에) 두건을 씌우다 ② (비유적으로) (위를) 덮다; la neve incappuccia le cime dei monti 산꼭대기에 눈이 덮여 있다 - incappucciarsi [재귀동사] 두건을 쓰다

incapricciarsi /inkaprit'tʃarsi/ [재귀동사] (di와 함께 쓰여) (~을) 좋아하게 되다

incapsulare /inkapsu'lare/ [타동] ① (약을) 캡슐에 싸다[넣다] ② (치아에) 인공 치관(齒冠)을 씌우다

incarcerare /inkartʃe'rare/ [타동] 투옥하다, 감금하다

incarcerazione /inkartʃerat'tsjone/ [여] 투옥, 감금

incaricare /inkari'kare/ [타동] incaricare qn di fare qc 누구에게 무엇을 하도록 맡기다, 담당시키다 - incaricarsi [재귀동사] incaricarsi di fare qc ~을 떠맡다

incaricato /inkari'kato/ [형] (di와 함께 쓰여) (~을) 맡고 있는, 담당하고 있는 - [남] (여 : -a) 담당자; 대리자

incarico /in'kariko/ [남] (복 : -chi) ① (맡은) 일, 임무, 직무; dare un incarico a qn 누구에게 일을 맡기다; per incarico di qn 누구(의 직무)를 대신하여 ② 직위, 직책

incarnare /inkar'nare/ [타동] 구체화하다 - incarnarsi [재귀동사] ① 구체화되다 ② [기독교] 성육신(成肉身)하다

incarnazione /inkarnat'tsjone/ [여] ① [기독교] 성육신 ② 구체화; 화신(化身)

incarnirsi /inkar'nirsi/ [재귀동사] (발톱이) 살 속으로 파고들다

incartamento /inkarta'mento/ [남] 일건 서류, 파일

incartapecorito /inkartapeko'rito/ [형] (피부가) 쭈글쭈글한

incartare /inkar'tare/ [타동] (종이로) 싸다, 포장하다

incasellare /inkasel'lare/ [타동] (편지 따위를) 분류하여 정리하다

incasinato /inkasi'nato/ [형] (구어체에서) (정신·상황이) 혼란스러운, 어질러진

incassare /inkas'sare/ [타동] ① (물건을) 박스에 담다 ② (가구 따위를) 붙박이로 하다 ③ (돈을) 벌다; 수금하다; 현금화하다 ④ (매를) 맞다, (모욕을) 감수하다

incasso /in'kasso/ [남] ① 소득, 수입; (스포츠 행사 등의) 입장료 수입 ② da incasso (가구가) 붙박이의

incastonare /inkasto'nare/ [타동] (보석을) 박아 넣다, 세팅하다

incastonatura /inkastona'tura/ [여] (보석의) 세팅

incastrare /inkas'trare/ [타동] ① (잘 맞도록) 끼워 넣다 ② 꽉 잡다, 붙잡다 ③ (비유적으로) (사람을) 모함하다, 범죄 등의 용의자로 몰리게 하다 - incastrarsi [재귀동사] ① (부분·요소들이 서로) 잘 맞물리다 ② 꽉 막히다

incastro /in'kastro/ [남] 홈; 접합 부분

incatenare /inkate'nare/ [타동] (~에) 수갑[족쇄]을 채우다

incatramare /inkatra'mare/ [타동] (~에) 타르를 칠하다

incattivire /inkatti'vire/ [타동] (누구를) 사악하게[비열하게] 만들다 - incattivirsi [재귀동사] 사악해[비열해]지다

incautamente /inkauta'mente/ [부] 경솔하게, 조심성 없이

incauto /in'kauto/ [형] 경솔한, 조심성 없는

incavare /inka'vare/ [타동] 속을 파내다

incavato /inka'vato/ [형] 속이 빈; (눈 따위가) 움푹 들어간

incavo /in'kavo/ [남] 움푹 들어간 곳

incavolarsi /inkavo'larsi/ [재귀동사] (구어체에서) 화를 내다

incavolato /inkavo'lato/ [형] (구어체에서) 화가 난

incazzarsi /inkat'tsarsi/ [재귀동사] (비어

로) 화를 내다, 발끈하다
incazzato /inkat'tsato/ [형] (비어로) 화가 난, 발끈한
incedere /in'tʃedere/ [자동] (조동사 : avere) (문어체에서) 근엄하게 걷다[나아가다]
incendiare /intʃen'djare/ [타동] ① (~에) 불을 지르다, (~을) 태우다 ② (비유적으로) 자극하다, 흥분시키다 - incendiarsi [재귀동사] 불이 붙다, 타오르다
incendiario /intʃen'djarjo/ (복 : -ri, -rie) [형] 방화의; 불을 붙이는 - [남] (여 : -a) 방화범
incendio /in'tʃendjo/ [남] (복 : -di) 불, 화재; provocare l'incendio di ~에 화재를 일으키다; incendio doloso 방화
incenerire /intʃene'rire/ [타동] 태우다, 소각하다, 재로 만들다 - incenerirsi [재귀동사] 타다, 재가 되다
inceneritore /intʃeneri'tore/ [남] 소각로
incenso /in'tʃenso/ [남] 향(香)
incensurato /intʃensu'rato/ [형] [법률] 전과가 없는, 범죄를 저지른 적이 없는
incentivare /intʃenti'vare/ [타동] 후원하다, 장려하다
incentivo /intʃen'tivo/ [남] 격려, 자극, 유인(誘因), 동기; 장려금, 인센티브
incentrarsi /intʃen'trarsi/ [재귀동사] (su와 함께 쓰여) (~에) 집중되다, 중점을 두다
inceppare /intʃep'pare/ [타동] (활동 따위를) 방해하다, 저해하다, 가로막다 - incepparsi [재귀동사] (기계 장치 따위가) 고장이 나서 작동하지 않다
incerata /intʃe'rata/ [여] 유포(油布), 방수포
incerottare /intʃerot'tare/ [타동] (~에) 반창고를 붙이다; avere un dito incerottato 손가락에 반창고를 붙이고 있다
incertezza /intʃer'tettsa/ [여] ① 의심스러움 ② 불확실(성); 불안정; essere nell'incertezza 확실하지 않은 상태다; rispondere con incertezza (확실하지 않아) 주저하며 대답하다
incerto /in'tʃerto/ [형] 불확실한, 아직 결정이 나지 않은; 의심스러운; 불안정한; essere incerto su qc 무엇은 불확실하다; camminare con passo incerto 비틀거리며 (불안정하게) 걷다 - [남] 불확실(성)

incespicare /intʃespi'kare/ [자동] (조동사 : avere) (in과 함께 쓰여) ① (~에) 걸려 넘어지다 ② (말이) 막히다
incessante /intʃes'sante/ [형] 끊임없는, 그치지 지는; 끝없는
incessantemente /intʃessante'mente/ [부] 끊임없이, 계속
incesto /in'tʃesto/ [남] 근친상간
incestuoso /intʃestu'oso/ [형] 근친상간의
incetta /in'tʃetta/ [여] 비축, 사재기; fare incetta di ~을 사재기하다
inchiesta /in'kjesta/ [여] 조사; fare un'inchiesta su qc 무엇을 조사하다
inchinare /inki'nare/ [타동] (예의상) (몸을) 굽히다, (고개를) 숙이다 - inchinarsi [재귀동사] (예의상) 몸을 굽히다, 고개를 숙이다; inchinarsi davanti a qn 누구에게 고개를 숙여 인사하다
inchino /in'kino/ [남] 고개를 숙여서 하는 인사, 절; fare un inchino 고개를 숙여 인사하다, 절하다
inchiodare /inkjo'dare/ [타동] ① 못을 박아 고정시키다 ② (비유적으로) (무언가에) 얽매이게 하다, 꼼짝 못하게 하다; il lavoro lo inchioda al tavolino 그는 일 때문에 책상 앞에 계속 앉아 있어야만 한다; con queste prove lo hanno inchiodato 그들은 이 증거로 그를 꼼짝 못하게 만들었다 - [자동] (조동사 : avere) (구어체에서) 갑자기 딱 멈추다
inchiostro /in'kjɔstro/ [남] 잉크; una macchia d'inchiostro 잉크 얼룩; inchiostro di china 먹(물); stampante a getto d'inchiostro 잉크젯 프린터
inciampare /intʃam'pare/ [자동] (조동사 : essere, avere) (su와 함께 쓰여) (~에) 걸려 넘어지다; (in과 함께 쓰여) (장애물을) 만나다
inciampo /in'tʃampo/ [남] 장애, 저지, 지체; senza inciampi 거침없이
incidentale /intʃiden'tale/ [형] ① 우연한 ② 부수적인
incidentalmente /intʃidental'mente/ [부] ① 우연히 ② 부수적으로 ③ 덧붙여 말하자면
incidente /intʃi'dente/ [남] ① 사고, 재난; incidente d'auto 자동차 사고 ② (부수적인) 사건, 말썽; incidente

diplomatico 외교 분쟁
incidenza /intʃi'dentsa/ [여] ① 영향; avere una forte incidenza su qc 무엇에 큰 영향을 끼치다 ② angolo di incidenza [물리] 입사각(入射角)
incidere1 /in'tʃidere/ [타동] ① (나무나 돌 따위에) 새기다 ② (종기 따위를) 째다, 절개하다 ③ incidere un disco 음반에 녹음을 하다
incidere2 /in'tʃidere/ [자동] (조동사 : avere) (su와 함께 쓰여) (~에) 영향을 끼치다
incinta /in'tʃinta/ [형-여] (여자가) 임신한, 아이를 밴; incinta di 5 mesi 임신 5개월의
incipiente /intʃi'pjɛnte/ [형] 시작의, 초기의, 발단의
incipriare /intʃipri'are/ [타동] (얼굴에) 분을 바르다 - incipriarsi [재귀동사] incipriarsi il viso[naso] 얼굴에 분을 바르다
incirca [부] (all'incirca /allin'tʃirka/의 형태로 쓰여) 약, 대략
incisione /intʃi'zjone/ [여] ① [의학] (종기·상처의) 절개 ② [미술] 조각, 새기기; incisione ad acquaforte 에칭, 부식 동판술 ③ 녹음; sala d'incisione 녹음실
incisivo /intʃi'zivo/ [형] ① dente incisivo [치과] 앞니 ② (말·문장이) 통렬한, 신랄한 - [남] 앞니
inciso /in'tʃizo/ [형] 새겨진, 조각된 - [남] [문법] 삽입구; per inciso 그런데, 말이 난 김에 하는 말인데
incisore /intʃi'zore/ [남] (여 : -a) 조각하는[새기는] 사람
incitamento /intʃita'mento/ [남] 자극, 고무, 격려; di incitamento 고무[격려]하는
incitare /intʃi'tare/ [타동] 자극하다, 고무하다, 격려하다; incitare qn a (fare) qc 누구로 하여금 무엇을 하도록 자극·고무·격려하다
incivile /intʃi'vile/ [형] ① 미개한, 야만의 ② 무례한, 교양 없는 - [남/여] 무례하고 교양 없는 사람
incivilire /intʃivi'lire/ [타동] 교화하다, 문명화하다
inciviltà /intʃivil'ta/ [여-불변] ① 미개, 야만 ② 무례함, 교양 없음
inclassificabile /inklassifi'kabile/ [형] ① 분류할 수 없는 ② (학생의 성적이) 등급 외의, 아주 나쁜; (행동 따위가) 가증스러운
inclemente /inkle'mente/ [형] (날씨가) 궂은, (기후가) 혹독한; (비판 따위가) 냉혹한, 무자비한, 가차 없는
inclemenza /inkle'mentsa/ [여] (날씨가) 궂음, (기후가) 혹독함; (비판 따위가) 냉혹함, 무자비함, 가차 없음
inclinabile /inkli'nabile/ [형] 기울일 수 있는
inclinare /inkli'nare/ [타동] ① 기울이다; inclinare il busto in avanti 몸을 앞으로 구부리다 ② 사람의 마음을 움직이다, (~할) 마음이 내키게 하다 - [자동] (조동사 : avere) ① (한쪽으로) 기울다 ② inclinare a fare ~할 의향이 있다 - inclinarsi [재귀동사] (한쪽으로) 기울다
inclinato /inkli'nato/ [형] (한쪽으로) 기운, 경사진; piano inclinato 사면(斜面)
inclinazione /inklinat'tsjone/ [여] ① 경사, 기울기 ② (정신적인) 경향, 기질, 성향; (~하고 싶은) 기분, 의향
incline /in'kline/ [형] ~의 경향이 있는, ~하기 쉬운; essere incline alla collera 화를 잘 내다
includere /in'kludere/ [타동] ① 포함하다, 셈에 넣다 ② (서류 따위를) 동봉하다
inclusione /inklu'zjone/ [여] 포함
inclusivo /inklu'zivo/ [형] (di와 함께 쓰여) (~을) 포함하는
incluso /in'kluzo/ [형] ① (~을) 포함하는; spese incluse 경비를 포함하여 ② (서류 따위가) 동봉된
incoerente /inkoe'rente/ [형] (이야기 등이) 조리가 서지 않는, 일관성이 없는, 앞뒤가 맞지 않는, 모순된
incoerenza /inkoe'rentsa/ [여] 조리가 서지 않음, 일관성이 없음, 앞뒤가 맞지 않음, 모순됨
incognita /in'kɔɲɲita/ [여] ① [수학] 미지수[량] ② 알려지지 않은 것, 예측할 수 없는 요인
incognito /in'kɔɲɲito/ [형] 알려지지 않은, 미지의 - [남] 익명; viaggiare in incognito 신분을 숨기고 다니다
incollare /inkol'lare/ [타동] ① (접착제 따위로) 붙이다; incollare un francobollo ad una lettera 편지에 우표를 붙이다 ② (비유적으로) (시선 따위를) 고정하다; incollare gli occhi

addosso a qn 누구에게서 눈을 떼지 않다 - incollarsi [재귀동사] (a와 함께 쓰여) (~에) 달라붙다

incollato /inkol'lato/ [형] 달라붙은; (시선 따위를) 고정한

incollatura /inkolla'tura/ [여] vincere di un'incollatura (경마에서) 간발의 차이로 이기다

incollerirsi /inkolle'rirsi/ [재귀동사] (con과 함께 쓰여) (~에) 화를 내다, 화가 나다

incollerito /inkolle'rito/ [형] 화가 난

incolmabile /inkol'mabile/ [형] (차이를) 메꿀 수 없는, (격차가) 심한

incolonnare /inkolon'nare/ [타동] 정렬시키다, 줄을 세우다 - incolonnarsi [재귀동사] 정렬하다, 줄을 서다

incolore /inko'lore/ [형] ① 색깔이 없는, 무색의 ② 단조로운

incolpare /inkol'pare/ [타동] ① (di와 함께 쓰여) (~에 대해 누구를) 비난하다 ② 고발하다

incolto /in'kolto/ [형] ① (토지가) 경작되지 않은 ② 제대로 관리되지 않은, 잘 다듬어지지 않은 ③ (비유적으로) (사람이) 교양 없는

incolume /in'kɔlume/ [형] 무사한, 다치지 않은

incombente /inkom'bɛnte/ [형] 임박한, 곧 다가오는

incombenza /inkom'bɛntsa/ [여] 직무, 임무

incombere /in'kombere/ [자동] (su와 함께 쓰여) 위험으로 다가오다, 걱정스러운 일이 드리워 있다

incombustibile /inkombus'tibile/ [형] 불연성(不燃性)의, 타지 않는

incominciare /inkomin't∫are/ [타동] 시작하다, (일에) 착수하다; incominciare a fare qc 무엇을 하기 시작하다, 무엇에 착수하다 - [자동] (조동사 : essere) 시작되다

incommensurabile /inkommensu'rabile/ [형] ① 비교할 수 없는, 현격한 차이가 나는 ② 헤아릴 수 없는, 막대한 ③ [수학] 약분할 수 없는

incomodare /inkomo'dare/ [타동] (~에게) 불편을 느끼게 하다, 폐를 끼치다 - incomodarsi [재귀동사] 수고하다, 애쓰다

incomodo /in'kɔmodo/ [형] 불편한 - [남] 불편, 폐; prendersi l'incomodo di fare qc ~하는 수고를 하다; essere d'incomodo a qn 누구에게 폐가 되다

incomparabile /inkompa'rabile/ [형] 비교할 수 없는, 비길 데 없는

incompatibile /inkompa'tibile/ [형] 양립하지 않는, 서로 조화되지 않는

incompatibilità /inkompatibili'ta/ [여-불변] 양립 불가능, 불일치, 서로 맞지 않음

incompetente /inkompe'tɛnte/ [형] 무능력한, 자격 미달의 - [남] 무능력한 사람

incompetenza /inkompe'tɛntsa/ [여] 무능력, 부적격

incompiuto /inkom'pjuto/ [형] 끝나지 않은, 미완이

incompleto /inkom'plɛto/ [형] 불완전한, 미완성의

incomprensibile /inkompren'sibile/ [형] 이해할 수 없는

incomprensibilmente /inkomprensibil'mente/ [부] 이해할 수 없게

incomprensione /inkompren'sjone/ [여] ① 이해 부족, 몰이해 ② 오해

incompreso /inkom'preso/ [형] 제대로 이해되지 못한, 오해를 받은

inconcepibile /inkont∫e'pibile/ [형] 생각할 수 없는, 상상할 수 없는; 터무니없는, 믿을 수 없는

inconciliabile /inkont∫i'ljabile/ [형] 양립할 수 없는, 조화되지 않는

inconcludente /inkonklu'dɛnte/ [형] (사람이) 무력한; (노력 따위가) 무익한, 헛된; (논의 따위가) 결론에 이르지 못하는

incondizionatamente /inkondittsjonata'mente/ [부] 무조건; (지원 따위를) 전폭적으로

incondizionato /inkondittsjo'nato/ [형] ① 무조건의; resa incondizionata 무조건 항복 ② (지원 따위가) 전폭적인

inconfessabile /inkonfes'sabile/ [형] 언급할 수 없는, 입에 담을 수 없는

inconfondibile /inkonfon'dibile/ [형] 틀림없는, 명백한

inconfutabile /inkonfu'tabile/ [형] 반박할 수 없는, 논쟁의 여지가 없는

incongruente /inkongru'ɛnte/ [형] 조화[일치]하지 않는

incongruenza /inkongru'ɛntsa/ [여] 부조화, 모순

incongruo /in'kɔngruo/ [형] 불충분한, 부적당한

inconsapevole /inkonsa'pevole/ [형] (di 와 함께 쓰여) (~을) 모르는

inconsapevolmente /inkonsapevol'mente/ [부] 모르고, 알지 못한 채

inconsciamente /inkonʃa'mente/ [부] 무의식적으로

inconscio /in'konʃo/ (복 : -sci, -sce) [형] (충동 따위가) 무의식적인 - [남] 무의식

inconseguente /inkonse'gwɛnte/ [형] 일관성이 없는, 조리가 서지 않는

inconsistente /inkonsis'tɛnte/ [형] (의심 따위가) 근거 없는; (증거 따위가) 빈약한

inconsistenza /inkonsis'tɛntsa/ [여] (의심 따위가) 근거 없음; (증거 따위가) 빈약함

inconsolabile /inkonso'labile/ [형] 위로할 길 없는, 슬픔에 잠긴

inconsueto /inkonsu'eto/ [형] 보통과 다른, 상도(常道)를 벗어난

inconsulto /inkon'sulto/ [형] 생각 없는, 경솔한, 성급한

incontaminato /inkontami'nato/ [형] 오염되지 않은

incontenibile /inkonte'nibile/ [형] (분노·열정 따위를) 억누를 수 없는, 억제할 길 없는

incontentabile /inkonten'tabile/ [형] 만족할 줄 모르는, 요구 따위가 지나친

incontestabile /inkontes'tabile/ [형] 논쟁의 여지가 없는, 명백한

incontestato /inkontes'tato/ [형] 논쟁의 여지가 없는, 당연한

incontinenza /inkonti'nɛntsa/ [여] [병리] (대소변의) 실금(失禁)

incontrare /inkon'trare/ [타동] ① (누군가를) 만나다, (누군가와) 마주치다; incontrare qn per caso 누구를 우연히 만나다 ② (곤란 따위를) 겪다 ③ [스포츠] (상대와) 대전하다 - incontrarsi [재귀동사] ① 서로 만나다, 만남을 갖다 ② [스포츠] (선수·팀끼리) 대전하다

incontrario [부] (all'incontrario /allinkon'trarjo/의 형태로 쓰여) 거꾸로, 뒤집혀; 반대로

incontrastato /inkontras'tato/ [형] (승리 따위가) 당연한, 명백한, 논란의 여지가 없는

incontro1 /in'kontro/ [남] ① 만남, 마주침; incontro casuale 우연한 만남; avere un incontro 만남을 갖다 ② [스포츠] 대전, 시합; incontro di calcio 축구 경기

incontro2 /in'kontro/ [전] (a와 함께 쓰여) ~ 쪽으로, ~을 향해; andare incontro a qn 누구를 만나러 가다; stiamo ormai andando incontro alla primavera 봄이 오고 있다; venire incontro a (요구 등에) 따르다

incontrollabile /inkontrol'labile/ [형] 제어[억제]할 수 없는

inconveniente /inkonve'njɛnte/ [남] ① 불편, 폐 ② 불리한 점, 부정적인 면

incoraggiamento /inkoraddʒa'mento/ [남] 격려; premio d'incoraggiamento 장려상

incoraggiante /inkorad'dʒante/ [형] 격려하는, 기운을 북돋우는

incoraggiare /inkorad'dʒare/ [타동] 격려하다, 기운을 북돋우다; incoraggiare qn a fare qc 누구로 하여금 무엇을 하도록 격려하다

incorniciare /inkorni'tʃare/ [타동] (사진·그림 따위를) 액자에 넣다

incoronare /inkoro'nare/ [타동] ① 왕관을 씌우다, 왕위에 앉히다 ② (승리자의) 영예를 지니게 하다

incoronazione /inkoronat'tsjone/ [여] 대관(식)

incorporare /inkorpo'rare/ [타동] ① (회사 등을) 합병하다 ② (요리할 때 재료를) 섞다, 휘젓다

incorreggibile /inkorred'dʒibile/ [형] 교정[선도]할 수 없는

incorrere /in'korrere/ [자동] (조동사 : essere) (in과 함께 쓰여) (위험·곤란 따위를[에]) 만나다, 직면하다; (손실 따위를) 입다

incorruttibile /inkorrut'tibile/ [형] 부패[타락]하지 않는, 매수되지 않는

incosciente /inkoʃ'ʃɛnte/ [형] ① 생각 없는, 앞뒤를 가리지 않는, 무모한 ② 의식이 없는, 무의식 상태의 - [남/여] 앞뒤를 가리지 않는 사람, 무모한 사람

incoscienza /inkoʃ'ʃɛntsa/ [여] ① 생각이 없음, 앞뒤를 가리지 않음, 무모함 ② 무의식, 무감각

incostante /inkos'tante/ [형] 변덕스러운, 변하기 쉬운

incostanza /inkos'tantsa/ [여] 변덕스러움, 변하기 쉬움

incostituzionale /inkostituttsjo'nale/

[형] 위헌(違憲)의
incredibile /inkre'dibile/ [형] 믿을 수 없는, 믿기 어려운, 놀라운, 굉장한
incredibilmente /inkredibil'mente/ [부] 믿을 수 없어, 믿기 어려울 정도로, 놀랍게, 굉장히
incredulità /inkreduli'ta/ [여-불변] 불신, 믿지 않음
incredulo /in'kredulo/ [형] 쉽게 믿지 않는, 의심 많은, 회의적인
incrementare /inkremen'tare/ [타동] 늘리다, 증가[증대]시키다; (활동 따위를) 촉진하다
incremento /inkre'mento/ [남] 증가, 증대; incremento demografico 인구 증가
increscioso /inkreʃʃoso/ [형] 유감스러운, 애석한, 슬픈
increspare /inkres'pare/ [타동] (머리를) 곱슬곱슬하게 하다; (표면에) 주름을 잡다 - incresparsi [재귀동사] (머리가) 곱슬곱슬해지다; (표면에) 주름이 잡히다
incriminare /inkrimi'nare/ [타동] (di와 함께 쓰여) (~의 죄로) 고발하다
incriminazione /inkriminat'tsjone/ [여] 고발, 기소
incrinare /inkri'nare/ [타동] ① (유리 따위를) 금 가게 하다 ② (비유적으로) (우정 따위에) 금이 가게 하다 - incrinarsi [재귀동사] ① (유리 따위에) 금이 가다 ② (비유적으로) (우정 따위에) 금이 가다
incrinatura /inkrina'tura/ [여] ① 갈라진 금, 틈, 균열 ② (비유적으로) 불화
incrociare /inkro'tʃare/ [타동] ① 교차시키다, 엇걸다; incrociare le gambe 다리를 꼬다; incrociare le braccia i) 팔짱을 끼다 ii) (비유적으로) 하던 일을 그만두다 ② (~을) 만나다, (~와) 마주치다 ③ (동식물을) 교배시키다, 잡종으로 만들다 - [자동] (조동사 : avere) (배가) 순항하다 - incrociarsi [재귀동사] ① (길이나 선 따위가) 교차되다 ② 만나다, 마주치다, 스쳐 지나가다
incrociatore /inkrotʃa'tore/ [남] 순양함 (巡洋艦)
incrocio /in'krotʃo/ [남] (복 : -ci) ① 교차점, 교차로; (철도의) 건널목 ② (동식물의) 이종 교배, 잡종
incrollabile /inkrol'labile/ [형] (신념 따위가) 확고한, 흔들리지 않는

incrostato /inkros'tato/ [형] (di와 함께 쓰여) (~으로) 덮인; (보석 따위를) 박아 넣은
incrostazione /inkrostat'tsjone/ [여] 표면에 덮임; (보석 따위를) 박아 넣음
incubatrice /inkuba'tritʃe/ [여] ① (미숙아를 위한) 인큐베이터 ② 부란기(孵卵器), 부화기
incubazione /inkubat'tsjone/ [여] ① 알을 품음, 부화 ② (질병의) 잠복
incubo /'inkubo/ [남] ① 악몽 ② 악몽 같은 일, 무섭고 불쾌한 것
incudine /in'kudine/ [여] 모루 - trovarsi[essere] tra l'incudine e il martello 진퇴양난이다
inculcare /inkul'kare/ [타동] inculcare qc in qn 누구에게 무엇을 주입시키다, 심어주다
incuneare /inkune'are/ [타동] (~에) 쐐기를 박다 - incunearsi [재귀동사] (~에) 끼어들다
incupire /inku'pire/ [타동] (색깔·분위기 등을) 어둡게 하다 - incupirsi [재귀동사] (분위기 등이) 어두워지다
incurabile /inku'rabile/ [형] (병·환자가) 불치의
incurante /inku'rante/ [형] 부주의한, 생각 없는
incuria /in'kurja/ [여] 관리를 소홀히 함, 방치
incuriosire /inkurjo'sire/ [타동] (~의) 호기심을 자극하다 - incuriosirsi [재귀동사] 호기심이 생기다
incursione /inkur'sjone/ [여] (군대·도둑 등의) 습격, 급습, 기습
incurvare /inkur'vare/ [타동] 구부리다, 휘게 하다 - incurvarsi [재귀동사] 굽다, 휘다; (나이가 들어) 허리가 굽다
incustodito /inkusto'dito/ [형] 관리하는 사람이 없는; 무인의
incutere /in'kutere/ [타동] (존경심·공포심 등을) 불러일으키다; incutere rispetto a qn 누구의 존경을 얻다; incutere paura a qn 누구에게 공포심을 불어넣다
indaco /'indako/ (복 : -chi) [남] ① 인디고 (남색 염료) ② [식물] 쪽 - [형-불변] 남색의
indaffarato /indaffa'rato/ [형] 바쁜, 분주한
indagare /inda'gare/ [타동] 조사하다, 자세히 연구하다 - [자동] (조동사 :

avere) (su와 함께 쓰여) (~에 대해) 조사하다
indagine /in'dadʒine/ [여] 조사; 연구; fare[svolgere] un'indagine (su) (~에 대해) 조사[연구]하다; indagine demoscopica 여론 조사
indebitamente /indebita'mente/ [부] 부당하게
indebitarsi /indebi'tarsi/ [재귀동사] 빚을 지다; indebitarsi con qn 누구에게 빚을 지다
indebito /in'debito/ [형] 부당한; appropriazione indebita 횡령, 착복
indebolimento /indeboli'mento/ [남] 약화, 저하
indebolire /indebo'lire/ [타동] 약화[저하]시키다 - indebolirsi [재귀동사] 약해지다; (시력 따위가) 저하되다; (영향력 따위가) 줄어들다
indecente /inde'tʃɛnte/ [형] ① 상스러운, 추잡한 ② (사회 통념상) 바람직하지 않은, 격에 맞지 않는, 남부끄러운
indecentemente /indetʃɛnte'mente/ [부] ① 상스럽게, 추잡하게 ② 격에 맞지 않게, 남부끄럽게
indecenza /inde'tʃɛntsa/ [여] 상스러움, 추잡함; 불명예, 수치
indecifrabile /indetʃi'frabile/ [형] (문자나 글이) 읽을 수 없는, 판독[이해]하기 어려운
indecisione /indetʃi'zjone/ [여] 망설임, 주저; 결단력이 없음
indeciso /inde'tʃizo/ [형] ① (사안이) 아직 결정되지 않은 ② (사람이) 결단력이 없는, 우유부단한, 우물쭈물하는
indecoroso /indeko'roso/ [형] 무례한, 격에 맞지 않는
indefesso /inde'fɛsso/ [형] 지치지 않는, 물러서지 않는
indefinibile /indefi'nibile/ [형] 정의할 수 없는
indefinito /indefi'nito/ [형] ① (수량・시간 따위가) 한계가 없는 ② 명확하지 않은, 모호한, 막연한 ③ [문법] 부정(不定)의
indegno /in'deɲɲo/ [형] ① 수치스러운, 불명예의 ② 가치 없는; 어울리지 않는; è indegno di tanta ammirazione 그는 그 정도로 찬양을 받을 만한 인물이 못된다
indelebile /inde'lɛbile/ [형] (얼룩 따위가) 지워지지 않는

indelebilmente /indelebil'mente/ [부] (얼룩 따위가) 지워지지 않도록
indelicatezza /indelika'tettsa/ [여] 지각[분별] 없음
indelicato /indeli'kato/ [형] 지각[분별] 없는
indemoniato /indemo'njato/ [형] ① 귀신에 홀린, 악귀에 씐 ② un bambino indemoniato 개구쟁이, 장난꾸러기 - [남] (여 : -a) 귀신에 홀린 사람, 악귀에 씐 사람
indenne /in'dɛnne/ [형] 다치지 않은, 해를 입지 않은, 무사한
indennità /indenni'ta/ [여-불변] ① 배상, 보상 ② 수당, 보너스; indennità di contingenza 생계비 수당; indennità di fine rapporto 퇴직금, 퇴직 수당
indennizzare /indennid'dzare/ [타동] 배상[보상]하다
indennizzo /inden'niddzo/ [남] 배상(액), 보상(액)
inderogabile /indero'gabile/ [형] 구속력이 있는, 의무적인
indescrivibile /indeskri'vibile/ [형] 형언할 수 없는, 말로 표현할 수 없는
indesiderabile /indeside'rabile/ [형] 탐탁지 않은, 달갑지 않은, 바람직스럽지 못한
indesiderato /indeside'rato/ [형] 탐탁지 않은, 달갑지 않은, 바람직스럽지 못한
indeterminatezza /indetermina'tettsa/ [여] ① 우유부단, 주저 ② 부정(不定), 불확정
indeterminativo /indetermina'tivo/ [형] [문법] 부정(不定)의
indeterminato /indetermi'nato/ [형] 결정되지 않은, 정해지지 않은, 명시되지 않은; rimandare qc a tempo indeterminato 무엇을 무기한 연기하다
indi /'indi/ [부] (문어체에서) 거기로부터; 그때부터
India /'indja/ [여] 인도(印度) - le Indie occidentali 서인도제도
indiano /in'djano/ [형] ① 인도의; l'oceano Indiano 인도양 ② (아메리카) 인디언의 - [남] (여 : -a) ① 인도 사람 ② (아메리카) 인디언
indiavolato /indjavo'lato/ [형] 무시무시한, 맹렬한, 광포한
indicare /indi'kare/ [타동] ① 가리키다, 지시하다; indicare qc a qn 누구에게 무엇을 가리켜 보이다; indicare la

strada a qn 누구에게 길을 가르쳐주다 ② 나타내다, 보이다, 표시하다; cosa indica questo segnale? 이 표시는 무슨 뜻인가?; i risultati indicano che 결과는 ~임을 보여주고[나타내고] 있다 ③ 제안하다, 추천하다

indicativamente /indikativa'mente/ [부] 대략, 대강; qual è il prezzo, indicativamente? 가격이 대략 얼마야?

indicativo /indika'tivo/ [형] ① (~을) 지시[표시]하는 ② 대략적인 - [남] [문법] 직설법

indicato /indi'kato/ [형] (per와 함께 쓰여) (~에) 추천할 만한, 적합한

indicatore /indika'tore/ [형] 지시의, 표시의; cartello indicatore 도로 표지 - [남] 지시기, 계기; indicatore della benzina 연료계

indicazione /indikat'tsjone/ [여] ① 지시, 알림; 단서, 정보 ② indicazioni (약의) 복용법

indice /'inditʃe/ [남] ① 검지, 집게손가락 ② (계기의) 바늘, 침 ③ (책의) 색인 ④ l'Indice [가톨릭] 금서 목록 ⑤ [수학·통계] 지수 - [형] dito indice 검지, 집게손가락 - indice azionario 주가지수; indice di gradimento (TV·라디오의) 시청률, 청취율

indicibile /indi'tʃibile/ [형] (공포·고통 따위가) 형언할 수 없는

indicizzare /inditʃid'dzare/ [타동] (급여 등을) 물가(지수)에 연동시키다

indietreggiare /indjetred'dʒare/ [자동] (조동사 : essere, avere) 후퇴하다, 물러서다

indietro /in'djetro/ [부] ① (공간상) 뒤에; (시간상) 늦게; essere indietro negli studi 공부가 뒤쳐져 있다 ② 뒤로; tornare indietro 되돌아가다; fare un passo indietro 한 걸음 뒤로 물러서다 ③ dare qc indietro a qn 무엇을 누구에게 되돌려주다 ④ all'indietro 뒤로; camminare all'indietro 뒤로 걷다

indifeso /indi'feso/ [형] 무방비의

indifferente /indiffe'rɛnte/ [형] ① 무관심한, 냉담한, 개의치 않는; quell'uomo mi è indifferente 난 그 남자에게 아무 관심 없어 ② 중요하지 않은, 아무래도 괜찮은; mi è indifferente 난 아무래도 좋아, 상관없어 ③ non indifferente 상당한 - [남] fare l'indifferente 무관심한 척하다, 모르는 체하다

indifferentemente /indifferente'mente/ [부] 아무래도 좋아, 어떻게 해도 관계없어

indifferenza /indiffe'rɛntsa/ [여] 무관심, 냉담, 개의치 않음

indigeno /in'didʒeno/ [형] 토착의, 원주민의 - [남] (여 : -a) 토착민, 원주민

indigente /indi'dʒɛnte/ [형] 궁핍한, 빈곤한 - [남/여] 빈민

indigenza /indi'dʒɛntsa/ [여] 궁핍, 빈곤

indigestione /indidʒes'tjone/ [여] 소화불량; fare indigestione di qc 무엇을 과식하다

indigesto /indi'dʒɛsto/ [형] ① (음식이) 소화가 잘 되지 않는 ② (비유적으로) 받아들이기 어려운

indignare /indiɲ'nare/ [타동] (누구를) 성나게 만들다 - indignarsi [재귀동사] (per와 함께 쓰여) (~에) 분개하다

indignato /indiɲ'nato/ [형] (per와 함께 쓰여) (~에) 성난, 분개한

indignazione /indiɲɲat'tsjone/ [여] 분개, 분노

indimenticabile /indimenti'kabile/ [형] 기억할 만한, 잊혀지지 않는

indio /'indjo/ (복 : -di, -die) [형] 인디오[라틴아메리카 원주민]의 - [남] (여 : -dia; 복 : -di, ~ s) 인디오, 라틴아메리카 원주민

indipendente /indipen'dɛnte/ [형] (da와 함께 쓰여) ① (~으로부터) 독립한; 독자적인, 자치적인, 자주의 ② (건물 따위가) 따로 떨어져 있는, 부속되지 않은 ③ (~와) 연결[관련]되지 않은, 관계가 없는; è indipendente dalla mia volontà 그건 내가 어찌해 볼 수 없는 일이다 - [남/여] 무소속 정치인

indipendentemente /indipendente'mente/ [부] ① 독립적으로, 독자적으로 ② (da와 함께 쓰여) (~에) 관계 없이; verrò indipendentemente dal fatto che lui venga o meno 그가 오든지 안 오든지 난 올 거야

indipendenza /indipen'dɛntsa/ [여] 독립, 자주

indire /in'dire/ [타동] (회의 따위를) 소집하다

indirettamente /indiretta'mente/ [부] 간접적으로

indiretto /indi'rɛtto/ [형] 간접적인; 에두르는; per vie indirette 간접적으로, 에둘러

indirizzare /indirit'tsare/ [타동] ① (~에) 돌리다, (~을) 향하다; (편지 따위를 ~의) 앞으로 하다; indirizzare i propri sforzi verso ~에 노력을 기울이다; indirizzare la parola a qn 누구에게 말을 걸다; un libro indirizzato ai ragazzi 청소년을 위한 책 ② (~에게) 보내다; mi hanno indirizzato qui 난 그들이 보내서 여기 왔어요, 그들이 날 여기로 보냈어요 - indirizzarsi [재귀동사] (verso와 함께 쓰여) (~으로) 향하다

indirizzario /indirit'tsarjo/ [남] (복 : -ri) 주소록

indirizzo /indi'rittso/ [남] ① 주소; indirizzo postale 우편 주소 ② 학습 과정 ③ (정치적) 방향, 경향; mutare indirizzo 정치 성향을 바꾸다 ④ [컴퓨터] 어드레스

indisciplinato /indiʃʃipli'nato/ [형] 규율 없는, 제멋대로 구는

indiscreto /indis'kreto/ [형] 경솔한, 주제넘게 참견하는

indiscrezione /indiskret'tsjone/ [여] 경솔함, 주제넘게 참견함; 경솔한 언동, 남의 뒷말

indiscriminatamente /indiskriminata'mente/ [부] 무차별하게, 마구잡이로

indiscriminato /indiskrimi'nato/ [형] 무차별의, 마구잡이의; (폭력·학살 따위가) 전면적인, 대규모의

indiscusso /indis'kusso/ [형] (권위 따위가) 논란의 여지가 없는, 당연하다고 인정된

indiscutibile /indisku'tibile/ [형] (승리 따위가) 논란의 여지가 없는, 명백한

indiscutibilmente /indiskutibil'mente/ [부] 논란의 여지 없이, 명백하게

indispensabile /indispen'sabile/ [형] 없어서는 안 되는, 꼭 필요한 - [남] l'indispensabile 꼭 필요한 것, 반드시 챙겨야 할 것

indispettire /indispet'tire/ [타동] 화[짜증]나게 하다, 불쾌하게 만들다 - indispettirsi [재귀동사] 화[짜증]가 나다

indisponente /indispo'nɛnte/ [형] 화[짜증]나게 하는

indisporre /indis'porre/ [타동] 화[짜증]나게 하다, 불쾌하게 만들다

indisposizione /indispozit'tsjone/ [여] 기분이 언짢음, 편찮음

indisposto /indis'posto/ [형] 기분이 언짢은, 편찮은

indissolubile /indisso'lubile/ [형] (우정·관계 따위가) 확고한, 굳은

indistintamente /indistinta'mente/ [부] ① 무차별적으로, 가리지 않고, 예외 없이 ② 흐릿하게, 희미하게

indistinto /indis'tinto/ [형] (형태·기억·목소리 따위가) 흐릿한, 희미한

indistruttibile /indistrut'tibile/ [형] 파괴할 수 없는; 영속적인

indisturbato /indistur'bato/ [형] 방해받지 않은, 고요한, 평온한

indivia /in'divja/ [여] [식물] 꽃상추

individuale /individu'ale/ [형] 개인의, 개인적인, 개인용의; lezioni individuali 개인 교습

individualismo /individua'lizmo/ [남] 개인주의

individualista /individua'lista/ [남/여] (남·복 : -i, 여·복 : -e) 개인주의자

individualità /individuali'ta/ [여-불변] 개성

individualmente /individual'mente/ [부] 개인(적)으로

individuare /individu'are/ [타동] 특정 인물이나 사물을 지목하다[골라내다] - individuarsi [재귀동사] 특징지어지다

individuo /indi'viduo/ [남] ① 개인 ② (어떤) 사람, 인물

indivisibile /indivi'zibile/ [형] 나눌[분할할] 수 없는

indiviso /indi'vizo/ [형] 나뉘지 않은, 공동의

indiziare /indit'tsjare/ [타동] (누구에게) 혐의를 두다, (누구를) 용의자로 지목하다

indiziato /indit'tsjato/ [형] 혐의를 받고 있는, 용의자로 지목된 - [남] (여 : -a) 용의자

indizio /in'dittsjo/ [남] (복 : -zi) ① 암시, 언질 ② (조사의) 단서, 실마리

Indocina /indo'tʃina/ [여] 인도차이나 (반도)

indoeuropeo /indoeuro'pɛo/ [형/남] 인도유럽어족의 (언어)

indole /'indole/ [여] 성질, 기질, 성미; di indole buona 마음씨가 고운

indolente /indo'lɛnte/ [형] 게으른, 나태한

indolenza /indo'lɛntsa/ [여] 게으름, 나태

indolenzire /indolen'tsire/ [타동] 아프게

만들다 - indolenzirsi [재귀동사] 아프기 시작하다, 통증이 느껴지다
indolenzito /indolen'tsito/ [형] 아픈, 고통스러운
indolore /indo'lore/ [형] 고통 없는
indomabile /indo'mabile/ [형] ① (동물이) 길들일 수 없는 ② (비유적으로) (정신이) 불굴의
indomani /indo'mani/ [남-불변] l'indomani 다음 날
indomito /in'dɔmito/ [형] (정신 등이) 불굴의, 완강한
Indonesia /indo'nɛzja/ [여] 인도네시아
indonesiano /indone'zjano/ [형] 인도네시아의 - [남] (여 : -a) ① 인도네시아 사람 ② 인도네시아어
indorare /indo'rare/ [타동] ① 금을 입히다, 금도금하다 ② (요리 재료에) 계란 노른자를 입히다
indossare /indos'sare/ [타동] (옷이나 모자 따위를) 입다, 쓰다, 걸치다
indossatore /indossa'tore/ [남] (여 : -trice) 패션 모델
indotto /in'dotto/ [형] 유도된, 유발된
indottrinare /indottri'nare/ [타동] (교의(教義)·사상 따위를) 주입하다, 심어주다, 가르치다
indovinare /indovi'nare/ [타동] ① 추측하다, 짐작하다; 예견하다 ② 알아맞히다, 적중하다
indovinato /indovi'nato/ [형] 잘된, 성공적인, 딱 들어맞은
indovinello /indovi'nɛllo/ [남] 수수께끼
indovino /indo'vino/ [남] 점쟁이, 예언가
indù /in'du/ [남/여/형-불변] 힌두교 신자(의)
indubbiamente /indubbja'mente/ [부] 의심의 여지 없이, 확실히
indubbio /in'dubbjo/ [형] (복 : -bi, -bie) 의심의 여지 없는, 확실한
indugiare /indu'dʒare/ [자동] (조동사 : avere) 꾸물거리다, 지체하다
indugio /in'dudʒo/ [남] (복 : -gi) 지연, 지체, 꾸물거림; senza indugio 지체 없이, 바로
induismo /indu'izmo/ [남] 힌두교
indulgente /indul'dʒente/ [형] 관대한, 멋대로 하게 하는; 너그러운, 봐주는
indulgenza /indul'dʒentsa/ [여] ① 관대함, 너그러움 ② [가톨릭] 대사(大赦)
indulgere /in'duldʒere/ [자동] (조동사 : avere) (a와 함께 쓰여) (~에) 따르다,

응하다; (~에) 빠지다, 탐닉하다
indumento /indu'mento/ [남] 옷, 의복; indumenti intimi 속옷
indurimento /induri'mento/ [남] 경화, 단단해짐, 굳음
indurire /indu'rire/ [타동] 경화시키다, 단단하게 만들다, 굳히다 - [자동] (조동사 : essere) (빵 따위가) 딱딱해지다 - indurirsi [재귀동사] 경화하다, 단단해지다, 굳다
indurre /in'durre/ [타동] ① 권유하다, 설득하다; indurre qn a fare qc 누구로 하여금 무엇을 하도록 권유[설득]하다; indurre in errore 잘못된 길로 이끌다 ② 유발하다, 일으키다 ③ (전기를) 유도하다
industria /in'dustrja/ [여] ① 산업, 공업; industria pesante 중공업; industria tessile 직물업 ② 공장, 제조소
industriale /indus'trjale/ [형] 산업[공업]의 - [남/여] (생산 관계의) 기업가, 제조업자
industrializzare /industrjalid'dzare/ [타동] 산업[공업]화하다
industrializzato /industrjalid'dzato/ [형] 산업[공업]화된
industrializzazione /industrjaliddzat'tsjone/ [여] 산업[공업]화
industriarsi /indus'trjarsi/ [재귀동사] 힘쓰다, 애쓰다, 전력을 다하다
industrioso /indus'trjoso/ [형] 근면한, 열심히 일하는
induttivo /indut'tivo/ [형] ① [논리] 귀납의, 귀납적인 ② [전기] 유도의, 감응의
induzione /indut'tsjone/ [여] ① [논리] 귀납(법) ② [전기] 유도, 감응
inebetire /inebe'tire/ [타동] 우둔하게[멍하게] 만들다, 어리벙벙하게 하다 - inebetirsi [재귀동사] 우둔해[멍해]지다, 어리벙벙해지다
inebetito /inebe'tito/ [형] 우둔한, 멍한, 어리벙벙한, 얼빠진
inebriante /inebri'ante/ [형] ① (술이 사람을) 취하게 하는 ② (비유적으로) 흥분[도취]시키는
inebriare /inebri'are/ [타동] ① (술이 사람을) 취하게 하다 ② (비유적으로) 흥분[도취]시키다 - inebriarsi [재귀동사] ① (술에) 취하다 ② (비유적으로) 흥분하다, 도취되다
ineccepibile /inettʃe'pibile/ [형] 나무랄 데 없는, 결점 없는, 본이 되는, 훌륭한

inedia /i'nɛdja/ [여] 굶주림, 기아; morire d'inedia 굶어죽다

inedito /i'nɛdito/ [형] ① (책 따위가) 아직 출간되지 않은 ② notizia inedita (비유적으로) 새로운 소식, 갓 들어온 뉴스 - [남] 미출간 서적[작품]

ineducato /inedu'kato/ [형] 배우지 못한, 무식한; 무례한

ineffabile /inef'fabile/ [형] 말로 표현할 수 없는

inefficace /ineffi'katʃe/ [형] 효과[효력]가 없는

inefficiente /ineffi'tʃɛnte/ [형] 무능한, 비능률적인

inefficienza /ineffi'tʃɛntsa/ [여] 무능, 비능률

ineguagliabile /inegwaʎ'ʎabile/ [형] 비길 데 없는, 아주 뛰어난

ineguaglianza /inegwaʎ'ʎantsa/ [여] ① (사회적) 불평등; (대우 따위가) 같지 않음 ② (표면 따위가) 고르지 못함

ineguagliato /inegwaʎ'ʎato/ [형] 비길 데 없는, 필적할 만한 것이 없는

ineguale /ine'gwale/ [형] ① 같지 않은, 동등하지 않은 ② 불규칙한, 일정하지 않은 ③ (표면 따위가) 고르지 못한, 울퉁불퉁한

ineluttabile /inelut'tabile/ [형] 불가피한, 피할 수 없는

inenarrabile /inenar'rabile/ [형] 말로 표현할 수 없는

inequivocabile /inekwivo'kabile/ [형] 모호하지 않은, 명백한, 명쾌한

inerente /ine'rɛnte/ [형] (a와 함께 쓰여) (~에) 고유한, (~와) 밀접하게 관련된

inerme /i'nɛrme/ [형] 비무장의, 무방비의

inerpicarsi /inerpi'karsi/ [재귀동사] (su와 함께 쓰여) (~으로) 기어올라가다

inerte /i'nɛrte/ [형] ① 나태한, 게으른, 빈둥거리는 ② 활동이 없는, 움직이지 않는

inerzia /i'nɛrtsja/ [여] ① [물리] 관성, 타성 ② (자발적인) 활동이 없음, 타성에 젖어 있음; per forza d'inerzia 타성에 의해

inesattezza /inezat'tettsa/ [여] 부정확

inesatto /ine'zatto/ [형] 부정확한, 틀린

inesauribile /inezau'ribile/ [형] 무진장한, 다함이 없는

inesistente /inezis'tɛnte/ [형] 존재하지 않는

inesorabile /inezo'rabile/ [형] 냉혹한, 무자비한, 가차없는; (운명·심판 따위가) 피할 수 없는, 준엄한

inesorabilmente /inezorabil'mente/ [부] 냉혹하게, 무자비하게, 가차없이; 준엄하게

inesperienza /inespe'rjɛntsa/ [여] 무경험, 미숙, 서투름

inesperto /ines'pɛrto/ [형] 경험이 없는 [부족한], 미숙한, 서투른

inesplicabile /inespli'kabile/ [형] 설명할 수 없는, 불가해한

inesplicabilmente /inesplikabil'mente/ [부] 설명할 수 없어

inesplorato /inesplo'rato/ [형] (지역이) 아직 탐험[답사]되지 않은

inesploso /ines'plɔzo/ [형] (폭탄이) 폭발되지 않은

inespressivo /inespres'sivo/ [형] 무표정한

inesprimibile /inespri'mibile/ [형] (말로) 표현할 수 없는, 형언할 수 없는

inespugnabile /inespuɲ'ɲabile/ [형] (성(城) 따위가) 난공불락의

inestetismo /ineste'tizmo/ [남] (피부의) 결점

inestimabile /inesti'mabile/ [형] 측량할 [헤아릴] 수 없는, 무수한; 값을 매길 수 없는, 매우 귀중한

inestinguibile /inestin'gwibile/ [형] (불이) 끌 수 없는; (갈증이) 해소될 수 없는; (열정·사랑이) 식지 않는

inettitudine /inetti'tudine/ [여] 부적당, 부적절; 부적격, 자격 미달

inetto /i'netto/ [형] ① 부적절한, 맞지 않는 ② 부적격의, 자격 미달의; 무능한, 쓸모없는 - [남] (여: -a) 부적격자, 무능한 자

inevaso /ine'vazo/ [형] 아직 처리되지 않은; (편지 등에) 답장이 없는

inevitabile /inevi'tabile/ [형] 피할 수 없는, 모면하기 어려운, 불가피한; (결과가) 필연적인, 당연한; era inevitabile! 그건 불가피한 것이었어, 일어날 수 밖에 없는 일이었어 - [남] 피할 수 없는 일, 어쩔 수 없는 것

inevitabilmente /inevitabil'mente/ [부] 불가피하게

in extremis /ineks'trɛmis/ [부] 임종시에, 죽음에 이르러, 최후의 순간에

inezia /i'nettsja/ [여] 하찮은 것, 사소한 일

infagottare /infagot'tare/ [타동] (감)싸

다, 덮다 - infagottarsi [재귀동사] (옷을 입어) 자신의 몸을 감싸다[덮다]
infallibile /infal'libile/ [형] 틀리지 않는, 잘못이 없는
infamante /infa'mante/ [형] 중상하는, 비방하는
infamare /infa'mare/ [타동] 중상하다, (남의) 명예를 훼손하다
infamatorio /infama'tɔrjo/ [형] (복 : -ri, -rie) → infamante
infame /in'fame/ [형] 사악한, 비열한, 형편없는, 불명예스러운
infamia /in'famja/ [여] 불명예, 악명; 파렴치한 짓
infangare /infan'gare/ [타동] ① (~에) 진흙을 튀기다 ② (비유적으로) (명예 등을) 더럽히다 - infangarsi [재귀동사] ① 진흙이 몸에 튀다 ② (비유적으로) (명예 등이) 더럽혀지다
infanticidio /infanti'tʃidjo/ [남] (복 : -di) 유아[영아] 살해
infantile /infan'tile/ [형] ① 유아의, 어린아이의; asilo infantile 유치원, 어린이집 ② (행동 따위가) 어린아이 같은, 유치한
infanzia /in'fantsja/ [여] ① 유년기, 어린 시절 ② 어린아이들
infarcire /infar'tʃire/ [타동] (di와 함께 쓰여) (~으로) 가득 채우다
infarinare /infari'nare/ [타동] 밀가루를 뿌리다[묻히다]
infarinatura /infarina'tura/ [여] ① 밀가루를 뿌리기[묻히기] ② (비유적으로) (수박 겉핥기식의) 어설프게 아는 지식
infarto /in'farto/ [남] [병리] 경색(硬塞); infarto cardiaco 심장 마비, 심근 경색
infastidire /infasti'dire/ [타동] 괴롭히다, 짜증나게 하다 - infastidirsi [재귀동사] 괴로움을 당하다, 짜증이 나다
infaticabile /infati'kabile/ [형] 지치지 않는
infatti /in'fatti/ [접] 사실은, 실은
infatuarsi /infatu'arsi/ [재귀동사] (di와 함께 쓰여) (~에) 얼이 빠지다, 열중[심취]하다, 홀리다
infatuato /infatu'ato/ [형] (di와 함께 쓰여) (~에) 얼이 빠진, 열중한, 심취한, 홀린
infatuazione /infatuat'tsjone/ [여] (per와 함께 쓰여) (~에 대한) 열중, 심취
infausto /in'fausto/ [형] 불길한; presagio infausto 나쁜 징조

infecondità /infekondi'ta/ [여-불변] (여성의) 불임; (토지의) 불모
infecondo /infe'kondo/ [형] (여성이) 불임인; (토지가) 불모의, 메마른
infedele /infe'dele/ [형] ① (a와 함께 쓰여) (~에) 불충실한, 성실하지 못한 ② 신앙심이 없는, 이교도의 - [남/여] (기독교 등) 특정 종교를 믿지 않는 사람, 이단자
infedeltà /infedel'ta/ [여-불변] 불충실; 불신
infelice /infe'litʃe/ [형] ① 불행한, 비참한 ② (발언 따위가) 부적절한 ③ (결과가) 나쁜, 성공적이지 못한 - [남/여] 불행한[불쌍한] 사람
infelicità /infelitʃi'ta/ [여-불변] ① 불행, 비참함, 불쌍함 ② (발언 따위의) 부적절
inferiore /infe'rjore/ [형] (위치가) 하위의; (등급·수치가) 낮은; (수량이) 적은; (질적으로) 열등한, 하급의; il piano inferiore 아래층; inferiore alla media 평균 이하의; inferiore a ~보다 적은[못한] - [남/여] 하급자, 부하
inferiorità /inferjori'ta/ [여-불변] 하위, 열등, 하급, 열세; complesso di inferiorità 열등 콤플렉스, 열등감
inferire1 /infe'rire/ [타동] (a와 함께 쓰여) (~에) 타격을 주다
inferire2 /infe'rire/ [타동] (da와 함께 쓰여) (~으로부터) 추론하다
infermeria /inferme'ria/ [여] 진료소, 병원; (학교 등의) 양호실
infermiera /infer'mjera/ [여] (여자) 간호사
infermiere /infer'mjere/ [남] 남자 간호사
infermità /infermi'ta/ [여-불변] 질병; 병에 걸려 있음; infermità mentale 정신병
infermo /in'fermo/ [형] 몸이 아픈, 병에 걸린; infermo di mente 정신병이 있는 - [남] (여 : -a) 환자
infernale /infer'nale/ [형] ① 지옥의 ② 악마 같은, 극악무도한 ③ 지독한; un tempo infernale 아주 나쁜 날씨
inferno /in'ferno/ [남] 지옥; 지옥과도 같은 곳, 생지옥, 아수라장; la mia vita è un inferno 내 삶은 지옥과도 같다; soffrire le pene dell'inferno 갖은 고생을 다하다
inferocire /infero'tʃire/ [타동] (짐승을) 사납게 만들다; (사람을) 격분시키다 -

inferocirsi [재귀동사] (짐승이) 사나워지다; (사람이) 격분하다
inferriata /infer'rjata/ [여] 창살, 격자
infervorare /infervo'rare/ [타동] 흥분시키다, 열광하게 하다 - infervorarsi [재귀동사] (per와 함께 쓰여) (~에) 흥분하다, 열광하다
infestare /infes'tare/ [타동] (쥐·해충 따위가) 꾀다, 창궐하다
infettare /infet'tare/ [타동] ① (질병을) 전염[감염]시키다 ② (물·공기 등을) 오염시키다 - infettarsi [재귀동사] 감염되다
infettivo /infet'tivo/ [형] 전염성의; malattia infettiva 전염병
infetto /in'fetto/ [형] ① 감염된 ② 오염된
infezione /infet'tsjone/ [여] 전염, 감염
infiammabile /infjam'mabile/ [형] 불타기 쉬운, 가연성(可燃性)의, 인화성의 - infiammabili [남·복] 가연성[인화성] 물질
infiammare /infjam'mare/ [타동] ① (~에) 불을 붙이다 ② (상처 등에) 염증을 일으키다 ③ (비유적으로) 흥분시키다 - infiammarsi [재귀동사] ① 불이 붙다 ② (상처 등에) 염증이 생기다 ③ (비유적으로) (욕망 따위가) 불타오르다
infiammazione /infjammat'tsjone/ [여] [병리] 염증
inficiare /infit'ʃare/ [타동] 무효화하다, 법적 효력 따위를 없애다
infido /in'fido/ [형] 믿을 수 없는, 불성실한, 배반하는
infierire /infje'rire/ [자동] (조동사: avere) ① 사납게 행동하다, 공격적인 태도를 취하다 ② (전염병 따위가) 창궐하다, 맹위를 떨치다
infiggere /in'fiddʒere/ [타동] (in과 함께 쓰여) (~에) 꽂아[박아] 넣다
infilare /infi'lare/ [타동] ① (바늘 따위에) 실을 꿰다 ② (in과 함께 쓰여) (~에) 끼워넣다, 삽입[투입]하다; infilò le mani in tasca 그는 손을 주머니에 찔러 넣었다 ③ (옷을) 입다, 걸치다 ④ (문을 빠져나가 길로) 들어서다 ⑤ 잇따라 ~하다; infilare sette vittorie consecutive 7연승을 거두다 - infilarsi [재귀동사] (in과 함께 쓰여) (~으로) 쑥 들어가다; infilarsi tra la folla 군중 속으로 들어가다, 군중에 합류하다; infilarsi a letto 침대 속으로 들어가다

infiltrarsi /infil'trarsi/ [재귀동사] (in과 함께 쓰여) (액체나 기체 따위가 ~에) 침투하다, 스며들다
infiltrato /infil'trato/ [남] (여: -a) 침투 [비밀] 요원, 첩자
infiltrazione /infiltrat'tsjone/ [여] 침투, 스며듦
infilzare /infil'tsare/ [타동] (실이나 꼬챙이 따위에) 꿰뚫다; 꿰찌르다; infilzare un pollo sullo spiedo 닭고기를 꼬챙이에 꿰다
infimo /'infimo/ [형] 최하급의, 아주 열악한
infine /in'fine/ [부] 마지막으로, 끝으로; 결론을 말하면, 요컨대
infinità /infini'ta/ [여-불변] 무한(無限); un'infinità di 무한한 ~ ; ho un'infinità di cose da fare 나는 할 일이 산더미 같다
infinitamente /infinita'mente/ [부] 무한하게, 끝없이; mi dispiace infinitamente 대단히 죄송합니다
infinito /infi'nito/ [형] 무한한, 끝없는; con infinito rammarico 깊이 후회하여 - [남] ① [수학] 무한대 ② [문법] 부정사(不定詞) - all'infinito 무한하게, 끝없이
infinocchiare /infinok'kjare/ [타동] (남을) 속이다
infiocchettare /infjokket'tare/ [타동] 리본으로 장식하다
infiorescenza /infjoreʃ'ʃɛntsa/ [여] 꽃이 핌, 개화
infischiarsi /infis'kjarsi/ [재귀동사] (di와 함께 쓰여) (~에) 신경쓰지 않다, 관심을 갖지 않다
infisso /in'fisso/ [남] (문 따위의) 틀
infittire /infit'tire/ [타동] ① 조밀하게 만들다 ② 빈번하게 하다 - infittirsi [재귀동사] ① 조밀해지다 ② 빈번해지다
inflazionare /inflattsjo'nare/ [타동] ① [경제] 인플레이션을 일으키다 ② (특정 표현을 너무 많이 써서) 진부해지게 만들다
inflazione /inflat'tsjone/ [여] ① [경제] 인플레이션, 통화 팽창 ② 급증, 양적 팽창
inflazionistico /inflattsjo'nistiko/ [형] (복: -ci, -che) 인플레이션의, 통화 팽창의
inflessibile /infles'sibile/ [형] 완고한, 의

지를 굽히지 않는
inflessibilità /inflessibili'ta/ [여-불변] 완고함, 의지를 굽히지 않음
inflessione /infles'sjone/ [여] 억양, 음성의 조절
infliggere /in'fliddʒere/ [타동] (벌 따위를) 주다, 과하다
influente /influ'ente/ [형] 영향력 있는, 세력 있는, 유력한
influenza /influ'entsa/ [여] ① (su와 함께 쓰여) (~에 대한) 영향(력); è una persona che ha influenza 그는 영향력 있는 사람이다, 유력한 인물이다; avere influenza su qn/qc 누구/무엇에 영향을 끼치다; subire l'influenza di qn/qc 누구/무엇에 영향을 받다 ② [병리] 인플루엔자, 유행성 감기, 독감; prendere l'influenza 독감에 걸리다
influenzabile /influen'tsabile/ [형] (다른 것의) 영향을 받기 쉬운
influenzare /influen'tsare/ [타동] (~에) 영향을 끼치다; lasciarsi[farsi] influenzare 영향을 받다 - influenzarsi [재귀동사] ① 서로 영향을 끼치다 ② 독감에 걸리다
influenzato /influen'tsato/ [형] 독감에 걸린
influire /influ'ire/ [자동] (조동사 : avere) (su와 함께 쓰여) (~에) 영향을 끼치다
influsso /in'flusso/ [남] (su와 함께 쓰여) (~에 대한) 영향(력)
infocato /info'kato/ → infuocato
infognarsi /infoɲ'narsi/ [재귀동사] (구어체에서) (in과 함께 쓰여) (~에) 뒤얽히다, 휘말리다; infognarsi in un mare di debiti 빚더미에 시달리다
infoltire /infol'tire/ [타동] 조밀하게 만들다 - infoltirsi [재귀동사] 조밀해지다
infondato /infon'dato/ [형] 근거 없는
infondere /in'fondere/ [타동] (in과 함께 쓰여) (~에게 자신감·용기 따위를) 불어넣다
inforcare /infor'kare/ [타동] ① (건초 따위를 쇠스랑으로) 긁어 올리다 ② (자전거 따위에) 올라타다 ③ (안경 따위를) 쓰다
informale /infor'male/ [형] 비공식의; 약식의, 격식을 차리지 않은
informare /infor'mare/ [타동] 알리다, 통지하다; informare qn di qc 누구에게 무엇에 대해 알리다 - informarsi [재귀동사] (su와 함께 쓰여) (~에 대해) 알아보다, 조사하다
informatica /infor'matika/ [여] 정보 과학, 컴퓨터 과학
informatico /infor'matiko/ (복 : -ci, -che) [형] 정보 처리의, 컴퓨터의 - [남] (여 : -a) 정보[컴퓨터] 과학자
informativo /informa'tivo/ [형] 정보를 제공하는, 소식을 알리는
informatizzare /informatid'dzare/ [타동] 전산화하다, 컴퓨터로 처리하다
informato /infor'mato/ [형] 정보를 제공받은, 알고 있는
informatore /informa'tore/ [남] (여 : -trice) 정보 제공자; 고발자
informazione /informat'tsjone/ [여] ① 정보, 소식, 자료; chiedere un'informazione 문의하다, 정보 제공을 요청하다; prendere informazioni su qn/qc 누구/무엇에 대해 알아보다 [조사하다]; a titolo d'informazione 참고로; ufficio informazioni (역 등의) 안내소 ② [컴퓨터] 정보, 데이터 - informazione genetica 유전 코드[암호]
informe /in'forme/ [형] 일정한 모양이나 형태가 없는, 무정형(無定形)의
infornare /infor'nare/ [타동] (빵 따위를) 오븐에 넣다
infortunarsi /infortu'narsi/ [재귀동사] (사고로) 다치다, 상해를 입다
infortunio /infor'tunjo/ [남] (복 : -ni) 사고, 재난; infortunio sul lavoro 산업재해, 산재
infossarsi /infos'sarsi/ [재귀동사] (지반 따위가) 가라앉다; (볼 따위가) 움푹 패다
infossato /infos'sato/ [형] 푹 꺼진, 가라앉은
infradiciare /infradi'tʃare/ [타동] ① 흠뻑 적시다 ② 썩게 하다, 부패시키다 - infradiciarsi [재귀동사] ① 흠뻑 젖다 ② 썩다, 부패하다
infradito /infra'dito/ [남/여-불변] 고무 슬리퍼
infrangere /in'frandʒere/ [타동] ① (유리 따위를) 깨뜨리다 ② (비유적으로) (법이나 규정 따위를) 어기다, 위반하다 - infrangersi [재귀동사] (유리 따위가) 깨지다; (파도가) 부서지다
infrangibile /infran'dʒibile/ [형] 깨지지 않는

infranto /in'franto/ [형] ① (유리 따위가) 깨진 ② (비유적으로) 산산이 부서진, 무너진, 결딴난

infrarosso /infra'rosso/ [남/형] [물리] 적외선(의)

infrasettimanale /infrasettima'nale/ [형] 한 주의 중간쯤의

infrastruttura /infrastrut'tura/ [여] ① 공공 시설 ② 인프라, 사회 기반 시설

infrazione /infrat'tsjone/ [여] 위반, 반칙, 침해; infrazione al codice della strada 교통 위반

infreddatura /infredda'tura/ [여] 한기, 으스스함

infreddolirsi /infreddo'lirsi/ [재귀동사] 한기를 느끼다

infreddolito /infreddo'lito/ [형] 추운, 한기를 느끼는

infrequente /infre'kwɛnte/ [형] 드문, 좀처럼 없는

infruttuoso /infruttu'oso/ [형] 열매를 맺지 않는, 불모의; 성과가 없는, 헛된

infuocare /infwo'kare/ [타동] ① 새빨갛게 달아오르게 하다 ② (비유적으로) 흥분시키다 - infuocarsi [재귀동사] ① 새빨갛게 달아오르다 ② (비유적으로) 흥분하다

infuocato /infwo'kato/ [형] ① 새빨갛게 달아오른 ② (비유적으로) 흥분한, 격해진

infuori /in'fwɔri/ [부] ① (in fuori라고도 써서) 밖에, 밖으로; all'infuori 밖으로 ② all'infuori di ~을 제외하고(는), ~ 외에는 - [형-불변] (in fuori라고도 써서) 튀어나온, 돌출된; avere gli occhi infuori 눈이 튀어나와[돌출되어] 있다

infuriare /infu'rjare/ [자동] (조동사 : avere) ① (폭풍 따위가) 휘몰아치다; (전염병 따위가) 창궐하다 ② fare infuriare qn 누구를 격노하게 하다 - infuriarsi [재귀동사] 격노하다, 벌컥 화를 내다

infuriato /infu'rjato/ [형] 노하여 펄펄 뛰는, 격노한

infusione /infu'zjone/ [여] (차(茶) 따위를) 우려냄; 우려낸 차

infuso /in'fuzo/ [형] (지식 따위가) 주입된 - [남] 우려낸 차

ing. → ingegnere (기사·기술자에 대한 호칭)

ingabbiare /ingab'bjare/ [타동] ① (동물을) 우리에 넣다 ② (비유적으로) (사람을) 가두다, 감금하다

ingaggiare /ingad'dʒare/ [타동] ① 계약하여 고용하다 ② [군사] (적과) 교전하다

ingaggio /in'gaddʒo/ [남] (복 : -gi) 계약 고용

ingannare /ingan'nare/ [타동] ① 속이다, 현혹하다, 오도(誤導)하다; 배반하다; le apparenze spesso ingannano 겉모습에 속기 쉽다 ② ingannare il tempo (소일하며) 시간을 보내다 - ingannarsi [재귀동사] 속다, 잘못 생각[판단]하다; se non m'inganno 내가 틀리지 않다면

ingannevole /ingan'nevole/ [형] 속이는, 현혹하는, 오도(誤導)하는

inganno /in'ganno/ [남] ① 속임, 사기; con l'inganno 속임수를 써서 ② 착각, 잘못 생각[판단]함; trarre in inganno qn 누구로 하여금 잘못 생각[판단]하게 만들다

ingarbugliare /ingarbuʎ'ʎare/ [타동] ① (실이나 끈 따위를) 엉키게 하다 ② (비유적으로) 혼동시키다 - ingarbugliarsi [재귀동사] ① (실이나 끈 따위가) 엉키다 ② (비유적으로) 혼동되다

ingarbugliato /ingarbuʎ'ʎato/ [형] 뒤엉킨; 혼란 상태가 된

ingegnarsi /indʒeɲ'ɲarsi/ [재귀동사] 최선을 다하다, 열심히 하다; 어떻게든 해나가다; ingegnarsi per vivere (꾀를 써서) 이럭저럭 살아가다

ingegnere /indʒeɲ'ɲere/ [남] 기사, 기술자, 엔지니어; ingegnere civile 토목기사

ingegneria /indʒeɲɲe'ria/ [여] 공학 (기술)

ingegno /in'dʒeɲɲo/ [남] ① 재간, 재치, 영리함; 독창력, 창의력; avere dell'ingegno 창의력이 있다 ② 재능, 재주

ingegnosamente /indʒeɲɲosa'mente/ [부] 재치 있게, 영리하게

ingegnosità /indʒeɲɲosi'ta/ [여-불변] 재간, 재치, 영리함

ingegnoso /indʒeɲ'ɲoso/ [형] 재간[재치] 있는, 영리한; 독창력[창의력]이 있는

ingelosire /indʒelo'sire/ [타동] (누구로 하여금) 질투심이 생기게 하다 - ingelosirsi [재귀동사] 질투심이 생기다, 질투[시샘]하게 되다

ingente /in'dʒɛnte/ [형] 막대한, 엄청난

ingenuamente /indʒenua'mente/ [부] 순진하게, 천진난만하게

ingenuità /indʒenui'ta/ [여-불변] 순진, 천진난만

ingenuo /in'dʒɛnuo/ [형/남] (여: -a) 순진한, 천진난만한, 꾸밈없는 (사람)

ingerenza /indʒe'rɛntsa/ [여] 간섭, 참견, 끼어듦

ingerire /indʒe'rire/ [타동] (음식을) 먹다, 섭취하다; (약을) 먹다 - ingerirsi [재귀동사] (in과 함께 쓰여) (~에) 간섭[참견]하다, 끼어들다

ingessare /indʒes'sare/ [타동] (팔다리 등에) 깁스를 하다

ingessatura /indʒessa'tura/ [여] (팔다리 등에) 깁스를 함

Inghilterra /ingil'tɛrra/ [여] 잉글랜드

inghiottire /ingjot'tire/ [타동] ① (꿀꺽) 삼키다, 들이켜다 ② (비유적으로) (모욕 따위를) 감수하다; (감정을) 억누르다 ③ (비유적으로) (바다·파도가 배·사람을) 삼켜버리다

inghippo /in'gippo/ [남] (구어체에서) 속임수, 트릭

ingiallire /indʒal'lire/ [타동] 노래지게 만들다 - [자동] (조동사: essere) → ingiallirsi - ingiallirsi [재귀동사] 노래지다

ingigantire /indʒigan'tire/ [타동] 확대하다, 과장하다 - ingigantirsi [재귀동사] 거대해지다

inginocchiarsi /indʒinok'kjarsi/ [재귀동사] 무릎 꿇다

inginocchiato /indʒinok'kjato/ [형] 무릎 꿇은

inginocchiatoio /indʒinokkja'tojo/ [남] (복: -oi) (무릎 꿇고 기도 드리는) 기도대(臺)

ingioiellare /indʒojel'lare/ [타동] 보석으로 장식[치장]하다 - ingioiellarsi [재귀동사] (몸에) 보석을 지니다, 보석으로 몸치장을 하다

ingiù /in'dʒu/ [부] (in giù라고도 써서) 아래에, 아래로; con la testa all'ingiù 거꾸로 매달려

ingiungere /in'dʒundʒere/ [타동] ingiungere a qn di fare qc 누구에게 무엇을 하도록 명하다

ingiunzione /indʒun'tsjone/ [여] 명령

ingiuria /in'dʒurja/ [여] 모욕; coprire qn di ingiurie 누구에게 모욕을 퍼붓다

ingiuriare /indʒu'rjare/ [타동] 모욕하다, 욕설을 퍼붓다

ingiurioso /indʒu'rjoso/ [형] (언동이) 모욕적인, 무례한

ingiustamente /indʒusta'mente/ [부] 불공정하게, 당치 않게

ingiustificabile /indʒustifi'kabile/ [형] 정당화할 수 없는, 변명의 여지가 없는

ingiustificato /indʒustifi'kato/ [형] 정당하지 않은, 근거가 없는

ingiustizia /indʒus'tittsja/ [여] 부정(不正), 불공정; ha commesso un'ingiustizia 그는 불공정했다

ingiusto /in'dʒusto/ [형] 불공정한; essere ingiusto con qn 누구에게 불공정하다

inglese /in'glese/ [형] 잉글랜드의, 영국의 - [남/여] 잉글랜드[영국] 사람 - [남] 영어; parlare (l')inglese 영어로 말하다

inglorioso /inglo'rjoso/ [형] 불명예스러운, 창피한, 수치스러운

ingobbire /ingob'bire/ [자동] (조동사: essere) → ingobbirsi - ingobbirsi [재귀동사] 등이 굽다, 곱사등이가 되다

ingoiare /ingo'jare/ [타동] ① (꿀꺽) 삼키다, 들이켜다 ② (비유적으로) (모욕 따위를) 감수하다; (감정을) 억누르다 ③ (비유적으로) (바다·파도가 배·사람을) 삼켜버리다 - è stato un boccone amaro da ingoiare 그것은 싫지만 감수해야 할 일이었다

ingolfarsi /ingol'farsi/ [재귀동사] (in과 함께 쓰여) (~에) 휘말리다; ingolfarsi nei debiti 빚더미에 올라 있다

ingollare /ingol'lare/ [타동] (음식물을) 꿀꺽 삼키다

ingombrante /ingom'brante/ [형] 방해가 되는, 거추장스러운

ingombrare /ingom'brare/ [타동] (~에) 방해[장애]가 되다; (길 따위를) 가로막다; (장소를) 어지르다

ingombro /in'gombro/ [형] (di와 함께 쓰여) (~으로) (장소가) 어질러진; (길이) 막힌 - [남] 방해물, 장애물, 거추장스러운 것; essere d'ingombro 방해가 되다, 거추장스럽다

ingordigia /ingor'didʒa/ [여] (복: -gie) 식탐, 게걸스러움; 탐욕

ingordo /in'gordo/ [형] 식탐이 있는, 게걸스러운; (di와 함께 쓰여) (~을) 몹시 탐내는 - [남] (여: -a) 폭식을 하는 사람

ingorgare /ingor'gare/ [타동] (관(管)이나 길 따위를) 꽉 막히게 하다 - **ingorgarsi** [재귀동사] (관이나 길 따위가) 꽉 막히다

ingorgo /in'gorgo/ [남] (복 : -ghi) (관 따위가) 꽉 막힘; 교통 정체

ingozzare /ingot'tsare/ [타동] (가축이나 사람에게 먹이·음식을) 억지로 먹이다 - **ingozzarsi** [재귀동사] (di와 함께 쓰여) (~을) 잔뜩 먹어대다

ingranaggio /ingra'naddʒo/ [남] (복 : -gi) ① [기계] 기어, 전동 장치 ② (비유적으로) 기계류, 기계 장치

ingranare /ingra'nare/ [타동] ingranare la marcia (자동차의) 기어를 넣다 - [자동] (조동사 : avere) ① (기어가) 걸리다, 맞물리다 ② 기능[작동]하기 시작하다; gli affari cominciano ad ingranare 그 사업은 (잘) 돌아가기 시작하고 있다

ingrandimento /ingrandi'mento/ [남] 확대, 확장, 팽창; lente d'ingrandimento 확대경

ingrandire /ingran'dire/ [타동] ① 확대하다, 확장하다, 팽창시키다 ② (비유적으로) 과장하다 - **ingrandirsi** [재귀동사] 확대되다, 확장되다, 팽창되다

ingranditore /ingrandi'tore/ [남] [사진] 확대기

ingrassaggio /ingras'saddʒo/ [남] (복 : -gi) 기름칠, 윤활

ingrassare /ingras'sare/ [타동] ① (사람을) 살찌게[뚱뚱해지게] 하다; (가축을) 비육하다 ② (기계 등에) 기름을 치다 ③ (토지에) 거름을 주다 - [자동] (조동사 : essere) 살찌다, 뚱뚱해지다 - **ingrassarsi** [재귀동사] 살찌다, 뚱뚱해지다

ingratitudine /ingrati'tudine/ [여] 배은망덕, 감사할 줄 모름

ingrato /in'grato/ [형] ① 은혜를 모르는, 감사할 줄 모르는 ② (일이) 보람 없는 - [남] (여 : -a) 배은망덕한 사람

ingraziarsi /ingrat'tsjarsi/ [재귀동사] (누구의) 마음에 들다, 환심을 사다

ingrediente /ingre'djente/ [남] 성분, 원료, 재료

ingresso /in'gresso/ [남] ① 들어감, 입장 ② 입장[입회] 허가; vietato l'ingresso 입장 불허 ③ 입장료, 입회금; ingresso libero 무료 입장; biglietto d'ingresso 입장권 ④ 입구, 문간, 현관; 현관 안의 홀; ingresso principale 정문, 중앙 현관

ingrossare /ingros'sare/ [타동] (수량 따위를) 불리다, 증대시키다 - [자동] (조동사 : essere) 불어나다, 증대되다; 커지다 - **ingrossarsi** [재귀동사] ① 불어나다; 커지다 ② 체중이 늘다

ingrosso [부] (all'ingrosso /allin'grɔsso/의 형태로 쓰여) ① 도매(都賣)로; prezzo all'ingrosso 도매 가격 ② 약, 대략, ~쯤

inguaiare /ingwa'jare/ [타동] (구어체에서) (누구를) 곤경에 빠뜨리다 - **inguaiarsi** [재귀동사] (구어체에서) 곤경에 빠지다, 말썽이 나다

ingualcibile /ingwal'tʃibile/ [형] (옷감이) 구겨지지 않는

inguaribile /ingwa'ribile/ [형] (병 따위가) 고칠 수 없는, 불치의

inguine /'ingwine/ [남] [해부] 샅, 사타구니

ingurgitare /ingurdʒi'tare/ [타동] (꿀꺽) 삼키다

inibire /ini'bire/ [타동] ① 금하다, 못하게 하다 ② 억제하다, 억압하다, 제지하다, 방해하다

inibito /ini'bito/ [형] (사람·성격 등이) 억제된, 억압을 받은

inibitorio /inibi'tɔrjo/ [형] (복 : -ri, -rie) 억제하는, 억압하는

inibizione /inibit'tsjone/ [여] ① 금지 ② 억제, 억압

iniettare /injet'tare/ [타동] (약물 따위를) 주사[주입]하다; iniettare qc a qn 누구에게 무엇을 주사[주입]하다 - **iniettarsi** [재귀동사] iniettarsi di sangue (눈이) 충혈되다

iniezione /injet'tsjone/ [여] ① (약물 따위의) 주사, 주입 ② (비유적으로) (열정·자신감 따위의) 고취

inimicare /inimi'kare/ [타동] (사이를) 멀어지게 하다, 적대시키다; si è inimicato gli amici di un tempo 그는 옛 친구들과 사이가 멀어졌다 - **inimicarsi** [재귀동사] (con과 함께 쓰여) (~와) 사이가 멀어지다[틀어지다]

inimicizia /inimi'tʃittsja/ [여] 적의, 앙심

inimitabile /inimi'tabile/ [형] 모방하기 어려운, 독특한

inimmaginabile /inimmadʒi'nabile/ [형] 상상할 수 없는, 생각할 수도 없는

ininterrottamente /ininterrotta'mente/

[부] 쉬지 않고, 끊임없이; è piovuto ininterrottamente per 2 settimane 비가 2주간 계속 내렸다
ininterrotto /ininter'rotto/ [형] 끊임없는, 계속되는
iniquità /inikwi'ta/ [여-불변] 부정(不正), 불공정; 부정[불법] 행위; 사악함
iniquo /i'nikwo/ [형] 부정[불법]의, 사악한
iniziale /init'tsjale/ [형] 처음의, 시작의, 초기의; stipendio iniziale 초봉(初俸) - [여] 머리글자, 이니셜
inizialmente /inittsjal'mente/ [부] 처음에(는)
iniziare /init'tsjare/ [타동] 시작하다, 개시하다; iniziare a fare qc ~하기 시작하다 - [자동] (조동사 : essere) 시작되다
iniziativa /inittsja'tiva/ [여] ① 솔선, 주도; di propria iniziativa 솔선하여, 자진하여 ② 기업심, 적극성 - iniziativa privata 자유 기업
iniziazione /inittsjat'tsjone/ [여] 가입, 입회, 입문
inizio /i'nittsjo/ [남] (복 : -zi) 처음, 시작; all'inizio 처음에; dall'inizio alla fine 처음부터 끝까지; essere agli inizi 초기 단계에 있다; dare inizio a qc 무엇을 시작하다
innaffiare /innaf'fjare/ → annaffiare
innalzare /innal'tsare/ [타동] ① (들어) 올리다; 일으켜 세우다; innalzare gli occhi al cielo 눈을 들어 하늘을 보다 ② (정도·수준을) 높이다 - innalzarsi [재귀동사] 오르다, 올라가다, 높아지다
innamorare /innamo'rare/ [타동] 반하게 하다, 매혹하다 - innamorarsi [재귀동사] (di와 함께 쓰여) (~에게) 반하다, 마음을 빼앗기다
innamorato /innamo'rato/ [형] (di와 함께 쓰여) (~에게) 반한, (~을) 사랑하는 - [남] (여 : -a) 연인, 애인
innanzi /in'nantsi/ [부] ① (공간상) 앞에; 앞으로 ② (시간상) 앞서, 일찍 ③ innanzi a ~의 앞에; lo giuro innanzi a Dio 나는 신 앞에 맹세하는 바이다 ④ d'ora innanzi 지금부터 - [형-불변] 이전의, 앞선; il giorno innanzi 전날
innanzitutto /innantsi'tutto/ [부] (innanzi tutto라고도 써서) 무엇보다도, 우선 첫째로
innato /in'nato/ [형] 타고난, 선천적인

innaturale /innatu'rale/ [형] 부자연스러운, 인위적인
innegabile /inne'gabile/ [형] 부정[부인]할 수 없는, 명백한
innegabilmente /innegabil'mente/ [부] 부정[부인]할 수 없이, 명백하게
inneggiare /inned'dʒare/ [자동] (조동사 : avere) (a와 함께 쓰여) (~을) 찬송[찬양]하다
innervosire /innervo'sire/ [타동] 짜증[신경질]나게 만들다 - innervosirsi [재귀동사] 짜증[신경질]이 나다
innescare /innes'kare/ [타동] ① (폭발물에) 뇌관을 달다 ② (비유적으로) (일련의 사건들을) 일으키다, 유발하다 ③ (낚싯바늘에) 미끼를 달다
innesco /in'nesko/ [남] (복 : -schi) 뇌관, 도화선
innestare /innes'tare/ [타동] ① [원예] 접목하다, 접붙이다 ② [의학] (조직·장기를) 이식하다
innesto /in'nesto/ [남] ① [원예] 접목, 접붙이기 ② [의학] (조직·장기의) 이식 ③ [기계] 클러치
innevamento /inneva'mento/ [남] 강설(降雪)
innevato /inne'vato/ [형] 눈이 내린, 눈으로 뒤덮인
inno /'inno/ [남] 찬송가, 성가 - inno nazionale 국가(國歌)
innocente /inno'tʃente/ [형] ① 죄 없는, 결백한 ② 순결한, 때 묻지 않은 ③ 순진한, 천진난만한, 악의 없는 - [남/여] 결백한 사람; 순진한[천진난만한] 사람
innocentemente /innotʃente'mente/ [부] 순진하게, 천진난만하게, 악의 없이
innocenza /inno'tʃentsa/ [여] ① 결백, 무죄임 ② 순수, 순진, 천진난만
innocuo /in'nokuo/ [형] 해롭지 않은, 해를 끼치지 않는
innovare /inno'vare/ [타동] 새롭게 하다, 혁신[쇄신]하다
innovativo /innova'tivo/ [형] 혁신적인, 기존의 틀을 깨는
innovatore /innova'tore/ [형] 혁신적인 - [남] (여 : -trice) 혁신하는 사람
innovazione /innovat'tsjone/ [여] 혁신, 쇄신
innumerevole /innume'revole/ [형] 셀 수 없이 많은, 무수한
inoculare /inoku'lare/ [타동] (병균 따위를) 접종하다

inoculazione /inokulat'tsjone/ [여] (예방) 접종

inodore /ino'dore/, **inodoro** /ino'doro/ [형] 냄새가 없는, 무취(無臭)의

inoffensivo /inoffen'sivo/ [형] 해를 끼치지 않는, 무해한, 안전한

inoltrare /inol'trare/ [타동] (우편물 따위를) 보내다, 전달하다; (서류 따위를) 제출하다 - inoltrarsi [재귀동사] (in과 함께 쓰여) (~의 속으로) 들어가다, 나아가다

inoltrato /inol'trato/ [형] a notte inoltrata 밤 늦게; a primavera inoltrata 늦봄에

inoltre /i'noltre/ [부] 더 나아가, 그 이상으로; 더욱이, 게다가

inondare /inon'dare/ [타동] ① (강물 따위가 일정 지역을) 범람시키다, 홍수지게 하다 ② 가득 차다, 몰려들다; la folla inondava la piazza 광장에 인파가 몰려들었다

inondazione /inondat'tsjone/ [여] 범람, 침수

inoperoso /inope'roso/ [형] 움직이지[활동하지] 않는, 나태한

inopportuno /inoppor'tuno/ [형] (시기가) 나쁜, 부적당한; è arrivato in un momento inopportuno 그는 적당하지 않은 때에 도착했다

inorganico /inor'ganiko/ [형] (복 : -ci, -che) [화학] 무기(無機)의

inorgoglire /inorgoʎ'ʎire/ [타동] 자랑스러워하게 만들다, 자부심을 갖게 하다 - inorgoglirsi [재귀동사] (per와 함께 쓰여) (~을) 자랑스러워하다, (~에) 자부심을 갖다

inorridire /inorri'dire/ [타동] 공포에 떨게 하다 - [자동] (조동사 : essere) 무서워하다, 공포에 떨다

inospitale /inospi'tale/ [형] 냉대하는, 불친절한

inosservato /inosser'vato/ [형] 주목받지 못한, 눈에 띄지 않은; passare inosservato 못 보고 지나치다

inossidabile /inossi'dabile/ [형] (금속이) 녹 방지 처리가 된; acciaio inossidabile 스테인리스스틸

INPS /imps/ [남] 이탈리아 국가사회보험청

input /'imput/ [남-불변] ① [컴퓨터] 입력 ② [경제] 투입(량)

inquadrare /inkwa'drare/ [타동] ① (그림·사진을) 틀[액자]에 끼우다 ② (비유적으로) (문맥 속에) 끼워 넣다 ③ [군사] 부대를 편성하다 - inquadrarsi [재귀동사] (in과 함께 쓰여) (~에) (잘) 들어맞다

inquadratura /inkwadra'tura/ [여] (그림·사진을) 틀[액자]에 끼우기

inqualificabile /inkwalifi'kabile/ [형] (행동 따위가) 품위 없는, 수치스러운

inquietante /inkwje'tante/ [형] 속을 태우는, 불안하게 하는; 불길한

inquietare /inkwje'tare/ [타동] 속을 태우다, 불안하게 하다 - inquietarsi [재귀동사] (per와 함께 쓰여) (~ 때문에) 속을 태우다, 불안해 하다

inquieto /in'kwjeto/ [형] 불안한, 초조한

inquietudine /inkwje'tudine/ [여] 불안, 초조

inquilino /inkwi'lino/ [남] (여 : -a) 세든 사람

inquinamento /inkwina'mento/ [남] 오염; 공해; inquinamento acustico 소음 공해

inquinare /inkwi'nare/ [타동] 오염시키다

inquinato /inkwi'nato/ [형] 오염된

inquirente /inkwi'rente/ [형] 조사의, 조사하는; commissione inquirente 조사 위원회

inquisire /inkwi'zire/ [타동] (사람을) 조사하다 - [자동] (조동사 : avere) (su와 함께 쓰여) (~에 대해) 조사하다

inquisitore /inkwizi'tore/ [형] 조사하는 듯한 - [남] (여 : -trice) 조사자

inquisizione /inkwizit'tsjone/ [여] 조사, 심문

insabbiare /insab'bjare/ [타동] (계획 따위를) 보류하다 - insabbiarsi [재귀동사] ① (배가) 좌초하다 ② (계획 따위가) 보류되다

insaccati /insak'kati/ [남·복] 소시지

insalata /insa'lata/ [여] ① [식물] 양상추 ② 샐러드

insalatiera /insala'tjera/ [여] 샐러드 담는 접시

insalubre /insa'lubre/ [형] (기후·토지 따위가) 건강에 좋지 못한

insanabile /insa'nabile/ [형] ① (고통·질병이) 치유될 수 없는 ② (비유적으로) (갈등·대립 따위가) 해결될 수 없는; (실수 따위가) 돌이킬 수 없는; (증오심 따위가) 깊은

insanguinare /insangwi'nare/ [타동] 피

로 얼룩지게 하다; arrivò tutto insanguinato 그는 피투성이가 되어 도착했다 - insanguinarsi [재귀동사] 피로 얼룩지다, 피투성이가 되다
insania /in'sanja/ [여] (문어체에서) 광기, 정신 이상
insaponare /insapo'nare/ [타동] (~에) 비누칠을 하다, (~을) 비누로 닦다
insaponata /insapo'nata/ [여] 비누칠; darsi un'insaponata (자신의 몸에) 비누칠을 하다
insapore /insa'pore/ [형] (음식이) 맛없는
insaporire /insapo'rire/ [타동] (요리에) 맛을 내다, 양념을 하다 - insaporirsi [재귀동사] 맛이 나다
insaporo /insa'poro/ → insapore
insaputa /insa'puta/ [여] all'insaputa di qn 누구에게 알리지 않고, 누가 모르게
insaziabile /insat'tsjabile/ [형] 만족할 줄 모르는, 탐욕스러운
inscatolare /inskato'lare/ [타동] (물건을) 상자에 넣다[담다]; (식품을) 캔에 넣다[담다]
inscenare /inʃe'nare/ [타동] ① [연극] (작품을) 무대에 올리다, 상연하다 ② (항의 시위나 파업 따위를) 꾀하다, 계획하다
inscindibile /inʃin'dibile/ [형] 분리할 수 없는, 떨어뜨려 놓을 수 없는
insecchire /insek'kire/ [타동] 말리다, 건조시키다 - insecchirsi [재귀동사] ① 마르다, 건조해지다 ② 살이 빠지다, 야위다
insediamento /insedja'mento/ [남] ① (직책에의) 취임 ② (주민의) 정착; 식민
insediare /inse'djare/ [타동] (직책에) 취임시키다 - insediarsi [재귀동사] ① (직책에) 취임하다 ② (주민이 일정 지역에) 정착하다
insegna /in'seɲɲa/ [여] ① 기장(記章); 표장(標章) ② (상점 등의) 간판; insegna al neon 네온사인 ③ 기(旗)
insegnamento /inseɲɲa'mento/ [남] ① 교육 ② 가르침, 교수 ③ 교훈; trarre insegnamento da un'esperienza 경험을 통해 배우다
insegnante /inseɲ'ɲante/ [형] 가르치는, 교육[교수]의; corpo[personale] insegnante 교수진 - [남/여] 교사, 선생; fare l'insegnante (직업이) 교사다; insegnante di storia 역사 교사

insegnare /inseɲ'ɲare/ [타동] 가르치다, 교수하다; insegnare alle elementari 초등학교 선생이다; insegnare qc a qn 누구에게 무엇을 가르치다
inseguimento /insegwi'mento/ [남] 추적, 추격; darsi all'inseguimento di qn 누구를 뒤쫓다
inseguire /inse'gwire/ [타동] 뒤쫓다, 추적[추격]하다
inseguitore /insegwi'tore/ [남] (여 : -trice) 추적자
inselvatichirsi /inselvati'kirsi/ [재귀동사] ① (가축이) 야생동물이 되다 ② (사람이) 비사교적인 성격이 되다
inseminazione /inseminat'tsjone/ [여] 수정(授精), 수태(受胎); inseminazione artificiale 인공 수정
insenatura /insena'tura/ [여] (해안·강가 등의) 후미, 만
insensato /insen'sato/ [형] 어리석은, 무분별한
insensibile /insen'sibile/ [형] 무감각한, 둔감한; è insensibile al freddo 그는 추위를 타지 않는다
insensibilità /insensibili'ta/ [여-불변] 무감각, 둔감
inseparabile /insepa'rabile/ [형] (da와 함께 쓰여) (~으로부터) 분리할 수 없는, 나눌 수 없는
inserimento /inseri'mento/ [남] 삽입, 끼워 넣음
inserire /inse'rire/ [타동] ① 삽입하다, 끼워 넣다 ② 포함시키다, 넣다; inserire un annuncio sul giornale 신문에 광고를 싣다 ③ (플러그를) 꽂다 ④ [컴퓨터] (데이터를) 입력하다 - inserirsi [재귀동사] (~에) 들어가다, 포함되다; (~의) 일부가 되다
inserto /in'sɛrto/ [남] 삽입물; (신문 등의) 삽입 광고
inservibile /inser'vibile/ [형] 쓸모없는
inserviente /inser'vjɛnte/ [남/여] (병원 등의) 잡역부
inserzione /inser'tsjone/ [여] ① 삽입, 추가 ② (신문·잡지의) 광고; mettere un'inserzione sul giornale 신문에 광고를 싣다
inserzionista /insertsjo'nista/ [남/여] (남·복 : -i, 여·복 : -e) 신문·잡지에 광고를 싣는 사람
insetticida /insetti'tʃida/ [형] 벌레를 죽이는 - [남] 살충제

insettivoro /insetti'voro/ [형/남] 곤충를 잡아먹는 (동물)

insetto /in'setto/ [남] 곤충, 벌레

insicurezza /insiku'rettsa/ [여] 불안(감), 확신이 없음

insicuro /insi'kuro/ [형] ① 불안한, 확신이 서지 않는 ② 불안정한, 불확실한, 흔들리는

insidia /in'sidja/ [여] 함정; 뜻하지 않은 위험; tendere un'insidia a qn 누구를 빠뜨릴 함정을 마련하다

insidiare /insi'djare/ [타동] (~을 빠뜨릴) 함정을 마련하다, 덫을 놓다 - [자동] (조동사 : avere) insidiare la vita di qn 누구의 목숨을 노리다, 누구의 살해를 기도하다

insidioso /insi'djoso/ [형] 함정에 빠뜨리는, 위험한

insieme /in'sjeme/ [부] ① 함께, 같이, 동반해서; tutti insieme 모두 다함께; stanno bene insieme 그들은 서로 잘 어울린다 ② 동시에, 일제히, 한꺼번에; vuol fare troppe cose insieme 그녀는 한꺼번에 너무 많은 일을 하려 한다 ③ insieme a ~와 함께 - [남] ① 전체; l'insieme dei cittadini 모든 시민들; nell'insieme 전체적으로 ② [수학] 집합

insigne /in'siɲɲe/ [형] 탁월한, 걸출한, 두드러진

insignificante /insiɲɲifi'kante/ [형] 사소한, 하찮은, 별것 아닌

insignire /insiɲ'ɲire/ [타동] insignire qn di 누구에게 (권력·훈장 등을) 주다, 수여하다

insincero /insin'tʃero/ [형] 성실하지 못한, 위선적인

insindacabile /insinda'kabile/ [형] (결정 따위가) 최종적인; (사안 따위가) 논의의 여지가 없는; (증거 따위가) 반박할 수 없는

insinuante /insinu'ante/ [형] ① 남의 비위를 맞추는 ② 암시하는, 넌지시 비치는

insinuare /insinu'are/ [타동] ① 끼워 넣다 ② 암시하다, 넌지시 비치다 ③ (어떤 감정·생각 따위를 마음에) 들게[일어나게] 만들다 - insinuarsi [재귀동사] (in과 함께 쓰여) ① (~에) 침투하다 ② (감정·생각 따위가 마음에) 들다, 일어나다

insinuazione /insinuat'tsjone/ [여] 암시, 넌지시 비침

insipido /in'sipido/ [형] ① (음식이) 맛없는 ② 무미건조한, 맥 빠진, 재미없는

insistente /insis'tɛnte/ [형] 끈질긴, 계속 압박을 가하는

insistentemente /insistente'mente/ [부] 끈질기게

insistenza /insis'tentsa/ [여] 끈질김; 고집, 주장; chiedere con insistenza 끈질기게 요구하다

insistere /in'sistere/ [자동] (조동사 : avere) 고집하다, 우기다, (끈질기게) 주장하다, (계속) 압박을 가하다

insito /'insito/ [형] (in과 함께 쓰여) ① (~에 있어서) 고유한, 타고난, 본래부터의 ② (~에) 함축된, 내포된

insoddisfacente /insoddisfa'tʃente/ [형] (결과 따위가) 만족스럽지 못한, 불만족스러운

insoddisfatto /insoddis'fatto/ [형] ① (사람이) 만족을 느끼지 못한, 불만족스러운 ② (요구 따위가) 실현[충족]되지 않은

insoddisfazione /insoddisfat'tsjone/ [여] 불만족

insofferente /insoffe'rɛnte/ [형] 참을성이 없는, 조급한

insofferenza /insoffe'rɛntsa/ [여] 참을성이 없음, 조급함

insolazione /insolat'tsjone/ [여] [병리] 일사병

insolente /inso'lɛnte/ [형/남/여] 건방진, 오만한, 무례한 (사람)

insolentemente /insolente'mente/ [부] 건방지게, 오만하게, 무례하게

insolenza /inso'lɛntsa/ [여] 건방짐, 오만, 무례; 무례한 말

insolitamente /insolita'mente/ [부] 보통[평소]과 다르게, 이상하게, 유별나게

insolito /in'sɔlito/ [형] 보통[평소]과 다른, 이상한, 유별난

insolubile /inso'lubile/ [형] ① (문제가) 해결 불가능한, 풀 수 없는 ② (물질이) 녹지 않는

insoluto /inso'luto/ [형] ① (문제가) 해결되지[풀리지] 않은 ② (물질이) 녹지 않은

insolvente /insol'vɛnte/ [형] [법률] 지불 불능의, 파산(자)의

insolvenza /insol'vɛntsa/ [여] [법률] 지불 불능, 파산 (상태)

insomma /in'somma/ [부] ① 한마디로

말해서, 요컨대 ② 그런대로, 그저 그렇게 - [감] 제발, ~ 좀 해라!
insonne /in'sɔnne/ [형] (밤에) 잠을 이루지 못하는
insonnia /in'sɔnnja/ [여] 불면증
insonnolito /insonno'lito/ [형] 잠이 오는, 졸린
insonorizzato /insonorid'dzato/ [형] (방 따위가) 방음이 된
insopportabile /insoppor'tabile/ [형] 참을 수 없는, 아주 싫은
insopprimibile /insoppri'mibile/ [형] 억누를 수 없는
insorgenza /insor'dʒentsa/ [여] 발병(發病)
insorgere /in'sordʒere/ [자동] (조동사 : essere) ① (contro와 함께 쓰여) (~에 대항해) 반란을 일으키다 ② (문제·병 따위가) 생기다, 일어나다
insormontabile /insormon'tabile/ [형] (곤란·장애물 따위가) 극복하기 어려운
insorto /in'sorto/ [형] 반란을 일으킨 - [남] (여 : -a) 반란자
insospettabile /insospet'tabile/ [형] ① 의심 받지 않은, 혐의가 없는 ② 생각지도 못한, 뜻밖의
insospettire /insospet'tire/ [타동] (누구로 하여금) 의심이 들게 하다, 의혹을 일으키다 - insospettirsi [재귀동사] (per와 함께 쓰여) (~에 대해) 의심을 품다
insostenibile /insoste'nibile/ [형] ① (이론·입장 따위가) 지지할 수 없는 ② (고통·상황 따위가) 견딜 수 없는, 심한
insostituibile /insostitu'ibile/ [형] 다른 것으로 대치할 수 없는, 아주 귀중한
insozzare /insot'tsare/ [타동] 더럽히다 - insozzarsi [재귀동사] 더러워지다
insperabile /inspe'rabile/ [형] (개선·향상 따위를) 기대할 수 없는
insperato /inspe'rato/ [형] (승리·성공 따위가) 기대하지 못했던, 뜻밖의
inspiegabile /inspje'gabile/ [형] (현상 따위가) 설명할 수 없는
inspiegabilmente /inspjegabil'mente/ [부] 설명할 수 없이
inspirare /inspi'rare/ [타동] (숨을) 들이쉬다
instabile /in'stabile/ [형] 불안정한, 변하기 쉬운
instabilità /instabili'ta/ [여-불변] 불안정, 변하기 쉬움

installare /instal'lare/ [타동] (기기 등을) 장치[설치]하다; (소프트웨어 등을) 인스톨하다 - installarsi [재귀동사] (in과 함께 쓰여) (~에) 자리잡다, 입주하다
installazione /installat'tsjone/ [여] ① (기기 등의) 장치, 설치 ② (설비된) 장치, 시설
instancabile /instan'kabile/ [형] 지치지 않는
instancabilmente /instankabil'mente/ [부] 지치지 않고
instaurare /instau'rare/ [타동] (정부 등을) 수립하다; (법률 따위를) 제정하다; (관계·질서 등을) 형성하다, 수립하다 - instaurarsi [재귀동사] 시작되다
instaurazione /instaurat'tsjone/ [여] (정부 등의) 수립; (법률 따위의) 제정
instradare /instra'dare/ → istradare
insù /in'su/ [부] (in suraきいく도 써서) 위로, 위쪽으로; guardare all'insù 올려다보다
insubordinato /insubordi'nato/ [형] 복종하지 않는, 반항하는
insubordinazione /insubordinat'tsjone/ [여] 불복종, 반항
insuccesso /insut'tʃesso/ [남] 실패
insudiciare /insudi'tʃare/ [타동] 더럽히다 - insudiciarsi [재귀동사] 더러워지다
insufficiente /insuffi'tʃɛnte/ [형] ① (양적으로) 불충분한, 부족한 ② (질적으로) 불만족스러운, 기준에 미치지 못하는
insufficientemente /insuffitʃente'mente/ [부] 불충분하게, 부족하게
insufficienza /insuffi'tʃɛntsa/ [여] ① 불충분, 부족 ② (학교 성적의) 낙제 ③ [의학] (심장 등의) 기능 부전
insulare /insu'lare/ [형] (기후·주민 등이) 섬의, 섬 특유의
insulina /insu'lina/ [여] [생화학] 인슐린
insulso /in'sulso/ [형] 재미없는, 시시한, 맥 빠진; 맛없는
insultare /insul'tare/ [타동] 모욕하다
insulto /in'sulto/ [남] 모욕; coprire qn di insulti 누구에게 욕을 퍼붓다
insuperabile /insupe'rabile/ [형] ① (장애물·곤란 따위가) 극복하기 어려운 ② 탁월한, 아주 뛰어난
insurrezione /insurret'tsjone/ [여] 반란, 폭동, 봉기
insussistente /insussis'tɛnte/ [형] 근거

I

없는, 사실 무근의
intaccare /intak'kare/ [타동] ① (금속 따위를) 부식하다 ② (비유적으로) (자금을) 써버리기 시작하다, 소비해 가다 ③ (표면에) 새기다, 홈을 내다 ④ (비유적으로) (건강·평판 따위를) 약화시키다, 나빠지게 하다
intagliare /intaʎ'ʎare/ [타동] (돌·나무 따위에) 새기다
intaglio /in'taʎʎo/ [남] (복 : -gli) (돌·나무 따위에) 새기기
intangibile /intan'dʒibile/ [형] 손을 대서는 안되는; 침범할 수 없는
intanto /in'tanto/ [부] ① 그 사이에, 그러는 동안에; per intanto 지금으로서는, 당장에는; intanto che ~하는 동안에 ② 먼저, 우선은
intarsiare /intar'sjare/ [타동] (목재 따위에) 박아[새겨] 넣다, 상감(象嵌)하다, 아로새기다
intarsio /in'tarsjo/ [남] (복 : -si) 상감 세공
intasamento /intasa'mento/ [남] 차단, 막힘; 교통 정체
intasare /inta'sare/ [타동] (관 따위를) 막히게 하다; (교통의 흐름 따위를) 정체시키다 - intasarsi [재귀동사] 막히다; 정체되다
intasato /inta'sato/ [형] (관 따위가) 막힌; (교통이) 정체된
intascare /intas'kare/ [타동] ① (돈 따위를) 주머니에 넣다 ② (공금 따위를) 착복하다
intatto /in'tatto/ [형] 손상되지 않은, 잘 보존된
intavolare /intavo'lare/ [타동] (대화·협상 따위를) 시작하다
integerrimo /inte'dʒerrimo/ [형] (관리 등이) 청렴한, 정직한
integrale /inte'grale/ [형] ① 완전한, 온전한, 생략되지 않은; edizione integrale 무삭제판 ② (빵 따위가) 통밀가루로 만든 ③ [수학] 적분의 - [남] [수학] 적분
integralista /integra'lista/ (남·복 : -i, 여·복 : -e) [형] (정치상의) 강경 노선의 - [남/여] 강경파 인사
integralmente /integral'mente/ [부] 완전히, 온전히, 생략하지 않고
integrante /inte'grante/ [형] (완전체를 이루는 데) 없어서는 안 될, 절대 필요한, 필수 요소의

integrare /inte'grare/ [타동] ① (보완하여) 완전한 것이 되게 하다 ② 통합하다, 합치다 ③ [수학] 적분하다 - integrarsi [재귀동사] 통합되다, 합쳐지다
integrativo /integra'tivo/ [형] 보완[보충]하는
integratore /integra'tore/ [남] integratori alimentari 영양 보조제
integrazione /integrat'tsjone/ [여] (in과 함께 쓰여) (~으로의) 통합
integrità /integri'ta/ [여-불변] ① 온전함, 손상되지 않음 ② 정직, 고결, 청렴
integro /'integro/ [형] ① 온전한, 손상되지 않은 ② 정직한, 고결한, 청렴한
intelaiatura /intelaja'tura/ [여] ① (문·창문 따위의) 틀 ② (비유적으로) 틀 구조, 얼개
intelletto /intel'letto/ [남] ① 지력(知力), 지성; 이해력, 사고력; perdere il ben dell'intelletto 분별력을 잃다, 실성하다 ② 지성인
intellettuale /intellettu'ale/ [형] 지적인, 지력의; 머리[두뇌]를 쓰는; lavoro intellettuale 정신 노동 - [남/여] 지식인
intellettualoide /intellettua'lɔide/ [형/남/여] 지식인인 체하는 (사람)
intelligente /intelli'dʒente/ [형] 지적인, 이해력이 있는, 총명한
intelligentemente /intellidʒente'mente/ [부] 지적으로, 똑똑하게, 총명하게
intelligenza /intelli'dʒentsa/ [여] 지능, 이해력, 사고력; 지성, 총명, 지혜; ha un'intelligenza viva 그는 머리가 좋다; intelligenza artificiale 인공 지능
intellighenzia /intelli'gentsia/ [여] 지식층, 인텔리겐치아
intelligibile /intelli'dʒibile/ [형] 이해하기 [알기] 쉬운, 명료한; un messaggio poco intelligibile 불명료한 메시지
intemperante /intempe'rante/ [형] (생활 습관 등이) 무절제한
intemperanza /intempe'rantsa/ [여] 무절제
intemperie /intem'pɛrje/ [여·복] 나쁜 날씨
intempestivo /intempes'tivo/ [형] 시기 적절하지 않은, 때를 놓친
intendente /inten'dɛnte/ [남/여] (세관 등의) 감독관, 감시관
intendenza /inten'dɛntsa/ [여]

intendente의 사무소
intendere /in'tɛndere/ [타동] ① 이해하다; non riesce a farsi intendere 그는 자기 뜻을 남에게 이해시키지 못한다; s'intende! 물론, 당연히 ② 의도하다; intendere fare qc ~하려 하다 ③ (소문 따위를) 듣다; ho inteso dire che 나는 ~이라는 말을 들었다 – intendersi [재귀동사] ① 서로 이해하다; intendersi con qn su qc 누구와 무엇에 대해 합의하다 ② (di와 함께 쓰여) (~에 대해) 잘 알다 ③ intendersela 정사를 갖다, 연애 관계에 있다
intendimento /intendi'mento/ [남] ① 의도, 의향 ② 이해력
intenditore /intendi'tore/ [남] (여 : -trice) 특정 분야에 대해 잘 아는 사람, 전문가
intenerire /intene'rire/ [타동] 감동시키다 – intenerirsi [재귀동사] 감동을 받다
intensamente /intensa'mente/ [부] 강렬하게, 격렬하게
intensificare /intensifi'kare/ [타동] 강화하다, 증대시키다 – intensificarsi [재귀동사] 강화되다, 증대되다
intensità /intensi'ta/ [여-불변] ① 강렬함, 격렬함 ② 강도, 세기
intensivamente /intensiva'mente/ [부] 집중적으로, 철저하게; 집약적으로
intensivo /inten'sivo/ [형] 집중적인, 철저한; 집약적인
intenso /in'tɛnso/ [형] 강렬한, 격렬한, 심한
intentare /inten'tare/ [타동] intentare una causa a[contro] qn 누구에 대해 소송을 제기하다
intentato /inten'tato/ [형] non lasciare nulla d'intentato 갖은 노력을 다하다, 백방으로 애를 쓰다
intento1 /in'tɛnto/ [형] (시선·주의 따위가) 집중된; essere intento a ~에 몰두하고 있다
intento2 /in'tɛnto/ [남] 의도, 목적; fare qc con l'intento di ~할 작정으로 무엇을 하다; riuscire nell'intento 목적을 이루다
intenzionale /intentsjo'nale/ [형] 의도적인, 고의의
intenzionalmente /intentsjonal'mente/ [부] 의도적으로, 고의로

intenzionato /intentsjo'nato/ [형] essere intenzionato a fare qc ~할 작정이다; ben intenzionato 선의의, 좋은 의도의
intenzione /inten'tsjone/ [여] 의향, 의도, 목적, 계획; avere l'intenzione di fare qc ~할 작정이다; non era mia intenzione offenderti 너를 화나게 할 생각은 없었어; con intenzione 의도적으로, 고의로
interagire /intera'dʒire/ [자동] (조동사 : avere) 상호작용을 하다, 서로 영향을 끼치다
interamente /intera'mente/ [부] 완전히, 전적으로
interattivo /interat'tivo/ [형] 상호작용의, 서로 영향을 끼치는, 쌍방향의
interazione /interat'tsjone/ [여] 상호작용
intercalare /interka'lare/ [타동] (문구·삽화 따위를) 삽입하다 – [남] 자주 사용하는 문구, 입버릇이 된 표현
intercambiabile /interkam'bjabile/ [형] 교환할 수 있는
intercapedine /interka'pɛdine/ [여] 틈, 빈 공간
intercedere /inter'tʃɛdere/ [자동] (조동사 : avere) 중재하다, 조정하다
intercessione /intertʃes'sjone/ [여] 중재, 조정
intercettare /intertʃet'tare/ [타동] 전진을 방해하다, 도중에서 빼앗다[가로채다]; (통신을) 도청하다
intercettazione /intertʃettat'tsjone/ [여] 차단, 방해; 도중에서 가로채기; (통신의) 도청
intercity /inter'siti/ [형/남-불변] 도시 간의, 도시와 도시를 연결하는 (교통편)
intercomunicante /interkomuni'kante/ [형] (방 따위가) 서로 통하는
intercontinentale /interkontinen'tale/ [형] 대륙 간의
intercorrere /inter'korrere/ [자동] (조동사 : essere) (일정 기간이) 지나다, 경과하다
interculturale /interkultu'rale/ [형] 서로 다른 문화 간의
interdentale /interden'tale/ [형] [해부] 치간(齒間)의; filo interdentale 치실
interdetto1 /inter'detto/ [형] 당황한, 어리둥절한, 어안이 벙벙한
interdetto2 /inter'detto/ [남] [법률] 금

지 (명령)
interdire /inter'dire/ [타동] (법적으로) 금지하다
interdisciplinare /interdiʃʃipli'nare/ [형] (학문 따위에서) 둘 이상의 분야에 걸치는
interdizione /interdit'tsjone/ [여] 금지; 배제; interdizione legale 시민권 박탈
interessamento /interessa'mento/ [남] ① 관심, 흥미 ② 배려
interessante /interes'sante/ [형] 재미있는, 관심[흥미]을 갖게 하는
interessare /interes'sare/ [타동] ① (~에) 관심[흥미]을 갖게 하다; interessare i giovani alla lettura 젊은이들로 하여금 독서에 관심을 갖게 하다 ② (~에) 관계하다, 영향을 끼치다 ③ interessare qn agli utili 누구에게 이익을 배당하다 - [자동] (조동사 : essere) interessare (a qn) (누구에게) 관심[흥미]거리가 되다; il suo progetto mi interessa 난 당신의 프로젝트에 관심이 있어요; non mi interessa 난 관심 없어 - **interessarsi** [재귀동사] (a 또는 di와 함께 쓰여) ① (~에) 관심[흥미]을 갖다 [보이다] ② (~에) 관계하다; interessati degli affari tuoi! (남 일 참견 말고) 네 일에나 신경 써!
interessato /interes'sato/ [형] ① (a와 함께 쓰여) (~에) 관심[흥미]을 갖고 있는 ② 영향을 받은 ③ 관계된, 당사자의; le parti interessate 관계자들, 당사자들 ④ 사리를 도모하는, 이기적인 - [남] (여 : -a) 관계자, 당사자
interesse /inte'resse/ [남] ① 관심, 흥미; avere un grande interesse per ~에 대단한 관심을 갖고 있다 ② 이익, 득; fare qc per interesse 이익을 얻기 위해 무엇을 하다; agire nell'interesse comune 공익을 위해 활동하다 ③ 이자; un interesse del 5% 5%의 이자; interesse composto 복리(複利)
interfaccia /inter'fattʃa/ [여] (복 : -ce) [컴퓨터] 인터페이스; interfaccia utente 사용자 인터페이스
interferenza /interfe'rɛntsa/ [여] ① [통신] 전파 방해, 혼신, 잡음 ② 간섭, 방해, 참견
interferire /interfe'rire/ [자동] (조동사 : avere) (in과 함께 쓰여) (~에) 간섭하다, 끼어들다, 참견하다
interfono /inter'fɔno/ [남] 내부 통화 장치, 인터콤; 인터폰
intergalattico /interga'lattiko/ [형] (복 : -ci, -che) [천문] 은하계 간의
interiezione /interjet'tsjone/ [여] [문법] 감탄사
interim /'interim/ [남-불변] 중간기, 그 사이; ministro ad interim 장관 직무 대행
interiora /inte'rjora/ [여·복] (동물의) 내장
interiore /inte'rjore/ [형] ① 안쪽의, 내부의; parte interiore 안쪽, 내부 ② 내적인
interiorizzare /interjorid'dzare/ [타동] 내면화하다, 자기 것으로 만들다
interiormente /interjor'mente/ [부] 안으로, 내적으로
interlinea /inter'linea/ [여] ① (텍스트의) 행간 ② [인쇄] 인테르 (활자의 줄 사이에 끼우는 납 조각)
interlocutore /interloku'tore/ [남] (여 : -trice) ① 이야기 상대; il suo interlocutore 그와 이야기하고 있던 사람 ② 대변인
interludio /inter'ludjo/ [남] (복 : -di) [음악] 간주곡
intermediario /interme'djarjo/ [형] 중간의, 중개의 - [남] (여 : -a) 중개인, 브로커
intermediazione /intermedjat'tsjone/ [여] 중개
intermedio /inter'mɛdjo/ (복 : -di, -die) [형] 중간의, 중도의 - [남] [스포츠] 하프 타임, 중간 휴식
intermezzo /inter'mɛddzo/ [남] ① [음악] 간주곡 ② [연극] 막간극 ③ 사이, 틈
interminabile /intermi'nabile/ [형] 끝없는
interministeriale /interministe'rjale/ [형] 각 부[국(局)] 간의
intermittente /intermit'tɛnte/ [형] 때때로 중단되는, 간헐적인
intermittenza /intermit'tɛntsa/ [여] 때때로 중단됨, 단속(斷續), 간헐
internamento /interna'mento/ [남] 유치, 억류, 수용
internare /inter'nare/ [타동] (포로 등을) 억류[구금]하다; (정신병원 등에) 수용하다

internato /inter'nato/ [형/남] (여 : -a) 억류된, 수용된 (사람)

internauta /inter'nauta/ [남/여] (남·복 : -i, 여·복 : -e) 인터넷 이용자

internazionale /internattsjo'nale/ [형] 국제(상)의, 국제적인 - [남] l'Internazionale 국제 노동자 동맹, 인터내셔널

Internet /'internet/ [여] 인터넷; navigare in Internet 인터넷 서핑을 하다; su Internet 인터넷상에서; accesso a Internet 인터넷 접속 - [형·불변] 인터넷의; indirizzo Internet 인터넷 주소

internista /inter'nista/ [남/여] (남·복 : -i, 여·복 : -e) 내과 전문의

interno /in'terno/ [형] ① 안쪽의, 내부의 ② 내륙의 ③ 국내의 ④ 조직 내의 ⑤ [의학] 신체 내부의 - [남] ① 안쪽, 내부 ② (전화의) 내선(內線) ③ all'interno di ~의 안쪽[내부]에 ④ 내륙 - [남] (여 : -a) (조직의) 내부자; (학교의) 기숙생 - interni [남·복] 실내, 건물 내부

intero /in'tero/ [형] 전체의; ha ingoiato una prugna tutta intera 그는 자두 한 개를 통째로 삼켰다; ha girato il mondo intero 그는 전 세계를 돌아다녔다; pagare il prezzo intero 정가를 지불하다; per un'ora intera 한 시간 꼬박 - [남] ① [수학] 정수(整數) ② per intero 전부, 완전히 다

interparlamentare /interparlamen'tare/ [형] 각국 의회 사이의

interpellanza /interpel'lantsa/ [여] (의회에서 장관에 대한) 질문, 설명 요구

interpellare /interpel'lare/ [타동] ① (의회에서 장관에게) 질문하다, 설명을 요구하다 ② (전문가에게) 조언을 구하다, (전문가와) 상담하다

interpersonale /interperso'nale/ [형] 사람 사이의; rapporti interpersonali 대인 관계

interplanetario /interplane'tarjo/ [형] (복 : -ri, -rie) [천문] 행성 간의

Interpol /inter'pɔl/ [여·불변] 인터폴, 국제 형사 경찰 기구

interporre /inter'porre/ [타동] ① (fra와 함께 쓰여) (곤란·장애물 따위를 ~의 사이에) 두다 ② (권력 따위를) 이용하다 ③ interporre appello [법률] 항소하다 - interporsi [재귀동사] (fra와 함께 쓰여) (~의 사이에) 들어가다, 개입하다

interposto /inter'posto/ [형] per interposta persona 대리자[중개인]을 통해

interpretare /interpre'tare/ [타동] ① 해석하다, 해독하다; 통역하다; interpretare male 오해[오역]하다 ② 공연[연주]하다

interpretariato /interpreta'rjato/ [남] 통역 업무

interpretazione /interpretat'tsjone/ [여] 해석, 해독; 통역

interprete /in'terprete/ [남/여] ① 해석하는 사람 ② 연주자; 배우 ③ 통역자 - farsi interprete di ~의 대변자 역할을 하다

interpunzione /interpun'tsjone/ [여] 구두(句讀)(법); segni di interpunzione 구두점

interrare /inter'rare/ [타동] ① (땅에) 묻다, 매설하다; (씨앗을) 심다 ② (도랑 따위에) 흙을 채워넣다

interregionale /interred3o'nale/ [남] 장거리 운행 기차

interrogare /interro'gare/ [타동] ① (증인 등을) 심문하다 ② (학생에게) 시험을 치르게 하다

interrogativamente /interrogativa'mente/ [부] 질문조로, 알고 싶어하여

interrogativo /interroga'tivo/ [형] ① 질문하는, 알고 싶어하는 ② [문법] 의문(문)의; punto interrogativo 물음표 - [남] ① 질문; porre un interrogativo 의문을 제기하다 ② 수수께끼, 미스터리

interrogatorio /interroga'tɔrjo/ [남] (복 : -ri) (경찰의 또는 증인 등에 대한) 심문, 질문; subire un interrogatorio 심문을 받다

interrogazione /interrogat'tsjone/ [여] ① (su와 함께 쓰여) (~에 대한) 질문 ② (학교에서의) 시험

interrompere /inter'rompere/ [타동] (흐름 따위를) 끊다, 중단시키다; (도중에) 방해하다; interrompere l'erogazione del gas 가스 공급을 중단하다; non interrompere! 말 막지 마!, 끼어들지 마! - interrompersi [재귀동사] 끊기다, 중단되다

interrotto /inter'rotto/ [형] 끊긴, 중단된

interruttore /interrut'tore/ [남] 스위치; (전류) 단속기(斷續器)

interruzione /interrut'tsjone/ [여] 중단, 방해; senza interruzione 중단 없이, 계속; interruzione di gravidanza 임신 중절

interscambio /inters'kambjo/ [남] (복 : -bi) 교환, 교역

intersecare /interse'kare/ [타동] (길 따위를) 가로지르다 - intersecarsi [재귀동사] (선 따위가) 교차하다, 엇갈리다

intersezione /interset'tsjone/ [여] 교차, 횡단

interstizio /inter'stittsjo/ [남] (복 : -zi) (갈라진) 틈

interurbana /interur'bana/ [여] 장거리 전화

interurbano /interur'bano/ [형] ① (기차 따위가) 도시 간 연락의 ② (전화가) 장거리의

intervallare /interval'lare/ [타동] 간격을 두다

intervallo /inter'vallo/ [남] ① (시간상의) 간격; 막간, 휴식 시간; a intervalli regolari 일정한 간격을 두고; fare un intervallo di 10 minuti (도중에) 10분간 쉬다 ② (공간상의) 간격; a intervalli di 10 cm 10cm 간격으로

intervenire /interve'nire/ [자동] (조동사 : essere) ① (in과 함께 쓰여) (~의) 사이에 끼어들다 ② (a와 함께 쓰여) (~에) 참가하다, 끼다 ③ (일이) 일어나다, 발생하다 ④ 수술하다

intervento /inter'vɛnto/ [남] ① 개입, 개재; politica del non intervento 불간섭[불개입] 정책 ② (짧은) 연설; (토론 등에의) 참가 ③ 수술; subire un intervento 수술을 받다

intervenuto /interve'nuto/ [형/남] (여 : -a) (행사 따위에) 참가한 (사람)

intervista /inter'vista/ [여] 인터뷰, 회견; fare un'intervista a qn 누구를 인터뷰하다

intervistare /intervis'tare/ [타동] (기자가 유명인 등을) 인터뷰하다

intervistatore /intervista'tore/ [남] (여 : -trice) 인터뷰하는 사람

intesa /in'tesa/ [여] 조화, 화합; 이해, 합의; raggiungere un'intesa 합의에 도달하다

inteso /in'teso/ [형] ① 이해된, 합의된; siamo intesi? 이걸로 된 거지?, OK? ② 의도된, 계획된; inteso a fare qc ~하려고 의도한

intessere /in'tɛssere/ [타동] 섞어 짜다 - intessere lodi a qn 누구를 칭찬[찬양]하다

intestardirsi /intestar'dirsi/ [재귀동사] 고집을 피우다, 우기다

intestare /intes'tare/ [타동] ① (편지에 수취인의) 주소를 쓰다 ② (a와 함께 쓰여) (자동차나 주택 따위를 누구의 이름으로) 등록하다; a chi è intestata la macchina? 그 차는 누구의 이름으로 등록되어 있나?

intestatario /intesta'tarjo/ [남] (여 : -a) (복 : -ri, -rie) 보유자, 소유자

intestato /intes'tato/ [형] (편지가) 누구의 앞으로 된; (자동차나 주택 따위가) 누구의 이름으로 등록된

intestazione /intestat'tsjone/ [여] (편지의) 수취인 인쇄 문구; (책 따위의) 제목

intestinale /intesti'nale/ [형] 창자의, 장(腸)의

intestino1 /intes'tino/ [형] 내부의, 국내의; guerra intestina 내전

intestino2 /intes'tino/ [남] 창자, 장; intestino crasso 대장

intiepidire /intjepi'dire/ [타동] ① 따뜻하게 하다, 데우다 ② 식히다, 차게 하다 ③ (비유적으로) (사랑 따위를) 식게 하다 - intiepidirsi [재귀동사] ① 따뜻해지다, 데워지다 ② 식다, 차가워지다 ③ (비유적으로) (사랑 따위가) 식다

intimamente /intima'mente/ [부] ① 깊이, 충분히; sono intimamente convinto che 나는 ~이라는 데 확신을 갖고 있다 ② 밀접하게; 친밀하게

intimare /inti'mare/ [타동] ① 명령하다; intimare a qn di fare qc 누구에게 무엇을 하라고 명령하다 ② 통지[통고]하다; intimare lo sfratto a qn 퇴거 통고[명령]를 하다

intimazione /intimat'tsjone/ [여] 명령; intimazione di sfratto 퇴거 명령

intimidatorio /intimida'tɔrjo/ [형] (복 : -ri, -rie) 위협적인, 겁을 주는

intimidazione /intimidat'tsjone/ [여] 협박, 위협

intimidire /intimi'dire/ [타동] 협박[위협]하다 - intimidirsi [재귀동사] 겁을 먹다

intimità /intimi'ta/ [여-불변] ① 친밀, 친교 ② 사적임, 내밀함; nell'intimità della propria casa 자기 집에서

intimo /'intimo/ [형] ① 친밀한, 사이가

가까운 ② 속마음의, 내적인 ③ (행사 따위가) 사적인, 친한 사람끼리의 ④ (분위기가) 아늑한, 편안한 ⑤ (이해 따위가) 깊은 ⑥ 생식기·속옷 따위와 관련된; parti intime 생식기, 음부 - [남] (여 : -a) ① 친한 친구 ② 마음 속; nell'intimo del suo cuore 마음 속 깊은 곳에서 ③ 속옷

intimorire /intimo'rire/ [타동] 겁주다, 위협하다 - intimorirsi [재귀동사] 겁먹다

intimorito /intimo'rito/ [형] 겁먹은

intingere /in'tindʒere/ [타동] 담그다, 적시다

intingolo /in'tingolo/ [남] ① 소스 ② 맛있는 요리

intirizzire /intirid'dzire/ [타동] (추위가 신체 부위의) 감각을 잃게 하다 - intirizzirsi [재귀동사] (신체 부위가) 추위로 감각을 잃다

intirizzito /intirid'dzito/ [형] 추위를 느끼는; (신체 부위가) 추위로 감각을 잃은

intitolare /intito'lare/ [타동] ① (책·영화 따위에) 제목을 붙이다 ② (거리·광장 등에) 특정인의 이름을 따서 붙이다 - intitolarsi [재귀동사] (책·영화 따위가) ~이라는 제목이다

intoccabile /intok'kabile/ [형] 손댈 수 없는, 금기시되는 - [남/여] (인도의) 불가촉 천민

intollerabile /intolle'rabile/ [형] 참을 수 없는, 받아들일 수 없는

intollerante /intolle'rante/ [형] (di와 함께 쓰여) (~을) 참지 못하는, 받아들이지 않는 - [남/여] 도량이 좁은 사람

intolleranza /intolle'rantsa/ [여] (di와 함께 쓰여) (~을) 참지 못함, 받아들이지 않음; 옹졸, 아량이 없음

intonacare /intona'kare/ [타동] (~에) 회반죽을 바르다

intonaco /in'tɔnako/ [남] (복 : -ci) 회반죽

intonare /into'nare/ [타동] ① (노래를) 시작하다; (성가의) 선창을 맡다 ② (색깔 따위를) 조화시키다 - intonarsi [재귀동사] (색깔 따위가) 어울리다, 조화되다; (a와 함께 쓰여) (~에) 어울리다

intonato /into'nato/ [형] ① (악기가) 조율된; 음조가 맞는 ② (색깔 따위가) 조화로운

intonazione /intonat'tsjone/ [여] 음조; 억양, 어조

intonso /in'tonso/ [형] 손대지 않은

intontire /inton'tire/ [타동] (충격을 주어) 멍하게 만들다 - intontirsi [재귀동사] (충격 따위로) 멍해지다

intontito /inton'tito/ [형] (충격 따위로) 멍한

intoppare /intop'pare/ [자동] (조동사 : essere) (in과 함께 쓰여) (장애·곤란 따위를[에]) 만나다, 부딪히다

intoppo /in'tɔppo/ [남] 장애(물); 사고, 곤란

intorno /in'torno/ [부] ① 주위에, 둘레에; qui intorno 이 근처에 ② intorno a i) ~의 주위에 ii) 약, 대략

intorpidire /intorpi'dire/ [타동] ① (신체 부위를) 무감각하게 만들다 ② (비유적으로) (감각 따위를) 둔하게 만들다 - intorpidirsi [재귀동사] 무감각해지다, 둔해지다

intossicare /intossi'kare/ [타동] (음식의 독 따위가 사람을) 중독시키다 - intossicarsi [재귀동사] (음식의 독 따위에) 중독되다

intossicazione /intossikat'tsjone/ [여] 중독; intossicazione alimentare 식중독

intraducibile /intradu'tʃibile/ [형] (문구 따위가) 번역할 수 없는

intralciare /intral'tʃare/ [타동] 방해하다, 가로막다

intralcio /in'traltʃo/ [남] (복 : -ci) 방해, 장애

intrallazzare /intrallat'tsare/ [자동] (조동사 : avere) 술책을 부리다, 부정행위를 하다

intrallazzo /intral'lattso/ [남] 술책, 부정행위

intramontabile /intramon'tabile/ [형] 영원한, 불후의

intramuscolare /intramusko'lare/ [형] 근육 내의

intransigente /intransi'dʒente/ [형] 타협하지 않는, 완고한

intransitivo /intransi'tivo/ [남/형] [문법] 자동사(의)

intrappolare /intrappo'lare/ [타동] ① (짐승을) 덫을 놓아 잡다 ② (비유적으로) (사람을) 함정에 빠뜨리다; farsi intrappolare 함정에 빠지다

intraprendente /intrapren'dɛnte/ [형] 기업심이 강한, 진취적인

intraprendenza /intrapren'dɛntsa/ [여]

기업심, 진취적임

intraprendere /intra'prɛndere/ [타동] (일·활동을[에]) 시작하다, 착수하다; intraprendere una spedizione 탐험 여행을 떠나다

intrattabile /intrat'tabile/ [형] 다루기 어려운, 고집 센

intrattenere /intratte'nere/ [타동] ① (남을) 즐겁게 하다 ② (타인과의 관계를) 유지하다; intrattenere buoni rapporti con qn 누구와 좋은 관계를 유지하다 - intrattenersi [재귀동사] 머무르다, 남아 있다, 나아가지 않다

intrattenimento /intratteni'mento/ [남] (남을) 즐겁게 함; 즐거움, 즐김

intrattenitore /intratteni'tore/ [남] (여 : -trice) 남을 즐겁게 하는 사람

intravedere /intrave'dere/ [타동] ① 흘긋 보다 ② (어렴풋이) 감지하다; (가능성·문제 따위를) 예견하다, 내다보다

intrecciare /intret'tʃare/ [타동] ① 짜다, 엮다, 꼬다, 땋다 ② (비유적으로) (관계 따위를) 수립하다 - intrecciarsi [재귀동사] 엮이다, 꼬이다

intreccio /in'trettʃo/ [남] (복 : -ci) ① 짜기, 엮기, 꼬기, 땋기 ② (문학 작품의) 줄거리, 플롯

intrepido /in'trɛpido/ [형] 겁 없는, 무서운 줄 모르는

intricato /intri'kato/ [형] ① (실 따위가) 얽힌, 엉킨 ② (비유적으로) (문제 따위가) 복잡한

intrigante /intri'gante/ [형/남/여] 음모를 꾸미는, 책동하는 (사람)

intrigare /intri'gare/ [자동] (조동사 : avere) 음모를 꾸미다, 책동하다

intrigo /in'trigo/ [남] (복 : -ghi) 음모, 술책

intrinseco /in'trinseko/ [형] (복 : -ci, -che) 본질적인, 본래 갖추어진, 고유의

intriso /in'trizo/ [형] (di와 함께 쓰여) (~에) 흠뻑 젖은

intristire /intris'tire/ [자동] (조동사 : essere) (사람이) 기운이 없어지다, 수척해지다; (식물이) 시들다

introdurre /intro'durre/ [타동] ① (in과 함께 쓰여) (~에) 삽입하다, 끼워넣다 ② (in과 함께 쓰여) (~으로) 끌어들이다, 가져오다; introdurre prodotti di contrabbando 물품을 밀수하다 ③ (in과 함께 쓰여) (~에 유행·사상·제도 따위를) 도입하다 ④ (손님 등을) 안내하다

⑤ (이야기 등을) 시작하다 - introdursi [재귀동사] (in과 함께 쓰여) (~에) 들어가다, 침투하다

introduttivo /introdut'tivo/ [형] 도입(부)의, 소개의, 시작의

introduzione /introdut'tsjone/ [여] ① 삽입, 끼워넣기 ② 끌어들임, 가져옴 ③ 도입, 소개

introito /in'trɔito/ [남] 수입, 소득

intromettersi /intro'mettersi/ [재귀동사] 참견하다, 끼어들다

intromissione /intromis'sjone/ [여] 참견, 끼어들기; (사생활 등의) 침해

introspettivo /introspet'tivo/ [형] 내관적(內觀的)인, 자기 성찰의

introvabile /intro'vabile/ [형] 발견되지 않는, 찾을 수 없는

introverso /intro'vɛrso/ [형/남] (여 : -a) 내성적인, 내향적인 (사람)

intrufolarsi /intrufo'larsi/ [재귀동사] (in과 함께 쓰여) (~에) 몰래 들어가다

intruglio /in'truʎʎo/ [남] (복 : -gli) 혼합 음료[수프]

intrusione /intru'zjone/ [여] 침해, 침입

intruso /in'truzo/ [남] (여 : -a) 침입자, 외부인

intuibile /intu'ibile/ [형] 짐작할 수 있는; è facilmente intuibile che ~이라는 건 쉽게 생각해볼 수 있다

intuire /intu'ire/ [타동] 짐작하다, 예견하다; 깨닫다, 직각적으로 알다

intuitivamente /intuitiva'mente/ [부] 직관적으로

intuitivo /intui'tivo/ [형] 직관적인; 직관의

intuito /in'tuito/ [남] 직관, 직감; capire per intuito 직관적으로 알다

intuizione /intuit'tsjone/ [여] 직관, 통찰력

inumano /inu'mano/ [형] 몰인정한, 냉혹한, 잔인한, 비인간적인

inumare /inu'mare/ [타동] (시신을 땅에) 파묻다, 매장하다

inumazione /inumat'tsjone/ [여] 매장

inumidire /inumi'dire/ [타동] 축축하게 하다, 적시다 - inumidirsi [재귀동사] 축축해지다, 젖다; inumidirsi le labbra 입술을 축이다

inutile /i'nutile/ [형] 쓸모없는, 의미 없는, 무익한, 헛된

inutilità /inutili'ta/ [여-불변] 쓸모없음, 무익함, 헛됨

inutilizzabile /inutilid'dzabile/ [형] 쓸 수 없는, 쓸모없는
inutilizzato /inutilid'dzato/ [형] 쓰이지 않은, 묵고[놀고] 있는
inutilmente /inutil'mente/ [부] 헛되이, 무익하게, 불필요하게
invadente /inva'dente/ [형] ① 침입하는, 밀려 들어오는 ② (비유적으로) 참견하는, 주제넘게 나서는 - [남/여] 참견 잘 하는 사람
invadenza /inva'dentsa/ [여] 참견함, 주제넘게 나섬
invadere /in'vadere/ [타동] ① (군대 등이 ~에) 침입하다 ② (바닷물·인파 따위가 ~에) 밀려 들어오다, 넘치다 ③ (사생활 등을) 침해하다
invaghirsi /inva'girsi/ [재귀동사] (di와 함께 쓰여) (~에) 반하다, 홀리다
invalicabile /invali'kabile/ [형] (장애물 따위가) 뛰어넘을 수 없는; (곤란 따위가) 극복할 수 없는
invalidare /invali'dare/ [타동] 무효로 만들다
invalidità /invalidi'ta/ [여-불변] ① 신체 장애; 무능, 무력 ② (법적) 무효
invalido /in'valido/ [형] ① 신체 장애가 있는, 불구가 된; 몸이 쇠약해진 ② (계약 따위가) 법적으로 무효인 - [남] (여 : -a) 장애인; 병자
invano /in'vano/ [부] 헛되이
invariabile /inva'rjabile/ [형] 불변의, 변화 없는
invariabilmente /invarjabil'mente/ [부] 변함없이
invariato /inva'rjato/ [형] 변하지 않은
invasione /inva'zjone/ [여] ① (군사적) 침입, 침략 ② (해충 따위의) 대량 발생
invaso /in'vazo/ [형] (해충 따위가) 대량 발생한
invasore /inva'zore/ [형] 침입[침략]하는 - [남] 침략자
invecchiamento /invekkja'mento/ [남] 노화, 나이 듦
invecchiare /invek'kjare/ [타동] ① 늙게 하다 ② 나이들어 보이게 만들다 ③ (술·치즈 등을) 숙성시키다 - [자동] (조동사 : essere) ① 나이가 들다, 늙다 ② (술·치즈 등이) 숙성되다
invece /in'vetʃe/ [부] 그 대신에, 반면에; 그러나; credevo di aver ragione e invece no 난 내가 옳았다고 생각했지만 (사실은) 그렇지 않았다; invece di ~ 대신에; invece che ~보다는 차라리
inveire /inve'ire/ [자동] (조동사 : avere) (contro와 함께 쓰여) (~에) 욕을 퍼붓다
invenduto /inven'duto/ [형/남] 팔리지 않은, 팔다 남은 (물건)
inventare /inven'tare/ [타동] 발명하다, 고안하다, 생각해내다
inventariare /inventa'rjare/ [타동] ① (~의) 목록을 작성하다 ② (상품의) 재고를 조사하다
inventario /inven'tarjo/ [남] (복 : -ri) ① 목록 작성; fare l'inventario di ~의 목록을 작성하다 ② (상품의) 재고 조사
inventiva /inven'tiva/ [여] 발명의 재능, 독창력, 창의력
inventivo /inven'tivo/ [형] 발명의 재능이 있는, 창의력이 풍부한
inventore /inven'tore/ [남] (여 : -trice) 발명가
invenzione /inven'tsjone/ [여] ① 발명, 고안 ② 조작, 꾸밈, 만들어냄
invernale /inver'nale/ [형] 겨울의, 동계의
inverno /in'verno/ [남] 겨울; in inverno, d'inverno 겨울에
inverosimile /invero'simile/ [형] (이야기 따위가) 있을 법하지 않은 - [남] ha dell'inverosimile (사실이라고) 믿기 어렵다
inversamente /inversa'mente/ [부] 거꾸로, 역으로
inversione /inver'sjone/ [여] 역(逆), 반전; "divieto d'inversione" 유턴 금지
inverso /in'verso/ [형] 반대의, 역의; in ordine inverso 역순으로 - [남] 반대, 역
invertebrato /inverte'brato/ [남/형] 무척추동물(의)
invertire /inver'tire/ [타동] 거꾸로[반대로] 하다; (방향·역할 따위를) 바꾸다; invertire la marcia (자동차가) 유턴을 하다
invertito /inver'tito/ [형] 거꾸로[반대로]된 - [남] (여 : -a) 성도착자, 동성애자
investigare /investi'gare/ [타동] (원인 따위를) 조사하다 - [자동] (조동사 : avere) 조사하다, 밝혀내다
investigatore /investiga'tore/ [남] (여 : -trice) 조사자, 수사관, 탐정
investigazione /investigat'tsjone/ [여]

조사

investimento /investi'mento/ [남] ① 투자, 출자 ② 교통사고

investire /inves'tire/ [타동] ① (자본을) 투자하다 ② (차가 사람을) 치다; (차가 다른 차에) 부딪히다 ③ 공격하다, 비난하다

investitore /investi'tore/ [남] (여 : -trice) ① 투자자 ② 교통사고를 낸 운전자

investitura /investi'tura/ [여] (관직의) 임명; (성직의) 수여

inveterato /invete'rato/ [형] 상습적인, 만성의, 뿌리 깊은

invettiva /invet'tiva/ [여] 맹렬한 비난

inviare /invi'are/ [타동] 보내다, 발송[우송]하다; 군대 등을) 급파하다

inviato /invi'ato/ [남] (여 : -a) ① 사절(使節) ② (통신사의) 특파원

invidia /in'vidja/ [여] 질투, 선망, 시기; avere[provare] invidia per qn/qc 누구/무엇을 부러워하다; che invidia! 무척 부럽구나!

invidiabile /invi'djabile/ [형] (남이 가진 것이) 샘나는, 부러워할 만한

invidiare /invi'djare/ [타동] 부러워하다, 질투[시기]하다

invidioso /invi'djoso/ [형] (남을) 샘내는, 부러워하는

invigorire /invigo'rire/ [타동] 기운 나게 하다, 원기를 돋우다 - invigorirsi [재귀동사] 기운이 나다

invincibile /invin't∫ibile/ [형] 정복할[이길] 수 없는, 무적의; (곤란 따위가) 극복할 수 없는

invio /in'vio/ [남] (복 : -ii) 발송, 우송; (군대 등의) 급파

inviolabile /invio'labile/ [형] 위반[침범]할 수 없는, 불가침의

inviolato /invio'lato/ [형] 침범당하지 않은, 정복되지 않은

inviperirsi /invipe'rirsi/ [재귀동사] 벌컥 화를 내다

inviperito /invipe'rito/ [형] 격노한

invischiare /invis'kjare/ [타동] (in과 함께 쓰여) (누구를 무엇에) 끌어들이다, 연루시키다 - invischiarsi [재귀동사] (in과 함께 쓰여) (~에) 얽히다, 연루되다

invisibile /invi'zibile/ [형] 보이지 않는

inviso /in'vizo/ [형] (a와 함께 쓰여) (~에게) 인기 없는

invitante /invi'tante/ [형] 마음을 끄는, 매력적인; (음식이) 맛있어 보이는

invitare /invi'tare/ [타동] ① 초대[초청]하다; invitare a cena gli amici 저녁 식사에 친구들을 초대하다 ② (a와 함께 쓰여) (~할 것을) 권하다, 요청하다; (~할) 마음이 들게 하다

invitato /invi'tato/ [남] (여 : -a) 손님, 초대 받은 사람

invito /in'vito/ [남] ① 초대, 초청; fare un invito a qn 누구를 초대하다 ② 초대장 ③ 권장, 요청 ④ 꾐, 유혹

in vitro /in'vitro/ [형-불변/부] 생체 밖에서의; fecondazione in vitro 체외 수정

invocare /invo'kare/ [타동] ① (신의 자비 등을) 빌다 ② (도움 따위를) 간청[애원]하다 ③ (법에) 호소하다, 의지하다

invocazione /invokat'tsjone/ [여] 기도, 기원, 간구; 간청, 애원

invogliare /invoʎ'ʎare/ [타동] 자극하다, 격려하다, 꾀다, 부추기다; invogliare qn a fare qc 누구로 하여금 무엇을 하도록 자극[격려]하다; la giornata di sole invogliava ad uscire 날씨가 화창해서 외출하고 싶은 마음이 든다

involontariamente /involontarja'mente/ [부] 부지불식간에, 본의 아니게

involontario /involon'tarjo/ [형] ① 무의식 중의, 부지불식간의 ② 본의 아닌, 고의가 아닌

involtino /invol'tino/ [남] 얇게 썬 고기를 둥글게 말아서 만든 요리의 하나

involto /in'volto/ [남] 묶음, 다발

involucro /in'vɔlukro/ [남] 포장지

involuto /invo'luto/ [형] 뒤얽힌, 복잡한

invulnerabile /invulne'rabile/ [형] ① 상하지 않는, 죽지 않는 ② (성(城) 따위가) 공격 불가능한

inzaccherare /intsakke'rare/ [타동] (옷 따위에) 진흙을 튀기다 - inzaccherarsi [재귀동사] 진흙투성이가 되다

inzuppare /intsup'pare/ [타동] 담그다, 적시다; 흠뻑 젖게 하다 - inzupparsi [재귀동사] 흠뻑 젖다

io /'io/ [대] (주격 인칭대명사) 나는, 내가; sono io 나요; il mio amico ed io ci andremo 내 친구와 내가 갈 것이다; io stesso 나 자신 - [남-불변] ① 나 자신 ② l'io [철학·심리] 자아(自我)

iodio /'jɔdjo/ [남-불변] [화학] 요오드

iogurt → yogurt
ione /'jone/ [남] [화학·물리] 이온
ionico1 /'jɔniko/ [형] (복 : -ci, -che) [건축] 이오니아식의
ionico2 /'jɔniko/ [형] (복 : -ci, -che) [화학·물리] 이온의
Ionio /'jɔnjo/ [남] lo Ionio, il mar Ionio 이오니아 해(海)
iosa [부] (a iosa /a'jɔza/의 형태로 쓰여) 많은, 풍부한
iperbole /i'pɛrbole/ [여] ① [수사학] 과장법 ② [수학] 쌍곡선
ipercritico /iper'kritiko/ [형] (복 : -ci, -che) 혹평하는
ipermercato /ipermer'kato/ [남] 하이퍼마켓, 대형 슈퍼마켓
ipersensibile /ipersen'sibile/ [형] 지나치게 민감한, 과민한
ipertensione /iperten'sjone/ [여] [병리] 고혈압
ipertesto /iper'tɛsto/ [남] [컴퓨터] 하이퍼텍스트
ipnosi /ip'nɔzi/ [여-불변] 최면(술)
ipnotico /ip'nɔtiko/ (복 : -ci, -che) [형] 최면성의; 최면 상태의 - [남] 최면제, 수면제
ipnotismo /ipno'tizmo/ [남] 최면학, 최면술 연구; 최면 상태
ipnotizzare /ipnotid'dzare/ [타동] ① (~에) 최면술을 걸다 ② (비유적으로) 매혹하다, 호리다
ipoallergenico /ipoaller'dʒɛniko/ [형] (복 : -ci, -che) (화장품이) 저(低)자극성의
ipocalorico /ipoka'lɔriko/ [형] (복 : -ci, -che) (식품이) 저칼로리의
ipocondria /ipokon'dria/ [여] [정신의학] 심기증(心氣症), 건강 염려증
ipocondriaco /ipokon'driako/ [형/남] (여 : -a) (복 : -ci, -che) 건강을 지나치게 염려하는 (사람)
ipocrisia /ipokri'zia/ [여] 위선(僞善)
ipocrita /i'pɔkrita/ (남·복 : -i, 여·복 : -e) [형] 위선적인 - [남/여] 위선자
ipocritamente /ipokrita'mente/ [부] 위선적으로
ipofisi /i'pɔfizi/ [여-불변] [해부] 뇌하수체
ipoteca /ipo'tɛka/ [여] (복 : -che) [법률] 저당; fare[mettere] un'ipoteca su qc 무엇을 저당잡히다
ipotecare /ipote'kare/ [타동] 저당잡히다

ipotenusa /ipote'nuza/ [여] [기하] (직각 삼각형의) 빗변
ipotesi /i'pɔtezi/ [여-불변] 가설, 가정; facciamo l'ipotesi che ~이라 가정해 보자; nella peggiore delle ipotesi 최악의 경우에; nell'ipotesi che venga 그가 온다면
ipotetico /ipo'tɛtiko/ [형] (복 : -ci, -che) ① 가설의, 가정의, 가상의; nel caso ipotetico che tu non arrivi in tempo 네가 제때에 도착하지 않는다면 ② periodo ipotetico [문법] 조건절
ipotizzare /ipotid'dzare/ [타동] (che와 함께 쓰여) (~이라고) 가정하다
ippica /'ippika/ [여] 경마
ippico /'ippiko/ [형] (복 : -ci, -che) 말(馬)의; 마술(馬術)의
ippocastano /ippokas'tano/ [남] [식물] 마로니에
ippodromo /ip'pɔdromo/ [남] 경마장
ippopotamo /ippo'pɔtamo/ [남] [동물] 하마
ira /ira/ [여] 화, 분노; l'ira di Dio 신의 진노, 천벌; con uno scatto d'ira 벌컥 화가 나서; farsi prendere dall'ira 벌컥 화를 내다
iracheno /ira'kɛno/ [형] 이라크의 - [남] (여 : -a) 이라크 사람
Irak → Iraq
irakeno → iracheno
Iran /'iran/ [남] 이란
iraniano /ira'njano/ [형] 이란의 - [남] (여 : -a) 이란 사람
Iraq /'irak/ [남] 이라크
irascibile /iraʃ'ʃibile/ [형] 성마른, 화를 잘 내는, 성급한
irato /i'rato/ [형] 성난, 분노한
iride /'iride/ [여] ① 무지개 ② [해부] (안구의) 홍채
iridescente /irideʃ'ʃɛnte/ [형] 무지개 빛깔의
iris /'iris/ [남/여-불변] [식물] 붓꽃, 아이리스
Irlanda /ir'landa/ [여] 아일랜드; l'Irlanda del Nord 북아일랜드
irlandese /irlan'dese/ [형] 아일랜드의 - [남/여] 아일랜드 사람 - [남] 아일랜드어
ironia /iro'nia/ [여] ① 빈정대기, 비꼬기, 빗대기, 풍자; fare dell'ironia su qc 무엇을 빈정대다, 풍자하다 ② [수사학] 반어(법) ③ (운명 등의) 예상 외의 전개

[결과]; l'ironia della sorte 운명의 아이러니

ironicamente /ironika'mente/ [부] 비꼬아, 반어적으로

ironico /i'rɔniko/ [형] (복 : -ci, -che) 반어적인, 빈정대는, 비꼬는

ironizzare /ironid'dzare/ [자동사 : avere] (su와 함께 쓰여) (~에 대해) 반어적으로 말하다, 빈정대다, 비꼬다

IRPEF /'irpef/ [여] (Imposta sui Redditi delle Persone Fisiche의 약자) 소득세

IRPEG /'irpeg/ [여] (Imposta sul Reddito delle Persone Giuridiche의 약자) 법인세

irradiare /irra'djare/ [타동] ① (밝게) 비추다 ② (빛·열을) 발산하다 - [자동] (조동사 : essere) (빛·열이) 발산[방출]되다 - irradiarsi [재귀동사] (도로 등이) 사방으로 뻗다

irradiazione /irradjat'tsjone/ [여] (빛·열의) 발산, 방출

irraggiungibile /irraddʒun'dʒibile/ [형] (장소 등이) 접근할 수 없는; 획득할 수 없는, 달성할 수 없는

irragionevole /irradʒo'nevole/ [형] 불합리한, 도리에 맞지 않는, 분별 없는

irrancidire /irrantʃi'dire/ [자동] (조동사 : essere) (기름·버터 따위가) 썩다

irrazionale /irrattsjo'nale/ [형] ① 불합리한 ② [수학] 무리수의

irrazionalità /irrattsjonali'ta/ [여-불변] 불합리, 부조리

irrazionalmente /irrattsjonal'mente/ [부] 불합리하게, 도리에 맞지 않게

irreale /irre'ale/ [형] 실재하지 않는, 가공의

irrealistico /irrea'listiko/ [형] (복 : -ci, -che) 비현실적인

irrealizzabile /irrealid'dzabile/ [형] (희망·계획 따위가) 이룰 수 없는, 실현 불가능한

irrealtà /irreal'ta/ [여-불변] 비현실(성), 실재하지 않음

irrecuperabile /irrekupe'rabile/ [형] 회복할 수 없는; (사람이) 개심(改心)의 희망이 없는

irrecusabile /irreku'zabile/ [형] 논란의 여지가 없는, 명백한

irrefrenabile /irrefre'nabile/ [형] 제어할 수 없는

irrefutabile /irrefu'tabile/ [형] 반박할 수 없는

irregolare /irrego'lare/ [형] ① 불규칙적인 ② (지표면 등이) 고르지 못한, 울퉁불퉁한 ③ 불법의 - [남] [군사] 비정규군

irregolarità /irregolari'ta/ [여-불변] ① 불규칙적임; 고르지 못함 ② 부정 행위; [스포츠] 반칙, 파울

irregolarmente /irregolar'mente/ [부] 불규칙적으로; 고르지 못하게

irremovibile /irremo'vibile/ [형] 흔들리지 않는, 확고부동한

irreparabile /irrepa'rabile/ [형] 고칠 수 없는, 돌이킬 수 없는

irreperibile /irrepe'ribile/ [형] (어디에 있는지) 찾을 수 없는

irreprensibile /irrepren'sibile/ [형] 비난할 여지가 없는, 흠 없는

irrequieto /irre'kwjeto/ [형] 침착하지 못한, 들떠 있는

irresistibile /irresis'tibile/ [형] 저항할 수 없는, 억누를 수 없는, 강렬한

irresoluto /irreso'luto/ [형] 결단력이 없는, 우유부단한

irrespirabile /irrespi'rabile/ [형] ① (기체가) 흡입할 수 없는 ② (비유적으로) 숨 막힐 듯이 답답한

irresponsabile /irrespon'sabile/ [형] 무책임한, 책임감이 없는

irrestringibile /irrestrin'dʒibile/ [형] (옷감 등이) 수축하지 않는

irretire /irre'tire/ [타동] 유혹하다

irreversibile /irrever'sibile/ [형] [물리] 비가역적(非可逆的)인

irrevocabile /irrevo'kabile/ [형] 돌이킬 수 없는, 최종적인

irriconoscibile /irrikonoʃ'ʃibile/ [형] 알아볼 수 없는

irriducibile /irridu'tʃibile/ [형] ① (형량 따위가) 더 이상 줄일 수 없는 ② (비유적으로) 완강한, 굳건한 ③ [수학] 약분할 수 없는

irrigare /irri'gare/ [타동] (토지에) 물을 대다, 관개하다

irrigazione /irrigat'tsjone/ [여] [농업] 관개

irrigidire /irridʒi'dire/ [타동] ① 딱딱하게[뻣뻣하게] 만들다 ② (비유적으로) (규정 따위를) 강화하다, 엄하게 하다 - irrigidirsi [재귀동사] ① 딱딱해지다, 뻣뻣해지다, 경직되다 ② (비유적으로) (su와 함께 쓰여) (~을) 고집하다

irriguardoso /irrigwar'doso/ [형] (행동 따위가) 무례한, 실례되는

irrilevante /irrile'vante/ [형] 사소한, 근소한, 얼마 안 되는

irrimediabile /irrime'djabile/ [형] 회복할 수 없는, 돌이킬 수 없는; un errore irrimediabile 돌이킬 수 없는 실수

irrimediabilmente /irrimedjabil'mente/ [부] 돌이킬 수 없이

irrinunciabile /irrinun'tʃabile/ [형] (권리 따위가) 포기할 수 없는

irripetibile /irripe'tibile/ [형] ① (기회 따위가) 다시 찾아오지 않는, 한 번뿐인 ② (너무 상스러워서) 다시 입에 담을 수 없는

irrisolto /irri'sɔlto/ [형] (문제 따위가) 해결되지 않은, 미해결의

irrisorio /irri'zɔrjo/ [형] (복 : -ri, -rie) ① 조롱하는, 비웃는 ② 웃기는, 터무니없는 ③ 아주 적은, 근소한

irritabile /irri'tabile/ [형] ① 화를 잘 내는, 성마른 ② 자극에 민감한

irritante /irri'tante/ [형] ① 짜증나는, 몹시 불쾌한 ② (약 따위가) 자극성의

irritare /irri'tare/ [타동] ① 짜증나게 하다, 화나게 하다 ② (피부 따위를) 자극하다, 염증을 일으키다 - irritarsi [재귀동사] ① (per와 함께 쓰여) (~에) 짜증[화]을 내다 ② (피부 따위가[에]) 자극을 받다, 염증이 나다

irritato /irri'tato/ [형] ① 짜증난, 화가 난 ② (피부 따위가[에]) 자극을 받은, 염증을 일으킨

irritazione /irritat'tsjone/ [여] ① 짜증, 격앙, 화 ② [생리] 자극, 염증

irriverente /irrive'rente/ [형] 무례한, 불손한, 건방진

irrobustire /irrobus'tire/ [타동] (신체·근육을) 튼튼하게 하다 - irrobustirsi [재귀동사] 튼튼해지다

irrompere /ir'rompere/ [자동] (조동사 : essere) (in과 함께 쓰여) (~에) 침입[난입]하다

irrorare /irro'rare/ [타동] (이슬·눈물로) 적시다; (물을) 뿌리다, 살포하다

irruente /irru'ɛnte/ [형] (말·태도·기질 따위가) 과격한, 격렬한

irruenza /irru'ɛntsa/ [여] 과격함, 격렬함

irruzione /irrut'tsjone/ [여] (경찰 등의) 급습; fare irruzione in ~을 급습하다

irsuto /ir'suto/ [형] (몸에) 털이 많은; (수염이) 텁수룩한

irto /'irto/ [형] 털이 억센

iscritto1 /is'kritto/ [형/남] (여 : -a) 등록된 (사람, 학생)

iscritto2 [부] (per iscritto /peris'kritto/의 형태로 쓰여) 글로 써서, 서면으로

iscrivere /is'krivere/ [타동] ① (a와 함께 쓰여) (~에) 회원[학생]으로 등록시키다 ② 새기다, 파다 - iscriversi [재귀동사] (a와 함께 쓰여) (~에) 회원[학생]으로 등록하다, 가입[입학]하다

iscrizione /iskrit'tsjone/ [여] ① 등록, 입학, 가입; chiedere l'iscrizione a un club 클럽에 가입 신청을 하다 ② 명(銘), 비명(碑銘), 비문

Islam /iz'lam/ [남-불변] 이슬람(교)

islamico /iz'lamiko/ (복 : -ci, -che) [형] 이슬람(교)의 - [남] (여 : -a) 무슬림, 이슬람교 신자

islamismo /izla'mizmo/ [남] 이슬람교 (신앙)

Islanda /iz'landa/ [여] 아이슬란드

islandese /izlan'dese/ [형] 아이슬란드의 - [남/여] 아이슬란드 사람 - [남] 아이슬란드어

isola /'izola/ [여] 섬

isolamento /izola'mento/ [남] ① 격리, 차단, 고립; reparto d'isolamento 격리 병동; mettere qn in cella di isolamento 누구를 독방에 감금하다 ② [전기] 절연; 단열 - isolamento acustico 방음

isolano /izo'lano/ [형] 섬의 - [남] (여 : -a) 섬 사람, 섬 주민

isolante /izo'lante/ [형] [전기] 절연의 - [남] 절연체

isolare /izo'lare/ [타동] ① 격리하다, 고립시키다; la neve ha isolato il paese dal resto del mondo 그 마을은 눈 때문에 외부로부터 고립되었다 ② [전기] 절연[단열]하다; 방음하다 - isolarsi [재귀동사] 자신만의 세계에 틀어박히다, 세상과의 교류를 끊다

isolato1 /izo'lato/ [형] ① (da와 함께 쓰여) (~으로부터) 격리된 ② 고립된; 외딴

isolato2 /izo'lato/ [남] 블록 (도시의 구획)

isolotto /izo'lotto/ [남] 작은 섬

isoscele /i'zɔʃʃele/ [형] [기하] 이등변의; triangolo isoscele 이등변삼각형

ispanico /is'paniko/ [형/남] (여 : -a) (복 : -ci, -che) 스페인어를 사용하는

(사람)

ispessimento /ispessi'mento/ [남] 두껍게 함; 진하게[걸쭉하게] 함

ispessire /ispes'sire/ [타동] ① 두껍게 하다 ② 진하게 하다, 걸쭉하게 하다 - ispessirsi [재귀동사] 진해지다, 걸쭉해지다

ispettorato /ispetto'rato/ [남] ispettore의 직(職)

ispettore /ispet'tore/ [남] 검사관, 조사관 - ispettore di polizia 경감(警監); ispettore di reparto 매장 감독

ispezionare /ispettsjo'nare/ [타동] 검사하다, 조사하다; 시찰하다, 검열하다

ispezione /ispet'tsjone/ [여] 검사, 조사

ispido /'ispido/ [형] (털이) 억센; (식물 등에) 센털이 있는

ispirare /ispi'rare/ [타동] ① 고무하다, 격려하다; (어떤 생각을) 불어넣다; ispirare fiducia a qn 누구에게 자신감을 북돋아주다 ② (작가 등에) 영감을 주다 - ispirarsi [재귀동사] (a와 함께 쓰여) (~으로부터) 영감을 얻다

ispirato /ispi'rato/ [형] (작가 등이) 영감을 얻은

ispiratore /ispira'tore/ [형/남] (여 : -trice) 영감을 주는 (사람)

ispirazione /ispirat'tsjone/ [여] 영감, 인스피레이션; 영감에 의한 착상; 기발한 아이디어

Israele /izra'ɛle/ [남] 이스라엘

israeliano /izrae'ljano/ [형] 이스라엘의 - [남] (여 : -a) 이스라엘 사람

issare /is'sare/ [타동] (돛·기·짐 따위를) 올리다, 높이 달다, 끌어올리다

istantanea /istan'tanea/ [여] 스냅 사진, 속사(速寫)

istantaneo /istan'taneo/ [형] 즉시[즉석]의; 순간적인

istante /is'tante/ [남] 즉시, 순간, 잠깐; all'istante 즉시; in un istante 순식간에, 잠깐 동안에; abbiamo saputo proprio in questo istante che우리는 ~이라는 소식을 방금 들었다; in quell'istante 바로 그때

istanza /is'tantsa/ [여] 요청; [법률] 청원, 탄원, 소원, 소송; presentare un'istanza 청원을 제출하다; tribunale di prima istanza 제1심 법원; istanza di divorzio 이혼 소송; in ultima istanza (비유적으로) 최후의 수단으로, 결국에는

isterectomia /isterekto'mia/ [여] [외과] 자궁 적출[절제](술)

isteria /iste'ria/ [여] [병리] 히스테리

isterico /is'tɛriko/ (복 : -ci, -che) [형] 히스테리의 - [남] (여 : -a) 히스테리 환자

istigare /isti'gare/ [타동] istigare qn a (fare) qc 누구로 하여금 무엇을 하도록 부추기다[충동하다]

istigatore /istiga'tore/ [남] (여 : -trice) 부추기는[충동하는] 사람, 선동가

istigazione /istigat'tsjone/ [여] 부추김, 충동질

istintivamente /istintiva'mente/ [부] 본능적으로, 직관적으로

istintivo /istin'tivo/ [형] (반응·행동이) 본능적인, 직관적인; (사람이) 충동적인

istinto /is'tinto/ [남] 본능; 직관, 직감; istinto di conservazione 자기 보호 본능; d'istinto, per istinto 본능적으로

istituire /istitu'ire/ [타동] 세우다, 설립하다; 제정하다

istituto /isti'tuto/ [남] ① 협회, 기관 ② (전문)학교; (대학의) 학과, 학부; istituto tecnico industriale statale 공업 전문 대학 ③ (사회) 제도, 법령 - istituto di bellezza 미용실

istitutore /istitu'tore/ [남] ① 설립자 ② 교사

istituzionale /istituttsjo'nale/ [형] 제도상의, 제도적인

istituzione /istitut'tsjone/ [여] ① 설립, 제정 ② 기관, 단체 ③ (사회) 제도, 법령

istmo /'istmo/ [남] [지리] 지협(地峽)

istogramma /isto'gramma/ [남] [통계] 막대그래프

istologia /istolo'dʒia/ [여] [의학] 조직학

istradare /istra'dare/ [타동] ① (in과 함께 쓰여) (~의) 방향으로 이끌다[인도하다] ② (누구로 하여금 어떤 길에) 들어서게 하다

istrice /'istritʃe/ [남] ① [동물] 호저(豪猪) ② 성 잘내는 사람, 다루기 어려운 사람

istrione /istri'one/ [남] 삼류[엉터리] 배우

istruire /istru'ire/ [타동] ① 가르치다, 교육하다 ② (군인을) 훈련하다 ③ 지도하다, 조언[충고]하다 - istruirsi [재귀동사] 배우다, 지식을 습득하다

istruito /istru'ito/ [형] 교육 받은, 배운

istruttivo /istrut'tivo/ [형] 교육적인, 교훈적인, 유익한

istruttore /istrut'tore/ [남/여] 교사, 강사, 가르치는 사람; (군대의) 교관; istruttore di nuoto 수영 강사

istruttoria /istrut'tɔrja/ [여] [법률] 예심, 예비 조사

istruzione /istrut'tsjone/ [여] ① 교육, 교수, 가르침; ministero della pubblica istruzione 교육부 ② 양성, 훈련 ③ 지도, 조언, 충고 - istruzioni [여·복] 사용 설명서, 매뉴얼

istupidire /istupi'dire/ [타동] 어리벙벙하게 하다, 멍하게 만들다 - istupidirsi [재귀동사] 어리석어지다, 우를 범하다

Italia /i'talja/ [여] 이탈리아

italiano /ita'ljano/ [형] 이탈리아의 - [남] (여 : -a) 이탈리아 사람 - [남] 이탈리아어

iter /'iter/ [남-불변] 절차, 과정; iter parlamentare 의회 운영 절차

itterizia /itte'rittsja/ [여] [병리] 황달

itinerante /itine'rante/ [형] 순방[순회]하는, 돌아다니는, 이동하는; spettacolo itinerante 순회 공연

itinerario /itine'rarjo/ [남] (복 : -ri) 여행 스케줄; 여정, 루트; itinerario turistico 관광 코스

ittico /'ittiko/ [형] (복 : -ci, -che) 물고기의, 어류의

Iugoslavia → Jugoslavia

iugoslavo → jugoslavo

iuta /'juta/ [여] [식물] 황마(黃麻), 주트

IVA /iva/ [여] (imposta sul valore aggiunto의 약자로) 부가가치세, VAT

ivi /'ivi/ [부] (문어체에서) 거기에, 그 중에

I

J

j, J [남/여-불변] 외래어에만 쓰이는 이탈리아어 알파벳의 하나
jack /dʒɛk/ [남-불변] ① [전기] 잭 (플러그를 꽂는 장치) ② [카드놀이] 잭
jackpot /'dʒɛkpot/ [남-불변] 잭팟 (도박 등에서 쌓인 거액의 돈); vincere il jackpot 잭팟을 터뜨리다
jazz /dʒɛts/ [남/형-불변] 재즈(의); musica jazz 재즈 음악
jazzista /dʒɛt'tsista/ [남/여] (남·복 : -i, 여·복 : -e) 재즈 음악가[연주가]
jeans /dʒins/ [남-불변] 진 (올이 가는 능직 면포) - [남·복] 진 바지 - [형-불변] 진의, 진으로 만든
jeep /dʒip/ [여-불변] 지프차
Jehova /'dʒɛova/ [남] [성경] 여호와, 야훼
jersey /'dʒɛrsi/ [남-불변] 저지 (부드럽고 신축성 있는 양복감)
jet /dʒɛt/ [남-불변] 제트기
jet set /dʒɛt'sɛt/ [남-불변] 제트족 (제트 여객기로 세계를 돌아다니는 상류 계급)
jodel /'jodel/ [남-불변] 요들 (알프스 지방의 민요·창법)
jogging /'dʒɔgging/ [남-불변] 조깅; fare jogging 조깅을 하다, 가볍게 뛰다
joint-venture /dʒoint'vɛntʃur/ [여-불변] 공동 사업, 합작 투자
jolly /'dʒɔlli/ [남-불변] ① [카드놀이] 조커, 특별 카드 ② (비유적으로) fare da jolly 무슨 일이든 다 하다 ③ [스포츠] 만능 보결 선수 - [형] 다방면에 걸친, 만능의
joystick /'dʒɔistik/ [남-불변] 조이스틱, 수동식 조작 장치
judo /'dʒudo, dʒu'dɔ/ [남-불변] [스포츠] 유도
judoista /dʒudo'ista/ [남/여] (남·복 : -i, 여·복 : -e) 유도 선수
judoka [남/여-불변] → judoista
Jugoslavia /jugoz'lavja/ [여] [역사] 유고슬라비아
jugoslavo /jugoz'lavo/ [형] 유고슬라비아의 - [남] (여 : -a) 유고슬라비아 사람
jujitsu /dʒu'dʒitsu/ [남-불변] 유술(柔術; 유도의 모태가 된 일본의 옛 무술)
juke-box /dʒu'bɔks/ [남-불변] 주크박스, 자동 전축
jumbo-jet /dʒumbo'dʒɛt/ [남-불변] 점보 제트기 (초대형 여객기)
junior /'junjor/ [형-불변] 주니어의, 손아래의
juniores /ju'njɔres/ [형-불변] [스포츠] 주니어의 - [남/여-불변] 주니어 선수

k, K /'kappa/ [남/여-불변] 외래어에만 쓰이는 이탈리아어 알파벳의 하나
karaoke /kara'ɔke/ [남-불변] 가라오케
karate /kara'tɛ/ [남-불변] [스포츠] 가라테
karma /'karma/ [남-불변] [힌두교·불교] 카르마, 업(業)
kart /kart/ [남-불변] 고카트 (어린이용 소형 자동차) (또는 go-kart)
Kashmir /'kaʃmir/ [남] 카슈미르 (인도 북서부의 지방)
kayak /ka'jak/ [남-불변] ① 카약 (에스키모의 가죽을 입힌 카누) ② (스포츠용) 카약
Kazakhistan /kad'dzakistan/ [남] 카자흐스탄
kazako /kad'dzako/ [형] 카자흐스탄의 - [남] (여 : -a) 카자흐스탄 사람 - [남] 카자흐어(語)
kebab /ke'bab/ [남-불변] 케밥 (얇게 썬 고기를 긴 꼬치에 꿰어서 숯불에 구운 요리)
kelvin /'kɛlvin/ [남-불변] [물리] 켈빈 [절대] 온도
keniano /ke'njano/ [형] 케냐의 - [남] (여 : -a) 케냐 사람
Kenya /'kenja/ [남] 케냐
kerosene → cherosene
ketchup /'ketʃup/ [남-불변] (토마토) 케첩
KGB /kappaddʒib'bi, kege'be/ [남] 구소련의 국가 보안 위원회
khan /kan/ [남-불변] 칸 (중세의 몽골·타타르 황제의 칭호)
khmer /kmɛr/ [형-불변] 크메르족[인]의 - [남/여-불변] 크메르 사람 - [남-불변] 크메르어(語), 캄보디아어
kibbu(t)z /kib'buts/ [남-불변] 키부츠 (이스라엘의 집단 농장)
Kilimangiaro /kiliman'dʒaro/ [남] 킬리만자로 산
killer /'killer/ [형-불변] 치명적인, 목숨을 앗아가는 - [남/여-불변] (청부) 살인자, 킬러
kilo- → chilo-
kilobit /'kilobit/ [남-불변] [컴퓨터] 킬로비트
kilobyte /kilo'bait/ [남-불변] [컴퓨터] 킬로바이트
kilt /kilt/ [남-불변] 킬트 (스코틀랜드 고지의 남자·군인이 입는 체크무늬의 주름치마)
kimono /ki'mɔno/ [남-불변] 기모노 (일본의 전통 의상)
Kirghizistan /kirgizis'tan/ [남] 키르기스스탄 (중앙아시아 북동부의 공화국)
kit /kit/ [남-불변] 키트, 도구[용구] 한 벌; un kit di pronto soccorso 구급상자
kiwi /'kiwi/ [남-불변] ① [식물] 키위, 양다래 ② [조류] 키위 (뉴질랜드산의 날지 못하는 새)
Kleenex /'klineks/ [남-불변] 클리넥스 (화장용지의 일종; 상표명)
knock-down /nɔk'daun/ [남-불변] [복싱] 녹다운
knock-out /nɔk'aut/ [형-불변] ① (복싱에서) 녹아웃 당한 ② (구어체에서) 녹초가 된, 완전히 지친, 기진맥진한 - [남-불변] [복싱] 녹아웃, KO; vincere per knock-out KO승을 거두다; knock-out tecnico 테크니컬 녹아웃, TKO
know how /nou'au/ [남-불변] 노하우, 실제적[전문적] 지식, 기술 정보
KO, k.o. /kappa'ɔ/ [남-불변] [복싱] KO, 녹아웃; mettere qn KO i) 누구를 녹아웃시키다, 때려눕히다 ii) 누구에게 병이 들다
koala /ko'ala/ [남-불변] [동물] 코알라
Komintern /'kɔmintern/ [남] 코민테른, 제3인터내셔널 (공산당의 통일적인 국제 조직)
Kosovo /'kɔsovo/ [남] 코소보 (세르비아의 자치주)
krapfen /'krafen/ [남-불변] 도넛의 일종
krill /kril/ [남-불변] [동물] 크릴(새우)
kung-fu /kung'fu/ [남-불변] 쿵푸(功夫)
Kurdistan /'kurdistan/ [남] 쿠르디스탄 (터키, 시리아, 이란, 이라크에 걸친 산악 지대로 쿠르드 족이 살고 있음)

Kuwait /ku'wait/ [남] 쿠웨이트
kuwaitiano /kuwai'tjano/ [형] 쿠웨이트의 - [남] (여 : -a) 쿠웨이트 사람
k-way /ki'wei/ [남-불변] 방풍용 재킷의 일종

l, L /ɛlle/ [남/여-불변] 이탈리아어 알파벳의 10번째 글자
l' → la1, la2, lo1, lo2
la1 /la/ (모음 앞에서는 l') [관] (정관사 여성 단수형) → il
la2 /la/ [대] (인칭대명사 여성형) ① 그녀를; 그것을; l'ho incontrata ieri 나는 어제 그녀를 만났다 ② 당신을; molto lieto di conoscerla 만나뵙게 되어 반갑습니다
la3 /la/ [남-불변] [음악] 라, "가"음(音)
là /la/ [부] ① 거기에, 그곳에, 저기에; mettilo là 그것을 거기에 놓아라; eccolo là! 저기 있다!; chi va là? 누가 거기에 가나? ② di là i) 저 너머에 ii) 거기에서, 거기로부터; per di là 저쪽으로 - là per là 당장, 즉시; più in là i) 더 나아가 ii) 나중에; (ma) va' là! 설마, 농담이겠지
labbro /'labbro/ [남] ① (여·복 : -a) 입술; leccarsi le labbra 입맛을 다시다; mordersi le labbra 입술을 깨물다; parlare a fior di labbra 중얼거리다 ② (복 : -i) (단지 따위의) 가장자리
labiale /la'bjale/ [형] 입술의 - [여] [언어] 순음(脣音)
labile /'labile/ [형] 단명한, 순식간에 지나가는; avere una memoria labile 기억력이 나쁘다
labirinto /labi'rinto/ [남] 미궁(迷宮), 미로
laboratorio /labora'tɔrjo/ [남] ① 실험실 ② 작업장, 일터; 작업실; laboratorio fotografico [사진] 암실
laborioso /labo'rjoso/ [형] ① 열심히 일하는, 근면한 ② (일이) 힘든
labrador /'labrador/ [남-불변] 래브라도 레트리버 (사냥개의 일종)
laburista /labu'rista/ (남·복 : -i, 여·복 : -e) [형] 노동당의; partito laburista 노동당 - [남/여] 노동당원
lacca /'lakka/ [여] (복 : -che) ① 래커, 바니시 ② 헤어스프레이 - lacca per unghie 매니큐어액(液)
laccare /lak'kare/ [타동] (~에) 래커를 칠하다
lacchè /lak'kɛ/ [남-불변] (제복을 입은) 하인
laccio /'lattʃo/ [남] (복 : -ci) 끈, 레이스; lacci delle scarpe 구두끈
lacerante /latʃe'rante/ [형] (소리가) 째는 듯한, 날카로운, 새된
lacerare /latʃe'rare/ [타동] ① (잡아)찢다, 갈가리 찢다 ② (마음을) 상하게 하다, 괴롭히다 - lacerarsi [재귀동사] 찢어지다
lacero /'latʃero/ [형] 찢긴, 찢어진
laconico /la'kɔniko/ [형] (복 : -ci, -che) 간결한, 간단한
lacrima /'lakrima/ [여] ① 눈물; con le lacrime agli occhi 눈물을 글썽이며; scoppiare in lacrime 울음이 터지다 ② (구어체에서) (di와 함께 쓰여) (~의) 소량
lacrimare /lakri'mare/ [자동] (조동사 : avere) 눈물을 흘리다, 울다
lacrimevole /lakri'mevole/ [형] (이야기 따위가) 슬픈, 눈물을 자아내는
lacrimogeno /lakri'mɔdʒeno/ [형] 눈물의; 눈물을 흘리게 하는; gas lacrimogeno 최루 가스 - [남] 최루 가스
lacrimoso /lakri'moso/ [형] ① 눈물 어린 ② 슬픈
lacuna /la'kuna/ [여] 공백, 빠진[누락된] 부분
lacunoso /laku'noso/ [형] 빠진 부분이 많은, 불완전한
lacustre /la'kustre/ [형] 호수의
laddove /lad'dove/ [접] (문어체에서) ~에 반하여, 그런데, 그러나
ladro /'ladro/ [남] (여 : -a) 도둑, 주거 침입자; al ladro! 도둑 잡아라! - [형] ① 도둑질하는 ② (비유적으로) 몹쓸, 망할
ladrocinio /ladro'tʃinjo/ [남] 도둑질, 절도
ladruncolo /la'druŋkolo/ [남] (여 : -a) 좀도둑
lager /'lager/ [남-불변] 수용소
laggiù /lad'dʒu/ [부] ① 아래쪽에 ② 저쪽

lagna /'laɲɲa/ [여] ① 흐느껴 욺 ② 지루한 것[사람]

lagnanza /laɲ'ɲantsa/ [여] 불평, 투덜거림

lagnarsi /laɲ'ɲarsi/ [재귀동사] (di 또는 per와 함께 쓰여) (~에 대해) 불평하다, 투덜거리다

lagnoso /laɲ'ɲoso/ [형] ① 흐느껴 우는 ② 지루한

lago /'lago/ [남] (복 : -ghi) 호수 - un lago di sangue (비유적으로) 피바다

laguna /la'guna/ [여] [지리] 석호(潟湖)

laico /'laiko/ (복 : -ci, -che) [형] (성직자가 아닌) 평신도의; 세속의; 종교와 관계 없는 - [남] [여 : -a] 평신도, 속인 (俗人) - [남] 평수사(平修士)

laido /'laido/ [형] ① 더러운, 불결한 ② 외설의, 음탕한

lama1 /'lama/ [여] 칼날; rasoio a doppia lama 양날 면도기

lama2 /'lama/ [남-불변] [동물] 라마, 아메리카낙타

lambiccarsi /lambik'karsi/ [재귀동사] lambiccarsi il cervello 생각해내려 몹시 애쓰다, 생각을 짜내다

lambire /lam'bire/ [타동] ① (혀로) 핥다 ② (불길이) 날름거리다

lamé /la'me/ [남-불변] 라메 (금·은 등의 금속 실을 짜 넣은 직물)

lamentare /lamen'tare/ [타동] 슬퍼하다, 비탄하다; 애도하다 - lamentarsi [재귀동사] ① (di 또는 per와 함께 쓰여) (~에 대해) 불평하다, 투덜거리다 ② (고통으로) 신음하다

lamentela /lamen'tɛla/ [여] 불평, 투덜거림

lamentevole /lamen'tevole/ [형] ① 고통을 토로하는; 슬픔을 띤 ② 가엾은, 딱한

lamento /la'mento/ [남] ① (죽음에 대한) 애도 ② (고통으로 인한) 신음

lametta /la'metta/ [여] 면도날

lamiera /la'mjɛra/ [여] 판금, 금속판; lamiera di ferro 철판

lamina /'lamina/ [여] (금속의) 박(箔); 얇은 층[조각]; lamina d'oro 금박

laminare /lami'nare/ [타동] 얇은 판[조각]으로 만들다

laminato /lami'nato/ [형/남] 얇은 판으로 만든, 압연된 (금속 따위)

lampada /'lampada/ [여] 램프, 등; lampada a gas 가스등; lampada a stelo 전기 스탠드

lampadario /lampa'darjo/ [남] (복 : -ri) 천장등; 샹들리에

lampadina /lampa'dina/ [여] 전구; una lampadina da 100 watt 100와트짜리 전구; lampadina tascabile 손전등

lampante /lam'pante/ [형] ① 명백한, 뻔한 ② olio lampante 등유

lampara /lam'para/ [여] 집어등(集魚燈); 그러한 등을 사용하는 어선

lampeggiante /lamped'dʒante/ [형] 번쩍이는, 빛나는

lampeggiare /lamped'dʒare/ [자동] (조동사 : avere, essere) ① 번쩍이다, 빛나다 ② (자동차의 헤드라이트 등을) 깜박거리다 - lampeggiarsi [재귀동사] lampeggia 번개가 친다

lampeggiatore /lampeddʒa'tore/ [남] (자동차의) 방향 지시등, 점멸등

lampione /lam'pjone/ [남] 가로등

lampo /'lampo/ [남] ① 번개; in un lampo 순식간에; passare come un lampo 휙 지나가다 ② 번쩍임, 섬광 ③ (감동·기지 따위의) 번득임; lampo di genio 갑자기 떠오른 멋진 생각; lampo di speranza 한 가닥의 희망 - [여-불변] 지퍼 (또는 cerniera lampo) - [형-불변] 전광석화 같은, 매우 빠른; 전격적인

lampone /lam'pone/ [남] [식물] 라즈베리, 나무딸기

lana /'lana/ [여] 양모, 울; di lana 양모로 만든, 모직의 - lana di vetro 유리 섬유

lancetta /lan'tʃetta/ [여] (시계나 기타 계기의) 바늘, 침

lancia1 /'lantʃa/ [여] (복 : -ce) ① 창, 투창 ② (소화기의) 노즐 - spezzare una lancia in favore di qn 누구의 편을 들다

lancia2 /'lantʃa/ [여] (복 : -ce) 론치 (보트의 일종) - lancia di salvataggio 구명 보트

lanciafiamme /lantʃa'fjamme/ [남-불변] 화염 방사기

lanciamissili /lantʃa'missili/ [남-불변] 미사일 발사기

lanciarazzi /lantʃa'raddzi/ [남-불변] 로켓 발사기, 로켓포(砲)

lanciare /lan'tʃare/ [타동] ① 던지다, 내던지다, 투척하다 ② (미사일 따위를) 발사하다; (폭탄을) 투하하다 ③ (연기·불

꽃 따위를) 내뿜다 ④ (울음 따위를) 터뜨리다; (모욕 따위를) 퍼붓다; (시선 따위를) 던지다 ⑤ (프로젝트·사업 따위에) 착수하다; (캠페인 따위를) 일으키다; (신제품 따위를) 출시하다; (사람을 어떤 분야에) 진출시키다 ⑥ (자동차 따위를) 최고 속도가 나게 하다 ⑦ [컴퓨터] (소프트웨어를) 기동하다 - lanciarsi [재귀동사] (in과 함께 쓰여) ① (~에) 뛰어들다, 투신하다 ② (~에) 나서다, 착수하다

lanciato /lan'tʃato/ [형] ① (자동차가) 전속력으로 질주하는 ② (가수·작가 등이) 성공한, 이름 있는

lancinante /lantʃi'nante/ [형] (통증이) 찌르는 듯한

lancio /'lantʃo/ [남] (복 : -ci) ① 던지기, 투척 ② (로켓 따위의) 발사; (폭탄의) 투하 ③ (프로젝트 따위의) 착수; (신제품 따위의) 출시 ④ [육상] 던지기, 투척 종목; lancio del disco 원반던지기

landa /'landa/ [여] 황야, 황무지

languidamente /langwida'mente/ [부] 축 늘어져, 기운 없이

languido /'langwido/ [형] 나른한, 축 늘어진, 기운 없는

languire /lan'gwire/ [자동] (조동사 : avere) 축 늘어지다, 힘이 없어지다, 수척해지다

languore /lan'gwore/ [남] ① 약함, 힘이 없음, 축 늘어짐 ② 배고픔

laniero /la'njɛro/ [형] (산업 따위가) 양모 [모직물]와 관련된

lanificio /lani'fitʃo/ [남] (복 : -ci) 모직물 공장

lanterna /lan'tɛrna/ [여] ① 랜턴, 각등(角燈), 제등(提燈) ② 등대 - lanterna magica 환등기

lanternino /lanter'nino/ [남] 작은 랜턴 - cercarsele col lanternino 화를 자초하다

lanugine /la'nudʒine/ [여] 솜털

Laos /'laos/ [남] 라오스 (인도차이나 반도의 국가)

lapidare /lapi'dare/ [타동] 돌팔매질해서 죽이다

lapidario /lapi'darjo/ [형] (복 : -ri, -rie) ① 돌에 비문을 새기는 ② (비유적으로) (문체가) 간명한

lapide /'lapide/ [여] ① 묘석, 묘비 ② 기념판

lapis /'lapis/ [남-불변] 연필

Lapponia /lap'pɔnja/ [여] 라플란드 (스칸디나비아의 북부 지역)

lapsus /'lapsus/ [남-불변] 말실수, 실언

lardo /'lardo/ [남] 라드, 돼지기름

largamente /larga'mente/ [부] ① 훨씬, 크게 ② 후하게, 아낌없이

largheggiare /larged'dʒare/ [자동] (조동사 : avere) (in과 함께 쓰여) (~에 있어서) 후하다, 인색하지 않다

larghezza /lar'gettsa/ [여] ① 폭, 너비 ② 넉넉함, 풍부함 ③ 관대함, 후함

largire /lar'dʒire/ [타동] 후하게[아낌없이] 주다

largo /'largo/ (복 : -ghi, -ghe) [형] ① 넓은; a gambe larghe 다리를 넓게 벌리고 ② (옷이) 헐렁한 ③ 큰, 광범위한; in larga misura 크게; su larga scala 대규모로 ④ 관대한, 후한; di larghe vedute 마음이 넓은 - [남] ① 폭, 너비 ② 공해(公海), 외양(外洋) - [부/남] [음악] 라르고 (폭이 넓고 느리게) - fate largo! 비켜!; farsi largo 헤치고 나아가다; stare[tenersi] alla larga (da qn/qc) (누구/무엇으로부터) 떨어져 있다

larice /'laritʃe/ [남] [식물] 낙엽송

laringe /la'rindʒe/ [여] [해부] 후두(喉頭)

laringite /larin'dʒite/ [여] [병리] 후두염

larva /'larva/ [여] ① 애벌레, 유충 ② (경멸적으로) 몹시 마른 사람 ③ (문어체에서) 유령

lasagne /la'zaɲɲe/ [여·복] 라자냐 (파스타·치즈·고기·토마토 소스 등으로 만드는 이탈리아 요리)

lasciapassare /laʃʃapas'sare/ [남-불변] 패스, 통행증

lasciare /laʃ'ʃare/ [타동] ① (장소·사람·물건으로부터) 떠나다; ha lasciato Roma nel '96 그는 (19)96년에 로마를 떠났다; ha lasciato la moglie 그는 아내와 이별했다 ② 두고 가다, 잊어버리다; ho lasciato i soldi a casa 나는 집에 돈을 두고 왔다 ③ 남기다; ~한 상태로 두다; lasciare la porta aperta 문을 열어 두다; lasciare qn solo a casa 누구를 집에 혼자 남겨 두다 ④ (직무·학업 따위를) 그만두다 ⑤ (~하도록) 허가하다; lasciare qn fare qc 누구로 하여금 무엇을 하도록 하다 ⑥ (사람을) 도중에 내려 주다; ti lascio

L

all'angolo 모퉁이에서 내려 줄게 ⑦ 주다, 빌려주다; mi puoi lasciare la macchina oggi? 오늘 네 차를 좀 빌려 줄 수 있겠니?; lasciami il tempo di farlo 그걸 할 시간을 다오 ⑧ (따로) 남겨두다; lasciami un po' di vino 내가 마실 와인을 좀 남겨다오 ⑨ lasciare stare (방해하지 않고) 내버려두다 - lasciarsi [재귀동사] (서로) 헤어지다; 갈라서다 - lasciare molto a desiderare 미흡한 점이 많다; lasciare detto a qn 누구에게 메시지를 남기다; lasciami in pace 날 좀 내버려둬, 혼자 있게 해줘; lasciare il segno su qc 무엇에 (자신의) 흔적을 남기다

lascito /laʃʃito/ [남] 유산, 유증

lascivo /laʃʃivo/ [형] 음란한, 음탕한, 호색의

laser /'lazer/ [남-불변] 레이저 - [형-불변] raggio laser 레이저 광선

lassativo /lassa'tivo/ [남] 하제(下劑)

lasso /'lasso/ [남] lasso di tempo 시간의 경과, 시간 간격

lassù /las'su/ [부] ① 저기 위에 ② 하늘에, 천국에

lastra /'lastra/ [여] ① 석판(石板); 금속판; 유리판 ② (구어체에서) 엑스레이

lastricare /lastri'kare/ [타동] (di와 함께 쓰여) (도로를 ~으로) 포장하다

lastricato /lastri'kato/ [형] (도로가) 포장된 - [남] 포장 도로

lastrico /'lastriko/ [남] (복 : -chi 또는 -ci) 도로 포장 - essere sul lastrico 무일푼이다

latente /la'tɛnte/ [형] 숨어 있는, 잠재적인

laterale /late'rale/ [형] 옆의, 측면의 - [남] [축구] laterale destro 라이트윙; laterale sinistro 레프트윙

lateralmente /lateral'mente/ [부] 옆으로

laterizio /late'rittsjo/ [남] (복 : -zi, -zie) (특히 복수형으로 쓰여) 벽돌

latice /'latitʃe/ [남] ① (고무나무 등의) 유액(乳液) ② [화학] 라텍스 (탄성 고무)

latifondista /latifon'dista/ [남/여] (남·복 : -i, 여·복 : -e) 대토지 소유자

latifondo /lati'fondo/ [남] 대규모의 토지

latino /la'tino/ [형] ① 라틴어의 ② 라틴 사람의, 라틴계의 - [남] 라틴어

latino-americano /latinoameri'kano/ [형] 라틴아메리카의, 중남미의 - [남] (여 : -a) 라틴아메리카 사람

latitante /lati'tante/ [형] (범죄자가) 도망친, 도주한 - [남/여] 도주한 범죄자

latitanza /lati'tantsa/ [여] ① (범죄자의) 도주; darsi alla latitanza (범죄자가) 도주하다, 행방을 감추다 ② (비유적으로) 책임 회피

latitudine /lati'tudine/ [여] [지리] 위도

lato1 /'lato/ [형] in senso lato 넓은 의미에서

lato2 /'lato/ [남] ① 옆, 곁, 측면 ② di lato 옆으로, 옆에서 ③ (문제 따위의) 면, 측면, 일면; da tutti i lati 모든 면에서; da un lato ~ dall'altro lato ~ 한편으로는 ~ 다른 한편으로는 ~ ④ 관점; dal lato mio 내가 보기에는

latore /la'tore/ [남] (여 : -trice) (수표·어음 따위의) 지참인

latrare /la'trare/ [자동] (조동사 : avere) (개가) 짖다

latrato /la'trato/ [남] (개가) 짖음

latta /'latta/ [여] ① 양철판 ② 캔, 깡통

lattaio /lat'tajo/ [남] (복 : -ai) (착유장에서) 젖 짜는 사람

lattante /lat'tante/ [형] (아기가) 아직 젖을 떼지 않은 - [남/여] 젖먹이, 유아

latte /'latte/ [남] 젖, 우유; dare il latte (아기에게) 젖을 먹이다; latte intero (탈지하지 않은) 전유(全乳); latte magro[scremato] 탈지유; latte materno 모유; latte in polvere 분유 - avere ancora il latte alla bocca (비유적으로) 아직 어리다

latteo /'latteo/ [형] ① 우유의 ② 우윳빛의; la Via Lattea 은하수

latteria /latte'ria/ [여] ① 우유·유제품 판매점 ② 착유장; 버터·치즈 제조소

lattice /'lattitʃe/ [남] → latice

latticini /latti'tʃini/ [남] 유제품

lattiera /lat'tjera/ [여] 우유 주전자

lattina /lat'tina/ [여] 캔, 깡통

lattuga /lat'tuga/ [여] 양상추

laurea /'laurea/ [여] (대학에서 수여하는) 학위; prendere[conseguire] la laurea 학위를 취득하다; laurea in legge 법학 학위

laureando /laure'ando/ [형] 대학 졸업반의 - [남] (여 : -a) 대학 졸업반 학생, 학위 취득 예정자

laureare /laure'are/ [타동] (~에) 학위를 수여하다 - laurearsi [재귀동사] 학위

를 취득하다, 대학을 졸업하다
laureato /laure'ato/ [형] 학위를 취득한, 대학을 졸업한 - [남] (여 : -a) 학위 취득자, 대학 졸업생
lauro /'lauro/ [남] ① [식물] 월계수 ② (비유적으로) 승리의 상징, 명예
lauto /'lauto/ [형] 고소득의; (수익·보상 따위가) 상당한 액수의
lava /'lava/ [여] 용암
lavabile /la'vabile/ [형] 세탁 가능한
lavabo /la'vabo/ [남] 세면기
lavaggio /la'vaddʒo/ [남] (복 : -gi) 세탁, 빨래; 세척; lavaggio auto 세차; lavaggio a secco 드라이클리닝 - lavaggio del cervello 세뇌
lavagna /la'vaɲɲa/ [여] ① (학교의) 칠판 ② [광물] 점판암(粘板岩) - lavagna luminosa 오버헤드 프로젝터
lavanda1 /la'vanda/ [여] ① 몸 씻기 ② [의학] (위장 따위의) 세척
lavanda2 /la'vanda/ [여] [식물] 라벤더
lavanderia /lavande'ria/ [여] ① 세탁소 ② (가정의) 세탁실
lavandino /lavan'dino/ [남] ① 세면기 ② (부엌의) 싱크대
lavapiatti /lava'pjatti/ [남/여-불변] 접시 닦는 사람 - [여-불변] 식기 세척기
lavare /la'vare/ [타동] ① 씻(기)다, 목욕시키다 ② 세탁하다; 세척하다; lavare a secco 드라이클리닝을 하다; lavare i piatti 접시를 닦다, 설거지하다; lavare la testa a qn 누구의 머리를 감기다 - 깨끗이 하다 - lavarsi [재귀동사] (자신의 몸을) 씻다, 닦다; lavarsi le mani 손을 씻다; lavarsi i denti 이를 닦다 - me ne lavo le mani 나는 거기서 손을 떼겠다
lavasecco /lava'sekko/ [남/여-불변] 드라이클리닝을 하는 세탁소[기계]
lavastoviglie /lavasto'viʎʎe/ [여-불변] 식기 세척기
lavata /la'vata/ [여] 씻기, 세척; dare una lavata a qc 무엇을 세척하다 - dare una lavata di capo a qn (비유적으로) 누구를 심하게 꾸짖다
lavativo /lava'tivo/ [남] (여 : -a) 직무를 태만히 하는 자
lavatrice /lava'tritʃe/ [여] 세탁기
lavello /la'vɛllo/ [남] (부엌의) 싱크대
lavorante /lavo'rante/ [남/여] 일꾼, 노동자
lavorare /lavo'rare/ [자동] (조동사 : avere) ① 일하다, 노동하다; 근무하다; andare a lavorare 일하러 가다; lavorare duro 열심히 일하다; lavorare come insegnante 교사로서 일하다 ② (기계·시스템 따위가) 움직이다, 작동하다; far lavorare il cervello (비유적으로) 머리를 쓰다 ③ (사업 따위가) 잘되다, 번창하다 - [타동] (목재·금속 등의 재료를 가지고) 작업하다; (빵 따위를) 반죽해 만들다; (토지를) 경작하다 - lavorarsi [재귀동사] lavorarsi qn 누구의 마음을 움직이다
lavorativo /lavora'tivo/ [형] 일하는, 근무의; giornata lavorativa 근무일
lavorato /lavo'rato/ [형] (작업을 통해) 만든; (토지가) 경작된; lavorato a mano 손으로 만든, 수제의
lavoratore /lavora'tore/ [형] 일하는, 노동하는; la classe lavoratrice 노동자 계층 - [남] (여 : -trice) 일하는 사람, 노동자, 근로자
lavorazione /lavorat'tsjone/ [여] ① 제조, 제작; lavorazione della carta 제지(製紙); lavorazione in serie 대량 생산 ② (토지의) 경작
lavorio /lavo'rio/ [남] (복 : -rii) 바쁜 일
lavoro /la'voro/ [남] ① (육체적·정신적 활동으로서의) 일, 노동, 근로, 근무; lavoro manuale 육체 노동; essere al lavoro 일하고 있다, 근무 중이다; mettersi al lavoro 일에 착수하다 ② (개개의) 일, 업무; sta svolgendo un lavoro di ricerca 그는 조사 업무를 수행하고 있다 ③ 직업; essere senza lavoro 실업 상태다; incidente sul lavoro 산업 재해 ④ (예술) 작품 ⑤ [물리] 일 - lavori [남·복] 일, 작업; i lavori di casa 가사, 집안일; "lavori in corso" "공사중" - lavoro d'équipe 팀워크; lavoro straordinario 초과 근무, 잔업; lavori forzati 중노동
lazzarone /laddza'rone/ [남] (여 : -a) 악당, 불량배
le1 /le/ (정관사 여성 복수형) → il
le2 /le/ [대] ㅁ (인칭대명사 여성 단수형) ① 그녀에게; le ho detto tutto 나는 그녀에게 모든 것을 말했다 ② 당신에게; le posso dire una cosa? (당신에게) 말씀 드릴 게 좀 있는데요 - ㅁ (인칭대명사 여성 복수형) 그녀들을
leader /'lider/ [형-불변] 이끄는, 선도하

는, 지도적인 - [남/여-불변] 리더, 지도자

leale /le'ale/ [형] ① 성실한, 충실한 ② 공정한, 올바른, 정직한

lealtà /leal'ta/ [여-불변] ① 성실, 충실 ② 공정, 올바름, 정직

leasing /'lizing/ [남-불변] 임대차 (계약)

lebbra /'lebbra/ [여] [병리] 한센병, 나병

lebbroso /leb'broso/ [형] 한센병[나병]에 걸린 - [남] (여 : -a) 한센병[나병] 환자

lecca-lecca /lekka'lekka/ [남-불변] 막대 사탕

leccapiedi /lekka'pjɛdi/ [남/여-불변] (경멸적으로) 아첨꾼

leccare /lek'kare/ [타동] 핥다; leccarsi le labbra 입술을 핥다; leccare (i piedi a) qn (비유적으로) 누구에게 아첨하다 - leccarsi [재귀동사] (비유적으로) 모양을 내다, 몸치장을 하다

leccata /lek'kata/ [여] 핥기; dare una leccata a ~을 핥다

leccio /'lettʃo/ [남] (복 : -ci) [식물] 털가시나무

leccornia /lekkor'nia/ [여] 맛있는 음식

lecito /'letʃito/ [형] ① 합법적인, 적법한 ② (요구 따위가) 정당한 ③ (예절 바른 표현에 쓰여) se mi è lecito 괜찮으시다면, 실례가 될 지 모르겠지만 - [남] 합법적인[정당한] 것

ledere /'lɛdere/ [타동] 해치다, 손상을 입히다

lega /'lega/ [여] (복 : -ghe) ① 연맹, 동맹, 리그; lega doganale 관세 동맹; far lega con qn 누구와 동맹을 맺다, 손잡다; far lega contro qn 누구에 대항해 동맹을 조직하다; la Lega delle Nazioni 국제 연맹 (UN의 전신) ② 합금

legaccio /le'gattʃo/ [남] (복 : -ci) 끈, 레이스

legale /le'gale/ [형] ① 법률상의, 법적인; 법에 의한; medicina legale 법의학 ② 합법적인, 적법한 - [남] 변호사

legalità /legali'ta/ [여-불변] 합법, 적법

legalizzare /legalid'dzare/ [타동] ① 합법화하다 ② (서류 따위를) 법적으로 인증하다

legalmente /legal'mente/ [부] ① 합법적으로, 적법하게 ② 법적으로, 법에 의해

legame /le'game/ [남] ① 연결, 연계 ② 관계, 관련; 유대, 결속; legame di sangue 혈연; rompere i legami con qn/qc ~와의 관계를 끊다

legamento /lega'mento/ [남] [해부] 인대(靭帶)

legare /le'gare/ [타동] ① 묶다, 매다; legare le mani a qn 누구의 손을 묶다, 누구를 속박하다 ② 결합시키다; sono legati da amicizia 그들은 친구 사이다 (직역하면 "그들은 우정으로 결합돼 있다") ③ 연결하다, 관련시키다 - [자동] (조동사 : avere) ① (색깔 따위가) 서로 잘 어울리다 ② (비유적으로) (con과 함께 쓰여) (~와) 잘 지내다, 친구로 지내다 - legarsi [재귀동사] (a와 함께 쓰여) (~와) 결합돼 있다, 관계가 있다

legato1 /le'gato/ [형] ① 묶인; ho le mani legate 내 손이 묶여 있다 ② (a와 함께 쓰여) (~에) 연결된, 결합된; 애착을 가진 - [부/남] [음악] 레가토 (둘 이상의 음을 이어서 부드럽게 연주하라는 뜻)

legato2 /le'gato/ [남] (교황의) 사절

legato3 /le'gato/ [남] [법률] 유산, 유증 (재산)

legatura /lega'tura/ [여] 묶기, 매기; (책의) 제본

legazione /legat'tsjone/ [여] 공사관원; 공사관; 공사의 직(職)

legenda /le'dʒenda/ [여] (지도의) 범례

legge /'leddʒe/ [여] ① 법; 법률, 법규; a norma[termini] di legge 법에 따라, 법에 의해; per legge 법으로, 법에 의해; la legge è uguale per tutti 모든 사람은 법 앞에 평등하다; la sua parola è legge 그의 말이 곧 법이다; legge marziale 계엄령 ② (과학·경제학 등의) 법칙

leggenda /led'dʒenda/ [여] ① 전설 ② (메달·화폐 표면의) 명(銘)

leggendario /leddʒen'darjo/ [형] (복 : -ri, -rie) 전설상의, 전설적인

leggere /'leddʒere/ [타동] ① (글을) 읽다; l'ho letto sul giornale 난 그것을 신문에서 읽었어 ② (문자·도표 따위를) 해독하다, 판독하다 - leggere la mano a qn 누구의 손금을 보다; leggere nel pensiero a qn 누구의 생각[마음]을 읽다; leggere fra le righe 행간을 읽다, 글 속의 숨은 뜻을 읽다

leggerezza /leddʒe'rettsa/ [여] ① (무게가) 가벼움 ② (행동이) 민첩함, 경쾌함 ③ 생각이 없음, 경솔함; 경박함; con

leggerezza 생각 없이, 경솔하게
leggermente /ledd3er'mente/ [부] 가볍게, 살짝, 조금
leggero /leď'dʒero/ [형] ① (무게가) 가벼운; leggero come una piuma 아주 가벼운 ② (행동이) 민첩한, 경쾌한; a passi leggeri 발걸음도 가볍게 ③ (양·정도가) 적은, 근소한, 약한; avere un leggero accento straniero 외국어 악센트가 약간 있다; avere il sonno leggero 얕은 잠을 자다 ④ (음료 따위가) 엷은, 묽은 ⑤ 생각 없는, 경솔한; 경박한; a cuor leggero 세상 편하게, 근심 걱정 없이 - cavalleria leggera [군사] 경기병(輕騎兵)
leggiadro /leď'dʒadro/ [형] (동작 따위가) 우아한
leggibile /led'dʒibile/ [형] (글씨가) 읽기 쉬운, 판독할 수 있는; (글이) 읽기 쉬운
leggio /leď'dʒio/ [남] (복 : -ii) ① 독서대; 성서대 ② 악보대, 보면대
legiferare /ledʒife'rare/ [자동] (조동사 : avere) 법률을 제정하다
legionario /ledʒo'narjo/ [남] (복 : -ri, -rie) ① (고대 로마의) 군단병 ② 프랑스 외인 부대의 대원
legione /le'dʒone/ [여] ① 군대, 군단, 대군 ② 다수 - la Legione straniera (프랑스의) 외인 부대
legislativo /ledʒizla'tivo/ [형] 입법상의, 법률을 제정하는
legislatore /ledʒizla'tore/ [남] (여 : -trice) 입법자, 법률 제정자
legislatura /ledʒizlas'tura/ [여] 입법부
legislazione /ledʒizlat'tsjone/ [여] 입법, 법률 제정
legittimità /ledʒittimi'ta/ [여-불변] ① 합법성, 적법; 정당함 ② 적출(嫡出)
legittimo /le'dʒittimo/ [형] ① 합법적인, 적법한; 정당한; per legittima difesa 정당방위로 ② (자식이) 적출의
legna /'leɲɲa/ [여] (연료로 쓸 만한) 나무, 재목; legna da ardere 장작; mettere legna al fuoco (비유적으로) 불난 데 부채질하다
legname /leɲ'name/ [남] (건축용으로 제재한) 재목, 목재
legno /'leɲɲo/ [남] 나무, 목재; di legno 나무로 된, 목재의; legno compensato 합판 - legni [남·복] [음악] 목관악기 - testa di legno (비유적으로·경멸적으로) 멍청이, 얼간이

legume /le'gume/ [남] 콩과 식물, 콩 종류
lei /lɛi/ [대] (인칭대명사) ① 그녀; lei è meglio di te 그녀가 너보다 낫다; è stata lei a dirmelo 나에게 말한 건 그녀였다, 그녀가 나에게 말했다; sono venuto con lei 나는 그녀와 함께 왔다; senza di lei 그녀 없이, 그녀를 빼고; chiedilo a lei 그녀에게 요청해 ② L- (경칭으로) 당신; Lei è troppo buono 참 친절하시군요 - [남] dare del Lei a qn 누구에게 "Lei"라는 경칭을 쓰다, 누구에게 존댓말을 하다
lembo /'lembo/ [남] (천·옷의) 가두리, 옷단; (토지의) 한 떼기
lemma /'lɛmma/ [남] ① (사전의) 표제어 ② [수학·논리] 전제, 명제, 보제(補題)
lena /'lena/ [여] di buona lena (일·활동을) 활발하게, 열정적으로
lenire /le'nire/ [타동] (통증 따위를) 진정시키다; (형벌 따위를) 가볍게 하다, 경감하다
lentamente /lenta'mente/ [부] 느리게, 천천히
lente /'lɛnte/ [여] 렌즈; lente d'ingrandimento 확대경; lenti a contatto 콘택트렌즈; portare le lenti 콘택트렌즈를 끼고 있다
lentezza /len'tettsa/ [여] (속도가) 느림, 더딤
lenticchia /len'tikkja/ [여] [식물] 렌즈콩
lentiggine /len'tiddʒine/ [여] 주근깨, 기미
lento /'lɛnto/ [형] ① (속도가) 느린, 더딘; a passi lenti 느린 걸음으로, 느릿느릿 ② (매듭 따위가) 느슨한 - [부] ① 느리게, 천천히 ② [음악] 렌토 (느리게)
lenza /'lentsa/ [여] 낚싯줄
lenzuolo /len'tswɔlo/ [남] (복 : -i, 여·복 : -a) (침대의) 시트 - lenzuolo funebre 수의(壽衣)
leone /le'one/ [남] [동물] 사자 - fare la parte del leone 제일 큰[좋은] 몫을 차지하다
leonessa /leo'nessa/ [여] 암사자
leopardo /leo'pardo/ [남] [동물] 표범
leporino /lepo'rino/ [형] 토끼의; 토끼 같은 - labbro leporino [병리] 구순열(口脣裂), 입술갈림증
lepre /'lɛpre/ [여] [동물] 산토끼
lercio /'lɛrtʃo/ [형] (복 : -ci, -ce) 더러운, 지저분한

L

lesbica /lɛzbika/ [여] (복 : -che) 레즈비언, 여성 동성애자

lesbico /lɛzbiko/ [형] (복 : -ci, -che) 여성 동성애의

lesinare /lezi'nare/ [타동] (칭찬 따위에) 인색하다; non lesina gli sforzi 그는 노력[수고]을 아끼지 않는다 - [자동] (조동사 : avere) (su와 함께 쓰여) (~을) 아끼다, 절약하다; (~에 대해) 인색하게 굴다

lesione /le'zjone/ [여] ① 상해, 손상; lesioni interne [의학] 내상(內傷) ② (비유적으로) (감정·평판 따위를) 해침, (명예의) 훼손

leso /lezo/ [형] 상해를 입은, 손상된; parte lesa [법률] 피해자

lessare /les'sare/ [타동] (요리 재료를 끓는 물에) 삶다, 익히다

lessicale /lessi'kale/ [형] 어휘의; 사전의

lessico /lɛssiko/ [남] (복 : -ci) ① (특정 분야에서 쓰이는) 어휘 전체, 어휘의 범위 ② 어휘집, (용어) 사전

lesso /lɛsso/ [형] (요리 재료를 끓는 물에) 삶은, 익힌 - [남] 삶은[익힌] 고기

lesto /lɛsto/ [형] 재빠른, 민첩한

letale /le'tale/ [형] 죽음에 이르는, 치명적인, 치사의; dose letale (약의) 치사량

letamaio /leta'majo/ [남] (복 : -ai) 거름더미, 퇴비

letame /le'tame/ [남] ① 똥, 거름, 비료 ② 더러움, 불결

letargico /le'tardʒiko/ [형] (복 : -ci, -che) 기면(嗜眠)의, 혼수 상태의

letargo /le'targo/ [남] (복 : -ghi) ① (동물의) 겨울잠 ② [의학] 기면(嗜眠), 혼수 상태 ③ (비유적으로) 무기력한[활동이 없는] 상태

letizia /le'tittsja/ [여] 기쁨, 즐거움, 행복

lettera /'lettera/ [여] ① 글자, 문자; scrivere qc con lettere maiuscole 무엇을 대문자로 쓰다; prendere qc alla lettera 무엇을 글자 그대로 받아들이다; lettere maiuscole 대문자; lettere minuscole 소문자 ② 편지; lettera d'amore 러브레터 - lettere [여·복] ① 문학; lettere antiche 고전 문학; un uomo di lettere 문인 ② (대학 학위 과정의) 인문학 - lettera assicurata 등기 편지; lettera di cambio 환어음; lettera di credito 신용장; lettera raccomandata 배달 증명 우편

letterale /lette'rale/ [형] 글자 그대로의; (번역 따위가) 원문 어구에 충실한

letteralmente /letteral'mente/ [부] ① 글자 그대로, 축어적으로 ② 사실상, 정말로, 완전히

letterario /lette'rarjo/ [형] (복 : -ri, -rie) 문학의, 문학적인, 문필의, 문예의

letterato /lette'rato/ [형] 학식이 있는, 배운 - [남] 학자

letteratura /lettera'tura/ [여] ① 문학, 문예 ② 문헌

lettiera /let'tjera/ [여] 가축 우리의 바닥에 까는 짚

lettiga /let'tiga/ [여] (복 : -ghe) ① (환자용) 들것 ② (옛날의) 가마

lettino /let'tino/ [남] 소아용 침대

letto /'lɛtto/ [남] 침대, 침상, 잠자리; fare il letto 잠자리를 깔다; essere a letto 침대에 누워 있다, 자고 있다; andare a letto, mettersi a letto 잠자리에 들다; andare a letto con qn 누구와 잠자리를 같이하다; sul letto di morte 임종의 자리에서 - letti a castello 2단 침대; letti gemelli 트윈 베드; letto matrimoniale, letto a due piazze 더블 베드; letto a una piazza 싱글 베드

lettone /let'tone/ [형] 라트비아의 - [남/여] 라트비아 사람 - [남] 라트비아어

Lettonia /let'tɔnja/ [여] 라트비아

lettore /let'tore/ [남] (여 : -trice) ① (글을) 읽는 사람, 독자 ② (대학의) 강사 - [남] [컴퓨터·기계] 판독기, 리더; lettore ottico 광학식 문자 판독 장치 (영문 약자 : OCR); lettore (di) CD CD 플레이어; lettore DVD DVD 플레이어

lettura /let'tura/ [여] ① 읽기, 독서; un libro di facile lettura 읽기 쉬운 책; libro di lettura (학생들의) 독본 ② (텍스트의) 해석 ③ 읽을거리

leucemia /leutʃe'mia/ [여] [병리] 백혈병

leva1 /'lɛva/ [여] ① [기계] 지레, 레버 ② (비유적으로) (목적 달성의) 수단, 방편; fare leva su qc 무엇을 (목적 달성의 수단으로) 이용하다 - leva del cambio 변속 기어, 기어 전환 장치; leva di comando [항공] 조종간

leva2 /'lɛva/ [여] [군사] 징병, 모병; essere di leva 징병 대상이다, 군복무에 적합하다

levante /le'vante/ [남] ① 동쪽 ② 동풍

Levante /le'vante/ [남] 레반트 (동부 지중해 및 그 섬과 연안 제국)

levare /le'vare/ [타동] ① (들어)올리다; levare gli occhi al cielo 눈을 들어 하늘을 보다 ② 제거하다, 떼어내다, 벗기다, 뽑아내다; levare la buccia da un frutto 과일의 껍질을 벗기다 ③ 빼다, 덜다, 감(減)하다 - **levarsi** [재귀동사] ① 일어나다, 오르다, 올라가다; levarsi in volo (새·비행기 따위가) 하늘로 오르다 ② (옷·신발 따위를) 벗다; si è levato le scarpe 그는 신발을 벗었다

levata /le'vata/ [여] ① 일어남, 기상; 오름, 올라감 ② (우편물의) 수거, 회수

levataccia /leva'tattʃa/ [여] (복 : -ce) fare una levataccia 엉뚱한 시각에 일어나다

levatoio /leva'tojo/ [형] (복 : -oi) ponte levatoio 도개교(跳開橋)

levatrice /leva'tritʃe/ [여] 산파, 조산사

levatura /leva'tura/ [여] 재능, (지적) 능력

levigare /levi'gare/ [타동] (표면 따위를) 다듬다, 매끄럽게 하다, 갈다

levigato /levi'gato/ [형] 잘 다듬은, 매끄러운

levriere /le'vrjɛre/, **levriero** /le'vrjɛro/ [남] 그레이하운드 (사냥개의 하나)

lezione /let'tsjone/ [여] ① 학과, 수업; 강의; ora di lezione 수업 시간; fare lezione 가르치다, 강의하다; lezione privata 개인 교습 ② 교훈; servire di lezione a qn 누구에게 교훈이 되다

lezioso /let'tsjoso/ [형] 짐짓 꾸민, 억지로 ~하는

lezzo /'leddzo/ [남] 악취

li /li/ [대] (인칭대명사 남성 복수형) 그들; li ho visti ieri 나는 어제 그들을 보았다

lì /li/ [부] ① 저기에; mettilo lì (그것을) 저기에 놓아라; eccolo lì! 저기 있다!; di[da] lì 저곳으로부터; per di lì 저쪽으로 ② lì per lì i) 당장, 즉시 ii) 처음에(는) ③ essere lì lì per 막 ~하려는 참이다 - di lì a pochi giorni 며칠 후에

liana /li'ana/ [여] [식물] 열대산 덩굴 식물의 하나

libanese /liba'nese/ [형] 레바논의 - [남/여] 레바논 사람

Libano /'libano/ [남] 레바논

libbra /'libbra/ [여] [무게의 단위] 파운드

libeccio /li'bettʃo/ [남] ① 남서풍 ② 남서쪽

libellula /li'bɛllula/ [여] [곤충] 잠자리

liberale /libe'rale/ [형] ① [정치] 자유주의의 ② 관대한, 너그러운, 도량이 넓은 - [남/여] 자유주의자

liberalismo /libera'lizmo/ [남] 자유주의

liberalmente /liberal'mente/ [부] 관대하게, 너그럽게

liberamente /libera'mente/ [부] 자유로이, 제한 없이

liberare /libe'rare/ [타동] ① (da와 함께 쓰여) (~으로부터) 자유롭게 하다, 풀어주다, 놓아주다, 해방하다 ② (공간·장소를) 비우다 ③ (엉킨 것 따위를) 풀다, 느슨하게 하다 ④ (에너지 따위를) 발산하다 - **liberarsi** [재귀동사] (da 또는 di와 함께 쓰여) (~으로부터) 자유로워지다, 벗어나다, 풀려나다, 해방되다; liberarsi dagli impegni 약속·계약 따위의 속박에서 벗어나다

liberatore /libera'tore/ [형/남] (여 : -trice) 자유롭게 하는, 풀어주는, 해방하는 (사람)

liberatorio /libera'tɔrjo/ [형] (복 : -ri, -rie) 의무·속박으로부터 해방시키는; pagamento liberatorio 전액 지불

liberazione /liberat'tsjone/ [여] ① 해방, 석방; la liberazione della donna 여성 해방 (운동) ② 안도, 안심; che liberazione! 이제 안심이구나!

Liberia /li'bɛrja/ [여] 라이베리아 (서아프리카의 국가)

libero /'libero/ [형] ① 자유로운, 속박을 받지 않는, 얽매이지 않은; (da와 함께 쓰여) (~으로부터) 벗어난, 해방된; dar libero corso a ~에게 (행동의) 자유를 주다; libera discussione 자유 토론 ② (공간·장소가) 비어 있는 ③ 무료의, 공짜의; "ingresso libero" "무료 입장" ④ (사람이) 시간적 여유가 있는; (사물이) 이용[활용] 가능한 상태의; non ha mai un momento libero 그에겐 시간적 여유가 없다 - [남] [축구] 스위퍼, 리베로 - libera professione 자영(업); libero professionista 자영업자, 프리랜서; libero arbitrio 자유 의지; libero scambio 자유 무역

libertà /liber'ta/ [여-불변] ① 자유, 자유로운 상태; combattere per la libertà 자유를 위해 싸우다; nei momenti di

libertà 자유 시간에, 일이 없을 때에; libertà di espressione 표현의 자유 ② (죄수의) 석방; concedere la libertà a qn 누구를 석방하다; essere in libertà vigilata 집행유예 기간 중에 있다 ③ 행동의 자유, 멋대로 함; prendersi la libertà di 멋대로 ~하다
libertino /liber'tino/ [형/남] (여 : -a) 방탕한 (사람)
liberty /'liberti/ [남/형-불변] [미술] 아르누보(의)
Libia /'libja/ [여] 리비아
libico /'libiko/ (복 : -ci, -che) [형] 리비아의 - [남] (여 : -a) 리비아 사람
libidine /li'bidine/ [여] ① 정욕, 육욕, 색욕 ② (비유적으로) (di와 함께 쓰여) (~에 대한) 강한 욕망, 갈망
libidinoso /libidi'noso/ [형] 호색의, 음란한
libido /li'bido/ [여-불변] [정신분석] (성욕·생활력의 근원인) 생명력, 리비도
libraio /li'brajo/ [남] (여 : -a) (복 : -ai) 서적상, 서점 주인
librarsi /li'brarsi/ [재귀동사] 공중에 떠 있다
libreria /libre'ria/ [여] ① 서점, 책방 ② 책장, 서가, 책꽂이
libretto /li'bretto/ [남] 소책자 - libretto degli assegni 수표장; libretto d'istruzioni 사용 설명서
libro /'libro/ [남] ① 책, 도서, 서적; libro di consultazione 참고 도서; libro di cucina 요리책; libro tascabile 문고판; libro di testo 교과서 ② 등록부, 명부, 장부; tenere i libri 장부를 기록하다; libri contabili 회계 장부, 출납부; libro di cassa 현금 출납부; libro paga 임금 대장, 급료 지불 명부
liceale /litʃe'ale/ [형] 고등학교의 - [남/여] 고등학생
licenza /li'tʃɛntsa/ [여] ① 허가; chiedere licenza di fare qc ~하는 데 있어서 허가를 요청하다 ② 면허; licenza di caccia 수렵 면허; su licenza di ~으로부터 면허를 받아 ③ (비유적으로) 행동의 자유, 멋대로 함; prendersi delle licenze con qn 누구에게 스스럼없이 대하다 ④ (군인의) 휴가; andare in licenza 휴가를 얻다 ⑤ (학교의) 졸업 시험
licenziamento /litʃentsja'mento/ [남] 해고, 해직; licenziamento in massa 집단 해고
licenziare /litʃen'tsjare/ [타동] ① 해고하다 ② (학생에) 졸업 시험 합격증을 수여하다 - licenziarsi [재귀동사] ① 사직[사임]하다 ② (문어체에서) 떠나다, 작별 인사를 하다
licenzioso /litʃen'tsjoso/ [형] 방탕한, 음탕한
liceo /li'tʃɛo/ [남] 고등학교
lichene /li'kɛne/ [남] [식물] 지의류(地衣類), 이끼
licitazione /litʃitat'tsjone/ [여] (경매의) 입찰
lido /'lido/ [남] 물가, 바닷가
lieto /'ljɛto/ [형] 기쁜, 즐거운, 행복한; a lieto fine 해피엔딩으로; il lieto evento 경사 (출산, 탄생 등); molto lieto! 만나서 반갑습니다
lieve /'ljɛve/ [형] 가벼운, 약간의, 경미한
lievemente /ljeve'mente/ [부] 가볍게, 약간, 조금, 살짝
lievitare /ljevi'tare/ [자동] (조동사 : essere) (반죽 따위가) 부풀어오르다 - [타동] (반죽을) 부풀어오르게 하다, 발효시키다
lievitazione /ljevitat'tsjone/ [여] (반죽이) 부풀어오름, 발효 작용
lievito /'ljɛvito/ [남] 효모, 이스트 - lievito in polvere 베이킹파우더
lifting /'lifting/ [남-불변] 얼굴의 주름을 펴는 성형수술
ligio /'lidʒo/ [형] (복 : -gi, -gie 또는 -ge) (a와 함께 쓰여) (~에) 충실한; ligio al dovere 직무에 충실한
lignaggio /liɲ'naddʒo/ [남] (복 : -gi) 혈통, 계통
lilla /'lilla/ [남/형-불변] 엷은 자색(의), 연보랏빛(의)
lillà /lil'la/ [남-불변] [식물] 라일락
lima /'lima/ [여] (쇠붙이나 손톱 따위를 가는) 줄; lima per le unghie 손톱 다듬는 줄
limaccioso /limat'tʃoso/ [형] 진창의, 흙탕물의
limare /li'mare/ [타동] ① (쇠붙이나 손톱 따위를) 줄로 갈다 ② (비유적으로) (글·문장을) 다듬다
limbo /'limbo/ [남] [가톨릭] 지옥의 변방, 지옥과 천국 사이
limetta1 /li'metta/ [여] (손톱 따위를 다듬는 데 쓰는) 작은 줄
limetta2 /li'metta/ [여] [식물] 라임

limitare1 /limi'tare/ [타동] ① (때로 a와 함께 쓰여) (~으로) 제한하다, 한정하다; 억제하다 ② (토지 따위의) 범위·경계를 정하다 - limitarsi [재귀동사] ① 삼가다, 자신의 행동을 제한하다; limitarsi nel fumare 금연하다 ② (a와 함께 쓰여) (~으로) 제한[한정]되다, 국한되다

limitare2 /limi'tare/ [남] ① 문지방 ② 가장자리, 변두리

limitativo /limita'tivo/ [형] 제한[한정]하는, 제한[한정]적인

limitato /limi'tato/ [형] 제한된, 한정된; 유한한, 얼마 안 되는, 적은; persona di idee limitate 생각이 좁은 사람

limitazione /limitat'tsjone/ [여] 제한, 한정, 국한; 억제; limitazione degli armamenti 군비 제한

limite /'limite/ [남] ① (토지 따위의) 경계 ② 한계, 한도; senza limiti 무한한, 한없는; nei limiti del possibile 가능한 한; passare il[ogni] limite 도를 넘다, 지나치다; entro certi limiti 일정한 한도 내에서; al limite 최악의 경우에 ③ [수학] 극한 - [형-불변] data limite 데드라인, 최종 기한 - limite d'età 연령 제한; limite di tempo 시간 제한; limite di velocità 속도 제한

limitrofo /li'mitrofo/ [형] 인접한, 이웃의

limonata /limo'nata/ [여] 레모네이드

limone /li'mone/ [남] [식물] 레몬 (나무 또는 과일) - [남/형-불변] 레몬색(의)

limpido /'limpido/ [형] ① (물·공기 등이) 맑은, 투명한; (날씨가) 맑은 ② (비유적으로) 명쾌한

lince /'lintʃe/ [여] [동물] 스라소니

linciaggio /lintʃ'addʒo/ [남] (복 : -gi) 사적인 폭력, 린치

linciare /lin'tʃare/ [타동] (~에) 린치를 가하다

lindo /'lindo/ [형] 깨끗한, 깔끔한

linea /'linea/ [여] ① 선, 줄, 라인; linea di confine 경계선; linea punteggiata 점선; in linea d'aria 일직선으로 ② (비유적으로) 방침, 주의, 노선; linea d'azione 행동 방침 ③ 윤곽, 옆모습, 몸매; mantenere la linea 몸매가 날씬하다 ④ (철도·항공 등의) 노선, 항로; linea aerea (정기) 항공로; volo di linea (항공기의) 정기편 ⑤ 끈; 전선; 전화선; la linea è occupata 통화 중이다 ⑥ [군사] essere in prima linea 제1선에 있다; linea di tiro 탄도(彈道) ⑦ [스포츠] 라인; linea d'arrivo 결승선; linea mediana (축구 등의) 중앙선; linea di partenza 출발선 - a grandi linee 윤곽만 잡아, 대략; in linea di massima 대체로

lineamenti /linea'menti/ [남·복] ① 얼굴 생김새, 용모 ② (비유적으로) 개론, 입문; lineamenti di fisica 물리학 입문

lineare /line'are/ [형] ① 선(線)의 ② [수학] 1차의; equazione lineare 1차 방정식 ③ (비유적으로) 일관된

lineetta /line'etta/ [여] 대시, 줄표 (—); 하이픈 (-)

linfa /'linfa/ [여] ① [해부] 림프(액) ② 수액(樹液)

linfatico /lin'fatiko/ [형] (복 : -ci, -che) 림프(액)의

linfonodo /linfo'nɔdo/ [남] [해부] 림프샘, 림프절

lingotto /lin'gɔtto/ [남] 주괴(鑄塊), 잉곳, 금속 덩어리; lingotto d'oro 금괴, 골드 바

lingua /'lingwa/ [여] ① 혀; mostrare la lingua 혀를 내밀다 ② 말, 언어; lingua madre 모국어; lingua morta 사어(死語); la lingua italiana 이탈리아어; paesi di lingua inglese 영어를 사용하는 나라들 - avere la lingua lunga 말이 많다, 수다쟁이다; avere qc sulla punta della lingua 말이 입끝에서 뱅뱅돌 뿐 생각이 나지 않다; tenere a freno la lingua 잠자코 있다

linguaccia /lin'gwattʃa/ [여] (복 : -ce) 남의 험담을 하는 사람

linguaggio /lin'gwaddʒo/ [남] (복 : -gi) ① 말, 언어; nel linguaggio corrente 일상적인 말로 ② 말하는 능력; disturbo del linguaggio 언어 장애

linguetta /lin'gwetta/ [여] ① (구두의) 혀; (봉투의) 접는 부분 ② [음악] 리드 (관악기의 혀)

linguista /lin'gwista/ [남/여] (남·복 : -i, 여·복 : -e) 언어학자

linguistica /lin'gwistika/ [여] 언어학

linguistico /lin'gwistiko/ [형] (복 : -ci, -che) 말의, 언어의; 언어학의

linimento /lini'mento/ [남] 바르는 약

lino /'lino/ [남] ① [식물] 아마(亞麻) ② 아마포, 리넨

linoleum /li'nɔleum/ [남-불변] (마루에 까는) 리놀륨

liofilizzato /liofilid'dzato/ [형/남] 냉동

건조한 (식품)
lipide /li'pide/ [남] [생화학] 지질(脂質)
liposuzione /liposut'tsjone/ [여] 지방 흡입술
liquame /li'kwame/ [남] 오수(汚水), 하수
liquefare /likwe'fare/ [타동] ① 녹이다 ② (기체를) 액화하다; (금속을) 용해하다 - liquefarsi [재귀동사] 녹다; 액화하다, 융해되다
liquidare /likwi'dare/ [타동] ① (회사 따위를) 해체하다 ② (부채를) 청산하다 ③ 헐값에 팔아치우다, 싸게 처분하다 ④ (구어체에서) (문제를) 풀다, 해결하다 ⑤ 없애다, 처리하다, 죽이다
liquidazione /likwidat'tsjone/ [여] ① (회사 따위의) 파산, 해체 ② (부채의) 청산 ③ 염가 처분 판매 ④ 퇴직금
liquidità /likwidi'ta/ [여-불변] ① 액체임 ② [경제] 유동성
liquido /'likwido/ [형] ① 액체의; 유동체의 ② [경제] (재산 따위가) 유동성이 있는, 현금화하기 쉬운; denaro liquido 현금 - [남] ① 액체 ② 현금
liquirizia /likwi'rittsja/ [여] [식물] 감초; 말린 감초 뿌리
liquore /li'kwore/ [남] 리큐어 (독한 혼성주)
liquoroso /likwo'roso/ [형] vino liquoroso 알코올과 향을 첨가한 포도주
lira1 /'lira/ [여] ① 리라 (이탈리아의 옛 화폐 단위) ② 파운드 (이집트 등지의 화폐 단위) ③ non vale una lira 동전 한 푼어치의 가치도 없다; non avere una lira 무일푼이다, 빈털터리다 - lira sterlina 영국 파운드
lira2 /'lira/ [여] 리라 (고대 그리스의 작은 현악기)
lirica /'lirika/ [여] (복 : -che) ① 서정시 ② 오페라
lirico /'liriko/ (복 : -ci, -che) [형] ① 서정시의 ② 오페라의 - [남] 서정시인
lisca /'liska/ [여] (복 : -sche) 생선 가시
lisciare /liʃ'ʃare/ [타동] ① 매끄럽게 하다 ② (머리 따위를) 매만지다, 쓰다듬다 ③ (비유적으로) 아첨하다 - lisciarsi [재귀동사] 모양[멋]을 내다
liscio /'liʃʃo/ (복 : -sci, -sce) [형] ① 매끄러운, 부드러운; (머리카락이) 곧은; (바다가) 잔잔한 ② 장식이 없는, 수수한 ③ (술이) 물을 타지 않은; (커피가) 블랙의 - [남] 사교 댄스 - andare liscio (come l'olio) 순조롭게 진행되다

liso /'lizo/ [형] (옷이) 낡은, 해진
lisoformio /lizo'fɔrmjo/ [남] 리졸 (소독제)
lista /'lista/ [여] ① 목록, 리스트, 명단, 표; fare la lista di qc 무엇의 목록을 만들다; mettersi in lista per ~의 목록에 (이름 따위가) 오르다 ② (천·종이 따위의) 가늘고 긴 조각 - lista elettorale 선거인 명부; lista nera 블랙리스트
listare /lis'tare/ [타동] (di와 함께 쓰여) (~의) 줄무늬를 넣다, 테를 두르다
listino /lis'tino/ [남] 목록, 표; prezzo di listino 표시 가격, 정가 - listino dei cambi 외환 시세, 환율
litania /lita'nia/ [여] [교회] 연도(連禱), 호칭 기도
lite /'lite/ [여] ① 말다툼; attaccare lite con qn 누구와 말다툼을 하기 시작하다 ② [법률] 소송, 고소
litigare /liti'gare/ [자동] (조동사 : avere) ① 말다툼을 벌이다 ② 소송을 제기하다
litigio /li'tidʒo/ [남] (복 : -gi) 말다툼
litigioso /liti'dʒoso/ [형] 다투기 좋아하는; 소송하기 좋아하는
litografia /litogra'fia/ [여] 석판술; 석판화
litorale /lito'rale/ [형] 해안의 - [남] 해안, 해변, 바닷가
litoraneo /lito'raneo/ [형] 해안의
litro /'litro/ [남] [부피의 단위] 리터
Lituania /litu'anja/ [여] 리투아니아
lituano /litu'ano/ [형] 리투아니아의 - [남] (여 : -a) 리투아니아 사람 - [남] 리투아니아어
liturgia /litur'dʒia/ [여] 예배식, 전례(典禮), 종교 의례
liuto /li'uto/ [남] 류트 (기타 비슷한 14-17세기의 현악기)
livella /li'vella/ [여] [기계] 수준기(水準器); livella a bolla (d'aria) 알코올 수준기
livellare /livel'lare/ [타동] 평평하게 하다, 고르다 - livellarsi [재귀동사] 평평해지다, 고르게 되다
livello /li'vello/ [남] ① 수평; essere a livello 수평이다, 평탄하다 ② (수평면의) 높이; livello dell'acqua 수위(水位); sul livello del mare 해발 ③ 수준, 정도; allo stesso livello 같은 수준의; un alto livello di vita 높은 생활

수준; a livello mondiale 세계적인 (수준의)

livido /'livido/ [형] ① 검푸른; 멍든; labbra livide dal freddo 추위로 인해 파래진 입술 ② (안색·하늘 등이) 납빛의, 흙빛의 - [남] (타박상에 의한) 멍

livore /li'vore/ [남] 악의, 앙심

livrea /li'vrɛa/ [여] (하인·운전기사 등의) 제복, 정복

lizza /'littsa/ [여] entrare in lizza 경쟁에 참가하다; essere in lizza per ~을 놓고 다투고 있다, 경쟁하는 중이다

lo1 /lo/ (모음 앞에서는 l') (정관사 남성 단수형) → il

lo2 /lo/ [대] (모음 앞에서는 l') (인칭대명사 남성 단수형) 그를; 그것을; l'ho incontrato ieri 나는 어제 그를 만났다; guardalo! 그를 보라!; te lo dicevo io! 내가 그렇게 말해줬잖니!

lobbista /lob'bista/ [남/여] (남·복 : -i, 여·복 : -e) 로비스트, 막후교섭자, 섭외인

lobby /'lobbi/ [여-불변] 로비, 압력 단체

lobo /'lɔbo/ [남] ① [해부] 엽(葉) ② [식물] (주로 잎의) 열편(裂片), 판(瓣)

lobotomia /loboto'mia/ [여] [외과] (대뇌의) 백질 절제(술), 엽절단

locale1 /lo'kale/ [형] (특정) 지방의, 지역의; colore locale 지방색 - [남] 완행 열차

locale2 /lo'kale/ [남] ① 방, 실(室); locale caldaie 보일러실 ② (특정 활동을 위한) 공간, 장소; hanno un locale per le prove 그들은 예행 연습을 할 장소를 얻었다 ③ (유흥 따위를 위해) 드나드는 곳; locale notturno 나이트클럽

località /lokali'ta/ [여-불변] ① 장소, 소재 ② 행락지, 휴양지; località balneare 해수욕장

localizzare /lokalid'dzare/ [타동] ① (~의) 위치를 알아내다[지적하다] ② 한 지역에 제한하다, 국지화하다 - localizzarsi [재귀동사] (in과 함께 쓰여) (~에) 국지화되다

localmente /lokal'mente/ [부] ① 어떤 장소에[와 관련하여] ② 국지적[국부적]으로

locanda /lo'kanda/ [여] 여관

locandiere /lokan'djere/ [남] (여 : -a) 여관 주인

locandina /lokan'dina/ [여] (영화관·극장 등의) 포스터, 전단

locatario /loka'tarjo/ [남] (복 : -ri) 임차인

locatore /loka'tore/ [남] (여 : -trice) 임대인

locazione /lokat'tsjone/ [여] ① 임대; 임차; dare in locazione 임대하다 ② 임대차 계약, 리스

locomotiva /lokomo'tiva/ [여] 기관차

locomotore /lokomo'tore/ [남] 전기 기관차

locomozione /lokomot'tsjone/ [여] 교통 기관; mezzi di locomozione 교통 수단

loculo /'lɔkulo/ [남] 관이나 유골 단지를 두는 공간

locusta /lo'kusta/ [여] [곤충] 메뚜기 종류

locuzione /lokut'tsjone/ [여] 어구; 숙어, 관용구

lodare /lo'dare/ [타동] 칭찬하다, 칭송[찬양]하다 - sia lodato il Cielo! 아, 고마워라!

lode /'lɔde/ [여] ① 칭찬, 칭송, 찬양; degno di lode 칭찬할 만한; tessere le lodi di qn 누구를 칭찬[칭송]하다; torna a sua lode 그의 공적이다, 그가 칭찬을 받아야 한다 ② (학교 성적의) 우등

loden /'lɔden/ [남-불변] 로덴 (두꺼운 방수 천)

lodevole /lo'devole/ [형] 칭찬[칭송]할 만한

logaritmo /loga'ritmo/ [남] [수학] 대수 (對數)

loggia /'lɔddʒa/ [여] (복 : -ge) [건축] 로지아 (한쪽이 트인 주랑(柱廊))

loggione /lod'dʒone/ [남] (극장의) 맨 위 층 관람석

logica /'lɔdʒika/ [여] (복 : -che) 논리(학); è nella logica delle cose 그건 당연하다; a rigor di logica 논리적으로, 논리상; privo di logica 비논리적인, 불합리한

logicamente /lodʒika'mente/ [부] ① 논리적으로, 논리상 ② 당연히, 필연적으로

logicità /lodʒitʃi'ta/ [여-불변] 논리적임, 논리적 타당성

logico /'lɔdʒiko/ (복 : -ci, -che) [형] 논리적인 - [남] (여 : -a) 논리학자

logistica /lo'dʒistika/ [여] [군사] 병참술[학]

logistico /lo'dʒistiko/ [형] (복 : -ci,

-che) [군사] 병참의

logo /ˈlɔgo/ [남] (복 : -ghi) 로고, 상표 따위의 심벌 마크

logopedista /logopeˈdista/ [남/여] (남·복 : -i, 여·복 : -e) 언어치료사

logorante /logoˈrante/ [형] (일 따위가) 몹시 고된

logorare /logoˈrare/ [타동] ① (옷·신발 따위를) 낡게[닳게] 하다 ② (비유적으로) (사람을) 몹시 지치게 하다; (건강을) 해치다 - logorarsi [재귀동사] ① (옷·신발 따위가) 낡다, 해지다, 닳다 ② (비유적으로) (사람이) 몹시 지치다; (건강이) 나빠지다

logorio /logoˈrio/ [남] (복 : -rii) ① 낡음, 닳음, 마모 ② (비유적으로) 피로, 스트레스

logoro /ˈlogoro/ [형] ① (옷·신발 따위가) 낡은, 해진, 닳은 ② (비유적으로) 몹시 지친; 건강이 나빠진

logorroico /logorˈrɔiko/ [복 : -ci, -che] 말이 많은, 이야기를 장황하게 늘어놓는

lombaggine /lomˈbaddʒine/ [여] [병리] 요통

lombare /lomˈbare/ [형] 허리(부분)의

lombata /lomˈbata/ [여] (짐승의) 허리 고기

lombo /ˈlombo/ [남] ① 허리, 요부(腰部) ② (짐승의) 허리 고기

lombrico /lomˈbriko/ [남] (복 : -chi) 지렁이

Londra /ˈlondra/ [여] 런던 (영국의 수도)

longevità /londʒeviˈta/ [여-불변] 장수, 오래 삶

longevo /lonˈdʒɛvo/ [형] 장수하는, 오래 사는

longilineo /londʒiˈlineo/ [형] 팔다리가 긴

longitudinale /londʒitudiˈnale/ [형] ① 경도[경선]의 ② 길이의, 세로의

longitudine /londʒiˈtudine/ [여] [지리] 경도(經度), 경선(經線)

long playing /lɔŋˈplejŋg/ [남-불변] LP반(盤), 롱플레잉 레코드

lontanamente /lontanaˈmente/ [부] ① 멀리 ② 어렴풋이; 살짝

lontananza /lontaˈnantsa/ [여] ① 먼 거리; in lontananza 먼 곳에, 멀리 ② 부재(不在), 가까운 곳에 없음, 멀리 떨어져 있음

lontano /lonˈtano/ [형] ① (거리가) 먼, 원격의; lontano da ~에서[으로부터] 먼, 멀리 떨어진; tenersi lontano da ~으로부터 멀리 떨어지다 ② (시간적으로) 먼, 아득한; i tempi lontani dell'università 대학에서 보냈던 먼 옛시절 ③ (관계가) 먼 - [부] 멀리 (떨어져); è meno lontano di quello che pensi 네가 생각하는 것만큼 그렇게 멀지 않다; è lontano 10 chilometri 10km 떨어져 있다; da lontano 먼 곳에서[으로부터]; lontano nel passato 아득한 옛날에 - andare lontano 성공적이다; lontano dagli occhi lontano dal cuore [속담] 눈에서 멀어지면 마음도 멀어진다; mirare lontano 큰 뜻을 품다; vedere lontano 멀리 내다보다

lontra /ˈlontra/ [여] [동물] 수달

loquace /loˈkwatʃe/ [형] ① 말 많은, 수다스러운 ② 표정이 풍부한

lordo /ˈlordo/ [형] ① (문어체에서) 더럽혀진; lordo di sangue 피로 얼룩진 ② 총계의; prodotto interno lordo 국내총생산 (GDP) - [남] al lordo d'imposta 세금을 포함한

loro /ˈloro/ [대] (인칭대명사 복수형) ① 그들이, 그들이; loro sono meglio di te 그들이 너보다 낫다 ② 그들을; 그들에게; disse loro che 그는 그들에게 ~이라고 말했다; sono venuto con loro 나는 그들과 함께 왔다 ③ L- 당신들 - [형-불변] (소유형용사) ① 그들의; i loro amici 그들의 친구들 ② L- 당신들의 - il loro [대-불변] (소유대명사) ① 그들의 것; questi libri sono i loro 이 책들은 그들의 것이다 ② L- 당신들의 것

losanga /loˈzanga/ [여] (복 : -ghe) 마름모꼴(의 물체)

losco /ˈlosko/ [형] (복 : -schi, -sche) 의심스러운, 수상한

loto /ˈlɔto/ [남] [식물] 연(蓮)

lotta /ˈlɔtta/ [여] ① 싸움, 충돌; 투쟁; essere in lotta con ~와 싸우고 있다; lotta mortale 사투 ② [스포츠] 레슬링 - lotta armata 무력 충돌[투쟁]; lotta di classe 계급 대립[투쟁]; lotta contro la droga 마약과의 전쟁; lotta corpo a corpo 백병전; lotta per la sopravvivenza 생존을 위한 투쟁

lottare /lotˈtare/ [자동] (조동사 : avere) (con 또는 contro와 함께 쓰여) (~와 또는 ~에 맞서) 싸우다, 투쟁하다; (per

와 함께 쓰여) (~을 위해) 싸우다, 투쟁하다
lottatore /lotta'tore/ [남] (여 : -trice) ① 싸우는 사람, 투사 ② 레슬링 선수
lotteria /lotte'ria/ [여] 복권 추첨; biglietto della lotteria 복권
lottizzare /lottid'dzare/ [타동] (토지를) 구획하다
lottizzazione /lottiddzat'tsjone/ [여] 구획, 분할
lotto /'lɔtto/ [남] ① 로토 복권 ② (할당된) 몫 ③ (토지의) 한 구획; lotto edificabile 건축 부지 - vincere un terno al lotto 대박이 나다, 크게 성공하다
lozione /lot'tsjone/ [여] 로션, 화장수
LP /ɛllep'pi/ [남-불변] (영문 long-playing record의 약자) (레코드의) LP반(盤)
LSD /ɛlleɛssed'di/ [남-불변] (영문 lysergic acid diethylamide의 약자) LSD (환각제)
lubrificante /lubrifi'kante/ [형] 윤활제 역할을 하는 - [남] 윤활유, 윤활제
lubrificare /lubrifi'kare/ [타동] (~에) 기름을 치다[바르다]
lucchetto /luk'ketto/ [남] 맹꽁이자물쇠
luccicante /luttʃi'kante/ [형] 불꽃을 튀기는, 빛나는, 반짝이는
luccicare /luttʃi'kare/ [자동] (조동사 : essere, avere) 불꽃을 튀기다, 빛나다, 반짝이다 - non è tutt'oro quel che luccica [속담] 반짝이는 것이 모두 금은 아니다
luccichio /luttʃi'kio/ [남] (복 : -ii) 불꽃을 튀김, 빛남, 반짝임
luccicone /luttʃi'kone/ [남] avere i luccicconi agli occhi 눈에 눈물이 글썽이다
luccio /'luttʃo/ [남] (복 : -ci) [어류] 창꼬치
lucciola /'luttʃola/ [여] ① [곤충] 반딧불이 ② 창녀, 매춘부
luce /'lutʃe/ [여] ① 빛; alla luce del giorno 백주에, 대낮으로; luce del sole 햇빛 ② 발광체, 광원(光源) ③ 전깃불; accendere[spegnere] la luce (전등 따위의) 스위치를 켜다[끄다] ④ (비유적으로) fare luce su qc (문제 따위를) 조명하다; mettere in luce 돋보이게 하다; fare qc alla luce del sole 무엇을 공공연히[공개적으로] 하다; dare alla luce (아기를) 낳다; venire alla luce i) (진상 따위가) 드러나다 ii) (아기가) 태어나다; alla luce di questi fatti 이 사실에 비추어보아 ⑤ (건물의) 창 - luci [여·복] 자동차의 등 (헤드라이트 따위)
lucente /lu'tʃɛnte/ [형] 빛나는; 윤이 나는
lucentezza /lutʃen'tettsa/ [여] 빛남, 밝음; 광택, 윤
lucernario /lutʃer'narjo/ [남] (복 : -ri) 채광창
lucertola /lu'tʃɛrtola/ [여] [동물] 도마뱀
lucidalabbra /lutʃida'labbra/ [남-불변] 립글로스 (입술에 바르는 화장품의 하나)
lucidare /lutʃi'dare/ [타동] ① 광택[윤]을 내다 ② 비치는 종이를 대고 베끼다
lucidatrice /lutʃida'tritʃe/ [여] 바닥 닦는 기계
lucidità /lutʃidi'ta/ [여-불변] 명백, 명료, 명쾌; 명석
lucido /'lutʃido/ [형] ① 빛나는, 광택 있는, 윤기 있는 ② 명백한, 명료한, 명쾌한 ③ 명석한 - [남] ① 빛남, 광택 ② 광택[윤]을 내는 물질; lucido da scarpe 구두약 ③ 트레이싱, 투사(透寫); carta da lucido 비치는 종이, 투사지
lucignolo /lu'tʃiɲɲolo/ [남] (양초 따위의) 심지
lucrativo /lukra'tivo/ [형] (활동이) 이익이 되는, 수익이 있는
lucro /'lukro/ [남] 이익, 이득; a scopo di lucro 이익을 얻기 위해, 이윤을 추구하여; associazione a scopo di lucro 영리 목적의 단체
luculliano /lukul'ljano/ [형] (식사가) 호화로운, 사치스러운
ludibrio /lu'dibrjo/ [남] (복 : -bri) 비웃음, 조롱; 웃음거리
luglio /'luʎʎo/ [남] 7월
lugubre /'lugubre/ [형] 우울한, 음침한
lui /'lui/ [대] (인칭대명사 남성형) ① 그는, 그가; lui è meglio di te 그가 너보다 낫다; è stato lui a dirmelo 그가 내게 (그것을) 말했다 ② 그를, 그에게; sono venuto con lui 나는 그와 함께 왔다; hanno accusato lui, non me 그들은 내가 아니라 그를 고소했다 - [남] (구어체에서) ① 남자 ② 남자친구, 애인; il mio lui 내 남자친구

lumaca /lu'maka/ [여] (복 : -che) ① [동물] 민달팽이; 달팽이 ② (비유적으로) 행동이 느린 사람
lume /'lume/ [남] ① 램프, 등 ② 빛; a lume di candela 촛불로, 촛불에 비추어 - chiedere lumi a qn 누구에게 조언을 구하다
luminaria /lumi'narja/ [여] (파티 따위의) 조명 장식
lumino /lu'mino/ [남] 작은 등(燈)
luminoso /lumi'noso/ [형] ① 빛을 내는, 빛나는; insegna luminosa 네온사인 ② 밝은 ③ (비유적으로) (표정이) 밝은; (생각 따위가) 재치 있는, 훌륭한
luna /'luna/ [여] ① 달 (천체); luna nuova 초승달; luna piena 보름달 ② (문어체에서) (한)달, 月(月); sette lune 7개월 - avere la luna 기분이 좋지 않다; chiedere la luna 불가능한 것을 바라다; luna di miele 신혼 여행, 허니문
lunare /lu'nare/ [형] 달의; paesaggio lunare 월면 풍경
lunario /lu'narjo/ [남] (복 : -ri) 책력(冊曆) - sbarcare il lunario 간신히 생계를 이어가다
lunatico /lu'natiko/ [형/남] (여 : -a) (복 : -ci, -che) 변덕스러운 (사람)
lunedì /lune'di/ [남-불변] 월요일
lunetta /lu'netta/ [여] [건축] 아치형 채광창
lungaggine /lun'gaddʒine/ [여] 느림, 지체; le lungaggini della burocrazia 관료적 형식주의, 번거로운 절차
lungamente /lunga'mente/ [부] 오랫동안
lunghezza /lun'gettsa/ [여] 길이; per una lunghezza di ~의 길이만큼, 길이 [거리]가 ~인; nel senso della lunghezza 길게, 세로로 - lunghezza d'onda [물리] 파장
lungi /'lundʒi/ [부] (문어체에서) lungi da ~와는 거리가 먼; siamo ancora lungi dall'aver finito 우린 끝나려면 아직 멀었다
lungimirante /lundʒimi'rante/ [형] 멀리 내다보는, 선견지명이 있는
lungimiranza /lundʒimi'rantsa/ [여] 멀리 내다봄, 선견지명이 있음
lungo /'lungo/ (복 : -ghi, -ghe) [형] ① (길이가) 긴; delle donne in abito lungo 긴 드레스를 입은 여자들 ② (키가) 큰 ③ (시간상) 긴; amici da lunga data 오래 사귄 친구, 옛 친구; un discorso lungo 2 ore 두 시간짜리 연설 ④ (구어체에서) 느린 ⑤ (음료·수프 따위가) 묽은 ⑥ di gran lunga 훨씬, 단연 ⑦ in lungo e in largo 널리, 두루 ⑧ a lungo 오랫동안 ⑨ a lungo andare, alla lunga 결국은 - [남] 길이; per il lungo 길게, 세로로 - [전] ① (공간상) ~을 따라서; camminare lungo il fiume 강을 따라 걷다 ② (시간상) ~을 통해, ~에 걸쳐; lungo il corso dei secoli 수 세기에 걸쳐서; lungo il viaggio 여행 중에 - cadere lungo disteso 큰 대자로 넘어지다; saperla lunga (구어체에서) 세상 물정을 알다
lungofiume /lungo'fjume/ [남] 강둑길
lungolago /lungo'lago/ [남] (복 : -ghi) 호수 주위로 난 길
lungomare /lungo'mare/ [남] 바닷가에 난 길
lungometraggio /lungome'traddʒo/ [남] (복 : -gi) 장편 영화
lunotto /lu'nɔtto/ [남] (자동차의) 뒷창문
luogo /'lwɔgo/ [남] (복 : -ghi) 장소, 곳; in ogni luogo 어디에나; in qualsiasi luogo 어디든지; in nessun luogo 아무데도 ~ 없다; sul luogo 현장에서; luogo di nascita 출생지; luogo di origine 근원지; luogo pubblico 공공 장소 - avere luogo (일이) 일어나다, 발생하다; dare luogo a (사건을) 일으키다, 야기하다; fuori luogo 부적절한; in luogo di ~ 대신에; in primo luogo 첫째로 - luogo comune 진부한 말, 상투어
lupara /lu'para/ [여] 산탄총, 엽총
lupino /lu'pino/ [남] [식물] 루핀, 층층이부채꽃
lupo /'lupo/ [남] [동물] 이리, 늑대 - avere una fame da lupi 몹시 굶주린 상태다; in bocca al lupo! 행운이 있기를!; lupo mannaro (전설상의) 늑대 인간
luppolo /'luppolo/ [남] [식물] 홉
lurido /'lurido/ [형] 더러운, 지저분한, 불결한
lusinga /lu'zinga/ [여] (복 : -ghe) 감언, 꾐, 듣기 좋은 말
lusingare /luzin'gare/ [타동] 추켜세우다; 듣기 좋은 말로 꾀다
lusinghiero /luzin'gjɛro/ [형] 듣기 좋은

말을 하는
lussare /lus'sare/ [타동] 탈구(脫臼)시키다
lussazione /lussat'tsjone/ [여] 탈구
Lussemburgo /lussem'burgo/ [남] 룩셈부르크
lusso /'lusso/ [남] 사치, 호사; di lusso 호화로운, 사치스러운; vivere nel lusso più sfacciato 사치스러운 생활을 하다
lussuosamente /lussuosa'mente/ [부] 사치스럽게, 호화롭게
lussuoso /lussu'oso/ [형] 사치스러운, 호화로운
lussureggiante /lussured'dʒante/ [형] (식물이) 무성한, 우거진
lussuria /lus'surja/ [여] 정욕, 육욕
lustrare /lus'trare/ [타동] 광택[윤]이 나게 하다, 문질러 닦다
lustrascarpe /lustras'karpe/ [남/여-불변] 구두닦이
lustrino /lus'trino/ [남] (장식용의) 번쩍이는 금속 조각
lustro /'lustro/ [형] 빛나는, 광택[윤]이 나는 - [남] ① 빛남, 광택, 윤 ② 영광, 명성
luterano /lute'rano/ [형] 루터교의 - [남] (여 : -a) 루터교 신자
lutto /'lutto/ [남] ① 가족을 여읨 ② (죽은 자에 대한) 애도; portare il lutto 상복을 입고 있다
luttuoso /luttu'oso/ [형] 비극적인, 비참한, 슬픈

L

M

m, M /ˈemme/ [남/여-불변] 이탈리아어 알파벳의 11번째 글자

ma /ma/ [접] ① 그러나, 하지만; 그래도; incredibile ma vero 믿어지지는 않지만 사실인 ② (분노·조급함·놀람 등의 감정을 나타내어) ma si può sapere che cosa vuoi? 그래서 네가 원하는 게 도대체 뭐야?; ma smettila! 그만두라구!; ma va'? i) (의심을 나타내어) 정말? ii) 설마, 그럴리가; ma no! 당연히 아니지! - [남-불변] ci sono ancora dei ma 아직 불확실한 게 남아 있다; non c'è ma che tenga 난 "아니"라는 대답은 받아들이지 않을 거야

macabro /ˈmakabro/ [형] 무시무시한, 소름끼치는

macaco /maˈkako/ [남] (복 : -chi) ① [동물] 짧은꼬리원숭이 ② (경멸적으로) 바보, 멍청이

macché /makˈke/ [감] 절대 아니야!, 조금도 ~하지 않아!

maccheroni /makkeˈroni/ [남·복] 마카로니

macchia1 /ˈmakkja/ [여] ① 얼룩, 때; (피부의) 반점; macchia d'inchiostro 잉크 얼룩 ② (비유적으로) (인격·명성의) 흠, 오점 - macchie solari [천문] 태양의 흑점

macchia2 /ˈmakkja/ [여] 관목 덤불 - darsi alla macchia 숨다, 행방을 감추다

macchiare /makˈkjare/ [타동] ① 얼룩지게 하다; mi sono macchiata il vestito 옷에 얼룩이 묻었어 ② macchiare il caffè (col latte) 커피에 우유를 조금 넣다 - macchiarsi [재귀동사] 옷 따위에 얼룩이 묻다

macchiato /makˈkjato/ [형] ① (di와 함께 쓰여) (~으로) 얼룩진 ② (피부에) 반점이 있는 - caffè macchiato 우유를 약간 넣은 커피

macchietta /makˈkjetta/ [여] 작은 얼룩이나 반점

macchina /ˈmakkina/ [여] ① 기계, 기계 장치 ② 타자기, 타이프라이터 (macchina da scrivere) ③ (구어체에서) 자동차; salire in macchina 차에 타다; andare in macchina 차로 가다 ④ 엔진, 기관(機關); sala macchine (선박의) 기관실 ⑤ (사회·정치 등의) 조직, 기관, 기구 - macchina per caffè 에스프레소 머신; macchina da cucire 재봉틀; macchina fotografica 카메라; macchina utensile 공작 기계

macchinalmente /makkinalˈmente/ [부] 기계적으로

macchinare /makkiˈnare/ [타동] (음모를) 꾸미다

macchinario /makkiˈnarjo/ [남] (복 : -ri) 기계류, 기계 장치

macchinazione /makkinatˈtsjone/ [여] 음모를 꾸밈, 책동

macchinetta /makkiˈnetta/ [여] ① 기구, 장치 ② (구어체에서) 커피 끓이는 기구 ③ 치열 교정기 ④ 이발 기구 - parlare come una macchinetta (비유적으로) 쉴 새 없이 지껄이다

macchinista /makkiˈnista/ [남/여] (남·복 : -i, 여·복 : -e) ① (기차·선박의) 기관사 ② (연극의) 무대 장치 담당자

macchinoso /makkiˈnoso/ [형] 복잡한

macedonia /matʃeˈdɔnja/ [여] 과일 샐러드

Macedonia /matʃeˈdɔnja/ [여] 마케도니아 (발칸 반도의 국가)

macellaio /matʃelˈlajo/ [남] (여 : -a) (복 : -ai) 도살업자; 정육점 주인

macellare /matʃelˈlare/ [타동] (짐승을) 도살하다; (사람을) 학살하다

macellazione /matʃellatˈtsjone/ [여] (짐승의) 도살, 도축; (사람의) 학살

macelleria /matʃelleˈria/ [여] 정육점

macello /maˈtʃɛllo/ [남] ① 도살장 ② (짐승의) 도살; (사람의) 학살 ③ (구어체에서) 재앙, 파멸

macerare /matʃeˈrare/ [타동] (과일이나 채소를) 액체에 담가 부드럽게 만들다; (고기나 생선을) 매리네이드에 담그다 - macerarsi [재귀동사] (비유적으로) (질투·고통 따위로 인해) 쇠약해지다, 수척해지다

macerie /ma'tʃɛrje/ [여·복] 파편, 잔해
macero /'matʃero/ [남] (종이를) 펄프로 만들기; mandare al macero (종이를) 펄프로 만들다
machete /ma'tʃete/ [남-불변] (중남미 원주민이 벌채에 쓰는) 칼, 만도(蠻刀)
machiavellico /makja'vɛlliko/ [형] (복: -ci, -che) 마키아벨리주의의; 권모술수의, 책략적인; 교활한
macho /'matʃo/ [형/남-불변] 남성적인, 남자다움을 과시하는 (남자)
macigno /ma'tʃiɲɲo/ [남] 바위, 큰 돌; duro come un macigno 바위처럼 단단한
macilento /matʃi'lento/ [형] 여윈, 수척한, 초췌한
macina /'matʃina/ [여] 맷돌
macinacaffè /matʃinakaf'fɛ/ [남-불변] 커피 원두 분쇄기
macinapepe /matʃina'pepe/ [남-불변] 후추 열매 분쇄기
macinare /matʃi'nare/ [타동] (커피 원두나 후추 열매 따위를) 빻다, 갈다, 분쇄하다; (고기를) 잘게 썰다, 다지다
macinato /matʃi'nato/ [형] 빻은, 간, 분쇄된; 다진 - [남] 빻은 곡식 종류; 다진 고기
macinino /matʃi'nino/ [남] ① (커피 원두 또는 후추 열매 따위의) 분쇄기 ② 고물 자동차
maciullare /matʃul'lare/ [타동] (마(麻) 따위를) 두드려 섬유를 고르게 하다
macrobiotica /makrobi'ɔtika/ [여] 장수식품 연구
macrobiotico /makrobi'ɔtiko/ [형] 장수식품의, 자연식의
macroeconomia /makroekono'mia/ [여] [경제] 거시경제학
maculato /maku'lato/ [형] (피부에) 반점이 있는
Madagascar /madagas'kar/ [남] 마다가스카르 (아프리카 남동부의 섬나라)
madama /ma'dama/ [여] (호칭으로) 부인
madia /'madja/ [여] (빵을 만드는 데 쓰는) 반죽통
madido /'madido/ [형] (di와 함께 쓰여) (~으로) 젖은
madonna /ma'dɔnna/ [여] ① [가톨릭] la Madonna 성모 마리아 ② 성모 마리아 상 ③ (문어체에서) (귀부인에 대한 경칭으로) 마님, 사모님; 아씨 - Madonna santa! 앗, 이런, 어머나!

madornale /mador'nale/ [형] 엄청난, 큰, 심한
madre /'madre/ [여] ① 어머니, 모친; madre adottiva 양어머니; madre di famiglia (한 가정의) 어머니 ② [가톨릭] madre superiora 수녀원장 ③ 부본(副本) (수표나 영수증 등을 떼고 증거로 남겨 두는 쪽지) - [형] ragazza madre 미혼모; regina madre 국왕의 어머니, 대비; lingua madre 모국어
madrelingua /madre'lingwa/ [여] 모국어
madrepatria /madre'patrja/ [여] 모국, 고국
madreperla /madre'pɛrla/ [여] (조개 안쪽의) 진주층(層)
madrigale /madri'gale/ [남] [음악] 마드리갈 (무반주 합창곡)
madrina /ma'drina/ [여] [가톨릭] 대모(代母)
maestà /maes'ta/ [여-불변] ① 위엄, 장엄, 웅장함 ② (왕에 대한 존칭으로) 폐하; Sua Maestà il Re 국왕 폐하
maestosamente /maestosa'mente/ [부] 위엄 있게, 장엄하게, 웅장하게
maestosità /maestosi'ta/ [여-불변] 위엄, 장엄, 웅장함
maestoso /maes'toso/ [형] 위엄 있는, 장엄한, 웅장한
maestra /ma'estra/ [여] → maestro
maestrale /maes'trale/ [남/형] 북서풍(의)
maestranze /maes'trantse/ [여·복] 노동력
maestria /maes'tria/ [여] 숙달, 정통; 전문적 기술[지식]
maestro /ma'estro/ [남] ① (일반적으로) 선생, 가르치는 사람; maestro di piano 피아노 선생 ② 초등학교 교사 ③ 전문가 ④ (예술 분야 등의) 대가, 명인, 거장 ⑤ 북서쪽; 북서풍 - [형] ① 숙련된, 솜씨 좋은 ② 주요한, 주된; strada maestra 주요 도로 - maestro di cerimonie (행사의) 사회자, 진행자; maestro d'orchestra (관현악단의) 지휘자
mafia /'mafja/ [여] 마피아
mafioso /ma'fjoso/ [형] 마피아의 - [남] 마피아의 한 사람
maga /'maga/ [여] (복: -ghe) 여자 마법사
magagna /ma'gaɲɲa/ [여] 결점, 결함, 흠
magari /ma'gari/ [감] (소망을 나타내어)

~했으면[이라면] 좋겠다!; magari fosse vero! 그게 사실이라면 좋을 텐데! - [부] ① 아마 ② ~까지도, ~라도, ~조차 - [접] 설령 ~하더라도

magazziniere /magaddzi'njere/ [남] (여 : -a) 창고 관리인

magazzino /magad'dzino/ [남] ① 창고; avere merci in magazzino 재고품이 있다 ② grande magazzino 백화점 - magazzino doganale 보세 창고

maggio /'maddʒo/ [남] 5월

maggiolino /maddʒo'lino/ [남] ① [곤충] 풍뎅이의 일종 ② (구어체에서) 비틀 (소형차의 하나)

maggiorana /maddʒo'rana/ [여] [식물] 마저럼 (꿀풀과의 식물; 향료나 약재로 씀)

maggioranza /maddʒo'rantsa/ [여] ① 과반수; eletto con una maggioranza di ~의 과반 득표로 당선되 ② 대부분, 대다수; nella maggioranza dei casi 대개의 경우에는; la maggioranza degli italiani 대부분의 이탈리아인들 (은) ③ 다수당, 여당 (partito di maggioranza)

maggiorare /maddʒo'rare/ [타동] 늘리다, 증가시키다

maggiorata /maddʒo'rata/ [여] 가슴이 풍만한 여자

maggiorazione /maddʒorat'tsjone/ [여] 증가, 증대

maggiordomo /maddʒor'dɔmo/ [남] (저택의) 집사

maggiore /mad'dʒore/ [형] ① 더 큰; 더 많은; le spese sono state maggiori del previsto 경비는 예상보다 더 많이 들었다 ② 더 중요한; 주요한, 두드러진; opere maggiori 주요 작품들 ③ (형제·자매 중) 나이가 더 많은, 연장자의 ④ [음악] 장음계[장조]의; do maggiore 다장조 ⑤ 가장 큰[중요한], 최대의; 나이가 가장 많은; la maggior parte della gente 대부분의 사람들(은); andare per la maggiore (가수·배우 등이) 큰 인기를 누리다; raggiungere la maggior età 성년에 달하다 - [남/여] ① 나이가 가장 많은 사람, 연장자 ② [군사] 소령

maggiorenne /maddʒo'rɛnne/ [형] 성년에 달한; diventare maggiorenne 성년에 달하다 - [남/여] 성년에 달한 자, 성인

maggioritario /maddʒori'tarjo/ [형] (복 : -ri, -rie) 다수(파)의

maggiormente /maddʒor'mente/ [부] ① 더욱; impegnandoti maggiormente supereresti l'esame 더 열심히 공부하면 시험에 합격할 수 있을 거야 ② 가장; la cosa che lo irritava maggiormente era 그를 가장 괴롭힌 것은 ~였다

magi /'madʒi/ [남·복] i (tre Re) Magi [성경] (예수의 탄생을 축하하러 온) 동방박사 세 사람

magia /ma'dʒia/ [여] 마법, 마술; 주문; come per magia 마법을 부린 듯, 거짓말 같이

magicamente /madʒika'mente/ [부] 마법[마술]으로

magico /'madʒiko/ [형] (복 : -ci, -che) ① 마법[마술]의 ② 매혹적인, 호리는

magistero /madʒis'tero/ [남] 가르침, 교수; esercitare il magistero 가르치다, 선생 노릇을 하다

magistrale /madʒis'trale/ [형] ① 초등학교의; istituto magistrale 초등학교 교사를 양성하는 중등학교 ② 숙련된, 솜씨가 뛰어난

magistralmente /madʒistral'mente/ [부] 숙련된 솜씨로

magistrato /madʒis'trato/ [남] 행정 장관, 지사; 치안 판사

magistratura /madʒistra'tura/ [여] magistrato의 직(職)

maglia /'maʎʎa/ [여] ① 뜨개질; lavorare a maglia, fare la maglia 뜨다, 짜다 ② 한 바늘, 한 땀, 한 코 ③ 그물코 ④ 조끼, 셔츠 ⑤ (사슬의) 고리

maglieria /maʎʎe'ria/ [여] ① 니트웨어, 편물 ② 니트웨어를 파는 상점

maglietta /maʎ'ʎetta/ [여] 티셔츠, 조끼

maglificio /maʎʎi'fitʃo/ [남] (복 : -ci) 편물 공장

maglio /'maʎʎo/ [남] (복 : -gli) ① 나무 망치 ② 동력 해머

maglione /maʎ'ʎone/ [남] 스웨터

magma /'magma/ [남] [지질] 마그마

magnaccia /maɲ'nattʃa/ [남·불변] (경멸적으로) 포주, 기둥서방

magnanimità /maɲɲanimi'ta/ [여·불변] 관대함, 아량 있음

magnanimo /maɲ'ɲanimo/ [형] 관대한, 아량 있는

magnate /maɲ'ɲate/ [남] 거물, ~왕;

magnate del petrolio 석유왕
magnesia /maɲˈnɛzja/ [여] 마그네시아, 고토(苦土), 산화마그네슘
magnesio /maɲˈnɛzjo/ [남] [화학] 마그네슘
magnete /maɲˈnete/ [남] ① 자석 ② [전기] 마그네토, 자석 발전기
magnetico /maɲˈnɛtiko/ [형] (복 : -ci, -che) 자석의, 자기(磁氣)의
magnetismo /maɲɲeˈtizmo/ [남] 자기, 자성(磁性)
magnetizzare /maɲɲetidˈdzare/ [타동] ① 자기를 띠게 하다, 자화(磁化)하다 ② (~에) 최면술을 걸다
magnetofono /maɲɲeˈtɔfono/ [남] 자기(磁氣) 녹음기
magnificamente /maɲɲifikaˈmente/ [부] 아주 잘, 훌륭하게
magnificare /maɲɲifiˈkare/ [타동] 칭송하다, 찬양하다
magnificenza /maɲɲifiˈtʃɛntsa/ [여] 장려(壯麗), 화려, 훌륭함
magnifico /maɲˈɲifiko/ [형] (복 : -ci, -che) 장려한, 화려한, 훌륭한
magnolia /maɲˈɲɔlja/ [여] [식물] 매그놀리아 (목련속(屬))
mago /ˈmago/ [남] (복 : -ghi) ① 마법사, 마술사 ② 놀라운 재능을 가진 사람, 귀재
magra /ˈmagra/ [여] (강의) 저수위(低水位) - tempi di magra 불경기, 궁핍한 시기
magrezza /maˈgrettsa/ [여] ① (몸의) 야윔, 마름 ② 빈약, 결핍
magro /ˈmagro/ [형] ① (몸이) 야윈, 마른 ② (고기가) 기름기가 없는; (기타 식품이) 저지방의 ③ 적은, 근소한, 얼마 안 되는, 빈약한 - [남] (여 : -a) ① 야윈[마른] 사람 ② 기름기 없는 고기, 살코기 ③ mangiare di magro 고기를 먹지 않다, 육식을 삼가다
mah /ma/ [감] ① 글쎄, 잘 모르겠는데 ② (체념하여) 뭐, 어쩔 수 없군
mai /mai/ [부] ① (부정문에서) 결코 ~ 않다; non sono mai stato in Italia 나는 이탈리아에 가본 적이 없다; mai e poi mai! 절대 안돼!; quasi mai 거의 ~ 않다 ② 언젠가, 일찍이 (~한 적이 있다); l'hai mai visto prima? 그를 전에 본 적이 있니?; caso mai si mettesse a piovere 비가 온다면 ③ (강조하여) come mai? 도대체 어떻게[왜]?; dove mai? 도대체 어디에?
maiale /maˈjale/ [남] ① 돼지 ② 돼지고기
maionese /majoˈnese/ [여] 마요네즈
mais /mais/ [남-불변] 옥수수
maître /mɛtr/ [남-불변] (식당의) 급사장(長)
maiuscola /maˈjuskola/ [여] 대문자
maiuscolo /maˈjuskolo/ [형] 대문자 - [남] 대문자 (활자); scrivere in maiuscolo 대문자로 쓰다
mal [부/남] → male
malaccorto /malakˈkɔrto/ [형] 무분별한, 경솔한, 생각이 깊지 못한
malafede /malaˈfede/ [여] 불성실, 부정직, 배신
malaffare /malafˈfare/ [남] di malaffare 부정직한, 부도덕한
malagevole /malaˈdʒevole/ [형] 어려운, 힘든
malagrazia /malaˈgrattsja/ [여] con malagrazia 마지못해, 성의 없이, 무례하게
malalingua /malaˈlingwa/ [여] (복 : malelingue) 남의 험담을 하는 사람
malamente /malaˈmente/ [부] 나쁘게
malandato /malanˈdato/ [형] (옷차림이나 기타 사물이) 초라한, 상태가 나쁜; (사람이) 건강이 좋지 못한
malandrino /malanˈdrino/ [형] 부정직한, 부도덕한
malanimo /maˈlanimo/ [남] 적의, 악감정
malanno /maˈlanno/ [남] ① 병(病) ② 불운
malapena [부] (a malapena /amalaˈpena/의 형태로 쓰여) 거의 ~ 않다
malaria /maˈlarja/ [여] [병리] 말라리아, 학질
malarico /maˈlariko/ (복 : -ci, -che) [형] 말라리아의 - [남] (여 : -a) 말라리아 환자
malaticcio /malaˈtittʃo/ [형] (복 : -ci, -ce) 병약한, 건강하지 못한
malato /maˈlato/ [형] 병든, 앓고 있는, 몸이 아픈, 건강이 나쁜; (사고로) 부상을 입은; malato di mente 정신 장애가 있는; darsi malato 병으로 결근하다 - [남] (여 : -a) 환자, 아픈 사람
malattia /malatˈtia/ [여] ① 병, 질병; 건강이 좋지 못함; malattie nervose 신경병; mettersi in malattia 병가를 내다 ② (병적인) 집착, 중독 - fare una

malattia di qc 무엇 때문에 괴로워하다
malaugurato /malaugu'rato/ [형] 불길한
malaugurio /malau'gurjo/ [남] (복 : -ri) 흉조
malavita /mala'vita/ [여] 암흑가, 악의 세계
malavoglia /mala'vɔʎʎa/ [여] di malavoglia 마지못해, 마음 내키지 않아
Malaysia /ma'laizja/ [여] 말레이시아
malcapitato /malkapi'tato/ [형/남] (여 : -a) 불운한, 불행한 (사람)
malcelato /maltʃe'lato/ [형] (감정 따위를) 드러내는, 숨기지 않는; lo guardò con malcelato disprezzo 그녀는 그를 노골적으로 경멸하는 눈으로 쳐다보았다
malconcio /mal'kontʃo/ [형] (복 : -ci, -ce) (사물이) 상태가 나쁜; (사람이) 건강이 좋지 못한
malcontento /malkon'tɛnto/ [형] 불만족한, 불만을 가진 - [남] 불만(족)
malcostume /malkos'tume/ [남] 부도덕, 부패
maldestro /mal'dɛstro/ [형] 어색한, 서투른, 미숙한
maldicente /maldi'tʃɛnte/ [형/남/여] 남의 험담을 하는, 남을 비방하는 (사람)
maldicenza /maldi'tʃɛntsa/ [여] 험담, 비방
maldisposto /maldis'posto/ [형] (verso와 함께 쓰여) (~에 대해) 악의를 품은, 비우호적인
Maldive /mal'dive/ [여·복] 몰디브
male1 /'male/ [부] ① 나쁘게, 바르지 못하게, 부정확하게, 틀리게; comportarsi male 못된 짓을 하다; andare male (일 따위가) 잘못되다, 나빠지다; capire male 오해하다; pronunciare male una parola 단어를 잘못 발음하다; qui si mangia molto male 여기 음식은 형편없다 ② 부정적으로, 나쁜 마음으로; parlare male di qn 누구에 대해 나쁘게 말하다; per male che vada 아무리 형편이 나빠도 ③ sentirsi male 기분이 좋지 않다, 언짢다; stare male 몸이 편찮다 ④ niente male, mica male 괜찮은, 꽤 좋은
male2 /'male/ [남] ① 악, 사악; un male necessario 필요악; mali sociali 사회악 ② 아픔, 통증; avere mal di testa 두통이 있다; farsi male 다치다, 부상을 입다 ③ 병; male incurabile 불치병 ④ 해, 해악, 위해; fare del male a qn 누구를 해치다; le sigarette fanno male 담배는 건강에 해롭다 - andare a male (음식이) 상하다; mal di mare 뱃멀미; "come va?" - "non c'è male" "어떻게 지내?" - "뭐, 괜찮아"
maledetto /male'detto/ [형] ① 저주받은 ② 넌더리나는, 지독한, 심한; avere una fame maledetta 배가 고파 죽을 지경이다; è stato un giorno maledetto 재수 없는 날이군
maledire /male'dire/ [타동] 저주하다
maledizione /maledit'tsjone/ [여] 저주 - [감] 젠장!, 제기랄!
maleducato /maledu'kato/ [형/남] (여 : -a) 버릇없는, 무례한 (사람); fare il maleducato 버릇없이 굴다, 무례한 짓을 하다
maleducazione /maledukat'tsjone/ [여] 버릇없음, 무례함
malefatta /male'fatta/ [여] 나쁜 짓, 악행
maleficio /male'fitʃo/ [남] (복 : -ci) 주문(呪文), 마법
malefico /ma'lɛfiko/ [형] (복 : -ci, -che) 사악한; 해로운, 유해한
maleodorante /maleodo'rante/ [형] 악취가 나는
malese /ma'lese/ [형] 말레이 반도의 - [남/여] 말레이 사람 - [남] 말레이어
malessere /ma'lɛssere/ [남] ① 편찮음, 언짢음, 불쾌감 ② 불안
malevolenza /malevo'lɛntsa/ [여] 악의, 적의, 나쁜 마음
malevolo /ma'lɛvolo/ [형] 악의를 가진
malfamato /malfa'mato/ [형] 악명 높은
malfatto /mal'fatto/ [형] ① (일이) 엉망으로 된; (제품이) 조악한 ② 못생긴, 보기 흉한
malfattore /malfat'tore/ [남] (여 : -trice) 악인, 나쁜 짓을 하는 사람
malfermo /mal'fermo/ [형] ① (걸음걸이 따위가) 불안정한, 비틀거리는 ② (건강이) 좋지 못한
malformato /malfor'mato/ [형] 기형의
malformazione /malformat'tsjone/ [여] [의학] 기형
malgoverno /malgo'vɛrno/ [남] 실정(失政), 악정
malgrado /mal'grado/ [부] mio malgrado 나의 의사에 반하여, 내가 싫다는 데도 - [전] ~에도 불구하고 - [접] 비록 ~일지라도, ~임에도 불구하고

Mali /'mali/ [남] 말리 (서아프리카의 국가)

malia /ma'lia/ [여] ① 주문, 마법 ② 매력, 매혹

malignamente /maliɲɲa'mente/ [부] 악의를 가지고

malignare /maliɲ'ɲare/ [자동] (조동사: avere) (su와 함께 쓰여) (~에) 악의를 가지고 대하다

malignità /maliɲɲi'ta/ [여-불변] ① 악의가 있음; 악의 있는 말이나 행동; con malignità 악의를 가지고 ② (병의) 악성

maligno /ma'liɲɲo/ [형] ① 악의 있는; 사악한 ② (병이) 악성의 - [남] il Maligno 악마, 사탄

malinconia /malinko'nia/ [여] 우울

malinconicamente /malinkonika'mente/ [부] 우울하게

malinconico /malin'kɔniko/ [형] (복: -ci, -che) 우울한, 슬픈

malincuore [부] (a malincuore /amalin'kwɔre/의 형태로 쓰여) 마지못해, 내키지 않아

malinformato /malinfor'mato/ [형] 잘못된 정보를 전해 들은, 잘못 알고 있는

malintenzionato /malintentsjo'nato/ [형] [남] (여: -a) 남을 해치려 하는 (사람)

malinteso /malin'teso/ [형] 오해된, 잘못 받아들여진 - [남] 오해

malizia /ma'littsja/ [여] ① 악의가 있음 ② 약삭빠름

maliziosamente /malittsjosa'mente/ [부] ① 악의를 가지고 ② 약삭빠르게

malizioso /malit'tsjoso/ [형] ① 악의 있는 ② 약삭빠른

malleabile /malle'abile/ [형] ① (금속이) 불릴 수 있는, 단련할 수 있는 ② (사람이) 유순한

malleolo /mal'lɛolo/ [남] [해부] 복사뼈

malloppo /mal'lɔppo/ [남] (속어로) 훔친 물건

malmenare /malme'nare/ [타동] 때리다; 학대하다

malmesso /mal'mɛsso/ [형] 초라한, 볼품없는, 상태가 나쁜

malnutrito /malnu'trito/ [형] 영양 부족[실조]의

malnutrizione /malnutrit'tsjone/ [여] 영양 부족[실조]

malo /'malo/ [형] 나쁜; in malo modo 나쁘게; mala morte 비참한 죽음; prendere qc in mala parte 무엇을 나쁘게 받아들이다

malocchio /ma'lɔkkjo/ [남] (복: -chi) (재난을 초래한다는) 흉안(凶眼); gettare il malocchio su qn 누구에게 불행을 가져다주다

malora /ma'lora/ [여] 파멸, 멸망; andare in malora 파멸하다, 몰락하다; va' alla malora 거꾸러져라, 뒈져라!

malore /ma'lore/ [남] essere colto da malore 몸 상태가 갑자기 나빠지다, 갑자기 병이 나다

malridotto /malri'dotto/ [형] 초라한, 헐어빠진, 황폐한

malsano /mal'sano/ [형] (기후·장소 따위가) 건강에 좋지 않은; (생각 따위가) 건전하지 못한

malsicuro /malsi'kuro/ [형] (계단·건물 따위가) 안전하지 못한; (걸음걸이가) 비틀거리는

malta /'malta/ [여] 모르타르, 회반죽

Malta /'malta/ [여] 몰타 (지중해에 있는 섬나라)

maltempo /mal'tɛmpo/ [남] 나쁜 날씨, 악천후

malto /'malto/ [남] 엿기름, 맥아(麥芽)

maltrattamento /maltratta'mento/ [남] 학대, 혹사; subire maltrattamenti 학대를 받다; maltrattamento di minori 아동 학대

maltrattare /maltrat'tare/ [타동] 학대하다

malumore /malu'more/ [남] 기분이 언짢음; essere di malumore 기분이 좋지 않다

malva /'malva/ [여] [식물] 당아욱 - [남/형-불변] 연한 자줏빛(의)

malvagio /mal'vadʒo/ [남] (복: -gi, -gie, -ge) [형] ① 사악한, 악의가 있는 ② (구어체에서) (음식 맛 따위가) 나쁜 - [남] (여: -a) 사악한 사람

malvagità /malvadʒi'ta/ [여-불변] 사악함; 악행

malversazione /malversat'tsjone/ [여] (공금의) 유용, 횡령, 착복

malvestito /malves'tito/ [형] 옷차림이 볼품없는, 옷을 잘 차려입지 못한

malvisto /mal'visto/ [형] (da와 함께 쓰여) (~에게, ~의 사이에서) 인기가 없는

malvivente /malvi'vɛnte/ [남/여] 범죄자

malvolentieri /malvolen'tjɛri/ [부] 마지못해, 마음이 내키지 않아

malvolere /malvo'lere/ [타동] 싫어하다; prendere qn a malvolere 누구를 싫어하게 되다

mamma /'mamma/ [여] 엄마, 어머니 - come l'ha fatto mamma 알몸으로; mamma mia! 어머나, 이런!

mammella /mam'mella/ [여] ① 유방, 젖 ② (동물의) 젖통

mammifero /mam'mifero/ [형/남] 포유류의 (동물)

mammografia /mammogra'fia/ [여] [의학] 유방 X선 촬영(법)

mammola /'mammola/ [여] [식물] 제비꽃

mammone /mam'mone/ [남] 마마보이, 응석받이

mammut /mam'mut/ [남-불변] [고생물] 매머드

manager /'manadʒer/ [남/여-불변] 지배인, 경영자, 책임자

manageriale /manadʒe'rjale/ [형] manager의

manata /ma'nata/ [여] ① (손바닥으로) 찰싹 때리기 ② 한 움큼, 한 손 가득, 한 줌

manca /'manka/ [여] ① 왼손 ② 왼쪽; a manca 왼쪽에; a destra e a manca 사방에, 도처에

mancamento /manka'mento/ [남] 갑자기 힘이 쑥 빠짐, 졸도, 기절

mancante /man'kante/ [형] 없어진, 빠진, 보이지 않는; le pagine mancanti di un libro 책의 빠진 페이지

mancanza /man'kantsa/ [여] ① (di와 함께 쓰여) (~의) 부족, 결핍; 부재(不在), 없음; mancanza di soldi 자금 부족; in mancanza di ~이 없을 때에는; in mancanza di meglio 더 좋은 것이 없기 때문에; per mancanza di tempo 시간이 없으니까; sentire la mancanza di qn/qc 누구/무엇을 그리워하다 ② 잘못, 실수; commettere una mancanza 잘못하다, 실수를 저지르다

mancare /man'kare/ [타동] (목표를) 빗맞히다, 못 맞히다; (교통수단 따위를) 놓치다 - [자동] (자동사 : essere) ① 부족하다, 모자라다; manca sempre il tempo 항상 시간이 없어; fammi sapere se ti manca qualcosa 뭔가 부족한 것이 있을 때는 나에게 알리도록 ② 없다, 빠져 있다, 비다; mancano ancora 10 euro 그래도 10유로가 비네; quanti pezzi mancano? 부품들이 몇 개나 빠져 있는 거야?; mancare da casa 집을 떠나 있다 ③ 약해지다; 죽다; sentirsi mancare 힘이 없다, 졸도할 것 같다; è mancata la luce 전깃불이 나갔다 ④ 틀리다, 실수하다 ⑤ (di와 함께 쓰여)(~이) 부족하다 ⑥ (a와 함께 쓰여)(의무를) 게을리하다; (약속을) 지키지 않다; mancare alla parola data 약속을 어기다 - ci mancherebbe altro! 더 이상은 안 돼!; ci mancava solo questa! 바로 이게 필요한 거야!; c'è mancato poco che 거의 ~할 뻔했다; gli manca una rotella 그는 정신이 좀 이상하다

mancato /man'kato/ [형] 실패한, (목표 따위를) 이루지 못한, (기회 따위를) 놓친

manche /manʃ/ [여-불변] (경기의) 1회, 1라운드

manchevole /man'kevole/ [형] 결함이 있는, 불충분한

mancia /'mantʃa/ [여] (복 : -ce) 팁; dare una mancia a qn 누구에게 팁을 주다

manciata /man'tʃata/ [여] 한 움큼, 한 손 가득, 한 줌

mancino /man'tʃino/ [형] ① 왼손잡이의 ② (비유적으로) un tiro mancino 비열한 짓 - [남] (여 : -a) 왼손잡이

manco /'manko/ [부] (구어체에서) ~조차 않다; manco per sogno! 꿈도 꾸지 마라, 어림도 없다

mandante /man'dante/ [남/여] 명령자, 위임자

mandarancio /manda'rantʃo/ [남] (복 : -ci) [식물] 클레멘타인 (오렌지의 잡종)

mandare /man'dare/ [타동] ① 보내다; mandare qc per posta 무엇을 우편으로 보내다, 우송하다; mandare a chiamare qn 누구를 부르러 보내다; mandare a dire (a qn) (누구에게) 말을 전하다, 통지하다; mandare qn in prigione 누구를 감옥에 보내다, 수감시키다 ② (신호 따위를) 보내다; mandare in onda (TV·라디오로) 방송하다 ③ (소리·빛 따위를) 내다, 발산하다 ④ mandare avanti i) (테이프 따위를) 앞으로 감다 ii) (가족을) 부양하다, (회사를) 경영하다; mandare giù

꿀꺽 삼키다; mandare via 내쫓다 - che Dio ce la mandi buona! 신이여, 우리를 도우소서!; mandare in rovina 망치다, 파멸시키다

mandarino1 /manda'rino/ [남] (중국어의) 북경 표준어

mandarino2 /manda'rino/ [남] [식물] 만다린 (귤의 일종)

mandata /man'data/ [여] 위탁 (판매), 탁송; (위탁 판매되는 상품의) 한 무더기 - chiudere a doppia mandata 이중으로 자물쇠를 채우다

mandato /man'dato/ [남] ① (공적인) 직무, 임무 ② 임기, 재직 기간 ③ [법률] 위임; sotto mandato 위임을 받아 - mandato d'arresto [법률] 체포 영장; mandato di comparizione [법률] 소환장; mandato di pagamento 우편환(換)

mandibola /man'dibola/ [여] [해부] 아래턱, 하악(下顎)

mandolino /mando'lino/ [남] [음악] 만돌린

mandorla /'mandorla/ [여] 아몬드 (mandorlo의 씨)

mandorlato /mandor'lato/ [남] 아몬드를 넣은 과자의 일종

mandorlo /'mandorlo/ [남] [식물] 편도(扁桃)

mandria /'mandrja/ [여] (가축의) 떼, 무리

mandriano /mandri'ano/ [남] 목동, 카우보이

maneggevole /maned'dʒevole/ [형] 다루기 쉬운, 쓰기 편리한

maneggiare /maned'dʒare/ [타동] (도구 따위를) 다루다, 사용하다, 취급하다; (자금 따위를) 운용하다

maneggio /ma'neddʒo/ [남] (복 : -gi) ① 다루기, 취급, 운용 ② 음모, 책략

manesco /ma'nesko/ [형] (복 : -schi, -sche) 남을 잘 때리는

manetta /ma'netta/ [여] (가스의 흐름 따위를 조절하는) 조절판, 스로틀 - manette [여·복] 수갑 - andare a manetta 차를 전속력으로 몰다

manforte /man'fɔrte/ [여-불변] 도움, 원조; dare manforte a qn 누구를 도와주다

manganello /manga'nɛllo/ [남] 곤봉; 경찰봉

manganese /manga'nese/ [남] [화학] 망간

mangano /'mangano/ [남] 시트 따위의 주름을 펴는 기계; 압착 롤러

mangereccio /mandʒe'rettʃo/ [형] (복 : -ci, -ce) 먹을 수 있는, 식용의

mangeria /mandʒe'ria/ [여] 부정 이득, 공금 따위의 횡령[착복]

mangiadischi /mandʒa'diski/ [남-불변] 휴대용 레코드 플레이어

mangia-e-bevi /'mandʒa e b'bevi/ [남-불변] 아이스크림선디 (과일·과즙 따위를 얹은 아이스크림)

mangianastri /mandʒa'nastri/ [남-불변] 카세트 플레이어

mangiare /man'dʒare/ [타동/자동] (조동사 : avere) ① 먹다, 식사하다; dare da mangiare a qn 누구에게 먹을 것을 주다; fare da mangiare 요리하다; mangiare fuori 외식하다; mangiare alle spalle di qn (비우적으로) 누구에게 얹혀 살다 ② (자금 따위를) 다 써버리다 ③ (녹이 금속을) 부식하다; (쥐 따위가) 갉아먹다 - mangiarsi [재귀동사] mangiarsi le unghie 손톱을 물어뜯다; mangiarsi le parole 말을 어물거리다; mangiarsi il patrimonio 유산을 탕진하다 - [남] ① 먹기, 식사; il mangiare è pronto 식사 준비 다 됐어요 ② 음식

mangiasoldi /mandʒa'sɔldi/ [형-불변] macchinetta mangiasoldi 슬롯머신

mangiata /man'dʒata/ [여] 훌륭한 식사, 진수성찬

mangiatoia /mandʒa'toja/ [여] 여물통, 구유

mangiatore /mandʒa'tore/ [남] (여 : -trice) 먹는 사람

mangime /man'dʒime/ [남] (가축의) 먹이, 사료

mangione /man'dʒone/ [남] (여 : -a) (구어체에서) 대식가

mangiucchiare /mandʒuk'kjare/ [타동] 조금씩 먹다

mango /'mango/ [남] (복 : -ghi) [식물] 망고 (나무 또는 열매)

mangrovia /man'grɔvja/ [여] 맹그로브, 홍수림(紅樹林)

mangusta /man'gusta/ [여] [동물] 몽구스

mania /ma'nia/ [여] ① 열광, 열중, 마니아, ~광(狂); gli è presa la mania dei francobolli 그는 우표 수집에 열을 올리게 됐다 ② 강박, 집착; ha la mania della pulizia 그에겐 결벽증이 있다 ③ 이상한 버릇; avere la mania di fare qc ~을 하는 이상한 버릇이 있다 - mania di grandezza 과대 망상; mania di persecuzione 피해 망상

maniacale /mania'kale/ [형] 광적인; 강박적인; è un igienista maniacale 그에겐 결벽증이 있다

maniaco /ma'niako/ (복 : -ci, -che) [형] 광적인; 강박증에 시달리는 - [남] (여 : -a) 무언가에 열광·집착하는 사람; è un maniaco del calcio 그는 축구광이다

manica /'manika/ [여] ① (옷의) 소매; a maniche lunghe 소매가 긴; senza maniche 민소매의; essere in maniche di camicia 셔츠 바람이다 ② (불량배 등의) 집단, 무리 - essere di manica stretta i) 인색하다 ii) 엄격하다; manica a vento 풍향계, 바람개비

Manica /'manika/ [여] la Manica 영불(英佛) 해협

manicaretto /manika'retto/ [남] 맛있는 음식, 진미

manichino /mani'kino/ [남] (옷가게의) 마네킹

manico /'maniko/ [남] (복 : -ci) 자루, 손잡이; manico di scopa 빗자루

manicomio /mani'kɔmjo/ [남] 정신병원

manicotto /mani'kɔtto/ [남] ① 머프, 토시 ② [기계] 슬리브관(管)

manicure /mani'kure/ [여-불변] 매니큐어, 미조술(美爪術); fare la manicure a qn 누구의 손톱에 매니큐어를 칠하다

maniera /ma'njera/ [여] ① 방법, 방식; maniera di vivere 생활 방식; fare qc alla propria maniera 무엇을 자기 방식대로 하다; in una maniera o nell'altra 어떻게든; in maniera che ~하도록; in tutte le maniere 어떻게 해서든지, 기어코; in nessuna maniera 결코 ~ 않다 ② 수단; usare le maniere forti con qn 누구에게 폭력을 휘두르다 ③ (예술 등의) 양식, 유(流) ④ 풍습, 관습 - maniere [여·복] 태도, 몸가짐, 매너; usare buone maniere con qn 누구에게 예절바르게 행동하다

manierismo /manje'rizmo/ [남] [미술] (16세기의) 마니에리스모

maniero /ma'njɛro/ [남] (중세 유럽의) 장원(莊園)

manifattura /manifat'tura/ [여] ① 공장, 제조소 ② 제조, 제작

manifestante /manifes'tante/ [남/여] 데모[시위운동] 참가자

manifestare /manifes'tare/ [타동] ① (감정·의견 따위를) 표시하다, 내색하다; manifestare il desiderio di fare qc ~을 하고 싶다는 뜻을 나타내다 ② 드러내다, 나타내 보이다 - [자동] (조동사 : avere) (contro와 함께 쓰여) (~에 반대하여) 데모[시위운동]를 하다 - manifestarsi [재귀동사] 보이다, 나타나다, 드러나다; si è manifestato per quello che è 그는 본색을 드러냈다

manifestazione /manifestat'tsjone/ [여] ① 데모, 시위운동 ② (감정·의견 따위의) 표시, 표명 ③ 나타남, 출현; (병의) 발병 ④ (스포츠 따위의) 행사

manifestino /manifes'tino/ [남] 전단, 광고지

manifesto1 /mani'fɛsto/ [형] 명백한, 분명히 나타난

manifesto2 /mani'fɛsto/ [남] ① 포스터, 벽보, 플래카드 ② (문예상의 혹은 정치적인) 선언, 성명

maniglia /ma'niʎʎa/ [여] (문 따위의) 손잡이

manipolare /manipo'lare/ [타동] ① 조작하다, 다루다, 처리하다 ② (교묘하게·부정하게) 조작하다

manipolazione /manipolat'tsjone/ [여] ① 조작, 다루기, 처리 ② (교묘한·부정) 조작

maniscalco /manis'kalko/ [남] (복 : -chi) 말굽에 편자를 박는 사람

manna /'manna/ [여] ① [성경] 만나 ② (비유적으로) 신의 선물

mannaia /man'naja/ [여] ① 참수형에 쓰이는 도끼 ② 고기 베는 큰 칼

mannaro /man'naro/ [형] lupo mannaro (전설상의) 늑대 인간

mano /'mano/ [여] ① (사람의) 손; darsi la mano 손을 맞잡다, 악수하다; mano nella mano 손에 손을 잡고; battere le mani 손뼉을 치다; mani in alto! 손 들어!; fatto a mano 손으로 만든, 수제의; bagaglio a mano 수하물; avere le mani legate (비유적으로) 손을 쓸 수 없다, 어쩔 수가 없다; avere le mani in pasta (비유적으로) 손을 대다, 관계하다; cadere nelle mani di qn (비유적으로) 누구의 수중에 떨어지다

② (페인트 따위의) 칠; dare una mano di vernice a qc 무엇에 페인트를 칠하다 - alla mano 느긋한, 태평스러운; a portata di mano 가까운 곳에; a mani vuote 빈손으로, 아무런 수확 없이; dare una mano a qn 누구를 도와주다; di seconda mano 중고의; fuori mano 외딴 곳에, 인적이 드문 곳에; man mano, (a) mano a mano 조금씩; man mano che ~하면서, ~하는 대로; sotto mano 몰래

manodopera /mano'dɔpera/ [여] 인력, 노동력

manometro /ma'nɔmetro/ [남] 압력계(計)

manomettere /mano'mettere/ [타동] (잠긴 문을) 함부로 열다; (서류 따위를) 위조하다

manopola /ma'nɔpola/ [여] ① 손잡이 ② 긴 장갑

manoscritto /manos'kritto/ [형] 손으로 쓴 - [남] 원고; 사본

manovalanza /manova'lantsa/ [여] (숙련공이 아닌) 인부·일꾼들; 그런 노동력

manovale /mano'vale/ [남] (숙련공이 아닌) 인부, 일꾼

manovella /mano'vɛlla/ [여] [기계] 크랭크

manovra /ma'nɔvra/ [여] ① (기계류의) 조작, 조종 ② 책략, 술책 ③ [군사] 전략적 행동, 기동 작전 ④ [철도] 전철(轉轍)

manovrare /mano'vrare/ [타동] ① (기계류를) 조작[조종]하다 ② 교묘하게 처리하다 ③ [군사] 기동 작전에 따라 움직이게 하다

manrovescio /manro'vɛʃʃo/ [남] (복 : -sci) 손등으로 치기

mansarda /man'sarda/ [여] 다락방

mansione /man'sjone/ [여] 직무, 할 일; non rientra nelle mie mansioni 그건 내 일이 아냐; svolgere[esplicare] le proprie mansioni 직무를 수행하다

mansueto /mansu'ɛto/ [형] 유순한, 고분고분한; (동물이) 길든

mantecato /mante'kato/ [형] (요리에) 크림이 많이 든 - [남] 소프트 아이스크림

mantella /man'tɛlla/ [여] 망토

mantello /man'tɛllo/ [남] ① 망토 ② [지질] 맨틀

mantenere /mante'nere/ [타동] ① (상태 따위를) 유지하다, 보존하다; mantenere l'equilibrio 균형을 유지하다; mantenere i prezzi bassi 물가를 억제하다; mantenere i contatti con qn 누구와 연락[접촉]을 계속하다 ② (약속 따위를) 지키다 ③ (가족을) 부양하다 - mantenersi [재귀동사] ① (상태 따위가) 유지되다, 그대로 머물러 있다; mantenersi calmo 가만히 있다 ② (스스로) 생계를 유지하다

mantenimento /manteni'mento/ [남] ① (상태 따위의) 유지, 보존 ② 부양, 생계 유지; provvedere al mantenimento della famiglia 가족을 부양하다

mantenuto /mante'nuto/ [남] (매춘부의) 기둥서방

mantice /'mantitʃe/ [남] 풀무

mantiglia /man'tiʎʎa/ [여] (스페인·멕시코 여자의) 머리부터 어깨까지 덮는 큰 베일

manto /'manto/ [남] 망토 - manto stradale 도로 표면

mantovana /manto'vana/ [여] (커튼의 쇠막대를 가리는) 장식 덮개

manuale1 /manu'ale/ [형] 손으로 하는, 수동(手動)의

manuale2 /manu'ale/ [남] 입문서, 안내서; 교과서

manualità /manuali'ta/ [여-불변] 손재주

manualmente /manual'mente/ [부] 손으로, 수동으로

manubrio /ma'nubrjo/ [남] (복 : -bri) ① (자전거 따위의) 핸들 ② 아령, 덤벨

manufatto /manu'fatto/ [남] 제품, 제조품

manutenzione /manuten'tsjone/ [여] (주택·정원·자동차·건물 따위의) 유지, 보존, 보수 관리

manzo /'mandzo/ [남] ① 어린 수소 ② 쇠고기

Maometto /mao'metto/ [남] 마호메트, 무함마드 (이슬람교의 창시자)

maori /ma'ɔri/ [형-불변] (뉴질랜드 원주민인) 마오리 사람의 - [남/여-불변] 마오리 사람

mappa /'mappa/ [여] 지도(地圖)

mappamondo /mappa'mondo/ [남] ① 지구본, 지구의 ② (평면상의) 세계 지도

maquillage /maki'jaʒ/ [남-불변] 메이크업, 화장

marachella /mara'kɛlla/ [여] 짓궂은 장난, 못된 짓

marameo /mara'mɛo/ [감] fare marameo a qn 누구를 향해 엄지손가

락을 코끝에 대고 다른 네 손가락을 펴 보이다 (경멸의 표시)

maraschino /maras'kino/ [남] 마라스키노 술

marasma /ma'razma/ [남] ① [병리] (유아의) 소모증(消耗症) ② (비유적으로) (정치적·경제적·사회적인) 심각한 퇴보·타락·악화; 대혼란

maratona /mara'tona/ [여] [육상] 마라톤

maratoneta /marato'neta/ [남/여] (남·복 : -i, 여·복 : -e) 마라토너, 마라톤 선수

marca /'marka/ [여] (복 : -che) ① 상표, 브랜드 ② (구별을 위한) 표시 ③ (비유적으로) 기질, 성질

marcare /mar'kare/ [타동] ① (상품에) 상표를 부착하다 ② 강조하다 ③ [스포츠] 득점하다

marcato /mar'kato/ [형] 표시가 된; 뚜렷한

marcatore /marka'tore/ [남] (여 : -trice) ① (경기의) 득점자 ② 마커 펜

marchesa /mar'keza/ [여] 후작(侯爵) 부인; 여(女)후작

marchese /mar'keze/ [남] 후작

marchiano /mar'kjano/ [형] (실수가) 심각한, 큰

marchiare /mar'kjare/ [타동] (상품에) 상표를 달다; (가축에) 소인(燒印)을 찍다

marchingegno /markin'dʒeɲɲo/ [남] ① 복잡한 구조를 가진 도구나 장치 ② 꾀, 묘안

marchio /'markjo/ [남] (복 : -chi) ① (가축에 찍는) 소인(燒印) ② 상표; marchio depositato 등록 상표

marcia /'martʃa/ [여] (복 : -ce) ① 행진; [군사] 행군 ② [음악] 행진곡; marcia funebre 장송 행진곡 ③ mettere in marcia (차를) 운전하기 시작하다, 출발시키다; essere in marcia verso ~을 향해 나아가고 있다 ④ (자동차의) 기어; cambiare marcia 기어를 바꾸다; fare marcia indietro 후진하다 ⑤ [육상] 경보(競步)

marciapiede /martʃa'pjede/ [남] ① (포장된) 보도, 인도 ② (철도역의) 플랫폼

marciare /mar'tʃare/ [자동] (조동사 : avere) 행진하다, 진군하다, 나아가다; (차가) 움직이다, 달리다

marciatore /martʃa'tore/ [남] (여 : -trice) ① 행진[진군]하는 사람 ② [육상] 경보 선수

marcio /'martʃo/ (복 : -ci, -ce) [형] ① 썩은, 부패한 ② (구어체에서) (상처가) 감염된 ③ (비유적으로) (사람·사회가) 타락한, 부정한, 부패한 - [남] 썩음, 부패; (과일 따위의) 썩은 부분

marcire /mar'tʃire/ [자동] (조동사 : essere) 썩다, 부패하다

marco /'marko/ [남] (복 : -chi) 마르크 (독일의 옛 화폐 단위)

mare /'mare/ [남] ① 바다, 해양; per mare 바다로, 해로(海路)로; sul mare 바다 위에, 바닷가에; in mare 바다에 (서); andare al mare 바다로 (놀러) 가다; mettersi in mare (육지를 떠나) 바다로 나가다; di mare 바다의; il mar Mediterraneo 지중해; il mar Nero 흑해 ② 엄청난 양; ho un mare di cose da fare 난 할 일이 산더미 같다; essere in un mare di lacrime 눈물이 하염없이 흐르다 - essere in alto mare i) 먼바다에 나와 있다 ii) (비유적으로) 어찌할 바를 모르다, 갈피를 잡지 못하다; è una goccia nel mare 창해일속(滄海一粟)이다

marea /ma'rea/ [여] ① 조수, 조류; 간만; alta marea 만조(滿潮), 밀물; bassa marea 간조(干潮), 썰물 ② 엄청난 양; una marea di gente 엄청난 인파

mareggiata /mared'dʒata/ [여] (연안의) 거친 바다

maremoto /mare'mɔto/ [남] 해진(海震)

maresciallo /mareʃ'ʃallo/ [남] ① [군사] 준위 ② [역사] (육군) 원수

maretta /ma'retta/ [여] ① (바다의) 거친 물결 ② (비유적으로) (의견) 충돌, 알력, 불화

margarina /marga'rina/ [여] 마가린

margherita /marge'rita/ [여] ① [식물] 데이지 ② (프린터의) 데이지 휠

marginale /mardʒi'nale/ [형] ① 난외의, 여백의 ② 변두리의, 주변적인, 별로 중요하지 않은

margine /'mardʒine/ [남] ① 가장자리, 변두리, 언저리, 주변; al margine di ~의 변두리[주변부]에 ② (페이지의) 난외, 여백; note in[a] margine 난외주(註) ③ 여유, 여지; avere un buon margine di tempo 시간적 여유가 많다 ④ [상업] 매매 차익금, 이문, 마진 (margine di profitto) - margine d'errore 오차

marijuana /marju'ana/ [여-불변] 마리화나, 대마초

marina /ma'rina/ [여] ① 해안, 해변 ② (한 나라 소속의) 모든 선박들, 해상[해군] 세력; marina mercantile (한 나라의) 전체 상선; marina militare 해군

marinaio /mari'najo/ [남] (복 : -ai) 선원, 뱃사람

marinare /mari'nare/ [타동] ① (고기나 생선을) 매리네이드에 담그다[절이다] ② marinare la scuola 학교를 무단 결석하다, 수업을 빼먹다

marinaro /mari'naro/ [형] 해안의, 항해의; borgo marinaro 어촌; alla marinara (복장 따위가) 선원의 것인

marinata /mari'nata/ [여] 매리네이드 (식초·포도주·향신료를 넣은 액체; 여기에 고기나 생선을 담금)

marino /ma'rino/ [형] 바다의, 해양의

marionetta /marjo'netta/ [여] ① 꼭두각시 (인형); spettacolo di marionette 꼭두각시놀음, 인형극 ② (비유적으로) 남의 조종에 따라 움직이는 사람, 앞잡이

maritare /mari'tare/ [타동] 결혼시키다, 시집·장가를 보내다 - maritarsi [재귀동사] (con과 함께 쓰여) (~와) 결혼하다

marito /ma'rito/ [남] 남편; prendere marito (여자가) 결혼하다

marittimo /ma'rittimo/ [형] 바다의, 해양의; 해사(海事)의, 해운의 - [남] 선원, 뱃사람

marketing /'marketing/ [남-불변] 마케팅 (제조 계획에서 최종 판매까지의 전 과정)

marmaglia /mar'maʎʎa/ [여] (경멸적으로) 하층민(들)

marmellata /marmel'lata/ [여] 잼; 마멀레이드

marmitta /mar'mitta/ [여] ① (큰) 냄비 ② (내연 기관의) 소음기(消音器), 머플러

marmo /'marmo/ [남] 대리석 - avere un cuore duro come il marmo 무정하다, 냉혹하다

marmocchio /mar'mɔkkjo/ [남] (복 : -chi) (구어체에서) 어린아이, 꼬마

marmotta /mar'mɔtta/ [여] [동물] 마멋 (다람쥣과)

marocchino /marok'kino/ [형] 모로코의 - [남] (여 : -a) 모로코 사람

Marocco /ma'rɔkko/ [남] 모로코

maroso /ma'roso/ [남] 큰 파도

marra /'marra/ [여] (농업용) 괭이

marrone /mar'rone/ [형] 갈색의 - [남] ① 갈색 ② [식물] 유럽밤나무

marron glacé /mar'rongla'se/ [남-불변] 마롱글라세 (밤을 설탕에 절인 것)

marsina /mar'sina/ [여] 연미복

marsupiale /marsu'pjale/ [형/남] 유대류 (有袋類)의 (동물) (캥거루 따위)

marsupio /mar'supjo/ [남] (복 : -pi) ① [동물] (유대류의) 육아낭(育兒囊) ② (아기를 등에 업고 다닐 수 있게 만든) 캐리어

Marte /'marte/ [남] ① [로마신화] 마르스 (군신(軍神)) ② [천문] 화성

martedì /marte'di/ [남-불변] 화요일 - martedì grasso [기독교] 참회 화요일 (재의 수요일의 전날)

martellante /martel'lante/ [형] 탕탕 두드리는; (머리가) 욱신욱신 쑤시는

martellare /martel'lare/ [타동] ① 망치질하다; 탕탕 두드리다 ② (질문 공세 따위를) 퍼붓다 - [자동] (조동사 : avere) (~을) 탕탕 때리다; (심장이) 두근거리다; (머리가) 욱신욱신 쑤시다

martellata /martel'lata/ [여] 강타, 탕탕 두드리기

martelletto /martel'letto/ [남] (피아노의) 해머; (타자기의) 타이프바; (의장·경매인 등의) 망치, 의사봉

martello /mar'tello/ [남] ① 망치, 해머; battere col martello 망치로 때리다, 망치질하다; piantare un chiodo col martello 망치로 못을 두드려 박다 ② [육상] (해머던지기의) 해머; lancio del martello 해머던지기 ③ [해부] (중이(中耳)의) 추골(槌骨) - suonare a martello 경보를 울리다

martinetto /marti'netto/ [남] 잭 (들어올리는 기구)

martire /'martire/ [남/여] 순교자

martirio /mar'tirjo/ [남] (복 : -ri) 순교

martora /'martora/ [여] [동물] 담비

martoriare /marto'rjare/ [타동] 괴롭히다, 고통을 주다

marxismo /mark'sizmo/ [남] 마르크스주의, 마르크시즘

marxista /mark'sista/ [남/여] (남·복 : -i, 여·복 : -e) 마르크스주의자

marzapane /martsa'pane/ [남] 아몬드와 설탕·계란을 이겨 만든 과자

marziale /mar'tsjale/ [형] 군(軍)의; 무

(武)의; corte marziale 군사 법원; legge marziale 군법; arti marziali 무도(武道)

marziano /mar'tsjano/ [형] 화성의 - [남] (여: -a) ① (공상과학소설 등의) 화성인 ② (비유적으로) 괴짜

marzo /'martso/ [남] 3월

mascalzone /maskal'tsone/ [남] (여: -a) (구어체에서) 악한, 불량배

mascara /mas'kara/ [남-불변] 마스카라 (여성용 눈썹 화장품)

mascarpone /maskar'pone/ [남] 디저트로 많이 이용되는 크림 치즈의 하나

mascella /maʃʃella/ [여] [해부] 위턱, 턱뼈

maschera /'maskera/ [여] ① (변장용) 가면 ② 가장 무도회의 의상 ③ (보호용) 마스크; maschera antigas 방독면 ④ 미용 팩 (maschera di bellezza) ⑤ 위장, 겉치레; gettare la maschera 정체를 드러내다 ⑥ (극장의) 안내인

mascheramento /maskera'mento/ [남] ① 가면을 씀, 가장, 변장 ② (비유적으로) 겉치레, 속임수, 위장 ③ (군사) 위장, 카무플라주

mascherare /maske'rare/ [타동] ① 가면을 씌우다, 가장[변장]시키다 ② (감정·의도 따위를) 숨기다 ③ [군사] 위장하다 - mascherarsi [재귀동사] (da와 함께 쓰여) (~으로) 가장[변장]하다

mascherata /maske'rata/ [여] 가장 무도회

mascherato /maske'rato/ [형] ① 가면을 쓴, 가장[변장]한 ② (비유적으로) 감춘, 숨긴

mascherina /maske'rina/ [여] ① 가장 무도회 참가자 ② (가장 무도회에서) 눈 부분만 가리는 작은 가면

maschiaccio /mas'kjattʃo/ [남] (복: -ci) ① 불량 소년 ② 말괄량이

maschile /mas'kile/ [형] 남성의, 수컷의; 남성용의; [문법] 남성의 - [남] [문법] 남성

maschilismo /maski'lizmo/ [남] 남성 우월주의

maschilista /maski'lista/ [남/여] (남·복: -i, 여·복: -e) 남성 우월주의자

maschio /'maskjo/ (복: -schi, -sche) [형] 남성의, 수컷의 - [남] ① (동물의) 수컷 ② 남자아이; 아들 ③ 남자, 남성

mascolinità /maskolini'ta/ [여-불변] 남자임, 남성성

mascolino /masko'lino/ [형] 남자다운, 씩씩한

mascotte /mas'kɔt/ [여-불변] 마스코트

masochismo /mazo'kizmo/ [남] [정신의학] 마조히즘, 피학대 성욕 도착증

masochista /mazo'kista/ [남/여] (남·복: -i, 여·복: -e) 마조히스트, 피학대 성도착자

massa /'massa/ [여] ① 큰 덩어리, ~체 (體); massa continentale 광대한 땅, 대륙 ② 대량, 다수; una massa di ~의 대량, 많은 ~ ; produzione in massa 대량 생산, 양산 ③ 일반 대중 ④ [물리] 질량 ⑤ [전기] 어스, 접지(接地)

massacrante /massa'krante/ [형] 몹시 힘든[고된], 기진맥진하게 만드는

massacrare /massa'krare/ [타동] ① (많은 사람을) 학살하다; (짐승을) 도살하다 ② [스포츠] 압승을 거두다, (상대를) 완패시키다 ③ 몹시 힘들게 하다, 기진맥진하게 만들다

massacro /mas'sakro/ [남] ① (사람의) 대량 학살; (짐승의) 도살 ② [스포츠] 압승 ③ (비유적으로) 재난, 불행

massaggiare /massad'dʒare/ [타동] 마사지하다, 안마하다

massaggiatore /massaddʒa'tore/ [남] (여: -trice) 마사지사, 안마사

massaggio /mas'saddʒo/ [남] (복: -gi) 마사지, 안마

massaia /mas'saja/ [여] 가정 주부

massello /mas'sello/ [남] (금속의) 주괴(鑄塊); (돌·목재의) 덩어리

masseria /masse'ria/ [여] (대규모의) 농장

masserizie /masse'rittsje/ [여·복] 집안의 가구 일체, 가재도구

massicciata /massit'tʃata/ [여] (철도·도로에 까는) 자갈

massiccio /mas'sittʃo/ (복: -ci, -ce) [형] ① 육중한, 우람한; 단단한, 튼튼한 ② 대규모의, 대량의 ③ (목재 등) 속까지 한 가지 재료로 된; 순금·순은의 - [남] [지질] 중앙 산괴(山塊)

massima1 /'massima/ [여] 격언, 금언 - in linea di massima 일반적으로, 보통, 대개

massima2 /'massima/ [여] [기상] 최고 기온

massimale /massi'male/ [형] 최고의, 극대의 - [남] 최고 한도, 상한(上限)

massimo /'massimo/ [형] 최대의, 최고의; è il massimo poeta del secolo 그는 당대 최고의 시인이다; al massimo grado 최고로도, 극도로; in massima parte 대부분; il tempo massimo concesso 허용된 최대한의 시간; la velocità massima che questa macchina può raggiungere è ~ 이 차의 최고 속도는 ~ - [남] 최대한, 최고점; è il massimo che io possa fare 그게 내가 할 수 있는 최대한의 것이야; è il massimo! 그게 최고한도다, 그 이상은 없다; costerà al massimo 5 euro 기껏해야 5유로 할 거야; lavorare al massimo 전력을 다해 일하다; sfruttare qc al massimo 무엇을 최대한 이용하다; arriverò al massimo alle 5 늦어도 5시까지는 도착할 거야; il massimo della pena 법정 최고형

masso /'masso/ [남] 큰 알돌, 바위 - dormire come un masso 정신없이 자다

massone /mas'sone/ [남] 프리메이슨단(團)의 회원

massoneria /massone'ria/ [여] 프리메이슨단의 주의·제도·관습

massonico /mas'sɔniko/ [형] (복 : -ci, -che) 프리메이슨의

mastectomia /mastekto'mia/ [여] [외과] 유방 절제(술)

mastello /mas'tɛllo/ [남] 큰 통; 빨래통

master /'master/ [남-불변] 석사 학위

masterizzatore /masteriddʒa'tore/ [남] CD나 DVD에 데이터를 기록하는 데 사용하는 장치

masticare /masti'kare/ [타동] (음식물·껌 따위를) 씹다

mastice /'mastitʃe/ [남] ① 유향수지(乳香樹脂) ② 접합제의 일종

mastino /mas'tino/ [남] 마스티프 (개 품종의 하나)

mastodontico /masto'dɔntiko/ [형] (복 : -ci, -che) 거대한

mastro /'mastro/ [형] libro mastro (회계의) 원장(元帳) - [남] 대가, 명인

masturbarsi /mastur'barsi/ [재귀동사] 자위행위를 하다

masturbazione /masturbat'tsjone/ [여] 자위행위

matassa /ma'tassa/ [여] (실의) 타래 - venire a capo della matassa (비유적으로) 문제를 해결하다

matematica /mate'matika/ [여] 수학(數學)

matematicamente /matematika'mente/ [부] 수학적으로

matematico /mate'matiko/ (복 : -ci, -che) [형] ① 수학(상)의, 수리적인 ② (비유적으로) 필연적인, 당연한, 확실한 - [남] (여 : -a) 수학자

materassino /materas'sino/ [남] (체조용) 매트

materasso /mate'rasso/ [남] 매트리스; materasso a molle 스프링이 든 매트리스

materia /ma'tɛrja/ [여] ① 물질, 재료; materia organica 유기물; materia prima 원료 ② [철학] 질료(質料) ③ (논의 따위의) 주제; un esperto in materia 해당 주제의 전문가 ④ (학교의) 과목

materiale /mate'rjale/ [형] ① 물질의, 물질적인; 물리적인; non avere la possibilità materiale di ~은 물리적으로[사실상] 불가능하다 ② 육체의; 세속적인 - [남] ① 물질, 재료; materiale da costruzione 건축 자재 ② (특정 작업에 필요한) 용구, 도구 ③ (문서 따위의) 자료

materialismo /materja'lizmo/ [남] ① 물질주의 ② [철학] 유물론

materialista /materja'lista/ [남/여] (남·복 : -i, 여·복 : -e) ① 물질주의자 ② 유물론자

materializzarsi /materjalid'dzarsi/ [재귀동사] ① (영혼이) 육체로 나타나다, 체현(體現)되다 ② (소망·계획 따위가) 구체화되다, 실현되다

materialmente /materjal'mente/ [부] ① 물리적으로; è materialmente impossibile farlo 그건 물리적으로 불가능하다 ② 물질적으로, 재정적으로

materna → materno

maternità /materni'ta/ [여-불변] 어머니임; 모성(母性); congedo per maternità 출산 휴가

materno /ma'tɛrno/ [형] ① 어머니의, 어머니로서의, 어머니다운; amore materno 모성애 ② 모계(母系)의, 외가의 ③ 모국어의; lingua materna 모국어 - materna [여] 유치원, 어린이집

matita /ma'tita/ [여] 연필; scrivere a matita 연필로 쓰다 - matite colorate

색연필; matita per gli occhi 아이라이너 (화장품)
matriarcale /matriar'kale/ [형] 모권(母權)의, 모계 씨족 사회의
matrice /ma'tritʃe/ [여] ① [수학] 행렬 ② [컴퓨터] 매트릭스 ③ 주형(鑄型), 틀; matrice per serigrafia 실크스크린 ④ 부본(副本) (수표 따위를 떼고 증거로 남겨 두는 쪽지) ⑤ 기원, 배경; matrice culturale 문화적 배경
matricola /ma'trikola/ [여] ① (행정상의) 등록부; numero di matricola 등록 번호 ② (대학의) 신입생
matricolato /matriko'lato/ [형] (악행·거짓말 따위가) 철저한, 순전한
matrigna /ma'triɲɲa/ [여] 의붓어머니, 계모
matrimoniale /matrimo'njale/ [형] 결혼(식)의, 부부간의; vita matrimoniale 결혼 생활; letto matrimoniale 더블베드, 2인용 침대
matrimonio /matri'mɔnjo/ [남] (복 : -ni) ① 결혼; matrimonio d'amore 연애 결혼; matrimonio di convenienza 정략 결혼 ② 결혼식
matrona /ma'trɔna/ [여] (나이 지긋하고 점잖은) 부인, 기혼 여성
mattacchione /mattak'kjone/ [남] (여 : -a) 농담 잘하는 사람
mattarello /matta'rello/ → matterello
mattatoio /matta'tojo/ [남] (복 : -oi) 도살장
mattatore /matta'tore/ [남] (여 : -trice) ① 도살업자 ② (공연 등에서) 인기를 끄는 배우
matterello /matte'rello/ [남] (반죽을 미는) 밀대
mattina /mat'tina/ [여] 아침, 오전; di prima mattina 아침 일찍; dalla mattina alla sera 아침부터 저녁까지, 온종일
mattinata /matti'nata/ [여] ① 아침, 오전; in mattinata 오전 중에 ② (연주·음악회 등의) 낮 흥행
mattiniero /matti'njero/ [형/남] (여 : -a) 아침에 일찍 일어나는 (사람)
mattino /mat'tino/ [남] 아침; al mattino 아침에; di buon mattino 아침 일찍 - il mattino ha l'oro in bocca [속담] 일찍 일어나는 새가 벌레를 잡는다
matto1 /'matto/ [형] ① 미친, 실성한, 제정신이 아닌; diventare matto 미치다, 정신이 돌다; andare matto per qc 무엇에 미치다 ② avere una voglia matta di ~을 갈망하다 ③ 가짜의; oro matto 모조금(金) - [남] (여 : -a) ① 미친 사람, 정신이상자 ② da matti 미친듯이, 열광적으로
matto2 /'matto/ [형] 뿌연, 광택이 없는
mattone /mat'tone/ [남] ① 벽돌 ② (비유적으로) 성가신 것, 싫은 것
mattonella /matto'nella/ [여] (바닥이나 벽을 덮는) 타일
mattutino /mattu'tino/ [형] 아침의 - [남] 아침 예배[기도]
maturare /matu'rare/ [타동] ① (과일 따위를) 익게 하다 ② (사람을) 성숙하게 하다 - [자동] (조동사 : essere) ① (과일 따위가) 익다; (치즈 따위가) 숙성하다 ② (사람이) 성숙하다 ③ (계획 따위가) 완성되다 ④ (원금에) 이자가 붙다
maturazione /maturat'tsjone/ [여] 숙성; 성숙
maturità /maturi'ta/ [여-불변] ① 숙성; 성숙 ② 졸업 시험
maturo /ma'turo/ [형] ① (과일 따위가) 익은; (치즈 따위가) 숙성된 ② (사람이 정신적으로) 성숙한 ③ (어떤 일을 할) 준비가 다 된 ④ 중년의, 나이가 지긋한
matusa /ma'tuza/ [남-불변] (구어체에서) 시대에 뒤떨어진 사람
Mauritania /mauri'tanja/ [여] 모리타니 (서아프리카의 국가)
mausoleo /mauzo'lɛo/ [남] 웅장한 무덤, 영묘(靈廟), 능
maxiprocesso /maksipro'tʃɛsso/ [남] 피고인의 수가 많은 재판
maya /'maja/ [형-불변] (중앙아메리카 원주민인) 마야 인의 - [남/여-불변] 마야 사람
mazurca, mazurka /mad'dzurka/ [여] (복 : -che, -ke) 마주르카 (폴란드의 3박자의 무용); 그 무곡(舞曲)
mazza /'mattsa/ [여] 곤봉; (골프의) 클럽; (야구의) 배트
mazzata /mat'tsata/ [여] (비유적으로) 강타, 타격
mazzetta /mat'tsetta/ [여] ① (돈의) 묶음, 다발 ② 뇌물
mazzo /'mattso/ [남] ① (꽃·열쇠 따위의) 다발, 묶음 ② (카드의) 한 벌; fare il mazzo 카드를 뒤섞다
me /me/ [대] (인칭대명사) ① 나를; cercano me 그들은 나를 찾고 있다 ②

(비교급에서) 나보다; è più giovane di me 그는 나보다 어리다 ③ 나에게; ha dato a me il libro 그는 나에게 그 책을 주었다 - parlavate di me? 너희들 내 얘기 하고 있었니?; l'ho fatto da me 난 그 일을 혼자서 했어

meandro /me'andro/ [남] (강의) 곡류(曲流)

Mecca /'mɛkka/ [여] 메카 (이슬람교의 성지)

meccanica /mek'kanika/ [여] (복 : -che) ① 역학; 기계학 ② 기계 장치

meccanicamente /mekkanika'mente/ [부] 기계 장치로; 기계적으로

meccanico /mek'kaniko/ (복 : -ci, -che) [형] ① 기계의; 기계에 의한; 기계로 만든 ② 기계적인, 자동적인 - [남] (여 : -a) 수리공, 정비사; 엔지니어

meccanismo /mekka'nizmo/ [남] ① 기계 장치 ② 메커니즘, 기구(機構); 작용; 과정, 절차

meccanografico /mekkano'grafiko/ [형] (복 : -ci, -che) centro meccanografico (회사 등의) 데이터 처리 담당 부서

mecenate /metʃe'nate/ [남] (예술가 등의) 보호자, 후원자

mecenatismo /metʃena'tizmo/ [남] (예술가 등에 대한) 보호, 후원, 장려

mèche /mɛʃ/ [여-불변] (머리의) 부분적으로 염색한 부분

medaglia /me'daʎʎa/ [여] ① 메달; 메달리스트; medaglia d'oro 금메달(리스트) ② 훈장 - il rovescio della medaglia (사물의) 다른 일면

medaglietta /medaʎ'ʎetta/ [여] ① 작은 메달 ② (애완동물 따위에 부착하는) 이름표

medaglione /medaʎ'ʎone/ [남] ① 로켓 (사진이나 기념품 따위를 넣어 목걸이에 다는 작은 갑) ② (초상화 등의) 원형의 양각

medesimo /me'dezimo/ [형] (지시형용사) ① 같은, 동일한 ② 바로 그; arrivò il medesimo giorno in cui io dovevo partire 내가 떠나기로 했던 바로 그 날에 그가 도착했다 - [대] (지시대명사) io medesimo (다른 사람이 아닌, 바로) 나 자신

media1 /'mɛdja/ [여] ① 평균(값); 중간, 보통; sotto della media 평균[보통] 이하; in media 평균적으로; viaggiare ad una media di 평균 ~의 속도로 달리다 ② (학생의) 평균 점수[성적]

media2 /'mɛdja/ [남·복] (매스)미디어

mediale /me'djale/ [형] 중간의, 평균의, 보통의

mediamente /medja'mente/ [부] 평균적으로

mediano /me'djano/ [형] 중앙의, 중간의 - [남] [스포츠] 하프백

mediante /me'djante/ [전] ~에 의해, ~으로, ~을 통해

mediare /me'djare/ [타동] 중재하다, 조정하다

mediatico /me'djatiko/ [형] (복 : -ci, -che) (매스)미디어의

mediatore /medja'tore/ [형] 중재의, 조정의 - [남] (여 : -trice) 중재자, 조정자; (상업상의) 중개인; fare da mediatore tra ~의 사이를 중재하다

mediazione /medjat'tsjone/ [여] 중재, 조정; (상업상의) 중개

medicamento /medika'mento/ [남] 약 (藥)

medicare /medi'kare/ [타동] (환자나 다친 사람에게 적절한) 약·치료법을 쓰다; (상처를 붕대 따위로) 싸매다

medicato /medi'kato/ [형] 약용(藥用)의

medicazione /medikat'tsjone/ [여] ① 상처를 (붕대 따위로) 싸매기 ② 붕대·거즈 따위의 외과 처치 용품; fare una medicazione a qn 누구의 상처를 싸매다

medicina /medi'tʃina/ [여] ① 의학, 의술; medicina legale 법의학 ② 의과대학, 의학부; studente in medicina 의대생 ③ 약(藥)

medicinale /meditʃi'nale/ [형] 약의, 약용의; erba medicinale 약초 - [남] 약

medico /'mɛdiko/ (복 : -ci, -che) [형] 의학의, 의료의, 의사의; ricetta medica 처방(전); visita medica (의사의) 진료 - [남] 의사; medico chirurgo 외과의; medico di famiglia 가정의; medico generico 일반 개업의; medico legale 법의학자

medievale /medje'vale/ [형] [역사] 중세의

medio /'mɛdjo/ (복 : -di, -die) [형] 중간의, 중등의, 보통의; persona di statura media 중키인 사람; scuola media 중학교 - [남] ① 가운뎃손가락, 중지 ② [스포츠] 미들급 - il Medio

Oriente 중동
mediocre /me'djɔkre/ [형] 보통의, 평범한, 2류의, 그저 그런, 별로 뛰어나지 않은 - [남/여] 평범한 사람
mediocremente /medjokre'mente/ [부] 평범하게, 그저 그렇게
mediocrità /medjokri'ta/ [여-불변] 보통임, 평범함, 그저 그럼
medioevale /medjoe'vale/ → medievale
Medioevo /medjo'evo/ [남] [역사] 중세
mediorientale /medjorjen'tale/ [형] 중동의
meditabondo /medita'bondo/ [형] 생각에 잠긴, 숙고하는
meditare /medi'tare/ [타동] ① (~을, ~에 대해) 숙고하다, 곰곰이 생각하다 ② 계획하다, ~하려 생각하다 - [자동] (조동사 : avere) (su와 함께 쓰여) (~에 대해) 숙고하다, 곰곰이 생각하다
meditazione /meditat'tsjone/ [여] ① 숙고, 곰곰이 생각하기 ② 명상, 묵상
mediterraneo /mediter'raneo/ [형] 지중해의 - [남] il (mar) Mediterraneo 지중해
medium /'mɛdjum/ [남/여-불변] 무당, 영매(靈媒)
medusa /me'duza/ [여] [동물] 해파리
megabyte /mega'bait/ [남-불변] [컴퓨터] 메가바이트
megafono /me'gafono/ [남] 메가폰, 확성기
megahertz /mega'ɛrts/ [남-불변] [통신] 메가헤르츠 (주파수 단위)
megalomane /mega'lɔmane/ [남/여] 과대망상증 환자
megalomania /megaloma'nia/ [여] [정신의학] 과대망상증
megalopoli /mega'lɔpoli/ [여-불변] 메갈로폴리스, 거대 도시
megera /me'dʒera/ [여] (경멸적으로) 다투기 좋아하는 노파, 보기 흉한 노파
meglio /'mɛʎʎo/ [형-불변] 더 좋은; questa casa è meglio dell'altra 이 집이 다른 집보다 더 좋다; è meglio che tu te ne vada 넌 가는 게 좋을 거야 - [남-불변] 가장 좋은 것, 최고, 최상, 최선; essere al meglio della forma 최고[최상]의 상태이다; al meglio delle proprie possibilità 힘 닿는 데까지, 최선을 다해; fare del proprio meglio 최선을 다하다 - [부] ① 더 좋게[잘]; è cambiato in meglio 그는 더 나아졌다; andare di bene in meglio, andare sempre meglio 점점 더 좋아지다 ② 가장 잘, 최고로; sono le ragazze meglio vestite della scuola 그 애들은 그 학교에서 옷을 가장 잘 차려입은 여자아이들이다 - alla bell'e meglio 그럭저럭, 그저 그렇게, 어떻게든; meglio che mai 어느 때보다도 더 좋아; meglio tardi che mai 늦더라도 안 하는 것보단 낫다; meglio poco che niente 조금이라도 있는 게 없는 것보단 낫다
mela /'mela/ [여] 사과 (열매); torta di mele 애플파이 - mela cotogna 모과
melagrana /mela'grana/ [여] 석류 (열매)
melanzana /melan'dzana/ [여] [식물] 가지
melassa /me'lassa/ [여] 당밀(糖蜜)
melenso /me'lɛnso/ [형] 어리석은
mellifluo /mel'lifluo/ [형] (태도가) 상냥한, 부드러운; (목소리가) 감미로운
melma /'melma/ [여] 진흙
melmoso /mel'moso/ [형] 진흙의
melo /'melo/ [남] [식물] 사과나무
melodia /melo'dia/ [여] ① [음악] 멜로디, 선율 ② 곡조, 가락; cantare una melodia 홍얼거리다
melodico /me'lɔdiko/ [형] (복 : -ci, -che) ① 멜로디의, 선율의 ② 곡조가 아름다운
melodioso /melo'djoso/ [형] 선율[곡조]이 아름다운, 음악적인
melodramma /melo'dramma/ [남] 멜로드라마 (감상적인 통속극)
melodrammatico /melodram'matiko/ [형] (복 : -ci, -che) ① 멜로드라마의 ② 멜로드라마 같은, 감상적이고 과장된, 신파조의
melograno /melo'grano/ [남] [식물] 석류 (나무)
melone /me'lone/ [남] (머스크)멜론
membrana /mem'brana/ [여] (얇은) 막(膜); [생물] 막 조직
membro /'mɛmbro/ [남] (복 : -i, 여·복 : -a) ① (복 : -i) 회원, 구성원, 멤버; diventare membro di ~의 회원이 되다, ~에 가입하다 ② (여·복 : -a) 사지(四肢), 팔다리 ③ (복 : -i) membro virile 남성 생식기
memorabile /memo'rabile/ [형] 기억할 만한, 기억에 남는
memorandum /memo'randum/ [남-불변]

비망록, 메모; 각서

memore /'mɛmore/ [형] (di와 함께 쓰여) (~을) 마음에 두는, 기억해 두는, 잊지 않는

memoria /me'mɔrja/ [여] ① 기억(력); avere molta memoria 기억력이 좋다; imparare qc a memoria 무엇을 외우다[암기하다]; frugare nella memoria 기억을 더듬다; se la memoria non m'inganna 내가 기억하는 게 맞다면 ② (과거의 일에 대한) 기억, 추억; non resta memoria di quel fatto 그 일에 대한 기억은 남아 있지 않다, 아무도 그 일을 기억하지 못한다; fatto degno di memoria 기억될 만한 일; a memoria d'uomo (사람들의) 기억에 (아직) 남아 있는; in memoria di ~을 기념[추억]하여; medaglia alla memoria 기념 메달 ③ [컴퓨터] 메모리, 기억 장치 - memorie [여·복] (문어체에서) 회고록

memoriale /memo'rjale/ [남] (문어체에서) 회고록

memorizzare /memorid'dzare/ [타동] ① 기억하다, 암기하다 ② [컴퓨터] (데이터를) 저장하다

memorizzazione /memoriddzat'tsjone/ [여] ① 기억, 암기 ② [컴퓨터] (데이터의) 저장

menadito [부] (a menadito /amena'dito/ 의 형태로 쓰여) conoscere[sapere] qc a menadito 무엇을 완전히·철저하게·속속들이 알다

ménage /me'naʒ/ [남-불변] 가정, 가사, 살림

menagramo /mena'gramo/ [남/여-불변] 불운을 가져다주는 것[사람], 재수 없는 것[사람]

menare /me'nare/ [타동] ① (~으로) 이끌다, 인도하다; questa strada mena in città 이 길로 가면 시내가 나온다 ② (비유적으로) (삶을) 영위하다 ③ menare la coda (개 따위가) 꼬리를 흔들다 ④ (구어체에서) 호되게 때리다 - menarsi [재귀동사] (구어체에서) 격투를 벌이다 - menarla a qn 누구를 귀찮게[짜증나게] 하다; menare il can per l'aia 변죽을 울리다

mendicante /mendi'kante/ [남/여] 거지

mendicare /mendi'kare/ [타동] (비유적으로) (도움 따위를) 구하다, 요청하다 - [자동] (조동사 : avere) 구걸하다

menefreghismo /menefre'gizmo/ [남] (구어체에서) 무관심한 태도, 전혀 상관하지 않음

menefreghista /menefre'gista/ [형/남/여] (남·복 : -i, 여·복 : -e) (구어체에서) 무관심한, 전혀 상관하지 않는 (사람)

meninge /me'nindʒe/ [여] (복 : -gi) [해부] 뇌막, 수막 - meningi [여·복] (구어체에서) 두뇌, 지적 능력; spremersi le meningi 머리를 짜내다

meningite /menin'dʒite/ [여] [병리] 뇌막염, 수막염

menisco /me'nisko/ [남] (복 : -schi) ① [물리] 메니스커스 ② [광학] 요철(凹凸) 렌즈 ③ [해부] (관절의) 반월판, 반달 판막

meno /'meno/ [부] ① 보다 적게, 더 적게; ~만 못하게; meno caro 덜 비싼, 더 싼; ha due anni meno di me 그는 나보다 두 살 어리다; meno fumo più mangio 난 담배를 적게 피울수록 더 많이 먹게 된다; arrivo tra meno di un'ora 나 한 시간 내로 도착할 거야 ② 가장 적게; è il meno dotato dei miei studenti 그는 내 학생들 중에 가장 재능이 없는 녀석이다 ③ (계산에서) (~을) 빼어, (~이) 모자라; 5 meno 2 5 빼기 2; sono le otto meno un quarto 8시 15분 전이다; ci sono meno 15° (기온이) 영하 15도다 ④ né più, né meno 그 이상도 이하도 아니다, 꼭[바로] ~이다; in meno 부족하여, 불충분하여; a meno di ~은 고사하고; a meno che ~이 아니라면; sempre meno 차츰 줄어; meno male che ~은 좋은[괜찮은] 일이다, ~이어서 다행이다; quanto meno, per lo meno 최소한; senza meno 확실히; tanto meno ~은 말할 것도 없이, 하물며 ~은 아니다; più o meno 대략 ~쯤, 그럭저럭 - [형-불변] 보다 적은, 더 적은; meno bambini ci sono, meglio è 아이들의 수가 적으면 적을수록 더 좋다 - [전] ① ~을 빼, ~ 마이너스; quanto fa 20 meno 8? 20에서 8을 빼면 얼마인가? ② ~ 이외에(는), ~을 제외하고(는); ci siamo tutti meno lui 그를 빼고는 우리는 모두 여기 있다 - [남-불변] ① 최소의(것); questo è il meno 이게 최소한이다; fare il meno possibile 될 수 있는 대로 하지 않다, 최소한의 것만 하다 ② [수학] 빼

기, 마이너스 (부호) - venire meno 축 늘어지다, 힘이 없어지다; venire meno a ~ 배반하다, 약속을 어기다; fare a meno di ~ 없이 (그럭저럭) 지내다
menomare /meno'mare/ [타동] 불구로 만들다
menomato /meno'mato/ [형] 불구가 된, 신체 장애가 있는
menopausa /meno'pauza/ [여] [생리] 폐경기
mensa /'mɛnsa/ [여] ① 구내 식당, 카페테리아 ② 테이블, 식탁, 탁자
mensile /men'sile/ [형] 매달의, 한 달에 한 번의 - [남] 월간지
mensilità /mensili'ta/ [여-불변] ① 월급 ② 월부
mensilmente /mensil'mente/ [부] 매달, 한 달에 한 번씩
mensola /'mɛnsola/ [여] ① [건축] 까치발 ② 선반
menta /'menta/ [여] ① [식물] 박하 ② 박하 추출물; alla menta 박하향의; caramella alla menta 박하사탕 - menta piperita 페퍼민트, 박하; menta verde 스피어민트, 녹양박하
mentale /men'tale/ [형] 마음의, 정신의, 심적인, 내적인
mentalità /mentali'ta/ [여-불변] 심리[정신] 상태, 사고방식, 성향; mentalità aperta 마음 씀씀이가 큼, 도량이 넓음
mentalmente /mental'mente/ [부] 정신적으로; 마음속으로
mente /'mente/ [여] ① 마음, 정신; mente lucida 맑은 정신; malato di mente 정신 장애가 있는; avere la mente altrove 정신이 딴 데 가 있다; saltare in mente 머리[마음속]에 떠오르다 ② 지성, 지력(知力); mente agile 이해가 빠름, 영리함, 똑똑함 ③ 기억(력), 회상; tenere a mente qc 무엇을 마음속에 간직하다, 잊지 않고 있다; venire in mente 생각나다 ④ 사람, 인물 - a mente fredda 냉정하게 생각하여
mentecatto /mente'katto/ [형] ① 정신이상이 있는 ② 우둔한, 어리석은 - [남] (여: -a) ① 정신이상자 ② 우둔한 자
mentina /men'tina/ [여] 박하 정제
mentire /men'tire/ [자동] (조동사 : avere) (su와 함께 쓰여) (~에 대해) 거짓말하다
mento /'mento/ [남] 턱; doppio mento 이중 턱
mentre /'mentre/ [접] ① ~하는 동안에; è successo mentre ero fuori 그 일은 내가 외출했을 때 발생했다 ② ~인 반면에; lui è biondo mentre sua sorella è mora 그는 금발인 반면, 그의 여동생은 머리가 검다 - in quel mentre 바로 그때
menu /me'nu/ [남-불변] ① 메뉴, 차림표 ② [컴퓨터] 메뉴
menzionare /mentsjo'nare/ [타동] 언급하다, 거명하다
menzione /men'tsjone/ [여] ① 언급, 거명; fare menzione di ~에 대해 언급하다; degno di menzione 언급[칭찬]할 만한 ② 상, 표창
menzogna /men'tsoɲɲa/ [여] 거짓, 허구, 꾸며낸 것
meraviglia /mera'viʎʎa/ [여] ① 놀람; con mia (grande) meraviglia (나에게 있어서) (무척) 놀랍게도; mi fa meraviglia che 나는 ~이라는 데 놀랐다 ② 놀라운 일, 경이; le sette meraviglie del mondo 세계 7대 불가사의 - a meraviglia 놀라울 정도로, 아주 훌륭하게
meravigliare /meraviʎ'ʎare/ [타동] (깜짝) 놀라게 하다; sono rimasto meravigliato 나는 깜짝 놀랐다 - meravigliarsi [재귀동사] (di 또는 che와 함께 쓰여) (~에 또는 ~이라는 데에) 놀라다
meravigliosamente /meraviʎʎosa'mente/ [부] 놀랍게도, 놀랄 만하게, 경이롭게; 아주 훌륭하게
meraviglioso /meraviʎ'ʎoso/ [형] 놀라운, 놀랄 만한, 경이로운; 아주 훌륭한
mercante /mer'kante/ [남] 상인, 판매업자; mercante d'arte 미술상
mercanteggiare /merkanted'dʒare/ [자동] (조동사 : avere) (su와 함께 쓰여) (~에 대해) 가격 흥정을 하다 - [타동] (명예·양심 따위를) 팔다
mercantile /merkan'tile/ [형] 상업의, 상인의 - [남] 상선(商船)
mercanzia /merkan'tsia/ [여] 상품
mercatino /merka'tino/ [남] 동네 시장
mercato /mer'kato/ [남] ① (일반적으로) 시장, 장터; giorno di mercato 장날; mercati generali 도매 시장; mercato delle pulci 벼룩시장 ② [경제] 시장; mettere[lanciare] qc sul mercato

무엇을 시장에 내놓다, 출시하다 ③ a buon mercato 값싼, 값싸게 - il Mercato Comune (Europeo) (유럽) 공동 시장; mercato dei cambi 외환 시장; mercato dei capitali 자본 시장; mercato nero 암시장; mercato dei valori 증권 시장

merce /ˈmɛrtʃe/ [여] 상품; merce deperibile 상하기 쉬운 상품

mercé /merˈtʃe/ [여-불변] (옛말로, 문어체에서) 자비 - essere alla mercé di qn 누구의 처분[마음]에 달려 있다

mercenario /mertʃeˈnarjo/ (복 : -ri, -rie) [형] ① 용병의 ② (경멸적으로) 돈을 목적으로 하는 - [남] (여 : -a) ① 용병 ② (경멸적으로) 돈을 목적으로 일하는 사람

merceria /mertʃeˈria/ [여] ① 잡화상 ② -e 잡화류

mercoledì /merkoleˈdi/ [남-불변] 수요일; mercoledì delle Ceneri [기독교] 재의 수요일

mercurio /merˈkurjo/ [남] [화학] 수은
Mercurio /merˈkurjo/ [남] [천문] 수성

merda /ˈmɛrda/ [여] (비어로) ① 똥 ② (비유적으로) 쓰레기, 쓸모없는 것 ③ (비유적으로) 경멸할 만한 인간 ④ 골치 아픈 상황; essere nella merda 골치 아픈 상황에 처해 있다 ⑤ di merda 진절머리 나는, 따분한, 불쾌한, 지독한 - [감] (비어로) 제기랄!, 빌어먹을!

merenda /meˈrɛnda/ [여] (오후에 먹는) 간식; fare merenda 간식을 먹다

meridiana /meriˈdjana/ [여] 해시계

meridiano /meriˈdjano/ [형] 정오의, 한낮의 - [남] 자오선

meridionale /meridjoˈnale/ [형] 남쪽의; 남풍의 - [남/여] 남쪽 지방 사람; 이탈리아 남부 출신의 사람

meridione /meriˈdjone/ [남] 남쪽; il Meridione 이탈리아의 남쪽 지방

meringa /meˈringa/ [여] (복 : -ghe) 머랭 (설탕과 거품 일게 한 계란 흰자위 등을 섞은 것); 머랭 과자

meringata /merinˈgata/ [여] 휘핑 크림과 머랭으로 만든 케이크

meritare /meriˈtare/ [타동] ① (마땅히) ~할[받을] 만하다, ~할 가치가 있다; merita un premio 그는 상을 받을 만한 자격이 있다; se l'è proprio meritato! 그는 그런 대접을 받아도 싸다, 그 녀석 꼴 좋다! ② (~이) 필요하다, 요구되다; meritare attenzione 주의가 필요하다 ③ (~의) 가치가 있다; questo pranzo non merita il prezzo 이 식사는 그 금액만큼의 가치가 없다 ④ [비인칭] non merita neanche parlarne (그건) 얘기할 만한 가치가 없어

meritato /meriˈtato/ [형] (상·성공 따위가) 마땅한, 응당한, 받을 만한

meritevole /meriˈtevole/ [형] (di와 함께 쓰여) (칭찬·비난 따위를) 받을 만한

merito /ˈmɛrito/ [남] ① 장점, 자랑할 만한 점 ② 공적, 공로; dare (il) merito a qn di qc 무엇을 누구의 공으로 돌리다 - per merito di ~의 덕택으로; a pari merito 동점으로, 순위가 같아; in merito a ~에 관해서

meritocrazia /meritokratˈtsia/ [여] 개인의 실력[능력]을 중시함; 그런 체제

meritorio /meriˈtɔrjo/ [남] (복 : -ri, -rie) 가치[공적]가 있는, 칭찬할 만한

merletto /merˈletto/ [남] 끈, 레이스

merlo /ˈmɛrlo/ [남] ① [조류] 검은지빠귀 ② (비유적으로) 멍청이, 얼간이

merluzzo /merˈluttso/ [남] [어류] 대구

mescere /ˈmeʃʃere/ [타동] (술 따위를) 따르다

meschinamente /meskinaˈmente/ [부] 쩨쩨하게, 좀스럽게

meschinità /meskiniˈta/ [여-불변] 쩨쩨함, 좀스러움; 비열함

meschino /mesˈkino/ [형] ① 쩨쩨한, 좀스러운; 비열한, 비루한 ② (생활이) 비참한; (수입 따위가) 보잘것없는, 얼마 안 되는 - [남] (여 : -a) 쩨쩨한[비루한] 사람

mescita /ˈmeʃʃita/ [여] 와인 바

mescolanza /meskoˈlantsa/ [여] 혼합, 잡탕

mescolare /meskoˈlare/ [타동] ① 섞다, 혼합하다 ② 휘젓다, 뒤섞다 - mescolarsi [재귀동사] 섞이다, 혼합되다; mescolarsi alla folla 군중 속에 섞이다, 군중 속으로 사라지다

mescolata /meskoˈlata/ [여] 휘젓기, 뒤섞기; dare una mescolata a ~을 휘젓다, 뒤섞다

mese /ˈmese/ [남] (한) 달, 1개월; fra un mese 한 달 내로, 한 달 사이에; il mese scorso 지난 달; al mese 한 달에, 달마다; mese per mese 매달, 달마다; un bambino di sei mesi 생후 6

개월 된 아기
messa1 /'messa/ [여] [가톨릭] 미사; andare a messa 미사에 참석하다; dire la messa 미사를 올리다
messa2 /'messa/ [여] 놓기, 두기, 설치, 세팅; messa in moto (자동차의) 시동을 걸기; messa in piega 머리 손질
messaggero /messad'dʒero/ [남] (여 : -a) 사자(使者), 전령
messaggino /messad'dʒino/ [남] (구어체에서) (휴대전화의) 문자 메시지
messaggio /mes'saddʒo/ [남] (복 : -gi) ① 메시지, 전갈, 전언; lasciare un messaggio a qn 누구에게 메시지를 남기다 ② [컴퓨터] 메시지; messaggio di errore 에러 메시지
messale /mes'sale/ [남] [가톨릭] 미사 전례서(典禮書)
messe /'mɛsse/ [여] 수확, 추수; 수확량
messia /mes'sia/ [남-불변] 구세주, 메시아; il Messia 그리스도
messicano /messi'kano/ [형] 멕시코의 - [남] (여 : -a) 멕시코 사람
Messico /'mɛssiko/ [남] 멕시코
messinscena /messin'ʃɛna/ [여] ① [연극] 연출 ② (비유적으로) 연극, 가장, 꾸밈
messo1 /'messo/ [형] ben messo i) 건강 상태가 좋은 ii) 옷을 잘 차려입은
messo2 /'messo/ [남] (문어체에서) 사절, 사자
mestiere /mes'tjɛre/ [남] ① 수공; 직업, 생업; fa il mestiere di calzolaio 그는 (직업이) 구두 수선공이다 ② 직무, 역할 ③ (비유적으로) 기술, 솜씨 - essere del mestiere 전문가다
mesto /'mɛsto/ [형] 슬픈, 우울한
mestolo /'mestolo/ [남] 국자
mestruale /mestru'ale/ [형] 월경의, 생리의; dolori mestruali 생리통
mestruazione /mestruat'tsjone/ [여] 월경, 생리; avere le mestruazioni 생리 중이다
meta /'mɛta/ [여] ① 목적지; vagare senza meta 정처없이 떠돌다 ② (비유적으로) 목적, 목표
metà /me'ta/ [여-불변] ① 반, 절반; dividere qc a metà 무엇을 반씩(둘로) 나누다; fare le cose a metà 일을 하다 말다, 다 하지 않고 남겨두다; la mia dolce metà 나의 반쪽 (배우자나 연인) ② 중간, 중앙, 가운데; verso la metà del mese 그 달 중순쯤에 - [형-불변] a metà prezzo 반값에; a metà strada 도중에, 중도에

metabolismo /metabo'lizmo/ [남] [생물] 물질대사, 대사 작용, 신진대사
metadone /meta'done/ [남] [약학] 메타돈 (헤로인 중독 치료제)
metafisica /meta'fizika/ [여] 형이상학
metafisico /meta'fiziko/ [형] (복 : -ci, -che) ① 형이상학의 ② (비유적으로) 추상적인
metafora /me'tafora/ [여] [수사학] 은유(隱喩); parlare per metafore 은유법을 써서 말하다; fuor di metafora 에두르지 않고, 직설적으로
metallico /me'talliko/ [형] (복 : -ci, -che) ① 금속의; 금속제의 ② (비유적으로) (소리가) 금속성의; 금속 같은[비슷한]
metallizzato /metallid'dzato/ [형] (색깔의) 금속 광택을 지닌
metallo /me'tallo/ [남] 금속; di metallo 금속제의, 금속으로 만든
metallurgia /metallur'dʒia/ [여] 야금(술)
metallurgico /metal'lurdʒiko/ (복 : -ci, -che) [형] 야금(술)의 - [남] (여 : -a) 야금업 종사자
metalmeccanico /metalmek'kaniko/ (복 : -ci, -che) [형] 야금 및 기계의 - [남] (여 : -a) 야금 및 기계와 관련된 산업에 종사하는 사람
metamorfosi /meta'morfozi/ [여-불변] (in과 함께 쓰여) (~으로의) 변형, 변질, 변성
metano /me'tano/ [남] [화학] 메탄
metastasi /me'tastazi/ [여-불변] [의학] (암 등의) 전이(轉移)
meteo /'mɛteo/ [남-불변] 일기예보
meteora /me'tɛora/ [여] [천문] 유성(流星)
meteorite /meteo'rite/ [남/여] [지질] 운석
meteorologia /meteorolo'dʒia/ [여] 기상학
meteorologico /meteoro'lɔdʒiko/ [형] (복 : -ci, -che) 기상학상의; 기상의; bollettino meteorologico 기상 통보
meteorologo /meteo'rɔlogo/ [남] (여 : -a) (남·복 : -gi, 여·복 : -ghe) 기상학자; 일기 예보관
meticcio /me'tittʃo/ (복 : -ci, -ce) [형] 혼혈의, 잡종의 - [남] (여 : -a) 혼혈

아; (동물의) 잡종
meticolosamente /metikolosa'mente/ [부] 꼼꼼하게, 세심하게; 정확하게; 까다롭게
meticoloso /metiko'loso/ [형] 꼼꼼한, 세심한; 정확한; 까다로운
metodico /me'tɔdiko/ [형] (복 : -ci, -che) 조직적인, 질서 정연한
metodismo /meto'dismo/ [남] [기독교] 감리교(의 교리)
metodista /meto'dista/ [남/여] (남·복 : -i, 여·복 : -e) 감리교도
metodo /'mɛtodo/ [남] ① (조직적인) 방법, 방식; metodo scientifico 과학적 방법 ② 수단, 방법; metodi drastici 과격한 수단 ③ 교본, 매뉴얼, 교과서
metodologia /metodolo'dʒia/ [여] 방법론
metraggio /me'traddʒo/ [남] (복 : -gi) ① (옷감의) 길이 ② [영화] (필름의) 길이
metrica /'mɛtrika/ [여] 운율학(韻律學); 작시법(作詩法)
metrico1 /'mɛtriko/ [형] (복 : -ci, -che) 미터(법)의; il sistema metrico decimale 미터법
metrico2 /'mɛtriko/ [형] (복 : -ci, -che) (문어체에서) 운율의, 운문의
metro /'mɛtro/ [남] ① [길이의 단위] 미터; metro quadrato 제곱미터; metro cubo 입방미터, 세제곱미터 ② (길이를 재는) 자 ③ (비유적으로) (판단·평가 등의) 표준, 기준, 척도
metronomo /me'trɔnomo/ [남] [음악] 메트로놈
metronotte /metro'nɔtte/ [남-불변] 야경꾼
metropoli /me'trɔpoli/ [여-불변] (국가·지방의) 주요 도시, 대도시
metropolitana /metropoli'tana/ [여] 지하철
metropolitano /metropoli'tano/ [형] 주요 도시의, 대도시의
mettere /'mettere/ [타동] ① (어떤 장소에) 놓다, 두다, 얹다; dove hai messo la mia penna? 내 펜을 어디에 두었니?; mettere qc diritto 무엇을 가지런히 두다, 정돈하다; mettere un bambino a letto 아이를 침대에 눕히다 ② (누구로 하여금 어떤 기분·감정을) 느끼게 하다; mettere malinconia a qn 누구를 슬프게 하다 ③ (옷·모자·신발 따위를) 입다, 쓰다, 신다; non metto più quelle scarpe 난 그 신발은 더 이상 신지 않아 ④ (전화·가스 따위를) 놓다, 설치하다 ⑤ (시계·알람 따위를) 설정하다, 맞추다 ⑥ 가정하다; mettiamo che ~이라고 가정해봅시다 ⑦ metterci molto tempo 시간을 많이 잡아먹다, 오래 걸리다; ci ho messo 3 ore per venire 여기 오는데 세 시간 걸렸어; mettercela tutta 전력을 다하다 ⑧ mettere a confronto 비교하다; mettere in giro (소문 따위를) 퍼뜨리다; mettere insieme i) 한데 모으다 ii) (단체 따위를) 조직하다; mettere in luce (문제·잘못 따위를) 드러내다, 들추다; mettere sotto qn i) 누구를 차로 치다 ii) 누구로 하여금 바쁘게 일하도록 하다; mettere su casa 가정을 꾸리다; mettere su un negozio 개업하다; mettere su peso 체중이 늘다, 살이 찌다; mettere a tacere qn 누구로 하여금 조용히 하게 하다 – mettersi [재귀동사] ① (어떤 장소에) 자리를 잡다; non metterti là 거기 앉지[서 있지] 마라; mettersi a letto 잠자리에 들다 ② (옷 따위를) 입다 ③ (a와 함께 쓰여) ~하기 시작하다; mettersi a bere 마시기 시작하다; mettersi al lavoro 작업에 착수하다 ④ mettersi bene (일이) 잘되다
mezza /'mɛddza/ [여] è la mezza 12시 반이다
mezzadria /meddza'dria/ [여] [농업] 소작(小作) 제도
mezzadro /meḍ'dzadro/ [남] (여 : -a) 소작인, 소작농
mezzaluna /meddza'luna/ [여] (복 : mezzelune) 반달; 초승달 모양
mezzanino /meddza'nino/ [남] [건축] 중2층(中二層) (1층과 2층 사이)
mezzano /meḍ'dzano/ [형] 중간의, 평균의 – [남] (여 : -a) ① 중매인 ② 뚜쟁이
mezzanotte /meddza'nɔtte/ [여] (복 : mezzenotti) ① 자정, 한밤중 ② 북쪽
mezz'aria [형/부] (a mezz'aria /ameḍ'dzarja/의 형태로 쓰여) 공중에 (떠 있어, 매달려)
mezz'asta [형] (a mezz'asta /ameḍ'dzasta/의 형태로 쓰여) (기가) 반기(半旗)의 위치에 있는
mezzo1 /'mɛddzo/ [형] ① 절반의; ha

lasciato mezzo panino 그는 샌드위치를 절반 남겼다 ② 중간의; di mezza età 중년의 ③ non mi piacciono le mezze misure 난 어중간한 건 싫어 - [남] ① 반, 절반; un chilo e mezzo 1.5kg; è l'una e mezzo 1시 반이다 ② 가운데, 중간; nel mezzo della piazza 광장 가운데에서; in mezzo a ~ 가운데에; nel bel mezzo (di) (~의) 한가운데에 ③ esserci di mezzo (장애물 따위가) 길을 가로막고 있다; mettersi di mezzo 사이에 들다, 끼어들다; togliere di mezzo 제거하다, 없애다; il giusto mezzo 중도(中道), 중용(中庸) - [부] 반쯤; essere mezzo addormentato 반쯤 잠들어 있다

mezzo2 /'mɛddzo/ [남] ① 수단, 방법; mezzi di produzione 생산 수단; per mezzo di ~에 의해, ~으로 ② 교통수단, 자동차; mezzi di trasporto 교통수단 ③ [물리] 매질(媒質) - mezzi [남·복] ① 자력(資力), 자금; fare una vita al di sopra dei propri mezzi 수입보다 지출이 더 많다, 분수에 맞지 않는 생활을 하다 ② (개인의) 능력 - mezzi di comunicazione di massa 매스미디어

mezzobusto /meddzo'busto/ [남] (복 : mezzibusti) a mezzobusto 반신(半身)의, 반신상의

mezzofondista /meddzofon'dista/ [남/여] (남·복 : -i, 여·복 : -e) (육상·수영의) 중거리 경주 선수

mezzofondo /meddzo'fondo/ [남] (복 : -i) (육상·수영의) 중거리 경주

mezzogiorno /meddzo'dʒorno/ [남] ① 정오, 한낮; a mezzogiorno 정오에, 낮 12시에 ② 남쪽; 남부

mezzora, mezz'ora /med'dzora/ [여] 반시간, 30분

mi1 /mi/ [대] (인칭대명사) ① 나를; lei mi conosce 그녀는 나를 안다 ② 나에게; mi hanno detto la verità 그들은 나에게 사실을 말했다 ③ 나 자신; mi sono pettinato 난 (스스로) 내 머리를 빗었다

mi2 /mi/ [남-불변] [음악] 미, 마 음

miagolare /mjago'lare/ [자동] (조동사 : avere) (고양이가) 야옹하고 울다

miagolio /mjago'lio/ [남] (복 : -ii) (고양이가) 야옹하고 욺; 그 소리

mica1 /'mika/ [부] (구어체에서) non ~ mica 전혀 ~ 않다; non ci credo mica! 난 그걸 전혀 믿지 않아!; mica male! 나쁘지 않네, 괜찮네, 잘하네

mica2 /'mika/ [여] (복 : -che) [광물] 운모

miccia /'mittʃa/ [여] (복 : -ce) (폭약 등의) 신관(信管), 도화선

micidiale /mitʃi'djale/ [형] ① 치명적인, 죽음에 이르게 하는 ② 살인적인, 지독한; fa un caldo micidiale oggi 오늘 더위는 살인적이다

micio /'mitʃo/ [남] (여 : -a) (남·복 : -ci, 여·복 : -cie, -ce) [유아어] 고양이

micosi /mi'kɔzi/ [여-불변] [병리] 진균증 (眞菌症)

microbiologia /mikrobiolo'dʒia/ [여] 미생물학, 세균학

microbo /'mikrobo/ [남] 미생물, 세균

microcircuito /mikrotʃir'kuito/ [남] [전자] 초소형 회로

microclima /mikro'klima/ [남] [기상] 미기후(微氣候; 지면에 접한 대기층의 기후)

microcriminalità /mikrokriminali'ta/ [여-불변] 사소한 범죄

microfilm /mikro'film/ [남-불변] [사진] 마이크로필름

microfono /mi'krɔfono/ [남] 마이크(로폰)

Micronesia /mikro'nezja/ [여] 미크로네시아 (태평양 북서부의 작은 섬들의 총칭)

microorganismo → microrganismo

microprocessore /mikroprotʃes'sore/ [남] [컴퓨터] 마이크로프로세서

microrganismo /mikrorga'nizmo/ [남] 미생물

microscopico /mikros'kɔpiko/ [형] (복 : -ci, -che) ① 현미경의, 현미경에 의한 ② 아주 작은, 극소의

microscopio /mikros'kɔpjo/ [남] (복 : -pi) 현미경; microscopio elettronico 전자현미경

microsolco /mikro'solko/ [남] (복 : -chi) (LP 레코드의) 미세한 홈; 그러한 홈이 있는 LP 레코드

microspia /mikros'pia/ [여] 도청 장치

midollo /mi'dollo/ (남·복 : -a) ① [해부] 골수(骨髓), 수질(髓質); midollo allungato 연수(延髓); midollo osseo 골수; midollo spinale 척수 ② [식물]

속, 수(髓), 고갱이 - bagnarsi fino alle midolla [al midollo] 흠뻑 젖다
miele /ˈmjɛle/ [남] 꿀
mietere /ˈmjetere/ [타동] ① (농작물을) 수확[추수]하다, 거두다 ② (비유적으로) (성공·명예 따위를) 이루다, 달성하다, 얻다
mietitrice /mjetiˈtritʃe/ [여] 수확기(機)
mietitura /mjetiˈtura/ [여] ① (농작물의) 수확, 추수 ② 수확량 ③ 수확기(期), 추수기
migliaio /miʎˈʎajo/ [남] (여·복 : -a) ① 1천; 약 1천에 해당하는 수; un migliaio di persone 1천 명 가량의 사람들 ② 다수, 많은 수
miglio1 /ˈmiʎʎo/ [남] (여·복 : -a) ① [길이의 단위] 마일 ② (비유적으로) 장거리, 먼 거리 - miglio marino 해리 (海里)
miglio2 /ˈmiʎʎo/ [남] [식물] 기장
miglioramento /miʎʎoraˈmento/ [남] 개량, 개선, 향상
migliorare /miʎʎoˈrare/ [타동] 개량[개선]하다, 향상시키다 - [자동] (조동사 : essere) 개선되다, 나아지다, 향상되다 - migliorarsi [재귀동사] (자신의 성격·스타일 따위를) 개선하다
migliore /miʎˈʎore/ [형] ① (di와 함께 쓰여) (~보다) 더 좋은[나은]; molto migliore 훨씬 더 좋은 ② (di와 함께 쓰여) (~ 중에서) 가장 좋은; i migliori auguri per ~에 행운이 있기를 - [남/여] il[la] migliore i) 가장 좋은 것 ii) (둘 중에) 더 나은 것; nella migliore delle ipotesi 가장 좋은 경우에
miglioria /miʎʎoˈria/ [여] 개량, 개선; fare[apportare] delle migliorie 개량[개선]하다
mignolo /ˈmiɲɲolo/ [남] 새끼손가락; 새끼발가락
mignon /miɲˈɲon/ [형-불변] 소형의, 미니어처의
migrare /miˈgrare/ [자동] (조동사 : essere) (동물·새가) 이주하다
migratore /migraˈtore/ [형] (동물·새가) 이주하는 - [남] 이주하는 동물; 철새
migrazione /migratˈtsjone/ [여] 이주, 이동
mila /ˈmila/ [형-불변] duecento mila 20만; tremila 3천
milanese /milaˈnese/ [형] 밀라노의 - [남/여] 밀라노 사람

Milano /miˈlano/ [여] 밀라노 (이탈리아 북부의 대도시)
miliardario /miljarˈdarjo/ [남] (여 : -a) (복 : -ri, -rie) 억만장자
miliardesimo /miljarˈdɛzimo/ [형/남] 10억 번째의 (것)
miliardo /miˈljardo/ [남] ① 10억 ② 엄청난 수
miliare /miˈljare/ [형] pietra miliare 이정표
milionario /miljoˈnarjo/ [남] (여 : -a) (복 : -ri, -rie) 백만장자
milione /miˈljone/ [남] ① 100만 ② 엄청난 수
milionesimo /miljoˈnɛzimo/ [형] 100만 번째의 - [남] (여 : -a) ① 100만 번째의 것[사람] ② 100만분의 1
militante /miliˈtante/ [형] ① 교전 상태의, 전투 중인 ② (주의 따위의 달성을 위해) 투쟁하는 - [남/여] 투사
militanza /miliˈtantsa/ [여] 투쟁성, 투쟁에 참가함
militare1 /miliˈtare/ [형] 군(대)의, 군사상의; governo militare 군사 정부, 군정 - [남] (현역) 군인; fare il militare 군복무를 하다
militare2 /miliˈtare/ [자동] (조동사 : avere) ① 군복무를 하다 ② (in과 함께 쓰여) (~에 가입하여, ~의 일원으로서) 활동하다
militaresco /militaˈresko/ [형] (복 : -schi, -sche) 군인의
militarizzare /militaridˈdzare/ [타동] 무장하다, 전시 체제로 만들다
militassolto /militasˈsɔlto/ [형/남] 병역 의무를 마친 (사람)
milite /ˈmilite/ [남] 군인, 전사; il Milite ignoto 무명 용사
militesente /militeˈzɛnte/ [형/남] 병역 의무를 면제 받은 (사람)
milizia /miˈlittsja/ [여] (정규군이 아닌) 민병대
miliziano /militˈtsjano/ [남] 민병, 민병대의 대원
millantatore /millantaˈtore/ [남] (여 : -trice) 자랑하는[떠벌리는] 사람
mille /ˈmille/ [형-불변] ① 1천의; mille euro 1천 유로; milledue 1002 ② 다수의; grazie mille 대단히 감사합니다 - [남-불변] 1천
millefoglie /milleˈfɔʎʎe/ [남/여-불변] 크림·잼이 켜켜이 든 파이

millenario /mille'narjo/ (복 : -ri, -rie) [형] ① 1천년의 ② 1천년에 한 번 있는 - [남] 천년제(祭)
millennio /mil'lennjo/ [남] (복 : -ni) 천년간, 밀레니엄
millepiedi /mille'pjɛdi/ [남-불변] [동물] 노래기
millesimo /mil'lɛzimo/ [형] 1천 번째의 - [남] (여 : -a) ① 1천 번째의 것[사람] ② 1천분의 1
millibar /milli'bar/ [남-불변] [기압의 단위] 밀리바
milligrammo /milli'grammo/ [남] [무게의 단위] 밀리그램 (mg)
millilitro /mil'lilitro/ [남] [부피의 단위] 밀리리터 (ml)
millimetro /mil'limetro/ [남] [길이의 단위] 밀리미터 (mm)
milza /'miltsa/ [여] [해부] 비장(脾臟), 지라
mimare /mi'mare/ [타동] [연극] 무언의 몸짓으로 나타내다; 흉내내다
mimetico /mi'mɛtiko/ [형] (복 : -ci, -che) ① [생물] 의태(擬態)의 ② [군사] 위장의 ③ 모방의, 흉내의
mimetismo /mime'tizmo/ [남] ① [생물] 의태 ② [군사] 위장, 카무플라주
mimetizzare /mimetid'dzare/ [타동] [군사] (무기 따위를) 위장하다 - mimetizzarsi [재귀동사] [군사] (스스로) 위장하다
mimica /'mimika/ [여] ① [연극] 마임, 무언극 ② 제스처, 표현; mimica corporea 보디랭귀지, 몸짓 언어; mimica facciale 얼굴 표정
mimico /'mimiko/ [형] (복 : -ci, -che) arte mimica 마임, 무언극; linguaggio mimico 손짓[몸짓] 언어
mimo /'mimo/ [남] ① 마임, 무언극; 그 배우 ② [조류] 흉내지빠귀
mimosa /mi'mosa/ [여] [식물] 미모사, 함수초
mina /'mina/ [여] ① 지뢰 ② (연필의) 심
minaccia /mi'nattʃa/ [여] (복 : -ce) 위협, 협박; sotto la minaccia di ~의 위협을 받아
minacciare /minat'tʃare/ [타동] 위협[협박]하다; minacciare qn di morte 누구를 죽이겠다고 위협하다; minacciare qn con una pistola 누구를 권총으로 위협하다; ha minacciato di andarsene 그는 떠나겠다고 위협했다 - minaccia di piovere 비가 올 것 같다
minacciosamente /minattʃosa'mente/ [부] 위협적으로
minaccioso /minat'tʃoso/ [형] ① 위협적인, 협박하는 ② 악천후 따위가 예상되는
minare /mi'nare/ [타동] ① [군사] (~에) 지뢰를 매설하다 ② (비유적으로) (평판·건강 따위를) 손상시키다, 해치다
minareto /mina'reto/ [남] (이슬람 사원의) 첨탑(尖塔)
minatore /mina'tore/ [남] (여 : -trice) 광부, 갱부
minatorio /mina'tɔrjo/ [형] (복 : -ri, -rie) 위협[협박]하는
minerale /mine'rale/ [형] 광물(성)의 - [남] 광물; 광석; minerale di ferro 철광석 - [여] 광천수, 미네랄워터
mineralogia /mineralo'dʒia/ [여] 광물학
minerario /mine'rarjo/ [형] (복 : -ri, -rie) 광업의
minestra /mi'nɛstra/ [여] 수프; minestra di verdura 야채 수프
minestrone /mines'trone/ [남] ① 진한 야채 수프 ② (비유적으로) 뒤범벅
mingherlino /minger'lino/ [형] (몸이) 마른, 여윈, 가냘픈
mini /'mini/ [형-불변] 작은, 소형의 - [여-불변] 미니스커트
miniappartamento /miniapparta'mento/ [남] 소형 아파트
miniatura /minja'tura/ [여] 미니어처, 축소 모형
minibus /mini'bus/ [남-불변] 소형 버스
miniera /mi'njera/ [여] ① 광산; miniera di carbone 탄광; miniera sotterranea 갱(坑) ② (비유적으로) 풍부한 자원, 보고(寶庫); una miniera di informazioni 정보의 보고
minigolf /mini'gɔlf/ [남-불변] 미니 골프
minigonna /mini'gɔnna/ [여] 미니스커트
minima /'minima/ [여] ① [기상] 최저 기온 ② [의학] 최저 혈압
minimamente /minima'mente/ [부] 조금도 (~ 않다); non sono minimamente preoccupato 난 조금도 걱정이 되지 않는다
minimizzare /minimid'dzare/ [타동] ① 최소화하다 ② (비유적으로) 얕잡아보다
minimo /'minimo/ [형] ① 최소의, 최저의; il prezzo minimo è 최저가는 ~이다 ② 아주 작은, 아주 낮은; la

differenza è minima 차이는 아주 작다 ③ non ne ho la minima idea 난 전혀 모르겠어 - [남] ① 최소량, 최소한의 것; come minimo 최소한, 적어도 ② girare al minimo (엔진이) 공회전하다

ministeriale /ministe'rjale/ [형] 각료의, 장관의; 내각의

ministero /minis'tɛro/ [남] ① (정부의) 부, 성(省); ministero delle Finanze 재무부; ministero degli Interni 내무부 ② 내각 ③ pubblico ministero 검찰관, 검사 ④ 목사의 직(職)

ministro /mi'nistro/ [남] ① (행정부의) 장관; ministro delle Finanze 재무 장관 ② 성직자, 목사

minoranza /mino'rantsa/ [여] 소수(파); essere in minoranza 소수파다

minorato /mino'rato/ [형] (신체적·정신적) 장애를 가진 - [남] (여 : -a) 장애인

minore /mi'nore/ [형] ① (di와 함께 쓰여) (~보다) 더 작은[적은]; 더 짧은; le vendite sono state minori del previsto 판매량이 예상보다 적었다 ② (di와 함께 쓰여) (~ 중에서) 가장 작은[적은]; 가장 짧은 ③ 별로 중요하지 않은, 2류의, 마이너의 ④ 더 어린, 손아래의; il fratello minore 남동생 ⑤ [음악] 단조(短調)의; do minore 다단조 - [남/여] ① (보다·가장) 어린 사람 ② 연소자, 미성년자

minorenne /mino'rɛnne/ [형] 미성년의 - [남/여] 미성년자

minorile /mino'rile/ [형] 청소년의; carcere minorile 소년원; delinquenza minorile 청소년 비행[범죄]

minoritario /minori'tarjo/ [형] (복 : -ri, -rie) 소수(파)의

minuetto /minu'etto/ [남] [음악] 미뉴에트

minuscola /mi'nuskola/ [여] 소문자

minuscolo /mi'nuskolo/ [형] ① 소문자의 ② (아주) 작은 - [남] 소문자

minuta /mi'nuta/ [여] 초고, 초안

minuto1 /mi'nuto/ [형] ① 작은, 잔 ② 가는, 미세한 ③ (체격이) 작은; 가냘픈 ④ (비유적으로) 사소한, 하찮은 - [남] al minuto 소매(小賣)의

minuto2 /mi'nuto/ [남] ① [시간의 단위] 분(分); tra pochi minuti 수분 안으로 ② 순간, 잠깐; all'ultimo minuto 최후의 순간에; in un minuto 순식간에 - spaccare il minuto 시간을 정확히 지키다

minuzia /mi'nuttsja/ [여] ① 사소한 것, 세부 사항 ② 세심함, 꼼꼼함

minuziosamente /minuttsjosa'mente/ [부] 세부적으로, 세심하게, 꼼꼼하게

minuzioso /minut'tsjoso/ [형] ① (사람이) 세심한, 꼼꼼한 ② (일·묘사 따위가) 상세한, 자세한

mio /'mio/ (여 : mia, 남·복 : miei, 여·복 : mie) [형] (소유형용사) 나의; mia madre 나의 어머니; un mio amico 내 친구 중의 한 명; è colpa mia 내 잘못이오 - [대] (소유대명사) (il mio, la mia 등으로 써서) 나의 것; la sua barca è più lunga della mia 그의 보트는 내 것보다 길이가 길다; vivo del mio 나는 내 수입으로 먹고 산다; i miei 나의 가족

miope /'miope/ [형] ① [의학] 근시(안)의 ② (비유적으로) 근시안적인, 선견지명이 없는 - [남/여] 근시인 사람

miopia /mio'pia/ [여] ① [의학] 근시 ② (비유적으로) 근시안적임, 선견지명이 없음

mira /'mira/ [여] ① 겨냥, 겨누기; prendere la mira 겨냥하다, 겨누다 ② (비유적으로) 목표

mirabile /mi'rabile/ [형] 경탄할 만한, 놀라운

miracolo /mi'rakolo/ [남] ① 기적 ② 놀랄 만한 일, 경이; fare miracoli 놀랄 만한 일을 하다 - per miracolo 기적에 의해, 기적적으로

miracolosamente /mirakolosa'mente/ [부] 기적적으로

miracoloso /mirako'loso/ [형] 기적적인; 놀랄 만한

miraggio /mi'raddʒo/ [남] (복 : -gi) 신기루; 망상

mirare /mi'rare/ [자동] (조동사 : avere) (a와 함께 쓰여) (~을) 겨냥하다, 겨누다; 목표로 삼다; mirare al potere 권력을 획득하려는 포부를 갖다 - mirarsi [재귀동사] (문어체에서) mirarsi allo specchio 거울을 보다

miriade /mi'riade/ [여] 무수, 다수, 수많음; una miriade di stelle 무수한 별들

mirino /mi'rino/ [남] ① (총의) 가늠쇠 ② (카메라의) 파인더 - essere nel mirino di qn 누구의 표적[타깃]이 되

mirtillo /mir'tillo/ [남] [식물] 월귤나무속 나무 및 그 열매 종류 (빌베리, 블루베리 등)

mirto /'mirto/ [남] [식물] 은매화

misantropo /mi'zantropo/ [형] 인간을 싫어하는, 염세적인 - [남] (여 : -a) 인간을 싫어하는 사람, 염세가

miscela /miʃ'ʃela/ [여] 혼합물; (커피 등의) 블렌드

miscelare /miʃʃe'lare/ [타동] (원료를) 혼합하다; (커피 등을) 블렌드하다

miscelatore /miʃʃela'tore/ [형] 혼합하는; 블렌드하는 - [남] 혼합기, 믹서, 블렌더

miscellanea /miʃʃel'lanea/ [여] 선집(選集); 잡록(雜錄)

mischia /'miskja/ [여] ① 싸움, 격투, 난투 ② [스포츠] (럭비 등의) 스크럼

mischiare /mis'kjare/ [타동] 뒤섞다, 혼합하다; (커피 등을) 블렌드하다 - mischiarsi [재귀동사] 섞이다, 혼합되다

miscredente /miskre'dɛnte/ [형] 신앙심이 없는 - [남/여] 신앙 없는 사람; 이교도

miscuglio /mis'kuʎʎo/ [남] (복 : -gli) 뒤섞인 것, 뒤범벅, 뒤죽박죽

miserabile /mize'rabile/ [형] ① 비참한, 불쌍한, 가련한 ② 가난한, 궁핍한 ③ (경멸적으로) 비열한, 파렴치한 - [남/여] ① 불쌍한 사람; 극빈자 ② (경멸적으로) 비열한 자

miseramente /mizera'mente/ [부] ① 궁핍하게; 초라하게 ② 비열하게 ③ 비참하게, 형편없이

miseria /mi'zɛrja/ [여] ① 궁핍, 극빈; vivere nella miseria più nera 아주 궁핍하게 살다 ② 비열함, 파렴치함 ③ (특히 복수형으로 쓰여) 비참함, 불행; le miserie della vita 인생의 괴로움 ④ 얼마 안 되는 금액[수입]; comprare qc per una miseria 무엇을 매우 싼 값에 구입하다

misericordia /mizeri'kɔrdja/ [여] 자비, 동정, 측은히 여김; avere misericordia di qn 누구를 측은히 여기다; invocare la misericordia di qn 누구의 자비를 구하다 - [감] 제발, 아무쪼록

misericordioso /mizerikor'djoso/ [형] 자비로운, 자비를 베푸는

misero /'mizero/ [형] ① (사람이) 궁핍한, 빈곤한; (상태가) 비참한, 초라한; fare una misera figura 초라해 보이다 ② 불행한, 처지가 딱한 ③ 근소한, 빈약한, 하찮은, 얼마 안 되는, 보잘것없는

misfatto /mis'fatto/ [남] 나쁜 짓, 악행, 범죄

misogino /mi'zɔdʒino/ [형] 여자를 싫어하는, 여성 혐오의 - [남] 여자를 싫어하는 사람

miss /mis/ [여-불변] 미인 대회 우승자

missaggio /mis'saddʒo/ [남] (복 : -gi) [영화·TV] (음성과 음악 등의) 혼성(混成), 믹싱

missile /'missile/ [남] 미사일, 유도탄; missile da crociera 크루즈 미사일; missile teleguidato 유도탄; missile terra-aria 지대공 미사일

missilistico /missi'listiko/ [형] (복 : -ci, -che) 미사일의

missionario /missjo'narjo/ (복 : -ri, -rie) [형] 전도의, 선교의 - [남] (여 : -a) 선교사, 전도자

missione /mis'sjone/ [여] ① 사명, 임무; essere in missione 임무를 띠다 ② 전도, 선교

misteriosamente /misterjosa'mente/ [부] 신비하게, 불가사의하게, 수수께끼같아

misterioso /miste'rjoso/ [형] 신비한, 불가사의한, 이해할 수 없는; (인물 등이) 수수께끼의

mistero /mis'tero/ [남] ① 미스터리, 수수께끼 ② 신비, 비밀 ③ 수수께끼의 인물

mistica /'mistika/ [여] 신비주의

mistico /'mistiko/ (복 : -ci, -che) [형] 신비주의의 - [남] (여 : -a) 신비주의자

mistificare /mistifi'kare/ [타동] ① (사실 따위를) 위조하다, 왜곡하다 ② 속이다

misto /'misto/ [형] (다양한 요소들이) 섞인, 혼합된; (학교가) 남녀공학의; 혼혈의 - [남] 혼합물

misura /mi'zura/ [여] ① 치수, 사이즈; prendere le misure a qn 누구의 (신체) 사이즈를 재다; di misura grande (옷·신발 따위가) 라지 사이즈의 ② 측정, 측량; unità di misura 측정 단위 ③ 정도에 알맞음, 중용(中庸) ④ 정도, 범위; 한도; passare la misura 도를 지나치다, 너무 ~하다; oltre misura 측량할 수 없을 만큼, 굉장히, 극도로 ⑤

수단, 대책, 조치; misure di prevenzione 예방책; mezze misure 미봉책, 임시변통 - in misura di ~에 따라서, ~의 비율로; in ugual misura 동등하게; vincere di stretta misura 간발의 차이로 이기다

misurare /mizu'rare/ [타동] ① 재다, 측정하다; (토지를) 측량하다 ② (옷 따위를) 입어보다 ③ (비유적으로) (가치 따위를) 평가하다, 판정하다 ④ 억제하다, 삼가다; misurare le parole 말을 신중하게 하다, 삼가다 - [자동] (조동사 : avere) (길이·치수 따위가) ~이다; quanto misura questa stanza? 이 방 크기가 얼마나 되나요? - misurarsi [재귀동사] ① 절제하다, 적당히 하다; misurarsi nel bere 술을 적당히 마시다 ② (con과 함께 쓰여) (~와) 힘을 겨루다; (문제 따위에) 직면하다, 맞서다

misurato /mizu'rato/ [형] 억제된, 절제된, 삼간; 신중한

misurazione /mizurat'tsjone/ [여] 측정, 측량

misurino /mizu'rino/ [남] 계량 도구 (계량컵, 계량 스푼 따위)

mite /'mite/ [형] ① (기후 등이) 온화한, 따뜻한 ② (성질·태도가) 온화한, 상냥한, 유순한 ③ (형벌 따위가) 무겁지 않은 ④ (짐승이) 길든

mitico /'mitiko/ [형] (복 : ci, che) ① 신화의 ② 전설적인

mitigare /miti'gare/ [타동] 완화하다, 누그러뜨리다, 덜어주다, 경감하다 - mitigarsi [재귀동사] 차분해지다, 가라앉다, 진정되다

mitizzare /mitid'dzare/ [타동] 신화화하다, 신화로 만들다

mito /'mito/ [남] 신화

mitologia /mitolo'dʒia/ [여] (집합적으로) 신화; mitologia greca 그리스신화

mitologico /mito'lɔdʒiko/ [형] (복 : -ci, -che) 신화의, 신화적인

mitra1 /'mitra/ [여] [가톨릭] 주교관(主教冠); 주교의 직(職)

mitra2 /'mitra/ [남-불변] 소형 경기관총, 기관단총

mitragliare /mitraʎ'ʎare/ [타동] ① 기관총으로 쏘다 ② (구어체에서·비유적으로) mitragliare qn di domande 누구에게 질문 공세를 퍼붓다

mitragliatrice /mitraʎʎa'tritʃe/ [여] 기관총

mitteleuropeo /mitteleuro'pɛo/ [형] 중부 유럽의

mittente /mit'tɛnte/ [남/여] (편지·물품 따위를[의]) 보내는 사람, 발송인

mixer /'mikser/ [남-불변] (주방용) 믹서

mnemonico /mne'mɔniko/ [형] (복 : -ci, -che) ① 기억의 ② (학습 방식이) 기계적으로[무턱대고] 암기하는

mo', mò /mɔ/ [남] a mo'[mò] di ~으로서; a mo'[mò] di esempio 예로서, 예를 들자면

mobile /'mɔbile/ [형] 움직이는, 이동성이 있는; 고정되지 않은; 기동성의; beni mobili 동산(動産); telefonia mobile 이동 통신; squadra mobile 기동 경찰대 - [남] ① 가구(家具) (한 점) ② [미술] 모빌

mobilia /mo'bilja/ [여] 가구(家具) (한 집 안의 가구 전체)

mobiliare /mobi'ljare/ [형] 동산(動産)의

mobilificio /mobili'fitʃo/ [남] (복 : -ci) 가구 공장; 가구점

mobilio /mo'biljo/ [남] → mobilia

mobilità /mobili'ta/ [여-불변] 이동성, 유동성

mobilitare /mobili'tare/ [타동] ① (군대를) 동원하다 ② (세력 따위를) 결집하다 - mobilitarsi [재귀동사] (군대 따위가) 동원되다; mobilitarsi per fare qc 무엇을 하기 위해 (세력이) 결집되다

mobilitazione /mobilitat'tsjone/ [여] (군대의) 동원; (세력의) 결집

moca → moka

mocassino /mokas'sino/ [남] 뒤축 없는 신발의 일종

moccioso /mot'tʃoso/ [남] (여 : -a) (구어체에서) 코흘리개, 꼬마

moccolo /'mɔkkolo/ [남] ① 타다 남은 양초 동강 (moccolo di candela) ② (구어체에서) 콧물 ③ (구어체에서) 저주, 욕

moda /'mɔda/ [여] ① 유행; alla[di] moda 유행하고 있는, 최신 유행의; seguire la moda 유행을 따르다; non è più di moda, è fuori moda 유행이 지났다, 더 이상 유행하지 않는 것이다 ② 패션; rivista di moda 패션 잡지; sfilata di moda 패션쇼

modalità /modali'ta/ [여-불변] 양식, 형식, 방식; modalità di pagamento 지불 방식

modella /mo'dɛlla/ [여] (화가·사진 작가

의) 모델; 패션 모델
modellare /model'lare/ [타동] 본에 맞추어 만들다; 모양을 만들다, 형성하다 - modellarsi [재귀동사] (su와 함께 쓰여) (~을) 모범[귀감]으로 삼다
modellino /model'lino/ [남] 모형; modellino di auto 모형 자동차
modellismo /model'lizmo/ [남] 모형 제작
modello /mo'dɛllo/ [남] ① 모범, 귀감; prendere a modello 모범[귀감]으로 삼다 ② (상품의) 모델, 형(型); l'ultimo modello 최신형 ③ (화가·사진 작가의) 모델; 패션 모델 ④ (자동차 따위의) 모형 - [형-불변] 모범의, 본이 되는
modem /'mɔdem/ [남-불변] [컴퓨터] 모뎀
moderare /mode'rare/ [타동] 절제하다, 완화하다, 적당히 줄이다; moderare la velocità 속도를 늦추다; moderare i termini 말을 신중히 하다, 삼가다 - moderarsi [재귀동사] 자제하다; moderarsi nel mangiare 적당히 먹다, 과식하지 않다
moderatamente /moderata'mente/ [부] 알맞게, 적당히, 절제하여, 삼가
moderato /mode'rato/ [형] ① 알맞은, 적당한, 절제된, 삼간 ② [정치] 온건파의, 중도의 ③ [음악] 모데라토 - [남] (여 : -a) 온건파[중도]인 사람
moderatore /modera'tore/ [남] (여 : -trice) ① (토론 등에서의) 사회자 ② (원자로의) 감속재
moderazione /moderat'tsjone/ [여] 정도에 알맞음, 중용(中庸), 온건; 절제, 삼감; bere con moderazione 술을 적당히 마시다, 과음하지 않다
modernità /moderni'ta/ [여-불변] 현대성, 현대풍
modernizzare /modernid'dzare/ [타동] 현대화하다, 현대적으로 만들다 - modernizzarsi [재귀동사] 현대화되다
moderno /mo'dɛrno/ [형] ① 근대의; 현대의 ② 현대적인, 최신의 - [남] 현대식, 현대적인 것[사람]
modestamente /modesta'mente/ [부] ① 겸손하게 ② 얌전하게, 삼가
modestia /mo'dɛstja/ [여] ① 겸손; modestia a parte 자랑은 아니지만 ② 얌전함, 삼감
modesto /mo'dɛsto/ [형] ① 겸손한 ② 얌전한, 삼가는 ③ 수수한, 소박한, 별것 아닌, 그리 크거나 화려하지 않은 ④ (신분 등이) 비천한; di modeste origini 비천한 태생의
modico /'mɔdiko/ [형] (복 : -ci, -che) (양이) 얼마 안 되는; (값이) 싼
modifica /mo'difika/ [여] (복 : -che) 변경, 수정, 조정; fare una modifica 변경[조정]하다; subire delle modifiche 변화를 겪다, 조정되다
modificare /modifi'kare/ [타동] 변경하다, 바꾸다, 수정[조정]하다 - modificarsi [재귀동사] 변경되다, 바뀌다
modificazione /modifikat'tsjone/ [여] 변경, 수정, 조정
modo /'mɔdo/ [남] ① 방식, 투; allo stesso modo 같은 방식으로; in questo modo 이렇게, 이런 식으로; fare a modo proprio 자기 방식대로 하다; un modo di dire 말투, 표현법; per modo di dire 말하자면 ② 방법, 수단; non c'è modo di convincerlo 그를 설득할 방법이 없다; trovare il modo di fare qc 무엇을 할 방법을 찾다; in qualche modo 어떻게든; in tutti i modi 어떻게 해서든지 ③ 경우; ad[in] ogni modo 어쨌든; in nessun modo (어떤 경우에도) 결코 ~ 않다 ④ 기회, 가능성; avere modo di fare qc 무엇을 할 기회를 갖다 ⑤ 태도, 행동 방식, 매너; una persona a modo 예절 바른 사람 ⑥ 한도; oltre modo 극도로 ⑦ [문법] (동사의) 법(法); modo congiuntivo 접속법 - in modo che ~ 하도록, ~하게끔; in modo da ~하기 위하여, ~하도록
modulare /modu'lare/ [타동] (소리를) 조정하다 [전자] 변조(變調)하다
modulazione /modulat'tsjone/ [여] (소리의) 조정; [전자] 변조; modulazione di frequenza 주파수 변조
modulo /'mɔdulo/ [남] ① 문서의 양식, 서식; riempire un modulo 서식에 (필요한 사항을) 기입하다; modulo di domanda 신청[지원] 양식 ② [우주] 모듈 (모선(母船)에서 독립하여 기능을 수행하는 것); modulo di lunare 달 착륙선 ③ [물리] 율(率), 계수
mogano /'mɔgano/ [남] [식물] 마호가니; 그 목재
mogio /'mɔdʒo/ [형] (복 : -gi, -gie / -ge) 우울한, 낙담한, 풀이 죽은

moglie /ˈmoʎʎe/ [여] (복 : -gli) 아내, 처, 부인; prendere moglie (남자가) 결혼하다

mohair /moˈɛr/ [남-불변] 모헤어 (앙고라 염소의 털); 그것으로 만든 직물

moine /moˈine/ [여·복] 감언이설, 달콤한 말; fare le moine a qn 누구를 감언이설로 구슬리다

moka /ˈmɔka/ [남-불변] 모카 커피

mola /ˈmɔla/ [여] ① 맷돌 ② 회전 숫돌

molare1 /moˈlare/ [타동] (유리·금속 따위를) 갈다, 다듬다

molare2 /moˈlare/ [남] 어금니 (dente molare)

molare3 /moˈlare/ [형] [화학] 몰의, 그램분자의

Moldavia /molˈdavja/ [여] 몰도바 (동유럽의 한 국가)

mole1 /ˈmɔle/ [여] 큰 덩어리; 상당한 양 [부피]; una mole di lavoro 산더미 같은 일

mole2 /ˈmɔle/ [여] [화학] 몰, 그램분자

molecola /moˈlɛkola/ [여] [화학·물리] 분자

molecolare /molekoˈlare/ [형] 분자의

molestare /molesˈtare/ [타동] 괴롭히다, 못살게 굴다; 성희롱하다

molestia /moˈlɛstja/ [여] 괴롭힘, 못살게 굶 - molestie sessuali 성희롱

molesto /moˈlɛsto/ [형] 괴롭히는, 못살게 구는

molla /ˈmɔlla/ [여] ① 스프링, 용수철 ② (비유적으로) 원인, 동기, 원동력 - molle [여·복] 부젓가락

mollare /molˈlare/ [타동] ① (사람을) 놓아주다; (물건을) 떨어뜨리다, 놓치다 ② (구어체에서) 그만두다, 중지하다; (사람과의) 관계를 끊다 ③ (구어체에서) 건네주다, 넘겨주다 - [자동] (조동사 : avere) 굴하다; 중지하다

molle /ˈmɔlle/ [형] ① (물질이) 부드러운; 연한 ② 힘없는, 약한, 축 늘어진

molleggiato /molledˈdʒato/ [형] (자동차가) 완충 장치가 잘 되어 있는; (발걸음이) 경쾌한

molletta /molˈletta/ [여] 빨래집게; 머리핀 - mollette [여·복] (얼음·설탕 따위를 집는) 집게

mollettone /molletˈtone/ [남] 두꺼운 플란넬; 두꺼운 테이블보

mollezza /molˈlettsa/ [여] ① 부드러움; 연함 ② 힘없음, 약함 - mollezze [여·복] 사치, 호사

mollica /molˈlika/ [여] (복 : -che) 빵 덩어리의 부드러운 안쪽 부분 - molliche [여·복] 빵 부스러기

molliccio /molˈlittʃo/ [형] (복 : -ci, -ce) ① 부드러운 느낌이 있는; (땅이) 축축한 ② 흐느적거리는, 축 늘어진

mollusco /molˈlusko/ [남] (복 : -schi) [동물] 연체동물

molo /ˈmolo/ [남] 부두, 선창

molotov /ˈmɔlotov/ [여-불변] 화염병

molteplice /molˈteplitʃe/ [형] 많은, 여러 가지의, 다양한

molteplicità /molteplitʃiˈta/ [여-불변] 다수, 다양성

moltiplicare /moltipliˈkare/ [타동] [수학] 곱하다; moltiplicare 5 per 3 5에 3을 곱하다 - moltiplicarsi [재귀동사] 늘다, 증가하다; (동물이) 번식하다

moltiplicazione /moltiplikatˈtsjone/ [여] ① 증가, 증식; 번식 ② [수학] 곱셈

moltitudine /moltiˈtudine/ [여] ① 다수, 수많음; una moltitudine di 수많은 ~ ② 군중, 많은 사람들

molto /ˈmolto/ [형] (부정(不定) 형용사) 많은, 다수의; molta gente 많은 사람들; c'è molta neve 눈이 많이 왔다; non ho molto tempo 난 시간이 많지 않아 - [대] (부정(不定) 대명사) 많은 것[사람]들; molti pensano che sia giusto 많은 사람들은 그것이 옳다고 생각한다 - [부] ① 많이, 크게; non legge molto 그는 (책을) 많이 읽지 않는다; ci vorranno a dir molto 3 giorni 길어야 3일이면 될 거야 ② 매우, 몹시, 대단히; l'ha fatto molto bene 그는 그것을 아주 잘 해냈다; sono molto stanco 난 몹시 지쳤다 ③ (비교급에서) 훨씬; sta molto meglio 그가 훨씬 더 낫다

momentaneamente /momentaneaˈmente/ [부] 지금으로서는, 당장은, 현재는

momentaneo /momenˈtaneo/ [형] 순간적인; 일시적인

momento /moˈmento/ [남] ① 잠깐 (동안); fra un momento 잠깐 동안에, 순식간에; un momento fa 방금; un momento prego! 잠깐만요! ② (특정한) 순간, 때; al momento di ~할 때; in questo momento 지금, 현재, 이 순간; da un momento all'altro 어느 때

든지, 갑자기; per il momento 당분간; fino a questo momento 지금까지; in qualunque momento 언제라도, 아무 때나; proprio in quel momento 바로 그 순간 ③ 때, 시기; è un momento difficile (지금은) 어려운 시기다 ④ [물리] 모멘트, 능률 – a momenti i) 어느 때든지 ii) 거의; dal momento che ~ 이므로

monaca /'mɔnaka/ [여] (복: -che) 수녀

monaco /'mɔnako/ [남] (복: -ci) 수도사, 수사

Monaco /'mɔnako/ [남] 모나코 (지중해 연안의 공국(公國))

monarca /mo'narka/ [남/여] (남·복: -chi, 여·복: -che) 군주, 주권자, 제왕

monarchia /monar'kia/ [여] 군주정체, 군주제

monarchico /mo'narkiko/ (복: -ci, -che) [형] 군주(제)의; 군주제를 옹호하는 – [남] (여: -a) 군주제를 옹호하는 사람, 왕정주의자

monastero /monas'tero/ [남] 수도원

monastico /mo'nastiko/ [형] (복: -ci, -che) 수도원의, 수도사의

moncherino /monke'rino/ [남] 손발이 잘리고 남은 부분

monco /'monko/ [형/남] (여: -a) (복: -chi, -che) 손발이 잘린, 불구가 된 (사람)

moncone /mon'kone/ [남] ① (팔다리의) 손발이 잘리고 남은 부분 ② (연필의) 토막, 동강

mondanità /mondani'ta/ [여-불변] ① 세속적임 ② 사회 생활 ③ 상류층

mondano /mon'dano/ [형] ① 사회의, 사회 생활의; vita mondana 사회 생활 ② 세속적인

mondare /mon'dare/ [타동] (~의) 껍질 [껍데기]을 벗기다

mondezzaio /mondet'tsajo/ → immondezzaio

mondiale /mon'djale/ [형] 세계의, 세상의; (전) 세계적인; di fama mondiale 세계적으로 유명한; la prima guerra mondiale 제1차 세계 대전; su scala mondiale (전) 세계적으로

mondo /'mondo/ [남] ① 세계, 지구; in tutto il mondo 전 세계에; il migliore del mondo 세계 최고 ② 세상; il mondo dell'aldilà 내세(來世) ③ (활동·이익·목적을 같이하는) ~계(界), ~사회; il mondo degli affari 실업계; il mondo della politica 정계(政界) ④ il gran[bel] mondo 상류층 – un mondo 많이, 무척; per niente al mondo 어떤 일이 있더라도, 절대로 (~ 않는다); cose dell'altro mondo! 믿을 수가 없군!; venire al mondo 태어나다, 탄생하다; com'è piccolo il mondo! 세상 참 좁군요!; così va il mondo 세상[인생]이란 그런 것이다; mandare qn all'altro mondo 누구를 죽이다; mondo cane! 제기랄!

mondovisione /mondovi'zjone/ [여] (전 세계에 걸친) 위성 방송, TV 방송

monelleria /monelle'ria/ [여] 못된 짓

monello /mo'nɛllo/ [남] (여: -a) 부랑아; 건달

moneta /mo'neta/ [여] ① 주화(鑄貨); 동전; moneta d'oro 금화; emettere una moneta 주화를 발행하다 ② 돈, 화폐; moneta corrente 통화; moneta cartacea 지폐 ③ 통화; moneta estera 외화 ④ 잔돈 – moneta legale 법화(法貨), 법정 화폐

monetario /mone'tarjo/ [형] (복: -ri, -rie) 화폐의, 통화의; Fondo Monetario Internazionale 국제 통화 기금 (영문 약자: IMF)

mongolfiera /mongol'fjɛra/ [여] 열기구

Mongolia /mon'gɔlja/ [여] 몽골

mongolo /'mɔngolo/ [형] 몽골의 – [남] (여: -a) 몽골 사람 – [남] 몽골어

mongoloide /mongo'lɔide/ [형] [병리] 다운증후군의 – [남/여] 다운증후군 환자

monile /mo'nile/ [남] 목걸이; 보석

monito /'mɔnito/ [남] 충고, 경고

monitor /'mɔnitor/ [남-불변] (TV·컴퓨터의) 모니터

monitoraggio /monito'raddʒo/ [남] (복: -gi) 감시, 관찰, 모니터링

monitorare /monito'rare/ [타동] 감시[관찰]하다, 모니터하다

monocolo /mo'nɔkolo/ [남] 외알 안경

monocolore /monoko'lore/ [형-불변] [정치] 일당(一黨) 체제의

monogamia /monoga'mia/ [여] 일부일처 (주의)

monogamo /mo'nɔgamo/ [형] 일부일처의 – [남] (여: -a) 일부일처주의자

monogramma /mono'gramma/ [남] 모노

그램 (두 개 이상의 글자를 합쳐 한 글자 모양으로 도안한 것)

monolocale /monolo'kale/ [남] 원룸 아파트

monologo /mo'nɔlogo/ [남] (복 : -ghi) [연극] 독백

monopattino /mono'pattino/ [남] 스쿠터 (핸들을 잡고 한쪽 발로 올라서고 한쪽 발로 땅을 차면서 달리는 어린이의 탈 것)

monoplano /mono'plano/ [남] 단엽 비행기

monopolio /mono'pɔljo/ [남] (복 : -ii) ① [경제] 전매, 독점 ② (비유적으로) 독점, 독차지

monopolizzare /monopolid'dzare/ [타동] (상품 등의) 독점[전매]권을 얻다; (시장을) 독점하다

monoposto /mono'posto/ [형-불변] (자동차·비행기가) 1인승의 - [남-불변] 1인승 비행기 - [여-불변] 1인승 자동차

monosillabo /mono'sillabo/ [남/형] 단음절(어)(의); rispondere a monosillabi 짧게[퉁명스럽게] 대답하다

monossido /mo'nɔssido/ [남] [화학] 일산화물(一酸化物); monossido di carbonio 일산화탄소

monotonia /monoto'nia/ [여] 단조로움, 지루함

monotono /mo'nɔtono/ [형] 단조로운, 지루한

monouso /mono'uzo/ [형-불변] (주사기·면도기 따위가) 1회용의

monovolume /monovo'lume/ [남/여-불변] 미니밴

monsignore /monsiɲ'ɲore/ [남] ① [가톨릭] 몬시뇨르 (고위 성직자에 대한 경칭) ② 전하, 각하 (국왕·교황 등에 대한 경칭)

monsone /mon'sone/ [남] [지리] 몬순, 계절풍

monta /'monta/ [여] (말 따위의) 교배; stazione di monta 종마 사육장

montacarichi /monta'kariki/ [남-불변] 업무용 엘리베이터

montaggio /mon'taddʒo/ [남] (복 : -gi) ① (기계류 따위의) 조립; (텐트 따위의) 설치; catena di montaggio 어셈블리 라인 ② [영화] 편집

montagna /mon'taɲɲa/ [여] ① 산; scalare una montagna 산에 오르다 ② la montagna 산지, 산악 지대; andare in montagna 산에 가다; strada di montagna 산길 ③ 산더미 같은 것, 다수, 다량; una montagna di 산더미 같은 ~ - montagne russe (유원지의) 롤러코스터

montagnoso /montaɲ'ɲoso/ [형] 산이 많은, 산지의

montanaro /monta'naro/ [형/남] (여 : -a) 산지 주민(의)

montano /mon'tano/ [형] (풍경 따위가) 산의, 산과 관련된

montante /mon'tante/ [남] ① 지주, 버팀목; 문설주 ② [축구] 골포스트, 골대 ③ [복싱] 어퍼컷 ④ (합계) 금액

montare /mon'tare/ [타동] ① 올라가다, 오르다; montare le scale 계단을 오르다 ② (말 따위에) 타다 ③ (동물의 수컷이 교미를 위해 암컷에) 올라타다 ④ [군사] montare la guardia 보초를 서다, 지키다 ⑤ (기계류를) 조립하다; (텐트 따위를) 설치하다; (보석을) 세팅하다 ⑥ [영화] 편집하다 ⑦ (비유적으로) (이야기를) 부풀리다, 과장하다 - [자동] ① (조동사 : essere) (~에) 올라가다, 올라타다; montare in macchina 차에 타다; montare su una scala 사다리를 올라가다; montare in cima a ~의 정상에 올라서다 ② (조동사 : avere) (말 따위를) 타다 ③ (조동사 : essere) (바다의) 물결이 일다 - montarsi [재귀동사] montarsi la testa 자만심이 강해지다

montatura /monta'tura/ [여] ① (떠받치는) 틀; (안경 따위의) 테 ② (보석의) 세팅 ③ (비유적으로) (이야기의) 부풀림, 과장

monte /'monte/ [남] ① 산; il Monte Bianco 몽블랑산 ② 산더미 같은 것, 다수, 다량; un monte di 산더미 같은 ~ ③ a monte (di) (~의) 상류에; andare a monte 실패로 끝나다, 수포로 돌아가다; mandare a monte (계획 따위를) 좌절시키다 - monte di pietà 전당포

Montenegro /monte'negro/ [남] 몬테네그로 (세르비아로부터 독립한 발칸 반도의 작은 나라)

montepremi /monte'prɛmi/ [남-불변] (대회·복권 따위의) 총 상금

montgomery /mon'gomeri/ [남-불변] 더플코트 (무릎까지 내려오는 방한 코트)

montone /mon'tone/ [남] ① 숫양(羊) ②

양고기 (carne di montone) ③ 양가죽; 양가죽 재킷

montuoso /montu'oso/ [형] 산지의, 고지(高地)의

monumentale /monumen'tale/ [형] ① 기념비의 ② (작품이) 기념비적인, 불후[불멸]의

monumento /monu'mento/ [남] ① 기념비 ② (비유적으로) 불후의 업적[저작], 금자탑

moquette /mo'kɛt/ [여·불변] 방 전체에 깔린 카펫

mora1 /'mɔra/ [여] [법률] (지불 따위의) 지체, 연체; 지불 잔금, 연체금

mora2 /'mɔra/ [여] 오디; 나무딸기류

morale /mo'rale/ [형] ① 도덕상의, 윤리적인 ② 정신적인 - [남] 사기, 의욕; avere il morale alto 사기충천하다; su col morale! 기운 내! - [여] ① 도덕, 윤리 ② (이야기 따위의) 교훈

moralista /mora'lista/ [남/여] (남·복 : -i, 여·복 : -e) 도덕가; 윤리학자

moralità /morali'ta/ [여·불변] 도덕성; 도덕 규범

moralizzare /moralid'dzare/ [타동] 도덕 규범에 따르게 하다

moralmente /moral'mente/ [부] 도덕적으로

moratoria /mora'tɔrja/ [여] 모라토리엄, 지급 유예

morbidezza /morbi'dettsa/ [여] 부드러움, 매끄러움; 무름, 연질

morbido /'mɔrbido/ [형] 부드러운, 매끄러운; 무른, 연질의

morbillo /mor'billo/ [남] [병리] 홍역

morbo /'mɔrbo/ [남] (질)병; morbo di Alzheimer 알츠하이머병

morbosamente /morbosa'mente/ [부] 병적으로

morboso /mor'boso/ [형] 병의; 병적인

morchia /'mɔrkja/ [여] 진창, 더러운 곳

mordace /mor'datʃe/ [형] ① [화학] 부식성의 ② (비판·풍자 따위의) 신랄한

mordente /mor'dente/ [남] ① [화학] 부식제 ② (비판·풍자 따위의) 신랄함

mordere /'mɔrdere/ [타동] ① 물다, 물어뜯다; 베어 물다; mordere la gamba a qn (개 따위가) 누구의 다리를 물다 ② (산(酸))이 금속 따위를) 부식하다 - mordersi [재귀동사] mordersi le labbra 입술을 깨물다

mordicchiare /mordik'kjare/ [타동] (조금씩, 자꾸) 물어뜯다 - mordicchiarsi [재귀동사] mordicchiarsi le labbra 입술을 물어뜯다

morente /mo'rɛnte/ [형/남/여] 죽어가는 (사람)

moresco /mo'resko/ [형] (복 : -schi, -sche) 무어인(人)의

morfina /mor'fina/ [여] [화학] 모르핀 (마취·진통제)

morfinomane /morfi'nɔmane/ [남/여] 모르핀 중독자

morfologia /morfolo'dʒia/ [여] ① [생물] 형태학 ② [언어] 형태론

morfologico /morfo'lɔdʒiko/ [형] (복 : -ci, -che) 형태(학)상의

moribondo /mori'bondo/ [형/남] (여 : -a) 죽어가는 (사람)

morigerato /moridʒe'rato/ [형] (생활 태도가) 절제하는, 절도 있는, 온건한

morire /mo'rire/ [자동] (조동사 : essere) ① 죽다, 사망하다; morire di malattia 병으로 죽다; morire in guerra 전사하다; morire assassinato 살해당하다; morire di fame i) 굶어 죽다 ii) (비유적으로) 배가 몹시 고프다 ② (비유적으로) morire d'invidia 부러워 죽을 지경이다, 몹시 부러워하다; morire di paura 말할 수 없을 정도로 겁이 나다; morire dalle risate 포복절도하다; morire dalla voglia di fare qc 무엇을 하고 싶어 죽을 지경이다, 무엇을 몹시 하고 싶어하다; fa un caldo da morire 너무나 덥다; è bella da morire 그녀는 대단한 미인이다 ③ (불 따위가) 꺼지다; (날이) 저물다; (전통·문명 따위가) 사라지다

mormone /mor'mone/ [남/여] 모르몬 교도

mormorare /mormo'rare/ [타동] (말을) 속삭이다, 낮은 소리로 말하다 - [자동] (조동사 : avere) ① 속삭이다, 낮은 소리로 말하다 ② 투덜거리다 ③ mormorare sul conto di qn 누구의 험담을 하다

mormorio /mormo'rio/ [남] (복 : -ii) ① 속삭임, 낮은 소리로 말하기 ② 투덜거림

moro1 /'mɔro/ [형] ① 무어인(人)의 ② 흑인의; 머리가 검은 - [남] (여 : -a) ① 무어인 ② 흑인; 머리가 검은 사람

moro2 /'mɔro/ [남] [식물] 뽕나무

moroso /mo'roso/ [형] [법률] (지불이)

연체되어 있는
morsa /'mɔrsa/ [여] [기계] 바이스 (공작물을 끼워 고정하는 기구); 죔쇠
morse /'mɔrs/ [남-불변] alfabeto[codice] morse [통신] 모스 부호
morsetto /mor'setto/ [남] ① (소형) 죔쇠 ② [전기] 단자(端子)
morsicare /morsi'kare/ [타동] 물다, 물어뜯다
morso /'mɔrso/ [남] ① 묾, 물어뜯음; dare un morso a qc/qn 무엇/누구를 물다 ② (말에 물리는) 재갈
mortadella /morta'della/ [여] 양념한 돼지고기 소시지의 하나
mortaio /mor'tajo/ [남] (복 : -ai) ① 막자사발 ② [군사] 박격포
mortale /mor'tale/ [형] ① 죽어야 할 운명의, 죽게 되어 있는 ② (독·상처 따위가) 치명적인 ③ peccato mortale [가톨릭] (지옥에 떨어질) 대죄 - [남/여] (문어체에서) 죽어야 할 운명의 것, 인간
mortalità /mortali'ta/ [여-불변] ① 죽어야 할 운명 ② (특정 인구 집단에서의) 사망 건수, 사망률; mortalità infantile 유아 사망률
mortalmente /mortal'mente/ [부] 치명적으로 - mortalmente noioso 지루해 죽을 지경인, 몹시 따분한
mortaretto /morta'retto/ [남] 폭죽
morte /'mɔrte/ [여] ① 죽음, 사망; in punto di morte 다 죽어가는 무렵에, 임종시에; essere tra la vita e la morte 사투를 벌이고 있다; ferito a morte 치명상을 입은; condannare qn a morte 누구에게 사형을 언도하다; pena di morte 사형 ② (비유적으로) 종말, 파멸 - è questione di vita o di morte 사활이 걸린 문제다; essere annoiato a morte 지루해 죽을 지경이다, 몹시 따분하다; avere la morte nel cuore 마음이 몹시 무겁다
mortificante /mortifi'kante/ [형] 굴욕을 안겨 주는
mortificare /mortifi'kare/ [타동] 굴욕을 느끼게 하다 - mortificarsi [재귀동사] ① (종교적인 이유로) 고행하다 ② 굴욕을 느끼다
mortificato /mortifi'kato/ [형] 굴욕을 느낀
morto /'mɔrto/ [형] ① 죽은, 사망한 ② 감각이 없는, 마비된 ③ (비유적으로) 죽을 지경인; sono stanco morto 난 몹시 지쳤어 ④ 활기가 없는, 활동[움직임]이 없는 - [남] (여 : -a) 죽은 사람
mortorio /mor'tɔrjo/ [남] (복 : -ri) (비유적으로) 활기가 없는 장소나 모임; quella festa è stata un mortorio 그 파티는 전혀 즐겁거나 신나지 않았어
mosaico /mo'zaiko/ [남] (복 : -ci) ① 모자이크 ② (비유적으로) 이것저것 그러모아 만든 것
mosca /'moska/ (복 : -sche) [여] [곤충] 파리; mosca cavallina 말파리 - [남-불변] [스포츠] 플라이급 - non farebbe male a una mosca 그는 파리 한 마리도 죽이지 못할 만큼 마음이 약하다
Mosca /'moska/ [여] 모스크바
moscacieca /moska'tʃɛka/ [여] 까막잡기 (놀이)
moscato /mos'kato/ [남] 머스캣 포도; (머스캣 포도로 만든) 백포도주 - [형] noce moscata 육두구
moscerino /moʃʃe'rino/ [남] 작은 날벌레
moschea /mos'kɛa/ [여] 모스크, 이슬람 사원
moschettiere /mosket'tjɛre/ [남] (옛날의) 머스켓 총병(銃兵)
moschetto /mos'ketto/ [남] 머스켓총 (구식 보병총)
moschettone /mosket'tone/ [남] 용수철 훅; (등산용) 카라비너
moschicida /moski'tʃida/ [남] 파리약 - [형] carta moschicida 파리 잡는 끈끈이 종이
moscio /'moʃʃo/ [형] (복 : -sci, -sce) 흐느적거리는, 축 늘어진, 생기 없는
moscone /mos'kone/ [남] ① [곤충] 금파리 ② 보트의 일종 ③ (구어체에서·비유적으로) 끈질긴 구혼자
mossa /'mɔssa/ [여] ① 운동, 움직임 ② [체스] 말의 움직임 - prendere le mosse da qc 무엇의 결과로 일어나다, 무엇에 기인하다; datti una mossa! 서둘러!
mosso /'mɔsso/ [형] ① (바다의 물결이) 거친 ② (머리카락이) 웨이브가 있는 ③ (사진이) 흐릿한 - [부] [음악] 빠르게
mostarda /mos'tarda/ [여] 겨자 (양념)
mostra /'mostra/ [여] ① 드러내 보임, 과시; far mostra di ~을 드러내 보이다; mettersi in mostra 과시하다, 이목을

끌다 ② (상품 따위의) 전시, 진열; essere in mostra 전시 중이다 ③ 전시회; mostra d'arte 미술 전람회

mostrare /mos'trare/ [타동] ① 보이다, 보여주다, 내놓다, 제시하다; mostrare qc a qn 누구에게 무엇을 보여주다; mostrare la lingua 혀를 쑥 내밀어 보이다 ② (의도·감정 따위를) 내보이다, 나타내다; mostrare avversione verso qn 누구에 대한 적대감을 드러내다 ③ 가리키다, 지시하다; mostrare la strada a qn 누구에게 길을 가르쳐주다 - mostrarsi [재귀동사] ① 나타나다, 모습을 드러내다 ② (~인 것으로) 나타나다, 드러나다 - mostrare i denti (화가 나서) 이를 드러내다

mostrina /mos'trina/ [여] [군사] 수장(袖章)

mostro /'mostro/ [남] ① (신화 속의) 괴물 ② 기형아 ③ 극악무도한 자

mostruosamente /mostruosa'mente/ [부] 굉장하게, 엄청나게

mostruosità /mostruosi'ta/ [여-불변] ① 굉장함, 엄청남 ② 극악무도한 행위

mostruoso /mostru'oso/ [형] ① (범죄 따위가) 극악무도한 ② 기괴한, 끔찍한, 괴물 같은 ③ 굉장한, 엄청난, 거대한

motel /mo'tɛl/ [남-불변] 모텔

motivare /moti'vare/ [타동] ① (a fare와 함께 쓰여) (~하도록) 동기를 부여하다, 자극하다 ② (어떤 결정·행동에) 이르게 하다 ③ 정당화하다

motivato /moti'vato/ [형] ① (a fare와 함께 쓰여) (~하도록) 동기를 부여받은, 자극을 받은 ② 정당화될 수 있는, 이유가 있는

motivazione /motivat'tsjone/ [여] ① 동기 부여, 자극 ② 동기, 이유

motivo /mo'tivo/ [남] ① 이유, 동기, 원인; senza motivo 이유 없이; qual è il motivo del tuo ritardo? 늦은 이유가 뭐야?; per motivi di salute 건강상의 이유로; per quale motivo? 왜?, 무슨 이유로?; per questo motivo 이런 이유로, 이래서 ② (장식) 무늬 ③ (문학 작품의) 주제, 테마 ④ [음악] (악곡의) 동기, 모티프

moto1 /'mɔto/ [남] ① 운동, 움직임; (기계의) 작동; quantità di moto [물리] 운동량; mettere in moto qc 무엇을 움직이게 하다, 작동시키다; mettersi in moto 움직이다, 작동하다 ② (신체의) 운동; fare del moto (건강 따위를 위해) 운동을 하다 ③ 동작, 몸짓, 제스처 ④ (봉기 따위의) 정치적·사회적 운동

moto2 /'mɔto/ [여-불변] (motocicletta의 약자) 오토바이

motocarro /moto'karro/ [남] 삼륜차

motocicletta /mototʃi'kletta/ [여] 오토바이

motociclismo /mototʃi'klizmo/ [남] 오토바이 타기 [경주]

motociclista /mototʃi'klista/ [남/여] (남·복 : -i, 여·복 : -e) 오토바이를 타는 사람

motocross /moto'krɔs/ [남-불변] 모터크로스 (오토바이의 야외 횡단 경주)

motonave /moto'nave/ [여] 발동기선(船)

motopeschereccio /motopeske'rettʃo/ [남] (복 : -ci) 모터가 장착된 어선

motore1 /mo'tore/ [남] ① 엔진, 기관, 모터; a motore 엔진[동력]으로 움직이는; motore a 4 tempi 4행정 기관; motore diesel 디젤 엔진[기관]; motore a reazione 제트 엔진; motore a scoppio 내연 기관; motore turbo 터보 엔진 ② (비유적으로) 원동력

motore2 /mo'tore/ [형] 추진하는; 동력을 전달하는; albero motore [기계] 구동축; forza motrice 원동력

motoretta /moto'retta/ [여] (구어체에서) 모터스쿠터

motorino /moto'rino/ [남] ① 모페드 (모터 달린 자전거) ② motorino d'avviamento (자동차의) 시동 장치, 스타터

motorio /mo'tɔrjo/ [형] (복 : -ri, -rie) [해부] 운동 근육[신경]의, 운동의

motorizzare /motorid'dzare/ [타동] ① (차에) 엔진을 달다 ② (군대 따위를) 자동차화[동력화]하다 - motorizzarsi [재귀동사] (개인이) 자동차를 장만하다

motorizzato /motorid'dzato/ [형] ① (군대 따위가) 자동차화[동력화]한 ② (구어체에서) (개인이) 자동차를 소유한

motorizzazione /motoriddzat'tsjone/ [여] 자동차화, 동력화

motoscafo /motos'kafo/ [남] 모터보트, 발동기선

motosega /moto'sega/ [여] (복 : -ghe) 동력톱

motovedetta /motove'detta/ [여] 경비

정, 초계정
motrice /mo'tritʃe/ [여] 엔진, 기관, 모터
motteggiare /motted'dʒare/ [자동] (조동사 : avere) 농담하다
motteggio /mot'teddʒo/ [남] (복 : -gi) 농담
motto /'mɔtto/ [남] ① 표어, 모토 ② senza far motto 한마디도 하지 않고
mountain bike /'mauntin 'baik/ [여-불변] 산악 자전거
mouse /maus/ [남-불변] [컴퓨터] 마우스
mousse /mus/ [여-불변] 무스 (크림이나 젤리에 거품을 일게 하여 설탕, 향료를 넣고 차게 한 디저트)
movente /mo'vɛnte/ [남] (범죄 따위의) 동기
movimentare /movimen'tare/ [타동] 활기를 띠게 하다, 분주하고 떠들썩하게 만들다
movimentato /movimen'tato/ [형] 활기를 띤, 분주하고 떠들썩한, 여러 가지 사건이 많이 일어나는
movimento /movi'mento/ [남] ① 움직임, 동작; fare un movimento 움직이다; non riesco a fare nessun movimento 난 전혀 움직일 수가 없어 ② (신체의) 운동; fare un po' di movimento (건강 따위를 위해) 운동을 좀 하다 ③ 이동, 움직임; movimento di riflusso 후진, 역행; movimento di truppe 군내의 이동 ④ 활동; 분주함; essere sempre in movimento 끊임없이 활동 중이다 ⑤ (정치적·사회적) 운동; Movimento per la Liberazione della Donna 여성 해방 운동
moviola /mo'vjɔla/ [여] (영화 필름 편집용) 영사 장치
Mozambico /mottsam'biko/ [남] 모잠비크
mozione /mot'tsjone/ [여] (의회 등의) 동의(動議), 발의
mozzafiato /mottsa'fjato/ [형-불변] (미모·경치·속도 따위가) 숨막히게 하는, 깜짝 놀랄 정도의
mozzare /mot'tsare/ [타동] (신체의 일부를) 잘라내다
mozzarella /mottsa'rɛlla/ [여] 모차렐라 (치즈)
mozzicone /mottsi'kone/ [남] (담배의) 꽁초; (연필·양초 따위의) 동강, 토막
mozzo1 /'mottso/ [형] ① (신체의 일부가) 잘린 ② (문장 따위가) 불완전한
mozzo2 /'mottso/ [남] 어린 선원; 선박의 급사
mozzo3 /'mottso/ [남] [기계] 바퀴통 (바퀴의 살이 모여 있는 중심축)
MP3 /emmeppi'tre/ [남-불변] MP3
mucca /'mukka/ [여] (복 : -che) 암소
mucchio /'mukkjo/ [남] (복 : -chi) ① 더미, 무더기; a mucchi 무더기로 ② (비유적으로) 많은 양; un mucchio di 많은 ~
muco /'muko/ [남] (복 : -chi) (생물체내의) 점액; muco nasale 콧물
muffa /'muffa/ [여] 곰팡이; fare la muffa 곰팡이가 피다
muffola /'muffola/ [여] 벙어리장갑
muflone /mu'flone/ [남] [동물] 야생 양(羊)의 일종
muggire /mud'dʒire/ [자동] (조동사 : avere) (소가) 음매 하고 울다
muggito /mud'dʒito/ [남] ① 소의 울음소리 ② (파도·바람 따위의) 큰 소리
mughetto /mu'getto/ [남] ① [식물] 은방울꽃 ② [병리] 아구창
mugnaio /muɲ'najo/ [남] (여 : -a) (복 : -ai) 제분업자
mugolare /mugo'lare/ [자동] (조동사 : avere) (개가) 낑낑거리다 - [타동] (사람이 무엇에 대해) 중얼거리다
mugolio /mugo'lio/ [남] (복 : -lii) (개의) 낑낑거림
mugugnare /muguɲ'ɲare/ [자동] (조동사 : avere) 투덜거리다
mulattiera /mulat'tjera/ [여] (노새 따위의) 짐 나르는 짐승을 몰고 지나갈 수 있는 길
mulatto /mu'latto/ [남] (여 : -a) 물라토 (백인과 흑인의 혼혈아) - [형] 물라토의
mulinare /muli'nare/ [자동] (조동사 : avere) 빙빙 돌다, 소용돌이치다
mulinello /muli'nello/ [남] ① 회전; 소용돌이 ② (낚싯대의) 릴 ③ [항해] 윈치, 권양기
mulino /mu'lino/ [남] 방앗간, 제분소; 제분기; mulino ad acqua 물방앗간; mulino a vento 풍차
mulo /'mulo/ [남] 노새 - testardo come un mulo 고집불통의, 완고한
multa /'multa/ [여] 벌금; fare una multa a qn 누구에게 벌금을 물리다
multare /mul'tare/ [타동] (누구에게) 벌

금을 물리다
multicolore /multiko'lore/ [형] 다색(多色)의
multiculturale /multikultu'rale/ [형] 다문화의
multidisciplinare /multidiʃʃipli'nare/ [형] (연구 등이) 여러 전문 분야에 걸친
multietnico /multi'ɛtniko/ [형] (복 : -ci, -che) 다민족의
multilaterale /multilate'rale/ [형] 다변적인, 다각적인, 다원적인
multilingue /multi'lingwe/ [형] 여러 언어의
multimediale /multime'djale/ [형] 멀티미디어의
multinazionale /multinattsjo'nale/ [형] 다국적의, 여러 나라의 - [여] 다국적 기업
multiplo /'multiplo/ [형] 복합적인; 다수의, 다양한 - [남] [수학] 배수; minimo comune multiplo 최소공배수
multiproprietà /multiproprje'ta/ [여-불변] [법률] 공동 소유
multisala /multi'sala/, **multisale** /multi'sale/ [형-불변] (영화관의) 멀티스크린의 - [남/여-불변] 멀티스크린 영화관
multiuso /multi'uzo/ [형-불변] 다목적의, 다용도의
mummia /'mummja/ [여] ① 미라 ② (비유적으로) 시대에 뒤떨어진 사람
mungere /'mundʒere/ [타동] ① (동물의) 젖을 짜다 ② (비유적으로) (남에게서 돈 따위를) 우려내다
mungitura /mundʒi'tura/ [여] 젖 짜기, 착유
municipale /munitʃi'pale/ [형] 자치 도시의, 시(市)의; 지방 자치체의; palazzo municipale 시청; autorità municipali 지방 자치 단체 당국
municipio /muni'tʃipjo/ [남] (복 : -pi) 시청
munificenza /munifi'tʃɛntsa/ [여] 아낌없이 줌, 후함
munire /mu'nire/ [타동] ① (도시를[에]) 요새화하다, 성벽을 쌓다 ② (di와 함께 쓰여) (~을) 갖추어 주다, 제공하다; munire una nave di uomini 배에 선원을 태우다; munire di firma (서류에) 서명을 하다 - **munirsi** [재귀동사] (di와 함께 쓰여) (~을) (스스로) 갖추다, 마련하다; (~으로) 무장하다
munizioni /munit'tsjoni/ [여·복] 탄약, 무기, 군수품
muovere /'mwɔvere/ [타동] ① 움직이다, 이동시키다; muovere i primi passi 첫 발을 내딛다, 시작하다; non ha mosso un dito per aiutarmi 그는 나를 돕는 데 있어서 손가락 하나 까딱하지 않았다, 나를 전혀 돕지 않았다 ② (비유적으로) (소송·이의 따위를) 제기하다; muovere un'obiezione contro ~에 대해 이의를 제기하다 ③ (비유적으로) 감동시키다, 마음을 움직이다 - [자동] (조동사 : essere, avere) ① 움직이다, 나아가다; muovere in direzione di ~을 향해 움직이다[나아가다] ② (da와 함께 쓰여) (~에서 결론 따위를) 이끌어내다 - **muoversi** [재귀동사] ① 움직이다, 이동하다; muoversi in aiuto di qn 누구를 도우러 가다 ② 서두르다 ③ 감동하다, 마음이 움직이다
mura [여·복] → muro
muraglia /mu'raʎʎa/ [여] la grande muraglia cinese (중국의) 만리장성
murale /mu'rale/ [형] 벽[담]의; pittura murale 벽화
murare /mu'rare/ [타동] ① (선반 따위를) 벽에 달다[고정시키다] ② (문 따위를) 벽으로 막다; (사람을 집이나 방 안에) 가두다 - **murarsi** [재귀동사] (집이나 방 안에) 틀어박히다
murario /mu'rarjo/ [형] (복 : -ri, -rie) arte muraria 벽돌 쌓기
muratore /mura'tore/ [남] 석공, 벽돌 쌓는 사람
muratura /mura'tura/ [여] ① (문 따위를) 벽으로 막기 ② 석공의 일, 벽돌 쌓기; casa in muratura (벽)돌로 지은 집
murena /mu'rɛna/ [여] [어류] 곰치
muro /'muro/ [남] 벽, 담; armadio a muro 벽장; il muro di Berlino 베를린 장벽; alzare un muro 담을 쌓다; tra noi c'è un muro (비유적으로) 우리 사이에는 장벽이 있다 - mura [여·복] 성벽; chiudersi fra quattro mura (비유적으로) 집 안에 틀어박히다 - mettere al muro qn 누구를 총살하다; muro del suono [물리] 음속 장벽
musa /'muza/ [여] ① [그리스신화] 뮤즈, 무사 ② 시인에게 시적 영감을 주는 사람; 시적 영감, 시상(詩想)
muschio1 /'muskjo/ [남] (복 : -schi) 이끼

muschio2 /'muskjo/ [남] (복 : -schi) 사향(麝香)
muscolare /musko'lare/ [형] 근육의
muscolatura /muskola'tura/ [여] (신체의) 근육 전체, 근육 조직
muscolo /'muskolo/ [남] ① [해부] 근(筋), 근육 ② 살코기 ③ [패류] 홍합 - è tutto muscoli e niente cervello 그는 힘만 세고 머리는 나쁘다
muscoloso /musko'loso/ [형] 근육이 잘 발달된, 강건한, 힘센
museo /mu'zɛo/ [남] 박물관
museruola /muze'rwɔla/ [여] 개의 주둥이에 씌우는 마개; mettere la museruola a qn (비유적으로) 누구를 입막음하다
musica /'muzika/ [여] (복 : -che) 음악; musica di sottofondo 배경 음악; musica da ballo 무곡(舞曲); musica da camera 실내악; un pezzo[brano] di musica 음악 한 곡 - è sempre la stessa musica 늘 하는 이야기다
musical [남-불변] 뮤지컬
musicale /muzi'kale/ [형] 음악의; 음악적인
musicare /muzi'kare/ [타동] (시 따위에) 곡을 붙이다
musicista /muzi'tʃista/ [남/여] (남·복 : -i, 여·복 : -e) 음악가
muso /'muzo/ [남] ① (동물의) 주둥이 부분 ② (구어체에서) (사람의) 얼굴, 코·입 부분; fare il muso 시무룩한 얼굴을 하다
musone /mu'zone/ [남] (여 : -a) (구어체에서) 항상 부루퉁해 있는 사람
mussola /'mussola/ [여] 모슬린, 메린스 (평직의 부드러운 면직물)
musulmano /musul'mano/ [형] 이슬람의 - [남] (여 : -a) 이슬람교도, 무슬림
muta1 /'muta/ [여] ① (새의) 털갈이; (곤충·뱀의) 탈피 ② 잠수용 고무옷
muta2 /'muta/ [여] (개 따위의) 떼, 무리
mutamento /muta'mento/ [남] 변화, 변경
mutande /mu'tande/ [여·복] 팬티, 팬츠
mutandine /mutan'dine/ [여·복] (여자·어린이용) 팬티
mutandoni /mutan'doni/ [남·복] 긴 팬티 [팬츠]
mutante /mu'tante/ [형] [생물] 돌연변이의 - [남/여] 돌연변이체, 변종
mutare /mu'tare/ [타동] 바꾸다, 변경하다, 변화[변형]시키다 - [자동] (조동사 : essere) 바뀌다, 변화하다, 달라지다; qualcosa è mutato in lui 그는 뭔가 달라졌다; mutare in meglio 좋아지다, 개선되다 - mutarsi [재귀동사] ① (in 과 함께 쓰여) (~으로) 바뀌다, 변화하다; il ghiaccio si mutò in acqua 얼음이 물로 변했다 ② mutarsi d'abito 옷을 갈아입다
mutazione /mutat'tsjone/ [여] ① 변화, 변경 ② [생물] 돌연변이
mutevole /mu'tevole/ [형] 변하기 쉬운, 잘 바뀌는, 변덕스러운
mutilare /muti'lare/ [타동] (팔다리 등을) 절단하다, (신체를) 불구로 만들다
mutilato /muti'lato/ [형] (팔다리 등이) 절단된 - [남] (여 : -a) 신체 장애인 - mutilato di guerra 상이군인
mutilazione /mutilat'tsjone/ [여] (팔다리 등의) 절단
mutismo /mu'tizmo/ [남] ① [정신의학] 함구증, 무언증 ② 침묵을 지킴; chiudersi in un mutismo ostinato 고집스럽게 침묵을 지키다, 말을 하려 하지 않다
muto /'muto/ [형] ① (사람이) 말을 못하는, 언어 장애를 가진 ② 말하지 않는, 침묵을 지키는 ③ (충격 등으로 인해) 말문이 막힌 ④ (영화가) 무성(無聲)의 ⑤ [언어] 묵음의 - [남] (여 : -a) 말 못하는 사람, 언어 장애인
mutua /'mutua/ [여] 국가 의료 보험
mutuabile /mutu'abile/ [형] (약·치료가) 국가 의료 보험의 혜택을 받을 수 있는
mutuato /mutu'ato/ [남] (여 : -a) 국가 의료 보험의 혜택을 받는 사람
mutuo1 /'mutuo/ [형] 서로의, 상호의; società di mutuo soccorso 공제 조합
mutuo2 /'mutuo/ [남] 대부(貸付), 대출; mutuo ipotecario 모기지론, 담보대출

N

n, N /ˈɛnne/ [남/여-불변] 이탈리아어 알파벳의 12번째 글자
n. (numero의 약자) 숫자, 번호
nababbo /naˈbabbo/ [남] 큰 부자
nacchere /ˈnakkere/ [여·복] [음악] 캐스터네츠
nafta /ˈnafta/ [여] 석유, 휘발유; [화학] 나프타
naftalina /naftaˈlina/ [여] [화학] 나프탈렌
naia /ˈnaja/ [여] (속어로) 의무 병역, 징병
naif /naˈif/ [형-불변] 순진한, 소박한, 천진난만한
nailon /ˈnailon/ [남] → nylon
Namibia /naˈmibja/ [여] 나미비아 (아프리카 남서부의 국가)
nanna /ˈnanna/ [여] [유아어] 잠; andare a nanna 잠자리에 들다; fare la nanna 잠자다
nano /ˈnano/ [형] 작은, 소형의 - [남] (여 : -a) 난쟁이
napalm /ˈnapalm/ [남-불변] [군사] 네이팜탄
napoletana /napoleˈtana/ [여] 이탈리아의 커피 끓이는 기구의 하나
napoletano /napoleˈtano/ [형] 나폴리의 - [남] (여 : -a) 나폴리 사람
Napoli /ˈnapoli/ [여] 나폴리
nappa /ˈnappa/ [여] ① (커튼 따위에 다는) 장식 술 ② 나파 (무두질한 양가죽)
narcisismo /nartʃiˈzizmo/ [남] 나르시시즘, 자기애
narcisista /nartʃiˈzista/ [남/여] (남·복 : -i, 여·복 : -e) 자기애에 빠진 사람
narciso /narˈtʃizo/ [남] [식물] 수선화
narcosi /narˈkɔzi/ [여-불변] [의학] 전신마취 상태
narcotico /narˈkɔtiko/ (복 : -ci, -che) [형] 마취성의, 마취시키는 - [남] 마취약; 마약(류)
narcotizzare /narkotidˈdzare/ [타동] 마취시키다
narcotrafficante /narkotraffiˈkante/ [남/여] 마약 거래상
narcotraffico /narkoˈtraffiko/ [남] (복 : -ci) 마약 거래
narice /naˈritʃe/ [여] 콧구멍
narrare /narˈrare/ [타동] 이야기하다 - [자동] (조동사 : avere) narrare a qn di qc 누구에게 무엇에 관해 이야기하다
narrativa /narraˈtiva/ [여] 소설, 이야기체 문학
narrativo /narraˈtivo/ [형] 이야기체[식]의
narratore /narraˈtore/ [남] (여 : -trice) ① 이야기하는 사람, 내레이터 ② 소설 작가
narrazione /narratˈtsjone/ [여] ① 이야기하기, 서술 ② 이야기
nasale /naˈsale/ [형] ① 코의 ② [언어] 비음(鼻音)의 - [여] [언어] 비음
nascente /naʃˈʃente/ [형] 싹트는, 생겨나는; (해·달이) 떠오르는
nascere /ˈnaʃʃere/ [자동] (조동사 : essere) ① 태어나다, 탄생하다; è nata nel 1977 그녀는 1977년생이다; è appena nato 그 아기는 신생아다; essere nato per (fare) qc (비유적으로) ~할 운명이다 ② (해·달이) 떠오르다 ③ (식물이) 싹트다 ④ (비유적으로) (사건·감정 따위가) 생기다, 일어나다, 발생하다; far nascere 일으키다, 발생시키다; nascere da ~으로부터 일어나다, 발생하다, 비롯되다
nascita /ˈnaʃʃita/ [여] 탄생; nobile di nascita 귀족으로 태어난, 귀족 출신의; dalla nascita 태어났을 때부터, 나면서부터
nascituro /naʃʃiˈturo/ [형/남] 아직 태어나지 않은, 머지않아 태어날 (아기)
nascondere /nasˈkondere/ [타동] 감추다, 숨기다; nascondere qc alla vista di qn 무엇을 누구의 눈에 띄지 못하게 숨기다 - nascondersi [재귀동사] 숨다; nascondersi alla vista di qn 누구의 눈을 피해 숨다; dove si è nascosto? 그는 도대체 어디에 있는 거야?
nascondiglio /naskonˈdiʎʎo/ [남] (복 : -gli) 숨는 곳, 은신처
nascondino /naskonˈdino/ [남] 숨바꼭질;

giocare a nascondino 숨바꼭질을 하다

nascosto /nas'kosto/ [형] 감춰진, 숨겨진; tenere nascosto qc 무엇을 감춰놓다; fare qc di nascosto 무엇을 몰래[비밀리에] 하다

nasello /na'sɛllo/ [남] [어류] 대구 비슷한 물고기

naso /'naso/ [남] 코 - avere naso per ~에 예민한 직감을 갖고 있다; mettere il naso negli affari altrui 남의 일에 간섭하다

nastro /'nastro/ [남] 리본, 밴드, 끈, 테이프; nastro adesivo 접착 테이프; nastro trasportatore 컨베이어 벨트

nasturzio /nas'turtsjo/ [남] (복 : -zi) [식물] 금련화

natale /na'tale/ [형] 출생지의; il paese natale 고향 - natali [남·복] di nobili natali 귀족 태생의

Natale /na'tale/ [남] 크리스마스, 성탄절; Buon Natale! 메리 크리스마스!; albero di Natale 크리스마스 트리; Babbo Natale 산타클로스

natalità /natali'ta/ [여-불변] tasso di natalità 출생률

natalizio /nata'littsjo/ [형] (복 : -zi, -zie) 크리스마스의; biglietto natalizio 크리스마스 카드; canto natalizio 크리스마스 캐럴

natante /na'tante/ [형] 작은 배

natica /'natika/ [여] (복 : -che) 엉덩이

natività /nativi'ta/ [여-불변] 그리스도의 탄생; 그것을 묘사한 그림

nativo /na'tivo/ [형] ① 출생지의; 모국어의 ② nativo di ~에서 태어난 - [남] [여] (-a) (특정 지역에서) 태어난 사람

nato /'nato/ [형] ① (예술가 등이) 타고난, 천성의; un attore nato 타고난 배우 ② (~으로) 태어난; nato morto 사산(死産)의 ③ (기혼 여성의) 결혼 전 성(姓)은 ~ ; la Signora Rossi, nata Bianchi 결혼 전 성은 비안키인 로씨 부인 - [남] i nati del 1970 1970년에 태어난 사람들

natura /na'tura/ [여] ① 자연, 천지 만물; le leggi della natura 자연의 법칙 ② 자연 환경; vivere a contatto con la natura 자연에 접하여 살다 ③ 성질, 본성, 기질; la natura umana 인간의 본성; è allegro di natura 그는 천성이 명랑하다 ④ 종류, 유형; scritti di varia natura 여러 종류[유형]의 글

naturale /natu'rale/ [형] ① 자연의, 천연의; 자연 그대로의, 가공하지 않은 ② 자연스러운, 당연한; gli viene naturale comportarsi così 그가 그렇게 행동하는 건 당연한 일이다; è naturale! 당연하지, 물론 ③ (그림 따위가) 실물 그대로의; a grandezza naturale 실물 크기의 ④ 사생아의, 서자의; figlio naturale 사생아, 서자 ⑤ al naturale (식품에) 첨가물이 들어 있지 않은, 그대로 먹는

naturalezza /natura'lettsa/ [여] 자연 그대로임; 자연스러움; con naturalezza 자연스럽게

naturalizzare /naturalid'dzare/ [타동] (외국인을[에게]) 귀화시키다, 시민권을 주다 - naturalizzarsi [재귀동사] 귀화하다

naturalizzazione /naturaliddzat'tsjone/ [여] [법률] 귀화

naturalmente /natural'mente/ [부] ① 타고나기를, 천성적으로 ② 자연스럽게 ③ 물론, 당연히

naufragare /naufra'gare/ [자동] (조동사 : essere, avere) ① (배가) 난파되다 ② (비유적으로) (계획 따위가) 수포로 돌아가다

naufragio /nau'fradʒo/ [남] (복 : -gi) (선박의) 난파, 조난 사고; fare naufragio (배가) 난파되다

naufrago /'naufrago/ [남] (여 : -a) (남·복 : -ghi, 여·복 : -ghe) 난파된 배의 선원, 해상에서 조난 사고를 당한 사람

nausea /'nauzea/ [여] ① 욕지기, 메스꺼움; avere la nausea 메스껍다 ② (비유적으로) 매우 싫은 느낌, 혐오; fino alla nausea 싫증이 나도록, 지겹도록

nauseante /nauze'ante/ [형] 역겨운, 구역질 나는; 혐오감을 주는

nauseare /nauze'are/ [타동] ① 메스껍게 하다, 구역질이 나게 만들다 ② (비유적으로) 혐오감을 느끼게 하다

nautica /'nautika/ [여] 항해(학)

nautico /'nautiko/ [형] (복 : -ci, -che) 항해(술)의; 해사(海事)의; sci nautico 수상 스키

navale /na'vale/ [형] ① 조선(造船)의; cantiere navale 조선소 ② 해군의; battaglia navale 해전(海戰)

navata /na'vata/ [여] [건축] navata centrale 네이브, 교회당 중앙의 회중석

부분; navata laterale 교회당의 측면 복도

nave /'nave/ [여] 배, 선박; nave da carico 화물선; nave cisterna 유조선; nave da guerra 군함, 전함; nave mercantile 상선; nave passeggeri 여객선; nave portaerei 항공모함; nave a vela 범선 - nave spaziale 우주선

navetta /na'vetta/ [여] ① 일정한 구간을 정기적으로 왕복하는 교통편 (셔틀버스 따위) ② (베틀의) 북

navicella /navi'tʃɛlla/ [여] (기구(氣球)의) 곤돌라

navigabile /navi'gabile/ [형] (강 따위가) 선박이 지나갈 수 있는, 항해가 가능한

navigare /navi'gare/ [자동] (조동사 : avere) 항해하다, 배로 가다; suo marito naviga 그녀의 남편은 배를 타고 있다, 선원이다

navigato /navi'gato/ [형] (비유적으로) 경험이 풍부한; 세상 물정에 밝은

navigatore /naviga'tore/ [남] (여 : -trice) ① 항해사; 선원 ② 내비게이터 (차량용 항법 장치)

navigazione /navigat'tsjone/ [여] 항해, 항행; 항공; compagnia di navigazione 선박 회사; durante la navigazione 항해 중에 - navigazione in Internet 인터넷 서핑

naviglio /na'viʎʎo/ [남] (복 : -gli) ① (옛말로) 배, 선박 ② 함대; 선단(船團) ③ 운하; 수로, 뱃길

nazionale /nattsjo'nale/ [형] ① 국가의, 국가적인 ② 국민의; 민족의 ③ (상품이) 국산의 - [여] [스포츠] 국가대표팀

nazionalismo /nattsjona'lizmo/ [남] 민족주의; 국가주의

nazionalista /nattsjona'lista/ [남/여] (남·복 : -i, 여·복 : -e) 민족주의자

nazionalità /nattsjonali'ta/ [여-불변] 국적

nazionalizzare /nattsjonalid'dzare/ [타동] 국유화하다

nazione /nat'tsjone/ [여] 국민, 민족; 국가

naziskin /nattsis'kin/ [남/여-불변] (극우파의) 스킨헤드

nazismo /nat'tsizmo/ [남] 나치즘, 독일 국가 사회주의

nazista /nat'tsista/ [남/여] (남·복 : -i, 여·복 : -e) 나치스트, 나치즘의 신봉자, 나치스 당원

ne /ne/ [대] ① 그(녀)에 대해; 그들에 대해; 그것에 대해; non me ne importa niente 난 그것에 대해 전혀 관심이 없다 ② 그(녀)의; 그들의; 그것의 ③ 다소, 얼마간, 몇몇; ne voglio ancora 난 조금 더 원해; hai dei libri? - sì, ne ho 너에게 책이 있니? - 응, 몇 권 갖고 있어 ④ 그것으로부터; 그것에 의해 - [부] 거기에서, 그곳으로부터; ne vengo ora 난 방금 거기에서 왔다

né /ne/ [접] né ~ né ~ ~도 ~도 아니다; né mio padre né mia madre parlano l'italiano 나의 아버지도 어머니도 (두 분 다) 이탈리아어를 하지 못한다; non piove né nevica 비도 눈도 오지 않는다

neanche /ne'anke/ [부] ① ~도 아니다; io non lo so e neanche lui 나도 모르고 그도 모른다 ② ~조차 아니다; neanche lui lo farebbe 그는 그것을 하려고도 하지 않는다, 할 생각조차 하지 않는다 - [접] ~조차, ~이라 해도 (~ 아니다); non lo sposerei neanche se fosse un re 그가 왕이라 해도 나는 그와 결혼하지 않을 것이다

nebbia /'nebbja/ [여] 안개

nebbioso /neb'bjoso/ [형] 안개 낀

nebulizzatore /nebuliddza'tore/ [남] 분무기

nebulosa /nebu'losa/ [여] [천문] 성운 (星雲)

nebuloso /nebu'loso/ [형] ① 안개 낀 ② (비유적으로) (생각 따위가) 흐릿한, 불명료한, 모호한

nécessaire /neses'sɛr/ [남-불변] 휴대용 화장품 케이스

necessariamente /netʃessarja'mente/ [부] 반드시, 꼭; 필연적으로

necessario /netʃes'sarjo/ (복 : -ri, -rie) [형] 필요한, 없어서는 안 될; 불가피한; se necessario 필요하다면; è necessario che tu vada 넌 꼭 가야 해 - [남] ① 필요한 것[일]; fare il necessario 필요한 일을 하다 ② 필수품; il necessario per vivere 생활 필수품 ③ 용품, 장비; il necessario per scrivere 필기 도구

necessità /netʃessi'ta/ [여-불변] ① 필요(성); per necessità 필요해서, 필요에 의해; di necessità 필요한; in caso di necessità 필요한 경우에는, 꼭 필요하다면; trovarsi nella necessità di

fare qc 무엇을 꼭 해야 하다 ② 가난, 궁핍, 곤궁 ③ 불가피함
necessitare /netʃessi'tare/ [타동] (~을) 필요로 하다, 요하다 - [자동] (조동사 : essere) ① (di와 함께 쓰여) (~이) 필요하다; necessita di un'attenzione maggiore 더 세심한 주의가 필요하다 ② 필요하다, 필요성이 있다
necrologio /nekro'lɔdʒo/ [남] (복 : -gi) ① 사망자 명부 ② 사망 기사, 부고
necropoli /ne'krɔpoli/ [여-불변] (고대 도시 등의) 대규모 공동 묘지
necropsia /nekro'psia/, necroscopia /nekrosko'pia/ [여] (시신의) 검시, 부검
necrosi /ne'krɔzi/ [여-불변] [병리] 괴저(壞疽), 괴사, 탈저(脫疽)
nefando /ne'fando/ [형] 악독한, 사악한
nefasto /ne'fasto/ [형] ① (사건·소식 따위가) 나쁜, 비극적인 ② (전조 따위가) 불길한
nefrite /ne'frite/ [여] [병리] 신염(腎炎), 콩팥염
negare /ne'gare/ [타동] ① 부인하다, 부정하다; negare che ~이라는 것을 부인[부정]하다; negare di aver fatto qc ~했다는 것을 부인[부정]하다, ~하지 않았다고 말하다 ② (요구 따위를) 거절하다; negare a qn il permesso (di fare qc) 누구에게 (무엇 하는 것을) 허가하지 않다; mi hanno negato un aumento 그들은 내 봉급 인상 요구를 거절했다
negativa /nega'tiva/ [여] ① 부인, 부정 ② [사진] 원판, 음화(陰畵)
negativamente /negativa'mente/ [부] 부정적으로, 부인하여; rispondere negativamente 부정적인 대답을 하다
negativo /nega'tivo/ [형] ① (대답 따위가) 부정적인, 부인하는 ② (영향 따위가) 부정적인, 역효과의 ③ [수학] 음의, 마이너스의 ④ [사진] 음화의, 네거티브의 ⑤ [문법] 부정의 - [남] [사진] 음화, 원판
negato /ne'gato/ [형] (per와 함께 쓰여) (~을) 잘하지 못하는, (~에) 소질이 없는
negazione /negat'tsjone/ [여] 부정, 부인; 거절
negletto /ne'glɛtto/ [형] (옷차림 따위가) 단정하지 못한; (집 따위가) 관리가 안 된

negli /'neʎʎi/ → in
negligente /negli'dʒɛnte/ [형] 무관심한; 부주의한; 태만한
negligenza /negli'dʒɛntsa/ [여] 무관심; 부주의; 태만
negoziabile /negot'tsjabile/ [형] (조건 따위가) 협상 가능한
negoziante /negot'tsjante/ [남/여] 상인, 판매업자; 가게 주인
negoziare /negot'tsjare/ [타동] ① (거래·업무 등을) 처리하다 ② (문제를) 협상에 의해 결정하다 - [자동] (조동사 : avere) ① (con과 함께 쓰여) (~와) 교섭[협상]하다 ② (in과 함께 쓰여) (~을) 거래하다
negoziato /negot'tsjato/ [남] 교섭, 협상; negoziati per la pace 평화 협상
negozio /ne'gɔttsjo/ [남] (복 : -zi) ① 가게, 상점; negozio di scarpe 구둣방, 구두 가게 ② 거래, 협정; concludere un negozio 거래하다, 협정을 체결하다
negro /'negro/ [형] 흑인(종)의 - [남] (여 : -a) 흑인 - lavorare come un negro (비유적으로) 노예처럼 일하다
nei /nei/, nel /nel/, nell', nella /'nella/, nelle /'nelle/, nello /'nello/ → in
nembo /'nembo/ [남] [기상] 난운(亂雲), 비구름
nemico /ne'miko/ (복 : -ci, -che) [형] ① 적(군)의 ② (di와 함께 쓰여) (~에) 적대적인 ③ (di와 함께 쓰여) (~에) 해로운, 좋지 않은 영향을 끼치는 - [남] (여 : -a) 적(군); 원수; farsi nemico qn 누구를 적으로 만들다, 누구의 원한을 사다
nemmeno /nem'meno/ → neanche
nenia /'nenja/ [여] ① 만가(挽歌), 장송가 ② 단조로운 톤
neo /'neo/ [남] ① (피부에 난) 점 ② (비유적으로) (사소한) 흠, 결함
neoclassico /neo'klassiko/ (복 : -ci, -che) [형] 신고전주의의 - [남] 신고전주의; 신고전주의를 따르는 예술가
neofascismo /neofaʃ'ʃizmo/ [남] 네오파시즘
neofascista /neofaʃ'ʃista/ [형/남/여] (남·복 : -i, 여·복 : -e) 네오파시즘의 (추종자)
neoliberalismo /neolibera'lizmo/, neoliberismo /neolibe'rizmo/ [남] [경제] 신자유주의
neolitico /neo'litiko/ [형] (복 : -ci,

-che) 신석기 시대의

neologismo /neolo'dʒizmo/ [남] 신어, 신조어, 새로운 표현

neon /'nɛon/ [남-불변] ① [화학] 네온 ② 네온 등(燈)

neonato /neo'nato/ [형] 갓 태어난, 신생의 - [남] (여 : -a) 갓난아기, 신생아

neorealismo /neorea'lizmo/ [남] 신사실주의

neozelandese /neoddzelan'dese/ [형] 뉴질랜드의 - [남/여] 뉴질랜드 사람

Nepal /'nepal/ [남] 네팔

nepotismo /nepo'tizmo/ [남] 친척 등용, 족벌주의

neppure /nep'pure/ → neanche

nerbo /'nɛrbo/ [남] ① 채찍, 매 ② (비유적으로) 기간(基幹), 중추, 주력

nerboruto /nerbo'ruto/ [형] 근골이 억센, 튼튼한

neretto /ne'retto/ [남] ① [인쇄] 볼드체 ② (신문의) 볼드체로 인쇄된 짧은 기사

nero /'nero/ [형] ① 검은; 어두운 빛깔의; nero come il carbone 새까만 ② (손·옷 따위가) 더러운, 때가 묻은 ③ 흑인(종)의; l'Africa nera (사하라 이남의) 블랙 아프리카 ④ 비관적인, 암담한, 암울한; essere (di umore) nero 기분이 매우 좋지 않다; sono in un periodo nero 나는 어려운 시기를 지나고 있다; vedere tutto nero 어두운 면을 보다, 비관적으로 생각하다 ⑤ 부정한, 불법의; mercato nero 암시장 - [남] (여 : -a) ① 검정, 흑색; vestirsi di[in] nero 검은색 옷을 입다 ② 흑인 ③ in nero 부정하게, 불법으로

nervatura /nerva'tura/ [여] [해부] 신경계

nervo /'nɛrvo/ [남] ① [해부] 신경; nervo ottico 시신경 ② (구어체에서) 건(腱), 힘줄 ③ [식물] 엽맥(葉脈) - nervi [남·복] 신경계 - avere i nervi 신경질적이다, 신경 과민 증세가 있다, 초조해 하다; dare sui nervi a qn 누구의 신경을 건드리다, 누구를 신경질나게 하다; avere i nervi saldi 침착하다

nervosamente /nervosa'mente/ [부] 신경질적으로; 초조하게, 안달이 나서

nervosismo /nervo'sizmo/ [남] 신경질적임, 긴장 상태, 흥분

nervoso /ner'voso/ [형] ① [해부] 신경의; esaurimento nervoso 신경 쇠약 ② 신경질적인, 긴장 상태의, 성마른 - [남] (구어체에서) 신경질적임; far venire il nervoso a qn 누구의 신경을 건드리다, 누구를 신경질나게 하다; farsi prendere dal nervoso 신경질을 내다

nespola /'nɛspola/ [여] 서양모과나무의 열매 - [감] -e! 이런!, 아이구!

nespolo /'nɛspolo/ [남] [식물] 서양모과나무

nesso /'nɛsso/ [남] 연결, 연계, 관계, 관련

nessun /nes'sun/ → nessuno

nessuno /nes'suno/ [형] (부정형용사) ① 하나의 ~도 없는; (부정문에서) 조금도·아무것도·전혀 (~ 아닌); nessun uomo è immortale 죽지 않는 인간은 없다; nessun altro 그 밖에 아무도 ~ 않다; non ho nessun dubbio 나는 전혀 의심하지 않는다; in nessun caso 어떤 일이 있더라도 ~ 않는; in nessun luogo 아무데도 ~ 없는; per nessuna cosa nel mondo 결코 ~ 아니다 ② (의문문에서) 얼마간의, 몇몇, 어떤, 무슨; nessuna obiezione? 이의 있나? - [대] (부정대명사) ① 아무도[어떤 것도] ~ 않다; nessuno mi crede 아무도 날 믿지 않아; non c'era nessuno 거긴 아무도 없었어; ha molti libri ma non me ne piace nessuno 그는 많은 책을 갖고 있지만 난 그것들 중 어느 것도 좋아하지 않는다 ② (의문문에서) 누군가; ha telefonato nessuno? 전화한 사람 있어? - [남] 보잘것없는 사람, 무명인

nettamente /netta'mente/ [부] (차이 따위가) 분명하게, 명백하게, 확실히

nettare1 /'nɛttare/ [남] ① [식물] 화밀(花蜜) ② 달콤한 음료 ③ [그리스신화] 넥타, 신주(神酒)

nettare2 /net'tare/ [타동] (문어체에서) 깨끗이 하다

nettezza /net'tettsa/ [여] ① 깨끗함, 청결 ② 분명, 명백

netto /'netto/ [형] ① (금액 따위가) 에누리 없는, 순(純)~ ; un utile netto di 50.000 euro 5만 유로의 순수입 ② (차이·변화 따위가) 두드러진, 명백한, 확실한; 뚜렷한, 명쾌한, 딱 떨어지는 ③ 깨끗한, 청결한, 깔끔한 - [남] al netto delle tasse 세금을 공제한 - [부] chiaro e netto 명백하게

netturbino /nettur'bino/ [남] 청소부, 미

화원

neurochirurgia /neurokirur'dʒia/ [여] [의학] 신경외과(학)

neurochirurgo /neuroki'rurgo/ [남] (여 : -a) (남·복 : -ghi, 여·복 : -ghe) 신경외과 의사

neurologia /neurolo'dʒia/ [여] [의학] 신경학

neurologo /neu'rɔlogo/ [남] (여 : -a) (남·복 : -gi, 여·복 : -ghe) 신경과 의사

neurone /neu'rone/ [남] [해부] 뉴런, 신경 세포

neuropsichiatra /neuropsi'kjatra/ [남/여] (남·복 : -i, 여·복 : -e) 신경정신과 의사

neutrale /neu'trale/ [형] 중립의

neutralità /neutrali'ta/ [여-불변] ① 중립 (상태, 정책) ② 불편부당(不偏不黨), 한쪽으로 치우치지 않음

neutralizzare /neutralid'dzare/ [타동] ① 중립화하다 ② 무효화하다, (효과를) 상쇄하다 ③ [화학] 중화하다

neutro /'nɛutro/ [형] ① 중립의 ② [문법] 중성의 - [남] [문법] 중성

neutrone /neu'trone/ [남] [물리] 중성자

nevaio /ne'vajo/ [남] (복 : -ai) 눈밭, 설원

neve /'neve/ [여] 눈(雪); c'era un tempo da neve 눈 내리는 날씨였다; fiocco di neve 눈송이 - neve carbonica 드라이아이스

nevicare /nevi'kare/ [비인칭] (조동사 : essere, avere) 눈이 내리다; nevica 눈이 오고 있다

nevicata /nevi'kata/ [여] 눈이 내림, 강설 (降雪)

nevischio /ne'viskjo/ [남] (복 : -schi) 진눈깨비

nevoso /ne'voso/ [형] 눈이 내리는 (날씨의); 눈 덮인

nevralgia /nevral'dʒia/ [여] [병리] 신경통

nevrastenico /nevras'tɛniko/ [형] 신경쇠약의 - [남] (여 : -a) 신경쇠약 환자

nevrosi /ne'vrɔzi/ [여-불변] [병리] 신경증, 노이로제

nevrotico /ne'vrɔtiko/ (복 : -ci, -che) [형] 신경증의, 노이로제에 걸린 - [남] (여 : -a) 신경증 환자

nibbio /'nibbjo/ [남] (복 : -bi) [조류] 솔개

Nicaragua /nika'ragwa/ [남] 니카라과 (중앙아메리카의 국가)

nicchia /'nikkja/ [여] 벽감(壁龕); 조상(彫像) 따위를 두기 위한, 벽의 움푹 들어간 곳) - nicchia di mercato [경영] (수익 가능성이 높은) 틈새시장

nicchiare /nik'kjare/ [자동] (조동사 : avere) 망설이다, 주저하다

nichel /'nikel/ [남-불변] [화학] 니켈

nicotina /niko'tina/ [여] [화학] 니코틴

nidiata /ni'djata/ [여] ① (새나 작은 동물의) 한배의 새끼들 ② (비유적으로) 한 집안의 아이들

nidificare /nidifi'kare/ [자동] (조동사 : avere) (새가) 둥지를 짓다

nido /'nido/ [남] ① (새의) 둥지; (작은 동물의) 보금자리, 굴 ② (asilo) nido 탁아소 - a nido d'ape (디자인이) 벌집 모양의

niente /'njɛnte/ [대] (부정대명사) ① 아무것도 ~ 없음, 전혀 ~ 않음; (부정문에서) 아무것도; niente lo fermerà 그 어느 것도 그를 멈추게 할 수 없다; non ho visto niente 난 아무것도 못 봤어; niente di grave 전혀 심각하지 않은 것; non fa niente! (그건) 전혀 문제가 되지 않아!; non ho niente a che fare con lui 난 그와 아무 관계가 없다; nient'altro 다른 건 아무것도 없다, 단지 그것 뿐이다; nient'altro che 단지 ~일 따름, ~에 지나지 않는; non so niente di niente 난 전혀 알지 못한다; di niente (감사 인사에 대한 대답으로) 천만에, 뭘 ② 무언가, 무엇이든; ti serve niente? 뭐 필요한 거 있어? ③ un uomo da niente 무명인, 보잘것없는 사람; una cosa da niente 하찮은 것 ④ si arrabbia per niente 그는 아무것도 아닌 일에 화를 낸다 - [형] (부정형용사) 조금도 ~ 없는; (부정문에서) 조금도, 아무것도 (~ 아니다); niente paura! 두려워하지 말라!; e niente scuse! 변명하려고 하지 마!; niente male! 결코 나쁘지 않아! - [남] ① 무(無), 존재하지 않음; il mondo è stato creato dal niente 세상은 "무"에서 창조되었다; un bel niente 전혀 없음; si è ridotto al niente 그는 모든 것을 잃었다 ② 하찮은 것, 사소한 일; un niente lo irrita 그는 사소한 일에도 짜증을 낸다 - [부] non ~ (per) niente 전혀 ~하지 않다; non è per niente

vero 그것은 전혀 사실이 아니다; niente affatto 조금도 ~ 않다, 전혀 ~ 아니다; poco o niente 거의 ~ 없다
nientedimeno /njentedi'meno/, **nientemeno** /njente'meno/ [부] nientedimeno[nientemeno] che ~ 못지않게, ~와 마찬가지로 - [감] 정말이야?, 설마!
Niger /'nidʒer/ [남] 니제르 (아프리카 중서부의 국가)
Nigeria /ni'dʒerja/ [여] 나이지리아
nigeriano /nidʒe'rjano/ [형] 나이지리아의 - [남] (여 : -a) 나이지리아 사람
night /nait/ [남-불변] 나이트클럽
Nilo /'nilo/ [남] 나일 강
ninfa /'ninfa/ [여] [그리스신화] 님프, 정령, 요정
ninfea /nin'fea/ [여] [식물] 수련(睡蓮)
ninnananna /ninna'nanna/ [여] 자장가
ninnolo /'ninnolo/ [남] ① 장난감 ② 자질구레한 장신구
nipote /ni'pote/ [남/여] ① 손자; 손녀 ② 조카(딸)
nipponico /nip'poniko/ (복 : -ci, -che) [형] 일본의 - [남] (여 : -a) 일본 사람
nitidamente /nitida'mente/ [부] 선명하게, 뚜렷하게; 맑게; 깨끗하게
nitidezza /niti'dettsa/ [여] 선명함, 뚜렷함; 맑음; 깨끗함
nitido /'nitido/ [형] ① (색깔·윤곽 따위가) 선명한, 뚜렷한 ② (하늘이) 맑은 ③ (장소·사물이) 깨끗한
nitrico /'nitriko/ [형] (복 : -ci, -che) [화학] 질소의, 질소를 함유한; acido nitrico 질산
nitrire /ni'trire/ [자동] (조동사 : avere) (말(馬)이) 울다
nitrito1 /ni'trito/ [남] 말의 울음
nitrito2 /ni'trito/ [남] [화학] 아질산염
nitroglicerina /nitroglitʃe'rina/ [여] [화학] 니트로글리세린, 나이트로글리세린 (다이너마이트의 원료)
niveo /'niveo/ [형] (문어체에서) 눈처럼 흰, 순백의
no /no/ [부] ① (대답으로) 아니오 ② (강조하여) perché no? (긍정의 뜻으로) 그럼, 되고 말고, 좋지; come no! (대답으로) 그럼, 그렇고 말고 ③ (부가의문에서) ~이지?, 그렇지 않아?; verrai, no? 너 올 거지? ④ credo di no 난 그렇게 생각하지 않아; spero di no 그러지 않기를 바란다 ⑤ se no 그렇지 않으면 - [남-불변] "아니오"라는 대답; un no chiaro e tondo 확실한 거절; ci sono stati molti no 반대표가 많았다
nobile /'nɔbile/ [형] ① 귀족의; di nobile famiglia 귀족 출신의 ② 고결한, 숭고한 - [남/여] 귀족
nobiliare /nobi'ljare/ [여] 귀족의, 귀족 칭호의
nobiltà /nobil'ta/ [여-불변] ① 귀족 계급 [신분] ② 고결함, 숭고함
nocca /'nɔkka/ [여] (복 : -che) (손가락의) 관절
nocciola /not'tʃɔla/ [여] 헤이즐넛, 개암 - [형-불변] 엷은 갈색의
nocciolina /nottʃo'lina/ [여] 땅콩 (또는 nocciolina americana)
nocciolo1 /'nɔttʃolo/ [남] ① (과일의) 씨, 핵 ② (비유적으로) (문제의) 핵심
nocciolo2 /not'tʃɔlo/ [남] [식물] 개암나무
noce /'notʃe/ [남] [식물] 호두나무 - [여] 호두 - noce d'acagiù 캐슈너트; noce di cocco 코코넛; noce moscata 육두구
nocivo /no'tʃivo/ [형] (가스나 기타 물질 따위가) 유독한; 유해한, 해로운; insetti nocivi 해충
nodo /'nɔdo/ [남] ① 매듭; fare un nodo 매듭을 묶다 ② (도로·철도의) 교차점 ③ (비유적으로) 유대, 인연 ④ [해부] 결절(結節) ⑤ [식물] 마디 ⑥ [항해] 노트 (배가 1시간에 1해리를 나아가는 속도) - avere i capelli pieni di nodi 머리에 엉킨 데가 있다; avere un nodo in gola 목이 메다
nodoso /no'doso/ [형] 마디진, 마디가 많은
noi /noi/ [대] (인칭대명사) ① 우리들은; noi italiani amiamo il sole 우리 이탈리아인들은 태양을 사랑한다 ② 우리들을; vuol vedere proprio noi 그는 (다른 사람이 아닌) 바로 우리들을 보고 싶어한다 ③ 우리들에게 (있어서); un regalo per noi 우리를 위한 선물; per noi è molto importante 그것은 우리에게 있어서 매우 중요하다 ④ da noi 우리 집에(서), 우리 나라에(서) ⑤ (비교급에서) sono più giovani di noi 그들은 우리들보다 어리다
noia /'nɔja/ [여] ① 지루함, 따분함; avere a noia qc ~에 질리다, ~이라면

지긋지긋하다 ② 지루한[따분한] 것[사람] ③ 귀찮은[폐를 끼치는] 것[사람] ④ dare noia a qn 누구를 괴롭히다, 귀찮게 하다 - noie [여·복] 문제, 말썽, 성가신 일

noialtri /no'jaltri/ [대] (인칭대명사) → noi

noioso /no'joso/ [형] ① 지루한, 따분한 ② 성가신, 귀찮은

noleggiare /noled'dʒare/ [타동] ① (차량·기기 따위를) 빌리다, 임차하다; 전세내다 ② (차량·기기 따위를) 빌려주다, 임대하다

noleggio /no'leddʒo/ [남] (복 : -gi) (차량·기기 따위의) 임대; 임차; prendere a noleggio 빌리다, 임차하다; dare a noleggio 빌려주다, 임대하다; contratto di noleggio 임대차 계약

nolente /no'lɛnte/ [형] volente o nolente 싫든 좋든, 막무가내로

nolo /'nɔlo/ [남] (차량·기기 따위의) 임대; 임차; prendere a nolo 빌리다, 임차하다; dare a nolo 빌려주다, 임대하다

nomade /'nɔmade/ [형] 유목의, 방랑의 - [남/여] 유목민, 방랑자

nomadismo /noma'dizmo/ [남] 유목, 방랑 (생활)

nome /'nome/ [남] ① 이름, 명칭; solo di nome 이름뿐인, 명목상; in nome della legge 법의 이름[권위]으로; a nome di ~을 대신[대리]하여 ② (사람의) 이름; nome di battesimo 세례명; nome di famiglia 성(姓); chiamare qn per nome 누구의 이름을 부르다; lo conosco solo di nome 나는 그의 이름만 알고 있을 뿐이다; porta o gli hanno dato il nome di suo nonno 그의 이름은 할아버지의 이름을 따서 지어졌다; senza nome 이름 없는, 무명의; sotto il nome di ~이라는 이름으로 ③ 명성; farsi un nome 명성을 얻다 ④ [문법] 명사; nome comune 보통명사; nome proprio 고유명사 - nome d'arte (연예인의) 예명; nome depositato 상표명

nomenclatura /nomenkla'tura/ [여] 학명, 술어

nomenklatura /nomenkla'tura/ [여] (정당·국가의) 고위 인사들

nomignolo /no'miɲɲolo/ [남] 별명

nomina /'nɔmina/ [여] (관직 등의) 지명, 임명; conferire una nomina a qn 누구를 (어떤 직책에) 지명[임명]하다

nominale /nomi'nale/ [형] ① 이름뿐인, 명목상의 ② [문법] 명사의 - valore nominale 액면가

nominare /nomi'nare/ [타동] ① 언급하다, 거명하다; non l'ho mai sentito nominare 나는 그의 이름을 들어본 적이 없다 ② (어떤 직책에) 지명[임명]하다

nominativo /nomina'tivo/ [형] ① [문법] 주격의 ② (증권 따위가) 기명(記名)의 ③ elenco nominativo 명단 - [남] [문법] 주격

non /non/ [부] ① (동사와 함께 쓰여) non sono inglesi 그들은 영국인이 아니다; non parli francese? 너 프랑스어 못 하니?; non lo capisco affatto 나는 그를 도무지 이해할 수 없다 ② (명사와 함께 쓰여) non una sedia 의자가 하나도 (없다) ③ (형용사·부사와 함께 쓰여) non qui 여기 없는 ④ (비교급에서) non più di 단지[겨우] ~에 지나지 않는 ⑤ (이중 부정에서) non senza ragione 이유가 (어느 정도는) 있어 ⑥ (강조하여) non puoi non vederlo 넌 그를 보지 않을 수 없다, 넌 그를 꼭 봐야 한다

nonché /non'ke/ [접] ① ~도 또한, ~뿐만 아니라; inviterò Marco, nonché sua moglie 나는 마르코의 아내뿐 아니라 마르코 본인도 초대할 것이다 ② ~은 물론이고, 더욱이

noncurante /nonku'rante/ [형] (di와 함께 쓰여) (~에) 무관심한, 주의를 기울이지 않는

noncuranza /nonku'rantsa/ [여] 무관심, 부주의, 등한시

nondimeno /nondi'meno/ [접] 그럼에도 불구하고, 그렇지만

nonna /'nɔnna/ [여] ① 할머니, 조모 ② 노파, 나이 든 여성

nonno /'nɔnno/ [남] ① 할아버지, 조부; i nonni 조부모 ② 노인

nonnulla /non'nulla/ [남-불변] 하찮은[사소한] 것; se la prende per un nonnulla 그는 사소한 일에도 화를 낸다

nono /'nɔno/ [형] 제9의, 아홉 번째의 - [남] (여 : -a) ① 아홉 번째의 것[사람] ② 9분의 1

nonostante /nonos'tante/ [전] ~에도 불구하고 - [접] 비록 ~일지라도, ~이기는 하지만; nonostante piovesse 비가

왔었다고는 해도
nontiscordardimé /nontiskordardi'me/ [남-불변] [식물] 물망초
nonviolenza, non violenza /nonvjo'lɛntsa/ [여] 비폭력(주의)
nord /nɔrd/ [남-불변] ① 북(北), 북쪽; a nord di ~의 북쪽에 ② 북쪽 지방; il mare del Nord 북해; l'America del Nord 북아메리카 - [형-불변] 북쪽의, 북부의; Nord America 북아메리카; polo Nord (지구의) 북극
Nordafrica /nord'afrika/ [남] 북아프리카
nordafricano /nordafri'kano/ [형] 북아프리카의 - [남] (여 : -a) 북아프리카 사람
Nordamerica /norda'mɛrika/ [남] 북아메리카
nordamericano /nordameri'kano/ [형] 북아메리카의 - [남] (여 : -a) 북아메리카 사람
nordcoreano /nordkore'ano/ [형] 북한의 - [남] (여 : -a) 북한 사람
nord-est /nor'dɛst/ [남/형-불변] 북동쪽(의)
nordico /'nɔrdiko/ [형] (복 : -ci, -che) 북유럽의, 스칸디나비아의 - sci nordico [스키] 노르딕 경기
nord-ovest /nor'dɔvest/ [남/형-불변] 북서쪽(의)
norma /'nɔrma/ [여] ① 표준; 규범 ② 법, 규정; a norma di legge 법규에 따라 ③ 평균, 보통, 정상; di norma 보통은 - norme per l'uso 사용법; norme di sicurezza 안전 수칙; per tua norma (e regola) 참고로
normale /nor'male/ [형] ① 표준의, 보통의, 평균의; in condizioni normali 정상적인 상태로, 보통은; è normale che ~은 정상이다 ② (정신·사람이) 정상인 - [남] 표준, 기준; 보통, 평균; più alto del normale 키가 평균 이상인
normalità /normali'ta/ [여-불변] 정상임, 정상 상태
normalizzare /normalid'dzare/ [타동] ① 정상화하다 ② 표준화하다 - normalizzarsi [재귀동사] 정상으로 돌아오다
normalmente /normal'mente/ [부] ① 정상적으로 ② 보통은
normanno /nor'manno/ [형] 노르만 족의 - [남] (여 : -a) 노르만 사람
normativa /norma'tiva/ [여] 규칙, 규정

norvegese /norve'dʒese/ [형] 노르웨이의 - [남/여] 노르웨이 사람 - [남] 노르웨이어
Norvegia /nor'vedʒa/ [여] 노르웨이
nostalgia /nostal'dʒia/ [여] (고향·옛 시절 등에 대한) 향수(鄕愁); avere nostalgia di casa 집을 그리워하다
nostalgico /nos'taldʒiko/ [형] (복 : -ci, -che) (고향 등을) 그리워하는, 향수에 젖은
nostrano /nos'trano/ [형] 우리 고장의; (생산품이) 특정 지방에서 만든, 집에서 만든
nostro /'nɔstro/ (여 : nostra, 남·복 : nostri, 여·복 : nostre) [형] (소유형용사) 우리들의; nostra madre 우리 어머니; a casa nostra 우리 집에서 - [대] (소유대명사) (il nostro, la nostra 등으로 써서) 우리의 것; viviamo del nostro 우리는 우리 수입으로 먹고 산다; i nostri 우리 가족
nostromo /nos'trɔmo/ [남] [항해] (상선의) 갑판장
nota /'nɔta/ [여] ① 짧은 기록, 메모; prendere nota di qc 무엇을 적어 두다; degno di nota (비유적으로) 주목할 만한 ② 주(註), 주석, 주해; note a piè di pagina 각주 ③ [음악] 음표; 음(音) ④ 목록, 리스트 ⑤ 계산서, 청구서 ⑥ 특징, 특색; 기미; note caratteristiche (구별되는) 특징
notabile /no'tabile/ [형] 주목할 만한 - [남/여] 명사(名士)
notaio /no'tajo/ [남] (복 : -ai) 공증인(公證人)
notare /no'tare/ [타동] ① 주의[주목]하다; farsi notare 주의를 끌다 ② 알아채다, 인지하다 ③ 적어 두다, 기록하다; notare qc a margine 무엇을 여백에 써 두다
notazione /notat'tsjone/ [여] ① 써 두기, 기록 ② [음악] 기보법(記譜法)
notevole /no'tevole/ [형] ① 주목할 만한; 두드러진 ② 상당한, 큰
notevolmente /notevol'mente/ [부] 주목할 만하게; 상당히, 크게
notifica /no'tifika/ [여] (복 : -che) → notificazione
notificare /notifi'kare/ [타동] notificare qc a qn 누구에게 무엇을 통지[통보]하다, 알리다
notificazione /notifikat'tsjone/ [여] 통

지, 통보, 알림
notizia /no'tittsja/ [여] ① 소식; avere una bella notizia 좋은 소식이 있다; avere notizie di qn 누구의 소식을 전해 듣다 ② (TV·라디오의) 뉴스
notiziario /notit'tsjarjo/ [남] (복 : -ri) ① (TV·라디오의) 뉴스 ② 공보(公報), 회보
noto /'nɔto/ [형] (잘) 알려진; rendere noto qc 무엇을 공표하다, (널리) 알리다
notorietà /notorje'ta/ [여-불변] 잘 알려져 있음, 명성
notorio /no'tɔrjo/ [형] (복 : -ri, -rie) 잘 알려져 있는; (나쁜 의미로) 악명 높은
nottambulo /not'tambulo/ [형/남] (여 : -a) 밤을 새는, 밤에 일하는 (사람)
nottata /not'tata/ [여] (어떤 일이나 사건이 일어난) (하룻)밤, 밤 사이; ho passato la nottata in piedi 나는 (하룻)밤을 꼬박 샜다
notte /'nɔtte/ [여] 밤, 야간; di notte 밤에, 밤 사이에; la notte di sabato, sabato notte 토요일 밤; questa notte i) 지난밤, 간밤 ii) 오늘 밤; col favore della notte 날이 어두운 틈을 타서; camicia da notte 잠옷; notte bianca, notte in bianco 잠 못 이루는 밤 - peggio che andare di notte 한층 더 나쁜
notturna /not'turna/ [여] [스포츠] 야간 경기
notturno /not'turno/ [형] ① 밤의, 야간의; guardia notturna 야경꾼 ② (동물이) 야행성의 - [남] [음악] 녹턴, 야상곡(夜想曲)
novanta /no'vanta/ [남/형-불변] 구십 (90)(의)
novantenne /novan'tɛnne/ [형/남/여] 90세의 (사람)
novantesimo /novan'tɛzimo/ [형] 제90의, 90번째의 - [남] (여 : -a) ① 90번째의 것[사람] ② 90분의 1
novantina /novan'tina/ [여] (수치상) 약 90 정도; 90세 정도의 나이
nove /'nɔve/ [남/형-불변] 아홉(의), 9(의) - [여·복] (오전 또는 오후) 9시; sono le nove 9시다
novecentesco /novetʃen'tesko/ [형] (복 : -schi, -sche) 20세기의
novecento /nove'tʃɛnto/ [남/형-불변] 900(의)
Novecento /nove'tʃɛnto/ [남] 20세기
novella /no'vɛlla/ [여] 단편 소설
novelliere /novel'ljere/ [남] (여 : -a) 단편 소설 작가
novellino /novel'lino/ [형] 풋내기의, 경험이 적은 - [남] (여 : -a) 신출내기, 초심자
novello /no'vɛllo/ [형] 새로 난; 갓 ~한; pollo novello 햇병아리; sposi novelli 신혼부부
novembre /no'vɛmbre/ [남] 11월
novemila /nove'mila/ [남/형-불변] 9천(의)
novena /no'vɛna/ [여] [가톨릭] 9일간의 기도
novità /novi'ta/ [여-불변] ① 새로움, 신선함 ② 새로운 것; 혁신, 변화 ③ 소식; ci sono novità? 무슨 새로운 소식이라도 있는지?
noviziato /novit'tsjato/ [남] ① [가톨릭] 수련 수사 ② 수련[견습] 기간
novizio /no'vittsjo/ [남] (여 : -a) (복 : -zi) ① [가톨릭] 수련 수사[수녀] ② 초심자
nozione /not'tsjone/ [여] ① 관념, 개념; perdere la nozione del tempo 시간 관념을 잃어버리다 ② [복] (특정 분야에 대한) 기초 지식; le prime nozioni di matematica 수학의 기초
nozze /'nɔttse/ [여·복] 결혼(식); viaggio di nozze 신혼 여행; nozze d'argento 은혼식 (결혼 25주년); nozze d'oro 금혼식 (결혼 50주년)
nube /'nube/ [여] ① 구름 ② (자욱한) 먼지·연기 따위
nubifragio /nubi'fradʒo/ [남] (복 : -gi) 퍼붓는 비, 폭우
nubile /'nubile/ [형] (여자가) 미혼인 - [여] 처녀, 미혼 여성
nuca /'nuka/ [여] (복 : -che) 목덜미
nucleare /nukle'are/ [형] 핵(核)의, 원자력의 - [남] il nucleare 핵에너지, 원자력
nucleo /'nukleo/ [남] ① [물리] 원자핵 (nucleo atomico) ② [생물] 세포핵 ③ (특정 활동을 위한) 반(班), 팀; (군대·경찰의) 부대; nucleo antidroga 마약수사반 ④ (비유적으로) (문제 따위의) 핵심
nudismo /nu'dizmo/ [남] 나체주의
nudista /nu'dista/ [남/여] (남·복 : -i, 여

・복 : -e) 나체주의자
nudità /nudi'ta/ [여-불변] 벌거벗음, 나체 상태
nudo /'nudo/ [형] ① 벌거벗은, 나체의; tutto nudo 전라(全裸)의 ② (신체의 일부가) 노출된; a piedi nudi 맨발로; a occhio nudo 육안으로 ③ (나무가) 잎이 진; (산이) 민둥산의 ④ 적나라한, 있는 그대로의, 노골적인; la verità nuda e cruda 있는 그대로의 사실 - [남] [미술] 누드화
nugolo /'nugolo/ [남] un nugolo di ~의 떼, 다수의 ~
nulla /'nulla/ [대] (부정대명사) → niente - [남] ① 무(無); creare dal nulla 무에서 (유를) 창조하다; svanire nel nulla 완전히 자취를 감추다 ② 사소한 [하찮은] 것 - [부] per nulla 전혀 ~ 않다
nullaosta /nulla'ɔsta/ [남-불변] 인가, 허가
nullatenente /nullate'nɛnte/ [형/남/여] 빈곤한, 궁핍한, 가진 것이 없는 (사람)
nullità /nulli'ta/ [여-불변] ① [법률] (계약 따위의) 무효(화), 실효(失效), 취소 ② (이론 따위의) 무가치, 근거 박약 ③ 보잘것없는 사람
nullo /'nullo/ [형] ① 무가치한, 무의미한, 헛된 ② [법률] (계약 따위가) 무효의; scheda nulla 무효표
numerale /nume'rale/ [형] 수의, 수에 관한 - [남] 숫자 - numerale cardinale 기수(基數); numerale ordinale 서수 (序數)
numerare /nume'rare/ [타동] (페이지 따위에) 번호를 매기다
numerazione /numerat'tsjone/ [여] ① (페이지 등에) 번호를 매기기 ② numerazione araba 아라비아 숫자; numerazione romana 로마 숫자
numerico /nu'mɛriko/ [형] (복 : -ci, -che) 수의, 수에 관한, 숫자로 나타낸
numero /'numero/ [남] ① 수; 숫자; un numero di due cifre 두 자리 숫자 ② 번호; numero di telefono 전화번호 ③ (잡지 따위의) 제~호; numero arretrato 지난 호 ④ (신발 따위의) 치수 ⑤ 수효, 수량; in gran numero 다수, 대거; un gran numero di 다수의 ~ ; essere pochi di numero 수가 적다 ⑥ (공연 따위의) 한 프로그램[항목] - dare i numeri 제정신이 아니다, 머리가 돌다; numero legale [법률] (의결) 정족수

numeroso /nume'roso/ [형] 다수의, 수많은; (군중・가족 등이) 대규모의

numismatica /numiz'matika/ [여] 화폐학, 고전(古錢)학

nunzio /'nuntsjo/ [남] (복 : -zi) 로마 교황의 사절(使節)

nuocere /'nwɔtʃere/ [자동] (조동사 : avere) (a와 함께 쓰여) (~에) 해롭다, 해를 끼치다; "il fumo nuoce alla salute" "흡연은 건강에 해롭습니다"

nuora /'nwɔra/ [여] 며느리

nuotare /nwo'tare/ [타동] (일정 거리를 또는 특정 영법으로) 헤엄치다, 수영하다 - [자동] (조동사 : avere) ① 헤엄치다, 수영하다; nuotare a rana 평영으로 수영하다 ② (비유적으로) (액체 위에) 떠 있다 - nuotare nell'oro 돈이 아주 많다

nuotatore /nwota'tore/ [남] (여 : -trice) 헤엄치는 사람

nuoto /'nwɔto/ [남] 수영, 헤엄치기 - nuoto a dorso 배영; nuoto a farfalla 접영; nuoto a rana 평영; nuoto sincronizzato 싱크로나이즈드스위밍, 수중발레; nuoto stile libero 크롤 영법, 자유형

Nuova Guinea /'nwɔvagwi'nɛa/ [여] 뉴기니 (섬)

nuovamente /nwɔva'mente/ [부] 다시, 새로이

Nuova York /'nwɔva'jɔrk/ [여] 뉴욕

Nuova Zelanda /'nwɔvadze'landa/ [여] 뉴질랜드

nuovo /'nwɔvo/ [형] ① 새로운, 최근의, 신(新)~ ; il nuovo presidente 새로 선출된 대통령; hai letto il suo nuovo libro? 그의 새 책을 읽어보았니?; anno nuovo 새해 ② 새것의, 신품의; come nuovo 새것 같은 ③ 새로 추가되는, 그 이상의; fino a nuovo ordine 추후 통지가 있을 때까지; fare un nuovo tentativo 다시 시도하다 ④ 참신한, 기발한, 독창적인 ⑤ 신참의, 신임의, 새로온 - [남] ① 새로운 것; che c'è di nuovo? (최근에) 뭐 별다른 일이라도 있니? ② di nuovo 다시, 새로이

nutriente /nutri'ɛnte/ [형] 자양분이 많은, 영양이 되는

nutrimento /nutri'mento/ [남] 자양물, 음식

nutrire /nu'trire/ [타동] ① (사람·동물 등에게) 음식·먹이를 먹이다, 영양을 제공하다 ② (비유적으로) (감정·희망 따위를) 품다; nutrire dei dubbi 의심을 품다 – **nutrirsi** [재귀동사] 음식·먹이를 먹다; (di와 함께 쓰여) (~을) 먹고 살다, 먹이로 하다

nutritivo /nutri'tivo/ [형] 자양분이 많은, 영양이 되는

nutrito /nu'trito/ [형] ① 음식을 먹은, 영양분을 섭취한; ben nutrito 잘 먹은, 영양이 충분한 ② (비유적으로) 다수의, 대량의

nutrizione /nutrit'tsjone/ [여] 영양분 섭취; 영양물, 음식물

nuvola /'nuvola/ [여] 구름 – avere la testa fra le nuvole 비현실적이다, 공상에 잠겨 있다; cascare dalle nuvole 크게 놀라다

nuvoloso /nuvo'loso/ [형] (하늘·날씨가) 구름 낀, 흐린

nuziale /nut'tsjale/ [형] 결혼(식)의

nylon /'nailon/ [남-불변] 나일론

o, O /o/ [남/여-불변] 이탈리아어 알파벳의 13번째 글자

o1 /o/ [접] (모음 앞에서는 od로도 씀) ① 또는, 혹은; con o senza zucchero? 설탕을 넣으시겠어요 아니면 안 넣으시겠어요? ② o ~ o ~ ~이거나 ~이거나; o l'uno o l'altro 둘 중 어느 하나; lo farò o oggi o domani 그건 오늘 아니면 내일 하겠다 ③ (대략적인 수량을 나타내어) ~ 정도, ~ 내지; due o tre volte 두세 번 ④ 그렇지 않으면; sbrigati o faremo tardi 서둘러, 안 그러면 (우린) 늦을 거야

o2 /o/ [감] ① (호소를 나타내어) 오! ② (구어체에서) 어이, 이봐

oasi /'ɔazi/ [여-불변] 오아시스

obbediente /obbe'djente/ [형] 말을 잘 듣는, 복종하는, 고분고분한

obbedienza /obbe'djɛntsa/ [여] 복종, 말을 잘 들음

obbedire /obbe'dire/ [자동] (조동사 : avere) (a와 함께 쓰여) (~에) 복종하다, 따르다

obbligare /obbli'gare/ [타동] ① 강요하다; obbligare qn a fare qc 누구에게 무엇을 하도록 강요하다, 누구에게 무엇을 하는 의무를 지우다 ② [법률] 계약에 의해 ~하도록 하다, 계약으로 (사람을) 속박하다 - obbligarsi [재귀동사] ① [법률] 계약을 맺다 ② (남에게) 빚[신세]을 지고 있다

obbligato /obbli'gato/ [형] ① 강요된, 강제된; essere obbligato a fare ~해야만 하다, ~하지 않으면 안 되다 ② 불가피한, 필수적인 ③ (남에게) 빚[신세]을 지고 있는

obbligatorio /obbliga'tɔrjo/ [형] (복 : -ri, -rie) 강제의, 의무적인, 필수의; (계약 따위가) 구속력이 있는

obbligazione /obbligat'tsjone/ [여] ① 의무, 책임; 구속 ② 채권; obbligazione al portatore 무기명 채권; obbligazione dello Stato 국채

obbligo /'ɔbbligo/ [남] (복 : -ghi) ① 의무, 책임; avere l'obbligo di fare qc 반드시 ~해야 하다, ~하지 않으면 안 되다; scuola dell'obbligo 의무 교육; obblighi militari 징병 ② 은혜, 신세; avere obblighi con[verso] qn 누구에게 신세를 지고 있다 - frasi d'obbligo 예의 바른 말

obbrobrio /ob'brɔbrjo/ [남] (복 : -bri) ① 불명예, 망신, 치욕 ② 보기 싫은 것, 흉물

obelisco /obe'lisko/ [남] (복 : -schi) 오벨리스크, 방첨탑(方尖塔)

oberare /obe'rare/ [타동] (di와 함께 쓰여) (~의) 무거운 부담을 지우다

oberato /obe'rato/ [형] (di와 함께 쓰여) (~의) 무거운 부담을 지고 있는

obesità /obezi'ta/ [여-불변] 비만

obeso /o'bɛzo/ [형/남] (여 : -a) 비만의, 뚱뚱한 (사람)

obiettare /objet'tare/ [타동] obiettare che ~이라며 반대하다; obiettare su qc ~에 반대하다; non ho nulla da obiettare 난 이의가 없다, 반대하지 않는다

obiettivamente /objettiva'mente/ [부] 객관적으로; 공정하게

obiettività /objettivi'ta/ [여-불변] 객관성; 공정

obiettivo /objet'tivo/ [형] 객관적인; 공정한, 편견 없는 - [남] ① [사진·광학] 렌즈; 대물 렌즈 ② 목표(물), 목적

obiettore /objet'tore/ [남] 반대자, 이의를 제기하는 사람; obiettore di coscienza 양심적 병역 거부자

obiezione /objet'tsjone/ [여] 반대, 이의 제기; sollevare obiezioni 반대하다, 이의를 제기하다

obitorio /obi'tɔrjo/ [남] (복 : -ri) 시체 안치소

oblio /o'blio/ [남] 망각; cadere nell'oblio 망각되다, 잊혀지다

obliquo /o'blikwo/ [형] 비스듬한, 기울어진

obliterare /oblite'rare/ [타동] 지우다, 말소하다; (개찰시에 승차권 따위에) 구멍을 내다

obliteratrice /oblitera'tritʃe/ [여] (개찰

시에) 승차권 따위에 구멍을 내는 도구
oblò /o'blɔ/ [남-불변] (선박의) 현창(舷窓); (비행기의) 기창(機窓)
oblungo /o'blungo/ [형] (남·복 : -ghi, 여·복 : -ghe) 옆으로 길쭉한
oboe /'ɔboe/ [남] [음악] 오보에
obolo /'ɔbolo/ [남] (소액의) 자선 기부금, 성금
obsoleto /obso'lɛto/ [형] 더 이상 쓰이지 않는, 구식의
OC (onde corte의 약자) [통신] 단파(短波)
oca /'ɔka/ [여] (복 : oche) ① [조류] 거위, 기러기 ② 바보, 멍청이, 얼간이
occasionale /okkazjo'nale/ [형] ① 이따금씩의, 가끔의, 때때로의 ② 우연한, 뜻밖의
occasionalmente /okkazjonal'mente/ [부] ① 이따금, 가끔, 때때로 ② 우연히, 뜻밖에
occasione /okka'zjone/ [여] ① 기회, 호기; avere occasione di fare qc ~할 기회를 갖다; alla prima occasione 기회가 나는 대로; all'occasione 필요하다면 ② 경우, 때; in occasione di ~의 경우(때)에 ③ 원인, 계기; dare occasione a 일으키다, 유발하다 ④ 싼 물건, 특가품; prezzo d'occasione 특가, 염가
occhiaia /ok'kjaja/ [여] ① [해부] 안와(眼窩), 눈구멍 ② [복] avere le occhiaie 눈 밑에 다크서클이 있다
occhiali /ok'kjali/ [남·복] 안경, 고글, 보호용 안경; occhiali da sole 선글라스
occhiata /ok'kjata/ [여] ① (흘긋) 봄; dare un'occhiata a ~을 흘긋 보다 ② 눈빛; scambiarsi delle occhiate 눈을 맞추다, 서로 눈짓을 하다
occhiello /ok'kjɛllo/ [남] ① (옷의) 단춧구멍 ② (신발의) 끈을 꿰는 구멍
occhio /'ɔkkjo/ [남] (복 : -chi) ① 눈; avere gli occhi blu 푸른 눈을 갖고 있다; avere occhi buoni 시력이 좋다; a occhio nudo 육안으로 ② 눈빛; 얼굴 표정, 안색 ③ 안목, 보는 눈; avere occhio (사물을) 보는 눈이 있다, 볼 줄 알다 ④ (감탄사처럼 쓰여) occhio! 잘 봐!, 조심해!; essere tutt'occhi 주시하다 ⑤ 눈처럼 생긴 것, 동그란 것 - a occhio (e croce) 대략, 대강; a vista d'occhio 보이는 곳에; non ho chiuso occhio stanotte 난 어제 한숨도 못 잤어; aprire gli occhi a qn su qc 무엇에 대해 누구의 눈을 뜨게 해주다; chiudere un occhio (su) (무엇을) 못 본 체하다; a occhi chiusi 눈을 감고; dare nell'occhio 주의를 끌다, 두드러지다; dare all'occhio[nell'occhio] a qn 누구의 눈에 띄다; tenere d'occhio qn/qc 누구/무엇을 눈여겨 보다, 잘 지켜보다; fare l'occhio a qc 무엇에 익숙해지다; a quattr'occhi 비밀리에, 은밀하게; occhio per occhio, dente per dente "눈에는 눈, 이에는 이"; lontano dagli occhi lontano dal cuore [속담] 눈에서 멀어지면 마음에서도 멀어진다, 안 보면 잊혀진다
occhiolino /okkjo'lino/ [남] fare l'occhiolino a qn 누구에게 윙크를 하다
occidentale /ottʃiden'tale/ [형] ① 서쪽의, 서부의; (바람이) 서풍의; Europa occidentale 서유럽 ② 서구의, 서양의 - [남/여] 서구인, 서양인
occidente /ottʃi'dɛnte/ [남] ① 서쪽, 서부; a occidente di ~의 서쪽으로 ② l'Occidente 서구, 서양
occludere /ok'kludere/ [타동] (관 따위를) 막다, 메우다
occlusione /okklu'zjone/ [여] 막힘, 차단; [병리] (혈관의) 폐색(閉塞)
occorrente /okkor'rɛnte/ [형] 필요한 - [남] 필요한 것; 용구(用具); l'occorrente per scrivere 필기 도구
occorrenza /okkor'rɛntsa/ [여] ① 필요 ② 일어날 가능성이 있는 일, 예측 못할 사건; all'occorrenza 만일의 경우에는
occorrere /ok'korrere/ [자동] (조동사 : essere) 필요하다, 요구되다; mi occorre qc 나는 무엇이 필요하다 - [비인칭] occorre fare 해야만 한다, 하지 않으면 안 된다; non occorre che ~할 필요가 없다
occultamento /okkulta'mento/ [남] 은폐, 숨기기
occultare /okkul'tare/ [타동] 숨기다, 감추다; (진상 따위를) 은폐하다 - occultarsi [재귀동사] 숨다
occulto /ok'kulto/ [형] ① 신비의, 초자연적인 ② 비밀의, 은밀한, 숨겨진 - [남] l'occulto 오컬트, 초자연적인 것
occupante /okku'pante/ [형] (군대 등이) 점령[점거]하는, 점령군의 - [남/여] ① (주택·자동차 따위의) 점유자, 보유자

② l'occupante 점령군

occupare /okku'pare/ [타동] ① (장소를) 차지하다; (주택을) 점유하다, (집 안에) 들어가 살다 ② (시일을) 소비하다; l'insegnamento occupa tutte le mie mattinate 나는 오전 내내 가르치는 일을 한다 ③ (지위를) 차지하다 ④ (회사 등이 직원을) 고용하다 ⑤ (군대 등이) 점령[점거]하다 - occuparsi [재귀동사] ① (di와 함께 쓰여) (~의 문제 따위를) 다루다; (~의 직종에) 종사하다; (~을) 돌보다, 보살피다; di che cosa ti occupi? 너 직업이 뭐니? ② (in과 함께 쓰여) (~에) 일자리를 얻다, 취직하다

occupato /okku'pato/ [형] ① (사람이) 바쁜, 분주한; essere occupato a fare qc 무엇을 하느라 바쁘다 ② (전화·화장실 따위가) 사용 중인 ③ (자리·지위가) 차 있는, 비어 있지 않은 - [남] (여 : -a) 고용인, 직원

occupazionale /okkupattsjo'nale/ [형] 직업의, 일자리의

occupazione /okkupat'tsjone/ [여] ① 고용, 취업; 직업, 일자리; la piena occupazione 완전 고용 ② (주택 따위의) 점유 ③ [군사] 점령, 점거

Oceania /otʃe'anja/ [여] 오세아니아

oceanico /otʃe'aniko/ [형] (복 : -ci, -che) ① 대양(大洋)의 ② 거대한, 광대한

oceano /o'tʃɛano/ [남] 대양; Oceano Atlantico 대서양; Oceano Indiano 인도양; Oceano Pacifico 태평양

ocra /'ɔkra/ [여] 황토

OCSE /'ɔkse/ [여] (Organizzazione per la Cooperazione e lo Sviluppo Economico의 약자) 경제 협력 개발 기구, OECD

oculare /oku'lare/ [형] ① 눈의; globo[bulbo] oculare 안구, 눈알 ② [법률] testimone oculare 목격 증인

oculato /oku'lato/ [형] 분별 있는, 사려 깊은, 신중한

oculista /oku'lista/ [남/여] (남·복 : -i, 여·복 : -e) 안과 의사

oculistico /oku'listiko/ [형] (복 : -ci, -che) 안과(학)의; fare una visita oculistica 안과를 찾다, 안과 검진을 받다

od /od/ → o1

ode /'ɔde/ [여] 송시(頌詩)

odiare /o'djare/ [타동] 미워하다, 싫어하다, 혐오하다 - odiarsi [재귀동사] ① 서로 미워하다 ② 자기 자신을 미워하다

odierno /o'djɛrno/ [형] ① 오늘의; in data odierna 오늘 ② 오늘날의, 현재의, 현대의

odio /'ɔdjo/ [남] (복 : odi) 미움, 증오, 혐오; avere in odio qn/qc 누구/무엇을 미워하다[싫어하다]

odioso /o'djoso/ [형] 미운, 싫은, 혐오할 만한, 몹시 불쾌한, 역겨운

Odissea /odis'sɛa/ [여] l'Odissea 오디세이아 (호메로스의 장편 서사시)

odontoiatra /odonto'jatra/ [남/여] (남·복 : -i, 여·복 : -e) 치과 의사

odontoiatria /odontoja'tria/ [여] 치과학, 치과 의술

odontotecnico /odonto'tɛkniko/ [남] (여 : -a) (복 : -ci, -che) 치과 기공사

odorare /odo'rare/ [타동] ① (~의) 냄새를 맡다 ② (비유적으로) 눈치 채다, 감지하다 - [자동] (조동사 : avere) (di와 함께 쓰여) (~의) 냄새가 나다; questi fiori non odorano 이 꽃들은 향기가 없다

odorato /odo'rato/ [남] 후각(嗅覺)

odore /o'dore/ [남] 냄새; 향기; sentire odore di qc 무엇의 냄새를 맡다, 무엇의 냄새가 나다; avere cattivo odore 악취가 나다 - odori [남·복] (요리 재료로 쓰이는) 허브

odoroso /odo'roso/ [형] (문어체에서) 향기로운

offendere /offendere/ [타동] ① 성나게 하다, (남의) 감정을 해치다; 모욕하다 ② (비유적으로) (눈·귀에) 거슬리다; (명예 따위를) 손상시키다 ③ (법을) 위반하다; (도덕 규범 따위를) 깨다, 어기다; (남의 권리 따위를) 침해하다 - offendersi [재귀동사] (per와 함께 쓰여) (~에) 성내다, 감정이 상하다

offensiva /offen'siva/ [여] (contro와 함께 쓰여) (~에 대한) 공격, 공세; passare all'offensiva 공세로 나오다

offensivo /offen'sivo/ [형] 공격적인, 공격의

offensore /offen'sore/ [남] (여 : offenditrice) 공격자

offerente /offe'rɛnte/ [남/여] (경매의) 입찰자

offerta /offerta/ [여] ① 제공; 제안, 제의; fare un'offerta 제안하다 ② [상

업] 오퍼, 제공 가격; offerta speciale 특가 제공[판매] ③ (경매에서의) 입찰; fare un'offerta per qc 무엇에 입찰하다 ④ [경제] 공급 ⑤ 기부; (종교적인) 봉헌, 봉납

offesa /of'fesa/ [여] ① 모욕; fare offesa a qn 누구를 모욕하다 ② (군사적) 공격

offeso /of'feso/ [형/남] (여 : -a) 모욕을 당한, 감정이 상한 (사람); fare l'offeso 화를 내다

officiare /offi'tʃare/ [자동] (조동사 : avere) (성직자가 예배·미사를) 집전하다

officina /offi'tʃina/ [여] 작업장; officina meccanica 자동차 정비 공장

offrire /of'frire/ [타동] ① (물건을) 제공하다, 주다; offrire qc a qn 누구에게 무엇을 주다[제공하다] ② 제안[제의]하다; ti offro da bere 한 잔 사줄게 ③ (경매에서) 입찰하다 ④ (기회 따위를) 제공하다 - offrirsi [재귀동사] ① (어떤 일을 하겠다고) 자원하다, 나서다 ② (기회 따위가) 생기다; (눈 앞에) 나타나다

offuscare /offus'kare/ [타동] (구름이) 하늘을 어둡게 하다; (연기가) 눈앞을 가리다; (비유적으로) (명성·영광 따위를) 가리다, 빼앗다, 무색하게 하다 - offuscarsi [재귀동사] (하늘이) 어두워지다; (눈앞·기억 따위가) 흐려지다

oftalmico /of'talmiko/ [형] (복 : -ci, -che) 눈의, 안과의

oggettivamente /oddʒettiva'mente/ [부] 객관적으로

oggettività /oddʒettivi'ta/ [여-불변] 객관성

oggettivo /oddʒet'tivo/ [형] ① 물체의, 대상의 ② 객관적인; 공정한, 편견 없는 ③ [문법] proposizione oggettiva 목적절

oggetto /od'dʒetto/ [남] ① 물건, 물체; oggetti preziosi 귀중품 ② (생각·감정 등의) 대상; oggetto di scherno 웃음거리 ③ 목적, 목표 ④ [문법] 목적어

oggi /'oddʒi/ [부] ① 오늘; oggi nel pomeriggio 오늘 오후에; quanti ne abbiamo oggi? 오늘이 며칠인가요?; oggi o domani (비유적으로) 조만간 ② 오늘날, 요즘 - [남-불변] ① 오늘 ② 오늘날, 요즘; oggi come oggi 요즘, 현재

oggigiorno /oddʒi'dʒorno/ [부] 요즘, 오늘날

ogiva /o'dʒiva/ [여] [건축] 첨두(尖頭) 아치

ogni /'oɲɲi/ [형] (부정형용사) ① 모든, 매(每)~ ; 각각의, 저마다의; ogni cosa 모든 것; ogni sorta di articoli 각종 품목들; ogni violino ha la sua sonorità 모든 바이올린은 저마다 고유의 소리를 가지고 있다 ② 어느 ~이나 다; ad ogni costo 어떤 대가를 치르더라도; in ogni momento 어느 때나, 언제라도 ③ ~걸러, ~마다; ogni due giorni 하루 걸러, 이틀마다 - in ogni caso 어쨌든, 하여튼; ogni volta che ~할 때마다

Ognissanti /oɲɲis'santi/ [남-불변] [가톨릭] 만성절(萬聖節), 모든 성인의 날 대축일

ognuno /oɲ'ɲuno/ [대] (부정대명사) 모든 사람, 누구나; 각자; ognuno di noi 우리들 각자

oh /ɔ, o/ [감] ① (감탄을 나타내어) 오! ② (동물을 멈추게 할 때 내는 소리로) 워 ③ (남을 부를 때) 쓰여) 어이, 이봐

ohi /ɔi/ [감] (실망을 나타내어) 앗, 이런!; (고통을 나타내어) 아얏!

okay /o'kei/ [감] 좋아! 됐어, 오케이 - [남] 승인, 허가; ricevere l'okay 허가를 받다

OL (onde lunghe의 약자) [통신] 장파(長波)

Olanda /o'landa/ [여] 네덜란드

olandese /olan'dese/ [형] 네덜란드의 - [남/여] 네덜란드 사람 - [남] 네덜란드어

oleandro /ole'andro/ [남] [식물] 서양협죽도

oleato /ole'ato/ [형] 기름이 배지 않는; carta oleata 납지(蠟紙)

oleificio /olei'fitʃo/ [남] (복 : -ci) 제유(製油) 공장

oleodotto /oleo'dotto/ [남] 송유관

oleoso /ole'oso/ [형] ① 기름기가 있는, 기름을 함유한 ② 기름 비슷한

olfatto /ol'fatto/ [남] 후각(嗅覺)

oliare /o'ljare/ [타동] (~에) 기름을 바르다[치다]

oliera /o'ljera/ [여] 기름이나 식초를 담아 두는 병

oligarchia /oligar'kia/ [여] 과두 정치

oligarchico /oli'garkiko/ [형] (복 : -ci,

O

-che) 과두 정치의
Olimpiadi /olim'pjadi/ [여·복] 올림픽 (경기 대회)
olimpico /o'limpiko/ [형] (복 : -ci, -che) 올림픽의
olimpionico /olim'pjoniko/ (남·복 : -ci, 여·복 : -che) [형] 올림픽의 - [남] (여 : -a) 올림픽 참가 선수
olio /'ɔljo/ [남] (복 : oli) ① (식용·공업용 등의) 기름, 오일; olio d'oliva 올리브유; olio lubrificante 윤활유; olio per motore 엔진 오일 ② [미술] 유화 (작품, 기법) - gettare olio sul fuoco [속담] 불난 집에 부채질하다
oliva /o'liva/ [여] 올리브 (열매) - [형-불변] 올리브색의
olivastro /oli'vastro/ [형] 올리브색의
oliveto /oli'veto/ [남] 올리브 숲
olivo /o'livo/ [남] [식물] 올리브 (나무)
olmo /'olmo/ [남] [식물] 느릅나무
olocausto /olo'kausto/ [남] ① [유대교] 번제(燔祭) ② [역사] l'Olocausto 홀로코스트 (나치스에 의한 유대인 대학살)
ologramma /olo'gramma/ [남] 홀로그램
oltraggiare /oltrad'dʒare/ [타동] (남을) 모욕하다; 불법 행위를 저지르다
oltraggio /ol'traddʒo/ [남] (복 : -gi) 모욕, 무례한 언동; fare oltraggio a qn 누구에게 모욕적인 발언[행동]을 하다
oltraggioso /oltrad'dʒoso/ [형] 모욕적인, 무례한
oltralpe /ol'tralpe/ [부] 알프스 산맥 너머
oltranza /ol'trantsa/ [여] a oltranza (논쟁·싸움 따위를) 끝까지
oltre /'oltre/ [부] ① (어떤 범위를) 넘어, 더 멀리[나아가]; andare troppo oltre 지나치게[너무] ~하다 ② (non과 함께 쓰여) 더 이상 (~ 않다); non posso aspettare oltre 난 더 이상 기다릴 수 없어 ③ (어떤 수치보다) 그 이상; un po' oltre 조금 더; persone di oltre trent'anni (나이가) 서른을 넘은 사람들 - [전] ① [장소] ~의 저쪽[너머]에; sono passati oltre i confini 그들은 국경을 넘었다 ② [시각] ~을 지나서; sono oltre 3 mesi che non ti vedo 널 못 본 지가 석 달이 넘었구나 ③ (어떤 수치를) 넘는; cime di oltre 5.000 metri 5천 미터를 넘는 봉우리들 ④ oltre a ~에 더하여, ~ 외에 또 ⑤ oltre che ~라는 점 외에도; oltre che piovere fa freddo 비가 올 뿐만 아니라 춥기도 하다

oltremanica /oltre'manika/ [부] (프랑스 쪽에서 보아) 영국 해협을 건너, 영국 쪽에
oltremare /oltre'mare/ [부] 해외로
oltrepassare /oltrepas'sare/ [타동] (국경·강 따위를) 건너다; (산 따위를) 넘다; (범위·한계 따위를) 넘어가다, 초과하다 - oltrepassare i limiti 도를 지나치다
oltretomba /oltre'tomba/ [남-불변] 내세, 저세상
oltretutto /oltre'tutto/ [부] 게다가, 더욱이
OM (onde medie의 약자) [통신] 중파(中波)
omaggio /o'maddʒo/ [남] (복 : -gi) ① 경의, 존경의 표시; in omaggio a qn 누구에게 경의를 표하여, 누구를 존경하는 뜻으로; rendere omaggio a ~에게 경의를 표하다 ② 경품, 공짜로 주는 물건; biglietto in omaggio 우대권, 초대권 - [형-불변] 공짜로 주는, 무료의 - omaggi [남·복] (문안) 인사; presentare i propri omaggi a qn 누구에게 문안 인사를 드리다
Oman /o'man/ [남] 오만 (중동의 국가)
ombelicale /ombeli'kale/ [형] 배꼽의; cordone ombelicale 탯줄
ombelico /ombe'liko/ [남] (복 : -chi) 배꼽
ombra /'ombra/ [여] ① 그늘, 응달 ② 그림자 ③ 어둠, 어스름 ④ 유령 ⑤ 불분명, 모호함; 알려지지 않음; nell'ombra 비밀리에, 은밀하게 ⑥ 기미, 흔적; 약간, 소량; senza ombra di dubbio 조금도 의심하지 않고 - [형-불변] 실체가 없는, 비공인의; governo ombra 그림자 정부
ombreggiare /ombred'dʒare/ [타동] 그늘지게 하다
ombreggiato /ombred'dʒato/ [형] 그늘진, 응달의
ombrellino /ombrel'lino/ [남] (여자용) 양산
ombrello /om'brɛllo/ [남] 우산; ombrello da sole 양산 - ombrello nucleare 핵우산
ombrellone /ombrel'lone/ [남] 비치파라솔
ombretto /om'bretto/ [남] 아이섀도
ombroso /om'broso/ [형] ① 그늘진 ②

(비유적으로) 과민한, 화를 잘 내는
omelette /ome'lɛt/ [여-불변] 오믈렛
omelia /ome'lia/ [여] (교회에서의) 설교; (비유적으로) 훈계
omeopata /ome'ɔpata/ [남/여] (남·복 : -i, 여·복 : -e) 동종(同種) 요법을 쓰는 의사
omeopatia /omeopa'tia/ [여] [의학] 동종 요법
omeopatico /omeo'patiko/ [형] (복 : -ci, -che) 동종 요법의
omero /'ɔmero/ [남] ① [해부] 상박골(上膊骨), 위팔뼈 ② 어깨
omesso /o'messo/ [형] 빠진, 생략된
omettere /o'mettere/ [타동] ① (실수로) 빠뜨리다, 빼먹다; omettere di fare qc ~하는 것을 깜박하다 ② (고의로) 생략하다, 빼다
omicida /omi'tʃida/ (남·복 : -i, 여·복 : -e) [형] 살인의 - [남/여] 살인자
omicidio /omi'tʃidjo/ [남] (복 : -di) 살인; omicidio colposo [법률] 과실치사; omicidio premeditato [법률] 제1급 살인
omissione /omis'sjone/ [여] 생략, 누락, 빠뜨림; salvo errori e omissioni 오기(誤記)와 누락은 제외 - omissione di atti d'ufficio 직무 태만
omofobia /omofo'bia/ [여] 동성애 혐오
omogeneità /omodʒenei'ta/ [여-불변] 동질(성), 균질
omogeneizzato /omodʒeneid'dzato/ [형] (우유가) 균질의 - [남] 이유식
omogeneo /omo'dʒɛneo/ [형] 동질의, 균질의
omografo /o'mɔgrafo/ [남/형] [언어] 동형이의어(同形異義語)(의)
omologare /omolo'gare/ [타동] (특히 법적으로) 승인하다, 재가(裁可)하다, 인가하다
omologato /omolo'gato/ [형] (특히 법적으로) 승인된, 재가된, 인가된
omologazione /omologat'tsjone/ [여] (특히 법적인) 승인, 재가, 인가
omonimia /omoni'mia/ [여] 동명(同名)임, 이름은 같지만 실체는 서로 다름
omonimo /o'mɔnimo/ [형] 이름이 같은, 동명(同名)의 - [남] (여 : -a) ① 동음이의어 ② 동명이인
omosessuale /omosessu'ale/ [형] 동성애의; 동성애를 하는 - [남/여] 동성애자
omosessualità /omosessuali'ta/ [여-불변] 동성애
oncia /'ontʃa/ [여] (복 : -ce) [무게의 단위] 온스
oncologia /onkolo'dʒia/ [여] [의학] 종양학, 암 연구
oncologico /onko'lɔdʒiko/ [형] (복 : -ci, -che) 종양학의, 암 연구의
onda /'onda/ [여] ① 파도, 물결 ② [물리] 파(波); onde corte 단파(短波); onde lunghe 장파(長波); onde medie 중파(中波) ③ (TV·라디오에서) andare in onda 방송 중이다; mettere[mandare] in onda 방송하다 ④ (머리의) 웨이브 ⑤ (비유적으로) (감정의) 동요, 고조
ondata /on'data/ [여] ① 큰 파도 ② (비유적으로) 물밀 듯함, 쇄도; un'ondata di turisti 관광객들이 몰려 옴; a ondate (공격 따위를) 파상(波狀)으로 - un'ondata di caldo [기상] 열파(熱波)
onde /'onde/ [접] ~하도록, ~하기 위해
ondeggiante /onded'dʒante/ [형] ① 물결치는; (깃발이) 나부끼는; (배가 파도 위에서) 흔들리는; (불꽃이) 깜박이는 ② (비유적으로) 주저하는, 머뭇거리는
ondeggiare /onded'dʒare/ [자동] (조동사 : avere) ① 물결치다; (깃발이) 나부끼다; (배가 파도 위에서) 흔들리다; (불꽃이) 깜박거리다 ② (비유적으로) 주저하다, 머뭇거리다
ondulato /ondu'lato/ [형] 물결 모양의; (머리에) 웨이브가 있는; (지면에) 기복이 있는; (표면이) 주름 잡힌; cartone ondulato 골판지
ondulatorio /ondula'tɔrjo/ [형] (복 : -ri, -rie) 파동[파상]의, 굽이치는
ondulazione /ondulat'tsjone/ [여] 파동, 굽이침; 기복
onere /'ɔnere/ [남] 부담, 짐; onere finanziario 재정적인 부담; oneri fiscali 조세 부담
oneroso /one'roso/ [형] 부담이 되는, (세금 따위가) 무거운
onestà /ones'ta/ [여-불변] 정직, 고결, 공정
onestamente /onesta'mente/ [부] 정직하게, 고결하게, 공정하게
onesto /o'nɛsto/ [형] 정직한, 고결한, 공정한
onice /'ɔnitʃe/ [여] [광물] (줄무늬가 있는) 마노(瑪瑙)

onirico /o'niriko/ [형] (복 : -ci, -che) ① 꿈 같은, 꿈꾸는 듯한, 환상에 빠진 ② 꿈의, 꿈과 관련된

on line /ɔn'lain/ [형-불변] [컴퓨터] 온라인의

onnipotente /onnipo'tente/ [형] 전능한, 무엇이든 할 수 있는; Dio onnipotente 전능하신 하나님 - [남] l'Onnipotente 전능하신 하나님

onnisciente /onniʃʃente/ [형] 전지(全知)의, 무엇이든 다 아는

onnivoro /on'nivoro/ [형] 아무거나 먹는, 잡식(성)의 - [남] [여 : -a] 잡식(성) 동물

onomastico /ono'mastiko/ [남] (복 : -ci, -che) 성명축일(聖名祝日) (본인과 같은 이름의 성인의 축일)

onomatopeico /onomato'peiko/ [형] (복 : -ci, -che) 의성(어)의

onoranze /ono'rantse/ [여·복] onoranze funebri 장례, 장의(葬儀)

onorare /ono'rare/ [타동] ① 존경하다; (신을) 찬미하다 ② (약속 따위를) 이행하다, 지키다 ③ (~의) 명예가 되다 - onorarsi [재귀동사] (di와 함께 쓰여) (~을) 영광으로 여기다, 자랑스러워하다

onorario1 /ono'rarjo/ [형] (복 : -ri, -rie) (지위 따위가) 명예상의, 직함만의; (비석 따위가) 명예를 기리는

onorario2 /ono'rarjo/ [남] (복 : -ri) 사례금

onorato /ono'rato/ [형] 명예로운, 영광스러운; essere onorato di fare qc 무엇을 하게 되어 영광입니다; onorato di conoscerla 만나뵙게 되어 반갑습니다

onore /o'nore/ [남] ① 명예, 영예; giuro sul mio onore che 내 명예를 걸고 맹세하건대 ② 명예가 되는 것, 자랑거리; fare onore ai genitori (자식이) 부모의 자랑이 되다 ③ 영광, 특권; avere l'onore di ~의 영광을 누리다 ④ 경의, 존경; rendere onore a qn 누구를 존경하다; in onore di ~에 경의를 표하여 - onori [남·복] 작위, 서훈; 훈장 - fare gli onori di casa (파티에서) 주인 노릇을 하다

onorevole /ono'revole/ [형] 존경할 만한, 훌륭한 - [남/여] 국회의원

onorificenza /onorifitʃentsa/ [여] 작위, 서훈; 훈장

onorifico /ono'rifiko/ [형] (복 : -ci, -che) (지위·학위 등이) 명예상의, 직함만의

onta /'onta/ [여] ① 불명예, 수치, 굴욕 ② 모욕 - a onta di ~에도 불구하고, ~을 무릅쓰고

ONU /'onu/ [여] (Organizzazione delle Nazioni Unite의 약자) 국제 연합 기구, UNO

OPA /'ɔpa/ [여] (offerta pubblica d'acquisto의 약자) 주식의 공개 매입

opaco /o'pako/ [형] (복 : -chi, -che) ① 불투명한; 뿌연, 광택이 없는 ② (비유적으로) (눈빛 따위가) 흐릿한

opale /o'pale/ [남/여] [광물] 오팔, 단백석(蛋白石)

opera /'ɔpera/ [여] ① (예술·문학의) 작품, 저작; opera d'arte 예술 작품 ② 일, 활동; essere all'opera 일하고 있는 중이다; fare opera di ~의 활동[노력]을 하다 ③ 공사, 작업; opere di restauro 복구 공사 ④ [음악] 오페라, 가극; 오페라하우스; opera buffa 희가극; opera lirica 그랜드 오페라 - opera di carità, opera pia 자선 단체

operaio /ope'rajo/ (복 : -ai, -aie) [형] 노동 계급의, 근로자의; classe operaia 노동 계급 - [남] [여 : -a] 근로자, 노동자, 일하는 사람; operaio di fabbrica 공장 근로자; operaio qualificato[specializzato] 숙련공

operare /ope'rare/ [타동] ① (일을) 하다, 수행하다 ② (변화 따위를) 일으키다 ② (의사가 환자를) 수술하다 - [자동] (조동사 : avere) ① 일하다, 작업하다, 활동하다 ② 기능하다, 작용하다, 효과를 나타내다 ③ 수술하다 - operarsi [재귀동사] ① (일이) 일어나다, 생기다, 발생하다 ② (구어체에서) 수술을 받다; operarsi d'ernia 탈장 수술을 받다

operativo /opera'tivo/ [형] ① 활동하는, 작용하는 ② [군사] 작전상의

operato /ope'rato/ [남] (여 : -a) ① 수술을 받은 환자 ② 행동, 행위

operatore /opera'tore/ [남] (여 : -trice) ① (기계 장치 따위를) 조작하는 사람; (영화·텔레비전의) 카메라맨, 촬영 기사 ② [수학] 연산 기호, 연산자 - operatore di borsa 주식 중매인, 딜러

operatorio /opera'tɔrjo/ [형] (복 : -ri, -rie) 수술의; sala operatoria 수술실

operazione /operat'tsjone/ [여] ① [의학] 수술 ② [수학] 연산 ③ 작업, 활동 ④ 군사 행동, 작전 ⑤ 상거래, 매매

operetta /ope'retta/ [여] [음악] 오페레타

operoso /ope'roso/ [형] 열심히 일하는, 근면한

opificio /opi'fitʃo/ [남] (복 : -ci) 공장, 제작소

opinabile /opi'nabile/ [형] 논쟁의 여지가 있는

opinione /opi'njone/ [여] 의견, 견해, 생각; secondo la mia opinione 내 생각에는; l'opinione pubblica 여론

opossum /o'pɔssum/ [남·불변] [동물] 주머니쥐

oppio /'ɔppjo/ [남] 아편

oppiomane /op'pjɔmane/ [남/여] 아편 중독자

opponente /oppo'nɛnte/ [형/남/여] (다른 사람의 의견 따위에) 반대하는 (사람)

opporre /op'porre/ [타동] ① (저항·거부 따위를) 하다, (반대 의견 따위를) 내세우다; opporre un netto rifiuto a ~을 딱 잘라 거절하다 ② (a와 함께 쓰여) (~와) 대립시키다, 경쟁하게 하다 - opporsi [재귀동사] (a와 함께 쓰여) (~에) 반대하다, (~을) 거스르다; mi oppongo alla sua idea 나는 그의 생각에 반대한다

opportunista /opportu'nista/ [남/여] (남·복 : -i, 여·복 : -e) 기회주의자

opportunità /opportuni'ta/ [여·불변] ① 시기가 적절함, 형편이 좋음; avere il senso dell'opportunità 타이밍 감각이 있다 ② 기회; avere l'opportunità di fare qc 무엇을 할 기회를 갖다

opportuno /oppor'tuno/ [형] ① 시기가 적절한, 형편이 좋은; a tempo opportuno 적절한 때에 ② (행동·방법 따위가) 적절한, 타당한 ③ 권할 만한, ~할 만한; ritengo opportuno che tu gli scriva 난 네가 그에게 편지를 쓰는 게 좋겠다고 생각해

oppositore /oppozi'tore/ [남] (여 : -trice) (di와 함께 쓰여) (~에) 반대하는 사람

opposizione /oppozit'tsjone/ [여] ① 반대, 저항; fare opposizione a qn/qc 누구/무엇에 반대하다; l'Opposizione [정치] 반대파, 야당 ② 대립; essere in netta opposizione 대립하고 있다, 상충되다

opposto /op'posto/ [형] ① (방향·결과 따위가) 반대의 ② (a와 함께 쓰여) (~와) 반대되는, 대립하는; le sue idee sono opposte alle mie 그의 생각은 내 생각과 반대다 - [남] 반대, 대립; all'opposto 반대로, 그에 반하여

oppressione /oppres'sjone/ [여] 압박, 억압

oppressivo /oppres'sivo/ [형] 압제적인, 억압하는

oppresso /op'prɛsso/ [형] 압박을 받은, 억압 받는 - [남] (여 : -a) 억압 받는 사람

oppressore /oppres'sore/ [형] 압제하는, 억압하는 - [남] 압제자

opprimente /oppri'mɛnte/ [형] ① 압박하는, 중압감을 주는, 답답한 ② (비유적으로) (슬픔·고통 따위가 사람을) 압도하는, 짓누르는

opprimere /op'primere/ [타동] ① (정치적으로) 압제하다, 억압하다 ② 압박하다, 중압감을 주다, 답답하게 하다 ③ (슬픔·고통 따위가 사람을) 압도하다, 짓누르다

oppure /op'pure/ [접] ① 또는, 혹은, ~이나 ~ ② 그렇지 않으면

optare /op'tare/ [자동] (조동사 : avere) (per와 함께 쓰여) (~을) 선택하다

optional /'ɔpʃonal/ [남·불변] 옵션, 추가 가능한 부속품

opulento /opu'lɛnto/ [형] 부유한, 풍족한; 풍성한, 무성한

opulenza /opu'lɛntsa/ [여] 부유, 풍족; 풍성, 무성

opuscolo /o'puskolo/ [남] 팸플릿, 소책자

opzione /op'tsjone/ [여] ① 취사 선택, 선택권 ② [상업] 선택권, 옵션; diritto d'opzione 스톡옵션

ora1 /'ora/ [여] ① 한 시간; è a un'ora di cammino 걸어서 한 시간 걸린다; mi pagano 10 euro all'ora 나는 시간당 10유로를 받는다; mezz'ora 반 시간, 30분; di ora in ora 시간마다, 매시 (每時) ② 시각, 시; che ora è?, che ore sono? 몇 시입니까?; sono le ore 10 열 시입니다; a che ora ci vediamo? 우리 몇 시에 만나? ③ (어떤 일을 할) 시간, 때; è ora di partire 이제 갈 시간이야 ④ (하루 중의) 시간, 때; l'ora di pranzo 점심 시간; durante le ore d'ufficio 근무 시간 중에 - ora legale 서머타임, 일광 절약 시간; ora locale 지방시; ora di punta 러시아워; di buon'ora (아침) 일찍;

non vedere l'ora di fare ~하고 싶어 죽을 지경이다, ~하기를 열망하다
ora2 /'ora/ [부] ① 지금, 현재, 이제; d'ora in avanti[poi] 지금부터; ora come ora 지금 이 순간, 바로 현재 ② 방금, 이제 막; è uscito ora 그는 방금 외출했다; or ora 방금, 막 ③ 곧, 조금 있다가; ora arrivo 곧 도착해 ④ ora ~ ora ~ 때로는 ~, 또 때로는 ~, ~하기도 하고 ~하기도 하다 - [접] 자, 이제[그러면]
oracolo /o'rakolo/ [남] 신탁(神託)
orafo /'ɔrafo/ [남] (여 : -a) 금 세공인
orale /o'rale/ [형] ① 입의, 구강의 ② 구두(口頭)의, 구술의 - [남] 구두[구술] 시험
oralmente /oral'mente/ [부] 입을 통해, 구두로
oramai /ora'mai/ → ormai
orario /o'rarjo/ (복 : -ri, -rie) [형] ① 시간의; segnale orario 시보(時報); in senso orario 시계 방향으로 ② 한 시간마다의, 시간당 ~ - [남] ① 시간표; orario ferroviario 기차 시간표 ② (어떤 일이 이루어지는) 때, 시간; orario di apertura 개점 시간; orario d'ufficio 근무 시간; in orario (정해진) 시간에 맞게, 제때에
orata /o'rata/ [여] [어류] 도미의 일종
oratore /ora'tore/ [남] (여 : -trice) 연설자
oratorio1 /ora'tɔrjo/ [형] (복 : -ri, -rie) 연설의, 웅변의; 수사적(修辭的)인; arte oratoria 웅변술
oratorio2 /ora'tɔrjo/ [남] (복 : -ri) ① [기독교] 기도실, 작은 예배당 ② [음악] 오라토리오
orazione /orat'tsjone/ [여] ① 연설, 웅변; orazione funebre (장례식의) 추도 연설 ② 기도
orbene /or'bɛne/ [접] (문어체에서) 그게 말이지, 그런데
orbita /'ɔrbita/ [여] ① [천문] 궤도 ② [해부] 안와(眼窩), 눈구멍 ③ (비유적으로) 영향력이 미치는 범위, 세력권
orbitare /orbi'tare/ [자동] (조동사 : avere) (천체가) 궤도를 따라 돌다; la Terra orbita intorno al Sole 지구는 태양의 주위를 돈다
orbo /'ɔrbo/ [형] ① 눈이 먼, 장님의 ② 애꾸눈의 - [남] (여 : -a) ① 눈이 먼 사람, 장님 ② 한쪽 눈이 먼 사람

orchestra /or'kɛstra/ [여] ① 오케스트라, 관현악단 ② (무대 앞의) 오케스트라 박스
orchestrale /orkes'trale/ [형] 오케스트라의 - [남/여] 오케스트라 단원
orchestrare /orkes'trare/ [타동] ① 관현악으로 작곡하다 ② (비유적으로) 편성[조직화]하다, 조정하다
orchidea /orki'dɛa/ [여] [식물] 난초
orco /'ɔrko/ [남] (복 : -chi) (동화 속의) 도깨비
orda /'ɔrda/ [여] (야만인·관광객 따위의) 무리, 떼
ordigno /or'diɲɲo/ [남] (복잡한) 장치, 도구, 기구; ordigno esplosivo 폭발 장치
ordinale /ordi'nale/ [형] 서수(序數)의 - [남] 서수
ordinamento /ordina'mento/ [남] ① 조직(화), 편성; 정리, 구성 ② 제도, 시스템; ordinamento scolastico 교육 제도 ③ [컴퓨터] 정렬
ordinanza /ordi'nantsa/ [여] 법령
ordinare /ordi'nare/ [타동] ① 조직하다, 편성하다; 정리하다, 구성하다 ② 명령하다, 지시하다 ③ (의사가 약이나 치료법을) 처방하다 ④ (물품을) 주문하다 ⑤ [기독교] (목사를) 안수하다, (사제를) 서품하다 - ordinarsi [재귀동사] ordinarsi in fila 정렬하다, 줄 지어 서다
ordinariamente /ordinarja'mente/ [부] 보통, 대개
ordinario /ordi'narjo/ (복 : -ri, -rie) [형] ① 평상의, 보통의, 정규의, 정상의; di statura ordinaria 평균 키의 ② 평범한; 변변찮은 - [남] (여 : -a) ① 보통, 예사, 상례; fuori dall'ordinario 보통과 다른, 상궤를 벗어난; d'ordinario 보통, 대개 ② (대학의) 정교수; (학교의) 정교사
ordinatamente /ordinata'mente/ [부] 깔끔하게, 정돈되어
ordinativo /ordina'tivo/ [형] 조정하는, 정리하는 - [남] (물품의) 주문
ordinato /ordi'nato/ [형] ① 정리[정돈]된; 깔끔한, 단정한 ② 질서가 잘 잡힌, 정연한
ordinazione /ordinat'tsjone/ [여] ① (물품의) 주문; fare un'ordinazione di qc 무엇을 주문하다 ② [기독교] (목사의) 안수, (사제의) 서품

ordine /'ordine/ [남] ① 명령, 지시; dare a qn l'ordine di fare qc 누구에게 ~하도록 명령하다; per ordine di ~의 명령에 의해 ② 순서, 차례; in ordine alfabetico 알파벳 순으로 ③ 정돈, 정리; 깔끔함, 단정함; mettere in ordine 정돈[정리]하다 ④ (사회) 질서; le forze dell'ordine 경찰; l'ordine pubblico 공공 질서, 치안 ⑤ 등급; di prim'ordine 1등급의, 최상품의 ⑥ 집단, 결사, 협회; 수도회; l'ordine degli avvocati 변호사 협회 ⑦ [복] [기독교] 성직; prendere gli ordini 성직자가 되다 ⑧ (물품 따위의) 주문; ordine d'acquisto 구입 주문 ⑨ [생물] (분류상의) 목(目) - è nell'ordine naturale delle cose 자연스럽다, 필연적이다; l'ordine del giorno 의제(議題), 의사 일정

ordire /or'dire/ [타동] (음모를) 꾸미다, 모의하다

orecchiabile /orek'kjabile/ [형] (노래가) 외워서 따라 부르기 쉬운

orecchietta /orek'kjetta/ [여] [해부] 외이(外耳), 귓바퀴

orecchino /orek'kino/ [남] 귀고리

orecchio /o'rekkjo/ [남] (복 : -chi, 여·복 : -chie) ① 귀 ② 듣기, 청력; essere debole d'orecchio 귀가 어둡다; avere orecchio 음악을 이해할 줄 알다 - essere tutto orecchi 열심히 귀를 기울이다; fare orecchie da mercante (a) (~에) 귀를 기울이지 않다; te lo dico in un orecchio 이건 너한테만 말하는 거야; tapparsi[turarsi] le orecchie 귀를 막다; tirare le orecchie a qn 누구를 꾸짖다

orecchioni /orek'kjoni/ [남·복] [병리] 유행성 이하선염(耳下腺炎)

orefice /o'refitʃe/ [남/여] 금·은 세공인; 금은방 주인

oreficeria /orefitʃe'ria/ [여] ① 금·은 세공 기술 ② 금은방

orfano /'ɔrfano/ [형] 고아의, 부모 또는 부모 중 한쪽을 잃은; orfano di madre 어머니가 없는 - [남] (여 : -a) 고아

orfanotrofio /orfano'trɔfjo/ [남] (복 : -fi) 고아원

organetto /orga'netto/ [남] [음악] 풍금; 멜로디언

organico /or'ganiko/ (복 : -ci, -che) [형] ① [화학] 유기(有機)의; 유기물의 ② 기관(器管)의, 장기의 ③ 유기적인, 조직적인 - [남] (조직의) (전) 직원, 인원

organismo /orga'nizmo/ [남] ① 유기체, 생물 ② 인체 ③ (사회 등의) 유기적 조직체

organista /orga'nista/ [남/여] (남·복 : -i, 여·복 : -e) 오르가니스트, 오르간 연주자

organizzare /organid'dzare/ [타동] ① 조직하다, 구성하다, 짜다 ② (행사 등을) 계획[준비]하다, 개최하다; (반란·음모 등을) 꾀하다, 꾸미다 - organizzarsi [재귀동사] ① (스스로) 준비하다 ② 조직되다, 계획되다

organizzativo /organiddza'tivo/ [형] 조직상의, 구조적인

organizzato /organid'dzato/ [형] 조직된, 구성된, 짜인

organizzatore /organiddza'tore/ [형/남] (여 : -trice) 조직하는, 구성하는 (사람, 주체)

organizzazione /organiddzat'tsjone/ [여] ① 조직(화), 구성, 편성 ② 조직(체), 기구; organizzazione clandestina 비밀 조직

organo /'ɔrgano/ [남] ① [생물] 기관(器官); 장기, 조직; organo di senso 감각 기관 ② [음악] 오르간 ③ (정치적인) 기관(機關); 기관지 (organo di stampa)

organza /or'gandza/ [여] 오건디 (얇은 모슬린 직물)

orgasmo /or'gazmo/ [남] ① [생리] 오르가슴 ② 흥분, 동요; essere in orgasmo 흥분 상태에

orgia /'ɔrdʒa/ [여] (복 : -ge) ① 흥청거리는 술잔치 ② (비유적으로) un'orgia di 넘치는 ~

orgoglio /or'goʎʎo/ [남] (복 : -gli) ① 자존심, 긍지, 프라이드 ② 자랑

orgogliosamente /orgoʎʎosa'mente/ [부] 자랑스럽게

orgoglioso /orgoʎ'ʎoso/ [형] ① 자랑스럽게 여기는, 긍지를 가진; sono orgogliosa di te 난 네가 자랑스럽다 ② 거만한

orientabile /orjen'tabile/ [형] (안테나 따위가) 방향 조절이 가능한; (거울 따위가) 회전식의, 돌아가는

orientale /orjen'tale/ [형] ① 동쪽의, 동부의; 동풍의 ② 동양의, 동방의 - [남/

여] 동양[아시아] 사람
orientamento /orjenta'mento/ [남] ① 방향 결정, 위치 확정 ② 방향; senso dell'orientamento 방향 감각; perdere l'orientamento 방향을 잃다 ③ 경향, 동향, 추세, 트렌드 - orientamento professionale 직업 보도
orientare /orjen'tare/ [타동] ① 특정 방향을 향하게 하다; orientare la casa verso sud 집을 남향으로 하다 ② (verso와 함께 쓰여) (~으로) 이끌다, 인도하다, 지도하다, 나아가게 하다; orientare qn verso l'area scientifica 누구를 과학의 세계로 안내하다 ③ (지도를) 실제의 방위에 맞추어 놓다 - orientarsi [재귀동사] ① 방향을 찾다, 갈 길을 알다 ② (verso와 함께 쓰여) (~으로) 나아가다
oriente /o'rjente/ [남] ① 동쪽에; a oriente di ~의 동쪽에 ② l'Oriente 동양, 동방; l'Estremo Oriente 극동; il Medio Oriente 중동; il Vicino Oriente 근동
origano /o'rigano/ [남] [식물] 오레가노, 꽃박하
originale /oridʒi'nale/ [형] ① (텍스트·작품 따위가) 원형의, 원문의, 원작의 ② 독창적인, 독자적인 ③ 기발한; 괴이한 - [남] 원형, 원문, 원작 - [남/여] 기인, 괴짜
originalità /oridʒinali'ta/ [여-불변] ① 원형·원문·원작임 ② 독창성, 독자성 ④ 기발함; 괴이함
originare /oridʒi'nare/ [타동] 일으키다, 유발하다 - [자동] (조동사 : essere) → originarsi - originarsi [재귀동사] (da와 함께 쓰여) (~에서) 비롯되다, 일어나다, 시작되다
originariamente /oridʒinarja'mente/ [부] 원래, 처음에
originario /oridʒi'narjo/ [형] (복 : -ri, -rie) ① (di와 함께 쓰여) (~에서) 태어난, ~ 토착의; è originario di Roma 그는 로마 토박이다 ② 원래의, 처음의
origine /o'ridʒine/ [여] ① 기원, 발단, 유래, 원인, 원천; risalire alle origini 기원을 찾아 거슬러 올라가다; dare origine a ~을 일으키다[유발하다]; all'origine 원래 ② 태생, 혈통, 출신; di origine italiana 이탈리아 태생의
origliare /oriʎ'ʎare/ [자동] (조동사 : avere) 엿듣다
orina /o'rina/ [여] 소변, 오줌
orinale /ori'nale/ [남] 요강
orinare /ori'nare/ [자동] (조동사 : avere) 소변을 보다, 오줌을 누다
oriundo /o'rjundo/ [형] essere oriundo tedesco 독일 태생이다 - [남] (여 : -a) è un oriundo italiano 그는 이탈리아 태생이다
orizzontale /oriddzon'tale/ [형] 수평의, 가로의 - [여] 수평[가로]으로 그은 선
orizzontalmente /oriddzontal'mente/ [부] 수평으로, 가로로
orizzontarsi /oriddzon'tarsi/ [재귀동사] 방향[갈 길]을 알다
orizzonte /orid'dzonte/ [남] ① 지평선, 수평선; all'orizzonte 지평선 상에 ② (비유적으로) 시야, 전망; l'orizzonte politico 정치적 전망, 정황(政況)
orlare /or'lare/ [타동] (천 따위에) 가장자리 장식을 하다
orlatura /orla'tura/ [여] ① (천 따위에) 가장자리 장식을 하기 ② (천 따위의) 가장자리 장식
orlo /'orlo/ [남] ① (천 따위의) 가장자리 장식; orlo a giorno 헴스티치 ② (잔 따위의) 가장자리, 언저리; pieno fino all'orlo (잔에) 넘칠 만큼 가득 찬 ③ (비유적으로) essere sull'orlo di ~하기 직전이다, 거의 ~할 지경이다
orma /'orma/ [여] 자취, 흔적; 발자국; seguire le orme di qn 누구의 발자취를 따르다
ormai /or'mai/ [부] ① 지금, 이제; ormai è tardi 이젠 늦었어; ormai dovrebbe essere partito 그는 지금쯤은 출발했어야 해 ② 그때 ③ 거의; ormai siamo arrivati 우리 거의 다 왔어
ormeggiare /ormed'dʒare/ [타동] (배를) 정박시키다 - ormeggiarsi [재귀동사] (배가) 정박하다
ormeggio /or'meddʒo/ [남] (복 : -gi) ① 계선(繫船), 정박 ② 정박지 - ormeggi [남·복] 계선 설비[장치]
ormonale /ormo'nale/ [형] 호르몬의
ormone /or'mone/ [남] [생리] 호르몬
ornamentale /ornamen'tale/ [형] 장식적인, 장식의
ornamento /orna'mento/ [남] ① 장식, 꾸밈 ② 장식물
ornare /or'nare/ [타동] (con과 함께 쓰여) (~으로) 장식하다, 꾸미다 -

ornarsi [재귀동사] 몸치장하다, 차려입다
ornato /or'nato/ [형] ① (di와 함께 쓰여) (~으로) 장식된, 꾸며진; (~의) 장식이 있는 ② (비유적으로) (문체 따위가) 화려한
ornitologia /ornitolo'dʒia/ [여] 조류학(鳥類學)
ornitologo /orni'tɔlogo/ [남] (여 : -a) (남·복 : -gi, 여·복 : -ghe) 조류학자
ornitorinco /ornito'rinko/ [남] (복 : -chi) [동물] 오리너구리
oro /'ɔro/ [남] ① 금(金); oro zecchino 순금 ② d'oro i) 금의, 금으로 된, 금제품의 ii) (때·시기가) 융성[번영]하는, 황금기의 iii) 귀중한, 아주 좋은 - ori [남·복] 금붙이, 금제품 - [형·불변] 금빛의, 금색의 - nuotare nell'oro 돈이 아주 많다; non è tutt'oro quel che luccica [속담] 반짝이는 것이 모두 금은 아니다; non lo farei per tutto l'oro del mondo 그 무얼 준다해도 결코 하지 않겠다
orologeria /orolodʒe'ria/ [여] ① 시계 장치; bomba a orologeria 시한폭탄 ② 시계 제작법 ③ 시계 제작소
orologiaio /orolo'dʒajo/ [남] (여 : -a) (복 : -ai) 시계 제조인
orologio /oro'lɔdʒo/ [남] (복 : -gi) 시계; orologio da polso 손목시계; orologio al quarzo 수정시계; orologio solare 해시계; orologio a sveglia 자명종 - come un orologio 규칙적으로, 정확히
oroscopo /o'rɔskopo/ [남] ① (점성술사의) 별의 위치 관측 ② (점성용) 천궁도, 12궁도
orrendamente /orrenda'mente/ [부] 무섭게, 끔찍하게
orrendo /or'rɛndo/ [형] ① 무서운, 끔찍한 ② (나쁜 뜻으로) 지독한
orribile /or'ribile/ [형] ① 무서운, 끔찍한 ② (나쁜 뜻으로) 지독한 ③ 악취의, 구역질 나는
orribilmente /orribil'mente/ [부] 무섭게, 끔찍하게
orripilante /orripi'lante/ [형] 무서운, 소름끼치는
orrore /or'rore/ [남] ① 공포; film dell'orrore 공포 영화, 호러물 ② 혐오; avere orrore di qc, avere in orrore qn/qc 무엇/누구를 끔찍하게 싫어하다 ③ (구어체에서) 끔찍한[지독한] 것
orsa /'orsa/ [여] ① 암곰 ② [천문] Orsa Minore 작은곰자리; Orsa Maggiore 큰곰자리, 북두칠성
orsacchiotto /orsak'kjɔtto/ [남] ① 새끼곰 ② 테디베어 (인형)
orso /'orso/ [남] ① [동물] 곰; orso bianco 북극곰; orso bruno 불곰 ② (비유적으로) 퉁명스러운[투덜대는] 사람; 서투른 사람
orsù /or'su/ [감] (문어체에서) (격려하거나 재촉하는 말로) 자!
ortaggio /or'taddʒo/ [남] (복 : -gi) 채소
ortensia /or'tɛnsja/ [여] [식물] 수국(水菊)
ortica /or'tika/ [여] (복 : -che) [식물] 쐐기풀
orticaria /orti'karja/ [여] [병리] 두드러기
orticoltura /ortikol'tura/ [여] 원예(술·학)
orto /'ɔrto/ [남] 채소밭 - orto botanico 식물원
ortodosso /orto'dɔsso/ [형] ① 일반적으로 옳다고 인정된, 정통의 ② 그리스[동방] 정교회의 - [남] (여 : -a) 그리스[동방] 정교회 신자
ortofrutticolo /ortofrut'tikolo/ [형] 청과물의, 과일과 채소의
ortografia /ortogra'fia/ [여] 정서법, 바른 철자법; errori di ortografia 철자법 실수
ortografico /orto'grafiko/ [형] (복 : -ci, -che) 정서법[철자법]의
ortolano /orto'lano/ [남] (여 : -a) 시장에 내놓기 위해 청과류를 재배하는 사람; 청과상, 채소 장수
ortopedia /ortope'dia/ [여] [의학] 정형외과
ortopedico /orto'pɛdiko/ (복 : -ci, -che) [형] 정형외과의 - [남] (여 : -a) 정형외과 의사
orzaiolo /ordza'jɔlo/ [남] [병리] 다래끼
orzata /or'dzata/ [여] ① 보리 미음 ② 아몬드 시럽
orzo /'ɔrdzo/ [남] [식물] 보리
osannare /ozan'nare/ [타동] 갈채하다, 환호하다
osare /o'zare/ [타동] 감히 ~하다, (어려운 일을) 시도하다; non osava domandargli 나는 감히 그에게 묻지 못했다; come osi? 네가 어찌 그럴 수 있

느냐?
oscenità /oʃʃeni'ta/ [여-불변] 외설, 음탕

osceno /oʃʃɛno/ [형] 외설의, 음란한, 추잡한

oscillante /oʃʃil'lante/ [형] ① 흔들리는, 진동하는 ② (가격 따위가) 변동이 있는, 오르내리는

oscillare /oʃʃil'lare/ [자동] (조동사 : avere) ① 흔들리다, 진동하다 ② (가격 따위가) 변동이 있다, 오르내리다 ③ (비유적으로) (tra와 함께 쓰여) (~의 사이에서) 마음이 흔들리다, 동요하다

oscillazione /oʃʃillat'tsjone/ [여] ① 흔들림, 진동 ② (가격 따위의) 변동, 오르내림

oscuramento /oskura'mento/ [남] ① 어두워짐; (눈앞이) 흐려짐 ② (전시의) 등화관제

oscurare /osku'rare/ [타동] ① 어둡게 하다, 흐리게 하다 ② (비유적으로) (명성 따위를) 무색하게 만들다 - [자동] ① (날이) 어두워지다, 흐려지다 ② 우울해지다, 안색이 어두워지다

oscurità /oskuri'ta/ [여-불변] ① 어둠, 암흑 ② 불분명, 불명료, 이해할 수 없음 ③ 무명임, 세상에 알려지지 않음

oscuro /os'kuro/ [형] ① 어두운, 암흑의; (날이) 흐린 ② 무명의, 알려지지 않은 ③ 불분명한, 불명료한, 이해할 수 없는 - essere all'oscuro di ~에 대해 캄캄하다, 전혀 모르고 있다

osmosi /oz'mɔzi/ [여-불변] [물리·화학] 삼투(滲透)

ospedale /ospe'dale/ [남] 병원; andare all'ospedale (환자 또는 문병객이) 병원에 가다; ospedale da campo 야전병원

ospedaliero /ospeda'ljɛro/ [형] 병원의 - [남] (여 : -a) 병원 근무자

ospitale /ospi'tale/ [형] (남을) 환대하는, 대접이 좋은, 따뜻하게 맞이하는

ospitalità /ospitali'ta/ [여-불변] 환대, 후대

ospitare /ospi'tare/ [타동] ① (남에게) 잠자리를 제공하다, (호텔 등에서 손님을) 숙박시키다 ② (건물이 사람 등을) 수용하다 ③ [스포츠] ospitare una squadra 상대팀을 홈으로 불러들여 경기를 치르다

ospite /'ɔspite/ [형] squadra ospite [스포츠] 원정팀 - [남/여] ① 집주인, 손님을 맞이하는 사람 ② 손님, 방문객

ospizio /os'pittsjo/ [남] (복 : -zi) 여행자 숙박소; 양로원; 고아원; 빈민들을 돌보는 시설

ossario /os'sarjo/ [남] (복 : -ri) 납골당, 봉안당

ossatura /ossa'tura/ [여] ① (사람의) 골격 ② (건물 따위의) 뼈대 ③ (추상적인) 구조, 구성

osseo /'ɔsseo/ [형] 뼈의, 골질(骨質)의

ossequiente /osse'kwjɛnte/ [형] (문어체에서) 경의를 표하는, 공손한

ossequio /os'sɛkwjo/ [남] (복 : -qui) 존경, 경의; in ossequio a ~에 경의를 표하여 - ossequi [남·복] (문안) 인사; ossequi alla signora! 부인께 안부 전해 주세요; porgere i propri ossequi a qn 누구에게 인사를 여쭙다; i miei ossequi (편지에서) 그럼 안녕히 계세요

ossequioso /osse'kwjoso/ [형] (윗사람 등에게) 고분고분한

osservante /osser'vante/ [형] ① (법·규칙을) 지키는, 준수하는 ② (교회에) 출석하는

osservanza /osser'vantsa/ [여] (법·규칙의) 준수

osservare /osser'vare/ [타동] ① 관찰하다, 지켜보다 ② 알아채다, 인지하다, 깨닫다; fare osservare qc a qn 누구로 하여금 무엇을 알게 하다, 누구에게 무엇을 지적해 보이다 ③ (법·규칙 등을) 지키다, 준수하다 - non avere nulla da osservare 반대할 것이 없다, 반대하지 않다

osservatore /osserva'tore/ [형] 관찰하는, 지켜보는 - [남] (여 : -trice) 관찰자

osservatorio /osserva'tɔrjo/ [남] (복 : -ri) ① 관측소; 천문대, 기상대 ② [군사] 감시 초소

osservazione /osservat'tsjone/ [여] ① 관찰, 관측; tenere qn sotto osservazione 누구의 상태를 지켜보다 ② (관찰에 입각한) 의견, 소견, 비평; 비난, 꾸짖음; fare un'osservazione a qn 누구를 비판하다

ossessionante /ossessjo'nante/ [형] (기억 따위가) 잊혀지지 않는, (어떤 생각이) 마음에서 떠나지 않는

ossessionare /ossessjo'nare/ [타동] (기억 따위가) 잊혀지지 않다, (어떤 생각

이) 마음에서 떠나지 않다; essere ossessionato dall'idea della morte 죽음에 대한 생각이 머릿속을 떠나지 않다, 죽음에 대한 강박관념에 사로잡혀 있다

ossessione /osses'sjone/ [여] (di, per 와 함께 쓰여) (~에 대한) 강박관념, 집착; avere l'ossessione del denaro 돈에 집착하다

ossessivo /osses'sivo/ [형] 강박관념의, 강박관념에 사로잡힌

ossesso /os'sɛsso/ [형/남] (여 : -a) 귀신·악령에 홀린 (사람); 공포·흥분 따위에 사로잡힌 (사람)

ossia /os'sia/ [접] 즉, 다시 말해서

ossidare /ossi'dare/ [타동] [화학] 산화시키다; (금속을) 녹슬게 하다 - ossidarsi [재귀동사] 산화하다; (금속이) 녹슬다

ossidazione /ossidat'tsjone/ [여] [화학] 산화

ossido /'ɔssido/ [남] [화학] 산화물 - ossido di carbonio 일산화탄소

ossigenare /ossidʒe'nare/ [타동] ① [화학·의학] 산소로 처리하다; (~에) 산소를 공급하다 ② (머리카락을) 과산화수소로 탈색하다 ③ (비유적으로) 되살리다, 활성화하다 - ossigenarsi [재귀동사] ① (구어체에서) 신선한 공기를 마시다 ② ossigenarsi i capelli 머리를 과산화수소로 탈색하다

ossigenato /ossidʒe'nato/ [형] acqua ossigenata 과산화수소; bionda ossigenata 과산화수소로 머리카락을 탈색해 금발을 만든 여자

ossigeno /os'sidʒeno/ [남] ① [화학] 산소 ② 신선한 공기 ③ 재정적 원조

osso /'ɔsso/ [남] (복 : -i, 여·복 : -a) ① (골격을 이루는) 뼈 ② (고기에 붙은) 뼈; carne senza ossa 뼈를 발라낸 고기, 살코기 ③ (물질·재료로서의) 뼈; d'osso 뼈로 만든 - avere le ossa rotte 뼈가 지쳐 있다, 기진맥진한 상태다; bagnato fino all'osso 흠뻑 젖은; rimetterci l'osso del collo 파산하다, 몰락하다; un osso duro 다루기 어려운 것 [사람]

ossobuco /osso'buko/ [남] (복 : ossibuchi) (요리용의) 골수가 든 뼈

ossuto /os'suto/ [형] 뼈만 앙상한, 말라빠진

ostacolare /ostako'lare/ [타동] 가로막다, 차단하다, 방해하다

ostacolo /os'takolo/ [남] ① 장애(물), 방해(물); essere di ostacolo a qn/qc (비유적으로) ~에게 방해가 되다, ~의 앞길을 가로막다 ② [스포츠] (육상 경기의) 허들; (승마의) 장애물

ostaggio /os'taddʒo/ [남] 인질, 볼모; tenere qn in ostaggio 누구를 인질로 잡아두다

oste /'ɔste/ [남] (여 : -essa) 선술집 주인

osteggiare /osted'dʒare/ [타동] (~에) 반대하다, 훼방 놓다

ostello /os'tɛllo/ [남] ostello della gioventù 유스호스텔 (여행하는 청소년을 위한 값싼 숙박 시설)

ostentare /osten'tare/ [타동] ① (부·권력 등을) 자랑하여 보이다, 과시하다 ② ~인 체하다, 가장하다

ostentazione /ostentat'tsjone/ [여] 자랑해 보임, 과시

osteoporosi /osteopo'rɔzi/ [여] [병리] 골다공증

osteria /oste'ria/ [여] (선)술집

ostetrica /os'tetrika/ [여] (복 : -che) 조산사, 산파

ostetrico /os'tetriko/ (복 : -ci, -che) [형] 산과(産科)의; clinica ostetrica 산과 병원 - [남] (여 : -a) 산과 의사

ostia /'ɔstja/ [여] [기독교] 성찬식의 빵, 성체(聖體)

ostico /'ɔstiko/ [형] (복 : -ci, -che) (문제·과제 등이) 해결하기 어려운

ostile /os'tile/ [형] (a와 함께 쓰여) (~에) 적대적인, 비우호적인

ostilità /ostili'ta/ [여-불변] 적의, 적대, 적개심; 적대 행위; le ostilità [군사] 전투 행위, 교전

ostinarsi /osti'narsi/ [재귀동사] (in, su 또는 a fare와 함께 쓰여) (~에 대해 또는 ~하겠다고) 고집을 부리다

ostinatamente /ostinata'mente/ [부] 고집을 부려, 완고하게

ostinato /osti'nato/ [형] 고집이 센, 완고한; (요구 따위가) 끈질긴, 집요한 - [남] (여 : -a) 고집 센 사람

ostinazione /ostinat'tsjone/ [여] 고집, 완고함

ostrica /'ɔstrika/ [여] (복 : -che) [패류] 굴 - ostrica perlifera 진주조개

ostruire /ostru'ire/ [타동] 가로막다, 차단하다, 방해하다 - ostruirsi [재귀동사]

막히다, 차단되다

ostruzione /ostrut'tsjone/ [여] 차단, 방해; [병리] 폐색

ostruzionismo /ostruttsjo'nizmo/ [남] [정치] (의회의) 의사 진행 방해; [스포츠] (상대편 행동의) 방해

otite /o'tite/ [여] [병리] 이염(耳炎)

otre /'otre/ [남] 액체를 담는 데 쓰는 가죽 주머니

ottagonale /ottago'nale/ [형] 팔각형의

ottagono /ot'tagono/ [남] 팔각형

ottanta /ot'tanta/ [남/형-불변] 팔십(80)(의)

ottantenne /ottan'tɛnne/ [형/남/여] 80세의 (사람)

ottantesimo /ottan'tezimo/ [형] 제80의, 80번째의 - [남] (여 : -a) ① 80번째의 것[사람] ② 80분의 1

ottantina /ottan'tina/ [여] 약 80, 80개 정도; un'ottantina di persone 80명 가량의 사람들

ottavo /ot'tavo/ [형] 제8의, 여덟 번째의 - [남] (여 : -a) ① 여덟 번째의 것[사람] ② 8분의 1 ③ [인쇄] 8절판 - ottavi di finale [스포츠] 16강전

ottenere /otte'nere/ [타동] ① 얻다, 획득하다; (목표 따위를) 달성하다, (어떤 결과에) 이르다; ottenere una promozione 승진하다; ottenere un buon successo 큰 성공을 거두다 ② (물질 따위를) 추출하다

ottica /'ɔttika/ [여] (복 : -che) ① 광학(光學) ② 광학 장치 (렌즈나 프리즘 따위) ③ (비유적으로) 관점, 견지

ottico /'ɔttiko/ (복 : -ci, -che) [형] ① [해부] 눈의, 시각의 ② 빛의, 광학의; fibra ottica 광섬유 - [남] (여 : -a) 광학 기계 제작자; 안경 따위를 파는 사람

ottimale /otti'male/ [형] 최선의, 최상의, 최적의

ottimamente /ottima'mente/ [부] 최상[최적]으로, 아주 잘

ottimismo /otti'mizmo/ [남] 낙천주의, 낙관(론)

ottimista /otti'mista/ [남/여] (남·복 : -i, 여·복 : -e) 낙천주의자, 낙관론자

ottimistico /otti'mistiko/ [형] (복 : -ci, -che) 낙천[낙관]적인

ottimizzare /ottimid'dzare/ [타동] 최고로 활용하다, 가장 능률적으로 활용하다

ottimo /'ɔttimo/ [형] 아주 좋은[훌륭한], 최상의; godere di ottima salute 건강 상태가 아주 양호하다; di ottimo umore 기분이 아주 좋다 - [남-불변] ① 최적 조건 ② (학교 성적의) 수

otto /'ɔtto/ [형-불변] 8의, 여덟의 - [남-불변] ① 8, 여덟 ② (한 달의) 제8일, 여드레 - [여·복] (오전 또는 오후) 8시 - oggi a otto 다음 주의 오늘, 오늘로부터 8일째 되는 날

ottobre /ot'tobre/ [남] 10월

ottocentesco /ottotʃen'tesko/ [형] (복 : -schi, -sche) 19세기의

ottocento /otto'tʃento/ [남/형-불변] 800(의)

Ottocento /otto'tʃento/ [남] 19세기

ottone /ot'tone/ [남] 놋쇠, 황동; di ottone 놋쇠로 만든 - ottoni [남·복] ① 놋쇠로 만든 것 ② [음악] (악단의) 금관악기부

ottuagenario /ottuadʒe'narjo/ [형/남] (여 : -a) (복 : -ri, -rie) 80세의 (사람)

ottundere /ot'tundere/ [타동] 무디게 하다, 둔하게 만들다

otturare /ottu'rare/ [타동] ① (구멍 따위를) 막다 ② (치아를) 충전하다 - otturarsi [재귀동사] (구멍 따위가) 막히다

otturatore /ottura'tore/ [남] ① (카메라의) 셔터 ② (총의) 노리쇠 ③ (기계류의) 밀폐 장치

otturazione /otturat'tsjone/ [여] ① (구멍 따위의) 밀폐, 폐쇄 ② (치아의) 충전

ottuso /ot'tuzo/ [형] ① [기하] 둔각의 ② (비유적으로) (사람이) 둔감한; (소리가) 둔한

ovaia /o'vaja/ [여] (복 : -ie) [해부] 난소

ovaio /o'vajo/ [남] (복 : -ai) → ovaia

ovale /o'vale/ [남/형] 계란형(의)

ovatta /o'vatta/ [여] ① 솜, 탈지면 ② (옷 따위의) 속에 넣는 재료

ovattato /ovat'tato/ [형] (옷 따위에) 속을 넣은

ovazione /ovat'tsjone/ [여] 우레와 같은 박수

ove /'ove/ [부] (문어체에서) 어디에 - [접] (문어체에서) ① ~의 경우에는 ② ~에 반하여

overdose /over'doze/ [여-불변] (약의) 과량 복용, 과잉 투여

ovest /'ɔvest/ [남-불변] 서쪽; 서부;

vento da ovest 서풍 - [형-불변] 서쪽[서부]의
ovile /o'vile/ [남] 양(羊) 우리
ovino /o'vino/ [형] 양의; carne ovina 양고기 - [남] [동물] 양
ovovia /ovo'via/ [여] 케이블카
ovulazione /ovulat'tsjone/ [여] [생물·생리] 배란(排卵)
ovulo /'ɔvulo/ [남] ① [해부] 난자 ② [식물] 배주(胚珠)
ovunque /o'vunkwe/ [부/접] (문어체에서) → dovunque
ovvero /ov'vero/ [접] ① 즉, 다시 말해서 ② 또는, 그렇지 않으면
ovviamente /ovvja'mente/ [부] 분명히, 명백하게
ovviare /ovvi'are/ [자동] (조동사 : avere) (a와 함께 쓰여) (곤란·문제 등을) 제거하다, 개선하다
ovvio /'ɔvvjo/ [형] (복 : -vi, -vie) 분명한, 명백한; è ovvio che ~은 분명하다
oziare /ot'tsjare/ [자동] (조동사 : avere) 빈둥거리다
ozio /'ɔttsjo/ [남] (복 : ozi) 게으름, 나태; stare in ozio 빈둥거리고 있다
ozioso /ot'tsjoso/ [형] ① 게으른, 나태한 ② 쓸데없는, 무의미한 - [남] (여 : -a) 게으름뱅이
ozono /od'dzɔno/ [남] [화학] 오존; strato d'ozono 오존층

P

p, P /pi/ [남/여-불변] 이탈리아어 알파벳의 14번째 글자
p. → pagina의 약자 ("쪽, 페이지")
P → parcheggio의 약자 ("주차")
PA → Pubblica Amministrazione의 약자 ("행정(학)")
pacare /pa'kare/ [타동] 진정시키다, 마음을 가라앉히다
pacato /pa'kato/ [형] (사람의 성격이나 목소리 따위가) 조용한, 차분한
pacca /'pakka/ [여] (복: -che) 찰싹 때리기
pacchetto /pak'ketto/ [남] 묶음, 꾸러미; (담배 따위의) 갑 - pacchetto azionario 주식 보유액; pacchetto software 컴퓨터 소프트웨어 패키지; pacchetto turistico 패키지 투어
pacchia /'pakkja/ [여] (구어체에서) 재미, 즐거움; che pacchia! 재미있다!
pacchiano /pak'kjano/ [형] (장식·복장 따위가) 번지르르한, 요란한
pacco /'pakko/ [남] (복: -chi) ① 꾸러미, 묶음; carta da pacchi 포장지; pacco postale 소포 ② (구어체에서) 거금, 많은 돈
paccottiglia /pakkot'tiʎʎa/ [여] 가치 없는 물건, 쓰레기나 다름없는 것
pace /'patʃe/ [여] ① 평화; trattato di pace 평화 조약; fare (la) pace con qn 누구와 화해하다 ② (마음의) 평안; mettersi l'animo in pace, darsi pace 마음을 편히 갖다 ③ 평온, 고요; lasciare qn in pace 누구를 (혼자 조용히 쉬도록) 내버려 두다 - riposare in pace 고이 잠들다, 영면하다
pacemaker /peis'meker/ [남-불변] [의학] 페이스메이커, 심장 박동 조절 장치
pachiderma /paki'derma/ [남] ① [동물] 후피(厚皮) 동물 (하마나 코끼리 따위) ② (비유적으로) 둔감한 사람
pachistano /pakis'tano/ [형] 파키스탄의 - [남] (여: -a) 파키스탄 사람
paciere /pa'tʃɛre/ [남] (여: -a) 조정자, 중재인
pacificare /patʃifi'kare/ [타동] ① (나라 등을[에]) 평화롭게 하다, 평화를 회복시키다 ② (사람 사이를) 화해시키다
pacifico /pa'tʃifiko/ (복: -ci, -che) [형] ① 평화로운, 평화적인 ② 평화를 사랑하는 ③ (비유적으로) è pacifico che ~은 분명하다 - [남] (여: -a) 평화를 사랑하는 사람
Pacifico /pa'tʃifiko/ [남] 태평양 (또는 l'oceano Pacifico)
pacifismo /patʃi'fizmo/ [남] 평화주의
pacifista /patʃi'fista/ [남/여] (남·복: -i, 여·복: -e) 평화주의자
padano /pa'dano/ [형] (이탈리아에 있는) 포 강(江)의
padella /pa'dɛlla/ [여] ① 납작한 냄비; padella per friggere 프라이팬 ② (환자용) 요강, 변기 - cadere dalla padella nella brace 작은 화를 피하려다 더 큰 화를 당하다
padiglione /padiʎ'ʎone/ [남] ① (박람회 등의) 전시관; (공원·정원 등의) 특설 건축물 ② padiglione auricolare [해부] 귓바퀴, 외이(外耳)
padre /'padre/ [남] ① 아버지, 부친; per parte di padre 부계(父系)로; padre di famiglia (한 집안의 가장으로서의) 아버지 ② [신학] (삼위일체의) 성부(聖父); Dio Padre 하나님 아버지 ③ 가톨릭 성직자나 수사에 대한 존칭; il Santo Padre 교황 성하 - padri [남·복] 조상, 선조 - tale padre tale figlio 그 아버지에 그 아들, 부전자전
padrenostro /padre'nɔstro/ [남] (복: -i) [성경] 주기도문
padreterno /padre'tɛrno/ [남] ① 하나님 아버지 ② (비유적으로) 거물, 대단한 권력을 지닌 사람
padrino /pa'drino/ [남] [가톨릭] (영세나 견진성사 때의) 대부(代父)
padrona /pa'drona/ [여] (padrone의 여성형) ① (집의) 여주인, 안주인; 여자 지주 ② 여자 고용주
padronale /padro'nale/ [형] 지주의; casa padronale 지주의 저택
padronanza /padro'nantsa/ [여] ① (언어의) 구사 능력; avere una buona

padronanza della lingua inglese 영어 구사 능력이 뛰어나다, 영어를 잘하다 ② 지배, 통제; padronanza di sé 자제(自制)

padrone /pa'drone/ [남] ① 주인, 소유주; 집주인, 지주 (padrone di casa) ② 고용주, 사장 ③ 지배자, 통제권을 가진 사람; essere padrone di se stesso 남의 지배를 받지 않다, 주체성이 있다; essere padrone di sé 자제력이 있다, 냉정[침착]하다; essere padrone della situazione 상황 대처 능력이 있다 ④ 언어나 직무 따위에 능통한 사람; essere padrone di una lingua 어떤 언어에 능통하다

padroneggiare /padroned'dʒare/ [타동] 지배하다, 통제하다; (언어 따위를) 숙달하다

paesaggio /pae'zaddʒo/ [남] (복 : -gi) ① 풍경, 경치 ② [미술] 풍경화

paesano /pae'zano/ [형] 시골[마을]의 - [남] (여 : -a) 시골 사람, 마을 주민; 같은 마을 사람

paese /pa'eze/ [남] ① 나라, 국가; i paesi in via di sviluppo 개발도상국 ② 지방, 지역 ③ 시골; 마을 - paese che vai usanze che trovi [속담] 로마에서는 로마 사람처럼 행하라

paffuto /paf'futo/ [형] 통통한, 살찐

paga /'paga/ [여] (복 : -ghe) 임금, 급료, 봉급; giorno di paga 봉급날

pagabile /pa'gabile/ [여] (대금 따위가) 지불해야 할

pagaia /pa'gaja/ [여] 짧고 넓적한 노, 패들

pagamento /paga'mento/ [남] 지불; 납입; pagamento anticipato 선불; pagamento in contanti 현금 지불

paganesimo /paga'nezimo/ [남] 이교도의 신앙·관습

pagano /pa'gano/ [형] 이교도의 - [남] (여 : -a) 이교도 (특히 기독교도가 아닌 사람)

pagare /pa'gare/ [타동] ① (금액을) 지불하다; pagare in contanti 현금으로 지불하다; quanto l'hai pagato? 너 그거 얼마 주고 샀어? ② (구어체에서) (남에게 무엇을) 사주다; ti pago da bere 내가 한 잔 사줄게; pago io questo giro 이번에 내가 내지 ③ (어떤 행동에 대한) 대가를 치르다; te la farò pagare! 넌 그것에 대한 대가를 치르게 될 거야! ④ (비유적으로) 보답하다, 갚다, 되돌려주다

pagella /pa'dʒɛlla/ [여] (학교의) 성적표

paggio /'paddʒo/ [남] (복 : -gi) 사환, 보이

pagherò /page'rɔ/ [남-불변] [상업] 약속어음 (또는 pagherò cambiario)

pagina /'padʒina/ [여] 쪽, 페이지; a pagina 35 35쪽에

paglia /'paʎʎa/ [여] 짚; cappello di paglia 밀짚모자; tetto di paglia 초가 지붕 - avere la coda di paglia 양심의 가책을 느끼다

pagliacciata /paʎʎat'tʃata/ [여] 익살, 우스꽝스러운 상황

pagliaccio /paʎ'ʎattʃo/ [남] (복 : -ci) 어릿광대; 익살꾼

pagliaio /paʎ'ʎajo/ [남] (복 : -ai) ① 짚더미 ② 헛간

pagliericcio /paʎʎe'rittʃo/ [남] (복 : -ci) 짚으로 만든 요

paglietta /paʎ'ʎetta/ [여] ① 밀짚모자 ② 강철 솜, 쇠수세미

pagliuzza /paʎ'ʎuttsa/ [여] ① 지푸라기 ② (금속의) 작은 조각

pagnotta /paɲ'nɔtta/ [여] (빵의) 덩어리; una pagnotta di pane bianco 흰빵 한 덩어리

pagoda /pa'gɔda/ [여] (동양의) 불탑

paguro /pa'guro/ [남] [동물] 소라게

paillette /pa'jet/ [남-불변] 여성 의류에 붙이는 번쩍이는 금속 조각

paio /'pajo/ [남] (여·복 : -a) ① (두 개로 된) 한 쌍[벌]; un paio di scarpe 구두 한 켤레; un paio di occhiali 안경 하나 ② 몇몇, 두셋; fra un paio di settimane 몇 주 내로 - è un altro paio di maniche 그건 별개의 문제다

paiolo /pa'jɔlo/ [남] 솥, 냄비

Pakistan /pakis'tan/ [남] 파키스탄

pakistano → pachistano

pala /'pala/ [여] ① 삽 ② (터빈·프로펠러 따위의) 날개

palafitta /pala'fitta/ [여] ① 말뚝 가옥; 수상(水上) 가옥 ② (집합적으로) (건물의) 말뚝, 파일

palasport /pala'spɔrt/ [남-불변] 실내 경기장

palata /pa'lata/ [여] 삽으로 하나 가득한 분량

palato /pa'lato/ [남] ① [해부] 구개(口蓋), 입천장 ② 미각; gradevole al

palato 맛 좋은, 입에 맞는
palazzina /palat'tsina/ [여] 정원이 딸린 저택
palazzo /pa'lattso/ [남] ① 궁전, 왕궁 ② 궁정, 궁중 ③ 가옥, 아파트 - palazzo di giustizia 법정, 재판소
palco /ˈpalko/ [남] (복 : -chi) ① 대(臺), 단(壇) (연단 따위) ② (극장의) 객석, 관람석
palcoscenico /palkoʃˈʃeniko/ [남] (복 : -ci) (극장의) 무대
paleolitico /paleoˈlitiko/ [남/형] (복 : -ci, -che) 구석기 시대(의)
palesare /paleˈzare/ [타동] (감정·의도 따위를) 드러내다 - palesarsi [재귀동사] 드러나다
palese /paˈleze/ [형] 분명한, 명백한
Palestina /palesˈtina/ [여] 팔레스타인
palestinese /palestiˈnese/ [형] 팔레스타인의 - [남/여] 팔레스타인 사람
palestra /paˈlɛstra/ [여] ① 체육관 ② 체육, 운동 ③ (비유적으로) 훈련의 장(場)
paletta /paˈletta/ [여] ① 작은 삽; 장난감 삽 ② (주방용) 주걱 ③ (터빈 따위의) 날개
paletto /paˈletto/ [남] ① 말뚝, 막대기 ② (스키의) 폴 ③ 빗장, 걸쇠
palio /ˈpaljo/ [남] (복 : -li) mettere in palio 상(賞)으로 내걸다
palizzata /palitˈtsata/ [여] 말뚝 울타리, 방책(防柵)
palla /ˈpalla/ [여] ① 공, 볼; palla da golf 골프 공; giocare a palla 공놀이를 하다; palla di neve 눈뭉치, 눈덩이 ② 탄환, 총탄, 포탄 ③ 성가신 녀석, 싫은 사람 - prendere la palla al balzo (비유적으로) 기회를 잡다
pallacanestro /pallakaˈnɛstro/ [여] [스포츠] 농구
pallamano /pallaˈmano/ [여] [스포츠] 핸드볼
pallanuoto /pallaˈnwɔto/ [여] [스포츠] 수구
pallavolo /pallaˈvolo/ [여] [스포츠] 배구
palleggiare /palledˈdʒare/ [자동] (조동사 : avere) (구기 종목에서) 공을 드리블하거나 던지면서 다루다 - palleggiarsi [재귀동사] palleggiarsi la responsabilità (남에게) 책임을 전가하다
palliativo /palljaˈtivo/ [남] 병의 증상을 완화하는 치료 수단이나 약
pallido /ˈpallido/ [형] ① (빛깔이) 엷은, 연한 ② (얼굴이) 창백한, 핏기 없는 ③ (비유적으로) (생각 따위가) 희미한, 흐릿한, 어렴풋한; non ho la più pallida idea 난 전혀 모르겠어
pallina /palˈlina/ [여] 작은 공; 구슬
pallino /palˈlino/ [남] ① (당구·볼링의) 공 ② 탄알 ③ (직물에 인쇄된) 둥근 무늬 ④ (구어체에서·비유적으로) 열광, 광적인 집착; avere il pallino di ~에 열광하다, 푹 빠져 있다
palloncino /pallonˈtʃino/ [남] ① 풍선 ② (장식용) 종이 초롱
pallone /palˈlone/ [남] ① (경기용) 공, 볼; pallone da calcio 축구공 ② [스포츠] 축구; giocare a pallone 축구를 하다 ③ 기구(氣球) ④ (화학 실험용) 플라스크 - essere un pallone gonfiato 자만심에 차 있다
pallore /palˈlore/ [남] (얼굴의) 창백함
pallottola /palˈlɔttola/ [여] ① (종이 따위를 뭉친) 작은 공 모양의 것 ② 탄환, 총탄
palma1 /ˈpalma/ [여] 손바닥
palma2 /ˈpalma/ [여] ① [식물] 종려나무, 야자나무; palma da datteri 대추야자 ② (비유적으로) 상(賞); riportare la palma 상을 타다
palmato /palˈmato/ [형] ① (동물의 발에) 물갈퀴가 있는 ② (식물의 잎이) 손바닥 모양인
palmo /ˈpalmo/ [남] 손을 벌린 폭, 뼘 - rimanere[restare] con un palmo di naso 크게 실망하다
palo /ˈpalo/ [남] ① 말뚝, 기둥, 막대기 ② [축구] 골포스트 - palo della luce 가로등의 기둥
palombaro /palomˈbaro/ [남] (심해) 잠수부
palombo /paˈlombo/ [남] [어류] 별상어
palpare /palˈpare/ [타동] 만져보다; [의학] 촉진(觸診)하다
palpebra /ˈpalpebra/ [여] 눈꺼풀
palpitare /palpiˈtare/ [자동] (조동사 : avere) ① (심장·맥박이) 뛰다, 고동치다 ② palpitare di paura 무서워 떨다
palpitazione /palpitatˈtsjone/ [여] ① 가슴이 두근거림 ② [병리] 심계항진(心悸亢進) ③ (비유적으로) 격한 감정, 흥분
palpito /ˈpalpito/ [남] ① (심장의) 고동 ② (비유적으로) 격한 감정
paltò /palˈtɔ/ [남-불변] 오버코트

palude /pa'lude/ [여] 늪, 소택지, 습지
paludoso /palu'doso/ [형] 늪지대의, 소택지의, 습지의
palustre /pa'lustre/ [형] 늪의; febbre palustre [병리] 말라리아
pampino /'pampino/ [남] 포도나무 잎
panacea /pana'tʃea/ [여] 만병통치약
panama /'panama/ [남-불변] 파나마 모자
Panama /'panama/ [남] 파나마; il canale di Panama 파나마 운하
panamense /pana'mɛnse/ [형] 파나마의 - [남/여] 파나마 사람
panca /'panka/ [여] (복 : -che) 벤치, 긴 의자
pancarré /pankar're/ [남-불변] 샌드위치 따위를 만들기 위해 가장자리를 잘라낸 빵
pancetta /pan'tʃetta/ [여] 소시지 따위로 쓰이는 돼지고기; pancetta affumicata 베이컨
panchetto /pan'ketto/ [남] 걸상
panchina /pan'kina/ [여] ① (공원 등의) 벤치 ② [스포츠] 벤치
pancia /'pantʃa/ [여] (복 : -ce) 배, 복부; avere la pancia 배가 불룩 나와 있다, 뱃살이 있다; avere la pancia piena 배가 부르다; avere mal di pancia 배가 아프다, 복통이 있다
panciera /pan'tʃera/ [여] 복대(腹帶)
panciolle (in panciolle /impan'tʃɔlle/의 형태로 쓰여) [부] stare in panciolle 누워 있다
panciotto /pan'tʃɔtto/ [남] 조끼
pancreas /'pankreas/ [남-불변] [해부] 췌장(膵臟), 이자
panda /'panda/ [남-불변] [동물] 판다
pandemonio /pande'mɔnjo/ [남] (복 : -ni) 대혼란
pandoro /pan'dɔro/ [남] 크리스마스에 먹는 스펀지케이크의 일종
pane /'pane/ [남] ① 빵; pane bianco 흰빵; pane di segale 호밀빵; pane tostato 토스트; pan di Spagna 스펀지케이크 ② (빵의) 덩어리 ③ 생계 수단; il pane quotidiano 일용할 양식 ④ (버터·비누 따위의) 작은 덩어리 - dire pane al pane, vino al vino 똑바로[사실대로] 말하다; essere buono come il pane 아주 착하다; per un pezzo di pane 헐값으로, 싸구려로; rendere pan per focaccia 되갚다, 똑같이 갚아 주다

panetteria /panette'ria/ [여] 빵집, 제과점
panettiere /panet'tjɛre/ [남] (여 : -a) 빵집[제과점] 주인
panettone /panet'tone/ [남] 크리스마스 케이크의 일종
panfilo /'panfilo/ [남] 요트
panforte /pan'fɔrte/ [남] 크리스마스 케이크의 일종
pangrattato /pangrat'tato/ [남] 빵가루, 빵 부스러기
panico /'paniko/ [남] (복 : -ci, -che) 돌연한 공포, 공황, 패닉; essere in preda al panico 패닉 상태다
paniere /pa'njɛre/ [남] 바구니, 광주리
panificio /pani'fitʃo/ [남] (복 : -ci) 빵집, 제과점
panino /pa'nino/ [남] 롤빵
paninoteca /panino'tɛka/ [여] (복 : -che) 샌드위치 따위를 파는 가게
panna1 /'panna/ [여] (식품으로서의) 크림; panna acida 사워크림, 산패유(酸敗乳); panna montata 휘핑크림 - [남/형-불변] 크림색(의)
panna2 /'panna/ [여] mettersi in panna (배를) 멈추다
panne /'panne/ [여-불변] (자동차 따위의) 고장; in panne 고장난
pannello /pan'nɛllo/ [남] (건축용) 패널, 벽판; pannello divisorio 칸막이벽 - pannello solare 태양 전지판
panno /'panno/ [남] 천, 피륙, 옷감 - panni [남·복] 옷, 의류; panni da lavare 세탁물, 빨랫감
pannocchia /pan'nɔkkja/ [여] (기장 따위의) 이삭; (옥수수의) 알
pannolino /panno'lino/ [남] ① 기저귀 ② 생리대
panorama /pano'rama/ [남] ① 전경(全景) ② (특정 주제에 대한) 개관(概觀) ③ [연극] 파노라마식 배경막
panoramica /pano'ramika/ [여] (복 : -che) ① (카메라의) 팬[파노라마] 촬영 ② (비유적으로) 개관(概觀); fare una panoramica di qc 무엇을 개관하다
panoramico /pano'ramiko/ [형] (복 : -ci, -che) ① 파노라마(식)의 ② 광각(廣角)의
panpepato /pampe'pato/ [남] 향료 따위로 맛을 낸 케이크의 일종
pantacollant /pantakol'lan/ [남-불변] 레

깅스 (타이츠 모양의 바지)

pantaloni /panta'loni/ [남·복] 바지; una paio di pantaloni 바지 한 벌; pantaloni corti 짧은 바지, 반바지

pantano /pan'tano/ [남] 진창, 수렁

pantera /pan'tɛra/ [여] [동물] 표범

pantofola /pan'tɔfola/ [여] 슬리퍼

pantomima /panto'mima/ [여] 무언극, 팬터마임

panzana /pan'tsana/ [여] 터무니없는 이야기, 허풍

paonazzo /pao'nattso/ [형] 자줏빛의

papa /'papa/ [남] 교황 - a ogni morte di papa 아주 드물게, 좀처럼 ~ 않는; vivere come un papa 호화롭게 살다

papà /pa'pa/ [남-불변] 아빠, 아버지

papaia /pa'paja/ [여] [식물] 파파야 (나무 또는 열매)

papale /pa'pale/ [형] 로마 교황의

papalina /papa'lina/ [여] (가톨릭 고위 성직자 등이 쓰는) 작은 테두리 없는 모자

paparazzo /papa'rattso/ [남] 파파라치 (유명인을 쫓아다니는 사진가)

papato /pa'pato/ [남] 로마 교황의 직[임기]

papavero /pa'pavero/ [남] [식물] 양귀비

papaya → papaia

papera /'papera/ [여] 실언(失言), 잘못 말함

papero /'papero/ [남] 거위 새끼

papilla /pa'pilla/ [여] [해부] 젖꼭지, 유두 - papilla gustativa (혀의) 미뢰(味蕾), 맛봉오리

papillon /papi'jɔn/ [남-불변] 보타이, 나비넥타이

papiro /pa'piro/ [남] 파피루스

pappa /'pappa/ [여] ① 유아식(乳兒食) ② 걸쭉한 것[음식] - pappa reale 로열 젤리

pappagallo /pappa'gallo/ [남] ① [조류] 앵무새 ② (비유적으로) 뜻도 모르고 남의 말을 따라하는 사람

pappagorgia /pappa'gɔrdʒa/ [여] (복 : -ge) 이중 턱

pappardella /pappar'dɛlla/ [여] (구어체에서) 장황한 말 - pappardelle [여·복] 파스타 요리의 일종

pappare /pap'pare/ [타동] (구어체에서) ① 먹어치우다 ② (비유적으로) 가로채다, 착복하다

paprica, paprika /'paprika/ [여] [식물] 파프리카

para /'para/ [여] 파라고무

parà /pa'ra/ [남-불변] (paracadutista의 약자) 낙하산으로 강하하는 사람; [군사] 낙하산병

parabola1 /pa'rabola/ [여] ① [기하] 포물선 ② 탄도(彈道) ③ 파라볼라 안테나

parabola2 /pa'rabola/ [여] (성경의) 비유(담)

parabolico /para'bɔliko/ [형] (복 : -ci, -che) 포물선의; antenna parabolica 파라볼라 안테나

parabrezza /para'breddza/ [남-불변] (자동차의) 앞[전면] 유리

paracadutarsi /parakadu'tarsi/ [재귀동사] 낙하산으로 강하하다

paracadute /paraka'dute/ [남-불변] 낙하산

paracadutismo /parakadu'tizmo/ [남] 낙하산 강하

paracadutista /parakadu'tista/ [남/여] (남·복 : -i, 여·복 : -e) 낙하산으로 강하하는 사람; [군사] 낙하산병

paracarro /para'karro/ [남] (보도의) 연석(緣石), 갓돌

paradiso /para'dizo/ [남] ① (종교적 의미의) 천국, 극락 ② (비유적으로) 천국과도 같은 곳 - sentirsi in paradiso 더없이 행복하다; paradiso fiscale 조세 피난처; il Paradiso terrestre [성경] 에덴 동산, 지상 낙원

paradossale /parados'sale/ [형] 역설의; 자기모순의

paradosso /para'dɔsso/ [남] 역설, 패러독스

parafango /para'fango/ [남] (복 : -ghi) (자전거, 자동차 등의) 흙받기

paraffina /paraf'fina/ [여] [화학] 파라핀

parafrasare /parafra'zare/ [타동] (알기 쉽게) 바꾸어 쓰다[말하다], 부연해서 설명하다

parafrasi /pa'rafrazi/ [여-불변] (알기 쉽게) 바꾸어 쓰기[말하기], 부연 설명

parafulmine /para'fulmine/ [남] 피뢰침

paraggi /pa'raddʒi/ [남·복] 인근, 부근, 근처; nei paraggi (di) (~의) 부근에; in questi paraggi 이 근처에

paragonabile /parago'nabile/ [형] (a와 함께 쓰여) (~에) 필적하는, 비길 만한

paragonare /parago'nare/ [타동] (a 또는 con과 함께 쓰여) (~에) 비기다, (~와) 비교하다 - paragonarsi [재귀동

사] (a 또는 con과 함께 쓰여) (~에) 비견되다

paragone /para'gone/ [남] 비교; 유사, 필적; a paragone di ~와 비교해서; non regge al paragone 그것은 비교가 되지 않는다; senza paragone 비교할 수 없는, 비할 데 없는

paragrafo /pa'ragrafo/ [남] (문장의) 절(節), 단락, 패러그래프

paraguaiano /paragwa'jano/ [형] 파라과이의 - [남] (여 : -a) 파라과이 사람

Paraguay /para'gwai/ [남] 파라과이

paralisi /pa'ralizi/ [여-불변] ① [병리] 마비, 불수(不隨); 중풍 ② (비유적으로) (교통 따위의) 정체, 마비 상태

paralitico /para'litiko/ (복 : -ci, -che) [형] 마비(성)의 - [남] (여 : -a) 마비[중풍] 환자

paralizzare /paralid'dzare/ [타동] ① (신체를) 마비시키다 ② 무력[무능]하게 만들다; (교통 따위의) 정체를 유발하다

paralizzato /paralid'dzato/ [형] ① (신체가) 마비된, 불수의 ② (비유적으로) 무력[무능]해진; (교통 따위의) 정체가 일어난

parallela /paral'lela/ [여] ① 평행선 ② -e [체조] 평행봉

parallelamente /parallela'mente/ [부] (a와 함께 쓰여) (~에) 평행하여, (~와) 나란히

parallelo /paral'lɛlo/ [형] ① (a와 함께 쓰여) (~에) 평행한, 나란한 ② 병행되는, 동시에 일어나는 ③ [전기·컴퓨터] 병렬의; interfaccia parallela 병렬 접속기 - [남] ① 비교, 대비; fare un parallelo tra (양자를) 비교[대비]하다 ② [지리] 위선(緯線) ③ in parallelo [전기·컴퓨터] 병렬식으로

paralume /para'lume/ [남] 전등 갓

paramedico /para'mɛdiko/ (복 : -ci, -che) [형] 준(準)의료 활동의, 전문의를 보좌하는 - [남] 의료 보조원

paramenti /para'menti/ [남·복] 제의(祭衣), 예복, 성직복

parametro /pa'rametro/ [남] ① [수학·컴퓨터] 파라미터, 매개변수(媒介變數) ② 한정[규정] 요소

paramilitare /paramili'tare/ [형] 준(準)군사적인, 준군사조직의

paranoia /para'nɔja/ [여] [정신의학] 편집증(偏執症)

paranoico /para'nɔiko/ (복 : -ci, -che) [형] 편집증의; 편집증에 시달리는 - [남] (여 : -a) 편집증 환자

paranormale /paranor'male/ [형] 심령(현상)의

paraocchi /para'ɔkki/ [남·복] (말의) 눈가리개 가죽

paraorecchie /parao'rekkje/ [남-불변] (모자의) 귀덮개

parapendio /parapen'dio/ [남-불변] 패러글라이더; 패러글라이딩

parapetto /para'petto/ [남] ① [건축] 난간 ② [군사] 흉벽(胸壁), 흉장(胸墙) (방어용의 낮은 벽)

parapiglia /para'piʎʎa/ [남-불변] 소동, 소란

paraplegico /para'plɛdʒiko/ [형/남] (여 : -a) (복 : -ci, -che) 양쪽 하반신이 마비된 (사람)

parapsicologia /parapsikolo'dʒia/ [여] (심령 현상을 다루는) 초(超)심리학

parare /pa'rare/ [타동] ① 꾸미다, 치장하다 ② (눈 따위를) 가리다, 보호하다 ③ [스포츠] (펜싱 등에서, 상대의 공격을) 받아 넘기다; (축구 등에서, 상대방의 득점을) 막다, 세이브하다 - [자동] (조동사 : avere) andare a parare (목표를 향해) 나아가다 - pararsi [재귀동사] 나타나다, 출현하다

parascolastico /parasko'lastiko/ [형] (복 : -ci, -che) 과외(활동)의

parasole /para'sole/ [남-불변] 양산(陽傘)

parassita /paras'sita/ (남·복 : -i, 여·복 : -e) [형] 기생충의; 기생하는, 기생적인 - [남] 기생충, 기생 동물 - [남/여] (구어체에서·비유적으로) 식객, 남에게 얹혀 사는 사람

parassitario /parassi'tarjo/ [형] (복 : -ri, -rie) 기생충의; 기생하는, 기생적인

parastatale /parasta'tale/ [형] 반관(半官)의, 준(準)국영의

parastinchi /paras'tinki/ [남-불변] 정강이받이

parata1 /pa'rata/ [여] [스포츠] (축구 등에서의) 세이브; (펜싱 등에서의) 상대방의 공격을 받아 넘기기

parata2 /pa'rata/ [여] ① 행렬, 퍼레이드 ② [군사] 열병(閱兵)

paratia /para'tia/ [여] (배 안의 방을 가르는, 또는 비행기 내의) 칸막이

paraurti /para'urti/ [남-불변] (자동차의)

범퍼
paravento /para'vɛnto/ [남] 병풍
parcella /par'tʃella/ [여] (전문직 종사자에 대한) 보수, 사례금
parcheggiare /parked'dʒare/ [타동] 주차시키다
parcheggio /par'keddʒo/ [남] (복 : -gi) ① 주차; "divieto di parcheggio" "주차 금지" ② 주차장; 주차 공간
parchimetro /par'kimetro/ [남] 파킹미터 (유료 주차장에 설치되어 주차 시간과 주차 요금을 자동적으로 표시하는 기기)
parco1 /'parko/ [남] (복 : -chi) ① 공원; parco di divertimenti 유원지, 놀이공원; parco nazionale 국립공원 ② 일정한 구역, ~장(場); parco giochi 놀이터 ③ (한 회사가 소유한) 전 차량
parco2 /'parko/ [형] (복 : -chi, -che) 절약하는, 검소한
parecchio /pa'rekkjo/ (복 : -chi, -chie) [형] (부정형용사) ① 많은, 다수의; c'era parecchia gente 많은 사람들이 있었다 ② parecchio tempo fa 오래 전에 - [대] (부정대명사) 많은 것[사람], 다수; parecchi dicono 많은 사람들이 ~이라고 말한다 - [부] ① 많이; mangia parecchio 그는 많이 먹는다 ② 아주, 꽤, 상당히
pareggiare /pared'dʒare/ [타동] ① (지면 등을) 평평하게 하다, 고르다 ② (수지의) 균형을 맞추다 - [자동] (조동사 : avere) (경기에서) 무승부가 되다
pareggio /pa'reddʒo/ [남] (복 : -gi) ① 수지의 균형, 손익 평형 ② (경기의) 무승부
parentado /paren'tado/ [남] (집합적으로) 친척, 일가
parente /pa'rɛnte/ [남/여] 친척(의 한 사람)
parentèla /paren'tɛla/ [여] ① 혈연, 친족관계 ② (집합적으로) 친척, 일가
parentesi /pa'rɛntezi/ [여-불변] ① (본론이 아닌) 여담; tra parentesi 그런데, 말이 난 김에 하는 말인데 ② 괄호; parentesi quadre 꺾쇠 괄호
parere1 /pa'rere/ [자동] (조동사 : essere) ① ~인 것처럼 보이다; pare impossibile 불가능해 보이다; pare di sì 그런 것 같다; pare che ~인 것 같다, ~이라고들 한다 ② ~이라는 의견이다; mi pare che 내 생각에는, 내가 보기에는; mi pare di no 난 그렇게 생각

하지 않아; non mi pare vero! 믿을 수 없어!; che te ne pare del mio libro? 내 책에 대해 어떻게 생각해?, 내 책 어떠니?; fai come ti pare! 하고 싶은 대로 해!
parere2 /pa'rere/ [남] 충고, 조언; 의견, 견해, 판단; a mio parere 내 생각에는
parete /pa'rete/ [여] 벽 - fra le pareti domestiche 집 안에서; parete cellulare [생물] 세포벽
pargolo /'pargolo/ [남] (문어체에서) 자식, 아이
pari1 /'pari/ [형-불변] ① 같은, 동등한; essere pari di grado 동급이다, 동등하다; essere pari a qn in qc 누구와 어떤 면에서 동등하다; andare di pari passo (보조를 맞추어) 같이 가다 ② (지표면 따위가) 고른, 평평한 ③ 짝수의 ④ (경기·게임에서) 무승부의, 비긴; siamo pari (비유적으로) 우리 비긴 거다, 피장파장이다 - [남/여-불변] 동등한 것[사람]; senza pari 비길 데 없는 - [남-불변] 짝수 - [부] 똑같이; pari pari 아주 똑같이, 그대로 - alla pari 똑같이, 동등하게; in pari 같은 수준으로, 동등하게; al pari di ~와 같이, ~처럼, ~와 마찬가지로
pari2 /'pari/ [남-불변] (영국의) 귀족; 상원 의원
paria /'parja/ [남/여-불변] ① (인도 남부의) 최하층민, 천민 ② (비유적으로) (사회에서) 버림받은 자
parificato /parifi'kato/ [형] (학교 등이) 공인된, 공인을 받은
Parigi /pa'ridʒi/ [여] 파리 (프랑스의 수도)
parigino /pari'dʒino/ [형] 파리의 - [남] (여 : -a) 파리 사람
pariglia /pa'riʎʎa/ [여] (말(馬)의) 한 쌍 - rendere la pariglia 되갚다, 똑같이 돌려주다
parità /pari'ta/ [여-불변] 동등, 같음; a parità di condizioni 같은 조건으로; trattamento di parità 동등한 대우; un risultato di parità (경기의) 무승부
parka /'parka/ [남-불변] 파카 (후드 달린 재킷)
parlamentare1 /parlamen'tare/ [형] 의회의 - [남/여] 의원(議員)
parlamentare2 /parlamen'tare/ [자동] (조동사 : avere) (con과 함께 쓰여) (~와) 협상[교섭]하다

parlamento /parla'mento/ [남] 의회

parlantina /parlan'tina/ [여] (구어체에서) avere una buona parlantina 말재주가 좋다

parlare /par'lare/ [타동] (언어를) 말하다, 구사하다; sai parlare l'inglese? 너 영어 할 줄 아니? - [자동] (조동사 : avere) ① (발음하여) 말하다; il bambino non sa ancora parlare 그 아기는 아직 말을 하지 못한다; parla più forte! 더 큰 소리로 말해라!; parlare tra i denti 중얼거리다 ② (생각을 표현하여) 말하다, 이야기하다; parlare chiaro (자기 생각을) 터놓고 말하다; parlare male di qn/qc 누구/무엇을 나쁘게 말하다 ③ (남과) 이야기하다, 대화하다; parlare a[con] qn di qc 누구에게[와] 무엇에 대해 말하다; non parliamone più 더 이상 말하지 말자, 그만 잊도록 하자; far parlare di sé (남의) 이야깃거리가 되다; parlano di matrimonio 그들은 결혼에 대해 이야기하고 있다 ④ (전화로) 이야기하다, 통화하다; sta parlando al telefono 그는 전화 통화 중이다; pronto? chi parla? 여보세요? 누구시죠? ⑤ (di와 함께 쓰여) (~에 대해) 언급하다, 화제로 다루다; ne ho sentito parlare 나는 그것에 대해 들어본 적이 있다; il libro parla del problema della droga 그 책은 마약 문제를 다루고 있다 ⑥ (비밀 따위를) 털어놓다 - [남] ① 말투, 화법 ② 방언, 사투리 ③ 이야기(하기), 재잘거림

parlato /par'lato/ [형] 구어(口語)의; lingua parlata 구어 - [남] il parlato ① 구어 ② 발성 영화

parlatore /parla'tore/ [남] (여 : -trice) 말[이야기]하는 사람

parlatorio /parla'tɔrjo/ [남] (복 : -ri) (교도소·수도원 등의) 면회실

parlottare /parlot'tare/ [자동] (조동사 : avere) 낮은 소리로 말하다, 속삭이다

parlottio /parlot'tio/ [남] (복 : -ii) 낮은 소리로 말하기, 속삭임

parmigiano /parmi'dʒano/ [남] 파르마산 치즈

parodia /paro'dia/ [여] 패러디, 풍자적인 개작(改作)

parodiare /paro'djare/ [타동] 풍자적으로 개작하다, 익살스럽게 모방하다

parola /pa'rɔla/ [여] ① 말; 낱말, 단어; in una parola 한 마디로 하면; in altre parole 다른 말로 하면, 바꾸어 말하면; parola per parola 말 그대로, 축어적으로; rimanere senza parole 말이 없다; rivolgere la parola a qn 누구에게 말을 걸다; è una parola! 말은 쉽지 (행하기는 어렵다는 뜻) ② 말하기, 말하는 능력; avere la parola facile 말재주가 좋다 ③ 약속; dare la propria parola a qn 누구에게 약속하다; mantenere la parola 약속을 지키다 ④ [복] 노랫말, 가사 - parola d'ordine 암호, 패스워드; parole incrociate 크로스워드 퍼즐; diritto di parola (회의에서의) 발언권

parolaccia /paro'lattʃa/ [여] (복 : -ce) 욕설

paroliere /paro'ljɛre/ [남] (여 : -a) 작사가

parossismo /paros'sizmo/ [남] ① [병리] (간헐적인 격렬한) 발작 ② (감정의) 격앙

parotite /paro'tite/ [여] [병리] 유행성 이하선염(耳下腺炎)

parquet /par'kɛ/ [남-불변] 쪽모이 세공 (으로 깐 마루)

parricida /parri'tʃida/ [남/여] (남·복 : -i, 여·복 : -e) 부모 살해자

parricidio /parri'tʃidjo/ [남] (복 : -di) 부모 살해

parrocchia /par'rɔkkja/ [여] [기독교] 교구(教區)

parrocchiale /parrok'kjale/ [형] 교구의

parrocchiano /parrok'kjano/ [남] (여 : -a) 교구민

parroco /'parroko/ [남] (복 : -ci) 교구 목사[사제]

parrucca /par'rukka/ [여] (복 : -che) 가발

parrucchiere /parruk'kjɛre/ [남] (여 : -a) 이발사, 미용사

parsimonia /parsi'monja/ [여] 검소, 검약, 절약

parsimonioso /parsimo'njoso/ [형] 검소한, 절약하는, 아끼는

parte /'parte/ [여] ① 부분, 일부; una parte di noi 우리 중 일부; gran[la maggior] parte degli spettatori 관객의 대부분; in parte 일부분, 부분적으로 ② 몫; fare le parti di qc 무엇을 각자의 몫으로 나누다 ③ 구성 요소, 성분; 부품 ④ 쪽, 면; 방향; dall'altra parte della strada 길 건너편; da parte a parte 관통하여; da ogni parte 각 방면에서 ⑤ 곳, 장소; 지방, 지역; da qualche parte 어딘가에; da queste parti 이 근처에; abita dalle mie parti 그는 나와 같은 지역에 살고 있다 ⑥ 입장, 처지, 관점; da parte mia 내 입장에서는, 나로서는; da parte di ~을 대신해서 ⑦ 편, 파(派); essere dalla parte di qn 누구의 편이다; uomo di parte 동지 ⑧ [법률] (이해관계의) 당사자; le parti in causa 관계자들, 당사자들 ⑨ (배우의) 역(役) - fare parte di qc 무엇의 일부다, 무엇에 속하다; prendere parte a ~에 참가[참여]하다; a parte 따로, 별개의; a parte ciò 그 외에; d'altra parte 다른 한편

partecipante /partetʃi'pante/ [형] 참가[참여]하는 - [남/여] 참가자, 참여자, 관계자; i partecipanti alla cerimonia 그 의식에 참가하는 사람들

partecipare /partetʃi'pare/ [자동] (조동사 : avere) (a와 함께 쓰여) (~에) 참가[참여]하다, 관여하다; (~에) 기여하다; (~에서) 한몫을 차지하다 - [타동] 알리다, 발표하다, 공고하다

partecipazione /partetʃipat'tsjone/ [여] ① 참가, 참여; 관여, 관계 ② (주식 따위의) 보유; partecipazione di maggioranza 기업 지배권 (회사 경영을 장악하는 데 충분한 주식을 보유한 경우) - partecipazione agli utili 이윤 분배

partecipe /par'tetʃipe/ [형] 함께 나누는, 공유하는; 관여하는; essere partecipe del dolore 아픔을 함께 나누다

parteggiare /parted'dʒare/ [자동] (조동사 : avere) (per와 함께 쓰여) (~의) 편을 들다, (~을) 지지하다

partenza /par'tentsa/ [여] ① 출발; 시작; orario di partenza 출발 시각; ritornare al punto di partenza 출발점으로 되돌아오다; in partenza 출발하려[떠나려] 하는, 곧 출발할 예정인 ② [스포츠] 스타트, 출발; linea di partenza 출발선; falsa partenza 부정 출발

particella /parti'tʃella/ [여] ① 아주 작은 조각, 입자 ② [물리] 소립자 ③ [문법] 불변화사

participio /parti'tʃipjo/ [남] (복 : -pi) [문법] 분사; participio passato 과거 분사; participio presente 현재 분사

particolare /partiko'lare/ [형] ① 특별한; niente di particolare 별다른 것이 없는 ② 특정한; 특유의, 독특한; in questo caso particolare 이 특수한 경우에는 ③ 사적인, 개인적인 ④ in particolare 특별히, 특히 - [남] 상세, 세부; in tutti i particolari 상세하게

particolareggiato /partikolared'dʒato/ [형] 상세한

particolarità /partikolari'ta/ [여-불변] ① 특별함, 특수성, 독특함 ② 특징 ③ 상세, 세부

particolarmente /partikolar'mente/ [부] 특별히, 특히

partigiano /parti'dʒano/ [형] 당파심이 있는 - [남] (여 : -a) ① (군사) 빨치산, 파르티잔 ② 동지, 지지자

partire /par'tire/ [자동] (조동사 : essere) ① 떠나다, 출발하다; sono partita da Roma alle 7 나는 7시에 로마를 떠났다 ② 시작하다 ③ 발차하다; (비행기가) 이륙하다 ④ (총알 따위가) 발사되다 - a partire da ~으로부터; a partire da ora 지금부터; la seconda a partire da destra 오른쪽에서 두 번째

partita /par'tita/ [여] ① 경기, 시합, 게임; una partita a tennis 테니스 경기; partita amichevole 친선 경기 ② (상품의) 한 묶음 - partita doppia 복식 부기; partita semplice 단식 부기

partito /par'tito/ [남] ① [정치] 당, 정당 ② 결정, 결심, 선택; non saprei che partito prendere 어떻게 해야 할 지 모르겠다 ③ 결혼 상대; è un buon partito 그는 좋은 신랑감이다 - per partito preso 선입견에서, 편견으로

partitocrazia /partitokrat'tsia/ [여] 정당이 의회나 정부보다 더 큰 역할을 하는 정치 체제

partitura /parti'tura/ [여] [음악] 악보

parto /'parto/ [남] ① 출산, 분만; i dolori del parto 진통; parto cesareo 제왕절개술에 의한 출산; parto naturale 자연 분만; parto prematuro 조산(早産) ② (비유적으로) (지적 활동의) 산물; parto letterario 문학 작품

partoriente /parto'rjente/ [여] 출산 중인 여자

partorire /parto'rire/ [타동] ① (여자가) 아기를 낳다, 출산[분만]하다 ② (동물

의 암컷이) 새끼를 낳다 ③ (비유적으로·구어체에서) (지적 활동의 산물을) 내놓다, (작품 따위를) 창작하다

part time /par'taim/ [남/형-불변] 파트타임(의)

parure /pa'ryr/ [여-불변] ① 보석·장신구의 한 벌 ② 함께 쓰이는 물건의 한 벌 (예를 들어 시트와 베갯잇 따위)

parvenza /par'ventsa/ [여] ① (문어체에서) 겉모습, 외관 ② 겉보기에 비슷한 모습

parziale /par'tsjale/ [형] ① 일부분의, 부분적인, 불완전한 ② 편견을 가진, 편파적인, 불공정한

parzialità /partsjali'ta/ [여-불변] 편견을 가지고 있음, 편파적임; con parzialità 편견을 가지고, 편파적으로, 불공정하게

parzialmente /partsjal'mente/ [부] ① 부분적으로, 불완전하게 ② 편파적으로, 불공정하게

pascere /paʃʃere/ [타동] ① (가축이 풀 따위를) 먹다, 먹이로 하다 ② (가축을) 방목하다 - [자동] (조동사 : avere) (가축이) 풀을 뜯다 - pascersi [재귀동사] (di와 함께 쓰여) (~을) 먹고 살다, 먹이로 하다

pasciuto /paʃʃuto/ [형] (ben) pasciuto 살찐, 통통한

pascolare /pasko'lare/ [자동] (조동사 : avere) (가축이) 풀을 뜯다

pascolo /'paskolo/ [남] 목초지

Pasqua /'paskwa/ [여] ① [기독교] 부활절; la domenica di Pasqua 부활 주일 ② [성경] 유월절(逾越節)

pasquale /pas'kwale/ [형] 부활절의

pasquetta /pas'kwetta/ [여] (구어체에서) 부활 주일 다음날인 월요일

passabile /pas'sabile/ [형] 괜찮은, 웬만한, 무난한

passaggio /pas'saddʒo/ [남] ① 통행, 통과; 횡단, 건너기; sono qui solo di passaggio 난 그냥 지나가고 있는 거예요 ② (권리 등의) 이전(移轉); passaggio di proprietà 소유권 이전 ③ 이동, 이행, 변천, 변화; il passaggio dall'infanzia all'adolescenza 유년기에서 사춘기로의 이행 ④ 통로, 길; impedire il passaggio a qn 누구의 길을 막다; passaggio pedonale 횡단보도 ⑤ 교통, 통행, 왕래; c'è molto passaggio 통행량이 많다 ⑥ (사람을) 차에 태워 줌; dare un passaggio a qn 누구를 차에 태워 주다 ⑦ (책이나 음악 따위의) 한 구절 ⑧ [스포츠] (공의) 패스

passamaneria /passamane'ria/ [여] 리본 따위의 장식

passamontagna /passamon'taɲɲa/ [남-불변] (방한용의) 눈만 내놓게 되어 있는, 목까지 내려오는 털실 모자

passante /pas'sante/ [남/여] 지나가는 사람, 통행인 - [남] (의복의) 벨트 따위를 꿰는 고리

passaparola /passapa'rɔla/ [남] fare il passaparola [군사] 명령을 전달하다

passaporto /passa'pɔrto/ [남] 여권

passare /pas'sare/ [타동] ① 지나가다, 통과하다, 건너다 ② (시험에 합격하다; (세관을) 통과하다 ③ (법안 따위를) 통과시키다 ④ 관통하다, 뚫고 지나가다 ⑤ (시간을) 보내다; passare le vacanze in montagna 휴가를 산에서 보내다 ⑥ (한계 등을) 넘다, 초과하다; ha passato la quarantina 그는 40세를 넘었다 ⑦ 넘겨주다, 전달하다; (공을) 패스하다; passare qc a qn 무엇을 누구에게 전해주다; passare indietro qc 무엇을 되돌려주다; mi passi Maria? (전화상에서) 마리아좀 바꿔 줄래? ⑧ passare lo straccio per terra 바닥을 닦다; passarsela bene 잘 지내다; come te la passi? 어떻게 지내니? - [자동] ① 지나가다, 통과하다, 건너다; l'autobus passa davanti a casa nostra 그 버스는 우리 집 앞을 지나간다; passare dall'altra parte della strada 길 건너편으로 가다, 길을 건너다 ② (어떤 장소에) 잠깐 들르다; passare a casa di qn 누구네 집에 잠깐 들르다; passare in banca 은행에 들르다 ③ (빛 따위가) 통과하다; (물이) 스며들다 ④ 전달되다, 넘어가다; passare di mano in mano (이 사람, 저 사람에게로) 돌아가다; passare di padre in figlio 아버지에서 아들로 전해지다; passare da un argomento ad un altro 한 주제에서 다른 주제로 넘어가다; passiamo ad altro! 계속하죠!; passare di moda 유행이 지나다; passare a miglior vita (완곡한 표현으로) 죽다, 사망하다 ⑤ (시간이) 지나다, 경과하다 ⑥ 끝나다, 사라지다; il peggio è passato 최악의 상황은 이제 끝났다 ⑦ (법안 따위가) 통과되다; (시

P

험 등에) 합격하다; passare di grado 승진하다 ⑧ (어느 한계) 이상이다; c'erano 100 persone e passa 100명이 훨씬 넘는 사람들이 있었다 ⑨ (~으로) 여겨지다; passare per uno stupido 바보 취급을 받다; passare per buono 좋다고 인정되다, 받아들여지다; farsi passare per ~인 체하다 ⑩ passare attraverso[per] ~을 통과하다; passare sopra i) ~의 위를 지나다 ii) (비유적으로) 못 본 체하다, 봐주다; cosa ti passa per la testa? 무슨 생각을 하고 있는 거야?; lasciar passare qn/qc 그냥 넘어가다 - [남] (시간의) 경과; col passare degli anni 시간이 지남에 따라

passata /pas'sata/ [여] ① dare una passata a qc 무엇을 닦다; dare una passata di vernice a qc 무엇에 페인트칠을 하다 ② dare una passata al giornale 신문을 대강 훑어보다

passatempo /passa'tɛmpo/ [남] 취미, 오락; per passatempo 취미로

passato /pas'sato/ [형] ① 지난, 과거의, 이전의; l'anno passato 작년; nel corso degli anni passati 지난 몇 해 동안 ② (유행 따위가) 지난; (영광 따위가) 사라진, 쇠퇴한 ③ (일정 시각이나 때를) 넘은, 지난; sono le 8 passate 여덟 시가 넘었다; ha 40 anni passati 그는 40세가 넘었다 - [남] ① 과거 ② [문법] 과거 시제; passato prossimo 현재완료

passatoia /passa'toja/ [여] (계단·복도에 까는) 카펫

passaverdura /passaver'dura/ [남-불변] 채소 분쇄기

passeggero /passed'dʒero/ [형] 일시적인, 잠깐의, 단명한 - [남] (여: -a) 승객, 여객

passeggiare /passed'dʒare/ [자동] (조동사: avere) 거닐다, 돌아다니다

passeggiata /passed'dʒata/ [여] ① 이리저리 거닐기, 돌아다니기, 산책 ② (자동차) 드라이브 ③ 산책로 - fare una passeggiata i) 거닐다, 산책하다 ii) 드라이브하다

passeggino /passed'dʒino/ [남] 유모차

passeggio /pas'seddʒo/ [남] (복: -gi) 산책, 거닐기; 산책로; andare a passeggio 거닐다, 산책하다

passe-partout /paspar'tu/ [남-불변] 마스터키, 만능 열쇠

passerella /passe'rɛlla/ [여] ① 인도교 (人道橋) ② [항해] 트랩 (배와 부두 또는 선창을 연결하는 널판) ③ (패션쇼의) 객석에 돌출한 좁다란 무대

passero /'passero/ [남] [조류] 참새

passibile /pas'sibile/ [형] (di와 함께 쓰여) ① (처벌 따위를) 받을 만한 ② ~할 수 있는, ~하기 쉬운; passibile di aumento 증가할 수 있는

passino /pas'sino/ [남] (주방용) 여과 장치

passionale /passjo'nale/ [형] 열렬한, 정열적인

passione /pas'sjone/ [여] ① 열정, 격정; amare con passione 열정적으로 사랑하다 ② (per와 함께 쓰여) (~에 대한) 열중, 열광, 애착 - domenica di Passione [기독교] 고난주일

passivamente /passiva'mente/ [부] 수동적으로

passività /passivi'ta/ [여-불변] ① 수동성, 수동적임 ② 부채, 채무; passività a breve termine 유동 부채

passivo /pas'sivo/ [형] ① 수동적인; 소극적인; fumo passivo 간접 흡연 ② [문법] 수동의 - [남] ① [문법] 수동태 ② 부채, 채무; in passivo 빚을 지고 있어

passo1 /'passo/ [남] ① 걸음, 보(步); fare un passo avanti 한 발 앞으로 나가다; fare due passi 잠깐 산책을 하다 ② 보조, 페이스; allungare il passo 걸음을 재촉하다, 빨리 걷다; di buon passo 활기차게[빨리] 걸어 ③ 발소리 ④ 발자국 ⑤ (댄스의) 스텝 ⑥ (텍스트나 음악의) 한 구절 - a due passi da qui 여기서 가까운 거리에; a passo d'uomo (자동차가) 아주 느리게; andare al passo coi tempi 시대에 뒤떨어지지 않다; di questo passo 이런 상태로는, 이렇게 해서는; fare i primi passi 첫 발을 내딛다; fare il gran passo 과감히 ~하다, 중대한 결정을 내리다; fare il passo più lungo della gamba 힘에 겨운 일을 하려 하다; passo (a) passo 한 걸음씩; seguire qn passo passo 누구의 뒤를 바싹 쫓아가다; tornare sui propri passi 되돌아오다

passo2 /'passo/ [남] ① 통행, 통과; cedere il passo a qn 누구에게 길을

양보하다; uccelli di passo 철새 ② 산길
password /'pasword/ [여-불변] 암호, 패스워드
pasta /'pasta/ [여] ① (제과·제빵용) 가루 반죽; lavorare la pasta 반죽을 개다 ② 파스타 (요리); pasta all'uovo 계란으로 만든 파스타 ③ 빵과자, 패스트리; pasta sfoglia 퍼프 패스트리 ④ (비유적으로) 성질, 본성 – pasta dentifricia 치약
pastasciutta /pastaʃʃutta/ [여] 파스타 (요리)
pasteggiare /pasted'dʒare/ [자동] (조동사 : avere) (a와 함께 쓰여) (~을) 식사로 들다
pastella /pas'tɛlla/ [여] (요리용) 반죽
pastello /pas'tɛllo/ [형-불변] 파스텔 톤의 – [남] ① 파스텔 (크레용) ② 파스텔화; 파스텔 화법
pasticca /pas'tikka/ [여] (복 : -che) 정제(錠劑), 알약
pasticceria /pastittʃe'ria/ [여] ① 제과점 ② 제과 (기술) ③ (집합적으로) 과자류
pasticciare /pastit'tʃare/ [타동] (일을) 엉터리로 하다, 망쳐 놓다
pasticciere /pastit'tʃere/ [남] (여 : -a) 과자 제조[판매]인
pasticcino /pastit'tʃino/ [남] 작은 과자
pasticcio /pas'tittʃo/ [남] (복 : -ci) ① 파이 ② (비유적으로) 엉망으로 된 일 ③ (비유적으로) 문제, 말썽, 곤란, 궁지; cacciarsi nei pasticci 말썽이 나다, 곤란해지다
pasticcione /pastit'tʃone/ [형/남] (여 : -a) (일을) 엉터리로 하는, 망쳐 놓는 (사람)
pastiera /pas'tjera/ [여] 크림 치즈와 설탕에 졸인 과일 따위를 넣은 퍼프 패스트리
pastificio /pasti'fitʃo/ [남] (복 : -ci) 파스타 제조소; 파스타를 파는 가게
pastiglia /pas'tiʎʎa/ [여] ① 정제(錠劑), 알약 ② 사탕, 캔디 ③ pastiglie dei freni (자동차의) 브레이크 라이닝
pastina /pas'tina/ [여] 수프에 넣는 작은 파스타
pasto /'pasto/ [남] 식사; da prendersi prima dei pasti 식전에 먹는; vino da pasto 식탁용 포도주 – dare qc in pasto al pubblico ~을 폭로하다, 널리 알리다

pastoia /pas'toja/ [여] pastoia burocratica 관료적 형식주의
pastorale /pasto'rale/ [형] 전원 생활의, 목가적인 – [여] ① [음악] 전원곡 ② 교서(敎書) – [남] 목장(牧杖; 주교나 수도원장의 권위를 상징하는 지팡이)
pastore /pas'tore/ [남] ① 양치기, 목자; cane (da) pastore 목양견 ② 목사, 성직자, 영적 지도자; il Buon Pastore "선한 목자" (그리스도를 지칭) – pastore tedesco (독일산) 셰퍼드
pastorizia /pasto'rittsja/ [여] 목양(牧羊), 양을 침
pastorizzare /pastorid'dzare/ [타동] 저온 살균법을 행하다; latte pastorizzato 저온 살균 우유
pastorizzazione /pastoriddzat'tsjone/ [여] 저온 살균(법)
pastoso /pas'toso/ [형] ① 반죽 같은 ② (비유적으로) (색깔·소리 따위가) 부드러운
pastrano /pas'trano/ [남] 두꺼운 천으로 만든 큰 외투
pastura /pas'tura/ [여] ① 방목(放牧) ② 목초지, 목장 ③ 목초
patacca /pa'takka/ [여] (복 : -che) ① 잔돈 ② 하찮은 물건 ③ (구어체에서) 얼룩
patata /pa'tata/ [여] [식물] 감자 – patata americana[dolce] 고구마; patate fritte 감자 튀김
patatine /pata'tine/ [여·복] 감자 튀김
patatrac /pata'trak/ [감] 탕! – [남-불변] 재난; 재정 붕괴
pâté /pa'te/ [남-불변] 파테 (짓이긴 고기나 간을 요리한 것); pâté di fegato d'oca 푸아그라, 거위 간 요리
patella /pa'tɛlla/ [여] ① [패류] 삿갓조개 무리 ② [해부] 슬개골
patema /pa'tɛma/ [남] 걱정, 근심
patentato /paten'tato/ [형] ① 자격이 인정된, 면허를 받은 ② (구어체에서·비유적으로) (나쁜 뜻으로) 아주 ~한, 순전한; un cretino patentato 진짜 바보
patente /pa'tɛnte/ [여] ① 면허, 인가 ② 운전 면허 (또는 patente di guida)
patentino /paten'tino/ [남] 임시 면허
paternale /pater'nale/ [여] 질책, 꾸짖음; fare una paternale a qn 누구를 질책하다 (꾸짖다)
paternalismo /paterna'lizmo/ [남] 온정주의, 가족주의; 가부장적인 태도

paternalista /paterna'lista/ [남/여] (남·복 : -i, 여·복 : -e) 온정주의자

paternalistico /paterna'listiko/ [형] (복 : -ci, -che) 온정주의적인

paternità /paterni'ta/ [여-불변] ① 아버지임, 부성(父性) ② 저작자임

paterno /pa'tɛrno/ [형] ① 아버지의, 아버지다운 ② (혈연이) 부계(父系)의 ③ (아버지처럼) 보호해 주는; 온정주의의

paternostro /pater'nɔstro/ [남] → padrenostro

patetico /pa'tɛtiko/ (복 : -ci, -che) [형] 감상적인, 감동적인, 연민의 정을 자아내는 - [남] 감상적[감동적]인 것

pathos /'patos/ [남-불변] 비애, 애수

patibolo /pa'tibolo/ [남] 교수대(絞首臺)

patina /'patina/ [여] ① 녹청(綠靑) ② 설태(舌苔)

patire /pa'tire/ [타동] ① (패배·거절·비판 따위를) 당하다; (고통 따위를) 느끼다 ② 참다, 견디다 - [자동] (조동사 : avere) (di 또는 per와 함께 쓰여) (고통 따위를) 겪다, 당하다

patito /pa'tito/ [형] 초췌한, 수척해진 - [남] (여 : -a) (di와 함께 쓰여) (영화·스포츠 따위의) 팬, ~광(狂)

patologia /patolo'dʒia/ [여] [의학] 병리(학)

patologico /pato'lɔdʒiko/ [형] (복 : -ci, -che) ① 병리학(상)의 ② (거짓말 따위의 나쁜 습관이) 병적인

patologo /pa'tɔlogo/ [남] (여 : -a) (남·복 : -gi, 여·복 : -ghe) 병리학자

patria /'patrja/ [여] ① 고국, 조국, 모국; amor di patria 애국심 ② (비유적으로) 고향; 발상지, 본고장; Vienna, la patria del walzer 왈츠의 본고장인 빈

patriarca /patri'arka/ [남] (복 : -chi) ① 가장(家長), 족장 ② (동방정교회의) 총대주교

patriarcale /patriar'kale/ [형] 가장[족장]의

patriarcato /patriar'kato/ [남] ① 가부장제 ② (동방정교회의) 총대주교의 직[지위]

patrigno /pa'triɲɲo/ [남] 의붓아버지, 계부

patrimoniale /patrimo'njale/ [형] 재산의, 자산의; imposta patrimoniale 재산세 - [여] 재산세

patrimonio /patri'mɔnjo/ [남] ① 재산, 자산; patrimonio pubblico 공공 재산 ② 큰 돈; mi è costato un patrimonio 나는 큰 돈을 썼다, 큰 대가를 치렀다 ③ 유산, 물려 받은 것 - patrimonio culturale 문화 유산; patrimonio ereditario 유전 형질

patrio /'patrjo/ [형] (복 : -tri, -tire) ① 고국의, 조국의, 모국의; amor patrio 애국심 ② patria potestà [법률] 부권(父權)

patriota /patri'ɔta/ [남/여] (남·복 : -i, 여·복 : -e) 애국자

patriottico /patri'ɔttiko/ [형] (복 : -ci, -che) 애국의, 애국적인

patriottismo /patriot'tizmo/ [남] 애국심

patrocinare /patrotʃi'nare/ [타동] ① [법률] (법정에서) 변호하다 ② (비유적으로) 후원[지원]하다

patrocinio /patro'tʃinjo/ [남] (복 : -ni) ① [법률] (법정에서의) 변호 ② (비유적으로) 후원, 지원

patronato /patro'nato/ [남] 후원, 지원; sotto il patronato di ~의 후원을 받아

patrono /pa'trɔno/ [남] ① [종교] 수호성인 ② 후원자 ③ [법정] 변호사

patta1 /'patta/ [여] 옷에 있는 주머니 따위의 덮개

patta2 /'patta/ [여] 무승부; fare pari e patta 비기다, 무승부가 되다

patteggiamento /patteddʒa'mento/ [남] 협상, 교섭

patteggiare /patted'dʒare/ [타동] (항복·휴전 등에 대해 적에) 협상[교섭]하다 - [자동] (조동사 : avere) (con과 함께 쓰여) (~와) 협상[교섭]하다

pattinaggio /patti'naddʒo/ [남] (복 : -gi) 스케이트 타기; fare del pattinaggio 스케이트를 타다; pattinaggio artistico 피겨 스케이팅

pattinare /patti'nare/ [자동] (조동사 : avere) ① 스케이트를 타다 ② (자동차가 브레이크를 건 채) 미끄러지다

pattinatore /pattina'tore/ [남] (여 : -trice) 스케이트 타는 사람, 스케이트 선수

pattino1 /'pattino/ [남] ① 스케이트; pattini da ghiaccio 얼음 위에서 타는 스케이트; pattini a rotelle 롤러 스케이트 ② (썰매의) 활주부(滑走部)

pattino2 /pat'tino/ [남] 노로 젓는 보트의 일종

patto /'patto/ [남] ① 조약, 협정; fare un patto 조약[협정]을 체결하다;

venire[scendere] a patti con qn 누구와 합의를 보다 ② a patto che ~이라는 조건으로; a nessun patto 어떠한 경우에도 ~ 않다

pattuglia /pat'tuʎʎa/ [여] 순찰, 순시, 감시, 정찰; essere di pattuglia 순찰 중이다

pattugliare /pattuʎ'ʎare/ [타동/자동] (조동사 : avere) 순찰[순시]하다

pattuire /pattu'ire/ [타동] (~에 대해) 합의를 보다, (~을) 협의를 통해 결정하다

pattumiera /pattu'mjera/ [여] 쓰레기통

paturnie /pa'turnje/ [여·복] (구어체에서) avere le paturnie 기분이 언짢다

paura /pa'ura/ [여] 공포, 두려움; avere paura di ~을 두려워하다; avere paura che ~일까봐 두려워하다; fare[mettere] paura a qn 누구에게 겁을 주다; niente paura! 두려워할 것 없어!; per paura di[che] ~일까봐 두려워 - ho paura di sì[no] 난 아무래도 그런[그렇지 않은] 것 같아; è magro da far paura 그는 너무나 수척하다

pauroso /pau'roso/ [형] ① 겁에 질린, 무서워하는 ② 무시무시한, 두려운; 굉장한, 대단한

pausa /'pauza/ [여] ① 잠깐 쉼, 중간 휴식; fare una pausa di 10 minuti 10분간 휴식을 취하다 ② [음악] 쉼표

pavido /'pavido/ [형] 겁이 많은

pavimentare /pavimen'tare/ [타동] (도로를) 포장하다; (실내에) 마루를 깔다

pavimentazione /pavimentat'tsjone/ [여] ① 도로 포장; 마루 깔기 ② 노면(路面); 바닥, 마루

pavimento /pavi'mento/ [남] 바닥, 마루

pavone /pa'vone/ [남] [조류] 공작

pavoneggiarsi /pavoned'dʒarsi/ [재귀동사] 뽐내다, 뻐기다

pazientare /pattsjen'tare/ [자동] (조동사 : avere) 인내심을 갖다, 인내하며 기다리다

paziente /pat'tsjɛnte/ [형] 인내심[참을성] 있는, 끈기 있게 ~하는 - [남/여] 환자, 병자

pazientemente /pattsjɛnte'mente/ [부] 인내심을 가지고, 참을성 있게, 끈기 있게

pazienza /pat'tsjɛntsa/ [여] 인내심, 참을성, 끈기; avere pazienza 인내심[참을성]이 있다; perdere la pazienza 더

이상 참지 못하다

pazza /'pattsa/ [여] (pazzo의 여성형) 미친 여자

pazzamente /pattsa'mente/ [부] 미친 듯이; 열광적으로

pazzesco /pat'tsesko/ [형] (복 : -schi, -sche) ① 미친 듯한, 어리석은, 말이 되지 않는 ② (구어체에서) 굉장한, 엄청난, 믿을 수 없는

pazzia /pat'tsia/ [여] 광기, 정신 착란; 미친[어리석은] 짓

pazzo /'pattso/ [형] 미친, 실성한, 정신이상의; 미친 듯한, 열광하는; essere pazzo di ~에 미쳐 있다, ~으로 인해 제정신이 아니다; pazzo per qn/qc 누구/무엇에 미친; va pazza per il cioccolato 그녀는 초콜릿이라면 사족을 못 쓴다 - [남] (여 : -a) 미친 사람, 정신이상자

pecca /'pekka/ [여] (복 : -che) 흠, 결점

peccaminoso /pekkami'noso/ [형] 죄 많은, 벌 받을, 사악한

peccare /pek'kare/ [자동] (조동사 : avere) ① (di와 함께 쓰여) (~의) 죄를 짓다 ② 실수하다 ③ (di와 함께 쓰여) (~이) 없다, 부족하다, 결핍돼 있다

peccato /pek'kato/ [남] ① (종교적 의미의) 죄, 죄악; peccato mortale [가톨릭] (지옥에 떨어질) 대죄; peccato originale [신학] 원죄 ② (che) peccato! 유감이군!

peccatore /pekka'tore/ [남] (여 : -trice) (종교적 의미의) 죄인

pece /'petʃe/ [여] 피치 (원유·콜타르 등을 증류시킨 뒤 남는 검은 찌꺼기)

Pechino /pe'kino/ [여] 베이징, 북경

pecora /'pɛkora/ [여] (암)양; latte di pecora 양젖 - pecora nera (비유적으로) 말썽꾼

pecoraio /peko'rajo/ [남] (여 : -a) (복 : -ai) 양치기

pecorino /peko'rino/ [남] 양젖으로 만드는 치즈의 하나

peculato /peku'lato/ [남] (공금·위탁금 등의) 횡령, 도용, 착복

peculiare /peku'ljare/ [형] (di와 함께 쓰여) (~에) 특유한, 고유의, 독특한

peculiarità /pekuljari'ta/ [여-불변] 특색, 특징, 독특한 점

pecuniario /peku'njarjo/ [형] (복 : -ri, -rie) 금전상의

pedaggio /pe'daddʒo/ [남] (복 : -gi)

(고속도로·다리 등을 건널 때 내는) 통행료

pedagogia /pedago'dʒia/ [여] 교육학, 교수법

pedagogico /peda'gɔdʒiko/ [형] (복 : -ci, -che) 교육학의, 교수법의

pedalare /peda'lare/ [자동] (조동사 : avere) 페달을 밟다; 자전거로 가다

pedalata /peda'lata/ [여] 페달을 밟기

pedale /pe'dale/ [남] (자전거·자동차 등의) 페달; pedale del freno 브레이크 페달; pedale dell'acceleratore 가속 페달, 액셀러레이터

pedalò /peda'lɔ/ [남-불변] 수상 자전거

pedana /pe'dana/ [여] ① 대(臺), 단(壇); pedana della cattedra 강단, 교단 ② [스포츠] 스프링보드, 도약판

pedante /pe'dante/ [형/남] 까다로운, 사소한 것의 흠을 잡는 (사람)

pedanteria /pedante'ria/ [여] 까다로움, 사소한 것의 흠을 잡음

pedata /pe'data/ [여] ① 발로 차기; dare una pedata a qn 누구를 발로 차다 ② 발자국

pederasta /pede'rasta/ [남] (소년을 대상으로 하는) 남색자(男色者)

pedestre /pe'destre/ [형] (문체 따위가) 평범한, 진부한

pediatra /pe'djatra/ [남/여] (남·복 : -i, 여·복 : -e) 소아과 의사

pediatria /pedja'tria/ [여] [의학] 소아과(학)

pediatrico /pe'djatriko/ [형] 소아과(학)의

pedicure /pedi'kure/ [여-불변] 발 치료; 발톱 미용술 - [남/여-불변] 발 치료나 발톱 미용술에 종사하는 사람

pedigree /pedi'gri/ [남-불변] 순종(純種) 가축의 혈통표

pediluvio /pedi'luvjo/ [남] (복 : -vi) 족욕(足浴)

pedina /pe'dina/ [여] ① (서양 장기의) 말, 졸(卒) ② (비유적으로) 앞잡이

pedinare /pedi'nare/ [타동] (다른 사람을 [의]) 미행하다, 뒤를 밟다

pedofilia /pedofi'lia/ [여] [정신의학] 소아성애(小兒性愛)

pedofilo /pe'dofilo/ [형] 소아성애의 - [남] (여 : -a) 소아성애 환자

pedonale /pedo'nale/ [형] 도보의, 보행의; attraversamento [passaggio] pedonale 횡단보도

pedone /pe'done/ [남] ① 보행자 ② (체스의) 말

peeling /'piling/ [남-불변] [의학] 박피술 (剝皮術)

peggio /'pɛddʒo/ [형-불변] (비교급에서, di와 함께 쓰여) (~보다) 더 나쁜; oggi il tempo è peggio di ieri 오늘은 날씨가 어제보다 더 나쁘다 - [남-불변] 가장 나쁜 것, 최악; il peggio è che 최악은 ~이다 - [부] ① (비교급에서, di와 함께 쓰여) (~보다) 더 나쁘게; guida peggio di prima 그는 운전을 처음보다 더 못하고 있다; cambiare in peggio 더 나빠지다; peggio di così si muore 상황이 (이보다) 더 나빠질 수는 없다 ② (최상급에서) 가장 나쁘게, 최악으로 ③ alla peggio 최악의 경우에 ④ alla meno peggio 어떻게든, 되는대로 - avere la peggio 참패를 당하다

peggioramento /peddʒora'mento/ [남] 악화, 나빠짐

peggiorare /peddʒo'rare/ [타동] 악화시키다, 더 나빠지게 만들다 - [자동] (조동사 : essere) 악화되다, 더 나빠지다

peggiore /ped'dʒore/ [형] ① (비교급에서, di와 함께 쓰여) (~보다) 더 나쁜 ② (최상급에서, di와 함께 쓰여) (~ 중에서) 가장 나쁜, 최악의; nel peggiore dei casi 최악의 경우에 - [남/여] il[la] peggiore 가장 나쁜 것[사람], 최악

pegno /'peɲɲo/ [남] ① 저당, 담보; dare in pegno qc 무엇을 저당 잡히다; banco dei pegni 전당포 ② (게임에서) 벌칙에 따라 내놓는 것 ③ 표시, 정표; in pegno d'amicizia 우정의 표시로

pelare /pe'lare/ [타동] ① (껍질을) 벗기다; (털을) 뽑다 ② (구어체에서) 사취하다, 폭리를 취하다, 바가지를 씌우다

pelato /pe'lato/ [형] ① 대머리의 ② 껍질이 벗겨진

pellame /pel'lame/ [남] (동물의) 가죽

pelle /'pɛlle/ [여] ① (사람의) 피부; pelle secca[grassa] 건성[지성] 피부 ② (동물의) 가죽; pelle di montone 양가죽 ③ (무두질한) 가죽; borsa di pelle 가죽 핸드백 ④ (과일 따위의) 껍질 - avere la pelle dura (비유적으로) 뻔뻔스럽다, 철면피다; avere la pelle d'oca 소름이 끼치다; avere i nervi a fior di pelle 신경이 곤두서 있다; essere pelle ed ossa 피골이 상접해

있다, 매우 말랐다; lasciarci la pelle 목숨을 잃다, 죽다; salvare la pelle 목숨을 건지다; amici per la pelle 절친한 친구들

pellegrinaggio /pellegri'naddʒo/ [남] (복 : -gi) 순례 여행, 성지 순례

pellegrino /pelle'grino/ [남] [여 : -a) 순례자

pellerossa /pelle'rossa/ [남/여-불변] 아메리칸인디언

pelletteria /pellette'ria/ [여] ① (집합적으로) 가죽 제품 ② 가죽 제품을 파는 가게

pellicano /pelli'kano/ [남] [조류] 펠리컨

pellicceria /pellittʃe'ria/ [여] ① (집합적으로) 모피 제품 ② 모피 제품을 파는 가게

pelliccia /pel'littʃa/ [여] (복 : -ce) ① 모피 코트 ② (동물의) 모피

pellicola /pel'likola/ [여] ① 얇은 막, 박막; pellicola trasparente 식품 포장용 랩 ② [사진·영화] 필름

pelo /'pelo/ [남] ① (사람·동물의) 털 ② (구어체에서) (동물의) 모피 ③ (직물 따위의) 보풀 ④ (액체의) 표면 - non avere peli sulla lingua 터놓고 말하다; cercare il pelo nell'uovo 꼬치꼬치 캐고 들다; per un pelo 간발의 차이로, 아슬아슬하게; è un pelo più grande 근소한 차이로 더 크다

peloso /pe'loso/ [형] ① 털이 많은 ② (직물 따위에) 보풀이 있는

peltro /'peltro/ [남] 백랍(白鑞), 땜납 (주석과 납의 합금)

peluche /pe'luʃ/ [남-불변] ① 플러시 (천) ② un cane di peluche 털이 복슬복슬한 개

peluria /pe'lurja/ [여] 솜털; 보풀

pelvi /'pelvi/ [여-불변] [해부] 골반

pena /'pena/ [여] ① 동정, 연민; mi fa pena 나는 그녀가 불쌍하다 ② (정신적인) 고통, 아픔, 괴로움, 슬픔 ③ (법적인) 형벌, 처벌; scontare una pena 옥살이를 하다, 복역하다; pena capitale 사형, 극형; pena pecuniaria 벌금형 ④ 수고, 고생; darsi la pena di fare qc 무엇을 하느라 수고[고생]하다; vale la pena farlo 수고할 만한 가치가 있다, 할 만한 일이다 ⑤ 걱정, 근심; essere[stare] in pena per qn 누구 때문에 걱정하다

penale /pe'nale/ [형] 형사상의, 형법의; causa penale 형사 재판; diritto penale 형법 - [여] 벌금형; pagare la penale 벌금을 물다

penalità /penali'ta/ [여-불변] ① 벌금형 ② [스포츠] 페널티, 벌칙

penalizzare /penalid'dzare/ [타동] [스포츠] (반칙을 한 선수나 팀에게) 페널티를 부과하다, 벌칙을 적용하다

penalizzazione /penaliddzat'tsjone/ [여] [스포츠] 페널티, 벌칙

penare /pe'nare/ [자동] (조동사 : avere) ① (고통을) 겪다, 당하다 ② 애쓰다, 수고하다, 고생하다; penare a fare qc ~하느라 고생하다

pendant /pan'dan/ [남-불변] 짝을 이루는 것; fare da pendant a qc, fare pendant con qc 무엇과 짝을 이루다

pendente /pen'dente/ [형] ① 걸려[매달려] 있는 ② 기울어져 있는 ③ [법률] (소송 건이) 계류 중인; (부채 따위가) 미결제 상태의 - [남] 펜던트; (귓불에 매다는) 귀고리

pendenza /pen'dentsa/ [여] ① 기울어져 있음; in pendenza 기울어져 ② 기울기, 경사; con una pendenza del 20% 1/5의 비율로 기울어져 ③ [법률] 계류 중인 소송 건 ④ 미결제 계정

pendere /'pendere/ [자동] (조동사 : avere) ① 기울어져 있다; pendere a sinistra 왼쪽으로 기울어져 있다 ② (da와 함께 쓰여) (~에) 걸려[매달려] 있다 ③ (per와 함께 쓰여) (~의) 경향이 있다 ④ [법률] (소송 건이) 계류 중이다 - pendere dalle labbra di qn 누구의 말에 귀를 기울이다

pendice /pen'ditʃe/ [여] 경사지, 비탈; le pendici del monte 산허리

pendio /pen'dio/ [남] (복 : -dii) ① 기울어져 있음; in pendio 기울어진, 경사진 ② 기울어진 것; 경사지, 비탈

pendola /'pendola/ [여] 추시계, 괘종시계

pendolare /pendo'lare/ [형] 진자[추]의 - [남/여] 통근자

pendolo /'pendolo/ [남] ① 진자, 흔들이 ② orologio a pendolo 추시계, 괘종시계 ③ (목수의) 다림줄

pene /'pene/ [남] [해부] 음경, 남근

penetrante /pene'trante/ [형] (시선 등이) 꿰뚫는 듯한, 날카로운; (추위가) 살을 에는 듯한

penetrare /pene'trare/ [타동] ① (액체가 다른 물질에) 스며들다, 침투하다 ② 간

파하다, 꿰뚫어 보다 - [자동] (조동사 : essere) (in과 함께 쓰여) ① (빛·추위·냄새 따위가 ~을[으로]) 통과하다, 침투하다, 뚫고 들어가다 ② (크림·로션 따위가 피부 등에) 스며들다

penetrazione /penetrat'tsjone/ [여] ① 관통, 침투 ② (비유적으로) 간파, 통찰(력)

penicillina /penitʃil'lina/ [여] [약학] 페니실린

penisola /pe'nizola/ [여] 반도(半島); la penisola italiana 이탈리아 반도[본토]

penitente /peni'tɛnte/ [형/남/여] 회개[참회]하는, 뉘우치는 (사람)

penitenza /peni'tɛntsa/ [여] ① (종교적 의미의) 회개, 참회; fare penitenza 속죄하다 ② 벌(칙)

penitenziario /peniten'tsjarjo/ [남] (복 : -ri, -rie) 교도소

penna /'penna/ [여] ① (새의) 깃털, 깃 ② 펜 - penna biro, penna a sfera 볼펜; penna d'oca 깃펜; penna stilografica 만년필

pennacchio /pen'nakkjo/ [남] (복 : -chi) 깃털 장식

pennarello /penna'rɛllo/ [남] 펠트펜

pennellare /pennel'lare/ [타동/자동] (조동사 : avere) (~에) 페인트칠을 하다

pennellata /pennel'lata/ [여] 솔질, 붓놀림 - dare l'ultima pennellata a qc 무엇에 마무리 작업을 하다

pennello /pen'nɛllo/ [남] ① (페인트 따위를 칠하는 데 쓰는) 솔, 브러시; (그림 그리는 데 쓰는) 붓 ② 화가 - a pennello 완벽하게, 완전히; andare[stare] a pennello 꼭 맞다

pennino /pen'nino/ [남] 펜촉

pennone /pen'none/ [남] ① [항해] (돛) 활대 ② 기(旗)

penombra /pe'nombra/ [여] 어둑어둑함, 어슴푸레함

penosamente /penosa'mente/ [부] 고통스럽게; 딱하게

penoso /pe'noso/ [형] 고통스러운, 괴로운, 고된, 힘든; 비참한, 슬픈, 가엾은, 딱한

pensare /pen'sare/ [타동] ① (~이라고) 생각하다, (~이라는) 의견이다; che cosa ne pensi? 그것에 관해 어떻게 생각해? ② (~이라고) 여기다, 믿다; penso che sia colpa sua 난 그가 잘못했다고 생각해 ③ (~하려고) 생각하다; pensare di fare qc 무엇을 하려고 하다, 무엇을 할 작정이다 ④ 생각해 내다; l'ha pensata bella 그에게 좋은 생각이 떠올랐다 ⑤ 상상하다 - [자동] (조동사 : avere) ① 생각하다, 사고[사색]하다; modo di pensare 사고방식 ② (a와 함께 쓰여) (~에 대해) 생각하다; a chi stai pensando? 너 무슨 생각을 하고 있니? ③ penso di si 난 그렇게 생각해; pensare bene[male] di qn 누구에 대해 좋게[나쁘게] 생각하다; a pensarci bene 다시 생각해 보면; non voglio nemmeno pensarci 그건 생각하기도 싫어

pensata /pen'sata/ [여] 생각, 착상, 아이디어; avere una bella pensata 좋은 생각이 떠오르다

pensiero /pen'sjero/ [남] ① 생각, 사고, 사색; leggere il pensiero di qn 누구의 생각[마음]을 읽다; essere assorto nei propri pensieri 생각에 잠겨 있다 ② 걱정, 염려; essere[stare] in pensiero per qn, qc 누구/무엇에 대해 걱정[염려]하고 있다; darsi pensiero per qn, qc 누구/무엇에 대해 걱정[염려]하다 ③ 사상, 사조(思潮)

pensieroso /pensje'roso/ [형] ① 생각에 잠긴 ② 걱정[염려]하고 있는

pensile /'pɛnsile/ [형] (벽·공중에) 매달려[걸려] 있는

pensilina /pensi'lina/ [여] 비나 햇빛 따위를 피할 수 있도록 벽에 돌출되어 있는 지붕

pensionamento /pensjona'mento/ [남] 은퇴, 퇴직

pensionante /pensjo'nante/ [남/여] ① (다른 사람의 집에) 하숙하는 사람 ② (호텔의) 숙박 손님

pensionato /pensjo'nato/ [형] 은퇴[퇴직]한, 연금으로 생활하는 - [남] (여 : -a) 은퇴자, 퇴직자, 연금생활자 - [남] (학생·노동자를 위한) 호스텔, 숙박소, 합숙소; 퇴직자 아파트

pensione /pen'sjone/ [여] ① 은퇴[퇴직] 후에 연금을 받으며 생활함; andare in pensione 은퇴[퇴직]하다 ② 연금; pensione di anzianità 노령 연금 ③ 하숙(집); essere a pensione da qn 누구네 집에 하숙하고 있다 - pensione completa 세 끼 식사가 딸린 숙박

pensoso /pen'soso/ [형] 생각에 잠긴

pentagonale /pentago'nale/ [형] 오각형

의
pentagono /pen'tagono/ [남] 오각형
pentagramma /penta'gramma/ [남] [음악] 보표(譜表), 오선(五線)
pentathlon /'pɛntatlon/ [남-불변] [스포츠] 5종 경기; pentathlon moderno 근대 5종 경기
Pentecoste /pente'kɔste/ [여] [기독교] 오순절(五旬節), 성령 강림절
pentimento /penti'mento/ [남] 뉘우침, 후회
pentirsi /pen'tirsi/ [재귀동사] 뉘우치다, 후회하다; pentirsi dei propri peccati 자신의 죄를 뉘우치다; se segui i miei consigli, non te ne pentirai 내 말을 들으면 후회하지 않을 거야
pentito /pen'tito/ [형] 뉘우치는, 후회하는
pentola /'pentola/ [여] ① 냄비 ② 냄비 하나의 분량 - pentola a pressione 압력솥
penultimo /pe'nultimo/ [형/남] (여 : -a) 끝에서 두 번째의 (것, 사람)
penuria /pe'nurja/ [여] 부족, 결핍
penzolare /pendzo'lare/ [자동] (조동사 : avere) 매달려 있다; 축 늘어져 있다
penzoloni /pendzo'loni/ [부] stare penzoloni 매달려 있다
peonia /pe'ɔnja/ [여] [식물] 작약, 모란
pepare /pe'pare/ [타동] (~에) 후추를 치다
pepato /pe'pato/ [형] ① 후추를 친[넣은] ② (비유적으로) 신랄한, 통렬한
pepe /'pepe/ [남] 후추; pepe in grani 통후추, 후추 열매 - tutto pepe 원기왕성한, 생기발랄한
peperonata /pepero'nata/ [여] 고추, 토마토, 양파 등으로 만든 요리의 하나
peperoncino /peperon'tʃino/ [남] peperoncino rosso 칠리 고추
peperone /pepe'rone/ [남] 피망
pepita /pe'pita/ [여] (천연 금속의) 덩어리
per /per/ [전] ① [목적] (~을) 위하여, 하려고; fare qc per i soldi 돈을 벌기 위해 무엇을 하다; lottare per la libertà 자유를 위해 싸우다; prepararsi per gli esami 시험 준비를 하다; sono venuto per vederti 널 보러 왔어 (~을) 위하여, (~에게) 호의를 보여; per te farei qualsiasi cosa 널 위해서라면 무엇이든 하겠어 ③ (~을) 통하여, 거쳐서; passeremo per Roma 우리는 로마를 경유해 갈 것이다 ④ ~으로, (~을) 향하여; il treno per Genova 제노바행(行) 기차 ⑤ [시간] ~ 동안; ha parlato per due ore 그는 두 시간 동안 말했다; per tutta la vita 일생을 통해 ⑥ [시간] ~까지; sarò di ritorno per le cinque 5시까지는 돌아올게 ⑦ [방법·수단] ~으로(써); gli ho parlato per telefono 나는 전화로 그에게 말했다; viaggiare per mare 해로(海路)로 여행하다; per scherzo 농담으로, 농담삼아; per caso 우연히 ⑧ [원인] ~으로 인해, ~ 때문에; piangere per la rabbia 화가 나서 울다; viaggiare per lavoro 업무상 출장을 가다 ⑨ ~당, ~씩; entrare uno per volta 한 번에 한 명씩 들어가다; il venti per cento 20%; giorno per giorno 날마다 ⑩ [자격·조건] ~으로(서); prendere qn per uno sciocco 누구를 바보로 여기다; ti ho preso per tuo fratello 나는 너를 네 형으로 잘못 알았다 ⑪ [가격] ~에; lo ha venduto per 150 euro 그는 그것을 150유로에 팔았다 ⑫ [수학] 곱하기; 2 per 3 fa 6 2곱하기 3은 6이다 ⑬ [한정] ~으로서는, ~만; per me 나로서는, 내 생각에는; per ora 지금으로서는; per questa volta 이번만
pera /'pera/ [여] (서양) 배 - cadere come una pera cotta 사랑에 빠지다
peraltro /pe'raltro/ [부] ① 더욱이, 게다가 ② 그런 반면에
perbene /per'bɛne/ [형-불변] 점잖은, 단정한 - [부] 점잖게, 단정하게
perbenismo /perbe'nizmo/ [남] (남에게 보이기 위해) 품위나 체통을 지키는 태도
percento /per'tʃɛnto/ [부] il 50 percento 50% - [남-불변] 퍼센트, 백분율
percentuale /pertʃentu'ale/ [여] ① 퍼센티지, 백분율[비] ② 함유량 ③ 수수료, 커미션 - [형] 퍼센티지의, 백분율의
percepire /pertʃe'pire/ [타동] ① 지각(知覺)하다, 감지하다, 인지하다 ② 알아차리다, 깨닫다 ③ (금액을) 수령하다
percettibile /pertʃet'tibile/ [형] 지각[인지]할 수 있는, 느낄 수 있는; un suono appena percettibile 겨우 들리는 소리
percezione /pertʃet'tsjone/ [여] 지각(知覺), 감지, 인지

perché /per'ke/ [부] (의문부사) 왜?, 어째서?; perché mai? 도대체 왜?; perché non vuoi andarci? (권유 표현으로) 너 가고 싶지 않니?, 너 안 갈래?; spiegami perché l'hai fatto 네가 왜 그걸 했는지 설명해 다오 - [접] ① 왜냐하면, ~ 때문에, ~이므로; non posso uscire perché ho da fare 나는 할 일이 많아서 외출할 수가 없다 ② ~하도록; te lo do perché tu lo legga 네가 읽도록 그걸 주마 ③ ~해서, ~하므로; l'ostacolo era troppo alto perché si potesse scavalcarlo 그 장애물은 너무 높아서 타고 넘을 수가 없었다 - [남·불변] 이유, 동기; vorrei sapere il perché di un simile atteggiamento da parte sua 그의 그런 태도가 무엇 때문인지 알고 싶구나

perciò /per'tʃɔ/ [접] 그래서, 그러므로, 그런 이유로

percorrere /per'korrere/ [타동] ① (일정한 거리나 길·구역을) 가다, 지나다, 다니다, 여행하다; percorrere un paese in lungo e in largo 나라 안 방방곡곡을 다니다 ② 가로지르다; la ferrovia precorre tutta la regione 철도가 그 지역을 가로지른다

percorribile /perkor'ribile/ [형] (일정한 거리나 길·구역을) 갈[지날] 수 있는, 다닐 수 있는; distanza percorribile in tre ore 세 시간만에 갈 수 있는 거리

percorso /per'korso/ [남] ① 길, 경로, 코스, 루트 ② 경력, 커리어

percossa /per'kɔssa/ [여] 구타, 때리기

percuotere /per'kwɔtere/ [타동] 때리다, 치다

percussione /perkus'sjone/ [여] percussioni, strumenti a percussione (집합적으로) [음악] 타악기(부)

percussionista /perkussjo'nista/ [남/여] (남·복 : -i, 여·복 : -e) 타악기 연주자

perdente /per'dente/ [형] 지는, 패배하는 - [남/여] 진 사람, 패배자

perdere /'pɛrdere/ [타동] ① 잃다, 분실하다, 상실하다; 손실을 입다, 손해를 보다; 빼앗기다, 박탈당하다; perdere di vista qn 누구를 시야에서 놓치다, 보지 못하게 되다; perdere la speranza 희망을 잃다; perdere i capelli 머리가 빠지다; perdere al gioco 도박에서 돈을 잃다 ② (교통수단·기회 따위를) 놓치다 ③ (통·용기 따위가) 새다; il rubinetto perde 수도꼭지에서 물이 새고 있다 ④ (시합·선거 따위에) 지다, 패배하다 ⑤ (시간을) 낭비하다 - [자동] ① (시합·선거 따위에서) 지다, 패배하다 ② (di와 함께 쓰여) (~이) 줄어들다, 약해지다, 감소하다; perdere di autorità 권위가 떨어지다; perdere di valore 가치가 줄어들다 - **perdersi** [재귀동사] ① 길을 잃다; 어찌할 바를 모르게 되다 ② (시야 등에서) 사라지다 ③ perdersi di vista 서로 보지 못하게 되다, 연락이 끊기다 - lasciare perdere 포기하다; perdersi in chiacchiere 잡담하는 데 시간을 허비하다

perdifiato [부] (a perdifiato /aperdi'fjato/의 형태로 쓰여) correre a perdifiato 숨이 턱에 닿도록 뛰다; gridare a perdifiato 목청껏 소리를 지르다

perdigiorno /perdi'dʒorno/ [남/여-불변] 빈둥거리며 시간을 허비하는 사람

perdita /'pɛrdita/ [여] ① 잃어버림, 분실, 상실 ② 감소, 감퇴, 줄어듦; perdita di peso 체중 감소; perdita dell'udito 청력 감퇴[상실] ③ (권리 따위의) 박탈 ④ (경제적) 손실, 손해; vendere in perdita 손해를 보고 팔다 ⑤ 사망, 인명 피해 ⑥ (시간의) 낭비 ⑦ (액체의) 누출, 샘 - a perdita d'occhio 시야가 미치는 범위까지

perditempo /perdi'tɛmpo/ [남-불변] 시간 낭비 - [남/여-불변] 빈둥거리며 시간을 허비하는 사람

perdizione /perdit'tsjone/ [여] ① 파멸 ② 지옥에 떨어짐

perdonare /perdo'nare/ [타동] (잘못·실수·죄 따위를) 용서하다, 너그럽게 봐주다; perdonare qc a qn 무엇의 잘못에 대해 누구를 용서하다; mi perdoni la domanda 실례지만 뭘 좀 여쭤보고 싶은데요 - [자동] (조동사 : avere) perdonare a qn 누구를 용서하다; un male che non perdona 불치병

perdono /per'dono/ [남] 용서; chiedere perdono a qn (per) (~에 대해) 누구에게 용서를 빌다; chiedo perdono 실례합니다, 죄송합니다; perdono giudiziale [법률] 특사, 사면

perdurare /perdu'rare/ [자동] (조동사: essere, avere) ① (상태 따위가) 지속되다; il cattivo tempo perdura 좋지 않은 날씨가 계속되고 있다 ② 고집하다; perdurare nel fare qc ~하기를 고집하다

perdutamente /perduta'mente/ [부] (사랑 따위를) 깊이, 열정적으로

perduto /per'duto/ [형] 잃어버린, 분실한, 없어진 - sentirsi perduto 희망을 잃다, 절망에 빠지다; una donna perduta 타락한 여자, 매춘부

peregrinare /peregri'nare/ [자동] (조동사: avere) 돌아다니다

perenne /pe'rɛnne/ [형] ① 영원한, 영구적인; nevi perenni 만년설 ② [식물] 다년생의

perennemente /perenne'mente/ [부] 영원히, 영구적으로, 길이

perentorio /peren'tɔrjo/ [형] (복: -ri, -rie) (명령·대답 따위가) 절대적인, 단호한

perfettamente /perfetta'mente/ [부] 완전히, 완벽하게

perfetto /per'fetto/ [형] ① 완전한, 완벽한, 더할 나위 없는, 결점이 없는, 이상적인 ② 순전한, 전적인, 지독한; è un perfetto cretino 그는 진짜 바보다 - [남] [문법] 완료형, 완료 시제; più che perfetto 과거완료

perfezionamento /perfettsjona'mento/ [남] (di와 함께 쓰여) (~의) 완성, 숙달

perfezionare /perfettsjo'nare/ [타동] 보다 완벽에 가깝도록 만들다, (기술 따위를) 연마하여 숙달시키다 - perfezionarsi [재귀동사] (기술·능력 따위가) 숙달되다; perfezionarsi in inglese 영어 실력이 늘다

perfezione /perfet'tsjone/ [여] 완전, 완벽, 흠 없음; a[alla] perfezione 완벽하게

perfezionismo /perfettsjo'nizmo/ [남] 완벽주의

perfezionista /perfettsjo'nista/ [남/여] (남·복: -i, 여·복: -e) 완벽주의자

perfidia /per'fidja/ [여] 불성실, 배반; 배반 행위

perfido /'perfido/ [형] 불성실한, 배반하는, 남을 속이는

perfino /per'fino/ [부] ~조차(도), ~까지(도); perfino lui si è commosso 그 사람조차도 감동받았다

perforare /perfo'rare/ [타동] (~에) 구멍을 내다[뚫다]

perforatrice /perfora'tritʃe/ [여] 구멍 뚫는 기구, 천공기, 펀처

perforazione /perforat'tsjone/ [여] 구멍 뚫기, 천공

pergamena /perga'mɛna/ [여] 양피지

pergola /'pɛrgola/ [여] 포도나무 따위로 덮인 정자, 덩굴 시렁

pergolato /pergo'lato/ [남] → pergola

pericolante /periko'lante/ [형] ① (건물 따위가) 황폐한, 곧 무너질 듯한 ② (비유적으로) (상황 따위가) 위태로운

pericolo /pe'rikolo/ [남] 위험; essere[trovarsi] in pericolo 위험에 처해 있다; mettere in pericolo 위험에 빠뜨리다; "alta tensione: pericolo di morte" "고전압, 위험!"

pericolosamente /perikolosa'mente/ [부] 위험하게

pericolosità /perikolosi'ta/ [여-불변] 위험성

pericoloso /periko'loso/ [형] ① (활동·여정 따위가) 위험한, 모험을 감수해야 하는 ② (물질이) 유해한 ③ zona pericolosa 위험 지대

periferia /perife'ria/ [여] 주변부; (도시의) 변두리, 교외

periferica /peri'ferika/ [여] (복: -che) [컴퓨터] 주변 장치

periferico /peri'feriko/ [형] (복: -ci, -che) ① 주위의, 주변의; 변두리의 ② [컴퓨터] 주변 장치의 ③ [의학] (신경이) 말초의

perifrasi /pe'rifrazi/ [여-불변] 에둘러 말함, 완곡한 표현

perimetro /pe'rimetro/ [남] [기하] (평면 도형의) 주변, 주위; 주변의 길이

periodicamente /periodika'mente/ [부] 주기적[정기적]으로

periodico /peri'ɔdiko/ [형] ① 주기적인, 정기적인 ② 정기 간행의 ③ [화학] tavola periodica (degli elementi) (원소) 주기율표 - [남] 정기 간행물

periodo /pe'riodo/ [남] ① 기간, 시기; durante un periodo di ~의 기간에 걸쳐; per un breve periodo 짧은 기간 동안; durante il periodo elettorale 선거 기간에 ② (역사상 어떤 특색을 가진) 시대, 시기; il periodo (del) Barocco 바로크 시대 ③ 철, 시즌; il periodo delle vacanze 휴가철; il

periodo di Natale 크리스마스 시즌 - **periodo contabile** 회계 기간[연도]; **periodo d'oro** 황금기, 전성기

peripezie /peripet'tsie/ [여·복] (처지·환경의) 변화, 변천; 부침(浮沈); **pieno di peripezie** 파란만장한

perire /pe'rire/ [자동] (조동사 : essere) ① 죽다, 사망하다 ② (문어체에서·비유적으로) 소멸하다, 사라지다

periscopio /peris'kɔpjo/ [남] (복 : -pi) 잠망경

perito /pe'rito/ [남] (여 : -a) ① (특정 분야의) 전문가 ② (기술 학교의) 졸업장 취득자 - [형] 전문가의, 숙련된

peritonite /perito'nite/ [여] [병리] 복막염

perizia /pe'rittsja/ [여] ① (전문가의) 평가, 감정 ② 전문가의 능력[기술]

perizoma /perid'dzɔma/ [남] (미개인이) 허리에 두르는 것

perla /'pɛrla/ [여] ① 진주; **una collana di perle** 진주 목걸이; **perla coltivata** 양식 진주 ② (비유적으로) 귀중한 것 [사람], 보석과도 같은 것[사람] - [형·불변] 진줏빛의, 진주의 광택이 나는

perlato /per'lato/ [형] ① 진줏빛의, 진주의 광택이 나는 ② 진주로 장식한

perlina /per'lina/ [여] (플라스틱이나 유리 따위로 된) 작은 구슬, 비즈

perlomeno, per lo meno /perlo'meno/ [부] 최소한, 적어도

perlopiù, per lo più /perlo'pju/ [부] 대개, 주로; 보통은, 일반적으로

perlustrare /perlus'trare/ [타동] (경찰이) 순찰을 돌다; (군인이) 정찰하다

perlustrazione /perlustrat'tsjone/ [여] 순찰; 정찰; **andare in perlustrazione** 순찰을 돌다

permaloso /perma'loso/ [형/남] (여 : -a) 다루기 힘든, 과민한 (사람)

permanente /perma'nɛnte/ [형] ① (기관 따위가) 상설의, 상임의; (상태가) 영속적인, 변함 없이 계속되는 ② 종신의, 평생 계속되는; **i denti permanenti** 영구치 - [여] (머리의) 파마

permanenza /perma'nɛntsa/ [여] ① 영속, 항구 불변; **in permanenza** 영속하여 ② 머무름, 체재; **buona permanenza!** 머무는 동안 즐겁게 지내세요! - **permanenza in carica** 현직(의 지위), 재직 중임

permanere /perma'nere/ [자동] (조동사 : essere) (없어지지 않고) 계속 남아 있다, 쭉 유지되다

permeare /perme'are/ [타동] ① (습기 따위가 ~에) 스며들다 ② (비유적으로) (사상 따위가 ~에) 널리 퍼지다, 보급되다

permesso /per'messo/ [남] ① 허가, 허락, 승인; **chiedere il permesso di fare qc** 무엇을 하는 데 있어서 허가를 구하다 ② (공무원이나 군인 등이 받는) 휴가의 허가; **andare in permesso** 휴가를 얻다 ③ 허가증, 면허장; **permesso di lavoro** (외국인에 대한) 노동 허가증

permettere /per'mettere/ [타동] ① 허가하다, 허락[허용]하다; **permettere a qn di fare qc** 누구로 하여금 무엇을 하도록 허락하다 ② 가능하게 하다; **i miei impegni non me lo permettono** 난 너무 바빠서 그걸 할 수가 없어 - **permettersi** [재귀동사] **permettersi di fare qc** 무엇을 할 수 있다, 할 만한 여건이 되다; **non possono permettersi una casa più grande** 그들은 더 큰 집을 살 만한 여건이 되지 않는다 - **è permesso?** 들어가도 될까요?; **scusi, permesso...** 실례지만, 좀 지나가도 될까요?; **permettete che mi presenti** 제 소개를 할까요?

permissivo /permis'sivo/ [형] 허용하는; 관대한, 너그럽게 봐주는

permuta /'pɛrmuta/ [여] (거래에서의) 교환; **fare una permuta** 교환하다; **dare qc in permuta** 무엇을 구입 대금의 일부로 제공하다

permutazione /permutat'tsjone/ [여] ① 교환 ② [수학] 순열

pernacchia /per'nakkja/ [여] 입술 사이에서 혀를 진동시켜 내는 야유의 소리 (조롱·경멸의 의미)

pernice /per'nitʃe/ [여] [조류] 자고, 반시 - **pernice bianca** 뇌조

pernicioso /perni'tʃoso/ [형] ① 치명적인 ② (빈혈이) 악성의

perno /'pɛrno/ [남] [기계] 피벗, 회전축

pernottamento /pernotta'mento/ [남] (호텔 등에서) 하룻밤 묵기

pernottare /pernot'tare/ [자동] (조동사 : avere) (호텔 등에서) 하룻밤 묵다

pero /'pero/ [남] [식물] (서양)배나무

però /pe'rɔ/ [접] ① 그러나, 하지만; **è strano, però è così** 이상하기는 하지

만 사실이다 ② 반면에; non è bello, però è molto simpatico 그는 잘생기지는 않았지만 아주 친절하다 ③ 그렇지만, 그럼에도 불구하고; però avresti potuto dirmelo 그래도 내게 말해주었더라면 좋았을 텐데

perorare /pero'rare/ [타동] perorare la causa di qn (법정에서) 누구의 사건을 변호하다

perpendicolare /perpendiko'lare/ [형] 수직의, 직립한; (a와 함께 쓰여) (~와) 직각을 이룬 - [여] [기하] 수직선

perpendicolo /perpen'dikolo/ [남] a perpendicolo 수직으로

perpetrare /perpe'trare/ [타동] (범죄를) 저지르다

perpetua /per'petua/ [여] 사제의 집에서 일하는 가정부

perpetuare /perpetu'are/ [타동] 영속시키다, (명성 따위를) 불후하게 하다

perpetuo /per'petuo/ [형] ① 영속하는, 영구적인 ② 종신의, 평생의; carcere perpetuo 종신형

perplessità /perplessi'ta/ [여-불변] 당황, 곤혹, 어찌할 바를 모름

perplesso /per'plesso/ [형] 당황한, 난처한, 곤혹스러운, 어찌할 바를 모르는; lasciare qn perplesso 누구를 당황스럽게 만들다

perquisire /perkwi'zire/ [타동] (집 안이나 사람의 몸을) 수색하다, 뒤지다

perquisizione /perkwizit'tsjone/ [여] (집 안이나 사람의 몸에 대한) 수색; mandato di perquisizione 수색 영장; fare una perquisizione (di) (~을) 수색하다, 뒤지다

persecutore /perseku'tore/ [남] (여 : -trice) 박해[학대]하는 사람

persecuzione /persekut'tsjone/ [여] ① 박해, 학대; mania di persecuzione [정신의학] 피해 망상 ② 폐가 되는 것, 성가신 존재

perseguire /perse'gwire/ [타동] ① 추구하다, (목적 따위의) 실현을 위해 노력하다 ② [법률] 기소[공소]하다

perseguitare /persegwi'tare/ [타동] ① (정치적·종교적 이유 등으로) 박해하다, 학대하다 ② (짓궂게) 괴롭히다; (불운 따위가 사람을) 끈질기게 따라다니다

perseguitato /persegwi'tato/ [형/남] (여 : -a) 박해[괴롭힘]를 당한 (사람)

perseverante /perseve'rante/ [형] 끈기 있는; essere perseverante nello sforzo 끈기 있게 노력하다

perseveranza /perseve'rantsa/ [여] 끈기

perseverare /perseve'rare/ [자동] (조동사 : avere) perseverare in qc, perseverare nel fare qc 끈기 있게 ~하다, 계속[끊임없이] ~하다

Persia /'persja/ [여] 페르시아

persiana /per'sjana/ [여] 셔터, 덧문, 겉창

persiano /per'sjano/ [형] 페르시아의 - [남] (여 : -a) 페르시아 사람 - [남] ① 페르시아어 ② 페르시아고양이

persico /'persiko/ [형] (복 : -ci, -che) 페르시아의; il Golfo Persico 페르시아만(灣)

persino /per'sino/ [부] → perfino

persistente /persis'tente/ [형] 지속성이 있는, 계속되는, 끊임없는

persistere /per'sistere/ [자동] (조동사 : avere) ① 지속하다, 계속되다 ② persistere in qc, persistere nel fare qc 계속[끊임없이] ~하다; persiste nella sua opinione 그는 자신의 의견을 고집하고 있다

perso /'perso/ [형] 잃어버린, 없어진; (시간이) 낭비된; perso per perso 더 이상 잃을 게 없다; questo è tempo perso 이건 시간 낭비야; a tempo perso 여가 시간에

persona /per'sona/ [여] ① 사람, 개인, 인간; persone 사람들; tre persone 세 사람; per persona 1인당 ② 바로 그 사람, 그 사람 자신; in[di] persona 그 자신이, 스스로, 직접, 몸소, 친히 ③ (일반적으로) 누군가, 어떤 사람; c'era una persona che ti cercava 널 찾는 사람이 있었어 ④ [문법] 인칭; alla terza persona singolare 3인칭 단수로 - persona giuridica 법인

personaggio /perso'naddʒo/ [남] (복 : -gi) ① (문학 작품이나 연극·영화 등의) 등장 인물, 역(役) ② 중요 인물, 명사, 요인 ③ 괴짜, 기인

personal /'personal/, **personal computer** /'personalkom'pjuter/ [남-불변] 퍼스널 컴퓨터, PC

personale /perso'nale/ [형] 개인의, 개인적인, 사적인 - [여] (예술가의) 개인전 - [남] ① (조직의) 총 인원, 전 직원 ② 체격, 몸매

personalità /personali'ta/ [여-불변] 성격; 인격; 개성; personalità multipla [심리] 다중 인격

personalizzare /personalid'dzare/ [타동] ① 개인화하다, 개인의 취향에 맞게 조정하다 ② (사안 따위를) 개인적인 문제로 받아들이다

personalmente /personal'mente/ [부] ① 직접, 스스로, 몸소, 친히 ② 개인적으로

personificare /personifi'kare/ [타동] 의인화[인격화]하다; 구체화하다, 구현[체현]하다

personificazione /personifikat'tsjone/ [여] ① 의인화, 인격화; 구현, 체현 ② 전형, 화신, 상징; essere la personificazione della gentilezza 친절의 화신이다, 친절 그 자체다

perspicace /perspi'katʃe/ [형] 통찰력[분별력]이 있는

perspicacia /perspi'katʃa/ [여] 통찰력, 분별력

persuadere /persua'dere/ [타동] persuadere qn di qc 누구에게 무엇에 대해 납득시키다; persuadere qn a fare qc 누구로 하여금 무엇을 하도록 설득하다 - persuadersi [재귀동사] (di와 함께 쓰여) (~을) 납득하다, 확신을 갖다

persuasione /persua'zjone/ [여] ① 설득, 납득 ② 확신, 신념

persuasivo /persua'zivo/ [형] 설득력 있는, 납득이 가게 하는

persuaso /persu'azo/ [형] (설득을 당하여) 납득한, 수긍한

pertanto /per'tanto/ [접] 그래서, 그러므로

pertica /pɛrtika/ [여] (복 : -che) ① 장대, 긴 막대 ② (구어체에서・비유적으로) 키가 크고 호리호리한 사람

pertinace /perti'natʃe/ [형] 끈기 있는

pertinente /perti'nente/ [형] (a와 함께 쓰여) (~에) 적절한, 타당한, 들어맞는

pertinenza /perti'nentsa/ [여] ① 적절함, 타당성 ② essere di pertinenza di ~의 소관[담당]이다, ~이 처리해야 할 일이다

pertosse /per'tosse/ [여] [병리] 백일해

perturbare /pertur'bare/ [타동] (평형・질서 따위를) 교란하다, 혼란시키다, 어지럽히다 - perturbarsi [재귀동사] 교란되다, 혼란스러워[어지러워]지다

perturbazione /perturbat'tsjone/ [여] ① (저기압・악천후 등으로 인한) 대기 상태 변화 ② (정치・사회・경제의) 불안

Perù /pe'ru/ [남] 페루

pervadere /per'vadere/ [타동] 널리 퍼지다, 배어[스며]들다

pervaso /per'vazo/ [형] 널리 퍼진, 배어든, 스며든

pervenire /perve'nire/ [자동] (조동사 : essere) (a와 함께 쓰여) ① (편지나 소식 따위가 ~에) 도착하다; far pervenire qc a qn 무엇을 누구의 앞으로 보내다 ② (~의 목표 등에) 도달하다, 이르다

perversione /perver'sjone/ [여] ① 곡해, 왜곡, 와전 ② 악화; 타락 ③ 도착(倒錯); perversioni sessuali 성도착

perverso /per'vɛrso/ [형] ① 못된, 나쁜 ② 비뚤어진, 뒤틀린 ③ (영향・결과 따위가) 부정적인, 유해한

pervertire /perver'tire/ [타동] (정도(正道)에서) 벗어나게 하다, 타락시키다

pervertito /perver'tito/ [형] 도덕적으로 타락한, 그릇된, 비뚤어진 - [남] (여 : -a) 성도착자

pervinca /per'vinka/ [여] [식물] 빙카(협죽도과(科)) - [남-불변] 자줏빛을 띤 푸른색

p.es. → per esempio ("예를 들어")

pesa /pesa/ [여] ① 저울 ② 무게 측정 ③ 무게를 측정하는 곳

pesante /pe'sante/ [형] ① 무거운, 묵직한 ② (일 따위가) 힘이 드는, 부담이 따르는 ③ (세금・형벌・책임 따위가) 무거운, 중한 ④ (머리・눈꺼풀 따위가) 무거운 ⑤ (음식이) 기름진, 소화가 잘 안 되는 ⑥ (잠이) 깊이 든 ⑦ [군사] 중화기를 다루는; (산업이) 중공업의 ⑧ (사람・분위기・문체 따위가) 지루하고 답답한

pesantemente /pesante'mente/ [부] 크게, 심하게, 대단히; ripercuotersi pesantemente su ~에 중대한 영향을 끼치다

pesantezza /pesan'tettsa/ [여] 무거움, 묵직함

pesapersone /pesaper'sone/ [남/여-불변] 체중계

pesare /pe'sare/ [타동] ① (~의) 무게를 재다 ② 심사숙고하다, 신중하게 고찰[평가]하다; pesare le parole 말을 신중하게 하다 - [자동] (조동사 : avere, essere) ① 무겁다; (~의) 무게가 나가

다, 무게가 ~이다; quanto pesi? 너 체중이 얼마니?; come pesa! 아이구, 무거워라! ② 어렵다, 힘들다; mi pesa sgridarlo 내가 그를 꾸짖는 건 힘들다; è una situazione che mi pesa 내겐 어려운 상황이다 ③ 무겁게 짓누르다, 압박을 가하다; pesare sulla coscienza 양심의 가책을 느끼게 하다; la responsabilità gli pesa 그의 책임이 막중하다 ④ 중대하다, 영향력이 있다; il suo parere pesa molto 그의 의견은 매우 중요하다

pesca1 /'pɛska/ (복 : -sche) [여] 복숭아 - [남/형-불변] 복숭앗빛(의)

pesca2 /'peska/ [여] ① 낚시, 고기잡이; andare a pesca 낚시하러 가다 ② 잡힌 물고기; fare una buona pesca 물고기를 많이 잡다 ③ 행운권 추첨

pescare /pes'kare/ [타동] ① (물고기 따위를) 잡다, 낚다 ② (구어체에서) 얻다, 손에 넣다; dove hai pescato questo cappello? 너 그 모자 어디서 났니? - [자동] (조동사 : avere) ① 낚시하다 ② [항해] 배의 흘수가 ~이다

pescatore /peska'tore/ [남] (여 : -trice) 어부; 낚시꾼; un paesino di pescatori 어촌

pesce /'peʃʃe/ [남] ① 물고기, 어류; pesce azzurro 등 푸른 생선 (고등어·정어리 종류); pesce gatto 메기 ② (요리로서의) 생선 ③ [인쇄] 누락, 탈락 - sano come un pesce 원기왕성한; sentirsi un pesce fuor d'acqua 물을 떠난 물고기 같다, 자기 분야가 아니어서 실력을 발휘하지 못하고 있다; non saper che pesci prendere 어찌할 바를 모르다; chi dorme non piglia pesci [속담] 일찍 일어나는 사람이 먹을 것을 얻는다; pesce d'aprile 만우절 장난

pescecane /peʃʃe'kane/ [남] (복 : pescecani, pescicani) ① [어류] 상어 ② (비유적으로) 폭리를 취하는 자

peschereccio /peske'rettʃo/ [남] (복 : -ci, -ce) 어선(漁船)

pescheria /peske'ria/ [여] 생선 가게

peschiera /pes'kjɛra/ [여] 양어장(養魚場)

Pesci /'peʃʃi/ [남·복] [천문] 물고기자리

pescivendolo /peʃʃi'vendolo/ [남] (여 : -a) 생선 장수

pesco /'pɛsko/ [남] (복 : -schi) [식물] 복숭아나무

pescoso /pes'koso/ [형] (강 따위에) 물고기가 많은

peseta /pe'zɛta/ [여] (복 : -s) 페세타 (스페인의 옛 화폐 단위)

peso /'peso/ [남] ① 무게, 중량; vendere a peso 무게 단위로 팔다; prendere[perdere] peso 체중이 늘다[줄다]; peso lordo 총 중량; peso netto 순 중량; peso specifico [물리] 비중(比重) ② 부담, 책임; essere di peso a qn 누구에게 부담이 되다; togliersi un peso dalla coscienza 마음의 짐을 덜다, 양심의 가책을 덜다 ③ 중요성; una questione di un certo peso 중요한 문제; dar peso a qc 무엇을 중요시하다 ④ [스포츠] (경기용) 포환; 바벨; lancio del peso 포환던지기; sollevamento pesi 역도 ⑤ [복싱] peso massimo 헤비급; peso medio 미들급

pessimismo /pessi'mizmo/ [남] 비관론, 염세주의

pessimista /pessi'mista/ [남/여] (남·복 : -i, 여·복 : -e) 비관론자, 염세주의자

pessimistico /pessi'mistiko/ [형] (복 : -ci, -che) 비관적인, 염세적인

pessimo /'pɛssimo/ [형] 지독한, 아주 나쁜, 최악의; di pessima qualità 품질이 아주 나쁜, 형편없는; essere di pessimo umore 기분이 아주 언짢다

pestaggio /pes'taddʒo/ [남] (복 : -gi) 싸움, 난투

pestare /pes'tare/ [타동] ① (발로) 밟다; pestare i piedi 발을 구르다; pestare i piedi a qn 누구의 발을 밟다 ② 짓누르다, 으깨다, 압착하다 ③ (구어체에서) 때리다

peste /'pɛste/ [여] ① 역병(疫病), 전염병 ② (비유적으로) 천벌, 저주 ③ (구어체에서·비유적으로) 개구쟁이, 성가신 꼬마

pestello /pes'tɛllo/ [남] (분쇄용) 막자

pesticida /pesti'tʃida/ [남] 살충제

pestifero /pes'tifero/ [형] ① 역병을 매개[유발]하는, 전염성의 ② (비유적으로) 대단히 해로운[유해한] ③ (비유적으로) 악취가 나는

pestilenza /pesti'lɛntsa/ [여] ① 악역(惡疫), 역병 ② (비유적으로) 재앙, 저주

pestilenziale /pestilen'tsjale/ [형] ① 역병을 매개[유발]하는, 전염성의 ② 악취

가 나는

pesto /'pesto/ [형] ① (눈 언저리가) 멍든 ② buio pesto 새까만, 칠흑 같은 - [남] 페스토 (바질·마늘·올리브유 등으로 만든, 파스타에 치는 소스)

petalo /'petalo/ [남] 꽃잎

petardo /pe'tardo/ [남] 폭죽

petizione /petit'tsjone/ [여] 청원, 탄원, 진정; fare una petizione a ~에 청원[탄원]하다

peto /'peto/ [남] 방귀; tirare[fare] un peto 방귀를 뀌다

petroliera /petro'ljera/ [여] 유조선

petroliere /petro'ljere/ [남] ① 석유 기업가 ② 석유 산업 종사자

petrolifero /petro'lifero/ [형] (회사·산업 등이) 석유와 관련된; (지역이) 석유를 산출하는

petrolio /pe'trɔljo/ [남] (복 : -li) 석유; 등유(燈油); lampada a petrolio 석유[등유] 램프; petrolio grezzo 원유

pettegolare /pettego'lare/ [자동] (조동사 : avere) 남의 뒷말을 하다

pettegolezzo /pettego'leddzo/ [남] 남의 뒷말, 가십, 루머; fare pettegolezzi su qn 누구의 뒷말을 하다

pettegolo /pet'tegolo/ [형] 남의 뒷말을 하기 좋아하는, 수다스러운 - [남] (여 : -a) 남의 뒷말을 하는 사람, 수다쟁이

pettinare /petti'nare/ [타동] ① (머리를) 빗다; 손질하다 ② (양털이나 삼 따위를) 빗다 - pettinarsi [재귀동사] (자기 머리를) 빗다

pettinata /petti'nata/ [여] 빗질; darsi una pettinata 머리를 빗다

pettinatrice /pettina'tritʃe/ [여] 미용사

pettinatura /pettina'tura/ [여] ① 빗질, 머리 손질 ② 헤어스타일 ③ 소면(梳綿), 소모(梳毛)

pettine /'pettine/ [남] ① 빗 ② 소면기(梳綿機) ③ [패류] 가리비

pettirosso /petti'rosso/ [남] [조류] 유럽울새, 로빈

petto /'pɛtto/ [남] ① 가슴; battersi[picchiarsi] il petto 가슴을 치다 ② 젖, 유방 ③ (닭고기 따위의) 가슴살 - prendere qn/qc di petto 누구/무엇에 정면으로 대들다[맞서다]

pettorale /petto'rale/ [형] 가슴의, 흉부의 - [남] ① (갑옷의) 가슴받이, 흉갑(胸甲) ② [해부] i pettorali 흉근(胸筋)

pettoruto /petto'ruto/ [형] (남자가) 가슴이 널찍한; (여자가) 가슴이 풍만한

petulante /petu'lante/ [형] 주제넘게 남에게 성가시게 구는

petulanza /petu'lantsa/ [여] 주제넘게 남에게 성가시게 굶

petunia /pe'tunja/ [여] [식물] 페튜니아 (가짓과(科))

pezza /'pettsa/ [여] ① 헝겊, 천 조각; mettere una pezza su qc ~에 헝겊을 대다; bambola di pezza 봉제 인형 ② (피륙의) 한 필[묶음] ③ [행정] pezza giustificativa[d'appoggio] 증거 서류

pezzato /pet'tsato/ [형/남] 얼룩 무늬의 (동물)

pezzente /pet'tsɛnte/ [남/여] ① 거지, 떠돌이 ② (비유적으로) 구두쇠

pezzo /'pɛttso/ [남] ① 부분, 조각, 단편; ne vuoi ancora un pezzo? (빵 따위를) 한 조각 더 먹을래?; andare in pezzi 산산조각이 나다; fare a pezzi qc 무엇을 산산조각을 내다 ② (물건의) 낱개; da vendersi al pezzo 낱개로 판매되는; 100 euro al pezzo 개당 100유로 ③ (기계류 따위의) 부품; pezzo di ricambio 예비 부품 ④ (음악 작품의) 한 곡; (글의) 한 편; (신문 등의) 기사 ⑤ 기간, 동안; è qui da un pezzo 그는 여기 얼마 동안 있었다; aspettare un pezzo 얼마 동안 기다리다 - un pezzo grosso 중요 인물, 거물; un (bel) pezzo d'uomo 풍채가 당당한 남자

pH /pi'akka/ [남-불변] [화학] 피에이치, 페하 (수용액의 수소 이온 농도를 나타내는 지표)

phon /fɔn/ [남-불변] 헤어드라이어

piacente /pja'tʃɛnte/ [형] 매력적인

piacere1 /pja'tʃere/ [자동] (조동사 : essere) piacere a qn 누구의 마음에 들다; a qn piace qc, qc piace a qn 누가 무엇을 좋아한다; mi piace molto questo quadro 나는 이 그림이 아주 마음에 든다, 이 그림을 아주 좋아한다; quei ragazzi non mi piacciono 난 그 녀석들이 마음에 들지 않아; un gusto che piace 괜찮은 맛; una ragazza che piace 매력적인 여자; che ti piaccia o no, ti piaccia o non ti piaccia 네가 좋아하든 싫어하든; che cosa ti piacerebbe fare? 뭘 하고 싶니?; gli piacerebbe andare al cinema 그는 영화관에 가고 싶어한다; fa' come ti pare e piace 하고 싶은 대로 해; a Dio piacendo 사정이 허락한다면, 다행히 그렇게 된다면

piacere2 /pja'tʃere/ [남] ① 즐거움, 기쁨, 유쾌, 만족; i piaceri della vita 인생의 즐거움; fare una cosa per il puro piacere di farla 어떤 일을 하고 싶어서 하다, 그 자체로써 즐기다; ho il piacere di annunciare che ~임을 알리게 되어 기쁘게 생각합니다; che piacere vederti! 널 보게 되어 반갑구나!; piacere!, è un piacere conoscerla 만나뵙게 되어 반갑습니다; se ti fa piacere 네가 좋다면[원한다면]; con piacere 즐거이, 기꺼이 ② 쾌락, 즐기기; piaceri mondani 세속적 쾌락; amare i piaceri della tavola 먹는 걸 즐기다 ③ 호의, 친절; fare un piacere a qn 누구에게 호의를 베풀다; per piacere ~해주세요, 부탁합니다; ma fammi il piacere! 제발, 부디, 아무쪼록

piacevole /pja'tʃevole/ [형] 만족스러운, 즐거움을 주는, 유쾌한, 좋은, 괜찮은

piacevolmente /pjatʃevol'mente/ [부] 즐겁게, 기분 좋게, 유쾌하게

piacimento /pjatʃi'mento/ [남] 좋아함; a piacimento 마음 내키는 대로, 좋을 대로

piaga /'pjaga/ [여] (복 : -ghe) ① 상처, 궤양, 종기; piaghe da decubito 욕창 ② 재앙, 천벌 ③ (구어체에서·비유적으로) 성가신 사람, 골칫거리 - mettere il dito nella piaga 아픈 데를 건드리다

piagnisteo /pjaɲɲis'tɛo/ [남] 흐느껴 울기

piagnucolare /pjaɲɲuko'lare/ [자동] (조동사 : avere) 흐느껴 울다

piagnucoloso /pjaɲɲuko'loso/ [형] 흐느껴 우는

pialla /'pjalla/ [여] 대패

piallare /pjal'lare/ [타동] 대패질하다, 대패로 밀다[깎다]

piana /'pjana/ [여] 평지, 평원

pianeggiante /pjaned'dʒante/ [형] 평평한, 평탄한

pianerottolo /pjane'rɔttolo/ [남] 층계참 (站)

pianeta1 /pja'nɛta/ [남] ① [천문] 행성 ② (비유적으로) 세계, 세상

pianeta2 /pja'nɛta/ [여] [가톨릭] (미사의) 제의(祭衣)

piangere /'pjandʒere/ [타동] ① (사람의 죽음을) 애도하다; (상실에 대해) 비탄하다, 탄식하다 ② (눈물을) 흘리다 - [자동] (조동사 : avere) ① 울다; piangere di gioia 기뻐서 울다 ② 눈물을 흘리다, 눈물이 나다 - è inutile piangere sul latte versato [속담] 엎질러진 우유를 보고 울어봤자 소용없다

pianificare /pjanifi'kare/ [타동] 계획하다

pianificazione /pjanifikat'tsjone/ [여] 계획 (수립); pianificazione familiare 가족 계획

pianista /pja'nista/ [남/여] (남·복 : -i, 여·복 : -e) 피아니스트, 피아노 연주자

piano1 /'pjano/ [형] ① 평평한, 평탄한 ② [기하] 평면의 ③ (설명 따위가) 쉬운, 평이한, 알기 쉬운 ④ in piano 가로로, 수평으로 - [부] ① (동작을) 천천히, 부드럽게, 신중하게; vacci piano! 천천히 여유를 가지고 해!, 진정해! ② (말을) 조용히, 목소리를 낮춰 ③ 느리게, 속도를 낮춰 ④ [음악] 피아노로, 여리게 ⑤ pian(o) piano 조금씩

piano2 /'pjano/ [남] ① 평평한 표면; (탁자 따위의) 위 ② 평지, 평평한 땅 ③ 수준, 레벨; quei due alunni sono sullo stesso piano 그 두 학생은 수준이 같다; di primo piano 앞서는, 주요한 ④ [기하] 평면 ⑤ [사진·영화] primo piano 전경(前景); secondo piano 배경, 원경; fare un primo piano (화면을) 클로즈업하다 ⑥ (건물의) 층; una casa di 3 piani 3층짜리 집; al piano di sopra[sotto] 위[아래]층에; all'ultimo piano 꼭대기층에; al piano terra 1층에 - piano stradale 노면(路面)

piano3 /'pjano/ [남] 계획, 안(案), 기획; fare piani 계획을 세우다; non era nei nostri piani 우린 그럴 계획이 아니었어; piano di guerra [군사] 작전 계획; piano regolatore 도시 계획

piano4 /'pjano/ [남] → pianoforte

piano-bar /pjano'bar/ [남-불변] 피아노 바 (피아노를 연주하는 술집)

pianoforte /pjano'fɔrte/ [남] [음악] 피아노; pianoforte a coda 그랜드피아노; pianoforte verticale 업라이트피아노

pianola /pja'nɔla/ [여] 피아놀라 (자동 피아노; 상표명)

pianoterra /pjano'tɛrra/ [남-불변] → pianterreno

pianta /'pjanta/ [여] ① 식물; pianta d'appartamento 실내에서 재배하는 식물 ② 발바닥 ③ 도면, 평면도; pianta stradale 시가 지도 ④ di sana pianta 완전히, 전적으로 ⑤ in pianta stabile i) 정규직으로 (취업되어) ii) (한 지역에) 정착하여

piantagione /pjanta'dʒone/ [여] 대규모 농장, 플랜테이션

piantagrane /pjanta'grane/ [남/여-불변] 말썽꾸러기

piantare /pjan'tare/ [타동] ① (식물을) 심다; 재배하다 ② (in과 함께 쓰여) (~에) 박아 넣다, 두드려 박다; piantare un palo nel terreno 땅에 말뚝을 박다; piantare una tenda 텐트를 치다 ③ (구어체에서) 버려두다, 버리고 떠나다; (애인을) 차 버리다; (직장을) 그만두다 - piantarsi [재귀동사] ① (구어체에서) (커플이) 서로 헤어지다 ② (in과 함께 쓰여) (~에 뾰족한 것 따위가) 박히다; piantarsi una spina nel piede 발에 가시가 박히다 ③ (구어체에서) piantarsi davanti a qc/qn 무엇/누구의 앞에 서다 [위치하다] - piantare grane 말썽을 일으키다

piantato /pjan'tato/ [형] ben piantato (사람이) 체격이 좋은

piantatore /pjanta'tore/ [남] (여 : -trice) 식물을 심는[재배하는] 사람

pianterreno /pjanter'reno/ [남] (건물의) 1층

pianto /'pjanto/ [남] ① 울기, 욺; scoppiò in un pianto dirotto 그녀는 울음을 터뜨렸다; avere il pianto facile 잘 울다, 울보다 ② 눈물

piantonare /pjanto'nare/ [타동] 지키다, 감시하다

piantone1 /pjan'tone/ [남] 당직, 감시관; 보초

piantone2 /pjan'tone/ [남] (자동차의) 스티어링 칼럼 (핸들과 스티어링 기어를 연결하는 장치)

pianura /pja'nura/ [여] 평지, 평원

piastra /'pjastra/ [여] ① 판금(板金), 금속판, 석판(石板), 슬래브 ② (요리용) 핫플레이트, 철판

piastrella /pjas'trɛlla/ [여] (바닥 등에 까는) 타일

piastrellare /pjastrel'lare/ [타동] (바닥 등에) 타일을 깔다

piastrina /pjas'trina/ [여] [해부] 혈소판 - piastrina di riconoscimento (군인의) 인식표

piattaforma /pjatta'forma/ [여] ① (다양한 용도로 쓰이는) 대(臺), 단(壇) ② (버스·전차의) 승강구 ③ 정강(政綱), 강령 ④ [컴퓨터] 플랫폼 (컴퓨터 사용의 기반이 되는 하드웨어·소프트웨어의 환경) - piattaforma continentale [지리] 대륙붕; piattaforma di lancio (미사일 따위의) 발사대

piattello /pjat'tɛllo/ [남] [사격] 클레이 피전 (공중에 던져 올리는, 진흙으로 만든 원반 과녁); tiro al piattello 클레이 사격

piattino /pjat'tino/ [남] 받침 접시

piatto /'pjatto/ [형] ① 평평한, 평탄한 ② (비유적으로) 무미건조한, 시시한, 단조로운 - [남] ① 접시; piatto fondo 우묵한 접시 ② (한 접시의) 요리; (요리의) 코스; piatto forte (식사의) 메인 코스; piatto freddo 차가운 요리, 냉채 ③ (기계 장치 따위의) 판; piatto della bilancia 저울의 접시; piatto del giradischi 턴테이블, 회전반 ④ piatti [음악] 심벌즈

piattola /'pjattola/ [여] ① [곤충] 사면발이 ② (비유적으로) 성가신[골치 아픈] 녀석

piazza /'pjattsa/ [여] ① 광장 ② 시장, 장터 ③ (비유적으로) 대중, 사람들 ④ letto a una piazza 싱글베드, 1인용 침대; letto a due piazze 더블베드, 2인용 침대 - mettere in piazza 공표하다; fare piazza pulita 대승(大勝)을 거두다

piazzaforte /pjattsa'fɔrte/ [여] (복 : piazzeforti) ① [군사] 요새 ② (비유적으로) 근거지, 거점

piazzale /pjat'tsale/ [남] ① (큰 건물 앞에 있는) 대형 광장 ② (자동차 도로변의) 서비스 에어리어

piazzamento /pjattsa'mento/ [남] (경기에서의) 순위

piazzare /pjat'tsare/ [타동] ① 놓다, 두다; 위치시키다, 배치하다; (폭발물 따위를) 설치하다 ② 팔다, 팔아넘기다 - piazzarsi [재귀동사] ① (경기 등에서) 순위가 ~이다; piazzarsi bene 상위권이다 ② (~에) 서다, 위치하다

piazzista /pjat'tsista/ [남/여] (남·복 : -i, 여·복 : -e) 외판원

piazzola /pjat'tsɔla/ [여] ① [군사] 포상

(砲床) ② (도로변의) 대피소; 자동차 정비 등을 위한 공간

picca /'pikka/ [여] (복 : -che) (옛날의) 창 - picche [여·복] [카드놀이] 스페이드 한 벌 - rispondere picche 딱 잘라 거절하다

piccante /pik'kante/ [형] ① (맛이) 매운 ② (이야기가) 외설적인

piccarsi /pik'karsi/ [재귀동사] ① (di와 함께 쓰여) (~을) 할 수 있는 척하다, 할 수 있다고 주장하다 ② (per와 함께 쓰여) (~에) 화를 내다

picchè /pik'kɛ/ → piqué

picchettare /pikket'tare/ [타동] ① (일정 공간에) 말뚝을 둘러치다, 말뚝을 박아 구분하다 ② (파업시에 공장 등을) 감시하다

picchetto /pik'ketto/ [남] ① (경계 구분용) 말뚝 ② 파업시에 변절자가 생기지 않도록 배치하는 감시원 ③ [군사] essere di picchetto 전초(前哨) 근무를 서다

picchiare /pik'kjare/ [타동] ① (사람을) 때리다, 매질하다 ② (망치나 주먹 따위로) 치다, 두드리다 ③ (contro와 함께 쓰여) (~에) 세게 부딪치다 - [자동] (조동사 : avere) ① 때리다, 두드리다; picchiare alla porta 문을 두드리다, 노크하다 ② (su와 함께 쓰여) (~을) 우기다, 고집[주장]하다 ③ (구어체에서, 비유적으로) 더위가 심하다; il sole picchiava forte 햇볕이 강렬했다 - picchiarsi [재귀동사] picchiarsi il petto 가슴을 치다

picchiata /pik'kjata/ [여] ① 두드리기, 치기 ② 때리기, 매질

picchiettare /pikkjet'tare/ [타동] ① (~에) 점을 찍다 ② (~을) 톡톡 두드리다 - [자동] (조동사 : avere) (건반 따위를) 치다, 두드리다; (빗방울 따위가) 똑똑 떨어지다

picchio /'pikkjo/ [남] (복 : -chi) [조류] 딱따구리

piccino /pit'tʃino/ [형] 아주 작은 - [남] (여 : -a) 아기, 어린아이

picciolo /pit'tʃɔlo/ [남] [식물] 잎자루, 꽃자루

piccione /pit'tʃone/ [남] [조류] 비둘기; piccione viaggiatore 전서구(傳書鳩) - prendere due piccioni con una fava 일거양득

picco /'pikko/ [남] (복 : -chi) ① 정상, 꼭대기 ② 절정, 최고점, 극치 ③ a picco 수직으로

piccolezza /pikko'lettsa/ [여] ① 작음 ② 쩨쩨함, 좀스러움 ③ 하찮은 것, 사소한 일

piccolo /'pikkolo/ [형] ① (크기·키가) 작은 ② (길이·시간이) 짧은 ③ 어린, 연소한; mio fratello più piccolo 내 남동생 ④ (양이) 적은 ⑤ 덜 중요한, 별것 아닌, 사소한 ⑥ 쩨쩨한, 좀스러운 - [남] (여 : -a) ① 어린아이; da piccolo 어렸을 때 ② (동물의) 새끼 ③ in piccolo 작게, 소형으로 - farsi piccolo (비유적으로) 위축되다

piccone /pik'kone/ [남] 곡괭이

piccozza /pik'kɔttsa/ [여] (등산용의) 얼음 깨는 도구, 피켈

picnic /pik'nik/ [남-불변] 피크닉, 소풍; andare a fare un picnic 소풍 가다

pidocchio /pi'dokkjo/ [남] (복 : -chi) ① [곤충] 이 ② (비유적으로) 쩨쩨한[인색한] 사람

pidocchioso /pidok'kjoso/ [형] ① 이가 들끓는 ② 쩨쩨한, 인색한

piè /pjɛ/ [남-불변] (문어체에서, piede의 단축형으로) (신체의) 발 - a ogni piè sospinto 매번, 언제나, 항상; saltare a piè pari 건너뛰다, 빠르리고 넘어가다; a piè di pagina 페이지 하단에; note a piè di pagina 각주(脚註)

pied-à-terre /pjeda'tɛr/ [남-불변] 임시 숙소[아파트]

piede /'pjede/ [남] ① (신체의) 발; a piedi nudi 맨발로; avere i piedi piatti 평발이다; essere[stare] in piedi (두 발로) 서 있다; alzarsi in piedi 일어서다; andare a piedi 걸어가다; da capo a piedi 머리부터 발끝까지 ② 하단, 아랫부분; ai piedi della montagna 산기슭에 ③ [길이의 단위] 피트 - a piede libero [법률] 보석으로 풀려나; fare qc con i piedi 무엇을 아주 못하다, 엉망으로 하다; fuori dai piedi! 비켜라!; mettere i piedi in testa a qn 누구를 수월하게 이기다; mettere qc in piedi 무엇을 조직하다, 일으키다; prendere piede 기반을 얻다, 널리 퍼지게 되다; puntare i piedi 자신의 입장을 양보하지 않다; su due piedi 즉석에서; sul piede di guerra 전시 체제로 - piede di porco 쇠지레

piedestallo /pjedes'tallo/ → piedistallo

piedistallo /pjedis'tallo/ [남] (흉상(胸像) 등의) 대(臺), 받침대

piega /'pjɛga/ [여] (복 : -ghe) ① (종이·직물 따위의) 접은 자리, 주름 ② (치마·바지의) 주름 장식 ③ (직물의) 구겨짐 ④ (피부의) 주름살 ⑤ 머리 모양; farsi fare la messa in piega (미용실 등에서) 머리를 손질하다 ⑥ (사건·상황 따위의) 돌아가는 모양, 추세; prendere una brutta piega 나쁘게 돌아가다, 나빠지다 - non fare una piega i) (논리적으로) 결함이 없다, 조리가 서다 ii) (사람이) 태연하다, 흥분하지 않다

piegamento /pjega'mento/ [남] 접기; 구부리기

piegare /pje'gare/ [타동] ① (종이나 천 따위를) 접다 ② (팔다리 따위를) 구부리다; piegare il capo di fronte a qn 누구의 앞에서 고개를 숙이다 - piegarsi [재귀동사] ① (사람의 몸이나 나뭇가지 따위가) 굽다 ② (비유적으로) (a와 함께 쓰여) (~에) 굴복하다

piegatura /pjega'tura/ [여] ① 접기; 구부리기 ② 접은 금; 구부러진 곳

pieghettare /pjeget'tare/ [타동] (직물에) 주름을 잡다

pieghettato /pjeget'tato/ [형] (직물에) 주름을 잡은, 주름 장식이 있는

pieghevole /pje'gevole/ [형] ① (의자·자전거 따위가) 접을 수 있는, 접이식의 ② 휘기 쉬운, 유연한

piena /'pjɛna/ [여] ① 홍수, 범람 ② (비유적으로) 인파, 많은 사람들이 몰려듦

pienamente /pjena'mente/ [부] 전적으로, 완전히

pieno /'pjɛno/ [형] ① (di와 함께 쓰여) (~으로) 가득 찬, 충만한; un bicchiere pieno d'acqua 물이 가득 차 있는 잔; avere la pancia piena 배가 부르다; il cinema era pieno zeppo (di gente) 영화관은 만원이었다; luna piena 보름달, 만월 ② (돌 따위가) 단단한, 굳은 ③ (볼이) 통통한 ④ 완전한, 전적인; avere pieni poteri 전권(全權)을 갖고 있다; a tempo pieno 풀타임으로 ⑤ a piene mani i) 풍부하게 ii) 아낌없이 (베풀어); a pieni voti 만장일치로; pieno di sé 거만한; essere pieno di lavoro 할 일이 많다; essere in piena forma 컨디션이 최상이다; pieno come un uovo 차고 넘치는; in pieno inverno 한겨울에; in piena notte 한밤중에; in pieno giorno 백주에, 대낮에 - [남] ① fare il pieno di ~으로 가득 채우다; il pieno, per favore (휘발유를) 가득 넣어 주세요 ② nel pieno di ~의 한창 때에

pienone /pje'none/ [남] fare il pienone (극장 등이) 만원이다

pietà /pje'ta/ [여-불변] ① 불쌍히[측은하게] 여김, 동정, 연민; 자비; sentire[provare] pietà per qn 누구를 불쌍히 여기다, 동정하다; avere pietà di ~을 불쌍히 여기다; senza pietà 무자비하게; fare pietà i) 동정심을 불러일으키다 ii) 지독하게 나쁘다[서투르다] ② 경건함, 신앙심 ③ [미술] 피에타 (십자가에서 내린 그리스도의 시체를 무릎 위에 놓고 애도하는 마리아를 표현한 주제)

pietanza /pje'tantsa/ [여] 요리; una pietanza di pesce 생선 요리

pietoso /pje'toso/ [형] ① 불쌍히[측은하게] 여기는, 동정심을 가진, 자비로운 ② 불쌍한, 가련한, 비참한; essere ridotto in uno stato pietoso 불쌍한 처지가 되다

pietra /'pjɛtra/ [여] ① (물질·재료로서의) 돌, 석재(石材); di pietra 돌로 만든 ② (물체로서의) 돌, 돌맹이 - pietra focaia 부싯돌; pietra di paragone 시금석; pietra pomice 부석(浮石), 속돌; pietra preziosa 보석(의 원석) - avere un cuore di pietra 무정하다, 냉혹하다; porre la prima pietra 세우다, 설립하다; mettiamoci una pietra sopra 지나간 일은 잊어라

pietrificare /pjetrifi'kare/ [타동] ① 석화(石化)하다, 돌이 되게 하다 ② (비유적으로) (깜짝 놀라) 경직되게 하다 - pietrificarsi [재귀동사] ① 돌이 되다, 돌로 변하다 ② (비유적으로) (깜짝 놀라) 경직되다

pietrina /pje'trina/ [여] 부싯돌

pietrisco /pje'trisko/ [남] (복 : -schi) (도로 포장 등에 쓰이는) 자갈, 돌 조각

pietroso /pje'troso/ [형] 돌의, 돌과 같은; 돌로 덮인

piffero /'piffero/ [남] 피리의 일종

pigiama /pi'dʒama/ [남] 파자마, 잠옷

pigia pigia /'pidʒa'pidʒa/ [남-불변] 군중, 인파

pigiare /pi'dʒare/ [타동] 짓누르다, 압착하다 - pigiarsi [재귀동사] (in과 함께

쓰여) (인파가 ~으로) 몰려들다

pigiatrice /pidʒa'tritʃe/ [여] 포도즙 짜는 기구

pigione /pi'dʒone/ [여] ① 임대, 빌려줌; dare[prendere] a pigione 임대하다 ② 임대료

pigliare /piʎ'ʎare/ → prendere

piglio1 /'piʎʎo/ [남] (복 : -gli) dare di piglio a qc i) 무엇을 움켜 쥐다 ii) 무엇에 착수하다

piglio2 /'piʎʎo/ [남] (복 : -gli) 태도, 모습

pigmento /pig'mento/ [남] ① 안료(顔料) ② [생물] 색소

pigmeo /pig'mɛo/ [형] (중앙아프리카의) 피그미 족의 - [남] (여 : -a) ① 피그미 족의 사람 ② (비유적으로) 난쟁이, 키가 작은 사람

pigna /'piɲɲa/ [여] [식물] 솔방울

pignoleria /piɲɲole'ria/ [여] (성미가) 까다로움

pignolo /piɲ'ɲɔlo/ [형/남] (여 : -a) 성미가 까다로운 (사람)

pignoramento /piɲɲora'mento/ [남] [법률] 압류

pignorare /piɲɲo'rare/ [타동] [법률] (동산을) 압류하다

pigolare /pigo'lare/ [자동] (조동사 : avere) (병아리·새가) 삐악삐악[짹짹] 울다

pigolio /pigo'lio/ [남] (복 : -lii) (병아리·새가) 삐악삐악[짹짹] 욺

pigramente /pigra'mente/ [부] 게으르게, 나태하게

pigrizia /pi'grittsja/ [여] 게으름, 나태함

pigro /'pigro/ [형] ① 게으른, 나태한 ② (활동이) 둔한, 느린 - [남] (여 : -a) 게으름뱅이

PIL /pil/ [남] (Prodotto Interno Lordo 의 약자) [경제] 국내 총생산, GDP

pila /'pila/ [여] ① 더미, 무더기 ② [전기] 배터리, 전지; a pile 배터리로 작동되는 ③ 손전등 - pila nucleare 원자로

pilastro /pi'lastro/ [남] ① [건축] 기둥 ② (비유적으로) 중추, 대들보

pillola /'pillola/ [여] ① 알약 ② 경구 피임약

pilone /pi'lone/ [남] ① (고압선용) 철탑 ② 교각(橋脚)

piloro /pi'lɔro/ [남] [해부] 유문(幽門), 날문 (위와 십이지장의 경계 부분)

pilota /pi'lɔta/ [남/여] ① (비행기) 조종사, 파일럿 ② 수로 안내인, 도선사(導船士) ③ (경주용 자동차의) 운전자 - [형-불변] 지도[안내]하는 - pilota automatico [항공] 자동 조종 장치

pilotaggio /pilo'taddʒo/ [남] (복 : -gi) (비행기·배 따위의) 조종; cabina di pilotaggio 조종석

pilotare /pilo'tare/ [타동] ① (비행기·배 따위를) 조종하다 ② (비유적으로) 이끌다, 안내하다

piluccare /piluk'kare/ [타동] (음식을) 조금씩만 먹다, 깨작대다

pimpante /pim'pante/ [형] 활기찬, 원기왕성한

pinacoteca /pinako'tɛka/ [여] (복 : -che) 화랑(畵廊)

pince /'pɛns/ [여-불변] (옷에 만들어 넣은) 작은 주름

pineta /pi'neta/ [여] 소나무숲, 송림

ping-pong /ping'pɔng/ [남-불변] [스포츠] 탁구

pingue /'pingwe/ [형] ① 살이 찐, 뚱뚱한 ② (땅이) 기름진, 비옥한

pinguedine /pin'gwɛdine/ [여] ① 뚱뚱함 ② (토지의) 비옥함

pinguino /pin'gwino/ [남] ① [조류] 펭귄 ② 초콜릿 아이스크림의 일종

pinna /'pinna/ [여] ① (물고기·고래 따위의) 지느러미 ② (잠수부용) 물갈퀴, 오리발 ③ (배·비행기의) 스태빌라이저, 안정판

pinnacolo /pin'nakolo/ [남] [건축] 작은 뾰족탑

pino /'pino/ [남] [식물] 소나무; 그 목재

pinolo /pi'nɔlo/ [남] 잣 (열매)

pinta /'pinta/ [여] 파인트 (부피의 단위)

pinza /'pintsa/ [여] ① 집게, 펜치; un paio di pinze 집게[펜치] 1개 ② (게 따위의) 집게발

pinzatrice /pintsa'tritʃe/ [여] 스테이플러

pinzette /pin'tsette/ [여·복] 족집게, 핀셋

pio /'pio/ [형] (복 : pii, pie) ① 경건한, 신앙심이 깊은, 독실한 ② 자비로운, 자선을 베푸는

pioggia /'pjɔddʒa/ [여] (복 : -ge) ① 비; sorpreso dalla pioggia 비를 만난[맞게 된]; sotto la pioggia 비가 내리는 중에; pioggia fine 이슬비; pioggia acida 산성비 ② (비유적으로) 빗발침, 쏟아짐, 연발, 쇄도

piolo /pi'ɔlo/ [남] ① (끝이 뾰족한) 말뚝; 못 ② (사다리의) 단(段), 가로장; scala a pioli 사다리

piombare1 /pjom'bare/ [자동] (조동사 : essere) ① 떨어지다, 낙하하다; (su와 함께 쓰여) (높은 곳에서 ~으로) 내리덮치다; il falco piombò sulla preda 매가 먹이를 향해 내리 덮쳤다 ② (비유적으로) (예기치 못하게) 들이닥치다; piombare in casa di qn 연락도 없이 누구네 집을 방문하다

piombare2 /pjom'bare/ [타동] ① 납으로 봉하다 ② (치아를) 충전하다

piombatura /pjomba'tura/ [여] ① 납봉, 납으로 봉하기 ② (치아의) 충전

piombino /pjom'bino/ [남] ① (낚싯줄·그물의) 추 ② 납봉

piombo /'pjombo/ [남] ① 납; senza piombo (휘발유가) 무연(無鉛)의 ② 측연(測鉛) ③ (비유적으로) 탄환 ④ a piombo 수직의 - [형-불변] 납빛의 - pesante come il piombo 납덩이처럼 무거운

pioniere /pjo'njɛre/ [남] (여 : -a) 개척자, 선구자, 주창자

pionieristiko /pjonje'ristiko/ [형] (복 : -ci, -che) 개척자[선구자]의; 개척하는

pioppo /'pjɔppo/ [남] [식물] 포플러, 미루나무 - pioppo bianco 백양(白楊); pioppo tremolo 사시나무

piovano /pjo'vano/ [형] acqua piovana 빗물

piovere /'pjɔvere/ [비인칭] (조동사 : essere, avere) 비가 오다; piove 비가 온다; piove a dirotto 비가 억수 같이 쏟아진다 - [자동] (조동사 : essere) (요청·편지·선물 따위가) 쏟아지다, 쇄도하다; piovere dal cielo (비유적으로) 불쑥 나타나다 - su questo non ci piove 그렇고 말고, 틀림없지

piovigginare /pjoviddʒi'nare/ [비인칭] (조동사 : essere, avere) 이슬비가 오다

piovigginoso /pjoviddʒi'noso/ [형] 이슬비가 내리는 (날씨의)

piovosità /pjovosi'ta/ [여-불변] ① 비가 옴 ② 강우(량)

piovoso /pjo'voso/ [형] 비가 내리는 (날씨·지역의)

piovra /'pjɔvra/ [여] [동물] 문어

pipa /'pipa/ [여] (담배) 파이프; fumare la pipa 파이프 담배를 피우다

pipì /pi'pi/ [여-불변] (구어체에서) 오줌; fare (la) pipì 오줌 누다

pipistrello /pipis'trɛllo/ [남] ① [동물] 박쥐 ② 소매 없는 외투의 일종

piqué /pi'ke/ [남-불변] 피케 (코르덴처럼 골지게 짠 면직물)

piramidale /pirami'dale/ [형] (건물이나 계층제가) 피라미드 모양의

piramide /pi'ramide/ [여] ① [기하] 각뿔 ② (고대 이집트의) 피라미드; a piramide 피라미드 모양의

piranha /pi'raɲɲa/ [남-불변] [어류] 피라냐 (남미산)

pirata /pi'rata/ [남] ① 해적 ② (비유적으로) 약탈자 - [형-불변] 해적의; (레코드·라디오 따위가) 해적판의, 무허가의 - pirata dell'aria 하이재커, 항공기 납치범; pirata della strada 뺑소니 운전자

pirateria /pirate'ria/ [여] ① 해적질, 해적 행위 ② (비유적으로) 약탈, 도용, 표절

Pirenei /pire'nɛi/ [남·복] 피레네 산맥

piretro /pi'retro/ [남] [식물] 제충국(除蟲菊)

pirite /pi'rite/ [여] [광물] 황철석(黃鐵石)

piroetta /piro'etta/ [여] (발레·스케이팅에서) 발끝으로 돌기

pirofila /pi'rɔfila/ [여] (오븐용) 내열(耐熱) 접시

pirofilo /pi'rɔfilo/ [형] (유리·도기 따위가) 내열(耐熱)의, 열에 견디는

piroga /pi'rɔga/ [여] (복 : -ghe) 통나무배

piromane /pi'rɔmane/ [남/여] 방화광(放火狂), 방화 상습범

piromania /piroma'nia/ [여] 방화광의 증상

piroscafo /pi'rɔskafo/ [남] 기선(汽船)

pirotecnico /piro'tɛkniko/ [형] (복 : -ci, -che) 꽃불의, 폭죽의; 꽃불 제조술의

pisciare /piʃ'ʃare/ [자동] (조동사 : avere) (구어체에서) 오줌을 누다

piscina /piʃ'ʃina/ [여] 수영장, 풀장; piscina coperta 실내 수영장

pisello /pi'sɛllo/ [남] ① [식물] 완두(콩) ② (구어체에서·유아어로) 고추, 음경

pisolino /pizo'lino/ [남] 잠깐 졸기, 선잠

pista /'pista/ [여] ① 지나간 자취, 발자국; seguire una pista 뒤를 밟다, 발자취를 좇다 ② [스포츠] (경기장의) 트랙,

주로(走路); (경마장의) 경주로; (스키장의) 슬로프 ③ 녹음대(帶), 사운드 트랙 - essere su una buona pista 제대로 [바른 길을] 가고 있다; pista! 길을 비켜라!

pistacchio /pis'takkjo/ [남] (복 : -chi) [식물] 피스타치오 (나무 또는 열매)

pistillo /pis'tillo/ [남] [식물] 암술

pistola /pis'tɔla/ [여] 권총; sotto la minaccia della pistola 권총으로 위협을 받아; pistola automatica 자동 권총; pistola a tamburo 리볼버 (탄창 회전식 연발 권총) - pistola ad acqua 물총; pistola a spruzzo (페인트 따위의) 분무기

pistone /pis'tone/ [남] ① [기계] 피스톤 ② [음악] (금관악기의) 피스톤

pitagorico /pita'gɔriko/ (복 : -ci, -che) [형] 피타고라스의 (학설의) - [남] (여 : -a) 피타고라스의 학설을 신봉하는 사람

pitocco /pi'tɔkko/ (복 : -chi, -che) [형] 인색한 - [남] (여 : -a) 구두쇠

pitone /pi'tone/ [남] [동물] 비단뱀

pittore /pit'tore/ [남] (여 : pittrice) ① 화가 ② 페인트공

pittoresco /pitto'resko/ [형] (복 : -schi, -sche) 그림 같은, 아름다운, 회화적인; (언어·문체가) 생기가 넘치는

pittorico /pit'tɔriko/ [형] (복 : -ci, -che) 그림의; 그림으로 나타낸

pittrice /pit'tritʃe/ [여] → pittore

pittura /pit'tura/ [여] ① 페인트, 도료 ② 그림 그리기, 화법(畫法) ③ 그림 - pittura murale 벽화

pitturare /pittu'rare/ [타동] (~에) 페인트와 물감 따위를 칠하다 - pitturarsi [재귀동사] (구어체에서) 얼굴 화장을 하다

più /pju/ [부] ① [비교급] 더욱, ~보다 더 (큰, 많은); più bello 더 아름다운; parla più forte! 더 크게 말해봐!; è più povero di te 그는 너보다 더 가난하다; noi lavoriamo più di loro 우리는 그들보다 더 열심히 일한다; più che mai 더욱 더 (많이) ② [최상급] 가장 (큰, 많은); il più bravo di tutta la classe 학급에서 가장 우수한 학생; è quello che mi piace di più 그건 내가 가장 좋아하는 거야; fare qc il più in fretta possibile 무엇을 가능한 한 빨리 하다; il più possibile 되도록 많이 ③ 그만큼 더, ~할수록 더; più ci pensi, peggio è 네가 그걸 생각하면 할수록 상황은 더 나빠진다; più ~ più ~하면 할수록 더 ~하다; più ~ meno ~하면 할수록 더 ~ 않다 ④ non ~ più 더 이상 ~ 않다; non lavora più 그는 더 이상 일하지 않는다; non c'è più nessuno (더 이상, 이제는) 아무도 남아 있지 않다; mai più 다시는 ~ 않다 ⑤ 2 più 2 fa 4 2 더하기 2는 4; di più, in più 더; una volta di più 한 번 더; più o meno ~쯤; sarò lì più o meno alle 4 거기 네 시쯤 도착할 거야; né più né meno 더도 말고 덜도 말고, 딱 그만큼만; per di più 더욱이, 게다가 - [형-불변] ① (수량이) 더 많은 ② 몇몇의, 여러 - [전] 게다가, 그 외에도 - [남-불변] ① 대부분; il più ormai è fatto 이제 거의 다 됐다; i più pensano così 대부분의 사람들은 그렇게 생각한다 ② [수학] 플러스 부호

piuccheperfetto /piukkeper'fetto/ [남] [문법] 과거완료

piuma /'pjuma/ [여] (새의) 깃털, 깃; leggero come una piuma 깃털처럼 가벼운; guanciale di piume 깃털을 넣은 베개; cappello con le piume 깃털 장식이 달린 모자 - [남-불변] [스포츠] 페더급

piumaggio /pju'maddʒo/ [남] (복 : -gi) 새의 몸을 덮고 있는 깃털 전체

piumato /pju'mato/ [형] (모자 따위에) 깃털 장식이 달린

piumino /pju'mino/ [남] ① (패딩으로 사용하는) 새의 솜털 ② 깃털 이불; 다운 재킷; 깃털 총채

piumone /pju'mone/ [남] 깃털 이불

piuttosto /pjut'tɔsto/ [부] ① (선택에 있어서) 그 대신에, 그보다는, 차라리; prenderei piuttosto un'aranciata 난 오렌지에이드를 마시겠어; piuttosto che studiare farebbe di tutto 그는 공부만 아니면 다른 무엇이든지 할 것이다; piuttosto la morte! 차라리 죽는 게 낫다! ② 꽤, 상당히; fa piuttosto freddo 꽤 춥다

piva /'piva/ [여] (스코틀랜드의) 백파이프 - tornare con le pive nel sacco 빈손으로 돌아오다

pivello /pi'vɛllo/ [남] (여 : -a) (구어체에서) 풋내기, 초심자

pizza /'pittsa/ [여] ① 피자 ② [영화] (필

름의) 권(卷) ③ (비유적으로) 따분한 것 [사람]

pizzaiolo /pittsa'jɔlo/ [남] (여: -a) 피자 만드는 사람

pizzeria /pittse'ria/ [여] 피자 가게

pizzicare /pittsi'kare/ [타동] ① (신체의 일부를) 꼬집다; gli ho pizzicato un braccio 나는 그의 팔을 꼬집었다 ② 따끔거리게 하다; ha un sapore che ti pizzica la gola 얼얼하게 하는 맛이다 ③ (모기 따위가) 물다 ④ (현악기를) 뜯다, 탄주(彈奏)하다 ⑤ (구어체에서) (범인 따위를) 붙잡다 - [자동] (조동사: avere) ① (눈·피부 등이) 따끔거리다 ② (맛이) 맵다, 톡 쏘다 ③ (음료가) 발포성이 있다

pizzicheria /pittsike'ria/ [여] 조제 식품 판매점

pizzico /'pittsiko/ [남] (복: -chi) ① 한 자밤, 조금; un pizzico di sale 소금 한 줌 ② (비유적으로) (약간의) 기미; non ha un pizzico di pudore 그는 단정한 모습이라고는 조금도 없다 ③ (신체의 일부를) 꼬집기 ④ (모기 따위가) 묾

pizzicore /pittsi'kore/ [남] ① 가려움 ② avere il pizzicore di fare qc ~을 하고 싶어 좀이 쑤시다

pizzicotto /pittsi'kɔtto/ [남] (신체의 일부를) 꼬집기

pizzo /'pittso/ [남] ① 끈, 레이스 ② (턱밑의) 염소수염 ③ 정상, 꼭대기 ④ 가장자리

placare /pla'kare/ [타동] (사람·욕구 등을) 달래다, 진정시키다, 가라앉히다; placare la fame 배고픔을 달래다; placare la sete 갈증을 해소하다 - placarsi [재귀동사] (사람이) 진정하다; (흥분·폭동 따위가) 가라앉다; (바람 따위가) 자다

placca /'plakka/ [여] (복: -che) ① (금속 따위의) 판; (글이나 그림 따위를 새긴) 판 ② [치과] 치석, 플라크, 치태 ③ placca da forno 요리용 철판

placcare /plak'kare/ [타동] (~에) 도금하다; placcato in oro 금도금하다

placcatura /plakka'tura/ [여] 도금

placebo /pla'tʃebo/ [남-불변] [의학] 위약(僞藥), 플라시보

placenta /pla'tʃɛnta/ [여] [해부·동물] 태반(胎盤)

placidamente /platʃida'mente/ [부] 평온하게, 조용히, 차분하게

placido /'platʃido/ [형] 평온한, 조용한, 차분한

plafoniera /plafo'njɛra/ [여] 천장에 달린 등

plagiare /pla'dʒare/ [타동] ① (남의 작품 따위를) 도용[표절]하다 ② 정신적으로 억압하다

plagio /'pladʒo/ [남] (복: -gi) ① (작품 따위의) 도용, 표절 ② 정신적 억압

plaid /plɛid/ [남-불변] 체크무늬가 있는 덮개나 숄

planare1 /pla'nare/ [형] 평면의; 2차원의

planare2 /pla'nare/ [자동] (조동사: avere) (비행기나 새가) 활공(滑空)하다

plancia /'plantʃa/ [여] (복: -ce) ① (배의) 브리지, 선교(船橋); 트랩 ② (자동차의) 계기판, 대시보드

plancton /'plankton/ [남-불변] [생물] 플랑크톤

planetario /plane'tarjo/ (복: -ri, -rie) [형] ① 행성의 ② 세계의, 세계적인 - [남] 플라네타륨 (천체 투영 장치)

plasma /'plazma/ [남] ① [해부] 혈장(血漿) ② [물리] 플라스마

plasmare /plaz'mare/ [타동] ① (진흙 따위의 부드러운 물질을 재료로 하여) 원하는 모양으로 만들다 ② (비유적으로) (인격 따위를) 형성하다

plastica /'plastika/ [여] (복: -che) ① 플라스틱, 합성수지 ② 조형 예술 ③ [의학] 성형외과

plastico /'plastiko/ (복: -ci, -che) [형] ① 플라스틱의[으로 된] ② 가소성(可塑性)이 있는, 마음대로 형태를 뜰 수 있는 ③ [의학] 성형의 - [남] ① 축척 모형 ② 플라스틱 폭약

plastilina /plasti'lina/ [여] 세공용 점토

platano /'platano/ [남] [식물] 플라타너스

platea /pla'tɛa/ [여] ① (극장의) 1층 정면의 특별석 ② 청중, 관객 ③ [지질] 암상(岩床); platea continentale 대륙붕

plateale /plate'ale/ [형] (제스처·행동이) 연극조의, 과장된

platino /'platino/ [남] [화학] 백금

platonico /pla'tɔniko/ [형] ① 플라톤 철학[학파]의 ② 순(純)정신적인, 플라토닉한 - [남] (여: -a) 플라톤 학파의 사람

plaudire /plau'dire/ [자동] (조동사: avere) 박수치다, 성원하다

plausibile /plau'zibile/ [형] 그럴듯한, 정말 같은

plausibilità /plauzibili'ta/ [여-불변] 그럴듯함, 정말 같음

plauso /'plauzo/ [남] ① (문어체에서) 박수 ② (비유적으로) 적극적인 찬성

playback /plei'bɛk/ [남-불변] [음악] 립싱크; cantare in playback 립싱크를 하다

playboy /'pleibɔi/ [남-불변] 플레이보이, 돈 많은 바람둥이[난봉꾼]

plebe /'plɛbe/ [여] (경멸적으로) 대중, 민중, 서민

plebeo /ple'bɛo/ [형] 대중의, 서민의 - [남] (여 : -a) 서민

plebiscito /plebiʃ'ʃito/ [남] 국민[일반] 투표

plenario /ple'narjo/ [형] (복 : -ri, -rie) (회의 따위가) 전원 출석의; in sessione plenaria 본회의[총회]에서

plenilunio /pleni'lunjo/ [남] (복 : -ni) 보름달

plenipotenziario /plenipoten'tsjarjo/ (복 : -ri, -rie) [형] 전권(全權)을 가진 - [남] (여 : -a) 전권 대사

plettro /'plɛttro/ [남] (현악기 연주용의) 채, 픽

pleura /'plɛura/ [여] [해부] 늑막, 흉막

pleurite /pleu'rite/ [여] [병리] 늑막염, 흉막염

plexiglas /pleksi'glas/ [남-불변] 플렉시유리 (상표명)

plico /'pliko/ [남] (복 : -chi) (용지 따위의) 묶음; 봉투

plissettato /plisset'tato/ [형] (천에) 주름을 잡은

plotone /plo'tone/ [남] [군사] 소대

plumbeo /'plumbeo/ [형] ① 납의, 납으로 된 ② 납빛의 ③ (비유적으로) (분위기 따위가) 무거운

plurale /plu'rale/ [남/형] [문법] 복수(형)(의)

pluralismo /plura'lizmo/ [남] [철학] 다원론(多元論)

pluralità /plurali'ta/ [여-불변] ① 복수; 다수; 다양성 ② 과반수, 대다수; 대부분

pluriennale /plurien'nale/ [형] (계약·계획 따위가) 장기간의

plusvalenza /pluzva'lɛntsa/ [여] [경제] 자본 이익

plusvalore /pluzva'lore/ [남] [경제] 잉여 가치

plutonio /plu'tɔnjo/ [남] [화학] 플루토늄

pluviale /plu'vjale/ [형] 비(雨)의; foresta pluviale 우림(雨林)

P.M. /pi'emme/ [남] (pubblico ministero의 약자) 검찰관, 검사

pneumatico1 /pneu'matiko/ [형] (복 : -ci, -che) 압축 공기를 넣은; 공기압으로 움직이는, 공기의 작용에 의한; freno pneumatico 에어 브레이크

pneumatico2 /pneu'matiko/ [남] (복 : -ci) (공기를 넣은) 타이어; pneumatico da neve 스노타이어

PNL /pienne'elle/ [남] (prodotto nazionale lordo의 약자) [경제] 국민총생산, GNP

PNN /pienne'enne/ [남] (prodotto nazionale netto의 약자) [경제] 국민순(純)생산, NNP

po' /pɔ/ → poco

pochette /pɔʃ'ʃɛt/ [여-불변] 소형 핸드백

pochezza /po'kettsa/ [여] ① 부족, 결핍 ② (비유적으로) 인색함

poco /'pɔko/ (복 : -chi, -che) [형] (부정형용사) ① (수량이) 적은, 많지 않은; poco denaro 적은 액수의 돈; poche persone 몇 명 안 되는 사람들; è un tipo di poche parole 그는 말수가 적은 사람이다; ho poca fame 나는 별로 배고프지 않다; a poco prezzo 싼 가격에 ② (시·공간상) 잠깐 동안의; 멀지 않은; poco tempo fa 조금 전에, 방금; abbiamo fatto poca strada 우리는 멀리 나아가지 않았다 - [대] (부정대명사) ① 조금, 약간; ho comprato poco 나는 조금 밖에 사지 않았다; so poco di lui 나는 그 사람에 대해 많이 알지 못한다; ne ha letti pochi 그는 그것을 조금 밖에 읽지 않았다 ② 몇몇 사람들; pochi la pensano come lui 그 사람과 같은 생각을 가진 사람은 얼마 되지 않는다 ③ per poco 거의; per poco non cadevo 나는 하마터면 떨어질 뻔했다 ④ poco o niente 거의 아무것도 ~ 않다 - [부] ① (동사와 함께 쓰여) 조금, 약간; guadagna poco 그는 돈을 조금 밖에 벌지 못한다; dorme troppo poco 그녀는 잠을 충분히 자지 못한다 ② (형용사와 함께 쓰여) 별로 ~ 않다; è poco socievole 그는 그다지 사교적이지 못하다 ③ (부사와 함께 쓰여) 별로 ~ 않다; sta poco bene 그는 상태가 별로 좋지 않다 ④ (시간상) 잠깐 동안,

그리 오래지 않아; poco fa 조금 전에, 방금; poco dopo 곧바로, 직후에; fra poco 곧, 이내, 얼마 안 있어; il film dura poco 그 영화는 상영 시간이 길지 않다 ⑤ (거리상) 멀지 않아; da casa mia all'ufficio c'è poco 내 집에서 사무실까지는 멀지 않다 ⑥ un po' 조금, 약간; è un po' corto 좀 짧다; sono un po' stanco 난 좀 피곤해; arriverà fra un po' 그는 곧 도착할 거야; fammi un po' vedere 나 좀 보여줘 ⑦ a poco a poco 조금씩, 점차; a dir poco 적어도, 최소한; è una cosa da poco 그건 중요하지 않아, 사소한 일이야; poco male 문제될 것 없어 - [남] ① 적은 것 ② un po' di 약간의 ~, 얼마 안 되는 ~; un po' di soldi 적은 액수의 돈; un po' di pane 약간의 빵; ha un po' di mal di testa 그는 머리가 좀 아프다 ③ un bel po' di (구어체에서) 꽤 많은 ~

podere /po'dere/ [남] (농가에 인접한) 농지, 경작지

poderoso /pode'roso/ [형] 강력한

podio /'pɔdjo/ [남] (복 : -di) (오케스트라 따위의) 지휘대; (운동 경기의) 시상대

podismo /po'dizmo/ [남] (육상 경기 중) 달리기·경보 종목들

podista /po'dista/ [남/여] (남·복 : -i, 여·복 : -e) (육상 경기 중) 달리기·경보 종목의 선수

poema /po'ɛma/ [남] (한 편의) 시, 운문

poesia /poe'zia/ [여] ① (문학 형식으로서의) 시, 시가(詩歌), 운문 ② (한 편의) 시; scrivere una poesia 시를 쓰다 ③ 시집(詩集) ④ (비유적으로) 시적 감흥 ⑤ (비유적으로) 상상, 공상

poeta /po'ɛta/ [남] 시인

poetessa /poe'tessa/ [여] 여류 시인

poetica /po'etika/ [여] (복 : -che) 시학(詩學); 시론

poetico /po'etiko/ [형] (복 : -ci, -che) ① 시의, 시적인 ② (비유적으로) 시인의 기질이 있는, 감수성이 풍부한

poggiare /pod'dʒare/ [타동] (su와 함께 쓰여) (~에 신체의 일부 따위를) 기대다 - [자동] (조동사 : avere) (su와 함께 쓰여) (~에) 기대어 서 있다

poggiatesta /poddʒa'testa/ [남-불변] (자동차의) 좌석 베개, 머리 받침

poggio /'pɔddʒo/ [남] (복 : -gi) 작은 언덕

poi /pɔi/ [부] ① 그러고나서, 그런 후에; 나중에; e poi, cos'è successo? 그러고나서 무슨 일이 일어났니?; poi te lo dico 나중에 얘기해 줄게 ② 게다가, 더욱이; non ho voglia di uscire e poi ho mal di testa 나는 외출하고 싶지도 않거니와 머리까지 아프다 ③ 결국; quale ha poi scelto? 그는 결국 어느 쪽을 택했니? ④ (강조하여) 도대체; che cosa ho fatto poi di male? 도대체 내가 무슨 해를 끼쳤다는 거야? - [남] 나중, 앞날, 미래; pensare al poi 앞날을 생각하다 - d'ora in poi 지금부터; prima o poi 조만간

poiché /poi'ke/ [접] ~이므로; poiché pioveva sono rimasto a casa 비가 왔으므로 나는 (외출하지 않고) 집에 있었다

pois /pwa/ [남-불변] 물방울 무늬

poker /'pɔker/ [남-불변] 포커 (카드놀이의 일종)

polacco /po'lakko/ (복 : -chi, -che) [형] 폴란드의 - [남] (여 : -a) 폴란드 사람 - [남] 폴란드어

polare /po'lare/ [형] 극지방의; la stella polare 북극성; orso polare 북극곰

polarizzare /polarid'dzare/ [타동] ① [물리] 극성을 갖게 하다, 편광(偏光)시키다 ② (비유적으로) 마음을 끌다, 매료시키다

polaroid /pola'rɔid/ [남-불변] 폴라로이드, 인조 편광판(偏光板) - [여-불변] 폴라로이드 카메라

polca /'pɔlka/ (복 : -che) → polka

polemica /po'lɛmika/ [여] (복 : -che) 논쟁, 논박; entrare in polemica con qn 누구와 논쟁하다

polemicamente /polemika'mente/ [부] 논쟁적으로, 논쟁하기 좋아하여

polemico /po'lɛmiko/ [형] (복 : -ci, -che) 논쟁의, 논쟁적인; 논쟁하기 좋아하는

polemizzare /polemid'dzare/ [자동] (조동사 : avere) (con과 함께 쓰여) (~와) 논쟁하다

polenta /po'lɛnta/ [여] (옥수수 가루로 만드는) 폴렌타 죽

poliambulatorio /poliambula'tɔrjo/ [남] (복 : -ri) 의료 센터

policlinico /poli'kliniko/ [남] (복 : -ci) 종합 병원

policromo /poˈlikromo/ [형] 다색(多色)의

poliedro /poliˈɛdro/ [남] [기하] 다면체(多面體)

poliestere /poliˈɛstere/ [남] [화학] 폴리에스테르

poligamia /poligaˈmia/ [여] 복혼(複婚) (일부다처 따위)

poligamo /poˈligamo/ [형] 복혼[일부다처]의 - [남] (여 : -a) 일부다처론자

poliglotta /poliˈglotta/ (남·복 : -i, 여·복 : -e) [형] 여러 언어를 구사하는; 여러 언어로 된 - [남/여] 여러 언어를 구사하는 사람

poligono /poˈligono/ [남] ① [기하] 다각형 ② poligono di tiro 사격장

Polinesia /poliˈnɛzja/ [여] 폴리네시아 (태평양의 중남부에 널리 산재하는 작은 섬들의 총칭)

polinesiano /polineˈzjano/ [형] 폴리네시아의 - [남] (여 : -a) 폴리네시아 사람

polio /ˈpɔljo/ [여-불변] (구어체에서) [병리] 소아마비

poliomielite /poljomieˈlite/ [여] [병리] 급성 회백수염, 척수성 소아마비

polipo /ˈpɔlipo/ [남] ① [동물] 폴립 (말미잘·히드라 따위) ② [병리] 용종(茸腫), 폴립

polistirolo /polistiˈrɔlo/ [남] [화학] 폴리스티렌

politecnico /poliˈtɛkniko/ (복 : -ci, -che) [형] 공예(교육)의, 공업 기술(교육)의 - [남] 폴리테크닉, 기술 전문학교

politica /poˈlitika/ [여] (복 : -che) ① 정치(학); fare politica 정치 활동을 하다, 정치가다; darsi alla politica 정계에 투신하다 ② (정부 등의) 정책, 방침, 노선; politica estera 외교 정책; politica dei prezzi 물가 정책

politicamente /politikaˈmente/ [부] 정치적으로

politicante /politiˈkante/ [남/여] (경멸적으로) 정치꾼

politicizzare /politiˈtʃidˈdzare/ [타동] 정치화하다, 정치적으로 다루다

politico /poˈlitiko/ (복 : -ci, -che) [형] 정치의, 정치적인; uomo politico 정치가; scienze politiche 정치학; prigioniero politico 정치범; elezioni politiche 총선거 - [남] (여 : -a) 정치가

polivalente /polivaˈlɛnte/ [형] ① [화학] 다원자가(多原子價)의 ② 다목적의

polizia /poliˈttsia/ [여] 경찰; agente di polizia 경찰관; polizia giudiziaria 범죄 수사국; polizia stradale 교통 경찰

poliziesco /poliˈttsjesko/ (복 : -schi, -sche) [형] 경찰의; 경찰과 관련된 - [남] 탐정 소설[영화]

poliziotto /poliˈttsjɔtto/ [남] (여 : -a) 경찰관 - [형-불변] donna poliziotto 여경; cane poliziotto 경찰견

polizza /ˈpɔlittsa/ [여] 표, 증서, 증권; polizza di assicurazione 보험 증권; polizza di carico 선하(船荷) 증권

polka /ˈpɔlka/ [여] 폴카 (춤, 춤곡)

pollaio /polˈlajo/ [남] (복 : -ai) ① 닭장, 계사(鷄舍) ② (비유적으로) 더러운 곳

pollame /polˈlame/ [남] 가금(家禽)

pollastra /polˈlastra/ [여] 암평아리

pollastro /polˈlastro/ [남] 수평아리

pollice /ˈpɔllitʃe/ [남] ① 엄지(손가락) ② [길이의 단위] 인치

polline /ˈpɔlline/ [남] [식물] 꽃가루, 화분

pollivendolo /polliˈvendolo/ [남] (여 : -a) 가금류를 취급하는 상인

pollo /ˈpollo/ [남] ① (가금류로서의) 닭 ② 닭고기 ③ (비유적으로) 바보, 얼간이, 속기 쉬운 사람

polmonare /polmoˈnare/ [형] 폐[허파]의

polmone /polˈmone/ [남] [해부] 폐, 허파 - gridare a pieni polmoni 목청껏 소리를 질러; respirare a pieni polmoni 심호흡을 하다

polmonite /polmoˈnite/ [여] [병리] 폐렴

polo1 /ˈpɔlo/ [남] ① (지구·천구의) 극(極); il Polo nord 북극 ② [물리] 전극; 자극(磁極) ③ (비유적으로) 중심지

polo2 /ˈpɔlo/ [남-불변] [스포츠] 폴로 (선수가 말을 탄 채 스틱으로 공을 쳐서 상대편 골에 집어 넣는 경기)

polo3 /ˈpɔlo/ [여-불변] 폴로 셔츠

Polonia /poˈlɔnja/ [여] 폴란드

polpa /ˈpolpa/ [여] ① 과육(果肉) ② 살코기

polpaccio /polˈpattʃo/ [남] (복 : -ci) [해부] 장딴지, 종아리

polpastrello /polpasˈtrɛllo/ [남] 손가락 끝의 살이 많은 부분

polpetta /polˈpetta/ [여] polpetta di carne 미트볼 - fare polpette di qn 누구를 완전히 꼼짝 못하게 만들다

polpettone /polpet'tone/ [남] 미트 로프 (다진 고기에 양념을 해서 구운 것)

polpo /'polpo/ [남] [동물] 문어

polposo /pol'poso/ [형] (과일이) 다육질 (多肉質)의

polsino /pol'sino/ [남] (셔츠의) 커프스, 소맷부리; 커프스 단추

polso /'polso/ [남] ① 손목; orologio da polso 손목시계; con le manette ai polsi 수갑을 차고 ② (셔츠의) 커프스, 소맷부리 ③ 맥박 ④ (비유적으로) (육체적·정신적인) 힘, 기력, 담대함; avere polso 강인하다

poltiglia /pol'tiʎʎa/ [여] ① (음식 따위의) 걸쭉한 것 ② 진창; 녹기 시작한 눈

poltrire /pol'trire/ [자동] (조동사 : avere) (자리에 누워) 쉬다; 빈둥거리다

poltrona /pol'trona/ [여] ① 안락의자; sedersi in poltrona 안락의자에 앉다 ② (극장의) 1층 정면의 특별석 - poltrona letto 의자 겸용 침대

poltrone /pol'trone/ [형] 빈둥거리는, 게으른 - [남] (여 : -a) 빈둥거리는 사람, 게으름뱅이

polvere /'polvere/ [여] ① 먼지; fare polvere 먼지를 일으키다 ② 가루, 분, 파우더; latte in polvere 분유; sapone in polvere 가루비누 - buttare[gettare] la polvere negli occhi a qn 누구의 눈을 속이다; ridurre in polvere 산산이 부서지다 - polvere pirica[da sparo] 화약

polveriera /polve'rjɛra/ [여] ① 화약고, 탄약고 ② (비유적으로) 언제 폭발할 지 모르는 위험한 것

polverizzare /polverid'dzare/ [타동] ① 가루로 만들다, 분쇄하다; (액체를) 안개 모양으로 만들다 ② (비유적으로) (적을) 격파[타도]하다; (기록을) 깨다 - polverizzarsi [재귀동사] 가루가 되다, 분쇄되다

polverone /polve'rone/ [남] 자욱한 먼지 - sollevare un polverone (비유적으로) 소동을 일으키다

polveroso /polve'roso/ [형] 먼지투성이의, 먼지가 많은

pomata /po'mata/ [여] 연고, 고약

pomello /po'mɛllo/ [남] ① 뺨, 볼 ② (문 따위의) 손잡이

pomeridiano /pomeri'djano/ [형] 오후의

pomeriggio /pome'riddʒo/ [남] (복 : -gi) 오후; le 3 del pomeriggio 오후 3시에

pomice /'pomitʃe/ [여] 부석(浮石), 속돌 (또는 pietra pomice)

pomo /'pomo/ [남] ① 사과 (열매) ② (문 따위의, 구형의) 손잡이 - pomo d'Adamo [해부] 후골(喉骨), 울대뼈; pomo della discordia 불화[분쟁]의 원인

pomodoro /pomo'dɔro/ [남] [식물] 토마토 (열매 또는 식물)

pompa1 /'pompa/ [여] ① 펌프; pompa antincendio 소방 펌프 ② 주유소 (또는 pompa di benzina) ③ (구어체에서) (고무) 호스

pompa2 /'pompa/ [여] 화려, 장관; mettersi in pompa magna 멋지게 차려 입다 - pompe [여·복] impresa di pompe funebri 장의사

pompare /pom'pare/ [타동] ① 펌프로 (물 따위를) 퍼 올리다[내다] ② 펌프로 (공기를) 넣다 ③ (비유적으로) 과장하다

pompelmo /pom'pɛlmo/ [남] 그레이프프루트, 자몽

pompiere /pom'pjɛre/ [남] 소방관; chiamare i pompieri 소방서에 연락하다

pompon /pom'pɔn/ [남-불변] (모자에 달린) 방울 모양의 장식

pomposo /pom'poso/ [형] ① 화려한, 호화로운 ② (비유적으로) (사람이) 젠체하는; (말투 따위가) 과시적인

poncho /'pɔntʃo/ [남-불변] 판초 (남미 원주민들이 입는 외투의 일종)

ponderare /ponde'rare/ [타동] 숙고하다, 잘 따져보고 생각하다; ponderare i pro ed i contro 찬반 양론의 득실을 잘 따져보다

ponderato /ponde'rato/ [형] (결정·대답 따위가) 숙고해서 내린, 잘 따져보고 생각한

ponderoso /ponde'roso/ [형] (문어체에서) 무거운, 육중한

ponente /po'nɛnte/ [남] ① 서쪽; a ponente di ~의 서쪽에 ② 서풍(西風)

ponte /'ponte/ [남] ① 다리, 교량 ② (비유적으로) 교량 역할을 하는 것, 중개하는 것 ③ [항해] 갑판, 덱 ④ (건축장의) 발판 ⑤ (자동차의) 차축 ⑥ [치과] 브리지, 가공 의치 - [형-불변] governo ponte 과도 정부 - ponte di barche 부교(浮橋); ponte levatoio 도개교(跳開橋); ponte sospeso 현수교; fare il

ponte 연휴를 즐기다
pontefice /pon'tefitʃe/ [남] ① [성경] (유대교의) 제사장 ② [가톨릭] (로마) 교황 (또는 il sommo pontefice)
ponteggio /pon'teddʒo/ [남] (복 : -gi) (건축장의) 비계, 발판
ponticello /ponti'tʃello/ [남] ① (현악기의) 줄받침 ② (안경의) 코걸이
pontificare /pontifi'kare/ [자동] (조동사 : avere) ① 주교로서 의식을 집행하다 ② (비유적으로) 점잖 빼며 말하다, 거만스럽게 행동하다
pontificato /pontifi'kato/ [남] 교황의 직·지위 또는 재임 기간
pontificio /ponti'fitʃo/ [형] (복 : -ci, -cie) 로마 교황의; stati pontifici 교황령(領)
pontile /pon'tile/ [남] 부두, 선창
pony /'poni/ [남-불변] [동물] 조랑말
pool /pul/ [남-불변] ① [경제] 기업(가) 연합; 투자 그룹 ② (전문가들의) 팀
pop /pɔp/ [형-불변] ① 팝뮤직의, 대중음악의 ② 팝아트의, 대중 미술의 - [남-불변] 팝뮤직, 대중 음악
pop art /pɔp'art/ [여-불변] 팝아트, 대중 미술
pop-corn /pɔp'kɔrn/ [남-불변] 팝콘
popeline /'popelin/ [남-불변] 포플린 (옷감)
popò /po'pɔ/ [여-불변] [유아어] 응가; fare la popò 응가하다 - [남-불변] [유아어] 엉덩이
popolano /popo'lano/ [형] 서민의, 대중의 - [남] (여 : -a) 서민
popolare1 /popo'lare/ [형] ① 민중의, 대중의; repubblica popolare 인민 공화국 ② 민속의, 민간 전승의; canzone popolare 민요 ③ 대중적인, 통속적인 ④ 인기 있는
popolare2 /popo'lare/ [타동] (일정 지역에 사람을) 거주시키다, 정착해 살게 하다 - popolarsi [재귀동사] ① (일정 지역에 사람이) 거주하게 되다 ② (특정 장소가) 사람들로 붐비다
popolarità /popolari'ta/ [여-불변] 인기, 평판; acquistare popolarità 인기를 얻다
popolato /popo'lato/ [형] (일정 지역에) 사람이 거주하는
popolazione /popolat'tsjone/ [여] ① 인구; (집합적으로) 주민 ② 특정 계층 따위에 속하는 사람들
popolo /'popolo/ [남] ① 국민, 민족; il popolo italiano 이탈리아 국민 ② (일반적으로) 사람들; 서민, 평민, 일반 대중
popoloso /popo'loso/ [여] 인구밀도가 높은
popone /po'pone/ [남] (머스크)멜론
poppa1 /'poppa/ [여] [항해] 고물, 선미 (船尾) - andare col vento in poppa 순풍에 돛을 달고 가다
poppa2 /'poppa/ [여] 유방, 젖
poppante /pop'pante/ [남/여] ① 젖먹이, 유아 ② (비유적으로) 풋내기, 초심자
poppare /pop'pare/ [타동] (젖을) 빨다
poppata /pop'pata/ [여] 수유(授乳), 젖먹이기
poppatoio /poppa'tojo/ [남] (복 : -oi) 젖병
populista /popu'lista/ [남/여] (남·복 : -i, 여·복 : -e) [정치] 인민주의자
porcata /por'kata/ [여] ① 비열한 술책 ② (구어체에서) 쓰레기 같은 책·영화 따위
porcellana /portʃel'lana/ [여] 자기(磁器); 자기 제품
porcellino /portʃel'lino/ [남] (여 : -a) 새끼 돼지 - porcellino d'India [동물] 기니피그, 모르모트
porcello /por'tʃello/ [남] (여 : -a) ① 새끼 돼지 ② (비유적으로) 지저분한 사람
porcheria /porke'ria/ [여] ① 오물, 쓰레기 ② (비유적으로) 음담, 외설 행위 ③ (비유적으로) 정크 푸드 ④ (비유적으로) 비열한 술책 ⑤ (비유적으로) 쓰레기 같은 책·영화 따위
porchetta /por'ketta/ [여] 새끼 돼지로 만든 요리
porcile /por'tʃile/ [남] ① 돼지 우리 ② (비유적으로) 불결한 장소 (방이나 집 따위)
porcino /por'tʃino/ [형] 돼지의; 돼지 같은
porco /'pɔrko/ (복 : -ci, -che) [남] ① [동물] 돼지 ② 돼지고기 ③ (비유적으로) 추잡스러운 인간 - gettare le perle ai porci 돼지에게 진주를 던져 주다; porca miseria! 이런!, 젠장!
porcospino /porkos'pino/ [남] ① [동물] 호저(豪猪) ② (구어체에서) [동물] 고슴도치
porgere /'pɔrdʒere/ [타동] ① (물건을) (건네)주다; (손을) 내밀다 ② (비유적으

로) (인사·축하 등을) 건네다 - porgere la mano a qn 누구에게 도움의 손길을 내밀다; porgere orecchio 귀를 기울이다

porno /'pɔrno/ [남/형-불변] 포르노(의), 외설물(의)

pornografia /pornogra'fia/ [여] 포르노 (그래피)

pornografico /porno'grafiko/ [형] (복 : -ci, -che) 포르노의

poro /'pɔro/ [남] ① [해부] 털구멍 ② [식물] (잎의) 기공(氣孔)

poroso /po'roso/ [형] 작은 구멍이 많이 나 있는

porpora /'porpora/ [남/형-불변] 자줏빛(의)

porre /'porre/ [타동] ① 놓다, 두다, 위치시키다; porre le fondamenta di (건물 따위의) 기초를 놓다; porre la propria fiducia in qn 누구를 신임하다 ② 실행하다, 행동에 옮기다; porre una domanda a qn 누구에게 질문을 하다 ③ (기한·조건 따위를) 정하다 ④ (비유적으로) 가정[상정]하다; poniamo (il caso) che ~이라 가정해 보자; posto che ~이라 가정해 보면 - porsi [재귀동사] ① (~에) 놓이다, 위치하다, 자리잡다; porsi a sedere (자리에) 앉다 ② (~하기) 시작하다, (~에) 착수하다; porsi in cammino 출발하다, 길을 떠나다

porro /'pɔrro/ [남] ① [식물] 부추 ② (피부의) 사마귀, 쥐젖

porta /'pɔrta/ [여] ① 문, 출입구 ② 대문, 성문(城門) ③ (비유적으로) (~으로의) 관문, (~에) 이르는 길 ④ [스포츠] (스키의) 기문(旗門) ⑤ (축구 등의) 골대 ⑥ (자동차 따위의) 문, 도어 ⑥ [컴퓨터] 포트 - abitare porta a porta con qn 누구의 바로 옆집에 살다; mettere qn alla porta 누구를 내쫓다; suonare alla porta 초인종을 누르다; a porte chiuse 비밀리에, 비공개로; porta di sicurezza 비상구

portabagagli /portaba'gaʎʎi/ [남-불변] ① (호텔 등의) 짐꾼 ② (자동차의) 트렁크

portaborse /porta'borse/ [남/여-불변] (경멸적으로) 유력한 사람에게 고용되어 심부름 따위를 하는 사람

portabottiglie /portabot'tiʎʎe/ [남-불변] 병을 보관하는 틀; 병을 운반하는 상자

portacenere /porta'tʃenere/ [남-불변] 재떨이

portachiavi /porta'kjavi/ [남-불변] 열쇠고리

portacipria /porta'tʃipria/ [남-불변] (파우더) 컴팩트, 분갑

portadocumenti /portadoku'menti/ [남-불변] 서류철

portaerei /porta'erei/ [여-불변] 항공모함

portafinestra /portafi'nɛstra/ [여] (복 : portefinestre) (경첩에 의해) 좌우로 열리는 두짝 유리창

portafoglio /porta'fɔʎʎo/ [남] (복 : -gli) ① 지갑 ② 서류 가방 ③ 장관의 직[지위]; ministro senza portafoglio 무임소[정무] 장관 ④ [경제] 투자 자산 구성, 포트폴리오

portafortuna /portafor'tuna/ [남-불변] 부적; 행운의 마스코트

portafotografie /portafotogra'fie/ [남-불변] 사진틀

portaghiaccio /porta'gjattʃo/ [남-불변] 얼음 통

portagioie /porta'dʒɔje/, **portagioielli** /portadʒo'jɛlli/ [남-불변] 보석함, 보석상자

portale /por'tale/ [남] ① (성당이나 왕궁 등의) 으리으리한 문 ② [인터넷] 포털 사이트

portalettere /porta'lɛttere/ [남/여-불변] 우편집배원

portamatite /portama'tite/ [남-불변] 필통

portamento /porta'mento/ [남] ① 태도, 자세, 몸가짐 ② 행동, 행실, 품행

portamonete /portamo'nete/ [남-불변] 잔돈 지갑

portante /por'tante/ [형] [건축] 지지하는, 떠받치는

portantina /portan'tina/ [여] ① 가마 ② 들것

portaoggetti /portaod'dʒɛtti/ [형-불변] vano portaoggetti (자동차 앞좌석 앞에 있는) 장갑 따위를 넣는 작은 칸

portaombrelli /portaom'brɛlli/ [남-불변] 우산꽂이

portapacchi /porta'pakki/ [남-불변] (자전거 또는 자동차 지붕 위의) 짐받이

portapenne /porta'penne/ [남-불변] ① 펜대 ② 필통

portare /por'tare/ [타동] ① 가져오다, 가

져다주다; 가져다[옮겨] 놓다; (사람을) 데려오다, 데려다주다; portare qc a qn 누구에게 무엇을 가져오다[가져다주다]; portami un bicchiere! 나에게 잔을 가져다 다오; posso portarli a casa? 그것들을 집에 가져가도 되나요?; portare qc alla bocca 무엇을 입에 가져다 대다; portare fortuna a qn 누구에게 행운을 가져다주다 ② (몸에) 지니다, 가지고 다니다, 운반하다; 지참하다; portare in braccio un bambino 팔에 아기를 안고 있다; hai portato la macchina fotografica? 너 사진기 가져왔니? ③ 이끌다, 인도하다, 안내하다; portare qn a qc 누구를 무엇으로 이끌다; dove porta questa strada? 이 길로 가면 어디에 이르게 되나요? ④ 일으키다, 유발하다 ⑤ (수염 따위를) 기르다; (옷·신발 따위를) 입다, 신다; porta i capelli lunghi 그는 머리가 길다 ⑥ (이름·제목 따위가) ~이다; porta il nome di suo nonno 그의 이름은 할아버지의 이름을 땄다 ⑦ (감정을) 품다; non gli porto rancore 나는 그에게 악감정이 없다 ⑧ 담다, 포함하다, 수용하다; il documento porta la tua firma 그 서류에는 네 서명이 들어 있다; questa macchina porta 4 persone 이 차는 네 명을 태울 수 있다 ⑨ portare via i) 가져가다 ii) 훔치다 - portarsi [재귀동사] ① 가다; 오다; 이동하다; la polizia si è portata sul luogo del disastro 경찰은 사고 현장으로 갔다 ② 행동하다, 처신하다 - porta bene i suoi anni 그는 나이에 비해 젊어 보인다

portaritratti /portari'tratti/ [남-불변] 사진틀

portariviste /portari'viste/ [남-불변] 잡지를 진열해둔 선반

portasapone /portasa'pone/ [남-불변] (욕실 등의) 비누 그릇

portasciugamano /portaʃʃuga'mano/ [남] 수건걸이

portasigarette /portasiga'rette/ [남-불변] 담뱃갑

portaspilli /portas'pilli/ [남-불변] 바늘겨레[방석]

portata /por'tata/ [여] ① (식사의) 코스 ② (교통수단 등의) 수용 능력 ③ (총포의) 사정(射程), 사거리(射距離) ④ (비유적으로) 범위, 한도; a portata (di ~이) 미치는[닿는] 범위 내에; fuori portata (di) (~이) 미치지 못하는 곳에; alla portata di tutti 누구나 이용 가능한 ⑤ (비유적으로) 중요성, 영향력; di grande portata 아주 중요한

portatile /por'tatile/ [형] 휴대용의, 가지고 다닐 수 있는

portato /por'tato/ [형] ① (a와 함께 쓰여) (~하기) 쉬운; essere portato alla violenza 걸핏하면 폭력을 행사하다 ② (per와 함께 쓰여) (~에) 소질이 있는; essere portato per la musica 음악에 재능이 있다

portatore /porta'tore/ [남] (여: -trice) ① 나르는[운반하는] 사람 ② 소식을 전하는 사람 ③ [의학] 보균자 ④ (수표·어음의) 지참인; pagabile al portatore 지참인불(拂) - portatore di handicap 장애인

portatovagliolo /portatovaʎ'ʎɔlo/ [남] 냅킨 고리[홀더]

portauova /porta'wɔva/ [남-불변] 계란 케이스

portavalori /portava'lori/ [남/여-불변] 경비원

portavoce /porta'votʃe/ [남/여-불변] 대변인

portello /por'tɛllo/ [남] ① 작은 문 ② [항해] 승강구, 해치, 창구(艙口)

portellone /portel'lone/ [남] [항해] 승강구, 해치, 창구(艙口)

portento /por'tɛnto/ [남] ① 놀라운 것, 경이(驚異) ② 천재, 신동

portentoso /porten'toso/ [형] 놀라운, 경이로운

porticato /porti'kato/ [남] 열주(列柱), 주랑(柱廊)

portico /'pɔrtiko/ [남] (복: -ci) 아케이드, 지붕 있는 가로(街路)

portiera /por'tjɛra/ [여] (자동차의) 문, 도어

portiere /por'tjɛre/ [남] (여: -a) ① 문지기, 수위; (호텔의) 짐 운반인 ② [스포츠] (축구 등의) 골키퍼

portinaio /porti'najo/ [남] (복: -ai) 문지기, 수위

portineria /portine'ria/ [여] 수위실

porto1 /'pɔrto/ [남] ① 항구, 항만 ② (비유적으로) 피난처 - andare in porto 잘되다, 성공하다; porto fluviale 하항(河港); porto franco 자유 무역항; porto militare 해군 기지; porto di scalo 기항지(寄港地)

porto2 /ˈpɔrto/ [남] 운임, 운송료 - porto d'armi 총기 휴대 허가

Portogallo /portoˈgallo/ [남] 포르투갈

portoghese /portoˈgese/ [형] 포르투갈의 - [남/여] ① 포르투갈 사람 ② (비유적으로) 입장권 없이 무단으로 입장하는 사람; 승차권 없이 무단으로 여행하는 사람 - [남] 포르투갈어

portone /porˈtone/ [남] 정문

Portorico /portoˈriko/ [남] 푸에르토리코

portuale /portuˈale/ [형] 항구의 - [남] 항만 근로자

porzione /porˈtsjone/ [여] ① (각자에게 돌아가는) 몫 ② (음식의) 한 번 담는 분량, 1인분

posa /ˈpɔsa/ [여] ① (모델 등의) 포즈; mettersi in posa 포즈를 취하다 ② (비유적으로) 짐짓 꾸민 태도 ③ [사진] 노출 ④ 설치 ⑤ senza posa 쉬지 않고, 휴식 없이

posacenere /posaˈtʃenere/ [남-불변] 재떨이

posare /poˈsare/ [타동] 놓다, 두다, 설치하다; posare gli occhi su ~에 시선을 두다, ~을 응시하다; posalo contro il muro 벽에 기대어 놓다 - [자동] (조동사 : avere) ① (su와 함께 쓰여) (~에) 기대어 서 있다, (~에 의해) 지지되다; (비유적으로) (~에) 기반을 두다 ② (모델이) 포즈를 취하다; (비유적으로) 짐짓 꾸민 태도를 취하다; 젠체하다 - posarsi [재귀동사] ① (새가 나무 따위에) 내려앉다; (비행기가) 착륙하다 ② (비유적으로) (su와 함께 쓰여) (~에) 시선을 두다

posata /poˈsata/ [여] 식탁용 날붙이 (칼·포크 따위)

posato /poˈsato/ [형] 차분한, 침착한

poscritto /posˈkritto/ [남] (편지의) 추신 (追伸)

positivamente /pozitivaˈmente/ [부] 긍정적으로

positivo /poziˈtivo/ [형] ① 긍정적인, 건설적인, 적극적인, 호의적인 ② 실증적인 ③ [의학] (반응이) 양성의 ④ [수학] 양(陽)의, 정(正)의, 플러스의 - [남] [사진] 양화(陽畵)

posizionare /pozittsjoˈnare/ [타동] 두다, 위치시키다

posizione /pozitˈtsjone/ [여] ① 위치; 장소, 곳; essere in (una) posizione favorevole 유리한 곳에 위치하고 있다 ② 자세 ③ 순위; in prima posizione 1등으로 ④ 처지, 상태, 상황; trovarsi in una posizione imbarazzante 난처한 상황에 처해 있다 ⑤ (비유적으로) (사회적) 지위; farsi una posizione 지위가 높아지다, 출세하다 ⑥ (비유적으로) 견해, 관점, 입장; prendere (una) posizione (어떤) 입장에 있다, 태도를 취하다

posologia /pozoloˈdʒia/ [여] ① 약량학 (藥量學) ② 약의 1회분

posporre /posˈporre/ [타동] ① (~의) 다음에 놓다[위치시키다] ② (비유적으로) 우선 순위를 나중에 두다, 덜 중시하다; 미루다, 연기하다

possedere /posseˈdere/ [타동] ① (재산·물건·능력·권한 따위를) 가지고 있다, 소유[보유]하다, 지니다 ② (언어를) 유창하게 구사할 줄 알다; (특정 분야에) 능숙하다 ③ (귀신 따위가) 붙다, 홀리다; (감정 따위가 사람을) 지배하다; era posseduto dal demone 그에겐 악령이 씌었었다

possedimento /possediˈmento/ [남] ① 재산, 소유물 ② 속국, 식민지

possente /posˈsɛnte/ [형] 강력한, 힘 있는

possessivo /possesˈsivo/ [형] ① 소유의 ② [문법] 소유를 나타내는, 소유격의 - [남] [문법] 소유격

possesso /posˈsɛsso/ [남] ① 소유권; essere in possesso di qc 무엇을 소유하고 있다; prendere possesso di qc 무엇을 차지하다, 손에 넣다 ② (언어·기술 따위의) 유창함, 숙달 ③ 재산, 소유물

possessore /possesˈsore/ [남] (여 : posseditrice) 소유(권)자, 보유자

possibile /posˈsibile/ [형] ① 가능한, 실행할 수 있는; non mi sarà possibile farlo 나는 그것을 할 수 없을 것 같다; se possibile 가능하다면, 할 수 있다면; vieni prima possibile 가능한 한 빨리 오너라 ② 있을[일어날] 수 있는, ~할 지도 모르는; è possibile che arrivi più tardi 그는 좀 늦게 도착할 수 있다, 그는 좀 늦을 지도 모른다; non è possibile! 그건 불가능하다, 그럴 리가 없다; possibile? (놀람을 나타내어) 설마, 그럴 리가 - [남] fare il possibile 할 수 있는 모든 일을 하다;

nei limiti del possibile 가능한 한, 가급적
possibilità /possibili'ta/ [여-불변] ① 가능성, 있을[일어날] 수 있음; la possibilità di un fallimento 실패할 가능성, 실패할 수도 있음; non ha possibilità di ② 그에겐 ~의 가능성[희망]이 없다 ② 기회; avere la possibilità di fare qc ~할 기회가 있다 - [여·복] ① 능력, 역량 ② 자력(資力), 수입; vivere secondo le proprie possibilità 분수에 맞게 살다
possibilmente /possibil'mente/ [부] 가능하다면, 할 수 있다면
possidente /possi'dɛnte/ [형/남/여] 토지·주택 따위의 재산을 소유하고 있는 (사람)
post /post/ [남-불변] [인터넷] (속어로) (블로그) 포스트
posta /'pɔsta/ [여] ① 우편 (서비스); inviare per posta 우송하다 ② 우체국 ③ 우편물; c'è posta per me? 나한테 온 우편물이 있는가? ④ 이메일, 전자우편 (posta elettronica) ⑤ 내기에 건 돈 ⑥ a bella posta 고의로, 일부러 - posta aerea 항공우편; posta ordinaria 보통우편
postacelere /posta't∫elere/ [남/여-불변] 빠른우편 서비스
postagiro /posta'dʒiro/ [남-불변] 우편지로
postale /pos'tale/ [형] 우편의; cartolina postale 우편엽서; timbro postale 소인(消印) - [남] 우편선(船); 우편 열차; 우편 수송차
postazione /postat'tsjone/ [여] [군사] 진지, 주둔지
postdatare /postda'tare/ [타동] (서류 따위에) 실제보다 날짜를 늦추어 적다
posteggiare /posted'dʒare/ [타동] 주차하다
posteggiatore /postedd3a'tore/ [남] (여 : -trice) 주차 요원
posteggio /pos'teddʒo/ [남] (복 : -gi) ① 주차 ② 주차장 - posteggio di taxi 택시 승차장
poster /'pɔster/ [남-불변] 포스터, 전단광고, 벽보
posteri /'pɔsteri/ [남·복] (집합적으로) 자손, 후손
posteriore /poste'rjore/ [형] ① (공간상) 뒤의, 후방의 ② (시간상) 나중의, 후의 - [남] (구어체에서) 궁둥이
posteriormente /posterjor'mente/ [부] ① (공간상) 뒤에, 후방에 ② (시간상) 나중에, 후에
posterità /posteri'ta/ [여-불변] (집합적으로) 자손, 후손
posticcio /pos'tittʃo/ (복 : -ci, -ce) [형] (수염·머리카락 따위가) 가짜의, 모조의 - [남] 부분 가발
posticipare /postitʃi'pare/ [타동] 미루다, 연기하다; posticipare di 3 giorni 사흘 미루다
postilla /pos'tilla/ [여] (난외(欄外)의) 주(註)
postino /pos'tino/ [남] (여 : -a) 우편집배원
postmoderno /postmo'dɛrno/ [형] 포스트모더니즘의
posto /'pɔsto/ [남] ① 장소, 곳; non è un posto adatto ai bambini (여긴) 어린이들을 위한 장소가 아니다 ② 공간, 여지; (극장·기차 등의) 좌석; posto a sedere 좌석; non c'è più posto in macchina 차 안엔 더 이상 (사람이 앉을) 자리가 없다; fate posto! 길을 비켜라!; prendere posto 자리를 잡다; mi tieni il posto in fila? 줄에서 내 자리 좀 맡아 줄래? ③ 직(職), 일자리; ha un posto di segretaria 그녀는 비서로 일하고 있다 ④ 순위; primo posto 1등 ⑤ [군사] 진지, 주둔지 ⑥ a posto 단정한, 깔끔한, 정돈이 잘된; mettere a posto 정돈하다; sa stare al suo posto 그는 자기 분수를 안다; tenere la lingua a posto 잠자코 있다 ⑦ al posto di ~의 대신에, ~을 대체하여; al posto tuo ci andrei 내가 너라면 가겠다 ⑧ sul posto 현지[현장]에 - posto di polizia 경찰서; posto di villeggiatura 행락지, 휴양지
postoperatorio /postopera'tɔrjo/ [형] (복 : -ri, -rie) [의학] 수술 후의
postumo /'pɔstumo/ [형] 사후(死後)의 - postumi [남·복] 여파, 영향; 후유증
potabile /po'tabile/ [형] 마실 수 있는, 음용 가능한; acqua potabile 마실 물, 음료수
potare /po'tare/ [타동] (나무를) 가지치기하다
potassio /po'tassjo/ [남] [화학] 칼륨
potatura /pota'tura/ [여] (나무의) 가지치기

potente /po'tɛnte/ [형] ① (사람·조직·국가 등이) 강한, 힘 있는, 세력[영향력] 있는 ② (정도가) 센, 강한 ③ [기계] (동력이) 높은 ④ (약 따위가) 효능[효과] 있는 - [남] 강자, 세력가, 힘 있는 사람

potenza /po'tɛntsa/ [여] ① 힘; 세력, 권력, 영향력; le Grandi Potenze 열강; potenza militare 군사력 ② 강자, 세력가, 힘 있는 사람 ③ [물리] 힘; [기계] 동력; cavallo potenza 마력(馬力) ④ [수학] 거듭제곱, 멱(冪) ⑤ (약 따위의) 효능, 효과

potenziale /poten'tsjale/ [형] 잠재하는, 잠재적인 - [남] ① 가능성, 잠재력 ② [문법] 가능법 ③ [물리] 전위(電位)

potenzialità /potentsjali'ta/ [여-불변] (잠재) 능력; 가능성

potenziamento /potentsja'mento/ [남] 강화; 발전

potenziare /poten'tsjare/ [타동] 강화하다; 발전시키다

potere1 /po'tere/ [조동사] ① [능력] ~할 수 있다; non è potuto venire 그는 올 수 없었다; a più non posso 할 수 있는 한 (최대로) ② [허가] ~할 수 있다, ~해도 되다; posso entrare? 들어가도 될까요?; potrei parlarti? 얘기 좀 할 수 있을까? ③ [가능성] ~할 수 있다, 아마 ~할 것이다; può accadere di tutto 무슨 일이든 일어날 수 있다; potrebbe avere trent'anni 그는 30세쯤 되었을 것이다; può darsi 아마; può darsi che non venga 그는 오지 않을 것 같다 ④ [소망] ~할 수 있다면 (좋으련만) ⑤ [비난] potresti almeno ringraziare! 적어도 고맙다는 말이라도 해야지!

potere2 /po'tere/ [남] ① 능력, 역량, 힘; avere il potere di fare qc ~할 능력[힘]이 있다 ② 세력, 영향력 ③ 권력, 권한; non ho nessun potere su di lui 나에겐 그에게 이래라저래라 할 권한이 없다 ④ 지배력; 정권, 통치권; essere al potere 집권하고 있다 - potere d'acquisto 구매력; potere esecutivo 행정권

potestà /potes'ta/ [여-불변] 힘, 권한

pouf /puf/ [남-불변] 쿠션 달린 낮은 의자의 일종

poveraccio /pove'rattʃo/ [남] (여 : -a) (복 : -ci) 가난한[무일푼인] 사람

povero /'pɔvero/ [형] ① 가난하다; essere povero in canna 몹시 가난하다 ② 부족한, 결핍된; 초라한, 보잘것없는; povero di ~이 부족한[결핍된]; paese povero di risorse 자원이 없는 나라 ③ 불쌍한, 불행한, 가엾은; povera piccola! 불쌍한 것!; povera me! 아이고, 내 신세야! ④ 죽은, 고인이 된; il mio povero marito 죽은 내 남편 - [남] (여 : -a) 가난한 사람, 빈민

povertà /pover'ta/ [여-불변] ① 가난, 빈곤 ② 부족, 결핍

pozione /pot'tsjone/ [여] 물약 - pozione magica 마법의 약

pozza /'pottsa/ [여] ① 웅덩이 ② 액체가 흥건히 고인 곳; una pozza di sangue 피바다

pozzanghera /pot'tsangera/ [여] 웅덩이

pozzo /'pottso/ [남] ① 우물 ② (광산의) 갱(坑) ③ 많은 양, 다량 - un pozzo di scienza "걸어다니는 백과사전", 지식의 보고; pozzo petrolifero 유정(油井)

pp. → pagine (페이지, 쪽)

Praga /'praga/ [여] 프라하 (체코의 수도)

pragmatico /prag'matiko/ [형] (복 : -ci, -che) 실용적인

pralina /pra'lina/ [여] 설탕을 입힌 아몬드 과자

prammatica /pram'matika/ [여] essere di prammatica 관습적이다, 통례다

pranzare /pran'dzare/ [자동] (조동사 : avere) 정찬을 들다; 점심 식사를 하다

pranzo /'prandzo/ [남] 정찬; 점심 식사; 만[오]찬회 - pranzo di nozze 결혼 피로연

prassi /'prassi/ [여-불변] 통상적인 절차

prateria /prate'ria/ [여] 초원 지대

pratica /'pratika/ [여] (복 : -che) ① 실행, 실천; in pratica 실제로; mettere in pratica qc 무엇을 실행에 옮기다 ② (실제적인) 경험; 숙련, 숙달; acquistare pratica 경험을 얻다 ③ 관습, 관례 ④ 문제, 일 ⑤ (일건) 서류

praticabile /prati'kabile/ [형] ① 실행 가능한, 가능성 있는 ② (장소가) 통행 가능한, 지나갈 수 있는

praticamente /pratika'mente/ [부] ① 거의, 사실상, 실질적으로, ~이나 마찬가지로 ② 실제적으로, 실천적으로

praticante /prati'kante/ [형] 종교 생활을 하는, 종교의 가르침을 실천하는 - [남/여] ① 종교 생활을 하는 사람, 종교의

가르침을 실천하는 사람 ② 훈련을 받고 있는 사람
praticare /prati'kare/ [타동] ① (운동 따위를) 하다 ② (의술·법률 등을) 업으로 하다, (의사·변호사 등으로) 일하다 ③ 하다, 실행하다; praticare uno sconto 할인하다 ④ (특정 장소에) 자주 드나들다; (어떤 사람과) 어울려 지내다 ⑤ (종교 생활을) 하다, (종교의 가르침을) 실천하다
praticità /pratitʃi'ta/ [여-불변] 실용성, 편리함; 실제적임
pratico /'pratiko/ [형] (복 : -ci, -che) ① 실제의, 실제적인, 실천적인; all'atto pratico 실제로 ② 실용적인, 편리한 ③ (di와 함께 쓰여) (~에) 실제 경험이 풍부한
prato /'prato/ [남] 풀밭; 잔디밭
preambolo /pre'ambolo/ [남] 머리말, 서론, 서문 - senza tanti preamboli 단도직입적으로
preannunciare /preannun'tʃare/ [타동] ① 예고하다, 미리 알리다 ② (어떤 사건의) 전조가 되다, 징후를 보이다
preannuncio /prean'nuntʃo/ [남] (복 : -ci) ① 예고, 미리 알림 ② 전조, 징후
preannunziare /preannun'tsjare/ → preannunciare
preannunzio /prean'nuntsjo/ → preannuncio
preavvisare /preavvi'zare/ [타동] 미리 알리다, 사전 통지를 하다
preavviso /preav'vizo/ [남] (사전) 통지, 통보; senza preavviso 예고 없이; 3 giorni di preavviso 3일 전의 통지
precariamente /prekarja'mente/ [부] 불안정하게, 믿을 수 없게
precarietà /prekarje'ta/ [여-불변] 불안정, 불확실성, 믿을 수 없음
precario /pre'karjo/ (복 : -ri, -rie) [형] ① (위치·상태 따위가) 불안정한, 위태로운, 믿을 수 없는 ② 임시(직)의 - [남] (여 : -a) 임시 직원
precauzionale /prekauttsjo'nale/ [형] 예방의
precauzione /prekaut'tsjone/ [여] ① 예방 조치, 사전 대책; prendere precauzioni 예방 조치를 취하다, 사전 대책을 세우다 ② 조심, 경계
precedente /pretʃe'dɛnte/ [형] 이전의, 앞의; il giorno precedente 전날; il discorso precedente 앞에 한 이야기; in una vita precedente 전생(前生)에 - [남] 전례, 선례; senza precedenti 전례 없는 - precedenti penali 범죄 기록, 전과
precedentemente /pretʃedente'mente/ [부] 이전에, 앞서
precedenza /pretʃe'dɛntsa/ [여] ① 앞섬, 먼저임; 우위; dare precedenza assoluta a qc 무엇을 최우선으로 하다 ② (도로에서의) 우선 통행권; dare la precedenza (자동차가) 길을 양보하다 ③ in precedenza 이전에
precedere /pre'tʃedere/ [타동] 앞서다, 먼저 ~하다, 우선하다
precettare /pretʃet'tare/ [타동] [군사] (병력을) 소집하다, 동원하다
precetto /pre'tʃetto/ [남] ① 규범, 지침 ② [군사] 소집 영장 ③ [법률] 명령서, 영장
precettore /pretʃet'tore/ [남] (여 : -trice) 개인 지도 교사
precipitare /pretʃipi'tare/ [타동] ① (어떤 상태에) 내던지다, 빠뜨리다; precipitare un paese nel caos 나라를 혼돈에 빠뜨리다 ② 재촉하다, 서둘러 ~하다; precipitare una decisione 성급한 결정을 내리다 - [자동] (조동사 : essere) ① 거꾸로 떨어지다; (어떤 상태에) 빠지다; precipitare da una rupe 절벽에서 떨어지다 ② (사태가) 극도로 악화되다 ③ [화학] 침전하다 - precipitarsi [재귀동] ① 몸을 던지다 ② 달려들다, 돌진하다
precipitazione /pretʃipitat'tsjone/ [여] ① [기상] 강수 (강우 또는 강설) ② 성급함, 덤빔, 경솔함; con precipitazione 성급하게 ③ [화학] 침전
precipitoso /pretʃipi'toso/ [형] 성급한, 덤비는, 경솔한, 무모한, 앞뒤를 가리지 않는
precipizio /pretʃi'pittsjo/ [남] (복 : -zi) 절벽, 낭떠러지; cadere da un precipizio 절벽에서 떨어지다 - essere sull'orlo del precipizio (비유적으로) 위기에 처해 있다; cadere a precipizio 곤두박질치다
precisamente /pretʃiza'mente/ [부] 정확히, 바로, 정확하게
precisare /pretʃi'zare/ [타동] ① (날짜 따위를) 확정하다 ② 명백하게 밝히다
precisazione /pretʃizat'tsjone/ [여] 상술

(詳述), 명세(明細)

precisione /pretʃi'zjone/ [여] 정확, 정밀; con precisione 정확히; strumenti di precisione 정밀 기기

preciso /pre'tʃizo/ [형] ① (수량·내용 등이) 정확한, 틀림없는; sono le 4 precise 네 시 정각이다 ② 바로 그 ~ ; in quel preciso istante 바로 그때 ③ 명확한, 분명히 정해진 ④ (사람·태도가) 정확한, 꼼꼼한 ⑤ (a와 함께 쓰여) (~와) 동일한, 똑같은

precludere /pre'kludere/ [타동] 막다, 방지하다

precoce /pre'kɔtʃe/ [형] ① (어린아이가) 조숙한; (열매·채소 따위가) 올된, 제철보다 일찍 익은 ② 너무 이른, 때 아닌, 시기상조의

precocemente /prekotʃe'mente/ [부] 조숙하여; 시기상조로

precocità /prekotʃi'ta/ [여-불변] 조숙함; 시기상조임

preconcetto /prekon'tʃetto/ [남/형] 선입견(의)

precorrere /pre'korrere/ [타동] 앞서다; precorrere i tempi 시대에 앞서다

precotto /pre'kɔtto/ [형/남] 미리 조리한 (식품)

precursore /prekur'sore/ [남] (여 : precorritrice) 선구자

preda /'preda/ [여] ① 먹이; 사냥감; uccello da preda 맹금(猛禽) ② (비유적으로) 희생자; in preda a i) ~에 희생되어 ii) (격한 감정 따위에) 사로잡혀 ③ 약탈한 것, 전리품, 노획물

predare /pre'dare/ [타동] ① (동물이 ~을) 먹잇감으로 하다 ② 약탈하다

predatore /preda'tore/ [형] ① 육식 동물의 ② 약탈하는 - [남] (여 : -trice) ① 육식 동물 ② 약탈자

predecessore /predetʃes'sore/ [남] (여 : -a) 전임자, 선배

predella /pre'dɛlla/ [여] ① 강단, 연단 ② 제단(祭壇)의 대(臺)

predellino /predel'lino/ [남] (자동차의) 발판

predestinato /predesti'nato/ [형] (~할) 운명인, (~하도록) 운명 지어진

predestinazione /predestinat'tsjone/ [여] ① 운명, 숙명 ② [신학] 예정설

predetto /pre'detto/ [형] 앞서 말한, 상술(上述)한

predica /'prɛdika/ [여] (복 : -che) ① (종교적인) 설교; fare una predica 설교하다 ② (구어체에서) 잔소리, 꾸지람, 훈계; fare una predica a qn 누구에게 잔소리[훈계]를 하다

predicare /predi'kare/ [타동] ① (교리 따위를) 설명하다, 설교하다 ② 훈계하다 - [자동] (조동사 : avere) 설교하다

predicativo /predika'tivo/ [형] 단정하는, 단정적인

predicato /predi'kato/ [남] [문법] 술부(述部), 술어; in funzione di predicato 서술적으로

prediletto /predi'letto/ [형] 총애하는, 아주 좋아하는 - [남] (여 : -a) 총아, 귀염둥이

predilezione /predilet'tsjone/ [여] ① 편애, 선호 ② 총애, 사랑받는 것[사람]

prediligere /predi'lidʒere/ [타동] 편애[선호]하다; 가장 좋아하다

predire /pre'dire/ [타동] 예언하다, 예측하다

predisporre /predis'porre/ [타동] 미리 준비하다; predisporre qn a qc 누구로 하여금 무엇에 대한 준비를 갖추게 하다 - predisporsi [재귀동사] 미리 준비를 갖추다

predisposizione /predisposit'tsjone/ [여] ① 소질, 재능; avere predisposizione alla musica 음악에 소질이 있다 ② 미리 준비함 ③ (병 따위에) 걸리기 쉬운 경향

predisposto /predis'posto/ [형] ① 미리 준비한, 사전에 마련된 ② (병 따위에) 걸리기 쉬운 경향이 있는 (predisposto alle malattie)

predizione /predit'tsjone/ [여] 예보, 예언

predominante /predomi'nante/ [형] ① 우세한, 유력한; 탁월한 ② 지배적인, 널리 퍼진

predominare /predomi'nare/ [자동] (조동사 : avere) ① 우세하다, 유력하다; 탁월하다 ② 지배적이다, 널리 퍼져 있다

predominio /predo'minjo/ [남] (복 : -ni) (su와 함께 쓰여) (~에 대한) 우세, 우위, 지배

predone /pre'done/ [남] 약탈자

preesistente /preezis'tɛnte/ [형] 앞서 존재하는

prefabbricato /prefabbri'kato/ [형] (건물이) 조립식의 - [남] 조립식 건물

prefazione /prefat'tsjone/ [여] 서문, 서언, 머리말

preferenza /prefe'rɛntsa/ [여] ① 더 좋아함, 선호; di preferenza 더 좋아하여; dare la preferenza a qn/qc 누구/무엇을 더 좋아하다, 선호하다 ② 편파, 편애

preferenziale /preferen'tsjale/ [형] 우선권을 주는, 우대하는, 특혜의

preferibile /prefe'ribile/ [형] (a와 함께 쓰여) (~보다) 더 좋은, 바람직한; sarebbe preferibile andarsene 가는 게 낫겠다

preferibilmente /preferibil'mente/ [부] (~하는 것이) 더 나아, 더 바람직하여

preferire /prefe'rire/ [타동] (둘 중 하나를) 더 좋아하다, 선호하다; 차라리 ~을 택하다; (여러 가지 중에) 가장 좋아하다; preferisco la città alla campagna 나는 시골보다 도시가 더 좋다; preferirei non farlo 나는 그것을 하지 않았으면 한다; preferirei morire piuttosto che ~하느니 차라리 죽음을 택하겠다; cosa preferisci, tè o caffè? 차와 커피 중 어느 걸로 할래?

preferito /prefe'rito/ [형] (다른 것보다) 더 좋아하는, 마음에 드는 - [남] (여: -a) 마음에 드는 사람, 귀여움을 받는 사람

prefetto /pre'fɛtto/ [남] 지사; 장관

prefettura /prefet'tura/ [여] 지사·장관의 직(職)

prefiggere /pre'fiddʒere/ [타동] (목표 따위를) 정하다 - prefiggersi [재귀동사] (di 또는 come와 함께 쓰여) (~하기로) 하다, 마음먹다; (~을) 목표로 정하다

prefigurare /prefigu'rare/ [타동] 미리 나타내 보이다, 예표(豫表)하다, 예시(豫示)하다

prefisso /pre'fisso/ [형] (목표 따위가) 정해진 - [남] ① [문법] 접두사 ② (전화의) 지역 번호, 국번

pregare /pre'gare/ [타동] ① 부탁하다, 요청하다; pregare qn di fare qc 누구에게 무엇을 해주기를 부탁[요청]하다; l'ho pregata di venire 나는 그녀에게 와 달라고 했다; i passeggeri sono pregati di 승객들께서는 ~해주시기 바랍니다; ti prego, lasciami in pace 날 혼자 있게 내버려둬 ② (신에게) 기도하다

pregevole /pre'dʒevole/ [형] (물건이) 가치 있는, 훌륭한; (사람이) 존경할 만한

preghiera /pre'gjɛra/ [여] ① (종교적인) 기도 ② 부탁, 요청, 간청

pregiare /pre'dʒare/ [타동] 높이 평가하다, 존중하다 - pregiarsi [재귀동사] (문어체에서) (di와 함께 쓰여) (~을) 기쁘게 생각하다

pregiatissimo /predʒa'tissimo/ [형] ~님, 귀하 (편지에서 수신인 이름 앞에 붙임)

pregiato /pre'dʒato/ [형] 가치 있는, 훌륭한, 뛰어난; (포도주가) 고급의

pregio /'prɛdʒo/ [남] (복: -gi) ① (뛰어난) 가치, 우량, 우수성; avere molti pregi (사람이) 훌륭한 점이 많다; i pregi artistici di un'opera 작품의 예술적 가치 ② 존중, 존경

pregiudicare /predʒudi'kare/ [타동] (가치를) 손상시키다; (건강을) 해치다

pregiudicato /predʒudi'kato/ [남] (여: -a) 전과자, 범죄 기록이 있는 사람

pregiudizio /predʒu'dittsjo/ [남] (복: -zi) ① 편견, 선입견; 미신; avere un pregiudizio contro qn/qc 누구/무엇에 대해 편견을 갖고 있다 ② 손상, 침해; essere di pregiudizio a ~에 해롭다, 해가 되다

pregnante /preɲ'ɲante/ [형] (문구 따위가) 의미심장한

pregno /'preɲɲo/ [형] ① (동물이) 새끼를 밴 ② (di와 함께 쓰여) (~이) 충만한, 가득한

prego /'prɛgo/ [감] ① (감사 인사에 대해) 천만에요 ② (부탁의 표현으로) ~해 주세요 ③ (허가하는 뜻으로) 그럼요, ~하세요 ④ (되물을 때) 실례지만 뭐라고 하셨죠?, 다시 한 번 말씀해 주실래요? ⑤ (점원이 고객에게 하는 말로) 도와드릴까요?

pregustare /pregus'tare/ [타동] 미리 맛보다[경험하다]; 시식하다

preistoria /preis'tɔrja/ [여] 선사 시대, 유사 이전; fin dalla preistoria 태곳적부터

preistorico /preis'tɔriko/ [형] (복: -ci, -che) 선사 시대의, 유사 이전의

prelato /pre'lato/ [남] (가톨릭의) 고위 성직자

prelazione /prelat'tsjone/ [여] [법률] 선매권(先買權), 우선 매수권

prelevamento /preleva'mento/ [남] (예금의) 인출

prelevare /prele'vare/ [타동] ① (은행에서 예금을) 인출하다 ② (혈액 따위의 샘플을) 채취하다

prelibato /preli'bato/ [형] 맛 좋은, 진미의

prelievo /pre'ljɛvo/ [남] ① (예금의) 인출 ② (샘플의) 채취; (혈액 따위의) 샘플

preliminare /prelimi'nare/ [형] 예비의, 준비의 - preliminari [남·복] ① 사전준비, 예비로 하는 것 ② (성행위의) 전희(前戯)

preludere /pre'ludere/ [자동] (조동사 : avere) ① (a와 함께 쓰여) (~의) 전조 [조짐]가 되다 ② (토론 따위를) 시작하다

preludio /pre'ludjo/ [남] (복 : -di) ① [음악] 전주곡, 서곡 ② (비유적으로) 전조, 조짐 ③ 도입, 서두

premaman /prema'man/ [형-불변] (옷 따위가) 임산부용의 - [남-불변] 임부복

prematrimoniale /prematrimo'njale/ [형] 결혼 전의, 혼전의

prematuramente /prematura'mente/ [부] 너무 이르게, 때 아니게; morire prematuramente 요절하다

prematuro /prema'turo/ [형] 너무 이른, 때 아닌, 시기상조인 - [남] (여 : -a) 조산아

premeditare /premedi'tare/ [타동] 미리 계획하다; omicidio premeditato 모살(謀殺), 미리 계획된 살인

premeditazione /premeditat'tsjone/ [여] 사전 계획, 모의

premere /'prɛmere/ [타동] (버튼 따위를) 누르다; (방아쇠를) 당기다; (브레이크 따위를) 밟다 - [자동] (조동사 : avere) ① (su와 함께 쓰여) (~을) 누르다, 밟다; (~에) 압력을 가하다 ② (비유적으로) (일·문제 따위가) 중요시되다, 관심사다; è una faccenda che mi preme molto 그건 내가 몹시 신경 쓰는 일이야

premessa /pre'messa/ [여] ① 서론, 도입부 ② [논리] 전제 ③ 기초가 되는 조건

premestruale /premestru'ale/ [형] 월경 전의

premettere /pre'mettere/ [타동] (이야기를) 서론으로서 꺼내다; premetto che ~을 먼저 말해두겠는데; premesso che ~이라고 가정하면

premiare /pre'mjare/ [타동] (~에) 상을 주다; è stata premiata con una medaglia 그녀는 메달을 수여받았다

premiato /pre'mjato/ [형] 상을 받은 - [남] (여 : -a) 수상자

premiazione /premjat'tsjone/ [여] 상의 수여

premier /'prɛmjer/ [남/여-불변] 수상, 총리

preminente /premi'nɛnte/ [형] 걸출한, 뛰어난, 탁월한

premio /'prɛmjo/ [남] (복 : -mi) ① 상(賞); in premio per ~에 대한 상으로; premio Nobel 노벨상 ② 보상 ③ 보험료 ④ 보너스, 상여금 - [형-불변] 상(賞)의, 상에 관한, 상으로 주어지는

premonitore /premoni'tore/ [형] 미리 경고하는, 예고의, 전조의

premonizione /premonit'tsjone/ [여] 예고, 미리 경고함

premunire /premu'nire/ [타동] (contro와 함께 쓰여) (~으로부터) 보호하다, 방어하다 - premunirsi [재귀동사] (contro와 함께 쓰여) (~으로부터) 자기 자신을 지키다[방어하다]

premura /pre'mura/ [여] ① 관심, 주의; 배려, 친절; avere delle premure per qn 누구에게 관심을 갖다, 누구를 자상하게 돌보다 ② 서두름; con premura 서둘러, 급히

premuroso /premu'roso/ [형] 관심을 갖는, 자상하게 돌보는

prenatale /prena'tale/ [형] 출산[출생] 전의

prendere /'prɛndere/ [타동] ① (손 따위로) 잡다, 쥐다; 집다; ha preso il libro dal tavolo 그는 탁자에 있는 책을 집어 들었다; l'ho preso dal cassetto 나는 그것을 서랍에서 꺼냈다; prendere qc per il manico 무엇의 손잡이를 쥐다 ② 가져오다; (사람을) 데려오다; vai a prendermi gli occhiali 가서 안경을 가져 오너라; vieni a prendermi alla stazione 역으로 날 데리러 와라, 마중 나와라 ③ 움켜쥐다, 붙잡다; prendere qn per i capelli 누구의 머리카락을 움켜 쥐다; è stato preso dalla polizia 그는 경찰에 붙잡혔다 ④ (길·방향을) 택하여 가다; (교통수단을) 타고 가다;

non so che strada prendere 어느 길로 가야할 지 모르겠다; ha preso il treno 그는 기차를 탔다 ⑤ 기록하다; prendere le misure di qn 누구의 치수를 재다; prendere nota di ~을 적어 두다 ⑥ (돈을) 벌다; (가격을) 매기다; quanto prende per un taglio di capelli? 이발 요금이 얼마예요? ⑦ (매를) 맞다; (꾸지람을) 듣다; (병에) 걸리다; le ha prese 그는 호되게 두들겨 맞았다; ho preso freddo 나는 감기에 걸렸다 ⑧ 먹다, 마시다, 들다; prendi qualcosa? 뭘 좀 먹을래[마실래]?; prendo un caffè 난 커피를 마실래 ⑨ (일·책임을) 떠맡다 ⑩ (성질·양상 등을) 띠다 ⑪ 받다, 얻다; prendere lezioni 수업을 받다[듣다]; prendere in prestito 빌리다; prendere o lasciare 받아들이든지 거절하든지 (양자택일) ⑫ (~으로) 여기다, 받아들이다; prendere qn/qc per 누구/무엇을 ~으로 잘못 알다; per chi mi prendi? 넌 날 누구라고 생각하느냐?; ha preso le mie parole per[come] un'offesa 그는 내 말을 모욕으로 받아들였다, 그는 내 말에 감정이 상했다 ⑬ (공간·장소를) 차지하다; (시간이) 걸리다; il tavolo prende poco posto 그 탁자는 공간을 별로 차지하지 않는다 ⑭ prendere a fare ~하기 시작하다, ~에 착수하다; prendere da qn 누구를 닮다; prendere parte a ~에 참여[가담]하다 - [자동] (조동사 : avere) ① (풀·시멘트 따위가) 굳다; (식물이) 뿌리를 내리다; (불이) 붙다 ② 가다; prendere a destra 오른쪽으로 가다; prendere per i campi 들판을 가로질러 가다 ③ (~한) 느낌이 들다, 기분이 나다; mi è preso freddo 춥구나; mi è presa la voglia di andare al mare 바다에 가고 싶다 - prendersi [재귀동사] ① prendersi a pugni (서로) 싸우기 시작하다 ② prendersi una vacanza 휴가를 얻다; prendersi cura di qn/qc 누구/무엇을 돌보다; prendersi gioco di qn 누구를 놀리다 ③prendersela 기분이 상하다; prendersela con qn 누구에게 화가 나다

prendisole /prendi'sole/ [남·불변] (팔·어깨 등을 노출시키는) 여름용 드레스

prenotare /preno'tare/ [타동] (방·좌석 따위를) 예약하다 - prenotarsi [재귀동사] (per와 함께 쓰여) (~에) 이름을 올리다, 예약하다

prenotato /preno'tato/ [형] (방·좌석 따위가) 예약된

prenotazione /prenotat'tsjone/ [여] (방·좌석 따위의) 예약

prensile /'prensile/ [형] (발·꼬리 따위가) 물건을 잡기에 적합한

preoccupante /preokku'pante/ [형] 걱정스러운, 염려가 되는

preoccupare /preokku'pare/ [타동] 걱정하게 하다; la sua salute mi preoccupa 난 그의 건강이 염려된다 - preoccuparsi [재귀동사] (per와 함께 쓰여) (~에 대해) 걱정[염려]하다; non preoccuparti 걱정하지 마

preoccupato /preokku'pato/ [형] (per와 함께 쓰여) (~에 대해) 걱정[염려]하는

preoccupazione /preokkupat'tsjone/ [여] 걱정, 염려; 불안; è pieno di preoccupazioni 그는 걱정거리가 많다

preparare /prepa'rare/ [타동] ① 준비하다, 마련하다, 채비를 갖추다; preparare da mangiare 식사 준비를 하다; preparare il terreno (비유적으로) 기초 작업을 하다, 터를 닦다; preparare la tavola 상을 차리다; preparare la valigia 여행 가방을 싸다, 여행 준비를 하다 ② preparare qn a 누구로 하여금 ~에 대한 (마음의) 준비를 하게 하다 - prepararsi [재귀동사] ① (a 또는 per와 함께 쓰여) (~에 대해 스스로) 준비하다, 채비를 갖추다; prepararsi ad un esame 시험 준비를 하다, 시험에 대비해 공부하다 ② (per와 함께 쓰여) (~에 대해) 마음의 준비를 갖추다

preparativi /prepara'tivi/ [남·복] (per와 함께 쓰여) (~에 대한) 준비, 채비

preparato /prepa'rato/ [형] ① 준비가 된, 채비를 갖춘 ② (per와 함께 쓰여) (~에 대해) 마음의 준비가 된 - [남] 조제품[약]

preparatorio /prepara'tɔrjo/ [형] (복 : -ri, -rie) (작업 따위가) 준비의, 예비의

preparazione /preparat'tsjone/ [여] 준비, 채비; [스포츠] 훈련; iniziare la preparazione per gli esami 시험 준비를 시작하다

prepensionamento /prepensjona'mento/ [남] 조기 퇴직

preponderante /preponde'rante/ [형] 우세한, 지배적인

preponderanza /preponde'rantsa/ [여] 우세함, 지배적임

preporre /pre'porre/ [타동] ① 앞에 놓다 ② 우선시하다, 더 중요하게 여기다 ③ preporre qn a qc 누구로 하여금 무엇을 담당[지휘]하게 하다

preposizione /preposit'tsjone/ [여] [문법] 전치사

preposto /pre'posto/ [형] (a와 함께 쓰여) (~을) 담당[지휘]하고 있는

prepotente /prepo'tɛnte/ [형] ① 오만한, 남을 압도하려 드는, 고자세의 ② (욕구·필요 따위가) 절박한 - [남/여] 오만한 [으스대는] 사람

prepotenza /prepo'tɛntsa/ [여] 오만함, 남을 압도하려 함, 고자세; 횡포; agire con prepotenza 오만하게[고자세로] 행동하다

prepuzio /pre'puttsjo/ [남] (복 : -zi) [해부] (음경·음핵의) 포피(包皮)

prerogativa /preroga'tiva/ [여] ① 특권, 특전 ② 특성, 특질

presa /'presa/ [여] ① 잡음, 붙듦, 움켜쥠; allentare la presa (di qc) (무엇을) 쥔 손을 놓다; avere una presa forte 세게 움켜쥐다; ② (성(城) 따위의) 점령 ③ (소금 따위의) 한 움큼 ④ macchina da presa 영화 촬영기 - venire alle prese con qc 무엇과 씨름하다; presa di corrente [전기] 소켓; presa in giro 장난, 골탕 먹이기

presagio /pre'zadʒo/ [남] (복 : -gi) 전조, 조짐

presagire /preza'dʒire/ [타동] (~의) 전조가 되다, 조짐을 보이다

presalario /presa'larjo/ [남] (복 : -ri) (대학에서의) 특별 장학금

presbiopia /prezbio'pia/ [여] [병리] 노안(老眼)

presbite /'prɛzbite/ [형] 노안(老眼)의 - [남/여] 노안인 사람

presbiteriano /prezbite'rjano/ [형/남] (여 : -a) 장로교회의 (신자)

presbiterio /prezbi'tɛrjo/ [남] (복 : -ri) (장로교회의) 노회(老會)

prescegliere /preʃʃeʎʎere/ [타동] 선출하다, 뽑다

prescelto /preʃ'ʃelto/ [형/남] (여 : -a) 선출된, 뽑힌 (사람)

prescindere /preʃʃindere/ [자동] (da와 함께 쓰여) (~으로부터) 떼어 두다; a prescindere da ~은 제쳐 두고, ~에 관계 없이

prescolare /presko'lare/ [형] (어린이가) 취학 전의

prescritto /pres'kritto/ [형] (약이나 치료법이) 의사의 처방에 의해 규정된

prescrivere /pres'krivere/ [타동] ① (의사가 약이나 치료법 등을) 처방하다 ② [법률] 시효에 따라 ~하다 ③ (일반적으로) 규정하다

prescrizione /preskrit'tsjone/ [여] ① (의사의) 처방 ② [법률] 시효; cadere in prescrizione 시효가 지나다 ③ -i 규정, 지시

presentare /prezen'tare/ [타동] ① 소개하다; (배우 등을) 등장시키다; (영화사가 새로운 영화를) 제공하다; presentare qn (a) 누구를 (~에게) 소개하다 ② (서류 따위를) 제출하다 ③ (표 따위를) 제시하다 ④ (사과의 뜻이나 존경 따위를) 표하다 - presentarsi [재귀동사] ① 나타나다, 등장하다; presentarsi davanti al tribunale 법원에 출두하다 ② 자기 소개를 하다 ③ (a와 함께 쓰여) (선거 따위에) 입후보하다 ④ (일·문제·기회 따위가) 생기다, 일어나다, 발생하다; presentarsi alla mente 생각이 떠오르다 ⑤ (~으로) 보이다; la situazione si presenta difficile 상황이 어려워 보인다

presentatore /prezenta'tore/ [남] (여 : -trice) (TV·라디오 프로그램의) 사회자

presentazione /prezentat'tsjone/ [여] ① 소개; fare le presentazioni 소개하다 ② 제출, 제시

presente1 /pre'zɛnte/ [형] ① 있는, 존재하는; 출석[참석]한; essere presente a una riunione 모임에 참석해 있다 ② 현재의, 지금의 ③ avere presente qn/qc 누구/무엇을 기억하고 있다; tenere presente qn/qc 누구/무엇을 마음에 두고 있다 - [남/여] 출석한 사람, 참석자 - [남] ① il presente 현재, 지금; per il presente 현재로서는 ② [문법] 현재 시제 - [여] allegato alla presente (서류가) 동봉된

presente2 /pre'zɛnte/ [남] 선물, 증정품

presentimento /presenti'mento/ [남] 예감; avere il presentimento che ~일 것 같은 예감이 들다

presenza /pre'zɛntsa/ [여] 존재; 출석, 참석; fare atto di presenza 나타나다, 얼굴을 비치다; in presenza di ~이 있는 데서 - presenza di spirito 태연, 침착

presenziare /prezen'tsjare/ [자동] (조동사 : avere) (a와 함께 쓰여) (~에) 출석[참석]하다

presepe /pre'zɛpe/, **presepio** /pre'zɛpjo/ (복 : -pi) [남] 그리스도의 탄생을 묘사한 작품

preservare /preser'vare/ [타동] (권리 따위를) 보호하다, 지키다; (자연 따위를) 보존하다, 유지하다; preservare qn da qc 누구를 무엇으로부터 보호하다[지키다]; preservare la salute 건강을 유지하다

preservativo /preserva'tivo/ [남] 콘돔

preservazione /preservat'tsjone/ [여] 보호; 보존, 유지

preside /'prɛside/ [남/여] ① (초중고교의) 교장 ② (대학의) 학장

presidente /presi'dɛnte/ [남/여] ① 대통령 (Presidente della Repubblica) ② 회장, 의장 - Presidente del Consiglio dei Ministri 총리, 수상

presidenza /presi'dɛntsa/ [여] ① 대통령[회장·의장]의 직(職); essere alla presidenza 대통령[회장·의장]이다; candidato alla presidenza 대통령[회장·의장] 후보 ② 교장[학장]의 직(職)

presidenziale /presiden'tsjale/ [형] 대통령의, 대통령에 관한

presidiare /presi'djare/ [타동] ① (도시·요새 등에) 병력을 주둔시키다 ② 지키다, 보호[방어]하다

presidio /pre'sidjo/ [남] (복 : -di) ① 수비대, 주둔군 ② (비유적으로) 보호, 방어

presiedere /pre'sjɛdere/ [타동] (회의 등에서) 의장 역할을 맡다, (회의 등을) 주재하다 - [자동] (조동사 : avere) ① 이끌다, 주재하다 ② (a와 함께 쓰여) (~을) 통제[조절]하다

preso /'preso/ [형] ① (자리 따위를) 차지한 ② 할 일이 있는, 바쁜

pressa /'prɛssa/ [여] ① 압박, 압착 ② 압착기, 압력을 가하는 기계

pressante /pres'sante/ [형] (필요·요구 따위가) 절박한, 긴급한

pressa(p)poco /pressa(p)'pɔko/ [부] 약, 대략

pressare /pres'sare/ [타동] ① 압박하다, 압착하다; 꽉 죄다 ② (비유적으로) 재촉하다, 조르다; pressare qn con richieste di aiuti 누구에게 도와달라고 조르다

pressione /pres'sjone/ [여] ① 압력; mettere sotto pressione 압력을 가하다; pentola a pressione 압력솥 ② [기상] 기압 (pressione atmosferica) ③ (비유적으로) 압박, 중압; fare pressione su qn 누구를 압박하다; subire forti pressioni 중압감에 시달리고 있다; gruppo di pressione [사회] 압력 단체 ④ 누르기, 압착 ⑤ [의학] 혈압 (pressione sanguigna); avere la pressione alta[bassa] 고[저]혈압이다

presso /'prɛsso/ [부] 가까이에, 근처에; abitava lì presso 그는 그 근처에 살았다 - [전] ① ~에 대해, ~으로; reclamare presso ~에 불평하다; ambasciatore presso l'ONU 유엔 대사 ② (~의) 근처에; presso il mare 바다 근처에 ③ ~에(서), ~와 함께; presso qn 누구네 집에; abita presso i genitori 그는 부모와 함께 산다 ④ (~의) 사이에서; ha avuto grande successo presso i giovani 그것은 젊은이들 사이에서 큰 인기를 끌었다 - pressi [남·복] nei pressi di ~의 근처에 - a un di presso 약, 대략

pressoché /presso'ke/ [부] 거의, 대략, 대체로

pressurizzato /pressurid'dzato/ [형] 압착된, 압력이 가해진

prestabilire /prestabi'lire/ [타동] 미리 정하다

prestabilito /prestabi'lito/ [형] 미리 정한

prestanome /presta'nome/ [남/여-불변] 명목상의 대표

prestante /pres'tante/ [형] 체격이 건장한, 풍채가 당당한

prestanza /pres'tantsa/ [여] (당당한) 체격, 풍채

prestare /pres'tare/ [타동] ① 빌려주다; prestare qc a qn 누구에게 무엇을 빌려주다; farsi prestare qc da qn 누구한테서 무엇을 빌리다 ② prestare aiuto a qn 누구를 도와주다; prestare ascolto[orecchio] a ~에 귀를 기울이다; prestare fede a ~을 믿다;

prestare giuramento 맹세하다 - prestarsi [재귀동사] ① (a fare와 함께 쓰여) (~을 하겠다고) 자원하다, 나서다; si presta sempre volentieri 그는 항상 기꺼이 도와준다 ② (a와 함께 쓰여) (~에) 적합하다

prestazione /prestat'tsjone/ [여] ① (운동 선수의) 기량 ② (기계 따위의) 성능, 효율

prestigiatore /prestidʒa'tore/ [남] (여 : -trice) 마술사

prestigio /pres'tidʒo/ [남] (복 : -gi) ① 위신, 명성; di prestigio 명성 있는 ② gioco di prestigio 마술, 요술

prestigioso /presti'dʒoso/ [형] 명성 있는

prestito /'prestito/ [남] ① 대부(貸付), 대출; prestito bancario 은행 융자 ② prendere qc in prestito da qn 누구한테서 무엇을 빌리다; dare qc in prestito a qn 누구에게 무엇을 빌려주다 - prestito linguistico 차용어

presto /'prɛsto/ [부] ① 일찍, 조기에; mi alzo presto 나는 (아침에) 일찍 일어난다; è ancora presto per decidere 결정을 내리기엔 아직도 너무 이르다 ② 곧, 머지않아; (arrivederci) a presto! 또 봐!; presto o tardi 조만간; il più presto possibile 가능한 한 빨리 ③ 빨리, 급하게; fai presto! 서둘러!; più presto che puoi 네가 할 수 있는 한 빨리[서둘러] ④ al più presto 일러도, 아무리 빨라도 - [남-불변/부] [음악] 프레스토, 빠르게

presumere /pre'zumere/ [타동] (che와 함께 쓰여) (~이라) 가정[추정]하다, 여기다; presumo che venga 난 그가 올 거라고 생각한다 [자동] (조동사 : avere) presumere di sé (주제넘게도 ~이라) 자부하다, 의기양양해 하다

presumibile /prezu'mibile/ [형] 가정할 수 있는, 있음직한

presumibilmente /prezumibil'mente/ [부] 아마 ~일 것이라고 생각되어, 짐작컨대 ~일 듯하여

presunto /pre'zunto/ [형] 가정[추정]된, (~일 것으로) 여겨지는; il presunto colpevole 범죄 용의자

presuntuoso /prezun'twoso/ [형/남] (여 : -a) 주제넘은, 건방진 (사람)

presunzione /prezun'tsjone/ [여] ① 가정, 추정, 짐작 ② 주제넘음, 건방짐; peccare di presunzione 주제넘다, 건방지다

presupporre /presup'porre/ [타동] ① 짐작하다, 추정하다, 예상하다 ② 전제 조건으로 하다

presupposto /presup'posto/ [남] 가정, 전제 (조건); partendo dal presupposto che ~이라고 가정하면

prêt-à-porter /prɛtapɔr'te/ [남/형-불변] 기성복(의)

prete /'prete/ [남] 성직자, 사제

pretendente /preten'dɛnte/ [남/여] (a와 함께 쓰여) (~을 얻으려고) 요구하는 사람; pretendente al trono 왕위를 노리는 자 - [남] 구혼자

pretendere /pre'tendere/ [타동] ① 요구하다; 기대하다; pretendo la mia parte 나는 내 몫을 요구한다; pretende di essere pagato 그는 대가를 받을 것이라 기대하고 있다 ② ~인 체하다; 자기 자신을 (~이라) 여기다; pretende di avere sempre ragione 그는 자기가 언제나 옳다고 생각한다

pretenzioso /preten'tsjoso/ [형] 자만[자부]하는, 젠체하는

preterintenzionale /preterintentsjo'nale/ [형] [법률] (범죄가) 고의가 아닌; omicidio preterintenzionale 과실치사

pretesa /pre'tesa/ [여] ① 요구, 주장; avanzare una pretesa 요구[주장]하다; è pieno di pretese 그는 너무 많은 것을 요구한다 ② 젠체함, 겉꾸임; senza pretese 주제넘지 않은, 겉꾸미지 않는

pretesto /pre'tɛsto/ [남] 구실, 핑계, 변명; con il pretesto di ~을 구실삼아

pretestuoso /pretestu'oso/ [형] (구실·핑계 등이) 그럴싸한

pretore /pre'tore/ [남] 하급 판사

pretura /pre'tura/ [여] 하급 판사의 법원

prevalente /preva'lɛnte/ [형] 우세한, 유력한, 지배적인, 주된

prevalentemente /prevalente'mente/ [부] 우세하게, 유력하여, 지배적으로, 주로

prevalenza /preva'lɛntsa/ [여] 우세함, 유력함, 지배적임; in prevalenza 우세하게, 지배적으로, 주로

prevalere /preva'lere/ [자동] (조동사 : avere, essere) ① (su와 함께 쓰여) (~보다) 우세하다, (~을) 능가하다; prevalere su tutti per intelligenza

지적인 면에 있어서 누구보다도 앞서다 ② 유력하다, 지배적이다, 널리 퍼져 있다
prevaricare /prevari'kare/ [자동] (조동사 : avere) 권력을 남용하다
prevaricazione /prevarikat'tsjone/ [여] 권력 남용
prevedere /preve'dere/ [타동] ① 예측하다, 예상하다; prevedere il futuro 미래를 예언하다; come previsto 예상대로; spese previste 예상 경비; tempo previsto per domani 내일 일기예보 ② (법률 등이 조항 따위를 두어) 규정하다 ③ 계획하다; prevedere di fare qc ~하려 계획하다; previsto per martedì 화요일로 계획된
prevedibile /preve'dibile/ [형] 예측[예상] 가능한; non era assolutamente prevedibile che 아무도 ~이라는 걸 예측할 수 없었다
prevendita /pre'vendita/ [여] (티켓 따위의) 예매(豫賣)
prevenire /preve'nire/ [타동] ① 선손 쓰다, 앞지르다 ② (di와 함께 쓰여) (~에 대해) 미리 알리다, 경고하다 ③ (사전에) 막다, 예방하다
preventivare /preventi'vare/ [타동] (예상 경비를) 산정하다, 견적을 내다, (예산을) 책정하다
preventivo /preven'tivo/ [형] 예방의, 사전에 방지하는 - [남] 견적(액); fare un preventivo 견적을 내다
prevenuto /preve'nuto/ [형] 편견[선입견]을 가진
prevenzione /preven'tsjone/ [여] ① 예방, 사전에 막음 ② 편견, 선입견; avere prevenzioni contro qn/qc 누구/무엇에 대해 편견을 갖고 있다
previdente /previ'dɛnte/ [형] 미리 내다보는, 선견지명이 있는
previdenza /previ'dɛntsa/ [여] ① 선견지명 ② previdenza sociale 사회 보장, 복지
previo /'prɛvjo/ [형] (복 : -vi, -vie) previo avviso 사전 통보 하에; previo accordo 동의를 얻어야 하는, 동의를 얻는다는 전제로
previsione /previ'zjone/ [여] 예상, 기대; tutto è andato secondo le previsioni 모든 일이 예상한 대로 되었다; in previsione di ~을 예상하고; previsioni metereologiche [del tempo] 일기 예보
previsto /pre'visto/ [형] 예측된, 예상한 - [남] 예측된 것, 예상한 바; più del previsto 예상보다 더
prezioso /pret'tsjoso/ [형] ① 가치 있는, 귀중한, 값진 ② 값비싼 - preziosi [남·복] 보석류 - fare il prezioso "비싸게 굴다"
prezzemolo /pret'tsemolo/ [남] [식물] 파슬리 - essere come il prezzemolo 아무데나 불쑥 나타나다
prezzo /'prɛttso/ [남] ① 값, 가격; a buon prezzo (물건을 살 때) 싸게; a prezzo di costo 원가에; a metà prezzo 반값에; tirare sul prezzo 값을 깎다; pagare qc a caro prezzo (비유적으로) ~에 비싼 대가를 치르다 ② 가격표 ③ 대가, 희생 ④ (정신적) 가치 - prezzo d'acquisto 구입 가격; prezzo per contanti 현금 가격; prezzo di fabbrica 공장도 가격; prezzo di listino 정가; prezzo di mercato 시장 가격, 시가, 시세; prezzo scontato 할인 가격; prezzo unitario 단가; prezzo di vendita 판매 가격; prezzo di vendita al dettaglio 소매 가격
prigione /pri'dʒone/ [여] 감옥, 교도소; andare in prigione 감옥에 가다; mettere in prigione 투옥하다; scontare un anno di prigione 1년간 복역하다
prigionia /pridʒo'nia/ [여] 구금, 투옥
prigioniero /pridʒo'njero/ [형] ① 감옥에 갇힌 ② 포로로 잡힌 - [남] (여 : -a) ① (감옥에 갇힌) 죄수 ② 포로 - tenere qn prigioniero 누구를 감옥에 가두다, 포로로 잡다
prima1 /'prima/ [부] ① 이전에, ~ 전에, 과거에, 한때; prima non lo sapevo 난 전엔 그걸 몰랐어; due giorni prima 이틀 전에; usanze di prima 이전의[옛] 관습; non è più la stessa di prima 그녀는 더 이상 과거의 모습이 아니다 ② 미리, 사전에; un'altra volta dimmelo prima 다음 번엔 미리 좀 알려다오 ③ (예정보다) 일찍, 빨리; (남보다) 먼저 ④ 우선, 첫째로 ⑤ prima di (시간상) ~ 전에, (공간상) ~ 앞에; prima del suo arrivo 그가 도착하기 전에; c'è un cinema prima del semaforo 신호등 앞에 영화관이 있다

P

⑥ prima che ~하기 이전에; pensaci prima che sia troppo tardi 너무 늦기 전에 (잘) 생각해봐라

prima2 /'prima/ [여] ① (학교의) 1학년 ② (연극의) 초연; (영화의) 개봉 ③ (자동차의) 최저속 기어 ④ (기차 등의) 1등석

prima donna /prima'dɔnna/ [여] 프리마돈나, 주연 여배우

primario /pri'marjo/ (복 : -ri, -rie) [형] ① 첫째의, 제1의 ② 주된, 주요한 ③ 기본적인, 1차적인 ④ 초급의, 초보의 - [남] (병원의) 부장, 과장

primate1 /pri'mate/ [남] [가톨릭] 수석 대주교; [영국국교회] 대주교

primate2 /pri'mate/ [남] [동물] 영장류의 동물

primatista /prima'tista/ [남/여] (남·복 : -i, 여·복 : -e) [스포츠] 기록 보유자

primato /pri'mato/ [남] ① 최고, 제일, 으뜸 ② 교황의 최고 권위 ③ [스포츠] (최고) 기록

primavera /prima'vera/ [여] 봄; in primavera 봄에

primaverile /primave'rile/ [형] 봄의, 춘계의

primeggiare /primed'dʒare/ [자동] (조동사 : avere) (in과 함께 쓰여) (~에서) 빼어나다, 탁월하다

primitivo /primi'tivo/ [형] ① 원시의, 원시적인 ② 미개한, 야만의 ③ 초기의, 원래의 - [남] (여 : -a) 원시인

primizia /pri'mittsja/ [여] ① (특히 복수형으로 쓰여) (과일·채소 따위의) 햇것, 맏물 ② (비유적으로) 최신 정보, 핫뉴스

primo /'primo/ [형] ① (순서·순위가) 첫째의, 제1의; (둘 중) 전자의; le prime 20 pagine 첫 20페이지; in prima pagina (신문의) 제1면에; essere primo in classifica 1등이다 ② (시간상) 이른, 초기의; di prima mattina 아침 일찍 ③ 바로 다음의; scendo alla prima fermata 나는 다음 정류장에서 내린다 ④ 으뜸가는, 최고의; 주요한, 주된; di prim'ordine 일류의; il primo attore 주연 남자 배우 ⑤ [수학] 소수 (素數)의 ⑥ per prima cosa, in primo luogo 우선, 첫째로; fin dal primo momento 맨 처음부터; amore a prima vista 첫눈에 반한 사랑; fare i primi passi 첫발을 내딛다 - [남] (여 : -a) ① (순서·순위의) 첫째; (둘 중의) 전자; fu tra i primi ad arrivare 그는 가장 먼저 도착한 사람들 중 한 명이었다 ② 최고, 제일, 으뜸; è la prima della classe 그녀는 반에서 1등이다 ③ (날짜의) 1일; il primo dell'anno 1월 1일, 새해 첫날 - [부] 첫째(로)

primogenito /primo'dʒenito/ [형] 최초로 태어난, 맏이의 - [남] (여 : -a) 첫 아이, 맏이, 장남 또는 장녀

primordi /pri'mɔrdi/ [남·복] 초기, 시초; ai primordi della storia 역사가 시작될 무렵에

primordiale /primor'djale/ [형] 초기의, 시초의, 원시의

primula /'primula/ [여] [식물] 앵초

principale /printʃi'pale/ [형] 주요한, 주된; proposizione principale [문법] 주절(主節); sede principale 본부 - [남/여] 장(長), 우두머리

principalmente /printʃipal'mente/ [부] 주로

principato /printʃi'pato/ [남] ① 왕자[공(公)]의 지위 ② 공국(公國)

principe /'printʃipe/ [남] ① 왕자; principe ereditario 왕세자, 황태자; il principe di Galles 영국 황태자 ② 공작(公爵), 공(公) - principe consorte 여왕의 부군; stare come un principe 호화롭게 살다

principesco /printʃi'pesko/ [형] (복 : -schi, -sche) ① 왕자의 ② (비유적으로) 장엄한, 훌륭한

principessa /printʃi'pessa/ [여] 공주

principiante /printʃi'pjante/ [남/여] 초보자, 초심자

principiare /printʃi'pjare/ [타동] (일·토론 따위를) 시작하다 - [자동] (조동사 : essere, avere) (a fare와 함께 쓰여) (~하기) 시작하다

principio /prin'tʃipjo/ [남] (복 : -pi) ① 처음, 시작; ricominciare dal principio 처음부터 다시 시작하다; fin dal principio 맨 처음부터; al[in] principio 처음에; dal principio alla fine 처음부터 끝까지 ② 원리, 원칙; essere senza principi 원칙이 없다; per principio 원칙에 따라 ③ 주의(主義), 신념, 신조 ④ [물리] 법칙 ⑤ [화학·약학] 성분

priorità /priori'ta/ [여-불변] ① 우선, 우위, 앞섬; avere la priorità (su) (~에) 우선하다 ② 우선시되는 일

prioritario /priori'tarjo/ [형] (복 : -ri, -rie) 우선시되는, 가장 중요한

prisma /'prizma/ [남] [광학] 프리즘

privacy /'praivasi/ [여-불변] 프라이버시, 사생활의 자유

privare /pri'vare/ [타동] (di와 함께 쓰여) (~을) 빼앗다, 박탈하다; privare qn della vita 누구의 생명을 빼앗다 - privarsi [재귀동사] (di와 함께 쓰여) (~ 없이) 지내다, (~을) 멀리하다

privatamente /privata'mente/ [부] 개인적으로, 사적으로

privatista /priva'tista/ [남/여] (남·복 : -i, 여·복 : -e) 학교를 다니지 않고 개인적으로 공부하는 학생

privativa /priva'tiva/ [여] [상업] 독점 판매권

privatizzare /privatid'dzare/ [타동] 민영화(民營化)하다

privatizzazione /privatiddzat'tsjone/ [여] 민영화(民營化)

privato /pri'vato/ [형] ① 사립의, 민간의, 민영의, 사설의; settore privato (국가 경제의) 민영 부문 ② 사적인, 사유의, 개인에 속한; vita privata 사생활 ③ 비공식적인, 개인적인 - [남] (여 : -a) ① 시민, 민간인 ② (국가 경제의) 민영 부문 ③ in privato 사적으로, 비공식적으로, 내밀하게

privazione /privat'tsjone/ [여] 박탈; 상실

privilegiare /privile'dʒare/ [타동] (~에) 특권[혜택]을 주다

privilegiato /privile'dʒato/ [형] ① 혜택[특권]을 받은 ② [상업] 우선의, 선취권이 있는; azioni privilegiate 우선주(株) - [남] (여 : -a) 특권을 가진 사람

privilegio /privi'ledʒo/ [남] (복 : -gi) 특권, 특전, 혜택; concedere un privilegio 특권을 부여하다; avere il privilegio di fare ~을 할 수 있는 특권이 있다

privo /'privo/ [형] (di와 함께 쓰여) (~이) 없는, 부족한, 결핍된; privo di coraggio 용기가 없는; parole prive di significato 무의미한 말

pro /prɔ/ [전] 찬성하여, 편들어; votare pro ~에 찬성표를 던지다; sei pro o contro? 넌 찬성이야 반대야? - [남-불변] i pro e i contro 찬반 양론 - a che pro? 무슨 소용[유익]이 있는가?; buon pro ti faccia! 자네에게 많은 도움이 된다면 좋겠네만! (무슨 소용이 있겠느냐는 뜻의 반어적 문장)

probabile /pro'babile/ [형] 있음직한, 충분히 가능한, 그럴듯한; è probabile che venga 그는 아마 올 거야, 그가 올 가능성이 높다

probabilità /probabili'ta/ [여-불변] ① 있을 법함, 있음직함, 그럴듯함; 가망, 공산; con molta probabilità 십중팔구, 충분히 가능하여 ② [수학] 확률

probabilmente /probabil'mente/ [부] 아마, ~일[할] 듯하여; probabilmente verrà 그는 아마 올 것이다

problema /pro'blɛma/ [남] ① [수학] 문제; risolvere un problema 문제를 풀다 ② 어려운 문제, 말썽, 골칫거리, 걱정거리; non c'è problema! 문제 없어! ③ 문제(점), 이슈; il problema dell'inquinamento 공해 문제

problematico /proble'matiko/ [형] (복 : -ci, -che) 문제의, 문제가 있는; 의문의, 의심스러운

proboscide /pro'boʃʃide/ [여] ① (코끼리의) 코 ② (곤충의) 긴 주둥이

procacciarsi /prokat'tʃarsi/ [재귀동사] 얻다, 획득하다, 손에 넣다; procacciarsi da vivere 생활비를 벌다, 생계를 꾸리다

procace /pro'katʃe/ [형] (여자가) 성적으로 자극[도발]하는, 관능적인

pro capite /prɔ'kapite/ [부] 1인당

procedere /pro'tʃedere/ [자동] (조동사 : essere, avere) ① 나아가다, 전진하다; procedere con lentezza (자동차가) 천천히 가다 ② (일이) 진행되다, 진척되다; gli affari procedono bene 사업은 잘되고 있습니다 ③ 계속하다, 속행하다 ④ (a와 함께 쓰여) (~하기) 시작하다, (~에) 착수하다; procediamo alla discussione 논의를 시작해 봅시다 ⑤ [법률] 소송 절차를 밟다, 고소하다; procedere contro qc 누구를 고소하다 ⑥ 행동하다; bisogna procedere con cautela 신중하게 행동해야 한다

procedimento /protʃedi'mento/ [남] ① (처리) 절차, 과정; il procedimento usato per la fabbricazione 제조 공정 ② [법률] 소송 절차

procedura /protʃe'dura/ [여] ① (진행) 절차; seguire la procedura 절차에 따르다 ② [법률] 소송 절차 ③ [컴퓨터] (프로그램의) 처리 절차

P

processare /prot∫es'sare/ [타동] [법률] (per와 함께 쓰여) (~의 죄에 대해) 심리하다, 재판하다

processione /prot∫es'sjone/ [여] ① [교회] 행렬 기도 ② (사람이나 자동차 따위의) 길게 늘어선 줄

processo /pro't∫esso/ [남] ① [법률] 재판, 심리; 소송 절차; mettere sotto processo 재판에 부치다 ② (만드는) 과정, 공정; processo di fabbricazione 제조 공정 ③ 진행, 진전, 경과; processo di pace 평화 협상 ④ [컴퓨터] 프로세스 (처리 단위)

processore /prot∫es'sore/ [남] [컴퓨터] 처리 장치, 프로세서

processuale /prot∫essu'ale/ [형] 소송 절차의; spese processuali 소송 비용

procinto /pro't∫into/ [남-불변] in procinto di fare 막 ~하려는 참에

proclama /pro'klama/ [남] (엄숙한) 선언; 성명

proclamare /prokla'mare/ [타동] ① 선포[선언]하다, 공언하다; proclamare qn vincitore 누구를 승자로 선언하다 ② 언명하다, 단언하다; proclamare la propria innocenza 자신의 결백을 단언하다 ③ (법률을) 공표하다

proclamazione /proklamat'tsjone/ [여] 선언, 선포, 공표

procrastinare /prokrasti'nare/ [타동] 미루다, 연기[지체]하다

procreare /prokre'are/ [타동] (자식을) 낳다, 보다

procreazione /prokreat'tsjone/ [여] 출산; 생식

procura /pro'kura/ [여] ① 대리; 위임장; per procura 대리로 ② la procura della Repubblica 검찰청

procurare /proku'rare/ [타동] ① 일으키다, 유발하다; procurare danni 해를 끼치다 ② 제공하다, 마련해 주다; procurare qc a qn 누구에게 무엇을 제공하다[구해 주다] ③ ~하도록 (노력)하다

procuratore /prokura'tore/ [남] (여 : -trice) ① 대리인 ② [법률] 검사 - procuratore generale 검찰총장; procuratore legale 변호사

prode /'prɔde/ [형] (군인 등이) 용맹스러운, 씩씩한 - [남] 용맹스러운[씩씩한] 남자

prodezza /pro'dettsa/ [여] 용기, 용맹, 무용(武勇); 무공(武功)

prodigare /prodi'gare/ [타동] ① (재물·칭찬·관심 따위를) 아낌없이[후하게] 주다 ② (재물을) 낭비하다 - prodigarsi [재귀동사] (per와 함께 쓰여) (~을 위해) 최선을 다하다, 온갖 노력을 아끼지 않다

prodigio /pro'didʒo/ (복 : -gi) [남] ① 경이, 놀라운 일; fare prodigi 놀라운 일을 행하다 ② 신동, 비범한 재능을 가진 사람 - [형-불변] bambino prodigio 신동

prodigioso /prodi'dʒoso/ [형] 경이로운, 놀라운

prodigo /'prɔdigo/ (복 : -ghi, -ghe) [형] ① 낭비하는, 방탕한 ② (비유적으로) (di와 함께 쓰여) (~을) 아낌없이 주는, (~에) 후한 - [남] (여 : -a) 낭비벽이 있는 사람

prodotto /pro'dotto/ [남] ① 생산품, 제품 ② 산물, 소산, 결과 ③ [수학] 곱 - prodotti agricoli 농산물; prodotti alimentari 식료품; prodotto interno lordo [경제] 국내 총생산, GDP; prodotto nazionale lordo [경제] 국민 총생산, GNP

produrre /pro'durre/ [타동] ① 생산[산출]하다, 제조하다; produrre in serie 대량 생산하다, 양산하다 ② 일으키다, 발생시키다 ③ (연극 등을) 상연[연출]하다; (영화·TV 프로그램 따위를) 제작하다

produttività /produttivi'ta/ [여-불변] 생산성

produttivo /produt'tivo/ [형] ① 생산적인, 생산하는 ② 생산의, 생산에 관한; processo produttivo 제조 공정

produttore /produt'tore/ [형] 생산하는, 산출하는; paese produttore di petrolio 석유 생산국 - [남] (여 : -trice) ① 생산자, 제조자 ② (영화·TV의) 프로듀서, 제작자

produzione /produt'tsjone/ [여] ① 생산, 제조; 발생; produzione in serie 대량 생산, 양산 ② 생산량 ③ (영화·TV 프로그램 따위의) 제작

prof /prɔf/ [남/여-불변] (구어체에서, professore의 약자로) 교수

profanare /profa'nare/ [타동] ① (~의) 신성을 모독하다 ② (비유적으로) (명성 따위를) 더럽히다

profanazione /profanat'tsjone/ [여] 신성

모독

profano /pro'fano/ [형] 세속적인, (성직자가 아닌) 속인(俗人)의 - [남] (여 : -a) (성직자가 아닌) 평신도, 속인

proferire /profe'rire/ [타동] (말을) 입 밖에 내다, 발언하다; (의견 따위를) 표명하다

professare /profes'sare/ [타동] ① (신앙을) 고백하다 ② (의술·법률 등을) 업으로 하다, (의사·변호사 등으로) 활동하다 - professarsi [재귀동사] (스스로 ~임을) 언명하다; professarsi innocente 자신의 결백을 단언하다

professionale /professjo'nale/ [형] ① 직업의, 직업상의, 직업과 관계된; malattia professionale 직업병 ② 직업적인, 전문적인

professionalità /professjonali'ta/ [여-불변] 전문 직업 의식, 전문가 기질

professionalmente /professjonal'mente/ [부] 직업적으로

professione /profes'sjone/ [여] ① 직업; fare qc di professione 무엇을 직업으로 하다; di professione 직업으로, 직업상 ② 신앙 고백 (professione di fede)

professionismo /professjo'nizmo/ [남] ① 전문 직업 의식, 전문가 기질 ② [스포츠] 프로 선수임

professionista /professjo'nista/ (남·복 : -i, 여·복 : -e) [형] 직업적인, 전문적인 - [남/여] 전문 직업인; 직업 선수, 프로; libero professionista 프리랜서

professore /profes'sore/ [남] (여 : -essa) (학교의) 선생, 교사; (대학의) 교수; professore di inglese 영어 선생; professore ordinario 정교수

profeta /pro'fɛta/ [남] 예언자

profetizzare /profetid'dzare/ [타동] 예언하다

profezia /profet'tsia/ [여] (예언자의) 예언 능력

proficuo /pro'fikuo/ [형] (사업·투자 따위가) 이익이 되는, 수익성이 있는; (시간 따위가) 유익한

profilare /profi'lare/ [타동] (~의) 윤곽을 그리다; (~을) 개략적으로 묘사하다 - profilarsi [재귀동사] ① (형태가) 나타나 보이다 ② (위기 따위가) 닥치다

profilassi /profi'lassi/ [여-불변] (질병의) 예방법

profilattico /profi'lattiko/ (복 : -ci, -che) [형] (질병) 예방의 - [남] 성병 예방 기구, 피임 기구, 콘돔

profilo /pro'filo/ [남] ① 윤곽 ② 옆얼굴; di profilo 옆모습은 ③ 개요, 소개 ④ 관점, 측면

profittare /profit'tare/ [자동] (조동사 : avere) (di와 함께 쓰여) (~의) 이점을 취하다, (~을) 잘 이용하다

profitto /pro'fitto/ [남] ① 이점, 유익; trarre profitto da ~의 이점을 취하다, ~을 잘 이용하다 ② (금전상의) 이익, 이득, 이윤, 수익; ricavare un profitto da ~에서 이익을 얻다, ~으로 돈을 벌다; conto profitti e perdite 손익 계정

profondamente /profonda'mente/ [부] 깊이; 강력하게, 크게, 몹시; dormiva profondamente 그는 깊이 잠들어 있었다; sentirsi profondamente legato a qn 누구에게 강한 애착을 느끼다

profondersi /pro'fondersi/ [타동] (in과 함께 쓰여) (사과·감사 등을) 마음을 담아 하다

profondità /profondi'ta/ [여-불변] ① (아래로, 거리상) 깊음; 깊이; scavare in profondità 깊게 파다; avere 10 metri di profondità 깊이가 10m다 ② (비유적으로) (정도가) 깊음, 강력함, 풍부함 ③ [복] 깊은 곳, 심연; le profondità del mare 바다 깊은 곳, 심해

profondo /pro'fondo/ [형] ① (아래로) 깊은; profondo 5 metri 깊이 5m의 ② (정도가) 깊은, 강력한 ③ 중요한, 중대한 ④ (생각 따위가) 깊은, 심원한 - [남] 깊은 곳; nel profondo del mare 바다 깊은 곳에; dal profondo del cuore 마음속으로부터, 진심으로

profugo /'prɔfugo/ [남] (여 : -a) (복 : -ghi, -ghe) 난민(難民)

profumare /profu'mare/ [타동] 향기를 풍기다; (옷 따위에) 향기가 나게 하다 - [자동] (조동사 : avere) 향기가 나다 - profumarsi [재귀동사] (자신의 몸이나 옷에) 향수를 뿌리다

profumatamente /profumata'mente/ [부] (금액을) 후하게, 두둑하게

profumato /profu'mato/ [형] ① 향기로운, 향기가 나는; 향수를 뿌린 ② (팁 따위의 액수가) 후한, 두둑한

profumeria /profume'ria/ [여] 향수 제조(법); 향수 제조소[가게]

profumo /pro'fumo/ [남] ① 향수;

darsi[mettersi] il profumo (자신의 몸이나 옷에) 향수를 뿌리다 ② 향기, 방향(芳香); avere un buon profumo 향기가 나다

profusione /profu'zjone/ [여] 풍부함; a profusione 풍부하게

progenie /pro'dʒɛnje/ [여-불변] (문어체에서) 자손

progesterone /prodʒeste'rone/ [남] [생화학] 프로게스테론, 황체 호르몬

progettare /prodʒet'tare/ [타동] ① 계획하다, 계획을 세우다 ② (건물 따위를) 설계하다; (자동차·실내 따위를) 디자인하다

progettazione /prodʒettat'tsjone/ [여] ① 계획; in corso di progettazione 계획 단계에 있어 ② 설계, 디자인

progettista /prodʒet'tista/ [남/여] (남·복 : -i, 여·복 : -e) 설계자, 디자이너

progetto /pro'dʒɛtto/ [남] ① 계획, 기획; fare progetti per il futuro 장래 계획을 세우다; avere in progetto di fare qc 무엇을 하려 계획하고 있다 ② [건축] 도면, 설계도; fare il progetto di una casa 집을 설계하다 - progetto di legge 법안, 의안

prognosi /'prɔɲɲozi/ [여-불변] [의학] 예후(豫後); essere in prognosi riservata 환자가 중태다

programma /pro'gramma/ [남] ① (TV·영화·연극 따위의) 프로그램 ② 계획, 예정, 스케줄; fare programmi 계획을 세우다, 스케줄을 짜다; avere in programma di fare qc 무엇을 할 예정이다 ③ (학교의) 강의 개요, 교과과정 ④ [컴퓨터] 프로그램; programma applicativo 응용 프로그램

programmare /program'mare/ [타동] ① (영화 따위를) 상영하다 ② 계획을 세우다, 예정하다, 스케줄을 짜다; programmare di fare qc 무엇을 하려 계획하다 ③ [컴퓨터] 프로그램을 작성하다

programmatore /programma'tore/ [남] (여 : -trice) (컴퓨터) 프로그래머

programmazione /programmat'tsjone/ [여] ① 계획 세우기, 스케줄 짜기 ② (경제 등의) 계획, 입안 ③ [컴퓨터] 프로그래밍; linguaggio di programmazione 프로그램 언어

progredire /progre'dire/ [자동] (조동사 : essere, avere) 나아지다, 진보하다, 발달하다, 향상되다

progredito /progre'dito/ [형] 진보한, 발달한, 향상된

progressione /progres'sjone/ [여] ① 진행, 전진, 경과 ② [수학] 수열(數列)

progressista /progres'sista/ (남·복 : -i, 여·복 : -e) [형] 진보적인 - [남/여] 진보주의자

progressivo /progres'sivo/ [형] ① 점차 ~하는, 점진(漸進)하는 ② 나아가는, 전진하는 ③ (세금 따위가) 누진의 ④ [문법] 진행형의

progresso /pro'grɛsso/ [남] 전진, 진보, 향상, 발달; fare progressi 진보하다, 발달하다

proibire /proi'bire/ [타동] 금하다, 금지하다, 못 하게 하다, 막다; proibire a qn di fare qc 누구로 하여금 무엇을 못 하게 하다

proibitivo /proibi'tivo/ [형] ① 금지하는, 못 하게 막는 ② (값이) 엄청나게 비싼

proibito /proi'bito/ [형] 금지된; "è proibito l'accesso" "출입 금지"; "è proibito fumare" "금연"

proibizione /proibit'tsjone/ [여] 금지

proibizionismo /proibittsjo'nizmo/ [남] 금지 정책

proiettare /projet'tare/ [타동] ① (내)던지다 ② (화산이 용암을) 분출하다 ③ 투사하다, 비추다, 영사(映寫)하다

proiettile /pro'jɛttile/ [남] 발사체 (탄환·미사일 따위); a prova di proiettile 방탄의

proiettore /projet'tore/ [남] ① 프로젝터, 영사기(映寫機) ② 조명 투사기; (자동차의) 헤드라이트; 서치라이트

proiezione /projet'tsjone/ [여] ① 투사, 영사(映寫); cabina di proiezione (영화관의) 영사실 ② [기하] 투영 ③ [심리] (주관의) 투영

prolasso /pro'lasso/ [남] [병리] (자궁·직장(直腸)의) 탈출(증)

prole /'prɔle/ [여] 자식, 아이; (동물의) 새끼

proletariato /proleta'rjato/ [남] 프롤레타리아트, 무산 계급

proletario /prole'tarjo/ (복 : -ri, -rie) [형] 프롤레타리아의, 무산[노동] 계급의 - [남] (여 : -a) 프롤레타리아, 무산자

proliferare /prolife'rare/ [자동] (조동사 : avere) ① [생물] (세포 분열 따위로)

증식[번식]하다 ② (비유적으로) 급격히 증가하다
proliferazione /proliferat'tsjone/ [여] [생물] (분열) 증식
prolifico /pro'lifiko/ [형] (복 : -ci, -che) (사람·동물이) 자식[새끼]을 많이 낳는
prolisso /pro'lisso/ [형] 말 많은; (문체가) 장황한
prologo /'prɔlogo/ [남] (복 : -ghi) ① 서언(序言), 머리말 ② 시초, 서막, 전조, 발단
prolunga /pro'lunga/ [여] (복 : -ghe) 늘인[연장한] 부분; [전기] 연장 코드
prolungamento /prolunga'mento/ [남] (시·공간상의) 연장, 늘이기; (도로·철도 따위의) 연장
prolungare /prolun'gare/ [타동] (시·공간상) 연장하다, 늘이다; (도로·철도 따위를) 연장하다 - prolungarsi [재귀동사] (시·공간상) 연장되다; (공연·토론 따위가) 계속되다; la vacanza si è prolungata di alcuni giorni 휴가가 며칠 더 늘어났다
promemoria /prome'mɔrja/ [남-불변] 메모, 비망록
promessa /pro'messa/ [여] ① 약속, 서약; fare[mantenere] una promessa 약속을 하다[지키다]; ② (밝은) 전망, 가망; è una giovane promessa del teatro 그는 전도유망한 젊은 배우다
promesso /pro'messo/ [형] 약속한[된]; la terra promessa "약속의 땅"; sposi promessi 약혼한 커플 - [남] (여 : -a) 약혼자[녀]
promettente /promet'tɛnte/ [형] 장래성 있는, 전도유망한
promettere /pro'mettere/ [타동] ① 약속[서약]하다; te lo prometto 약속하마; promettere a qn di fare qc 무엇을 하겠다고 누구에게 약속하다 ② (~의) 가망이 있다, ~할 듯하다; promettere bene 좋아질 것 같다, 장래성이 있다
prominente /promi'nɛnte/ [형] 불쑥 튀어나온, 돌출한
prominenza /promi'nɛntsa/ [여] 돌출, 튀어나옴
promiscuo /pro'miskuo/ [형] 무차별의, 가리지 않는, 뒤범벅의; (학교가) 남녀공학의; matrimonio promiscuo 서로 다른 민족 간의 결혼
promontorio /promon'tɔrjo/ [남] (복 : -ri) 갑(岬), 곶

promosso /pro'mɔsso/ [형/남] (여 : -a) 시험 등에 합격한, 상급 과정 진학이 허용된 (학생)
promotore /promo'tore/ [형] comitato promotore 조직위원회 - [남] (여 : -trice) 발기인, 주창자
promozionale /promottsjo'nale/ [형] 판매 촉진의; vendita promozionale 판매 촉진, 판촉
promozione /promot'tsjone/ [여] ① 승진, 진급; avere la promozione a ~으로 승진하다 ② 판매 촉진, 판촉; 특가 상품 ③ (학생의) 시험 합격
promulgare /promul'gare/ [타동] (법령을) 공포하다
promuovere /pro'mwɔvere/ [타동] ① 촉진하다, 진척[진행]시키다, 활성화하다 ② (상품의) 판매를 촉진하다 ③ 승진[진급]시키다 ④ lo studente è stato promosso 시험에 합격한 학생
pronipote /proni'pote/ [남/여] ① 증손 ② 조카(딸)의 자식, 형제 자매의 손자, 종손(從孫) ③ i pronipoti 자손들
pronome /pro'nome/ [남] [문법] 대명사
pronominale /pronomi'nale/ [형] 대명사의
pronosticare /pronosti'kare/ [타동] ① 예측·예상·예언하다 ② 예고하다
pronostico /pro'nɔstiko/ [남] (복 : -ci) 예측, 예상, 예언
prontamente /pronta'mente/ [부] 곧, 즉시, 빨리
prontezza /pron'tettsa/ [여] 준비가 되어 있음; 신속, 재빠름; prontezza di spirito 재치, 기지
pronto /'pronto/ [형] ① (a 또는 per와 함께 쓰여) (~할, ~에 대한) 준비가 되어 있는; tieniti pronto a partire 떠날 준비를 해라 ② (~할) 의향이 있는; essere pronto a tutto 무엇이든 할 준비가 되어 있다 ③ 빠른, 신속한; ha sempre la risposta pronta 그녀는 항상 반응이 빠르다 ④ 기민한, 민첩한; 재치 있는 ⑤ pronto! (전화상에서) 여보세요! - pronto all'ira 쉽게 화를 내는, 성마른; a pronta cassa 대금 상환 인도; pronto soccorso 응급 처치, 구급 치료
prontuario /prontu'arjo/ [남] (복 : -ri) 매뉴얼, 편람
pronuncia /pro'nuntʃa/ [여] (복 : -ce)

① 발음; difetto di pronuncia 언어 장애 ② (재판의) 선고, 판결
pronunciare /pronun'tʃare/ [타동] ① 발음하다 ② (말을) 입 밖에 내다, 발언하다 ③ (재판에서) 판결하다, (형을) 선고하다 (pronunciare una sentenza) - pronunciarsi [재귀동사] (su와 함께 쓰여) (~에 대한) 의견을 말하다; pronunciarsi a favore[contro] 찬성[반대] 의견을 내다
pronunciato /pronun'tʃato/ [형] ① 불쑥 내민, 돌출한 ② 강한, 두드러진
pronunzia /pro'nuntsja/ → pronuncia
propaganda /propa'ganda/ [여] ① (주의·주장 따위의) 선전; fare propaganda per qc 무엇을 선전하다 ② (상업적) 광고
propagandare /propagan'dare/ [타동] ① (주의·주장 따위를) 선전하다 ② (제품을 상업적으로) 광고하다
propagare /propa'gare/ [타동] ① [생물] 번식[증식]시키다 ② (소식·사상 따위를) 퍼뜨리다, 보급하다; (병을) 전염시키다 - propagarsi [재귀동사] ① [생물] 번식[증식]하다 ② 널리 퍼지다, 보급되다
propagazione /propagat'tsjone/ [여] ① [생물] 번식, 증식 ② [물리] (소리·열 따위의) 전파, 전달 ③ (소식·사상 따위의) 보급
propellente /propel'lɛnte/ [형] 추진력 있는 - [남] 추진시키는 것, 추진체(體)
propendere /pro'pɛndere/ [자동] (조동사 : avere) (per, verso와 함께 쓰여) (~ 쪽으로) 마음이 기울다; propendere a fare qc 무엇을 할 마음[의향]이 있다; propendere per il si[no] 찬성[반대]하는 입장이다
propensione /propen'sjone/ [여] (a, per와 함께 쓰여) (~에 대한) 경향, 기호; avere propensione a credere che ~이라 생각하는 경향이 있다
propenso /pro'pɛnso/ [형] (a, verso와 함께 쓰여) (~ 쪽으로) 마음이 기운; essere propenso a qc 무엇에 호의적인 입장이다; essere propenso a fare qc 무엇을 할 마음[의향]이 있다
propinare /propi'nare/ [타동] ① (독배를) 주다, 건네다 ② (비유적으로) (싫은 것을) 억지로 주다[시키다]
propiziatorio /propittsja'tɔrjo/ [형] (복 : -ri, -rie) (제물을 바쳐) 신의 노여움을 가라앉히는
propizio /pro'pittsjo/ [형] (복 : -zi, -zie) (운명·신이 인간에게) 호의적인, 호의를 가진; (사건 따위가) 다행인, (때가) 알맞은
proponimento /proponi'mento/ [남] 결심, 결의; fare il proponimento di fare qc 무엇을 하기로 결심하다
proporre /pro'porre/ [타동] ① 제의[제안]하다; proporre qc a qn 누구에게 무엇을 제안하다; proporre di fare qc 무엇을 하자고 제안하다 ② 제공하다; proporre qc a qn 누구에게 무엇을 제공하다 ③ (계획 따위를) 제시[제출]하다; (누구를 후보 등으로) 천거하다 - proporsi [재귀동사] ① (per와 함께 쓰여) (~으로) 나서다; (per fare와 함께 쓰여) (~하겠다고) 나서다 ② (di fare와 함께 쓰여) (~할) 생각이다, 계획이 있다
proporzionale /proportsjo'nale/ [형] (a와 함께 쓰여) (~에) 비례하는
proporzionato /proportsjo'nato/ [형] (a와 함께 쓰여) (~에) 비례하는; 균형이 잡힌; ben proporzionato 균형이 잘 잡힌
proporzione /propor'tsjone/ [여] ① 비율, 비(比); in proporzione a ~에 비례하여; in proporzione diretta[inversa] 정[반]비례하여 ② 균형, 조화; mancare di proporzione 균형이 잡히지 않은 상태다 ③ 크기, 규모; di grandi proporzioni 대규모의, 중대한
proposito /pro'pɔzito/ [남] ① 의도, 목적, 뜻, 계획; avere il proposito di fare qc 무엇을 할 작정이다 ② 논의, 이야기; a questo proposito 이 주제[화제]에 대해; a quale proposito voleva vedermi? 그가 무슨 얘기를 하려고 날 보자고 한 거죠?; a proposito di ~에 관해서 (이야기하자면) ③ di proposito 계획적으로, 고의로 ④ a proposito i) 그런데, 말이 난 김에 하는 말인데 ii) 알맞은 때에, 마침 좋은 때에
proposizione /propozit'tsjone/ [여] ① [논리] 명제; [수학] 명제, 정리(定理) ② [문법] 절(節); proposizione principale 주절; proposizione secondaria 종속절
proposta /pro'pɔsta/ [여] 제의, 제안; fare una proposta 제안하다;

proposta di matrimonio 청혼, 프러포즈 - proposta di legge 법안, 의안
proposto /pro'posto/ [형] 제의[제안]된
propriamente /proprja'mente/ [부] 명확하게, 엄밀히 말해서; propriamente detto 엄밀히 말하자면
proprietà /proprje'ta/ [여-불변] ① 소유권 ② 재산, 부동산, 소유지, 토지; essere di proprietà di qn 누구의 소유다; proprietà privata 사유 재산 ③ 특성, 성질 ④ 타당, 적절; proprietà di linguaggio 적절한 말
proprietario /proprje'tarjo/ [남] (복 : -ri) 소유주, 지주, 집주인; proprietario terriero 지주, 땅 주인
proprio /'prɔprjo/ (복 : -ri, -rie) [형] ① (소유형용사) 자기 자신의; l'ha visto con i (suoi) propri occhi 그는 자기 눈으로 (직접) 그것을 보았다; per motivi miei propri 내 나름대로의 이 유로; vivere per conto proprio 자기 힘으로 살아가다 ② (di와 함께 쓰여) ~ 특유의, (~에) 전형적인; è proprio dei mammiferi 그것은 포유류의 특성이다 ③ 타당한, 적절한, 알맞은; senso proprio di un termine 용어의 정확한 의미 ④ 철저한, 진짜 ~한; è una vera e propria schifezza 그건 진짜 쓰레기야 ⑤ [문법] nome proprio 고유명사 - [대] (소유대명사) 자기 자신의 것 - [남] mettersi in proprio 자신의 가게를 내다 - [부] ① 바로, 꼭, 정확히; è proprio ciò che volevo dire 그게 바로 내가 말하고 싶었던 거야 ② 정말, 참으로; oggi mi sento proprio bene 오늘 컨디션이 정말 좋다; ma sei proprio certo? 진짜 확실한 거야? ③ non ~ proprio 결코[전혀] ~ 않다
propulsione /propul'sjone/ [여] [기계] 추진; propulsione a razzo 로켓 추진; forza di propulsione 추진력
propulsore /propul'sore/ [남] [기계] 프로펠러, 추진기
prora /'prɔra/ [여] [항해] 이물, 뱃머리; vento di prora 역풍, 맞바람
proroga /'prɔroga/ [여] (복 : -ghe) (기한의) 연장; (날짜의) 연기
prorogare /proro'gare/ [타동] (기한을) 연장하다; (날짜를) 연기하다
prorompente /prorom'pɛnte/ [형] 쏟아져 나오는, 분출하는
prorompere /pro'rompere/ [자동] (조동사 : avere) ① (액체가) 세차게 흘러나오다, 분출하다, 내뿜다; (인파가) 밀려들다 ② (비유적으로) (감정이) 북받치다; prorompere in pianto 울음이 터지다

prosa /'prɔza/ [여] ① 산문 ② 연극; attore di prosa 연극 배우
prosaico /pro'zaiko/ [형] (복 : -ci, -che) ① 산문체의 ② 평범한
prosciogliere /proʃʃoʎʎere/ [타동] ① (da와 함께 쓰여) (의무 따위로부터 사람을) 해방시키다, 자유롭게 해주다 ② [법률] (피고에게) 무죄를 선고하다
prosciugare /proʃʃu'gare/ [타동] ① (강 · 연못 따위를) 마르게 하다 ② (비유적으로) (힘을) 소모[고갈]시키다; (돈을) 다 써버리다 - prosciugarsi [재귀동사] 바싹 마르다; 소모[고갈]되다
prosciutto /proʃʃutto/ [남] 햄; prosciutto affumicato 훈제 햄
proscritto /pros'kritto/ [형/남] (여 : -a) 추방 당한 (사람)
proscrivere /pros'krivere/ [타동] ① 금지하다 ② 추방하다
prosecuzione /prosekut'tsjone/ [여] 계속, 속행
proseguimento /prosegwi'mento/ [남] 계속, 속행; buon proseguimento! (여행자에게 하는 말로) 남은 시간도 즐거운 여행 되세요!
proseguire /prose'gwire/ [타동] 계속하다; proseguire il cammino 가던 길을 계속 가다; proseguì la lettura del libro 그는 책 읽기를 계속했다 - [자동] (조동사 : avere) (활동을) 계속하다; (활동이) 계속되다; proseguire negli studi 공부를 계속하다; come prosegue? 일은 어떻게 돼가고 있어요?
proselito /pro'zɛlito/ [남] (여 : -a) 개종한 사람; (정치적) 전향자, 변절자
prosit /'prɔzit/ [감] 건배!
prosperare /prospe'rare/ [자동] (조동사 : avere) 번영[번창]하다, 융성하다
prosperità /prosperi'ta/ [여-불변] 번영, 번창, 융성
prospero /'prɔspero/ [형] ① 순조로운, 유리한, 형편이 좋은 ② 번영[번창]하는, 융성하는
prosperoso /prospe'roso/ [형] ① 번영[번창]하는, 융성하는 ② (여자가) 가슴이 풍만한

prospettare /prospet'tare/ [타동] 나타내다, 제시하다 - prospettarsi [재귀동사] ~해 보이다; la vacanza si prospetta bene 휴가가 즐거울 것 같다

prospettiva /prospet'tiva/ [여] ① [미술] 원근법, 투시화법 ② 경치, 조망 ③ 관점, 견해 ④ 전망, 가망

prospetto /pros'petto/ [남] ① 조망, 시야; di prospetto 정면에서 ② 앞면, 정면 ③ [건축] 정면도 ④ 표; prospetto delle lezioni (학교의) 시간표

prospiciente /prospi'tʃente/ [형] prospiciente (su) qc ~에 면한, (창 따위를 통해) ~이 보이는

prossimamente /prossima'mente/ [부] 곧, 이내

prossimità /prossimi'ta/ [여-불변] (시·공간상의) 근접, 접근, 가까움; in prossimità di ~ 가까이에; in prossimità delle feste natalizie 크리스마스가 다가오면서

prossimo /'prɔssimo/ [형] ① (시·공간상) 다음의; nei prossimi giorni 오는 며칠 동안; scendo alla prossima fermata 난 다음 정거장에서 내려요; la prossima volta stai attento! 다음 번엔 조심하라구!; venerdì prossimo 다음 (주) 금요일 ② (시·공간상 또는 관계가) 가까운; in un prossimo futuro 머지않은 미래에, 곧; prossimo a ~에 [와] 가까운; è prossimo alla fine 그는 죽기 직전이다 ③ [문법] passato prossimo 현재완료; trapassato prossimo 과거완료 - [남] ① 이웃 ② avanti il prossimo! 다음 분 (들어오세요)

prostata /'prɔstata/ [여] [해부] 전립선

prostituirsi /prostitu'irsi/ [재귀동사] 매춘을 하다, 몸을 팔다

prostituta /prosti'tuta/ [여] 창녀, 매춘부

prostituzione /prostitut'tsjone/ [여] 매음, 매춘

prostrare /pros'trare/ [타동] ① (질병이나 어려움 따위가 사람을) 쓰러지게 하다 ② (비유적으로) 굴욕감을 안겨 주다 - prostrarsi [재귀동사] prostrarsi davanti a ~ 앞에 엎드리다[굴복하다]

prostrazione /prostrat'tsjone/ [여] 엎드림; 굴복

protagonista /protago'nista/ [남/여] (남·복 : -i, 여·복 : -e) (소설 따위의) 주인공; (연극의) 주역

proteggere /pro'teddʒere/ [타동] ① (물건·사람·권리·환경 따위를) 보호하다, 지키다 ② (예술·스포츠 따위를) 장려[후원]하다 - proteggersi [재귀동사] 자기 자신을 보호하다

proteico /pro'tɛiko/ [형] (복 : -ci, -che) 단백질의

proteina /prote'ina/ [여] 단백질

protendere /pro'tɛndere/ [타동] (팔다리 따위를) 쭉 뻗다 - protendersi [재귀동사] 몸을 굽혀 내밀다

protesi /'prɔtezi/ [여-불변] [의학] 인공 보철; [치과] 틀니, 의치

protesta /pro'tɛsta/ [여] 항의, 이의 제기; fare una protesta contro ~에 항의하다

protestante /protes'tante/ 신교[프로테스탄트]의 - [남/여] (개)신교도

protestantesimo /protestan'tezimo/ [남] 개신교(의 교리)

protestare /protes'tare/ [타동] 주장하다, 단언하다; protestare la propria innocenza 자신의 결백을 주장하다 - [자동] (조동사 : avere) 항의하다, 이의를 제기하다 - protestarsi [재귀동사] 자신이 ~이라고 주장하다, 소신을 말하다

protettivo /protet'tivo/ [형] 보호하는; (위험 따위로부터) 지키는, 방어하는

protetto /pro'tetto/ [형] 보호를 받는; area protetta 보호 구역 - [남] (여 : -a) 피보호자

protettorato /protetto'rato/ [남] (약소국에 대한 강대국의) 보호 정책; 보호령

protettore /protet'tore/ [형] santo protettore 수호성인 - [남] (여 : -trice) ① 보호자; 수호자 ② 수호성인 ③ (예술 따위의) 후원자 ④ (창녀의) 기둥서방; 포주

protezione /protet'tsjone/ [여] ① 보호, 비호, 방호; misure di protezione 보호 조치; prendere qn sotto la propria protezione 누구를 보호해주다, 누구의 보호자가 되다 ② 보호 장치 - protezione civile 민방위

protezionismo /protettsjo'nizmo/ [남] [경제] 보호무역주의

protocollare /protokol'lare/ [타동] (공적으로) 등록[등기]하다

protocollo /proto'kɔllo/ [남] ① 의전, 의례 ② 조약 원안, 의정서(議定書) ③ [컴퓨터] 프로토콜 (컴퓨터 상호간의 대화

에 필요한 통신 규약) ④ (공적인) 등록부, 등기부
protone /pro'tone/ [남] [물리] 양자, 프로톤
prototipo /pro'tɔtipo/ [남] 원형(原型); 견본, 전형
protrarre /pro'trarre/ [타동] (시간을) 오래 끌다, 연장하다 - protrarsi [재귀동사] (회의 따위가) 계속되다, 예정보다 길어지다
protratto /pro'tratto/ [형] 오래 끈, 길어진, (시간이) 연장된
protuberanza /protube'rantsa/ [여] 불룩한 것
prova /'prɔva/ [여] ① 증명, 증거, 입증; dare prova di ~을 입증하다; assolto per insufficienza di prove (법정에서) 증거 불충분으로 무죄 판결을 받은; prova documentale 증거 서류 ② [수학] 증명 ③ 시험, 실험, 테스트; mettere alla prova 시험해보다; essere in prova 견습 기간 중이다; a prova di proiettile 방탄의; volo di prova 시험 비행 ④ 시도, 해보기; fare una prova 시도하다, 해보다 ⑤ (학교의) 시험; prova orale[scritta] 구술[필기] 시험 ⑥ (연극 등의) 리허설, 예행 연습; fare le prove 예행 연습을 하다
provare /pro'vare/ [타동] ① 시험[테스트]하다 ② 시도하다, 해보다; provare a fare qc 무엇을 하려 시도하다; provaci e vedrai! 한번 해봐! ③ (감정 따위를) 느끼다, 맛보다 ④ 증명[입증]하다 ⑤ (연극 등에서) 예행 연습을 하다 - provarsi [재귀동사] provarsi a fare qc 무엇을 하려 시도하다
provenienza /prove'njentsa/ [여] 기원, 유래, 출처
provenire /prove'nire/ [자동] (조동사: essere) (da와 함께 쓰여) (~에서) 나오다, 유래하다, 발생하다, 비롯되다
proventi /pro'vɛnti/ [남·복] 수입, 매상고
proverbiale /prover'bjale/ [형] ① 속담의 ② 유명한, 잘 알려진, 소문난
proverbio /pro'vɛrbjo/ [남] (복: -bi) 속담, 격언; come dice il proverbio 속담에 있듯이
provetta /pro'vetta/ [여] [화학] 시험관; bambino in provetta 시험관 아기
provetto /pro'vetto/ [형] 숙련된, 경험이 많은, 노련한

provincia /pro'vintʃa/ [여] (복: -cie, -ce) ① (행정 구역으로서의) 주(州) ② (수도나 대도시가 아닌) 지방, 시골
provinciale /provin'tʃale/ [형] 지방의, 시골의 - [남/여] 지방[시골]에 사는 사람
provincialismo /provintʃa'lizmo/ [남] (경멸적으로) 지방 기질, 시골 근성
provino /pro'vino/ [남] ① (TV 출연자나 영화 배우를 뽑는) 오디션 ② (시험용) 샘플, 견본
provocante /provo'kante/ [형] (성적으로) 자극하는, 도발적인
provocare /provo'kare/ [타동] ① (사고·위기·사망·전쟁 따위를) 일으키다, 유발하다 ② (사람을) 화나게 하다, 자극하다; (감정을) 불러일으키다
provocatore /provoka'tore/ [형] agente provocatore 불법 행위를 선동하는 앞잡이 - [남] (여: -trice) 선동가
provocatorio /provoka'tɔrjo/ [형] (복: -ri, -rie) 도발적인; 도전적인, 시비조의
provocazione /provokat'tsjone/ [여] 도발, 자극
provvedere /provve'dere/ [타동] provvedere qn di qc 누구에게 무엇을 주다[공급하다] - [자동] (조동사: avere) ① (a와 함께 쓰여) (필요한 것을) 공급하다, (필요를) 채우다 ② 조치를 취하다, 행동하다
provvedimento /provvedi'mento/ [남] 조치, 대책, 행동; provvedimento disciplinare 징계 조치
provveditorato /provvedito'rato/ [남] (감독·관리하는) 당국, 관헌
provvidenza /provvi'dentsa/ [여] 신의 섭리[뜻]; un dono della provvidenza "신의 선물", 뜻밖의 행운
provvidenziale /provviden'tsjale/ [형] 신의 섭리[뜻]에 의한, 천우신조의
provvigione /provvi'dʒone/ [여] 수수료, 커미션
provvisorio /provvi'zɔrjo/ [형] (복: -ri, -rie) 일시적인, 잠정적인, 가(假)~
provvista /prov'vista/ [여] 비축; fare provvista di ~을 비축하다 - provviste [여·복] 비축 물자, 재고; provviste alimentari 식량, 양식
provvisto /prov'visto/ [형] (di와 함께 쓰여) (~이) 공급된
prozia /prot'tsia/ [여] 종조모, 할아버지의

남자 형제의 아내
prozio /prot'tsio/ [남] (복 : -zii) 종조부, 할아버지의 남자 형제
prua /'prua/ [여] [항해] 이물, 뱃머리
prudente /pru'dente/ [형] ① 신중한, 조심성 있는; sii prudente! 조심해! ② 현명한, 분별 있는; sarebbe prudente che tu lo facessi 네가 그걸 하는 게 현명한 판단일 거야
prudentemente /prudente'mente/ [부] 신중하게, 조심스럽게
prudenza /pru'dɛntsa/ [여] 신중, 조심성; 사려 분별; per prudenza 신중을 기해, 안전하게
prudere /'prudere/ [자동] 가렵다; mi prude un orecchio 귀가 가렵군
prugna /'pruɲɲa/ [여] 서양자두, 플럼
pruno /'pruno/ [남] 가시덤불
prurito /pru'rito/ [남] 가려움(증)
Prussia /'prussja/ [여] [역사] 프로이센, 프러시아
P.S. /pi'ɛsse/ [남] (post scriptum의 약자) (편지의) 추신(追伸)
pseudonimo /pseu'dɔnimo/ [남] 가명; 필명; 예명
psicanalisi /psika'nalizi/ → psicoanalisi
psicanalista /psikana'lista/ → psicoanalista
psicanalitico /psikana'litiko/ → psicoanalitico
psicanalizzare /psikanalid'dzare/ → psicoanalizzare
psiche /'psike/ [여-불변] [심리] 정신, 프시케
psichedelico /psike'dɛliko/ [형] (복 : -ci, -che) 환각적인, 사이키델릭조의
psichiatra /psi'kjatra/ [남/여] (남·복 : -i, 여·복 : -e) 정신과 의사
psichiatria /psikja'tria/ [여] 정신과, 정신의학
psichiatrico /psi'kjatriko/ [형] (복 : -ci, -che) 정신과의, 정신의학의
psichico /'psikiko/ [형] (복 : -ci, -che) 심(리)적인
psicoanalisi /psikoa'nalizi/ [여-불변] 정신분석(학)
psicoanalista /psikoana'lista/ [남/여] (남·복 : -i, 여·복 : -e) 정신분석학자
psicoanalitico /psikoana'litiko/ [형] (복 : -ci, -che) 정신분석의
psicoanalizzare /psikoanalid'dzare/ [타동] 정신분석을 하다

psicofarmaco /psiko'farmako/ [남] (복 : -ci) 정신과 치료에 쓰이는 약물
psicologia /psikolo'dʒia/ [여] ① 심리학 ② 심리 (상태)
psicologico /psiko'lɔdʒiko/ [형] (복 : -ci, -che) 심리학의; 심리적인
psicologo /psi'kɔlogo/ [남] (여 : -a) (남·복 : -gi, 여·복 : -ghe) 심리학자
psicopatico /psiko'patiko/ [형] 정신병에 걸린, 정서가 불안한 - [남] (여 : -a) 정신병자, 정서 불안 증세를 보이는 사람, 사이코패스
psicosi /psi'kɔzi/ [여-불변] 정신병, 중증 정신 장애
psicosomatico /psikoso'matiko/ [형] (복 : -ci, -che) 정신 및 신체의, 심신 상관 (相關)의
psicoterapeuta /psikotera'pɛuta/ [남/여] (남·복 : -i, 여·복 : -e) 정신[심리] 요법가
psicoterapia /psikotera'pia/ [여] 정신[심리] 요법
psicotico /psi'kɔtiko/ [형] 정신병의; 정신병을 앓는 - [남] (여 : -a) 정신병자
pubblicamente /pubblika'mente/ [부] 공공연하게, 공개적으로
pubblicare /pubbli'kare/ [타동] 발표[공표]하다, 널리 알리다; (책 따위를) 출판[발행]하다
pubblicazione /pubblikat'tsjone/ [여] ① 발표, 공표; (책 따위의) 출판, 발행 ② 출판물, 간행물; pubblicazione periodica 정기 간행물 - pubblicazioni [여·복] 결혼 예고
pubblicista /pubbli'tʃista/ [남/여] (남·복 : -i, 여·복 : -e) 자유 기고가
pubblicità /pubblitʃi'ta/ [여-불변] ① 광고(광고), 선전, 홍보; fare pubblicità a qc 무엇을 광고하다 ② (TV·라디오의) 광고 ③ 널리 알려짐, 주지(周知)
pubblicitario /pubblitʃi'tarjo/ (복 : -ri, -rie) [형] 광고[선전]의, 광고[선전]하는; annuncio pubblicitario 광고, 선전 - [남] (여 : -a) 광고업자
pubblico1 /'pubbliko/ [형] (복 : -ci, -che) ① 공공의, 공중의, 일반 국민의 ② 공적인, 공무의; 국가의, 정부의; pubblica amministrazione 공무, 행정; funzionario pubblico 공무원 - [남] il pubblico 공공 부문 - pubblico ministero 검찰청; pubbliche relazioni 홍보, PR

pubblico2 /'pubbliko/ [남] (복 : -ci) ① 공중, 대중, 일반 사람들 ② 청중, 관객 ③ in pubblico 공석에서, 대중 앞에서

pube /'pube/ [남] [해부] 치골(恥骨), 두덩뼈; 음부

pubertà /puber'ta/ [여-불변] 사춘기

pudico /pu'diko/ [형] (복 : -chi, -che) 정숙한, 점잖은, 얌전한, 삼가는

pudore /pu'dore/ [남] 정숙, 점잖음, 얌전함; 체면, 염치

puericultura /puerikul'tura/ [여] 아이 돌보기, 육아

puerile /pue'rile/ [형] ① 어린이의, 어린이다운 ② (경멸적으로) 어린애 같은, 유치한

puerpera /pu'ɛrpera/ [여] 산모(産母), 산후 조리 중인 여자

pugilato /pudʒi'lato/ [남] 권투, 복싱

pugile /'pudʒile/ [남] 권투 선수, 복서

pugnalare /puɲɲa'lare/ [타동] 칼로 찌르다

pugnalata /puɲɲa'lata/ [여] 칼로 찌르기 - una pugnalata alle spalle (비유적으로) 믿는 사람에게 배신당함

pugnale /puɲ'ɲale/ [남] 단검, 비수

pugno /'puɲɲo/ [남] ① 주먹 ; a pugni stretti 주먹을 꽉 쥐고 ② 주먹질, 펀치; dare un pugno a qn 누구를 주먹으로 때리다, 누구에게 펀치를 날리다; fare a pugni 치고받다 ③ 한 주먹, 한 줌 (분량); un pugno di 한 줌의 ~ ; rimanere con un pugno di mosche 빈손이다 - avere qn in pugno 누구를 수중에 두고 있다, 완전히 지배[장악]하고 있다

pulce /'pultʃe/ [여] [곤충] 벼룩; mercato delle pulci 벼룩시장

pulcinella /pultʃi'nɛlla/ [남] segreto di pulcinella (비유적으로) 공공연한 비밀

pulcino /pul'tʃino/ [남] ① 병아리 ② (애칭으로) 어린아이, 꼬마 - bagnato come un pulcino 흠뻑 젖은, 물에 빠진 생쥐 같은

puledro /pu'ledro/ [남] 망아지

pulire /pu'lire/ [타동] 깨끗이 하다, 닦다; 청소하다, 치우다, 정리하다; 씻다, 세척하다; pulire a secco 드라이클리닝하다 - pulirsi [재귀동사] 자신의 몸을 깨끗이 하다; pulirsi i denti 이를 닦다; pulirsi le mani 손을 씻다

pulita /pu'lita/ [여] dare una pulita a qc 무엇을 슬쩍 닦다

pulito /pu'lito/ [형] ① 깨끗한, 청결한 ② 깔끔한, 단정한 ③ (에너지가) 친환경적인 ④ 정직한, 순수한, 마음이 깨끗한

pulitura /puli'tura/ [여] 세탁, 세척; pulitura a secco 드라이클리닝

pulizia /pulit'tsia/ [여] ① 깨끗함, 청결 ② le pulizie 깨끗이 하기, 청소, 세척; fare le pulizie (집안을) 청소하다 ③ 클렌징, 얼굴의 화장을 깨끗이 닦아내기 - pulizia etnica 인종 청소, 소수 민족 학살

pullman /'pulman/ [남-불변] (장거리) 버스

pullover /pul'lɔver/ [남-불변] 풀오버 (머리부터 뒤집어써 입는 스웨터)

pullulare /pullu'lare/ [자동] (조동사 : avere) ① 들끓다, 우글거리다; il fiume pullula di pesci 그 강에는 물고기가 아주 많다 ② 증식하다

pulmino /pul'mino/ [남] 소형 버스

pulpito /'pulpito/ [남] (교회의) 설교단 - da che pulpito viene la predica! 사돈 남 말 하고 있네!

pulsante1 /pul'sante/ [형] (심장·맥박이) 뛰는, 두근거리는

pulsante2 /pul'sante/ [남] (스위치·초인종 따위의) 누름단추

pulsare /pul'sare/ [자동] (조동사 : avere) (심장·맥박이) 뛰다, 고동치다

pulsazione /pulsat'tsjone/ [여] ① 맥박, 심장의 고동 ② [전기] (전류의) 맥동(脈動)

pulsione /pul'sjone/ [여] 충동, 본능적 욕구; pulsione sessuale 성적 충동; pulsione di vita 생존 본능

pulviscolo /pul'viskolo/ [남] (미세) 먼지

puma /'puma/ [남-불변] [동물] 퓨마

pungente /pun'dʒente/ [형] ① (나무 따위에) 가시가 있는 ② 찌르는, 따끔거리는 ③ (비유적으로) (추위·바람이) 살을 에는 듯한; (냄새가) 코를 찌르는; (고통이) 찌르는 듯한; (비판 따위가) 신랄한, 통렬한

pungere /'pundʒere/ [타동] ① (뱀 따위가) 물다; (나무의 가시 따위가) 찌르다 ② (추위·바람이) 살을 에는 듯하다; (말이) 신랄하다, 마음을 상하게 하다 - pungersi [재귀동사] (가시 따위에) 찔리다

pungiglione /pundʒiʎ'ʎone/ [남] (곤충·동물의) 침, 바늘

pungitopo /pundʒi'tɔpo/ [남] [식물] 백

합과 식물의 하나
pungolare /pungo'lare/ [타동] ① (가축을 막대기로) 찌르다[몰다] ② (사람을) 자극하여 ~하게 하다
punibile /pu'nibile/ [형] (범죄가) 처벌할 만한, 처벌해야 할
punire /pu'nire/ [타동] 벌주다, 처벌하다
punitivo /puni'tivo/ [형] 벌의, 형벌의, 징벌의
punizione /punit'tsjone/ [여] 벌, 형벌, 처벌, 징계; dare una punizione a qn 누구에게 벌을 주다, 누구를 처벌하다; per punizione 벌로서
punk /pank/ [형-불변] 펑크스타일의 - [남/여-불변] 펑크(록)
punta1 /'punta/ [여] ① (도구 따위의) 뾰족한 끝, 끝부분; fare la punta a una matita 연필을 깎다; punta della freccia 화살촉; camminare in punta di piedi 발끝으로 걷다 ② 꼭대기, 정상 ③ 적은 양; 조금, 약간; 기미, 흔적; c'è una punta d'acido nel latte 우유에서 약간 신맛이 난다 ④ [지리] 갑(岬) ⑤ 절정, 최고조, 피크; ore di punta 피크 타임, 러시아워 ⑥ di punta (기술 따위가) 첨단의 - avere qc sulla punta delle dita 무엇에 정통하다, 무엇에 관해 훤히 알고 있다; punta massima 최고 수준
punta2 /'punta/ [여] cane da punta 포인터 (사냥개의 하나)
puntare /pun'tare/ [타동] ① (~에) 기대다, (~을) 고정시키다 ② (총 따위를) 겨누다; 가리키다, 향하다; puntare un fucile contro qn 누구에게 총을 겨누다; puntare il dito verso qn/qc 누구/무엇을 (손가락으로) 가리키다; puntare l'attenzione su qn/qc 누구/무엇에 주의를 기울이다; puntare gli occhi su qn 누구에게 시선을 고정하다 ③ (su와 함께 쓰여) (도박에서 ~에) 걸다 - [자동] (조동사 : avere) ① (verso와 함께 쓰여) (~ 쪽을) 향하다 ② (a와 함께 쓰여) (~을) 목표로 삼다 ③ (su와 함께 쓰여) (~을) 의지하다 - puntare i piedi (비유적으로) 자신의 입장을 고수하다
puntata1 /pun'tata/ [여] ① 잠깐 들르기, 짧은 여행; fare una puntata a casa 집에 잠깐 들르다 ② 내기(에 건 돈); fare una puntata 내기를 하다
puntata2 /pun'tata/ [여] (전집·연재물의) 1회분, 한 권; (연속극의) 1회분
punteggiare /punted'dʒare/ [타동] (~에) 구두점을 찍다
punteggiatura /puntedd ʒa'tura/ [여] [언어] 구두법; (집합적으로) 구두점
punteggio /pun'teddʒo/ [남] (복 : -gi) (운동 경기나 시험 등에서의) 점수, 스코어
puntellare /puntel'lare/ [타동] ① (구조물에) 버팀목을 대다 ② (비유적으로) (이론 따위를) 지지하다, 뒷받침하다
puntello /pun'tello/ [남] ① 버팀목, 지주, 받치는 도구 ② (비유적으로) 지지, 원조, 도움
puntiglio /pun'tiʎʎo/ [남] (복 : -gli) 완고함, 고집이 셈; 지나치게 꼼꼼함; per puntiglio 순전히 고집 때문에
puntiglioso /puntiʎ'ʎoso/ [형] 고집이 센, 완고한; 지나치게 꼼꼼한, 사소한 것까지 신경 쓰는
puntina /pun'tina/ [여] ① (제도용) 압정, 압핀 ② (축음기의) 바늘
puntino /pun'tino/ [남] 작은 점 - arrivare a puntino 정확한 시각에 도착하다; puntini di sospensione [인쇄] 생략 부호 (…)
punto /'punto/ [남] ① 지점, 위치, 장소, 한 곳; un punto preciso del globo 지구상의 특정 지점[위치]; punto di ritrovo 모임 장소 ② 특정한 때, 시점, 순간; a questo punto, al punto in cui siamo 이 시점에서; di punto in bianco 갑자기, 불쑥, 느닷없이; sono le 5 in punto 정각 5시다; sul punto di fare qc 막 ~하려 하여, ~하려는 참에 ③ 정도, 수준, 단계, 범위; fino ad un certo punto 어느 정도까지; essere a buon punto 만족할 만한 수준에 이르렀다, 잘되고 있다 ④ (문제의) 요점, 핵심; punto per punto 하나하나; venire al punto 요점에 이르다, 요점을 짚다 ⑤ (표시로서의) 점 ⑥ [컴퓨터] 닷 (dot) ⑦ [문법] 마침표; due punti 쌍점, 콜론 (:); punto e virgola 세미콜론 (;); punti di sospensione 생략 부호 (…); punto esclamativo 느낌표; punto interrogativo[di domanda] 물음표; punto e basta! (비유적으로) 그걸로 끝이야, 그만하면 충분해 ⑧ 점수, 득점 ⑨ 한 바늘[땀] ⑩ mettere a punto 조정[조율]하다, 맞추다 - [부] ① a punto 정돈되어, 제

자리가 잡혀 ② di tutto punto (옷을) 말쑥하게 차려입고 - punto cardinale (동서남북의) 기본방위; punto critico 임계점; punto debole 약점; punto di ebollizione 끓는점; punto morto 답보상태; punto di partenza 출발점; punto di riferimento 판단 따위의 기준; punto di vista 관점, 입장

puntuale /puntu'ale/ [형] ① 시간을 잘 지키는 ② (비유적으로) 정확한

puntualità /puntuali'ta/ [여-불변] ① 시간을 잘 지킴 ② 정확성

puntualizzare /puntualid'dzare/ [타동] 명확히 하다, 정확하게 나타내다[지적하다]

puntualmente /puntual'mente/ [부] ① 시간에 맞게, 때맞춰 ② 항상, 늘, 변함없이 ③ 정확히

puntura /pun'tura/ [여] ① (약물의) 주사; fare una puntura a qn 누구에게 주사를 놓다 ② (가시·바늘 따위에) 찔림; (곤충 따위가) 묾 ③ 찌르는 듯한 통증

punzecchiare /puntsek'kjare/ [타동] ① (뾰족한 것으로, 따끔하게) 찌르다 ② (비유적으로) 긁리다, 괴롭히다

punzone /pun'tsone/ [남] 압인기(押印器)

pupa1 /'pupa/ [여] ① 인형 ② 여자 아이; 소녀

pupa2 /'pupa/ [여] 번데기

pupazzo /pu'pattso/ [남] 꼭두각시; 인형 - pupazzo di neve 눈사람

pupilla /pu'pilla/ [여] 눈동자; 눈

pupillo /pu'pillo/ [남] (여: -a) ① [법률] 피후견인, 피보호자 ② 총아(寵兒), 귀여움을 받는 사람

pur /pur/ → pure

puramente /pura'mente/ [부] 순전히, 단순히, 단지

purché /pur'ke/ [접] ① (조건을 나타내어) ~하는 한, ~한다면; verrò con te purché non ci sia molto da aspettare 오래 기다리지만 않는다면 나도 같이 가지 ② (소망을 나타내어) ~하기를!, ~한다면 좋겠는데!; purché sia vero! 사실이라면 좋겠는데!

pure /'pure/ [부] ① (~도) 또한, 역시, 마찬가지로; lui parte oggi e io pure 그는 오늘 떠나며 나도 그렇다; pure lei non lo sa fare 그녀도 그것을 할 줄 모른다 ② 그러니까, 결국엔 ③ (권고를 나타내어) ~하게, ~하시오; entra pure! 들어와!; siedi pure accanto a me! 내 옆에 앉아! - [접] ① ~에도 불구하고, ~이기는 하지만; pur non volendolo, ho dovuto farlo 난 그걸 하기 싫어도 해야 했어 ② 그러나, 하지만; è giovane, pure ha buon senso 그는 어리지만 분별이 있다 ③ pur di ~하기 위해

purè /pu'rɛ/ [남/여-불변] (과일·채소로 만든) 퓨레; purè di patate 매시트포테이토

purea /pu'rɛa/ [여] (과일·채소로 만든) 퓨레; purea di patate 매시트포테이토

purezza /pu'rettsa/ [여] ① 순수성 ② 깨끗함, 맑음, 청결 ③ 순결, 정숙

purga /'purga/ [여] (복: -ghe) ① [의학·약학] 변통; 하제(下劑) ② (정치적) 숙청

purgante /pur'gante/ [형] [의학·약학] 변통의, 하제(下劑)의 - [남] 하제

purgare /pur'gare/ [타동] ① [의학·약학] 하제(下劑)를 써서 (장에서 이물질을) 제거하다 ② 깨끗이 하다, 정화하다 ③ [정치] (불순분자를) 숙청[추방]하다 - purgarsi [재귀동사] ① 하제를 복용하다 ② (비유적으로·문어체에서) (자신의) 죄를 씻다; 혐의를 벗다

purgatorio /purga'tɔrjo/ [남] (복: -ri) [가톨릭] 연옥(煉獄)

purificare /purifi'kare/ [타동] 깨끗이 하다, 정화하다 - purificarsi [재귀동사] 깨끗해지다, 정화되다

purificazione /purifikat'tsjone/ [여] 깨끗이 함, 깨끗해짐, 정화, 정제

puritanesimo /purita'nezimo/ [남] 청교도주의

puritano /puri'tano/ [형] ① 청교도의, 청교도적인 ② (비유적으로) (종교·도덕적으로) 엄격한 - [남] (여: -a) ① 청교도, 퓨리턴 ② (비유적으로) (종교·도덕적으로) 엄격한 사람

puro /'puro/ [형] ① 순수한, 이물질 따위가 섞이지 않은, 순전한 ② 깨끗한, 청정한, 맑은 ③ 단순한, 단지 ~하기만 한; per puro caso 단지 우연히 ④ 결백한; 순결한

purosangue /puro'sangwe/ [형-불변] (동물, 특히 말이) 순종(純種)의; (농담조로) (사람이) 순혈(純血)의 - [남-불변] 순종의 동물 (특히 말)

purtroppo /pur'trɔppo/ [부] 불행히도, 유감스럽게도

pus /pus/ [남-불변] (종기·상처의) 고름,

농즙

pusillanime /puzil'lanime/ [형] 소심한, 겁 많은 - [남/여] 소심한 사람, 겁쟁이

pustola /'pustola/ [여] 여드름, 농포(膿疱)

putiferio /puti'fɛrjo/ [남] (복 : -ri) 소동, 소란; fare un putiferio 소동을 일으키다

putrefarsi /putre'farsi/ [재귀동사] (시체 따위가) 썩다, 부패하다

putrefatto /putre'fatto/ [형] 썩은, 부패한

putrefazione /putrefat'tsjone/ [여] 썩음, 부패

putrido /'putrido/ [형] 썩은, 부패한; 썩은 냄새가 나는

puttana /put'tana/ [여] (비어로) 창녀, 매춘부; figlio di puttana 개자식

puttanata /putta'nata/ [여] (비어로) 어리석은 짓, 허튼소리; 쓰레기 같은 것; dire delle puttanate 허튼소리를 하다

putto /'putto/ [남] [미술] 큐피드 상(像)

puzza /'puttsa/ [여] (나쁜) 냄새

puzzare /put'tsare/ [자동] (조동사 : avere) ① (di와 함께 쓰여) (~의) (나쁜) 냄새가 나다; gli puzza l'alito 그는 입냄새가 심하다 ② 수상쩍다; la faccenda puzza 그거 뭔가 좀 수상쩍은데

puzzle /'pazol, 'putsle/ [남-불변] ① 직소퍼즐, 조각 그림 맞추기 ② (비유적으로) 어려운 문제, 수수께끼

puzzo /'puttso/ [남] ① (나쁜) 냄새; puzzo di bruciato 탄내 ② c'è puzzo d'imbroglio (구어체에서) 수상쩍다

puzzola /'puttsola/ [여] [동물] 긴털족제비

puzzolente /puttso'lɛnte/ [형] (나쁜) 냄새가 나는

q, Q /ku/ [남/여-불변] 이탈리아어 알파벳의 15번째 글자
Qatar /ka'tar/ [남] 카타르 (중동의 국가)
qb (quanto basta의 약자) 필요한 만큼
QI /ku'i/ [남] (quoziente d'intelligenza의 약자) 지능지수, IQ
qua1 /kwa/ [부] ① 여기(에), 이곳(에); eccomi qua! 나 여기 있어!; qua dentro 이 안에; al di qua del fiume 강의 이쪽 편에; vieni più in qua 이리 가까이 오너라 ② (시간상) da un anno in qua 작년부터; da quando in qua? 언제부터? ③ prendi qua questi soldi 여기 이 돈 가져 가; dammi qua, è mio 이리 줘, 그건 내 거야; guarda qua che confusione! 이게 대체 무슨 꼴이야?; qua la mano 악수하자
qua2 /kwa/ [감/남-불변] 꽥꽥 (오리가 우는 소리)
quacchero /'kwakkero/ [남] (여 : -a) 퀘이커교도
quaderno /kwa'derno/ [남] 공책, 노트, 연습장
quadrangolo /kwa'drangolo/ [남/형] 사각형(의), 네모(의)
quadrante /kwa'drante/ [남] ① [기하] 4분원(分圓) ② (시계·계량기 따위의) 글자판
quadrare /kwa'drare/ [타동] ① 사각형으로 만들다 ② [수학] 제곱하다 ③ (장부의 대차를) 대조하다 - [자동] (조동사 : essere, avere) ① (때로 con과 함께 쓰여) (~와) 일치하다, 맞다; (수지의 균형이) 맞다 ② 정확하다, 꼭 맞다 ③ (구어체에서) 마음에 들다
quadrato /kwa'drato/ [형] ① 사각형의, 네모난 ② [수학] 제곱의; metro quadrato 제곱 미터; radice quadrata 제곱근 ③ (사람이) 분별 있는 - [남] ① 사각형, 네모 ② [수학] 제곱; elevare al quadrato 제곱하다 ③ (권투 따위의) 링
quadrettato /kwadret'tato/ [형] 모눈의, 사각형으로 나뉜; (옷이) 체크무늬의
quadretto /kwa'dretto/ [남] ① 작은 사각형; a quadretti 모눈의, 사각형으로 나뉜, 체크무늬의 ② 멋진 풍경, 예쁜 모습
quadriennale /kwadrien'nale/ [형] ① 4년간의 ② 4년에 한 번 있는, 4년마다의 - [남] 4년마다 개최되는 행사
quadrifoglio /kwadri'fɔʎʎo/ [남] (복 : -gli) ① 네 잎 클로버 ② (네 잎 클로버 모양의) 입체 교차로
quadrilatero /kwadri'latero/ [형] 4변형의 - [남] 4변형, 사각형
quadrimestre /kwadri'mɛstre/ [남] 4개월간; 4개월의 학기(學期)
quadro1 /'kwadro/ [형] ① 사각형의, 네모의; parentesi quadra 꺾쇠괄호 ([ ]) ② [수학] 제곱의
quadro2 /'kwadro/ [남] ① 그림; dipingere un quadro 그림을 그리다; quadro a olio 유화(油畫) ② 묘사, 기술; fare un quadro della situazione 상황을 묘사하다 ③ 광경, 풍경 ④ 표, 차트 ⑤ [전기·기계] ~판, ~반(盤); quadro di comando 제어반; quadro di distribuzione 배전반 ⑥ 사각형(의) 물건·무늬); a quadri 체크무늬의 ⑦ (극의) 장(場) ⑧ [영화] (필름의) 한 토막; [TV] 프레임 ⑨ [군사·행정] 간부급, 지휘부 ⑩ nel quadro di ~의 테두리 안에서 - quadri [남·복] [카드놀이] 다이아몬드 패 한 벌
quadrupede /kwa'drupede/ [남/형] 네발짐승(의)
quadruplicare /kwadrupli'kare/ [타동] 4를 곱하다, 4배로 하다 - quadruplicarsi [재귀동사] 4배가 되다, 4배로 늘다
quadruplo /'kwadruplo/ [형] 4배의 - [남] 4배(의 수량)
quaggiù /kwad'dʒu/ [부] ① 여기 아래에 ② (비유적으로) 이곳 남쪽에 ③ 이 세상에(서)
quaglia /'kwaʎʎa/ [여] [조류] 메추라기
qualche /kwalke/ [형] (부정형용사) ① 얼마간의, 다소의, 약간의; per qualche giorno 며칠간; ho comprato qualche libro 나는 책을 몇 권 샀다 ② (불특정

한 것을 가리켜) 무슨, 어떤; l'ho già visto da qualche parte 나는 그를 어느 곳에선가 이미 본 적이 있다; hai qualche sigaretta? 담배 좀 있니?; in qualche modo 어떻게 해서든지, 아무튼 ③ (특정한 것을 가리켜) 어느 일정한, 어느 정도의; abbiamo avuto qualche difficoltà a capirci 우리는 서로를 이해하는 데 어려움을 좀 겪었다; ci dev'essere una qualche spiegazione 설명이 좀 필요하다 ④ qualche volta i) 때때로 ii) 언젠가 (한 번은)

qualcheduno /kwalke'duno/ → qualcuno

qualcosa /kwal'kɔsa/ [대] (부정대명사) ① 무엇인가, 어떤 것; ci dev'essere qualcosa che non va 틀림없이 무언가 잘못된 것이 있다; bevi qualcosa? 뭘 좀 마실래?; posso fare qualcosa per te? 내가 너한테 뭔가 해줄 게 있을까? ② (강조하는 뜻으로 쓰여) la serata fu qualcosa di grande 아주 괜찮은 저녁이었어 ③ qualcos'altro (그 밖에) 다른 무언가[어떤 것]; c'è qualcos'altro che desideri? 뭔가 다른 걸 원하니?

qualcuno /kwal'kuno/ [대] (부정대명사) ① 누군가, 어떤 사람; aspetti qualcuno? 누군가를 기다리고 있니?; c'è qualcuno in casa? 집에 누군가 있니? ② (~ 중의) 몇몇 사람들; 어떤 것들; qualcuno di noi ci sarà 우리 중 몇 사람; se ti piacciono, prendine qualcuna in più 원한다면 몇 개 더 가져가 ③ qualcun altro 누군가[어떤] 다른 사람; viene qualcun altro? 또 올 사람이 있나? ④ qualcun'altra 다른 어떤 것 - [남] 상당한[중요한] 인물

quale /'kwale/ [형] ① (의문형용사) 무슨?, 어떤?; a quale conclusione è giunta? 그녀는 어떤 결론에 도달했나?; per quale data conti di finire? 언제까지 끝낼 거야?; per quale ragione? 무슨 이유로?, 왜? ② (둘 혹은 그 이상의 것들 중) 어느?, 어떤?; quale stanza preferisci? 어느 방이 더 마음에 드니? ③ (감탄문에서) quale onore! 이런 영광이! ④ (~와) 같은; è tale e quale suo padre 그는 그의 아버지와 꼭 닮았다 ⑤ (부정형용사) quale che 어떠한 ~이라도; in un certo qual modo 어떤 의미에서는 - [대] ① (의문대명사) 어느 것?; quale dei due scegli? 어느 걸로 할래? ② (관계대명사) ~하는 사람[것]; a tutti coloro i quali fossero interessati 관계가 있는 모든 이들에게; l'albergo al quale ci siamo fermati 우리가 묵었던 호텔; la ragione per la quale sono qui 내가 여기에 있는 이유 ③ 예컨대, 이를테면 (~와 같은); piante quali l'edera e le rose 담쟁이덩굴이나 장미 같은 식물들 ④ per la quale 좋은, 적절한 - [부] [자격] ~로서; quale legale della signora 그 숙녀의 변호사로서

qualifica /kwa'lifika/ [여] (복: -che) 자격; ha la qualifica di insegnante 그는 교사 자격을 소지하고 있다

qualificabile /kwalifi'kabile/ [형] (~이라) 칭할 수 있는

qualificare /kwalifi'kare/ [타동] ① (come와 함께 쓰여) (~이라) 칭하다, 평하다 ② (per와 함께 쓰여) (~의) 자격을 부여하다 - qualificarsi [재귀동사] ① (come와 함께 쓰여) 자신을 (~이라) 칭하다 ② 자격을 얻다; qualificarsi a un concorso 시험에 합격하다, 경쟁에서 이기다; qualificarsi per le semifinali [스포츠] 준결승에 진출하다

qualificativo /kwalifika'tivo/ [형] [문법] (~의 뜻을) 한정[수식]하는

qualificato /kwalifi'kato/ [형] (어떤 분야에) 자격이 있는, 적격의; 숙련된; non mi ritengo qualificato per questo lavoro 나는 이 일에 적임이 아니라고 생각한다; operaio qualificato 숙련공

qualificazione /kwalifikat'tsjone/ [여] ① 자격(의 부여·획득); corso di qualificazione professionale 직업 교육 과정 ② [스포츠] 예선 경기

qualità /kwali'ta/ [여·불변] ① 질(質), 품질; di qualità 양질의, 품질이 좋은; di prima qualità 고급의, 일류의, 최상의; controllo (di) qualità 품질 관리; la qualità della vita 삶의 질, 생활 수준 ② 재능, 우수성 ③ 종류, 유형; fiori di varie qualità 다양한 종류의 꽃들 ④ 자격, 입장; in qualità di ~으로서

qualitativamente /kwalitativa'mente/ [부] 질적으로

qualitativo /kwalita'tivo/ [형] 질적인; [화학] 정성(定性)의

qualora /kwa'lora/ [접] (~의) 경우에는, 만일 ~이라면

qualsiasi /kwal'siasi/ [형-불변] □ (부정형용사) ① 어떤 ~이라도, 어느 것이든 ~ ; in qualsiasi momento 언제라도; per lui farei qualsiasi cosa 난 그를 위해서라면 무엇이든 하겠다; a qualsiasi costo 어떤 대가를 치르더라도, 기어코 ② (부정관사와 함께 쓰여) 둘 중 어느 것이든; prendine uno qualsiasi (그것들 중에) 어느 것이든 (마음대로) 가져가 ③ 보통의, 평범한 - □ (관계형용사) 어떤 ~이라도; qualsiasi cosa dica 그가 뭐라고 말하든; qualsiasi cosa accada 무슨 일이 일어나더라도

qualunque /kwa'lunkwe/ → qualsiasi

qualunquismo /kwalun'kwizmo/ [남] 정치에 대한 무관심

qualunquista /kwalun'kwista/ [남/여] (남·복 : -i, 여·복 : -e) 정치에 무관심한 사람

quando /'kwando/ [부] ① (의문부사) 언제?; quando arriverà? 그는 언제 도착하나?; da quando sei qui? 너 언제부터 여기 있었니?; fino a quando continuerà così? 언제까지 이렇게 진행되는 거야? ② di quando in quando 때때로, 이따금 - [접] ① ~할 때; da quando sono arrivato 내가 도착한 이래; piange sempre quando parto 그녀는 내가 떠날 때면 언제나 운다; ci raccontava di quando era bambino 그는 우리에게 자기 어렸을 때 이야기를 해주었다 ② quand'anche (설혹) ~한다 해도

quantificabile /kwantifi'kabile/ [형] 양을 정할 수 있는, 정량화할 수 있는

quantificare /kwantifi'kare/ [타동] 양을 정하다, 정량화하다

quantità /kwanti'ta/ [여-불변] ① 양(量) ② una quantità di 대량의, 많은

quantitativo /kwantita'tivo/ [형] 양(量)의, 양에 관한 - [남] 양, 분량, 수량

quanto1 /'kwanto/ [형] ① (의문형용사) (수량이) 얼마나 많은?; quanti anni hai? 너 몇 살이니?; quanto tempo? 얼마나 오래?; quante volte? 몇 번이냐?; quanti soldi ti hanno chiesto? 돈 얼마나 들었니? ② (감탄문에서) quanto tempo sprecato! 이건 시간 낭비야! ③ (관계형용사) ~ 만큼의; ti darò quanto denaro ti serve 네가 필요한 만큼 돈을 주겠다; fermati quanto tempo vuoi 원하는 기간 만큼 머무르게 - [대] ① (의문대명사) 얼마나 많은 수량이 ~?; quanto costa? 그거 얼마예요?; quanto è da qui al negozio? 여기서 가게까지 거리가 얼마나 되나?; quanti di loro? 그들은 몇 명이지?; quanti ne abbiamo oggi? 오늘이 며칠이지?; quanto stai via? 얼마나 있을 거니? ② (관계대명사) ~ 만큼의 것; gli darò quanto chiede 나는 그가 요청하는 대로 줄 것이다; a quanto dice lui 그의 말에 따르면; per quanto ne so 내가 아는 한 - [부] ① (의문부사) (수량이) 얼마나 많이?; quanto fumi al giorno? 너 하루에 담배 얼마나 피우니?; quanto pesi? 너 몸무게가 얼마니? ② (수량이나 정도가) ~ 만큼; dovrai aspettare quanto è necessario 필요한 만큼 기다려야 할거다; strillava quanto poteva 그녀는 목청껏 소리쳤다 ③ (성질이) ~처럼; siamo ricchi quanto loro 우리는 그들처럼 부유하다; è tanto sciocco quanto cafone 그는 무례할 뿐더러 어리석기도 하다 ④ in quanto i) ~으로서 ii) ~이므로 ⑤ per quanto 아무리 ~할지라도 ⑥ quanto meno uno insiste tanto più gli viene offerto 적게 요구할수록 더 많이 얻게 된다; quanto più mi sforzo di ricordare tanto meno ci riesco 기억해내려 노력할수록 난 더욱 그렇게 할 수 없게 된다; quanto più presto potrò 될 수 있는 한 빨리

quanto2 /'kwanto/ [남] [물리] 양자(量子)

quantomeno /kwanto'meno/ [부] 적어도, 최소한

quantunque /kwan'tunkwe/ [접] 비록[아무리] ~할지라도

quaranta /kwa'ranta/ [남/형-불변] 40(의)

quarantena /kwaran'tena/ [여] 검역(檢疫), 격리; essere in quarantena 검역[격리] 중이다; mettere in quarantena 검역[격리]하다

quarantenne /kwaran'tenne/ [형/남/여] 40세의 (사람)

quarantennio /kwaran'tennjo/ [남] (복 : -ni) 40년간

quarantesimo /kwaran'tɛzimo/ [형] 40번째의 - [남] (여 : -a) ① 40번째의 것[사람] ② 40분의 1

quarantina /kwaran'tina/ [여] 약 40; una quarantina di persone 40명 정도의 사람들

Quaresima /kwa'rezima/ [여] [기독교] 사순절(四旬節)

quarta /'kwarta/ [여] ① (학교의) 4학년 ② (자동차 기어의) 4단

quartetto /kwar'tetto/ [남] ① 4인조 ② [음악] 4중주[창]

quartiere /kwar'tjɛre/ [남] ① (도시의) 지역, 지구, ~가(街); quartiere residenziale 주택 지역, 주택가; nel mio quartiere 내가 사는 지역에는 ② [군사] 숙사, 막사; quartier generale 사령부

quarto /'kwarto/ [형] 제4의, 네 번째의 - [남] (여 : -a) ① 4위, 네 번째 ② 1/4; un quarto di mela 사과 1/4쪽 ③ (시간의) 15분; tre quarti d'ora 45분; le sei e un quarto 6시 15분; le nove meno un quarto 9시 15분 전; passare un brutto quarto d'ora (비유적으로) 혼이 나다, 힘든 시간을 보내다 ④ [인쇄] 4절판 - quarti di finale [스포츠] 준준결승

quartultimo /kwar'tultimo/ [형/남] (여 : -a) 끝에서 네 번째의 (것, 사람)

quarzo /'kwartso/ [남] [광물] 석영(石英); orologio al quarzo 수정 (발진식) 시계

quasi /'kwazi/ [부] ① 거의, (~에) 가까워; ha quasi 30 anni 그는 나이가 30세에 가깝다; ha quasi finito 그는 (일을) 거의 다 끝냈다; è quasi un fratello per me 그는 내게 형제나 다름 없다 ② (부정문에서) 거의 ~ 않다; quasi mai 좀처럼 ~ 않다 ③ 하마터면 (~할 뻔하다); quasi cadevo 난 하마터면 떨어질 뻔했어 ④ (반복해 사용해, 소망을 나타내어) quasi quasi me ne vado 난 가볼까 싶다 ⑤ (복합어에서) 준(準)~, 반(半)~ - [접] 마치 ~인 것처럼; urla quasi fosse lui il padrone 그는 자기가 보스라도 되는 것처럼 소리친다

quassù /kwas'su/ [부] 여기[이] 높은 곳에; vieni quassù! 이리 올라와!

quaternario /kwater'narjo/ [남/형] (복 : -ri, -rie) [지질] 제4기(의)

quatto /'kwatto/ [형] 옹크리고[쪼그리고] 있는; stare quatto quatto 가만히 있다; uscire quatto quatto 슬그머니 가버리다

quattordicenne /kwattordi'tʃɛnne/ [형/남/여] 14세의 (소년, 소녀)

quattordicesimo /kwattordi'tʃɛzimo/ [형] 제14의, 14번째의 - [남] (여 : -a) ① 14번째의 것[사람] ② 14분의 1

quattordici /kwat'torditʃi/ [형-불변] 14의 - [남-불변] ① 14, 열 넷 ② (한달 중의) 제14일 - [여·복] 오후 2시

quattrino /kwat'trino/ [남] 푼돈, 잔돈; non avere il becco di un quattrino 무일푼이다 - quattrini [남·복] 돈; fare quattrini 돈을 벌다; costare fior di quattrini 돈이 많이 들다

quattro /'kwattro/ [형-불변] 4의, 네 개의 - [남-불변] ① 4, 넷 ② (한달 중의) 제4일, 나흘날 - [여·복] (오전 또는 오후) 4시 - fare quattro passi 거닐다, 산책하다; a quattr'occhi 두 사람이 마주보고, 두 사람 사이에; in quattro e quattr'otto 당장, 곧

quattrocchi /kwat'trɔkki/ [남/여-불변] (농담조로) 안경 낀 사람

quattrocentesco /kwattrotʃen'tesko/ [형] (복 : -schi, -sche) 15세기의

quattrocento /kwattro'tʃɛnto/ [남/형-불변] 400(의)

Quattrocento /kwattro'tʃɛnto/ [남] 15세기

quattromila /kwattro'mila/ [남/형-불변] 4,000(의)

quegli /'kweʎʎi/ → quello

quello /'kwello/ (모음 앞에서는 quell'의 형태가 되며, 뒤에 자음이 따르는 s 및 gn, pn, ps, x, z를 제외한 자음 앞에서는 quel이 된다; 복수형은 quegli, quei, quelle) [형] (지시형용사) 그, 저; mi passi quel libro? 저 책 좀 건네줄래?; dove hai comprato quei quadri? 그 그림들 어디서 샀니?; chi sono quegli uomini? 저 사람들 누구야? - [대] (지시대명사) ① 저것, 그것; 저[그] 사람; quelle sono le mie scarpe 저건 내 신발이야; chi è quello lì? 저기 저 사람은 누구야? ② (앞서 말한 명사의 반복을 피하기 위해) (~의) 그것; il tuo nome e quello di Roberta 너의 이름과 로베르타의 그것

[이름] ③ 그, 그녀; 그들 ④ quello che ~하는 것[사람]; quello che hai comprato tu è più bello 네가 산 게 더 좋다; ho fatto quello che potevo 난 내가 할 수 있는 걸 했다; da quello che ho sentito 내가 들은 바에 따르면; chiedi a quelli che l'hanno conosciuto 그를 알았던 사람들에게 물어봐라 - in quel di Milano 밀라노 지역[근처]에; in quel mentre 바로 그때

quercia /ˈkwertʃa/ [여] (복 : -ce) [식물] 오크 (떡갈나무·졸참나무 종류); 그 목재 - forte come una quercia 힘이 아주 센

querela /kweˈrɛla/ [여] [법률] 소송; sporgere querela contro qn 누구를 상대로 소송을 제기하다

querelare /kwereˈlare/ [타동] (누구를 상대로) 소송을 제기하다

quesito /kweˈzito/ [남] 질문, 물음

questionare /kwestjoˈnare/ [자동] (조동사 : avere) 논하다; 다투다

questionario /kwestjoˈnarjo/ [남] (복 : -ri) 질문서, 앙케트

questione /kwesˈtjone/ [여] 문제, 일, 논점, 이슈; si tratta di una questione personale 개인적인 문제다; è una questione di vita o di morte 생사가 걸린 문제다; il nocciolo della questione 문제의 핵심; la persona in questione 당사자; non voglio essere chiamato in questione 난 (그 일에) 말려들고 싶지 않아; è questione di tempo 그건 시간 문제야; in questione 문제화된, 이슈가 된, 논쟁 중인; mettere qc in questione 무엇에 대해 문제 제기를 하다, 무엇을 논쟁거리로 삼다

questo /ˈkwesto/ (여 : questa, 남·복 : questi, 여·복 : queste) [형] (지시형용사) 이; questo libro qui 여기 있는 이 책; questo lunedì 이번 주 월요일; quest'oggi 요즘; questa sera 오늘 저녁; di questi tempi 요즘 같은 때에 - [대] (지시대명사) ① 이것; 이 사람; prendo questo qui 난 여기 이걸 가져가네; questo è troppo! 이건 너무하잖아! ② 그, 그녀; 그들 ③ questo ~ quello ~ 전자는 ~이고 후자는 ~이다; questi ~ quelli 몇몇은 ~이고 다른 몇몇은 ~이다; preferisci questo o quello? 이게 좋아, 아니면 저게 좋아?

④ e con questo? 그래서 뭐?; con tutto questo 이 모든 것에도 불구하고; è per questo che sono venuto 이게 내가 온 이유야; questa poi! 설마!

questore /kwesˈtore/ [남] (지방의) 경찰 책임자, 치안 담당관

questua /ˈkwɛstua/ [여] (교회에서의) 봉헌(奉獻)

questura /kwesˈtura/ [여] 경찰 조직, 경찰국, 치안 본부

qui /kwi/ [부] ① 여기, 이쪽에[으로]; eccomi qui! 나 여기 있다; qui vicino 이 근처에; da[di] qui 여기에서, 이곳으로부터; da qui la vista è stupenda 여기서 바라보는 경치는 아주 훌륭하다 ② 이 시점에서, 이때, 지금; da qui in avanti 지금부터, 앞으로; di qui a poco 곧, 얼마 안 있어 ③ dammi qui! 이리 줘봐!; fin qui tutto bene 지금까지는 좋다; che diavolo vuole questo qui? 그는 도대체 뭘 원하는 거야?

quietanza /kwjeˈtantsa/ [여] 영수증

quietare /kwjeˈtare/ [타동] 진정시키다, 달래다 - quietarsi [재귀동사] (사람이) 진정하다; (폭풍 따위가) 가라앉다

quiete /ˈkwjɛte/ [여] 조용함, 잔잔함, 평온함; la quiete che precede la tempesta 폭풍 전의 고요

quieto /ˈkwjɛto/ [형] 조용한, 잔잔한, 평온한

quindi /ˈkwindi/ [부] ① 그러고나서, 뒤이어 ② 그러므로, 따라서 - [접] 그래서, 따라서

quindicenne /kwindiˈtʃɛnne/ [형/남/여] 15세의 (소년, 소녀)

quindicesimo /kwindiˈtʃɛzimo/ [형] 제15의, 15번째의 - [남] (여 : -a) ① 15번째의 것[사람] ② 15분의 1

quindici /ˈkwinditʃi/ [형-불변] 15의 - [남-불변] ① 15, 열 다섯 ② (한달 중의) 제15일, 보름 - [여·복] 오후 3시

quindicina /kwindiˈtʃina/ [여] ① 약 15; una quindicina di studenti 열 다섯 명쯤 되는 학생들 ② 2주, 15일, 보름간; fra una quindicina di giorni 2주 내에

quindicinale /kwinditʃiˈnale/ [형] ① 2주간의, 2주간 계속되는 ② 2주에 한 번의, 격주의 - [남] 격주 간행물

quinquennale /kwinkwenˈnale/ [형] ① 5년간의 ② 5년에 한 번 있는

quinquennio /kwinˈkwɛnnjo/ [남] (복 :

Q

-ni) 5년간, 5년의 기간
quinta /ˈkwinta/ [여] ① (학교의) 5학년 ② (자동차 기어의) 5단 ③ [복] [연극] 무대의 양 옆
quintale /kwinˈtale/ [남] 퀸틀 (100kg에 해당)
quintessenza /kwintesˈsɛntsa/ [여] ① 에센스, 정수, 진수, 본질 ② 전형, 화신
quintetto /kwinˈtetto/ [남] ① 5인조 ② [음악] 5중주[창]
quinto /ˈkwinto/ [형] 제5의, 다섯 번째의 - [남] (여 : -a) ① 다섯 번째의 것[사람] ② 5분의 1
quintuplo /ˈkwintuplo/ [남/형] 5배(의)
qui pro quo /kwiproˈkwɔ/ [남-불변] 실수, 오해
Quirinale /kwiriˈnale/ [남] 이탈리아 정부
quisquilia /kwisˈkwilja/ [여] (문어체에서) 하찮은[사소한] 것
quiz /kwidz/ [남-불변] 퀴즈; quiz televisivo 텔레비전 퀴즈 (쇼)
quorum /ˈkwɔrum/ [남-불변] [법률] (의결에 필요한) 정족수
quota /ˈkwɔta/ [여] ① 분담액, (지불 등의) 일정 금액; quota fissa 정액(定額); quota d'iscrizione i) 대학 등록금 ii) 입장료, 입회비 ② (수출입의) 상품 할당량, 쿼터 ③ 고도, 높이; a quota 750 metri 해발 750m에 - quota di mercato 시장 점유율
quotare /kwoˈtare/ [타동] ① 값을 매기다, 가격을 정하다; essere quotato 2 euro 가격이 2유로다 ② (~의) 가치로 평가하다
quotazione /kwotatˈtsjone/ [여] ① 시세, 시가, 거래 가격; 시세표 ② 견적 가격
quotidianamente /kwotidjanaˈmente/ [부] 매일, 날마다
quotidiano /kwotiˈdjano/ [형] 매일의, 나날의, 일상의 - [남] 일간 신문
quoziente /kwotˈtsjɛnte/ [남] ① [수학] (나눗셈의) 몫 ② [통계] ~율(率) - quoziente d'intelligenza 지능 지수

R

r, R /ɛrre/ [남/여-불변] 이탈리아어 알파벳의 16번째 글자
rabarbaro /ra'barbaro/ [남] [식물] 대황 (大黃)
rabberciare /rabber'tʃare/ [타동] (조각을 대어) 깁다
rabbia /'rabbja/ [여] ① 광견병, 공수병 ② 격노, 분노; farsi prendere dalla rabbia 벌컥 화를 내다
rabbino /rab'bino/ [남] [유대교] 랍비
rabbioso /rab'bjoso/ [형] ① 광견병[공수병]에 걸린 ② (비유적으로) 노하여 펄펄 뛰는, 격노한; (폭풍우 따위가) 맹렬한
rabbonire /rabbo'nire/ [타동] 진정시키다 - rabbonirsi [재귀동사] 진정하다, 차분해지다
rabbrividire /rabbrivi'dire/ [자동] (조동사 : avere, essere) (추위·공포 등으로 인해) 벌벌 떨다; 몸서리치다
rabbuiarsi /rabbu'jarsi/ [재귀동사] ① (하늘이) 어두워지다, 흐려지다 ② (비유적으로) (표정이) 어두워지다
rabdomante /rabdo'mante/ [남/여] 수맥 (水脈)을 찾는 사람
raccapezzarsi /rakkapet'tsarsi/ [재귀동사] non raccapezzarsi 당황하다, 어찌할 바를 모르다
raccapricciante /rakkaprit'tʃante/ [형] 무서운, 섬뜩한, 소름 끼치는
raccapriccio /rakka'prittʃo/ [남] (복 : -ci) 두려움, 공포
raccattapalle /rakkatta'palle/ [남/여-불변] (테니스 등의) 볼보이, 공 줍는 소년[소녀]
raccattare /rakkat'tare/ [타동] (구어체에서) ① (공 따위를) 줍다 ② 그러모으다, 한데 모으다
racchetta /rak'ketta/ [여] (테니스·배드민턴·탁구 등의) 라켓 - racchetta da sci 스키 지팡이
racchio /'rakkjo/ [형] (복 : -chi, -chie) (방언으로) 못생긴, 추한
racchiudere /rak'kjudere/ [타동] (용기 따위가 물건을) 담고 있다; (마음 속에 생각을) 품고 있다
racchiuso /rak'kjuso/ [형] 감춰진
raccogliere /rak'kɔʎʎere/ [타동] ① (땅에 떨어진 것을) 줍다; (쓰레기 따위를) 치우다 ② (열매·꽃 따위를) 따다; (작물을) 수확하다 ③ (흩어져 있는 것을) 그러모으다, 한데 모으다; raccogliere intorno a sé i propri sostenitori 자신의 지지자들을 규합하다; raccogliere le idee 생각을 정리하다 ④ (우표·화폐 따위를) 수집하다 ⑤ (성공 따위를) 거두다 ⑥ (날개·돛 따위를) 접다 - raccogliersi [재귀동사] ① 모이다 ② 생각을 정리하다
raccoglimento /rakkoʎʎi'mento/ [남] 묵상, 숙고
raccoglitore /rakkoʎʎi'tore/ [남] (여 : -trice) ① (열매 따위를) 따 모으는 사람 ② (우표·화폐 따위의) 수집가 ③ 바인더, 폴더
raccolta /rak'kɔlta/ [여] ① (물건·정보 따위의) 수집; (기금의) 모금; fare (la) raccolta di qc 무엇을 수집하다; raccolta dei rifiuti 쓰레기 수거; chiamare a raccolta (사람을) 불러 모으다 ② (열매·꽃 따위의) 채집; (작물의) 수확 ③ 수집물, 모은 것
raccolto1 /rak'kɔlto/ [형] ① (다리 따위를) 접은; (머리를) 땋은 ② 생각에 잠긴, 집중한 ③ 조용한, 평온한
raccolto2 /rak'kɔlto/ [남] 수확, 추수
raccomandabile /rakkoman'dabile/ [형] ① 추천할 만한 ② 믿을 수 있는, 신뢰할 만한
raccomandare /rakkoman'dare/ [타동] ① 추천하다; 권하다, 충고하다; raccomandare a qn di fare qc 누구에게 무엇을 하라고 권하다; ti raccomando questo libro 네게 이 책을 추천하다; ti raccomando di non fare tardi 지각하지 마, 알았지? ② (누구에게 무엇을) 믿고 맡기다, 위탁하다 - raccomandarsi [재귀동사] ① (a와 함께 쓰여) (~에) 애원[간청]하다; raccomandarsi alla pietà di qn 누구의 자비를 구하다 ② 적극적으로 권하

다, 재촉하다; mi raccomando! studia bene 제발 공부 좀 열심히 해라
raccomandata /rakkoman'data/ [여] 배달 증명 우편
raccomandato /rakkoman'dato/ [형] ① 추천된, 추천을 받은 ② 배달 증명 우편의 - [남] (여 : -a) 추천을 받은 사람 - essere un raccomandato di ferro 유력 인사 중에 아는 사람이 있다
raccomandazione /rakkomandat'tsjone/ [여] ① 추천; 권고, 충고; lettera di raccomandazione 추천장 ② (우편물의) 배달 증명
raccomodare /rakkomo'dare/ [타동] 고치다, 수리[수선]하다
raccontare /rakkon'tare/ [타동] 말하다, 이야기하다; raccontare qc a qn 누구에게 무엇을 말하다; non raccontarlo a nessuno 아무에게도 그것에 대해 얘기하지 마; raccontano che sia fuggito 그들은 그가 도망쳤다고 말한다; cosa mi racconti di nuovo? 뭐 새로운 소식 없어?
racconto /rak'konto/ [남] ① 말하기, 이야기하기; il suo racconto dell'avventura 그의 모험 이야기 ② 짧은 이야기, 단편 소설
raccorciare /rakkor'tʃare/ [타동] 짧게 줄이다 - raccorciarsi [재귀동사] 짧아지다, 줄어들다
raccordare /rakkor'dare/ [타동] 잇다, 연결하다
raccordo /rak'kɔrdo/ [남] 연결, 결합; 연결 부분, 이음매 - raccordo anulare 환상(環狀) 도로
rachitico /ra'kitiko/ (복 : -ci, -che) [형] ① (사람이) 구루병에 걸린 ② (비유적으로) (동식물이) 발육이 나쁜, 왜소한 - [남] (여 : -a) 구루병 환자
racimolare /ratʃimo'lare/ [타동] (정보 등을) 수집하다; (돈을) 모으다
racket /'raket/ [남-불변] 범죄[불법 활동] 조직
rada /'rada/ [여] [항해] 정박지, 항구
radar /'radar/ [남-불변] 레이더 - [형-불변] 레이더의; uomo radar 항공 교통 관제관
raddensare /radden'sare/ [타동] (수프 따위를) 진하게[걸쭉하게] 만들다
raddolcire /raddol'tʃire/ [타동] ① (소리·색깔을) 부드럽게[약하게] 하다 ② (비유적으로) (사람의 태도를) 누그러뜨리다 - raddolcirsi [재귀동사] (사람의 태도가) 누그러지다
raddoppiamento /raddoppja'mento/ [남] ① (수량 따위의) 배가(倍加) ② (비유적으로) 강화, 증대
raddoppiare /raddop'pjare/ [타동] ① (수량 따위를) 두 배로 하다 ② 강화하다, 증대시키다 - [자동] (조동사 : essere) (수량 따위가) 두 배가 되다
raddoppio /rad'doppjo/ [남] (복 : -pi) (수량 따위의) 배가(倍加)
raddrizzare /raddrit'tsare/ [타동] ① 곧게[똑바로] 하다 ② (실수·부정 등을) 바로잡다, 고치다 - raddrizzarsi [재귀동사] 똑바로 서다
radere /'radere/ [타동] ① (수염·털을) 깎다, 면도하다 ② (나무·건물 따위를) 쓰러뜨리다, 무너뜨리다 ③ (지면 따위를) 스쳐 지나가다 - radersi [재귀동사] (스스로) 면도하다
radiale /ra'djale/ [형] ① 방사상(放射狀)의 ② [수학·물리] 반지름의 ③ [해부] 요골(橈骨)의, 노뼈의
radiare /ra'djare/ [타동] 제명하다, 쫓아내다, (의사·변호사 등의 자격을) 박탈하다
radiatore /radja'tore/ [남] ① (빛·열 등의) 방사체, 복사체, 발광체, 방열체 ② 라디에이터, 방열기, 난방기
radiazione1 /radjat'tsjone/ [여] [물리] 방사, 복사, 발광, 방열
radiazione2 /radjat'tsjone/ [여] 제명, (의사·변호사 등의) 자격 박탈
radica /'radika/ [여] (파이프를 만드는 데 쓰는) 브라이어의 뿌리
radicale /radi'kale/ [형] ① (식물의) 뿌리의 ② [수학] 근(根)의 ③ 과격한, 급진적인; 철저한 ④ [언어] 어근(語根)의 - [남/여] (정치적) 과격론자, 급진주의자 - [남] ① [화학] 기(基) ② [수학] 근호(根號), 루트 ③ [언어] 어근
radicalmente /radikal'mente/ [부] 과격하게, 급진적으로; 근본적으로, 철저하게, 완전히
radicato /radi'kato/ [형] (믿음·편견 따위가) 뿌리 깊은
radicchio /ra'dikkjo/ [남] (복 : -chi) 양상추의 일종
radice /ra'ditʃe/ [여] ① (식물의) 뿌리; mettere radici i) (식물이) 뿌리를 내리다 ii) (비유적으로) 정착하다 ② (비유적으로) 근원, 기원, 기초; alla radice

근본적으로 ③ [수학] 근(根); segno di radice 근호, 루트; radice quadrata 제곱근 ④ [언어] 어근

radio1 /'radjo/ [여-불변] ① (기기·장치로서의) 라디오 ② 라디오 방송; per[alla] radio 라디오 방송으로 ③ 라디오 방송국 ④ 무선 전신 - [형-불변] 무선의, 무전의; 전파에 의한; 라디오의

radio2 /'radjo/ [남] (복 : -di) [해부] 요골(橈骨), 노뼈

radio3 /'radjo/ [남] [화학] 라듐

radioamatore /radjoama'tore/ [남] (여 : -trice) 시민 밴드 라디오 사용자; 아마추어 무선사

radioascoltatore /radjoaskolta'tore/ [남] (여 : -trice) 라디오 청취자

radioattività /radjoattivi'ta/ [여-불변] [물리] 방사능

radioattivo /radjoat'tivo/ [형] 방사성의

radiocomandare /radjokoman'dare/ [타동] 무선으로 조종[제어]하다

radiocomandato /radjokoman'dato/ [형] 무선으로 조종[제어]된

radiocomando /radjoko'mando/ [남] 무선 조종[제어]

radiocomunicazione /radjokomunikat'tsjone/ [여] 무선 통신

radiocronaca /radjo'krɔnaka/ [여] (복 : -che) (스포츠 등의) 라디오 중계를 통한 해설

radiodiffusione /radjodiffu'zjone/ [여] 라디오 방송

radiofonico /radjo'fɔniko/ [형] (복 : -ci, -che) 라디오의

radiografare /radjogra'fare/ [타동] (~의) X선 사진을 찍다

radiografia /radjogra'fia/ [여] X선 촬영 [사진]

radiolina /radjo'lina/ [여] 휴대용 트랜지스터 라디오

radiologia /radjolo'dʒia/ [여] 방사선학; 방사선 의학

radiologo /ra'djɔlogo/ [남] (여 : -a) (남·복 : -gi, 여·복 : -ghe) 방사선 기사 [의사]

radioregistratore /radjoredʒistra'tore/ [남] 라디오 카세트 리코더

radioricevente /radjoritʃe'vɛnte/ [여] 라디오[무선] 수신기

radioscopia /radjosko'pia/ [여] X선 촬영을 통한 진찰[검사]

radioso /ra'djoso/ [형] 빛나는, 밝은, 찬란한, 눈부신

radiostazione /radjostat'tsjone/ [여] 라디오 방송국

radiosveglia /radjoz'veʎʎa/ [여] 라디오 겸용 자명종, 타이머가 있는 라디오

radiotaxi /radjo'taksi/ [남-불변] 무선(호출) 택시

radioterapia /radjotera'pia/ [여] 방사선 요법[치료]

radiotrasmittente /radjotrazmit'tɛnte/ [형] 라디오[무선] 방송을 하는 - [여] ① 라디오 방송국 ② 라디오[무선] 송신기

rado /'rado/ [형] ① 성긴, 드문드문한 ② di rado 드물게, 좀처럼 ~ 않는

radunare /radu'nare/ [타동] ① (물건을) 모으다; (사람·무리를) 모으다, 집합시키다 ② (부를) 축적하다, (물자를) 비축하다 - radunarsi [재귀동사] 모이다, 집합하다

radunata /radu'nata/ [여] ① (사람들의) 모임, 집회 ② (병력의) 소집

raduno /ra'duno/ [남] 모임, 집회

radura /ra'dura/ [여] 숲 속의 빈 터

rafano /'rafano/ [남] [식물] 양고추냉이

raffazzonare /raffattso'nare/ [타동] (일 따위를) 엉성하게 처리하다

raffazzonato /raffattso'nato/ [형] (일 따위가) 엉성하게 처리된

raffermo /raf'fermo/ [형] (빵 따위가) 딱딱해진

raffica /'raffika/ [여] (복 : -che) ① 한바탕 부는 바람, 돌풍; 한바탕 퍼붓는 비 ② (총포의) 일제 사격 ③ (질문·모욕 따위의) 연속, 빗발침

raffigurare /raffigu'rare/ [타동] (풍경·상황·인물 따위를) 그리다, 묘사하다, 나타내다, 표현하다

raffigurazione /raffigurat'tsjone/ [여] (풍경·상황·인물 따위의) 묘사, 표현

raffinare /raffi'nare/ [타동] ① (석유·금속·설탕 따위를) 정제[정련]하다 ② (비유적으로) (태도 따위를) 세련되게[우아하게] 만들다

raffinatezza /raffina'tettsa/ [여] 세련, 고상, 우아

raffinato /raffi'nato/ [형] ① (사람·태도가) 세련된, 고상한, 우아한 ② (석유·금속·설탕 따위가) 정제[정련]된 - [남] (여 : -a) 세련된[고상한] 사람

raffinazione /raffinat'tsjone/ [여] (석유·금속·설탕 따위의) 정제, 정련

raffineria /raffine'ria/ [여] 정제[정련]하는 곳 (정유(精油) 공장 따위)

rafforzamento /raffortsa'mento/ [남] 강화, 증강, 보강

rafforzare /raffor'tsare/ [타동] 강화하다, 증강하다, 보강하다 - rafforzarsi [재귀동사] 강해지다, 강화되다

rafforzativo /raffortsa'tivo/ [형] [언어] 의미를 강화하는, 강조하는

raffreddamento /raffredda'mento/ [남] 냉각; raffreddamento ad aria 공기냉각법, 공랭(空冷)

raffreddare /raffred'dare/ [타동] ① (물체를) 차갑게 하다, 식히다, 냉각시키다 ② (열정 따위를) 식게 하다 - raffreddarsi [재귀동사] ① (물체가) 차가워지다, 식다, 냉각되다 ② (열정 따위가) 식다 ③ 감기에 걸리다

raffreddato /raffred'dato/ [형] ① 차가워진, 식은, 냉각된 ② 감기에 걸린

raffreddore /raffred'dore/ [남] 감기; prendere il raffreddore 감기에 걸리다 - raffreddore da fieno 건초열

raffrontare /raffron'tare/ [타동] 비교하다

raffronto /raf'fronto/ [남] 비교

rafia /'rafja/ [여] [식물] 라피아야자; 그 잎의 섬유

ragazza /ra'gattsa/ [여] ① 소녀, 여자아이 ② 처녀, 아가씨, 미혼[젊은] 여성 ③ 여자친구 - ragazza madre 미혼모; ragazza squillo 콜걸

ragazzata /ragat'tsata/ [여] 유치한 짓 [장난]

ragazzo /ra'gattso/ [남] ① 소년, 남자아이; 청년, 젊은 남자 ② 남자친구 ③ 남자 종업원, 사환, 보이 ④ 아들

raggelare /raddʒe'lare/ [타동] ① 얼리다, 결빙시키다 ② 겁을 주다; (분위기를) 싸늘하게 만들다 - raggelarsi [재귀동사] ① 얼다, 결빙하다 ② (공포·충격 따위로 인해) 얼어붙다

raggiante /rad'dʒante/ [형] (표정·미소가) 밝은; raggiante di gioia 희색이 만면한

raggiera /rad'dʒɛra/ [여] 바퀴살 모양; a raggiera 방사상(放射狀)의, 중심으로부터 사방으로 뻗어나간 모양의

raggio /'raddʒo/ [남] (복 : -gi) ① 반지름, 반경; 반경 범위; nel raggio di 20 km 반경 20km 내에; a largo raggio 광범위한, 넓은 범위에 걸친; raggio d'azione i) (무기의) 사거리 ii) 활동 범위 ② 광선, 빛살; un raggio di sole 햇살; raggio laser 레이저 광선; raggio di speranza (비유적으로) 한 줄기의 희망 ③ 방사선, 엑스선; raggi X 엑스선 ④ 바퀴살

raggirare /raddʒi'rare/ [타동] (남을) 속이다

raggiro /rad'dʒiro/ [남] 속임수, 사기

raggiungere /rad'dʒundʒere/ [타동] ① (어떤 장소·지점·정도에) 이르다, 도달하다; la temperatura ha raggiunto i trenta gradi 온도가 30도에 이르렀다 ② (목표 따위를) 달성하다; (합의 따위에) 이르다 ③ (누구와) 연락[접촉]하다; raggiungere qn telefonicamente 누구와 전화로 연락하다 ④ (경쟁자 등을) 따라잡다

raggiungibile /raddʒun'dʒibile/ [형] 도달[달성]할 수 있는

raggiungimento /raddʒundʒi'mento/ [남] 도달, 달성

raggiunto /rad'dʒunto/ [형] 도달된, 달성된

raggomitolare /raggomito'lare/ [타동] 둥글게 말다, 공 모양으로 만들다 - raggomitolarsi [재귀동사] 둥글게 말리다, 공 모양이 되다

raggranellare /raggranel'lare/ [타동] (돈 따위를 어렵게) 긁어모으다

raggrinzire /raggrin'tsire/ [타동] 주름지게 만들다 - [자동] (조동사 : essere) (피부에) 주름살이 생기다 - raggrinzirsi [재귀동사] (피부에) 주름살이 생기다; (천이나 옷감에서) 주름이 지다

raggrumare /raggru'mare/ [타동] 응고시키다 - raggrumarsi [재귀동사] 응고하다, 굳다

raggruppamento /raggruppa'mento/ [남] ① 모이기, 집합 ② 모임, 그룹

raggruppare /raggrup'pare/ [타동] (한데) 모으다, 집합시키다, 그룹을 만들다 - raggrupparsi [재귀동사] (한데) 모이다, 집합하다

ragguagliare /raggwaʎ'ʎare/ [타동] ① (su와 함께 쓰여) (~에 대해) 알리다, 정보를 제공하다 ② 비교하다

ragguaglio /rag'gwaʎʎo/ [남] (복 : -gli) ① 정보, 알릴 만한 사항; dare ragguagli a qn su qc 누구에게 무엇에 대해 알리다 ② 비교

ragguardevole /raggwar'devole/ [형] 상당한, 현저한, 주목할 만한

ragionamento /radʒona'mento/ [남] ① 논증, 주장, ~론(論); è un ragionamento logico 논리적인 주장이다 ② 추리, 추론

ragionare /radʒo'nare/ [자동] (조동사 : avere) ① 생각하다; ragionare su un problema 어떤 문제에 관해 생각하다; modo di ragionare 사고방식 ② (di와 함께 쓰여) (~에 대해) 논하다

ragionato /radʒo'nato/ [형] ① 숙고된; 사리에 맞는, 분별 있는 ② (성경 등에) 주석이 달린

ragione /ra'dʒone/ [여] ① 이성, 사고력, 판단력; 분별, 양식; perdere il lume della ragione 이성을 잃다 ② 이유, 까닭, 동기; senza ragione 이유 없이, 괜히 ③ 변명, 해명; non è una buona ragione 그건 변명이 되지 않아 ④ [수학] 비(比), 비율; in ragione del 15% 15%의 비율로 - a[con] ragione 당연히; avere ragione a fare ~하는 것은 당연하다

ragioneria /radʒone'ria/ [여] ① 회계학 ② 경리부

ragionevole /radʒo'nevole/ [형] ① 적절한, 합당한, (가격이) 비싸지 않은 ② 사리에 맞는, 분별이 있는

ragionevolezza /radʒonevo'lettsa/ [여] 사리에 맞음, 분별 있음

ragionevolmente /radʒonevol'mente/ [부] ① 적절하게 ② 정당하게 ③ 사리에 맞게, 분별 있게

ragioniere /radʒo'njɛre/ [남] (여 : -a) 회계사; ragioniere iscritto all'albo 공인회계사

raglan /ra'glan/ [형-불변] 래글런형의 (소매가 곧장 목덜미까지 뻗었으며 헐렁한 모양)

ragliare /raʎ'ʎare/ [자동] (조동사 : avere) (나귀가) 울다

raglio /ra'ʎʎo/ [남] (복 : -gli) 나귀 울음

ragnatela /raɲɲa'tela/ [여] ① 거미줄 ② (비유적으로) 덫, 음모

ragno /'raɲɲo/ [남] [동물] 거미

ragù /ra'gu/ [남-불변] (파스타에 얹는) 다진 고기, 토마토, 양파로 만든 소스의 하나

raion /'rajon/ [남-불변] 레이온, 인조 견사

rallegramenti /rallegra'menti/ [남·복] 축하 인사

rallegrare /ralle'grare/ [타동] (사람을) 기쁘게 하다; (분위기 등을) 밝게 하다 - rallegrarsi [재귀동사] ① 기뻐하다 ② 축하하다; rallegrarsi con qn per qc 무엇에 대해 누구에게 축하 인사를 하다

rallentamento /rallenta'mento/ [남] ① 감속(減速), 속도를 늦춤; subire un rallentamento 속도가 줄다 ② (경제 성장·경기의) 둔화, 후퇴

rallentare /rallen'tare/ [타동] ① 속도를 줄이다, 늦추다 ② (비유적으로) 느슨하게 하다 - [자동] (조동사 : essere, avere) 속도가 줄다, 느려지다

rallentatore /rallenta'tore/ [남] [영화] 슬로모션 촬영 도구; al rallentatore 슬로모션으로

rally /'rɛlli/ [남-불변] 랠리 (장거리 자동차 경주)

ramaiolo /rama'jɔlo/ [남] 국자

ramanzina /raman'dzina/ [여] (구어체에서) 꾸지람; fare una bella ramanzina a qn 누구를 호되게 꾸짖다

ramarro /ra'marro/ [남] [동물] 도마뱀의 일종

ramato /ra'mato/ [형] ① 구릿빛의, 적갈색의 ② 구리를 함유한

ramazza /ra'mattsa/ [여] 잔가지를 뭉쳐 만든 비 (청소 도구)

ramazzare /ramat'tsare/ [타동] 비로 (마당 따위를) 쓸다

rame /'rame/ [남] 구리, 동(銅); di rame 구리로 만든

ramificare /ramifi'kare/ [자동] (조동사 : avere) (식물이) 가지를 내다 - ramificarsi [재귀동사] (비유적으로) 갈라지다, 분기하다

ramificato /ramifi'kato/ [형] 가지가 있는; 갈라진, 분기한

ramificazione /ramifikat'tsjone/ [여] 분기(分岐); (강 따위의) 지류(支流)

ramingo /ra'mingo/ [형] (복 : -ghi, -ghe) andare ramingo 돌아다니다, 방랑하다

ramino /ra'mino/ [남] 카드놀이의 일종

rammaricarsi /rammari'karsi/ [재귀동사] (di 또는 per와 함께 쓰여) (~에 대해) 유감스럽게 여기다, 한탄하다

rammarico /ram'mariko/ [남] (복 : -chi) 유감, 섭섭함; con rammarico 유감스럽게, 섭섭하게

rammendare /rammen'dare/ [타동] (옷

이나 양말 따위를) 깁다, 수선하다
rammendo /ram'mɛndo/ [남] (옷이나 양말 따위의) 수선; 기운 데; fare un rammendo a qc 무엇을 깁다[수선하다]
rammentare /rammen'tare/ [타동] ① 떠올리다, 생각해내다 ② rammentare qc a qn 누구에게 무엇을 상기시키다, 누구로 하여금 무엇을 생각나게 하다 - rammentarsi [재귀동사] 기억하다
rammollire /rammol'lire/ [타동] ① (물질을) 부드럽게 만들다 ② (비유적으로) (신체적·정신적으로) 약화시키다 - rammollirsi [재귀동사] ① (물질이) 부드러워지다 ② (비유적으로) 약화되다, 유약해지다
rammollito /rammol'lito/ [형] ① (물질이) 부드러워진 ② (비유적으로) (사람이) 유약해진 - [남] (여 : -a) 유약한 사람
ramo /'ramo/ [남] ① 나뭇가지 ② 부문, 분과, 분야; non è il mio ramo 내 분야가 아니오; i due rami del parlamento 의회의 양원(兩院) ③ (강의) 지류(支流)
ramoscello /ramoʃ'ʃɛllo/ [남] (나무의) 잔가지
rampa /'rampa/ [여] ① 경사로; rampa d'accesso (도로의) 진입로 ② (층계참 사이의) 계단 - rampa di lancio (미사일·로켓 따위의) 발사대
rampante /ram'pante/ [형] 야심에 찬, 사회적 지위의 향상을 노리는 - [남] ① (층계참 사이의) 계단 ② 야심가, 사회적 지위의 향상을 노리는 사람
rampicante /rampi'kante/ [형] (식물이) 기어오르는 - [남] 기어오르는 식물 (담쟁이덩굴 따위)
rampino /ram'pino/ [남] ① 갈고리, 훅 ② [항해] 갈고리가 달린 닻
rampollo /ram'pollo/ [남] 자손
rampone /ram'pone/ [남] ① (고래잡이용) 작살 ② (등산용) 아이젠
rana /'rana/ [여] ① [동물] 개구리 ② 평영, 개구리헤엄 - [형-불변] uomo rana 잠수 공작원 - rana pescatrice [어류] 아귀
rancido /'rantʃido/ [형] ① (기름·버터 따위가) 썩은 냄새가 나는 ② (비유적으로) 케케묵은 - [남] odore di rancido 썩은 냄새
rancio /'rantʃo/ [남] (복 : -ci) 군대에서의 식사, 군인들의 식사
rancore /ran'kore/ [남] 원한, 적의, 악의; nutrire rancore contro qn 누구에게 원한을 품고 있다
randagio /ran'dadʒo/ [형] (복 : -gi, -gie / -ge) (개·고양이 따위가) 주인 없는, 길 잃은
randellata /randel'lata/ [여] 몽둥이로 때리기; prendere qn a randellate 누구를 몽둥이로 때리다
randello /ran'dɛllo/ [남] 곤봉, 몽둥이
rango /'rango/ [남] (복 : -ghi) ① 줄, 열(列); uscire dai ranghi (비유적으로) 방침에 위배되는 행동을 하다 ② 계급, 계층; (사회적) 지위, 신분; persone di rango inferiore 신분이 낮은 사람들
rannicchiare /rannik'kjare/ [타동] rannicchiare le gambe 다리를 오그리다 - rannicchiarsi [재귀동사] (몸을) 웅크리다
rannuvolamento /rannuvola'mento/ [남] 구름이 낌, 날이 흐려짐
rannuvolare /rannuvo'lare/ [타동] (구름이 하늘을) 덮다, 어둡게 하다 - rannuvolarsi [재귀동사] ① 구름이 끼다, 날이 흐려지다 ② (비유적으로) 안색이 흐려지다
ranocchio /ra'nɔkkjo/ [남] (여 : -a) (복 : -chi) ① [동물] 개구리 ② (비유적으로) 꼬마, 어린애
rantolare /ranto'lare/ [자동] (조동사 : avere) (죽어가는 사람이나 병자가) 씨근거리다
rantolio /ranto'lio/ [남] (복 : -ii) (죽어가는 사람이나 병자의) 씨근거림
rantolo /'rantolo/ [남] ① [의학] 거품소리, 수포음(水泡音) (기관지나 허파 같은 호흡 기관에 병이 있거나 분비물이 있을 때 청진기에서 들리는 소리) ② 씨근거림
ranuncolo /ra'nunkolo/ [남] [식물] 미나리아재비
rapa /'rapa/ [여] ① [식물] 순무 ② 멍청이 (또는 testa di rapa) ③ 대머리
rapace /ra'patʃe/ [형] ① (동물이) 육식의 ② (비유적으로) (사람이) 탐욕스러운 - [남] 맹금류
rapanello /rapa'nɛllo/ → ravanello
rapare /ra'pare/ [타동] (머리를) 빡빡 깎다 - raparsi [재귀동사] raparsi a zero 머리를 빡빡 깎다
rapida /'rapida/ [여] 여울, 급류

rapidamente /rapida'mente/ [부] 빨리, 급속히, 신속하게; 곧, 즉시
rapidità /rapidi'ta/ [여-불변] 속도; 빠름, 신속함; con la rapidità del fulmine 전광석화처럼, 매우 빨리
rapido /'rapido/ [형] ① (속도가) 빠른, 급속도의, 신속한 ② (결정·반응 따위가) 빠른, 즉각적인 - [남] 급행열차
rapimento /rapi'mento/ [남] ① 납치, 유괴 ② 황홀경, 환희
rapina /ra'pina/ [여] 강도질; rapina a mano armata 무장 강도
rapinare /rapi'nare/ [타동] rapinare qc a qn, rapinare qn di qc 누구한테서 무엇을 빼앗다[강탈하다]
rapinatore /rapina'tore/ [남] (여 : -trice) 강도 (사람)
rapire /ra'pire/ [타동] ① 납치하다, 유괴하다 ② 황홀하게 만들다, 몹시 기쁘게 하다 ③ 빼앗다, 강탈하다
rapito /ra'pito/ [형] ① 납치된, 유괴된 ② 넋을 잃은, 무아경에 빠진, 홀린 - [남] (여 : -a) 납치[유괴]된 사람
rapitore /rapi'tore/ [남] (여 : -trice) 납치범, 유괴범
rappacificare /rappatʃifi'kare/ [타동] 화해시키다 - rappacificarsi [재귀동사] 화해하다
rappacificazione /rappatʃifikat'tsjone/ [여] 화해
rappezzare /rappet'tsare/ [타동] ① 수선[수리]하다 ② (비유적으로) (말 따위를) 짜깁기하다
rapportare /rappor'tare/ [타동] ① (a와 함께 쓰여) (~와) 비교하다 ② (지도·도면 따위를) 일정한 비율에 따라 제작하다; rapportare una pianta sulla scala di 1:100.000 1 대 10만 축척의 지도를 제작하다 ③ 보고하다, 말하다, 이야기하다 - rapportarsi [재귀동사] (a와 함께 쓰여) (~와) 관계가 있다
rapporto /rap'porto/ [남] ① 보고; fare rapporto a qn su qc 무엇에 관해 누구에게 보고하다 ② (사람 사이의 또는 사업상의) 관계; essere in buoni[cattivi] rapporti con qn 누구와 사이가 좋다[나쁘다] ③ (사물과의 또는 사물 사이의) 관계, 관련, 연관; non avere alcun rapporto con qc 무엇과 아무 관련이 없다 ④ 성관계; avere dei rapporti con qn 누구와 성관계를 갖다 ⑤ [수학] 비(比), 비율; in rapporto di 1 a 10 1 대 10의 비율 ⑥ 비교 ⑦ [기계] 기어, 전동 장치 (또는 rapporto di trasmissione) ⑧ in rapporto a ~에 관(련)하여 - rapporti diplomatici 외교 관계; rapporto d'affari 거래 관계
rapprendersi /rap'prendersi/ [재귀동사] 굳다, 응고하다
rappresaglia /rappre'zaʎʎa/ [여] 보복, 앙갚음; per rappresaglia 보복으로
rappresentante /rapprezen'tante/ [남/여] ① 대표자, 대리인 ② 외판원 (또는 rappresentante di commercio)
rappresentanza /rapprezen'tantsa/ [여] ① 대표, 대리, 대변; in rappresentanza di qn 누구를 대신[대표]하여 ② (상업상의) 대리업; avere la rappresentanza esclusiva di ~의 독점 판매 대리업자다
rappresentare /rapprezen'tare/ [타동] ① 묘사하다, 표현하다, 나타내다, 그리다 ② 대리[대표]하다 ③ (무대에서 배역을 맡아) 연기하다 ④ 뜻하다, 의미하다, 상징하다
rappresentativa /rappresenta'tiva/ [여] 대표단; (스포츠의) 대표팀
rappresentativo /rappresenta'tivo/ [형] ① 대표하는 ② 상징하는, 뜻하는 ③ 대표적인, 전형적인 ④ [정치] 대의(代議) 제도의
rappresentazione /rapprezentat'tsjone/ [여] ① (di와 함께 쓰여) (~의) 상징; 표현, 묘사 ② (극의) 상연, 공연 ③ 대표, 대리; 대의(代議) 제도
rappreso /rap'preso/ [형] 굳은, 응고한
rapsodia /rapso'dia/ [여] [음악] 랩소디, 광시곡
raptus /'raptus/ [남-불변] 격심한 흥분, 미칠 듯한 상태
raramente /rara'mente/ [부] 드물게, 좀처럼 ~ 않아
rarefare /rare'fare/ [타동] (가스 따위를) 희박하게 하다 - rarefarsi [재귀동사] (가스 따위가) 희박해지다
rarefatto /rare'fatto/ [형] (가스 따위가) 희박해진, 희박한
rarità /rari'ta/ [여-불변] ① 아주 드묾, 진귀함; 희박함 ② 드문 일; 진귀한 것
raro /'raro/ [형] ① 드문, 희귀한, 흔하지 않은; è un caso molto raro 아주 드문 경우다 ② (수적으로) 적은 ③ (가스 따위가) 희박한

rasare /ra'sare/ [타동] ① (머리를) 밀다, (수염을) 깎다 ② (잔디 따위를) 깎아 다듬다 - rasarsi [재귀동사] (스스로) 면도하다

rasato /ra'sato/ [형] ① (머리를) 민, (수염을) 깎은 ② (잔디 따위를) 깎아 다듬은 ③ (직물이) 새틴의, 부드러운

rasatura /rasa'tura/ [여] ① 면도 ② (잔디 따위를) 깎아 다듬기

raschiamento /raskja'mento/ [남] ① 긁어내기, 벗겨내기 ② [외과] 소파술(搔爬術)

raschiare /ras'kjare/ [타동] (페인트·녹 따위를) 긁어내다, 벗겨내다; (표면을) 깎아 다듬다 - raschiarsi [재귀동사] raschiarsi la gola 목을 가다듬다

rasentare /razen'tare/ [타동] ① 스쳐 지나가다 ② (비유적으로) 거의 (~에) 가깝다; questo rasenta la pazzia! 이건 미친 짓이나 다름없어!

rasente /ra'zɛnte/ [전] (때로 a와 함께 쓰여) (~에) 가깝게, (~을) 스쳐 (지나가)

raso1 /'raso/ [형] ① 면도한 ② 표면을 깎은; 윗부분을 평평하게 만든

raso2 /'raso/ [남] 새틴, 수자(繻子) (견직물의 하나)

rasoio /ra'sojo/ [남] (복 : -oi) 면도칼; rasoio elettrico 전기 면도기

rassegna /ras'seɲɲa/ [여] ① [군사] 검열, 사열; passare in rassegna 검열[사열]하다 ② 점검, 조사, 검토 ③ 보고서, 평론서 ④ 공연, 전시회

rassegnare /rasseɲ'nare/ [타동] ① 사임[사직]하다 ② [군사] 검열[사열]하다 - rassegnarsi [재귀동사] (a와 함께 쓰여) 체념하고 ~하다

rassegnato /rasseɲ'nato/ [형] (태도·어조 따위가) 체념한, 단념한, 포기한

rassegnazione /rasseɲɲat'tsjone/ [여] 체념, 단념, 포기; accettare qc con rassegnazione 체념하고 무엇을 받아들이다

rasserenare /rassere'nare/ [타동] ① (날씨를) 맑게 하다 ② (비유적으로) (사람을) 기쁘게 하다 - rasserenarsi [재귀동사] ① (날씨가) 개다, 맑아지다 ② (비유적으로) (표정 따위가) 밝아지다

rassettare /rasset'tare/ [타동] 정리[정돈]하다, 단정하게 하다 - rassettarsi [재귀동사] 몸단장을 하다, 깔끔한 차림새를 하다

rassicurante /rassiku'rante/ [형] 안심시키는

rassicurare /rassiku'rare/ [타동] 안심시키다 - rassicurarsi [재귀동사] 마음을 다잡다, 용기를 내다

rassicurazione /rassikurat'tsjone/ [여] 안심함[시킴], 안도

rassodante /rasso'dante/ [형] (근육 등을) 강화하는, 튼튼하게 하는

rassodare /rasso'dare/ [타동] ① (근육 등을) 강화하다, 튼튼하게 하다 ② (비유적으로) (권위·권력 따위를) 굳건하게 하다 - rassodarsi [재귀동사] ① (근육 등이) 튼튼해지다 ② (비유적으로) (권위·권력 따위가) 굳건해지다

rassomiglianza /rassomiʎ'ʎantsa/ [여] 닮음, 유사함

rassomigliare /rassomiʎ'ʎare/ [자동] (조동사 : avere) (a와 함께 쓰여) (~을) 닮다, (~와) 비슷해 보이다 - rassomigliarsi [재귀동사] 서로 닮아 있다

rastrellamento /rastrella'mento/ [남] ① 갈퀴질 ② (군인·경찰 등의) 철저한 수색

rastrellare /rastrel'lare/ [타동] ① (풀 따위를) 갈퀴로 긁다 ② (군인·경찰 등이 일정 지역을) 철저히 수색하다

rastrelliera /rastrel'ljɛra/ [여] 선반, ~걸이

rastrello /ras'trɛllo/ [남] 갈퀴, 써레

rata /'rata/ [여] 분할 불입금; pagare a rate 분납하다; comprare a rate 할부로 구입하다

rateale /rate'ale/ [형] pagamento rateale 분납; vendita rateale 할부 판매 (방식)

rateare /rate'are/ → rateizzare

rateizzare /rateid'dzare/ [타동] (지불 금액을) 분할하다, 분납하게 하다

ratifica /ra'tifika/ [여] (복 : -che) (조약 따위의) 비준, 재가, 승인

ratificare /ratifi'kare/ [타동] ① (조약 따위를) 비준하다, 재가하다, 승인하다

ratto1 /'ratto/ [남] (여자나 아이들에 대한) 유괴, 납치

ratto2 /'ratto/ [남] [동물] 쥐

rattoppare /rattop'pare/ [타동] (옷을) 깁다, (구두를) 수선하다

rattoppo /rat'toppo/ [남] (옷을) 깁기, (구두의) 수선; 깁는[수선하는] 데 쓰는 조각

rattrappire /rattrap'pire/ [타동] (근육을)

수축시키다, (손발을) 뻣뻣하게 만들다 - rattrappirsi [재귀동사] (근육이) 수축되다, (손발이) 뻣뻣해지다

rattristare /rattris'tare/ [타동] (사람을) 슬프게 만들다 - rattristarsi [재귀동사] 슬퍼지다

rattristato /rattris'tato/ [형] 슬퍼진, 슬픈

raucedine /rau'tʃedine/ [여] 목이 쉼; avere la raucedine 목이 쉬어 있다

rauco /'rauko/ [형] (복 : -chi, -che) 목이 쉰, 쉰 목소리의

ravanello /rava'nello/ [남] [식물] 무

ravioli /ravi'ɔli/ [남·복] 라비올리 (저며서 양념한 고기를 밀가루 반죽으로 싼 요리)

ravvedersi /ravve'dersi/ [재귀동사] 태도[행실]를 고치다, 개심(改心)하다

ravveduto /ravve'duto/ [형] 태도[행실]를 고친, 개심(改心)한

ravviare /ravvi'are/ [타동] 정리[정돈]하다, 단정하게 하다; (엉킨 것을) 풀다 - ravviarsi [재귀동사] 몸단장을 하다; ravviarsi i capelli 머리를 손질하다

ravvicinamento /ravvitʃina'mento/ [남] ① (끌어당겨) 가까이 놓기 ② 화해

ravvicinare /ravvitʃi'nare/ [타동] ① (끌어당겨) 가까이 놓다 ② (비유적으로) 화해시키다 - ravvicinarsi [재귀동사] ① (a와 함께 쓰여) (~에) 가까워지다 ② (con과 함께 쓰여) (~와) 화해하다

ravvisare /ravvi'zare/ [타동] 알아보다, 확인하다, 식별하다

ravvivare /ravvi'vare/ [타동] ① 다시 불을 붙이다 ② (비유적으로) (정열 따위)를 다시 타오르게 하다; 활기를 띠게 하다 - ravvivarsi [재귀동사] ① 다시 불이 붙다 ② (비유적으로) (정열 따위가) 다시 타오르다; 활기를 띠게 되다

raziocinio /rattsjo'tʃinjo/ [남] (복 : -ni) ① 사고력, 판단력 ② 양식(良識), 분별

razionale /rattsjo'nale/ [형] ① 이성이 있는, 판단력이 있는 ② 합리적인, 사리에 맞는, 분별 있는 ③ (건물·가구 등이) 기능 본위의, 편리한 ④ [수학] numeri razionali 유리수 - [남] il razionale 합리적인 것

razionalità /rattsjonali'ta/ [여-불변] 합리성; 양식(良識), 분별

razionalizzare /rattsjonalid'dzare/ [타동] 합리화하다, 합리적으로 처리하다; (문제 따위에) 이성적으로 접근하다

razionalmente /rattsjonal'mente/ [부] 합리적으로, 사리에 맞게, 분별 있게

razionare /rattsjo'nare/ [타동] (식량 따위를) 배급하다

razione /rat'tsjone/ [여] 배급량, 할당량

razza¹ /'rattsa/ [여] ① 인종, 종족 ② 혈통, 가계; essere di buona razza 좋은 가문 출신이다 ③ (동물의) 품종(品種); di razza 순혈종의 ④ (구어체에서) 종류, 유형, 타입

razzia /rat'tsia/ [여] 습격; 약탈; fare razzia in ~을 습격하다

razziale /rat'tsjale/ [형] 인종의; pregiudizi razziali 인종적 편견

razziare /rattsi'are/ [타동] (가축 따위를) 훔치다; (마을을) 약탈하다

razzismo /rat'tsizmo/ [남] 인종 차별주의

razzista /rat'tsista/ [남/여] (남·복 : -i, 여·복 : -e) 인종 차별주의자

razzo /'raddzo/ [남] ① (쏘아올리는) 불꽃; lanciare un razzo 불꽃을 쏘아올리다 ② 로켓; motore a razzo 로켓 엔진

razzolare /rattso'lare/ [자동] (조동사 : avere) (닭이) 발로 땅을 긁어 먹이를 찾다

re¹ /re/ [남-불변] ① 왕, 국왕, 임금 ② 거물, ~왕 ③ [카드놀이] 킹 - i Re Magi [성경] (예수의 탄생을 축하하러 온) 동방의 세 박사

re² /rɛ/ [남-불변] [음악] (음계의) 레

reagire /rea'dʒire/ [자동] (조동사 : avere) ① (a와 함께 쓰여) (자극 등에) 반응[대응]하다 ② [화학] 반응하다

reale¹ /re'ale/ [형] ① 진짜의, 진정한; 실재하는, 실제의 ② [경제] (수입·임금이) 실질의 ③ [수학] 실수(實數)의 - [남] il reale 현실, 실제

reale² /re'ale/ [형] 왕의, 왕실의 - reali [남·복] il reali 왕족, 왕실

realismo /rea'lizmo/ [남] ① 현실성, 사실성; con realismo 현실적[사실적]으로 ② [문학·예술] 사실주의, 리얼리즘 ③ [철학] 실재론

realista¹ /rea'lista/ (남·복 : -i, 여·복 : -e) [형] ① 현실주의의, 현실적인 ② [문학·예술] 사실주의의, 리얼리즘의 - [남/여] ① 현실주의자 ② 사실주의 작가

realista² /rea'lista/ [남/여] (남·복 : -i, 여·복 : -e) 왕정주의자

realistico /rea'listiko/ [형] (복 : -ci,

-che) ① 현실적인, 실제적인 ② [문학·예술] 사실주의의, 리얼리즘의

realizzabile /realid'dzabile/ [형] 실현 가능한

realizzare /realid'dzare/ [타동] ① (꿈·야망 따위를) 실현하다, 성취하다 ② (계획 따위를) 실행하다 ③ 깨닫다, 알아채다, 확실히 이해[파악]하다 ④ (자산 따위를) 현금화하다, (돈을) 벌다 ⑤ [스포츠] 득점하다 ⑥ (영화나 TV 프로그램을) 연출하다 - realizzarsi [재귀동사] ① (꿈·야망 따위가) 실현[성취]되다 ② (어떤 분야에서) 성공을 거두다, 자신의 입지를 굳히다

realizzazione /realiddzat'tsjone/ [여] ① (꿈·야망 따위의) 실현, 성취 ② (계획 따위의) 실행 ③ (영화나 TV 프로그램의) 연출 ④ (자산의) 현금화, 돈벌이

realizzo /rea'liddzo/ [남] ① (자산의) 현금화 ② 염가 처분 판매

realmente /real'mente/ [부] ① 정말로, 실제로 ② 참으로, 진짜

realtà /real'ta/ [여-불변] 현실, 사실, 실제; la dura realtà 냉엄한 현실; il suo sogno è divenuto realtà 그의 꿈은 현실화됐다; in realtà 정말, 진짜로; realtà virtuale 가상 현실

reame /re'ame/ [남] (문어체에서) 왕국; 영토

reato /re'ato/ [남] 위법 행위, 범죄

reattore /reat'tore/ [남] ① 제트 엔진 ② 원자로 (또는 reattore nucleare)

reazionario /reattsjo'narjo/ (복 : -ri, -rie) [형] (정치적으로) 반동의, 보수적인, 복고적인 - [남] (여 : -a) 반동 정치가, 보수주의자

reazione /reat'tsjone/ [여] ① (a 또는 contro와 함께 쓰여) (~에 대한) 반응, 반작용 ② (정치상의) 반동, 역행, 복고, 보수적 경향 ③ [화학] 반응; [물리] 반작용; reazione chimica 화학 반응; reazione a catena 연쇄 반응; motore a reazione 제트 엔진; aereo a reazione 제트기

rebbio /'rebbjo/ [남] (복 : -bi) (갈퀴·포크 따위의) 갈라진 가닥

rebus /'rebus/ [남-불변] 수수께끼 그림 [기호]

recapitare /rekapi'tare/ [타동] (편지나 물건을) 배달하다

recapito /re'kapito/ [남] ① (편지나 물건의) 배달; recapito a domicilio 택배 ② (우편물의) 전송 주소

recare /re'kare/ [타동] ① (문어체에서) (선물·소식 따위를) 가져오다 ② (날짜 따위가) 기재되어 있다; (흔적 따위가) 있다; il telegramma reca la data di ieri 그 전보는 어제 날짜로 되어 있다 ③ (비유적으로) 일으키다, 야기하다, 유발하다; non voglio recarvi disturbo 당신에게 폐를 끼치고 싶지 않습니다; recare danno a qn 누구에게 해를 끼치다 - recarsi [재귀동사] 가다; recarsi a Roma 로마에 가다; recarsi al lavoro 일하러 가다, 출근하다

recedere /re'tʃɛdere/ [자동] (조동사 : avere) (da와 함께 쓰여) (약속·계약 따위를) 취소하다, 철회하다

recensione /retʃen'sjone/ [여] (극·영화·출판물 따위에 대한) 평론, 비평, 논평; fare la recensione di qc 무엇을 비평[논평]하다

recensire /retʃen'sire/ [타동] (작품 따위를) 비평하다

recensore /retʃen'sore/ [남] (여 : -a) 비평가, 평론가

recente /re'tʃɛnte/ [형] 최근의, 근래의; 새로운; più recente 가장 최근의, 최신의; di recente 최근에

recentemente /retʃente'mente/ [부] 최근에, 근래에

recepire /retʃe'pire/ [타동] 받아들이다; 이해하다

reception /re'sɛpʃon/ [여-불변] (호텔 등의) 접수처, 프런트

recessione /retʃes'sjone/ [여] ① (약속·계약 따위의) 취소, 철회 ② 경기 후퇴, 불경기

recesso /re'tʃɛsso/ [남] ① (문어체에서) 깊숙한 곳 ② [법률] 취소, 철회

recidere /re'tʃidere/ [타동] 자르다, 끊다

recidivo /retʃi'divo/ [남] (여 : -a) [법률] 재범, 상습범

recintare /retʃin'tare/ [타동] (일정 구역의 주변에) 울타리를 두르다

recinto /re'tʃinto/ [남] ① 울로 둘러싼 땅, 구내(構內); (가축의) 우리 ② 울타리

recinzione /retʃin'tsjone/ [여] ① 울타리를 두르기 ② 울타리

recipiente /retʃi'pjɛnte/ [남] 그릇, 용기(容器)

reciprocamente /retʃiproka'mente/ [부] 서로, 상호간에; aiutarsi reciprocamente

서로 돕다
reciproco /reˈtʃiproko/ (복 : -ci, -che) [형] ① 서로의, 상호간의 ② [수학·논리] 상반의, 역(逆)의 - [남] [수학] 역수(逆數)

reciso /reˈtʃizo/ [형] ① 잘린, 끊긴 ② (비유적으로) (대답·말투가) 무뚝뚝한, 퉁명스러운

recita /ˈrɛtʃita/ [여] ① (극의) 상연, 공연 ② (시의) 낭송

recital /ˈrɛtʃital/ [남-불변] (음악·무용 등의) 리사이틀, 1인 연주회, 독주[독창]회

recitare /retʃiˈtare/ [타동] ① (시를) 읊다, 낭송하다 ② (연극·영화) (배역을 맡아) 연기하다 - [자동] (조동사 : avere) ① (연극·영화) (배우가) 연기하다 ② (비유적으로) ~인 체하다, 가장하다, "연기하다"

recitazione /retʃitatˈtsjone/ [여] ① (시 따위의) 낭송 ② (배우의) 연기 ③ 연극; scuola di recitazione 연극 학교

reclamare /reklaˈmare/ [타동] (권리 따위를) 요구[요청]하다, 청구하다; (상황 따위가 어떤 행동을) 필요로 하다 - [자동] (조동사 : avere) (contro와 함께 쓰여) (~에 대해) 불평하다, 항의하다

réclame /reˈklam/ [여-불변] 광고, 선전; 알림; fare la réclame di qc, fare réclame a qc 무엇을 광고[선전]하다

reclamizzare /reklamidˈdzare/ [타동] (상품을) 광고[선전]하다

reclamo /reˈklamo/ [남] 불평, 클레임; sporgere reclamo presso ~에게 불평하다; ufficio reclami 고객 불만 상담실

reclinabile /rekliˈnabile/ [형] (의자가) 뒤로 기댈 수 있는, 안락의자의

reclinare /rekliˈnare/ [타동] (머리 따위를) 기울이다, 기대다

reclusione /rekluˈzjone/ [여] ① 틀어박힘 ② 감금, 투옥

recluso /reˈkluzo/ [형] ① (방 따위에) 틀어박힌 ② 감금된, 투옥된 - [남] (여 : -a) (감옥에 갇힌) 죄수

recluta /ˈrekluta/ [여] ① (군대의) 신병 ② (비유적으로) 신참자, 새내기

reclutamento /reklutaˈmento/ [남] ① (군대의) 신병 모집 ② (비유적으로) (기업 등의) 채용, 신규 모집

reclutare /rekluˈtare/ [타동] ① (군대에서, 신병을) 징집하다 ② (비유적으로) (신입 사원을) 모집[채용]하다

recondito /reˈkondito/ [형] ① (문어체에서) (장소가) 외진, 멀리 떨어진 ② (비유적으로) 심오한, 난해한, 알기 어려운

record /ˈrɛkord/ [남-불변] ① (경기 등의) (최고) 기록; detenere il record di ~의 기록을 보유하고 있다; record mondiale 세계 기록 ② [컴퓨터] 레코드, 자료 항목 - [형-불변] (최고) 기록의

recriminare /rekrimiˈnare/ [자동] (조동사 : avere) (contro와 함께 쓰여) (~에 대해) 되받아 비난하다

recriminazione /rekriminatˈtsjone/ [여] 되받아 비난하기

recrudescenza /rekrudeʃˈʃɛntsa/ [여] (질병·분쟁 따위의) 재발

recuperare /rekupeˈrare/ [타동] ① 되찾다, 회수하다 ② (비유적으로) (건강·자유 따위를) 되찾다, 회복하다 ③ (폐품을) 재이용하다 ④ (사고로부터 인명·재화를) 구출[구조]하다 ⑤ (손실을) 벌충하다; (차이를) 메꾸다 ⑥ (범죄자 등을) 사회에 복귀시키다

recupero /reˈkupero/ [남] ① 되찾음, 회수 ② (비유적으로) (건강·기력 등의) 회복 ③ (폐품의) 재이용 ④ (사고로부터의) 구출, 구조 ⑤ (손실의) 벌충 ⑥ (범죄자의) 사회 복귀, 갱생 ⑦ [스포츠] minuti di ricupero 인저리 타임

redarguire /rederguˈire/ [타동] 꾸짖다, 책망하다

redatto /reˈdatto/ [형] 편집된

redattore /redatˈtore/ [남] (여 : -trice) 문서 작성자; (사전의) 편찬자; (신문 등의) 편집자; redattore capo 편집장

redazionale /redattsjoˈnale/ [형] 편집(자)의

redazione /redatˈtsjone/ [여] ① 집필, 문서 작성; (사전 따위의) 편찬; (신문 따위의) 편집 ② 편집부[실] ③ (텍스트의) 판, 버전

redditizio /reddiˈtittsjo/ [형] (복 : -zi, -zie) 수지가 맞는, 돈벌이가 되는

reddito /ˈrɛddito/ [남] 수입, 소득; reddito complessivo 총수입, 총소득; reddito fisso 고정 수입; reddito imponibile 과세 소득; reddito da lavoro 근로 소득; reddito nazionale 국민 소득

redento /reˈdɛnto/ [형] [신학] (인간이) 구속(救贖)을 얻은, 죄로부터 구원을 받

은

redentore /reden'tore/ [형] 구세(救世)의, 속죄의 - [남] il Redentore 구세주, 예수 그리스도

redenzione /reden'tsjone/ [여] ① 해방 ② [신학] (그리스도에 의한) 구속(救贖), 구원

redigere /re'didʒere/ [타동] (글을) 쓰다, (문서를) 작성하다, 집필하다; (사전을) 편찬하다

redimere /re'dimere/ [타동] ① (da와 함께 쓰여) (~으로부터) 해방시키다 ② [신학] (하나님·그리스도가 인간을) 구속(救贖)하다, 속죄하다 ③ (빚을) 청산하다; (저당물을) 도로 찾다 - redimersi [재귀동사] (죄로부터) 자유를 얻다

redingote /redin'gɔt/ [여-불변] (남성용) 프록코트; (여성용) 레딩고트

redine /'redine/ [여] (특히 복수형으로 쓰여) (말의) 고삐; tenere le redini 고삐를 잡다[쥐다]

redivivo /redi'vivo/ [형] 되살아난, 환생한; quel ragazzo sembra suo padre redivivo 저 소년은 그의 아버지를 쏙 빼닮았다

reduce /'redutʃe/ [형] (da와 함께 쓰여) (전쟁 등으로부터) (살아) 돌아온, (~을) 겪은 - [남] 살아남은 사람; 퇴역 군인

referendum /refe'rɛndum/ [남-불변] 국민 투표; fare un referendum 국민 투표를 실시하다

referenze /refe'rɛntse/ [여·복] (직원 채용시에 요구되는) 신원 정보; avere buone referenze 신원 보증을 받고 있다

referenziato /referen'tsjato/ [형] 신원이 보증된

referto /re'fɛrto/ [남] (의사·전문가의) 보고서

refettorio /refet'tɔrjo/ [남] (복 : -ri) (수도원·대학 등의) 식당

refrattario /refrat'tarjo/ [형] (복 : -ri, -rie) ① 열에 견디는, 내화성(耐火性)의 ② (인체가 특정 질병에) 저항력을 가진 ③ (a와 함께 쓰여) (~에) 둔감한, 관심이 없는

refrigerare /refridʒe'rare/ [타동] (음식 따위를) 냉동 보존하다, 냉장시키다, 차게 하다

refrigerazione /refridʒerat'tsjone/ [여] 냉각, 냉동, 냉장

refrigerio /refri'dʒɛrjo/ [남] (복 : -ri) 시원함, 시원한 느낌

refurtiva /refur'tiva/ [여] 훔친 물건, 장물

regalare /rega'lare/ [타동] ① regalare qc a qn 누구에게 무엇을 선물로 주다 ② (구어체에서) 싼값에 팔다

regale /re'gale/ [형] ① 왕의 ② (비유적으로) 왕 같은, 당당한

regalo /re'galo/ [남] ① 선물; fare un regalo a qn 누구에게 선물을 주다 ② (특별한) 호의, 친절 - [형-불변] confezione regalo 선물용 포장 재료

regata /re'gata/ [여] 레가타 (조정·요트·보트 경기의 총칭)

reggente /red'dʒɛnte/ [형] 통치하는, 지배하는; 섭정(攝政)의 - [남/여] 섭정

reggenza /red'dʒɛntsa/ [여] 섭정(攝政)

reggere /'rɛddʒere/ [타동] ① 붙들다, 잡다 ② 떠받치다, 지탱하다 ③ (~에) 저항하다, 버티다, 참다, 견디다; non lo reggo più 난 더 이상 그를 참아줄 수 없어 ④ (나라 등을) 통치하다, 지배하다, 다스리다 - [자동] (조동사 : avere) ① (a와 함께 쓰여) (~에) 저항하다, 버티다; (~을) 참다; reggere alla tentazione 유혹에 저항하다[견디다] ② (이론·논거 따위가) 이치에 맞다, 신뢰성이 있다 ③ (구어체에서) 계속되다, 지속되다 - reggersi [재귀동사] ① (두 다리로) 서다 (reggersi in piedi) ② (a와 함께 쓰여) (~을) 붙들다, 잡다; reggiti forte 꽉 잡아 ③ 참다, 자제하다 ④ 자치(自治)하다

reggia /'rɛddʒa/ [여] (복 : -ge) 왕궁, 궁전

reggicalze /reddʒi'kaltse/ [남-불변] 가터벨트 (스타킹이 흘러내리지 않도록 매어 주는 띠)

reggimento /reddʒi'mento/ [남] ① [군사] 연대 ② (비유적으로) 다수, 무리

reggiseno /reddʒi'seno/ [남] 브래지어

regia /re'dʒia/ [여] [영화·연극·TV] 감독, 연출

regime /re'dʒime/ [남] ① 정체(政體), 통치 방식 ② 경제 체제; regime (monetario) aureo (통화의) 금본위제 ③ [의학] 섭생; essere a regime 다이어트 중이다 ④ [기계] 엔진 속도; regime di giri 분당 회전수, RPM

regina /re'dʒina/ [여] ① 여왕 ② [카드놀이·체스] 퀸

regio /ˈrɛdʒo/ [형] (복 : -gi, -gie) 왕의; il potere regio 왕권

regionale /redʒoˈnale/ [형] 지역의, 지방의

regione /reˈdʒone/ [여] ① 행정 구역, 구(區) ② (지리상의) 지방, 지역 ③ (비유적으로) 범위, 영역, 분야

regista /reˈdʒista/ [남/여] (남·복 : -i, 여·복 : -e) [영화] 감독; [연극] 연출가; [TV] 프로듀서

registrare /redʒisˈtrare/ [타동] ① (정식으로 명부 등에) 기재하다, 등록하다 ② (사실 따위를) 기록하다 ③ (온도·속도 따위를) 기록하다 ④ (승리·성공 따위를) 거두다; (기록을) 세우다 ⑤ 녹음[녹화]하다 ⑥ (기계 장치 따위를) 조정[조절]하다

registratore /redʒistraˈtore/ [남] ① 기록 장치; registratore di volo 비행 기록 장치; registratore di cassa 금전 등록기 ② 녹음기; registratore a cassette 카세트 리코더

registrazione /redʒistratˈtsjone/ [여] ① (행정 업무상의) 기재, 등록 ② (사실 따위의) 기록 ③ 녹음, 녹화 ④ (기계 장치 따위의) 조정, 조절

registro /reˈdʒistro/ [남] ① 등록부, 명부 ② (행정 업무상의) 기록, 등기; ufficio del registro 호적 등기소 ③ [음악] 음역(音域) ④ [컴퓨터] 레지스터 ⑤ (기계류의) 조절 장치 - registro di bordo 항해 일지

regnante /reɲˈɲante/ [형] 통치하는, 지배하는, 군림하는; (의견 따위가) 지배적인 - [남/여] 통치자, 군주

regnare /reɲˈɲare/ [자동] (조동사 : avere) ① (정치적으로) 통치하다, 지배하다, 다스리다, 군림하다 ② (비유적으로) (상황 따위를) 지배하다; regnava il silenzio 침묵이 지배하였다, 온통 조용했다

regno /ˈreɲɲo/ [남] ① 왕국, 왕령; 치세, 통치 기간; durante il regno di ~의 치세 동안 ② (비유적으로) (동식물의) 계(界); 세계, 범위, 영역; il regno animale 동물계; il regno della fantasia 상상의 세계

Regno Unito /reɲɲouˈnito/ [남] 연합 왕국, 영국 (영문 : United Kingdom)

regola /ˈrɛgola/ [여] ① 규칙, 규정; secondo le regole 규칙[규정]에 따라 ② 관례, 통례; è la regola 보통 그렇게 한다 ③ 절제, 삼감 ④ di regola 대개, 일반적으로 ⑤ in regola i) 규칙적으로, 질서 있게 ii) 정규직의 - per sua norma e regola 참고가 되도록

regolabile /regoˈlabile/ [형] (높이·속도·위치 따위를) 조정[조절]할 수 있는

regolamentare /regolamenˈtare/ [형] 규정에 따른, 정규의 - [타동] 규제하다, 단속하다, 통제하다

regolamento /regolaˈmento/ [남] ① 규칙, 규정; regolamento scolastico 학교의 규정 ② (부채 따위의) 상환, 변제, 청산

regolare1 /regoˈlare/ [형] ① 정규의, 규정에 따른 ② 보통의, 평균의, 중간의 ③ 정기적인, 일정한 ④ [문법] 규칙 변화의 ⑤ [군사] 정규의, 상비의; esercito regolare 정규[상비]군 ⑥ (표면이) 평평한

regolare2 /regoˈlare/ [타동] ① 규제하다, 단속하다, 통제하다 ② (수량·정도·기계 따위를) 조정[조절]하다 ③ (빚·셈을) 치르다, 지불하다, 청산하다; regolare i conti con qn (비유적으로) 누구에게 당한 대로 갚아주다 ④ (지출 따위를) 적정 수준으로 제한하다 - **regolarsi** [재귀동사] ① 행동하다; non sapere come regolarsi 어떻게 해야 할 지 모르다 ② 삼가다, 자제하다; regolarsi nel bere 음주를 적당히 하다

regolarità /regolariˈta/ [여-불변] ① 정규, 규정에 따름 ② 규칙적임; 정기적임, 일정함

regolarizzare /regolaridˈdzare/ [타동] 정식화하다 - **regolarizzarsi** [재귀동사] 규칙적으로 되다

regolarmente /regolarˈmente/ [부] ① 규정에 따라, 정식으로 ② 정기적으로, 일정하게

regolata /regoˈlata/ [여] dare una regolata a ~을 조정[조절]하다; darsi una regolata 적절한 행동을 취하다

regolato /regoˈlato/ [형] ① 규정에 따른, 정돈된 ② 삼가는, 절제하는

regolatore /regolaˈtore/ [형/남] 규제하는, 단속하는, 통제하는 (것)

regolazione /regolatˈtsjone/ [여] ① 규제, 단속, 통제 ② (수량·정도·기계 따위의) 조정, 조절

regolo /ˈrɛgolo/ [남] 자; regolo calcolatore 계산자

regredire /regre'dire/ [자동] (조동사 : essere) 되돌아가다, 후퇴하다, 역행하다; 퇴보하다, (수준이) 떨어지다; regredire negli studi 성적이 떨어지다
regressione /regres'sjone/ [여] 되돌아감, 복귀, 회귀; (수준·정도의) 약화
regressivo /regres'sivo/ [형] 되돌아가는, 후퇴하는, 회귀하는; 퇴보하는
regresso /re'gresso/ [남] 후퇴, 퇴보
reietto /re'jetto/ [남] (여 : -a) (사회로부터) 버림받은 사람
reincarnazione /reinkarnat'tsjone/ [여] 환생
reinserimento /reinseri'mento/ [남] (산업 따위의) 복구, 재건; (범죄자 등의) 갱생, 사회 복귀
reinserire /reinse'rire/ [타동] (사람을 사회 등에) 복귀시키다 - reinserirsi [재귀동사] (사람이 사회 등에) 복귀하다
reintegrare /reinte'grare/ [타동] ① 보충하다, 회복시키다 ② 복위[복직]시키다; (사회에) 복귀시키다
reiterare /reite'rare/ [타동] 되풀이[반복]하다
relativamente /relativa'mente/ [부] 상대적으로, 비교적 - relativamente a ~에 관하여
relatività /relativi'ta/ [여-불변] 관련성, 상관성; 상대성
relativo /rela'tivo/ [형] ① (a와 함께 쓰여) (~에) 관한, 관련된 ② 각각의, 각자의 ③ 상대적인 ④ [문법] 관계절을 이끄는 - [남] [문법] 관계사 - relativa [여] [문법] 관계절
relatore /rela'tore/ [남] (여 : -trice) ① 대변인 ② (대학의) 논문 지도 교수
relax /re'laks/ [남-불변] 휴식, 한숨 돌리기, 기분 전환
relazione /relat'tsjone/ [여] ① (con 또는 tra, fra와 함께 쓰여) (~와의 또는 ~ 사이의) 관계, 관련; non c'è relazione tra le due cose 그 두 가지 사이에는 아무 관계도 없다; essere in relazione 관련되어 있다; mettere in relazione 관련시키다 ② (사업상의 또는 사람 사이의) 관계; essere in buone relazioni con qn 누구와 사이가 좋다; relazione amorosa 연애 사건, 정사 ③ 설명, 보고; fare una relazione 설명[보고]하다 ④ in relazione a ~에 관하여, ~와 관련하여 - relazioni [여·복] (con과 함께 쓰여) (~와의) 관계, 교섭; le diplomatiche relazioni 외교 관계; pubbliche relazioni 홍보 활동, 섭외 - relazioni sessuali 성관계, 성교; relazioni umane 인간관계
relegare /rele'gare/ [타동] 내쫓다, 좌천시키다
religione /reli'dʒone/ [여] ① 종교; 신앙(심); religione di Stato 국교(國敎) ② (비유적으로) 신조, 주의
religioso /reli'dʒoso/ [형] ① 종교(상)의, 종교에 관한 ② 종교적인, 신앙심이 깊은, 경건한 ③ 교회의 - [남] (여 : -a) 수사, 수녀
reliquia /re'likwja/ [여] ① (특히 복수형으로 써서) (역사적) 유물, 유품, 유적 ② (성인·순교자 등의) 유골, 성보(聖寶), 유보(遺寶) - tenere qc come una reliquia (비유적으로) 무엇을 보물처럼 [소중히] 간직하다
relitto /re'litto/ [남] ① 난파선, (파괴된 배나 비행기 따위의) 잔해 ② (비유적으로) 몰락한[버림받은] 사람
Rem, REM /rɛm/ [남-불변] (영문 rapid eye movements의 약자로) [생리] 급속 안구 운동 - [형-불변] sonno REM 렘수면
remake /ri'meik/ [남-불변] (영화·음악 따위의) 리메이크
remare /re'mare/ [자동] (조동사 : avere) (노로) 배를 젓다
rematore /rema'tore/ [남] (여 : -trice) 노 젓는 사람
reminiscenza /reminiʃ'ʃɛntsa/ [여] 추억, 기억
remissione /remis'sjone/ [여] ① 용서, 사면; (채무의) 면제 ② (병세·고통의) 완화, 진정
remissivo /remis'sivo/ [형] 복종하는, 유순한, 고분고분한
remo /'rɛmo/ [남] (배를 젓는) 노; barca a remi 노 젓는 보트
remora /'rɛmora/ [여] 망설임, 주저; senza alcuna remora 주저 없이
remoto /re'mɔto/ [형] ① (거리가) 먼, 멀리 떨어진 ② (시간상) 먼, 아득한 ③ [문법] trapassato remoto 대과거, 과거완료
rena /'rena/ [여] 모래
renale /re'nale/ [형] [해부] 신장(腎臟)의
rendere /'rɛndere/ [타동] ① 되돌려주다,

반환하다; potresti rendermi la penna? 내 펜을 돌려줄래?; rendere la visita 답례 방문을 하다 ② ~해주다; rendere grazie a qn 누구에게 감사하다; rendere omaggio a qn 누구에게 경의를 표하다 ③ (수익 따위를) 내다, 창출하다; rendere il 10% 10%의 이윤을 내다; una ditta che non rende 수익을 내지 못하는 회사 ④ (감정·생각 따위를) 나타내다, 묘사하다, 알리다; rendere l'idea 자기 생각을 전달하다, 남에게 이해시키다 ⑤ ~하게 하다; il suo intervento ha reso possibile l'affare 그의 개입이 모든 일을 가능하게 하였다; l'hai resa felice 네가 그녀를 행복하게 만들었구나 - rendersi [재귀동사] ① ~해지다, ~하게 되다; rendersi ridicolo 웃음거리가 되다 ② rendersi conto di qc 무엇을 깨닫다, 이해하다

rendiconto /rendi'konto/ [남] 결산서; 보고서

rendimento /rendi'mento/ [남] ① 산출, 생산 ② (근로자·학생·운동 선수 등의) 성과, 성적; avere un buon rendimento 성과[성적]가 좋다 ③ (기계 등의) 출력, 능률, 효율 ④ 이윤, 이익

rendita /'rɛndita/ [여] ① (개인의) 급여 외 수입, 사적인 소득; (투자 등의) 이윤 ② 연금; rendita vitalizia 종신 연금

rene /'rene/ [남] [해부] 신장, 콩팥

reni /'reni/ [여·복] 허리, 등의 아랫부분 - spezzare le reni a qn 누구를 완전히 짓밟다

renitente /reni'tɛnte/ [형] (a와 함께 쓰여) (~에) 저항하는, (~하기) 싫어하는

renna /'rɛnna/ [여] [동물] 순록

Reno /'reno/ [남] 라인 강

reo /'rɛo/ [형] (di와 함께 쓰여) (~의) 죄가 있는 - [남] [여 : -a] 범죄자, 위반자

reparto /re'parto/ [남] ① (회사·관청 등의) 부서, ~부(部) ② (백화점의) ~ 매장 ③ (병원의) 병동 ④ [군사] ~대(隊), ~반(班)

repellente /repel'lɛnte/ [형] 불쾌한, 혐오감을 주는 - [남] 살충제

repentaglio /repen'taʎʎo/ [남] mettere a repentaglio 위험에 빠뜨리다

repentino /repen'tino/ [형] 갑작스러운, 예기치 못한

reperibile /repe'ribile/ [형] (물건이) 이용[입수] 가능한; (사람이) 연락 가능한

reperire /repe'rire/ [타동] 찾다, 발견하다

reperto /re'pɛrto/ [남] 발견물, 찾아낸 것

repertorio /reper'tɔrjo/ [남] (복 : -ri) ① 목록, 리스트 ② [음악·연극] 레퍼토리, 연주 곡목, 상연 목록

replay /re'plɛi/ [남-불변] (비디오의 특정 장면의) 리플레이, 즉시 재생

replica /'rɛplika/ [여] (복 : -che) ① 되풀이, 반복 ② 복사(품), 복제(품) ③ 재방송 ④ 대꾸, 응수; 반박

replicare /repli'kare/ [타동] ① 되풀이[반복]하다 ② 재방송하다 ③ 대꾸[응수]하다

reportage /repor'taʒ/ [남-불변] (언론의) 보도

reporter /re'pɔrter/ [남/여-불변] 방송기자; 통신원

repressione /repres'sjone/ [여] (정치적·심리적) 억압, 억제

repressivo /repres'sivo/ [형] 억압[억제]하는, 억누르는

represso /re'prɛsso/ [형/남] (여 : -a) 억압을 받은, 억제된, 억눌린 (사람)

reprimere /re'primere/ [타동] ① (감정 따위를) 억제하다, 억누르다 ② (반란 따위를) 진압하다 - reprimersi [재귀동사] 자제하다

repubblica /re'pubblika/ [여] (복 : -che) 공화정; 공화국

repubblicano /repubbli'kano/ [형] 공화정[국]의; 공화주의의 - [남] (여 : -a) 공화주의자, 공화당원

repulsione /repul'sjone/ [여] ① 불쾌감, 반감, 혐오 ② [물리] 반발

reputare /repu'tare/ [타동] (~이라고) 생각하다, 여기다; reputo che si possa fare 나는 그것이 가능하다고 생각한다 - reputarsi [재귀동사] 자기 자신을 (~이라고) 생각하다[여기다]

reputazione /reputat'tsjone/ [여] 평판; 명성; avere una buona reputazione 평판이 좋다; farsi una cattiva reputazione 평판이 나빠지다

requie /'rɛkwje/ [여] 평온, 평안; dare requie a qn 누구의 마음을 편안하게 해주다; senza requie 쉴 새 없이, 끊임없이

requiem /'rɛkwjem/ [남-불변] [가톨릭] 레퀴엠, 위령곡, 진혼곡; messa da requiem 위령 미사

requisire /rekwi'zire/ [타동] 징발하다, 징집하다

requisito /rekwi'zito/ [남] 요건, 자격; avere i requisiti necessari per un lavoro 직무에 필요한 조건을 갖추고 있다, 직무에 적임이다

requisizione /rekwizit'tsjone/ [여] 징발, 징집

resa /'resa/ [여] ① (군사) 항복 ② 반품 ③ 반환, 상환 ④ 성과; 이윤

rescindere /reʃ'ʃindere/ [타동] (계약 따위를) 무효로 하다, 취소하다

resettare /reset'tare/ [타동] [컴퓨터] 리셋하다, 초기화하다

residence /'rɛsidens/ [남-불변] 콘도

residente /resi'dente/ [형] 거주하는, 살고 있는 - [남/여] 거주자, 주민

residenza /resi'dentsa/ [여] ① 거주; 주거, 주소; cambiare residenza 거처를 옮기다, 주소지를 바꾸다 ② 집, 주택 ③ (정부 등의) 소재지; 본부, 본사

residenziale /residen'tsjale/ [형] 주거의; complesso residenziale 주거 단지

residuo /re'siduo/ [형] 남은, 잔존하는 - [남] ① 남은 것, 나머지, 잔여 ② [화학] 잔재, 잔류물; residui industriali 산업 폐기물

resina /'rɛzina/ [여] 수지(樹脂); 송진

resistente /resis'tɛnte/ [형] ① (사람·사물이) 튼튼한 ② 저항력이 있는, (열·추위 따위에) 견디는, 내(耐)~의; (물건이) 내구성이 있는, 오래가는, 질긴; resistente all'acqua 방수(防水)의; resistente al calore 내열의

resistenza /resis'tɛntsa/ [여] ① 저항, 반항, 반대; opporre resistenza (a) (~에) 저항[반대]하다 ② [역사] la Resistenza (2차 대전 중의) 레지스탕스 ③ 저항력; 내구성 ④ [물리·전기] 저항

resistere /re'sistere/ [자동] (조동사 : avere) ① (a와 함께 쓰여) (~에) 저항[반대]하다 ② (a와 함께 쓰여) (~에 대해) 내구성이 있다, (~에도 불구하고) 오래 가다; resistere al calore 열에 견디다; colori che resistono al lavaggio 세탁해도 빠지지 않는 색깔 ③ 참다, 견디다 ④ (a와 함께 쓰여) (~에) 잘 버티다, (~을) 극복하다; il loro amore ha resistito all'opposizione dei loro genitori 그들의 사랑은 양가 부모의 반대를 극복했다

reso /'reso/ [형] 반환된; 반품된

resoconto /reso'konto/ [남] (회의나 기타 활동 따위에 대한) 설명, 보고; fare il resoconto di ~에 대해 설명[보고]하다

respingente /respin'dʒɛnte/ [남] (철도 차량의) 완충 장치

respingere /res'pindʒere/ [타동] ① (공격자나 적 등을) 물리치다, 쫓아버리다 ② (제안 따위를) 거절[거부]하다 ③ [법률] (소송 사건을) 각하[기각]하다; (법안을) 부결하다 ④ (우편물을) 반송하다 ⑤ (학생을 시험에) 불합격시키다

respinto /res'pinto/ [형] ① 거절[거부] 당한 ② (학생이 시험에) 불합격한 - [남] (여 : -a) 시험에 떨어진 학생

respirare /respi'rare/ [자동] (조동사 : avere) ① 호흡하다, 숨쉬다 ② (비유적으로) 한숨 돌리다 - [타동] (공기·가스·먼지 등을) 들이마시다

respiratore /respira'tore/ [남] ① [의학] 호흡 장치 ② 스노클 (잠수용 호흡 기구)

respiratorio /respira'tɔrjo/ [형] (복 : -ri, -rie) 호흡의

respirazione /respirat'tsjone/ [여] 호흡; respirazione artificiale 인공호흡

respiro /res'piro/ [남] ① 호흡; trattenere il respiro 숨을 멈추다 ② (한 번) 숨쉬기; esalare l'ultimo respiro 숨을 거두다, 죽다 ③ (비유적으로) 한숨 돌리기, 잠시 쉼; lavorare senza respiro 쉬지 않고 일하다

responsabile /respon'sabile/ [형] ① (di 와 함께 쓰여) (~에 대해) 책임이 있는, 책임을 져야 할 ② (di와 함께 쓰여) (~을) 맡은, 담당하고 있는 ③ 책임을 다하는, 신뢰할 수 있는 - [남/여] ① 책임자, 담당자 ② (사고 등에 대해) 책임이 있는 사람, 책임을 져야 할 사람

responsabilità /responsabili'ta/ [여-불변] (di와 함께 쓰여) (~에 대한) 책임, 책무; assumere la responsabilità di ~의 책임을 지다; avere la responsabilità di ~에 대해 책임이 있다; fare qc sotto la propria responsabilità 자기 책임으로 무엇을 하다 - responsabilità penale [법률] 형사책임

responsabilizzare /responsabilid'dzare/ [타동] (누구로 하여금) 책임감을 느끼

게 하다 - responsabilizzarsi [재귀동사] 책임을 지다

responso /res'pɔnso/ [남] 대답, 응답

ressa /'ressa/ [여] 군중, 인파, 무리; far ressa intorno a qn 누구의 주위에 사람들이 몰려들다

restare /res'tare/ [자동] (조동사 : essere) ① (어떤 장소에) 머무르다, 있다; restare a casa 집에 머물다; che resti tra noi! (비유적으로) 이건 우리끼리만의 비밀이야! ② (어떤 상태를) 유지하다, (~한) 채로 있다; restare zitto 침묵을 지키다; restare in piedi 선 채로 있다; restare amici 친구 사이를 계속 유지하다 ③ 남아 있다, 잔존하다; è l'unico parente che le resta 그는 그녀에게 남은 유일한 친척이다; restano da fare 15 km 15km가 남았다, 아직도 15km를 더 가야 한다; ne resta ancora un po' 아직도 좀 남아 있다; non resta più niente (더 이상) 아무것도 남아 있지 않다

restaurare /restau'rare/ [타동] 복구하다, 재건하다

restauratore /restaura'tore/ [남] (여 : -trice) 복구[재건]하는 사람

restaurazione /restaurat'tsjone/ [여] 복구, 재건

restauro /res'tauro/ [남] (미술품·건축물 따위의) 복원, 복구, 수리

restio /res'tio/ [형] (복 : -ii, -ie) (a와 함께 쓰여) ~하고 싶은 마음이 내키지 않는, 마지못해 ~하는

restituire /restitu'ire/ [타동] ① (물건 따위를) 되돌려주다, 반환하다; (원상태로) 되돌리다 ② (빌린 돈을) 갚다 ③ 보답하다; restituire un favore 호의에 보답하다

restituzione /restitut'tsjone/ [여] 되돌려줌, 반환; (원상태로의) 복구; (빌린 돈의) 상환; 보답

resto /'resto/ [남] ① 나머지, 잔여 ② 거스름돈 ③ [수학] 나머지 ④ del resto 게다가 - resti [남·복] 남은 것, 잔재, 잔존물, 유물; resti mortali 시체, 유해

restringere /res'trindʒere/ [타동] ① (길 따위를) 좁히다, 좁게 만들다 ② (옷 따위를) 줄어들게 하다 ③ (비유적으로) (수량이나 정도를) 줄이다, 제한하다, 축소하다 - restringersi [재귀동사] 좁아지다; 줄어들다; 제한되다; 축소되다

restrittivo /restrit'tivo/ [형] 줄이는, 제한하는

restrizione /restrit'tsjone/ [여] 제한, 규제

resurrezione /resurret'tsjone/ → risurrezione

resuscitare /resuʃʃi'tare/ → risuscitare

retaggio /re'taddʒo/ [남] (복 : -gi) 유산, 전해 내려오는 것

retata /re'tata/ [여] ① (경찰의) 급습; fare una retata 급습하다 ② 그물 하나에 잡힌 물고기의 양

rete /'rete/ [여] ① 그물; rete da pesca 어망; gettare le reti 그물을 던지다 ② 그물 세공 ③ 망상(網狀) 조직, 네트워크; 연락망, 통신망; rete stradale 도로망 ④ [스포츠] 네트; segnare una rete (축구에서) 골을 넣다 ⑤ (비유적으로) 올가미, 함정; finire nella rete 올가미에 걸리다, 함정에 빠지다

reticente /reti'tʃɛnte/ [형] 말을 삼가는, 함부로 말하려 하지 않는

reticenza /reti'tʃɛntsa/ [여] 말을 삼감, 함부로 말하려 하지 않음; parlare senza reticenze 터놓고[거리낌없이] 말하다

reticolato /retiko'lato/ [남] ① 철망 ② 격자 무늬 ③ 철조망

retina1 /'rɛtina/ [여] [해부] (눈의) 망막

retina2 /re'tina/ [여] (머리가 흐트러지지 않도록 쓰는) 헤어네트

retino /re'tino/ [남] ① 나비채 ② 뜰채 ③ [인쇄] 망판(網版)

retorico /re'tɔriko/ [형] (복 : -ci, -che) 수사(修辭)적인, 수사학의

retribuire /retribu'ire/ [타동] (노동에 대해) 보수를 지급하다; un lavoro mal retribuito 보수가 적은 일

retribuzione /retribut'tsjone/ [여] 보수, 급료

retrivo /re'trivo/ [형] 반동의, 보수적인 - [남] (여 : -a) 반동주의자, 보수주의자

retro /'rɛtro/ [남] (사물의) 뒤, 뒷면; sul retro di qc 무엇의 뒷면에 - [부] (문어체에서) 뒤에; vedi retro "뒷면을 보시오"

retroattività /retroattivi'ta/ [여-불변] [법률] 소급력

retroattivo /retroat'tivo/ [형] (법률 따위의 효력이) 소급하는

retrobottega /retrobot'tega/ [남/여-불변] 가게 뒤편의 작은 창고

retrocedere /retro'tʃedere/ [타동] 좌천

[강등]시키다 - [자동] (조동사 : essere) ① 물러가다, 후퇴하다, 철수하다 ② [스포츠] (하위 리그로) 강등되다
retrocessione /retrotʃes'sjone/ [여] 후퇴; 좌천, 강등
retrodatare /retroda'tare/ [타동] (문서 등에) 실제보다 앞선 날짜를 적어 넣다
retrogrado /re'trɔgrado/ [형] ① 후퇴하는, 되돌아가는 ② (비유적으로) 과거에 사로잡힌 - [남] (여 : -a) 과거에 사로잡힌 사람
retroguardia /retro'gwardja/ [여] ① [군사] 후위(後衛) ② [스포츠] 수비
retromarcia /retro'martʃa/ [여] (복 : -ce) 후진, 역행; (자동차의) 후진 기어; fare retromarcia 후진하다, 뒤로 가다
retroscena /retroʃʃena/ [여] 무대의 뒤편 - [남-불변] (비유적으로) 막후[배후] 활동
retrospettiva /retrospet'tiva/ [여] (화가 등의) 회고전(展)
retrospettivo /retrospet'tivo/ [형] 회고의, 회상의
retrostante /retros'tante/ [형] (때로 a와 함께 쓰여) (~의) 뒤편의, 뒤에 있는
retroterra /retro'terra/ [남-불변] ① (바닷가가 아닌) 내륙 ② (비유적으로) 배경; retroterra culturale 문화적 배경
retrovia /retro'via/ [여] (특히 복수형으로 쓰여) [군사] 후방
retrovisore /retrovi'zore/ [남] (자동차의) 백미러
retta1 /'retta/ [여] dare retta a qn 누구의 말에 귀를 기울이다
retta2 /'retta/ [여] (학교의) 기숙사비; 등록금
retta3 /'retta/ [여] [기하] 직선
rettangolare /rettango'lare/ [형] 직사각형의
rettangolo /ret'tangolo/ [형] 직각의 - [남] 직사각형
rettifica /ret'tifika/ [여] (복 : -che) 수정, 조정, 교정
rettificare /rettifi'kare/ [타동] ① 고치다, 수정하다, 조정하다, 교정하다 ② (도로・강 따위를) 곧게 하다
rettile /'rettile/ [남] 파충류의 동물
rettilineo /retti'lineo/ [형] ① 직선의, 곧은 ② (비유적으로) (행동 따위가) 정직한, 올바른 - [남] 곧은 길; rettilineo d'arrivo [스포츠] 홈스트레치, 최후의 직선 코스

rettitudine /retti'tudine/ [여] 정직, 올바름
retto /'retto/ [형] ① 똑바른, 곧은 ② (비유적으로) 정직한, 올바른; seguire la retta via 정도(正道)를 걷다 ③ [기하] 직선[직각]의; angolo retto 직각 - [남] [해부] 직장(直腸), 곧창자
rettore /ret'tore/ [남] ① (대학이나 각종 학교의) 교장, 학장, 총장 ② [가톨릭] 수도원장, 신학교장; 주임 사제
reumatico /reu'matiko/ (복 : -ci, -che) [형] 류머티즘의 - [남] (여 : -a) 류머티즘 환자
reumatismo /reuma'tizmo/ [남] [병리] 류머티즘
Rev. → Reverendo
reverendo /reve'rendo/ [형] (성직자에 대한 경칭으로) ~ 목사[신부]님 - [남] 성직자, 목사, 신부
reverenziale /reveren'tsjale/ [형] 공손한, 존경을 표시하는; timore reverenziale 외경(畏敬)
reversibile /rever'sibile/ [형] 역으로[거꾸로] 할 수 있는; [물리・화학] 가역(可逆)의; [법률] (권리 따위가) 복귀 가능한
revisionare /revizjo'nare/ [타동] ① (문서・계약 따위를) 교정[수정]하다, 개정하다 ② (자동차 따위를) 정비하다
revisione /revi'zjone/ [여] ① (문서・계약 따위의) 교정, 수정, 개정 ② (자동차 따위의) 정비
revisore /revi'zore/ [남] 교정 보는 사람 (또는 revisore di bozze)
revoca /'revoka/ [여] (복 : -che) (법령이나 기타 명령・결정 따위의) 폐지, 취소, 파기, 철회
revocare /revo'kare/ [타동] (법령이나 기타 명령・결정 따위를) 폐지하다, 취소하다, 무효로 하다
revolver /re'vɔlver/ [남-불변] (탄창 회전식) 연발 권총
revolverata /revolve'rata/ [여] 권총 사격[발사]
Rh /erre'akka/ [남-불변] fattore Rh [생화학] 리서스 인자; Rh positivo[negativo] Rh 양성[음성]의
RI → Repubblica Italiana 이탈리아 공화국
riabbracciare /riabbrat'tʃare/ [타동] ① (사람을) 다시 껴안다 ② 다시 만나다; spero di riabbracciarvi presto (편지

글에서) 곧 다시 만나뵙기를 바랍니다
riabilitare /riabili'tare/ [타동] 원상 복귀시키다, (명예 따위를) 회복시키다; riabilitare il proprio nome 오명을 씻다, 명성을 되찾다, 명예를 회복하다 - riabilitarsi [재귀동사] 오명을 씻다, 명성을 되찾다, 명예를 회복하다
riabilitazione /riabilitat'tsjone/ [여] (명예 따위의) 회복
riabituarsi /riabitu'arsi/ [재귀동사] (a와 함께 쓰여) (~에) 다시 익숙해지다
riaccendere /riat'tʃendere/ [타동] (~에) 다시 불을 붙이다; (기계류 따위를) 작동시키다 - riaccendersi [재귀동사] ① 불이 다시 붙다; (기계류 따위가) 다시 작동되다 ② (비유적으로) (논쟁 따위가) 다시 가열되다; (열정 따위가) 다시 타오르다
riacquistare /riakkwis'tare/ [타동] ① 되사다; 다시 구입하다 ② (비유적으로) (기운·건강·자유 따위를) 되찾다, 회복하다
riacutizzarsi /riakutid'dzarsi/ [재귀동사] (병이) 재발하다, 악화되다
riadattare /riadat'tare/ [타동] 다시[고쳐] 만들다, 재조정하다 - riadattarsi [재귀동사] (a와 함께 쓰여) (~에) 다시 적응하다
riaddormentarsi /riaddormen'tarsi/ [재귀동사] 다시 잠들다
riagganciare /riaggan'tʃare/ [타동] ① 다시 연결하다 ② (전화기를) 끊다, (수화기를) 내려놓다 - riagganciarsi [재귀동사] (a와 함께 쓰여) (~에) 다시 연결되다; (화제 따위가 ~으로) 되돌아가다
riaggiustare /riaddʒus'tare/ [타동] 다시 고치다[수리하다]
riallacciare /riallat'tʃare/ [타동] ① (끈 따위를) 다시 매다, (벨트 따위를) 다시 고정시키다 ② (비유적으로) (관계 따위를) 새로 맺다 ③ (전화 따위를) 다시 연결하다 - riallacciarsi [재귀동사] (a와 함께 쓰여) (~에) 다시 연결되다
rialzare /rial'tsare/ [타동] ① 다시 들어 올리다 ② (위치를) 높이다; (가격 따위를) 올리다 - [자동] (조동사 : essere) (가격·온도 따위가) 오르다, 높아지다 - rialzarsi [재귀동사] 일어나다, 일어서다
rialzato /rial'tsato/ [형] 들어올려진, 높여진; piano rialzato 중2층(中二層; 1층과 2층 사이)

rialzo /ri'altso/ [남] ① (가격·온도 따위의) 오름, 상승, 증가; tendenza al rialzo (주식의) 오름세 ② 높은 곳
riammalarsi /riamma'larsi/ [재귀동사] 다시 병들다, 병이 재발하다
riandare /rian'dare/ [자동] (조동사 : essere) 되돌아가다; riandare in un luogo 어떤 장소로 되돌아가다; riandare al passato (비유적으로) 과거를 회상하다
rianimare /riani'mare/ [타동] ① (사람·병자를) 되살리다, 소생시키다 ② 기운나게 하다 ③ (토론·대화 따위에) 활기를 불어넣다, (분위기를) 되살리다 - rianimarsi [재귀동사] ① (사람이) 되살아나다, 소생하다, 의식을 회복하다 ② (열정 따위가) 다시 타오르다; (토론·대화 따위가) 활기를 띠다 ③ 용기를 내다
rianimazione /rianimat'tsjone/ [여] 소생, 의식 회복
riapertura /riaper'tura/ [여] (학교의) 개학; (사업 따위의) 재개
riapparire /riappa'rire/ [자동] (조동사 : essere) 다시 나타나다
riaprire /ria'prire/ [타동] (문·가게 따위를) 다시 열다; (토론 따위를) 재개하다 - riaprirsi [재귀동사] 다시 열리다; 재개되다
riarmo /ri'armo/ [남] 재무장, 재군비
riascoltare /riaskol'tare/ [타동] (음악·대화 등을) 다시 듣다, (녹음 테이프 따위를) 다시 틀다
riassestare /riasses'tare/ [타동] 재배치하다; 재조직하다
riassettare /riasset'tare/ [타동] (집이나 방 따위를) 정돈하다
riassetto /rias'setto/ [남] 정돈; 재조직
riassumere /rias'sumere/ [타동] ① (내용을) 요약하다 ② (직원을) 다시 고용하다 ③ (지위 따위를) 다시 차지하다
riassumibile /riassu'mibile/ [형] 요약할 수 있는; è riassumibile in poche parole 그것은 몇 마디로 요약할 수 있다
riassunto /rias'sunto/ [남] 요약, 개요; fare il riassunto di qc 무엇을 요약하다
riattaccare /riattak'kare/ [타동] ① (종이 따위를) 다시 붙이다; (단추 따위를) 다시 달다; (그림 따위를) 다시 걸다 ② riattaccare (il telefono) (전화를) 끊다 ③ 다시 시작하다, 재개하다;

riattaccare discorso con qn 누구와 다시 이야기하기 시작하다

riattivare /riatti'vare/ [타동] (시설 따위를) 다시 이용 가능하게 하다, 재가동하다

riavere /ria'vere/ [타동] ① 다시 갖게[얻게] 되다, 다시 ~한 상태가 되다; oggi ho riavuto la nausea 오늘 또 메스꺼움을 느꼈어 ② (빌려줬던 것을) 되돌려 받다 - **riaversi** [재귀동사] (원기·의식 따위를) 회복하다; (위기 따위에서) 벗어나다

riavvicinamento /riavvitʃina'mento/ [남] 화해, 친교의 회복

riavvicinare /riavvitʃi'nare/ [타동] ① (a와 함께 쓰여) (~에) 다시 가까이 가져다놓다 ② (사람 사이를) 화해시키다 - **riavvicinarsi** [재귀동사] ① (a와 함께 쓰여) (~에) 다시 가까이 다가가다 ② (a qn과 함께 쓰여) (누구와) 화해하다

ribadire /riba'dire/ [타동] 재확인하다, 거듭 강조하다

ribalta /ri'balta/ [여] ① (책상이나 침대의 옆에 붙어 접을 수 있게 되어 있는) 보조판 ② (극장의) 막(幕) 앞으로 내민 무대 ③ (비유적으로) essere alla ribalta 각광을 받고 있다; tornare alla ribalta (배우나 정치인 등이 무대나 정계에) 컴백하다

ribaltabile /ribal'tabile/ [형] (책상이나 좌석 따위가) 접을 수 있게 되어 있는

ribaltare /ribal'tare/ [타동] ① (의자나 침대 따위를) 접다 ② (물건을) 뒤집다, 거꾸로 하다 ③ (비유적으로) (상황이나 결과를) 뒤집다, 전복시키다; (정부를) 타도하다 - **ribaltarsi** [재귀동사] (물건이) 뒤집히다; (상황이) 뒤집히다

ribassare /ribas'sare/ [타동] (금액·가격 따위를) 줄이다, 깎다 - [자동] (조동사 : essere) (가치가) 떨어지다, 하락하다

ribasso /ri'basso/ [남] (가치의) 하락; essere in ribasso 하락세다; tendenza al ribasso (주식의) 하락세, 내림세

ribattere /ri'battere/ [타동] ① 다시 때리다[치다] ② (타자를) 다시 치다 ③ (논쟁 등에서) 반박하다, 맞받아 응수하다

ribattezzare /ribatted'dzare/ [타동] ① (~에게) 다시 세례를 베풀다 ② (~에게) 새 이름을 지어주다

ribellarsi /ribel'larsi/ [재귀동사] (a 또는 contro와 함께 쓰여) (~에 대해) 반란을 일으키다, 들고 일어나다; 반항[대항]하다

ribelle /ri'bɛlle/ [형] ① 반란의, 반역의 ② 반역하는; 반항하는 ③ (머리카락 따위가) 흐트러지기 쉬운 - [남/여] 반역자; 반항하는 사람

ribellione /ribel'ljone/ [여] (contro와 함께 쓰여) (~에 대한) 반란, 반역; 반발, 반항

ribes /'ribes/ [남-불변] [식물] 까치밥나무; 그 열매; ribes nero 블랙커런트

ribollire /ribol'lire/ [자동] (조동사 : avere) ① 다시 끓다 ② (비유적으로) (사람이 분노 등으로 인해) 속이 끓어오르다 ③ 발효하다

ribrezzo /ri'breddzo/ [남] 혐오, 역겨움, 매우 싫음; provare ribrezzo per qc 무엇을 매우 싫어하다

ributtante /ribut'tante/ [형] 혐오감을 일으키는, 역겨운, 매우 싫은

ributtare /ribut'tare/ [타동] ① 되돌려 [도로] 던지다 ② 격퇴하다, 물리치다 ③ 토하다 - **ributtarsi** [재귀동사] 몸을 도로 던지다; ributtarsi a letto 다시 침대에 몸을 던지다, 다시 드러눕다

ricadere /rika'dere/ [자동] (조동사 : essere) ① 다시[도로] 떨어지다; ricadere nel peccato (비유적으로) 다시 나쁜 길로 빠지다 ② (su와 함께 쓰여) (책임·죄 따위가) (~에게) 떨어지다, (~의) 몫이 되다 ③ 드리워지다, 늘어지다; i capelli le ricadevano sulle spalle 머리카락이 그녀의 어깨 위에 드리워졌다

ricaduta /rika'duta/ [여] ① (병의) 재발, 도짐 ② (비유적으로) 영향, 파급 효과 - ricaduta radioattiva 방사성 낙진

ricalcare /rikal'kare/ [타동] ① (도안 따위를) (위에서) 베끼다, 투사(透寫)하다 ② 그대로 따라하다, 충실히 따르다; ricalcare le orme di qn 누구의 발자취[뒤]를 따르다

ricamare /rika'mare/ [타동] ① 수놓다 ② (이야기를) 윤색하다, 과장하다

ricambiare /rikam'bjare/ [타동] (인사·초대·칭찬·친절·호의·사랑 등에) 답례하다, 보답하다

ricambio /ri'kambjo/ [남] (복 : -bi) ① 바꿈, 교체; (옷 따위를) 갈아입기 ② 답례, 보답 ③ (pezzo di) ricambio 예비 부품 ④ (인원의) 교체 ⑤ [생리] 신진

대사

ricamo /ri'kamo/ [남] ① 자수, 수놓기 ② 자수품, 수를 놓아 만든 것 ③ (이야기의) 윤색, 과장

ricapitolare /rikapito'lare/ [타동] 요약하다; ricapitolando ~, per ricapitolare ~ 요약하자면 ~

ricapitolazione /rikapitolat'tsjone/ [여] 요약

ricaricabile /rikari'kabile/ [형] (배터리가) 충전식의; 보충[리필]이 가능한

ricaricare /rikari'kare/ [타동] ① (차에) 다시 짐을 싣다 ② 다시 채우다, 보충[리필]하다; (총을) 다시 장전하다; (배터리를) 재충전하다 ③ (비유적으로) 기운 나게 하다

ricascare /rikas'kare/ [자동] (조동사 : essere) ① 다시 떨어지다 ② (비유적으로) (원래의 나쁜 상태로) 되돌아가다, (실수 따위를) 되풀이하다

ricattare /rikat'tare/ [타동] 공갈하다, 협박하다

ricattatore /rikatta'tore/ [남] (여 : -trice) 공갈[협박]하는 사람

ricatto /ri'katto/ [남] 공갈, 협박; fare un ricatto a qn 누구에게 공갈[협박]하다

ricavare /rika'vare/ [타동] (da와 함께 쓰여) ① (물질 따위를 ~으로부터) 뽑아내다, 추출하다 ② (이익 따위를 ~으로부터) 얻다, 획득하다; dalla vendita ha ricavato ben poco 그는 (무언가를) 팔아서 이익을 조금 밖에 얻지 못하였다 ③ (결론·교훈 따위를 ~으로부터) 이끌어내다

ricavato /rika'vato/ [남] 수입, 수익, 이득; il ricavato di una vendita 판매 수입

ricavo /ri'kavo/ [남] 수입, 수익, 이득; ricavo netto 순수입

riccamente /rikka'mente/ [부] 부유하게, 풍족하게

ricchezza /rik'kettsa/ [여] ① 부(富), 부유; una fonte di ricchezza per ~의 부의 원천 ② 풍족, 풍성, 풍부; in questa zona c'è ricchezza di carbone 이 지역에는 석탄이 풍부하다 - ricchezze [여·복] ① 부(富), 재산, 재물; accumulare ricchezze 부를 축적하다, 재산을 모으다 ② 보물, 값나가는 것

riccio1 /'rittʃo/ (복 : -ci, -ce) [형] (머리카락이) 곱슬곱슬한; (사람이) 곱슬머리의 - [남] (머리카락의) 컬, 곱슬머리

riccio2 /'rittʃo/ [남] (복 : -ci) ① [동물] 고슴도치 ② 밤 껍질 - riccio di mare [동물] 성게

ricciolo /'rittʃolo/ [남] (머리카락의) 컬, 곱슬머리

ricciuto /rit'tʃuto/ [형] (머리카락이) 곱슬곱슬한; (사람이) 곱슬머리의

ricco /'rikko/ (복 : -chi, -che) [형] ① 부유한, 유복한 ② (di와 함께 쓰여) (~이) 풍족[풍부]한, 풍성한 ③ (토지가) 비옥한, 기름진; 맛이 좋은; 영양분 있는; 화려한, 호화로운; alimento ricco di vitamine 비타민 함량이 높은 식품 - [남] (여 : -a) 부자

ricerca /ri'tʃerka/ [여] (복 : -che) ① (학술) 연구, 탐구; 조사 ② 찾기, 수색; mettersi alla ricerca di ~을 찾아 나서다 ③ 추구, 구함 ④ (어떤 문제에 대한) 조사, 알아보기; fare delle ricerche 조사하다, 알아보다 ⑤ [컴퓨터] 검색 - ricerca di mercato 시장조사

ricercare /ritʃer'kare/ [타동] ① 다시 찾다 ② 찾다, 구하다, 추구하다

ricercatezza /ritʃerka'tettsa/ [여] ① 세련됨, 우아함 ② 짐짓 꾸밈

ricercato /ritʃer'kato/ [형] ① 많은 사람들이 찾는, 인기 있는 ② 세련된, 우아한 ③ 짐짓 꾸민 - [남] (여 : -a) (경찰의) 지명 수배자

ricercatore /ritʃerka'tore/ [남] (여 : -trice) (학술) 연구원, 조사원

ricetrasmettitore /ritʃetrazmetti'tore/ [남] 라디오 송수신기, 트랜스시버

ricetta /ri'tʃetta/ [여] ① (의사의) 처방; fare una ricetta a qn 누구에게 처방을 써 주다 ② 레시피, 조리법 ③ (contro 또는 per와 함께 쓰여) (~에 대한) 방법, 해결책

ricettacolo /ritʃet'takolo/ [남] ① 그릇, 용기; 모아두는 장소 ② (비유적으로) (도둑 따위의) 소굴

ricettario /ritʃet'tarjo/ [남] (복 : -ri) ① (의사의) 처방전 ② 요리책

ricettatore /ritʃetta'tore/ [남] (여 : -trice) 장물 취득자

ricettazione /ritʃettat'tsjone/ [여] 장물 취득

ricettivo /ritʃet'tivo/ [형] ① 수용하는, 받아들이는 ② (병에) 걸리기 쉬운

ricevente /ritʃeˈvɛnte/ [형] [통신] (전파를) 수신하는 - [남/여] 수취인, 수령인, 받는 사람

ricevere /riˈtʃevere/ [타동] ① 받다, 얻다; 당하다; 받아들이다; ricevere notizie di qn 누구한테서 소식을 전해 듣다; ricevere un rifiuto 퇴짜를 맞다 ② 맞이하다, 환영하다; (손님·방문객을) 받다 ③ [통신] (전파를) 수신하다

ricevimento /ritʃeviˈmento/ [남] ① 환영회, 리셉션; ricevimento di nozze 결혼 피로연 ② 받음, 수취, 수령; al ricevimento della merce 물품을 받는 대로

ricevitore /ritʃeviˈtore/ [남] ① 수금원; ricevitore delle imposte 세금 징수원 ② (전화의) 수화기 ③ (TV·라디오의) 수신기

ricevitoria /ritʃevitoˈria/ [여] 세무서; (마권 따위의) 매표소

ricevuta /ritʃeˈvuta/ [여] ① 수령, 수취 ② 영수증

ricezione /ritʃetˈtsjone/ [여] ① 수령, 수취 ② (TV·라디오의) (전파) 수신

richiamare /rikjaˈmare/ [타동] ① 다시 부르다; 다시 전화하다 ② 다시 불러 들이다, 되돌아오게 하다, 소환하다; (군대를) 철수시키다 ③ 생각나게 하다, 상기시키다; richiamare qc alla memoria di qn 누구로 하여금 무엇을 생각나게 하다 ④ 주의를 주다 ⑤ (관심을) 끌다 - richiamarsi [재귀동사] (a와 함께 쓰여) (~에 대해) 언급하다 - richiamare qn in vita 누구를 되살리다[소생시키다]

richiamo /riˈkjamo/ [남] ① 부름, 외침 ② (군사의) 징집, 소집 ③ 관심을 끎 ④ 주의를 줌, 경고 ⑤ (상호) 참조

richiedere /riˈkjedere/ [타동] ① 재차 요청하다 ② 요청하다; 신청하다; hanno richiesto il suo intervento 그들은 그의 개입을 요청했다 ③ 필요로 하다; (필연적인 것으로서) 수반하다; tutto ciò richiede tempo e pazienza 이 모든 것들은 시간과 인내를 요구한다

richiesta /riˈkjɛsta/ [여] ① (di와 함께 쓰여) (~에 대한) 요구, 요청; a richiesta 요구[요청]에 의해[따름]; su richiesta di ~의 요구[요청]에 의해 ② (di와 함께 쓰여) (~에 대한) 신청, 지원; fare richiesta di (여권·비자 따위를) 신청하다, (일자리 등에) 지원하다 ③ [경제] 수요

richiesto /riˈkjɛsto/ [형] ① 수요가 많은, 인기 있는 ② (서류·정보 따위가) 요구되는, 필요한

richiudere /riˈkjudere/ [타동] (문 따위를) 다시 닫다 - richiudersi [재귀동사] (문 따위가) 다시 닫히다

riciclaggio /ritʃiˈkladdʒo/ [남] (복 : -gi) (물건의) 재활용 - riciclaggio di denaro sporco 돈[자금] 세탁

riciclare /ritʃiˈklare/ [타동] ① (물건을) 재활용하다 ② (자금을) 세탁하다

ricino /ˈritʃino/ [남] [식물] 피마자, 아주까리

ricognizione /rikoɲɲitˈtsjone/ [여] ① [군사] 정찰 ② [법률] 승인

ricollegare /rikolleˈgare/ [타동] ① 다시 연결하다 ② (비유적으로) (a와 함께 쓰여) (~에) 관련[연관]시키다 - ricollegarsi [재귀동사] 관련[연관]되다

ricolmare /rikolˈmare/ [타동] ① 다시 (가득) 채우다 ② (비유적으로) ricolmare qn di 누구에게 (선물·관심 따위를) 퍼붓다

ricolmo /riˈkolmo/ [형] (di와 함께 쓰여) (~으로) 가득 찬, 넘칠 듯한; ricolmo di gioia (비유적으로) 기쁨이 넘치는

ricominciare /rikominˈtʃare/ [타동] 다시 시작하다, 재개하다; ricominciare a fare qc 다시 ~하다 - [자동] (조동사 : essere) 다시 시작되다, 재개되다; ricomincia a piovere 비가 또 내리고 있다

ricomparire /rikompaˈrire/ [자동] (조동사 : essere) 다시 나타나다; (병 따위가) 재발하다

ricomparsa /rikomˈparsa/ [여] 다시 나타남, 재출현; (병 따위의) 재발

ricompensa /rikomˈpensa/ [여] 보상, 보답

ricompensare /rikompenˈsare/ [타동] 보상[보답]하다

ricomporre /rikomˈporre/ [타동] ① 다시 만들다[작성하다] ② [인쇄] (활자를) 다시 짜다 - ricomporsi [재귀동사] 마음을 가라앉히다, 침착함을 되찾다

riconciliare /rikontʃiˈljare/ [타동] ① 화해시키다 ② (con과 함께 쓰여) (~와) 일치[조화]시키다 ③ 다시 얻다[획득하다] - riconciliarsi [재귀동사] (con과 함께 쓰여) (~와) 화해하다

riconciliazione /rikontʃiliat'tsjone/ [여] 화해, 친교의 회복

ricondurre /rikon'durre/ [타동] 되돌리다, 되돌아가게 하다

riconferma /rikon'ferma/ [여] 재확인, 확증; (계약 따위의) 갱신

riconfermare /rikonfer'mare/ [타동] 재확인[확증]하다; (계약 따위를) 갱신하다

riconoscente /rikonoʃʃɛnte/ [형] 고맙게 여기는, 감사하는

riconoscenza /rikonoʃʃentsa/ [여] 고맙게 여김, 감사하는 마음, 사의

riconoscere /riko'noʃʃere/ [타동] ① (사람을) 인지하다, 알아보다; (신원을) 확인하다; l'ho riconosciuto dalla voce 나는 목소리를 듣고 그 사람임을 알았다; farsi riconoscere 자신의 신원을 증명하다 ② 인정하다, 시인하다; devo riconoscere che hai ragione 네가 옳다는 걸 인정할 수밖에 없구나; riconoscere a qn il diritto di fare qc 누가 무엇을 할 권리를 인정하다 ③ (정식으로) 승인하다, 인가하다, 공인하다 ④ 구별하다 - riconoscersi [재귀동사] ① 스스로 인정하다; riconoscersi colpevole 자신의 잘못을 인정하다 ② 서로 인지하다[알아보다]

riconoscimento /rikonoʃʃi'mento/ [남] ① 인지, 알아봄; 신원 확인; documento di riconoscimento 신원증명서 ② 인정, 시인 ③ (정식의) 승인, 인가, 공인 - segno di riconoscimento (다른 것과 구별되는, 두드러지는) 특징

riconosciuto /rikonoʃʃuto/ [형] 인정 받은; 승인[인가]된

riconquista /rikon'kwista/ [여] (영토의) 재정복; (자유·권리의) 회복

riconquistare /rikonkwis'tare/ [타동] (영토를) 재정복하다; (자유·권리 따위를) 다시 찾다, 회복하다

riconsegnare /rikonseɲ'ɲare/ [타동] 다시 건네주다[넘겨주다]; 되돌려주다

ricoperto /riko'perto/ [형] (di와 함께 쓰여) (~으로) (뒤)덮인 - [남] 초코 아이스크림

ricopiare /riko'pjare/ [타동] ① 베끼다; 정서(淨書)하다 ② (원본을) 그대로[충실히] 따르다

ricoprire /riko'prire/ [타동] ① (di와 함께 쓰여) (~으로) (뒤)덮다; (덮개 따위를) 씌우다, 덮다 ② (지위·직책을) 차지하다 ③ (비유적으로) (di와 함께 쓰여) (선물·칭찬 따위를) 퍼붓다 - **ricoprirsi** [재귀동사] (di와 함께 쓰여) (~으로) (뒤)덮이다, (~에) 싸이다; il cielo si è ricoperto di nuvole 하늘이 구름으로 뒤덮였다

ricordare /rikor'dare/ [타동] ① (잊지 않고) 기억하고 있다; ricordare di aver fatto qc ~했던 것을 기억하다; se ben ricordo 내 기억이 맞다면 ② 생각나게 하다, 상기시키다; ricordare qc a qn 누구에게 무엇을 상기시키다 ③ 언급하다, 거명하다 - **ricordarsi** [재귀동사] (di와 함께 쓰여) (~을) 기억하고 있다; ti ricordi di me? 너 날 기억하니?

ricordino /rikor'dino/ [남] 기념품

ricordo /ri'kɔrdo/ [남] ① (과거에 대한) 기억, 추억; serbare un buon ricordo di qc 무엇에 대해 좋은 기억을 갖고 있다 ② (과거의) 흔적 ③ 기념품

ricorrente /rikor'rɛnte/ [형] 자꾸 일어나는[발생하는], 되풀이되는; (병이) 재발하는, 도지는 - [남/여] [법률] 원고

ricorrenza /rikor'rentsa/ [여] ① 자꾸 일어남, 되풀이, 재현, 재발 ② (해마다 돌아오는) 기념일, 축일

ricorrere /ri'korrere/ [자동] (조동사 : essere) ① (a와 함께 쓰여) (~을) 수단으로 삼다, (~에) 의지[호소]하다; ricorrere alle vie legali 법적 조처를 취하다 ② [법률] 항소[상고]하다 ③ 자꾸 일어나다[발생하다], 되풀이되다; (기념일 따위가) 해마다 돌아오다

ricorso /ri'korso/ [남] ① fare ricorso a ~을 수단으로 삼다, ~에 의지[호소]하다 ② [법률] 항소, 상고 ③ 자꾸 일어남, 되풀이, 재현, 재발

ricostituente /rikostitu'ɛnte/ [형] (약이나 식품이) 건강[원기]을 회복시키는 - [남] 강장제

ricostituire /rikostitu'ire/ [타동] ① 재구성[재편성]하다, 개조하다 ② 건강[원기]을 회복시키다 - **ricostituirsi** [재귀동사] 재구성[재편성]되다

ricostruire /rikostru'ire/ [타동] ① (건물을) 다시 짓다[건축하다]; (도시·경제 등을) 재건하다; (짜맞추어) 다시 만들다 ② (사건 등을) 재현[재구성]하다

ricostruzione /rikostrut'tsjone/ [여] ① (건물의) 재건축; (도시·경제 등의) 재건

② (사건 등의) 재현, 재구성
ricotta /ri'kɔtta/ [여] 리코타 (이탈리아산 치즈의 일종)
ricoverare /rikove'rare/ [타동] (병원이나 사회 복지 시설 등에) 입원[입소]시키다 - ricoverarsi [재귀동사] (in과 함께 쓰여) ① (병원 등에) 입원하다 ② (~에서) 쉴 곳을 찾다
ricoverato /rikove'rato/ [형] 입원한 - [남] (여 : -a) 입원 환자
ricovero /ri'kovero/ [남] ① 입원 ② 쉴 곳, 쉼터; (양로원 등의) 사회 복지 시설
ricreare /rikre'are/ [타동] ① 다시 만들다 ② 원기를 회복시키다, 기분을 전환시키다; 즐겁게 해주다 - ricrearsi [재귀동사] 기분 전환을 하다
ricreativo /rikrea'tivo/ [형] 휴양의, 오락의, 기분 전환의
ricreazione /rikreat'tsjone/ [여] ① (학교의) 쉬는 시간 ② 휴양, 오락, 레크리에이션
ricredersi /ri'kredersi/ [재귀동사] (su와 함께 쓰여) (~에 대한) 생각을 바꾸다
ricrescere /ri'kreʃʃere/ [자동] (조동사 : essere) (머리카락이나 수염 따위가) 다시 자라다
ricucire /riku'tʃire/ [타동] 꿰매어 붙이다, 깁다, 수선하다
ricuperare /rikupe'rare/ → recuperare
ricupero /ri'kupero/ → recupero
ricurvo /ri'kurvo/ [형] 굽은, 구부러진; 돌돌 말린
ricusare /riku'zare/ [타동] (초대·제안 따위를) 거절하다
ridacchiare /ridak'kjare/ [자동] (조동사 : avere) 낄낄 웃다
ridare /ri'dare/ [타동] ① 다시 주다 ② 되돌려 주다 ③ (건강 따위를) 회복시키다
ridarella /rida'rella/ [여] 낄낄 웃음
ridente /ri'dente/ [형] ① (표정이) 웃고 있는 ② (경치 따위가) 보기 좋은, 마음에 드는
ridere /'ridere/ [자동] (조동사 : avere) ① 웃다; ridere di cuore 마음껏 웃다; non c'è niente da ridere!, c'è poco da ridere! 웃을 일이 아냐!; lo ha detto per ridere 그는 농담으로 그 말을 했다; c'è da morire dal ridere! 아이구, 웃겨!; ma non farmi ridere! (구어체에서) 웃기지 마! ② (di와 함께 쓰여) (~을 보고) 비웃다, 놀리다, 조소하다 - ridersi [재귀동사] (di와 함께 쓰여) (~을 보고) 비웃다, 놀리다, 조소하다 - [남] 웃음
ridestare /rides'tare/ [타동] (열정·기억 따위를) 일깨우다 - ridestarsi [재귀동사] (희망·열정 따위가) 다시 생기다
ridicolaggine /ridiko'laddʒine/ [여] 터무니없음, 어리석음; 터무니없는[어리석은] 것
ridicolizzare /ridikolid'dzare/ [타동] 비웃다, 조롱하다
ridicolo /ri'dikolo/ [형] 웃기는, 우스꽝스러운; 터무니없는, 어리석은; rendersi ridicolo 웃음거리가 되다 - [남] 비웃음, 놀림, 조롱, 조소; mettere in ridicolo 비웃다, 놀리다, 조롱하다
ridimensionamento /ridimensjona'mento/ [남] (규모 따위의) 재조정, 재편성, 감축; (경비 따위의) 삭감
ridimensionare /ridimensjo'nare/ [타동] ① (규모 따위를) 재조정[재편성]하다, 감축하다; (경비 따위를) 삭감하다 ② (비유적으로) 한계를 적시하다, (과장하지 않고) 바르게[현실에 맞게] 평가하다 - ridimensionarsi [재귀동사] ① (규모 따위가) 재조정[재편성]되다, 감축되다 ② (꿈·야망 따위가) 보다 현실적인 방향으로 축소되다
ridire /ri'dire/ [타동] ① 다시 말하다 ② 비판하다, 나쁘게 말하다; trovare da ridire su ~의 흠을 잡다 ③ 반복하다, 되풀이하다
ridiscendere /ridiʃʃendere/ [타동] (계단 따위를) 다시 내려가다 - [자동] (조동사 : essere) 되돌아가다, 다시 내려가다
ridistribuzione /ridistribut'tsjone/ [여] 재분배
ridondante /ridon'dante/ [형] (문체가) 화려한; 말이 많은, 장황한
ridosso /ri'dɔsso/ [남] a ridosso di i) ~의 보호 하에 ii) ~을 뒤로 하고, ~의 근처에
ridotto /ri'dotto/ [형] ① 줄어든, 감소한; (가격이) 할인된 ② 작은
ridurre /ri'durre/ [타동] ① 줄이다, 감소시키다, 축소하다 ② (in과 함께 쓰여) (가루·조각 따위로) 만들다, 변형시키다; ridurre qc in cenere 무엇을 재로 만들다 ③ 진압하다, 복종시키다; ridurre qn in poltiglia 누구를 꼼짝 못하게 만들다 ④ [수학] 통분[약분]하다

⑤ [화학] 환원시키다 - ridursi [재귀동사] ① 줄다, 감소하다, 축소되다 ② (좋지 않은) 상태가 되다; si è ridotto a mendicare 그는 구걸하는 신세가 되었다

riduttivo /ridut'tivo/ [형] 줄이는, 감소[축소]의

riduttore /ridut'tore/ [남] ① [기계] 어댑터 ② [화학] 환원제

riduzione /ridut'tsjone/ [여] ① 감소, 축소; 감축, 삭감; (가격의) 할인; una riduzione del 10% 10% 할인 ② [수학] 약분, 통분 ③ [화학] 환원 ④ (TV·영화 등을 위한) 각색

riecheggiare /rieked'dʒare/ [자동] (조동사 : essere) (소리가) 울려 퍼지다, 반향하다

riedizione /riedit'tsjone/ [여] (출판물의) 재판(再版); (영화·연극의) 재상영, 재공연

rieducare /riedu'kare/ [타동] ① 재교육하다 ② (신체 기능 따위를) 원상으로 회복시키다

rieducazione /riedukat'tsjone/ [여] ① 재교육 ② (신체 기능 따위의) 원상 회복 ③ (범죄자의) 갱생

rielaborare /rielabo'rare/ [타동] (작품 따위를) 다시 손질하다

rileggere /rie'leddʒere/ [타동] 다시 뽑다[선출하다]

riemergere /rie'merdʒere/ [자동] (조동사 : essere) 다시 떠오르다[나타나다]

riempimento /riempi'mento/ [남] (용기(容器) 따위에 내용물을) 채워 넣기; materiali di riempimento 채워 넣는 재료

riempire /riem'pire/ [타동] ① (di 또는 con과 함께 쓰여) (용기(容器) 따위에 내용물을) 채우다 ② (빈칸을) 채우다; riempire un modulo 양식(樣式)에 기입하다 - riempirsi [재귀동사] (di와 함께 쓰여) (~으로) 가득 차다

riempitivo /riempi'tivo/ [형/남] (속을) 채우는 (것)

rientrante /rien'trante/ [형] (안쪽으로) 움푹 들어간

rientranza /rien'trantsa/ [여] ① (해안선 등의) 만입(灣入) ② (벽 따위의) 움푹 들어간 곳

rientrare /rien'trare/ [자동] (조동사 : essere) ① 다시[도로] 들어가다 ② 돌아오다; rientrare a casa 귀가하다 ③ (in과 함께 쓰여) ~의 일부다, ~에 속하다; non rientra nei miei doveri 그건 내가 할 일이 아니야 ④ (안쪽으로) 움푹 들어가다

rientro /ri'entro/ [남] 돌아옴, 귀환, 복귀; l'ora del rientro 퇴근[귀가] 시간

riepilogare /riepilo'gare/ [타동] (이야기 따위를) 요약하다

riepilogo /rie'pilogo/ [남] (복 : -ghi) (이야기 따위의) 요약; fare un riepilogo di qc 무엇을 요약하다

riesame /rie'zame/ [남] (계획 따위의) 재검토, (결정 따위의) 재고

riesaminare /riezami'nare/ [타동] (계획 따위를) 재검토하다, (결정 따위를) 재고하다

riessere /ri'ɛssere/ [자동] (조동사 : essere) ci risiamo! (구어체에서) 또 시작이군, 같은 상황이 되풀이되는군

riesumare /riezu'mare/ [타동] ① (시체를) 발굴하다 ② (비유적으로) (감춰졌던 것이나 지나간 것을) 꺼내다, 들추어내다, 드러내다, 되살리다

riesumazione /riezumat'tsjone/ [여] ① (시체의) 발굴 ② (비유적으로) (감춰졌던 것, 지나간 것의) 발굴, 들춰내기, 드러냄, 되살림

rievocare /rievo'kare/ [타동] ① (과거를) 상기하다 ② 생각나게 하다, 상기시키다 ③ (승리 따위를) 기념하다

rievocazione /rievokat'tsjone/ [여] ① 기억을 되살림, 과거를 상기시킴 ② (승리 등에 대한) 기념

rifacimento /rifatʃi'mento/ [남] (건축물 따위의) 수리, 보수, 복구; (영화의) 리메이크

rifare /ri'fare/ [타동] ① 다시 하다[만들다]; rifare gli stessi errori 같은 실수를 또 하다 ② 완전히 바꾸다, 개조하다 - rifarsi [재귀동사] ① 다시 ~하게 되다; rifarsi vivo 다시 나타나다 ② (di와 함께 쓰여) (손실을) 벌충하다 ③ (a와 함께 쓰여) (~와) 관련되다

riferimento /riferi'mento/ [남] ① (a와 함께 쓰여) (~와의) 관계, 관련; in[con] riferimento a ~에 관하여, ~와 관련하여 ② 언급; fare riferimento a ~에 대해 언급하다 ③ 기준; punto di riferimento (평가·판단의) 기준점

riferire /rife'rire/ [타동] ① 말하다, 이야기하다, 전하다; mi ha riferito tutto 그녀는 나에게 모든 것을 이야기했다 ②

(a와 함께 쓰여) (~와) 관련시키다 - [자동] (조동사 : avere) riferire a qn su qc 누구에게 무엇에 대해 이야기하다 - riferirsi [재귀동사] (a와 함께 쓰여) ① (~와) 관련되다 ② (~에 대해) 언급하다; (~을) 지시하다[나타내다]; a chi ti riferisci? 누굴 말하는 거야?
rifilare /rifi'lare/ [타동] (a와 함께 쓰여) (누구에게) 가짜를 속여 팔다[넘기다]
rifinire /rifi'nire/ [타동] 끝내다, 완료하다; 마무리 작업을 하다, 끝손질을 하다
rifinitura /rifini'tura/ [여] 마무리 작업, 끝손질
rifiorire /rifjo'rire/ [자동] (조동사 : essere) ① 다시 꽃피다 ② (비유적으로) 다시 번영하다
rifiutare /rifju'tare/ [타동] ① (제안·초대·선물 따위를) 거절[거부]하다; (증거 따위를) 채택하지 않다 ② (입장·접근 따위를) 허가하지 않다 - rifiutarsi [재귀동사] rifiutarsi di fare ~하기를 거부하다
rifiuto /ri'fjuto/ [남] (di와 함께 쓰여) (~에 대한) 거절, 거부 - rifiuti [남·복] 쓰레기, 폐기물
riflessione /rifles'sjone/ [여] ① 의견, 비평 ② 깊이 생각함, 숙고; dopo matura riflessione 충분히 생각한 뒤에 ③ [물리] 반사
riflessivo /rifles'sivo/ [형] ① 깊이 생각하는, 숙고하는 ② [문법] (대명사·동사가) 재귀의
riflesso /ri'flesso/ [남] ① (빛 따위의) 반사 ② [생리] 반사 작용[행동]; riflesso condizionato 조건 반사 ③ (비유적으로) 영향, 여파 ④ 빛, 빛깔 ⑤ di[per] riflesso 간접적으로, 결과적으로는 - [형] ① (빛 따위가) 반사된 ② [생리] 반사 작용[행동]의
riflettere /ri'flettere/ [타동] ① (빛 따위를) 반사하다 ② (비유적으로) 반영하다, 나타내다 - [자동] (조동사 : avere) (su와 함께 쓰여) (~에 대해) 깊이 생각하다, 숙고하다; agire senza riflettere 생각해보지 않고 행동하다 - riflettersi [재귀동사] ① (빛 따위가) 반사되다 ② (비유적으로) (su와 함께 쓰여) (~에) 영향 따위가 나타나다
riflettore /riflet'tore/ [남] ① (극장의) 스포트라이트; 조명 투사기 ② 반사기(器) ③ 반사 망원경 (telescopio riflettore)
rifluire /riflu'ire/ [자동] (조동사 : essere) ① 다시 흐르다 ② 역류하다
riflusso /ri'flusso/ [남] ① 역류 ② 썰물 ③ (비유적으로) 되돌아감
rifocillarsi /rifotʃil'larsi/ [재귀동사] 음식물을 먹으며 휴식을 취하다
rifondazione /rifondat'tsjone/ [여] 보상, 배상; 상환
rifondere /ri'fondere/ [타동] ① (금속을) 다시 주조하다 ② (비유적으로) (텍스트를) 다시 손질하다 ③ 보상[배상]하다; (돈을) 갚다, 상환하다; rifondere i danni a qn 누구에게 손해 배상을 하다
riforma /ri'forma/ [여] ① 개정, 개혁; la Riforma [역사] 종교개혁 ② 군복무 부적합 판정
riformare /rifor'mare/ [타동] ① 다시[고쳐] 만들다 ② 개정[개혁]하다 ③ (군인에게) 군복무 부적합 판정을 내리다 - riformarsi [재귀동사] 다시 만들어지다 [형성되다]
riformatore /riforma'tore/ [형] 개정[개혁]하는 - [남] (여 : -trice) 개혁가
riformatorio /riforma'tɔrjo/ [남] (복 : -ri) 소년원
riformattare /riformat'tare/ [타동] [컴퓨터] 다시 초기화하다
rifornimento /riforni'mento/ [남] (식량·물·연료 따위의) 공급, 보급; stazione di rifornimento 주유소 - rifornimenti [남·복] 식량, 양식
rifornire /rifor'nire/ [타동] ① (con 또는 di와 함께 쓰여) (식량이나 물 따위를) 공급하다 ② (교통수단 따위에) 연료를 주입하다 - rifornirsi [재귀동사] (di와 함께 쓰여) (~을) 마련하다, 조달하다
rifrangere /ri'frandʒere/ [타동] (빛을) 굴절시키다 - rifrangersi [재귀동사] (빛이) 굴절하다
rifratto /ri'fratto/ [형] (빛이) 굴절된
rifrazione /rifrat'tsjone/ [여] (빛의) 굴절
rifuggire /rifud'dʒire/ [자동] (조동사 : essere) (da와 함께 쓰여) (~을) 피하다, 멀리하다
rifugiarsi /rifu'dʒarsi/ [재귀동사] (in과 함께 쓰여) (~으로) 피신하다; (비 따위를 피해 ~으로) 가다
rifugiato /rifu'dʒato/ [남] (여 : -a) 피난한 사람, 망명자
rifugio /ri'fudʒo/ [남] (복 : -gi) ① 피난처, 도피처; cercare rifugio in ~에서 피난처를 구하다 ② (비유적으로) 안식처, 위로가 되는 것 - rifugio

antiaereo 방공호

riga /ˈriga/ [여] (복 : -ghe) ① 선, 줄, 라인; a righe (옷 따위에) 줄무늬가 있는 ② (머리의) 가르마 ③ (텍스트의) 행(行); buttare giù due righe 몇 줄 적다 ④ 자 (선을 긋는 데 쓰는 도구) ⑤ [군사·스포츠] 줄, 열(列); mettersi in riga 줄지어 서다, 정렬하다

rigaglie /riˈgaʎʎe/ [여·복] (닭 따위의) 식용 내장

rigagnolo /riˈgaɲɲolo/ [남] 개울, 작은 시내

rigare /riˈgare/ [타동] ① (종이 위에) 선[줄]을 긋다 ② (비유적으로) (표면에) 한 줄로 된 자국을 남기다; col volto rigato di lacrime 눈물이 흐른 자국이 있는 얼굴로 - rigare dritto 규칙 따위에 따르다, 바르게 행동하다

rigatoni /rigaˈtoni/ [남·복] 리가토니 (바깥쪽에 줄무늬가 있는 튜브 모양의 파스타)

rigattiere /rigatˈtjɛre/ [남] (여 : -a) 고물상

rigenerare /ridʒeneˈrare/ [타동] (타이어 따위를) 재생하다 - rigenerarsi [재귀동사] ① (생물) 다시 자라나다, 재생되다 ② (비유적으로) 다시 힘을 얻다

rigettare /ridʒetˈtare/ [타동] ① 다시 던지다 ② 되돌려[되받아] 던지다 ③ (비유적으로) (제안 따위를) 거절하다 ④ (음식물 따위를) 토하다 ⑤ [의학] (이식된 장기나 조직에) 거부 반응을 나타내다 - rigettarsi [재귀동사] (in과 함께 쓰여) (~에) 다시 뛰어들다

rigetto /riˈdʒetto/ [남] ① [의학] 거부 반응 ② (비유적으로) 거절, 거부

righello /riˈgello/ [남] 자 (선을 긋는 데 쓰는 도구)

rigidezza /ridʒiˈdettsa/ [여] ① (물질의) 단단함, 딱딱함, 뻣뻣함 ② (비유적으로) 엄격함, 엄함; 확고부동, 강직 ③ (기후의) 혹독함

rigidità /ridʒiˈta/ [여-불변] ① (물질의) 단단함, 딱딱함, 뻣뻣함 ② (비유적으로) 엄격함, 엄함; 확고부동, 강직 ③ (기후의) 혹독함

rigido /ˈridʒido/ [형] ① (물질이) 단단한, 딱딱한, 뻣뻣한 ② (비유적으로) 엄격한, 엄한; (원칙 따위가) 확고부동한, 강직한 ③ (기후가) 혹독한

rigirare /ridʒiˈrare/ [타동] ① (물체를) 돌리다, 뒤집다 ② (비유적으로) 바꾸다, 전환하다; rigirare il discorso 화제를 전환하다 - rigirarsi [재귀동사] 몸을 자꾸 돌리다, 뒤치락거리다

rigo /ˈrigo/ [남] (복 : -ghi) ① [인쇄] 행(行) ② [음악] 보표(譜表)

rigoglioso /rigoʎˈʎoso/ [형] ① (식물이) 잘 자라는; (숲이) 울창한 ② 번창하는, 잘되는

rigonfiamento /rigonfjaˈmento/ [남] ① 다시 부품[팽창함] ② 부은 곳, 혹

rigonfio /riˈgonfjo/ [형] (복 : -fi, -fie) ① 몹시 부푼[팽창한] ② (비유적으로) 우쭐한, 자만하는

rigore /riˈgore/ [남] ① (기후의) 혹독함 ② 엄격함, 엄함; punire qn con rigore 누구를 엄히 벌하다 ③ 정밀, 정확 ④ [축구] 페널티 킥; area di rigore 페널티 에어리어 ⑤ di rigore 반드시 ~해야 하는 - a rigor di logica 엄밀히 말하면

rigorosamente /rigorosaˈmente/ [부] 엄격하게, 엄하게; è rigorosamente vietato 엄금돼 있다

rigoroso /rigoˈroso/ [형] ① 엄격한, 엄한 ② 엄밀한, 정밀한, 정확한

rigovernare /rigoverˈnare/ [타동] ① (접시 따위를) 닦다 ② (동물 따위를) 돌보다

riguadagnare /rigwadaɲˈɲare/ [타동] ① 다시 얻다[획득하다] ② (비유적으로) (손실을) 벌충하다

riguardante /rigwarˈdante/ [형] (~에) 관련된

riguardare /rigwarˈdare/ [타동] ① (~에) 관련되다; 적용되다; è un libro che riguarda ~ 그건 ~에 관한 책이야; per quel che mi riguarda 나로서는; sono affari che non ti riguardano 네가 관여할 일이 아니야 ② 다시 (살펴)보다; 검토하다 - riguardarsi [재귀동사] 자기 자신(의 건강)을 돌보다

riguardo /riˈgwardo/ [남] ① 배려, 고려; 존중; per riguardo a ~을 고려하여, trattare qn col massimo riguardo 누구를 최대한 존중하다; parlare senza (tanti) riguardi 거리낌없이 말하다 ② riguardo a ~에 관하여는; riguardo a me 나로서는

riguardoso /rigwarˈdoso/ [형] 사려 깊은, 배려[존중]하는

rigurgitare /rigurdʒiˈtare/ [타동] (음식물

을) 토하다 - [자동] ① (조동사 : avere) 넘치다, 넘쳐 흐르다 ② (조동사 : essere) 역류하다 ③ (조동사 : avere) (비유적으로) (di와 함께 쓰여) (~으로) 꽉 차다

rigurgito /ri'gurdʒito/ [남] ① 구토 ② 넘쳐 흐름

rilanciare /rilan'tʃare/ [타동] ① 다시 던지다; 도로[되받아] 던지다 ② (비유적으로) 다시 시작하다, 재개하다; 부흥시키다 ③ rilanciare la posta (카드놀이에서) 판돈을 올리다; rilanciare un'offerta (경매에서) 값을 올려 부르다

rilancio /ri'lantʃo/ [남] (복 : -ci) ① 재개; 부흥 ② (카드놀이에서) 판돈을 올리기; (경매에서) 값을 올려 부르기

rilasciare /rilaʃˈʃare/ [타동] ① (인질 등을) 풀어주다, 석방하다 ② (증서 따위를) 발행하다 ③ (인터뷰·회견을 통해) 발표하다 ④ (근육·긴장을) 풀다 - rilasciarsi [재귀동사] 긴장을 풀다

rilascio /ri'laʃʃo/ [남] (복 : -sci) ① (인질 등의) 석방 ② (증서 따위의) 발행

rilassamento /rilassa'mento/ [남] ① 긴장을 풂, 근육의 이완 ② (비유적으로) 도덕적 해이

rilassare /rilas'sare/ [타동] (근육·긴장을) 풀게 하다 - rilassarsi [재귀동사] ① 근육·긴장을 풀다 ② (도덕적으로) 해이해지다

rilassatezza /rilassa'tettsa/ [여] 도덕적 해이

rilassato /rilas'sato/ [형] ① (근육·긴장이) 풀린; 느긋한, 여유 있는 ② (비유적으로) 도덕적으로 해이한

rilegare /rile'gare/ [타동] (책을) 제본하다

rilegatura /rilega'tura/ [여] (책의) 제본, 장정

rileggere /ri'lɛddʒere/ [타동] (텍스트를) 다시 읽다; 검토하다

rilento [부] (a rilento /ari'lɛnto/의 형태로 쓰여) 천천히, 느리게

rilevamento /rileva'mento/ [남] ① (통계적) 조사 ② (토지의) 측량 ③ [항해] 방향, 방위

rilevante /rile'vante/ [형] ① 중요한, 중대한 ② (수량 따위가) 상당한, 큰

rilevanza /rile'vantsa/ [여] ① 중요성, 중대함 ② 상당한 수량

rilevare /rile'vare/ [타동] ① 주목하다; 지적하다, 언급하다; il rapporto rilevava che 그 보고에서는 ~이라는 점을 지적[언급]하였다 ② (기계가 수치를) 기록하다 ③ (토지 등을) 측량하다 ④ (경영권을) 인수하다

rilevazione /rilevat'tsjone/ [여] (통계 자료 따위의) 수집; (기계를 통한) 탐지, 계측

rilievo /ri'ljɛvo/ [남] ① (지형의) 기복 ② (표면상의) 도드라짐; in rilievo 도드라진 ③ [미술] 돋을새김, 부조(浮彫) ④ 두드러짐, 탁월, 중요; dar rilievo a qc, mettere in rilievo qc 무엇을 강조하다; un personaggio di rilievo 중요인물 ⑤ (토지의) 측량

rilucente /rilu'tʃente/ [형] 빛나는

riluttante /rilut'tante/ [형] 마음 내키지 않는; essere riluttante a fare qc ~하기 싫어하다

riluttanza /rilut'tantsa/ [여] 마음이 내키지 않음; con riluttanza 내키지 않아, 마지못해

rima /'rima/ [여] (시의) 운(韻); fare rima con ~으로 운을 달다 - rispondere per le rime (똑같이) 응수하다, 되받아치다

rimandare /riman'dare/ [타동] ① 다시 보내다 ② 되돌려 보내다 ③ (a와 함께 쓰여) (~까지, ~으로) 미루다, 연기하다; non rimandare a domani quel che puoi fare oggi [속담] 오늘 할 일을 내일로 미루지 말라 ④ rimandare a ~을 참조하게 하다, ~을 가리키다

rimando /ri'mando/ [남] ① 연기, 미루기 ② (같은 책 중의) 전후[상호] 참조 ③ di rimando 상대의 대답을 재촉하여 (물어)

rimaneggiare /rimaned'dʒare/ [타동] 다시 만들다, 개편하다

rimanente /rima'nɛnte/ [형] 남아 있는, 남은 - [남] 나머지, 남은 것; i rimanenti 그 외 나머지[다른] 사람들

rimanenza /rima'nɛntsa/ [여] 나머지, 잔여

rimanere /rima'nere/ [자동] (조동사 : essere) ① (어떤 장소에) 남아 있다, 머무르다; rimanere a casa 집에 남아 있다; che rimanga tra noi (비유적으로) 이건 우리 둘만의 비밀이야 ② ~한 채로 있다, ~한 상태가; rimanere in piedi (앉지 않고) 서 있다; rimanere senza benzina 휘발유가 다 떨어졌다; rimanere indietro 뒤처져 있다;

rimanere amici 친구로 남다, 친구 관계를 유지하다 ③ ~이 되다, ~하게 되다; rimanere orfano 고아가 되다; rimanere incinta 임신하다 ④ (아직) 남아 있다; è l'unico parente che le rimane 그는 그녀에게 남은 유일한 친척이다; rimangono da fare 15 km 아직 15km가 남아 있다, 15km를 더 가야 한다; non rimane più niente 아무것도 남아 있지 않다

rimangiare /riman'dʒare/ [타동] 다시 먹다 - rimangiarsi [재귀동사] (약속이나 입 밖에 낸 말 따위를) 취소[철회]하다

rimarcare /rimar'kare/ [타동] 주목하다; (실수 따위를) 지적하다

rimarchevole /rimar'kevole/ [형] 주목할 만한

rimare /ri'mare/ [타동] (시에) 운(韻)을 달다 - [자동] (조동사 : avere) ① 시를 쓰다 ② (con과 함께 쓰여) (~으로) 운을 달다

rimarginarsi /rimardʒi'narsi/ [재귀동사] (상처가) 아물다, 낫다

rimasuglio /rima'suʎʎo/ [남] (복 : -gli) 나머지, 남은 것

rimbalzare /rimbal'tsare/ [자동] (조동사 : essere, avere) (공 따위가) 되튀다; (탄환 따위가 지면을) 튀며 날다; far rimbalzare una palla 공을 (지면이나 벽 따위에) 튕기다

rimbalzo /rim'baltso/ [남] ① (공 따위의) 되튐; (탄환 따위가 지면을) 튀며 날기 ② di rimbalzo (비유적으로) 간접적으로

rimbambirsi /rimbam'birsi/ [재귀동사] 어리석어지다, 바보가 되다

rimbambito /rimbam'bito/ [형] 노망이 든

rimbeccare /rimbek'kare/ [타동] 말대꾸하다, 응수하다 - rimbeccarsi [재귀동사] (서로) 말다툼하다

rimbecillirsi /rimbetʃil'lirsi/ [재귀동사] 어리석어지다, 바보가 되다

rimbecillito /rimbetʃil'lito/ [형] 어리석은, 바보의

rimboccare /rimbok'kare/ [타동] (소매·바짓단 따위를) 걷다, 접어 올리다 - rimboccarsi [재귀동사] i) 소매를 걷어붙이다 ii) (비유적으로) 일에 착수하다, 적극적으로 나서다

rimbombante /rimbom'bante/ [형] (소리가) 크게 울리는

rimbombare /rimbom'bare/ [자동] (조동사 : essere, avere) (소리가) 크게 울리다

rimbombo /rim'bombo/ [남] (소리가) 크게 울림

rimborsare /rimbor'sare/ [타동] (비용을) 갚다, 상환하다; 환불하다

rimborso /rim'borso/ [남] (비용의) 상환; 환불; rimborso d'imposta 세금 환급

rimboschimento /rimboski'mento/ [남] 숲을 다시 조성하기

rimboschire /rimbos'kire/ [타동] (어느 장소에) 숲을 다시 조성하다

rimbrottare /rimbrot'tare/ [타동] 꾸짖다, 질책하다

rimbrotto /rim'brɔtto/ [남] 꾸짖음, 질책; fare un rimbrotto a qn 누구를 꾸짖다

rimediabile /rime'djabile/ [형] (실수 따위가) 바로잡을 수 있는; (손실 따위가) 벌충 가능한

rimediare /rime'djare/ [타동] ① (실수 따위를) 바로잡다, 교정하다 ② (구어체에서) (돈 따위를) 마련하다 - [자동] (조동사 : avere) (a와 함께 쓰여) (~을) 바로잡다, 교정하다; (손실을) 벌충하다

rimedio /ri'mɛdjo/ [남] (복 : -di) ① (a 또는 contro와 함께 쓰여) (~에 대한) 구제책, 해결책; porre rimedio a qc 무엇을 구제하다, 교정하다, 개선하다; è una situazione senza rimedio 해결 방법이 없는 상황 ② 약, 치료제

rimescolare /rimesko'lare/ [타동] ① (카드의 패를) 다시 치다 ② 다시[잘] 섞다 - sentirsi rimescolare il sangue i) (공포로 인해) 간담이 서늘해지다 ii) 격분하다

rimessa /ri'messa/ [여] ① 다시 ~하기; rimessa a punto (기계류의) 재조정 ② 차고; 격납고 ③ 송금; (상품의) 발송 ④ [스포츠] rimessa in gioco laterale 스로인; rimessa in gioco dal fondo 골킥

rimestare /rimes'tare/ [타동] ① 잘 섞다 ② (비유적으로) (과거를) 들추어내다

rimettere /ri'mettere/ [타동] ① 다시 놓다[두다]; (원래 있던 곳으로) 되돌리다 ② (a와 함께 쓰여) (결정 따위를 누구에게) 맡기다 ③ 용서하다, (빚·형벌을) 감면하다 ④ 송금하다; (물품을) 보내다, 발송하다 ⑤ [스포츠] (공을) 던져 넣다,

스로인하다 ⑥ (음식물을) 토하다 ⑦ rimetterci 잃다; rimetterci la salute 건강을 잃다; rimetterci la pelle 목숨을 잃다 - rimettersi [재귀동사] ① (원래 있던 곳으로) 되돌아가다; rimettersi a letto (다시 자려고) 침대로 되돌아가다 ② rimettersi a fare qc 다시 ~하기 시작하다 ③ (da와 함께 쓰여) (~으로부터) 회복되다; rimettersi da uno shock 충격에서 헤어나다; rimettersi in forze 원기를 회복하다 ④ (a와 함께 쓰여) (결정 따위를 누구에게) 맡기다

rimirare /rimi'rare/ [타동] (문어체에서) (그림·풍경 따위를) 응시하다, 자세히 보다

rimmel /rimmel/ [남-불변] 마스카라 (여성용 눈썹 화장품)

rimodernare /rimoder'nare/ [타동] 현대화하다

rimonta /ri'monta/ [여] [스포츠] 순위를 끌어올림, 상승세를 탐

rimontare /rimon'tare/ [타동] ① (비탈길 따위를 또는 강의 상류로) 올라가다 ② (기계 장치 따위를) 재조립하다, 다시 짜 맞추다 - [자동] (조동사 : essere) ① (말이나 교통수단 따위에) 다시 타다[오르다] ② [스포츠] 순위가 오르다, 상승세를 타다

rimorchiare /rimor'kjare/ [타동] (자동차나 배 따위를) 끌다

rimorchiatore /rimorkja'tore/ [남] 예인선(曳引船)

rimorchio /ri'mɔrkjo/ [남] (복 : -chi) ① (자동차나 배 따위를) 끌기; prendere un'auto a rimorchio 자동차를 견인하다 ② (자동차의) 트레일러; autocarro con rimorchio 트레일러 트럭

rimordere /ri'mordere/ [타동] (양심이) 괴롭히다, 가책을 느끼게 하다; non ti rimorde la coscienza? 너 양심에 거리낌이 없니?

rimorso /ri'mɔrso/ [남] 후회, 자책, 양심의 가책; avere il rimorso di aver fatto qc ~한 것에 대해 깊이 후회하다

rimosso /ri'mɔsso/ [형] 제거된

rimostranza /rimos'trantsa/ [여] 불평, 항의; fare le proprie rimostranze a qn 누구에게 불평[항의]하다

rimovibile /rimo'vibile/ [형] 탈착이 가능한; 이동 가능한

rimozione /rimot'tsjone/ [여] ① 제거, 없애기, 치우기; (자동차의) 견인 ② [심리] 억압

rimpastare /rimpas'tare/ [타동] ① 다시 반죽하다[개다] ② (내각을) 개편하다

rimpasto /rim'pasto/ [남] (내각의) 개편, 인사 이동; rimpasto ministeriale 내각 개편

rimpatriare /rimpa'trjare/ [타동] (불법 이민자나 망명자 등을) 본국으로 송환하다 - [자동] (조동사 : essere) 본국으로 돌아가다

rimpatriata /rimpa'trjata/ [여] 친목 모임

rimpatrio /rim'patrio/ [남] (복 : -tri) 본국 송환, 귀환

rimpiangere /rim'pjandʒere/ [타동] ① (과거를) 그리워하다 ② 후회하다; rimpiangere di aver fatto qc ~한 것에 대해 후회하다

rimpianto /rim'pjanto/ [형] 작고한, 고(故)~ - [남] 후회; non aver rimpianti 후회 없다

rimpiattino /rimpjat'tino/ [남] 숨바꼭질

rimpiazzare /rimpjat'tsare/ [타동] 대체하다, 교체하다

rimpiazzo /rim'pjattso/ [남] 대체, 교체

rimpicciolire /rimpittʃo'lire/ [타동] 줄이다, 축소시키다 - rimpicciolirsi [재귀동사] 줄어들다, 작아지다

rimpinzare /rimpin'tsare/ [타동] (di와 함께 쓰여) (음식으로 배를) 채우다 - rimpinzarsi [재귀동사] (di와 함께 쓰여) (~을) 잔뜩 먹다, 포식하다

rimproverare /rimprove'rare/ [타동] ① 꾸짖다, 야단치다 ② 비난하다, 탓하다

rimprovero /rim'prɔvero/ [남] 꾸짖음, 야단치기; 비난, 탓하기; fare un rimprovero a qn 누구를 꾸짖다; di rimprovero (어조 따위가) 비난조의, 탓하는

rimuginare /rimudʒi'nare/ [타동] (문제·사건 따위에 대해) 곰곰이 생각해보다

rimunerare /rimune'rare/ [타동] (일 따위에 대해) 보수를 주다; un lavoro ben rimunerato 보수가 좋은 일

rimunerativo /rimunera'tivo/ [형] (일·투자 따위가) 수익성 있는

rimunerazione /rimunerat'tsjone/ [여] 보수; 보상

rimuovere /ri'mwɔvere/ [타동] ① 제거하다, 없애다, 치우다; (의심 따위를) 떨쳐 버리다 ② (da와 함께 쓰여) (~의 직위로부터) 해임[면직]하다 ③ [심리] 억

압하다
rinascere /ri'naʃʃere/ [자동] (조동사 : essere) (사람이) 소생하다; (활동·감정 따위가) 되살아나다, 부활[부흥]하다
rinascimentale /rinaʃʃimen'tale/ [형] 르네상스의
Rinascimento /rinaʃʃi'mento/ [남] [역사] 르네상스, 문예 부흥
rinascita /ri'naʃʃita/ [여] 소생, 되살아남; 부활, 부흥
rincalzare /rinkal'tsare/ [타동] ① (식물 따위를) 지지하다, 떠받치다 ② (담요 등으로) 덮다, 감싸다
rincalzo /rin'kaltso/ [남] ① 받침대, 지지대 ② [군사] truppe di rincalzo 예비대, 지원군 ③ [스포츠] 예비 선수
rincarare /rinka'rare/ [타동] ① (가격을) 올리다, 인상하다 ② (비유적으로) rincarare la dose 과장하다 - [자동] (조동사 : essere) (가격이) 오르다, (상품이) 비싸지다
rincaro /rin'karo/ [남] (가격·비용의) 인상
rincasare /rinka'sare/ [자동] (조동사 : essere) 귀가하다, 집에 돌아오다
rinchiudere /rin'kjudere/ [타동] (in과 함께 쓰여) (일정 장소·지역 안에) 가두다 - rinchiudersi [재귀동사] (일정 공간 안에) 스스로 틀어박히다; rinchiudersi in un convento 수도원에 들어가다; rinchiudersi in se stesso 자신만의 세계에 틀어박히다
rincitrullire /rintʃitrul'lire/ [타동] (누구의) 머리를 돌게 하다 - rincitrullirsi [재귀동사] 바보가 되다
rincorrere /rin'korrere/ [타동] ① 뒤쫓다, 추적[추격]하다 ② 추구하다, (꿈 따위를) 좇다 - rincorrersi [재귀동사] 서로 상대방의 뒤를 쫓다; giocare a rincorrersi 술래잡기를 하다
rincorsa /rin'korsa/ [여] [육상] (도약 경기의) 도움닫기; prendere la rincorsa 도움닫기를 하다
rincrescere /rin'kreʃʃere/ [자동] (조동사 : essere) ① 유감스럽다, 서운하다; mi rincresce che 나는 ~이 유감스럽다 ② (~에게) 폐가 되다; se non ti rincresce 네가 괜찮다면
rincrescimento /rinkreʃʃi'mento/ [남] 유감, 서운함; con mio grande rincrescimento 대단히 유감스럽게도
rincretinire /rinkreti'nire/ [타동] 바보가 되게 하다; (누구의) 머리를 돌게 하다 - rincretinirsi [재귀동사] 바보가 되다
rinculare /rinku'lare/ [자동] (조동사 : essere) (총포가 발사 후에) 반동하다
rinculo /rin'kulo/ [남] (총포의) 반동
rincuorare /rinkwo'rare/ [타동] 기운 나게 하다, 격려[고무]하다 - rincuorarsi [재귀동사] 기운이 나다
rinfacciare /rinfat'tʃare/ [타동] rinfacciare qc a qn 무엇에 대해 누구를 비난하다[탓하다]
rinforzare /rinfor'tsare/ [타동] 강화하다, 튼튼히 하다 - rinforzarsi [재귀동사] 강화되다, 튼튼해지다
rinforzo /rin'fɔrtso/ [남] ① 강화; mettere un rinforzo a ~을 강화하다, 튼튼히 하다; di rinforzo 강화하는, 튼튼히 하는 ② 버팀대, 고정시키는 도구 - rinforzi [남·복] [군사] 증원 부대
rinfrancare /rinfran'kare/ [타동] 기운 나게 하다, 격려[고무]하다 - rinfrancarsi [재귀동사] 기운이 나다
rinfrescante /rinfres'kante/ [형] 시원하게[상쾌하게] 하는; una bibita rinfrescante 청량 음료
rinfrescare /rinfres'kare/ [타동] ① 시원하게[상쾌하게] 하다; rinfrescarsi la gola 갈증을 해소하다; rinfrescarsi il viso 얼굴을 씻다 ② (비유적으로) (기억 따위를) 새롭게 하다 - [자동] (조동사 : essere) (기온이 내려가) 서늘해지다, 시원해지다 - rinfrescarsi [재귀동사] 청량 음료 따위를 마셔 갈증을 해소하다; 목욕 등을 해서 상쾌해지다
rinfresco /rin'fresko/ [남] (복 : -schi) 환영회, 파티 - rinfreschi [남·복] 가벼운 음식물, 다과
rinfusa [부] (alla rinfusa /allarin'fuza/ 의 형태로 쓰여) 엉망진창으로, 뒤죽박죽
ring /ring/ [남-불변] 권투장, 링
ringhiare /rin'gjare/ [자동] (조동사 : avere) (개 따위가) 으르렁거리다
ringhiera /rin'gjɛra/ [여] (발코니·계단의) 난간
ringhio /'ringjo/ [남] (복 : -ghi) (개 따위의) 으르렁거림
ringiovanire /rindʒova'nire/ [타동] 다시 젊어지게 하다, 원기를 회복시키다; 젊어 보이게 만들다 - [자동] (조동사 : essere) 다시 젊어지다, 회춘하다; 젊어 보이게 되다; sembra ringiovanita di dieci anni 그녀는 열 살은 더 젊어 보

인다

ringraziamento /ringrattsja'mento/ [남] 감사; [복] 감사 인사; gli ho mandato i miei ringraziamenti 나는 그에게 감사 인사를 전했다; lettera di ringraziamento 감사 편지; il giorno del Ringraziamento 추수감사절

ringraziare /ringrat'tsjare/ [타동] (di 또는 per와 함께 쓰여) (~에 대해) 감사하다, 감사 인사를 전하다; ti ringrazio 고마워; se n'è andato senza neppure ringraziare 그는 고맙다는 말도 없이 가버렸다; sia ringraziato il Cielo! 아아, 고마워라!, 다행이야!

rinnegare /rinne'gare/ [타동] (신앙·사상 따위를) 공식적으로 부인하다[버리다]; (가족, 특히 자식과) 인연을 끊다, 의절하다

rinnegato /rinne'gato/ [형] (신앙·사상 따위를) 공식적으로 부인한[버린] - [남] (여 : -a) 배신자, 변절자

rinnovabile /rinno'vabile/ [형] (계약 따위가) 갱신[연장] 가능한

rinnovamento /rinnova'mento/ [남] 일신(一新), 새롭게 함, 새로워짐; (계약 따위의) 갱신

rinnovare /rinno'vare/ [타동] ① 새롭게 하다, 일신(一新)하다; 새것으로 바꾸다; rinnovare l'arredamento 새 가구를 들여놓다 ② (계약·자격 따위를) 갱신하다 - rinnovarsi [재귀동사] 다시 일어나다, 재발하다

rinnovo /rin'novo/ [남] ① (계약·자격 따위의) 갱신 ② 새것으로 교체하기; 수리, 개장(開場)

rinoceronte /rinotʃe'ronte/ [남] [동물] 코뿔소

rinomato /rino'mato/ [형] 유명한, 명성 있는

rinsaldare /rinsal'dare/ [타동] (관계 따위를) 강화하다, 공고히 하다 - rinsaldarsi [재귀동사] (지위 따위가) 공고해지다

rinsavire /rinsa'vire/ [자동] (조동사 : essere) 정신을 차리다

rinsecchire /rinsek'kire/ [자동] (조동사 : essere) (식물이) 시들다, 마르다 - rinsecchirsi [재귀동사] (사람이) 야위다, 마르다

rinsecchito /rinsek'kito/ [형] ① (식물이) 시든, 마른 ② (사람이) 야윈, 마른

rintanarsi /rinta'narsi/ [재귀동사] ① (동물이) 굴[집]로 들어가다 ② (사람이) 집에 틀어박히다

rintoccare /rintok'kare/ [자동] (조동사 : essere, avere) (종이) 울리다; (시계가) 시각을 치다

rintocco /rin'tokko/ [남] (복 : -chi) (종이) 울림; (시계가) 시각을 쳐서 알림

rintracciare /rintrat'tʃare/ [타동] (사람·원인 등을) 추적하다, 찾다

rintronare /rintro'nare/ [타동] (큰 소리 따위가) (머리를) 멍하게 하다, (귀를) 먹먹하게 하다 - [자동] (조동사 : avere, essere) 큰 소리가 울리다

rintronato /rintro'nato/ [형] (머리가) 멍해진

rintuzzare /rintut'tsare/ [타동] (공격을) 물리치다; (비난 등에 대해) 반박하다

rinuncia /ri'nuntʃa/ [여] (복 : -ce) ① (지위·권리·칭호 따위의) 포기, 기권 ② 빼앗김, 박탈, 희생

rinunciare /rinun'tʃare/ [자동] (조동사 : avere) (a와 함께 쓰여) (지위·권리 등을) 포기하다; rinunciare a fare qc ~하는 것을 포기하다, ~하지 않기로 하다

rinunciatario /rinuntʃa'tarjo/ [형] (복 : -ri, -rie) 포기하는, 기권의

rinvenimento1 /rinveni'mento/ [남] 의식을 되찾음, 소생

rinvenimento2 /rinveni'mento/ [남] ① 발견 ② 발견한 것

rinvenire1 /rinve'nire/ [자동] (조동사 : essere) 의식을 되찾다, 소생하다

rinvenire2 /rinve'nire/ [타동] 찾다, 발견하다

rinviare /rinvi'are/ [타동] ① (보낸 사람에게) 되돌려주다; (사람을) 돌려 보내다 ② (a와 함께 쓰여) (~까지) 미루다, 연기하다 ③ (a와 함께 쓰여) (~의 조항 따위를) 참조하게 하다

rinvigorire /rinvigo'rire/ [타동] 힘이 나게 하다, 활력을 주다, 튼튼히 하다 - rinvigorirsi [재귀동사] 힘이 나다, 활력을 되찾다, 튼튼해지다

rinvio /rin'vio/ [남] (복 : -ii) ① 되돌려주기, 반환 ② 미루기, 연기 ③ (본문 중의) 상호 참조

rionale /rio'nale/ [형] (도시의) 지구[지역]의

rione /ri'one/ [남] (도시의) 지구, 지역

riordinamento /riordina'mento/ [남] 재편성, 개편

riordinare /riordi'nare/ [타동] ① 정리

[정돈]하다 ② 재편성하다, 개편하다
riorganizzare /riorganid'dzare/ [타동] 재편성하다, 개편[개조]하다
riorganizzazione /riorganiddzat'tsjone/ [여] 재편성, 개편, 개조
ripagare /ripa'gare/ [타동] ① (돈을) 다시 지불하다 ② ripagare qn di qc 무엇에 대해 누구에게 보상하다 ③ (비유적으로) 갚다, 보상[보답]하다; ripagare qn con la stessa moneta 누구에게 (자신이 당한 것과) 똑같은 방법으로 되갚다
riparare /ripa'rare/ [타동] ① (da와 함께 쓰여) (~으로부터) 보호하다; ripararsi gli occhi dalla luce 빛이 들어오지 않도록 눈을 가리다 ② (물건을) 고치다, 수리하다 ③ (실수·잘못 따위를) 고치다, 바로잡다 - ripararsi [재귀동사] (da와 함께 쓰여) (~으로부터) 자신을 보호하다; ripararsi dalla pioggia 비를 피하다
riparato /ripa'rato/ [형] ① 보호를 받은 ② 고쳐진, 수리된
riparazione /riparat'tsjone/ [여] ① (기계류나 기타 물건의) 수리 ② (비유적으로) (손해 등에 대한) 배상
riparlare /ripar'lare/ [자동] (조동사 : avere) (di와 함께 쓰여) (~에 대해) 다시 말하다; ne riparleremo! (말다툼할 때) 얘기 아직 안 끝났어!, 더 얘기할 게 남아 있다는 걸 알아둬!
riparo /ri'paro/ [남] ① 보호 수단, 피난처; al riparo da (햇빛·바람 따위를) 피하여; mettersi al riparo 피난처를 찾다, 몸을 숨기다 ② 해결책; correre ai ripari 대책을 마련하다, 조치를 취하다
ripartire1 /ripar'tire/ [자동] (조동사 : essere) ① 다시 (길을) 떠나다, 다시 출발하다 ② 다시 시작하다
ripartire2 /ripar'tire/ [타동] (각자의 몫으로) 나누다, 분배하다; 할당하다
ripartizione /ripartit'tsjone/ [여] 분배, 배분; 할당
ripassare /ripas'sare/ [타동] ① 다시 가로지르다 ② 다시 넘겨[건네]주다; (전화상에서) 사람을 다시 바꿔주다 ③ 재검토하다; 복습하다 - [자동] (조동사 : essere) ① (같은 장소를) 다시 지나가다 ② (나중에) 다시 전화하다
ripasso /ri'passo/ [남] 재검토; 복습
ripensamento /ripensa'mento/ [남] 재고(再考), 다시 생각해봄, 마음을 고쳐먹음; avere un ripensamento 다시 생각해보다, 마음을 고쳐먹다
ripensare /ripen'sare/ [자동] (조동사 : avere) ① 다시 생각해보다, (과거를) 되돌아보다 ② 생각을 바꾸다, 마음을 고쳐먹다; però, ripensandoci 하지만 다시 생각해보니
ripercorrere /riper'korrere/ [타동] ① (왔던 길을) 되돌아가다 ② (비유적으로) (과거를) 거슬러 올라가다, 추적하다
ripercuotersi /riper'kwɔtersi/ [재귀동사] ① (소리가) 반향하다 ② (비유적으로) (su와 함께 쓰여) (~에) 영향을 끼치다
ripercussione /riperkus'sjone/ [여] ① (소리의) 반향 ② (비유적으로) 영향, 여파
ripescare /ripes'kare/ [타동] ① (물 속에서) 끄집어 내다 ② (비유적으로) (과거의 것을) 들추어내다
ripetente /ripe'tɛnte/ [남/여] 유급한 학생
ripetere /ri'pɛtere/ [타동] ① (같은 말을) 반복하다, 되풀이하다; gliel'ho ripetuto cento volte 내가 그에게 수십 번도 더 얘기했다구 ② 다시 ~하다, 한 번 더 하다; dopo ripetuti tentativi 거듭된 시도 후에 ③ (학생이 동일 과정을) 다시 이수하다 - ripetersi [재귀동사] ① 같은 말을 되풀이하다 ② (같은 일이) 재발하다, 다시 일어나다
ripetitivo /ripeti'tivo/ [형] 지루하게 되풀이되는
ripetitore /ripeti'tore/ [남] 중계국(局)
ripetizione /ripetit'tsjone/ [여] ① 반복, 되풀이 ② a ripetizione (무기가) 속사(速射)의 - ripetizioni [여·복] 개인교수; dare ripetizioni a qn 누구에게 개인 교수를 하다
ripetutamente /ripetuta'mente/ [부] 반복[되풀이]하여, 자꾸만
ripiano /ri'pjano/ [남] 선반, 책꽂이
ripicca /ri'pikka/ [여] (복 : -che) 화; 악의; per ripicca 홧김에, 악의로
ripido /'ripido/ [형] 가파른, 깎아지른 듯한
ripiegare /ripje'gare/ [타동] ① 다시 [여러 번] 접다 ② (몸을) 굽히다 - [자동] (조동사 : avere) (su와 함께 쓰여) (~으로) 후퇴하다, 물러나다 - ripiegarsi [재귀동사] 구부러지다, 휘다

ripiego /ri'pjɛgo/ [남] (복 : -ghi) 임시변통, 미봉책

ripieno /ri'pjeno/ [형] (di와 함께 쓰여) (~으로) 가득 찬, 채워진 - [남] (베개 따위의) 속을 채우는 재료; (요리의) 소

ripopolare /ripopo'lare/ [타동] (일정 지역에) 다시 사람을 살게 하다; 다시 동물을 서식하게 하다

riporre /ri'porre/ [타동] ① (원래 있던 자리로) 되돌려놓다, 다시 갖다 놓다 ② (비유적으로) (in과 함께 쓰여) (~에) (신뢰·희망 따위를) 두다, 걸다

riportare /ripor'tare/ [타동] ① (물건을) 되돌려주다, 반납하다; (사람을) 바래다주다; riportalo in cucina 그것을 부엌에 도로 갖다 놓아라 ② (비유적으로) (과거 또는 정상 상태로) 되돌리다 ③ (성공·승리를) 얻다, 이루다, 거두다; (손상 따위를) 입다; ha riportato gravi ferite 그는 심하게 다쳤다 ④ (소식 따위를) 전하다, 말하다; 인용하다 - riportarsi [재귀동사] (과거 등으로) 되돌아가다

riporto /ri'pɔrto/ [남] ① 되돌려주기, 반납 ② [상업] 이월 잔액 ③ cane da riporto 리트리버 (총으로 쏜 사냥감을 물어오도록 훈련된 사냥개)

riposante /ripo'sante/ [형] 쉬게 하는, 편안한, 진정시키는

riposare /ripo'sare/ [타동] 쉬게 하다, 편안하게 하다 - [자동] (조동사 : avere) ① 쉬다, 휴식을 취하다; 잠자다 ② (죽어서) 잠들어 있다; "qui riposa ~" (묘비명에서) "여기 ~이 잠들어 있다" - riposarsi [재귀동사] 쉬다, 휴식을 취하다

riposato /ripo'sato/ [형] 쉰, 휴식을 취한; 원기가 회복된

riposo /ri'pɔso/ [남] ① 쉼, 휴식; 원기 회복; senza un attimo di riposo 잠시도 쉬지 않고 ② 일을 쉼, 휴가; prendersi un giorno di riposo 일을 하루 쉬다, 하루 휴가를 얻다 ③ a riposo 은퇴한 ④ 잠 ⑤ casa di riposo (노인을 위한) 요양소 - eterno riposo (완곡한 표현으로) 죽음, 영면(永眠)

ripostiglio /ripos'tiʎʎo/ [남] (복 : -gli) 물건을 넣어두는 작은 방 (벽장 따위)

riposto /ri'posto/ [형] 깊이 처박혀 있는; 숨어 있는

riprendere /ri'prɛndere/ [타동] ① 다시 얻다, 되찾다, 돌려받다; riprendere i sensi 의식을 되찾다; riprenditi le tue cose 네 물건들을 다시 가져가라 ② 다시 ~하게 되다, (과거의 상태로) 되돌아가다; riprendere sonno 다시 잠들다 ③ 다시 시작하다, 재개하다; (일터나 학교로) 되돌아가다 ④ [영화·TV] 촬영하다 ⑤ 꾸짖다, 야단치다 ⑥ (옷 따위를) 줄이다 - riprendersi [재귀동사] ① (건강 따위가) 회복되다 ② (스스로) 잘못을 고치다

ripresa /ri'presa/ [여] ① (활동 따위의) 재개 ② (건강·경기(景氣) 등의) 회복 ③ [영화] 촬영 ④ [연극] 재공연, 리바이벌 ⑤ [복싱] 라운드; [축구] 후반전 ⑥ (자동차의) 가속 - a più riprese 여러 번, 자꾸, 반복하여

ripresentare /riprezen'tare/ [타동] 다시 제출하다 - ripresentarsi [재귀동사] ① (a와 함께 쓰여) (~에) 재돌입하다 ② (현상이나 문제 따위가) 다시 일어나다[생기다]

ripristinare /ripristi'nare/ [타동] ① 재가동시키다 ② (질서 등을) 회복시키다; (전통을) 부활시키다 ③ [컴퓨터] (삭제한 파일을) 복구하다

ripristino /ri'pristino/ [남] ① 재가동 ② 회복, 복구

riprodurre /ripro'durre/ [타동] ① 재생산하다 ② 복사[복제]하다 - riprodursi [재귀동사] ① (동식물이) 생식[번식]하다 ② (현상·상황 따위가) 다시 일어나다[생기다]

riproduzione /riprodut'tsjone/ [여] ① (동식물의) 생식, 번식 ② 복사, 복제

ripromettersi /ripro'mettersi/ [재귀동사] ripromettersi di fare qc ~하겠다고 마음먹다, 다짐하다, 결심하다

riproporre /ripro'porre/ [타동] (질문 등을) 다시 제기하다 - riproporsi [재귀동사] ① (문제 따위가) 다시 일어나다[생기다] ② riproporsi di fare qc ~하겠다고 마음먹다

riprova /ri'prɔva/ [여] 확인, 확증; a riprova di ~에 대한 확인으로

riprovare1 /ripro'vare/ [타동] ① 다시 느끼다, 맛보다, 경험하다 ② (옷 따위를) 다시 입어보다 - [자동] (조동사 : avere) 다시 해보다[시도하다]

riprovare2 /ripro'vare/ [타동] 비난하다

riprovevole /ripro'vevole/ [형] 비난할 만한

ripudiare /ripu'djare/ [타동] (배우자와)

이혼하다, (가족과) 인연을 끊다; (주의·신앙 따위를) 버리다
ripudio /ri'pudjo/ [남] (복 : -di) 이혼; 의절, 인연을 끊음
ripugnante /ripuɲ'ɲante/ [형] 매우 불쾌한, 혐오스러운, 역겨운
ripugnanza /ripuɲ'ɲantsa/ [여] 극도의 불쾌감, 혐오; provare ripugnanza per qc/qn 무엇/누구를 몹시 싫어하다, 혐오하다
ripugnare /ripuɲ'ɲare/ [자동] (조동사 : avere) mi ripugna 나는 (그것이) 몹시 싫다
ripulire /ripu'lire/ [타동] ① 다시 깨끗이 하다; 깨끗하게 치우다[제거하다] ② 마무리 작업을 하다, 잘 다듬다
ripulita /ripu'lita/ [여] 깨끗이 치우기; dare una ripulita a qc 무엇을 깨끗이 치우다
ripulsione /ripul'sjone/ → repulsione
riquadro /ri'kwadro/ [남] 네모난 공간, 박스 모양의 것
risacca /ri'sakka/ [여] (복 : -che) 역류 (逆流)
risaia /ri'saja/ [여] 논
risalire /risa'lire/ [타동] (언덕·계단 따위를) 다시 오르다; (강 따위를) 거슬러 올라가다 - [자동] (조동사 : essere) ① (~에) 다시 오르다[올라가다]; risalire in macchina 차에 다시 타다 ② (수량·정도 따위가) 다시 오르다[높아지다] ③ (a와 함께 쓰여) (시간이 ~으로) 거슬러 올라가다 ④ (a와 함께 쓰여) (원인 따위를) 추적하다, 찾다
risalita /risa'lita/ [여] 다시 오름 - impianti di risalita 스키 리프트
risaltare /risal'tare/ [자동] ① (조동사 : avere) 두드러지게 나타나다, 눈에 잘 띄다 ② (조동사 : avere) (비유적으로) 탁월하다, 뛰어나다 ③ (조동사 : essere) 다시 뛰어오르다
risalto /ri'salto/ [남] 두드러짐, 현저함; 강조; dare risalto a qc 무엇을 두드러지게 하다, 강조하다
risanamento /risana'mento/ [남] ① (토지의) 개간 ② (도시의) 재개발; (경기의) 회복
risanare /risa'nare/ [타동] ① (병자를) 치료하다 ② (토지를) 개간하다 ③ (비유적으로) (도시를) 재개발하다; (경기를) 회복시키다 - [자동] (조동사 : essere) 병이 낫다

risapere /risa'pere/ [타동] 알게 되다
risaputo /risa'puto/ [형] 잘[널리] 알려진, 주지의; è risaputo che ~은 널리 알려진 일이다
risarcimento /risartʃi'mento/ [남] (di와 함께 쓰여) (손해 등에 대한) 배상, 보상; chiedere il risarcimento 배상[보상]을 요구하다
risarcire /risar'tʃire/ [타동] (di와 함께 쓰여) (손해 등에 대해) 배상[보상]하다
risata /ri'sata/ [여] 웃음; farsi una bella risata 실컷 웃다
riscaldamento /riskalda'mento/ [남] ① 난방; riscaldamento centrale 중앙 난방 ② 가열; 온도 상승
riscaldare /riskal'dare/ [타동] ① (음식·방 따위를) 데우다, 가열하다, 따뜻하게 하다 ② (식은 음식 따위를) 다시 데우다 - [자동] (조동사 : essere) ① (난방 장치 등이) 열을 내다 ② (엔진 따위가) 과열되다 - riscaldarsi [재귀동사] ① 몸을 따뜻하게 하다; riscaldarsi le mani 손을 따뜻하게 하다 ② 더워지다, 가열되다 ③ (비유적으로) 흥분하다
riscattare /riskat'tare/ [타동] ① (포로 등을) 몸값을 치르고 구출하다 ② (저당물을) 도로 찾다; (채무를) 변제하다 - riscattarsi [재귀동사] 몸값을 치르고 목숨을 건지다
riscatto /ris'katto/ [남] ① (포로 등을) 몸값을 치르고 구출하기 ② (포로 등의) 몸값, 배상금 ③ (저당·채권 등의) 변제, 상환
rischiarare /riskja'rare/ [타동] (조명·색깔 따위를) 밝게 하다 - [자동] (조동사 : essere) (하늘이) 맑게 개다 - rischiararsi [재귀동사] ① (하늘이) 맑게 개다 ② (비유적으로) (표정 따위가) 밝아지다
rischiare /ris'kjare/ [타동] 위태롭게 만들다, 위험에 처하게 하다 - [자동] (조동사 : avere) rischiare di fare qc ~하는 위험을 무릅쓰다
rischio /'riskjo/ [남] (복 : -schi) 위험; a rischio di fare qc ~하는 위험을 무릅쓰고; a proprio rischio e pericolo 자신이 책임지고; correre il rischio di fare qc ~하는 위험을 무릅쓰다; mettere a rischio qc 무엇을 위태롭게 만들다, 위험에 처하게 하다; capitale di rischio [경제] 벤처 캐피털, 위험 부담 자본

rischioso /ris'kjoso/ [형] 위험한, 위험성이 있는

risciacquare /riʃʃak'kware/ [타동] (세탁물·접시 따위를) 헹구다, 씻어내다

risciacquo /riʃʃakkwo/ [남] 헹구기, 씻어내기

riscontrare /riskon'trare/ [타동] ① 비교하다; 대조하다, 조회하다, 점검하다 ② 알아채다, 발견하다

riscontro /ris'kontro/ [남] ① 비교; 대조, 조회, 점검; mettere a riscontro 비교[대조]하다, 점검하다 ② 확인, 확증 ③ (서면상의) 회답, 답변

riscoperta /risko'pɛrta/ [여] 재발견

riscoprire /risko'prire/ [타동] 재발견하다

riscossa /ris'kɔssa/ [여] (빼앗긴 것을) 되찾음

riscossione /riskos'sjone/ [여] (세금 따위의) 징수; (기금 따위의) 모금

riscosso /ris'kɔsso/ [형] (세금 따위가) 징수된; (기금 따위가) 모금된

riscrivere /ris'krivere/ [타동] ① (글·기록을) 다시 쓰다 ② (서면으로) 회신하다

riscuotere /ris'kwɔtere/ [타동] ① (세금 따위를) 징수하다; (기금 따위를) 모으다 ② (성공 따위를) 거두다; (찬성을) 얻다 ③ 깨우다, 일으키다 - riscuotersi [재귀동사] 분발하여 일어나다

risentimento /risenti'mento/ [남] 분개, 분노; 반감, 적의, 악감정; provare risentimento nei confronti di qn 누구에게 악감정을 품고 있다

risentire /risen'tire/ [타동] 다시 듣다; 다시 귀를 기울이다 - [자동] (조동사 : avere) (di와 함께 쓰여) (~을) 겪다, (~의) 영향을 받다 - risentirsi [재귀동사] (per와 함께 쓰여) (~에 대해) 화를 내다

risentito /risen'tito/ [형] (사람이) 분개한, 분노한; (어조 따위가) 분노에 찬, 적의가 있는

riserbo /ri'sɛrbo/ [남] (표현 따위를) 삼감, 신중함; senza riserbo 기탄없이; mantenere un assoluto riserbo 절대 비밀로 하다

riserva /ri'sɛrva/ [여] ① 비축; 재고, 여분; fare riserva di ~을 비축하다; tenere di riserva 비축해두다, 예비로 남겨 두다; di riserva 예비의 ② 제한, 유보; senza riserve 제한 없이, 무조건 ③ 보류지, 보호 지역; riserva naturale 자연 보호 지역 ④ [군사] 예비군; [스포츠] 후보 선수

riservare /riser'vare/ [타동] ① (좌석 따위를) 예약하다 ② (따로) 남겨 두다, 보존하다 - riservarsi [재귀동사] riservarsi il diritto di fare qc ~할 권리를 보유하고 있다

riservatezza /riserva'tettsa/ [여] ① 비밀임 ② 삼감, 조심스러움

riservato /riser'vato/ [형] ① (좌석 따위가) 예약된 ② (장소 따위가) 특정한 자격을 갖춘 사람만을 위한; "ingresso riservato ai soci" "회원만 입장 가능" ③ 비밀의, 기밀의 ④ 삼가는, 조심하는

risiedere /ri'sjɛdere/ [자동] (조동사 : avere) ① (in 또는 a와 함께 쓰여) (~에) 살다, 거주하다 ② (비유적으로) (in과 함께 쓰여) (문제·해결책·차이·곤란 따위가 ~에) 있다; il motivo del suo successo risiede nel suo senso dell'umorismo 그의 성공 비결은 그의 유머 감각에 있다

risma /'rizma/ [여] ① 연(連) (종이 500장 또는 400장을 이르는 단위) ② (경멸적으로) 종류, 부류; essere della stessa risma 같은 부류다

riso1 /'riso/ [남] [식물] 벼; 쌀, 밥

riso2 /'riso/ [남] (여·복 : risa) 웃음; sbellicarsi dalle risa 배꼽을 쥐고 웃다, 포복절도하다

risolino /riso'lino/ [남] 낄낄 웃음

risollevare /risolle'vare/ [타동] ① 다시 (들어)올리다 ② (비유적으로) (문제 따위를) 다시 제기하다 ③ (비유적으로) 회복시키다, 소생[부흥]시키다, 기운 나게 하다 - risollevarsi [재귀동사] ① 다시 오르다 ② (비유적으로) 회복되다, 소생하다, 부흥하다

risolto /ri'sɔlto/ [형] (수수께끼 따위가) 풀린, 해결된; (병이) 치료된

risolutezza /risolu'tettsa/ [여] 굳게 결심함, 단호함

risolutivo /risolu'tivo/ [형] 결정적인, 중대한

risoluto /riso'luto/ [형] 굳게 결심한, 단호한

risoluzione /risolut'tsjone/ [여] ① (문제의) 해결; 해답 ② 결정, 결심 ③ 해상도 (解像度) ④ (계약 따위의) 무효화, 파기

risolvere /ri'sɔlvere/ [타동] ① (문제 따위를) 풀다, 해결하다 ② 결정하다, 결심하다; abbiamo risolto di partire al più presto 우리는 가능한 한 빨리 떠나기로 결정했다 ③ (계약 따위를) 무효화하다, 파기하다 - risolversi [재귀동사] ① (in과 함께 쓰여) (~의) 결과가 되다; risolversi in nulla 아무것도 안 되다, 수포로 돌아가다 ② risolversi a fare qc ~하기로 결심하다 ③ (병이) 낫다

risolvibile /risol'vibile/ [형] (문제 따위가) 해결 가능한, 풀 수 있는

risonanza /riso'nantsa/ [여] ① 공명(共鳴); [전기] (파장의) 동조(同調) ② 반향, 울림 ③ (비유적으로) 센세이션, 세상을 떠들썩하게 함; avere grande risonanza (사건 따위가) 널리 알려지다, 큰 반향을 일으키다

risonare /riso'nare/ → risuonare

risorgere /ri'sordʒere/ [자동] (조동사 : essere) ① (해 따위가) 다시 떠오르다 ② (죽은 사람이) 되살아나다, 부활하다 ③ (비유적으로) 다시 번영하다, 부흥하다

risorgimentale /risordʒimen'tale/ [형] [역사] 이탈리아 통일 운동의

risorgimento /risordʒi'mento/ [남] ① (문어체에서) (문예) 부흥 ② [역사] il Risorgimento 이탈리아 통일 운동

risorsa /ri'sorsa/ [여] ① 자원; risorse naturali 천연 자원 ② (비유적으로) 수단, 방책; è l'ultima risorsa 그건 최후의 수단이다

risorto /ri'sorto/ [형] ① 오른; 부활한, 승천한 ② (비유적으로) 다시 번영한, 부흥한

risotto /ri'sɔtto/ [남] 리소토 (쌀로 만든 이탈리아 요리의 하나)

risparmiare /rispar'mjare/ [타동] ① (돈·시간·노력 따위를) 절약하다, 아끼다; risparmiare tempo 시간을 아끼다 ② (남의 수고·노력 따위를) 덜어주다; risparmiare a qn il disturbo di fare 누가 ~하는 수고를 덜어주다 ③ (목숨을) 살려주다 - [자동] (조동사 : avere) (per와 함께 쓰여) (~을 위해) 돈을 모으다, 저축하다 - risparmiarsi [재귀동사] 수고를 아끼다, 몸을 사리다; (경비 따위를) 아끼다

risparmiatore /risparmja'tore/ [남] (여 : -trice) 절약하는[아끼는] 사람

risparmio /ris'parmjo/ [남] (복 : -mi) ① (돈·시간·노력 따위의) 절약, 아끼기; senza risparmio di forze 수고를 아끼지 않고 ② 저축 - risparmi [남·복] 저금한 돈, 저축액

rispecchiare /rispek'kjare/ [타동] (거울 따위가 상을) 비치다 - rispecchiarsi [재귀동사] (in과 함께 쓰여) (거울 따위에 상이) 비치다, 나타나다

rispedire /rispe'dire/ [타동] 돌려 보내다, 되돌려주다

rispettabile /rispet'tabile/ [형] ① 존경할 만한, 훌륭한 ② 상당한, 꽤 많은

rispettabilità /rispettabili'ta/ [여-불변] 존경할 만함, 훌륭함

rispettare /rispet'tare/ [타동] ① 존경하다, 존중하다; farsi rispettare da qn 누구의 존경을 받다 ② (법·규칙 등에) 따르다, (질서를) 지키다 - rispettarsi [재귀동사] 자존심이 있다

rispettivamente /rispettiva'mente/ [부] 각각, 제각기, 각자

rispettivo /rispet'tivo/ [형] 각각[각자]의, 저마다의

rispetto /ris'pɛtto/ [남] ① 존경, 존중; portare rispetto a qn 누구를 존경하다; con rispetto (편지의 정중한 맺음말로) 근배(謹拜) ② (법·규칙 따위의) 준수 ③ rispetto a ~에 비해, ~에 관하여; sotto questo rispetto 이러한 점에서 볼 때; sotto ogni rispetto 모든 점에서 - rispetti [남·복] 인사, 문안, 안부; i miei rispetti alla signora 부인께 안부 전해 주세요

rispettosamente /rispettosa'mente/ [부] 공손하게, 삼가, 정중하게

rispettoso /rispet'toso/ [형] 공손한, 정중한, 존경심을 표하는; essere rispettoso verso qn 누구를 존경하다

risplendere /ris'plɛndere/ [자동] 빛나다, 비치다

rispondente /rispon'dɛnte/ [형] (a와 함께 쓰여) ~와 일치하는

rispondenza /rispon'dɛntsa/ [여] 일치, 부합

rispondere /ris'pondere/ [자동] (조동사 : avere) ① (a와 함께 쓰여) (~에) 대답[응답]하다; rispondere al telefono 전화를 받다; rispondere di sì "예"라고 대답하다, 긍정하다; rispondere male 말대꾸하다, 무례하게 대답하다 ② 대꾸하다, 응수하다; rispondere per le rime 똑같이 응수하다[되받아치다] ③ (a와 함께 쓰여) (필요 따위를) 충족시키다, (기대에) 부응하다 ④ 보증

하다, 책임을 지다; rispondere dell'onestà di qn 누구의 정직을 보증하다 - [타동] (che와 함께 쓰여) (~이라고) 대답하다 - rispondere picche 딱 잘라 거절하다

risposarsi /rispo'zarsi/ [재귀동사] 재혼하다

risposta /ris'posta/ [여] ① 대답, 응답; dare una risposta 대답[응답]하다; in risposta a ~에 답하여 ② 대꾸, 응수

rispuntare /rispun'tare/ [자동] (조동사 : essere) 다시 나타나다

rissa /'rissa/ [여] 싸움, 다툼

rissoso /ris'soso/ [형] 싸우기 좋아하는, 걸핏하면 싸우려 드는

ristabilire /ristabi'lire/ [타동] (질서·평화 등을) 복구하다, 회복시키다 - ristabilirsi [재귀동사] (건강이) 회복되다

ristagnare /ristaɲ'ɲare/ [자동] (조동사 : avere) ① (물 따위가 흐르지 않고) 괴어 있다 ② (비유적으로) (활동이) 정체되어 있다

ristagno /ris'taɲɲo/ [남] ① (물 따위가 흐르지 않고) 괴어 있음 ② (비유적으로) (경기(景氣) 따위의) 침체, 정체, 부진

ristampa /ris'tampa/ [여] (책 따위의) 재판(再版)

ristampare /ristam'pare/ [타동] (책 따위를) 재판(再版)하다

ristorante /risto'rante/ [남] 식당, 레스토랑

ristorare /risto'rare/ [타동] (음료·휴식 따위가) 원기를 회복시키다 - ristorarsi [재귀동사] 원기를 회복하다, 기운을 차리다

ristoratore /ristora'tore/ [형] (음료·휴식 따위가) 원기를 회복시키는 - [남] (여 : -trice) 식당[레스토랑] 주인

ristorazione /ristorat'tsjone/ [여] 요식업

ristoro /ris'tɔro/ [남] ① 위로, 위안 ② 원기를 회복시키는 것 (음료·음식 따위)

ristrettezza /ristret'tettsa/ [여] ① 좁음, 제한됨; ristrettezza di idee 생각[마음]이 좁음, 편협함 ② (비유적으로) 부족, 결핍; [복] 곤경, 궁핍

ristretto /ris'tretto/ [형] ① 좁은, 제한된; di idee ristrette 생각[마음]이 좁은, 편협한 ② (소스·차 따위가) 진한

ristrutturare /ristruttu'rare/ [타동] 개조하다, 고쳐 만들다

ristrutturazione /ristrutturat'tsjone/ [여] 개조; 수리

risucchiare /risuk'kjare/ [타동] (소용돌이·바람 따위가) 빨아들이다

risucchio /ri'sukkjo/ [남] (복 : -chi) ① 빨아들임 ② 소용돌이

risultante /risul'tante/ [남] [물리] 합력(合力)

risultare /risul'tare/ [자동] (조동사 : essere) ① (da와 함께 쓰여) (~의) 결과로서 생기다, (~에서) 기인[유래]하다; ne risulta che (결과적으로) ~하게 된다 ② (결과적으로) ~하게 되다, ~임이 드러나다, ~으로서 나타나다; le mie previsioni sono risultate errate 내 예상은 틀린 것으로 나타났다 ③ ~인 듯하다; non mi risulta 내가 알기로는 그렇지 않다

risultato /risul'tato/ [남] ① (시험·경기 따위의) 결과, 성적, 점수 ② (일반적으로) 결과

risuonare /riswo'nare/ [자동] (조동사 : essere, avere) ① (소리가) 크게 울리다 ② (소리가) 울려 퍼지다, 반향하다 - [타동] (종 따위를) 다시 울리다, (음악을) 다시 연주하다

risurrezione /risurret'tsjone/ [여] 부활; la Risurrezione 그리스도의 부활

risuscitare /risuʃʃi'tare/ [타동] ① (죽은 자를) 부활시키다 ② (비유적으로) 되살리다, 소생시키다 - [자동] (조동사 : essere) ① (죽었다가) 부활하다 ② (비유적으로) 되살아나다, 소생하다

risvegliare /rizveʎ'ʎare/ [타동] ① (잠에서) 깨우다 ② (비유적으로) (열정·호기심·의심 따위를) 다시 불러 일으키다, 일깨우다, 환기시키다 - risvegliarsi [재귀동사] ① (잠에서) 깨다 ② 의식을 되찾다 ③ (비유적으로) (감정 따위가) 되살아나다

risveglio /riz'veʎʎo/ [남] (복 : -gli) ① 잠에서 깸; al risveglio 깨어보니 ② (비유적으로) 부흥, 각성

risvolto /riz'vɔlto/ [남] ① 소맷부리; 바짓단 ② (비유적으로) 함축[내포]된 의미

ritagliare /ritaʎ'ʎare/ [타동] 잘라내다

ritaglio /ri'taʎʎo/ [남] (복 : -gli) 잘라낸 조각; (신문 따위의) 스크랩 - nei ritagli di tempo (비유적으로) 남는 시간에, 여가 시간에

ritardare /ritar'dare/ [타동] 미루다; 늦추다, 지체시키다 - [자동] (조동사 :

avere) ① 늦다, 지각하다; ritardare a fare qc ~하는 데 있어서 늦다, 늦게서야 ~하다 ② (시계가) 느리다

ritardatario /ritarda'tarjo/ [남] (여 : -a) (복 : -ri, -rie) 늦게 온 사람, 지각한 사람

ritardato /ritar'dato/ [형] ① 늦은, 지체된 ② [심리] 발달이 더딘, 정신 지체의

ritardo /ri'tardo/ [남] ① 지체, 늦음, 지각; essere in ritardo 늦다; arrivò con 2 ore di ritardo 그는 두 시간 늦게 왔다 ② [심리] 정신 지체

ritegno /ri'teɲɲo/ [남] 삼감, 절제, 자제

ritemprare /ritem'prare/ [타동] (힘·원기를) 회복하다

ritenere /rite'nere/ [타동] ① (~이라고) 생각하다, 여기다, 간주하다, 믿다; lo ritengo un ottimo insegnante 나는 그가 아주 훌륭한 교사라고 생각한다; ritenere opportuno fare qc ~하는 것이 적절하다고 판단하다; ritengo di sì 난 그렇게[그렇다고] 생각해 ② (잊지 않고) 기억하다 ③ 억제하다, 저지하다 ④ 빼다, 공제하다 - ritenersi [재귀동사] 스스로 (~이라) 생각하다[여기다]; si ritiene un genio 그는 자기가 천재라고 생각한다

ritentare /riten'tare/ [타동] 다시 해보다 [시도하다]

ritenuta /rite'nuta/ [여] 공제, 삭감; ritenuta sulla paga 급료에서 공제함; ritenuta alla fonte 원천 과세

ritenzione /riten'tsjone/ [여] [병리] (분비물의) 정체

ritirare /riti'rare/ [타동] ① 다시 당기다 ② 다시 던지다 ③ (손발 따위를) 뒤로 끌어당기다[빼다] ④ (군대를) 철수시키다 ⑤ (비유적으로) 취소[철회]하다; ritiro quello che ho detto 내가 한 말은 취소야 ⑥ 되찾다, 회수하다 ⑦ (예금을) 인출하다 ⑧ (면허·허가 따위를) 취소하다, 정지시키다; gli hanno ritirato la patente 그는 운전 면허가 취소되었다 ⑨ (유통 중인 상품을) 회수하다 - ritirarsi [재귀동사] ① (뒤로) 물러서다, 후퇴하다; (군대가) 철수하다 ② 집에 가다; 잠자리에 들다 ③ 은퇴하다, (자리에서) 물러나다 ④ (물이) 빠지다

ritirata /riti'rata/ [여] ① (군대의) 후퇴, 철수 ② 화장실

ritirato /riti'rato/ [형] 은퇴한, 물러난; fare vita ritirata 은퇴하여[물러나] 조용히 살다

ritiro /ri'tiro/ [남] ① (군대의) 철수 ② 회수, 되찾기 ③ (예금의) 인출 ④ (면허·허가의) 취소, 정지 ⑤ 은퇴

ritmato /rit'mato/ [형] 일정한 리듬에 따른, 박자가 맞는

ritmico /'ritmiko/ [형] (복 : -ci, -che) 율동적인, 리드미컬한

ritmo /'ritmo/ [남] ① 율동, 리듬; ballare al ritmo di valzer 왈츠 리듬에 맞추어 춤추다, 왈츠를 추다 ② 속도, 페이스; al ritmo di ~의 속도로

rito /'rito/ [남] ① (종교적) 의식, 의례 ② (비유적으로) 의식적인 일, 관습; di rito 의식적인, 관습적인

ritoccare /ritok'kare/ [타동] (사진·화장 따위를) 손질하다, 수정하다, 살짝 다듬다

ritocco /ri'tokko/ [남] (복 : -chi) (사진·화장 따위의) 손질, 수정, 살짝 다듬기; dare un ritocco a qc 무엇을 손질하다

ritorcere /ri'tɔrtʃere/ [타동] ① (실 따위를) 다시 꼬다 ② (비유적으로) (비난·모욕 등에 대해) 앙갚음하다 - ritorcersi [재귀동사] (contro와 함께 쓰여) (~에게) 화가 되돌아오다, 자업자득이 되다

ritornare /ritor'nare/ [타동] 돌려주다, 반환하다 - [자동] (조동사 : essere) ① (되)돌아오다[가다], 귀환하다 ② (a와 함께 쓰여) (원래의 상태로) 되돌아가다, 회귀[복귀]하다 ③ (사건·현상 따위가) 다시 일어나다, 다시 닥치다

ritornello /ritor'nello/ [남] ① [음악] 후렴, 반복구 ② (비유적으로) 항상 되풀이하는 말

ritorno /ri'torno/ [남] ① 돌아옴[감], 귀환; al ritorno 돌아오는 길에 ② (원상태로의) 회귀, 복귀 ③ (사건·현상 따위의) 재발

ritorsione /ritor'sjone/ [여] 앙갚음, 보복

ritorto /ri'torto/ [형] (실 따위가) 꼬인

ritrarre /ri'trarre/ [타동] ① (손 따위를) 뒤로 잡아당기다[빼다] ② 초상화를 그리다 ③ 묘사하다 - ritrarsi [재귀동사] (뒤로) 물러서다

ritrattare /ritrat'tare/ [타동] ① (발언 따위를) 취소[철회]하다 ② (문제 따위를) 다시 다루다

ritrattazione /ritrattat'tsjone/ [여] (발언 따위의) 취소, 철회

ritrattista /ritrat'tista/ [남/여] 초상화가

ritratto /ri'tratto/ [남] ① 초상화; 인물 사진 ② (문어체에서) 묘사; fare il ritratto di ~을 묘사하다 ③ (비유적으로) 꼭 빼닮은 것; è il ritratto di suo padre 그는 그의 아버지를 꼭 빼닮았다

ritrosia /ritro'sia/ [여] ① 싫어함, 꺼림, 내키지 않음 ② 수줍어함

ritroso /ri'troso/ [형] ① 싫어하는, 꺼리는, 마음 내키지 않는; ritroso a fare qc ~하기 싫어하는 ② 수줍어하는, 사교성이 없는 ③ a ritroso 뒤로

ritrovamento /ritrova'mento/ [남] (잃어버린 것을) 되찾음

ritrovare /ritro'vare/ [타동] ① (같은 것을) 다시 찾다 ② (잃어버린 것을) 되찾다 ③ 발견하다, 찾아내다 ④ (누군가를) 다시 만나다 - ritrovarsi [재귀동사] ① (다시) 만나다 ② (어떤 상태가) 되다, (어떤 처지에) 놓이다; ritrovarsi orfano 고아가 되다; ritrovarsi in ospedale 입원하게 되다

ritrovato /ritro'vato/ [남] 발견, 찾아냄

ritrovo /ri'trɔvo/ [남] (사람들이) 만나는 [모이는] 장소; 만남, 모임; ritrovo notturno 나이트클럽

ritto /'ritto/ [형] 똑바로 선, 직립한; 수직의

rituale /ritu'ale/ [형] ① (종교적) 의식[의례]의 ② 관습적인 - [남] 전례(典禮)

riunione /riu'njone/ [여] ① (공적인) 회의; tenere una riunione 회의를 열다 ② (친목 등의) 모임; una riunione familiare 가족 모임 ③ 재회, 다시 만남

riunire /riu'nire/ [타동] ① (참가자를) 모으다; (회의를) 소집하다 ② (친구 등을) 불러 모으다 ③ 다시 만나게 하다, 재회시키다 - riunirsi [재귀동사] ① (회의에) 참석하다 ② (친목 모임 따위에) 모이다 ③ 다시 만나다, 재회하다

riuscire /riuʃ'ʃire/ [자동] (조동사 : essere) ① (사람이 어떤 일을) 잘 해내다, ~할 수 있다; riuscire a fare qc 무엇을 잘 해내다, 할 수 있다; non riesco a farlo 난 그걸 할 수 없어 ② (일이) 잘되다, 성공적이다; riuscire negli studi 공부가 잘 되고 있다, 성적이 잘 나오고 있다; il tentativo non è riuscito 그 시도는 성공적이지 못했다 ③ (상태·결과가) ~하다; mi riesce difficile 내겐 (그것이) 어려워; la festa è riuscita male 그 파티는 망친 파티였다 ④ 다시 나가다

riuscita /riuʃ'ʃita/ [여] 결과, 성과; 성공; avere una buona riuscita 성공적이다

riutilizzare /riutilid'dzare/ [타동] 재사용 [이용]하다

riva /'riva/ [여] 물가 (강기슭이나 해안); in riva al mare 바닷가에서

rivale /ri'vale/ [형] 경쟁하는, 라이벌의 - [남/여] 경쟁자, 라이벌

rivaleggiare /rivaled'dʒare/ [자동] (조동사 : avere) 경쟁하다, 겨루다; rivaleggiare con qn per qc 무엇을 놓고 누구와 경쟁하다; nessuno può rivaleggiare con lui 그와 경쟁할 만한 자가 없다, 그는 무적이다

rivalità /rivali'ta/ [여-불변] 경쟁, 서로 겨룸

rivalsa /ri'valsa/ [여] ① 복수, 보복; prendersi una rivalsa su qn 누구에게 복수하다 ② 배상, 보상

rivalutare /rivalu'tare/ [타동] ① 재평가하다 ② [경제] (임금 따위를) 인상하다; (화폐를) 평가 절상하다

rivalutazione /rivalutat'tsjone/ [여] ① 재평가 ② [경제] (임금 따위의) 인상; (화폐의) 평가 절상

rivangare /rivan'gare/ [타동] ① 다시 파내다 ② (과거 따위를) 다시 끄집어내다

rivedere /rive'dere/ [타동] ① 재검토하다; rivedere le bozze 교정을 보다 ② 개정하다, 바꾸다 ③ (사람·사물을) 다시 보다[만나다] - rivedersi [재귀동사] (서로) 다시 보다[만나다]

rivelare /rive'lare/ [타동] (사실·감정 따위를) 드러내다, 밝히다, 나타내 보이다; (비밀·계획 따위를) 폭로[누설]하다 - rivelarsi [재귀동사] 드러나다, 나타나다; rivelarsi falso 잘못된 것으로 드러나다[판명되다]

rivelatore /rivela'tore/ [형] 드러내는, 밝히는, 나타내 보이는 - [남] ① [사진] 현상액 ② 탐지기

rivelazione /rivelat'tsjone/ [여] ① (비밀·계획 따위의) 폭로, 누설 ② la rivelazione di Giovanni [성경] 요한계시록 ③ (비유적으로) 뜻밖의 발견

rivendere /ri'vendere/ [타동] ① 다시 팔다, 되팔다 ② 소매(小賣)로 팔다

rivendicare /rivendi'kare/ [타동] (권리·지위 따위를) 요구하다, 주장하다

rivendicazione /rivendikat'tsjone/ [여] (권리·지위 따위의) 요구, 주장

rivendita /ri'vendita/ [여] ① 재판매, 되

팔기 ② 소매점, (일반) 상점
rivenditore /rivendi'tore/ [남] (여 : -trice) 소매상, (일반) 상인
riverberare /riverbe'rare/ [타동] (소리를) 반향시키다; (빛을) 반사하다
riverbero /ri'verbero/ [남] (소리의) 반향; (빛의) 반사
riverente /rive'rɛnte/ [형] 경의를 표하는, 공손한, 정중한
riverenza /rive'rɛntsa/ [여] ① 존경, 경의 ② (고개를 숙여서 하는) 인사; fare la riverenza (고개를 숙여) 인사하다
riverire /rive'rire/ [타동] 존경하다, 경의를 표하다
riversare /river'sare/ [타동] ① (액체를) 다시 따르다[붓다] ② (액체 따위를) 쏟다, 붓다; (비유적으로) (모욕・애정 따위를) 쏟아붓다 - riversarsi [재귀동사] (액체가) 흘러 넘치다; (인파 등이) 쏟아져 나오다
rivestimento /rivesti'mento/ [남] 덮개 [커버]를 씌우기; 코팅
rivestire /rives'tire/ [타동] ① (~에) (덮개[커버]를) 씌우다; (종이・페인트 따위를) 바르다; (타일 따위를) 깔다 ② (지위를) 차지하다; rivestire un grado elevato 지위가 높다 ③ (~에게) 다시 옷을 입히다 - rivestirsi [재귀동사] 다시 옷을 입다
riviera /ri'vjera/ [여] ① 해안; la Riviera Ligure (이탈리아의) 리비에라 해안 지방 ② (장애물 경마의) 물 웅덩이
rivincita /ri'vintʃita/ [여] ① 복수, 보복; prendersi la rivincita 복수하다 ② [스포츠] 설욕전, 리턴 매치
rivista /ri'vista/ [여] ① [군사] 열병, 사열; passare in rivista (군대를) 사열하다 ② 잡지; (문예) 평론지 ③ [연극] 레뷔 (시사 풍자의 익살극)
rivisto /ri'visto/ [형] 개정된, 바뀐
rivitalizzante /rivitalid'dzante/ [형] 생기[활력]를 불어넣는
rivitalizzare /rivitalid'dzare/ [타동] (~에) 생기[활력]를 불어넣다
rivivere /ri'vivere/ [자동] (조동사 : essere) ① 다시 살다 ② 되살아나다, 부활[소생]하다 ③ 다시 생기[활력]가 넘치게 되다 - [타동] (일・사건 등을) 다시 체험하다
rivo /'rivo/ [남] (용암・눈물 따위의) 흐름
rivolgere /ri'vɔldʒere/ [타동] ① (a와 함께 쓰여) (~에게) (관심・눈길 따위를) 돌리다, (말을) 걸다; (contro와 함께 쓰여) (~에게 비난 따위를) 돌리다; rivolgere la propria attenzione a un problema 어떤 문제에 관심을 갖다; rivolgere lo sguardo verso qn 누구에게 눈길을 주다; rivolgere la parola a qn 누구에게 말을 걸다; rivolgere un saluto a qn 누구에게 인사를 하다; rivolgere un'arma contro qn 누구에게 무기를 겨누다 ② (verso와 함께 쓰여) (물체를 ~으로) 향하게 하다 - rivolgersi [재귀동사] ① (a와 함께 쓰여) (~에게 가서) 알아보다; rivolgersi all'ufficio competente 관계 부서에 문의하다 ② 방향 전환을 하다
rivolgimento /rivoldʒi'mento/ [남] (사회・정치적) 불안, 동란
rivolo /'rivolo/ [남] 개울, 작은 시내
rivolta /ri'vɔlta/ [여] 반란, 폭동; in rivolta contro ~에 반기를 들고
rivoltante /rivol'tante/ [형] 불쾌감을 일으키는, 비위를 상하게 하는
rivoltare /rivol'tare/ [타동] ① (앞뒤 또는 안팎으로) 뒤집다 ② 불쾌감을 일으키다, 비위를 상하게 하다 - rivoltarsi [재귀동사] ① (누운 채로) 몸을 뒤치다 ② (contro와 함께 쓰여) (~에 대항해) 반란을 일으키다
rivoltella /rivol'tɛlla/ [여] 권총, 리볼버
rivoltellata /rivoltel'lata/ [여] 권총[리볼버] 사격[발사]
rivolto /ri'vɔlto/ [형] ① (a와 함께 쓰여) (~에게) (관심・눈길 따위를) 돌린 ② (verso와 함께 쓰여) (~을) 향한; essere rivolto verso est 동쪽을 향하고 있다
rivoltoso /rivol'toso/ [형/남] (여 : -a) 반란[폭동]을 일으키는 (사람)
rivoluzionare /rivoluttsjo'nare/ [타동] ① 혁명을 일으키다 ② 완전히 뒤집어 놓다, 혼란[붕괴]시키다
rivoluzionario /rivoluttsjo'narjo/ (복 : -ri, -rie) [형] 혁명을 일으키는 - [남] (여 : -a) 혁명론자
rivoluzione /rivolut'tsjone/ [여] ① (정치상의) 혁명 ② (비유적으로) 혼란
rizzare /rit'tsare/ [타동] 들어올리다; 일으켜 세우다 - rizzarsi [재귀동사] 일어나다, 서다; rizzarsi in piedi (두 발로) 일어서다; gli si sono rizzati i capelli 그는 머리카락이 곤두섰다
roast beef /'rɔzbif/ [남-불변] → rosbif

roba /'rɔba/ [여] (구어체에서) ① 물건, 물체, 사물; che roba è questa? 이건 뭐야? ② 재산, 소유물 ③ 옷, 의복 ④ 상품 ⑤ 음식, 식품 ⑥ 문제, 일; non è roba che ti riguardi 너하곤 상관없는 일이야 - bella roba! (반어적으로) 굉장한데!, 대단한데! (실제로는 형편없다는 뜻)

robivecchi /robi'vekki/ [남/여-불변] 중고품 거래상, 고물상

robot /'rɔbot/ [남-불변] 로봇

robotica /ro'bɔtika/ [여] 로봇 공학

robotizzare /robotid'dzare/ [타동] 로봇[자동]화하다 - robotizzarsi [재귀동사] ① 로봇[자동]화되다 ② (비유적으로) 로봇처럼 되다

robustezza /robus'tettsa/ [여] 튼튼함; 힘

robusto /ro'busto/ [형] 강건한, 튼튼한, 견고한; 체격이 좋은, 풍채가 당당한

rocca /'rɔkka/ [여] (복 : -che) 요새(要塞)

roccaforte /rokka'fɔrte/ [여] (복 : roccheforti, roccaforti) ① 성채, 요새 ② (비유적으로) (사상 등의) 본거지, 거점

rocchetto /rok'ketto/ [남] ① 실패, 실감개 ② [전기] 코일

roccia /'rɔttʃa/ [여] (복 : -ce) ① 바위, 암석 ② 암벽 등반

rocciatore /rottʃa'tore/ [남] (여 : -trice) 암벽 등반을 하는 사람

roccioso /rot'tʃoso/ [형] 바위로 된, 바위가 많은, 바위투성이의

rock /rɔk/ [남-불변] 록, 로큰롤 - [형-불변] 록 음악의

rockettaro /rokket'taro/ [남] (여 : -a) 록 가수[음악가]

roco /'rɔko/ [형] (복 : -chi, -che) 쉰 목소리의

rococò /roko'kɔ/ [남/형-불변] [미술·건축] 로코코 양식(의)

rodaggio /ro'daddʒo/ [남] (복 : -gi) ① 새 차를 길들이기 ② (비유적으로) 시험[준비] 단계

rodare /ro'dare/ [타동] ① (새 차를) 길들이다 ② (비유적으로) 조율하다, 틀을 잡다

rodeo /ro'dɛo/ [남] 로데오 (경기)

rodere /'rodere/ [타동] ① (이빨로) 갉다 ② (금속 따위를) 부식하다 ③ (비유적으로) 끈질기게 괴롭히다 - rodersi [재귀동사] ① rodersi le unghie 손톱을 물어뜯다 ② (비유적으로) 괴로워하다; rodersi dal rimorso 후회막심하다

roditore /rodi'tore/ [남] 설치류의 동물 (쥐 따위)

rododendro /rodo'dɛndro/ [남] 진달래속(屬)의 식물

rogna /'rɔɲɲa/ [여] ① [병리] 개선(疥癬), 옴 ② (구어체에서) 성가신[골치 아픈] 것; cercare rogne 공연한 짓을 하다, 화를 자초하다

rognone /roɲ'ɲone/ [남] (요리 재료로서의) 소·돼지 따위의) 콩팥

rognoso /roɲ'ɲoso/ [형] ① 옴이 오른 ② (비유적으로) 성가신, 골치 아픈

rogo /'rɔgo/ [남] (복 : -ghi) ① 화장용 장작더미; 화형(火刑)에 쓰이는 기둥; mandare qn al rogo 누구를 화형에 처하다 ② 불, 화재

rollare /rol'lare/ [타동] (텐트 따위를) 걷다; (담배 따위를) 말다 - [자동] (조동사 : avere) (배나 비행기가) 좌우로 흔들리다

rollino /rol'lino/ [남] → rullino

Roma /'roma/ [여] 로마 (이탈리아의 수도)

romanesco /roma'nesko/ (복 : -schi, -sche) [형] 로마의 - [남] 로마 방언

Romania /roma'nia/ [여] 루마니아

romanico /ro'maniko/ [남/형] (복 : -ci, -che) [미술·건축] 로마네스크 양식(의)

romano /ro'mano/ [형] ① 로마의 ② 로마 숫자의 ③ 로마 가톨릭 교회의; la Chiesa romana 로마 가톨릭 교회 - [남] (여 : -a) 로마 사람 - fare[pagare] alla romana 비용을 각자 부담하다, 더치페이로 하다

romanticismo /romanti'tʃizmo/ [남] ① 낭만적임 ② [문예] 낭만주의

romantico /ro'mantiko/ (복 : -ci, -che) [형] ① 낭만적인 ② [문예] 낭만주의의 - [남] (여 : -a) 낭만주의자; 낭만파 예술가

romanza /ro'mandza/ [여] ① [문학] 로맨스, 로망 (중세 유럽의 통속 소설) ② [음악] 로맨스 (자유로운 형식의 서정적인 악곡)

romanzare /roman'dzare/ [타동] ① 소설화하다 ② 낭만적인 것으로 만들다

romanzato /roman'dzato/ [형] ① 소설화된 ② 낭만적인 것이 된

romanzesco /roman'dzesko/ [형] (복 : -schi, -sche) ① 소설의 ② 현실과 동 떨어진, 공상적인

romanziere /roman'dzjεre/ [남] (여 : -a) 소설가

romanzo1 /ro'mandzo/ [남] ① (장편) 소설 ② 픽션, 꾸민 이야기 ③ 로맨스, 연애 사건 - romanzo d'amore 연애 소설; romanzo di fantascienza 공상 과학 소설

romanzo2 /ro'mandzo/ [형] (프랑스어·스페인어·이탈리아어 등의) 로맨스어 (語)의

rombare /rom'bare/ [자동] (조동사 : avere) (엔진·대포·천둥 따위가) 큰 소리를 내다, 우르르 울리다

rombo1 /'rombo/ [남] (엔진·대포·천둥 따위의) 크게 울리는 소리

rombo2 /'rombo/ [남] [기하] 마름모꼴

romeno /ro'mεno/ [형] 루마니아의 - [남] (여 : -a) 루마니아 사람 - [남] 루마니아어

rompere /'rompere/ [타동] ① 부수다, 깨다; 찢다 ② 중단하다, 끊다; (침묵·단조로움·평형·약속 따위를) 깨다 ③ rompere le scatole a qn (구어체에서) 누구를 괴롭히다, 귀찮게 하다 - rompersi [재귀동사] 부서지다, 깨지다; 찢어지다; rompersi una gamba 다리가 부러지다; rompersi la testa (구어체에서) 머리를 쥐어짜다; rompersi la schiena a fare qc (비유적으로) ~을 하느라 몹시 애쓰다

rompiballe /rompi'balle/ → rompipalle

rompicapo /rompi'kapo/ [남] 어려운 문제; 골치 아픈 일

rompicollo /rompi'kɔllo/ [남/여-불변] 물불을 가리지 않는 사람, 무모한 사람

rompighiaccio /rompi'gjattʃo/ [남-불변] 쇄빙선

rompimento /rompi'mento/ [남] 폐, 성가신[괴롭히는] 것

rompipalle /rompi'palle/ [남/여-불변] (비어로) 성가신 녀석, 골칫거리

rompiscatole /rompis'katole/ [남/여-불변] (구어체에서) 성가신 녀석, 골칫거리

ronda /'ronda/ [여] 순찰, 순시; fare la ronda 순찰을 돌다; essere di ronda 순찰 근무 중이다

rondella /ron'della/ [여] 와셔 (볼트나 너트로 물건을 죌 때, 너트 밑에 끼우는 둥글고 얇은 쇠붙이)

rondine /'rondine/ [여] [조류] 제비 - una rondine non fa primavera [속담] 제비 한 마리가 왔다고 봄이 되는 것은 아니다, 하나를 가지고 속단하지 마라

rondone /ron'done/ [남] [조류] 칼새

ronfare /ron'fare/ [자동] (조동사 : avere) (구어체에서) 코를 골다

ronzare /ron'dzare/ [자동] (조동사 : avere) ① (곤충·기계류 따위가) 윙윙거리다 ② (비유적으로) ronzare intorno a qn 누구를 쫓아다니다, 누구에게 붙어다니다

ronzino /ron'dzino/ [남] 쓸모없는 말(馬), 야윈 말

ronzio /ron'dzio/ [남] (복 : -zii) (곤충·기계류 따위의) 윙윙거림 - ronzio auricolare [병리] 이명(耳鳴), 귀울음

rosa /'rɔza/ [여] ① [식물] 장미 ② 선발된 사람들 - [형-불변] ① 분홍색의 ② 낭만적인, 로맨틱한 - [남-불변] 분홍색 - non c'è rosa senza spine [속담] 가시 없는 장미는 없다

rosario /ro'zarjo/ [남] (복 : -ri) [가톨릭] 로사리오, 묵주

rosato /ro'zato/ [형] 장밋빛의, 분홍색의 - [남] 로제 와인

rosbif /rɔzbif/ [남-불변] 쇠고기 구이, 로스트 비프

rosé /ro'ze/ [남-불변] 로제 와인

roseo /'rɔzeo/ [형] ① 장밋빛의 ② (비유적으로) (장래가) 밝은, 유망한, 낙관적인

roseto /ro'zeto/ [남] 장미 화원

rosetta /ro'zetta/ [여] ① (다이아몬드의) 로즈 커트 ② 와셔 (너트 밑에 끼우는 쇠붙이)

rosicchiare /rozik'kjare/ [타동] ① (이빨로) 갉다, 물어뜯다 ② 조금씩 먹다 - rosicchiarsi [재귀동사] rosicchiarsi le unghie 손톱을 물어뜯다

rosmarino /rozma'rino/ [남] [식물] 로즈메리

roso /'roso/ [형] (이빨로) 갉은, 물어뜯은

rosolare /rozo'lare/ [타동] (음식을) 갈색이 되도록 굽다

rosolia /rozo'lia/ [여] [병리] 풍진(風疹)

rosone /ro'zone/ [남] [건축] 장미창 (유럽의 고딕 건축 양식에서 볼 수 있는 꽃 모양의 둥근 창)

rospo /'rɔspo/ [남] [동물] 두꺼비 - ingoiare il rospo 싫은 것을 꾹 참다

rossetto /ros'setto/ [남] 립스틱
rossiccio /ros'sittʃo/ [형] (복 : -ci, -ce) 불그스름한
rosso /'rosso/ [형] ① 붉은, 빨간; cartellino rosso [스포츠] 레드카드; Croce Rossa 적십자; Mar Rosso 홍해(紅海) ② (얼굴·눈 따위가) 빨개진; diventare rosso (부끄러움 따위로 얼굴이) 붉어지다 ③ 공산주의의; l'Armata Rossa (구소련의) 적군(赤軍) - [남] (여 : -a) ① 붉은색, 빨강 ② 적신호, 붉은 등 ③ 레드와인, 적포도주 ④ [회계] 적자(赤字); essere in rosso 적자를 내고 있다 ⑤ (구어체에서) 공산주의자 - rosso d'uovo 계란 노른자
rossore /ros'sore/ [남] (얼굴의) 홍조; sentirsi salire il rossore alle guance (부끄러움 등으로) 얼굴이 붉어지다
rosticceria /rostittʃe'ria/ [여] 구운 고기를 파는 가게
rostro /'rɔstro/ [남] ① (맹금류의) 부리 ② 뱃부리
rotabile /ro'tabile/ [형] strada rotabile 차도(車道); materiale rotabile (철도의) 차량
rotaia /ro'taja/ [여] (철도의) 레일, 선로; uscire dalle rotaie 탈선하다, 궤도를 이탈하다; su rotaia 철도로, 기차를 타고
rotare /ro'tare/ → ruotare
rotativa /rota'tiva/ [여] [인쇄] 윤전기(輪轉機)
rotatoria /rota'tɔrja/ [여] 로터리, 원형교차로
rotatorio /rota'tɔrjo/ [형] (복 : -ri, -rie) 도는, 회전하는
rotazione /rotat'sjone/ [여] ① (축을 중심으로 한) 회전, 선회 ② 교대, 교체, 윤번; [농업] 윤작, 돌려짓기
roteare /rote'are/ [타동] 빙빙 돌리다; (눈알 따위를) 굴리다 - [자동] (조동사 : avere) 빙빙 돌다
rotella /ro'tɛlla/ [여] 작은 바퀴 - gli manca una rotella (구어체에서) 그는 정신이 이상하다
rotocalco /roto'kalko/ [남] (복 : -chi) ① [인쇄] 윤전그라비어 ② 삽화가 들어있는 잡지
rotolare /roto'lare/ [타동] 굴리다, 회전시키다 - [자동] (조동사 : essere) 구르다, 굴러가다, 회전하다 - rotolarsi [재귀동사] 데굴데굴 구르다, 뒹굴다; rotolarsi nell'erba 풀밭에서 뒹굴다
rotolo /'rɔtolo/ [남] (종이·피륙 따위의) 두루마리; (끈 따위의) 사리 - andare a rotoli 못 쓰게 되다; mandare a rotoli 망치다, 엉망으로 만들다
rotonda /ro'tonda/ [여] ① 로터리, 원형교차로 ② 원형 건물; 원형 테라스
rotondeggiante /rotonded'dʒante/ [형] 둥그스름한
rotondità /rotondi'ta/ [여-불변] 둥긂, 원형임
rotondo /ro'tondo/ [형] ① 둥근, 원형의 ② (얼굴 등이) 토실토실한, 살찐
rotore /ro'tore/ [남] [기계] 회전 날개
rotta1 /'rotta/ [여] 패주, 궤주(潰走) - a rotta di collo 맹렬한 속도로; essere in rotta con qn 누구와 사이가 나쁘다
rotta2 /'rotta/ [여] (배나 비행기 따위의) 진로, 루트, 코스; essere in rotta per ~을 향해 가는 도중에; fare rotta per[verso] ~을 향하다; ufficiale di rotta 항해장(長)
rottamare /rotta'mare/ [타동] (자동차 따위를) 버리다, 폐기 처분하다, 고철로 만들다
rottame /rot'tame/ [남] ① 고철; [복] (배·비행기·자동차 따위의) 난파 잔해 ② (구어체에서) 고물; 몰락한 사람
rotto /'rotto/ [형] ① 부서진, 깨진; 찢어진; (팔다리 따위가) 부러진; avere le ossa rotte (비유적으로) 온몸이 쑤시다 ② (a와 함께 쓰여) (힘든 일 따위에) 단련된, 이골이 난 - rotti [남·복] 잔돈 - per il rotto della cuffia 간신히, 가까스로
rottura /rot'tura/ [여] ① (di와 함께 쓰여) (~의) 파괴, 부서짐, 깨짐 ② (비유적으로) (관계 따위의) 단절, (협상 따위의) 결렬 ③ [외과] 골절; (혈관 따위의) 파열 ④ (구어체에서) 성가신[골치 아픈] 것[사람]
rotula /'rɔtula/ [여] [해부] 슬개골(膝蓋骨), 무릎뼈
roulette /ru'lɛt/ [여-불변] 룰렛 (도박의 일종) - roulette russa 러시안룰렛
roulotte /ru'lɔt/ [여-불변] 트레일러하우스 (차로 끄는 이동 주택)
round /raund/ [남-불변] [스포츠] 한 경기[시합], 한 판, 라운드
routine /ru'tin/ [여-불변] 판에 박힌 일, 일상적인 일[과정]; di routine 판에 박

힌, 일상적인, 일과의

rovente /ro'vɛnte/ [형] (금속 따위가) 새빨갛게 달아오른; (모래·햇볕 따위가) 타는 듯한, 몹시 뜨거운

rovere /'rovere/ [남/여] [식물] 떡갈나무의 일종; 그 목재

rovescia [형-불변/부] (alla rovescia /allaro'vɛʃʃa/의 형태로 쓰여) (상하·안팎·앞뒤가) 뒤집힌, 거꾸로 된; 거꾸로; 잘못되어; conto alla rovescia 카운트다운

rovesciare /roveʃʃare/ [타동] ① 뒤집어 엎다, 넘어뜨리다; 전복시키다 ② (안팎·앞뒤를) 뒤집다 ③ (액체 따위를) 쏟다, 엎지르다 ④ (정부·국가 등을) 전복하다 ⑤ (비유적으로) (욕설 따위를) 퍼붓다 – rovesciarsi [재귀동사] 뒤집히다, 넘어지다; 쏟아지다; la folla si rovesciò nella piazza 군중이 광장으로 쏟아져 나왔다

rovesciata /roveʃʃata/ [여] [축구] 오버헤드킥

rovescio /ro'vɛʃʃo/ (복 : -sci) [형] ① 뒷면의, 이면의 ② 드러누운 – [남] ① (옷·동전 따위의) 뒷면, 이면, 반대쪽 ② 호우, 폭우 ③ [테니스] 백핸드 ④ 반전 (反轉), 전도, 역전; rovescio di fortuna 불운, 좌절 ⑤ a rovescio (상하·안팎·앞뒤가) 뒤집힌, 거꾸로 된; 거꾸로; 잘못되어

rovina /ro'vina/ [여] ① 무너짐, 붕괴 ② 파멸, 황폐화; in rovina 파멸한, 황폐화된; rovina finanziaria 파산; mandare in rovina 파멸시키다, 황폐화하다; andare in rovina 파멸하다, 황폐화되다

rovinare /rovi'nare/ [타동] ① 손상시키다, 파괴하다 ② 파멸시키다, 황폐화하다 ③ (비유적으로) (일 따위를) 망치다 – [자동] (조동사 : essere) 굴러 떨어지다 – rovinarsi [재귀동사] ① (건물 따위가) 무너지다, 붕괴하다 ② (건강 따위를) 해치다; rovinarsi la vista 시력이 나빠지다 ③ 파멸하다

rovinato /rovi'nato/ [형] 무너진, 붕괴한; 파멸한, 황폐화된; 손상된; (건강 따위를) 해친

rovinoso /rovi'noso/ [형] ① 파멸을 초래하는, 파괴적인 ② (비용이) 터무니없이 많이 드는

rovistare /rovis'tare/ [타동/자동] (조동사 : avere) (때로 in과 함께 쓰여) (집·가방 따위를) 샅샅이 뒤지다

rovo /'rovo/ [남] [식물] 나무딸기류

rozzo /'roddzo/ [형] ① 거친, 가공하지 않은 ② (비유적으로) (태도 따위가) 거친, 세련되지 못한

Ruanda /ru'anda/ [남] 르완다 (아프리카 중동부의 국가)

ruba [부] (a ruba /a'ruba/의 형태로 쓰여) andare a ruba 날개 돋친 듯이 팔리다

rubacchiare /rubak'kjare/ [타동] (구어체에서) 좀도둑질하다, 슬쩍하다

rubacuori /ruba'kwɔri/ [형/남/여-불변] 남을 애태울 정도로 아주 매력적인 (사람)

rubare /ru'bare/ [타동] ① 훔치다, 도둑질하다; 빼앗다, 강탈하다; rubare qc a qn 누구한테서 무엇을 훔치다[빼앗다] ② (비유적으로) (아이디어 따위를) 도용하다 ③ rubare il cuore a qn 누구의 마음을 빼앗다, 누구의 사랑을 얻다

rubicondo /rubi'kondo/ [형] (안색 등이) 불그스레한

rubinetto /rubi'netto/ [남] 수도꼭지

rubino /ru'bino/ [남] [광물] 루비, 홍옥 (紅玉)

rublo /'rublo/ [남] [화폐의 단위] 루블 (러시아의 화폐 단위)

rubrica /ru'brika/ [여] (복 : -che) ① (주소록 따위의) 노트; rubrica degli indirizzi 주소록 ② (방송 프로그램의) 특별 코너 ③ (신문의) 칼럼, 난, 페이지; rubrica sportiva 스포츠 면

ruchetta /ru'ketta, rucola /rukola/ [여] [식물] 겨잣과 식물의 일종

rude /'rude/ [형] ① (태도가) 거친, 무례한 ② (뱃사람 등이) 강인한, 튼튼한

rudere /'rudere/ [남] ① 황폐한 집 ② 몰락한 사람

rudimentale /rudimen'tale/ [형] 기본의, 기초의, 초보의

rudimenti /rudi'menti/ [남·복] 기본, 기초, 초보

ruffiano /ruf'fjano/ [남] ① 뚜쟁이 ② (비유적으로) 아첨꾼

ruga /'ruga/ [여] (복 : -ghe) 주름살

rugby /'ragbi/ [남-불변] [스포츠] 럭비

ruggine /'ruddʒine/ [여] ① (금속의) 녹; fare la ruggine 녹이 슬다 ② (비유적으로) 원한 ③ [식물] 녹병 – [형-불변] 녹빛의

ruggire /rud'dʒire/ [자동] (조동사 :

avere) (동물·사람이) 으르렁거리다, 포효하다, 고함치다; (바람 따위가) 큰 소리를 내다

ruggito /rud'dʒito/ [남] (동물의) 포효; 우레 같은 소리

rugiada /ru'dʒada/ [여] 이슬

rugoso /ru'goso/ [형] ① (피부에) 주름살이 있는 ② (표면이) 거친

rullare /rul'lare/ [타동] (지면을) 롤러로 고르다 - [자동] (조동사 : avere) ① (북이) 둥둥 울리다 ② (배나 비행기가) 좌우로 흔들리다

rullino /rul'lino/ [남] 필름(의 한 통)

rullio /rul'lio/ [남] (복 : -ii) (북의) 둥둥 울림

rullo /'rullo/ [남] ① (북의) 둥둥 울림 ② 롤러; rullo compressore 증기 롤러 ③ (필름의) 한 통

rum /rum/ [남-불변] 럼주(酒)

rumeno /ru'mɛno/ → romeno

ruminante /rumi'nante/ [남] [동물] 반추동물

ruminare /rumi'nare/ [타동] ① (소 따위가 먹이를) 반추하다, 되새김질하다 ② (비유적으로) 되새기다, 곰곰이 생각해보다

rumore /ru'more/ [남] ① 소리; 소음; un rumore di passi 발소리; fare rumore 소음을 일으키다, 시끄럽게 하다; senza fare rumore 아무 소리도 내지 않고, 조용히 ② (비유적으로) la notizia ha fatto molto rumore 그 소식은 큰 관심을 불러일으켰다

rumoreggiare /rumored'dʒare/ [자동] (조동사 : avere) ① (소리가) 크게 울리다 ② 소란스럽게 불평하다

rumoroso /rumo'roso/ [형] 시끄러운, 소음을 일으키는

ruolo /'rwɔlo/ [남] ① (배우의) 배역 ② 역할, 임무, 구실; avere un ruolo di primo piano in qc 무엇에서 주도적인 역할을 하다 ③ 목록, 리스트; ruolo d'imposta 납세대장 - di ruolo 정규직의, 종신의; fuori ruolo 임시직의

ruota /'rwɔta/ [여] (자동차나 기타 기계류 따위의) 바퀴; veicolo a due ruote 바퀴가 둘 달린 차량; a 4 ruote motrici (자동차가) 4륜 구동의 - andare a ruota libera 자유롭게 [멋대로] 행동하다; essere l'ultima ruota del carro 무용지물이다, 쓸모가 없다 - ruota del timone (배의) 타륜(舵輪)

ruotare /rwo'tare/ [타동] 돌리다 - [자동] (조동사 : avere) 돌다, 회전하다

rupe /'rupe/ [여] 험한 바위산

rupia /ru'pia/ [여] [화폐의 단위] 루피 (인도 등지의 화폐 단위)

rurale /ru'rale/ [형] 시골의, 전원의

ruscello /ruʃ'ʃello/ [남] 시내, 개천

ruspa /'ruspa/ [여] 굴착기; 불도저

ruspante /rus'pante/ [형] (닭을) 놓아 기르는, 방목의

russare /rus'sare/ [자동] (조동사 : avere) 코를 골다

Russia /'russja/ [여] 러시아

russo /'russo/ [형] 러시아의 - [남] (여 : -a) 러시아 사람 - [남] 러시아어

rustico /'rustiko/ (복 : -ci, -che) [형] 시골(풍)의; (시골 사람처럼) 거친, 세련되지 못한 - [남] ① 헛간 ② 시골 집

ruta /'ruta/ [여] [식물] 루타 (지중해 연안 원산의 귤과 식물)

ruttare /rut'tare/ [자동] (조동사 : avere) 트림하다

rutto /'rutto/ [남] 트림

ruvido /'ruvido/ [형] ① (표면이) 거친 ② (비유적으로) (사람·태도가) 거친

ruzzolare /ruttso'lare/ [자동] (조동사 : essere) 넘어지다, 굴러 떨어지다

ruzzolone /ruttso'lone/ [남] 넘어짐, 굴러 떨어짐; ha fatto un ruzzolone per le scale 그는 계단에서 굴러 떨어졌다

ruzzoloni /ruttso'loni/ [부] (a) ruzzoloni 넘어져, 굴러 떨어져; cadere ruzzoloni per le scale 계단에서 굴러 떨어지다

S

s, S /ɛsse/ [남/여-불변] 이탈리아어 알파벳의 17번째 글자

sabato /'sabato/ [남] ① 토요일 ② [유대교] 안식일 - sabato santo 성(聖)토요일 (부활절 전주의 토요일)

sabbatico /sab'batiko/ [형] (복 : -ci, -che) ① [유대교] 안식일의 ② 안식의, 휴식의; anno sabbatico (대학 교수의) 안식년

sabbia /'sabbja/ [여] 모래 - sabbie mobili 유사(流砂); 올라서면 빠져버리는 젖은 모래층)

sabbiatura /sabbja'tura/ [여] ① 모래찜질 ② 분사(噴砂), 모래를 뿜기

sabbioso /sab'bjoso/ [형] 모래의, 모래땅의; 모래질의

sabotaggio /sabo'taddʒo/ [남] (복 : -gi) 사보타주 (쟁의 중인 노동자에 의한 공장 설비·기계 등의 파괴, 생산 방해)

sabotare /sabo'tare/ [타동] 사보타주를 하다, 고의로 파괴[방해]하다

sabotatore /sabota'tore/ [남] (여 : -trice) 사보타주를 하는 사람

sacca /'sakka/ [여] (복 : -che) ① 가방, 배낭; sacca da viaggio 여행 가방 ② (강가의) 후미, 만 - sacca d'aria [항공] 에어 포켓, 수직 하강 기류

saccarina /sakka'rina/ [여] [화학] 사카린

saccente /sat'tʃɛnte/ [형/남/여] 주제넘은, 건방진, 아는 체하는 (녀석)

saccheggiare /sakked'dʒare/ [타동] ① (군대가 도시를) 약탈하다; (상점 따위를) 습격하다 ② (비유적으로) (남의 작품 따위를) 표절[도용]하다

saccheggio /sak'keddʒo/ [남] (복 : -gi) ① 약탈 ② 표절, 도용

sacchetto /sak'ketto/ [남] ① 작은 자루, 주머니; 봉지, 봉투; sacchetto di plastica 비닐 봉지; sacchetto di carta 종이 봉투 ② 가방 하나에 가득한 분량

sacco /'sakko/ [남] (복 : -chi) ① 부대, 자루 ② 한 부대[자루]의 분량 ③ 가방; 배낭; sacco da montagna 등산용 배낭 ④ 약탈 ⑤ [생물] 낭(囊), 주머니 ⑥ (권투 연습용) 샌드백 ⑦ (농담조로) 배, 뱃속, 위장; riempirsi il sacco 배를 채우다 ⑧ un sacco (구어체에서) 많이, 대단히, 몹시 ⑨ un sacco di (구어체에서) 많은 ~ - colazione al sacco 도시락; sacco a pelo 침낭 - cogliere[prendere] qn con le mani nel sacco 누구를 현장에서 체포하다; mettere qn nel sacco 누구를 속이다; vuotare il sacco (구어체에서) 자백하다, 털어놓다

sacerdote /satʃer'dɔte/ [남] 성직자, 사제

sacerdozio /satʃer'dɔttsjo/ [남] (복 : -zi) 성직(聖職)

sacramento /sakra'mento/ [남] [기독교] 성찬; [가톨릭] 성사(聖事); accostarsi ai sacramenti 성찬을 받다; i sette sacramenti 7성사; il Santissimo Sacramento 성찬의 빵

sacrario /sa'krarjo/ [남] (복 : -ri) 기념관(館)

sacrestano /sakres'tano/ → sagrestano

sacrestia /sakres'tia/ → sagrestia

sacrificare /sakrifi'kare/ [타동] 희생시키다; (짐승을) 제물로 바치다; sacrificare la propria vita per ~을 위해 자기 목숨을 희생하다 - sacrificarsi [재귀동사] 희생하다

sacrificato /sakrifi'kato/ [형] 희생된; 제물로 바쳐진 - una vita sacrificata 힘든 삶, 궁핍한 생활

sacrificio /sakri'fitʃo/ [남] (복 : -ci) ① (종교 의식으로서 신에게) 산 제물을 바침 ② 희생; fare un sacrificio 희생하다

sacrilegio /sakri'lɛdʒo/ [남] (복 : -gi) 신성 모독

sacrilego /sa'krilego/ [형] (복 : -ghi, -ghe) 신성 모독의

sacro1 /'sakro/ [형] ① 신성한, 성스러운, 거룩한, 신에게 바친 ② (음악·미술 따위가) 종교적인; musica sacra 교회 음악 ③ 신성 불가침의, 반드시 존중 받아야 할 - [남] 신성한 것

sacro2 /ˈsakro/ [형] [해부] osso sacro 천골(薦骨), 엉치뼈

sacrosanto /ˈsakroˈsanto/ [형] 극히 신성한, 신성 불가침의

sadico /ˈsadiko/ (복 : -ci, -che) [형] 사디즘의, 가학(加虐) 성애의 - [남] (여 : -a) 사디스트

sadismo /saˈdizmo/ [남] [정신의학] 사디즘, 가학(加虐) 성애

sadomasochismo /sadomazoˈkizmo/ [남] [정신의학] 한 사람이 사디즘과 마조히즘의 성향을 동시에 가진 상태

saetta /saˈetta/ [여] 번개, 벼락; veloce come una saetta 전광석화와도 같다, 몹시 빠르다

safari /saˈfari/ [남-불변] 사파리

saga /ˈsaga/ [여] (복 : -ghe) 사가 (중세 북유럽의 전설)

sagace /saˈgatʃe/ [형] 기민한, 영리한

sagacia /saˈgatʃa/ [여] 기민함, 영리함

saggezza /sadˈdʒettsa/ [여] 현명, 지혜, 슬기로움

saggiare /sadˈdʒare/ [타동] ① (귀금속 따위를) 시금(試金)하다 ② (비유적으로) 시험해보다, 테스트하다

saggio1 /ˈsaddʒo/ (복 : -gi, -ge) [형] 현명한, 지혜로운, 슬기로운 - [남] 현자

saggio2 /ˈsaddʒo/ [남] (복 : -gi) ① 시험, 테스트; (광석 따위의) 시금(試金), 분석 평가 ② (힘·능력 따위의) 증명; (예술적 재능을 드러내는) 연기, 공연; dare saggio di ~을 입증하다, 보여주다; saggio di musica 리사이틀, 연주회 ③ 견본, 샘플 ④ 에세이, 평론

saggistica /sadˈdʒistika/ [여] ① 에세이 쓰기 ② 에세이, 수필

Sagittario /sadʒitˈtarjo/ [남-불변] [천문] 궁수자리; [점성] 인마궁(人馬宮)

sagoma /ˈsagoma/ [여] ① 윤곽, 외형; 실루엣 ② 본뜨는 공구, 형판(型板) ③ 과녁, 표적 ④ 괴짜, 기인

sagomare /sagoˈmare/ [타동] 틀에 넣어 만들다, 본을 뜨다

sagomato /sagoˈmato/ [형] 틀에 넣어 만든, 본을 뜬

sagra /ˈsagra/ [여] 축제

sagrato /saˈgrato/ [남] (교회의) 뜰

sagrestano /sagresˈtano/ [남] 교회 물품 관리자

sagrestia /sagresˈtia/ [여] 교회 물품 보관소

Sahara /saˈara/ [남] 사하라; il deserto del Sahara 사하라사막

sahariana /saaˈrjana/ [여] 사파리 재킷

sahariano /saaˈrjano/ [형] 사하라(사막)의

saio /ˈsajo/ [남] (복 : sai) 수도사의 복장

sala /ˈsala/ [여] ① 넓은 방, 홀 ② 청중, 관객 ③ 거실 - sala d'aspetto (정류장·병원 등의) 대합실; sala da ballo 댄스홀; sala da biliardo 당구장; sala dei concerti 콘서트홀; sala per conferenze (대학의) 강의실; sala operatoria (병원의) 수술실; sala da pranzo (가정 내의) 식당; sala per ricevimenti 연회장; sala delle udienze 법정

salace /saˈlatʃe/ [형] ① (이야기 따위가) 외설적인, 음탕한 ② (말이) 신랄한

salamandra /salaˈmandra/ [여] [동물] 도룡뇽

salame /saˈlame/ [남] ① 살라미 (이탈리아식 소시지의 하나) ② (비유적으로) 바보, 얼간이

salamoia /salaˈmoja/ [여] 소금물, 간물

salare /saˈlare/ [타동] (음식에[을]) 소금을 치다, 소금으로 간하다

salariale /salaˈrjale/ [형] 급료의, 임금의; aumento salariale 임금 인상

salariato /salaˈrjato/ [형] (일·노동이) 유급의, 보수를 받는 - [남] (여 : -a) 임금 노동자, 근로자

salario /saˈlarjo/ [남] (복 : -ri) 급료, 봉급, 임금; salario base 기본급

salasso /saˈlasso/ [남] ① [외과] 사혈(瀉血), 피를 뽑아냄 ② (비유적으로) 엄청난 비용이 들게 함

salatino /salaˈtino/ [남] 애피타이저로 제공되는 과자 종류

salato /saˈlato/ [형] ① 소금기가 있는, 소금을 함유한 ② (맛이) 짠 ③ (비유적으로) (말이) 신랄한 ④ (비유적으로) 매우 비싼; pagare qc salato 무엇에 엄청난 값을 치르다

saldare /salˈdare/ [타동] ① 납땜하다, 용접하다 ② (부러진 뼈를) 맞추다 ③ (비유적으로) 연결하다, 맞추다 ④ 지불하다, 셈을 치르다; saldare un conto con qn i) 누구와의 거래를 청산하다 ii) 누구에 대한 원한을 풀다 - saldarsi [재귀동사] (부러진 뼈가) 다시 붙다

saldatore /saldaˈtore/ [남] (여 : -trice) ① 납땜하는 사람, 용접공 ② 납땜 인두

saldatrice /salda'tritʃe/ [여] 용접기
saldatura /salda'tura/ [여] ① 납땜, 용접 ② 접골(接骨) ③ (비유적으로) 연결, 맞추기
saldezza /sal'dettsa/ [여] 굳음, 견고함
saldo1 /'saldo/ [형] 굳은, 견고한, 튼튼한
saldo2 /'saldo/ [남] ① (지불해야 할) 잔액, 잔고; pagare a saldo 전액 지불하다; saldo attivo 대변(貸邊) 잔고; saldo passivo 차변(借邊) 잔고; saldo riportato 이월 잔액 ② 지불, 청산, 결산 ③ 세일, 할인 판매
sale /'sale/ [남] ① 소금, 식염; conservare sotto sale 소금에 절이다; sale fino, sale da tavola 식탁용 소금; sali minerali 암염 ② [화학] 염(鹽) ③ (비유적으로) 상식, 양식(良識); avere sale in zucca 상식이 있다 ④ (비유적으로) 신랄함 - restare di sale 말문이 막히다, 어안이 벙벙하다 - sali da bagno 목욕물에 타는 분말[결정] 용제
salgemma /sal'dʒemma/ [남] 암염(巖鹽)
salice /'salitʃe/ [남] [식물] 버드나무; salice piangente 수양버들
saliente /sa'ljɛnte/ [형] ① 튀어나온, 돌출한 ② (비유적으로) 현저한, 두드러진
saliera /sa'ljera/ [여] (식탁용) 소금 그릇
salina /sa'lina/ [여] ① 제염소(製鹽所), 소금 만드는 곳 ② 천연 염전 ③ 암염(巖鹽) 광산
salino /sa'lino/ [형] 소금의; 소금을 함유한
salire /sa'lire/ [자동] (조동사 : essere) ① (사람이 높은 곳에) 오르다, 올라가다; salimmo a piedi fino in cima 우리는 정상까지 걸어 올라갔다; salì sull'albero 그는 나무 위로 올라갔다 ② (교통 수단에) 타다; salire in macchina 차에 타다; salire sull'autobus 버스에 타다; salire a bordo di (배에) 타다 ③ (사물이 높은 곳으로) 오르다, 올라가다, 떠오르다 ④ (가격·온도 따위가) 오르다, 상승하다 ⑤ (비유적으로) (지위 따위가) 오르다; salire al potere 권력을 잡다; salire al trono 왕위에 오르다, 즉위하다 - [타동] (계단 따위를) 오르다, (산 따위에) 오르다
saliscendi /saliʃ'ʃendi/ [남-불변] 빗장, 걸쇠
salita /sa'lita/ [여] ① 오름, 올라감, 상승 ② 오르막(길) ③ in salita 올라가는, 오르막의
saliva /sa'liva/ [여] 침, 타액
salma /'salma/ [여] 시체, 시신
salmastro /sal'mastro/ [형] (물 따위가) 소금기 있는; (맛이) 짠 - [남] 짠맛
salmì /sal'mi/ [남-불변] 살미 (반쯤 구운 야생 조류의 고기를 포도주와 버터를 넣어 삶은 스튜 요리)
salmo /'salmo/ [남] 찬송가, 성가; i Salmi, il libro dei Salmi (성경의) 시편
salmone /sal'mone/ [남] [어류] 연어
salmonella /salmo'nella/ [여] 살모넬라균 (식중독을 일으키는 병원균)
Salomone /salo'mone/ [여·복] (오세아니아의) 솔로몬제도
salone /sa'lone/ [남] ① 넓은 방, 홀; 응접실, 객실 ② 거실 ③ 전시회; salone dell'automobile 모터 쇼, 자동차 전시 발표회 ④ 미용실 (salone di bellezza)
salopette /salo'pɛt/ [여-불변] 작업복의 일종
salottiero /salot'tjero/ [형] ① 응접실[거실]의 ② (이야기 따위가) 사소한, 일상적인, 가십의
salotto /sa'lɔtto/ [남] ① 거실; 응접실 ② 거실에 배치한 가구 ③ (문인 등의) 모임
salpare /sal'pare/ [타동] salpare l'ancora 닻을 올리다 - [자동] (조동사 : essere, avere) (배가) 출항하다
salsa1 /'salsa/ [여] (요리의) 소스; salsa di pomodoro 토마토 소스 - in tutte le salse 가능한 한 모든 수단을 다 동원해, 갖은 방법을 다 써서
salsa2 /'salsa/ [여-불변] 살사 (음악·춤)
salsedine /sal'sedine/ [여] (바닷물 따위의) 소금기
salsiccia /sal'sittʃa/ [여] (복 : -ce) 소시지
salsiera /sal'sjera/ [여] (식탁용) 소스 그릇
saltare /sal'tare/ [자동] (조동사 : avere, essere) ① 껑충 뛰다, 뛰어오르다, 도약하다, 점프하다; 뛰어넘다; saltare su ~에 뛰어오르다; saltare sopra ~을 뛰어넘다; saltare giù 뛰어내리다; saltare addosso a qn 누구에게 덤벼들다, 누구를 공격하다; saltare dalla finestra 창문에서 뛰어내리다; saltare da un argomento all'altro 한 가지 주제에서 다른 주제로 뛰어넘다; saltare

dalla gioia 기뻐서 펄쩍펄쩍 뛰다 ② 튀어나오다; 폭발하다, 터지다 ③ (구어체에서) (불·전기가) 꺼지다, 나가다 ④ (일정 따위가) 취소되다; (지위에서) 쫓겨나다 ⑤ saltare fuori i) (진실·비밀 따위가) 드러나다, 밝혀지다 ii) (문제 따위가) 일어나다 iii) (사람·물체가) 나타나다 - [타동] ① (장애물 따위를) 뛰어넘다; saltare la corda 줄넘기하다 ② (비유적으로) (빠뜨리고) 건너뛰다 - che ti salta in mente? 무슨 생각을 하고 있는 거야?

saltellare /saltel'lare/ [자동] (조동사 : avere) 껑충 뛰다

saltello /sal'tɛllo/ [남] 껑충 뛰기

saltimbanco /saltim'banko/ [남] (복 : -chi) ① 곡예사 ② (비유적으로·경멸적으로) 협잡꾼

saltimbocca /saltim'bokka/ [남-불변] 송아지 고기 요리의 하나

salto /'salto/ [남] ① 뛰어오름, 도약, 점프; fare un salto 뛰어오르다, 점프하다; fare i salti dalla gioia 기뻐서 펄쩍펄쩍 뛰다 ② (구어체에서) 잠깐 들르기; fare un salto da qn 누구네 집에 잠깐 들르다 ③ [스포츠] 높이뛰기; salto in alto 높이뛰기; salto con l'asta 장대높이뛰기; salto in lungo 멀리뛰기; salto dal trampolino 스키 점프 ④ 고도차(高度差), 높이 차이 ⑤ (비유적으로) 건너뜀, 이동 - un salto nel buio 무모한 짓 - salto mortale 공중제비, 재주넘기

saltuariamente /saltuarja'mente/ [부] 때때로, 이따금, 부정기적으로

saltuario /saltu'arjo/ [형] (복 : -ri, -rie) 때때로[이따금] ~하는, 부정기적인

salubre /sa'lubre/ [형] (기후 따위가) 건강에 이로운

salumeria /salume'ria/ [여] salumi를 파는 가게

salumi /sa'lumi/ [남·복] 소금 따위에 절인, 돼지고기로 만든 식품 종류

salumiere /salu'mjere/ [남] (여 : -a) salumeria의 주인

salumificio /salumi'fitʃo/ [남] (복 : -ci) salumi를 생산하는 공장

salutare1 /salu'tare/ [형] ① (기후 따위가) 건강에 이로운 ② (비유적으로) (경험·충고 따위가) 도움이 되는, 유익한

salutare2 /salu'tare/ [타동] ① (만났을 때 또는 헤어질 때 상대방에게) 인사하다; 안부를 전하다; mi saluti sua moglie 부인께 안부 전해 주세요 ② [군사] 경례하다 ③ (남의 집에) 잠깐 들르다 - salutarsi [재귀동사] 서로 인사를 나누다

salute /sa'lute/ [여] 건강; per motivi di salute 건강상의 이유로; godere di buona salute 건강하다, 건강 상태가 좋다 - [감] ① alla salute! 건배!; bere alla salute di qn 누구의 건강을 위해 축배를 들다 ② 재채기하는 사람에게 하는 말

saluto /sa'luto/ [남] ① 인사; rivolgere il saluto a qn 누구에게 인사를 하다; fare un cenno di saluto a qn 누구에게 손을 흔들거나 고개를 끄덕여 인사하다 ② 경의, 존경 ③ [군사] 경례 - saluti [남·복] 안부 인사; portale i miei saluti 그녀에게 안부 전해 다오; cari saluti (편지의 맺음말로) 그럼 안녕히 계세요; cordiali saluti (편지의 맺음말로) 재배(再拜)

salva /'salva/ [여] [군사] 예포; sparare a salva 예포를 쏘다

salvacondotto /salvakon'dotto/ [남] [군사] 안전 통행권[증]

salvadanaio /salvada'najo/ [남] (복 : -ai) (돼지)저금통

salvagente /salva'dʒɛnte/ [남-불변] ① 구명 부표(浮標); 구명 재킷 ② (도로상의) 교통 안전 지대

salvaguardare /salvagwar'dare/ [타동] (권익·전통·환경 따위를) 보호하다

salvaguardia /salva'gwardja/ [여] (권익·전통·환경 따위의) 보호

salvare /sal'vare/ [타동] ① (da와 함께 쓰여) (~으로부터, ~에서) 구(조)하다; hanno salvato poche persone dal naufragio 그들은 선박 조난 사고로부터 몇 명을 구출했다; salvare la vita a qn 누구의 목숨을 구하다 ② (자연 환경 따위를) 보호[보존]하다; (체면 따위를) 유지하다; salvare la faccia 체면을 지키다 ③ [신학] (사람·영혼을 죄에서) 구원하다, 구속하다 ④ [컴퓨터] (파일이나 데이터를) 저장하다 - salvarsi [재귀동사] ① (da와 함께 쓰여) (~으로부터, ~에서) 무사히 빠져나오다; nessuno si è salvato dal disastro 어느 누구도 그 재난을 면하지 못했다 ② 자기 자신을 보호하다

salvaschermo /salvas'kermo/ [남-불변]

[컴퓨터] 스크린세이버, 화면보호기
salvataggio /salva'taddʒo/ [남] (복 : -gi) ① 구조, 구출; cintura di salvataggio 구명[안전] 벨트 ② [컴퓨터] (파일이나 데이터의) 저장
salvatore /salva'tore/ [남] (여 : -trice) 구조[구출]하는 사람; il Salvatore 구세주 (그리스도)
salvavita /salva'vita/ [남-불변] [전기] 회로 차단기
salve /'salve/ [감] (인사말로) 안녕!
salvezza /sal'vettsa/ [여] ① 구제, 구조; cercare salvezza nella fuga 피난하다 ② [신학] 구원
salvia /'salvja/ [여] [식물] 샐비어
salvietta /sal'vjetta/ [여] (식탁용) 냅킨
salvo1 /'salvo/ [형] 안전한; 다치지 않은; avere salva la vita 목숨을 부지하다 - [남] essere in salvo 안전하다, 안전한 상태다
salvo2 /'salvo/ [전] ① ~ 외에는, (~을) 제외하고는; è aperto tutti i giorni salvo il lunedì 월요일만 빼고는 매일 문을 연다 ② (조건을 나타내어) salvo imprevisti 사고만 없으면, 일이 잘 된다면 ③ salvo che ~하지 않는다면, ~만 아니면; mangeremo fuori salvo che (non) piova 비가 오지 않는다면 우리는 외식을 할 것이다
samaritano /samari'tano/ [남] (여 : -a) il buon samaritano [성경] 선한 사마리아인; 친절한 사람
samba /'samba/ [남/여-불변] 삼바 (브라질의 춤)
sambuca /sam'buka/ [여] 리큐어의 일종
sambuco /sam'buko/ [남] (복 : -chi) [식물] 딱총나무
Samoa /sa'mɔa/ [여·복] (남태평양의) 사모아
samurai /samu'rai/ [남-불변] 사무라이 (일본의 무사)
san /san/ [형] → santo
sanare /sa'nare/ [타동] ① (환자·상처를) 치료하다 ② [경제] (손실 따위를) 벌충하다
sanatoria /sana'tɔrja/ [여] [법률] (공무상의 위법 행위에 대한) 면책법
sanatorio /sana'tɔrjo/ [남] (복 : -ri) 요양소
sancire /san't∫ire/ [타동] (법률·조약 따위를) 재가하다, 비준하다, 승인하다
sandalo1 /'sandalo/ [남] [식물] 백단(白檀); 그 재목
sandalo2 /'sandalo/ [남] 샌들 (신발)
sangria /san'gria/ [여-불변] 레드와인에 레모네이드 등을 넣어 차게 한 음료
sangue /'sangwe/ [남] 피, 혈액; animale a sangue caldo[freddo] 온혈[냉혈] 동물; al sangue (스테이크가) 레어의, 설익은; donare il sangue 헌혈을 하다; sangue freddo (비유적으로) 냉정, 침착, 태연작약 - all'ultimo sangue (싸움 따위를) 죽을 때까지; non corre buon sangue tra di loro 그들 사이에는 원한 관계가 있다; farsi cattivo sangue per qc 무엇에 대해 속상해 하다; sentirsi gelare il sangue nelle vene 피가 얼어붙는 듯하다, 소름이 끼치다
sanguigno /san'gwiɲɲo/ [형] ① [의학] 피[혈액]의; gruppo sanguigno 혈액형 ② 붉은, 빨간 ③ 성급한, 충동적인
sanguinante /sangwi'nante/ [형] (상처 등에서) 피를 흘리는, 피가 나오는
sanguinare /sangwi'nare/ [자동] (조동사 : avere) 피를 흘리다, 출혈하다
sanguinario /sangwi'narjo/ [형] (복 : -ri, -rie) 피에 굶주린, 잔인한
sanguinoso /sangwi'noso/ [형] ① 피투성이의, 피로 얼룩진 ② (싸움 따위가) 유혈의
sanguisuga /sangwi'suga/ [여] (복 : -ghe) ① [동물] 거머리 ② (비유적으로) 탐욕스러운 사람; 남에게 폐를 끼치는 사람
sanità /sani'ta/ [여] ① 건강함, 건강한 상태 ② 공중 보건; ministero della Sanità (정부 부처의) 보건부
sanitario /sani'tarjo/ (복 : -ri, -rie) [형] 건강의, 보건의; assicurazione sanitaria 건강 보험 - [남] 의사 - sanitari [남·복] 화장실 (시설)
San Marino /san ma'rino/ [여] 산마리노 (이탈리아 동부의 작은 공화국)
sano /'sano/ [형] ① (신체가) 건강한; sano e salvo 무사한; sano di mente 제정신의, 정신이 건전한 ② (기후·음식 따위가) 건강에 이로운 ③ 손상되지 않은, 온전한 ④ 건전한, 정상적인; una sana educazione 양질의 교육 - essere sano come un pesce 매우 건강하다, 상태가 매우 좋다; di sana pianta 완전히, 전적으로
sanscrito /'sanskrito/ [남/형] 산스크리트

어(語)(의)

santificare /santifi'kare/ [타동] ① 신성하게 하다 ② (축제일을) 지키다, 지내다

santino /san'tino/ [남] 성화(聖畫)

santità /santi'ta/ [여-불변] ① 신성함, 성스러움, 거룩함 ② Sua[Vostra] Santità 성하(聖下; 교황에 대한 존칭)

santo /'santo/ [형] (남성형은 뒤에 자음이 따르는 s로 시작하는 고유명사 앞에서 santo이며, 모음으로 시작하는 고유명사 앞에서는 sant', 기타 자음으로 시작하는 고유명사 앞에서는 san이 된다) ① 신성한, 성스러운, 거룩한; terra santa 성지(聖地); Venerdì Santo 성(聖)금요일, 수난일; la Santa Sede 성좌(聖座), 교황청 ② (고유명사 앞에 쓰여서) 성(聖)~ ; San Pietro 성베드로 ③ (비유적으로) 신앙심이 깊은, 경건한, 독실한 ④ (감탄문에서) santo cielo!, Dio santo! 맙소사!, 어머나! - [남] (여 : -a) ① 성인(聖人), 성자; i Santi [가톨릭] 모든 성인의 축일, 만성절(萬聖節) ② (비유적으로) 신앙심이 깊은 사람, 경건한[독실한] 사람 ③ (구어체에서) 수호성인

santone /san'tone/ [남] (여 : -a) (기독교 이외의 종교에서의) 은자(隱者)

santuario /santu'arjo/ [남] (복 : -ri) 신성한 장소, 신전, 사원, 성당

sanzionare /santsjo'nare/ [타동] ① (법률 따위를) 재가하다, 비준하다, 승인하다 ② 제재를 가하다, 처벌하다

sanzione /san'tsjone/ [여] ① 제재, 처벌; sanzioni economiche 경제적 제재 ② 재가, 승인; 허용, 찬성

sapere /sa'pere/ [타동] ① 알다; sai dove abita? 너 그가 어디 사는지 아니?; non ne so nulla 난 그것에 대해선 아무것도 몰라; senza saperlo 알지 못한 채, 모르고서 ② ~할 줄 알다; sai nuotare? 너 수영할 줄 아니? ③ (배워서) 알고 있다; sa quattro lingue 그는 4개 언어를 안다 ④ 알게 되다; ho saputo che ti sei sposato 너 결혼했다고 들었다; far sapere qc a qn 누구에게 무엇을 알리다; venire a sapere qc (da qn) (누구한테 들어서) 무엇에 대해 알게 되다 - [자동] (조동사 : avere) ① (어떤 분야에 대해) 잘 알고 있다 ② (di와 함께 쓰여) (~의) 맛[냄새]이 나다 - [남] 앎, 학식, 지식 - ci sa fare con le macchine 그는 자동차를 다룰 줄 안다, 잘 다룬다; averlo saputo! 그걸 알았더라면 (좋았을 텐데); e chi lo sa? 누가 알아?, 알 수 없는 일이지

sapiente /sa'pjente/ [형] ① 지혜로운, 슬기로운 ② 학문이 있는, 박식한 ③ 솜씨 좋은, 유능한 - [남/여] ① 현자 ② 학자

sapientemente /sapjente'mente/ [부] ① 지혜롭게, 슬기롭게 ② 솜씨가 좋아, 유능하게

sapientone /sapjen'tone/ [남] (여 : -a) (경멸적으로) 아는[똑똑한] 체하는 녀석

sapienza /sa'pjentsa/ [여] ① 지혜, 슬기 ② 학식 ③ 솜씨 좋음, 유능함, 숙달, 정통

sapone /sa'pone/ [남] 비누; sapone liquido 액체 비누; sapone da bucato 세탁 비누

saponetta /sapo'netta/ [여] 비누 한 개

sapore /sa'pore/ [남] ① 맛, 풍미; non ha alcun sapore 그건 아무 맛도 없다 ② (비유적으로) 경험, 맛; 기미, 기색

saporitamente /saporita'mente/ [부] 맛있게; dormire saporitamente (비유적으로) 달게[푹] 자다

saporito /sapo'rito/ [형] ① (음식이) 맛있는 ② (비유적으로) (이야기 따위가) 재치 있는 ③ (비유적으로) farsi una dormita saporita 달게[푹] 자다

saputello /sapu'tello/ [남] (여 : -a) 아는 [똑똑한] 체하는 녀석

saracinesca /saratʃi'neska/ [여] (복 : -sche) (문·창문의) 셔터

sarcasmo /sar'kazmo/ [남] 풍자; 비꼬는 말; fare del sarcasmo 풍자하다, 비꼬다

sarcastico /sar'kastiko/ [형] (복 : -ci, -che) 풍자적인, 비꼬는 투의

sarcofago /sar'kɔfago/ [남] (복 : -gi / -ghi) [고고학] (정교하게 조각된 대리석의) 석관(石棺)

Sardegna /sar'deɲɲa/ [여] (이탈리아의) 사르데냐 섬

sardina /sar'dina/ [여] [어류] 정어리 - pigiati come sardine 빽빽하게 들어찬, 콩나물시루 같은

sardo /'sardo/ [형] (이탈리아의) 사르데냐 섬의 - [남] (여 : -a) 사르데냐 사람 - [남] 사르데냐 말

sardonico /sar'dɔniko/ [형] (복 : -ci, -che) 냉소적인, 조소하는

sarto /'sarto/ [남] (여 : -a) 재단사, 재봉사; 패션 디자이너

sartoria /sarto'ria/ [여] ① 양복점; 양장점 ② 옷 만드는 기술

sassata /sas'sata/ [여] 돌팔매질; tirare una sassata a qn 누구에게 돌을 던지다

sasso /'sasso/ [남] 돌; 바위; tirare un sasso 돌을 던지다 – essere duro come un sasso 돌처럼 딱딱한; restare[rimanere] di sasso (비유적으로) 어안이 벙벙해지다

sassofonista /sassofo'nista/ [남/여] (남·복 : -i, 여·복 : -e) 색소폰 연주자

sassofono /sas'sɔfono/ [남] [음악] 색소폰

sassoso /sas'soso/ [형] (지면·길 따위에) 돌이 많은, 돌투성이의

Satana /'satana/ [남] 사탄, 마왕

satanico /sa'taniko/ [형] (복 : -ci, -che) ① 사탄의, 마왕의 ② 악마 같은, 극악무도한

satellitare /satelli'tare/ [형] (인공) 위성의

satellite /sa'tɛllite/ [남] ① [천문] 위성; 인공 위성 (satellite artificiale); trasmissione via satellite 위성 방송 ② [정치] 위성 국가 – [형-불변] stato satellite 위성 국가; città satellite 위성 도시

satin /sa'ten/ [남-불변] 공단(貢緞), 새틴

satira /'satira/ [여] 풍자, 비꼼; fare la satira di qn/qc 누구/무엇을 풍자하다, 빈정대다

satirico /sa'tiriko/ (복 : -ci, -che) [형] 풍자적인, 비꼬는, 빈정대는 – [남] (여 : -a) 풍자문 작가, 풍자하는 사람

saturare /satu'rare/ [타동] ① [화학] (용액·화합물 등을) 포화시키다 ② (비유적으로) 꽉 채우다, 충만하게 하다 – saturarsi [재귀동사] ① [화학] 포화되다 ② (비유적으로) 꽉 차다, 충만해지다

saturazione /saturat'tsjone/ [여] ① [화학] 포화 ② (비유적으로) 포화 상태, 충만, 차고 넘침; arrivare al punto di saturazione 포화 상태에 이르다

Saturno /sa'turno/ [남] [천문] 토성

saturo /'saturo/ [형] ① [화학] (용액 따위가) 포화된 ② (di와 함께 쓰여) (~이) 배어든; 꽉 찬, 충만한

sauna /'sauna/ [여] 사우나; fare la sauna 사우나를 하다

savana /sa'vana/ [여] 대초원, 사바나

sax /saks/ [남-불변] sassofono의 축약형

saziare /sat'tsjare/ [타동] ① (음식이 사람을) 물리게[싫증나게] 하다; (공복을) 채우다 ② (비유적으로) (호기심 따위를) 만족시키다 – saziarsi [재귀동사] ① 배를 채우다, 마음껏 먹다 ② (비유적으로) (di와 함께 쓰여) (~에) 물리다, 싫증나다

sazietà /sattsje'ta/ [여-불변] ① 배가 부름, 포식; mangiare a sazietà 배불리 [실컷] 먹다 ② (비유적으로) 물림, 싫증

sazio /'sattsjo/ [형] (복 : -zi, -zie) ① 배가 부른, 포식한 ② (비유적으로) (di와 함께 쓰여) (~에) 충분히 만족한; 물린, 싫증난

sbaciucchiare /zbatʃuk'kjare/ [타동] (누구를) 꼭 껴안고 키스하다 – sbaciucchiarsi [재귀동사] (서로) 꼭 껴안고 키스하다

sbadataggine /zbada'taddʒine/ [여] 얼빠진[산만한] 상태, 부주의; per sbadataggine 부주의하여

sbadatamente /zbadata'mente/ [부] 정신이 산만하여, 부주의하여

sbadato /zba'dato/ [형] 얼빠진, 정신이 산만한, 부주의한

sbadigliare /zbadiʎ'ʎare/ [자동] (조동사 : avere) 하품하다

sbadiglio /zba'diʎʎo/ [남] (복 : -gli) 하품; fare uno sbadiglio 하품하다

sbafare /zba'fare/ [타동] (구어체에서) ① 게걸스럽게 먹다 ② (식사를) 남에게 얻어먹다

sbafo [부] (a sabfo /az'bafo/의 형태로 쓰여) 남에게 얻어먹으며

sbagliare /zbaʎ'ʎare/ [타동] 잘못 ~하다, (~하는 데 있어서) 틀리다[실수하다]; sbagliare la risposta 오답을 말하다; sbagliare strada 길을 잘못 들다; sbagliare la mira 표적을 빗맞히다; ha sbagliato tutto 그는 모든 걸 다 망쳤다; scusi, ho sbagliato numero (전화상에서) 죄송합니다, 번호를 잘못 눌렀네요 – [자동] (조동사 : avere) 잘못하다, 틀리다, 실수하다; hai sbagliato a dirle tutto 그녀에게 모든 걸 다 말하다니, 네 실수한 거야; ha sbagliato nei suoi confronti 그는 그녀에게 잘못 행동했다 – sbagliarsi [재귀동사] 잘못하다, 틀리다, 실수하다; non c'è da

sbagliarsi 실수란 있을 수 없다
sbagliato /zbaʎʎato/ [형] 잘못된, 틀린, 실수의
sbaglio /ˈzbaʎʎo/ [남] (복 : -gli) 잘못, 실수; fare uno sbaglio 잘못[실수]하다; per sbaglio 실수로, 잘못하여
sbalestrare /zbalesˈtrare/ [타동] ① 힘껏 던지다 ② (구어체에서) 혼란스럽게 만들다, 당황하게 하다
sbalestrato /zbalesˈtrato/ [형] 혼란스러운, 당황한
sballare /zbalˈlare/ [타동] (물품의 포장을) 끄르다, 풀다 - [자동] (조동사 : avere) ① 잘못 계산하다, 계산상의 실수를 하다 ② (속어로) 마약에 취하다
sballato /zbalˈlato/ [형] ① (포장을) 끄른, 푼 ② (구어체에서) (생각이) 불합리한, 어리석은 ③ (속어로) 마약에 취한 - [남] (여 : -a) 마약에 취한 사람
sballo /ˈzballo/ [남] ① (물건의 포장을) 끄르기 ② (속어로) 마약에 취함
sballottare /zballotˈtare/ [타동] (파도가 배를) 뒤흔들다; (자동차가 사람을) 흔들리게 하다
sbalordire /zbalorˈdire/ [타동] 깜짝 놀라게 하다, 어안이 벙벙하게 만들다 - [자동] (조동사 : avere) 깜짝 놀라다, 어안이 벙벙해지다
sbalorditivo /zbalordiˈtivo/ [형] 깜짝 놀랄 만한, 믿을 수 없는, 엄청난
sbalordito /zbalorˈdito/ [형] 깜짝 놀란, 어안이 벙벙해진
sbalzare /zbalˈtsare/ [타동] ① 내팽개치다; è stato sbalzato a 10 metri di distanza 그는 10m 떨어진 곳으로 나동그라졌다 ② (지위에서) 끌어내리다 - [자동] (조동사 : essere) (가격・온도 따위가) 갑자기 오르거나 내리다
sbalzo1 /ˈzbaltso/ [남] ① 심한 요동, 급격한 움직임; a sbalzi 발작적으로, 급격하게 ② (가격・온도 따위의) 갑작스러운 변화
sbalzo2 /ˈzbaltso/ [남] [미술] 양각(陽刻), 돋을새김
sbancare /zbanˈkare/ [타동] ① (도박에서) 물주의 돈을 휩쓸다 ② 파산하게 하다 - sbancarsi [재귀동사] 파산하다
sbandamento /zbandaˈmento/ [남] ① (자동차 등이) 옆으로 미끄러짐; (배나 비행기가) 좌우로 기욺 ② (비유적으로) (정신적인) 혼란, 탈선
sbandare1 /zbanˈdare/ [자동] (조동사 : avere) (자동차 등이) 옆으로 미끄러지다; (배나 비행기가) 좌우로 기울다
sbandare2 /zbanˈdare/ [타동] (군대・군중 등을) 해산시키다, 흩어지게 하다 - sbandarsi [재귀동사] 해산하다, 흩어지다
sbandata /zbanˈdata/ [여] ① (자동차 등이) 옆으로 미끄러짐; (배가) 좌우로 기욺 ② (비유적으로) prendersi una sbandata per qn 누구에게 홀딱 반하다
sbandato /zbanˈdato/ [형] ① (군대・군중 등이) 해산된, 흩어진 ② (정신적으로) 불안정한, 갈피를 잡지 못하는
sbandierare /zbandjeˈrare/ [타동] ① (기(旗)를) 흔들다 ② (비유적으로) 과시하다, 드러내다
sbando /ˈzbando/ [남] 혼돈, 혼란, 무질서; allo sbando 정처없이, 갈피를 잡지 못하고
sbaraccare /zbarakˈkare/ [타동] 치우다, 버리다, 처분하다
sbaragliare /zbaraʎˈʎare/ [타동] (적・경쟁자를) 무찌르다, 쳐부수다, 물리치다
sbaraglio /zbaˈraʎʎo/ [남] (allo sbaraglio /alloˈzbaraʎʎo/의 형태로 쓰여) buttarsi allo sbaraglio 온갖 위험을 무릅쓰다
sbarazzare /zbaratˈtsare/ [타동] (da와 함께 쓰여) (방해물 따위를) 제거하다 - sbarazzarsi [재귀동사] (di와 함께 쓰여) (~으로부터) 벗어나다
sbarazzino /zbaratˈtsino/ [형] 까부는, 장난이 심한, 개구쟁이의 - [남] (여 : -a) 장난꾸러기, 개구쟁이
sbarbarsi /zbarˈbarsi/ [재귀동사] 면도하다, 수염을 깎다
sbarbatello /zbarbaˈtɛllo/ [남] 아직 어린 소년
sbarcare /zbarˈkare/ [타동] (배나 비행기에서 화물이나 승객을) 내리(게 하)다 - [자동] (조동사 : essere) ① (배나 비행기에서) 내리다 ② [군사] 상륙하다 - sbarcare il lunario 간신히 생계를 이어가다
sbarco /ˈzbarko/ [남] (복 : -chi) ① 배나 비행기에서 내림, 양륙(揚陸), 하선(下船) ② [군사] 상륙; testa di sbarco 교두보
sbarra /ˈzbarra/ [여] ① (행인의 통행을 통제하는) 가로장, 바 ② [체조] 철봉 ③ [항해] 키 손잡이 - dietro le sbarre 감옥에 갇혀; presentarsi alla

sbarra 법정에 출두하다; mettere alla sbarra 재판에 회부하다

sbarramento /zbarra'mento/ [남] ① 댐, 둑 ② 방책, 바리케이드

sbarrare /zbar'rare/ [타동] ① (통행·접근 따위를) 차단하다, (길을) 가로막다; sbarrare la strada a qn 누구의 길을 막다 ② 줄을 그어 지우다, 말소하다 ③ sbarrare gli occhi 눈을 크게 뜨다

sbarrato /zbar'rato/ [형] ① (통행·접근 따위가) 차단된, (길이) 가로막힌 ② 줄을 그어 지운, 말소한 ③ occhi sbarrati 눈을 크게 뜬

sbattere /'zbattere/ [타동] ① (문 따위를) 쾅 닫다; sbattere la porta in faccia a qn 누구의 면전에서 문을 쾅 닫아버리다, 누구에게 퇴짜를 놓다 ② 흔들다; 펄럭이다 ③ 세게 밀어붙이다, 내던지다; sbattere un pugno sul tavolo 탁자를 주먹으로 탕 치다; sbattere qc per terra 무엇을 땅에 내던지다 ④ (contro와 함께 쓰여) (신체부위를 ~에) 부딪다; sbattere un ginocchio contro qc 무엇에 무릎을 부딪히다; non sapere più dove sbattere la testa (비유적으로) 난처해하다, 어찌할 바를 모르다 ⑤ (요리할 때 계란 따위를) 세게 휘젓다 - [자동] (조동사 : avere) ① (문 따위가) 쾅 소리를 내며 닫히다 ② (contro와 함께 쓰여) (~에) 세게 부딪히다 - sbattersi [재귀동사] sbattersene di (비어로) ~에 전혀 개의치 않다

sbattuto /zbat'tuto/ [형] ① (계란 따위를) 세게 휘저은 ② (비유적으로) 초췌한 모습의

sbavare /zba'vare/ [자동] (조동사 : avere) ① 침을 흘리다 ② (색·잉크 따위가) 번지다, 새다 - [타동] (~에) 침을 흘리다 - sbavarsi [재귀동사] 침을 흘리다

sbavatura /zbava'tura/ [여] ① 침을 흘림 ② (색·잉크 따위가) 번짐, 샘

sbellicarsi /zbelli'karsi/ [재귀동사] sbellicarsi dalle risa 배꼽을 잡고 웃다, 포복절도하다

sberla /'zberla/ [여] dare una sberla a qn 누구를 찰싹 때리다

sberleffo /zber'leffo/ [남] fare uno sberleffo a qn 누구를 향해 얼굴을 찌푸리다

sbiadire /zbja'dire/ [타동] (햇빛 따위가 빛깔을) 바래게 하다 - [자동] (조동사 : essere) (빛깔이) 바래다; (비유적으로) (기억이) 희미해지다

sbiadito /zbja'dito/ [형] ① (빛깔이) 바랜 ② 따분한, 재미없는

sbiancare /zbjan'kare/ [타동] 표백하다, 희게 만들다 - [자동] (조동사 : essere) ① (머리카락이) 희어지다 ② (얼굴이) 창백해지다 - sbiancarsi [재귀동사] (얼굴이) 창백해지다

sbieco /'zbjɛko/ [형] (복 : -chi, -che) 비스듬한, 기울어진; guardare qn di sbieco 누구를 곁눈질로 보다

sbigottire /zbigot'tire/ [타동] 깜짝 놀라게 하다, 당황하게 만들다 - sbigottirsi [재귀동사] 깜짝 놀라다, 당황하다, 어찌할 바를 모르다

sbigottito /zbigot'tito/ [형] 깜짝 놀란, 당황한, 어찌할 바를 모르는

sbilanciare /zbilan'tʃare/ [타동] 균형을 잃게 하다, 불안정하게 만들다 - sbilanciarsi [재귀동사] ① 균형을 잃다 ② (비유적으로) 신용을 잃다, 체면을 구기다

sbilancio /zbi'lantʃo/ [남] (복 : -ci) [회계] 적자

sbilenco /zbi'lɛnko/ [형] (복 : -chi, -che) ① (가구 따위가) 한쪽으로 기울어진, 곧 무너질 것 같은 ② (사람의 몸이) 굽은 ③ (비유적으로) (논리가) 일관되지 않은

sbirciare /zbir'tʃare/ [타동] (구어체에서) 엿보다, 슬쩍 쳐다보다, 곁눈질하다

sbirciata /zbir'tʃata/ [여] dare una sbirciata a qc 무엇을 슬쩍 쳐다보다

sbirro /'zbirro/ [남] (구어체에서·경멸적으로) 경찰관

sbizzarrirsi /zbiddzar'rirsi/ [재귀동사] 자신의 욕구를 충족시키다, (무언가에) 빠지다

sbloccare /zblok'kare/ [타동] ① (브레이크·핸들 따위를) 풀다 ② (비유적으로) (규제 따위를) 해제하다 ③ (길을) 트다 - sbloccarsi [재귀동사] (막혔던 것이) 풀리다, 트이다; (규제 따위가) 해제되다

sblocco /'zblɔkko/ [남] (복 : -chi) (브레이크·핸들 따위를) 풀기; (규제 따위의) 해제

sboccare /zbok'kare/ [자동] (조동사 : essere) ① (in과 함께 쓰여) (물 따위가 ~으로) 흘러 들어가다 ② (su 또는 in과 함께 쓰여) (~에) 이르다, 도착하다

sboccato /zbok'kato/ [형] (말이) 상스러운, 비속한; (사람이) 입버릇이 상스러운

sbocciare /zbot'tʃare/ [자동] (조동사 : essere) (꽃이) 피다, 개화하다; (비유적으로) (사랑·우정 따위가) 꽃피다

sbocco /'zbokko/ [남] (복 : -chi) ① 출구; (강 따위의) 어귀; una strada senza sbocco 막다른 길 ② (비유적으로) 기회, 전망 ③ (상품의) 판로

sbocconcellare /zbokkontʃel'lare/ [타동] (음식을) 조금씩 먹다

sbollentare /zbollen'tare/ [타동] (식재료를) 데치다

sbollire /zbol'lire/ [자동] (조동사 : essere) 더 이상 끓지 않다, 식다

sbolognare /zboloɲ'nare/ [타동] (구어체에서) ① (필요 없는 것을) 버리다, 처분하다 ② (사람을) 내쫓다

sbornia /'zbɔrnja/ [여] (구어체에서) 주연(酒宴), 술잔치; prendersi una sbornia 술에 취하다

sborsare /zbor'sare/ [타동] (지갑에서 돈을) 꺼내다, 지불하다

sbottare /zbot'tare/ [자동] (조동사 : essere) sbottare in una risata 웃음을 터뜨리다

sbottonare /zbotto'nare/ [타동] (옷의) 단추를 끄르다 - sbottonarsi [재귀동사] ① (옷의) 단추를 끄르다 ② (구어체에서·비유적으로) 마음을 털어놓다

sbottonato /zbotto'nato/ [형] (옷의) 단추를 끄른

sbozzare /zbot'tsare/ [타동] ① (조각에서) 대충 다듬다, 거칠게 깎다 ② 밑그림을 그리다; 대강의 줄거리를 잡다

sbracato /zbra'kato/ [형] (구어체에서) (차림새가) 단정하지 못한

sbracciarsi /zbrat'tʃarsi/ [재귀동사] ① 소매를 걷다 ② (제스처로) 팔[손]을 흔들다

sbracciato /zbrat'tʃato/ [형] 소매를 걷은; (옷이) 민소매의

sbraitare /zbrai'tare/ [자동] (조동사 : avere) 소리 지르다

sbranare /zbra'nare/ [타동] 갈가리 찢다

sbriciolare /zbritʃo'lare/ [타동] (빵 따위를) 부스러뜨리다, 가루로 만들다 - sbriciolarsi [재귀동사] (빵 따위가) 부스러지다, 가루가 되다

sbrigare /zbri'gare/ [타동] ① (일을) 행하다, 처리하다; (문제를) 다루다; sbrigare le faccende domestiche 숙제를 하다 ② (고객을) 상대하다 - sbrigarsi [재귀동사] 서두르다

sbrigativo /zbriga'tivo/ [형] 급히[서둘러] ~하는, 대강 ~하는

sbrigliare /zbriʎ'ʎare/ [타동] ① (말 따위의) 고삐를 풀어주다 ② (비유적으로) (상상의) 나래를 펴다

sbrinare /zbri'nare/ [타동] (~의) 서리[성에]를 제거하다

sbrindellato /zbrindel'lato/ [형] (옷 따위가) 해진, 누더기가 된; (사람의 행색이) 초라한

sbrodolare /zbrodo'lare/ [타동] (액체를 흘려) 더럽히다; sbrodolare la tovaglia di minestra 식탁보에 수프를 엎지르다

sbrogliare /zbroʎ'ʎare/ [타동] (엉킨 것을) 풀다; (비유적으로) (문제 따위를) 해결하다 - sbrogliarsi [재귀동사] (비유적으로) (문제가) 해결되다, (상황이) 정돈되다

sbronza /'zbrontsa/ [여] (구어체에서) 주연(酒宴), 술잔치; prendersi una sbronza 술에 취하다

sbronzarsi /zbron'tsarsi/ [재귀동사] (구어체에서) 술에 취하다

sbronzo /'zbrontso/ [형] (구어체에서) 술에 취한

sbruffone /zbruf'fone/ [남] (여 : -a) 떠벌리는 사람, 허세 부리는 사람

sbucare /zbu'kare/ [자동] (조동사 : essere) (da와 함께 쓰여) (~에서) (불쑥) 나타나다, 나오다; sbucare fuori 튀어나오다

sbucciare /zbut'tʃare/ [타동] (과일 따위의) 껍질을 벗기다 - sbucciarsi [재귀동사] (팔·무릎 따위가) 긁히다, 찰과상을 입다

sbucciatura /zbuttʃa'tura/ [여] ① (과일 따위의) 껍질을 벗기기 ② 찰과상

sbudellare /zbudel'lare/ [타동] (동물의 배를 가르고) 내장을 꺼내다 - sbudellarsi [재귀동사] sbudellarsi dalle risa (비유적으로) 배꼽을 잡고 웃다, 포복절도하다

sbuffare /zbuf'fare/ [자동] (조동사 : avere) ① (분노·초조함 등으로) 숨을 혹 불다, 콧김을 내뿜다 ② (증기 기관차·굴뚝 따위가) 증기·연기 따위를 내뿜다

sbuffo /'zbuffo/ [남] 숨·연기 따위를 내뿜음

scabbia /'skabbja/ [여] [병리] 옴

scabro /'skabro/ [형] ① (표면이) 거친, 우툴두툴한 ② (비유적으로) (문제가) 간결한

scabroso /ska'broso/ [형] ① (표면이) 거친, 우툴두툴한 ② (상황·문제가) 까다로운, 다루기[해결하기] 어려운

scacchiera /skak'kjera/ [여] 체스판, 서양 장기판

scacciacani /skattʃa'kani/ [남/여-불변] 탄환이 들어 있지 않은 빈 권총

scacciapensieri /skattʃapen'sjeri/ [남-불변] [음악] 구금(口琴; 입에 물고 손가락으로 타는 악기)

scacciare /skat'tʃare/ [타동] (사람·동물·적군 등을) 쫓아버리다; (생각을) 버리다, 깨끗이 잊어버리다

scacco /'skakko/ (복 : -chi) [남] ① (체스의) 말 ② (체스의) 장군; dare scacco al re 장군을 부르다 ③ 체스판의 칸; 체크무늬; a scacchi 체크무늬의 ④ 패배; subire uno scacco 패배하다 - scacchi [남·복] 체스, 서양 장기; giocare a scacchi 체스를 두다 - scacco matto 체크메이트, 외통 장군

scadente /ska'dɛnte/ [형] (상품·문학 작품·음식 따위가) 질 낮은, 삼류의

scadenza /ska'dɛntsa/ [여] ① (계약 기간 따위의) 종료, 만료; 만기(일); data di scadenza 유효 기한[기일]; con scadenza il 24 maggio 5월 24일에 만기가 되는 ② 최종 기한, 데드라인 ③ a breve[lunga] scadenza (계획 따위가) 단기[장기]의

scadere /ska'dere/ [자동] (조동사 : essere) ① (계약 따위가) 종료되다, 만기가 되다; (유효 기한이) 지나다 ② (가치·품질 따위가) 떨어지다; (신용·평판 따위를) 잃다

scaduto /ska'duto/ [형] (계약 따위가) 종료된, 만기가 된; (유효 기한이) 지난; il biglietto è scaduto 이 티켓은 이제 무효다; il latte è scaduto 그 우유는 판매 유효 기간이 지났다

scafandro /ska'fandro/ [남] 잠수복

scaffale /skaf'fale/ [남] 선반; 서가, 책꽂이

scafo /'skafo/ [남] [항해] 선체(船體)

scagionare /skadʒo'nare/ [타동] 혐의를 벗기다, 무죄를 입증하다 - scagionarsi [재귀동사] 혐의를 벗다, 무죄가 입증되다

scaglia /'skaʎʎa/ [여] ① (동물의) 비늘 ② (돌·금속·목재·초콜릿 따위의) 작은 조각

scagliare /skaʎ'ʎare/ [타동] 내던지다 - scagliarsi [재귀동사] (su 또는 contro와 함께 쓰여) (~에게) 덤벼들다

scaglionare /skaʎʎo'nare/ [타동] ① (지불 등에 있어서) 시차를 두다 ② [군사] 제대(梯隊)를 편성하다

scaglione /skaʎ'ʎone/ [남] ① [군사] 제대(梯隊) ② (일정한 특성을 공유하는 사람들의) 층, 계층; scaglione di età 연령층

scagnozzo /skaɲ'ɲɔttso/ [남] (경멸적으로) 추종자, 앞잡이

scala /'skala/ [여] ① 계단, 층계; salire le scale 계단을 오르다; scala mobile 에스컬레이터; scala di sicurezza (화재시 대피용으로 쓰는) 비상 계단 ② 사다리 ③ 규모, 스케일; su larga scala 대규모로; su scala nazionale 전국적 규모로 ④ (지도의) 축척; in scala di 1 a 100.000 1:10만의 축척으로 ⑤ (비유적으로) (사회적 지위의) 단계 ⑥ [음악] 음계 - scala Celsius 섭씨 (온도) 눈금

scalare1 /ska'lare/ [형] 단계[등급]별로 나뉜 - [남] [수학·물리] 스칼라 (하나의 수치만으로 완전히 표시되는 양)

scalare2 /ska'lare/ [타동] ① (산·벽 따위를) 기어오르다, 등산[등반]하다 ② 층으로 만들다 ③ 축소하다; (비용을) 빼다, 공제하다

scalata /ska'lata/ [여] ① 등산, (암벽) 등반; 기어오르기 ② (가격 따위의 급격한) 상승

scalatore /skala'tore/ [남] (여 : -trice) 등산가, 암벽 등반가

scalciare /skal'tʃare/ [자동] (조동사 : avere) 발로 차다, 발길질을 하다

scalcinato /skaltʃi'nato/ [형] (집 따위가) 초라한, 황폐한

scaldabagno /skalda'baɲɲo/ [남] (가정용) 온수기, 보일러

scaldamuscoli /skalda'muskoli/ [남-불변] 레그 워머 (발목에서 무릎까지 싸는, 뜨개질한 방한구)

scaldare /skal'dare/ [타동] ① 뜨겁게[따뜻하게] 하다, 데우다, 가열하다 ② (비유적으로) 흥분시키다 - [자동] (조동사 : avere) 뜨거워[따뜻해]지다, 데워지다, 가열되다 - scaldarsi [재귀동사]

① 몸을 따뜻하게 하다; scaldarsi al fuoco 불을 쬐다; scaldarsi le mani 손을 녹이다 ② 뜨거워[따뜻해]지다, 데워지다 ③ (비유적으로) 흥분하다

scaldavivande /skaldavi'vande/ [남·불변] 음식 보온용 기구

scaletta /ska'letta/ [여] ① 소규모 계단; 작은 사다리 ② 개요; 계획, 스케줄

scalfire /skal'fire/ [타동] ① (표면을) 긁다 ② 할퀴다 ③ (비유적으로) (명예 등에) 흠집을 내다

scalfittura /skalfit'tura/ [여] ① (표면을) 긁기 ② 할퀴기

scalinata /skali'nata/ [여] (건물 내·외부의) 계단, 층계

scalino /ska'lino/ [남] ① (계단의) 한 단(段) ② (비유적으로) (사회적 지위의) 단계

scalmanarsi /skalma'narsi/ [재귀동사] ① (~하려) 애쓰다 ② (per와 함께 쓰여) (~에) 흥분하다

scalmanato /skalma'nato/ [남] (여 : -a) 성급하고 거친 사람

scalo /'skalo/ [남] ① (배나 비행기의) 기항(寄港)(지), 기착(寄着)(지); fare scalo (a) (~에) 기항[기착]하다; volo senza scalo 직항, 논스톱 비행 ② (철도 등의) 터미널; scalo merci 화물 터미널

scalogna /ska'loɲɲa/ [여] (구어체에서) 불운

scalognato /skaloɲ'ɲato/ [형] (구어체에서) 운이 나쁜

scalogno /ska'loɲɲo/ [남] [식물] 셜롯(골파의 일종)

scaloppina /skalop'pina/ [여] 에스칼로프(돼지·소, 특히 송아지의 얇은 살코기를 프라이한 것)

scalpellare /skalpel'lare/ [타동] 끌[조각칼]로 파다[새기다]

scalpello /skal'pɛllo/ [남] 끌, 조각칼

scalpitare /skalpi'tare/ [자동사 : avere] ① (말(馬)이) 발로 땅을 긁다 ② (비유적으로) (사람이) 안달하다, 좀이 쑤시다

scalpo /'skalpo/ [남] 머리가죽, 두피

scalpore /skal'pore/ [남] 소동, 물의, 파문, 센세이션; fare[suscitare] scalpore 센세이션을 일으키다

scaltrezza /skal'trettsa/ [여] 영리함, 기민함, 꾀가 많음, 약삭빠름

scaltro /'skaltro/ [형] 영리한, 기민한, 꾀가 많은, 약삭빠른

scalzare /skal'tsare/ [타동] ① (식물을) 뿌리째 뽑다 ② (벽 따위의) 밑을 파다; (비유적으로) (권위 따위를) 손상시키다

scalzo /'skaltso/ [형] 맨발의

scambiare /skam'bjare/ [타동] ① 교환하다, 맞바꾸다; scambiare qc per 무엇을 ~와 교환하다 ② 잔돈으로 바꾸다; andare a scambiare 50 euro 50유로를 잔돈으로 바꾸러 가다 ③ 혼동하다, 헷갈리다; scambiare qn/qc per 누구/무엇을 ~으로 잘못 알다 ④ (대화 따위를) 나누다; scambiare due parole 몇 마디 나누다 - scambiarsi [재귀동사] (서로) 교환하다; scambiarsi gli auguri di Natale (서로) 크리스마스 인사를 나누다

scambievole /skam'bjevole/ [형] 상호간의

scambio /'skambjo/ [남] (복 : -bi) ① 교환, 맞바꾸기; fare (uno) scambio 교환하다, 맞바꾸다; scambio di vedute 의견 교환 ② 교역, 무역; libero scambio 자유 무역 ③ 혼동, 헷갈림 ④ [철도] 포인트, 전철기(轉轍機) ⑤ [축구] 패스

scamiciato /skami'tʃato/ [형] 재킷을 입지 않은, 셔츠 차림의 - [남] 소매 없는 원피스

scamosciato /skamoʃ'ʃato/ [형] (가죽이) 스웨이드 가공 처리를 한

scampagnata /skampaɲ'nata/ [여] 소풍, 야외로 놀러 나가기

scampanare /skampa'nare/ [자동] (조동사 : avere) (종이) 울리다

scampanato /skampa'nato/ [형] (스커트가) 플레어의, 밑이 나팔꽃 모양으로 퍼진 형태의

scampanellata /skampanel'lata/ [여] (종이) 큰소리로 길게 울림

scampare /skam'pare/ [타동] (위험 따위를) 모면하다 - [자동] (조동사 : essere) (a와 함께 쓰여) (위험 따위를) 모면하다, (재난 따위로부터) 살아남다; pochi scamparono al disastro 몇몇 사람들만이 그 재난으로부터 살아남았다

scampo /'skampo/ [남] (위험 따위의) 모면, 벗어남; non c'è scampo 빠져나갈 길이 없다; cercare scampo 살 길을 찾다

scampolo /'skampolo/ [남] (옷감 따위의) 자투리

scanalatura /skanala'tura/ [여] (길게 팬) 홈

scandagliare /skandaʎ'ʎare/ [타동] ① (수심을) 재다 ② (비유적으로) (남의 생각을) 타진하다

scandalistico /skanda'listiko/ [형] (언론이) 선정적인, 스캔들을 들추는

scandalizzare /skandalid'dzare/ [타동] (사건 따위가 사람을[에게]) 분개시키다, 충격을 주다 – scandalizzarsi [재귀동사] (di 또는 per와 함께 쓰여) (~에) 분개하다, 충격을 받다

scandalizzato /skandalid'dzato/ [형] (di 또는 per와 함께 쓰여) (~에) 분개한, 충격을 받은

scandalo /'skandalo/ [남] 스캔들, 추문, 부정 사건; dare scandalo 스캔들을 일으키다, 세상 사람들을 분개시키다

scandaloso /skanda'loso/ [형] (행동 따위가) 수치스러운, 불명예스러운, 괘씸한

Scandinavia /skandi'navja/ [여] 스칸디나비아 (반도)

scandinavo /skandi'navo/ [형] 스칸디나비아의 – [남] (여 : -a) 스칸디나비아 사람

scandire /skan'dire/ [타동] ① 똑똑히 발음하다 ② [TV] (영상을) 주사(走査)하다; [컴퓨터] 스캔하다 ③ [음악] scandire il tempo 박자를 맞추다

scannare /skan'nare/ [타동] (동물의 [을]) 목을 따 죽이다, 도살하다; (사람을) 잔인하게 죽이다, 학살하다

scanner /'skanner/ [남-불변] [TV·컴퓨터] 스캐너

scannerizzare /skannerid'dzare/ [타동] (영상을) 주사(走査)하다, 스캔하다

scanno /'skanno/ [남] (의회의) 의석; (법정의) 판사석

scansafatiche /skansafa'tike/ [남/여-불변] 게으름뱅이

scansare /skan'sare/ [타동] ① (한쪽으로) 치우다, 옮겨 놓다 ② (위험 따위를) 피하다; (책임·어려움 따위를) 회피하다 – scansarsi [재귀동사] (한쪽으로) 비켜 서다, 길을 비키다

scansia /skan'sia/ [여] 선반

scansione /skan'sjone/ [여] 스캐닝, 영상 주사(走査)

scanso /'skanso/ [남] a scanso di ~을 피하기[막기] 위해

scantinato /skanti'nato/ [남] 지하실

scantonare /skanto'nare/ [자동] (조동사 : avere) ① (재빨리) 모퉁이를 돌다 ② 가버리다, 사라지다 ③ (비유적으로) 주제에서 벗어나다

scanzonato /skantso'nato/ [형] 태평스러운, 안이한

scapaccione /skapat'tʃone/ [남] (손으로) 때리기; dare uno scapaccione a qn 누구를 (손으로) 때리다

scapestrato /skapes'trato/ [형/남] (여 : -a) 앞뒤를 가리지 않는, 무모한, 방탕한 (사람)

scapito /'skapito/ [남] a scapito di ~에 손해를 끼쳐, ~을 희생함으로써

scapola /'skapola/ [여] [해부] 견갑골(肩胛骨), 어깨뼈

scapolo /'skapolo/ [남] 총각, 미혼[독신] 남성

scappamento /skappa'mento/ [남] (자동차 등의) 배기; tubo di scappamento 배기관(管)

scappare /skap'pare/ [자동] (조동사 : essere) ① (di 또는 da와 함께 쓰여) (~에서, ~으로부터) 도망치다, 달아나다; scappare di casa 가출하다; scappare all'estero 국외로 망명하다; scappare a gambe levate 부리나케 달아나다, 줄행랑치다 ② 빠져나가다; mi è scappato di mano (무언가가) 내 손에서 빠져나갔다; lasciarsi scappare i) 놓치다, 간과하다 ii) (무심코) 누설하다 ③ (구어체에서) 급히 가다, 서두르다

scappata /skap'pata/ [여] 잠깐 들름, 단기간의 방문; fare una scappata da qn 누구네 집에 잠깐 들르다

scappatella /skappa'tella/ [여] 경솔한 행동, 엉뚱한 짓; 정사, 외도

scappatoia /skappa'toja/ [여] 빠져나갈 길; (법 따위의) 허점

scappellotto /skappel'lotto/ [남] 뺨을 때리기

scarabeo /skara'bɛo/ [남] [곤충] 풍뎅이

scarabocchiare /skarabok'kjare/ [타동] (글씨를) 갈겨 쓰다

scarabocchio /skara'bɔkkjo/ [남] (복 : -chi) (글씨를) 갈겨 씀; 갈겨 쓴 글씨

scarafaggio /skara'faddʒo/ [남] (복 : -gi) [곤충] 바퀴(벌레)

scaramanzia /skaraman'tsia/ [여] per scaramanzia 재수가 있기를 빌며, 운이 좋으라고

scaramuccia /skara'muttʃa/ [여] (복 :

-ce) 작은 싸움, 사소한 접전[충돌]
scaraventare /skaraven'tare/ [타동] 내던지다 - scaraventarsi [재귀동사] (contro와 함께 쓰여) (~에) 달려들다, 덤벼들다
scarcerare /skartʃe'rare/ [타동] (죄수를) 석방하다, 풀어주다
scarcerazione /skartʃerat'tsjone/ [여] (죄수의) 석방
scardinare /skardi'nare/ [타동] (문·창문에서 경첩을) 떼어내다
scarica /'skarika/ [여] (복 : -che) ① (총 따위의) 발사 ② 주먹질; 욕설 따위를 퍼붓기 ③ [전기] 방전(放電); 쇼크; ricevere una scarica sulle dita 손가락에 감전을 당하다
scaricabarili /skarikaba'rili/ [남·불변] 책임 전가; fare a scaricabarili 책임을 (남에게) 전가하다
scaricare /skari'kare/ [타동] ① (짐을) 내리다; (용기(容器)를) 비우다; (공장 따위가 연기 등을) 배출하다 ② (구어체에서) (사람을 차에서) 내려 주다 ③ (구어체에서) (귀찮은 것으로부터) 벗어나다; (애인을) 차버리다 ④ [인터넷] (파일 등을) 다운로드하다 ⑤ [전기] (배터리 따위를) 방전시키다 ⑥ (총 따위를) 발사하다 ⑦ (비유적으로) (책임 따위를 남에게) 전가하다; (마음의 짐을) 덜다; scaricare le proprie responsabilità su qn 자신의 책임을 누구에게 전가하다 - scaricarsi [재귀동사] ① [전기] (배터리 등이) 방전되다 ② (시계의 태엽이) 풀리다 ③ (비유적으로) 마음의 짐을 털다, 속마음을 털어 놓다 ④ (폭풍이) 몰아치다; (벼락이) 내려치다
scaricatore /skarika'tore/ [남] 짐 내리는 사람, 하역 인부; scaricatore di porto 항만 근로자
scarico1 /'skariko/ [형] (복 : -chi, -che) 짐을 내린; (총 따위에서) 탄알을 빼낸; (배터리가) 방전된
scarico2 /skariko/ [남] (복 : -chi) ① (차·배 따위에서) 짐을 내리기 ② 쓰레기 버리기; 쓰레기장; "divieto di scarico" "쓰레기를 버리지 마시오" ③ 배수; 배수관 ④ 배기(排氣); gas di scarico 배기가스 ⑤ [전기] 방전
scarlattina /skarlat'tina/ [여] [병리] 성홍열
scarlatto /skar'latto/ [남/형] 주홍색(의), 진홍색(의)
scarno /'skarno/ [형] ① 수척한, 여윈, 뼈만 앙상한 ② (비유적으로) 빈약한, 근소한
scarpa /'skarpa/ [여] 신발, 구두; un paio di scarpe 신발[구두] 한 켤레; scarpe col tacco alto 하이힐; scarpe da ginnastica 운동화
scarpata /skar'pata/ [여] 급경사면, 벼랑
scarpiera /skar'pjera/ [여] 신발장
scarpinata /skarpi'nata/ [여] (구어체에서) 길고 고된 여행
scarpone /skar'pone/ [남] 부츠, 반장화; scarponi da montagna 등산화; scarponi da sci 스키 신발
scarrozzare /skarrot'tsare/ [타동] 차로 데려다주다, 차를 태워주다
scarseggiare /skarsed'dʒare/ [자동] (조동사 : avere) (di와 함께 쓰여) (~이) 부족하다, 결핍돼 있다
scarsezza /skar'settsa/ [여] 부족, 결핍
scarsità /skarsi'ta/ [여·불변] 부족, 결핍
scarso /'skarso/ [형] 적은, 근소한, 얼마 안 되는, 불충분한; (정도가) 약한; (질이) 떨어지는, 열등한; mostrare scarso interesse per qc 무엇에 관심을 거의 보이지 않다; è un metro scarso 1m가 약간 못 되는; essere scarso in inglese 영어가 서툴다
scartabellare /skartabel'lare/ [타동] (책 따위를) 가볍게[쭉] 훑어보다
scartamento /skarta'mento/ [남] [철도] 표준 궤간(軌間); a scartamento ridotto 협궤(挾軌)의
scartare1 /skar'tare/ [타동] ① (꾸러미 따위의) 포장을 벗기다 ② 배제하다, 수용하지 않다, 버리다
scartare2 /skar'tare/ [타동] [스포츠] 재빨리 피하다 - [자동] (조동사 : avere) (자동차 따위가) 방향을 홱 틀다
scarto1 /'skarto/ [남] ① 배제, 버리기 ② 버려진 것, 쓰레기
scarto2 /'skarto/ [남] ① (자동차 따위의) 갑작스러운 방향 전환; fare uno scarto 방향을 홱 틀다 ② 차이; scarto salariale 임금 격차
scartoffie /skar'tɔffje/ [여·복] 서류
scassare /skas'sare/ [타동] ① (농토를) 파헤치다 ② (구어체에서) (기계 장치나 차 따위를) 부수다, 파괴하다, 못 쓰게 만들다 - scassarsi [재귀동사] (기계류 따위가) 고장나다
scassinare /skassi'nare/ [타동] (자물쇠·

금고 따위를) 부수고 열다; (은행 따위에서) 강도질을 하다
scassinatore /skassina'tore/ [남] (여 : -trice) 은행 강도; 주거 침입 강도 (사람)
scasso /'skasso/ [남] 은행 강도나 주거 침입 등의 행위
scatenare /skate'nare/ [타동] ① (폭동·전쟁 따위를) 일으키다, 야기하다 ② (사람·군중을) 선동하다 - scatenarsi [재귀동사] (폭동·자연 현상 따위가) 터지다, 일어나다; (사람·군중이) 들고 일어나다
scatenato /skate'nato/ [형] 거친, 날뛰는, 난폭한
scatola /'skatola/ [여] ① 상자, 박스, 캔, 깡통; cibo in scatola 통조림 식품; una scatola di cioccolatini 초콜릿 한 상자; scatola di fiammiferi 성냥갑 ② 상자나 용기 하나분의 분량 - accettare qc a scatola chiusa (비유적으로) 맹목적으로 받아들이다; rompere le scatole a qn (비유적으로) 누구의 신경을 건드리다 - scatola cranica [해부] 두 개(頭蓋); scatola nera (비행기의) 블랙박스
scatoletta /skato'letta/ [여] ① 작은 상자, 갑 ② (식품용) 통조림, 캔
scattante /skat'tante/ [형] 활발한, 기운이 넘치는
scattare /skat'tare/ [자동] (조동사 : essere) ① (눌려 있던 것이 풀려서) 튀어나오다; fare scattare (기계 장치 따위를) 작동시키다; scattare in piedi 벌떡 일어서다 ② (법률 따위가) 효력을 나타내다, 실시되다 ③ 시작되다 ④ 벌컥 화를 내다 ⑤ [스포츠] 스퍼트를 하다 - [타동] scattare una foto 사진을 찍다
scattista /skat'tista/ [남/여] (남·복 : -i, 여·복 : -e) 스퍼트를 하는 선수, 스프린터
scatto /'skatto/ [남] ① (기계 장치 따위를) 작동시키기; (기계 따위의) 작동에 쓰이는 스프링 따위의 장치; serratura a scatto 스프링식 자물쇠 ② (기계 장치 따위가 작동될 때 나는) 말깍 하는 소리 ③ 급격한 움직임; muoversi a scatti 갑자기[홱] 움직이다 ④ (감정 따위의) 폭발, 발작 ⑤ [스포츠] 스퍼트; 전력 질주
scaturire /skatu'rire/ [자동] (조동사 : essere) ① (액체 따위가) 솟아나오다 ② (비유적으로) (~에서) 비롯되다, 유래되다, 나오다
scavalcare /skaval'kare/ [타동] ① (장애물·담 따위를) 뛰어넘다 ② (비유적으로) (남보다) 앞서다, 뛰어나다
scavare /ska'vare/ [타동] (구멍 따위를) 파다, 굴착하다; (유적 따위를) 발굴하다; (묻힌 것을) 파내다 - scavare nel passato di qn 누구의 과거를 파다; scavarsi la fossa (비유적으로) 자기 무덤을 파다, 자멸하다
scavezzacollo /skavettsa'kɔllo/ [남/여] 물불을 가리지 않는 사람, 무모한 사람
scavo /'skavo/ [남] (구멍 따위를) 파기, 굴착; (고고학적) 발굴
scazzarsi /skat'tsarsi/ [재귀동사] (비어로) (con과 함께 쓰여) (~에) 화[짜증]를 내다
scazzato /skat'tsato/ [형] (비어로) 화[짜증]가 난
scazzottare /skattsot'tare/ [타동] (사람을) 때리다 - scazzottarsi [재귀동사] 서로 치고받다
scazzottata /skattsot'tata/ [여] 주먹다짐, 치고받고 싸우기
scegliere /'ʃeʎʎere/ [타동] ① (물건·사람 등을) 고르다, 선택하다; (방법 따위를) 택하다, 선정하다 ② 골라내다, 집어내다
sceicco /ʃe'ikko/ [남] (복 : -chi) (아라비아의) 가장, 족장, 촌장
scellerato /ʃelle'rato/ [형] 사악한 - [남] (여 : -a) 악한, 악인
scellino /ʃel'lino/ [남] [화폐의 단위] 실링 (영국·오스트리아의 옛 화폐 단위)
scelta /'ʃelta/ [여] ① (취사) 선택; 선택의 범위; fare una scelta 고르다, 선택하다; non avere scelta 선택의 여지가 없다 ② 선택된 것 - di prima scelta 1등품의, 상품(上品)의
scelto /'ʃelto/ [형] ① 선택된; 정선[엄선]된 ② 1등품의, 상품(上品)의, 고급의; 일류의, 엘리트의
scemare /ʃe'mare/ [자동] (조동사 : essere) 줄어들다, 감소하다, 약해지다
scemata /ʃe'mata/ [여] 어리석음; fare una scemata 어리석은 짓을 하다
scemenza /ʃe'mentsa/ [여] ① 어리석음 ② 어리석은 말이나 행동; dire scemenze 말도 안 되는 소리를 하다
scemo /'ʃemo/ [형] 어리석은, 우둔한 - [남] (여 : -a) 바보, 어리석은 사람;

fare lo scemo 멍청한 짓을 하다

scempiaggine /ʃem'pjaddʒine/ [여] ① 어리석음 ② 어리석은 말이나 행동; dire una scempiaggine 헛소리를 하다

scempio /'ʃempjo/ [남] (복 : -pi) 대량 학살; 대규모의 파괴

scena /'ʃena/ [여] ① (극장의) 무대; entrare in scena 무대에 등장하다; mettere in scena (작품을) 무대에 올리다, 상연하다 ② (극의) 장(場); (연극·영화 등의) 장면, 신; cambiamento di scena 장면 전환 ③ 경치, 풍경; (사건 따위가 일어나는) 광경; fu una scena orribile 끔찍한 광경이었어 ④ (비유적으로) 소동, 소란; fare una scena 소란을 피우다 ⑤ (비유적으로) 정세, 정황

scenario /ʃe'narjo/ [남] (복 : -ri) ① [연극] 무대 장치, 배경, 세트 ② 경치, 풍경 ③ (비유적으로) 정황, 배경 ④ [영화] 시나리오

scenata /ʃe'nata/ [여] 소동, 소란; fare una scenata 소란을 피우다

scendere /'ʃendere/ [자동] (조동사 : essere) ① (아래로) 내려가다[오다]; scendo ad aprirgli il portone 내가 내려가서 그를 위해 문을 열어주지; scendere dal letto 침대에서 내려오다, 잠자리에서 일어나다; i capelli le scendevano sulle spalle 그녀는 머리가 어깨까지 내려왔다 ② (교통수단에서) 내리다; scendo alla prossima fermata 다음 정거장에서 내려요 ③ 줄어들다, 감소하다, 약해지다; (질이) 떨어지다 ④ (해가) 지다; (어둠이) 깔리다 - [타동] (계단·비탈·길·강 따위를) 내려가다

sceneggiare /ʃened'dʒare/ [타동] (사건·소설 따위를) 각색하다, 극화하다

sceneggiato /ʃened'dʒato/ [남] 텔레비전 드라마[연속극]

sceneggiatore /ʃeneddʒa'tore/ [남] (여 : -trice) 대본[각본] 작자

sceneggiatura /ʃeneddʒa'tura/ [여] ① (사건·소설 따위의) 각색, 극화 ② [연극] 대본; [영화] 시나리오, 각본

scenografia /ʃenogra'fia/ [여] (연극의) 무대 장치, 세트

scenografo /ʃe'nɔgrafo/ [남] (여 : -a) (연극의) 무대 장치를 하는 사람

sceriffo /ʃe'riffo/ [남] (영국의) 주(州) 장관[지사]; (미국의) 군(郡) 보안관

scervellarsi /ʃervel'larsi/ [재귀동사] (조동사 : essere) (su와 함께 쓰여) (~의 문제를 해결하기 위해) 머리를 짜내다

scervellato /ʃervel'lato/ [형/남] (여 : -a) 얼빠진, 생각 없는, 부주의한 (사람)

scetticismo /ʃetti'tʃizmo/ [남] ① [철학] 회의론 ② 회의, 불신

scettico /'ʃettiko/ (복 : -ci, -che) [형] 회의적인, 의심 많은, 믿으려 하지 않는 - [남] (여 : -a) 회의론자, 의심 많은 사람

scettro /'ʃettro/ [남] (제왕의 상징으로서의) 홀(笏), 권장(權杖)

scheda /'skɛda/ [여] ① 색인 카드 ② 투표용지 ③ (간단한 내용이 담긴) 서류, 문서 - scheda audio [컴퓨터] 사운드 카드; scheda grafica [컴퓨터] 그래픽 카드; scheda perforata 펀치[천공] 카드; scheda telefonica 전화 카드

schedare /ske'dare/ [타동] (도서의) 카드식 색인을 만들다; (서류를) 항목별로 철하다; (사람을) 리스트에 올리다

schedario /ske'darjo/ [남] (복 : -ri) ① 카드식 목록[색인] ② 파일, 폴더, 서류철

schedato /ske'dato/ [형] (책에) 색인이 달린; (서류가) 항목별로 철해진; schedato dalla polizia (사람이) 전과(前科)가 있는 - [남] (여 : -a) 전과자

schedina /ske'dina/ [여] (축구 도박의) 표, 용지

scheggia /'skeddʒa/ [여] (복 : -ge) (나무·돌·유리 따위의) 조각, 토막, 파편

scheggiare /sked'dʒare/ [타동] 조각[토막]을 내다, 쪼개다 - scheggiarsi [재귀동사] 조각[토막]이 나다, 쪼개지다

scheletrico /ske'letriko/ [형] (복 : -ci, -che) ① [해부] 골격의, 해골의 ② 여윈, 수척한, 뼈만 앙상한 ③ (비유적으로) 아주 간결한, 최소한의 것만 남은

scheletrito /skele'trito/ [형] ① 여윈, 수척한, 뼈만 앙상한 ② (비유적으로) 아주 간결한, 최소한의 것만 남은

scheletro /'skɛletro/ [남] ① [해부] 골격, 해골 ② (구어체에서·비유적으로) 몹시 여윈 사람, 뼈만 앙상한 사람 ③ 뼈대, 지지 구조 ④ (글 따위의) 개요

schema /'skɛma/ [남] ① 도해(圖解), 도식 ② 개요; 설계; 계획 ③ 틀, 규칙; ribellarsi agli schemi (기존의) 틀을 깨려 하다

schematico /ske'matiko/ [형] (복 : -ci,

-che) 개요의; 도식적인
schematismo /skema'tizmo/ [남] 개략적임; 도식적 배치
schematizzare /skematid'dzare/ [타동] 도식화하다
scherma /'skerma/ [여] [스포츠] 펜싱; tirare di scherma 펜싱을 하다
schermaglia /sker'maʎʎa/ [여] (주고받는) 말다툼, 의견 충돌
schermirsi /sker'mirsi/ [재귀동사] 자기 자신을 방어하다
schermo /'skermo/ [남] ① [영화] 스크린, 영사막; divo dello schermo 은막의 스타, 인기 영화배우 ② (컴퓨터·TV 등의) 스크린, 화면 ③ 보호막, 가리개; farsi schermo con la mano 손으로 (얼굴을) 가리다
schermografia /skermogra'fia/ [여] 엑스선의 조사(照射)
schernire /sker'nire/ [타동] 조롱하다, 비웃다, 경멸하다
scherno /'skerno/ [남] 조롱, 비웃음, 경멸; farsi scherno di ~을 조롱[경멸]하다; essere oggetto di scherno 조롱[경멸]의 대상이다, 웃음거리다; di scherno (말 따위가) 조롱[경멸]하는, 비웃는
scherzare /sker'tsare/ [자동] (조동사 : avere) 농담하다, 장난치다; stavo scherzando 농담한 거야, 농담이었어; c'è poco da scherzare! 그건 웃을 일이 아니야!, 진지하게 생각해야 해!
scherzo /'skertso/ [남] ① 농담, 익살; 장난; fare uno scherzo a qn 누구에게 장난을 치다; per scherzo 농담[장난]으로, 웃자고; scherzi a parte 농담은 그만두고, 진지하게; fare un brutto scherzo a qn 누구에게 못된 장난을 치다; è uno scherzo! 누워서 떡 먹기군! ② [음악] 스케르초
scherzosamente /skertsosa'mente/ [부] 농담[장난]으로
scherzoso /sker'tsoso/ [형] 농담[장난]의, 농담조의; 농담하는, 장난치는; è un tipo scherzoso 그는 농담[장난]을 좋아한다
schiaccianoci /skjattʃa'notʃi/ [남-불변] 호두 까는 기구
schiacciante /skjat'tʃante/ [형] (승리·우세 따위가) 압도적인; (증거 따위가) 꼼짝 못하게 하는
schiacciapatate /skjattʃapa'tate/ [남-불변] 감자 으깨는 기구
schiacciare /skjat'tʃare/ [타동] ① 짓누르다, 눌러 부수다, 뭉개다, 짜부라뜨리다 ② (버튼·스위치 따위를) 누르다; (페달 따위를) 밟다 ③ 압착하다, 죄다 ④ (적을) 때려눕히다, 압도하다 ⑤ (책임감·죄책감 따위가 사람을) 짓누르다 - schiacciarsi [재귀동사] 짓눌리다, 짜부라지다; 압착되다
schiacciata /skjat'tʃata/ [여] [테니스] 스매시; [배구] 스파이크; [농구] 덩크 슛
schiacciato /skjat'tʃato/ [형] ① (코가) 납작한 ② 짓눌린, 뭉개진 ③ 압도당한
schiaffare /skjaf'fare/ [타동] 내던지다, 투척하다; schiaffare qn in prigione 누구를 투옥하다 - schiaffarsi [재귀동사] (소파·침대 따위에) 몸을 내던지다
schiaffeggiare /skjaffed'dʒare/ [타동] (뺨을) 찰싹 때리다
schiaffo /'skjaffo/ [남] (뺨을) 찰싹 때리기; dare uno schiaffo a qn 누구의 뺨을 찰싹 때리다; uno schiaffo morale (비유적으로) 심한 모욕; avere una faccia da schiaffi 뻔뻔스럽다
schiamazzare /skjamat'tsare/ [자동] (조동사 : avere) ① (오리가) 꽥꽥거리다; (암탉이) 꼬꼬댁거리다 ② (사람이) 시끄럽게 떠들다
schiamazzo /skja'mattso/ [남] 시끄럽게 떠듦, 소란을 피움
schiantare /skjan'tare/ [타동] 쓰러뜨리다; 갈가리 쪼개다, 산산조각을 내다 - schiantarsi [재귀동사] (contro와 함께 쓰여) (~에) 세게 충돌하다; schiantarsi al suolo 땅에 떨어지다, 지상에 추락하다
schianto /'skjanto/ [남] ① 거센 충돌 ② 쾅 하는 소리 ③ (구어체에서) 멋진 것; 절세미인 ④ di schianto 갑자기
schiappa /'skjappa/ [여] (구어체에서) 무능한 사람
schiarire /skja'rire/ [타동] (색깔 따위를) 밝게 하다 - [자동] (조동사 : essere) ① (색깔 따위가) 밝아지다 ② (날이) 개다; 동이 트다 - schiarirsi [재귀동사] ① (색깔 따위가) 밝아지다 ② (날이) 개다 ③ schiarirsi la gola[voce] 목청을 가다듬다
schiarita /skja'rita/ [여] ① 날이 개어 있는 동안 ② (비유적으로) (갈등 따위의) 일시적 중지

schiattare /skjat'tare/ [자동] (조동사 : essere) schiattare d'invidia 부러워서 어쩔 줄 모르다; schiattare di rabbia 벌컥 화가 나다

schiavitù /skjavi'tu/ [여] 노예 신세; 예속; ridurre in schiavitù 노예로 만들다

schiavizzare /skjavid'dzare/ [타동] 노예로 만들다

schiavo /'skjavo/ [남] 노예 - [형] (di와 함께 쓰여) (~의) 노예가 된, (~에) 사로잡힌

schiena /'skjɛna/ [여] (신체의) 등; avere la schiena curva 등이 굽어 있다; visto di schiena (사람을) 뒤에서 본, 뒷모습의; voltare la schiena a qn (비유적으로) 누구에게 등을 돌리다, 누구를 외면하다; rompersi la schiena (비유적으로) 뼈 빠지게 일하다

schienale /skje'nale/ [남] ① (의자의) 등받이 ② (동물의) 등 부분의 고기

schiera /'skjɛra/ [여] ① 무리, 떼 ② [군사] 대(隊); 대열; le schiere dei nemici 적군들

schieramento /skjera'mento/ [남] ① [군사] 전개, 배치; 대형(隊形) ② (정치상의) 제휴, 연립

schierare /skje'rare/ [타동] (군대를) 정렬시키다, 배치하다 - schierarsi [재귀동사] ① (군대가) 정렬하다 ② 한 줄로 늘어서다

schiettamente /skjetta'mente/ [부] 단도직입적으로, 솔직하게, 있는 그대로, 거리낌 없이

schiettezza /skjet'tettsa/ [여] (진술 따위가) 단도직입적임, 솔직함, 있는 그대로임, 거리낌 없음

schietto /'skjɛtto/ [형] 단도직입적인, 솔직한, 있는 그대로의, 거리낌 없는

schifare /ski'fare/ [타동] ① 몹시 싫어하다, 질색하다 ② 역겹게 만들다 - schifarsi [재귀동사] 몹시 싫어하다, 역겨워하다

schifezza /ski'fettsa/ [여] 혐오스러움, 역겨움, 끔찍함; 쓰레기 같은 것

schifiltoso /skifil'toso/ [형] 까다로운, 깐깐한; fare lo schifiltoso 까다롭게 굴다

schifo /'skifo/ [남] 몹시 싫음, 혐오, 질색; è uno schifo! 혐오스럽군!; avere a schifo qc 무엇을 몹시 싫어하다; fare schifo 역겹다, 혐오스럽다

schifosamente /skifosa'mente/ [부] 불쾌하게, 역겹게, 몹시 싫어

schifoso /ski'foso/ [형] 불쾌한, 역겨운, 몹시 싫은, 지긋지긋한, 지독한; (책·영화 따위가) 쓰레기 같은, 엉터리의

schioccare /skjok'kare/ [타동] (채찍 따위로) 찰싹 치다; (손가락을) 딱 소리 나게 튕기다; (혀를) 차다; (입술을 움직여) 입맛을 다시다

schiocco /'skjɔkko/ [남] (복 : -chi) (채찍 따위로) 찰싹 치기; (손가락을) 딱 소리 나게 튕기기; (혀를) 차기; (입술을 움직여) 입맛을 다시기

schiodare /skjo'dare/ [타동] (~에서) 못을 뽑다

schioppettata /skjoppet'tata/ [여] 사격, 발포

schioppo /'skjɔppo/ [남] 총 - essere a un tiro di schioppo da ~에서 가까운 거리에 있다

schiudere /'skjudere/ [타동] (문 따위를) 살짝 열다 - schiudersi [재귀동사] (알이) 깨다, 부화하다; (꽃이) 피다

schiuma /'skjuma/ [여] ① (액체 표면의) 거품, 포말 ② 게거품; avere la schiuma alla bocca 입에 거품을 물다, 격노하다

schiumare /skju'mare/ [타동] (우유·수프 따위의) 더껑이를 걷어내다 - [자동] (조동사 : avere) ① 거품이 일다 ② schiumare di rabbia 입에 거품을 물다, 격노하다

schiuso /'skjuso/ [형] (알이) 깬, 부화한; (꽃이) 핀; (문이) 살짝 열린

schivare /ski'vare/ [타동] (책임·곤란·공격 따위를) (회)피하다

schivo /'skivo/ [형] 삼가는, 내성적인

schizofrenia /skiddzofre'nia/ [여] [정신의학] 정신분열증

schizofrenico /skiddzo'freniko/ (복 : -ci, -che) [형] 정신분열증의; 정신분열증에 걸린 - [남] (여 : -a) 정신분열증 환자

schizoide /skid'dzɔide/ [형] 정신분열증의; 정신분열증에 걸린 - [남/여] 정신분열증 환자

schizzare /skit'tsare/ [타동] ① (물·진탕 따위를) 튀기다, 튀겨서 더럽히다 ② 윤곽을 그리다, 스케치하다 ③ 개략적으로 말하다, 개설(槪說)하다 - [자동] (조동사 : essere) ① (액체가) 튀다; 뿜어나오다, 분출하다 ② 튀어나가다[나오다];

schizzare fuori dal letto 침대에서 뛰어내리다

schizzinoso /skittsi'noso/ [형/남] (여 : -a) 까다로운, 이것저것 가리는 (사람)

schizzo /'skittso/ [남] ① (물·진탕 따위를[가]) 튀기기; 뜀 ② (액체의) 분출 ③ 펄쩍 뜀 ④ 스케치 ⑤ 개략적인 설명

sci /ʃi/ [남-불변] ① (도구로서의) 스키 ② [스포츠] 스키 타기, 스키 경기; fare sci 스키를 타다; sci alpino 알파인 스키 - sci nautico 수상 스키

scia /ʃia/ [여] ① 배가 지나간 자리, 항적(航跡) ② (사람의) 발자취; seguire la scia di qn 누구의 발자취를 따르다

scià /ʃa/ [남-불변] 샤 (이란 국왕의 존칭)

sciabola /ʃabola/ [여] 사브르, 기병도(騎兵刀)

sciacallo /ʃa'kallo/ [남] ① [동물] 재칼 ② (비유적으로) 폭리를 취하는 자, 탐욕스러운 자

sciacquare /ʃak'kware/ [타동] (병·세탁물·접시 따위를) 씻어내다, 헹구다 - sciacquarsi [재귀동사] sciacquarsi la bocca 입 안을 가시다

sciacquata /ʃak'kwata/ [여] 씻어내기, 헹구기; dare una sciacquata a qc 무엇을 씻어내다, 헹구다

sciacquo /ʃakkwo/ [남] ① 입 안을 가시기, 양치질; fare gli sciacqui 입 안을 가시다, 양치질하다 ② 양치질 물약

sciacquone /ʃak'kwone/ [남] 수세식 변기의 씻어내리는 장치; tirare lo sciacquone 변기의 물을 내리다

sciagura /ʃa'gura/ [여] 불운, 사고, 재난

sciagurato /ʃagu'rato/ [형/남] (여 : -a) ① 불운한, 비참한 (사람) ② 사악한 (사람)

scialacquare /ʃalak'kware/ [타동] (재산 따위를) 탕진하다

scialare /ʃa'lare/ [자동] (조동사 : avere) c'è poco da scialare! (우리에겐) 돈이 그렇게 많지 않아!, 함부로 쓸 돈은 없어!

scialbo /ʃalbo/ [형] ① (빛깔이) 엷은, 창백한 ② (비유적으로) 생기가 없는, 재미없는, 따분한

scialle /ʃalle/ [남] 숄, 어깨걸이

scialuppa /ʃa'luppa/ [여] 부속선(船); scialuppa di salvataggio 구명 보트

sciamare /ʃa'mare/ [자동] (조동사 : avere, essere) 들끓다, 떼지어 몰려들다

sciame /ʃame/ [남] (곤충·사람·기타 사물의) 무리, 떼

sciampo → shampoo

sciancato /ʃan'kato/ [형] 신체 장애가 있는, 불구의 - [남] (여 : -a) 신체장애자

sciancrato /ʃan'krato/ [형] (옷이) 허리 부분이 움푹 들어간

sciangai /ʃan'gai/ [남-불변] 얇은 막대기 따위를 쌓아 놓고 다른 것을 무너뜨리지 않고 하나씩 빼내는 놀이

sciarada /ʃa'rada/ [여] 제스처 게임

sciare /ʃi'are/ [자동] (조동사 : avere) 스키를 타다

sciarpa /ʃarpa/ [여] 스카프

sciatica /ʃatika/ [여] [병리] 좌골(坐骨) 신경통

sciatore /ʃia'tore/ [남] (여 : -trice) 스키 타는 사람, 스키어

sciatto /ʃatto/ [형] (사람·옷차림이) 단정하지 못한, 지저분한, 누추한; (일·작품 따위가) 대충 처리한

sciattone /ʃat'tone/ [남] (여 : -a) (옷차림이) 단정하지 못한 사람

scibile /ʃibile/ [남] 지식

sciccheria /ʃikke'ria/ [여] (구어체에서) (자동차·옷 따위의) 멋진 것

scientificamente /ʃentifika'mente/ [부] 과학적으로

scientifico /ʃen'tifiko/ [형] (복 : -ci, -che) 과학의; 과학적인

scienza /ʃentsa/ [여] ① 과학; 학문; scienze naturali 자연과학; scienze politiche 정치학 ② 지식

scienziato /ʃen'tsjato/ [남] (여 : -a) 과학자

sciistico /ʃi'istiko/ [형] (복 : -ci, -che) 스키의; stazione sciistica 스키장

scimmia /ʃimmja/ [여] [동물] 원숭이 - avere la scimmia 마약에 중독돼 있다

scimmiottare /ʃimmjot'tare/ [타동-] (남을) 흉내내다, 따라하다; 놀리다

scimpanzé /ʃimpan'tse/ [남-불변] [동물] 침팬지

scimunito /ʃimu'nito/ [형] 어리석은 - [남] (여 : -a) 바보, 멍청이

scindere /ʃindere/ [타동] 나누다, 쪼개다, 분할하다 - scindersi [재귀동사] 나뉘다, 쪼개지다, 분할되다

scintilla /ʃin'tilla/ [여] ① 불꽃, 불티, 섬광, 스파크; fare scintille 불꽃을 튀기다 ② (비유적으로) (눈빛의) 빛남; (재능 따위의) 번득임

scintillante /ʃintil'lante/ [형] 빛나는, 반짝이는, 번득이는; 불꽃을 튀기는

scintillare /ʃintil'lare/ [자동] (조동사 : avere) 빛나다, 반짝이다, 번득이다; 불꽃을 튀기다; gli occhi le scintillavano di gioia 그녀의 눈은 기쁨으로 빛나고 있었다

scioccamente /ʃokka'mente/ [부] 어리석게

scioccante /ʃok'kante/ [형] 충격을 주는, 깜짝 놀라게 하는, 당황하게 하는

scioccare /ʃok'kare/ [타동] 충격을 주다, 깜짝 놀라게 하다, 당황하게 하다

scioccato /ʃok'kato/ [형] 충격을 받은, 깜짝 놀란, 당황한

sciocchezza /ʃok'kettsa/ [여] ① 어리석음 ② 어리석은 말이나 행동; fare una sciocchezza 어리석은 짓을 하다; sciocchezze! 허튼소리야! ③ 아무것도 아닌 일, 사소한 것; è solo una sciocchezza (남에게 선물을 주면서) 이거 별거 아닙니다만

sciocco /ʃɔkko/ (복 : -chi, -che) [형] 어리석은, 지각 없는 - [남] (여 : -a) 바보, 멍청이

sciogliere /ʃɔʎʎere/ [타동] ① (묶인 것 따위를) 풀다, 끄르다 ② 용해하다, 녹이다 ③ (열을 가해) 녹이다 ④ (비유적으로) (da와 함께 쓰여) (약속·의무 따위로부터) 풀어주다, 해방시키다 ⑤ (비유적으로) (계약 따위를) 파기하다; (조직을) 해산하다 ⑥ (비유적으로) (수수께끼 따위를) 풀다 - sciogliersi [재귀동사] ① (묶인 것 따위가) 풀리다 ② 용해되다, 녹다 ③ (열에 의해) 녹다 ④ (비유적으로) (조직이) 해산되다 - sciogliersi come neve al sole 눈 녹듯이 녹다

scioglilingua /ʃoʎʎi'lingwa/ [남-불변] 혀가 잘 돌아가지 않는 어구, 발음이 잘 되지 않는 어구

scioltezza /ʃol'tettsa/ [여] (움직임 따위의) 유연함, 매끄러움; (말 따위의) 유창함, 능변

sciolto /ʃɔlto/ [형] ① (묶인 것 따위가) 풀린 ② (눈 따위가) 녹은 ③ (비유적으로) (움직임 따위가) 유연한, 매끄러운; (말 따위가) 유창한, 능변의; avere la lingua sciolta 말재주가 있다

scioperante /ʃope'rante/ [형] 파업 중인 - [남/여] 파업자, 파업 참가자

scioperare /ʃope'rare/ [자동] (조동사 : avere) 파업하다; 파업에 돌입하다

sciopero /ʃʃɔpero/ [남] 동맹 파업, 스트라이크, 노동 쟁의; essere in sciopero 파업 중이다; entrare in sciopero 파업에 돌입하다; sciopero della fame 단식 투쟁

sciorinare /ʃori'nare/ [타동] ① (상품을) 진열하다, 전시하다 ② 자랑해 보이다, 과시하다 ③ 터놓고 말하다

sciovia /ʃio'via/ [여] 스키 리프트

sciovinista /ʃovi'nista/ [남/여] (남·복 : -i, 여·복 : -e) 광신적 애국주의자, 쇼비니스트

scipito /ʃi'pito/ [형] (음식이) 맛없는; (대화가) 재미없는

scippare /ʃip'pare/ [타동] (가방 따위를) 잡아 뺏다, 강탈하다

scippatore /ʃippa'tore/ [남] (여 : -trice) 날치기 (도둑)

scippo /ʃippo/ [남] 날치기 (행위)

sciroppare /ʃirop'pare/ [타동] (과일에) 설탕 시럽을 묻혀 보존하다 - sciropparsi [재귀동사] (구어체에서·농담조로) (싫은 것을) 참다

sciroppo /ʃi'rɔppo/ [남] 시럽; sciroppo per la tosse 기침약

scisma /ʃizma/ [남] (정치·종교상의) 분리, 분열

scissione /ʃis'sjone/ [여] ① (조직·운동 따위의) 분열 ② [물리] (원자의) 핵분열 ③ [생물] 분열

sciupare /ʃu'pare/ [타동] ① 손상시키다, 망가뜨리다 ② (시간·돈 따위를) 낭비하다, 헛되이 쓰다; (기회 따위를) 놓치다 - sciuparsi [재귀동사] ① 손상되다, 망가지다 ② (사람이) 쇠약해지다, 수척해지다 ③ 무리를 하다

scivolare /ʃivo'lare/ [자동] (조동사 : essere) ① 미끄러지다; scivolare sul ghiaccio 얼음 위에서 미끄러지다; è scivolato giù dalle scale 그는 미끄러져서 계단 아래로 굴러 떨어졌다; il vaso gli scivolò dalle mani 꽃병이 그의 손에서 미끄러져 빠져나갔다 ② 살짝 움직이다 [들어서다, 빠져나가다]; l'uomo scivolò silenziosamente nella stanza 그 남자는 살그머니 방으로 들어왔다

scivolata /ʃivo'lata/ [여] 미끄러짐; (스키 따위의) 활주

scivolo /ʃivolo/ [남] ① 미끄럼틀 ② 활주대(滑走臺)

scivolone /ʃivo'lone/ [남] 미끄러져 넘어짐
scivoloso /ʃivo'loso/ [형] (표면이) 미끄러운
sclerosi /skle'rɔzi/ [여-불변] [병리] 경화증(硬化症)
sclerotico /skle'rɔtiko/ [형] (복 : -ci, -che) [병리] 경화증(硬化症)의; (조직·동맥 등이) 경화한
scoccare /skok'kare/ [타동] ① (화살 따위를) 쏘다 ② (시계가 시각을) 쳐서 알리다; l'orologio scoccò le 8 시계가 8시를 쳤다 ③ (비유적으로) scoccare un bacio a qn 누구에게 쪽 소리가 나게 키스하다 - [자동] (조동사 : essere) ① (화살 따위가) 발사되다 ② (시계가) 시각을 알리다
scocciare /skot'tʃare/ [타동] (구어체에서) 괴롭히다, 성가시게 굴다 - scocciarsi [재귀동사] ① (per와 함께 쓰여) (~에) 짜증이 나다, (~ 때문에) 성가시다 ② (di와 함께 쓰여) (~이) 지긋지긋하다
scocciato /skot'tʃato/ [형] 짜증이 난, 성가신
scocciatore /skottʃa'tore/ [남] (여 : -trice) 성가신 사람
scocciatura /skottʃa'tura/ [여] 폐, 성가심, 괴롭힘
scodella /sko'dɛlla/ [여] 사발; 우묵한 접시
scodinzolare /skodintso'lare/ [자동] (조동사 : avere) (개가) 꼬리를 흔들다
scogliera /skoʎ'ʎera/ [여] (해안의) 절벽, 벼랑
scoglio /'skɔʎʎo/ [남] (복 : -gli) ① 암초 ② (비유적으로) 장애물, 곤란
scoiattolo /sko'jattolo/ [남] [동물] 다람쥐
scolapasta /skola'pasta/ [남-불변] (부엌용) 거르는 기구, 여과 장치
scolapiatti /skola'pjatti/ [남-불변] 접시걸이, 그릇 건조대
scolare1 /sko'lare/ [타동] (~의) 물을 빼서 말리다; (병 따위의 물을) 비우다 - [자동] (조동사 : avere) 물이 빠지다 - scolarsi [재귀동사] (마실 것을) 들이켜다, (병을) 비우다
scolare2 /sko'lare/ [형] età scolare 학령(學齡), 취학 연령
scolaresca /skola'reska/ [여] (복 : -sche) (한 학급·학교의) 학생들

scolaro /sko'laro/ [남] (여 : -a) 초등학생
scolastico /sko'lastiko/ [형] (복 : -ci, -che) 학교의; 학교 교육의
scoliosi /sko'ljɔzi/ [여-불변] [병리] 척추측만증
scollacciato /skollat'tʃato/ [형] (드레스가) 목둘레를 깊이 판; 그런 옷을 입고 있는
scollare /skol'lare/ [타동] (붙어 있는 것을) 떼어내다 - scollarsi [재귀동사] (붙어 있던 것이) 떨어지다
scollato /skol'lato/ [형] (드레스가) 목둘레를 깊이 판, 어깨를 드러내도록 된
scollatura /skolla'tura/ [여] (드레스의) 목둘레를 깊이 판 모양, 네크라인
scollo /'skɔllo/ [남] → scollatura
scolo /'skolo/ [남] ① 배수로; tubo di scolo 배수관 ② 배수 ③ [병리] (고름 따위의) 배출
scolorire /skolo'rire/ [타동] (빛깔을) 바래게 하다 - [자동] (조동사 : essere) (빛깔이) 바래다
scolpire /skol'pire/ [타동] ① (상(像) 따위를) 조각하다 ② (나무·금속 따위에) 새기다 ③ (비유적으로·문어체에서) (기억 속에) 아로새기다
scolpito /skol'pito/ [형] 조각한, 새긴; (비유적으로) (기억 속에) 아로새긴
scombinare /skombi'nare/ [타동] ① (카드 따위를) 뒤섞어 놓다 ② (계획 따위를) 망쳐 놓다
scombinato /skombi'nato/ [형] 혼란스러운
scombro /'skombro/ [남] → sgombro
scombussolare /skombusso'lare/ [타동] ① 혼란시키다, 충격을 주다 ② (계획 따위를) 망쳐 놓다
scommessa /skom'messa/ [여] 내기, 베팅; 내기에 건 돈; fare una scommessa 내기를 하다
scommettere /skom'mettere/ [타동] (돈 따위를) 걸다; 내기(베팅)을 하다 - puoi scommetterci ("내기를 해도 좋다"는 뜻으로) 틀림없어!
scomodare /skomo'dare/ [타동] (남에게) 불편[폐]을 끼치다 - scomodarsi [재귀동사] (per fare와 함께 쓰여) (~하기 위해) 일부러 수고하다
scomodità /skomodi'ta/ [여-불변] 불편
scomodo /'skɔmodo/ [형] ① (사용하거나 다루기에) 불편한 ② 형편이 마땅치

않은; mi è scomodo venire la sera 저녁에 오는 건 좀 곤란한데요 ③ (상황·분위기 따위가) 불편한, 거북한

scompaginare /skompadʒi'nare/ [타동] 뒤섞다, 혼란시키다 - scompaginarsi [재귀동사] 혼란스러워지다

scompagnato /skompaɲ'nato/ [형] (신발·장갑 따위가) 짝이 맞지 않는

scomparire /skompa'rire/ [자동] (조동사 : essere) ① 사라지다, 없어지다; 소실되다, 소멸하다; (사람이) 실종되다 ② (완곡한 표현으로) 죽다, 사망하다

scomparsa /skom'parsa/ [여] ① 사라짐, 없어짐; 소실, 소멸; 실종 ② (완곡한 표현으로) 죽음, 사망

scomparso /skom'parso/ [형] ① 사라진, 없어진; 소실[소멸]된; (사람이) 실종된 ② (완곡한 표현으로) 죽은, 사망한

scompartimento /skomparti'mento/ [남] ① (구획된) 칸 ② (기차의) 칸막이한 객실

scomparto /skom'parto/ [남] (구획된) 칸

scompenso /skom'pɛnso/ [남] ① 불균형 ② [병리] (심장 등의) 기능 부전

scompigliare /skompiʎ'ʎare/ [타동] 흐트러뜨리다, 헝클다, 어지럽히다, 혼란시키다 - scompigliarsi [재귀동사] (머리 따위가) 흐트러지다, 헝클어지다

scompigliato /skompiʎ'ʎato/ [형] 흐트러진, 헝클어진, 어지럽혀진

scompiglio /skom'piʎʎo/ [남] (복 : -gli) 흐트러짐, 헝클어짐, 혼란; portare lo scompiglio in ~에 혼란을 일으키다

scomporre /skom'porre/ [타동] 분해하다, 나누다; (화학적으로) 분해시키다 - scomporsi [재귀동사] ① (화학적으로) 분해되다 ② 침착성을 잃다, 당황하다; senza scomporsi 침착하게, 당황하지 않고

scomposto /skom'posto/ [형] (옷차림 따위가) 단정하지 못한, (머리가) 헝클어진

scomunica /sko'munika/ [여] (종교상의) 파문, 제명

scomunicare /skomuni'kare/ [타동] (종교상) 파문[제명]하다

sconcertante /skontʃer'tante/ [형] 당황하게 하는, 어쩔 줄 모르게 만드는

sconcertare /skontʃer'tare/ [타동] 당황하게 하다, 어쩔 줄 모르게 만들다

sconcertato /skontʃer'tato/ [형] 당황한, 어찌할 바를 모르는

sconcio /'skontʃo/ (복 : -ci, -ce) [형] (말 따위가) 점잖지 못한, 상스러운 - [남] 점잖지 못한 것, 상스러운 것

sconclusionato /skonkluzjo'nato/ [형] 두서없는, 조리에 맞지 않는

scondito /skon'dito/ [형] (음식이) 양념이 되지 않은, 담백한

sconfessare /skonfes'sare/ [타동] (진술 따위를) 부인[부정]하다, (신앙을) 버리다

sconfiggere /skon'fiddʒere/ [타동] (적을) 쳐부수다, 무찌르다; (기타 좋지 못한 것을) 타파하다

sconfinare /skonfi'nare/ [자동] (조동사 : avere) ① (불법으로) 국경을 넘다; (남의 영역에) 침입하다 ② (비유적으로) (da와 함께 쓰여) (주제 따위에서) 벗어나다

sconfinato /skonfi'nato/ [형] ① (평원·대양 따위가) 끝없이 넓게 펼쳐진 ② (비유적으로) (지식·사랑 따위가) 한없는

sconfitta /skon'fitta/ [여] 패배; subire una sconfitta 지다, 패배하다

sconfitto /skon'fitto/ [형] 진, 패배한

sconfortante /skonfor'tante/ [형] (전망이) 어두운; (소식 따위가 사람을) 낙담시키는

sconforto /skon'fɔrto/ [남] 낙담

scongelare /skondʒe'lare/ [타동] (냉동식품 따위를) 해동하다

scongiurare /skondʒu'rare/ [타동] ① 간청[애원]하다 ② (위험 따위를) 막다, 물리치다

scongiuro /skon'dʒuro/ [남] 악령을 내쫓는 의식; 그런 의식에 쓰이는 주문(呪文)

sconnesso /skon'nesso/ [형] ① (길이) 울퉁불퉁한, 고르지 못한 ② (비유적으로) (말·생각 따위가) 두서없는, 조리에 맞지 않는

sconosciuto /skonoʃ'ʃuto/ [형] 알려지지 않은, 미지의, 미상의; 낯선; il suo viso mi è sconosciuto 나는 그의 얼굴이 낯설다 - [남] (여 : -a) ① 무명인, 잘 알려지지 않은 사람 ② 낯선 사람

sconquassare /skonkwas'sare/ [타동] 부수다, 분쇄하다, 파괴하다

sconquasso /skon'kwasso/ [남] ① 파괴, 황폐화 ② (비유적으로) 동요, 혼란

sconsacrato /skonsa'krato/ [형] (교회가) 세속화된

sconsiderato /skonside'rato/ [형/남] (여 : -a) 지각없는, 경솔한 (사람)

sconsigliare /skonsiʎˈʎare/ [타동]
sconsigliare a qn di fare qc 누구에
게 무엇을 하지 말라고 충고하다
sconsolato /skonsoˈlato/ [형] 슬픈, 우울
한, 낙담한, 위안이 없는
scontare /skonˈtare/ [타동] ① (가격을)
할인하다; (금액을) 공제하다 ② 죗값을
치르다; (교도소에서) 복역하다
scontato /skonˈtato/ [형] ① (가격이) 할
인된 ② 죗값을 치른 ③ (결과 따위가)
예측 가능한, 당연히 ~일 것이라 생각되
는; era scontato che finisse così 그
건 그렇게 끝나게 되어 있었어; dare qc
per scontato 무엇을 당연하다고 생각
하다
scontentare /skontenˈtare/ [타동] (누구
로 하여금) 불만을 품게 하다
scontento /skonˈtento/ [형] (di와 함께
쓰여) (~에) 불만을 품고 있는 - [남]
불만
sconto /ˈskonto/ [남] (가격의) 할인; (금
액의) 공제; fare[concedere] uno
sconto (가격을) 할인하다; uno sconto
del 15% 15% 할인
scontrarsi /skonˈtrarsi/ [재귀동사] ①
(자동차 따위가) 충돌하다 ② (con qn
과 함께 쓰여) (~와) 의견 따위가 충돌
하다 ③ (con과 함께 쓰여) (문제 따위
에) 부딪치다, 직면하다
scontrino /skonˈtrino/ [남] 영수증; (수하
물 따위의) 표
scontro /ˈskontro/ [남] ① (자동차 따위
의) 충돌 ② (사람 사이의) 충돌, 다툼,
대립; (군사적) 충돌
scontroso /skonˈtroso/ [형] 성미가 까다
로운, 퉁명스러운
sconveniente /skonveˈnjɛnte/ [형] ①
(언행 따위가) 부적절한; (시간·장소 따
위가) 형편에 맞지 않는 ② (가격·계약
조건 따위가) 불리한
sconvolgente /skonvolˈdʒɛnte/ [형] 충
격을 주는, 크게 당황하게 만드는; 혼란
[붕괴]시키는, 파괴[황폐화]하는
sconvolgere /skonˈvɔldʒere/ [타동] 충
격을 주다, 크게 당황하게 만들다; 혼란
[붕괴]시키다, 파괴[황폐화]하다; la
notizia ha sconvolto il mondo
intero 그 소식은 전 세계를 뒤흔들어
놓았다; le campagne sconvolte
dall'alluvione 홍수의 피해를 크게 입은
농촌 지역
sconvolgimento /skonvoldʒiˈmento/
[남] 파괴, 황폐화; 큰 혼란의 야기
sconvolto /skonˈvɔlto/ [형] 충격을 받은,
크게 당황한, 혼란에 빠진, 파괴[황폐화]
된; sconvolto dal dolore 큰 슬픔에
빠져 제정신이 아닌
scopa1 /ˈskopa/ [여] (청소용) 비;
manico di scopa 빗자루
scopa2 /ˈskopa/ [여] 이탈리아 카드 게임
의 하나
scopare /skoˈpare/ [타동] (방 따위를) 청
소하다; (먼지 따위를) 쓸다 - [자동]
(조동사 : avere) ① 비로 쓸다, 비질하
다 ② (비어로) 성교하다
scopata /skoˈpata/ [여] ① 비로 쓸기, 비
질, 청소; dare una scopata a qc 무엇
을 비로 쓸다 ② (비어로) 성교
scoperchiare /skoperˈkjare/ [타동] (상
자·용기 등의[을]) 뚜껑[덮개]을 벗기
다, 열다
scoperta /skoˈpɛrta/ [여] 발견; 간파, 탐
지
scoperto /skoˈpɛrto/ [형] ① (신체의 일
부가) 노출된, 옷 따위를 입지 않은; a
capo scoperto 모자를 쓰지 않은 ②
(장소·사물이) 노출된; 덮개가 없는, 열
려 있는 ③ (직위가) 공석(空席)인 ④ 당
좌대월(當座貸越)의, (예금이) 초과 인출
된; assegno scoperto 부도 수표 -
[남] ① 당좌대월, (예금의) 초과 인출
② allo scoperto i) 밖에서, 야외에서
ii) 공공연하게, 터놓고
scopiazzare /skopjatˈtsare/ [타동] (학생
이 남의 글 따위를) 무단으로 베끼다, 표
절하다
scopino /skoˈpino/ [남] 자루가 짧은 비
scopo /ˈskɔpo/ [남] 목적, 목표; allo
scopo di fare qc 무엇을 할 목적으로,
무엇을 하기 위해서; senza scopo 괜히,
무의미하게; a scopo di lucro 수익을
얻기 위해, 돈을 목적으로; adatto allo
scopo 목적에 맞는; a che scopo? 무
슨 목적으로?, 무엇에 쓰려고?
scoppiare /skopˈpjare/ [자동] (조동사 :
essere) ① (타이어·관 따위가) 터지
다; (폭탄이) 폭발하다 ② (사건·문제·
전쟁 따위가) 터지다, 일어나다, 발발하
다 ③ (감정이) 격발하다; scoppiare a
ridere 웃음이 터지다 ④ (구어체에서)
신경 쇠약 상태가 되다 ⑤ (구어체에서)
몹시 ~하게 되다; scoppiare
dall'invidia 부러워 죽을 지경이다
scoppiettare /skoppjetˈtare/ [자동] (조

동사 : avere) (불꽃을 튀기며) 탁탁 소리를 내다; (기계류 따위가) 심한 소리를 내다

scoppio /'skɔppjo/ [남] (복 : -pi) ① 폭발, 파열 ② (사건·전쟁 따위의) 발발 ③ (감정의) 격발; uno scoppio di risa 웃음을 터뜨림 - bomba a scoppio ritardato 시한폭탄

scoprire /sko'prire/ [타동] ① (신체의 일부를) 노출시키다 ② (새로운 것을) 발견하다, 찾아내다; (몰랐던 것을) 알아내다 ③ (계획·의도 따위를) 드러내다, 밝히다 ④ (일반적으로) 노출시키다; (뚜껑·덮개 따위를) 벗기다 - scoprirsi [재귀동사] ① (신체의 일부를) 노출하다, 옷 따위를 벗다; scoprirsi il capo 모자를 벗다 ② (비유적으로) (자신의 생각이나 의도를) 드러내다, 밝히다 ③ (비유적으로) (남의 눈에 띄도록) 숨어 있지 않고 밖으로 나오다

scopritore /skopri'tore/ [남] (여 : -trice) 발견자

scoraggiante /skorad'dʒante/ [형] 낙담시키는, 기를 꺾는

scoraggiare /skorad'dʒare/ [타동] ① 낙담시키다, 기를 꺾다 ② scoraggiare qn dal fare 누구로 하여금 ~하지 못하게 하다, ~하는 것을 단념시키다 - scoraggiarsi [재귀동사] 낙담하다, 기가 꺾이다

scorbutico /skor'butiko/ [형] (복 : -ci, -che) 심술궂은

scorciatoia /skortʃa'toja/ [여] ① 지름길 ② (비유적으로) 손쉬운 방법

scorcio /'skortʃo/ [남] (복 : -ci) ① [미술] 원근법에 따라 먼 곳을 실제보다 작게 그리기 ② (하늘·풍경 따위의) 흘긋 보이는 작은 구역; uno scorcio di cielo azzurro (구름 낀 하늘 가운데) 흘긋 보이는 파란 하늘 ③ (한 세기·시기의) 끝; sullo scorcio del secolo XX 20세기 말에

scordare /skor'dare/ [타동] 잊다, 깜빡하다; scordare di fare qc ~하는 것을 잊다 - scordarsi [재귀동사] 잊다, 깜빡하다

scoreggia /sko'reddʒa/ [여] (복 : -ge) (비어로) 방귀

scoreggiare /skored'dʒare/ [자동] (조동사 : avere) (비어로) 방귀를 뀌다

scorfano /'skɔrfano/ [남] ① [어류] 볼락, 쏨뱅이 ② (비유적으로) 아주 못생긴 사람

scorgere /'skɔrdʒere/ [타동] 발견[분간]하다, 알아보다; senza farsi scorgere 눈에 띄지 않고

scoria /'skɔrja/ [여] ① [지질] 화산암재 ② [야금] 광재(鑛滓), 쇠똥 - scorie radioattive 방사성 폐기물

scorno /'skɔrno/ [남] 치욕, 굴욕

scorpacciata /skorpat'tʃata/ [여] 배불리 먹음, 과식, 폭식; farsi una scorpacciata di qc 무엇을 잔뜩 먹다

scorpione /skor'pjone/ [남] [동물] 전갈 Scorpione /skor'pjone/ [남-불변] [천문] 전갈자리; [점성] 천갈궁

scorrazzare /skorrat'tsare/ [자동] (조동사 : avere) 뛰어 돌아다니다

scorrere /'skorrere/ [자동] (조동사 : essere) ① (액체가) 흐르다 ② (su와 함께 쓰여) (~을 따라) 미끄러지다 ③ (시간·세월이) 흐르다, 지나다 ④ (교통의 흐름 따위가) 원활하다; (언변 따위가) 유창하다 ⑤ [컴퓨터] (verso와 함께 쓰여) (인터넷 기사 따위를) 스크롤하다 - [타동] (텍스트 등을) 쭉 훑어보다

scorreria /skorre'ria/ [여] (갑작스러운) 침입, 습격, 급습

scorrettamente /skorretta'mente/ [부] ① 부정확하게, 틀리게 ② 불공정하게, 부정하게

scorrettezza /skorret'tettsa/ [여] ① 부정확; 실수 ② 불공정, 부정; con scorrettezza 무례하게

scorretto /skor'rɛtto/ [형] ① (표현·해석 따위가) 부정확한, 틀린 ② (행동 따위가) 불공정한, 부정한, 무례한

scorrevole /skor'revole/ [형] ① (문 따위가) 미닫이의, 미끄러져 움직이는 ② (비유적으로) (교통의 흐름 따위가) 원활한; (언변 따위가) 유창한

scorribanda /skorri'banda/ [여] ① (무장 병력의) 침입, 습격 ② (비유적으로) 잠깐 놀러감

scorsa /'skorsa/ [여] (책 따위를) 대강 훑어보기; dare una scorsa a qc 무엇을 대강 훑어보다

scorso /'skorso/ [형] (시간상) 바로 전의, 지난, 전(前)~ ; lo scorso mese 지난달

scorsoio /skor'sojo/ [형] (복 : -oi) nodo scorsoio 잡아당기면 곧 풀어지는 매듭

scorta /'skɔrta/ [여] ① (신변에 대한) 경

scortare /skor'tare/ [타동] 경호[에스코트]하다; (군사) 호위[호송]하다

scortese /skor'teze/ [형] 불친절한, 무례한

scortesemente /skorteze'mente/ [부] 불친절하게, 무례하게

scortesia /skorte'zia/ [여] 불친절, 무례

scorticare /skorti'kare/ [타동] (짐승의) 가죽을 벗기다 - scorticarsi [재귀동사] (사람이) 찰과상을 입다

scorza /'skɔrdza/ [여] ① (나무·과일 따위의) 껍질 ② (비유적으로) 겉모습, 외양

scosceso /skoʃ'ʃeso/ [형] 가파른, 급경사의

scossa /'skɔssa/ [여] ① 갑작스러운 움직임, 뒤흔들기; procedere a scosse 갑자기 움직이다, 뒤흔들다 ② (지진 따위의) 진동 ③ 전기 쇼크, 감전; prendere la scossa 감전되다

scosso /'skɔsso/ [형] (정신적으로) 뒤흔들린, 어쩔 줄 모르는

scossone /skos'sone/ [남] 갑작스러운 움직임[동요]; procedere a scossoni (자동차 따위가) 갑자기 흔들리다

scostante /skos'tante/ [형] 퉁명스러운, 무뚝뚝한

scostare /skos'tare/ [타동] (한쪽으로, 옆으로) 치워[옮겨] 놓다 - scostarsi [재귀동사] (한쪽으로, 옆으로) 비키다; (da와 함께 쓰여) (~으로부터) 떨어지다

scostumato /skostu'mato/ [형] ① 방탕한, 음탕한, 부도덕한 ② 무례한 - [남] (여 : -a) 부도덕한 자; 무례한 자

scotch /skɔtʃ/ [남-불변] ① 스카치위스키 ② 스카치테이프

scottante /skot'tante/ [형] (문제 따위가) 긴급한, 초미의; 민감한

scottare /skot'tare/ [타동] ① (햇볕이 피부 따위를) 태우다 ② (채소나 고기를) 데치다 - [자동] (조동사 : avere) ① (물체가) 몹시 뜨겁다; (몸에) 열이 심하다; (태양이) 이글거리다 ② (비유적으로) (문제 따위가) 초미의 관심사다 - scottarsi [재귀동사] (con과 함께 쓰여) (~에) 데다, 화상을 입다; (피부가 햇볕에) 타다

scottata /skot'tata/ [여] dare una scottata a qc (채소나 고기를) 데치다

scottatura /skotta'tura/ [여] ① 화상(火傷) ② (피부가) 햇볕에 탐 ③ (채소나 고기를) 데치기

scotto1 /'skɔtto/ [남] (비유적으로) 벌, 죗값; pagare lo scotto 죗값을 치르다

scotto2 /'skɔtto/ [형] (요리를) 너무 익힌

scout /'skaut/ [남/여-불변] (보이·걸) 스카우트 단원

scovare /sko'vare/ [타동] ① (사냥감을) 몰아내다 ② (사람을) 추적하다; (진실·비밀 따위를) 밝히다, 폭로하다

Scozia /'skɔttsja/ [여] 스코틀랜드

scozzese /skot'tsese/ [형] 스코틀랜드의 - [남/여] 스코틀랜드 사람 - [남] 스코틀랜드 말

screanzato /skrean'tsato/ [형/남] (여 : -a) 거친, 무례한 (사람)

screditare /skredi'tare/ [타동] 신용을 떨어뜨리다, 평판을 나쁘게 하다 - screditarsi [재귀동사] 평판이 나빠지다, 망신을 당하다

scremato /skre'mato/ [형] (우유가) 탈지유(脫脂乳)의

screpolare /skrepo'lare/ [타동] (추위·바람 따위가 피부·입술 따위를) 트게 하다 - screpolarsi [재귀동사] (추위·바람 따위로 인해 피부·입술 따위가) 트다; (도기류 따위가) 금이 가다, 갈라지다

screpolato /skrepo'lato/ [형] (피부·입술 따위가) 튼; (도기류 따위가) 금이 간, 갈라진

screpolatura /skrepola'tura/ [여] (피부·입술 따위가) 튼; (도기류 따위가) 금이 감, 갈라짐

screziato /skret'tsjato/ [형] 얼룩무늬가 있는

screzio /'skrɛttsjo/ [남] (복 : -zi) (조직 내의) 불화, 갈등

scribacchiare /skribak'kjare/ [타동] (글씨를) 갈겨 쓰다

scribacchino /skribak'kino/ [남] (여 : -a) (경멸적으로) 삼류 작가

scricchiolare /skrikkjo'lare/ [자동] (조동사 : avere) (마루·문·가구 따위에서) 삐걱거리는 소리가 나다

scricchiolio /skrikkjo'lio/ [남] (복 : -ii) (마루·문·가구 따위에서 나는) 삐걱거리는 소리

scrigno /'skriɲɲo/ [남] (귀중품 따위를 넣어 두는) 작은 상자
scriminatura /skrimina'tura/ [여] (머리의) 가르마
scriteriato /skrite'rjato/ [형/남] (여 : -a) 무모한, 산만한, 조심성이나 판단력이 없는 (사람)
scritta /'skritta/ [여] (씌어진) 글; 안내문; 낙서; 비명(碑銘)
scritto /'skritto/ [형] 글로 쓴, 서면으로 된 - [남] ① (한 편의) 글, 텍스트; (문필) 작품 ② (글로) 쓴 것, 필적 ③ (학교의) 필기 시험 - in[per] scritto 글로 쓴, 서면으로 된
scrittoio /skrit'tojo/ [남] (복 : -oi) 책상
scrittore /skrit'tore/ [남] (여 : -trice) 작가, 저자; 문필가, 저술가
scrittura /skrit'tura/ [여] ① 손으로 쓰기, 필적; avere una bella scrittura 글씨가 예쁘다 ② 글쓰기, 집필 ③ 기입, 기록 ④ [법률] 증서 ⑤ (배우의) 출연 계약 ⑥ la Sacra Scrittura 성경, 성서 - scritture contabili 회계 장부
scritturare /skrittu'rare/ [타동] ① (배우나 연주자 등을) 계약에 의해 고용하다 ② 기입[기록]하다
scrivania /skriva'nia/ [여] 책상
scrivere /'skrivere/ [타동] ① (글을) 쓰다; 집필하다, (작품을) 쓰다; scrivere qc a macchina 무엇을 타이핑하다; scrivere alla lavagna 칠판에 쓰다 ② (단어를) 철자하다 ③ 작가로 활동하다, 집필 활동을 하다 - scriversi [재귀동사] 적어 두다, 메모하다
scroccare /skrok'kare/ [타동] (구어체에서) (식사·담배 따위를) 얻어먹다, 달라고 하다
scroccone /skrok'kone/ [남] (여 : -a) 남에게 얻어먹는 사람, 식객
scrofa /'skrɔfa/ [여] (다 자란) 암퇘지
scrollare /skrol'lare/ [타동] ① 흔들다; scrollare la testa 머리를 흔들다; scrollare le spalle 어깨를 으쓱하다 ② (먼지 따위를) 털다 - scrollarsi [재귀동사] ① 몸을 흔들다; scrollarsi qc di dosso 몸에 묻은 것을 털어내다 ② (비유적으로) 분발하다, 각성하다
scrollata /skrol'lata/ [여] 흔들기; dare una scrollata a qc 무엇을 흔들다
scrosciante /skroʃ'ʃante/ [형] (비가) 억수 같이 쏟아지는; (박수 소리가) 우레와도 같은
scrosciare /skroʃ'ʃare/ [자동] (조동사 : essere, avere) (급류 따위가) 천둥 치는 듯하다; (비가) 억수 같이 쏟아지다; (박수 소리가) 우레와도 같다
scroscio /'skrɔʃʃo/ [남] (복 : -sci) (급류 따위가) 천둥 치는 듯함; (비가) 억수 같이 쏟아짐; (박수 소리가) 우레와도 같음
scrostare /skros'tare/ [타동] (표면에 덮인 것을) 문질러 떼어내다; (페인트칠 따위를) 벗겨내다 - scrostarsi [재귀동사] (페인트칠 따위가) 벗겨지다
scrupolo /'skrupolo/ [남] 양심의 가책, (나쁜 짓을 하는 데 있어서의) 거리낌; avere[farsi] degli scrupoli a fare ~ 하는 데 있어서 양심의 가책을 느끼다; essere senza scrupoli 양심의 가책이 없다, 파렴치하다; lavoro fatto con scrupolo 양심껏 한 일
scrupolosamente /skrupolosa'mente/ [부] 양심껏; 꼼꼼하게, 세심하게
scrupoloso /skrupo'loso/ [형] 양심적인; 꼼꼼한, 세심한, 공을 들이는
scrutare /skru'tare/ [타동] 자세히 살펴보다, 뚫어지게 쳐다보다
scrutatore /skruta'tore/ [형] 자세히 살펴보는, 뚫어지게 쳐다보는 - [남] (여 : -trice) (투표의) 개표 검사원
scrutinare /skruti'nare/ [타동] (투표에서) 개표 작업을 하다
scrutinio /skru'tinjo/ [남] (복 : -ni) ① (투표에서의) 개표 ② [복] (학교에서의) 학기말 평가 - scrutinio segreto 비밀[무기명] 투표
scucire /sku'tʃire/ [타동] ① 옷의 솔기 따위를) 풀다 ② (비유적으로) (돈을) 내놓다 - scucirsi [재귀동사] (옷의 솔기 따위가) 풀리다
scucito /sku'tʃito/ [형] (옷의 솔기 따위가) 풀린
scuderia /skude'ria/ [여] (경주마의) 마구간
scudetto /sku'detto/ [남] [스포츠] vincere lo scudetto 우승하다, 선수권을 획득하다
scudiero /sku'djero/ [남] 중세 기사(騎士)의 종자
scudiscio /sku'diʃʃo/ [남] (복 : -sci) 말채찍
scudo /'skudo/ [남] ① 방패 ② 보호 수단; farsi scudo di[con] qc 무엇을 보호 수단으로 사용하다 - scudo aereo

방공(防空)
scuffiare /skuf'fjare/ [자동] (조동사 : avere) (배가) 뒤집히다, 전복되다
scugnizzo /skuɲ'nittso/ [남] 집 없는 아이, 부랑아
sculacciare /skulat'tʃare/ [타동] (어린아이의 엉덩이를) 찰싹 때리다
sculacciata /skulat'tʃata/ [여] (어린아이의 엉덩이를) 찰싹 때리기
sculettare /skulet'tare/ [자동] (조동사 : avere) (구어체에서) 엉덩이를 흔들다
scultore /skul'tore/ [남] (여 : -trice) 조각가
scultura /skul'tura/ [여] 조각(술); 조각 작품
scuola /'skwɔla/ [여] ① 학교; andare a scuola 학교에 가다 ② 학교 교육 과정, 수업; non c'è scuola domani 내일은 수업이 없다 ③ 교육 제도; scuola dell'obbligo 의무 교육 ④ 학교의 전 학생 및 교직원들 ⑤ (학문·예술 등의) 학파, 유파 - scuola elementare 초등학교; scuola privata 사립학교; scuola pubblica 공립학교
scuolabus /skwɔla'bus/ [남-불변] 스쿨버스
scuotere /'skwɔtere/ [타동] ① 흔들다; scuotere la testa 머리를 흔들다 ② (사건 따위가 사람·국가·체제 등을) 뒤흔들다, 혼란[동요]시키다 - scuotersi [재귀동사] ① 몸을 흔들다 ② (비유적으로) 분발하다, 각성하다
scure /'skure/ [여] 도끼
scurire /sku'rire/ [타동] (빛깔·장소 따위를) 어둡게 만들다 - [자동] (조동사 : essere) (빛깔이) 어두워지다 - scurirsi [재귀동사] (빛깔·하늘 따위가) 어두워지다
scuro /'skuro/ [형] ① (빛깔이) 어두운, 검은 ② (하늘·장소가) 어두운 ③ (비유적으로) 우울한, 침울한 - [남] ① 어두움 ② 어두운[검은] 색
scurrile /skur'rile/ [형] (말이) 상스러운
scusa /'skuza/ [여] ① 변명; 구실, 핑계 ② 사과; fare[presentare] le proprie scuse 사과하다; chiedere scusa a qn per qc 무엇에 대해 누구에게 사과하다
scusare /sku'zare/ [타동] 용서하다; scusami 미안해; mi scusi 실례합니다, 죄송합니다; scusa il ritardo 늦어서 미안해 - scusarsi [재귀동사] 사과하다;

scusarsi con qn di[per] qc 무엇에 대해 누구에게 사과하다
sdebitarsi /zdebi'tarsi/ [재귀동사] ① 빚을 갚다 ② 보답하다
sdegnare /zdeɲ'ɲare/ [타동] 경멸하다, 멸시하다 - sdegnarsi [재귀동사] (per, con 등과 함께 쓰여) (~에) 분개하다
sdegnato /zdeɲ'ɲato/ [형] (di, per와 함께 쓰여) (~에) 분개한
sdegno /'zdeɲɲo/ [남] ① 경멸, 멸시 ② 분개, 분노, 반감
sdegnoso /zdeɲ'ɲoso/ [형] 경멸[멸시]하는 (투의); 남을 업신여기는, 오만한
sdentato /zden'tato/ [형] 이[치아]가 없는
sdoganare /zdoga'nare/ [타동] (물품에 대해) 세관을 통과시키다, 통관 수속을 밟다
sdolcinato /zdoltʃi'nato/ [형] (사람·분위기·작품·말 따위가) 감상적인, 정에 호소하는
sdoppiamento /zdoppja'mento/ [남] 분열, 둘로 쪼개짐; sdoppiamento della personalità [심리] 이중인격
sdoppiarsi /zdop'pjarsi/ [재귀동사] 둘로 쪼개지다
sdraiare /zdra'jare/ [타동] (환자나 어린아이 등을 자리에) 눕히다 - sdraiarsi [재귀동사] (드러)눕다
sdraiato /zdra'jato/ [형] (드러)누운; mettersi sdraiato (드러)눕다
sdraio /'zdrajo/ [남] mettersi a sdraio (드러)눕다 - [여-불변] 비스듬히 드러누울 수 있게 설계된 긴 의자
sdrammatizzare /zdrammatid'dzare/ [타동] 경시하다, 얕잡다
sdrucciolare /zdruttʃo'lare/ [자동] (조동사 : essere) (사람이) 미끄러지다
sdrucciolevole /zdruttʃo'levole/ [형] (길 따위가) 미끄러운
sdrucito /zdru'tʃito/ [형] 찢긴, 닳은, 해진
se1 /se/ [접] ① (가정·조건을 나타내어) 만일 ~이라면[한다면]; se fossi in te 내가 네 입장이라면; se invece preferisci questo 네가 이걸 더 좋아한다면 ② (양보를 나타내어) se anche, anche se 비록[설령] ~하더라도; se anche fosse così 그랬다 하더라도 ③ (감탄문에서) se almeno mi avessi telefonato! 네가 나에게 전화만

해주었더라도 (좋았을 텐데) ④ (의심을 나타내어 또는 간접 의문문을 이끌어) ~인지 아닌지; mi chiedevo se avesse capito 나는 그가 과연 이해했는지 어땠는지 알 수 없었다; non so se scrivere o telefonare 편지를 써야 할지, 전화를 해야 할 지 모르겠다 ⑤ se non ~이 아니라면; costa lo stesso, se non meno 더 싸지 않다면 같은 값이다 ⑥ se no 그렇지 않으면; scappo se no perdo l'autobus 난 서두르지 않으면 버스를 놓치게 돼 ⑦ se mai (언젠가) ~하게 되면; se mai passassi per di qua 네가 이 길로 지나게 된다면 - [남] 조건, 가정, 불확실한 것
se2 /se/ [대] (인칭대명사) → si1
sé /se/ [대] (인칭대명사) (뒤에 stesso나 medesimo가 올 경우에는 악센트가 사라져 se가 된다) 스스로, 자기 자신, 그(녀) 자신, 그들 자신; l'ha fatto da sé 그는 그것을 자기 혼자 힘으로 했다; pensa solo a sé 그는 자기 생각만 한다; prendersi cura di se stesso 몸조심하다; di per sé non è un problema 그 자체로는 문제가 없다; parlare tra sé e sé 혼잣말을 하다; tornare in sé 의식을 되찾다, 제정신이 돌아오다; va da sé che ~은 말할 나위도 없다, 당연하다; si chiude da sé 그것은 자동적으로 닫힌다
sebbene /seb'bɛne/ [접] ~에도 불구하고, ~이긴 하지만; sebbene non sia colpa sua 그의 잘못은 아니지만
sebo /'sebo/ [남] [생리] 피지(皮脂)
sec. ① → secondo ② → secolo
secca /'sekka/ [여] (복 : -che) (바다의) 얕은 곳; 모래톱, 사주(砂洲); andare in secca (배가) 좌초하다
seccamente /sekka'mente/ [부] (대답을) 무뚝뚝하게; (거절·부인을) 딱 잘라, 노골적으로
seccante /sek'kante/ [형] (사람·상황 따위가) 성가신, 짜증나는
seccare /sek'kare/ [타동] ① 바싹 말리다, 건조시키다; (식물을) 시들게 하다 ② (구어체에서) 성가시게 하다, 짜증나게 하다; ti secca se aspetto qui? 내가 여기서 기다려도 괜찮겠니?; mi secca fare tutta questa fila 이렇게 줄을 서는 건 짜증나는 일이다 - [자동] (조동사 : essere) ① 바싹 마르다, 건조되다; (식물이) 시들다 ② (비유적으로) (~하는 것은) 성가시다, 싫다 - seccarsi [재귀동사] ① 바싹 마르다, 건조되다; (식물이) 시들다 ② (비유적으로) 성가시다, 짜증이 나다
seccato /sek'kato/ [형] ① 바싹 마른, 건조된 ② (비유적으로) 짜증이 난, 화가 난
seccatore /sekka'tore/ [남] (여 : -trice) 남을 짜증나게 하는 사람, 성가시게 구는 사람
seccatura /sekka'tura/ [여] 짜증, 화, 불쾌; 짜증나는[성가신] 것
secchia /'sekkja/ [여] ① 양동이, 들통 ② 양동이 하나의 분량
secchiata /sek'kjata/ [여] 양동이 하나의 분량
secchiello /sek'kjɛllo/ [남] (아이들 장난감의 일종으로, 해변에서 모래나 물을 담을 때 쓰는) 작은 들통 - secchiello del ghiaccio (술병을 차갑게 하는) 얼음 통
secchio /'sekkjo/ [남] (복 : -chi) ① 양동이, 들통 ② 양동이 하나의 분량 - secchio della spazzatura, secchio dell'immondizia 쓰레기통
secchione /sek'kjone/ [남] (여 : -a) (구어체에서) 공붓벌레
secco /'sekko/ (복 : -chi, -che) [형] ① 마른, 건조한; 말린; avere la gola secca 목이 마르다 ② (대답 따위가) 무뚝뚝한, 퉁명스러운 ③ (사람이나 신체 일부가) 몹시 마른, 야윈, 가는 - [남] ① 건조; 가뭄 ② lavare a secco 드라이클리닝을 하다; essere a secco 무일푼이다; rimanere a secco di benzina (차에) 휘발유가 다 떨어진 상태다 - fare secco qn 누구를 죽이다, 해치우다
secentesco /setʃen'tesko/ → seicentesco
secernere /se'tʃɛrnere/ [타동] [생리] 분비하다
secessione /setʃes'sjone/ [여] (정당·교회로부터의) 탈퇴, 분리
secolare /seko'lare/ [형] ① 수백 년 된 ② 세속의, 속인(俗人)의
secolo /'sɛkolo/ [남] ① 1세기, 100년; nel terzo secolo a.C. 기원전 3세기에 ② (비유적으로) 오랜 기간; è un secolo che non ti vedo 널 못 본 지 오래 되었구나 ③ [종교] per tutti i secoli dei secoli 영원히

seconda /se'konda/ [여] ① (학교의) 2학년 ② (자동차의) 2단 기어 ③ (기차 따위의) 2등석 ④ a seconda di ~에 따라 (좌우되어) ⑤ comandante in seconda [군사] 부사령관

secondario /sekon'darjo/ [형] (복 : -ri, -rie) 2류의, 둘째 가는, 부차적인, 별로 중요하지 않은; di secondaria importanza 제2의, 부차적인, 덜 중요한; scuola secondaria 중등학교

secondo1 /se'kondo/ [형] ① 제2의, 둘째의; (둘 중) 후자의; in seconda fila 두 번째 줄에, 제2열에; in secondo luogo 둘째로; un albergo di second'ordine 2급[2류] 호텔 ② 또 하나의, 다른; è un secondo Picasso 그는 제2의 피카소다 ③ [문법] 2인칭의 ④ di seconda mano i) (물건이) 중고의 ii) (정보 따위가) 간접적인, 전해 들은 - [남] (여 : -a) ① 둘째, 두 번째의 것[사람]; (둘 중의) 후자 ② [시간의 단위] 초(秒); aspetta un secondo! 잠깐만 기다려!

secondo2 /se'kondo/ [전] ① (관점 따위가) ~에 따라, ~에 의해; secondo me 내 생각에는 ② (법·규칙·기준·습관 따위에) 따라, 순응하여; secondo la legge 법에 따라; agire secondo coscienza 양심에 따라 행동하다 ③ ~에 비례하여; vivere secondo i propri mezzi 소득 수준에 맞게 생활하다 ④ ~에 따라 (좌우되어); secondo le circostanze 상황에 따라

secondogenito /sekondo'dʒenito/ [남] (여 : -a) 둘째 아이

secrezione /sekret'tsjone/ [여] [생리] 분비

sedano /'sɛdano/ [남] [식물] 셀러리

sedare /se'dare/ [타동] ① (고통 따위를) 달래다, 경감시키다; (배고픔·목마름을) 해소하다 ② (폭동 따위를) 진압하다

sedativo /seda'tivo/ [형] (약 따위가) 진정 작용이 있는 - [남] 진정제

sede /'sɛde/ [여] ① (활동·조직의) 근거지, 중심지, 본부 ② [가톨릭] 주교 관구, 주교좌(座); la Santa Sede 교황청 ③ (회사 등의) 지점(支店) ④ 장소, 곳 ⑤ 주거, 주소; prendere sede 주거를 정하다 ⑥ in sede di ~ 동안, ~ 중에; in sede di discussione 논의 중에

sedentario /seden'tarjo/ [형] (복 : -ri, -rie) 앉아 있는; 잘 앉는; 앉아서 일하는

sedere1 /se'dere/ [자동] (조동사 : essere) ① 앉아 있다; sedeva a tavola 그는 식탁에 앉아 있었다; posto a sedere 좌석, 자리 ② (의회·위원회 등의) 일원이다; siede in Parlamento 그는 의회 의원이다 ③ 개회 중이다 - sedersi [재귀동사] (자리에) 앉다, 착석하다; sedersi su una sedia 의자에 앉다; prego, si sieda! 앉으세요!

sedere2 /se'dere/ [남] 궁둥이, 둔부

sedia /'sɛdja/ [여] 의자; sedia pieghevole 접의자; sedia a rotelle 휠체어

sedicenne /sedi'tʃɛnne/ [형/남/여] 16세의 (소년, 소녀)

sedicente /sedi'tʃɛnte/ [형] (의사·전문가·예술가 따위를) 자칭하는, 자임(自任)하는

sedicesimo /sedi'tʃɛzimo/ [형] 제16의, 16번째의 - [남] (여 : -a) ① 16번째의 것[사람] ② 16분의 1

sedici /'seditʃi/ [형-불변] 16의 - [남-불변] ① 16 ② (한달의) 제16일 - [여·복] 오후 4시

sedile /se'dile/ [남] (자동차 등의) 좌석, 자리

sedimentare /sedimen'tare/ [자동] (조동사 : essere, avere) (액체의 침전물이) 가라앉다

sedimento /sedi'mento/ [남] 침전물, 앙금

sedizione /sedit'tsjone/ [여] 폭동, 반란

sedizioso /sedit'tsjoso/ [형] ① 폭동의 ② 폭동을 선동하는 - [남] (여 : -a) 폭동을 선동하는 자

sedotto /se'dotto/ [형] 유혹을 받은

seducente /sedu'tʃɛnte/ [형] ① 유혹하는 ② 마음을 끄는, 매혹적인

sedurre /se'durre/ [타동] ① 유혹하다, 마음을 끌다 ② (남의 감정 따위에) 호소하다 ③ (남을 설득하여) 자기 편으로 끌어들이다

seduta /se'duta/ [여] 회의; essere in seduta 회의 중이다 - seduta stante 즉석에서, 즉시

seduto /se'duto/ [형] 앉아 있는, 앉은, 자리를 잡은

seduttore /sedut'tore/ [남] (여 : -trice) 유혹[매혹]하는 사람

seduzione /sedut'tsjone/ [여] 유혹, 매혹

sega /'sega/ [여] (복 : -ghe) 톱; dente

della sega 톱니; a denti di sega 톱니 모양의
segala /'segala/, segale /'segale/ [여] [식물] 호밀
segare /se'gare/ [타동] ① 톱으로 켜다 [자르다] ② 잘라내다, 절단하다
segatura /sega'tura/ [여] ① 톱질 ② 톱밥
seggio /'sɛddʒo/ [남] (복 : -gi) ① (의회의) 의석 ② 주교좌(座); 왕좌 ③ 투표소 (seggio elettorale)
seggiola /'sɛddʒola/ [여] 의자
seggiolino /seddʒo'lino/ [남] 어린이용 의자
seggiolone /seddʒo'lone/ [남] (어린이의) 식사용 높은 의자
seggiovia /seddʒo'via/ [여] (스키장의) 체어 리프트
segheria /sege'ria/ [여] 제재소
seghettato /seget'tato/ [형] (날 따위가) 톱니 모양의, 톱니가 있는
seghetto /se'getto/ [남] 작은 톱
segmento /seg'mento/ [남] ① [사회] 구분, 그룹 ② [기하] (원의) 활꼴; (직선의) 선분(線分) ③ [동물] 체절(體節) ④ [컴퓨터] (프로그램) 구분; 구분 세그먼트 ⑤ [언어] 분절(分節)
segnalare /seɲɲa'lare/ [타동] ① (신호로) 알리다, 나타내다, 표시하다; segnalare una svolta a sinistra (자동차에서) 좌회전 신호를 하다 ② (위험·실수 따위를) 지적하다, 경고하다 ③ 탐지하다 ④ 보고[신고]하다 ⑤ 추천하다 - segnalarsi [재귀동사] (per와 함께 쓰여) (~으로) 알려지다, 주목을 받다
segnalazione /seɲɲalat'tsjone/ [여] ① 신호로 알리기; 신호 체계 ② 지적, 경고 ③ 보고, 신고 ④ 추천
segnale /seɲ'ɲale/ [남] ① 신호; segnale acustico 소리 신호; segnale d'allarme (비상) 경보; segnale di occupato (전화의) 통화 중 신호음; segnale orario (TV·라디오의) 시보 (時報) ② 표지판, 푯말; segnale stradale 도로 표지 ③ 징조, 조짐
segnaletica /seɲɲa'letika/ [여] (복 : -che) (집합적으로) 표지판, 푯말; segnaletica stradale 도로[교통] 표지
segnalibro /seɲɲa'libro/ [남] (책갈피에 끼워두는) 서표(書標)
segnaposto /seɲɲa'posto/ [남·불변] 좌석표
segnare /seɲ'ɲare/ [타동] ① 표시하다 ② 자국을 내다, 흔적을 남기다; 영향을 끼치다 ③ 적어두다, 기록하다 ④ 나타내다, 지시하다, 가리키다; il mio orologio segna le 5 내 시계는 다섯 시를 가리키고 있다; segnare a dito 손가락으로 가리키다 ⑤ [스포츠] 득점하다 - segnarsi [재귀동사] 십자[성호]를 긋다
segno /'seɲɲo/ [남] ① 표, 흔적, 자국; fare un segno sul muro 벽에 표시를 하다; lasciare un segno 흔적을 남기다, 영향을 끼치다 ② 징조, 조짐, 기미; è un brutto segno 나쁜 징조다 ③ 기호, 부호; segno più 플러스 부호 (+); segno meno 마이너스 부호 (-) ④ 손짓, 몸짓; fare segno con la mano 손짓을 하다 ⑤ 신호, 표시, 표현; fare segno di sì 알았다는 표시를 하다, 고개를 끄덕이다; in[come] segno d'amicizia 우정의 표시로 ⑥ 과녁, 표적; cogliere[colpire] nel segno 과녁을 맞히다, 명중시키다; tiro a segno 사격장 ⑦ in segno di ~의 표시로 - il segno della croce 십자 표시, 성호(聖號)
segregare /segre'gare/ [타동] 분리[격리]하다 - segregarsi [재귀동사] 격리되다, 고립되다; segragarsi in casa 집안에 틀어박히다
segregazione /segregat'tsjone/ [여] 분리, 격리
segretamente /segreta'mente/ [부] 비밀리에, 은밀하게, 몰래
segretaria [여] → segretario
segretario /segre'tarjo/ [남] (여 : -a) (복 : -ri) ① 비서, 서기; segretario di direzione 개인 비서 ② (외교관 중의) 서기관 ③ (협회 따위의) 사무국장, 총재; (정당의) 리더 - segretario generale dell'ONU 유엔 사무총장; segretario di stato 장관
segreteria /segrete'ria/ [여] ① 비서[서기]의 직(職) ② 서기관들; 사무국, 비서실 - segreteria telefonica 전화 자동 응답기
segretezza /segre'tettsa/ [여] 비밀(임), 은밀(함); della massima segretezza 극비의; in tutta segretezza 비밀로
segreto /se'greto/ [형] ① (문서·회의 따위가) 비밀의, 은밀한, 기밀의; tenere

segreto qc 무엇을 비밀로 하다 ② (장소 등이) 은밀한, 숨겨진; passaggio segreto 비밀 통로 - [남] ① 비밀, 은밀한 일, 기밀; mantenere[tenere] un segreto 비밀을 지키다 ② 비밀임, 은밀함, 기밀성; in segreto 비밀로, 비밀리에, 몰래 ③ 비결, 비법; il segreto del successo 성공의 비결 - il segreto di Pulcinella 공공연한 비밀
seguace /se'gwatʃe/ [남] ① (사상·종교 등의) 추종자, 지지자 ② 문하생, 제자
seguente /se'gwɛnte/ [형] 다음의; il giorno seguente 다음 날; nel modo seguente 다음과 같이
segugio /se'gudʒo/ [남] (복 : -gi) ① 사냥개 ② (구어체에서) 탐정, 형사
seguire /se'gwire/ [타동] ① 뒤따르다, 따라가다; 뒤쫓다; seguire qn come un'ombra 누구를 그림자처럼 뒤따르다; segui quella macchina! 저 차를 뒤쫓아!; mi segua, la prego 자, 이쪽으로 오시오 ② (순서상) 뒤[다음]에 오다 ③ (특정한 길이나 노선·방책·지침·유행 따위를) 따르다; seguire i consigli di qn 누구의 충고를 따르다 ④ (관심을 가지고) 지켜보다; seguire gli avvenimenti di attualità 시사 문제에 관심이 있다 ⑤ (과정에) 참가하다, 출석하다 ⑥ (남의 말 따위를) 이해하다 - [자동] (조동사 : essere) 뒤따르다, 다음에 오다; come segue 다음과 같이; a ciò seguì un aumento dei prezzi 이것에 이어 물가가 올랐다; "segue" "계속됩니다", "(곧) 이어집니다"
seguitare /segwi'tare/ [타동] (공부·일 따위를) 계속해서 하다 - [자동] (조동사 : avere) seguitare a fare 계속해서 ~하다
seguito /'segwito/ [남] ① 수행원들 ② 추종자[지지자]들 ③ (이야기·책·공연 등의) 계속, 속편, 다음[나머지] 부분 ④ 결과, 여파 ⑤ 연속, 일련 ⑥ di seguito 연속으로, 이어서; è piovuto per tre settimane di seguito 3주 연속 비가 왔다 ⑦ in seguito (그) 후에, 다음에, 이어서; in seguito a ~의 결과로서, ~ 때문에
sei /sɛi/ [형-불변] 여섯(6)의 - [남-불변] ① 여섯, 6 ② (한 달의) 제6일 - [여·복] (오전 또는 오후) 6시
seicentesco /seitʃen'tesko/ [형] (복 : -schi, -sche) (예술 작품 등이) 17세기의
seicento /sei'tʃɛnto/ [남/형-불변] 육백(600)(의)
Seicento /sei'tʃɛnto/ [남] 17세기
seimila /sei'mila/ [남/형-불변] 육천(6,000)(의)
selciato /sel'tʃato/ [형] (길이) 돌로 포장된
selettività /selettivi'ta/ [여-불변] 선택적임
selettivo /selet'tivo/ [형] 선택적인, 선택식의
selezionare /selettsjo'nare/ [타동] 고르다, 선택하다, 선발하다, 뽑다
selezione /selet'tsjone/ [여] ① 선택, 선발; fare una selezione 선택하다, 고르다 ② 선택된 것[사람]들
self-service /selfsɛrvis/ [형-불변] (식당 따위가) 셀프서비스식의 - [남-불변] 셀프서비스 시스템
sella /'sɛlla/ [여] (말(馬)·자전거 따위의) 안장; montare in sella (말 따위를) 타다
sellare /sel'lare/ [타동] (말(馬)에) 안장을 얹다
sellino /sel'lino/ [남] (자전거 따위의) 안장
selva /'selva/ [여] ① 숲 ② (비유적으로) 다수, 수많음
selvaggiamente /selvaddʒa'mente/ [부] 야생적으로; 야만적으로, 미개하게
selvaggina /selvad'dʒina/ [여] 사냥감
selvaggio /sel'vaddʒo/ (복 : -gi, -ge) [형] ① (동식물이) 야생의 ② (종족 따위가) 미개한, 문명화되지 못한 ③ (행동 따위가) 야만적인; 난폭한 - [남] (여 : -a) 야만인, 미개인
selvatico /sel'vatiko/ (복 : -ci, -che) [형] ① (동식물이) 야생의, 길들여지지 않은 ② (사람이) 성미가 까다로운, 남과 잘 어울리지 못하는
semaforo /se'maforo/ [남] 교통 신호(등); (철도의) 신호기(機)
semantica /se'mantika/ [여] [언어] 의미론
sembrare /sem'brare/ [자동] (조동사 : essere) ① ~처럼 보이다, ~인 듯하다; questo esercizio sembra facile 이 운동은 쉬워 보인다 ② (외모·소리 등이) ~인 듯 보이다[들리다], ~와도 같다; sembra suo padre 그는 그의 아버지를 닮았다; sembra caffè 커피맛이

난다 - [비인칭] (조동사 : essere) mi sembra che mi sembra che 내가 보기에는 ~인 듯하다, 내 생각에는 ~인 것 같다; le sembra di sapere tutto 그녀는 자기가 모든 것을 안다고 생각한다; fai come ti sembra 네 생각대로 해

seme /ˈseme/ [남] ① (식물의) 씨(앗), 종자; (과실의) 핵, 씨 ② [생리] 정자 ③ (비유적으로) (불화 따위의) 씨, 원인, 근원 ④ [카드놀이] 짝패 한 벌

semestrale /semesˈtrale/ [형] ① 6개월의, 반년의 ② 6개월간의 ③ 6개월에 한 번 있는, 1년에 두 번의

semestre /seˈmɛstre/ [남] ① 6개월, 반년 ② (대학의) 한 학기

semiaperto /semiaˈpɛrto/ [형] (문 따위가) 반쯤 열려 있는

semiasse /semiˈasse/ [남] [기계] 구동축

semiautomatico /semiautoˈmatiko/ [형] (복 : -ci, -che) 반자동식의

semicerchio /semiˈtʃerkjo/ [남] (복 : -chi) 반원(半圓)

semichiuso /semiˈkjuso/ [형] (문 따위가) 반쯤 닫힌

semifinale /semifiˈnale/ [여] [스포츠] 준결승

semifreddo /semiˈfreddo/ [남] 차게 해서 먹는, 크림이 들어간 케이크 또는 디저트 종류

semilibertà /semiliberˈta/ [여-불변] 모범수에게 낮 동안 교도소 외부에서 일이나 공부를 할 수 있는 기회를 주는 제도

semina /ˈsemina/ [여] [농업] 씨뿌리기, 파종

seminare /semiˈnare/ [타동] ① [농업] (씨를) 뿌리다 ② (비유적으로) (분쟁의 씨를) 뿌리다; (혼란·죽음 따위를) 가져오다, 일으키다 ③ 사방에 흩뜨리다 ④ (추적자 따위를) 따돌리다 - chi non semina non raccoglie [속담] 뿌린 대로 거두리라

seminario /semiˈnarjo/ [남] (복 : -ri) ① 신학교 ② (대학에서의) 세미나

seminterrato /seminterˈrato/ [남] (건물의) 지하층

semiologia /semjoloˈdʒia/ [여] 기호학(記號學)

semiologo /seˈmjɔlogo/ [남] (여 : -a) (남·복 : -gi, 여·복 : -ghe) 기호학자 (記號學者)

semioscurità /semioskuriˈta/ [여-불변] 어슴푸레한 빛

semiotica /seˈmjɔtika/ [여] 기호학(記號學)

semitico /seˈmitiko/ (복 : -ci, -che) [형] 셈족(族)의; 셈어(語)의 - [남] 셈어(語)

semmai /semˈmai/ [접] 만약 ~이라면, (~의) 경우에는 - [부] 만일의 경우에는

semola /ˈsemola/ [여] ① 밀기울, 겨 ② 세몰리나 (양질의 거친 밀가루) ③ (구어체에서) 주근깨, 기미

semolino /semoˈlino/ [남] 세몰리나 (양질의 거친 밀가루; 마카로니 따위를 만들 때 씀)

semplice /ˈsemplitʃe/ [형] ① 단 하나의, 단일의 ② 쉬운, 간단한, 단순한 ③ 간결한, 간소한, 꾸밈없는 ④ (사람이) 순진한 ⑤ 순전한, 단지 ~인; è una semplice formalità 단지 형식적인 것일 뿐이다 ⑥ [군사] soldato semplice 병사, 병졸

semplicemente /semplitʃeˈmente/ [부] ① 간단히; 간소하게, 꾸밈없이 ② 다만, 단지, 단순히; desidero semplicemente la verità 난 다만 진실을 원할 뿐이야

sempliciotto /semplitʃˈʃɔtto/ [남] (여 : -a) 바보, 얼간이

semplicistico /semplitʃˈʃistiko/ [형] (복 : -ci, -che) 지나치게 단순화한

semplicità /semplitʃiˈta/ [여-불변] ① 간단, 평이; 단순 ② 간결, 간소; 꾸밈없음

semplificare /semplifiˈkare/ [타동] 단순화하다

sempre /ˈsɛmpre/ [부] ① 항상, 늘, 언제나; viene sempre alle 5 그는 항상 다섯 시에 온다; è un abito che puoi indossare sempre 그건 네가 어느 때나 입을 수 있는 옷이다; per sempre 영원히; una volta per sempre 이번 한 번만 ② sempre più (강조하여) 더욱 더 ③ 아직도, 여전히; è sempre malato? 그는 아직도 아픈가? ④ 어쨌든, 아무튼, 그래도; è sempre meglio di niente 그래도 없는 것보단 낫다 ⑤ sempre che 만일 ~이라면, ~라는 조건 하에; sempre che non piova 비가 오지 않는다면

sempreverde /sempreˈverde/ [남/여/형] 상록수(의)

Sen. → senatore

senape /ˈsɛnape/ [여] 겨자 - [남/형-불

senato /se'nato/ [남] ① (고대 로마의) 원로원 ② (양원제 의회의) 상원; S- 이탈리아 의회의 상원 ③ 상원 의원의 직 (職)
senatore /sena'tore/ [남] (여 : -trice) 상원 의원
Senegal /'sɛnegal/ [남] 세네갈
senegalese /senega'lese/ [형] 세네갈의 - [남/여] 세네갈 사람
senile /se'nile/ [형] 노쇠한; 노령의
senilità /senili'ta/ [여-불변] 노쇠; 노령
senno /'senno/ [남] 분별, 사려, 판단력; 양식(良識), 센스; uscire di senno 제정신을 잃다
sennò /sen'nɔ/ [부] 그렇지 않으면; smettila, sennò mi arrabbio! 멈추지 않으면 화낼 거야!
seno /'seno/ [남] ① 가슴; 젖, 유방 ② (문어체에서) 자궁 ③ (비유적으로 · 문어체에서) 마음 속 ④ [수학] 사인 ⑤ [해부] 공동(空洞) ⑥ [지리] 후미 ⑦ in seno a ~의 안에서
sensale /sen'sale/ [남/여] 중개인
sensatezza /sensa'tettsa/ [여] 분별 있음, 양식(良識)을 갖춤
sensato /sen'sato/ [형] 분별 있는, 양식(良識)을 갖춘, 지각 있는, 판단력이 있는
sensazionale /sensattsjo'nale/ [형] (소식 따위가) 세상을 깜짝 놀라게 하는
sensazione /sensat'tsjone/ [여] ① (오감(五感)의) 감각, 지각; sensazione tattile 촉각, 촉감 ② 느낌, 기분, ~감; ho la sensazione di averlo già visto 그를 언젠가 만났던 것 같은 느낌이 든다 ③ a sensazione 세상을 깜짝 놀라게 하는, 센세이셔널한 - fare sensazione 센세이션을 불러일으키다
sensibile /sen'sibile/ [형] ① 지각[감지]할 수 있는 ② 민감한, 감각이 예민한; essere sensibile al freddo 추위를 잘 타다 ③ (~에) 영향을 받기 쉬운; essere sensibile al fascino di qn 누구의 매력에 빠지기 쉬운 ④ 감수성이 예민한 ⑤ [사진] 감광성의, 고감도의 ⑥ 현저한, 상당한
sensibilità /sensibili'ta/ [여-불변] ① 민감성, 감도; 잘 받아들임, 영향을 받기 쉬움 ② 감수성이 예민함 ③ [사진] 감광도
sensibilizzare /sensibilid'dzare/ [타동]

(a와 함께 쓰여) (~에) 민감하게 하다, 눈뜨게 하다; (~에 대해) 확실한 인식을 심어주다
sensibilmente /sensibil'mente/ [부] 현저하게, 상당히
senso /'sɛnso/ [남] ① 감각, 오감(五感)의 하나; organo di senso 감각 기관; senso del gusto 미각(味覺) ② 느낌, 기분, ~감; un senso di appartenenza 소속감 ③ 감각 능력; 인지 · 통찰 · 감상하는 능력; senso di responsabilità 책임감; avere il senso degli affari 비즈니스 마인드가 있다 ④ 의미, 뜻; in che senso? 어떤 뜻으로?; senza[privo] di senso 의미 없는 ⑤ 방향; a doppio senso 양방향의; in senso contrario[opposto] 반대 방향으로; in senso orario 시계 방향으로; nel senso della lunghezza 길이로, 세로로, 길게 - sensi [남 · 복] ① 의식; perdere i sensi 의식을 잃다 ② 관능; piacere dei sensi 육체적 쾌락 - senso comune 상식; senso d'inferiorità 열등감; senso dell'orientamento 방향 감각; senso dell'umorismo 유머 감각
sensuale /sensu'ale/ [형] 관능적인, 육체적 감각의
sensualità /sensuali'ta/ [여-불변] 관능(적임)
sentenza /sen'tɛntsa/ [여] ① [법률] 판결, 선고; pronunciare una sentenza di morte contro qn 누구에게 사형을 선고하다 ② 격언
sentenziare /senten'tsjare/ [타동] (법정에서) 판결[선고]하다; sentenziare la pena di morte 사형을 선고하다 - [자동] (조동사 : avere) 판단을 내리다, 의견을 내다
sentiero /sen'tjɛro/ [남] (좁은) 길
sentimentale /sentimen'tale/ [형] 감상적인, 정에 약한, 감정에 호소하는 - [남/여] 감상적인 사람
sentimento /senti'mento/ [남] 감정, 기분; urtare i sentimenti di qn 누구의 감정을 해치다, 기분을 상하게 하다
sentinella /senti'nɛlla/ [여] [군사] 보초, 초병; essere di sentinella 보초를 서고 있다
sentire /sen'tire/ [타동] ① (감각 기관을 통해) 느끼다, 감지하다, 지각하다; sentire freddo 춥다, 추위를 느끼다;

S

non sento niente 난 아무것도 느낄 수 가 없어, 아무 느낌도 안 나 ② (~의) 냄새를 맡다, 냄새가 나다; si sente un buon profumo di caffè 좋은 커피향이 난다 ③ (~의) 맛을 느끼다, 맛이 나다; si sente che c'è del vino nella salsa 그 소스에서는 와인맛이 난다 ④ 듣다; 귀를 기울이다; sento dei passi 발소리가 들린다; mi piace sentire la musica 난 음악 듣는 걸 좋아해 ⑤ (이야기 따위를) 들어서 알게 되다; ho sentito dire che 난 ~이라는 말을 들었어 ⑥ (감정적으로 또는 막연히) (~하다고) 느끼다, (~이라는) 느낌을 받다; sentire un profondo affetto per qn 누구에게 깊은 애정을 느끼다; sento che succederà qualcosa 무슨 일인가 일어날 것 같아 - sentirsi [재귀동사] ① (신체적·정신적으로) (~한) 느낌이 들다; sentirsi bene 기분[컨디션]이 좋다; come ti senti? 기분이 어때? ② 연락을 주고받다; si sono sentiti di recente 그들은 최근에 서로 연락하며 지내고 있었어 ③ sentirsi di fare qc ~하고 싶다
sentito /sen'tito/ [형] ① (이야기·소문 따위를) 들은, 들어서 알게 된 ② (감사·사과 따위가) 진심의, 깊은
sentore /sen'tore/ [남] (소문 따위를 들어서) 어렴풋이 알고 있음; avere sentore di qc 무엇에 대해 들은 바가 있다
senza /'sɛntsa/ [전] ① (~이) 없이, 없는; non posso stare senza di te 난 너 없인 살 수 없어; senza casa 집 없는; senza fine 끝없는; un discorso senza senso 의미 없는 이야기 ② (~을) 제외하고, ~ 이외에; saremo in dodici, senza i bambini 우린 아이들을 빼고 12명이 될 거야 - [접] ① (동사 부정형과 함께 쓰여) ~하지 않고; senza dire niente 아무 말도 하지 않고 ② senza che ~하지 않고, ~하는 일 없이 - senz'altro 확실히, 틀림없이; senza dubbio 의심할 바 없이; senza dire che ~은 말할 것도 없고; senza contare che ~을 생각하지 않고, ~을 떠나서
senzatetto /sentsa'tetto/ [남/여-불변] 집 없는 사람, 노숙자
separare /sepa'rare/ [타동] ① 가르다, 떼다, 분리하다; le Alpi separano la Svizzera dall'Italia 알프스 산맥은 스위스와 이탈리아를 가른다 ② 구별하다; separare il bene dal male 선과 악을 구별하다 ③ (환자 따위를) 격리하다 ④ (사이를) 떼어놓다, 갈라놓다 - separarsi [재귀동사] (사이가) 갈라지다, 떨어지다; 헤어지다; (da와 함께 쓰여) (~으로부터) 떠나다, 떨어져 나오다; si è separata dal marito 그녀는 남편과 갈라섰다
separatamente /separata'mente/ [부] 따로, 개별적으로
separato /sepa'rato/ [형] ① 따로의, 개별적인 ② 갈라진, 떨어진, 분리된 - in separata sede 내밀하게, 따로
separazione /separat'tsjone/ [여] ① 분리, 분할, 독립, 이탈, 따로 떨어짐 ② 이별, 헤어짐 ③ [법률] (부부의) 별거
sepolcrale /sepol'krale/ [형] 무덤[묘]의
sepolcro /se'polkro/ [남] 무덤, 묘
sepolto /se'polto/ [형] ① (땅에) 묻힌, 매장된; morto e sepolto 죽어 매장된 ② (비유적으로) (슬픔 따위에) 잠긴 ③ (비유적으로) 잊혀진; 숨겨진
sepoltura /sepol'tura/ [여] (시신의) 매장; dare sepoltura a qn 누구를 묻다 [매장하다]
seppellire /seppel'lire/ [타동] ① (죽은 사람을) 파묻다, 매장하다 ② (비유적으로) (과거 따위를) 묻어버리다, 덮다 ③ (비유적으로) (보물 따위를) 숨기다 ④ 뒤덮다; il villaggio era sepolto dalla neve 그 마을은 눈 속에 파묻혔다 - seppellirsi [재귀동사] (in과 함께 쓰여) (~에) 몰두하다, 틀어박히다, 파묻히다
seppia /'seppja/ [여] [동물] 오징어; nero di seppia 오징어 먹물
seppure /sep'pure/ [접] 비록 ~할지라도
sequela /se'kwɛla/ [여] (사건 따위의) 연속, 연쇄, 잇단 흐름
sequenza /se'kwɛntsa/ [여] ① 연속, 계속; 일련 ② [수학] 수열(數列) ③ [컴퓨터] 순서
sequestrare /sekwes'trare/ [타동] ① [법률] 압류하다, 압수하다, 몰수하다 ② 납치하다
sequestro /se'kwɛstro/ [남] ① [법률] 압류, 압수, 몰수 ② 납치
sequoia /se'kwɔja/ [여] [식물] 세쿼이아, 미국삼나무; 그 목재
sera /'sera/ [여] 저녁, 밤; si fa sera 날

이 어두워진다; di sera 저녁에; alle 6 di sera 저녁 6시에; questa sera 오늘 저녁[밤]
serafico /se'rafiko/ [형] (복 : -ci, -che) (얼굴 등이) 평온한, 맑은
serale /se'rale/ [형] 저녁의, 밤의; scuola serale 야간 학교
serata /se'rata/ [여] ① 저녁, 밤 ② 저녁에 열리는 파티 ③ 저녁 공연
serbare /ser'bare/ [타동] ① 아껴서 모아 두다 ② 유지하다, 보존하다; (희망·감정 따위를) 품다; serbare rancore a qn 누구에게 악의를 품다
serbatoio /serba'tojo/ [남] (복 : -oi) ① (물·기름·가스 따위의) 탱크, 물통, 유조 ② 저수지
Serbia /'sɛrbia/ [여] 세르비아
serbo1 [부] (in serbo /in'sɛrbo/의 형태로 쓰여) 저장되어 (있는), 모아 둔; mettere in serbo qc 무엇을 저장하다, 모아 두다
serbo2 /'sɛrbo/ [형] 세르비아의 - [남] (여 : -a) 세르비아 사람 - [남] 세르비아어
serbocroato /serbokro'ato/ [형] 세르비아 및 크로아티아의 - [남] 세르보크로아트어(語)
serenamente /serena'mente/ [부] ① 평온하게 ② 공정하게, 객관적으로
serenata /sere'nata/ [여] [음악] 세레나데
serenità /sereni'ta/ [여-불변] ① 평온, 평화로움; serenità d'animo 마음의 평화 ② 공정함, 객관적임
sereno /se'reno/ [형] ① (하늘·날씨가) 맑은; un fulmine a ciel sereno (비유적으로) 청천벽력 ② 평온한, 평화로운 ③ (판단 따위가) 공정한, 객관적인 - [남] 맑은 날씨
sergente /ser'dʒente/ [남] [군사] 하사
seriamente /serja'mente/ [부] ① 진지하게; sto parlando seriamente! 농담 하는 거 아냐!, 이건 진지한 얘기야! ② 심각하게; è seriamente malato 그는 중병에 걸렸다
serie /'sɛrje/ [여-불변] ① 일련, 연속; una serie di catastrofi 잇따른 재앙 ② [산업] produzione in serie 대량 생산; numero di serie 일련 번호; fuori serie 주문 제작의 ③ 시리즈, 총서, 전집 ④ [축구] 부, 리그; serie A 이탈리아 프로 축구의 1부 리그 ⑤ [수학] 급수 ⑥ [전기] 직렬
serietà /serje'ta/ [여-불변] 진지함; 심각함
serio /'sɛrjo/ (복 : -ri, -rie) [형] ① 책임감 있는, 성실한, 양심적인 ② 진지한, 농담이 아닌 ③ (병·위험 따위가) 심각한, 위중한 - [남] sul serio 진지하게, 농담이 아니라, 진짜로; prendere qn/qc sul serio 누구/무엇을 진지하게 받아들이다
sermone /ser'mone/ [남] ① (성직자의) 설교 ② (비유적으로) 교훈, 훈계; 잔소리; fare un sermone a qn 누구에게 훈계하다
serpe /'sɛrpe/ [여] [동물] 뱀
serpeggiante /serped'dʒante/ [형] (뱀 모양으로) 꾸불꾸불한
serpeggiare /serped'dʒare/ [자동] (조동사 : avere) (강이나 길 따위가) 굽이쳐 흐르다[이어지다]
serpente /ser'pɛnte/ [남] [동물] 뱀; serpente a sonagli 방울뱀
serpentina /serpen'tina/ [여] ① (뱀 모양으로) 꾸불꾸불한 흐름; a serpentina (길 따위가) 꾸불꾸불한 ② [광물] 사문석(蛇紋石)
serra /'sɛrra/ [여] 온실
serramanico [형-불변] (a serramanico /aserra'maniko/의 형태로 쓰여) coltello a serramanico 잭나이프, 접는 칼
serranda /ser'randa/ [여] (문 따위의) 셔터
serrare /ser'rare/ [타동] ① (문 따위를) 닫다, 잠그다, 폐쇄하다 ② 꽉 죄다; (입을) 꾹 다물다; serrare i denti 이를 악물다; serrare i pugni 주먹을 꽉 쥐다 ③ (간격 따위를) 좁히다
serrata /ser'rata/ [여] 공장 폐쇄, 로크아웃
serrato /ser'rato/ [형] ① (문 따위가) 닫힌, 잠긴, 폐쇄된 ② (입을) 꾹 다문; (이를) 악문; (주먹을) 꽉 쥔 ③ a ritmo serrato 빨리, 빠른 속도로
serratura /serra'tura/ [여] 자물쇠
servile /ser'vile/ [형] ① 노예의, 노예 신세의 ② 노예 근성의, 비굴한 ③ 독창성이 없는, 맹목적으로 모방하는 ④ [문법] verbo servile 조동사
servire /ser'vire/ [타동] ① (사람·신 등을) 섬기다, 봉사하다, 모시다; (조국 등을 위해) 일하다 ② (고객을) 응대하다;

in che cosa posso servirla? (점원이 손님에게 하는 말로) 무엇을 도와드릴까요? ③ (음식을) 내다, 서빙하다; servire da bere a qn 누구에게 마실 것을 내주다 ④ (편의 시설 등을) 제공하다; la zona è servita bene dai trasporti 그 지역은 교통 체계가 잘 갖추어져 있다 ⑤ (군대에서) 복무하다 ⑥ [카드놀이] (패를) 도르다 ⑦ [스포츠] (테니스 등에서 공을) 서브하다 - [자동] ① (조동사 : avere) (남을 섬겨) 일하다; (점원으로) 일하다 ② (조동사 : avere) (식당에서) 서빙을 하다 (servire a tavola) ③ (조동사 : essere) 소용이 되다, 쓰이다; (어떤) 기능을 하다; servire a (fare) qc 무엇 (하는 데)에 쓰이다; a cosa serve questo aggeggio? 이 장치는 무엇에 쓰는 것인가?; questa stanza serve da studio 이 방은 공부방으로 쓰인다 ④ (조동사 : essere) (~에) 필요하다; mi serve un paio di forbici 난 가위가 필요해; piangere non serve a niente 울어 봤자 소용 없다 ⑤ (조동사 : avere) [스포츠] (테니스 등에서) 공을 서브하다 ⑥ (조동사 : avere) servire nell'esercito 군복무를 하다 - servirsi [재귀동사] ① (di와 함께 쓰여) (~을) 이용하다, 활용하다 ② (음식을) 먹다, 들다 ③ (da와 함께 쓰여) (~에) 고객으로 가다, (~에서) 물건을 사다
servitù /servi'tu/ [여-불변] ① 종[하인]의 신세[처지] ② 하인·가정부들 ③ [법률] 용역권(用役權)
servizievole /servit'tsjevole/ [형] 남을 잘 도와주는, 친절한, 호의적인
servizio /ser'vittsjo/ [남] (복 : -zi) ① 봉사, 섬김 ② 봉직, 근무; avere 20 anni di servizio 20년간 봉직하다, 근무 경력이 20년이다 ③ 가정부의 일; essere a servizio 가정부로 일하고 있다 ④ (식당·가게 따위의) 서비스 ⑤ 군복무; prestare servizio militare 군복무를 하다 ⑥ 호의, 친절, 도와줌; offrire i propri servizi a qn 누구에게 호의를 베풀다 ⑦ 공공 사업[업무]; servizio postale 우편 업무 ⑧ 기능; fuori servizio 고장난 ⑨ (식기 따위의) 한 세트 ⑩ [스포츠] (테니스 등의) 서브 - servizi [남·복] ① 화장실·욕실 등의 위생 설비 ② [경제] 용역(用役)

servo /'sɛrvo/ [남] (여 : -a) 하인, 종
servofreno /servo'freno/ [남] (자동차의) 서보[동력] 브레이크
servosterzo /servos'tɛrtso/ [남] (자동차의) 동력 조타 장치
sesamo /'sɛzamo/ [남] [식물] 참깨
sessanta /ses'santa/ [남/형-불변] 60 (의), 예순(의)
sessantenne /sessan'tɛnne/ [형/남/여] 60세[대]의 (사람)
sessantesimo /sessan'tɛzimo/ [형] 제60의, 60번째의 - [남] (여 : -a) ① 60번째의 것[사람] ② 60분의 1
sessantina /sessan'tina/ [여] 60개 가량, 약 60
Sessantotto /sessan'tɔtto/ [남-불변] [역사] 1968년의 학생 운동
sessione /ses'sjone/ [여] 회의; sessione plenaria 본회의, 총회
sesso /'sɛsso/ [남] ① 성(性), 성별 ② 성기, 생식기 ③ 성교
sessuale /sessu'ale/ [형] 성(性)의, 성에 관한
sessualità /sessuali'ta/ [여-불변] 성별, 성적 특질
sessuologo /sessu'ɔlogo/ [남] (여 : -a) (남·복 : -gi, 여·복 : -ghe) 성과학자, 성 전문가
sestante /ses'tante/ [남] [항해] 육분의 (六分儀)
sesto1 /'sɛsto/ [형] 제6의, 여섯 번째의 - [남] (여 : -a) ① 여섯 번째의 것[사람] ② 6분의 1
sesto2 /'sɛsto/ [남] arco a sesto acuto 끝이 뾰족한 아치, 첨두 아치
sesto3 /'sɛsto/ [남] rimettersi in sesto (신체적·정신적·경제적으로) 좋은 컨디션을 회복하다
set /sɛt/ [남-불변] (도구 따위의) 세트, (한) 벌
seta /'seta/ [여] 비단, 명주, 견직물; 명주실; baco da seta 누에
setacciare /setat'tʃare/ [타동] ① 체로 치다[거르다], 체질하다 ② (비유적으로) 세밀하게 조사하다
setaccio /se'tattʃo/ [남] (복 : -ci) (가루 따위를 거르는) 체; passare al setaccio i) 체로 치다[거르다] ii) (비유적으로) 세밀하게 조사하다
sete /'sete/ [여] ① 갈증, 목마름; avere sete 목이 마르다 ② (비유적으로) 갈망, 열망; sete di potere 권력욕

setola /'setola/ [여] (돼지 따위의) 센털, 강모(剛毛)
sett. → settembre
setta /'sɛtta/ [여] 종파(宗派)
settanta /set'tanta/ [남/형-불변] 70(의), 일흔(의)
settantenne /settan'tɛnne/ [형/남/여] 70세[대]의 (사람)
settantesimo /settan'tɛzimo/ [형] 제70의, 70번째의 - [남] (여 : -a) ① 70번째의 것[사람] ② 70분의 1
settantina /settan'tina/ [여] 70개 가량, 약 70
settario /set'tarjo/ (복 : -ri, -rie) [형] ① 종파(宗派)의 ② 당파심이 강한 - [남] (여 : -a) ① 특정 종파에 속하는 사람 ② 당파심이 강한 사람
sette /'sɛtte/ [형-불변] 7(일곱)의 - [남 -불변] ① 7, 일곱 ② (한 달의) 제7일 - [여·복] (아침 또는 저녁) 7시
settecentesco /settetʃen'tesko/ [형] (복 : -schi, -sche) 18세기의
settecento /sette'tʃɛnto/ [남/형-불변] 700(의)
Settecento /sette'tʃɛnto/ [남] 18세기
settembre /set'tɛmbre/ [남] 9월
settentrionale /settentrjo'nale/ [형] 북쪽의, 북부의; 북풍의 - [남/여] 북쪽 지방 사람 (특히 이탈리아 북부 지방의 사람)
settentrione /setten'trjone/ [남] 북(쪽); il Settentrione 이탈리아 북부 지방
setter /'sɛtter/ [남-불변] 세터 (사냥개의 일종)
settico /'sɛttiko/ [형] (복 : -ci, -che) [병리] 감염되는, 전염성의
settimana /setti'mana/ [여] ① 주(週); 7일간, 1주간; una volta alla settimana 1주일에 한 번; 2 settimane fa 2주 전에; settimana lavorativa 주당 근로 시간; settimana santa [기독교] 고난주간 (사순절의 마지막 주간) ② 주급(週給)
settimanale /settima'nale/ [형] (급료 따위가) 매주의, 주 1회의, 주간의 - [남] 주간지
settimo /'sɛttimo/ [형] 제7의, 일곱 번째의 - [남] (여 : -a) ① 일곱 번째의 것[사람] ② 7분의 1 - essere al settimo cielo 더없이 행복하다
setto /'sɛtto/ [남] [해부·동물·식물] 격막(膈膜)

settore /set'tore/ [남] ① 구역, 지역 ② (산업 따위의) 부문, 분야, 영역; settore pubblico [경제] 공공 부문 ③ [기하] 부채꼴
Seul /se'ul/ [여] 서울 (한국의 수도)
severamente /severa'mente/ [부] 엄하게, 호되게, 모질게, 가혹하게; (규칙 적용 따위를) 엄격하게
severità /severi'ta/ [여-불변] (태도 따위의) 엄함, 호됨, 모짊, 가혹함; (규칙 따위의) 엄격함
severo /se'vɛro/ [형] ① (태도 따위가) 엄한, 호된, 모진, 가혹한 ② (규칙 따위가) 엄격한 ③ (패배·손실 따위가) 심한, 중한
seviziare /sevit'tsjare/ [타동] ① 고문하다 ② 성폭행하다 ③ (비유적으로) 심하게 괴롭히다
sevizie /se'vittsje/ [여·복] ① 고문 ② (비유적으로) 심한 괴롭힘
sexy /'sɛksi/ [형-불변] 섹시한, 성적 매력이 있는
sezionare /settsjo'nare/ [타동] ① 나누다, 가르다, 분할하다 ② [의학] 절개[해부]하다
sezione /set'tsjone/ [여] ① 부분, 구획 ② (조직의) 과(科), 부(部) ③ [기하] 단면 ④ [의학] 절개; 해부
sfaccendato /sfattʃen'dato/ [형] 게으른 - [남] (여 : -a) 게으름뱅이
sfaccettatura /stattʃetta'tura/ [여] (보석을) 깎아서 작은 면(面)을 내기; 그 면
sfacchinare /sfakki'nare/ [자동] (조동사 : avere) 뼈 빠지게 일하다
sfacchinata /sfakki'nata/ [여] 아주 힘든 일, 고역
sfacciataggine /sfattʃa'taddʒine/ [여] 뻔뻔스러움; avere la sfacciataggine di fare qc 뻔뻔스럽게도 ~하다
sfacciato /sfat'tʃato/ [형/남] (여 : -a) 뻔뻔스러운, 철면피의 (사람)
sfacelo /sfa'tʃɛlo/ [남] (건물·가족 따위의) 붕괴, 해체; andare in sfacelo 붕괴하다, 무너지다
sfaldarsi /sfal'darsi/ [재귀동사] (암석이) 켜켜이 벗겨지다
sfalsare /sfal'sare/ [타동] 불규칙적으로 배치하다
sfamare /sfa'mare/ [타동] ① 먹이다, (공복을) 채우다 ② (가족을) 부양하다
sfarzo /'sfartso/ [남] 화려함, 호화로움
sfarzoso /sfar'tsoso/ [형] 화려한, 호화로

sfasato /sfa'zato/ [형] ① [전기] 위상(位相)이 다른 ② (비유적으로) 혼란스러운

sfasciare1 /sfaʃʃare/ [타동] (붕대 따위를) 풀다

sfasciare2 /sfaʃʃare/ [타동] ① (물건이나 기계 장치, 자동차 따위를) 산산이 부수다, 분쇄하다, 파괴하다 ② (비유적으로) 붕괴[파멸]시키다 - sfasciarsi [재귀동사] ① 산산조각이 나다 ② (비유적으로) 붕괴하다, 무너지다

sfascio /'sfaʃʃo/ [남] (복 : -sci) ① 산산이 부서짐, 분쇄, 파괴 ② (비유적으로) 붕괴, 황폐화

sfatare /sfa'tare/ [타동] (신화 따위를) 타파하다, 그릇되었음을 증명하다

sfaticato /sfati'kato/ [형] 게으른 - [남] (여 : -a) 게으름뱅이

sfatto /'sfatto/ [형] ① (매듭 따위가) 풀린; (침대 따위가) 정돈되지 않은; (눈 따위가) 녹은 ② (비유적으로) (얼굴이) 초췌한

sfavillante /sfavil'lante/ [형] (보석·눈 따위가) 빛나는, 반짝거리는; (불꽃이) 번쩍이는

sfavillare /sfavil'lare/ [자동] (조동사 : avere) (보석·눈 따위가) 빛나다, 반짝거리다; (불꽃이) 번쩍이다

sfavore /sfa'vore/ [남] 불리, 불이익

sfavorevole /sfavo'revole/ [형] 불리한, 형편이 나쁜

sfavorire /sfavo'rire/ [타동] (~에) 불리하다, 불리하게 작용하다

sfegatato /sfega'tato/ [형] (팬·지지자 등이) 광신적인, 열광하는

sfera /'sfera/ [여] ① 구(球), 공 ② [천문] 천구(天球), 천체(天體) ③ (비유적으로) 범위, 분야, 영역; sfera d'influenza 세력권

sferico /'sferiko/ [형] (복 : -ci, -che) 구형(球形)의, 공 모양의, 둥근

sferrare /sfer'rare/ [타동] (비유적으로) (공격을) 가하다; sferrare un colpo a qn 누구를 때리다 - sferrarsi [재귀동사] sferrarsi su qn/qc ~에 덤벼들다, 달려들다

sferza /'sfertsa/ [여] 채찍

sferzante /sfer'tsante/ [형] ① (비·바람이) 휘몰아치는 ② (비유적으로) (말 따위가) 신랄한

sferzare /sfer'tsare/ [타동] ① (말(馬) 따위를) 채찍질하다 ② (문어체에서) (비·바람이) 휘몰아쳐 (얼굴 등을) 때리다 ③ (비유적으로) 심하게 비난하다

sferzata /sfer'tsata/ [여] ① 채찍질 ② (비유적으로) 심한 비난

sfiatatoio /sfjata'tojo/ [남] (복 : -oi) 통풍관(管), 통풍구

sfibrante /sfi'brante/ [형] 지치게 하는, 녹초가 되게 하는

sfibrare /sfi'brare/ [타동] 지치게 하다, 녹초가 되게 하다

sfibrato /sfi'brato/ [형] 지친, 녹초가 된

sfida /'sfida/ [여] 도전; lanciare una sfida a qn 누구에게 도전하다

sfidante /sfi'dante/ [형] 도전하는, 도전적인 - [남/여] 도전자

sfidare /sfi'dare/ [타동] ① 도전하다; sfidare qn a duello 누구에게 결투를 신청하다 ② 용감하게 맞서다; sfidare un pericolo 위험을 무릅쓰다 - sfido io! 물론, 당연하지

sfiducia /sfi'dutʃa/ [여] 불신(임); avere sfiducia in qn/qc 누구/무엇을 믿지 않다; voto di sfiducia [정치] 불신임 투표

sfiduciato /sfidu'tʃato/ [형] 낙담한, 낙심한

sfiga /'sfiga/ [여] (복 : -ghe) (구어체에서) 불운

sfigato /sfi'gato/ [형] (구어체에서) 서투른; 불운한 - [남] (여 : -a) (구어체에서) 서투른 사람, 얼간이; 불운한 사람

sfigurare /sfigu'rare/ [타동] 외관을 손상시키다, 볼꼴사납게 만들다 - [자동] (조동사 : avere) 외관이 보기에 좋지 않다, 표정이 일그러져 있다, 인상이 나쁘다

sfigurato /sfigu'rato/ [형] 외관이 손상된, 표정이 일그러진

sfilacciarsi /sfilat'tʃarsi/ [재귀동사] (천의 올 따위가) 풀리다

sfilare1 /sfi'lare/ [타동] ① (실을) 뽑다, 빼다, 풀다 ② (실이나 끈에서 구슬 따위를) 빼다 ③ (옷이나 신발 따위를) 벗기다 ④ (지갑 따위를) 소매치기하다 - sfilarsi [재귀동사] ① (바늘에서 실이) 빠지다 ② (구슬 따위가 실이나 끈에서) 빠지다 ③ (옷 따위를) 벗다; (반지 따위를) 빼다 ④ (스타킹 따위의) 올이 풀리다

sfilare2 /sfi'lare/ [자동] (조동사 : avere) ① (시위대나 군대가) 열을 지어 행진하다 ② (패션 모델이) 워킹을 하다

sfilata /sfi'lata/ [여] ① 행렬, 퍼레이드, 행진 ② [군사] 분열 행진 ③ 패션쇼 (sfilata di moda)

sfilza /'sfiltsa/ [여] (늘어선) 열(列), 줄; 연속, 일련

sfinge /'sfindʒe/ [여] [그리스신화] 스핑크스

sfinimento /sfini'mento/ [남] 극도의 피로, 기진맥진

sfinire /sfi'nire/ [타동] 몹시 지치게 만들다, 기진맥진하게 하다 - sfinirsi [재귀동사] 몹시 지치다, 기진맥진해지다, 녹초가 되다

sfinito /sfi'nito/ [형] 몹시 지친, 기진맥진한, 녹초가 된

sfiorare /sfjo'rare/ [타동] ① 살짝 손대다, 스쳐 지나가다; il proiettile l'ha solo sfiorato 총알이 그를 살짝 스치고 지나갔다 ② (비유적으로) 슬쩍[간단히] 다루다; sfiorare un argomento 어떤 주제에 대해 간단히 다루다[언급하다] ③ (비유적으로) 거의 ~하다; sfiorare la velocità di 150 km/h 속도가 시속 150km에 육박하다

sfiorire /sfjo'rire/ [자동] (조동사 : essere) (식물이) 시들다; (비유적으로) (아름다움이) 쇠퇴하다

sfitto /'sfitto/ [형] (방이나 집 따위가) 비어 있는, 주인이 없는

sfizio /'sfittsjo/ [남] (복 : -zi) 변덕, 일시적인 생각; l'ho fatto per sfizio 그건 즉흥적으로 한 일이야

sfocato /sfo'kato/ [형] (상(像)이나 사진이) 초점이 맞지 않은, 흐릿한; (기억 따위가) 흐릿한

sfociare /sfo'tʃare/ [자동] (조동사 : essere) (in과 함께 쓰여) ① (강 따위가 ~으로) 흘러들다 ② (~의) 결과에 이르다; il malcontento sfociò in una rivolta 불만은 폭동으로 이어졌다

sfoderare /sfode'rare/ [타동] ① (칼이나 권총 따위를) 뽑다 ② (능력 따위를) 보여주다, 과시하다 ③ (옷 따위의 안감을) 빼내다

sfoderato /sfode'rato/ [형] (옷 따위에) 안감이 없는

sfogare /sfo'gare/ [타동] ① (가스 따위를) 배출시키다 ② (비유적으로) (감정을) 쏟아내다; sfogare la propria rabbia su qn 누구에게 분노를 터뜨리다 - [자동] (조동사 : essere) ① (구어체에서) (감정 따위가) 그대로 드러나다 ② (가스 따위가) 배출되다, 빠져나가다 - sfogarsi [재귀동사] ① 화를 내다, 분노를 터뜨리다 ② 마음을 털어놓다, 심정을 토로하다, 감정을 드러내다 ③ 마음껏 ~하다

sfoggiare /sfod'dʒare/ [타동] 보여주다, 드러내다, 과시하다

sfoggio /'sfɔddʒo/ [남] (복 : -gi) 보여줌, 드러냄, 과시; fare sfoggio di ~을 보여주다, 드러내다, 과시하다

sfoglia /'sfɔʎʎa/ [여] ① (금속 따위의) 박(箔), 얇은 층 ② 패스트리 (가루 반죽으로 만든 파이 껍질)

sfogliare1 /sfoʎ'ʎare/ [타동] (나무에서 잎을 또는 꽃에서 꽃잎을) 떼어내다 - sfogliarsi [재귀동사] (나무에서 잎이 또는 꽃에서 꽃잎이) 떨어지다

sfogliare2 /sfoʎ'ʎare/ [타동] (책 따위를) 쭉[빠르게] 훑어보다

sfogo /'sfogo/ [남] (복 : -ghi) ① (액체나 기체의) 배출구 ② (비유적으로) (감정의) 분출; dare sfogo a (감정을) 쏟아내다 ③ (구어체에서) (피부의) 발진

sfolgorante /sfolgo'rante/ [형] 빛나는, 눈부신

sfolgorare /sfolgo'rare/ [자동] (조동사 : essere, avere) 빛나다

sfollagente /sfolla'dʒente/ [남-불변] 경찰봉

sfollare /sfol'lare/ [타동] (장소를) 비우다, 소개(疏開)하다 - [자동] (조동사 : essere) ① (군중이) 흩어지다, 해산하다 ② (피난 등의 목적으로 어떤 장소를 비우고) 빠져나가다

sfollato /sfol'lato/ [형] (어떤 장소를 비우고) 사람들이 빠져나간, (장소가) 소개(疏開)된 - [남] (여 : -a) (피난 등의 목적으로 어떤 장소를 비우고) 빠져나간 사람

sfoltire /sfol'tire/ [타동] (머리카락이나 숲 따위를) 솎다

sfondare /sfon'dare/ [타동] ① 뒤엎다, 무너뜨리다; 부수다, 깨다, 망가뜨리다 ② (신발을) 닳게 하다 ③ [군사] (적진을) 돌파하다 ④ sfondare il tetto di ~의 한도를 넘다 - [자동] (조동사 : avere) (배우·작가 등이) 성공하다, 명성을 떨치다 - sfondarsi [재귀동사] ① 무너지다, 붕괴하다 ② (신발이) 닳다

sfondato /sfon'dato/ [형] ① 무너진; 부서진, 깨진, 망가진 ② (신발이) 닳은 - essere ricco sfondato 돈이 아주 많

다

sfondo /'sfondo/ [남] ① (풍경·그림·사진 따위의) 배경 ② (소설·사건 따위의) 배경 ③ (극장의) 배경막 ④ [컴퓨터] 바탕화면

sforare /sfo'rare/ [자동] (조동사 : avere) (TV나 라디오 방송 따위에서) 제한 시간을 넘기다

sformare /sfor'mare/ [타동] ① 모양을 망가뜨리다 ② (푸딩 따위를) 틀에서 꺼내다 - sformarsi [재귀동사] 모양이 망가지다

sformato /sfor'mato/ [형] 모양이 망가진 - [남] 푸딩의 일종

sfornare /sfor'nare/ [타동] ① (빵 따위를) 오븐에서 꺼내다 ② (비유적으로) (작품 따위를) 대량 생산하다, 마구 찍어 내다

sfornito /sfor'nito/ [형] (di와 함께 쓰여) (~이) 없는

sfortuna /sfor'tuna/ [여] 불운; avere sfortuna 운이 없다; per sfortuna 운 나쁘게도

sfortunatamente /sfortunata'mente/ [부] 불운하게도, 운 나쁘게도

sfortunato /sfortu'nato/ [형] 운이 없는, 불행한; 성공적이지 못한

sforzare /sfor'tsare/ [타동] ① 억지로 ~하다, 몰아대다; 강제하다; sforzare qn a fare qc 누구로 하여금 억지로 무엇을 하게 하다 ② (신체의 일부분을) 힘껏 작용시키다 - sforzarsi [재귀동사] (di fare와 함께 쓰여) (~하려) 애쓰다, 힘쓰다; 무리해서 ~하다

sforzo /'sfɔrtso/ [남] ① 노력, 애씀; fare uno sforzo 노력하다, 애쓰다 ② [물리·기계] 응력(應力), 변형력

sfottere /'sfottere/ [타동] (구어체에서) 골탕먹이다, 놀리다

sfracellare /sfratʃel'lare/ [타동] 때려 부수다 - sfracellarsi [재귀동사] sfracellarsi al suolo (항공기가) 추락하다

sfrattare /sfrat'tare/ [타동] (세입자를 집에서) 내쫓다, 퇴거시키다

sfratto /'sfratto/ [남] 집에서 내쫓기, 퇴거; dare lo sfratto a qn 누구에게 퇴거를 통고하다

sfrecciare /sfret'tʃare/ [자동] (조동사 : essere, avere) 휙 지나가다, 빠른 속도로 내달리다

sfregare /sfre'gare/ [타동] 문지르다, 긁다; (성냥을) 긋다 - sfregarsi [재귀동사] (신체의 일부를) 문지르다, 비비다; sfregarsi le mani 손을 비비다

sfregiare /sfre'dʒare/ [타동] ① (~에) 상처[흠집]를 내다, 흉터가 생기게 하다 ② (비유적으로) (~의) 명예를 손상시키다 - sfregiarsi [재귀동사] (얼굴 등에) 상처를 입다, 흉터가 생기다

sfregio /'sfredʒo/ [남] (복 : -gi) ① 흉터 ② 상처나 흠집을 내기, 외관의 손상 ③ (비유적으로) 무례, 모욕

sfrenato /sfre'nato/ [형] (본능·상상력·야심 따위가) 억제되지 않은, 제한 없는, 마음껏 펼쳐지는; (어린아이가) 제멋대로 구는, 버릇없는; essere sfrenato nel bere 과음하다

sfrondare /sfron'dare/ [타동] ① (나무의) 가지를 치다 ② (비유적으로) (문장을) 간결하게 만들다

sfrontatezza /sfronta'tettsa/ [여] 뻔뻔스러움, 염치가 없음; avere la sfrontatezza di fare qc 뻔뻔스럽게도 ~하다

sfrontato /sfron'tato/ [형] 뻔뻔스러운, 염치가 없는, 부끄러운 줄 모르는

sfruttamento /sfrutta'mento/ [남] ① 개척, 개발; 이용 ② (노동력의) 착취

sfruttare /sfrut'tare/ [타동] ① (자원 따위를) 개발하다; (기회·상황 따위를) 이용하다 ② (노동력을) 착취하다

sfruttatore /sfrutta'tore/ [남] (여 : -trice) 개발·이용하는 사람; (노동력을) 착취하는 사람

sfuggente /sfud'dʒente/ [형] 교묘하게 달아나는, 회피하는

sfuggire /sfud'dʒire/ [자동] (조동사 : essere) ① (a와 함께 쓰여) (추적자 등으로부터) 도망치다, 달아나다; sfuggire alla polizia 경찰을 피해 달아나다 ② (a와 함께 쓰여) (사고·위험 따위를) 피하다, 면하다; sfuggire alla morte 죽음을 면하다 ③ 미끄러지다, 스르르 빠지다; il sapone mi è sfuggito di mano 비누가 손에서 미끄러져 나갔다 ④ (말·비밀 따위가) 입에서 새어나오다 ⑤ lasciarsi sfuggire i) (기회를) 놓치다 ii) (실수 따위를) 간과하다; sfuggire al controllo 제어할 수 없게 되다

sfuggita /sfud'dʒita/ [여] di sfuggita 잠깐 지나가는; vedere di sfuggita 얼핏 보다

sfumare /sfu'mare/ [자동] (조동사 : essere) ① (빛깔이) 바래다; (농도가) 엷어지다; 흐릿해지다 ② (비유적으로) (계획이) 수포로 돌아가다, (희망이) 사라지다 - [타동] (빛깔을) 바래게 하다; 흐릿해지게 만들다; (강도를) 낮추다

sfumato /sfu'mato/ [형] ① (빛깔이) 바랜, 엷은; 흐릿한 ② (계획이) 수포로 돌아간

sfumatura /sfuma'tura/ [여] ① (그림에서의) 빛깔의 점진적인 변화 ② 색조, 음영(陰影) ③ (비유적으로) 뉘앙스, 어감 ④ 엷은 색조, 기미

sfuocato /sfwo'kato/ → sfocato

sfuriata /sfu'rjata/ [여] ① 화를 내며 고함 지르기, 야단치기; fare una sfuriata a qn 누구를 호되게 꾸짖다 ② (비·바람의) 거세게 몰아침

sfuso /'sfuzo/ [형] (상품이) 포장되지 않은 채로 판매되는

sg. ① → sergente ② → seguente

sgabello /zga'bɛllo/ [남] 걸상

sgabuzzino /zgabud'dzino/ [남] 광, 물건을 넣어두는 방

sgambettare /zgambet'tare/ [자동] (조동사 : avere) 다리를 흔들다 - [타동] (남의) 다리를 걸어 넘어뜨리다

sgambetto /zgam'betto/ [남] fare lo sgambetto a qn 누구의 다리를 걸어 넘어뜨리다

sganasciarsi /zganaʃʃarsi/ [재귀동사] 턱이 빠지다; sganasciarsi dalle risate 크게 웃다

sganciare /zgan'tʃare/ [타동] ① (훅·벨트 따위를) 끄르다, 풀다 ② (폭탄 따위를) 투하하다 ③ (구어체에서) (돈을) 마지못해 내다 - sganciarsi [재귀동사] ① (훅·벨트 따위가) 끌러지다, 풀리다 ② (da와 함께 쓰여) (~으로부터) 떠나다

sgangherato /zgange'rato/ [형] ① (의자·가구 따위가) 흔들거리는; (건물이) 넘어질 듯한 ② (이야기가) 조리가 없는 ③ (웃음 소리가) 왁자지껄한

sgarbatamente /zgarbata'mente/ [부] 무례하게

sgarbato /zgar'bato/ [형] 무례한

sgarbo /'zgarbo/ [남] 무례; 무례한 행동; fare uno sgarbo a qn 누구에게 무례하게 대하다

sgargiante /zgar'dʒante/ [형] (겉모습이) 화려한

sgarrare /zgar'rare/ [자동] (조동사 : avere) ① (예를 들어 시계 따위가) 틀리다, 부정확하다, 맞지 않다 ② (사람이 일을) 잘못[실수]하다, 틀리다

sgarro /'zgarro/ [남] 실수, 틀림, 부정확

sgattaiolare /zgattajo'lare/ [자동] (조동사 : essere) 슬며시 빠져나가다

sgelare /zdʒe'lare/ [자동] (조동사 : essere, avere) (얼었던 땅이나 호수 등이) 녹다 - sgelarsi [재귀동사] ① (얼었던 땅이나 호수 등이) 녹다 ② (비유적으로) (딱딱한 분위기가) 누그러지다

sghembo /'zgembo/ [형] 기울어진, 굽은, 비스듬한 - di sghembo 굽어서, 비스듬히

sghignazzare /zgiɲɲat'tsare/ [자동] (조동사 : avere) (큰 소리로) 비웃다, 조소하다

sghimbescio /zgim'bɛʃʃo/ [남] (여 : -sci, -scie) a[di] sghimbescio 굽어서, 비스듬히

sgobbare /zgob'bare/ [자동] (조동사 : avere) ① 뼈 빠지게 일하다 ② (학생이) 기를 쓰고 공부하다

sgocciolare /zgottʃo'lare/ [타동] ① (액체를) 한 방울씩 떨어뜨리다 ② (비유적으로) (병 따위에 든 액체를) 비우다 - [자동] ① (조동사 : avere) (액체가) 방울져 떨어지다 ② (조동사 : essere) (병 따위에 든 액체가) 마르다, 빠지다

sgoccioli /'zgottʃoli/ [남·복] essere agli sgoccioli 거의 끝난 상태다, 마지막 단계에 와 있다

sgolarsi /zgo'larsi/ [재귀동사] 목이 쉬도록 소리지르다

sgombero /'zgombero/ [남] (장소 등을) 비우기; 소개(疎開)

sgombrare /zgom'brare/ [타동] (장소 등을) 비우다; (물건 따위를) 치우다; 소개(疎開)시키다

sgombro1 /'zgombro/ [형] (장소 등이) 비어 있는

sgombro2 /'zgombro/ [남] [어류] 고등어

sgomentare /zgomen'tare/ [타동] 당황하게 하다, 깜짝 놀라게 하다 - sgomentarsi [재귀동사] 당황하다, 깜짝 놀라다

sgomento /zgo'mento/ [남] 당황, 깜짝 놀람 - [형] 당황한, 깜짝 놀란

sgominare /zgomi'nare/ [타동] (적을) 쳐

부수다
sgonfiare /zgon'fjare/ [타동] ① (타이어 따위에서) 공기[가스]를 빼다 ② (비유적으로) (남의) 자만심을 꺾다 - **sgonfiarsi** [재귀동사] ① 공기[가스]가 빠지다 ② (비유적으로) 기가 꺾이다, 자신감이 사라지다
sgonfio /'zgonfjo/ [형] (복 : -fi, -fie) (타이어 따위가) 바람이 빠진
sgorbio /'zgɔrbjo/ [남] (복 : -bi) ① 갈겨 쓴 글씨 ② 서투른 글이나 그림 ③ 보기 흉한 사람
sgorgare /zgor'gare/ [자동] (조동사 : essere) (액체가) 쏟아져 나오다, 분출하다
sgozzare /zgot'tsare/ [타동] (사람의) 목을 따다; (돼지 따위를) 도살하다
sgradevole /zgra'devole/ [형] 불쾌한, 싫은, 마음에 들지 않는
sgradito /zgra'dito/ [형] (소식·손님 따위가) 반갑지 않은, 환영받지 못하는
sgranare /zgra'nare/ [타동] (깍지·껍질을 벗겨 콩이나 옥수수알 따위를) 꺼내다 - **sgranare gli occhi** 눈을 크게 뜨다
sgranchire /zgran'kire/ [타동] (팔다리를) 쭉 뻗다
sgranocchiare /zgranok'kjare/ [타동] (아작아작) 씹어먹다
sgrassare /zgras'sare/ [타동] (~에서) 기름을 제거하다
sgravare /zgra'vare/ [타동] (da와 함께 쓰여) (부담 따위를) 덜어주다, 경감하다 - **sgravarsi** [재귀동사] ① (부담 따위를) 덜다 ② (구어체에서) 출산하다, 아기[새끼]를 낳다
sgravio /'zgravjo/ [남] (복 : -vi) (부담 따위의) 경감; sgravio fiscale 세금의 경감
sgraziato /zgrat'tsjato/ [형] 볼품없는, 꼴사나운
sgretolare /zgreto'lare/ [타동] 부스러뜨리다, 쪼개다 - **sgretolarsi** [재귀동사] 부서지다
sgridare /zgri'dare/ [타동] 꾸짖다, 야단치다
sgridata /zgri'data/ [여] 꾸짖음, 야단치기
sguaiato /zgwa'jato/ [형] (사람·태도가) 상스러운, 저속한
sguainare /zgwai'nare/ [타동] (칼 따위를 칼집에서) 뽑다
sgualcire /zgwal'tʃire/ [타동] (천 따위를) 구기다, 주름지게 만들다 - **sgualcirsi** [재귀동사] (천 따위가) 구겨지다, 주름이 생기다
sgualcito /zgwal'tʃito/ [형] (천 따위가) 구겨진, 주름이 생긴
sgualdrina /zgwal'drina/ [여] 타락한 여자, 행실이 단정치 못한 여자; 매춘부
sguardo /'zgwardo/ [남] ① 바라봄, 쳐다봄; avere lo sguardo fisso 응시하다; distogliere lo sguardo da qn/qc 누구/무엇으로부터 눈을 돌리다, 누구/무엇을 외면하다; abbassare lo sguardo 시선을 떨구다; cercare qn/qc con lo sguardo 누구/무엇이 있는지 살펴보다; scambio di sguardi 시선을 마주침 ② 흘긋 봄; dare uno sguardo a qc 무엇을 흘긋 보다 ③ 눈빛, 표정; il suo triste sguardo 그의 처량한 눈빛
sguattero /'zgwattero/ [남] (여 : -a) 주방 보조, 부엌에서 허드렛일을 하는 사람
sguazzare /zgwat'tsare/ [자동] (조동사 : avere) 물장난을 치다, (진흙 속에서) 뒹굴다 - **sguazzare nell'oro** (비유적으로) 돈이 아주 많다
sguinzagliare /zgwintsaʎ'ʎare/ [타동] ① (개 따위를 묶었던 끈을) 풀어놓다 ② (조사를 위해 경찰 등을) 풀다
sgusciare1 /zguʃ'ʃare/ [자동] (조동사 : essere) (손 따위에서) 빠져 나가다, 미끄러져 나가다
sgusciare2 /zguʃ'ʃare/ [타동] (계란 따위의 껍질을) 까다
shaker /ʃeker/ [남-불변] 칵테일 세이커
shakerare /ʃeke'rare/ [타동] (칵테일을) 혼합하다
shampoo /'ʃampo/ [남-불변] 샴푸
sherry /'ʃeri/ [남-불변] 셰리 (스페인 남부 지방에서 생산되는 백포도주)
shock /ʃɔk/ [남-불변] 충격, 쇼크; sotto shock 충격을 받아
shockare /ʃɔk'kare/ → scioccare
shopping /'ʃɔpping/ [남-불변] 쇼핑; fare (lo) shopping 쇼핑하다
si1 /si/ [대] (인칭대명사 남/여) ① (재귀동사에서) 그·그녀·그들 자신[스스로]; si crede importante 그(녀)는 자기 자신을 과대평가한다; si è dimenticato di me 그는 나를 잊었다; si guardava allo specchio 그는 거울로 자신의 모습을 들여다보고 있었다; lavarsi (자신

의 몸을) 씻다; sporcarsi 더러워지다 ② 서로; si incontrarono alle 5 그들은 5시에 (서로) 만났다; si odiano 그들은 서로 미워한다 ③ (수동의 의미로) dove si parla russo 러시아어가 사용되는 곳에서; si vende al chilo 그것은 kg 단위로 판매된다 ④ (비인칭 구문에서) si dice che (사람들이, 소문에) ~이라고들 한다; non si sa mai 알 수 없는 거야

si2 /si/ [남-불변] [음악] 시, 나 음(音)

sì1 /si/ [부] ① (긍정의 대답으로) 예, 그렇습니다; hai finito? - sì 끝났니? - 응, 끝났어; ma sì! 그럼, 물론이지 ② (긍정의 의미로) 그렇게, 그렇다고; penso di sì 난 그렇게[그렇다고] 생각해 ③ (둘 중 하나의 선택에서) vieni sì o no? 너 오니 안 오니?; un giorno sì e uno no 하루 걸러 한 번씩 ④ (강조하는 의미로) questa sì che è bella! 아주 좋은 것이군! ⑤ (전화상에서) 여보세요 ⑥ sì e no (수량 앞에서) 약, 대략; avrà sì e no 10 anni 그는 열 살 가량 되었을 것이다 - [남-불변] ① "예"라는 대답, 긍정, 승낙; non mi aspettavo un sì 나는 긍정의 대답을 기대하지 않았다 ② 찬성 (투표)

sì2 /si/ [부] (문어체에서) → così

sia /'sia/ [접] ① sia ~ sia ~, sia ~ che ~ ~와 ~ 둘 다 ② sia che ~, sia che ~ ~든지 ~든지, 둘 중 어느 쪽이든; sia che venga, sia che non venga 그가 오든지 안 오든지

siamese /sia'mese/ [형] gatto siamese [동물] 샴고양이; fratelli siamesi [의학] 샴쌍둥이

Siberia /si'bɛrja/ [여] 시베리아

siberiano /sibe'rjano/ [형] 시베리아의 - [남] (여 : -a) 시베리아 사람

sibilare /sibi'lare/ [자동] (조동사 : avere) ① (뱀 따위가) 쉿 하는 소리를 내다; (바람이) 씽 불다 ② (천식 따위로 인해) 씨근거리다

sibillino /sibil'lino/ [형] 신비적인; parole sibilline 수수께끼 같은 말

sibilo /'sibilo/ [남] ① (뱀 따위의) 쉿 하는 소리; (바람이) 씽 부는 소리 ② (천식 환자의) 씨근거림

sicario /si'karjo/ [남] (복 : -ri) 청부 살인자, 고용된 킬러

sicché /sik'ke/ [접] ① 그래서, 그러므로, 그 때문에 ② 그러면, 그렇다면

siccità /sitt∫i'ta/ [여-불변] 가뭄

siccome /sik'kome/ [접] ~이므로, ~이니까

Sicilia /si't∫ilja/ [여] 시칠리아

siciliano /sit∫i'ljano/ [형] 시칠리아의 - [남] (여 : -a) 시칠리아 사람 - [남] 시칠리아 말[방언]

sicura /si'kura/ [여] (총포의) 안전 장치; (문의) 안전 자물쇠

sicuramente /sikura'mente/ [부] 확실히, 틀림없이, 의심할 바 없이

sicurezza /siku'rettsa/ [여] ① 안전, 무사; 안보; per la sicurezza nazionale 국가 안보상; la Pubblica Sicurezza 이탈리아 경찰 ② 확실함, 틀림없음; avere la sicurezza di qc 무엇을 확실하다고 생각하다 ③ 자신, 확신 ④ 경비원 ⑤ di sicurezza 안전 ~ ; misure di sicurezza 안전 조치; cintura di sicurezza 안전 벨트

sicuro /si'kuro/ [형] ① 안전한, 위험이 없는; sentirsi sicuro 안심하다 ② 확실한, 틀림없는; essere sicuro di qc 무엇을 확실하다고 여기다 ③ 자신감이 있는, 확신하는 ④ 믿을 만한, 신뢰할 수 있는; da fonte sicura 믿을 만한 소식통에 따르면 - [부] 물론, 확실히, 틀림없이; di sicuro 확실히 - [남] ① 확실함, 확실한 것; dare qc per sicuro 무엇에 대해 확신하다 ② 안전한 곳; essere al sicuro 안전하다, 안전한 곳이다; mettere qc al sicuro 무엇을 안전한 장소에 보관하다 ③ andare sul sicuro (안전하게 하기 위해) 신중을 기하다

siderurgico /side'rurdʒiko/ [형] (복 : -ci, -che) industria siderurgica 철강 산업

sidro /'sidro/ [남] 사과주(酒)

siepe /'sjɛpe/ [여] ① 산울타리 ② [육상·승마] 허들, 장애물

siero /'sjɛro/ [남] ① [의학] 혈청 ② 유장(乳漿) (siero del latte)

sieropositivo /sjeropozi'tivo/ [형] [의학] 혈청 양성 반응의; HIV 양성의 - [남] (여 : -a) HIV 양성 반응을 보이는 사람

Sierra Leone /'sjɛrra le'one/ [여] 시에라리온 (서아프리카의 국가)

siesta /'sjɛsta/ [여] 시에스타, 낮잠

sifilide /si'filide/ [여] [병리] 매독

sifone /si'fone/ [남] ① 사이펀, 빨아올리는 관 ② 사이펀 병, 탄산수 병
sig., Sig. → Signore
sigaretta /siga'retta/ [여] 궐련, (종이로 만) 담배
sigaro /'sigaro/ [남] 시가, 여송연
sigg., Sigg. → Signori (Signore의 복수형)
sigillare /sidʒil'lare/ [타동] (편지·서류 따위를) 봉하다; (틈새를) 메우다
sigillo /si'dʒillo/ [남] 인장(印章), 도장; mettere i sigilli a qc 무엇에 도장을 찍다
sigla /'sigla/ [여] 머리글자를 따서 만든 약어; 머리글자, 이니셜
siglare /si'glare/ [타동] (문서 등에) 머리글자로 서명하다
sig.na, Sig.na → Signorina
significare /siɲɲifi'kare/ [타동] ① 뜻하다, 의미하다; cosa significa questa parola? 이 단어는 무엇을 뜻하는가? ② 함축하다, 내포하다 ③ 가리키다, 나타내다 ④ 의미가 있다, 중요하다; non significa niente 아무 의미가 없다, 전혀 중요하지 않다
significativo /siɲɲifika'tivo/ [형] ① 뜻하는, 의미하는, 나타내는 ② 의미 있는, 중요한
significato /siɲɲifi'kato/ [남] ① 뜻, 의미 ② (비유적으로) 중요성; non ha alcun significato per me 그건 내게 전혀 의미가 없어, 중요하지 않아
signora /siɲ'ɲora/ [여] ① 여자, 여성; 숙녀; Signore e Signori! 신사 숙녀 여러분! ② 아내, 부인 ③ (부르는 말로) 부인; buon giorno signora 부인, 안녕하세요?; Gentile Signora Rossi (편지에서) 친애하는 로씨 여사에게 ④ (호칭으로, 이름 앞에 쓰여) ~ 부인, ~ 여사, ~ 님[씨]; la signora Rossi sta male 로씨 여사는 몸이 편치 않다 ⑤ 여주인, 안주인 ⑥ Nostra Signora [가톨릭] "성모 마리아"
signore /siɲ'ɲore/ [남] ① 남자, 남성; 신사 ② (부르는 말로) 선생님; buon giorno signore 선생님, 안녕하세요?; Gentile Signor Rossi (편지에서) 친애하는 로씨 선생님께 ③ (호칭으로, 이름 앞에 쓰여) ~님[씨]; il signor Rossi sta male 로씨 씨는 몸이 편치 않다; i signori Bianchi 비안키 씨 부부 ④ il Signore [기독교] 주(主), 주님

signorile /siɲɲo'rile/ [형] ① (주택 따위가) 고급의 ② 신사[숙녀]다운
signorina /siɲɲo'rina/ [여] ① 젊은[미혼] 여자, 아가씨, 처녀 ② (부르는 말로) 아가씨; Gentile Signorina Rossi (편지에서) 친애하는 로씨 양에게 ③ (호칭으로, 이름 앞에 쓰여) ~양, ~씨; la signorina Rossi sta male 로씨 양은 몸이 편치 않다
sig.ra, Sig.ra → Signora
silenziatore /silentsja'tore/ [남] (자동차의) 소음기(消音器), 머플러; (권총의) 소음(消音) 장치
silenzio /si'lentsjo/ [남] (복 : -zi) ① 고요, 정적, 조용함; 평온; in silenzio 조용히, 고요하게; nel silenzio della notte 밤의 정적 속에 ② 침묵, 무언; silenzio! 쉿!, 조용히!; fare silenzio 조용히 하다, 입을 다물다; far passare qc sotto silenzio 무엇에 대해 침묵을 지키다, 무엇을 비밀로 해두다
silenziosamente /silentsjosa'mente/ [부] 조용히
silenzioso /silen'tsjoso/ [형] 조용한, 소리가 나지 않는, 침묵을 지키는; 고요한, 정적이 흐르는
silhouette /silu'ɛt/ [여-불변] ① 실루엣 (윤곽의 안을 검게 칠한 사람의 얼굴 그림) ② 윤곽, 외형
silicio /si'litʃo/ [남] [화학] 규소
silicone /sili'kone/ [남] 실리콘, 규소 수지
sillaba /'sillaba/ [여] ① [언어] 음절; una parola di tre sillabe 3음절의 단어 ② 말 한 마디; non dire una sillaba 한 마디도 하지 않다
sillabare /silla'bare/ [타동] (단어를) 음절로 나누다
sillabario /silla'barjo/ [남] (복 : -ri) 철자법 교본
silurare /silu'rare/ [타동] ① (배를) 어뢰로 공격하다 ② (비유적으로) (계획 따위를) 수포로 돌아가게 하다 ③ (비유적으로) 해고하다
siluro /si'luro/ [남] [군사] 어뢰
simbiosi /simbi'ɔzi/ [여-불변] [생물] 공생(共生)
simboleggiare /simboled'dʒare/ [타동] 상징하다, 나타내다, (~의) 표상이다
simbolico /sim'bɔliko/ [형] (복 : -ci, -che) 상징적인, 표상하는
simbolismo /simbo'lizmo/ [남] ① 상징적

임 ② (특정 분야의) 상징[기호] 체계 ③ [문학·미술] 상징주의
simbolo /'simbolo/ [남] ① 상징, 표상, 심벌 ② (수학·과학 등의) 기호, 부호
similarità /similari'ta/ [여-불변] 비슷함, 유사성
simile /'simile/ [형] ① 비슷한, 유사한, 같은 종류의; simile a ~와 비슷한 ② 그런, 그와 같은; una cosa simile 그런 것; non ho mai visto niente di simile 난 그와 같은 것은 본 적이 없다 ③ [기하] 상사(相似)의 - [남] ① 같은 인간, 동포, 이웃 ② 같은 종류의 동물 ③ ~ e simili ~ 및 그와 같은 (종류의) 것들
similmente /simil'mente/ [부] 비슷하게; 그와 같이, 그처럼
similpelle /simil'pɛlle/ [여-불변] 모조 가죽
simmetria /simme'tria/ [여] (좌우의) 대칭
simmetrico /sim'mɛtriko/ [형] (복 : -ci, -che) (좌우) 대칭의
simpatia /simpa'tia/ [여] ① 좋아함, 애호; avere[provare] simpatia per qn 누구를 좋아하다; guadagnarsi la simpatia di qn 누구의 총애를 얻다 ② 좋아하는 것[사람]
simpatico1 /sim'patiko/ [형] (복 : -ci, -che) (사람·장소·생각 따위가) 좋은, 호감이 가는, 마음에 드는; mi è molto simpatico 나는 그를 아주 좋아한다
simpatico2 /sim'patiko/ [남/형] (복 : -ci, -che) [생리] 교감(交感) 신경계 (의)
simpatizzante /simpatid'dzante/ [남/여] (정치적 의견 따위에[의]) 동감하는 사람, 지지자
simpatizzare /simpatid'dzare/ [자동] (조동사 : avere) ① (con과 함께 쓰여) (~이) 마음에 들다 ② (per와 함께 쓰여) (정치적 의견 따위에) 동감하다, 동의하다
simposio /sim'pɔzjo/ [남] (복 : -si) 심포지엄, 토론회
simulacro /simu'lakro/ [남] ① 상(像), 모습 ② (비유적으로) (그럴듯한) 겉모습
simulare /simu'lare/ [타동] ① ~인 체하다, 가장하다; simulare una malattia 아픈 체하다 ② 모의 실험[훈련]을 하다, 시뮬레이션을 하다
simulatore /simula'tore/ [남] 모의 실험

[훈련] 장치, 시뮬레이터; simulatore di volo (승무원 훈련용의) 모의 비행 장치
simulazione /simulat'tsjone/ [여] ① 가장, ~인 체함 ② 모의 실험[훈련], 시뮬레이션
simultaneo /simul'taneo/ [형] 동시의, 동시에 일어나는
sinagoga /sina'goga/ [여] (복 : -ghe) 시나고그 (유대교의 회당)
sinceramente /sintʃera'mente/ [부] 솔직하게; 진정으로
sincerarsi /sintʃe'rarsi/ [재귀동사] (di와 함께 쓰여) (~을) 확인하다
sincerità /sintʃeri'ta/ [여-불변] 진정, 진심; 솔직함; con tutta sincerità 마음을 담아
sincero /sin'tʃɛro/ [형] ① 솔직한, 정직한; per essere sincero 솔직[정직]하게 ② 진정한, 진짜의; un amico sincero 진정한 친구
sincope /'sinkope/ [여] ① [병리] 졸도, 기절 ② [언어] 어중음(語中音) 소실, 중략 ③ [음악] 당김음, 싱커페이션
sincronia /sinkro'nia/ [여] 동시 발생, 동시성
sincronizzare /sinkronid'dzare/ [타동] 동시에 일어나게 하다, 동조시키다
sincronizzato /sinkronid'dzato/ [형] 동시성을 갖는, 농소된; nuoto sincronizzato [수영] 싱크로나이즈드 스위밍, 수중 발레
sindacale /sinda'kale/ [형] 노동조합의
sindacalismo /sindaka'lizmo/ [남] 노동조합주의; sindacalismo storico [역사] 생디칼리슴, 노동 공산주의
sindacalista /sindaka'lista/ [남/여] (남·복 : -i, 여·복 : -e) 노동조합주의자
sindacare /sinda'kare/ [타동] ① 점검하다 ② 비판하다
sindacato /sinda'kato/ [남] ① 노동조합 ② 신디케이트, 기업 합동
sindaco /'sindako/ [남] (복 : -ci) 시장 (市長)
sindrome /'sindrome/ [여] [병리] 증후군; sindrome di Down 다운증후군
sinfonia /sinfo'nia/ [여] [음악] 교향곡
sinfonico /sin'fɔniko/ [형] (복 : -ci, -che) 교향곡의
Singapore /singa'pore/ [여] 싱가포르
singhiozzare /singjot'tsare/ [자동] (조동사 : avere) ① 딸꾹질하다 ② 흐느껴

singhiozzo /sin'gjottso/ [남] ① 딸꾹질; avere il singhiozzo 딸꾹질이 나다; a singhiozzo[singhiozzi] (비유적으로) 발작적으로 ② 흐느껴 욺; scoppiare in singhiozzi 울음이 터지다

singolare /singo'lare/ [형] ① [문법] 단수(單數)의; 1ª persona singolare 1인칭 단수의 ② 이상한, 유별난 ③ 독특한, 특이한 - [남] ① [문법] 단수(형); al singolare 단수(형)로 ② [스포츠] (테니스 등의) 단식 경기

singolo /'singolo/ [형] ① 단 하나의, 단독의 ② 각각의, 개개의; ogni singolo individuo 각 개인 ③ 1인용의; camera singola 1인실, 독실 - [남] ① 개인 ② [스포츠] (테니스 등의) 단식 경기

sinistra /si'nistra/ [여] ① 왼쪽, 왼편, 좌측; a sinistra (di) (~의) 왼쪽에; tenere la sinistra 좌측통행을 하다 ② 왼손 ③ [정치] 좌파, 좌익

sinistrato /sinis'trato/ [형] (국가·지역이) 재난을 당한; zona sinistrata 재해 지역 - [남] (여: -a) 재난 피해자

sinistro /si'nistro/ [형] ① 왼쪽의, 좌측의 ② 불길한, 재앙이 되는 - [남] ① [스포츠] (권투의) 왼손 강타; (축구의) 왼발 슛 ② 재난, 재해, 재앙, 사고

sino /'sino/ [전] → fino1

sinodo /'sinodo/ [남] 종교[교회] 회의

sinonimo /si'nɔnimo/ [형] (di와 함께 쓰여) (~와) 동의어인, 같은 뜻인 - [남] 동의어, 유의어(類義語)

sintassi /sin'tassi/ [여-불변] [언어] 구문론, 통사론

sintesi /'sintezi/ [여-불변] ① 종합, 통합; 요약; fare la sintesi di qc 무엇을 요약하다; in sintesi 요약하면 ② [화학] 합성, 인조 ③ [철학] 종합

sintetico /sin'tɛtiko/ [형] (복: -ci, -che) ① 종합의, 통합적인 ② 간결한 ③ [화학] 합성의, 인조의

sintetizzare /sintetid'dzare/ [타동] ① 요약하다 ② [화학] 합성하다

sintetizzatore /sintetiddza'tore/ [남] [음악] 신시사이저 (전자 악기의 하나)

sintomatico /sinto'matiko/ [형] (복: -ci, -che) (di와 함께 쓰여) ① [의학] (~의) 증후가 되는, 증후를 나타내는 ② (비유적으로) (~을) 나타내는, (~의) 징조[조짐]이 되는

sintomo /'sintomo/ [남] (di와 함께 쓰여) ① [의학] (~의) 증후, 증상 ② (~의) 징후, 징조, 조짐; presentare i sintomi di ~의 징조[조짐]를 보이다

sintonia /sinto'nia/ [여] ① [전기] 동조(同調), (라디오 따위의) 튜닝 ② (비유적으로) essere in sintonia con qn 누구와 의견 따위가 잘 맞다, 잘 어울려 지내다

sintonizzare /sintonid'dzare/ [타동] ① (라디오 따위의 주파수를) 동조(同調)하다 ② (con과 함께 쓰여) (~와) 조화시키다 - sintonizzarsi [재귀동사] ① (su와 함께 쓰여) (라디오 따위의 주파수가 ~에) 동조되다 ② (con과 함께 쓰여) (누구의 의견 따위에) 동조되다

sinuoso /sinu'oso/ [형] 꾸불꾸불한, 물결 모양의

sinusite /sinu'zite/ [여] [병리] 부비강염 (副鼻腔炎)

sipario /si'parjo/ [남] (복: -ri) (무대의) 현수막; calare il sipario 막을 내리다

sirena1 /si'rena/ [여] (경찰차·구급차 따위의) 사이렌

sirena2 /si'rena/ [여] [그리스신화] 세이렌

Siria /'sirja/ [여] 시리아

siriano /si'rjano/ [형] 시리아의 - [남] (여: -a) 시리아 사람

siringa /si'ringa/ [여] (복: -ghe) ① 주사기 ② siringa di Pan [음악] 팬파이프

sisma /'sizma/ [남] 지진(地震)

sismico /'sizmiko/ [형] (복: -ci, -che) 지진(地震)의

sismografo /siz'mɔgrafo/ [남] 지진계(地震計)

sistema /sis'tɛma/ [남] ① (기계) 장치; sistema frenante 브레이크 장치 ② 방식, 방법; il suo sistema di vita 그의 생활 방식; sistema decimale 십진법 ③ (통일된) 조직, 체계, 시스템; sistema legale 법체계 ④ [생물] 조직, 계통; sistema nervoso 신경계(통) ⑤ [컴퓨터] 시스템 ⑥ [천문] 계(系); sistema solare 태양계

sistemare /siste'mare/ [타동] ① 정돈하다; 배치하다; sistemare i libri sullo scaffale 책을 책장에 꽂다 ② 숙박시키다, 거처나 묵을 곳을 제공하다; sistemare qn in un albergo 누구를 호텔에 묵게 하다 ③ (문제를) 해결하다

④ (기계 장치 따위를) 고치다, 수리하다 ⑤ (자식을) 결혼시키다 ⑥ 일자리를 제공하다, 취직시키다 - sistemarsi [재귀동사] ① (호텔 등에) 묵다, (어떤 곳에) 거처를 정하다 ② (의자·소파 따위에 편하게) 앉다 ③ 취직하다 ④ 결혼하다 ⑤ (문제가) 해결되다 ⑥ (차림새를) 단정하게 하다; sistemarsi i capelli 머리를 단정하게 하다
sistematicamente /sistematika'mente/ [부] ① 체계적으로, 조직적으로, 계통적으로 ② 규칙적으로, 습관적으로
sistematico /siste'matiko/ [형] (복 : -ci, -che) ① 체계적인, 조직적인, 계통적인 ② 규칙적인, 습관적인
sistemazione /sistemat'tsjone/ [여] ① 정돈; 배치 ② 숙박 ③ 일자리 ④ (문제의) 해결; (금액의) 지불
situare /situ'are/ [타동] (어떤 곳에) 놓다, 위치시키다; la casa è situata su una collina 그 집은 언덕 위에 위치하고 있다 - situarsi [재귀동사] (어떤 곳에) 놓이다, 위치하다
situazione /situat'tsjone/ [여] ① 위치 ② 상태, 상황, 처지; nella tua situazione 네 처지에서는
skate-board /'skɛitbord/ [남-불변] 스케이트보드
ski-lift /ski'lift/ [남-불변] 스키 리프트
skin /skin/, skinhead /ski'nɛd/ [남/여-불변] 스킨헤드족(族)
skipper /'skipper/ [남/여-불변] 작은 배의 선장
slacciare /zlat't∫are/ [타동] (매듭·끈·단추 따위를) 풀다, 끄르다 - slacciarsi [재귀동사] (매듭·끈·단추 따위가) 풀리다, 끌러지다
slalom /'zlalom/ [남-불변] [스키] 회전활강
slanciarsi /zlan't∫arsi/ [재귀동사] ① 뛰어들다; slanciarsi contro qn 누구에게 뛰어들다 ② (비유적으로) 높이 솟다
slanciato /zlan't∫ato/ [형] 가느다란; 날씬한
slancio /'zlant∫o/ [남] (복 : -ci) ① 돌진, 뛰어들기 ② 뛰어오름; prendere lo slancio 뛰어오르다 ③ 기세, 추진; 충동 ④ 열렬, 열정; 활기
slargo /'zlargo/ [남] (복 : -ghi) (길이나 강 따위가) 넓어지는 지점
slavato /zla'vato/ [형] ① (빛깔이) 바랜 ② (비유적으로) (얼굴이) 창백한

slavina /zla'vina/ [여] 눈사태
slavo /'zlavo/ [형] 슬라브 인[족]의 - [남] (여 : -a) 슬라브 인 - [남] 슬라브 말
sleale /zle'ale/ [형] 불충한, 불성실한, 신의 없는; 부정직한, 불공정한; gioco sleale [스포츠] 반칙
slealtà /zleal'ta/ [여-불변] 불충, 불성실; 부정직, 불공정
slegare /zle'gare/ [타동] (매듭이나 끈 따위를) 풀다, 끄르다; (매어 놓았던 짐승 따위를) 자유롭게 풀어주다 - slegarsi [재귀동사] ① (매듭이나 끈 따위가) 풀리다, 끌러지다 ② (죄수나 짐승 따위가) 자유롭게 풀려나다
slegato /zle'gato/ [형] ① (짐승 따위가) 자유롭게 풀려난 ② (문장이) 조리가 서지 않는, 앞뒤가 맞지 않는
slip /zlip/ [남-불변] 팬츠, 팬티; (비키니 따위의) 수영복
slitta /'zlitta/ [여] 썰매
slittare /zlit'tare/ [자동] (조동사 : essere) ① 미끄러지다 ② (비유적으로) 이동하다, 옮겨지다 ③ 미뤄지다, 연기되다 ④ (화폐 가치가) 떨어지다
slittino /zlit'tino/ [남] ① 작은 썰매 ② [스포츠] (1인승 또는 2인승의) 루지
slogan /'zlɔgan/ [남-불변] 슬로건, 모토, 표어
slogare /zlo'gare/ [타동] (손목·발목을) 삐다; 탈구시키다 - slogarsi [재귀동사] slogarsi un polso 손목을 삐다
slogatura /zloga'tura/ [여] 삠, 접질림; 탈구
sloggiare /zlod'dʒare/ [타동] (da와 함께 쓰여) (~으로부터) 쫓아내다, 몰아내다 - [자동] (조동사 : avere) ① (세입자가 집을) 나가다 ② (구어체에서) 떠나다, 가버리다
slot-machine /zlɔtma∫'∫in/ [여-불변] (도박장의) 슬롯머신
Slovacchia /zlo'vakkja/ [여] 슬로바키아 (동유럽의 국가)
slovacco /zlo'vakko/ (복 : -chi, -che) [형] 슬로바키아의 - [남] (여 : -a) 슬로바키아 사람 - [남] 슬로바키아어
Slovenia /zlo'vɛnja/ [여] 슬로베니아 (동유럽의 국가)
sloveno /zlo'vɛno/ [형] 슬로베니아의 - [남] (여 : -a) 슬로베니아 사람 - [남] 슬로베니아어
smaccato /zmak'kato/ [형] 과장된, 지나

친

smacchiare /zmak'kjare/ [타동] (~에서) 얼룩을 제거하다

smacchiatore /zmakkja'tore/ [남] 얼룩 제거제

smacco /'zmakko/ [남] (복 : -chi) 굴욕, 패배, 실패; subire uno smacco 굴욕을 당하다

smagliante /zmaʎ'ʎante/ [형] 눈부신

smagliare /zmaʎ'ʎare/ [타동] (스타킹 따위의) 올이 나가게 하다 - smagliarsi [재귀동사] (스타킹 따위의) 올이 나가다

smagliatura /zmaʎʎa'tura/ [여] (스타킹 따위의) 올이 풀림

smagrire /zma'grire/ [타동] 마르게·야위게·수척하게 만들다 - [자동] (조동사 : essere) 살이 빠지다, 야위다 - smagrirsi [재귀동사] 마르다, 야위다, 살이 빠지다

smagrito /zma'grito/ [형] 마른, 야윈, 살이 빠진

smaliziato /zmalit'tsjato/ [형] 약삭빠른, 영리한

smaltare /zmal'tare/ [타동] (~에) 에나멜을 칠하다[입히다] - smaltarsi [재귀동사] smaltarsi le unghie 손톱에 매니큐어를 하다

smaltato /zmal'tato/ [형] 에나멜을 입힌; (손톱에) 매니큐어를 한

smaltimento /zmalti'mento/ [남] ① (폐기물 따위의) 처리, 처분 ② (음식물의) 소화 ③ 배수(排水) ④ (비유적으로) (재고의) 처분 ⑤ (비유적으로) (일·문제의) 처리

smaltire /zmal'tire/ [타동] ① (폐기물 따위를) 처리[처분]하다 ② (배수관을 통해) 배수하다 ③ (음식물을) 소화하다 ④ (재고를) 처분하다, 팔아치우다 ⑤ (일·문제를) 처리하다, 해결하다

smalto /'zmalto/ [남] ① 에나멜, 법랑(琺瑯); 유약 ② 에나멜을 입힌 그릇 따위 ③ 매니큐어액(液); mettersi lo smalto (손톱에) 매니큐어를 하다 ④ (비유적으로) 활기 ⑤ (치아의) 법랑질

smanceria /zmantʃe'ria/ [여] 몹시 감상적임

smania /'zmanja/ [여] ① 안절부절못함, 초조, 신경과민 ② (비유적으로) 열망, 갈망; avere la smania di fare qc 무엇을 몹시 하고 싶어하다

smaniare /zma'njare/ [자동] (조동사 : avere) ① 안절부절못하다, 초조해 하다 ② (비유적으로) (per와 함께 쓰여) (~을) 갈망하다, 몹시 원하다

smanioso /zma'njoso/ [형] ① 안절부절못하는, 초조해 하는, 신경과민의 ② (비유적으로) 갈망하는, 몹시 ~하고 싶어하는; essere smanioso di fare qc 무엇을 몹시 하고 싶어하다

smantellare /zmantel'lare/ [타동] 헐다, 철거하다, 해체하다

smarrimento /zmarri'mento/ [남] ① 분실, 잃어버림 ② (비유적으로) 당황, 어찌할 바를 모름

smarrire /zmar'rire/ [타동] 잃어버리다, 분실하다 - smarrirsi [재귀동사] ① 길을 잃다 ② 당황하다, 어찌할 바를 모르다

smarrito /zmar'rito/ [형] ① 잃어버린, 분실한 ② (비유적으로) 당황한, 어찌할 바를 모르는

smascherare /zmaske'rare/ [타동] ① (~의) 가면을 벗기다 ② (음모 따위를) 폭로하다 - smascherarsi [재귀동사] ① 가면을 벗다 ② 정체를 드러내다

SME /zme/ [남] (Sistema Monetario Europeo의 약자) 유럽 통화 제도

smembrare /zmem'brare/ [타동] ① (동물의) 팔다리를 절단하다 ② (비유적으로) 분할하다, 나누다, 쪼개다

smemorato /zmemo'rato/ [형/남] (여 : -a) 잘 잊어버리는; 멍하니[얼빠져] 있는 (사람)

smentire /zmen'tire/ [타동] ① (~의) 그릇됨을 드러내다, (~을) 반박하다, (~와) 모순되다 ② 부정하다, 부인하다 - smentirsi [재귀동사] 모순되다, 자가당착에 빠지다

smentita /zmen'tita/ [여] 부정, 부인; 반박

smeraldo /zme'raldo/ [남] [광물] 에메랄드 - [남/형-불변] 에메랄드 빛깔(의)

smerciare /zmer'tʃare/ [타동] (상품을) 팔다; (재고를) 팔아치우다, 처분하다

smerigliato /zmeriʎ'ʎato/ [형] vetro smerigliato 젖빛 유리

smesso /'zmesso/ [형] abiti smessi (더 이상 입지 않는) 헌 옷

smettere /'zmettere/ [타동] ① 멈추다, 그만두다, 중단하다 ② (학업 따위를) 중도에 포기하다 ③ (옷을) 더 이상 입지 않다 ④ smettila! 그만 해! - [자동]

(조동사 : avere) 멈추다, 그치다, 중단 되다 - [비인칭](조동사 : avere) ha smesso di piovere 비가 그쳤다
smidollato /zmidol'lato/ [형/남] (여 : -a) 기백이나 패기가 없는, 나약한 (사람)
smilitarizzare /zmilitarid'dzare/ [타동] 비무장화하다, 비군사화하다
smilzo /'zmiltso/ [형] (사람이나 신체의 일부분이) 마른, 야윈, 가느다란
sminuire /zminu'ire/ [타동] ① 줄이다 ② (비유적으로) (가치 따위를) 감소시키다, 경시하다 - sminuirsi [재귀동사] 자기를 낮추다
sminuzzare /zminut'tsare/ [타동] ① 부스러뜨리다, 산산조각을 내다, 가루로 만들다 ② (비유적으로) 단편화하다, 세분화하다
smistamento /zmista'mento/ [남] ① (우편물·상품 따위의) 분류 ② [철도] 전철 (轉轍)
smistare /zmis'tare/ [타동] ① (우편물·상품 따위를) 분류하다 ② [철도] 전철 (轉轍)하다
smisurato /zmizu'rato/ [형] 무한한, 광대한; 엄청난
smitizzare /zmitid'dzare/ [타동] (인물·시대 따위의) 신화적·전설적인 요소를 제거하고 그 정체를 폭로하다
smobilitare /zmobili'tare/ [타동] [군사] 동원령을 해제하다, 평시 상태로 전환하다
smobilitazione /zmobilitat'tsjone/ [여] [군사] 동원령의 해제, 평시 상태로의 전환
smodato /zmo'dato/ [형] 과도한, 지나친, 절제가 없는
smoderato /zmode'rato/ [형] 과도한, 지나친, 절제가 없는
smog /zmɔg/ [남-불변] 스모그, 연무(煙霧)
smoking /'zmɔking/ [남-불변] 턱시도, 남성의 약식 야회복
smontabile /zmon'tabile/ [형] (가구 따위가) 분해[해체]할 수 있는
smontare /zmon'tare/ [타동] ① 분해하다, 해체하다 ② 제거하다, 떼어내다 ③ (구어체에서) 기를 꺾다, 낙담시키다 - [자동] (조동사 : essere) ① (사다리·교통수단 따위에서) 내려오다, 내리다 ② (일을) 마치다 - smontarsi [재귀동사] 기가 꺾이다, 낙담하다

smorfia /'zmɔrfja/ [여] ① 얼굴을 찌푸림; fare una smorfia di dolore 고통으로 인해 얼굴을 찌푸리다 ② 짐짓 꾸민 표정
smorfioso /zmor'fjoso/ [형/남] (여 : -a) 짐짓 꾸민 표정을 짓는 (사람)
smorto /'zmɔrto/ [형] (얼굴이) 창백한; (빛이) 희미한; 생기가 없는
smorzare /zmor'tsare/ [타동] ① (빛을) 희미하게 만들다; (소리를) 낮추다 ② (불을) 끄다; (비유적으로) (갈증을) 해소하다, (열정을) 식게 하다 - smorzarsi [재귀동사] ① (빛이) 희미해지다; (소리가) 줄어들다 ② (불이) 꺼지다; (비유적으로) (열정이) 식다
smosso /'zmɔsso/ [형] 움직인, 이동된, 옮겨진
smottamento /zmotta'mento/ [남] 산사태
SMS /esseemme'ɛsse/ [남-불변] (휴대전화의) 문자 메시지
smunto /'zmunto/ [형] (얼굴 따위가) 수척한
smuovere /'zmwɔvere/ [타동] ① 움직이다, 옮기다 ② (비유적으로) (남으로 하여금) 의견·계획 따위를 바꾸게 하다 ③ (비유적으로) 뒤흔들다, 동요시키다 - smuoversi [재귀동사] ① 움직이다, 이동하다 ② 마음을 고쳐 먹다, 의견을 바꾸다 ③ (비유적으로) 흔들리다, 동요되다
smussare /zmus'sare/ [타동] ① (모서리를) 잘라내다, (날을) 무디게 하다 ② (비유적으로) (말·태도 따위를) 부드럽게 하다 - smussarsi [재귀동사] (날이) 무디어지다
snaturato /znatu'rato/ [형] ① (장소가) 황폐해진 ② (사람이) 타락한, 사악한
snellire /znel'lire/ [타동] ① (신체 부위의 살을 빼서) 날씬하게 만들다; (옷이 사람을) 날씬해 보이게 하다 ② (비유적으로) (절차·과정·스타일 따위를) 단순화하다, 명쾌하게 하다 - snellirsi [재귀동사] ① (사람이) 날씬해지다 ② (비유적으로) (절차·과정·스타일 따위가) 단순해지다, 명쾌해지다
snello /'znɛllo/ [형] ① (사람 또는 신체의 일부가) 날씬한 ② 기민한, 민첩한 ③ (비유적으로) (스타일이) 단순·명쾌한
snervante /zner'vante/ [형] 기를 꺾는, 지치게 하는
snervare /zner'vare/ [타동] 기를 꺾다,

지치게 하다
snidare /zni'dare/ [타동] 몰아내다, 내쫓다
sniffare /zniffare/ [타동] ① (구어체에서) (~의) 냄새를 맡다 ② (속어로) (마약을) 코로 흡입하다
snob /znɔb/ [형/남/여-불변] 신사인 체하는 (속물)
snobbare /znob'bare/ [타동] (상대방을) 무시하며 거만하게 굴다
snobismo /zno'bizmo/ [남] 속물 근성, 신사인 체함
snocciolare /znottʃo'lare/ [타동] ① (과일 따위의) 씨를 빼내다 ② (비유적으로) 계속 지껄이다 ③ (구어체에서) 돈을 꺼내다, 지불하다
snodabile /zno'dabile/ [형] 연결식의, 여러 방향으로 구부릴 수 있는
snodare /zno'dare/ [타동] ① (매듭이나 끈을) 풀다, 끄르다 ② (팔다리를 움직여) 근육을 풀다, 유연하게 하다 - **snodarsi** [재귀동사] ① (매듭이나 끈이) 풀리다 ② (길이) 구불거리며 뻗어나가다
snodato /zno'dato/ [형] ① (매듭이나 끈이) 풀린 ② (팔다리 따위가) 유연한, 근육이 풀린 ③ 연결식의, 경첩 따위가 달려 있는
soave /so'ave/ [형] (음악·목소리 따위가) 감미로운; (눈빛이) 부드러운
sobbalzare /sobbal'tsare/ [자동] (조동사 : avere) ① 깜짝 놀라다, 움찔하다 ② (차가) 덜컹거리다
sobbalzo /sob'baltso/ [남] ① 깜짝 놀람, 움찔함 ② (차가) 덜컹거림
sobbarcarsi /sobbar'karsi/ [재귀동사] (때로 a와 함께 쓰여) (부담 따위를) 떠맡다
sobborgo /sob'borgo/ [남] (복 : -ghi) (도시의) 교외(郊外)
sobillare /sobil'lare/ [타동] (반란 따위를) 선동하다
sobillatore /sobilla'tore/ [남] (여 : -trice) (반란 따위의) 선동가
sobrietà /sobrje'ta/ [여-불변] ① 술에 취하지 않음, 맑은 정신 ② (먹고 마시는 것의) 절제; 절주 ③ (스타일 따위의) 수수함, 소박함
sobrio /'sɔbrjo/ [형] (복 : -bri, -brie) ① 술에 취하지 않은, 맑은 정신의 ② (먹고 마시는 것 따위를) 절제하는 ③ (스타일 따위가) 수수한, 소박한

socchiudere /sok'kjudere/ [타동] 반쯤 닫다, 완전히 닫지 않다; 약간 열린 채로 두다
socchiuso /sok'kjuso/ [형] 반쯤 닫은, 완전히 닫지 않은; 약간 열린 채로 둔
soccombere /sok'kombere/ [자동] ① 죽다 ② (a와 함께 쓰여) (~에) 굴복하다, 압도당하다
soccorrere /sok'korrere/ [타동] 도와주다, 구조하다
soccorritore /sokkorri'tore/ [남] (여 : -trice) 도와주는[구조하는] 사람
soccorso /sok'korso/ [남] ① 도움, 원조, 구조; prestare soccorso a qn 누구를 도와주다; operazioni di soccorso 구조 작업 ② 의료 원조, 구명(救命); pronto soccorso i) 응급 처치 ii) 응급 병동 - soccorsi [남·복] ① 구조대원 ② 구호 물자; 구명 수단; primi soccorsi 응급 처치
socialdemocratico /sotʃaldemo'kratiko/ (복 : -ci, -che) [형] 사회 민주주의의 - [남] (여 : -a) 사회 민주주의자
socialdemocrazia /sotʃaldemokrat'tsia/ [여] 사회 민주주의; 사회 민주당
sociale /so'tʃale/ [형] ① 사회적인, 사회의, 사회에 관한; scienze sociali 사회 과학; servizi sociali 사회 복지 사업 ② 회사의 ③ 협회의, 단체의, 클럽의
socialismo /sotʃa'lizmo/ [남] 사회주의
socialista /sotʃa'lista/ (남·복 : -i, 여·복 : -e) [형] 사회주의의 - [남/여] 사회주의자
socializzare /sotʃalid'dzare/ [자동] (조동사 : avere) 사회적으로 활동하다, 원만한 대인 관계를 유지하다
società /sotʃe'ta/ [여-불변] ① 사회, 공동체; vivere in società 사회 생활을 하다, 공동체를 이루어 살다 ② 사교계; 상류 사회 ③ 협회, 단체, 클럽; una società segreta 비밀 결사; società sportiva 스포츠 클럽 ④ 회사; in società con qn 누구와 동업하여; società per azioni 주식회사
socievole /so'tʃevole/ [형] (사람이) 사교적인
socio /'sɔtʃo/ [남] (여 : -a) (남·복 : -ci) ① 동업자 ② (협회·클럽·학회 따위의) 회원; farsi socio di un circolo 서클의 회원이 되다
sociologia /sotʃolo'dʒia/ [여] 사회학
sociologico /sotʃo'lɔdʒiko/ [형] (복 :

-ci, -che) 사회학의, 사회학적인
sociologo /so'tʃɔlogo/ [남] (여 : -a) (남·복 : -gi, 여·복 : -ghe) 사회학자
soda /'sɔda/ [여] ① [화학] 소다, 나트륨 화합물; soda caustica 수산화나트륨, 가성 소다 ② 소다수, 탄산수
soddisfacente /soddisfa'tʃente/ [형] 만족스러운
soddisfare /soddis'fare/ [타동] ① (사람을) 만족시키다, 기쁘게 하다; (욕구를) 충족시키다 ② (요구·기준 따위를) 충족시키다 - [자동] (조동사 : avere) (a와 함께 쓰여) (조건 따위를) 충족시키다
soddisfatto /soddis'fatto/ [형] 만족한; (욕구 따위가) 충족된; essere soddisfatto di ~에 만족하다
soddisfazione /soddisfat'tsjone/ [여] 만족, 기쁨
sodio /'sɔdjo/ [남] [화학] 나트륨
sodo /'sɔdo/ [형] 굳은, 단단한, 딱딱한; uova sode 완숙으로 삶은 계란 - [부] picchiare sodo 세게 때리다; lavorare sodo 열심히 일하다; dormire sodo 푹 자다 - [남] venire al sodo 핵심을 찌르다
sodomia /sodo'mia/ [여] 남색(男色), 비역
sofà /so'fa/ [남-불변] 소파
sofferente /soffe'rente/ [형] 고통을 겪는; 고통스러워 하는, 괴로워하는
sofferenza /soffe'rentsa/ [여] 고통, 괴로움; 고난, 고생
soffermare /soffer'mare/ [타동] (시선 따위를) 고정시키다 - soffermarsi [재귀동사] ① (시선 따위가) 멈추다, 고정되다 ② (비유적으로) (su와 함께 쓰여) (논쟁 따위가 한 대목에) 머물러 있다
sofferto /sofferto/ [형] ① (눈빛이나 표정이) 고뇌에 찬 ② (결정이나 선택이) 어려운; (승리가) 치열한 싸움을 통해 얻을 수 있는
soffiare /sof'fjare/ [타동] ① (입김이나 연기 등을) 내뿜다 ② (코를) 풀다 ③ (남의 물건을) 슬쩍하다, 훔치다; (기회 따위를) 빼앗다, 낚아채다 - [자동] (조동사 : avere) ① (입으로) 훅 불다 ② (분노로) 씩씩거리다
soffiata /sof'fjata/ [여] fare una soffiata alla polizia 경찰에 밀고하다; darsi una soffiata al naso 코를 풀다
soffice /'sɔffitʃe/ [형] (감촉이) 부드러운
soffietto /sof'fjetto/ [남] 풀무

soffio /'soffjo/ [남] (복 : -fi) ① 훅 불기, (입김이나 숨을) 내뿜기 ② (청진기에 들리는) 심장의 잡음 ③ 영감, 인스피레이션 - in un soffio 순식간에; per un soffio 가까스로, 간신히
soffione /sof'fjone/ [남] ① [지질] (화산의) 분기공(噴氣孔) ② [식물] 민들레
soffitta /sof'fitta/ [여] 다락방
soffitto /sof'fitto/ [남] 천장
soffocamento /soffoka'mento/ [남] 질식, 숨 막힘
soffocante /soffo'kante/ [형] ① 질식시키는, 숨 막히게 하는; (공기나 더위가) 숨 막힐 듯한, 답답한 ② (비유적으로) 억누르는, 억제하는
soffocare /soffo'kare/ [타동] ① 질식시키다, 숨 막히게 하다 ② (불을) 덮어 끄다 ③ (반란 따위를) 진압하다; 억누르다, 억제하다 - [자동] (조동사 : essere) ① 질식하다, 숨이 막히다 ② (공기나 더위가) 숨 막힐 듯하다, 답답하다
soffocato /soffo'kato/ [형] ① 질식한, 숨이 막힌 ② (소리가) 들리지 않게 된
soffocazione /soffokat'tsjone/ [여] 질식, 숨 막힘
soffriggere /sof'friddʒere/ [타동] (요리 재료를) 살짝 튀기다
soffrire /sof'frire/ [타동] ① (육체적·정신적 고통을) 느끼다, 겪다; (손실 따위를) 당하다; soffrire la fame 배고픔을 겪다; soffrire le pene dell'inferno (비유적으로) 지독한 고생을 하다 ② 참다, 견디다 - [자동] (조동사 : avere) (육체적·정신적으로) 고통을 겪다, 괴로워하다
soffritto /sof'fritto/ [형] (요리 재료를) 살짝 튀긴
soffuso /sof'fuzo/ [형] (빛 따위가 [로]) 가득한, 뒤덮인
sofisticare /sofisti'kare/ [타동] (음식물에) 불순물을 섞어 품질을 떨어뜨리다
sofisticato /sofisti'kato/ [형] ① (사람이) 세련된; (기계 장치 따위가) 정교한 ② (음식물에) 불순물을 섞어 품질을 떨어뜨린
sofisticazione /sofistikat'tsjone/ [여] (음식물에) 불순물을 섞어 품질을 떨어뜨림
software /'sɔftwer/ [남-불변] [컴퓨터] 소프트웨어; software applicativo 응용 소프트웨어

soggettivo /sodd3et'tivo/ [형] ① 주관적인 ② [문법] 주격(主格)의

soggetto1 /sod'dʒetto/ [형] (a와 함께 쓰여) ① (~하기) 쉬운, 걸핏하면 ~하는 ② (~의) 지배를 받는, (~에) 따라야 하는; soggetto a tassa 과세 대상인 ③ (~을) 조건으로 하는

soggetto2 /sod'dʒetto/ [남] ① 주제, 테마 ② [문법] 주어 ③ 개인, 사람 ④ [의학] 피실험자, 환자

soggezione /soddʒet'tsjone/ [여] ① 불편, 난처 ② 종속, 예속

sogghignare /soggin'nare/ [자동] (조동사 : avere) 비웃다, 조소하다

sogghigno /sog'ginno/ [남] 비웃음, 조소

soggiogare /soddʒo'gare/ [타동] 정복하다, 복종[종속]시키다; 압도하다

soggiornare /soddʒor'nare/ [자동] (조동사 : avere) 머무르다, 체류하다

soggiorno /sod'dʒorno/ [남] ① 머무름, 체류; 체류 기간; soggiorno in albergo 호텔에 묵음 ② 거실; 거실의 가구

soggiungere /sod'dʒundʒere/ [타동] 덧붙여 말하다, 부언하다

soglia /'sɔʎʎa/ [여] ① 문간, 문지방; varcare la soglia 문지방을 넘다 ② 한계, 경계, 끝; essere alla soglia dei trent'anni (나이가) 30세에 가깝다

sogliola /'sɔʎʎola/ [여] [어류] 서대기

sognante /son'nante/ [형] 꿈 꾸는 듯한

sognare /son'nare/ [타동] ① (~의) 꿈을 꾸다, (~을) 꿈에서 보다 ② (성공 따위를) 꿈꾸다, 바라다, 희망하다 - [자동] (조동사 : avere) ① 꿈을 꾸다 ② 몽상하다, 헛된 생각을 하다 - sognarsi [재귀동사] ① 꿈을 꾸다 ② (구어체에서) 생각하다 ③ 상상하다

sognatore /sonna'tore/ [남] (여 : -trice) ① 꿈꾸는 사람 ② 몽상가

sogno /'sonno/ [남] ① (수면 중의) 꿈; fare un sogno 꿈을 꾸다 ② 포부, 희망, 이상, (장래의) 꿈; nemmeno[neanche] per sogno! 꿈도 꾸지 마라, 어림도 없다 - un sogno ad occhi aperti 백일몽

soia /'sɔja/ [여] [식물] 콩, 대두; salsa di soia 간장

sol /sɔl/ [남-불변] [음악] 솔, 사 음(音)

solaio /so'lajo/ [남] (복 : -ai) 다락방

solamente /sola'mente/ [부] 오직, 단지, ~ 뿐

solare /so'lare/ [형] ① 태양의; energia solare 태양 에너지; luce solare 햇빛; pannelli solari 태양 전지판 ② olio[crema] solare 선탠 오일[크림] ③ (비유적으로) (성격이) 명랑한, 밝은, 쾌활한

solarium /so'larjum/ [남-불변] 일광욕실

solcare /sol'kare/ [타동] ① (밭을) 갈다, 쟁기질하다 ② 물결을 헤치고 나아가다, 항해하다

solco /'solko/ [남] (복 : -chi) ① 밭고랑 ② 바퀴 자국 ③ 배가 지나간 자리, 항적(航跡) ④ (디스크 따위의) 홈 ⑤ (이마의) 주름살

soldato /sol'dato/ [남] 군인; fare il soldato 군복무를 하다; andare (a fare il) soldato 입대하다; soldato di leva 징집병; soldato semplice 병사, 병졸

soldo /'sɔldo/ [남] 동전; 잔돈; non ho un soldo 난 한 푼도 없어; non vale un soldo bucato 한 푼의 가치도 없다; - soldi [남·복] 돈; fare soldi 돈을 벌다; avere un sacco di soldi 돈이 아주 많다

sole /'sole/ [남] 해, 태양; 햇빛; 햇볕; c'è il sole 해가 비치고 있다, 날이 화창하다; una giornata di sole 맑은[화창한] 날; prendere il sole 일광욕을 하다; al calar del sole 해가 질 때에, 일몰시에

soleggiato /soled'dʒato/ [형] 해가 비치는; (날이) 맑은, 화창한

solenne /so'lɛnne/ [형] ① 엄숙한, 진지한, 근엄한, 장엄한 ② (구어체에서) 철저한, 아주[순전히] ~한

solennemente /solenne'mente/ [부] 엄숙하게, 진지하게, 근엄하게, 장엄하게

solennità /solenni'ta/ [여-불변] ① 엄숙, 진지, 근엄, 장엄 ② 장엄한 의식, 제전(祭典)

solere /so'lere/ [자동] (조동사 : essere) solere fare qc 보통 ~하다, ~하는 습관이 있다, ~하곤 하다; suole pranzare presto 그는 점심을 일찍 들곤 한다 - [비인칭] (조동사 : essere) come suole accadere 보통 그렇듯이; come si suol dire 흔히들 하는 말로

solerte /so'lɛrte/ [형] 부지런한, 근면한, 열심히 일하는

soletta /so'letta/ [여] ① (구두의) 깔창 ② [건축] 슬래브

solfa /'sɔlfa/ [여] è sempre la solita solfa 늘 하는 말이잖아, 항상 반복되는 똑같은 이야기잖아
solfato /sol'fato/ [남] [화학] 황산염
solfeggio /sol'feddʒo/ [남] (복 : -gi) [음악] 계명 창법
solfuro /sol'furo/ [남] [화학] 황화물
solidale /soli'dale/ [형] 뜻이 맞는, 동의하는; essere solidale con qn 누구와 뜻이 맞다, 누구의 의견 따위에 동의하다
solidarietà /solidarje'ta/ [여-불변] 결속, 일치, 단결, 동의
solidarizzare /solidarid'dzare/ [자동] (조동사 : avere) (con과 함께 쓰여) (~와) 뜻이 맞다, 제휴하다; (~에) 공감[동의]하다
solidificare /solidifi'kare/ [타동] 굳히다, 응고시키다 - [자동] (조동사 : essere) → solidificarsi - solidificarsi [재귀동사] 굳다, 응고되다
solidità /solidi'ta/ [여-불변] ① 굳음, 단단함, 고체임 ② (비유적으로) 견고, 견실, 튼튼함 ③ (비유적으로) 실질적임, 충실함, 속이 꽉 차 있음
solido /'sɔlido/ [형] ① 고체의, 굳은, 단단한 ② 견고한, 견실한, 튼튼한 ③ 실질적인, 충실한, 속이 꽉 찬 ④ [기하] 입체의 - [남] ① [물리] 고체 ② [기하] 입체
soliloquio /soli'lɔkwjo/ [남] (복 : -qui) 혼잣말; [연극] 독백
solista /so'lista/ (남·복 : -i, 여·복 : -e) [남/여] 독창자, 독주자, 솔로이스트 - [형] 독창[독주]의
solitamente /solita'mente/ [부] 보통, 통상, 대개, 일반적으로
solitario /soli'tarjo/ (복 : -ri, -rie) [형] ① 혼자의, 단독의; 외로운 ② 고립된, 격리된 - [남] (여 : -a) 혼자 있는 걸 좋아하는 사람; 혼자 사는 사람 - [남] 혼자 하는 카드놀이
solito /'sɔlito/ [형] ① 보통의, 평소의, 통상적인; essere solito fare qc 보통 [평소에] ~을 하다, ~을 하는 습관이 있다; era solito passeggiare di notte 그는 밤에 산책을 하곤 했었다 ② (이야기 따위가) 흔히 있는, 늘 반복되는; è sempre la solita storia! 늘 하는 말이잖아! - [남] ① 평소의 상태나 습관; (come) al solito 평소처럼, 여느 때와 같이; più tardi del solito 평소보다 늦게 ② di solito 보통, 대개, 평소에, 일반적으로
solitudine /soli'tudine/ [여] ① 고독, 외로움 ② 쓸쓸한 곳
sollecitare /solletʃi'tare/ [타동] ① 재촉하다, 몰아대다, 압박하다, 간청하다, 요구하다; sollecitare qn perché faccia qc 누구에게 무엇을 하라고 재촉[요구]하다 ② (상상력 따위를) 자극하다
sollecitazione /solletʃitat'tsjone/ [여] ① 재촉, 간청, 요구, 압박; lettera di sollecitazione [상업] 독촉장 ② (비유적으로) 자극
sollecito1 /sol'letʃito/ [형] 즉시[즉각] ~하는; essere sollecito a fare 즉시 ~하다
sollecito2 /sol'letʃito/ [남] [상업] 독촉장
sollecitudine /solletʃi'tudine/ [여] 즉시 [즉각] ~함, 신속성
solleone /solle'one/ [남] ① 복중(伏中), 삼복 ② (여름의) 무더위
solleticare /solleti'kare/ [타동] ① 간질이다, 간지럽히다 ② (비유적으로) (호기심·식욕 따위를) 자극하다
solletico /sol'letiko/ [남] 간지럼; fare il solletico a qn 누구를 간질이다; soffrire il solletico 간지럽다
sollevamento /solleva'mento/ [남] ① 들어올림; 올라감 ② [스포츠] sollevamento pesi 역도 ③ [지질] 융기
sollevare /solle'vare/ [타동] ① 올리다, 들어올리다, 끌어올리다; (떨어져 있는 것을) 집어들다 ② (da와 함께 쓰여) (부담 따위를) 덜어주다 ③ (문제·의문·이의 따위를) 제기하다 ④ (감정·논쟁·묘의 따위를) (불러)일으키다 ⑤ (민중·여론을) 선동하다 ⑥ 안심시키다, 격려하다 - sollevarsi [재귀동사] ① 일어나다, 일어서다 ② (비행기 따위가) 이륙하다; (바람·먼지 따위가) 일어나다 ③ 회복하다, 나아지다 ④ 들고 일어나다, 반란을 일으키다
sollevato /solle'vato/ [형] 안심이 된, 기운이 난
sollievo /sol'ljevo/ [남] 안심, 안도; (고통의) 경감, 제거
solo /'solo/ [형] ① 혼자의, 홀로; 외로운 ② da solo 혼자, 스스로; parlare da solo 혼잣말을 하다; riesci a farlo da

solo? 그걸 너 혼자 할 수 있어? ③ 단 하나의, 유일한; ha un solo figlio 그녀는 외아들을 두고 있다 ④ 단지 ~만의; non si vive di solo pane 사람은 빵만으로 살지 않는다 ⑤ [음악] 솔로의, 독창[독주]의 - [남] (여 : -a) 단 한 사람; uno solo tra di loro 그들 중 단 한 사람만 - [부] 단지, 다만, 겨우; è solo un ragazzo! 그는 어린아이에 불과해!; stavo solo scherzando 그냥 농담한 것 뿐이야; solo due giorni fa 불과 이틀 전에 - [접] ① ~만 아니라면; verrei, solo che questa sera lavoro 난 오늘 저녁에 일을 안 한다면 올[갈] 거야 ② ~하기만 한다면 ③ 그러나, 하지만

solstizio /sol'stittsjo/ [남] (복 : -zi) [천문] (태양의) 지점(至點) (태양이 적도에서 북 또는 남으로 가장 멀어졌을 때); solstizio d'estate 하지(夏至); solstizio d'inverno 동지(冬至)

soltanto /sol'tanto/ [부] 단지, 다만, 겨우; restano qui soltanto 2 giorni 그들은 이틀간만 머문다; sono arrivato soltanto ieri 난 어제서야 도착했어 - [접] 그러나, 하지만; vorrei, soltanto (che) non posso 그러고 싶지만 그럴 수가 없구나

solubile /so'lubile/ [형] ① 녹는, 가용성의, 용해할 수 있는; caffè solubile 인스턴트 커피 ② (비유적으로) (문제 따위가) 해결할 수 있는

soluzione /solut'tsjone/ [여] ① [화학] 용액 ② (문제의) 해결책, 해법; 해답; non c'è altra soluzione! 다른 방도가 없어! ③ [상업] 지불, 청산

solvente /sol'vɛnte/ [형] ① [화학] 용해력이 있는, 녹이는 ② [법률] 지불 능력이 있는 - [남] [화학] 용제, 용매

soma /'sɔma/ [여] 짐; bestia da soma 짐 나르는 짐승

Somalia /so'malja/ [여] 소말리아

somalo /'sɔmalo/ [형] 소말리아의 - [남] (여 : -a) 소말리아 사람 - [남] 소말리아어(語)

somaro /so'maro/ [남] (여 : -a) ① [동물] 당나귀 ② (농담조로) 바보

somatico /so'matiko/ [형] (복 : -ci, -che) [생물] 체세포의; cellula somatica 체세포

somigliante /somiʎ'ʎante/ [형] (a 와 함께 쓰여) (~와) 비슷한, 유사한, 닮은; essere somigliante a qc 무엇과 비슷하다; sono molto somiglianti 그들은 서로 매우 닮았다

somiglianza /somiʎ'ʎantsa/ [여] 비슷함, 유사, 닮음

somigliare /somiʎ'ʎare/ [자동] (조동사 : avere, essere) (a와 함께 쓰여) (~와) 비슷하다, 유사하다, 닮아 있다; somiglia a sua sorella 그녀는 그녀의 여동생과 닮았다 - somigliarsi [재귀동사] (서로) 비슷하다, 유사하다, 닮아 있다; non si somigliano affatto 그들은 (서로) 전혀 닮지 않았다

somma /'somma/ [여] ① 덧셈, 더하기; 합계 ② 금액, 액수, 총액 ③ (비유적으로) 요점, 골자 ④ 개요, 대략 - tirare le somme 결론을 내다

sommare /som'mare/ [타동] ① 더하다, 합계를 내다 ② (비유적으로) 덧붙여[아울러] 생각하다, 셈에 넣다; tutto sommato 모든 걸 다 고려해볼 때 - [자동] (조동사 : avere, essere) (a와 함께 쓰여) 합계 ~이 되다

sommario1 /som'marjo/ [형] (복 : -ri, -rie) ① 간결한, 요약의 ② (일 따위를) 대강 처리하는

sommario2 /som'marjo/ [남] (복 : -ri) ① 개요, 대략; 요약 ② 차례, 목차 ③ (뉴스의) 헤드라인

sommelier /somme'lje/ [남/여-불변] 소믈리에 (레스토랑의 와인 추천 전문가)

sommergere /som'mɛrdʒere/ [타동] ① 물에 잠기게 하다, 물 속에 가라앉히다 ② (비유적으로) sommergere qn di 누구로 하여금 ~에 파묻히게 하다; sommergere qn di domande 누구에게 질문 공세를 퍼붓다

sommergibile /sommer'dʒibile/ [남] 잠수함 - [형] 물 속에 잠길 수 있는

sommerso /som'mɛrso/ [형] ① 물 속에 잠긴 ② economia sommersa 지하 경제 - [남] 지하 경제

sommesso /som'messo/ [형] (목소리 등이) 조용한, 가라앉은

somministrare /somminis'trare/ [타동] ① (환자에게 약을) 투여하다 ② (종교 의식 등을) 실시하다

sommità /sommi'ta/ [여-불변] ① 정상, 꼭대기 ② (비유적으로) 정점, 절정

sommo /'sommo/ [형] ① 가장 높은, 꼭대기의 ② 최고의, 최상의; il Sommo Pontefice 로마 교황 - [남] ① 정상,

꼭대기 ② (비유적으로) 정점, 절정 - per sommi capi 요약하면, 간략하게 말하면

sommossa /som'mɔssa/ [여] 반란, 폭동, 봉기

sommozzatore /sommottsa'tore/ [남] (여: -trice) ① 잠수부 (스쿠버 다이버 또는 스킨 다이버) ② [군사] 잠수 공작원

sonaglio /so'naʎʎo/ [남] (복: -gli) 방울, 딸랑이, 작은 종

sonar /'sɔnar/ [남-불변] 수중 음파 탐지기

sonata /so'nata/ [여] [음악] 소나타

sonda /'sonda/ [여] ① [의학] 탐침(探針), 소식자(消息子) ② [광업] 드릴, 착암기 ③ [기상] 존데 (상층 대기의 상태를 관찰·조사하는 데 쓰이는 측정 기구) ④ (바다의 깊이를 재는) 측심연(測深鉛)

sondaggio /son'daddʒo/ [남] (복: -gi) ① [광업] 착암(鑿巖), 시추(試錐) ② [기상] 상층 대기의 관찰·조사 ③ [의학] 탐침(探針)을 이용한 진료 ④ sondaggio d'opinioni 여론 조사

sondare /son'dare/ [타동] ① (자원 탐사를 위해 지표면을) 뚫다 ② (수심을) 측정하다 ③ [의학] 탐침(探針)으로 진료하다 ④ (비유적으로) (남의 생각 따위를) 타진하다; sondare l'opinione pubblica 여론 조사를 실시하다

sonetto /so'netto/ [남] 소네트, 14행시 (詩)

sonnambulo /son'nambulo/ [남] (여: -a) 몽유병자

sonnecchiare /sonnek'kjare/ [자동] (조동사: avere) (꾸벅꾸벅) 졸다

sonnellino /sonnel'lino/ [남] 잠깐 졸기, 낮잠

sonnifero /son'nifero/ [남] 수면제

sonno /'sonno/ [남] ① 잠, 수면; avere il sonno pesante 깊이 잠들다; prendere sonno 잠들다, 잠에 빠지다 ② 졸림, 잠이 옴; avere sonno 졸리다, 잠이 오다 ③ (비유적으로) 무기력, 활기가 없음 - il sonno eterno (완곡한 표현으로) 영면(永眠), 죽음

sonnolento /sonno'lento/ [형] ① 졸리는, 잠이 오는 ② (비유적으로) 무기력한, 활기가 없는

sonnolenza /sonno'lɛntsa/ [여] ① 졸림, 잠이 옴 ② (비유적으로) 무기력, 활기가 없음

sonorizzare /sonorid'dzare/ [타동] ① [영화] (필름에) 소리[대사·음악]를 입히다 ② [언어] 유성음화하다

sonoro /so'nɔro/ [형] ① 소리의, 음(흄)의 ② 소리를 내는 ③ (소리가) 큰, 울려 퍼지는 ④ (비유적으로) 떠벌리는, 과장하는 ⑤ [영화] 사운드의, 음향의 ⑥ [언어] 유성음의 - [남] ① il sonoro 발성 영화 ② 사운드트랙 (영화 필름에서 소리가 녹음된 가장자리 부분)

sontuoso /sontu'oso/ [형] 화려한, 호화로운; 사치스러운

sopire /so'pire/ [타동] (분노 따위를) 달래다, 완화시키다

sopore /so'pore/ [남] 졸림, 잠이 옴

soporifero /sopo'rifero/ [형] ① (약 따위가) 잠이 오게 하는, 수면을 유도하는 ② (비유적으로) (책이나 영화 따위가) 지루한, 따분한

soppalco /sop'palko/ [남] (복: -chi) [건축] 중2층(中二層; 1층과 2층 사이)

sopperire /soppe'rire/ [자동] (조동사: avere) (a와 함께 쓰여) (필요를) 충족시키다; (부족한 것을) 벌충하다

soppesare /soppe'sare/ [타동] ① (손으로 들어 보아) 무게를 가늠하다 ② (비유적으로) 비교해서 생각하다, 평가하다; soppesare i pro e i contro 찬반 양론의 득실을 따져보다

soppiantare /soppjan'tare/ [타동] (남의 자리를) 빼앗다; (다른 것을) 대체하다

soppiatto [부] (di soppiatto /disop'pjatto/의 형태로 쓰여) 몰래, 슬쩍

sopportare /soppor'tare/ [타동] ① (무게 따위를) 지탱하다 ② (굴욕 따위를) 당하다; (손실 따위를) 입다; (좋지 않은 결과를) 감수하다 ③ (남의 행동 따위를) 참다, 견디다, 인내하다

sopportazione /sopportat'tsjone/ [여] 인내, 참을성; la mia sopportazione ha un limite 내가 참는 데도 한계가 있어

soppressione /soppres'sjone/ [여] ① 취소, 철회, 폐지 ② 살해, 제거

sopprimere /sop'primere/ [타동] ① 취소하다, 철회하다, 폐지하다 ② 삭제하다, 없애다 ③ 죽이다, 살해하다, 제거하다

sopra /'sopra/ [전] ① (어떤 곳에 접촉하여) (~의) 표면에, ~ 위에, ~에; il libro è sopra il tavolo 그 책은 탁자 위에 있다 ② (어떤 곳에 접촉하지 않고)

(~의) 위에; c'era un lampadario sopra il tavolo 식탁 위에 샹들리에가 있었다 ③ (위치상) (~의) 위에,. (~보다) 높은 곳에; l'aereo volava sopra le nuvole 비행기가 구름 위로 날아가고 있었다 ④ (수량이) (~을) 넘는; persone sopra i 30 anni 서른 살이 넘는 사람들 ⑤ 꼭대기에, 제일 위에 ⑥ ~보다 더; amare qn sopra ogni altra cosa 다른 어떤 것보다도 누구를 더 사랑하다 ⑦ (우세·군림을 나타내어) (~의) 위에, ~보다 더; avere un vantaggio sopra qn 누구보다 우세하다, 우위에 있다 ⑧ (반복을 나타내어) fare proposte sopra proposte 연거푸 제의를 하다 ⑨ (~에) 대해, 관해; chiedere un parere sopra qc 무엇에 관해 의견을 묻다 ⑩ al di sopra di ~ 을 넘어, ~보다 위에; al di sopra della media 평균 이상의; essere al di sopra di ogni sospetto 혐의가 없다 - [부] ① (보다) 위에; tre metri sopra 3m 위에; da sopra 위에서, 위로부터 ② 꼭대기에; una torta con sopra la panna 위에 크림을 얹은 케이크 ③ (건물의) 위층에 ④ (강조하여) qui[qua] sopra 여기 위에[위로] ⑤ 앞서, 먼저; come detto sopra 앞서 말한 바와 같이 ⑥ di sopra i) (둘 중) 위쪽의 ii) (여러 개 중) 가장 위쪽의 - [남·불변] 위쪽, 상부 - pensarci sopra ~에 대해 생각해 보다

soprabito /so'prabito/ [남] 오버코트, 외투

sopracciglio /soprat'tʃiʎʎo/ [남] (복 : -gli, 여·복 : -glia) 눈썹

sopraccoperta /soprakko'perta/ [여] ① 침대 덮개 ② 책 표지[커버] - [부] [항해] 갑판에 나가

sopraddetto /soprad'detto/ [형] 앞서 말한[언급한]

sopraelevata /sopraele'vata/ [여] 고가(高架) 도로; 고가 철도

sopraelevato /sopraele'vato/ [형] 높여진, 높은; (철도·도로 따위가) 고가(高架)의

sopraffare /sopraf'fare/ [타동] ① (적을) 무찌르다, 패배시키다, 제압하다 ② (비유적으로) (감정 따위가 사람을) 압도하다

sopraffazione /sopraffat'tsjone/ [여] 제압, 압도

sopraffino /sopraf'fino/ [형] 최고급의, 특상의

sopraggiungere /sopradˈdʒundʒere/ [자동] (조동사 : essere) (사람·문제·어려움 따위가) 갑자기 나타나다, 예기치 못하게 찾아오다, 닥치다

sopralluogo /sopralˈlwɔgo/ [남] (복 : -ghi) 검사, 점검, 조사

soprammobile /sopram'mɔbile/ [남] 선반 따위에 얹어 놓는 장식품

soprannaturale /soprannatu'rale/ [형] 초자연적인; 초인적인 - [남] 초자연적인 존재

soprannome /sopran'nome/ [남] 별명

soprannominare /sopprannomi'nare/ [타동] (~에게) 별명을 붙이다

soprannumero /sopran'numero/ [남] in soprannumero 과잉의, 남아 도는

soprano /so'prano/ [남] [음악] 소프라노

soprappensiero /soprappen'sjɛro/ [부] 다른 생각에 잠겨, 넋을 잃고

soprassalto /sopras'salto/ [남] di soprassalto 갑자기, 벌떡

soprassedere /soprasse'dere/ [자동] (조동사 : avere) (a 또는 su와 함께 쓰여) (결정·판단 따위를) 미루다, 연기하다

soprattassa /soprat'tassa/ [여] 부가세(稅)

soprattutto /soprat'tutto/ [부] ① 무엇보다도, 첫째로 ② 특히 ③ 주로

sopravento /sopra'vento/ [부] 바람이 불어오는 쪽으로

sopravvalutare /sopravvalu'tare/ [타동] 과대평가하다

sopravvenire /sopravve'nire/ [자동] (조동사 : essere) (사람·문제·어려움 따위가) 갑자기 나타나다, 예기치 못하게 찾아오다, 닥치다

sopravvento1 /soprav'vento/ [남] 우세, 우위; avere il sopravvento su qn 누구보다 우세하다, 우위에 있다

sopravvento2 /soprav'vento/ → sopravento

sopravvissuto /sopravvis'suto/ [형] 살아남은, 생존한 - [남] (여 : -a) 살아남은 사람, 생존자

sopravvivenza /sopravvi'vɛntsa/ [여] 생존, 살아남음

sopravvivere /soprav'vivere/ [자동] (조동사 : essere) ① 살아가다; 생계를 잇다 ② (a와 함께 쓰여) (사고·재난 따위

로부터) 살아남다, 생존하다 ③ (a와 함께 쓰여) (~보다) 더 오래 살다
soprintendente /soprinten'dɛnte/ → sovrintendente
soprintendenza /soprinten'dɛntsa/ → sovrintendenza
soprintendere /soprin'tɛndere/ → sovrintendere
sopruso /so'pruzo/ [남] 권력 남용, 난폭 행위
soqquadro /sok'kwadro/ [남] 큰 혼란, 극도의 무질서; mettere a soqquadro 난장판으로 만들어 놓다
sorbetto /sor'betto/ [남] 셔벗, 빙과
sorbire /sor'bire/ [타동] ① (음료를) 조금씩[홀짝거리며] 마시다 ② (비유적으로) (싫은 것을) 참다 - sorbirsi [재귀동사] (비유적으로) (싫은 것을) 참다
sorcio /'sortʃo/ [남] (복 : -ci) [동물] 생쥐 - far vedere i sorci verdi a qn (비유적으로) 누구로 하여금 곤란을 겪게 하다
sordido /'sɔrdido/ [형] ① 더러운, 지저분한 ② (비유적으로) 비열한, 야비한; 인색한
sordina /sor'dina/ [여] [음악] 약음기(弱音器) - in sordina (비유적으로) 살며시, 슬쩍, 몰래
sordità /sordi'ta/ [여-불변] ① 귀가 들리지 않음, 소리를 듣지 못함 ② (비유적으로) (남의 말 따위에) 귀를 기울이지 않음, 무관심
sordo /'sordo/ [형] ① 귀가 들리지 않는, 소리를 듣지 못하는; essere sordo come una campana 귀가 전혀 들리지 않다 ② (비유적으로) (남의 말 따위에) 귀를 기울이지 않는, 무관심한 ③ (소리가) 또렷하지 않은 ④ (비유적으로) 은밀한, 감춰진 ⑤ [언어] 무성음의 - [남] (여 : -a) 청각 장애인 - fare il sordo 귀를 기울이지 않다
sordomuto /sordo'muto/ [형] 귀가 들리지 않고 말도 할 수 없는, 농아(聾啞)의 - [남] (여 : -a) 농아
sorella /so'rɛlla/ [여] ① 자매, 여자 형제 ② [가톨릭] 수녀 - [형-여] 자매 관계의; 밀접하게 관련된
sorellastra /sorel'lastra/ [여] 부모 중 어느 한 쪽만 같은 자매; 의붓자매
sorgente /sor'dʒɛnte/ [여] ① 샘; 수원(水源); acqua di sorgente 샘물 ② (비유적으로) (di와 함께 쓰여) (~의) 원천; sorgente di guadagno 수입원 - sorgente termale 온천
sorgere /'sordʒere/ [자동] (조동사 : essere) ① (해·달이) 뜨다 ② (건물 따위가) 서 있다 ③ (비유적으로) (문제·어려움 따위가) 생기다, 발생하다 - [남] il sorgere del sole 일출, 해돋이
sormontare /sormon'tare/ [타동] ① (물이) 넘치다, 넘쳐 흐르다 ② (장애·곤란 따위를) 극복하다
sornione /sor'njone/ [형/남] (여 : -a) 교활한, 음흉한 (사람)
sorpassare /sorpas'sare/ [타동] ① (장애물 따위를) 뛰어넘다; (한계 따위를) 넘다 ② (앞선 차량을) 추월하다 ③ ~보다 낫다, 능가하다, 뛰어나다; sorpassare qn in intelligenza 누구보다 더 영리하다
sorpassato /sorpas'sato/ [형] 구식의, 케케묵은
sorpasso /sor'passo/ [남] (앞선 차량의) 추월; fare un sorpasso 추월하다
sorprendente /sorpren'dɛnte/ [형] (결과·소식·사람 따위가) 놀라운, 깜짝 놀랄 만한
sorprendere /sor'prɛndere/ [타동] ① 깜짝 놀라게 하다 ② (적을) 불시에 치다; (궂은 날씨 따위가 갑자기) 닥치다; furono sorpresi dalla bufera 그들은 폭풍우를 만났다 ③ 현행범으로 체포하다, 현장을 잡다 - sorprendersi [재귀동사] ① (di와 함께 쓰여) (~에) 깜짝 놀라다 ② (a fare와 함께 쓰여) 자신이 ~하고 있음을 알게 되다
sorpresa /sor'presa/ [여] ① 놀람, 경악 ② 놀랄 만한 일; fare una sorpresa a qn 누구를 놀라게 하다 - prendere qn di sorpresa 누구의 허를 찌르다; risultato a sorpresa 놀랄 만한 결과
sorpreso /sor'preso/ [형] 깜짝 놀란
sorreggere /sor'reddʒere/ [타동] ① (환자·노인 등을) 부양하다 ② (구조물 따위를) 떠받치다, 지탱하다 ③ (비유적으로) (정신적으로) 지지하다
sorretto /sor'retto/ [형] 떠받쳐진, 지탱된, 지지된
sorridere /sor'ridere/ [자동] (조동사 : avere) ① 미소를 짓다; sorridere a qn 누구를 보고 미소를 짓다 ② (비유적으로) (a qn과 함께 쓰여) (누구에게) 운이 트이다 ③ (비유적으로) (계획 따위가 누구의) 마음에 들다; l'idea mi

sorride 난 그 생각이 마음에 들어
sorriso /sor'riso/ [남] 미소; fare un sorriso a qn 누구를 향해 미소를 짓다
sorsata /sor'sata/ [여] 꿀꺽꿀꺽 마시기, 쭉 들이켜기; bere a sorsate 꿀꺽꿀꺽 마시다, 쭉 들이켜다
sorseggiare /sorsed'dʒare/ [타동] (음료를) 조금씩 마시다
sorso /ˈsorso/ [남] (음료의) 한 모금; in un solo sorso 한입에, 단숨에; bere un sorso di qc 무엇을 마시다
sorta /ˈsɔrta/ [여] ① 종류, 부류; di ogni sorta 온갖 종류의, 각종 ② di sorta 무엇이든지, 어떤 것이나
sorte /ˈsɔrte/ [여] ① 운명, 운; decidere della sorte di qn 누구의 운명을 결정하다; tentare la sorte 운수를 시험해 보다 ② 우연의 일치; estrarre[tirare] a sorte 제비를 뽑다
sorteggiare /sorted'dʒare/ [타동] 제비를 뽑다
sorteggio /sor'teddʒo/ [남] (복 : -gi) 제비뽑기
sortilegio /sorti'ledʒo/ [남] (복 : -gi) 마법, 마술
sortire /sor'tire/ [타동] (효과를) 내다, (결과를) 얻다; sortire l'effetto contrario 역효과를 내다
sortita /sor'tita/ [여] (군사) 돌격, 출격
sorvegliante /sorveʎˈʎante/ [남/여] 관리인; 경비원
sorveglianza /sorveʎˈʎantsa/ [여] 감시, 감독, 관리; fare sorveglianza agli esami 시험 감독을 하다
sorvegliare /sorveʎˈʎare/ [타동] 감시[감독]하다, 관리하다, 지키다
sorvolare /sorvo'lare/ [타동] ① (비행기가 ~의) 상공을 날다 ② (비유적으로) 빠뜨리고 그냥 넘어가다 - [자동] (조동사 : avere) (su와 함께 쓰여) (~을) 빠뜨리고 그냥 넘어가다
S.O.S. /ɛsseoˈɛsse/ [남-불변] 조난 신호; lanciare un S.O.S. 조난 신호를 보내다
sosia /ˈsɔzja/ [남/여-불변] 꼭 닮은 사람
sospendere /sosˈpɛndere/ [타동] ① 걸다, 매달다; sospendere un quadro al muro 벽에 그림을 걸다 ② (비유적으로) (일시) 중지하다 ③ (비유적으로) 미루다, 연기하다, 보류하다, 유예하다 ④ (비유적으로) 정직(停職)시키다; (학생을) 정학시키다; (선수를) 출전 정지시키다

sospensione /sospenˈsjone/ [여] ① 매달(리)기, 걸치기 ② (일시) 중지; 연기, 보류, 유예 ③ 정직(停職); 정학(停學) ④ [화학] 현탁(懸濁) ⑤ (자동차의) 완충 장치
sospeso /sosˈpeso/ [형] ① 걸린, 매달린 ② (비유적으로) (일시) 중지된; 연기[보류·유예]된 ③ 정직[정학] 처분을 받은; (선수가) 출전 정지 처분을 받은 ④ in sospeso 아직 결정[해결]되지 않은, 미결의 - ponte sospeso 현수교(懸垂橋); col fiato sospeso 숨을 죽이고, (어떻게 되나 하고) 마음을 졸이며
sospettare /sospetˈtare/ [타동] ① (~을) 의심하다, (~에) 혐의를 두다; sospettare qn di qc 무엇에 대해 누구를 의심하다, 누구에게 무엇의 혐의를 두다 ② (che와 함께 쓰여) ~이 아닌가 하고 생각하다 - [자동] (조동사 : avere) (di와 함께 쓰여) (~을) 의심하다, 믿지 않다
sospetto1 /sosˈpɛtto/ [형] 의심스러운, 수상쩍은 - [남] (여 : -a) 용의자, 수상쩍은 사람
sospetto2 /sosˈpɛtto/ [남] ① 의심, 수상쩍다고 여김; destare sospetti 의심을 불러 일으키다; guardare qn con sospetto 누구를 의심의 눈길로 바라보다 ② 막연한 느낌; avere il sospetto che ~이 아닌가 하는 생각이 들다
sospettoso /sospetˈtoso/ [형] (di와 함께 쓰여) (~을) 의심하는, 믿지 않는
sospingere /sosˈpindʒere/ [타동] ① (바람이 배 따위를) 떼밀어 보내다; (사람이 휠체어 따위를) 밀다 ② (비유적으로) 몰아대다, 죄어치다
sospirare /sospiˈrare/ [자동] (조동사 : avere) 한숨을 쉬다 - [타동] 갈망하다, 간절히 바라다, 기대하다; fare sospirare qc a qn 누구로 하여금 무엇을 기대하게 만들다
sospiro /sosˈpiro/ [남] 한숨; sospiro di sollievo 안도의 한숨; fare[trarre] un sospiro 한숨을 쉬다
sosta /ˈsɔsta/ [여] ① (도중에) 멈춤; 정차 ② 주차; "divieto di sosta" "주차 금지" ③ (중간) 휴식; senza sosta (일 따위를) 쉬지 않고; avere un attimo di sosta 잠깐 쉬다
sostantivo /sostanˈtivo/ [남/형] [문법] 명사(의)

sostanza /sos'tantsa/ [여] ① 물질, 재료 ② 실질, 실속 ③ (이야기 따위의) 요지, 핵심 ④ [철학] 실체, 본질 ⑤ (음식의) 영양분 - sostanze [여·복] 자산, 재산 - in sostanza i) 본질적으로, 실질적으로 ii) 요컨대, 결론적으로

sostanzioso /sostan'tsjoso/ [형] ① (음식이) 영양분 있는 ② (식사 따위가) 실속 있는; (내용 따위가) 충실한; (수입 따위가) 상당한

sostare /sos'tare/ [자동] (조동사 : avere) ① (도중에) 멈추다, 정지하다 ② 주차하다 ③ 잠시 쉬다, 휴식을 취하다; sostare dal lavoro 작업 도중에 잠시 휴식하다

sostegno /sos'teɲɲo/ [남] ① 지주, 버팀목, 받침대 ② (비유적으로) 지지, 원조, 후원; a sostegno di ~을 지지하여

sostenere /soste'nere/ [타동] ① (물리적으로) 받치다, 지탱하다, 버티다; sostenere il peso di ~의 무게를 지탱하다 ② (비유적으로) 지지하다, 원조[후원]하다, 지원하다 ③ (가족 등을) 부양하다 ④ (비유적으로) 견디다, 받다, 당하다; sostenere delle spese 비용을 충당하다 ⑤ (권리·결백 따위를) 주장하다, 단언하다 ⑥ [연극·영화] (배역을 맡아) 연기하다 - sostenersi [재귀동사] ① (두 발로) 일어서다 ② 생계를 유지하다

sostenitore /soseni'tore/ [남] (여 : -trice) 지지자, 후원자, 옹호자

sostentamento /sostenta'mento/ [남] 생계 유지; mezzi di sostentamento 생계 수단

sostenuto /soste'nuto/ [형] ① 고상한, 격식 있는 ② 남과 거리를 두는, 사근사근하지 않은 ③ (속도가) 빠른; (물가가) 높은 - [남] (여 : -a) fare il sostenuto 남과 거리를 두다, 사근사근하지 않다

sostituire /sostitu'ire/ [타동] ① (con과 함께 쓰여) (새것 등으로) 바꾸다, 갈다, 교체하다 ② (con과 함께 쓰여) (성질이 비슷한 다른 것으로) 대체하다 ③ (남의 역할 따위를) 대신하다 - sostituirsi [재귀동사] sostituirsi a qn 누구를 대신하다

sostitutivo /sostitu'tivo/ [형] 대신하는, 대리의, 대용의

sostituto /sosti'tuto/ [남] (여 : -a) ① 대리인; 대역 배우 ② [문법] 대용어

sostituzione /sostitut'tsjone/ [여] ① 대리, 대용, 대체; in sostituzione di ~을 대신하여 ② [화학] 치환 ③ [수학] 대입 ④ [문법] 대용, 대입

sottaceto /sotta'tʃeto/ [형-불변] (오이 따위를) 절인, 피클로 만든 - [부] mettere sottaceto (오이 따위를) 절이다, 피클로 만들다 - sottaceti [남·복] 오이 따위의 절임, 피클

sottana /sot'tana/ [여] ① 속치마 ② 스커트 ③ (가톨릭 신부가 입는) 평상복, 수단 - correre dietro alle sottane 여자 뒤를 쫓아다니다; stare sempre attaccato alla sottana della mamma 어머니에게 항상 의존하며 살다, 마마보이다

sotterfugio /sotter'fudʒo/ [남] (복 : -gi) 속임수, 트릭

sotterraneo /sotter'raneo/ [형] ① 지하의 ② (비유적으로) 비밀의, 은밀한 - [남] 지하실

sotterrare /sotter'rare/ [타동] (땅에) 파묻다, 매설하다; (시신을) 매장하다

sottigliezza /sottiʎ'ʎettsa/ [여] ① (두께가) 얇음; (끝이) 뾰족함 ② (비유적으로) (관점 따위의) 예리함 ③ [복] 미묘함, 미세함, 세부적임

sottile /sot'tile/ [형] ① (두께가) 얇은; (끝이) 뾰족한 ② (사람·신체의 일부가) 마른, 호리호리한, 가냘픈 ③ (비유적으로) (관점 따위가) 예리한, 통찰력이 있는; (유머·풍자 따위가) 신랄한 ④ (비유적으로) (차이 따위가) 미묘한, 미세한

sottilizzare /sottilid'dzare/ [자동] (조동사 : avere) (su와 함께 쓰여) (세부적인 것을) 꼬치꼬치 따지다

sottintendere /sottin'tendere/ [타동] ① 암시하다, 내포하다, 뜻하다, 의미하다 ② (필연적으로) 포함하다, 수반하다

sottinteso /sottin'teso/ [형] (~의 뜻이) 내포된, (~을) 의미하는 - [남] 암시, 내포; senza sottintesi 터놓고, 분명하게

sotto /'sotto/ [전] ① (~의) 아래에, 밑에; si riparò sotto un albero 그는 나무 밑으로 몸을 피했다; sotto lo stesso tetto 한 지붕 아래 ② (~보다) 아래에, 밑에; sotto il livello del mare 해수면 아래에; 10 sotto zero 영하 10도 ③ (수량이) ~ 미만의; bambini sotto i cinque anni 다섯 살 미만의 아이들 ④ (~의) 맨 밑에, 밑바닥에 ⑤ (~의) 바로

가까이에; sotto casa mia 우리 집 바로 앞에 ⑥ (~의) 때에, 시기에; sotto le feste natalizie 크리스마스 시즌에 ⑦ (~의) 치세·정권 하에; sotto il regno di Luigi XIV 루이 14세의 치세에 ⑧ (~의) 영향·지배 따위를 받아; (~의) 조건으로; sotto l'effetto dell'alcol 술에 취하여; tenere qn sotto la propria protezione 누구를 자신의 보호 아래 두다; sotto falso nome 가명으로 ⑨ ~으로부터, (~에) 관하여; sotto questo punto di vista 이러한 관점에서 보면; sotto ogni aspetto 모든 면에서 ⑩ sotto di i) (~의) 아래층에 ii) (~보다) 지위가 아래인; ha 5 impiegati sotto di sé 그는 자기 밑에 직원 5명을 두고 있다 ⑪ al di sotto di (정도·수준이) ~ 아래인; al di sotto della media 평균 이하의 - [부] ① 아래에, 밑에, 하부에; tre metri sotto 3m 아래에 ② 아래층에 ③ (강조하여) qui[qua] sotto 여기 아래에[로] ④ 다음에, 아래에; vedi sotto 다음[아래]을 보라 ⑤ di sotto i) ~의 아래에 ii) (둘 중) 더 낮은 쪽의 iii) (모든 것 가운데) 가장 낮은 쪽의 - [형-불변] 아래의, 하부의; il piano sotto 아래층 - [남-불변] 아래쪽, 밑, 하부
sottobanco /sotto'banko/ [부] 암거래로; 비밀리에
sottobicchiere /sottobik'kjɛre/ [남] 컵·접시의 받침
sottobosco /sotto'bɔsko/ [남] (복 : -schi) (큰 나무 밑의) 덤불, 풀숲
sottobraccio /sotto'brattʃo/ [부] camminare sottobraccio a qn 누구와 팔짱을 끼고 걷다; prendere qn sottobraccio 누구의 팔을 붙잡다
sottocchio /sot'tɔkkjo/ [부] (누구의) 눈앞에 (내놓아)
sottochiave /sotto'kjave/ [부] 자물쇠를 채워, 잠가 두어
sottofondo /sotto'fondo/ [남] ① (건물의) 토대 ② (비유적으로) (사건 따위의) 배경, 배후 사정 ③ [영화·TV] 배경; sottofondo musicale 배경 음악
sottogamba /sotto'gamba/ [부] prendere qn/qc sottogamba 누구/무엇을 얕보다, 경시하다
sottogonna /sotto'gonna/ [여] 속치마
sottolineare /sottoline'are/ [타동] ① (어구 따위에) 밑줄을 긋다 ② (비유적으로) 강조하다

sottolio /sot'tɔljo/ [형-불변] (식품을) 기름에 담가 저장한 - [부] conservare sottolio (식품을) 기름에 담가 저장하다
sottomano /sotto'mano/ [부] ① 손이 닿는 곳에, 가까이에 ② 비밀리에, 은밀하게
sottomarino /sottoma'rino/ [형] 해저(海底)의; 수면하의 - [남] 잠수함
sottomesso /sotto'messo/ [형] 정복된, 종속된; 복종하는, 유순한
sottomettere /sotto'mettere/ [타동] ① 정복하다, 복종시키다 ② (a와 함께 쓰여) (계획 따위를 ~에) 제출하다 - sottomettersi [재귀동사] ① 복종하다, 굴복하다 ② (a와 함께 쓰여) (규칙 등에) 따르다
sottopassaggio /sottopas'saddʒo/ [남] (복 : -gi) 지하도(道)
sottopentola /sotto'pentola/ [남-불변] 냄비 받침대
sottopeso /sotto'peso/ [형-불변] 체중이 (표준보다) 덜 나가는, 저체중의
sottopiatto /sotto'pjatto/ [남] (식탁용) 접시 깔개
sottoporre /sotto'porre/ [타동] (a와 함께 쓰여) ① (누구로 하여금 ~을) 받게·겪게·당하게 하다; sottoporre qn a una terapia 누구를 치료하다; sottoporre uno sportivo ad un duro allenamento 운동 선수에게 고된 훈련을 시키다 ② (계획 따위를 ~에) 제출하다, 내다 - sottoporsi [재귀동사] (a와 함께 쓰여) ① (~에) 복종하다, 따르다 ② (검사 따위를) 받다; sottoporsi a un esame 시험을 치다
sottoposto /sotto'posto/ [형] ① (시험·검사 따위를) 받은 ② (계획 따위가) 제출된 - [남] (여 : -a) 남에게 종속된 사람
sottoproletariato /sottoproleta'rjato/ [남] (사회) 최하층
sottoscala /sottos'kala/ [남-불변] 계단 아래의 공간; 계단 아래의 벽장
sottoscritto /sottos'kritto/ [남] (여 : -a) 서명한 사람, 서명인
sottoscrivere /sottos'krivere/ [타동] ① (문서 등에) 서명하다 ② 기부하다, 출자하다 ③ (비유적으로) 동의하다, 보증하다
sottoscrizione /sottoskrit'tsjone/ [여] ① 서명(하기); 서명, 사인 ② 기부, 출

자
sottosegretario /sottosegre'tarjo/ [남] (여 : -a) (정부 부처의) 차관(次官)
sottosopra /sotto'sopra/ [부] ① 거꾸로, 뒤집혀 ② 혼란스럽게, 엉망으로, 뒤죽박죽으로; mettere la casa sottosopra 집을 난장판으로 만들다, 온통 어질러 놓다; sentirsi sottosopra 기분이 좋지 않다
sottostante /sottos'tante/ [형] 아래의, 아래에 있는; la valle sottostante 아래쪽의 골짜기
sottostare /sottos'tare/ [자동] (조동사 : essere) (a와 함께 쓰여) ① (~의) 아래에 있다, (~보다) 하위이다 ② (규칙 따위에) 따르다
sottosuolo /sotto'swɔlo/ [남] 하층토(下層土)
sottosviluppato /sottozvilup'pato/ [형] (나라·지역 등이) 저개발의, 발달이 덜 된
sottosviluppo /sottozvi'luppo/ [남] 저개발
sottotenente /sottote'nɛnte/ [남] [군사] 소위
sottoterra /sotto'tɛrra/ [부] 지하에
sottotetto /sotto'tetto/ [남] 다락방
sottotitolo /sotto'titolo/ [남] ① (책이나 신문 기사 등의) 작은 표제, 부제(副題) ② (영화의) 설명 자막
sottovalutare /sottovalu'tare/ [타동] 과소평가하다, 얕잡아 보다, 경시하다
sottovaso /sotto'vazo/ [남] 화분 받침
sottovento /sotto'vɛnto/ [부] [항해] 바람 불어가는 쪽으로 - [형-불변] 바람 불어가는 쪽의 - [남] 바람 불어가는 쪽
sottoveste /sotto'vɛste/ [여] 속치마
sottovoce /sotto'votʃe/ [부] 낮은[작은] 목소리로
sottovuoto /sotto'vwɔto/ [형-불변] (상품을) 진공 포장한; confezione sottovuoto 진공 포장 - [부] confezionare sottovuoto (상품을) 진공 포장하다
sottrarre /sot'trarre/ [타동] ① (da와 함께 쓰여) (~에서) 빼다, 덜다; 공제하다 ② sottrarre qc a qn 누구한테서 무엇을 가져가다, 훔치다, 빼앗다 ③ (비유적으로) (a와 함께 쓰여) (~으로부터) 구해주다, 자유롭게 해주다; sottrarre qn alla morte 누구를 죽음의 위기에서 구해주다 - sottrarsi [재귀동사] (a와 함

께 쓰여) ① (~을) 피하다, (~으로부터) 달아나다 ② (해야 할 일 따위를) 기피하다
sottrazione /sottrat'tsjone/ [여] ① [수학] 뺄셈 ② 도둑질, 빼앗기
sottufficiale /sottuffi'tʃale/ [남] [군사] 부사관
soubrette /su'brɛt/ [여-불변] (공연·연극·TV 프로그램 등의) 젊은 여배우·가수·댄서
soufflé /suffle/ [남-불변] 수플레 (계란 노른자·화이트 소스·생선살·치즈 따위에 거품 낸 계란 흰자를 섞어 오븐에 구운 요리)
soul /sol/ [형-불변] musica soul 솔뮤직 (노예 제도하에서 발생한 미국 흑인들의 음악) - [남-불변] 솔뮤직
souvenir /suve'nir/ [남-불변] 기념품
sovente /so'vɛnte/ [부] 자주, 종종
soverchieria /soverkje'ria/ [여] 억압; 권력 남용
sovietico /so'vjɛtiko/ (복 : -ci, -che) [형] 소비에트의; S- (구)소련의; Unione Sovietica 소비에트 연방 - [남] (여 : -a) (구)소련 사람
sovrabbondante /sovrabbon'dante/ [형] 과잉의, 과다한, 남아돌아가는
sovrabbondanza /sovrabbon'dantsa/ [여] 과잉, 과다; in sovrabbondanza 과다하여, 남아돌아
sovraccaricare /sovrakkari'kare/ [타동] ① (차량 따위에) 짐을 너무 많이 싣다 ② (비유적으로) 과중한 부담을 지우다; sovraccaricare qn di lavoro 누구에게 너무 많은 일을 시키다
sovraccarico /sovrak'kariko/ (복 : -chi, -che) [형] ① (차량 따위에) 짐을 너무 많이 실은 ② (비유적으로) 과중한 부담을 떠 안은 - [남] ① 과적(過積) ② (비유적으로) 과중한 부담 ③ [전기] 과부하
sovraffollato /sovraffol'lato/ [형] (일정 장소가) 붐비는, 사람이 너무 많은
sovranità /sovrani'ta/ [여-불변] ① 주권, 통치권 ② (비유적으로) 최고, 최상, 탁월
sovrano /so'vrano/ [형] ① 주권[통치권]의; (나라·국민 등이) 주권을 가진 ② 최고의, 극도의 - [남] (여 : -a) 주권자, 원수(元首), 군주, 국왕
sovrapporre /sovrap'porre/ [타동] ① (다른 것의 위에) 얹다, 포개어 놓다 ②

(비유적으로) 우선시하다 -
sovrapporsi [재귀동사] ① (다른 것의 위에) 얹히다, 포개지다 ② (비유적으로) 겹쳐지다, 중첩되다
sovrapposizione /sovrapposit'tsjone/ [여] ① (다른 것의 위에) 얹기, 포개어 놓기 ② (비유적으로) 겹쳐짐, 중첩
sovrapposto /sovrap'posto/ [형] (다른 것의 위에) 얹힌, 포개진; 겹쳐진, 중첩된
sovrapprezzo /sovrap'prɛttso/ [남] 할증 요금
sovrapproduzione /sovrapprodut'tsjone/ [여] 과잉 생산, 생산 과잉
sovrastante /sovras'tante/ [형] ① 위 (쪽)에 위치한, 높이 걸려 있는 ② (비유적으로) (위험 따위가) 임박[절박]한
sovrastare /sovras'tare/ [타동] ① (탑·산 따위가) (~의 위에) 높이 솟다; (구름 따위가) 높이 걸려 있다 ② (비유적으로) 뛰어나다, 우수하다 ③ (비유적으로) (위험 따위가) 임박[절박]하다
sovrastruttura /sovrastrut'tura/ [여] 상부 구조
sovrimpressione /sovrimpres'sjone/ [여] [사진] 이중 노출; [영화] 이중 인화(印畵)
sovrintendente /sovrinten'dɛnte/ [남/여] 감독, 관리자
sovrintendenza /sovrinten'dɛntsa/ [여] 감독, 관리
sovrintendere /sovrin'tɛndere/ [자동] (조동사 : avere) (a와 함께 쓰여) (~을) 감독[관리]하다
sovrumano /sovru'mano/ [형] 초인적인
sovvenire /sovve'nire/ [자동] (조동사 : essere) (문어체에서) (생각이) 떠오르다; mi sovvenne che 나에게 ~이라는 생각이 떠올랐다
sovvenzionare /sovventsjo'nare/ [타동] (단체 등에) 자금을 지원하다
sovvenzione /sovven'tsjone/ [여] 자금 지원
sovversivo /sovver'sivo/ [형/남] (여 : -a) 파괴하는, 전복하는, 타도하는 (사람)
sovvertire /sovver'tire/ [타동] (체제·질서 따위를) 파괴하다, 전복하다, 타도하다
sozzo /'sottso/ [형] ① (외양이) 더러운, 지저분한, 불결한 ② (도덕적으로) 부정(不正)한

spaccare /spak'kare/ [타동] ① 깨다, 부수다, 쪼개다 ② (비유적으로) (동맹·정당 따위를) 분열시키다 - spaccarsi [재귀동사] ① 깨지다, 부서지다, 쪼개지다 ② (비유적으로) (동맹·정당 따위가) 분열하다
spaccato /spak'kato/ [형] ① 깨진, 부서진, 쪼개진 ② (입술 따위가) 갈라진 ③ (구어체에서) 똑같은, 꼭 닮은; sei tuo padre spaccato 넌 네 아버지를 쏙 빼 닮았구나 - [남] (비유적으로) 단면
spaccatura /spakka'tura/ [여] ① 깨뜨리기, 부수기; 깨짐, 부서짐 ② (표면 따위의) 갈라짐, 균열 ③ (비유적으로) (정당 등의) 분열
spacciare /spat'tʃare/ [타동] (위조 지폐 등을) 유통시키다; (마약 등을) 밀매하다; (거짓 정보 따위를) 퍼뜨리다 - spacciarsi [재귀동사] (per와 함께 쓰여) ~인 체하다, (~의) 행세를 하다
spacciato /spat'tʃato/ [형] 가망이 없는, 실패한
spacciatore /spattʃa'tore/ [남] (여 : -trice) (위조 지폐 등을) 유통시키는 사람; (마약 등의) 밀매인
spaccio /'spattʃo/ [남] (복 : -ci) ① (위조 지폐 따위의) 유통; (마약 등의) 밀매, 불법 거래 ② 잡화점; 매점
spacco /'spakko/ [남] (복 : -chi) ① 갈라진 틈, 균열 ② (옷 따위의) 찢어진 곳
spaccone /spak'kone/ [남] (여 : -a) 자랑하는[떠벌리는] 사람
spada /'spada/ [여] ① (무기로서의) 칼, 검(劍) ② (비유적으로) 검객, 검술가
spadaccino /spadat'tʃino/ [남] (여 : -a) 검객, 검술가
spadroneggiare /spadroned'dʒare/ [자동] (조동사 : avere) (su와 함께 쓰여) (~에 대해) 위세를 부리다, 거드럭거리다
spaesato /spae'zato/ [형] (익숙하지 않은 환경에 처해 있어) 어디로 가야 할 지 알지 못하는, 혼란에 빠진
spaghettata /spaget'tata/ [여] 스파게티로 하는 식사
spaghetti /spa'getti/ [남·복] 스파게티
Spagna /'spaɲɲa/ [여] 스페인
spagnoletta /spaɲɲo'letta/ [여] 실감개, 실패
spagnolo /spaɲ'ɲɔlo/ [형] 스페인의 - [남] (여 : -a) 스페인 사람 - [남] 스페인어

spago /'spago/ [남] (복 : -ghi) 끈, 노끈
spaiato /spa'jato/ [형] (양말·장갑 따위가) 짝이 맞지 않는
spalancare /spalan'kare/ [타동] (문 따위를) 열어젖히다; (팔 따위를) 넓게 벌리다 - spalancarsi [재귀동사] (문 따위가) 활짝 열리다; (입 따위가) 벌어지다
spalancato /spalan'kato/ [형] (문 따위가) 활짝 열린; (입 따위가) 벌어진
spalare /spa'lare/ [타동] (흙이나 눈 따위를) 치우다
spalla /'spalla/ [여] ① 어깨; avere le spalle larghe 어깨가 딱 벌어져 있다; portare qn/qc in[a] spalle 누구/무엇을 어깨에 지고 가다; alzare le spalle 어깨를 으쓱하다 ② [복] 등; voltare le spalle a qn/qc (비유적으로) 누구/무엇에 등을 돌리다, 누구/무엇을 외면하다 ③ 산등성이 ④ alle spalle 뒤에; seduto alle mie spalle 내 뒤에 앉아 있는 ⑤ alle spalle di i) 누군가의 뒤에서, 누군가가 알지 못하는 사이에 ii) 누구에게 폐를 끼쳐; vivere alle spalle di qn 누구에게 얹혀 살다 - mettere qn con le spalle al muro 누구를 궁지로 몰다
spallata /spal'lata/ [여] 어깨로 밀치기; farsi largo a spallate tra la folla 군중 사이를 어깨로 밀어 헤치며 나아가다
spalleggiare /spalled'dʒare/ [타동] 지지하다, 후원[지원]하다
spalletta /spal'letta/ [여] (다리의) 난간
spalliera /spal'ljera/ [여] ① (의자의) 등받이 ② (침대의) 머리 쪽 ③ (체조용) 늑목(肋木)
spallina /spal'lina/ [여] ① [군사] (장교 정복의) 견장(肩章) ② (옷의) 어깨끈; 어깨 패드
spalmare /spal'mare/ [타동] (잼·버터·풀·로션 따위를) 바르다; spalmare il burro sul pane 빵에 버터를 바르다 - spalmarsi [재귀동사] (자신의 피부에 크림 따위를) 바르다
spalti /'spalti/ [남·복] (경기장의) 계단식 관람석, 스탠드
spandere /'spandere/ [타동] ① (크림 따위를) 바르다 ② (액체를) 쏟다, 흘리다; spandere lacrime 눈물을 펑펑 쏟다 ③ (연기·광채·냄새 따위를) 내뿜다 ④ (비유적으로) (소문 따위를) 퍼뜨리다 - spandersi [재귀동사] ① (얼룩 따위가) 퍼지다; (액체가) 흐르다 ② (연기·광채·냄새 따위가) 뿜어나오다 ③ (비유적으로) (소문 따위가) 퍼지다
spanna /'spanna/ [여] 한 뼘 - a spanne 대강 재어보아; essere alto una spanna (사람이) 키가 아주 작다
spappolare /spappo'lare/ [타동] 짓이기다, 으깨다 - spappolarsi [재귀동사] 으깨지다
sparare /spa'rare/ [타동] ① (탄환을) 발사하다 ② [스포츠] (골을 향해 공을) 차다, 슈팅하다 ③ (주먹질·발길질 따위를) 하다 ④ (비유적으로) spararle grosse 과장하다, 허풍을 떨다 - [자동] (조동사 : avere) 총 따위를 쏘다; sparare a qn/qc 누구/무엇에 총을 쏘다
sparatoria /spara'tɔrja/ [여] 총격전
sparecchiare /sparek'kjare/ [타동] (식탁을) 치우다
spareggio /spa'reddʒo/ [남] (복 : -gi) ① [스포츠] 플레이 오프, 우승 결정전 ② [상업] 적자
spargere /'spardʒere/ [타동] ① (모래·꽃·씨 따위를) (흩)뿌리다 ② (액체를) 쏟다, (눈물·피 따위를) 흘리다 ③ (빛·열 따위를) 내뿜다 ④ (소문 따위를) 퍼뜨리다 - spargersi [재귀동사] ① (군중 따위가) 흩어지다 ② (소문이) 퍼지다
spargimento /spardʒi'mento/ [남] (피 따위를) 흘림; spargimento di sangue 유혈
sparire /spa'rire/ [자동] (조동사 : essere) ① 사라지다, 없어지다, 모습을 감추다 ② (고통 따위가) 없어지다, 제거되다 ③ (구어체에서) 가버리다, 떠나다; sparisci! 저리 꺼져! ④ (완곡한 표현으로) 죽다, 사망하다; fare sparire (사람을) 죽이다, 없애다
sparizione /sparit'tsjone/ [여] 사라짐, 없어짐, 모습을 감춤
sparlare /spar'lare/ [자동] (조동사 : avere) (di와 함께 쓰여) (~을) 욕하다, 험담하다
sparo /'sparo/ [남] (탄환의) 발사
sparpagliare /sparpaʎ'ʎare/ [타동] (물건을) 어질러 놓다 - sparpagliarsi [재귀동사] (군중 따위가) 흩어지다
sparso /'sparso/ [형] ① 여기저기 흩어져 있는 ② (피 따위를) 흘린 ③ (머리 따위가) 풀린
spartiacque /sparti'akkwe/ [남-불변] ① [지리] 분수계(分水界) ② (비유적으로)

분수령
spartineve /sparti'neve/ [남-불변] 눈 치는 넉가래; 제설기[차]
spartire /spar'tire/ [타동] ① (이익 따위를) 분배하다 ② (편 따위를) 가르다, 나누다
spartito /spar'tito/ [남] [음악] 악보
spartitraffico /sparti'traffiko/ [남-불변] (도로의) 중앙 분리대 - [형-불변] isola spartitraffico (도로상의) 교통 안전 지대; aiuola spartitraffico (도로의) 중앙 분리대; colonnina spartitraffico 볼라드 (도로상의 보호 기둥)
spartizione /spartit'tsjone/ [여] (이익 따위의) 분배
sparuto /spa'ruto/ [형] ① 여윈, 수척한 ② (수가) 적은
sparviero /spar'vjero/ [남] [조류] 새매
spasimante /spazi'mante/ [남] 구혼자; (농담조로) 애인
spasimare /spazi'mare/ [자동] (조동사 : avere) ① 심한 고통을 겪다 ② 갈망하다; spasimare per qn 누구를 미친 듯이 사랑하다
spasimo /'spazimo/ [남] 심한 통증
spasmo /'spazmo/ [남] [의학] 경련
spasmodico /spaz'mɔdiko/ [형] (복 : -ci, -che) ① [의학] 경련(성)의 ② (통증이) 찌르는 듯한 ③ (비유적으로) 괴로운, 힘든
spassarsi /spas'sarsi/ [재귀동사] 즐기다, 재미있는 시간을 보내다
spassionato /spassjo'nato/ [형] 냉정한, 감정에 치우치지 않은, 공정한
spasso /'spasso/ [남] ① 즐거움, 재미, 유흥; per spasso 재미로 ② 재미있는 사람 ③ 잠깐 걷기, 산책; andare a spasso 산책하러 가다 - mandare a spasso qn 누구를 해고하다; essere a spasso 실직 중이다
spassoso /spas'soso/ [형] 재미있는, 즐거운
spastico /'spastiko/ (복 : -ci, -che) [형] [의학] 경련(성)의 - [남] (여 : -a) 경련 환자
spatola /'spatola/ [여] ① 주걱 (케이크에 크림을 바르거나 석고·에나멜·그림물감 따위를 펴는 데 쓰는 것) ② [의학] 압설자(壓舌子), 혀누르개
spauracchio /spau'rakkjo/ [남] (복 : -chi) ① 허수아비 ② (비유적으로) 공포심을 불러일으키는 것
spaurire /spau'rire/ [타동] 겁을 주다, 무섭게 하다
spaurito /spau'rito/ [형] 겁을 먹은, 공포에 질린
spavalderia /spavalde'ria/ [여] 건방짐, 거만, 허세
spavaldo /spa'valdo/ [형/남] (여 : -a) 건방진, 거만한, 허세 부리는 (사람)
spaventapasseri /spaventa'passeri/ [남-불변] 허수아비
spaventare /spaven'tare/ [타동] 겁주다, 무섭게 하다 - spaventarsi [재귀동사] 겁을 먹다, 공포에 질리다
spaventato /spaven'tato/ [형] 겁을 먹은, 공포에 질린
spavento /spa'vɛnto/ [남] ① 공포, 두려움; fare [mettere] spavento a qn 누구에게 겁을 주다; morire di spavento 무서워 죽을 지경이 되다 ② (구어체에서) 아주 못생긴 사람[것]
spaventosamente /spaventosa'mente/ [부] 무섭게; 몹시, 심하게, 지독하게
spaventoso /spaven'toso/ [형] ① 무서운, 겁을 주는, 공포심을 불러일으키는 ② (사고·재난 따위가) 끔찍한, 무시무시한 ③ (비유적으로) 심한, 지독한
spaziale /spat'tsjale/ [형] ① 공간의 ② 우주의; navetta spaziale 우주 왕복선 ③ 굉장한, 엄청난
spazientirsi /spattsjen'tirsi/ [재귀동사] 인내심을 잃다
spazio /'spattsjo/ [남] (복 : -zi) ① 공간; spazio e tempo 공간과 시간 ② 우주 ③ 장소, 자리; fare spazio per qn/qc 누구/무엇을 위한 자리를 만들다 [내다] ④ 구역, 영역 ⑤ (비유적으로) 여지, 가능성; dare spazio a qn 누구에게 여지[가능성]를 주다 ⑥ (공간적인) 거리, 간격 ⑦ (시간의) 동안; nello spazio di un'ora 한 시간 내에 ⑧ [인쇄] 행간(行間), 스페이스; [컴퓨터] 스페이스 - spazio aereo 영공(領空); spazio vitale 생활 공간
spazioso /spat'tsjoso/ [형] (방·집·자동차 따위가) 넓은, 큰
spazzacamino /spattsaka'mino/ [남] 굴뚝 청소부
spazzaneve /spattsa'neve/ [남-불변] 제설기[차]; 눈 치는 넉가래
spazzare /spat'tsare/ [타동] ① (길 따위를) 쓸다, 청소하다 ② (비유적으로)

spazzare via (곤란·장애 따위를) 없애 버리다
spazzatura /spattsa'tura/ [여] 쓰레기; camion della spazzatura 쓰레기차
spazzino /spat'tsino/ [남] 거리 청소부, 환경 미화원
spazzola /'spattsola/ [여] 솔, 브러시; spazzola per abiti 옷솔; spazzola per capelli 헤어브러시; spazzola per le scarpe 구둣솔
spazzolare /spattso'lare/ [타동] 솔질하다, 브러시로 털어내다
spazzolata /spattso'lata/ [여] 솔질, 브러시로 털어내기
spazzolino /spattso'lino/ [남] 작은 솔[브러시]; spazzolino da denti 칫솔
spazzolone /spattso'lone/ [남] (긴 자루가 달린) 청소용 솔
specchiarsi /spek'kjarsi/ [재귀동사] ① (자신의 모습을) 거울에 비춰 보다 ② 비치다, 반사되다
specchietto /spek'kjetto/ [남] ① 작은 거울 ② (간단한) 표, 차트 - specchietto retrovisore (자동차의) 백미러
specchio /'spεkkjo/ [남] (복 : -chi) ① 거울; guardarsi allo specchio 거울로 자신의 모습을 비춰 보다 ② (비유적으로) 있는 그대로의 모습을 반영하는 것 ③ (비유적으로) 모범, 본보기 ④ 표, 차트 - il mare è uno specchio 바다가 거울처럼 잔잔하다
speciale /spe'tʃale/ [형] 특별한, 특수한; 특이한, 각별한, 예외적인; in special modo 특히; inviato speciale (통신사의) 특파원; offerta speciale 특가 제공; treno speciale 특별[임시] 열차
specialista /spetʃa'lista/ [남/여] (남·복 : -i, 여·복 : -e) ① 전문가 ② 전문의
specialistico /spetʃa'listiko/ [형] (복 : -ci, -che) 전문(가)의, 전문적인
specialità /spetʃali'ta/ [여-불변] ① 전문, 전공; 장기, 특기 ② 특선[명물] 요리
specializzare /spetʃalid'dzare/ [타동] 특수화하다, 전문화하다 - specializzarsi [재귀동사] (in과 함께 쓰여) (~을) 전문으로 하다
specializzato /spetʃalid'dzato/ [형] 전문의; (어느 분야에) 숙련된; essere specializzato in (어떤 분야의) 전문가다

specializzazione /spetʃaliddzat'tsjone/ [여] 특수화, 전문화
specialmente /spetʃal'mente/ [부] 특(별)히
specie /'spεtʃe/ [여-불변] ① (생물 분류상의) 종(種); la specie umana 인류 ② 종류, 유형; una specie di 일종의 ~ ; gente di ogni specie 온갖 유형의 사람들 - [부] (in) specie 특(별)히
specificare /spetʃifi'kare/ [타동] 명기(明記)하다, 상술(詳述)하다
specificazione /spetʃifikat'tsjone/ [여] 명기(明記), 상술(詳述)
specifico /spe'tʃifiko/ [형] (복 : -ci, -che) 특수한, 특유한; 특정한; in questo caso specifico 이 특정한 경우에는
speculare1 /speku'lare/ [자동] (조동사 : avere); (su와 함께 쓰여) ① (~에 대해) 사색하다, 깊이 생각하다 ② (~에) 투기하다; speculare in borsa 주식 투자를 하다
speculare2 /speku'lare/ [형] 거울 같은, 비추는, 반사하는
speculatore /spekula'tore/ [남] (여 : -trice) 투기꾼
speculazione /spekulat'tsjone/ [여] ① 사색, 성찰 ② (주식) 투기
spedire /spe'dire/ [타동] ① (편지나 상품 따위를) 보내다, 발송하다; spedire per posta 우송하다 ② (사람을 다른 곳으로) 쫓아보내다 - spedire qn all'altro mondo 누구를 죽이다
spedito /spe'dito/ [형] ① 보낸, 발송[우송]한 ② (발걸음이) 빠른, 경쾌한 ③ (발음이) 유창한
spedizione /spedit'tsjone/ [여] ① (편지나 상품의) 발송, 우송; spese di spedizione 운송료, 우송료 ② [군사] 원정 ③ 탐험 여행; spedizione al polo 극지 탐험; fare una spedizione 탐험 여행을 떠나다
spegnere /'spεɲɲere/ [타동] ① (불을) 끄다, 소화(消火)하다 ② (전기 기구나 전등 따위의) 스위치를 끄다 ③ (비유적으로) (갈증을) 해소하다; (격정을) 누그러뜨리다 ④ (저당물을) 도로 찾다 - spegnersi [재귀동사] ① (불이) 꺼지다 ② (전기 기구나 전등 따위의) 스위치가 꺼지다 ③ (비유적으로) (열정 따위가) 식다 ④ (완곡한 표현으로) 죽다, 사망하다

speleologia /speleolo'dʒia/ [여] ① 동굴 탐험 ② 동굴학(學), 동굴 연구

speleologo /spele'ɔlogo/ [남] (여 : -a) (남·복 : -gi, 여·복 : -ghe) ① 동굴 탐험가 ② 동굴학자, 동굴 연구가

spellare /spel'lare/ [타동] ① (짐승의) 가죽을 벗기다 ② (구어체에서·비유적 으로) (고객에게) 터무니없는 가격을 제시하다, 바가지씌우다 - spellarsi [재귀동사] ① (껍질·피부가) 벗겨지다 ② (구어체에서) (무릎·팔꿈치 등에 [이]) 찰과상을 입다, 까지다

spendere /'spεndere/ [타동] ① (돈을) 쓰다, 소비하다; quanto hai speso? (돈을) 얼마나 썼니?; spendere un occhio della testa 많은 돈을 쓰다 ② (정력·노력을) 들이다, 쏟다 ③ (때를) 보내다, 지내다; (시간을) 들이다; spendere la vita sui libri 일생을 공부하면서 보내다 - spendere e spandere (구어체에서) 돈을 물 쓰듯 하다, 낭비하다

spennare /spen'nare/ [타동] ① (닭 따위의) 털을 뽑다 ② (비유적으로) (고객에게) 터무니없는 가격을 제시하다, 바가지씌우다

spensieratezza /spensjera'tettsa/ [여] 근심 걱정이 없음, 무사태평

spensierato /spensje'rato/ [형] 근심 걱정이 없는, 태평스러운

spento /'spεnto/ [형] ① (불이) 꺼진, 소화(消火)된 ② (전기 기구나 전등 따위의) 스위치가 꺼진 ③ (열정 따위가) 식은 ④ (빛깔 따위가) 바랜; (소리가) 죽은

speranza /spe'rantsa/ [여] ① 희망, 소망, 바람; nella speranza di ~에 대한 희망을 갖고; avere la speranza che[di] ~하리라는[~에 대한] 희망을 갖고 있다 ② 기대, 가망; hai qualche speranza di vincere? 네가 이길 가망이 있느냐?; senza speranza 가망 없는 ③ 희망을 걸 만한 것, 기대를 갖게 하는 것; quel giovane è una speranza dell'atletica 저 소년은 육상 기대주다

speranzoso /speran'tsoso/ [형] 희망을 가진; essere speranzoso su qc, di fare ~에 대한, ~하리라는 희망을 갖고 있다

sperare /spe'rare/ [타동] 바라다, 기대하다, ~하고 싶어하다; sperare di fare ~하고 싶어하다; spero di sì 그러기를 바란다; spero di no 그러지 않기를 바란다 - [자동] (조동사 : avere) 희망을 가지다, 기대하다; sperare in ~을 기대하다; spero in Dio 신을 믿다[의지하다]

sperduto /sper'duto/ [형] ① (사람이) 어찌할 바를 모르는 ② (장소가) 외진 곳의

spergiuro /sper'dʒuro/ [남] (여 : -a) 위증(偽證)하는 사람 - [남] [법률] 위증

spericolato /speriko'lato/ [형/남] (여 : -a) 물불을 가리지 않는, 무모하게 덤비는 (사람)

sperimentale /sperimen'tale/ [형] ① 실험[경험]에 의한 ② 실험적인, 전위 예술의 ③ (계획 따위가) 시험적인, 임시의

sperimentare /sperimen'tare/ [타동] ① 실험하다, 시험하다, 테스트하다; sperimentare qc sugli animali 무엇을 동물에게 실험하다, 무엇을 가지고 동물 실험을 하다 ② (직접) 겪다, 경험하다

sperimentazione /sperimentat'tsjone/ [여] 실험, 시험, 테스트

sperma /'spεrma/ [남] [생리] 정액(精液)

spermatozoo /spermatod'dzɔo/ [남] [동물] 정자, 정충

speronare /spero'nare/ [타동] (배나 자동차가) 치다, 들이받다

sperone /spe'rone/ [남] ① 박차(拍車) ② [동물] 며느리발톱 ③ [건축] 부벽(扶壁)

sperperare /sperpe'rare/ [타동] (돈을) 낭비하다, 탕진하다, 다 써버리다

sperpero /'spεrpero/ [남] 낭비, 탕진

spesa /'spesa/ [여] ① 지출; 비용, 경비; ridurre le spese 지출을 줄이다, 경비를 삭감하다; a spese di ~의 비용으로, ~이 경비를 부담하여 ② 구입, 구매; 쇼핑; fare la spesa 쇼핑을 하다 - spesa pubblica 공비(公費); spese generali 총경비; spese di gestione 운영비; spese di manutenzione 유지비; spese postali 우편 요금; spese di viaggio 여행 경비

spesso /'spesso/ [형] ① 두꺼운, 굵은 ② (액체가) 걸쭉한, 진한 ③ (숲 따위가) 빽빽한, 밀집한; (안개 따위가) 짙은, 자욱한 ④ spesse volte 여러 번, 자주 - [부] 자주, 종종

spessore /spes'sore/ [남] ① 두께; ha uno spessore di 20 cm 그것은 두께

가 20cm다 ② (비유적으로) 깊이, 통찰력

spett. → spettabile

spettabile /spet'tabile/ [형] (상용문(商用文)에서) Spettabile Ditta 근계(謹啓)

spettacolare /spettako'lare/ [형] 장관의, 굉장한, 볼 만한

spettacolo /spet'takolo/ [남] ① 쇼, 공연, 여흥; spettacolo di varietà 버라이어티 쇼 ② (영화·연극의) 상영, 상연 ③ (눈 앞에 펼쳐진) 광경

spettacoloso /spettako'loso/ [형] 장관의, 볼 만한

spettanza /spet'tantsa/ [여] ① (능력·활동의) 범위, 영역 ② 당연히 지불되어야 할 금액

spettare /spet'tare/ [자동] (조동사 : essere) (a와 함께 쓰여) ① (결정·선택 따위가 ~에게) 달려 있다; spetta a te decidere 그건 네가 결정할 문제야 ② (~이) 응당 받아야 하다, (~의) 몫이다; mi spetta una parte degli incassi 그 소득의 일부분은 내 몫이다

spettatore /spetta'tore/ [남] (여 : -trice) ① (쇼·공연 등의) 구경꾼, 관객 ② (사건 따위의) 목격자

spettegolare /spettego'lare/ [자동] (조동사 : avere) 남의 이야기를 지껄이다, 남의 뒷말을 하다

spettinare /spetti'nare/ [타동] (머리카락을) 헝클어뜨리다 - spettinarsi [재귀동사] (머리카락이) 헝클어지다

spettinato /spetti'nato/ [형] (머리카락이) 헝클어진

spettrale /spet'trale/ [형] 유령의; 유령 같은; 유령이 나올 것 같은 분위기의

spettro /'spɛttro/ [남] ① 유령, 망령 ② (불행·공포 등의) 위협, 어두운 그림자 ③ [물리] 스펙트럼

spezia /'spettsja/ [여] (특히 복수형으로 쓰여) 향신료

spezzare /spet'tsare/ [타동] ① 끊다, 꺾다, 부러뜨리다 ② (도중에) 끊다, 중단하다 - spezzarsi [재귀동사] 끊기다, 꺾이다, 부러지다

spezzatino /spettsa'tino/ [남] 스튜 (요리)

spezzato /spet'tsato/ [형] 끊긴, 꺾인, 부러진, 조각난

spezzettare /spettset'tare/ [타동] 부스러뜨리다, 잘게 부수다, 산산조각을 내다

spezzone /spet'tsone/ [남] (영화나 TV 프로그램 따위의) 한 컷

spia /'spia/ [여] ① 간첩, 스파이 ② 정보원, 앞잡이; fare la spia 고자질하다, 일러 바치다 ③ (자동차 따위의) 경고등, 표시등 (spia luminosa) ④ (문 따위의) 들여다보는 구멍 ⑤ (비유적으로) 징조, 조짐

spiacente /spja'tʃɛnte/ [형] 유감스러운, 섭섭한, 아쉬운; siamo spiacenti di doverVi annunciare che ~이라는 소식을 전해드리게 돼서 유감스럽습니다만

spiacere /spja'tʃere/ [자동] (조동사 : essere) ① 유감스럽다, 미안하다; mi spiace 미안해요 ② 슬프다, 애석하다; spiace sentire che ~이라는 말을 들으니 마음이 아프다 ③ (예의를 갖추는 표현에 쓰여) se non le spiace 괜찮으시다면 - spiacersi [재귀동사] 유감스럽다, 섭섭하다, 아쉽다

spiacevole /spja'tʃevole/ [형] ① 달갑지 않은, 싫은, 불쾌한 ② 유감스러운, 애석한

spiaggia /'spjaddʒa/ [여] (복 : -ge) 바닷가, 해안

spianare /spja'nare/ [타동] ① (표면을) 고르다, 평평하게 하다 ② (도시 등을) 완전히 파괴하다 ③ (비유적으로) (과정 따위를) 매끄럽게 하다 ④ (총 따위를) 겨누다 - spianare la strada 기틀을 마련하다, 준비 작업을 하다

spiano /'spjano/ [남] a tutto spiano 전력을 다해, 최대한

spiantato /spjan'tato/ [형] 무일푼의, 빈털터리의 - [남] (여 : -a) 무일푼인 사람

spiare /spi'are/ [타동] ① (스파이로서) 염탐하다, 몰래 조사하다 ② 엿보다, 살짝 들여다보다; spiare attraverso il buco della serratura 열쇠 구멍으로 들여다보다 ③ (기회 따위를) 엿보다, 기다리다

spiattellare /spjattel'lare/ [타동] (구어체에서) (비밀 따위를) 누설하다; 밀고하다

spiazzo /'spjattso/ [남] 평평한 땅

spiccare /spik'kare/ [타동] ① (어떤 동작을) 하다; spiccare un salto 점프하다; spiccare il volo 날개를 펴다 ② (수표·어음 따위를) 발행하다 - [자동] (조동사 : avere) 두드러지다, 눈에 띄다

spiccato /spik'kato/ [형] 두드러진, 현저한, 뚜렷한, 강렬한

spicchio /'spikkjo/ [남] (복 : -chi) 단편, 조각, 쪽; fare[tagliare] a spicchi 썰다, 조각을 내다

spicciare /spit'tʃare/ [타동] (구어체에서) (일을) 재빨리[서둘러] 처리하다 - spicciarsi [재귀동사] (구어체에서) 서두르다

spicciativo /spittʃa'tivo/ [형] (일을) 재빨리[서둘러] 처리하는

spiccicare /spittʃi'kare/ [타동] ① (붙어 있던 것을) 떼어내다 ② (말을) 하다, 입 밖에 내다; non ha spiccicato parola 그는 한마디도 하지 않았다 - spiccicarsi [재귀동사] (붙어 있던 것이) 떨어지다

spiccio /'spittʃo/ (복 : -ci, -ce) [형] ① (일을) 재빨리[서둘러] 처리하는 ② denaro spiccio 잔돈 - spicci [남·복] 잔돈

spicciolo /'spittʃolo/ [형] moneta spicciola 잔돈 - spiccioli [남·복] 잔돈

spicco /'spikko/ [남] (복 : -chi) 두드러짐, 탁월; fare spicco 두드러지다; di spicco (인물 등이) 주요한, 주된

spiedino /spje'dino/ [남] ① 꼬챙이, (산적) 꼬치 ② 산적 요리, 케밥

spiedo /'spjɛdo/ [남] (고기 굽는) 꼬챙이; allo spiedo (고기를) 꼬챙이에 꿰어 구운

spiegamento /spjega'mento/ [남] [군사] (병력의) 전개, 배치

spiegare /spje'gare/ [타동] ① (예를 들어 신문·날개 따위를) 펴다, 펼치다 ② 설명하다; spiegare qc a qn 무엇을[에 대해] 누구에게 설명하다 ③ [군사] (병력을) 전개하다, 배치하다 - spiegarsi [재귀동사] ① 이해하다 ② 이치에 닿다, 뜻이 통하다, 설명되다; ora si spiega tutto! 이제 모든 게 분명해지는군! ③ 의사 표시를 하다, 자신의 말뜻을 알아듣게 설명하다; mi spiego 자, 설명해 줄게

spiegato /spje'gato/ [형] (예를 들어 신문·날개 따위가) 펼쳐진

spiegazione /spjegat'tsjone/ [여] 설명; per[come] spiegazione 설명으로서, 설명을 하자면

spiegazzare /spjegat'tsare/ [타동] 구기다, 주름지게 하다 - spiegazzarsi [재귀동사] 구겨지다, 주름이 지다

spietatamente /spjetata'mente/ [부] 무자비하게

spietato /spje'tato/ [형] ① 무자비한, 냉혹한 ② (경쟁 따위가) 치열한

spifferare /spiffe'rare/ [타동] (비밀 따위를) 누설하다; (경찰 등에) 밀고하다

spiffero /'spiffero/ [남] 통풍(通風)

spiga /'spiga/ [여] (복 : -ghe) [식물] (곡식의) 이삭

spigliato /spiʎ'ʎato/ [형] 마음 편한, 스스럼없는, 여유가 있는

spigola /'spigola/ [여] [어류] 농어

spigolare /spigo'lare/ [타동] ① (이삭을) 줍다 ② (비유적으로) (정보 따위를) 여기저기서 수집하다, 모으다

spigolo /'spigolo/ [남] (물체의) 모서리

spigoloso /spigo'loso/ [형] ① (물체가) 모난, 각진 ② (성격·사람이) 모난, 딱딱한, 다루기 어려운

spilla /'spilla/ [여] 브로치, 핀; spilla di sicurezza, spilla da balia 안전핀

spillare /spil'lare/ [타동] ① (술통에) 구멍을 뚫다 ② (비유적으로) (남에게서 돈이나 정보 따위를) 얻어내다 ③ (종이 따위를) 철하다

spillo /'spillo/ [남] ① 핀 ② tacco a spillo (여자 구두의) 끝이 뾰족하고 높은 굽

spilorcio /spi'lɔrtʃo/ (복 : -ci, -ce) [형] (구어체에서) 인색한 - [남] (여 : -a) (구어체에서) 인색한 사람, 구두쇠

spina /'spina/ [여] ① (식물의) 가시 ② (동물의) 가시, 바늘 ③ 생선 가시 ④ [전기] 플러그 ⑤ 쑤시는 듯한 통증 ⑥ (통의) 마개, 따르는 구멍; birra alla spina 생맥주 - stare sulle spine 조바심을 내다, 안달하다, 안절부절못하다 - spina dorsale 등뼈, 척추

spinacio /spi'natʃo/ [남] (복 : -ci) [식물] 시금치 (채소로서의 시금치를 뜻할 때는 복수형으로 쓰임)

spinale /spi'nale/ [형] [해부] 척추의, 등뼈의

spinato /spi'nato/ [형] 가시가 있는; filo spinato 가시 철사

spinello /spi'nello/ [남] (구어체에서) 마리화나 담배

spingere /'spindʒere/ [타동] ① (사람·사물을) 밀다, 몰다, 몰아가다; spingere le cose all'eccesso (어떤 일을) 과도하게 몰고 가다, 지나치게 ~하다 ② (버튼 따위를) 누르다; (액셀러레이터 따위를) 밟다 ③ (비유적으로)

(무엇을 하도록) 재촉하다, 죄어치다; 유도하다; spingere qn a fare qc 누구로 하여금 무엇을 하도록 압력을 가하다; spingere qn al delitto 누구로 하여금 범죄를 저지르게 만들다 - [자동] (조동사 : avere) 밀다, 밀치다 - spingersi [재귀동사] spingersi troppo lontano 지나치다, 너무하다

spinoso /spi'noso/ [형] ① (식물 따위에) 가시가 있는 ② (비유적으로) (문제 따위가) 다루기 어려운

spinta /'spinta/ [여] ① 밀기, 밀치기, 떼밀기 ② (비유적으로) 추진, 충동, 자극 ③ (비유적으로) 뒤에서 도와줌

spinterogeno /spinte'rɔdʒeno/ [남] (자동차의) 배전기, 점화 분배기

spinto /'spinto/ [형] (영화·농담 따위가) 외설의, 음란한

spintonare /spinto'nare/ [타동] 밀치다, 떼밀다

spintone /spin'tone/ [남] 밀치기, 떼밀기

spionaggio /spio'naddʒo/ [남] (복 : -gi) 스파이 활동, 정탐

spioncino /spion'tʃino/ [남] (문 따위의) 들여다보는 구멍

spiovente /spjo'vɛnte/ [형] 축 늘어진; 경사진

spiovere1 /'spjɔvere/ [비인칭] (조동사 : essere, avere) 비가 그치다

spiovere2 /'spjɔvere/ [자동] (조동사 : essere) ① (액체가) 흘러내리다, 떨어지다 ② (비유적으로) (머리카락 따위가) 드리워지다

spira /'spira/ [여] (뱀의) 똬리; 코일 모양으로 둘둘 말린 것

spiraglio /spi'raʎʎo/ [남] (복 : -gli) 갈라진 틈; (빛·희망 따위의) 한 줄기; uno spiraglio di speranza 한 가닥의 희망

spirale /spi'rale/ [여] ① [기하] 나선(螺線); a spirale 나선형의 ② 나선형, 소용돌이꼴 ③ 자궁 내 피임 기구, 피임링

spirare1 /spi'rare/ [자동] (조동사 : avere) ① (바람이) 불다 ② (냄새 따위가) 나다, 발산되다

spirare2 /spi'rare/ [자동] (조동사 : essere) 죽다, 사망하다

spiritato /spiri'tato/ [형] ① 귀신에 홀린, 악령이 들린 ② (눈초리·표정 따위가) 무서운 - [남] (여 : -a) 귀신에 홀린 사람, 악령이 들린 사람

spiritismo /spiri'tizmo/ [남] 강신술(降神術), 심령술

spirito1 /'spirito/ [남] ① 정신, 마음; spirito di squadra 단체[협동] 정신 ② 기분, 심정 ③ 재치, 유머; è una persona di spirito 그는 유머 감각이 있다 ④ (어떤 성격·기질을 가진) 사람; essere uno spirito libero 자유분방한 성격의 소유자다 ⑤ 본질, 참뜻 ⑥ [종교] 영(靈); lo Spirito Santo 성령 ⑦ (육체를 떠난) 영혼; 망령, 유령; spirito maligno 악령

spirito2 /'spirito/ [남] [화학] 주정(酒精), 알코올

spiritosaggine /spirito'saddʒine/ [여] ① 재치[유머 감각]가 있음 ② 재치 있는 말, 유머

spiritoso /spiri'toso/ [형/남] (여 : -a) 재치 있는 (사람)

spirituale /spiritu'ale/ [형] ① 정신적인; capo spirituale 정신적 지도자 ② [종교] 영적인

splendente /splen'dɛnte/ [형] 밝은, 빛나는

splendere /'splɛndere/ [자동] (밝게) 빛나다

splendido /'splɛndido/ [형] 멋진, 훌륭한, 굉장히 좋은; (성공·명성 따위가) 눈부신, 찬란한

splendore /splen'dore/ [남] ① (밝게) 빛남 ② (성공·명성 따위의) 눈부심, 찬란함; gli splendori dell'antica Roma 고대 로마의 영광 ③ 훌륭함, 굉장함

spodestare /spodes'tare/ [타동] (권좌에서) 물러나게 하다

spoglia /'spɔʎʎa/ [여] (뱀 따위의) 허물 - spoglie [여·복] (문어체에서) 시체, 시신 ② (비유적으로) sotto mentite spoglie 가장하고, 정체를 숨기고

spogliare /spoʎ'ʎare/ [타동] ① (누구의) 옷을 벗기다 ② (소유 따위를) 빼앗다, 약탈하다; spogliare qn di qc 누구한테서 무엇을 빼앗다 ③ (문서 따위를) 잘 살펴보다, 검사[점검]하다 - spogliarsi [재귀동사] ① (스스로) 옷을 벗다 ② (재산 따위를) 포기하다 ③ (나무가) 잎을 떨어뜨리다

spogliarellista /spoʎʎarel'lista/ [남/여] (남·복 : -i, 여·복 : -e) 스트리퍼, 스트립쇼를 하는 사람

spogliarello /spoʎʎa'rɛllo/ [남] 스트립쇼

spogliatoio /spoʎʎa'tojo/ [남] (복 : -oi)

spoglio1 /'spoʎʎo/ [형] (복 : -gli, -glie) ① (나무가) 잎이 다 떨어진 ② (비유적으로) 장식이 없는, (방이) 가구 따위가 없이 텅 빈, (문체가) 단순한

spoglio2 /'spoʎʎo/ [남] (복 : -gli) spoglio dei voti 개표 작업

spola /'spola/ [여] 실패, 실감개 - fare la spola (비유적으로) (사람이나 차가 일정 구간을) 왔다갔다하다, 왕복하다

spoletta /spo'letta/ [여] ① 실패, 실감개 ② (폭약의) 신관(信管), 도화선

spolpare /spol'pare/ [타동] ① (짐승의 뼈에서) 살점을 발라내다 ② (비유적으로) (돈을) 우려내다

spolverare /spolve'rare/ [타동] ① (~의) 먼지를 털다 ② (농담조로) 마구 먹어대다

spolverata /spolve'rata/ [여] 먼지를 털기; dare una spolverata 먼지를 털다

spolverino /spolve'rino/ [남] 먼지막이 겉옷

sponda /'sponda/ [여] ① 강둑, 강기슭; 호숫가 ② (침대·차량 따위의) 가장자리

sponsor /'sponsor/ [남-불변] 후원자, 스폰서

sponsorizzare /sponsorid'dzare/ [타동] (재정적으로) 후원하다

sponsorizzazione /sponsoriddzat'tsjone/ [여] (재정적인) 후원

spontaneamente /spontanea'mente/ [부] ① 자연히, 자연스럽게 ② 자발적으로

spontaneo /spon'taneo/ [형] ① 자연스러운, 꾸밈없는 ② 자연히 일어나는, 무의식적인, 충동적인 ③ 자발적인

spopolamento /spopola'mento/ [남] 인구 감소; (일정 지역의) 소개(疏開)

spopolare /spopo'lare/ [타동] (~의) 인구를 감소시키다; (일정 지역을) 비우다, 소개(疏開)하다 - [자동] (조동사 : avere) 인기를 끌다, 유행하다 - spopolarsi [재귀동사] 인구가 감소하다; (일정 지역이) 소개(疏開)되다

sporadico /spo'radiko/ [형] (복 : -ci, -che) 때때로 일어나는, 산발적인

sporcaccione /sporkat'tʃone/ [형/남] (여 : -a) ① (신변이) 더러운, 지저분한, 불결한 (사람) ② (비유적으로) 상스러운, 추잡한 (말이나 행동을 하는) (사람)

sporcare /spor'kare/ [타동] ① 더럽히다, 지저분하게 만들다 ② (비유적으로) (명성 따위를) 더럽히다 - sporcarsi [재귀동사] ① 더러워지다, 지저분해지다; sporcarsi le mani 손이 더러워지다 ② (비유적으로) (명성 따위가) 더럽혀지다, 오명을 남기게 되다; sporcarsi la fedina penale 전과(前科) 기록이 남게 되다

sporcizia /spor'tʃittsja/ [여] 더러움, 불결; 더러운 것

sporco /'sporko/ (복 : -chi, -che) [형] ① 더러운, 지저분한, 불결한 ② 얼룩 따위가 묻은; (비유적으로) (명성 따위가) 더럽혀진; avere la fedina penale sporca 전과(前科)가 있다 ③ (도덕적으로) 나쁜; 상스러운, 추잡한; avere la coscienza sporca 양심의 가책을 느끼다 - [남] 더러운 것, 때

sporgente /spor'dʒɛnte/ [형] 튀어나온, 돌출한

sporgenza /spor'dʒɛntsa/ [여] 튀어나옴, 돌출

sporgere /'spordʒere/ [타동] ① (머리나 손 따위를) (밖으로) 내밀다 ② [법률] sporgere denuncia contro qn 누구를 고소하다 - [자동] (조동사 : essere) 튀어나오다, 돌출하다 - sporgersi [재귀동사] 몸을 굽혀 (앞으로) 내밀다

sport /sport/ [남-불변] 스포츠, 운동, 경기; fare dello sport 운동을 하다 - fare qc per sport 무엇을 재미삼아 하다

sporta /'sporta/ [여] 쇼핑백; 쇼핑백 하나에 들어가는 분량

sportello /spor'tɛllo/ [남] ① (옷장이나 자동차 따위의) 문, 도어 ② (은행 등의) 창구 - sportello automatico 현금 자동 지급기, ATM

sportivo /spor'tivo/ [형] ① 스포츠의, 운동 경기의; giacca sportiva 운동복; campo sportivo 운동장 ② 운동을 하는[즐기는] - [남] (여 : -a) 스포츠맨, 운동 선수, 운동을 즐기는 사람

sposa /'spoza/ [여] ① (결혼식장의) 신부(新婦); abito[vestito] da sposa 웨딩드레스 ② 아내, 부인, 처

sposalizio /spoza'littsjo/ [남] (복 : -zi) 결혼식

sposare /spo'zare/ [타동] ① (~와) 결혼하다 ② (신부(神父) 등이) 결혼식을 주례하다 ③ (자식을) 결혼시키다 ④ (비유적으로) (사상 따위를) 포용하다, 받아

들이다 - sposarsi [재귀동사] 결혼하다; sposarsi con qn 누구와 결혼하다
sposato /spo'zato/ [형] 결혼한, 기혼의 - [남] (여 : -a) 결혼한 사람, 기혼자
sposo /'spɔzo/ [남] ① (결혼식장의) 신랑; gli sposi 신혼부부 ② 남편
spossante /spos'sante/ [형] 지치게[피로하게] 하는
spossare /spos'sare/ [타동] 지치게[피로하게] 하다 - spossarsi [재귀동사] spossarsi a fare qc 무엇을 하느라 지치다
spossatezza /spossa'tettsa/ [여] 피로, 기진맥진
spossato /spos'sato/ [형] 지친, 피로한, 기진맥진한
spostamento /sposta'mento/ [남] (사람· 의견·자본 따위의) 이동, 움직임, 위치 변경
spostare /spos'tare/ [타동] ① (공간적으로) 옮기다, 이동시키다 ② (날짜·의견 따위를) 변경하다, 바꾸다; hanno spostato la partenza di qualche giorno 그들은 출발 일자를 며칠 미뤘다 - spostarsi [재귀동사] ① 이동하다, 위치를 바꾸다 ② (의견 따위가) 바뀌다
spostato /spos'tato/ [형/남] (여 : -a) (환경 등에) 적응하지 못하는 (사람)
spot /spɔt/ [남-불변] ① 스포트라이트 ② spot (pubblicitario) 상업 광고
spranga /'spranga/ [여] (복 : -ghe) 막대, 빗장
sprangare /spran'gare/ [타동] (문 따위에) 빗장을 지르다
spray /sprai/ [남/형-불변] 스프레이(의), 분무기(의)
sprazzo /'sprattso/ [남] ① (빛의) 번쩍임 ② (기지·영감 따위의) 번득임
sprecare /spre'kare/ [타동] (돈·시간· 정력 따위를) 낭비하다, 소모하다, 버리다 - sprecarsi [재귀동사] 정력을 낭비하다, 쓸데없는 일에 힘을 쏟다
spreco /'sprɛko/ [남] (복 : -chi) 낭비, 소모
spregevole /spre'dʒevole/ [형] 경멸할 만한, 비열한
spregio /'sprɛdʒo/ [남] (복 : -gi) 경멸, 멸시
spregiudicato /spredʒudi'kato/ [형] ① 편견 없는 ② 사악한, 파렴치한
spremere /'sprɛmere/ [타동] (오렌지·올리브 따위를) 압착하다, 짜내다;

spremere denaro a qn (비유적으로) 누구한테서 돈을 뜯어내다 - spremersi [재귀동사] spremersi le meningi 머리를 쥐어짜다
spremiagrumi /spremia'grumi/ [남-불변] 감귤류를 압착하여 즙을 짜는 기구
spremilimoni /spremili'moni/ [남-불변] 레몬즙을 짜는 기구
spremuta /spre'muta/ [여] 갓 짜낸 오렌지[레몬] 주스
sprezzante /spret'tsante/ [형] 경멸하는, 멸시하는 (태도의)
sprigionare /spridʒo'nare/ [타동] (냄새· 가스 따위를) 내뿜다; (에너지를) 방출하다 - sprigionarsi [재귀동사] (열· 가스·연기 따위가) 방출되다
sprint /sprint/ [남-불변] [스포츠] (단거리의) 전력 질주, 스프린트
sprizzare /sprit'tsare/ [타동] 내뿜다, 분출하다 - [자동] (조동사 : essere) 솟아나오다, 분출되다
sprofondare /sprofon'dare/ [자동] (조동사 : essere) ① (건물 따위가) 무너지다, 붕괴하다; (땅이) 푹 꺼지다 ② (in과 함께 쓰여) (모래나 눈 따위에) 빠지다 ③ (비유적으로) (in과 함께 쓰여) (감정 ·잠·꿈 따위에) 푹 빠지다 - sprofondarsi [재귀동사] (in과 함께 쓰여) ① (의자 따위에) 몸을 깊이 파묻다 ② (비유적으로) (어떤 대상에) 푹 빠지다, 몰두하다
sproloquio /spro'lɔkwjo/ [남] (복 : -qui) 두서없고 장황한 말
spronare /spro'nare/ [타동] ① (말에) 박차를 가하다 ② (비유적으로) 몰아대다, 격려하다, 자극하다; spronare qn a fare qc 누구로 하여금 무엇을 하도록 자극하다
sprone /'sprone/ [남] ① 박차 ② (비유적으로) 자극, 격려, 고무
sproporzionato /sproportsjo'nato/ [형] ① 불균형의, 조화되지[어울리지] 않는; sproporzionato a ~와 균형이 잡히지 않는, ~에 비해 너무 ~한 ② 터무니없는, 지나친
sproporzione /spropor'tsjone/ [여] 불균형, 부조화
sproposito /spro'pɔzito/ [남] ① 큰 실수; 부적절한 언행; ho fatto uno sproposito 나는 어리석은 짓을 했다; non dire spropositi 허튼소리 하지 마 ② (구어체에서) 지나치게 많은 양 ③

큰돈, 거액; costa uno sproposito! 그건 큰돈이 든다, 엄청 비싸다 ④ a sproposito 적절하지 못한 때에, 부적절하게; arrivare a sproposito 시기가 나쁠 때에 도착하다

sprovveduto /sprovve'duto/ [형/남] (여 : -a) 경험이 없는[부족한]; 순진한 (사람)

sprovvisto /sprov'visto/ [형] ① (di와 함께 쓰여) (~이) 없는, 결여된, 부족한 ② alla sprovvista 뜻밖에, 불시에

spruzzare /sprut'tsare/ [타동] ① (액체를) 뿜다, 분출시키다 ② (스프레이를) 뿌리다, 분무하다

spruzzata /sprut'tsata/ [여] ① (물 따위를) 뿌리기; dare una spruzzata (d'acqua) al giardino 정원에 물을 뿌리다 ② (비유적으로) (비·눈 따위가) 잠깐 내림

spruzzatore /spruttsa'tore/ [남] 스프레이, 분무기

spruzzo /'spruttso/ [남] (물·진탕 따위를) 튀기기; (페인트 따위의) 분무

spudorato /spudo'rato/ [형/남] (여 : -a) 부끄러운 줄 모르는, 뻔뻔스러운, 파렴치한 (사람)

spudoratezza /spudora'tettsa/ [여] 부끄러운 줄 모름, 뻔뻔스러움, 파렴치

spugna /'spuɲɲa/ [여] ① 스펀지, 해면 ② 수건감으로 쓰이는, 물을 잘 흡수하는 직물의 하나 ③ [동물] 해면동물 ④ (구어체에서·비유적으로) 술고래 - gettare la spugna (복싱에서) 패배를 인정하며 수건을 던지다

spugnoso /spuɲ'ɲoso/ [형] 해면질의, 스펀지 같은

spulciare /spul'tʃare/ [타동] ① (동물의 몸에서) 벼룩을 없애다 ② (비유적으로) (문서 따위를) 면밀하게 검토하다

spuma /'spuma/ [여] ① 거품, 포말 ② 소다수 ③ 무스 (거품이 인 크림에 젤라틴·설탕 등을 섞은 차가운 디저트)

spumante /spu'mante/ [남] 발포(發泡) 포도주

spumeggiante /spumed'dʒante/ [형] ① 거품이 이는 ② (포도주가) 발포성(發泡性)의 ③ 활기에 넘친

spumeggiare /spumed'dʒare/ [자동] (조동사 : avere) 거품이 일다

spumone /spu'mone/ [남] ① 계란 흰자와 크림으로 만드는 디저트의 일종 ② 휘핑 크림으로 만드는 소프트 아이스크림의 일종

spuntare1 /spun'tare/ [타동] ① (뾰족한 물체의 끝부분을) 무디게 하다, 잘라 버리다; (머리 따위를) 깎다 ② spuntarla 이기다, 성공하다, 해내다 - [자동] (조동사 : essere) ① (싹·이 따위가) 나다, 자라다 ② (해가) 뜨다, (날이) 밝다 ③ 나타나다, 살짝 드러나 보이다 - spuntarsi [재귀동사] ① (끝부분이) 무디어지다 ② (분노 따위가) 가라앉다 - [남] allo spuntare del sole 해 뜰 때에, 일출시에; allo spuntare del giorno 동이 틀 때에

spuntare2 /spun'tare/ [타동] (목록 따위에) 체크하다, 표시하다

spuntino /spun'tino/ [남] 간단한 식사, 간식; fare uno spuntino 간단한 식사를 하다, 간식을 먹다

spunto /'spunto/ [남] ① [연극] 큐 (연기자에게 대사·동작 따위의 시작을 지시하는 신호) ② 영감, 착상; 출발점; prendere lo spunto da qc 무엇을 출발점으로 삼다 ③ [스포츠] 스프린트, 전력 질주 ④ (자동차의) 가속 ⑤ (포도주의) 신맛

spurgare /spur'gare/ [타동] ① (배수구 따위를) 청소하다 ② (코·기관지에서) 점액·가래 따위를 빼내다

sputare /spu'tare/ [타동] ① (음식물·피 따위를 입 밖으로) 뱉다, 토하다 ② (욕설 따위를) 내뱉다 ③ (불 따위를) 뿜다 - [자동] (조동사 : avere) ① 침을 뱉다; sputare in faccia a qn 누구의 얼굴에 침을 뱉다 ② (비유적으로) (su와 함께 쓰여) (~을) 경멸하다, 멸시하다

sputo /'sputo/ [남] (내뱉은) 침; coprire di sputi (비유적으로) 모욕하다

sputtanare /sputta'nare/ [타동] (비어로) 헐뜯다, 욕하다 - sputtanarsi [재귀동사] (비어로) ① 망신을 당하다 ② (돈을) 낭비하다, 탕진하다

squadra1 /'skwadra/ [여] 삼각자; a squadra 직각으로

squadra2 /'skwadra/ [여] ① [스포츠] 팀 ② (함께 일하는) 조(組), 그룹; lavoro di squadra 팀워크, 협동 작업 ③ [군사] 분대; (경찰의) 반(班), 대(隊); squadra mobile 기동 경찰대

squadrare /skwa'drare/ [타동] ① 직각으로 하다 ② (비유적으로) squadrare qn da capo a piedi 누구를 위아래로 훑어보다

squadriglia /skwa'driʎʎa/ [여] [군사] (공군의) 비행중대; (해군의) 소함대, 전대(戰隊)

squadrone /skwa'drone/ [남] [군사] 기병 중대

squagliare /skwaʎ'ʎare/ [타동] (열을 가해) 녹이다 - squagliarsi [재귀동사] ① 녹다 ② squagliarsela 슬쩍 가버리다

squalifica /skwa'lifika/ [여] (복 : -che) 자격 박탈, 실격

squalificare /skwalifi'kare/ [타동] ① 평판을 나쁘게 하다 ② 자격을 박탈하다, 실격시키다 - squalificarsi [재귀동사] 평판이 나빠지다

squalificato /skwalifi'kato/ [형] 자격을 박탈당한, 실격된

squallido /'skwallido/ [형] ① (장소가) 누추한, (옷차림 따위가) 허름한 ② 황량한, 삭막한, 쓸쓸한 ③ 사악한, 비열한

squallore /skwal'lore/ [남] ① 황량함, 삭막함, 쓸쓸함 ② 궁핍, 비참

squalo /'skwalo/ [남] [어류] 상어

squama /'skwama/ [여] (물고기 따위의) 비늘

squamare /skwa'mare/ [타동] (물고기 따위의) 비늘을 벗기다 - squamarsi [재귀동사] 껍질[피부]이 벗겨지다

squarciagola [부] (a squarciagola /askwartʃa'gola/의 형태로 쓰여) 목청껏 소리를 질러

squarciare /skwar'tʃare/ [타동] ① (천 따위를) 찢다, 째다; (칼로) 베다 ② (비유적으로) (정적을) 깨다; (빛이 어둠을) 뚫고 나오다 - squarciarsi [재귀동사] 찢어지다, 째지다

squarcio /'skwartʃo/ [남] (복 : -ci) ① (옷 따위의) 찢어진 곳 ② (피부의) 벤 상처 ③ (글이나 음악의) 단편, 구절

squartare /skwar'tare/ [타동] 사지를 찢다, 팔다리를 절단하다

squattrinato /skwattri'nato/ [형/남] (여 : -a) 무일푼의, 빈털터리인 (사람)

squilibrare /skwili'brare/ [타동] ① (물리적으로) 불균형[불안정]하게 만들다 ② (사람에게) 정신 착란을 일으키다

squilibrato /skwili'brato/ [형] ① 불균형의, 불안정한 ② (사람이) 정신 착란을 일으킨 - [남] (여 : -a) 정신 착란을 일으킨 사람

squilibrio /skwi'librjo/ [남] (복 : -bri) ① (물리적) 불균형, 불안정 ② (비유적으로) (경제적·사회적) 불균형 ③ 정신 착란

squillante /skwil'lante/ [형] ① (소리가) 날카로운, 새된, 높은 ② (비유적으로) (색깔이) 현란한

squillare /skwil'lare/ [자동] (조동사 : essere, avere) (종이나 전화벨 소리가) 울리다; (나팔 소리 등이) 울려 퍼지다

squillo /'skwillo/ [남] ① (종이나 전화벨 따위의) 새되고 높은 소리 ② (구어체에서) 전화 연락 - [여-불변] 콜걸

squisitezza /skwizi'tettsa/ [여] ① 맛있음, 맛 좋음 ② 맛 좋은 음식, 진미 ③ 세련된 태도; 상냥함, 배려 깊음

squisito /skwi'zito/ [형] ① 맛있는, 맛 좋은, 진미의 ② (비유적으로) (태도가) 세련된; (작품 따위가) 정교한, 공들인

squittire /skwit'tire/ [자동] (조동사 : avere) (새가) 짹짹 울다, (쥐가) 찍찍 울다

sradicare /zradi'kare/ [타동] ① (식물을) 뿌리째 뽑다 ② (비유적으로) (나쁜 것을) 근절하다

sragionare /zradʒo'nare/ [자동] (조동사 : avere) 헛소리를 하다, 쓸데없는 말을 하다

sregolato /zrego'lato/ [형] (생활 따위가) 불규칙적인; 폭식·폭음을 하는

Sri Lanka /sri'lanka/ [남] 스리랑카

srotolare /zroto'lare/ [타동] (감긴·말린 것을) 풀다, 펴다 - srotolarsi [재귀동사] (감긴·말린 것이) 풀리다, 펴지다

SSN (servizio sanitario nazionale의 약자) 국민 건강 보험 제도

sss /s/, **sst** /st/ [감] 쉿! (조용히 하라는 소리)

stabile /'stabile/ [형] ① (물리적으로) 안정된, 흔들리지 않는 ② (체제·관계·평화 따위가) 안정된, 확고한 ③ (결심 따위가) 확고한 ④ (날씨가) 안정된, 쾌청한 ⑤ [경제] (가격·수요·시장 따위가) 안정된 - [남] 건물

stabilimento /stabili'mento/ [남] ① (제조) 공장 ② (공공) 시설 ③ (관계·계약 따위의) 확립, 수립

stabilire /stabi'lire/ [타동] ① (주거·날짜·조건 따위를) 정하다 ② (체제 따위를) 수립하다 ③ (판단하여) 결정하다, 확인하다 - stabilirsi [재귀동사] (a, in과 함께 쓰여) (일정 지역에) 주거를 정하다, 정착하다

stabilità /stabili'ta/ [여-불변] 안정, 확고
stabilizzare /stabilid'dzare/ [타동] 안정시키다 - stabilizzarsi [재귀동사] 안정되다
stabilizzatore /stabiliddza'tore/ [형] 안정시키는 - [남] (선박이나 항공기의) 안정 장치
stabilmente /stabil'mente/ [부] (한 곳에) 정착하여, 영구적으로
staccare /stak'kare/ [타동] ① (붙어있던 것을) 떼어내다; (묶여있던 것을) 풀다 ② (da와 함께 쓰여) (~으로부터) 분리하다 ③ [스포츠] (다른 선수를) 큰 차이로 앞서다 ④ (전기 기구의) 스위치를 끄다; (전화 연결을) 끊다 - [자동] (조동사 : avere) ① (하던 일을) 중단하다 ② 뚜렷하다, 두드러지다 - staccarsi [재귀동사] ① (붙어있던 것이) 떨어지다 ② (소속된 조직 따위에) 이탈하다 ③ (da와 함께 쓰여) (~으로부터) 이동하다, 떠나다 - non staccare gli occhi di dosso a qn 누구한테서 눈을 떼지 못하다
staccionata /stattʃo'nata/ [여] 울타리
stacco /'stakko/ [남] (복 : -chi) ① (시·공간적인) 간격, 격차 ② (현저한) 차이; fare stacco su ~에 비해 두드러지다, ~와 현저한 차이가 나다
stadio /'stadjo/ [남] (복 : -di) ① 경기장, 스타디움 ② (발달 따위의) 단계, 기(期); stadio iniziale 초기
staffa /'staffa/ [여] ① (마구(馬具)의) 등자(鐙子) ② U자형 도구 - perdere le staffe 자제심을 잃다
staffetta /staf'fetta/ [여] ① [스포츠] 릴레이 경기 ② [군사] 전령, 급사(急使)
stage /staʒ, steidʒ/ [남-불변] 연수 기간, 업무를 배우는 기간
stagionale /stadʒo'nale/ [형] 계절적인, 한 계절 동안에만 일어나는 - [남/여] 계절노동자
stagionare /stadʒo'nare/ [타동] (치즈·포도주 따위를) 숙성시키다 - stagionarsi [재귀동사] (치즈·포도주 따위가) 숙성되다
stagionato /stadʒo'nato/ [형] (치즈·포도주 따위가) 숙성된
stagione /sta'dʒone/ [여] ① 계절, 철; in questa stagione 이 계절에, 연중 이맘때에 ② 한창때, 제철; frutta di stagione 제철 과일 ③ (특정 활동을 위한) 시기; alta stagione (관광 등의) 성수기 - la stagione delle piogge 우기(雨期)
stagliarsi /staʎ'ʎarsi/ [재귀동사] (contro와 함께 쓰여) (~에 대해) 뚜렷하다, 두드러지다
stagnante /staɲ'ɲante/ [형] ① (물 따위가) 흐르지 않는, 괴어 있는 ② (비유적으로) 경기 침체의, 불경기의; 교착 상태의
stagnare1 /staɲ'ɲare/ [타동] (출혈을) 멈추게 하다, 지혈시키다 - [자동] (조동사 : avere) ① (물 따위가) 흐르지 않고 괴어 있다 ② (비유적으로) 경기가 침체되다, 불경기다
stagnare2 /staɲ'ɲare/ [타동] ① (철판 등에) 주석 도금을 하다 ② (통 따위를) 방수(防水)가 되게 하다
stagno1 /'staɲɲo/ [남] (물이 괴어 있는) 못
stagno2 /'staɲɲo/ [남] [화학] 주석
stagno3 /'staɲɲo/ [형] 방수(防水)의
stagnola /staɲ'ɲola/ [여] 석박(錫箔), 은종이, 포일 (또는 carta stagnola)
stalagmite /stalag'mite/ [여] [지질] 석순(石筍)
stalattite /stalat'tite/ [여] [지질] 종유석(鍾乳石)
stalla /'stalla/ [여] ① 외양간; 마구간 ② (비유적으로) 더러운 장소 - passare dalle stelle alle stalle 영락하다
stalliere /stal'ljere/ [남] (복 : -a) 말과 마구간을 관리하는 사람
stallo /'stallo/ [남] ① (교회의) 등받이가 있는 좌석 ② [체스] (쌍방이) 수가 막힘, 막다른 수 ③ (비유적으로) 막다름, 궁지 (situazione di stallo)
stallone /stal'lone/ [남] 종마(種馬)
stamani /sta'mani/, **stamattina** /stamat'tina/ [부] 오늘 아침에
stambecco /stam'bekko/ [남] (복 : -chi) [동물] 아이벡스 (야생 염소의 일종)
stamberga /stam'berga/ [여] (복 : -ghe) 누추한 집
stampa /'stampa/ [여] ① 인쇄술 ② 인쇄 (작업); andare in stampa 인쇄에 들어가다; dare qc alle stampe 무엇을 출판하다; fuori stampa (책 따위가) 절판된 ③ [사진·영화] 인화(印畵) ④ 신문, 잡지; 언론; libertà di stampa 언론의 자유 ⑤ [미술] 판화(版畵) ⑥ [복] 인쇄물

stampante /stam'pante/ [여][컴퓨터] 프린터; stampante a getto d'inchiostro 버블젯 프린터; stampante laser 레이저 프린터
stampare /stam'pare/ [타동] ① 인쇄하다 ② 출판하다 ③ [사진] 인화하다 ④ (스탬프 따위를) 찍다 ⑤ (금속이나 플라스틱을) 가압(加壓) 성형하다 - stamparsi [재귀동사] stamparsi nella mente[memoria] di qn 누구의 마음[기억]에 새겨지다
stampatello /stampa'tɛllo/ [형][인쇄] 블록체의 - [남][인쇄] 블록체의 대문자
stampato /stam'pato/ [형] ① 인쇄된, 찍힌 ② (비유적으로) (마음·기억에) 새겨진 - [남] ① gli stampati 인쇄물 ② 날염(捺染) 직물
stampatore /stampa'tore/ [남] (여: -trice) ① 인쇄업자 ② 인쇄기
stampella /stam'pella/ [여] 목다리, 목발
stamperia /stampe'ria/ [여] 인쇄소; 날염(捺染) 공장
stampo /'stampo/ [남] ① (공업용) 주형(鑄型), 거푸집; (요리용) 틀 ② (비유적으로) 유형, 타입; essere dello stesso stampo 똑같다
stanare /sta'nare/ [타동] (적·범인을) 몰아내다
stancare /stan'kare/ [타동] ① 지치게[피로하게] 하다 ② 질리게[물리게] 하다 - stancarsi [재귀동사] ① 지치다, 피로해지다 ② (di와 함께 쓰여) (~에) 질리다, 물리다, 싫증나다
stanchezza /stan'kettsa/ [여] 피로, 피곤; 싫증
stanco /'stanko/ [형] (복: -chi, -che) ① 지친, 피로한; stanco morto 지칠대로 지친, 몹시 피곤한; con una voce stanca 지친 목소리로 ② (di와 함께 쓰여) (~에) 질린, 물린, 싫증난
stand /stɛnd/ [남-불변] ① (박람회 등의) 진열대, 부스 ② (경기장의) 관람석, 스탠드 ③ 사격장
standard /'standard/ [남-불변] 표준, 기준; standard di vita 생활 수준 - [형-불변] 표준의
standardizzare /standardid'dzare/ [타동] 표준화하다
standista /stan'dista/ [남/여] (남·복: -i, 여·복: -e) (박람회의) 진열대[부스] 담당자

stanga /'stanga/ [여] (복: -ghe) ① (문이나 창문에 설치하는) 가로장 ② (수레의) 채 ③ (구어체에서) 키가 크고 마른 사람
stangare /stan'gare/ [타동] ① 막대기로 때리다 ② (비유적으로) (고객에게) 바가지를 씌우다
stanghetta /stan'getta/ [여] ① (안경의) 다리 ② [음악] (악보의) 세로줄
stanotte /sta'nɔtte/ [부] 지난 밤, 간밤; 오늘 밤
stante /'stante/ [형] a sé stante 따로 떨어져 있는, 독립된; seduta stante 즉석에서 - [전] ~ 때문에
stantio /stan'tio/ [형] (복: -tii, -tie) ① (식품이) 싱싱하지 못한, 맛이 간 ② (비유적으로) 구식의, 케케묵은
stantuffo /stan'tuffo/ [남][기계] 피스톤
stanza /'stantsa/ [여] ① 방, ~실(室); stanza da bagno 욕실; stanza da letto 침실 ② [군사] essere di stanza a ~에 주둔해 있다 ③ (시(詩)의) 연(聯)
stanziamento /stantsja'mento/ [남] (기금 따위의) 할당, 배분
stanziare /stan'tsjare/ [타동] (per와 함께 쓰여) (기금 따위를 ~에) 할당[배분]하다 - stanziarsi [재귀동사] (주민이) 정착하다
stappare /stap'pare/ [타동] (~의) 마개를 뽑다
stare /'stare/ [자동] (조동사: essere) ① (어떤 장소에) 있다, 머무르다; stare in casa 집에 있다; stare fuori tutta la notte 밤새 밖에서 머물다 ② 살다, 거주하다; sta con i suoi 그는 부모와 함께 산다; stanno in Germania da molti anni 그들은 여러 해 동안 독일에서 살아왔다 ③ (~에) 있다, 위치하다; la casa sta in cima al colle 그 집은 언덕 꼭대기에 있다 ④ (특정 위치·조건·상황에) 있다; (어떤 상태를) 유지하다; stare fermo 멈춰 있다; stare seduto 앉아 있다; stare bene 잘 지내다, 컨디션이 좋다; come stai? 어떻게 지내니? ⑤ (현재분사와 함께 쓰여) ~하는 중이다, ~하고 있다; stavo andando a casa 나는 집에 가고 있었다; stava piovendo 비가 내리고 있었다 ⑥ stare a ~을 고수하다, ~에 따르다 ⑦ stare per ~하려 하다, 막 ~하려는 참이다 ⑧ stare dietro a qn i) 누구를 바짝 뒤따

르다 ii) 누구를 잘 돌보다 ⑨ lasciare stare (방해하거나 건드리지 않고) 그냥 내버려두다 ⑩ starci (무언가가 들어갈 만한) 공간이 있다; nel baule non ci sta più niente 트렁크에는 더 이상 아무것도 들어갈 자리가 없다 - starsene [재귀동사] 머무르다, 머물러 있다; non startene lì seduto, fa' qualcosa 거기 앉아 있지만 말고 무엇이든 좀 해라; stasera me ne sto a casa 오늘 밤 나는 (외출하지 않고) 집에 머무를 것이다
starnazzare /starnat'tsare/ [자동] (조동사 : avere) ① (거위·기러기 따위가) 꺼억꺼억 울다 ② (비유적으로) 시끄러운 소리를 내다
starnutire /starnu'tire/ [자동] (조동사 : avere) 재채기하다
starnuto /star'nuto/ [남] 재채기; fare uno starnuto 재채기하다
stasera /sta'sera/ [부] 오늘 저녁에
stasi /'stazi/ [여] ① [병리] 울혈(鬱血), 혈류 정체 ② (비유적으로) 정체, 침체
statale /sta'tale/ [형] 국가의, 정부의; 국유의; bilancio statale 국가 예산; impiegato statale 공무원, 관리; azienda autonoma statale 공기업, 국영 기업 - [남/여] 공무원, 관리 - [여] 간선 도로
statico /'statiko/ [형] (복 : -ci, -che) ① [전기] 정전기의 ② (비유적으로) 정적인, 정지된, 변화나 발전이 없는
statista /sta'tista/ [남/여] (남·복 : -i, 여·복 : -e) 정치가
statistica /sta'tistika/ [여] (복 : -che) 통계(학)
statistico /sta'tistiko/ (복 : -ci, -che) [형] 통계적인, 통계학상의 - [남] (여 : -a) 통계학자
Stati Uniti (d'America) /'statiu'niti(da'merika)/ [남·복] 아메리카 합중국, 미국
stato1 /'stato/ [남] ① 상태, 형편, 사정; stato d'animo 기분, 마음 상태; stato di salute 건강 상태; in buono stato 상태[컨디션]가 좋은; essere in stato d'emergenza 비상사태다; essere in stato interessante (여자가) 임신한 상태다; allo stato liquido (물질이) 액체 상태의 ② (사회적) 계급, 신분, 지위 - stato civile 결혼 여부 (미혼·기혼·이혼 등); Stato Maggiore [군사] 참모부
stato2 /'stato/ [남] ① 국가, 나라; stato democratico 민주 국가; colpo di stato 쿠데타 ② 정부; uomo di stato 정치가; affare di stato 국사(國事), 나랏일
statua /'statua/ [여] 상(像), 조각상
statuario /statu'arjo/ [형] (복 : -ri, -rie) ① 조각의 ② (비유적으로) (아름다움 따위가) 조각과도 같은
statunitense /statuni'tense/ [형] 미국의 - [남/여] 미국 시민
statura /sta'tura/ [여] ① 키, 신장; essere alto[basso] di statura 키가 크다[작다] ② (비유적으로) (정신적) 성장[발달] 수준, 우수성; un uomo di elevata statura morale 도덕 수준이 높은 사람
status /'status/ [남-불변] 지위, 신분, 처지
statuto /sta'tuto/ [남] 법령, 법규; (단체 등의) 정관, 규칙, 규약
stavolta /sta'volta/ [부] 이번에(는)
stazionare /stattsjo'nare/ [자동] (조동사 : avere) (자동차가) 주차하다
stazionario /stattsjo'narjo/ [형] (복 : -ri, -rie) ① 움직이지 않는, 정지한, 멈춰 있는 ② [동물] 정주성(定住性)의; 텃새의 ③ (비유적으로) (상황 따위가) 변화가 없는, 정체된
stazione /stat'tsjone/ [여] ① 역, 정류장; stazione ferroviaria 철도역; stazione degli autobus 버스 정류장 ② 방송국; stazione radio 라디오 방송국; stazione trasmittente (TV·라디오의) 방송국 ③ 휴양지; stazione climatica 보양지(保養地) - stazione di lavoro [컴퓨터] 워크스테이션; stazione meteorologica 기상 관측소; stazione di servizio 주유소
stazza /'stattsa/ [여] ① (선박의) 용적 톤수 ② (비유적으로) (사람의) 큰 체격
stecca /'stekka/ [여] (복 : -che) ① (벤치·블라인드 등의) 얇고 긴 널빤지; (우산의) 살 ② (담배의) (한) 보루 ③ [의학] 부목(副木) ④ (당구의) 큐 ⑤ (비유적으로) 가락이 맞지 않는 음(音); prendere una stecca 음이 틀리게 노래하다
steccare /stek'kare/ [타동] (부러진 팔이나 다리에) 부목(副木)을 대다
steccato /stek'kato/ [남] 울타리
stecchito /stek'kito/ [형] morto stecchito 완전히 죽은; lasciare qn

stecchito (비유적으로) 누구를 깜짝 놀라게 하다
stella /'stella/ [여] ① 별; 항성(恒星), 천체; stella cadente 유성(流星), 별똥별; stella polare 북극성 ② 별 모양 ③ 스타, 인기 연예인 - dormire sotto le stelle 노숙하다; nascere sotto una buona stella 복을 타고나다; portare alle stelle qn 누구에게 칭찬을 아끼지 않다; vedere le stelle 눈앞이 아찔해지다 - stella alpina [식물] 에델바이스; stella di mare [동물] 불가사리
stellato /stel'lato/ [형] ① (밤하늘에) 별이 총총한 ② 별 모양의
stelo /'stɛlo/ [남] ① [식물] 줄기, 대 ② 받침대; lampada a stelo (바닥에 세우는) 전기 스탠드
stemma /'stɛmma/ [남] 문장(紋章); 가문(家紋)이 그려진 방패
stemperare /stempe'rare/ [타동] ① (물감 따위를) 희석하다, 묽게 하다 ② (비유적으로) (감정·열의 따위를) 무디게 하다, 꺾다
stempiarsi /stem'pjarsi/ [재귀동사] 머리가 벗겨지다, 대머리가 되어가다
stempiato /stem'pjato/ [형] 머리가 벗겨진, 대머리가 되어가는
stendardo /sten'dardo/ [남] 기(旗), 군기(軍旗)
stendere /'stɛndere/ [타동] ① (팔다리 따위를) 쭉 뻗다 ② (세탁물 따위를 줄에) 널다 ③ (병자 등을 자리에) 눕히다 ④ (구어체에서) (사람을) 쓰러뜨리다, 때려눕히다 ⑤ (연고·크림·버터·페인트 따위를) 바르다 ⑥ (문서를) 작성하다 - stendersi [재귀동사] (su와 함께 쓰여) ① (~에) 팔다리를 쭉 뻗다 ② (~에) 드러눕다 ③ (~에) 넓게 펼쳐지다
stendibiancheria /stendibjanke'ria/ [남-불변] 빨래걸이
stendino /sten'dino/ [남] (구어체에서) → stendibiancheria
stenditoio /stendi'tojo/ [남] (복 : -oi) ① 빨래걸이 ② 빨래를 너는 데 사용되는 공간
stenodattilografia /stenodattilogra'fia/ [여] 속기(速記)
stenodattilografo /stenodatti'lɔgrafo/ [남] (여 : -a) 속기사(速記士)
stenografare /stenogra'fare/ [타동] 속기(速記)하다
stenografia /stenogra'fia/ [여] 속기(速記)

stenografo /ste'nɔgrafo/ [남] (여 : -a) 속기사(速記士)
stentare /sten'tare/ [자동] (조동사 : avere) stentare a fare qc ~하기 어렵다, ~하는 데 있어서 어려움을 겪다
stentato /sten'tato/ [형] ① 애써서[힘들게] 얻은 ② (생활 따위가) 어려운, 힘든, 비참한 ③ 억지로 ~한, 부자연스러운
stento /'stɛnto/ [남] ① 노력, 수고, 애씀, 힘듦 ② a stento 힘들게, 어렵게, 애써; capire qc a stento 어렵게[겨우] 이해하다 - stenti [남·복] 곤경, 궁핍
steppa /'steppa/ [여] [지리] 스텝 (나무가 없는, 특히 시베리아의 대초원)
sterco /'sterko/ [남] (복 : -chi) (짐승의) 똥
stereo /'stɛreo/ [형-불변] 스테레오의, 입체 음향의 - [남-불변] (구어체에서) 스테레오 (장치)
stereofonico /stereo'fɔniko/ [형] (복 : -ci, -che) 스테레오의, 입체 음향의
stereotipato /stereoti'pato/ [형] 판에 박은, 진부한, 상투적인
stereotipo /stere'ɔtipo/ [남] ① 정형화된 것, 판에 박은 것; 상투적인 문구 ② 고정 관념
sterile /'sterile/ [형] ① (사람·동물이) 불임의; (식물이) 열매를 맺지 못하는 ② (토지가) 불모의, 메마른 ③ [의학] 살균한, 무균의 ④ (비유적으로) 효과 없는, 무익한
sterilità /sterili'ta/ [여-불변] ① (사람·동물의) 불임 ② (토지의) 불모 ③ [의학] 살균 처리됨, 무균 상태 ④ (비유적으로) 효과 없음, 무익함
sterilizzare /sterilid'dzare/ [타동] ① (사람·동물을) 불임으로 만들다 ② 살균[소독]하다
sterilizzazione /steriliddzat'tsjone/ [여] ① (사람·동물을) 불임으로 만들기 ② 살균, 멸균, 소독
sterlina /ster'lina/ [여] [화폐의 단위] 파운드
sterminare /stermi'nare/ [타동] 절멸시키다, 모조리 없애버리다
sterminato /stermi'nato/ [형] 광대한, 끝없이 펼쳐진
sterminio /ster'minjo/ [남] (복 : -ni) 근절, 절멸, 몰살
sterno /'sterno/ [남] [해부] 흉골(胸骨)

sterpaglia /ster'paʎʎa/ [여] 관목 덤불
sterpo /'stɛrpo/ [남] ① 마른 나뭇가지 ② 관목(灌木)
sterzare /ster'tsare/ [자동] (조동사 : avere) (운전자가 자동차의) 핸들을 꺾다, (자동차 따위가 어떤 방향으로) 향하다, 나아가다
sterzata /ster'tsata/ [여] (자동차의) 핸들을 꺾기
sterzo /'stɛrtso/ [남] (자동차의) 핸들
steso /'steso/ [형] (팔다리를) 쭉 뻗은; (사람이) 누워 있는
stesso /'stesso/ [형] (부정형용사) ① 같은, 동일한; aveva lo stesso vestito 그녀도 같은 드레스를 가지고 있었다; al tempo stesso 동시에 ② 바로 그; in quello stesso istante 바로 그 순간 ③ (강조하여) il medico stesso lo sconsiglia 그 의사 본인이 그것을 하지 말라고 했다 ④ (인칭대명사와 함께 쓰여) io stesso 나 자신이; se stesso 그 자신, 그것 자체 − lo stesso [대] (부정대명사) ① 같은 것[사람], 동일 인물[사물] ② 똑같음, 차이가 없음; per me è lo stesso 난 아무래도 상관없다 ③ (부사적으로) 똑같이, 동일하게
stesura /ste'sura/ [여] ① (문서의) 작성 ② (텍스트의) 판, 버전
stetoscopio /stetos'kɔpjo/ [남] (복 : -pi) [의학] 청진기
stigma /'stigma/ [남] ① [식물] 암술머리 ② [동물] 기공(氣孔) ③ (비유적으로) 오명, 낙인
stigmate /'stigmate/ [여·복] ① (병의) 증후, 증상 ② [가톨릭] 성흔(聖痕)
stigmatizzare /stigmatid'dzare/ [타동] 비난하다, 오명을 씌우다
stilare /sti'lare/ [타동] (문서를) 작성하다
stile /'stile/ [남] ① (문학·예술 등의) 양식, ~풍, ~체 ② (행동·생활의) 방법, 양식, 스타일; stile di vita 생활양식, 라이프스타일; è proprio nel suo stile 꼭 그 사람답다, 그 사람이 평소에 하는 행동이다 ③ 고상, 기품, 우아; avere stile 멋지다, 맵시가 있다 ④ in grande stile 화려하게 − stile libero [수영] 자유형, 크롤 영법
stilista /sti'lista/ [남/여] (남·복 : -i, 여·복 : -e) (패션 등의) 디자이너
stilizzare /stilid'dzare/ [타동] 양식화하다, 일정한 양식에 일치시키다
stilizzato /stilid'dzato/ [형] 양식화된, 정형화된
stillare /stil'lare/ [타동] (문어체에서) (땀·눈물 따위를) 흘리다 − [자동] (조동사 : essere) (문어체에서) (da와 함께 쓰여) (액체가 ~에서) 똑똑 떨어지다, 새어나오다
stilografica /stilo'grafika/ [여] (복 : -che) 만년필
stima /'stima/ [여] ① (가치 따위의) 평가, 감정; (손해 따위의) 사정; fare la stima di qc 무엇을 평가하다 ② 견적, 어림, 추정 ③ 존중, 존경; avere stima di qn 누구를 존경하다
stimare /sti'mare/ [타동] ① (가치 따위를) 평가[감정]하다; (손해 따위를) 사정하다 ② 견적하다, 어림하다, 추정하다 ③ 존중[존경]하다 ④ (~이라) 생각하다, 여기다
stimolante /stimo'lante/ [형] 자극하는, 흥분시키는; 흥미로운 − [남] [약학] 흥분제
stimolare /stimo'lare/ [타동] 자극하다, 흥분시키다, 활기를 띠게 하다; stimolare qn a fare qc 누구로 하여금 무엇을 하도록 자극하다
stimolo /'stimolo/ [남] 자극, 격려, 고무, 유인(誘因)
stinco /'stinko/ [남] (복 : -chi) 정강이
stingere /'stindʒere/ [타동] (직물의) 색을 바래게 하다 − [자동] (조동사 : essere, avere) → stingersi − stingersi [재귀동사] (직물이) 색이 바래다
stinto /'stinto/ [형] (직물이) 색이 바랜
stipare /sti'pare/ [타동] (in과 함께 쓰여) (좁은 공간에) 밀어넣다, 채워넣다; (극장 등을 관객이) 가득 채우다 − stiparsi [재귀동사] (in 또는 su와 함께 쓰여) (~에) 잔뜩 몰려들다
stipato /sti'pato/ [형] (in과 함께 쓰여) (~에) 가득 찬, 꽉 찬; (일정 장소가 사람들로) 붐비는, 만원의
stipendiare /stipen'djare/ [타동] (피고용인에게) 봉급을 주다
stipendiato /stipen'djato/ [형] 봉급을 받는, 고용된 − [남] (여 : -a) 봉급생활자, 샐러리맨
stipendio /sti'pɛndjo/ [남] (복 : -di) 봉급, 급료, 임금
stipite /'stipite/ [남] 문설주
stipulare /stipu'lare/ [타동] (계약서를 작성하여 정식으로) 계약을 맺다

stipulazione /stipulat'tsjone/ [여] (계약서 작성에 의한) 계약 체결

stiracchiare /sirak'kjare/ [타동] ① (팔다리를) 쭉 뻗다 ② (비유적으로) (의미를) 왜곡하다 - stiracchiarsi [재귀동사] 팔다리를 쭉 뻗다

stirare /sti'rare/ [타동] ① (팔다리를) 쭉 뻗다 ② 다림질하다 - stirarsi [재귀동사] ① 팔다리를 쭉 뻗다 ② 힘줄이 당기다

stiratura /stira'tura/ [여] 다림질

stiro /'stiro/ [남] 다림질; ferro da stiro 다리미

stirpe /'stirpe/ [여] ① 혈통, 가계; di nobile stirpe 귀족 출신의 ② (한 조상의) 자손들

stitichezza /stiti'kettsa/ [여] [의학] 변비

stitico /'stitiko/ [형] (복 : -ci, -che) 변비에 걸린, 변비 증세가 있는

stiva /'stiva/ [여] (선박·항공기의) 화물칸

stivale /sti'vale/ [남] 부츠, 장화

stivaletto /stiva'letto/ [남] 발목 장화, 반(半)장화

stivare /sti'vare/ [타동] (배나 비행기의 화물칸에) 짐을 싣다

stizza /'stittsa/ [여] 화, 짜증

stizzire /stit'tsire/ [타동] 화[짜증]나게 하다 - stizzirsi [재귀동사] 화[짜증]가 나다

stizzoso /stit'tsoso/ [형] 화[짜증]가 난; 화[짜증]를 잘 내는

stoccafisso /stokka'fisso/ [남] (대구 따위의) 건어(乾魚)

stoccata /stok'kata/ [여] ① (펜싱의) 찌르기 ② (비유적으로) 빈정대기

stock /stɔk/ [남-불변] [상업] 재고

stoffa /'stɔffa/ [여] 직물, 피륙, 천 - avere la stoffa per diventare qc 무엇에 대한 소질[자질]이 있다

stoicamente /stoika'mente/ [부] 금욕적으로, 냉정하게

stoicismo /stoi'tʃizmo/ [남] ① 스토아 철학 ② (비유적으로) 금욕; 냉정

stoico /'stɔiko/ (복 : -ci, -che) [형] ① [철학] 스토아 학파의 ② (비유적으로) 금욕의; 냉정한 - [남] (여 : -a) ① 스토아 철학자 ② 금욕주의자

stola /'stɔla/ [여] ① [가톨릭] 영대(領帶) (늘어뜨리는 형겊) ② (모피로 만든 여자용의) 어깨걸이

stolto /'stolto/ [형] 어리석은, 멍청한 - [남] (여 : -a) 어리석은 자, 멍청이

stomacare /stoma'kare/ [타동] 구역질나게 하다, 메스껍게 하다; 불쾌감을 일으키다 - stomacarsi [재귀동사] 구역질나다, 메스껍다; 불쾌감을 느끼다

stomachevole /stoma'kevole/ [형] 구역질나는, 메스꺼운, 역겨운; 혐오스러운, 불쾌감을 일으키는

stomaco /'stɔmako/ [남] (복 : -chi / -ci) 위(胃); 배; avere mal di stomaco 배가 아프다; disturbi di stomaco 소화불량; avere lo stomaco pieno[vuoto] 배가 부르다[고프다] - (far) rivoltare lo stomaco a qn 누구를 역겹게 만들다

stonare /sto'nare/ [타동] stonare una nota 음정이 맞지 않게 노래하다[악기를 연주하다] - [자동] (조동사 : avere) ① 음정이 맞지 않다 ② (색깔 따위가) 어울리지 않다

stonato /sto'nato/ [형] ① 음정이 맞지 않는 ② (비유적으로) 어울리지 않는

stonatura /stona'tura/ [여] 가락이 맞지 않는 음(音)

stop /stɔp/ [남-불변] ① (도로 교통의) 정지 표지 ② (자동차의) 브레이크 등

stoppa /'stoppa/ [여] ① 삼(麻) 부스러기 ② 질긴 고기

stoppare /stop'pare/ [타동] (축구) (공을) 트랩하다

stoppia /'stoppja/ [여] (밀 따위의) 그루터기

stoppino /stop'pino/ [남] ① (양초의) 심지 ② (폭약의) 신관, 도화선

stopposo /stop'poso/ [형] ① (고기가) 질긴 ② (머리카락이) 담황색의

storcere /'stɔrtʃere/ [타동] 비틀다, 구부리다 - storcersi [재귀동사] 비틀리다, 구부러지다; storcersi la caviglia 발목을 삐다 - storcere il naso a qc 무엇을 멸시하다, 무엇에 코웃음을 치다

stordire /stor'dire/ [타동] (충격·소음·약물 따위가 사람을) 멍하게 만들다; (뜻밖의 소식 따위가 사람을) 몹시 놀라게 하다

stordito /stor'dito/ [형] (충격·소음·약물 따위에) 멍해진; (뜻밖의 소식에) 몹시 놀란

storia /'stɔrja/ [여] ① 역사; passare alla storia 역사에 남다 ② 역사학, 역사 과목 ③ 이야기 ④ (개인의) 내력, 신

상 이야기 ⑤ 정사(情事) ⑥ 일, 문제; non voglio saperne più di questa storia 이 일에 대해 더 이상 알고 싶지 않다 ⑦ 꾸며낸 이야기 ⑧ [복] 야단법석; senza tante storie! 그렇게 야단법석 떨지 말라구!

storico /'stɔriko/ (복 : -ci, -che) [형] ① 역사의, 역사적인 ② 역사적으로 중요한, 역사에 남길 만한 - [남] (여 : -a) 역사학자

storione /sto'rjone/ [남] [어류] 철갑상어

stormire /stor'mire/ [자동] [조동사 : avere] (나뭇잎 따위가) 살랑살랑 소리를 내다

stormo /'stormo/ [남] (새의) 떼, 무리

stornare /stor'nare/ [타동] ① (다른 곳으로) 돌리다; (위험 따위를) 피하다, 막다 ② [상업] (금액을) 대체(對替)하다

storno1 /'storno/ [남] [조류] 찌르레기

storno2 /'storno/ [남] [상업] 대체(對替)

storpiare /stor'pjare/ [타동] ① (사람을) 불구로 만들다 ② (비유적으로) 잘못 발음[철자]하다; 망치다, 엉망으로 만들다 - storpiarsi [재귀동사] 불구가 되다

storpio /'stɔrpjo/ (복 : -pi, -pie) [형] 불구의, 신체 장애를 가진 - [남] (여 : -a) 불구자, 신체 장애인

storta /'stɔrta/ [여] ① (구어체에서) (관절의) 뼘, 접질림; prendersi una storta alla caviglia 발목을 삐다 ② [화학] 레토르트, 증류기

storto /'stɔrto/ [형] ① 구부러진, 휜, 비뚤어진; avere le gambe storte 다리가 굽어 있다 ② (비유적으로) avere la luna storta 기분[컨디션]이 좋지 않다 - [부] 구부러져, 비뚤어져; guardare storto qn 누구를 째려보다

stoviglie /sto'viʎʎe/ [여·복] 식기(食器) 종류

strabico /'strabiko/ (복 : -ci, -che) [형] 사시(斜視)의 - [남] (여 : -a) 사팔뜨기

strabiliante /strabi'ljante/ [형] 깜짝 놀랄 만한, 굉장한

strabismo /stra'bizmo/ [남] [안과] 사시(斜視)

strabuzzare /strabud'dzare/ [타동] strabuzzare gli occhi 눈을 희번덕거리다

stracarico /stra'kariko/ [형] (복 : -chi, -che) (일정 장소가 사람으로) 붐비는; (비유적으로) (부담 따위가) 과중한

stracciare /strat'tʃare/ [타동] ① 갈가리 찢다 ② (구어체에서·비유적으로) (상대를) 완패시키다 - stracciarsi [재귀동사] 찢어지다

stracciatella /strattʃa'tɛlla/ [여] ① 휘저은 계란과 파르마산 치즈를 넣어 만드는 수프의 일종 ② 작은 초콜릿 조각을 넣은 바닐라맛 아이스크림의 일종

stracciato /strat'tʃato/ [형] 갈가리 찢긴; (사람이) 누더기를 걸친

straccio1 /'strattʃo/ [남] (복 : -ci) ① 헝겊, 걸레 ② 낡은 옷, 넝마, 누더기 ③ non avere uno straccio di ~은 전혀 없다

straccio2 /'strattʃo/ [형] (복 : -ci, -ce) carta straccia 휴지, 종이 쓰레기, 종잇조각

straccione /strat'tʃone/ [남] (여 : -a) 누더기를 걸친 사람; 거지

stracotto /stra'kɔtto/ [형] (음식을) 너무 익힌[구운] - [남] 비프스튜의 일종

strada /'strada/ [여] ① 길, 도로; 거리; strada ferrata 철도 선로; strada principale 주요 도로; strada a senso unico 일방통행로; strada senza uscita 막다른 길 ② (~으로 가는) 길, 코스, 진로; qual è la strada per andare al cinema? 영화관으로 가는 길은 어느 쪽인가?; mostrare la strada a qn 누구에게 길을 가르쳐 주다; tre ore di strada a piedi 걸어서 세 시간 걸리는 길; strada facendo 도중에 ③ 통로; farsi strada fra la folla 군중 사이를 헤치고 나아가다; farsi strada (비유적으로) 성공하다, 잘되다 ④ (비유적으로) (처세·인생의) 길; essere sulla buona strada 바른 길을 가고 있다; portare qn sulla cattiva strada 누구를 나쁜 길로 이끌다, 타락시키다 - l'uomo della strada 일반인, 보통 사람; tutte le strade portano a Roma (속담) 모든 길은 로마로 통한다

stradale /stra'dale/ [형] 길[도로]의; polizia stradale 교통 경찰; cartello stradale 도로 표지 - [여] (구어체에서) la stradale 교통 경찰

stradario /stra'darjo/ [남] (복 : -ri) 도로 (안내) 지도

stradone /stra'done/ [남] 넓은 도로, 주요 도로

strafalcione /strafal'tʃone/ [남] 큰 실수

strafare /stra'fare/ [자동] (조동사 : avere) 너무[지나치게] ~하다

strafatto /stra'fatto/ [형] (구어체에서) 자꾸만 ~한, 여러 차례 반복한

straforo [부] (di straforo /distra'foro/ 의 형태로 쓰여) 슬쩍, 살그머니

strafottente /strafot'tente/ [형/남/여] 거만한, 무례한 (사람)

strage /'stradʒe/ [여] ① 대량 학살 ② (가축의) 도살 ③ (비유적으로) 참패, 완패, 궤멸

stragrande /stra'grande/ [형] 압도적인; la stragrande maggioranza 압도적 다수

stralciare /stral'tʃare/ [타동] 골라내다, 발췌하다

stralcio /'straltʃo/ [남] (복 : -ci) ① (부채 따위의) 청산 ② (텍스트에서) 발췌한 대목 ③ vendere a stralcio 헐값에 팔아치우다

stralunato /stralu'nato/ [형] ① (놀라서) 눈알을 굴리는 ② 당황한, 놀란

stramaledetto /stramale'detto/ [형] 저주받은

stramazzare /stramat'tsare/ [자동] (조동사 : essere) 푹 쓰러지다

stramberia /strambe'ria/ [여] 이상함, 기묘함, 별남

strambo /'strambo/ [형] (생각 따위가) 이상한, 기묘한, 별난

strampalato /strampa'lato/ [형] (생각 따위가) 이상한, 기묘한, 별난 - [남] (여 : -a) 괴짜, 기인

stranamente /strana'mente/ [부] 이상하게(도), 기묘하게(도)

stranezza /stra'nettsa/ [여] 이상함, 기묘함, 별남; 별난 짓

strangolare /strango'lare/ [타동] 목을 조르다, 질식시키다 - strangolarsi [재귀동사] 질식하다

straniero /stra'njero/ [형] 외국의 - [남] (여 : -a) 외국인

stranito /stra'nito/ [형] 아찔한, 멍한

strano /'strano/ [형] 이상한, 기이한; è strano che ~이라는 것은 이상하다; e cosa strana 이상하게도

straordinario /straordi'narjo/ (복 : -ri, -rie) [형] ① 비상한, 예사롭지 않은 ② 임시의, 특별 편성의, 규정 외의; lavoro straordinario 초과[시간 외] 근무 ③ 비범한, 놀라운, 굉장한, 대단한 - [남] ① 예사롭지 않은 것 ② 초과[시간 외] 근무; 그에 대한 수당

strapazzare /strapat'tsare/ [타동] 혹사하다, 함부로[거칠게] 다루다 - strapazzarsi [재귀동사] 과로하다

strapazzata /strapat'tsata/ [여] ① 혹사, 과로 ② (심한) 꾸짖음, 책망

strapazzo /stra'pattso/ [남] ① 피로, 피곤, 과로 ② da strapazzo 쓸모없는, 하찮은, 삼류의

strapieno /stra'pjeno/ [형] (일정 장소나 공간 안에) (사람이) 붐비는, 만원의; (물건이) 가득 찬

strapiombo /stra'pjombo/ [남] 돌출한 바위, 절벽, 낭떠러지 - a strapiombo (절벽이) 깎아지른 듯한

strapotere /strapo'tere/ [남] 우세한 세력[권력]

strappalacrime /strappa'lakrime/ [형-불변] (소설·영화 따위가) 신파조의, 눈물을 자아내는

strappare /strap'pare/ [타동] ① (풀·머리카락 따위를) 뽑다; (페이지·전단 따위를) 뜯다, 떼어내다 ② (종이나 천 따위를) 갈가리 찢다 ③ (da, a와 함께 쓰여) ~으로부터) 잡아뺏다 ④ (비유적으로) 얻어내다; strappare una promessa a qn 누구한테서 약속을 받아내다 - strapparsi [재귀동사] 찢어지다

strappo /'strappo/ [남] ① 갑자기[세게] 잡아당김; dare uno strappo a qc 무엇을 홱 잡아당기다 ② (갈가리) 찢기 ③ (구어체에서) 차를 태워주기; dare uno strappo 차를 태워주다 - fare uno strappo alla regola 규정에 예외를 두다

strapuntino /strapun'tino/ [남] 접을 수 있는 좌석

straricco /stra'rikko/ [형] (복 : -chi, -che) 대단히 부유한

straripare /strari'pare/ [자동] (조동사 : essere, avere) (강이) 넘쳐 흐르다, 범람하다

strascicare /straʃʃi'kare/ [타동] strascicare qc per terra 무엇을 땅에 질질 끌다; strascicare i piedi 발을 질질 끌며 걷다; strascicare le parole 느릿느릿 말하다; strascicare un lavoro 일을 (빨리 끝내지 않고) 오래 끌다 - [자동] (조동사 : avere) (코트 따위가 땅에) 질질 끌리다 - strascicarsi [재귀동사] 발을 질질 끌

며 걷다

strascico /'straʃʃiko/ [남] (복 : -chi) ① 길게 끌리는 옷자락 ② rete a strascico 트롤망, 저인망; pesca a strascico 트롤[저인망] 어업 ③ (비유적으로) 여파, 영향

strass /stras/ [남-불변] (인조 보석 제조용의) 납유리

stratagemma /strata'dʒemma/ [남] 전략; 책략, 술책

strategia /strate'dʒia/ [여] [군사] 전략, 전술, 병법; (일반적으로) 계략, 계획, 방책

strategico /stra'tɛdʒiko/ [형] (복 : -ci, -che) 전략의, 전략적인

strato /'strato/ [남] ① (쌓인 것의) 층(層), 켜 ② [지질] 지층 ③ [사회] 층, 계급

stratosfera /stratos'fɛra/ [여] [기상] 성층권

strattone /strat'tone/ [남] 갑자기[세게] 잡아당김; dare uno strattone a qc 무엇을 홱 잡아당기다

stravaccarsi /stravak'karsi/ [재귀동사] (구어체에서) (su와 함께 쓰이는) (~의 위에) 팔다리를 쭉 펴고 드러눕다, 털썩 주저앉다

stravaccato /stravak'kato/ [형] 팔다리를 쭉 펴고 드러누운, 털썩 주저앉은

stravagante /strava'gante/ [형] 이상한, 기묘한, 기이한 - [남/여] 괴짜, 기인

stravaganza /strava'gantsa/ [여] 이상함, 기묘함, 기이함

stravecchio /stra'vekkjo/ [형] (복 : -chi, -chie) ① 매우 늙은 ② (치즈·포도주 따위가) 숙성된

stravedere /strave'dere/ [자동] (조동사 : avere) (구어체에서) ① 잘못 보다, 착각하다 ② (비유적으로) (per와 함께 쓰여) (누구에게) 푹 빠져 있다

stravincere /stra'vintʃere/ [타동] 낙승을 거두다, (상대를) 완패시키다

stravizio /stra'vittsjo/ [남] (복 : -zi) 지나친 행동, 폭식·폭음 따위, 부절제

stravolgere /stra'voldʒere/ [타동] ① (사실 따위를) 왜곡하다; (글을) 잘못 읽다[해석하다]; (고통이 얼굴을) 일그러뜨리다 ② (뜻밖의 소식 따위가 사람을) 크게 당황하게 하다, 충격에 빠트리다

stravolto /stra'vɔlto/ [형] (da, per와 함께 쓰여) (~에) 크게 당황한, 충격을 받은, 혼란에 빠진

straziante /strat'tsjante/ [형] 몹시 고통스럽게 하는, 가슴을 찢어지게 만드는; (광경 따위가) 비참한

straziare /strat'tsjare/ [타동] ① 갈가리 찢다, 난도질하다 ② 몹시 고통스럽게 하다, 가슴이 찢어지게 만들다 ③ (소리가) 귀에 거슬리다

strazio /'strattsjo/ [남] (복 : -zi) ① 갈가리 찢기, 난도질 ② (비유적으로) (심한) 고통, 고뇌 ③ (비유적으로) 몹시 불쾌한 것, 지독하게 싫은 것

strega /'strega/ [여] (복 : -ghe) ① 마녀, 여자 마법사 ② 몹시 추한 여자

stregare /stre'gare/ [타동] (~에) 마법을 걸다; (~을) 호리다, 매혹시키다

stregato /stre'gato/ [형] 마법에 걸린; (집에) 귀신이 나오는

stregone /stre'gone/ [남] ① 마법사 ② (미개 사회의) 주술로 병을 고치는 사람

stregua /'stregwa/ [여] alla (stessa) stregua di ~와 똑같은; trattare tutti alla stessa stregua 모든 이들에게 똑같이 대하다

stremare /stre'mare/ [타동] 몹시 지치게 하다

stremato /stre'mato/ [형] 몹시 지친, 기진맥진한

stremo /'strɛmo/ [남] 극한; essere allo stremo (delle forze) 막다른 지경에 이르러 있다, 더 이상 어떻게 해볼 수 없는 지경이다

strenna /'strenna/ [여] 선물; strenna natalizia 크리스마스 선물

strenuo /'strɛnuo/ [형] ① 분투하는, 불요불굴의; 용맹한 ② 지치지 않는

strepitare /strepi'tare/ [자동] (조동사 : avere) 떠들다, 시끄러운 소리를 내다; 소리치다

strepito /'strepito/ [남] 큰 소리, 굉음; 떠드는 소리, 크게 외치는 소리 - fare strepito (소식 따위가 세상을) 발칵 뒤집다, 센세이션을 일으키다

strepitoso /strepi'toso/ [형] ① (소리가) 아주 큰 ② (비유적으로) (성공·승리 따위가) 굉장한, 대단한, 놀랄 만한

stress /stres/ [남-불변] 스트레스, 정신적 중압[압박감]

stressante /stres'sante/ [형] 스트레스를 주는, 스트레스가 많은

stressare /stres'sare/ [타동] (~에게) 스트레스를 주다

stressato /stres'sato/ [형] 스트레스를 받

은

stretta /'stretta/ [여] ① 붙잡기, 꽉 쥐기, 움켜쥐기; dare una stretta di mano a qn 누구와 악수하다 ② 격통, 쑤시는 듯한 아픔 - essere alle strette 궁지에 몰려 있다; mettere qn alle strette 누구를 궁지에 몰아 넣다

strettamente /stretta'mente/ [부] ① (묶는 것 따위를) 꽉, 단단하게 ② (비유적으로) (사이·관계가) 밀접하게, 가까이 ③ 엄격하게; attenersi strettamente alle regole 규정을 엄수하다

strettezza /stret'tettsa/ [여] ① 좁음, 협소 ② (비유적으로) 부족, 불충분; vivere in strettezze 곤궁하게 살다

stretto1 /'stretto/ [형] ① (너비·공간이) 좁은, 협소한 ② 꽉 쥔, 타이트한; tenere stretto qc 무엇을 꽉 잡다; a denti stretti 이를 악물고 ③ 빽빽이 들어찬, 밀집한 ④ (비유적으로) (사이·관계가) 밀접한, 가까운 ⑤ 엄격한, 엄밀한 ⑥ 겨우, 간신히, 가까스로; lo stretto necessario 최소한의 필수품

stretto2 /'stretto/ [남] [지리] 해협

strettoia /stret'toja/ [여] ① (도로상의) 좁은 통로, 병목 현상이 일어나는 곳 ② (비유적으로) 궁지

striato /stri'ato/ [형] 줄무늬가 있는

striatura /stria'tura/ [여] 줄무늬, 줄

stridente /stri'dente/ [형] (소리가) 귀에 거슬리는, 새된; (색깔이) 조화되지 않는

stridere /'stridere/ [자동] (조동사 : avere) 귀에 거슬리는 소리가 나다, (문 따위가) 삐걱거리다; (색깔이) 조화되지 않다

stridore /stri'dore/ [남] 귀에 거슬리는 소리, 새된[삐걱거리는] 소리

stridulo /'stridulo/ [형] (소리가) 귀에 거슬리는, 새된

strigliare /striʎ'ʎare/ [타동] ① (말(馬)을) 빗질[손질]하다, 돌보다 ② (비유적으로) 호되게 꾸짖다

strigliata /striʎ'ʎata/ [여] ① (말(馬)을) 빗질[손질]하기, 돌보기 ② (비유적으로) dare una strigliata a qn 누구를 호되게 꾸짖다

strillare /stril'lare/ [타동] ① (명령·욕설 따위를) 큰 소리로 외치다 ② (구어체에서) 꾸짖다, 야단치다 - [자동] (조동사 : avere) 비명을 지르다, 소리치다

strillo /'strillo/ [남] 비명, 새된 소리

strillone /stril'lone/ [남] (여 : -a) 신문팔이

striminzito /strimin'tsito/ [형] ① (옷이) 꽉 죄는 ② (사람이) 마른, 여윈 ③ 부족한, 근소한

strimpellare /strimpel'lare/ [타동] (악기를) 서툴게 연주하다

stringa /'stringa/ [여] (복 : -ghe) ① (구두나 옷의) 끈, 레이스 ② [컴퓨터] 문자열(文字列)

stringato /strin'gato/ [형] (이야기·문체가) 간결한, 간명한

stringere /'strindʒere/ [타동] ① 꽉 죄다, 붙잡다; 압박하다; stringere il braccio di qn 누구의 팔을 꽉 잡다; stringere la mano a qn 누구와 악수를 하다; stringere i denti 이를 악물다 ② 껴안다, 포옹하다 ③ (계약·동맹 따위를) 맺다; stringere un patto 조약을 체결하다; stringere amicizia con qn 누구와 친구가 되다 ④ (이야기 따위를) 요약하다, 간략하게 하다 - [자동] (조동사 : avere) ① il tempo stringe 시간이 다 되어간다 ② (옷이나 신발 따위가) 꽉 죄다, 타이트하다 - stringersi [재귀동사] ① 좁아지다; 꽉 죄다, 타이트해지다 ② (a와 함께 쓰여) (~에) 바싹 다가가다

striscia /'striʃʃa/ [여] (복 : -sce) ① (천이나 종이 따위의) 가늘고 긴 조각 ② 줄(무늬); a strisce 줄무늬가 있는 ③ 연재 만화 - strisce pedonali 횡단보도

strisciante /striʃ'ʃante/ [형] ① (동물·곤충 따위가) 기는, 기어다니는 ② 비굴한 태도의

strisciare /striʃ'ʃare/ [타동] ① (발을) 질질 끌다 ② (~에) 가볍게 스치며 지나가다 - [자동] (조동사 : avere) (동물·곤충 따위가) 기다, 기어가다; strisciare davanti a qn 누구 앞에서 굽실거리다, 비굴한 태도를 취하다

striscio /'striʃʃo/ [남] (복 : -sci) ① (동물·곤충 따위가) 기어감 ② colpire di striscio 가볍게 스치며 지나가다

striscione /striʃ'ʃone/ [남] (광고용) 현수막

stritolare /strito'lare/ [타동] ① 눌러 부수다, 분쇄하다 ② (비유적으로) (상대를) 궤멸시키다

strizzare /strit'tsare/ [타동] (세탁물을) 비틀어 짜다 - strizzare l'occhio (a qn) (누구에게) 윙크하다

strofa /ˈstrɔfa/ [여] (시(詩)의) 절(節)

strofinaccio /strofiˈnattʃo/ [남] (복 : -ci) 걸레; 행주

strofinare /strofiˈnare/ [타동] (걸레로 바닥 따위를) 닦다 - **strofinarsi** [재귀동사] strofinarsi gli occhi 눈을 비비다

stroncare /stronˈkare/ [타동] ① (나뭇가지 따위를) 꺾다 ② (비유적으로) 몹시 지치게 하다 ③ (병이 사람에게) 들다 ④ (반란 따위를) 진압하다 ⑤ (작품 따위를) 혹평하다

stronzata /stronˈtsata/ [여] (비어로) 쓰레기 같은 것; 허튼소리; dire stronzate 되지도 않는 소리를 하다

stronzo /ˈstrontso/ [남] (여 : -a) (비어로) ① 똥 ② 지겨운[멍청한] 녀석

stropicciare /stropitˈtʃare/ [타동] (종이나 천 따위를) 구기다, 주름지게 하다 - **stropicciarsi** [재귀동사] stropicciarsi gli occhi 눈을 비비다

strozzare /strotˈtsare/ [타동] ① 목을 조르다, 질식시키다 ② (관 따위를) 막히게 하다 - **strozzarsi** [재귀동사] 질식하다

strozzatura /strottsaˈtura/ [여] ① (관 따위가) 막힘; 병목; 좁은 통로 ② (비유적으로) 활동·진행의 방해[장애]

strozzino /strotˈtsino/ [남] (여 : -a) 고리대금업자

struccare /strukˈkare/ [타동] (누구의) 화장을 지우다 - **struccarsi** [재귀동사] (자신의) 화장을 지우다

strudel /ˈstrudel/ [남-불변] 과일·치즈 등을 밀가루 반죽으로 얇게 싸서 화덕에 구운 과자

struggente /strudˈdʒente/ [형] (열정·사랑·그리움 따위가) 강렬한, 격렬한, 애절한

struggere /ˈstruddʒere/ [타동] (열정·사랑 따위가) 마음을 빼앗다, 애절해지게 만들다 - **struggersi** [재귀동사] 열망에 불타다; 애절하게 사모하다; 애타게 그리워하다; struggersi d'amore per qn 누구를 몹시 사모하다

strumentale /strumenˈtale/ [형] ① 악기의, 악기를 사용하는 ② (비행·항공가) 기계에 의존하는

strumentalizzare /strumentalidˈdzare/ [타동] (이익을 얻기 위한) 도구·수단으로 이용하다

strumentazione /strumentatˈtsjone/ [여] ① [음악] 기악 편성, 관현악법 ② 기계 사용

strumento /struˈmento/ [남] ① 기계, 기구, 도구; strumenti di bordo 비행[항해] 계기; strumenti di precisione 정밀 기계 ② 악기; strumento a corda 현악기; strumento a fiato 관악기 ③ (목적 달성을 위한) 수단, 방편 ④ [컴퓨터] 툴; barra degli strumenti 툴바

strusciare /strusˈʃare/ [타동] (발을) 질질 끌다; (벽 따위에 대고) 문지르다 - **strusciarsi** [재귀동사] (contro와 함께 쓰여) (~에 대고) 자기 몸을 문지르다

strutto /ˈstrutto/ [남] 라드, 돼지기름

struttura /strutˈtura/ [여] 구조, 기구, 조직, 구성; struttura di una frase 문장 구조; struttura sociale 사회 구조

strutturale /strutuˈrale/ [형] 구조(상)의

strutturare /strutuˈrare/ [타동] 구성하다, 조직화하다

struzzo /ˈstruttso/ [남] [조류] 타조 - fare lo struzzo, fare la politica dello struzzo 현실을 회피하다

stuccare /stukˈkare/ [타동] (벽에) 회반죽을 바르다; (유리창을) 퍼티로 접합하다; 치장 벽토를 바르다

stuccatore /stukkaˈtore/ [남] (여 : -trice) 미장이; 치장 벽토를 바르는 사람

stucchevole /stukˈkevole/ [형] ① (음식이) 구역질나게 하는 ② (비유적으로) 지루한, 따분한

stucco /ˈstukko/ [남] (복 : -chi) (유리창 접합용) 퍼티; 회반죽; 치장 벽토 - rimanere di stucco 말문이 막히다

studente /stuˈdente/ [남] (여 : studentessa) 학생 (대학생 또는 초중고 학생)

studentesco /studenˈtesko/ [형] (복 : -schi, -sche) 학생의

studentessa /studenˈtessa/ [여] → studente

studiare /stuˈdjare/ [타동] ① (예를 들어 언어, 음악 따위를) 공부하다, 학습하다, 배우다 ② 연구하다, 조사[검토]하다 - [자동] (조동사 : avere) 공부하다, 학습하다 - **studiarsi** [재귀동사] ① 자기 자신의 모습을 살피다 ② studiarsi di fare qc 무엇을 하려 하다

studiato /stuˈdjato/ [형] ① 고심한, 공을 들인 ② 짐짓 꾸민, 억지의, 부자연스러운

studio /ˈstudjo/ [남] (복 : -di) ① 공부,

학습 ② 연구, 조사, 검토; fare uno studio su qc 무엇에 대해 연구[조사]하다 ③ 계획, 준비 과정 ④ 서재; 연구실, 사무실; studio legale 법률 사무소 ⑤ (예술가 또는 영화·TV 등의) 스튜디오 - studi [남·복] (대학 등에서의) 학업, 연구 활동; alla fine degli studi 학업을 마칠 무렵에

studioso /stu'djoso/ [형] 열심히 공부하는, 면학에 힘쓰는 - [남] (여 : -a) 학자

stufa /'stufa/ [여] 난로, 스토브; stufa elettrica 전기 히터

stufare /stu'fare/ [타동] ① (요리를) 스튜로 만들다 ② (구어체에서) 질리게[물리게] 하다; mi hai proprio stufato 난 너한테 진짜 질렸어 - stufarsi [재귀동사] (di와 함께 쓰여) (~에) 질리다, 싫증이 나다

stufato /stu'fato/ [남] 스튜 (요리)

stufo /'stufo/ [형] (구어체에서) (di와 함께 쓰여) (~에) 질린, 물린, 싫증이 난

stuoia /'stwɔja/ [여] 매트, 거적, 돗자리

stuolo /'stwɔlo/ [남] (di와 함께 쓰여) (~의) 떼, 무리, 다수

stupefacente /stupefa'tʃente/ [형] 놀라운, 놀랄 만한 - [남] 마약

stupefatto /stupe'fatto/ [형] (깜짝) 놀란

stupendo /stu'pɛndo/ [형] 훌륭한, 굉장히 멋진

stupidaggine /stupi'daddʒine/ [여] ① 어리석음, 우둔 ② 어리석은 짓; 허튼소리; dire una stupidaggine 멍청한 소리를 하다 ③ 사소한[하찮은] 것

stupidamente /stupida'mente/ [부] 어리석게, 멍청하게

stupidata /stupi'data/ [여] → stupidaggine

stupidità /stupidi'ta/ [여-불변] 어리석음, 우둔

stupido /'stupido/ [형] 어리석은, 우둔한, 멍청한 - [남] (여 : -a) 어리석은 자, 바보, 멍청이

stupire /stu'pire/ [타동] (깜짝) 놀라게 하다 - stupirsi [재귀동사] (깜짝) 놀라다; non c'è da stupirsi 놀랄 일이 아니다, 당연한 일이다

stupito /stu'pito/ [형] (깜짝) 놀란

stupore /stu'pore/ [남] (깜짝) 놀람

stuprare /stu'prare/ [타동] 강간[성폭행]하다

stupratore /stupra'tore/ [남] 강간[성폭행]범

stupro /'stupro/ [남] 강간, 성폭행

sturare /stu'rare/ [타동] (~의) 마개를 뽑다

stuzzicadenti /stuttsika'dɛnti/ [남-불변] 이쑤시개

stuzzicante /stuttsi'kante/ [형] ① (음식이) 식욕을 돋우는 ② (비유적으로) (계획·생각 따위가) 흥미를 자아내는

stuzzicare /stuttsi'kare/ [타동] ① (아픈 곳을) 자꾸 찌르다 ② (비유적으로) 괴롭히다, 지분거리다 ③ (비유적으로) (식욕을) 돋우다; (호기심 따위를) 불러 일으키다 - stuzzicarsi [재귀동사] stuzzicarsi i denti 이를 쑤시다

stuzzichino /stuttsi'kino/ [남] 애피타이저, 전채(前菜)

su /su/ [전] (관사와 결합하여 sul, sullo, sulla, sull' 등의 형태로 쓰임. 복수형은 sui, sugli, sulle) ① [접촉] ~의 표면 [위]에, ~에; [동작] ~ 위에[로], ~에, ~으로; il libro è sul tavolo 그 책은 탁자 위에 있다; salire sul treno 기차에 타다 ② (접촉하지 않고) ~의 위에; un ponte sul fiume 강 위의 다리 ③ ~의 맨 위에, 꼭대기에 ④ ~보다 우세[월등]하여; avere un vantaggio su qn 누구보다 유리하다, 이점을 갖고 있다 ⑤ ~을 넘어, ~보다 위에; 100 metri sul livello del mare 해발 100m ⑥ ~ 쪽으로, ~을 향해; la finestra dà sul giardino 그 창문은 정원에 면해 있다 ⑦ [도구·수단] ~에, ~으로; su CD 시디에(서); l'ho visto sul giornale 나는 그것을 신문에서 봤다 ⑧ ~에 대한[관한]; un articolo sulla prima guerra mondiale 제1차 세계대전에 관한 항목 ⑨ ~에 의해, ~에 따라; scarpe su misura 수제화; spedire qc su richiesta 무엇을 요청에 의해 보내다 ⑩ 약, 대략; c'erano sulle 100 persone 100여 명의 사람들이 있었다 ⑪ (반복을 나타내어) fa errori su errori 그는 거듭 실수를 저지른다 ⑫ [수량] ~ 중에서; 2 giorni su 3 사흘 중 이틀 - [부] ① 위에, 위로; su le mani! 손들어! ② 위층에 ③ 북쪽에 ④ in su i) 위로, 위쪽으로; guardare in su 위를 보다; dal gomito in su 팔꿈치 위로 ii) ~에서, ~으로부터 (더 나아가); dai 20 anni in su 20세 이상 ⑤ su e giù 위아래로,

앞뒤로, 왔다갔다 ⑥ su per giù 약, 대략 - [감] 자!, 어서!

suadente /sua'dɛnte/ [형] 설득력 있는

sub /sub/ [남/여-불변] 잠수부, 다이버

subacqueo /su'bakkweo/ [형] 수면하의, 수중의 - [남] (여 : -a) 잠수부, 다이버

subaffittare /subaffit'tare/ [타동] 전대(轉貸)하다, 빌린 것을 다시 (제3자에게) 빌려주다

subaffitto /subaf'fitto/ [남] 전대(轉貸), 빌린 것을 다시 (제3자에게) 빌려주기

subalterno /subal'tɛrno/ [형] 하급의, 하위의, 지위가 낮은 - [남] (여 : -a) 하급자, 부하; [군사] 초급 장교 (소위 및 중위)

subappaltare /subappal'tare/ [타동] (a와 함께 쓰여) (~에게) 하청을 주다

subappalto /subap'palto/ [남] 하청 계약, 하청부

subbuglio /sub'buʎʎo/ [남] (복 : -gli) 혼란, 동요; mettere in subbuglio 혼란에 빠뜨리다

subconscio /sub'kɔnʃo/ [남/형] (복 : -sci, -sce / -scie) 잠재의식(의)

subcosciente /subkoʃ'ʃɛnte/ [남/형] 잠재의식(의)

subdolo /'subdolo/ [형] 몰래 하는, 엉큼한, 음흉한, 교활한

subentrare /suben'trare/ [자동] (조동사 : essere) ① subentrare a qn 누구의 뒤를 잇다, 누구의 후임자가 되다 ② (비유적으로) subentrare a qc 무엇의 뒤에 오다 ③ (문제 따위가) 생기다, 발생하다

subire /su'bire/ [타동] (고난·불이익·경험·변화 따위를) 겪다, 당하다, 받다, 견디다; subire un interrogatorio 심문을 받다; subire delle perdite 손실을 입다

subissare /subis'sare/ [타동] subissare qn di 누구에게 질문·요청 따위를 퍼붓다

subitaneo /subi'taneo/ [형] 갑작스러운

subito /'subito/ [부] 곧, 이내, 즉시; torno subito 곧 돌아올게; subito dopo 바로 다음에, 곧이어

sublimare /subli'mare/ [타동] ① [화학] (고체를) 승화시키다 ② [심리] (본능을) 승화시키다 ③ (비유적으로) 높이다, 고상[숭고]하게 하다

sublimazione /sublimat'tsjone/ [여] ① [화학] 승화 ② [심리] (본능의) 승화 ③ (비유적으로) 높임, 고상[숭고]하게 함

sublime /su'blime/ [형] 장엄한, 숭고한, 웅대한 - [남] il sublime 장엄, 숭고

subnormale /subnor'male/ [형] (지능 따위가) 표준[보통] 이하의 - [남/여] 저능아

subodorare /subodo'rare/ [타동] (속임수나 위험 따위를) 눈치채다

subordinare /subordi'nare/ [타동] (~보다) 아래에 두다, 종속시키다

subordinato /subordi'nato/ [형] ① 하급의, 하위의 ② (a와 함께 쓰여) (~에) 의존[종속]하는 ③ [문법] 종속의 - [남] (여 : -a) 하급자, 부하

suburbano /subur'bano/ [형] 교외의, 도시 근교의

succedere /sut'tʃɛdere/ [자동] (조동사 : essere) ① succedere a qn 누구의 뒤를 잇다, 누구의 후임자가 되다; succedere a qn sul trono 누구의 왕위를 계승하다 ② succedere a qc 무엇의 뒤에 오다 ③ (일·문제가) 생기다, 일어나다, 발생하다; cosa ti succede? 무슨 일 있어?; sono cose che succedono 그런 일도 일어나는 법이다 - succedersi [재귀동사] 계속되다, 이어지다; 계속 일어나다

successione /suttʃes'sjone/ [여] ① (권력·지위·재산 따위의) 계승, 상속; imposta di successione 상속세 ② 연속, 계속 ③ [수학] 열(列), 수열

successivamente /suttʃessiva'mente/ [부] 뒤이어, 그 다음에

successivo /suttʃes'sivo/ [형] 다음의, 뒤를 잇는; il giorno successivo 다음 날; in un momento successivo 뒤이어

successo /sut'tʃɛsso/ [남] 성공, 달성; avere successo 성공이다, 성공하다; ho provato, ma senza successo 난 시도해 봤지만 성공하지 못했어; canzone di successo 히트송

successore /suttʃes'sore/ [남] (di와 함께 쓰여) (~의) 후임자, 계승자

succhiare /suk'kjare/ [타동] (입으로) 빨다, 빨아내다 - succhiare il sangue a qn (비유적으로) 누구의 돈을 모조리 우려내다

succhiotto /suk'kjɔtto/ [남] ① (갓난아기의) 고무 젖꼭지 ② 키스 마크

succinto /sut'tʃinto/ [형] ① (옷이) 짧은

② (비유적으로) (이야기 따위가) 간결한, 간명한
succo /'sukko/ [남] (복 : -chi) ① (과일·채소의) 즙, 주스; succo di arancia 오렌지 주스 ② [생리] 체액 ③ (비유적으로) (이야기 따위의) 요점, 골자, 핵심
succoso /suk'koso/ [형] ① (과일 등이) 즙이 많은 ② (비유적으로) (이야기 따위가) 간명하면서도 내용이 풍부한
succube /'sukkube/ [남/여] 남의 지배를 받는 사람, 자기 뜻대로 하지 못하는 사람
succulento /sukku'lɛnto/ [형] ① (과일 등이) 즙이 많은 ② (음식이) 맛있는
succursale /sukkur'sale/ [여] (은행·회사 등의) 지점, 지사
sud /sud/ [남-불변] ① 남(南), 남쪽; a sud di ~의 남쪽에; verso sud 남쪽으로 ② 남부 지방; l'Italia del Sud 남부 이탈리아; l'America del Sud 남아메리카 - [형-불변] 남쪽의, 남부의
Sudafrica /su'dafrika/ [남] 남아프리카공화국
sudafricano /sudafri'kano/ [형] 남아프리카공화국의 - [남] (여 : -a) 남아프리카공화국 사람
Sudamerica /suda'mɛrika/ [남] 남아메리카
sudamericano /sudameri'kano/ [형] 남아메리카의 - [남] (여 : -a) 남아메리카 사람
Sudan /su'dan/ [남] 수단 (북아프리카의 국가)
sudanese /suda'nese/ [형] 수단의 - [남/여] 수단 사람
sudare /su'dare/ [자동] (조동사 : avere) ① 땀을 흘리다 ② 수고하다, 고되게 일하다 - sudarsi [재귀동사] sudarsi il pane 생계를 위해 고되게 일하다 - sudare freddo 식은땀이 나다
sudata /su'data/ [여] ① 땀을 흘림, 발한 (發汗) ② (비유적으로) 고역, 힘든 일
sudato /su'dato/ [형] ① 땀을 흘린, 땀에 젖은 ② (비유적으로) (돈을) 힘들게 번; (승리 따위를) 힘들게 얻은
suddetto /sud'detto/ [형] 앞서 말한[언급한]
suddito /'suddito/ [남] (여 : -a) 백성, 국민
suddividere /suddi'videre/ [타동] (이미 나눈 것을) 다시 나누다, 더 세부적으로 나누다
suddivisione /suddivi'zjone/ [여] (이미 나눈 것을) 다시 나눔, 더 세부적으로 나눔
sud-est /su'dɛst/ [남/형-불변] 남동쪽(의)
sudicio /'suditʃo/ (복 : -ci, -ce / -cie) [형] ① 더러운, 지저분한, 불결한 ② (비유적으로) 상스러운, 추잡한 - [남] 더러움, 불결
sudiciume /sudi'tʃume/ [남] 더러움, 불결
sud-occidentale /sudottʃiden'tale/ [형] 남서쪽의
sudore /su'dore/ [남] 땀; essere in un bagno di sudore 땀에 절어 있다; col sudore della (propria) fronte (비유적으로) 땀흘려, 수고하여 - sudore freddo 식은땀
sud-orientale /sudorjen'tale/ [형] 남동쪽의
sud-ovest /su'dɔvest/ [남/형-불변] 남서쪽(의)
sue → suo
sufficiente /suffi'tʃɛnte/ [형] ① 충분한, (~하기에) 족한; credi sia sufficiente? 그거면 되겠니?; è più che sufficiente 충분하고도 남는다 ② 거드름 피우는, 자만심이 강한 - [남] avere il sufficiente per vivere 먹고 사는 데 걱정이 없다
sufficientemente /suffitʃente'mente/ [부] 충분히, 족히
sufficienza /suffi'tʃɛntsa/ [여] ① 충분함, 충분한 양; ce ne sono a sufficienza 충분히 있다 ② 거만, 자만 ③ (학교 성적의) 합격점 ④ a sufficienza 충분히, 족히
suffisso /suf'fisso/ [남] [문법] 접미사
suffragio /suf'fradʒo/ [남] (복 : -gi) ① 투표 ② 투표권, 선거권, 참정권; suffragio universale 보통 선거권 ③ (비유적으로) 찬성, 동의
suffumicare /suffumi'kare/ [타동] (연기로) 그을리다, 훈증하다
suggellare /suddʒel'lare/ [타동] ① 봉인(封印)하다 ② (조약 따위를) 확인하다
suggerimento /suddʒeri'mento/ [남] 제안, 제언
suggerire /suddʒe'rire/ [타동] ① 제의[제안]하다, 권하다; suggerirei di trovarci lì 거기서 만나면 어떨까 합니다; suggerire a qn di fare qc 누구에

게 무엇을 하도록 권하다 ② (시험 치는 학생에게) 답을 일러주다; (무대 뒤에서 배우에게) 대사를 일러주다

suggeritore /sudd3eri'tore/ [남] (여 : -trice) 무대 뒤에서 배우에게 대사를 일러주는 사람

suggestionare /sudd3estjo'nare/ [타동] (무엇을 결정하는 데 있어 남에게) 영향을 끼치다; non lasciarti suggestionare da quello che dice 그가 하는 말에 휘둘리지 마라 - suggestionarsi [재귀동사] (무엇을 결정하는 데 있어) 남의 영향을 받다

suggestione /sudd3es'tjone/ [여] ① [심리] (어떤 행동이나 결정에 있어) 남에게 영향을 끼치는 과정 ② 매력, 매혹

suggestivo /sudd3es'tivo/ [형] 매혹적인, 흥미를 불러 일으키는

sughero /'sugero/ [남] 코르크 (코르크나무의 껍질); 코르크 제품; tappo di sughero 코르크 마개

sugli /'suʎʎi/ → su

sugna /'suɲɲa/ [여] 돼지 기름

sugo /'sugo/ [남] (복 : -ghi) ① 즙, 주스; sugo di arance 오렌지 주스 ② (요리에 치는) 소스 ③ (비유적으로) 요점, 골자, 핵심

sugoso /su'goso/ [형] ① (과일 등이) 즙이 많은 ② (비유적으로) (이야기 따위가) 간명하면서도 내용이 풍부한

sui /sui/ → su

suicida /sui'tʃida/ (남·복 : -i, 여·복 : -e) [형] 자살의 - [남/여] 자살자

suicidarsi /suitʃi'darsi/ [재귀동사] 자살하다

suicidio /sui'tʃidjo/ [남] (복 : -di) 자살

suino /su'ino/ [형] 돼지의; carne suina 돼지고기 - [남] [동물] 돼지

sul /sul/ → su

sull', sulla /'sulla/, sulle /'sulle/, sullo /'sullo/ → su

sultanina /sulta'nina/ [여] 씨 없는 건포도

sultano /sul'tano/ [남] 술탄, 이슬람 국가의 군주

summit /'summit/ [남-불변] 정상 회담

sunto /'sunto/ [남] 요약; fare il sunto di qc 무엇을 요약하다

suo /'suo/ (여 : sua, 남·복 : suoi, 여·복 : sue) [형] (소유형용사) ① 그의; 그녀의; 그것의; suo padre 그(녀)의 아버지; sua madre 그(녀)의 어머니; è la sua casa 그것은 그(녀)의 집이다; è colpa sua 그(녀)의 잘못이다 ② 당신의; come sta sua madre? 어머님은 어떻게 지내십니까? - il suo [대] (소유대명사) (여 : la sua, 남·복 : i suoi, 여·복 : le sue) ① 그(녀)의 것; la mia barca è più lunga della sua 나의 보트는 그(녀)의 것보다 더 길다 ② 당신의 것 ③ (생략법에서) ha speso del suo? 당신의 돈을 썼어요?; è dalla sua 그는 당신 편입니다

suocera /'swɔtʃera/ [여] 장모; 시어머니

suocero /'swɔtʃero/ [남] 장인; 시아버지; i suoceri 장인·장모 또는 시부모

suoi → suo

suola /'swɔla/ [여] (신발의) 밑창; rifare le suole alle scarpe 신발 밑창을 갈다

suolo /'swɔlo/ [남] ① 땅, 지면 ② 흙, 토양 ③ 국토, 나라; suolo natio 모국, 고향

suonare /swo'nare/ [타동] ① (악기·음악을) 연주하다 ② (종·경적 따위를) 치다, 울리다; (시계가 시각을) 치다; l'orologio ha suonato le cinque 시계가 5시를 쳤다 ③ (비유적으로) 의미하다, 뜻하다 ④ suonarle a qn (구어체에서) 누구를 때리다 - [자동] (조동사 : avere) ① (종·경적 따위가) 울리다 ② 음악을 연주하다 ③ (시계가) 시각을 치다[알리다] ④ (비유적으로) (말·표현이) ~하게 들리다; mi suona strano 내가 듣기엔 이상하구나

suonato /swo'nato/ [형] ① (어떤 때·시기를) 지난; ha cinquant'anni suonati 그는 나이가 쉰을 훨씬 넘었다 ② (구어체에서) 미친

suonatore /swona'tore/ [남] (여 : -trice) (악기) 연주자

suoneria /swone'ria/ [여] (종·시계가) 울림; (휴대전화의) 벨소리

suono /'swɔno/ [남] ① 소리, 음 ② (TV·영화·음악 등의) 음향, 사운드

suora /'swɔra/ [여] 수녀

super /'super/ [형-불변] 최고급의, 특등품의

superaffollato /superaffol'lato/ [형] 엄청나게 붐비는, 초만원의

superalcolico /superal'koliko/ (복 : -ci, -che) [형] (술이) 독한, 알코올 도수가 높은 - [남] 증류주, 알코올 도수가 높은 술

superamento /supera'mento/ [남] ①

(수량이나 정도의) 상회; (한도의) 초과 ② 통과, 건너기, 뛰어넘기 ③ (앞선 차량의) 추월 ④ (시험의) 합격, 통과

superare /supe'rare/ [타동] ① (수량이나 정도를) 넘다, 상회하다; (한도를) 초과하다; superare i limiti di velocità 제한 속도를 초과하다 ② (어떤 장소를) 지나가다, 통과하다; (강·다리·국경 따위를) 건너다, 넘다; (장애물을) 뛰어넘다; (시험에) 합격하다; (고난을) 극복하다 ③ (앞선 차량을) 추월하다 ④ (~보다) 낫다, (~을) 능가하다; superare qn in altezza 누구보다 키가 더 크다

superato /supe'rato/ [형] 구식의, 시대에 뒤떨어진

superattico /supe'rattiko/ [남] (복 : -ci) 펜트하우스 (빌딩 최상층의 고급 주택)

superbia /su'pɛrbja/ [여] 자만, 교만, 거만

superbo /su'pɛrbo/ [형] ① 거만한, 잘난 체하는 ② 멋진, 훌륭한, 근사한 - [남] (여 : -a) 거만한 사람

supercarcere /super'kartʃere/ [남] 경비 [감시]가 엄중한 교도소

superdonna /super'dɔnna/ [여] (경멸적으로) 잘난 체하는 여자

superdotato /superdo'tato/ [형/남] (여 : -a) 천재적인, 재능이 뛰어난 (사람)

superficiale /superfi'tʃale/ [형] ① 표면 (상)의 ② (상처 따위가) 얕은 ③ (비유적으로) 피상적인, 천박한

superficialità /superfitʃali'ta/ [여-불변] 표면적임; 피상적임, 천박함

superficialmente /superfitʃal'mente/ [부] 표면적으로

superficie /super'fitʃe/ [여] (복 : -ci) ① 표면, 겉; superficie terrestre 지표면; tornare in superficie 수면에 떠오르다, (문제 등이) 표면화하다 ② (기하) 면; 면적; superficie piana 평면 ③ (비유적으로) 겉보기, 외관, 외양

superfluo /su'pɛrfluo/ [형] 여분의, 과잉의, 필요 이상의, 남아도는 - [남] 잉여, 과잉

superiora /supe'rjora/ [여] 수녀원장 (또는 madre superiora)

superiore /supe'rjore/ [형] ① 위쪽의, 상부의; abitano al piano superiore 그들은 위층에 산다 ② (a와 함께 쓰여) (정도가 ~보다) 높은, 상위의; temperatura superiore ai 20℃ 20도를 넘는 온도; intelligenza superiore alla media 평균 이상의 지능 ③ (a와 함께 쓰여) (~보다) 더 나은, 우수한; il suo avversario gli era superiore 그의 상대는 그보다 나았다 ④ (등급·지위 등이) 상위의, 상급의; istruzione superiore 고등 교육 ⑤ (강의) 상류의 - [남] ① 윗사람, 상관 ② 수도원장 - superiori [여·복] 고등학교 (과정)

superiorità /superjori'ta/ [여-불변] 우월, 탁월, 우세, 우위, 우수; ha dimostrato una netta superiorità sull'avversario 그는 상대방보다 확실히 더 우수했다

superlativo /superla'tivo/ [형] ① 최고의, 최상의 ② [문법] 최상급의 - [남] [문법] 최상급

superlavoro /superla'voro/ [남] 과로, 지나친 노동

supermarket /super'market/, **supermercato** /supermer'kato/ [남] 슈퍼마켓

superpotenza /superpo'tɛntsa/ [여] 초강대국

supersonico /super'sɔniko/ [형] (복 : -ci, -che) 초음속의

superstite /su'perstite/ [형] 살아남은 - [남/여] 살아남은 사람, 생존자

superstizione /superstit'tsjone/ [여] 미신

superstizioso /superstit'tsjoso/ [형/남] (여 : -a) 미신을 믿는, 미신에 사로잡힌 (사람)

superstrada /super'strada/ [여] (다차선의) 고속도로

superuomo /super'wɔmo/ [남] (복 : superuomini) 슈퍼맨, 초인(超人)

supervalutazione /supervalutat'tsjone/ [여] 과대평가

supervisione /supervi'zjone/ [여] 감독, 관리, 지휘, 감시, 통제

supino /su'pino/ [형] 드러누운; dormire supino 누워 자다

suppellettili /suppel'lettili/ [여·복] (집이나 방 등의) 가구·비품 종류

suppergiù /supper'dʒu/ [부] (구어체에서) 약, 대략

supplementare /supplemen'tare/ [형] 추가의, 보충의; tempi supplementari [스포츠] 추가[연장] 시간

supplemento /supple'mento/ [남] ① 추가, 부가 ② 추가 요금 ③ (책 따위의)

부록, 보유(補遺)

supplente /sup'plɛnte/ [형] (남의 직책을) 대신하는, 대리의 - [남/여] 대리인; 대리 교사

supplenza /sup'plɛntsa/ [여] 임시직; 대리 교사의 직책

supplì /sup'pli/ [남-불변] 쌀로 만든 크로켓의 일종

supplica /'supplika/ [여] (복: -che) 탄원, 애원, 간청; 기원

supplicare /suppli'kare/ [타동] 애원[간청]하다

supplire /sup'plire/ [타동] (남의 직책을) 대리[대신]하다 - [자동] (조동사: avere) supplire a qc ~을 벌충[만회]하다

supplizio /sup'plittsjo/ [남] (복: -zi) ① 고문 ② (비유적으로) 몹시 괴로운 일

supporre /sup'porre/ [타동] ① 가정하다, 상정하다; supponiamo che ~이라고 가정해 봅시다 ② 추측하다, 추정하다; suppongo di sì 그럴 것 같아

supporto /sup'pɔrto/ [남] ① 받침대 ② 지지, 원조

supposizione /suppozit'tsjone/ [여] 가정, 추측

supposta /sup'posta/ [여] 좌약(座藥)

supposto /sup'posto/ [형] 가정된, 추정된; supposto che ~이라고 가정하면

suppurare /suppu'rare/ [자동] (조동사: essere, avere) (상처가) 곪다, 화농하다

supremazia /supremat'tsia/ [여] (su와 함께 쓰여) (~에 대한) 우월, 우위

supremo /su'premo/ [형] ① 최고의, 최상의; corte suprema 최고 법원, 대법원 ② 극도의, 최대의 ③ 마지막의; il giudizio supremo "최후의 심판"

surclassare /surklas'sare/ [타동] (~보다) 고급이다, 뛰어나다

surf /sɛrf/ [남-불변] 서핑, 파도타기; 서프보드

surfista /ser'fista/ [남/여] (남·복: -i, 여·복: -e) 서핑하는 사람

surgelare /surdʒe'lare/ [타동] 급속 냉동하다

surgelato /surdʒe'lato/ [형] 급속 냉동된 - [남] 급속 냉동 식품

Suriname /suri'name/ [남] 수리남 (남아메리카의 국가)

surreale /surre'ale/ [형] 초현실적인, 초현실주의의

surrealismo /surrea'lizmo/ [남] 초현실주의

surriscaldare /surriskal'dare/ [타동] ① (물리적으로) 과열시키다 ② (분위기를) 달아오르게 하다

surrogato /surro'gato/ [형] madre surrogata 대리모(母) - [남] 대용품

suscettibile /suʃʃet'tibile/ [형] ① 민감한, 과민한 ② (di와 함께 쓰여) (~의) 여지가 있는, (~을) 받아들이기 쉬운; suscettibile di miglioramento 개선의 여지가 있는

suscettibilità /suʃʃettibili'ta/ [여-불변] 민감, 과민; urtare la suscettibilità di qn 누구의 감정을 상하게 하다

suscitare /suʃʃi'tare/ [타동] (반응·호기심·흥미 따위를) 일으키다, 유발하다, 자극하다

susina /su'sina/ [여] 서양자두, 플럼

susino /su'sino/ [남] [식물] 서양자두나무

suspense /sus'pans/ [여-불변] (영화·소설 등의) 서스펜스, 지속적인 긴장감

susseguente /susse'gwɛnte/ [형] 다음의, 뒤이어 오는

susseguire /susse'gwire/ [자동] (조동사: essere) 뒤이어 오다; (~으로서) 귀결되다; ne sussegue che (결과적으로) ~하게 된다 - susseguirsi [재귀동사] 잇따라 나타나다, 꼬리를 물다; le sorprese continuavano a susseguirsi 놀랄 일이 계속 이어졌다

sussidiario /sussi'djarjo/ [형] (복: -ri, -rie) 보조의

sussidio /sus'sidjo/ [남] (복: -di) ① 보조 기구; sussidi audiovisivo 시청각 교재 ② 보조금, 수당; sussidio di disoccupazione 실업 수당

sussiego /sus'sjɛgo/ [남] (복: -ghi) 거만, 자만

sussistenza /sussis'tɛntsa/ [여] ① 존속, 살아남음 ② 생계 유지; mezzi di sussistenza 생계 수단

sussistere /sus'sistere/ [자동] (조동사: essere) ① 존속하다, 살아남다 ② 근거가 확실하다

sussultare /sussul'tare/ [자동] (조동사: avere) 깜짝 놀라다, 움찔하다

sussulto /sus'sulto/ [남] 깜짝 놀람, 움찔함

sussurrare /sussur'rare/ [타동] ① (말을) 속삭이다, 낮은 소리로 하다 ② 험담

하다 - [자동] (조동사 : avere) 속삭이다, 중얼거리다; (나뭇잎 따위가) 살랑거리다

sussurro /sus'surro/ [남] 속삭임, 귀엣말; (나뭇잎 따위의) 살랑거림

sutura /su'tura/ [여] ① [해부] 봉합선 ② (수술로) 꿰매기

suturare /sutu'rare/ [타동] (수술로) 꿰매다

svagare /zva'gare/ [타동] ① 즐겁게 하다 ② (주의를) 딴 데로 돌리다, 기분 전환을 시키다 - svagarsi [재귀동사] ① 즐기다, 재미있게 놀다 ② (일 따위로부터 벗어나) 기분 전환을 하다

svagato /zva'gato/ [형] 주의를 딴 데로 돌린, (일 따위로부터 벗어나) 기분 전환을 한

svago /'zvago/ [남] (복 : -ghi) 오락, 기분 전환

svaligiare /zvali'dʒare/ [타동] (은행·주택 등에서) 강도질을 하다

svalutare /zvalu'tare/ [타동] 가치를 떨어뜨리다; (화폐를) 평가절하하다 - svalutarsi [재귀동사] 가치가 떨어지다; (화폐가) 평가절하되다

svalutazione /zvalutat'tsjone/ [여] 가치 하락; (화폐의) 평가절하

svampito /zvam'pito/ [형/남] (여 : -a) 멍한, 얼빠진 (사람)

svanire /zva'nire/ [자동] (조동사 : essere) 사라지다, 소멸하다, 없어지다

svanito /zva'nito/ [형] ① 사라진, 소멸한, 없어진 ② 멍한, 얼빠진 - [남] (여 : -a) 멍한[얼빠진] 사람

svantaggiato /zvantad'dʒato/ [형] 불리한 조건을 가진, 특권[혜택]을 받지 못한

svantaggio /zvan'taddʒo/ [남] (복 : -gi) ① 불리한 처지[조건], 불편(함) ② 불리, 불이익; andare[tornare] a svantaggio di qn 누구에게 불리해지다; essere in svantaggio i) 불리하다 ii) (스포츠에서) 지고 있다

svantaggioso /zvantad'dʒoso/ [형] 불리한, 형편이 나쁜; è un'offerta svantaggiosa per me 나에게 불리한 제안이다

svaporare /zvapo'rare/ [자동] (조동사 : essere) (향수·와인 따위의) 향이 날아가다

svariato /zva'rjato/ [형] 다양한, 여러 가지의

svarione /zva'rjone/ [남] 큰 실수

svasare /zva'zare/ [타동] ① (흙을 갈기 위해 식물을 화분에서) 빼내다 ② (스커트 따위를) 플레어로 하다, 나팔[깔때기] 모양으로 벌리다

svasato /zva'zato/ [형] (스커트 따위가) 플레어의, 나팔[깔때기] 모양의

svastica /'zvastika/ [여] (복 : -che) 만 (卍)자

svedese /zve'dese/ [형] 스웨덴의 - [남/여] 스웨덴 사람 - [남] 스웨덴어

sveglia /'zveʎʎa/ [여] ① 깨우기, 깨어남, 기상; la sveglia è alle 7 기상 시각은 7시다 ② 자명종 ③ (군대의) 기상 나팔 - [감] sveglia! 일어나!, 기상!

svegliare /zveʎ'ʎare/ [타동] ① (잠에서) 깨우다 ② (비유적으로) 각성시키다, 활기를 띠게 하다, 눈뜨게 하다 ③ (비유적으로) (호기심 따위를) 불러 일으키다; (입맛을) 돋우다 - svegliarsi [재귀동사] ① (잠에서) 깨다, 일어나다 ② (비유적으로) 각성하다, 활기를 띠게 되다, 눈뜨다

sveglio /'zveʎʎo/ [형] (복 : -gli, -glie) ① (잠들지 않고) 깨어있는 ② (비유적으로) 방심하지 않는, 정신적으로 깨어있는 ③ (비유적으로) 기민한, 영리한

svelare /zve'lare/ [타동] (비밀·계획 따위를) 드러내다, 밝히다 - svelarsi [재귀동사] 본모습을 드러내다

sveltezza /zvel'tettsa/ [여] ① 빠름, 신속 ② 민첩, 기민

sveltire /zvel'tire/ [타동] ① 빠르게[신속하게] 하다; sveltire il passo 발걸음을 빨리하다 ② (비유적으로) 민첩[기민]하게 하다 - sveltirsi [재귀동사] ① 빨라지다, 신속해지다 ② (비유적으로) 민첩해지다, 기민해지다

svelto /'zvelto/ [형] ① 빠른, 신속한 ② (비유적으로) 방심하지 않는, 깨어있는; 기민한, 영리한 ③ (비유적으로) 날씬한 ④ alla svelta 빨리, 신속하게

svenare /zve'nare/ [타동] ① (누구의) 정맥을 절단하다 ② (비유적으로) (누구의) 돈을 몽땅 긁어내다 - svenarsi [재귀동사] ① (스스로, 자해하여) 손목을 긋다 ② (비유적으로) 돈을 (남에게) 몽땅 빼앗기다

svendere /'zvendere/ [타동] 헐값에 팔아치우다, 염가 처분 판매를 하다

svendita /'zvendita/ [여] 염가 처분 판매

svenevole /zve'nevole/ [형] 몹시 감상적

인, 눈물이 많은

svenimento /zveni'mento/ [남] 기절, 졸도

svenire /zve'nire/ [자동] (조동사 : essere) 기절하다, 졸도하다

sventare /zven'tare/ [타동] (상대의 계획을) 좌절시키다

sventato /zven'tato/ [형/남] (여 : -a) 생각[지각] 없는 (사람)

sventola /'zvɛntola/ [여] ① (손으로) 찰싹 때리기; dare una sventola a qn 누구를 찰싹 때리다 ② a sventola (귀가) 돌출된, 튀어나온

sventolare /zvento'lare/ [타동] (손수건·티켓·깃발 따위를) 흔들다, 휘두르다, 펄럭거리다 - [자동] (조동사 : avere) (깃발이) 펄럭이다, 나부끼다

sventrare /zven'trare/ [타동] (~의) 내장을 꺼내다, 배를 가르다

sventura /zven'tura/ [여] 불운, 불행, 재난; per colmo di sventura 엎친 데 덮친 격으로, 급기야는

sventurato /zventu'rato/ [형] 불운한, 불행한; 불길한 - [남] (여 : -a) 운 나쁜 사람

svenuto /zve'nuto/ [형] 기절한, 졸도한, 의식을 잃은

svergognare /zvergoɲ'ɲare/ [타동] (~에게) 창피를 주다

svergognato /zvergoɲ'ɲato/ [형/남] (여 : -a) 창피한 줄 모르는, 뻔뻔스러운 (사람)

svernare /zver'nare/ [자동] (조동사 : avere) 겨울을 나다, 월동하다

svestire /zves'tire/ [타동] (~의) 옷을 벗기다 - svestirsi [재귀동사] 옷을 벗다

svettare /zvet'tare/ [자동] (조동사 : avere) svettare nel cielo (산 따위가) 하늘로 솟아있다

Svezia /'zvettsja/ [여] 스웨덴

svezzamento /zvettsa'mento/ [남] 이유(離乳), 젖 떼기

svezzare /zvet'tsare/ [타동] (아기나 동물 새끼의) 젖을 떼다

sviare /zvi'are/ [타동] ① (본래의 목적지가 아닌) 틀린 길을 가르쳐 주다 ② (비유적으로) (주제·본론 따위에서) 벗어나게 하다, 옆길로 새게 만들다 ③ (비유적으로) 잘못된 길로 이끌다, 타락시키다

svicolare /zviko'lare/ [자동] (조동사 : essere, avere) (구어체에서) 슬쩍 가 버리다; (난처한 상황을) 요리조리 빠져 나가다

svignarsela /zviɲ'ɲarsela/ [재귀동사] 슬쩍 가버리다

svilire /zvi'lire/ [타동] (~의) 가치를 떨어뜨리다

sviluppare /zvilup'pare/ [타동] ① (개인·국가·경제·기술 따위를) 발전[발달]시키다; (주제 따위를) 확장[전개]하다 ② [사진] 현상하다 ③ (에너지 따위를) 방출하다 - svilupparsi [재귀동사] ① 발전[발달]하다; 확장[전개]되다 ② (어린아이가) 발육하다, 사춘기에 달하다 ③ (da와 함께 쓰여) (열·가스 따위가 ~으로부터) 방출되다

sviluppo /zvi'luppo/ [남] ① (개인·국가·경제·기술 따위의) 발전, 발달; (주제 따위의) 확장, 전개; paesi in via di sviluppo 개발도상국 ② [사진] 현상 ③ (에너지 따위의) 방출

svincolare /zvinko'lare/ [타동] ① (속박으로부터) 풀어주다 ② (상품의) 통관 절차를 밟다 - svincolarsi [재귀동사] (da와 함께 쓰여) (속박으로부터) 풀려나다, 해방되다

svincolo /'zvinkolo/ [남] ① (속박으로부터) 해방 ② 통관 수속 ③ (도로의) 교차점

sviolinata /zvjoli'nata/ [여] (구어체에서) 아양, 아첨, 감언

svisare /zvi'zare/ [타동] (사실을) 왜곡하다

sviscerare /zviʃʃe'rare/ [타동] (문제 따위를) 상세하게 검토[분석]하다

sviscerato /zviʃʃe'rato/ [형] (사랑 따위가) 열렬한

svista /'zvista/ [여] 간과(看過), 빠뜨리고 못 봄

svitare /zvi'tare/ [타동] (나사·마개 따위를) 빼다

svitato /zvi'tato/ [형/남] (여 : -a) (구어체에서) 머리가 돈[이상한] (사람)

Svizzera /'zvittsera/ [여] 스위스

svizzero /'zvittsero/ [형] 스위스의 - [남] (여 : -a) 스위스 사람

svogliatamente /zvoʎʎata'mente/ [부] 마음 내키지 않아

svogliatezza /zvoʎʎa'tettsa/ [여] 마음 내키지 않음

svogliato /zvoʎ'ʎato/ [형] 마음 내키지 않는, 흥미[관심]가 없는

svolazzare /zvolat'tsare/ [자동] (조동사 : avere) (새 따위가) 날개치다

svolgere /'zvɔldʒere/ [타동] ① (둘둘 말린 실타래 따위를) 풀다 ② (포장을) 풀다 ③ (비유적으로) (이야기를) 풀어나가다 ④ (임무 따위를) 수행하다; quale professione svolge? 직업이 무엇입니까? - **svolgersi** [재귀동사] ① (실타래 따위가) 풀리다 ② (사건·행사 따위가) 일어나다, 개최되다 ③ (사태가) 진행되다; tutto si è svolto secondo i piani 모든 일은 계획에 따라 진행되었다

svolgimento /zvoldʒi'mento/ [남] ① (실타래 따위를) 풀기 ② (이야기의) 전개 ③ (임무 따위의) 수행 ④ (사건·상황의) 진행

svolta /'zvɔlta/ [여] ① 방향 전환; fare una svolta a destra 왼쪽으로 돌다 ② (길의) 커브; prendi la prima svolta a destra 첫 번째 커브를 왼쪽으로 돌아가라 ③ (비유적으로) 전환점, 전기(轉機)

svoltare /zvol'tare/ [자동] (조동사 : avere) 돌다, 방향 전환을 하다; svoltare a destra 왼쪽으로 돌다

svolto /'zvɔlto/ [형] ① (실타래 따위가) 풀린 ② (일이) 진행된; un lavoro ben svolto 잘 풀린 일

svuotare /zvwo'tare/ [타동] ① (상자·가방·방 따위를) 비우다 ② (di와 함께 쓰여) (~을) 빼앗다, 박탈하다

swahili /swa'ili/ [남-불변] 스와힐리어

T

t, T /ti/ [남/여-불변] 이탈리아어 알파벳의 18번째 글자
tabaccaio /tabak'kajo/ [남] (여 : -a) (복 : -ai) 담배 장수, 담배 가게 주인
tabaccheria /tabakke'ria/ [여] 담배 가게
tabacchiera /tabak'kjɛra/ [여] 담뱃갑; 코담뱃갑
tabacco /ta'bakko/ [남] (복 : -chi) (식물 또는 제품으로서의) 담배
tabagismo /taba'dʒizmo/ [남] (흡연에 의한) 니코틴 중독
tabagista /taba'dʒista/ [남/여] (남·복 : -i, 여·복 : -e) 니코틴 중독자, 골초
tabella /ta'bɛlla/ [여] ① 일람표, 목록; tabella dei prezzi 가격표 ② 게시판
tabellina /tabel'lina/ [여] 구구단, 구구표
tabellone /tabel'lone/ [남] 게시판, 공고판
tabernacolo /taber'nakolo/ [남] (고대 유대의) 장막, 이동 신전(神殿)
tabù /ta'bu/ [형-불변] 금기의, 터부시되는 - [남-불변] 금기, 터부
tabula rasa /'tabula'raza/ [여-불변] (아무것도 없는) 백지 상태; fare tabula rasa 깨끗이 없애버리다
tabulato /tabu'lato/ [남] (프린터로 출력된) 표
tabulatore /tabula'tore/ [남] (타자기의) 도표 작성 장치
tacca /'takka/ [여] (복 : -che) ① 새김눈, 벤 자리 ② 홈, 결함 - di mezza tacca 보잘것없는, 삼류의
taccagneria /takkaɲɲe'ria/ [여] 인색함, 쩨쩨함
taccagno /tak'kaɲɲo/ [형] 인색한, 쩨쩨한 - [남] (여 : -a) 구두쇠
taccheggiatore /takkeddʒa'tore/ [남] (여 : -trice) (상점의) 들치기
taccheggio /tak'keddʒo/ [남] (복 : -gi) 들치기 (행위)
tacchino /tak'kino/ [남] [조류] 칠면조
taccia /'tattʃa/ [여] 좋지 못한 평판
tacciare /tat'tʃare/ [타동] tacciare qn di ~에 대해 누구를 비난하다
tacco /'takko/ [남] (복 : -chi) (구두의) 뒤축, 굽; coi tacchi alti 굽이 높은, 하이힐의
taccuino /takku'ino/ [남] 노트, 메모장
tacere /ta'tʃere/ [타동] (어떤 사실 따위를) 말[언급]하지 않다, 비밀로 유지하다 - [자동] (조동사 : avere) ① 말을 하지 않다, 침묵을 지키다 ② (소리가) 그치다
tachicardia /takikar'dia/ [여] [병리] 심박 급속증, 심계항진
tachimetro /ta'kimetro/ [남] (자동차 등의) 속도계
tacitamente /tatʃita'mente/ [부] ① 조용히 ② 비밀로 ③ 암묵적으로
tacito /'tatʃito/ [형] ① 조용한 ② (합의 따위가) 암묵적인
taciturno /tatʃi'turno/ [형] 말수가 적은, 과묵한
tafano /ta'fano/ [남] [곤충] 등에
tafferuglio /taffe'ruʎʎo/ [남] (복 : -gli) (맞붙어) 싸움
taffettà /taffet'ta/ [남-불변] 태피터, 호박단(琥珀緞)
Tagikistan /ta'dʒikistan/ [남] 타지키스탄 (중앙아시아의 국가)
taglia /'taʎʎa/ [여] ① 크기, 사이즈; che taglia porti? 너 (옷이나 신발 따위의) 사이즈가 어떻게 되니? ② 체격 ③ (범인에게 걸린) 현상금
tagliacarte /taʎʎa'karte/ [남-불변] 종이 자르는 칼
tagliaerba /taʎʎa'ɛrba/ [남-불변] 잔디 깎는 기계
taglialegna /taʎʎa'leɲɲa/ [남-불변] 나무꾼, 벌목하는 사람
tagliando /taʎ'ʎando/ [남] 쿠폰, 교환권
tagliare /taʎ'ʎare/ [타동] ① 자르다, 베다, 절단하다, 잘라내다; tagliare qc in due 무엇을 둘로 자르다; tagliare la gola a qn 누구의 목을 베다 ② (공급·지원 따위를) 끊다 ③ (머리·풀 따위를) 깎다; farsi tagliare i capelli 머리를 깎다 ④ (옷감을) 재단하다 ⑤ (비유적으로) (경비·예산 따위를) 줄이다, 삭감하다 - [자동] (조동사 : avere) ① (칼날 따위가) 날카롭다, 예리하다 ② 지름

길로 가다; tagliare per i campi 들판을 가로질러 가다 - tagliarsi [재귀동사] ① (신체의 일부를) 베다; si è tagliato il mento 그는 턱을 베었다 ② (자신의 머리·손톱 따위를) 깎다 ③ (가죽이나 천 따위가) 찢어지다
tagliatelle /taʎʎa'tɛlle/ [여·복] 탈리아텔리 (파스타의 일종)
tagliato /taʎ'ʎato/ [형] essere tagliato per qc 무엇에 적임이다, 무엇을 할 만한 능력이 있다
tagliaunghie /taʎʎa'ungje/ [남·불변] 손톱깎이
taglieggiare /taʎʎed'dʒare/ [타동] (누구한테서) 돈을 뜯어내다
tagliente /taʎ'ʎɛnte/ [형] ① (날 따위가) 날카로운, 예리한 ② 독설의, 신랄한 ③ (추위가) 살을 에는 듯한
tagliere /taʎ'ʎɛre/ [남] (주방용) 도마
taglierina /taʎʎe'rina/ [여] 커터, 재단기, 절단기
taglio /'taʎʎo/ [남] (복: -gli) ① 자르기, 베기, 절단; 절개 ② 벤 상처; (수족의) 절단; farsi un taglio al dito 손가락을 베다 ③ 벤 자국, 째진 곳 ④ (비유적으로) (관계 따위의) 단절; dare un taglio netto a qc 무엇에서 깨끗이 손을 떼다 ⑤ 자른 조각; pizza al taglio 조각 피자 ⑥ (경비·예산 등의) 삭감 ⑦ (영화 등의, 검열에 의한) 삭제 ⑧ 헤어스타일, 머리 모양; (옷의) 재단, 마름질 ⑨ 날, 모서리
tagliola /taʎ'ʎɔla/ [여] 덫, 올가미
tagliuzzare /taʎʎut'tsare/ [타동] 잘게 자르다[썰다]
Tahiti /ta'iti/ [여] (남태평양의) 타히티 (섬)
tailandese /tailan'dese/ → thailandese
Tailandia /tai'landja/ → Thailandia
tailleur /ta'jer/ [남·불변] (투피스의) 여성복 한 벌, 슈트
Taiwan /tai'wan/ [여] 타이완, 대만
taiwanese /taiwa'nese/ [형] 타이완[대만]의 - [남/여] 타이완[대만] 사람
talco /'talko/ [남] (복: -chi) ① [광물] 활석 ② 탤컴파우더
tale /'tale/ [형] ㅁ (지시형용사) ① 그런, 그와 같은, 그런 종류의; tali discorsi sono inaccettabili 그런 이야기는 받아들일 수 없다 ② tale padre tale figlio 부전자전, 그 아버지에 그 아들; è tale quale suo nonno 그는 그의 할아버지와 꼭 닮았다 - ㅁ (부정형용사) ① (상세하게 말하지 않고) 어떤; ti cercava una tale Giovanna 조반나라는 사람이 널 찾았어 ② (바로) 그; quel tale amico di cui ti ho parlato 너한테 얘기했던 그 친구 - [대] (부정대명사) un(a) tale 어떤 사람; c'è un tale che ti cerca 널 찾는 사람이 있어 - il signor Tal dei Tali 아무개 씨
talento /ta'lɛnto/ [남] ① (특수한) 재능, 소질 ② 재능 있는 사람
talismano /taliz'mano/ [남] 부적
tallonare /tallo'nare/ [타동] (누구의 뒤를) 바싹 따라가다
talloncino /tallon'tʃino/ [남] (영수증 따위의) 부본(副本)
tallone /tal'lone/ [남] 발뒤꿈치 - tallone di Achille 치명적인 약점
talmente /tal'mente/ [부] 매우, 대단히, 아주; 대단히[너무] ~해서 ~; sono talmente contento 정말 기쁘구나; ero talmente emozionato che 나는 너무 흥분해서 ~
talora /ta'lora/ [부] 때때로, 이따금
talpa /'talpa/ [여] ① [동물] 두더지 ② 굴착기 ③ (비유적으로) 스파이, 정보 제공자
talvolta /tal'vɔlta/ [부] 때때로, 이따금
tamarindo /tama'rindo/ [남] [식물] 타마린드 (콩과(科)의 상록 교목); 그 열매
tamburellare /tamburel'lare/ [자동] (조동사: avere) 둥둥[쾅쾅] 치다[때리다]
tamburello /tambu'rɛllo/ [남] [음악] 탬버린
tamburino /tambu'rino/ [남] 북 치는 소년
tamburo /tam'buro/ [남] ① 북, 드럼 ② 북 치는 사람, 고수 ③ [기계] 원통형 용기, 실린더 - a tamburo battente 즉시
tamponamento /tampona'mento/ [남] (차량의) 충돌
tamponare /tampo'nare/ [타동] ① (구멍 따위를) 막다 ② (차량이) 충돌하다
tampone /tam'pone/ [남] ① 탐폰, 지혈용 솜뭉치 ② 스탬프, 잉크 패드; 압지(押紙) ③ (철도 차량의) 완충 장치 - provvedimento tampone 임시변통, 미봉책
tamtam /tam'tam/ [남·불변] ① (인도·아프리카 등지의 통이 긴) 북 ② (비유적으

로) 정보가 퍼지는 경로, 비밀 정보망
tana /'tana/ [여] ① (짐승의) 굴 ② 은신처
tandem /'tandem/ [남-불변] ① (좌석과 페달이 세로로 나란한) 2인승 자전거 ② (비유적으로) lavorare in tandem 협동 작업을 하다
tanfo /'tanfo/ [남] 불쾌한 냄새, 악취
tanga /'tanga/ [남-불변] 짧은 끈 모양의 비키니
tangente /tan'dʒɛnte/ [여] ① [기하] 탄젠트 ② 뇌물
tangenziale /tandʒen'tsjale/ [형] [기하] 탄젠트의 - [여] 우회로
tangibile /tan'dʒibile/ [형] 만져서 알 수 있는, 실체가 있는, 유형의
tango /'tango/ [남] (복 : -ghi) 탱고
tanica /'tanika/ [여] (복 : -che) (기름·가스 따위를 담는) 통, 용기
tantino /tan'tino/ [대] (부정대명사) (구어체에서) un tantino 약간, 조금 - [부] (구어체에서) un tantino 약간, 조금
tanto /'tanto/ [형] (부정형용사) ① 많은, 다수의, 다량의; tante persone 많은 사람들; dopo tanto tempo 오랜 시간이 흐른 후에; tante volte 여러 번 ② 무척[대단히] ~한; con tanta cura 아주 조심스럽게; ho tanta sete 나는 목이 매우 마르다 - [대] (부정대명사) ① 다수, 다량, 많이; ho tanto da fare 난 할 일이 많다; è solo uno dei tanti che 그는 ~하는 많은 사람들 중 한 명일 뿐이다; tanti sono pensionati (그들 중) 많은 이들이 연금생활자다 ② tanto quanto ~할 만큼[정도로] (많이) - [부] ① (동사와 함께 쓰여) lavora tanto 그는 일을 많이 한다; cos'hai da piangere tanto? 왜 그렇게 우는 거니? ② (부사와 함께 쓰여) tanto lontano da qui 여기서 꽤 멀어 ③ (형용사와 함께 쓰여) una cosa tanto bella 그토록 아름다운 것 ④ (비교급과 함께 쓰여) è tanto più alta di lui 그녀는 그 남자보다 훨씬 더 키가 크다 ⑤ ogni tanto, di tanto in tanto 때때로 ⑥ due volte tanto 두 배 ⑦ tanto ~ quanto ~만큼; è tanto gentile quanto discreto 그는 사려 깊은 만큼 친절하기도 하다; non è poi tanto difficile quanto sembra 그건 겉보기만큼 그렇게 어렵지 않다 ⑧ tanto ~ che[da] 너무 ~해서 ~하다 ⑨ tanto per 단지 ~하기 위해 ⑩ tanto più ~ tanto più ~ ~할수록 더 ~하다; tanto più ~ tanto meno ~ ~할수록 덜 ~하다 - [남-불변] ① un tanto al mese 한 달에 얼마; un tanto percento 몇 퍼센트 ② guardare qc con tanto d'occhi 눈을 크게 뜨고 무엇을 쳐다보다 - [접] 결국, 어쨌든; tanto è inutile 어쨌든 그건 쓸모가 없다
Tanzania /tan'dzanja/ [여] 탄자니아
tapioca /ta'pjɔka/ [여] 타피오카 (카사바의 뿌리로 만든 식용 전분)
tapiro /ta'piro/ [남] [동물] 맥 (말레이·중남미산)
tapis roulant /ta'piru'lan/ [남-불변] ① 컨베이어 벨트 ② 움직이는 보도(步道) ③ 트레드밀 (회전식 벨트 위를 달리는 운동 기구)
tappa /'tappa/ [여] ① (여행 중의) 도중하차, 도중에 쉼; fare tappa 도중하차를 하다 ② 여행[진행] 거리 ③ (비유적으로) 단계, 국면, 기(期)
tappabuchi /tappa'buki/ [남/여-불변] (구어체에서) 대리인, 보결 인원
tappare /tap'pare/ [타동] ① (병 따위에) 마개를 하다; tappare la bocca a qn (비유적으로) 누구를 입막음하다 ② (구멍이나 틈을) 메꾸다 - tapparsi [재귀동사] ① (구멍 따위가) 막히다 ② (코나 귀를) 막다; tapparsi il naso 코를 틀어막다; tapparsi le orecchie 귀를 막다, 들으려 하지 않다 ③ tapparsi in casa 집 안에 틀어박히다
tapparella /tappa'rella/ [여] 셔터, 블라인드
tappetino /tappe'tino/ [남] (욕실·자동차 등의) 매트, 깔개; 마우스패드
tappeto /tap'peto/ [남] 카펫, 양탄자, 융단; 깔개 - andare al tappeto 녹다운되다, 쓰러지다; mandare qn al tappeto 누구를 (바닥에) 쓰러뜨리다 - tappeto verde 도박 테이블
tappezzare /tappet'tsare/ [타동] (벽을) 도배하다; (실내를) 장식하다; (가구류에) 속이나 겉천을 대다
tappezzeria /tappettse'ria/ [여] 벽지; 벽걸이 융단; 실내 장식 재료
tappezziere /tappet'tsjere/ [남] (여 : -a) 도배장이; 실내 장식가
tappo /'tappo/ [남] ① (병 따위의) 마개 ② (싱크대나 수영장 바다 따위의) 마개 ③ (기타) 막는 물건

tara1 /'tara/ [여] (상품의) 포장 재료[용기]의 중량

tara2 /'tara/ [여] ① [의학] 유전병 ② (신체적·도덕적) 결함, 흠

tarantella /taran'tɛlla/ [여] (나폴리의) 타란텔라 춤; 그 무곡

tarantola /ta'rantola/ [여] [동물] 타란툴라 (독거미의 일종)

tarato1 /ta'rato/ [형] (상품의) 포장 재료[용기]의 중량을 뺀, 순 중량의

tarato2 /ta'rato/ [형] [의학] 유전병이 있는

tarchiato /tar'kjato/ [형] 체격이 튼튼한, 떡 벌어진

tardare /tar'dare/ [자동] (조동사 : avere) 늦다, 지연되다, 지각하다; ha tardato molto 그는 매우 늦었다; tardare a fare qc ~하기를 지체하다 - [타동] 늦추다, 지연시키다

tardi /'tardi/ [부] 늦게; svegliarsi tardi 늦잠을 자다; arrivare tardi 지각하다; lavorare fino a tardi 늦게까지 일하다; fare[tirare] tardi 늦게까지 깨어 있다; meglio tardi che mai [속담] 늦더라도 하지 않는 것보다는 낫다; più tardi 나중에; a più tardi! 나중에 보자!; al più tardi 늦어도; presto o tardi 조만간; si è fatto tardi (시간이) 늦었다, 늦은 시각이다; sul tardi 저녁 무렵에

tardivo /tar'divo/ [형] ① (시기 따위가) 늦은; 뒤늦은, 때늦은 ② (비유적으로) (사람이) 발달이 더딘

tardo /'tardo/ [형] ① 늦은 시각[때]의 ② 후기[말기]의 ③ (시기 따위가) 늦은; 뒤늦은, 때늦은 ④ (사람이) 발달이 더딘 ⑤ (움직임 따위가) 느린

targa /'targa/ [여] (복 : -ghe) ① (금속 등으로 된) 판, 명판(銘板); 명찰, 문패 ② (자동차의) 번호판 ③ 트로피

targato /tar'gato/ [형] (자동차가) 번호판이 달린

targhetta /tar'getta/ [여] ① 명찰, 문패 ② (가격표 따위의) 태그

tariffa /ta'riffa/ [여] 요금, 운임; 요금[운임]표; tariffa ridotta 할인 요금; tariffa unica 균일 요금 - tariffe doganale 관세; tariffe postali 우편 요금; tariffe telefoniche 전화 요금

tariffario /tariff'farjo/ (복 : -ri, -rie) [형] 요금[운임]의 - [남] 요금[운임]표

tarlarsi /tar'larsi/ [재귀동사] (목재 따위가) 벌레 먹다

tarlato /tar'lato/ [형] (목재 따위가) 벌레 먹은

tarlo /'tarlo/ [남] ① 나무좀 ② (비유적으로) (끊임없는) 고통, 고뇌; il tarlo del dubbio lo assillava 그는 끊임없는 의심 때문에 괴로웠다

tarma /'tarma/ [여] [곤충] 옷좀나방

tarmarsi /tar'marsi/ [재귀동사] (옷이) 좀먹다

tarocco /ta'rɔkko/ [남] (복 : -chi) 타로 카드

tarpare /tar'pare/ [타동] tarpare le ali a qn 누구를 무력하게 만들다

tartagliare /tartaʎ'ʎare/ [자동] (조동사 : avere) 말을 더듬다 - [타동] (말을) 불명료한 소리로 지껄이다

tartan /'tartan/ [남-불변] (스코틀랜드 고지 사람의) 격자무늬 모직물

tartaro /'tartaro/ [형] ① 타타르족의 ② salsa tartara 타르타르 소스 - [남] (여 : -a) 타타르 사람

tartaruga /tarta'ruga/ [여] (복 : -ghe) ① [동물] 거북 ② 거북의 등딱지 ③ (비유적으로) 느림보, 굼벵이

tartassare /tartas'sare/ [타동] (남을) 괴롭히다, 힘들게 하다

tartina /tar'tina/ [여] 카나페 (얇은 빵에 캐비아·치즈 등을 바른 전채)

tartufo /tar'tufo/ [남] ① [식물] 송로(松露) 버섯의 일종 ② 트뤼플 (코코아를 바른 둥근 초콜릿 과자)

tasca /'taska/ [여] (복 : -sche) ① (의복의) 주머니; tasca dei pantaloni 바지 주머니; da tasca (칼 따위가) 주머니에 넣어 가지고 다닐 수 있는 ② 구획, 칸막이 ③ [해부] 주머니, 낭(囊) - riempirsi le tasche 사욕(私慾)을 채우다; che cosa me ne viene in tasca? 그것이 내게 무슨 이득이 되나?; fare i conti in tasca a qn 누구의 일에 끼어들다[참견하다]; averne le tasche piene di ~에 물리다, 싫증이 나 있다

tascabile /tas'kabile/ [형] (도서가) 문고판의; (전함이) 소형의 - [남] 문고판 책, 포켓북

tascapane /taska'pane/ [남-불변] (군인들이 메는) 숄더백

taschino /tas'kino/ [남] 작은 주머니; 상의 주머니

tassa /'tassa/ [여] ① 세금; soggetto a tasse 과세 대상의, 세금이 붙는; tassa di circolazione (자동차의) 통행세; ufficio delle tasse 세무서 ② (서비스에 대한) 요금; (학교의) 수업료

tassabile /tas'sabile/ [형] 과세 대상의, 세금이 붙는

tassametro /tas'sametro/ [남] (택시의) 미터기

tassare /tas'sare/ [타동] (~에) 세금을 부과하다 - tassarsi [재귀동사] (per와 함께 쓰여) (~에) 기부하다

tassativamente /tassativa'mente/ [부] 절대적으로, 단호하게, 엄격하게; è tassativamente vietato 엄금돼 있다

tassativo /tassa'tivo/ [형] 절대적인, 단호한, 엄격한

tassazione /tassat'tsjone/ [여] 과세(課稅); soggetto a tassazione 과세 대상의, 세금이 붙는

tassello /tas'sɛllo/ [남] ① 나사못 앵커(벽에 꽂아 나사를 지지하는 플라스틱 관) ② (치즈·수박 따위의) V자 모양으로 자른 것

tassì /tas'si/ [남-불변] → taxi

tassista /tas'sista/ [남/여] → taxista

tasso1 /'tasso/ [남] ① 금리, 이율 (tasso di interesse) ② (통계 등의) ~율(率) ③ [의학] 수치; tasso glicemico 혈당 수치 - tasso di cambio 환율; tasso di crescita 성장률

tasso2 /'tasso/ [남] [동물] 오소리

tasso3 /'tasso/ [남] [식물] 주목(朱木); 그 목재

tastare /tas'tare/ [타동] (검사 등의 목적으로) 만져 보다, 손을 대어 알아보다; tastare il polso a qn 누구의 맥을 짚다 - tastare il terreno 형세를 살피다

tastiera /tas'tjera/ [여] (피아노 등의) 건반; (컴퓨터·타자기의) 키보드, 자판 - telefono a tastiera 누름단추식 전화기

tastierista /tastje'rista/ [남/여] (남·복 : -i, 여·복 : -e) 건반 악기 연주자; 키보드[자판]를 조작하는 사람

tasto /'tasto/ [남] (피아노 따위의) 건(鍵); (컴퓨터·타자기의) 키, 버튼, 스위치; tasto di controllo (컴퓨터의) 컨트롤 키; tasto funzione (컴퓨터의) 기능 키; tasto tabulatore (컴퓨터의) 탭 키 - toccare il tasto giusto 적절한 태도를 취하다

tastoni /tas'toni/ [부] procedere (a) tastoni (어둠 속을) 더듬어 나아가다

tata /'tata/ [여] (구어체에서) 보모, 아이 보는 여자

tattica /'tattika/ [여] (복 : -che) ① [군사] 전술, 병법 ② (비유적으로) 작전, 책략

tattico /'tattiko/ (복 : -ci, -che) [형] 전술적인, 전술상의 - [남] (여 : -a) 전술가; 책략가

tatto /'tatto/ [남] ① [생리] 촉각 기관; senso del tatto 촉각, 촉감 ② (비유적으로) 섬세함, 세심함; 재치, 기지, 센스; avere molto tatto 매우 섬세하다, 재치[기지]가 있다

tatuaggio /tatu'addʒo/ [남] (복 : -gi) 문신; 문신을 새기기

tatuare /tatu'are/ [타동] (~에) 문신을 새기다

taumaturgico /tauma'turdʒiko/ [형] (복 : -ci, -che) (힘·능력 따위가) 마술 같은, 기적적인, 놀라운

TAV /tav/ [남/여-불변] (Treno ad Alta Velocità의 약자) 초고속 열차

taverna /ta'verna/ [여] (선)술집

tavola /'tavola/ [여] ① (나무 따위로 된) 판(版) ② 테이블, 탁자; 식탁; essere a tavola 식사 중이다; preparare la tavola 식탁을 차리다 ③ 음식, 요리; la buona tavola 맛있는 음식 ④ [수학] 산술 제표; tavola pitagorica 구구단[표] ⑤ [인쇄] 삽화, 도표 - tavola calda 간이식당; tavola rotonda 둥근 테이블, 원탁

tavolata /tavo'lata/ [여] 식탁에 둘러앉은 사람들

tavolato /tavo'lato/ [남] ① 판자; 널마루 ② [지리] 대지(臺地)

tavoletta /tavo'letta/ [여] ① (나무로 된) 판(版); (초콜릿 따위의) 바 ② [약학] 정제 - andare a tavoletta (자동차가) 전속력을 내다

tavolino /tavo'lino/ [남] ① 작은 탁자; tavolino da tè 차 마시는 데 쓰는 작은 탁자 ② 책상; a tavolino i) (사무를 위해) 책상 앞에 앉아 ii) (비유적으로) 탁상공론으로, 이론적으로만

tavolo /'tavolo/ [남] 테이블, 탁자; 식탁; da tavolo 탁상용의 - tavolo da disegno 화판(畵板), 제도판; tavolo da lavoro 작업대

tavolozza /tavo'lɔttsa/ [여] (미술용) 팔레트

taxi /'taksi/ [남-불변] 택시

taxista /tak'sista/ [남/여] (남·복 : -i, 여

·복 : -e) 택시 운전 기사
tazza /'tattsa/ [여] ① 컵, 잔; 사발; tazza da tè 찻잔 ② 컵 하나의 분량; una tazza di caffè 커피 한 잔 ③ 수세식 변기
tazzina /tat'tsina/ [여] (커피 마시는 데 쓰는) 작은 컵
TBC /tibbit'tʃi/ [여-불변] (tubercolosi 의 약자) [병리] 결핵
te /te/ [대] (인칭대명사) ① 너를; cercano te 그들은 너를 찾고 있다 ② (비교급에서) 너만큼; 너보다; è alto come te 그는 너만큼 키가 크다; è più giovane di te 그는 너보다 어리다 ③ 너에게; ho dato il libro a te 나는 너에게 그 책을 주었다; ha parlato di te 그는 너에 관해서 이야기했어 - dietro di te 네 뒤에; fallo da te 네 스스로 해라; se fossi in te 내가 너라면
tè /tɛ/ [남-불변] 차(茶); tè verde 녹차; tè nero 홍차
teatrale /tea'trale/ [형] ① 극장의; 연극의; 무대의 ② (비유적으로·경멸적으로) (말이나 행동이) 연극조의, 과장된
teatrino /tea'trino/ [남] ① 작은 극장 ② 인형극장
teatro /te'atro/ [남] ① 극장 ② (극장 안의) 관객, 청중 ③ 연극, 극문학; 희곡 ④ (비유적으로) 광경, 장면
teck /tɛk/ [남-불변] [식물] 티크나무; 그 목재
tecnica /'tɛknika/ [여] (복 : -che) ① 기법, 수법, 기교 ② 과학 기술; 공학
tecnico /'tɛkniko/ (복 : -ci, -che) [형] 기술[기법]의; 과학 기술의 - [남] (여 : -a) 기술자, 기사, 엔지니어; 전문가
tecnigrafo /tek'nigrafo/ [남] 제도용 기구
tecnocrate /tek'nɔkrate/ [남/여] 기술 관료, 전문 기술자
tecnologia /teknolo'dʒia/ [여] (과학) 기술; 공학; alta tecnologia 첨단 기술, 하이테크
tecnologico /tekno'lɔdʒiko/ [형] (복 : -ci, -che) 과학 기술의
tedesco /te'desko/ (복 : -schi, -sche) [형] 독일의 - [남] (여 : -a) 독일 사람 - [남] 독일어
tediare /te'djare/ [타동] 지루하게[따분하게] 하다, 지치게 하다
tedio /'tɛdjo/ [남] (복 : -di) 지루함, 따분함, 지겨움
tedioso /te'djoso/ [형] 지루한, 따분한

tegame /te'game/ [남] 소스[스튜] 냄비
teglia /'teʎʎa/ [여] 과자 따위를 굽는 데 쓰는 팬
tegola /'tegola/ [여] (건축용) 타일; 기와
teiera /te'jɛra/ [여] 찻주전자
tek → teck
tela /'tela/ [여] ① 천, 직물; di tela 천으로 만든 ② 캔버스, 화포; 캔버스에 그린 그림 - tela cerata 유포(油布); tela di ragno 거미집; tela di sacco 자루용 삼베
telaio /te'lajo/ [남] (복 : -ai) ① 베틀, 직기(織機) ② (창문·가구 따위의) 틀, 뼈대 ③ (자동차의) 차대(車臺), 섀시
tele /'tɛle/ [여-불변] (구어체에서) 텔레비전, TV
teleabbonato /teleabbo'nato/ [남] (여 : -a) 시청료를 내어 텔레비전 시청권을 보유한 사람
telecamera /tele'kamera/ [여] 텔레비전 카메라
telecomandare /telekoman'dare/ [타동] 원격 조작[제어]을 하다
telecomandato /telekoman'dato/ [형] 원격으로 조작[제어]된
telecomando /teleko'mando/ [남] 원격 조작[제어], 리모트 컨트롤
telecomunicazione /telekomunikat'tsjone/ [여] (TV·라디오·전화 따위에 의한) 원격 통신 - telecomunicazioni [여·복] 원격 통신의 수단
teleconferenza /telekonfe'rentsa/ [여] (인터넷·TV·전화를 이용한) 원격지간 (遠隔地間) 회의
telecronaca /tele'krɔnaka/ [여] (복 : -che) 텔레비전 뉴스[보도]
telecronista /telekro'nista/ [남/여] (남·복 : -i, 여·복 : -e) 뉴스 캐스터
teleferica /tele'fɛrika/ [여] (복 : -che) (공중) 케이블; cabina di teleferica 케이블카
telefilm /tele'film/ [남-불변] TV 연속극
telefonare /telefo'nare/ [자동] (조동사 : avere) 전화하다, 전화를 걸다; telefonare a qn 누구에게 전화하다; sta telefonando 그는 통화 중이다
telefonata /telefo'nata/ [여] 전화 통화; telefonata a carico del destinatario 수신인 요금 지불 통화, 콜렉트콜; telefonata interurbana 장거리 전화; telefonata urbana 시내 통화
telefonia /telefo'nia/ [여] 전화 통화법

[술]; 전화 통신
telefonico /tele'fɔniko/ [형] (복 : -ci, -che) 전화의, 전화에 의한
telefonino /telefo'nino/ [남] (구어체에서) 휴대 전화
telefonista /telefo'nista/ [남/여] (남·복 : -i, 여·복 : -e) 전화 교환원
telefono /te'lefono/ [남] 전화(기); numero di telefono 전화번호; avere il telefono 전화 통화 중이다; un colpo di telefono 전화를 걸기; telefono pubblico 공중 전화; telefono a tastiera 누름단추식 전화
telegenico /tele'dʒɛniko/ [형] (복 : -ci, -che) 텔레비전 방송에 알맞은
telegiornale /teledʒor'nale/ [남] 텔레비전 뉴스, 뉴스 방송
telegrafare /telegra'fare/ [타동] (~에게) 전보를 치다, 전신으로 알리다 - [자동] (조동사 : avere) 전보를 치다, 타전하다
telegrafia /telegra'fia/ [여] 전신(술)
telegrafico /tele'grafiko/ [형] (복 : -ci, -che) ① 전보[전신]의 ② (비유적으로) (문체가) 간결한
telegrafo /te'lεgrafo/ [남] 전신, 전보; 전신기, 전신 장치; ufficio del telegrafo 전신국
telegramma /tele'gramma/ [남] 전보, 전신
telematica /tele'matika/ [여] 텔레마티크 (전화와 컴퓨터를 조합한 정보 서비스 시스템)
telenovela /teleno'vɛla/ [여] 텔레비전 연속극[드라마]
teleobiettivo /teleobjet'tivo/ [남] [사진] 망원 렌즈
telepatia /telepa'tia/ [여] 텔레파시, 정신 감응
telepatico /tele'patiko/ [형] (복 : -ci, -che) 텔레파시의, 정신 감응의
telequiz /tele'kwits/ [남-불변] 텔레비전 퀴즈 쇼
teleromanzo /telero'mandzo/ [남] 텔레비전 연속극
teleschermo /teles'kermo/ [남] ① TV 스크린 ② 텔레비전
telescopio /teles'kɔpjo/ [남] (복 : -pi) 망원경
teleselezione /teleselet'tsjone/ [여] 가입자 장거리 다이얼 방식 (영문 약자 : STD)

telespettatore /telespetta'tore/ [남] (여 : -trice) 텔레비전 시청자
televideo /tele'video/ [남-불변] 텔레텍스트, 문자 다중 방송
televisione /televi'zjone/ [여] ① 텔레비전 (시스템, 방송); alla televisione 텔레비전에[으로] ② 텔레비전 수상기
televisivo /televi'zivo/ [형] 텔레비전의
televisore /televi'zore/ [남] 텔레비전 (수상기)
telex /'tɛleks/ [남-불변] ① 텔렉스, 가입 전신 ② 텔렉스 통신
telo /'telo/ [남] 시트나 커버 따위의 천 종류 - telo da bagno 목욕 수건
telone /te'lone/ [남] ① 방수 천[깔개] ② (무대의) 현수막
tema /'tema/ [남] ① (토론 따위의) 주제, 테마; 화제, 논지(論旨); andare fuori tema (이야기가) 주제에서 벗어나다 ② [문학·음악] 주제, 테마 ③ (학생이 쓰는) 작품, 에세이 ④ [문법] 어간, 어근
tematica /te'matika/ [여] (복 : -che) (한 작가의 작품에서 되풀이되어 나타나는) 주제, 테마
temerario /teme'rarjo/ [형/남] (여 : -a) (복 : -ri, -rie) 무모한, 무분별한, 앞뒤를 가리지 않는 (사람)
temere /te'mere/ [타동] ① 무서워[두려워]하다, 겁내다; temere il peggio 최악의 사태를 두려워하다 ② 걱정하다, 염려하다; temo che non venga 그가 오지 않을까봐 걱정이다 ③ (유감을 표시하여) temo di non farcela 난 못 할 것 같은데 ④ (~에) 약하다; temere il freddo (식물 따위가) 추위에 약하다 - [자동] (조동사 : avere) temere per ~에 대해 걱정[염려]하다; non temere! 걱정 말라구!
tempaccio /tem'pattʃo/ [남] (복 : -ci) 궂은 날씨
tempera /'tempera/ [여] [미술] ① 템페라 (아교나 계란 노른자로 안료를 녹여 만든 불투명한 그림물감) ② 템페라 화법; 그 그림
temperamatite /temperama'tite/ [남-불변] 연필깎이
temperamento /tempera'mento/ [남] 기질, 성질, 성미; è nervoso per temperamento 그는 신경질적이다
temperare /tempe'rare/ [타동] ① (연필 따위를) 뾰족하게 하다, 깎다 ② (강철 따위를) 불리다, 달구어 단련하다

temperato /tempe'rato/ [형] ① 적당한, 알맞은, 온건한; 절제하는, 삼가는 ② (기후가) 온화한 ③ (강철이) 불린, 달구어 단련한

temperatura /tempera'tura/ [여] ① 온도; temperatura ambiente (통상적인) 실내 온도 ② 체온

temperino /tempe'rino/ [남] ① 주머니칼 ② 연필깎이

tempesta /tem'pɛsta/ [여] ① 폭풍(우); mare in tempesta 폭풍우가 휘몰아치는 바다 ② (비유적으로) 빗발침, 쇄도; una tempesta di domande 빗발치는 질문 ③ (비유적으로) 대소동, 파란 - tempesta di neve 심한 눈보라, 폭설

tempestare /tempes'tare/ [타동] ① 연타하다, 자꾸 때리다 ② (비유적으로) tempestare qn di domande 누구에게 질문 공세를 퍼붓다 - [자동] (조동사 : avere) 폭풍(우)이 휘몰아치다

tempestivamente /tempestiva'mente/ [부] 시기적절하게, 알맞은 때에

tempestivo /tempes'tivo/ [형] 시기적절한, 때에 알맞은

tempestoso /tempes'toso/ [형] 폭풍(우)이 휘몰아치는

tempia /'tempja/ [여] [해부] 관자놀이

tempio /'tɛmpjo/ [남] (복 : -pi, -pli) ① 신전(神殿); 절, 사원; 교회당 ② (비유적으로) (특정 목적에 바쳐진) 전당(殿堂)

tempismo /tem'pizmo/ [남] 타이밍, 시간 감각

tempo /'tɛmpo/ [남] ① 시간, 때; 때의 흐름, 세월; il tempo e lo spazio 시간과 공간; perdere tempo 시간을 낭비하다; con l'andare del tempo 시간이 흐름에 따라; tempo libero 자유 시간, 여가 ② 동안, 기간; poco tempo dopo 잠시 후에; per qualche tempo 잠시 동안; ci vuole tempo 시간이 좀 걸린다; abbiamo tempo 시간은 충분해, 시간 여유가 있다; fare in tempo a fare qc 때맞추어[늦지 않게] 무엇을 하다; arrivare in tempo 제때 도착하다; per tempo 때맞춰, 제때에 ③ 날씨; che tempo fa? (지금) 날씨가 어떤가?; fa bel[brutto] tempo 날씨가 좋다[나쁘다]; previsioni del tempo 일기예보 ④ 시대, 시기; al tempo dei Romani 로마 시대에; al tempo in cui ~하던 시대에는; in ogni tempo 늘, 언제나; in questi ultimi tempi 요즘, 최근에; in tempo di pace 평화시에; andare al passo con i tempi 시대의 흐름에 맞춰 살다, 시대에 뒤떨어지지 않다 ⑤ [음악] 박자; 속도, 템포; andare a tempo 박자가 맞다; in tre tempi 3박자로 ⑥ [문법] 시제; tempo presente 현재시제 ⑦ (연극이나 운동 경기 등에서) primo/secondo tempo 전[후]반 ⑧ [기계] (피스톤의) 스트로크, 행정(行程); motore a due tempi 2행정 엔진 ⑨ un tempo 한때, 일찍이 - fare il bello e il cattivo tempo 독단적으로 행하다, 좌지우지하다; il tempo è denaro (속담) 시간이 돈이다; il tempo stringe 시간이 빠듯하다; dare tempo al tempo (일을) 추세에 맡기다; a suo tempo 때가 되면; a tempo e luogo 적시적지(適時適地)에, 알맞은 때와 장소에; al tempo stesso, a un tempo 동시에 - tempo di accesso [컴퓨터] 액세스 타임; tempo reale [컴퓨터] 리얼타임, 실시간; tempi supplementari [스포츠] 추가[연장] 시간

temporale1 /tempo'rale/ [형] ① 시간의 ② 세속의, 속세의 ③ [문법] 때를 나타내는, 시제의

temporale2 /tempo'rale/ [남] 폭풍(우), 뇌우

temporalesco /tempora'lesko/ [형] (복 : -schi, -sche) 폭풍(우)의, 뇌우의

temporaneo /tempo'raneo/ [형] ① 일시적인, 잠시의, 순간의 ② 임시의

temporeggiare /tempored'dʒare/ [자동] (조동사 : avere) 시간을 벌다, 형세를 관망하다

temporizzatore /temporiddza'tore/ [남] 타이머, 시간 기록기

tempra /'tempra/ [여] ① (강철 따위의) 불림, 담금질 ② (비유적으로) 성질, 기질, 성격

temprare /tem'prare/ [타동] ① (강철 따위를) 불리다, 달구어 단련하다 ② (비유적으로) (심신을) 강건하게 하다 - temprarsi [재귀동사] (비유적으로) (심신이) 강건해지다

tenace /te'natʃe/ [형] ① 고집하는, 집요한, 완강한 ② (미움 따위가) 오래 지속되는; (기억력 따위가) 좋은

tenacia /te'natʃa/ [여-불변] 고집, 집요함, 완강함

tenaglie /te'naʎʎe/ [여·복] 펜치, 족집게

tenda /ˈtɛnda/ [여] ① (실내용) 커튼; tirare le tende 커튼을 치다 ② (실외용) 차일, 차양, 햇빛 가리개 ③ 텐트, 천막; piantare le tende 텐트를 치다

tendaggio /tenˈdaddʒo/ [남] (복 : -gi) 커튼 종류

tendenza /tenˈdɛntsa/ [여] ① 경향, 성향, 기질; avere (la) tendenza a ~하는 경향이 있다 ② 동향, 풍조, 추세, 트렌드

tendenzioso /tendenˈtsjoso/ [형] 특정 입장을 옹호하는 경향이 있는, 편향된

tendere /ˈtɛndere/ [타동] ① (줄 따위를) 잡아 늘이다, 팽팽하게 치다[펴다]; (목을) 길게 빼다 ② (손이나 팔다리를) 쭉 뻗다 ③ (덫·그물 따위를) 놓다, 설치하다 - [자동] (조동사 : avere) (a와 함께 쓰여) ① ~하는[~의] 경향[성향]이 있다, ~하는 추세다, ~ 쪽으로 기울다, ~하기 쉽다; tende al pessimismo 그는 비관적인 경향이 있다; tendere a sinistra 좌익 성향이다; il tempo tende al bello 날씨가 개고 있다 ② ~하려 하다, (~을) 목표로 삼다

tendina /tenˈdina/ [여] 작은 커튼

tendine /ˈtɛndine/ [남] [해부] 건(腱), 힘줄

tendone /tenˈdone/ [남] 큰 천막이나 차양

tendopoli /tenˈdɔpoli/ [여-불변] 대규모 캠프, 천막 도시

tenebre /ˈtɛnebre/ [여·복] 어둠; nelle tenebre 어둠 속에서

tenebroso /teneˈbroso/ [형] (문어체에서) ① 어두운, 캄캄한 ② (비유적으로) 비밀의, 신비한, 알 수 없는 - [남] un bel tenebroso 남성미가 있는 사내

tenente /teˈnɛnte/ [남] [군사] 중위; tenente colonnello 중령; tenente generale 중장

teneramente /teneraˈmente/ [부] 다정하게, 애정을 담아

tenere /teˈnere/ [타동] ① 잡다, 쥐다, 붙들다; tenere qn per mano 누구의 손을 잡다 ② (어떤 상태·위치로) 두다, 유지하다; tieni la porta aperta 문을 열어 두어라; tenere le mani in tasca 손을 주머니에 넣고 있다 ③ 보관[보존]하다, 간직하다; tenere i cibi al fresco 음식을 서늘한 곳에 보관하다 ④ (웃음·눈물 따위를) 참다, 억누르다, 억제하다 ⑤ (길·방향을) 택하여 가다; tenere la destra (자동차가) 우측 통행을 하다 ⑥ (용기(容器)가 내용물을) 담다; (장소가 사람 등을) 수용하다; la sala tiene 250 persone 그 방에는 250명이 들어갈 수 있다 ⑦ (장소·지위를) 차지하다, 점유하다 ⑧ (가게 따위를) 관리하다, 운영하다 ⑨ (수업 등을) 하다; (회의 등을) 개최하다 - [자동] (조동사 : avere) ① (본래의 상태로) 유지되다, 버티다; tiene quella scatola? 저 상자 튼튼한가?; questa vite non tiene 이 나사는 헐겁다 ② (per와 함께 쓰여) (~을) 지지하다, 편들다; io tengo per lui 나는 그의 편이다 ③ (a와 함께 쓰여) (~에) 마음을 쓰다, (~을) 중시하다 ④ tenerci 꼭 ~하고 싶어하다; se ci tenete (당신이) 원하신다면 - **tenersi** [재귀동사] ① (자신 또는 서로의 신체 일부를) 잡다, 쥐다, 붙들다; tenersi per mano (서로) 손을 잡다 ② (a와 함께 쓰여) (~에) 매달리다, (~을) 꼭 붙들다 ③ (어떤 상태를) 유지하다; tenersi pronto a fare ~할 준비가 되어 있다; tenersi vicino al muro 벽에 가까이 붙어 있다 ④ tenersi dal fare ~하는 것을 자제하다, ~하지 않도록 하다 ⑤ (회의 따위가) 개최되다 - tenere conto di qc 무엇을 고려하다; tenere duro 완강하게 버티다; tenere presente qc 무엇을 마음에 간직하다

tenerezza /teneˈrettsa/ [여] ① 부드러움, 연함 ② 다정함, 애정이 있음

tenero /ˈtɛnero/ [형] ① 부드러운, 연한, 무른 ② (나이가) 어린; è morto in tenera età 그는 요절했다 ③ 다정한, 상냥한, 애정 어린; un tenero padre 자애로운 아버지; avere il cuore tenero 다정다감한

tenia /ˈtɛnja/ [여] [동물] 촌충

tennis /ˈtennis/ [남-불변] [스포츠] 테니스; giocare a tennis 테니스를 치다 - tennis (da) tavolo 탁구

tennista /tenˈnista/ [남/여] (남·복 : -i, 여·복 : -e) 테니스 선수

tenore /teˈnore/ [남] ① 취지, 대의, 의미 ② 함유량; bevanda a basso tenore alcolico 알코올 도수가 낮은 술 ③ 수준; tenore di vita 생활 수준 ④ [음악] 테너 (가수)

tensione /tenˈsjone/ [여] ① (줄 따위의) 팽팽함 ② 전압; ad alta tensione 고전

압의 ③ (비유적으로) (정신적) 긴장; (정세·관계 등의) 긴박, 긴장 상태
tentacolo /ten'takolo/ [남] [동물] 촉수, 촉각
tentare /ten'tare/ [타동] ① 시도하다, ~하려 하다; tentare il suicidio 자살을 기도하다; tentare un nuovo metodo 새로운 방법을 시도하다; tentare di fare qc 무엇을 하려 (시도)하다 ② 유혹하다, 꾀다, 마음을 끌다
tentativo /tenta'tivo/ [남] 시도, 기도, 노력; fai un altro tentativo! 다시 한번 해봐!
tentazione /tentat'tsjone/ [여] 유혹, 꾐, 마음을 끎; cedere alla tentazione 유혹에 빠지다
tentennare /tenten'nare/ [자동] (조동사 : avere) ① 흔들리다, 비틀거리다 ② (비유적으로) 망설이다, 주저하다 - [타동] (머리 따위를) 흔들다
tentoni /ten'toni/ [부] andare (a) tentoni 더듬어 나아가다
tenue /'tɛnue/ [형] ① (색깔이) 부드러운, 연한; (빛·목소리 등이) 희미한 ② (비유적으로) (기억·희망 따위가) 희미한, 실낱같은 - [남] [해부] 소장(小腸), 작은창자 (또는 intestino tenue)
tenuta /te'nuta/ [여] ① 복장; 제복; in tenuta da lavoro 작업복을 입고 ② 밀봉, 밀폐; a tenuta d'aria 밀봉된, 기밀(氣密)의 ③ 수용 능력, 용량 ④ 소유지
teologia /teolo'dʒia/ [여] (기독교) 신학
teologico /teo'lɔdʒiko/ [형] (복 : -ci, -che) 신학의
teologo /te'ɔlogo/ [남] (여 : -a) (남·복 : -gi, 여·복 : -ghe) 신학자
teorema /teo'rɛma/ [남] [수학·논리] 정리(定理)
teoria /teo'ria/ [여] ① 이론, 학설; in teoria 이론상, 이론적으로 ② 의견, 지론(持論)
teoricamente /teorika'mente/ [부] 이론상, 이론적으로
teorico /te'ɔriko/ (복 : -ci, -che) [형] ① 이론(상)의, 학리적(學理的)인; in linea teorica 이론상, 이론적으로 ② 이론뿐인, 가설적인 - [남] (여 : -a) 이론가
teorizzare /teorid'dzare/ [타동] 이론화하다, 이론[학설]을 세우다
tepore /te'pore/ [남] 따뜻함, 온난
teppa /'teppa/, **teppaglia** /tep'paʎʎa/ [여] (도시의) 무뢰한들, 깡패들
teppismo /tep'pizmo/ [남] 무뢰한들의 행동, 난폭한 행위
teppista /tep'pista/ [남/여] (남·복 : -i, 여·복 : -e) 무뢰한, 깡패
tequila /te'kila/ [여-불변] 테킬라 (멕시코산의 증류주)
terapeutico /tera'pɛutiko/ [형] (복 : -ci, -che) 치료(법)의
terapia /tera'pia/ [여] 요법, 치료(법); terapia intensiva 집중[강화] 치료; terapia d'urto 충격 요법
terapista /tera'pista/ [남/여] (남·복 : -i, 여·복 : -e) 치료사, 치료 전문가, 요법사
tergicristallo /terdʒikris'tallo/ [남] (자동차 앞창의) 와이퍼, 유리 닦개
tergilunotto /terdʒilu'nɔtto/ [남] (자동차 뒷창의) 유리 닦개
tergiversare /terdʒiver'sare/ [자동] (조동사 : avere) 얼버무리다, 발뺌하다, 핑계를 대다
tergo /'tɛrgo/ [남] ① (문어체에서) (여·복 : -ga) (신체의) 등 ② (복 : -ghi) (종이의) 뒷면
terital /terital/ [남-불변] 테릴렌 (합성 섬유의 일종)
termale /ter'male/ [형] 온천(장)의, 스파의; sorgente termale 온천; stazione termale 스파 리조트
terme /'tɛrme/ [여·복] 온천(장), 스파
termico /'tɛrmiko/ [형] (복 : -ci, -che) 열(熱)의; trattamento termico (금속의) 열처리
terminal /'tɛrminal/ [남-불변] ① 공항 터미널 ② (철도 등의) 종점
terminale /termi'nale/ [형] 끝의, 종말의; 종점의; (병 따위가) 말기의; i malati terminali 말기 환자들 - [남] [컴퓨터] 단말기
terminare /termi'nare/ [타동] 끝내다, 마치다, 완료하다 - [자동] (조동사 : essere) 끝나다
terminazione /terminat'tsjone/ [여] ① 끝맺음, 완료, 종결 ② 끝부분, 말단 ③ [문법] 어미(語尾)
termine /'tɛrmine/ [남] ① 끝, 마지막, 종결; al termine della strada 길이 끝나는 곳에서; porre termine a qc 무엇을 끝내다; portare a termine qc 무엇을 끝맺다 ② 기간, 기한, 시한; entro un termine di tre ore 세 시간 내에;

fissare un termine 마감 시한을 정하다; a breve[lungo] termine 단[장]기간의; contratto a termine 기한부 계약 ③ 말, 용어, 술어(術語), 전문어; nel senso stretto del termine 그 말의 엄밀한 의미에서; in altri termini 바꾸어 말하면, 다시 말해서; parlare senza mezzi termini 단도직입적으로 말하다; termine di medicina 의학 용어 ④ [수학] 항(項) - termini [남·복] ① 조건, 조항; secondo i termini del contratto 계약 조건에 따라; ai termini di legge 법적으로 ② in termini di ~의 관점에서 (보면)

terminologia /terminolo'dʒia/ [여] (집합적으로) 술어(術語), (전문) 용어

termite /'termite/ [여] [곤충] 흰개미

termocoperta /termoko'perta/ [여] 전기담요

termometro /ter'mɔmetro/ [남] 온도계

termos /'tɛrmos/ → thermos

termosifone /termosi'fone/ [남] ① 중앙난방 (시스템) ② 난방기, 라디에이터

termostato /ter'mɔstato/ [남] 서모스탯, 자동 온도 조절 장치

terno /'tɛrno/ [남] (복권에서) 모두 맞히면 당첨되는 세 개의 숫자들; vincere un terno al lotto (비유적으로) 대박을 터뜨리다

terra /'tɛrra/ [여] ① la Terra 지구; la Terra gira intorno al Sole 지구는 태양 주위를 돈다; sulla Terra 지구상의 ② 땅, 지면; mettere a terra 쓰러뜨리다; di terra (군대 따위가) 지상(군)의 ③ 흙, 토양 ④ (경작면에서 본 또는 재산으로서의) 땅, 토지; terra fertile 기름진 땅; lavorare la terra 토지를 경작하다; acquistare una terra 토지를 매입하다 ⑤ 지역, 영토, 나라; terre lontane 먼 지역; in terra cristiana 기독교인들이 사는 지역에서; la terra natale di qn 누구의 고향[모국] ⑥ (바다에 대하여) 육지 ⑦ 세상, 세계; i piaceri di questa terra 세속적인 쾌락; abbandonare[lasciare] questa terra (완곡한 표현으로) 세상을 떠나다, 죽다 ⑧ [전기] 어스, 접지(接地) ⑨ terra terra 실제적인, 현실적인 ⑩ a terra (정신적·신체적으로) 침체된, 기운 없는; avere una gomma a terra 맥이 빠져 있다 ⑪ in terra, per terra 땅바닥에 - [형-불변] piano terra (건물의) 1층 - non stare né in cielo né in terra 전례가 없는 일이다; stare con i piedi per terra 현실적이다, 실제적이다 - terra di nessuno [군사] 무인[완충] 지대; la Terra Santa 성지(聖地)

terracotta /terra'kɔtta/ [여] (복 : terrecotte) (도자기를 만드는) 점토; 질그릇, 오지그릇

terraferma /terra'ferma/ [여] (복 : terreferme) (바다에 대하여) 육지

terrapieno /terra'pjɛno/ [남] 둑

terrazza /ter'rattsa/ [여] ① (정원 등에 있는) 테라스 ② 계단식 경작지

terrazzo /ter'rattso/ [남] ① 테라스, 베란다, 발코니 ② 계단식 경작지 ③ [지질] 단구(段丘)

terremotato /terremo'tato/ [형/남] (여 : -a) 지진 피해를 입은 (사람)

terremoto /terre'mɔto/ [남] ① 지진(地震) ② (비유적으로) 큰 소동·혼란

terreno1 /ter'reno/ [형] ① 이 세상의, 현세의, 속세의 ② 지면의, 지상의; piano terreno (건물의) 1층

terreno2 /ter'reno/ [남] ① 땅, 지면, 토지 ② 지역, 지대 ③ (건축 등의) 용지; 일정 구획의 땅 ④ [군사] 지형, 지세 ⑤ [스포츠] 경기장, 운동장 ⑥ (비유적으로) 기초, 근거; 논거 - perdere terreno 지지[세력]를 잃다; preparare il terreno 준비하다, 기초 작업을 하다; tastare il terreno 형세를 살피다

terreo /'tɛrreo/ [형] 창백한, 혈색이 나쁜

terrestre /ter'rɛstre/ [형] ① 지구의; il globo terrestre 지구 ② 지상의 ③ 이 세상의, 현세의, 속세의 - [남/여] 지구에 사는 인간

terribile /ter'ribile/ [형] ① (사고·재난·질병 따위가) 무서운, 가공할, 무시무시한 ② (바람·추위·열·고통·분노 따위가) 혹독한, 가혹한, 대단한 ③ 지독한, 심한, 터무니없는; ho una fame terribile 나는 배가 몹시 고프다

terriccio /ter'rittʃo/ [남] (복 : -ci) 부식토(腐植土)

terriero /ter'rjɛro/ [형] 토지의, 소유지의; 토지를 소유한; proprietà terriera 토지 재산, 소유지; proprietario terriero 지주, 토지 소유자

terrificante /terrifi'kante/ [형] ① 겁나게 하는, 무서운, 소름끼치는 ② (나쁜

뜻으로) 지독한, 심한

terrina /ter'rina/ [여] 질그릇 단지[사발]

territoriale /territo'rjale/ [형] ① (국가의) 영토의 ② 지방의, 지역의; 관할 구역의

territorio /terri'tɔrjo/ [남] (복 : -ri) ① 땅, 지방, 지역, 지대; territorio montuoso 산악 지대 ② (국가의) 영토 ③ 관할 구역 ④ (동물의) 세력권

terrore /ter'rore/ [남] 공포, 두려움; incutere terrore a qn 누구를 공포심에 떨게 하다; avere (il) terrore di qc 무엇을 두려워하다; con terrore 무서워하여; del terrore (영화·소설 등이) 호러물의

terrorismo /terro'rizmo/ [남] 테러리즘, 테러 행위

terrorista /terro'rista/ [남/여] (남·복 : -i, 여·복 : -e) 테러리스트

terroristico /terro'ristiko/ [형] (복 : -ci, -che) 테러의; un'azione terroristica 테러 행위

terrorizzare /terrorid'dzare/ [타동] 무섭게[겁나게] 하다, 공포심에 떨게 하다

terroso /ter'roso/ [형] ① 흙을 함유한; 흙이 묻은, 흙으로 덮인 ② 흙의, 흙 같은

terso /'terso/ [형] (하늘이) 맑은, 갠; (공기·물이) 깨끗한

terza /'tɛrtsa/ [여] ① (학교의) 3학년 ② (자동차의) 제3단 기어 ③ (기차 등의) 3등석

terzetto /ter'tsetto/ [남] ① 3인조 ② [음악] 트리오, 3중창단

terziario /ter'tsjarjo/ (복 : -ri, -rie) [형] ① [경제] (산업이) 제3차의, 서비스 부문의 ② [지질] 제3기(紀)의, 제3계(系)의 - [남] ① [경제] 제3차 산업, 서비스 부문 ② [지질] 제3기, 제3계

terzina /ter'tsina/ [여] ① [운율] 3행 연구(聯句) ② [음악] 셋잇단음표

terzino /ter'tsino/ [남] [축구] 풀백, 후위(後衛)

terzo /'tɛrtso/ [형] 셋째의; in terzo luogo 세 번째로 - [남] (여 : -a) ① 셋째, 세 번째의 것 ② 제3자 ③ 3분의 1 - terzi [남·복] 다른[그밖의] 사람들; [법률] (당사자 이외의) 제3자 - [부] 셋째로, 세 번째로 - terza età 노년기; terzo mondo 제3세계

terzultimo /ter'tsultimo/ [형/남] (여 : -a) 끝에서 세 번째의 (것, 사람)

tesa /'tesa/ [여] (모자의) 챙; a larghe tese (모자가) 챙이 넓은

teschio /'teskjo/ [남] (복 : -schi) 두개골, 해골

tesi /'tɛzi/ [여-불변] ① (대학의) 학위[졸업] 논문 ② 논제, 주제 ③ [철학] (논증되어야 할) 명제(命題)

teso /'teso/ [형] ① (줄 따위가) 팽팽한, 켕긴 ② 긴장한, 신경이 곤두선 ③ (손이나 팔다리를) 쭉 뻗은; con la mano tesa 손을 뻗어 ④ (a 또는 verso와 함께 쓰여) (~을) 겨냥한, 목적으로 한 - stare con le orecchie tesa 귀를 잘 기울이고 있다

tesoreria /tezore'ria/ [여] (국가 또는 단체의) 재무 관련 부서

tesoriere /tezo'rjere/ [남] (여 : -a) 회계원, 출납계원

tesoro /te'zɔro/ [남] ① 보물, 재보(財寶) ② il Tesoro 국고(國庫); ministero del Tesoro 재무부 ③ 보배, 귀중한 가치를 지닌 것 ④ 큰 돈, 엄청난 액수 ⑤ 소중한[사랑하는] 사람 - fare tesoro di ~을 소중히 간직하다

tessera /'tɛssera/ [여] ① (신분 증명이나 통행권 인증 따위를 위한) 카드, 패; avere la tessera di un partito (당원증을 가진) 정당의 정회원이다 ② 도미노의 패; 모자이크의 조각

tesserato /tesse'rato/ [남] (여 : -a) 정식 당원, 정회원

tessere /'tɛssere/ [타동] ① (피륙을) 짜다, 뜨다, 엮다 ② (비유적으로) (이야기를) 꾸며내다; (음모를) 꾸미다 - tessere le lodi di qn 누구를 치켜세우다, 극구 칭찬하다

tessile /'tɛssile/ [형] 직물의, 방직의 - [남] 방직업 - [남/여] 방직업 종사자 - tessili [남·복] 직물, 피륙, 섬유 제품

tessitore /tessi'tore/ [남] (여 : -trice) 피륙을 짜는 사람

tessitura /tessi'tura/ [여] ① 방직(紡織), 피륙을 짜기 ② 방직 공장

tessuto /tes'suto/ [남] ① 직물, 피륙, 천; tessuto di lana 모직물 ② [생물] 조직

test /test/ [남-불변] (학교에서의 또는 심리·의학 등의 분야에서의) 시험, 테스트, 실험, 검사

testa /'tɛsta/ [여] ① (사람·동물의) 머리; a testa alta i) 머리를 치켜들고 ii) (비유적으로) 거만하게; a testa bassa i) 곤두박이로, 거꾸로 ii) 고개를 숙이고;

dalla testa ai piedi 머리부터 발끝까지 ② (비유적으로) 두뇌, 지혜, 이성; usare la testa 머리를 쓰다; ma dove hai la testa? 도대체 무슨 생각을 하고 있는 거니? ③ 머릿수, 한 사람; a testa 1인당, 각 사람마다 ④ (물체의) 앞부분, 맨 앞쪽; (페이지 따위의) 상단 ⑤ 우두머리, 장(長), 지도자; essere alla testa di ~의 수장[리더]이다; essere in testa (선거·경주 따위에서) 선두에 있다 - avere la testa sulle spalle 분별이 있다, 제정신이다; essere fuori di testa 정신이 이상하다, 미쳐 있다; perdere la testa 머리가 돌다, 이성을 잃다; essere una testa calda 성급하다; avere la testa dura 고집이 세다; essere una testa vuota 머리가 비어 있다, 멍청하다; avere la testa tra le nuvole 공상에 잠겨 있다; fare di testa propria 자기 뜻대로 하다, 하고 싶은 대로 하다; mettersi in testa di fare qc 무엇을 하려고 마음먹다; lavata di testa 질책, 꾸짖음; fare a testa o croce 동전 던지기를 하다; testa a testa (경주 등에서) 나란히, 막상막하로

testa-coda, testacoda /testa'koda/ [남-불변] fare un testa(-)coda 돌다, 회전하다

testamentario /testamen'tarjo/ [형] (복 : -ri, -rie) 유언(遺言)의

testamento /testa'mento/ [남] ① [법률] 유언(장), 유서; fare testamento 유언장을 작성하다 ② 성서; il Vecchio[Nuovo] Testamento 구약[신약] 성서

testardaggine /testar'daddʒine/ [여] 고집이 셈, 완고함

testardo /tes'tardo/ [형/남] (여 : -a) 고집이 센, 완고한 (사람)

testare /tes'tare/ [타동] 시험[테스트]하다

testata /tes'tata/ [여] ① (고의 또는 사고로) 머리를 부딪힘; dare una testata a qn 누구에게 박치기를 하다; dare una testata contro qc 무엇에 머리를 부딪히다 ② (침대의) 머리쪽 판자 ③ [기계] (내연 기관의) 실린더 헤드 ④ (미사일 등의) 탄두 ⑤ (신문) 제1면의 상단, 표제, 헤드라인

teste /'teste/ [남/여] (법정에서의) 증인

testicolo /tes'tikolo/ [남] [해부] 고환

testiera /tes'tjɛra/ [여] ① 침대 머리판 ② (말머리의) 굴레

testimone /testi'mone/ [남/여] ① 목격자 ② (법정에서의) 증인 ③ (결혼식 등에서의) 입회인 - [남] (육상 경기 중 릴레이용의) 배턴 - testimone di Geova 여호와의 증인

testimonial /testi'mɔnjal/ 2[남/여-불변] 특정 상품을 보증·선전하는 사람

testimonianza /testimo'njantsa/ [여] ① (개인의) 이야기; 설명 ② (법정에서의) 증언; rendere testimonianza a qn/qc 누구/무엇에 대해 증언하다; falsa testimonianza 위증

testimoniare /testimo'njare/ [타동] ① (che와 함께 쓰여) (법정에서 ~임을) 증언하다; testimoniare il falso 위증하다 ② 입증[증명]하다 - [자동] (조동사 : avere) (a favore di 또는 contro와 함께 쓰여) (~에 유리하게 또는 불리하게) 증언하다

testina /tes'tina/ [여] (리코더[기록 장치]나 면도기 따위의) 머리 부분

testo /'tɛsto/ [남] ① 본문, 텍스트; 원문 ② (연극·영화 등의) 대본, 각본 ③ 말, 표현 ④ [컴퓨터] 텍스트 - libro di testo 교과서

testone /tes'tone/ [남] (여 : -a) (구어체에서) 고집 센 사람, 옹고집; 멍청이, 얼간이

testosterone /testoste'rone/ [남] [생화학] 테스토스테론 (남성 호르몬의 일종)

testuale /testu'ale/ [형] ① 본문[원문]의 ② 글자 그대로의, 축어적인

testuggine /tes'tuddʒine/ [여] [동물] 거북

tetano /'tɛtano/ [남] [병리] 파상풍

tête-à-tête /'tɛta tɛt/ [남-불변] 둘만의 이야기

tetro /'tetro/ [형] (사람·기분이) 우울한, 침울한; (분위기·날씨가) 음침한, 음산한

tetta /'tetta/ [여] (구어체에서) 젖, 유방

tettarella /tetta'rɛlla/ [여] (젖병의) 고무 젖꼭지

tetto /'tetto/ [남] ① (집이나 자동차의) 지붕 ② (비유적으로) 집; vivere sotto lo stesso tetto 한 집에 살다; senza tetto 집이 없는 ③ (비유적으로) 최고한도, 상한 - tetto apribile (자동차의) 선루프; tetto a cupola 돔, 둥근 지붕

tettoia /tet'toja/ [여] (철도역 따위의) 지

붕

teutonico /teu'tɔniko/ [형] (복 : -ci, -che) (게르만 민족의 하나인) 튜턴인(人)의

Tevere /'tevere/ [남] (이탈리아 중부의) 티베르 강(江)

TFR /'tieffe'ɛrre/ [남-불변] (trattamento di fine rapporto의 약자) 퇴직금, 퇴직 수당

tg, TG /tid'dʒi/ [남-불변] (telegiornale의 약자) 텔레비전 뉴스, 뉴스 방송

thailandese /tailan'dese/ [형] 타이[태국]의 - [남/여] 타이[태국] 사람 - [남] 타이[태국]어

Thailandia /tai'landja/ [여] 타이, 태국

thermos /'tɛrmos/ [남-불변] 보온병

thriller /'triller/ [남-불변] (영화·소설 등의) 스릴러(물)

ti1 /ti/ [대] (인칭대명사) ① 너를; non ti ho visto stamattina 난 오늘 아침에 널 보지 못했어 ② 너에게; ti dirò tutto 너에게 모든 걸 말하마 ③ 너 자신; ti sei lavata? 너 씻었니?

ti2 /ti/ [남/여-불변] 알파벳 t[T]의 명칭

tiara /'tjara/ [여] (로마 교황의) 삼중관(三重冠)

Tibet /'tibet/ [남] 티베트 (중국 남서부의 지방)

tibetano /tibe'tano/ [형] 티베트의 - [남] (여 : -a) 티베트 사람 - [남] 티베트어

tibia /'tibja/ [여] [해부] 정강이뼈

tic /tik/ [감] tic tac 똑딱, 재깍; fare tic tac (시계 따위가) 똑딱[재깍]거리다 - [남-불변] ① [병리] 틱 (안면 경련) ② (강박적인) 버릇, 습관

ticchettio /tikket'tio/ [남] (복 : -ii) (시계 따위의) 똑딱[재깍]거림; (기계류의) 딸깍거림

ticchio /'tikkjo/ [남] (복 : -chi) ① [병리] 틱 (안면 경련) ② 갑자기 내킨 생각

ticket /'tiket/ [남-불변] (국민 건강 보험에서) 약값의 환자 부담분

tictac /tik'tak/ [감] 똑딱, 재깍 - [남-불변] fare tictac (시계 따위가) 똑딱[재깍]거리다

tiepido /'tjepido/ [형] ① (액체 따위가) 미지근한; (날씨 따위가) 따뜻한 ② (비유적으로) 마음이 내키지 않는, 열의가 없는, 미온적인

tifare /ti'fare/ [자동-] (조동사 : avere) (per와 함께 쓰여) (선수·팀 등을) 응원하다, (선수·팀 등의) 팬이다

tifo /'tifo/ [남] ① [병리] 발진티푸스 ② fare il tifo per (선수·팀 등을) 응원하다, (선수·팀 등의) 팬이다

tifoidea /tifoi'dɛa/ [여] [병리] 장티푸스

tifone /ti'fone/ [남] 태풍

tifoseria /tifose'ria/ [여] (집합적으로) (스포츠의) 팬 층, 팬들

tifoso /ti'foso/ [형] (선수·팀 등을) 응원하는 - [남] (여 : -a) (선수·팀 등의) 팬

tight /'tait/ [남-불변] (낮에 입는) 남자 예복

tiglio /'tiʎʎo/ [남] (복 : -gli) [식물] 린덴 (보리수·참피나무 무리); 그 재목

tigrato /ti'grato/ [형] 줄무늬가 있는; 얼룩무늬의

tigre /'tigre/ [여] [동물] 호랑이 - tigre di carta (비유적으로) 종이 호랑이

Tigri /'tigri/ [남] 티그리스 강(江)

tilt /tilt/ [남-불변] andare in tilt i) (기계가) 고장나다, 작동을 멈추다 ii) (사람이) 정상적인 활동을 하지 못하게 되다

timballo /tim'ballo/ [남] 탱발 (닭고기나 생선을 갈아 계란 흰자 등을 넣고 소스를 쳐서 만든 요리)

timbrare /tim'brare/ [타동] ① (서류 따위에) 도장을 찍다; (우편물에) 소인을 찍다 ② (티켓·카드 따위에) 구멍을 뚫다; timbrare il cartellino (카드에) 출근 시간을 기록하다

timbro1 /'timbro/ [남] 도장, 스탬프; 소인(消印); mettere il timbro su qc ~에 도장을 찍다

timbro2 /'timbro/ [남] [음악] 음색(音色)

timer /'taimer/ [남-불변] 타이머, 시간 기록기

timidamente /timida'mente/ [부] 소심하게, 자신감 없이, 머뭇거리며, 내성적으로, 수줍어하며

timidezza /timi'dettsa/ [여] 소심함, 자신감이 없음, 머뭇거림, 내성적임, 수줍어함

timido /'timido/ [형/남] (여 : -a) 소심한, 자신감이 없는, 머뭇거리는, 내성적인, 수줍어하는 (사람)

timo1 /'timo/ [남] [식물] 타임, 백리향(百里香)

timo2 /'timo/ [남] [해부] 흉선(胸線), 가슴샘

timone /ti'mone/ [남] [항해] (배의) 키; ruota del timone 타륜(舵輪); essere al timone i) (배의) 키를 잡고 있다 ii)

(비유적으로) 지도자의 입장에 있다; prendere il timone i) (배의) 키를 잡다 ii) (비유적으로) 지도자의 위치에 서다 - timone di direzione (비행기의) 방향타

timoniere /timo'njɛre/ [남] (배의) 키잡이, 조타수(操舵手)

timore /ti'more/ [남] ① (di와 함께 쓰여) (~에 대한) 두려움, 공포; avere timore di qn/qc 누구/무엇을 두려워하다; per timore di ~이 두려워 ② 외경(畏敬)

timoroso /timo'roso/ [형] 두려워하는, 겁을 먹은

timpano /'timpano/ [남] ① [해부] 고막, 귀청 ② [음악] 케틀드럼 (반구형의 큰 북); i timpani (오케스트라의) 팀파니

tinello /ti'nello/ [남] (가정의) 작은 식당; 식탁·의자 세트

tingere /'tindʒere/ [타동] ① (천이나 가죽 따위를) 염색하다, 물들이다 ② 얼룩지게 하다 ③ (비유적으로) 어떤 색깔을 띠게 하다 - tingersi [재귀동사] ① 물들다 ② 얼룩이 지다 ③ (문어체에서) 어떤 색깔을 띠게 되다; il cielo si è tinto di rosso 하늘이 붉게 물들었다

tino /'tino/ [남] (양조·염색용의) 큰 통

tinozza /ti'nɔttsa/ [여] (세탁·목욕용의) 통, 물통

tinta /'tinta/ [여] ① 빛깔, 색; 색조; scarpe in tinta con la borsa 핸드백과 색이 어울리는 구두 ② (비유적으로) 특색, 기미; un racconto a forti tinte 극적인 이야기 ③ 염료, 물감 ④ 염색, 물들이기; farsi la tinta (자신의) 머리를 염색하다

tintarella /tinta'rɛlla/ [여] (구어체에서) 선탠; prendere la tintarella 선탠을 하다

tinteggiare /tinted'dʒare/ [타동] (외벽 따위에) 페인트를 칠하다

tintinnare /tintin'nare/ [자동] (조동사 : avere) (동전·종 따위가) 짤랑짤랑 소리를 내다, 딸랑거리다

tintinnio /tintin'nio/ [남] (복 : -ii) (동전·종 따위가) 짤랑짤랑 소리를 냄, 딸랑거림

tintoria /tinto'ria/ [여] ① 드라이클리닝을 하는 세탁소 ② 염색 공장, 염색 업체 ③ 염색업

tintura /tin'tura/ [여] ① 염료; 염색약; tintura per capelli 머리 염색약 ② 염색, 물들이기 - tintura di iodio [약학] 요오드팅크

tipicamente /tipika'mente/ [부] 전형적으로

tipico /'tipiko/ [형] (복 : -ci, -che) 전형적인, 대표적인

tipo /'tipo/ [남] ① 유형, 타입, 종류; di tutti i tipi 온갖 종류의; sul tipo di questo 이런 종류의, 이와 같은 ② (제품의) 형(型), 모델 ③ 전형, 대표물, 모범 ④ (어떤 유형의) 사람; non è il mio tipo 그는 내 타입이 아냐; è una tipa molto sicura di sé 그녀는 자신감이 넘치는 사람이다 ⑤ [인쇄] 활자 ⑥ (sul) tipo (di) ~와 같은; fare cose tipo sciare 스키 타기와 같은 활동을 하다 - [형-불변] 전형적인; 일반적인, 표준의

tipografia /tipogra'fia/ [여] ① (활판) 인쇄술 ② 인쇄소

tipografico /tipo'grafiko/ [형] (복 : -ci, -che) 인쇄(술)의

tipografo /ti'pɔgrafo/ [남] (여 : -a) 인쇄인, 인쇄 기술자

tipologia /tipolo'dʒia/ [여] 유형론; 분류학

tip tap /tip tap/ [남-불변] 탭 댄스

tir, TIR /tir/ [남-불변] 대형 수송차, 트레일러 트럭

tira e molla /tirae'mɔlla/ → tiremmolla

tiraggio /ti'raddʒo/ [남] (복 : -gi) (난로 따위의) 통풍

tiramisù /tirami'su/ [남-불변] 에스프레소 시럽에 담갔다 꺼낸 스펀지 케이크 사이에 마스카포네 치즈와 초콜릿 소스를 넣고 쌓은 디저트의 일종

tiranneggiare /tiranned'dʒare/ [타동] (~에) 학정을 펴다, 폭군으로 군림하다

tirannia /tiran'nia/ [여] 전제 정치, 학정; 포학, 횡포

tiranno /ti'ranno/ [남] (여 : -a) 폭군, 전제 군주, 압제자 - [형] 전제 군주와 같은, 압제하는

tirante /ti'rante/ [남] ① (텐트 따위의) 받침줄, 밧줄 ② [건축] 버팀대, 지주

tirapiedi /tira'pjɛdi/ [남/여-불변] (경멸적으로) 늘 따라다니며 시중드는 사람, 추종자, 측근

tirare /ti'rare/ [타동] ① 당기다, (잡아)끌다; tirare qn per la manica 누구의 소매를 잡아끌다; tirare gli orecchi a qn 누구의 귀를 잡아당기다; tirare la porta 문을 (당겨) 닫다 ② 던지다 ③ (공 따위를) 차다 ④ (탄환 따위를) 발사하다 ⑤ (줄이나 활시위 따위를) 팽팽하게 하다 ⑥ (차량·동물·사람이 다른 차량이나 짐 따위를) 끌다 ⑦ (선을) 긋다 ⑧ (물을) 긷다, 끌어오다 ⑨ 인쇄하다 ⑩ tirare dentro 끌어들이다 ⑪ tirare fuori 끌어내다, 꺼내다, 끄집어내다 ⑫ tirare giù (위로부터) 끌어내리다 ⑬ tirare indietro 뒤로 밀다 ⑭ tirare su i) 들어올리다, 집어들다 ii) (비유적으로) (가격 따위를) 올리다, 인상하다 iii) (비유적으로) (사기·기운을) 북돋우다 ⑮ tirare via i) (옷 따위를) 벗다 ii) (손 따위를) 치우다 iii) (먼지 따위를) 털다 - [자동] (조동사 : avere) ① 당기다, 끌다 ② (바람이) 불다, 통하다; tirava un forte vento 거센 바람이 불고 있었다; che aria tira? (비유적으로) 상황이 어떤가? ③ (무기를 이용해) 쏘다, 발사하다; tirare col fucile 총을 쏘다 ④ 꽉 죄다, 타이트하다 ⑤ (비유적으로) 잘되다, 성공적이다 ⑥ (~의) 경향이 있다 ⑦ tirare sul prezzo 값을 깎다, 흥정하다 ⑧ tirare avanti, tirare innanzi i) 계속되다 ii) 버티어 나가다, 그럭저럭 살아가다 - tirarsi [재귀동사] ① tirarsi addosso qc (남의 분노·비난 따위를) 사다, 초래하다 ② tirarsi dietro qn 누구를 데려오다[대동하다] ③ tirarsi indietro 뒤로 물러서다 ④ tirarsi su i) 오르다, 올라가다, 상승하다 ii) (비유적으로) 사기가 오르다, 기운이 나다 - tirare qc per le lunghe 무엇을 질질[오래] 끌다; tirare le somme 결론을 내다; una cosa tira l'altra 한 가지 일은 또다른 일로 이어진다; tirare tardi (밤)늦게까지 깨어 있다

tirata /ti'rata/ [여] ① 당기기, (잡아)끌기; dare una tirata d'orecchi a qn i) 누구의 귀를 잡아당기다 ii) (비유적으로) 누구를 꾸짖다[나무라다] ② (담배를) 빨기 ③ 한번에 쭉 계속됨, 끊김 없는 진행; l'ho letto in una tirata 난 그걸 단숨에 읽었다 ④ 긴 열변, 장광설

tirato /ti'rato/ [형] ① (줄 따위를) 팽팽하게 친 ② (얼굴·표정 따위가) 긴장된, 일그러진 ③ 인색한

tiratore /tira'tore/ [남] (여 : -trice) 사수(射手); franco tiratore 저격병

tiratura /tira'tura/ [여] (서적의) (1회) 인쇄 부수; (신문의) 발행 부수

tirchieria /tirkje'ria/ [여] 인색함

tirchio /'tirkjo/ (복 : -chi, -chie) [형] 인색한 - [남] (여 : -a) 구두쇠

tiremmolla /tirem'mɔlla/ [남-불변] 망설임, 주저, 우유부단

tiritera /tiri'tera/ [여] (구어체에서) 시시하고 장황한 이야기

tiro /'tiro/ [남] ① 당기기, (잡아)끌기 ② 던지기 ③ (총포 따위의) 발사, 사격; essere a tiro i) [군사] 사정거리 안에 있다 ii) (비유적으로) 아주 가까운 곳에 있다 ④ [스포츠] (공의) 스로, 토스, 킥; 샷 ⑤ (수레 따위를 끄는 짐승의) 한 조; tiro a quattro 4두 마차; cavallo da tiro 수레 끄는 말 ⑥ 속임수, 트릭 ⑦ (담배 따위를) 빨기 - a un tiro di schioppo 아주 가까운 곳에 - tiro con l'arco [스포츠] 궁술, 양궁; tiro alla fune 줄다리기 (시합); tiro a segno i) [스포츠] (표적) 사격 ii) 사격장

tirocinante /tirotʃi'nante/ [형] 훈련을 받는 - [남/여] 훈련 중인 사람, 견습생; 인턴, 수련의(醫)

tirocinio /tiro'tʃinjo/ [남] (복 : -ni) ① 훈련, 연습 ② 견습생의 신분; 견습 기간; fare (il proprio) tirocinio 견습생으로 근무하다, 훈련을 받다

tiroide /ti'rɔide/ [여] [해부] 갑상선

Tirolo /ti'rɔlo/ [남] 티롤 지방 (오스트리아 서부 및 이탈리아 북부의 산악 지대)

Tirreno /tir'reno/ [남] il (mar) Tirreno 티레니아 해(海) (이탈리아 서부, 코르시카·사르데냐·시칠리아의 세 섬에 둘러싸인 지중해의 한 해역)

tisana /ti'zana/ [여] 약초 향내가 나는 달인 차

tisi /'tizi/ [여-불변] [병리] (폐결핵에 의한) (체력의) 소모

tisico /'tiziko/ (복 : -ci, -che) [형] ① 폐결핵에 걸린, 소모성 질환을 앓는 ② (비유적으로) 병약한 - [남] (여 : -a) 폐결핵 환자, 소모성 질환을 앓는 사람

titanico /ti'taniko/ (복 : -ci, -che) 거대한, 굉장히 큰

titillare /titil'lare/ [타동] 간질이다, 간지럽히다

titolare /tito'lare/ [형] ① (교사·교수가) 정규직의; (교수가) 종신 재직권을 가진; (스포츠 선수가) 일류의, 국가대표급의 ② 명의[직함] 뿐인 - [남/여] ① 정교사, 정교수; 종신 재직권을 가진 교수 ②

소유자, 소유주 ③ (국가대표급) 일류 스포츠 선수

titolo /'titolo/ [남] ① (책·영화·노래 따위의) 제목; (신문 기사 따위의) 표제, 헤드라인 ② 직함, 칭호 ③ (지위 등에 의한) 자격 ④ 유가증권; 주식, 채권; titolo obbligazionario 주권(株券); titolo di proprietà (부동산 등의) 권리증서 ⑤ (금속의) 순도 - a che titolo sei venuto? 너 무슨 이유로 온 거야?; a titolo di curiosità 호기심에서

titubante /titu'bante/ [형] 망설이는, 주저하는, 머뭇거리는, 결단을 내리지 못하는

titubare /titu'bare/ [자동] (조동사 : avere) 망설이다, 주저하다, 머뭇거리다, 결단을 내리지 못하다

tivù /ti'vu/ [여-불변] (구어체에서) 텔레비전, TV

tizio /'tittsjo/ [남] (여 : -a) (복 : -zi) 어떤 사람, 누군가, 아무개; chi era quel tizio? 그 사람 누구였어?; Tizio, Caio e Sempronio 누구나, 아무나

tizzone /tit'tsone/ [남] 타고 있는 나뭇조각이나 숯덩이

to' /tɔ/ [감] ① (무언가를 내놓으며) 자, 여기 있어요; to', tieni! 자, 이거 가져가! ② (남의 주의를 끌며) 이것 좀 봐!

toast /tɔst/ [남-불변] 토스트로 만든 샌드위치

toccante /tok'kante/ [형] 감동적인

toccare /tok'kare/ [타동] ① 손대다, 만지다, 건드리다; non toccare la mia roba 내 물건에 손대지 말 것; non ha toccato cibo 그는 음식에 손도 대지 않았다 ② (비유적으로) (어떤 문제 등에 대해) 다루다 ③ (비유적으로) 감동시키다 ④ (남의 감정을) 상하게 하다 ⑤ (비유적으로) 영향을 끼치다; la vicenda ci tocca da vicino 그 일은 우리와 밀접하게 관련된다 ⑥ (~에) 닿다, 이르다, 도달하다; toccare il fondo 바닥에 닿다; toccare terra i) (배가) 뭍에 이르다 ii) (비행기가) 착륙하다 - [자동] (조동사 : essere) ① 행운이 찾아오다; mi è toccata una bella fortuna 나는 운이 아주 좋았다 ② (a와 함께 쓰여) (~에게) 달려 있다, (~의) 몫이다; non tocca a me giudicare 그건 내가 판단할 일이 아냐 ③ (a와 함께 쓰여) (~의) 차례다; a chi tocca? 누구 차례야? ④ ~해야 하다; mi tocca andare 난 가야 해 - **toccarsi** [재귀동사] ① 자기 몸에 손을 대어 보다 ② 서로 접촉하다[만나다]; gli estremi si toccano 양극단은 일치한다 - toccare un tasto delicato 아픈 데를 건드리다; toccare qc con mano 무엇을 직접 체험하다

toccasana /tokka'sana/ [남-불변] 만병통치약

tocco1 /'tokko, 'tɔkko/ [남] (복 : -chi) ① 손대기, 만지기, 접촉 ② 손길, 솜씨; questa stanza ha bisogno di un tocco femminile 이 방은 여성의 손길을 필요로 한다 ③ 조금, 소량 ④ (붓의) 일필(一筆), 터치 ⑤ (시계·종이) 침, 울림 - dare il tocco finale a ~에 끝손질[마무리작업]을 하다

tocco2 /'tokko/ [형] (복 : -chi, -che) 미친, 제정신이 아닌

tocco3 /'tokko/ [남] (복 : -chi) (고기·과일·빵 따위의) 조각, 덩어리

tofu /'tɔfu/ [남-불변] 두부

toga /'tɔga/ [여] (복 : -ghe) ① 토가 (고대 로마 시민의 긴 겉옷) ② (판사의) 법복(法服)

togliere /'tɔʎʎere/ [타동] ① 치우다, 제거하다, 떼내다; togli il quadro dal muro 벽에 걸린 그림을 떼어내라; togliere le mani di tasca 주머니에서 손을 빼다 ② (치아·가시 따위를) 빼내다, 뽑다 ③ (옷·모자·안경 따위를) 벗기다 ④ (비유적으로) (용기·힘 따위를) 빼앗다 ⑤ (마음의 짐 따위를) 덜어주다, (곤란한 상황 따위를) 면하게 하다 ⑥ (허가·특권 따위를) 빼앗다, 취소[철회]하다 ⑦ 빼다, 감(減)하다; togliere 3 da 7 7에서 3을 빼다 - **togliersi** [재귀동사] ① (옷·모자·안경 따위를) 벗다 ② (마음의 짐 따위를) 덜다, (욕구를) 해소하다 ③ 비키다, 피하다, 떠나다, 이동하다; togliersi di mezzo 길을 비키다 - togliere qn di mezzo 누구를 없애다, 죽이다

Togo /'tɔgo/ [남] 토고 (서아프리카의 국가)

toilette /twa'lɛt/ [여-불변] ① 화장실 ② 드레스 ③ 화장대, 경대 ④ fare toilette 몸치장을 하다

tollerabile /tolle'rabile/ [형] 참을 수 있는; 허용 가능한

tollerante /tolle'rante/ [형] 관대한, 아량이 있는, 마음이 넓은; 규제하지 않는, 허용하는

tolleranza /tolle'rantsa/ [여] ① 관대, 관

용, 용인; 아량, 포용 ② (a와 함께 쓰여) (약물 등에 대한) 내성(耐性)
tollerare /tolle'rare/ [타동] ① 참다, 견디다; tollerare il freddo 추위를 견디다 ② 허용하다, 용인하다, 관대하게 봐주다; non sono tollerati ritardi 지각은 용인되지 않는다 ③ (약물에) 내성(耐性)이 있다
tolto /'tɔlto/ [형] (~을) 제외하고는; tolti tre giorni, è piovuto tutto il mese 사흘간을 제외하고는 한 달 내내 비가 왔다
tomaia /to'maja/ [여] (구두의) 윗부분, 앞쪽 등가죽
tomba /'tomba/ [여] 무덤, 묘; scavare una tomba 무덤을 파다 - avere un piede nella tomba 다 죽어가고 있다; nelle strade c'era un silenzio di tomba 거리는 쥐 죽은 듯이 조용했다
tombale /tom'bale/ [형] pietra tombale 묘석, 묘비
tombino /tom'bino/ [남] 맨홀; 맨홀 뚜껑
tombola1 /'tombola/ [여] 복권의 일종
tombola2 /'tombola/ [여] (구어체에서) 넘어짐, 쓰러짐
tomo1 /'tɔmo/ [남] ① (전집류 등의) 권; opera in due tomi 두 권 짜리 작품 ② 책, 도서
tomo2 /'tɔmo/ [남] un bel tomo 괴짜, 이상한 녀석
tomografia /tomogra'fia/ [여] [의학] X선 (단층) 사진 촬영(법)
tonaca /'tɔnaka/ [여] (복 : -che) 수도사나 성직자의 의복
tonalità /tonali'ta/ [여-불변] ① [음악] 조(調); tonalità maggiore 장조; tonalità minore 단조 ② 색조(色調)
tondeggiante /tonded'dʒante/ [형] 둥그스름한
tondo /'tondo/ [형] ① 둥근, 원형의; parentesi tonde 둥근 괄호 ② (얼굴이) 통통한 ③ (수·양이) 꼭 맞는, 정확한; tre mesi tondi 정확히 3개월; fare cifra tonda 반올림하다 - [남] ① 원, 동그라미 ② 원형[고리 모양]의 물체
toner /'tɔner/ [남-불변] (복사기 따위의) 토너
tonfo /'tonfo/ [남] ① 넘어짐, 떨어짐; fare un tonfo 넘어지다 ② 쿵, 털썩 (무거운 물건이 떨어지는 소리)
tonico /'tɔniko/ (복 : -ci, -che) [형] ① [언어] (음절 등에) 강세가 있는 ② [음악] 으뜸음의 ③ (의약품이) 기력[기운]을 돋우어 주는, 강장(强壯)의 - [남] 강장제
tonificante /tonifi'kante/ [형] ① 기운을 북돋우는, 활력을 주는 ② (근육을) 강화하는, 튼튼히 하는
tonificare /tonifi'kare/ [타동] ① 기운을 북돋우다, 활력을 주다 ② (근육을) 강화하다, 튼튼히 하다
tonnara /ton'nara/ [여] 참치[다랑어] 잡는 그물
tonnato /ton'nato/ [형] salsa tonnata 참치[다랑어] 소스
tonnellaggio /tonnel'laddʒo/ [남] (복 : -gi) (선박의) 용적 톤수
tonnellata /tonnel'lata/ [여] ① 미터톤 (1000kg에 해당); (선박의 크기나 적재 용량의 단위로서의) 톤 ② (비유적으로) 다량, 대량; una tonnellata di libri 엄청나게 많은 책
tonno /'tonno/ [남] [어류] 참치, 다랑어
tono /'tɔno/ [남] ① 음, 음조 ② 어조, 말투; parlare con tono minaccioso 위협적인 어조로 말하다; abbassa il tono! 목소리 좀 낮춰! ③ [언어] 성조(聲調), 음의 높고 낮음 ④ 기질, 특색, 스타일 ⑤ [음악] 악음(樂音); 전음정(全音程); (장·단조의) 조(調); fuori tono 음정이 맞지 않는 ⑥ 색조, 농담(濃淡) - essere giù di tono 기운이 없다, 컨디션이 좋지 않다
tonsilla /ton'silla/ [여] [해부] 편도선
tonsillite /tonsil'lite/ [여] [병리] 편도선염
tonsura /ton'sura/ [여] ① 체발(剃髮), 머리를 민 부분 ② [가톨릭] 체발식(式)
tonto /'tonto/ [형] (구어체에서) 멍청한, 머리가 둔한 - [남] (여 : -a) 바보, 멍청이
top /tɔp/ [남-불변] ① (투피스 따위의) 상의 ② (구어체에서) 정상, 최고점
topaia /to'paja/ [여] ① 쥐구멍 ② 좁고 지저분한 방·집
topazio /to'pattsjo/ [남] (복 : -zi) [광물] 토파즈, 황옥(黃玉)
topicida /topi'tʃida/ [남] 쥐약
topinambur /topinam'bur/ [남-불변] [식물] 뚱딴지
topless /'tɔples/ [남-불변] 토플리스 수영복
top model /top'mɔdel/ [여-불변] 슈퍼모델, 정상급의 모델

topo /'tɔpo/ [남] [동물] 쥐; veleno per topi 쥐약 - [남/형-불변] 쥐색(의), 짙은 회색(의) - topo d'auto 차 도둑; topo di biblioteca 책벌레, 독서광; topo campagnolo 들쥐; topo domestico 집쥐

topografia /topogra'fia/ [여] 지형학, 지형도 제작술; 지형도, 지세도, 지지(地誌)

topografico /topo'grafiko/ [형] (복 : -ci, -che) 지형학의, 지지(地誌)의

toponimo /to'pɔnimo/ [남] 지명(地名)

toppa /'tɔppa/ [여] ① (깁는 데 쓰는) 헝겊 조각; mettere una toppa a qc i) (~에) 헝겊을 대다 ii) (비유적으로) (~을) 수습하다, 무마하다 ② 열쇠 구멍

torace /to'ratʃe/ [남] [해부·동물] 흉부, 흉곽(胸廓), 흉강(胸腔)

toracico /to'ratʃiko/ [형] (복 : -ci, -che) 가슴[흉부]의; gabbia[cassa] toracica 흉곽(胸廓)

torba /'torba/ [여] 토탄(土炭)

torbidezza /torbi'dettsa/ [여] (액체의) 흐림, 탁함

torbido /'torbido/ [형] ① (액체가) 흐린, 탁한 ② 혼란스러운 ③ (생각 따위가) 불순한, 음흉한; (과거 따위가) 떳떳하지 못한 - [남] ① 혼란, 불안; pescare nel torbido 혼란을 틈타 이익을 얻다 ② 불순한 것, 수상쩍은 것

torcere /'tɔrtʃere/ [타동] ① (실이나 철사 따위를) 꼬다 ② (팔이나 목 따위를) 비틀다; torcere un braccio a qn 누구의 팔을 비틀다 ③ (세탁물을) 비틀어 짜다 - torcersi [재귀동사] (고통 따위로 인해) 몸부림치다, 뒹굴다 - dare del filo da torcere a qn 누구로 하여금 일이 꼬이게 만들다, 곤란을 당하게 하다

torchiare /tor'kjare/ [타동] ① (포도·올리브 따위를) 압착하다 ② (구어체에서) (사람을) 엄하게 심문하다

torchio /'tɔrkjo/ [남] (복 : -chi) ① (포도 따위의) 압착기 ② 인쇄기 - mettere qn sotto (il) torchio 누구를 엄하게 심문하다

torcia /'tɔrtʃa/ [여] (복 : -ce) ① 햇불 ② 손전등 (또는 torcia elettrica)

torcicollo /tortʃi'kɔllo/ [남] avere il torcicollo (구어체에서) 목이 뻣뻣하다

tordo /'tordo/ [남] [조류] 개똥지빠귀 - grasso come un tordo 뚱뚱한, 살찐

torero /to'rɛro/ [남] 투우사

torinese /tori'nese/ [형] 토리노의 - [남/여] 토리노 사람

Torino /to'rino/ [여] 토리노 (이탈리아 북서부에 있는 도시)

tormenta /tor'menta/ [여] 심한 눈보라, 폭풍설(雪)

tormentare /tormen'tare/ [타동] ① 고문하다 ② (육체적·정신적으로) 몹시 괴롭히다, 고통을 안겨주다, 못살게 굴다 - tormentarsi [재귀동사] (per와 함께 쓰여) (~ 때문에) 몹시 괴로워하다, 걱정[고민]하다

tormentato /tormen'tato/ [형] 몹시 괴로운, 고통에 빠진; tormentato dal rimorso 몹시 후회[자책]하는

tormento /tor'mento/ [남] ① 고문 ② (육체적·정신적) 고통, 괴로움; 성가심, 폐, 불쾌함

tormentoso /tormen'toso/ [형] 몹시 고통을 안겨주는, 몹시 괴롭히는

tornaconto /torna'konto/ [남] 이익, 이득; pensa solo al proprio tornaconto 그는 자기 이익만 생각한다

tornado /tor'nado/ [남-불변] [기상] 토네이도

tornante /tor'nante/ [남] U자형 커브

tornare /tor'nare/ [자동] (조동사 : essere) ① (본래의 장소·상태 등으로) (되)돌아오다[가다]; tornare a casa 귀가하다; tornare da scuola 학교에서 (집으로) 돌아오다; torno subito 곧 돌아올게 ② 다시 ~하다; è tornato a dire 그는 다시 말하기 시작했다 ③ 다시 나타나다; un'occasione così non torna più 그런 기회는 다시 오지 않아 ④ (생각 따위가) 다시 떠오르다 ⑤ (su와 함께 쓰여) (마음·생각 따위를) 바꾸다 ⑥ 꼭 들어맞다; i conti tornano 셈이 꼭 맞아떨어진다 ⑦ (상태·결과가) ~하다; tornare utile 쓸모가 있다 ⑧ tornare indietro 되돌아가다; è troppo tardi per tornare indietro 되돌아가기엔 너무 늦었어 - tornare in sé 의식을 회복하다; tornare al punto di partenza 처음으로 되돌아가다, 처음부터 다시 시작하다

tornata /tor'nata/ [여] 주기적으로 돌아오는 것; tornata elettorale 선거

torneo /tor'nɛo/ [남] ① [스포츠] 토너먼트, 승자 진출전, 선수권 쟁탈전 ② (역사) (중세 기사의) 마상(馬上) 시합

tornio /'tornjo/ [남] (복 : -ni) [기계] 선

반(旋盤) - tornio da vasaio 도공용 (陶工用) 녹로

torno /'torno/ [남] togliersi qn di torno 누구를 제거하다, 해치우다; levati di torno! 저리 꺼져!

toro1 /'tɔro/ [남] ① 황소, 수소 ② (비유적으로) 황소 같이 힘센 남자 - essere forte come un toro 아주 힘이 세다; prendere il toro per le corna 용감하게 난국에 맞서다

Toro2 /'tɔro/ [남-불변] [천문] 황소자리

torpedine /tor'pɛdine/ [여] ① [어류] 전기가오리 ② [군사] 어뢰(魚雷)

torpediniera /torpedi'njɛra/ [여] [군사] 어뢰정(魚雷艇)

torpedone /torpe'done/ [남] 관광 버스

torpore /tor'pore/ [남] 무기력, 둔함

torre /'torre/ [여] ① 탑 ② [체스] 루크, 성장(城將) - torre d'avorio (비유적으로) 상아탑 (실생활과 동떨어진 사색·몽상의 세계); torre di controllo (공항의) 관제탑; torre di osservazione 감시탑, 망루

torrefazione /torrefat'tsjone/ [여] (커피 원두의) 로스팅

torreggiare /torred'dʒare/ [자동] (조동사 : avere) (su와 함께 쓰여) (~의 위에) 우뚝 솟다

torrente /tor'rɛnte/ [남] ① 급류 ② (비유적으로) (말 따위의) 연발

torrenziale /torren'tsjale/ [형] (비가) 세차게 퍼붓는, 폭우의

torretta /tor'retta/ [여] ① (주(主)건물에 부속된) 작은 탑 ② [군사] 포탑

torrido /'tɔrrido/ [형] (날씨·기후가) 몹시 더운, 타는 듯이 뜨거운; zona torrida [지리] 열대 지방

torrione /tor'rjone/ [남] (방어용의) 탑; (군함의) 사령탑

torrone /tor'rone/ [남] 누가 (설탕·아몬드 등으로 만든 캔디)

torsione /tor'sjone/ [여] 꼬기, 비틀기

torso /'torso/ [남] ① (인체의) 몸통 ② [미술] 토르소 ③ (사과 따위의) 과심(果心)

torsolo /'torsolo/ [남] (사과 따위의) 과심(果心)

torta /'torta/ [여] ① 케이크; 파이, 타르트; torta di mele 애플파이 ② (구어체에서·비유적으로) 전리품, 노획물; spartirsi la torta 전리품을 나누다

tortellini /tortel'lini/ [남·복] 소를 넣은 초승달 모양의 껍질 양끝을 비틀어 붙여 고리 모양으로 만든 파스타

tortiera /tor'tjɛra/ [여] 케이크를 굽는 데 쓰는 금속 틀

tortino /tor'tino/ [남] (고기 따위를 넣은) 파이, 패티

torto1 /'tɔrto/ [형] 꼰, 비튼

torto2 /'tɔrto/ [남] 잘못, 과실, 허물; 실수; 부정(不正); avere torto 잘못되었다; fare un torto a qn 누구에게 나쁜 짓을 하다; a torto 잘못되어, 부정하게

tortora /'tortora/ [여] [조류] 염주비둘기, 호도애 - [형-불변] 비둘기색의

tortuosità /tortuosi'ta/ [여-불변] ① (길이나 강 따위가) 구불구불함 ② (비유적으로) (이야기 따위가) 뒤얽힘, 복잡함

tortuoso /tortu'oso/ [형] ① (길이나 강 따위가) 구불구불한 ② (비유적으로) (이야기 따위가) 뒤얽힌, 복잡한

tortura /tor'tura/ [여] ① 고문; sottoporre qn alla tortura 누구를 고문하다 ② (육체적·정신적인) 심한 고통, 고뇌, 괴로움

torturare /tortu'rare/ [타동] ① 고문하다 ② (비유적으로) (질투·의심·후회 따위가 사람을[에게]) 괴롭히다, 고통을 안겨주다 - torturarsi [재귀동사] (질투·의심·후회 등으로 인해) 괴로워하다, 고통에 시달리다

torvo /'torvo/ [형] (눈빛이) 악의를 띤; (표정이) 험상궂은

tosaerba /toza'ɛrba/ [남/여-불변] 제초기

tosare /to'zare/ [타동] (동물의 털을) 깎다; (정원의 풀 따위를) 깎다; (구어체에서) (남의) 머리를 깎다

tosatura /toza'tura/ [여] 동물의 털을 깎기; 정원의 풀 따위를 깎기

Toscana /tos'kana/ [여] 토스카나 (이탈리아 중부의 지방)

toscano /tos'kano/ [형/남] (여 : -a) 토스카나 지방의 (사람)

tosse /'tosse/ [여] 기침; avere la tosse 기침을 하다 - tosse asinina [병리] 백일해

tossicità /tossitʃi'ta/ [여-불변] (유)독성

tossico /'tɔssiko/ (복 : -ci, -che) [형] 유독한, 독이 있는 - [남] (여 : -a) (속어로) 마약 중독자

tossicodipendente /tossikodipen'dɛnte/ [남/여] 마약 중독자

tossicodipendenza /tossikodipen'dɛntsa/ [여] 마약 중독

tossicomane /tossi'kɔmane/ [남/여] 마약 중독자

tossina /tos'sina/ [여] 독소(毒素)

tossire /tos'sire/ [자동] (조동사 : avere) 기침하다

tostapane /tosta'pane/ [남-불변] 토스터, 빵 굽는 기구

tostare /tos'tare/ [타동] (빵을) 굽다, 토스트로 만들다; (커피 원두나 아몬드 따위를) 볶다

tosto1 /'tɔsto/ [부] (문어체에서) 곧, 즉시; tosto che ~하자마자

tosto2 /'tɔsto/ [형] (구어체에서) 대단한, 뛰어난, 훌륭한 - che faccia tosta! 참 뻔뻔스럽군!; avere la faccia tosta di fare ~할 만큼 뻔뻔스럽다

tot /tɔt/ [형/대] (부정형용사, 부정대명사) 몇, 얼마, 어느 정도 - [남-불변] mi dà un tot al mese 그는 매달 나에게 얼마쯤을 준다

totale /to'tale/ [형] ① 전체의, 총~ ; ammontare totale 총계, 총액 ② 절대적인, 전적인, 완전한; anestesia totale 전신 마취 - [남] 합계, 총계; in totale 다 합해서, 총

totalità /totali'ta/ [여-불변] 전체, 총체; nella totalità dei casi 모든 경우에; la totalità dei presenti 그 모든 참석자들

totalitario /totali'tarjo/ [형] (복 : -ri, -rie) [정치] 전체주의의

totalizzare /totalid'dzare/ [타동] ① 합계하다, 총계하다 ② [스포츠] 득점하다

totalmente /total'mente/ [부] 전적으로, 완전히

totem /'tɔtem/ [남-불변] ① 토템 (특히 북미 인디언 등이 민족·종족의 조상과 혈연 관계가 있다고 보고 숭배하는 자연물) ② 토템상(像)

totocalcio /toto'kaltʃo/ [남] 축구 도박

toupet /tu'pɛ/ [남-불변] 남성용 가발

tour /tur/ [남-불변] 관광 여행, 유람, 투어

tournée /tur'ne/ [여-불변] 관광 여행, 유람, 투어; essere in tournée 관광 여행 중이다

tovaglia /to'vaʎʎa/ [여] 식탁보

tovagliolo /tovaʎ'ʎɔlo/ [남] (식탁용) 냅킨

tozzo1 /'tɔttso/ [형] (몸집이) 땅딸막한; (물체가) 뭉뚝한

tozzo2 /'tɔttso/ [남] un tozzo di pane 빵 한 조각 - per un tozzo di pane 헐값에, 싸구려로

tra /tra/ [전] ① [장소·위치] (둘) 사이에(서); c'è un giardino tra le due case 그 두 집 사이에 정원이 있다 ② [구별·선택] ~ 사이(중)에(서); esitare tra il sì e il no 긍정과 부정 사이에서 망설이다 ③ [수량·정도] (~의) 중간에, ~내지; avrà tra i 15 e i 20 anni 그는 나이가 15세에서 20세 사이일 것이다 ④ [관계] ~ 사이에(서); detto tra noi 우리끼리 ⑤ (여럿) 중에(서); tra i presenti c'era anche il sindaco 참석자들 중에는 시장도 있었다; scomparire tra la folla 군중 속으로 사라지다 ⑥ [시간·범위] ~ 이내에; torno tra un'ora 1시간 내로 돌아올게; tra breve 곧, 머지않아; tra venti chilometri c'è un'area di servizio 20km 이내의 지역에서 서비스 에어리어가 있다 ⑦ ~ 사이로, ~을 통하여[지나서]; il sole filtrava tra le persiane 셔터 사이로 햇빛이 새어나왔다; farsi strada tra la folla 군중 사이를 헤치고 나아가다 ⑧ tra sé (e sé) 자기 자신에게, 스스로 ⑨ tra una cosa e l'altra 이런 저런 일들로; tra l'altro 게다가, 더욱이

traballante /trabal'lante/ [형] ① (사람이) 비틀거리는, 휘청거리는; (가구 따위의 물체가) 흔들흔들하는 ② (비유적으로) (체제가) 불안정한, 무너질 듯한

traballare /trabal'lare/ [자동] (조동사 : avere) ① (사람이) 비틀거리다, 휘청거리다; (가구 따위의 물체가) 흔들흔들하다 ② (비유적으로) (체제가) 불안정하다, 무너질 듯하다

trabiccolo /tra'bikkolo/ [남] 고물 자동차

traboccare /trabok'kare/ [자동] ① (조동사 : essere) (액체가) 넘쳐 흐르다 ② (조동사 : avere) (di와 함께 쓰여) (~으로) 차고 넘치다, 가득차다; il teatro traboccava di gente 극장은 만원이었다

trabocchetto /trabok'ketto/ [남] ① (마루 등의) 뚜껑처럼 생긴 문 ② (비유적으로) 함정, 덫, 트릭; tendere un trabocchetto a qn 누구에게 함정을 파다, 덫을 놓다

tracannare /trakan'nare/ [타동] 꿀꺽꿀꺽 삼키다, 마구 들이켜다

traccia /'trattʃa/ [여] (복 : -ce) ① (지나간) 자국, 발자취; essere sulle tracce di qn 누구의 뒤를 쫓다[추적하다]; seguire le tracce di qn 누구의 발자취를 따르다 ② (발자국이나 타이어 자국 따위의) 찍힌 자국 ③ (남아 있는) 흔적, 자국; hanno fatto sparire ogni traccia della loro presenza 그들은 그들이 존재했던 흔적을 모두 지워버렸다 ④ 단서, 실마리; è sparito senza lasciare tracce 그는 흔적도 없이 사라졌다 ⑤ 아주 적은 양, 기미 ⑥ (그림 따위의) 스케치; (글 따위의) 개요

tracciare /trat'tʃare/ [타동] ① (선·윤곽을) 긋다, 그리다 ② 선 따위를 그어 표시하다 ③ 구획하다, (한계 따위를) 정하다 ④ (비유적으로) (상황 따위의) 큰 그림을 그리다, 개요를 설명하다

tracciato /trat'tʃato/ [남] ① 설계도, 배치도 ② [스포츠] (경주) 코스

trachea /tra'kɛa/ [여] [해부] 기관(氣管), 숨통

tracolla /tra'kɔlla/ [여] 멜빵 - borsa a tracolla 어깨에 메는 가방, 숄더 백

tracollo /tra'kɔllo/ [남] 붕괴, 파멸, 몰락, 무너짐; tracollo finanziario 재정 파멸

trad. → traduzione

tradimento /tradi'mento/ [남] ① 배신, 배반; a tradimento 배신[배반]하여 ② [군사·정치] 반역(죄); alto tradimento 대역(죄) ③ (배우자에 대한) 부정(不貞), 간통

tradire /tra'dire/ [타동] ① 배신[배반]하다; tradire la fiducia di qn 누구의 신뢰를 배반하다 ② (배우자에 대해) 부정(不貞)을 저지르다 ③ (비밀 따위를) 누설[폭로]하다 - tradirsi [재귀동사] 정체[본모습]를 드러내다 - se la memoria non mi tradisce 내 기억이 맞다면

traditore /tradi'tore/ [형] 배신[배반]하는, 속이는 - [남] (여 : -trice) 배신자, 배반자; 반역자

tradizionale /tradittsjo'nale/ [형] 전통[인습]적인, 전통[관습]에 따른

tradizione /tradit'tsjone/ [여] ① 전통, 관례; secondo la tradizione 전통적으로, 전통에 따라 ② 전설, 구전(口傳); 전승(傳承)

tradotto /tra'dotto/ [형] 번역된

tradurre /tra'durre/ [타동] ① (다른 언어로) 번역[통역]하다, 옮기다; tradurre dall'inglese in italiano 영어에서 이탈리아어로 번역하다; tradurre alla lettera 직역하다 ② 표현하다, 나타내다; tradurre in parole povere 쉬운 말로 표현하다; tradurre in cifre 숫자로 나타내다 ③ [법률] tradurre qn davanti al giudice 누구를 법정에 세우다; tradurre qn in carcere 누구를 투옥하다

traduttore /tradut'tore/ [남] (여 : -trice) 번역자, 통역사; traduttore simultaneo 동시통역사

traduzione /tradut'tsjone/ [여] 번역, 통역; traduzione simultanea 동시통역

traente /tra'ɛnte/ [남/여] 수표 지불인

trafelato /trafe'lato/ [형] 숨가쁜, 숨이 찬

trafficante /traffi'kante/ [남/여] 불법 거래 상인, 밀수업자

trafficare /traffi'kare/ [자동] (조동사 : avere) ① (마약 따위를) 불법 거래하다 ② (구어체에서) (con과 함께 쓰여) (장치 따위를) 만지작거리다, 조작하다

trafficato /traffi'kato/ [형] (일정 장소가) 교통이 번잡한, 차량 왕래가 많은

traffico /'traffiko/ [남] (복 : -ci) ① 교통, 차량 왕래; regolare il traffico 교통 정리를 하다; traffico aereo 항공 교통 ② 불법 거래; traffico di droga 마약 밀매

trafiggere /tra'fiddʒere/ [타동] 관통하다, 꿰찌르다

trafila /tra'fila/ [여] 절차; seguire la solita trafila 통상적인 절차를 따르다

trafiletto /trafi'letto/ [남] (신문의) 짧은 기사

traforare /trafo'rare/ [타동] 관통하다, 꿰찌르다; (~에) 구멍을 내다, 터널 따위를 파다

traforo /tra'foro/ [남] ① 관통, 꿰찌르기; 구멍을 내기 ② 터널

trafugamento /trafuga'mento/ [남] 도둑질, 절도

trafugare /trafu'gare/ [타동] 훔치다, 도둑질하다

tragedia /tra'dʒɛdja/ [여] ① [연극·문학] 비극 ② (비유적으로) 비극적인 일, 참사, 재난

traghettare /traget'tare/ [타동] ① (사람이나 물건을) 배로 나르다 ② (강 따위를) 배로 건너다

traghetto /tra'getto/ [남] 페리, 연락선; 페리[연락선]의 운행

tragicamente /tradʒika'mente/ [부] 비극적으로

tragico /ˈtradʒiko/ (복 : -ci, -che) [형] ① 비극의; attore tragico, attrice tragica 비극 배우 ② 비극적인, 비참한 - [남] (여 : -a) 비극 작가 - [남] 비극적인 상황

tragitto /traˈdʒitto/ [남] ① 여행, 이동, 차 따위를 타고 감 ② (한 지점에서 다른 지점까지 뻗어 있는) 길

traguardo /traˈgwardo/ [남] ① [스포츠] 결승점; tagliare il traguardo 결승점에 들어서다, 결승선을 통과하다 ② (비유적으로) 목표

traiettoria /trajetˈtɔrja/ [여] ① (발사체의) 탄도(彈道) ② (행성·위성 따위의) 궤도

trainare /traiˈnare/ [타동] (차량 따위를) 끌다, 견인하다; farsi trainare 끌려가다, 맹목적으로 따르게 되다

training /ˈtreiniŋ/ [남-불변] 훈련, 트레이닝

traino /ˈtraino/ [남] ① (차량을[의]) 끌기, 견인 ② (트레일러에 의해) 끌려가는 짐[하물] ③ (비유적으로) fare da traino 이끌다, 주도하다, 원동력이 되다

tralasciare /tralaʃˈʃare/ [타동] ① 빠뜨리다, 생략하다 ② 중지하다

tralcio /ˈtraltʃo/ [남] (복 : -ci) 덩굴 식물의 어린 가지

traliccio /traˈlittʃo/ [남] (복 : -ci) ① (받침대로 쓰이는) 격자(格子) ② (고압선용) 철탑

tralucere /traˈlutʃere/ [자동] 빛나다

tram /tram/ [남-불변] 시가 전차

trama /ˈtrama/ [여] ① (직물의) 짜임새 ② (작품의) 줄거리, 플롯 ③ 음모, 책략; ordire una trama contro qn 누구에 대해 음모를 꾸미다

tramandare /tramanˈdare/ [타동] ① (전통·지식·문화 따위를) 후세에 전하다, 물려주다 ② (작가가 작품을) 남기다

tramare /traˈmare/ [타동] ① (피륙을) 짜다, 뜨다, 엮다 ② (비유적으로) (음모를) 꾸미다

trambusto /tramˈbusto/ [남] 소동, 법석, 혼란

tramestio /tramesˈtio/ [남] (복 : -ii) (혼란스럽게) 붐빔, 북적임, 뒤섞여 있음

tramezzino /tramedˈdzino/ [남] 샌드위치

tramezzo /traˈmɛddzo/ [남] [건축] 칸막이벽

tramite /ˈtramite/ [전] ~을 통해; l'ho saputo tramite lui 난 그걸 그 사람을 통해 알게 됐어 - [남] 매개, 중개; per il tramite di ~을 통해; fare da tramite in[fra] 중개하다

tramontana /tramonˈtana/ [여] 북풍(北風) - perdere la tramontana 방향을 잃다, 어찌할 바를 모르게 되다

tramontare /tramonˈtare/ [자동] (조동사 : essere) ① (해·달이) 지다 ② (비유적으로) (미모·영광 따위가) 쇠퇴하다, 시들다

tramonto /traˈmonto/ [남] ① 일몰, 월몰 ② (비유적으로) 쇠퇴, 끝, 종말

tramortire /tramorˈtire/ [타동] 때려서 기절시키다 - [자동] (조동사 : essere) 기절하다, 의식을 잃고 쓰러지다

trampolino /trampoˈlino/ [남] ① [스포츠] (수영장의) 스프링보드, 다이빙대; 스키 점프대 ② (비유적으로) (도약을 위한) 발판; servire da trampolino 디딤돌 역할을 하다

trampolo /ˈtrampolo/ [남] 대말, 죽마(竹馬)

tramutare /tramuˈtare/ [타동] (in과 함께 쓰여) (~으로) 바꾸다, 변형시키다 - tramutarsi [재귀동사] (in과 함께 쓰여) (~으로) 바뀌다, 변형되다

trance /trans/ [여-불변] ① 혼수[최면] 상태; cadere in trance 혼수 상태에 빠지다 ② (구어체에서) 황홀, 무아경

tranche /tranʃ/ [여-불변] ① 박편, 일부분 ② [금융] 트랑슈 (발행 채권 중 외국에서 구매되는 부분)

trancia /ˈtrantʃa/ [여] (복 : -ce) ① [기계] 절단기 ② (음식의) 얇은 조각, 슬라이스

tranciare /tranˈtʃare/ [타동] ① (기계로) 절단하다 ② (식재료를) 조각으로 썰다

tranello /traˈnɛllo/ [남] 덫, 올가미, 함정; tendere un tranello a qn 누구를 빠뜨릴 함정을 마련하다; cadere in un tranello 함정에 빠지다, 덫에 걸리다

trangugiare /tranguˈdʒare/ [타동] 게걸스럽게 먹다, 꿀꺽꿀꺽 삼키다

tranne /ˈtranne/ [전] ① ~을 제외하고, ~외에(는); c'erano tutti tranne lui 그를 제외하고는 모두 있었다 ② tranne che ~라는 것을 빼고는, ~라는 것 이외에(는)

tranquillamente /trankwillaˈmente/ [부] 조용히, 평온하게; 차분하게

tranquillante /trankwilˈlante/ [남] 진정제, 안정제

tranquillità /trankwilli'ta/ [여-불변] 조용함, 평온함; 차분함; 마음의 안정; per mia tranquillità 내가 안심이 되도록
tranquillizzare /trankwillid'dzare/ [타동] 진정시키다, (마음을) 가라앉히다 - tranquillizzarsi [재귀동사] 진정되다, 차분해지다, 안심하게 되다
tranquillo /tran'kwillo/ [형] ① 조용한, 고요한, 평온한; il mare è tranquillo 바다는 잔잔하다; dormire sonni tranquilli 평화롭게 잠자다 ② (마음이) 차분한, 편안한
transalpino /transal'pino/ [형] 알프스 산맥 너머의
transatlantico /transat'lantiko/ (복 : -ci, -che) [형] 대서양 횡단의 - [남] 대서양을 횡단해 운행하는 선박
transazione /transat'tsjone/ [여] ① 타협, 해결, 확정 ② 상거래
transenna /tran'senna/ [여] 군중을 막기 위해 세운 방책
transennare /transen'nare/ [타동] (도로 따위를) 막다, 차단하다
transessuale /transessu'ale/ [남/여] 성도착자; 성전환자
transfert /'transfert/ [남-불변] [정신의학] 전이(轉移)
transigere /tran'sidʒere/ [자동] (조동사 : avere) 타협하다, 합의를 보다; è uno che non transige 그는 타협하려 들지 않는다, 완고하다
transistor /tran'sistor/ [남-불변] [전자] 트랜지스터; radio a transistor 트랜지스터 라디오
transitabile /transi'tabile/ [형] (길 따위가) 지나갈 수 있는, 통행 가능한
transitabilità /transitabili'ta/ [여-불변] (길 따위의) 통행 가능성
transitare /transi'tare/ [자동] (조동사 : essere) 지나가다, 통과하다
transitivo /transi'tivo/ [형] [문법] 타동(사)의 - [남] [문법] 타동사
transito /'transito/ [남] ① 통과, 통행; "divieto di transito" "통행 금지" ② (상품의) 운송, 운반
transitorio /transi'tɔrjo/ [형] (복 : -ri, -rie) 일시적인, 잠깐 동안의, 덧없는; 임시의
transizione /transit'tsjone/ [여] 변천, 이행, 변화; periodo di transizione 과도기, 변환기
trantran, tran tran /tran'tran/ [남-불변] (구어체에서) 일상, 판에 박힌 일
tranvia /tran'via/ [여] 시가 전차의 궤도 [선로]
tranviere /tran'vjɛre/ [남] 시가 전차의 운전 기사
trapanare /trapa'nare/ [타동] (벽 따위에 드릴로) 구멍을 뚫다
trapano /'trapano/ [남] 드릴, 구멍 뚫는 기계
trapassare /trapas'sare/ [타동] 꿰뚫다, 관통하다 - [자동] (조동사 : essere) (문어체에서) 죽다, 사망하다
trapassato /trapas'sato/ [남] (여 : -a) 고인, 죽은 사람 - trapassato prossimo [문법] 과거완료
trapasso /tra'passo/ [남] ① 통과, 변천, 이행 ② [법률] (권리 등의) 이전(移轉)
trapelare /trape'lare/ [자동] (조동사 : essere) ① (빛·소리·물 따위가) 새어들다 (나오다) ② (비유적으로) (비밀 따위가) 새다
trapezio /tra'pɛttsjo/ [남] (복 : -zi) ① [기하] 사다리꼴 ② (체조용) 공중그네 ③ [해부] 승모근(僧帽筋), 등세모근
trapezista /trapet'tsista/ [남/여] (남·복 : -i, 여·복 : -e) 공중그네 곡예사
trapiantare /trapjan'tare/ [타동] ① (식물을) 옮겨 심다 ② [외과] (기관·조직 등을) 이식(移植)하다 - trapiantarsi [재귀동사] (다른 곳으로) 이주하다
trapianto /tra'pjanto/ [남] ① [외과] (기관·조직 등의) 이식(移植) ② (식물의) 옮겨심기
trappola /'trappola/ [여] ① (기구로서의) 덫, 올가미; prendere in trappola 덫으로 잡다; cadere in trappola 덫에 걸리다 ② (사람을 속이는) 덫, 함정 ③ 고물 자동차
trapunta /tra'punta/ [여] 깃털 이불
trarre /'trarre/ [타동] ① 끌다, 끌어당기다, 끌어내다; lo trasse a sé 그녀는 그를 자기 쪽으로 끌어당겼다; trarre qn d'impaccio 누구를 난처한 입장에서 벗어나게 하다; trarre in salvo (비유적으로) 구조하다; trarre in inganno (비유적으로) 속이다 ② (잡아)빼다, 뽑다 ③ 얻다, 이끌어내다; trarre guadagno 수익을 올리다; trarre le conclusioni 결론을 내다 ④ trarre origine da qc ~에서 기원[유래]하다 - trarsi [재귀동사] (da와 함께 쓰여) (~에서) 빠져나오다, (~을) 벗어나다

trasalire /trasa'lire/ [자동] (조동사 : avere, essere) (per와 함께 쓰여) (두려움·놀라움 등으로 인해) 움찔하다

trasandato /trazan'dato/ [형] (외관이나 옷차림 따위가) 헙수룩한, 단정하지 못한

trasbordare /trazbor'dare/ [타동] (승객이나 화물을) 다른 배나 비행기 따위에 옮겨 태우다[싣다] - [자동] (조동사 : avere) 배·비행기·기차 따위를 갈아타다

trasbordo /traz'bordo/ [남] (화물을) 다른 배 따위에 옮겨 싣기; (사람이) 교통수단을 갈아타기

trascendentale /traʃʃenden'tale/ [형] ① [철학] 초월적인, 선험적인, 직관적인 ② 예외적인, 특별한

trascendere /traʃʃendere/ [타동] 초월하다, 능가하다 - [자동] (조동사 : avere, essere) 지나치다, 너무하다

trascinare /traʃʃi'nare/ [타동] ① 끌어당기다; 질질 끌다; 쓸어가다; trascinare qn giù dal letto 누구를 침대에서 끌어내리다; trascinare i piedi 발을 질질 끌다 ② (사람을) 억지로 끌고 가다 ③ 열광시키다, 마음을 사로잡다 - trascinarsi [재귀동사] ① 발을 질질 끌며 가다, 기어가다 ② 지루하게 계속되다, 질질 끌다

trascorrere /tras'korrere/ [타동] (시간을) 보내다; trascorrere una notte tranquilla 평온한 밤을 보내다 - [자동] (조동사 : essere) ① (시간이) 지나다, 경과하다; sono trascorsi sei giorni da allora 그때 이후로 6일이 지났다 ② 지나치다, 너무하다

trascorso /tras'korso/ [형] (시간이) 지난, 경과한 - trascorsi [남·복] 과거의 실수·과오

trascrivere /tras'krivere/ [타동] ① (다른 글을) 베끼다 ② 글로 써 두다, 기록하다 ③ (다른 문자·언어로) 바꾸어 쓰다

trascrizione /traskrit'tsjone/ [여] ① 필사(筆寫), 모사(模寫) ② 글로 써 두기, 기록 ③ 전사(轉寫), 다른 언어나 문자로 바꿔 쓰기

trascurabile /trasku'rabile/ [형] 별로 중요하지 않은, 무시해도 될 만한

trascurare /trasku'rare/ [타동] ① (의무·일 따위를) 게을리[소홀히] 하다, 등한시하다 ② 무시하다, 대수롭지 않게 여기다; 간과하다, 빠뜨리다

trascuratezza /traskura'tettsa/ [여] 태만, 부주의, 소홀, 등한시

trascurato /trasku'rato/ [형] ① (의무·일 따위를) 게을리[소홀히] 한, 등한시한 ② (외관이나 옷차림 따위가) 헙수룩한, 단정하지 못한 ③ 무시된, 대수롭지 않게 여겨진

trasecolare /traseko'lare/ [자동] (조동사 : essere, avere) 깜짝 놀라다

trasferibile /trasfe'ribile/ [형] 이동 가능한; 양도 가능한

trasferimento /trasferi'mento/ [남] ① (직원 등의) 이전(移轉), 이동, 전임 ② [상업] 대체(對替) ③ [법률] (재산·권리의) 이전, 양도; (권력 따위의) 이양

trasferire /trasfe'rire/ [타동] ① 이전(移轉)[이동]시키다, 자리를 옮기게 하다 ② [법률] (a와 함께 쓰여) (~에게) (재산·권리를) 이전[양도]하다; (권력 따위를) 이양하다 - trasferirsi [재귀동사] 이동하다, 자리를 옮기다

trasferta /tras'ferta/ [여] ① (직위 따위의) 임시 이동; 파견 근무, 출장; indennità di trasferta 출장비 ② [스포츠] 원정 경기

trasfigurare /trasfigu'rare/ [타동] (외관을) 변모시키다 - trasfigurarsi [재귀동사] (외관이) 변모하다

trasformare /trasfor'mare/ [타동] (in과 함께 쓰여) (~으로) 변형시키다, 바꾸다; 개조하다 - trasformarsi [재귀동사] (in과 함께 쓰여) (~으로) 변형되다, 바뀌다

trasformatore /trasforma'tore/ [남] [전기] 변압기, 트랜스

trasformazione /trasformat'tsjone/ [여] 변형, 변모, 변환

trasfusione /trasfu'zjone/ [여] [의학] 수혈

trasgredire /trazgre'dire/ [타동] (법률·규칙·협정 따위를) 위반하다, 어기다, 깨다 - [자동] (조동사 : avere) (a와 함께 쓰여) (법률·규칙·협정 따위를) 위반하다, 어기다, 깨다

trasgressione /trazgres'sjone/ [여] (법률·규칙·협정 따위의) 위반

trasgressivo /trazgres'sivo/ [형] (법률·규칙·협정 따위를) 위반하는, 어기는, 깨는

trasgressore /trazgres'sore/ [남] (여 : trasgreditrice) (법률·규칙·협정 따위의) 위반자

traslato /traz'lato/ [형] 비유적인, 은유

(隱喻)의 - [남] [수사학] 은유

traslocare /trazlo'kare/ [타동] 움직이다, 이동시키다, 옮기다 - [자동] (조동사 : avere) 이사[이전]하다, 집[거처]을 옮기다

trasloco /traz'lɔko/ [남] (복 : -chi) (집 · 회사 등의) 이사, 이전, 이동

trasmettere /traz'mettere/ [타동] ① (정보 · 소식 등을) 전달하다; (인사말을) 전하다 ② (사상 · 감정 등을) 전하다, 표명하다 ③ (전파로 신호를) 보내다, (TV · 라디오로) 방송하다 ④ (문화 · 지식 · 전통을) 후세에 전하다, 물려주다 ⑤ (권력을) 이양하다; (권리를) 양도하다 ⑥ (병 따위를) 옮기다, 전염시키다 ⑦ [물리] (열 · 소리 등을) 전달하다 - trasmettersi [재귀동사] ① (병 따위가) 전염되다 ② (문화 · 지식 · 전통이) 전해 내려오다 ③ (정보 · 소식 등을) 서로 전달하다

trasmettitore /trazmetti'tore/ [형] 전달[전송]하는 - [남] (여 : -trice) 전달하는 사람 - [남] 송신기

trasmissione /trazmis'sjone/ [여] ① (정보 · 소식 등의) 전달 ② [기계] 전동(傳動), 구동(驅動); albero di trasmissione 구동축 ③ (TV · 라디오를 통한) 방송 ④ (재산 따위의) 이전, 양도 ⑤ (질병의) 전염 ⑥ [물리] (열 따위의) 전도 - trasmissione dati [컴퓨터] 데이터 전송

trasmittente /trazmit'tɛnte/ [형] 전달[전송]하는 - [여] 송신기; 송신소, 방송국

trasognato /trasoɲ'ɲato/ [형] (눈빛 · 표정 따위가) 꿈꾸는 듯한

trasparente /traspa'rɛnte/ [형] ① 투명한, 맑은, 비쳐 보이는 ② 솔직한, 정직한; 명쾌한 - [남] ① 투명성 ② 투명한 것

trasparenza /traspa'rɛntsa/ [여] ① 투명함, 투명성; 맑음, 비쳐 보임; guardare qc in trasparenza 무엇을 빛에 비쳐 보다 ② (비유적으로) 솔직, 정직; 명쾌

trasparire /traspa'rire/ [자동] (조동사 : essere) (빛이) 통과[투과]하다; (형태가) 비쳐 보이다

traspirare /traspi'rare/ [자동] (조동사 : essere) 땀을 흘리다 - [타동] (피부가 땀을) 발산하다

traspirazione /traspirat'tsjone/ [여] 땀을 흘림, 발한(發汗)

trasporre /tras'porre/ [타동] (위치 · 순서를) 바꾸어 놓다

trasportare /traspor'tare/ [타동] ① 나르다, 운반하다, 옮기다; (차량으로) 운송[수송]하다; lo hanno trasportato d'urgenza in ospedale 그들은 그를 급히 병원으로 옮겼다 ② 이사[이전]하다 ③ (비유적으로) 넋을 잃게 하다, 흥분시키다; lasciarsi trasportare 넋을 잃다, 흥분하다 ④ (디자인 따위를) 베끼다

trasportatore /trasporta'tore/ [남] (여 : -trice) 운반인; 운송업자 - [남] 컨베이어, 운반 장치 - [형] 나르는, 운반[운송]하는

trasporto /tras'pɔrto/ [남] ① (승객 · 화물의) 수송, 운송; mezzi di trasporto 운송[교통] 수단; trasporti pubblici 공공 교통 수단; trasporto aereo 항공 운수, 공수(空輸) ② (비유적으로) 감정의 동요, 열광, 환희; con trasporto 격정에 사로잡혀

trastullare /trastul'lare/ [타동] (아이들을) 즐겁게 해주다 - trastullarsi [재귀동사] ① (아이들이) 놀다 ② 빈둥거리다

trasudare /trasu'dare/ [타동] (액체를) 새어나오게 하다 - [자동] (조동사 : essere) (액체가) 새어나오다

trasversale /trazver'sale/ [형] 가로의; 가로지르는, 횡단의; sezione trasversale 횡단면; via trasversale 옆길, 곁길; in senso trasversale 가로로

trasvolare /trazvo'lare/ [타동] (대양 등을) 횡단 비행하다

trasvolata /trazvo'lata/ [여] 횡단 비행; trasvolata dell'Atlantico 대서양 횡단 비행

tratta /'tratta/ [여] ① (부정한) 거래, 매매; tratta degli schiavi 노예 매매 ② 환어음

trattamento /tratta'mento/ [남] ① 대우, 대접, 처우; 접대, 서비스; trattamento di riguardo 특별 대우; ricevere un buon trattamento (고객이) 훌륭한 서비스를 받다 ② (공업상의) 처리, 공정 ③ (의사의) 치료(법) ④ (데이터 · 문서 따위의) 취급 ⑤ 보수, 급료 - trattamento di bellezza 미용술; trattamento testi [컴퓨터] 워드프로세싱

trattare /trat'tare/ [타동] ① (사람을) 대우하다; (사물을) 다루다, 취급하다; trattare bene 친절하게 대하다 ② (어

떤 문제나 주제를) 다루다 ③ (가게 등에서 상품을) 취급하다 ④ 거래하다, 교섭[협상]하다 ⑤ (병을) 치료하다 ⑥ (머리나 피부를 미용 목적으로) 관리하다 ⑦ (화학 물질 따위를) 처리하다 - [자동] (조동사 : avere) ① (con과 함께 쓰여) (누구와) 관계[교제]하다 ② (di와 함께 쓰여) (어떤 문제나 주제에 대해) 다루다 ③ (con과 함께 쓰여) (~와) 교섭[협상]하다 - [비인칭] (조동사 : essere) di che si tratta? 무엇에 관한 것인가?; si tratta di vita o di morte 생사가 달린 문제다 - trattarsi [재귀동사] trattarsi bene 자기 관리를 잘하다

trattativa /tratta'tiva/ [여] 교섭, 협상, 거래; essere in trattativa con qn 누구와 교섭 중이다

trattato /trat'tato/ [남] ① (학술) 논문, 전문 서적 ② 조약, 협정; firmare un trattato 조약에 서명하다; trattato commerciale 무역 협정

tratteggiare /tratted'dʒare/ [타동] ① 점선을 그리다, 점선으로 나타내다 ② (풍경 따위를) 스케치하다 ③ (비유적으로) 개략적으로 묘사하다[서술하다

tratteggiato /tratted'dʒato/ [형] linea tratteggiata 점선

trattenere /tratte'nere/ [타동] ① 붙들어 두다, 머무르게 하다; mi hanno trattenuto a pranzo 그들은 나에게 점심을 먹고 가라고 했다 ② (하던 행동을) 멈추게 하다, 제지하다; trattenere qn dal fare qc 누구로 하여금 무엇을 못하게 하다 ③ (눈물·웃음·하품·재채기 따위를) 참다, 억제하다 ④ (지불을) 보류하다; (일정 금액을) 공제하다 - trattenersi [재귀동사] ① (이동하지 않고) 머무르다; mi sono trattenuto in ufficio 나는 사무실에 머물렀다 ② (하던 행동을) 멈추다; 참다, 자제하다; trattenersi dal fare qc 무엇을 하지 않다, 삼가다

trattenimento /tratteni'mento/ [남] 파티, 환영회

trattenuta /tratte'nuta/ [여] (금액의) 공제

trattino /trat'tino/ [남] 대시 (—); 하이픈 (-)

tratto1 /'tratto/ [남] ① (붓의) 일필(一筆); 선, 라인; disegnare a grandi tratti 밑그림을 그리다; descrivere qc a grandi tratti (비유적으로) 무엇을 개략적으로 설명하다 ② 특성, 특색, 특징 ③ (길이나 강 따위의) 뻗어 있는 구간[범위]; dobbiamo fare ancora un bel tratto a piedi 우리는 아직 먼 거리를 걸어야 한다 ④ 기간, 동안; per un lungo tratto 오랫동안; a tratti 때때로; ad un tratto 갑자기 - tratti [남·복] 얼굴 생김새, 용모

tratto2 /'tratto/ [형] (da와 함께 쓰여) (~에) 기반을 둔, (~을) 바탕으로 한

trattore /trat'tore/ [남] [기계] 트랙터

trattoria /tratto'ria/ [여] (싸고 대중적인) 이탈리아 레스토랑

trauma /'trauma/ [남] ① [의학] 외상(外傷) ② [정신의학] 정신적 외상[충격], 트라우마

traumatico /trau'matiko/ [형] (복 : -ci, -che) 외상성(外傷性)의; 정신적 충격이 큰

traumatizzante /traumatid'dzante/ [형] 외상성(外傷性)의; 정신적 충격이 큰

traumatizzare /traumatid'dzare/ [타동] ① (신체에) 외상(外傷)을 입히다 ② (정신적으로) 큰 충격을 주다

travagliare /travaʎ'ʎare/ [타동] 괴롭히다, 고통을 안겨 주다

travagliato /travaʎ'ʎato/ [형] 괴로운, 힘든; ha avuto un'esistenza travagliata 그는 힘든 인생을 살아왔다

travaglio /tra'vaʎʎo/ [남] (복 : -gli) ① (육체적·정신적) 고통, 고뇌 ② 출산, 분만

travasare /trava'zare/ [타동] (액체를) 따르다, 붓다; (포도주를) 디캔팅하다

trave /'trave/ [여] [건축] 들보, 도리

traveggole /tra'veggole/ [여·복] avere le traveggole 잘못 보다, 헛것을 보다

traversa /tra'versa/ [여] ① [건축] 들보, 가로대 ② [철도] 침목 ③ [축구] 크로스바 ④ 옆길, 곁길

traversare /traver'sare/ [타동] → attraversare

traversata /traver'sata/ [여] 건너기, 가로지르기, 횡단

traversia /traver'sia/ [여] 역경, 시련, 고난

traversina /traver'sina/ [여] [철도] 침목

traverso /tra'verso/ [형] 가로의, 가로지르는, 횡단의; flauto traverso 플루트, 가로로 부는 피리 - [남] ① 폭, 너비 ② di[per] traverso 가로로, 옆으로, 비스듬히; camminare di traverso 옆

으로 걷다; guardare qn di traverso 곁눈으로 보다, 흘겨 보다 – per vie traverse 불법적으로

travestimento /travesti'mento/ [남] ① 가장(假裝), 분장 ② 가장 의상

travestire /traves'tire/ [타동] (da와 함께 쓰여) (~으로) 가장[분장]시키다 – travestirsi [재귀동사] (da와 함께 쓰여) (~으로) 가장[분장]하다; travestirsi da donna 여장(女裝)을 하다

travestito /traves'tito/ [형] (da와 함께 쓰여) (~으로) 가장[분장]한, 꾸며 입은 – [남] 복장 도착자(倒錯者)

traviare /travi'are/ [타동] 잘못된 길로 이끌다, 타락시키다 – traviarsi [재귀동사] 정도(正道)에서 벗어나다, 잘못된 길로 가다

travisare /travi'zare/ [타동] (의견·사실 따위를) 왜곡하다, 곡해하다

travolgente /travol'dʒente/ [형] 압도적인, 굉장한, 극도의

travolgere /tra'voldʒere/ [타동] ① 쓸어버리다, 파괴하다 ② (차가 사람을) 치다 ③ 압도하다, 제압하다; si è lasciato travolgere dalla passione 그는 열정에 사로잡혔다

trazione /trat'tsjone/ [여] ① 끄는 힘, 견인력 ② (자동차의) 구동(驅動); trazione anteriore 전륜 구동

tre /tre/ [형-불변] 셋(3)의 – [남-불변] ① 셋 (3) ② (한 달 중의) 제3일 – [여·복] (오전 또는 오후) 3시

trebbia /'trebbja/ [여] 탈곡기; 탈곡, 타작

trebbiare /treb'bjare/ [타동] (곡식을) 탈곡[타작]하다

trebbiatrice /trebbja'tritʃe/ [여] 탈곡기

treccia /'trettʃa/ [여] (복 : -ce) 땋은 머리; 끈이나 실의 꼰 것

trecentesco /tretʃen'tesko/ [형] (복 : -schi, -sche) 14세기의

trecento /tre'tʃento/ [남/형-불변] 300(의)

Trecento /tre'tʃento/ [남] 14세기

tredicenne /tredi'tʃenne/ [형/남/여] 13세의 (소년, 소녀)

tredicesima /tredi'tʃezima/ [여] 크리스마스 상여금

tredicesimo /tredi'tʃezimo/ [형] 제13의, 13번째의 – [남] (여 : -a) ① 13번째의 것[사람] ② 13분의 1

tredici /'treditʃi/ [형-불변] 13의 – [남-불변] ① 13 ② (한 달 중의) 제13일 – [여·복] 오후 1시

tregua /'tregwa/ [여] ① [군사] 휴전, 정전(停戰) ② (비유적으로) 중지, 휴지(休止), 휴식; senza tregua 끊임없이, 계속

trekking /'trekking/ [남-불변] [등산] 트레킹

tremante /tre'mante/ [형] (몸을) 덜덜 떠는; (목소리 등이) 떨리는

tremare /tre'mare/ [자동] (조동사 : avere) ① (추위·공포 등으로 인해) (몸을) 덜덜 떨다 ② (목소리 등이) 떨리다 ③ (땅이나 건물이) 흔들리다, 진동하다

tremarella /trema'rɛlla/ [여] (추위·공포 등으로 인해) 덜덜 떪; mi ha fatto venire la tremarella 그것이 나를 떨게 했다

tremendamente /tremenda'mente/ [부] 대단히, 엄청나게, 몹시, 지독하게

tremendo /tre'mɛndo/ [형] 심한, 지독한, 대단한; avere una fame tremenda 몹시 배가 고프다

trementina /tremen'tina/ [여] 테레빈 (소나뭇과 식물의 함유 수지(含油樹脂))

tremila /tre'mila/ [남/형-불변] 3천(의)

tremito /'tremito/ [남] 떨림, 전율

tremolante /tremo'lante/ [형] ① (손·목소리 따위가) 떨리는 ② (영상이나 불꽃 따위가) 깜박거리는

tremolare /tremo'lare/ [자동] (조동사 : avere) ① (손·목소리 따위가) 떨리다 ② (영상이나 불꽃 따위가) 깜박거리다

tremolio /tremo'lio/ [남] (복 : -ii) ① (손·목소리 따위의) 떨림 ② (영상이나 불꽃 따위의) 깜박거림

tremolo /'tremolo/ [남] [음악] 트레몰로

tremore /tre'more/ [남] 떨림, 전율

trend /trend/ [남-불변] 경향, 동향, 추세, 트렌드

trenino /tre'nino/ [남] 기차 모형; 장난감 기차

treno /'treno/ [남] ① 기차, 열차; prendere il treno 기차를 잡아타다; andare[viaggiare] in treno 기차로 가다[여행하다] ② (비슷비슷한 여러 요소가 함께 작동하는) 세트, 시리즈 – treno espresso 급행 열차; treno merci 화물 열차; treno viaggiatori 여객 열차

trenta /'trenta/ [형-불변] 30의 – [남-불변] ① 30, 서른 ② (한 달 중의) 제30

일

trentenne /tren'tɛnne/ [형/남/여] 30세의 (사람)

trentennio /tren'tennjo/ [남] (복 : -ni) 30년간

trentesimo /tren'tɛzimo/ [형] 제30의, 30번째의 - [남] (여 : -a) ① 30번째의 것[사람] ② 30분의 1

trentina /tren'tina/ [여] 약 30 정도 되는 수

trepidante /trepi'dante/ [형] 걱정이 되는, 불안한

trepidare /trepi'dare/ [자동] (조동사 : avere) (per와 함께 쓰여) (~ 때문에) 걱정이 되다, 불안하다

trepido /'trɛpido/ [형] 걱정[염려]하는, 불안한

treppiede /trep'pjɛde/ [남] → treppiedi

treppiedi /trep'pjɛdi/ [남-불변] 삼발이, 삼각대

tresca /'treska/ [여] (복 : -sche) ① 음모, 술책 ② 정사(情事)

trespolo /'trɛspolo/ [남] ① 가대(架臺), 밑에 받치는 구조물 ② (새의) 횃대

triade /'triade/ [여] ① 3인조, 세 개 한 벌 ② [음악] 3화음

triangolare /triango'lare/ [형] ① 삼각(형)의 ② 삼자간의, 삼국간의

triangolo /tri'angolo/ [남] ① 삼각형; triangolo rettangolo 직각삼각형 ② 삼각형 모양의 물건 ③ [음악] 트라이앵글 ④ (남녀의) 삼각관계

tribolare /tribo'lare/ [자동] (조동사 : avere) ① 고통을 겪다 ② (어떤 일을 하는 데 있어) 힘이 들다, 고생하다

tribolazione /tribolat'tsjone/ [여] 고통을 겪음, 고난, 고생

tribù /tri'bu/ [여-불변] 부족, 종족

tribuna /tri'buna/ [여] ① (경기장 등의) 관람석 ② 연단(演壇)

tribunale /tribu'nale/ [남] 법정; 법원; chiamare in tribunale 재판에 걸다; comparire in tribunale 법정에 출두하다; tribunale militare 군사 재판소

tributare /tribu'tare/ [타동] (경의·존경 등을) 표하다; tributare onori a qn 누구에게 경의를 표하다

tributario /tribu'tarjo/ [형] (복 : -ri, -rie) ① 공물[조공]을 바치는 ② 세금의 ③ fiume tributario (강의) 지류(支流)

tributo /tri'buto/ [남] ① 공물, 조공 ② 세금

tricheco /tri'kɛko/ [남] (복 : -chi) [동물] 바다코끼리

triciclo /tri'tʃiklo/ [남] 세발자전거

tricolore /triko'lore/ [형] 3색의; 3색기(旗)의 - [남] 3색기; il tricolore 이탈리아 국기

tridente /tri'dɛnte/ [남] ① (신화 속의) 삼지창(三枝槍) ② 건초용 쇠스랑

tridimensionale /tridimensjo'nale/ [형] 3차원의

triennale /trien'nale/ [형] ① 3년간의, 3년에 걸친 ② 3년마다의, 3년에 한 번 있는

triennio /tri'ennjo/ [남] (복 : -ni) 3년간, 3년의 기간

trifoglio /tri'fɔʎʎo/ [남] (복 : -gli) [식물] 클로버, 토끼풀

trifolato /trifo'lato/ [형] 파슬리, 마늘 및 올리브유로 요리한

triglia /'triʎʎa/ [여] [어류] 숭어의 일종 - fare gli occhi di triglia a qn 누구에게 추파를 던지다

trillare /tril'lare/ [자동] (조동사 : avere) ① [음악] 트릴로[목소리를 떨며] 노래하다 ② (새가) 지저귀다; (종이나 전화벨이) 울리다

trillo /'trillo/ [남] ① [음악] 트릴, 떤꾸밈음 ② (새의) 지저귐; (종이나 전화벨의) 울림

trilogia /trilo'dʒia/ [여] (문학 작품의) 3부작

trimestrale /trimes'trale/ [형] ① 3개월간의 ② 3개월마다의, 분기별의, 연 4회의

trimestre /tri'mɛstre/ [남] ① 3개월, 1분기 ② (학교의) (3학기제의) 한 학기 ③ 1분기의 납입 금액

trina /'trina/ [여] 끈, 레이스

trincare /trin'kare/ [여] (술을) 꿀꺽꿀꺽 마시다

trincea /trin'tʃea/ [여] [군사] 참호

trincerare /trintʃe'rare/ [타동] [군사] (진지 등을) 참호로 에워싸다 - trincerarsi [재귀동사] ① [군사] 참호를 파다 ② (비유적으로) 숨다, 물러나다

trinciare /trin'tʃare/ [타동] ① (담배·짚 따위를) 썰다 ② (비유적으로) trinciare giudizi su qc 무엇에 대해 성급한 판단을 내리다

Trinidad /trini'dad/ [여] Trinidad e Tobago 트리니다드토바고 (카리브해의

섬나라)

Trinità /trini'ta/ [여-불변] [신학] la (santissima) Trinità 삼위일체

trio /'trio/ [남] (복 : -ii) ① [음악] 트리오, 3중주(곡), 3중주단 ② (비유적으로) 3인조

trionfale /trion'fale/ [형] 승리를 축하하는, 개선의

trionfante /trion'fante/ [형] 승리를 얻은; 의기양양한

trionfare /trion'fare/ [자동] (조동사 : avere) ① 승리를 차지하다, 이기다; trionfare su ~에 승리를 거두다 ② 성공하다, 잘 되다

trionfo /tri'onfo/ [남] ① (su와 함께 쓰여) (~에 대한) 승리 ② 성공

tripartito /tripar'tito/ [형] 셋으로 나뉜

tripletta /tri'pletta/ [여] [축구] 해트트릭

triplicare /tripli'kare/ [자동] (조동사 : essere) → triplicarsi - triplicarsi [재귀동사] 3배로 늘다

triplice /'triplitʃe/ [형] ① 셋으로 이루어진, 3중의 ② (동맹 따위가) 3자간의

triplo /'triplo/ [형] 3배의, 3중의; salto triplo [육상] 세단뛰기 - [남] 3배(의 양)

tripode /'tripode/ [남] 삼각대, 삼발이

trippa /'trippa/ [여] ① 소나 양의 위(胃)에서 식용 가능한 부분 ② (농담조로) 배, 복부

tripudiare /tripu'djare/ [자동] (조동사 : avere) 환호하다, 크게 기뻐하다

tripudio /tri'pudjo/ [남] (복 : -di) ① 환호, 기쁨에 넘침 ② (비유적으로) (색깔 따위의) 화려함

tris /tris/ [남-불변] (포커의) 스리 카드 (같은 수 3장의 패)

trisavola /tri'zavola/ [여] 고조모(高祖母)

trisavolo /tri'zavolo/ [남] 고조부(高祖父)

triste /'triste/ [형] ① 슬픈, 애처로운; 슬퍼하는 ② 유감스러운, 애석한, 딱한 ③ 우울한, 음울한, 음침한

tristemente /triste'mente/ [부] ① 슬프게, 애처롭게; 슬퍼하여 ② 유감스럽게; tristemente famoso per ~으로 악명 높은

tristezza /tris'tettsa/ [여] ① 슬픔, 비애 ② 우울, 음울, 음침 ③ 고통, 비참함

tristo /'tristo/ [형] (문어체에서) 사악한, 나쁜, 못된

tritacarne /trita'karne/ [남-불변] 고기를 다지는 기계

tritaghiaccio /trita'gjattʃo/ [남-불변] 얼음 깨는 기구

tritare /tri'tare/ [타동] (고기를) 갈다, 다지다; (채소 따위를) 잘게 썰다; (얼음을) 깨다

tritarifiuti /tritari'fjuti/ [남-불변] (싱크대에 부착된) 음식 쓰레기 분쇄기

tritatutto /trita'tutto/ [남-불변] 식재료 분쇄기

trito /'trito/ [형] ① (고기를) 간, 다진; (채소 따위를) 잘게 썬 ② (비유적으로) (생각 따위가) 낡은, 진부한, 케케묵은 (또는 trito e ritrito) - [남] fare un trito di ~을 잘게 썰다

tritolo /tri'tɔlo/ [남] [화학] TNT (폭약으로 쓰이는 물질)

tritone /tri'tone/ [남] ① [동물] 영원 (도롱뇽의 일종) ② [패류] 소라고둥

trittico /'trittiko/ [남] (복 : -ci) ① (종교화(畵) 등의) 석 장 이어진 그림 ② (문학·음악의) 3부작

triturare /tritu'rare/ [타동] 갈다, 빻다, 찧다, 가루로 만들다

triumvirato /triumvi'rato/ [남] ① (고대 로마의) 3두 정치 ② (지배적 지위에 있는) 3인조

trivella /tri'vɛlla/ [여] 드릴, 착암기; 송곳

trivellare /trivel'lare/ [타동] 드릴[착암기]로 구멍을 뚫다

triviale /tri'vjale/ [형] (사람·말·태도가) 상스러운, 저속한, 추잡한

trofeo /tro'feo/ [남] ① 전승 기념물 ② (스포츠의) 트로피

trogolo /'trɔgolo/ [남] 여물통, 구유

troia /'trɔja/ [여] ① 암퇘지 ② (비어로) 창녀, 매춘부

tromba /'tromba/ [여] ① [음악] 트럼펫; (군대의) 나팔 ② 트럼펫[나팔] 연주자 ③ (자동차의) 경적 - tromba d'aria 회오리바람

trombare /trom'bare/ [타동] (구어체에서) (학생을) 낙제시키다, (지원자를) 불합격시키다

trombettista /trombet'tista/ [남/여] (남·복 : -i, 여·복 : -e) 트럼펫 연주자

trombone /trom'bone/ [남] ① [음악] 트롬본 ② 트롬본 연주자 ③ (비유적으로) 허풍선이, 떠벌리기 좋아하는 사람 ④ [식물] 수선화

trombosi /trom'bɔzi/ [여-불변] [병리] 혈전증(血栓症)

troncare /tron'kare/ [타동] ① (나뭇가지

나 머리·팔다리 따위를) 자르다, 절단하다 ② (비유적으로) (관계 따위를) 끊다, 단절하다; (남의 이야기를) 중간에 끊다, 가로막다 - troncare le gambe a qn (비유적으로) 누구를 몹시 지치게 하다

tronco1 /'tronko/ [형] (복 : -chi, -che) ① (팔다리 따위가) 잘린, 절단된 ② (비유적으로) (이야기 따위가) 중간에 끊긴, 불완전한 ③ licenziare qn in tronco 누구를 그 자리에서 해고하다

tronco2 /'tronko/ [남] (복 : -chi) ① (나무) 줄기; 통나무 ② (머리와 사지를 제외한) 몸통, 몸뚱이 ③ (도로·철도 등의) 구간

troncone /tron'kone/ [남] ① (나무의) 그루터기 ② (팔다리 등의) 잘리고 남은 부분

troneggiare /troned'dʒare/ [자동] (조동사 : avere) ① (su와 함께 쓰여) (~의 위에) 우뚝 솟다 ② 걸출하다, 두드러지다

tronfio /'tronfjo/ [형] (복 : -fi, -fie) 우쭐한, 젠체하는

trono /'trɔno/ [남] 왕좌, 왕위; salire[ascendere] al trono 왕위에 오르다, 즉위하다

tropicale /tropi'kale/ [형] 열대(지방)의

tropico /'trɔpiko/ [남] (복 : -ci) [지리] 회귀선(回歸線); tropico del Cancro 북회귀선; tropico del Capricorno 남회귀선 - tropici [남·복] 열대지방

troppo /'trɔppo/ [형] (부정형용사) (수량이) 너무 많은; c'era troppa gente 사람들이 너무 많았다 - [대] (부정대명사) 너무 많음, 너무 많은 수량; ne vorrei ancora un po', ma non troppo 조금 더 원하지만, 그렇지만 너무 많이는 말고 - [부] ① (형용사·부사·동사와 함께 쓰여) 너무, 지나치게, 아주; fa troppo caldo 너무 덥다; troppo poco 너무 적은; sei arrivato troppo tardi 넌 너무 늦게 왔어; ho aspettato troppo 난 아주 오래 기다렸다 ② (강조하여) 아주, 무척; sei troppo gentile! 너 참 친절하구나! ③ di troppo 쓸데없이 너무 많은, 남아 도는, 과잉의; ci sono 10 euro di troppo 10유로가 남는다 ④ fin[anche] troppo 아주, 더할 나위 없이

trota /'trɔta/ [여] [어류] 송어

trottare /trot'tare/ [자동] (조동사 : avere) ① (말(馬)이) 빠른 걸음으로 가다 ② 총총걸음으로 가다, 빨리 걷다 ③ (아기가) 아장아장 걷다

trotterellare /trotterel'lare/ [자동] (조동사 : avere) ① (말(馬)이) 조금 느린 속보로 걷다 ② (아기가) 아장아장 걷다

trotto /'trɔtto/ [남] (말(馬)의) 속보, 빠른 걸음; andare al trotto 속보로 가다

trottola /'trɔttola/ [여] (장난감) 팽이

troupe /trup/ [여·불변] (배우 등의) 일단, 한패

trousse /trus/ [여·불변] ① 화장품 따위를 넣어 가지고 다니는 가방 ② 야회(夜會)용 핸드백

trovare /tro'vare/ [타동] ① 찾다, 발견하다; non trovo le scarpe 내 신발을 찾을 수가 없네; trovare da ridire su ~ 에 대해 비판할 거리를 찾다 ② 방문하다, 만나러 가다; andare[venire] a trovare qn 누구를 만나러[찾아] 가다[오다] ③ 얻다, 구하다, 마련하다; non trova lavoro 그는 직장을 구하지 못하고 있다 ④ (~이라고) 생각하다, 여기다; trovo giusto che 난 ~이 옳다고 생각해; trovare qn colpevole 누구에게 잘못이 있다고 생각하다 ⑤ (우연히) 만나다, 맞닥뜨리다; ho trovato Daniela al supermercato 난 슈퍼에서 다니엘라를 만났어 ⑥ (~이라는 상황을) 만나다, (~임을) 알게 되다; ho trovato la porta chiusa 문이 잠겨 있었다 ⑦ (불시에) 닥치다 ⑧ (방법이나 해결책 따위를) 생각해내다 - trovarsi [재귀동사] ① (어떤 위치·장소에) 있다; dove si trova la stazione? 역은 어디에 있나요? ② (어떤 상황에) 처해 있다; trovarsi in pericolo 위험에 처해 있다 ③ (~이라는) 느낌이 들다, (~한) 기분[상태]이다; trovarsi bene 기분이 좋다, 컨디션이 괜찮다; trovarsi a disagio 불편하다 ④ 얻다, 구하다, 마련하다 ⑤ (서로) 만나다; si sono trovati in piazza 그들은 광장에서 (서로) 만났다

trovata /tro'vata/ [여] 기막힌 생각, 멋진 아이디어, 묘안

trovatello /trova'tello/ [남] (여 : -a) 부모에게 버림받은 아이

truccare /truk'kare/ [타동] ① (다른 사람이나 얼굴에) 화장을 하다 ② (배우 등을) 분장시키다 ③ (속임수를 써서) 조작하다; (기계류 따위를) 개조하다 -

truccarsi [재귀동사] ① (자신의 얼굴에) 화장을 하다 ② (da와 함께 쓰여) (~으로) 분장[가장]하다

truccato /truk'kato/ [형] ① (얼굴에) 화장을 한 ② 분장[가장]한 ③ (속임수를 써서) 조작된; (기계류 따위가) 개조된

truccatore /trukka'tore/ [남] (여 : -trice) 메이크업 아티스트, 분장사

trucco /'trukko/ [남] (복 : -chi) ① 속임수, 트릭 ② 화장, 메이크업 ③ (영화 등의) 기교, 트릭

truce /'trutʃe/ [형] ① (눈빛·표정 따위가) 험상궂은, 위협적인 ② 흉포한, 잔인한

trucidare /trutʃi'dare/ [타동] 무자비하게 살육하다

truciolo /'trutʃolo/ [남] (목재·금속 등의) 깎아낸 부스러기; trucioli di legno 나무 부스러기, 대팻밥

truculento /truku'lento/ [형] (사람이) 흉포한, 잔인한; (영화 따위가) 끔찍한 장면이 있는

truffa /'truffa/ [여] 사기, 속임수

truffare /truf'fare/ [타동] 사기를 치다, 속이다

truffatore /truffa'tore/ [남] (여 : -trice) 사기꾼

truppa /'truppa/ [여] ① 군대, 부대; truppe d'assalto 기습 부대 ② 병졸 ③ (사람의) 일단(一團), 무리

trust /trast/ [남-불변] [경제] 트러스트, 기업 합동

tu /tu/ [대] (인칭대명사) ① 너는, 네가 ② (일반적으로) 사람(은 누구나); (tu) puoi fare come vuoi (누구나) 원하는 대로 할 수 있다 - [남] dare del tu a qn 누구를 "너"라고 부르다, 누구에게 반말을 하다 - trovarsi a tu per tu con qn 누구와 직접 대면하다

tuba /'tuba/ [여] ① [음악] 튜바 (저음의 금관악기) ② 중산모 ③ [해부] 관(管)

tubare /tu'bare/ [자동] (조동사 : avere) ① (비둘기가) 구구 울다 ② (비유적으로) (연인들이) 정답게 속삭이다

tubatura /tuba'tura/ [여] 파이프, 관; (한 시스템의) 파이프 전체

tubazione /tubat'tsjone/ [여] (한 시스템의) 파이프 전체

tubercolosi /tuberko'lɔzi/ [여-불변] [병리] 결핵

tubero /'tubero/ [남] [식물] 덩이줄기

tubetto /tu'betto/ [남] (치약 따위의) 튜브

tubino /tu'bino/ [남] ① 몸에 꼭 맞는 드레스 ② 좁은 치마

tubo /'tubo/ [남] ① 파이프, 관, 튜브 ② [해부] 도관(導管); tubo digerente 소화관 ③ (구어체에서) non capire un tubo 전혀 이해하지 못하다; non me ne importa un tubo 난 전혀 관심이 없어 - tubo catodico 음극관; tubo di scappamento (자동차의) 배기관; tubo di scarico 배수관

tubolare /tubo'lare/ [형] 관(管) 모양의

tue → tuo

tuffare /tuf'fare/ [타동] (in과 함께 쓰여) (~에) 담그다, 적시다 - tuffarsi [재귀동사] (in과 함께 쓰여) (~에) 빠지다, 뛰어들다; tuffarsi in mare 바다에 뛰어들다; tuffarsi nello studio 공부에 전념[몰두]하다; tuffarsi a capofitto in qc 무엇에 투신하다

tuffatore /tuffa'tore/ [남] (여 : -trice) [수영] 다이빙 선수

tuffo /'tuffo/ [남] ① (물에) 뛰어들기, 멱감기; [수영] 다이빙; fare un tuffo 물에 뛰어들다, 다이빙하다 ② (비유적으로) 전념, 몰두, 투신 ③ [항공] 급강하

tufo /'tufo/ [남] [지질] 응회암(凝灰岩)

tugurio /tu'gurjo/ [남] (복 : -ri) 누추한 집이나 방

tulipano /tuli'pano/ [남] [식물] 튤립

tulle /'tulle/ [남-불변] (베일용의) 얇은 명주 그물

tumefatto /tume'fatto/ [형] (신체의 일부가) 부어오른

tumefazione /tumefat'tsjone/ [여] (신체의 일부가) 부어오름

tumido /'tumido/ [형] (신체의 일부가) 부어오른

tumore /tu'more/ [남] [병리] 종양; tumore maligno 악성 종양

tumulazione /tumulat'tsjone/ [여] 무덤에 파묻기, 매장

tumulo /'tumulo/ [남] [고고학] 무덤; 고분(古墳)

tumulto /tu'multo/ [남] ① 소란, 소동, 법석 ② 소요, 폭동, 반란 ③ (비유적으로) 마음이 어지러움

tumultuoso /tumultu'oso/ [형] 떠들썩한, 소란스러운; (폭도 등이) 난폭한

tundra /'tundra/ [여] [지리] 툰드라

tungsteno /tung'stɛno/ [남] [화학] 텅스텐

tunica /'tunika/ [여] (복 : -che) ① 튜닉 (고대 그리스·로마 사람의 가운 같은 겉옷) ② [해부] 피막(被膜) ③ [식물] 외피(外皮)

Tunisia /tuni'zia/ [여] 튀니지 (북아프리카의 국가)

tunisino /tuni'zino/ [형] 튀니지의 - [남] (여 : -a) 튀니지 사람

tunnel /'tunnel/ [남-불변] 터널, 굴

tuo /'tuo/ (여 : tua, 남·복 : tuoi, 여·복 : tue) [형] (소유형용사) 너의; tua madre 너의 어머니; i tuoi amici 네 친구들; al tuo arrivo 네가 도착했을 때 - [대] (소유대명사) (il tuo, la tua 등으로 써서) ① 너의 것; questo cappello è come il tuo 이 모자는 너의 것[모자]과 같다 ② (구어체에서) sta dalla tua 그는 네 편이다; hai avuto le tue 넌 네 몫을 가졌다; i tuoi 너의 가족

tuoi → tuo

tuonare /two'nare/ [자동] (조동사 : avere) 큰소리를 내다, 크게 울리다; tuonare contro qn 누구에게 노하여 소리치다 - [비인칭] (조동사 : avere, essere) 천둥이 치다; sta tuonando 천둥이 치고 있다

tuono /'twɔno/ [남] ① 천둥 ② 크게 울리는 소리

tuorlo /'twɔrlo/ [남] 계란 노른자

turacciolo /tu'rattʃolo/ [남] (코르크) 마개

turare /tu'rare/ [타동] (병 따위에) 마개를 하다; (구멍이나 틈을) 막다 - turarsi [재귀동사] ① (관 따위가) 막히다 ② turarsi il naso 코를 막다; turarsi le orecchie 귀를 막다, 들으려 하지 않다

turba1 /'turba/ [여] 군중, 무리; (경멸적으로) 패거리

turba2 /'turba/ [여] (정신적) 장애

turbamento /turba'mento/ [남] ① (정신적) 동요, 당황, 불안, 혼란 ② (질서·치안의) 소란, 소동

turbante /tur'bante/ [남] 터번 (인도인이나 이슬람교도의 남자가 머리에 두르는 두건)

turbare /tur'bare/ [타동] (공공 질서 또는 사람의 마음을) 방해하다, 어지럽히다, 혼란스럽게 만들다, 휘저어 놓다; turbare la quiete pubblica 치안을 어지럽히다 - turbarsi [재귀동사] 동요하다, 당황하다, 불안해[혼란스러워]지다

turbina /tur'bina/ [여] [기계] 터빈

turbinare /turbi'nare/ [자동] (조동사 : avere) 빙빙 돌다, 소용돌이치다

turbine /'turbine/ [남] ① 소용돌이; turbine d'aria 회오리바람; turbine di sabbia 모래 폭풍 ② (비유적으로) (사상·감정 따위의) 소용돌이, 동요

turbogetto /turbo'dʒetto/ [남] ① 터보제트엔진 ② 터보제트기

turbolento /turbo'lento/ [형] ① (물결·날씨 따위가) 소용돌이치는, 휘몰아치는, 거친 ② (상황이) 동요하고 있는, 소란스러운 ③ (사람이) 거친, 사나운, 난폭한

turbolenza /turbo'lentsa/ [여] 소용돌이침, 휘몰아침, 거칢, 사나움; 동요, 소란

turboreattore /turboreat'tore/ → turbogetto

turchese /tur'kese/ [여] [광물] 터키석(石), 터키옥(玉) - [남/형] 청록색(의)

Turchia /tur'kia/ [여] 터키

turchino /tur'kino/ [남/형] 남청색(의)

turco /'turko/ (복 : -chi, -che) [형] 터키의; bagno turco 터키식 목욕 - [남] (여 : -a) 터키 사람 - [남] 터키어

turgido /'turdʒido/ [형] (입술 따위가) 부어오른, 부푼

turismo /tu'rizmo/ [남] 관광 여행; 관광업

turista /tu'rista/ [남/여] (남·복 : -i, 여·복 : -e) 관광객

turisticamente /turistika'mente/ [부] una zona turisticamente rinomata 잘 알려진 관광지

turistico /tu'ristiko/ [형] (복 : -ci, -che) 관광의; guida turistica 관광 가이드; agenzia turistica 여행사; fare un giro turistico 관광 여행을 하다

turnista /tur'nista/ [남/여] (남·복 : -i, 여·복 : -e) 교대 근로자

turno /'turno/ [남] ① 순번, 차례; è il tuo turno (이제) 네 차례다; aspettare il proprio turno 자기 차례를 기다리다; fare a turno a fare qc 무엇을 교대로[순서대로] 하다 ② (근무의) 교대; turno di notte 야간 근무 ③ di turno (간호사·수위 등이) 당번인, 근무 중인 ④ (경기·게임의) 한 판

turpe /'turpe/ [형] (행동 따위가) 비열한, 경멸할 만한, 몹쓸

turpiloquio /turpi'lɔkwjo/ [남] (복 : -qui) 비속어, 상스러운 말

tuta /'tuta/ [여] ① 작업복 ② 운동복 - tuta blu 생산직 근로자, 블루칼라; tuta spaziale 우주복

tutela /tu'tela/ [여] ① [법률] (미성년자에 대한) 후견; essere sotto la tutela di qn (미성년자가) 누구의 후견을 받고 있다 ② [정치] 신탁 통치 ③ (일반적으로) 보호; tutela dell'ambiente 환경 보호

tutelare1 /tute'lare/ [형] ① [법률] (미성년자에 대한) 후견의 ② 수호(守護)의; angelo tutelare 수호천사

tutelare2 /tute'lare/ [타동] 보호하다, 지키다 - tutelarsi [재귀동사] (contra 또는 da와 함께 쓰여) (~으로부터) 자기 자신을 보호하다[지키다]

tutina /tu'tina/ [여] ① 몸 전체가 들어가는 슬리핑백형 유아복 ② 곡예사 등이 입는 몸에 꼭 끼는 옷

tutore /tu'tore/ [남] (여 : -trice) ① [법률] (미성년자에 대한) 후견인 ② (일반적으로) 보호자, 수호자; tutore dell'ordine 경찰관

tuttavia /tutta'via/ [접] 그렇지만, 그래도, 그럼에도 불구하고

tutto /'tutto/ [형] (부정형용사) ① 모든, 전부의, 전체의; tutto il denaro 모든 돈, (어떤) 돈 전체; tutto l'anno 1년 내내; (per) tutto il giorno 하루 종일; in[per] tutto il paese 전국적으로, 온 나라에 ② (지시대명사 앞에 쓰여) è tutto quello che so 그게 내가 아는 것의 전부다; fare tutto ciò che è possibile 가능한 모든 것을 하다; tutt'altro che ~이외에는 모두 ③ 완전한, 전적인; in tutta franchezza 진짜 솔직하게 말해서 ④ (~을) 포함하여, ~까지; a tutt'oggi non è passato 오늘까지도 그는 아직 오지 않았다 ⑤ (강조하여, 부사적으로 쓰여) 완전히, 전적으로; tutto solo 오로지 혼자 힘으로; essere tutto bagnato 흠뻑 젖어 있다 - [대] ① 모든 것, 전부, 전체; è tutto a posto? 모든 것이 제대로 되어 있는가?; è tutto 그게 전부다; prima di tutto 무엇보다도 먼저; quanto fa in tutto? 다 합해서 얼마요? ② (생략법에 쓰여) una volta per tutte 단 한 번만; provarle tutte 갖은 시도를 다 하다 ③ del tutto 아주, 완벽하게 - [남] 전체, 전부; considerare qc come un tutto 전체로서 생각하다; vendere il tutto per 200 euro 전부를 200유로에 팔다 - tutti [형·복] (부정형용사) ① 모든, 무엇이든, 누구나; 매(每)~ ; invitare tutti gli amici 친구들을 모두 초대하다; a tutte le ore 언제든지; tutte le persone che ~하는 사람은 누구나; tutti i pomeriggi 매일 오후에 ② (인칭대명사와 함께 쓰여) tutti noi vogliamo 우리 모두는 원한다 - tutti [대·복] (부정대명사) 모두, 무엇이든, 누구나; grazie a tutti 모든 이들에게 감사한다; tutti quanti sbagliamo 누구나 실수를 한다; non si può piacere a tutti 모든 사람들을 다 만족시킬 수는 없다 - a tutta velocità 전속력으로; non[neanche] per tutto l'oro del mondo 무슨 일이 있어도; non è tutto oro quello che luccica [속담] 반짝인다고 해서 모두 금은 아니다; tutto è bene quel che finisce bene 끝이 좋으면 다 좋다

tuttofare /tutto'fare/ [형-불변] uomo tuttofare 잡역부; ragazzo tuttofare 사환 - [남/여] 잡역부

tuttora /tut'tora/ [부] 아직, 여전히

tutù /tu'tu/ [남-불변] 발레용 스커트

TV /tiv'vu/ [여-불변] TV, 텔레비전; alla TV 텔레비전에서

tweed /twid/ [남-불변] 트위드 (직물의 일종)

twist /twist/ [남-불변] 트위스트 (춤)

U

u, U /u/ [남/여-불변] 이탈리아어 알파벳의 19번째 글자; inversione a U (자동차의) 유턴
ubbidiente /ubbi'djɛnte/ → obbediente
ubbidienza /ubbi'djɛntsa/ → obbedienza
ubbidire /ubbi'dire/ → obbedire
ubicato /ubi'kato/ [형] (어떤 장소에) 위치한
ubicazione /ubikat'tsjone/ [여] 위치 선정
ubiquità /ubikwi'ta/ [여-불변] 도처에 있음, 편재(遍在)
ubriacare /ubria'kare/ [타동] ① 술에 취하게 하다 ② (비유적으로) 정신을 멍하게 하다, 머리를 어찔어찔하게 만들다 - ubriacarsi [재귀동사] 술에 취하다
ubriacatura /ubriaka'tura/ [여] prendersi un'ubriacatura 술에 취하다
ubriachezza /ubria'kettsa/ [여] 술에 취함; guidare in stato di ubriachezza 음주운전을 하다
ubriaco /ubri'ako/ [형/남] (여 : -a) (남·복 : -chi, 여·복 : -che) 술에 취한 (사람)
ubriacone /ubria'kone/ [남] (여 : -a) 술꾼
uccelliera /uttʃel'ljɛra/ [여] 큰 새장, 새 사육장
uccello /ut'tʃello/ [남] ① 새, 조류 ② (비어로) 음경
uccidere /ut'tʃidere/ [타동] ① (사람이나 동식물을) 죽이다, 살해하다; uccidere a coltellate 칼로 찔러 죽이다; è rimasto ucciso in un incidente 그는 사고로 죽었다 ② (비유적으로) 망치다, 없애다, 소멸시키다 - uccidersi [재귀동사] ① 자살하다 ② 서로 죽이다 ③ 죽다, 목숨을 잃다
uccisione /uttʃi'zjone/ [여] 살인, 살해; (동물의) 도살
ucciso /ut'tʃizo/ [형] 죽은, 목숨을 잃은 - [남] (여 : -a) (사고 따위의) 희생자
uccisore /uttʃi'zore/ [남] (여 : ucciditrice) 살해자, 킬러
Ucraina /u'kraina/ [여] 우크라이나
ucraino /u'kraino/ [형] 우크라이나의 - [남] (여 : -a) 우크라이나 사람 - [남] 우크라이나어
UDeuR /ud'ɛur/ [여] (Unione Democratici per l'Europa의 약자) 기독민주당
udibile /u'dibile/ [형] 들리는, 들을 수 있는
udienza /u'djɛntsa/ [형] ① (공식) 회견, 접견 ② (법정에서의) 증언[의견] 청취
udire /u'dire/ [타동] ① 듣다, (~이) 들리다; l'abbiamo udita piangere 우리는 그녀가 우는 걸 들었다 ② (들어서) 알게 되다 ③ (신이 기도를) 들어주다
uditivo /udi'tivo/ [형] 귀의; 청각의
udito /u'dito/ [남] 청력, 청각
uditore /udi'tore/ [남] (여 : -trice) ① 듣는 사람, 청취자 ② (대학의) 청강생
uditorio /udi'tɔrjo/ [남] (복 : -ri) 청중, 듣는 사람들
UE /u'ɛ/ [여] (Unione Europea의 약자) 유럽 연합, EU
uffa /'uffa/ [감] (짜증이나 불쾌감의 표현으로) 이런, 제기랄
ufficiale1 /uffi'tʃale/ [형] ① 공적인, 공무의, 관(官)의 ② 공식적인, 공인된
ufficiale2 /uffi'tʃale/ [남] ① (군대의) 장교; (상선의) 고급 선원 ② pubblico ufficiale 공무원, 관리
ufficializzare /uffitʃalid'dzare/ [타동] 공적인 것으로 만들다; 공식화하다
ufficialmente /uffitʃal'mente/ [부] 공적으로; 공식적으로
ufficio /uf'fitʃo/ [남] (복 : -ci) ① 사무실, 사무소; (회사 등의) 부(部), 과(課); andare in ufficio 출근하다; ufficio del personale 인사부 ② 직무, 직책, 업무; coprire un ufficio (어떤) 직책을 맡고 있다 ③ d'ufficio 관(官)에 의한; avvocato d'ufficio 국선 변호인 ④ buoni uffici 주선, 소개 ⑤ 종교 의식, 예배 - ufficio informazioni 안내소; ufficio postale 우체국
ufficiosamente /uffitʃosa'mente/ [부] 비공식적으로
ufficioso /uffi'tʃoso/ [형] 비공식적인

ufo1 /'ufo/ [남] (구어체에서) a ufo 돈을 내지 않고, 공짜로

ufo2 /'ufo/ [남-불변] UFO, 미확인비행물체

Uganda /u'ganda/ [남] 우간다 (아프리카 중부의 국가)

uggioso /ud'dʒoso/ [형] (하늘·날씨 등이) 황량한, 음울한

ugola /'ugola/ [여] [해부] 목젓

uguaglianza /ugwaʎ'ʎantsa/ [여] 동등, 대등; su una base di uguaglianza 동등[대등]하게

uguagliare /ugwaʎ'ʎare/ [타동] ① 같게 [동등하게] 하다 ② (~에) 필적하다, (~와) 맞먹다[대등하다]; uguagliare qn in bellezza 미모가 누구와 대등한 수준이다 ③ (a와 함께 쓰여) (~에) 비기다, (~와) 비교하다 — **uguagliarsi** [재귀동사] ① 같은 수준이다, 동등하다 ② (a와 함께 쓰여) 자기 자신을 (~와) 비교하다

uguale /u'gwale/ [형] ① (수량이나 정도 따위가) 같은, 동등한; di peso uguale 무게가 같은; a uguale distanza da ~ 으로부터 같은 거리에 ② 동일한, 꼭 같은; il tuo maglione è uguale al mio 너의 스웨터는 내 것과 같다 ③ sempre uguale 한결같은, 일정한, 변함없는 ④ (표면이) 평평한 ⑤ per me è uguale 내겐 마찬가지야, 난 아무래도 상관없어 — [부] 같게, 동등하게; costano uguale 그것들은 가격이 서로 같다 — [남] ① [수학] 등호 (=) ② 동등[대등]한 것[사람], 같은 수준의 것[사람]; non ha uguali per ~에 있어서는 그 사람에 필적할 만한 사람이 없다

ugualmente /ugwal'mente/ [부] ① 같게, 동일하게 ② 아무래도 똑같아, 어쨌든; lo farò ugualmente 뭐, 어쨌든 그걸 해보겠다

uh /u/ [감] (놀람을 나타내어) 앗!, 야!, 이런!

ulcera /'ultʃera/ [여] [병리] 궤양

uliva /u'liva/ → oliva

ulivo /u'livo/ → olivo

ulna /'ulna/ [여] [해부] 척골(尺骨), 자뼈

ulteriore /ulte'rjore/ [형] 그 이상의, 한층 더한

ulteriormente /ulterjor'mente/ [부] 그 이상으로, 더 나아가서, 한층 더

ultimamente /ultima'mente/ [부] 최근에

ultimare /ulti'mare/ [타동] 완성[완료]하다, 끝내다, 마치다

ultimatum /ulti'matum/ [남-불변] 최후통첩, 최후의 제언

ultimissime /ulti'missime/ [여·복] 최신 뉴스

ultimo /'ultimo/ [형] ① 마지막의, 최후의; l'ultima persona 마지막 사람; le ultime 20 pagine 마지막 20페이지 ② 최근의, 최신의; negli ultimi tempi 최근에; le ultime notizie 최근 소식; all'ultima moda 최신 유행의 ③ 바로 전의, 지난; nelle ultime 24 ore 지난 24시간 동안 ④ 최종적인, 결정적인, 궁극적인; il termine ultimo 최종 기한, 데드라인; all'ultimo momento 마지막 순간에, 막판에 가서 ⑤ 결코 ~할 것 같지 않은, 가장 부적절한; è l'ultimo film che vorrei andare a vedere 그건 내가 가장 보러 가고 싶지 않을 만한 영화다 ⑥ 최악의, 최하의 — [남] (여 : -a) 마지막 사람, 최후의 인물; l'ultimo rimasto 마지막 남은 한 사람 — [남] ① 최근의 것 ② 마지막 날; l'ultimo del mese 한 달의 마지막 날 ③ 끝, 마지막, 최후; fino all'ultimo 끝까지; da ultimo 끝으로, 마지막으로 ④ 시시한 것, 중요하지 않은 것 — ride bene chi ride ultimo [속담] 마지막에 웃는 자가 가장 잘 웃는 자다; ultimo nato 신생아; l'Ultima Cena [기독교] 최후의 만찬

ultra /'ultra/, **ultrà** /ul'tra/ [남/여-불변] ① [정치] 극단론자, 과격론자 ② [스포츠] 광적인 팬, 홀리건

ultramoderno /ultramo'dɛrno/ [형] 초현대적인

ultrapiatto /ultra'pjatto/ [형] 아주 얇은

ultrasonico /ultra'sɔniko/ [형] (복 : -ci, -che) ① [물리] 초음파의 ② (항공기가) 초음속의

ultrasuono /ultra'swɔno/ [남] [물리] 초음파

ultraterreno /ultrater'reno/ [형] la vita ultraterrena 내세(來世), 사후의 삶

ultravioletto /ultravjo'letto/ [남/형] [물리] 자외선(의)

ululare /ulu'lare/ [자동] (조동사 : avere) (개나 늑대가) 긴 소리로 짖다; (바람 등이) 윙윙거리다, 세차게 불다

ululato /ulu'lato/ [남] (개나 늑대가) 긴 소리로 짖음; (바람 등이) 윙윙거림, 세차게 붊

umanamente /umana'mente/ [부] ① 인간으로서, 인간의 능력으로 ② 인도적으로

umanesimo /uma'nezimo/ [남] 인문(人文)주의; 인본주의

umanista /uma'nista/ [남/여] (남·복 : -i, 여·복 : -e) 인문[인본]주의자

umanità /umani'ta/ [여-불변] ① 인류, 인간 ② 인간성, 인성 ③ 인간애, 자비, 인정, 친절

umanitario /umani'tarjo/ [형] (복 : -ri, -rie) 인도주의의[적인], 인간애의

umano /u'mano/ [형] ① 인간의, 사람의 ② 인도적인, 자비로운, 인정 있는; trattare qn in modo umano 누구를 인간적으로 대하다 - [남] 인간, 사람

umettare /umet'tare/ [타동] 적시다, 축이다

umidiccio /umi'dittʃo/ [형] (복 : -ci, -ce) 축축한, 습한, 습기가 있는

umidificare /umidifi'kare/ [타동] 축축하게 하다, 습기를 공급하다

umidificatore /umidifika'tore/ [남] 가습기

umidità /umidi'ta/ [여-불변] ① 축축함, 습기 ② [기상] 습도

umido /'umido/ [형] ① 축축한, 젖은; aveva gli occhi umidi di pianto 그녀의 눈은 눈물로 젖어 있었다 ② (날씨·공기가) 습기 찬 - [남] ① 축축함 ② in umido 스튜 요리로 만든

umile /'umile/ [형] ① 겸손한 ② (신분 등이) 비천한

umiliante /umi'ljante/ [형] (남을) 비하하는; (패배 따위가) 굴욕적인

umiliare /umi'ljare/ [타동] (남을) 비하하다, (남에게) 굴욕감을 안겨 주다 - umiliarsi [재귀동사] 자신을 낮추다, 겸손한 태도를 취하다

umiliazione /umiljat'tsjone/ [여] 굴욕

umilmente /umil'mente/ [부] 겸손하게, 자신을 낮춰

umiltà /umil'ta/ [여-불변] 겸손, 겸허; con umiltà 겸손하게

umore /u'more/ [남] ① 기질, 성질, 성미; d'umore irascibile 성마른, 화를 잘 내는 ② 기분, 마음 상태; di buon umore 기분이 좋은

umorismo /umo'rizmo/ [남] 유머, 익살, 해학; senso dell'umorismo 유머 감각

umoristico /umo'ristiko/ [형] (복 : -ci, -che) (이야기 따위가) 우스운, 웃기는, 유머러스한

un /un/, **una** /'una/ → uno

unanime /u'nanime/ [형] 만장일치의, 이구동성의, 이의가 없는

unanimità /unanimi'ta/ [여-불변] 만장일치, 이구동성; all'unanimità 만장일치로

uncinetto /untʃi'netto/ [남] 크로셰 뜨개질; 크로셰 뜨개질용 갈고리 바늘

uncino /un'tʃino/ [남] 갈고리; a uncino 갈고리 모양의

undicenne /undi'tʃɛnne/ [형/남/여] 11살의 (어린이)

undicesimo /undi'tʃɛzimo/ [형] 제11의, 11번째의 - [남] (여 : -a) ① 11번째의 것[사람] ② 11분의 1

undici /'unditʃi/ [형-불변] 11의 - [남-불변] ① 11 ② (한 달의) 제11일 - [여·복] (오전 또는 오후) 11시

UNESCO /u'nɛsko/ [여] 유네스코, 유엔 교육 과학 문화 기구

ungere /'undʒere/ [타동] ① (~에) 기름을 치다·칠하다·두르다·묻히다 ② (비유적으로) (~에게) 뇌물을 주다 - ungersi [재귀동사] ① 자신의 몸에 기름 종류를 바르다 ② 기름이 묻다, 기름투성이가 되다

ungherese /unge'rese/ [형] 헝가리의 - [남/여] 헝가리 사람 - [남] 헝가리어

Ungheria /unge'ria/ [여] 헝가리

unghia /'ungja/ [여] ① 손톱, 발톱; smalto per unghie 매니큐어액(液) ② (동물의) 갈고리 발톱 ③ (비유적으로) 적은 양, 조금 - pagare sull'unghia 즉석에서 지불하다; con le unghie e con i denti 전력을 다하여, 필사적으로

unghiata /un'gjata/ [여] 손톱으로 긁기 [할퀴기]

unguento /un'gwɛnto/ [남] (약용) 연고

unicamente /unika'mente/ [부] 오직, 오로지, 단지, 다만

UNICEF /'unitʃef/ [남] 유니세프, 유엔 아동 기금

unicità /unitʃi'ta/ [여-불변] 유일무이, 독자성, 독특함

unico /'uniko/ (복 : -ci, -che) [형] ① 단 하나의, 유일한; è la mia unica speranza 그게 내 유일한 희망이야; è figlio unico 그는 외아들이다 ② 한 개로 이루어진, 단일의 ③ 독특한, 비길 데 없는; un'esperienza unica 일생일대의 특이한 경험 ④ [상업] 독점적인; agente unico 독점 대리인 ⑤ a senso unico 일방통행의, 일방적인 - [남] (여 : -a) ① 단 하나 밖에 없는 것[사람], 유일한 것[사람] ② (생략법에서) l'unica è aspettare 할 수 있는 유일한 일은 기다리는 것뿐이다 - atto unico 단막극

unicorno /uni'kɔrno/ [남] (전설상의) 유니콘

unifamiliare /unifami'ljare/ [형] casa unifamiliare 한 가족만 사는 집

unificare /unifi'kare/ [타동] ① 하나로 하다, 단일화하다, 통합하다, 통일하다 ② 획일화하다

unificazione /unifikat'tsjone/ [여] ① 단일화, 통합, 통일 ② 획일화

uniformare /unifor'mare/ [타동] ① 획일화하다, 고르게 하다 ② (비유적으로) (a 와 함께 쓰여) (기준 따위에) 맞게[따르게] 하다 - uniformarsi [재귀동사] (a 와 함께 쓰여) (기준 따위에) 따르다

uniforme1 /uni'forme/ [형] 한결같은, 똑같은, 균일한, 고른

uniforme2 /uni'forme/ [여] 제복, 군복, 유니폼; in uniforme 제복[군복]을 입고

uniformemente /uniforme'mente/ [부] 한결같이, 똑같이, 균일하게, 고르게

uniformità /uniformi'ta/ [여-불변] ① 한결같음, 고름, 균일 ② 의견의 일치, 만장일치

unilaterale /unilate'rale/ [형] 한쪽만의, 일방적인

unione /u'njone/ [여] ① 결합, 연합 ② 조화, 화합 ③ 연합 국가, 연방; l'Unione Sovietica [역사] 소비에트 연방 ④ (회사 등의) 합동, 합병 ⑤ 결혼, 부부 관계 ⑥ 동맹, 조합; unione sindacale 노동 조합

unire /u'nire/ [타동] ① 결합하다, 묶다; 통합하다, 합병하다; unire le forze 힘을 합치다; unire in matrimonio 결혼시키다; il sentimento che li unisce 그들을 하나로 묶어주는 정서 ② 잇다, 접속하다; 이어 붙이다 ③ 겸하다, 겸비하다, 아울러 가지다 ④ (재료를) 더하다, 추가하다 - unirsi [재귀동사] ① 하나가 되다, 합쳐지다; unirsi in matrimonio 결혼하다, 부부가 되다 ② (a와 함께 쓰여) (~에) 가담하다; unirsi a un gruppo 어떤 단체에 가입하다

unisex /uni'sɛks/ [형-불변] (복장 등이) 남녀의 구별이 없는, 남녀 공용의

unisono /u'nisono/ [남] all'unisono i) [음악] 제창(齊唱)으로 ii) (비유적으로) 이구동성으로, 일제히

unità /uni'ta/ [여-불변] ① 단일(성), 통일(성), 하나임 ② 조화, 일치 단결 ③ (나라 따위의) 통일 ④ 단위; unità di misura 측정 단위; unità monetaria 화폐 단위 ⑤ [군사] 단위, 부대 ⑥ [컴퓨터] unità centrale 중앙처리장치, CPU; unità disco 디스크 드라이브; unità periferica 주변장치

unitario /uni'tarjo/ [형] (복 : -ri, -rie) ① (정부 따위가) 단일의 ② prezzo[costo] unitario (물품의) 단가

unito /u'nito/ [형] ① 결합[연합]한, 합친, 뭉친 ② [정치] gli Stati Uniti (d'America) 미합중국, 미국; le Nazioni Unite 국제연합, UN; il Regno Unito 연합 왕국, 영국 ③ in tinta unita 단색(單色)의

universale /univer'sale/ [형] ① 보편적인, 전반적인, 일반적인; 모든 사람의, 만인에 공통된; suffragio universale 보통 선거권 ② il giudizio universale [기독교] 최후의 심판

universalmente /universal'mente/ [부] 보편적으로, 전반적으로, 일반적으로

università /universi'ta/ [여-불변] (종합) 대학교

universitario /universi'tarjo/ (복 : -ri, -rie) [형] 대학의 - [남] (여 : -a) 대학생

universo /uni'vɛrso/ [남] 우주; 천지만물; 세계

univoco /u'nivoko/ [형] (복 : -ci, -che) (말이) 한 가지 뜻만 있는, 의미가 모호하지 않고 명료한

uno /'uno/ [관] (부정관사) (남성의 경우 뒤에 자음이 따르는 s 및 gn, pn, ps, x, z 앞에서 uno의 형태가 쓰이고 그 밖의 경우에는 un이 된다. 여성의 경우 자음 앞에서는 una가 되지만, 모음 앞에서 un'의 형태가 쓰인다) ① (막연히) 어떤 하나의; ho visto un uomo 나는 한 남자를 보았다; un giorno gli ho telefonato 어느 날 나는 그에게 전화를 했다 ② (강조하여) una noia! 아이구, 따분해! - (l')uno [대] (부정대명사) (여 : (l')una, 남·복 : gli uni, 여·복 : le une) ① 하나, 한 개, 한 사람; ne ho comprato uno stamattina 오늘 아침에 그걸 하나 샀어; a uno a uno 하

U

나씩; è uno dei più veloci 가장 빠른 것 중 하나다; uno di noi 우리 중 한 사람 ② 누군가, 어떤 사람; ho incontrato uno che ti conosce 널 아는 어떤 사람을 만났어 ③ (불특정의, 일반적인) 사람; se uno vuole (누구든지) 원한다면 ④ 각기, 각자; tre euro l'uno 각자 3유로씩 - [형] 하나의, 한 개의, 한 사람의; ho comprato una mela e due pere 나는 사과 한 개와 배 두 개를 샀다; pagina uno 1페이지 - [남·불변] ① (숫자) 1, 하나 ② (한 달의) 첫날, 제1일 - una [여] l'una (오전 또는 오후) 1시

unto /'unto/ [형] 기름이 묻은, 기름투성이의; unto e bisunto 아주 더러운 - [남] 기름

untuoso /untu'oso/ [형] ① 기름기 있는 ② (비유적으로) (태도 따위가) 매끄러운

unzione /un'tsjone/ [여] l'Estrema Unzione [가톨릭] 종부성사, 병자성사

uomo /'wɔmo/ [남] (복 : uomini) ① l'uomo 인류, 인간; a memoria d'uomo 아주 오랜 옛날부터 ② 사람, 인간; diritti dell'uomo 인권 ③ (성인) 남자, 남성; da[per] uomo (옷이나 신발 따위가) 남성용의; da uomo a uomo 남자 대 남자로서 ④ 남편 ⑤ 직원, 담당자; uomo del gas 가스 검침원 - uomo avvisato mezzo salvato [속담] 유비무환 - uomo d'affari 사업가, 비즈니스맨; uomo rana 잠수부; l'uomo della strada 보통 사람, 일반인

uovo /'wɔvo/ [남] (여·복 : -a) 알, 계란; rosso[tuorlo] d'uovo 계란 노른자; bianco[chiara] d'uovo 계란 흰자; uova strapazzate 스크램블드에그 (계란에 우유를 넣어 버터로 볶은 요리); uovo bazzotto 계란 반숙; uovo di Pasqua 부활절 계란; uovo sodo 계란 완숙; uovo al tegamino 계란 프라이 - essere pieno come un uovo 꽉 차 있다; cercare il pelo nell'uovo 꼬치꼬치 캐고 들다, 부질없는 것을 따지고 들다; meglio un uovo oggi che una gallina domani [속담] 남의 돈 천 냥 보다 제 돈 한 냥이 더 낫다

uragano /ura'gano/ [남] ① [기상] 허리케인 ② (비유적으로) (박수·항의 따위의) 우레와 같은 것, 연발, 쇄도

uranio /u'ranjo/ [남] [화학] 우라늄

urbanesimo /urba'nezimo/ [남] 도시화

urbanista /urba'nista/ [남/여] (남·복 : -i, 여·복 : -e) 도시 계획가

urbanistica /urba'nistika/ [여] 도시 계획

urbanistico /urba'nistiko/ [형] (복 : -ci, -che) 도시 계획의

urbano /ur'bano/ [형] ① 도시의 ② (전화가) 시내의 ③ 세련된, 예의바른

urdu /'urdu/ [남·불변] 우르두어(語)

urgente /ur'dʒɛnte/ [형] 긴급한, 다급한, 촉박한, 절박한

urgentemente /urdʒɛnte'mente/ [부] 긴급하게, 다급하게, 촉박하게, 절박하게

urgenza /ur'dʒɛntsa/ [여] 긴급, 다급, 촉박, 절박; non c'è urgenza 다급해 할 것 없다; fare qc d'urgenza 무엇을 긴급하게 처리하다; questo lavoro va fatto con urgenza 이 일은 급한 일이다; provvedimento d'urgenza 긴급 조치

urgere /'urdʒere/ [자동] 긴급하다, 다급하다, 촉박하다, 절박하다; urge aiuto 급히 도움이 필요하다

urina /u'rina/ [여] 오줌, 소변

urinare /uri'nare/ [자동] (조동사 : avere) 오줌을 누다, 소변을 보다

urlare /ur'lare/ [타동] (어떤 말을) 크게 외치다, 소리쳐 말하다 - [자동] (조동사 : avere) ① (고통·공포로 인해) 비명을 지르다, 절규하다 ② 소리치다, 고함치다, 큰소리로 말하다 ③ (사이렌·바람 따위가) 윙윙거리다

urlo /'urlo/ [남] (복 : -i, 여·복 : -a) ① 비명, 절규; lanciare un urlo 비명을 지르다 ② (사이렌·바람 따위의) 윙윙거림

urna /'urna/ [여] ① 항아리, 단지 ② 투표함 (또는 urna elettorale); andare alle urne 투표하러 가다

urologia /urolo'dʒia/ [여] [의학] 비뇨기학; 비뇨기과

urologo /u'rɔlogo/ [남] (여 : -a) (남·복 : -gi, 여·복 : -ghe) 비뇨기과 의사

urrà /ur'ra/ [감] 만세!, 와!

URSS /urs/ [여] (Unione delle Repubbliche Socialiste Sovietiche의 약자) l'URSS [역사] 구소련 (영문 약자 : USSR)

urtare /ur'tare/ [타동] ① (~에) 부딪치다, 충돌하다 ② (감정을) 상하게 하다; 화나게 하다 - [자동] (조동사 : avere) (contro와 함께 쓰여) (~에) 부딪치다, 충돌하다 - urtarsi [재귀동사] ① 서로

부딪치다[충돌하다] ② 화를 내다 ③ (비유적으로) 싸우다, 다투다 - urtare i nervi a qn 누구의 신경을 건드리다
urto /'urto/ [남] ① (물리적인) 충돌, 부딪침; 충격; nell'urto si è rotto il vetro 충격으로 인해 유리가 깨졌다 ② (비유적으로) (의견 따위의) 충돌, 대립; essere in urto con qn per qc 무엇에 대해 누구와 의견이 충돌하다 ③ [군사] 공격; contingente d'urto 기습 부대, 돌격대
uruguaiano /urugwa'jano/ [형] 우루과이의 - [남] (여 : -a) 우루과이 사람
Uruguay /uru'gwai/ [남] 우루과이
USA /'uza/ [남·복] gli USA 미합중국, 미국
usa e getta /uzae'dʒetta/ [형-불변] (제품이) 일회용의
usanza /u'zantsa/ [여] (사회·집단의) 풍습, 관습, 관례; (개인의) 습관; secondo l'usanza 관습에 따라
usare /u'zare/ [타동] ① 쓰다, 사용[이용]하다; posso usare la tua macchina? 네 차 좀 써도 되겠니? ② 소비하다; non usare tutta l'acqua 그 물 다 쓰지 말 것 ③ (힘·능력 따위를) 사용[발휘]하다; (어떤 태도를) 취하다; usare la massima cura nel fare qc 무엇을 하는 데 있어 최대의 주의를 기울이다; usare la forza 폭력을 행사하다 ④ (이로운 점을) 잘 활용하다, 이용하다; usare bene il proprio tempo libero 여가를 선용하다 ⑤ 습관적으로 ~하곤 하다 (usare fare qc) - [자동] (조동사 : avere) ① 유행하고 있다; usano di nuovo i tacchi alti 하이힐이 다시 유행하고 있다 ② (di와 함께 쓰여) (~을) 이용[활용]하다; (권리 따위를) 행사하다 - [비인칭] (~하는 것이) 통례다; da queste parti usa cosi 여기선 (보통) 그렇게 해
usato /u'zato/ [형] 사용된, 써서 낡은[닳은], 중고의 - [남] l'usato 중고품
usbeco → uzbeco
Usbekistan → Uzbekistan
uscente /uʃʃente/ [형] 끝나가는; 퇴임하는
usciere /uʃʃere/ [남] (공공 시설 따위의) 안내인
uscio /'uʃʃo/ [남] (복 : usci) (바깥)문; sull'uscio 문 앞에(서)
uscire /uʃʃire/ [자동] (조동사 : essere) ① (밖으로) 나가다[나오다]; uscire fuori[all'aperto] 밖으로[야외로] 나가다; uscire in strada 거리로 나가다; lasciare uscire qn 누구를 나가게 해주다 ② (da와 함께 쓰여) (어떤 장소로부터) 떠나다; (어떤 상태·상황으로부터) 빠져 나오다; uscire dal porto 항구를 떠나다; uscire dalla depressione 우울감에서 빠져나오다 ③ 외출하다; uscire in automobile 드라이브하러 가다 ④ (물·공기 따위가) 흘러나오다; l'acqua sta uscendo dalla vasca 욕조의 물이 넘치고 있다 ⑤ (con과 함께 쓰여) (~와) 데이트하다 ⑥ (책이나 신문 따위가) 간행[발행]되다, 나오다 ⑦ (da와 함께 쓰여) (~으로부터) 유래하다, 비롯되다; ~ 출신이다; parole che escono dal cuore 마음속에서 우러난 말; è uscito da un'ottima scuola 그는 명문 학교 출신이다 ⑧ (in과 함께 쓰여) (길 따위가) (~으로) 통하다 ⑨ [컴퓨터] (프로그램 따위를) 종료하다 - uscire dai gangheri 자제심을 잃다, 발끈하다; uscire di mente 깜박 잊다; uscire di senno 제정신을 잃다
uscita /uʃʃita/ [여] ① 출구, 나가는 곳; uscita di sicurezza 비상구 ② 밖으로 나가기, (어떤 장소를) 떠나기; dopo l'uscita dalla città 네가 그 도시를 나온 후에 ③ 외출, 외유 ④ 출판, 간행 ⑤ (구어체에서) 툭 던지는 말, 코멘트 ⑥ [전기·컴퓨터] 출력 ⑦ (비용의) 지출
usignolo /uziɲ'nɔlo/ [남] [조류] 나이팅게일 (지빠귓과의 작은 새)
uso1 /'uzo/ [남] ① 사용, 이용; in uso 쓰이고 있는; fare uso di qc 무엇을 쓰다[사용하다]; fare buon uso di qc 무엇을 잘 이용하다 ② 유용, 소용, 효용; 용도; a uso di ~용(用)의, ~에게 소용이 되도록; per uso personale 개인적인 용도로; istruzioni per l'uso 사용 설명서; fuori uso (기계 따위가) 고장난, 작동하지 않는 ③ 언어 용법; essere in uso (말이) 통용되고 있다 ④ 관습, 관례, 관행
uso2 /'uzo/ [형] (문어체에서) essere uso a (~에) 익숙해져 있다, (~하는) 습관이 들어 있다
ustionare /ustjo'nare/ [타동] (~에) 화상을 입히다 - ustionarsi [재귀동사] 화상을 입다

ustionato /ustjo'nato/ [형] 화상을 입은
ustione /us'tjone/ [여] 화상(火傷); ustione di terzo grado 3도 화상
usuale /uzu'ale/ [형] ① 평소의, 일상의, 통상적인 ② 보통의, 평범한
usufruire /uzufru'ire/ [자동] (조동사 : avere) (di와 함께 쓰여) (~으로부터) 이익을 얻다, (~을) 이용[활용]하다
usufrutto /uzu'frutto/ [남] [법률] 용익권, 사용권
usura1 /u'zura/ [여] 고리대금, 폭리; 고리대금업, 폭리를 취하기; prestare a usura 비싼 이자를 붙여 빌려주다, 고리대금업을 하다
usura2 /u'zura/ [여] 마멸, 소모, 닳음, 낡음
usuraio /uzu'rajo/ [남] (여 : -a) (복 : -ai) 고리대금업자
usurpare /uzur'pare/ [타동] (왕위·권력 등을) 빼앗다, 가로채다, 찬탈하다; (권리를) 침해하다
usurpatore /uzurpa'tore/ [남] (여 : -trice) (왕위·권력 등의) 찬탈자; (권리의) 침해자
utensile1 /u'tɛnsile/ [형] macchina utensile 공작 기계, 전동 공구
utensile2 /uten'sile/ [남] 기구, 용구, 용품; 연장; utensili da cucina 주방용품
utente /u'tɛnte/ [남/여] (서비스 따위의) 이용자
utenza /u'tɛntsa/ [여] ① (서비스 따위의) 이용 ② (집합적으로) 이용자들
utero /'utero/ [남] [해부] 자궁
utile /'utile/ [형] 쓸모 있는, 유용한, 도움이 되는; mi è stato molto utile 그것은 아주 유용했다; posso esserle utile? 도와드릴까요?; in tempo utile 제시간에, 때맞추어 - [남] ① 이득, 이익, 유익; badare solo all'utile 이익만 추구하다 ② [경제] 수익, 수입, 소득; dare utile 수익을 내다; partecipare agli utili 수익 분배에 참여하다
utilità /utili'ta/ [여-불변] 유용, 유익, 효용, 쓸모; senza utilità pratica 실제 쓸모가 없어; essere di grande utilità 매우 유용하다
utilitaria /utili'tarja/ [여] 소형차
utilitario /utili'tarjo/ [형] (복 : -ri, -rie) 실용의, 실리의
utility [여] [컴퓨터] 유틸리티 (프로그램 작성에 유용한 각종 소프트웨어)
utilizzare /utilid'dzare/ [타동] 이용하다, 활용하다
utilizzazione /utiliddzat'tsjone/ [여] 이용, 활용
utilizzo /uti'liddzo/ [남] → utilizzazione
utilmente /util'mente/ [부] 쓸모 있게, 유용[유익]하게
utopia /uto'pia/ [여] ① 유토피아, 이상향 ② 공상, 망상
UV /uv'vi/ [형/남·복] (ultravioletti의 약자) 자외선(의)
uva /'uva/ [여] 포도 - uva passa 건포도; uva spina 구스베리
uvetta /u'vetta/ [여] 건포도
uzbeco /uz'bɛko/ (복 : -chi, -che) [형] 우즈베키스탄의 - [남] (여 : -a) 우즈베키스탄 사람 - [남] 우즈베크어
Uzbekistan /uz'bɛkistan/ [남] 우즈베키스탄

v, V /vu, vi/ [남/여-불변] 이탈리아어 알파벳의 20번째 글자
vacante /va'kante/ [형] 빈, 비어 있는
vacanza /va'kantsa/ [여] ① 휴가; andare in vacanza 휴가를 떠나다; essere in vacanza 휴가 중이다; prendersi una vacanza 휴가를 얻다; un giorno di vacanza 하루간의 휴가 ② [복] 휴가 기간; vacanze estive 여름 휴가; vacanze scolastiche (학교의) 방학 ③ 빈자리, 결원, 공석
vacca /'vakka/ [여] (복 : -che) ① 암소 ② (비유적으로·경멸적으로) 단정하지 못한 여자; 매춘부 - tempi di vacche grasse 풍요로운 시절
vaccinare /vattʃi'nare/ [타동] (~에) 백신[예방] 접종을 하다; farsi vaccinare 백신 접종을 받다, 예방 주사를 맞다
vaccinazione /vattʃinat'tsjone/ [여] 백신[예방] 접종
vaccino /vat'tʃino/ [형] latte vaccino 우유 - [남] [의학] (contro와 함께 쓰여) (~에 대한) 백신
vacillante /vatʃil'lante/ [형] 흔들리는, 불안정한, 무너질 듯한; (불꽃이) 깜박이는
vacillare /vatʃil'lare/ [자동] (조동사 : avere) ① 흔들리다, 비틀거리다, 쓰러질 듯하다 ② (불꽃이) 깜박이다 ③ (비유적으로)(기억·신념·용기 따위가) 희미해지다, 약해지다, 흔들리다 ④ (비유적으로) (체제 따위가) 무너질 듯하다
vacuo /'vakuo/ [형] 공허한, 텅 빈, 얼빠진, 내용이 없는
vademecum /vade'mɛkum/ [남-불변] 휴대용 참고서, 핸드북
va e vieni /'vae'vjɛni/ [남-불변] 왕래, 출입, 오고 감
vaffanculo /vaffan'kulo/ [감] (비어로) 뒈져라!, 엿먹어라!

vagabondaggio /vagabon'daddʒo/ [남] (복 : -gi) ① 방랑[부랑] 생활 ② 정처없이 돌아다니기, 배회
vagabondare /vagabon'dare/ [자동] (조동사 : avere) ① 방랑 생활을 하다 ② 정처없이 돌아다니다, 배회하다; vagabondare per le strade 거리를 배회하다
vagabondo /vaga'bondo/ [형] 방랑 생활을 하는; 정처없이 돌아다니는, 배회하는 - [남] (여 : -a) ① 방랑자, 정처없는 나그네 ② 여기저기 돌아다니는 사람, 배회하는 사람 ③ 게으름뱅이, 빈둥거리는 사람
vagamente /vaga'mente/ [부] 모호하게, 막연히
vagante /va'gante/ [형] 떠돌아다니는, 방랑하는, 길 잃은 - mina vagante (비유적으로) 통제 불능인 사람, 요주의 인물
vagare /va'gare/ [자동] (조동사 : avere) ① (per와 함께 쓰여) (~을) 떠돌아다니다, 방랑[배회]하다 ② (비유적으로) (생각 따위가) 빗나가다, 길을 잃다; vagare con la fantasia 상상의 나래를 펴다
vagheggiare /vaged'dʒare/ [타동] 열망하다, 간절히 바라다
vagina /va'dʒina/ [여] [해부] 질(膣)
vaginale /vadʒi'nale/ [형] [해부] 질(膣)의
vagire /va'dʒire/ [자동] (조동사 : avere) (갓난아기가) 울다
vagito /va'dʒito/ [남] (갓난아기의) 울음
vaglia /'vaʎʎa/ [남-불변] [금융] 환(換) - vaglia bancario 은행 어음; vaglia cambiario 약속어음; vaglia postale 우편환
vagliare /vaʎ'ʎare/ [타동] ① 체로 치다 [거르다] ② (비유적으로) 자세히 조사[검토]하다, 꼼꼼히 따져보다
vaglio /'vaʎʎo/ [남] (복 : -gli) (거르는) 체 - passare al vaglio i) 체로 치다 [거르다] ii) (비유적으로) 자세히 조사 [검토]하다
vago /'vago/ (복 : -ghi, -ghe) [형] 막연한, 모호한, 애매한 - [남] 막연함, 모호함, 애매함
vagone /va'gone/ [남] 철도 차량 (객차 또는 화차(貨車)); vagone letto (기차의) 침대차
vaiolo /va'jɔlo/ [남] [병리] 천연두, 마마
valanga /va'langa/ [여] (복 : -ghe) ①

눈사태 ② (비유적으로) 막대한 양, 쇄도; arrivare a valanghe (인파 등이) 쏟아져 들어오다
valente /va'lɛnte/ [형] 숙련된, 재능 있는
valere /va'lere/ [자동] (조동사 : essere) ① (금전상) (~의) 가치가 있다; vale 10 euro 10유로의 가치가 있다; quest'auto vale il suo prezzo 이 차는 제값을 한다 ② (질적으로) (~의) 가치가 있다; non valere niente 아무 가치가 없다, 쓸모없다, 무익하다 ③ (~와) 동등하다, (~에) 상당하다; un metro vale cento centimetri 1미터는 100센티미터에 해당한다 ④ 마땅히 ~할 만하다; valere la pena 할 만한 가치가 있다 ⑤ 유효하다, 효력이 있다; il mio passaporto vale fino al 2015 내 여권은 2015년까지 유효하다 ⑥ (per와 함께 쓰여) (이론·원칙 따위가 ~에) 적용되다; questo vale anche per te 이건 너에게도 적용되는 거야 ⑦ 쓸모가 있다, 유용하다; i suoi sforzi non sono valsi a niente 그의 노력은 수포로 돌아갔다 ⑧ vale a dire 즉, 다시 말해서 - [타동] 얻게[획득하게] 하다; gli ha valso il primo premio 그것으로 그는 1등상을 받았다 - valersi [재귀동사] (di와 함께 쓰여) (~을) 이용[활용]하다 - fare valere (권리 등을) 주장하다, (의견 따위를) 내세우다
valeriana /vale'rjana/ [여] [식물] 쥐오줌풀; [약학] 길초근(吉草根; 쥐오줌풀의 뿌리)
valevole /va'levole/ [형] 유효한, 효력이 있는
valicare /vali'kare/ [타동] (산이나 강 따위를) 넘다, 건너다
valico /ˈvaliko/ [남] (복 : -chi) ① 통과, 통행, 횡단 ② 통과[횡단]하는 곳 (산길 따위)
validità /validi'ta/ [여-불변] 효력, 유효성
valido /ˈvalido/ [형] ① (티켓·서류 따위가) 유효한, 효력 있는 ② 근거가 있는, 정당한, 타당한 ③ 효과적인, 유익한, 도움이 되는 ④ 가치 있는, 훌륭한
valigeria /validʒe'ria/ [형] 가죽 제품이; 가죽 제품 공장·가게
valigia /va'lidʒa/ [여] (복 : -gie, -ge) 슈트케이스, 가방; fare le valigie [짐]을 꾸리다; disfare le valigie 짐을 풀다 - valigia diplomatica 외교 행낭
vallata /val'lata/ [여] (넓고 큰) 골짜기, 계곡
valle /'valle/ [여] 골짜기, 계곡; scendere a valle 골짜기를 내려가다
valletta /val'letta/ [여] 작은 골짜기[계곡]
valletto /val'letto/ [남] 시종, 하인
valligiano /valli'dʒano/ [남] (여 : -a) 골짜기[계곡]에 사는 사람
vallo /ˈvallo/ [남] [군사] 성벽, 보루
vallone1 /val'lone/ [남] 깊은 골짜기[계곡]
vallone2 /val'lone/ [형] (벨기에 남부의) 왈로니아 지방의 - [남] (여 : -a) 왈로니아 지방 사람 - [남] 왈론어(語) (프랑스어의 한 방언)
valore /va'lore/ [남] ① 가격, 값, 금전적 가치; del valore di 100 euro 100유로짜리의; avere valore 값나가다, 가치가 있다 ② (질적인 면에서의) 가치, 값어치, 진가; dare un grande valore a qc 무엇에 높은 가치를 부여하다, 무엇을 높이 평가하다 ③ [법적] 효력, 유효성 ④ (도덕적·정신적) 가치 ⑤ i valori 귀중품 ⑥ valori 유가 증권 ⑦ [수학] 값, 치(値) ⑧ 용기, 용맹, 무용(武勇)
valorizzare /valorid'dzare/ [타동] ① 보다 가치 있게 만들다, 가치를 증대시키다 ② 두드러지게[돋보이게] 하다 - valorizzarsi [재귀동사] 가치가 오르다
valorizzazione /valoriddzat'tsjone/ [여] 가치 상승
valorosamente /valorosa'mente/ [부] 용감하게, 용맹스럽게
valoroso /valo'roso/ [형] (군인 등이) 용감한, 용맹스러운
valuta /va'luta/ [여] 통화(通貨); valuta estera 외화
valutare /valu'tare/ [타동] ① 평가하다, 견적하다 ② (~의) 값을 매기다 ③ 잘 따져보다, 신중하게 고려하다; valutare il pro e il contro 찬반 양론의 득실을 잘 따져보다
valutario /valu'tarjo/ [형] (복 : -ri, -rie) 화폐의, 통화의
valutazione /valutat'tsjone/ [여] 평가, 견적; 판단
valvola /ˈvalvola/ [여] ① (기계 장치의) 판(瓣), 밸브; valvola di sicurezza 안전판 ② [전기] 퓨즈 ③ [해부] 판, 판막(瓣膜)
valzer /ˈvaltser/ [남-불변] 왈츠

vamp /vamp/ [여-불변] 요부(妖婦)
vampa /'vampa/ [여] ① 불꽃, 화염 ② 혹서, 무더위 ③ (얼굴의) 홍조 ④ (비유적으로) 열정, 정열
vampata /vam'pata/ [여] ① 타오르는 불꽃 ② 타는 듯한 열기 ③ (얼굴을) 붉힘 ④ (비유적으로) (감정 따위의) 폭발, 격발
vampiro /vam'piro/ [남] ① 흡혈귀, 뱀파이어 ② (비유적으로) 남을 착취하는 사람 ③ [동물] 흡혈박쥐
vanaglorioso /vanaglo'rjoso/ [형] 자만심이 강한, 우쭐대는
vanamente /vana'mente/ [부] 헛되이
vandalico /van'daliko/ [형] (복 : -ci, -che) (공공 시설 따위를) 고의적으로 파괴하는
vandalismo /vanda'lizmo/ [남] 예술·문화의 고의적 파괴; (비문화적인) 야만 행위; 공공 시설물의 파괴
vandalo /'vandalo/ [남] (여 : -a) ① 반달 족의 한 사람 ② 예술·문화·공공 시설물 따위를 고의적으로 파괴하는 사람
vaneggiare /vaned'dʒare/ [자동] (조동사 : avere) 헛소리를 하다, 미쳐 날뛰다
vanesio /va'nɛzjo/ [형/남] (여 : -a) (복 : -si, -sie) 자만심[허영심]이 강한, 뽐내는 (사람)
vanga /'vanga/ [여] (복 : -ghe) 삽
vangare /van'gare/ [타동] (땅을) 삽으로 파다
vangelo /van'dʒɛlo/ [남] ① [기독교] 복음(서) ② (비유적으로) 절대적인 진리
vanificare /vanifi'kare/ [타동] (시도·노력 따위를) 헛되게 하다, 좌절시키다
vaniglia /va'niʎʎa/ [여] [식물] 바닐라; 바닐라에서 얻는 향미료
vanigliato /vaniʎ'ʎato/ [형] 바닐라향의
vanillina /vanil'lina/ [여] [화학] 바닐린 (바닐라로 만든 향료)
vanità /vani'ta/ [여-불변] ① 자만심, 허영심 ② 헛됨, 공허, 덧없음
vanitoso /vani'toso/ [형/남] (여 : -a) 자만심[허영심]이 강한 (사람)
vano /'vano/ [형] ① 헛된, 쓸데없는, 무익한; riuscire vano 수포로 돌아가다 ② (약속·희망 따위가) 공허한 ③ 경박한, 경솔한 - [남] ① (건물 내의) 빈 공간; il vano della porta 문간, 현관 ② 방; un appartamento di quattro vani 방 네 개짜리 아파트
vantaggio /van'taddʒo/ [남] (복 : -gi)
① 유리한 점, 이점; avere il vantaggio di ~이라는 이점이 있다 ② 우세, 우위; [스포츠] 리드, 선두, 수위; portarsi in vantaggio 선두에 서다; ha 2 punti di vantaggio sull'avversario 그는 상대에게 2점 차로 앞서고 있다 ③ 유리한 입장; 이익, 득; trarre vantaggio da qc 무엇으로부터 득을 보다, 이익을 얻다
vantaggioso /vantad'dʒoso/ [형] 유리한; 이로운, 유익한
vantare /van'tare/ [타동] ① 칭찬하다 ② (가진 것을) 자랑하다; un sindacato che vanta 30.000 membri 회원 수 3만 명을 자랑하는 노동조합 - vantarsi [재귀동사] (di와 함께 쓰여) (~에 대해) 자랑스럽게 여기다
vanteria /vante'ria/ [여] 자랑(하기)
vanto /'vanto/ [남] ① 자랑; menare vanto di qc 무엇을 자랑하다 ② 자랑거리; è il vanto di sua madre 그는 그의 어머니의 자랑이다
vanvera [부] (a vanvera /a'vanvera/의 형태로 쓰여) 아무렇게나, 닥치는 대로; parlare a vanvera 생각 없이 (되는 대로) 말하다
vapore /va'pore/ [남] ① 증기, 김, 수증기; a vapore (엔진·배·기차 따위가) 증기로 움직이는; al vapore (음식을) 찐 ② 기선(汽船) - vapori [남·복] 발산되는 기운 - andare a tutto vapore 전속력으로 가다
vaporetto /vapo'retto/ [남] 기선(汽船)
vaporiera /vapo'rjera/ [여] 증기 기관차
vaporizzare /vaporid'dzare/ [타동] ① (액체를) 증발시키다, 기화(氣化)하다 ② (스프레이로) 분무하다 - vaporizzarsi [재귀동사] (액체가) 증발[기화]하다
vaporizzatore /vaporiddza'tore/ [남] 스프레이, 분무기
vaporoso /vapo'roso/ [형] ① (천 따위가) 얇고 가벼운 ② (비유적으로) (생각 따위가) 막연한, 모호한
varare /va'rare/ [타동] ① (새로 만든 배를) 진수(進水)하다 ② (비유적으로) (새로운 계획 따위에) 착수하다 ③ (법안을) 통과시키다
varcare /var'kare/ [타동] (경계·한도 따위를) 넘다; (강·바다 따위를) 건너다; varcare i limiti 한도를 넘다
varco /'varko/ [남] (복 : -chi) 통로, 지나가는 길; aprirsi un varco tra la

folla 군중 사이를 헤치며 나아가다 - aspettare qn al varco 누구를 숨어서 기다리다
varechina /vare'kina/ [여] 표백제
variabile /va'rjabile/ [형] 변하기 쉬운, 잘 바뀌는; 변덕스러운, 불안정한 - [여][수학] 변수(變數)
variabilità /varjabili'ta/ [여-불변] 변하기 쉬움; 변덕스러움, 불안정
variante /va'rjante/ [여] ① 변경, 변화 ② 이형(異形), 변형
variare /va'rjare/ [타동] 바꾸다, 변경하다, 고치다 - [자동] (조동사 : essere) 바뀌다, 변화하다, 달라지다
variato /va'rjato/ [형] 여러 가지의 [로 구성된]
variazione /varjat'tsjone/ [여] ① 변화, 변경 ② [복][음악] 변주곡
varice /va'ritʃe/ [여][병리] 정맥류(靜脈瘤)
varicella /vari'tʃella/ [여][병리] 수두(水痘)
varicoso /vari'koso/ [형] vena varicosa [병리] 정맥류(靜脈瘤)
variegato /varje'gato/ [형] 여러 가지 색깔로 된, 다채로운
varietà1 /varje'ta/ [여-불변] ① 다양성 ② 갖가지, 가지각색 ③ 종류; 이종(異種)
varietà2 /varje'ta/ [남-불변] 버라이어티 쇼
vario /'varjo/ (복 : -ri, -rie) [형] 여러 가지의, 다양한; per vari motivi 여러 가지 이유로 - vari [형/대·복] (부정형 용사/부정대명사) 여러, 몇몇; in vari luoghi 여러 장소에서; vari mi hanno detto che 몇몇 사람들이 나에게 ~이라고 말했다
variopinto /varjo'pinto/ [형] 여러 가지 색깔로 된, 다채로운
varo /'varo/ [남] ① (새로 만든 배의) 진수(進水) ② (비유적으로) (새로운 계획의) 착수 ③ (법안 따위의) 통과
Varsavia /var'savja/ [여] 바르샤바 (폴란드의 수도)
vasaio /va'zajo/ [남] (여 : -a) (복 : -ai) 도공(陶工), 옹기장이
vasca /'vaska/ [여] (복 : -sche) ① 물통; (부엌의) 싱크대 ② 욕조 ③ 수영장 ④ 웅덩이, 연못
vascello /vaʃ'ʃello/ [남] 배, 선박; capitano di vascello 선장

vaschetta /vas'ketta/ [여] 그릇
vascolare /vasko'lare/ [형][해부·생물] 도관(導管)의, 맥관(脈管)의
vasectomia /vazekto'mia/ [여] [외과] 정관(精管) 절제(술)
vaselina /vaze'lina/ [여] 바셀린
vasellame /vazel'lame/ [남] 유리 제품; 도자기류; 금·은 제품
vasetto /va'zetto/ [남] 잼·요구르트·크림 따위를 담아두는 단지
vaso /'vazo/ [남] ① 꽃병; 장식용 항아리나 병 ② (식품 보관용) 단지, 항아리 ③ 수세식 변기 ④ [해부·생물] 도관(導管), 맥관(脈管); vaso sanguigno 혈관 - vaso da notte 요강, 침실용 변기
vassallo /vas'sallo/ [남] ① 신하 ② (비유적으로) 부하, 노예, 종
vassoio /vas'sojo/ [남] (복 : -oi) 쟁반
vastità /vasti'ta/ [여-불변] 광대, 거대, 막대
vasto /'vasto/ [형] 광대한, 거대한, 막대한; di vaste proporzioni 광범위한, 넓은 범위에 걸친; su vasta scala 대규모로
Vaticano /vati'kano/ [남] 바티칸, 교황청
vattelappesca /vattelap'peska/ [부] (구어체에서) come si chiama? - vattelappesca! 그의 이름이 뭐지? - 누가 알겠어?, 알 수 없지
ve /ve/ → vi
vecchiaia /vek'kjaja/ [여] 노령, 고령
vecchio /'vɛkkjo/ (복 : -chi, -chie) [형] ① 나이 든, 늙은, 노년의 ② (비교급에서) è più vecchio di me 그는 나보다 나이가 많다 ③ 헌, 낡은, 오래된; vecchio come il mondo 아주 오래된 ④ 이전의, 옛날의; il vecchio sindaco 전(前) 시장 ⑤ 옛날부터의, 오래 사귄; è un mio vecchio amico 그는 나의 오랜 친구다 - [남](여 : -a) ① 노인 ② (구어체에서) vecchio mio (친구에게 하는 말로) 여보게, 자네 ③ (구어체에서) il mio vecchio 아버지; i miei vecchi 부모 ④ il vecchio 오래된 것
vecchiume /vek'kjume/ [남] ① 오래된 것, 폐물, 고물 ② (비유적으로) 구식 사고방식, 낡은 생각
vece /'vetʃe/ [여] (복 : -ci) (문어체에서) fare le veci di qn 누구를 대신해서 하다; in vece di qn 누구를 대신해서; in vece mia 내 대신에
vedente /ve'dɛnte/ [남/여] non vedente

시각장애인
vedere1 /ve'dere/ [타동] ① 보다, 보이다; non abbiamo visto niente 우리는 아무것도 보지 못했다; fare vedere qc a qn 누구에게 무엇을 보여주다; fammi vedere 어디 좀 보자 ② 주목하여 보다, 구경하다, 목도하다; hai visto il film ieri? 어제 그 영화 봤니?; posso vedere i tuoi quadri? 네 그림 좀 볼 수 있을까?; è bello da vedere 보기 좋다 ③ 생각하다, 상상하다; non me lo vedo a viaggiare da solo 그가 혼자 여행한다는 건 상상할 수도 없어 ④ 판단하다; per come la vedo io 내가 보기에는, 내 판단으로는 ⑤ 이해하다, 알다; non vedo dove sia il problema 난 그 문제를 이해할 수 없다 ⑥ 발견하다, 알아차리다; dovrai solo stare a vedere 글쎄, 두고 보라니까 ⑦ 검토하다, 자세히 살펴보다 ⑧ 시도하다, 해보다; vediamo di non fare sbagli 실수하지 않도록 하자 ⑨ (사람을) 만나다; (전문가와) 상담하다; devo vedere il mio avvocato 변호사를 좀 만나봐야겠어 ⑩ 방문하다, 보러[관광하러] 가다; a Perugia ci sono molte cose da vedere 페루자에는 볼 만한 것이 많다 ⑪ farsi vedere 나타나다, 모습을 드러내다 - vedersi [재귀동사] ① 자신의 모습을 보다; vedersi allo specchio 거울로 자신의 모습을 비춰보다 ② 자신이 ~한 상태에 있음을 알다; si vide perduto 그는 길을 잃었다는 걸 알았다 ③ 서로 만나다; ci vediamo domani! 내일 보자! - essere ben visto da qn 누구에게 좋은 평가를 받고 있다; visto che ~이라는 걸 생각해 보면, ~이므로; non avere niente a che vedere con qn/qc 누구/무엇과 아무 관계가 없다; vedere la luce (아기가) 태어나다; vedere lontano (비유적으로) 멀리 보다, 선견지명이 있다; chi s'è visto s'è visto! 그것으로 끝이야; non vederci più dalla rabbia 분노로 제정신을 잃다; non vedere l'ora di fare qc ~하기를 학수고대하다
vedere2 /ve'dere/ [남] a mio vedere 내가 보기에는, 내 판단에는
vedetta /ve'detta/ [여] [군사] ① 망대, 망루; essere[stare] di vedetta 경계 임무를 수행 중이다 ② 초계정(哨戒艇)

vedette /ve'dɛt/ [여-불변] (영화·연극의) 스타, 유명[인기] 배우
vedova /'vedova/ [여] 과부, 미망인
vedovanza /vedo'vantsa/ [여] 과부[미망인]의 처지
vedovo /'vedovo/ [형] 과부[홀아비]가 된, 과부[홀아비] 신세의 - [남] 홀아비
veduta /ve'duta/ [여] ① (눈에 보이는) 풍경, 경치, 조망, 전망 ② (어떤 위치에서 본) 면(面); ~도(圖); veduta di fronte (건물 따위의) 정면도 - vedute [여·복] (비유적으로) 견해, 의견, 생각; di larghe vedute 마음이 넓은
veemente /vee'mɛnte/ [형] ① (공격 따위가) 격렬한, 맹렬한 ② (비유적으로) 열렬한, 열정적인
veemenza /vee'mɛntsa/ [여] ① (공격 따위의) 격렬, 맹렬 ② (비유적으로) 열렬, 열정적임; con veemenza 열렬하게
vegetale /vedʒe'tale/ [형] ① 식물의; regno vegetale 식물계(界) ② 채소의 - [남] 채소, 식물
vegetaliano /vedʒeta'ljano/ [남] (여 : -a) (유제품이나 계란을 포함하여 동물성 식품을 일체 먹지 않는) 완전 채식주의자
vegetare /vedʒe'tare/ [자동] (조동사 : avere) ① (식물이) 자라다, 생장하다 ② (비유적으로) 식물처럼 단조로운 생활을 하다
vegetariano /vedʒeta'rjano/ [형] 채식주의의 - [남] (여 : -a) 채식주의자
vegetativo /vedʒeta'tivo/ [형] ① [생리] 성장·생식 등 신체 내의 기본 기능에 관한 ② [해부] 자율 신경의; sistema nervoso vegetativo 자율 신경계 ③ 식물의, 식물에 관계된; (생식이) 무성(無性)의
vegetazione /vedʒetat'tsjone/ [여] (한 지방 특유의) 초목, 식물상(相)
vegeto /'vedʒeto/ [형] ① (식물이) 무성하게 잘 자라는 ② (비유적으로) (사람이) 원기왕성한, 건강한
veggente /ved'dʒɛnte/ [남/여] 예언가, 점쟁이
veglia /'veʎʎa/ [여] ① (잠들지 않고) 깨어 있음; tra la veglia e il sonno 비몽사몽간 ② 철야, 밤샘; fare la veglia a un malato 병자를 밤샘 간호하다
vegliardo /veʎ'ʎardo/ [남] (여 : -a) 나이 지긋하고 덕망 있는 사람, 원로, 웃어른

V

vegliare /veʎˈʎare/ [타동] (병자를) 밤샘 간호하다 - [자동] (조동사 : avere) ① (잠들지 않고) 깨어 있다 ② vegliare su qn 병자를 밤샘 간호하다

veglione /veʎˈʎone/ [남] 무도회, 댄스 파티

veicolare1 /veikoˈlare/ [형] 운송 수단의, 탈것의, 차량의

veicolare2 /veikoˈlare/ [타동] (병을) 옮기다; (사상을) 전하다

veicolo /veˈikolo/ [남] ① 탈것, 차량, 운송 수단; veicolo a motore 자동차; veicolo spaziale 우주선 ② 매개물, 매체, 전달 수단 ③ [의학] 전염병 매개체, 보균자

vela /ˈvela/ [여] ① (배의) 돛; issare le vele 돛을 올리다; fare vela verso ~ 을 향해 항해하다 ② [스포츠] 요트 경기 - tutto va a gonfie vele (비유적으로) 모든 일이 순조롭게 진행되고 있다

velare1 /veˈlare/ [형] [해부·언어] 연구개(軟口蓋)의 - [여] [언어] 연구개음, 여린입천장소리

velare2 /veˈlare/ [타동] ① (~에) 베일을 씌우다, (~을) 베일로 가리다 ② (구름이 하늘을, 눈물 따위가 눈을) 가리다 ③ (비유적으로) 감추다, 숨기다 - velarsi [재귀동사] ① (얼굴을) 베일로 가리다, 면사포를 쓰다 (velarsi il volto) ② (하늘에) 구름이 끼다; (눈에) 눈물이 어리다

velato /veˈlato/ [형] ① 베일을 씌운, 베일로 가린 ② (직물이) 얇아서 비쳐 보이는 ③ (하늘·눈빛 따위가) 흐린 ④ (비유적으로) 숨겨진, 감추어진, 은밀한

velcro /ˈvɛlkro/ [남] 벨크로 (단추나 지퍼 대신에 쓰는 접착 천)

veleggiare /veledˈdʒare/ [자동] (조동사 : avere) ① (배가) 돛을 달고 항해하다 ② (글라이더가) 활공(滑空)하다

veleno /veˈleno/ [남] ① 독(약), 독물; (동물의) 독액 ② (비유적으로) 악의, 앙심; parole piene di veleno 악의에 찬 말, 독설

velenoso /veleˈnoso/ [형] ① 독이 있는, 독을 함유한 ② (비유적으로) 악의에 찬, 독설의

veletta /veˈletta/ [여] 모자를 장식하는 데 쓰이는 베일의 일종

veliero /veˈljɛro/ [남] 돛단배, 범선

velina /veˈlina/ [여] ① (포장 등에 쓰이는) 박엽지(薄葉紙) (또는 carta velina) ② (카본지(紙)에 의한) 복사본

velista /veˈlista/ [남/여] (남·복 : -i, 여·복 : -e) 요트를 조종하는 사람

velivolo /veˈlivolo/ [남] 항공기, 비행기

velleità /velleiˈta/ [여-불변] 헛된 야망

vello /ˈvello/ [남] 양모(羊毛), 양가죽

vellutato /velluˈtato/ [형] 벨벳 같은, 촉감이 부드러운; (목소리가) 부드러운

velluto /velˈluto/ [남] 벨벳, 우단; di velluto 벨벳 같은, 촉감이 부드러운; velluto a coste 코르덴

velo /ˈvelo/ [남] ① 베일, 면사포; velo da sposa 신부의 면사포; prendere il velo (여자가) 수녀가 되다 ② 얇은 막이나 층; un velo di ghiaccio 얇은 얼음 ③ 보일 (성기게 짜서 비쳐 보이는 얇고 가벼운 직물) ④ (비유적으로) 가리개; stendere un velo (pietoso) su qc 무엇을 덮어 감추다 ⑤ [해부] velo palatino 연구개(軟口蓋) - senza veli i) 몸에 실오라기 하나 걸치지 않은, 나체의 ii) (발언 따위를) 명백하게, 뚜렷하게, 확실히

veloce /veˈlotʃe/ [형] ① 빠른, 급속한, 신속한; veloce come un lampo 매우 빠른, 전광석화와도 같은 ② 일순간의, 단시간의; fare una visita veloce a qn 누구네 집에 잠깐 들르다 - [부] 빨리, 빠르게, 신속하게

velocemente /velotʃeˈmente/ [부] 빨리, 빠르게, 신속하게

velocista /veloˈtʃista/ [남/여] (남·복 : -i, 여·복 : -e) [육상] 스프린터, 단거리 선수

velocità /velotʃiˈta/ [여-불변] ① 속도, 속력, 빠르기; a grande velocità 초고속으로, 매우 빠르게; a tutta velocità 전속력으로; aumentare la velocità 가속(加速)하다 ② (자동차의) 기어; prima velocità 제1단 기어

velocizzare /velotʃidˈdzare/ [타동] 가속(加速)하다, 빠르게 하다 - **velocizzarsi** [재귀동사] 속도가 늘다, 빨라지다

velodromo /veˈlɔdromo/ [남] 벨로드롬, 자전거 경주장

vena /ˈvena/ [여] ① [해부] 정맥; tagliarsi le vene 손목을 긋다 ② (목재·돌 따위의) 결 ③ [지질·광물] 맥, 암맥(岩脈), 광맥 ④ 영감, 인스퍼레이션 ⑤ (비유적으로) 기미, 자취, 흔적 ⑥

(비유적으로) 기분, 마음; essere in vena di fare qc ~할 기분이다

venale /ve'nale/ [형] ① (상품이) 팔 수 있는, 판매 가능한 ② 판매의; prezzo venale 판매 가격 ③ (경멸적으로) (사람이) 돈에 의해 좌우되는; 탐욕스러운

venato /ve'nato/ [형] (목재·돌 따위에) 결이 있는

venatura /vena'tura/ [여] ① (목재·돌 따위의) 결 ② (비유적으로) 기미, 자취, 흔적

vendemmia /ven'demmja/ [여] 포도 수확; 수확된 포도; fare la vendemmia 포도를 수확하다

vendemmiare /vendem'mjare/ [타동] (포도를) 수확하다 - [자동] (조동사 : avere) 포도를 수확하다

vendere /'vendere/ [타동] ① 팔다, 판매하다; vendere qc per 20 euro 무엇을 20유로에 팔다; vendere a rate 할부로 팔다; "vendesi" "판매용", "매물"; vendere a buon mercato 헐값에 팔다 ② (경멸적으로) (나라·친구 등을) 팔다, 배반하다; (몸을) 팔다 - vendersi [재귀동사] ① 배반자가 되다; vendersi al nemico 적국으로 넘어가다 ② 몸을 팔다, 매춘을 하다 - vendere la pelle dell'orso prima di averlo ammazzato [속담] 김칫국부터 마시다

vendetta /ven'detta/ [여] 복수, 보복, 앙갚음; prendersi una vendetta 복수[보복]하다

vendicare /vendi'kare/ [타동] 복수[보복]하다 - vendicarsi [재귀동사] (di 와 함께 쓰여) (~에게) 복수[보복]하다

vendicativo /vendika'tivo/ [형] 복수심에 불타는, 앙심을 품은

vendita /'vendita/ [여] ① 판매; in vendita 판매용의, 팔려고 내놓은; reparto vendite (회사의) 판매부 ② 판매량, 판매고 ③ 상점 - vendita all'asta 경매; vendita al dettaglio 소매; vendita all'ingrosso 도매

venditore /vendi'tore/ [남] (여 : -trice) 판매자, (상점의) 점원 또는 주인; venditore all'ingrosso 도매업자

venerabile /vene'rabile/ [형] 존경할 만한, 덕망 있는

venerando /vene'rando/ [형] 존경할 만한

venerare /vene'rare/ [타동] 존경하다, 숭배하다, 경외하다

venerazione /venerat'tsjone/ [여] 존경, 숭배, 경외

venerdì /vener'di/ [남-불변] 금요일; venerdì santo 성(聖)금요일, 수난일 (부활절 이틀 전)

Venere /'vɛnere/ [여] ① [로마신화] 비너스 ② [천문] 금성

venereo /ve'nɛreo/ [형] malattia venerea 성병(性病)

Venezia /ve'nettsja/ [여] 베네치아, 베니스

veneziana /venet'tsjana/ [여] (창문에 설치하는) 베네션 블라인드

Venezuela /venet'tsuɛla/ [남] 베네수엘라

venezuelano /venettsue'lano/ [형] 베네수엘라의 - [남] (여 : -a) 베네수엘라 사람

veniale /ve'njale/ [형] (죄 따위가) 용서할 만한

venire /ve'nire/ [자동] (조동사 : essere) ① (말하는 사람 쪽으로) 오다; (상대방이 있는 곳으로) 가다; è venuto in macchina 그는 차를 타고 왔다; vengo! 지금 가고 있어; fare venire (의사 등을) 오게 하다, 부르러 보내다 ② 도착하다, 오다; non è ancora venuto 그는 아직 오지 않았다 ③ (da 와 함께 쓰여) ~ 출신이다 ④ 생기다, 발생하다, 나타나다; mi è venuto il raffreddore 난 감기에 걸렸어; mi è venuta un'idea 내게 (어떤) 생각이 떠올랐어 ⑤ ~한 상태가 되다, 결과적으로 ~하게 되다; venire bene (일 따위가) 잘되다 ⑥ (구어체에서) 값이 ~이다; quanto viene? 그거 얼마죠? ⑦ (조동사로 쓰여) venire stimato da tutti 모든 이들에게 존경을 받다 ⑧ (부사와 함께 쓰여) venire fuori (밖으로) 나오다; venire giù 내려오다; venire meno 기절[졸도]하다; venire su 자라다, 성장하다; venire via 떠나다, 떨어져 나오다 ⑨ venirsene i) 오다, 가다; venirsene verso casa 집에 오다 ii) 가버리다, 떠나다 - è venuto il momento di ~할 때가 왔다; negli anni a venire 장래에, 다가올 시기에; venire a capo di qc (문제 따위를) 해결하다; venire al dunque 본론[요점]으로 들어가다; venire alla luce i) (아기가) 태어나다 ii) 드러나다, 밝혀지다;

venire a patti con qn 누구와 합의를 보다; **venire a sapere qc** 무엇을 알게 되다
ventaglio /ven'taʎʎo/ [남] (복 : -gli) 부채; **a ventaglio** 부채꼴의
ventata /ven'tata/ [여] ① 한바탕 부는 바람, 돌풍, 질풍 ② (비유적으로) (감정 따위의) 고조
ventennale /venten'nale/ [형] ① 20년간의 ② 20년마다의, 20년에 한 번 있는 - [남] 20주년
ventenne /ven'tɛnne/ [형/남/여] 20세의 (청년)
ventennio /ven'tɛnnjo/ [남] (복 : -ni) 20년간
ventesimo /ven'tɛzimo/ [형] 제20의, 20번째의 - [남] (여 : -a) ① 20번째의 것[사람] ② 20분의 1
venti /'venti/ [형-불변] 20의 - [남-불변] ① 20, 스물 ② (한 달의) 제20일 - [여·복] 오후 8시
ventilare /venti'lare/ [타동] ① 공기[바람]를 통하게 하다, (방 따위를) 환기시키다 ② (낟알을) 까부르다 ③ (비유적으로) (의견을) 내놓다, 발표하다
ventilato /venti'lato/ [형] 공기[바람]이 통하는, (방 따위가) 환기가 된
ventilatore /ventila'tore/ [남] ① 환풍기, 환기 설비 ② 풍구, 낟알을 까부르는 기구
ventilazione /ventilat'tsjone/ [여] ① 통풍, 환기 ② (낟알을) 까부르기
ventina /ven'tina/ [여] 약 20, 스물 가량; **una ventina di persone** 스무 명 정도 되는 사람들; **essere sulla ventina** (나이가) 20세 정도다
ventiquattro /venti'kwattro/ [형-불변] 24의 - [남-불변] ① 24 ② (한 달의) 제24일 - [여·복] 밤 12시, 자정
vento /'vɛnto/ [남] 바람; **c'è vento** 바람이 분다; **un colpo di vento** 한바탕 부는 바람; **a prova di vento** 방풍(防風)의; **contro vento** 바람을 거슬러, 바람을 안고; **vento contrario** [항해] 역풍, 맞바람 - **fatica buttata al vento** 수포로 돌아간 노력; **parlare al vento** 쓸데없이 지껄이다
ventola /'ventola/ [여] (자동차·기계류 따위의) 팬
ventosa /ven'tosa/ [여] ① 흡입 컵; [의학] 부항 ② [동물] 빨판, 흡반
ventoso /ven'toso/ [형] 바람이 부는

ventre /'vɛntre/ [남] ① 배, 복부; **avere dolori al ventre** 복통이 있다; **sdraiato sul ventre** 배를 땅에 대고 엎드린 ② 자궁 ③ (통이나 병 따위의) 불룩한 부분, 중배 - **il ventre della terra** (비유적으로) 땅 속 깊숙한 곳
ventricolo /ven'trikolo/ [남] [해부] (심장의) 심실(心室); 뇌실(腦室)
ventriloquio /ventri'lɔkwjo/ [남] (복 : -qui) 복화술
ventriloquo /ven'trilokwo/ [남] (여 : -a) 복화술사
ventura /ven'tura/ [여] (문어체에서) 운, 운수; 행운; **andare alla ventura** 운에 맡기다
venturo /ven'turo/ [형] 다음의, 오는; **l'anno venturo** 내년
venuta /ve'nuta/ [여] 옴, 도착, 도래; **le ragioni della sua venuta sono oscure** 그가 왜 왔는지는 불분명하다
venuto /ve'nuto/ [남] (여 : -a) 온 사람; **il primo venuto, la prima venuta** 맨 먼저 온 사람
vera /'vera/ [여] 결혼 반지
verace /ve'ratʃe/ [형] ① 진실을 말하는, 정직한, 성실한 ② 진짜의, 진품의
veramente /vera'mente/ [부] ① 정말, 실제로; **l'ha fatto veramente** 그는 실제로 그 일을 했다 ② 참으로, 무척; **faceva veramente caldo** 정말 더웠어 ③ (놀람을 나타내어) **veramente?** 정말? ④ 사실은, 진실을 말하자면; **veramente, non ne sapevo niente** 사실, 난 그것에 대해 아무것도 몰랐어
veranda /ve'randa/ [여] 베란다
verbale1 /ver'bale/ [형] ① 구두(口頭)의, 말에 의한; **accordo verbale** 구두 계약 ② 말의, 언어의 ③ [문법] 동사의
verbale2 /ver'bale/ [남] 의사록(議事錄), 기록
verbo /'vɛrbo/ [남] ① [문법] 동사 ② **il Verbo** [기독교] 하나님의 말씀, 성경, 복음
verboso /ver'boso/ [형] 말이 많은
verde /'verde/ [형] ① 녹색의, 초록빛의 ② (과일 따위가) 익지 않은; (목재가) 말리지 않은 ③ 생태계를 중시하는, 환경 보호의; **zona verde** 그린벨트 - [남] ① 녹색, 초록빛 ② 풀밭, 녹지 - **verdi** [남·복] **i Verdi** [정치] 녹색당 - **verde d'invidia** 몹시 부러워하는; **gli anni verdi** 청춘; **benzina verde**

무연 휘발유; essere al verde 파산 상태다, 무일푼이다
verdeggiante /verded'dʒante/ [형] 풀밭의, 녹지대의
verderame /verde'rame/ [남-불변] [화학] 녹청(綠靑)
verdetto /ver'detto/ [남] ① [법률] (배심원이 재판장에게 제출하는) 평결 ② (비유적으로) 판정, 판단, 의견
verdura /ver'dura/ [여] 채소; negozio di frutta e verdura 청과상
verecondo /vere'kondo/ [형] 얌전 빼는, 수줍어하는
verga /'verga/ [여] (복 : -ghe) 막대, 봉; verga d'oro 골드바
vergato /ver'gato/ [형] carta vergata 줄이 그어진 종이
verginale /verdʒi'nale/ [형] 처녀의, 처녀다운, 순결한, 순수한
vergine /'verdʒine/ [형] ① 처녀의, 동정의 ② (카세트·디스켓·필름 따위가) 아직 쓰이지 않은, 새것의 ③ (숲·지대가) 개간되지 않은 - [여] 처녀
Vergine /'verdʒine/ [여] la (Santa) Vergine, la Vergine Maria [가톨릭] 성모 마리아
verginità /verdʒini'ta/ [여-불변] 처녀성, 동정 - rifarsi una verginità 좋은 평판을 회복하다, 오명을 씻다
vergogna /ver'goɲɲa/ [여] ① 부끄러움, 수치; provo vergogna davanti a lui 나는 그의 앞에서 부끄러움을 느낀다; non avere vergogna 부끄러운 줄 모르고 ② 불명예, 굴욕 - vergogne [여·복] 음부(陰部), 생식기
vergognarsi /vergoɲ'narsi/ [재귀동사] (di와 함께 쓰여) (~으로 인해) 부끄러워하다, 수치심을 느끼다; vergognati! 부끄러운 줄 알아라!
vergognoso /vergoɲ'noso/ [형] ① 부끄러운, 수치스러운, 불명예스러운 ② (di와 함께 쓰여) (~으로 인해) 부끄러워하는, 수치심을 느끼는 ③ (어린아이 등이) 수줍음을 타는
veridicità /veriditʃi'ta/ [여-불변] 진실성, 거짓말이 아님
verifica /ve'rifika/ [여] (복 : -che) ① 확인, 검사, 점검, 체크; fare una verifica di ~을 확인[체크]하다 ② (학교에서의) 시험, 테스트
verificare /verifi'kare/ [타동] 확인하다, 검사하다, 점검하다, 체크하다 -

verificarsi [재귀동사] ① (사건 따위가) 일어나다, 발생하다 ② 사실로 드러나다, 현실화되다
verità /veri'ta/ [여-불변] ① 진실, 사실; la pura verità 명백한 진실; la verità nuda e cruda 있는 그대로의 진실; travisare la verità 사실을 왜곡하다; a dire la verità, per la verità 사실을 말하자면, 사실은; macchina della verità 거짓말 탐지기 ② 진리, 자명한 이치
veritiero /veri'tjero/ [형] 진실의, 사실의, 정확한
verme /'verme/ [남] ① 벌레; mangiato dai vermi (과일 따위가) 벌레 먹은 ② [의학] 기생충; verme solitario 촌충
vermicelli /vermi'tʃelli/ [남·복] 가느다란 파스타 종류
vermiglio /ver'miʎʎo/ [남/형] (복 : -gli, -glie) 주홍빛(의)
vermout(h), vermut /'vɛrmut/ [남-불변] 베르무트 (포도주에 베르무트 초 따위의 향료를 우려서 만드는 술)
vernacolo /ver'nakolo/ [남/형] 모국어 (의)
vernice /ver'nitʃe/ [여] ① 페인트, 도료; 니스, 바니시; "vernice fresca" "칠 주의" ② (구두 따위를 만드는 데 쓰는) 에나멜 가죽 ③ (비유적으로) 겉치장, 허식
verniciare /verni'tʃare/ [타동] (~에) 페인트·니스를 바르다[칠하다]
verniciatura /vernitʃa'tura/ [여] 페인트·니스칠
vernissage /vernis'saʒ/ [남-불변] (미술품 따위를 일반에 공개하기 전에 여는) 초대전
vero /'vero/ [형] ① 정말의, 진실의, 참된, 실제의; incredibile ma vero 믿기 어렵지만 사실이다; è una storia vera 그건 실화야; il suo vero nome è Giovanni 그의 진짜[실제] 이름은 조반니다; fosse vero! 사실[진짜]이라면 좋겠는데!; nulla di più vero! 정말, 과연, 바로 그렇다 ② 진짜의, 진품의; ma è vero questo Modigliani? 이거 진짜 모딜리아니의 작품인가요? ③ (강조하여) 정말[진짜] ~한, 진정한; è un vero miracolo 그건 정말 기적이야 ④ (부가의문문에서) sei italiano, vero? 너 이탈리아인이지, 그렇지? - [남] 진실, 사실, 실제; c'è del vero in ciò che dice 그의 말에는 어느 정도 진실

성이 있다; a dire il vero 사실을 말하자면, 사실은

verosimiglianza /verosimiʎˈʎantsa/ [여] 그럴듯함, 진실인 듯함, (실제로) 있을 법함

verosimile /veroˈsimile/ [형] 그럴듯한, 진실인 듯한, (실제로) 있을 법한

verruca /verˈruka/ [여] (복 : -che) (피부에 생기는) 사마귀

versaccio /verˈsattʃo/ [남] (복 : -ci) fare versacci 조소[경멸]하는 표정을 짓다

versamento /versaˈmento/ [남] ① (금액의) 지불 ② (은행) 예금

versante /verˈsante/ [남] ① 비탈, 사면 (斜面), 경사지 ② (비유적으로) 범위, 면 (面)

versare1 /verˈsare/ [타동] ① (in과 함께 쓰여) (액체를 ~에) 따르다, 붓다 ② (액체 따위를) 쏟다, 엎지르다 ③ (금액을) 지불[입금]하다 ④ (비유적으로) (눈물·피 따위를) 흘리다 - versarsi [재귀동사] ① (액체 따위가) 쏟아지다 ② (in과 함께 쓰여) (강 따위가 ~으로) 흘러들다 ③ (비유적으로) (인파가) 몰려들다

versare2 /verˈsare/ [자동] (조동사 : avere, essere) versare in fin di vita 죽어가고 있다; versare in gravi difficoltà 심각한 곤경에 빠져 있다

versatile /verˈsatile/ [형] ① (기구가) 다목적으로 쓰이는, 다용도의 ② (비유적으로) (사람이) 다재다능한; 융통성이 있는

versato /verˈsato/ [형] (in과 함께 쓰여) (~에) 조예가 깊은, 능통한

versetto /verˈsetto/ [남] (성경 등의) 절 (節)

versione /verˈsjone/ [여] ① 번역 ② ~판, 버전; 이형, 변형, 개작, 개조; in versione originale 원본[원전]에서 ③ (자동차 따위의) 형(型), 모델

verso1 /ˈverso/ [남] ① (시(詩)의) 행(行) ② (동물의) 울부짖는 소리 ③ (나아가는) 길, 방향; procedere per il verso giusto 바른 길로 가다 ④ (해결) 방법; non c'è verso di convincerlo 그를 설득할 방법이 없다 ⑤ 편, 쪽, 면; per un verso sono d'accordo, per l'altro 한편으로는 동의하지만 다른 한편으로는 ~ - versi [남·복] 운문, 시 (詩) - (ri)fare il verso a qn 누구를 흉내내다; per un verso o per l'altro 어찌어찌해서, 이럭저럭

verso2 /ˈverso/ [남-불변] (페이지·화폐의) 뒷면

verso3 /ˈverso/ [전] ① ~ 쪽으로; la madre corse verso il bambino 어머니는 아이 쪽으로 뛰어왔다; verso l'alto 위쪽으로; navigare verso sud 남쪽으로 항해하다 ② ~의 근처에 ③ (시간상) ~경에, ~ 쯤에; arrivi verso che ora? 몇 시쯤 도착하니?; verso sera 저녁 무렵에 ④ ~에게, ~에 대하여; dimostrare rispetto verso gli anziani 노인들에게 존경심을 표하다

vertebra /ˈvertebra/ [여] [해부] 척추골; [복] 척추, 척주

vertebrale /verteˈbrale/ [형] [해부] 척추의; colonna vertebrale 척추

vertebrato /verteˈbrato/ [형] 척추가 있는 - [남] 척추동물

vertenza /verˈtentsa/ [여] 논쟁, 분쟁

vertere /ˈvertere/ [자동] (su와 함께 쓰여) (논의가) (~에 대해) 다루다, (~에) 초점을 맞추다

verticale /vertiˈkale/ [형] 수직의, 곧추선, 세로의 - [여] ① 수직선 ② 물구나무서기

vertice /ˈvertitʃe/ [남] ① (산 따위의) 정상, 꼭대기; (경력 따위의) 절정, 정점 ② 수석, 최고위 ③ 정상 회담

vertigine /verˈtidʒine/ [여] (성공·영광 따위의) 아찔함, 도취 - vertigini [여·복] 어지러움, 현기증; avere le vertigini 어지럽다, 현기증이 나다

vertiginosamente /vertidʒinosaˈmente/ [부] 어지러울 정도로, 아찔하게; aumentare vertiginosamente (가격 따위가) 급등하다

vertiginoso /vertidʒiˈnoso/ [형] (높은 곳이나 속도 따위가) 어지러울 정도의, 아찔한; (금액 따위가) 엄청난

verve /vɛrv/ [여-불변] 힘, 기력, 활력

verza /ˈverdza/ [여] [식물] 양배추의 일종

vescica /veʃˈʃika/ [여] (복 : -che) ① (피부에 난) 물집, 수포 ② [해부] 낭 (囊)

vescovo /ˈveskovo/ [남] [가톨릭] 주교

vespa /ˈvespa/ [여] [곤충] 말벌

vespaio /vesˈpajo/ [남] (복 : -ai) 말벌의 집; suscitare un vespaio (비유적으로) 벌집을 쑤셔 놓은 듯한 대소동을 일으키다

vespasiano /vespa'zjano/ [남] (남성용) 소변기
vespro /'vɛspro/ [남] ① 저녁 ② [종교] 저녁 기도
vessazione /vessat'tsjone/ [여] 괴롭힘, 억압
vessillo /ves'sillo/ [남] ① 기(旗), 군기 (軍旗) ② (주의·주장의) 기치, 표상
vestaglia /ves'taʎʎa/ [여] 실내복, 가운
veste /'vɛste/ [여] ① 옷, 의복 ② (비유적으로) 자격, 지위; 권위; in veste ufficiale 공적 자격으로 ③ (비유적으로) 형태, 외관 - veste da camera 실내복, 가운
vestiario /ves'tjarjo/ [남] (복 : -ri) (집합적으로) 옷, 의류; un capo di vestiario 의복 한 점
vestibolo /ves'tibolo/ [남] 현관 홀, 로비
vestigio /ves'tidʒo/ [남] 발자국 - vestigia [여·복] 잔해, 자취
vestire /ves'tire/ [타동] ① (남에게) 옷을 (차려) 입히다 ② (~에게) 입을 옷을 제공하다 ③ (옷을) 입고 다니다, 착용하다 ④ (옷이) 잘 맞다, 어울리다 ⑤ (소파 따위에) 커버를 씌우다 - [자동] (조동사 : avere) ① (스스로) 옷을 (차려) 입다; vestire di bianco 흰옷을 입다 ② (옷이) 잘 어울리다 - vestirsi [재귀동사] 옷을 (차려) 입다; vestirsi da pirata 해적 차림[분장]을 하다; come mi devo vestire stasera? 오늘 저녁에 옷을 어떻게 입어야 할까?
vestito1 /ves'tito/ [형] ① 옷을 (차려) 입은; vestito di bianco 흰옷을 입은; dormire vestito 옷을 입은 채로 자다 ② (da와 함께 쓰여) (~으로) 가장[분장]한
vestito2 /ves'tito/ [남] ① (한 점의) 옷, 의복, 의류 ② (특정 경우의) 복장, 옷차림 - vestiti [남·복] 옷, 의복; cambiare vestiti 옷을 갈아입다
veterano /vete'rano/ [남] (여 : -a) ① 노병(老兵), 퇴역 군인 ② (비유적으로) 노련한[경험 많은] 사람, 베테랑
veterinaria /veteri'narja/ [여] 수의학
veterinario /veteri'narjo/ (복 : -ri, -rie) [형] 수의학의 - [남] (여 : -a) 수의사
veto /'vɛto/ [남] [법률] (대통령 등의) 거부권; esercitare il proprio diritto di veto 거부권을 행사하다
vetraio /ve'trajo/ [남] (복 : -ai) 유리 끼우는 직공; 유리 만드는 사람
vetrata /ve'trata/ [여] ① 유리문 ② (성당의) 스테인드글라스
vetrato /ve'trato/ [형] 유리를 끼운
vetreria /vetre'ria/ [여] ① 유리 공장 ② 유리 제품
vetrina /ve'trina/ [여] ① (가게의) 진열창; andare a guardare le vetrine 윈도쇼핑을 하다, 물건을 사지는 않고 구경만 하다 ② 유리 진열장 ③ (비유적으로) 무언가를 보여주기 위한 장소[매체]; mettersi in vetrina 내보이다, 과시하다
vetrino /ve'trino/ [남] (현미경용) 슬라이드
vetriolo /vetri'ɔlo/ [남] [화학] 황산염 - al vetriolo (말이) 신랄한, 통렬한
vetro /'vetro/ [남] ① (물질로서의) 유리; lana di vetro 유리 섬유 ② 판유리, 창유리; porta a vetri 유리문 - vetro blindato 방탄 유리; vetro infrangibile 안전 유리; vetro smerigliato 젖빛 유리
vetroso /ve'troso/ [형] 유리 같은, 유리질의
vetta /'vetta/ [여] ① (산 따위의) 꼭대기, 정상 ② (비유적으로) 정점, 피크
vettore /vet'tore/ [남] ① [물리] 벡터 ② [생물] (병독 따위의) 매개체
vettovaglie /vetto'vaʎʎe/ [여·복] (군대·도시 등의) 많은 사람들의 생존에 필요한 식량
vettura /vet'tura/ [여] ① 자동차 ② (철도의) 차량, 객차 ③ 마차
vetturino /vettu'rino/ [남] 마부, 마차꾼
vezzeggiare /vettsed'dʒare/ [타동] (어린아이 등을) 귀여워하다
vezzeggiativo /vettseddʒa'tivo/ [형] (호칭 따위가) 애정을 나타내는 - [남] 애칭
vezzo /'vettso/ [남] ① 습관, 버릇; avere il vezzo di fare qc 무엇을 하는 버릇이 있다 ② 귀여워하며 쓰다듬기 ③ [복] 짐짓 꾸민 태도
vezzoso /vet'tsoso/ [형] ① 매력적인, 우아한 ② 짐짓 꾸민 듯한, 억지로 ~하는
VF → vigili del fuoco (소방대)
vi /vi/ (lo, la, li, le, ne 앞에서는 ve가 된다) [대] ㅁ (인칭대명사) ① 너희들[당신들]을; vi stavo cercando 난 너희들을 찾고 있었어 ② 너희들[당신들]에게; ve l'hanno dato 그들은 너희에게 그걸

주었다 ③ (동사와 함께 쓰여) ve ne pentirete 너희는 그걸 후회하게 될 거야 ④ 너희들[당신들] 서로; vi conoscete? 너희들 서로 아는 사이니? - ㅁ (지시대명사) (문어체에서) non vi feci caso 난 그걸 알아채지 못했어 - [부] (문어체에서) ① 여기에; non vi sono mai venuto 난 여기 와본 적이 없어 ② v'è, vi sono (~이) 있다

via1 /'via/ [여] ① 길, 도로 ② 경로, 코스, 루트; sulla via di casa 집에 오는 길에; che via fai di solito? 넌 보통 어느 길로 가니? ③ 수단, 방법; tentare tutte le vie 모든 방법을 다 시도해보다; non avevo altra via 다른 방법이 없었어; adire le vie legali 법적인 조치를 취하다 ④ (변화·발달의) 단계, 기(期); in via di guarigione 회복기에 있어; paese in via di sviluppo 개발도상국 ⑤ [해부] 도관 (導管) ⑥ per via di ~ 때문에, ~으로 인해 - in via provvisoria 일시적[잠정적]으로; in via amichevole 우호적으로; per via aerea 항공편으로 - la Via Lattea 은하수

via2 /'via/ [부] ① 떨어져서, 떠나; andare via 가버리다; buttare via qc 무엇을 던져 버리다 ② via via 조금씩, 점차; via via che ~하면서 - [남-불변] (경주의) 출발 (신호); dare il via 출발 신호를 내리다 - [감] ① 자!, 어서! ② 저리 가! ③ pronti, via! (경주에서 구령으로) 준비, 땅! - e così via, e via dicendo, e via di questo passo ~ 등, ~ 따위

viabilità /viabili'ta/ [여-불변] ① 도로 상태 ② 도로 체계

Via Crucis /via'krutʃis/ [여-불변] [기독교] 십자가의 길

viadotto /via'dotto/ [남] 고가교(高架橋)

viaggiare /vjad'dʒare/ [자동] (조동사 : avere) ① 여행하다; viaggiare in treno 기차로 여행하다 ② (어떤 속도로) 가다, 나아가다; la macchina viaggiava a 70 chilometri all'ora 그 차는 시속 70km로 운행하고 있었다

viaggiatore /vjaddʒa'tore/ [남] (여 : -trice) ① (교통 수단의) 승객, 여객 ② 여행자 - [형] commesso viaggiatore 외판원

viaggio /'vjaddʒo/ [남] (복 : -gi) ① 여행; è in viaggio 그는 여행 중이다; agenzia di viaggi 여행사; buon viaggio! 즐거운 여행 되세요! ② 이동, 왕복; fare tre viaggi per portare qc 무엇을 운반하기 위해 세 번 왔다갔다하다 - viaggio d'affari 출장; viaggio di nozze 신혼여행; viaggio organizzato 패키지 투어

viale /vi'ale/ [남] 가로수가 늘어선 큰길 - essere sul viale del tramonto 쇠퇴하고 있다

viavai /via'vai/ [남-불변] (사람들 따위의) 왕래

vibrante /vi'brante/ [형] 진동하는, 떨리는

vibrare /vi'brare/ [타동] (타격을) 가하다; vibrare un colpo a qn 누구를 치다[때리다] - [자동] (조동사 : avere) ① 진동하다, 흔들리다 ② (소리가) 울려 퍼지다 ③ (비유적으로) 덜덜 떨다, 떨리다

vibrazione /vibrat'tsjone/ [여] 진동, 떨림

vicario /vi'karjo/ [남] (복 : -ri, -rie) [가톨릭] 교황[주교] 대리

vice /'vitʃe/ [남/여-불변] 대리인, 보좌역

vicedirettore /vitʃediret'tore/ [남] (여 : -trice) (가게의) 부지배인; (학교의) 교감

vicenda /vi'tʃenda/ [여] ① 사건, 일 ② a vicenda i) 서로, 상호간에 ii) 교대로 - vicende [여·복] 운, 운명

vicendevole /vitʃen'devole/ [형] 서로의, 상호간의

vicepreside /vitʃe'prɛside/ [남/여] (학교의) 부교장, 교감

vicepresidente /vitʃepresi'dɛnte/ [남] 부통령; (회의의) 부의장

vicesegretario /vitʃesegre'tarjo/ [남] (여 : -a) (복 : -ri) (협회 따위의) 사무차장

viceversa /vitʃe'versa/ [부] 거꾸로, 반대로, 역(逆)도 또한 같음; da Roma a Pisa e viceversa 로마에서 피사로, 또 그 반대로도

vicinanza /vitʃi'nantsa/ [여] ① (장소·위치의) 근접, 가까움 ② (의미상의) 근접, 가까움 ③ nelle vicinanze 근처에, 가까운 곳에

vicinato /vitʃi'nato/ [남] 이웃; avere rapporti di buon vicinato 이웃과 사이좋게 지내다

vicino /vi'tʃino/ [형] ① (장소·위치가)

가까운, 근처의; 이웃의; la stazione è vicina 역이 근처에 있다; quei quadri sono troppo vicini 저 그림들은 (서로) 너무 가까이 붙어 있다 ② (날짜·시간 등이) 임박한, 다가온; le vacanze sono vicine 휴가가 곧 다가온다 ③ (의미 따위가) 비슷한 ④ (a와 함께 쓰여) (누구와 사이가) 가까운 - [남] (여 : -a) 이웃, 옆집 사람 - [부] ① 가까이에, 근처에; vieni più vicino 더 가까이 오너라; abitiamo qui vicino 우리는 이 근처에 산다 ② da vicino 가까이에서, 근접하여, 바짝 붙어 ③ vicino a ~ 가까이에, 근처에; vivono vicino al mare 그들은 바다 근처에 산다

vicissitudini /vitʃissi'tudini/ [여·복] 시련, 역경, 고난

vicolo /'vikolo/ [남] 골목, 좁은 길; vicolo cieco 막다른 골목

video /'video/ [남-불변] ① 비디오 (장치, 기술) ② [컴퓨터] 영상 표시 장치, 스크린 ③ 뮤직 비디오

videocamera /video'kamera/ [여] 비디오카메라

videocassetta /videokas'setta/ [여] 비디오카세트

videocitofono /videotʃi'tɔfono/ [남] (비디오로 된) 현관 인터폰

videoclip /video'klip/ [남-불변] 뮤직 비디오

videogame /video'geim/ [남-불변] → videogioco

videogioco /video'dʒɔko/ [남] (복 : -chi) 비디오 게임

videoregistratore /videoredʒistra'tore/ [남] 비디오카세트리코더, VCR

videoteca /video'tɛka/ [여] (복 : -che) 비디오 대여점

videoterminale /videotermi'nale/ [남] [컴퓨터] 영상 표시 장치, 스크린

vidimare /vidi'mare/ [타동] (문서 따위가) 진짜임을 증명하다

Vienna /'vjɛnna/ [여] 빈 (오스트리아의 수도)

vietare /vje'tare/ [타동] 금지하다; vietare a qn di fare qc 누구로 하여금 무엇을 못 하게 하다; hanno vietato il passaggio dei camion in centro 시내 중심부에는 트럭이 못 들어온다

vietato /vje'tato/ [형] 금지된; "vietato fumare" "금연"; "sosta vietata" "주차 금지"

Vietnam /vjet'nam/ [남] 베트남

vietnamita /vjetna'mita/ (남·복 : -i, 여·복 : -e) [형] 베트남의 - [남/여] 베트남 사람 - [남] 베트남어

vigente /vi'dʒente/ [형] (법률 따위가) 유효한, 시행 중인

vigere /vid̩ʒere/ [자동] (법률 따위가) 유효하다, 시행 중이다

vigilante /vidʒi'lante/ [형] 지키는, 경계하는 - [남/여] 경비원

vigilanza /vidʒi'lantsa/ [여] 감시, 경계; vigilanza notturna 야경(夜警)

vigilare /vidʒi'lare/ [타동] 지키다, 감시[경계]하다 - [자동] (조동사 : avere) (su와 함께 쓰여) (~을) 지키다, 감시하다

vigile /'vidʒile/ [형] 지키는, 감시[경계]하는 - [남] 교통 경찰 - vigile del fuoco 소방관

vigilia /vi'dʒiljа/ [여] ① 전날; vigilia di Natale 크리스마스 이브 ② (중요한 사건·행사의) 직전 ③ (종교적) 금식

vigliaccheria /viʎʎakke'ria/ [여] ① 겁, 비겁 ② 비겁한 행동

vigliacco /viʎ'ʎakko/ (복 : -chi, -che) [형] 겁 많은; 비겁한 - [남] (여 : -a) 겁쟁이; 비겁한 사람

vigna /'viɲɲa/ [여] 포도원[밭]

vigneto /viɲ'neto/ [남] 포도원[밭]

vignetta /viɲ'netta/ [여] 만화, 카툰

vignettista /viɲnet'tista/ [남/여] (남·복 : -i, 여·복 : -e) 만화가

vigogna /vi'goɲɲa/ [여] [동물] 비쿠냐 (낙타과 동물의 하나)

vigore /vi'gore/ [남] ① 정력, 힘, 활력; 활기, 원기; riacquistare vigore 다시 힘을 얻다 ② in vigore (법률 따위가) 유효한, 시행 중인

vigorosamente /vigorosa'mente/ [부] 정력적으로, 활기차게; 강력하게

vigoroso /vigo'roso/ [형] 정력적인, 강건한, 원기왕성한; 활기찬, 박력 있는; 힘찬, 강력한

vile /'vile/ [형] 겁 많은; 비겁한, 비열한 - [남/여] 겁쟁이; 비겁한 사람

vilipendio /vili'pendjo/ [남] (복 : -di) 경멸, 멸시, 모욕, 욕보임

villa /'villa/ [여] 정원이 딸린 교외의 주택

villaggio /vil'laddʒo/ [남] (복 : -gi) 마을, 촌락 - villaggio globale 지구촌; villaggio turistico 행락지

villania /villa'nia/ [여] 무례, 버릇없음; 무

례한 언행
villano /vil'lano/ [형] (경멸적으로) 무례한, 버릇없는 - [남] (여 : -a) ① (문어체에서) 농부, 시골 사람 ② (경멸적으로) 무례한 녀석
villeggiante /villed'dʒante/ [남/여] 휴가를 보내는[즐기는] 사람
villeggiare /villed'dʒare/ [자동] (조동사 : avere) 휴가를 보내다[즐기다]
villeggiatura /villeddʒa'tura/ [여] 휴가를 보냄[즐김]; essere in villeggiatura 휴가 중이다; luogo di villeggiatura 행락지
villetta /vil'letta/ [여] (정원이 딸린) 소형 단독 주택
villoso /vil'loso/ [형] 털이 많은, 털로 덮인
vilmente /vil'mente/ [부] 비겁하게, 비열하게
viltà /vil'ta/ [여-불변] 겁, 비겁; 비열한 짓
vimine /'vimine/ [남] 버들가지; di[in] vimini (의자 따위가) 버들가지로 만든
vinaio /vi'najo/ [남] (여 : -a) (복 : -ai) 와인 판매업자
vincente /vin'tʃɛnte/ [형] 이긴, 승리를 거둔, 성공한
vincere /'vintʃere/ [타동] ① (적·상대방을) 쳐부수다, 이기다 ② (어려움을) 극복하다 ③ (경주·전쟁 등에서) 이기다, 승리하다 ④ (상·경품 따위를) 타다, 얻다, 획득하다 - [자동] (조동사 : avere) 이기다, 승리하다 - vincersi [재귀동사] 자제하다, 자신을 잘 다스리다
vincita /'vintʃita/ [여] ① 승리 ② 얻은 [획득한] 것 (상금 따위)
vincitore /vintʃi'tore/ [형] 이긴, 승리한 - [남] (여 : -trice) 승자, 이긴 사람
vincolante /vinko'lante/ [형] (계약·협정·규범 따위가) 구속력이 있는
vincolare /vinko'lare/ [타동] (계약·협정·규범 따위가) (사람을) 구속하다, 구속력이 있다
vincolato /vinko'lato/ [형] ① (계약·협정·규범 따위에 의해) 구속된, 얽매인 ② conto vincolato 정기 예금
vincolo /'vinkolo/ [남] (계약·협정·규범 따위에 의한) 구속, 속박, 의무; (혈연 따위의) 인연, 연줄, 유대
vinicolo /vi'nikolo/ [형] 와인 생산의; 포도 재배의

vino /'vino/ [남] 와인, 포도주; vino bianco[rosso] 백[적]포도주
vinto /'vinto/ [형] ① 진, 패배한 ② (비유적으로) 압도당한; essere vinto dal sonno 잠을 이기지 못한 - [남] (여 : -a) 패배자 - darla vinta a qn 누구에게 지다
viola1 /'vjɔla/ [여] [식물] 제비꽃 - [남/형-불변] 보라색(의)
viola2 /'vjɔla/ [여] [음악] 비올라
viola(c)ciocca /vjola(t)'tʃɔkka/ [여] (복 : -che) [식물] 비단향꽃무 (십자화과)
violaceo /vjo'latʃeo/ [형] 푸른 빛이 도는 보랏빛의
violare /vjo'lare/ [타동] ① (법·계약·협정·계율 따위를) 어기다, 위반하다 ② (신성한 장소를) 더럽히다; (남의 집에) 침입하다; (사생활을) 침해하다
violazione /vjolat'tsjone/ [여] (법·계약 따위의) 위반; (권리 따위의) 침해; violazione di domicilio [법률] 주거 침입(죄)
violentare /vjolen'tare/ [타동] ① (폭력을 써서) 강요[강제]하다 ② (여자를) 성폭행하다
violentemente /vjolente'mente/ [부] 폭력을 써서, 강제로, 난폭하게
violento /vjo'lɛnto/ [형] 격렬한, 맹렬한; (정도가) 강한, 심한; (사람·행동이) 난폭한; usare modi violenti 폭력을 행사하다 - [남] (여 : -a) 난폭한 사람
violenza /vjo'lɛntsa/ [여] ① 격렬함, 맹렬함; 난폭함 ② 폭력, 폭행; ricorrere alla violenza 폭력에 호소하다, 폭력을 행사하다 - violenza carnale 성폭행, 강간
violetta /vjo'letta/ [여] [식물] 제비꽃
violetto /vjo'letto/ [남/형] 보라색(의)
violinista /vjoli'nista/ [남/여] (남·복 : -i, 여·복 : -e) 바이올리니스트, 바이올린 연주자
violino /vjo'lino/ [남] ① [음악] 바이올린 ② (오케스트라의) 바이올린 연주자[파트]; primo violino 제1바이올린
violoncellista /vjolontʃel'lista/ [남/여] (남·복 : -i, 여·복 : -e) 첼리스트, 첼로 연주자
violoncello /vjolon'tʃello/ [남] [음악] 첼로
viottolo /vi'ɔttolo/ [남] 시골의 작은 길
vipera /'vipera/ [여] ① [동물] 살무사, 독사 ② (비유적으로) 사악한 인간

viraggio /vi'raddʒo/ [남] (복 : -gi) [사진] 조색(調色)
virale /vi'rale/ [형] 바이러스의
virare /vi'rare/ [자동] (조동사 : avere) (배나 비행기가) 항로를 바꾸다 (virare di bordo)
virata /vi'rata/ [여] ① (배나 비행기의) 항로 변경, 방향 전환 ② (정책 따위의) 변경
virgola /'virgola/ [여] ① [문법] 쉼표, 콤마; punto e virgola 세미콜론 (;) ② [수학] 소수점
virgolette /virgo'lette/ [여·복] [문법] 인용 부호, 따옴표
virile /vi'rile/ [형] ① 남자의, 남성의 ② 남자다운, 씩씩한, 용맹스러운, 단호한
virilità /virili'ta/ [여-불변] ① 남자임, 남성임 ② 남자다움, 씩씩함, 용맹스러움, 단호함
virtù /vir'tu/ [여-불변] ① 덕, 미덕 ② 정조, 순결 ③ 장점, 가치 ④ (약 따위의) 효능, 효험 ⑤ in virtù di ~에 의해, ~의 힘으로, ~ 덕분에
virtuale /virtu'ale/ [형] ① 가능성이 있는, 잠재하는 ② [컴퓨터] 가상(假想)의; realtà virtuale 가상 현실
virtuosismo /virtuo'sizmo/ [남] (음악가의) 탁월한 연주 솜씨
virtuoso /virtu'oso/ [형] 덕 있는, 덕이 높은, 고결한 - [남] (여 : -a) ① 덕 있는 사람 ② 음악의 대가, 명연주자
virulento /viru'lɛnto/ [형] ① 유독한, 맹독이 있는 ② (비유적으로) (비판 따위가) 매서운, 신랄한
virulenza /viru'lɛntsa/ [여] ① 독성 ② (비유적으로) 신랄함
virus /'virus/ [남-불변] ① [의학] 바이러스; 병독, 병원체 ② [컴퓨터] 바이러스
vis-à-vis /viza'vi/ [부] 대면하여, 마주보고
visagista /viza'dʒista/ [남/여] (남·복 : -i, 여·복 : -e) 메이크업 아티스트
viscerale /viʃʃe'rale/ [형] ① 내장의, 창자의 ② 본능적인, 마음속에서 느끼는
viscere /'viʃʃere/ [남] 내장, 장기 - [여·복] ① le viscere (집합적으로) 내장 전체 ② (비유적으로) 내부, 깊숙한 곳
vischio /'viskjo/ [남] (복 : -schi) ① [식물] 겨우살이 ② 새 잡는 끈끈이
vischioso /vis'kjoso/ [형] (액체나 기타 물질이) 끈끈한, 점착성이 있는
viscido /'viʃʃido/ [형] ① (표면이) 끈적끈적한 ② (비유적으로) (사람·태도가) 엉큼한, 음흉한
visconte /vis'konte/ [남] 자작(子爵)
viscosa /vis'kosa/ [여] [화학] 비스코스 (인견(人絹) 등의 원료인 셀룰로오스)
viscoso /vis'koso/ [형] (액체가) 끈끈한, 점착성이 있는
visibile /vi'zibile/ [형] ① 눈에 보이는 ② (비유적으로) 분명한, 명백한
visibilio /vizi'biljo/ [남] andare in visibilio 황홀경에 빠지다
visibilità /vizibili'ta/ [여-불변] 눈에 보임, 가시성(可視性)
visibilmente /vizibil'mente/ [부] 눈에 띄게, 분명히, 명백하게
visiera /vi'zjera/ [여] (모자의) 챙
visionare /vizjo'nare/ [타동] ① 조사[검토]하다 ② (영화를 개봉 전에) 미리 보다
visionario /vizjo'narjo/ (복 : -ri, -rie) [형] 공상적인, 환영[망상]을 좇는 - [남] (여 : -a) 공상가, 망상가
visione /vi'zjone/ [여] ① 시력, 시각 ② 의견, 견해, 생각 ③ (눈 앞에 펼쳐지는) 광경 ④ 환상, 환영, 허깨비 ⑤ prendere visione di ~을 조사[검토]하다 ⑥ prima visione (영화의) 개봉 상영
visita /'vizita/ [여] ① (개인적인) 방문; (잠깐) 들르기; fare visita a qn 누구를 방문하다, 누구네 집에 들르다 ② (국가 원수급의) 공식 방문 ③ (관광지 등의) 참관, 견학 ④ (의사의) 진료; fare il giro di visite 회진(回診)하다; orario di visita (병원의) 진료 시간; visita a domicilio 왕진 - biglietto da visita 명함; abbiamo visite 우리를 찾아온 방문객[손님]이 있다
visitare /vizi'tare/ [타동] ① 방문하다, 찾아가다, 들르다; andare a visitare qn 누구를 찾아가다 ② (관광지 등을) 참관[견학]하다, 둘러보다 ③ (의사가 환자를) 진료하다 ④ (공장 따위를) 시찰하다
visitatore /vizita'tore/ [남] (여 : -trice) ① 방문객, 손님 ② 관광객
visivo /vi'zivo/ [형] 시각(視覺)의; gli organi visivi 시각 기관, 눈
viso /'vizo/ [남] 얼굴; guardare in viso qn 누구의 얼굴을 (똑바로) 쳐다보다; a viso aperto (비유적으로) 터놓고, 숨김 없이

visone /vi'zone/ [남] ① [동물] 밍크 ② 밍크코트

vispo /'vispo/ [형] 활기 넘치는

vissuto /vis'suto/ [형] ① 현실의, 실생활의; storia di vita vissuta 실화 ② (비유적으로) 세상물정에 밝은, 세상 경험이 많은

vista /'vista/ [여] ① 시력; avere la vista buona 시력이 좋다; avere la vista corta 근시안이다 ② (눈으로) 봄, 시각; a prima vista 첫눈에; conoscere qn di vista 누구의 얼굴을 알고 있다 ③ 시야, 시계(視界); sottrarsi alla vista di qn 누구의 시야에서 사라지다 ④ 조망, 광경, 풍경; con vista sul lago 호수가 내려다보이는 - a vista d'occhio 시야가 미치는 곳까지; è in vista una ripresa economica 경제 회복의 기미가 보이고 있다; in vista di qc 무엇이 보이는 곳에

vistare /vis'tare/ [타동] (여권에) 사증을 발급하다; (문서에) 검인(檢印) 표시를 하다

visto1 /'visto/ [형] ① (눈에) 보인 ② (~을) 생각해 보면, 고려해 볼때 ③ visto che ~이기 때문에, ~인 이상

visto2 /'visto/ [남] ① 비자, 사증 ② (문서 따위의) 검인(檢印) 표시

vistosamente /vistosa'mente/ [부] 화려하게

vistoso /vis'toso/ [형] 화려한, 눈길을 끄는

visuale /vizu'ale/ [형] 시각(視覺)의 - [여] ① 시야, 시계(視界); togliere la visuale a qn 누구의 시야를 가리다 ② 조망, 광경, 풍경

visualizzare /vizualid'dzare/ [타동] ① 눈에 보이게 하다, 시각화하다 ② [컴퓨터] (화면에) 표시하다

visualizzazione /vizualiddzat'tsjone/ [여] ① 시각화 ② [컴퓨터] 디스플레이, 화면 표시

vita1 /'vita/ [여] ① 생명, 목숨; perdere la vita 목숨을 잃다; dare la vita per qn/qc 누구/무엇을 위해 목숨을 바치다 ② 인생, 일생, 삶, 생애; ho lavorato per tutta la vita 나는 한평생 일해 왔다; carcere a vita 종신형; vita media 평균 수명 ③ 생활; nella vita quotidiana 일상 생활에서; cambiare vita 생활 방식을 바꾸다 ④ 활기, 생기; prendere vita 소생하다, 살아나다, 활기를 띠게 되다; pieno di vita 원기왕성한 ⑤ in vita 살아있는 - l'altra vita 내세, 사후 세계; guadagnarsi la vita 생계를 꾸리다; il costo della vita 생계비

vita2 /'vita/ [여] (신체나 의복의) 허리 (부분)

vitale /vi'tale/ [형] ① 생명의, 생명에 관한 ② 극히 중대한, 절대 필요한 ③ 생기[활기]가 넘치는 - spazio vitale 생활 공간

vitalità /vitali'ta/ [여-불변] 생명력, 활력; 정력, 에너지; 활기, 생기

vitalizio /vita'littsjo/ (복 : -zi, -zie) [형] [법률] 평생의, 종신의 - [남] [법률] 종신 연금

vitamina /vita'mina/ [여] [생화학] 비타민

vitaminico /vita'miniko/ [형] (복 : -ci, -che) 비타민의

vitaminizzato /vitaminid'dzato/ [형] (식품에) 비타민이 강화된

vite1 /'vite/ [여] [식물] 포도나무

vite2 /'vite/ [여] ① [기계] 나사(못) ② (비행기의) 나선 강하

vitella /vi'tɛlla/ [여] ① 암송아지 ② 송아지 고기

vitello /vi'tɛllo/ [남] ① (수)송아지 ② 송아지 고기 ③ 송아지 가죽

vitellone /vitel'lone/ [남] ① 수송아지 ② (구어체에서) 게으름뱅이, 건달

viticcio /vi'tittʃo/ [남] (복 : -ci) [식물] 덩굴손

viticoltore /vitikol'tore/ [남] (여 : -trice) 포도 재배자

viticoltura /vitikol'tura/ [여] 포도 재배

vitreo /'vitreo/ [형] ① 유리의 ② 유리 같은, 유리질의 ③ (비유적으로) (눈이) 흐릿한, 생기 없는

vittima /'vittima/ [여] 희생자; (사고 등의) 피해자; fare la vittima 자신이 희생자인 척 행동하다

vittimismo /vitti'mizmo/ [남] 자신이 희생자인 척 행동함

vittimistico /vitti'mistiko/ [형] (복 : -ci, -che) 자신이 희생자인 척 행동하는

vitto /'vitto/ [남] ① (일상의) 음식물, 식품; vitto vegetariano 채식 ② (호텔 등에서 제공하는) 식사; vitto e alloggio 식사가 딸린 숙박

vittoria /vit'tɔrja/ [여] 승리; riportare

una vittoria su ~에 승리를 거두다
vittorioso /vitto'rjoso/ [형] 승리를 거둔, 이긴
vituperare /vitupe'rare/ [타동] 욕하다, 독설을 퍼붓다
vituperio /vitu'pɛrjo/ [남] (복 : -ri) ① 욕, 독설 ② 부끄러움, 수치
viuzza /vi'uttsa/ [여] 골목, 좁은 길
viva /'viva/ [감] 만세!
vivacchiare /vivak'kjare/ [자동] (조동사 : avere) 어렵게[근근이] 살아가다
vivace /vi'vatʃe/ [형] ① (색깔이) 선명한, 밝은 ② 생기[활기]가 넘치는, 기운찬 ③ (논쟁 따위가) 격한 ④ [음악] 비바체 (활기 있고 빠르게)
vivacemente /vivatʃe'mente/ [부] ① 생기[활기] 있게 ② (논쟁 따위를) 격하게
vivacità /vivatʃi'ta/ [여-불변] 생기[활기] 있음; (색깔이) 선명함, 밝음
vivacizzare /vivatʃid'dzare/ [타동] 생기[활기]를 띠게 하다, 밝게 만들다
vivaio /vi'vajo/ [남] (복 : -ai) ① 양어장(養魚場), (굴 따위의) 양식장; (식물의) 종묘장 ② (비유적으로) 양성소
vivamente /viva'mente/ [부] ① (주장·제의·항의 따위를) 강력하게 ② (감사·축하 따위를) 진심으로 ③ (묘사 따위를) 생생하게
vivanda /vi'vanda/ [여] 음식; 요리
vivavoce /viva'votʃe/ [남-불변] 스피커폰, 핸즈프리
vivente /vi'vɛnte/ [형] ① 살아있는, 생존하는 ② 꼭 닮은, 실물과 같은; è il ritratto vivente del nonno 그는 그의 할아버지를 쏙 빼닮았다 - [남/여] 살아있는 사람
vivere1 /'vivere/ [자동] (조동사 : essere, avere) ① 살다, 생존하다; vivere fino a 100 anni 100세까지 살다; finché vivrò 내가 살아있는 한 ② 거주하다; vivo in campagna 나는 시골에 산다 ③ 생활하다, 삶을 영위하다; vivere di ~을 먹고 살다; vivere nell'indigenza 궁핍하게 살다 ④ 지속되다 - [타동] ① (어떤 삶을) 살다; 겪다, 경험하다; vivere una vita tranquilla 평온한 삶을 살다; vivere giorni di dolore 고통스러운 나날을 보내다 ② (실패·변화 등에[을]) 대처하다, 극복하다
vivere2 /'vivere/ [남] 삶, 인생, 생활
viveri /'viveri/ [남·복] 식량, 양식

viveur /vi'vœr/ [남-불변] 쾌락을 추구하는 사람
vivido /'vivido/ [형] (색깔이나 빛이) 선명한, 밝은; (기억이나 묘사 따위가) 생생한 - di vivido ingegno 재치 있는, 기민한, 영리한
vivificare /vivifi'kare/ [타동] (~에) 생기[활기]를 띠게 하다
vivisezionare /vivisettsjo'nare/ [타동] ① (생체를) 해부하다 ② (비유적으로) 자세히 조사하다, 세밀하게 검사하다
vivisezione /viviset'tsjone/ [여] ① 생체해부 ② (비유적으로) 자세한 조사, 세밀한 검사
vivo /'vivo/ [형] ① 살아있는; è ancora vivo 그는 아직 살아있다; lingua viva 현재 사용되는 언어; farsi vivo 모습을 드러내다, 나타나다 ② 살아 움직이는 듯한; argento vivo 수은 ③ 밝은, 생기있는; sguardo vivo 반짝이는 눈빛 ④ (정도가) 강한; viva commozione 격정; con vivo rammarico 깊이 후회하여 ⑤ (묘사 따위가) 생생한 ⑥ 지속되는, 남아있는 - [남] ① (특히 복수형으로 쓰여) 살아있는 사람 ② 민감한 부분; 핵심, 요점; entrare nel vivo di una questione 문제의 핵심[요점]을 파고들다 ③ dal vivo 실제의, 생(生)~ ; ritrarre dal vivo 실물을 보고 그리다 - spigolo vivo 날카로운 모서리
viziare /vit'tsjare/ [타동] ① (아이의) 버릇을 망치다; (사람을) 타락시키다 ② [법률] (계약 따위를) 무효로 하다 ③ (공기를) 오염시키다
viziato /vit'tsjato/ [형] ① 버릇을 망친; 타락한 ② [법률] (계약 따위가) 무효화된 ③ (공기가) 오염된
vizio /'vittsjo/ [남] (복 : -zi) ① 악덕, 부도덕, 악; vivere nel vizio 타락한 삶을 살다 ② 나쁜 버릇[습관] ③ 흠, 결점
vizioso /vit'tsjoso/ [형] ① (사람·생활이) 악한, 타락한 ② (비유적으로) circolo vizioso 악순환 - [남] (여 : -a) 타락한 사람, 악한
vizzo /'vittso/ [형] (식물이) 시든; (피부에) 주름살이 진
vocabolario /vokabo'larjo/ [남] (복 : -ri) ① (어느 개인이나 계층의) 어휘, 용어 수[범위] ② 사전(辭典)
vocabolo /vo'kabolo/ [남] 말, 어(語)
vocale1 /vo'kale/ [형] 목소리의, 음성의; [음악] 성악의, 노래의

vocale2 /vo'kale/ [여] [언어] 모음
vocazione /vokat'tsjone/ [여] ① 신의 부르심, 소명 ② (비유적으로) 적성, 소질, 재능; non ho vocazione per la matematica 나는 수학에 재능이 없다
voce /'votʃe/ [여] ① 목소리, 음성; parlare a alta voce 큰 소리로 말하다 ② [음악] 성부(聲部); 발성 ③ 의견(의 표명); fare sentire la propria voce 자신의 의견을 말하다 ④ 소문, 풍문 ⑤ [문법] (동사의) 태(態) ⑥ 항목, 조목 - la voce della coscienza 양심의 소리; a (viva) voce 직접, 스스로, 몸소; a una voce 이구동성으로, 만장일치로
vociare /vo'tʃare/ [자동] (조동사 : avere) 소리치다, 외치다 - [남] 소리침, 외침
vociferare /votʃife'rare/ [자동] (조동사 : avere) 소리치다, 외치다 - [타동] si vocifera che ~이라는 소문이 있다
vocio /vo'tʃio/ [남] (복 : -ii) 소리침, 외침
vodka /'vɔdka/ [여-불변] 보드카
voga /'voga/ [여] (복 : -ghe) ① 노 젓기 ② 유행; in voga 유행하고 있는
vogare /vo'gare/ [자동] (조동사 : avere) 노를 젓다
vogatore /voga'tore/ [남] (여 : -trice) 노 젓는 사람
voglia /'vɔʎʎa/ [여] ① 의지; 욕구, 갈망, 바람; avere voglia di fare qc ~하고 싶어하다; morire dalla voglia di fare qc ~하고 싶어 죽을 지경이다; di buona voglia 기꺼이; contro voglia, di mala voglia 마지못해 ② 성욕 ③ 태어날 때부터 몸에 있는 점, 모반(母斑)
voglioso /voʎ'ʎoso/ [형] ① (di와 함께 쓰여) (~을) 갈망하는, 원하는 ② 호색적인
voi /'voi/ [대] (인칭대명사) ① 당신들은, 너희들은; voi tutti lo sapete 당신들 [너희들] 모두는 알고 있다 ② 당신들 [너희들]을 ③ (비인칭으로) (어떤) 사람, 누구나; se voi considerate che ~이라는 점을 생각한다면
voile /vwal/ [남-불변] 보일 (무명·양털·명주로 만드는 반투명의 엷은 피륙)
volano /vo'lano/ [남] ① 셔틀콕; 배드민턴 ② [기계] 플라이휠
volant /vo'lan/ [남-불변] 주름 장식
volante1 /vo'lante/ [형] 날아가는, 비행하는; disco volante 비행 접시 - [여] 기동 경찰대; 순찰차
volante2 /vo'lante/ [남] (자동차의) 핸들; essere al volante 핸들을 잡고 있다, 운전 중이다
volantino /volan'tino/ [남] 광고지, 전단
volare /vo'lare/ [자동] ① (조동사 : essere, avere) 날다, 날아가다, 비행하다 ② (조동사 : essere) (먼지나 깃털 따위가) 공중에 날아[떠]다니다 ③ (조동사 : essere) (던진 것이) 날아가다 ④ volare giù (조동사 : essere) 넘어지다, 굴러 떨어지다 ⑤ (조동사 : essere) 급히 가다 ⑥ (조동사 : essere) (시간이) 쏜살같이 지나가다
volata /vo'lata/ [여] ① 급히 감, 달려감; fare una volata alla posta 급히 우체국으로 가다 ② 날기, 비행
volatile /vo'latile/ [형] [화학] 휘발성의 - [남] 새, 조류
volatilizzarsi /volatilid'dzarsi/ [재귀동사] [화학] 휘발하다
volée /vo'le/ [여-불변] (테니스 등에서) 발리 (공이 땅에 닿기 전에 쳐 넘기거나 차 넘김)
volente /vo'lɛnte/ [형] volente o nolente 좋든 싫든
volenteroso /volente'roso/ [형] ~하고자 하는, 열망하는
volentieri /volen'tjɛri/ [부] 기꺼이, 즐거이, 쾌히 - spesso e volentieri 자주, 종종
volere1 /vo'lere/ [조동사] ① (~하기를) 원하다, 바라다; vuole andare a sciare 그녀는 스키 타러 가고 싶어한다; vorrei avere un milione di dollari 내게 백만 달러가 있다면 좋겠다 ② (예의를 갖춘 표현에서) vuoi bere qualcosa? 뭘 좀 마실래?; vorrei parlarle in privato 당신과 개인적으로 이야기 좀 하고 싶은데요 ③ (명령의 표현으로) vuoi chiudere quella porta? 저 문 좀 닫아줄래? ④ (구어체에서) (부정문에서) il motore non vuole mettersi in moto 엔진의 시동이 걸리지 않는다 ⑤ voler dire 의미하다, 뜻하다 - [타동] ① 원하다, 바라다; voglio che ti lavi le mani 네가 손을 좀 씻었으면 좋겠다; quanto vuole per quel quadro? 그가 저 그림에 대해 얼마를 받기를 원하나요?; vorrei del pane 빵을 좀 먹고 싶다 ② (요청·제안의 표현으로) vuoi chiudere la

finestra? 창문 좀 닫아줄래?; vogliamo sederci? 우리 앉을까요?; ne vuoi ancora? 좀 더 원하니? ③ (어느 쪽을) 더 좋아하다, 선호하다; vieni quando vuoi 네가 오고 싶을 때 오너라 ④ 요구하다, 기대하다; che cosa volete da me? 내게서 뭘 원하는 겁니까?; vuole troppo dai suoi studenti 그는 학생들에게 너무 많은 것을 기대한다 ⑤ 필요로 하다; queste piante vogliono un clima umido 이 식물들은 습한 기후를 필요로 한다 ⑥ 허락하다; se la padrona di casa vuole, ti posso ospitare 우리 안주인이 허락하면 너를 재워줄 수 있어 ⑦ volerci 필요로 하다, 요구되다, (시간이) 걸리다; ci vuole pazienza 그건 인내심이 필요하다[요구된다]; quanto ci vuole per andare da Roma a Firenze? 로마에서 피렌체까지 가는데 얼마나 걸리나요? ⑧ volerne 원하다; ne voglio ancora 난 그걸 좀 더 원해 - volersi [재귀동사] volersi bene 서로 사랑하다; volersi male 서로 미워하다 - come vuoi 네가 원하는 대로; voler bene a qn 누구를 사랑하다; vuoi ~ vuoi ~ ~ 이든 (아니면) ~이든; se Dio vuole, Dio volendo 신이 허락하신다면, 사정이 된다면; senza volerlo 실수로, 고의가 아니고; volere è potere 뜻이 있는 곳에 길이 있다
volere2 /vo'lere/ [남] 의지, 뜻, 의향; contro il volere di ~의 뜻에 반(反)해서; per volere del padre 아버지의 뜻을 따라
volgare /vol'gare/ [형] ① 통속적인, 일반 대중의 ② 상스러운, 저속한 ③ 보통의, 일반적인 - [남] ① 상스러움, 저속함 ② 모국어, 자국어
volgarità /volgari'ta/ [여-불변] ① 상스러움, 저속함 ② 상스러운 말, 비속어
volgarizzare /volgarid'dzare/ [타동] ① 대중화하다, (기술 따위를) 일반인도 사용 가능하게 만들다 ② 모국어로 번역하다
volgarmente /volgar'mente/ [부] ① 상스럽게, 저속하게 ② 보통, 일반적으로, 통속적으로
volgere /'vɔldʒere/ [타동] ① (주의·생각 따위를) 어느 쪽으로) 돌리다, 향하게 하다; volgere l'attenzione a 주의를 ~으로 돌리다 ② (비유적으로) 변형시키다, 전환하다; volge sempre tutto in tragedia 그는 항상 모든 것을 비극으로 바꾼다 - [자동] (조동사 : avere) ① 방향이 바뀌다; volgere a ~쪽으로 돌다, ~을 향하다 ② (비유적으로) (어떤 상태가) 되다; volgere al peggio 사태가 악화되다; le vacanze volgono al termine 휴가가 끝나간다 - volgersi [재귀동사] (어떤 쪽으로) 돌다, 향하다; si volse e mi guardò 그는 몸을 돌려 나를 바라보았다
volgo /'volgo/ [남] (복 : -ghi) (문어체에서) 대중, 민중
voliera /vo'ljɛra/ [여] 큰 새장
volitivo /voli'tivo/ [형] ① (사람이) 의지가 강한 ② [문법] 의지를 나타내는
volo /'volo/ [남] ① 비행, 날기; 비행기 여행, 항공편; ci sono due ore di volo da Londra a Milano 런던에서 밀라노까지는 비행기로 두 시간 걸린다; al[in] volo 날고 있는, 비행 중인; "volo cancellato" "항공편 결항"; volo di linea (비행기의) 정기편; volo a vela 활공 ② 넘어짐, 굴러 떨어짐; ha fatto un volo dalle scale 그는 계단에서 굴러 떨어졌다 - prendere il volo i) (비행기가) 이륙하다 ii) (새가) 날아가다; veduta a volo d'uccello 조감도(鳥瞰圖)
volontà /volon'ta/ [여-불변] ① 의지, 뜻; contro la sua volontà 그의 뜻에 반(反)해서; di sua spontanea volontà 그의 자유 의지로; buona volontà 선의 ② 의지력, 정신력, 결단력; ha molta volontà 그는 의지(력)가 강하다 ③ a volontà 뜻대로, 마음대로 - ultime volontà 유언(장)
volontariamente /volontarja'mente/ [부] 자발적으로, 자원해서
volontariato /volonta'rjato/ [남] ① 자원해서 하는 일 ② [군사] 지원 복무 ③ (집합적으로) 자원자들
volontario /volon'tarjo/ [복 : -ri, -rie] [형] 자발적인, 자진해서 하는, 지원에 의한 - [남] [여 : -a] ① 자원자 ② [군사] 지원병
volonteroso /volonte'roso/ → volenteroso
volpe /'volpe/ [여] ① [동물] 여우 ② (비유적으로) 교활한 사람
volpino /vol'pino/ [형] ① 여우의; 여우 같은 ② (비유적으로) 교활한 - [남] 포

메라니아종의 개
volpone /vol'pone/ [남] (비유적으로) 교활한 사람
volt /vɔlt/ [남-불변] [전기] 볼트 (전압의 실용 단위)
volta1 /'vɔlta/ [여] ① 경우, 때; 번, 회; la prima volta che l'ho visto 내가 그를 처음 보았을 때; una volta ogni due settimane 2주마다 한 번씩 ② una volta 한때, 예전에; una volta fumava, vero? 그녀는 한때 담배를 피웠지? ③ alla volta 한 번에; uno alla volta 한 번에 하나씩; portare tre valige alla volta 가방 세 개를 한꺼번에 운반하다 ④ 차례, 순서; a mia volta 내 차례에; è la volta di Giovanna 이제 조반나 차례야 ⑤ [수학] 곱; 3 volte 2 3 곱하기 2 - a volte, di volta in volta 때때로; tutto in una volta 모든 것을 한번에, 다 한꺼번에; una volta tanto 딱 한 번만; una volta o l'altra 근일 중에, 일간; una cosa per volta 한 번에 하나씩; partire alla volta di ~을 향해 떠나다 [출발하다]
volta2 /'vɔlta/ [여] [건축] 둥근 천장, 아치, 돔 - la volta celeste 하늘, 궁창
voltafaccia /volta'fattʃa/ [남-불변] 뒤로 돌기, 180도 방향 전환
voltagabbana /voltagab'bana/ [남/여-불변] 변절자, 배반자
voltaggio /vol'taddʒo/ [남] (복 : -gi) [전기] 전압(량), 볼트수
voltare /vol'tare/ [타동] ① (verso와 함께 쓰여) (~ 쪽으로) 돌리다, 방향을 바꾸다; voltare lo sguardo verso qn 누구 쪽으로 시선을 돌리다; voltare le spalle a qn 누구에게 등을 돌리다 ② (물체를) 뒤집다; (페이지를) 넘기다 - [자동] (조동사 : avere) (~ 쪽으로) 향하다; voltare a destra 오른쪽을 향하다 - voltarsi [재귀동사] 돌다, 방향을 바꾸다; voltarsi indietro 뒤로 돌다
voltastomaco /voltas'tɔmako/ [남] (복 : -chi / -ci) 욕지기, 메스꺼움; 역겨움
volteggiare /volted'dʒare/ [자동] (조동사 : avere) ① 빙빙 돌다; 원을 그리며 날다 ② [체조] 뛰다, 도약하다
volto1 /'volto/ [형] ① (a 또는 verso와 함께 쓰여) (~ 쪽으로) 향한; una finestra volta a sud 남향 창문 ② (비유적으로) (a와 함께 쓰여) (~으로) 의도된, 맞추어진; il mio discorso è volto a spiegare 나는 연설에서 ~을 설명하려 했다
volto2 /'volto/ [남] ① 얼굴; 표정 ② (비유적으로) 모습, 양상, 면
voltura /vol'tura/ [여] (전화·가스 따위의) 계약 변경
volubile /vo'lubile/ [형] 변덕스러운, 변하기 쉬운, 잘 변하는
volume /vo'lume/ [남] ① 부피, 체적, 용량; 크기; 양; fa volume 그건 크기가 크다, 공간을 많이 차지한다; volume delle vendite 판매량 ② (전집류 등의) 권; un'opera in quattro volumi 네 권 짜리 작품 ③ 음량, 소리 크기
voluminoso /volumi'noso/ [형] 부피[크기]가 큰
volutamente /voluta'mente/ [부] 고의로, 일부러, 의도적으로
voluto /vo'luto/ [형] 고의의, 의도적인; un errore voluto 의도적인 실수
voluttà /volut'ta/ [여-불변] 관능, 쾌락
voluttuario /voluttu'arjo/ [형] (복 : -ri, -rie) (지출 따위가) 꼭 필요하지 않은
voluttuoso /voluttu'oso/ [형] 관능적인, 쾌락적인; 쾌락을 탐닉하는
vomitare /vomi'tare/ [타동] ① (음식물이나 피 따위를) 토하다 ② (화산이 용암 따위를) 분출하다 ③ (욕설 따위를) 내뱉다
vomitevole /vomi'tevole/ [형] 역겨운
vomito /'vɔmito/ [남] 구토; 토사물
vongola /'vongola/ [여] [패류] 대합조개
voodoo /vu'du/ [남-불변] 부두교(敎)
vorace /vo'ratʃe/ [형] 게걸스럽게 먹는, 식욕이 왕성한
voracemente /voratʃe'mente/ [부] 게걸스럽게
voragine /vo'radʒine/ [여] 깊이 갈라진 틈
vortice /'vɔrtitʃe/ [남] ① 소용돌이; 회오리바람 ② (비유적으로) (사건·감정 따위의) 소용돌이, 어지러운 것의 연속
vorticosamente /vortikosa'mente/ [부] 소용돌이쳐
vorticoso /vorti'koso/ [형] 소용돌이치는
vostro /'vɔstro/ (여 : vostra, 남·복 : vostri, 여·복 : vostre) [형] (소유형용사) 당신들의, 너희들의; il vostro cane 너희 개; a casa vostra 너희 집에서 - [대] (소유대명사) (il vostro, la vostra 등으로 써서) 당신들[너희들]의 것; la nostra casa è più lontana

della vostra 우리 집은 너희 집보다 훨씬 더 멀다; i vostri 너희 가족
votante /vo'tante/ [남/여] 투표자
votare /vo'tare/ [타동] ① (~에) 투표하다, 표를 던지다 ② (법안 따위를) 통과시키다 ③ (a와 함께 쓰여) (~에) 바치다 - [자동] (조동사 : avere) 투표하다 - votarsi [재귀동사] (a와 함께 쓰여) (~에) 헌신하다
votazione /votat'tsjone/ [여] ① 투표; fare una votazione su qc 무엇을 투표에 부치다 ② (학생의) 성적
votivo /vo'tivo/ [형] [종교] 봉헌(奉獻)의
voto /'voto/ [남] ① (학생의) 성적 ② 투표; diritto di voto 투표권 ③ (개개의) 표 ④ (집합적으로) 투표자들 ⑤ (종교적인) 서약, 서원(誓願) - voto di fiducia 신임 투표
voucher /'vautʃer/ [남-불변] (여행사에서 발행하는) 쿠폰
voyeur /vwa'jœr/ [남-불변] 관음증(觀淫症) 환자
voyeurismo /vwaje'rizmo/ [남] 관음증(觀淫症)
vudu /'vudu/, **vudù** /vu'du/ → voodoo
vulcanico /vul'kaniko/ [형] (복 : -ci, -che) ① 화산의; 화산성의 ② (비유적으로) (기질 따위가) 격한; 창의력이 풍부한
vulcano /vul'kano/ [남] ① 화산; vulcano attivo 활화산; vulcano spento 사화산; vulcano inattivo 휴화산 ② un vulcano di idee 창의력이 풍부한 사람
vulnerabile /vulne'rabile/ [형] (a와 함께 쓰여) (~에) 취약한
vulnerabilità /vulnerabili'ta/ [여-불변] 취약성
vuotare /vwo'tare/ [타동] (내용물을) 비우다; (일정 공간을) 비우다 - vuotarsi [재귀동사] (내용물이) 비워지다 - vuotare il sacco 털어놓다, 자백하다
vuoto /'vwɔto/ [형] ① (내용물이 없이) 빈, 비어 있는; a stomaco vuoto 공복(空腹); a mani vuote 빈손의 ② (일정 장소가) 비어 있는, 쓰이지 않는 ③ 마음이 텅 빈, 얼빠진, 아무 생각이 없는 - [남] ① 공중, 허공; guardare nel vuoto 허공을 응시하다 ② 공백; colmare un vuoto 공백을 메우다 ③ 빈 병, 빈 통, 빈 상자 ④ [물리] 진공 ⑤ a vuoto 헛되이; andare a vuoto 수포로 돌아가다, 실패하다 - assegno a vuoto 부도 수표

würstel /ˈvurstel, ˈvyrstel/ [남-불변] 비엔나 소시지

w, W /vudˈdoppjo/ [남/여-불변] 외래어에만 쓰이는 이탈리아어 알파벳의 하나
wafer /ˈvafer/ [남-불변] ① 웨이퍼 (살짝 구운 얇은 과자) ② [전자] 웨이퍼 (집적 회로의 기판(基板)이 되는 실리콘 등의 박편(薄片))
wagon-lit /vagonˈli/ [남-불변] (기차의) 침대차
walkie-talkie /wolkiˈtɔlki/ [남-불변] 워키토키 (휴대용 무선 송수신기)
walkman /ˈwolkmen/ [남-불변] 워크맨 (휴대용 카세트테이프 플레이어; 상표명)
water /ˈvater/ [남-불변] (tazza del) water 양변기
watt /vat/ [남-불변] [전기] 와트 (전력의 실용 단위)
wattora /vatˈtora/ [남-불변] [전기] 와트시(時)
WC /vitˈtʃi, vutˈtʃi/ [남-불변] (수세식) 화장실; andare al WC 화장실에 가다
web /wɛb/ [남-불변] [컴퓨터] 웹 - [형-불변] sito web 웹사이트; pagina web 웹페이지
week(-)end /wiˈkɛnd/ [남-불변] 주말
western /ˈwestern/ [남-불변] 서부 영화 - [형-불변] film western 서부 영화
whisky /ˈwiski/ [남-불변] 위스키
windsurf /windˈsɛrf/ [남-불변] ① 윈드서핑용 보드[판] ② [스포츠] 윈드서핑; praticare il windsurf, fare windsurf 윈드서핑을 하다
windsurfing /windˈsɛrfing/ [남-불변] [스포츠] 윈드서핑
workshop /workˈʃɔp/ [남-불변] 워크숍, 연구 집회, 공동 연수
workstation /worksˈteʃʃon/ [여-불변] [컴퓨터] 워크스테이션 (사무용 또는 기술용 단말기로 쓸 수 있는 다기능 컴퓨

x, X /iks/ [남/여-불변] 외래어에만 쓰이는 이탈리아어 알파벳의 하나; giorno X 디데이, 계획 실시 예정일; raggi X [물리] 엑스선, 엑스레이 - [여-불변] [수학] x (제1미지수); asse delle x 엑스축
xeno /ˈksɛno/ [남] [화학] 크세논
xenofobia /ksenofoˈbia/ [여] 외국인 혐오
xeres /ˈksɛres/ [남-불변] 셰리 (남부 스페인 원산의 백포도주)
xerocopia /kseroˈkɔpja/ [여] 제록스, 건식(乾式) 복사
xerocopiatrice /kserokopjaˈtritʃe/ [여] 제록스 (복사기)
xilofono /ksiˈlɔfono/ [남] [음악] 실로폰

Y

y, Y /i'grɛko, i'grɛka, 'ipsilon/ [남/여-불변] 외래어에만 쓰이는 이탈리아어 알파벳의 하나 - [여-불변] [수학] asse delle y 와이축, 세로축
yacht /jɔt/ [남-불변] 요트
yachting /'jɔtting/ [남-불변] 요트 타기, 요트 조종; fare yachting 요트를 타다
yankee /'jɛnki/ [남/여/형-불변] 미국인(의), 양키(의)
yard /jard/ [남-불변] [길이의 단위] 야드 (1야드는 약 91.4cm)
Yemen /'jɛmen/ [남] 예멘
yemenita /jeme'nita/ (남·복 : -i, 여·복 : -e) [형] 예멘의 - [남/여] 예멘 사람
yen /jɛn/ [남-불변] [화폐의 단위] 엔 (일본의 화폐 단위)
yeti /'jɛti/ [남-불변] (히말라야 산중에 산다는) 설인(雪人)
yiddish /'iddiʃ/ [남-불변] 이디시어(語) - [형-불변] 이디시어의
yoga /'jɔga/ [남-불변] [힌두교] 요가
yogurt /'jɔgurt/ [남-불변] 요구르트
yogurtiera /jogur'tjera/ [여] 요구르트 제조기
yo-yo /jo'jɔ/ [남-불변] 요요 (장난감의 일종)
yuan, yüan /jo'aːn/ [남-불변] [화폐의 단위] 위안 (중국의 화폐 단위)
yuppie /'juppi/ [남/여-불변] 여피(족) (도시 주변을 생활 기반으로 삼고 전문직에 종사하면서 신자유주의를 지향하는 젊은 이들)

Z

z, Z /'dzɛta/ [남/여-불변] 이탈리아어 알파벳의 21번째 글자
zabaglione /dzabaʎ'ʎone/, zabaione /dzaba'jone/ [남] 계란 노른자, 설탕, 와인을 섞어 만든 음식의 하나
zaffata /tsaf'fata/ [여] 좋지 않은 냄새가 풍김
zafferano /dzaffe'rano/ [남] 사프란 (식물 또는 향신료)
zaffiro /dzaf'firo/ [남] [광물] 사파이어, 청옥(青玉)
zagara /'dzagara/ [여] 오렌지 꽃
zaino /'dzajno/ [남] 배낭; 책가방
Zambia /'dzambja/ [남] 잠비아 (아프리카 중남부의 국가)
zampa /'tsampa/ [여] ① (동물의) 다리; 발; zampa anteriore 앞다리, 앞발 ② (구어체에서·농담조로) (사람의) 손; camminare a quattro zampe 기어가다
zampillare /tsampil'lare/ [자동] (조동사 : essere, avere) (da와 함께 쓰여) (액체가 ~에서) 솟아 나오다, 분출되다
zampillo /tsam'pillo/ [남] (액체의) 용솟음, 분출
zampirone /dzampi'rone/ [남] 모기향
zampogna /tsam'poɲɲa/ [여] 백파이프 비슷한 악기의 일종
zampognaro /tsampoɲ'ɲaro/ [남] zampogna를 부는 사람
zangola /'tsangola/ [여] 교유기(攪乳器), 버터 제조기
zanna /'tsanna/ [여] ① (코끼리 등의) 엄니; (육식 동물의) 송곳니 ② (비유적으로·농담조로) mostrare le zanne (사람이) 이를 드러내어 위협하는 태도를 취하다
zanzara /dzan'dzara/ [여] [곤충] 모기
zanzariera /dzandza'rjera/ [여] 모기장

zappa /'tsappa/ [여] 괭이
zappare /tsap'pare/ [타동] 괭이질하다
zapping /'dzapping/ [남-불변] 리모컨으로 TV 채널을 이리저리 돌리기
zar /tsar/ [남-불변] [역사] 차르 (제정 러시아의 황제)
zarina /tsa'rina/ [여] 제정 러시아의 황후
zattera /'tsattera/ [여] 뗏목; zattera di salvataggio 구명 뗏목
zavorra /dza'vɔrra/ [여] ① [항해] 밸러스트, 바닥짐 ② (비유적으로) 무용지물, 쓸데없는 것
zazzera /'tsattsera/ [여] 더벅머리
zebra /'dzɛbra/ [여] [동물] 얼룩말 - zebre [여·복] (구어체에서) 횡단보도
zebrato /dze'brato/ [형] (얼룩말처럼) 흰색·검은색 줄무늬가 있는
zecca1 /'tsekka/ [여] (복 : -che) 조폐국 (造幣局) - nuovo di zecca 새것의, 신품의
zecca2 /'tsekka/ [여] (복 : -che) [곤충] 진드기
zecchino /tsek'kino/ [남] 금화(金貨)의 일종; oro zecchino 순금
zelante /dze'lante/ [형] 열심인, 열광적인
zelo /'dzɛlo/ [남] 열심, 열성, 열의, 열광
zen /dzɛn/ [남-불변] [불교] 선(禪)
zenit /'dzɛnit/ [남-불변] ① [천문] 천정 (天頂) ② (비유적으로) 정점, 절정
zenzero /'dzɛndzero/ [남] [식물] 생강
zeppa /'tseppa/ [여] ① 쐐기 ② (신발의) 쐐기꼴의 굽
zeppo /'tseppo/ [형] (구어체에서) ① (di 와 함께 쓰여) (~으로) 가득 찬 ② (일정 장소가) 사람들로 붐비는, 만원의
zerbino /dzer'bino/ [남] 현관 앞에 두는, 신발의 흙을 털 수 있도록 둔 깔개
zero /'dzɛro/ [남] ① 영(0), 제로; zero virgola cinque 0.5 ② (학교 성적이나 경기 점수의) 0점; (온도의) 0도; 2 gradi sopra zero 영상 2도 ③ (비유적으로) 무(無); ridursi a zero 아무것도 남지 않게 되다 - [형-불변] ora zero 0시, 자정 - ricominciare da zero 처음부터 다시 시작하다
zeta /dzɛta/ [남/여-불변] 알파벳 z의 명칭
zia /'tsia/ [여] 아주머니 (백모, 숙모, 고모, 이모 등)
zibellino /dzibel'lino/ [남] [동물] 검은담비; 그 모피
zibibbo /dzi'bibbo/ [남] 머스캣 포도의 일

종; 그것으로 만든 포도주
zigano /tsi'gano/ [형] 집시의 - [남] (여 : -a) (헝가리계의) 집시
zigomo /'dzigomo/ [남] 광대뼈
zigzag, zig zag /dzig'dzag/ [남-불변] 지그재그, Z자형; a zigzag 지그재그로
Zimbabwe /dzim'babwe/ [남] 짐바브웨
zimbello /tsim'bɛllo/ [남] ① 사냥에서 미끼로 쓰는 새 ② (비유적으로) 웃음거리, 조롱의 대상
zinco /'tsinko/ [남] [화학] 아연
zingaresco /tsinga'resko/ [형] (복 : -schi, -sche) 집시의
zingaro /'tsingaro/ [남] (여 : -a) 집시 - [형] 집시의
zio /'tsio/ [남] (복 : zii) 아저씨, 삼촌
zip /dzip/ [남/여-불변] 지퍼
zitella /tsi'tɛlla/ [여] 노처녀
zittire /tsit'tire/ [타동] 조용히 하게 하다, 입을 다물게 하다 - [자동] (조동사 : avere) ① 야유하다 ② 조용히 하다, 입을 다물다
zitto /'tsitto/ [형] 침묵하는, 조용한; zitto! 입 다물어!, 조용히 해!; stare zitto 침묵하다, 입을 다물다
zizzania /dzid'dzanja/ [여] ① [식물] 독보리 ② (비유적으로) 불화, 말썽
zoccolo /'tsɔkkolo/ [남] ① (말 따위의) 발굽 ② 나막신 ③ [건축] 주춧돌; 굽도리 널
zodiacale /dzodja'kale/ [형] [천문] 황도대(黃道帶)의; [점성] 12궁(宮)의; segno zodiacale 황도 12궁의 별자리
zodiaco /dzo'diako/ [남] (복 : -ci) [천문] 황도대(黃道帶); [점성] 12궁(宮)
zolfanello /tsolfa'nɛllo/ [남] 성냥
zolfo /'tsolfo/ [남] [화학] (유)황
zolla /'dzɔlla/ [여] (흙 따위의) 덩어리
zolletta /dzol'letta/ [여] zolletta di zucchero 각설탕
zombi(e) /'dzombi/ [남/여-불변] 좀비 (되살아난 시체)
zona /'dzɔna/ [여] 지대, 지역, 구역, 영역; (도시의) 지구; zona di guerra 교전 지역; zona industriale 공업 단지; zona verde 그린벨트
zonzo [부] (a zonzo /ad'dzondzo/의 형태로 쓰여) andare a zonzo 돌아다니다
zoo /'dzɔo/ [남-불변] 동물원
zoologia /dzoolo'dʒia/ [여] 동물학
zoologico /dzoo'lɔdʒiko/ [형] (복 : -ci, -che) 동물학의; 동물에 관한; giardino zoologico 동물원
zoologo /dzo'ɔlogo/ [남] (여 : -a) (남·복 : -gi, 여·복 : -ghe) 동물학자
zoom /dzum/ [남-불변] [사진] 줌 렌즈
zoosafari /dzoosa'fari/ [남-불변] 사파리 공원
zoppicante /tsoppi'kante/ [형] ① 다리를 저는, 절뚝거리는 ② (의자나 탁자 따위가) 넘어질 듯한, 흔들리는 ③ (비유적으로) (말·설명 따위가) 약한, 불충분한
zoppicare /tsoppi'kare/ [자동] (조동사 : avere) ① 다리를 절다, 절뚝거리다 ② (의자나 탁자 따위가) 넘어질 듯하다, 흔들리다 ③ (비유적으로) (말·설명 따위가) 약하다, 불충분하다
zoppo /'tsɔppo/ [형] ① 다리를 저는, 절뚝거리는 ② (의자나 탁자 따위가) 넘어질 듯한, 흔들리는 ③ (비유적으로) (말·설명 따위가) 약한, 불충분한 - [남] (여 : -a) 다리를 저는 사람, 신체 장애인
zotico /'dzɔtiko/ (복 : -ci, -che) [형] 촌티 나는, 상스러운, 본데없는 - [남] (여 : -a) 촌뜨기, 본데없는 사람
zoticone /dzoti'kone/ [남] (여 : -a) 촌뜨기, 본데없는 사람
zucca /'tsukka/ [여] (복 : -che) ① [식물] 호박 ② (비유적으로) (사람의) 머리 - avere sale in zucca 분별[양식]이 있다
zuccherare /tsukke'rare/ [타동] (~에) 설탕을 넣다
zuccherato /tsukke'rato/ [형] 설탕을 넣은, 달게 한
zuccheriera /tsukke'rjɛra/ [여] (식탁용) 설탕 그릇
zuccherificio /tsukkeri'fitʃo/ [남] (복 : -ci) 제당소, 설탕 정제소
zuccherino /tsukke'rino/ [형] 설탕을 넣은; 단맛이 나는 - [남] 각설탕
zucchero /'tsukkero/ [남] 설탕 - zucchero caramellato 캐러멜; zucchero filato 솜사탕; zucchero a velo 가루 설탕; zucchero semolato 그래뉴당
zuccheroso /tsukke'roso/ [형] 아주 달콤한
zucchina /tsuk'kina/ [여] → zucchino
zucchino /tsuk'kino/ [남] [식물] 주키니 (오이 비슷한 서양 호박)
zuccone /tsuk'kone/ [남] (여 : -a) ①

바보, 멍청이 ② 고집 센 사람 - [형] ① 멍청한, 둔한 ② 고집이 센
zuffa /'tsuffa/ [여] 싸움, 다툼
zufolare /tsufo'lare/ [자동] (조동사 : avere) 휘파람을 불다
zumare /dzu'mare/ [타동/자동] (조동사 : avere) [사진] 줌 렌즈로 확대하다
zuppa /'tsuppa/ [여] 수프 - se non è zuppa è pan bagnato 비슷하다, 별 차이가 없다
zuppiera /tsup'pjɛra/ [여] 수프를 담는 우묵한 그릇
zuppo /'tsuppo/ [형] (di와 함께 쓰여) (~에) 흠뻑 젖은

최신 이탈리아어 한국어 사전

초판 2쇄 인쇄 2017년 12월 15일 인쇄
초판 2쇄 발행 2017년 12월 18일 발행

편저자 유 성 호
발행인 서 덕 일
발행처 도서출판 문예림

등 록 1962년 7월 12일 제 2-110호
주 소 경기도 파주시 회동길 366
전화 (02) 499-1281~2 **팩스** (02) 499-1283
홈페이지 www.moonyelim.com
전자우편 info@moonyelim.com

ISBN 978-89-7482-803-5 (13790)

값 35,000원

* 잘못된 책은 구입하신 서점에서 교환해 드립니다